Katakana Syllabary

ア	a	イ	i	ウ	u	エ	e	オ	o
カ	ka	キ	ki	ク	ku	ケ	ke	コ	ko
サ	sa	シ	shi	ス	su	セ	se	ソ	so
タ	ta	チ	chi	ツ	tsu	テ	te	ト	to
ツァ	tsa	ティ	ti	テュ	tyu	ツェ	tse	ツォ	tso
ナ	na	ニ	ni	ヌ	nu	ネ	ne	ノ	no
ハ	ha	ヒ	hi	フ	fu	ヘ	he	ホ	ho
ファ	fa	フィ	fi			フェ	fe	フォ	fo
マ	ma	ミ	mi	ム	mu	メ	me	モ	mo
ヤ	ya			ユ	yu			ヨ	yo
ラ	ra	リ	ri	ル	ru	レ	re	ロ	ro
ワ	wa							ヲ	o
								ン	n
ガ	ga	ギ	gi	グ	gu	ゲ	ge	ゴ	go
ザ	za	ジ	ji	ズ	zu	ゼ	ze	ゾ	zo
ダ	da	ヂ	ji	ヅ	zu	デ	de	ド	do
		ディ	di	デュ	dyu				
バ	ba	ビ	bi	ブ	bu	ベ	be	ボ	bo
パ	pa	ピ	pi	プ	pu	ペ	pe	ポ	po
キャ	kya			キュ	kyu			キョ	kyo
シャ	sha			シュ	shu	シェ	she	ショ	sho
チャ	cha			チュ	chu	チェ	che	チョ	cho
ニャ	nya			ニュ	nyu			ニョ	nyo
ヒャ	hya			ヒュ	hyu			ヒョ	hyo
				フュ	fyu				
ミャ	mya			ミュ	myu			ミョ	myo
リャ	rya	リ							o
ギャ	gya	ギ							o
ジャ	ja	ジ							o
ビャ	bya	ビ							o
ピャ	pya	ピ							o

KENKYUSHA'S

FURIGANA

ENGLISH-JAPANESE
DICTIONARY

ふりがな英和辞典

研究社辞書編集部編

KENKYUSHA

ISBN 4–7674–1172–6
Published by Kenkyusha Limited
11–3, Fujimi 2-chome, Chiyoda-ku, Tokyo 102, Japan
Printed in Japan

Preface

Most of the many English-Japanese dictionaries on the market are designed for Japanese users and have two major disadvantages for the learner of Japanese as a foreign language: they provide unnecessary information — on English pronunciation or grammar; and they offer little guidance on the readings of kanji. The present volume is a version of Kenkyusha's '*New Little English-Japanese Dictionary*' (5th Edition, 1987). This was also originally designed for Japanese users. We have, however, made several changes with a view to making the dictionary more useful to learners of Japanese who need a compact, portable dictionary covering a wide vocabulary (49,000 headwords).

The biggest changes have been the removal of English pronunciation symbols, and the provision of kana readings for all kanji. We have also endeavored to make the dictionary more 'user-friendly' for the non-native speaker in the following ways.

- Furigana readings of all kanji are given in hiragana immediately above the respective kanji characters.
- *Yōon* (拗音) and *sokuon* (促音) are indicated in smaller hiragana, thus:

  edible 　食用になる

  close 　密接な

- When a kanji or kanji compound has two or more readings, we give priority to the one considered more common. When there are distinct literary and non-literary readings, we have chosen the latter.
- Names of plants and animals are given in katakana.
- In order to make the dictionary easier to use, we have omitted many of the labels employed in the original.

In all other respects, this dictionary retains the characteristics of the original *New Little English-Japanese Dictionary*. That is: —

1) In addition to common everyday vocabulary, the dictionary includes important proper names, abbreviations, trade names, and loan words from foreign languages.

2) American spelling is given priority.

3) Entries and definitions cover specialist, slang, and taboo or vulgar words and senses; but those considered archaic, obsolete or rare are omitted.

4) To economize on space, different definitions of the same word are not individually numbered, but are separated by commas or colons.

5) Again, to save space, where the sense is clear, brackets are used to indicate that both noun and adjective, or noun and verb, are covered in the same entry.

    e.g. **canine** *a., n.* 犬^{いぬ}(のような)

          dream *n., v.* 夢^{ゆめ}(みる);夢想^{むそう}(する)

6) As a general principle, example sentences are not provided: but in some cases examples are given in brackets in order to elucidate usage or distinguish senses.

The principal object of the dictionary is to make it as easy as possible for users to find Japanese equivalents of a large number of English words. We are very much aware that this is a first attempt, and welcome any suggestions for improvements.

February 1, 1990

Symbols

( ): **humo(u)r** ⇨ **humor, humour**

Airedale (terrier) ⇨ **Airedale, Airedale terrier**

rucksack リュック(サック) ⇨ リュック, リュックサック

worship *n., v.* 礼拝(する); 崇拝(する), 尊敬(する); 帰依(する) ⇨ *n.* 礼拝; 崇拝, 尊敬; 帰依. — *v.* 礼拝する; 崇拝する, 尊敬する; 帰依する

melamine (resin) *Chem.* メラミン(樹脂) ⇨ **melamine** *Chem.* メラミン, **melamine resin** *Chem.* メラミン樹脂

Anglo-American *a., n.* 英米(間)の ⇨ 英米の, 英米間の

[ ]: **autograph album [book]** サイン帳 ⇨ **autograph album= autograph book** サイン帳

anchor *n.* cast [drop] anchor 錨を下ろす ⇨ **cast anchor=drop anchor** 錨を下ろす

straw …… catch [clutch] at a straw [straws] (苦しみのあまり)何にでも頼ろうとする ⇨ **catch at a straw=catch at straws=clutch at a straw=clutch at straws** (苦しみのあまり)何にでも頼ろうとする

~ : **great** *n.* ……[a ~] 沢山 ⇨ [a great] 沢山

former *a., n.* ……[the ~] 前者 ⇨ [the former] 前者

ancient …… — *n.* [the ~s] (ギリシャ・ローマなどの)古代人 ⇨ [the ancients] (ギリシャ・ローマなどの)古代人

world *n.* …… [a ~ of] 多量 ⇨ [a world of] 多量

Abbreviations

a.	adjective	(G)	German
[*a.*]	adjectival use	*Geol.*	Geology
ad.	adverb	*Geog.*	Geography
[*ad.*]	adverbial use	*Geom.*	Geometry
Agr.	Agriculture	*Geophys.*	Geophysics
Aeronaut.	Aeronautics	*Ger.*	German
Anat.	Anatomy	*Gk*	Greek
Angl. Ch.	Anglican Church	*Gk Orthodox Ch.*	Greek Orthodox Church
Anthrop.	Anthropology	*Gram.*	Grammar
Arch.	Architecture	(Haw)	Hawaiian
Archaeol.	Archaeology	*Her.*	Heraldry
Astrol.	Astrology	*Hist.*	History
Astron.	Astronomy	*Horol.*	Horology
Atom.	Atomic	*Hort.*	Horticulture
aux. v.	auxiliary verb	(Hung)	Hungarian
Bact.	Bacteriology	*Hunt.*	Hunting
Bank.	Banking	*Ichthy.*	Ichthyology
Bib.	Bible	*indef. art.*	indefinite article
Biochem.	Biochemistry	*Ins.*	Insurance
Biol.	Biology	*int.*	interjection
Bot.	Botany	*Internat. Law*	International Law
Brit.	British	(It)	Italian
Budd.	Buddhism	(Jap)	Japanese
Carp.	Carpentry	*Jour.*	Journalism
Ceram.	Ceramics	(L)	Latin
Chem.	Chemistry	*L. Gram.*	Latin Grammar
Chin.	Chinese	*Ling.*	Linguistics
Civ. Engin.	Civil Engineering	*Log.*	Logic
Com.	Commercialism	*Mar. Ins.*	Marine Insurance
conj.	conjunction	*Math.*	Mathematics
Cryst.	Crystallography	*Mech.*	Mechanics
def. art.	definite article	*Med.*	Medicine
Dent.	Dentistry	*Metal.*	Metallurgy
Diplo.	Diplomacy	*Meteor.*	Meteorology
Ecol.	Ecology	*Mil.*	Military
Econ.	Economics	*Mineral.*	Mineralogy
Educ.	Education	*Mus.*	Music
Egypt.	Egyptian	*n.*	noun
Elec.	Electricity	*Naut.*	Nautical terms
Engin.	Engineering	*Nav.*	Navy
Entom.	Entomology	*Ornith.*	Ornithology
(F)	French	*Paleontol.*	Paleontology
fem.	feminine	*Petrol.*	Petrology
Fin.	Finance		

Pharm. ....Pharmacy	*Relig.* ....Religion
Philos. ....Philosophy	*rel. pron.* ....relative pronoun
Phonet. ....Phonetics	*Rhet.* ....Rhetoric
Phot. ....Photography	*Rom.* ....Roman
Phys. ....Physics	*Rom. Cath.* ......Roman Catholicism
Physiol. ....Physiology	(Russ) ....Russian
pl. ....plural	*Scand.* ....Scandinavian
Poet. ....Poetics	*Scot.* ....Scotch
Pol. ....Politics	*Sculp.* ....Sculpture
(Port) ....Portuguese	*Seismol.* ....Seismology
pos. ....possessive	*sing.* ....singular
pp. ....past participle	*Ski.* ....Skiing
pred. ....predicative	(Skt) ....Sanskrit
pred. a. ....predicative adjective	*Sociol.* ....Sociology
prep. ....preposition	(Sp) ....Spanish
pres. ....present	*Surg.* ....Surgery
Print. ....Printing	*Surv.* ....Surveying
Proofread. ......Proofreading	*Telecom.* ....Telecommunication
pron. ....pronoun	*Teleph.* ....Telephone
Prot. Episc. ......Protestant Episcopal Church	*Theat.* ....Theater
	Theol. ....Theology
Psychiat. ....Psychiatry	*U.S.* ....United States
Psychoanal. ......Psychoanalysis	*v.* ....verb
Psychol. ....Psychology	*Vet.* ....Veterinary Medicine
pt. ....past	*Zool.* ....Zoology

How To Pronounce Numerals

れい, ゼロ									
0									
いち	に	さん	し	ご	ろく	しち	はち	く	じゅう
1	2	3	4	5	6	7	8	9	10
ひと(つ)	ふた(つ)	みっ(つ)	よっ(つ)	いつ(つ)	むっ(つ)	なな(つ)	やっ(つ)	ここの(つ)	とう
1(つ)	2(つ)	3(つ)	4(つ)	5(つ)	6(つ)	7(つ)	8(つ)	9(つ)	10
いっ(こ)			よん(こ)		ろっ(こ)	なな(こ)	はっ(こ)	きゅう(こ)	じっ(こ)
1(個)			4(個)		6(個)	7(個)	8(個)	9(個)	10(個)
ひと(り)	ふた(り)		よ(にん)						
1(人)	2(人)		4(人)						
つい(たち)	ふつ(か)	みっ(か)	よっ(か)	いつ(か)	むい(か)	なの(か)	よう(か)	ここの(か)	とう(か)
1(日)	2(日)	3(日)	4(日)	5(日)	6(日)	7(日)	8(日)	9(日)	10(日)
ひい	ふう	み	よ	いつ	む	なな	や	この	とう
1	2	3	4	5	6	7	8	9	10
じゅう	にじゅう	さんじゅう	よんじゅう しじゅう	ごじゅう	ろくじゅう	ななじゅう しちじゅう	はちじゅう	きゅうじゅう	ひゃく
10	20	30	40	50	60	70	80	90	100
ひゃく	にひゃく	さんびゃく	よんひゃく	ごひゃく	ろっぴゃく	ななひゃく	はっぴゃく	きゅうひゃく	せん いっせん
100	200	300	400	500	600	700	800	900	1000
せん いっせん	にせん	さんぜん	よんせん	ごせん	ろくせん	ななせん	はっせん	きゅうせん	まん いちまん
1000	2000	3000	4000	5000	6000	7000	8000	9000	10000

Fractions: $\frac{2}{3}$= 3 さんぶん 分の に 2, $\frac{8}{15}$= 15 じゅうごぶん 分の はち 8, $3\frac{4}{5}$= 3 さん か 5 ごぶん 分の よん 4

Decimal fractions: れいてんに 0 . 2,   いってんにいさん 1 . 2 3,   さんてんごろく 3 . 5 6,   じゅうごてんいちよん 1 5 . 1 4

A

a A 字形(のもの); *Mus.* イ音, イ調 ; (成績の) A, 優. **from A to Z** 初めから終わりまで, 完全に.

a *indef. art.* 一つの; ある; 同じ; …につき.

@ *Com.* 単価…で(=at).

AA Alcoholics Anonymous. **AAA** Amateur Athletic Association; American Automobile Association. **AAAL** American Academy of Arts and Letters 米国芸術院.

AAAS American Association for the Advancement of Science 米国科学振興協会.

aardvark *Zool.* ツチブタ.

Aaron *Bib.* アロン《ユダヤ人の最初の祭司長, Moses の兄》.

AB able-bodied seaman; bachelor of arts.

aback *ad.* **be taken aback** (不意をつかれて) ぎょっとする.

abacus そろばん.

abaft *ad., prep. Naut.* 船尾の方に; …の後ろに.

abalone *Conchology* アワビ.

abandon *v.* 捨てる, 放棄する, やめる, 見捨てる; …をやめて(…に)する(*for*); ゆだねる, 明け渡す, 身を任せる, ふける. ── *n.* 自由奔放, 屈託の無さ.

abandoned *a.* 捨てられた; 捨てばちな, 放埒な.

abandonment 放棄; 自暴自棄.

abase *v.* (地位・品位を)下げる, 卑しめる.

abash *v.* 恥じ入らせる; まごつかせる.

abate *v.* 減じる, 減退する; 弱める, 弱まる; 値引きする.

abbacy 大修道院長の職, 大修道院長の管区.

abbé (F) (フランスの)大修道院長.

abbess 女子大修道院長.

abbey 大修道院.

abbot 大修道院長.

abbreviate *v.* 省略する, 短縮する.

abbreviation 省略; 省略形, 略語, 略号.

ABC American Broadcasting Companies.

ABC アルファベット; 初歩; 入門書.

ABD (博士課程で)論文未修了者.

abdicate *v.* (地位・権利を)放棄する, 棄権する; 退位する.

abdicator 放棄者; 退位者.

abdomen 腹, 腹部.

abduct *v.* 誘拐する.

abductor 誘拐者.

abeam *ad. Naut.* (竜骨に対して)真横に.

abecedarian *a., n.* 初歩の, ABC の; 初学者.

aberrance, aberrancy 常軌逸脱, 脱線.

aberrant *a.* 正道をそれた; 変則の.

aberration 常軌逸脱, 脱線(行為); 精神異常; *Optics* 収差; *Astron.* (天体の)光行差.

abet *v.* そそのかす, 教唆する, 扇動する.

abetter, abettor 教唆者.

abeyance *Law* 中止, 停止. **fall into abeyance** 停止される.

abhor *v.* ひどく嫌う.

abhorrent *a.* 嫌悪すべき(*to*); 相反する(*to*).

abidance 持続; 滞在; 遵守.

abide *v.* とどまる, 待つ; 我慢する, 従う. **abide by** (決定・約束・法律などを)堅く

abiding 守る; 甘受する.

abiding *a.* 永続的な.

ability 能力; 才能.

abiogenesis *Biol.* 自然発生(論).

abiogenetic *a. Biol.* 自然発生的な.

abject *a.* 悲惨な; 卑しい, 見下げ果てた, 無気力の.

abjection 零落; 卑劣.

abjure *v.* 誓ってやめる; 放棄する.

ablation 除去; *Geol.* 削磨; *Aerospace* 溶発.

ablative *n., a. Gram.* 奪格(の).

ablator 溶発防止剤.

ablaut *Ling.* アブラウト, 母音交替.

ablaze *ad., pred. a.* 燃え立って, 輝いて.

able *a.* …できる(to do); 能力のある, 有能な.

able-bodied *a.* 強健な.

able-bodied seaman *Naut.* AB 級の船員.

ablution 洗い清め, 沐浴; *Relig.* 洗浄(式).

ably *ad.* 巧みに, 立派に, 有能に.

ABM antiballistic missile.

abnegate *v.* (権利・所信などを)捨てる; (快楽などを)断つ, 自制する.

abnormal *a.* 変則の, 異常な; 変態の, 病的な.

abo 原住民.

aboard *ad., prep.* 船内に, 車内に, (飛行)機内に; 乗船して, 乗車して, 搭乗して.

abode 住居.

abolish *v.* 廃止する, 撤廃する.

abolition (奴隷)廃止.

abolitionism (奴隷)廃止主義.

abolitionist (奴隷)廃止主義者.

A-bomb =atom(ic) bomb.

abominable *a.* 忌わしい, 嫌な.

Abominable Snowman (ヒマラヤ山中の)雪男.

abominate *v.* ひどく嫌う.

aboriginal *a., n.* 太古からの; 原住民(の), 土着の(動植物).

aborigine (オーストラリアの)原住民; [*pl.*] 土着動植物.

aborning *a., ad.* 誕生しつつある.

abort *v. Med.* 流産する, 堕胎する; *Biol.* 退化する; 失敗する. **—** *n.* (ロケット発射などの)失敗.

aborticide *Med.* 堕胎.

abortifacient *a., n.* 流産させる; 堕胎剤.

abortion 流産, 堕胎; 発育不全; できそこない, 失敗.

ABO system [group] *Med.* ABO 式血液型分類法.

abound *v.* (…が)多い, に富む(in, with).

about *ad., prep.* …のあたりに, …のあたりを, 方方を; あちちに, あちこちへ; (…し)回る, 回す; およそ; ほとんど, ほぼ; …について, 従事して. **be about to** (go) (行こう)としている.

about-face *n., v.* 変更, 回れ右(をする); (思想など)転向(する).

above *ad., prep.* 上に, 頭上に; より上位に; 前文に(ある); …以上. **above all** 何よりも, とりわけ. **above oneself** ひとりよがりな; 興奮した.

aboveboard *ad., a.* ありのまま(で), 公然と.

above-ground *a.* 地上に; 生きて; 公認されて, 許可されて.

above-mentioned *a.* 上記の, 上述の.

abracadabra アブラカダブラ; わけのわからぬ言葉.

abrade *v.* すりへらす; すりむく.

abrasion すりむけ; 剥離; 摩滅.

abrasive *n., a.* 研磨剤; すりへらす.

abreast *ad., prep.* 並んで, 並行して. **keep [be] abreast of [with]** (時勢)に遅れない.

abridge *v.* 抄録する, 要約する; 短縮する.

abridged *a.* 短縮した, 抄録した.

abroad *ad.* 外に, 戸外に; 海外に; 広まって,

普及して, 一般に.

abrogate v. (法律などを)廃棄する, 無効にする.

abrupt a. 突然の; ぶっきらぼうな, 無愛想な; 険しい.

abruptly ad. 突然に; ぶっきらぼうに; 険しく.

abscess Med. 膿瘍.

abscissa Math. 横座標.

abscission 切除.

abscond v. 逃亡する, 失踪する.

absence 不在, 欠席; 欠乏 (of); 放心.
  absence of mind 放心, ぼんやり, うわの空.

absent a. 不在の, 留守の; 欠席して; 欠けて; ぼんやりした. —— v. 欠席する (oneself from).

absentee 不在者, 欠席者; 不在地主.

absentee ballot 不在投票用紙.

absenteeism 不在地主制度; 休暇戦術, 欠勤サボ.

absently ad. ぼんやりして, ぼんやり.

absentminded a. ぼんやりした.

absent voter 不在投票者.

absinth(e) アブサン.

absolute a. 絶対的な, 無条件の; 専制の; 純粋な; 確かな, 実際の; 完全な, まったくの. —— n. [the ~] 絶対的なもの; Philos. 絶対; [the A-] 絶対者, 神.

absolute address Computer 絶対番地.

absolute alcohol 無水アルコール.

absolute altitude Aeronaut. 絶対高度.

absolute ceiling Aeronaut. 絶対上昇限度.

absolutely ad. まったく; 絶対的に, 無条件に; (返事で)まったくそのとおり.

absolute majority 絶対多数, 過半数.

absolute monarchy 専制君主政体.

absolute pitch Mus. 絶対音(感).

absolute temperature Phys. 絶対温度.

absolute value Math. 絶対値.

absolute zero Phys. 絶対零度 (-273.15°

C).

absolution 免除; Law 罪の許し, 無罪.

absolutism 専制政治.

absolve v. (義務・罪などを)許す, 免じる, 解除する (from).

absorb v. 吸収する, 併合する; (注意を)奪う; (他会社を)合併する.

absorbability 吸収(性).

absorbable a. 吸収性の.

absorbed a. 夢中で, 余念がない (in).

absorbedly ad. 夢中で.

absorbent a., n. 吸収性の; 吸収剤.

absorbent cotton 脱脂綿.

absorbing a. 夢中にさせる(ほど面白い), 興味深い.

absorption 吸収; 没頭, 一心不乱, 夢中; 合併.

absorptive a. 吸収する, 吸収性の.

abstain v. 慎む, 控える (from); 禁酒する; 棄権する.

abstemious a. 節制の, 節度ある, 質素な.

abstention 自制, 節制; 投票棄権; (責任の)回避.

abstinence 禁欲, 節制, 禁酒.

abstinence syndrome 禁断症候群.

abstract a., n. 抽象的(観念); 理想的な, 観念的な; 難解な; Fine Arts 抽象派(の); 抜粋. **in the abstract** 抽象的に, 抽象的な. —— v. 抜き取る; 抜粋する; (心を)奪う, 盗む; 抽出する.

abstracted a. 抽象した; ぼんやりした.

abstraction 抽象(作用), 抽象概念; 抜き取り; 放心.

abstractionism Fine Arts 抽象主義.

abstractionist 抽象芸術家.

abstract noun Gram. 抽象名詞.

abstruse a. 難解な; 深遠な.

absurd a. ばかげた; 不合理な.

absurdity 不合理, 矛盾.

Abu Dhabi アブダビ《アラブ首長国連邦の首都》.

abundance 豊富, 多数; 富裕.

abundant a. 豊富な, 有り余るほどの.

abundantly ad. 豊富に, 有り余るほど.

abuse n. 悪用, 誤用; 虐待; 悪習, 悪弊; 悪口. ── v. 悪用する, 乱用する; 虐待する; 罵る.

abusive a. 口汚い; 乱用の.

abut v. 境する, 接する (on, upon); 寄り掛かる (against).

abutment 接合(点); Arch. 迫持ち受け; 橋台.

abysmal a. 底知れぬ; 途轍もない.

abyss 底なしの淵, 底なしの海, 地獄; 混沌.

abyssal a. 深海の.

AC alternating current; ante cibum (L, =before meals).

acacia Bot. アカシア.

academic a. 大学の, 学究的な; 非実際的な; [A-] Philos. プラトン学派の. ── n. 大学生, 大学教授.

academical a. =academic.

academicals 大学式服.

academician academy の会員.

academy 学士院, 芸術院; (特殊な)専門学校; [the A-] =the Royal Academy; アカデミー学派, プラトン学派.

Academy Award (映画の)アカデミー賞.

acanthus Bot. ハアザミ, アカンサス; Arch. アカンサス葉飾り.

accede v. (職・位に)つく (to); 加盟する; 同意する (to); 関係する.

accelerando (It) ad., a. Mus. 次第に急速に, 次第に急速な.

accelerate v. 速度を増す, 速める.

acceleration 促進; Phys. 加速(度); (優秀な学生の)飛び級.

accelerative a. 加速的な, 促進的な.

accelerator 加速装置; (自動車の)アクセル; Chem. 促進剤.

accelerometer (車・航空機の)加速度計.

accent n. Phonet. アクセント(記号), 強勢; 語調; なまり, 強調, 特色. ── v. =accentuate.

accentuate v. アクセントをつける, 強く発音する; 強調する.

accept v. 受け取る, 受納する; 受諾する; 受け入れる, 認める; 甘受する; (事態に)順応する; Com. (手形を)引き受ける.

acceptability 受け入れられること, 気に入られること, 容認可能(性).

acceptable a. 受け入れられる; 我慢できる; 気に入るような.

acceptance 受諾; Com. (手形の)引き受け.

acceptation (容認された)語義.

accepter 受諾者; Com. 手形引き受け人.

acceptive a. 感受性が強い; =acceptable.

acceptor =accepter; Telecom. 通波器; Elec. アクセプター.

access 利用権利, 入手権利; 接近 (to); 入り口, 出入り, 交通の便 (to); 門戸.

accessibility 近づきやすさ.

accessible a. 近づける, 近づきやすい; 得やすい, 動かされる.

accession 到達; 就任, 即位, 相続; 付加, 取得(物); 加盟.

accessory a. 補助的な, 付属の. ── n. [pl.] 付属品, アクセサリー; Law 共犯, 従犯.

access time Computer アクセスタイム, 呼び出し時間.

accidence Gram. 語形論.

accident 偶然の出来事, (交通)事故, 災難. **by accident** 偶然に.

accidental a. 偶然の, 偶発的な; 非本質的な. ── n. Mus. 臨時記号.

accidentally ad. 偶然に; うっかりして.

accident insurance 傷害保険.

accident-prone *a.* 事故を起こしやすい.

acclaim *v.* 喝采する, 歓呼して迎える.
— *n.* 喝采, 歓呼.

acclamation 喝采, 歓声.

acclimate *v.* 新しい風土に慣らす.

acclimation 新環境順応.

acclimatization =acclimation.

acclimatize *v.* =acclimate.

acclivity 上り傾斜, 上り勾配.

accolade 称賛; knight 爵位授与(式).

accommodate *v.* 適応させる (*to*), 便宜を計る; 宿泊させる, 収容する; (紛争を)和解させる.

accommodating *a.* 親切な; 融通のきく.

accommodation 適応, 調節; 融通, 貸付(金); 便宜; (宿泊・収容の)設備, 宿泊所; 和解, 調停.

accommodationist 白人社会と妥協的な黒人.

accommodation ladder (船・飛行機などの)タラップ.

accommodation train (各駅停車車の)普通列車.

accompaniment 随伴物; *Mus.* 伴奏.

accompanist 伴奏者.

accompany *v.* 同伴する, 伴う; *Mus.* 伴奏する.

accompanying *a.* 付随の; 添付の.

accomplice 共犯者.

accomplish *v.* 成し遂げる, 完成する, (目的を)果たす.

accomplished *a.* 完成した, 熟達した; 教養のある.

accomplishment 成就, 遂行, 完成; 業績; [*pl.*] 芸能, 才芸.

accord *v.* 一致する, 調和する (*with*); 与える, 許容する. — *n.* 一致, 調和; 協約. **of one's own accord** 自発的に. **with one accord** 一斉に.

accordance 一致, 調和. **in accordance with** …に従って.

according *ad.* **according as** …に応じて. **according to** …によれば; …に従って.

accordingly *ad.* それに応じて; それゆえに, 従って.

accordion アコーディオン.

accordion door [wall] アコーディオンドア.

accordion pleats アコーディオンプリーツ.

accost *v.* (近づいて)話しかける.

accouchement (F) 分娩, 出産.

accoucheur (F) 産科医.

account *n.* 計算, 勘定, 取り引き; 計算書; 口座; 説明, 報告; 記事; 話; 理由, 根拠; 評価, 価値. **by [from] all accounts** だれに聞いても **call [bring] someone to account** …に責任を問う. **give a good account of oneself** 立派に振る舞う. **of no account** つまらない. **on account of** …のために. **on no account** 決して…ない. **on one's own account** 自分のために; 自分の責任で; 独力で. **on that account** そのために. **take something into account** 考慮に入れる. **take no account of** …を無視する. **turn something to (good) account** 利用する. — *v.* …と考える, みなす; 説明する, 報告する, 責任を持つ. **account for** …を説明する.

accountability 責任, 責務.

accountable *a.* 責任ある; 説明できる.

accountancy 会計の職, 会計の事務.

accountant 会計係; 計理士.

account book 会計簿.

accounting 会計(学).

accouterments (軍人の軍服・武器以外の)装具.

accouter, accoutre *v.* 装う.

accredit *v.* 信任する; 信任状を与えて派遣する; (行為などを人)に帰する, …のしわざだとす

る (one *with* an action, an action *to* one).

accretion (外物付加による)増大, 増加; 付加(物).

accrue v. (利子などが)加わる, 増す; 生じる.

acculturate v. 文化変容する, 文化変容させる.

accumulate v. 蓄積する; 積もる.

accumulation 蓄積, 集積, 累積.

accumulator 蓄財家; 蓄電池; *Mech.* 緩衝装置.

accuracy 正確(さ), 精密(さ).

accurate a. 正確な, 精密な.

accurately ad. 正確に, 精密に.

accursed, accurst a. 呪われた; 嫌な, ひどい.

accusal =accusation.

accusation 非難; *Law* 告発, 告訴; 罪.

accusative n., a. *Gram.* 対格(の), 直接目的格(の).

accuse v. *Law* (…のかどで)告発する, 責める (a person *of* …). **the accused** 被告.

accuser 告訴人.

accustom v. 慣らす. **be accustomed to** …に慣れている.

accustomed a. 慣れた; いつもの.

AC/DC a. 両性愛の.

ace n. (トランプ・さいの)一; 第一人者, ぴか一; エース《5機以上の敵機を撃墜した飛行士》; *Tennis* サービスエース; *Golf* =hole in one; [a.] 名人級の, すばらしい. **ace in the hole** まさかの時まで伏せてあるエース. **within an ace of** もう少しで…するところで, 危うく…するところで.
— v. *Tennis* エースをきめる. 試験でAをとる.

acerbate v. 酸っぱくする; 怒らす.

acerbity 酸味, 渋味;(言葉の)厳しさ.

acetaldehyde *Chem.* アセトアルデヒド.

acetate n. *Chem.* 酢酸塩; アセテート.

acetic a. 酸っぱい, 酢の, 酢酸の.

acetic acid *Chem.* 酢酸.

acetify v. 酢化する.

acetone *Chem.* アセトン.

acetous a. 酢酸の; 酸っぱい.

acetyl *Chem.* アセチル.

acetylate, acetylize v. *Chem.* アセチル化する.

acetylcholine *Pharm.* アセチルコリン《血管拡張剤》.

acetylene *Chem.* アセチレン(ガス).

acetylenic a. アセチレンの.

acetylsalicylic acid =aspirin.

ache n., v. 痛み; 痛む; (…したくて)たまらない (to do).

achievable a. 成し遂げうる.

achieve v. 成し遂げる, (目的を)達する, (名声を)博する.

achievement 成就, 達成, 功業, 業績; 学業成績.

achievement test 学力検査.

Achilles *Gk Myth.* アキレス《Iliad 中の英雄》.

Achilles' heel 唯一の弱点, 最大急所.

Achilles' tendon *Anat.* アキレス腱.

aching a. 痛む.

achromatic a. *Optics* (レンズが)収色性の, 色消しの, 無色の.

achromatic lens 色消しレンズ.

achromatism *Optics* 収色性; 色消し; 無色.

achromatize v. 無色にする.

acid a., n. 酸っぱい, 酸味のある; *Chem.* 酸性の; 気難しい, 辛辣な; 酸; =LSD.

acidhead LSD 常用者.

acidic a. 酸を作る, 酸を出す.

acidify v. 酸っぱくする, 酸っぱくなる; *Chem.* 酸性にする, 酸性になる.

acidimeter 酸定量器.

acidity 酸性, 酸味.

acidophilic a. 好酸性の.

acidosis Med. 酸血症.

acid precipitation 酸性降水.

acid rain 酸性雨.

acid test 厳密な吟味.

acidulation 酸性化.

acidulous a. 酸味のある.

acknowledge v. 認める, 承認する; (恩を)感謝する, (手紙の到着を)報じる.

acknowledged a. 定評のある.

acknowledg(e)ment 自認, 承認; (受け取りの)確認(通知); 感謝, 礼状; 謝辞.

acme 絶頂, 極致.

acne Med. にきび.

acolyte Rom. Cath. 侍祭, アコライト; 助手.

Aconcagua アコンカグア《アルゼンチンの火山》.

aconite Bot. トリカブト; アコニット《鎮痛剤》.

acorn カシの実, どんぐり.

acornshell どんぐりの殻; Conchology フジツボ.

acorn tube Telecom. エーコン管.

acotyledon Bot. 無子葉植物.

acoustic a. 聴覚の; 音響上の; (楽器が)アンプを用いない, 生の《ギターなど》.

acoustics 音響学; (室内の)音響効果.

acquaint v. 知らせる, 熟知させる (with); 知り合いにさせる. **be acquainted with** …を知っている. **get acquainted with** …を知るようになる.

acquaintance 知識; 面識; 知人. **make one's acquaintance** 人と知り合いになる.

acquaintanceship 知り合い(の間柄); 知識.

acquiesce v. 黙諾する; 黙従する (in).

acquiescent a. 黙従する, 従順な.

acquire v. 得る, 獲得する; 修得する; (評判などを)もたらす.

acquired a. Biol. 後天性の, 獲得した.

acquirement 取得, 獲得, 修得; [pl.] 学殖, 才芸, たしなみ.

acquisition 取得, 獲得(物), 掘り出し物; 習得.

acquisitive a. 欲しがる (of), 欲張りの.

acquit v. 放免する, 無罪にする (one of an offense). **acquit oneself** 振る舞う.

acquittal 無罪, 釈放; 免除.

acquittance 債務消滅認証書.

acre エーカー《4,840 平方ヤード, 4,047 m²》; [pl.] 地所.

acreage エーカー数, 面積.

acrid a. 苦い, 辛い; 辛辣な, 厳しい.

acrimonious a. (言葉・態度などが)激しい, 毒々しい, とげとげしい.

acrobat 軽業師, 曲芸師; (政治家などで)豹変する人.

acrobatic a. 曲芸的な.

acrobatics 曲芸, 軽業.

acronym 頭字語《例: NATO＝North Atlantic Treaty Organization》.

acrophobia 高所恐怖(症).

acropolis (古代ギリシャ都市の)城丘; [the A-] アクロポリス《Parthenon のあったアテネの城丘》.

across prep., ad. …を横切って, 渡って, …の向こうに; 差し渡し. **across from** の反対側に.

across-the-board a. 全面的な, 総花的な; (ラジオ・テレビで月から金まで)帯番組の.

acrylic acid Chem. アクリル酸.

act v. する, 行う, 行動する; (劇を)上演する; (役を)務める, 振る舞う; 作用する, 働く, きく (on); 裁決する. **act as** …の役をする. **act for** …の代理をする. **act on [upon]** …に従って行動する. **act out** 実演する, 実行する; Psychol. (精神分析で抑圧された感情などを)行動化する. **act up** いたずらする; 調子が悪くなる. **act up to** …を守る, 実行する. — n. 行為; (劇の)幕; 法令, 決議. **act of God** 不可抗力. **in the act (of)** 現行中, …しているところ. **put on an act** (同情を買うため

に）芝居をしてみる; 気取る.

ACTH adrenocorticotropic hormone.

actin *Biochem.* アクチン《蛋白質の一種》.

acting *a., n.* 代理の; 演技, 芝居.

acting copy 台本.

acting manager 支配人代理.

actinic *a.* 化学線の, 化学作用のある.

actinic ray 活性線.

actinism 化学線作用.

actinium *Chem.* アクチニウム《放射性元素》.

actinouranium *Chem.* アクチノウラン《ウラン 235 のこと》.

action 活動, 行動, 行為; 動作, 演技; （映画などの）はらはらする演技, アクション; 身のこなし, 身振り; きびきびした挙動, ばね; 作用, 働き; 便通; 方策, 処置; （物語などの）筋; *Law* 訴訟; 交戦, 戦闘. **in action** 活動中の; 交戦中の; 試合中の, 競技中の.

take action 措置を講じる; 訴える.

actionable *a.* 起訴できる.

action painting *Fine Arts* 行動画法《動的で太いタッチの抽象画の一様式》.

activate *v.* 活動的にする; *Phys.* 放射能を与える; *Chem.* 活性化する; 戦闘部隊を編成する.

activated carbon 活性炭《脱色・脱臭用》.

active *a.* 活動的な, 活発な; 能動的な, 積極的な; 現役の.

active immunity *Med.* 能動免疫.

actively *ad.* 活動的に, 活発に; 能動的に.

active service 現役.

active voice *Gram.* 能動態.

active volcano 活火山.

activism 行動主義.

activist （政治運動に関して）行動主義者, 活動家.

activity 活動, 活躍; 活気, 活況.

actor 俳優, 役者, 男優.

actress 女優.

actual *a.* 現実の, 実際の, 現在の.

actuality 現実(性); [*pl.*] 実情. **in actuality** 現実に(は).

actualize *v.* 実現する.

actually *ad.* 現に, 実際に; 本当は, 実は.

actuarial *a.* 保険計理人の, 保険計理統計の.

actuary 保険計理人.

actuate *v.* （機械を）動かす, （人の心を動かして）…させる(one *to* do).

actuation 衝動作用.

acuity 鋭さ, 鋭敏さ.

acumen 鋭敏, 明敏; 洞察力.

acupressure 指圧（療法）.

acupuncture 針療法.

acute *a.* 尖った, 鋭い; 激しい, 深刻な; かん高い; *Med.* 急性の; 鋭アクセントの.

acute angle *Math.* 鋭角.

ad (<*advertisement*) 広告.

A.D. Anno Domini.

adage 諺, 金言.

ad agent 広告代理業者.

adagio (It) *ad., n. Mus.* アダージョ, 遅く; アダージョの曲.

Adam アダム《人類の始祖》.

adamant 堅硬石, 非常に堅いもの.

adamantine *a.* きわめて堅い; 不動の.

Adamite 裸体主義者.

Adamitism 裸体主義.

Adam's apple のどぼとけ.

adapt *v.* 適応させる(*to*), 応用する; 改作する, 翻案する.

adaptability 適応性.

adaptable *a.* 適応できる, 改作できる.

adaptation 適応, 順応; 改作, 翻案.

adapted *a.* 適した; 改作した.

adapter, adaptor 改作者, 翻案者; *Elec.* 加減装置, アダプター.

adaptive *a.* 適応できる.

ad column (新聞の)広告欄.

add *v.* 加える, 足す; 言い足す; 増す(*to*). **add up** 合計する; つじつまがあう, 計算があう.

addend *Math.* 加数.

addendum 補遺; 追加.

adder *Zool.* ヨーロッパクサリヘビ《毒蛇》.

addict *v.* 委ねる, 耽らせる(one*self to*). **be addicted to** …に耽る, 専心する. — *n.* (麻薬の)常用者.

addition 付加, 増加, 加算; *Law*(人名への)付加事項. **in addition**(**to**…)(…に)加えて, その上.

additional *a.* 付加の, なおその上の.

additionally *ad.* その上, 更に.

additive *a., n.* 付加的な(物), 添加物.

addle *v.* 腐らす, 腐る; (頭を)混乱させる. — *a.* 腐った; (頭が)混乱した.

addlebrained, addleheaded, addle-pated *a.* 愚鈍な.

add-on (効力を高める)付加装置.

address *v.* …に話しかける, 演説する; (手紙などに)宛名を書く; あてる; *Golf* 打つ構えをする, アドレスする. **address oneself to** …に取り組む; …に話しかける. — *n.* 演説; (大統領の)教書; 宛名, 住所; 応対のうまさ; 腕前; *Computer* アドレス; [*pl.*] 求愛; *Golf* アドレス.

addressee 受信人.

addresser, addressor 発信人.

addressing machine 宛名印刷機.

adduce *v.* (証拠として)あげる, 引用する.

adducible *a.* 引用できる.

adenoids *n. pl. Med.* アデノイド.

adept *a.* 熟達した, 老練な(*at, in*). — *n.* 名人.

adequate *a.* 適当な, 十分な; まずまずの.

adequately *ad.* 適当に, 十分に.

adhere *v.* くっつく, 粘着する, 固着する, 付いて離れない, 堅く守る(*to*).

adherence 固執, 固守; 忠誠, 支持.

adherent *a., n.* 粘着する, 固執する; 支持者, 信徒, 子分.

adhesion 粘着; 固執; 操守; *Med.* 癒着.

adhesive *a., n.* 粘りつく; 接着剤, 絆創膏, 粘着テープ.

adhesive plaster [**tape**] 絆創膏.

ad hoc (L) *ad., a.* 特別に, 特別の; その場かぎりの.

adiabatic *a. Phys.* 断熱の.

Adidas *Trademark* アディダス《スポーツウェア》.

adieu *int., n.* さようなら; 別れ.

ad infinitum (L) *ad.* 無限に.

ad interim (L) *ad., a.* 臨時に, 臨時の.

adios *int., n.* さようなら, ご機嫌よう.

adipose *n., a.* 脂肪(の).

adiposity *Med.* (過)脂肪症.

adjacent *a.* 近隣の, 隣接する(*to*).

adjectival *a., n.* 形容詞(的)の; 形容詞類.

adjective *n., a. Gram.* 形容詞(の).

adjoin *v.* 隣接する, (…に)隣る.

adjoining *a.* 隣接する, 隣の.

adjourn *v.* 延期する; 延会する, 休会する; 仕事を中止する; 席を移す, 会場を移す.

adjudge *v.* 審判する, 判決する, 宣告する; 与える, 交付する.

adjudicate *v.* 裁決する, 判決する, 宣告する.

adjudicator 判決者.

adjunct 付加物; *Gram.* 付加詞, 付属詞.

adjunction 添加(物); 付加.

adjure *v.* 誓って…させる; 嘆願する.

adjust *v.* 整える, 調整する, 調節する; 調停する, 和解させる; *Ins.* (損害に対する)支払い額を決める.

adjustable *a.* 調節できる.

adjutancy 副官の職.

adjutant 副官, 助手.

adjutant (**bird**) *Ornith.* オオハゲコウ.

adjuvant a. 助けとなる.

Adlerian a. *Psychol.* アドラー(説)の.

ad lib ad. 即席に, 即興的に, 任意に.
—n. アドリブ, おしゃべり.

ad-lib v. (せりふなどを)即席に作る; 任意にやる.
—a. 即興の.

ad libitum (L) ad. 任意に; *Mus.* 即興的に.

adman 広告業者; 宣伝係.

admass マスコミ宣伝; マスコミ大衆.

admeasure v. 割り当てる, 量る.

administer v. 管理する, 処理する; (法律を)施行する, 執行する; (薬・手当てなどを)施す; (…に)役立つ, 貢献する (to); (宣誓を)させる.

administrate v. 管理する; 支配する.

administration 管理, 運営, 支配; 統治, 行政; 施行; 投薬; *Law* 遺産管理; [the A-] 政府.

administrative a. 管理の; 経営上の; 行政上の.

administrative county (英国の新) 行政州.

administrator 行政官, 司政官, 役人; 管理者.

admirable a. 感心な, 立派な, 見事な.

admirably ad. 立派に.

admiral 海軍大将, 提督. **Fleet Admiral** = Admiral of the Fleet 海軍元帥.

admiralship 海軍大将の職.

admiralty = admiralship; [the A-] 海軍省. **First Lord of the Admiralty** 海軍大臣.

admiration 感嘆, 称賛(の的); 敬慕, 崇拝. **to admiration** 立派に, 見事に.

admire v. 感服する, 称賛する; 敬慕する, 崇拝する.

admirer 賛美者; 崇拝者, 愛慕者, 恋人.

admissible a. 許容できる.

admission 入場, 入会, 入学(許可); 入場料; 容認, 許容; *Mech.* 給気. **admission fee** 入場料. **admission ticket** 入場券.

admissive a. 入場許可の; 是認の, 承認の.

admit v. 入れる, 通す (into, to); 許す, 認める; 収容する; (疑いなどの)余地がある (of).

admittance 入場(許可), 入場権; *Elec.* アドミタンス. **No admittance** 立入禁止.

admittedly ad. 一般の認めるところでは; 確かに, 明らかに.

admix v. 混ぜ合わす (with).

admixture 混和(物).

admonish v. さとす, 戒める, 勧める (to do, that); 注意する, 警告する (of); 知らせる (of, that).

admonition 説諭, 訓戒, 忠告; 警告.

admonitory a. 説諭の, 警告の.

ad nauseam (L) ad. 嫌になるほど.

ado 騒ぎ, 骨折り; 面倒.

adobe アドービれんが, 日干しれんが.

adolescence 青年期, 思春期; 青春.

adolescent a., n. 成長盛りの, 青春期の, 若々しい; 青春期の男, 青春期の女.

Adonis *Gk Myth.* アドーニス《Aphrodite の愛した美少年》; 美少年.

adopt v. 養子にする, 養女にする; (意見・政策などを)採用する, 借用する.

adoption 採用, 公認; 養子縁組.

adoptive a. 採用の; 養子関係の.

adorable a. 崇拝すべき, 敬慕すべき; 愛すべき, 愛らしい.

adoration 崇拝, 崇敬; 敬慕, 愛慕; 祈り.

adore v. あがめる, 崇拝する; 敬慕する; 非常に好む.

adorer 崇拝者; 愛慕者.

adorn v. 飾る; 精彩を添える, 引き立たせる.

adrenal *a., n. Anat.* 腎臓に近い; 副腎.

adrenal glands *Anat.* 副腎.

Adrenalin *Trademark* アドレナリン(剤)《止血剤, 強心剤》.

adrenaline *n. Biochem.* アドレナリン; 興奮させるもの.

adrenocortical *a. Anat.* 副腎皮質の.

adrenocorticotropic hormone *Biochem.* 副腎皮質ホルモン《リューマチなどの特効薬》.

adriamycin アドリアマイシン《抗癌剤》.

Adriatic Sea アドリア海.

adrift *ad.* 漂流して; 流浪して. **go adrift** 漂流する.

adroit *a.* 巧みな, 器用な, 抜け目のない.

adsorb *v. Chem.* 吸着する.

adulate *v.* 媚びへつらう.

adult *n., a.* 成人(の); 成人向けの, ポルノの.

adult education 成人教育.

adulterant 混ぜ物.

adulterate *v.* 混ぜ物をして品質を悪くする.

adulterator 粗悪品製造者.

adulterer 姦通者《男》.

adulteress 姦通者《女》.

adulterine *a.* 姦通の.

adultery 姦通, 不義.

adumbrate *v.* かすかに示す, 漠然と示す; 陰にする.

adumbration 輪郭描写.

advance *v.* 進む, 進める; 進歩する, 昇進する, 昇進させる; 提出する, 提案する; 前払いする, 貸す; 早める, 繰り上げる; (値が上がる, (値を)上げる; 進軍する; 攻撃する (*against*). —*n.* 前進; 進歩; 昇進; 進軍, 進撃; 騰貴, 値上がり; 前払い, 立て替え; [*pl.*] 交渉, 提言, 求婚; =advance guard. **in advance** 前もって; 先に立って (*of*).

advance copy 新刊の見本《批評用など》.

advanced *a.* 進んだ; 進歩した, 高等の; (夜が)更けた; 老いた.

advance man (遊説などの)先発員.

advancement 進歩, 発達; 前進; 昇進, 栄達; 助成; 前払い.

advance sheets (未製本の)見本刷り.

advantage *n.* 有利な立場, 優越; 利益, 有利, 好都合; *Tennis* アドバンテージ《ジュース後の一点》. **take advantage of** …を利用する, …に乗じる; (人を)出し抜く. **to advantage** 有利に, 引き立って. —*v.* 利する, 役立つ.

advantageous *a.* 有利な, 都合よい.

advent 出現, 到来; [A-] キリストの降臨, 降臨節《Christmas 前の約 4 週間》.

Adventist キリスト再臨論者.

adventitious *a.* 偶然の, 偶発的な.

adventure 冒険(談), 珍しい経験; 投機.

adventurer 冒険者; やま師.

adventuresome *a.* 冒険的な, 大胆な.

adventuress 婦人冒険家; 女やま師.

adventurism 冒険主義.

adverb *Gram.* 副詞.

ad verbum (L) *ad.* 逐語的に.

adversary 敵; 相手.

adversative *a.* 反意の.

adverse *a.* 逆の, 反対の; 不利な.

adversity 逆境, 不幸.

advertence, -cy 注意(深さ).

advertent *a.* 注意深い.

advertise *v.* 広告する, 通知する.

advertisement 広告.

advertising *a., n.* 広告の; 広告(業).

advice 忠告, 助言, 診断; 意見; 通報, 報道; 通知(書), 案内(書).

advisability 得策, (策の)当否.

advisable *a.* 当を得た, 得策の, 賢明な.

advise *v.* 忠告する, 助言する; 相談する (*with*); 通知する (*of, that*).

advised *a.* 熟慮の上での.

advisedly *ad.* 熟考の上, 故意に.

advisee 指導学生.

advisement 考慮, 熟慮.

adviser, advisor 顧問, 相談役.

advisory a. 忠告の; 諮問の.

advocacy 弁護; 唱道, 支持.

advocate n. 弁護人; 主張者, 擁護者.
— v. 弁護する; 唱道する, 擁護する.

adz(e) (木工用)ちょうな.

Aegean a., n. エーゲ海(の); エーゲ文明の.

Aegean Sea エーゲ海.

aegis Gk Myth. (Zeus の)盾; 保護, 後援.
under the aegis of …の保護を受けて.

aeon 永久; Geol. エオン, イーオン《時間の単位＝10 億年》.

aerate v. 空気にさらす, (呼吸で)血液を酸化する; 空気を含ませる, 炭酸ガスを含ませる.

aerated water 炭酸水.

aerator 炭酸ガス飽和器; (小麦などの)燻蒸器.

aerial a. 空気(のような), 気体の; 空中の; 航空の; 高架の. — n. アンテナ.

aerial ladder (消防用)空中ばしご.

aerie (猛禽の)高巣.

aeriform a. 気体状の, 無形の.

aerify v. 気化する; ＝aerate.

aero a. 航空(機)の, 航空写真の.

aeroballistics 航空弾道学.

aerobatics 曲技飛行術.

aerobe Biol. 好気性細菌.

aerobic a. 好気性の.

aerobic dancing エアロビックダンス.

aerobics エアロビクス《運動をして酸素の消費を促進する健康法》.

aerobiosis Biol. 好気性.

aerodrome ＝airdrome.

aerodynamics 気体力学.

aeroembolism Med. 航空塞栓.

Aeroflot アエロフロート《ソ連国営航空》.

aerogram(me) 航空書簡; 無線電報.

aerology 高層気象学.

aeromechanic a. 空気力学の.

aeromechanics 空気力学.

aeromedicine 航空医学.

aeronaut 飛行船操縦者, 気球操縦者.

aeronautic(al) a. 航空の.

aeronautics 航空術, 航空学.

aeronomy 超高層大気物理学.

aeropause 大気界面《地上 20,000–23,000 m の空気層》.

aeroplane ＝airplane.

aerosol Chem. エーロゾル, 煙霧質.

aerosol bomb 殺虫剤噴霧器.

aerosolize v. 散布する.

aerospace n., a. (大気圏と大気圏外とで形成する)気圏; 航空宇宙(の).

aerosphere 大気.

aerostat 軽航空機.

aerostatics 気体静力学; 航空学.

aerotrain エアロトレイン《プロペラ推進式モノレール》.

Aertex Trademark エアテックス《下着用粗織生地》.

Aeschylus アイスキュロス《525–456 B.C.; ギリシャの悲劇詩人》.

Aesop イソップ《620?–564 B.C.; ギリシャの寓話作家》.

Aesopian a. イソップ(流)の.

aesthete 唯美主義者.

aesthetic a. 美学の; 美的な.

aestheticism 唯美主義; 美的趣味.

aesthetics 美学.

aetatis (L) a. 年齢…歳の.

aether ＝ether.

aetiology ＝etiology.

AF air force; Air France エールフランス, フランス航空; audio frequency.

afar ad. 遠く, はるかに. **from afar** 遠方から.

AFB air force base. **AFC** automatic frequency control.

affable a. 愛想のいい, 人好きのする, 優しい.

affair 事, 事柄, 事件; [pl.] 事務, 業務; 物; 事情; 情事.

affaire de coeur (F) 恋愛事件.

affect v. 影響する, 作用する; 感動させる; 好む, 好んで用いる; (…する)傾向がある; 装う, 振りをする.

affectation 気取り, てらい, 見せかけ, きざ.

affected a. 気取った, きざな; 影響を受けた; 感動を受けた; 冒された.

affecting a. 人の心を動かす, 痛ましい.

affection 愛情; 愛着; 感動; 疾患; 影響.

affectional a. 感情上の, 愛情の.

affectionate a. 慈愛深い, 優しい, 愛する.

affectionately ad. 愛情をこめて, 優しく.

affective a. 感情の, 感情的な.

afferent a. Physiol. 輸入性の; 求心性の.

affidavit Law 宣誓供述書.

affiliate v. 合併する, 合同する, 提携する; 会員にする, 支部にする; 加盟する; (…の起源を)…に帰する.

affiliated company 子会社, 系列会社.

affiliation 合併, 合同; 提携, 入会; (公的)関係.

affinity 親類関係; 類似; 好み, 相性; Chem. 親和力.

affirm v. 肯定する; 確言する, 断言する; Law 証言する.

affirmative a., n. 確言的な, 肯定(の); 肯定文, 肯定語.

affirmative action 差別撤廃措置.

affix v. くっつける, 添付する, (印紙などを)はる; (印を)押す; (署名などを)添える. — n. 添加物; Gram. 接辞《接頭辞・接尾辞》.

affixation 添加; Gram. 接辞添加.

afflatus 霊感.

afflict v. 苦しめる, 悩ます. **be afflicted with** …に苦しんでいる, 悩んでいる.

affliction 苦難, 苦悩.

afflictive a. 辛い.

affluence 豊富; 富裕; 流入, 殺到.

affluent a., n. 豊富な(in); 富裕な; 支流.

afflux 流入, 殺到; Med. 充血.

afford v. 生じる, 産する; 与える, 供給する; [can を伴って] …する余裕がある, …できる.

afforest v. 山林にする, 植林する.

affray (公の場所での)乱闘.

affreightment (貨物積送のための)用船.

affricate Phonet. 破擦音.

affrication Phonet. 破擦(音)化.

affront v., n. 侮辱(する); 直面する, 敢然と立ち向かう.

Afghan a., n. アフガニスタンの; アフガニスタン人(の), アフガニスタン語(の).

Afghan hound アフガンハウンド《猟犬》.

Afghanistan アフガニスタン《アジア南西部の共和国》.

afield ad. 野へ, 野に; 遠く離れて; 常軌を逸して.

afire ad., pred. a. 燃えて.

aflame ad., pred. a. 燃え立って, 輝いて.

AFL-CIO American Federation of Labor and Congress of Industrial Organizations 米国労働総同盟産業別会議.

afloat ad., pred. a. 浮かんで, 漂って; 海外に, 船上に; 浸水して; 広まって.

aflutter ad., pred. a. (旗などが)はためいて.

afoot ad., pred. a. 動いて, 進行中で; 徒歩で. **set afoot** (計画を)起こす.

aforementioned, aforesaid a. 前述の.

aforethought a. 事前に考えた, 計画的な.

a fortiori (L) ad. 一層有力な理由で, なおさら.

afraid pred. a. 恐れて, 嫌がって, 心配して(of,

to do, that), 嫌って.

afresh *ad.* 新たに, 再び.

Africa アフリカ.

African *a., n.* アフリカの, アフリカ(黒)人の; アフリカ(黒)人.

Africana アフリカに関する文献や資料.

African violet *Bot.* アフリカスミレ, セントポーリア.

Afrikaans アフリカーンス語《南アフリカのオランダ語を根幹とした混合語》.

Afrikaner アフリカーナー《特にオランダ系の南アフリカ生まれの白人》.

Afro *a., n.* アフロ型の(髪形).

Afro-American *a., n.* (アフロ系)アメリカ黒人(の).

Afro-Asian *a.* アジア・アフリカの.

aft *ad., a. Naut.* 船尾に, 船尾の方へ; 船尾の; (航空機の)機尾に.

after *ad.* 後に; 後ろに. — *prep.* …の後に; …の後を追って, …を求めて; …について; (…分)過ぎ; …に続いて, …の次に; (…した)からには; (…した)にもかかわらず; …に従って, …に倣って, …にちなんで. — *conj.* (…した)後に. — *a.* 後の; *Naut. Aeronaut.* (船・航空機の)後部の.

afterbirth *Med.* 後産.

afterburner (ジェット機の)再燃焼装置, アフターバーナー.

aftercare 病後の養生; 補導, アフターケア.

afterdeck *Naut.* 後部甲板.

aftereffect (事件の)結果, 余波; (薬の)あと作用.

afterglow 夕映え.

afterimage 残像.

afterlife 来世; 余生.

aftermath 二番刈り; (事件の)余波.

aftermost *a.* (船の)最後尾の.

afternoon 午後.

afternoons *ad.* 午後に(いつも).

afternoon tea 午後の軽食付きお茶.

afters デザート.

after-sale service アフターサービス.

after-shave *a., n.* ひげそり後の(ローション).

aftershock 余震.

aftertaste 後味; 余情.

aftertax *a.* 税引き後の; 手取りの.

afterthought あと知恵, あと思案.

afterward(s) *ad.* 後で, 後に, その後.

afterword 結論, 結語.

AG attorney general.

again *ad.* 再び, また; …だけ反復して, 倍の; その上に; 一方. **again and again＝time and (time) again** 幾度も, 再三. **as much [many] again (as)** もうそれだけ, 二倍だけ. **over again** さらに繰り返して.

against *prep.* …に対して, 向かって, 逆らって; …と対照して; …にぶつかって; …に寄りかかって (*upon*); …に備えて.

agamogenesis *Biol.* 無性生殖.

agapanthus *Bot.* ムラサキクンシラン.

agape[1] *ad., pred. a.* あんぐりと口をあけて, ぽんやりして.

agape[2] *Relig.* 神の愛; アガペ.

agar *Biol.* 寒天培養基; ＝agar-agar.

agar-agar てんぐさ; 寒天.

agate *Mineral.* めのう; *Print.* アゲート《5½ポイント活字》.

agate line 一欄で 1/14 インチ高の広告面.

agave *Bot.* リュウゼツラン.

age *n.* 年齢; 老年; 時代, 年代, 世代; 一生; 長い年月. **be of age** 成年に達している. **come of age** 成年に達する. — *v.* 年をとる, 老いる; 老いさせる; 古くなる, 古びさせる; ねかす, 熟成させる.

aged *a.* …歳の; 老齢の, 古くなった.

age-grade, age-group (同じ位の)年齢集団, エージグループ.

ageism 老人排斥.

ageist 老人差別者.

ageless *a.* 老いない.

age limit 年齢制限, 定年.

agelong *a.* 長年の.

agency 働き, 作用; 媒介, 周旋; 代理, 代理店, 代理業; 政府機関,… 庁.

agenda (会議の)協議事項, 議事日程.

agent 動因, 作因; 周旋人, 代理人, 差配人; 外交員, セールスマン, スパイ.

Agent Orange 強力枯れ葉剤.

agent provocateur (F) おとり, スパイ.

age-old *a.* 年を経た, 古来の.

agglomerate *n., a.* 塊(になった). — *v.* 塊にする, 塊になる.

agglomerative *a.* 凝集する, 塊になる.

agglutinate *v.* (にかわなどで)接合する.

agglutination *Ling.* 膠着.

agglutinative *a.* 膠着性の.

aggrandize *v.* 増大する, 強化する, 増強する.

aggravate *v.* 悪化させる; 怒らせる.

aggravating *a.* 悪化する; 腹の立つ.

aggravation 激昂; いらだたしさ.

aggregate *a., n.* 集合(体)(の), 集成(の); 総計(の). **in the aggregate** 全体で. — *v.* 総計…となる, 集める, 集まる.

aggregation 集合(体), 集成, 集団.

aggression 侵略, 侵害.

aggressive *a.* 侵略的な, 攻撃的な; 積極的な, 活動的な.

aggressor 侵略者.

aggrieve *v.* 虐げる, いじめる; 無視する. **be [feel] aggrieved** 憤慨する.

aghast *pred. a.* 肝をつぶして, ぎょっとして (*at*).

agile *a.* 敏活な, はしっこい.

aginner 改革反対者.

agio *Com.* 打歩, 両替料.

agiotage *Com.* 両替業.

agism =ageism.

agitate *v.* 揺り動かす, かき回す; (人心を)騒が
す; 騒ぎ立てる, 扇動する.

agitation 動揺; 興奮, 動乱; 扇動運動, アジ.

agitator 扇動家; 撹拌器.

agleam *ad., pred. a.* きらめいて, きらきらと.

aglow *ad., pred. a.* (赤く)輝いて, ほてって.

agnail (指の)ささくれ.

agnostic *a., n. Philos.* 不可知論の; 不可知論者.

agnosticism *Philos.* 不可知論.

Agnus Dei (L) 神の小羊 《キリスト》.

ago *ad.* (今から)…前に.

agog *ad., pred. a.* 待ちこがれて; 大騒ぎして.

a-go-go *n., a.* ディスコ; (ロックンロールを踊る)ナイトクラブ(風の); 最新流行の.

agonist 競争者; *Med.* 主動筋; (小説などの)主人公.

agonistic(al) *a.* 競技の; 争い好きの.

agonize *v.* 苦悶させる, 苦悶する.

agonized *a.* 苦悶の.

agonizing *a.* 苦しい, 辛い.

agony 苦悩; 死の苦しみ, もがき. **pile on the agony** 感情を誇張する.

agony column (新聞の尋ね人などの)私事広告欄.

agora (古代ギリシャの)集会所, 市場.

agoraphobia *Psychol.* 広場恐怖(症).

agoraphobic *a., n.* 広場恐怖症の(人).

agrarian *a., n.* 土地の, 耕地の; 土地均分論者. **agrarian reform** 農地改革.

agravic *a. Phys.* 無重力(地帯)の.

agree *v.* 同意する(*with*); 応じる, 承諾する (*to*); 一致する(*with*); (相談が)決まる, 決定する(*on*); 性に合う(*with*); *Gram.* (数・格などが)一致する. **agree to differ** 互いに意見の違いを認めて争わない.

agreeable *a.* 気持ちのいい; 乗気の, 快く応じる(*to*).

agreeably *ad.* 快く; (…に)従って(*to*).

agreement 同意; 契約(書), 協約, 和合, 調和; *Gram.* 一致, 呼応.

agrément アグレマン《大使・公使派遣の際に駐在国が与える承認》.

agribusiness 農業関連会社, アグリビジネス.

agrichemical 農薬.

agriculture 農業, 農芸, 農学.

agriculturist 農業家, 農学者.

agronomist 耕種学者.

agronomy 耕種学.

aground *ad.*, *pred. a.* 浅瀬に乗り上げて, 座礁して. **run aground** 浅瀬に乗り上げる, 座礁する.

ague *Med.* おこり, 悪寒.

aguish *a.* おこりの(ような), おこりにかかった, 寒気のする.

ah *int.* ああ《満足・喜び・悲しみ・驚き・哀れみなどを表す発声》.

aha *int.* あはあ, ははあ《驚き・喜び・勝利・皮肉などを表す発声》.

ahead *ad.* 前方に, 前へ; 進んで, 先んじて (*of*).

ahem *int.* えへん.

ahoy *int. Naut.* (他船に呼び掛けて)おーい.

à huis clos (F) 秘密に.

AID Agency for International Development (米国の)国際開発局; artificial insemination by donor 非配偶者間人工授精.

aid *v.* 助ける, 手伝う (one *to do*, *in doing*).
aid and abet *Law* (犯罪を)幇助する. — *n.* 助力, 援助; 扶助; 助け手; 補佐, 副官.
in aid of …の助けとして.

aide 助手, 幕僚, 顧問, 側近, 補佐官.

aide-de-camp (F) 副官.

AIDS (<acquired *immune* deficiency syndrome) *Med.* 後天性免疫不全症候群, エイズ.

aigret(te) *Ornith.* 白サギ; (帽子につける)羽根飾り.

aiguille (Alps などの)尖り峰.

AIH artificial insemination by husband 配偶者間人工授精.

ail *v.* 苦しめる, 悩ます; 病む, 患う.

aileron *Aeronaut.* 補助翼.

ailment 病気.

aim *v.* (武器を)向ける; 狙う (*at*); 着眼する. 志す (*at*, *to do*). — *n.* 狙い; 見当; 的; 目的, 意図. **take aim** 狙う.

aimless *a.* 目的のない.

ain't =am [are, is] not; has [have] not.

Ainu *n.*, *a.* アイヌ人, アイヌ語(の).

aioli にんにくマヨネーズ.

air *n.* 空気, 大気; 空, 空中; 微風; *Mus.* 曲調, 調べ; 様子; 態度; [*pl.*] 気取り. **by air** 飛行機で. **clear the air** 疑惑を晴らす. **give (someone) the air** 解雇する; (恋人を)捨てる. **in the air** 宙ぶらりんで, 漠然として; 広まって. **into thin air** 姿をくらまして. **off the air** 放送されないで. **on the air** 放送されて. **put on [give oneself] airs** 気取る. **take air** 知れ渡る. **take the air** 散歩する. **up in the air** 未決定で; 怒って, ひどく興奮して. **walk [tread] on air** 心が浮き浮きしている. — *v.* 空気にさらす, 風に当てる; 風を入れる; 見せびらかす; (意見を)発表する, 言いふらす; 放送する.

air bag エアバッグ《車の衝突の際の緩衝用》.

air base 空軍基地.

air-bath *Med.* 空気浴.

air bed 空気ベッド.

air bell 気泡.

air bends 航空塞栓症.

air bladder (魚の)浮き袋.

airborne *a.* 空輸された.

air brake エアブレーキ.

airbrush エアブラシ.

airbus エアバス《短・中距離用の大型旅客

機》.

air chief marshal 空軍大将.

air coach 低料金の旅客機.

air command 航空軍集団《米空軍の最大の梯団で500機以上から成る》.

air commodore 空軍准将.

air-condition v. 冷房装置を施す, 空調装置を施す.

air-conditioned a. 冷房装置を施した, 空調装置を施した.

air-conditioner エアコン.

air-cooled a. 空冷式の.

aircraft 航空機《飛行機・飛行船・気球の総称》.

aircraft carrier 航空母艦.

aircraft(s)man 航空兵.

aircrew 航空機乗組員.

air current 気流.

air cushion 空気まくら.

air-cushion vehicle =Hovercraft.

airdate 放送予定日.

air defense 防空.

air division 航空師団《120機以上から成る米空軍部隊》.

air door 空気ドア《外気遮断用》.

air-drome 飛行場, 空港.

airdrop (兵員などの)空中投下.

Airedale (terrier) エアデール(テリア).

air express 空輸小荷物.

airfield 飛行場.

air filter エアフィルター.

air force 空軍.

airframe (エンジンを除いた)機体.

airfreight 空輸貨物.

air fuelling 空中給油.

airglow Meteor. 大気光.

airgraph n., v. 航空縮写郵便(で送る).

air gun 空気銃.

air hole =air pocket.

air hostess (旅客機の)スチュワーデス.

airing 風当て, 虫干し; 外出, 戸外運動.

air jacket 救命浮き袋.

air lane 航空路.

airless a. 空気のない; 風通しの悪い.

air letter 航空郵便; 航空書簡.

airlift 空輸.

airline 定期航空路; 一直線.

airliner 定期航空機.

air lock Civ. Engin. 気閘, エアロック.

airmail n., v. 航空郵便(で送る).

airman 飛行家.

airmanship 飛行術.

air marshal 空軍中将.

air mass Meteor. 気塊, 気団.

air mile (国際)空里《約1852m》.

air-minded a. 飛行を好む, 空の旅を好む; 航空事業に熱心な.

airmobile a. (軍隊が)ヘリ輸送の.

air piracy 航空機の乗っ取り.

airplane 飛行機.

air plant Bot. 着生植物.

air pocket エアポケット.

air police 空軍憲兵隊.

air pollution 大気汚染.

airport 空港.

air power 空軍力.

air pressure 気圧.

air pump 空気ポンプ, 排気ポンプ.

air raid 空襲.

air-raid shelter 防空壕.

air sac Zool. (鳥の)気嚢.

airscrew (飛行機の)プロペラ.

air service 航空勤務, 航空事業.

air shaft (鉱山・トンネルの)通風縦坑.

airship 飛行船.

airsickness 航空病, 飛行機酔い.

airspace (室内の)空積; 領空.

airspeed n. (飛行機の)対気速度.

— v. 空路急送する.

air spring 空気ばね.

air stream 気流.

airstrip 仮設滑走路.

air taxi エアタクシー《近距離用小型飛行機》.

airtel 空港近くのホテル.

air terminal エアターミナル.

airtight a. 気密の.

airtime (ラジオ・テレビの)放送時間.

air-to-air a. 空対空の.

air-to-ground a. 空対地の.

air-to-surface a. 空対地の.

air valve 空気弁.

air vice-marshal 空軍少将.

airwaves 電波; チャンネル.

airway 航空路; [pl.] 航空会社; (ラジオ・テレビの)チャンネル.

airwise a. 航空知識のある.

airwoman 女流飛行家.

airworthy a. 飛行に耐える.

airy a. 空気の; 空中の; 風通しのいい; 空気のような; 淡い, 夢のような; 軽やかな, 軽快な, 快活な, 陽気な; 気取った.

aisle (教会堂の)側廊; (教会・劇場・教室・列車などの座席間の)通路.

aisled a. 側廊のある, 通路のある.

aitch H の字.

aitchbone (牛の)しりの肉, (牛の)しりの骨.

ajar ad., pred. a. (戸が)少し開いて; 不調和で.

aka, AKA (<also known as) 別名.

akimbo ad., pred. a. (両手を腰に当てて)肘を張って.

akin pred. a. 同族で, 類似して (to).

Alabama アラバマ《米国南部の州》.

alabaster 雪花石膏.

à la carte a., ad. メニューにより, 一品料理で, アラカルトの, アラカルトで.

alacrity 活発, 敏活.

Aladdin アラジン《「アラビア夜話」に登場する少年で, 魔法のランプを手に入れてあらゆる望みをかなえさせた》.

alameda 並木道.

alamo Bot. ヤマナラシ, ポプラ.

alamode 黒い薄絹.

à la mode (F) ad., a. 流行に従って, 流行の; アイスクリームをのせた.

alarm 警報; 驚き, 恐怖; 警報器.
— v. 警報を発する; 不安を与える.

alarm bell 非常ベル, 警鐘.

alarm clock 目覚まし時計.

alarming a. 驚くほどの, 不安な.

alarmism 杞憂; 人騒がせ.

alarmist やたらと人心を騒がす人.

alarm signal 非常信号; 警報.

alas int. ああ(悲しい).

Alaska アラスカ《北米大陸北西部の米国の州》.

Alaskan a., n. Alaska 州の(人).

alb Christianity アルバ《司祭が着用する白麻の長い祭服》.

Albania アルバニア《バルカン半島西部の共和国》.

albatross Ornith. アホウドリ.

albeit conj. たとえ…でも.

Alberta アルバータ《カナダ南西部の州》.

albino 白子.

albite Mineral. ソーダ長石.

album アルバム《切手・写真・サイン帳・LPレコードなど》.

albumen 卵白.

albumin Biochem. アルブミン《蛋白質の一種》.

albuminoid a., n. 蛋白性の; 硬蛋白質.

alcalde (Sp) (スペインの)裁判官兼任の市長.

alchemist 錬金術者.

alchemy 錬金術.

alcohol Chem. アルコール; 酒精.

alcoholic a., n. アルコール性の; アルコール中毒患者.

Alcoholics Anonymous アルコール中毒防止協会.

alcoholism アルコール中毒.

alcoholize v. アルコール漬けにする; 酒精化する.

alcoholometer アルコール比重計.

alcove アルコーブ《壁をへこませて作った小部屋》, 床の間; あずまや.

aldehyde *Chem.* アルデヒド.

al dente a. (料理が)歯ごたえのある.

alder *Bot.* ハンノキ.

alderman 市会議員.

ale エール《ビールの一種》.

aleatory a. 射倖的な, 偶然による.

alee ad. *Naut.* 風下へ, 風下に.

alehouse ビヤホール.

alert a., n. 油断のない; 敏活な; 警戒警報.
　on the alert 警戒して (*for*). — v. 警戒させる, 警報を出す.

alewife 居酒屋のおかみ; *Ichthy.* ニシンの類.

Alexander アレキサンドロス(大王)《356–323 B.C.; マケドニアの王(336–323 B.C.)》.

Alexandria アレキサンドリア《エジプト北部の港市》.

Alexandrine a., n. *Poet.* アレキサンダー格の(詩行).

Alfa A の字.

alfalfa *Bot.* ムラサキウマゴヤシ.

Alfred アルフレッド(大王)《849–899; 英国アングロサクソン時代の Wessex 王 (871–899)》.

alfresco ad., a. 戸外で, 戸外の.

alga *Bot.* 藻.

algebra 代数.

algebraist 代数学者.

Algeria アルジェリア《アフリカ北部の共和国》.

ALGOL *Computer* アルゴル《プログラム用言語》.

Algonkin, Algonquin (北米・カナダに住んだ)アルゴンキン族の人, アルゴンキン族の言語.

algorism アラビア式記数法; *Computer* アルゴリズム, 算法.

Alhambra アルハンブラ《スペインの Granada にあるムーア人の宮殿》.

alias n., ad. 別の名(で).

alibi n., v. *Law* 現場不在証明, アリバイ; 言訳(をする).

alien a. 外国の; 異質の (*from*); 相いれない (*to*). — n. 外国人, (居留)外人; (SF で)宇宙人, エーリヤン. — v. *Law* 譲渡する.

alienable a. 譲渡できる.

alienate v. 疎んじる, 遠ざける (*from*); *Law* 譲渡する.

alienation 疎外.

alienism 外人であること; 精神病研究.

alienist 精神科医.

aliform a. 翼状の.

alight[1] v. 降りる; (飛行機が)着陸する, 着水する; (鳥が)とまる.

alight[2] pred. a., ad. 燃えて.

align v. 一列に並べる, 一列に並ぶ; 提携させる, 提携する.

alignment 整列, 直線配列; *Civ. Engin.* 心合わせ.

alike pred. a., ad. 同様な, 同様に, 等しく.

aliment 栄養物; 食物, 扶助.

alimental a. =alimentary.

alimentary a. 栄養の, 栄養になる.

alimentary canal 消化管.

alimentation 栄養, 扶養.

alimony *Law* (別居中・離婚後の妻に与える)扶助料.

A-line a. A ラインの《婦人服が上がぴったりで裾が広がった》.

alive pred. a. 生きて; 敏感で (*to*); 生き生きして, 活発で; 群って; 賑わって, うようよして (*with*).
　Look alive ! ぐずぐずするな.

alizarin *Chem.* アリザリン《紅色色素》.

alkalescence *Chem.* 弱アルカリ性.

alkali *Chem.* アルカリ.

alkalify v. アルカリ化する.

alkalinity アルカリ性.

alkalize v. アルカリ化する.

alkaloid Chem. アルカロイド.

alkanet Bot. アルカンナ；アルカンナ染料.

Alka-Seltzer Trademark アルカ・セルツァー《鎮痛錠》.

alkyd Chem. アルキド(樹脂).

alkyl Chem. アルキル.

all a., pron. すべて(の), 全部(の), 一切の(もの), 最も. **after all** だって, 何といっても；結局. **all of** たっぷり. **at all** 少しも(…ない)；少しでも, いやしくも. **in all** 全部で. ─ad. 全然, まったく, すっかり, 万事；Sports 双方とも. **all in** すっかり疲れて. **all but** ほとんど. **all in all** 全体としては, 概して. **all one** まったく同じ. **all out** 皆さん乗り換え；すっかり, 全力をあげて, 全力を出し尽くして. **all right** よろしい, 申し分ない, 申し分なく, 故障はない；確かに. **all the** (それだけ)ますます. **all there** 抜け目のない. **all told** 全部で. **all up with** だめで. **That's all there is to it.** ただそれだけのことだ.

Allah アラー《イスラム教の神》.

all-American a. 全米の.

all-around a. 全般にわたる；万能の.

allay v. 静める；(苦痛を)和らげる, 軽くする.

all clear 空襲警報解除.

allegation (証拠のない)主張, 弁解.

allege v. (証拠なしに)主張する；…のためだと弁解する.

alleged a. (証拠なしに)言いたてられた, …だと言われた.

allegedly ad. 主張するところによれば, 伝えられるところによれば.

Alleghenies アレゲーニー《米国東部の山脈》.

allegiance 忠義, 忠順, 忠誠, 忠節, 献身, 信義.

allegoric(al) a. 譬え話の, 寓意的な.

allegorist 寓話作家.

allegory 譬え話, 寓話, アレゴリー.

allegretto ad., n. Mus. アレグレット, やや快速に；アレグレットの楽章, アレグレットの曲.

allegro (It) ad., n. Mus. アレグロ, 快速に；アレグロの楽章, アレグロの楽曲.

allergic a. アレルギーの；大嫌いな.

allergist アレルギー専門医.

allergy Med. (ある食物・薬物などに対する)過敏症, アレルギー；反感.

alleviate v. 緩和する, 軽減する.

alleviative a., n. 緩和する(もの), 緩和剤.

alley 横町, 裏道, 路地；(樹間の)小道；畔道；(ボーリング場の)レーン；おはじき玉. **down [up] one's alley** お手のもので.

alleyway 路地；(建物内の)小通路.

all-fired ad., a. まったく(の).

All Fools' Day 万愚節《いたずらご免の4月1日》.

alliance 同盟；縁組；類似.

allied a. 同盟した；縁組した；同類の, 類似の；[A-](世界大戦中の)連合国(側)の.

alligator Zool. アリゲーター《米国・中国産のワニ》；水陸両用戦車.

alligator clip Elec. わに口クリップ.

alligator pear Bot. ワニナシ, アボカド.

all-important a. 最重要の.

all-in a. 全部こみの；Wrestling フリースタイルの.

alliterate v. Rhet. 頭韻を踏む.

alliteration Rhet. 頭韻.

alliterative a. 頭韻の, 頭韻を踏んだ.

all-night a. 終夜の.

allocate v. 割り当てる, 配分する, 配給する；配置する.

allomorph Ling. 異形態《同一形態素に属する異なった形態》.

allopathy Med. 逆症療法.

allophone Ling. 異音《同一音素に属する異なった音》.

all-or-none [-nothing] a. 全か無かの.

allot *v.* 割り当てる, (くじ引き・命令で)配分する (*to*); 定める.

allotment 割り当て, 分け前; 割り当て額, 割り当て量, 割り当て数; 配分地.

allotrope *Chem.* 同素体.

allotropy *Chem.* 同素.

all-out *a.* まったくの, 全力をあげての.

allover *a., n.* 全面にわたる, 総模様の(布).

allow *v.* 許す; …させておく; (手当などを)支給する; 認める; (…の)余地がある(*of*); 割引きする; 斟酌する(*for*).

allowable *a.* 許される, 認められる.

allowance 手当て; 割引; 余裕, ゆとり; こづかい; [*pl.*] 考量, 斟酌. **make allowance(s)** 酌量する(*for*).

allowedly *ad.* 許されて, 当然.

alloy *v.* 合金する; (合金して)品質を下げる; (快感などを)減じる. —*n.* 合金; 混ぜ物.

all-powerful *a.* 最強力の, 全能の.

all-purpose *a.* 何にでも使える, 万能の.

all-right *a.* 正直な, すばらしい.

all-round *a.* =all-around.

all-rounder 何でも屋, 万能選手.

All Saints' Day 諸聖徒祝日, 万聖節 《11月1日》.

allseed 多種子の草本.

All Souls' Day 万霊節《11月2日》.

allspice オールスパイス《香味料》.

all-star *a.* スター総出の.

all-time *a.* かつてない, 記録的な. **all-time high** 最高記録. **all-time low** 最低記録.

allude *v.* それとなく言う, 暗にさす(*to*).

allure *v., n.* 誘う, 誘惑する(*to, into*); 魅する; 魅力.

allusion それとない言及, ほのめかし, あてつけ; *Rhet.* 隠喩.

alluvial *a. Geol.* 沖積の.

alluvion 沖積地, 沖積物, 寄り州; 波の打ち寄せ.

alluvium *Geol.* 沖積層.

all-weather *a.* 全天候(用)の.

all-white *a.* 白人専用の.

ally *v.* 同盟させる, 縁組させる; 類似している. **be allied to [with]** …と同盟している, 親類である, 同類である, 関連している. —*n.* 同盟者, 同盟国; 味方; [the Allies] (世界大戦中の)連合国側.

alma mater 母校; 校歌.

almanac 暦, 年鑑.

almighty *a., ad.* 全能の; 非常な, 非常に; [the A-] 全能の神.

almond *Bot.* ヘントウ, アーモンド《ヘントウの種の中の仁て食用》.

almond-eyed *a.* 目尻のとがった《日本・中国人などの特色》.

almond green 黄色がかった緑色.

almost *ad.* ほとんど, 大方.

alms 施物, 義援金.

almsgiving 施し, 慈善.

alnico *Metal.* アルニコ《アルミニウム・ニッケル・コバルトを含む磁石鋼》.

aloe *Bot.* アロエ, ロカイ.

aloft *ad.* 上方へ, 高く.

aloha (Haw) *n.* あいさつ. —*int.* さよなら; ようこそ; やあ.

aloha shirt アロハシャツ.

alone *pred. a., ad.* ただ独り, 孤独で, 単独で; 単に…だけ.

along *prep., ad.* …に沿って; に従って; の途中で; の間に; 先へ, ずっと, どんどん; 人から人へ, 場所から場所へ, 次々に; 一緒に(*with*); ここへ, そこへ, やってきて; [about を伴って] およそ. **all along** 始終. **along back** 最近に. **along with** …と一緒に. **be along** 着く, 到着する.

alongshore *ad.* 岸に沿って.

alongside *ad., prep.* (…の)側に; …と並んで(*of*).

aloof *ad.* 離れて, 遠ざかって (*from*). **keep [stand, hold] aloof** 離れている, 超然としている (*from*).

alopecia *Med.* 脱毛(症), 禿.

aloud *ad.* 声に出して, 聞こえるように, はっきり.

alpaca *Zool.* アルパカ《南米の家畜》; アルパカの毛(織).

alpenglow (高山の頂上に見られる)朝焼け, 夕焼け.

alpenhorn アルペンホルン.

alpenstock 登山杖.

alpha *n.* アルファ《ギリシャ字母の第1字; A, α》. **the alpha and omega** 初めと終わり, 全部. ── *a.* アルファベット順の.

alphabet アルファベット; 初歩.

alphabetical *a.* アルファベットの; ABC 順の.

alphabetize *v.* (…を)アルファベット順にする.

alphanumeric *a.* *Computer* 文字・数字両用の.

alpha particle *Phys.* アルファ粒子.

alpha ray *Phys.* アルファ線.

Alpine *a.* Alps の; [~, a-] 高山(性)の; *Ski.* アルペン競技の《回転と滑降》.

Alpinist (アルプス)登山家, アルピニスト.

Alps アルプス(山脈).

already *ad.* すでに, もはや, もう, 前に.

ALS autograph letter signed 自筆自署の手紙.

Alsace アルザス《フランス北東部のドイツに接する地方》.

Alsatian アルザス人; ドイツシェパード犬.

also *ad.* また, なお, その上.

also-ran 着外馬《4着以下》; 等外者, 落選議員, ぼんくら.

Altai アルタイ《Siberia より Mongolia に伸びる山脈》.

Altaic *a.* Altai 山脈の; *Ling.* アルタイ語族の. ── *n.* アルタイ語族.

altar 祭壇.

altarpiece 祭壇の背後上部の飾り.

alter *v.* 変更する, 改める, 改まる, 改造する.

alterable *a.* 改められる.

alteration 変更, 改変, 変化.

alterative *a., n.* 体質を改善する; 体質変換薬; 変質療法.

altercate *v.* 激論する.

alternate *a.* 交互の, 互い違いの; *Bot.* (葉が)互生の; 副の, 代理の. ── *v.* 交互する, 交互になる (*with*).

alternately *ad.* 交互に; 一つ置きに.

alternating current *Elec.* 交流.

alternation 交互, 交替.

alternative *a.* (二者中)どちらか一方の; 外に取るべき. ── *n.* (二者いずれかの)選択, 二者択一; 選ぶべき一方; 選択の対象; 外に取るべき手段.

alternative school (新しいカリキュラムによる)新方式学校.

alternator *Elec.* 交流(発電)機.

althorn *Mus.* アルトホルン.

although, altho *conj.* ＝though.

altimeter *Aeronaut.* 高度計.

altitude 高さ, 高度; 海抜, 標高; [*pl.*] 高所.

altitude sickness 高所病, 高山病.

alto (It) *Mus.* アルト, 女性最低音; アルト歌手.

altocumulus *Meteor.* 高積雲.

altogether *ad.* まったく, まるで, 全体で; 概して. ── *n.* 全体. **in the altogether** 裸で.

alto-relievo, -rilievo *Sculp.* 高浮彫.

altostratus *Meteor.* 高層雲.

altruism 利他主義, 愛他主義.

altruist 利他主義者, 愛他主義者.

altruistic *a.* 利他的な, 愛他的な.

alum *Chem.* 明礬.

alumina *Chem.* アルミナ《酸化アルミニウム》.

aluminate *Chem.* アルミン酸塩.

aluminium ＝aluminum.

aluminous *a.* アルミニウムを含む.

aluminum アルミニウム.

alumna 女子卒業生.

alumnus 卒業生, 校友, 同窓生; 生徒.

alveolar *a., n. Anat.* 歯茎の; 歯茎音.

alveolate *a.* 小穴のある.

alveolus *Anat.* 歯槽; *Phonet.* (上前歯の)歯茎; (蜂の巣状の)小穴.

always *ad.* いつも, 始終; いつまでも, 永久に. **not always** 必ずしも…でない.

alyssum *Bot.* ニワナズナ.

AM amplitude modulation; master of arts.

a.m. ante meridiem.

amalgam *Chem.* アマルガム; 混合物.

amalgamate *v.* アマルガムを作る; 融合する; 合同する.

amanuensis 筆記者, 清書係.

amaryllis *Bot.* アマリリス.

amass *v.* 積む, 集める, 蓄積する.

amateur アマチュア, 素人.

amateurish *a.* 素人くさい, 未熟な.

amateurism 素人芸, 素人風; アマチュア資格, アマチュア規定.

amatory, amative *a.* 恋の; 好色的な.

amaurosis *Med.* 黒内障.

amaze *v.* びっくりさせる, 驚かす. **be amazed** (…に)びっくりする, 肝をつぶす (*at, by*).

amazedly *ad.* びっくりして.

amazement びっくり, 仰天. **in amazement** びっくりして.

amazing *a.* 驚くべき, 驚くほどの.

Amazon *Gk & Rom. Myth.* アマゾン《女武者のみの部族》; 女傑; アマゾン《南米の大河》.

ambassador 大使; 使節. **ambassador extraordinary and plenipotentiary** 特命全権大使. **roving ambassador** 移動大使.

ambassador-at-large 特使, 無任所大使.

ambassadorial *a.* 大使の.

ambassadress 女性大使.

amber 琥珀.

ambergris 竜涎香《香水の原料》.

ambidextrous *a.* 両手のきく; 非常に器用な; 二心ある.

ambience 環境, 雰囲気.

ambient *a.* 周囲の.

ambiguity 曖昧(性), 多義性.

ambiguous *a.* 紛らわしい, 曖昧な, 多義的な.

ambisextrous *a.* 男女両性用の; 両性愛の.

ambisexual *a., n.* 両性愛の, 両性愛者.

ambition 功名心, 野心, 大望, 抱負.

ambitious *a.* 大望のある, 野心的な.

ambivalence *Psycol.* 両価感情《正反対の感情の共存》; 態度を決めかねていること.

ambiversion *Psycol.* 両向性格.

ambivert *Psycol.* 両向性格者.

amble *v.* (馬が)側対歩で歩む; (人が)ゆっくり歩く. — *n.* 側対歩《馬のゆっくりした歩き方》, 緩歩.

ambrosia *Gk & Rom. Myth.* 神々の食物; 美味芳香のもの.

ambrosial *a.* 美味な; 神々しい.

ambulance 救急車; 野戦病院; 傷病兵輸送車.

ambulance chaser 交通事故専門の弁護士.

ambulant *a.* 歩行する; 移動する.

ambulatory *a.* 歩行する, 歩行できる; 歩行に適する; 移動する.

ambush *n., v.* 待ち伏せ, 伏兵; 待ち伏せする. **fall into an ambush** 待ち伏せに遭う. **lie [wait] in ambush** 待ち伏せする.

ameba =amoeba.

ameliorate *v.* 改良する, 改善する.

amen *int.* アーメン, かくあらせたまえ. **say amen** 強く同意する.

amenable *a.* 従順な; 従う義務がある; (テストなどに)反応する, 分析できる (*to*).

amencorner (熱心な信者がすわる)説教壇に近い席.

amend *v.* (案などを) 修正する; (行いなどを) 改める.

amende honorable 公式の謝罪, 公式の賠償.

amendment 修正(条項).

amends 償い, 埋め合わせ. **make amends** 償いをする (*for*).

amenity 心地よさ, 快適; 優しさ, しとやかさ; [*pl.*] 感じのいい態度, しとやかな態度, 礼儀; (生活の)楽しみ.

ament *Psychol.* 精神薄弱者.

amentia *Psychol.* 精神薄弱.

Amerasian アメリカ・アジア混血の人.

America (南北)アメリカ大陸; アメリカ合衆国, 米国.

American *a., n.* アメリカの, 米国の; アメリカ人(の), 米国人(の); アメリカ英語, 米語.

Americana *n.* アメリカ文物記録, アメリカ文化文献.

American aloe *Bot.* アオノリュウゼツラン.

American dream アメリカの理想《平等と物質的繁栄を目指す》.

American eagle *Ornith.* (北米産の)ハクトウワシ.

American English アメリカ英語, 米語.

American Express アメリカン・エキスプレス《金融サービス会社》.

American football アメリカンフットボール.

American Indian アメリカインディアン.

Americanism 米国風; 米国びいき, 米国気質; 米語, アメリカ語法, アメリカなまり.

Americanist 南北アメリカの言語・文化の研究家.

Americanize *v.* 米国化する; 米国に帰化させる.

American League アメリカンリーグ《大リーグ野球の一つ》.

American Legion 米国在郷軍人会.

American plan アメリカ式ホテル料金制《部屋代・食費合算式》.

American Revolution 米国独立戦争《1775–83》.

American saddle horse (ケンタッキー産の)乗用馬.

americium *Phys.* アメリシウム《放射性元素》.

Amerind アメリカインディアン.

Amerindian *n., a.* アメリカインディアン(の).

amethyst アメシスト, 紫水晶; すみれ色.

amethystine *a.* 紫水晶の; 紫の.

amiability 愛らしさ, 愛嬌, 温厚.

amiable *a.* 愛らしい, 優しい, 愛嬌のある, 好意的な.

amicability 友愛, 親和, 親善.

amicable *a.* 友愛的な, 平和的な, 愉快な.

amid *prep.* …の真中に, 真中で; …の真最中に.

amide *Chem.* (酸)アミド.

amidship(s) *ad. Naut.* 船の中部に.

amidst *prep.* =amid.

amigo 友達.

amine *Chem.* アミン.

amino *a. Chem.* アミノの.

amino acid *Chem.* アミノ酸.

amino nitrogen *Biochem.* アミノ窒素.

amir =emir.

amiss *ad., pred. a.* 都合悪く, まずく, 誤って, 狂って. **go amiss** (事が)うまくいかない, 狂う. **take something amiss** 悪くとる, 悪意にとる.

amity 和親, 親睦, 親善, 友交. **in amity** 仲よく (*with*).

ammeter *Elec.* 電流計.

ammo =ammunition.

ammonia *Chem.* アンモニア(水).

ammoniac *a. Chem.* アンモニア(性)の.

— *n*. アンモニアゴム.

ammonite *Paleontol.* アンモン貝, 菊石.

ammonium *Chem.* アンモニウム.

ammonium chloride *Chem.* 塩化アンモニウム.

ammunition 弾薬; 攻撃手段, 防御手段.

amnesia *Med.* 健忘(症).

amnesiac *a., n.* 健忘症の(人).

amnesty 大赦, 特赦.

Amnesty International アムネスティーインターナショナル《国際的人権擁護団体》.

amnion *Anat.* (胎児を包む)羊膜.

amoeba *Zool.* アメーバ.

amoebiasis *Med.* アメーバ症.

amoebic *a*. アメーバの.

amoebic dysentery *Med.* アメーバ赤痢.

amoeboid *a*. アメーバ類似の.

amok *ad*. 暴れ狂って. **run amok** (殺意をもって)暴れ狂う.

among *prep*. …の中で, …の中に(交じって); …の仲間で, …の同士で.

amongst *prep*. =among.

amoral *a*. 道徳に無関係の; 道徳観念のない.

amoralism *Philos.* 無道徳主義.

amorist 好色家.

amorous *a*. なまめかしい; 恋して(*of*); 好色の, 多情な.

amorphism 無定形形; 虚無主義.

amorphous *a*. 無定形の; *Mineral.* 非結晶の.

amortization, amortizement 年賦償還.

amortize *v*. (負債を)償却する.

amount *v*. 総計が…になる(*to*); 結局…となる, (…に)当たる(*to*). — *n*. 総計, 総額; 量; 要旨.

amour (F) 恋愛事件.

amour propre (F) うぬぼれ, 自尊(心).

amp *Elec.* 増幅器, アンプ; エレキギター.

amperage *Elec.* アンペア数, 電流量.

ampere *Elec.* アンペア.

ampere-hour アンペア時.

ampersand &(=and)の記号名.

amphetamine *Pharm.* アンフェタミン《覚醒剤》.

Amphibia *Zool.* 両生類.

amphibian *a*. 水陸両性の, 水陸両用の. — *n*. 両生動物; 水陸両用飛行機.

amphibrach *Poet.* 弱強弱格《× ∠ ×》.

amphitheater (古代ローマの)円形劇場.

ample *a*. 広い; 十分な, 豊富な; 肉付きのよい, 太った.

amplification 拡大, 倍率; *Elec.* 増幅.

amplifier 拡大鏡; *Elec.* 増幅器, アンプ; 拡声器.

amplify *v*. 拡大する; 詳しく論じる(*upon*).

amplitude 広さ, 大きさ; 豊富; *Phys.* 振幅.

amplitude filter *Elec.* 振幅濾波器.

amplitude modulation *Elec.* 振幅変調.

amply *ad*. 十分に; 詳細に; 広々と.

ampoule, ampul(e) (注射液の)アンプル.

amputate *v*. (手足などを)切断する.

amputator 切断手術者, 切断手術器.

amputee 切断手術を受けた人.

Amsterdam アムステルダム《オランダの首都》.

amtrac(k) 水陸両用車.

Amtrak アムトラック《全米鉄道旅客運輸公社 (National Railroad Passenger Corporation) が経営する鉄道》.

AMU atomic mass unit.

amuck *ad*. =amok.

amulet お守り, 魔除け.

amuse *v*. 面白がらせる, 楽しませる, 慰める.

amusement 面白さ, 楽しみ, 慰み, 娯楽.

amusement arcade ゲームコーナー.

amusement park 遊園地.

amusing *a.* 面白い, おかしい.

amusive *a.* 面白い.

amyl *Chem.* アミル《アルキル基の一つ》.

amylaceous *a.* 澱粉状の.

amylase *Biochem.* アミラーゼ《澱粉を糖化する》.

an *indef. art.* 一つの; ある; 同じ; …につき.

ana 語録; 逸話(集).

anabolism *Biol.* 同化作用.

anachronic *a.* =anachronistic.

anachronism 時代錯誤(のもの), 時代遅れ(の人).

anachronistic *a.* 時代錯誤の.

anaconda *Zool.* アナコンダ《南米産の大蛇》.

Anacreon アナクレオン《572?-?488 B.C.; ギリシャの叙情詩人》.

anacreontic *a., n.* アナクレオン風の(詩), 酒と恋の(詩).

anadromous *a.* (魚が産卵のために)川を遡行する.

anaemia =anemia.

anaerobe *Bio.* 嫌気性細菌.

anaesthesia =anesthesia.

anagram 綴り替え遊戯, 字謎《例 dog を god にする》.

anagrammatize *v.* 字謎にする.

anal *a. Anat.* 肛門(付近)の.

analects 語録.

analeptic *a. Med.* 体力回復の.

anal eroticism [erotism] *Psychoanal.* 肛門性感.

analgesia *Med.* 無痛覚(症).

analgesic, analgetic *a., n.* 無痛覚の; 鎮痛剤.

analog(ue) *n.* 類似物; *Biol.* 相似器官; *Ling.* 同義語. —*a.* (時計が)(長, 短)針付きの, アナログの; アナログコンピューターの.

analog(ue) computer アナログコンピューター.

analogic(al) *a.* 類推による, 類推的な.

analogist 類推論者.

analogize *v.* 類推する; 類似する.

analogous *a.* 類似の (to).

analogy 類似, 似通い; *Biol.* 相似; *Ling.* 類推.

analyse *v.* =analyze.

analysis 分解, 分析; *Math.* 解析; 精神分析; *Gram.* 分析. **in the last [final] analysis** つまるところ.

analysis situs 位相幾何学.

analyst 分析者; 精神分析家.

analytic *a.* 分解の, 分析の, 解析の; 解剖的な.

analytical *a.* =analytic.

analytical chemistry 分析化学.

analytic geometry 解析幾何学.

analytics *Math.* 解析学; *Log.* 分析論.

analyzable *a.* 分析可能な.

analyze *v.* 分解する, 分析する; 精神分析をする; *Gram.* (文を)分析する; *Math.* 解析する.

anamnesis 回想; *Med.* 既往症.

anamorphosis 歪像.

anap(a)est *Poet.* 弱弱強格(××ー).

anaphora *Ling.* 照応(関係).

anaphoric *a. Ling.* 前方照応の.

anaphrodisia *Med.* 性欲欠如, 冷感症.

anaphrodisiac *a., n.* 制淫の, 制淫剤.

anaphylactic *a. Med.* 過敏性の.

anarchic(al) *a.* 無政府の.

anarchism 無政府主義, アナキズム.

anarchist 無政府主義者, アナキスト.

anarchy 無政府(状態); 無秩序.

anastigmat *Optics* 無収差レンズ.

anastigmatic *a. Optics* 収差を補正した.

anathema 呪い; 大嫌いなもの, 大嫌いな人; *Rom. Cath.* 破門.

anathematize *v.* 呪う; *Rom. Cath.* 破門する.

anatomist 解剖学者.

anatomize v. 解剖する, 分析する.

anatomy (生物体の)解剖(学); 分解; 構造; (詳細な)分析; 解剖体, 解剖模型; 人体.

ancestor 先祖, 祖先; 先駆者; Law 被相続人.

ancestor worship 祖先崇拝.

ancestral a. 祖先の; 先祖伝来の.

ancestress 女子祖先.

ancestry 先祖; 家柄, 家系.

anchor n. 錨; (電線の)定着装置; 頼みの綱, 拠点; (競技でチームの)最終競技者, アンカー; =anchorman, anchorwoman; [pl.] ブレーキ. **be [lie, ride] at anchor** 停泊している. **cast [drop] anchor** 錨を下ろす. **weigh anchor** 錨を上げる. —v. 錨を下ろす, 停泊する, つなぐ; (...の)キャスターを務める.

Anchorage アンカレッジ《Alaska 州南部の海港》.

anchorage 船繋, 停泊(地); 停泊税; 安住の地.

anchoress 女の隠者.

anchor ground 錨地.

anchor ice 底氷.

anchorite 隠者, 隠遁者.

anchorman (チームの)最終競技者, アンカー; (テレビ・ラジオの)キャスター; 頼みになる人.

anchor ring 錨環.

anchor woman 女性の anchorman.

anchovy Ichthy. アンチョビー, ヒシコ《小イワシ》.

ancien régime (F) (フランス革命以前の)旧制度; 旧体制.

ancient a. 古代の, 昔の; 古来の. —n. [the ~s] 《ギリシャ・ローマなどの》古代人.

ancient history 古代史《476 年まで》; 周知の事実.

ancillary a. 従属の, 補助の.

and conj. および; そして, かつまた; すると, しかも; [命令文の後に用いて]そうすれば. **and so forth**=**and so on** など, うんぬん.

andante ad., n. Mus. アンダンテ, 緩やかに; アンダンテの楽章, アンダンテの曲.

andantino ad., n. やや緩やかに, やや緩やかな調子.

Andersen アンデルセン. Hans Christian Andersen (1805–75) デンマークの詩人・童話作家.

Andes アンデス《南米西部の大山脈》.

andesite Mineral. 安山岩.

andiron (炉の)まきのせ台.

and/or 及び・又は《両方又はいずれか一方》.

androgen Biochem. アンドロゲン《男性ホルモン》.

androgyny Biol. 男女両性具有; Bot. 雌・雄両花具有.

android 人造人間.

Andromeda Gk Myth. アンドロメダ《Perseus に救われたエチオピアの王女》; Astron. アンドロメダ座.

anecdotage 逸話集.

anecdote 逸話.

anecdotic a. 逸話的な.

anechoic a. 反響しない.

anemia Med. 貧血(症).

anemograph 自記風力計.

anemometer 風力計.

anemometry 風力測定法.

anemone Bot. アネモネ.

anemophilous a. Bot. 風媒の.

aneroid アネロイド気圧計, アネロイド晴雨計.

anesthesia Med. 麻酔; 無感覚(症).

anesthesiologist 麻酔(専門)医.

anesthesiology 麻酔学.

anesthetic a., n. 麻酔の; 麻酔剤.

anestrus Zool. 無発情期.

aneurysm Med. 動脈瘤.

anew ad. 新たに; 更に, 再び.

anfractuosity 紆余曲折; 曲折した道.

angel n. 天使, 守護神; 天使のような人; (俳優・劇場・選挙などの)後援者. **Be an angel and...** お願いだから...してよ.
—v. 後援する.

angel (food) cake エンゼルケーキ《白いカステラ風の菓子》.

angel dust 合成ヘロイン.

Angeleno ロサンゼルス人.

angelfish Ichthy. エンゼルフィッシュ《熱帯魚》.

angelic a. 天使の(ような), 天使のように美しい.

angelica Bot. アンゼリカ; [A-] アンゼリカ《California 州産の白ぶどう酒》.

angelus Rom. Cath. お告げの祈り.

angelus bell お告げの鐘.

anger n., v. 怒り; 怒らす. **in anger** おこって.

angina Med. アンギーナ《咽頭の炎症》.

angina pectoris Med. 狭心症.

angiosperm Bot. 被子植物.

Angle アングル人; [pl.] アングル族《ゲルマン族の一派で, 5 世紀以降英国に土着した》.

angle[1] n. Math. 角; すみ; 角度, 観点, 立場; Engin. 山形鋼; 腹黒い私的動機, ぺてん.
—v. 歪曲する. **angle of incidence** Phys. 入射角. **angle of reflection** Phys. 反射角. **angle of refraction** Phys. 屈折角.

angle[2] v. 魚釣りをする; おびき寄せる.

angle bracket 山パーレン《〈 〉》.

angled a. 角のある.

Angledozer Trademark アングルドーザー《大型地ならし機》.

angle iron Engin. (L字形の)山形鉄.

angle joint Arch. 隅接; Mech. かど継手.

angle meter 角度計; 傾斜計.

angler 釣り師; Ichthy. アンコウ.

angleworm ミミズ.

Anglican a., n. 英国国教会の(信徒).

Anglicanism 英国国教会の教義.

Anglice (L) ad. 英語で.

Anglicism 英国風; 英国気質; イギリス英語, 英国語法.

Anglicist 英語学者, 英文学者.

Anglicize v. 英国化する, 英語化する.

angling 釣り.

Anglo-American a., n. 英米(間)の; 英国系米国人.

Anglo-Catholic n., a. 英国(国教会)カトリック派(の).

Anglo-French アングロフレンチ《英国ノルマン王朝で用いられたフランス語》.

Anglomania 英国心酔.

Anglo-Norman ノルマン人《1066年の英国征服以後英国に移住したフランス人》; =Anglo-French.

Anglophile n., a. 親英派の(人).

Anglophobe 英国嫌いの人.

Anglophobia 英国嫌い.

Anglo-Saxon n., a. アングロサクソン人(の), アングロサクソン語(の), 古英語(の); (現代の)英国人; アングロサクソン系人.

Angora (cat) アンゴラネコ.

Angora (goat) アンゴラヤギ.

Angora (wool) アンゴラヤギの毛.

angostura bark アンゴスツラ樹皮《解熱用》.

angrily ad. 怒って, 腹立たしそうに.

angry a. 怒った, 激した (at, with); (空などが)荒れた, (傷が)炎症を起こした.

angst (G) 恐怖, 不安.

angstrom Phys. オングストローム《波長単位, 1億分の1センチ》.

anguish 激痛; 苦悩. **in anguish** 苦しんで.

anguished a. 苦しい.

angular a. 角の; 角ばった; 骨張った, 痩せこけた; ぎこちない, 堅苦しい.

anhydride Chem. 無水物.

anhydrous a. 無水の.

anile 老婆の(ような).

aniline Chem. アニリン.

anilingus アニリンガス, 肛門接吻.

animadvert v. 酷評する, 非難する (on, upon).

animal n., a. 動物; けだもの; 畜生; 人非人; 動物の, 動物的な.

animalcule Zool. 極微動物.

animalism 獣欲主義, 獣性.

animality 動物性.

animalize v. 動物化する; 獣的にする.

animal spirits 元気, 血気.

animate a. 生命のある, 生きている, 有生の; 活気のある. — v. 生命を与える; 活気づける, 励ます.

animated a. 生き生きした, 活気のある.

animated cartoon 漫画映画, 動画, アニメーション.

animated film 動画.

animateness 有生性.

animation 生気, 活気; 漫画映画, 動画, アニメーション.

animator 生気を与える者, 生気を与える物; 漫画製作者, 動画製作者.

animism Philos. (動物生活の根源を物質とみない)精霊説; (未開人が万物みな霊魂を有するとする)物活説, アニミズム, 精霊信仰.

animist 物活論者.

animistic a. 物活論的な.

animosity 憎悪, 敵意 (against, toward), 恨み.

animus =animosity.

anion Chem. 陰イオン, アニオン.

anise Bot. アニス《地中海地方産薬草》.

aniseed アニスの実《香味料》.

anisette アニス入りリキュール.

Ankara アンカラ《トルコの首都》.

ankle 足首.

anklet 足首の飾り輪; 婦人用ソックス.

ankylose v. Med. (骨などを)膠着させる.

annalist 年代記編者.

annals 年代記; 紀要.

Annam アンナン《ベトナム中部の地方》.

Annamese a., n. アンナン人(の), アンナン語(の).

anneal v. (鉄・ガラスなどの)焼きを戻す, なます.

annelid Zool. 環形動物《ミミズ・ヒルなど》.

annex v. 加える; (条件などを)付ける; 併合する; 盗む, 着服する. — n. 付加物, 添加物; 建て増し, 別館.

annexation 付加(物), 併合(地).

Annie Oakley 無料入場券.

annihilate v. 絶滅する, 全滅させる.

anniversary 記念日, 記念祭.

anno Domini (L) ad. キリスト紀元(後), 西暦….

annotate v. 注解する, 注釈をつける.

annotation 注釈, 注解.

annotator 注釈者.

announce v. 発表する, 告知する, 布告する, 声明する; (客の)来着を知らせる.

announcement 告知, 布告, 発表, 声明, 予告.

announcer 告知者; アナウンサー.

annoy v. 悩ます, 困らす, 焦立たせる.

annoyance 迷惑, 厄介(もの).

annoying a. うるさい, 厄介な.

annual a. 一年(間)の, 年々の, 年一回の.

   annual expenditure 歳出. **annual revenue** 歳入. — n. 一年生植物; 年報, 年鑑.

annually ad. 年々, 毎年.

annual ring Bot. 年輪.

annuitant 年金受領者.

annuity 年金.

annul v. 無効にする, 取り消す; 廃棄する.

annular a. 環状の.

annular eclipse Astron. 金環食.

annum (L) =year. **per annum** 年に(いくら).

annunciate v. 告知する.

annunciation 告知, 予告; [A-] Relig. 受

胎告知, お告げの 祝 日.

annunciator 告知者; 呼び出し 表示器.

anode *Elec.* 陽 極 , アノード.

anodize *v. Metal.* (電解により金属を保護する目的で)陽 極 酸化する.

anodyne *a., n.* 鎮痛の; 鎮痛剤.

anoint *v.* 油を塗る; 油を注いで神聖にする, 聖 別する.

anomalistic *a.* 異常 な; *Astron.* 近点の.

anomalous *a.* 変則の, 異常 な, 変態的な.

anomaly 変則; 異例; *Astron.* 近点角.

anomie, -my 無秩序, 道徳頽廃, アノミー.

anonym 匿名者, 無名, 変名.

anonymity 匿名; 無名.

anonymous *a.* 匿名の, 作者不明の.

anopheles *Entom.* アノフェレス, ハマダラカ《マラリアを媒 介する》.

anorak アノラック《フード付き防寒コート》.

anorexia *Med.* 食 欲不振.

another *a., pron.* もう一つの; 別の; 外の; 今一人の人; 今一つの物.

anovulant *n., a.* 排卵抑制剤(の).

anoxia *Med.* 酸素欠乏症.

anserine *a.* ガチョウの(ような); ばかな.

ANSI American National Standards Institute 米国規格協会.

answer *v.* 答える, 答弁する; 責任を負う (*for*); (希望・要求に)応じる (*to*); 叶う, 一致する (*to*); 間に合う (*as*). **answer back** 口答えする. — *n.* 答, 回答, 返事, 答弁; 仕返し. **know all the answers** 万事心得ている.

answerable *a.* 答えられる; 責任のある (*for*).

answerer 回答者.

answering machine =telephone answering machine.

answering service テレフォンサービス; 留守番電話業務.

ant アリ. **have ants in one's pants** むずむずしている, いらいらしている.

antacid *a., n. Chem.* 酸を中和する; 制酸物, 制酸剤.

antagonism 敵対, 対立 (*against, to, between*).

antagonist 敵対者, 対立者; 拮抗筋.

antagonistic *a.* 反対の; 対立する, 反目する.

antagonize *v.* 対抗する, 敵対する; 敵にする.

antarctic *a., n.* 南極の; [the A-] 南極地方, 南極海.

Antarctica 南極大陸.

Antarctic Circle 南極圏.

ant bear *Zool.* オオアリクイ.

ant cow *Entom.* アリマキ.

ante *n., v.* (ポーカーの)賭け金(をあらかじめ出す); 割り当て(を出す).

anteater *Zool.* アリクイ.

antebellum *a.* 戦前の.

antecedence (時・関係などが)先立つこと, 先行.

antecedent *a.* 先立つ, 前の (*to*). — *n.* 先行者; 前例; 前項; *Gram.* 先行詞; [*pl.*] 経歴, 素姓.

antechamber 控えの間, 次の間.

antedate *v.* (実際より)前の日付をつける; …より前に起こる.

antediluvian *a., n.* Noah の大洪水以前の; 古臭い(人), 時代遅れの(人).

antelope *Zool.* アンテロープ, レイヨウ.

ante meridiem (L) *a.* 午前(の).

antenatal *a.* 出生前の.

antenna アンテナ; 空中線; *Zool.* 触角.

antenuptial *a.* 結婚前の.

antepenult, antepenultimate *a., n. Poet.* 語末から三番目の(音節).

anterior *a.* 前の, 先の, (…に)先立つ (*to*).

anteroom 控えの間, 待合室.

ant heap アリ塚.

anthelion *Astron.* 反対幻日《太陽と反対の雲などに現れる光点》.

anthelmintic *a., n. Pharm.* 駆虫の; 駆虫剤.

anthem 聖歌, 賛美歌; 祝い歌.

anther *Bot.* 葯.

anthill アリ塚.

anthologist 詞華集編者.

anthology 詞華集, 詩文選.

anthracite 無煙炭.

anthrax *Med.* 炭疽病.

anthropic *a.* 人類(発生)の.

anthropocentric *a.* 人間中心の.

anthropoid *a., n.* 人間に似た; (人が)サルに似た; 類人猿.

anthropoidal *a.* 類人猿の.

anthropologic(al) *a.* 人類学(上)の.

anthropologist 人類学者.

anthropology 人類学.

anthropometry 人体測定(法).

anthropomorphism *Philos.* 神人同型説.

anthropophagi 食人種.

anthropophagous *a.* 食人の.

anthropophagy 人食いの風習.

anti 反対者.

antiabortion *a.* 中絶反対の.

antiabortionist 人工中絶反対論者.

antiaging *a.* 老化防止の.

antiaircraft *a.* 防空(用)の.

antiaircraft gun 高射砲.

antiallergic *a.* 抗アレルギーの.

antiart 反芸術.

antiballistic *a.* 対弾道ミサイルの.

antibiotic *a., n.* 抗生の; 抗生物質.

antiblack *a.* 反黒人の.

antibody *Biol.* 抗体.

antibusing *a.* (白人・黒人の共学を促進する)バス通学反対の.

antic [*pl.*] おどけたしぐさ.

anticancer *a.* 抗癌の.

Antichrist *Bib.* キリストの敵, キリスト教反対者.

anticipate *v.* 予期する, あてにして待つ; 取り越し苦労する; 見越して手配する; 先を越す, 出し抜く.

anticipation 予想, 見越し; (期)前払い, 先取り.

anticipative, anticipatory *a.* 予想の, 見越しの.

anticipatively *ad.* 先んじて.

anticlerical *a.* 教会の権力に反対の, 政治介入に反対の.

anticlimax *Rhet.* 文勢漸降.

anticlinal *a. Geol.* 背斜の.

anticlockwise *a., ad.* =counterclockwise.

anti-Communist *a., n.* 反共産主義の; 反共産主義者.

anticyclone *Meteor.* 逆旋風.

anti-dazzle *a.* (ヘッドライトの)眩惑防止の.

antidemocratic *a.* 反民主主義の.

antidotal *a.* 解毒の.

antidote 解毒剤; 対策 (to, for, against).

antidraft *a.* 徴兵反対の.

antidumping *a.* ダンピング防止の.

antiestablishment *a.* 反体制の.

antiestablishmentarian *a., n.* 反体制の; 反体制主義者の.

antifat *a.* 肥満防止の.

antifertility *a.* 避妊の.

antifreeze 不凍液. 不凍剤.

antigen *Med.* 抗原.

antigravity *n., a.* 抗重力(の).

antihero 反英雄.

antihijacking *a.* ハイジャック防止の.

antihistamine *Pharm.* 抗ヒスタミン剤《対アレルギー・感冒薬》.

antihypertensive *a.* 高血圧防止の.

antiknock アンチノック《エンジンのノック止め物質》.

antilogarithm _Math._ 真数.

antimacassar (椅子の)背おおい.

antimagnetic _a._ (時計が)抗磁気装置を備えた.

antimalarial _a._ _Med._ 抗マラリア性の.

antimatter _Phys._ 反物質.

antimicrobial _a._ _Biochem._ 抗菌の.

antimissile _a._, _n._ ミサイル防御用の(ミサイル).

antimony _Chem._ アンチモニー.

antineutron _Phys._ 反中性子.

antinoise _a._ 騒音防止の.

antinovel 反小説, アンチロマン.

antinuclear _a._ 反核の; 原子力発電反対の.

antioxidant _Chem._ 酸化防止剤.

antiparticle _Phys._ 反粒子.

antipasto 前菜, オードブル.

antipathetic _a._ 性に合わない, 嫌な(_to_).

antipathy 反感, 毛嫌い(_to_).

antipersonnel _a._ 兵員殺傷用の.

antipodes 対蹠地(地球上で正反対側の地); 正反対のもの(_of_, _to_).

antipollution _a._ 汚染防止の, 公害反対の.

antipope (ローマ教皇に対する)対立教皇.

antipoverty _a._ 貧困防止の.

antiproton _Phys._ 反陽子.

antipyretic _a._ _Pharm._ 解熱の, 熱さましの.

antipyrine _Pharm._ アンチピリン《解熱剤》.

antiquarian _a._, _n._ 古物研究の, 好古的な. =antiquary.

antiquary 古物研究家, 古物収集家, 好古家; 骨董商.

antiquate _v._ 古くする, すたらせる.

antiquated _a._ 古くなった, 古風な, 古臭い.

antique _a._ 古代の, 古来の; 古い, 古風な; 古臭い. ―_n._ 古物; 骨董品.

antiquity 古さ, 古雅; 古代, 上古;

古代人; [_pl._] 旧制, 古代文化, 古代風習, 古器.

antirrhinum _Bot._ キンギョソウ.

anti-Semite 反ユダヤ主義者.

anti-Semitism 反ユダヤ主義.

antiseptic _a._, _n._ _Pharm._ 防腐の; 防腐剤.

antiserum _Med._ 免疫血清.

antismog _a._ スモッグ防止の.

antisocial _a._ 反社会的な; 非社交的な.

antistat _a._ =antistatic.

antistatic _a._, _n._ 静電気防止の, 静電気防止剤.

antisubmarine _a._ 対潜(水艦)の.

antitank _a._ 対戦車の.

antithesis _Rhet._ 対照法, 対句; 正反対 (_of_, _to_).

antitoxic _a._ _Med._ 抗毒性の.

antitoxin _Med._ 抗毒素.

antitrades _Meteor._ 反対貿易風, 逆恒風.

antitrust _a._ 反トラストの, 独占禁止の.

antitype 対型, 原型.

antiviral _a._ _Med._ 抗ウイルス(性)の.

antiwar _a._ 反戦の.

antiwhite _a._ 反白人の.

antler (シカの)枝角.

ant lion _Entom._ ウスバカゲロウ, アリジゴク.

Antony アントニウス. **Mark Antony** (83?-30 B.C.) ローマの将軍・政治家.

antonym 反意語.

antsy _a._ そわそわして, いらいらして.

A number 1 =A 1.

anus _Anat._ 肛門.

anvil かなとこ.

anxiety 心配, 気づかい, 不安; 熱望.

anxious _a._ 心配な; 心配して, 案じて (_about_); 切望して (_for_, _to_ do).

anxiously _ad._ 心配そうに; 切望して.

any _a._, _pron._ [肯定]何でも, 誰でも, いくらでも;

[疑問・条件]何か, 誰か, いくらか; [否定]何も, 誰も, 少しも. **any one** =anyone. **if any** あるとしても; もしあれば. **in any case** いずれにしても, とにかく. — ad. [比較級と併用して]いくらか, 少しは; いくらかでも; [否定]少しも.

anybody *pron.* 誰でも, 誰か, 誰も; ひとかどの人物.

anyhow *ad.* いくら…しても, どうしても; とにかく; どうにかこうにか, ぞんざいに.

anymore *ad.* これ以上, もう.

anyone *pron.* =anybody.

anyplace *ad.* =anywhere.

anything *pron.* [疑問・条件]何か(ある事); [否定]何も, [肯定]何でも. **anything but …** のほかは何でも; …では決してない. **if anything** どちらかと言えば; あるとしても; もしあれば. — ad. 少しは, 少しでも; [否定]少しも.

anyway *ad.* =anyhow.

anywhere *ad.* どこにでも, どこかに, どこかへ; [否定]どこにも. **anywhere from…to…** …から…のあたり.

anywise *ad.* どのようにでも, どうしても.

a/o account of.

ao dai アオザイ《ベトナム女性の民族服》.

A-OK *a.* すばらしい, すてきな.

A 1 *a.* 第一流の; すてきな.

aorta *Anat.* 大動脈.

AP Associated Press エーピー.

apace *ad.* すばやく.

Apache アパッチ族.

apart *ad.* 離れて, 離して, 別々に. **apart from** …は別として. **set apart** 別にして置く, のけて置く. **take apart** (機械などを)分解する. **tell apart** 区別する, 見分ける.

apartheid (南アフリカの非白人に対する)人種隔離政策, アパルトヘイト.

apartment 部屋; [pl.] (共同住宅の)一組の部屋, マンション, アパート.

apartment building [house] 共同

住宅, マンション, アパート.

apartment hotel アパート式ホテル.

apathy 無感動; 冷淡 (to).

ape *n. Zool.* 尾なし猿, 類人猿; 人まねをする者. **go ape** 気違い(のよう)になる (over, for). — v. 真似る.

apeak *ad. Naut.* 垂直に立てて.

ape-man 猿人.

Apennines アペニン山脈《イタリアの山脈》.

aperçu (F) (論文などの)梗概.

aperient *a., n.* 緩下剤(の).

aperiodic *a.* 非周期的な; 不規則な.

aperitif (F) アペリチフ.

aperture 開き口, 穴, すきま; (レンズの)口径.

aperture card *Computer* アパーチャーカード《マイクロフィルムが挿入された穿孔カード》.

apery 真似; 猿の集団.

apex 頂点, 頂上, 絶頂.

aphasia *Med.* 失語(症).

aphelion *Astron.* 遠日点.

aphid *Entom.* アブラムシ, アリマキ.

aphis =aphid.

aphorism 警句, 金言.

aphrodisia *Psychol.* 性欲高進.

aphrodisiac *a., n.* 催淫の; 催淫剤.

Aphrodite *Gk Myth.* アフロディテー《美と愛の女神; ローマ神話の Venus に当たる》.

apiarian *a.* ミツバチの, 養蜂の.

apiarist 養蜂家.

apiary 養蜂場.

apical *a.* 頂上の; 舌先の.

apiculture 養蜂.

apiece *ad.* 一つにつき, 一人につき; 各々に.

apish *a.* 猿のような; 人真似をする; 愚かな.

aplenty *a., ad.* たくさんの, たくさんに.

aplomb 自若, 沈着.

APO Army Post Office.

apocalypse 黙示, 天啓; [A-] *Bib.* ヨハネ黙示録.

apocalyptic *a.* 黙示(録)の.

Apocrypha (旧約聖書の)外典, アポクリファ; [a-] 典拠の疑わしい文書.

Apocryphal *a.* (聖書)外典の; 典拠の疑わしい.

apodosis *Gram.* (条件文の)帰結節, 結句.

apogee *Astron.* 遠地点; 最高点, 極点.

apolitical *a.* 政治に無関心の, ノンポリの.

Apollo *Gk & Rom. Myth.* アポロ《太陽の神で音楽・詩歌などを司る》; アポロ《米国の宇宙船》.

apologetic(al) *a.* わびの, 弁解の.

apologetics 弁証法.

apologia 弁明(書).

apologist 弁解者; (キリスト教の)弁証者.

apologize *v.* わびる, 弁解する, 言い訳する.

apology 言い訳, わび; 弁明, 弁解; 申し訳程度のもの, 間に合わせ.

apophthegm =apothegm.

apoplexy *Med.* 卒中.

apostasy 背教, 変節, 脱党.

apostate *n.* 背教者; 変節者, 脱党者. ― *a.* 背教の, 変節の.

apostatize *v.* 信仰を捨てる, 背教者となる; 変節する.

a posteriori (L) *a., ad.* 後天的の, 後天的に; 帰納的な, 帰納的に.

apostle (キリストの)使徒; 伝道者; 唱道者.

apostolate 使徒職, ローマ教皇の職.

apostolic *a.* 使徒の; 使徒的な; ローマ教皇の.

apostolic delegate 教皇代理使節.

apostrophe アポストロフィ; *Rhet.* 頓呼法《詩や演説の途中で呼び掛ける表現》.

apostrophize *v.* 頓呼法で呼び掛ける.

apothecaries' weight 薬衡, 薬剤用衡量法.

apothegm 金言, 格言.

apotheosis 神に祭ること; 賛美, 崇拝; 理想.

apotheosize *v.* 神に祭る, 神格化する, 礼賛する.

appal(l) *v.* ぞっとさせる, 度を失わせる.

Appalachian アパラチア山脈《米国東部の大山脈》.

appal(l)ing *a.* 恐ろしい, すさまじい.

apparatus (理化学などの)器械(一式), 装置; 器官, 機構.

apparel *n., v.* 衣服, 装う, 着せる.

apparent *a.* 明白な; 見かけの, 外見上の.

apparently *ad.* 見たところどうも…らしい; 明白に.

apparition (超自然的な)出現; 幽霊, 幻影.

appeal *v.* *Law* 控訴する, 上告する; (世論・良心・武器などに)訴える(to); 哀訴する(to one for); 感動させる, 興味を引く(to). ― *n.* *Law* 訴願, 控訴; (世論などに)訴えること; 哀訴; (世論が受ける)興味, 関心. **court of appeal** 控訴院.

appealable *a.* 上告できる.

appealing *a.* 人の胸を打つ; 魅力的な.

appealingly *ad.* 訴えるように.

appear *v.* 現れる, 出る; 公にされる; 出頭する; …と思われる, …らしい.

appearance 出現; 出頭; 出場, 出演; 発刊; 外観; 風采, 容姿, 容貌; 様子; [pl.] 形勢, 情勢. **keep up appearances** 体面を保つ. **put in [make] an appearance** 出頭する, 顔を出す(at). **to [by, from] all appearances** どう見ても, 見たところでは.

appease *v.* なだめる, 和らげる, 静める; (飢渇を)満たす, 癒す; 懐柔する, 宥和する.

appellant *a., n.* *Law* 控訴の, 上告の; 控訴人, 上告人.

appellate *a.* 控訴(受理)の.

appellation 名, 名称; 称号, 名目.

appellative *n., a.* 名称 (の); *Gram.* 普通名詞 (の).

appellee *Law* 控訴被告.

append *v.* (札などを) 下げる, 付ける, 添える (to).

appendage 添え物, 付加物, 添付物; *Biol.* (手足・触角のような) 付属器官.

appendant *a.* 付属する.

appendectomy *Med.* 虫垂切除 (術).

appendicitis *Med.* 虫垂炎 《俗に盲腸炎》.

appendix 付録, 追加; *Anat.* 虫垂, 虫様突起.

appertain *v.* 属する, 関する (to).

appetency 熱望; 本能的欲望.

appetite 食欲; 欲求, 興味 (for).

appetitive *a.* 食欲上の.

appetizer 食欲を促す物.

appetizing *a.* 食欲を促す, うまそうな.

applaud *v.* 拍手喝采する; 称賛する.

applause 拍手喝采; 称賛.

Apple *Trademark* アップル.

apple リンゴ (の木). **the apple of one's eye** 瞳; 大事な人, 大事な物.

apple brandy ＝applejack.

applecart (リンゴ売りの) リンゴ車. **upset the applecart** 計画をだめにする, 混乱をひき起こす.

applejack リンゴブランデー.

apple pie アップルパイ.

apple-pie *a.* 申し分のない; 純米国的な. **in apple-pie order** きちんとして.

apple-polish *v.* おべっかを使う.

apple-polisher おべっか使い.

applesauce アップルソース; たわごと, ナンセンス.

apple wife リンゴ売り女.

appliance 機械, 器具; 装置, 設備, 使用.

applicability 適応性.

applicable *a.* 適用できる, 応用できる; 適切な (to).

applicant 志願者, 出願者, 応募者, 候補者 (for).

application 適用, 応用; 申し込み, 出願, 志願, 申請 (for); 願書, 申し込み書; (薬の) 塗りつけ; *Med.* 外用; 勤勉, 精励. **on application** 申し込み次第.

application form 申し込み用紙.

applicative *a.* 適用できる, 応用の; 実用的な.

applied *a.* 応用された.

applied chemistry 応用化学.

applique *n., v.* アップリケ (を施す).

apply *v.* (物を) 当てる, (ペンキを) 塗る, (熱を) 加える, (薬を) つける; (目的・用途に) 充てる, 用いる; (心・力などを) 向ける; 応用する, 適用する; あてはまる, 適する; 申し込む, 出願する, 申請する, 請求する, 依頼する, 照会する (to, for). **apply oneself** …に精を出す, 専念する (to).

appoggiatura *Mus.* 長前打音.

appoint *v.* (時・所を) 指定する; (地位に) 任命する; (義務として) 定める, 命じる; 設備する.

appointed *a.* 定められた, 定めの, 任命された; 約束の; 設備された.

appointee 被任命者.

appointive *a.* (選挙でなく) 任命による.

appointment 指定; 任命, 任務, 地位; (会合の) 約束, 予約; [pl.] 設備.

apportion *v.* 割り当てる, 配分する.

apportionment 割り当て, 配分, 分担; 議員数の割り当て.

appose *v.* 並べる.

apposite *a.* 適切な.

apposition 並置; *Gram.* 同格.

appositive *a., n. Gram.* 同格の (語, 句, 節).

appraisal 評価, 鑑定, 見積もり.

appraise *v.* (専門家が) 評価する, 鑑定する.

appraiser 評価人, 鑑定人; 関税査定官.

appreciable *a.* 識別される, 目に見えるほどの,

多少の.

appreciate v. (事物を)正しく評価する, 判断する, (微妙な差異を)識別する; (真価・妙味などを)解する, 味わう, 鑑賞する; (事を)理解する; (好意などを)感謝する; (値が)騰貴する, (値を)上げる.

appreciation 評価, 判断, 識別; 理解, 味得, 鑑賞; 感謝; 騰貴.

appreciative a. 鑑賞的な, 鑑識力のある; 感知する, 認識する; 感謝する (of).

appreciatory a. 鑑賞的な; 評価の.

apprehend v. 逮捕する; 理解する; 危ぶむ.

apprehensible a. 理解できる.

apprehension 逮捕; 理解; [pl.] 心配, 懸念.

apprehensive a. 心配して, 恐れて (of, that); 物分かりのいい.

apprentice n., v. 年季奉公人, 徒弟, 初心者, 見習い(に出す).

apprenticeship 年季奉公; 年季.

apprise v. 通告する (of).

appro = approval.

approach v. 近付く, 近寄る, 接近する; (人に) 話を持ち出す, 交渉を始める (on, with); (問題などに)取りかかる. — n. 近付くこと, 接近; (近付く)道, 入り口; (学問などにはいる)道, 手引き; Golf アプローチ; Aeronaut. 進入; [pl.] 取り入り(策), (女への言い寄り.

approachable a. 近付きやすい; 親しみやすい.

approaching a. 近付いて来る.

approbation 認めること, 是認, 認可; 称賛.

approbatory a. 賛成の.

appropriate a. 適当な, 適切な (to, for). — v. 自分のものにする, 私する, 盗む; (ある用途に)あてる, 充当する.

appropriation 私用, 盗用; 流用, 充当(金); 歳出予算.

approvable a. 是認できる.

approval 是認, 賛成; 認可. **on approval** Com. 気に入れば買うという条件で.

approve v. [of と共に]認める, 是認する, 賛成する, 気に入る; 認可する.

approving a. 是認する, 賛成する; 満足そうな.

approximate v. 近付く, 接近する; …に近い. — a. 近似の, おおよその.

approximately ad. ほぼ, おおよそ.

approximation 接近; 概算; 近似; Math. 近似値, 近似数, 近似度.

approximative a. おおよその.

appurtenance 付属品, 付帯物.

appurtenant a., n. 付属する; 付属物.

apricot Bot. アンズ.

April 4 月.

April fool (All Fools' Day にかつがれる) 4 月ばか.

April Fools' [Fool's] Day = All Fools' Day.

a priori (L) a., ad. 先天的な, 先天的に; 演繹的な, 演繹的に, 推論的な, 推論的に.

apriority 先天性.

apron 前掛け, エプロン; Aeronaut. エプロン《飛行場の作業広場》.

apron (stage) エプロンステージ.

apron string 前掛けのひも; (特に女性の)影響. **be tied to one's wife's apron strings** 妻の言いなりになる **be tied to one's mother's apron strings** 母の言いなりになる.

apropos (F) a., ad. 適切な, 折よく. **apropos of** …に関して; …と言えば.

apse Arch. 後陣《教会堂東端の半円形の部分》.

apt a. 適切な; …しやすい, …しがちな (to do); 利口な.

aptitude 才能, 素質, 性向 (for, to).

aptitude test 適性検査.

aqua (L) 水.

aquacade（音楽入り）水上ショー.

aquafarm 養殖魚場.

aquafortis 強水, 硝酸.

Aqua-lung *Trademark* アクアラング.

aquamarine *Gemology* 藍玉（beryl の一種）.

aquanaut アクアノート《海中施設生活実験者》.

aquaplane（モーターボートに引かせる）波乗り板.

aqua regia *Chem.* 王水.

aquarist 水族館長.

aquarium 養魚池, 養魚水槽, 水族館.

Aquarius *Astron., Astrol.* 水瓶座（生まれの人）, 宝瓶宮.

aquatic *a.* 水の; 水生の; 水中の, 水上の. — *n.* 水生動物; 水上競技.

aquatint *Fine Arts* 食刻版(画).

aquavit アクアビット《スカンジナビア諸国の蒸留酒》.

aqua vitae 火酒《whiskey, brandy など》.

aqueduct 水道; 高架水道.

aqueous *a.* 水の; 水成の.

aqueous humor *Anat.*（眼球の）水様液.

aquiline *a.* わしの(ような); わし鼻の.

Arab *n., a.* アラブ人; アラブウマ; 浮浪児; アラビア(人)の, アラブ(人)の, アラビア語の.

arabesque *n., a.* アラビア風の; 唐草模様(の);（バレエの）アラベスク.

Arabia アラビア.

Arabian *a., n.* アラビアの, アラブの; アラビア人(の), アラブ人(の); アラビア語(の).

Arabian camel *Zool.* ヒトコブラクダ.

Arabian Sea アラビア海.

Arabic *a., n.* アラブ(人)の; アラビア語(の).

Arabic numeral [figure] アラビア数字, 算用数字.

Arabist アラブ学者.

arable *a., n.* 耕作に適する; 耕地.

Arab League アラブ諸国連盟《1945 年結成》.

Aral Sea アラル海.

arbiter 権威者; 仲裁人, 調停者.

arbitrage *Com.* 鞘取り.

arbitrageur, arbitrager 鞘取り引きをする人.

arbitral *a.* 仲裁の.

arbitrament 裁断.

arbitrarily *ad.* 気儘に.

arbitrary *a.* 独断的な, 専断的な, 専横な; 勝手な, 気儘な, 気紛れの. — *n. Print.* 記号活字.

arbitrate *v.* 仲裁する, 調停する; 仲裁裁判に付する.

arbitration 仲裁, 調停; 仲裁裁判.

arbitrator 仲裁人, 調停者.

arbor[1]（低木・蔓などで作った）樹陰の休憩所, あずまや.

arbor[2] *Mech.* 軸.

Arbor Day 植樹日, 植樹祭.

arboreal *a.* 樹木の; 木に住む.

arboreous *a.* 樹木の多い.

arboretum 樹木園.

arbour ＝arbor[1].

ARC American Red Cross 米国赤十字社.

arc *n., v.* 弧(を描く), 円弧; *Elec.* アーク.

arcade *Arch.* 拱廊; アーケード; ゲームセンター.

arcaded *a.* アーケードのある.

Arcadia アルカディア.

Arcadian *a.* アルカディアの; アルカディア風の, 牧歌的な, 簡素で純朴な. — *n.* アルカディア人; 田園趣味の人.

arch[1] *n. Arch.* アーチ, 迫持ち; アーチ門; アーチ形, 弓形. — *v.* アーチ形にする, アーチ形になる, 弓状にする, 弓状になる; アーチをわたす.

arch[2] *a.* ずるそうな, いたずらな; 主要な.

archaeopteryx *Paleontol.* 始祖鳥.

archaic *a.* 古風の; すたれた.

archaism 古風, 古風な言い方, 古文体; 古

語.

archaist 古語使用者.

archaistic *a.* 古体の, 古風の.

archangel 大天使.

archbishop 大主教, 大司教; 大監督; 大僧正.

archbishopric 大司教の職, 大司教の任期, 大司教の管区.

archdeacon 副主教.

archdeaconry 副主教の職.

archdiocese archbishop の管区.

archducal *a.* 大公(領)の.

archduchess 大公妃.

archduchy 大公の位; 大公領.

archduke 大公.

archdukedom =archduchy.

arched *a.* アーチ形の.

archenemy 敵の首領; 大敵, 魔王.

arch(a)eological *a.* 考古学的な, 考古学上の.

arch(a)eologist 考古学者.

arch(a)eology 考古学.

archer 射手, 洋弓家.

archery アーチェリー, 洋弓術; 射手隊.

archetype 原型.

archfiend 大悪魔.

Archimedean *a.* アルキメデスの.

Archimedes アルキメデス.

archipelago 群島; [the A-] 多島海, エーゲ海.

architect 建築家, 設計者.

architectonic *a.* 建築術の; 構成的な.

architecture 建築, 建築学; 建造物; 構造.

architrave *Arch.* 台輪, 軒縁.

archives 公文書保管所; 公文書, 古記録.

archivist 記録保管者.

archly *ad.* ずるく.

archway アーチ道, アーチ門.

arciform *a.* 弓形の.

arc lamp [light] アーク灯.

arctic *a., n.* 北極の; 極寒の; [the A-] 北極地方, 北極海; [*pl.*] 防寒ゴム靴.

Arctic Circle 北極圏.

arc welding アーク溶接.

ardency 熱心.

ardent *a.* 熱心な, 熱烈な; 燃えるような.

ardent spirits 火酒 (whiskey, brandy など).

ardo(u)r 熱心, 熱情.

arduous *a.* 骨の折れる, 難しい; 根気強い, 精力的な; 険しい.

arduously *ad.* 骨折って.

are アール.

area 面積, (建物の)床面積; 地域; 地方; 範囲; 地下勝手口.

area code (電話の)市外局番 (3 桁の数).

area study 地域研究.

areaway ビルディング間の空地 (通路または明り取り).

arena (amphitheater の中央の闘技場; 試合場, 土俵; 競走場裡, 活舞台.

arena stage 円形舞台.

arena theater 円形劇場.

aren't =are not.

Ares *Gk Myth.* アレス (軍神; ローマ神話の Mars に当たる).

arête 鋭い山稜, やせ尾根.

argentiferous *a.* 銀を産する.

Argentina アルゼンチン.

Argentine *a., n.* アルゼンチンの; アルゼンチン人.

argil 粘土; 陶土.

argon *Chem.* アルゴン.

Argonaut *Gk Myth.* アルゴ船一行の一人 (Jason と黄金の羊毛を捜しに行った勇士).

argot (盗賊などの)隠語, 符牒.

arguable *a.* 論じられる, 立証し得る.

arguably *ad.* 理由があることだが; おそらく.

argue v. 論じる, 議論する, 主 張する; 立 証する, 示す, 説 得する. **argue one into** … 人を説いて…させる. **argue one out of**… 人を説いて…をやめさせる.

argufy v. しつこく議論する.

argument 議論, 論証, 論旨; 証明.

argumentation 論争, 討議; 立論, 論法.

argumentative a. 議論の; 議論好きの, 理屈っぽい.

Argus Gk Myth. アルゴス《百 眼の巨 人》; 鋭 い見張り人.

Argus-eyed a. 鋭 く見張る, 油断のない.

argy-bargy 口論, 議論.

argyle (織 物などの)ダイヤ形色模様.

aria (It) Mus. 詠 唱, アリア.

arid a. 乾 燥した; 不毛の; 無味乾燥な; (頭脳・思想の)貧 弱 な.

Aries Astron., Astrol. 牡 羊 座(生まれの人), 白羊宮.

aright ad. 正しく.

arise v. 起こる, 生 じる, 現 れる, 発生する; (太陽が)昇る.

aristocracy 貴族政治; 貴族(社会).

aristocrat 貴族; 貴族主義者.

aristocratic a. 貴族政治の; 貴族(的)の.

Aristotelian a., n. アリストテレスの; アリストテレス学派の(人).

Aristotle アリストテレス.

arithmetic n. 算 術, 算 数. **mental arithmetic** 暗 算. — a. 算 数の, 算 数に関 する.

arithmetician 算数家.

arithmetic progression Math. 等差数列.

Arizona アリゾナ《米 国南部の州 》.

Arizonan a., n. アリゾナ州 の(人).

ark Bib. 箱 舟《太 古大 水の際 Noah がそれで脱 出 したという大 船》.

Arkansan a., n. アーカンソー州 の(人).

Arkansas アーカンソー《米国中部の州 》.

arm[1] 腕; (服の)袖, 大枝, 入り江, 腕木, (椅子の)肘掛け; 権 力; ペニス. **arm in arm** 腕を組んで. **keep** (a person) **at arm's length** (人を)遠ざける. **with open arms** 両 腕を広げて, 心 から.

arm[2] [pl.] =arms. — v. 武装する, 武装させる; 装甲する, 身につける.

armada 艦 隊; 飛行隊. **the** (**Spanish** [**Invincible**]) **Armada** (スペインの)無敵 艦 隊.

armadillo Zool. アルマジロ, ヨロイネズミ.

Armageddon Bib. ハルマゲドン《世の 終 末における善と悪との大決 戦 場》; 世界各 国間の大決戦 場.

armament 軍備, 武装; (陣地・軍艦などの)装 備; (一国の)兵 力, 軍隊.

armature (各 種の)防護物; (生物の)防護器官; Elec. 電機子; 発 電子; Arch. 補 強 材.

armband 腕章.

armchair n., a. 肘掛け椅子; (机 上の)空 論の.

armed a. 武装した.

armed forces 軍隊.

Armenia アルメニア《アジア西部のソ連の共 和国 》.

Armenian a., n. アルメニア人(の), アルメニア語(の).

armful 腕 一杯, ひとかかえ.

armhole (上着やチョッキの)袖ぐり.

armistice 休 戦(条 約).

armless[1] a. 腕のない, 肘掛けのない.

armless[2] a. 無防備の.

armlet 腕輪; 狭い入り江.

armo(u)r n., v. 鎧, 甲 冑; 甲鉄, 装甲(する), 防護具, 防護器官; 装 甲 車.

armo(u)r-clad a. =armored.

armo(u)red a. 鎧 を着た; 装甲した.

armo(u)rer 兵器 係 .

armorial a. 紋 章の.

armo(u)r plate

armo(u)r plate 装甲板.

armo(u)ry 兵器庫, 兵器工場; 紋章学.

armpit 脇の下.

armrest 肘掛け.

arms 兵器, 武器; 兵科; 戦闘, 兵役; 紋章. **bear arms** 武器を取る; 兵役に服する. **lay down one's arms** 降服する. **To arms!** 戦闘準備! **under arms** 武装して. **up in arms** 武器を取って; 憤激して.

arms race 軍備競争.

armtwisting 強圧, 強制.

arm wrestling 腕ずもう.

army 陸軍; 軍隊, 軍, 軍部; 大群.

army ant *Entom.* さむらいアリ, 軍隊アリ.

army corps 軍団.

armyworm *Entom.* 行列ウジ.

arnica *Bot.* アルニカ《薬草》; *Pharm.* アルニカチンキ《外用鎮痛剤》.

aroma 芳香, 香り; 風格, 気品.

aromaticity 芳香性.

aromatize *v.* 芳香をつける.

around *ad.* …の回りを, あたりに, 四方に, ぐるりに, ぐるりと; 回って; 近くに. **all around** 四方八方に; すっかり, …じゅう. **be around** 居合わせる, 来ている. **have been around** 経験豊かである; 世間ずれしている. —— *prep.* …の回りを, …を囲んで, …の近所に; 約, およそ; …を曲がった所に. —— *a.* 現存する.

around-the-clock *a.* 24時間ぶっ通しの.

around-the-world *a.* 世界一周の.

arouse *v.* 起こす, 目を覚まさせる; 刺激する, 奮起させる.

arpeggio *Mus.* アルペジオ.

arquebus 火縄銃.

arrack アラク酒《ヤシの実・糖蜜などでつくる》.

arraign *v. Law* 被告に罪状の認否を問う; 非難する.

arrange *v.* 並べる, 揃える, 配置する, 整頓する; まとめる, 取り決める; 手配する, 手筈をきめる,

協定する; 準備する, 用意する(*for*); 編曲する, 脚色する.

arrangement 整頓, 整理; 配列, 配置, (色の)配合; 協定, 取り決め; [*pl.*] 手筈, 用意, 準備; 編曲, 脚色.

arras (フランスの)アラス織《壁掛け》.

array *v.* (軍隊などを)配列する, 勢揃いさせる. —— *n.* 整列, 陣立て, 勢揃い; *Computer* アレイ《単一の記憶装置中に記憶素子を並べたもの》.

arrear [*pl.*] (支払い・仕事の)停滞, 残務, 未払い残金. **in arrear(s)** 遅れて, 滞って(*with*).

arrearage 延滞; 延滞金, 負債; 残務, 未決事項.

arrest *v.* 逮捕する, 拘引する, (船を)抑留する; 止める, 阻む; (注意)を引く. —— *n.* 逮捕, 拘引, 抑留; 阻止; *Mech.* 制動装置. **under arrest** 抑留されて, 拘留されて.

arrester, arrestor 防止装置; 避雷針.

arresting *a.* 注意を引く.

arrhythmia *Med.* 不整脈.

arrival 到着; 到達(*at*); 出現, 入港; 到着者, 到着物, 着荷. **new arrival** 新着者, 新着品; 新生児. **on arrival** 到着すると, 到着の上.

arrive *v.* 着く, 届く, 到着する(*at, in*); 到達する(*at*); (時が)到来する.

arrogant *a.* 横柄な, 傲慢な.

arrogate *v.* 我が物顔にする, 横取りする(*to oneself*); (称号などを)偽称する, (理由なく他に)帰する(*to*).

arrow 矢; 矢印.

arrowhead 矢尻, 矢の根; *Bot.* オモダカ.

arrowroot *Bot.* クズウコン; くず粉.

arrowy *a.* 矢の(ような); 矢のように速い.

arse 尻.

arsenal 兵器庫, 兵器工場.

arsenate *Chem.* 砒酸塩.

arsenic *n., a. Chem.* 砒素(の).

arsenic acid *Chem.* 砒酸.

arsenious *a. Chem.* 砒素の.

arson *Law* 放火(罪).

art (自然力に対して)人工, 作為;技術, 技能, 芸;芸術, 美術, 文芸, 学芸;(大学の教養)科目;[*pl.*] 人文科学;術策, 計略. **arts and crafts** 美術工芸. **fine arts** 美術.

art director アートディレクター, (劇場・映画の)美術監督.

artefact =artifact.

Artemis *Gk Myth.* アルテミス《月と狩の女神;ローマ神話の Diana に当たる》.

arterial *a. Anat.* 動脈の(ような).

arterial road 幹線道路.

arteriole *Anat.* 小動脈.

arteriosclerosis *Med.* 動脈硬化(症).

artery *Anat.* 動脈;幹線道路, 幹線水路. **main artery** 大動脈.

artesian well 掘り抜き井戸;深掘り井戸.

artful *a.* 狡猾な, ずるい;技巧を使う.

art gallery 美術館, 画廊.

arthritis *Med.* 関節炎.

arthropod *Zool.* 節足動物.

Arthur アーサー. **King Arthur** アーサー王《6世紀ごろの伝説的ウェールズ王》.

artichoke *Bot.* チョウセンアザミ;キクイモ.

article *n.* (法律・条約などの)簡条, 条項;(新聞・雑誌などの)独立記事, 論説;品物, 物品, 品目;*Gram.* 冠詞, **definite article** *Gram.* 定冠詞. **indefinite article** *Gram.* 不定冠詞. **in articles** 年季契約で働いて. — *v.* 年季契約で雇う.

articular *a.* 関節の.

articulate *a.* (言語が)音節のある, 分節的な;(言葉が)はっきりした;理路整然とした;関節のある. — *v.* 音節に分けて(はっきり)発音する, はっきり言い表す;関節でつなぐ, (関節が)つなが

る.

articulation *Phonet.* 音節に分けて発音すること, 分節;発音(法);*Anat.* 関節;接合.

articulatory *a.* 有音節の;関節の.

artifact 工芸品;加工物.

artifice 技巧, 工夫, 考案;策略, 手管.

artificer 技術家, 職人, 技工, 製作者.

artificial *a.* 人造の, 人工の, 人為的な;模造の;不自然な, 気取った.

artificial insemination 人工授精.

artificial intelligence 人工知能.

artificiality 人為, 作為(の跡), 不自然さ;人工物.

artificially *ad.* 人工的に;不自然に.

artificial respiration 人工呼吸.

artillery 大砲;砲兵(科), 砲兵隊.

artilleryman 砲兵.

artisan 職人, 技工.

artist 芸術家, 美術家;(特に)画家, 巨匠.

artiste 芸能人, 技芸家《俳優・声楽家・料理人・理髪師など》.

artistic *a.* 美術的な, 芸術的な, 雅致のある;美的趣味のある.

artistry 芸術的技巧, 風格;芸道.

artless *a.* 無技巧の, 簡素な, 無邪気な, 自然な.

art nouveau アールヌーボー.

art paper アート紙.

arty *a.* 芸術家ぶる;芸術品まがいの.

arum *Bot.* アラム《テンナンショウの類》.

Aryan *a., n.* アーリア族, アーリア語の;アーリア人;=Indo-European.

as *ad.* 同じだけ, それだけ《as...as ...の前者》. — *conj.* ...に比べて《as [so] ...as ...の後者》;...のように, ままに;たとえば...のように;...している時;...しながら, するにつれて;...なので, から;ではあるが. **as...as ever** 相変らず. **as [so] far as it goes** その限りでは. **as for...** [文頭で]

...については. **as if** まるで...かのように. **as is** (商品が)現状のままで. **as it is [was]** ありのままに; ところが実際は. **as it were** 言わば. **as [so] long as** (...する)限りは. **as of** (何年何月何日)現在. **as to** =as for.

— *prep.* ...として.

— *pron.* ...のような; ...は...だが, ...のように.

ASAP as soon as possible.

ASAT (<*Anti-Sat*ellite interceptor) 衛星攻撃兵器.

asbestos, asbestus 石綿.

ascend *v.* 上る; 登る; (坂などが)上りになる.

ascendancy, ascendency 優勢, 支配権 (over).

ascendant, ascendent *a.* 上る; 優勢の. **in the ascendant** 日の出の勢いで, 勢力隆々として.

ascension 上昇; 昇天; 即位; [A-] キリストの昇天.

Ascension Day 昇天日《Easter 後 40 日目の木曜日》.

ascent 上り, 上昇, 昇進; 登山; 上り坂, 上り道.

ascertain *v.* (事実などを)確かめる, 見届ける, 突き止める.

ascetic *a., n.* 禁欲的な, 苦行の; 苦行者, 禁欲生活者, 修道士.

asceticism 禁欲主義, 苦行.

ascorbic acid *Chem.* アスコルビン酸《ビタミン C》.

Ascot アスコット競馬; [a-] アスコットタイ.

ascribable *a.* (...に)帰せられる, ...による (to).

ascribe *v.* (...に)帰する, (...の)せいにする (to).

ASEAN (<*A*ssociation of *S*outheast *A*sian *N*ations) 東南アジア諸国連合, アセアン.

asepsis *Med.* 無菌; 防腐.

aseptic *a., n.* 無菌の, 防腐的な; 防腐剤.

asexual *a.* *Biol.* 無性の; 性に無関心な.

ash[1] *Bot.* トネリコ.

ash[2] [*pl.*] 灰; [*pl.*] 遺骨.

ashamed *a.* 恥じて, 恥ずかしい.

ash can [bin] 灰入れ; くず入れ.

ashen *a.* 灰色の, 青白い.

ash heap (捨てた)灰の山.

ashlar, ashler 切り石(積み).

ashore *ad.* 浜に, 岸に, 陸上に. **run ashore** 浅瀬に乗り上げる, 座礁する.

ashtray (たばこの)灰皿.

Ash Wednesday 灰の水曜日《Lent の第一日》.

ashy *a.* 灰の(ような); 灰色の, 青白い; 灰だらけの.

Asia アジア.

Asia Minor 小アジア《黒海と地中海の間の地域》.

Asian, Asiatic *a., n.* アジアの, アジア風の; アジア人.

aside *ad.* わきへ, わきに; 別に, のけて. **aside from** ...は別として, ...の外に. — *n.* (芝居の)傍白.

asinine *a.* ろばのような; ばかな, 頑固な.

asininity 愚鈍(な行い); 頑固.

ask *v.* 尋ねる, 問う (about, of, if, etc.); 頼む, 請う (ask (someone) to do); 求める, 要求する; 呼ぶ, 招く. **ask after** (人の安否・健康)を尋ねる. **ask for** (物を)求める, 請う; (人を)尋ねる. **ask for it [trouble]** 自ら災いを招く. **ask in** (人を)呼び入れる, 通す.

askance *ad.* 横に, 横目に, 怪しいと思って. **look askance at** ...を横目で見る; 白い目で見る.

askew *ad.* 斜めに, 歪んで.

asking 請求. **for the asking** 請求次第, ただで.

aslant *ad., prep.* 斜めに, 傾いて; 斜めに横切って.

asleep *ad., pred. a.* 眠って; 永眠して; 鈍って; しびれて. **fall asleep** 寝入る. **sound**

asleep ぐっすり寝入って.

asp *Zool.* エジプトコブラ《北アフリカ東岸産の小毒蛇》.

asparagus *Bot.* アスパラガス.

aspect 風采, 容姿; 光景; (事物の) 姿, 特色, 局面; *Gram.* 相; 見地, 見方; (家などの)方位, 向き.

aspect ratio (テレビの)画像比《画像の縦横の比率》.

aspectual *a. Gram.* 相の.

aspen *Bot.* ポプラ.

asperity ざらざら, でこぼこ; (気質・態度などの)荒々しさ, 無愛想; (気候・状況などの)厳しさ, 苦しさ.

asperse *v.* (悪口・デマなどを)言いふらす, 中傷する.

asphalt *n., v.* アスファルト(を敷く).

asphalt jungle アスファルトジャングル《生存競争の激しい過密都市》.

aspheric *a. Phys.* 非球面の.

asphyxia *Med.* 仮死; 窒息.

asphyxiate *v.* 窒息させる.

aspic アスピック《肉汁のゼリー》.

aspirant *n.* …を望む人, 熱望者, 志望者 (*to, after, for*). — *a.* 大望を抱く.

aspirate *v. Phonet.* 帯気で発音する. — *a., n. Phonet.* 帯気音(の).

aspiration 熱望, 抱負, 大志, 向上心 (*for, after*); *Phonet.* 帯気.

aspirator 吸引器.

aspire *v.* 大望を抱く, 熱望する, 憧れる (*to, after, to* do).

aspirin *Pharm.* アスピリン(錠).

aspiring *a.* 熱望する.

ass[1] ろば; ばか, のろま, 頑固な人. **make an ass of a person** 人をばかにする. **make an ass of oneself** ばかなまねをする.

ass[2] 尻; (女性の)陰部; 性交.

assai *ad. Mus.* きわめて.

assail *v.* 襲う, 襲撃する; (質問などで)攻めたてる (*with*); (仕事・困難などに)当たる, ぶつかる.

assailant 攻撃者.

Assam アッサム《インド北東部の州》.

assassin 暗殺者, 刺客.

assassinate *v.* 暗殺する.

assault *n., v.* 襲撃(する), 強襲(する); (婦女子に)暴行(をする). **assault and battery** *Law* 暴行殴打.

assay *n.* (金属の)分析; 試金. — *v.* (金属を)分析試験する, 試金する.

assemblage 集まり, 集合, 集会; 収集; (機械の)組み立て; アサンブラージュ《がらくたなどを組み立てた美術品》.

assemble *v.* 集める, 集まる; 組み立てる.

assembly 集会, 会合; (県・市などの)議会; [A-] 州議会下院; 組み立て(部品).

assembly line 流れ作業(設備).

assemblyman 議員; [A-] 州下院議員.

assembly plant 組み立て工場.

assembly room 集会場.

assent *v.* 承諾する, 同意する (*to*). — *n.* 承諾, 同意, 賛成.

assentation 付和雷同.

assert *v.* (権利などを)主張する, 表明する; 断言する. **assert oneself** 自説を主張する, 自己の権利を主張する; でしゃばる.

assertion 主張; 断言.

assertive *a.* 断定的な, 独断的な.

assess *v.* (課税のため財産などを)評価する, 査定する; (税金・罰金・会費などの)額を定める; (税金などを)割り当てる.

assessable *a.* 評価できる.

assessment 財産評価, 損害評価; (環境などの)状況判定, アセスメント; 賦課, 割り当て(額).

assessor (税の)査定人; *Law* 裁判所補佐人.

asset 価値のあるもの, 宝; [*pl.*] 資産, 財産;

（債務にあてる）遺産.

asseverate v. 厳粛に断言する, 誓言する.

ass-fuck n., v. 肛門性交(をする).

asshole 尻の穴.

assiduous a. 精励な, 勤勉な.

assign v. 割り当てる;（役目を）あてがう, 命じる, 指定する; あてはめる, 帰する (for, to); Law 譲渡する. — n. Law 譲り受け人.

assignation 割り当て; Law（財産の）譲渡;（会合の場所などの）指定,（恋人の）あいびき.

assignee Law 譲り受け人.

assignment 割り当て; 任命; 割り当て仕事, 宿題, 研究課題, 指定; Law 譲渡.

assignor Law 譲り渡し人.

assimilate v. 同化する, 吸収する, 理解する.

assimilation 同化(作用).

assimilative a. 同化する.

assimilator 同化する物, 同化する人.

assist v. 助ける, 援助する; 列席する, 参加する (at). — n. 援助; Baseball 補殺.

assistance 助力, 援助, 補助.

assistant a., n. 補助の; 助手, アシスタント; 店員.

assistant professor 助教授.

assize 裁判, 審理; [pl.]（以前の）巡回裁判.

ass-kisser [-sucker] =apple-polisher.

associable a. 連想できる; Med. 交感性の.

associate v. 仲間にする, 組み合わせる; 連合させる; 結びつける, 連想する; 交わる, 交際する (with). — n. 仲間, 同僚, 提携者; 准会員; 組合員; 准学士. — a. 仲間の, 連合した, 連想の; 友好的な, 准…, 副….

associated a. 連合した, 合同の; 連想の.

associate judge 陪席判事.

associate professor 准教授.

association 連合, 合同; 協会, 組合, 団体; 交際, 交友, 提携; 連想.

association football サッカー.

associative a. 組合の, 連合の; 連想の; Math. 結合的な.

assonance Poet. 母音韻 (man: hat のように中間母音だけの押韻).

assonant a. 母音韻の.

assort v. 類別する, 取り揃える; 揃う, 釣り合う, 調和する (with).

assorted a. 類別した; 各種取り合わせの; 釣り合った.

assortment 類別, 種別; 各種取り合わせ.

ASSR Autonomous Soviet Socialist Republic 自治ソビエト社会主義共和国.

assuage v. 和らげる, 静める, なだめる.

assuasive a. 和らげる.

assumable a. 仮定できる.

assumably ad. おそらく.

assume v.（任務・責任を）引き受ける, 負う;（外観を）呈する, 帯びる, 装う, ふりをする; 横領する, 我が物にする; 仮定する, 憶測する.

assumed a. 受け継いだ; 仮定した; 見せかけの, 偽りの.

assumedly ad. おそらく, 多分.

assuming a. でしゃばりの, 生意気な.

assumption （任務などの）引き受け; 横領; 装うこと, ふり; 仮定, 前提, 想像説.

assumptive a. 仮定の; 出しゃばりの.

assurance 保証, 言質;（生命）保険; 確信; 自信; 厚かましさ.

assure v. 請け合う, 保証する (of), 確信させる, 安心させる (of, that); 確保する;（生命に）保険をかける.

assured a. 確かな; 自信のある; 保険をつけた.

assuredly ad. 確かに; 自信をもって, 大胆に.

assurer 保証者; 保険業者.

Assyria アッシリア《アジア南西部の古王国》.

Assyrian a., n. アッシリアの; アッシリア人(の), アッシリア語(の).

astatine Chem. アスタチン《放射性元素》.

aster *Bot.* エゾギク.

asterisk *n., v.* 星印 (*)(をつける).

asterism 三つ星 印 (⁂).

astern *ad. Naut.* 船尾へ, 船尾に; 後ろに.

asteroid *Astron.* 小 惑星; *Zool.* ヒトデ.

asthma *Med.* 喘息.

asthmatic *a., n.* 喘息の(患者).

astigmatic *a.* 乱視の; 乱視を矯 正する.

astigmatic lens 乱視用レンズ.

astigmatism *Med.* 乱視; *Optics* 非点 収 差.

astir *ad., pred. a.* 動いて, ざわめいて; 起きて.

astonish *v.* びっくりさせる (*at*).

astonishing *a.* 驚くべき, 目ざましい.

astonishingly *ad.* 驚くほど.

astonishment 驚き.

astound *a.* 仰 天させる.

astounding *a.* 仰 天させるほどの.

astraddle *ad., prep.* またがって; 脚を開いて.

astrakhan アストラカン《子 羊 の 皮》.

astral *a.* 星の(ような), 星形の.

astray *ad., pred. a.* (道に)迷って. **go astray** 道に迷う; 堕落する. **lead astray** 迷わせる; 邪道に 導 く.

astride *ad., prep.* (馬などに)またがって; 脚を開いて.

astringency 収 斂性.

astringent *a., n. Med.* 収 斂性の; 収 斂剤, アストリンゼン.

astro =astronaut.

astrodome (飛行機の)天測窓《天体観 測 用の機体 上 部の透明な丸屋根》; [A-] アストロ ドーム《Texas 州 Houston の屋根付き野 球 場 》.

astrogate *v.* 宇 宙 航行する.

astrogation 宇 宙 航行.

astrogator 宇 宙 船 パイロット.

astrologer 占星家.

astrology 占星 術 .

astronaut 宇 宙 飛行士.

astronautical *a.* 宇宙 航行の.

astronautics 宇宙 航行学.

astronavigation 宇宙 航行.

astronomer 天文学者.

astronomic *a.* 天文学 上 の; (数が)巨大な, 天文学的な.

astronomical *a.* =astronomic.

astronomic observatory 天文台.

astronomy 天文学.

astrophotography 天体写真 術 .

astrophysics 天体物理学.

astute *a.* すばしこい, 抜け目のない, ずるい.

asunder *ad.* 離れ離れに, ばらばらに.

asylum (困 窮 者・孤児などの) 収 容所, 施設; 避難所, 亡命者 収 容施設; (政治犯) 庇護.

asymmetry 不均整, ずれ; 非対 称 .

at *prep.* [点・位置・場所・時・時節・年齢] …において, …に, …で (at the center; at the door; at home; at noon; at 6 o'clock; at Christmas; at present; at forty); [従 事・状 態] …して, 中 で (at work; at play; at table; at school); [方向・目 標] …に対して, …に (jump at it; laugh at him; aim at it); [原 因] …に接して, …に (be surprised at the result; rejoice at the news; get angry at the proposal); [度 合・代 価] …で (at the rate of ten miles; at a good price; at the cost of his life); [仕方] …で, …に (at a blow; at a venture; at will).

ataractic, ataraxic *Pharm.* 精神安 定剤.

Atari *Trademark* アタリ《米 国ビデオゲームメーカー》.

atavism *Biol.* 隔世遺伝.

ATC *Aeronaut.* Air Traffic Control 航空 交 通管制; *Railroads* automatic train control 自動列車制御(装置).

atelier (美 術 家の)仕事場, アトリエ.

atheism 無神論.

atheist 無神論者.

atheistic *a.* 無神論的な.

Athena *Gk Myth.* アテナ《知識・芸術などの女神; ローマ神話の Minerva に当たる》.

Athen(a)eum アテナ神殿; [a-] 文庫, 図書室; [a-] 学術振興機関, 文芸振興機関.

Athenian *a., n.* アテネの(人).

Athens アテネ《ギリシャの首都; 古代ギリシャ文明の中心地》.

atheroma *Med.* 動脈アテローム《脂肪変性を伴う動脈硬化症》.

atherosclerosis *Med.* アテローム(性動脈)硬化(症).

athlete 競技者, 運動選手.

athlete's foot *Med.* (足にできる)水虫.

athletic *a.* 運動競技の, 陸上競技の, 強壮な.

athleticism 運動競技(熱).

athletics 運動競技.

athletic supporter サポーター.

at home (家庭的な)略式招待会.

athwart *ad., prep.* …を横切って, 斜めに; (目的)に反して.

atilt *ad.* 槍を構えて.

Atlantic *a., n.* 大西洋の; [the ～] 大西洋.

Atlanticism 汎大西洋主義.

Atlantic Ocean 大西洋.

atlas 地図書; [A-] *Gk Myth.* アトラス《地球を双肩に支えていた巨人》.

atmosphere 大気, 空気; *Phys.* (大)気圏; (場所・会合などの)空気, 雰囲気, 状況; 気分, ムード.

atmospheric(al) *a.* 大気の, 大気中の.

atmospherically *ad.* 大気の作用で.

atmospheric pressure *Meteor.* 気圧.

atmospherics *Telecom.* 空電.

at no atomic number.

atoll アトール, 環礁.

atom 原子; 微分子; ごく少量.

atom bomb ＝atomic bomb.

atomic *a.* 原子(力)の; 微小な.

atomic age 原子力時代.

atomic bomb 原子爆弾.

atomic carrier 原子力空母.

atomic clock 原子時計.

atomic cloud (原子爆弾による)原子雲, きのこ雲.

atomic cocktail *Med.* (癌治療・診断に服用する)内服用放射性物質.

atomic energy 原子力.

atomic fission 原子核分裂.

atomic furnace 原子炉.

atomic fusion 原子核融合.

atomicity *Chem.* 原子価.

atomic mass unit *Phys.* 原子質量単位.

atomic nucleus 原子核.

atomic number *Chem.* 原子番号.

atomic pile [reactor] 原子炉.

atomic power (動力としての)原子力.

atomic power plant [station] 原子力発電所.

atomics 原子学.

atomic submarine 原子力潜水艦.

atomic theory 原子論.

atomic weapon 原子兵器.

atomic weight 原子量.

atomism *Philos.* 原子論, 原子説.

atomist 原子論者.

atomistic *a.* 原子(論)の.

atomistics 原子科学.

atomization 原子化; 霧吹き.

atomize *v.* 原子にする; 霧に吹く.

atomizer 噴霧器, (香水などの)スプレー.

atonal *a.* *Mus.* 無調の.

atonalist *Mus.* 無調主義者.

atone *v.* 償う, あがなう (*for*); 罪滅ぼしをする.

atonement 償い, (罪の)あがない.

atonic a. アクセントのない; *Med.* アトニーの, 無緊張性の.

atony *Med.* アトニー.

atop ad., prep. (…の)頂上に.

atrabilious a. 憂鬱症の, 憂鬱な; 不機嫌な.

atrium *Arch.* 中庭; *Anat.* 心房, 心耳.

atrocious a. 極悪な, 残虐な; ひどい.

atrocity 残虐(行為), 非道.

atrophy n., v. *Med.* 萎縮(症), 消耗; 萎縮させる, 萎縮する.

atropine *Chem.* アトロピン《belladonna から採る有毒アルカロイド》.

atropism アトロピン中毒.

attaboy int. うまいぞ, すごいぞ.

attach v. 付ける, 取り付ける, 付着する, (名前などを)書き添える; (重要性などを)置く; 帰する(to); 所属させる, 配属する; ひきつける, なつかせる; *Law* 逮捕する, 差し押さえる. **attach oneself to** …に加入する, 加担する; 執着する. **be attached** 愛をもっている(to).

attachable a. 取り付けられる.

attaché (大使などの)随行員; 大使館員, 公使館員.

attaché case アタッシェケース.

attachment 取り付け, 付着; 連結部; 付属品, 愛着(to, for); *Law* 逮捕(令状), 差し押さえ(令状).

attack v. 攻める, 攻撃する; (病気が)冒す; (仕事に勢いよく)取りかかる. — n. 攻撃; 着手, 開始; 非難; (病気の)発作.

attain v. (目的・望みなどを)遂げる, 達成する; 到達する(to).

attainability 到達できること.

attainable a. 達成できる, 到達できる.

attainder *Law* 私権喪失.

attainment 到達, 達成, 上達; [pl.] 学識, 才能.

attaint v. 私権を奪う.

attar 花の精, 花の香水. **attar of roses** ばら油.

attempt v. 企てる, 試みる; (生命・要所などを)襲う. — n. 試み(at), 努力; 襲撃(on).

attend v. 出席する; (学校に)通う; 注意する, 注意して聞く(to); 精を出す(to), 看護する, 世話をする(on, upon); 伴う, 同伴する.

attendance 出席, 参列(at); 参会者, (見物の)入り; 付き添い, サービス(料), 世話(on, upon). **in attendance** 世話をして; 治療に当たって.

attendance area *Educ.* 学区.

attendant a. お供の, 付き添いの; 付随の(upon); 出席の, 来会の. — n. 付き添い人, お供, 随行員; 係員; 接客係; 出席者, 参会者.

attention 注意, 留意; 考慮; [pl.] 親切, 心尽くし, 世話; [号令] 気をつけ. **come to [stand at] attention** 気をつけの姿勢をとる.

attentive a. 注意深い; 傾聴する; 丁重な, いたわる.

attentively ad. 注意深く.

attenuate v. 細くする, 薄くする; 弱くする; 希薄にする. — a. 細い, 薄い.

attenuation *Elec.* 減衰.

attest v. 証明する, 保証する(to); 明示する; (人を)誓わせる.

attestation 証言; 認証, 証拠, 宣誓.

attested a. (家畜が)無病保証つきの.

attester, attestor *Law* (証書などの)立ち会い証人.

Attic a. アッチカの, アテネの; 典雅な.

attic 屋根裏(部屋).

Attica アッチカ《古代ギリシャの国家; 首都 Athens》.

Attic faith 堅い信義.

Atticism アッチカ文学の特質, アテネ文学の

特質；典雅な表現.

Attic salt 機智, 上品なしゃれ.

attire v. 装う, 着飾る (in). — n. 衣装；
装い.

attitude 姿勢；態度；(ミサイル・人工衛星・
航空機の)姿勢.

attitudinize v. 気取る.

attorney 代理人；弁護士. **letter [war-
rant, power] of attorney** 委任状.

Attorney General 司法長官；検事総
長.

attract v. 引く, 引き付ける；魅惑する.

attractant (害虫などの)誘引剤.

attractor 引き付ける人, 引き付ける物.

attraction Phys. 引力；魅惑, 興味を引
くもの, 呼び物, アトラクション.

attractive a. 引力のある；人を引き付ける,
魅力ある, 美しい, 愛嬌のある.

attributable pred. a. (...に)帰せられる (to).

attribute v. (...に)帰する, (...の)せいにする (to).
— n. 属性, 特質；(官職などの)付き物,
標識；=attributive.

attribution 属性；帰因, 権能.

attributive a., n. 属性的な；Gram. 限定
詞.

attrition 摩損, 摩滅, 減少, 縮小.

attune v. 調子を合わせる, 調律する.

atty gen attorney general. **at wt** atomic
weight.

atypical a. 不定型の, 不規則の.

au (F) ...に, ...まで, ...に従って.

AU angstrom unit Astron. 天文単位.

aubade 朝の曲.

auburn n., a. 赤茶色(の).

auction 競売, せり売り.

auction bridge Cards オークションブリッジ.

auctioneer n., v. 競売人；競売する.

audacious a. 大胆な；図太い, 厚かましい.

audacity 大胆, 豪放, 厚かましさ.

audibility 可聴性.

audible a. 聞こえる, 聞き取れる.

audibly ad. 聞き取れるほどに.

audience 聴衆, 観客, 視聴者；聴
取；接見, (公式)会見.

audio a. Telecom. 可聴周波数の；TV 音声の.

audio frequency Telecom. 可聴周波.

audiolingual a. (外国語学習が)耳と口と
を使う.

audiometer 聴力計.

audiophile オーディオ愛好家.

audio system Computer オーディオシステム.

audiotape 録音テープ.

audiotypist 録音テープから直接タイプする
人.

audiovisual a. 視聴覚の.

audiovisual aids 視聴覚教具《映画・
ラジオ・テレビ・写真など》.

audiovisuals =audiovisual aids.

audiphone 補聴器.

audit n., v. 会計検査, 監査(する)；(大学の
講義を)聴講する.

audition n., v. 聴力, 聴覚, 試聴；(声
楽家・俳優採用の)聴取テスト(をする), オー
ディション.

auditor 会計検査官, 監査役；(大学の)
聴講生；聞き手, 傍聴者.

auditorium 講堂, 公会堂；観客席, 傍
聴席.

auditory a. 聴覚の, 耳の.

auditory nerve 聴神経.

au fait 精通して.

au fond 心底は；実際は.

auger らせんぎり；掘削ぎり.

aught[1] pron. **for aught I care** ...でもかまわない.
for aught I know 私の知っているところでは,
多分.

aught[2] ゼロ.

augment v. 増す, 増大する；増音する.

augmentation 増大(物); *Mus.* 拡大.

augmented *a. Mus.* 増…度.

au gratin グラタン料理の.

augur *n., v.* (古代ローマの)卜占官, 占い者, 易者; 占う, 前兆を示す, 前兆となる (*well, ill*).

augury 占い; 前兆.

August 8 月.

august *a.* 威厳のある, 堂々たる, 尊い.

Augustan *a., n.* アウグストゥス時代の(作家).

Augustine アウグスティヌス《354–430; 初期キリスト教会の指導者》.

Augustinian *a., n.* アウグスティヌスの(教義信奉者).

Augustinianism アウグスティヌスの教義.

Augustus アウグストゥス《63 B.C.–A.D. 14; ローマ帝国最初の皇帝》.

au jus (肉を)その汁に入れて.

auk *Ornith.* ウミスズメ.

auld lang syne 懐かしきその昔.

aunt おば; おばさん.

auntie, aunty おばちゃん.

au pair *a., n.* 相互に労力を提供する; 部屋代や食費の代わりに家事をする; =au pair girl.

au pair girl オペアガール《家事を手伝う代わりに部屋代・食事代を免除してもらう女子留学生》.

aura (人や物から発散すると考えられている)空気.

aural *a.* 耳の; 聴覚の.

aurally *ad.* 耳で.

aureole 後光; 栄光.

Aureomycin *Trademark* オーレオマイシン《抗生物質》.

au revoir (F) *int.* さようなら.

auricle *Anat.* (外耳の)耳介; (心臓の)心耳.

auricular *a.* 耳の, 聴覚による.

auriferous *a.* 金を産する, 金を含む.

aurora 極光, オーロラ; [A-] *Rom. Myth.* オーロラ《曙の女神; ギリシャ神話の Eos に当たる》.

aurora australis 南極光.

aurora borealis 北極光.

auroral *a.* 極光の; 曙の; ばら色の; 輝く.

aurum *Chem.* 金.

AUS Army of the United States.

auscultaᵗion *Med.* 聴診(法).

auspice 占い; (良い)前兆, 吉兆; [*pl.*] 後援, 賛助. **under the auspices of** …の賛助を得て, …の後援を得て.

auspicious *a.* めでたい, 幸先の良い.

Aussie オーストラリア人.

austere *a.* 厳粛な, 厳しい, 厳格な; 禁欲的な.

austerity 厳格; 簡素; 禁欲生活, 耐乏生活; [*pl.*] 切り詰め, 緊縮.

austral *a.* 南方の.

Australasia オーストラレーシア《豪州・ニュージーランドおよびその周辺の島々の総称》.

Australasian *a., n.* オーストラレーシアの; オーストラレーシア人.

Australia オーストラリア, 豪州.

Australia Day オーストラリア建国記念日《1 月 26 日(後の月曜日)》.

Australian *a., n.* オーストラリアの; オーストラリア人.

Australoid *n., a. Anthrop.* アウストラロイド(の)《オーストラリア原住民・タスマニア人などの特徴を共通にもつ人類》.

Austria オーストリア.

Austrian *a., n.* オーストリアの; オーストリア人.

Austronesia オーストロネシア《太平洋南中部の島々》.

Austronesian *a., n.* オーストロネシア人(の), オーストロネシア語族(の).

autarchy 独裁(政治); =autarky.

autarky 自給自足(経済), アウタルキー.

authentic *a.* 信ずべき, よりどころの確かな; 真正の, 本物の; *Law* 認証された.

authentically *ad.* 確実に, 真実に.

authenticate *v.* 確証をたてる, 証明する.

authentication 証明, 認証.

authenticator 認証者.

authenticity 真実(性); 誠実さ.

author *n.* 著者, 作家, 作者; 創始者, 張本人. ――*v.* 著す, 著作する.

authorial *a.* 著者の.

authoritarian *a., n.* 権威主義, 権力主義の(人).

authoritarianism 権威主義, 権力主義.

authoritative *a.* 権威ある; 信ずべき; 官憲の, その筋の; 命令的の.

authoritatively *ad.* 厳然と.

authority 権威, 権力, 威信 (over); 権能, 職権; 根拠, 典拠, 文献; (その道の)権威者, 大家 (on); [pl.] 当局, 官憲; *Law* 判(決)例.

authorization 権能賦与; 認可, 公認.

authorize *v.* 権能を与える; 認可する, 認定する; 正当と認める.

Authorized Version (1611 年の)欽定訳聖書.

authorship 著述(業); 出典, 出所.

autism *Psychol.* 自閉症.

autistic *a., n.* 自閉症の(人).

auto 自動車.

autobahn アウトバーン《ドイツ・オーストリアの高速道路》.

autobiographer 自叙伝作家.

autobiography 自叙伝.

autobus =bus.

autocade 自動車行列.

auto-changer 自動レコード交換装置.

autochthon 原住動植物; 原住民.

autochthonous *a.* 土着の, 原住の.

autoclave 圧力釜.

autocracy 専制政治, 独裁政治; 独裁権, 独裁制.

autocrat 専制君主, 独裁者.

autocratic *a.* 独裁的な.

auto-da-fé *Christianity* 宗教裁判所.

autoerotism, autoeroticism *Psychol.* 自体愛.

autogamy *Bot.* 自家生殖.

autogenous, autogenic *a.* *Biol.* 自生の.

autogiro, autogyro *Aeronaut.* オートジャイロ.

autograph *n., v.* 自筆(の原稿); 自署(する).

autograph album [book] サイン帳.

autography 自筆文書.

autointoxication *Med.* 自家中毒.

automanipulation =masturbation.

Automat *Trademark* オートマット《自動販売式飲食店》.

automate *v.* 自動的に操作する, オートメーション化する.

automatic *a.* (機械が)自動式の; 機械的な, 習慣的な.

automatic direction finder (航空機の)自動方向探知器.

automatic frequency control *Telecom.* 自動周波数制御.

automatically *ad.* 自動的に, 機械的に.

automaticity 自動性.

automatic pilot *Aeronaut.* 自動操縦装置.

automatic transmission (自動車の)自動変速装置, ノークラッチ.

automation 自動操作, オートメーション.

automatism 自動作用, 自動活動; 自動現象.

automatization =automation.

automatize *v.* =automate.

automaton 自動機械; 自動人形.

automatous *a.* =automatic.

automobile 自動車.

automobilist 自動車使用者.

automotive *a.* 自動推進の; 自動車の.

autonomic *a.* 自治的な; *Physiol.* (神経が) 自律的な.

autonomic nervous system *Physiol.* 自律神経系.

autonomist 自治論者.

autonomous *a.* 自治権のある; 自主的な, 自律的な.

autonomous republic (ソ連の)自治共和国.

autonomy 自治(権); 自治体; *Physiol.* 自律.

autopsy 検死; 分析.

autoroute オートルート《フランスの高速道路》.

autostrada アウトストラーダ《イタリアの高速道路》.

autosuggestion 自己暗示.

autotruck トラック.

autotype *n., v.* 単色写真版(にする).

autoworker 自動車労働者.

autumn 秋, 秋季; 成熟期, 初老期.

auxiliary *a., n.* 補助の, 予備の; 補助者; [*pl.*] (外国からの)援軍, 外人部隊; *Gram.* 助動詞.

auxiliary verb *Gram.* 助動詞.

auxin *Bot.* オーキシン《生長ホルモン》.

AV Authorized Version.

avail *v.* 役に立つ; 利する, 益する. **avail oneself of** …を利用する. — *n.* 利益; 効用. **be of avail** 役に立つ. **be of no avail** 役に立たない. **to no avail＝without avail** そのかいなく, 無駄に.

availability 役に立つこと; 有効性, 効力.

available *a.* 利用できる, 役に立つ, 便利がある; 有効な;(現金に)換価できる.

avalanche 雪崩;(質問・不幸などの)殺到.

avant-garde (文学・芸術などの)前衛派, アバンギャルド.

avarice 強欲.

avaricious *a.* 欲の深い, 強欲な.

avatar *Hinduism* 化身.

Ave Maria 聖母マリアの祈り.

avenge *v.* 仇に報いる, 仕返しをする, かたきを討つ.

avenger 仇を返す人.

avenue 並木道; 大街路, 大通り;(成功・出世などの)道.

aver *v.* 主張する, 断言する.

average *n., a.* 平均(の); 標準(の); 一般なみ(の); *Mar. Ins.* 海損. **on the [an] average** 平均して. — *v.* 平均する, ならす; 平均…である, 平均…になる.

averse *a.* 反対で, 嫌って, いやで (*to*).

aversion 嫌い; いやな物, いやな人.

aversive *a.* 嫌悪の.

avert *v.* 避ける, よける; そむける, そらす.

avgas 航空機用ガソリン.

avian *a.* 鳥の, 鳥類の.

aviary (大きい)鳥小屋, 鳥飼育場.

aviate *v.* 飛行する.

aviation 飛行, 航空.

aviation cadet 航空士官候補生.

aviation gasoline 航空用ガソリン.

aviator 飛行家.

aviculture 鳥類飼育.

avid *a.* 渇望して, 欲深い (*of, for*).

avidity 渇望; 強欲.

avionics 航空電子工学.

avitaminosis *Med.* ビタミン欠乏症.

avocado *Bot.* アボカド《熱帯アメリカ産の果樹およびその果実》.

avocation 副業, 内職; 余技.

Avogadro's hypothesis [law] *Phys.* アボガドロの法則.

avoid *v.* 避ける, よける (*doing*); *Law* 無効にする.

avoidable *a.* 避けられる; *Law* 無効にされる.

avoidably *ad.* 避けられるように.

avoidance 回避, 忌避; *Law* 無効.

avoirdupois (weight) (16 oz. を 1 ポンドとする) 常 衡; 体 重; 肥満.

avouch *v.* (真 実であると) 公 言する; 保 証 する (*for*); 断 言する; 自白する.

avow *v.* 公言する, 言 明する; 認める; 自白する (*oneself*).

avowal 公言; 白 状.

avowed *a.* 自認の.

avowedly *ad.* 公然と, 明 白に.

avulse *v.* 無理に引き裂く.

avulsion 引き裂くこと; 分裂地; 破片.

avuncular *a.* 伯父の(ような), 叔父の(ような).

AWACS (<*airborne warning and control system*) 空 中 警戒管制システム, 空 中 警 戒 管 制機.

await *v.* …を待つ; 待ち受けている, 用意されている.

awake *v.* 目を覚ます, 目覚める; 起こす; 喚起する; 気付く, 自覚する (*to*). — *pred. a.* 目が覚めて; よく気付いて (*to*). **wide awake** すっかり目覚めて; 抜け目がない.

awaken *v.* =awake.

awakening 目ざめ, 覚醒.

award *v., n.* (審査して)授与する; 裁定する; 裁 定, 審判; 賞 (品).

aware *a.* 知って, 気付いて (*of, that*).

awash *pred. a. Naut.* 水 面とすれすれで; 漂 って.

away *ad.* 離れて, 遠くに; あちらに; 不在で; はるかに; 絶えず, しきりに; …し去る, …してしまう. **Away with you!** 去れ. **Away with it!** それを取りのけろ. **far and away** ずっと, ずばぬけて. **right away** 直ちに. — *a.* 留守で; 離れた, 遠い; 相手の本拠地で 行 われる(ゲーム); Baseball アウトになって.

awe *n., v.* (かしこみ 尊 ぶ)畏敬; 畏れを抱かせる.

awe-inspiring *a.* かしこみ畏れさす, 襟を正させる, 荘 厳な.

aweless, awless *a.* 畏れない, 不敬の.

awesome *a.* 畏敬の念を抱かせる, 恐ろしい, うやうやしい.

awestricken, awestruck *a.* かしこみ畏れて, 威に打たれて.

awful *a.* おごそかな, 畏れ多い, 荘 厳な; こわい, 恐ろしい; ひどい, すごい. — *ad.* ひどく.

awfully *ad.* 恐ろしく; 非 常 に; ひどく.

awhile *ad.* しばらく, ちょっと.

awkward *a.* …しにくい (*to* do), 厄 介な, 始末に困る; 不様な, 見苦しい, ぎごちない, 気のきかない, 不器用な; ばつの悪い; 油断ならぬ, 侮 り難い.

awkwardly *ad.* 不器用に, 不様に; きまり悪そうに.

awl (靴屋などの)突きぎり.

awn (麦などの)のぎ.

awning 日よけ, 雨よけ; (甲板 上 の)天幕.

awol, AWOL (<*absent without leave*) *Mil.* 職 務離脱者; 無断欠 勤 者.

awry *ad., pred. a.* ねじれて, 歪んで; まずく **go [run] awry** しくじる, まずいことになる.

ax(e) *n.* 斧, まさかり. **get the ax(e)** 首になる; 打ち首に処せられる. **have an ax(e) to grind** 思 惑がある. — *v.* 斧で切る; (費用を)切り詰める; くびにする.

axial *a.* 軸の; 軸 上 の.

axil *Bot.* 葉腋.

axilla *Anat.* 脇の下; =axil.

axiom *Math.* 公理; 格言, 原理.

axiomatically *ad.* 明らかに.

axis 軸, 中 心 線; 枢軸《国家間の連盟》; *Astron.* 地軸.

axle 心棒, 車軸, 軸端.

axletree 車軸.

ay(e) *ad.* しかり, さよう, はい. — *n.* 賛成; [*pl.*] 賛 成 者.

ayatollah アヤトーラ《イスラム 教 シーア派の指 導 者の尊 称 》.

aye-aye *Zool.* アイアイ, ユビザル.

AZ Alitalia イタリア航空《国際略語》.

azalea *Bot.* セイヨウツツジ.

Azerbaijan, Azerbaidzhan アゼルバイジャン《コーカサス山脈南方のソ連の共和国》.

azide *Chem.* アジ化物.

azimuth *Astron.* 方位; 方位角.

azo dye アゾ染料.

azote *Chem.* 窒素.

Azov アゾフ海《ウクライナ南方の内海》.

azure *a., n.* 空色の, 青空の; 空色; 青空.

B

b B字形(のもの); *Mus.* ロ音, ロ調; (成績の)B, 良.

BA bachelor of arts; British Airways 英国航空.

baa *n., v.* めー《羊の鳴き声》; (羊が)鳴く.

Baal バール《古代フェニキアの神》; 邪神.

Babbitt 教養の乏しい実業家, 俗物.

babbitt (metal) バビット合金《すず・銅・アンチモンの合金》.

Babbittry 俗物的な実業家気質.

babble *v.* (幼児が)片言を言う; ぺちゃくちゃしゃべる; (秘密を)しゃべる; (水が)さらさら流れる.
— *n.* 片言; おしゃべり; (小川の)せせらぎ.

babe 赤ん坊; 若い娘, 恋人.

babel 言語の混乱, 騒々しさ. **the Tower of Babel** *Bib.* バベルの塔《昔 Babylon で天に届くこの塔を建設中天罰のため人々の言語が混乱したという》.

baboon *Zool.* ヒヒ; 粗野な人, 醜い人.

baby 赤ん坊; (女の)恋人; [*a.*] 赤ん坊の(ような); 小型の. **throw out the baby with the bathwater** 大事なものと無用なものを一緒に捨てる.

baby boom ベビーブーム.

baby carriage (フード付き)乳母車.

baby doll 腹話術の人形; かわいい女の子.

baby farm 保育園.

baby grand 小型グランドピアノ.

babyhood 幼児期.

babyish *a.* 赤ん坊のような; 幼稚な.

Babylon バビロン《Babylonia の首都》; (バビロンのような)繁華堕落の大都会.

Babylonia バビロニア《2300 B.C. ごろ栄えたメソポタミアの王国》.

Babylonian *a., n.* バビロニアの(ような); バビロニア人, バビロニア語.

baby's breath *Bot.* カスミソウ.

baby-sit *v.* ベビーシッターをする.

baby-sitter ベビーシッター.

babytalk 赤ん坊言葉《赤ん坊の(ような)話し方》.

baby walker 幼児用歩行器.

baccalaureate 学士号《(bachelor の学位)》.

baccarat バカラ《トランプ賭博の一種》.

Bacchanal *a., n.* Bacchus の(ような); バッカスの信徒; 飲み騒ぐ人; 乱痴気騒ぎ.

Bacchanalia バッカス祭; [b-] 乱痴気騒ぎ.

bacchant バッカスの祭司, バッカスの信徒; 飲み騒ぐ人.

bacchante 飲み騒ぐ女.

Bacchus *Gk Myth.* バッカス《酒の神; Dionysus の別名》.

bacco, baccy たばこ.

bach *n., v.* 独身男; 独身生活をする.

Bach バッハ. **Johann Sebastian Bach** (1685–1750) ドイツの作曲家.

bachelor 未婚の男, 独身男; 学士.

bachelor girl (自活する)独身女性.

bachelorhood 独身(生活).

bacillus バチルス, 杆菌.

back *n.* 背, 背骨; 後ろ, 後部; 背後, 裏, 奥, 背景; (事の)真相; (手足の)甲, (椅子の)背もた

れ, (山の)尾根, (刀の)峰; (球技の)後衛, バック. **at the back of** …の後ろに, 背後に; 後援して. **behind one's back** 秘かに, 人のいない所で. **break the back of** …をくじく; (難事の)峠を越す. **get [put, set] one's back up** 怒らせる; 怒る. **on one's back** あおむけに(寝て); 力尽きて. **turn one's back on** …を見捨てる. **with one's back to the wall** 進退きわまって.

—*a.* 後ろの, 背後の; 裏の, 奥の, 未開の; 逆の; 未払いの, 滞った. **on the back burner** 後回しで.

—*ad.* 後方へ, あとに, 後ろに; 過去に, さか上って; (元へ)戻って, 返して. **back and forth** 前後に. **back of** =at the back of.

—*v.* 後退する, 後退させる, 逆行させる; 裏打ちする; 背景をなす; 援助する, 後援する, 支持する; (馬に)乗る; (競馬で)賭ける. **back and fill** ぐずつく, (心が)動揺する. **back down** 退く; (主張などを)放棄する. **back out of** …から手を引く. **back up** 後援する; (球技で)バックアップする; 楽器の伴奏をつける.

backache 背中や腰の痛み.

back bench (下院の)後方席《平議員の席》.

backbencher 平議員.

backbite *v.* 陰口をきく.

backboard (バスケットボールの)バックボード; (額縁・ボードなどの)背板.

backbone 背骨; 主力; 気骨. **to the backbone** 徹底的に.

backbreaker ひどく骨の折れる仕事, 重労働.

backbreaking *a.* 骨の折れる.

backchat 口答え.

backcomb *v.* 逆毛を立てる.

backcountry 田舎; (未開発の)奥地.

backcross *v. Biol.* 戻し交配する.

backdate *v.* (実際より)前の日付にする.

backdoor *n., a.* 裏戸, 裏口; 内密の, こそこその.

backdown 後退.

backdrop 背景(幕).

back end 後部; 晩秋.

backer 後援者, 支持者.

backfield (球技の)バックス.

backfire *n.* (山火事の延焼を防ぐ)向かい火; (内燃機関の)バックファイアー; (火器の)逆発; [B-] バックファイアー(爆撃機). —*v.* 逆火を起こす; 逆発する; 予想と反対の結果となる, 不首尾に終わる.

back-formation *Ling.* 逆成(語).

backgammon バックガモン《すごろくに似た卓上ゲーム》.

background 背景; 裏面; 過去の経験, 過去の経歴; =background music.

backgrounder 非公式の記者会見, オフレコの記者会見.

background music バックグラウンドミュージック, BGM.

backhand *n., ad.* 左傾斜の書体(で); *Tennis* バックハンド(で打った).

backhanded *a.* (書体が)左傾斜の; バックハンドの; 曖昧な, 不誠実な, 皮肉な; 躊躇する.

backing 裏打ち, 裏付け(材料); 後援, 支持; 逆行, 後退.

backlash *Mech.* バックラッシュ, 逆回転; 反動; (釣糸の)もつれ.

backless *a.* 背部のない.

backlist 在庫本; 既刊書.

backlog 滞貨, 注文残高, (大量の)残務; 蓄積, 退蔵物.

back matter *Print.* (本の)後づけ.

backmost *a.* 最後部の.

back number 月遅れの雑誌, バックナンバー; 時代遅れの人, 時代遅れの物.

backpack *n., v.* 背負って運ぶ荷; バックパック (を背負って山野を歩く).

backpedal v. ペダルを逆に踏む; 手を退く.

backrest 背中の支え, 背後の支え.

backroom boy (軍事目的などの)秘密研究員.

backsaw つりかけのこぎり.

backscratcher 孫の手.

backseat 後方座席; つまらぬ地位.

backseat driver 余計な口出しをする人.

backset 逆行.

backside 後方; [pl.] 尻.

backslang 逆さ言葉《例: pig < gip》.

backslap v., n. 背中をぽんとたたく(こと), 愛想よくする.

back-slapper 愛想のよい人.

backslide v. 堕落する, 退歩する.

backspace n., v. (タイプライターの)バックスペースキー(を押す).

backspin Golf, Billiards 逆回転, バックスピン.

backstage a. 舞台裏の; 芸能人の私生活の; 秘密の. — ad. 舞台裏で; こっそりと.

backstairs n., a. 勝手口(の), 裏口(の); 秘密の.

backstay Naut. 後方支索; 支持.

backstitch 返し針.

backstop Baseball バックネット.

backstretch (競技の)バックストレッチ.

backstroke 背泳.

backswept a. 後方に傾斜した; Aeronaut. (翼が)後退角の.

backsword 片刃の剣.

back talk 口答え.

back-to-back a. 連続した.

back-to-basics a. 基本に戻る, 初心に戻る.

backtrack v. 同じ道を戻る; 手を引く, 撤回する.

backup バックアップ, 支援(者); 予備品, 予備人員.

backward a. 後方の, 後方への; もとの, もとへの; 逆の; 尻ごみする, 内気な; 遅れて; (発達の)遅れた; 遅鈍な. — ad. 後方へ; もとへ; 逆に.

backwards ad. =backward.

backwash (船・航空機の進行による)逆流, 引き波; (事件の)余波.

backwater 戻り水, よどみ, 沈滞(状態).

backwoods (アメリカ・カナダなどの)未開森林地, 奥地.

backwoodsman 奥地住民; 田舎者.

backyard 裏庭; たまり場.

bacon ベーコン. **bring home the bacon** 成功する.

Bacon ベーコン. **Francis Bacon** (1561–1626) 英国の哲学者・随筆家.

bacteria バクテリア.

bactericidal a. 殺菌の.

bactericide 殺菌剤.

bacteriological a. 細菌学(上)の.

bacteriologist 細菌学者.

bacteriology 細菌学.

bacteriophage Med. バクテリオファージ《溶菌ウイルス》.

Bactrian camel Zool. フタコブラクダ.

bad a. 悪い, 不良の, 不正の, 悪性の; 有害な (for), 不愉快な; まずい; ひどい, 腐った; すごくいい. **go bad** 悪くなる, 腐る.

bad blood 憎しみ, 憤り, 悪感情.

baddie, baddy 悪人, 悪玉.

bad egg [hat] やくざ者.

bad form 不作法.

badge 記章, バッジ; 印.

badger n., v. Zool. アナグマ; いじめる, 悩ます.

badinage 冗談, からかい.

badlands 荒地.

bad lot やくざ者.

badly ad. 悪く; まずく; ひどく; とても. **be badly off** 暮らし向きが悪い.

badman (西部開拓期の)無法者.

badminton バドミントン.

bad-mouth v. 酷評する.

bad-tempered a. 機嫌の悪い, 意地の悪い; 気難しい.

Baedeker (ドイツの出版業者ベーデカーの) 旅行案内.

baffing a. 邪魔をする, 困難な; 不可解な.

baffle v. (計画・目的などを)挫く, 破る, 妨げる; (問題などが)困らす, 悩ませる. — n. 困惑; (音響・水流などの)防止装置.

bag n. 袋, 鞄, 手さげ, 財布, バッグ; (猟の)獲物, 好きな道; 売春婦; コンドーム; *Baseball* 塁; [*pl.*] ズボン. **bag and baggage** 所持品一切; そっくりまとめて. **bag of bones** やせこけた人. **be left holding the bag** 一人で責任を負わされる. **in the bag** 酔っぱらって; (成功などが)確実で. **the (whole) bag of tricks** 一切合財, あらゆる手段. — v. (袋のように)だぶつく; 袋に入れる; (獲物を)捕らえる; 盗む.

bagatelle つまらぬ物; 一種の玉突き; *Mus.* バガテル(ピアノ用小曲).

Bagdad =Baghdad.

bagful 袋一杯(分).

baggage 小荷物, 手荷物; 生意気な娘; 売春婦.

baggage check 手荷物預かり証.

baggage claim 手荷物受け取り所.

bagging 袋地.

baggy a. 袋のような; だぶだぶの.

Baghdad バグダッド(イラクの首都).

bag lady [woman] バッグレディー(身の回り品の袋を抱えた浮浪者の女).

bagman (商社の)外交員; わいろの取り持ち.

bagpipe [*pl.*] バグパイプ.

bagpiper バグパイプ奏者.

baguet(te) 長方形に磨かれた宝石; バゲット(フランスの棒パン).

bah *int.* (軽蔑して)ばかな.

Bahamas バハマ(西インド諸島中の島々から成る共和国).

Bahasa Indonesia (バハサ)インドネシア語(インドネシアの公用語).

baht バーツ(タイの通貨単位).

Baikal バイカル湖(シベリアの湖).

bail[1] (鍋・バケツなどの)つる.

bail[2] n., v. あかとり(船底のたまり水を汲み出す器具); あかを汲み出す (*out*).

bail[3] n. 保釈; 保釈保証人, 保釈保証金. **go bail for** …の保釈保証人となる. **out on bail** 保釈出獄中. — v. (保釈金を出して)保釈してもらう (*out*); (品物を)委託する.

bailable a. 保釈できる.

bailee 受託人.

bailiff (法の)執行吏; 土地管理人.

bailiwick bailiff の管轄区域; 領域.

bailment 保釈; 寄託.

bailor *Law* 寄託人.

bairn 子供.

bait n. 餌, 誘惑. **bait and switch** おとり商法. — v. 餌をつける; 餌でおびき寄せる; 犬をけしかけて(動物を)いじめる; なぶる, 悩ます.

baize ベーズ(机掛けなどにする厚ラシャ).

bake v. (oven や天火で)焼く; (パンなどが)焼ける; (れんがなどを)焼き固める. — n. パン焼き; 会食会.

bakehouse パン屋(のパン焼き場).

Bakelite *Trademark* ベークライト.

baker パン屋; 天火.

baker's dozen 13個.

baker's yeast パン種.

bakery パン屋, パン菓子販売店.

baking パン焼き; 一焼き.

baking powder ふくらし粉.

baking soda 重曹.

baksheesh (トルコ・エジプト・インドなどで)心付け, チップ.

BAL (<*basic assembly language*) *Computer* 基本アセンブリー言語.

balalaika バラライカ《ギターに似たロシヤの楽器》.

balance *n.* 天秤; 平衡, 均衡, 釣り合い; *Com.* 貸借対照, 差し引き残高; 残り, 余り. **balance of power** (国際)勢力の均衡. **balance of trade** (輸出入)貿易収支. **in the balance** どちらとも決まらないで. **on balance** 結局. **strike a balance** 差し引き勘定する. — *v.* (はかりで)はかる; 均衡を保たせる, 釣り合いを保たせる, 均衡を保つ, 釣り合いを保つ; 清算する, 差し引きする; (帳尻が)合う; 比較する; どちらとも決めかねる.

balance beam (体操の)平均台.

balance sheet *Com.* 貸借対照表.

balance wheel (時計の)てん輪.

balcony バルコニー, 露台; (劇場の)二階さじき.

bald *a.* 禿げた; むき出しの, 裸の; 飾りのない, ありのままの.

baldachin 錦織り; 天蓋.

bald eagle *Ornith.* ハクトウワシ.

balderdash たわ言.

baldhead, baldpate 禿頭(の人).

bald-headed, bald-pated *a.* 禿頭の.

baldish *a.* 禿げかかった.

baldric (肩から斜めに掛ける)剣吊り帯; (それを装飾化した)綬帯.

bale[1] *n., v.* 梱, 俵(に入れる), 梱包(する).

bale[2] *n., v.* =bail[2].

balefire (野天の)大たき火.

baleful *a.* 有害な, 悪質な, 不吉な.

balk *n.* 障害, 邪魔; 失策; *Baseball* ボーク; *Arch.* 柱角《丸味つきはり材》. — *v.* 妨げる, くじく(in); そらす, (機会を)外す; 躊躇する; (馬が)急に立ち止まる.

Balkan *a., n.* バルカン半島の; [the ~s] バルカン諸国.

Balkanize *v.* (互いに敵視する)小国に分裂させる.

Balkan Peninsula バルカン半島.

balky *a.* (馬が)止まって進まない.

ball[1] *n.* 玉, 球, ボール; 球戯, 野球; 投球; 球の投げ方; *Baseball* ボール; 弾丸; (牛馬に与える)丸薬; [*pl.*] 睾丸; たわごと. **carry the ball** 責任を引き受ける. **have on the ball** 能力がある. **keep the ball rolling** (座が白けないように)談話を続ける. **on the ball** 有能で, ぬかりなく. **play ball** ボール遊びをする; 試合を開始する; 活動を始める; 協力する. — *v.* 球にする, 球になる; 性交する(*with*). **balled up** まごつく, 混乱する.

ball[2] 舞踏会.

ballad 民謡, バラッド.

ballade バラード, 物語詩.

ballast *n.* (船の)底荷; (気球の)砂袋; (鉄道・道路の)バラス, 砂利; (性格などに)安定や落ち着きを与えるもの. **in ballast** (船が)底荷だけを積んで. — *v.* 底荷を積む; 砂利を敷く.

ball bearing *Mech.* ボールベアリング.

ball cock 球栓.

ballerina バレリーナ.

ballet バレエ(曲); バレエ団.

ballet dancer バレエの踊り子.

balletomane バレエ狂.

ball game 球技; (特に)野球; 状況, 事態.

ballistic *a.* 弾道(学)の.

ballistic missile 弾道弾.

ballistics 弾道学.

ballocks 睾丸; たわごと.

ballon d'essai 観測気球《世論の動向を探る声明など》.

ballonet *Aeronaut.* 補助気嚢《飛行船などの浮力調節用》.

balloon *n., v.* 風船, 気球(に乗る); ふくれる; (漫画で口から出た言葉を囲う)吹き出し.

balloon barrage 気球阻塞.

ballooner, balloonist 気球乗り.

balloon tire 低圧タイヤ.

ballot n. (無記名)投票; 投票用紙; 投票総数. — v. 投票する, 投票で決する.

ballot box 投票箱.

ballpark n., a. 球場; およその.

ball(-point) pen ボールペン.

ballplayer 野球選手.

ballroom 舞踏場.

ballyhoo n., v. ばかな宣伝(をする), 騒々しい宣伝(をする).

balm 香油, 芳香樹脂; 芳香; 鎮痛剤; (悲しみなどの)慰め.

balmy a. 芳香のある; 鎮痛の; さわやかな.

baloney たわ言.

balsa Bot. バルサ(材).

balsam バルサム, 芳香樹脂; 鎮痛剤; Bot. ホウセンカ.

Baltic a. バルト海の.

Baltic (Sea) バルト海.

Baltimore ボルチモア《米国 Maryland 州の港市》.

baltimore oriole Ornith. ボルチモアムクドリモドキ.

baluster 手すり子《欄干の小柱》.

balustrade 欄干.

Balzac バルザック. Honore de Balzac (1799–1850) フランスの作家.

bambino (It) 幼児; 幼時キリストの像.

bamboo 竹; 竹材.

bamboo shoot 竹の子.

bamboozle v. だます, 欺く (one into, one out of).

ban n., v. 禁止, 禁制; 禁止する.

banal a. 陳腐な, 平凡な.

banana バナナ(の木).

banana republic [軽蔑的]バナナ共和国《経済・政情不安定な中南米の小国》.

bananas a. 気が狂って, 夢中になって. **go bananas** 頭がおかしくなる, 頭にくる.

band[1] n. 帯, (幅広の紐, バンド; 帯革; 帯輪; 帯金, たが; 足かせ; 筋, 縞; Telecom. 周波(数)帯; 指輪. — v. 帯や紐で縛る; 縞をつける.

band[2] n. (軍人・盗賊・牛馬などの)隊, 群; 楽隊. **beat the band** 群を抜く. — v. 団結する, 団結させる.

bandage n., v. 包帯(する).

Band-Aid n., a. Trademark バンドエイド; 間に合わせの.

bandan(n)a バンダナ《染め抜きの大型のハンカチやスカーフ》.

bandbox (帽子・カラーなどを入れる)紙箱.

B and D = B/D.

bandeau バンドー《婦人の頭に巻く細いリボン》; (幅の狭い)ブラジャー.

banderol(e) 小旗, 吹き流し.

bandit 盗賊, 山賊, 追いはぎ.

banditry 山賊行為; 山賊.

bandmaster 楽長.

bandoleer (肩から掛ける)弾薬帯.

band saw 帯のこぎり.

band shell (後方が半円形の)野外音楽堂.

bandsman 楽隊員.

bandstand 野外音楽堂.

bandwagon (行列の先頭に立つ)楽隊車. **on the bandwagon** (選挙などで)優勢で.

bandy v. 投げ合う, やり取りする; (説を)言いふらす (about). **bandy words** 言い合いする (with). **bandy blows** 殴り合いする (with).

bandy-legged a. がにまたの.

bane 害毒.

baneful a. 有毒な; 有害な.

bang[1] v. どんと叩く; ばたんと閉じる; どんどん放つ, ずどんと鳴る; …と性交する. — n. どんと叩く音; どしんという響き; 砲声; スリル. **with a bang** 出しぬけに; みごとに. — ad., int. どん(と),

ずどん(と), どしん(と); まさに, 丁度. **go bang** どんと鳴る; ばたんと締まる.

bang² *n., v.* 切り下げ前髪, たれ前髪(にする).

Bangkok バンコック《タイの首都》.

Bangladesh バングラデシュ《インド東方の共和国》.

bangle (腕・手首・足首などにはめる)飾り輪.

bang-on *a., ad.* すばらしい, すてきな; どんぴしゃりの; どんぴしゃりに.

bang-up *a.* 上等の, すばらしい, すてきな.

banian =banyan.

banish *v.* 追放する; 追い払う.

banister [*pl.*] (階段の)欄干.

banjo バンジョー《弦楽器》.

banjoist バンジョー奏者.

bank¹ *n.* 土手, 堤防; 浅瀬; 州; 沿岸, 河岸; 堆積, (雪の)山, (雲の)峰; (galley 船の)漕ぎ手の腰掛け, 漕手連; *Aeronaut.* バンク, 横傾斜. ── *v.* 堤防で囲む, 堤防を築く; 積み上げる (*up*); (火を)いける.

bank² *n.* 銀行, 貯蔵所; (賭博の)貸し元, 場銭. ── *v.* 銀行に預ける; 銀行と取り引きする (*with*); あてにする, 頼る (*that, on*).

bankable *a.* (銀行の)担保にできる.

bank account 銀行預金勘定.

bank bill 銀行手形; 銀行券.

bank book 銀行通帳.

bank card バンクカード《銀行発行のクレジットカード》.

bank discount 銀行割り引き.

bank draft 銀行為替手形.

banker¹ (ニューファンドランド沖の)タラ漁船, タラ漁夫.

banker² 銀行家, 銀行業者; (賭博の)親.

bank holiday 銀行休日《日曜以外の年8回の法定休日》.

banking 銀行業.

bank money *Econ.* 銀行貨幣《小切手・手形など》.

bank note 銀行券.

bank rate *Econ.* 中央銀行割り引き歩合, 公定歩合.

bankroll *n., v.* 資金(を出す).

bankrupt *n., a.* 破産者; 破産した, …が欠けた. ── *v.* 破産させる.

bankruptcy 破産; 破滅.

banner *n., a.* 旗, 旗印, 表象; 第一位の, 一流の; (新聞の)全ページ抜き大見出し.

bannerol 小旗; 葬旗.

bannock 菓子パン.

banns (挙式前教会で行う三度の)結婚予告. **forbid the banns** 結婚に異議を申し出る.

banquet *n., v.* (正式の)宴会; 宴を張る; 供応する; 御馳走を食べる.

banqueter 宴客.

banquette 歩道.

banshee, banshie バンシー《凶事を知らせる妖精》.

bant *v.* banting 療法を行う.

bantam *Ornith.* チャボ; けんか好きの小男.

bantamweight *Boxing, Wrestling* バンタム級の選手.

banter *n., v.* からかい, ひやかし; からかう, ひやかす, (冗談に)いじめる; 競争(を挑む).

banteringly *ad.* からかい半分で, ひやかして.

banting(ism) バンティング療法《やせるための食餌療法》.

Bantu *n., a.* (南アフリカの)バンツー族, バンツー語(の).

banyan *Bot.* ベンガルボダイジュ.

baobab *Bot.* バオバブ《アフリカ産の巨木》.

baptism *Relig.* 洗礼, 浸礼; 命名式. **baptism of fire** 砲火の洗礼, 初陣.

Baptist 浸礼派教徒; バプテスマのヨハネ.

baptist(e)ry 洗礼堂.

baptize *v.* 洗礼や浸礼を施す; 命名する.

bar¹ *n.* 棒; 棒状のもの; かんぬき, 横木, (バレエ

練習用の)バー; 金てこ, バール; 横格子, 桟; 障害(物), 柵; (河口・湾頭の)砂州; 被告席; [the ~] 法廷; 弁護士団; (バー・スナックなどの)カウンター, (カウンターのある)簡易食堂, バー, 酒場; 筋, 縞; *Mus.* (楽譜の)縦線, 小節. **be called to the Bar** 弁護士の免許を受ける.
— *v.* かんぬきをさす, 閉ざす, (通路を)ふさぐ; 妨げる; 締め出す; 除外する; 筋を引く, 縞にする. **bar out** 締め出す.
— *prep.* …を除いて.

bar[2] *Phys.* バール《圧力の単位》.

barb *n., v.* (釣り針などの)あご, かかり(をつける); *Biol.* ひげ状の突起.

barbarian *n.* 野蛮人, 未開人; 異邦人.
— *a.* 野蛮な, 未開の.

barbaric *a.* 野蛮な; 粗野な.

barbarism 野蛮; 蛮行; (言語の)野卑.

barbarity 蛮行, 残忍, 野卑, 粗野.

barbarize *v.* 野蛮化する.

barbarous *a.* 野蛮な; 残忍な; 野卑な; 異国語の.

barbecue *v., n.* (豚などを)丸焼きにする; (豚などの)丸焼き, バーベキュー; 丸焼き台; (丸焼き豚の出る)野外宴会.

barbed wire, barbwire 有刺(鉄)線.

barbel (魚の)ひげ.

barbell バーベル.

barber *n., v.* 理髪師, 床屋; 散髪する.

barbershop 理髪店.

barbital, barbitone *Pharm.* バルビタール《鎮静剤》.

barbiturate *Chem.* バルビツル酸塩.

barbituric acid *Chem.* バルビツル酸.

barcarol(l)e (ゴンドラの)船歌.

B Arch bachelor of architecture.

bar chart [graph] 棒グラフ.

bar code *Computer* バーコード《縞模様状の記号で商品などの番号・価格を示す表記法》.

bard (ケルト族の)吟唱詩人; 詩人. **the Bard of Avon** Shakespeare の俗称.

bardolatry シェークスピア崇拝.

bare *a.* 裸の, 露出した; むき出しの; 飾りのない, ありのままの; ただの, 空の, …のない(of); 乏しい, やっとの. **lay bare** むき出しにする, 暴露する.
— *v.* 裸にする, あらわにする, 暴露する, 発表する; (刀を)抜く; 脱ぐ; はぎ取る(of).

bareback *ad., a.* 裸馬に(乗って); 裸馬の.

barefaced *a.* 素面の; 厚かましい.

barefoot *a., ad.* 裸足の; 裸足で.

barefoot doctor (中国で農村の)医療補助員.

barefooted *a., ad.* =barefoot.

barehanded *a., ad.* 素手の; 素手で.

bareheaded *a., ad.* 無帽の; 無帽で.

barely *ad.* やっと; 赤裸々に.

barf *v.* 吐く, もどす.

barfly バーの常連.

bargain *n.* 売買契約, 取り引き; 協定; 買い物; 割り安な買い物, 掘り出し物. **bad bargain** 高い買い物. **good bargain** 安い買い物. **into [in] the bargain** おまけに, その上. **make the best of a bad bargain** 逆境に善処する. **strike a bargain** 取り引きを決める.
— *v.* (売り手と買い手が)互いに駆け引きをする; 取り引きを決める; 交渉する; 予期する, 当てにする(on), 甘んじる(for).

bargain basement (デパートの地下の)特売場.

bargain counter 特売場の売り台.

bargainer 売り方.

barge (平底の)荷船, 伝馬船, はしけ; 遊覧船.

bargee =bargeman.

bargeman はしけの船頭.

bar girl バーに出入りする売春婦.

barhop *v.* はしご(酒)をする.

baric[1] *a. Chem.* バリウムの.

baric[2] *a. Phys.* 気圧の.

barite *Mineral.* 重晶石.

baritone *Mus.* バリトン《男声中間音(域); bass と tenor の中間》; バリトン歌手.

barium *Chem.* バリウム《金属元素》.

barium meal バリウム(かゆ)《X 線検査用の硫酸バリウム溶液》.

bark[1] バーク《3 本マストの帆船》; 小船.

bark[2] *v., n.* (犬などが)吠える(声); 咳(をする); どなる. **bark up the wrong tree** 見当違いをする, 人違いをして攻撃する.

bark[3] *n., v.* 樹皮(をはぐ); キナ皮; (手や足の)皮をすりむく.

bark beetle *Entom.* キクイムシ.

barkeep(er) バーの主人.

barkentine バーカンティーン《3 本マストの帆船》.

barker 吠える動物, どなり散らす人; (商店・芝居などの)客引き, 呼び込み; ピストル.

barley 大麦.

barleycorn 大麦の粒.

barley sugar 大麦糖.

barm パン種; 麦芽発酵の泡.

barmaid バーのホステス.

barman バーテン.

Barmecidal *a.* 見かけ倒しの.

Barmecide 見せかけのもてなしをする人.

Barmecide feast 見かけ倒しの御馳走; 見かけだけの歓待.

barmy *a.* 泡だった; ばかな.

barn (農家の)納屋; (電車の)車庫; *Phys.* バーン《衝突過程の断面積の単位; 10^{-24}cm^2》.

barnacle (船底や岩に付着する)フジツボ, エボシガイ; (地位に)かじりつく人; 老水夫.

barnacles (馬の)鼻ばさみ《暴れるのを防ぐ》; 眼鏡.

barn dance バーンダンス《もと納屋で踊ったポルカに似たダンス》.

barn door 納屋の扉《荷を積んだ馬車が通れるほどの大きさ》.

barn owl *Ornith.* メンフクロウ.

barn sale (自宅で行う)中古品セール.

barnstorm *v.* 地方巡業する, 遊説する.

barnstormer 旅役者; 政治屋.

barn swallow *Ornith.* ツバメ.

barnyard 納屋の前庭.

barogram 気圧記録.

barograph 自記気圧計.

barometer 晴雨計, 気圧計; (世論などの)指標, バロメーター.

barometric(al) *a.* 気圧(計)の.

barometric pressure 大気圧.

baron 男爵; (中世の)豪族; 大実業家; …王.

baronage 男爵の位.

baroness 男爵夫人; 婦人男爵.

baronet 准男爵.

baronetage 全准男爵.

baronetcy 准男爵の位.

baronial *a.* 男爵の; 貴族風の, 豪華な.

barony 男爵の地位, 男爵の領地.

baroque *n., a.* バロック建築(の), バロック音楽(の); 奇怪な, 過度に装飾的な.

barque =bark[1].

barquentine =barkentine.

barrack[1] [*pl.*] 兵営, 兵舎.

barrack[2] *v.* (相手選手を)やじる.

barracuda *Ichthy.* バラクーダ《カマスの類》.

barrage 弾幕; 集中攻撃.

barrage balloon 阻塞気球.

barranca (Sp) (深い急な)峡谷.

barrator 訴訟教唆者.

barratry *Law* 訴訟教唆罪.

barred *a.* 横木のある, 縞のある.

barrel *n.* 樽; ひと樽の分量; バレル《容量の単位; 石油では 158.98 リットル (42 米ガロン, 35 英ガロン)》; 銃身; 円筒; 多量. **over a barrel** 手も足も出ない状態で.

—v. 樽詰めにする; 大急ぎで行く.

barrel chair 安楽椅子《樽形》.

barrelful 樽一杯.

barrelhouse 安居酒屋; ジャズの一種.

barrel organ (大道音楽師の)手回しオルガン.

barrel roll *Aeronaut.* 連続横転.

barren *a.* 不妊の; 実を結ばない; 草木の生えない, 不毛の; 貧弱な; 乏しい, (…を)欠いた(of); 面白くない, 無力な. —n. [pl.] 不毛地.

barrette 整形用クリップ.

barricade *n., v.* バリケード, 防壁(を設ける), 障害物; (往来を)さえぎる.

barrier 柵, 防壁; [pl.] 障害, 障壁.

barrier reef 堡礁《海岸線に並列する珊瑚礁》.

barring *prep.* …を除いて.

barrio (米国内の)スペイン語通用地域.

barrister バリスター《法廷で弁護する資格のある弁護士》.

barroom 酒場.

barrow[1] (一輪または二輪の)手押し車.

barrow[2] 塚, 土まんじゅう.

barrow boy (果物・魚の)呼び売り商人.

bartender バーテン.

barter *n., v.* 交易(品), 物々交換(する).

barter system *Econ.* バーター制(貿易).

baryon *Phys.* バリオン, 重粒子.

baryta *Chem.* 重土《酸化バリウム》.

barytone =baritone.

basal *a.* 基礎の, 基底の.

basal metabolism *Physiol.* 基礎代謝.

basalt 玄武岩.

bascule *Civ. Engin.* はね構え.

bascule bridge はね橋.

base[1] *a.* 卑しい, 卑劣な, 下品な; 劣等の.

base[2] *n.* 基底, ふもと, 基礎, 根拠地, 基地; 出発点; *Baseball* 塁; *Chem.* 塩基; 色留め料; *Surv.* 基線; 基数; *Math.* 底辺;

底面; *Gram.* 基底部. **base on balls** *Baseball* 四球出塁. **get to first base** 少し進歩する. **off base** 間違って.

—v. (…に)基礎を置く, 基づかせる(on, upon).

baseball 野球; 野球ボール.

baseboard *Arch.* (壁下の)幅木.

baseborn *a.* 生まれの卑しい; 庶出の.

base burner 底だきストーブ.

based *a.* 補給基地のある, 作戦基地のある.

Basedow's disease バセドー病《甲状腺疾患》.

base exchange (米国海軍・米国空軍の)基地売店, 酒保.

base hit 安打.

baseless *a.* 基礎のない, 根拠のない.

base line ベースライン; *Baseball* 塁線; *Tennis* コートの限界線.

baseman *Baseball* 塁手.

basement 地階; 地下室.

baseness 下品; 庶出.

base pay [salary, wage] 基本給.

base runner *Baseball* 走者, ランナー.

baserunning *Baseball* 走塁(法).

bash *n., v.* ぶんなぐる(こと); にぎやかなパーティー.

have a bash at やってみる.

bashful *a.* はにかむ, 内気な.

bashing むち打ち.

basic *a.* 基礎の, 基本の; *Chem.* 塩基性の.

BASIC (<*B*eginner's *A*ll-purpose *S*ymbolic *I*nstruction *C*ode) *Computer* ベーシック《会話型プログラム言語》.

basically *ad.* 本質的に(は), 実は.

Basic English ベーシック・イングリッシュ《英人 C. K. Ogden が創案した語数 850 の国際補助語》.

basicity *Chem.* 塩基(性)度.

basify *v. Chem.* 塩基化する.

basil *Bot.* メボウキ《香味料》; (香味野菜としての)バジリコ.

basilar a. 基礎の.

basilica (古代ローマの)公会堂; (同形式の) 教会堂.

basilisk バシリスク《ひとにらみで人を殺したという 伝説の蛇》; *Zool.* (熱帯アメリカ産)セビレトカゲ.

basin 洗面器, 水盤, 鉢, 溜め池, ドック; 盆 地, 流域.

basis 基礎, 土台, 根拠, 根底; (薬剤などの) 主成分.

bask v. (火・日光に)浴する, 暖まる.

basket かご, バスケット; (スキー用のストックの)リン グ; 男性器.

basketball バスケットボール.

basket case 両手両足切断者; まったく の無能力者.

basket fern *Bot.* タマシダ.

basketful かご一杯分.

basket-handle arch *Arch.* バスケットアーチ.

basket hilt (刀の)かごつか.

basketry かご細工; かご類.

basket stitch かご編み.

basketwork かご細工品.

Basque n., a. (ピレネー山脈地方に住む)バスク 人(の), バスク語(の).

bas-relief 浅浮き彫り.

bass[1] *Ichthy.* バス《スズキの類》.

bass[2] *Mus.* バス, ベース, 低音部; 男声低音; 低音歌手, 低音楽器.

basset (hound) バセットハウンド《猟犬》.

basset horn *Mus.* バセットホルン.

bass fiddle ダブルベース《楽器》.

bassinet (幌付きの)揺りかご, (幌付きの)乳母 車.

basso *Mus.* 低音(歌手).

bassoon *Mus.* バスーン, ファゴット.

bassoonist バスーン奏者.

basso-relievo =bas-relief.

bass viol コントラバス; ビオラダガンバ《楽器》.

basswood *Bot.* シナノキ(材).

bast *Bot.* 靱皮部; 靱皮繊維《縄・マットなどの 材料》.

bastard n. 私生児; にせ物, 劣悪品.
— a. 庶出の; にせの; 類似の; 雑種の.

bastardize v. 庶出と認める; 粗悪にする.

bastardy 庶出.

baste[1] v. 仮縫いする.

baste[2] v. (肉を焼きながら)バターや脂肪をかける; 打つ, 鞭打つ.

Bastille [the ~] (パリの)バスティーユ監獄《1789 年7月14日革命の暴徒によって破壊さ れた》.

Bastille Day 革命記念日, パリ祭《7月 14日》.

basting 仮縫い; しつけ(糸).

bastion *Arch.* 稜堡.

bat[1] *Zool.* コウモリ. **(as) blind as a bat** まった く盲目で.

bat[2] n., v. (球戯用)バット; 打者(の番); 一打 ち, 打ち方; 強打; どんちゃん騒ぎ; 速力; (バットで)打つ. **at bat** *Baseball* 打数, 打席(に ついて). **bat around** ぶらつく; (計画などを)自 由に討議する. **(right) off the bat** すぐに.

batch (パンなどの)一焼き分; (手紙・原稿など の)一束; (人の)一団.

bate v. 弱める, 減らす; 割り引きする; 押さえる. **with bated breath** 息を殺して.

bateau 平底船.

Bath バス勲位, バス勲章; バース《イングランド 南西部の温泉地》.

bath 入浴, 水浴; 浴室, 浴槽; 湯治場; 水泳場; 溶液; (溶液の)容器. **take a bath** 入浴する.

Bath chair (病人用)車椅子.

bathe v. 入浴する, 入浴させる; (海・川など に)入る, (海・川などに)入れる; (水などに)つかる, つける, 浸す; (波が岸を)洗う; (日光などが)一 面に注ぐ, みなぎる, 浴びせる. — n. 水浴.

bather 入浴者, 水浴者.

bathhouse 浴場;（海水浴場の)脱衣所.

bathing 入浴，水浴.

bathing beauty (美人コンテストの)水着の美人.

bathing suit [dress] 水着.

bath mat (浴室用)マット.

bathos *Rhet.* 漸降法；陳腐さ.

bathrobe (入浴用)化粧着，バスローブ.

bath room 浴室；便所.

bathtub 浴槽.

bathyscaphe バチスカーフ《深海用潜水艇》.

bathysphere バチスフェア《深海調査用潜水球》.

batik ろうけつ染め(法).

batiste バチスト《薄織りの麻布や綿布》.

batman *Mil.* (荷馬の)馬丁；将校当番兵.

baton 官位を象徴する杖；指揮棒；(リレーの)バトン.

baton twirler (バトンをくるくる回す)バトントワラー.

batrachian *n.*, *a.* *Zool.* 両生類(の).

bats *a.* 気が狂った.

battalion *Mil.* 大隊；[*pl.*] 軍勢，大部隊.

batten[1] *n.*, *v.* 小割り板(で押さえる);床張り用板(を張る).

batten[2] *v.* 太る，太らせる;たらふく食う.

batter[1] *v.* ばたばたたたく，乱打する (*about*, *at*); たたきつぶす (*down*),へこます (*in*),こきおろす；使い古す. — *n.* 乱打；(牛乳・卵・小麦粉の)練り粉.

batter[2], **batsman** 打者，バッター.

battered *a.* つぶれた，使い古した；(生活に)やつれた，みすぼらしい風をした.

battering ram 破城つち《古兵器》.

battery *Law* 殴打；*Mil.* 砲列，砲台，艦砲；*Elec.* バッテリー，電池；一組のもの，*Baseball* バッテリー.

batting 打撃，バッティング.

battle 戦い，戦闘，闘争. **join battle** 交戦する. **line of battle** 戦線. — *v.* 戦う (*with*, *against*, *for*).

battle-ax(e) (昔の)戦斧；(中年の)がみがみ女.

battle cruiser 巡洋戦艦.

battle cry ときの声；標語.

battledore 羽子板；羽根つき(遊び). **battledore and shuttlecock** 羽根つき.

battle dress 戦闘服.

battlefield, battleground 戦場.

battlefront (戦いの)前線.

battle group *U.S. Mil.* 戦闘団.

battlement [*pl.*] 狭間(銃眼)，胸壁.

battleplane 戦闘機.

battle royal 大乱戦.

battleship 戦艦.

battlewagon 戦艦，重爆撃機.

batty *a.* こうもりのような；気が変な.

batwing *a.* コウモリの翼のような.

bauble 安ぴか物.

baud *Computer* ボー《通信速度の単位》.

baulk =balk.

bauxite *Mineral.* ボーキサイト.

bawdy *a.*, *n.* 猥褻な(言葉).

bawl *v.*, *n.* 叫ぶ，どなる；叱る (*out*)；叫び，どなり声.

bay[1] *v.* 吠える (*at*). — *n.* 吠え声；(追い詰められた)窮地. **bring to bay** 追い詰める. **stand [be] at bay** 追い詰められている.

bay[2] *a.*, *n.* 鹿毛の(馬).

bay[3] *n.*, *v.* ダム(でせき止める).

bay[4] 湾《gulf より小さい》，入り江.

bay[5] *Arch.* 格間《支柱間の壁面》.

bay[6] 月桂樹；[*pl.*] 月桂冠；名声.

bayberry 月桂樹の実；ヤマモモ(の実).

bay leaf 月桂樹の葉《料理の香料用》.

bayonet *n.*, *v.* 銃剣(で突く).

bayou (米国南部で川・湖水などの)沼沢性の入り江.

bay rum ベーラム《頭髪用香油》.

bay window 張り出し窓; 太鼓腹.

baza(a)r (東洋の)商店街; マーケット; バザー, 慈善市.

bazooka バズーカ砲《対戦車ロケット砲》.

bazoom おっぱい.

B & B bed and breakfast.

BBC British Broadcasting Corporation. **B. C.** before Christ; British Columbia. **BCG** bacillus Calmette-Guérin ビーシージー《結核予防ワクチン》. **BCL** bachelor of civil law. **BD** bachelor of divinity; bank draft. **B/D** bondage and discipline 縛りと折檻《サドマゾ行為》. **bd ft** board foot.

be v. …である; ある, いる, 存在する.

BE bachelor of education; bachelor of engineering; bill of exchange.

beach 浜, 磯; 海水浴場.

beach bag ビーチバッグ《海水浴用品の大袋》.

beach ball ビーチボール.

beach buggy ビーチバギー《大型タイヤつきの砂浜用自動車》.

beachcomber 大波; (南洋諸島の)波止場浮浪者; 海岸の標流物を拾い集める人.

beachfront 海辺, 海岸地帯.

beachhead Mil. 浜頭堡, 上陸拠点; 足がかり.

beach umbrella ビーチパラソル.

beach wagon =station wagon.

beach wear ビーチウェア, 海浜着.

beacon n. 航路標識, かがり火, 灯台, 指針. —v. かがり火をたいて警戒する, かがり火をたいて合図する; 照らし導く.

bead ビーズ, 南京玉; [pl.] 数珠; (露・汗など の)玉; (銃の)照星. **count [say, tell] one's beads** 数珠をつまぐりつつ祈る. **draw a bead on** …を銃で狙う.

beading =beadwork.

beadwork ビーズ細工, ビーズ飾り.

beady a. ビーズのような; (目が)小さく丸く輝いた.

beagle ビーグル《小猟犬》.

beak (猛禽類の)嘴; 嘴状の物, (水差しの)口; Arch. 突出部; かぎ鼻; 治安判事, 校長.

beaked a. 嘴のある; 突き出た.

beaker 台付き大杯; (化学実験用)ビーカー.

be-all and end-all 主要部, 真髄.

beam n. 梁, 桁; (船の)横桁, 船幅; (天秤の)さお; 柄; 光線; Optics ビーム; (飛行機などに与える)誘導電波; (顔や表情の)晴れやかさ, 輝き, ほほえみ. **off the beam** (飛行機や誘導弾が)誘導電波からそれて; 誤った進路を取って, 間違って, へまに. **on the beam** (飛行機や誘導弾が)誘導電波に乗って; 正しい進路を取って, 正しく, うまく. —v. (光を)放つ; 電波を送る; (顔が)晴れやかに輝く, にこやかにほほえむ.

beam-ends Naut. 梁端. **on one's beam-ends** (船が)転覆しそうで; (人が)文無しになって.

beaming, beamish a. 輝く; にこやかな.

beamy a. Naut. (船が)幅広の.

bean 豆, インゲン豆, (豆に似た)実; お金; 頭. **full of beans** 元気に満ちて; 間違って.

beanbag お手玉; ビーンバッグチェア《お手玉を大きくしたような椅子》.

beanball Baseball ビーンボール.

bean curd 豆腐.

beanfeast (年1回の)雇い人へのごちそう; めでたい祝い.

beanie (頭巾のような)学生帽, 婦人帽.

beano =beanfeast.

bean pod 豆のさや.

bean pole 背の高いやせた人.

bear[1] v. 運ぶ; (武器などを)取る, 持つ, (責任など

bear を負う;(恨みなどを)抱く;支える;担う;耐える;振る舞う(oneself),行使する;(名称・名声・関係などを)有する,影響がある,関係がある(upon);...の方向を取る,の方位に当たる,位置する;生じる,産む,(実を)結ぶ. **bear down** 打ち勝つ;努力する,圧迫する;押し寄せる(upon). **bear in mind** 心に留める. **bear off** 遠ざかる. **bear on** 圧迫する;関係がある. **bear out** 支える,確かめる,実証する. **bear up** 支持する;(不幸などに)屈しない(under). **bear with** 我慢する.

bear[2] 熊,粗暴な男,がさつ者;Stock Exchange(弱気の)売り方,弱気筋. **Great Bear** Astron. 大熊座. **Little Bear** Astron. 小熊座.

bearable a. 耐えられる,我慢できる.

bearbaiting (昔 犬をけしかけた)熊いじめ遊び.

bearberry Bot. クマコケモモ.

beard n. 髭,あご髭;(麦などの)のぎ. —v. 大胆に向かう.

bearded a. 髭のある,のぎのある.

beardless a. 髭のない,のぎのない;年若い.

bearer 運搬人,(小切手などの)持参人;担い手;実のなる木.

bear garden (bear baiting 用の)熊の飼養場;騒がしい場所.

bear hug 抱擁.

bearing 態度,挙動;関係,方面;趣旨;忍耐;出産,結実;[pl.] 方位;Mech. ベアリング.

bearing rein =checkrein.

bearish a. 熊のような;粗暴な,(相場が)下向きの.

bear leader (金持ち息子の)家庭教師.

bear skin 熊の皮;(英国近衛兵の)黒毛皮高帽.

beast 動物,獣;畜生;家畜;人でなし;[the ~] 獣性. **beast of burden** 荷を運ぶ動物《牛・馬など》. **beast of prey** 猛獣.

beastly a. 獣や畜生のような,けがらわしい,下品な;嫌な. —ad. ひどく.

beat v. 打つ,叩く;打ちつける(against);打ち負かす,勝る;Hunt. 打ちあさる;捜し回る;参らせる;だます;はばたく;(道を)踏みならす,(卵などを)かき混ぜる;(心臓が)鼓動する;拍子をとる;勝つ;(太陽が)照りつける;(雨などが)降りそそぐ. **beat about** 捜し回る. **beat around [about] the bush** 遠回しに探る. **beat down** 打ち落とす;値切る. **beat it** 逃げる. **beat out** 叩き出す;(火を)踏み消す. **beat up** 呼び集める;打ちのめす;よくかき混ぜる. —n. 打つ音;鼓動;拍子;(巡査などの)巡回区域;なわばり;すぐれている物や人;=beatnik. **off [out of] one's beat** 専門外で. **on the [one's] beat** 巡回中で.

beaten a. 打ち延ばした;踏みならされた;打ち負かされた;疲れきって.

beater 打つ人;勢子;優勝者;(卵の)泡立て器.

beatific a. 祝福を与える;幸福に輝く.

beatify v. 祝福する;Rom. Cath. 列福する.

beating 打つこと;羽ばたき;打ち延ばす事;敗北;ひどい扱い.

beatitude 至福;[the B-s] 八福《キリストの山上の垂訓中の八つの幸福》.

Beatles ビートルズ《英国のロックグループ (1962-70)》.

beatnik ビート族の若者.

beat-up a. 疲れはてた;ぼろぼろの.

beaufort scale ビューフォート風力階級《0-12 級まで分かれる》.

beau geste (うわべだけの)美しい行為.

beau ideal 理想美.

Beaujolais ボージョレ《フランスの赤ぶどう酒》.

beau monde (華やかな)上流社会.

beaut a., n. すばらしい,すてきな(もの),すてきな人.

beauteous a. =beautiful.

beautician 美容師.

beautifier 美化するもの; 化粧品.

beautiful *a.* 美しい, 美麗な, 立派な; すばらしい. **Beautiful People** 優雅な生活をする人たち. — *int.* すばらしい, すてき.

beautifully *ad.* 美しく, 立派に; 見事に.

beautify *v.* 美化する.

beauty 美しさ, 美, 美麗; 美点; 美人, 美しいもの; 美景, 美観.

beauty contest 美人コンテスト.

beauty queen (美人コンテストの)美の女王.

beauty shop [parlor] 美容院.

beauty sleep 夜半前の睡眠.

beauty spot 付けぼくろ; ほくろ; 景勝地.

beaux arts 美術.

beaver *n.* *Zool.* ビーバー(の毛皮); ビーバー帽; 働き者; ひげ(を生やした男); (女性の)陰部. — *v.* せっせと働く, がむしゃらに働く (*away*).

beaver board ビーバーボード《木繊維の軽く, 硬い板》.

bebop *Mus.* ビーバップ《ジャズの一形式》.

becalm *v.* 凪にする, 静める, 風が凪いで(船を)動かなくする.

because *conj.* (なんとなれば)…だから; …だからと言って. **because of** …のために.

béchamel (sause) ベシャメルソース《濃く白い》.

bêche-de-mer (中華料理の)なまこ.

beck 人を招く合図(うなずき・手招きなど). **be at someone's beck and call** 人の言いなりになる.

beckon *v.* (頭を振って)合図する, 手招きする, 誘う.

becloud *v.* 雲でおおう, 曇らす; (目・心を)暗くする, 混乱させる.

become *v.* …になる; 適する, …に似合う. **What has become of…?** …はどうなったか.

becoming *a.* ふさわしい, 似合う.

bed *n.* ベッド, 寝床, 寝台; 就寝(時間); 結婚(の床), 夫婦関係; 土台, 道床; 苗床, 花壇; 河床, 水底; 層. **bed and board** 寝食; *Law* 夫婦が寝食を共にする義務. **bed and breakfast** (民宿などの)一泊朝食付き. **bed of roses** 安楽な境遇. **go to bed** 寝る; セックスする(*with*). **make the [one's] bed** ベッドを作る. **put to bed** 寝かす. **take to one's bed** 病気で床につく. — *v.* 寝る, 寝かせる; (花壇に)定植する; (畑を)うねにする; (平らに)積み重ねる; (異性と)寝る.

B Ed bachelor of education.

bedabble *v.* (水を)はねかける, はねかけて汚す.

bedaub *v.* こてこて塗る.

bedazzle *v.* 眩惑させる.

bedbug ナンキンムシ.

bedchamber 寝室.

bedclothes 寝具.

beddable *a.* (女性が)いっしょに寝るほどの魅力のある.

bedder 床の敷き手; (花壇用の)草花.

bedding 寝具; (牛馬の)敷きわら; 土台; 成層.

bedeck *v.* 飾る.

bedevil *v.* 困らす, 苦しめる; 迷わす, 惑わす; 魅する.

bedevilment 狂乱, 苦悩.

bedew *v.* (露で)ぬらす.

bedfast *a.* =bedridden.

bedfellow 同じ寝床に寝る人; 仲間.

bedim *v.* (目を)曇らす, ぼんやりさせる.

bedlam 気違い沙汰.

bed linen 寝具用リンネル《シーツ・枕覆い》.

bedmate =bedfellow.

Bedouin ベドウィン《遊牧のアラビア人》.

bedpan 病人用便器; 湯たんぽ.

bedplate *Mech.* 台板.

bedpost 寝台の(四隅の)柱.

bedraggled *a.* (引きずって)汚した.

bedridden a. 寝たきりの.

bedrock n., a. 底岩, 岩床; 底; 根底(の).

bedroll (巻いた)携帯用寝具.

bedroom n., a. 寝室; 情事の, 性的な.

bedside 寝床のそば, 枕元.

bedside manner (医者の)患者に対する態度.

bedsitter ひと間アパート.

bedsore 床ずれ.

bedspread ベッドカバー.

bedspring 寝台のばね.

bedstead 寝台骨組み.

bedstraw 床わら.

bedtime 就寝時刻.

bedtime story (子供にする)就寝時のおとぎ話.

bed-wetting 寝小便(癖).

bedworthy a. =beddable.

bee 蜜蜂; 勤勉な人; 近隣や友人の集まり. **have a bee in one's bonnet** 何かに取りつかれる; 少し気が変だ.

beebread 蜜蜂のパン《花粉で作った幼虫の食料》.

beech Bot. ブナ(材).

beechen a. ブナの, ブナ材製の.

beechnut ブナの実.

beechy a. ブナの木で覆われた.

beef n., v. 牛肉; [pl.] 不平; 筋肉, 体力; 不平を鳴らす. **beef up** 強化する.

beefalo (畜牛と野牛を交配させた)肉牛.

beefcake 男の筋肉美写真.

beef cattle 肉牛.

beefeater 牛肉を食べる人; 英国王護衛兵, ロンドン塔の守衛; イギリス人.

beefsteak ビフテキ(肉).

beef tea 濃い牛肉スープ《病弱者用》.

beefwood Bot. モクマオウ《豪州産》.

beefy a. 肥満した.

beehive 蜜蜂の巣箱; 喧噪の巷; ビーハイブ《逆毛をたて円錐型にもり上げた髪型》.

beekeeper 養蜂家.

beeline 一直線. **make a beeline** 真っ直ぐに行く (for).

beep n., v. ぴーという音(を立てる), 警笛(を鳴らす).

beeper ポケットベル.

beer ビール. **beer and skittles** (物質的)快楽. **small beer** つまらない人, つまらない物.

beery a. ビールの(ような); 酔った.

bee's knees 飛び切り立派なもの.

beeswax 蜜蝋; 職務, (干渉する)権利. **mind your own beeswax = none of your beeswax** お前の知ったことじゃない.

beet Bot. ビート, テンサイ.

Beethoven ベートーベン. **Ludwig van Beethoven** (1770-1827)ドイツの作曲家.

beetle[1] n. 甲虫. — v., a. (額などが)突き出る, 突き出た.

beetle[2] n., v. 大槌, 掛矢(で打つ).

beetle-crusher 大足, 大靴.

beetroot ビートの根《サラダ用》.

beet sugar テンサイ糖.

befall v. 起こる, 生じる;(身に)振りかかる.

befit v. 適する, ふさわしい.

befitting a. ふさわしい.

befog v. 霧で包む; 曖昧にする;(人を)惑わす.

befool v. ばかにする.

before ad. 前に, 前方に; 先に, 以前に. — prep. …の前に; …の先に; …にもまして. — conj. …する前に, しないうちに; …よりはむしろ.

beforehand ad. 前もって.

befoul v. 汚す.

befriend v. 友となる; 助ける.

befuddle v. まごつかせる.

beg v. 請う, 頼む; 物を請う; 施しを請う; 乞食をする, 許しを請う;(犬が)ちんちんをする;(困難などを)避ける. **beg off** ご免をこうむる. **go begging** 引き受け人がない, 買い手がない.

begad *int.* 神かけて, とんでもない.

beget *v.* (父が子を)もうける; 産む; 生じる.

begetter 産む人.

beggar *n.* 乞食; 奴. — *v.* 貧乏にする, 貧弱にする.

beggarliness 貧窮, 貧弱.

beggarly *a.* 乞食のような, 貧しい; 貧弱な.

beggary 乞食の状態; 乞食暮らし, 貧困.

begin *v.* 始める (doing, to do), 始まる; 言い出す; 着手する (at, with, by); [否定文で]しそうにない (to do). **to begin with** まず第一に.

beginner 初学者, 初心者, 創始者.

beginning 始まり, 初め, 起源, 発端.

begird *v.* 帯で巻く; 囲む.

begone *int.* 立ち去れ.

begonia *Bot.* ベゴニア, シュウカイドウ.

begrime *v.* (泥・すすなどで)汚す.

begrudge *v.* 出し渋る, 惜しむ; 妬む.

beguile *v.* 欺く; (退屈などを)紛らす, 慰める.

beguiling *a.* だます; 気を紛らせる.

beguine ビギン(風のダンス曲).

behalf *n.* **in [on] behalf of**＝**in one's behalf** …のために, …に代わって.

behave *v.* 振る舞う (oneself, well, ill, etc.); 行儀をよくする (oneself).

behavio(u)r 振る舞い, 行為, 行儀, 態度, 品行; (機械の)運転. **be on one's good [best] behavio(u)r** 神妙にしている.

behavio(u)ral *a.* 行動に関する.

behavio(u)ral science 行動科学.

behavio(u)rism *Psychol.* 行動主義.

behavio(u)r pattern *Sociol.* 行動様式.

behead *v.* 首を切る.

behemoth 巨大な物, 巨大な人; 怪物.

behind *ad.* 後ろに, あとに; 隠れて, 陰で; 後に, 遅れて. — *prep.* …の後に, …の後ろに, …の陰に, …に遅れて, 劣って. — *n.* 背中; 尻.

behindhand *pred. a.* 遅れて (in, with).

behold *v.* 見る. — *int.* 見よ.

beholden *pred. a.* 恩義を受けて (to).

beholder 見る人.

behoove, behove *v.* …に義務がある.

beige *n., a.* 薄い灰色(の), ベージュ(の).

Beijing ＝Peking.

be-in ヒッピーの集会.

being *v.* **for the time being** 当分の間. — *n.* 存在; 生物, 人間; 本性. **come into being** 生じる, 生まれる. **in being** 現存する.

bel *Elec., Phys.* ベル《電力や音響の大きさを測る単位》.

belabor *v.* さんざん打つ; 嘲る.

belated *a.* 遅れた.

belay *v.* *Naut.* (索止め栓に)綱を巻き付ける.

belaying-pin 索止め栓.

bel canto *Mus.* ベルカント.

belch *n., v.* おくび(を出す); 噴出(する).

beleaguer *v.* 包囲する.

bel esprit 才人.

Belfast ベルファースト《北アイルランドの首都》.

belfry 鐘楼.

Belgian *a., n.* ベルギーの; ベルギー人.

Belgium ベルギー.

Belgrade ベオグラード《ユーゴスラビアの首都》.

belie *v.* 偽って示す; 裏切る.

belief 信仰; 信念, 所信; 信用, 信頼; 信条.

believable *a.* 信じられる.

believe *v.* 信じる; 信用する, 信頼する (in); 信仰する (in God); …だと考える, 思う. **believe it or not** まさか当と思うだろうが. **believe me** 本当ですよ, 確かに. **make believe** ふりをする.

believer 信じる人, 信者 (in).

Belisha beacon (オレンジ色の)横断路標識.

belittle *v.* 小さくする; 軽んじる, 見くびる, けなす.

bell n. ベル, 鈴, 鐘, 呼び鈴; [pl.] Naut. (船で当直の)時鐘. **ring a bell** ピンとくる.
— v. 鈴をつける.

Bell ベル. **Alexander Graham Bell** (1847–1922) 米国の電話の発明者.

belladonna Bot. ベラドンナ; ベラドンナ製剤.

bell-bottom a. 裾広がりの.

bell-bottoms (水夫の)らっぱズボン, パンタロン.

bellboy (ホテルやクラブの)ボーイ.

bell buoy (波に揺られて鳴る)打鐘浮標.

belle 美人.

belle epoque よき時代, ベルエポック《19世紀末から 20 世紀初頭のフランスの時代》.

belles lettres 純文学.

belletrist 文学(研究)者.

bellflower Bot. ツリガネソウ.

bell glass 鐘形ガラス器.

bellhop =bellboy.

bellicose a. 好戦的.

belligerency 交戦状態.

belligerent a., n. 交戦中の; 好戦的な; 交戦国, 交戦者.

bellman 鐘を鳴らす人; 触れ役.

bell metal 鐘青銅.

bellow v., n. (牛が)鳴く(声); 吠える, 唸る, どなる, 轟く.

bellows ふいご; 蛇腹; (オルガンの)風袋.

bellpull 鐘の引き綱.

bell tower 鐘楼.

bellwether (首に鈴をつけた)先導羊; 先導者.

belly n. 腹; おなか, 胃, 胴; ふくらみ; 食欲.
— v. ふくらます, ふくらむ.

bellyache n. 腹痛. — v. 不平を鳴らす.

bellyband (馬の)腹帯.

belly button へそ.

belly dance ベリーダンス.

bellyflop n., v. 腹打ち(する).

bellyful 腹一杯; 十二分, 存分.

bellyland v. Aeronaut. 胴体着陸する.

belly landing Aeronaut. 胴体着陸.

belly laugh 大笑い.

belly-up a. 破産した; 死んで.

belong v. 属する; …に所属する, …のものである (to).

belonging 親密な関係; [pl.] 所有物, 財産, 所持品, 付属物; [pl.] 家族, 親類.

Belorussia(n) =White Russia(n).

beloved a., n. 最愛の, いとしい; 最愛の人, 恋人.

below ad. 下に; 下界に; 地下に; 階下に; 下位に, 下方に. — prep. …より下に; …の下方に; …以下の; より劣る. — n. 以下のもの, 次のもの.

belt n. ベルト, 帯, 革帯; Mech. 調帯; …地帯, 地方; 筋; 海峡; 殴打; がぶ飲み; スリル. **hit below the belt** 不正なやり方をする.
tighten one's belt 節約する. — v. 帯をまく, 帯で縛る; 革帯で打つ; 取り巻く; 殴る, 疾走する, がぶ飲みする. **belt up** 黙る.

belt highway 環状高速道路.

belting ベルト材料; ベルト類; たたくこと.

belt line (鉄道・バスなどの)環状線.

beltway (都市周辺の)環状道路.

beluga Zool. シロイルカ.

belvedere 見晴らし台, 望楼.

bemire v. 泥だらけにする.

bemoan v. 嘆き悲しむ.

bemuse v. ぼんやりさせる.

bemused a. 当惑して; 気をとられて.

ben 山.

bench n. ベンチ, 腰掛け, 長椅子; (英国議会の)議席; 判事席; 列席判事, 裁判官; 選手席; (職人の)仕事台, (品評会の)陳列台; 段丘. **on the bench** 裁判官席に着いて, 審理中で; 補欠選手となって. — v. ベンチを備える; 着席させる; (競技者を)ベンチに引き上げさせる; (品評会に)犬を出品する.

bencher ベンチに腰掛ける人; 法学院の 評議員.

bench mark Surv. 水準基標; (判断の) 基準.

bench show 犬の品評会.

benchwarmer 控え選手.

bench warrant 逮捕状.

bend v. 曲げる, 曲がる, 屈める, 屈む (down, over); たわむ; (弓を) 引く; 屈服する (to, before); (心・力などを) 傾ける, 注ぐ (to); Naut. (ロープなどを) 結びつける. —n. 曲がり, 屈曲; [pl.] =caisson disease; 航空塞栓症.

bender 曲げるもの; Baseball カーブ; 足; 大浮かれ; 旧 6 ペンス銀貨.

beneath ad. 下に, 下方に; 地下に. —prep. …の真下に; …より低い, …に劣って, 値せぬ.

benedict (長い独身生活後に) 結婚した 男.

Benedictine a., n. ベネディクト会の (修道士).

benediction 祝福; Relig. 祝禱; (聖体) 降福式; (食前食後の) 感謝の祈り.

benedictory a. 祝福の.

Benedictus (ミサで歌われる) 頌歌.

benefaction 恩恵; 慈善, 施し.

benefactor 恩人, 保護者; 後援者.

benefactress benefactor の女性形.

benefice Relig. 聖職禄.

beneficence 慈悲, 慈善, 施し, 善行.

beneficent a. 恵み深い, 善根を施す.

beneficial a. 有益な; Law 受益の.

beneficiary 利益を受ける人; (保険・信託・年金などの) 受取人; Law 受益者.

beneficiate v. 精錬する.

benefit n. 利益; 受益, 恩恵, 恩典; 慈善興行, 寄付興行; (保険の) 給付, 手当て.

give someone the benefit of the doubt 疑わしい点を善意に解釈する.
—v. 益する, 利する.

benefit society 共済組合.

Benelux ベネルックス三国 《ベルギー・オランダ・ルクセンブルク》.

benevolence 慈悲; 慈善.

benevolent a. 慈悲深い, 好意的な, 博愛の.

Bengal ベンガル 《インド北東部の 旧 州で, 現在 はインドとバングラデシュに分割されている》; ベンガル織.

Bengalese a., n. ベンガルの; ベンガル人.

Bengali a., n. ベンガルの; ベンガル人, ベンガル語.

Bengal light [fire] 青色花火信号.

benighted a. 行き暮れた; 無知な, 暗愚な.

benign a. 優しい; 温かい, 温和な; Med. 良性の.

benignancy, benignity 仁慈; 恩恵; 温暖.

benignant a. 情け深い, 優しい, 温和な.

bent a. 曲がった; 熱中して (on), 心を傾けて; 不正の, 盗んだ; いかれた, ホモの; かんかんに怒った. —n. (心の) 傾向, 好み, 忍耐力.

follow one's bent 自分の好むままにする.

Bentham ベンサム. **Jeremy Bentham** (1748-1832) 英国の哲学者・経済学者.

Benthamism (ベンサムの) 功利説.

Benthamite 功利主義者.

benthic a. 水底に住む, 深海に住む.

benthos (大洋の) 海底; Biol. 底生生物.

bentwood n., a. 曲げ木 (の).

benumb v. 無感覚にする, 痺れさす.

Benzedrine Trademark ベンゼドリン 《覚醒剤》.

benzene Chem. ベンゼン.

benzine Chem. ベンジン.

benzocaine Pharm. ベンゾカイン 《麻酔剤》.

benzoin Chem. 安息香.

benzol Chem. ベンゾール.

benzyl Chem. ベンジル.

beplaster v. 漆喰を塗りつける.

bepowder v. 粉を振りかける.

bequeath v. 遺言で譲る, (動産を) 遺贈する;

後世に伝える.

bequest 遺贈；遺産，形見.

berate v. 叱りつける.

berceuse 子守歌.

bereave v. (希望・近親などを)奪う (one of).

bereavement 死別，不幸.

beret ベレー帽.

berg 氷山.

beriberi Med. 脚気.

Berkeley バークレー《米国 California 州の都市》.

berkelium Chem. バークリウム《放射性元素》.

Berlin ベルリン《東ベルリンは東ドイツの首都，西ベルリンは西ドイツの一州》；[b-] 四輪箱馬車.

Berliner ベルリン市民.

Bermuda バーミューダ《大西洋西部の英領諸島》.

Bermuda shorts バーミューダショーツ《ひざまでの半ズボン》.

Bermuda Triangle バーミューダ三角水域.

Bern ベルン《スイスの首都》.

berry n. Bot. 漿果《肉が柔らかくて汁が多い小果実；ブドウ・トマトなど》；ベリー《一般に丸くて柔らかい小果実；イチゴ類》；乾燥した種子《コーヒー豆など》；(カニ・エビの) 卵.
—— v. ベリーがなる；いちごを摘む.

berrylike a. ベリーに似た；球状の.

berserk a. 狂暴な，猛烈な.

berserker Scand. Legend 戦場で狂暴な力を表す戦士.

berth (船の)停泊所；(船・汽車の)寝台；宿所；地位，職. **give a wide berth** 避ける (to).

bertha バーサ《婦人服の肩を覆う大きい丸襟》.

beryl Mineral. 緑柱石.

beryllium Chem. ベリリウム《金属元素》.

beseech v. 懇願する.

beseem v. 似合う，ふさわしい.

beset v. 取り巻く；(難問などが)攻める，押し寄せる，付きまとう；悩ます；ちりばめる.

besetting a. 付きまとう，陥りやすい.

beside prep. …のそばに；…と比べて；…をはずれて. **beside oneself** 我を忘れた (with).

besides prep. …のほかに；…を除いては.
—— ad. その上，なおまた，その外に.

besiege v. 包囲する，囲む；殺到する，(質問・要求などで)攻める.

besieger 包囲者；[pl.] 包囲軍.

beslaver v. よだれだらけにする；しきりとお世辞をいう.

beslobber v. =beslaver；しつこくキスをする.

besmear v. 塗りたくる；汚す.

besmirch v. 汚す，(名誉などを)汚す.

besom (庭)ほうき；Bot. エニシダ.

besot v. 酔ってたわいなくさせる.

besotted a. (酔って)たわいのない；ばかになった.

bespangle v. ぴかぴかする物で飾る.

bespatter v. (泥水などを)はねかける (with)；(悪口などを)浴びせる.

bespeak v. 予約する，注文する；証拠だてる；示す.

bespectacled a. 眼鏡をかけた.

bespoke a. 注文の，あつらえの.

bespread v. 一面に広げる.

besprinkle v. 一面に降り注ぐ.

Bessemer process ベッセマー製鋼法.

best a. 最もよい，最良の，最善の，至上の，最大の. —— ad. 最もよく. —— n. 最上(のもの)，最善，全力；晴れ着. **at best** せいぜい. **at one's best** 盛りで，全盛で，最上で. **do one's best** 全力を尽くす. **(all) for the best** 最善の結果を願って，一番いいつもりで. **get [have] the best of** …に勝つ，成功する. **make the best of** …を極力利用する，…を極力善処する；(不幸を)耐え忍ぶ. **make the best of one's way** 道を急ぐ. **with the best** だれにも劣らず. —— v. 負かす，しのぐ.

bestial *a.* けだもの(のような), 畜生の(ような).

bestiality 獣性, 獣行; 獣姦.

bestialize *v.* けだもののようにする.

bestiary (中世の)動物寓話集.

bestir *v.* 奮起させる.

best man 花婿付き添い人.

bestow *v.* 与える, 授ける (*on*).

bestrew *v.* まき散らす.

bestride *v.* またがる; またぐ.

best seller ベストセラー.

bet *n., v.* 賭, 賭ける (*on, against*); 断言する.
　I bet 確かに. **You bet!** もちろん.

beta ベータ《ギリシャ字母の第2字; *B, β*》; 二番
　目(のもの).

betake *v.* **betake oneself to** …に行く; やっ
　てみる.

beta particle *Phys.* ベータ粒子.

beta ray *Phys.* (放射性物質の)ベータ線.

betatron ベータトロン《電子加速装置》.

betel *Bot.* キンマ.

betel nut びんろうじ.

bethel *Bib.* ベテル, 霊場; (非国教徒の)礼
　拝堂.

bethink *v.* **bethink oneself** 熟考する; 思
　い出す.

Bethlehem ベツレヘム《ヨルダン西部の町; キリ
　ストの生誕地》.

betide *v.* 起こる, 生じる; (身に)起こる.

betimes *ad.* よい時分に, 折よく.

betoken *v.* 前兆となる; 示す.

betray *v.* 裏切る; そむく; だます; (秘密を)漏ら
　す; (我知らず)表す, 示す. **betray oneself**
　(うっかり)本性を表す, (うっかり)素性を表
　す.

betrayal 裏切り, 内通; 背信.

betroth *v.* 婚約する (*oneself to*).

betrothed *a., n.* 婚約した; 婚約者.

better *a.* より良い; 一層良い. **for better**
　(or) for worse=for better or worse よかれ

あしかれ. **no better than** …にすぎない; …も同
然. **the better part of** …の大部分.
— *ad.* 一層良く. **better off** 暮らし向きが
(前より)良くて. **had better** …した方がいい.
know better …することの良くない事を知っている.
— *n.* 一層良いもの; [*pl.*] 身分が上の人々,
先輩. **change for the better** 好転(する).
改善(される); 栄転(する). **get [have] the**
better of …を負かす. — *v.* 改善する; 勝る.
better oneself 地位を向上させる.

better, bettor 賭をする人.

better half 妻.

betterment 改善, 向上.

between *prep.* …の中間に, …の中間で,
…の間で, …の間の; どっちつかずの. **be-**
tween ourselves=between you and me
ここだけの話だが, われわれふたりで. — *ad.* 中
間に; 間を隔てて. **few and far between**
極めて稀な, 極めて稀な. **in between** 中間
に.

betweentimes *ad.* 時々, 合間に.

betwixt *prep., ad.* =between. **betwixt**
and between 中間の位置で, どっちつかずで.

bevel *n.* 斜角, 斜面; 斜角定規.
— *a.* 斜角の, はすの. — *v.* 斜めに切る.

beverage 飲料.

bevy (婦人・小鳥などの)群れ.

bewail *v.* 嘆き悲しむ (*over, for*).

beware *v.* 気をつける, 用心する (*of, lest, how*).

bewilder *v.* まごつかせる, 当惑させる.

bewildering *a.* 人をまごつかせる, 途方もない.

bewilderment 当惑, 狼狽.

bewitch *v.* 魔法にかける; 魅する.

bewitching *a.* 魅力のある, うっとりさせる.

bey (トルコの)長官.

beyond *prep.* …の向こうに, …のかなたに; …を越
えて; …を過ぎて; …の及ばぬ, 以上; …より外に.
beyond all praise ほめ尽くせない.
— *ad.* かなたに, (はるか)向こうに.

— n. [the ~] 未知の世界, あの世.

bezique ベジーク《2人又は4人で 64
枚の札でするトランプのゲーム》.

BFA bachelor of fine arts.

B-girl (バーの)ホステス.

bgm background music.

bhang インド大麻.

BHC benzene hexachloride《殺虫剤》.

Bhutan ブータン《ヒマラヤ山中の小王国》.

bi a. =bisexual.

biannual a. 年二回の.

bias n. 傾き, 歪み;(生地裁断の)斜線, バイア
ス;性癖, 偏見. — v. 一方に傾ける, 偏
見をもたせる.

biased a. 片寄った, 偏見をもった.

biathlete バイアスロン選手.

biathlon バイアスロン《クロスカントリースキーと射
撃の複合競技》.

biaural a. =binaural.

biaxial a. Optics 二軸の.

bib よだれ掛け. (one's) best bib and tucker
晴れ着.

bibber 大酒飲み.

bibcock コック, 蛇口.

bibelot 小骨董品.

Bible バイブル, 聖書.

biblical a. 聖書(から)の.

biblicism 聖書厳守主義.

bibliofilm 図書複写用フィルム.

bibliographer 書誌学者.

bibliography 書誌学;参考書目, 文献.

bibliolater 聖書狂信者, 書籍狂信者.

bibliolatry 聖書崇拝, 書籍崇拝.

bibliomania 蔵書癖.

bibliomaniac n., a. 蔵書狂(の).

bibliophile, bibliophil 愛書家.

bibliophilism, bibliophily 蔵書道楽.

bibliopole 珍書商人.

bibliotheca 蔵書;本のカタログ.

bibulous a. 酒好きの.

bicameral a. (議会が)二院制の.

bicarbonate Chem. 重炭酸塩. **bicar-
bonate of soda** 重炭酸ソーダ, 重曹.

bicentenary, bicentennial a., n. 二
百年ごと(の);二百年祭(の).

biceps Anat. 二頭筋.

bichloride Chem. 二塩化物.

bicho ペニス.

bichromate Chem. 重クロム酸塩.

bicker n., v. 口論(する);(水が)さらさら流れる;
(雨が)ぱらぱら降る.

biconcave a. 両凹の.

biconvex a. 両凸の.

bicuspid a. Anat. 二尖頭のある.

bicycle n., v. 自転車(に乗る).

bicyclist 自転車乗り.

bid v. (値を)つける, 入札する, 競る(for);命じ
る(one do);(挨拶を)述べる,(別れを)告げる, はっ
きり言う. **bid fair** 有望である. **bid up** 競り
上げる. — n. 付け値, 入札, 提案, 提言;
(人気などを得ようとする)試み, 努力;招待.

BID bis in die (L,=twice a day).

biddable a. 従順な.

bidder 入札者, 競り手.

bidding 入札, 競り;命令. **at one's bid-
ding** 言いつけに従って. **do one's bidding**
言いつけどおりにする.

biddy 雌鶏;女中, おしゃべり女.

bidet (F) ビデ《女性の局部洗浄具》.

bidialectal a. 二方言を話す.

biennial a., n. 二年毎の(行事)《展覧会・
試験など》, ビエンナーレ(美術展);二年生の
(植物).

biennium 二年間, 二周期.

bier 棺台, 棺架.

biff n., v. 強打(する).

bifocal a., n. (レンズが遠近)二焦点の;[pl.]
二焦点眼鏡.

bill

bifurcate *v.* 二またに分ける, 二またに分かれる.

bifurcation 分岐.

big *a.* 大きい; 大事な, 偉い, 傲慢な; (子を)はらんで (*with*). — *ad.* 大きく, 偉そうに, 大げさに.

bigamist 重婚者.

bigamous *a.* 重婚の.

bigamy 重婚.

big bang theory *Astron.* 宇宙爆発起源論《100–150億年前》.

Big Ben ビッグベン《英国国会議事堂の大時鐘》.

Big Brother 独裁者, 独裁国家.

big bug [cheese] =bigwig.

big business 大企業, 財閥.

Big C 癌.

big deal 偉いこと, すごいこと.

Big Dipper *Astron.* 北斗七星.

big game (猟 の)大物; 大きな目的.

biggish *a.* かなり大きい, やや大きい.

big gun =bigwig.

bighead *Vet.* (羊 などの)頭がはれ上がる病気; うぬぼれ.

bigheaded *a.* うぬぼれた.

bighearted *a.* 心の大きい, 寛大な.

bighorn *Zool.* オオツノヒツジ.

big house 刑務所.

bight 湾; 湾曲部; (綱の)たるんだ部分.

bigit =binary digit.

big league =major league.

big mouth おしゃべり(な人), 金棒引き.

big-mouthed *a.* 大声の, おしゃべりの.

big name (芸能界などの)有名人, 名士, 大物(グループ).

big noise [shot] =bigwig.

bignonia *Bot.* ノウゼンカズラの類.

big one 1000ドル.

bigot 頑固な信仰家, 一刻者.

bigoted *a.* 凝り固まった, 頑固な.

bigotry 偏屈, 頑固.

big stick (政治的・軍事的な)圧迫力, 威圧.

bigticket *a.* 高価な.

big time 一流, 最高級.

big-time *a.* 一流の.

big-timer 一流役者, 一流タレント; 重要人物, 大実業家; *Baseball* 大リーグ選手.

big top サーカス(の大テント).

big tree *Bot.* (California 産)セコイア(の木).

big wheel =bigwig.

bigwig お偉方, 大物.

bijou *n., a.* 宝石; 小さく優美な(もの).

bikeway 自転車道路.

bikini ビキニ《ツーピースの婦人用水着》; (ビキニ型)ブリーフ.

bilabial *a., n. Phonet.* 両唇音《[p, b, m] など》(の).

bilateral *a.* 双方の; *Law* 双務的な; *Anat., Bot.* 左右両側の.

bilberry *Bot.* コケモモ.

bile *Med.* 胆汁; 不機嫌.

bilge *n. Naut.* 船底; ビルジ, あか; たわごと. — *v.* 船底を破損する; 漏水する.

bilge water (船底の)あか.

biliary *a.* 胆汁の.

bilingual *a.* 二か国語を話す, 二か国語で書いた, 二か国語併用の.

bilingualism 二か国語常用.

bilious *a.* 胆汁(質)の; 気難しい; 不機嫌な.

bilk *v., n.* (借金などを)踏み倒す(こと), ペテンにかける(こと).

bill[1] *n., v.* 嘴 ; (人間の)鼻; 嘴をふれる; 愛撫する. **bill and coo** (男女が)いちゃつく.

bill[2] *n.* 勘定書, 請求書, 書き付け; *Com.* 証券, 手形; 紙幣, 百ドル(紙幣); (議会の)議案, 法案; *Law* 起訴状; 番組; 貼り札, ビラ, ポスター. **bill of exchange** *Com.* 為替手形. **bill of fare** 献立表. **bill of goods** 商品委託証. **bill of lading** 船荷証券.

the Bill of Rights 権利章典 (1689); 権利章典《米国憲法修正 1-10 条》. **fill the bill** 要求を満たす, 望みに叶う. **foot the bill** 勘定を持つ; 全責任をとる (*for*). —*v.* 勘定書に記入する, 勘定書を送る; ビラで広告する, ビラを貼る; 番組に発表する.

billboard 掲示板.

billbroker 手形仲買人.

billet *n. Mil.* (兵士の)宿舎命令; (兵士の)宿舎; 仕事, 職. —*v.* (兵士を宿舎に)割り当てる.

billet-doux 恋文.

billfold (二つ折りの)札入れ.

billhead 請求書の頭書.

billiards 玉突き, ビリヤード.

billion 十億; 兆; 無数.

billionaire 億万長者.

billow *n., v.* 大波(がうねる).

billowy *a.* 大波のうねる.

billposter, billsticker ビラ貼り人.

billy (巡査の)警棒.

billy goat 雄ヤギ.

billy-o(h) *n.* **like billy-o(h)** 猛烈に.

biltong 切り干し肉.

bimbo 奴; 浮気女, 売春婦.

bimetal *n., a.* バイメタル《温度調節に用いる膨張係数の違う2種の金属》; =bimetallic.

bimetallic *a.* 二金属の; *Econ.* (金銀)複本位制の.

bimetallism *Econ.* 複本位制.

bimolecular *a. Chem.* 2 分子の.

bimonthly *a., ad., n.* 隔月(の); 月二回(の); 隔月の刊行物.

bimotored *a. Aeronaut.* 双発の.

bin 蓋付きの大箱.

binary *a.* 二つの, 双の, 複の; *Chem.* 二元の, 二要素の, 二値的な; 二進法の.

binary digit 二進数字.

binary notation 二進法.

binary star *Astron.* 連星.

binaural *a.* (レコード・テープレコーダーが)両耳用の; 立体(放送)の.

bind *v.* 縛る, くくる; 巻く, 製本する, 装丁する; 拘束する, 束縛する, 義務を負わせる; (氷・雪が)閉ざす. **bind oneself to** …に契約する; 誓う. **bind over** *Brit. Law* 人に誓わせる. **bind up** 包帯する; 束ねる. —*n.* 縛る物, 糸, 紐; 不快な物, 不快な人, 退屈な物, 退屈な人; 困難, 窮地.

binder くくる人, バインダー; くくり紐, くくり縄, くくりわら, 帯封; とじ込み表紙; 製本屋; 包帯; 刈り取り結束機, バインダー; (ミシンなどの)縁取り器; 接合剤, 結合剤; (料理の)つなぎ.

bindery 製本所.

binding *n., a.* 製本, 装丁; (スキーの)ビンディング; 縛る; 拘束力のある.

bindweed *Bot.* ヒルガオの類.

bine (ホップなどの)つる.

Binet-Simon scale [test] *Psychol.* ビネー・シモン式知能検査.

binge どんちゃん騒ぎ; 集まり, パーティー.

bingo ビンゴ《富くじ式の遊戯》.

binnacle *Naut.* 羅針儀箱.

binocular *a.* 両眼(用)の.

binoculars 双眼鏡.

binomial *a. Biol.* 二名式の, *Math.* 二項式の.

bio (特に, 短い)伝記.

biochemist 生化学者.

biochemistry 生化学.

biocide =pesticide.

bioclean *a.* 無菌の.

biodegradable *a.* 生物分解性の.

bioengineer 生体工学者, 生物工学者.

bioengineering 生体工学, 生物工学.

bioethics 生命倫理(学).

biogenesis *Biol.* 生物発生説.

biogeography *Biol.* 生物地理学.

biographer 伝記作家.

biography 伝記.

biological a. 生物学的な.

biological clock (生物の)体内時計.

biological warfare 細菌戦.

biologist 生物学者.

biology 生物学.

biomass Biol. バイオマス《エネルギー源として利用される生物資源》.

biomedicine 生物医学.

biometrics 生物測定学, 生物統計学.

biometry (人間の)寿命測定(法); =biometrics.

bionic a. 超人的な力の.

bionics バイオニクス, 生体工学, 生物工学.

bionomics 生態学.

biophysics 生物物理学.

biorhythm バイオリズム《人体の機能の一定のリズム》.

biosatellite 生物衛星.

bioscience 生物科学; 生物学; =life science.

biosphere (地球の)生物圏.

biosynthesis 生合成.

biotechnology 生物工学; 遺伝子工学.

biotic a. 生命の, 生物の.

biotin Biochem. ビオチン《ビタミン B 複合体》.

biovular a. 二卵生の.

bipartisan a. 二党の.

bipartite a. 二部分に分かれた; 二通作製の; Bot. 二裂の.

biped a., n. 二足の; 二足動物.

biplane 複葉(飛行)機.

bipolar a. 二極の.

birch n. Bot. カンバ(の木); (鞭にする)カンバの枝, カンバの鞭. — v. (カンバの)鞭で打つ.

birchbark カンバの樹皮製のカヌー.

birchen a. カンバ(製)の.

bird 鳥; 猟鳥; 奴; (魅力的な)女(の

子); 飛行機, ヘリコプター, ロケット, ミサイル; 奇人. **bird in (the) hand** 確実な事. **birds of a feather** 同じ趣味の人, 同じ傾向の人; 同業者. **bird of ill omen** 不吉の鳥, 不吉な事を言う人. **bird of paradise** Ornith. フウチョウ, ゴクラクチョウ. **bird of passage** 渡り鳥; 放浪者. **bird of peace** ハト. **bird of prey** 猛禽. **early bird** 早起きする人. **eat like a bird** とても小食である. **for the birds** つまらない. **get the bird** しーしー!とやじられる; 首になる. **the birds and (the) bees** 性についての基礎的な知識.

birdbath (鳥の水あび用)水盤.

birdbrain 間抜け; 軽率な人.

birdcage 鳥かご.

bird call 鳥の声; 鳥笛.

bird dog 鳥猟犬; スカウト, 情報屋.

bird fancier 小鳥屋; 愛鳥家.

birdie 小鳥; Golf バーディー.

birdlime n., v. 鳥もち(で捕らえる).

birdman 鳥類研究家; 鳥人, 飛行家.

birdseed 小鳥のつぶえ.

bird's-eye a. 高所から見た, 概観の.

bird's-eye view 鳥瞰図; 概観.

bird's-foot Bot. マメ科の牧草.

bird's-nest 鳥の巣; (料理用)燕の巣.

bird-watch v. 野鳥を観察する, 探鳥する.

bird-watcher 野鳥観察者.

biretta ビレッタ《カトリックの四角い僧帽》.

Birmingham バーミンガム《イングランド中部の都市》.

birth 出産; 誕生; 生まれ, 素性, 家柄; 起源. **by birth** 生まれは. **give birth to ...** を産む, 生じる; ...のもととなる.

birth canal 産道.

birth certificate 出生証明書.

birth control 避妊.

birthday 誕生日. **in one's birthday suit** 裸で.

birth defect *Med.* 先天的欠損症.

birthmark あざ, ほくろ.

birth pang 陣痛; 産みの苦しみ.

birth pill 経口避妊薬, ピル.

birthplace 出生地.

birth rate 出生率.

birthright 生得権; 長子相続権.

birthstone 誕生石.

Biscay, the Bay of ビスケー湾《フランス西岸の湾》.

biscuit ビスケット; 柔らかい菓子パン; 狐色; 素焼き. **take the biscuit** 一等になる, びりになる.

bise (スイス・南仏の)寒い北風, 寒い北東風.

bisect *v.* 両断する; *Math.* 二等分する.

bisection 二(等)分.

bisector *Math.* 二等分線.

bisexual *a.* 両性的な, 両性素質の, 両性に性欲を抱く. ― *n.* 両性愛者.

bishop *Prot. Episc.* 監督, *Gk Orthodox Ch.*, *Angl. Ch.* 主教, *Rom. Cath.* 司教, *Budd.* 僧正; (チェスの)ビショップ(「角」に当たる).

bishopric bishop の管区, bishop の職.

bismuth *Chem.* ビスマス, 蒼鉛《金属元素》.

bison *Zool.* バイソン.

bisque 素焼きの陶器; ビスク《エビ・カニなどのクリームスープ》.

bistro ビストロ, 小酒場, 小レストラン, 小料理屋; ナイトクラブ.

bisulfate *Chem.* 重硫酸塩.

bit[1] 少し, わずか, 小片, 少量, ひと口; しばらく, ちょっと; (きりの)穂先; (くつわの)はみ, 拘束物; 小銭, 12 セント半; 若い女. **bit by bit** 少しずつ, 徐々に. **do one's bit** 自分の分を尽くす. **every bit** どこから見ても, まったく. **give a bit of one's mind** 遠慮なく意見を述べる, 遠慮なく忠告する, 叱る. **not a bit (of it)** 少しも…でない; どういたしまして.

bit[2] *Computer* ビット《情報伝達の単位》.

bitch *n.* 雌動物《犬・キツネなど》; 淫らな女, 陰険な女; 売春婦. **son of a bitch** 野郎; こん畜生; 嫌な仕事. ― *v.* ぐちを言う; けちをつける.

bite *v.* かむ, かじる, かみつく(*at*); (蚊が)刺す(カニが)はさむ, (魚が餌に)食いつく, (歯車が)かみ合う; (寒さ・霜が)いためる; (酸が)侵す, 刺激する; だます. **be bitten with** …に夢中になる. **What's biting you?** どうしたのか. ― *n.* ひとかみ, ひとかじり; (食べ物の)一口; 少量; 食べ物; 軽食; かみ傷, 刺し傷; (魚の)食いつき; 痛み, 刺激.

biter かみつく犬; だます人.

biting *a.* 刺すような, きびしい, 鋭い, 痛烈な.

bitter *a.* 苦い; 激しい; むごい, 無情の, 悲痛な, 辛い. **to the bitter end** あくまでも. ― *n.* 苦味, 苦しさ; ビター・ビール; [*pl.*] (カクテルにまぜる)ビターズ.

bitterly *ad.* ひどく, 激しく; 残酷に; 苦く.

bittern[1] *Ornith.* サンカノゴイ.

bittern[2] *Chem.* にがり, 苦汁.

bitterness 苦さ, 苦み; 苦しさ, 悲痛; いやみ.

bitterroot *Bot.* スベリヒュ科の草花.

bittersweet *a., n.* ほろ苦い; ほろ苦さ.

bitumen *Mineral.* 瀝青.

bituminous *a.* 瀝青質の.

bituminous coal 瀝青炭.

bivalent *a. Chem.* 二価の.

bivalve 二枚貝.

bivouac *n., v.* 露営(する), ビバーク(する).

biweekly *a., ad.* 隔週の, 隔週に; 週二回の, 週二回に. ― *n.* 隔週刊行物, 週二回刊行物.

biyearly *a., ad.* 二年に一回(の); 年二回(の).

biz =business.

bizarre *a.* 怪奇な, 一風変わった.

BJ bachelor of journalism. **BL** bachelor of law. **B/L** bill of lading.

blab *v., n.* (秘密を)べらべらしゃべる(人).

blabber(mouth) おしゃべり; 密告者.

black *a.* 黒い, 黒色の; 薄汚い, どす黒い, 暗黒の; (コーヒーに)ミルクを入れない, (コーヒーに)クリームを入れない; 黒衣の; 陰気な; 険悪な; 凶悪な. **black and blue** 青黒いあざのできるほど. —*n.* 黒, 黒色; 暗黒, 暗闇; 黒インク, 黒絵の具; 黒斑; 黒人; 黒衣, 喪服; [the ~] *Accounting* 黒字. **be in the black** 黒字だ. **black and white** ペン画, 墨絵, 印刷, 白黒写真. **in black and white** 書き物にして; 印刷にして; 白地に墨絵の. —*v.* 黒くする, 黒く汚す; 靴墨で磨く; 黒磨きをかける.

black-and-blue *a.* (打たれて)青黒くなった.

black and tan テリヤの一種.

black-and-white *a.* 印刷物になった; 単色の, 白黒の.

black art 魔術.

blackball *n., v.* 黒球(を投じて反対する), 黒球を投じて排斥する.

black beetle *Entom.* コバネゴキブリ.

black belt (肥沃な)黒土帯; (柔道などの)黒帯(所有者).

Black Belt (南部の)黒人地帯.

blackberry クロイチゴ.

blackbird *n.* ムクドリの類; クロウタドリ; 奴隷船で誘拐された黒人. —*v.* 黒人を誘拐する.

blackbirding (奴隷にするための)黒人誘拐.

blackboard 黒板.

blackboard jungle 暴力学園.

blackbody *Phys.* 黒体《あらゆる波長の輻射を吸収する》.

black cap 黒帽《死刑宣告の裁判官がかぶった》.

Black Death 黒死病, ペスト.

black diamond 石炭.

blacken *v.* 黒くする, 黒くなる, 暗くする, 暗くなる; 汚す.

Black English (英米の)黒人英語.

black eye (打たれてできる)目の黒あざ; 恥.

black-eyed susan *Bot.* オオハンゴンソウ.

blackface 黒人の扮装(をした俳優).

blackfin *Ichthy.* コクチマス.

black flag 黒旗《海賊の船旗; 死刑執行直後に掲げる合図旗》.

blackguard *n.* ならず者, 悪党. —*v.* 悪党呼ばわりする, ののしる.

blackguardly *a.* 悪党の(ような).

blackhead 頭の黒い鳥; にきび.

black hole *Astron.* ブラックホール; 暗黒のもの.

black humor ブラックユーモア.

blacking 黒くすること; 黒色塗料.

blackish *a.* やや黒い.

black ivory アフリカ黒人奴隷.

blackjack 革製大ジョッキ; 海賊旗; (革で包んだ)棍棒.

black lead 黒鉛.

blackleg ぺてん師; スト破りの労働者.

black letter *Print.* ゴチック体活字の一種.

black light 黒光《紫外線や赤外線などの不可視光線》.

blacklist *n., v.* ブラックリスト, 注意人物表(に載せる).

black magic 黒魔術, 妖術.

blackmail *n., v.* ゆすり; ゆする.

Black Maria 犯人護送車.

black market 闇市.

black marketeer 闇商人.

black money (ギャンブルなどによる)隠し所得.

Black Muslim 黒人自治を要求する政治結社員.

blackout *n., v.* (舞台の)暗転; 停電; (空襲中の)灯火管制(を行う), (空襲中の)消灯(を行う); *Aeronaut.* ブラックアウト《操縦士の一時的な意識喪失》; *Aerospace* ブラックアウト《大気圏再突入の際の衛星船の一時的通信途絶》.

Black Panther 黒豹党員《米国の過激

な黒人団体員).

black power ブラックパワー《米国黒人の政治運動》.

black pudding 黒いソーセージ《豚の血・脂肪を入れて作る》.

black rot Bot. 黒菌病, 腐敗病.

black rust Bot. 黒さび病.

Black Sea 黒海《ヨーロッパとアジアの間の内海》.

black sheep 厄介者, もてあまし者.

black smith 鍛冶屋.

blacksnake クロヘビ《北米産》.

black spot 危険区域.

blackstrap 粗悪なぶどう酒.

Black Stream 黒潮, 日本海流.

black studies (米国の)黒人研究.

black swan Ornith. コクチョウ.

black tea 紅茶.

blackthorn Bot. リンボクの類, サンザシ.

black tie (準正装の)男性夜会服; 黒蝶ネクタイ.

blacktop アスファルト(道路).

blacktown 黒人街.

black walnut Bot. クログルミ(材).

bladder Anat. 膀胱; (フットボールの)空気袋; (魚などの)浮き袋; Bot. 気胞; Med. 水ぶくれ.

bladder wrack Bot. ヒバマタの類.

blade (麦などの)葉; 刀身; 刃; (かいの)水かき; (推進器の)翼; 肩胛骨; 威勢のいい男.

blague うそ, ほら.

blah a., n. くだらない(こと).

blamable a. 非難すべき.

blame v. 非難する, 責める, とがめる, (責任を)負わせる. —— n. 非難; 責任.

blamed a. =damned.

blameful a. とがめるべき.

blameless a. 非難の余地のない, 罪のない.

blameworthy a. 非難すべき, とがむべき.

blanch v. 白くする, 白くなる, さらす; 青ざめる.

blancmange ブラマンジュ《甘いゼリー状のデザート用食べ物》.

bland a. もの柔らかな, 優しい; 温和な, 気持ちよい, 口当たりのいい.

blandish v. こびる, へつらう.

blank a. 白紙の, 空白の; Com. 白地式の; 無記名の; 空虚な, ぼんやりした, 無内容の; 興味のない; まったくの. —— n. 白紙; 書き込み用紙; 余白, 空白; 空虚; 空白を示すダッシュ.

draw a blank 空くじを引く; 失敗する; 思い出せない.

blank check 白地式小切手, 無記名小切手; 無制限の権限.

blanket n. 毛布; 覆う物. —— v. 毛布で覆う, 覆う, 隠す; 一様に適用する, 包括する. —— a. 総括的な, 全面的な.

blankety(-blank) a. いまいましい.

blank verse 無韻詩.

blare v. (らっぱなど)鳴り響く, 鳴り響かす; 吠える, 叫ぶ. —— n. らっぱの響き; 叫び.

blarney n., v. お世辞(を使う).

blase a. 歓楽に飽きて.

blaspheme v. (神に対して)不敬な事を言う, 神聖を汚す.

blasphemous a. 神聖を汚す.

blasphemy 不敬, 冒瀆.

blast n. 一吹きの風, 突風; (らっぱ・汽笛などの)音, 響き; (溶鉱炉の)送風; 爆音, 爆風; 爆破, 爆破薬; 打撃, 猛打; 大失敗; 害毒; すばらしいこと, ばか騒ぎ; (乱痴気)パーティー; ホームラン. **at a blast** 一吹きに, 一気に. **at full blast=(in) full blast** 盛んに. —— v. 爆破する; 枯らす, 枯れる; 台無しにする, 台無しになる.

blast off (ロケットが)発射される.

blasted a. しなびた, 霜の害を受けた; 呪われた.

blast furnace 溶鉱炉.

blasting 爆破, 発破.

blast-off (ロケットの)発射.

blat v. (子牛・羊などが)鳴く; 騒々しくしゃべる.

blatant a. 口やかましい, 騒々しい; けばけばしい; 図々しい.

blather たわごと.

blatherskite おしゃべり; ほら吹き.

blaze[1] n. 火炎, 大火; 閃き, 輝き; 燃え立つこと, (感情の)激発; [pl.]地獄. **like blazes** 猛烈に. ― v. 燃え立つ; 輝く; かっとなる. **blaze away** どんどん発射する, どんどん仕事をやる. **blaze up** 燃え上がる; かっとなる.

blaze[2] v. 触れ回る, 布告する (about, abroad).

blaze[3] (牛馬の顔面の)白ぶち, ほし; (樹皮に切りつけた)道しるべ.

blazer ブレザー(コート); 猛烈に暑い日.

blazing a. 燃える(ような); 明白な.

blazon n., v. 紋章解説(をする); 発揚する, 公表する (abroad).

blazonry 紋章解説; 盛観.

bleach v. 漂白する, 晒す.

bleacher 漂白者, 漂白器, 漂白剤; [pl.](野球場などの)無蓋観覧席.

bleaching powder 晒し粉.

bleak a. 吹きさらしの; 物寂しい, 荒涼とした; 冷たい.

blear a., v. (目が)かすんだ; (目・鏡など)曇らせる.

blear-eyed, bleary a. かすみ目の, ただれ目の; 目先のきかない.

bleat v., n. (やぎ・羊などが)めーと鳴く(声); たわごとを言う, 泣きごとを言う.

bleed v. 出血する; 血を流す, 死ぬ; Med. 放血する; 血の出る思いをする, いたく悲しむ; 金をしぼり取る. ― n. 裁ち切り《仕上げ寸法より大きく印刷して裁ち込んだ挿絵・ページ》.

bleeder 血の出やすい人.

bleeding a. 出血する; 哀れみ深い; ひどい, 忌まわしい.

bleeding heart Bot. ケマンソウ; 大げさに同情する人.

blemish n., v. 傷, 欠点; 傷つける, 損なう.

blench[1] v. =blanch.

blench[2] v. ひるむ, たじろぐ.

blend v., n. 混ぜ合わす; 混ざる, 溶けあう; 混合(物); (コーヒー・たばこなどの)ブレンド; Ling. 混成語.

blending Ling. 混成(語).

bless v. 神聖にする, (神を)賛美する; (神が)恵みをたれる, 幸いする; (神の)恵みを祈る, 祝福する; (幸運を)感謝する; 清める. **Bless me !** おや, とんでもない. **bless oneself** 額と胸に十字を切る. **God bless you !** お大事に《相手がくしゃみをした時にいう》; かわいそうに.

blessed a. 神聖な, 清められた; 恵まれた, 幸いな; [反語] 呪われた.

blessedness 幸福; 幸運.

Blessed Sacrament 聖体.

blessing (神の)恩寵, 祝福; 食前食後の祈り; 幸い, 有難いもの.

blest a. =blessed.

blight n. Bot. 胴枯れ病; 虫害; (植物に害のある)もやのこもったむっとする大気; (希望・幸福などを損なう)失望, 暗影; (環境などの)荒廃. ― v. 枯らす, しおれさす; 滅ばす.

blimey int. しまった, 畜生.

blimp (偵察用)小型飛行船; [B-]保守的で頑固な軍人.

blind a. 目が見えない, 盲目の; 盲目的な, 滅法の; 愚かな; 見る目のない, 見えない (to); (手紙など)宛名の読めない; Aeronaut. 計器飛行の; 隠れた, 行き止まりの; 泥酔して. ― v. 盲目にする, 見えなくする, 塞ぐ, 妨げる; 覆い隠す; 判断力を失わせる; 欺く (目をさえぎる)窓掛け, ブラインド, すだれ; 口実; 酒宴.

blind alley 袋小路, 行き止まり.

blind date めくらデート《初対面同士のデート》.

blinder 目をくらます物, 目をくらます人; [pl.](馬の)目隠し.

blindfold v. 目隠しする; 欺く. ― a., ad. 目隠しされた, 目隠しされて; 無鉄砲に.

blinding a. 目もくらむばかりの.

blindly ad. 盲目的に, むやみに.

blindman 宛名判読係.

blindman's-buff 目隠し遊び.

blindness 盲目; 暗愚; 無分別.

blind side 弱点, すき.

blind spot (目の)盲点; 自分の自覚しない点; 自分の理解の及ばない点; Telecom. 盲点, 難視聴地域.

blind trust 白紙委任.

blindworm Zool. アシナシトカゲ.

blink v. またたきする; (光が)明滅する; 見ぬふりをする, 見逃す. —n. またたき; 一瞬; きらめき. **on the blink** 調子が悪い.

blinker (馬の)目隠し革; 点滅信号灯.

blinking a. またたく, いまわしい, ひどい.

blip ブリップ《レーダーに映る影像》.

bliss 無上の幸福, 至福.

blister n., v. 水ぶくれ(を生じる), (ペンキなどの)泡; Med. 発泡剤; 嫌な奴.

B Lit(t) bachelor of letters [literature].

blithe a. 楽しい, 快活な, 呑気な.

blithering a. おしゃべりな.

blitz (G) n., v. 電撃(する).

blitzkrieg (G) 電撃戦; 急襲.

blizzard 大吹雪, ブリザード; (物事の)突発; 殺到.

bloat[1] v. ふくれる, ふくらませる; 慢心する.

bloat[2] v. (にしんを)燻製にする.

bloated a. ふくれた; 慢心した, 傲慢な.

bloater 燻製にしん.

blob (インクなどの)しみ; 斑点; 柔らかいものの塊.

bloc (政治・経済上共通利害のある国家・団体の)連合体, ブロック; (超党派の)議員連合.

block n. 塊, 片, 木塊; (物を載せたり切ったりする)台, 断頭台, 造船台; 滑車; 帽子型; (印刷の)版; (おもちゃの)積み木; (建築用)ブロッ

ク; はぎ取り帳; (四方街路に囲まれた)一街区, ブロック; (道路・水流などをふさぐ)妨害物, 邪魔物; (競技の)妨害; 頭; =bloc. **block and tackle** (滑車とそれに適した綱を含む)絞轆. —v. 妨げる, ふさぐ, 封じる, 阻止する; (競技で)妨害する. **block in** 閉塞する; 図取りする. **block off** 阻止する. **block out** …の進入を阻止する; 概略を描く. **block up** ふさぐ, 封鎖する.

blockade n. (港湾などの)封鎖, (交通などの)妨害. **run the [a] blockade** 封鎖をくぐる. —v. ふさぐ, 封鎖する.

blockade-runner 密航船, 密航者.

blockbuster (町全体を吹き飛ばすほどの)大型高性能爆弾; 超ベストセラー.

block diagram (ラジオなどの)構成図.

blockhead のろま.

blockhouse (丸木造りの)防塞小屋.

blockish a. 木偶のような; 愚鈍な, 頑固な.

block letter 木版字体, ブロック体.

block printing 木版印刷.

block signal Railroads 閉塞信号機; Baseball ブロックサイン.

block system Railroads 閉塞式《1区間1列車のみ通す》.

blond(e) a., n. 金髪の(人), ブロンドの, 色白の.

blood 血, 血液, 体液, 樹液; 生命; 流血; 殺人, 犠牲; 血気, 気質; 血統, 血族; 純血, 家柄, 名門; 粋な若者; アメリカ黒人. **curdle the blood** (寒さ・恐れなどで)血を凍らせる, ぞっとさせる. **in cold blood** 冷酷に, 平気で. **let blood** 血を取る. **make one's blood boil** かっと怒らせる. **make one's blood run cold** ぞっとさせる.

Blood bank 血液銀行(の貯蔵血液).

blood bath 大量殺戮.

blood brother 血を分けた兄弟; [黒人用語]仲間.

blood cell (赤)血球.

blood corpuscle 血球.

blood count 血球数(の測定).

bloodcurdling a. 身の毛のよだつ.

blood donor 給血者, 献血者.

blood feud 血讐《流血を繰り返す二族間の反目》.

blood group 血液型.

bloodguilty a. 殺人犯の.

bloodhound ブラッドハウンド《英国産警察犬》.

bloodily ad. 血まみれで, 無惨に.

bloodless a. 血の気のない, 貧血の, 青ざめた; 血を流さない; 無気力な; 冷酷な.

bloodletting Med. 放血.

bloodlust 流血への欲望.

bloodmobile 移動採血車.

blood money 死罪犯引き渡し賞金; 殺人謝礼金.

blood plasma Physiol. 血漿.

blood poisoning Med. 敗血症.

blood pressure Physiol. 血圧; 高血圧.

blood pudding =black pudding.

bloodred a. 血のように赤い.

blood serum Physiol. 血清.

bloodshed 流血; 虐殺.

bloodshot a. (目が)充血した, 血まなこの.

blood sport 血を流すスポーツ《猟など》.

bloodstain 血痕.

bloodstained a. 血のついた; 血まみれの.

bloodstock 純血種の馬.

bloodstone 血玉髄《宝石》.

bloodstream (人体内の)血流.

bloodsucker 吸血動物, ヒル; 強欲非道の人.

blood test 血液検査.

bloodthirsty a. 血に飢えた, 殺気をおびた, 殺伐な.

blood transfusion 輸血.

blood type 血液型.

blood-type v. 血液型を決める.

blood vessel 血管.

bloody a. 血の(ような); 血の出る; 血まみれの, 血生臭い, 残酷な; ひどい.

Bloody Mary ブラディメリー《カクテルの一種》.

bloody-minded a. つむじまがりの.

bloom n. 花; 開花(期), 花盛り; 真っ盛り; (ほおの)桜色, 健康色; (ブドウなどの)白粉; Mineral. 華. **in bloom** 花が開いて. — v. 花が咲く; 栄える, 時めく; 赤らむ.

bloomer 花の咲く植物; 能力を伸ばす人; 大失敗, どじ.

bloomers ブルーマー.

blooming a. 花盛りの, 隆盛の; ひどい, とんでもない.

blooper 大間違い; Baseball テキサスヒット.

blossom n. (果樹の)花; 開花(期). **in blossom** 花が開いて. — v. 花が咲く; 発展する, 栄える.

blot n. (インクなどの)しみ, 汚れ; (人格などの)汚れ, 傷. — v. (インクなどで)汚す, 汚点をつける; (文字などを)にする; (インクを)吸い取る. **blot out** 消す, なくする; 見えなくする.

blotch できもの; (大きな)しみ.

blotched a. しみのついた.

blotchy a. しみだらけの, できものだらけの.

blotter 吸い取り紙; (警察などの)事故記入簿.

blotting paper 吸い取り紙.

blotto a. 酔っ払って.

blouse (婦人・子供用)ブラウス, (ゆるやかなシャツに似た)仕事着; (米兵の通常軍装の上着.

blouson ブルゾン《裾を絞った上着》.

blow¹ 強打, 一撃; 打撃, 不幸. **at [with] one blow** 一挙に. **come to blows** 殴りあいを始める. **without (striking) a blow** 労せずして, 苦もなく.

blow² v. 花が咲く.

blow[3] *v.* 吹く, 風が吹く; 息を吹く, 喘ぐ, (クジラが)潮を吹く; 吹いて脹らます; 吹奏する; 吹き出す, 送風する, (鼻を)かむ; (タイヤが)パンクする; (ヒューズが)とぶ, (秘密を)漏らす; 乱費する; ほらを吹く; 呪う; (男性に)口淫をする; ずらかる; (麻薬などを)吸う. **blow hot and cold** ほめたりけなしたりする, 定見がない. **blow off steam** うっぷんをはらす. **blow one's cool** 平静を失う. **blow one's cover** 正体を現す. **blow one's mind** しびれさせる; ぎくりとさせる; 恍惚となる, 恍惚とさせる. **blow out** 吹き消す; 吹き飛ばす; 機械の運転を止める; (タイヤを)パンクさせる. **blow over** (風が)吹き止む, 静まる; (風説などが)消える. **blow up** 膨らます; 爆破する, 爆発する; (風が)吹きつのる; (写真などを)引き伸ばす; 怒る, 叱る.
— *n.* (風などの)一吹き; 吹奏; (クジラの)潮吹き, ハエの卵; ほら吹き(人); コカイン.

blow-by-blow *a.* 詳細な.

blower 吹く人; ガラス吹き, 送風機; 電話.

blowfly アオバエ.

blowgun 吹き矢筒.

blowhard ほら吹き(人).

blowhole (クジラの)噴気孔; 通風孔.

blowjob 男性器への口淫.

blowout (空気・水などの)奔出, 破裂; パンク; (ヒューズの)溶解; 大ごちそう.

blowpipe (ガラス工用)吹管.

blowtorch (鉛管工の用いる)ブローランプ.

blowup (怒りなどの)爆発; 破裂; (写真の引き伸ばし.

blowy *a.* 風の強い.

blowzy *a.* 赤ら顔の; だらしのない.

BLT bacon, lettuce, and tomato sandwich.

blubber *v., n.* おいおい泣く(こと); クジラの脂肪.
— *a.* (くちびるが)厚ぼったい.

bluchers (古風な編み上げの)半長(靴).

bludgeon *n., v.* 棍棒(で打つ).

blue *a.* 青い, 藍色の; 陰気な, 憂鬱な; 保守党の; 猥褻な; (女性が)インテリの; 厳格な.
— *n.* 青; 藍色染料, 藍色(の服); [the ~] 青空, 青海; [*pl.*] *Mus.* ブルース; [the ~s] 気のふさぎ. **out of the blue** だしぬけに.
— *v.* 青色にする; 乱費する.

blue baby *Med.* 先天性チアノーゼ児.

Bluebeard 青ひげ《6人の妻を殺したという男》.

bluebell 鐘形の花をつける野草.

blueberry *Bot.* ブルーベリー, コケモモ.

bluebird 青い羽の鳴鳥.

blue-black *a.* 濃い藍色の.

blue blood 名門の血統.

bluebonnet *Bot.* ルピナスの一種.

blue book 青書《紳士録・米大学答案用紙づづり・英政府報告書》.

bluebottle *Bot.* ヤグルマギク; *Entom.* ギンバエ.

blue cheese ブルーチーズ.

blue chip 優良株.

blue-chip *a.* 優秀な.

bluecoat 巡査.

blue-collar *a.* 肉体労働者(階級)の.

blue-eyed *a.* 気に入りの.

blue film ブルーフィルム.

bluefish *Ichthy.* アミキリ.

blue flu (待遇改善のため)病気を口実にする警官の集団欠勤.

blue funk 強い恐怖.

bluegrass *Bot.* イチゴツナギ《牧草, 芝用》; カントリーミュージック.

blue gum *Bot.* ユーカリ属の木.

bluejacket 水兵.

blue jeans (青デニム製の)作業ズボン, 作業服.

blue Monday (週の仕事の始まる)憂鬱な月曜日.

blue moon 長期間.

Blue Mountain ブルーマウンテン《コーヒーの品種》.

bluenose 清教徒的な人，厳格な人．

blue-pencil v. 青鉛筆で訂正する，検閲する．

blueprint 青写真；(詳細な)計画．

blue ribbon (ガーター勲章の)青リボン；最高名誉(賞)；一等賞；禁酒会員章．

blue-ribbon a. 精選された，特選の，品質優秀な．

blue-sky a. 漠然とした，具体性のない，無価値な．

blue-sky law 青空法《不正証券の取り引きを禁止する》．

bluestocking 才を誇る女，女流文学者．

blue streak 電光，素早く動くもの．

bluff[1] n., v. 空威張り(する)，虚勢(をはる)；かつぐ，だます．

bluff[2] a. 絶壁の，険しい；朴訥な，ぶっきらぼうの．—n. 絶壁．

bluffly ad. ぶっきらぼうに．

blu(e)ing (白布の洗濯に用いる)青み．

bluish a. 青みがかった．

blunder v. へまをやる，しくじる；まごまごして歩く，つまずく；うっかり…する．—n. へま，大しくじり．

blunderbuss とんま；らっぱ銃．

blundering a. へまな，突飛な．

blunt a. 刃のない，切れない；(頭が)のろい，わかりの悪い；ぶっきらぼうの，無遠慮な．—v. 鈍くする，鈍くなる．

bluntly ad. ぶっきらぼうに．

blur v. ぼんやりさせる，ぼんやりする，(ガラス・目などを)曇らせる；汚す．—n. 朦朧，かすみ，曇り．

blurb (新刊書の)誇大広告．

blurt v. うっかりしゃべる(out)．

blush v. 顔を赤らめる，赤面する；恥じる；ばら色になる．—n. 赤面；赤らみ，ばら色．**at first blush** 一見して．

bluster v. (波・風が)荒れる，猛り狂う；どなりたてる．—n. (波・風の)大荒れ；怒号，騒ぎ．

blustery a. 吹きすさぶ；どなりちらす．

BM bachelor of medicine; British Museum; bowel movement.

bo int., n. =boo; hobo.

BO bad order; body odor; box office; branch office.

boa Zool. ボア《獲物を絞め殺す大蛇の類》；ボア《婦人用毛皮や羽毛の襟巻き》．

boa constrictor Zool. ボア《熱帯アメリカ産大蛇》．

boar 雄豚；イノシシ．

board n. 板；ボール紙，板紙，台紙；台板《チェス盤・アイロン台・掲示板・黒板・飛び込み台・サーフボードなど》；食卓；食事；評議会，委員会，会議；庁，院，局，部；舷側；[pl.] 舞台．**across the board** 全面的に．**board and lodging** 賄いつき下宿．**Board of Education** 教育委員会．**Board of Trade** 商務省；商業会議所．**go by the board** (マストが船外に)折れ落ちる；(計画が)まったく失敗する．**on board** 乗船して，乗車して，(飛行機に)搭乗して．**sweep the board** 勝って賭金や賞をさらう；完勝する．—v. 板を張る；賄う；下宿する(with)，乗船する，乗車する，搭乗する，(留守中のペットを)預かって飼う．**board out** 外食する．

boarder 下宿人，寮生．

board foot ボードフット《12×12×1インチ板の体積》．

boarding 板張り，板囲い；下宿．

boarding card (飛行機の)搭乗券．

boardinghouse 下宿屋，寮．

boarding school 寄宿学校．

boardroom (重役・理事の)会議室．

boardwalk 板道；(海岸などの)遊歩道．

boast v., n. 誇る；誇り；自慢(する)(of, about, that)；(誇りとして)持つ．

boaster 自慢家．

boastful a. 高慢な．

boat *n.* ボート, 小舟; 小形汽船, 漁船, 帆船; 舟形容器. **burn one's boats** 背水の陣をしく. **(all) in the same boat** 同じ境遇に. **miss the boat** 好機を逸する. **rock the boat** ごたごたを引き起こす; 現状を打破する. — *v.* ボートに乗る; ボートに積む, ボートに積んで運ぶ.

boatel (海岸の)ドックつきホテル.

boater かんかん帽.

boathouse ボート小屋, 艇庫.

boating ボートこぎ, 舟遊び.

boatman 船頭, 貸しボート屋.

boat people ボートピープル《南ベトナムなどからの漂流難民》.

boatswain *Naut.* 甲板長, ボースン.

boat train 臨港列車《船と連絡する》.

bob *n.* ひょいと引く事, お辞儀; 軽打, (振り子の)玉; おもり, うき; (婦人の)断髪; (馬・犬の)切り尾; 束, ふさ. — *v.* ひょいと動く; ひょいと頭を下げる; ひょいと出る (*up*), 軽く叩く; お辞儀する; 断髪する.

bobbin 糸巻き, ボビン; 組み紐; *Elec.* (コイルの)巻き枠.

bobble *n.*, *v.* へま(をやる); ファンブル(する).

bobby 巡査.

bobby pin ヘアピン.

bobby socks [sox] (少女用の)短いソックス, ボビーソックス.

bobcat *Zool.* アカオオヤマネコ《北米産》.

bobolink *Ornith.* コメクイドリ.

bobsled, bobsleigh ボブスレー.

bobtail *n.*, *a.* (馬・犬の)切り尾; 短く切りつめた.

Boccaccio ボッカチォ. **Giovanni Boccaccio** (1313–75) イタリアの詩人・作家.

bock (beer) (ドイツ産の強い)黒ビール.

bod 人, 仲間.

bode *v.* 前兆となる. **bode ill** 縁起が悪い. **bode well** 縁起が良い.

bodhisattva (Skt) 菩薩.

bodice (婦人用)胴着, (婦人服の)胴部.

bodiless *a.* 体のない; 無形の.

bodily *a.* 身体の; 有形の. — *ad.* 身体上, 形体上; みずから, 自身で; 一団となって, そっくり, 丸ごと.

boding *a.*, *n.* 縁起の悪い, 気味の悪い; 前兆, 凶兆.

bodkin 大針, (長い装飾用)ヘアピン; 千枚通し.

body *n.* 身体, 肉体; 人間; 死体; 本体, 主要部; 船体, 車体, 機体; (法律や演説や手紙の)主文; (動物の)胴, (植物の)幹; 密度, こく, 濃度; (法人)団体, 集団; 一団; 物体; 多数, 組織; *Phys.* 物体, …体. **in a body** 一団となって, 一同. **keep body and soul together** 命をつなぐ. — *v.* 具現する, 具体化する (*forth*).

body bag (ジッパー付き)遺体袋.

body blow *Boxing* ボディーブロー; 大打撃.

body builder ボディービルをする人.

body building ボディービル.

body color 実体色, (絵の具・ペンキの)濃厚色素.

body corporate *Law* 法人.

bodyguard 護衛, ボディーガード.

body language 身振り言語.

body odor 体臭, 腋臭.

body politic 政治統一体, 国家.

body shop 車体修理工場.

body snatcher 死体泥棒.

body stocking (バレエの)タイツ.

body suit ボディースーツ《シャツとパンティーがひと続きの婦人用下着》.

bodywork 車体(製造).

Boer *n.*, *a.* ボーア人《オランダ系南アフリカ人》; ボーア人の.

boffin (軍の)科学研究員.

bog *n.*, *v.* 沼沢地, 泥沼; 便所; 沼地にはま

り込む.

bogey =bogy; *Golf* ボギー《パーより一打多いスコア》; 空飛ぶ円盤.

boggle v. たじろぐ, ためらう (at); 飛びのく, へまをする.

boggy a. 沼地の, 泥深い, じめじめした.

bogie ボギー車.

bogle お化け.

bogus a. 偽の, いんちきの.

bogwood 埋もれ木.

bogy 鬼, お化け, 恐ろしいもの; 悩み.

Bohemia ボヘミア《チェコ西部の地方》.

Bohemian a. ボヘミア(人)の, 奔放な, 放浪的な. — n. ボヘミア人; ボヘミアン, 奔放な生活をする人.

Bohemianism 自由放縦気質, 自由放縦生活.

Bohr theory *Phys.* ボーア説《原子構造論》.

boil[1] *Med.* できもの, 腫れ物.

boil[2] v. 沸く, 沸かす; 煮る, 煮える; ゆでる, ゆだる; 激昂する; 熱く感じる. **boil down** 煮つめる; 結局…となる (to). **boil over** 煮こぼれる; 怒り出す. **be boiling hot** うだるように暑い. — n. 沸騰, 煮沸.

boiled shirt (胸を固く糊付けした)礼装用ワイシャツ.

boiler 煮沸器(かま・なべなど), ボイラー.

boilermaker ボイラー工; ビール割りウイスキー.

boiler suit 仕事着.

boiling point 沸騰点; かんしゃく玉が破裂する時; 興奮の極; 決断の時, 重大な転機.

boisterous a. (風・海などが)荒れ狂う; (人が)騒々しい, 大はしゃぎの.

bok choy 白菜.

bola ボーラ《鉄の玉のついた投げ縄》.

bold a. 大胆な; ずぶとい; (想像・描写などが)奔放な; (輪郭などが)きわ立った, はっきりした, 力強い; (書体が)肉太の. **make bold to**

(do) 大胆に…する, 思い切って…する.

boldface *Print.* 肉太活字, ボールドフェイス.

boldfaced a. ずうずうしい; *Print.* (活字が)肉太の.

boldly ad. 大胆に; ずうずうしく; くっきりと.

bole (木の)幹, 樹身.

bolero ボレロ《軽快なスペインの舞踊(曲)》; ボレロ《婦人用の短い上着》.

bolivar ボリバル《ベネズエラの通貨単位》.

boll (ワタ・アサの実などの)丸莢.

bollard *Naut.* 係(船)柱.

bologna (sausage) (牛・豚製の)ボローニャソーセージ.

boloney =baloney; bologna (sausage).

bolo tie ボロタイ《飾りの留め具付き紐タイ》.

Bolshevik a., n. ボルシェビキの(一員).

Bolsheviki ボルシェビキ《ロシヤ社会労働党多数派》, 過激派.

Bolshevism ボルシェビキ主義, ボルシェビキ思想.

Bolshevist ボルシェビキ主義者.

bolster n., v. 長枕; 支持物; 枕で支える; 支持する (up).

bolt[1] v. (粉を)ふるう, ふるいわける.

bolt[2] n. (ねじで締める)ボルト; (戸の)閂, 桟; (crossbow の)太矢; 電光, 稲妻; 逐電, 逃亡; 脱党; (ラシャ・壁紙などの)一巻き, 一反. **bolt from the blue** 青天の霹靂, 意外な出来事. **bolt upright** 真っ直ぐに. — v. ボルトで締める; (差し錠をさして)締める, 戸締まりする; 逃亡する; 脱党する, 見捨てる; (食べ物を)うのみにする.

bolter 逸走する馬; 脱走者.

boltrope *Naut.* (帆の)ボルトロープ.

bolus *Vet.* 大きな丸薬; 嫌な物.

bomb n., v. 爆弾; 突発事件; (放射性物質運搬用)鉛容器; 爆撃する; (フットボールの)ロングパス; 失敗(する); [the ~] 原子爆弾; (高圧ガスを入れた)ボンベ; (殺虫剤・塗料など

の)噴霧器, スプレー; 大金. **be bombed out**
空襲で焼け出される.

bombard v. 爆撃する; 質問攻めにする.

bombardier 爆撃手.

bombast 大言壮語.

bombastic a. 大げさな.

Bombay ボンベイ《インド西部の都市》.

bombazine ボンバジーン《婦人用喪服地》.

bomb bay (爆撃機の)爆弾倉.

bombed a. (酒や麻薬で)酔いつぶれた.

bomber 爆撃機; 投弾兵.

bombproof a., n. 防弾の; 防空壕, 防空室.

bombshell 爆弾; 突発事件.

bombsight 爆弾照準器.

bombsite 被爆地域.

bon (F) a. 良い.

bona fide (L) a., ad. 本物の, 誠実な, 誠意をもった; 誠実に, 誠意をもって.

bonanza 富鉱帯; 大もうけ口; 大当たり, 大豊作.

Bonaparte ナポレオン1世.

Bonapartism ナポレオン政策; 独裁政治.

bonbon 糖菓, ボンボン.

bond n. 結合, 結束, きずな; 契り, よしみ; [pl.] 束縛, かせ, 監禁; Law 約定, 契約, 義務; 証文; 公債証書; 債券; 保証人; 保税倉庫留置; Arch. つなぎ, (れんがなどの)組み積み; Chem. 原子の手, (原子の)結合; 接着(剤). — v. 証文を入れる, 抵当に入れる; 保税倉庫に入れる; 結合する; (れんがなどを)組み積みする; 接着する. — a. 捕らわれた, 奴隷の身の.

bondage 奴隷の身分; 束縛, 監禁.

bond holder 債券所持者.

bond man 奴隷, 農奴.

bond paper 証券用紙.

bondsman Law 保証人《保釈金を払えない者に対する金融業者》; 奴隷.

bone n., v. 骨, 骨質, 身体; [pl.] 遺骸; 骨状の物; 肉付き骨; さいころ; 骨を取る, 骨を抜く; 盗む. **bone of contention** 争いのもと. **have a bone to pick** 争うべきことがある, 不平を言うべきことがある. **make no bones** 躊躇しない, こだわらない (about). **to the bone** 骨の髄まで, すっかり.

bone ash 骨灰.

bone china ボーンチャイナ, 骨灰磁器.

bone-dry a. 乾ききった; 絶対禁酒の.

bonehead 間抜け; へま.

bone-idle a. まったく怠惰な.

boneless a. 骨のない; 力のない.

bone meal 骨粉(肥料).

boner ばかげた誤り, へま.

bonesetter (無資格の)接骨医.

boneshaker おんぼろ車.

boneyard (車・飛行機などの)捨て場; 墓場.

boney, bony a. 骨の(ような); 骨ばった.

bonfire (野天の)かがり火, 大たき火.

bong マリファナ用水パイプ.

bongo Mus. ボンゴ《二つ一組の手で打つ太鼓》.

bonhomie 温容, 気さく.

bon jour int. 今日は.

bonkers a. 気が狂った.

bon mot 名言, 洒落.

Bonn ボン《西ドイツの首都》.

bonne (フランス人の)女中, 子守.

bonnet n. ボンネット《婦人や子供用あごひも付き帽子》; (機関部の)覆い, 蓋; (自動車の)ボンネット; 共謀者, ぐる. — v. 覆いをかぶせる.

bonny, bonnie a. (血色がよくて)美しい; 肉付きのよい.

bon soir int. 今晩は.

bon ton 上品.

bonus ボーナス, 賞与金; 特別配当金, 割り戻し金.

bon voyage int. 道中気をつけて, ごきげんよ

う.

bonze (仏教の)坊主, 僧.

boo *int.* ぶう(という声)《非難・軽蔑・おどしなどを表す》; =marijuana.

boob *n.* 間抜け. — *v.* 大きなへまをする.

boo-boo 大へま; (軽い)打撲傷.

booby 間抜け, うすのろ; *Ornith.* カツオドリ.

booby hatch *Naut.* 艙口蓋; 精神病院.

booby prize びり賞.

booby trap 間抜けおとし.

boodle 団体, グループ, 連中; 賄賂, 現なま.

boogie-woogie ブギウギ《ジャズピアノ曲の一種》.

book *n.* 本, 書物, 著作; [the B-] 聖書; 巻, 編; 帳簿, 切符帳, 小切手帳, [*pl.*] 会計簿, 名簿; (歌劇の)台本. **bring one to book** 人を詰問する, 弁明を求める. **by the book** 典拠に従って, 法則通りに. **close the books** 帳簿記入を締め切る. **keep books** 帳簿をつける. **know like a book** よく知っている. **make book** 賭をする. **throw the book at** きびしく罰する; 投獄する. — *v.* (帳簿に)記入する; (座席などを)予約する, (切符を)買う; (…することに)予定する, 約束させる (one *to* do).

bookbinder 製本屋.

bookbindery 製本所.

bookbinding 製本術, 製本業.

book burning 焚書.

bookcase 本箱.

book club 図書クラブ, 読書会.

bookend ブックエンド.

book fair 書籍展示会.

bookie =bookmaker.

booking (帳簿)記入; (席・部屋などの)予約; 出札.

booking clerk 出札係.

booking office 出札所, 切符売り場.

bookish *a.* 書物の; 本好きな, 読書の; 学問

的な; 学者ぶる, 堅苦しい.

bookkeeper 帳簿係.

bookkeeping 簿記.

book learning [lore, knowledge] 机上の学問.

booklet 小冊子.

bookmaker 製本者, 著述家; 私設馬券屋.

bookman 読書人, 学者; 出版業者.

bookmark(er) (本にはさむしおり).

bookmobile (自動車で運ぶ)移動図書館.

bookplate (本にはり付ける)蔵書票.

bookrack 本立て, 書架.

book review (新聞雑誌の)書評.

book seller 本屋.

bookshelf 書棚.

bookshop, bookstore 書籍店, 本屋.

bookstall (駅などの)新聞雑誌売り場.

booksy *a.* 知的ぶった.

book value *Econ., Com.* 帳簿価格.

bookwork (実験に対して)書物研究.

bookworm 本の虫, しみ; 読書狂.

boom[1] *Naut.* ブーム《帆の裾を張る円材》; (港口の)防材; *Mech.* ブーム《デリックの張り出し棒》.

boom[2] *n.* 轟き, 唸り; にわか景気, ブーム; (候補者などの)人気. — *v.* 轟く, 唸る; にわかに景気づく, 人気が湧く, 人気をあおる; (候補者に)かつぎ出す.

boomerang ブーメラン; 自分にはねかえる議論, 自分にはねかえる攻撃, やぶへび.

booming *a.* ぶーんと響く; にわか景気の.

boomlet 小景気.

boom town 新興都市.

boon 恩恵, 賜り物.

boondocks ジャングル, 奥地, 田舎.

boondoggle *n., v.* くだらないこと(をする).

boor 小百姓; 粗野な男.

boorish *a.* 粗野な.

boost *v.* 押し上げる; 後押しする; ほめる; 励ます;

booster

あおる, 増進する. —— *n.* 後押し, 後援, 景気付け.

booster 後援者, 激励者; *Elec.* 昇圧機; *Radio* ブースター, 増幅器; (ロケットの)ブースター, 補助推進装置.

boot¹ *n.* ブーツ, 深靴, 半長靴; スリル; [the~] くび, 解雇; (自動車の)トランク; [*pl.*] (旅館の)靴磨き. **die with one's boots on=die in one's boots** 仕事中に死ぬ. —— *v.* 靴をはかせる; 蹴る; *Baseball* エラーする; くびにする, 追い出す.

boot² *n.* **to boot** その上.

bootblack 靴磨き.

boot camp (海軍・海兵隊の)新兵基礎訓練所.

booted *a.* 長靴をはいた, 深靴をはいた.

bootee, bootie ブーティー《婦人用の短いブーツ, 子供用の短いブーツ》, 毛糸編みの小児靴.

booth 仮小屋; (市場などの)売店, 屋台; 電話ボックス; (投票所の)投票仕切り, 仕切り席, ブース.

bootjack 靴脱ぎ器.

bootlace 靴紐.

bootleg *v.* 酒類を密売する, 酒類を密輸する.

bootlegger 酒類密売者, 酒類密輸者.

bootlegging 酒類密売, 酒類密輸.

bootless *a.* 無益な.

bootlick *v.* へつらう; おべっかを使う.

bootlicker おべっか使い.

boot tree (形を崩さないために入れておく)靴型.

booty 戦利品; 略奪品; 獲物.

booze *v.* 大酒を飲む. —— *n.* 酒; 大酒, 酒盛り.

boozer 酔っぱらい; バー.

boozy *a.* 酔った.

bop =bebop.

bopeep いないいないばあ.

boracic *a.* =boric.

borate *n.*, *v. Chem.* 硼酸塩(で処理する).

borax *Chem.* 硼砂.

Bordeaux ボルドー《南フランスの港市; ぶどう酒生産の中心》; ボルドー(ワイン).

border *n.* へり, 縁; 縁取り; 境, 境界; 国境(地帯), 辺境. —— *v.* 境する, 接する; 縁どる. **border on [upon]** …に接する; 近似する.

borderer 国境に住む人, 辺境に住む人.

borderland 国境地帯; 中間地帯, 紛争地; どっちつかずの点.

borderline *n.*, *a.* 国境線, 境界線; 国境付近の, どっちつかずの.

bore¹ 海嘯, 潮津波《高潮によって生じる河口の高波》.

bore² *v.* (穴を)あける; くり抜く, 掘り抜く; (長話などで)うんざりさせる. —— *n.* (銃の)口径, 内径; 試掘孔; 錐, 穿孔機; うるさい人, 退屈な仕事.

boredom 退屈(な事).

borer 錐; 穿孔虫.

boric *a. Chem.* 硼素の.

boric acid *Chem.* 硼酸.

boring *n.* くり抜き, 穿孔; (鉱山の)試掘, ボーリング. —— *a.* うんざりさせる.

born *a.* 生まれながらの. **in all one's born days** 生まれてから今までに.

boron *Chem.* 硼素.

borough 自治町村, (New York 市の)行政区; (勅許状による)自治都市; (アラスカ州の)郡.

borrow *v.* 借りる, 借用する, 取り入れる. **borrow trouble** 取り越し苦労する.

borrower 借用者.

borsch(t) ボルシチ《ロシヤのスープ》.

Borstal system ボースタル式非行少年矯正制度.

borzoi ボルゾイ《ロシヤ産の大型猟犬》.

botulinus

bosh たわ言.

bos'n, bo's'n =boatswain.

bosom n. 胸; 心中, 胸中; 愛情; ふところ;（山などの）奥, 内部;（海・湖水などの）表面, 水面; 庇護. — v. 抱擁する.

bosom friend 親友.

bosomy a. ふくれた; 胸の豊かな.

Bosporus ボスポラス海峡《黒海と Marmara 海を結ぶ海峡》.

boss[1] n. 親分,「大将」, ボス,（政界の）大立者; かしら, 社長, 所長, 主任. — v. 支配する, 牛耳る; 幅をきかす. — a. すばらしい.

boss[2]（装飾的な）打ち出し突起, 浮き彫り; Arch. 盛り上げ装飾.

bossa nova ボサノバ《ブラジルの踊り; その音楽》.

boss-eyed a. やぶにらみの; 片寄った.

bossy a. 親分風を吹かす; 粋な.

Boston ボストン《米国 Massachusetts 州の州都》; ボストンワルツ《ダンスの一種》; ボストン《トランプゲームの一種》.

Boston bag ボストンバッグ.

Bostonian a., n. ボストンの; ボストン人.

bosun =boatswain.

Boswell 熱狂的崇拝者; 忠実な伝記作家.

bot Entom. ウマバエの幼虫.

botanic(al) a. 植物(学)の.

botanically ad. 植物学的に.

botanist 植物学者.

botanize v. 植物を採集する, 植物を研究する.

botany 植物学,（一地域の）植物(生態).

botch v. 無様に繕う; 台無しにする. — n.（無様な）継ぎはぎ; 不細工.

botfly Entom. ウマバエ.

both pron., a. 二つとも(の), 両方(の), どちらも. — conj. …も…も共に, 両方共.

bother v. うるさがらせる, 悩ます, 困らせる; 気に

する, 思い悩む. **Bother (it)!** うるさい. — n. 面倒; 騒ぎ, いざこざ. — int. ちえっ.

botheration 煩わしさ.

bothersome a. うるさい, 面倒な.

bottle n. 瓶, とっくり; [the ~] 酒, 哺乳瓶. **hit the bottle** 大酒を飲む. — v. 瓶に詰める. **bottle up**（感情などを）抑える,（感情などを）隠す.

bottle baby 人工栄養児.

bottle club ボトルクラブ《閉店後預けておいた自分の酒を飲む会員制クラブ》.

bottled a. 瓶詰めの; 酔っぱらった.

bottled gas（ボンベに詰めた）液化ガス.

bottle-fed a. 人工栄養の.

bottle-feed v. 人工栄養で育てる.

bottle green 暗緑色.

bottleneck 隘路, 難関, 狭い通り.

bottle party 酒持ち込みのパーティー.

bottle-washer 瓶洗い機; 下働き人.

bottom n. 底; 基部, 根本, 麓; 海底, 水底; 谷,（湾などの）奥; 船底; 船舶, 貨物船; かす, おり;（椅子の）座部; 末席, 下位, びり; 根底, 基礎, 根本; Baseball（回の）裏; 尻; [a.] 最低の; 最後の. **at bottom** 心の底は, 実は. **be at the bottom of** …の原因である. **bet one's bottom dollar** 絶対…だ. **bottoms up** 飲む, 乾杯. **get to the bottom** 真相を究める(of). **knock the bottom out of** 根底からくつがえす. — v. 底をつける; 底を窮める; 基礎をおく, 基づく. **bottom out** 最低値まで下がる.

bottomless a. 底の無い, 基部の無い, 底なしに深い; ヌードの.

bottom line 決算の数字; 要点; 結果.

bottommost a. どん底の.

bottomry 船舶抵当貸借.

botulin Med. ボツリン《ソーセージ中毒を起こす毒素》.

botulinus Med. ボツリヌス菌.

botulism *Med.* ボツリヌス中毒症.

boucle わなより糸, ふし毛糸.

boudoir 婦人の私室.

bouffant *a.* (袖など)ふくれた, だぶだぶした.

bougainvill(a)ea *Bot.* ブーゲンビリア.

bough 大枝.

bouillabaisse *Cookery* ブイヤベース《魚貝類のシチュー》.

bouillon ブイヨン《スープ》.

bouillon cube 固形ブイヨン.

boulder 丸石, 玉石.

boulevard (広い)並木道, 遊歩道.

boulevardier (パリの boulevard を)うろつく人, 遊び人.

bounce *v.* 跳ね上がる, 跳ね返る, はずむ; 飛び跳ねる (*up, into, out*); ほらをふく; (小切手が)不払いとして戻る; 解雇する; (無理に)追い出す. **bounce back** すぐ元気を取り戻す. — *n.* 跳ね返り, 反発力; ほら.

bouncer 跳ねる物; 大きな物; ほら吹き; 元気用心棒; 生意気な奴.

bouncy *a.* 弾力のある; 元気のいい.

bound[1] *a.* 縛られて; 閉ざされた; 装丁された; 義務がある, 確かに…する予定である (*to do*); 決意して; …行きの (*for*). **be bound to** (*do*) 必ず…する. **be bound up** 熱中している, 密接に関連している (*in, with*). **be in duty bound** 義務がある (*to do*).

bound[2] *n.* 境界(線); [*pl.*] 範囲, 限界, 限度. **out of bounds** 立ち入り禁止の, 立ち入り禁止で. — *v.* 制限する; 境界を接する, 境界を示す.

bound[3] *v.* 跳ねる, 飛び跳ねる; はずむ, バウンドする, 跳ね返る. — *n.* はずみ; 跳び飛び.

boundary 境界, 境; 限界.

bounden *a.* 責任のある.

bounder (下品な)成り上がり者.

boundless *a.* 限りない, 果てしない.

bounteous, bountiful *a.* 慈悲深い, 惜しみなく与える; 豊富な.

bounty 寛大さ, 博愛; 恩恵, 賜り物; 奨励金.

bouquet 花束, ブーケ; (ワインなどの)香り; ほめ言葉, お世辞.

bourbon バーボンウイスキー《トウモロコシ又はライ麦製》.

Bourbon ブルボン《フランスの王家》; (極端な)保守主義者, 反動家.

bourgeois 中産階級(の人), ブルジョア, 有産階級, 商工業者.

bourgeoisie 中産階級, 有産階級.

bourn(e) 小川.

bourse (欧州諸都市の)証券取引所.

bout 試合, 勝負; (仕事・病気などの)期間, ひとしきり, 発作.

boutique 専門店; ブティック《高級婦人服や洋品店》.

bovine *a.* 牛の(ような), 鈍重な.

bow[1] *v.* (頭を)下げる, お辞儀をする; 屈服する (*to*); 曲げる. — *n.* お辞儀.

bow[2] 船首, 艦首, 舳先, 舳.

bow[3] *n.* 弓; (弦楽器の)弓; (鞍の)前輪; 湾曲; 虹; (眼鏡の)フレーム, つる; 蝶結び, 蝶形リボン, 蝶ネクタイ; = bow window. — *v.* (弦楽器を)ひく.

bowdlerize *v.* (著作物の)不隠当な部分を削除する.

bowel movement 便通.

bowels 腸, 内臓; 内部.

bower[1] 主錨.

bower[2] (トランプの euchre の)最高の札, 切り札.

bower[3] 木陰; あずまや.

bowery *a.* 木陰のある, 木の葉の茂った.

bowfin *Ichthy.* アミア《北米産淡水魚》.

bow hand 弓手《弦楽器では右手, 弓では左手》.

bowie knife (さや付き)猟刀.

bowing *Mus.* 運弓法.

bowknot 蝶結び.

bowl[1] 鉢, 丼, 椀, 碗, ボール;(パイプの)火皿,(天秤の)皿,(さじの)すくう部分.

bowl[2] *n.* (遊戯用の)木球;[*pl.*]ボウルズ《芝生の上で木球を転がす競技》.—*v.* 球を転がす;*Cricket* 投球する;(馬車などが)滑らかに走る(*along*). **bowl along** 順調に行く. **bowl over** 面喰らわす, 打ちのめす.

bowlegged *a.* わに足の.

bowler[1] *Cricket* 投手.

bowler[2] 山高帽子.

bowlful 丼一杯.

bowline *Naut.* はらみ綱;もやい結び.

bowling ボウリング;*Cricket* 投球.

bowling alley ボウリングレーン, ボウリング場.

bowling green (芝生の)ボウルズ競技場.

bowman[1] 船首の漕ぎ手.

bowman[2] 弓術家.

bowsprit *Naut.* 第一斜檣.

bowstring (弓の)弦.

bow tie 蝶ネクタイ.

bow window (弓形の)張り出し窓;太鼓腹.

bowwow わんわん《犬の鳴き声》.

box[1] *Bot.* ツゲ.

box[2] *n., v.* (平手の)ひと殴り, 張り手;(平手で)殴る;拳闘する.

box[3] *n.* 箱, 一箱分;御者台;(劇場の)仕切り席;番小屋, 詰め所;*Baseball* 投手ボックス, 打者席;(郵便)私書箱;贈り物;(法廷の)陪審席;証人席;=box stall;電話ボックス;告解室;(鉄道の)信号所;(新聞などで線で囲った)枠, 囲み(記事);[the ～]テレビ;腟.—*v.* 箱に入れる, 箱詰めにする, 閉じ込める(*up*).

Box and Cox *n., v.* 同時に同一場所に居合わせることのない二人;二人交代でする.

box camera 箱型カメラ.

boxcar 有蓋貨車.

boxer ボクサー;ボクサー犬.

boxing ボクシング, 拳闘.

Boxing Day クリスマスの贈り物日《クリスマスの翌日;使用人・郵便配達夫などに祝儀を与える日》.

boxing glove ボクシンググラブ.

box kite 箱型たこ《気象観測用》.

box number 私書箱番号.

box office 切符売り場;(芝居の)人気.

box plait [pleat] (スカートの)箱ひだ.

box score *Baseball* ボックススコア;概要.

box seat (さじき内の)腰掛け.

box stall (うまやの)仕切り.

boxup 混乱.

boxwood ツゲ(材).

boxy *a.* 箱に似た.

boy 男の子, 少年, 若者;息子.

boycott *n., v.* 不買同盟, 排斥(する), 排貨(する), ボイコット(する).

boyfriend 男友達, ボーイフレンド.

boyhood 少年期.

boyish *a.* 少年らしい, 子供じみた.

boy scout ボーイスカウト.

bozo 奴, (乱暴な)男.

bp boiling point. **BP** bills payable; blood pressure; British Pharmacopoeia. **bpi** bits [bytes] per inch. **bps** bits per second.

BR bills receivable.

bra ブラジャー.

brace *n.* 突っ張り, 筋かい, 支柱;かすがい, 締め紐;[*pl.*]ズボンつり;(動物の)つがい, 一対;中括弧({ });*Med.* 副木;歯列矯正器.—*v.* 筋かいを入れる, 支柱で支える, 締めつける, 引き締める;借金を頼む. **brace up** 奮起させる, 奮起する.

bracelet 腕輪, ブレスレット;[*pl.*]手錠.

bracer 支持する物;締め紐;酒.

brachial *a.* 腕の.

bracing *a.* 心を引き締める, 爽快な.

bracken *Bot.* ワラビ(のやぶ).

bracket *n. Arch.* 腕木, 腕金, 持ち送り, 棚受け, ブラケット; 括弧; 同類, …階層. — *v.* ブラケットで受ける; 括弧でくくる, 一括する.

brackish *a.* 塩気のある, まずい.

bract *Bot.* 包葉.

brad 無頭釘.

bradawl 小錐.

brag *n., v.* 自慢(する), ほら(を吹く); ほめちぎる. — *a.* すばらしい, 一流の.

braggadocio 大ぼら(吹き).

braggart ほら吹き.

Brahma (インド神話の)梵天《三大神格の一つ; 一切衆生の父》.

Brahman バラモン《インド四姓の最高階級の司祭者層》.

Brahmanism バラモン教.

Brahmin =Brahman; (特に気どった)知識人.

Brahms ブラームス. **Johannes Brahms** (1833-97)ドイツの作曲家.

braid *n.* 打ち紐, 組み紐; モール; 編み髪. — *v.* 組む; 編む; 組み紐で飾る.

braiding 組み紐; モール刺繍.

Braille *n., v.* 点字とする; 点字(法).

Braillewriter 点字タイプライター.

brain *n.* 脳; [*pl.*] 頭脳, 知力; 知的な人, 知的指導者, ブレーン; *Computer* 中枢部. **cudgel [beat, rack] one's brains** 頭を絞る, (苦心して)考え抜く. — *v.* 脳を打ち砕く, 脳を強打する.

braincase 頭蓋.

brainchild (新)構想, 妙案.

brain death 脳死.

brain drain 頭脳流出.

brainish *a.* せっかちな.

brainless *a.* 頭のない, ばかな.

brainpan 頭蓋.

brainpower 知力(のある人).

brainsick *a.* 気の狂った.

brainstorm 妙案, インスピレーション; (突然の)精神錯乱.

brainstorming ブレーンストーミング《各自が自由に妙案を出し合う会議》.

Brains Trust (クイズ番組などの)専門解答者グループ.

brain trust 専門顧問(団).

brain truster 専門顧問員.

brainwash *v., n.* 洗脳(する); 転向(させる).

brainwashing 洗脳.

brain wave *Psychol.* 脳波; 霊感, 妙案.

brainy *a.* 頭のよい, 利口な.

braise *v.* (肉・野菜を軽くいためて蒸し煮にする.

brake[1] =bracken; 草むら.

brake[2] *n., v.* 歯止め, 輪止め, 制動機, ブレーキ(をかける).

brake(s)man 制動手.

braless *a.* ノーブラの.

bramble *Bot.* イバラ《ノバラ・キイチゴの類》.

brambly *a.* イバラの茂った.

bran ふすま, 糠.

branch *n.* 枝; 分派, 支脈, 支流, 支線; 分家; 支店, 支部; 部門, 分科. — *v.* 枝を張る (*forth, out*); (事業を拡張する; 枝に分かれる, 分岐する (*away, off*).

brand *n.* 燃え木; 焼き印(の跡); 汚名; 銘柄, ブランド; 商標; 品質, 品種; 剣. — *v.* 焼き印をおす; 汚名を着せる; (記憶に)焼きつける, 強く印象を残す; (…と)決めつける (*as*).

brandish *v.* (剣などを)振り回す.

brand-name *a.* (有名な)商標名のついた, メーカーの.

brandy ブランデー.

brandyball ブランデー入りキャンディー.

bran(d)-new *a.* 真新しい.

brannigan けんか; ばか騒ぎ.

brant *Ornith.* コクガン.

brash *a.* 性急な, 怒りっぽい; 生意気な.

break

brasier =brazier.

Brasilia ブラジリア《ブラジルの首都》.

brass n. 真鍮(器具); [pl.] 金管楽器; ずうず
うしさ, 鉄面皮; 高級 将校; お金.
　— a. 真鍮製の.

brassard 腕章, 腕甲.

brass band 吹奏楽団, ブラスバンド.

brassbound a. 真鍮で縁取りした; 因習
的な, 確固たる; =brazen.

brass hat 金ぴか帽《高級 将校の俗称》.

brassiere ブラジャー.

brass knuckles (格闘のとき指関節にはめ
る)金属片.

brass-monkey a. とても寒い.

brass tacks 真鍮鋲; 要点.

brassware 真鍮製品.

brass winds 金管楽器.

brassy a. 真鍮の(ような); 真鍮色の; (音
が)いやに響く; ずうずうしい.

brat 小僧, 餓鬼.

brava int. うまいぞ《女性に対して用いる》.

bravado 空威張り.

brave a. 勇敢な, 雄々しい, りりしい, 派手な.
　— v. 勇敢に立ち向かう.　— n. 勇士.

bravely ad. 勇ましく, 勇敢に.

bravery 勇気, 勇敢; 華美, 美服.

bravo[1] 壮士, 暴漢, 刺客.

bravo[2] n. 喝采の叫び.　— int. うまいぞ《男
性に対して用いる》.

bravura Mus. 巧妙, 熟練.

brawl n., v. 口論(する); (川が)音をたてて流れ
る; どんちゃん騒ぎ.

brawn 筋肉; 筋力, 体力.

brawny a. 筋骨のたくましい.

bray[1] n. ロバの鳴き声; (らっぱなどの)鳴り響く音.
　— v. (ロバが)鳴く; (らっぱが)鳴り響く.

bray[2] v. 磨り潰す, 突き砕く.

braze v. はんだ付けする; 真鍮で造る.

brazen a. 真鍮製の; 真鍮色の; (音が)耳

brazen it out [through] ずうずうしく押し通す.

brazen-faced a. 鉄面皮な.

brazenly ad. ずうずうしく.

brazier 火鉢; 真鍮細工人.

Brazil ブラジル.

Brazilian a., n. ブラジルの; ブラジル人.

Brazil nut Bot. ブラジルナット.

brazilwood スオウ材.

BRCS British Red Cross Society.

breach n. 違反, 破棄, 妨害; 侵害; 絶交,
決裂, 不和; (城壁などの)突破口.
　— v. (防御線などを)破る.

bread パン; 主食, 糧; 生計; お金.　**bread
and butter** バター付きパン, 生計.　**break
bread with** …と食事を共にする.　**cast
[throw] one's bread upon the waters** (報
酬を期待せずに)善事を行う.　**know (on)
which side one's bread is buttered** 利害
関係にさとい.

bread-and-butter a. 生計のための; 平凡
な; 実用一点張りの; 食い気一方の; か弱い,
若い; 歓待に感謝する.

breadbasket パンかご; 胃; 穀倉地帯.

breadfruit Bot. パンの木(の実).

breadline 無料食料の配給を受ける失
業者の列.

breadstuff パンの原料; パン.

breadth 広さ, 幅; 横幅で計るもの, (布の)本
幅; (心などの)大きさ, 寛容.

breadthways, breadthwise ad. 横に.

breadwinner 一家の稼ぎ手; 商売道具.

break v. 壊れる, 砕ける, 割れる, 破れる, 折れる
(in two); 壊す, 割る, 砕く, 破る, 折る, 挫く,
衰える, 弱る; 逃亡する; 脱走, 切り開く, 乱
す; 中断する; 犯す, 解雇する, 漏らす, 伝える;
(土地を)耕す; (馬が歩調を変える); 起こる;
Tennis 相手のサービスゲームに勝つ, ブレークする
(through); Boxing, Wrestling クリンチを解いて分

かれる, ホールドを解いて分かれる, ブレークする.

break away 逃げる, 離脱する, 急に止める (*from*). **break down** 圧倒する; (車などが)潰れる; 分析する; (健康・力が)衰える; 泣き崩れる. **break even** 五分五分になる. **break in** 押し入る; 差し出口する; (馬を)仕込む; (品物を)使いならす. **break into** 侵入する; 急に…し出す; 壊れて…になる. **break off** 折る, 折れる; 中止する; 絶交する (*with*). **break open** こじあける. **break out** 脱出する; 不意に…し出す; (戦争・火事・病気などが)突発する, 発生する. **break through** 押し通す, 突破する, 無視する; (雲間を)もれる. **break up** 粉砕する; 分解する; 解散する; 関係を断つ, 狼狽させる, 笑う. **break with** …と絶交する; …を止める.

— *n.* 破れ, 折れ, 割れ目, 裂け目; 断絶, 中断, 途切れ, 分裂; 小休止, 休み時間, (短い)休暇; 逃亡; (株の)暴落; 羽目, 危機; (突然の)変化; 夜明け; へま, 失言; 機会; 運.

breakable *a., n.* 壊れやすい; [*pl.*] 壊れ物.

breakage 破損; 破損物; 破損箇所; 損害賠償高.

breakaway 分離, 遊離; 脱走, 転向; *Boxing* ブレイク.

break dancing ブレークダンス《背中や頭で回転したりするアクロバット的なダンス》.

breakdown 事故; 崩壊, 破損; 没落, 挫折; 病気で倒れること, 急病; 分離, 分析; ブレークダウン《黒人系ジャズダンス》.

breaker 破砕機; *Elec.* ブレーカー, 遮断器; 砕け波.

breakfast *n., v.* 朝食(を食べる).

break-in 押し込み; 新品の使いならし.

breaking and entering *Law* 家宅侵入(罪); (警察による)不法侵入.

breaking point (材質の)破壊点; (張力などの)極限, (体力・忍耐などの)限界

点, ぎりぎり一杯.

breakneck *a.* 極めて危険な.

breakout 脱走; *Mil.* 包囲突破.

breakthrough 突破; (技術などの)躍進; 成功.

breakup 解散; 散会; 崩壊, 分散.

breakwater 防波堤.

bream *Ichthy.* タイの一種, コイの一種.

breast *n.* 胸; 胸部; 乳房; 胸中, 心情. **make a clean breast of** …を残らず打ち明ける. — *v.* 胸に受ける; (波を)胸で切って進む, 勇敢に立ち向かう.

breastbone 胸骨.

breast-fed *a.* 母乳育ちの.

breast-high *a., ad.* 胸まで高い, 胸まで高く.

breastpin =brooch.

breastplate (鎧の)胸当て, 胸板.

breaststroke 平泳ぎ.

breastwork 胸壁.

breath 息, 呼吸; 一息, 瞬間; *Phonet.* 無声; (風の)そよぎ, 香気. **at a breath** 一気に. **below [under] one's breath** ひそひそと. **catch [hold] one's breath** はっとする. **in the same breath** 同時に. **out of breath** 息切れして. **take one's breath away** はっと思わせる, 驚かせる.

Breathalyzer *Trademark* ブレサライザー《酒気検知器》.

breathe *v.* 呼吸する; 生きている; 息をつく, 休息する; そよ吹く, (香気が)発散する; (精神などを)吹き込む (*into*), ささやく; 発表する.

breathe again [freely] ほっと(安心)する.

breathe one's last 息を引き取る.

breathed *a. Phonet.* 無声(音)の.

breather 呼吸するもの; 激しい運動; 一息, 一休み.

breathing *n., a.* 呼吸(する); 微風, 休息, 息を吹き込む事, 霊感.

breathing space 息つく暇, 休息.

breathless *a.* 息切れした; 息もつけないような; そよ吹く風もない; 息のない, 死んだ.

breathlessly *ad.* 息を切らして; 息を殺して.

breathtaking *a.* 息を切らした; はらはらする.

breech 尻; 砲尾, 銃尾.

breechclout, breechcloth 腰布.

breeches 半ズボン, 乗馬ズボン; ズボン. **too big for one's breeches** 身のほどをわきまえない.

breeches buoy 救助ブイ.

breeching 馬の尻帯.

breechloader 後装銃.

breech-loading *a.* (銃砲が)後装(式)の.

breed *v.* 子を生む; 飼育する; (品種を)改良する, 作り出す; 育てる, しつける; 起こす. —*n.* 品種, 種類; (白黒)混血児《侮辱的な意味で》.

breeder 飼育者; 種畜; =breeder reactor.

breeder reactor *Phys.* 増殖(型原子)炉.

breeding 繁殖; 飼育; 育ち, しつけ.

breeding ground (動物の)繁殖地; (悪などの)温床, 培養地.

breeze *n.* 微風; 騒ぎ, けんか; 容易な事. **in a breeze** やすやすと. **shoot the breeze** べちゃくちゃしゃべる. —*v.* そよそよ吹く; 勢いよく入り込む. **breeze in** (さっと)入って来る. **breeze through** 楽々通過する, 楽々合格する.

breezeway 屋根つき通路.

breezy *a.* 微風の吹く; 快活な; (内容が)軽い.

Breton *a., n.* ブルターニュ (Brittany) の; ブルターニュ人, ブルターニュ語.

breve (母音字の上に付ける)短音符《˘》; *Mus.* 二全音符.

brevet *n., v. Mil.* 名誉進級(させる).

brevity 短さ; 簡潔.

brew *v.* 醸造する; (茶を)入れる; (事を)起こす, 計画する; (暴風雨などが)起ころうとする, 催す. —*n.* 醸造物; 醸造高.

brewage 醸造(酒).

brewer 醸造者.

brewery 醸造所.

briar =brier[1,2].

bribe *n., v.* 賄賂(を使う), 贈賄(する).

bribery 贈収賄(行為).

bric-a-brac (棚などに飾る)小骨董品.

brick *n.* れんが, (おもちゃの)積み木; れんが形(の物); 好漢; ブリック《1キロのマリファナの包み》. **drop a brick** へまをする. **make bricks without straw** 無駄骨を折る. —*v.* れんがを敷く, れんがを積む, れんがで囲む (*in*).

brickbat れんがの破片; 侮辱.

brickfield れんが工場.

brickkiln れんが焼きがま.

bricklayer れんが工.

brick red れんが色.

brickwork れんが造り, れんが工事.

brickyard れんが工場.

bridal *a., n.* 花嫁の; 婚礼(の).

bride[1] 花嫁, 新婦.

bride[2] 手編みの輪型の縁飾り, 手編みの棒型の縁飾り.

bridegroom 花婿, 新郎.

bridesmaid 花嫁付き添いの若い女性.

bridge *n.* 橋; 船橋, 艦橋, ブリッジ; 橋状のもの, 鼻柱, (弦楽器の)こま, 柱; (トランプの)ブリッジ; *Elec.* ブリッジ, 電橋; *Wrestling* ブリッジ; *Med.* 架工義歯, ブリッジ. **burn one's bridges** 背水の陣をしく. —*v.* 橋をかける; (空間を)埋める.

bridgehead 橋頭堡.

bridle *n.* 馬勒《くつわ・手綱などの総称》; 抑制; 拘束(物). —*v.* 馬勒を着ける; 抑制する; (特に女が)頭を上げてつんとする, 反り身になる.

bridlehand 手綱を取る手《左手》.

bridle path [trail] 乗馬道.

Brie (cheese) ブリーチーズ《フランス産》.

brief *a.* 短時間の, しばらくの; 短い, 簡潔な.

to be [in] brief 約言すれば. — *n.* (ローマ教皇の)教書; *Law* 訴訟事件摘要書; (出撃直前に戦闘機乗員に与える)行動命令; 要約報告(書); ブリーフ. **hold a brief for** …を弁護する. — *v.* (出撃前に戦闘機乗員に)正確な指令を与える; *Law* (訴訟事件の)概要を作る, 弁護を依頼する; (委員などの任命に際して)指示を与える; 報告する, 知らせる.

brief bag, briefcase 書類鞄, ブリーフケース.

briefing 要約した説明.

briefless *a.* 訴訟依頼人のない.

briefly *ad.* 手短に(言えば); ちょっとの間.

brier[1] ノバラ, イバラ.

brier[2] *Bot.* ブライヤ(の木); (その根で作った)パイプ.

brierroot, brierwood ブライヤ材(で作ったパイプ).

brig[1] ブリッグ《2本マストの帆船》.

brig[2] (軍艦内の)営倉.

brigade *n.* 旅団; …隊; (猟師などの)一隊. — *v.* 旅団に編成する; 分類する.

brigadier =brigadier general; *Brit. Army* 旅団長.

brigadier general *U.S. Army, U.S. Air Force* 准将, 代将.

brigand 山賊.

brigandage 山賊行為.

brigantine ブリガンティーン《2本マストの帆船》.

brig gen brigadier general.

bright *a.* 輝く, 明るい, 晴れた; 鮮やかな, ぱっちりした; 晴れやかな, 快活な; 利口な. **bright and early** 早朝に. — *ad.* =brightly.

brighten *v.* 光らす, 明るくする, 明るくなる; 有望にする.

brightly *ad.* 明るく, 輝かしく, 鮮やかに; 快活に; 利口に.

Bright's disease *Med.* ブライト病《腎臓炎》.

brill *Ichthy.* ヒラメ, カレイ.

brilliant *a.* 光り輝く, きらきらする; 見事な, はなばなしい, すばらしい, 才気のある. — *n.* ブリリアントカット(の宝石).

brilliantine ブリリャンチン《頭髪用香油》.

brilliantly *ad.* きらきらと; 立派に, 鮮やかに.

brim *n., v.* 縁, へり, (帽子の)つば; 溢れそうになる. **brim over** 溢れる.

brimful *a.* 縁まで一杯の.

brimmer なみなみとついだコップ.

brimming *a.* 溢れるばかりの.

brimstone 硫黄.

brindle ぶち, まだら.

brindled *a.* ぶちの.

brine *n., v.* 塩水(につける), 海水, 海.

bring *v.* 持って来る, 連れて来る; 来させる, もたらす, 招来する; (人に)勧めて…させる (one *to* do); (訴訟・問題などを)起こす (*against*); (利益などを)もたらす. **bring about** 起こす.

bring around =bring round. **bring back** 連れ帰る, 戻す; 思い出させる; 回復させる. **bring down** 下げる, 降ろす, 落とす; 倒す; (誇りを)くじく; がっかりさせる. **bring forth** 生む, (花を)咲かせる, (実を)結ぶ; 生じる, 表す. **bring forward** 提出する, 公にする. **bring in** 持ち込む; (風習などを)取り入れる; (利益を)生じる. **bring off** 成し遂げる. **bring on** (病気などを)起こす, 招く, 生じる. **bring out** 持ち出す; 世に出す, 発表する; 明らかにする, 発揮する. **bring over** 改宗させる; 味方に引き入れる. **bring round** 正気づかせる; 本復させる; 説得する; (話題を)転じる. **bring to** 正気づかせる; *Naut.* (船を)止める, (船が)止まる. **bring to bear** (影響などを)及ぼす. **bring under** 鎮圧する; 抑制する, (権力などの)下に置く. **bring up** 育てる, しつける, 教育する; 提案する; 急に止める, 急に止まる; 吐く, 戻す.

bringing-up 養育, 教育, しつけ.

brink (崖の)縁；水際；間際. **on the brink of** …の間際に，一歩手前に.

brinkmanship 瀬戸際政策.

briny a. 塩辛い. — n. 海.

brio 生気；Mus. 活発.

brioche (F) ブリオッシュ《ロールパンの一種》.

briquet(te) 練炭.

brisk a. 元気な，活発な，きびきびした，爽快な；(風が)強い.

brisket (獣の)胸(の肉)，ブリスケ.

briskly ad. 元気よく，活発に.

bris(t)ling Ichthy. イワシに似た小さいニシン.

bristle n., v. (豚などの)荒毛，剛毛；(毛が)逆立つ，(毛を)逆立てる，かっとなる(up)；密生する，立ち並ぶ，充満する(with).

bristly a. 剛毛質の；逆立った，密生した；怒りっぽい.

Bristol ブリストル《イングランド西部の港市》.

Bristol board 上質の厚紙.

Brit イギリス人，英国人.

Britain =Great Britain.

Britannia ブリタニア《Great Britain の女性擬人的名称》；=Great Britain.

britches =breeches.

Briticism 英本国特有の語法.

British a., n. 英国の；英国人(の)，英国語(の). **the British Commonwealth of Nations** =the Commonwealth of Nations.

British Columbia ブリティッシュコロンビア《カナダ太平洋岸の州》.

British Council ブリティッシュカウンシル《英国文化の海外紹介などを目的とする団体》.

British English イギリス英語.

British Isles イギリス諸島.

British Open Golf 全英オープン.

British thermal unit 英国熱量単位.

Briton (昔 England に居住した)ブリトン人；英国人.

Brittany ブルターニュ《フランス北西部の半島；地方》.

brittle a. 壊れやすい，もろい.

broach n., v. 穴開け錐；焼き串；(樽などの)口をあける；(話を)切り出す.

broad a. 幅の広い；広々とした；心の広い，大ざっぱな；くまなく明るい；明白な；むき出しの；露骨な，下品な，無遠慮な；広義の，概括的な. — ad. =broadly. — n. 広い部分；(手の)ひら；(いかがわしい)女.

broad arrow 太いやじり印《英国官有物に押す》.

broadband a. Elec. 広帯域の.

broad bean ソラマメ.

broadbrow 趣味の広い人.

broadcast v. 放送する，触れ回る；まき散らす. — n., a. 放送(した)；まき散らした，広まった. — ad. ばらまいて，広く.

broadcasting 放送.

broadcasting station 放送局.

broadcloth 幅広黒ラシャ；広幅織物；ブロード.

broaden v. 広げる，広がる.

broad gauge Railroads 広軌.

broad jump 幅跳び.

broadloom a. 広幅織りの.

broadly ad. 広く，露骨に，下品に；方言で；大まかに.

broad-minded a. 心の広い.

broadside (船の)舷側，片舷(斉射).

Broadway ブロードウェイ《New York 市の劇場街》.

broadways, broadwise ad. 横に，側面を向けて.

brocade n., v. 錦，金襴で飾る；錦に織る.

brochure 仮とじ本，小冊子.

broc(c)oli Bot. ブロッコリー，ミドリハナヤサイ《cauliflower の変種》.

brogue ブローグ《なめしてない革製の粗末で頑丈な靴》；アイルランド訛，田舎訛.

broil¹ けんか, 口論, 騒ぎ.

broil² v. (肉を)焼く, あぶる; 焼ける; (日が)照りつける.

broiler¹ けんか早い人.

broiler² あぶり器; ブロイラー《焼き肉用チキン》; 酷暑の日, 炎熱.

broke pred. a. 一文無しで, 破産して.

broken a. 壊れた, 破れた; 折れた, 挫けた, 衰えた, 破産した; 途切れた; 凸凹の; 変則的; 半端な, 端数の; 降等した.

broken-down a. 挫けた, 衰えた, 壊れた, 動かない.

brokenhearted a. 失意の, 悲嘆にくれた.

brokenly ad. とぎれとぎれに.

broker ブローカー, 周旋屋, 仲買人.

brokerage 仲買手数料, 口銭.

brolly = umbrella.

bromate n. Chem. 臭素酸塩.
— v. 臭素と化合させる.

bromic a. Chem. 臭素を含む.

bromide Chem. 臭化物.

bromine Chem. 臭素.

bronchia Anat. 気管支.

bronchial a. Anat. 気管支の.

bronchitic a. Med. 気管支炎性の.

bronchitis Med. 気管支炎.

bronchoscope 気管支鏡.

bronchus Anat. 気管支.

bronc(h)o (米国西部の)野性の馬.

bronc(h)obuster (野性馬を馴らす)カウボーイ.

Bronx cheer (唇の間で舌を震わせて行う)野次.

bronze n., a. ブロンズ; 青銅(色)の.
— v. 青銅色にする, 青銅色になる.

Bronze Age Archaeol. 青銅器時代.

bronzy a. 青銅の(ような).

brooch 襟留め, 襟飾り, ブローチ.

brood n. 一かえりのひな; (動物の)一腹の子; 一家の子供たち. — v. 卵を抱く, 巣につく;
(夕闇・雲などが)覆う, たれこめる (on, over); 考え込む, 思案する, くよくよ思う (on, over).

brooder 人工孵化器.

broody a. 巣につきたがっている; 考え込む.

brook¹ 小川.

brook² v. [否定文で]我慢する; (遅れを)許す.

brooklet 小流.

Brooks Brothers Trademark ブルックスブラザーズ《保守的な洋服メーカー》.

broom n., v. ほうき(で掃く); Bot. エニシダ.

broomcorn Bot. ホウキモロコシ.

broomrape Bot. ハマウツボ.

broomstick ほうきの柄.

broth (肉などの)煮出し汁; 薄いスープ.

brothel 売春宿.

brother 兄弟, 親友, 同僚, 仲間, 同士; 同一教会員, 同一団員, 同業者, 同組合員.

brother-german 同父母兄弟.

brotherhood 兄弟の縁, 兄弟の関係, 同胞の縁, 同胞の関係; 会, 協会, 組合 (の同士).

brother-in-law 義兄弟.

Brother Jonathan (代表的)アメリカ人.

brotherliness 兄弟の情愛, 友愛.

brotherly a. 兄弟の; 兄弟らしい, 親密な.

brother uterine 異父兄弟.

brougham 一頭立て四輪箱馬車; ブルーム型自動車.

brouhaha 騒ぎ, 熱狂.

brow [pl.] 眉毛; 額; 顔つき, 表情; 崖っぷち.

browbeat v. おどす, 怒鳴りつける.

brown n., a. 茶色(の), 褐色(の); 褐色塗料, 褐色絵の具. — v. 茶色にする, 茶色になる, こんがり焼く. **browned off** 不満な, うんざりして. **brown out** 警戒(灯火)管制をする; (電灯を)薄暗くする.

brown-bag v. (茶の紙袋に入れた)弁当を

持って行く.

brown bear *Zool.* ヒグマ.

brown bread 黒パン.

brownie *Scot. Legend* ブラウニー《善良な小妖精》; ガールスカウトの幼年団員.

Browning ブローニング《自動ピストル》.

brownish *a.* 茶色を帯びた.

brownnose *v.* おべっかを使う.

brownout 警戒(灯火)管制; 節電,(節電のための)電圧低下.

brown rat *Zool.* トブネズミ.

brown rice 玄米.

brown study 沈思, 黙想.

brown sugar 赤砂糖.

browse *v.* (家畜が)草を食う, 若葉を食う, 若芽を食う; 乱読する, 拾い読む, あさる.
— *n.* 若葉, 若芽.

Bruin 熊《擬人》.

bruise *n.* 打撲傷, 打ち身; (果物の)傷.
— *v.* 傷つける, いためる; 潰す, 傷跡がつく.

bruit *v.* 言いふらす (abroad, about).

brunch ブランチ《昼食兼用の遅い朝食》.

brunet(te) *a., n.* ブルネットの(人), 黒みがかった髪, 黒みがかった目, 黒みがかった皮膚.

brunt (攻撃の)主力, 鋒先. **bear the brunt** 矢面に立つ (of).

brush *n.* 刷毛, ブラシ; 毛筆, 画筆; (狐の)尾; *Elec.* ブラシ; かすり, 小ぜり合い; 低木, やぶ, 柴. — *v.* ブラシをかける; こする, かする (against); かすって通る, 疾走する (through, by); (垣を)柴で直す, (道を)柴を敷く; 打つ. **brush aside** [**away**] 払いのける; 無視する. **brush off** 手を切る; 払いのける; 首にする. **brush up** 身なりをきれいにする; 磨きをかける; やり直す, 記憶を新たにする.

brushless *a.* (ひげそりクリームが)ブラシを使う必要のない.

brush-off 拒絶; (突然の)解雇.

brushup 磨き; 身じまい.

brushwood 柴, そだ, 茂み.

brushy *a.* 刷毛のような; やぶに覆われた.

brusque *a.* そっけない, ぶっきらぼうの.

brusquerie そっけなさ.

Brussels ブリュッセル《ベルギーの首都》.

Brussels carpet ブリュッセル絨毯.

Brussels lace ブリュッセルレース《手編みレースの一種》.

Brussels sprouts 芽キャベツ.

brutal *a.* 獣的な; 残忍な, 粗暴な.

brutality 蛮行, 残忍性.

brutalize *v.* 獣的にする, 獣的になる.

brutally *ad.* 野獣のように, 残酷に.

brute *n., a.* 獣, 畜生, 人でなし; わがままな人, 怒りっぽい人; 獣的な, 理性のない, 野蛮な, 無感覚な; [the ~] 獣性, 獣欲.

brutish *a.* 畜生の(ような).

Brutus ブルータス. **Marcus Junius Brutus** (85–42 B.C.) ローマの将軍・政治家.

BS bachelor of science; balance sheet; bill of sale. **BSA** Boy Scouts of America. **BSc** bachelor of science. **B.Th.U.** British thermal unit(s).

B side (レコードの) B 面(の曲).

bubble *n., v.* 泡, 気泡; 泡立ち, 沸騰; 泡のような計画; 泡立つ, 沸騰する, 溢れる. **bubble over** 泡立ち溢れる; やっきになる, 興奮する.

bubble bath 泡ぶろ, 泡立て溶剤.

bubble chamber *Phys.* 泡箱《放射線検出装置》.

bubble dancer バブルダンサー《風船を使って踊るヌードダンサー》.

bubble gum 風船ガム.

bubbler 飲用噴水.

bubbly *a.* 泡の多い; はしゃいだ. — *n.* シャンパン.

bubo *Med.* 横痃, よこね.

buccaneer *n., v.* 海賊(を働く).

Buchmanism *Relig.* ブックマン主義《道徳

再武装運動)).

Buchmanite ブックマン主義者.

buck n. 雄鹿；(トナカイ・レイヨウ・ウサギなどの)雄；(元気な)若者；ドル；トランプ札の配り番のしるし，合図. **pass the buck** (責任などを)転嫁する，押しつける. —a. 雄の；男の. —v. (馬が)跳ねる，(跳ねて乗り手を振り落とす (off)；頭で突く，突進する，反抗する (against)；(車が)飛び跳ねる；威張る. **buck up** 元気を出す，励ます.

buckaroo カウボーイ.

buckboard 四輪荷馬車.

bucket n. バケツ，手桶；つるべ. **kick the bucket** 死ぬ. —v. バケツで水をくむ，バケツで水を運ぶ；だます.

bucket brigade バケツリレーの消火隊.

bucketful バケツ一杯.

bucket seat バケットシート((背中のカーブした1人用の座席)).

bucket shop 呑み屋，空相場師.

buckeye Bot. トチノキ.

buckhound バックハウンド((鹿狩り用猟犬)).

Buckingham Palace バッキンガム宮殿((London にある)).

buckjump (馬の)跳ね上がり.

buckle n., v. バックル，締め金，尾錠(で留める)；曲がる，皺がよる. **buckle (down) to** 熱心にやり出す.

buckler 円盾，防護物.

buck passer 責任を転嫁する人.

buck-passing 責任転嫁.

buckram n. バックラム((糊・にかわで固めた洋裁・製本用亜麻布)). —a. バックラムの.

bucksaw 大わく鋸.

buckshot 鹿玉((大粒散弾)).

buckskin 鹿皮，バックスキン(製品).

bucktooth 反っ歯.

buckwheat Bot. ソバ.

bucolic a., n. 羊飼いの，牧歌的な；田舎風の；牧歌，田園詩；田舎者.

bud[1] n., v. 芽(ぐむ)，蕾(をもつ)；子供，未成物；Zool. 芽体；発芽する，芽接ぎする，伸び出す.

bud[2] 仲間，兄弟.

Buddha 仏陀，仏.

Buddhism 仏教.

Buddhist n., a. 仏教徒；仏教の.

buddy 親友，相棒，君(呼び掛け).

buddy-buddy a. ごく親しい.

budge v. ちょっと動く，ちょっと動かす；(態度・意見などが)変わる (from).

budgerigar Ornith. セキセイインコ.

budget n., v. 予算(案)，経費，家計；(手紙・報道などの)一束；予算を立てる (for).

budgeteer 予算委員.

budgie =budgerigar.

Buenos Aires ブエノスアイレス((アルゼンチンの首都)).

buff n. (牛・水牛の)淡黄色のもみ革；もみ革製軍服；淡黄色；凝り屋，ファン；素肌. —v. もみ革で磨く；(革を)柔軟にする.

buffalo n. Zool. ヤギュウ，スイギュウ. —v. 困惑させる.

buffer[1] 緩衝器，緩衝物，緩衝国.

buffer[2] 奴.

buffer state 緩衝国.

buffer zone 緩衝地帯.

buffet[1] n. (手で)打つこと，一打ち；(風波などに)もまれる事；不幸. —v. 打つ；(風波・運命などが人を)もむ；(人が風波・運命などと)闘う.

buffet[2] (F) 食器棚；(列車・駅内の)簡易食堂，ビュッフェ，立食.

buffo (オペラの)道化役者.

buffoon 道化者.

buffoonery 道化.

bug n. 南京虫；昆虫，虫；病原菌(による感染)；=big bug；隠しマイク；小型車；欠点；Computer 誤り，バグ；熱狂(者)，…狂. —v. 隠しマイクを置く；盗聴する.

bug out ずらかる.

bugaboo お化け; 心配の種.

bugbear =bugaboo.

bugger n. 男色者, 獣姦者; 野郎. — v. 男色を行う, 獣姦を行う; 疲れさせる. **bugger off** 立ち去る.

buggery 男色, 獣姦.

buggy[1] a. 虫のついた; 気違いじみた.

buggy[2] バギー《一頭立て四輪または二輪の軽装馬車》; おんぼろ車, バギー車, 乳母車, ベビーカー.

bughouse 精神病院.

bugle n., v. らっぱ(を吹く).

bugler らっぱ手.

build v. (家・国・巣などを)建てる, 築く, 造る; (事業など)興す. **build in** 造りつけにする; 建物で囲む. **build up** (名声などを)築き上げる, 確立する; (小説・劇などを)徐々にクライマックスに持っていく; 改造する; (身体を)鍛える; (建物で)囲む. **build upon** [on] …に頼る, 信頼する, …を基礎にする. — n. 造り, 構造; 骨組み, 骨格.

builder 建築(業)者.

building 建物; 建築(術).

building block 建築用ブロック; 積み木.

building society 住宅金融共済組合.

buildup 増強, 蓄積; 計画的宣伝.

built a. 組み立ての, 骨格の.

built-in a., n. 作りつけの(備品); 必須の; 本能的な.

built-up a. 組み立てた; 建物に囲まれた.

bulb 球根, 鱗茎; 球状の物; 電球, (温度計などの)水銀球.

bulbous a. 球根(性)の; 球状の.

Bulgaria ブルガリア《ヨーロッパ南部の共和国》.

Bulgarian a., n. ブルガリアの; ブルガリア人(の), ブルガリア語(の).

bulge n., v. (樽の胴などの)膨らみ; Naut. (船底の)湾曲部; 急増; 有利; 膨らむ.

bulgy a. 膨らんだ.

bulk n. 容積, 嵩, 大きさ; [the ~] 大部分, 大半 (of); 船荷, ばら荷. **break bulk** 船荷を降ろす. **in bulk** ばら積みで; 大量に, まとめて(売る). — v. 膨れる (up), かさばる, (ある大きさに)見える. **bulk large** 重要に見えてくる.

bulk small つまらなく見えてくる.

bulk buying 買い占め.

bulkhead Naut. 仕切り, 隔壁.

bulkiness かさばり.

bulky a. かさばった, 扱いにくい.

bull[1] (ローマ教皇の公式な)教書.

bull[2] =Irish bull.

bull[3] n. 雄牛; (ゾウ・クジラなどの)雄; Stock Exchange 買い方, 強気筋; 巡査; ぺてん, はったり; たわごと; 磨き仕事. **shoot the bull** だべる. — v. 押し進む; 買いあおる; 威嚇する.

bulldog n. ブルドッグ; (Oxford, Cambridge 大学の)学生監付きの巡視. — a. 頑固な, 粘り強い.

bulldoze v. bulldozer で地ならしする; おどす.

bulldozer ブルドーザー.

bull dyke レズの男役.

bullet 小銃弾; (釣りの)おもり.

bullethead 頑固者.

bulletin 告示, 報告, 公報; 会報; (病人の)容体書; ニュース速報.

bulletin board 掲示板, 告示板.

bulletproof a. 防弾の.

bull fiddle =contrabass.

bullfight 闘牛.

bullfinch Ornith. ヨーロッパウソ.

bullfrog ウシガエル, 食用ガエル.

bullhead 頭の大きな魚《ナマズなど》; 頑固者.

bullheaded a. 頑固な.

bullhorn ハンドマイク.

bullion 金塊, 銀塊, 純金, 純銀; 金モー

ル.

bullish *a.* 雄牛のような; (相場が)上向きの.

bull mastiff ブルマスティフ《大型番犬; 英国産》.

bullnecked *a.* 首の太い.

bullock 去勢牛.

bull pen 牛囲い場; 捕虜収容所; *Baseball* ブルペン.

bull point 有利な点, 強み.

bullring 闘牛場.

bull session 自由討議.

bull's-eye 図星《標的の中心部》; 要点; 半球レンズ(付きランタン); 明かり取り丸窓.

bullshit ナンセンス.

bull snake ブルスネーク《米国産の無害の大蛇》.

bullterrier ブルテリア《ブルドッグとテリアとの雑種》.

bully[1] *n., v.* 弱い者いじめ(をする), 暴漢. ── *a.* 第一級の, すてきな. ── *int.* えらい, すてき (*for*).

bully[2] (**beef**) 缶詰牛肉.

bullyboy 暴漢, 用心棒; 政治ごろ.

bullyrag *v.* おどす, いじめる.

bulrush *Bot.* フトイ, ガマ.

bulwark 砦, 塁壁; *Naut.* 舷牆; 防波堤; 防護物, 防護者.

bum[1] *n., v.* 浮浪者, 怠け者; 大酒飲み; のらくら暮らす; 大酒を飲む; (人に)たかる. **on a bum** 一杯機嫌で. **on the bum** 浮浪して; こわれて. ── *a.* つまらない, やくざの.

bum[2] 尻; =bum bailiff.

bum bailiff 執達吏.

bumblebee *Entom.* マルハナバチ.

bumf, bumph トイレットペーパー; 公文書.

bummer 幻覚的経験.

bump *n.* 衝突(の音); こぶ; (胸の)ふくらみ; (頭蓋の)突起; 感覚, 勘; (踊りの)腰振り. ── *ad.* どすんと. ── *v.* どんと突き当てる, どんと突き当たる (*against*); ばたんと落とす (*down, on*); (値などを)上げる. **bump into** ばったり出会う.

bump off 殺す.

bumper *n., a.* 満杯; 豊作(の), 大漁(の); 大入り(の); (自動車の)緩衝器. **bumper to bumper** 前後の自動車が互いに接して.

bumpkin 無骨な田舎者.

bumptious *a.* 生意気な, でしゃばりの.

bumpy *a.* 凸凹の; (車が)がたがた揺れる; *Aeronaut.* 悪気流のある.

bun 干しブドウ入り甘パン; 束髪; 一杯機嫌.

Buna *Trademark* ブナ《合成ゴム》.

bunch *n., v.* 房, 束; 一団, 一味; 群れ(になる).

bunchy *a.* 房状の; 束になった.

bunco, bunko *n., v.* ぺてん(にかける).

buncombe 人気取り(選挙)演説; でたらめ, 下らない話.

bundle *n.* 包み, 束, 巻き物; 大金. ── *v.* 束ねる, くくる, 包む; 急いで立ち去る, 急いで立ち去らせる (*away, off*). **bundle up** 着込む.

bung *n., v.* (樽の)栓; 栓をする; ふさぐ, 詰まらせる; 投げつける.

bungalow バンガロー.

bunghole 樽の口.

bungle *n., v.* 不細工, へま, 不手際; 台無しにする, へまをする.

bungling *a., n.* 下手な(細工).

bunion *Med.* 腱膜瘤.

bunk[1] *n.* (汽車・船の)寝棚; 寝台. **do a bunk** 遁走する. ── *v.* 寝棚に寝る; 逃亡する.

bunk[2] でたらめ; だぼら.

bunk bed 二段ベッド.

bunker *n., v.* (船の)石炭庫; (石炭を入れる)大箱, 石炭びつ; *Golf* バンカー(に打ち込む); *Mil.* (ロケット発射・核兵器実験などの地下の)観測室.

bunkhouse 飯場小屋.

bunkum =buncombe.

bunny 兎《愛称》; (ナイトクラブの)ウェートレス,

バニーガール; 遊び好きの女の子.

buns 尻.

Bunsen burner ブンゼン灯.

bunt v., n. 頭で突く, 角で突く; 軽く打つ; (野球の)バント.

bunting[1] *Ornith.* ホオジロの類.

bunting[2] 旗布; (祝日などに街路を飾る)幔幕, 旗飾り; (赤ん坊の)おくるみ.

buoy n., v. 浮標, ブイ(で示す); 浮き袋; 浮かす, 浮かべる (*up*); 支える.

buoyage 浮標; 浮標設置方式.

buoyancy 浮力; 浮揚性; 快活, 回復力.

buoyant a. 浮力のある; 軽快な, 快活な, 弾力のある.

bur クリのいが, (ゴボウ・ヤブジラミなどの)衣服に付着する実; 厄介者.

Burberry *Trademark* バーバリ《英国バーバリ社製の防水衣・コート》.

burble v. 泡立つ, ぶつぶつ言う.

burden n. 荷; 重荷, 負担, 苦労, 心配; 責任, 義務; (船の)積載量; (歌の折り返し); 主旨, 要点. — v. 重荷を負わせる; 苦しめる, 悩ます.

burdensome a. 負担となる, 重い, 厄介な.

burdock *Bot.* ゴボウ.

bureau 引き出し付き大机; (鏡付き寝室用)たんす; (官庁の)局, 部. **travel bureau** 旅行代理店.

bureaucracy 官僚政治, 官僚主義, 官僚制度; 官僚(社会); 繁雑な手続き.

bureaucrat 官僚(主義者).

bureaucratic a. お役所的な.

buret(te) *Chem.* ビュレット《分析用目盛りガラス管》.

burg (古代・中世の)城市; 都市, 町.

burgee (ヨットなどの)三角旗.

burgeon v. 急成長する.

burger =hamburg(er).

burgess (自治都市の)市民.

burgh 自治都市.

burgher 市民, 公民.

burglar 住居侵入者, 強盗, 夜盗.

burglar alarm 盗難報知器.

burglarious a. 住居侵入の.

burglarize v. =burgle.

burglary 住居侵入, 強盗, 押し込み.

burgle v. 強盗をする, (人家に)押し入る.

burgomaster (ドイツ・オランダなどの)市長.

burgundy ブルゴーニュ《東フランスブルゴーニュ産ぶどう酒》.

burial 埋葬(式).

burial ground [**place**] 墓地.

burke v. 絞め殺す; (議案を)握り潰す.

Burkina Faso ブルキナファソ《アフリカ西部の共和国》.

burl n. (木の)節こぶ; (糸などの)節玉.
— v. (毛布などの)節玉を取る.

burlap (袋用)黄麻布.

burlesque n. 戯作, パロディー; こっけい芝居, バーレスク, 道化芝居. — a. 戯作的な, 道化の, おどけた. — v. 滑稽に真似る, 茶化す.

burley バーレー《Kentucky 州産薄葉たばこ》.

burly a. 逞しい; 無骨な.

Burma ビルマ《Myanmar の旧名》.

Burmese a., n. ビルマ人(の), ビルマ語(の).

burn v. 燃やす, 燃える, 焼く, 焼ける; 灯す, 灯る; 焚く; 焦がす, 焦げる; やけどをする; 熱い, ひりひりする, ほてる, 熱がある; かっとなる, 熱中する; 興奮する; (日が)照りつける, 日に焼ける; 焼き固める; *Chem.* 燃焼させる; (電気椅子で)処刑する, だます; 性病に感染する; スピードを出す. **burn down** 全焼させる, 全焼する; 人を射つ. **burn into** 心に焼きつく. **burn out** 焼き尽くす; 燃え切る. **burn up** 激怒する. — n. やけど, 火傷, 焼け跡; 巻きたばこ; (ロケットエンジンの)燃焼; 詐欺.

burn bag 機密書類廃棄袋.

burner 焼く人; (ガスなどの)火口. バーナー.

burning a. 燃える, 焼ける; 焼くような; 熱烈な, 激しい; (議論など)白熱した.

burning glass 天日レンズ.

burnish v. 磨く, 艶を出す; 磨ける, 光沢が出る.

burnisher 研磨器.

burnous (アラビア人などの)頭巾付き外衣.

burnout (ロケットの)燃料焼尽点.

burnsides 頬ひげ.

burnt a. 焼いた; 焦げた; やけどした.

burp n., v. げっぷ(する).

burp gun 軽機関銃.

burr n., v. 粗砥; (銅版彫刻などの)ぎざぎざ; ごうごうという音, ひゅうひゅうという音(を出す); Phonet. 口蓋垂顫動音.

burro 小ロバ.

burrow n. (ウサギなどの)穴; 隠れ穴.
— v. 穴を掘る; 穴に住む; 捜す, …に没頭する.

burry a. いがのある; ちくちくする.

bursar (大学などの)会計係.

bursary 会計課; 奨学金.

burst v. 破裂する, 爆破する, 裂く, さき裂ける, 破る, 破れる, はち切れる; 突発する, 突然現れる (forth, out, upon); 突然…しだす (into).
— n. 破裂, 爆発; 突発; 連射.

burton n. gone for a burton 死んだ.

bury v. 埋める; 葬る, 埋葬する; 隠す; 没頭する (in).

burying ground 埋葬地, 墓地.

bus n., v. 乗り合い自動車, バス(で行く); 飛行機, 車; Elec., Computer 母線.

busboy, busgirl (食堂の)下働き.

busby バズビー《英国騎兵の礼装用毛皮帽》.

bush n. 低木; 藪; 叢林地; 女性の陰部, 女性の陰毛; [the ~es] 地方, 田舎. — v. 藪で囲む, 群がり生える.

Bush, George (Herbert Walker) (1924–) 米国の政治家; 大統領 (1989–).

bush bean ツルナシインゲンマメ.

bushed a. 藪で覆われた; 使い古した; 疲れ切った; 藪で迷った.

bushel ブッシェル《8 gallons》; ブッシェルます; 多量.

bushily ad. 藪のように; (毛が)くしゃくしゃして.

bush league Baseball マイナーリーグ.

bushman 叢林地帯に住む開拓者; [B-] ブッシュマン《南アフリカ原住民の一種族》.

bushmaster Zool. ブッシュマスター《中・南米産の巨大な毒蛇》.

bushwhack v. 藪を切り開く.

bushwhacker 叢林地の開拓者, 叢林地の住人; ゲリラ兵.

bushy a. 低木の茂った; 藪の多い; 毛深い.

busily ad. 忙しく, せっせと; うるさく.

business 職業, 業務, 営業; 商業, 商売, 取り引き; 実業; 店, 会社; 事務, 仕事, 用事, 用件; 事; 職務, 本分; 事件.
give the business ひどい目に遭わす. get the business ひどい目に遭わされる. have no business 権利がない (to do). mean business 本気である. none of your business 大きなお世話だ. on business 用事で.

business administration 経営学.

business cycle 景気循環.

businesslike a. 事務的な; 能率的な.

businessman 実業家.

business school 経営学大学院; (速記・タイプなどの)ビジネススクール.

businesswoman 女性実業家.

busing 強制バス通学《白人と黒人の比率を適正にするため》.

busk v. (金をもらうために)街頭で音楽を演奏する.

busker 街頭音楽家.

buskin バスキン《昔ギリシャ・ローマの悲劇役者がはいた厚底の半長靴》; [the ~] 悲劇.

buttering

busman バスの運転手.

bus shelter (屋根のついた)バス待合所.

bus stop バスの停留所.

bust¹ 半身像, 胸像; 上半身, (婦人の)胸部, バスト.

bust² v. 破裂する, パンクする; 破産する, 破滅する; 打つ; (野生馬を)馴らす; (トラストを)小さい会社に分ける; (軍隊を)降格する (to); 逮捕する (for); (警察が)手入れする. — n. 強打, パンチ; 失敗者, 破産; 逮捕; 飲み騒ぎ; 破裂, 爆発; (ショー・計画などの)失敗; (軍隊などの)降格; 急激な不況 ; (警察の)手入れ. — a. 破産した.

bustard Ornith. ノガン.

buster 破壊する人, 破壊する物; すばらしいものの; 底抜け騒ぎ.

bustle v. 大騒ぎする, せわしく立ち回る (about); せきたてる; 急ぐ, 急がせる (up); 騒がせる. — n. 大騒ぎ, どさくさ; (スカートを広げる)腰当て.

bustling a. せわしそうな, 騒々しい; にぎやかな.

bust-up 破裂, 破産; 離別; 飲み騒ぎ; 大げんか.

busway バス優先路.

busy a. 忙しい; 忙しく(…している) (doing, at, in, with); 手がふさがって, (電話が)話し中 (の); にぎやかな, 繁華な; おせっかいな. **get busy** 仕事に取りかかる. — v. 忙しくする (oneself). — n. 探偵.

busybody おせっかい者, 出しゃばり.

but conj. しかし, けれども; [否定詞と関連して] (…ではなく)て; …するのでなければ (What could he do but die? 彼は死ぬほかしようがあるまい); =that …not (He is not such a fool but he can tell that. それが分からないほどのばかではない). — rel. pron. =who…not (There is no one but knows it. だれも知らぬ者はない). — ad. ただ, …のみ, まったく. — prep. …を除いては, …のほか (What is he but a student? 彼は学生でなくて何だ). **all but** ほとんど. **but for** …がな

かったら. **but then** だって. **not but that [what]** …でないのではない.

butane Chem. ブタン《炭化水素の一種》.

butch n., a. レズの男役(の); (女が)男っぽい.

butcher n., v. 屠殺者, 肉屋; 虐殺者; (列車・劇場内などの)売り子; 屠殺する, 虐殺する.

butcher-bird モズ.

butcherly a. 屠殺者のような; 残忍な.

butchery 屠殺場; 虐殺.

butler 召し使い頭, 執事.

butt¹ (ビールなどの)大樽.

butt² 安土; 的; [pl.] 射撃場; (物笑いの)対象 , 笑いもの.

butt³ 太い方の端《釣り竿の手元・銃の床尾・槍の石突きなど》; (木の)切り株, 根元, (たばこの吸い殻; たばこ; 尻.

butt⁴ v. 頭で突く, 角で突く; 突き当たる (against, into); 突き出る (on, out). **butt in** 干渉する. — n. 頭突き.

butte 孤立した山.

butter n., v. バター(を塗る); おべっか(を使う) (up). **lay on the butter** おべっかを使う.

buttercup Bot. キンポウゲ.

butterfingered a. 物をよく取り落とす; 不器用な, 不注意な.

butterfingers 不注意な人, へまな人; ボールをよく取り損なう選手.

butterfish Ichthy. ぬるぬるする魚の類.

butterfly Entom. チョウ; 浮気者, (女の)おしゃれ; [pl.] おじけづき, あがること.

butterflyer バタフライ泳者.

butterfly fish Ichthy. チョウチョウウオ.

butterfly stroke (水泳の)バタフライ.

butterfly table バタフライテーブル《不用時は両袖が蝶番で下に垂れる長円形テーブル》.

buttering おべっか.

butter knife バターナイフ《バター皿からバターを切り取る》; =butter spreader.

buttermilk バターミルク《バターを取ったあとの牛乳》.

butternut *Bot.* バターグルミ(の木).

butterscotch バターボール.

butter spreader (パンにバターを塗る)バターナイフ.

butterwort *Bot.* ムシトリスミレ.

buttery[1] *a.* バターのような, バターを塗った; おべっかの.

buttery[2] (英大学の)食料品貯蔵室, 酒類貯蔵室.

buttocks 尻.

button *n., v.* ボタン; (ベルの)押しボタン; あごの先; [*pl.*] (制服を着た)給仕; 陰核; ボタンをかける, ボタンを付ける(*up*), ボタンがかかる. **button up** (口を)固く閉じる. **on the button** きっかり.

buttondown ボタンダウンのシャツ.

button-down *a.* (カラーが)ボタンダウンの, (シャツが)ボタンダウンの付いた; (服や行動が)型にはまった.

buttonhole *n., v.* ボタン穴(に差す花); ボタン穴をつける; 人を引き留めて長話をする.

buttonholer 長話をする人.

buttonhook ボタンかけ.

button man (暴力団などの)下っぱ.

buttonwood *Bot.* アメリカスズカケノキ《北米産》.

buttony *a.* ボタンのような, (たくさんの)ボタンで飾った.

buttress *n., v. Arch.* 控え壁(で支える); 支持する(*up*).

butt weld(ing) 突き合わせ溶接.

buxom *a.* 丸ぽちゃの, ボインの; 健康で快活な.

buy *v.* 買う, 購入する; (犠牲を払って)獲得する, あがなう; 買収する; (人の意見などを)受け入れる, 賛成する. **buy in** 仕入れる. **buy off** 金をやって追い払う. **buy out** (権利などを)買い

取る. **buy over** 買収する. **buy up** 買い占める. ― *n.* 買い物, 掘り出し物.

buyer 買い手, バイヤー; 仕入れ係.

buyer's market 買い手市場.

buzz *n.* (ハチ・カなどの)うなり; (機械の)音; (人の)ざわめき; 電話(の呼び出し). ― *v.* ぶーんとうなる, ぶんぶん鳴る; ざわめく; (噂が飛ぶ); 電話する. **buzz about** せわしく動き回る. **buzz off** 電話を切る; 急いで去る.

buzzard *Ornith.* ノスリ.

buzzbomb ロボット爆弾.

buzzer ぶんぶんいう虫; サイレン; ブザー(信号).

buzz saw 小型丸鋸.

buzz word (素人を感心させるが実は大した意味のない)専門語.

BV Blessed Virgin.

B.V.D. *Trademark* ビーブイディー《男性用下着》.

by *prep.* [位置] …のわきに, わきへ, わきを, わきの, …のそばに, そばへ, そばを, そばの (*a villa by the seaside*); …を過ぎて, 通って, 沿って (*pass by the house, go by the house, ride by the house*); [時] …までには (*by now; by Sunday*); [作因・手段・原因など] …によって, をもって, で (*Macbeth (written) by Shakespeare; escape by telling lies; by mistake*); [標準・単位・程度・準拠など] …で, ずつ, だけ (*judge by the looks; sell by the pound; little by little; older by two years*); [関係] …に対して, に関しては, …は (*do one's duty by others; John by name; a carpenter by trade*). **by(-)and(-)by** やがて, そのうち. **by and large** 全般にわたって, 概して. **by oneself** ひとりで, それだけで; ひとりでに. **by the by(e)** ついでながら, 時に. ― *ad.* そばに, そばを, わきに, わきを; 過ぎて.

by(e)[1] *int.* =good-bye.

by(e)[2] (組み合わせ競技で)相手がなく余った人.

by(e)[3] *a.* 付随的な, 副…; 本道をはずれた. ― *n.* 付随的なもの, 枝葉問題.

by-and-by (近い)将来.

by(e)-blow とばっちり, そばづえ; 庶子.

bye-bye *int.* さよなら. — *n.* ねんね.
— *ad.* 外へ, 表に.

by(e)-election 補欠選挙.

bygone *a., n.,* 既往の; [*pl.*] 既往, 過去(の事).

by(e)law 地方法; 条例; (会社などの)規則; 内規.

byline (鉄道の)平行線; (新聞・雑誌の)筆者名を記す行; 内職.

byname 姓; あだ名.

BYOB bring your own booze [bottle] 酒各自持参のこと.

bypass *n.* (ガス・水道の)側管; *Elec.* 側路; (自動車用)迂回路, バイパス. — *v.* 素通りする, 無視する; 迂回する; バイパスを付ける; 側管に通す, 回避する; …を飛び越えて進む; 迂回して出し抜く.

bypast *a.* =bygone.

bypath 脇道, 間道.

byplay 脇演技.

by-product 副産物.

byroad 脇道, 間道.

Byron バイロン. **George Gordon Byron** (1788–1824) 英国の詩人.

Byronic *a.* バイロン(風)の《悲壮でしかもロマン的な》

bystander 傍観者; 局外者.

bystreet 横町, 裏通り.

byte *Computer* バイト《記憶容量の単位》.

bywalk, byway 脇道, 間道; 横道, あまり研究されていない分野.

byword 諺; 笑いもの.

bywork 片手間仕事, 副業.

Byzantine *a., n.* ビザンチウムの(住民); (5–6世紀頃興った)ビザンチウム風の, ビザンチウム建築の.

Byzantium ビザンチウム《Istanbul にあった古都》.

C

c C字形(のもの); *Mus.* ハ音, ハ調; (ローマ数字の)100; (成績の)C, 可; [C] =cocain.

CA capital account; chartered accountant; current account.

cab タクシー; (機関車の)機関手室; (電車・トラックなどの)運転(手)台.

CAB Civil Aeronautics Board 民間航空委員会.

cabal *n., v.* 陰謀; 陰謀団; 陰謀を企てる.

cabala ユダヤ神秘哲学; 密教.

caballero (スペインの)紳士; 乗馬者.

cabana 更衣所.

cabaret キャバレー(のショー).

cabbage キャベツ; 金, 紙幣.

cabbage butterfly *Entom.* モンシロチョウ.

cabbala =cabala.

cabby =cabdriver.

cabdriver タクシーの運転手.

cabin *n.* 小屋; キャビン《汽船の上等船室・軍艦の士官室・飛行機の客室》. — *v.* (狭い所に)閉じ込める.

cabin boy 船室付きボーイ, 船室付き給仕.

cabin class (客船の)特別二等.

cabin cruiser 行楽用大型モーターボート.

cabinet 私室; 飾り戸棚《宝石・手紙・陶器などを入れる》; (テレビ・ラジオなどの)キャビネット; [C-] 内閣.

cabinetmaker 家具師.

cabin fever 疎外感; 閉所恐怖症.

cable *n., v.* 太綱; *Naut.* 錨索; 被覆電線, ケーブル線, 海底電線; 海外電報(を打つ); = cable television.

cable car ケーブルカー.

cablecast *v., n.* 有線テレビで放送する; 有線テレビ放送.

cablegram 海外電報.

cable-laid a. (綱が) 九 つよりの.

cable length 一鏈《普通米国では120 尋, 219 m; 英国では100 尋, 183 m).

cablese 海外電報用語.

cable television, cable TV, cablevision 有線テレビ.

cableway 索道.

cabling 電線, ケーブル.

cabman =cabdriver.

cabochon カボション《頂部を丸く磨いた宝石》.

caboodle (物・人の)集まり, グループ. the whole caboodle 全部.

caboose (船の)炊事室;(貨物列車の)乗務員車.

cabotage 沿岸貿易(権).

cab rank =cabstand.

cabretta 羊のなめし革.

cabriolet coupé 型自動車.

cabstand (客待ちの)タクシーの駐車場.

ca' canny 怠業.

cacao Bot. カカオノキ(の実).

cacao butter カカオバター《チョコレートなどの原料》.

cacciatore a. カッチャトーレ《トマト・マッシュルームを香辛料で煮込んだ》.

cache n., v. (食料や資材の)隠匿所; 隠匿物資; 隠匿する, 隠す.

cachet 封印; 特徴; Med. カシェ《飲みにくい薬を包むカプセル》.

cachou 口中香錠.

cacique 酋長; (地方の)政界ボス.

cackle n., v. (めんどり・ガチョウなどが)鳴く(声); かん高い声で笑う(声); うるさい話声.

cacodemon 悪鬼.

cacoethes …狂.

cacography 悪筆, 誤記.

cacophonous a. 不協和音の; 音調の悪い, 耳障りな.

cacophony 不協和音; 不快な音調.

cactus Bot. サボテン.

cacuminal a. Phonet. 反転音の; そり舌の.

cad 下劣な男.

cadastral a. 課税地の.

cadaver (解剖用)死体.

cadaverous a. 死人のような, ものすごく青ざめた; やせこけた.

caddie n., v. (ゴルフの)キャディー(をする).

caddis, caddice (粗い安物の)サージ織り.

caddish a. 下劣な.

Caddy, Caddie キャデラック.

caddy 茶筒.

cadence, cadency (詩の)律動;(声の)抑揚; Mus. (楽章の)終止法.

cadenza (It) Mus. カデンツァ.

cadet 陸海軍学校生徒;士官候補生;弟, 次子;見習い.

cadetship cadet の身分.

cadge v. 乞食をする, たかる.

Cadillac Trademark キャデラック《米国製の高級車).

cadmium Chem. カドミウム《金属元素》.

cadre (F) 組織, 構造; Mil. 幹部将校; 幹部.

caduceus Gk & Rom. Myth. Hermes の杖《頂上に翼があり2匹の蛇がからみついたもので平和・通商・医術の表象).

caecal a. =cecal.

caecum =cecum.

Caesar ローマ皇帝;専制君主, 独裁者.

　Gaius Julius Caesar シーザー《100–44 B.C.; ローマの将軍・政治家).

Caesarean, Caesarian a. シーザーの

Caesarean operation [section] Med. 帝王切開(術).

Caesarism 皇帝政治主義;帝国主義.

caesium =cesium.

caesura *Poet.* 行間休止.

CAF cost and freight.

café, cafe (F) コーヒー; カフェ,(軽食のとれる)喫茶店; 料理店, バー, ナイトクラブ.

café au lait ミルク入りコーヒー, カフェオレ.

café filtre フィルターコーヒー《ひいたコーヒー豆を熱湯を通しフィルターでこしたもの》.

café noir ブラックコーヒー.

cafeteria カフェテリア《セルフサービスの簡易食堂》.

caff =café.

caffeine *Chem.* カフェイン.

caftan カフタン《トルコ人などの着る長袖の服》.

cage *n.* 鳥籠;(動物を入れる)檻; 捕虜収容所;(エレベーターの)箱; *Baseball* 移動式バックネット; 骨組み, 枠組み. — *v.* 籠に入れる, 檻に入れる, 閉じ込める (*up*).

cageling 籠の鳥.

cagey *a.* 用心深い, 抜け目のない; ずるい.

cahoot [*pl.*] 共同. **go cahoots** 山分けする. **in cahoot(s)** 共同で.

caiman *Zool.* カイマン《熱帯アメリカ産のワニ》.

Cain *Bib.* カイン《弟 Abel を殺した Adam と Eve の長子》; 兄弟殺し. **raise Cain** 大騒ぎをする.

caique (トルコの)軽舟.

cairn 石塚, 石を積んだ墓, ケルン.

cairngorm *Mineral.* 煙水晶《スコットランド産》.

cairn terrier ケアンテリア.

Cairo カイロ《エジプトの首都》.

caisson 弾薬車, 弾薬箱; *Civ. Engin.* ケーソン, 潜函.

caisson disease *Med.* 潜函病.

cajole *v.* 甘言でだます (*into*, *out of*).

cajolement 丸め込み.

cajolery 口車, 甘言.

cake *n.* ケーキ;(固形石鹸などの)一個, 塊.

a piece of cake たやすいこと. **cakes and ale** 人生の快楽. **have one's cake and eat it** 両天秤にかける. **take the cake** 一等賞を取る; 抜群だ. — *v.* 固まる, 固める.

cakewalk ケークウォーク《もとアメリカ黒人のダンス》.

calabash *Bot.* ヒョウタンの一種; その製品.

calaboose 刑務所.

caladium カラジューム《観葉植物》.

calamitous *a.* 災難の多い; 悲惨な.

calamity 災難, 惨禍, 不幸.

calash 幌付き軽二輪馬車; 幌.

calcareous *a.* 石灰(質)の.

calceolaria *Bot.* カルセオラリヤ.

calcic *a.* カルシウムを含む.

calciferous *a.* 炭酸石灰を含む, 炭酸石灰を生じる.

calcification 石灰化.

calcify *v.* 石灰化する.

calcimine カルシミン《水性塗料》.

calcine 焼いて石灰にする, 煅焼する.

calcite *Mineral.* 方解石.

calcium *Chem.* カルシウム

calcium carbonate *Chem.* 炭酸カルシウム.

calculability 計算可能, 予測可能.

calculable *a.* 計算できる; 当てになる, 予測できる.

calculate *v.* 計算する, 見積もる; 当てにする (*on*); 計画する, 積もりである, …と思う, 想像する.

calculated *a.* もくろまれた, 故意の, 適応した (*for*); …しそうな (*to do*).

calculating *a.* 計算する; 打算的な, 抜け目のない.

calculation 計算; 打算; 予測, 推定; 画策.

calculator 計算者, 計算器.

calculous *a. Med.* 結石の.

calculus *Med.* 結石; *Math.* 微積分学. **differential calculus** 微分学. **integral**

calculus 積分学.

Calcutta カルカッタ《インド北東部の都市》.

caldera Geol. カルデラ.

caldron 大釜, 大鍋.

Caledonian a., n. スコットランドの; スコットランド人.

calendar n., v. 暦, カレンダー; 目録(にする), 表(にする), 一覧表; 法廷日程.

calendar day 暦日.

calendar year 暦年.

calender n., v. Mech. カレンダー, つや出しロール機械(にかける).

calendrical a. 暦の.

calends (古代ローマ暦の)一日.

calenture Med. 日射病.

calf[1] Anat. こむら, ふくらはぎ.

calf[2] 子牛; (ゾウ・クジラなどの)子; ＝calfskin; 愚かな若者. **kill the fatted calf** 祝いの御馳走をする.

calfdozer 小型ブルドーザー.

calf love 幼恋.

calfskin 子牛革.

Calgary カルガリー《カナダ南西部の都市》.

caliber, calibre (銃砲の)口径; 器量, 才幹, (人物の)貫禄.

calibrate v. 口径を測定する; 目盛りを決める.

calibration [pl.] 目盛り.

calico サラサ; キャラコ.

calico printing サラサ捺染(法).

California カリフォルニア《米国西部の州》.

California poppy Bot. ハナビシソウ.

Californicate v. (都市化して)景観をそこなう.

californium Chem. カリフォルニウム《放射性元素》.

calipash 海亀の背肉《スープ用》.

calipee 海亀の腹肉.

cal(l)ipers カリパス, 測径両脚器.

caliph, calif カリフ《Muhammad の後嗣, イスラム教徒の首長》.

caliphate caliph の地位.

calisthenic a. 美容体操の.

calisthenics 美容体操.

calk[1] v. まいはだを詰める, (詰め物をして)継ぎ目を詰める; (鉄板などを)かしめる.

calk[2] n., v. (蹄鉄・靴底などの)滑り止め釘(を打つ).

calk[3] v. (トレーシングで)…の輪郭を写す.

calkin 蹄鉄の折り曲げた端; (靴の)底金.

call v. 呼ぶ, 叫ぶ; (鳥が)鳴く, (らっぱが)鳴る; 呼び出す, 招く, 召集する; 電話をかける(to); 喚起する; (人を)訪問する(on); 立ち寄る, 寄港する, 停車する(at); Baseball (試合開始・終了などを)宣告する, (ボールかストライクかを)判定する; (競技を)中止する; …と呼ぶ, 名づける; …と考える; (支払いを)要求する. **call away** 呼び立てる; (気を)そらす. **call back** 呼び戻す; 後で電話する; 取り消す. **call down** (神の恵みを)求める, (天罰を)招く; 叱る. **call for** 大声で呼び求める, …を命じる, 要求する; 取りに来る, 呼びに来る, 迎えに来る. **call forth** 喚起する. **call in** 回収する; 呼び入れる, (医者などを)呼ぶ; 電話する. **call in sick** 病欠の電話をする. **call off** 呼んでよそへ行かせる; (気を)そらす; 取り消す, 中止する; 流会にする; 読み上げる. **call on [upon]** 訪問する; 求める. **call out** 叫ぶ, 呼び出す, 召集する; ストを指令する. **call over** 点呼する. **call up** 思い起こす; (兵を)召集する; (電話に)呼び出す.

what you [we, they] call=what is called いわゆる.

― n. 叫び, 呼び声; (鳥の)鳴き声, (らっぱの)音, (呼び子の)合図, (電話の)呼び出し, 通話; 招き, 召集, 点呼; 訪問, 停車, 寄港; アンコール, 要求, 必要, 義務(for, to do); 生理的要求; 天職; 誘い, 魅力; Com. (株式など)の払い込み請求; Cards コール. **at [on] call** 呼べばすぐ; 待機して; 請求次第支払われる. **within call** 呼べば聞こえる所に.

calla (lily) *Bot.* カラー, オランダカイウ.

call-back 不良品回収.

call box 公衆電話.

callboy 呼び出し係 ; (ホテルの)ボーイ.

called game *Baseball* コールドゲーム.

caller 訪問客, 客.

call girl (電話で呼び出す)売春婦, コールガール.

call house (コールガールのいる)売春宿.

calligraphic *a.* 能書の, 能書法の.

calligraphy 筆跡, 書法, 書道 ; 能書.

call-in 視聴者参加番組.

calling 召集, 点呼 ; 神のお召し ; 天職 ; 職業.

calling card 訪問用名刺.

Calliope *Gk Myth.* カリオペー《雄弁・叙事詩の女神》.

callisthenic(s) *a.*, *(n.)* =calisthenic(s).

call loan *Com.* コールローン.

call money *Com.* コールマネー.

call note 地鳴き《鳥や動物の呼び声》.

call number (図書館の)書籍整理番号.

callosity (皮膚の)たこ ; 無感覚, 冷淡.

callous *a.* たこのできた, (皮膚が)硬化した ; 無感覚な, 無情な, 平気な.

callously *ad.* 冷淡に, 平気で.

call-over 点呼.

callow *a.* 羽毛の生え揃わない ; うぶな, 青二才の.

call rate *Com.* コールレート.

call sign *Telecom.* コールサイン.

call-up 召集(令).

callus *Med.* 皮膚硬結, たこ.

calm *a.* 風の無い, 平穏な ; 落ち着いた, 平静な ; 虫のいい. —*v.* 静める, 静まる. **calm down** なだめる ; 落ち着く. —*n.* 無風, なぎ ; 冷静, 沈着 ; *Meteor.* 静穏《風速毎秒 0.2 メートル以下》.

calmative *a.*, *n.* 鎮静する ; 鎮静剤.

calmly *ad.* 静かに, 穏やかに ; 冷静に, 平然として.

calmness 平静, 冷静.

calomel *Chem.* 甘汞《塩化第一水銀》.

caloric *a.* 熱の ; カロリーの.

calorie, calory *Phys.*, *Chem.* カロリー, 熱量. **large calorie** 大カロリー. **small calorie** 小カロリー.

calorific *a.* 熱を生じる.

calorimeter 熱量計.

calorimetry 熱量測定(法).

calque 借入翻訳.

calumet カルメット《アメリカインディアンの飾りぎせる ; 和親の印に飲み交わすもの》.

calumniate *v.* 中傷する.

calumniator 中傷者.

calumnious *a.* 中傷的な.

calumny 中傷.

calvados カルバドス《フランス産りんご酒のブランデー》.

Calvary *Bib.* カルバリー《キリストはりつけの地》 ; [c-] キリストはりつけの像.

calve *v.* (ウシ・シカなどが)子を産む ; (氷河が)分離する.

Calvin カルビン. **John Calvin** (1509-64) フランス生まれのスイスの宗教改革者.

Calvinism カルビン主義.

Calvinist カルビン派の人.

Calvinistic *a.* カルビン派の.

calycle *Bot.* 副萼.

calypso カリプソ《西インド諸島の民謡リズム》.

calyx *Bot.* (花の)萼.

cam *Mech.* カム

camaraderie 友情.

camarilla 秘密結社.

camber *n.*, *v.* 上反り(に反る), 上反りに反らす ; *Aeronaut.* キャンバー《翼断面中心線の上反り》.

cambium *Bot.* 形成層.

Cambodia カンボジア《インドシナ南西部の共和国》.

Cambodian a. カンボジアの, カンボジア人の, カンボジア語の. — n. カンボジア人, カンボジア語.

Cambrian a. Geol. カンブリア紀の, カンブリア系の.

cambric 上質かなきん.

Cambridge ケンブリッジ《イングランド中部の州およびその州都; 米国 Massachusetts 州の大学都市》; ケンブリッジ大学.

Cambridge blue 淡青色.

camel Zool. ラクダ; 信じ難いもの; [C-] Trademark キャメル《たばこ》.

camelback ラクダの背; (タイヤ修理用の)再生ゴム.

cameleer ラクダの御者.

camel('s) hair (筆・織物用の)ラクダの毛; ラクダの毛織物.

camellia Bot. ツバキ.

camellike a. 愚鈍な.

camelopard Zool. キリン; [C-] Astron. きりん座.

camel's nose 氷山の一角.

Camembert カマンベール(チーズ)《フランス産》.

cameo カメオ(細工)《浮き彫りを施しためのうなど》; 名場面.

camera 写真機, カメラ; テレビカメラ. **in camera** 内密に.

cameraman (映画・テレビの)カメラマン.

camera rehearsal カメラリハーサル.

camera-shy a. カメラ嫌いの, 写真嫌いの.

camerawork カメラ使用(法), カメラワーク.

Cameroon カメルーン《アフリカ中西部の共和国》.

camiknickers キャミニッカー《キャミソールとショーツのつながった下着》.

camion (軍用)トラック, (軍用)バス.

camisole キャミソール《婦人用袖無し下着; 婦人用化粧着》.

camlet ラクダ織.

camomile Bot.(ローマ)カミルレ.

camouflage n. カムフラージュ, 迷彩, 擬装; ごまかし. — v. 迷彩を施す, カムフラージュする.

camp[1] ホモ; 滑稽なくらい陳腐(な物), 滑稽なくらい平凡(な物).

camp[2] n. 野営; テント生活, 軍隊生活, キャンプ; 野営隊, テント村; (宗教・政治上の)同志, 陣営; 収容所, 抑留所. — v. 野営する, テントを張る. **camp out** キャンプ生活をする, 野宿する.

campaign n. 戦役, (組織的な)運動, 遊説, キャンペーン, 選挙戦. — v. 出征する; (政治)運動をする.

campaigner 従軍者; 老兵; (選挙)運動家.

campaign ribbon 従軍記章.

campanile (It) 鐘楼.

campanula Bot. ツリガネソウ.

camp bed (キャンプ用)折りたたみベッド.

Campbell's Trademark キャンベル《缶詰スープ》.

camp chair (キャンプ用)折りたたみ椅子.

Camp David キャンプデービッド《Maryland 州の山間にある大統領別荘》.

camper キャンプする人; キャンパー《キャンプ用自動車やトレーラー》.

campfire キャンプファイアー; (少年団などの)集会.

camp follower 非戦闘従軍者《人夫・売春婦など》.

campground キャンプ場.

camphor Chem. 樟脳.

camphorate v. 樟脳を入れる.

camphor tree Bot. クスノキ.

campion Bot. ナデシコ科の植物《センノウなど》.

camp meeting 野外伝道集会.

camporee キャンポリー《ボーイまたはガールスカウトの地方大会》.

campsite キャンプ場.

campstool ＝camp chair.

campus (大学の)構内, キャンパス, 学園; (総合大学の)分校.

campy[1] *a.* 滑稽なくらい陳腐な, 滑稽なくらい平凡な, ばかげてうわべを飾った.

campy[2] *a.* 同性愛の.

camshaft *Mech.* カム軸.

can[1] *aux. v.* [可能]…できる; ありうる; [許可]してもいい; [軽い命令]…しなさい, するとよい; …しなければならない; [否定・疑問]…してはいけない, …のはずがない, …かしら? **as…as can be** この上なく…. **cannot but do＝cannot help doing** …せざるを得ない. **Can you…?** …してくれますか.

can[2] *n.* (金属製の)缶; 刑務所; 便所; 頭; 尻; 金庫; 1 オンスのマリファナ. **carry the can** 責任をとる, 責任をとらされる. ── *v.* 缶詰めにする; 録音する; 首にする, 放校する; 止める. **can it** 黙れ.

Canaan カナン《Palestine 西部の古地方》; (神がイスラエル人に約束した)土地, 楽園.

Canada カナダ.

Canada goose *Ornith.* シジュウカラガン.

Canadian *a., n.* カナダの; カナダ人.

Canadian French カナダフランス語.

canaille 最下層民; 愚民.

canal 運河; *Anat., Bot.* 導管.

canalization 運河化.

canalize *v.* 運河を開く, 水路をつける.

Canal Zone パナマ運河地帯.

canape カナッペ《薄切りのパンの上に魚肉・チーズなどをのせたもの, オードブル用》.

canard 虚報, 流言.

canary *Ornith.* カナリア; カナリア色.

Canary Islands カナリア諸島《アフリカ北西海岸沖, スペイン領》.

canary seed カナリアシード《カナリアクサヨシの実; 鳥の餌》.

canary yellow 鮮黄色.

canasta *Cards* カナスタ.

Canberra キャンベラ《オーストラリアの首都》.

cancan カンカン踊り.

cancel *v.* 取り消す, 無効にする, キャンセルする; 相殺する, 抹消する, 帳消しにする (out). ── *n.* 取り消し; (契約の)解除, 抹殺.

cancer *Med.* 癌; 害悪, 悪弊, 弊害; [C-] *Astron., Astrol.* 蟹座(生まれの人), 巨蟹宮.

cancerous *a.* 癌にかかった.

cancroid *a., n.* 蟹に似た; *Med.* 表皮癌.

candela *Optics* カンデラ《光度の基本単位》.

candelabrum 枝付き飾り燭台.

candescence 白熱.

candescent *a.* 白熱の.

candid *a.* 率直な, 腹蔵のない; 公正な; (写真が)ポーズをとらない.

candidacy 立候補.

candidate 候補者, 志願者.

candidature ＝candidacy.

candid camera スナップ用小型カメラ.

candied *a.* 砂糖漬けの, 砂糖煮の; 甘い.

candle 蠟燭; 燭光. **burn the candle at both ends** (資力・精力などを)浪費する. **can't [be not fit to] hold a candle** 比べものにならない (to). **not worth the candle** 割りに合わない.

candlelight 蠟燭の灯; 夕暮れ.

Candlemas *Rom. Cath.* 聖母お潔めの祝日《2月2日》.

candle power 燭光.

candlestick 燭台.

candlewick 蠟燭の芯.

candor 率直; 公正.

candy *n.* 砂糖菓子, キャンデー; 氷砂糖. ── *v.* 砂糖を煮て固める; 砂糖で煮る.

candy store 菓子屋.

candy stripe 派手な縞柄.

candy striper 看護婦助手.

candytuft *Bot.* マガリバナ.

cane *n.* (籐・竹などの)茎; 籐杖, ステッキ; 鞭.
— *v.* 杖で打つ, 鞭で打つ.

canebrake 籐の茂み.

cane chair 籐椅子.

cane sugar 蔗糖.

canine *a., n.* 犬の(ような), イヌ科の; =canine tooth.

canine tooth 犬歯.

Canis Major *Astron.* 大犬座.

Canis Minor *Astron.* 小犬座.

canister 缶《茶・砂糖・コーヒー・たばこなどを入れる》; 散弾.

canker *n. Med.* (口の)潰瘍, 口内炎; *Bot.* 根瘤病; 心の悩み; 病弊, 腐敗.
— *v.* 腐らす, 爛れさす; むしばむ, 毒する, 悩ます.

cankerworm *Entom.* エダシャクトリ《植物の害虫》.

canna *Bot.* カンナ(の花).

cannabin カンナビン《インド大麻から採る樹脂》.

cannabis インド大麻.

canned *a.* 缶詰めにした; 録音された; 酔った.

canned goods 缶詰め品; 処女, 童貞.

canned music レコード音楽, テープ音楽.

cannel (coal) 燭炭《油・ガスを多く含む》.

canner 缶詰め業者.

cannery 缶詰め工場.

Cannes カンヌ《フランス南東部の避寒地》.

cannibal *a., n.* 人間を食う(人); 共食いする(動物).

cannibalism 人食いの風習.

cannibalize *v.* (廃棄される車両・タンク・飛行機などの)部品を修理用として取り外す; (古い部品を使って)組み立てる.

cannikin 小缶, コップ.

canning 缶詰め製造.

cannon *n.* 大砲; (飛行機の)機関砲. — *v.* 大砲を発射する; *Billiards* キャノンを突く.

cannonade *n., v.* 砲撃(する).

cannonball *n.* 砲弾; 急行列車, 特急列車. — *a.* 早い. — *v.* 急行する.

cannon bit 丸ぐつわ.

cannon fodder 大砲の餌食《兵士》.

cannot =can[1] not.

canny *a.* 抜け目のない; 用心深い; 倹約な; [否定に用いて]大丈夫な.

canoe *n.* カヌー, 丸木舟. — *v.* カヌーを漕ぐ, カヌーに乗る, カヌーに乗って行く; カヌーで渡る.

canoeist カヌーの漕ぎ手.

canon *Theol.* カノン, 規範, 基準; 経典, 正典; 宗規; *Relig.* 聖徒名列; 聖堂参事会員.

cañon =canyon.

canonical *a.* 宗規の; 正典の; 正規の; 教会法に拠る. — *n.* [*pl.*] 法衣.

canonical hour 定時課, 時禱, 時課; 結婚式挙行時間.

canonicity 教会法に合致すること.

canonist 教会法学者.

canonize *v.* 聖人の列に加える.

canon law 教会法規.

canonry 聖堂参事会員の職.

can opener 缶切り.

canopy *n., v.* 天蓋(で覆う); 樹冠; 大空.

cant[1] *n., v.* 傾斜面; 傾く, 傾ける, 斜めにする. **cant hook** (丸太を動かすための)かぎてこ.

cant[2] *n.* (特定の人々の間の)通り言葉, 隠語; 一時的流行語; 勿体ぶった偽善的な言辞. — *v.* 隠語を用いる; (殊勝らしく)偽善的なことを言う.

can't =cannot.

cantabile *a., n. Mus.* カンタービレ, 歌うような(曲).

Cantabrigian *a., n.* ケンブリッジ大学の(在校生), ケンブリッジ大学出身者.

cantaloupe *Bot.* カンタローブ《メロンの一種》.

cantankerous *a.* つむじ曲がりの, 意地悪な.

cantata (It) カンタータ《合唱や独唱からなる

声楽曲》.

cantatrice 女性歌手.

canteen 酒保, (鉱山などの)売店; (軍人の)水筒; (キャンプ用の)炊事用具箱.

canter *n., v.* (馬の)駆け足; (馬が)ゆるく駆ける.

Canterbury キャンタベリー《Kent 州にある英国国教総本山の所在地》; [c-] (楽譜の)見台.

Canterbury bell *Bot.* フウリンソウ.

cantharides *Pharm.* カンタリス《発泡・利尿剤》.

canticle 賛美歌; [the C-s] *Bib.* 雅歌.

cantilever *Arch.* 片持ち梁.

cantilever bridge 片持ち梁橋.

cantle 後弓《鞍の後部》.

canto (詩歌の)編.

canton[1] *n., v.* (スイスの)州, 県; 州に分ける; 分割する.

canton[2] *v.* (軍を)露営させる.

Canton 広州《中国南部の都市》.

cantonment 宿営地.

cantor (聖歌隊の)先唱者.

Canuck *n., a.* (フランス系)カナダ人(の).

canvas *n.* 帆布, ズック; 帆; テント; カンバス, 画布. **under canvas** テントに露営して; *Naut.* 帆走して.

canvasback *Ornith.* オオホシハジロ《北米産》.

canvass *v.* 調査する, 論究する; 選挙運動をする, 遊説する; 勧誘する, 注文取りに回る (for). —— *n.* 調査, 遊説; 勧誘.

canvasser 運動員, 勧誘員, 注文取り.

canyon 大峡谷.

canzone *Mus.* カンツォーネ《イタリア民謡風の歌曲》.

canzonet *Mus.* カンツォネッタ《16 世紀後半の軽い小歌曲》.

caoutchouc 天然ゴム.

cap *n.* 縁無し帽子, 制帽; (帽子状の)蓋, 帽子状のかさ, 帽子状のさや, キャップ. **cap**

and gown 大学の式服. **cap in all** うやうやしく. —— *v.* 帽子をかぶせる, 蓋をかぶせる, さやをかぶせる; 頂上を覆う, 冠する; 匹敵する, しのぐ.

capability 能力, 才能; [*pl.*] (将来伸びる)素質.

capable *a.* 有能な, 実力のある, 能力のある, 資格のある (for); (…に)耐える, (…が)できる (of).

capably *ad.* 立派に, 手際よく.

capacious *a.* 広々とした, 大きい; 包容力のある.

capacitance *Elec.* 静電容量.

capacitate *v.* …の能力を与える, 資格を与える.

capacitor *Elec.* コンデンサー.

capacity *n.* 容量, 容積, 収容力; 才能, 力量; 資格, 能力. —— *a.* 収容力一杯の, 最大限の.

cap-a-pie (F) *ad.* 頭から足まで, すっかり.

caparison *n., v.* (中世騎士の)正装; 美装する.

cape[1] 肩マント, ケープ.

cape[2] 岬.

Cape Canaveral ケープカナベラル《Florida 州にある米空軍ロケット基地》.

caper[1] *v., n.* はね跳ぶ; はね跳び, ふざけ; 悪事. **cut a caper [capers]** はね回る; ふざけ散らす.

caper[2] *Bot.* セイヨウフウチョウボク.

Cape Town, Capetown ケープタウン《南アフリカ共和国の都市》.

capias *Law* (逮捕)令状.

capillarity *Phys.* 毛管現象.

capillary *a.* 毛のような; 毛細管の. —— *n.* 毛細管; 毛細血管.

capillary attraction *Phys.* 毛管引力.

capital *a.* 主要な, 第一の; 基本の, 資本の; みごとな, すばらしい; (罪が)死にあたる; (誤りなどが)大変な, とんでもない. —— *n.* 首都; 大文字;

capital 資本, 資本家階級 ; *Arch*. (円柱の)柱頭.
make capital of ...を利用する.

capital account *Econ*. 資本勘定, 出資金勘定.

capital assets *Econ*. 固定資産.

capital city 首都.

capital gain *Com*. 資本利得.

capital goods *Econ*. (商品の生産に用いる)資本財.

capital-intensive *a*. 大きな資本を要する.

capitalism 資本主義.

capitalist 資本家.

capitalistic *a*. 資本主義的な.

capitalization 資本化; 投資; 見積もり; 大文字使用.

capitalize *v*. 資本化する; 資本を見積もる; 大文字で始める; 利用する (*on, upon*).

capital letter 大文字.

capital levy *Econ*. 資本税.

capitally *ad*. 見事に.

capital punishment 死刑.

capital ship 主力艦.

capital stock 資本金.

capital town 首都.

capital transfer tax =gift tax.

capitation 頭割り(計算); 人頭税.

Capitol (古代ローマの) Jupiter の神殿; 国会議事堂; [c-] 州会議事堂.

Capitoline *a*. (ローマ時代 Jupiter 神殿のあった)キャピトルの(丘の).

capitular, capitulary *a*., *n*. 聖堂参事会の(会員).

capitulate *v*. (ある条件で)降伏する.

capitulation 条件付降伏, 降伏文書; 要項.

capo (マフィアの)支部長.

capon (去勢して太らせた)食肉用おんどり; いくじのない男; 同性愛の男.

capote フード付きの長外套.

capriccio *Mus*. 奇想曲, カプリチオ.

caprice 気紛れ; *Mus*. =capriccio.

Capricorn *Astron*., *Astrol*. 山羊座(生まれの人), 磨羯宮.

capriole *v*., *n*. (馬が)はねる(こと).

capsicum *Bot*. トウガラシ.

capsize *v*. 転覆させる, 転覆する.

capstan *Naut*. 車地; (テープレコーダーの)キャプスタン.

capstone *Arch*. 笠石.

capsular *a*. さや状の.

capsule *Bot*. (薬を包む)カプセル; (ロケットの)カプセル; (種子や胞子の入った)蒴.

captain *n*. 首領, 長, 船長, 艇長, 艦長; 機長; 隊長; *Mil*. 陸軍大尉, 海軍大佐, 名将; (野球などの)主将, キャプテン; 大物; 大立て者; (親しみをこめた呼称)もし, 旦那. — *v*. 主将になる, 統率する.

captaincy captain の地位.

captainship captain の資格, 統率力.

caption *n*., *v*. (記事や章・節などの)題目; 見出し; キャプション《挿絵などの説明》; (映画の)字幕; 見出しをつける, 字幕をつける.

captious *a*. こやかましい, 揚げ足取りの, あら捜しの.

captivate *v*. 心をとらえる, 魅惑する.

captivating *a*. 魅惑的な.

captive *a*. 生け捕りの, 捕虜の; 魅せられた.
take one captive 人をとりこにする. — *n*. 捕虜, とりこ.

captive balloon 係留気球.

captivity 捕らわれの身; 監禁.

captor 捕らえる人.

capture *n*., *v*. 捕獲(物), 分取り(品); 捕らえる, 分取る, 生け捕る.

car 車; 自動車, 電車, (汽車の)客車; (気球やロープウェーの)ゴンドラ, (エレベーターの)箱.

carabineer, carabinier 騎銃兵.

caracole *n*., *v*. *Horsemanship* 半回転(する);

Arch. 螺旋階段.

caracul カラクル毛皮《子羊の毛皮》.

carafe ガラス製水差し.

caramel カラメル, 焼砂糖；キャラメル.

carapace (カメ類の)背甲.

carat カラット《宝石の衡量単位, =¹/₅ g》；金位《純金は 24 carats》.

caravan (砂漠地方の)隊商, キャラバン；(Gipsy などの)幌馬車；(サーカス団を運ぶ)荷馬車隊；移動住宅, トレーラー.

caravansary, caravanserai 隊商宿.

caravel キャラベル《15–16 世紀頃の快走帆船》.

caraway *Bot.* キャラウェー《種子は香味料》.

carbecue 廃車溶解炉.

car bed カーベッド《自動車用携帯幼児ベッド》.

carbide *Chem.* カーバイド, 炭化カルシウム.

carbine カービン銃.

carbohydrate *Chem.* 含水炭素, 炭水化物；[*pl.*] 澱粉質の食物.

carbolated *a.* 石炭酸を含む.

carbolic acid *Chem.* 石炭酸.

carbon *Chem.* 炭素；カーボン紙；=carbon copy.

carbon 14 *Chem.* 炭素 14 《炭素の放射性同位体》.

carbonaceous *a.* 炭素質の.

carbonate *n. Chem.* 炭酸塩. — *v.* 炭化する.

carbon black すす.

carbon copy (カーボン紙で複写した)写し；そっくりの人, そっくりの物.

carbon cycle *Astron.* 炭素サイクル.

carbon dating 放射性炭素年代測定法.

carbon dioxide *Chem.* 二酸化炭素.

carbonic *a.* 炭素の.

carbonic acid *Chem.* 炭酸.

carboniferous *a.* 石炭を含む, 炭素を含む,

石炭を生じる, 炭素を生じる；[C-] *Geol.* 石炭紀の.

carbonization 炭化.

carbonize *v.* 炭化する.

carbon monoxide *Chem.* 一酸化炭素

carbon paper カーボン紙.

carbon tetrachloride 四塩化炭素.

Carborundum *Trademark* カーボランダム《炭化珪素》.

carboy 箱や籠入りの大ガラス薬品瓶.

carbuncle *Mineral.* カーバンクル《カボションのガーネット》；*Med.* 癰, おでき.

carburet *v.* 炭素と化合させる；炭素を混ぜる.

carburet(t)er, carburet(t)or *Mech.* 気化器, キャブレター.

carcase, carcass (獣の)死体, 胴体；形骸, 骨組み；肉体.

carcinogen *Med.* 発癌物質.

carcinogenesis 発癌(現象).

carcinogenic *a.* 発癌性の.

carcinoma *Med.* 癌(腫).

car coat カーコート《7 分丈のコート》.

card¹ *v., n.* (羊毛などを)すく；すき櫛.

card² 厚紙, カード；名刺, トランプ, 花札；案内状, 入場券；[*pl.*] トランプ遊び；風変わりな人；目録, 献立, 番組；催し物, 呼び物；=credit card. **have a card up one's sleeve** 奥の手を用意している. **in [on] the cards** 起こりそうな, ありそうで. **play one's best [strongest] card** 奥の手を出す. **put one's cards on the table** 計画をさらけ出す, 種をあかす.

cardboard *n.* ボール紙, 段ボール. — *a.* 非現実的な；ぎこちない.

card-carrying *a.* 正会員の；まったくの.

card catalog カード式目録.

cardholder クレジットカードの所有者.

cardia *Anat.* 噴門.

cardiac *a., n. Med.* 心臓の；強心剤.

cardigan カーディガン.

cardinal a. 枢要の, 基本的な; 深紅の.
— n. (教皇庁の)枢機卿; 深紅色.

cardinalate 枢機卿の職.

cardinal bird Ornith. ショウジョウコウカンチョウ.

cardinal flower Bot. ベニバナサワギキョウ.

cardinal number Math. 基数.

cardinal point 四方点《東・西・南・北の一つ》.

cardinalship =cardinalate.

cardinal virtue 元徳《prudence, fortitude, temperance & justice》.

card index カード式索引.

card-index v. カード式索引を作る.

cardiogram Med. 心拍(動)曲線.

cardiograph Med. 心拍(動)記録装置.

cardiography Med. 心拍(動)記録(法).

cardioid Math. 心臓形.

cardiologist 心臓病学者.

cardiology 心臓(病)学.

cardiorespiratory a. Med. 心臓と呼吸器の.

cardiovascular a. Anat. 心(臓)血管の.

carditis Med. 心臓炎.

card punch Computer パンチカード穿孔機.

cardsharp(er) トランプ詐欺師.

care n. 心配, 苦労, 心配事; 注意, 用心, 関心; 世話, 保護, 監督. (in) care of …気付. **have a [take] care** 気をつける. **take care of** …の世話をする; …を大事にする; …に備える; 処理する; …を除く, 殺す. — v. 心配する, 気をもむ, 関心を持つ; [否定]かまう, 頓着する; [否定・疑問] 好む, 欲する (to do). **care for** …を気に掛ける, 世話する; 好む, 欲する. **could [couldn't] care less** 少しも気にしない.

CARE Cooperative for American Relief to Everywhere ケア《米国援助物資発送協会》.

careen v. Naut. (船が)傾く; (修繕のために)船を傾ける.

career n. 疾走; 一生の行路, 生涯, 経歴, キャリア; 職業; 出世. **in full career** 全速力で. — a. 生え抜きの, 職業的な. — v. 疾走する.

career diplomat (生え抜きの)職業外交官.

careerism 出世第一主義.

careerist 出世第一主義者.

careers master 就職指導教官.

career woman 職業(で身を立てる)婦人.

carefree a. のんびりとした; 無頓着な.

careful a. 注意深い, 用心深い; 気を付ける (of), 念入りな.

carefully ad. 注意深く; 入念に.

care label 取り扱い表示ラベル.

careless a. 不注意な, 軽率な; 無頓着な (of, about, in); そんざいな; 苦労無しの, のんきな.

carelessly ad. 不注意に, 軽率に.

caress v., n. 愛撫する(こと); 抱擁(する).

caret Print. 脱字記号(ヘ).

caretaker 世話人, 管理人.

caretaker government 暫定内閣.

careworn a. 苦労でやつれた.

carfare (電車・バスなどの)料金.

carfax 十字路, 交差点《4本以上の道路の合う所》.

car ferry カーフェリー.

cargo 船荷, 積荷.

cargo boat 貨物船.

carhop ドライブインのウェーター, ドライブインのウェートレス.

Carib (西インド諸島の)カリブ人, カリブ語.

Caribbean a. カリブ人の, カリブ海の.

Caribbean Sea カリブ海.

caribou Zool. カリブー, シンリントナカイ.

caricature n. 風刺漫画, 戯画; 風刺文.
— v. 漫画化する, 風刺する.

caricaturist 風刺漫画家.

caries *Med.* カリエス; 虫歯.

carillon 一組の鐘; 鐘楽.

carina *Zool.* 竜骨.

carinate *a.* 竜骨のある.

Carioca リオデジャネイロの人; [c-] *Mus.* キャリオカ.

cariole 一頭立ての小型馬車.

carious *a.* カリエスにかかった.

carload 一車両分の貨物.

carman (電車の)運転手, 車掌; 荷馬車の御者.

Carmelite *Rom. Cath.* カルメル会修道士, カルメル会修道女.

carminative *a., n. Med.* 胃腸内のガスを排出する; 駆風剤.

carmine 洋紅色, カーミン.

Carnaby Street カーナビー通り《ロンドン中心部にある若者のファッション街》.

carnage 大虐殺.

carnal *a.* 肉体的な, 肉欲的な; 現世的な.

carnality 肉欲.

carnation *Bot.* カーネーション.

Carnegie カーネギー. **Andrew Carnegie** (1835-1919) 米国の工業家・慈善事業家.

carnelian *Mineral.* 紅玉髄.

carnival 謝肉祭, カーニバル; ばか騒ぎ, 催し物.

Carnivora *Zool.* 食肉類.

carnivore 肉食獣.

carnivorous *a.* 肉食(獣)の.

carny, carney 巡業見世物.

carob *Bot.* イナゴマメ.

carol *n.* 祝歌, 歓喜の歌, クリスマスキャロル. — *v.* 喜び歌う.

Caroline, Carolean *a.* 英国王 Charles 一, 二世時代の.

carom *n., v. Billiards* キャノン(を突く)《手球が続けて二つの的球に当たること》.

carotene *Biochem.* カロチン.

carotid *n., a. Anat.* 頸動脈(の).

carousal 大浮かれ, 大酒盛り.

carouse *n.* =carousal. — *v.* 痛飲する; 飲み騒ぐ.

carousel (空港の手荷物引き渡し用)回転ベルト; 回転木馬.

carp[1] *Ichthy.* コイ.

carp[2] *v.* (しつこく)あら捜しをする, 難くせをつける (*at*).

carpel *Bot.* (果物の)心皮.

carpenter *n., v.* 大工, 木工; 大工仕事をする.

carpenter bee *Entom.* クマバチ.

carpentry 大工仕事, 木工(品).

carpet *n.* 絨毯, カーペット. **on the carpet** 討議中で, 考慮中で; 叱られて. — *v.* 絨毯を敷く; 一面に覆う; 叱る.

carpetbag (カーペット地で作った昔の)旅行鞄.

carpetbagger いかさま政治屋; 輸入候補.

carpet bedding 絨毯花壇(植え込み法).

carpet bombing 絨毯爆撃.

carpeting 敷物類.

carpet knight 実戦の経験の無い軍人.

car-phone 自動車電話.

car pool 自家用車相乗り.

carport カーポート, 簡易車庫.

carpus *Anat.* 手首(の骨).

carrack (昔の)大帆船.

carrefour 四辻; 広場.

carrel キャレル《図書館書庫中の個人用閲覧席》.

carriage 馬車; 客車, (機械の)運び台; 運搬; 運賃; 身のこなし, 態度, 姿勢. **carriage forward** 運賃先払いで. **carriage free [paid]** 運賃無料で.

carriage drive (大邸宅・公園などの)馬車道.

carriage trade 上流顧客.

carriageway 自動車道, 車道.

carrick bend *Naut.* キャリックベンド《ロープの端と端をつなぐ結び方》.

carrier 運搬人, 運送業者, 配達人; 航空母艦, 空母;(自転車などの)荷物台;(病菌の)媒介者, 保菌者; *Chem.* 担体.

carrier bag 買い物袋.

carrier pigeon 伝書鳩.

carrier wave *Telecom.* 搬送波.

carriole =cariole.

carrion *n., a.* 腐肉(のような).

carrion crow *Ornith.* ハシボソガラス.

carrot *Bot.* ニンジン; [*pl.*] 赤毛の人; 褒美, 報酬. **carrot and stick** すかしと脅し.

carroty *a.* にんじん色の, 赤毛の.

carrousel =carousel.

carry *v.* 運ぶ, 持って行く, 持って歩く;(責任・意味などを)持つ, 携える, 所持する, 伴う;(重みなどを)支える;姿勢を取る, 振る舞う(oneself);(音・弾丸などが)届く, 達する;(重みを持つ,(責任を)伴う;(音・電気・報告などを)伝える, 通じる;(議案などを)通過させる;(敵陣地などを)奪取する;(選挙などに)勝つ;(聴衆などを)引きずってゆく, 納得させる;(商品・株などを)売らずに持っている, 延長する, 進める. **carry all [everything] before one** 破竹の勢いで進む. **carry away** さらって行く;我を忘れさせる. **carry** (*a person*) **back** 回想させる. **carry forward** (事業などを)進める; *Bookkeeping* 次ページに繰り越す, 次期に繰り越す. **carry off** らって行く;命を奪う;うまくやってのける;(賞を)得る. **carry on** 継続する, 続行する;(事業を)営む;いちゃつく. **carry out** 遂行する, 成就する. **carry over** 繰り越す;繰り延べる. **carry through** やり通す;切り抜ける.
— *n. Mil.* 「になえ銃」の姿勢;射程;運搬.

carryall (4人(以上)乗りの)馬車, バスの一種;合切袋.

carrying capacity (牧草地などの)動物扶養能力;積載量.

carrying charge *Com.* 繰り越し日歩;(分割払いの)割増し金.

carrying-on いちゃつき.

carrying trade 運送業.

carryon 機内持ち込み手荷物.

carry-on *a.* 機内持ち込み手荷物(扱い)の.

carryout *a., n.* =takeout.

carry-over *Com.* 繰り越し(金).

carsick *a.* 乗物に酔った.

cart *n., v.* (二輪の)荷車(で運ぶ). **in the cart** ひどい目にあって. (**put**) **the cart before the horse** 本末転倒(する).

cartage 荷車運搬, 運賃.

carte blanche 白紙委任状;自由裁量.

cartel *Econ.* 企業連合, カルテル; *Pol.* 党派連合.

carter 荷馬車屋, 車力.

Cartesian *a., n.* デカルト (Descartes) の(学徒).

Cartesian coordinate *Math.* デカルト座標, 平行座標.

Carthage カルタゴ《アフリカ北岸の古代都市国家》.

Carthaginian *a., n.* カルタゴの;カルタゴ人.

cart horse 荷馬車馬.

Carthusian *a., n.* カルトジオ修道会の(修道士).

cartilage *Anat.* 軟骨.

cartload 荷車一台分(の荷);どっさり(*of*).

cartogram 統計地図.

cartographer 地図製作者.

cartographic *a.* 地図製作(上)の.

cartography 地図作成(法).

cartomancy トランプ占い.

carton カートン, ボール箱,(液体用)紙製容器.

cartoon *n.* 時事漫画;続き漫画;漫画映画;(刺繍・モザイクなどの実物大の)下絵.
— *v.* 漫画をかく, 漫画にかく.

cartoonist 漫画家.

cartridge カートリッジ, 実包; *Phot.* (フィルムを詰めた)パトローネ; (プレーヤーの)カートリッジ, (テープ)カートリッジ, (万年筆の)カートリッジ.

cartridge paper 薬莢用紙; 画用紙.

cartwheel 車輪; 側方転回; 大型硬貨.

carve *v.* 彫る, 刻む, 彫刻する; (料理した肉を)切り分ける; (進路などを)切り開く, 進む. **carve out** 切り出す; 切り開く. **carve up** (肉を)切り分ける; 分割する.

carvel ＝caravel.

carver 彫刻者; 肉を切り分ける人; [*pl.*] 食卓用肉切り用具《大形ナイフとフォーク》.

carving 彫刻(物).

carving fork 肉切り用フォーク.

carving knife 肉切り用ナイフ.

car wash 洗車場.

caryatid *Arch.* 女人像柱.

Casanova 女たらし.

casbah (北アフリカの)城; (都市の)原住民の居住地, カスバ.

cascade *n.* 小滝, 分れ滝; (婦人服の)飾りレース; *Chem.* カスケード, 階段. — *v.* 滝になって落ちる.

cascara *Bot.* カスカラ《クロウメモドキの一種》.

case[1] 場合, 事情; 実状, 真相; *Law* (訴訟)事件, 判例, 問題, 事例; 実例; *Med.* 症例; 患者; *Gram.* 格; 恋愛沙汰, 夢中; 変わり者. **as is often the case** よくある事だが (*with*). **as the case may be** 場合次第で. **in any case** どんな場合でも, とにかく. **in case** もし(…の場合)…するといけないから. **in case of** …の場合は. **in no case** 決して…ない. **just in case** 万一に備えて.

case[2] *n.* 箱, ケース, …入れ, 袋, さや, 筒, 外被; (時計の)側; 鞄. — *v.* case に入れる; 包む; (盗みの目的で)下見をする.

casebook (医学・心理学・法律などの)事例集, ケースブック.

case harden *v.* (鉄の)表面を硬化させる; 鉄面皮にする.

case-hardened *a.* 無神経な, 鈍感な, 鉄面皮な.

case history 個人歴史《血統・病歴の記録》.

casein *Biochem.* カゼイン.

case knife さや入りナイフ, 食卓用ナイフ.

case law *Law* 判例法.

casemate 砲台.

casement (開き窓の)窓枠.

casement window 開き窓.

case shot 散弾.

case study 事例研究.

cassette ＝cassette.

casework 生活環境調査, ケースワーク.

caseworker ケースワーカー.

caseworm *Entom.* 体の回りに巣をつくる幼虫《ミノムシなど》.

cash *n.* 現金, キャッシュ; お金. **cash down** 即金で. **cash on delivery** 代金引き替え渡し. **Cash or charge?** 現金払いそれともカードのつけですか. **hard cash** 硬貨; 現金. **in cash** 現金を持ち合わせて. **out of cash** 現金を切らして. — *v.* 現金に引き替える. **cash in** 現金に替える; 死ぬ. **cash in on** …で儲ける; …を利用する.

cash-and-carry *a.* 現金払い持ち帰りの.

cash bar (結婚披露宴などで)有料で酒を供するバー.

cashbook 現金出納簿.

cash crop 換金作物.

cash discount 現金割引.

cashew *Bot.* カシュー《ウルシ科》.

cashew nut カシューナッツ.

cash flow 現金資金.

cashier[1] 現金出納係《米国の銀行では通例「支配人」》.

cashier[2] *v.* 免職する.

cashier's check 銀行小切手.

cashless *a.* 現金のない, 現金不要の.

cashless society キャッシュレス社会《クレジットカードなどによる現金不要の社会》.

cashmere カシミヤ織り.

cash register 金銭登録器.

casing 包装《箱・さや・袋・包などの総称》; (戸・窓の)枠; [*pl.*] 牛・豚などの腸《ソーセージ用》.

casino カジノ《ダンス・音楽・賭博などのある娯楽場》.

cask (主に液体を入れる)樽.

casket (宝石などを入れる)小箱, 手箱; 柩.

Caspian Sea カスピ海《ソ連とイランの間にある塩水湖》.

Cassandra *Gk Myth.* カサンドラ《トロイの女予言者》; 凶事の予言者.

cassava *Bot.* カッサバ(澱粉).

casserole (F) キャセロール, 土鍋; 土鍋料理, 鍋焼き.

cassette (録音・録画用)カセット; *Phot.* パトローネ.

cassimere カシメール《薄織りラシャの一種》.

cassock キャソック, 司祭平服.

cassowary *Ornith.* ヒクイドリ.

cast *v.* 投げる, ぶつける, 投じる, 放つ, 注ぐ; 脱ぐ, (種を)まく, 落とす; 追い出す; 退ける; 鋳造する; (役を)振り当てる, 配役する; (くじを)引く; 加える, 計算する. **cast about** 捜し回る (*for*); 計画する, 工夫する. **cast aside** 投げ捨てる; 脱ぎ捨てる; 退ける, 廃する. **cast away** 捨てる, 退ける; 難破させる. **cast down** 投げ倒す; 落胆させる. **cast off** 脱ぎ捨てる, 投げ捨てる; (束縛などを)振り捨てる, 見捨てる, 解き放す. **cast out** 追い出す. **cast up** 投げ上げる; 打ち上げる; 合計する. — *n.* 投下, 一投げ; 配役; 鋳型, 鋳物, 鋳像, 塑像; 格好, 様子, たち, 種類; 色合い, 気味, 傾向; (軽い)やぶにらみ; (蛇などの)脱け殻.

castanet [*pl.*] *Mus.* カスタネット《打楽器》.

castaway *a., n.* 難破した(人); ならず者.

caste (インド四姓の)階級, カースト; (一般に)階級, 身分制度. **lose caste** 社会的地位を失う, 落ちぶれる.

castellated *a.* 城郭風の.

caster 投げる人; 配役係; 鋳造者; = castor[2].

castigate *v.* 折檻する; 酷評する.

Castile カスティリャ《スペイン中部の古王国》.

Castile soap カスチール石鹼.

Castilian *a., n.* カスティリャの; カスティリャ人.

casting cast すること; 鋳造; 鋳物.

casting vote (賛否同数の時議長の投じる)決定投票, キャスティングボート.

cast iron 鋳鉄.

cast-iron *a.* 鋳鉄製の; 固い, 強い, 厳格な.

castle *n.* 城, 大邸宅, 館; *Chess* 城将. **castle in the air [Spain]** 空中楼閣, 空想. — *v.* 城を築く; *Chess* 城将で守る.

castled *a.* 城のある.

castoff *a., n.* 脱ぎ捨てた; 捨てられた(人); [*pl.*] 古着.

castor[1] ビーバー香《薬用・香料》; ビーバー帽.

castor[2] (家具の)脚輪; 食卓用調味料入れ.

castor bean ヒマの実.

castor oil ひまし油.

castor-oil plant *Bot.* ヒマ.

castrate *v.* 去勢する; 骨抜きにする.

Castro カストロ. **Fidel Castro** (1927–) キューバの革命家; 首相 (1959–).

Castroism カストロ主義.

casual *a.* 偶然の, 思いがけない; 何げない, 当てにならぬ, でたらめの; (付きあいが)ちょっとした; 臨時の, 不定の; (服が)略式の, 普段着の, カジュアルな. — *n.* 臨時労働者; 浮浪人; [*pl.*] 普段着.

casually *ad.* 偶然に; 臨時に, 何げなく.

casualty 傷害,(不意の)災難, 災害;[pl.] 死傷者.

casuist 決疑論者;ごまかし論者, 詭弁家.

casuistry Philos. 決疑論;詭弁;こじつけ.

casus belli (L) 開戦の理由.

Cat Trademark キャット《caterpillar tractor の商品名》.

cat n. 猫;ネコ科の動物;意地悪女;ジャズ狂;奴, 仲間. **bell the cat** 難事を引き受ける;危険を冒す. **let the cat out of the bag** 秘密をばらす. **see which way the cat jumps** 形勢を観望する. — v. Naut. (錨を)吊錨架へ吊り上げる;鞭で打つ;吐く.

catabolism Biol. 異化(作用).

cataclysm 大水, Geol. (地殻の)大変動;(政治・社会的)大変革.

catacomb [pl.] 地下墓地.

catadromous a. Ichthy. (魚が産卵のために)川を下る.

catafalque 棺台.

catalepsy Med. 強硬症.

cataleptic a., n. 強硬症の(患者).

catalo カタロ《雌牛と雄のアメリカ野牛の雑種》.

catalog(ue) n., v. 目録, カタログ(に作る), カタログに載せる.

catalog(u)er カタログ編集者.

catalpa Bot. キササゲ.

catalysis Chem. 接触反応, 触媒作用.

catalyst Chem. 触媒.

catalytic a. 触媒作用の.

catalytic converter 触媒のコンバーター《公害防止装置》.

catalyze v. …に触媒作用を及ぼす.

catalyzer Chem. 触媒.

catamaran いかだ;Naut. 双胴船, カタマラン;がみがみ女.

catamite 稚児《ホモの相手》.

catamount 山猫.

cat-a-mountain Zool. 山猫;ヒョウ.

cat-and-dog a. 仲の悪い.

cat-and-mouse a. 追いつ追われつの, 食うか食われるかの.

catapult n. (おもちゃの)ぱちんこ;(空母などの)飛行機射出装置, カタパルト;(古代の石・矢などの)射出機, 弩. — v. (カタパルトで)発射する.

cataract (直下する)大滝;大降り, 大水;[pl.] 急流;Med. 白内障.

catarrh Med. カタル.

catastrophe (悲劇の)結末;悲劇的結末, 破局;大変災;大変動.

catastrophe theory Math. 破局の理論.

catastrophic a. 大変災の;大詰めの, 悲劇的な.

catbird Ornith. ネコマネドリ《北米産》.

catbird seat 有利な立場.

catboat キャットボート《一本マストに縦帆一枚の船》.

cat burglar (高い所から入る)夜盗.

catcall n., v. やじの声;やじる.

catch v. 捕らえる, つかまえる;受け止める, 取る;(野球の)捕手をつとめる;(意味を)捕らえる, 理解する, 感知する, 聞き取る;(注意を)引く;(火が)つく;(病気に)かかる, 感染する;(…している所を)見つける;追いつく, (汽車などに)間に合う;(嵐などが)襲う;ぶつかる, ひっかかる, からまる, つかえる. **be caught in** (風雨などに)あう. **catch at** 捕らえようとする, つかみかかる, 飛び付く. **catch it** 叱られる. **catch on** 会得する;人気を博する. **catch out** (誤りを)見破る. **catch up** 追い付く(with);ひったくる.

— n. 捕らえること, 捕獲;Baseball, Cricket 捕球, 捕手;捕らえたもの, 捕獲物, 捕獲高, 捕獲量;掘り出し物, 呼び物;適当な配偶者;(機械・戸などの)止め金, 掛け金;(問題の)かま, からくり;(息・声などの)ひっかかり.

catch-22 八方ふさがりの状況.

catchall がらくた入れ.

catch-as-catch-can n. フリースタイルレスリング. — a., ad. 手当たり次第の, 手当たり次第に.

catcher 捕らえる人, (球戯の)捕手, キャッチャー.

catchfly Bot. ムシトリナデシコ.

catching a. 伝染する; 人目を引く, 魅力のある.

catchment 集水(量).

catchment area [basin] 集水域; 通学範囲, 通院範囲.

catchpenny a., n. 銭取り主義の(品); 安っぽいか物.

catchphrase 人の耳目を引く文句, 標語.

catch-up n., a. 巻き返し(をねらった).

catchup =catsup.

catchword (政界などの)流行語, 標語; (せりふの)送り言葉; (辞書のページ上の)見出し語.

catchy a. 魅力のある; (曲が)すぐ覚えられる; (問題など)ひっかかりやすい.

catechetic(al) a. 問答式の; 教理問答の.

catechism Christianity 教理問答, 公教要理; [the C-] (英国国教会の)公会問答.

catechist 伝道師.

catechize v. 問答式に教える; 細かく質問する.

categorical a. 範疇的な, 断言的な, 無条件の, 絶対的な.

categorical imperative Ethics 定言(的)命令, 無上命令.

categorize v. 類別する.

category 範疇; 部類; 部門.

catenary n., a. Math. 垂曲線(の).

catenate v. 連鎖する.

cater v. 食べ物を賄う(for); (欲望などを)満たす, (娯楽などを)供する(for, to).

catercorner ad., a. 対角線に, 対角線の.

caterer 食料品供給者, 飲食店主, 仕出し屋.

caterpillar 毛虫, イモムシ.

caterpillar tractor 無限軌道トラクター.

caterwaul v., n. (猫のように)いがみ合う; いがみ合い.

catfall Naut. 吊錨索.

catfish Ichthy. ナマズ.

catgut (弦楽器の)弦, 腸線, ガット.

catharsis Med. 排便; Philos. (悲劇による)感情の浄化, カタルシス.

cathartic n., a. 下剤(の).

cathead Naut. 吊錨架.

cathedra (cathedral の) bishop の座, 法座; 権力の座. **ex cathedra** 権威をもって, 権威による.

cathedral n. 大聖堂《cathedra のある管区内第一の教会堂》. — a. 大聖堂のある; 権威ある.

catherine wheel Arch. 車輪形窓; 輪転花火.

catheter Med. 導尿管, カーテル.

cathode Elec. 陰極.

cathode-ray tube ブラウン管.

catholic a. 普遍的な; 心の大きい, 博大な, おおらかな; [C-] 旧教の, (ローマ)カトリック教会の. — n. 旧教徒, (ローマ)カトリック教徒.

Catholicism (ローマ)カトリック教義.

catholicity 普遍性, 博大; カトリック教義.

Catholicize v. カトリック教徒にする; [c-] 一般的にする.

catholicon 万能薬.

cathouse 売春宿.

cation Chem. 陽イオン.

catkin Bot. (ネコヤナギ・ハンノキなどの)尾状花序.

catlike a. 猫のような; 忍びやかな.

catling 小猫, 子猫;(四肢)切断刀《外科用》; *Mus.* ガット.

catnap うたた寝.

CAT scanner (CAT<*c*omputerized *a*xial *t*omography)=CT scanner.

CAT scanning =CT scanning.

cat's cradle あや取り.

cat's-eye *Mineral.* 猫目石《宝石》;(道路の)夜間反射装置.

cat's-paw だしに使われる人, 手先.

catsuit ジャンプスーツ《スポーツ用》.

catsup ケチャップ.

cattail *Bot.* ガマ.

cattalo =catalo.

cattish *a.* 猫のような; ずるい.

cattle (家畜としての)牛, 畜牛.

cattle cake (家畜用)濃厚飼料.

cattleman 牧畜業者.

cattleya *Bot.* カトレヤ《洋らんの一種》.

catty *a.* =cattish; 意地が悪い.

catty-corner *ad., a.* =catercorner.

CATV community antenna television 有線テレビ.

catwalk (船・飛行機内などの)狭い通路.

Caucasia コーカサス, カフカス《黒海とカスピ海の間のソ連の一地方》.

Caucasian *a.* コーカサス人の, カフカス人の, コーカサス地方の, カフカス地方の, 白人種の. — *n.* コーカサス人, カフカス人, 白人.

Caucasus =Caucasia; コーカサス《黒海とカスピ海との間の山脈》.

caucus (政党などの)幹部会; 地方政治幹部会.

caudal *a.* *Zool.* 尾の, 尾端部の.

caudate *a.* *Zool.* 尾のある.

caudle (かゆに卵・香料を入れた)滋養飲料.

caul *Anat.* 大網膜.

cauldron =caldron.

cauliflower *Bot.* カリフラワー, ハナヤサイ.

cauliflower ear (ボクサーなどの)つぶれた耳.

caulk *v.* =calk[1].

causal *a.* 原因の, 因果律の.

causality 因果関係, 因果律; 原因作用.

causally *ad.* 原因となって.

causation 原因(力); 因果関係.

causative *a.* 原因となる, 引き起こす(*of*); *Gram.* 使役的な. — *n.* *Gram.* 使役動詞.

causatively *ad.* 原因として; *Gram.* 使役的に.

cause *n.* 原因; もと, 根元; 理由, 動機; 訴訟(の理由); (主張の)目標, 主義, 名分, 運動. **make common cause with** …と協力する, …の味方をする. — *v.* 原因となる, 起こす, きたす; (…に)…させる (*to do*, *to be done*).

cause celebre 有名な訴訟事件.

causeless *a.* 原因のない, いわれのない.

causerie 文芸閑話, 随筆.

causeway, causey *n.* (湿地・水中などに設けた)通路, 土手道, なわて道. — *v.* …に土手道を設ける.

caustic *a.* 腐食性の; 痛烈な, 皮肉な. — *n.* *Med.* 腐食剤.

causticity 腐食性; 辛辣さ.

caustic potash *Chem.* 苛性カリ.

caustic soda *Chem.* 苛性ソーダ.

cauterization *Med.* 焼灼; 灸.

cauterize *v.* *Med.* 焼灼する, 灸をすえる; (良心を)麻痺させる.

caution *n.* 用心, 警戒; 警告, 注意; おどけ者; 驚くべき人, 驚くべき事. — *v.* 警告する.

cautionary *a.* 警戒の, 警告的な.

cautious *a.* 用心深い, 慎重な.

cautiously *ad.* 用心深く, 慎重に.

cavalcade 騎馬行列.

cavalier *n.* 騎士; (婦人に付き添う)だて男;

騎兵; [C-] (英国で Charles 一世時代の) 王
党員. — a. 騎士らしい; 傲慢な; 無頓着な.

cavalierly a. =cavalier. — ad. 騎士らし
く; 傲慢に.

cavalry 騎兵隊.

cavalryman 騎兵.

cavatina (It) *Mus.* カバティナ《短い詠唱
曲》.

cave n., v. 洞穴; (地盤などが)へこむ, 陥没する.
cave in 陥没する; へこむ; 降参する, 屈服する.

caveat 警告; *Law* 手続き差し止め申請.

cave dweller (主に有史前の)穴居人; 高
層アパート居住者.

caveman (石器時代の)穴居人; 粗野な男.

cavern 大きな洞穴.

cavernous a. 洞穴の多い; 洞穴のような; 洞
穴の中で響くような, 窪んだ.

caviar(e) キャビア《チョウザメのはらごの塩漬け》.
caviar(e) to the general 高尚過ぎて俗受
けのしないもの.

cavil v. つまらぬ文句を言う, (無理に)けちをつける
(*at*). — n. つまらぬとがめ立て, あら捜し.

caviler けちをつける人.

cavitation *Mech.* 空洞現象.

cavity 窪み, 穴, うつろ; *Anat.* 腔; (虫歯の)
穴.

cavity wall (空間を挟んだ)二重壁.

cavort v. 跳ね回る.

cavy *Zool.* テンジクネズミ.

caw v., n. かーかー鳴く(声).

cay 砂州; 小島.

cayenne pepper とうがらし.

cayman =caiman.

CB citizens band; county borough. **CBC**
Canadian Broadcasting Corporation. **CBD**
cash before delivery *Com.* 荷取り先現金払い.
CBS Columbia Broadcasting System.
CBW chemical and biological warfare. **cc**
cubic centimeter(s). **CCD** charge coupled

device *Elec.* 電荷転送素子. **CD** compact
disc. **CD-ROM** compact disc read-only
memory. **CE** Civil Engineer. **C.E.**
Church of England.

cease v., n. やむ, やめる, しなくなる, 終わる; 終
止. **without cease** 絶え間なく.

cease-fire 停戦.

ceaseless a. 絶え間ない, 連続の.

ceaselessly ad. 絶えず.

cecal a. *Anat.* 盲腸の.

cecum *Anat.* 盲腸.

cedar *Bot.* ヒマラヤスギ, セイヨウスギ; 杉材.

cede v. (領土を)割譲する; (議論で)譲る.

cedilla *Print.* セディーユ《c を [s] と発音する時
ç のようにその下につける符号》.

ceil v. 天井を張る.

ceiling 天井(板); 最高価格, 最高賃金;
最高額; *Aeronaut.* 上昇限度, シーリング.
hit the ceiling 急に怒り出す.

celandine *Bot.* クサノオウ《ケシ科の植物》.

celebrant (聖餐式やミサ式の)司祭; 祝賀
者.

celebrate v. (儀式・祝典などを)行う; (式
を挙げて)祝う; ほめたたえる; 浮かれ騒ぐ.

celebrated a. 有名な(*for*).

celebration 式典; 聖餐式(執行), ミサ式
(執行); 祝賀(会); 賞揚.

celebrity 名声; 名士.

celeriac *Bot.* 根セロリ.

celerity 迅速.

celery *Bot.* セロリ, オランダミツバ.

celesta *Mus.* チェレスタ《鍵盤楽器》.

celestial a. 空の, 天の; 天上の, 神聖な,
最上の. — n. 天人; [C-] =Chinaman.

celestial equator *Astron.* 天の赤道.

celestial navigation (天体の観測による)
天文航法.

celestial sphere *Astron.* 天球.

celibacy 独身(生活).

celibate *a., n.* 独身の(人).

cell (修 道 院の)個室, 小屋;(刑務所の)独 房;(蜂の巣の)蜜 房; *Elec.* 電池; *Biol.* 細胞; (共 産 党などの)細胞.

cellar 地下室, 穴蔵; 貯蔵ぶどう酒; 最下位.

cellarage 地下室; 穴蔵使用 料 .

cellarer 食 料 品保管 係 .

cellaret(te) 酒類瓶棚.

cell division *Biol.* 細胞分裂.

cellist チェロ奏者, チェリスト.

cello *Mus.* チェロ.

cellophane セロファン.

cellular *a.* 細胞(質)の, 細胞 状 の.

cellulase *Chem.* セルラーゼ.

cellule *Anat.* 小 細胞.

Celluloid *Trademark* セルロイド; [c-] 映画.

cellulose *Biochem.* 繊維素, セルロース.

Celsius *a.* 摂氏の, セ氏の.

Celsius thermometer 摂氏温度計.

Celt ケルト人; [*pl.*] ケルト族.

Celtic *a., n.* ケルト族の; ケルト語(の).

Celticist ケルト語学者, ケルト文化学者.

cembalo *Mus.* =harpsichord, dulcimer.

cement *n.* セメント; 接合剤. ― *v.* セメント で継ぐ, セメントで固める; 結合する, 固める.

cementation セメント結合.

cementite 炭化鉱, セメンタイト.

cementitious *a.* セメント質の.

cementum (歯の)セメント質.

cemetery 共 同墓地, 埋葬地.

cenobite (修 道院に住む)修 道士.

cenotaph (戦死者の)記念碑.

Cenozoic *n., a. Geol.* 新生代(の).

cense *v.* 香をたく.

censer 吊り香炉.

censor *n., v.* 検閲官;(古代ローマの) 監 察官;検閲する.

censorial *a.* 検閲(官)の.

censorious *a.* 口やかましい, 酷 評 する.

censorship 検閲;検閲官の身分, 検閲 官の 職 .

censurable *a.* 非難できる.

censure *n.* 非難, とがめ; 譴 責 . ― *v.* 非難 する, とがめる, 酷 評 する.

census 人 口 調査, 国勢調査.

cent セント《米 国の通貨単位; =$^1/_{100}$ dollar》.

cental =hundredweight.

centaur *Gk Myth.* ケンタウロス《人 頭馬身の 怪 物》.

centaury *Bot.* ヤグルマギク.

centavo センタボ《メキシコ・キューバなどの通貨単 位; =$^1/_{100}$ peso》.

centenarian *a., n.* 百 歳の(人).

centenary =centennial.

centennial *a., n.* 百 年(目)の, 百 年記念 の; 百 年祭.

center *n.* 中 心, 中 央; 中 枢, 核心; 中 心 地;(社会事 業 などの)中 心 施設; … センター;(野 球 などの)センター; *Mech.* センター; *Pol.* 穏健派. **center of gravity** 重 心; (興 味などの)中 心 点. **center of mass** *Phys.* 質 量 中 心, 重心. ― *v.* 中 心 に集まる, 中 心に集める, 集 中 する (*in, at, on, around*).

center bit 回し錐.

centerboard (舟 底に取り付けた)垂下 竜 骨 .

center field *Baseball* 中 堅, センター.

centerfold 中 央見開きページ《ヌード写真な どを載せてある》.

center line センターライン.

centerpiece センターピース《テーブル 中 央に 飾る置物・レースなど》.

centesimal *a.* 百 分法の, 百 進法の.

centesimo チェンテジモ《イタリアの通貨単位; =$^1/_{100}$ lira》.

centigrade *a.* 百 分度の; 摂氏の.

centigram(me) センチグラム.

centiliter センチリットル.

centillion 千の百乗;百万の百乗.

centime (F) サンチーム《フランスの通貨単位; ＝¹/₁₀₀ franc》.

centimeter センチメートル.

centimeter-gram-second system cgs 単位系.

centimo センチモ《スペイン・ベネズエラの通貨単位; ＝¹/₁₀₀ peseta》.

centipede Zool. ムカデ.

centisecond 百分の一秒.

central a. 中心の,中央の;中枢の,主要な;便利な;集中方式の. — n. 電話交換局,(電話)交換手.

Central America 中央アメリカ.

central bank 中央銀行.

central heating セントラルヒーティング.

Central Intelligence Agency (米国の)中央情報局.

centralism 中央集権(制).

centrality 中心であること;求心性.

centralization 中央集権;集中.

centralize v. 中心に集める,中心に集まる,一点に集中する,中央集権化する.

centralized traffic control 列車集中制御.

centrally ad. 中心に,中央に.

central nervous system Anat. 中枢神経系.

central processing unit Computer 中央処理装置.

central (standard) time (米国の)中部(標準)時.

centre n., v. ＝center.

centric a. 中心の.

centricity 中心であること.

centrifugal a. 遠心的な.

centrifugal force Phys. 遠心力.

centrifuge 遠心分離機.

centripetal a. 求心的な.

centripetal force Phys. 求心力.

centrism 中道主義,穏健主義.

centrosome Biol. 中心体.

centum 百.

century 一世紀,百年;百の一組.

century plant Bot. アオノリュウゼツラン.

cephalic a. 頭(部)の.

cephalopod Zool. 頭足動物《タコ・イカなど》.

ceramic a. 陶器の,セラミックの;製陶の,窯業の.

ceramics 窯業,製陶業;陶磁器類.

ceramist, ceramicist 製陶業者,陶工,陶芸家.

Cerberus Gk Myth. ケルベロス《地獄の番犬,頭が三つあり尾は蛇》.

cereal a., n. 穀類の;[pl.] 穀類;シリアル食品《朝食用の穀類加工食品;コーンフレーク・オートミールなど》.

cerebellum Anat. 小脳.

cerebral a. Anat. 大脳の,脳の.

cerebral accident Med. (突然の)脳障害《脳溢血など》.

cerebral death 脳死.

cerebral hemisphere Anat. (大脳)半球.

cerebral palsy Med. 脳性(小児)麻痺.

cerebrate v. 脳を使う;考える.

cerebration 脳作用;思考.

cerebrospinal a. Anat. 脳脊髄の.

cerebrospinal meningitis [fever] Med. 脳脊髄膜炎.

cerebrum Anat. 大脳.

cerecloth 蠟布《死体を包む》.

cerement [pl.] 経帷子.

ceremonial a., n. 儀式の;儀式ばった,正式の;儀式.

ceremonious a. 儀式ばった,形式的な,固苦しい.

ceremony 儀式, 式典; 社交上の形式, 儀礼. **stand on [upon] ceremony** 儀式ばる.

Ceres Rom. Myth. ケレス《農業の女神; ギリシャ神話の Demeter に当たる》.

ceric a. セリウムを含む.

cerise さくらんぼ色.

cerium Chem. セリウム《希土類元素》.

CERN セルン, ヨーロッパ原子核共同研究所.

ceroplastic a. 蠟で型をとった.

cert 確かなこと.

certain a. 確かな, 確信して (of, that), 正確な; 一定の; ある, かなりの. **for certain** 確かに. **make certain** 確かめる (of). — pron. [pl.] 扱い] あるもの (of), いくらか.

certainly ad. 確かに; (返事で) 承知しました, よろしいとも.

certainty 確かな事, 確実性, 必然; 確信. **for [of] a certainty** 確かに, きっと.

certifiable a. 証明できる, 保証できる; 明らかに気の狂った.

certificate n. 証明書; 免許状, 認可証, 認証書, 卒業証明書. — v. 証明書を与える, 免許する.

certification 証明, 保証; 認可; 確認.

certified a. 証明された, 保証された.

certified check 支払い保証小切手.

certified mail 配達証明郵便.

certified milk (殺菌法による)保証牛乳.

certified public accountant 公認会計士.

certifier 証明者.

certify v. (文書で) 証明する; 保証する.

certitude 確信; 確実.

cerulean a. 空色の.

cerumen 耳垢.

Cervantes セルバンテス. **Miguel de Cervan-** tes (1547–1616) スペインの作家.

cervical a. Anat. (子宮)頸部の.

cervicitis Med. 子宮頸管炎.

cervine a. 鹿の(ような).

cervix Anat. (子宮)頸部.

cesium Chem. セシウム《金属元素》.

cessation 中止, 休止.

cession 割讓, 讓渡.

Cessna セスナ(機).

cesspool 下水溜め.

cetacean n. Zool. クジラ類. — a. ＝cetaceous.

cetaceous a. Zool. クジラ類の.

ceteris paribus (L) 他の条件が同じならば.

cet. par. ceteris paribus.

cevitamic acid Biochem. セビタミン酸《ビタミン C》.

Ceylon セイロン《インド南方の島; スリランカ共和国をなす》.

Ceylonese a. セイロン(人)の. — n. セイロン人.

CG center of gravity; coast guard.

Chablis シャブリ《フランス産白ぶどう酒》.

cha-cha Mus. チャチャチャ《ダンス曲》.

chaconne Mus. シャコンヌ($^3/_4$ 拍子の舞曲).

Chad チャド《アフリカ中部の共和国》.

chador チャドル《インド・イランで女性がベール・ショールとして用いる布》.

chafe v. (暖めるために)こする; すりむく; (河流などが)激しく当たる; いらいらする (at, under); 苛立たせる. — n. すり傷(の痛み).

chafer Entom. コガネムシ.

chaff[1] 籾殻; (馬にやる)切りわら, まぐさ; 無価値な物, がらくた.

chaff[2] n., v. からかい, ひやかし; からかう.

chaffer v. けちに値切る.

chaffinch Ornith. ズアオアトリ.

chaffy a. 籾殻の多い; 無価値な.

chafing dish こんろ付き卓上鍋.

chagrin n., v. くやしさ, 無念; くやしがらせる, 残念がらせる.

chain n. 鎖; 連鎖, つながり, 連続; [pl.] 捕縛の鎖; 束縛, きずな; 速鎖料; (測量の)チェーン(＝66 ft). ━━ v. 鎖でつなぐ, 連結する; 束縛する.

chain bridge 鎖吊り橋.

chain gang 一鎖につながれた囚人たち.

chain letter 連鎖手紙,「幸福の手紙」.

chain mail 鎖鎧.

chain-react v. 連鎖反応する.

chain reaction *Phys.* 連鎖反応.

chain saw チェーンソー, 鎖のこ.

chain-smoke v. 続けざまにたばこを吸う.

chain smoker 続けざまにたばこを吸う人.

chain stitch 鎖編み, 鎖縫い.

chain store チェーンストア.

chair n. 椅子; ＝electric chair; 講座; 教授の地位; 議長席, 会長席, 司会者席, 議長職, 会長職, 司会者職. **take the chair** 議長席に着く, 司会する; 教授になる. ━━ v. 椅子に着かせる, 権威に着かせる; 議長をする, 司会をする.

chair lift (スキー場などの)リフト.

chairman 議長, 座長, 司会者, 委員長, 社長, 重役.

chairmanship chairman の地位, chairman の任期; 議長としての手腕.

chairperson 議長.

chairwoman 女性の chairman.

chaise 幌付き二輪軽馬車.

chaise longue (F) 長椅子.

chalaza *Zool.* 卵帯, カラザ.

chalcedony *Mineral.* 玉髄.

chalcopyrite *Mineral.* 黄銅鉱.

Chaldea カルデア(バビロニア南部地方の古名).

Chaldean a., n. カルディアの; カルディア人, カルディア語.

chalet シャレー(スイス山中の田舎家); シャレー風の住宅や別荘.

chalice 聖餐杯; 杯形の花; 杯.

chalk n. チョーク(質), 白亜; 白墨. **by a long chalk＝by long chalks** はるかに. ━━ v. チョークで書く, チョークで記す. **chalk out** 輪郭を描く, 設計する. **chalk up** (得点を)記録する.

chalkboard 特に明るい色の黒板.

chalk-talk 黒板を用いてする講演.

chalky a. チョーク質の; チョークのように白い.

challenge n. 挑戦, 決闘の申し込み; 難題; (番兵の呼び止め), 誰何; 異議, 反対; *Law* 忌避; *Med.* 誘発(試験). ━━ v. 挑む, (試合・討論などを)申し込む; (注意などを)促す, 求める; (番兵が)呼び止める, 誰何する; 異議を唱える, 反対する; *Law* 忌避する.

challenger 挑戦者; *Law* 忌避者.

challenging a. 興味をそそる; やりがいのある; 骨の折れる, 困難な.

challis 薄地の婦人服地.

chamber 会議室; 議院; (動植物体内の)小室, 穴; (銃の)薬室; 部屋, 室, 寝室; [pl.] 弁護士事務所, 判事室. **chamber of commerce** 商業会議所. **lower chamber** 下院. **upper chamber** 上院.

chamberlain 式部官, 待従; 家令.

chambermaid (ホテルなどの)女中.

chamber music 室内楽.

chamber pot 便器.

chambray シャンブレー織り.

chameleon *Zool.* カメレオン; 気まぐれな人, 無節操な人.

chamfer n., v. (石材・木材の)角を落とした斜面, 面; 角を取る, 面取りする, 溝を彫る.

chamois *Zool.* シャモア(南欧・コーカサス産レイヨウの一種); もみ革, セーム革.

chamomile *Bot.* カミルレ(キク科の草花; 薬草).

champ[1] *v.* (馬が)ぼりぼり食う，ばりばりかむ．

champ at the bit いらいらする．

champ[2] =champion.

champagne シャンパン．

champaign 平野，平原；[*a.*] 平原の．

champignon シャンピニオン《食用キノコ》．

champion *n.* 闘士，(主義などの)擁護者，代表者；(競技の)優勝者，選手(権保持者)，チャンピオン，最優秀品．— *a., ad.* 優勝した；一流の，すてきな，すてきに．— *v.* (主義などのために)戦う，擁護する．

championship 選手権．

chance *n.* 機会，好機；偶然，運，はずみ；望み，見込み，勝算，可能性．**by chance** 偶然に．**on the chance of** …かと思って．

take a chance 一か八かやってみる．**take one's chance** 運に任せてやってみる．— *a.* 偶然の．— *v.* 偶然起こる；運に任せる，やってみる．**chance on [upon]** 偶然出会う；発見する．

chancel (教会堂の)内陣，聖所．

chancellery chancellor の事務所；大使館事務局．

chancellor (大蔵)大臣の称号；(ドイツの)首相；(大学の)総長．**Chancellor of the Exchequer** 大蔵大臣．**Lord (High) Chancellor** 大法官．

chancellorship chancellor の地位，chancellor の任期．

chancellory =chancellery.

chance-medley *Law* 過失殺人．

chancery [C-] 大法官庁；衡平法裁判所．

chancre *Med.* 下疳．

chancroid *Med.* 軟性下疳．

chancy *a.* 偶然の；危なっかしい．

chandelier シャンデリア．

chandler (蠟燭・油・石鹼などを売る)荒物屋．

chandlery 荒物；雑貨店．

change *n.* 変化，変遷，変更，取り替え，転換，交替；転地；乗り換え；両替銭，釣銭，小銭；[C-] 取引所．**change of air** 転地．**change of life** 更年期．**change of pace** =change-up．**for a change** 変化をもたらすために，気分を変えるために，転地に．**ring the changes** 一組の鐘をいろいろに鳴らす；種々方法を変えてやってみる．— *v.* 変える，変わる(*to, into*)，改める；取り替える，交換する；両替する，着替える，乗り換える．

changeability 変わりやすさ．

changeable *a.* 変えられる；変わりやすい．

changeful *a.* 変化に富んだ；変わりやすい．

changeless *a.* 変化のない，一定不変の．

changeling 取り換え子．

changeover 転換，(内閣などの)改造．

change-up *Baseball* チェンジアップ．

changing room (スポーツ用の)更衣室．

channel *n.* 海峡；水路，水道；径路，道筋；流床，河底；(敷居などの)溝；*Broadcast* チャンネル《周波帯》；*Computer* チャンネル《通信路》；(テープの)記録帯；[*pl.*] 伝達経路．**the (English) Channel** イギリス海峡．— *v.* 水路を開く；溝を掘る；導く．

Channel Islands チャネル諸島《イギリス海峡の英領諸島》．

channelize *v.* =channel.

chanson シャンソン．

chant *n.* 歌，聖歌；詠唱口調，詠唱．— *v.* (聖歌を)歌う；繰り返し唱える；ほめたてる．

chanter 詠唱者，聖歌隊のリーダー．

chantey, chanty (水夫が錨を揚げる時に歌う)はやし歌．

chanticleer おんどり．

chantry 寄進；礼拝堂．

chaos (天地創造前の)混沌；混乱(状態)，無秩序，カオス．

chaotic *a.* 混沌とした．

chap¹ 奴, 男.

chap² *n., v.* [*pl.*] ひび, あかぎれ; ひびを切らす, あかぎれを切らす, ひびが切れる, あかぎれが切れる.

chap³ [*pl.*] (動物の)あご, ほお.

chaparajos (カウボーイの)革ズボン.

chaparral (北米南西部の)やぶ.

chapbook 呼び売り本《俗謡・物語などの小冊子》.

chapeau 帽子.

chapel (学校・営舎などの)付属礼拝堂, チャペル; (礼拝堂での)礼拝式; (英国国教会以外の)教会堂.

chaperon(e) *n., v.* シャペロン《若い婦人が社交界へ出るときの付き添い》; 付き添う.

chaperonage 付き添い.

chapfallen *a.* しょげている.

chaplain chapel 付き牧師; 従軍牧師; (刑務所の)教戒師.

chaplaincy chaplain の職.

chaplet 頭飾りの花輪, 花かずら; *Rom. Cath.* 小数珠.

Chaplin チャップリン. Sir **Charles Spencer Chaplin** (1889–1977) 英国生まれの喜劇映画俳優・監督.

chaps =chaparajos.

chapter (書物の)章; 部門; (人生・史上の)一期; (事件などの)一続き (*of*); *Relig.* 参事会, (騎士団などの)総会; (組合・クラブなどの)支部. **chapter and verse** (引用句の)出所. **to the end of the chapter** 最後まで.

chapter house (Cathedral 付属の)参事会会議室; 学友会館.

char¹ *v.* 炭に焼く, 炭になる, 焦がす. — *n.* 木炭.

char² *Ichthy.* イワナの類.

char³ 茶.

char⁴ [*pl.*] (家の)雑用; =charwoman. — *v.* (日雇いで)家庭の雑用をする.

charabanc 大型遊覧バス, シャラバン.

character 人格, 性格, 品性; 特質, 特性, 性質, 種類; 人物; 評判, 名声; (小説・劇の)人物, 役; 変人; (前雇い主が使用人に与える)人物証明書; 身分, 資格; 文字, 字体; 符号; *Biol.* 形質. **in character** 柄に合って, 適任で. **out of character** 柄に合わないで, 不適任で.

character actor 性格俳優.

character actress 性格女優.

characteristic *a., n.* 特有の, 特色を表す (*of*); 特質, 特徴.

characteristically *ad.* 特色を表して, 独特に; その人や物の特徴を表すように.

characterization 特性づけ; 性格描写.

characterize *v.* 性格や特質を示す, 性格や特質を描写する, 性格づける, 特色づける, 規定する.

characterless *a.* 特徴のない, ありふれた.

charade ジェスチャーゲーム.

charcoal 木炭.

charcoal gray チャコールグレー.

chard *Bot.* フダンソウ, トウヂシャ.

chare *n., v.* =char⁴.

charge *v.* (買い物を)つけにする; (料金・代金などを)請求する; 非難する; 告発する (*with*); (責任などを)負わせる, (任務などを)託す (*with*); 充電する; (火器に弾丸を)詰める; 突撃する. — *n.* 料金, 費用; 非難, 告発; 責任, 義務, 管理; 受け持っている物, 受け持っている人; 装薬, 充電; 突撃(らっぱ); 命令; スリル; 性的興奮. **bring a charge against** …を告発する. **give in charge** 警察に引き渡す. **in charge of** …を預かって, …に預けられて; …の係の. **on charges of** =on the [a] **charge of** …のとがで, …の罪名で. **take charge of** …を預かる, 引き受ける.

chargeable *a.* (責任・罪・費用・税などを)負わせられる, 課せられる.

charge account 掛け売り勘定.

charge card [plate] クレジットカード.

chargé d'affaires 代理大使, 代理公使.

charger n. 充電器; 突撃者; 挿弾子;（将校用）乗馬.

charge sheet （警察の）事件簿.

charily ad. 用心深く; 惜しそうに.

chariness 用心深さ; 物惜しみ.

chariot n. （古代ギリシャ・ローマの）戦車. —v. 戦車を駆る.

charioteer 戦車御者.

charisma Theol. カリスマ;（神から授かった）才能;（大衆の支持を得る）非凡な能力, 信服力.

charitable a. 慈悲深い, 情け深い, 寛大な; 慈悲活動の.

charity 慈悲, 博愛, 哀れみ, 寛容; 慈善, 施し; [pl.] 慈善事業. **(as) cold as charity** 非常に冷淡な. **charity begins at home** 愛はまず自分の家から.

charivari どんちゃん音楽, どんちゃん騒ぎ.

charlatan やし, 山師, にせ医者.

charlatanism, charlatanry いんちき, 大ぼら.

Charlemagne カール（大帝）, シャルルマーニュ《742-814; フランク王国の王; 神聖ローマ帝国初代皇帝》.

Charles's Wain Astron. 北斗七星.

Charleston チャールストン《ダンスの一種》.

charley horse 筋肉痛.

charlock Bot. ノハラガラシ.

charlotte シャルロット《果物・クリームなどをパンに包んだプディング》.

charlotte russe シャルロットリュス《カスタード入りケーキ》.

charm n. 魅力; まじない; 魔除け, お守り; 魔力; [pl.] 愛敬. **work like a charm** みごとに成功する. —v. 魔法にかける, 魔力で…させる; 魅する, 喜ばせる;（蛇を）訓練して使う.

charmer 魅力のある女, 魅力のある人; 魔

charming a. 魅力的な, 惚れ惚れする, 美しい, チャーミングな, 楽しい, 面白い.

charm school チャームスクール《女性に美容法や礼儀作法, 教養などを教える》.

charnel 納骨堂.

Charon Gk Myth. カロン《三途の川の渡し守》.

chart n., v. 海図;（各種）図表; chart を作る, chart に示す.

chartbuster ベストセラーのレコード.

charter n. （国際連合などの）憲章;（自治都市・組合など作る）勅許; 特許状; 特権; 用船契約（書）, チャーター. **Great Charter** =Magna Charta. **People's Charter** Brit. Hist. 人民憲章. —v. 特許状を与える;（船・飛行機などを）借りる, チャーターする.

Charter 77 憲章77《チェコスロバキアで人権擁護・言論の自由を要求した宣言》.

chartered accountant 公認会計士.

charter flight チャーター便.

charter member 創立委員.

charter party 用船契約（書）.

chartreuse シャルトルーズ《一種のリキュール》.

charwoman （家庭の雑用をする日雇い）派出婦.

chary a. 用心深い, 遠慮がちな (of); 惜しむ (of).

Charybdis カリュブディス《イタリア本土とSicily島間の大渦巻き》.

chase[1] v. 追いかける, 追跡する; 狩る, 追う, 追い払う; 急ぐ, 突進する; しつこくいよる. —n. 追跡, 追撃, 追求; 狩り; 追われる船;追われる獣など;（映画の）追跡シーン. **give chase to** …を追う.

chase[2] v. （金属に）打ち出し模様を施す.

chase[3] 溝; Arch. （壁面の）縦溝.

chaser[1] 追跡者; 猟師; 追撃機; 追撃砲; チェーサー《強い酒のあとに飲む水や弱い酒》.

chaser[2] 彫金師.

chasm (岩などの)深い割れ目;隙き間,(感情・意見の)隔たり,不和.

chassis [pl.] シャシー《自動車の車台・飛行機の胴体かまち・ラジオの組み立て台など》;砲車,砲架;(女の)からだ.

chaste a. 貞節な,純潔な;上品な,純粋な;簡素な.

chasten v. 懲らす;(文などを)洗練する;抑制する.

chastise v. 折檻する.

chastisement 懲らしめ,折檻.

chastity 貞節;純潔,清純.

chastity belt 貞操帯.

chasuble (ミサに着る)上祭服.

chat v., n. 打ち解けて語る(談話),談笑(する).雑談(する). **chat up**(男が)女性に甘い言葉をかける.

château (フランスの)城,大邸宅.

chatelaine 女城主.

chat show(有名人との)インタビュー番組.

chattel Law 動産;[pl.] 家財.

chatter v. ぺらぺらしゃべる;(鳥が)ちーちー鳴く;(猿が)きゃっきゃっ鳴く;(川が)さらさら流れる;(歯・機械などが)がたがたいう. — n. おしゃべり;(鳥・猿などの)鳴き声;(小川の)せせらぎ;(歯などの)がたがたいう音.

chatterbox おしゃべり屋.

chatty a. おしゃべりな,打ち解けた.

Chaucer チョーサー. **Geoffrey Chaucer**(1343?-1400)英国の詩人.

Chaucerian a. チョーサーの. — n. チョーサー研究家.

chauffeur n., v. (自家用車の)お抱え運転手(を務める).

chautauqua 野外文化講習会,夏季講習会.

chauvinism 熱狂的愛国主義,極端な差別心. **male chauvinism** 極端な男性優越主義.

chauvinist 熱狂的愛国者.

chaw v., n. かむ(こと);ひとかみ(の量).

cheap a. 安い;低落した;安っぽい,つまらない;けちな. **feel cheap** しょげる,恥じる. **hold a person cheap** …を見くびる. **on the cheap** 安く,安っぽく. — ad. 安く.

cheapen v. 安くする,安くなる;軽んじる.

cheap-jack[-john] 安売り商人.

cheaply ad. 安く,安っぽく.

cheap shot 卑劣な言動.

cheapskate けちん坊.

cheat v. 欺く,ごまかす;ごまかして取る(a man (out) of a thing);(退屈などを)紛らす;浮気する(on). — n. ずる,ごまかし,カンニング,詐偽;ぺてん師.

check n. 阻止,妨害;抑制;止め具,制止者;引き合わせ(の ✓ 印),チェック,検査;チッキ,合札;チェック,小切手,伝票;賛成,了解. — v. 阻止する,妨害する,抑制する;調査する,引き合わせる,チェックする(with);(荷物を)一時預かりにする;小切手を振り出す,小切手を振り込む. **check in** (ホテルで)所定の用紙に記帳する,チェックインする;出勤する. **check off** 引き合わせ済みの印をつける;(組合費を)天引きする. **check out** (ホテルで)勘定を支払って出る,チェックアウトする;退出する. **check over** 調べる. **check up** 照合する;調べる(on).

checkbook 小切手帳.

check card (銀行発行の)クレジットカード.

checker n. 碁盤縞,格子縞;[pl.] チェッカー. — v. 碁盤模様にする;交錯させる,変化をもたせる.

checkerboard チェッカー盤.

checkin (ホテルなどの)宿泊手続き,チェックイン;(空港での)搭乗手続き.

checking account 当座預金.

checklist (雑誌・図書の)チェックリスト;一覧表.

checkmate *n.* (チェスの)王手詰め; (事業 の)行き詰り, 失敗. — *v.* 王手詰めにする; 行き詰まらせる.

checkoff (給料からの)組合費の天引き, チェックオフ.

checkout 点検; (ホテルなどの)勘定 を払って出ること, チェックアウト, その時刻; (スーパーマーケットの)カウンター.

checkpoint (車 などの)検問所.

checkrein 止め手綱.

checkroom 物品一時預かり所.

checkup 調査, 照合, 検康診断.

Cheddar (cheese) チェダーチーズ《英国産》.

cheek *n.* 頬; 生意気(な言葉); 尻. **cheek by jowl** ぴったりくっついて; 親密に (*with*). — *v.* (目上の人に)生意気なことを言う.

cheekbone 頬骨.

cheeky *a.* 生意気な, 厚かましい.

cheep *v., n.* ぴよぴよと鳴く(声).

cheer 気分, 気嫌, 元気; 激励, 声援, 歓呼, 喝采; [*pl.*] 乾杯!; 御馳走. **make good cheer** 愉快に御馳走を食べる. — *v.* 喝采する, 声援する (*on*); 励ます, 慰める; 元気づける, 元気づく (*up*).

cheerful *a.* 機嫌のいい, 元気のいい; 朗らかな, 愉快な, 気持ちのいい.

cheerfully *ad.* 元気よく; 楽しく.

cheerily *ad.* 元気よく.

cheeriness 上機嫌.

cheerio *int.* 御機嫌よう; 乾杯.

cheerleader 応援団員, チアリーダー.

cheerless *a.* 嫌な, 陰気な, わびしい.

cheery *a.* 愉快な, 陽気な, 元気な, 快活な.

cheese[1] 一級品, すばらしいもの; 魅力的な女 (の子); 親分, ボス.

cheese[2] *v.* やめる, よす; 悩ます.

cheese[3] チーズ; ほほえみ; (写真撮影時の)チーズ **green cheese** 生チーズ. **say cheese** はいチーズと言って, はいチーズと笑って《写真を撮る時に》.

cheeseburger チーズバーガー.

cheesecake チーズケーキ; 扇情的な美人写真.

cheesecloth ガーゼに似た綿布.

cheesed *a.* うんざりする.

cheeseparing けちなもの; けち, 吝嗇.

cheesy *a.* チーズ質の; けちな, つまらない.

cheetah *Zool.* チータ.

chef (F) コック長, シェフ.

chef d'oeuvre 傑作.

Chekhov チェーホフ. **Anton Pavlovich Chekhov** (1860–1904) ロシアの劇作家.

chela *Zool.* (カニ・エビなどの)はさみ.

chemical *a.* 化学の, 化学的な. — *n.* [*pl.*] 化学薬品.

chemical engineering 化学工業.

chemically *ad.* 化学的に.

chemical warfare 化学戦.

chemise シュミーズ.

chemisette シュミゼット《首や胸の部分に飾り布のついた袖なしのブラウス》.

chemist 化学者; 薬剤師, 薬屋.

chemistry 化学; (人の)相性 (*between*).

chemotherapeutic(al) *a.* 化学療法の.

chemotherapy *Med.* 化学療法.

chemurgy 農産化学.

chenille シュニール糸.

cheongsam チョンサン《襟高でスカートにスリットの入った中国女性服》.

cheque 小切手.

chequer *n., v.* =checker.

cherish *v.* 大事にする, かわいがる, いつくしみ育てる; (希望・恨みなどを)抱く, 懐しむ.

Cherokee チェロキー族《Oklahoma 州に住むインディアン》.

cheroot 両切葉巻きたばこ.

cherry サクランボ; サクラ(の木); さくらんぼ色, 鮮紅色; 処女膜, 処女性. **lose one's**

cherry 処女を失う.

cherry brandy チェリーブランデー.

cherry pie チェリーパイ; Bot. ヘリオトロープ, キダチルリソウ.

cherrystone サクランボの種.

chersonese 半島.

cherub ケルビム《第二位の天使》; ケルビムの絵《翼のある美しい子供の絵》; 太って愛らしい幼児.

cherubic a. 天使のような; 純真な; 太って愛らしい.

chervil Bot. チャービル《パセリの類》.

Cheshire cat n. grin like a Cheshire cat にやにや笑う.

chess チェス, 西洋将棋.

chessboard チェス盤.

chessman チェスの駒.

chest (蓋付き)大箱, 櫃, 長持ち; 胸部, 胸; (公共施設の)金庫; 資金. chest of drawers 簞笥.

chesterfield 長椅子の一種; チェスターフィールド《隠しボタン・ビロードの襟付きオーバー; 男子用》.

chestnut n. クリ(の実, 木); トチ; 栗色(の馬); 古臭い洒落. — a. 栗色の, 栗毛の.

chest voice Mus. 胸声.

chesty a. 胸の大きい, うぬぼれた.

cheval glass 姿見(鏡).

chevalier (中世の)騎士; (フランスの)勲爵士.

cheviot チェビオット羊毛織物(に似た綿布)《英国の Cheviot Hills 産》.

chevron (腕章・装飾・紋章などの)山形(∧).

chew v. よくかむ, よくかんで食べる; (かみたばこを)かむ; よくよく考える (on, over); ひどく叱る (out).
chewed up 心配した. — n. よくかむこと; かむもの, かみたばこ.

chewing gum チューインガム.

chi キー《ギリシャ字母の第22字; X, χ》.

Chianti キャンティー《イタリア産赤ぶどう酒》.

chiao 角《中国の通貨単位》.

chiaroscuro Fine Arts (絵の)明暗の対照.

chic n., a. 粋(な), シック(な).

Chicago シカゴ《米国 Illinois 州の都市》.

Chicagoan シカゴの人.

chicana n., a. メキシコ系アメリカ女性(の).

chicane n., v. ごまかし; ごまかす, 策略を用いる.

chicanery ごまかし(議論), 言い逃れ.

Chicano n., a. チカーノ《メキシコ系アメリカ人》; チカーノの.

chichi a. けばけばしい; 粋な.

chick ひよこ; 子供, 娘.

chickadee Ornith. アメリカコガラ.

chicken n. 鶏; (鶏の)ひな; ひな鶏の肉, 鶏肉; 腰抜け, 意気地無し; かわいい娘.
count one's chickens before they are hatched 捕らぬ狸の皮算用をする.
— a. 臆病な. — v. 腰を抜かす.

chicken-and-egg a. 鶏が先か卵が先かという論争の.

chicken feed 小銭.

chicken hawk Ornith. 鶏を捕って食うタカ.

chickenhearted, chickenlivered a. 気の弱い, 臆病な.

chicken pox Med. 水痘.

chicken wire 金網.

chick-pea Bot. ヒヨコマメ《食用》.

chickweed Bot. ハコベ.

chicle チクル《チューインガムの原料》.

chicory Bot. チコリー, キクニガナ.

chide v. 叱る.

chief n. 首領, かしら, 支配者; 酋長, 族長; 長官, …長; 主要なもの. chief of staff 参謀長. chief of state 元首. in chief 首位にある, 最高の, 長官の.

— *a.* 第一の; 主要な.

chief inspector 警部.

chief justice 裁判長.

chiefly *ad.* 主として.

chieftain 首領, かしら; 族長.

chieftaincy, chieftainship chieftain の地位.

chiffon (F) シフォン《紗のような絹布》; 婦人服の飾りレース.

chiffonier 鏡台付き簞笥.

chigger *Zool.* ツツガムシ.

chignon 後頭部の束髪.

Chihuahua チワワ《メキシコ産の小犬》.

chilblain [*pl.*] 霜焼け, 凍傷.

child 子供, 児童; [一般的に] 子; 赤ん坊, お腹の子; [*pl.*] 子孫;《子供のような》未熟者, 弟子; 所産. **with child** 妊娠して.

child abuse 児童虐待.

child-battering 児童虐待行為.

childbearing 出産.

childbed 産の床, お産.

childbed fever *Med.* 産褥熱.

childbirth 分娩.

childhood 幼少, 幼時, 幼年期.

childish *a.* 子供らしい, 子供じみた, 幼稚な.

childishly *ad.* 子供らしく; 幼稚に.

child labor 《違法の》児童労働.

childless *a.* 子供のない.

childlike *a.* [よい意味で] 子供のような, 無邪気な.

childproof *a.* 子供に安全な.

child's play 造作ないこと; たかが知れたこと.

chile, chili チリ《辛味性の強いとうがらし》.

Chile チリ《南米の共和国》.

chili sauce チリソース《チリその他の香辛料入りトマトソース》.

chill *n.* 寒気, 冷気; 寒け, 悪寒; 冷淡, 失意. — *a.* 冷たい; 冷ややかな, 冷淡な. — *v.* 冷やす, 冷える; 意気をくじく; ぞっとさせる.

chilled *a.* 《肉が》冷蔵した.

chiller スリラー.

chilli =chili.

chilliness 冷気; 冷淡.

chilly *a.* 冷え冷えする; 冷淡な.

chimaera =chimera.

chime *n.* 《調音した》一組の鐘, チャイム; [*pl.*] 組鐘, 鐘楽; 調和; 一致. — *v.* 鐘楽を奏する;《鐘・時計が》美しい調子で鳴る, 鐘で知らせる, 鐘で呼ぶ; 一致する. **chime in** 口を挟む; 調子を合わせる, 一致する《*with*》.

chimera [C-] *Gk Myth.* キメラ《頭はライオン, 胴はヤギ, 尾はへびで火を吹く怪獣》; 途方もない考え, 妄想.

chimeric(al) *a.* 非現実的な; 空想的な.

chimney 煙突《状の物》;《ランプの》ほや; *Mountaineering* チムニー《岩壁の縦の裂け目》.

chimney corner 炉隅.

chimneypiece =mantelpiece.

chimney pot 煙突頂部の通風管.

chimneystack 《工場の》大煙突.

chimney sweep 煙突掃除人.

chimp チンパンジー.

chimpanzee *Zool.* チンパンジー.

chin 顎さき. **keep one's chin up** 気を落とさずがんばる. **take it on the chin** 負ける, ひどい目に会う.

china *n., a.* 陶磁器, 瀬戸物(の).

China 中国.

china clay カオリン《粘土鉱物》.

China syndrome 中国症候群《原子炉の炉心溶融による原発事故》.

Chinatown 中国人街.

chinaware 瀬戸物.

China watcher 中国問題専門家.

chinbone 下顎(骨).

chinch *Entom.* トコジラミ.

chinchilla *Zool.* チンチラ《南米産》; チンチラ毛皮.

chine 背骨(肉); (山の)背, 尾根.

Chinese a., n. 中国の; 中国語; 中国人.

Chinese cabbage Bot. 白菜.

Chinese checkers ダイヤモンドゲーム.

Chinese lantern (紙張り)ちょうちん.

Chinese puzzle 難解なパズル, 判じ物; 難問題.

Chinese white 亜鉛白.

Ching 清《中国の王朝 (1644–1912)》.

chink[1] n., v. ちりん, ちんちん(鳴る, 鳴らす).

chink[2] (細い)裂け目, 隙き間.

chinless a. 気の弱い.

chin music おしゃべり.

chino 綾織りカーキ色服地《軍服用》.

Chinook チヌーク族《米国北西部のインディアン》; [c-] Meteor. チヌーク風.

Chinook Jargon 通商英語の一種《チヌーク語にフランス語・英語などが混じったもの》.

chinstrap 顎紐.

chintz チンツ《厚地サラサ》.

chintzy a. 派手で俗っぽい.

chin-up 懸垂(運動).

chin-wag n., v. おしゃべり(する).

chip v. そぐ, 削る (off); (芋などを)薄く切る, 切って揚げる; (陶器などが)欠ける; からかう. **chip in** …に口を出す, 寄付する, 批評を加える. — n. 木片, こっぱ; (帽子・箱などを作る)経木; (陶器の)かけら, 欠け傷; [pl.] ポテトチップ, (りんごなどの)切り干し; Electronics チップ. **cash in one's chips** 死ぬ. **chip off the old block**(気性などが)父親にそっくりの子. **when the chips are down** いざというときは.

chip basket 編み籠.

chipmunk Zool. シマリス.

chipped beef 薄切りの燻製牛肉.

Chippendale a. (家具が優雅な)チペンデール風の.

chipper a. 元気な, 快活な.

chippings 切り屑.

chippy a. 面白くない; (二日酔いで)気分が悪い, 怒りっぽい.

chip shot Golf チップショット《手首の運動で球を短く打つこと》.

chirk v. 元気づく, 元気づける.

chirographer 書家.

chirography 書法, 書体.

chiromancy 手相術.

chiropodist 足治療専門医.

chiropractic 背骨指圧療法, カイロプラクティック.

chiropractor 背骨指圧治療師.

chirp v., n. ちゅーちゅー鳴く(声).

chirpy a. 快活な.

chirr v., n. (こおろぎなど)鳴く(声).

chirrup v., n. ちゅっちゅっと鳴く(声); (馬・乳児などを励まして)ちゅっちゅっという(声).

chirrupy a. 陽気な, おしゃべりな.

chisel n., v. のみ(で彫る); だます.

chiseler 詐欺師, ぺてん師.

chit[1] 幼児; (生意気な)小娘.

chit[2] (短い)手紙, 報告; (店の)請求伝票.

chitchat 雑談, 世間話.

chitin キチン質《カニなどの甲を作る成分》.

chitterlings (豚などの)食用小腸.

chivalrous, chivalric a. 中世騎士的な, 勇敢で思いやりのある, 礼儀正しい; 騎士道時代の.

chivalry (中世)騎士制度; 騎士道(精神).

chive Bot. チャイブ, エゾネギ; [pl.] エゾネギの薬味.

chiv(v)y n. 狩り, 追跡. — v. 狩り立てる; うるさく悩ます.

chloral Chem. クロラール《麻酔剤》.

chloramphenicol Chem. クロラムフェニコール《抗生物質》.

chlorate Chem. 塩素酸塩.

chlorella Bot. クロレラ《緑藻の一種》.

chloride *Chem.* 塩化物. **chloride of lime** さらし粉.

chlorinate *v. Chem.* 塩素で処理する.

chlorination *Chem.* 塩素処理.

chlorine *Chem.* 塩素.

chloroform *n., v. Pharm.* クロロホルム(で麻酔をかける).

Chloromycetin *Trademark* クロロマイセチン《chloramphenicol の商品名》.

chlorophyl(l) 葉緑素.

choc =chocolate.

chock *n., v. Naut.* チョック, 止め木, くさび(で止める).

chockablock *a. Naut.* (上下滑車が)ぴったり引き寄せられた; ぎっしり詰まった.

chock-full *a.* ぎっしり詰まって.

chocolate *n., a.* チョコレート; チョコレート色(の).

Choctaw チョクトー族《アメリカインディアンの一種族》; ちんぷんかんぷん.

choice *n.* 選択; 好み, より取り; 選択の機会, 選択権; 選んだ人, 選んだ物, えり抜き, 粋(of). **at choice** 好き勝手に. **from choice** みずから進んで. **have no choice but to** (go) (行く)よりほか仕方がない. — *a.* えり抜きの, 優良の, 精選の.

choir *n.* (教会の)聖歌隊(席), 合唱団. — *v.* 合唱する.

choirboy 聖歌隊少年歌手.

choke *v.* むせばせる, 窒息させる, 窒息する; 息づまる; ふさく, 詰まらせる; (感情を)抑える. **choke back** 抑える, 止める. **choke down** くっと飲み込む; (感情を)抑える. **choke off** 止めさせる; 思いとどまらせる; 叱る. **choke up** ふさく, 詰める; (雑草などが茂って他の植物を)枯らす; (びっくりして)口がきけなくなる. — *n.* むせび, 窒息, 閉塞; *Mech.* チョーク, 絞り; 刑務所.

chokedamp (坑内の)窒息ガス.

choker 息を止めるもの; チョーカー《のどにぴったりつける首飾り》.

choky, chokey *a.* 息詰まる. — *n.* 刑務所.

cholecystitis *Med.* 胆囊炎.

cholera *Med.* コレラ.

choleric *a.* 胆汁質の; 怒りっぽい.

cholesterol *Biochem.* コレステロール.

Chomsky チョムスキー. **Noam Chomsky** (1928–) 米国の言語学者《変形文法の祖》.

choochoo 汽車ぽっぽ.

choose *v.* 選ぶ, 選択する; 選挙する; (…する)気になる, 欲する (to do). **cannot choose but** (do) (…せ)ざるを得ない.

choosy, choosey *a.* えり好みする, 気難しい.

chop *v.* (斧などで)叩き切る, ちょん切る; (肉など を)刻む; (道を)切り開く; (風が)急に変わる (about, round). **chop and change** (心が)たびたび変わる. **chop logic** 理屈をこねる. — *n.* 切断面; 厚切りの肉《通例骨つき》; =chap[2].

chophouse (肉を出す)小料理店.

Chopin ショパン. **Frederic François Chopin** (1810–49) ポーランド生まれの作曲家.

choplogic *n., a.* こじつけの論議(の), へ理屈(の).

chopper 肉切り包丁; ヘリコプター; (入れ)歯.

chopping *a.* (子供が)丈夫な.

choppy *a.* (風が)変わりやすい; (海が)小波の立つ; 変動の多い.

chops 顎, 頬; 口; (港・峡谷などの)入り口.

chop-stick [pl.] 箸.

chop suey チャプスイ《米国式の中国料理で肉や野菜の炒め煮》.

choral *a., n.* 聖歌隊の, 合唱の; =chorale.

chorale 合唱曲, 合唱; 聖歌.

choral speaking 唱和, シュプレヒコール.

chord 心の琴線; *Math.* (円の)弦; *Mus.* 和音.

chore (家庭の)雑用, 小仕事; 嫌な仕事.

chorea *Med.* 舞踏病.

choreographer 振り付け師.

choreography バレエ編成法, バレエ振り付け法; バレエ舞踊術.

chorine =chorus girl.

chorister 聖歌隊員(のリーダー).

chorography 地方地誌; 地勢図.

chortle *v., n.* (得意気に)笑う; 高笑い.

chorus *n. Mus.* 合唱; 合唱曲, (歌曲の)合唱部; 合唱団, コーラス. **in chorus** 声をそろえて. ── *v.* 合唱する; 異口同音に言う.

chorus girl (ミュージカルなどの)歌手兼ダンサー.

chosen *a.* 選ばれた; *Theol.* 神に選ばれた.

chosen people 神の選民《ユダヤ人の自称》.

chough *Ornith.* ベニハシガラス《足とくちばしの赤いカラス》.

chouse *v.* だます.

chow[1] 食物.

chow[2] (chow) チャウチャウ《中国産の犬》.

chowchow 中華漬け.

chowder チャウダー, 寄せ鍋料理.

chow mein 焼きそばの類.

chrestomathy (外国語学習のための)名文集.

chrism *Relig.* 聖油(式).

chrisom 幼児の洗礼用白衣.

chrisom child 生後1か月以内で死んだ赤ん坊.

Christ *n. Bib.* キリスト, 救世主; =Jesus Christ. ── *int.* まあ, とんでもない, 糞, 畜生.

christen *v.* 洗礼を施す; (洗礼式で)命名する; 名付ける.

Christendom キリスト教世界, 全キリスト教団, 全キリスト教徒.

christening 洗礼式, 命名式.

Christian *a.* キリストの; キリスト教(徒)的な. ── *n.* キリスト教徒, クリスチャン; 文明人, (動物に対して)人間; 慈善家.

Christian Era 西暦紀元.

christiania *Ski.* クリスチャニア(回転).

Christianity キリスト教(精神).

Christianize *v.* キリスト教化する.

Christian name 洗礼名《洗礼の時つけられる名》.

Christian Science クリスチャンサイエンス《信仰によって病気を治すキリスト教の一派》.

Christian Scientist クリスチャンサイエンスの信者.

Christie クリスティー. **Agatha Christie** (1890-1976) 英国の推理小説作家.

Christlike, Christly *a.* キリストのような.

Christmas クリスマス, キリスト降誕祭.

Christmas box クリスマスの心づけ《召使い・郵便配達夫などに与える》.

Christmas card クリスマスカード.

Christmas Day キリスト降誕日《12月25日》.

Christmas Eve クリスマスイブ.

Christmastide クリスマス季節《12月24日から1月1日または6日まで》.

Christmas tree クリスマスツリー.

Christmas tree bill (特定の利益集団に有利となる)修正法案.

chromate *Chem.* クロム酸塩.

chromatic *a.* 色の; *Biol.* 染色性の; *Mus.* 半音階の.

chromaticism *Mus.* 半音階主義.

chromaticity *Optics* 色度.

chromatic scale *Mus.* 半音階.

chromatin *Biol.* 染色質.

chromatograph 着色版, 色刷り機.

chromatography *Chem.* 色層分析.

chrome *Chem.* =chromiun; chrome yellow.

chrome alum *Chem.* クロム明礬.

chrome green *Chem.* クロムグリーン.

chrome steel クローム鋼.

chrome yellow *Chem.* 黄鉛《顔料》.

chromic *a. Chem.* クロム酸の.

chromiun *Chem.* クロミウム, クロム《金属元素》.

chromiun plate クロムめっき.

chromo =chromolithograph.

chromolithograph 着色石版刷り.

chromolithography 着色石版術.

chromosomal *a. Biol.* 染色体の.

chromosome *Biol.* 染色体.

chromosphere *Astron.* 彩層《太陽光の一番外側の白熱ガス層》.

chronic *a.* 長引く, 根深い; *Med.* 慢性の; ひどい, 嫌な.

chronicle *n.* 年代記, 編年史; 記録; [C-]…新聞. — *v.* (年代順に)記録する.

chronicler 年代記作者; 記録者.

chronograph クロノグラフ《時間を図形的に記録する装置》; ストップウォッチ.

chronological *a.* 年代順の.

chronologically *ad.* 年代順に.

chronologist, chronologer 年代学者.

chronology 年代学; 年代記, 年表.

chronometer クロノメーター《精密時計》.

chronometric *a.* クロノメーターの.

chronometry 時刻測定(法).

chronoscope クロノスコープ《光速などを測る秒時計》.

chrysalid *n., a.* さなぎ(の).

chrysalis *Zool.* さなぎ; 過渡期.

chrysanthemum *Bot.* キク.

Chrysler *Trademark* クライスラー《米国製の高級車》.

chrysoberyl *Mineral.* 金緑石.

chrysolite *Mineral.* 黄かんらん石.

chrysoprase *Mineral.* 緑玉髄.

chthonic *a. Gk Myth.* 地獄の.

chub *Ichthy.* チャブ《コイ科の魚》.

chubby *a.* 丸々と太った; 丸ぽちゃの.

chuck[1] *v.* (鶏が)こっこっと鳴く. — *n.* はいどう《馬を励ます語》.

chuck[2] (旋盤の)チャック, つかみ; (牛の)首肉; 食べ物.

chuck[3] *v.* ほうる; (あごの下を)ちょんと突く; 止める, 捨てる(*up*). **chuck it (in)** やめる. **chuck out** 追い出す. — *n.* chuck すること. **give the chuck to** くびにする; 関係を断つ.

chucker-out (劇場・バーなどの)用心棒.

chuckhole (道路の)穴.

chuckle *v., n.* くすくす笑う(声); (めんどりが)くっくっと鳴く(声).

chucklehead ばか.

chuck wagon 炊事馬車《農・牧場用》.

chuff 田舎者, 粗野な男.

chug *v., n.* (機関車などが)しゅっしゅっという(音).

chukker, chukkar (ポロ競技の)一回.

chum *n., v.* 仲良し, 仲間; 同室者; 同室する(*together, with*). **chum up** 仲よしになる(*with*).

chum-buddy 大の親友.

chummy *a.* 仲良しの.

chump 厚い木塊; ばか.

chunk 厚い切り身, 塊; ずんぐりした馬や人.

chunky *a.* ずんぐりした.

chunnel 海底トンネル.

church 教会堂《英国では特に国教派の》; 教会; 礼拝(式); 教派. **Church of England** 英国国教会. **go into [enter] the church** 聖職に就く, 牧師になる.

churchgoer 教会に行く人.

churchgoing *n., a.* 教会通い(の).

Churchill チャーチル. **Sir Winston Churchill** (1874-1965) 英国の政治家・首相.

church key (先が三角にとがった)缶切り.

churchman 牧師; 英国国教徒.

church register 教会の記録《出生・結婚・死亡録など》.

churchwarden 教区委員; 陶製の長いパイプ.

churchwoman 婦人信徒.

churchy a. 国教一点張りの.

churchyard 教会の境内, 墓地.

churl 野卑な男, 田舎者.

churlish a. 粗野な, 下等な.

churn n. 撹乳器《バター製造機》. — v. (バターを作るために牛乳・クリームを)かきまわす; (churn で)バターを作る; (風が)波をかきたてる; (人が)騒ぎたてる; 大量に作る (out).

churr v., n. ちーと鳴く(声).

chute 投げ落とし口; 滑降路; 急流, 滝; =parachute.

chutney チャツネ《インドの調味料》.

chutzpa(h) 厚かましさ.

chylaceous a. 乳糜の.

chyle Physiol. 乳糜.

chyme Physiol. 乳糜がゆ.

CI China Airlines 中華航空《国際略語》.

CIA Central Intelligence Agency.

ciao int. チャオ, 今日は; さようなら.

cicada Entom. セミ.

cicatrix Med. 瘢痕.

Cicero キケロ. **Marcus T. Cicero** (106–43 B.C.) ローマの政治家・作家・雄弁家.

cicerone (観光客の)案内人.

Ciceronian a. キケロ風の, 荘重で流暢な; 雄弁の.

cichlid Ichthy. カワスズメ《熱帯淡水魚》.

cider りんご酒.

cider press (りんご酒製造用)りんご絞り器.

ci-devant a. 以前の.

CIF cost, insurance, and freight 保険料・運賃込み値段.

cig =cigaret(te).

cigar 葉巻きたばこ.

cigar-cutter 葉巻き切り.

cigaret(te) 巻きたばこ.

cigaret(te) holder 紙巻きたばこ用パイプ.

cigar holder 葉巻きパイプ.

cigarillo 細い葉巻き.

cilia Anat. まつ毛; Biol. (下等動物の)繊毛.

ciliary, ciliate a. まつ毛の(ある); 繊毛の(ある); 繊毛状の.

C in C commander in chief.

cinch n. (馬の)腹帯; 確実な事; わけのない事. — v. (腹帯を)締める; しっかりつかまえる; 確かめる.

cinchona Bot. キナノキ; キナ皮.

cinchonine Pharm. シンコニン《キナ皮から採るアルカロイド; キニーネ代用品》.

cinchonism Med. キニーネ中毒.

cincture 帯, 帯紐; 囲い.

cinder (石炭の)燃え殻, 消し炭; [pl.] 灰.

cinder block Arch. 石炭殻ブロック.

Cinderella シンデレラ; 世に知られない才女や美人, 継子.

cinder path (燃え殻を敷き固めた)歩道.

cinder sifter 燃え殻用のふるい.

cinder track (燃え殻を敷き固めた)競走路.

cindery a. 燃え殻の(多い).

cine 映画.

cineast(e) (熱狂的な)映画ファン.

cinecamera 映画用カメラ.

cinefilm 映画用フィルム.

cinema 映画(館).

cinematheque アングラ映画館.

cinematic a. 映画の.

cinematograph 映画撮影機, 映写機.

cinematographic a. 映画の, 映写の.

cinematography 映画撮影法.

cinéma vérité Motion Pictures シネマベリテ《現実をあるがままに記述する映画製作の手法》.

cine projector 映写機.

cineraria Bot. シネラリア, サイネリア.

cinerarium 納骨所.

cinerary *a.* 灰の; 納骨の.

cinereous *a.* 灰のような, 灰色の.

cinnabar *Chem.* 辰砂; 朱.

cinnamon 肉桂, シナモン; 肉桂色.

cinnamon stone *Mineral.* 肉桂石.

cinque (トランプ・さいの目の) 5 (点).

cinquefoil *Bot.* キジムシロ; *Arch.* 五弁飾り.

cipher *n.* ゼロ; 取るに足らぬ人や物; 暗号.
— *v.* 暗号で書く.

cipher key 暗号用キー.

circa *prep.* およそ(…年頃).

circadian *a.* 約 24 時間(ごと)の.

Circassian *a., n.* チェルケス地方《Caucasus 山脈の北西地方》;チェルケス地方の, チェルケス人(の); チェルケス語(の).

Circe *Gk Myth.* キルケ《男を豚に変えたという魔女》.

circinate *a.* 環状の.

circle *n.* 円, 圏, 輪, 環; 円周, 軌道; 集団; 社会, …界; 範囲, 周期; 系統.
come full circle 一周する. — *v.* 回る, 旋回する; 取り巻く.

circlet 小円, 小圏; 飾り輪.

circs =circumstances.

circuit 周回, 巡回, 周行, 迂回; 巡回区; 巡回裁判(区); (自動車レースの)サーキット; 周回路; 興行系統, リーグ; *Elec.* 回線, 回路.

circuit breaker *Elec.* 回路遮断器, ブレーカー.

circuit court 巡回裁判所.

circuitous *a.* 回り道の, 遠回しの.

circuitry *Elec.* 回路の詳細設計.

circular *a.* 円形の, 環状の; 循環する, 巡回の, 回覧の. — *n.* 回状, 回章; 引き札.

circular file 紙屑籠.

circularity 環状.

circularize *v.* 案内状を配る; 公表する.

circular saw 丸鋸.

circulate *v.* (血液などが)巡る; *Math.* 循環する; (酒など)回る, 回す; (風説など)流布する, 流布させる, (新聞など)配布する, 行き渡る, 回覧させる; (貨幣など)流通する, 流通させる; (人々の間を)歩き回る.

circulating capital *Econ.* 流動資本.

circulating decimal *Math.* 循環小数.

circulating library 貸し出し図書館.

circulation 循環; 流通, 伝達;流布; 配布, 発行部数; 通貨.

circulative *a.* 循環性の.

circulator 報道者, 言いふらす人, 伝達者; 流通者.

circulatory *a.* (血液)循環の.

circumambient *a.* 取り囲む, 周囲の.

circumambulate *v.* 巡回する.

circumcise *v.* 割礼を行う.

circumcision 割礼.

circumference 円周; 周辺, 周囲.

circumferential *a.* 周囲の; 婉曲な.

circumflex *n., a.* *Phonet.* (音の高低長短を示す) 曲折アクセント(のある)《母音字の上につける ˜ ˜ ^》.

circumfluent *a.* 環流性の.

circumfuse *v.* (光・液などを)回りに注ぐ; 周囲を取り巻く.

circumfusion 回りに注ぐこと.

circumlocution 回りくどい言い方; 遠回しの言い抜け.

circumlocutory *a.* 回りくどい.

circumlunar *a.* 月の周りを回転する.

circumnavigate *v.* 周航する.

circumnavigation 周航.

circumnavigator 周航者.

circumpolar *a.* 北極周辺の, 南極周辺の.

circumscribe *v.* 回りに線を描く; 周囲を

囲む; *Math.* 外接する, 外接させる; 制限する.

circumscription 範囲; 定義; 限界;
Math. 外接; (貨幣の)周辺の銘刻.

circumsolar *a.* 太陽を巡る.

circumspect *a.* 用心深い, 周到な.

circumspection 慎重さ.

circumstance 出来事; (形式などの)ものもの
しさ; 詳細; [*pl.*](周囲の)事情, 状況;
[*pl.*]生活状態, 境遇, 暮らし向き. **under**
[in] no circumstances どうあっても…ない.
under [in] the circumstances こういう次第
で, そういう事情だから.

circumstanced *a.* ある事情で, ある境遇
におかれて.

circumstantial *a.* 状況による, 付随した,
遇発的な; 詳細の.

circumstantial evidence *Law* 状
況証拠.

circumstantiality 状況; 偶然; 詳
細.

circumstantiate *v.* 詳しく説く; 実証する.

circumterrestrial *a.* 地球の周りの, 地
球の周りを回転する.

circumvent *v.* 欺く, 陥れる, 出し抜く;
取り囲む, 迂回する.

circumvention 出し抜くこと; 迂回.

circumvolution 旋転; 曲りくねり.

circus 曲芸, 曲馬(団); サーカス(場); 円
形広場; 賑やかな人, 賑やかな見せ物.

cirque *Geol.* 圏谷, カール.

cirrhosis *Med.* 硬変(症).

cirrocumulus *Meteor.* 巻積雲.

cirrostratus *Meteor.* 巻層雲.

cirrus *Meteor.* 巻雲; *Bot.* 巻きひげ, つる; *Zool.*
触毛.

cisalpine (ローマからみて)アルプスのこちら側の, ア
ルプスの南側の.

cisco *Ichthy.* シスコ《米国五大湖産マスに似た
食用魚》.

cislunar *a.* 月と地球の間の.

cissy =sissy.

Cistercian *a., n.* シトー修道会の
(修道士).

cistern 貯水用タンク; 貯水池; (水洗トイレ
の)水槽.

citable *a.* 引用できる.

citadel (町を見下ろす)砦, 要塞; (最後のよ
りどころ.

citation (例証の)引用(文), 列挙; *Law*
召喚(状); (殊勲に対する)表彰状.

cite *v.* 引用する; *Law* 召喚する; 喚起する.

citizen 市民, 公民; 住民, 国民.

citizenry 市民.

citizens band 市民バンド《個人用周波数
帯》.

citizenship 市民権, 公民権.

citrate *Chem.* くえん酸塩.

citric acid *Chem.* くえん酸.

citrin *Biochem.* シトリン《ビタミン P》.

citrine *a.* レモン色の. — *n. Mineral.* 黄水
晶.

Citroën *Trademark* シトローエン《フランス製の
車》.

citron *Bot.* シトロン, くえん.

citronella シトロネラ油《香料・蚊よけ用》.

citrus *Bot.* 柑橘類.

city 市; 都会, 都市; [the C-] シティー《ロンドン
市中央の自治区域で商業・金融の
中心》.

city article (新聞の)経済記事.

city editor (新聞の)社会部長; [C-](英
国で新聞の)経済部長.

city hall 市役所. **fight city hall** むだなこと
をする.

city manager (市会から任命されて事務を執
る)事務市長.

city slicker 都会ずれした人.

city-state (古代ギリシャの)都市国家.

civet 麝香; =civet cat.

civet cat _Zool._ ジャコウネコ.

civic _a._ 市民の, 公民の; 市の, 都市の.

civics 公民学, 市政学.

civil _a._ 公民の; 文官の,(軍人や僧でない)文民の, 一般市民の, 民間の; _Law_ 民法上の; 礼儀正しい, 丁重な.

civil defense 民間防衛.

civil disobedience (暴力によらない, 政府などに対する)市民的不服従.

civil engineer 土木技師.

civil engineering 土木工学.

civilian _n._ (軍人以外の)一般人, 文民; 文官; 非戦闘員, 軍属. —— _a._ 一般民の, 民間の; 文官の.

civility 丁寧, 礼儀; [_pl._] 丁寧な言葉や行為.

civilizable _a._ 教化できる.

civilization 文明; 文明諸国; 教化, 開化.

civilize _v._ 文明に導く, 教化する.

civilized _a._ 文明の, 文化の開けている; 礼儀正しい.

civil law 民法.

civil liberties 市民的自由.

civilly _ad._ 丁重に; 民法上.

civil marriage (牧師でなく公吏の行う)民事婚.

civil rights 公民権.

civil servant 文官, 公務員.

civil service 文官勤務.

civil war 内乱; [C- W-] 南北戦争, Charles 一世と議会との戦い.

civvy 民間人, 一般人; [_pl._] (軍服に対して)平服.

civvy street 民間人生活.

CJ chief justice. **CL** center line.

clack _n., v._ かたっという音(をたてる); おしゃべり(をする).

claim _v._ (権利として)要求する;(死などが)さらって行く; 値する, 求める; 主張する; 自称する. —— _n._ 要求; 賠償請求; クレーム;(要求の)権利, 資格 (_to_); 主張; 請求金.

lay claim to ...に対する権利を主張する.

claimant, claimer 要求者; 主張者; _Law_ 原告, 起訴者.

claiming race _Horse Racing_ 売却競走.

clairvoyance 千里眼, 透視(力).

clairvoyant _a., n._ 千里眼の(人), 透視者.

clam _n._ _Conchology_ ハマグリ; 無口な人; 1ドル; 間違い. —— _v._ ハマグリを採る. **clam up** 黙りこむ.

clamant _a._ 騒々しい; 急を要する.

clambake (焼きハマグリを食べる)海辺パーティー; 大集会.

clamber _v., n._ 骨折ってよじ登る(こと).

clam chowder クラムチャウダー.

clammy _a._ じとじとする.

clamo(u)r _n._ 騒ぎ, わめき; 不平,(抗議・要求の)喧騒. —— _v._ 叫ぶ, 騒ぎたてる (_for, against_).

clamo(u)rous _a._ 騒々しい, やかましい.

clamp[1] _n., v._ 締め金(で留める). **clamp down** 取り締まる (_on_).

clamp[2] (土をかぶせて貯蔵した)じゃが芋の山.

clamshell クラムシェル《浚渫機の泥すくい器》.

clamshell doors クラムシェルドア《航空機の機首や機尾にある貨物用の観音開きのドア》.

clan 氏族, 一族, 一門; 閥族, 一味, 与党.

clandestine _a._ 秘密の, 内密の, こそこその.

clang _v., n._ がらん(と鳴る), がちゃん(と鳴る)(音).

clanger まずい発言, まずい間違い.

clango(u)r がらんがらんという音, がちゃんがちゃんという音; 失敗.

clango(u)rous _a._ がらんがらん鳴る.

clango(u)rously _ad._ がらんがらんと.

clank _v., n._ かちゃん(と鳴る), かちゃんと鳴らす.

clannish _a._ 閥族的な; 排他的な.

clansman 氏族の人; 藩士.

clap¹ 淋病.

clap² v. (ぴしゃりと)打つ, 叩く; 拍手する; 羽ばたきする; ひょいと置く, すく…する (in, into, on, to, etc). **clap eyes on** …を見つける, 見る. — n. 平手打ち, 一撃; 拍手; 雷鳴.

clapboard 下見板, 羽目板.

clapped-out a. 使い古した; へばった.

clapper 鐘の舌; 拍子木; 鳴子; 舌.

clapperboard Motion Pictures かちんこ《撮影開始の合図に鳴らす》.

claptrap n., a. 人気取り(の), 場当たり(の).

claque (F) (芝居で雇われて喝采する)掛け声屋連中, 「さくら」.

claret クラレット《フランス産赤ぶどう酒》; 赤紫色.

claret cup クラレットカップ《赤ぶどう酒にブランデー・砂糖などを入れた飲料》.

clarification 浄化; 説明, 解明.

clarify v. 澄ませる, 澄む, 浄化する; (意味など)を明らかにする.

clarinet Mus. クラリネット.

clarinet(t)ist クラリネット奏者.

clarion クラリオン《中世のらっぱの一種》.

clarity 清澄, 清明, 明快.

clash v. (金属など)かち合う; かちゃんと鳴る, かちゃんと鳴らす; 衝突する (into, against, upon); (意見などが)対立する, 衝突する (with). — n. かち合う音; 衝突, 不一致.

clasp v. (留め金などで)留める, 締める; 握り締める, 抱き締める. — n. 留め金, 締め金, 尾錠金; 握り締め, 抱き締め.

clasp knife 折りたたみナイフ.

class n. 学級, 組, クラス; 同年兵, 同期生; 授業, 講習; 階級, 等級, 種類; Biol. (分類学上の)綱; [pl.] [the C-] 上流階級; 優秀, 一流, 上品さ. — v. 分類する, 組み分けする; 評価する. **the lower classes** 下層階級. **the upper**

classes 上流階級.

class action 集団訴訟.

classbook 採点簿, 出欠簿; (クラスの)卒業記念アルバム.

class-conscious a. 階級意識を持った.

class consciousness 階級意識.

class distinction 階級的差別(の規準).

classic a. (芸術品が)最高位の; 標準的な; 古典の, 古典文学の, 古典芸術の; 古典的な, 高雅な; 由緒深い, 伝統的な, 有名な. — n. 最高級の文学, 標準的な文学作品, 標準的な芸術作品, 古典; 一流芸術家; (ギリシャ・ラテンの)古典作品; [the classics] (ギリシャ・ラテンの)古典, 古典学, 古典語; クラシックカー; 伝統的な服.

classical a. 古代ギリシャ・ラテン文学の, 古典的な, 正統的な; 古典主義の; (technical に対して)一般教養の; Mus. (通俗音楽に対して)クラシックの.

classicality 古典的特質, 古典的教養; 卓越.

classicism 古典主義, 擬古主義.

classicist 古典主義者, 古典学者.

classifiable a. 分類できる.

classification (図書)分類(法); 等級別; (公文書の)機密種別.

classificatory a. 分類(上)の.

classified a. 分類された, 分類別の; (公文書が)秘密の.

classified ad (項目別による)三行広告.

classifier 分類者; Chem. 分粒器.

classify v. 分類する, 類別する; 等級に分ける; 機密扱いにする.

classman (大学の)優等進級生.

classmate 級友, 同級生.

classroom 教室.

class struggle [war] 階級闘争.

classy a. 高級な; ぱりっとした.

clatter *n., v.* がたがた, がらがら(鳴る), がらがら鳴らす; ぺちゃくちゃしゃべる.

clause 箇条, 条項; *Gram.* 節; *Mus.* 楽句.

claustrophobia *Med.* 閉所恐怖(症).

clavichord *Mus.* クラビコード《ピアノの前身》.

clavicle *Anat.* 鎖骨.

clavier *Mus.* クラビア《初期の鍵盤楽器》.

claw *n., v.* (ネコ・ワシなどの)爪; (カニなどの)はさみ; (爪で)引っ掻く, つかむ.

claw hammer 釘抜き金づち; 燕尾服.

clay 粘土; 土; *Bib.* 肉体.

claybank 黄褐色の馬.

clay-cold *a.* (死体が)土のように冷たい.

clayey *a.* 粘土(質)の.

clay pigeon クレー《空中へ飛ばす土器; 射撃の標的用》.

clay pipe 陶製のパイプ.

clean *a.* きれいな, 清潔な, 純潔な, 潔白な; すっきりした, 格好のいい; みごとな, 鮮やかな, 新鮮な; まるごとの, 完全な; 武器をもたない; (核兵器が)放射能を伴わない; 麻薬を飲用しない, 麻薬を所持しない. **come clean** 白状する. — *ad.* きれいに; まったく, すっかり, まさに. — *v.* きれいにする, 掃除する, 洗う. **clean out** 掃き出す; 空にする; 文無しにする. **clean up** きれいに掃除する, きれいに片付ける; (悪を)一掃する; 大もうけする.

clean-cut *a.* (輪郭の)はっきりした; 明確な.

cleaner 掃除人, 掃除機, クリーナー.

clean float *Econ.* 自由変動相場制.

cleanhanded *a.* 潔白な.

cleaning 掃除; 洗濯, クリーニング.

clean-limbed *a.* 手足の均勢のとれた.

cleanliness きれい(好き), 清潔.

clean-living *a.* 汚れのない生活を送る.

cleanly[1] *ad.* 清潔に, きれいに.

cleanly[2] *a.* 小ざっぱりした; きれい好きな.

cleanness 清潔; 潔白.

cleanout 掃除; (不要なものの)排除.

clean room 無塵室, 無菌室.

cleanse *v.* きれいにする; 清める, 浄化する (*from, of*).

clean-shaven *a.* きれいにひげをそった.

clean sheet 申し分のない履歴.

cleanup *n.* 掃除, 一掃; 浄化, 粛正; 大もうけ. — *a. Baseball* 4番(打者)の.

clear *a.* 澄んだ, 晴れた, 冴えた; 頭の冴えた, 澄んだ; 明白な, はっきりした; (邪魔物・故障の)ない (*of*); (道など)開けた; 離れた, 避けて (*of*); 正味の. **in the clear** 内法で; 疑いが晴れて.

keep clear of …から離れている, 近付かない.

— *ad.* 晴れて, 明らかに, すっかり, まったく; はっきり. — *v.* 晴れる, 澄む, 澄ます; はっきりさせる; (邪魔物などを)片付ける, 取り除く (*from, of*), (土地を)開墾する; (疑いを)晴らす, 解決する; 蔵払いをする; (手足を触れずに)飛び越す; 出港する; *Com.* (手形・勘定を)決済する; (利益を)あげる. **clear away** [**off**] 取り除く, 片付ける; 晴れる; 立ち去る. **clear out** 中をきれいにする, 空にする, 掃き出す; 立ち去る. **clear up** (天気が)晴れ上がる; 明らかにする; 整頓する, きれいに片付ける.

clear-air turbulence *Aeronaut.* 晴天乱気流.

clearance 除去, 一掃; 整理; (森林地の)開墾; *Com.* 手形交換; 通関手続き; 出港許可, 着陸許可, 離陸許可; (頭上の)ゆとり, 隙き間. **clearance sale** 在庫一掃セール.

clear-cut *a.* 輪郭のはっきりした; 明快な.

clear-eyed *a.* 目の澄んだ, 明敏な.

clearheaded *a.* 頭のはっきりした.

clearing 清掃; 除去; (森林内の)開墾地; *Com.* 清算, 決済, 手形交換.

clearinghouse 手形交換所.

clearly *ad.* 明るく; はっきり; その通り.

clear-sighted *a.* 目のよく効く; 明敏な.

clearstarch v. (着物を)糊で固める.

clearstory =clerestory.

clearway 駐車禁止道路, 停車禁止道路.

cleat Naut. (耳形の)綱止め;(靴などの)滑り止め.

cleavable a. 切り開きできる.

cleavage 裂けること; 裂け目.

cleave[1] v. 固着する, 執着する(to); 忠実である.

cleave[2] v. (斧などで)裂く, 切り裂く, 裂ける;(水・空気を)切って進む;(道を)切り開く.

cleaver 肉切り大包丁;[pl.] Bot. ヤエムグラ.

cleek (ゴルフの)鉄頭棒.

clef Mus. 音部記号. **C clef** ハ音記号. **F clef** ヘ音記号. **G clef** ト音記号.

cleft a., n. 裂けた; 裂け目, 割れ目; 裂片; 女性器.

cleft graft Hort. 割り接ぎ.

cleft palate Med. 口蓋裂.

clematis Bot. クレマチス.

clemency 温順; 仁慈.

clement a. 寛大な, 情け深い;(気候が)温和な.

clench v. (歯を)食いしばる; 握り締める, ぎゅっとつかむ;(議論などを)決定する;(釘の先を)打ち曲げる.

Cleopatra クレオパトラ《69-30 B.C.; エジプトの女王》.

clerestory Arch. 明り層;(車両の)天井両側の通風窓.

clergy 聖職者, 聖職.

clergyman 聖職者.

cleric 聖職者.

clerical a., n. 聖職者の; 書記の;[pl.] 聖職服.

clericalism 聖職権主義.

clerk n. 事務員, 書記; フロント係; 店員.
— v. 店員を勤める.

clerkly a. 書記の; 店員の; 聖職者の.

clerkship 書記, 店員, 聖職者の職; 医学実習.

clever a. 利口な, 賢い; 器用な, 上手な(at); 人の好い.

cleverish a. 利口そうな, 器用そうな.

cleverly ad. 利口に; うまく, 上手に.

clevis U リンク, U 字形かぎ.

clew (巻いた)糸の玉; Gk Myth. (迷宮の)道しるべの糸; 手がかり.

cliché 陳腐な決まり文句.

click v., n. かちっと鳴る(音); Phonet. 舌打ち音; 大当たりする;(二人が)意気投合する, 惚れ合う.

click beetle Entom. コメツキムシ.

click stop (機械・カメラの)クリックストップ.

client (弁護士の)依頼人; 顧客; クライアント《福祉サービスを受ける人》; 従属国.

clientage 依頼人関係, 顧客関係; = clientele.

clientele 常得意, 常連.

client state 従属国.

cliff 崖, 絶壁.

cliff dweller 大きなアパートの住人.

cliff-hanger (映画などの)連続冒険物; 大接戦.

climacteric n, a. 転換期(の), 危機(の); 厄年(の); Med. 更年期(の).

climactic a. Rhet. 漸層法の.

climate 気候; 風土, 環境;(世論などの)情勢, 風潮.

climatic(al) a. 気候上の.

climatology 気候学, 風土学.

climax n., v. Rhet. 漸層法; 絶頂, 最高点, 極点;(性的な)エクスタシー; クライマックス(に達する), クライマックスに到達させる.

climb v. よじ登る(up); 登る;(植物が)巻きついて登る. **climb down** はい降りる; 譲歩する.
— n. (よじ)登ること, 登り; 登り坂.

climbable *a.* よじ登れる.

climber 登る人; *Bot.* (はい登る)つる植物.

climbing iron アイゼン《登山用》.

clime 風土, 地方.

clinch *v.* (抜けないように釘の先を)打ち曲げる (*to*), 締め付ける; (拳闘で)クリンチする; (議論・契約などを)決定する; 抱き付く.

clincher (釘先などを)打ち曲げる道具, 締め具; 決定的議論.

cline *Biol., Ling.* クライン, 連続変異.

cling くっつく, まといつく, すがりつく (*to*); 固守する, 執着する(*to*).

clingy *a.* ぴったりくっつく, くっつきあう.

clinic 臨床講義; (外来)診療所, 診療室.

clinical *a.* 臨床(講義)の.

clinically *ad.* 臨床的に.

clinical thermometer 体温計, 検温器.

clinician 臨床医.

clink[1] *n., v.* ちりん, かちん(と鳴る), かちんと鳴らす.

clink[2] 刑務所, ぶた箱.

clinker クリンカー(れんが); 金くそ; 極上品, 逸品, すばらしい物, すばらしい人; 間違い, へま; 調子はずれの音; 失敗作.

clinometer 傾斜計, クリノメーター.

Clio クリオ賞《テレビ・ラジオのコマーシャル賞の小像》.

clip[1] *n., v.* 紙ばさみ, 留め具, クリップ(で留める).

clip[2] *v.* (羊毛などを)はさみ切る, 刈り込む (*off, away*); 語尾を落として発音する; ぶん殴る; 素早く動く. ── *n.* 刈り込み; 一刈り; 素早い動作.

clipboard クリップボード.

clip joint 勘定を吹っかける店.

clipper (羊毛などを)刈る人; [*pl.*] 刈り込みばさみ, バリカン; 快速船, 快速機; 逸品, 傑作.

clippie (バスの)女車掌.

clipping 刈り込み; 刈り取った毛, 刈り取った草; (新聞・雑誌などの)切り抜き.

clipsheet 片面印刷新聞《切り抜き複写用》.

clique 徒党, 派, 閥.

cliquish, cliquey *a.* 徒党の, 排他的な.

clit =clitoris.

clitoral *a.* 陰核の.

clitoris *Anat.* 陰核.

cloaca 下水(溝); 便所; *Zool.* 総排泄腔.

cloak *n.* そでなし外套, マント; 覆い. **under the cloak of** (…の)美名に隠れて. ── *v.* 外套を着る, 外套を着せる; 覆い隠す.

cloak-and-dagger *a.* スパイものの.

cloakroom 携帯品預かり所, クローク; トイレ.

clobber *n., v.* (靴屋が使う)黒糊; 衣服, 所持品; なぐり倒す.

cloche (F) 鐘形植物覆い; クローシュ《鐘形の婦人帽》.

clock[1] 靴下の飾り刺繍.

clock[2] 掛け時計, 置き時計. **put the clock ahead** 時計の針を進める. **put the clock back** 時計の針を逆に回す; 時勢に逆らう. **watch the clock** 終業時間ばかり気にする.

clocklike *a.* (時計のように)規則正しい, 正確な; 単調な.

clock radio タイマー付きラジオ.

clock-watcher 終業時間ばかり気にする人.

clockwise *ad., a.* (時計の針のように)右回りに, 右回りの.

clockwork 時計仕掛け, ぜんまい仕掛け. **like clockwork** 規則正しく.

clod (土の)塊, 土塊; 土, 土地; のろま.

clodhopper 田舎者; [*pl.*] 大きくて重い靴.

clodpoll 間抜け.

clog *n.* 重い木底靴; 邪魔物, 障害物, 故障. ── *v.* 邪魔をする, 妨げる; (管など)詰まる, ふさぐ (*up*).

clog dance 木靴踊り.

cloggy *a.* 塊だらけの; べとつく.

cloisonné (F) n., a. 七宝焼(の).

cloister n. 修道院(生活), 僧院; Arch. (僧院などの)回廊. — v. 修道院に閉じこめる; 引きこもらせる.

clomiphene クロミフェン《排卵誘発剤》.

clone n. Biol. クローン《個体から無性生殖で増殖した有機体》, 複製生物; そっくりな人 — v. クローンとして発生させる.

close[1] v. 閉じる, 締める, 締まる; ふさぐ, 蓋をする; 終わる, 終える, 完結する, 締め切る; 近寄る, 迫る, 格闘する. **close down** 閉じる, 閉鎖する; 立ち込める. **close in** (近づいて)包囲する; (夜・霧など)迫る (upon). **close out** (品物を)売り払う, (店を)たたむ, (取り引きを)すます. **close up** 閉じる, ふさぐ, 閉鎖する; 間を詰める; (傷が)ふさがる, 直る. — n. 結末, 終わり.

close[2] a. 閉じられた; きっちりした, 窮屈な; 風通しの悪い, むっとする, むし暑い; 監禁された; 接近した, 密な, 密接な, 親密な; 密集した; 綿密な, 厳密な; 秘密の, 隠された, 非公開の; 無口な, 打ち解けない; けちな. **keep [lie] close** 隠れている. — ad. ぴったりと; 接近して, 近く; 親しく. **close at hand** すぐ手近に, 間近に.

close by すぐそばに. **close on [upon, to]** = nearly. **close to the wind** Naut. (船を)出来るだけ風の方向に向けて; やっと法規を犯さぬ程度に. — n. 囲い地, 構内; 境内; 校庭.

close call = close shave.

close-cut a. 短く刈った.

closed a. 閉じた; 密閉した; 閉鎖した.

closed book 理解できないもの.

closed circuit Elec. 閉回路; 有線テレビ (方式).

closed-door a. 非公開の, 秘密の.

closed-end a. Com. (投資信託が)閉鎖式の.

closed shop クローズドショップ《労働組合員のみ雇用する会社》.

closefisted a. けちな.

close-grained a. きめの細かい.

close-hauled a. Naut. 詰め開きの.

close-knit a. 緊密に結ばれた.

closely ad. 精密に, 詳しく; 接近して, 近く; しっかりと, ぴったりと, 堅く; 密接に, 親密に.

closemouthed a. 口が堅い, 無口の, 沈黙する.

close quarters 接戦.

close season 禁猟期.

close shave 危機一髪.

closestool 室内用便器.

closet n. 押し入れ, 物置き; 戸棚; 私室, 小部屋; 便所. — a. 秘密の.

closet queen 秘密の同性愛者.

close-up (映画の)大写し; クローズアップ.

closure 閉鎖, 締め切り, 閉店; 討論終結; 終止.

clot n., v. (粘土・ゴムなどの)塊; 間抜け; 凝固する, 凝固させる.

cloth 織物, 服地, 布, ラシャ; (本の)表紙布, クロ(ー)ス; テーブルクロス; [the ~] 僧職, 牧師.

clothe v. (衣服を)着せる; 覆う; (権力などを)与える (with).

clothes 衣服, 着物.

clothes basket 洗濯籠.

clotheshorse 干し物掛け.

clothesline 物干し綱.

clothes moth 衣蛾《衣服を食う虫》.

clothes-peg, clothespin 物干しばさみ.

clothespress 衣類戸棚.

clothes tree (柱型)帽子・外套掛け.

clothier 衣服商, 服屋.

clothing 衣類, 着物.

cloth yard 布ヤール《3フィート》.

clotted a. 凝結した; (髪など)べっとりくっついた.

cloture (米国の議会で)討論終結.

cloud n. 雲; (雲・霞のような)大群 (of birds, etc); (鏡面・大理石の)曇り; 暗雲, 暗影. **be on cloud nine** 幸福で, 意気揚々として.

in the clouds 高く雲上に; ぼんやりして; 非現実的で. **under a cloud** 疑惑を受けて; しょんぼりして. ― v. 曇る, 曇らす, 暗くなる, 暗くする. **cloud over [up]** かき曇る.

cloudburst 豪雨.

cloud-capped a. 雲を頂いた.

cloud chamber Phys. 霧箱.

cloud-cuckoo-land お伽の国, 理想の国.

cloudily ad. 曇って, ぼんやりと.

cloudiness 曇り, 曇天; 陰鬱.

cloudland 雲界; 夢幻の世界.

cloudless a. 雲のない, 晴れ渡った.

cloudlet 小雲.

cloud rack ちぎれ雲.

cloud seeding (人工降雨の)種まき.

cloudy a. 曇った, 曇天の; はっきりしない, 濁った, 怪しい; 雲りの入った, まだらの.

clout n., v. ぶん殴る(こと), (野球の)強打; 影響力, コネ.

clove[1] Bot. (ニンニクなどの)小鱗茎.

clove[2] Bot. チョウジノキ(香料を取る木).

clove hitch Naut. 巻き結び.

cloven a. 裂けた.

cloven-footed a. 蹄の割れた; 悪魔の.

clove pink, clove gillyflower Bot. カーネーション.

clover Bot. クローバー. **live in clover** ぜいたくに遊び暮らす.

cloverleaf (高速道路の)クローバー形立体交差.

clown 田舎者, 無骨者; 道化師.

clownish a. 野暮な; おどけた.

cloy v. (美食などに)飽き飽きさせる(with), 飽和状態になる.

cloze a. 穴埋め式読解力テストの.

club n. 太い棒, 棍棒, (ゴルフなどの)クラブ; (運動・社交などの)クラブ, クラブ会館, クラブ集会室; (トランプの)クラブ. ― v. 棍棒で打つ; (金を)出し合う, 共同する(together, with).

clubbable, clubby a. クラブ会員にふさわしい, 社交的な.

clubfoot 曲がり足, 奇形足.

clubhouse クラブハウス; (運動選手用)更衣室, ロッカールーム.

clubland クラブ街.

clubman 社交クラブ員.

Club of Rome ローマクラブ《食糧・人口・産業・環境問題に関する国際的研究団体》.

club sandwich 三段のサンドイッチ.

club soda ソーダ水.

cluck v., n. (めんどりが)こっこっと鳴く(声); ばか.

clue n., v. 手がかり(を与える), 糸口, 筋道; = clew. **not have a clue** 見当もつかない.

clump n. 木立ち, 森; (木・土の)塊; 重い足音; 強打. ― v. 群生する; 重い足取りで歩く; 拳固をくらわす.

clumsy a. 不格好な, ぎこちない, 不器用な.

cluster n. 塊, 群れ(花などの)房. ― v. 房になる, 群がる, 密生する.

cluster bomb 集束爆弾.

cluster college 総合大学内の学部.

clutch v. ぐいとつかむ, つかみかかる(at). ― n. しっかりつかむこと; [主に pl.] (しっかりつかむ)手, 爪, 牙; Mech. 連動機, クラッチ; 危急.

clutter n. 乱雑, 散乱. **in a clutter** 取り散らして. ― v. 取り散らす(up); ばたばた走る, 騒ぐ.

Clydesdale クライズデール《スコットランド産の荷馬》.

clyster Med. 浣腸.

c/o care of. **CO** cash order; commanding officer; conscientious objector.

coach n. (四輪の)公式馬車; (昔の)旅客用四輪大馬車, 駅馬車; (鉄道の)客車; (特に長距離用)バス; (受験準備の)個人教師, (競技の)監督, コーチ. ― v. 受験指導をする, (競技を)コーチする.

coach-and-four 四頭立て馬車.

coach box 御者席.

coachbuilder (自動車の)車体製造人.

coach dog =Dalmatian.

coacher (競技の)コーチ.

coach house 馬車置き場.

coachman 馬車の御者.

coadjutor 補佐; *Rom. Cath.* 司教補.

coagulant 凝固剤.

coagulate *v.* 凝固する, 凝固させる.

coal *n.* 石炭; (一般に)炭; 石炭塊. **call [haul, rake] over the coals** 叱る, 咎める. **carry coals to Newcastle** 無駄骨を折る. **heap coals of fire on one's head** 仇を恩で返して人を恥じ入らせる. ── *v.* 給炭する; 石炭を積み込む.

coal-black *a.* 真っ黒い.

coal-celler (地下の)石炭置き場.

coalesce *v.* 合体する, 合同する, 連合する; 癒着する.

coalfield 炭田.

coal gas 石炭ガス.

coaling station 給炭地, 給炭港.

coalition 合同; 提携, 連合.

coalitionist 合同論者; 連立論者.

coal measures 夾炭層.

coal mine 炭鉱.

coal miner 炭鉱労働者.

coal oil 石油.

coal pit 炭坑.

coal scuttle (室内用)石炭入れ.

coal seam 炭層.

coal tar コールタール.

coaly *a.* 石炭の(ような).

coaming *Naut.* (水の入るのを防ぐ)縁板.

coapt *v.* (傷口などを)癒着させる; 接骨する.

coarse *a.* 粗雑な, 粗末な, 粗悪な; 目の粗い, きめの粗い; 下品な, 粗野な.

coarse-grained *a.* きめの粗い; 粗野な.

coarsen *v.* 粗悪にする, 粗悪になる; 粗野にする, 粗野になる.

coast *n.* 海岸, 沿岸; [the C-] 太平洋沿岸地方; (そり・自転車の)坂滑り, 滑走. **from coast to coast** 国内の端から端まで. **The coast is clear.** 敵や邪魔者がいない《事をするのは今》. ── *v.* 沿岸を航行する; (そり・自転車で)坂を(滑り)下りる; 楽に進む, 楽に流す, (名声によって)成功する; 惰性で進む.

coaster 沿岸貿易船; 坂滑りのそり; (遊園地の)コースター; (食卓の)車付き盆; (グラスの下に敷く)コースター.

coaster brake コースターブレーキ《ペダルの逆踏みで止まる》.

coast guard 沿岸警備隊.

coastguard(s)man 沿岸警備隊員, 海上保安隊員

coasting trade 沿岸貿易.

coastline 海岸線.

coastward(s) *ad.* 海岸に向かって.

coastwise *a.* 沿岸の. ── *ad.* 海岸に沿って.

coat *n.* (洋服の)上着; コート, 外套; (動植物の)外被膜; 皮; 被覆, めっき; (ペンキなどの)塗り. **coat of arms** (盾形の)紋章. **coat of mail** 鎖かたびら. **cut one's coat according to one's cloth** 収入に応じて支出する, 身分に合った生活をする. ── *v.* 覆う, (ペンキなどを)塗る, めっきする (*with*).

coated *a.* つや出しの; 防水加工の; 上塗りした.

coat hanger えもん掛け, ハンガー.

coating 塗り, 被せ, 被覆物, 塗料; *Optics* コーティング.

coattails (モーニングなどの)上衣のすそ; 弱い候補者も一緒に当選させる候補者の人気. **on a person's coattails** …のおかげで.

coauthor 共著者.

coax *v.* あやす, なだめすかす, うまく説いて…させる (*into* doing, *to* do); うまい事を言って巻き上げる

(*out of*).

coaxial *a. Math., Mech.* 同軸の.

cob *n.* 脚の短い強い小馬; とうもろこしの穂軸; (石炭・鉱石などの)丸い塊. ── *v.* ぴしゃりと打つ.

cobalt *Chem.* コバルト《金属元素》; コバルト絵の具《濃青色》.

cobalt 60 *Chem.* コバルト60《コバルトの放射性同位元素; 癌治療用》.

cobalt blue コバルト・ブルー, 暗青色.

cobalt bomb (癌治療用の)コバルトボム; コバルト爆弾.

cobber 友達.

cobble *v.* (靴を)繕う, (一般に)修理する.

cobble(stone) (道路用の)丸石, 玉石.

cobbler 靴直し; コブラー《ぶどう酒にレモン・砂糖・砕氷などを入れて作るカクテル》; [*pl.*] ばか話; [*pl.*] きんたま.

cobby *a.* cob のような.

cobelligerent *a., n.* 協同して戦う; 共戦国.

coble 平底漁船.

cobnut 食用ハシバミの実.

COBOL (<*common business oriented language*) *Computer* コボル《データ処理用の共通プログラム言語》.

cobra *Zool.* コブラ《インド産毒蛇》.

cobweb くもの巣; はかないもの.

cobwebbed *a.* くもの巣が張った.

cobwebby *a.* くもの巣だらけの.

coca *Bot.* コカノキ《南米産薬用植物》; (乾燥した)コカノキの葉.

Coca-Cola *Trademark* コカコーラ.

cocaine *Chem.* コカイン《局部麻酔剤》.

cocainism *Med.* コカイン中毒.

cocainize *v.* コカインで麻痺させる.

coccus *Med.* 球菌.

coccyx *Anat.* 尾骶骨.

cochin コーチン《肉用の鶏》.

cochineal *Entom.* コチニールカイガラムシ; (これから取った)洋紅.

cochlea *Anat.* (内耳の)蝸牛.

cock[1] *n., v.* (干し草をかき集めた)円錐形の山(にする).

cock[2] *n.* おんどり, (鳥の)雄; 風見; (水道などの)コック, 蛇口; (銃の打ち金; (帽子の)上ぞり, つんと鼻をそらす態度, 上目使い; かしら, 「大将」; 奴; ペニス. **cock of the walk** ボス. ── *v.* (鼻を)つんと上方にそらす, 上目を使う; (耳を)そばだてる (*up*); (犬が尾を)ぴんと立てる (*up*); (気取って帽子を)斜めにかぶる; (銃の打ち金を立てる.

cockade 花形帽章.

cock-a-doodle-doo こけこっこう; おんどり.

cock-a-hoop *a., ad.* 意気揚々とした, 意気揚々として.

cockalorum 生意気な小男.

cockamamy *a.* 信じられない, ばかげた.

cock-and-bull story たわいのないでたらめ話.

cockatoo *Ornith.* バタン《オウムの一種》.

cockatrice コカトリス《ひとにらみで人を殺したという伝説の蛇》.

cockboat (本船付属の)小ボート.

cockchafer *Entom.* コフキコガネ《コガネムシの一種》.

cockcrow(ing) 早朝.

cocked hat つばそり帽; 山形帽.

cocker[1] *v.* 甘やかす; (病人を)大事にする.

cocker[2] **(spaniel)** コッカースパニエル《猟犬》.

cockerel 雄のひなどり.

cockeyed *a.* やぶにらみの; ゆがんだ; 狂った; 酔っぱらった; ばかげた.

cockfight(ing) 闘鶏.

cockhorse (子供の)お馬, 木馬.

cockle *n. Conchology* ザルガイ; 小舟; (紙などの)しわ. ── *v.* しわになる, しわにする.

cockleshell (ザルガイの)貝殻; 小舟.

cockloft 屋根裏部屋.

cockney *n., a.* ロンドン子(の); ロンドン英語, ロンドン訛り.

cockneyism ロンドン訛り.

cockpit 闘鶏場;(古)戦場;(飛行機・レーシングカーなどの)操縦席.

cockroach アブラムシ, ゴキブリ.

cockscomb *Ornith.* とさか; *Bot.* ケイトウ.

cockshy 標的落とし.

cock sparrow 雄すずめ; 生意気な小男.

cock sucker (男色の)口淫者; おべっかつかい; ばか野郎.

cocksure *a.* 自信の強い, 独断的な; きっと…する (*to* do).

cocktail カクテル.

cocktail dress カクテルドレス.

cocktail lounge (ホテル・空港などの)バー.

cocktail party カクテルパーティー.

cock teaser 男を誘惑するが最後は許さない女.

cockup 混乱.

cocky *a.* 気取った, 生意気な.

coco *Bot.* ココヤシの木, ココヤシの実; あたま.

cocoa ココア(飲料); =coco.

cocoa butter カカオ脂.

COCOM (<*Coordinating Committee for Export to Communist Area*) ココム, 対共産圏輸出統制委員会.

coco(a)nut ココナツ(ココヤシの実); あたま.

coco(a)nut palm [tree] ココヤシの木.

cocoon 繭.

cod[1] *v.* だます, からかう.

cod[2] *Ichthy.* タラ.

COD cash on delivery.

coda *Mus.* 終結部, コーダ.

coddle *v.* (風にも当てないように)大事にする, 大事に育てる (*up*); 甘やかす; とろ火で煮る.

code 法典; 規定;(社交上の)慣例;(電信などの)符号, 暗号; =genetic code.

codebook 電信暗号帳, コードブック.

codeine *Chem.* コデイン《鎮痛剤》.

code name コード名.

code number コード番号.

coder *Computer* =encoder.

code word 婉曲語句.

codex 古写本.

codfish =cod[2].

codger (年寄りの)偏屈者.

codicil *Law* 遺言の補足書; 付則書.

codify *v.* 法典に編む.

codling タラの幼魚.

codling, codlin 小さな未熟のリンゴ.

cod-liver oil 肝油.

codswallop たわごと.

coed *n., a.* 男女共学の(女子学生).

coeditor 共編者.

coeducation 男女共学.

coefficient *n., a.* 共同作因; *Math.* 係数; 協力する.

coelacanth *Ichthy.* シーラカンス《中生代に絶滅した化石魚》.

coelom *Zool.* 体腔.

coenobite =cenobite.

coequal *a.* 同等の, 同格の.

coerce *v.* 強制する, 強要する (a person *into* doing, *to* do).

coercion 強制, 強要, 威圧.

coetaneous *a.* 同時代の.

coeternal *a.* 永久に共存する.

coeval *a., n.* 同時代の, 同期の(人).

coexist *v.* 共存する (*with*).

coexistent *a.* 共存する (*with*).

coextensive *a.* 同じ地域を占める, 空間を占める.

coffee コーヒー.

coffee-and コーヒーとドーナツ.

coffee bar コーヒーと軽食を出す店.

coffee bean コーヒー豆.

coffee break コーヒー休み.

coffee cake コーヒーケーキ《くるみなどの入ったパン菓子》.

coffee grounds コーヒーの出し殻.

coffeehouse コーヒー店.

coffee klatch コーヒーを飲みながらのおしゃべり(会).

coffee mill コーヒーひき器.

coffeepot コーヒー沸かし.

coffee shop (ホテルなどの)軽食堂, コーヒーショップ.

coffee stall コーヒースタンド.

coffee table (茶菓用の)低いテーブル.

coffee-table a. (本が)豪華版の.

coffer (貴重品を入れる)箱; 金箱, 金庫; [pl.] 財源.

cofferdam 囲い堰.

coffin n., v. 棺(に入れる).

coffin bone (馬の)蹄骨.

C of S chief of staff.

cog (歯車の)歯; 脇役.

cogent a. 人を承服させる, 力強い.

cogitable a. 考えられる.

cogitate v. 深く考える, 思考する.

cogitative a. 思考力のある; 熟考する.

cognac コニャック.

cognate a., n. 同族の(人); Ling. 同語系の(言語), 同語源の(語); 同じ性質の.

cognate object Gram. 同族目的語.

cognition 認識, 認知.

cognitive a. 認識力のある.

cognizable a. 認識できる; Law 審理される.

cognizant a. 認識して, 認知して (of).

cognize v. 認識する.

cognomen (古代ローマの)第三名; 姓; あだ名.

cognoscente 鑑定家.

cog railway アプト式鉄道.

cogwheel Mech. はめ歯歯車.

cohabit v. 同棲する.

cohabitant 同棲者.

coheir Law 共同相続人.

cohere v. 密着する; 結合する; (議論など)筋が通る.

coherence, coherency 付着性, 凝集性, 結合力; 首尾一貫(性).

coherent a. 付着する, 凝集する; 首尾一貫した.

coherer Telecom. コヒーラー.

cohesion 結合; Phys. 凝集力.

coho Ichthy. ギンザケ.

cohort (兵士などの)一団; (悪い)仲間; 支持者.

coiffeur 男性の理髪師.

coiffeuse 女性の理髪師.

coiffure 髪型.

coil v. ぐるぐる巻く, とぐろを巻く (up), うねる. — n. ぐるぐる巻き, とぐろ, ひと巻き; Elec. コイル; 避妊リング.

coin n. 貨幣, 硬貨; 金銭, 小銭. **pay back in his own coin** しっぺ返しする. — v. (貨幣を)鋳造する; (新語などを)造り出す. **coin money** どんどん金をもうける.

coinage 貨幣鋳造; 通貨; 新語, 新造語.

coin box (電話・自動販売機の)料金箱; 公衆電話, 電話ボックス.

coincide v. 一致する, 合致する, 符合する, 暗合する (with); 同時に起こる.

coincidence 一致, 符合.

coincident a. 一致する, 符号する, 暗合する; 同時の.

coincidental a. 一致の, 暗合的な.

coiner 貨幣鋳造者; にせ金造り.

coin-operated locker コインロッカー.

coinstitutional a. (高校が)男女別学の.

coir ココヤシ皮の繊維.

coition, coitus 性交.

coitus interruptus Med. 中絶性交.

coke[1] *n., v.* コークス(にする).

coke[2] =cocaine.

Coke *Trademark* コーク.

cola コーラ飲料.

colander 濾過器, こし器.

colatitude *Astron.* 余緯度.

colcannon コルカノン《キャベツとじゃが芋を煮つぶした料理》.

colchicine *Chem.* コルヒチン《イヌサフランから採るアルカロイド》.

colchicum *Bot.* イヌサフラン.

cold *a.* 寒い, 冷たい, 冷えた; 冷淡な, よそよそしい; *Fine Arts* 寒色の; 意識がない, 死んだ. ── *n.* 寒さ, 寒気; 風邪. **be left out in the cold** のけ者にされる. **catch [take] cold** 風邪をひく.

cold-blooded *a.* 冷血の; 冷酷な, 平気な; 冷え症の.

cold chisel 冷間たがね.

cold cream コールドクリーム.

cold cuts 冷肉とチーズの取り合わせ.

cold feet おじけ, 逃げ腰.

cold front *Meteor.* 寒冷前線.

coldhearted *a.* 冷淡な, 無情な.

coldish *a.* やや寒い.

coldly *ad.* 冷やかに, 冷淡に.

cold meat 冷肉; 死骸.

coldness 寒さ, 寒冷; 冷淡.

cold-short *a.* (金属が) 常温でもろい.

cold shoulder 冷遇. **give the cold shoulder** 冷たくあしらう. **get the cold shoulder** 冷たくあしらわれる.

cold-shoulder *v.* 冷遇する.

cold snap (突然の)寒波の来襲.

cold sore *Med.* 単純疱疹, 口唇ヘルペス.

cold storage 冷蔵; (事態の)凍結.

cold sweat 冷や汗.

cold war 冷戦《外交・宣伝による神経戦》.

cold wave 寒波; コールドパーマ.

cole *Bot.* アブラナ.

coleopterous *a. Entom.* 鞘翅目の.

coleslaw キャベツサラダ.

colic *Med.* 疝痛, 腹痛.

coliseum 体育館; 競技場; [C-] =Colosseum.

colitis *Med.* 大腸炎.

collaborate *v.* 協力する, 共同研究する; 合作する.

collaborator 共同研究者, 共編者, 合作者.

collage *Fine Arts* コラージュ《新聞や広告などを組み合わせた抽象的構成法》.

collagen *Biochem.* 膠原質, コラーゲン.

collapse *v.* つぶれる, くずれる, めちゃめちゃになる; 衰弱する; 折りたたむ. ── *n.* つぶれること, くずれること; 失敗, 破滅, 崩壊; 衰弱; 虚脱.

collapsible *a.* 折りたたみできる.

collar *n.* カラー, 襟; (勲章の首飾り); 首輪. ── *v.* 襟首を捕らえる; つかまえる; 横領する.

collarbone *Anat.* 鎖骨.

collaret(te) (婦人服の)襟.

collate *v.* 照合する, 突き合わせる, 対照する; (集めて)並べる.

collateral *a.* 並行の; 傍系の; 付随的な, 副次的な; *Com.* 見返りの. ── *n.* 傍系親; 付帯事情; *Com.* 見返り物資, 見返り担保.

collation 照合, 突き合わせ; 軽い食事.

collator 照合者.

colleague 同僚, 同役.

collect[1] *Relig.* (祈禱書中の)祈禱《特殊な場合に読まれる短い祈り》.

collect[2] *v.* 集める, 収集する, 揃える; (手荷物など)まとめる; 集まる, たまる; 徴収する, 取り立てる; (元気などを)取り戻す, 回復する; (物を)持って来る. **collect oneself** 心を静める, 気を落ち着ける. ── *a., ad.* (電話)料金先払いの, (電話)料金先払いで.

collectanea 選集, 抜粋.

collect call 料金受信人払い通話, コレクトコール.

collected *a.* 集めた；落ち着いた, 冷静な.

collectible, collectable *a.* 集められる.

collection 集めること；徴収；取り立て, 集金, 寄付(金)；収集, コレクション；(ごみなどの)集まり, 山.

collective *a., n.* 集合的な, 集団的な, 共同の；全体的な；集産組織, 共同体.

collective agreement 団体協約.

collective bargaining 団体交渉.

collective farm (ソ連の)集団農場, コルホーズ.

collective noun *Gram.* 集合名詞.

collective security 集団安全保障.

collectivism 集産主義.

collectivist 集産主義者.

collectivize *v.* 集団農場化する.

collector 集める人, 収集家, 採集家；集金人, 収税吏.

collectorship 集金係の職.

colleen 少女；アイルランド娘.

college 分科大学, 単科大学, カレッジ；専門学校；(Oxford や Cambridge 大学などの)学寮.

college boards 大学入学資格試験.

college widow 大学町に住み次々に学生とデートする独身女性.

collegial, collegiate *a.* 大学の, 大学組織の, 大学程度の.

collegian college の学生.

collide *v.* 衝突する(with), 一致しない.

collie コリー《羊の番犬》.

collier 炭坑夫；石炭運送船.

colliery (地上施設を含む)炭鉱.

collimate *v.* *Optics* 視準する.

collimator 視準器, 視準儀.

collinear *a.* *Math.* 同一線上の.

collins コリンズ《カクテルの一種》；礼状.

collision 衝突, 不和.

collocate *v.* 配列する.

collocation 並置, 配列；連語, 熟語；*Gram.* 語の配置.

collodion *Chem.* コロジオン.

collogue *v.* 密談する.

colloid *Chem.* コロイド.

colloquial *a.* 口語(体)の；日常会話の.

colloquialism 会話(体), 口語的表現.

colloquist 対話者.

colloquium 共同討議《セミナーの一種で数人の講師が交互にリードする》.

colloquy 会談；商議.

collotype コロタイプ写真版.

collude *v.* 共謀する.

collusion 馴れ合い, 共謀.

collyrium *Pharm.* 洗眼薬.

collywobbles 腹痛.

Cologne ケルン《西ドイツの Rhine 川に臨む都市》；[c-] =eau de cologne.

Colombia コロンビア《南米の共和国》.

colon[1] (句読点の)コロン《:》.

colon[2] *Anat.* 結腸.

colonel 陸軍大佐；連隊長；(軍とは無関係の敬称として)大佐；

colonelcy colonel の職.

colonial *a.* 植民地の；(米国における)英国植民地時代の. ─ *n.* 植民地住民.

colonialism 植民地主義；植民政策.

colonist 移住民, 植民者.

colonize *v.* 拓殖する, 植民する；移住する, 移住させる.

colonnade *Arch.* 列柱, 柱廊.

colony 植民地；移民(団), 居留民(団)；居留地, …人街；*Biol.* 群体, 群落, コロニー.

colophon (本の表紙や扉などに用いる)標識図案；奥付け.

color *n.* 色, 色彩；着色, 彩色；[*pl.*]絵

の具;顔色,血色;有色人種,黒人;外観,見せかけ,仮面,口実;生彩,特色,個性;[pl.] 国旗,軍旗,(朝夕の)国旗の揚げ降ろし;[pl.] 軍隊;[pl.] 主義,節操. **change color** 顔色を変える. **come off with flying colors** 立派にやってのける,大いに面目を施す. **give [lend] color to** …をもっともらしく見せる. **lose color** 青ざめる. **sail under false colors** (海賊が)偽旗を揚げて航行する;ねこをかぶる. **show one's true colors** 立場をはっきりさせる,本音を吐く. **under color of** …の仮面のもとに.

— v. 彩る,着色する,色づく,染める;顔を赤くする;潤色する,ごまかす;特徴づける.

colorable a. 着色できる;見せかけの.

Colorado コロラド《米国中西部の州》.

coloration 着色(法),配合;色合い,色彩.

coloratura Mus. コロラチュラ《声楽の華麗な技巧》;コロラチュラ歌手(ソプラノ).

color bar 人種差別.

color-blind a. 色盲の;有色人種に対する偏見のない.

color blindness 色盲.

colorcast n., v. カラーテレビ放送(する).

color-code v. (識別のため)色分けする.

colored a. 彩色した,…の色の;(人種が)有色の,黒人の;潤色した;偏見のある.

colorfast a. 色のあせない.

colorful a. 多彩の;華やかな.

colorific a. 色を生じる.

coloring 着色(法),彩色;色合い,血色.

colorist 着色者;彩色の巧みな画家.

colorless a. 無色の;特色のない,生彩を欠いた.

color line 白人と黒人間の人種差別.

color man 競技の模様を細部まで生き生きと伝えるアナウンサー.

color print 色刷り版画;カラー印画.

color printing 色刷り;カラー印画焼き付け.

color scheme (室内などの)色彩配合.

colossal a. 巨大な;すばらしい,驚くべき.

Colosseum コロセウム《古代ローマの円形大演技場》.

Colossus (Rhodes 島にあった)アポロ神の巨像;[c-] 巨像,巨人.

colostomy Med. 人工肛門形成(術).

colour n., v. = color.

colporteur 宗教書行商人.

colt 子馬;青二才,初心者,新米.

Colt Trademark コルト《自動拳銃》.

colter すきの刃.

coltish a. 子馬のような;気儘な;無経験の.

coltsfoot Bot. フキタンポポ.

columbine Bot. オダマキ.

columbium Chem. コロンビウム《金属元素》.

Columbus コロンブス. **Christopher Columbus** (1451-1506) イタリアの航海者;アメリカ大陸を発見.

Columbus Day コロンブス祭《10月の第2月曜日》.

column Arch. 円柱;(水・煙などの)柱;(新聞紙の)欄,段,(重ね並べた数字の)縦列;(兵士・軍艦などの)縦隊,縦列.

columnar a. 円柱(状)の.

columnist (新聞・雑誌の)特別欄寄稿家,コラムニスト.

coma[1] Astron. コマ,髪《彗星頭部の星雲状のもの》;Optics コマ(収差).

coma[2] Med. 昏睡.

Comanche コマンチ族《Oklahoma 州に住むインディアン》.

comatose a. Med. 昏睡状態の.

comb n. 櫛;とさか;波頭;蜂の巣.
— v. 櫛ですく;(波が)泡を立てて砕ける;くまなく捜す. **comb out** (髪を)とき分ける.

combat n. 戦闘,格闘;論戦. **single**

combat 一騎打ち. ── v. 抗争する; 戦う (*with, against*), 奮闘する (*for*).

combatant *n., a.* 戦闘員, 闘士; 戦う.

combat fatigue *Med.* 戦闘疲労症.

combative *a.* 好戦的な, 闘争的な.

combe 峡谷.

comber (羊毛などの)すき手; 寄せ波.

combination 結合, 団結; 連合; 徒党, くる; *Chem.* 化合(物); [*pl.*] コンビネーション《上下続きの肌着》; *Math.* 組み合わせ.

combination lock (文字・番号の)組み合わせ錠.

combine *v.* 結合する, 連合する, 合同する; *Chem.* 化合する; 兼ね備える, 併有する.
── *n.* 企業合同, 連合; コンバイン《刈り取りと脱穀を同時に行う機械》.

combings すき取った髪の毛, 抜け毛.

combining form *Gram.* 連結形《複合語や派生語を作るときに現れる形; 例: aero-, -phone》.

combo コンボ《小編制ジャズ楽団》.

combustibility 可燃性.

combustible *a., n.* 燃えやすい, 可燃性の(物質).

combustion 燃焼, 酸化; 騒動.

come *v.* 来る; (相手の所へ)行く; 生じる, 出て来る, 起こる; …になる (*to*); …するようになる (*to do*), …に至る, 達する; [形容詞を伴って] …になる, …とわかる; (年月日が)来ると; …風を吹かせる, …ぶる; [命令・勧告的に] さあ, これ; いく, オルガスムスに達する.

come about 起こる, 生じる; (風向きが)変わる.

come across 出会う, ふと見いだす; 効力を生じる; 手渡す (*with*); 印象を与える (*as*).

Come again? なんとおっしゃいましたか. **come along** やって来る; 同意する; うまくいく; 暮らしていく; さあ早く. **come around** =come round.

come at …に達する, 襲って来る. **come back** 帰って来る; 復旧する, カムバックする.

come between 中にはいる, 分離する. **come by** 手に入れる; そばを通る, そばに来る. **come clean** 白状する. **come down** 降りて来る, 落ちる; 落ちぶれる; 伝来する; 襲いかかる (*on*); (金を)出す; 叱る (*on*). **come down with** (病気)に悩まされる. **come for** …を攻撃する. **come forward** 進み出る, 志願する. **come from** …から生じる; …の生まれである. **come in** はいる; 始まる; 当選する; 流行する.

come in for …を受けとる; (損失)を受ける.

come in handy [useful] 役に立つ, 重宝である. **come in on** 参加する. **come into** …に加わる; 受ける; 受け継ぐ. **come off** 離れて来る, 抜ける, 去る; 果たす, 果たされる; 行われる; (うまく, まずく)行く; …となる. **come off it!** だまれ; やめろ. **come on** 迫る, 近付く; (嵐などが)起こる; (事がうまく)進む; 見つける, 出会う; [命令的に] さあ来い. **come out** 現れる, 公となる; 世に出る, 社交界に出る; (結局)…となる; 口走る, 漏らす, 出版する (*with*). **come over** 渡って来る, やって来る; 襲う; (敵方から)転じて来る. **come round** 回って来る; 回復する; 方向を変える, 意見を変える; 協調する; ぶらりとやって来る. **come through** 通り抜ける, やり抜く; 征服する, 勝ち抜く; 提供する. **come to** 正気づく; …に達する; *Naut.* 停泊する, 船を風上に向ける.

come to oneself われに帰る; 正気づく.

come to pass 起こる. **come up** 上がる, 上がって来る; 近付く, やって来る; 起こる; 達する, 匹敵する (*to*); 芽を出す. **come upon** 出会う.

come up with 追い付く; 思いつく. **come what may** 何事があろうとも. **how come** なぜ.

── *n.* オルガスムス; 精液, 愛液.

come-at-able *a.* 近付きやすい; 手に入れやすい.

comeback 復帰, 復活, 立ち直り, カムバック; 口答え, 当意即妙の答え.

COMECON (<*C*ouncil for *M*utual *Eco-nomic Assistance*) コメコン, 共産圏経済相互援助協議会.

comedian 喜劇俳優, コメディアン.

comedienne 喜劇女優.

comedown 落ちぶれ; 退歩.

comedy 喜劇, 喜劇的要素, 喜劇的場面.

come-hither n., a. 挑発(的な).

comely a. 器量のいい, きれいな; 適当な.

come-on 誘惑; 詐欺師.

come-outer 過激人.

comer 来る人; 有望な人.

comestible [pl.] 食料品.

comet 彗星, ほうき星.

comeuppance 当然の報い.

comfit 砂糖菓子, ボンボン.

comfort n. 慰め, 慰安; 慰楽, 安楽; [pl.] (生活の)慰安物, 楽しみ, 慰問品; 羽ぶとん. — v. 慰める, 慰問する.

comfortable a. 心地よい, 安楽な, 気楽な, 不自由のない; 十分な.

comforter 慰める人, 慰める物; 毛糸のえり巻き; 羽ぶとん; [the C-] 聖霊; ゴム製乳首, おしゃぶり.

comfortless a. 慰めのない, 佗しい, (衣食に)不自由な.

comfort station [room] 公衆便所.

comfrey Bot. ヒレハリソウ, コンフリー.

comfy a. =comfortable.

comic a. 喜劇の; 滑稽な. — n. 新聞の漫画欄, 雑誌の漫画欄; 喜劇俳優; [pl.] 漫画.

comical a. 喜劇じみた, 滑稽な.

comic book 漫画雑誌.

comic opera 喜歌劇.

comic strip 連載漫画.

coming a. 来る(べき), 次の.

comity (国際的)礼譲.

comix 漫画本.

comma コンマ, 読点.   **inverted commas**

引用符.

comma bacillus Biol. コンマ菌.

command v. 命令する, 命じる; 指揮する, 率いる; 自由に使う; 抑制する, 自制する; 見渡す, 見おろす, (要害の地を)占める; (同情・尊敬などを)受けるに足りる, 必ず得る. — n. 命令, 号令, 指揮; 司令部; 支配力, 抑制力 (over); (言語の駆使力); 見晴らし, 展望; Computer 指令, コマンド; (宇宙船制御の)指令.

commandant (要塞・軍港などの)司令官.

commandeer v. 徴発する, 徴募する; 勝手に使う, 強奪する.

commander 指揮官, 司令官; 海軍中佐.

commander in chief 最高指揮官, 司令長官.

commanding a. 指揮する; 堂々たる; 見晴らしのいい.

commanding officer Mil. 部隊指揮官.

commandment 神の掟, 戒律.

command module (宇宙船の)指令船.

commando (南アフリカの)義勇民軍; 奇襲部隊, コマンド.

command performance 御前演劇, 御前演奏.

command post 戦闘指令部.

commemorate v. 記念する, 祝う.

commemoration 記念(祭).   in commemoration of ...の記念に.

commence v. 始まる, 始める; 開始する (do-ing, to do).

commencement 開始; 卒業式.

commend v. ほめる, 賞賛する; 推薦する; ゆだねる, 任せる (to).

commendable a. 推奨できる, 立派な.

commendation 称賛, 推奨.

commensurable a. 釣り合いの取れた; 同一数で割り切れる.

commensurate a. 同量の, 同大の; 比

例した, 釣り合いの取れた (*with, to*).

comment *n., v.* 注釈, 評釈, 批評, 論評, コメント, 話題; 注釈する, 論評する (*on*). **No comment.** 何も言うことはない, ノーコメント.

commentary 注釈; 解説, 論評; 実況放送; 記録, 回顧録.

commentate *v.* 解説する.

commentator 注釈者; (ラジオの)ニュース解説者.

commerce 商業, 通商, 貿易; 交際.

commercial *a.* 商業(上)の, 通商の, 貿易の; 大量生産の, 営利的な; 民間放送の. —*n.* 広告放送, コマーシャル.

commercial college 商科大学.

commercialism 営利主義.

commercialize *v.* 商業化する, 営利化する, 商品化する.

commercially *ad.* 商業上, 通商上.

commercial paper 商業手形.

commercial traveler (地方巡回の)セールスマン, 外交員.

commingle *v.* 混合する.

commiserate *v.* 同情する, 哀れむ.

commissariat *Mil.* 兵站部, 糧食, 給養.

commissary (鉱山・軍隊などの)糧食配給部; 兵站部; 代表者.

commission *n.* 委託, 委任(状); 注文; (将校の)任命, 任務, 職権; 委員会, 分科会; *Com.* 取り次ぎ, 手数料, コミッション; (罪などを)犯すこと, 犯行. **in commission** 在役の; 使用可能で. **out of commission** 退役の; 使用不能で. —*v.* 委任する, 委託する; (将校を)任命する;(軍艦に)就航を命じる.

commissionaire (制服を着た)守衛.

commission day 巡回裁判開廷日.

commissioned officer 将校, 士官.

commissioner (委員会の)委員, 理事; (官庁の)長官;(植民地の)弁務官;(野球・拳闘などの)コミッショナー.

commit *v.* (悪事を)行う, 犯す; 委託する, 付託する, ゆだねる (*to*); (名誉などを)危くする, 傷つける. **commit oneself** 言質を与える, 免れえないはめになる (*to*); 明言する. **commit to memory** 暗記する. **commit to print** [**paper, writing**] 書き留める.

commitment, committal 委託, 付託; (のっぴきならない)約束, 言質, 拘束; 傾倒; (悪事の)遂行, 犯行; 収監, 収容(状).

committee 委員会.

committeeman 委員.

commode 整理だんす; 洗面台; 室内便器.

commodious *a.* (家・部屋などが)広い, 広くて便利な.

commodity 必需品, 物品, 日用品; 商品.

commodore *Nav.* 准将, 代将 《少将と大佐の間》; 提督.

common *a.* 共通の, 共同の; 公共の; 一般の, 普通の; 平凡な, 通俗的な. —*n.* (村などの)共有地, (草地などの)公有地; 共有権, 公用権; [*pl.*]庶民階級, (共同食卓のある)大食堂; 割り当て食糧. **in common** 共通に, 共同に (*with*). **out of the common** 非凡な, 異常な. **the (House of) Commons** 下院.

commonage (牧草地の)共同使用権; 共有地.

commonalty 一般人民, 民衆.

common carrier 運搬業者, 運搬会社.

common cold 風邪.

common council 市議会, 町議会, 村議会.

common denominator 公分母; 共通

要素.

common divisor [factor] 公約数.

commoner 平民.

common fraction *Math.* 分数.

common gender *Gram.* 通性.

common ground (議論の)共通点.

common law コモンロー, 慣習法, 不文律.

common-law marriage 内縁(関係).

commonly *ad.* 通例, 一般に, 俗に.

common market 共同市場; [the C-M-] ヨーロッパ共同市場.

common measure [time] *Mus.* 普通の拍子《$^{1}/_{4}$ 拍子》.

common multiple *Math.* 公倍数.

common noun *Gram.* 普通名詞.

commonplace *a., n.* ありふれた, 平凡な; 平凡な事, 陳腐な言葉, 決まり文句.

commonplace book 備忘録.

common prayer 公禱《英国国教会の礼拝用祈禱文》.

common room 社交室, 休憩室.

common school 公立小学校.

common sense 常識.

commonweal 公共の福祉.

commonwealth 共和国, 連邦; 共和政治; 団体, 社会. **the Commonwealth of Nations** 英連邦.

Commonwealth Day 全英祝日.

commotion 動揺.

communal *a.* 社会の; 地方自治体の; 共同所有の, 共同参加の.

communalism 地方自治主義.

commune[1] 市町村自治体の(住民); 共同生活体; コミューン《フランス・ベルギーなどの最小行政区画》; (共産圏の)集団農場.

commune[2] *v.* 親しく語り合う(with).

communicable *a.* 伝えられる; 伝染する.

communicant 聖餐拝受者.

communicate *v.* 伝える, 伝達する; 感染させる(to); 通信する, 文通する, (部屋などが)連絡する, 通じる(with); *Relig.* 聖体を受ける.

communication 伝達, 通信(機関), 報道(機関); 音信, 文通情報; 通信文, 伝言; 交通(機関), 連絡; コミュニケーション; [*pl.*] コミュニケーション論, 伝達学.

communication(s) satellite 通信衛星.

communication(s) theory 伝達理論.

communicative *a.* おしゃべりな, 話好きな.

communicator 伝達者.

communion 宗派; [C-] 聖餐(式); 共有; 親しい交わり, 霊的交わり.

communiqué 公報, コミュニケ.

communism 共産主義.

communist *n., a.* 共産主義者(の).

Communist Party 共産党.

community 共同生活体, 社会; (利害の共通する)団体; [the ~] 公衆, 一般社会; 共有, 共用; 共通(性), 類似.

community antenna television 有線テレビ.

community center 市民文化会館.

community chest 共同募金.

community college 地域短大.

community home 教護院《少年犯罪者の更生施設》.

community property (夫婦の)共有財産.

communize *v.* (土地などを)共有する.

commutable *a.* 交換できる.

commutate *v.* *Elec.* 整流する.

commutation 転換, 交換, 取り替え; *Law* 減刑, (納金による刑の)代償, 軽減; *Elec.* 整流.

commutation ticket 定期乗車券, 回数乗車券.

commutative *a.* 交換的な; 軽減の.

commutator *Elec.* 整流子.

commute v. 取り替える;(支払いを)振り替える; *Law* 減刑する;(刑を)金で代償する;定期券で通勤する. —— n. 通勤;通勤距離.

commuter (定期券を使用する)通勤者.

comp v., n. *Jazz* (不規則なリズムで)伴奏をする;伴奏;=complimentary ticket.

compact[1] 契約, 協約.

compact[2] a. 質の密な, 目の詰んだ, ぎっしり詰まった;簡潔な;(体格が)がっちりした;(…から)成る(of). —— n. コンパクト;小型車.

compact disc コンパクトディスク《光信号で記録した音を再生する小型レコード》.

companion[1] n. 連れ, 友, 仲間;組の片方, 対の片方. —— v. 同行する.

companion[2] *Naut.* (甲板の)天窓.

companionable a. 友として愉快な, 人好きのする.

companionship 交わり, 親交.

companionway *Naut.* 甲板昇降階段.

company 仲間であること, 交わり;交際, 付き合い;同座, 同行;仲間, 友達;来客;一座(の人々), 一同, 一行, 一隊;乗組員;(歩兵の)中隊;会社;商会. **in company** 人中で. **keep bad company** 悪い友と交わる. **keep good company** よい友と交わる. **keep one company** (人に)お付き合いをする, 同伴する. **part company with [from]** …と別れる.

company manners よそ行きの行儀.

company officer 尉官, 将校.

company town 会社に依存する町, 会社町.

company union 企業内組合.

comparable a. (…と)比較できる(with);(…に)匹敵する(to).

comparably ad. 比較できるほどに;同等に.

comparative a., n. 比較の;比較的な, かなりの;*Gram.* 比較級.

comparatively ad. 比較的に, 幾分, 比較

して.

compare v. 比較する (A with [to] B);たとえる (A to B);匹敵する. **(as) compared with** …と比べると. —— n. 比較. **beyond [past, without] compare** 比較にならないほど.

comparison 比較, 対照;類似;匹敵;*Gram.* (形容詞・副詞の)比較(変化). **in comparison with** …と比べると.

comparison shopper 比較試買員.

compart v. 区画する.

compartment 区画, 区分;仕切り, 仕切り車室;隔室.

compartmentalize v. 区画に分ける, 仕切りに分ける.

compass n. 周囲;限界, 範囲;磁石, 羅針盤;[pl.] (製図用)コンパス. **box the compass** (議論が)転回して元に戻る. —— v. 巡る, 囲む(with);成し遂げる;企む.

compass card (羅針盤の)指針面.

compassion 哀れみ, 同情(on).

compassionate a. 哀れみ深い, 情深い. —— v. 同情する.

compatible a. 両立できる(with), 矛盾のない, 適合する.

compatriot n., a. 同胞;同国の.

compeer 仲間, 同輩.

compel v. 強いる, 強要する, 余儀なく…させる(to do).

compelling a. 人を動かさずにはおかない, やみがたい, たまらない.

compendious a. 簡明な.

compendium 要略, 概説.

compensate v. 償う, 補償する;*Mech.* 補正する.

compensation 報償, 代償, 埋め合わせ;補償金;報酬, 給料;*Mech.* 補正.

compensator *Mech.* 補正器;暗償者.

compensatory a. 償いの;報酬の.

compete v. 競う, 争う, 競争する(with,

for, in); 比肩する (*with*).

competence, competency 能力; (困らないだけの) 相当な資産; *Law* 権限, 権能; *Ling.* 言語能力.

competent *a.* 能力のある, 有能な; 適任の, (…が) できる (*for, to do*); 十分な, 相当な; 権能のある; 当然な; *Law* 合法的な.

competition 競争, 試合.

competitive *a.* 競争の.

competitor 競争者.

compilation 編集.

compile *v.* (資料などを) 集める; 編集する; 作り上げる; *Computer* (プログラムを) 機械語に翻訳する, コンパイルする.

compiler 編集者; *Computer* コンパイラー.

complacent *a.* 自己満足している, いい気な.

complain *v.* 不平を言う, ぶつぶつ言う, (病苦などを) 訴える (*of*); 告訴する, 訴える.

complainant こぼし屋; *Law* 告訴人, 原告.

complainingly *ad.* 不平そうに, ぶつぶつ言って.

complaint 不平, 苦情 (の種); 病苦, 病気; *Law* 告訴.

complaisant *a.* 丁寧な; 従順な.

complement *n.* 補足; *Naut.* (艦船などの) 定員; (必要な) 全数量; *Gram.* 補語; *Math.* 補数, 余角. — *v.* 補充する, 補足する.

complementary *a.* 補充となる, 補完的な.

complementary angles *Math.* 余角.

complementary distribution *Ling.* 相補分布.

complete *v.* 完成する, 完全にする, 仕上げる, 終了する. — *a.* 完全な, 完備した; すべての; まったくの.

completely *ad.* 完全に, まったく.

completion 成就, 完成; 完了, 終了, 満期.

complex *a.* 複合の; 複雑な. — *n.* 複合物; *Psychol.* コンプレックス, 複合, 偏見, ひがみ, 毛嫌い; 強迫観念.

complex fraction *Math.* 繁分数.

complexion 顔色; (事態の) 外観, 形勢; 空模様.

complexity 複雑 (性).

complex number *Math.* 複素数.

complex sentence *Gram.* 複文.

compliance 応諾; 従順. **in compliance with** …に応じて, …に従って.

compliant *a.* 従順な.

complicacy 複雑さ.

complicate *v.* 込み入らせる, 複雑にする, 紛糾させる.

complicated *a.* 込み入った, 複雑な.

complication 複雑; 紛糾; *Med.* 合併症, 併発症, 余病.

complicity 共犯, 共謀.

compliment *n.* 賛辞, ほめ言葉, お世辞; [*pl.*] 挨拶, 敬意, 賀詞. **return the [a] compliment** 答礼する; 返報する (*upon*). **with the compliments of** …より贈呈《贈呈本に書き添える文句》. — *v.* お世辞を言う, ほめる (*on*); (敬意を表して) 贈る (*with*).

complimentarily *ad.* 敬意を表して, お世辞として.

complimentary *a.* 挨拶の, 敬意を表するための; お世辞のうまい; 招待の, 無料サービスの.

complimentary close (手紙の) 結びの挨拶《Yours sincerely などの文句》.

complimentary ticket 無料招待券.

comply *v.* (要求などに) 従う, 応じる, 承諾する (*with*).

compo モルタル, しっくい.

component *a., n.* 構成する; 構成要素; (自動車などの) 部品; 部門.

comport *v.* 振る舞う (*oneself*); 合致する, 適合する, 釣り合う (*with*).

comportment 振る舞い.

compose v. 組み立てる, 組成する;（詩・文を）作る; Mus. 作曲する; Fine Arts （絵を）構図する; Print.（活字を）組む;（心・気を）落ち着かせる (oneself);（紛争を）解決する.　**be composed of** …から成る.

composed a. 落ち着いた, 平然とした.

composer 作曲家.

composite a. 合成の, 混成の.　— n. 複合物, 合成物; 合成写真, モンタージュ写真.

composition 組み立て, 組成, 組織; 素質, 性質; Fine Arts 配置, 構図; 作文; Mus. 作曲, 作品; Print. 植字; 混合物; 妥協, 和解, 示談.

compositor 植字工.

compost n. 混合物; 混合肥料, 堆肥.　— v. 堆肥を施す.

composure 落ち着き, 沈着.

compote 果物の砂糖煮; 脚付き果物皿, 脚付き菓子皿, コンポート.

compound v. 混合する, 調合する (with, into);（語を）合成する; 示談にする, 妥協する (with).　— a. 合成の, 複合の, 複雑な.　— n. 混合物; Chem. 化合物; Gram. 複合語;（構内の）建物群.

compound eye Zool. 複眼.

compound fracture Med. 開放骨折.

compound interest Com. 複利.

compound sentence Gram. 重文.

comprehend v. 理解する, 含む.

comprehensible a. 理解できる, わかる.

comprehension 理解（力）; 包含, 包括, 含蓄.

comprehensive a. 理解力のある; 包容力のある, 包括的な.

comprehensive school 総合中等学校《全コースのある secondary school》.

compress v. 圧搾する, 圧縮する; 要約する; 縮む.　— n. Med. 湿布.

compressed air 圧搾空気.

compressible a. 圧搾できる, 圧縮できる.

compression 圧縮, 圧搾.

compressor 圧縮機, 圧縮装置, 圧搾ポンプ.

comprise v. 包む, 包含する, …から成る.

compromise n. 妥協, 歩み寄り, 和解; 折衷案.　— v. 妥協する, 歩み寄る;（名誉などを）危うくする.

Comptometer Trademark コンプトメーター《高速度計算機》.

comptroller 会計監督官.

compulsion 強制; 強い衝動.

compulsive a. 強制的な; しないではいられない.

compulsorily ad. 強制的に.

compulsory a. 強制的な, 義務的な, 必修の.

compunction 良心のとがめ, 悔い.

compunctious a. 気がとがめる, 後悔の.

compute v. 計算する, 算定する (at); コンピューターを使う, コンピューターを使って計算する.

computer （電子）計算機, コンピューター.

computer crime コンピューター犯罪.

computerese コンピューター言語.

computer game コンピューターゲーム.

computerite, computernik コンピューター操作係.

computerize v. コンピューターにかける, コンピューターで制御する, コンピューターで処理する; コンピューター化する.

comrade 同志, 仲間, 友; [C-] 共産党員.

comradeship 仲間のよしみ, 友愛.

comsat 通信衛星; [C-] コムサット《米国通信衛星業務会社》.

Comte コント.　**Auguste Comte** (1798–1857) フランスの哲学者.

con[1] n., ad. 反対（で）.

con[2] 囚人; 前科者.

con³ *n.* 詐欺. — *v.* だます.

con⁴ *prep. Mus.* …をもって.

con brio *ad.* 活発に.

concatenate *v.* (鎖状に)つなぐ, 連結する.

concatenation 連鎖, 連結.

concave *a.* 中くぼみの, 凹面の.

concavo-concave *a.* 両凹の.

concavo-convex *a.* 半面凹半面凸の, 凹凸の.

conceal *v.* 隠く.

concealment 隠匿; 隠れ場所.

concede *v.* (真と)認める; 譲歩する; (敗北を)認める; (権利などを)譲渡する.

conceit 自負心, 自惚れ; 気まぐれ, 独断.

conceited *a.* 自惚れの強い.

conceivable *a.* 考えられる, 想像できる.

conceive *v.* 妊娠する; (意見・恨みなどを)抱く, (計画などを)考え出す; 想像する, 思い当たる (*of*); 表現する.

concentrate *v.* (一点に)集中する; 専念する; *Chem.* 濃縮する. — *n.* 濃縮したもの.

concentration 集中, 集結; 注意集中, 専心; *Chem.* 濃縮; 濃度.

concentration camp 強制収容所.

concentrative *a.* 集中的な; 凝り性の.

concentric *a. Math.* 同中心の; (数個の円が)同心の.

concept *Philos.* 概念.

conception 概念(作用); 着想, 創案; 妊娠.

conceptual *a.* 概念の.

conceptualism *Philos.* 概念論.

conceptualize *v.* 概念化する.

concern *v.* 関係する, かかわる; 関心を持つ, 懸念させる. **as concerns** …に関しては. **as [so] far as I am concerned** 私の関する限りでは. **To whom it may concern** 関係者各位殿(証明書などの一般あて名形式).

— *n.* 関係 (*with*); 利害関係 (*in*); 気がかり, 心配; [*pl.*] 関心事, 事; 会社, 商会, 事業, 財団, コンツェルン.

concerned *a.* 関係のある; (仕事に)従事して (*in*); 心配な.

concernedly *ad.* 心配して.

concerning *prep.* …に関して.

concert *n.* 音楽会, コンサート; 協定, 提携, 一致 (*with*). **in concert** 共同して, 一致して. — *v.* 協定する.

concerted *a.* 協定の, 共同一致の; *Mus.* 合奏のために編曲された, 合唱のために編曲された.

concert grand コンサートグランド(演奏会用大型グランドピアノ).

concertina *Mus.* コンチェルティーナ(アコーディオンに似た楽器).

concertino *Mus.* 小協奏曲.

concertmaster *Mus.* コンサートマスター(オーケストラの首席バイオリン奏者).

concerto *Mus.* コンチェルト, 協奏曲.

concerto grosso *Mus.* 合奏協奏曲.

concert pitch *Mus.* 演奏会用標準音.

concession 譲歩, 譲与; (政府の与える)特許, 利権; 租借(地), 租界.

concessionaire (権利の)譲り受け人; 特許権所有者.

concessioner =concessionaire.

concessive *a.* 譲歩的な.

conch 巻き貝; 貝殻.

conchology 貝類学.

concierge 守衛; (アパートなどの)管理人; (ホテルの)ボーイ長.

conciliate *v.* なだめる, 味方にする, 懐柔する.

conciliative, conciliatory *a.* なだめる.

conciliator 調停者.

concise *a.* 簡明な, 簡潔な.

concision 簡潔.

conclave 秘密会議; *Rom. Cath.* 教皇選

挙会議(室).

conclude v. 終わる, 結末をつける, (語を)結ぶ (by, with); 結論する, 推断する, 決定する; (条約を)締結する.　**Concluded.** (連載読み物が)完結.　**To be concluded.** 次回完結.
to conclude 結論としていえば.

conclusion 結末, 終結, 落着; 結論, 断案; 決定; 締結.　**in conclusion** 終わりに臨んで.　**try conclusions** 勝負を争う (with).

conclusive a. 決定的な, 最後的な; 極めて明確な.

concoct v. (飲み物などを)調合する; (話などを)作り上げる, 仕組む.

concoction 調合(物), 混合飲料; 作り事, 作り話.

concomitance 随伴.

concomitant a., n. 伴う(物), 随伴する(事情).

concord 一致, 和合, 協調; (友好)協定, 協約; Mus. 協和音; Gram. (数・性・人称などの)一致, 呼応.

concordance 一致, 同意; 用語索引, コンコーダンス.

concordant a. 一致する, 和合する (with).

concordat 協定.

Concorde コンコルド《英仏共同開発の超音速ジェット旅客機》.

concourse 集合, 合流; 群集, 人混み; 大勢人の集まる所; (駅の)中央ホール, コンコース; (公園などの)広場; 自動車路, 大通り.

concrescence Biol. 合生, 融合.

concrete a. 具体的な, 有形の; 凝結した; コンクリートの.　― n. コンクリート; 具体物; 凝結物.　― v. コンクリートで固める, コンクリートを塗る; 固まる, 凝結する, 凝結させる.

concrete jungle =asphalt jungle.

concrete mixer コンクリートミキサー.

concrete music =musique concrète.

concrete poetry 絵画詩.

concretion 凝結(物); 凝塊; Med. 結石.

concretionary a. 凝固してきた.

concretize v. 具体化する.

concubinage 同棲.

concubine 第二夫人.

concupiscence 色欲.

concur v. 同時に起こる, 併発する, 併在する (with); 協力する; (意見が)一致する, 同意する (with).

concurrent a. 同時に起こる, 同時に作用する, 併発する, 併在する; 一致する, 調和する; 一点に集まる; 兼務の; 協同の.　― n. 併発事件; 協力者.

concurrently ad. 同時に(作用して); 一致して; 兼務して.

concurrent resolution (両院による)同一決議.

concuss v. 脳震盪を起こさせる, 激動させる.

concussion 激動; Med. (脳の)震盪.

condemn v. 非難する; 宣告する (to); 有罪の判決をする, 運命づける (to); (不適として)使用禁止する; (公用に)没収する.

condemnable a. 咎めるべき.

condemnatory a. 断罪的な; 非難の.

condense v. 凝縮する, 圧縮する; (文章などを)短縮する, (文章などを)要約する.

condensed milk コンデンスミルク.

condenser 凝縮器, 凝縮装置; Optics 集光レンズ; Elec. コンデンサー, 蓄電器.

condescend v. 卑下する, 甘んじて…する (to do), へり下る; (卑しい事に)身を落とす; (目下の者に)親切にする.

condescending a. 腰の低い, 平民的な, 謙遜な; 親切ぶった.

condescension 卑下, 謙譲; 親切ぶった態度.

condign *a.* (処罰など)至当な.

condiment 薬味, 調味料.

condionality 条件付き.

condition *n.* 状態;(身体の)調子, コンディション; 境遇, 身分; 条件; 再試験, 仮及第;[*pl.*] 事情, 状況, 情勢. **be in condition** 健康状態がよい, 保存状態がよい. **be out of condition** 健康状態が悪い, 保存状態が悪い. **on (the) condition (that)** …という条件で. —— *v.* 条件付ける, 左右する; 決定する;(適当な) 状態にする; *Com.* (商品を)検査する;(再試験通過という) 進級条件を付ける; 空気を浄化する.

conditional *a.* 条件付きの, 仮定的な.

conditioned *a.* 条件付きの;(ある) 状態の;(室内の空気が)温度と湿度が調節された.

conditioner 調節器; 冷房装置.

condo (分譲式)マンション.

condole *v.* 弔慰する, 悔みを言う (*with*).

condom コンドーム.

condominium (分譲式)マンション; 共同主権.

condone *v.* 見逃す, 許す, 容赦する.

condor *Ornith.* コンドル.

conduce *v.* (ある結果に)導く, 資する (*to*), 貢献する.

conducive *a.* (…に)資する, …のためになる (*to*).

conduct *n.* 行為, 品行, 行状; 処理, 遂行, 経営, 管理; 趣向, 脚色. —— *v.* 導く; 指導する, 指揮する; 処理する, 経営する; 振る舞う (*oneself*); *Phys.* 伝導する.

conductance *Elec.* コンダクタンス.

conduction *Phys.* (熱・光などの)伝導;(管などで水を)引くこと, 誘導.

conductive *a.* 伝導(性)の, 伝導力の(ある).

conductivity *Phys.* 伝導力.

conductor 案内者, 指導者; 経営者, 管理者; 車掌; *Mus.* 指揮者; *Phys.* (熱・音・

conduit (水道などの)導管;(下水の)暗渠, (電線埋設用)地下管.

cone 円錐(形); 火山錐; *Bot.* 毬果, 松笠 (アイスクリームを入れる)コーン;(円錐形の)暴風信号.

coney =cony.

confab *n., v.* 懇談(する).

confabulate *v.* 談笑する, 非公式に会談する.

confabulation (非公式の)会談, 談笑.

confabulatory *a.* 談笑的な.

confection 砂糖漬け.

confectioner 菓子屋, 菓子製造人.

confectionery 菓子類; 菓子店.

confederacy (国家の)連合, 連盟, 同盟(国); 共謀;[C-] (南北戦争当時の)南部連盟.

confederate *a., n.* 連盟した, 連合した, 共謀した; 連合国, 連盟国, 共謀者; [C-] (南北戦争当時の)南部連盟の. —— *v.* 連盟する, 連合する; 共謀する.

Confederate States (南北戦争当時の)南部連盟諸州.

confederation 連合, 連盟, 連合国.

confer *v.* 授与する, 授ける (*on, upon*); 会談する, 協議する (*with*), 打ち合わせる.

conferee (会議の)参加者, 評議員; 授与される人.

conference 相談, 協議; 会議, 協議会, (学校・教会・スポーツ団体などの) 協議会, 連盟.

conference call (グループで行う)電話による会議.

conferential *a.* 会議の.

conferment 授与.

confess *v.* 自白する, 白状する, 自認する; *Rom. Cath.* 信仰を告白する; 告解する, (司祭が)告解を聞く.

confessed *a.* 一般に認められた, 明白な.

　stand confessed as …であることは明白である.

confessedly *ad.* 疑う余地なく, 明白に.

confession 自白, 白状 ; *Law* 告解 ; (信仰の)告白 ; *Law* 供述書.

confessional *a., n.* 告解の(席).

confessor 告解者 ; 告解を聞く司祭, 聴罪師 ; (迫害にも信仰を曲げない)信仰告白者.

confetti (It) コンフェッティ《謝肉祭・婚礼の時などに投げつける細かく切った色紙・紙テープ》.

confidant(e) (F) (秘密を打ち明けられる)腹心の友.

confide *v.* 信任する, 信頼する (*in*) ; 委託する (*to*) ; 打ち明ける.

confidence 信任, 信頼 ; 自信, 確信, 度胸 ; 打ち明け(話) ; 秘密. **in confidence** 内証で.

confidence game [trick] (お人好しにつけ込む)信用詐欺.

confidence man 詐欺師.

confident *a.* 確信している (*of, that*) ; 自信のある, 自惚れの強い, 大胆な. — *n.* =confidant(e).

confidential *a.* 信任する, 腹心の ; 秘密の, 内証の ; 打ち解けた, 馴れ馴れしい.

confiding *a.* 信じ切っている.

configuration 形状, 形, 外形 ; 地形 ; *Psychol.* =gestalt ; *Chem.* (原子の)配列.

confine *v.* 閉じ込める, 監禁する, 制限する, 局限する. — *n.* [*pl.*] 境界, 限界.

confinement 禁固, 幽閉 ; 制限, 局限.

confirm *v.* 強める, 強固にする, 固くする ; 証する, 確認する ; *Relig.* (教会で)堅信礼を施す.

confirmation 確定 ; 確認 ; *Relig.* 堅信礼, 信徒按手式.

confirmatory *a.* 確証する.

confirmed *a.* 確認された ; 根深い, 凝り固まった.

confiscable *a.* 没収できる.

confiscate *v.* 没収する, 徴発する.

confiscator 没収者.

confiscatory *a.* 没収の.

conflagration 大火災 ; 大災害.

conflate *v.* 融合させる, 混ぜる.

conflict *n.* 闘争 ; 矛盾, (思想・利害などの)衝突. **conflict of interest** (公務員などの)公益と私利の衝突. — *v.* 争う ; 衝突する, 矛盾する (*with*).

conflicting *a.* 相いれない, 矛盾した.

confluence 合流(点) ; 群集.

confluent *a., n.* 合流する ; 支流.

conflux =confluence.

conform *v.* 一致する, 一致させる, 適合する, 適合させる (*to*) ; 従わせる.

conformable *a.* 一致する, 適合する ; 従順な.

conformation 形態, 構造.

conformist 遵奉者 ; [C-] 国教徒.

conformity 一致, 適合 ; 遵奉 ; 国教信奉.

confound *v.* ごっちゃにする, 混同する (*with*) ; 当惑させる, 困惑させる ; (希望などを)打ちくじく ; 呪う. **Confound it!** 畜生.

confounded *a.* 忌々しい, 嫌な, べらぼうな.

confoundedly *ad.* とても, 非常に.

confraternity (宗教・慈善などの)団体, 組合.

confrere 会員, 同志, 同僚.

confront *v.* 直面する, 立ち向かう ; 向かい合わせる, (法廷で)対立させる ; (困難など)面前に現れる.

confrontation 対立, 対決.

Confucian *a., n.* 孔子の, 儒教の ; 儒者.

Confucianism 儒教.

Confucius 孔子《552–479 B.C. ; 中国の思想家》.

confuse *v.* 惑わす, まごつかせる ; 混乱させる ;

ごっちゃにする, 混同する.

confused *a.* 乱雑な, 入り乱れた; 当惑した.

confusing *a.* 混乱させる, 当惑させる.

confusion まごつき; 乱雑, 混乱, どさくさ, 騒動; 当惑; 混同.

confute *v.* やりこめる, 論破する.

conga *Mus.* コンガ《キューバの舞踊(曲)》; 太鼓の一種.

con game [job] 信用詐欺.

congé (F) 解雇, 免職.

congeal *v.* 凍る, 凍らせる; 凝結する. 凝結させる.

congener 同類のもの, 同類の人.

congenial *a.* 同性質の, 気の合った; 性分に合った, 適した.

congeniality (性格などの)一致; 適応性.

congenital *a.* 生まれながらの, 生来の, 先天的な.

conger eel *Ichthy.* アナゴ.

congeries (物の)集積, 塊, 山.

congest *v.* 充血する. 充血させる; (人・貨物など)密集する.

congestion *Med.* 充血, 密集, 込み合い.

conglomerate *a., n.* 丸く固まった(物), 密集した(もの), 集団(の); *Geol.* 礫岩(の); コングロマリット, 複合企業. — *v.* 丸く固める, 丸く固まる, 凝集する.

conglomeration 集塊.

Congo コンゴ《アフリカ中部の共和国》.

Congolese *a., n.* コンゴの; コンゴ人(の), コンゴ語(の).

congrats *int.* おめでとう.

congratulate *v.* 祝する, 祝詞を述べる, おめでとうと言う (a person *on* an event); 喜ぶ, 得意がる (one*self, on*).

congratulation 祝賀, 祝意; [*pl.*] 祝詞.

congratulator 祝賀者.

congratulatory *a.* 祝賀の.

congregate *v.* 集める, 集まる, 固める, 固まる.

congregation 集合, 会合; *Relig.* 集会; 会衆.

congregational *a.* 集会の, 会衆の; [C-] 組合教会の.

congregationalism [C-] 組合教会主義.

congregationalist [C-] 組合教会主義者, 組合教会主義会員.

congress 会議, 評議会; [C-] 議会, 国会.

congressional *a.* 会議の; [C-] 国会の.

congressional district 下院議員選挙区.

Congressman 下院議員.

Congressperson 下院議員.

Congresswoman 婦人下院議員.

congruent *a.* 一致する; *Math.* 合同の.

congruity 一致, 適切; *Math.* 合同性.

congruous *a.* 一致する; 適当な.

conic(al) *a.* 円錐の.

conic section *Math.* 円錐曲線.

conifer *Bot.* 毬果植物; 針葉樹.

coniferous *a. Bot.* 毬果を生じる.

conjecture *n., v.* 推測(する), 判読(する).

conjoin *v.* 結合する, 連合する.

conjoint *a.* 結合した, 連帯の.

conjugal *a.* 夫婦の.

conjugality 婚姻, 夫婦生活.

conjugate *v. Gram.* (動詞を)活用変化させる; *Biol.* 接合する.

conjugation *Gram.* (動詞の)活用変化; *Biol.* 接合.

conjunct *a.* 結合した, 共同の.

conjunction 結合, 連結; *Gram.* 接続詞.
　in conjunction with …と共に.

conjunctiva *Anat.* 結膜.

conjunctive *a., n.* 接続の; *Gram.* 接続語.

conjunctivitis *Med.* 結膜炎.

conjuncture 多事の際, 危急の場合, 危機.

conjuration まじない, 呪文, 手品; 祈願.

conjure *v.* 魔法を使う, 手品を使う; 祈願する.
　conjure up (鬼などを)魔法で呼び出す; (幻などを)呼び起こす.

conjurer, conjuror 魔法使い; 手品師, 奇術師, マジシャン.

conk[1] *v.* (モーターが)急に止まる (*out*); 卒倒する; 寝る.

conk[2] 鼻; 殴打.

conker トチノキ(の実).

con man 信用詐欺師.

con moto *ad.* 元気よく.

connect *v.* 結びつける, 接続する, 連結する (*with, to*); 関係する, 関係づける, 連絡する; *Baseball* 強打する.

connected *a.* 連絡した, 一貫した; 関連した, 関係ある, 縁続きで.

Connecticut コネティカット《米国東部の州》.

connecting rod *Mech.* 連接棒.

connection (交通・通信などの)連絡, 連結, 接続; 関連, 関係; 交わり, 親しみ; 情交; 親戚(関係), 縁故, 「コネ」; 得意先; (麻薬の)売人. **in connection with** …と連絡して, …と関連して. **in this connection** これと関連して.

connective *a., n.* 連結の, 接続の; *Gram.* 連結語.

connector 連結器; *Elec.* 接続子.

connexion =connection.

conning tower (軍艦の)司令塔.

conniption (fit) 癇癪, 腹立ち.

connive *v.* 見て見ぬ振りをする, 見逃す (*at*); 共謀する (*with*).

connoisseur (美術品・酒などの)鑑定家, 目きき, 玄人.

connoisseurship 鑑識眼.

connotation *Log.* 内包; 含蓄.

connotative *a.* 含蓄的な; *Log.* 内包的な.

connote *v.* 含蓄する, 暗示する; *Log.* 内包を

示す; 意味する.

connubial *a.* 結婚の, 夫婦の.

conoid *a., n.* 円錐状の; 擬円錐体.

conquer *v.* 征服する, 克服する, 打破する; 勝ち取る.

conqueror 征服者.

conquest 征服; 勝ち取ったもの, 征服地; なびいた女, なびいた男; [the C-] ノルマン人の英国征服《1066 年》.

conquistador 征服者《特に 16 世紀メキシコなどを征服したスペイン人》.

Conrail (<*Con*solidated *Rail* Corporation) コンレール《米国東部中西部統合貨物鉄道会社》.

consanguine, consanguineous *a.* 同族の, 血族の.

consanguinity 血縁, 同族(関係).

conscience 良心, 善悪の観念. **for conscience(') sake** 気休めに. **in all conscience** 正当に; 確かに. **on one's conscience** 良心にかけて, 確かに.

conscience clause *Law* 良心条項.

conscience money 償いの献金.

conscience-stricken [-smitten] *a.* 良心に責められた.

conscientious *a.* 良心的な, 誠実な.

conscientious objection 良心的兵役拒否.

conscientious objector 良心的兵役拒否者.

conscious *a.* 意識のある, 自覚した; 意識して, 気付いて (*of, that*), 意識的な; 気の弱い.

consciously *ad.* 意識的に, 知りながら.

consciousness 意識, 自覚, 感覚.

consciousness-raising 意識昂揚.

conscript *a., n.* 徴集された; 徴集兵, 新兵. — *v.* 徴兵に取る.

conscription 徴兵(制度), 徴用, 徴集.

consecrate *v.* (神に)捧げる; 神聖にする, 清める.

consecration 神に捧げること; 献身; 神聖化, 浄化; *Relig.* 聖別(式).

consecrator 奉献者.

consecutive *a.* 連続する, 継続的な, 一貫した.

consensus (意見の)一致; 総意, 合意, コンセンサス.

consent *v., n.* 承諾する, 同意する (*to*); 承諾, 同意, (意見の)一致. **age of consent** 承諾年齢《法律的に結婚できる年齢》. **by common consent** 満場一致で.

consentient *a.* 同意する; 満場一致の.

consequence 結果, 成り行き; *Log.* 帰結; 推論; 重要性; 重要な地位. **in consequence** その結果, 従って; …の結果, …のために (*of*). **take the consequences** 結果を甘受する.

consequent *a.* 結果の, 結果として起こる (*on, upon*); 必然の. — *n.* 当然の結果; (論理の)帰結.

consequential *a.* 結果として起こる, 必然の; 重要な; 勿体振った.

consequently *ad.* その結果, 従って.

conservancy (森林などの)管理.

conservation 保存, 維持; (川・林 などの)国家管理; 保安林, 保安河川; *Phys.* 保存.

conservationist 資源保護論者.

conservatism 保守主義.

conservative *a.* 保守的な, [C-]保守党の; 控え目の, 内輪の; 保存力のある. — *n.* 保守的な人; [C-]保守党員.

Conservative Party 保守党.

conservatoire 音楽学校, 美術学校; (フランスの)コンセルバトワール.

conservator 保存者, 保管人; (禁治産者の)管理者, 保護者.

conservatory 温室; =conservatoire.

conserve *v.* 保存する; 貯蔵する. — *n.* 砂糖漬け果物, ジャム.

consider *v.* 熟考する; 考慮する; …と考える, みなす. **all things considered** 万事を考慮して.

considerable *a.* 考慮に価する, 重要な; かなりの, 相当の; たくさんの.

considerably *ad.* 相当に, かなり.

considerate *a.* 思いやりのある.

consideration 考慮, 熟慮, 考察; 考慮すべき事, 要件; 重要; 思いやり; 報酬. **in consideration of** …を考慮して; …の謝礼に. **on no consideration** どうあっても…しない. **take into consideration** 考慮する.

considering *prep.* …を思えば, …としては. — *ad.* 割合に.

consign *v.* 委ねる, 託する, 渡す; *Com.* (商品を)委託する, 託送する.

consignee *Com.* 受託者, 荷受人.

consignment *Com.* (商品の)委託; 委託貨物; 託送, 積送品.

consignor 委託者; *Com.* 荷主.

consist *v.* (…から)成る (*of*); (…に)存する, ある (*in*); 一致する (*with*).

consistency, consistence 一致, 調和; 首尾一貫; 堅さ, 堅固, 密度.

consistent *a.* 一致する, 矛盾のない, 首尾一貫した (*with*), 徹底した; 終始変わらない, 堅実な.

consistory 宗教法院, (長老教会の)長老法院.

consol [*pl.*] コンソル公債.

consolable *a.* 慰められる.

consolation 慰め, 慰安.

consolation prize 残念賞.

console[1] *Arch.* (装飾的な)渦型持ち送り; (ラジオ・テレビの)大型キャビネット; (パイプオルガンの)演奏台; *Computer* 操作卓, コンソール.

console[2] *v.* 慰める.

console table (壁に取り付けた)コンソールテーブル.

consolidate v. 固める, 固まる, 強化する; 合併する; 整理する, 統合する.

consolidated school (数学区の)合同学校.

consommé コンソメ, 澄ましスープ.

consonance Mus. 協和音; 調和, 一致.

consonant a., n. 一致した (with, to); Phonet. 子音(の), 子音字(の); Mus. 協和音の.

consonantal a. 子音の.

consort n. (主に王・女王の)配偶者; 僚艦. — v. 交わる; 一致する(with), 調和する.

consortium (共同出資のための)国際資本合同; 協会.

conspectus 概観; 一覧, 綱要.

conspicuous a. 人目につく, 目立った; 顕著な, 著名な.

conspicuous consumption 社会的地位を誇示するための浪費.

conspicuousness 際立ち.

conspiracy 共謀, 共同謀議; 陰謀.
　conspiracy of silence 沈黙の申し合わせ, 黙殺の申し合わせ.

conspirator 陰謀者, 共謀者.

conspire v. 共謀する; 共に働く, 共に助ける.

constable 巡査, 警官.

constabulary n., a. 警官; 警官隊, 警察; 警官の, 警察の.

constant a. (一定)不変の, 不断の; 常に心の変わらない, 節操の堅い, 誠実な. — n. Math. 定数.

Constantinople コンスタンチノープル《Istanbul の旧名》.

constantly ad. 絶えず, 始終.

constellation Astron. 星座; (着飾った紳士淑女などの)一群, (美しいものなどの)集まり.

consternation 驚愕, 当惑, 仰天.

constipate v. Med. 便秘させる.

constipation Med. 便秘.

constituency 選挙区(の有権者); 得意先, 購買層; 支持者.

constituent a. (全体を)構成する; 選挙権のある. — n. (構成)要素, 成分; 有権者, 選挙人.

constitute v. 組成する, 構成する, 組織する; 制定する, 指定する; 選定する, 任命する.

constitution 構成, 組織, 本質; 体格, 体質; 素質, 気性; 制定; 憲法, 規約.

constitutional a. 組織上の, 構成上の, 体質上の, 生来の; 本質的な; 立憲的な, 合法の. — n. (健康のための)散歩, 運動.

constitutionalism 立憲主義, 立憲制度.

constitutionality 合憲性, 立憲性.

constitutionally ad. 体質的に; 憲法上, 立憲的に.

constitutive a. 構成的な; 制定的な.

constrain v. 強制する, 強いて…させる(to do); 押さえる, 束縛する, 圧迫する.

constraint 強制, 圧迫; 窮屈, 束縛; 制約.

constrict v. 締めつける, 圧縮する.

constrictor Anat. 括約筋; =boa constrictor.

construct v. 組み立てる, 構成する; 建造する. — n. 構造物, 構成物; Psychol. 構成概念.

construction 建造, 建築, 建設; 組み立て, 構造; 建物; Gram. 構文; Math. 作図; 解釈. **under construction** 建造中, 工事中.

constructive a. 構造上の, 構成的な; 建設的な.

constructor 建設者, 建造者; Nav. 造

船技師.

construe v. Gram. (構文を)解剖する,(解剖的に)解釈する.

consul 領事;(古代ローマの)執政官;(フランス革命時代の)執政.

consulate 領事の任務, 領事の任期; 領事館.

consulate general 総領事館.

consul general 総領事.

consult v. 相談する(with); 意見を聞く, 診察を受ける;(参考書・辞書などを)調べる, 引く;(感情・利害などを)顧慮する; コンサルタントを務める.

consultancy コンサルタント業.

consultant 相談者, 相談相手, コンサルタント.

consultation 相談, 協議; 諮問, 診察;(辞書などの)参照.

consultative a. 相談の, 諮問の.

consume v. 消費する, 使い尽くす; 食い尽くす, 飲み尽くす, 焼き尽くす; 消耗する.

consumedly ad. 極度に.

consumer Econ. 消費者; Ecol. 消費者.

consumer(s') goods Econ. 消費財.

consumerism 消費者中心主義.

consumer price index Econ. 消費者物価指数.

consummate a. 無上の, 完全な, まったくの. — v. 仕上げる, 完成する.

consumption 消費; 消耗; 肺病.

consumptive a. 消費の, 消耗的な.

contact n. 接触, 連絡; 関係, コネ; 橋渡しのできる人. — v. 接触させる, 連絡する; 関係をつける.

contact breaker Elec. (電流)遮断器.

contact flying [flight] Aeronaut. 有視界飛行.

contact lens コンタクトレンズ.

contact man (取り引きなどの)仲介者;(ス

パイなどの)連絡要員.

contagion 接触伝染, 感染; 伝染病;(悪風などの)感化.

contagious a. 伝染性の, 伝わりやすい.

contain v. 含む, 入れる;(感情を)抑える; 封じ込める.

container 容器, 入れ物, コンテナー.

containerize v. コンテナーで輸送する,(輸送を)コンテナー化する.

containerport コンテナー港.

containership コンテナー船.

containment Mil. 牽制;(共産圏に対する)封じ込め.

contaminant 汚染物質.

contaminate v. 汚す, 汚染する.

conte コント, 短篇.

contemplate v. 凝視する; 考えてみる, 沈思する; 期待する, 意図する.

contemplation 熟視; 黙想; 観照; 期待, 企図.

contemplative a. 沈思する, 黙想的な.

contemplator 黙想者.

contemporaneous a. 同時代の(with), 同時の; 当時の.

contemporary a. 現代の;(…と)同時代の(with); 最新式の. — n. 同時代の人, 同時代の物; 現代人;(自社と同時発行の)他社新聞・雑誌, 同業紙, 同業誌.

contempt 侮辱 (for), 軽蔑; 恥辱, 不面目.

contemptible a. 卑しむべき, 情ない.

contemptuous a. 侮辱的な; 軽蔑する (of).

contend v. 戦う, 競う(with); 論争する; 主張する(that).

contender (スポーツの)競争者.

content[1] 収容力;[pl.] 中身, 内容,(本の)目次; 真意, 要旨; 容積, 容量, 含有量.

content² n. 満足. **to one's heart's content** 心ゆくまで. — pred. a. 満足して (with). — v. 満足させる; 甘んじる.

contented a. 満足した.

contention 論争; 論点, 主張; 競争.

contentious a. 論争好きの; 議論のある.

contentment 満足.

conterminous a. 境界(線)を共にする, 隣接する; 同一限界の, 同一延長の.

contest v. 論争する, 競う, 争う(with). — n. 論争; 競争, 競技, コンテスト.

contestant 競技者, 競争者.

contestation 論争, 対抗, 主張.

context (文章の)前後関係, 文脈.

contextual a. 前後関係の, 文脈の.

contextualize v. 適当な文脈に入れる.

contiguity 近接, 接触.

contiguous a. 接した, 隣接する(to).

continence 節制, 克己, 貞操.

continent¹ a. 節制の, 自制心のある; 貞節の.

continent² 大陸, 本土; [the C-](英国から見て)ヨーロッパ大陸.

continental a., n. 大陸の(人); [C-] 欧州大陸の(人).

continental breakfast (パンとコーヒーのみの)ヨーロッパ式朝食.

continental climate 大陸性気候.

continental divide 大陸分水界.

continental drift Geol. 大陸漂移(説), 大陸移動(説).

continental shelf Geog. 大陸棚.

contingency 偶然の事件, 不慮の事件, 偶発性.

contingent a. ありがちな(to), 不定の; 偶発的な, 不意の; …次第の(upon), 付随的な. — n. =contingency; 分遣隊, 派遣団.

continual a. 絶えず起こる, ひっきりなしの.

continually ad. 絶えず, しきりに.

continuance 持続, 継続; 連続; Law 延期.

continuant Phonet. 継続音《など》.

continuation 継続, 連続; 続き, 続篇; 延長, 建て増し; Com.(決算の)繰り延べ.

continuation school 補習学校; 定時制中学, 定時制高校.

continuative a. 継続的な; Gram. 継続用法の.

continue v. 続ける, 続く; 引き続き…する, 引き続き…である(to do, to be), 保持する; 言葉を続ける. **To be continued.** 以下次号.

continuing education 成人教育, 社会人教育.

continuity 連続(性), 継続, 永続(性); (映画の)撮影台本, (ラジオ・テレビの)放送台本, コンテ.

continuous a. 絶え間ない, 間断ない, 連続的な.

continuously ad. 絶えず, ひっきりなしに.

continuum 連続(体).

contort v. ねじ曲げる, 歪める; 曲解する.

contortionist 曲芸師.

contour n., v. 輪郭(を描く), 外形; 概略; (音調)曲形.

contour farming 等高線農法.

contour line Geog. 等高線, 等深線.

contour map 等高線地図.

contraband n. 禁制品; 密売品, 密輸(品). — a. 禁制の.

contrabandist 密輸業者.

contrabass Mus. コントラバス.

contraception 避妊.

contraceptive a., n. 避妊(用)の; 避妊薬, 避妊用具.

contract n. 契約(書); 請負; 婚約; 殺人請負. — v. 契約する; 請け負う(for); (親交・婚約などを)結ぶ; (病気に)かかる, (習慣)がつく, (借金が)できる; 縮める, 縮まる; 短

contract bridge *Cards* コントラクトブリッジ.

contracted *a.* 収縮した，短縮した；狭い；偏狭な；契約した，婚約した.

contractible *a.* 収縮できる.

contractile *a.* 収縮性の.

contractility 収縮性.

contraction contract すること；収縮，短縮，縮小；省略.

contractive *a.* 収縮性のある.

contractor 請負人；*Anat.* 収縮筋.

contractual *a.* 契約上の.

contracture *Med.* (筋肉・関節などの)収縮，(筋肉・関節などの)硬直，(筋肉・関節などの)拘縮.

contradict *v.* 否定する，否認する；反駁する；矛盾する，抵触する，対立する(*with*)；口論する.

contradictory *a.* 矛盾した；反駁的な．— *n. Log.* 矛盾対当，矛盾名辞.

contradistinction 対照区別，対比.

contrail *Aeronaut.* 飛行機雲.

contraindicate *v. Med.* 禁忌を示す.

contraindication *Med.* 禁忌.

contralto (It) *Mus.* コントラルト(歌手)《女声の最低音》.

contraption 奇妙な仕掛け，奇妙な機械；工夫，考案.

contrapuntal *a. Mus.* 対位法的な.

contrariety 反対，矛盾，不一致.

contrarily *ad.* 反対に；ひねくれて，頑固に.

contrariness 反対；強情.

contrariwise *ad.* 反対に，逆に；意地悪く.

contrary *a.* 逆の，反対の；片意地な，我儘な．— *n.* 逆，反(対物)；*Log.* 反対命題，反対名辞． **on the contrary** これに反して，それどころか；一方． **to the contrary** それとは反対の；そうではない．— *ad.* (...に)反して(*to*).

contrast *n.* 対比，対照；(著しい)差違(*between*)，正反対；(写真・テレビ画像などの)コントラスト．— *v.* 対照する(A *with* B)；対照を成す(*with*).

contravene *v.* 違反する，犯す；反対する；相反する.

contretemps 意外な出来事，困った出来事.

contribute *v.* 寄付する，寄贈する；寄与する，貢献する，...の誘因となる；寄稿する.

contribution 寄付(金)，寄贈(物)；寄与，貢献；誘因；寄稿；(社会保険の)保険料.

contributive *a.* 寄与する，貢献する.

contributor 寄付者；寄稿家.

contributory *a.* (...に)貢献する，寄付の；分担する，出資する.

contrite *a.* 悔恨の.

contrivance 考案(品)，発明(品)，工夫；仕組み，装置；計略，企て.

contrive *v.* 工夫する，考案する，発明する；企む；どうにか...する(*to* do).

contrived *a.* わざとらしい.

control *v.* 支配する，管理する；調節する，統制する；抑制する，操縦する．— *n.* 支配，管理，抑制；[*pl.*](機械の)操縦装置． **bring [keep] under control** 押さえつける，抑制する． **out of [beyond] control** 押さえ切れない.

controllable *a.* 制御できる，支配できる.

controller 取締人，管理人；管制官；会計検査官；(電動機などの)制御器.

controllership controller の職.

control stick *Aeronaut.* 操縦桿.

control tower *Aeronaut.* 管制塔.

controversial *a.* 論争の，論争を呼ぶ.

controversy 論争，論戦.

controvert *v.* 論争する；反対する.

contumacious *a.* 官命に服しない，反抗的な.

contumely 傲慢無礼，侮辱的態度.

contuse *v.* 打撲傷を負わせる.

contusion *Med.* 打ち身, 打撲傷.

conundrum 謎; 難問題.

conurbation (周辺都市を含む)大都市圏.

convalesce *v.* (病気が)回復期に入る, 快方に向かう.

convalescence 回復(期).

convalescent *a., n.* 回復期の(患者).

convection *Phys.* (熱・電気の)対流.

convection oven コンベック《ファン付き対流式オーブン》.

convector 対流式暖房器.

convene *v.* (会議を)召集する; 会合する.

convenience 便利, 便宜; 便利な設備, (文明の)利器; (公衆)便所. **at one's earliest convenience** 都合つき次第.

convenience food インスタント食品.

convenience store コンビニエンスストア《長時間開店している小型スーパー》.

convenient *a.* 便利な, 都合のよい; 手近な.

conveniently *ad.* 便利に, 都合よく.

convent 尼僧院, 尼僧団, (女子)修道会.

convention 協議会, (定期)大会, (定期)総会; 協定, 協約, 規約; 慣例, 因習.

conventional *a.* 慣習的な, 因習的な; 旧来の, 在来の; 核を使わない(兵器が)従来型の; 協定上の; 会議の.

conventionalism 因習主義, 伝統主義, 慣例; 決まり文句.

conventionalist 因習尊重者.

conventionality 慣習(尊重), 因習(固守), 月並み.

conventionalize *v.* 慣例に従わせる, 習俗化する.

conventual *a.* 修道院の. —*n.* 修道士, 修道女.

converge *v.* 一点に集まる, 一点に集める, 集中する, 集中させる(on); *Math.* 収斂する.

convergence, convergency 一点に集まること, 集中性, 収束; *Math.* 収斂.

conversance 熟知.

conversant *a.* 精通している(with).

conversation 会話, 談話, 座談; *Computer* 対話, 交信.

conversational *a.* 会話体の, 談話体の; 話好きの, 話の上手な.

conversationalist 話好きな人.

conversation piece 風俗画, 団欒画; 話題となる品物, 人目を引く品物.

conversation pit ピット《居間などで談話用に床を一段低くした場所》.

converse[1] *n., v.* 談話(する).

converse[2] *a.* 逆の. —*n.* 逆, 反対.

conversion 転換; 転向, 改宗; *Econ.* 換算, 交換.

conversion table (度量衡)換算表.

convert *v.* 転換する, 改変する(into); 改宗させる, 転向させる; 換算する, 交換する. —*n.* 改宗者, 転向者, (新)帰依者.

converter *Elec.* 変換器; *Computer* (データの)変換装置; *Metal.* 転炉; convert する人.

convertible *a., n.* 転換できる(事物), 交換できる(事物); コンバーチブル《折りたたみ屋根付き自動車》.

convex *a.* 中高の, 凸状の.

convexo-concave *a.* 半面凸半面凹の, 凹凸の.

convexo-convex *a.* 両凸の.

convey *v.* 運ぶ, 運搬する; 伝達する; (思想・感情を)伝える; *Law* 譲渡する.

conveyance 運搬, 輸送; 輸送機関, 交通機関; 伝達; *Law* 譲渡(証書).

conveyancer 運搬者, 伝達者.

conveyancing *Law* 譲渡証書作成(業).

conveyer, conveyor 運搬者; コンベヤー; 譲渡人.

conveyor belt (流れ作業 の)コンベヤーベルト.

convict v. 有罪と決する (of); 罪を悟らせる.
— n. 罪人, 囚人.

convict colony 流刑囚 植民地.

conviction Law 有罪の決定; (罪の)自覚; 信念, 確信. **carry conviction** 説得力がある.

convince v. 確信させる, 納得させる, 悟らせる (of, that).

convincing a. 心服させる, 納得させる, (疑う余地のないほど)明確な.

convivial a. 宴会の; 陽気な.

conviviality 宴会気分, 陽気, 上機嫌.

convocation (会議の)召集; 集会; (英国国教会の)聖職会議.

convoke v. (会議を)召集する.

convoluted a. (螺旋状に)渦巻いた; Biol. 回旋状の; 複雑な.

convolution 回旋; 渦巻き.

convolvulus Bot. ヒルガオ.

convoy v. (軍隊・軍艦などが)護送する.
— n. 護送, 護送隊, 護送艦, 警護艦.

convulse v. 激しく震動させる; 大動揺を起こさせる; 痙攣を起こさせる; (怒り・おかしさなどで)身悶えさせる.

convulsion [pl.] Med. 痙攣; [pl.] 大笑い. 激動, 大震動; (社会的)動揺.

convulsive a. 痙攣的な, 発作的な; 激動的な.

cony 兎の毛皮.

coo n., v. (鳩などが)くーくーと鳴く(声); (愛の言葉を)ささやく.

cook v. (熱を加えて)料理する, 煮焼きする; 煮える, 焼ける; いじくる, だめにする, 起こる; でっち上げる. **cook up** 作り上げる, ごまかす. **What's cooking?** 何が起こっているの. — n. 料理人, コック.

cookbook 料理の本; (詳しい)手引書.

cooker 料理道具.

cookery 料理法.

cookhouse 炊事場.

cookie, cooky 菓子パン, クッキー; 抜け目のない奴, 魅惑的な女.

cookout 野外料理パーティー.

cookshop 飲食店.

Cooks tour 駆け足観光旅行.

cool a. 涼しい, 冷たい; 冷静な, 沈着な; 冷淡な; (ジャズの演奏が)抑制した, 落ち着いた; ずうずうしい; (色が)冷たい; 正味の, すてきな, すばらしい, いかす. — n. 涼しい時, 涼しい場所, 涼しさ; 冷静な態度. — v. 冷やす, さます, さめる. **cool up** 閉じ込める.

coolant (裁断機の刃などに注ぐ)冷却剤; (原子炉に用いる)冷却材.

cooler (ぶどう酒・バターなどの)冷却器, 冷蔵庫, 冷房装置, クーラー; 刑務所.

cool-headed a. 沈着な.

coolie, cooly 苦力《インド・中国などの日雇い人夫》.

cooling-off-period 冷却期間.

coolish a. やや冷たい.

coolly ad. 涼しく, 冷たく; 冷静に; 冷ややかに.

coon Zool. アライグマ; ずるい奴; 黒人.

coon's age 長い間.

coop n., v. 鶏かご, 鶏箱(に入れる); 閉じ込める (up, in); 刑務所. **fly the coop** ずらかる.

co-op =cooperative.

cooper n, v. 桶屋(をやる).

cooperate v. 協同する, 協力する; (事情など)働き合う.

cooperation 協力, 生活協同(組合).

cooperative a. 協力の, 生協の; 生協組織の. — n. 協同組合, 消費組合.

cooperative society 消費組合, 購買組合, 生協組合.

cooperative store 協同組合売店.

cooperator 協力者; 生協組合員.

co-opt *v.* 新会員に選ぶ; 吸収する.

co-option =co-optation.

coordinate *a., n.* 同格の, 等位の(もの); *Gram.* 等位の; [pl.] *Math.* 座標; [pl.] コーディネート《色・材質などを調和させた服の組み合わせ, 色・材質などを調和させた家具の組み合わせ》. ― *v.* 同格にする, 同等にする;(全体的に)統一させる; 調整する.

coordination 同格関係, 等位関係;(各部の)釣り合い, 調整, 整合.

Coors *Trademark* クアーズ《米国製ビール》.

coot *Ornith.* オオバン; ばか.

cootie しらみ.

cop *n.* 巡査; 逮捕. ― *v.*(犯人を)捕らえる; 盗む. **cop out** 責任を回避する; 白状する.

copacetic *a.* すばらしい.

coparcenary *Law* 相続財産共有.

copartner 協同者.

copartnership 協同.

cope[1] *v.* 負けずに争う, 競う(*with*);(困難など)うまく処理する(*with*).

cope[2] (聖職者の着る)コープ; 覆い(*of* heaven, night); =coping.

copeck =kopeck.

Copenhagen コペンハーゲン《デンマークの首都》.

Copernican *a.* コペルニクスの.

Copernican system [**theory**] コペルニクス説, 地動説.

Copernicus コペルニクス. **Nicolas Copernicus** (1473–1543) ポーランドの天文学者.

copestone *Arch.*(塀の)笠石.

copier 複写機.

copilot *Aeronaut.* 副操縦士.

coping *Arch.*(塀の)笠石の列.

coping saw 糸鋸.

coping stone =copestone.

copious *a.* 豊富な.

copolymer *Chem.* 共重合体.

cop-out 手を引くこと, 手を引く者;(手を引く)

口実.

copper[1] *n.* 巡査. ― *v.* 賭ける; 巡査として働く.

copper[2] *n.* 銅; 銅貨; 銅器(鍋・釜など); [*a.*] 銅(製)の. ― *v.* 銅をきせる.

copperas *Chem.* 硫酸鉄, 緑礬.

copper-bottomed *a.* 船底を銅で張った; 信頼できる.

copperhead *Zool.* アメリカマムシ.

copperplate 銅版(刷り), 銅版彫刻.

coppersmith 銅細工人.

copper sulfate *Chem.* 硫酸銅, 胆礬.

coppice 雑木林.

copra (ヤシの)コプラ.

coprology 猥褻文芸, 猥褻学術.

coprophilia *Psychol.* 嗜糞症.

copse =coppice.

Copt (エジプトの)コプト人.

copter =helicopter.

Coptic *a., n.* コプト人の; コプト語.

copula *Log., Gram.* 繋合詞, 連辞, 繋辞《動詞 be など》.

copulate *v.* 交尾する, 性交する.

copulative *a., n.* 連結する; *Gram.* 連繋的な; =copula.

copy *n.* 写し, 模写, 複写, 複製, コピー; 謄本;(書籍・新聞などの)冊, 部; 原稿, 草稿;(新聞・小説の)種; 広告文. **fair** [**clean**] **copy** 清書. **make good copy** (新聞などの)よい原稿になる,(新聞などの)よい特種になる. ― *v.* 写す, 複写する; まねる.

copybook *n., a.* 習字帳; 平凡な, 陳腐な.

copyboy (新聞社の)原稿係.

copycat 模倣者.

copydesk (新聞社の)編集机, デスク.

copy editor 原稿整理の編集者.

copyist 写字生, 筆耕; 模倣者.

copyreader (新聞社の)原稿整理係.

copyright *n., v.* 著作権, 版権(を取る).

— *a.* 版権のある.

copywriter コピーライター.

coquet *v.* (女が)しなを作る, ふざける.

— *a.* =coquettish.

coquetry 艶めかしさ, 艶めかしい行為.

coquette *n.* しなをつくる女; 浮気女.

— *v.* =coquet.

coquettish *a.* 艶めかしい.

coquille コキール(貝焼き料理).

coracle (獣皮や油布を張って造った)籠舟.

coral *n.* 珊瑚, サンゴ虫. — *a.* 珊瑚の(ような); 珊瑚色の; 珊瑚製の.

coralline *a.* 珊瑚質の, 珊瑚状の, 珊瑚色の. — *n. Bot.* サンゴモ.

coralloid *a.* 珊瑚状の.

coral reef 珊瑚礁.

coral snake *Zool.* サンゴヘビ(アメリカ産).

cor anglais =English horn.

corbel *Arch.* 腕木, 持送り.

cord *n.* 綱, 細引き, 紐; *Elec.* コード. — *v.* 綱で縛る, 紐で縛る.

cordage 綱, 綱具.

cordate *a. Bot.* 心臓形の.

corded *a.* 紐を掛けた; うね織りの.

cordial *a.* 心からの.

cordiality 温情, 真心.

cordially *ad.* 心から.

cordillera (Sp) (中・南米などの)大山脈, 山系.

cordite コルダイト(無煙火薬).

cordless *a.* コード不要の.

cordon 非常線; (防疫の)交通遮断線; 飾り帯, (幅広いリボンの)飾り肩掛け.

cordon bleu 一流のコック.

cordovan コードバン革.

corduroy コール天; [pl.] コール天のズボン.

corduroy road (沼地などに造った)丸太道, 木道.

core (りんごなどの)芯; (木の)髄; (物事の)心髄;

核心, (心の)底; (原子炉の)炉心. **to the core** 芯まで, よくよく. — *v.* 芯を取る(out).

core curriculum *Educ.* コアカリキュラム.

co-reference *Ling.* 同一指示.

corelation =correlation.

coreligionist 同宗教信者.

corer (りんごなどの)芯抜き器.

corespondent *Law* (離婚訴訟)共同被告(妻の相手の男).

core time (フレックスタイムの)コアタイム.

Corfam *Trademark* コーファム(合成皮革).

coriander *Bot.* コエンドロ(セリ科).

Corinth コリント(古代ギリシャ南部の都市).

Corinthian *a., n.* コリントの; *Arch.* コリント式の; コリント人.

cork コルク; *Bot.* コルクガシ; コルク栓, コルクの浮き. **like a cork** 活発に. — *v.* コルクの栓をする; 焼きコルクで黒くする. **cork up** 固く栓をする; (感情を)抑える.

corkage コルク栓を抜くこと, コルク栓をすること; (客持参の酒の)開栓料.

corked *a.* コルク栓をした; 酔っ払った.

corker コルク栓をする人, コルク栓をする機械; とどめを刺す議論; 大ぼら; すてきなもの, すてきな人.

corking *a.* すてきな.

corkscrew *n., a.* コルク抜き(のように渦巻いた).

corkwood *Bot.* コルク質の低木(北米産).

corky *a.* コルクのような; 快活な.

corm *Bot.* 球茎.

cormorant *Ornith.* ウ; 大食家, 貪欲家.

corn[1] (足の)うおの目.

corn[2] *v.* (肉を)塩漬けにする.

corn[3] 穀粒; 穀物; 小麦, カラスムギ, トウモロコシ; =corn whiskey; 陳腐なもの, 感傷的なもの.

cornball *a.* 陳腐な, 感傷的な.

Corn Belt (米国の)トウモロコシ地帯.

corn bread トウモロコシパン.

corncob トウモロコシの穂の軸(で作ったパイプ).

corncrake *Ornith.* クイナの一種.

corncrib トウモロコシ倉.

corn dodger トウモロコシパン.

cornea *Anat.* (目の)角膜.

corned beef コーンビーフ《塩漬け牛肉》.

Corneille コルネイユ. **Pierre Corneille** (1606–84) フランスの劇作家.

cornelian =carnelian.

corneous *a.* 角質の.

corner *n.* 角, 曲り角, すみ, 辺鄙な所, 片田舎; 窮地, 窮境; 買い占め (*in* wheat); *Boxing* (リングの)コーナー, セコンド. **cut corners** 近道をする; 節約する. **drive into a corner** 窮地に追い込む. **(a)round the corner** 角を曲がった所に, すぐ近くに; 間近に. **turn the corner** 角を曲がる; 危険を脱する. — *v.* すみに押し込める, 窮地に陥れる, 窮地に追い込む (*up*); 角で出会う; 買い占める.

corner kick *Soccer* コーナーキック.

cornerstone *Arch.* すみ石, 基石; 基礎.

cornerwise *ad.* 斜めに; 角を前に出して.

cornet *Mus.* コルネット《金管楽器》; (乾物屋で使う)三角袋, (アイスクリームを入れる)円錐形コーン.

cornet-à-pistons *Mus.* コルネット.

cornet(t)ist コルネット奏者.

corn-exchange 穀物取引所.

corn-fed *a.* 肥えた.

cornfield 麦畑; トウモロコシ畑.

cornflakes コーンフレーク.

corn flour =cornstarch.

cornflower *Bot.* ヤグルマギク.

cornhole *v.* …と肛門性交する.

cornhusking トウモロコシの皮むき.

cornice *Arch.* (壁のすみなどに用いる)蛇腹.

Cornish *a., n.* Cornwall の; コーンウォール人, コンウォール語.

cornland 穀物栽培地.

Corn Laws *Brit. Hist.* 穀物条令.

cornmeal 小麦のあら粉, トウモロコシのあら粉.

corn pone トウモロコシパン.

corn poppy *Bot.* ヒナゲシ.

corn snow ざらめ雪.

cornstalk 麦の茎, トウモロコシの茎.

cornstarch (料理・洗濯糊用)穀粉, コーンスターチ.

cornucopia *Gk Myth.* 豊産の角《果物・花などが満ち溢れているヤギの角で農産物の豊かな象徴》.

Cornwall コーンウォール《イングランド南西端の州》.

corn whiskey コーンウイスキー.

corny *a.* つまらない, 古臭い; (ジャズが)甘ったるく感傷的な.

corolla *Bot.* 花冠.

corollary *Math.* 系; 推論.

corona *Astron.* (太陽の)白光, コロナ; *Elec.* コロナ(放電).

coronach 悲歌; 葬送歌.

coronal *n.* 宝冠; 花冠. — *a.* *Astron.* コロナの; *Anat.* 頭頂の.

coronary *a.* *Anat.* 冠状の.

coronary thrombosis *Med.* 冠(状)動脈血栓(症).

coronation 即位式, 戴冠式.

coroner 検視官.

coronet (貴族の)冠, (金銀製の)頭飾り.

corporal[1] *Mil.* 伍長.

corporal[2] *a.* 肉体の.

corporalcy 伍長の位.

corporality 肉体(性); 有形.

corporal punishment 体刑, 体罰.

corporate *a.* 団体の; 法人組織の; (都市など)自治の. — *v.* =incorporate.

corporately *ad.* 団結して.

corporation *Law* 法人; 自治団体, (市)自

治体; 株式会社; 企業; 太鼓腹.

corporation tax 法人税.

corporative *a.* 法人の; *Pol.* 協調組合主義の.

corporator 法人の一員, 団体の一員.

corporeal *a.* 肉体的な; 物質的な.

corporeality 肉体; 有形, 具体性.

corporeity 形体的存在.

corps 部隊, 兵団; 団, 班.

corps de ballet コールドバレエ《群舞を踊るバレリーナたち》.

corps diplomatique 外交団.

corpse 死体.

corpulent *a.* 肥満した.

corpus *Anat.* 体; 全集, 集積, 元金, 資金; *Ling.* 収集資料.

corpus Christi キリスト聖体節《Trinity Sunday の後の木曜》.

corpuscle *Phys.* 微粒子; *Physiol.* 小体, 血球. **red corpuscle** 赤血球. **white corpuscle** 白血球.

corpus delicti *Law* 罪体《犯罪を立証する事実》.

corpus luteum *Physiol.* (卵巣の)黄体.

corpus spongiosum *Anat.* (ペニスの)海綿体.

corral *n., v.* (野獣を生け捕る)柵; (家畜を入れる)囲い; 囲いに入れる, 閉じ込める; 捕らえる.

correct *a.* 正しい; 正確な; 正当な, 穏当な. —*v.* (誤りを)正す, 訂正する; (欠点を)直す (one *of* a fault); 戒める, 懲らす, 修正する. **stand corrected** 訂正を承認する.

correction (誤りを)正すこと, 訂正; 矯正, 修正.

correction fluid 修正液.

correctitude (行いの)方正.

corrective *a.* (誤りを)正す, 直す; (害毒を)緩和する.

correctly *ad.* 正しく, 正確に.

corrector 訂正者, 矯正者, 校正者.

correlate *v., n.* 相互に関連する, 相互に関連させる; 相関関係にあるもの, 相関関係にある人.

correlation 相関関係.

correlative *a., n.* 相関的な, 類似の; 相関物, 相関語.

correspond *v.* (…に)当たる, 相当する (*to*); 符合する, 一致する (*with, to*); 文通する.

correspondence 対応, 一致, 該当; 通信, 文通; 信書.

correspondence course 通信教育(課程).

correspondent *n.* 文通者; 通信員. —*a.* =corresponding.

corresponding *a.* 相当する, 符合する, 類似の; 通信する, 文通する; 通信任務の.

correspondingly *ad.* 相当するように, 符合して.

corrida 闘牛.

corridor 廊下, 通廊; 回廊地帯.

corrie *Geol.* 圏谷, カール.

corrigendum 正誤表.

corrigible *a.* 矯正できる.

corrival 競走相手, ライバル.

corroborate *v.* (所信・立論などを)強める, 確証する.

corroboration 確証.

corroborative, corroboratory *a.* 確証的な.

corroborator 確証者, 確証物.

corroboree (オーストラリア原住民の)コロボリー踊り; お祭り騒ぎ.

corrode *v.* 腐食する, 蝕む.

corrosion 腐食, 浸食, 消耗.

corrosive *a., n.* 腐食(性)の; 腐食物, 腐食剤.

corrosive sublimate *Chem.* 昇汞.

corrugate *v.* 皺を寄せる, 波形にする, 波形に

なる.

corrugated iron なまこ板.

corrugated paper 段ボール紙.

corrugation (波形の)皺.

corrupt *a.* 堕落した, 腐敗した, 不正な; 賄賂
で動く; (言語が)訛った; 間違いの多い.
— *v.* 腐る, 腐らせる, 賄賂で動かす; (言語を)
訛らせる; (原文を変えて)原形が損なわれる.

corruptibility 腐敗しやすいこと, 堕落しやすい
こと.

corruptible *a.* 腐敗しやすい, 堕落しやすい;
賄賂のきく.

corruption 腐敗; 堕落, 悪風; 賄賂行為;
(言語の)訛り; (原文の)改変.

corruptive *a.* 堕落させる.

corsage 婦人服の胴; (装飾用の)花束, コ
サージュ.

corsair (アフリカ北岸に出没した)海賊; 海
賊船.

corselet 胴鎧; コースレット(婦人用下着).

corset コルセット.

corsetry コルセット製造, コルセット販売; コル
セット類.

Corsica コルシカ(地中海のフランス領の島).

cortege 供奉員, 供揃い.

cortex *Bot.* 樹皮, 皮層; *Anat.* (器官の)皮質,
外皮.

corticosterone *Biochem.* コルチコステロン
(副腎皮質ホルモン).

cortisone *Biochem.* コーチゾン(ホルモンの
一種; リューマチの特効薬).

corundum *Mineral.* コランダム, 鋼玉.

coruscate *v.* きらきら光る, きらめく.

corvée (F) 強制労役; 勤労奉仕.

corvette コルベット艦(小型高速護衛艦).

coryphée コリフェ(バレエ団の主役ダンサー).

coryza *Med.* 鼻カタル, 鼻風邪.

COS cash on shipment *Com.* 積み込み払い;
chief of staff.

'cos *conj.* =because.

cosecant *Math.* 余割, コセカント.

cosh *n.*, *v.* 棍棒(で打つ).

cosignatory 連署人.

cosine *Math.* 余弦, コサイン.

cosmetic *a.*, *n.* 化粧用の; 化粧品; うわ
べ(だけの); ぼろ隠し(の).

cosmetician 美容師; 化粧品製造者,
化粧品販売者.

cosmetic surgery 美容外科.

cosmic *a.* 宇宙の, 秩序整然とした; 広大
な.

cosmic dust 宇宙塵.

cosmic rays *Astron.* 宇宙線.

cosmodrome (ソ連の)宇宙センター.

cosmogony 宇宙発生(論); 宇宙進化
論.

cosmographer 宇宙地理学者.

cosmography 宇宙地理学.

cosmology 宇宙論.

cosmonaut (ソ連の)宇宙飛行士.

cosmonautics 宇宙飛行学, 航宙学.

cosmopolis 国際都市.

cosmopolitan *a.*, *n.* 世界的な, 国際的な,
(国民感情を超越した)世界主義の(人), コ
スモポリタン.

cosmopolitanism 世界主義.

cosmopolite *a.*, *n.* =cosmopolitan.

cosmopolitical *a.* 国際政治の.

cosmos (整然と調和のとれた)宇宙; *Bot.*
コスモス(の花); [C-] ソ連の宇宙空間観測衛
星.

Cossack (ロシアの)コサック人, (ロシアの)コサック
騎兵.

cosset *n.* ペット(の子羊). — *v.* かわいがる.

cost *v.* 価する, (いくら)かかる, 要する; (費用・
労力・時間などを)要求する, 費させる.
— *n.* 代価; 原価; 費用; 損失, 犠牲, 失費;
Law 訴訟費用. **at all costs=at any**

cost どんな犠牲を払っても, 是非とも. **at cost** 原価で. **at the cost of** …を犠牲にして, の代価を払って **cost and freight** *Com.* 運賃込み値段;(値段が)運賃込みの. **count the cost** 先の見通しをつける. **to one's cost** 損失によって, こりごりして(わかる).

cost accounting *Com.* 原価計算.

costal *a.* 肋骨の(ある).

co-star *v., n.* 共演する, 共演者.

costard 英国種の大リンゴ.

Costa Rica コスタリカ《中米の共和国》.

costate *a.* 肋骨の(ある).

cost-benefit analysis *Econ.* 費用便益分析.

costermonger 呼び売り商人, 行商人.

costly *a.* 高価な; 贅沢な, 犠牲の大きい.

cost of living 生活費.

cost-plus *a.* 利益加算方式の.

cost price 原価.

cost-push *Econ.* コストインフレ.

costume *n.* 服装;(芝居の)衣装;(上下揃いの)婦人服, スーツ. — *v.* 衣装をあてがう, 着せる.

costume jewelry 模造宝石類.

costumer, costumier (貸し)衣装屋, (芝居の)衣装係, 洋服掛け.

cosy *a., n.* =cozy.

cot[1] =cote; 指サック.

cot[2] 簡易ベッド; 小児用ベッド.

cotangent *Math.* 余接, コタンジェント.

cote (羊・鳩などの)小屋.

cotenant 共同借地人, 共同借家人.

coterie 仲間, 同人, 同志.

coterminous *a.* =conterminous.

cotillion コティヨン《フランス風組み踊り》;(女性が社交界へ初めて出るとき催される)正式の舞踏会.

cotta (聖歌隊の)短い上着.

cottage 田舎家;(郊外の)小住宅, 田園住宅;(田舎の)別荘.

cottage cheese カテージチーズ.

cottage industry 家内工業.

cottage loaf 二つ重ねて作った丸食パン.

cottager cottage に住む人.

cotter (車を止める)割りくさび.

cotter pin *Mech.* コッターピン, 割りピン.

cotton *n. Bot.* 綿(の木), 綿花; 木綿, 綿糸, 綿布, カタン糸. — *v.* 好きになる; …に気づく (*to*); …に近づきになる (*up*); うまくやってゆく; 理解する (*on*).

Cotton Belt (北米南部の)綿花地帯.

cotton candy 綿菓子.

cotton gin 綿繰り機.

cotton mill 紡績工場.

cottonmouth *Zool.* ヌママムシ《北米産》.

cotton-picking *a.* ひどい.

cottonseed 綿の実.

cottontail *Zool.* ワタオウサギ《米国産》.

cottonwood *Bot.* ハビロハコヤナギ《北米産》.

cotton wool 生綿, 綿花, 綿.

cottony *a.* 綿の(ような).

cotyledon *Bot.* 子葉.

couch *n.* 寝椅子, 長椅子; 診察用ベッド; 休み場; 寝床. — *v.* 身を横たえる, 横たわる; うずくまる;(槍などを)構える;(言葉に)表す,(真意を)言葉の裏に隠す.

couchette (列車の)寝台客室.

cougar *Zool.* アメリカライオン.

cough *n., v.* 咳(をする). **cough up** 咳をして吐き出す; しぶしぶ払う.

cough drop 咳止めドロップ.

could *aux. v.* **Could be** たぶん.

couldn't =could not.

coulomb *Elec.* クーロン《電気量の実用単位》.

coulter =colter.

council 評議会; 会議;(州・市・町・村などの)地方議会.

council chamber 会議室.

council house 議場; 公営住宅.

council(l)or 評議員, 顧問官; (州・市・町・村会の)議員; [C-] (日本の)参議院議員.

council school 公立学校.

counsel n. 相談, 評議; 助言, 忠告; 弁護士, 弁護団; Theol. 勧告. **King's [Queen's] Counsel** 勅選弁護士. **keep one's (own) counsel** 自分の意見を隠す. **take counsel** 相談する (with). — v. 助言する (to do, that); 勧告する.

counsel(l)or 顧問, 相談役; カウンセラー; 弁護士.

count¹ (英国以外の)伯爵.

count² v. 計算する, 数える; 数に入れる, 数に入る; 物の数に入る, 重きをなす; …と思う; 当てにする (on); (総計で)…になる; Mus. 拍子をとる. **count down** 逆に数える, 秒読みする. **count for little** 物の数に入らぬ. **count for much** 重要である. **count off** 数えて等分する; だんだん数えて減らす. **count out** 数え落とす; 除外する, 抜かす; 数えながら出す; (ボクシングで)ノックアウトを宣告する. — n. 計算, 総計; (野球・ボクシングなどの)カウント. **lose count** 数えきれなくなる (of). **take no count of** …を無視する.

countable a., n. 数えられる; Gram. 可算名詞.

countdown (ロケット発射の)秒読み, 分読み.

countenance n. 顔つき, 顔, 容貌, 表情; 面目; 落ち着き; 援助, 奨励; 黙許. **put out of countenance** あわてさせる, 恥をかかせる. — v. 好意を寄せる, 奨励する; 黙認する.

counter¹ カウンター, 勘定台, (商店の)売り台; (ゲーム・碁石などの)数取り; にせ金; Computer 計数器, カウンター, 計算者, 計算器.

under the counter (不法に)こっそりと.

counter² a., ad. 反対の, 逆の, 一方の; 反対に, 逆に, 一方に. — v. 逆襲する, 反撃に出る; 反対する. — n. 逆, 反対; 打ち返し.

counteract v. 逆らう, 妨げる; 反作用で中和する.

counteradvertising 逆宣伝.

counterattack n. 反撃, 逆襲. — v. 反撃する, 逆襲する.

counterattraction 反対引力.

counterbalance v. (反対力で)釣り合わせる; 相殺する; 平衡させる. — n. 釣り合い, 平衡; 相殺, 埋め合わせ.

counterblast 猛烈な反対.

counterblow Boxing カウンターブロー.

countercheck n. 妨害, 対抗手段; 再照合. — v. 妨害する, 再照合する.

counterclaim n. Law 反訴. — v. 反訴する.

counterclockwise a., ad. (時計の針と反対に)左回りの, 左回りに.

counterespionage 逆スパイ活動.

counterfeit a., n. 偽(の), まがい(の); 偽り(の). — v. 偽造する; まねる, 見せかける.

counterfeiter (貨幣)偽造者.

counterfoil (小切手などを切ったあとの)控え.

counterintelligence スパイ防止活動.

counterjumper n. 店員.

countermand n. 反対命令; 注文の取り消し. — v. 命令を取り消す, 注文を取り消す.

countermarch n. 背進, 後退. — v. 背進する, 背進させる.

countermeasure 反対手段, 報復手段, 対抗策.

countermove 対抗運動.

counteroffensive 反撃.

counterpane ベッドカバー.

counterpart (相対物の)一方; *Law* (割り印・正副二通の)片方, 写し, 副本; 好一対をなすもの, よく似たもの.

counterplot *n.*, *v.* 対抗計画(で対処する), 裏をかく(計略).

counterpoint *Mus.* 対位法.

counterpoise *n.* 釣り合い, 平衡; 平衡力, 安定; (はかりの)分銅. — *v.* 釣り合わせる; 埋め合わせる.

counterproposal 反対提案.

counterpunch *Boxing* カウンター(パンチ).

counterrevolution 反革命.

countersign *n.* 副署; 合い言葉. — *v.* 副署する.

countersink *v.* さら穴をあける.

counterspy 逆スパイ.

countertenor *Mus.* カウンターテナー《男声の最高音部》, その歌手.

countervail *v.* 逆らう; 相殺する, 補償する.

counterweight 平衡(力).

countess 伯爵夫人, 女伯爵.

countless *a.* 数えきれない, 無数の.

countrified *a.* 田舎(者)の, 粗野な, 田園風の.

country 国, 国家; 国民; 故国, 本国; 田舎, 郷里; 田園, 地方, 土地; [*a.*] 田舎の, 田園風の; カントリーミュージックの. **go [appeal] to the country** (総選挙により)国民の信を問う.

country and western *Mus.* カントリーアンドウェスタン《カウボーイの歌などをもとにした米国の民俗音楽》.

country club (テニス・ゴルフ・水泳などの設備のある)カントリークラブ.

country cousin お上りさん.

countryfolk 田舎の人々.

country gentleman 地方の大地主.

country house (貴族・富豪の)田舎の本邸; 別荘.

countryman 田舎者; 同国人.

country music =country and western.

country rock =rockabilly.

countryseat (貴族・富豪の)田舎の屋敷.

countryside 田舎, 田園地方.

county 郡《State の最大行政区画》; 州《国の行政上の最大区画》; [*a.*] 上流階級の.

county borough 特別市.

county court 郡裁判所; 州裁判所.

county fair 郡の農産物・家畜の品評会.

county seat 郡庁所在地.

county town 州庁所在地.

coup 大当たり, 大成功; =coup d'état.

coup de grace とどめの一撃.

coup d'état クーデター.

coupé (F) クーペ型馬車, クーペ型自動車.

couple *n.* つがい, 対, 二つ(*of*); 夫婦, (男女の)一組; *Phys.* 偶力; *Elec.* カップル. **a couple of** 二つの; 二, 三の; いくらかの. — *v.* 連結する; 結婚させる, 結婚する, つがわせる, つがう; 結びつける, 連想する.

coupler 連結器, 連結者.

couplet (詩の)対句.

coupling 連結, (列車の)連結器; *Mech.* カプリング.

coupon 切り取り切符, クーポン; 回数券の一片; 商品割引券, 優待券.

coupon-free *a.* クーポン不要の; 配給制でない.

courage 勇気, 度胸. **have the courage of one's convictions** 自分が正しいと信じていることを行う勇気がある. **take one's courage in both hands** 勇気を奮い起こす.

courageous *a.* 勇気のある, 勇敢な.

courier 急使; (旅行団の)世話人.

course *n.* 進行, 成り行き, 経過; 進路, コース, 水路; 方向, 針路, 方針; [*pl.*] 行動; 連続; 課程, 教科, 講義; (大学の)…科; (食事の)

コース, 一品; *Arch.* (れんが・かわら・屋根板 など の)列, 行; (競 走・ゴルフなどの)コース, 競馬 場; [*pl.*] 月経. **as a matter of course** 当 然. **in course of** …の中で. **in due course** そのうちに; 順 当 に. **in the course of things** [**events**] なるがまにまに; 事の順 当の成り行きで. **of course** もちろん, なるほど; 当 然の.
— *v.* (猟 犬で)狩る; 駆け巡る, 走る, 走らせる; (河 流 などを)たどる, (ミツバチの)後をつける.

course school 通信講座, 通信学校.

coursing 猟 犬を使うウサギ狩り.

court *n.* [C-] 宮 廷, 朝 廷, 法 廷; [the ~] 裁 判 官; 中 庭; テニスコート; (貧 民の住む)路 地, 求 婚, 御機嫌取り. **pay court** 求 愛 する; 御機嫌を取る (*to*). **put out of court** 顧 みない, 取り上げない. — *v.* (女性の)歓 心 を求める, 求 婚する; (賞 賛などを)求める; (災 難などを)招く.

court card (トランプの)絵札.

courteous *a.* 丁 寧な, 礼儀正しい.

courteously *ad.* 丁 寧に, 礼儀正しく.

courtesan, courtezan (高 級)売 春 婦.

courtesy 礼儀; 丁 重. **by courtesy** 儀 礼 上; 好意により (*of*).

courtesy call 表 敬訪問.

courtesy light (ドアを開けるとつく)自動 車の 車 内灯.

court guide 紳士録.

courthouse 裁判所.

courtier 廷臣.

courtly *a.* 優雅な, 奥ゆかしい; おもねる.

court-martial *n., v.* 軍 法 会議(にかける).

courtroom 法廷.

courtship 求 愛, 求 婚.

court tennis コートテニス《屋 内テニスの一種》.

courtyard 中庭.

cousin 従兄, 従弟, 従姉, 従妹; 親 類, 縁 者. **first cousin** 実のいとこ. **first cousin**

once removed いとこの子; 父母のいとこ. **first cousin twice removed** いとこの孫, 祖父母の いとこ.

cousin-german =**first cousin**.

couture (高 級)婦人服仕立て 業 (者); (高 級)婦人服.

couturier 婦人服仕立て人.

covalent *a. Chem.* 共 有 原子価の.

cove *n.* 入り江, 崖の窪み; *Arch.* (天 井 な どを)弓 形に折り上げ(にする).

covenant *n., v.* 誓 約 (する); *Bib.* (神とイスラ エル人との)約束, 契約; [C-] (旧 国際連盟 の)規約.

covenanter 誓約者.

cover *v.* 覆う, 包む; 蓋をする, 帽子をかぶらせ る; 覆い隠す, 隠す; (一面に)塗る; 表 紙をつけ る, カバーをつける; (損 失などを) 償 う; *Com.* 担 保に入れる; かばう, 保護する; (ピストルなどで)狙う; (範囲が)…に及ぶ, 渡る, 含む; (距離を)行く, 越 す; 取材する, 報道する. **cover up** 包み隠す; すっかり覆う. — *n.* 覆い, 上包み, カバー, 蓋; 表 紙, 封筒; 保護, 保護物, 隠れ場所; (一 人分の) 食 膳; 口 実; *Com.* 担保, 保 証 金. **break cover** 隠れ場から飛び出す. **take cover** (防 空壕 などに)避難する. **under cover** 封書にして; 避難して, 隠れて, こっそりと. **under cover of** …の保護のもとに, …にかばわれ て; (夜などに)紛れて; (美名に)隠れて. **under separate cover** 別便で.

coverage *Econ.* 正貨 準 備金, (保険の)塡 補(範囲); (報 道の)取材範囲; (広 告の)影 響 範囲; (ラジオ・テレビの)サービス区域.

coverall [*pl.*] (上衣とズボンが一緒の)つなぎ服.

cover charge (レストランなどの)サービス 料 , 席 料 .

covered *a.* 覆いのある, 蓋付きの, 屋根のある, 屋 内の; 帽子をかぶった.

covered wagon 幌馬車; 有 蓋貨車.

cover girl (雑誌の)カバーガール.

covering 覆い, 外被, 被覆; 掩護.

covering letter (封入物に付けた)添え状.

coverlet ベッドの上掛け.

cover story カバーストーリー《雑誌の表紙の絵や写真関連記事》.

covert *a.* 秘密の, 隠した. — *n.* (鳥獣の)隠れ場, やぶ.

covertly *ad.* 隠れて.

coverup 隠蔽.

covet *v.* むやみに欲しがる.

covetous *a.* むやみにほしがる(*of*); 欲張りな.

covey (ウズラなどの)群れ; 一団.

cow[1] *v.* 脅かす, おどす.

cow[2] 雌牛; (ゾウ・クジラなどの)雌; でぶ; 醜い意地悪女. **till the cows come home** 永久に.

coward *n., a.* 臆病者, 卑怯者; 臆病な.

cowardice, cowardliness 臆病.

cowardly *a., ad.* 臆病な; 卑怯にも.

cowbane *Bot.* ドクゼリ.

cowbell 牛の首につけた鈴.

cowboy 牧童; 牛飼い, (米国西部・メキシコなどの)カウボーイ.

cowcatcher (機関車の前に付ける)排障器.

cow college 農業大学; 地方大学.

cower *v.* すくむ, 縮こまる.

cowhand =cowboy.

cowheel 牛の脚とタマネギをシチューにした料理.

cowherd 牛飼い.

cowhide 牛革(製鞭).

cowl (修道士の外衣に付いた)頭巾; (通風機の)風口, 通風筒; (煙突の)帽子; カウル《車の風防ガラスと計器板の部分》.

cowled *a.* 頭巾を付けた.

cowlick 額の上の乱れ髪, 立ち毛.

cowling カウリング《飛行機のエンジンカバー》.

cowman 農場主; 牛飼い.

coworker 共働者.

cowpoke =cowboy.

cowpox *Med.* 牛痘.

cowpuncher =cowboy.

cowshed 牛小屋.

cowslip *Bot.* キバナノクリンザクラ.

cox *n., v.* =coxswain.

coxcomb しゃれ者; *Bot.* ケイトウ.

coxswain *n., v.* (ボートの)舵取り(を務める).

coy *a.* 内気な, はにかみや, 遠慮がちな.

coyote *Zool.* コヨーテ《北米産の草原オオカミ》.

coypu *Zool.* ヌマダヌキ《南米の水辺に住む巨大なネズミの類》.

coz いとこ.

cozen *v.* だます, かたる.

cozenage 詐欺.

cozy *a.* 居心地のよい, こぢんまりした, くつろいだ. **cozy up to** 取り入る; ねんごろになる. — *n.* 保温カバー.

CP Canadian Pacific-Air カナダ太平洋航空《国際略語》; charter party; chemically pure; command post; Communist Party.

CPA certified public accountant. **CPI** consumer price index. **CPR** Canadian Pacific Railway カナダ太平洋鉄道. **CQ** call to quarters《アマチュア無線の呼び出しの信号》.

crab[1] *v.* しりごみする; だめにする; 不平をいう.

crab[2] *Zool.* カニ.

crab[3] (**apple**) 野生リンゴ.

crabbed, crabby *a.* 気難しい, つむじ曲がりの; 読みにくい.

crab louse *Entom.* ケジラミ.

crab pot カニ取りかご.

crabwise *ad.* 横向きに.

crack *n.* ひび, きず, 割れ目, 隙間; (鞭・花火などの)ぱちっ, ぴしゃっ(という音); 声変わり; 突然の打撃, 痛打; 一流のもの, 一流の人, 名人, ぴかいち; 試み, 努力; 警句, 冗談; クラック

《純度の高いコカイン》; 女性器. — v. 割る, 割れる, ひびが入る, ひびを入らせる; 声変わりする, (声が)つぶれる; ぱちっと鳴る, ぴしゃりと鳴る, ぱちっと鳴らす; 急ぐ; ぴしゃりと打つ; こじあける; (冗談を)言う. **crack a bottle** (酒のびんを)あけて飲む. **crack down** 厳罰にする (on). **crack up** ぶちこわす; (健康が)だめになる, つぶれる; ほめちぎる; わっと笑う, わっと泣く. **not all it's cracked up to be** 評判ほどでない.

— a. ぱりぱりの, 一流の, 精鋭の.

— ad. ぱちっと, ぴしゃりと.

crackbrained a. 気の狂った.

crackdown 断固たる処置; 取り締まり.

cracked a. 割れた, ひびのはいった; 声のしゃがれた; 気がふれた.

cracker クラッカー《ビスケットの一種》; (ぱちぱち鳴る)花火, クラッカー; 爆竹; [pl.] くるみ割り; 美人; (米国南部の)貧乏白人.

crackerjack a., n. 飛び切り上等の(人), 飛び切り上等の物.

crackers pred. a. 気の狂った.

cracking a. とても速い; すぐれた. — ad. 非常に. — n. Chem. 分留.

crackjaw a. 発音しにくい.

crackle v., n. ぱちぱち, ぱりぱり, ぱんぱん鳴る(音); (陶器の)焼きひび.

crackling ぱちぱちいう音; ぱりぱりする焼豚の上皮.

cracknel 軽焼きビスケット.

crackpot a., n. 気の狂った(人).

cracksman 押し入り強盗; 金庫破り.

crack-up 粉砕; (飛行機の)墜落; 神経衰弱.

cradle n. 揺り籠, 揺り床, 幼時; (文明・民族などの)発祥地; 揺り籠状の台, 揺り籠状の箱, (電話の)受話器受け. — v. 揺り籠に入れる; (受話器を)元に戻す. **from the cradle to the grave** 揺り籠から墓場まで《一生》. **rob the cradle** ずっと年下の者と結婚する,

ずっと年下の者とデートする.

cradle snatcher 年下の異性と結婚する人, 年下の異性と交際する人.

cradlesong 子守歌.

craft 悪知恵, 悪巧み; 技術, 手技, 技能; 職, 工芸; 同業者(組合); 船, 船舶, 航空機.

craftsman 職人; 名工.

craftsmanship (工人の)熟練.

craft union 職業別労働組合.

crafty a. ずるい, こすい.

crag 突出した岩, 険しい岩山.

cragged, craggy a. 岩の多い.

cragsman 岩登りの名人.

crake Ornith. クイナ.

cram v. 詰め込む (in, into, down); 詰め込み主義で教える; 嘘をつく. — n. 詰め込み勉強; (人の)すし詰め; 嘘.

crambo 韻捜し《相手の出した語と同韻の語を見いだす遊び》.

cram-full pred. a. ぎっしり一杯の (of).

crammer 詰め込み主義の教師, がり勉の学生.

cramp[1] a. わかりにくい.

cramp[2] n. 痙攣, こむらがえり; 締め具, かすがい; 拘束(物); [pl.] 急激な腹痛. — v. 痙攣を起こさせる; かすがいで締める; 閉じ込める, 制限する. **cramp one's style** 人の能力を発揮させない.

cramped a. 狭苦しい; (筆跡が)つまって読みにくい.

crampon [pl.] つかみ金; [pl.] (登山用)アイゼン.

cranage 起重機使用権, 起重機使用料.

cranberry Bot. ツルコケモモ.

crane n. Ornith. ツル; 起重機; (炉の)自在かぎ. — v. (起重機で)吊り上げる; 伸び上がる, (首を)伸ばす.

crane fly Entom. ガガンボ.

cranial *a.* 頭蓋の.

cranial index *Anthrop.* 頭骨指数.

cranium *Anat.* 頭蓋; 頭蓋骨.

crank *n.* *Mech.* L 形ハンドル, クランク; 気紛れ; 気紛れ者, 変人. ── *a.* ぐらぐらする, がたがたの. ── *v.* クランク形に曲げる; クランクを回す.

crank call いたずら電話.

crankpin *Mech.* クランクピン.

crankshaft *Mech.* クランク軸.

crank up クランクを回して自動車のエンジンをかける; 開始する, 準備する.

cranky *a.* ひねくれた, 意地悪い; 風変わりな, 変人の; ぐらぐらの.

crannied *a.* 割れ目の入った, ひびの入った.

cranny 割れ目, ひび, 隙間.

crap *v.* 失敗する, あきらめる; 排便する. ── *n.* [*pl.*] クラップ《さいころばくち》; ごみ, がらくた; 嘘; 糞; たわごと.

crape クレープ(の喪章).

crappy *a.* 低俗な.

crapulous *a.* 暴飲暴食の; 二日酔いの.

crash[1] 粗い麻布, 粗い綿布.

crash[2] *n.* (車の)衝突, (飛行機の)墜落; (突然の)大音響; (財政・会社などの)破産, 破滅. ── *v.* (車が)衝突する, 墜落する, 撃墜する; 大音響を立てて倒れる, 大音響を立てて倒す, がらがらと崩れる, がらがらと崩す (*down*, *into*); 破滅する, 失敗する; 招待されないのに押しかけて行く; (劇場に)無切符で入る. ── *ad.* どしんと, がちゃんと. ── *a.* 応急の, 緊急の.

crash dive (潜水艦の)急速潜航.

crash helmet (自動車運転者の)安全ヘルメット.

crashing *a.* まったくの.

crash-land *v.* *Aeronaut.* 不時着する.

crashpad 無料宿泊所.

crass *a.* 愚鈍な; ひどい.

crate (荷造り用)木枠, 竹籠; 密封梱包用

crater 噴火口; 噴出口; (爆弾などによる)弾孔; (月面の)クレーター.

cravat ネクタイ.

crave *v.* 切望する; 懇願する; 要求する.

craven *a.*, *n.* 臆病な, 意気地無い; 臆病者, 意気地無し.

craving 熱望, 懇願.

craw (鳥の)嗉囊. **stick in one's craw** しゃくに障る.

crawfish *v.* 手を引く. ── *n.* =crayfish.

crawl *v.* 這う; のろのろ動く, 徐行する; こそこそ歩く; うようよする (*with*); そっと取り入る (*into* one's favor); むずむずする. ── *n.* 這い歩き; のろのろ歩き, 徐行; (水泳の)クロール; はしご酒.

crawler 地を這う動物; 御機嫌取り; 流しタクシー; [*pl.*] (赤ん坊の)はいはい着.

crawling *a.* 這うような, のろのろした.

crawly *a.* むずむずする.

crayfish *Zool.* ザリガニ; イセエビ.

crayon *n.*, *v.* クレヨン(で描く).

crayonist クレヨン画家.

craze *v.* 狂気にする, 狂気になる; (陶器を)ひび焼きにする. ── *n.* 熱狂 (*for*); 大流行.

crazy *a.* 気の狂った; 熱狂した; 熱中した, 夢中の (*for*); すばらしい; 熱愛して (*about*); (建物など)ぐらぐらの. **like crazy** 猛烈に.

crazy bone (肘先の)尺骨の端.

crazy pavement ふぞろいの石を敷いた舗道.

crazy quilt 寄せぎれで作った掛けぶとん.

creak *v.*, *n.* きしる(音); (コオロギが)鳴く(声).

creaky *a.* きーきーいう.

cream *n.* (牛乳の)クリーム; 化粧用クリーム; 乳剤; [the ~] 最良部; 粋 (*of*); クリーム色. ── *v.* クリームを分離する, クリームを入れる, クリーム状にする; こてんこてんにやっつける.

cream cake クリームケーキ.

cream cheese クリームチーズ.

creamer クリーム入れ; クリーマー《クリームの代

用 品》.

creamery バター・チーズ製造所, バター・チーズ販売店.

cream puff シュークリーム; 調子の良い中古車.

cream soda バニラの香りをつけたソーダ水.

creamy *a.* クリーム状の, クリーム色の; クリームを含んだ.

crease *n., v.* 折り目, ひだ(がつく), ひだをつける; 皺(になる), 皺にする.

create *v.* 創造する, 創作する; 創設する, 創建する; 華族にする; (爵位を)授ける; 引き起こす; 騒ぎ立てる.

creatine *Biochem.* クレアチン.

creation 創造, 創作; [the C-] 天地創造; 創造物; 天地万物; 創作(品); 新意匠; 創設, 創建; 叙爵.

creationism *Theol.* 霊魂創造説.

creative *a.* 創造的な, 創作的な(才能のある).

creativity 創造力, 創作力.

creator 創造者; 創作者; 創設者; [the C-] 造物主, 神.

creature (神の)創造物; 生き物, 動物; 人間, 奴, 人; 手先; 所産, 産物; [the ~] ウイスキー.

creature comforts 物質的慰安《衣食住など》.

creaturely *a.* 生物的な, 動物的な.

crèche (F) キリスト降誕の像; 託児所; 捨て子養育院.

credence 信用, 信任.

credentials 信任状; 資格証明書, 成績証明書.

credibility 確実性, 信憑性; 信頼, 尊重.

credibility gap 断絶感; 言行不一致.

credible *a.* 信用できる, 信ずべき.

credibly *ad.* 確かに, 確かな筋から.

credit *n.* 信用, 信望, 名声; 面目, 名誉, 誇り(*to*); *Com.* 信用取り引き, 掛け売り, 信用貸し; (国際金融上の)クレジット; *Com.* 貸し方; 債権; (商業放送の間にはさむ)広告放送. **do credit to** …の名誉となる. **give** *a* *person* **credit for** …の功を認める; …に帰する. **letter of credit** *Com.* 信用状. **on credit** 掛け売りで, 信用貸しで. **to one's credit** …の名誉になって; …の貸し方に. ── *v.* 信じる, 信用する; *Com.* 貸し方に記入する (a person *with* a sum, a sum *to* a person); 帰する (*to*).

creditable *a.* 名誉となる, 立派な.

credit card クレジットカード.

credit hour 履修単位時間.

creditor 債権者, 貸し主; *Com.* 貸し方.

credit squeeze 金融引き締め.

credit titles クレジットタイトル《出演者・製作者・監督などの名前の字幕》.

credit union 信用組合.

creditworthy *a.* 信用貸しできる.

credo 信条; *Relig.* 使徒信条.

credulity 軽信.

credulous *a.* 軽信的な, だまされ易い.

creed 信条, 教義; *Relig.* 信経.

creek 細く入り込んだ入り江; 小川, クリーク. **up the creek** 困って.

creel (魚を入れる)びく.

creep *v.* 這う; (つる草が)這いからまる; そっと歩く, そっと入る, 徐々に進む, 徐々に出る; こそこそ取り入る (*into* favor); むずむずする, ぞっとする. ── *n.* 這うこと, 腹這い; 徐行; [the ~s] ぞっとする感じ.

creeper 這うもの; へつらう人; *Bot.* つる植物, ツタ; [*pl.*] (赤ん坊の)はいはい着; [*pl.*] ゴム長靴.

creeping *a.* 這う, 這い回る; からみつく; のろい; こそこそ取り入る; むずむずする; ひそかに潜入する.

creepy *a.* 這う, むずむずする, ぞっとする.

creepy-crawly *n.* 這う虫, 這う昆虫. ── *a.* ぞっとする.

cremains 遺骨(の灰).

cremate v. 火葬にする; 焼却する.

cremator 火葬作業員; 火葬炉.

crematorium 火葬所.

crematory n. =crematorium. — a. 火葬の.

crème =cream; クリーム(ソース); クレーム《甘口のリキュール》.

crème de menthe クレームドマント《はっか入りリキュール》.

Creole クリオール人《西インド・中南米諸国生まれの欧州人; 特にスペイン人》; クリオール語; [c-] クリオール人と黒人の混血人.

creosote Chem. クレオソート.

crepe, crêpe クレープ, 紗縮緬; クレープ《薄いパンケーキ》.

crepe de Chine (クレープ)デシン.

crepe paper 縮緬紙.

crepe rubber クレープゴム《靴底用》.

crepitant a. ぱちぱち鳴る.

crepitate v. ぱちぱちいう.

crepuscular a. たそがれの(ような); Zool. 薄明性の, 薄暮性の.

crescendo (It) ad., n. Mus. クレッシェンド, 次第に強く; 漸強音.

crescent n. 新月, 三日月; トルコの国章; 三日月状の街路, 三日月状の家並み. — a. 三日月状の.

cresol Chem. クレゾール.

cress Bot. タガラシ.

cresset (かがり火の)油つぼ.

crest n. とさか, (鳥の)冠毛, (かぶとの)前立て; Arch. 棟飾り; (馬の)たてがみ; (山の)頂上; 波頭; 家紋; 最上, 極地. — v. 波頭を立てる, 波頭に乗る.

crestfallen a. 打ちしおれた.

cretaceous a. 白亜質の; [C-] Geol. 白亜紀の.

cretin クレチン病患者; ばか.

cretinism Med. クレチン病.

cretonne (家具用)さらさ.

crevasse (氷河の)大割れ目, クレバス; (堤防の)切れ目.

crevice 割れ目, 裂け目.

crew 乗組員, 乗務員; (ボートの)クルー; (同一職場の)従業員, 仲間.

crew cut (短い)角刈り.

crewel 刺繍用毛糸.

crewman 乗務員, 乗組員.

crew neck 丸首セーター.

crib n. (手すり付き)ベビーベッド; まぐさ桶; (文章などの)盗用, 窃盗; (学生用)虎の巻, カンニングペーパー; 小屋, 小部屋; 家, 金倉. — v. 閉じ込める; 盗用する, (学生が)虎の巻を使う, カンニングをする.

cribbage クリッベジ《トランプ遊びの一種》.

crib crime [job] 老人を狙う強盗.

crib death 乳幼児のぽっくり病死.

crick n., v. 痙攣(を起こす).

cricket[1] Entom. コオロギ.

cricket[2] n., v. クリケット(をする); フェアプレー.
  not cricket 公正を欠いて, フェアでない.

cricketer クリケットをする人.

crier (布告などの)触れ役; 広め屋; 泣き虫.

crime 犯罪; 悪事; 反道徳的行為; 愚行, 悪い事, 恥.

Crimea クリミア《ウクライナ南西部の半島》.

criminal a., n. 犯罪の; 刑法上の, 罪のある; けしからん; 犯(罪)人.

criminal conversation Law 姦通罪.

criminalistics 科学犯罪捜査法.

criminality 有罪; 犯罪.

criminal law 刑法.

criminally ad. 犯罪的に; 刑法上.

criminate v. 有罪にする, 罪に問う, 非難する.

criminology 犯罪学.

criminous a. 罪を犯した.

crimp[1] v., n. 誘拐して船員に売り込む, 誘拐して兵士に売り込む《周旋業者》.

crimp[2] *v., n.* 縮らす; 縮れ(髪); ひだ(をつける), 折り目(をつける); 障害. **put a crimp in** 邪魔をする.

crimping iron 髪ごて.

crimson *n., a., v.* 深紅色(の); 深紅色にする, 深紅色になる.

crimson lake 深紅色顔料.

cringe *v., n.* すくむ(こと); へいへいする(こと), へつらい.

crinkle *n.* 皺, 縮れ, うねり. —— *v.* 皺になる, 皺にする, 縮れる, 縮らす; さらさらいう.

crinoid *n., a. Zool.* ウミユリ(の).

crinoline 張りを入れたスカート; 堅い布で作ったペチコート.

crinum *Bot.* ハマユウ.

cripes *int.* こん畜生.

cripple *n.* 手足の不自由な人, 不具者. —— *v.* 不具にする; 無能力にする, 戦闘力を失わせる.

crippled *a.* 不具の.

crisis 危機, 重大事態, 危険期.

crisis center 緊急電話相談センター.

crisp *a.* ぱりぱりする, かりかりする, 脆い; (毛が)縮れた; さわやかな, 気持ちのいい; 身の引き締まるような; 歯切れのいい, きびきびした; 明確な.

—— *v.* crisp にする, crisp になる.

—— *n.* かりかりの状態; [*pl.*] ポテトチップス.

crispy *a.* =crisp.

crisscross *n., v.* 十文字(に交差する), 食い違い. —— *a., ad.* 十字の, 十字に交差した; 食い違った.

criterion (批判の)標準, 基準.

critic 批評家, 評論家, 鑑定家; 酷評者.

critical *a.* 批評の, 批判的な; 批評眼のある, 鑑識眼のある; 難癖をつけたがる, 酷評的な; 危急の, きわどい; *Phys.* 臨界の.

critically *ad.* 批判的に, 危機に際して, 危機に陥って, きわどく, ひどく.

criticaster へぼ批評家.

criticism 批評, 批判, 評論, 酷評, 非難.

criticize *v.* 批評する, 批判する; 酷評する, 非難する.

critique (F) 評論, 批評.

critter 生物, 動物.

croak *n.* カラス・カエルなどの鳴き声; しわがれ声, 不吉な声. —— *v.* がーがー鳴く; 陰気な声を出す, 陰気な声で言う; 死ぬ; 殺す.

croaky *a.* しわがれた.

Croat クロアチア人.

Croatia クロアチア《ユーゴ北西部の地方》.

crochet *n., v.* クローシェ編み(をする).

crock *n.* (土器の)つぼ, かめ; おいぼれ, 能なし; 病弱者; ぽんこつ車. —— *v.* 老衰させる, 役に立たなくする; 傷つける.

crockery 瀬戸物.

Crock-Pot *Trademark* クロックポット《電気鍋》.

crocodile *Zool.* クロコダイル《アジア・アフリカ産のワニ》; わに革; 学童の2列行進.

crocodile tears 空涙.

crocodilian *n., a.* ワニ(の).

crocus *Bot.* クロッカス.

Croesus クロイソス《?-546 B.C.; Lydia の大金持ちの王》; 大金持ち.

croft (家屋付近の)囲い畑; 小農地.

crofter 小農, 小作人.

croissant クロワッサン《三日月形パン》.

Cro-Magnon (旧石器時代の)クロマニヨン人.

cromlech クロムレック《有史前の遺物である円形に並べた石柱列》; =dolmen.

Cromwell クロムウェル. **Oliver Cromwell** (1599–1658) 英国の軍人・政治家.

crone よぼよぼの老婆.

Cronus *Gk Hist.* クロノス《Titans の一人》.

crony 昔なじみ, 仲良し.

crook n. (羊飼いの)柄の曲がった杖；鉤；屈曲，湾曲(部)；悪漢，詐欺師． — v. 曲げる，曲がる． — a. 不正な．

crooked a. 曲がった；歪んだ；腰の曲がった，心の曲がった，不正直な；密造の．

croon v., n. 小声で歌う，ささやく；(感傷的な)流行歌．

crooner 低く甘い声の流行歌手．

crop n. 作物，作，収穫(物)；[the ～](ある季節の)全農産物,作柄，収穫高；(嘘などの)続出，たくさん(of)；(鳥の)嗉嚢；(乗馬の)鞭；(頭髪の)短い刈り込み；(鉱床の露頭． — v.(作物を)植え付ける，作る(with)；(作物が)できる，取り入れる，刈り入れる，短く刈り込む；(牛などが草の先を)かみ切る． **crop out [up]**(鉱脈が)露出する；突然現れ出る．

crop dusting(農薬の)空中散布．

crop-eared a. 耳を切り取った．

cropper 農夫，小作人；Mech. 端切り器；作物；墜落，堕落，大失敗． **come a cropper** 落馬する，大失敗する．

croquet クロッケー《芝生の上で遊ぶ一種の打球戯》．

croquette コロッケ．

cross n. 十字架；[the C-] キリストの受難(の十字架),キリスト教；受難,苦難；十字形，十字記号，十字路，十字飾り，十字勲章；Astron. 十字星；交配,雑種；不正． **on the cross** 筋違いに；不正を働いて． — a. 十字形の，十字に交わった；斜めの，横の，逆の；食い違った，怒った，不機嫌な,曲がった；雑種の． — v. 横切る，横断する；渡り越える(over)；交差させる，組み合わす；十字を書く，十字を切る；(小切手に)横線を引く，横線を引いて消す(out, off)；行き違う；邪魔する，妨害する；交配する；だます． **cross a person's path** 人に出会う． **cross one's heart [oneself]**(額と胸に)十字を切る．

crossbar 横木，かんぬき；(高跳びの)バー；(自

転車のハンドルとサドルの間の)横のパイプ．

crossbeam Arch. 横桁．

crossbearer 十字架を持つ人．

crossbench(下院の)無所属議員席．

crossbill Ornith. イスカ．

crossbones 十字形に交差した大腿骨《死の象徴》．

crossbow 弩．

crossbreed n., v. 雑種(を作る)．

cross-channel a. イギリス海峡横断の．

cross-country a., n. クロスカントリー(の)．

cross-cultural a. 異文化間の．

crosscurrent 逆流，逆行；反対意見．

crosscut a., n. (鋸が)横引きの；近道． — v. 横断する．

crosscut saw 横引き鋸．

crosse (lacrosse 用)ラケット．

crossed a. 十字に交わった；横線を引いた；邪魔された，失敗に終わった．

cross-examination Law 反対尋問．

cross-examine v. Law 反対尋問する；厳しく問いただす．

cross-eyed a. 内斜視の，やぶにらみの．

cross-fertilization Bot. 他花受精；交流．

cross-fertilize v. Bot. 他花受精させる．

cross-file v. 2政党の予備選挙に立候補する．

cross fire 十字砲火，一斉射撃．

cross-grained a. つむじ曲がりの．

cross hairs(光学機械の)照準用十字線．

cross-hatching 網目陰影(を付けること)．

cross-index n., v. 相互参照(をつける)．

crossing 横断；交差(点)，十字路；十字を切ること；異種交配．

crossing-over Biol.(染色体の)乗り換え．

cross-legged a., ad. 脚を組んだ，脚を組んで．

crossly ad. 意地悪く，不機嫌に．

crossness 意地悪, 不機嫌.

crossover 陸橋 ; (鉄道の)渡り線 ; 支持政党を乗り換える投票者 ; 雑種 ; *Mus.* クロスオーバー《ジャズとロックなどの混合》.

crosspatch 気難し屋, よくすねる女.

crosspiece 横木.

cross-pollinate v. *Bot.* 他花受粉させる.

cross-purpose 食い違った目的. **at cross-purposes** 互いに誤解して, 話が食い違って.

cross-question n., v. 反対尋問(する).

cross-refer v. 相互参照させる, 相互参照する.

cross-reference (同一書中で他の記述への)参照.

crossroad 横道, 横通り ; [pl.] 十字路. **at the crossroads** 岐路に立つて.

cross section 横断面 ; 断面図.

cross-sterile a. *Biol.* 交雑不妊の.

cross-stitch n., v. 十字縫い(にする).

cross street 交差道路 ; 横町.

cross talk *Telecom.* 混線.

crosstie *Railroads* 枕木.

crosstrees *Naut.* 檣頭横材.

crosswalk 横断歩道.

crossway =crossroad.

crosswind 横風.

crosswise ad. 交差するように.

crossword puzzle クロスワードパズル.

crotch (枝・脚の分かれる)また.

crotchet 奇想 ; *Mus.* 4分音符.

crotchety a. 気紛れな.

crouch v., n. うずくまる, しゃがむ(こと).

croup[1] *Med.* クループ《喉頭炎》.

croup[2] (馬の)尻.

croupier (賭博場の)元締め.

croupy a. *Med.* クループに侵された.

crouton クルトン《かりかりに揚げたあられ状の食パンでスープに入れる》.

crow[1] n. 雄鶏の鳴き声 ; 赤ん坊の笑い声.
— v. (雄鶏が)ときをつくる ; (赤ん坊が)声を立てて笑う ; 歓声をあげる, 勝ち誇る (over).

crow[2] *Ornith.* カラス. **as the crow flies** 一直線に. **eat crow** 屈辱を忍ぶ.

crowbar かなてこ, バール.

crowd n. 群集, 人込み ; [the ~] 民衆 ; 多数 (of) ; 仲間, 連中. — v. 群がる, 込み合う (about, round, in, etc.) ; 押し入る, 押し込む (in, into), 押し潰す (down), 押し出す (out, off) ; 押し進める (through, on) ; 込み上げる, 込み上がる (up) ; 強要する.

crowded a. 込み合った, 満員の.

crowfoot *Bot.* ウマノアシガタ.

crown n. 王冠 ; [the ~] 王位, 主権, 君主 ; (花などの)冠, 栄冠, 光栄, 頂上, 最高部 ; 脳天 ; (帽子の)山 ; (もとの)5シリング銀貨 ; クラウン(判)《印刷用紙の寸法 ; 15×20 in.》; 曹長. — v. 冠を与える, 王冠を与える, 王位につかせる ; 頂きにのせる, 頂きを飾る ; (名誉・光栄などを)与える (with glory, etc.) ; (努力など)…の最後を飾る, 完成する ; 頭を打つ. **to crown all** 最後を飾るものとして, 挙句の果てに.

crown cap (瓶の)王冠.

Crown Colony (英国の)直轄植民地.

crown glass クラウンガラス.

crowning a. 最高の. — n. 戴冠 ; 完成.

crown land 王室御料地.

crown prince 皇太子.

crown princess 皇太子妃.

crown wheel *Mech.* 冠歯車.

crow's-feet 鳥の足跡, 目尻の皺.

crow's nest *Naut.* 檣頭見張り台 ; 屋根裏部屋.

crucial a. 最後的な, 決定的な, 重大な ; 苦しい, 激しい ; 十字形の.

crucible るつぼ ; きびしい試練.

crucifix (十字架上の)キリスト受難の像 ;

十字架.

crucifixion はりつけ; [the C-] キリストのはりつけ(画), キリストはりつけの像.

cruciform a. 十字形の.

crucify v. はりつけにする; 責め苦しめる.

crude a. 天然のままの, 生の; 粗末な, 粗雑な; 粗野な, 露骨な.

crude oil 原油.

cruel a. 残酷な, 無慈悲な; 痛々しい, 悲惨な.
— ad. ひどく, べらぼうに.

cruelly ad. 残酷に, むごく.

cruelty 残酷, 残忍(行為).

cruet 薬味瓶.

cruise v., n. 巡航(する); (タクシーが)流す; 異性をあさる.

cruise missile (小型の)巡航ミサイル.

cruiser 巡洋艦; 流しのタクシー; パトカー.

cruising speed 巡航速度.

cruller ツイストドーナツ.

crumb n. [pl.] パン屑, パン粉; パンの柔らかい中身; 軽少(of); シラミ; 汚ならしい奴.
— v. 食卓を片付ける.

crumble v. (ぼろぼろに)崩す, 粉にする, 崩れる(up); 崩壊する. — n. 砕けた物.

crumbly a. 砕けやすい.

crumbs int. ひえっ, いやはや《驚き・失望を表す》.

crummy a. 汚ならしい, 哀れな; 安っぽい; (女が)肉づきのよい.

crump (砲弾の)爆発音; 高性能爆弾.

crumpet クランペット《平たい小型のパン》; 頭; セクシーな女.

crumple v. 揉む, しわくちゃにする, しわくちゃになる(up).

crunch v., n. ばりばりかむ(音); (砂利など)ざくざく踏む(音); [the ~] 危機, 分かれ目. **when [if] it comes to the crunch** いざという時になれば.

crunchy a. ばりばりいう, ばりばりかむ.

crupper (馬の)しりがい.

crusade n. Hist. 十字軍; (種々の社会悪に対する)粛正運動, 聖戦 (against).
— v. 十字軍に加わる, 聖戦に加わる.

crusader 十字軍の戦士; 正義の戦士.

cruse つぼ.

crush v. 潰す, 潰れる, もみくしゃにする; 砕く; 挫く, 滅ぼす. — n. 潰すこと, 粉砕; 押し合い; 込み合ったパーティー; べた惚れ.

crush barrier 群衆を制止する鉄柵.

crusher 砕鉱機, 砕石機.

crust n. 食パンの皮; 生活の糧; 堅い外皮; Geol. 地殻; 厚かましさ. — v. 薄皮が張る, 外皮を生じる.

crustacean a., n. Zool. 甲殻類の(動物).

crusty a. 外皮の堅い; つっけんどんな.

crutch 松葉杖; 支え; また.

crux 要点, (問題の)難点, 難問.

cruzado クルザード《ブラジルの通貨単位》.

cry n. 叫び, 叫び声, 泣き声, 鳴き声; 世論の声, スローガン. **a far [long] cry** 遠距離(to); …にはほど遠いもの, …にはほど遠いこと(from). **in full cry** (猟犬が)追い詰めて. — v. 叫ぶ, 大声で呼ぶ; 鳴く; 泣き叫ぶ; 吠える; 触れ歩く.
cry down けなす. **cry for** 泣いて求める; 切に求める. **cry off** (協定などを)取り消す, 手を引く. **cry one's eyes [heart] out** 激しく泣く. **cry out** 大声で叫ぶ; 反対を叫ぶ, 不平を言う(against); 非常に必要とする(for). **cry up** ほめ立てる.

crybaby 泣き虫.

crying a. 泣き叫ぶ; 急を要する; ひどい.

cryochemistry 低温化学.

cryogen Chem. 寒剤.

cryogenics 低温学.

cryostat 低温保持装置.

cryosurgery 冷凍手術.

crypt (教会堂の)地下室.

cryptic(al) a. 秘密の, 神秘の.

crypto (他党との)秘密結託者；(特に)秘密共産党員.

cryptogam Bot. 隠花植物.

cryptogram 暗号文.

cryptograph 暗号(文).

cryptographer 暗号作製者，暗号解読者，暗号使用者.

cryptographic a. 暗号(法)の.

cryptography 暗号作製法.

cryptomeria Bot. スギ.

crystal n., a. 水晶，水晶細工，水晶製品；Chem., Mineral. 結晶体；カットグラス；(時計の)ガラス蓋；水晶のような，水晶質の，水晶製の.

crystal ball 水晶球《占い用》.

crystal-clear a. 非常に明瞭な.

crystal clock 水晶時計.

crystal gazing 水晶占い.

crystalline a. 水晶の；結晶性の；透明な，澄みきった.

crystalline lens Anat. (眼球の)水晶体.

crystallization 結晶化；結晶(体).

crystallize v. 結晶させる，結晶する；(考えなどが)明確化する，具体化する(into)；(砂糖を)まぶす.

crystallography 結晶学.

c/s cycles per second.　**CS** chief of staff; civil service.

csardas =czardas.

CST central standard time.　**CT** central time.　**CTC** centralized traffic control.

CT scanner (CT<computerized tomography) Med. コンピューター断層撮影(走査)装置.

CT scanning Med. コンピュータ断層撮影(走査)法.

cub (クマ・キツネなどの)子；粗暴な子供，青二才；新米記者.

Cuba キューバ《西インド諸島の島；共和国》.

Cuban a., n. キューバの；キューバ人.

cubature 体積，容積.

cubby(**hole**) 小ぢんまりした場所，気持ちのよい場所.

cube n., v. 立方体；Math. 立方，三乗(する).

cube root Math. 立方根.

cube sugar 角砂糖.

cubic a. 立方体の；立方の；三次の，三乗の.

cubical a. 立方体の.

cubicle (寮などで)仕切られた小寝室；個人用小部屋.

cubic measure 体積，度量法.

cubiform a. 立方形の.

cubism Fine Arts 立体派，キュービズム.

cubist 立体派の芸術家，キュービズムの芸術家.

cubit His. 腕尺《肘から中指の先までの長さで 45〜56 cm》.

cub scout カブスカウト《ボーイスカウトの年少団員》.

cuckold n. 不貞な妻の夫.　— v. (妻が夫)に不義をする.

cuckoldry 妻の不義.

cuckoo n. Ornith. カッコウ；間抜け；人，奴.　— a. 気が狂った，愚かな.

cuckoo clock 鳩時計.

cuckoo spit Entom. アワフキムシ.

cucumber Bot. キュウリ.　(**as**) **cool as a cucumber** 極めて冷静な.

cucurbit Bot. ヒョウタン.

cud (反芻動物の)食い戻し，にれ.　**chew the cud** 反芻する；思案する.

cuddle v., n. 抱いてかわいがる；丸くなって寝る(up)；抱擁.

cuddly a. 抱き締めたがる，抱き締めたいような.

cudgel n., v. 棍棒(で打つ).　**take up the cudgels** 大いに弁護する(for).

cue¹ キュー《映画・放送などで用いるきっかけの合図》，きっかけ，合図；手掛かり，暗示.

cue² (玉突きの)キュー；＝queue.

cue card (テレビ出演者の台詞を書いた)隠しカード.

cuesta 傾斜台地.

cuff¹ 袖口；カフス；(ズボンのすその)折り返し；[*pl.*] 手錠. **off the cuff** 即座に. **on the cuff** 掛けで.

cuff² *v., n.* (平手で)打つ(こと).

cuff links カフスボタン.

cui bono (L) 利益を得るのは誰か，誰のために.

cuirass 胴鎧，胸甲.

cuisine 料理(法).

cul-de-sac (F) 袋小路；窮地.

culinary *a.* 料理(用)の，台所(用)の.

cull *v., n.* (花など)摘む；より抜く；(よりわけられた)不合格品；(社会の)のけ者.

cullender ＝colander.

culminant *a.* 絶頂の；*Astron.* 南中している.

culminate *v.* 極点に達する，絶頂に達する，全盛を極める；結局…になる(*in*).

culmination 絶頂，極点；全盛，完成；*Astron.* 南中.

culottes キュロット《ズボン式スカート》.

culpability 過失のあること，有罪.

culpable *a.* 責めるべき，罪になる.

culprit 罪人，犯人.

cult 祭式；信仰(形式)，…宗，…教；崇拝，礼賛，流行，…熱.

cultivable, cultivatable *a.* 耕作することのできる，養成することのできる.

cultivate *v.* 耕す，耕作する；栽培する，養殖する；中耕する，土寄せする；(精神・技能など)磨く，養う；(交際を)深める.

cultivated *a.* 耕作された，栽培された；教養のある.

cultivation 耕作，開墾；栽培，培養；

修養，教養，教化.

cultivator 耕作者；栽培者，教化者，研究者；中耕機.

cultural *a.* 栽培の，開拓の；教養上の，文化的な.

cultural anthropology 文化人類学.

culture *n.* 修養，教養；文化；培養，訓練；耕作，養殖，栽培. — *v.* ＝cultivate.

cultured *a.* 教養のある；栽培された.

cultured pearl 養殖真珠.

culture shock カルチャーショック，文化ショック《異文化に接した時感じる不安》.

culvert (道路・鉄道の下などを流れる)下水，暗渠.

cum¹ *v.* いく，オルガスムスに達する. — *n.* 精液，愛液.

cum² *prep.* …と共に，…に付き.

cumber *v.* 邪魔する，妨げる；悩ます. — *n.* 邪魔(物).

cumbersome, cumbrous *a.* 厄介な.

cum d(iv) cum dividend.

cum dividend *Stock Exchange* 配当付き.

cum grano salis (話を)内輪に，割り引きして.

cumin *Bot.* ヒメウイキョウ《セリ科の香料用植物》.

cummerbund カマーバンド《夜会服用の幅広サッシュベルト》.

cumulate *v.* 積み重ねる.

cumulative *a.* 累積的な，累加する.

cumulocirrus *Meteor.* 巻積雲.

cumulonimbus *Meteor.* 積乱雲.

cumulostratus *Meteor.* 層積雲.

cumulus *Meteor.* 積雲.

cuneiform *a., n.* 楔形の；(古代 Assyria など の)楔形文字.

cunnilingus, cunnilinctus ク(ン)ニリングス，吸陰《女性器に対する接吻》.

cunning *a.* ずるい，こすい；かわいい，面白い，気

のきいた. — *n.* ずるさ, 悪知恵.

cunt 女性器; 性交.

cup *n.* (紅茶・コーヒー用)カップ, (脚付きの洋酒用)コップ, 酒杯; 酒; (カップ)一杯(の量); 運命(の杯); 優勝杯; 杯状のもの《どんぐりのちょくなど》; (ブラジャーの)カップ. **in one's cups** 酔って. — *v.* コップに入れる; へこませる.

cupbearer (宮廷などの)酌取り人.

cupboard 戸棚, 食器棚.

cupboard love 欲得ずくの愛情.

cupcake カップケーキ.

cupful カップ一杯(の量).

Cupid *Rom. Myth.* キューピッド《恋愛の神; 弓を持った翼のある少年; ギリシャ神話の Eros に当たる》.

cupidity 大欲, 貪欲.

cupola *Arch.* (屋上の)小丸屋根; (冶金用の)キューポラ.

cuppa 紅茶一杯.

cupping *Med.* 吸角法.

cupric *a. Chem.* 第2銅の.

cuprite *Mineral.* 赤銅鉱.

cuprous *a. Chem.* 第1銅の.

cur のら犬; やくざ者.

curaçao キュラソー《オレンジでつくるリキュール》.

curable *a.* 治療できる, 治る.

curacy curate の職, curate の地位.

curare, curari (南米原住民が毒矢に塗る)クラレ.

curarize *v.* クラレで麻痺させる.

curate 副牧師《rector, vicar の助手》.

curative *a., n.* 治療の(効ある); 治療法; 医薬.

curator (博物館・図書館などの)主事, 館長.

curb *n.* 止めくつわ; 拘束, 抑制; =curbstone. — *v.* (curb を引いて馬を)止める, 押さえる; 拘束する, 抑制する.

curb roof *Arch.* 二段勾配屋根.

curbstone (歩道の)縁石.

curd [*pl.*] 凝乳《チーズの原料》. **bean curd** 豆腐.

curdle *v.* (凝乳状に)固まる, 固まらせる, 凝結する, 凝結させる; (恐怖で血を)こごらす.

curdy *a.* 凝乳状の.

cure *v.* (病気を)治す, 治療する; (悪癖など)を直す; 救済する; (塩物・干物などにして)貯蔵する, 乾燥する, 塩漬けにする, 燻製にする. — *n.* 治癒; 治療(法), 薬 (*for*); 救済(法); 貯蔵(法).

curé (フランスの)教区司祭.

cure-all 万能薬.

cureless *a.* 不治の.

curer 乾物製造者; 治療者, 治療器.

curettage *Med.* 掻爬術.

curette *Med.* キュレット《異物摘出用器具》.

curfew 消灯命令, 夜間外出禁止令; *Hist.* (消灯の)暮れの鐘, 晩鐘.

Curia ローマ教皇庁.

curie *Phys.* キュリー《放射性物質の計量単位》.

Curie キュリー. **Marie Curie** (1867–1934), **Pierre Curie** (1859–1906) フランスの物理・化学者夫妻.

curio 骨董品.

curiosa 珍本, 猥褻本.

curiosity 好奇心, 物好き; 珍奇な物; 骨董品.

curiosity shop 骨董店.

curious *a.* 珍しい, 奇態な; 好奇心の強い, 何でも知りたがる; …したがる (*to do*); (本が)珍書の, 好色本の.

curium *Chem.* キュリウム《放射性元素》.

curl *n.* 巻き毛, 縮れ毛, カール. **in curl** 縮れて. — *v.* 縮らす, 縮れる, カールさせる; 巻く, まくれる, ねじる, ねじれる, (煙が)渦巻き上がる; (球が)カーブする; (道が)うねる; つぶれる, くじける. **curl up** 縮れる, 巻き上がる; 体を丸める, 体を丸めて

寝る.

curled *a.* 巻き毛の, 縮れ毛の, 縮れた.

curlew *Ornith.* ダイシャクシギ.

curlicue 渦巻き(形の飾り書き).

curling カーリング《氷 の 上 で 平 円 形 の 石 を 滑らせて遊ぶ遊戯》; 巻き縮み, カール.

curling iron ヘアアイロン.

curly *a.* 縮れた, 巻き毛の; ねじれた.

curmudgeon 気難しい人, 気難しい老人.

currant *Bot.* フサスグリ; 干しブドウ.

currency 流通, 通用, 流布; 通貨(総額); 時価.

current *a.* 通用している, 流通の; 流行の; 現在の, 目下の; 一般の評判がよい. — *n.* (水・空気などの)流れ, 流動; 潮流; 風潮, 傾向; 電流.

current account 当座勘定, 当座預金.

current assets *Accounting* 流動資産.

currently *ad.* 現今; 一般に.

curriculum 教科課程, カリキュラム.

curriculum vitae 履歴書.

currish *a.* 野良犬のような, かみつく, 下等な.

curry[1] *n.* カレー粉; カレー料理. **curry and rice** カレーライス. — *v.* カレー料理にする.

curry[2] *v.* 馬櫛をかける, (馬の)毛を梳く; (革を)仕上げる.

currycomb 馬櫛.

curry powder カレー粉.

curse *n.* 呪い; 呪い言葉, 悪態; たたり, 災い; *Relig.* 破門; 月経(期間). — *v.* 呪う; たたる; 悪口を言う, 毒づく, 悪態をつく; *Relig.* 破門する, 放逐する. **be cursed with ...** に苦しめられる, (呪わしくも)...を持っている.

cursed *a.* 呪われた; 呪うべき, いまいましい.

cursive *n., a.* 続け書き(の), 草書体.

cursor 滑子, カーソル《計算機・測量器械などの前後に動く部分》, (コンピューター・ワープロなどの)カーソル.

cursory *a.* 通りいっぺんの, 急ぎの.

curst *a.* =cursed.

curt *a.* そっけない, ぶっきらぼうな; 簡略な.

curtail *v.* 切り詰める, 短縮する, 削減する.

curtain *n., v.* カーテン, 窓掛け(をつける); 幕(で覆う), 仕切り; [*pl.*] (一巻の)終わり, 死.

curtain call カーテンコール《幕切れに役者を幕前に呼ぶ観客の喝采》.

curtainfall (芝居の)幕切れ, 終演; 結末.

curtain lecture (妻の夫に対する)寝室説法.

curtain raiser 開幕劇, (リーグの)開幕戦.

curtain wall 帳壁.

curts(e)y *n., v.* (婦人が膝を曲げてする)お辞儀, 会釈(する).

curvaceous *a.* (女性が)曲線美の.

curvature 曲がり, 屈曲; *Math.* 曲率.

curve *n.* 曲線; (道路の)曲がり, カーブ, 湾曲部; *Baseball* カーブ; (女性の体の)曲線. — *v.* 曲げる, 曲がる; *Baseball* カーブを投げる.

curvet *n., v.* (馬の)跳躍; 跳躍する, 跳躍させる.

cusec キュセック《水量の単位; 毎秒 1 立方フィート》.

cushion *n., v.* クッション, 座布団(を備える, 当てる); (玉突きの)クッション; *Mech.* 空気クッション; (不平を)抑える.

cushy *a.* 楽な, 楽で金になる.

cusp 先端; 尖端.

cuspid *Anat.* 犬歯.

cuspidor たんつぼ.

cuss *n.* 呪い; 厄介もの; 奴. — *v.* 呪う.

cussed *a.* 意固地な; =cursed.

custard カスタード《牛乳と鶏卵に砂糖と香料を加えて蒸した, あるいは焼いたもの》.

custard powder 粉末状カスタード.

custard pudding カスタードプディング.

custodial *a.* 保護の.

custodian 管理人, 保管者.

custody 保管; 保護; 監禁, 拘留. **in**

custody 収監されて. **take into custody** 拘引する.

custom 習慣, 風習, 慣例; 得意, 引き立て; [*pl.*] 関税.

customary *a.* 慣習的な, いつもの; *Law* 慣例上の.

custom-built *a.* 注文品の.

customer (商店の)客, 顧客, 得意; 奴, 男.

customhouse 税関.

customize *v.* 注文で作る.

custom-made *a.* 注文品の.

cut *v.* 切る; 刈る; 裁つ; 切れる, 横切る, 両断する, (水・風を)切って進む, (道などを)切り開く; (風が)肌を刺す; (鞭で)ぴしゃりと打つ; (心を)苦しめる, (人の)感情を害する; (像などを)刻む; (宝石を)カットする; (トランプを切る); (テニスでボールを)切る; (記事・場面の一部を)削除する, カットする; (費用・値段などを)切り詰める, 切り下げる; 知らぬふりをする; (講義・会合などを)すっぽかす; 止める; 関係を断つ. **be cut out for** 生来…にできている. **cut across** 突っ切って通る, 横断する. **cut and run** 逃げ出す. **cut away** 切り取る, 切り捨てる. **cut back** 急に引き返す; 切り詰める, 縮小する. **cut both ways** よしあしである, どっちか一方に決まらない. **cut down** 切り倒す; 削減する, 切り下げる. **cut fine** (金・時を)ぎりぎりにつめる. **cut in** 割り込む; (話を)遮る, 干渉する; (横から)進行中の自動車の列に割り込む. **cut off** 切り放す, 切り取る; 中断する; 邪魔する. **cut out** 切り抜く; 取り除く, 省略する; 裁断する; 適合する (*for*); (仕事など)あてがう; 取って代わる; だしぬく; (エンジンが止まる); [命令] (話を)止めろ, よせ; ずらかる. **cut short** 切り詰める; 突然やめる; (自動車が前の車を追い越そうと)急に列から飛び出す. **cut up** 切り裂く; 酷評する, 悲しませる; 金を残して死ぬ; ふざける, 無作法にふるまう.

— *n.* 切り付け, ひと打ち, 感情を害する仕打ち; 切り身; 刈り取り量, 伐採量; 切り目; 切り口, 切り傷; 切り通し; 近道; (服の裁ち方, (髪の刈り方); (宝石の)カット; (トランプやボールを切ること); (費用の切り詰め, 削減, (物価の)切り下げ; 値下げ; 知らぬふり; すっぱかし; (映画などの)カット, 切り取り; (本に入れる)カット, 挿絵; 分け前. **short cut** 近道.

— *a.* 切った, 刻んだ; 切り子細工の; 切り詰めた, 切り下げた. **cut and dried** 型にはまった, 新鮮味のない.

cutaneous *a.* 皮膚の.

cutaway *n.* モーニングコート. — *a.* (設計図など, 内部が見えるように) 表面を一部切り取った.

cutback 切り詰め, 縮小; *Motion Pictures* カットバック.

cute *a.* 利口な, 気のきいた, 機敏な; かわいい.

cut glass カットグラス.

cuticle *Anat., Zool.* 角皮; (爪の)あま皮; *Bot.* 上皮.

cutie かわいい娘.

cut-in *Motion Pictures* 切り込み画面; *Print.* 組み込み.

cutlass (水夫の)短剣.

cutler 刃物師; 刃物屋.

cutlery 刃物類; 刃物製造業.

cutlet 肉の薄い切り身; カツ(レツ).

cutoff *n.* 近道; 切断(装置); [*pl.*] カットオフ《ジーンズなど膝上で切ったもの》. — *a.* (ジーンズなどが膝のあたりで切った.

cutout 切り抜き; *Elec.* 安全器; 遮断; 削除 (部分).

cut-price [-rate] *a.* 割引値段の.

cutpurse すり.

cutter 切る人; 裁断師; 切る道具; 馬そり; 1本マストの帆船; *Naut.* (軍艦付属の)カッター.

cutthroat *n., a.* 人殺し(の); 残酷な.

cutting *n.* 切ること, 切断, 切り方, 裁断法;

cuttle(fish)

（新聞などの）切り抜き; 切り通し; 切り枝, 挿し木.
— *a.* よく切れる, 鋭い; 身を切るような, 痛烈な, 皮肉な.

cuttle(fish) *Zool.* イカ.

cutup 見せびらかす人; 悪ふざけする人.

cutwater （船首の）波切り; （橋脚の）水切り.

cutwork カットワーク(刺繍).

cutworm *Entom.* ヨトウムシ.

CVA Columbia Valley Authority コロンビア渓谷開発公社. **CW** chemical warfare.

cyanic *a. Chem.* シアンの.

cyanide *Chem.* シアン化物; 青酸カリ.

cyanogen *Chem.* シアン, 青素.

cyanosis *Med.* チアノーゼ.

cybernation （電算機による）自動制御.

cybernetics サイバネティックス, 人工頭脳学《電子計算機などに比較した人間頭脳活動の研究》.

cyborg サイボーグ, 改造人間.

cycad *Bot.* ソテツ.

cyclamate シクラメイト《人工甘味料》.

cyclamen *Bot.* シクラメン.

cycle *n.* 周期; 循環, 一巡; （物語・伝説などの）一連, 一群; *Elec.* サイクル, 周波; 自転車, 三輪車, オートバイ. — *v.* 周期をなす; 循環する; 自転車に乗る.

cyclecar サイクルカー.

cyclic(al) *a.* 循環的な.

cycling サイクリング.

cyclist 自転車乗り.

cycloid *Math.* サイクロイド, 擺線.

cyclone *Meteor.* サイクロン, 温帯性低気圧; 暴風, 竜巻.

cyclonic *a.* 旋風の（ような）; 旋風下の.

cyclop(a)edia =encyclop(a)edia.

cyclop(a)edic *a.* =encyclop(a)edic.

Cyclops *Gk Myth.* サイクロップス《一眼の巨人》.

cyclotron *Phys.* サイクロトロン, イオン加速装置.

cyder =cider.

cygnet ハクチョウのひな.

cylinder 円筒(形); *Math.* 円柱; *Mech.* シリンダー.

cylinder escapement *Horol.* シリンダー脱進機.

cylinder lock シリンダー錠.

cylinder press 円圧印刷機, シリンダー印刷機.

cymbal [*pl.*] *Mus.* シンバル《打楽器》.

cymbalist シンバル奏者.

cymbidium *Bot.* シンビジューム《洋ランの一種》.

cyme *Bot.* 集散花序.

cynic *a.* [C-] （古代ギリシャ哲学の）キニク学派の, 犬儒学派の; =cynical. — *n.* [C-] キニク学派; 冷笑家, 皮肉屋.

cynical *a.* 冷笑的な, 皮肉な.

cynicism 皮肉（な言葉）, 冷笑.

cynosure [C-] *Astron.* 小熊座; 北極星; （注意・嘆賞などの）的; 道しるべ.

Cynthia シンシア《月の女神 (Diana) の異名》; 月.

cypher *n., v.* =cipher.

cypress *Bot.* イトスギ《墓地に植える》.

Cypriot, Cypriote *n., a.* キプロス人(の); キプロス語(の).

Cyprus キプロス《地中海東端の島; 共和国》.

Cyrenaic *a., n.* （古代ギリシャ哲学の）キレネ学派の(人).

Cyrillic *a.* （ギリシャの伝道者）キリルの; キリル字母の《ロシア字母のもと》.

cyst *Biol.* 包囊; *Med.* 囊腫.

cystitis *Med.* 膀胱炎.

cystolith *Med.* 膀胱結石.

cystoscope *Med.* 膀胱鏡.

cytologist 細胞学者.

cytology 細胞学.

cytoplasm *Biol.* 細胞質.

CZ Canal Zone.

czar (帝政時代の)ロシア皇帝, ツァー; 専制君主; 独裁者; 権力者; 指導者.

czardas (Hung) *Mus.* チャルダッシュ.

czarina (帝政時代の)ロシア皇后.

czarism (ツァーの)専制政治.

czarist 専制政治支持者.

Czech *n.*, *a.* チェック人(の); チェコ語(の).

Czechoslovak *a.*, *n.* チェコスロバキア(人)の; チェコスロバキア人.

Czechoslovakia チェコスロバキア《ヨーロッパ中部の共和国》.

D

d D字形(のもの); *Mus.* ニ音, ニ調; (ローマ数字の)500; (成績の)D《最低の合格成績》.

d- *v.* =damn.

D/A documents for acceptance. **DA** deposit account; district attorney.

da (Russ) *ad.* ダー (yes).

dab[1] *Ichthy.* マコガレイ.

dab[2] 名人.

dab[3] *v.* 軽く叩く; 軽く押し当てる, (叩くように)塗る, 付ける (on, over). — *n.* 軽く打つこと, 軽く塗ること, 軽く付けること; 一塗り; 少量; [pl.] 指紋.

dabber 軽く打つ人, 軽く打つもの; (インクなどの)塗り手.

dabble *v.* (面白半分に)手を出す (at, in); ばちゃばちゃする, はねかける.

dabbler 道楽半分に物事をする人, ディレッタント.

dabchick *Ornith.* カイツブリ.

dab hand 名人.

da capo *ad.* *Mus.* 初めから《繰り返せの指示》.

dace *Ichthy.* ウグイ.

dachshund ダックスフント《胴長短脚のドイツ犬》.

Dacron *Trademark* ダクロン《合成繊維の一種》.

dactyl *Poet.* 強弱弱格《‐××》.

dactylology 手話法.

dad おとうちゃん, パパ.

dada(ism) 虚無主義, ダダイズム.

daddy =dad; (若い女性の)パトロン.

daddy longlegs *Zool.* メクラグモ; *Entom.* ガガンボ; 足長おじさん.

dado *Arch.* 腰羽目.

Daedalian *a.* ダイダロスの細工のような, 手の込んだ.

daemon =demon.

daffodil *Bot.* ラッパズイセン.

daffy *a.* ばかな.

daft *a.* ばかな; 狂気じみた.

dagger 短刀; 剣じるし (†). **at daggers drawn** 深い敵意を抱いて (with). **look daggers** すごい目でにらむ (at).

dago イタリア人, スペイン人.

Dagwood 多層サンドイッチ.

dah *Telecom.* (モールス信号の)ツー.

dahlia *Bot.* ダリア.

daily *ad.*, *a.*, *n.* 日々(の), 日毎に, 日毎の; 日刊の; 一日計算の, 一日勘定の; 日刊新聞; 通いのお手伝い.

daily bread 日々の糧, 生計.

daily double *Horse Racing* 重勝式の賭け.

daily dozen 毎日の体操.

dainty *a.* おいしい; 上品な, 優美な; 気難しい. — *n.* うまい食べ物.

daiquiri ダイキリ《カクテルの一種》.

dairy 乳製品製造場, 酪農場; 牛乳店.

dairy cattle 乳牛.

dairy farm 酪農場.

dairy farmer 酪農業者.

dairy farming 酪農業.

dairying 酪農業.

dairymaid 酪農場で働く女性.

dairyman 酪農場で働く男性, 酪農場主, 牛乳屋.

dairy products 乳製品.

dais (広間などで貴賓のすわる)高座, 上座.

daisy *Bot.* ヒナギク. **push up the daisies** 墓に葬られる.

daisy chain ヒナギクの花輪; デイジーチェーン (《鎖状に連なって行う集団セックス》).

daisy cutter *Baseball* 猛ゴロ.

daisy wheel デイジーホイール(《円盤形タイプライター印字》).

dale 谷.

dally *v.* ふざける, いちゃつく(*with*), 戯れる; ぐずぐずする, ぶらぶらする.

Dalmatian ダルメシアン(《黒斑のある大きな白犬》).

dam[1] *n., v.* 堰, ダム; 堰止める(*up*), ダムを造る; (感情を)抑える(*up*).

dam[2] 母獣.

damage *n.* 損害, 損傷; [*pl.*] *Law* 損害賠償; 費用. — *v.* 害する, 傷つける.

damascene *v.* (金属に)金銀を象眼する.

damask *n., a.* どんす, ダマスク織り(の); ダマスク鋼. — *v.* 紋織りにする; 模様で飾る.

damask rose *Bot.* ダマスクバラ.

dame 夫人, 貴婦人; (うるさい)女, 商売女; [D-]デイム(《Sir に相当する婦人の敬称》).

dammit *int.* 畜生, くそ, ちぇっ.

damn *v.* 地獄に落とす, 破滅させる; 呪う; 罵る. **Damn it!** ええくそ. **damn with faint praise** 気のないほめ方をする. **I'll be damned.** 驚いたなあ. **I'll be damned if** …するようなことは決して無い. — *n.* 呪い; 少し. **not care**

a damn 少しもかまわない. — *a.* =damned.

damnable *a.* 呪うべき, 忌まわしい; 忌ま忌ましい.

damnably *ad.* 忌まわしいほど.

damnation 地獄に落ちる罪, 永遠の罰, 天罰; 罵り.

damnatory *a.* 呪いの, 非難の.

damned *a., ad.* 呪われた; 忌ま忌ましい; ひどく.

damnify *v.* *Law* 損傷する.

damning *a.* 破滅となる.

Damocles *n.* **sword of Damocles** ダモクレスの剣(《王者の身につきまとう危険》).

Damon and Pythias 無二の親友.

damp *n.* 湿気, 露; 有毒ガス. — *a.* 湿気のある, 湿っぽい. — *v.* 湿らす; 鈍らす, (元気を)挫く; (植物が)しおれる(*off*); 息づまらせる.

damp course *Arch.* (壁の中の)防湿層.

dampen *v.* =damp.

damper 元気を挫くもの; *Mus.* (ピアノの)止音器; (ストーブの)節気弁, ダンパー.

dampproof *a.* 防湿性の.

damselfly *Entom.* トウスミトンボ.

damsite ダムサイト, ダム建設用地.

damson *Bot.* インシチチアスモモ.

dan (《武術・将棋などの)段.

dance *v.* ダンスする, 舞う, 踊る, 踊らす; 揺れる.

dance attendance on [upon] ちやほやする. — *n.* 踊り, 舞踏, ダンス; 舞曲; 舞踏会.

dance-band ダンスバンド.

dance hall ダンスホール.

dancer 舞踊家, ダンサー.

dancing girl 踊り子.

dandelion *Bot.* タンポポ.

dander 癇癪. **get one's dander up** 癇癪を起こす.

dandiacal *a.* しゃれ男らしい, めかしこんだ.

dandify *v.* めかす.

dandle *v.* ゆすぶってあやす.

dandruff (頭の)ふけ.

dandy *n., a.* しゃれ男, ダンディー; 一流の(も

の), とびきりの.

Dane デンマーク人; *Brit. Hist.* デーン人.

danger 危険(な物), 危険な事.

danger list 重症入院患者名簿.

danger money 危険手当.

dangerous *a.* 危険な, 危ない, 物騒な.

dangerously *ad.* 危険に, 危なく.

danger signal 危険信号.

dangle *v.* ぶら下がる, ぶら下げる; 見せびらかす; つきまとう, 付け回る (*after*).

danglingly *ad.* ぶら下がって.

Daniel *Bib.* ダニエル《ユダヤの預言者》; ダニエル書; (Daniel のような)名裁判官.

danio *Ichthy.* ダニオ《観賞用熱帯魚》.

Danish *a., n.* デンマークの, デンマーク人の, デンマーク語の; デンマーク語.

Danish pastry デニッシュペストリー《フルーツ・ナッツなどを加えたパイ状の菓子パン》.

dank *a.* じめじめした.

danseuse バレエダンサー《女》.

Dante ダンテ《1265-1321; イタリアの詩人》.

Dantean *a., n.* ダンテ風の; ダンテ研究家.

Danube ドナウ《ドイツ南西部に発し黒海に注ぐ川》.

Daphne *Gk Myth.* ダフネ《月桂樹にされた妖精》; [d-] *Bot.* ジンチョウゲ.

dapper *a.* (服装など)こざっぱりした, きちんとした.

dapple *a., v.* ぶちの, まだらの; ぶちにする, ぶちになる.

Darby and Joan 仲の良い老夫婦.

Dardanelles ダーダネルス《トルコ北西部の海峡》.

dare *v.* 敢えてする, 思い切って…する; 無視する, 挑む. **I dare say** 恐らく…だろう.

daredevil *a., n.* 向こう見ずな(人).

daren't =dare not.

daresay *v.* [I と共に] …と思う.

daring *a., n.* 勇敢な, 大胆な; 大胆不敵.

Darjeeling ダージリン《インドのダージリン産の紅茶》.

dark *a.* 暗い; 黒ずんだ; 無知な; はっきりしない; 秘密の, 不思議な; 腹黒い; 陰気な, 憂鬱な, 失意の. ── *n.* 暗黒, 闇; 無知 **in the dark** 暗闇に; 秘密に; 不明に, わからずに.

Dark Ages (中世の)暗黒時代.

darken *v.* 暗くする, 暗くなる; 黒くする, 黒くなる; 曖昧にする.

dark horse ダークホース《競馬で実力不明の出場馬; 政界・競技界などで突然現れた実力不明の新人》.

darkish *a.* 黒ずんだ.

darkle *v.* 薄暗くなる; (顔が)険悪になる.

darkroom *Phot.* 暗室.

darky =Negro.

darling *a., n.* かわいい(人).

darn[1] *v.* 縫い繕う; かがる.

darn[2] *v., n.* =damn.

dart *n.* 投げ槍, 投げ矢; 突進; [*pl.*] 投げ矢遊び, ダーツ. ── *v.* (矢のように)飛ぶ, 突進する; (槍・矢などを)投げる, 射る.

dart board ダート盤《投げ矢遊びの標的盤》.

darter *Ornith.* ヘビウ; *Ichthy.* ヤウオ《米国産》.

Darwin ダーウィン. **Charles Darwin** (1809-82) 英国の進化論提唱者.

Darwinian *a., n.* ダーウィン説の(学徒).

Darwinism ダーウィンの進化論.

Darwinist *a., n.* =Darwinian.

dash *v.* 投げつける (*away, off, out*); はね飛ばす; 打ち砕く; ぶつかる (*against, upon*); 突進する; がっかりさせる; 書き飛ばす (*off*); 混ぜる; =damn. ── *n.* 突進; 打ちつける音; 元気; 派手な外観; (符号の)ダッシュ(─); 少量, 加味 (*of*); 短距離競走. **cut a dash** 見栄を張る.

dashboard (自動車などの)計器盤; (車などの)泥除け.

dasher 突進者; さっそうとした人.

dashi (日本料理の)だし.

dashing *a.* 威勢のいい; 打ちつける; めかした.

dastard 卑怯者.

dastardliness 卑怯.

dastardly *a.* 卑怯な, 意気地の無い.

DAT digital audiotape.

data 論拠, 資料, データ; *Math.* 既知数.

data bank *Computer* データバンク《データの集積》.

data base *Computer* データベース《多目的利用のために設計された大量のデータ》.

datable, dateable *a.* 日時を推定できる.

data processing *Computer* データ処理.

date[1] *Bot.* ナツメヤシ(の実).

date[2] *n.* 日付, 年月日, 期日; 時代; デート(の相手). **out of date** 時代遅れの. **to date** 今日まで, まだ. ── *v.* 日付を書く; 日時を定める; (異性と)会う約束をする, デートする (*with*); 日付がある; (…から)始まる (*from*). **date back to** …に遡る.

dated *a.* (…の)日付のある; 時代遅れの.

dateless *a.* 日付の無い; いつと定めぬ; 時代を超越した.

date line 日付変更線.

date palm *Bot.* ナツメヤシ.

dating bar 独身男女向きのバー.

dative *n., a. Gram.* 与格(の).

daub *v., n.* 塗り付ける (*on*); 汚す; 下手な絵を書く; 一塗り; 塗料; 下手な絵.

dauber 塗る人, 塗る道具; へぼ絵かき.

daughter 娘; *Phys.* 娘核.

daughter element *Phys.* 娘元素.

daughter-in-law 息子の妻, 嫁.

daughterly *a.* 娘らしい.

daunt *v.* (元気を)挫く, ひるませる. **nothing daunted** 少しもひるまずに.

dauntless *a.* 大胆な, 不屈の.

davenport 大長椅子.

da Vinci ダビンチ. **Leonardo da Vinci**

(1452–1519) イタリア Florence の画家・彫刻家・建築家.

Davis Cup *Tennis* デビスカップ争奪戦.

davit *Naut.* (ボートの)吊り柱.

davy = affidavit.

Davy Jones 海の霊. **go to Davy Jones's locker** 海底のもくずとなる.

Davy lamp 坑内用安全灯.

daw *Ornith.* コクマルガラス, コガラス.

dawdle *v.* ぶらぶら過ごす, 怠ける.

dawn *v.* 夜が明ける, 明るくなる; (事が)次第に明らかになる (*on, upon*). ── *n.* 明け方, 夜明け; 始まり; 曙光.

day 日; 日中, 昼; [*pl.*] 時代, 時期; 一生; 記念日, 祝日. **by day** 昼は. **by the day** 日ぎめで; 日ごとに. **call it a day** 仕事をお仕舞いにする. **day after day** = **day by day** = **from day to day** 日々. **day in, day out** = **day in and day out** 明けても暮れても. **one of these days** 近日中に.

daybed 寝台兼用の長椅子.

daybook *Bookkeeping* 取引記入帳; 日記.

day boy 通学男子生徒.

daybreak 夜明け.

day-care center 保育所.

daydream *n., v.* 白日夢, 空想(にふける).

daydreamer 空想家.

day flower ツユクサ.

Day-Glo *Trademark* デイグロー《蛍光着色剤》.

day laborer 日雇い.

day letter 昼間発送電報.

daylight 日光; 昼間; 明り; 理解. **in broad daylight** 真っ昼間に, 白昼.

daylight saving time 日光節約時間, 夏時間.

daylong *a.* 一日中(の).

day nursery 託児所, 保育所.

day one 最初(の日).

day pack デイパック.

day return 日帰り割引往復切符.

day room (兵舎・病院などの)娯楽室, 談話室.

days *ad.* 昼に(いつも), 日中.

day school (寄宿学校に対して)通学学校.

day shift (昼間の)勤務交替.

daystar 明けの明星.

daytime 昼間.

day-to-day *a.* 毎日の; その日暮らしの.

day-tripper 日帰り客, 日帰り旅行者.

daze *v.* 茫然とさせる; 目をくらます. ― *n.* 茫然自失.

dazzle *v.* まぶしくする; 目をくらます, 眩惑させる.

dazzler 目のくらむようなもの.

DC da capo (It., =from the beginning); District of Columbia.   **DD** Divinitatis Doctor (L., =Doctor of Divinity).

d—d *a., ad.* =damned.

D-day *Mil.* 作戦開始日《特に第二次大戦で連合軍が Normandy に上陸した 1944 年 6 月 6 日》.

DDT (<*d*ichloro-*d*iphenyl-*t*richloroethane) ディーディーティー《殺虫剤の一種》.

deacon (教会の)執事, 助祭.

deaconess 慈善事業婦人会員.

deaconry, deaconship deacon の職.

dead *a.* 死んだ, 生命のない, 《植物が》枯れた; 無感覚の(to); 生気の無い; 静かな; すたれた; 無意味な; 非生産的な; ふさがった; 正確な; 電流が通じていない; まったくの. ― *ad.* まったく, ひどく, すっかり; まっすぐに, まさに; 突然に. ― *n.* [the ~] 死者.   **in the dead of** ...の真っ最中に.

deadbeat *n.* 金を払わない客; 怠け者.

― *a.* へとへとに疲れて.

dead bolt 本締まり錠.

dead duck 見込みのないやつ, 見込みのない物.

deaden *v.* 弱める, 鈍くする; 無感覚にする (to); (音などを)消す.

dead end (道路・鉄管などの)行き止まり; (政策・行動などの)行き詰まり.

dead-end *a.* スラムの.

deadeye 射撃の名人.

deadfall (森林の)倒れ木.

deadhead 無賃乗客, 無料観客; ばか者.

dead heat デッドヒート, 同着の接戦, 同点の接戦, 引き分けの接戦.

dead letter (法律の)空文; 配達不能郵便物.

dead-letter office (本局の)配達不能郵便課.

deadline 最終期限.

deadlock 行き詰まり.

dead loss 役立たず.

deadly *a., ad.* 致命的な; 許しておけない; 死のような; すごい, 激しい; うんざりするような; 死んだように; ひどく.

deadly sins *Rom. Cath.* 七つの大罪.

deadman's handle 手を離すと自動的に制動のかかる操作ハンドル.

dead march 葬送(行進)曲.

dead-on *a.* かっきりの, きっちりした.

deadpan *a., n.* 無表情な(顔), 無表情な人.

dead point *Mech.* 死点.

dead reckoning *Naut., Aeronaut.* 推測航法.

Dead Sea 死海《イスラエルの塩水湖》.

dead shot 命中弾; 射撃の名人.

deadweight 自重《車体自体の重量》; (苦労などの)重荷; *Naut.* 載貨重量.

deadwood 枯れ木; 能無し, 無用の長物.

deaf *a.* 耳が聞こえない, 耳の遠い; 耳をかさない.

deaf-aid 補聴器.

deaf-and-dumb alphabet 聾啞者用手話文字.

deafen v. 耳を聞こえなくする; 大音で(小音を)消す.

deafening a. 耳を破るような. — n. 防音(材).

deaf-mute n., a. 聾啞者(の).

deal¹ 松材, 樅材; 松板, 樅板.

deal² v. 与える; 分ける, (トランプを)配る (out, round); 商う(in); 取り引きする(with); 扱う, 処理する(with); つきあう(with); 振る舞う(by, toward); 仕打ちを加える. — n. 量, 分量; (トランプの)配り分け(の番); 取り引き, 取り決め; 政策, 計画. **a good [great] deal** たくさん, 多量.

dealer 商人(in); ディーラー; (トランプの)親.

dealership 販売権.

dealing [pl.]取り引き, 交渉, 売買; 処置.

dean 学部長, 学生部長; 教頭; 古参者; Angl. Ch.(大聖堂)主任司祭, 首席司祭.

deanery dean の職.

dear a. 親愛な, かわいい, いとしい; 貴重な(to); 高価な. **Dear John** (女性からの)離縁状, 絶交状. **Dear Sir** 拝啓《公用文などの書き出し). — n. かわいい人, 愛人. — ad. 高価に. — int. おや, まあ《驚き・哀れみ・同情などを表す). **Dear, dear!＝Dear me!** おやおや.

dearly ad. いとしく, 深く; 高価に.

dearth 不足, 欠乏(of); 飢饉.

deary, dearie かわいい人《呼び掛け).

death 死, 死亡, 死因; 殺人; 絶滅, 破滅; [D-] 死神. **be at death's door** 死にかけている. **be the death of** ...の死因となる, 一大事である. **put to death** 殺す. **to death** 死ぬほど, ひどく.

death adder Zool.(オーストラリア産)毒蛇の一種.

deathbed 死の床, 臨終.

deathblow 致命的打撃.

death certificate 死亡診断書.

death cup Bot. タマゴテングタケ.

death duty 相続税.

death knell 弔いの鐘(の音), 死の鐘(の音).

deathless 不死の, 不滅の.

deathly a., ad. 死んだような; 致命的な; 死んだように.

death mask デスマスク.

death merchant 死の商人《武器商人).

death point (低温・高温を含む)致死点.

death rate 死亡率.

death rattle 死の直前ののど鳴り.

death roll 死亡者名簿.

death row 死刑囚監房.

death's-head されこうべ(の図).

death squad 暗殺隊.

death tax 相続税.

death therapy 対死療法《不治の患者や家族に助言などを与える).

death trap 死の落とし穴(のような危険な場所).

death warrant 死刑執行令状.

deathwatch 通夜.

deb ＝debutante.

debacle 河氷が割れること; 山津波; 崩壊, 壊滅.

debar v. 締め出す; 禁じる(from).

debase v. (品位・品質などを)落とす, 下げる, 堕落させる.

debasement (品位などの)低下; 悪化.

debatable a. 異論のある, 議論の余地ある; 係争中の.

debate v. 討論する, 討議する; (問題を)考究する. — n. 討議, 討論.

debatement 討論.

debater 討論家, 論客.

debauch v. 堕落させる; 酒色に耽る; (女を)誘惑する. — n. 放蕩, 道楽.

debauchee 放蕩者.

debauchery 放蕩.

debenture 社債.

debilitate v. 衰弱させる.

debility 衰弱.

debit n., v. Bookkeeping 借り方(に記入する).

debit card キャッシュカード.

debonair a. 快活な; 愛想のいい.

deboost (宇宙船などの)減速.

debouch v. (川などが)流れ出る.

debouchure 河口.

debrief v. (偵察した飛行士や海外出張者から)事情を聴取する.

debris 破壊の跡, 破片の山, (崩れ落ちた)岩.

debt 負債, 借金; 義理, 恩義. **bad debt** 貸し倒れ. **be in debt** 借金がある. **debt of honor** 賭博の借金. **get [run] into debt** 借金する. **get out of debt** 借金から抜ける.

debtor 借り主, 債務者; Bookkeeping 借り方.

debug v. 盗聴マイクを取り除く; (コンピューターなどの)誤りを捜して直す.

debunk v. 暴露する, あばく.

Debussy ドビュッシー. **Claude Achille Debussy** (1862–1918) フランスの作曲家.

debut 初めて社交界へ出ること; 初舞台, 初出演, デビュー.

debutant 初めて社交界へ出る人; 初舞台を踏む俳優, 初演音楽家.

decade 10 年; 10 のひと組.

decadence 退廃, 堕落; Art デカダンス.

decadent a., n. 衰微の, 退廃の; Art 退廃期の, デカダン派の(芸術家).

decaffeinated a. カフェインを除いた.

decagon 十角形, 十辺形.

decagram デカグラム《10 グラム》.

decahedron 十面体.

decalcify v. 石灰質を除く.

decalcomania (ガラス・陶器などに図案などをつける)模様染め付け法, デカルコマニア.

decaliter デカリットル《10 リットル》.

decalogue Bib. (モーセの)十戒.

decameter デカメートル《10 メートル》.

decamp v. 野営を引き払う; 逃亡する.

decant v. 静かに注ぐ; (他の容器に)移す.

decanter (食卓用)ぶどう酒入れ, デカンター.

decapitate v. 首を切る; 免職する.

decarbonize v. 炭素を除く.

decastere デカステール《10 立方メートル》.

decathlete 十種競技選手.

decathlon 十種競技.

decay v. 腐る, 朽ちる; 衰える; 虫歯になる; Phys. (放射性物質が)(自然)崩壊する. — n. 腐れ, 腐朽; 衰え, 衰微; 虫歯; Phys. (放射性物質の)崩壊.

decayed a. 腐った; 朽ちた; 衰えた.

decease n., v. 死亡; 死ぬ.

deceased a. 死んだ; [the ~] 故人.

decedent U. S. Law 故人.

deceit 偽り, 詐欺, 不実.

deceitful a. 偽りの, 詐欺の.

deceivable a. 欺かれやすい.

deceive v. だます, 惑わす.

decelerate v. 減速する.

December 12 月.

decency 行儀のよさ, 礼儀, 上品; [pl.] 礼儀作法, 身だしなみ; [pl.] 人並みの暮らしに必要なもの.

decennial a., n. 10 年間の, 10 年間ごとの; 10 年祭.

decent a. 見苦しくない, 上品な, 礼儀正しい; 身分の相当な; 結構な, まあまあの, 申し分のない; 優しい, 親切な.

decently ad. 上品に; 相当立派に; かなり.

decentralization 分散; 地方分権.

decentralize v. 地方に分権する, 分散する; 集中を排除する.

deception 欺き, ごまかし; 詐欺; ごまかし行

為, ごまかし物.

deceptive *a.* 人を欺くような, ごまかしの, 当てにならない.

deceptively *ad.* ごまかして.

decibel *Elec., Phys.* デシベル《音響測定の単位》.

decidable *a.* 決定できる.

decide *v.* 決める, 決心する, 決定する, 解決する (*on, for, against doing, to do*); *Law* 裁決する, 判決する (*between, for, against*).

decided *a.* 判然とした, 明白な; きっぱりした, 果断な.

deciduous *a.* *Bot.* 落葉性の.

decigram デシグラム《10 分の 1 グラム》.

deciliter デシリットル《10 分の 1 リットル》.

decimal *a., n.* 十進法の; 小数(の).

decimal classification *Library* 十進分類法.

decimal fraction *Math.* 小数.

decimalize *v.* 十進法にする.

decimal point 小数点.

decimal system 十進法.

decimate *v.* 10 人に 1 人を殺す; 多数の人を殺す.

decimation 多数の殺害.

decimeter デシメートル《10 分の 1 メートル》.

decipher *v.* (暗号を)解く, 翻訳する; 判読する.

decision *n.* 決定, 断定, 決議, 判決; 決心; 決断力; *Boxing* 判定勝ち. — *v.* 判定で勝つ.

decision maker (企業などの)意思決定者.

decision making 意思決定.

decision theory *Com.* 意思決定理論.

decisive *a.* 決定的な; 果断な; 明確な.

deck *n.* *Naut.* 甲板, デッキ; (トランプの) 1 組; 麻薬の入った箱; ＝tape deck. **clear the decks** 戦闘準備をする. **hit the deck** 起き

る; 身を伏せる. **on deck** 準備ができて, 手近に. — *v.* デッキをつける; 装う, 飾る; なぐり倒す.

deck chair (ズック張りの)デッキチェア.

deckhand *Naut.* 甲板員, 平水夫.

deckle (紙の判の型を定める)すき桁.

deckle edge (手すき紙の)まだ切ってないへり.

declaim *v.* 演説する, 熱弁を奮う; 朗読する.

declamation 朗読, 熱弁.

declamatory *a.* 演説口調の.

declaration 宣言, 布告; 申告(書); *Law* 供述.

declarative *a.* 断言の; *Gram.* 平叙の.

declaratory *a.* 宣言の; 断定的な.

declare *v.* 言明する, 断言する; 宣言する, 布告する; (税関で課税品を)申告する. **Well, I declare!** まあ驚いた.

déclassé *a.* 社会的地位を失った.

declassify *v.* (書類などを)機密情報のリストから落とす.

declension *Gram.* (名詞・代名詞などの)格変化, 語形変化; 衰微.

declinable *a.* *Gram.* 格変化のある.

declination 傾き; *Surv.* 偏差; *Astron.* 赤緯; 拒否, 辞退.

decline *v.* (下に)傾く, 傾ける; (力が)衰える, 衰微する, 落ちぶれる, 辞退する, 断る; *Gram.* 格変化させる. — *n.* 下向き, 傾き; 終わり; 退歩, 衰微, 減退; 下落; 肺病.

declivitous *a.* 下り勾配の.

declivity 下り坂, 下り傾斜.

decoct *v.* (薬草を)煮出す.

decoction 煎じ出し; 煎じ薬.

decode *v.* 暗号を解く.

decoder (暗号文の)解読者; *Computer* 解読器, デコーダー.

décolleté *a.* 襟をくった; ローブデコルテの礼装をした.

decolonize *v.* 非植民地化する; (植民地

を)独立させる.

decolorize v. 色抜きする, 漂白する.

decompensation Med. (心臓の)代償不全.

decompose v. 分解する; 腐敗する, 腐敗させる.

decomposition 分解; 変質, 腐敗.

decompress v. 圧力を減らす; リラックスする.

decompression 減圧.

decompression sickness Med. 減圧症.

deconcentrate v. 集中排除する.

decontaminate v. (毒ガス・放射能の)汚染を除去する.

decontrol v., n. 統制を解く; 統制解除.

decorate v. 飾る, 装飾する; 勲章を授ける (with).

decoration 装飾(物), 勲章; 叙勲.

decorative a. 装飾的な, 派手な.

decorator 室内装飾業者.

decor, décor 装飾; 舞台装置.

decorous a. 上品な, 礼儀正しい.

decorum (態度の)上品さ, 礼儀(正しさ).

decouple v. 分離する, 分断する; (地下爆発によって核爆発の)衝撃を緩和する.

decoy n. おとり, 餌; 誘惑物. — v. おびき寄せる, 誘惑する.

decoy-duck おとり, さくら.

decrease v. 減る, 減らす, 縮小する. — n. 減少. **be on the decrease** 減少しつつある.

decree n. 法令, 布告; 判決; (神の)命令, おきて. — v. 命じる, (運命などが)定める, 決定する; 布告する.

decree-law 法令, 省令.

decree nisi Law 離婚仮判決.

decrement 減少; 減り高.

decrepit a. 老衰した, よぼよぼの.

decrepitate v. (塩など)ぱちぱち焼く.

decrescendo (It) ad. Mus. 次第に弱く.

decrescent a. 次第に減る; (月が)下弦の.

decrier 非難者.

decriminalize v. 解禁する, 処罰の対象からはずす.

decrustation 外皮や外殻の除去.

decry v. 非難する, けなす.

dedicate v. 奉納する, 献納する; 捧げる, 委ねる; (著書を)献呈する (to). **dedicate one-self** 専念する (to).

dedicatee 献辞を奉られた人.

dedication 奉納; 献身; 献呈, (著書の)献呈(の辞).

dedicator 奉納者; (著書の)献呈者.

deduce v. 演繹する, 推論する (from); (年代を)たどる, 由来を尋ねる (from, to).

deducible a. 推論できる.

deduct v. 差し引く, 控除する, 割引する (from).

deduction 差し引き, 控除(額), 割引; 推論; Log. 演繹法.

deductive a. 演繹的な, 推論的な.

deed 行為; 実行; 事実; Law 証書. **in deed** 実際に.

deed poll Law 単独捺印証書.

deejay =disc jockey.

deem v. …と思う, 考える.

deep a. 深い, 奥行きのある; 深遠な; 精通して (in); 痛切な; (色が)濃い; (音が)低く太い; (割引など)大幅な; 腹黒い. **go off the deep end** かっとなる. — ad. =deeply. **deep down** 心の底では. — n. 深い所, 淵; [the ~] =sea; (夜・冬などの)最中.

deep-dyed a. 濃く染まった; まったくの, 純然たる.

deepen v. 深める, 深まる; 濃くする, 濃くなる.

deep freeze 凍結状態; 急速冷凍庫.

deep-freeze v. 急速冷凍(で保存)する.

deep-fry *v.* 十分油を入れて揚げる.

deep kiss =soul kiss.

deeply *ad.* 深く; 濃く; 痛切に, 非常に.

deep-rooted *a.* 根深い.

deep-sea *a.* 深海の.

deep-seated *a.* 根深い.

Deep South 深南部 《Georgia, Alabama, Mississippi, Louisiana, South Carolina の諸州 》.

deep structure *Ling.* 深層構造, 基底構造.

deep throat 内部告発者.

deer *Zool.* シカ.

deerfly *Entom.* アブの類.

deerhound ディアハウンド 《鹿猟犬》.

deerskin 鹿皮.

deerstalker 鳥打ち帽の一種; 鹿猟師.

de-escalate *v.* (段階的に)縮小する.

deface *v.* 外観を醜くする, 傷つける; (表面の彫刻などを)すり消す.

defacement 破損(物).

de facto (L) 事実上(の), 事実上存在する.

defalcate *v.* 委託金を使い込む.

defamation 中傷.

defamatory *a.* 中傷的な.

defame *v.* 人の名誉を傷つける, 中傷する.

defatted *a.* 脂肪を取り除いた.

default *n.* 怠慢; *Law* 債務の不履行; 過失; (裁判への)欠席; 欠乏. **in default of** …の無い時には, 無いために. — *v.* (履行を)怠る; (裁判に)欠席する.

defaulter 怠慢者, 不履行者; (裁判の)欠席者.

defeat *v., n.* 破る, 負かす; 挫く; 打破, 敗北, 挫折.

defeatism 敗北主義.

defecate *v.* 排便する; 澄ます; 清める.

defect *n.* 欠陥; 欠点, 短所. — *v.* (国家を)見捨てる.

defection 背反, 変節; 脱落; 怠慢.

defective *a.* 欠点のある, 不完全な.

defence =defense.

defend *v.* 守る, 防衛する (*from, against*); *Law* 弁護する; 擁護する.

defendant *Law* 被告.

defender 防衛者, 擁護者; 選手権保持者.

defense 防衛, 守備; [*pl.*] 防備; *Law* 弁護, (被告の)答弁; 被告側.

defenseless *a.* 無防備の; 防ぎようの無い.

defense mechanism *Psychol.* 防衛機制; *Biol.* 防衛機構.

defensible *a.* 防衛できる, 弁護できる.

defensive *a.* 防衛の; 守勢的な; 安定業種の. — *n.* [the ~] 防衛, 守勢, 弁護. **on the defensive** 守勢を取って.

defer[1] *v.* 延期する; 徴兵を猶予する.

defer[2] *v.* (人の意見・判断などに)敬意を表する, 従う (*to*).

deference 尊敬, 敬意; 服従. **in deference to** …に敬意を表して, …に従って.

deferential *a.* へりくだった, 敬意を表する.

deferrable *a.* 延期できる.

defiance 挑戦; 反抗; 無視, 軽視. **bid defiance to** =**set at defiance** =defy. **in defiance of** …を無視して, …にかまわずに.

defiant *a.* 反抗的な, 挑発的な; 無視する (*of*).

deficiency 不足, 欠乏 (*of*).

deficiency disease *Med.* 欠乏(症).

deficient *a.* 不足な (*in*); 欠陥のある.

deficit 欠損, 不足(額).

deficit financing 赤字財政.

deficit spending 赤字支出.

defier 挑戦者, 反抗者.

defile[1] *v., n. Mil.* 一列縦隊で行進する; 狭

い谷道.

defile² v. よごす, 汚す.

definable a. 限定できる, 定義できる.

define v. 限界を定める, はっきり輪郭を付ける;(意義などを)明らかにする, 定義する.

definiendum 定義されるもの, 定義される語句.

definiens 定義.

definite a. 明確な, はっきりした;限定された, 一定の;確かな.

definite article *Gram.* 定冠詞.

definitely ad. 明確に, 確かに.

definition 定義;限定;明確さ;(レンズの)解像力;(テレビの)鮮明度. **by definition** 明らかに.

definitive a. 決定的な, 最後的な, 限定的な, 定義的な;明確な.

definitude 明確さ, 正確さ.

deflate v. 空気やガスを抜く;*Econ.* (通貨を)収縮させる.

deflation 空気やガスを抜くこと;*Econ.* 通貨収縮, デフレ.

deflect v. (光線・弾丸などの進路を)そらせる;(考えなどを)歪める, 偏向させる;それる, 曲がる.

deflector 変流器.

defloration 花を摘むこと;処女凌辱.

deflower v. 花を散らす;純潔を汚す, (処女を)奪う.

Defoe デフォー. Daniel Defoe (1660–1731) 英国の作家.

defoliant 枯れ葉剤.

defoliate v. 落葉させる;枯れ葉剤をまく.

defoliation 落葉;*Mil.* 枯れ葉作戦.

deforest v. 森林を切り払う, 森林を切り開く.

deform v. 醜くする, 不格好にする;不具にする.

deformation 形を悪くすること;不格好, 不具, 奇形;*Art* 変形, デフォルメ;*Phys.* ひずみ.

deformed a. 不具の, 醜い, 歪んだ.

deformity 片輪, 不具;(人格などの)欠陥.

defraud v. 詐取する, 横領する (a person *of* something);だます.

defray v. 支弁する, 支払う.

defrock v. 聖職を奪う.

defrost v. (冷凍食品の)冷凍を戻す, 解凍する;霜を除く;(車の窓の)曇りを除く.

defroster 霜取り器;(車の窓ガラスなどの)除氷装置, デフロスター.

deft a. 器用な, 巧みな.

defunct a. 現存しない, 今は消滅した;死んだ;[the ～]死者, 故人.

defuse v. 信管を取り除く;危険を除く.

defy v. 挑む (a person *to* do);(権威などに対して)反抗する, 無視する, 侮る;(説明などを)拒む, 妨げる. — n. =defiance.

dégagé a. 堅苦しくない.

degas v. ガスを除去する.

de Gaulle ドゴール. Charles André Joseph de Gaulle (1890–1970) フランスの軍人・大統領.

de Gaullism ドゴール主義.

degauss v. 排磁装置を施す.

degeneracy 退歩, 堕落;性的倒錯.

degenerate a., n. 退化した(物), 堕落した(人);変質者, 性的倒錯者. — v. 退歩する, 堕落する;*Biol.* 退化する.

degeneration 退歩, 堕落;*Biol.* 退化;*Med.* (身体組織の)変質.

degradation (地位・品質などの)低下;免職;退化;堕落.

degrade v. 位を落とす, 左遷する;(品質などを)低下させる, 堕落させる;*Biol.* 退化させる.

degraded a. 堕落した.

degrading a. 品位を下げるような, 下劣な.

degree 程度, 度合い;(角度・温度などの)度;度盛り;地位, 階級;学位, 称号;*Gram.* (比較の)級;*Math.* 次;*Mus.* 度. **by degrees** 徐々に, 次第に. **to a degree** 幾

分; 大いに.

degression (課税の)逓減.

dehorn v. 角を切り取る.

dehumanize v. 人間性を奪う.

dehumidifier 除湿器.

dehumidify v. 湿気を除く.

dehydrate v. 水分を取り去る, 脱水する.

dehydration 脱水; Med. 脱水症状.

dehydrogenate v. 水素を除去する.

deice v. 結氷を防ぐ.

deicer 防氷装置.

deictic a. Gram. 指示的な.

deiform a. 神の姿の.

deify v. 神格化する, 神として祭る.

deign v. かたじけなくも…する, 卑下して…する (to do).

deindustrialize v. 非工業化する, 脱工業化する.

deinstitutionalize v. 非制度化する; (精神病患者などを施設から)解放する.

deism Philos. 理神論; 自然神教.

deity 神性; 神; [the D-] =God.

déjà vu Psychol. 既視感.

deject v. 落胆させる.

dejecta 排泄物.

dejected a. 落胆した, 元気のない.

dejection 落胆, 失意; Med. 便通.

de jure a., ad. 適法の; 適法に.

dekko v., n. 見る; 見ること, 一瞥.

Delaware デラウェア《米国東部の州》; デラウェア《ブドウの品種》.

delay v. 遅らせる, 延ばす; ぐずぐずする, 手間取る. —n. 遅滞, 遅延; 延期, 猶予.

delayed-action a. 時限爆発の.

dele (L) v. Proofread. 削除せよ.

delectable a. 楽しい; おいしい.

delectation 喜び; 楽しみ.

delegacy (代表)委員団, 使節団; 代表権.

delegate v. (代表者を)派遣する; (機能を)委託する. —n. 代表, 派遣委員, 使節.

delegation 代理派遣, 委員派遣; (権能の)委託; 派遣委員団, 代表団.

delete v. (文字を)削る, 削除する.

deleterious a. 有害な.

delft(ware) (オランダの)デルフト焼き.

deli =delicatessen.

deliberate a. 熟慮した; 故意の; 落ち着いた, 慎重な. —v. 熟考する; 審議する.

deliberately ad. 熟慮の上で; 故意に.

deliberation 熟考, 熟慮; 審議; 慎重; 故意.

deliberative a. 熟考する; 審議する.

delicacy (感覚などの)こまやかさ, 敏感さ; 優美, 精巧; 上品; 思いやり; (こまやかな感情や手際を要する)やりにくさ, 扱いにくさ, 微妙さ; か弱さ; (感情などの)繊細; 珍味.

delicate a. 美味な; 鋭敏な, 敏感な; 上品な, 優美な; 思いやり深い; デリケートな, やりにくい, 扱いにくい, 微妙な; 精密な; 繊細な, 虚弱な.

delicately ad. 優美に; か弱く; 微妙に, 精巧に.

delicatessen [pl. 扱い]デリカテッセン《すぐ食卓に出せる調理済みの食品》; [sing. 扱い]デリカテッセン《それを売る店》.

delicious a. 美味な; 爽快な, とても楽しい.

delight v. 非常に喜ばせる; 喜ぶ, 楽しむ (in). —n. 喜び, 歓喜, 楽しみ.

delighted a. 楽しい, 嬉しい, 喜んで (about, at).

delightful a. 非常に喜ばしい, 楽しい, 愉快な, 愛嬌のある.

delightfully ad. 楽しく.

delimit v. 境界を定める, 範囲を定める.

delineate v. 輪郭を描く; 描写する, 叙述する.

delineator 写出器.

delinquency 怠慢；過失；犯罪, 非行.

delinquent *a.* 義務を怠る；滞納の.
— *n.* 怠慢者；犯罪者.

deliquesce *v.* 溶ける；*Chem.* 潮解する.

delirious *a.* うわごとを言う, 精神錯乱した；ひどく興奮した.

delirium 譫妄状態, 精神錯乱状態；猛烈な興奮.

delirium tremens *Med.* 振戦譫妄症.

deliver *v.* 救う, 解放する (*from*)；配達する, 引き渡す；伝える；(演説などを) する, (意見などを) 述べる (one*self of*)；(打撃を) 加える；(球を) 投げる. **be delivered of** (子を) 産む.

deliverance 救助；解放；発表, 公式意見.

delivery 配達；引き渡し；(演説の) しかた, 話し方；投球法；出産.

deliveryman 配達人.

delivery note (商品配達の) 受領証.

dell 小さな谷.

Dellinger phenomenon *Phys.* デリンジャー現象.

delouse *v.* …からしらみを除く.

Delphi デルポイ《ギリシャ中部の古都；Apollo の神殿があった》；デルファイ法《専門家集団の意見集約を反復して未来の予測をする》.

Delphian, Delphic *a.* Delphi の；(Apollo の託宣のように) 曖昧な.

delphinium *Bot.* ヒエンソウ.

delta デルタ《ギリシャ字母の第 4 字；⊿, δ》；(河口の) 三角州.

delta wave *Physiol.* (脳波の) デルタ波.

delta wing (ジェット機の) 三角翼, デルタ翼.

delude *v.* 惑わす, だます.

deluge *n.* 大水, 洪水；豪雨；[the D-] Noah の大水；殺到. — *v.* 氾濫する；(大水のように) どっと来る, 殺到する.

delusion 惑わし；気の迷い, 錯覚, 妄想.

delusive *a.* 迷わす, 欺く, 紛らわしい；当てにならない.

deluxe *a.* 豪華な, 贅沢な, デラックスな.

delve *v.* 探求する.

demagnetize *v.* 磁気を除く.

demagog(ue) 扇動家.

demagogic *a.* 扇動的な.

demagogism 扇動.

demagogy 民衆扇動.

demand *n.* 要求, 強要；需要 (*for, on*). **be in demand** 需要がある. **on demand** 要求次第. — *v.* 要求する, 必要とする.

demandant 要求者；*Law* 原告.

demanding *a.* (努力・注意などを) 必要とする, きびしい.

demand-pull *Econ.* 需要インフレ.

demarcate *v.* 分離する, 限界を定める.

demarcation 限界, 分界, 区分.

démarche (外交上の) 手段；転換策.

demean *v.* 品位を下げる (one*self*).

demeanor 行動, 態度.

demented *a.* 狂気の.

dementia *Med.* 痴呆.

dementia praecox *Med.* 早発性痴呆.

demerit 失態, 欠点；罰点, 減点.

demesne *Law* 土地の所有；所有地, 屋敷；領域.

Demeter *Gk Myth.* デメテル《農業の女神；ローマ神話の Ceres に当たる》.

demigod 半神, 半人.

demijohn 籠入り細口の大瓶.

demilitarization 非武装化, 非軍国化.

demilitarize *v.* 非武装化する, 非軍国化する.

demimondaine 売春婦.

demimonde 花柳界 (の女性).

demirep いかがわしい女.

demise *v.* (財産を) 遺贈する. — *n.* *Law* (財産の) 遺贈, 権利譲渡；(王位の) 継承；崩御, 死去.

demisemiquaver *Mus.* 32 分音符.

demister =defroster.

demitasse デミタス《小型コーヒーカップ》; デミタスの一杯.

demi-vierge 半処女.

Demo 民主党員.

demo デモ, デモ参加者; 試聴用レコード, 試聴用テープ; 宣伝用モデル車.

demob v. =demobilize.

— n. =demobilization.

demobilization 動員解除, 復員.

demobilize v. 動員を解除する, 復員させる, 解隊する.

democracy 民主主義, 民主制; 民主政体; 民主国.

democrat 民主主義者; [D-] 民主党員.

democratic a. 民主政体の, 民主主義の; 民主的な.

democratically ad. 民主的に.

Democratic Party 民主党.

democratize v. 民主化する.

demoded, demode a. 時代遅れの, 流行遅れの.

demodulate v. Telecom. 復調する.

demographics 人口統計.

demography 人口(統計)学.

demolish v. 取り壊す, 破壊する; (議論などを) 打ち破る; (食べ物を) 平らげる.

demon 悪魔, 鬼; Relig. 精霊; (利欲・情欲 などの) 権化; …の鬼, 達人.

demonetize v. Econ. 本位貨幣の資格を奪う.

demoniac a., n. 悪魔的な; 悪魔に取り付かれた(人).

demonic a. 悪魔の(ような); 神通力のある, 超人的な.

demonize v. 悪魔にする.

demonology 鬼神学, 悪魔研究.

demonstrable a. 論証できる; 明らかな.

demonstrate v. (実物・実演で) 説明する, 実証する; (感情 などを) 表す; 実演して見せる, 実演広告する; 示威運動をする, デモをする.

demonstration 実証, 証明; (感情 の) 表示; 実物教授, 実演; デモ, 示威運動.

demonstrative a., n. はっきり示す; 実証的な; 指示する; (感情 を) 大げさに表す(of); 示威的な; Gram. 指示詞.

demonstrator 証明者; 実物教授者, 実演者; 実験助手; デモ参加者.

demoralization 風俗壊乱, 士気阻喪.

demoralize v. 風紀を乱す; 士気を挫く; 混乱させる.

demote v. 官位を下げる, 降等する.

demotic a. 民衆の, 通俗の.

demount v. 取り外す.

demulcent a., n. Med. 炎症の刺激を緩和する; 粘滑薬.

demur v. 異議を唱える(at, to); Law 妨訴抗弁する. **— n.** 反対, 抗弁, 異議申し立て; 躊躇.

demure a. まじめな, 謹直な; しかつめらしい, 上品ぶった.

demurrage Com. 滞船(料).

demurrer 抗議者; Law 妨訴抗弁.

den (野獣の)穴, 巣; (動物園の)檻; (盗賊の)巣; きたない部屋; 小ぢんまりした私室, 仕事部屋.

denationalization 独立国の資格を奪うこと; 非国営化する, 準国有化; 国籍喪失, 国籍剥奪.

denationalize v. 独立国家の資格を奪う; 国民性を奪う; 非国有化する; 国籍を奪う.

denaturalize v. 本来の性質を変える; 不自然にする.

denaturant 変性剤.

denature v. 変性させる.

dendrology 樹木学.

denegation 否認.

dengue *Med.* デング熱.

deniability (政府高官の)関係否認の権利.

deniable *a.* 否認できる, 拒絶できる.

denial 否認, 否定; 拒絶.

denicotinize *v.* ニコチンを除く.

denier[1] 否認者, 否定者.

denier[2] デニール《生糸・化繊などの太さを測る繊度単位》.

denigrate *v.* (名を)汚す.

denim デニム《仕事ズボンなどを作る厚地綾織綿布》.

denizen 住民, 生息者, 生息物; 居留外人; 外来動植物, 外来語.

Denmark デンマーク《ヨーロッパ北西部の王国》.

denominate *v.* 命名する, …と呼ぶ.

denomination 命名; 名称; 種類, 階級, 派; 宗派, 教派; (貨幣・度量衡など の)単位名称; 額面金額.

denominational *a.* 宗派の.

denominative *a.* 名称的な; *Gram.* 名詞 や形容詞から出た.

denominator *Math.* 分母.

denotation 表示, 名称; 語義; *Log.* 外延.

denotative *a.* 表示的な; *Log.* 外延的な.

denote *v.* 表す, 示す, 指示する; 意味する.

denouement 大団円; (事件の)解決, やま.

denounce *v.* 非難する, 攻撃する; 告発する; (条約などの)廃棄を通告する, 宣言する.

de novo *ad.* 新たに.

dense *a.* 密な, 込んだ, 密集した; (ネガの)不透明な; 濃い; 愚鈍な.

densely *ad.* 密集して, 濃く.

densify *v.* 濃厚にする; (木材の)密度を高める.

density 密度, 濃度; *Phys.* 比重; 愚鈍さ.

dent *n., v.* 窪み(を付ける); *Mech.* (歯車などの)歯.

dental *a., n.* 歯の; 歯科の; *Phonet.* 歯音(の), 歯音字.

dental floss デンタルフロス《歯の掃除に使うろうを塗った絹糸》.

dental surgeon 歯科医.

dentate *a.* (歯状の)ぎざぎざのある; *Bot.* 鋸歯状の.

dentifrice 歯磨き.

dentine, dentin *Anat.* (歯の)象牙質.

dentist 歯科医, 歯医者.

dentistry 歯科医学.

dentition 歯の発生; *Zool.* 歯列.

denture *Med.* 歯列, 義歯床.

denturist 歯科技工士.

denuclearize *v.* 非核(武装)化する.

denudation 裸にすること, 露出, 裸出.

denude *v.* 裸にする, 取り去る (*of*).

denunciation 非難, 攻撃; 告発; 廃棄通告, 廃棄宣言.

deny *v.* 否定する, 否認する; 拒絶する, 拒む.
deny oneself 自制する, 我慢する; (人に)面会しない (*to*).

deodar *Bot.* ヒマラヤスギ.

deodorant 防臭剤. — *a.* 防臭の.

deodorize *v.* 臭気を除く.

deodorizer 防臭剤, 脱臭剤.

Deo volente (L) 神意にかなえば.

deoxidize *v.* 脱酸する.

deoxyribonucleic acid *Biochem.* デオキシリボ核酸《遺伝子》.

depart *v.* 去る, 出発する; それる, 外れる (*from*). **depart (from) this life** 死ぬ.

departed *a.* 過ぎ去った, 昔の; 死んだ; [the ～] 故人, 死者.

department 部門, …部; 省, 局, 課; 学部, 学科.

departmental *a.* 部門別の, 各部別の, 科別の.

departmentalize *v.* 部門別にする, 各部別にする, 科別にする.

department store デパート, 百貨店.

departure 出発;離脱,背反.

depend v. 頼る,信頼する(on, upon);(…に)依る(on, upon);未決である. **Depend upon it!** 確かに. **That (all) [It all] depends.** それは事情次第だ.

dependable a. 信頼できる.

dependant n. =dependent.

dependence 依存,従属;信頼.

dependency 属領,属国;従属物;依存状態.

dependent a. (…に)頼る,依存する(on, upon);(…に)依る,…次第の(on, upon);Gram. 従属の. — n. 寄食者,扶養家族,世帯員;従者;依存物.

depersonalize v. 個性を失わせる;非人間的にする.

depict v. 描く,描写する.

depilate v. 毛を抜く.

depilatory a., n. 脱毛の(効ある);脱毛剤.

deplane v. 飛行機から降りる.

deplete v. 空にする,枯渇させる.

deplorable a. 悲しむべき,嘆かわしい.

deplore v. 悲しむ,嘆く,悔いる.

deploy v. Mil. 展開する,展開させる,配置する.

deplume v. 羽毛をむしりとる;(名誉などを)奪う.

depolarize v. Elec. 減極する.

depoliticize v. 政治色を除く,政党色を除く.

depollute v. …の汚染を除去する.

deponent n. Law 宣誓証人.
— a. Gram. 異態の.

depopulate v. 住民を絶やす,人口を減らす.

deport v. 振る舞う(oneself);追放する,流刑にする.

deportation 追放;移送.

deportee 被追放者.

deportment 態度,振る舞い.

depose v. 免職する,(王を)廃する;Law 証言する(to).

deposit n. 寄託物;預金,供託金,敷金;沈殿物,おり;Mineral. 鉱床. **on deposit** 預金して,保管して. — v. 置く,残しておく;預ける,供託する(with);沈殿させる.

deposit account 預金勘定.

depositary 預かり人,保管者;保管所.

deposition 免職,退位;Law 宣誓証書;付着(物);供述(金).

depositor 預金者,預け主;供託者;沈殿器.

depository 保管所,置き場,倉庫.

depot 貯蔵所,置き場,倉庫;連隊本部;停車場.

deprave v. 腐敗させる,堕落させる,悪化させる.

depraved a. 堕落した.

depravity 堕落,腐敗.

deprecate v. 非難する,反対する.

deprecatory a. 非難の;言い訳の,哀願の.

depreciate v. 価値を下げる,下落する;見くびる.

depreciatory a. 見下げる(of);下落傾向の.

depredate v. 略奪する,荒らす.

depredation 略奪(行為).

depress v. 押し下げる;低下させる;(力を)弱める;(元気を)落とさせる,意気消沈させる;(市場を)不振にする.

depressant a., n. Med. 鎮静の;鎮静剤.

depressed a. 低下した,窪んだ;不況の;意気消沈した;下層の,抑圧された.

depressed area 窮乏地区.

depressing a. 気を滅入らせる,憂鬱な.

depression 抑圧,(土地の)沈下,陥没,窪み;(気圧の)低下;意気消沈;不振,不況.

depressive a., n. 鬱病の(人).

depressor Med. 圧低器.

deprive v. 奪う,奪い取る;拒む(a person of something).

deprived *a.* 恵まれない.

depth 深さ; 濃さ, 奥行き; [*pl.*] 深い所, 深み; 奥底, 深遠; 深刻さ; (…の)真っ最中, どん底. **be beyond [out of] one's depth** (深くて)背が立たない; (難しくて)理解できない.

depth charge [bomb] 水中爆雷.

depth gauge 測深器.

depth psychology 深層心理学.

deputation 代理, 代表(派遣); 代表団.

depute *v.* 代理を命じる; (権限などを)委任する.

deputize *v.* 代理をする, 代理にする.

deputy 代理人, 代表者, 使節, 副官; (フランスの)代議士.

deracinate *v.* 根絶する.

déraciné (F) *a.* 祖国を亡くした, 祖国を追われた, 生まれ故郷を亡くした, 生まれ故郷を追われた, デラシネの.

derail *v.* 脱線させる.

derange *v.* 混乱させる; 発狂させる.

deranged *a.* 乱れた; 狂った.

derangement 混乱; 精神錯乱, 発狂.

deration *v.* 配給制から外す.

Derby [the ~] ダービー《英国 Surrey 州 Epsom で毎年行われる大競馬》; 競走; [d-] 山高帽.

derelict *a.* 遺棄された; 義務怠慢の. — *n.* 遺棄物, 遺棄船舶; 捨てられた人.

dereliction 遺棄; 怠慢.

deride *v.* 嘲る.

de rigueur 礼儀上必要な, 礼儀上正しい.

derision 嘲り; 物笑い.

derivable *a.* 導き出せる, 推論できる.

derivation 誘導; (物の)由来, 起源; 派生; *Ling.* 派生(過程), 語源.

derivational *a.* =derivative.

derivative *a., n.* 派生の; *Ling.* 派生語; *Chem.* 誘導体.

derive *v.* (…から)引き出す, 得る (*from*); 推論する; 由来する (*from*); (由来を)尋ねる.

derma *Anat.* 真皮, 皮膚.

dermal *a.* 皮膚の.

dermatitis *Med.* 皮膚炎.

dermatologic *a.* 皮膚科学の.

dermatologist 皮膚科医.

dermatology 皮膚科学.

dermatosis 皮膚病.

dermis =derma.

derogate *v.* (名声などを)落とす, 傷つける (*from*).

derrick デリック《起重機の一種》; 油井やぐら.

derriere, derrière 尻.

derring-do 必死の勇気.

derringer デリンジャー《小型ピストル》.

derv ディーゼル用燃料.

dervish (イスラム教の熱狂的)修道僧.

desalinate, desalt *v.* 塩分を除く.

descale *v.* *Mech.* (ボイラー・パイプなどの)湯あかを取り除く.

descant *v.* 詳しく説く, 詳論する (*on, upon*). — *n.* 歌曲; *Mus.* 随奏, 随唱.

Descartes デカルト. **Rene Descartes** (1596–1650) フランスの数学者・哲学者.

descend *v.* 下る, 降下する; (子孫に)伝わる, 伝える; 身を落とす; 急に襲う (*on, upon*).

descendant 子孫.

descendible *a.* (子孫に)伝えられる.

descent 下降, 下り坂; 家系, 血統; *Law* 相続; 急襲.

describable *a.* 描写できる.

describe *v.* 叙述する, 記述する, 描写する; (図形を)描く.

description 叙述, 記述, 描写; 説明(書), 人相(書き); 種類. **beyond description** 言い尽くせない.

descriptive *a.* 叙述的な, 描写の.

descry *v.* (遠くに)認める, 見い出す.

desecrate v. 神聖を汚す.

desegregate v. (黒人に対する)人種差別を廃止する.

desensitize v. Phot. 感度を減じる; Physiol. 敏感性を減じる.

desert[1] n. 荒野; 砂漠. —a. 不毛の; 砂漠の.

desert[2] n. 功績; [pl.] 当然の報い.

desert[3] v. 捨てる; 脱走する, 逃亡する (from).

deserted a. 人の住まない, 人通りのない, さびれた.

deserter 裏切り者, 脱党者, 脱走者.

desertification 砂漠化.

desertion 遺棄; 脱走; 荒廃.

deserve v. (賞罰を)受けるに足る, (…に)値する (of).

deservedly ad. 正当に, 当然.

deserving a. 功労のある; (…の)値打ちのある; (…に)相当する (of).

desex, desexualize v. 性的特徴を失わせる, 去勢する; 性差別をなくす.

deshabille =dishabille.

desi =designated hitter.

desiccant a., n. 乾燥の, 乾燥剤.

desiccate v. 乾燥する, 乾燥して粉にする.

desiccative a. 乾燥力のある.

desiccator 乾燥器.

desideratum 痛切に必要を感じる事物; 痛切な要求.

design v. 計画する, 企画する, 企図する, 志す; 設計する, デザインする, 図案を作る. —n. 計画, 企図; 目的; 計略, 企み; 設計(図), デザイン, 図案, 素描, 模様, 意匠, 腹案, 構想. **by design** 故意に. **have designs on** …を乗っ取ろうとする.

designate v. 明示する, 指示する; 指名する; 任命する. —a. 指定された, 指名された.

designated hitter Baseball 指名打者.

designation 明示, 指定; 指名, 任命; 名称, 呼称.

designedly ad. 故意に.

designer n. 設計者, デザイナー; 図案家; 陰謀者. —a. 有名デザイナーによる.

designing a., n. 企む, 計画的な; 設計, 意匠; 計画; 陰謀.

desirable a. 願わしい, 好ましい, 魅力的な.

desire n. 欲望, 欲求, 願望, 要求; 性欲 (for, to do). —v. 願う, 望む, 欲する; 性欲を感じる. **leave much to be desired** 遺憾な所が多い.

desirous a. 欲しがる, 望む, 願う (of, to do).

desist v. よす, やめる (from).

desk 事務机, 勉強机; 事務(職); (新聞社の)デスク, 編集主任; Mus. 譜面台.

desktop a. 卓上の.

desk work 机上の仕事《研究・文筆など》.

desolate a. 荒廃した, 寂しい, わびしい, 惨めな. —v. 荒廃させる; 惨めにする.

desolation 荒廃, 荒涼; 寂しさ, 惨めさ.

despair v., n. 絶望する (of); 絶望.

despairing a. 絶望の.

despatch v., n. =dispatch.

desperado 無頼漢, 命知らず.

desperate a. 絶望的な, 危険な; 死にもの狂いの; やけの; ひどい.

desperately ad. 絶望的に; 必死に; 向こう見ずに.

desperation 死にもの狂い, 捨てばち; 絶望; かんかんに怒ること.

despicable a. 卑しむべき, 卑劣な.

despise v. 卑しむ, さげすむ.

despite prep. …にも拘らず.

despoil v. 略奪する, 強奪する.

despoliation 略奪.

despond v. 失望する, 落胆する.

despondent a. 落胆した, 元気のない.

despot 独裁者; 暴君.

despotic a. 圧制的な, 横暴な.

despotism 専制主義, 独裁主義.

dessert デザート《食事の最後に食べる果物・菓子類》.

dessertspoon デザートスプーン.

dessertspoonful デザートスプーン一杯.

dessert wine デザートワイン.

destabilize v. 不安定にする, 弱体化させる.

destalinize v. 非スターリン(主義)化する.

desterilize v. 遊休物資を活用する; 封鎖を解除する.

destination 目的地, 行く先; *Com.* 仕向け地; 予定の目的, 用途.

destine v. 運命づける, 予定する. **be destined for** …へ行くことになっている, …になることになっている.

destiny 運命, 宿命, 神意.

destitute a. 窮乏している, 貧困の; 欠けている (of).

destitution 貧窮; 欠乏.

destroy v. 破壊する, 砕く; 滅ぼす; 殺す; 論破する.

destroyer 破壊者; 駆逐艦.

destruct (ミサイルなどの)破壊性.

destructibility 被破壊性.

destructible a. 破壊できる.

destruction 破壊, 破滅, 滅亡.

destructive a. 破壊的な; 破壊する (of), 有害な (to).

destructiveness 破壊性, 破壊力.

destructor (ミサイル)破壊装置; 廃棄物焼却炉.

desuetude 廃用, 廃止.

desultory a. 漫然とした, 散漫な.

detach v. 分離する, 外す (from); 分遣する.

detached a. 分離した, 一戸建ての; 超絶した; 公平な; 分遣された.

detachment 分離; 分遣(隊); 超然としていること.

detail n. 細部, 細目; [pl.] 詳細, 些事; 特派隊. **go into detail(s)** 詳細にわたる. **in detail** 詳しく. — v. 詳細に説く; (兵を)選抜する, 特派する.

detailed a. 詳細な.

detail man (新薬の)セールスマン.

detain v. 引き留める, 保留する; *Law* 拘留する, 監禁する.

detainee 抑留者.

detainer 不法留置.

detect v. 見つける, 発見する.

detectaphone 盗聴器.

detection 発見, 探知.

detective a., n. 探偵(の), 刑事巡査(の).

detective story 推理小説, 探偵小説.

detector *Telecom.* 検波器; 探知器.

detente (国家間の)緊張緩和, デタント.

detention 引き留め; 抑留; 留置, 監禁.

detention home 少年院.

deter v. 妨げる (from), 思いとどまらせる (from doing).

detergent a., n. 洗浄する; 洗剤.

deteriorate v. 退歩する, 退歩させる, 低下する, 低下させる, 悪化する.

deterioration 退歩, 悪化.

deteriorative a. 悪化の傾向がある.

determent 制止; 阻止(するもの).

determinable a. 決定できる; *Law* 終結すべき.

determinant 決定者, 決定要素; *Math.* 行列式.

determinate a. 確定した, 決定的な, 明確な; 断固たる; *Math.* 既知数の.

determination 決定, 断定; 決心, 決断; *Law* 結論, 判決; 測定.

determinative a., n. 決定的な, 限定的な; *Gram.* 決定詞.

determine v. 決心する; 決定する; 測定する; 限定する; *Law* 判決を下す.

determined *a.* 決定した, 決然とした, 断固とした.

determiner *Gram.* 決定詞(this, a, some など).

determinism *Philos.* 決定論.

determinist 決定論者.

deterrence 妨害, 制止.

deterrent *a., n.* 制止する(物), 阻止する(物), 妨害する(物).

detersive *a.* 洗浄性の.

detest *v.* ひどく嫌う, 憎む.

detestable *a.* 忌まわしい.

detestation 大嫌い(なもの).

dethrone *v.* (王を)廃する.

dethronement 廃位, 退位.

detonate *v.* 爆発する, 爆発させる.

detonator 雷管, 起爆薬.

detour *n., v.* 遠回り, 回り道; 回り道する, 回り道させる.

detoxicate, detoxify *v.* 解毒する; (アルコール・麻薬中毒を)治療する.

detract *v.* (名声・価値を)減じる, 落とす (*from*); けなす (*from*).

detraction 非難.

detractive *a.* 非難する.

detractor 非難者.

detrain *v.* 列車から降りる.

detribalize *v.* 部族の慣習を捨てさせる.

detriment 傷害; 損害, 損失.

detrimental *a.* 有害な (*to*). — *n.* 好ましくない人, 好ましくない求婚者.

detritus *Geol.* 岩屑.

Detroit デトロイト(米国 Michigan 州南部の都市).

deuce (トランプ・さいころの) 2; *Tennis* ジュース 《次に連続 2 点とれば勝ち》; 悪魔, 悪運, 災厄; 畜生

deuced *a., ad.* ひどい, 忌ま忌ましい; ひどく, 忌忌ましく.

deucedly *ad.* 忌ま忌ましく.

deus ex machina (L) (小説・劇で) 急場を救う人物; 急場の解決策.

deuterium *Chem.* 重水素.

deuteron *Chem.* 重陽子《deuterium の原子核》.

Deutsche mark ドイツマルク《西ドイツの通貨単位; =100 pfennigs》.

devaluate, devalue *v.* *Econ.* 平価を切り下げる.

devastate *v.* (国土を)荒らす, 荒廃させる.

devastating *a.* とてもよい; 強烈な.

devastation 荒廃; 惨害.

develop *v.* 開発する, 啓発する, 発達させる, 発達する, 発展させる, 発展する, 発育させる, 発育する; *Phot.* 現像する; *Math.* 展開する.

developing country [nation] 発展途上国, 開発途上国.

developer *Phot.* 現像液, 現像薬; 開発者, 啓蒙者; 宅地開発業者.

development 発達, 発展, 開発; *Phot.* 現像; *Math.* 展開.

developmental *a.* 開発的な; 発達上の.

deviance, deviancy 逸脱, 偏向.

deviate *v.* (脇に)それる, 逸脱する.

deviation それ, 片寄り, 逸脱; 偏向; 誤差; *Biol., Statistics* 偏差.

deviationism 逸脱主義, 偏向主義.

device 計画, 考案, 仕掛け, 装置; 意匠, 図案, 紋章, 銘句; 計略. **be left to one's own devices** 自分だけの力でやらされる.

devil *n.* 悪魔, 悪鬼, 鬼; 極悪人; (印刷所の)見習い; [the D-] =Satan; 闘志. **between the devil and the deep (blue) sea** 進退窮まって. **give the devil his due** つまらぬ者にも公平にする. **go to the devil** 破滅する; [命令文で]くたばれ. **play the devil with** …をめちゃくちゃにする. **raise the devil** 騒動を起こす; どんちゃん騒ぎする. **the devil**

畜生, とんでもない; 決して…ない; ほんとうに.
— v. からしを付けてあぶる; 切断機にかける; 悩ます.

devilfish *Ichthy.* イトマキエイ; タコ.

devilish a. 悪魔の(ような); 残酷な; 非常な.
— ad. ひどく.

devilishly ad. 極悪に; ひどく.

devil-may-care. 向こう見ずの, のんきな.

devil(t)ry 悪魔の行為, 極悪行為; 魔法.

devil's advocate (論争のために)わざと反対の立場をとる人, けちをつける人.

devil's food cake (濃厚な)チョコレートケーキ.

devil's tatoo 指先や足で机や床などをこつこつ叩くこと《焦燥などの表れ》.

devil theory *Hist.* 邪悪説.

devious a. 遠回りの; 曲がりくねった, 真っ直くでない, よこしまな.

devise v. 工夫する, 案出する; *Law* 遺贈する.
— n. *Law* 遺贈(財産).

devisee *Law* (不動産)受遺者.

deviser 考案者.

devisor *Law* (不動産)遺贈者.

devitalization 活力消失, 生気消失.

devitalize v. 活力や生気を奪う.

devocalize v. (有声音を)無声音化する.

devoid a. (…が)欠けている, 無い (of).

devoir 本分; [pl.] 敬意, 礼儀.

devolution 相伝; *Law* (権利などの)法定移転; *Biol.* 退化.

devolve v. (義務などを)任せる; (任務が)かかってくる (on, upon); (財産が)伝わる (to, on).

Devon(shire) デボンシャー《イングランド南西部の州》.

Devonian a., n. デボン紀(の), デボン系(の).

devote v. (心身を)捧げる, 委ねる (to).
devote oneself [be devoted] to …に専念する.

devoted a. 献身的な; 熱愛する.

devotee 狂信者, 熱心家.

devotion 献身, 専心, 傾倒; 愛着; 信心; [pl.] 祈り, 礼拝.

devotional a. 信心の; 祈りの.

devour v. 貪り食う, 食い尽くす; (火事・疫病などが)滅ぼす, (貪るように)読む, 聞き入る, 眺める; (心を)奪う.

devout a. 信心深い; 熱烈な, 誠実な.

dew n., v. 露; しずく; 露がおりる; (露で)ぬらす.

dewberry *Bot.* キイチゴ.

dewclaw (犬の足の)上指.

dewdrop 露滴.

Dewey classification *Library* デューイ十進分類法.

dewfall 結露; 夕暮れ.

dewlap (牛の)喉袋《喉の皮のたるみ》.

DEW line (DEW < *Distant Early Warning*) デューライン《北米大陸遠距離早期警戒レーダー網》.

dew point 露点.

dewy a. 露を帯びた; 露の降りる; 露のような, さわやかな.

dewy-eyed a. 無心な目をした; 純情な, 邪心のない.

dexterous, dextrous a. 手先の器用な; 機敏な; 利口な.

dextral a. 右側の, 右ききの; 右巻きの.

dextrin, dextrine *Chem.* デキストリン, 糊精.

dextrose *Chem.* ぶどう糖.

DG Dei gratia (L, = by the grace of God); director general. **DH** designated hitter.

dharma *Himduism, Budd.* 法, 徳; (守るべき)規範.

dhole *Zool.* ドウル《インドの野生犬》.

dhow ダウ《アラビア海の沿海貿易用帆船》.

DI drill instructor.

diabetes *Med.* 糖尿病.

diabetic a., n. 糖尿病の(患者).

diablerie 魔術；(向こう見ずの)いたずら.

diabolic(al) *a.* 悪魔的な, 極悪非道の; ひどく悪い, ひどく難しい, ひどく不快な.

diabolism 魔術；悪魔のしわざ；悪魔主義.

diabolo 空中ゴマ, ディアボロ.

diachronic *a. Ling.* 通時的な.

diachrony 通時態, 通時相.

diaconal *a.* deacon の.

diaconate deacon の職.

diacritical *a.* 区別を示す；弁別できる.

diacritical marks *Ling.* 分音符(ā, ă, ä の a につけた符号など).

diadem 王冠；王権；主権.

diaeresis *Ling.* 分音符(naïve の ï など).

diagnose *v.* 診断する.

diagnosis *Med.* 診断.

diagnostic *a., n.* 診断の；*Med.* 特殊(症状).

diagnostician 診察(専門)医.

diagonal *n., a.* 対角線(の), 斜め(の).

diagonally *ad.* 対角線的に；斜めに.

diagram 図表, 図式, ダイヤ(グラム).

diagrammatize *v.* 図表で示す.

dial *n.* (時計の)文字盤；(各種計器の)指針盤；(ラジオ・電話の)ダイヤル；日時計；(人の)顔, つら. — *v.* ダイヤルを回して電話をかける, (テレビ・ラジオの)ダイヤルを合わせる.

dialect 訛り, 方言.

dialectic *a., n.* 弁証法的な；*Philos.* 弁証法.

dialectician 弁証家.

dialectologist 方言研究学者, 方言研究家.

dialectology 方言学.

dial-in (組織的な)抗議電話.

dialog(ue) 対話, 問答.

dialogic(al) *a.* 対話(体)の.

dialogist 対話者.

dial tone (電話の)発信音.

dialysis 分離；*Chem.* 透析.

diamagnetic *a. Phys.* 反磁性の.

diamagnetism *Phys.* 反磁性.

diamante (模造ダイヤ・ガラスなどの)きらきら光る装飾.

diameter 直径；*Optics* (レンズの)…倍.

diametric(al) *a.* 直径の；正反対の.

diametrically *ad.* 正反対に, まったく.

diamond *n., a.* ダイヤモンド(の)；菱形(の)；(トランプの)ダイヤ；(野球の)内野. **diamond cut diamond** しのぎをけずる好勝負. **diamond in the rough** (磨けば光る)荒けずりの人物.

diamondback *Zool.* ヒシモンガラガラヘビ.

diamondiferous *a.* ダイヤモンドを生じる.

diamond wedding ダイヤモンド婚式(結婚 60 年または 75 年の記念日).

Diana *Rom. Myth.* ダイアナ(月の女神で狩猟と処女性の守護神；ギリシャ神話の Artemis に当たる).

dianthus *Bot.* ナデシコ.

diapason *Mus.* 和声, 旋律；(オルガンの)ダイアペーソン音栓；(オーケストラなどの)標準調子.

diaper *n., v.* 菱形模様(で飾る), 菱形地紋の綿布；おしめ.

diaphanous *a.* 透明な.

diaphoretic *a.* 発汗性の. — *n.* 発汗剤.

diaphragm *Anat.* 横隔膜；*Mech.* 隔壁；(電話機の)振動板；*Optics, Phot.* 絞り；ペッサリー.

diarchy 両頭政治.

diarist 日記をつける人；日記作家.

diarrh(o)ea *Med.* 下痢.

diary 日記, 日誌；日記帳.

Diaspora ディアスポラ, ユダヤ人の離散.

diastase *Biochem.* ジアスターゼ.

diastole *Med.* 心臓拡張.

diathermy *Med.* ジアテルミー療法(電気透熱およびその療法).

diatomic *a. Chem.* 2 原子の, 2 価の.

diatonic *a. Mus.* 全音階的な.

diatribe 酷評，激しい非難.

dib *v.* 餌をそっと水面に落とす.
— *n.* [*pl.*] お金；分け前.

dibasic *a. Chem.* 二塩基(性)の.

dibber, dibble (種子・苗を植える)穴掘り棒.

dice *n.* さいころ；ばくち. **no dice** だめ，失敗，
不足. — *v.* さいころで遊ぶ；ばくちを打つ；さい
の目に切る.

dicey *a.* 危険な；不確かな.

dichlorophenoxyacetic acid *Chem.*
ジクロロフェノキシ酢酸(2，4-D ともいい，除草
剤に用いる).

dichotomize *v.* 二分する，分岐する.

dichotomy 両分；*Log.* 二分法；*Biol.* 叉
状分岐.

dichromate *Chem.* 重クロム酸塩.

dichromatic *a.* 二色性の.

dichromatism 二色性；*Med.* 二色性
色盲.

dick 刑事；奴；誓い；ペニス.

Dickens ディケンズ. **Charles Dickens**
(1812-70) 英国の作家.

dickens 一体；畜生.

dicker *n., v.* 物々交換(する)；値切る(*over*).

dick(e)y[1] (ワイシャツの)仮り胸，(婦人服の)前
飾り，前掛け；小鳥；御者席；ろば.

dick(e)y[2] *a.* がたがたする；(体が)具合悪く；
(財政が)不健全で.

dicotyledon *Bot.* 双子葉植物.

Dictaphone *Trademark* ディクタフォン(口
述録音機).

dictate *v.* 書き取らせる，口述する(*to*)；命令
する，指令する；独裁する. — *n.* [*pl.*] 命令，
指令.

dictation 書き取り；口述，口授；命令，指
令；(理性・良心の)命令.

dictator 口授者；指令者，独裁者；(古代
ローマの)執政.

dictatorial *a.* 独裁的な，専制的な；専横
な.

dictatorship 独裁権.

diction 言い回し，表現法，語法；話しぶり.

dictionary 辞書，辞典；*Computer* 辞書.

Dictograph *Trademark* ディクトグラフ(拡声
送話機).

dictum 言明；格言.

didactic *a.* 教訓的な.

diddle *v.* だます；(時間を)浪費する；(人を)落ち
ぶれさす.

didn't =did not.

dido ふざけ，いたずら，騒ぎ.

didst *aux. v.* do[2] の直説法二人称単数過
去形. — *v.* do[3] の直説法二人称単数
過去形.

didymium *Chem.* ディディミウム(希金属).

die[1] *v.* 死ぬ (*of* an illness, hunger, *from* a
wound, etc.)；枯れる；薄らぐ；消える (*away*,
down)；絶える (*off*, *out*)；*Baseball* 残塁する.
be dying (ほしくて，したくて)たまらない (*for, to*
do). **die hard** 死ぬまで奮闘する；容易に参ら
ない，滅びない. **Never say die !** 弱音を吐くな.

die[2] さいころ；さいころ賭博；*Mech.* 打ち型，ねじ切
り型. **The die is cast.** さいは投げられた(事は
既に決した).

die casting *Metal.* ダイカスト(製法).

diehard 頑張り屋；頑迷な政治家.

die-hard *a.* 頑張る，頑強な.

die-in ダイ・イン(死んだように横たわるデモ).

dielectric *a., n. Elec.* 誘電性の；不伝導
性の；誘電体.

dieresis =diaeresis.

diesel =diesel engine.

diesel-electric *a.* ディーゼル発電機を備えた.

diesel engine ディーゼル式(内燃)機関.

dieseling ディーゼリング.

dieselize *v.* (船に)ディーゼル機関を取り付ける.

diesel oil ディーゼル油.

diesinker 打ち型彫刻者.

diet[1] (デンマーク・スウェーデン・ハンガリー・日本など
の)議会, 国会.

diet n. 常食; (病人などの)特別食, 規
定食; 食餌療法, ダイエット. **be on a
diet** 食餌療法をしている, 食事制限をして
いる. **go on a diet** 食餌療法をする, 食
事制限をする. — v. 食物を規定する;規定
食を与える.

dietarian 規定食を守る人.

dietary a., n. 食事の, 食物の; (医師指定
の)規定食(の).

dietary cure 食餌療法.

dieter 食餌療法者.

dietetic a. 食事の; 栄養の.

dietetics 食餌療法学.

diethylamide Pharm. ジエチルアミド《医薬
品の合成原料》.

dietitian, dietician 栄養学者, 栄養士.

differ v. 違う, 異なる(from); 意見を異にする
(from, with).

difference 違い, 相違, 差異; 差別; 意見の
不一致, 不和, 争い, (国際間の)紛争; 差,
差額. **make no difference** 差異を生じない,
影響がない(to).

different a. 違う, 異なる, 別の(from, to,
than); 種々の; 異常な, 著しい.

differentia 相異点, (本質的)差異.

differential a. 差別的な; 特殊の; Mech. 差
動の. — n. Math. 微分; Mech. =differen-
tial gear; (給与などの)差額.

differential calculus Math. 微分学.

differential gear Mech. 差動装置.

differentiate v. 差別する(from); 分化する,
特殊化する, 区別をつける; Math. 微分する.

difficile a. 気難しい.

difficult a. 難しい, 困難な, 面倒な; 気難
しい, 扱いにくい.

difficulty 難しさ, 困難; 難事; 障害, 苦

情; [pl.] 経済的困難, 苦境. **with diffi-
culty** やっと.

diffident a. 自信の無い; 遠慮がちな, 内気な.

diffract v. Phys. (光線・音響などを)回折す
る.

diffraction Phys. 回折.

diffuse v. (光・熱などを)放散する; (知識など
を)流布する, 満たす; Phys. 拡散する.
— a. 広がった; だらだらした, 散漫な.

diffusible a. 広がる; Phys. 拡散性の.

diffusion 散布; 普及, 流布; Phys. 拡散
(作用); 伝播.

diffusionism 拡散論.

diffusionist 拡散論者.

dig v. 掘る, 掘り出す, 採掘する(up, out); 探
究する, 調べ出す(out); (指・肘で)突く; 猛勉
強する; あざ明る; 理解する; 認める; 楽しむ; …
に注意を向ける; 住む. **dig in [into]** 掘って入
れる; 猛勉強する; 食べ始める. — n. 掘り,
(考古学の)発掘(作業, 現場); 勉強家; ひ
と突き, こづき; あてこすり; [pl.] 下宿.

digamy 再婚.

digest v. 消化する; 理解する; 同化する; 摘
要する, 忍ぶ. — n. 摘要, 要録; ダイジェスト
記事, ダイジェスト雑誌.

digester 消化者, 消化剤; Chem. 温浸
器; ダイジェスト記者, ダイジェスト編集者.

digestibility 消化性.

digestible a. 消化できる, 消化しやすい.

digestion 消化(作用), 同化力.

digestive a., n. 消化の, 消化力のある;
消化剤.

digger 掘る人, 採金鉱夫, 採金業者; オー
ストラリア人, ニュージーランド人; ダフ屋に売るため
に切符を買う人.

digging 採掘, 発掘; [pl.] 金鉱; [pl.] 下
宿.

digit 指; アラビア数字.

digital a. 指(状)の; 数字を使う, デジタル型の,

計数型の.

digital clock [watch] デジタル時計.

digital computer *Computer* デジタルコンピューター.

digitalis *Bot.* ジギタリス.

digitalize *v. Computer* デジタル化する.

digital recording デジタル録音.

digitate *a.* 指のある; *Bot.* 指状の.

digitation *Biol.* 指状分裂.

diglot *a., n.* 二か国語の; 二か国語版.

dignified *a.* 威厳のある, 高貴な.

dignify *v.* 威厳を添える, 品位を添える; 勿体ぶる.

dignitary 貴人; 高僧.

dignity 威厳, 尊厳, 荘重; 高位, 顕職.
　be beneath one's dignity 威厳にかかわる.

digraph (二字一音の)二重字《sh, ea など》.

digress *v.* (本題から)それる, 脱線する, 枝葉にわたる.

dihedral *a.* 二面の.

dihydrostreptomycin *Chem.* ジヒドロストレプトマイシン《結核特効薬》.

dike[1] *n., v.* 堤防(を築く).

dike[2] 同性愛の女, レスビアン;(特に)男役のレズ.

dilapidate *v.* 荒らす, 荒れる, 損傷する, 損傷させる;(身代を)潰す.

dilapidated *a.* 荒廃した, 崩れかかった; 落ちぶれた.

dilapidation 荒廃, 腐朽, 崩れ.

dilate *v.* 広げる, 広がる; 膨張させる; 詳しく説く(*on, upon*); 敷衍する.

dilation, dilatation 膨張, 拡張; *Med.* 拡張(症).

dilatometer *Phys.* 膨張計.

dilator *Med.* 拡張器; *Anat.* 拡張筋.

dilatory *a.* 手間取る, のろい, 遅れた.

dildo 人工ペニス《女性の自慰・同性愛用》.

dilemma ジレンマ; 板ばさみ. **in a dilemma**
=**on the horns of a dilemma** ジレンマに陥って.

dilettante 芸術愛好者, ディレッタント.

dilettantism 素人趣味, 芸術趣味, 道楽.

diligence 勉強, 勤勉, 精励.

diligent *a.* 勤勉な, 勉強する.

diligently *ad.* 勤勉に, 精出して.

dill *Bot.* イノンド《酢漬用》.

dilly 非凡なもの, 非凡な人.

dillydally *v.* ぐずぐずする.

diluent *a., n.* 希薄にする; *Med.* 希釈剤.

dilute *v.* 薄める, 希釈する; 弱める.
　— *a.* 薄めた, 水っぽい.

dilution 薄めること, 薄めたもの, 希釈物.

diluvial *a.* 洪水の; *Geol.* 洪積期の.

diluvium *Geol.* 洪積層.

dim *a.* 薄暗い; かすかな, 曇った; ばかな;(人が)目立たない, 有名でない. **take a dim view of** 悲観的に見る, 疑う. — *v.* 薄暗くなる, 薄暗くする, 曇る, 曇らせる, かすむ. **dim out**(警戒管制などで)電灯を暗くする.

dime (米国・カナダの)10 セント硬貨; 10 ドル; 10 年の刑. **on a dime** 狭い場所で.

dime novel 三文小説.

dimension (縦・横・深さの)寸法; [*pl.*] 容積, 大きさ; 規模, 程度; 重要性; *Math., Phys.* 次元.

dime store 安物雑貨店.

dimeter *Poet.* 二歩格(の詩).

diminish *v.* 減少する, 低下させる, 低下する.

diminuendo *ad. Mus.* 次第に弱く.
　— *n. Mus.* 漸次弱奏.

diminution 減少.

diminutive *a.* 小さい, 小形の; *Gram.* 指小の. — *n. Gram.* 指小辞(-let, -kin など); 縮小形.

dimity ディミテー《紋織り綿布の一種》.

dimly *ad.* 薄暗く, ぼんやりと.

dimmer (電灯の)制光器.

dimorphism *Biol.* 二形性.

dimout 灯火を薄暗くすること, 警戒(灯火)管制.

dimple *n.* えくぼ, 小さなへこみ; さざ波. —*v.* えくぼを生じる; さざ波を立てる.

dim sum 点心.

dim-witted *a.* 愚かな.

din *n.* 騒音, 騒々しさ. —*v.* 騒々しい音を立てる, じゃんじゃんいう.

dinar ディナール《イラク・ヨルダンなどの貨幣単位》.

dine *v.* 食事する; 正餐を食べる; 御馳走する. **dine out** (招かれて)よそで食事をする.

diner 食事をする人; 食堂車; (食堂車風の)簡易食堂.

diner-out (招待されて)たびたび外食する人.

dinette 略式食堂.

ding *v., n.* じゃんと鳴る, じゃんと鳴らす; くどくど言う, くどくど繰り返す; じゃん《鐘の音》.

dingdong *n., a.* じゃんじゃん(鳴る); 激戦の.

dinge 黒人.

dinghy 小舟.

dingle 木の茂った深い小谷.

dingo ディンゴ《オーストラリア産の野犬》.

dingus 何とかいうもの; 仕掛け.

dingy *a.* 汚い, すすけた; 評判の悪い.

dining car 食堂車.

dining hall 大食堂.

dining room 食堂.

dining table 食卓.

dinkum *a.* 本物の.

dinky *a.* 小綺麗な; 小さい. —*n.* 小型機関車.

dinner 正餐(一日中の主要な食事), 晩餐(会), ディナー.

dinner jacket [coat] 略式夜会服の上着.

dinner theater 観劇のできるレストラン.

dinnerware 食器類.

dinosaur *Paleontol.* 恐竜.

dint *n.* **by dint of** …の力で, …によって. —*v.* (叩いて)へこます.

diocesan *a., n.* 教区の; (教区の統轄者としての) bishop.

diocese 教区《bishop の管区》.

diode *Elec.* ダイオード《半導体》; 二極管.

dioecious *a.* *Biol.* 雌雄異体の.

Dionysus *Gk Myth.* ディオニュソス《酒の神; Bacchus の別名》.

diopter *Optics* ジオプトリー《レンズの屈折率の単位》.

dioptric *a.* 屈折光学の.

diorama 透視画, ジオラマ.

dioxide *Chem.* 二酸化物.

dioxin *Chem.* ダイオキシン《除草剤》.

dip *v.* ちょっと浸る, ちょっと浸す, もぐる (*into*); 落ちる, 沈む, 下り坂になる; すくい上げる (*up*), 汲み出す (*out*); (本などを)ちょっとのぞく, (本などを)ちょっと調べる (*into*). —*n.* 浸ること, 浸すこと, ひともぐり; ひと浴び; 下り坂, 下傾, 窪み; 小ろうそく; すり.

diphase *a.* *Elec.* 二相性の.

diphtheria *Med.* ジフテリア.

diphthong *Phonet.* 二重母音.

diphthongize *v.* 二重母音化する.

diploid *a.* *Biol.* 二倍性の. —*n.* *Biol.* 倍数染色体.

diploma 卒業証書, (学位)免状; 公文書.

diplomacy 外交(手腕).

diploma mill 卒業証書製作所《マスプロ大学など》.

diplomat 外交官, 外交家; 駆け引きの上手な人.

diplomatic *a.* 外交の, 外交的(手腕のある); 外交官の.

diplomatic immunity 外交特権.

diplomatist ＝diplomat.

disaffiliate

dipole *Phys., Chem.* 二重極（アンテナ）.

dip pen つけペン.

dipper ひしゃく, しゃもじ; 浸礼教徒.

dippy *a.* 気が狂った.

dipso =dipsomaniac.

dipsomania *Med.* 飲酒癖.

dipsomaniac *Med.* 飲酒狂（患者）.

dipstick (深さを測る)計量棒.

dipswitch (自動車)で前照灯減光スイッチ.

dipteron 双翅目の昆虫.

dipterous *a. Entom.* 双翅目の.

dire *a.* ものすごい, 恐ろしい; 悲惨な; 緊急な.

direct *v.* 指導する, 指し図する; 監督する, 取り締まる, 管理する; 演出する; (注意・努力などを)向ける (to, at, toward); (手紙を)宛てる (to); 進路を与える, 道を教える (to). —— *a.* まっすぐの, 直進の; じかの, 直接の; 正面からの, 率直な. —— *ad.* まっすぐに; 直接, じかに.

direct action 直接行動, 直接作用.

direct current *Elec.* 直流.

direction 監督, 指導, [*pl.*] 指し図, 指令, 指し図書, 使用法; 方向, 方角, 名宛て.

directional *a.* 方向の; *Telecom.* 指向性の.

direction finder *Telecom.* 方向探知器.

direction indicator 方向指示器.

directive *a., n.* 指導的な; 支配する (of); 指し図, 指令.

directly *ad., conj.* まっすぐに, 直接; 直ちに; …するとすぐ.

direct mail ダイレクトメール.

director 指導者, 指導者; 取締役, 重役, 理事; 校長; 監督, 演出家, ディレクター.

directorate 管理職, 重役会, 理事会.

director general (官庁の)総裁; (大企業の)社長.

directorial *a.* 指導の, 指揮の.

director's chair ディレクターチェア《カンバス張りの折りたたみ式肘掛け椅子》.

directorship director の地位, director の任期.

directory *n.* 住所氏名録. —— *a.* 指揮の.

direct primary 直接予選会.

direct tax 直接税.

dirge 悲歌, 哀歌, 葬送歌.

dirigible *a.* 操縦できる. —— *n.* 気球, 飛行船.

dirk *n., v.* 短剣(で刺す).

dirndl (チロル農民の)婦人服.

dirt ごみ, ほこり; 土, 泥; 悪口, ゴシップ; 猥談. **do a person dirt** 人に卑劣なまねをする. **fling [throw] dirt at** 悪態をつく.

dirt bike 無舗装路面用のバイク.

dirt cheap *a., ad.* 二束三文の; 二束三文で.

dirt farmer 自作農.

dirt-poor *a.* 赤貧の.

dirt road (土の露出した)無舗装道路.

dirt track ダートトラック《石炭殻でできた競走路》.

dirty *a.* 汚れた, 不潔な, 汚い; 汚らわしい, 下等な, 猥褻な; 荒れ模様の; いらだった; (核兵器が)放射能を伴った. **do the dirty on** 卑劣な仕打ちをする. —— *v.* 汚す, 汚れる.

dirty pool 卑劣な行為, いんちき方法.

dirty tricks 政治的不正工作.

dirty word 卑猥な言葉.

dirty work 謀略, ぺてん.

disability 無能, 無力.

disable *v.* 無能にする, 無力にする; 不具にする.

disabled *a.* 不具になった.

disabuse *v.* (…の)迷いを解く (of).

disaccord *v.* 一致しない.

disadvantage 不利, 不便; 損; 不利な立場.

disaffected *a.* いやになった, 離反した, 不満な.

disaffection 不平; 離反.

disaffiliate *v.* 除名する.

disagree v. 一致しない, 違う (*with*), 合わない; 意見を異にする, 争う (*with*).

disagreeable a. 嫌な, 不快な; 気にくわない.

disallow v. 許さない; 否認する, 退ける.

disambiguate v. 曖昧さを除く.

disappear v. 見えなくなる, 消し去る, 消滅する.

disappoint v. 失望させる, 落胆させる; (計画・期待などを)挫く, 裏切る.

disappointed a. 失望した, 落胆した.

disappointing a. がっかりさせる, 案外の, つまらない.

disappointment 失望, 落胆, 期待外れ.

disapprobation, disapproval 不賛成, 不承認; 非難.

disapprove v. よしと認めない, 賛成しない (*of*), 不認可とする.

disapprovingly ad. 不賛成で; 非難して.

disarm v. 武器を取り上げる; 武装を解除する, 軍備を撤去する; 軍備を縮小する; (敵意などを)除く, 和らげる, 無力にする.

disarmament 武装解除, 軍備縮小.

disarmer 軍備縮小論者.

disarrange v. 乱す, 乱雑にする.

disarray v., n. 混乱させる; 混乱, 乱雑, だらしなさ.

disassemble v. 分解する.

disassociation 分離, 分裂.

disaster 天災, 災難, 災害.

disastrous a. 悲惨な; ひどい.

disavow v. 拒否する, 否認する.

disband v. 隊を解く, 解散する, 除隊させる.

disbar v. *Law* 弁護士の資格を奪う.

disbelief 不信, 疑惑.

disbelieve v. 信じない, 疑う.

disburden v. (荷を)降ろす, (荷を)降ろさせる; (心の)重荷を降ろす.

disburse v. 支払う.

disbursement 支払い, 支出.

disc ＝disk; (蓄音機の)レコード.

discard v. *Cards* (不用な札を)投げ出す; 捨てる, 処分する. — n. 手札の投げ出し; 捨てられたもの, 捨てられた人.

disc camera ディスクカメラ《ディスク状フィルムを用いた小型カメラ》.

discern v. 認める, 見分ける; 識別する (*between*).

discernible a. 識別できる.

discerning a. 識別力のある, 明敏な.

discharge v. 放出する, 排出する, 流出する, 吐く; 発射する; 解任する, 解雇する, 放免する, 除隊させる, 退院させる; 荷を降ろす, 陸揚げする; 履行する, 遂行する, 弁済する. — n. 放出, 排出(物); 発砲, 発射; 放電; 解任, 解雇; 放免, 解放; 除隊証明; 荷揚げ; 履行; 弁済.

discharger 荷降ろし人; 放出者; *Elec.* 放電子.

disciple 弟子, 門弟; (キリストの)使徒.

disciplinal a. 訓練の, 懲戒の.

disciplinarian 訓練主義者, 厳格な教師.

disciplinary a. 訓育上の, 規律上の; 懲戒的な; 学問上の.

discipline n. 訓練, 鍛錬; 規律, 風紀; 懲戒, 折檻; 学問領域. — v. 訓練する, 鍛錬する; 懲戒する.

disc jockey ディスクジョッキー.

disclaim v. (権利を)放棄する; (責任などを)否認する.

disclaimer 否認(者).

disclose v. 表す, あばく, 暴露する; 発表する.

disclosing agent [tablet] 歯垢検出染料.

disco n., v. ディスコ(で踊る); ディスコミュージック.

discoid a. 円盤状の.

discolor v. 変色する, 変色させる, 退色

する, 退色させる.

discomfit v. (計略 などを)くつがえす, 裏をかく; 当惑させる.

discomfort n., v. 不快, 不安, 不便(にする); 嫌な事.

discommode v. 迷惑をかける; 不自由にする.

discompose v. (心を)乱す, 騒がせる.

discomposure (心の)動揺, 不安, 当惑.

disconcert v. まごつかせる, 当惑させる; (計略 などを)くつがえす.

disconnect v. (連絡を)断つ, 離す.

disconnected a. 連絡の無い, ばらばらの.

disconnection 分離, 切断, 断絶.

disconsolate a. 悲しい, やるせない, 寂しい.

discontent n., a., v. 不満(な); 不満を抱かせる, 不機嫌な.

discontented a. 不満な (with).

discontinuance 中止; Law (訴訟の)取り下げ.

discontinue v. 中止する, 中断する; やめる, 廃止する; Law (訴訟を)取り下げる.

discontinuity 不連続(性); 割れ目; Math. 不連続性.

discontinuous a. 途切れた, 不連続の.

discophile レコード収集家, レコードファン.

discord n. 不調和, 不一致; 不和; Mus. 不協和音. — v. 一致しない; Mus. 協和しない.

discordant a. 調和しない, 一致しない; 調子外れの.

discotheque n., v. ディスコ(で踊る).

discount n. 割引; Com. 割引額, 割引率. **at a discount** 割引して. — v. 割引する; 割引して聞く.

discount broker 手形割引仲買人.

discountenance v. 賛成しない, 反対する; 辱める.

discount house [store] 安売り店.

discourage v. 勇気を失わせる, 落胆させる;

邪魔をする, 思いとどまらせる (from).

discouraging a. がっかりさせる.

discourse n. 講話, 講演; 談論; 談話; 論文. — v. 講演する; 論述する (on, upon); 話す, 語る.

discourteous a. 失礼な, 無作法な.

discover v. 発見する, 見つける; 悟る.

discoverer 発見者.

discovery 発見(物); Law (事実・書類の)開示.

Discovery Day =Columbus Day.

discredit n. 不名誉, 不面目; 不信用, 疑惑. — v. 信用しない, 疑う; 信用を落とす, 信用を落させる.

discreditable a. 不面目の, 恥ずべき.

discreditably ad. 不面目に(も).

discreet a. 思慮のある, 分別のある, 慎重な.

discrepant a. 食い違った, 相違した.

discrete a. 分離した; 別個の部分から成る.

discretion 行動の自由; 思慮, 分別, 慎重, 用心; 自由裁量, 随意. **age of discretion** 分別年齢(英米法では 14 歳). **at discretion** 随意に.

discretionary a. 任意の.

discriminate v. 見分ける, 識別する, 区別する (between, from); 差別を立てる (against, in favor of).

discriminating a. 識別力のある; 差別的な.

discrimination 識別(力), 眼識; 差別待遇.

discriminative a. 識別力のある; 区別を示す, 差別的な.

discriminator Elec. (周波数などの)弁別器.

discriminatory a. 識別する, 区別する.

discursive a. 散漫な, 広範囲な.

discus (競技用の)円盤.

discuss v. 論じる, 討議する, 討論する.

discussant (シンポジウムの)討論者.

discussion 討論, 検討, 論文, 論考.

disdain v., n. 軽視する, 侮る; 侮り, 軽視, 軽侮.

disdainful a. 人を侮った, 横柄な.

disease 病気; 弊害.

diseased a. 病気の; 病的な.

disembark v. 上陸する, 降りる; 陸揚げする.

disembarkation 上陸, (他国への)入国.

disembarrass v. 安心させる, (心配を)無くさせる (of).

disembody v. (霊魂などを)肉体から遊離させる; (軍隊を)解散する.

disembogue v. (川が)注ぐ.

disembowel v. 腸を取り出す.

disenchant v. 魔法を解く; 迷いをさます, 幻滅を感じさせる.

disencumber v. (苦労・邪魔物から)解放する.

disendow v. (教会から)基金を没収する.

disenfranchise v. =disfranchise.

disengage v. 解く, 放す, 解放する; 遊離する.

disengaged a. 解放された; 約束のない, 暇な.

disentangle v. (もつれなどを)解く; (もつれなどから)解き放す (from).

disentitle v. 資格を奪う.

disequilibrium (経済的な)不安定.

disestablish v. 制度を廃する.

disesteem v., n. 侮る; 軽蔑.

diseur 朗詠者.

diseuse 女性朗詠者.

disfavor n., v. 疎外, 冷遇, 不人気; うとんじる.

disfigure v. 容姿を損なう, 醜くする.

disfranchise v. 公権を奪う, 選挙権を奪う, 参政権を奪う.

disfranchisement 公権喪失.

disfrock v. 聖職を剝奪する.

disgorge v. 吐く, 吐き出す; 注ぐ; しぶしぶ返す.

disgrace n., v. 恥辱, 不面目, 辱しめる, 面目を失わせる.

disgraceful a. 恥ずかしい, 不面目な.

disguise v. 変装する, 見せかける, 偽る; 隠す.
— n. 変装; 見せかけ. **in disguise** 変装した, 変装して, 見せかけの, 見せかけて.

disgust v. 胸を悪くさせる, 愛想をつかせる.
— n. (むかつくような)嫌気, 不快; 愛想づかし.

disgusting a. 嫌でたまらない, いまいましい.

dish n. 深皿; [pl.] 食器類; (皿に盛った)料理, ごちそう(ひと皿); 美人, 好み.
— v. 皿に盛る (up); くつがえす, だめにする; やっつける. **dish it out** 罰する, がなりたてる. **dish out** 盛り分ける, 食べ物を出す, 皿に盛る; 分配する. **dish up** 料理を出す; (話を)持ち出す.

dishabille 普段着(の状態), 略服.

disharmonic a. 不調和な.

disharmonize v. ...の調和を乱す.

disharmony 不調和, 不一致, 調子外れ.

dishcloth (皿洗い用)ふきん.

dishearten v. 落胆させる.

dished a. へこんだ; 裏をかかれた, 破滅した.

dishevel(l)ed a. 髪を乱した, 乱髪の; 取り乱した.

dishful 皿一杯分.

dishmat 皿の下敷き.

dishonest a. 不正直な, 不正な.

dishonor n. 不名誉, 恥辱; Com. (手形の)不渡り. — v. 辱める; Com. (手形の支払いを)拒絶する.

dishonorable a. 不名誉な, 恥ずかしい.

dishpan 皿洗い容器, 洗い桶.

dish towel (皿)ふきん.

dishware 食器.

dishwasher 皿洗い人, 皿洗い機; Ornith. フタイロヒタキ.

dishwater 皿を洗ったよごれ水.

dishy a. 性的魅力をもった.

disillusion v. 幻滅を感じさせる; 迷いをさます.
　— n. =disillusionment.

disillusionize v. =disillusion.

disillusionment 幻滅(感).

disincentive a., n. 意欲を挫く(もの).

disinclination 気の進まないこと, 嫌気 (for, to).

disincline v. 嫌気がさす, 嫌に思わせる.

disinfect v. 消毒する.

disinfectant a., n. 消毒の; 消毒剤.

disinfest v. 害虫を駆除する.

disinflation Econ. ディスインフレ.

disinformation 偽情報.

disingenuous a. 不誠実な; 陰険な.

disinherit v. 廃嫡する, 勘当する.

disinsection (航空機から行う)害虫駆除.

disintegrate v. 崩壊させる, 崩壊する, 分解させる, 分解する.

disintegrator 分解作用を起こさせるもの, 崩壊作用を起こさせるもの; 粉砕機.

disinter v. あばく, 発掘する.

disinterest v. 関心を無くさせる, 利害関係を無くさせる.

disinterested a. 私心の無い, 公平な; 無関心な.

disintermediation 銀行預金からの高額引き出し.

disjoin v. 分離する.

disjoint v. 関節をはずす, 継ぎ目をはずす; ばらばらにする, 解体する; 支離滅裂にする.

disjointed a. 関節のはずれた, 継ぎ目のはずれた; ばらばらの, 支離滅裂の.

disjunction 分離, 分裂.

disjunctive a. 分離の; Log. 選言的な.
　— n. Gram. 離接的接続詞(yet, but など);
Log. 選言命題.

disk 平円盤; Computer ディスク.

disk brake (自動車の)円板ブレーキ.

diskette Computer フロッピーディスク.

disk jockey =disc jockey.

disklike a. 円盤状の.

dislike v., n. いやがる, 嫌う; 嫌い.

dislocate v. 関節をはずす; 乱す, 狂わせる, 混乱させる.

dislodge v. (固定した場所から)取り外す, 除去する, (陣地から)撃退する.

disloyal a. 不実の, 不忠な.

dismal a. 陰気な, 憂鬱な; わびしい, 気味悪い.

dismantle v. (家の造作を)取り去る, (軍艦などの装備を)撤去する; 分解する.

dismast v. (暴風が)帆柱を折る.

dismay v. (心配・恐怖で)度を失わせる, うろたえさす. — n. 恐ろしさ, 狼狽, 落胆.

dismember v. 手足を切り離す; ばらばらにする.

dismiss v. 去らせる, 解散させる; 免職する, 解雇する; (心から)退ける, 忘れる; (問題を)片付ける; Law 却下する.

dismissal 免職; 解散; Law 却下, 棄却.

dismissive a. 傲慢な.

dismissory a. 解雇を通知する.

dismount v. (馬・自転車などから)降りる, (馬・自転車などから)降ろす, (馬・自転車などから)落とす; (台・枠などから)取り外す.

Disneyland ディズニーランド (Los Angeles 近郊の遊園地).

disobedience 不従順; 違反.

disobedient a. 不従順な, 不孝な; 違反する.

disobey v. (命令に)背く, 反則する.

disoblige v. 不親切にする, 意に背く, 迷惑をかける.

disorder n. 無秩序, 乱雑; 混乱; (心身の)変調, 病気. — v. 乱す, 調子を狂わせる; 病気になる.

disorderly a. 無秩序な, 乱雑な; 乱暴な, 無法な; 風俗壊乱の.

disorganization 解体, 分裂; 混乱.

disorganize v. 組織を破壊する.

disorient, disorientate v. 方向感覚を混乱させる.

disown v. (権利・義務・関係などを)否認する.

disparage v. そしる, けなす.

disparagingly ad. けなして, 悪し様に.

disparate a. 共通点のない, 異なる.

disparity 不同, 不均衡.

dispassionate a. 冷静な; 公平な.

dispatch v. 発送する, 急送する, 急派する; (仕事・食事などを)手早く片付ける; (人を)殺す. —n. 発送, 急送, 急派; 急信, 急報; 迅速(な処置).

dispatcher 発車係, (航空機の)運航管理者.

dispel v. 追い払う, 消散させる.

dispensable a. 無して済まされる.

dispensary (工場・学校などの)診療所; 薬局.

dispensation 施与; 天の配剤, 摂理, 天道; 統治, 制度; Law 法の適用免除.

dispensatory 薬品解説書.

dispense v. 分与する, 分配する; 施す, 行う; 調剤する, 施薬する; (義務を)免じる (from), 手数を省く. **dispense with** 廃する; 無して済ます.

dispenser 薬剤師, 調剤者, 施与者; ディスペンサー《紙コップ・ちり紙など必要量だけ出せる容器》.

dispeople v. …の住民を減らす.

dispersal, dispersion 散乱, 離散; 散布; Optics (光の)分散; Med. (炎症の)消散.

disperse v. 散らす, 散る, 散乱させる, 散乱する, 広める.

dispersive a. 散布的な.

dispirit v. 気力を挫く.

displace v. 転置する, 置き換える; 取って代わる; 免職する.

displaced person 戦災流民, 難民.

displacement 追い出し, 置き換え; 免職; (船の)排水量; (エンジンの)排気量.

display v. 陳列する; (旗などを)掲げる, 広げる; 示す, 表す, 発揮する; 見せびらかす. —n. 陳列(物), 展覧; 現れ, 表示; 眺め; 見せびらかし, 虚飾; (感情などの)おおげさな表現; Computer ディスプレー; Zool. (求愛行動などの)誇示.

display ad (新聞・雑誌の)ディスプレー広告.

displease v. 不快を感じさせる, 気にさわらせる.

displeasing a. 不快な, 嫌な.

displeasure 不興, 不快, 不満.

disport v. 遊ぶ, 楽しむ (oneself).

disposable a. 処置できる; 使い捨て(式)の. —n. 使い捨て品.

disposal 配置; 処理, 処分. **at one's disposal** 自由に(なる).

disposal bag 汚物入れ袋.

dispose v. 配列する, 配置する; 気分を向ける, …したく思わせる (to, for). **dispose of** 処理する, 処分する; やっつける; 平らげる. **be disposed to** (do) したい気がする.

disposer ディスポーザー, 厨芥処理機.

disposition 性質, 性向, 気だて; 処理, 処分; 配置, 準備, 整理.

dispossess v. 取り上げる, 奪う (of); 追い出す.

dispossessor 侵奪者.

dispraise n., v. 非難(する), 悪く言う.

disproof 反証, 論駁.

disproportion 不釣り合い, 不均衡.

disproportionate a. 不釣り合いな.

disprove v. 反証する, 論破する.

disputable a. 議論の余地のある, 疑問の余地のある, 確かでない.

disputant 論争者.

disputation 論争.

disputatious a. 論争的な, 議論好きな.

dissonance

dispute *v.* 議論する, 論争する, 異議を唱える, 反対する; 反抗する, 抵抗する; 争う, 競う. —*n.* 論争, 争い, 口論; 紛争. **in dispute** 論争中の, 論争中で. **beyond [past] dispute** 議論の余地無く.

disqualification 失格(理由).

disqualified *a.* 資格のない, 失格した.

disqualify *v.* 資格を失わせる, 失格させる, 不適格とする.

disquiet *n., v.* 不安(にする), 心を乱す.

disquietude 不安(状態).

disquisition 研究論文, 論考.

disregard *v., n.* 無視する; 無視, 軽視 (*of, for*).

disrelish *n., v.* 嫌う, 嫌悪(する).

disremember *v.* 思い出せない.

disrepair 破損した状態, 荒廃.

disreputable *a.* 評判の悪い, 外聞の悪い, みっともない.

disrepute 不評判, 悪評.

disrespect 失礼, 無礼.

disrobe *v.* (衣服を)脱がせる; 奪う.

disrupt *v.* 分裂させる; 粉砕する, 中断させる; 混乱させる.

dissatisfaction 不満, 不平.

dissatisfy *v.* 不満を感じさせる, 不足に思わせる.

dissect *v.* 解剖する, 詳細に調べる.

dissector 解剖器具, 解剖者.

disseise, disseize *v. Law* (不動産の)占有を侵奪する.

disseisin, disseizin *Law* (不動産)占有侵奪.

dissemble *v.* (感情などを)隠す, 偽る; しらばくれる.

disseminate *v.* まき散らす; 広める, 流布する.

disseminated *a. Med.* 播種性の.

dissension 不和, 衝突, 紛争.

dissent *v.* 意見を異にする (*from*); 国教の

教義に反対する. —*n.* 異議, 不同意 (*from*); 国教反対.

dissenter 不同意者; [D-] 国教反対者.

dissentient *a., n.* 意見を異にする(人).

dissenting *a.* 反対の, 異議のある; 非国教派の.

dissertation 学位論文; 論文.

disservice 虐待; 害, あだ.

dissever *v.* 分割する, 分離する.

dissidence 不一致, 反対; 反体制.

dissident *a.* 意見を異にする, 反対の; 反体制の. —*n.* 反体制の人; 非国教徒.

dissimilar *a.* 似ていない (*to*).

dissimilation *Phonet.* 異化.

dissimilitude 相違(点).

dissimulate *v.* (感情を)偽り隠す, とぼける.

dissipate *v.* 散らす, 消散する; 浪費する; 放蕩する.

dissipated *a.* 放蕩の.

dissociable *a.* 分離できる; 非社交的な.

dissociate *v.* 分離する (*from*); 離して考える.

dissociative *a.* 分離性の; *Chem.* 解離的な.

dissoluble *a.* 溶解性の; 解消できる.

dissolute *a.* 放縦な, 自堕落な.

dissolution 分解; 溶解; 解消; 解散, 解体, 崩壊; 死滅.

dissolvable *a.* 溶解性の.

dissolve *v.* 分解する; 溶解する; (議会などを)解散する; 解消する, 取り消す; 消えてなくなる, 消滅する; 崩壊する; *Motion Pictures, TV* ディゾルブにする. **be dissolved in tears** さめざめと泣く. —*n. Motion Pictures, TV* ディゾルブ《画面が暗くなって消えていくと同時に次の場面が重なって現れてくる》.

dissolvent *a., n.* 溶解力のある; 溶剤.

dissonance 乱調子, 不調和; *Mus.* 不

協和音.

dissonant a. 不調和の; *Mus.* 不協和の.

dissuade v. 思いとどまらせる (*from*).

dissuasive a. 諫止の.

distaff (糸を紡ぐ) 糸巻き棒. **on the distaff side** 母方の, 母方に.

distal a. *Anat.* 末梢 (部)の; 遠心の.

distance n. 距離, 間隔; 遠方; 隔たり; *Fine Arts* 遠景. **at a distance** 少し離れて, 離れた所に. **go the distance** (競技で) 完走する, 完投する; 最後までやり抜く. **in the distance** はるか遠方に. **keep** (*one*) **at a distance** (人を)近づけない. **keep one's distance** 遠慮して近づかない. —v. 間隔を置く; (競走などで他を)抜く, 離す.

distant a. 遠い; かすかな; 冷やかな, よそよそしい.

distaste 嫌悪 (*for, to*).

distasteful a. いやな, まずい.

distemper[1] 病気; 不機嫌; 社会不安; ジステンパー《犬の伝染病》.

distemper[2] n., v. 水性塗料 (で塗る), 泥絵の具; *Fine Arts* テンペラ画法.

distempered a. 病気の; 不機嫌な.

distend v. 脹らます, 脹らむ.

distensible a. 広がる; 脹らむ.

distil(l) v. 蒸留する; したたる, したたらす, (粋を)引き出す.

distil(l)er 蒸留器; 蒸留酒製造業者.

distillate 蒸留液.

distillation 蒸留 (物).

distillery 蒸留酒製造所.

distinct a. 明白な, はっきりした, 明確な; 別個の, 異なった (*from*).

distinction 差別, 区別, 特異性, 性質; 殊勲, 栄誉; 傑出, 卓越.

distinctive a. 他と異なる, 独自の; *Ling.* 弁別的な.

distinctly ad. はっきりと.

distingué a. すぐれた, 高貴な.

distinguish v. 見分ける, 区別する (A *from* B, *between* A *and* B); 分類する (*into*); 顕著にする, 特色を示す. **distinguish oneself** 名をあげる, 殊勲を立てる.

distinguishable a. 区別できる.

distinguished a. 著名な; 抜群の, 殊勲の; =distingué.

distort v. ゆがめる, ひねる, ねじる; 曲解する.

distorted a. ゆがめられた.

distortion ゆがみ, ねじれ, 歪曲, ひずみ; 曲解.

distract v. (心を)紛らす, そらす; 迷わす, 惑わす, 悩ます.

distracted a. 狂った; 気が散った.

distracter, distractor (多項選択式テストの)誤った選択肢.

distraction 気の散ること; 気晴らし, 娯楽; 困惑; 乱心.

distrain v. *Law* (動産を)差し押さえる.

distrainer 差し押さえ人.

distraint *Law* 動産差し押さえ.

distraught a. 狂気の, 取り乱した.

distress n. 苦しみ, 悩み, 悲嘆; 苦痛; 疲労, 困難; 困窮; 危難. —v. 苦しめる, 悩ます, 疲れさす, 悲しませる.

distressed area (洪水・台風などの)被災地.

distressful a. 苦難の多い, 不幸な.

distress signal 遭難信号.

distributary 分流.

distribute v. 分配する, 配給する (*among, to*); 分類する, 配置する; 分布する, 散布する, 広げる.

distribution 分配, 配給; 配布; 分布, 配置, 区分.

distributive a. 分配の; 分布的な; 個別的な; *Log.* 拡充的な.

distributive education (米国で学校と

239

divine

企業が提携して行う)職業実習教育.

distributively *ad.* 個別的に.

distributor 分配者, 配給者, 配達者.

district *n., v.* 地区(に分ける), 管区, 教区;
地方, 郡. **District of Columbia** コロンビア
特別区.

district attorney 地方検事.

district court 地方裁判所.

district heating 地域暖房.

distrust *n., v.* 不信, 疑惑; 信用しない, 信
任しない; 疑う.

distrustful *a.* 疑い深い, 自信の無い (*of*).

disturb *v.* 乱す, 騒がす, 不安にする; 妨げる,
邪魔する. **Do not disturb.** 入室無用《ホテ
ルなどの部屋のドアに掛ける掲示》.

disturbance 妨害; 騒ぎ; 動乱; 不安.

disunion 不和, 不統一; 分離.

disunite *v.* 分離する, 分裂する; 不和を生じ
る.

disunity 不統一.

disuse *v.* 使用をやめる. — *n.* 不使用, 廃棄.

di(s)syllabic *a.* 二音節の.

di(s)syllable 二音節(語).

dit *Telecom.* (モールス信号の)トン.

ditch *n.* 溝, 水路; [the D-] イギリス海峡,
北海. — *v.* 溝を掘る;(車を)溝に落とす;
(列車を)脱線させる; 見捨てる, 除く; 不時着
水させる.

ditchwater 溝の溜り水.

dither *n., v.* 震える; うろたえ(る), 躊躇する.

ditto *n., a., ad.* 同上; 複製; [*pl.*] 上下揃
いの服; 同様の, 同様に.

ditto mark 同上じるし(〃).

ditty 短い歌, 小曲.

diuretic *a., n.* 利尿の; 利尿剤.

diurnal *a.* 日中の, 昼間の; *Bot.* 昼間咲く;
Zool. 日中活動性の.

diva プリマドンナ.

divagate *v.* さまよう;(話が)枝葉にわたる.

divalent *a. Chem.* 二価の.

divan (壁際におく)長椅子;(divanを備えた)喫
煙室, 喫茶室;(トルコ・イランなどの)枢密院.

dive *v.* (水中に)潜る, 飛び込む; *Aeronaut.*
(飛行機が)急降下する; 潜り込む; 急に姿
を消す;(ポケットなどに)手をつっ込む;(問題に)没
頭する, 探究する. — *n.* 潜水; 飛び込み;
急降下; いかがわしい酒場, 賭博場.

dive-bomb *v.* 急降下爆撃する.

dive-bomber 急降下爆撃機.

diver 潜水夫, ダイバー; *Ornith.* アビ, カイツブリ.

diverge *v.* (一点から)分岐する; それる, 離れる;
(意見が)分かれる.

divergent *a.* 分岐する, 異なる.

divers *a.* 種々の, 様々な.

diverse *a.* 異なった, 違った, 雑多な.

diversiform *a.* 種々な形の.

diversify *v.* 様々にする, 変化を与える.

diversion 転換; 気晴らし, 娯楽; 迂回路.

diversionist 破壊活動家, 反政府活動家.

diversity 不同, 相違, 変化; 多様性.

divert *v.* そらす, 転じる; 気を紛らす (*from*), 気
を晴らす, 慰める.

divertimento *Mus.* 嬉遊曲, ディベルティメ
ント.

divertissement 娯楽; 幕合いの余興.

divest *v.* (着物を)脱がせる, 剝ぐ (*of*); 奪う (*of*).

divide *v.* 分ける, 分かれる, 割る, 割れる, 両分
する (*in, into*), 裂く; 分離する, 区別する (*from*);
分配する (*among, between*);(意見で)対立させ
る. — *n.* 分割; 分水界.

dividend 配当金; *Math.* 被除数.

divider 分配者; 仲を裂く者; [*pl.*] ディバイ
ダー, 割りコンパス.

dividual *a.* 分離した.

divination 占い, 予言.

divine[1] *a.* 神の, 神性の; 神から授かった; 神に
捧げた; 神聖な; すばらしい《女性語》.

— *n.* 神学者; 牧師.

divine² *v.* 占う, 予言する; 見抜く, 当てる.

divinely *ad.* 神々しく, 神聖に.

diviner 占い師.

diving *a., n.* 潜水(の), 飛び込み(の), ダイビング.

diving bell 釣鐘型の潜水器.

diving board 飛び込み板.

diving suit, diving dress 潜水服.

divining rod 占い棒.

divinity 神性, 神力; 神学; [the D-] =God.

divisible *a.* *Math.* 割り切れる; 区分できる, 分類できる.

division 分割, 区分; 分類; 区切り, 目盛り; (官庁などの)局, 部, 課; 段, 節; 分裂, 不一致; *Math.* 割り算; *Mil.* 師団, 分隊.

division of labor 分業.

divisional *a.* 区分の, 各部の; 割り算の; 師団の.

division mark, divisional sign 割り算記号《÷》.

divisive *a.* 区分する; 不和にする.

divisor *Math.* 除数, 法.

divorce *n., v.* *Law* 離婚(する); 絶縁.

divorcé 離婚した男.

divorcee 離婚した女.

divot *Golf* (切り取られた)芝生の一片.

divulge *v.* (秘密を)あばく, 漏らす.

divvy *n., v.* 分配(する).

dixie, dixy キャンプ用湯沸かし.

Dixie 米国南部諸州.

Dixiecrat 南部の民主党離反派.

Dixieland =Dixie; [d-] ディキシーランドジャズ.

dizzy *a., v.* 目まいのする; 目の回るような; 目まいさせる; ばかな, 浅はかな; びっくりするような.

DJ disc jockey. **DLit** doctor of literature.

DLitt doctor of letters. **DLO** dead-letter office. **DM** Deutsche mark; doctor of medicine. **DMZ** demilitarized zone 非武

装地帯. **DNA** deoxyribonucleic acid.

D-notice D通告《政府が発する報道禁止の通告》.

do¹ *Mus.* ド音.

do² *aux. v.* [疑問・否定に用いる] (*Do you see? I do not see.*); [事実を強めて] (*But I do like you.*); [倒置に用いる] (*Rarely does she laugh.*); [代動詞用法] (*I live as others do* (=*live*).).

do³ *v.* する, 行う; やり遂げる; 行動する; やって行く; 間に合う, (十分)役立つ; 作る, 与える, 算出する, (問題を解く; 翻訳する(*into*); (絵を)描く, 製作する, (役を)演じる; 処理する; 片付ける; 料理する; (髪を)結う; (花を)いける; (学課を)準備する, 専攻する; 見物する; 報道する; 踏破する; 欺く; (刑期を)勤める; もてなす; …と性交する, やる.

be done with …が片付く. **do away with** 廃する. **do by** …に対して振る舞う, …を遇する. **do for** …の代わりをする, 家事の代理をする; やっつける, 殺す. **do in** 疲れさせる. **do it** 性交する. **do over** やり直す; 改装する. **do to death** 飽きるほど繰り返す. **do up** 手入れをする, (髪を)結う; (ボタンを)掛ける; (小包を)作る, 包む; 修繕する; 疲れきらす; (洗濯物を洗いアイロンを掛けて)仕上げる. **do up right** 用心してやる, 完全にやる. **do with** 処理する; …で済ませる; 我慢する. **do without** 無しで済ます.

have done with …を終える; …と縁を切る.

have to do with …に関係がある, 扱う.

nothing doing 確かにそうではない. **—** *n.* 祝宴, 催しもの; ぺてん; 害, 攻撃. **dos and don'ts** 規則.

DOA dead on arrival.

doable *a.* 行い得る.

Doberman pinscher ドーベルマン ピンシャー《ドイツ原産の大型犬》.

doc 先生《医師に対する呼び掛け》.

docile *a.* 従順な; 教えやすい.

dock¹ *Bot.* スカンポ, ギシギシ.

dock[2] n. (動物の)尾《毛の生えている肉部》;切り尾. — v. (尾・髪などを)短く切る;切り詰める, 削減する.

dock[3] n. ドック;岸壁, 波止場;被告席. **dry dock** 乾ドック, **floating dock** 浮きドック. — v. ドックに入れる, ドックに入る;(宇宙船を)ドッキングする.

dockage ドック設備;ドック使用料, 岸壁使用料.

docker ドック人足.

docket n. Law (法廷の)訴訟名簿;事件目録, 判決摘要;議事予定表;(書類などに付けた)内容付箋;荷札. — v. docket に載せる;(書類などに)見出しを付ける, 内容付箋を付ける.

dockyard 造船所;海軍造船所.

doctor n. 医師;博士(号). — v. 治療する;修繕する;不正に変更する.

doctoral a. 博士の.

doctorate 博士号.

doctrinaire 空論家.

doctrinal a. 教義上の.

doctrine 教義, 教理;主義, 学説.

doctrinism 教条主義.

docudrama ドキュメンタリードラマ.

document n. 文書, 書類;証書. — v. 証拠書類を出す;文書で証明する.

documentarian 記録主義の作家, 記録主義の画家, 記録主義の写真家.

documentarily ad. 記録風に.

documentary a. 文書の, 証書の;記録する. — n. 記録映画, ドキュメンタリー.

documentation 文書調査, 文書提出, 証拠書類調査, 証拠書類提出.

dodder v. よろよろする.

doddered a. もろく弱い;(木が)朽ちた.

doddle 簡単なこと.

dodecagon 12辺形, 12角形.

dodge v. 身をかわす, すばやく避ける;(質問・仕事などを)ごまかしよける, 翻弄する. — n. 身をかわすこと;言い抜け, ごまかし;工夫;計略;新趣向.

Dodg'em ダージャム《遊園地の小型電気自動車》.

dodger ぺてん師;ビラ.

dodgy a. 巧妙な;ごまかしの.

dodo ドードー《白鳥位の大きさで飛べない鳥, 今は絶滅》;旧式な人, ばかな人.

doe (シカ・ウサギなどの)雌.

doer する人, 行う人;実行家.

doeskin 雌鹿の皮;ドスキン《鹿皮まがいのラシャ》.

doesn't =does not.

dog n. 犬, イヌ科の動物《オオカミなど》;(愉快な)奴;やくざ者, 畜生;足, 愛嬌のない人;[pl.](炉の)薪のせ台;見栄. **dog's life** 惨めな生活. **go to the dogs** 落ちぶれる. **put on the dog** 気取る. **teach an old dog new tricks** 老人に新教育を施す《今更そんなことは不可能》. — v. (犬のように)後をつける, つきまとう.

dog and pony show 手の込んだ宣伝.

dogbane Bot. バシクルモン.

dogcart 軽装二輪馬車.

dogcatcher 野犬捕獲人.

dog-cheap a., ad. ばかに安い, ばかに安く.

dog collar 犬の首輪;(牧師などの)首輪式カラー.

dog days 土用, 大暑, 暑中.

dog-ear n., v. 耳折れ《本のページのすみの折れ》;すみを折る.

dog-eat-dog a. 食うか食われるかの, 血みどろの, 我勝の.

dogface 歩兵.

dog fancier 愛犬家;犬屋.

dogfight 乱戦;接近戦.

dogfish Ichthy. ツノザメ.

dogfox 雄ギツネ.

dogged *a.* 強情な, 頑固な.

doggerel *n.* 悪詩, へぼ詩. — *a.* 滑稽な; へぼな.

doggie *a., n.* 犬のような; 犬好きな; 粋な; 小犬; 提督付き将校.

doggie bag (食堂の残り物を家に持って帰る)紙袋.

doggish *a.* 犬の(ような); がみがみ言う; 派手好みの.

doggo *ad.* 隠れて.

doggone *v.* =damn. — *a.* 呪われた, 忌々しい.

doggy *a., n.* =doggie.

doghole 犬小屋; むさくるしい家.

doghouse 犬小屋; 冷遇, 不興.

dogma 教義, 信条; 定説, ドグマ; 独断.

dogmatic *a.* 教義上の; 独断的な.

dogmatics *Relig.* (キリスト教の)教理論.

dogmatism 独断論, 独断的態度.

dogmatist 独断家.

dogmatize *v.* 独断的に言う; 教義として示す.

do-gooder 空想的社会改良家.

dog paddle 犬かき.

dogsbody 下役.

dog's-ear *n., v.* =dog-ear.

dog tag (犬の)鑑札.

dog-tired *a.* 疲れ切って.

dogtooth 犬歯.

dogtrot 小走り.

dogwatch *Naut.* 折半直《午後4時—6時又は6時—8時迄の2時間交代》.

dogwood *Bot.* (北米産)ミズキ.

doily ドイリー《レース・紙などで作った食器・花瓶などの下敷き》.

doings 仕業, 所業; 鞭打ち; 必要物.

do-it-yourself *a.* (何でも)自分でやれ式の; 日曜大工式の.

Dolby System *Trademark* ドルビー方式《テープの雑音を少なくする方式》.

dolce *a., ad. Mus.* 甘美な, 甘美に.

doldrums (赤道付近の)無風帯; ふさぎ込み.

dole *n.* 施し(物); 失業手当. **go on the dole** 失業手当を受ける, **be on the dole** 失業手当を受けている. — *v.* 少しずつ分け与える (out).

doleful *a.* 悲しい, 陰気な.

dolichocephalic *a. Anthrop.* 長頭の.

doll 人形; 白痴美人; 女; (女からみて)いかす男.

dollar ドル《米国・カナダなどの通貨単位; = 100 cents); (もとの)5シリング銀貨.

dollar diplomacy ドル外交.

dollar mark ドル記号.

dollop (バター・チーズなど柔らかい物の)塊; 少量.

dolly *n.* お人形さん; かわいい子; 洗濯棒; *Motion Pictures, TV* 移動式撮影台. — *v.* 洗濯棒でかきまぜる; めかし立てる (up).

dolman ドルマン《婦人用ケープ式袖付きマント》.

dolman sleeve ドルマンスリーブ.

dolmen ドルメン《数個の石柱の上に平石を載せた太古の遺物》.

dolomite *Mineral.* ドロマイト, 白雲石.

dolor 悲しみ.

dolorous *a.* 悲しい.

dolphin *Zool.* イルカ; *Ichthy.* シイラ.

dolt のろま.

domain 領地; 地所; 領域, 分野; *Math.* 変域.

dome *n., v.* ドーム, 丸屋根, 丸天井 (を付ける); 頭.

domestic *a.* 家庭内の, 家事の; 自国の, 国内の; 内地産の; 家庭向きの, 所帯じみた; 飼馴らされた, 慣れた. — *n.* 召し使い; [pl.] 国産品.

domesticate *v.* 飼い馴らす; (植物を)風土に慣らす; 家事に親しませる, 所帯じみさせる.

domestic economy 家政.

domestic fowl 家禽.

domesticity 家庭的であること; 家庭生活.

domestic science 家政学.

domicile *Law* 住所, 本籍; *Com.* (手形の)支払い地.

domiciliary *a.* 住所の.

dominance 優越, 優勢.

dominant *a., n.* 優勢な, 支配的な; (遺伝形質が)優性の; *Mus.* (音階の)第五音.

dominate *v.* 支配する, 抑制する (*over*); 威圧する; そびえる.

domineer *v.* 威張る, 圧迫する (*over*).

domineering *a.* 横暴な.

Dominican *a., n.* 聖ドミニコの; ドミニコ会の (修道士).

Dominican Republic ドミニカ共和国 (中米 Hispaniola 島東部).

dominie 牧師.

dominion 統治権, 主権; 支配 (*over*); 領土; 自治領 (もとはカナダ・ニュージーランドについて用いた).

Dominion Day (カナダの)自治記念日 (7月1日, 法定休日).

domino ドミノの駒; [*pl.*] ドミノ (28 の駒の点を合わせて遊ぶ戯遊); *Pol.* ドミノ, 将棋倒し.

domino effect ドミノ効果 (一つのことが同様のことを次々引き起こす累積的効果).

domino theory *Pol.* ドミノ理論 (隣国が共産化すればその国も共産化されるとする説); 将棋倒し理論.

don [D-] スペイン人の敬称; 先生 (英国の大学で fellow, tutor などの通称); 名士; (マフィアの)指導者, ドン.

Don ドン (ソ連中部の川).

don't = do not. — *n.* 禁止(事項).

dona(h) 女, 愛人.

donate *v.* 寄付する, 贈与する.

donation 寄付(金).

donative 寄贈品.

donator 寄付者.

donatory 寄付受領者.

done *a.* 済んだ; 煮焼きされた; へとへとになった, 死んだ, 首になった; だまされた.

donee 受贈者.

dong ペニス.

donjon 天主閣.

Don Juan ドンファン; 女たらし.

donkey ロバ (*ass* の俗称); のろま.

donkey's years 長い間.

donkey engine (船の)補助機関.

donkeywork 退屈な骨折り仕事.

donna (イタリアの)貴婦人.

donnybrook [D-] 乱闘; 騒々しい言い争い.

donor 寄付者; *Med.* (血液・臓器などの)提供者, ドナー.

do-nothing *n., a.* 怠け者; 怠惰な.

Don Quixote ドンキホーテ; 現実を無視する理想家.

doodad 安ぴか物; 仕掛け; あの, 例の (名前を思い出せないもの).

doodle *v., n.* (会議中などぼんやり)いたずら書きする; ぐずぐずする; いたずら書き; ばかもの.

doodlebug アリジゴク; 近距離列車, 小型車.

doohickey = doodad.

doom *n.* (主に悪い)運命; 破滅; *Law* 判決; 最後の審判. — *v.* 運命づける (*to*); 罪を宣告する

doomsday 最後の審判日; 判決日.

door 戸, 扉, ドア; 戸口, 玄関; 一戸; …への道. **in doors** 屋内で. **out of doors** 屋外で. **lay at the door of** …の責任にする. **show one the door** 人を家から追い出す, 人を部屋から追い出す.

doorbell 玄関のベル.

do-or-die *a.* 必死の; いちかばちかの.

doorframe 戸の枠.

doorjamb (戸口両側の)側柱.

doorkeeper 門衛.

doorknob ドアの取っ手.

doorman (ホテルなどの)ドアマン.

doormat (玄関の)靴ぬくい; 虐待を甘受する人, 冷遇を甘受する人.

door money 入場料.

doornail ドアの飾り釘. **(as) dead as a doornail** 完全に死んで.

doorplate 標札.

doorpost [pl.] 門柱.

doorstep 戸口の階段; 厚い一切れのパン.

doorstrip ドアの見張り材.

door-to-door a., ad. 各戸ごとの, 各戸ごとに, 戸別の, 戸別に; 家から家への, 家から家まで.

doorway 戸口, 入り口.

dooryard (家の)前庭.

doozer, doozy 抜群のもの.

dope n. ドープ塗料 (ワニスの一種); 麻薬; 興奮剤; Phot. 現像薬; 内報; (競馬などの)予想; ガソリン; 麻薬常用者; まぬけ. —v. ドープを塗る; 麻薬を与える, 興奮剤を与える. **dope out** 解決する; 見つける.

doper 麻薬常習者.

dopester (競馬などの)予想屋.

Doppler effect Phys. ドップラー効果.

dop(e)y a. 薬が効いて; 頭の悪い; 半ば眠って.

Dorian a., n. Doris 地方の; ドーリス人.

Doric a., n. Doris 地方の; Arch. ドーリス式 (の).

Doris ドーリス《古代ギリシャ中部の地方》.

dork ペニス; ばか, 間抜け.

dorm =dormitory.

dormancy 休眠状態, 休止.

dormant a. 眠っている; 休眠中の, 活動停止中の; Biol. 冬眠中の. **dormant volcano** 休火山.

dormer 屋根窓.

dormitive a. Pharm. 催眠性の.

dormitory 寮, 寄宿舎, 合宿所; 郊外住宅地.

dormouse Zool. ヤマネ.

dorsal a. Anat., Zool. 背の.

dorsum Anat., Zool. 背, 背部.

dory[1] 平底の軽漁船.

dory[2] Ichthy. ニシマトウダイ.

dosage 投薬; (一回分の)投薬量, 適量.

dose n., v. (薬の)一服; 性病; 薬を盛る, 投薬する.

dosimeter 放射線計.

doss n., v. (安宿の)寝台; 眠り; 寝る.

doss house 安宿, どや.

dossier 一件書類.

Dostoevski ドストエフスキー. **Feodor Mikhailovich Dostoevski** (1821–81) ロシヤの作家.

dot[1] 妻の持参金.

dot[2] n. 点; Mus. 付点; Math. 小数点. **on the dot** 時間どおり. —v. 点を打つ; 点と散らす (with); 打つ, 拳骨をくらわす. **dot the i's and cross the t's** 明確に記す, 詳細に記す. **the year dot** ずっと昔.

dotage 耄碌; 盲目的愛情.

dotard 老いぼれ.

dote v. 老いぼれる; むやみにかわいがる (on, upon).

dot matrix ドットマトリクス《文字・数字を形作る一群の点》.

dotted line 点線.

dottle (パイプに残った)吸いさし.

dotty a. 点のある, 点のような; 気が狂った, ふらふらする; ばかげた.

douane 税関.

double a., ad. 二倍の, 二倍に, 二重の, 二重に; 対の, 双の; 二人用の; (花が)八重の; 表裏のある, 曖昧な. **see double** (酔って)物が二重に見える. —n. 二倍; 二重, 折り返し; よく似たもの, 生き写し; [pl.] (テニスなどの)ダブ

ルス; 吹き替え; 急 回転; *Baseball* 二塁打.
on [at] the double 素早く. —*v.* 二 重 にする, 二倍にする; (二つに)折る, 折り畳む, (体 を)折り曲げる (*up*); 重ねる; 二 役を務める; (船 が 岬 を)回る, 回航する; =doubledate; *Baseball* 二塁打を放つ.

double-acting *a.* 複動(作用)の.

double agent 二 重 スパイ.

double-barreled *a.* 二 重 銃 身 の, 二 連 発の; 二 重 目的的.

double bass =contrabass.

double bed ダブルベッド.

double boiler 二 重 鍋.

double-breasted *a.* (上着が) 両 前 の, (上着が)ダブルの.

double check 再確認.

double-check *v.* 再確認する.

double chin 二 重 あご.

double cross 負けると約束しておいて勝つこと; 裏切り.

double-cross *v.* 裏切る.

double dagger 二 重 剣じるし(‡).

double-date *v.* (二 組の男 女が)一緒にデートする.

double-dealer 行為に裏 表のある人.

double-dealing 裏 表のある行為.

double-decker 二層 船; 二階(建て)バス, 二 階(建て)電 車; 二 層のサンドイッチ.

double-digit *a.* 二桁台の.

double dipping 年金と給 料の二重取り.

double-dome インテリ.

double Dutch ちんぷんかんぷん(の 話).

double-edged *a.* 両 刃の.

double entendre 両 義をもつ語句・発 音.

double entry *Bookkeeping* 複式記帳.

double-faced *a.* 両 面の; 偽善的な.

double fault *Tennis* ダブルフォルト.

doubleheader *Baseball* ダブルヘッダー.

double helix *Biol.* (DNAの)二 重 らせん.

double-jointed *a.* 二 重 関節をもった.

double-lock *v.* 二 重に錠をかける; 厳 重 に保管する.

double-park *v.* 他の自動車と並べて駐 車する.

double play *Baseball* 併殺, ダブルプレー.

double-quick *n.* =double time. —*v.* = double-time. —*ad.*, *a.* 大急ぎで, 大急ぎの.

double reed ダブルリード《二枚の舌のある 楽器; オーボエなど》.

double-space *v.* ダブルスペースでタイプする.

double-speak 曖昧な 話 .

double standard *Econ.* 複本位制, 両 本位制.

double star *Astron.* 連星; 二 重 星.

double-stop *v.* *Mus.* 同時に二弦を弾く.

doublet 対の片 方; ダブレット《15–17 世紀に 流 行した腰部でくびれた男子用上着》; *Ling.* (同語源で異形または異義の)二 重 語《shirt: skirt など》.

double take (喜劇 俳 優が)聞き流した言葉の 真 意に気づいてぎょっとするしぐさ.

double-talk (まことしやかな)つじつまの合わない 話 .

doublethink 矛 盾した二つの 考 えを同時に 抱くこと.

double time 駆け足.

double-time *v.* 駆け足する.

double-tongued *a.* 二枚舌の, 偽善的な.

doubletree (車 ・すきの)横 材.

double-u Wの文字.

doubly *ad.* 二倍に, 二重に.

doubt *n.*, *v.* 疑 い; 疑問; 疑 う, 不審に思う. **beyond [without] doubt** 疑 いもなく, 確かに. **in doubt** 疑 って. **no doubt** 疑 いもなく; おそらく.

doubtful *a.* 疑 わしい; 怪しげな; はっきりしない (*of*).

doubtfully *ad.* 疑わしく.

doubting Thomas *Bib.* 疑い深い人.

doubtless *ad.* 疑いもなく; 多分, おそらく.

douche *Med.* 洗浄水; 注水器.

dough 練り粉; 生パン; 現金.

doughboy 歩兵.

doughfoot 歩兵.

doughnut ドーナツ.

doughty *a.* 豪胆な.

doughy *a.* 生パンのような; 生焼けの; 青膨れの; 頭の悪い.

dour *a.* むっつりした, 陰気な, 気難しい.

douse *v.* (水に突っ込む; *Naut.* (帆を)下ろす; (灯を)消す; (服を)急いで脱ぐ.

dove ハト; おとなしい無邪気な人; ハト派の人.

dovecot, dovecote 鳩小屋.

Dover, the Strait of ドーバー海峡 《英国とフランスの間》.

dovetail *n., v. Arch.* あり継ぎ《板の継ぎ合わせ方》; あり継ぎする; しっかり組み合わせる.

dowager (特に貴族の)未亡人; 気品のある老婦人.

dowdy *a., n.* 身なりの悪い, だらしない(女).

dowel *n., v.* 合わせ釘(で合わせる).

dower *n.* 寡婦産; =dowry; 天賦の才能. — *v.* (才能)を与える.

Dow-Jones average *Stock Exchange* ダウ平均.

Dow-Jones index *Stock Exchange* ダウ指数.

down[1] 砂丘; 起伏する草原; [the Downs] 英国南海岸地方の丘陵地帯.

down[2] うぶ毛, むく毛; (鳥の)綿毛; (植物の)冠毛.

down[3] *ad.* 下へ, 下に; 地上へ; 階下に; 川下に; 風下に; 下って, 降りて, 没して, 沈んで; 倒れて; 落ちて; (風が)ないで, 静まって; (都会から)離れて, 地方に, 町へ; (下は)…に至るまで; …以降; まったく; 現金で. **be down on** …に

怒って, …を憎む. **down and out** (ボクシングで)打ちのめされて; 落ちぶれ果てて. **down to the ground** まったく, 徹底的に. **down under** オーストラリアで, ニュージーランドで《イギリス側からみて地球の反対側にあるため》. **down with...!** …を打ち倒せ. — *prep.* …に沿って; 下方に; …を下って, 降りて; …の下手に, 下に. — *a.* 下への; 下りの, 落胆して, 打ちしおれて. — *n.* 下り; [*pl.*]不振, 衰運; 憎しみ, うらみ. — *v.* 下に置く; やっつける; 飲み込む. **down on** 吸淫をする.

down-and-out *a.* 衰弱した; 落ちぶれた.

down-at-heel *a.* 踵のすり減った(靴をはいた); みすぼらしい.

downbeat *n. Mus.* 強拍. — *a.* 現実的で味気ない; 気がめいった; 悲観的な(about).

downcast *a.* うなだれた; 打ちしおれた. — *n.* 伏し目; 破滅; (鉱山の)通気坑.

downer 鎮静剤.

downfall 落下; 大降り; 没落, 滅亡.

downgrade *n., a., v.* 下り坂(の); 降職する; 品質を落とす.

downhearted *a.* 落胆した.

downhill *ad.* 坂を下って. — *a.* 下り坂の.

down-home *a.* (南部風の)素朴な, 気取らない.

Downing Street ダウニング街《London の官庁街》; 英政府.

down payment 頭金.

downplay *v.* 調子を落とす, 軽視する.

downpour 土砂降り, 豪雨.

down quark *Phys.* ダウンクォーク.

downright *a., ad.* 露骨な; 純然たる, まったくの; まったく.

downsize *v.* (自動車を)小型化する. — *n., a.* (自動車が)小型(の).

Down's syndrome ダウン症候群.

downstage *n., a., ad.* 舞台前方(の); 舞台前方へ, 舞台前方で.

downstairs *n.*, *ad.* 階下(に). — *a.* 階下の.

downstate *n.* 州の南部. — *a.*, *ad.* 州の南部の; 州の南部に, 州の南部へ.

downstream *ad.* 下流に, 流れを下って.

downswing 振りおろし; *Baseball, Golf* ダウンスイング; (景気の)下降.

downtime (作業)休止時間.

down-to-earth *a.* 実際的な.

downtown *ad.* 商業地区へ, 商業地区に, 繁華街へ, 繁華街に. — *a.* 商業地区の, 繁華街の.

down-train 下り列車.

downtrodden *a.* 踏みにじられた.

downturn (景気の)下降, 沈滞.

downward *a.* 下りの, 下向きの; 下り坂の, 衰微の.

downward(s) *ad.* 下へ, 下方へ; 以後; 衰微して.

downy *a.* 綿毛のはえた, 綿毛のような, ふわふわした; 油断のない, 抜け目ない.

dowry (嫁の)持参金; 天賦の才能.

dowse *v.* 占い杖で水脈を探る, 占い杖で鉱脈を探る.

doxology *Relig.* 頌栄《礼拝の最後に歌う賛美歌》.

doyen (団体の)古参者, 長老.

Doyle ドイル. Sir **Arthur Conan Doyle** (1859-1930) 英国の推理作家.

doyl(e)y =doily.

doze *n.*, *v.* うたた寝(する), 居眠り(する). **doze off** うとうと眠る.

dozen ダース, 十二の一組; [*pl.*] 数十, 多数 (*of*). **talk nineteen to the dozen** たて続けにしゃべる.

dozy *a.* 眠い; ばかな.

DP displaced person(s). **DPh(il)** doctor of philosophy.

drab[1] *n.*, *v.* 自堕落女, 売春婦(と関係する).

drab[2] *a.*, *n.* さえない, 単調な; くすんだとび色の, 泥色の.

drabble *v.* 泥水をはね散らす; =draggle.

drachm =dram; drachma.

drachma ドラクマ《ギリシャの通貨単位》.

Draconian *a.* (古代 Athens の執政官)ドラコン流の, 苛酷な.

Dracula ドラキュラ《怪奇小説に登場する吸血鬼の伯爵》.

draff かす, おり.

draft *n.* 車を引くこと, 網を引くこと, 車一荷, 一網の漁獲高; 一飲み; 一口; 通風(孔), 隙間風; 草案, 草稿, 設計図; *Com.* 手形振り出し; 為替手形; *Naut.* (船の)喫水; 分遣隊, 特派隊; 徴兵; (スポーツの)ドラフト制. — *v.* 選抜する, 徴兵に取る; 分遣する, 特派する; 起草する, 立案する; 設計図を引く; (自動車レースで風圧を避ける為)前車の直後を走る.

draft beer 生ビール.

draft dodger 徴兵忌避者.

draftee 徴募兵.

draft horse 荷馬車馬.

draftsman 製図工; 起草者.

drafty *a.* 隙間風のはいる.

drag *v.* (重い物を)引く, 引いて行く, 引きずる; だらだら進む; 長びく, 長びかせる (*on, out*); (水底を)さらう; (まくわで)すく; 深く吸う. **drag in** (よけいなことを)持ち出す. — *n.* 引きずること, 引きずる物; 大まくわ; (車輪の)歯止め; 邪魔物; *Aeronaut.* (飛行機に働く)抗力; (たばこ・パイプの)吸い込み; うんざりするもの, うんざりする人; 異性の服装; 衣服; =drag queen; 「コネ」; ダンス; 通り; 魅力.

drag bunt *Baseball* ドラッグバント.

drag chute *Aeronaut.* ドラッグシュート, 制動傘.

dragee 糖菓.

draggle *v.* (泥・水などの中を)引きずる; 引きずって汚す, 引きずって濡らす; ぐずぐずついて行く.

draggle-tail だらしのない女.

draggy a. にぶい.

dragnet 引き網;捜査網.

dragoman (アラビア・トルコなどの)通訳.

dragon (伝説の)竜;厳重な付き添い,厳重な監視.

dragon's teeth 紛争の種.

dragonfly Entom. トンボ.

dragoon n., v. 竜騎兵(で迫害する).

drag queen (女装好きの)ホモ.

drag race (自動車の)スピード競走.

dragrope (気球などの)引き綱.

drain v. 排水する,水をはかせて(土地を)乾かす;(水が)流れる(away, off, into);飲み干す;(徐々に)取り尽くす,枯渇させる(of). — n. 排水;排水溝,放水路;[pl.](家の)下水(管);(貨幣の)流出,出費,負担(on). **go down the drain** むだになる.

drainage 排水(設備);下水,汚水.

drainage basin 排水地域.

drainer 下水工事人;排水溝.

draining board (台所の)水切り台.

drainpipe 排水管;[pl.]非常に細身のズボン.

drake 雄ガモ.

dram ドラム《衡量単位;常衡では1/16 oz., 薬局衡では1/8 oz.);液量ドラム(=1/8 fluid ounce);(ウイスキーなどの)微量,一杯.

drama 芝居,演劇,ドラマ;脚本;[the ~]劇文学,戯曲.

Dramamine Trademark ドラマミン《船酔い防止剤).

dramatic a. 劇の;劇的な;目覚ましい,芝居がかった.

dramatics 演劇学;演技,演出術;素人演劇;大げさな感情表現.

dramatis personae (L) 登場人物;配役表.

dramatist 劇作家.

dramatize v. 劇にする,脚色する.

dramaturgy 劇作法,演出法,ドラマトゥルギー.

dram drinker 飲酒家.

drape v., n. (切れ地を)優美な襞になるように掛ける,(部屋などを)掛け布で飾る,(像などを)ゆるやかな布地で覆う;優美な襞にした掛け布;(スカートの)ドレープ;(厚地の)カーテン.

draper 織物商,服地屋.

drapery [pl.](掛け布・カーテンなどの)襞,優美な襞のよった掛け布,優美な襞のよった織物;織物類,布地類;布地販売業,布地販売店.

drastic a. 思い切った,徹底した,猛烈な.

drat int. 忌々しい,畜生.

dratted a. ひどい,浅ましい.

draught n., v. =draft; [pl.]=checkers.

draughty a. =drafty.

Dravidian a., n. (南インドの)ドラビダ人(の);(南インドの)ドラビダ語(の).

draw v. 引く,引っ張る;引き付ける,引き寄せる;寄る,近づく;誘う,招く;人気を呼ぶ;注意を引く;(情報・結論を)引き出す,得る;抜く,抜き取る,(水を)汲む;ゆがめる,縮める;縮む;(息を)吸う;(線・図を)引く,描く;描写する;Com.(手形を)振り出す;(文書を)作成する(out, up);(船が喫水する;(勝負を)引き分けにする;(パイプ・煙突などが)通る;(茶が)出る;くじを引く;いじめる,からかう. **draw back** 引き戻す;退却する;手を引く. **draw in** 引っこめる,引き入れる;節減する;吸い込む;(日が)短くなる. **draw near** 近寄る,迫る. **draw off** 撤退する;(注意)を他に転じる;(水を)はかせる;脱ぐ. **draw on** 近づく;(手袋などを)はめる,(靴を)はく;(手形を振り出す;…に頼る,求める. **draw out** 引き出す,抜き取る;言わせる;(軍隊を)分遣する;引き伸ばす,打ち延ばす;描く;(文書を)作成する;(日・話が)長くなる. **draw up** 引き上げる;整列させる;整列する;体をまっすぐに

起こす (one*self*); (文書を)作成する; (馬・車
など)止まる; (馬・車 など)止める.
— *n.* 引くこと, 引き出すこと; くじ引き; 引き分け;
呼び物, 大当たり.

drawback 引け目, 落ち度, 欠点; 不利, 故
障.

drawbridge はね橋.

draw curtain *Theat.* 引き幕.

drawee *Com.* (手形の)名宛人.

drawer *Com.* (手形の)振り出し人; 製図者.
refer to drawer *Bank.* 振り出し人に回付され
たし.

drawers たんす, 引き出し; ズボン下, ブロース.

drawing 引くこと, 引き抜き; *Com.* (手形の)振
り出し; くじ引き; 製図; (鉛筆・ペン・木炭・クレ
ヨンなどでかいた)絵, 図画.

drawing board 製図板, 画板.

drawing card 人気番組; 人気役者.

drawing pin 画鋲.

drawing room 客間, 応接室.

drawknife 引き削り刀 (木工用).

drawl *v., n.* 母音を引き伸ばして言う(話し振り).

drawn *a.* 引き伸ばした, 引きつった; 引き抜いた;
引き分けの.

drawn butter (ソース用の)溶かしバター.

drawnwork, drawn-thread work ド
ローンワーク《抜きかがり細工》.

drawplate ダイス鉄板.

drawstring 引き紐.

draw well つるべ井戸.

dray 大荷馬車.

drayman 荷馬車屋.

dread *v., n.* 恐れる, 案じる; 恐怖, 恐れ, 憂
慮. — *a.* =dreadful.

dreadful *a.* 恐ろしい; 物凄い; ひどい, 嫌な.

dreadfully *ad.* 恐ろしく, こわがって; ひどく; 非
常に.

dreadlocks 髪の毛を細く束ねて縮らせたヘア
スタイル.

dream *n., v.* 夢(みる); 夢想(する) (*of, about*),
夢うつつ(の状態); 白日夢; 夢かと思うばかり
のもの; 夢かと思うばかりの人; すばらしいもの; すば
らしい人; 美しいもの; 美しい人. — *a.* 申
し分ない. **dream away** 夢心地で過ごす.
dream up (妙案・発明など)急に思いつく.

dreamboat 理想的なもの; 理想的な人.

dreamer 夢みる人; 夢想家.

dreamily *ad.* 夢心地で, うとうとと.

dreamland 夢の国; 眠り.

dreamless *a.* 夢のない.

dreamlike *a.* 夢のような.

dreamworld 夢の世界; 空想の世界.

dreamy *a.* 夢のような, おぼろげな; 空想的な;
すてきな, すばらしい.

dreary *a.* もの寂しい, 侘しい; 陰気な.

dredge[1] *n.* (水底の泥をすくい取る)鋤簾, 浚
渫機; 浚渫船; 底引き網. — *v.* (水底を)
さらう, すくう (*up*).

dredge[2] *v.* (粉などを)振りかける; まぶす.

dredger[1] 浚渫船.

dredger[2] 粉振り器.

dregs おり, かす, つまらないもの.

drench *v.* 浸す, ずぶ濡れにする. — *n.* びしょ濡
れ; (牛馬用の)水薬.

drencher (牛馬用の)投薬器; 土砂降り.

dress *v.* 衣服を着る; 衣服を着せる; 正装する,
夜会服を着る; 飾る; 手入れする, 調髪する;
(傷を)手当てする; 調理する; (皮などを)仕上げ
る; 整列する. **dress down** 叱る. **dress up**
着飾る, 盛装する. — *n.* 衣服, 服装; 装
い; 婦人服; 子供服; ドレス; (男子の)正装,
礼服.

dressage 調馬.

dress circle (劇場の)二階正面の特等
席.

dress coat 燕尾服.

dresser 着付をする人, (芝居の)衣装方;
外科の助手; 鏡台, ドレッサー; 食器棚.

dress goods (婦人・子供用)服地類.

dressing 手入れ, 仕上げ; 装飾; 化粧; (サラダにかける)ドレッシング; (外科の)手当て用品; 肥料.

dressing case (旅行用)化粧道具入れ.

dressing-down 叱りつけること.

dressing gown 化粧着.

dressing room 化粧室; 楽屋.

dressing table 化粧台, 鏡台.

dressmaker ドレスメーカー, 洋裁師.

dressmaking 洋裁.

dress parade 閲兵式.

dress rehearsal (芝居の)ドレスリハーサル《衣装を着けて行う本稽古》.

dress shield (わきの下に付ける)汗よけ.

dress shirt 礼装用ワイシャツ.

dress suit 夜会服, 礼服.

dressy a. 衣装好みの, 服装に凝った, ドレッシーな; 粋な.

drib n. dribs and drabs 少量, 少額.

dribble v. たらたら滴る; たらたら滴らす; よだれをたらす; (ボールを)ドリブルする. — n. 滴り, 少量; 霧雨; ドリブル.

driblet 小滴; 少量.

dried-up a. 干からびた; しなびた; (感情などの)枯渇した.

drier 乾燥器, (ヘア)ドライヤー; 乾燥剤.

drift n. 流れ, 潮流; 漂流(物); 吹き寄せ, 吹きだまり; 傾向, 方向, 成り行き, 大勢; 趣旨, 意味; Elec. ドリフト; Geol. 砂礫, 漂積物; Ling. 定向変化. — v. 漂流する; 漂流させる; (雪など)吹き寄せる, 積もる; 放浪する, ぶらつく.

driftage 漂流作用; 漂流物.

drifter 漂流者; 漂流物; 流し網漁船.

drift net 流し網.

driftwood 流木.

drill¹ 綾木綿, 綾リンネル.

drill² n., v. 種まき器(で種をまく), 畝.

drill³ n., v. 錐, 穴明け器(で穴をあける), ドリル; 練兵, 教練, 訓練(する); 腹に風穴をあける; 正しいやり方.

drill instructor, drillmaster 教練教官.

drillship 海底掘削船.

drily ad. =dryly.

drink v. 飲む; 酒を飲む; 乾杯する (to); (飲むと)…の味がする. **drink in** 吸収する; うっとり(香気を)かぐ, (音楽に)聞き入る, 見とれる. **drink up** 吸い上げる; 飲み干す. — n. 飲み物, 飲料; 酒; 一杯 (of); 飲酒; 海.

drinkable a., n. 飲める; [pl.] 飲料.

drinker 飲む人; 酒飲み.

drinking fountain (公園・路傍の)水飲み噴水.

drinking song 酒宴の歌.

drinking water 飲料水.

drip v., n. 滴る; 滴らす; 滴り, しずく(が落ちる); Med. 点滴; 嫌な奴.

drip coffee ドリップ式で入れたコーヒー.

drip-dry v. つるしておいて乾かす. — a. 速乾性の.

drip-feed n., v. 点滴(する).

Dripolator Trademark ドリポレーター《ドリップ式コーヒー沸かし》.

dripping a., n. しずくのたれる; 滴り, しずく; [pl.] (焼肉から出る)たれ汁; Med. 点滴(剤).

dripping pan 肉焼き鍋.

drippy a. 滴る; 雨降りの; ひどくセンチメンタルな.

dripstone 水切り石.

drive v. 追う; 追い立てる, 駆り立てる; 走らす, 御する, 運転する, 操縦する; 駆使する; 馬車で行く, 自動車で行く, 車に乗って行く, 車に乗せて行く, ドライブする; 突進する; (釘などを)打つ, 刺す, うがつ; (商売を)営む, (取り引きを)する; (ボールを)強く打つ; Golf ドライバーで(ボールを)遠

くへ打つ; (人に)無理に…させる, (人に)強いて…させる (to, into).　**drive at** 意図する, 意味する.

drive away 追い払う; 車を走らせて去る; せっせと励む (at).　**drive home** 深く打ち込む; 十分納得させる.　**drive one mad** 気を狂わせる.　**let drive** 狙う, (狙って)投げる, 打つ (at).　— n. 車を走らせること, ドライブ; (馬車・自動車で行く)道のり; =driveway; 駆り立て; 進撃; (ボールの)強打; (仕事をする)精力; 推進力; (ある目的に対する)猛運動; (時勢の)流れ; (自動車で)(オートマチック車の変速レバーの)ドライブの位置, 走行の位置.

drive-in ドライブイン.

drivel v. よだれをたらす; たわごとを言う; (時を)浪費する (away).　— n. たわごと.

drivel(l)er よだれたらし; 鼻たらし; ばか.

driver 御者; 運転手, 機関手; 牛追い, 馬方; Golf ドライバー; Computer (I/O) ドライバー.

driver's license 運転免許証.

driver's seat 権力の座.

drive-through a. 車を運転しながら見られる.

drive-up a. 車で乗りつけられる方式の.

driveway (門から玄関までの)車道, 私道.

driving licence 運転免許証.

driving range ゴルフ練習場.

driving wheel Mech. 動輪.

drizzle n., v. 霧雨(が降る).

drizzly a. 霧雨の降る.

drogue 銛綱の浮き; 吹き流し.

droit (法的)権利(の主張者).

droll a., v. おどけた; おどける.

drollery おどけ.

drome 空港.

dromedary Zool. ヒトコブラクダ.

drone n. ミツバチの雄; 怠け者; (ぶーんという)唸り; バグパイプの低音; (無線操縦の)無人機, 無人車, 無人ミサイル.　— v. ぶんぶん唸る; ものうげな声で話す; 怠け暮らす (away).

drool v., n. よだれをたらす; たわごと(を言う).

droop v. うなだれる, たれる; 伏し目になる; しおれる; (元気が)衰える.　— n. うなだれ; 意気消沈; (調子の)だれ.

droopy a. 疲れた.

drop n. しずく, 滴り, 一滴; 微量 (of); 少量, 酒; 降下, 落下(距離), 落差; (落下傘による)空中投下; 沈下; 下落; 飴玉, ドロップ; ペンダント; [pl.] 点滴薬; (スパイなどの)秘密情報隠匿場所.　**at the drop of a hat** 突然.　**drop in the bucket** 焼け石に水.　**get [have] the drop on** 機先を制する.
— v. 滴る; 滴らす; しずくが垂れる; 落ちる, 落とす; 下がる; 下げる; 倒れる; 倒す; (言葉・息)を漏らす; (一筆)書き送る; (手紙)を投函する; (ぱったり)やめる, (ぱったり)やむ, 捨てる; 絶交する; 失う, (金を)なくす.　**drop across** 偶然出会う.　**drop away** ひとりずつ立ち去る.　**drop behind** 遅れる.　**drop in** ちょっと立ち寄る.　**drop off** =drop away; 寝入る; 衰える.　**drop out** 退去する; 手を引く (of), 脱落する; 加わらない, 慣習的生活方式を拒否する.

drop curtain (劇場の)垂れ幕, どんちょう.

drop-dead a. 目を奪う.

drop-forge v. Metal. 落とし火造りする.

drop hammer Mech. 落としハンマー.

drop-in n., a. ちょっと立ち寄る(人).

dropkick Rugby ドロップキック.

drop leaf (テーブルの)たれ板.

droplet 小滴.

drop letter 自局配達区域内郵便物.

drop-off 急な下り.

dropout Rugby ドロップアウト; (高校の)中途退学(者), 落後者.

dropper 点滴器.

dropping 落下; [pl.] 落下物, (鳥の)糞.

drop press =drop hammer.

drop scene 垂れ幕; 大詰め; 晩年.

dropshot Tennis ドロップショット.

dropsonde *Meteor.* 投下ゾンデ.

dropsy *Med.* 水腫症, 水気.

drop test 落下テスト.

dross かなくそ; 屑; お金.

drought, drouth 日照り, 旱魃; 不足.

drove *n., v.* (ぞろぞろ行く)家畜群; (ぞろぞろ行く)群集; 荒削りのみ(で仕上げる).

drover 家畜追い, 家畜商人.

drown *v.* 溺れる; 溺れさせる; 水浸しにする; (音を)かき消す, 聞こえなくする; (苦痛などを)紛らす.

drowse *v., n.* 眠気(がさす), 居眠り(する); うつらうつら時を過ごす (*away*).

drowsy *a.* 眠い, 眠気を誘う(ような).

drub *v.* 棒で打つ; やっつける.

drudge *v., n.* (単調な骨折り仕事を)あくせく働く(人).

drudgery 単調な骨折り仕事.

drug *n.* 薬種, 薬剤, 薬; 麻薬. **drug on the market** (有り余って)売れない品. —*v.* (毒薬・麻酔剤などを)混ぜる; 麻酔剤を飲ませる, 麻薬を飲ませる.

drugget 粗毛絨毯.

druggie 麻薬常用者.

druggist 薬屋, 薬種商, 薬剤師.

drugstore ドラッグストア《薬品の外に文房具・たばこ・化粧品なども売りまた軽い食事や喫茶の設備もある》.

druid ドルーイド僧《古代ケルト族の僧》.

druidism ドルーイド教.

drum *n.* 太鼓(の音); *Anat.* 鼓膜; *Mech.* 巻き胴, 鼓胴; ドラム缶. **beat the drum for** 興味をかきたてる. —*v.* 太鼓を打つ, 太鼓を鳴らす; とんとん叩く; 繰り返して言い聞かせる, 頭に叩き込む; 宣伝する. **drum out of** …から追放する. **drum up** 呼び集める.

drumbeat 太鼓の音.

drumfire 連続集中砲火; (質問の)連発.

drumhead 太鼓の皮.

drum major 楽隊の鼓手長, 楽隊の楽長.

drum majorette バトンガール.

drummer 鼓手, ドラマー; セールスマン.

drumstick 太鼓のばち; (料理した)鶏の足.

drunk *a.* 酔って. —*n.* 酒宴; 酔っ払い(事故).

drunkard 飲んだくれ.

drunken *a.* 酔った; 酒飲みの.

drunkenness 酔い.

drunkometer 飲酒検知器.

drupe *Bot.* 核果, 石果.

dry *a.* 乾いた, 乾燥した; 水の枯れた; 日照り続きの; (牛などが)乳の出ない; のどの乾いた; 禁酒の; (パンに)バターなどをつけない; 無味乾燥な, 情味のない, そっけない, 冷淡な; 露骨な; 甘味のない; 辛口の. —*v.* 乾かす; 乾く; 干す; ぬぐう, ふく; (水が)枯れる. **dry out** 禁酒する. **dry up** 十分乾かす; 十分乾く; 干上がらせる; 枯渇する; 言おうとしたことを忘れる; 話をやめる. —*n.* 禁酒主義者.

dryad *Gk & Rom. Myth.* ドリュアス《森の精》.

dryasdust *n.* 面白みのない学者. —*a.* 無味乾燥な.

dry cell 乾電池.

dry-clean *v.* ドライクリーニングする.

dry cleaner (ドライ)クリーニング屋.

dry cleaning ドライクリーニング.

dry dock 乾ドック.

dry-dock *v.* 乾ドックに入れる.

dryer =drier.

dry-eyed 涙を流さない.

dry farming 乾地農法.

dry goods 織物・小間物類; 穀類.

dry hole 空井戸.

dry ice ドライアイス.

dryland *a.* 乾燥地域の.

dryly *ad.* 無味乾燥に; 冷淡に.

dry measure 乾量《穀類計量単位》.

dryness 乾燥；無味乾燥；冷淡.

dry nurse 育児婦, 子守り.

dry-nurse v. 守り育てる.

dry rot (木材の)むれ腐れ, 乾燥腐敗；(社会・組織体の)内部腐敗.

dry run 試運転；予行演習, リハーサル.

drysalter 化学製品販売業者；乾物商人.

dry-shod a., ad. 靴をぬらさない(で), 足をぬらさない(で).

dry wash 洗って干しただけの(アイロンをかけていない)洗濯物.

DSc doctor of science.   **DST** daylight saving time.   **DT** delirium tremens.

dual a. 二の；二重の；二元的な.
— n. Gram. 両数(形).

dual control 複操縦装置.

dualism Philos. 二元論；二重性.

dualistic a. 二元論的な.

duality 二重性, 二元性.

dual-purpose a. 二目的用の.

dub[1] n., v. Motion Pictures (音楽・せりふなどの)二重録音(をする), 再録音(をする).

dub[2] v. (knight の爵位授与式で)剣で軽く肩を打つ；knight の爵位を授ける；…と称する，あだ名をつける. — n. へまをやる人, へまな運動選手.

dubbin 保革油.

dubbing ダビング.

dubious a. 疑う, 怪しいと思う(of)；疑わしい, 曖昧な；おぼつかない.

Dublin ダブリン《アイルランド共和国の首都》.

ducal a. 公爵の.

ducat ダカット《昔欧州で用いた金貨》；お金；入場券.

duchess 公爵夫人, 女公爵；物腰の堂々とした女.

duchy 公爵領, 公国.

duck[1] ズック；[pl.] ズックのズボン.

duck[2] v., n. ひょいと水にもぐる, ひょいと水にもぐらせる, ひょいと頭を下げる(こと)；(責任などを)避ける；ひょいと動く.

duck[3] (雌の)カモ, アヒル；かわいい人；奴；水陸両用装甲車. **ducks and drakes** 水切り遊び. **make ducks and drakes of**＝**play ducks and drakes with** (金を)湯水のように浪費する.

duckbill Zool. カモノハシ.

duckboard [pl.] (沼地などに渡した)板敷き.

duckling アヒルの子, 子ガモ.

duck soup 楽な仕事.

ducktail 両側を長くして後ろでまとめる髪型.

duckweed Bot. アオウキクサ.

ducky a. かわいい；満足すべき.
— n. ＝darling.

duct Anat., Bot. 導管, 管；暗渠.

ductile a. (針金に伸ばせる；思うまま(の形)になる, 可塑性の；従順な.

ductless gland Anat. 内分泌腺.

dud n. 不発弾, 失敗(した人), 失敗した事；[pl.] 着物, 持ち物. — a. つまらない, くだらない.

dude 気取り屋, しゃれ者.

dudgeon 立腹. **in high dudgeon** ひどく怒って.

due a. 当然の, 正当な, 適当な；支払い期日の来た, 満期の；(汽車・汽船など)到着の予定で；当然…に払うべき, 帰すべき, …による；(…する)ことになっていて；(…を)受けることになっていて；(…を)すべきで. **due to** …のため. **in due course [time]** そのうち(時が来れば), やがて. **fall [become] due** (手形が)満期になる.
— ad. (方向が)まさしく, 真…
— n. 当然受けるべきもの；当然与えるべきもの, 当然の分け前；正当の権利, 当然の義務《負債・報酬など》；[pl.] 税, 料金, 会費. **give a man his due** 人を公平に扱う.

duel n., v. 決闘(する), 試合.

duel(l)er, duel(l)ist 決闘者.

duenna (スペインの家庭で)少女しつけ係婦人;婦人家庭教師.

duet, duetto *Mus.* 二重唱(曲),二重奏(曲),デュエット.

duettist 二重唱歌手,二重奏者.

duff[1] プディングの一種;腐った枯れ葉,腐った枯れ枝;尻.

duff[2] *v.* 球を打ち損じる;へまをする;(古物を)新しく見せる,ごまかす.

duffel, duffle キャンプ用品;けばのある厚地ラシャ.

duffel bag ズック製円筒形雑嚢.

duffel coat ダッフルコート.

duffer うすのろ,くだらぬもの.

dug 乳首.

dugong *Zool.* ジュゴン《イルカに似た哺乳動物》.

dugout 丸木舟;(防空)待避壕,(野球場の)ダッグアウト;応召した退役将校.

duke 公爵;[*pl.*]拳骨.

dukedom 公爵領,公国.

dulcet *a.* (音色が)美しい,美妙な.

dulcimer *Mus.* ダルシマー《弦楽器》.

dulcinea 恋人.

dull *a.* 鈍い;のろい,鈍感な,遅鈍な;(光・色の)さえない,ぼんやりした,曇っている,活気のない,不振の;退屈な;面白くない. —— *v.* 鈍らせる;曇らせる;(痛みなどを)和らげる.

dullard のろま.

dullish *a.* やや鈍い,薄ぼんやりした.

duly *ad.* 正しく,まさに,当然;滞りなく;時間通り.

Dumas デュマ. **Alexandre Dumas** (1802-70) (1824-95) フランスの作家父子.

dumb *a.* 口がきけない,物の言えない;無言の,無口な;口では言い表せない;ものも言えない;間抜けな.

dumbbell 亜鈴;うすのろ.

dumbfound *v.* 物も言えないほどびっくりさせる, すっかりまごつかせる.

dumb show 無言劇,だんまり芝居.

dumbstruck *a.* 啞然とした.

dumbwaiter (食卓に置く)回転食品台;食器・食品用エレベーター.

dumdum ダムダム弾.

dummy *n.* ダミー,人台《服屋の衣装掛け台》;(髪型の)模型台;(標的の)人形;ばか者;にせ物;替え玉,代役,ロボット. —— *a.* にせの,飾りの.

dump[1] [*pl.*] 憂鬱. **in the dumps** 不機嫌で.

dump[2] *v.* (荷物・ごみなどを)どさりと下ろす;投げ捨てる;*Com.* 投げ売りする,ダンピングする;*Computer* (…を)打ち出す. —— *n.* ごみの山,ごみ捨て場;臨時弾薬置き場;臨時食料置き場;汚い場所;ぼろ家;ぼろ旅館,ぼろ劇場;*Computer* ダンプ,打ち出し.

dump car ダンプ貨車.

dump cart 手押し放下車.

dumper ダンプ車;荷投人.

dumping *Com.* ダンピング,投げ売り.

dumpling ゆでだんご;蒸しだんご;太っちょ.

Dumpster *Trademark* 大型ごみ収納器.

dump truck ダンプカー.

dumpy *a.* ずんぐりした;見苦しい.

dun[1] *n., a.* 焦げ茶色(の).

dun[2] *v., n.* うるさく催促する(人),うるさく催促すること,うるさく悩ます.

dunce 低能児;のろま.

dunderhead のろま.

dune 砂丘.

dung *n., v.* 糞,こやし(をやる).

dungaree ダンガリー《粗製綿布》;[*pl.*]ダンガリー製作業服.

dung beetle *Entom.* 糞虫《糞を食するコガネムシの類》.

dungeon 土牢.

dungy *a.* 糞だらけの;汚い.

dunk *v.* (パンやケーキを茶やコーヒーに)浸す.

Dunkirk 必死の撤退；危機.

dunk shot *Basketball* ダンクショット.

dunnage 手荷物；(積み荷の下や間に詰める)荷敷き.

dunno *v.* =(I) don't know.

duo (It) *Mus.* 二重奏；(芸人の)二人組.

duodecimal *a.* 十二進法の.

duodenitis *Med.* 十二指腸炎.

duodenum *Anat.* 十二指腸.

duologue 二人対話(劇).

dupable *a.* だまされやすい.

dupe *n., v.* すぐだまされる人，間抜け；(映画の)複製ネガ；だます.

dupery 詐欺.

duple *a.* 二倍の.

duplex *a.* 二重の，重複の.

duplex apartment 複層住戸.

duplicate *a.* 二重の；対の，同一の；複製の，副の，写しの，控えの．— *n.* 謄本，副本，写し，控え；複製品，模造品；合札，質札.
in duplicate 正副二通に．— *v.* 二重にする；正副二通にする；複写する.

duplication 二重，重複；複製，複写.

duplicator 複写器，謄写版.

duplicity 二枚舌，表裏あること，二心あること，不誠実.

durability 持続力，耐久性.

durable *a.* 持続する，持ちのいい，丈夫な.

durable goods 耐久(消費)財.

Duracell *Trademark* デュラセル《乾電池》.

duralumin ジュラルミン.

dura mater *Anat.* 硬膜.

durance 監禁.

duration 持続(期間).

duress *Law* 強制，脅迫；監禁.

durian ドリアン《マレー諸島産の美味な果実》.

during *prep.* …の間，…中.

durum wheat デューラム小麦.

dusk *n.* 薄暗がり，夕闇，陰.

— *v.* 暮れかかる.

dusky *a.* 薄暗い；薄黒い.

dust *n.* 塵，ほこり；粉末，花粉；土；死体；*Bib.* 人間；お金．**bite the dust**(戦場で)死ぬ；失敗する．**kick up [make, raise] a dust** 騒動を起こす．**lick the dust** 倒れる，負かされる．**shake the dust off one's feet** 席を蹴って去る．**throw dust in a person's eyes** だます．— *v.* (粉を)ふりかける；塵を払う，はたきをかける．**dust off** 使い始める；*Baseball* ビーンボールを投げる.

dustbin ごみ入れ.

dust bowl 黄塵地帯《1930年代に砂嵐にやられた中西部》.

dust cart ごみ車.

dustcover (本の)カバー；(家具などの)ほこりよけカバー.

dust devil (ほこりを巻き上げる)小旋風.

duster はたき；雑巾；ダスター(コート)；散布器.

dustily *ad.* ほこりまみれになって.

dustiness ほこりまみれ，ほこりだらけ.

dusting 殴ること.

dust jacket [wrapper] (本の)表紙カバー.

dustless *a.* ほこりの(立た)ない.

dustman ごみ掃除夫；眠りの精.

dustpan 塵取り.

dustproof *a.* 防塵の.

dust sheet ほこりよけ布.

dustup 騒動，けんか.

dusty *a.* ほこりだらけの，塵まみれの；粉末の；ほこり色の．**not so dusty** まんざら悪くない，かなり良い.

Dutch *a.* オランダ(風)の；オランダ人の；オランダ語の．— *n.* オランダ語；[the ～] オランダ人；[d-] 女房．**double Dutch** ちんぷんかんぷん．**go Dutch** 割り勘にする．**in Dutch** 困って；嫌われて．**talk like a Dutch uncle** 厳しく叱る.

Dutch courage 酒の上の空元気.

Dutch door 上下二段式ドア.

Dutchman オランダ人.

Dutch oven 天火.

Dutch roll *Skating* ダッチロール; *Aeronaut.* ダッチロール《偏揺れを周期的に繰り返す飛行状態》.

Dutch treat 各自自弁の会(食).

dutiable *a.* 課税される.

dutiful *a.* 本分を守る; 忠順な; 礼儀正しい.

duty 本分, 義務, 任務, 責任; [*pl.*] 職務; 義理; 仕事; 敬意;(輸入入・相続・取得などの)税. **do duty for** …の用を務める, 代理をする. **off duty** 非番で, 勤務時間外で. **on duty** 当番で, 勤務時間中で.

duty-free *a.* 免税の.

DV Deo volente (L, =God willing). **DVM** doctor of veterinary medicine.

Dvořák ドボルザーク. **Anton Dvořák** (1841–1904) チェコの作曲家.

dwarf *n., a.* 小人, 一寸法師《醜く, 魔力をもつ》; 小型の, 矮小な. — *v.* 小さくする; いじけさせる; 小さく見せる.

dwarfish *a.* 小人のような, いじけて小さい; 発育不全の.

dwell *v.* 住む (*in, at,* etc.). **dwell on** [**upon**] ゆっくり考える, つくづく考える, くわしく話す, くわしく書く; 強調する;(音階・言葉などを)ゆっくり伸ばす, 手間取る.

dweller 居住者.

dwelling 住所, 住処.

DWI driving while intoxicated 飲酒運転(者).

dwindle *v.* だんだん小さくなる, 減少する; やせ細る,(名声などが)衰える, 低下する.

dyad 2, 2個1組, 2個群; *Biol.* 2分子, 2分染色体; *Math.* ディヤード; *Chem.* 2価元素.

dyarchy =diarchy.

dye *n, v.* 染料; 色合い; 染める, 染まる, 着色する.

dyed-in-the-wool *a.* 生粋の, 純然たる.

dyeing 染色(業).

dyer 染物業者.

dyestuff 染料.

dying *a.* 死にかけている, 頻死の; 臨終の, いまわの; 暮れてゆく, 消えかけている, 滅びかけている.

dyke =dike[1,2].

dynamic *a.* 力学(上)の; 動的な; 力強い, 有力な, ダイナミックな.

dynamical *a.* 力学的な.

dynamics *Phys.* 力学; 原動力, 力; *Econ.* 動学.

dynamite *n., v.* ダイナマイト(で爆破する); 危険物; すばらしいもの; すばらしい人.
— *a.* ショッキングな.

dynamiter ダイナマイトを用いる破壊者, ダイナマイトを用いるテロリスト.

dynamo 発電機, ダイナモ; 精力家.

dynamoelectric *a.* 機械エネルギーを電気エネルギーに変える; 電気エネルギーを機械エネルギーに変える.

dynamometer 検力計; 握力計; 動力計; 液圧計.

dynast (世襲)君主.

dynasty 王朝.

dyne *Phys.* ダイン《力の単位》.

dysentery *Med.* 赤痢.

dysfunction *Med.* 機能障害.

dysmenorrhea *Med.* 月経困難(症).

dyspepsia *Med.* 消化不良(症).

dyspeptic *a., n.* 消化不良の(人); 憂鬱な.

dyspn(o)ea *Med.* 呼吸困難.

dysprosium *Chem.* ジスプロシウム《希元素》.

dystrophy *Med.* 異栄養症, ジストロフィー.

dysuria *Med.* 排尿困難.

E

e E字形(のもの); *Mus.* ホ音, ホ調 ;(成績の)条件付き合格.

each *a.* 各々の, 夫々の. — *pron.* 各自, めいめい. **each other** *pron.* お互いに.

eager *a.* 熱望して (*for, after, about*), しきりに…したがって (*to* do); 熱心な.

eager beaver 頑張り屋.

eagerly *ad.* 熱心に, しきりに.

eagle *Ornith.* ワシ; ワシ印 (の旗, 貨幣など); *Golf* イーグル.

eagle eye 鋭い眼力(の人).

eagle-eyed *a.* 目の鋭い.

eagle owl *Ornith.* ワシミミズク.

eaglet ワシの子, 子ワシ.

ear[1] (麦などの)穂.

ear[2] 耳; 聴覚, 聴力, 音感; 耳形の取っ手. **be all ears** 熱心に傾聴する. **catch one's ear** 耳にはいる, 聞こえて来る. **fall on deaf ears** 傾聴されない, 注意されない. **go in (at) one ear and out (at) the other** 頭に残らない. **have [keep] an ear to the ground** 世論に耳を傾ける. **up to one's [the] ears** 深くはまり込んで. **turn a deaf ear** 聞こうとしない (*to*).

earache 耳痛.

eardrop イヤリング.

eardrum *Anat.* 鼓膜.

eared[1] *a.* 穂のある.

eared[2] *a.* 耳(状部)のある, 耳付きの.

earflap (帽子の)耳覆い.

earful 不快な噂 ; 耳よりな話, 重大ニュース; お小言.

earl (英国の)伯爵.

earlap, earlobe 耳たぶ.

earldom 伯爵領.

earliness 早朝.

early *a.* 早い; 近々の; 幼い, 初期の; 早生の. — *ad.* 早く; 早い頃に, 初期に. **early on** 早くから.

early bird 早起きの人 ; 定刻前に来る人.

early-warning *a.* 早期警戒(用)の.

earmark *n., v.* (所有主を示す)羊の耳印 (をつける), 特徴 ;(資金の用途などを)指定する; (ページの)すみを折る.

earmuff 耳覆い.

earn *v.* (働いて)得る, 稼ぐ; (名誉などを)受ける, 博する; (利益を)得る.

earned run *Baseball* アーンドラン, 自責点.

earned run average *Baseball* 防御率.

earnest[1] *a.* 真面目な, 真剣な, 熱心な; 重大な. — *n.* 真面目, 本気. **in earnest** 真面目に, 本気で.

earnest[2] 保証, 抵当; 手付け金; 前兆.

earnestly *ad.* 真面目に, 本気で.

earnest money 手付け金.

earnings 所得, 収入.

earphone イヤホーン.

earpiece (帽子の)耳覆い;(眼鏡の)つる; イヤホーン.

earplug 耳栓.

earring イヤリング, 耳輪.

earshot 聞こえる距離.

earsplitting *a.* 耳をつんざくような.

earth 大地, 陸地; この世, 世俗, 俗事, 地面; 地球; 土; *Elec.* アース. **come back [down] to earth** (夢から)現実に戻る. **on earth** 世界中で;(否定を強調)ちっとも; [what, how などを伴って]一体全体. **run to earth** 追い詰める. — *v.* 土をかぶせる;(獲物を)穴に追い詰める.

earthborn *a.* 地から生まれた, 浮き世の.

earthbound *a.* 土に固着した; 現世的な; 平凡な; 地球に向かう.

earthen *a.* 土の, 土製の.

earthenware 土器, 陶器.

earthiness 土質; 俗悪.

earthliness 現世的なこと.

earthling 人間, 地球人; 俗人.

earthly a. 地上の; この世の, 俗界の. **not an earthly** 全然, ちっとも.

earthly-minded a. 俗世間的な心の.

earthman 地球人.

earthnut 落花生.

earthquake 地震.

earthrise (月から見た)地球の出.

earthshaking a. 世界を驚かすような.

earthshine Astron. 地球照《月面の地球の反射光》.

earthward(s) ad. 地の方に, 地球の方に.

earthwork 土塁.

earthworm Zool. ミミズ.

earthy a. 土の(ような); 粗野な; 素朴な.

ear trumpet 補聴器.

earwax 耳垢.

earwig Entom. ハサミムシ.

ease n. 気楽, 安楽, 安心; 容易, 平易; 余裕, ゆとり. **at (one's) ease** 気楽に, くつろいで. **ill at ease** 落ち着かないで. **take one's ease** 体を楽にする, くつろぐ. **with ease** =easily. — v. 気を楽にさせる, 安心させる; (不安・苦痛を)軽減する, 和らげる, 楽にする (away, off, up); 注意深く動かす.

easeful a. 安楽な; 呑気な.

easel 画架, イーゼル, 黒板掛け.

easement (苦痛などの)緩和; Law 地役権.

easily ad. 容易に, 楽々と; 安らかに; 断然; 少なくとも.

easiness 容易さ, 平易, (文などの)なだらかさ; 気軽さ, 気楽, 落ち着き.

east n. 東; 東方; 東部(地方); [the E-] 東洋, 米国東部諸州, 東欧(共産主義)諸国. — a., 東の, 東部の; 東向きの; (教会で)祭壇の方の; (風が)東からの, (風が) 東から吹く; 東へ, 東に. **down East** New England (へ), New England に.

East Berlin 東ベルリン《東ドイツの首都》.

eastbound a. 東行きの, 東回りの.

East End イーストエンド《ロンドンの東端地区; かつての貧民街》.

Easter 復活祭.

Easter egg 復活祭の贈り物にする彩色した卵(のおもちゃ).

easterly a., ad., n. 東寄りの, 東寄りに; 東から吹く(風).

eastern a. 東の, 東方の; [E-] 東洋の, 米国東部の, 東欧の, 東側の; (風が)東からの, (風が) 東から吹く.

Eastern Church 東方(正)教会《ギリシャ正教会》.

Easterner 米国東部地方の人.

easternmost a. 最東方の.

Eastern Roman Empire 東ローマ帝国.

Eastern standard time (カナダ・米国・オーストラリア)東部標準時.

Easter Sunday 復活祭日《3月21日以後の満月後の最初の日曜日》.

Eastertide 復活祭季節.

East Germany 東ドイツ.

east-northeast n., a., ad. 東北東(の), 東北東に, 東北東へ, 東北東から.

east-southeast n., a., ad. 東南東(の), 東南東に, 東南東へ, 東南東から.

eastward a., ad. 東方への; 東方へ, 東方に.

easy a. 容易な, やさしい; 安楽な, 気楽な, 楽な; ゆとりのある, ゆったりした; こだわらない, 打ち解けた. — ad. =easily. **Easy does it!** ゆっくりやれ. **take it easy** あせらない, 呑気にやる, 心配しない; さよなら, じゃあね.

easy chair 安楽椅子.

easygoing a. 呑気な.

easy mark だまされやすい人.

eat v. 食べる; 食事をする; 食べられる; 味がする, 風味がする; むしばむ, (酸などが)侵す; 浪費する; いらいらさせる; 口淫をする. **eat into** 食い込む; 腐食する. — n. [pl.] 食物.

eatable a., n. 食べられる; [pl.] 食料品.

eater 食う人.

eating n. 食うこと; 食物. — a. (生で)食べられる.

eating house (安)飲食店.

eau 水.

eau de cologne オーデコロン.

eau-de-vie ブランデー.

eaves (家の)軒, ひさし.

eavesdrop v. 立ち聞きする.

eavesdropper 立ち聞きする人.

ebb n., v. 干潮; 減退, 衰退(期); (潮が)引く; 衰微する. **at a low ebb** 不振で. **ebb and flow** 潮の干満; 盛衰.

ebb tide 干潮.

ebonite エボナイト, 硬化ゴム.

ebonize v. 黒檀風にする.

ebony n., a. 黒檀(の); 漆黒の.

ebullient a. 沸騰する; (感情など)ほとばしる, あふれるばかりの.

ebullition 沸騰; (感情の)激発, ほとばしり.

EC European Community ヨーロッパ共同体.

ecce homo (L) いばらの冠を戴いたキリストの画像.

eccentric a. 突飛な, 風変わりな; Math. (二つ以上の円が)中心を異にした; 偏心の. — n. 奇人, 変人; Mech. 偏心器.

eccentricity 奇癖, 風変わり; Mech. 偏心(率).

ecclesiastic (キリスト教の)聖職者, 牧師.

ecclesiastical a. 教会の, 聖職の.

echelon (飛行機の)梯形編隊, 梯隊; (命令系統の)段階.

echinoderm Zool. 棘皮動物《ヒトデ・ウニなど》.

echinus Zool. ウニ.

echo n., v. 反響, こだま(する); おうむ返し(に繰り返す); 模倣; まねる; Elec. (レーダーに用いる)電磁波の反射; [E-] Gk Myth. エコー《Narcissus を恋して死んで声だけになったという森の精》.

echocardiogram Med. 超音波心臓診断図.

echocardiography Med. 超音波心臓検査(法).

echography 超音波検査(法).

echolocation 反響定位; Electronics 反響位置決定法.

echo sounder 音響測深機.

éclair エクレア《菓子》.

éclaircissement 釈明.

éclat 大成功; 名誉, 栄誉; 大喝采.

eclectic a., n. Philos. 折衷学派の(哲学者); 折衷的な, 取捨選択の.

eclecticism 折衷主義.

eclipse n. Astron. (日食・月食の)食; (光輝・名声などの)薄らぎ. **solar eclipse** 日食. **lunar eclipse** 月食. — v. (天体が)食する, 覆う; (光を)暗くする; (光輝を)奪う.

ecliptic a., n. Astron. 食の; 黄道.

eclogue (対話体の)牧歌詩.

ECM European Common Market ヨーロッパ共同市場.

ecocatastrophe (公害による)環境大破壊.

ecocide 自然環境破壊.

ecofreak 自然保護狂.

ecological a. 生態学の.

ecology 生態学; 生態環境.

econometrics 計量経済学.

economic a. 経済学上の; 実用上の, 実利的な.

economical a. 節約する(of); 経済的な, 徳用な.

economics 経済学.

economist 経済学者; 経済家.

economize v. 経済的に使用する, 有益に使う, 節約する.

economy n. 経済; 節約, 倹約;(自然界などの)組織; 経済機構. —a. 経済的な.

economy (**class**)(旅客機の)エコノミークラス.

ecophysiology 生態生理学; 環境生理学.

ecosphere 生態圏.

ecosystem Biol. 生態系.

ecru 淡褐色.

ecstasy 忘我, 法悦, 恍惚, エクスタシー, 有頂天.

ecstatic a. 有頂天の, 忘我の, 夢中の.

ectoplasm Biol. 外質, 外部原形質; Psychol. (仮想の)心霊体.

Ecuador エクアドル《南米北部の共和国》.

ecumenical a. 普遍的な; Relig. 全キリスト教会の.

eczema Med. 湿疹.

ED extra duty.

Edam エダムチーズ《オランダ産赤玉チーズ》.

EDC European Defense Community 欧州防衛共同体.

eddy n., v. 小さい渦巻き, 渦(を巻く); 旋風.

edelweiss (G) Bot. エーデルワイス, ヒメウスユキソウ《高山植物》.

edema Med. 浮腫, 水腫.

Eden (人類の始祖 Adam と Eve の住んだという)エデンの園; 楽園.

edentate a., n. Zool. 貧歯目の(動物)《アリクイ・ナマケモノなど》.

edge n. 刃; 鋭さ;(山の)背; 縁, へり, 際; 利点. **have the edge on** …に勝る. **on edge** 興奮して, いらいらして; しきりに…したがって (to do). **set a person's teeth on edge** いらだたせる. **take the edge off** …の力をそぐ, 鈍らせる. —v. 刃を付ける, 研ぐ; へりを付ける, 縁ど

る; 境をなす;(体を斜めにして)じりじり進む (along, away, off, out); 割り込む (in, into); 辛くも勝つ.

edgebone =aitchbone.

edger 縁取り鋸.

edge tool 縁取り用工具.

edgeways, edgewise ad. 刃を向けて; はすに. **get a word in edgeways** [**edgewise**] 横から口を差しはさむ.

edging 縁, へり; へり取り, へり飾り.

edgy a. 刃の鋭い; 縁の鋭い; いらいらした.

edh エズ《古英語で用いられたルーン文字ðの名称》.

edible a., n. 食用になる; [pl.] 食物.

edict 布告, 法令.

edification 徳化, 教化, 啓発, 教育.

edifice (堂々とした)建物; 構成物.

edify v. 知徳を養う, 品性を高める, 教化する, 啓発する.

Edinburgh エジンバラ《スコットランドの首都》.

Edison エジソン. **Thomas Alva Edison** (1847–1931) 米国の発明家.

edit v. 編集する, 校訂する.

edition (書籍・新聞などの)版.

editor 編集者, 校訂者;(新聞・雑誌の)各部主任記者;(フィルム・テープの)編集器; Computer エディター《編集プログラム》. **chief editor** 編集長, 編集主任, 主筆.

editorial n. (新聞・雑誌の)社説, 論説. —a. 編集(上)の; 編集者の; 社説の, 論説の.

editorialize v. 社説で論じる.

editorially ad. (新聞の)社説で, 社説として; 主筆の資格で.

editorship 編集者の地位; 編集者の手腕.

EdM master of education. **EDPS** electronic data processing system Computer 電子情報処理システム. **EDT** eastern daylight time 東部夏時間.

educable *a.* 教育できる.

educate *v.* 教育する, 養成する; 学校へやる; 訓練する, 仕込む.

educated *a.* 教育ある, 教養ある; 経験に基づいた.

education 教育, 養成; 教育学.

educational *a.* 教育上の, 教育的な.

educational quotient [ratio] 教育指数.

educationalist =educationist.

educational television =public television; 教育テレビ.

educationese 教育関係者用語.

educationist 教育家, 教育学者.

educative *a.* 教育的な; 教育上有効な.

educator 教育者.

educe *v.* (性能・結論などを)引き出す; 推論する; *Chem.* 抽出する.

EE electrical engineer 電気技師, 電気技術者. **EEC** European Economic Community ヨーロッパ経済共同体.

eel *Ichthy.* ウナギ.

e'en *ad.* =even.

EENT eye, ear, nose and throat.

eeny meeny miny mo どれにしようかな, 神様の言うとおり.

e'er *ad.* =ever.

eerie, eery *a.* 気味の悪い, おびえた.

eff *v.* =fuck.

efface *v.* 消し取る, こすり取る, ぬぐい去る; 目立たなくする.

effect *n.* 結果; 影響; 効果, 効力, 効能; (美的な)印象, 趣き, 感じ; 趣旨, 趣意; (法律などの)効力, 実施; [*pl.*] 動産, 財産. **give effect to** …を実行する, 実施する. **in effect** 実際上, 要するに; 有効で. **take effect** 効力を生じる, (薬が)効く.

to the effect that …という趣旨で.
— *v.* (結果・効力などを)生じる; (目的などを)果たす, 遂げる.

effective *a.* 有効な, 有力な; 効果的な, 印象的な; 事実上の, 実際の; (法律が)効力ある. — *n.* [*pl.*] (即時戦闘に役立つ)兵員, 実員.

effectively *ad.* 有効に, 有力に; 事実上.

effectual *a.* 効力のある, 有効な; 適切な.

effectually *ad.* 有効に, 効果的に, 見事に.

effectuate *v.* 有効にさせる; (目的などを)遂げる.

effeminate *a.* 女々しい, 柔弱な.

effendi エフェンディ 《東地中海諸国でインテリなどに対する敬称》.

efferent *a. Physiol.* (神経が)遠心性の.

effervesce *v.* 泡立つ; 沸騰する; 興奮する, 活気づく.

effete *a.* 精力の尽きた, 精力の衰えた; 無能力の; 女々しい.

efficacious *a.* 効果のある, 効能のある.

efficacy 効能, 効験.

efficiency 効力, 能率; 有効; 有能.

efficiency apartment 簡易アパート.

efficient *a.* 効果のある, 有効な; 能率的な; 有能な, 敏腕な.

effigy 肖像, 像.

effloresce *v.* 開花する; *Chem.* 風化する, 風解する.

efflorescence 開花.

effluence 流出(物), 発散(物), 放出(物), 放流; 放射.

effluent *a., n.* 流れ出る; (川・湖などから)流れ出る水; (工場などからの)廃水, 廃棄物; 下水, 汚水.

effluvium 発散気; 臭気, 悪臭.

efflux (液体・ガスなどの)流出.

effort 努力, 骨折り; 力作, 力演.

effortless *a.* 努力しない; 骨の折れない, 楽な.

effrontery 厚かましさ, ずうずうしさ.

effulgence 光輝.

effulgent *a.* 光輝を放つ, まばゆい.

effuse *v.* 放出する, 発散する, 滲出する.

effusion 流出;(感情などの)発露, 吐露.

effusive *a.* (感情を)大げさに表す.

eft *Zool.* イモリ.

e.g. exempli gratia (L, =for example).

egalitarian *a., n.* 人類平等主義の(人).

egg[1] *v.* そそのかす (*on*), 扇動する.

egg[2] *n.* 卵;鶏卵;卵子;男, 奴;よくない奴. **have [put] all one's eggs in one basket** 一事業にすべてをかける. **with egg on one's face** 面目を失って. — *v.* …に卵を投げつける.

egg and dart [anchor, tongue] *Arch.* 卵鏃飾り《卵形と矢尻, 卵形と錨, 卵形と舌形飾りが交互に並んだ繰形》.

eggbeater (卵の)泡立て器;ヘリコプター.

egg cream チョコレートシロップ・ソーダ水・牛乳で作る飲み物.

eggcup エッグカップ.

egger *Entom.* カレハガ.

egghead (やや軽蔑的に)インテリ;間抜け;頭の禿げた人.

eggnog エッグノッグ.

eggplant *Bot.* ナス.

egg roll (中華料理の)春巻;エッグロール.

eggshell 卵の殻;[*a.*] 薄くて砕けやすい.

egg timer ゆで卵用砂時計《約3分》.

egg-whisk =eggbeater.

egis =aegis.

eglantine *Bot.* 野バラの一種.

ego *Philos.* 自我;うぬぼれ.

egocentric *a.* 自己中心の.

egoism 利己主義, 利己心.

egoist 利己主義者.

egoistic *a.* 利己的な, 我儘な, 勝手な.

egotism 自己中心癖, 自己吹聴癖;うぬぼれ;利己.

egotist 自分の事ばかり言う人, 自己中心の人.

egotistic(al) *a.* 自己中心の, ひとりよがりの, 自分の事ばかり言う.

ego trip 身勝手な行為.

egregious *a.* 非常にひどい.

egress (外へ)出ること;出口.

egression 外出.

egret *Ornith.* シラサギ;シラサギの羽毛(飾り).

Egypt エジプト.

Egyptian *a., n.* エジプトの;エジプト人, エジプト語.

Egyptologist エジプト学者.

Egyptology エジプト(考古)学.

eh *int.* えっ, ねー.

EHP effective [electric] horsepower.

eider (duck) *Ornith.* ケワタガモ.

eiderdown ケワタガモの綿毛(を入れたふとん).

eidolon 幻.

Eiffel Tower エッフェル塔.

eight *n., a.* 8 (の);(ボートの)エイト. **have one over the eight** 酔っ払う.

eight ball *Billiards* エイトボール《8 と書いた黒球》;黒人;不利な立場.

eighteen *n., a.* 18 (の).

eighteenth *n., a.* 第 18 (の); $^1/_{18}$ (の).

eighth *n., a.* 第 8 (の); $^1/_8$ (の).

eight-hour *a.* 8 時間制の.

eightieth *n., a.* 第 80 (の); $^1/_{80}$ (の).

eightsome エイトサム《スコットランドの軽快な 8 人舞踏》.

eighty *n., a.* 80 (の); [*pl.*] 80 代, 80 年代.

eighty-six *v.* 客の応対を断る.

Einstein アインシュタイン. **Albert Einstein** (1879–1955) 米国の物理学者.

einsteinium *Chem.* アインスタイニウム《放射性元素》.

Eire エール《アイルランド共和国の旧称》.

eisteddfod (ウェールズの)吟唱詩人大会.

either *a., pron.* (二つのうち)いずれか, どちらでも; 両方の. — *ad., conj.* [~…or と用いて] …かまたは…か; [否定文で] …もまた(…しない).

either-or *a., n.* 二者択一の(選択), 二者択一の決定.

ejaculate *v.* 突然叫ぶ; *Physiol.* (液体を)射出する, 射精する.

ejaculation 突然の叫び(声); *Physiol.* 射出, 射精.

eject *v.* 噴出する, 吐き出す; 追い出す; 立ち退かせる.

ejection 放出(物), 噴出(物); 立ち退き.

ejection [ejector] seat *Aeronaut.* (緊急脱出用の)射出座席.

ejective *a.* 放出的な.

ejectment 放逐.

ejector 放逐者.

eke *v.* eke out 不足を補う; やっと(暮らしを)たてる.

ekistics 人間居住工学.

el エル(L, l)の字; 高架鉄道.

elaborate *a.* 精巧な, 凝った, 念入りな. — *v.* 苦心して仕上げる, 入念に細工する, 推敲する; 精密を極める.

elaborately *ad.* 念入りに, 苦心して; 綿密に, 精巧に.

elaboration 綿密な仕上げ, 精巧; 精密化; 苦心の作.

elaborative *a.* 入念な.

elan 熱意, 元気, 気力.

eland *Zool.* エランド《南アフリカ産大型レイヨウ》.

elapse *v.* (時が)たつ, 経過する.

elapsed time 経過タイム.

elastic *a.* 弾力のある, 弾性の; しなやかな; 融通性のある; 軽快な; 屈託のない. — *n.* ゴムひも; [*pl.*] ガーター.

elastic fiber *Biol.* 弾性繊維.

elasticity 弾性; 融通性, 順応性; 快活.

elastomer *Chem.* エラストマー《弾性物質》.

Elastoplast *Trademark* イラストプラスト《救急ばんそうこう》.

elate *v.* 元気をつける, 得意にする, 意気を揚げさせる.

elated *a.* 意気揚々とした, 大得意の.

elation 揚々たる意気, 大得意.

elbow *n.* 肘; L字形の屈曲《煙突の曲がり・継ぎ手・土管の湾曲部分》; (椅子の)肘掛け. **at one's elbow** …の近くに. **up to the elbows** (仕事に)没頭して. — *v.* 肘で突く; 肘で押し分ける.

elbow grease 腕仕事, 力仕事; 根気.

elbowroom (自由に肘を動かせるほどの)ゆとり, 自由活動の余地.

elder[1] *Bot.* ニワトコ.

elder[2] *a.* 年上の, 年長の. — *n.* 年長者, 老人; [*pl.*] 先輩, 長上; 元老, 長老.

elderberry *Bot.* ニワトコの実.

eldercare 貧困老人の医療.

elderly *a.* 初老の, 年配の.

eldership (長老教会の)長老職.

elder statesman 長老政治家, 元老.

eldest *a.* 最年長の.

El Dorado (Sp)(伝説の)黄金国, 宝の山.

elect *v.* 選ぶ; 選挙する. — *a., n.* 選ばれた; 選挙された; [the ~] 神の選民. **President-elect** (未就任の)当選大統領.

election 選択; 選挙, 選任.

Election Day 大統領選挙日《11月第1月曜日の次の火曜日》.

electioneer *v.* 選挙運動をする.

elective *a.* 選挙による; 選挙権のある; (学課が)選択の.

elector 選挙人, 有権者; (神聖ローマ帝国の)選帝侯.

electoral *a.* 選挙(人)の.

electoral college 選挙人団.

electoral roll [register] 選挙人名簿.

electorate 有権者; 選挙民; 選帝侯領.

Electra complex *Psychol.* エレクトラコンプレックス《娘が男親に抱く性的思慕》.

electric *a.* 電気の; 電気仕掛けの; 電撃的な. —*n.* 電車; [*pl.*] 電灯の光.

electrical *a.* 電気の, 電気に関する; 電気のような, 電光的な.

electrically *ad.* 電気(仕掛け)で.

electric blanket 電気毛布.

electric chair (死刑用の)電気椅子.

electric eel *Ichthy.* デンキウナギ.

electric eye *Elec.* 光電池.

electric guitar エレキギター.

electrician 電気学者, 電気技師.

electricity 電気(学).

electric ray *Ichthy.* シビレエイ.

electric shock 感電.

electrification 電化; 感電; 帯電.

electrify *v.* 電気を通じる; 充電する; 電化する; 衝撃を与える, 感動させる, 興奮させる.

electroanalysis *Chem.* 電気分析.

electrocardiogram *Med.* 心電図.

electrocardiograph *Med.* 心電計.

electrochemistry 電気化学.

electrocute *v.* 電気椅子で処刑する.

electrocution 電気処刑.

electrode *Elec.* 電極.

electrodeposit *v.* 電着させる.

electrodynamic *a.* 電気力学の.

electrodynamics 電気力学.

electroencephalogram *Med.* 脳波.

electroencephalograph *Med.* 脳波計.

electrolysis *Chem.* 電解.

electrolyte *Chem.* 電解液; 電解質.

electrolyze *v.* 電解する.

electromagnet 電磁石.

electromagnetism 電磁気学.

electrometer 電位計.

electromotive *a.* 電動の, 起電の.

electromotive force 起電力.

electron *Phys.* エレクトロン, 電子.

electronegative *a.* *Phys.* 陰電気の.

electronic *a.* 電子の.

electronic brain 電子頭脳《電子計算機など》.

electronic flash *Phot.* ストロボ.

electronic mail 電子郵便.

electronic music *Mus.* 電子音楽.

electronics 電子工学.

electron lens 電子レンズ.

electron microscope 電子顕微鏡.

electron optics 電子光学.

electron tube *Elec.* 電子管.

electron volt *Phys.* 電子ボルト.

electroplate *v., n.* 電気めっきする, 電気めっきした物.

electropositive *a.* *Phys.* 陽電気の.

electroshock therapy *Med.* 電撃療法.

electrostatic *a.* 静電(気)の.

electrostatics 静電学.

electrotherapeutics, electrotherapy *Med.* 電気療法.

electrotype *n., v.* 電気版(に取る).

electrotypy 電気製版.

eleemosynary *a., n.* 慈善の; 施しを受ける(人).

elegance, elegancy 端麗, 上品.

elegant *a.* 優美な, 優雅な; 端麗な, 上品な; 簡潔で的確な; 立派な.

elegiac *a.* 哀歌風の; 哀調を帯びた. —*n.* [*pl.*] 哀歌形式の詩句.

elegiacal *a.* =elegiac.

elegist 挽歌詩人.

elegize v. 哀歌を作る, 哀歌に作る.

elegy 哀歌, 悲歌, エレジー; 挽歌.

element 要素, 成分; *Math.* 要素; *Chem.* 元素; *Elec.* 素子; *Theol.* 聖餐のパンとぶどう酒; [pl.] 基本, 初歩; (生物などの)固有の領分; 適所; [pl.] 風雨, 自然の力. **in one's element** 得意の場所に. **out of one's element** 不得意の場所に. **the four elements** 四元, 四大《地水風火》.

elemental a. 元素の, 要素の; 本質的な, 基本的な; 四大(地水風火)の, 自然力の; 初歩の.

elementarily ad. 基本的に.

elementary a. 基本的な, 初歩の, 初等の.

elementary particle *Phys.* 素粒子.

elementary school 小学校.

elephant *Zool.* ゾウ.

elephantiasis *Med.* 象皮病.

elephantine a. 象の(ような), 巨大な.

elevate v. 上げる, 高くする; 昇進させる; 向上させる, 高潔にする.

elevated a. 高めた, 高い; 高尚な, 崇高な; ほろ酔いの.

elevated railroad 高架鉄道.

elevation 高めること; 昇進; 向上; 気品, 高尚; 高所, 高地; 高さ, 高度; 海抜; (設計の)立面図.

elevator エレベーター, 昇降機; 大穀物倉庫; *Aeronaut.* 昇降舵.

elevatory a. 上げる, 高める.

eleven n., a. 11(の); 11人組のもの, 11個組のもの《フットボール・クリケットのチームなど》.

eleven-plus イレブンプラス(試験)《中等学校進学適性試験》.

elevenses 午前11時頃の軽食.

eleventh n., a. 第11(の); 1/11(の). **at the eleventh hour** (きわどい)間際に.

elevon *Aeronaut.* 昇降舵補助翼.

elf いたずらな小妖精; いたずら小僧.

elf bolt [arrow, dart] 石矢尻.

elf child 取り替え子《小妖精が取り替えて置いていった》.

elfin a. elf のような.

elfish a. elf のように小さくていたずらな.

elflock 乱れ髪.

El Greco エルグレコ《1541–1614; スペインの画家》.

elhi a. (<elementary+high school) 小学校から高校までの.

elicit v. 引き出す; 誘い出す.

elide v. *Phonet.* (音を)脱落させる.

eligibility 適任, 適格.

eligible a. 選ばれる資格のある, 適格の; 満足な. — n. 適格者.

eliminable a. 除去できる.

eliminate v. 取り除く, 削除する, 省略する; 殺す; *Math.* 消去する; *Physiol.* 排出する.

Eliot エリオット. **George Eliot** (1819–80) 英国の女流作家. **T(homas) S(tearns) Eliot** (1888–1965) 米国生まれの英国の詩人・批評家.

elision *Phonet.* (音の)脱落.

elite えり抜きの人々, エリート; 精鋭; エリート《1インチに12字の大きさのタイプライター活字》.

elixir (昔の)錬金薬; 霊薬, 万能薬.

Elizabeth エリザベス. **Elizabeth I** (1533–1603) エリザベス一世 (1558–1603). **Elizabeth II** (1926–) エリザベス二世 (1952–).

Elizabethan a., n. エリザベス(一世)朝の(人).

elk *Zool.* (ヨーロッパ)ヘラジカ.

ell *Arch.* 母屋に直角の増築部分.

ellipse 楕円, 長円形.

ellipsis *Gram.* 省略法; *Print.* 省略記号.

ellipsoid n., a. *Math.* 楕円体(の).

elliptic(al) a. 省略の; 楕円形の.

elm *Bot.* ニレ(の木).

elocution 演説法, 雄弁術；発声法.

elocutionist 雄弁術の専門家；雄弁家.

elongate v. 長くする；長くなる.

elongation 延長, 伸び.

elope v. 駆け落ちする；出奔する.

eloquence 雄弁(術).

eloquent a. 雄弁な, 雄弁に語る(of)；感銘的な.

El Salvador エルサルバドル《中米西部の共和国》.

else ad. それ以外に；外に, その外；さもないと.

or else さもないと.

elsewhere ad. どこかよそに, どこかよそへ.

elucidate v. 明らかにする, 説明する.

elucidator 説明者.

elude v. (身をかわして)避ける, 免れる；(義務などを)回避する；思い出せない, 理解できない.

elusive a. うまく逃げる；捕らえ所のない, 分かりにくい.

elver Ichthy. シラスウナギ.

elvish a. =elfish.

Elysium Gk Myth. エーリュシオン, 極楽；楽土, 理想郷.

em Print. 全角.

'em pron. =them.

EM enlisted man.

emaciate v. やせ衰えさせる.

emanate v. (熱・光・音などが)出る, 発する；放射する.

emanation 発散(物), 放射(物).

emanative a. 放射性の.

emancipate v. 解放する.

emancipated a. 自由になった；型に捕らわれない.

emancipation 解放, 離脱.

emancipationist (女性や奴隷の)解放論者.

emancipator 解放者.

emasculate a. 去勢された；柔弱な, 無気力な. — v. 去勢する；…の気力を奪う, 柔弱にする.

embalm v. (死体を)防腐して保存する；(名を)長く記憶に留める；芳香を漂わせる.

embank v. 堤防で囲む.

embankment 土留め, 土手, 堤防. **the Embankment** =Thames Embankment.

embargo n. (船舶の)港内出入禁止, 拘留；通商停止；(一般に)停止, 禁止. — v. 船の出入港を禁じる, 通商を停止する；(船舶などを)徴用する.

embark v. 乗船させる；乗船する；船出する (for)；(事業などに)乗り出す, 始める (on, upon).

embarrass v. 行き詰まらせる, (事態を)紛糾させる, 妨げる；当惑させる, 困らせる.

embarrassing a. 困った, 厄介な.

embarrassment 困惑, 当惑；(財政上の)困難；妨害, 邪魔.

embassy 大使館(員)；使節団(の使命).

embattle v. 戦闘陣列を敷く；陣列を敷いて防備する.

embed v. はめ込む, 埋める；(心に)銘じる.

embellish v. 装飾する, 飾る (with)；(物語などを)潤色する.

ember 燃えさし, 残り火.

Ember days Rom. Cath. 四季大斎日.

Ember week Rom. Cath. 四季大斎週間.

embezzle v. (委託金などを)使い込む, 横領する.

embezzlement 使い込み, 横領.

embitter v. 苦くする, 辛くする；感情を害する, みじめな気持ちにする.

emblazon v. 紋章で飾る；(明るい色で)描く.

emblem 象徴, 表象；印, 記章.

emblematic(al) a. 象徴的な, 典型的な；表象する (of).

emblematize v. 象徴する.

embodiment 具体化, 具現；具体的表

embody v. 具体的に表す, 具体化する; 統合する; 収録する; 包含する.

embolden v. 大胆にする, 勇気づける.

embolism Med. 塞栓症.

embonpoint (F) (女の)肥満.

embosom v. 抱き締める; (樹木などが)囲む.

emboss v. 浮き彫りにする, 打ち出す; 浮き上がらせる.

embouchure 河口; Mus. (管楽器の)吹奏口.

embower v. (緑樹で)覆う, 囲む, 隠す.

embrace v. 抱擁する, 抱き締める; 包含する; (機会などを)とらえる; (申し出・教義などを)受け入れる, 採用する; (…の生活に)はいる; 見て取る; 性交する. — n. 抱き合い, 抱擁; 性交.

embranchment (川などの)分岐.

embrangle v. 混乱させる.

embrasure Arch. 朝顔口.

embrocate v. (薬液を)塗布する, 湿布する.

embroider v. 縫い取りする, 刺繍する; 潤色する.

embroidery 縫い取り, 潤色.

embroil v. (事態を)混乱させる, 紛糾させる; (紛争などに)巻き込む (in).

embryo n. 胎児; Zool. 幼虫; Bot. 胚; (発育の)初期. **in embryo** 未発育状態で, 未発育状態の, 初期で, 初期の.

— a. =embryonic.

embryology 発生学, 胎生学.

embryonic a. 胚の; 胎児の; 未発達の, 初期の.

embus v. バスに乗せる; トラックに乗せる.

emcee n. (<master of ceremonies) 司会者.
— v. 司会する.

emendator 校訂者.

emendatory a. 校訂の.

emend, emendate v. 校訂する.

emerald エメラルド, 緑玉; エメラルド色《鮮緑色》.

emerge v. 現れ出る, 明らかになる; (逆境などから)浮かび出る.

emergence 出現; (逆境からの)脱出.

emergency 非常事態, 危急 (の際).

emergent a. 緊急の; 出現する.

emeritus a. 名誉退職の.

emeritus professor 名誉教授.

Emerson エマソン. **Ralph Waldo Emerson** (1803–82) 米国の随筆家・詩人.

emery 金剛砂.

emetic a., n. 吐き気を起こさせる; 吐薬.

émeute (F) 暴動.

EMF electromotive force; European Monetary Fund.

emic a. Ling. イーミック《言語・行動の記述において機能面を重視する》.

emigrant a., n. (他国へ)移住する(人), 移民.

emigrate v. (他国に)移住する.

emigration (他国への)移住, 移民.

émigré 移住者; 政治亡命者《フランス革命時の貴族など》.

eminence 小高い所, 高台; 高位; 卓越; 名声.

eminent a. 著名な, 有名な; 優れた, 卓越した; (ビル・山などが)そびえている.

eminent domain Law 土地収用権.

emir (アラビアの)王族, 首長, 太守; マホメットの子孫の称号.

emirate 首長国.

emissary 密使, 密偵, スパイ.

emission 放射, 発散; (紙幣などの)発行.

emissive a. 放射性の.

emit v. (光・熱・音などを)発する; (紙幣などを)発行する.

Emment(h)aler エメンタール(チーズ).

Emmy エミー賞《テレビの優秀番組に贈られる》.

emollient a., n. (皮膚を)軟らかにする; 軟化剤, 緩和剤.

emolument 利得, 給料, 手当て, 俸給.

emote v. 感情をこめて(芝居がかった)行動をする.

emotion Psychol. 情緒; 感情; 感動.

emotional a. 情緒的な; 感情的な, 情にもろい, 感動しやすい.

emotionalism 情緒主義, 情緒性; 感情表出癖.

emotionalist 感情家.

emotionalize v. 情緒的にする.

emotionless a. 情緒のない, 感動のない.

emotive a. 主情的な; 感動的な.

empanel v. 陪審名簿に載せる.

empathy Psychol. 感情移入; 共感.

empennage (航空機の)尾部.

emperor 皇帝, 天皇.

emperor butterfly Entom. タテハチョウ.

emperor penguin Ornith. エンペラーペンギン.

emphasis 強調, 強勢; 重要性; Rhet. 強勢法.

emphasize v. (語句を)強めて言う; 強調する, 力説する; 際立たせる.

emphatic a. (語句など)強めた, 力強い, 調子の強い; はっきりした.

emphysema Med. 気腫.

empire 帝国, 帝王支配権, 帝王統括権.

empiric a. =empirical. — n. (学理より経験を重んじる)経験主義者.

empirical a. 経験主義の, (学理よりも)経験を重んじる.

empiricism 経験主義.

emplacement (砲床の)据え付け; 定置.

emplane v. =enplane.

employ v. 雇用する, 使う; 用いる, 使用する; (時間などを)費やす. — n. 使用, 雇用.

employable a. 使用できる.

employe(e) 使用人, 雇い人, 従業員.

employer 雇用者.

employment 使用; 雇用; 仕事, 業務.

employment agency 職業紹介所.

emporium 商業中心地, 市場; 大百貨店.

empower v. 権限を与える, 権能を与える, …に資格を与える.

empress 女帝; 皇后; 女王的存在.

empty a. 空の, 空虚な, むなしい; 無意味な; 空腹の; …が欠けている (of). — v. 空にする; 空になる, あける; 注ぐ. — n. あき箱; あき瓶, 空車.

empty-handed a. 空手で, 手ぶらで.

empty-headed a. 頭が空っぽの, 無知な.

empty nester 子供に巣立たれた寂しい親.

empyema Med. 蓄膿(症).

empyreal a. 最高天の, 天上界の.

empyrean 天上界, 最高天; 天空. — a. =empyreal.

emu Ornith. エミュー《ダチョウに似た大鳥》.

emulate v. 励み合う, 競う, 負けまいと努める.

emulation 競争, 対抗.

emulative a. 競争的な.

emulator 競争者.

emulous a. 競争心の強い, (…に)負けまいとする (of), (…を)熱望する (of).

emulsify v. 乳状にする.

emulsion Chem. 乳剤.

emulsive a. 乳剤質の.

en[1] Print. 半角《em の半分》.

en[2] prep. …において; …として; …の中は.

enable v. 可能にする, (…することを)得させる.

enact v. (法を)制定する; (役を)演じる, 上演する.

enactment (法の)制定; 法令, 法規.

enamel n. エナメル, (陶器の)上薬; ほうろう質. — v. エナメルをかける, 上薬をかける; 彩る.

enamelware ほうろう引き鉄器, 瀬戸引き鉄器.

enamor v. 心を奪う, 魅惑する.

enamored pred. a. 魅せられた (of, with).

en bloc (F) ad., a. 一まとめに; 一まとめの.

encage v. 籠に入れる, おりに入れる, 閉じ込める.

encamp v. 野営する; 野営させる.

encampment 陣営, 野営(地).

encapsulate v. カプセルに包む; (物語など)を要約する.

encase v. (case に)入れる, 包む.

encaustic a. 焼き付けの. ─ n. 蠟画法.

enceinte a. 妊娠している.

encephalic a. 脳(髄)の.

encephalitis Med. 脳炎.

encephalogram Med. 脳室撮影図.

encephalograph Med. =encephalogram; 脳波計.

encephalomyelitis Med. 脳脊髄炎.

encephalon Anat. 脳髄.

enchain v. 鎖でつなぐ; (注意などを)引き付けておく.

enchant v. 魔法にかける; 心を奪う, うっとりさせる, 魅する.

enchanter 魔法使い.

enchantment 魅力, 魅惑; 恍惚.

enchantress 女の魔法使い, 魔女; 魅惑的な女.

enchase v. 彫る; ちりばめる; 象眼する.

enchilada エンチラーダ《からし味のメキシコ料理》.

encipher v. 暗号にする, 暗号化する.

encircle v. 取り巻く, 取り囲む; 一周する.

enclasp v. つかむ; 抱き締める.

enclave (他国に囲まれた)飛び領土《囲んでいる国から見た言葉》.

enclitic a., n. Gram. 前接的な; 前接語.

enclose v. 取り巻く, 取り囲む; 同封する, 封入する, 包む.

enclosure (公有地を私有地として)囲い込むこと; 囲い《塀・垣など》; 構内; 封入(物).

encode v. (文を)符号に書き直す.

encoder Computer 符号器.

encomiast 賛美者.

encomiastic a. 賛美の.

encomium 賛辞.

encompass v. 取り巻く, 囲む; 含む.

encore n., v. アンコール(する). ─ int. アンコール, もう一度.

encounter v. 出合う, 出くわす; 交戦する, 衝突する. ─ n. 遭遇; 遭遇戦.

encounter group Psychol. 出会い集団《集団心理療法の一つ》.

encourage v. 勇気づける, 元気づける; 励ます, 激励する (one to do); 奨励する, 助長する.

encouragement 刺激; 奨励, 激励.

encouraging a. 元気づける, 激励の.

encroach v. 侵害する, 侵入する, 侵略する (on, upon).

encrust v. 外皮で覆う, かぶせる; (宝石などを)ちりばめる.

encrustation =incrustation.

encumber v. 邪魔する, 妨げる; (負債などを)負わせる; (場所を)塞ぐ.

encumbrance 厄介者, 邪魔者; 邪魔物; 債務, 負担.

encyclical n., a. Rom. Cath. 同文通達《ローマ教皇から全司教に宛てた回勅》; 同文通達の.

encyclop(a)edia 百科事典, 百科全書.

encyclop(a)edic a. 百科事典的な, 博学の.

encyclop(a)edism 百科事典的知識, 博識.

encyclop(a)edist 百科事典編集者.

encyst v. Biol. 包嚢に包む.

end n. 端, 末端, 限り, 果て; 終わり, 終末, 終局; 結果; 最期, 死; 目的; 尻. **at loose ends** 何もすることがなくて. **be at the end of one's rope** 策に窮する. **come to**

an end 終わりになる, 終わる. **in the end** 遂に, 結局. **keep one's end up** がんばり通す.

make an end of＝**put an end to** 終わらせる, 済ます, やめる. **make ends meet** 収支を合わせる. **no end of** 際限ない, 非常に沢山の. **on end** 直立して; 立て続けに.

—— *v.* 終える; 終わる; やめる; 最期をとげる, (ついに)死ぬ. **end in** (…の結果)…に終わる. **end off** 終わる, 切り上げる, 途切れる. **end up** 最後には…になる.

end-all 終結.

endanger *v.* 危うくする, 危険にさらす.

endangered *a.* (動植物が)絶滅に瀕している.

endear *v.* いとしく思わせる, 慕わせる.

endearment 愛情(の表示), かわいさ.

endeavor *n.* 努力, 試み. —— *v.* 努力する, 努める (*to do*, *after*).

endemic *a., n.* 風土的な, 一地方特有の; 風土病.

endemicity 風土性.

end game (チェスなどのゲームの)終盤.

ending 結末, 終局; 死, 最期; *Gram.* 接尾辞.

endive *Bot.* キクヂシャ, エンダイブ (サラダ用); キクニガナ.

endless *a.* 終わりの無い, 果てしの無い, 無限の; 長過ぎる, きりの無い.

endlessly *ad.* 限り無く, 果てし無く.

end man 列の端の人.

endmost *a.* 末端の.

endocardium *Anat.* 心内膜.

endocarp *Bot.* 内果皮.

endocrine *a. Physiol.* 内分泌の. —— *n. Physiol.* 内分泌腺; 内分泌物.

endocrine gland 内分泌腺.

endogamy 同族結婚.

endorphin *Biochem.* エンドルフィン (鎮痛作用がある).

endorse *v.* (手形などに)裏書きする; 保証する, 是認する; 支持する; 推薦する, 推奨する.

endorsee 被裏書き人, 譲り受け人.

endorser 裏書き人.

endoscope *Med.* 内視鏡.

endow *v.* (学校などに)基金を贈る, 財産を贈る; (才能などを)賦与する (*with*).

endowment 寄付(金), 基本財産; [*pl.*] 天賦の才能.

endowment insurance 養老保険.

endpaper (本の)見返し.

end product 最終結果; *Phys.* 最終同位元素.

end run *American Football* エンドランプレイ (味方のエンドの外側を迂回して敵陣に入る攻撃).

end-stopped *a. Poet.* 行末どめの.

end table (ソファーや椅子の横に置く)側卓.

endue *v.* (才能などを)賦与する (*with*).

endurable *a.* 耐えられる.

endurance 忍耐, 我慢; 耐久性, 持久力.

endurance test 耐久力テスト.

endure *v.* 耐える; 耐え忍ぶ; 持続する; こらえる.

enduro (自動車・バイクの)長距離耐久レース.

endways, endwise *ad.* 端を前向きに; 端を接して.

enema *Med.* 浣腸(剤), 浣腸器.

enemy *n., a.* 敵(の), 敵軍, 敵国; 反対者.

energetic *a.* 精力的な, エネルギッシュな.

energetics エネルギー論.

energize *v.* 活気づける, 激励する.

energy 精力, 活気, 元気, 力, 勢い; 活動(力), 能力; エネルギー.

energy crisis エネルギー危機.

energy-saving *a.* 省エネ(ルギー)の.

enervate *v.* 元気を奪う, 気力を奪う, 弱らせる.

enfant terrible 手に負えぬ子供, ませた

子供；無責任な人，無思慮な人．

enfeeble v. 弱くする，衰弱させる．

enfetter v. 足枷を掛ける；束縛する．

enfilade n., v. 縦射(を浴びせる)．

enfold v. 包む(in)；抱く；折りたたむ．

enforce v. 実施する，施行する；強要する，強いる；強化する．

enfranchise v. 参政権を与える；解放する；自由民にする．

eng Phonet. [ŋ]の記号．

engage v. 約束する，契約する；請け合う(for)；婚約する(oneself to)；予約する；雇う；従事させる；従事する(in)；(注意などを)引き付ける；(談話などに)引っ張り込む；Mech. (歯車などを)嚙み合わせる；嚙み合う，連動する；交戦させる；交戦する．

engaged a. 約束済みの，予約済みの；婚約中の；用事中の，忙しい；熱心な；電話が)話し中の；(作家・作品など)政治参加の．

engagement 約束，契約；婚約；用事，用務；雇用(期間)；[pl.] 債務；交戦．

engagement ring 婚約指輪．

engaging a. 人を引き付ける．

engagingly ad. 愛想よく；魅力的に．

Engel's law Econ. エンゲルの法則《飲食費の割合は収入に反比例する》．

engender v. 生む，生じる，起こす．

engine 機関，エンジン；(蒸気)機関車；兵器，軍器．

engine driver (汽車の)機関士．

engineer n. 工学者，技師；(陸軍の)工兵，(海軍の)機関将校；(汽船などの)機関士，(汽車の)機関士．—v. 工事を設計する，工事を監督する；(計画・交渉などを)工作する．

engineering 工学；機関学；土木工事．

England (狭義)イングランド；(広義)英国．

English a. イングランドの；英国(人)の；英語の．—n. 英語；[the ~] 英国人；(玉突き，ボウリングなどの)ひねり玉．—v. 英訳する；英国風

にする．

English Channel イギリス海峡，英仏海峡 《英仏間》．

English disease 英国病．

English horn Mus. イングリッシュホルン．

Englishism 英国風；イギリス語法．

Englishman 英国人．

English setter イングリッシュセッター《猟犬》．

Englishwoman 英国婦人．

engorge v. 無闇に詰め込む，無闇に食う；Med. 充血させる．

engraft v. 接ぎ木する；差し込む；(心に)植え付ける．

engrain v. 深く浸み込ませる．

engrave v. 彫る，彫刻する；(心に)刻み込む．

engraver 彫版工，彫刻家．

engraving 彫版術；彫版《銅版・木版など》；版画．

engross v. (注意・時間などを)奪う，取る(in)；(文書を)大きな文字で書く，清書する．

be engrossed in …に夢中である．

engrossing a. 面白くてたまらない．

engulf v. (淵・波などに)吸い込む，飲み込む，巻き込む．

enhance v. (価値などを)高める；増す；誇張する．

enigma 謎，不可解なもの，不可解な人．

enigmatic(al) a. 謎の(ような)；不思議な．

enjamb(e)ment Poet. 行またがり，句またがり．

enjoin v. (沈黙・従順などを)申しつける，課する(on)；命じる，要求する(to do, that)；U.S. Law 禁じる(from)．

enjoy v. 楽しむ，享受する，享有する，喜ぶ．**enjoy oneself** 楽しむ，面白く遊ぶ．

enjoyable a. 享受できる，享有できる；楽しい，愉快な，面白い．

enjoyment 楽しみ，喜び，快楽；享楽；

享有.

enkephalin *Biochem.* エンケファリン《鎮痛作用がある》.

enkindle v. (感情を)燃え立たせる, あおる, かき立てる; (戦争などを)起こさせる.

enlace v. レースで飾る; 囲む, 巻き付ける.

enlarge v. 大きくする, 大きくなる; 増補する; 拡張する; (写真を)引き伸ばす; 詳しく述べる (on).

enlargement 増大, 拡大, 増補; (写真の)引き伸ばし; 詳述.

enlarger 引き伸ばし器.

enlighten v. 啓発する, 教化する; (意味などを)明らかにする.

enlightenment 啓発, 教化, 啓蒙; 開化.

enlist v. 兵籍に入れる, (兵を)徴募する; 応募する, 入隊する; (協力・支持を)得る, 利用する; 協力する, 賛成する.

enlisted man 下士官兵.

enlistment 兵籍編入(期間); 募兵; 応召, 入隊.

enliven v. 生気を与える, 活気づける, 快活にする.

en masse ad. 一まとめに; 全般的に.

enmesh v. 網に絡ます; 網に絡まる; (困難などに)陥れる (in).

enmity 敵意, 悪意, 恨み.

ennoble v. 気高くする, 高潔にする; 爵位を授ける.

ennui 倦怠, 退屈, 物憂さ.

enormity 極悪; 大罪.

enormous a. 巨大な, 莫大な.

enormously ad. 莫大に, 法外に.

enosis (ギリシャ・キプロス)同盟運動.

enough a. 十分な, 不足のない, (…に)足る (for, to do). **enough and to spare** 有り余るほど. — n., ad. 十分(に), たくさん, まったく; かなり, まずまず. **Enough is enough.** もうたくさんだ. **oddly enough** 妙なことには.

en passant (F) ad. ついでながら, ちなみに.

enplane v. 飛行機に乗る.

enquire v. =inquire.

enrage v. ひどく怒らせる, 立腹させる.

en rapport (F) a. 一致して, 共鳴して, 同調して.

enrapt a. うっとりした.

enrapture v. うっとりさせる; 狂喜させる.

en règle (F) ad. 規則通りに, 正式に.

enrich v. 富ませる; 豊富にする, 増す; (地味を)肥やす; (食物の)栄養価を高める, 強化する; (味・香り・色などを)濃厚にする.

enriched a. 豊かにした.

enriched food 強化食品.

enriched uranium 濃縮ウラン.

enrol(l) v. (氏名を)名簿に載せる, 登録する, 会員にする; 兵籍に入れる, 兵籍にはいる.

enrol(l)ment 登録; 入隊; 入会.

en route ad. 途中で.

ensconce v. (身を)落ち着ける, 安座させる.

ensemble 全体の効果; *Mus.* 合唱, 合奏, アンサンブル; アンサンブル《揃いの婦人服》.

enshrine v. 宮に祭る, 安置する; (心に)秘める, 大切にする.

enshroud v. 覆い隠す, 包む.

ensign (官位などの)標章; 旗, 国旗《特に船に掲げる》; 旗手; 海軍少尉.

ensilage 生牧草保存法; (サイロなどに保存された)生牧草.

ensile v. (生牧草を)サイロに貯蔵する.

enslave v. 奴隷にする; とりこにする.

ensnare v. わなにかける; 誘惑する.

ensue v. 続いて起こる, …に続く, 結果として起こる.

ensuing a. 次の, 続く.

ensure v. 確実にする, 確保する, 保証する; 安全にする (against, from).

entablature *Arch.* エンタブラチュア, 長押.

entail v. *Law* 相続権を限定する; 必然的に伴う, 要する; (弊害などが)残る; (労力などを)課する. ── n. *Law* 限嗣相続, 継嗣限定.

entangle v. からませる, もつれさせる, 紛糾させる; (わな・困難などに)陥れる, 巻き込む(*in*).

entanglement もつれ, 紛糾; [*pl.*] 鉄条網.

entente 協商, 協約.

entente cordiale 和衷協商.

enter v. (…に)入る, 入り込む; 加入する, 入会する, 参加する; 入れる, 差し込む; 記入する, 登録する; *Law* (訴訟を)提起する. **enter for** …に参加を申し込む. **enter into** 始める, 入る, 入り込む, 立ち入る; 取り扱う; (協定などを)結ぶ; 共鳴する; 加入する; 論議する, 考慮する. **enter on** [**upon**] (新生活などを)始める; (遺産を)取得する, 所有権を得る.

enteric a. 腸の.

enteric fever *Med.* 腸チフス.

enteritis *Med.* 腸炎.

enterprise 事業, 企業(体), 会社; 冒険的な事業, 冒険; 冒険心, 企業心; 積極性.

enterprising a. 進取の気性に富んだ; 積極的な, 冒険的な.

entertain v. もてなす, 接待する; 楽しませる, 慰める; (考え・希望・疑問を)抱く; (提案などを)好意をもって考慮する, 容れる.

entertainer 歓待者; 芸人.

entertaining a. 面白い, 愉快な.

entertainment もてなし, 接待, 慰み, 娯楽, 演芸, 催し物.

enthral(l) v. 心を奪う, 魅惑する.

enthrone v. 玉座につかせる, 王位につかせる; 崇める, 敬愛する.

enthronement 即位(式).

enthuse v. 熱狂する; 熱狂させる.

enthusiasm 熱心, 熱中, 熱狂(*for*, *about*); 感激; 意気込み.

enthusiast 熱狂者; …狂; 狂信者.

enthusiastic a. 熱狂的な.

entice v. 誘惑する, 誘う(*into*).

enticement 誘惑(物), 餌; 魅力.

enticing a. 魅惑的な.

entire a. 全体の, 完全な; まったくの, 無傷の. ── n. 種馬.

entirely ad. まったく, 専ら.

entirety 完全; 全体. **in its entirety** ことごとく, そっくり.

entitle v. 称号を与える; 表題をつける; 権利を与える, 資格を与える(*to*).

entity 実在, 実体, 本質; 物, 物体.

entomb v. 墓に入れる, 葬る.

entomological a. 昆虫学的な.

entomologist 昆虫学者.

entomology 昆虫学.

entomophilous a. *Bot.* 虫媒の.

entourage 側近の一団.

en-tout-cas 晴雨兼用傘; [En-Tout-Cas] *Trademark* アンツーカー《全天候型テニスコート》.

entozoa 体内寄生虫類.

entr'acte 幕あい(の演技, 演奏), 間奏曲.

entrails 内臓, はらわた; 内部.

entrain v. 列車に乗せる; 列車に乗る.

entrammel v. …に絡む, 妨げる.

entrance[1] v. 狂喜させる, 有頂天にさせる(*with*); 失神させる.

entrance[2] 入り口; 玄関; 入場, 入学, 入会; (新生活などの)開始, 出発, 門出; 就任.

entrance fee 入場料, 入会金, 入学金.

entrancement 失神状態, 恍惚状態, 有頂天, 狂喜.

entrant 新入者, 加入者; 参加者.

entrap v. わなにかける; 陥れる, だます.

entreat v. 懇願する, 嘆願する.

entrechat (バレエの)アントルシャ《跳ね上がって

足を交差させ踵を打ち合わせる動作).

entrée, entrée 入場(権);アントレ《魚と肉の間に出る料理》;主要料理.

entremets アントルメ《主要な料理の間に出る合いの手料理》.

entrench v. 塹壕で囲む;堅固に(身を)守る (oneself);侵す, 蚕食する(on, upon).

entrenchment 塹壕;侵害.

entrepôt 倉庫;(貨物の)集散中心地.

entrepreneur 企業家;興行主, 勧進元.

entresol Arch. 中二階.

entropy Phys. エントロピー《熱力学の状態関数の一つ》.

entrust v. 託する, 預ける(with);任せる(with, to).

entry 入ること, 入場, 入会;参加(者);入り口, 玄関, 入り道;記入, 登録;記入事項, 記入項目;Law (土地・家屋への)立ち入り, 占有;Com. 通関手続き;=vocabulary entry.

entry visa 入国査証.

entwine v. 絡ませる, 巻きつける.

enumerate v. (一つ一つ)数え上げる, 計上する;列挙する.

enumeration 計算;列挙;一覧表.

enumerative a. 列挙の.

enumerator 計数者, 列挙者.

enunciate v. (学説などを)発表する, 宣言する;(言葉を)発音する.

enunciator 宣言者.

enure v. =inure.

enuresis Med. 遺尿(症).

envelop v. 包む, くるむ(in);隠す.

envelope 封筒;包み紙, 覆い;外皮;Aeronaut. (気球の)気嚢.

envelopment 包むこと;外被, 包み(紙), 覆い.

envenom v. 毒を入れる, 毒を塗る;(言葉を)

毒々しくする.

enviable a. 羨ましい, ねたましい.

enviably ad. 羨ましく(も).

envious a. 羨ましがる, 嫉妬深い(of);羨ましそうな.

environ v. 取り囲む, 包囲する.

environment 状況, 環境.

environmental a. 環境の, 周囲の.

environmentalist 環境保護論者.

environmental pollution 環境汚染, 公害.

environs (都市の)周囲, 近郊.

envisage v. 心に描く;考える.

envision v. (多く未来の事を)想像する, 心に描く.

envoi, envoy[1] (バラードの)結びの句.

envoy[2] 使節;全権公使.

envy v. ねたむ, そねむ, 羨む. — n. ねたみ, そねみ, 嫉妬, 羨ましさ;羨望の的.

enwrap v. くるむ, 包む;夢中にさせる.

enzyme Chem. 酵素.

enzymology 酵素学.

Eocene a. Geol. (第三紀の)始新世の.

eolith Archaeol. 原石器.

Eolithic a. 原石器時代の.

EOM end of month.

eon =aeon.

Eos Gk Myth. エオス《暁の女神;ローマ神話の Aurora に当たる》.

eosin(e) Chem. エオシン《鮮紅色染料》.

EP EP 盤レコード.

EP European plan. **EPA** Environmental Protection Agency《米国の)環境保護庁.

epact 太陽暦の 1 年が太陰暦より超過する日数《約 11 日》;エパクト, 歳首月齢《1 月 1 日の月齢》.

epaulet(te) (将校の)肩章.

épée (フェンシングの)エペ《半球形のつばのついた剣》.

epenthesis *Ling.* 挿入字, 挿入音.

epergne 食卓中央の飾り皿.

ephedrine *Chem.* エフェドリン《喘息・風邪などの薬》.

ephemera *Entom.* カゲロウ; はかないもの, 短命なもの.

ephemeral *a.* 一日限りの, 短命な; 束の間の, はかない.

epic *n., a.* 叙事詩(の), 史詩; 雄壮な; 長編(冒険)小説, 長編(冒険)映画.

epicarp *Bot.* 外果皮.

epicene *a., n.* 男女両性具有の(人).

epicenter *Seismol.* 震央; 中心地; (爆弾の)落下点.

epicure 美食家.

epicurean *a., n.* 享楽趣味の, 食い道楽の(人), 快楽主義者; [E-] エピクロス派の(哲学者).

epicureanism =epicurism; [E-] (エピクロスの唱道した)快楽主義.

epicurism 美食主義, 食い道楽.

Epicurus エピクロス《342?-270 B.C.; ギリシャの哲学者》.

epidemic *a., n.* 流行性の; 流行病; (病気・思想などの)流行.

epidemiology 疫学.

epidermis *Anat., Biol.* 外皮, 表皮.

epidermoid *a.* 類表皮の.

epiglottis *Anat.* 会厭(軟骨), 喉頭蓋.

epigone 模倣者, 亜流, エピゴーネン; 後継者; 子孫.

epigram 風刺詩, エピグラム; 警句.

epigrammatic *a.* 警句的な, 風刺的な.

epigrammatist 警句家, 風刺詩作者.

epigrammatize *v.* 風刺詩に作る.

epigraph 題銘, 碑銘, 碑文, 題辞.

epigraphist 碑文研究家.

epigraphy 碑銘研究; 碑銘.

epilepsy *Med.* てんかん.

epileptic *a., n.* てんかん(性)の; てんかん患者.

epilogue (劇の)納め口上, 結びの言葉, 跋; 終曲; 後書き, 結語, エピローグ.

Epiphany *Relig.* 救世主の顕現《1月6日》.

episcopacy (教会の)ビショップ制度.

episcopal *a.* 監督の, 司教の; [E-] 監督派の.

Episcopalian *a., n.* 監督教会派の(信者).

episcopate Bishop の地位, Bishop の任期.

episode エピソード, 挿話; *Mus.* 挿入部.

episodic(al) *a.* エピソード風の.

epistle [the Epistles] (新約聖書中の)使徒書簡; 聖簡.

epistolary *a.* 書簡(体)の; 手紙による.

epistoler (新約聖書中の)書簡の筆者.

epitaph 碑文, 墓碑銘; 碑文体の詩.

epithalamiun 婚礼祝い歌.

epithet (性質を表す)形容詞, 形容辞; あだ名, 通り名.

epitome 縮図, 典型; 摘要, 概要, 抜粋.

epitomize *v.* 概説する, 要約する.

e pluribus unum 多数から成る一つ《1955 年以前の米国の標語》.

epoch 新紀元; 画期的な出来事, 時代.

epochal *a.* 新時代の, 画期的な.

epoch-making *a.* 新時代を画する, 画期的な.

eponym 名祖《国民・土地・建物などの名の起源となった人名》.

epos 口承の叙事詩; 叙事詩.

epoxy *a., n., v.* エポキシ(樹脂)の; エポキシ樹脂(で接着する).

epoxy resin エポキシ樹脂.

epsilon エプシロン《ギリシャ字母の第5字; E, ε》.

Epsom salts 瀉利塩.

EQ educational quotient.

equability 平衡, 釣り合い; 平静, 安定.

equable *a.* 一様な, 均等な; 平静な.

equal *a.* 等しい; 一様の, 同等の, 平等の, 均等の, 対等の; 耐えられる (*to*). **be equal to the occasion** その場に臨んで動じない. —— *n.* 対等の物, 同等の物, 匹敵者; 同輩. —— *v.* …に等しい; 匹敵する, 劣らない.

equalitarian 平等主義者.

equality 平等, 同等, 対等; 一様性.

equalization 平等化.

equalize *v.* 等しくする; 一様にする.

equalizer 平等にする人, 平等にするもの; ピストル.

equally *ad.* 等しく, 平等に, 均一に.

equal opportunity (雇用における)機会均等.

Equal Rights Amendment 男女平等憲法修正案.

equanimity (心の)平静, 落ち着き.

equate *v.* 同等と考える, 同等として述べる; 等しくする.

equation 均分, 平衡(状態); *Math.*, *Chem.* 等式, 方程式; *Astron.* 差, 均差.

equator 赤道; 均分円.

equatorial *a., n.* 赤道(付近)の; 赤道儀.

equerry (王家などの)馬係役.

equestrian *a., n.* 馬上の, 騎馬の; 乗馬者; 曲馬師.

equestrienne 女性騎手.

equiangular *a.* 等角の.

equidistant *a.* 等距離の.

equilateral *a., n.* 等辺の; 等辺形.

equilibrate *v.* 平衡させる, 釣り合わせる.

equilibration 平衡(状態).

equilibrist 軽業師.

equilibrium 均整, 均衡, 釣り合い; (心の)平静.

equine *a.* 馬の, 馬に関する.

equinoctial *a.* 昼夜平分時の《春分又は秋分の》.

equinox 昼夜平分時. **autumnal equinox** 秋分. **vernal equinox** 春分.

equip *v.* 仕度を整える, 準備する, 装備する, 装う; 授ける; 備えつける (*with*).

equipage 装備, 装具(一式); 馬車と供回り.

equipment 準備, 装備; 装置, 設備; 軍装; 知識, 技術.

equipoise 均衡, 平衡, 釣り合い.

equipollence 力の均等, 均整; 等価値.

equipollent *a.* 等価値の, 均等な.

equiponderant *a.* 重さの平均した, 釣り合った.

equiponderate *v.* 平均させる, 平衡させる.

equipotent *a.* *Phys.* 効力の等しい.

equipotential *a.* *Phys.* 等位の; *Eelc.* 等電位の.

equitable *a.* 公平な, 公正な; *Law* 衡平法上の.

equitation 馬術.

equity 公平, 公正; *Law* 衡平法; 財産物件の純価.

equivalent *a.* 同等の, 同価値の; *Chem.* 同価の, 等価の; 同意味の; 等量の; 相当する, 等しい. —— *n.* 相当する物; 同義語; 同価値の物, 等量の物.

equivocal *a.* 両義に取れる, 多義(性)の, 曖昧な; いかがわしい; はっきりしない.

equivocate *v.* 曖昧な言葉を使う, 言葉を濁す, ごまかす.

equivocator ごまかしや.

er *int.* えー, あのー.

era 紀元; 時代, 年代; *Geol.* 代.

ERA Equal Rights Amendment; earned run average.

eradiate *v.* (熱・光などを)放射する.

eradicate *v.* 根こそぎにする; 根絶する, 撲滅する.

erase *v.* ぬぐい消す, すり消す, 削除する; (録音テープ・コンピューターの記憶装置から)消す; (ぬぐっ

たように)忘れる; 殺す, 消す.

eraser 消す人, 消す物; 黒板ふき; 消しゴム, インク消し.

Erastianism *Relig.* エラストゥス主義《教会も国家主権に従属すべきであるという主張》.

erasure 抹消; 削除箇所, 削除語句.

erbium *Chem.* エルビウム《希土類元素》.

ere *prep.*, *conj.* =before.

erect *a.* 直立した, 逆立った. — *v.* 直立させる; 立てる, 建てる; *Physiol.* 勃起させる.

erectile *a.* 直立できる; *Physiol.* 勃起性の.

erection 直立, 起立; 建立; 設立; 建物; *Physiol.* 勃起.

erectly *ad.* 直立して, 真っ直ぐに.

erector 建設者, 設立者; *Anat.* 勃起筋.

eremite 隠者.

erg *Phys.* エルグ《エネルギーの単位》.

ergograph エルゴグラフ《筋肉の疲労を記録する》.

ergon *Phys.* 熱の仕事当量.

ergonomics 生物工学《働く人の特性にあった機械や設備などを研究する学問》.

ergosterol *Biochem.* エルゴステロール.

ergot *Bot.* 麦角病.

ergotism *Med.* 麦角中毒(症).

erica *Bot.* エリカ《ツツジ科》.

Erie, Lake エリー湖《米国北東部の湖》.

eristic *a.*, *n.* 論争上の; 論争者.

erk 新兵.

ermine *Zool.* アーミン, エゾイタチ; アーミンの毛皮(を着る役職).

ermined *a.* アーミンの毛皮で飾った.

ern(e) *Ornith.* オジロワシ.

erode *v.* むしばむ, 腐食する, 侵食する.

erogenous *a. Med.* 催淫性の, 性感の.

erogenous zones 性感帯.

Eros *Gk Myth.* エロス《恋愛の神; ローマ神話のCupid に当たる》.

erosion 腐食, 侵食.

erosive *a.* 腐食性の, 侵食性の.

erotic *a.* 性愛の, エロティックな.

erotica 猥褻な文学・芸術作品.

eroticism, erotism エロチシズム, 情欲, 好色; *Med.* 性衝動; 性的興奮.

erotology 性愛文学, 性愛美術.

erotomania *Med.* 色情狂.

err *v.* 誤る, 間違いをする; 過ちを犯す, 罪を犯す.

errancy 過ちを犯す事.

errand 使い(走り); 用向き, 使命. **go on [run] errands** 使いに行く.

errant *a.* 遍歴の, 武者修行の; 誤った, 迷った.

errantry 武者修行.

erratic(al) *a.* 散漫な, 移り気の; 突飛な, 風変わりな; *Geol.* 漂移性の.

erratum (L) 誤字, 誤植; 誤り; [*pl.*] 正誤表.

erroneous *a.* 誤った, 間違った.

error 誤り, 間違い; 過失, 罪; 誤信, 思い違い; *Math.* 誤差; *Law* 誤審; *Baseball* エラー.

ersatz (G) *a.*, *n.* 代用の; 代用品.

eruct(ate) *v.* おくびを出す; (火山などが)噴出する.

erudite *a.* 博学の; 衒学的な.

erudition 博学, 学識.

erupt *v.* 噴火する, 噴出する.

eruption 噴火, 噴出; 爆発, 発生, 突発; *Med.* 発疹.

eruptive *a.* 爆発的な, 噴火性の, 噴出性の; *Med.* 発疹性の.

erysipelas *Med.* 丹毒.

erythema *Med.* 紅斑.

erythrocyte *Physiol.* 赤血球.

erythromycin *Pharm.* エリスロマイシン《抗生物質》.

escadrille 飛行隊《6 機から成る》; 小艦隊《8 隻から成る》.

escalate v. 段階的に発展する, 拡大する, 増加する.

escalation Econ. エスカレーター式修正; (戦争の)段階的拡大, エスカレーション.

escalator エスカレーター.

escalator clause エスカレーター条項《賃金や価格の伸縮を規定する》.

escallop n., v. =scallop.

ESCAP Economic and Social Commission for Asia and the Pacific アジア太平洋経済社会委員会, エスカップ.

escapade 脱線的行為.

escape v. 逃げる, 脱出する, 脱走する(from, out of); (蒸気・ガスなどが)漏れる; 免れる, 避ける; (記憶を)逸する; (言葉・嘆息が)漏れる. ─n. 逃れること, 逃亡, 脱出; 逃れる手段, 逃れる道, 避難路, 避難装置; 漏り. **have a narrow [hairbreadth] escape** 九死に一生を得る.

escape clause 免責条項.

escapee 逃れた人, 逃避者.

escape mechanism Psychol. 逃避機制.

escapement (時計の歯車の)脱進機; (タイプライターの)文字送り.

escape velocity (重力圏)脱出速度.

escapism 現実逃避.

escapist 現実逃避者.

escapologist (現実・苦境などからの)逃避主義者; 縄抜け曲芸師, 籠抜け曲芸師.

escapology 縄抜けの曲芸, 籠抜けの技術.

escargot エスカルゴ《食用カタツムリ》.

escarpment 急斜面, 崖; Geol. 断層崖; (防塁前面の)急傾斜地.

escheat n., v. Law (土地の)復帰; (財産を)取り上げる, (財産が)復帰する.

eschew v. 避ける, 慎む.

eschscholtzia Bot. ハナビシソウ.

escort n. 護衛(兵), 護衛隊, 護衛艦, 護送(者); (女性への)付き添い, エスコート役. ─v. 護衛する, 護送する; 付き添う.

escort carrier 護衛用小型航空母艦.

escritoire 折り込みふた式机.

escrow Law 条件付き捺印証書.

escudo エスクード《ポルトガル・チリの通貨単位》.

esculent a., n. 食用に適する; 食物.

escutcheon (紋章図形としての)盾; 盾形の物; (鍵穴などの)縁飾り板. **a blot on the escutcheon** 家紋の汚れ, 名折れ.

Eskimo n., a. エスキモー人(の), エスキモー語(の).

Eskimo dog エスキモー犬.

ESL English as a second language 第二言語としての英語.

ESOP (<employee stock ownership plan) 従業員持株制度.

esophagus Anat., Zool. 食道.

esoteric a. 奥義の, 奥義に達した, 秘密の; 秘教の; 深遠な, 難解な.

esotericism 秘教, 密教; 秘伝.

ESP extrasensory perception 超感覚的知覚.

espalier 垂直面内に仕立てた果樹.

especial a. 特別の, 格別の.

especially ad. 特に.

Esperanto エスペラント(語)《Dr. Zamenhof 創案の国際語》.

espial 偵察, 探索.

espionage スパイ活動, スパイ組織.

esplanade ドライブ道; 遊歩道.

espousal 婚約; [pl.] 婚礼; (主義などの)支持, 擁護.

espouse v. めとる, 妻にする; 嫁にやる; (主義・説を)信奉する, 擁護する.

espresso エスプレッソコーヒー(店).

esprit 精神; 機知, エスプリ.

esprit de corps 団体精神, 団結心.

espy v. 見つける, (欠点などを)発見する.

esquire 殿, 様.

ess S の字(形の物).

essay *n.* 小論, 評論, 随筆, エッセイ; 試み (at). — *v.* 試みる, 企てる.

essayist エッセイスト, 随筆家.

essence *Philos.* 実在; 本質, 精髄; 本質的要素, エッセンス; 精, エキス; 香水.

essential *a.* 本質的な; なくてはならない, 必須の, 重要な (to); エキスの. — *n.* [*pl.*](本質的)要素, 不可欠なもの; 要目, 要点.

essentiality 本質, 本性; [*pl.*] 要件.

essentially *ad.* 本質的に, 本来.

essential oil (揮発性)芳香油《香水の原料》.

EST eastern standard time.

establish *v.* 設立する, 創立する, 開設する; 確立する, 定める, 樹立する, 制定する; (役・職業などに)就かせる, 任命する; 立証する, 確証する (that).

Established Church 英国国教会.

establishment 設立, 制定, 設定, 設置, 国立, 国定; 確立, 立証; (公共又は私設の)設立物; 体制, 既成の権力組織; (官庁・軍など)常置人員; 世帯; [the E-] (英国)国教会; [the E-] 指導者階級, 支配層.

establishmentarian *a.* (英国)国教会の; 体制(側)の. — *n.* 国教支持者; 体制主義者.

estaminet 酒場, カフェー.

estate *Law* 財産, 遺産, 財産権, 不動産権, 地所, 私有地, 身代; (人生の)時期, 生活状態; (社会的)階級; 地位, 身分.
　personal estate 動産.　**real estate** 不動産.

estate agent 不動産管理人; 不動産屋.

estate car ステーションワゴン.

estate tax 遺産税.

esteem *v.* 尊ぶ, 重んじる; …と思う, 考える. — *n.* 尊敬, 尊重.

ester *Chem.* エステル.

esthete, esthetic *n., a.* =aesthete, aesthetic.

estimable *a.* 尊重すべき.

estimate *v.* 見積もる, 評価する. — *n.* 概算, 見積もり, 見積書; [the Estimates] (議会に提出する)歳出歳入予算; (人物などの)評価.

estimation 見積もり, 評価, 概算; 判断, 意見; 尊重, 尊敬.

estimative *a.* 評価できる, 概算の.

estimator 評価者, 見積もり人.

estival *a.* 夏季の.

estivate *v.* (動物が)夏眠する; 避暑する.

Estonia エストニア《バルト海沿岸のソ連の共和国》.

estrange *v.* 疎遠にする, 仲を裂く, 水を差す.

estriol *Biochem.* エストリオール《女性ホルモンの一種》.

estrogen *Biochem.* エストロゲン《女性の発情を促すホルモンの総称》.

estrone *Biochem.* エストロン《estrogen の一種》.

estrous *a.* 発情の.

estrous cycle *Zool.* 発情期.

estrus *Zool.* 発情(期).

estuary (幅の広い)河口, 入り江.

esurience 空腹; 貪欲.

ET eastern time.

ETA estimated time of arrival.　**et al** et alii (L, =and others).　**etc** et cetera.

eta エータ《ギリシャ字母の第7字; H, η》.

et cetera (L) その他, …など.

etch *v.* 食刻する, エッチングで描く; 鮮明に描く.

etching 食刻版, 食刻画, エッチング, 腐食銅版術.

ETD estimated time of departure.

eternal *a.* 永久の, 永遠の; 不滅の, 不変

の; 絶え間ない; [the E-] =God.

eternally *ad.* 永久に, 永遠に.

eternal triangle (男女の)三角関係.

eternity 永遠, 永久; 不滅(の名声), 不変の事物《真理など》; 永遠の未来, 来世; 長期間, 長時間.

eternize *v.* 不朽にする, 永遠に伝える.

etesian *a.* 例年の; 季節風の.

eth =edh.

ethane *Chem.* エタン.

ethene =ethylene.

ether エーテル《光・熱・電磁気の放射現象の仮想的媒体》; *Chem.* エーテル《麻酔剤》; (古代人の想像した大気外の空間の)精気; 天空, 青空.

ethereal *a. Phys., Chem.* エーテルの; 空気のような, ごく軽い; 微妙な; 霊妙な; 天上界の.

ethereality エーテルのような性質; 霊性.

etherealize *v.* エーテルに変える; *Chem.* 気化する; 霊化する.

etherization *Med.* エーテル麻酔.

etherize *v. Med.* エーテル麻酔をかける; エーテル化する.

ethic(al) *a.* 道徳の, 倫理的な, 倫理学上の; (薬品が)医師の処方に従った.

ethics 倫理(学); 道徳, 道義.

Ethiopia エチオピア《アフリカ東部の共和国》.

Ethiopian *a., n.* エチオピアの; エチオピア人.

ethnic(al) *a.* 人種の, 民族の; 民族特有の, 異国情緒の.

ethnically *ad.* 人種的に, 民族的に.

ethnographer 民族誌学者.

ethnographic(al) *a.* 民族誌学上の.

ethnography 民族誌学.

ethnologic(al) *a.* 民族学的な.

ethnologist 民族学者.

ethnology 民族学.

ethology 人性学; 動物行動学.

ethos (一社会・民族・時代などの)気風, 思潮, 民族精神; エトス.

ethyl *Chem.* エチル.

ethyl alchohol *Chem.* エチルアルコール, 酒精.

ethylene *Chem.* エチレン《炭化水素》.

etic *a. Ling.* エティックな《言語・行動の記述において機能面を問題にしない》.

etiology 病因学; 原因論.

etiquette 作法, 礼法, エチケット; (同業者間の)仁義.

etna アルコール湯沸かし器.

et seq et sequens (L, =and the following one); et sequentes [sequentia] (L, =and those that follow).

etude (絵画・彫刻の)習作; *Mus.* エチュード, 練習曲.

etui (F) 手箱.

ETV educational television.

etymologic(al) *a.* 語源の, 語源(学)上の.

etymologist 語源学者, 語源研究家.

etymologize *v.* …の語源を尋ねる; …の語源を示す; 語源を研究する.

etymology 語源(学).

etymon *Ling.* 語根.

eucalyptus *Bot.* ユーカリ.

Eucharist *Relig.* 聖餐, 聖体拝領; 聖餐用のパンとぶどう酒.

euchre *n.* ユーカー《一種のトランプ遊び》.
— *v.* (ユーカーで)相手の失策で勝つ; 出し抜く.

Euclid (ユークリッド)幾何学.

eugenic *a.* 優生(学)の; 優れた性質を受け継いだ.

eugenicist 優生学者, 人種改良論者.

eugenics 優生学; 生物改良学.

euglena *Zool.* ミドリムシ《原生動物》.

eulogist 賛美者.

eulogistic *a.* 賛美の.

eulogium 賞賛.

eulogize *v.* 褒めたたえる, 賞賛する.

eulogy 賞賛(の言葉), 賞揚.

eunuch 去勢された男, 柔弱な男；宦官.

eupeptic *a. Med.* 消化を助ける, 消化正常の；快活な.

euphemism *Rhet.* 婉曲語法, 婉曲語句.

euphemize *v.* 婉曲に言う, 婉曲に書く.

euphonic *a.* 音便上の；=euphonious.

euphonious *a.* 音調のよい, 語調のよい.

euphonium *Mus.* ユーフォニアム《金管楽器》.

euphonize *v.* 音調をよくする.

euphony 快い音調；音便.

euphoria *Psychol.* 幸福感, 多幸感.

Euphrates ユーフラテス《トルコ東部に発しTigris 川に合流する川, 下流域は古代文明発祥の地》.

euphuism 気取った華麗な文体；美辞麗句.

euphuistic *a.* (文が)気取った華麗な.

Eurafrican *a.* ヨーロッパとアフリカの(人々の).

Eurasia ユーラシア(大陸).

Eurasian *a., n.* 欧亜の, ユーラシアの；欧亜混血の(人).

Euratom ユーラトム, ヨーロッパ原子力共同体.

eureka *int.* わかった；しめた《アルキメデスが王冠の金の純度を量る方法を発見した時の叫び声》.

Euro-American *a.* 欧米の.

Eurobond *Econ.* ユーロ債《欧州での外貨建て公社債》.

Eurocommunism 西欧型共産主義.

Eurocrat ECM の首脳.

Eurocurrency *Econ.* ユーロマネー《欧州金融市場で運用される資金》.

Eurodollar *Econ.* ユーロダラー《ヨーロッパの銀行保有のドル》.

Europe ヨーロッパ.

European *a., n.* ヨーロッパの；ヨーロッパ人(の).

European Community ヨーロッパ共同体《EEC, Euratom などが1967年統合したもの》.

European Economic Community ヨーロッパ経済共同体《フランス・西ドイツ・イタリア・ベルギー・オランダ・ルクセンブルグ・英国・アイルランド・デンマーク・ギリシャ・スペイン・ポルトガルの12か国》.

Europeanize *v.* ヨーロッパ化する.

European plan ヨーロッパ式《ホテルの部屋代と食事代が別》.

europium *Chem.* ユーロピウム《金属元素》.

Europocentric *a.* ヨーロッパ中心主義の.

Eurovision ユーロビジョン《欧州諸国間のテレビ網》.

eur(h)ythmic *a.* 均整のとれた；律動的な.

eur(h)ythmics リズム体操, リズム教育.

eustachian tube *Anat.* エウスタキー管, 耳管.

euthanasia 安楽死(術).

euthenics 生活改善学, 環境優生学.

eutrophic *a.* (水質汚染により)富栄養化した.

eutrophication 富栄養化.

eutrophy 栄養正常；(湖の)富栄養状態.

EV electron volt(s).

evacuate *v.* (内容物を)あける (of)；(家を)明け渡す, 撤退する, 撤兵する, 避難する, 疎開する；避難させる；排泄する.

evacuee 避難民, 疎開者, 引き揚げ者.

evade *v.* 避ける；言い抜ける, (義務を)逃れる, (法律を)くぐる.

evaluate *v.* (綿密に)評価する；検討する；*Math.* 数値を求める.

evanesce *v.* (次第に)消えて行く；消散する.

evanescent *a.* 消えて行く；束の間の, はかない.

evangel 福音；[E-] *Bib.* 福音書；吉報；綱領, 信条.

evangelical *a., n.* 福音の；福音主義の

（人）, 福音派の(人).

Evangelicalism 福音主義.

evangelism 福音伝道; 福音主義.

evangelist 福音伝道者; [E-] 福音書記者.

evangelistic a. (福音)伝道(者)の.

evangelize v. 福音を説く; 伝道する.

evaporate v. 蒸発する, 蒸発させる; 脱水する; 消散する, 消散させる; 消える, いなくなる.

evaporated milk 無糖練乳, エバミルク.

evaporation 蒸発(作用); 蒸気; 蒸発乾燥; 消失, 消散.

evaporator 蒸発(乾燥)器.

evasion 逃避, 回避, 脱出; 言い抜け.

evasive a. 捕らえにくい, 回避的な; 言い抜けの.

Eve Bib. イブ, エバ《Adam の妻として神が造った女》.

eve (祝祭日の)前夜, 前日; (大事件などの)直前; =evening. **on the eve of** ...の間際に.

even[1] =evening.

even[2] a. 平らな, (...と)水平の(with), 平行な; 一様の, むらのない; 同等な, 互角の, 公平な; (数量・得点など)同じの; 平静な, 単調な; 規則正しい; 正確な; 偶数の, 端数なしの; 丁度の. **be [get] even with** ...に仕返しをする. **break even** 損得なしになる. — ad. ...でさえも, ですら; なお(一層); まさに; 丁度; 互角に. **even if [though]** たとえ...としても. — v. 平らにする; 同等にする, 一様にする.

evenhanded a. 公平な.

evening 夕方, 夕暮れ, 晩; 晩年, 衰退期.

evening dress イブニングドレス, 夜会服.

evening prayer =evensong.

evening primrose Bot. マツヨイグサ

evenings ad. 夜は.

evening star 宵の明星《金星》.

evenly ad. 平らに; 公平に.

evenness 水平; 同等, 公平; 平静.

evensong Rom. Cath. 晩課, 晩禱; Angl. Ch. 夕べの祈り.

event 出来事, 大事件; (事の)成行き, 結果; (競技の)種目; (原子炉・発電所の)事故. **at all events** ともかく. **in any event** いずれにしても. **in the event of [that]** ...の場合には.

eventful a. 出来事の多い, 多事な; 重大な.

even-tempered a. 落ち着いた.

eventual a. 結局の, 最後の.

eventuality 万一の場合, 不慮の事件; 偶発性.

eventually ad. 結局は, ついに.

eventuate v. (...の)結果となる(well, ill, etc.); (...に)終わる(in); 起こる.

ever ad. かつて, いつか; 常に, いつも; [疑問詞を強めて] 一体. **as...as ever** 相変わらず.... **ever since** その後ずっと. **ever so** 非常に. **for ever (and ever)** 永久に.

Everest, Mount エベレスト《Himalaya 山脈中の世界の最高峰》.

everglade 湿地, 沼沢地; [the Everglades] Florida 州南部の沼沢地帯.

evergreen a., n. 常緑の; ときわ木.

everlasting a. 永久の, 永遠の; 不朽の, 耐久性の; 相も変わらぬ. — n. 永遠; [the E-] =God.

evermore ad. 常に. **for evermore** 永久に.

evert v. Physiol. 外にめくり返す, 裏返す.

every a. すべての, あらゆる, ことごとくの; 毎..., ...毎に. **every bit** まったく, 全然. **every now and then** 時々. **every one** 誰も皆. **every other day** 一日おきに. **every time** (...する)度毎に.

everybody pron. 誰でも(皆), (各人)皆.

everyday a. 毎日の, 日常の.

everyone pron. =everybody.

everything *pron.* 何もかも皆; 万事; 最も
大切なもの, 最も大切な事.

everyway *ad.* どう見ても.

everywhere *ad.* どこでも, 至る所に.

evict *v.* 立ち退かせる, 追い立てる; (土地・物権
を)取り戻す.

evidence *n.* 証拠; *Law* 証言; 形跡; 明
白; 証拠物件. **give [bear, show] evi-
dence of** ...の形跡を示す. **in evidence** 目
立って, 証拠として, 証人として.
— *v.* 立証する, ...の証拠となる; 明示する.

evident *a.* 明らかな, 明白な.

evidential *a.* 証拠上の, 証拠となる (*of*).

evidently *ad.* 明らかに, 明白に.

evil *a.* 悪い, 邪悪な; 有害な; 運の悪い, 不吉
な. — *n.* 悪, 害悪, 罪悪; 凶事, 不幸, 不
運; 災い, 災害; 悪疫; 悪弊.

evildoer 悪事を働く人.

evildoing 悪事, 悪行.

evil eye 凶眼《にらまれると災難が来るといわ
れる目》.

evilly *ad.* ひどく, 邪悪に, 凶悪に.

evil-minded *a.* 悪心をもった, 意地の悪い,
腹黒い.

evince *v.* (はっきり)示す; 表示する.

eviscerate *v.* 内臓を抜く; (議論などを)骨抜
きにする.

evocative *a.* ...を喚起する (*of*).

evoke *v.* (霊・感情・記憶などを)呼び出す, 喚
起する, 引き起こす.

evolution (事件・議論などの)展開, 進展,
発展; *Biol.* 進化(論); (熱・光などの)
放出; 展開動作.

evolutional, evolutionary *a.* 展開の;
進化の, 進化(論)的な.

evolutionism *Biol.* 進化論.

evolutionist *n., a.* 進化論者(の).

evolve *v.* 展開する, 展開させる; 進化する, 進
化させる; 発達する, 発展する, 発達させる, 発

展させる; (熱・光などを)放出する.

ewe 雌羊.

ewer (広口の)水差し.

ex[1] (L) *prep.* ...から; *Stock Exchange* ...落ち,
...なし; *Com.* ...渡し; ...年度クラス中退の.

ex[2] 前夫, 先妻.

exacerbate *v.* (苦痛などを)激しくする; 悪化
させる; (人を)憤激させる.

exact[1] *a.* 正確な; 厳密な, 精密な.

exact[2] *v.* 厳しく要求する, 厳しく取り立てる;
強要する, 必要とする.

exacting *a.* 骨の折れる, 辛い, 厳しい, 苛酷
な; 厳しく取り立てる.

exaction 厳しい取り立て, 厳しい要求; 酷
税.

exactitude 正確さ, 精密度.

exactly *ad.* 正確に, 厳密に; まさに, 丁度,
きっかり; [返事に用いて] まったくその通り.

exact science 精密科学《物理・数学な
ど》.

exaggerate *v.* 大げさに言う, 誇張する; 過
大視する.

exaggeration 誇張(的表現); 過大視.

exaggerative *a.* 大げさな.

exalt *v.* (地位・権力・品位・名誉などを)高め
る; 褒める, 賞揚する; 意気を高くする; (毒性
を)強める.

exaltation 高揚, 昇進; 賛美; 大得意,
意気軒昂.

exam = examination.

examinant 試験官, 審査員.

examination 試験, 考査; 検査, 調査,
審査, 検分, 吟味, 診察 (*of, into*); *Law* 審
問, 尋問.

examine *v.* 試験する (*in*); 検査する, 調査す
る (*into*); *Law* 審問する, 尋問する.

examinee 受験者; 審理を受ける人.

examiner 試験官, 試験委員; 審査官, 検
査人; 証人尋問官.

example 284

example *n.* 例, 実例; 見本, 標本; 手本, 模範; 見せしめ, 戒め. **for example** 例えば. **make an example of** …を(罰して)見せしめにする. **set [give] an example** 手本を示す (*to*). — *v.* 実例を示す.

exasperate *v.* 怒らせる, 憤激させる.

exasperating *a.* 腹立たしい, 癪にさわる.

excavate *v.* (穴を)掘る, 掘り抜く; 切り開く; 発掘する.

excavation 穴掘り, 発掘, 開削; 洞穴, 切り通し; 発掘物.

excavator 穴掘り人, 穴掘り機, 発掘者.

exceed *v.* (限度を)越える, 度を越す, 優る.

exceeding *a.* 過度の; 非常な, この上ない.

exceedingly *ad.* 非常に, 極めて.

excel *v.* (…に)秀でる, 卓越する (*in*); 優る, 凌ぐ (*in*).

excellence 卓越, 優秀, 長所, 美点, 美徳.

Excellency 閣下《大臣・大使などの敬称》. **Your [His] Excellency** 閣下. **Her Excellency** 閣下夫人.

excellent *a.* 卓越した, 優秀な; (成績が)優の.

excellently *ad.* すばらしく.

excelsior *int.* (標語として)より高く; 向上. — *n.* 木毛《詰め物用》.

except *v.* 除く, 省く, 除外する; 異議を唱える (*against*). — *prep.* …を除いては, …の外は. **except for** …が無ければ, …を除いては; …があるにはあるが. — *conj.* …という点を除けば.

excepting *prep.* = except.

exception 除外; 例外; 異議; *Law* 異議申し立て. **take exception** 異議を唱える, 反対する (*to, against*). **with the exception of** …を除いては. **without exception** 例外なく.

exceptionable *a.* 異議を招きそうな; 非難の余地がある.

exceptional *a.* 例外的な, 特別の, 異常な; ひときわ優れた.

exceptionally *ad.* 例外的に; 非常に.

exceptive *a.* 除外的な, 例外的な.

excerpt *v.* 抜粋する, 引用する. — *n.* 抄録, 抜粋, 引用(句); 抜き刷り.

excess *n.* 過多, 過度, 超過; 余分; [*pl.*] やり過ぎ, 越権(行為); 乱暴, 暴飲暴食, 不節制. **in excess of** …を超過して, …以上の. **to excess** 過度に, 極端に. — *a.* 制限外の, 余分の, 超過の. — *v.* (公務員を)休職させる.

excess baggage 制限超過手荷物; お荷物.

excessive *a.* 過度の, 法外な; 極端な.

exchange *v.* 交換する, 取り交わす; 取り換える (*for*); 両替する; 交易する (*for*). — *n.* 交換, 引き換え (*for*); 交換品; 両替; *Com.* 為替(相場); 取引所; (電話)交換(局). **rate of exchange = exchange rate** *Econ.* (外国)為替相場, 為替レート.

exchangeable *a.* 交換できる, 取り換えられる.

exchange professor 交換教授.

exchange student 交換学生.

exchequer 国庫; (個人の)財力; [E-] 大蔵省.

excise[1] *n., v.* 物品税, 国内消費税(を課する).

excise[2] *v.* 切り取る.

exciseman (消費税の)収税吏.

excision 切除, 切断.

excitability 興奮性.

excitable *a.* 激しやすい.

excitant *a., n.* 刺激性の; 興奮剤.

excitation 刺激(作用), 興奮; *Phys.* 励起.

excitative *a.* 刺激的な, 興奮性の.

excite *v.* 刺激する, 興奮させる, 騒がせる, 扇動する; (刺激して)起こさせる, そそる; *Phys.* 励起させる.

excitedly *ad.* 興奮して.

excitement 刺激, 興奮, 大騒ぎ; 動揺; 刺激物.

exciting *a.* 刺激的な; 興奮させる, はらはらさせる; 非常に面白い.

exclaim *v.* 大声で言う, 絶叫する.　ex-claim against …の非を鳴らす.

exclamation 絶叫, (感嘆の)叫び; *Gram.* 感嘆詞.

exclamation mark [point] 感嘆符《!》.

exclamatory *a.* 絶叫の; 感嘆の.

exclave 飛び領土《本国から離れて他国内にある領土》.

exclude *v.* 締め出す, 排除する, 排斥する; 放逐する; 退ける; 不可能にする.

exclusion 除外, 排除, 排斥, 排他; 移民入国禁止.　to the exclusion of …を除外して.

exclusionary *a.* 排他的な.

exclusionary rule *Law* 違法収集証拠排除の原則.

exclusionist 排他論者, 排他主義者.

exclusive *a.* 除外的な, 排除的な; 排他的な, 閉鎖的な; 貴族主義的な; 独占的な; 専門的な; 唯一の; 一流の, 厳選する, 高級の.　exclusive of …を除いて.

exclusively *ad.* 排他的に, 独占的に, 専ら.

exclusivism 排他主義.

excogitate *v.* 考え出す, 熟考する; 工夫する.

excommunicate *v.* *Relig.* 破門する, 放逐する.

excommunication *Relig.* 破門.

excoriate *v.* 皮を剥ぐ; 厳しく非難する.

excrement 排泄物.

excrescence (不自然に成長した)こぶ, 贅肉; 無用の長物; 派生物.

excrescent *a.* こぶのような; 余計な.

excreta 排泄物.

excrete *v.* *Physiol.* 排泄する.

excretion 排泄(物), 排泄作用.

excruciate *v.* 拷問にかける, 苦しめる.

excruciating *a.* 非常に苦しい; 耐え難い.

exculpate *v.* 無罪を弁明する, 証明する, 身の証しをたてる (oneself from).

excursion 遠足, (修学)旅行, 周遊, 遊覧; 旅行団体; わき道にそれる事, 脱線.

excursionist 遠足者; 周遊旅行者.

excursion ticket 回遊切符, 周遊切符.

excursive *a.* さまよう, 漫然とした, 脱線的な, 取り留めのない.

excursus 付説, 余録.

excusable *a.* 申し訳の立つ, 無理もない.

excusatory *a.* 申し訳の.

excuse *v.* 許す, 勘弁する; 免除する; 言い訳する, 弁解する; (事情などが)…の言い訳になる; 免じる, 無しで済ませる.　excuse oneself 言い訳する; 辞退する (from).　Excuse me. 御免下さい; すみませんが. — *n.* 言い訳, 弁明, 詫び, 容赦; 断り; 逃げ口上, 口実.

ex-directory *a.* 電話帳に記載されていない.

ex div ex dividend. *Stock Exchange* 配当落ちの; 配当落ちで.

exeat 短期欠席許可.

execrable *a.* 呪うべき, 憎むべき; 実に嫌な; ひどく下手な.

execrate *v.* 呪う; 忌み嫌う.

executant 執行者, 演奏者.

execute *v.* (目的・計画などを)実行する, 達成する; (法律を)実施する; (職務などを)果たす; 処刑する; (曲を)演奏する; (役を)演じる; (絵などを)制作する; *Law* (証書などを)作成する.

execution 遂行, 実行; 執行, 実施; 演奏; (美術品の)制作, 仕上げ, 出来ばえ, 技巧; 強制執行; 死刑(執行); *Law* (証書の)作成完了; 破壊的行為.

executioner 執行者; 死刑執行者.

executive *a., n.* 実行上の; 執行力ある;

行政の; 行政官; [the ~] (政府の) 行政部, 取締役, 支配人; 執行部, 実行委員会. **chief executive** 行政長官《州長官・大統領》.

executive committee 実行委員会, 執行委員会.

Executive Mansion 大統領官邸, 州知事官邸.

executive officer 行政官, 執行官; (軍艦の) 副長.

executive order 行政命令, 大統領命令.

executive privilege 大統領特権.

executive session (首脳部の) 秘密会.

executor *Law* 指定遺言執行者.

executrix *Law* 女子指定遺言執行者.

exegesis (特に聖書の) 解釈, 釈義.

exemplar 手本, 模範, 典型; 見本.

exemplary *a.* 模範的な; 典型的な; 見せしめの.

exemplification 例証, 例解; 実例, 標本.

exemplify *v.* 例証する, 例示する; …の範例となる; *Law* 複写する, 認証謄本を作る.

exempt *v.* 免除する (*from*). — *a.* 免除された; 免れた; 免疫の. — *n.* (義務を) 免除された人, 免税者.

exemption 免除.

exequies 葬儀, 葬式.

exercise *n.* 練習, 稽古, 実習; 練習問題, 課題; 運動; [*pl.*] 体操, 教練, 演習; (性能・職権などの) 運用, 活用, 行使, 実行; 礼拝; [*pl.*] (儀) 式; 行事.
— *v.* (手足を) 動かす; (器官・機能などを) 働かす, 用いる; (権力などを) 行使する; (職務などを) 行う; 練習する, 練習させる, 訓練する; (心を) 煩わす, 悩ます; (影響などを) 及ぼす.

exergue (貨幣・メダルの) 意匠の下部と縁との間《年月日などを入れる》.

exert *v.* (力などを) 出す; 働かす; (威力などを) 振るう, 及ぼす. **exert oneself** 努力する.

exertion 努力, 尽力; (威力の) 発揮, 行使.

exeunt (L) *v. Theat.* (二人以上が) 退場する.

exhalation 発散, 蒸発; 呼気; (水) 蒸気; 発散物.

exhale *v.* (息などを) 吐き出す; (臭気などを) 発散する, (臭気などを) 放散する; 蒸発する; 消散する.

exhaust *v.* (容器などを) 空にする; (空気などを) 排出する; (資源・体力などを) 使い尽くす, 枯渇させる, 消耗する; 研究し尽くす; 疲れ果てさせる; 疲弊させる. — *n.* 排出; 排気 (装置).

exhaust gas 排気ガス.

exhaustible *a.* 尽きることのある, 枯渇しうる.

exhausting *a.* 極度に疲労させる, 消耗させる.

exhaustion 消耗; 窮乏, 枯渇; 疲労; *Phys.* 排気.

exhaustive *a.* 余す所のない, 徹底的な.

exhaustless *a.* 無尽蔵の.

exhaust pipe *Mech.* 排気管.

exhaust valve *Mech.* 排気弁.

exhibit *v.* 示す, 表す; 公開する, 陳列する; 出品する, 展示する; 公演する; *Law* (証拠として) 提示する; *Med.* 投薬する. — *n.* 展覧, 公開; 陳列品; *Law* 証拠物件.

exhibition 公開, 展覧, 披露; 公演, 発表会; 展覧会, 博覧会, エキジビション; 奨学金; *Law* 提出; *Med.* 投薬. **make an exhibition of oneself** 笑いものになる, 恥をさらす.

exhibitioner 給費生.

exhibitionism 自己宣伝(癖); *Med.* 露出症.

exhibitor, exhibiter 出品者; *Law*

証拠提出者.

exhilarant, exhilarating *a.* 気分を浮き立たせる, 陽気な.

exhilarate *v.* 気分を浮き立たせる, 陽気にする; 刺激を与える.

exhilaration (気分の浮き立つ)愉快, 陽気, 興奮.

exhort *v.* 熱心に説く; 勧告する, 訓戒する.

exhortation 奨励(演説); 勧告, 訓戒.

exhortative, exhortatory *a.* 勧告的な.

exhume *v.* (死体を)発掘する; 明るみに出す.

exigence, exigency 危急, 急迫, 急場; [*pl.*] 急務.

exigent *a.* さし迫った; (…を)要する (*of*); せちがらい.

exiguous *a.* 乏しい; 小さい.

exile *n.* (国外)追放, 流刑, 離郷, 流浪 (生活); 追放人, 流浪者, 亡命者.
—*v.* 追放する, 流罪に処する; 亡命する.

exist *v.* 存在する, 実在する, 実存する, 生存する; (逆境に)生きていく.

existence 存在; 生存, 生活; 実在物, 存在物.

existent *a.* 現存する; 目下の.

existential *a.* 存在に関する, 存在の, 実存の.

existentialism *Philos.* 実存主義.

existentialist 実存主義者.

existing *a.* 現存の, 現在の.

exit[1] 出口; 退去, 退場, 外出.

exit[2] (L) *v. Theat.* (一人が)退場する.

ex libris (L) 蔵書票.

exobiology 宇宙生物学.

Exocet エグゾセ《フランス製ミサイル》.

exocrine *a., n. Physiol.* 外分泌の; 外分泌腺, 外分秘物.

exodus (移民の)出国; (大勢の)人出; [E-] *Bib.* 出エジプト記.

ex officio (L) *ad., a.* 職権上, 職権による.

exogamy 族外結婚.

exonerate *v.* (罪・疑いなどを)晴らす, 無罪にする; (義務などを)免除する.

exorbitant *a.* 法外な, 途方もない, 過大な.

exorcise *v.* 悪魔払いをする, 払い清める (*of*).

exorcism 悪魔払い, 厄払い; 悪魔払いの祈り(式).

exorcist 悪魔払い師, 祓魔師.

exordium (論文・演説などの)前置き, 序論.

exoteric *a. Relig., Philos.* 部外者や門外漢にも理解出来る; 公開的な, 通俗な, 平凡な; 外の.

exotic *a., n.* 外来の(物); エキゾチックな, 異国風の(物); ストリップショーの(ダンサー).

exoticism 異国情緒.

expand *v.* 広げる, 広がる; 膨張する, 膨張させる; 拡張する, 拡張させる, 発展する, 発展させる; 敷衍する; (花が)開く; 打ち解ける, (心を)広くする; *Math.* 展開する.

expanse 広々とした場所, 広がり; 拡張.

expansible *a.* 広げられた; 膨張しやすい, 展開出来る, 発展性の.

expansile *a.* 膨張性の, 拡張出来る.

expansion 膨張, 発展, 展開; 拡張; 広がり, 表面.

expansionism (領土)拡張主義.

expansive *a.* 膨張する, 発展的な, 展開的な; 広大な; 心の広い, 包容力のある; 開放的な.

ex parte (L) *a., ad. Law* 当事者の一方だけの; 当事者の一方だけに.

expatiate *v.* 詳細に説く, 長々と述べる (*on*, *upon*).

expatiation 詳説, 詳述; 敷衍.

expatriate *v.* 国外に追放する.
—*n.* 国外追放者, 国外在住者.

expatriatism 国外在住; 国籍離脱.

expect *v.* 予期する, 期待する, 待ち設ける; (…することを)期待する, 要求する; (…と)思う. **be expecting** 妊娠している.

expectancy, expectance 予期, 期待, 待望; 見込み.

expectant *a.* 予期して(いる); 待機の, 成り行きを待つ, 日和見の. —*n.* 期待者, 待望者, (官職などの)採用予定者.

expectation 期待, 予期, 予想, 見込み, 可能性; [*pl.*]遺産相続の見込み. **expectation of life** =life expectancy.

expected value *Statistics* 期待値.

expectorant *a., n.* 痰を出させる; 去痰剤.

expectorate *v.* (痰などを)吐く.

expediency, expedience 便宜, 好都合; 方便, 便法.

expedient *a.* 好都合の, 適宜の, 得策の; 便宜主義的な, 政略的な; 私利を図る. —*n.* 方便, 方策, (適宜の)処理.

expediential *a.* 便宜主義的な.

expediently *ad.* 便宜上.

expedite *v.* はかどらせる, 促進する; 手早く片付ける.

expedition (探検などの)旅行; 探検(隊); 遠征(隊); 急速, 迅速.

expeditious *a.* 急速な, 迅速な.

expel *v.* 吐き出す; 追い出す, 駆逐する; 放逐する, 免職する.

expellee 国外追放者.

expend *v.* 費やす, 消費する;(時間・労力などを)使う(*on*).

expendable *a.* 消費できる; *Mil.* 犠牲となる, 取るに足らない. —*n.* 消耗品;(作戦上の)犠牲, 捨て石.

expenditure 消費; 経費, 出費.

expense 支出;[*pl.*]費用, 出費, 諸経費, 実費, 手当て; 損失, 犠牲. **at the expense of** …の負担で, …を犠牲にして, …に迷惑をかけて. **go to the expense of** (do*ing*) 大金を費やして…する.

expense account 交際費, 接待費.

expensive *a.* 費用のかかる, 高価な.

expensively *ad.* 高価に.

experience *n.* 見聞; 経験, 体験; 経験内容, 体験した事物;[*pl.*]経験談. —*v.* 経験する, 体験する.

experienced *a.* 経験に富む, 老練な.

experiential *a.* 経験的な, 経験に基づく.

experiment *n.* 実験, 試み. —*v.* 実験する(*on, in, with*).

experimental *a.* 実験的な, 実験に基づく; 経験的な.

experimentalism 実験論; 経験主義.

experimentation 実験(作業).

experimenter 実験者.

expert *a.* 熟練した, 老練な, 達者な, 専門の(*in, at*). —*n.* 熟練家, 専門家, エキスパート.

expertise 専門意見, 専門知識.

expertism =expertise.

expiable *a.* 償いうる.

expiate *v.* 罪の償いをする; 払いのける.

expiator 罪滅ぼしをする人.

expiatory *a.* 罪滅ぼしの, 補償の.

expiration 息を吐くこと; 呼気; 満期.

expiratory *a.* 呼気(作用)の.

expire *v.* 満期になる, 終了する; 期限が切れる;(息を)吐く; 息を引き取る, 死ぬ; 絶える, 消える.

expiry 満期, 終了; 期限切れ.

explain *v.* 説明する, 明白にする; 解釈する; 弁明する, 釈明する. **explain away** (うまく)弁解する, 釈明する, 言い抜ける. **explain oneself** 自己の立場を弁明する; 意中を明らかにする.

expletive *a., n.* 単に補足的な, 付け足しの; *Gram.* (無意味な)間投詞, 虚辞.

explicable *a.* 説明できる.

explicate v. 説明する, 解明する;（論旨など を）発展させる.

explicative, explicatory a. 説明的な, 解説となる.

explicit a. 明白な, 明示的な, はっきりした; あからさまの, 腹蔵のない.

explode v. 爆発させる, 爆発する, 破裂させる, 破裂する;（感情が）激発する; 打破する, 論破 する; Phonet.（閉鎖音が）破裂する.

exploit[1] 功績, 偉業, 手柄.

exploit[2] v.（資源などを）開発する, 開拓する;（利己的に）利用する, 搾取する.

exploration 探検; 探究, 調査.

explorative, exploratory a.（実地）踏査の, 探検（上）の.

explore v. 探検する, 踏査する; 調査する, 探究する; Med.（傷を）探る.

explorer 探検家, 調査者;（傷などの）探り針.

explosion 爆発, 破裂;（感情の）激発; 爆音; Phonet.（閉鎖音の）破裂.

explosive a. 爆発する, 爆発性の. — n. 爆発物; Phonet. 破裂音.

expo 博覧会.

exponent 説明者, 解説者; 演奏者; 典型的な人物, 代表者; Math. 指数.

exponential a. Math. 指数の.

export v. 輸出する. — n. 輸出（品）; [pl.] 輸出額.

exportation 輸出（品）.

exporter 輸出業者.

expose v.（風雨・危険などに）さらす; Photo. 露出する;（商品を）陳列する;（秘密などを）あばく, …の仮面を剝ぐ;（子供を）捨てる.

exposé（醜聞などの）暴露, すっぱ抜き.

exposed a. さらされた, 露出した; 野ざらしの.

exposition 説明, 解説; 博覧会.

expository a. 解説的な, 説明的な.

expostulate v. 諫める, 説諭する.

expostulation 諫め, 忠告.

exposure（風雨・危険などにさらすこと; 暴露, 摘発, 露見; Photo. 露出（時間）,（フィルムの）一齣;（家の）向き;（商品の）陳列;（子供の）遺棄.

exposure meter 露出計, 露光計.

expound v.（詳しく）説明する, 解説する.

express v. 表す, 表出する; 言い表す, 表現する;（果汁・乳を）絞り出す; 急送する. **express oneself** 思うことを述べる, 自己表現する (on). — a. はっきりした, 正確な, 明示された; そっくりの; 特別の; 至急便の; 急行の. — ad. 急行（列車）で, 速達（便）で. — n. 急使; 速達, 至急便, 至急報; 急行《列車・電車・バスなど》; 運送（業）, 運送貨物, 通運会社.

expressage 運送業,（貨物などの）特急運賃.

expressible a. 表現出来る.

expression 表現; 言い表し方, 表現法; 表情; 音調; 発想, 圧搾; Math. 式. **beyond [past] expression** 言葉で言い表せない.

expressional a. 表現上の; 表情の.

expressionism 表現主義.

expressionist n., a. 表現主義の（人）.

expressionless a. 無表情な.

expressive a. 表現力に富む, 表情に富む, 意味深長の;（…を）表現する (of).

expressly ad. はっきりと, 明白に; 特に.

expressman（荷物）配達人, 運送屋.

expressway 高速道路.

expropriate v. 収用する, 没収する;（財産など）取り上げる.

expulsion 放逐, 駆逐, 排除, 除名 (from).

expulsion order 国外退去命令.

expunge v. 消す, 削除する, 抹殺する, ぬぐい取る.

expurgate v.（本などの不穏当な箇所を）削

除修正する.

expurgator 削除者.

expurgatory *a.* 削除の, 訂正の.

exquisite *a.* この上なく良い, この上なく美しい, 美味な; 微妙な, 精妙な, 精巧を極めた; (感覚など)鋭敏な; 激しい, 強烈な. — *n.* 見え坊, 凝り屋.

ex-service *a.* 退役の; (物資が)軍払い下げの.

ex-serviceman 退役軍人.

extant *a.* (書類・風俗などが)現存の.

extemporaneous *a.* 即席の, 間に合わせの.

extemporary *a.* =extemporaneous.

extempore *ad., a.* 準備なして, 即席に, 即席の, 即興的な, 間に合わせの.

extemporize *v.* 即席に作る; 即席に演説する, 即席に演奏する, 即席に作曲する.

extend *v.* 伸ばす, 伸びる, 張る, 広げる, 広がる; 延長する; 達する, 届く; 拡張する; (親切・援助などを)施す, 与える, 及ぼす.

extended *a.* 伸ばした, 拡張した; 延長した, 伸びた, 長い; 広範囲の.

extensibility 伸張性.

extensible *a.* 伸ばせる, 伸張性の.

extensile *a.* =extensible.

extension 伸長, 延長, 延期, 伸長力, 伸長度; 延長線; 拡張(部分), 増築; (電話の)内線; 拡充, 敷衍; *Log.* 外延.

extensive *a.* 広い, 広大な; 広範囲にわたる, 手広い, 大規模の; *Log.* 外延的な.

extensively *ad.* 広く, 手広く.

extensor *Anat.* 伸(張)筋.

extent 広さ, 大きさ; 範囲, (広い)地域; 程度, 限度.

extenuate *v.* (罪などを)軽減する, 酌量する; …の言い訳になる, 言い訳にする.

extenuation 軽減; 情状酌量.

extenuatory *a.* 酌量すべき.

exterior *a.* 外の, 外部の, 外面の, 外観の;

対外的な. — *n.* 外部, 外面; 外見, 外観; (映画などの)野外セット, (映画などの)野外シーン.

exterior angle *Math.* 外角.

exteriority 外部性; *Philos.* 外存性.

exteriorize *v.* 外面的にする.

exterminate *v.* 根絶する, 絶滅する.

exterminator 根絶者, 駆除剤.

exterminatory *a.* 根絶的な.

external *a.* 外部の, 外面の; *Med.* 外用の; *Philos.* 外界の, 客観界の, 現象界の; *Relig.* 形式上の; 対外的な; 外面的な; 偶然的な, 付帯的な. — *n.* 外部, 外物; [*pl.*] 外形, 外観.

externalism 外形主義; *Relig.* 形式尊重主義.

externality 外部的性質; 外界, 外形.

externalization 外的表現, 客観化.

externalize *v.* (思想を)具体化する, 客観化する.

externally *ad.* 外面的に.

exterritorial *a.* 治外法権の.

exterritoriality 治外法権.

extinct *a.* 消えた, 絶えた, 死滅した; すたれた, 廃止された. **extinct volcano** 死火山.

extinction 消滅, 死滅, 廃絶, 断絶; 消火, 鎮火; *Law* (権利などの)消滅.

extinctive *a.* 消滅性の, 消滅的な.

extinguish *v.* 消す, (希望などを)失わせる; 絶やす, 絶滅する; (反対者を)沈黙させる; (相手を)圧倒する; *Law* (負債を)償却する.

extinguishable *a.* 消すことができる, 絶やすことができる.

extinguisher 消火器; 消灯器.

extirpate *v.* 根絶する, 撲滅する; *Med.* 摘出する, 切除する.

extirpator 根絶者.

extol(l) *v.* 称揚する, 激賞する.

extort *v.* (金銭・約束などを)強請する, 強

要する, ゆする, 強いる; (意味を)こじつける.

extortion 強請, 強要; 強奪, 搾取; 法
外な掛け値; *Law* (官吏の)職務上の不当取
得.

extortionary *a.* =extortionate.

extortionate *a.* 強請的な, 強奪的な;
法外に高い.

extortioner 強請者, 搾取者.

extra *a.* 余分の; 特別の, 臨時の, 番外の; 別
勘定で. —*ad.* 余分に; 特別に.
—*n.* 番外; 号外; 臨時増刊; 課外講義;
割り増し金; 臨時雇い, (映画などの)エキストラ.

extracorporeal *a.* 体外の.

extract *v.* 引き抜く, 抜き取る; (精分などを)摘
出する, (精分などを)抽出する, 絞り取る;
抜粋する; (原理・意味などを)引き出す, (快楽な
どを)見いだす, (情報などを)聞き出す.
—*n.* 抽出物, エキス; 抜粋, 引用句.

extraction 抜き取り; 絞り出し; 摘出;
Chem. 抽出, 抜粋, 抄出; 精, エキス;
血統, 系統.

extractive *a.* 抜粋的な; 抽出する.
—*n.* 抽出物; エキス.

extractor 抽出者; 抜き取り器具.

extracurricular *a.* 正課外の.

extraditable *a.* 引き渡すべき.

extradite *v.* (逃亡犯人を)引き渡す, 送還す
る; 引き渡しをうける.

extradition *Law* 逃亡犯人引き渡し, 本
国送還.

extragalactic *a.* *Astron.* 銀河系外(から)の.

extrajudicial *a.* 司法管轄外の.

extralegal *a.* 法律で処理し難い; 超法規
的な.

extramarital *a.* (性関係が)婚外の.

extramundane *a.* 地球外の, 物質世界
外の, 大気圏外の.

extramural *a.* 城壁外の, 都市外の; 大学
構外の, (講師など)校外の; 大学対抗の.

extraneous *a.* 外来の, 付着した; 異質の;
無関係な (to).

extraordinarily *ad.* 非常に, 法外に.

extraordinary *a.* 異常の, 非凡な, 並外れ
た; 法外の, 突飛な, 驚くべき; 臨時の; 特別
の, 特命の.

extrapolate *v.* *Math.*, *Statistics* 外挿する;
推定によって知る.

extrasensory *a.* 知覚外の, 超感覚的な.

extrasolar *a.* 太陽系外の.

extraterrestrial *a.*, *n.* 地球(大気圏)外
の(生物).

extraterritorial *a.* 治外法権の.

extraterritoriality 治外法権.

extrauterine *a.* *Med.* 子宮外の.

extrauterine pregnancy *Med.* 子宮
外妊娠.

extravagance 浪費, 贅沢, 法外, 無節度,
放縦(な行為).

extravagant *a.* 途方もない, 突飛な, 法外
な; 贅沢な, 浪費な.

extravaganza 狂詩文; *Mus.* 狂想
曲; 滑稽劇; 狂態.

extravasate *v.* (血液を脈管から)あふれ出
させる, 滲み出る.

extravehicular *a.* (宇宙)船外の.

extreme *a.* 一番端の, 先端の; 極端な, 非
常な, 過激な, 極度の, 甚だしい. —*n.*
極端, 極度; [*pl.*] 両極端, 極端な手
段, 極端な状態. **go to extremes** 極
端に走る. **in the extreme** 極端に.

extremely *ad.* 極端に, 極めて, 非常に.

extreme unction *Rom. Cath.* 終油の秘
跡.

extremism 過激主義.

extremist 極端論者, 過激主義者.

extremity 端, 先端; 極端, 果て, 極み;
窮境, 難局; [*pl.*] 非常手段, 最終
手段, 過激な行動; [*pl.*] 身体の末端, 手足.

extricate *v.* 脱出させる, 救い出す; *Chem.* 遊離させる.

extrinsic *a.* 外部的な; 非本質的な; 付帯的な.

extroversion *Psychol.* 外向性; 外転; *Med.* 外翻.

extrovert *a., n.* *Psychol.* 外向性の(人).

extroverted *a.* *Psychol.* 外向性の.

extrude *v.* 突き出す, 追い出す.

extrusive *a.* 押し出す, 突き出た.

exuberant *a.* 豊富な, 生い茂った; (元気・喜びなど)溢れるばかりの; (想像力など)豊かな; (文体など)華麗な.

exudation 滲出(物).

exude *v.* にじみ出る, にじみ出させる.

exult *v.* 非常に喜ぶ(*in, at*); 勝ち誇る(*over*).

exultant *a.* 大喜びの, 大得意の, 勝ち誇った.

exultation 大得意, 歓喜.

exurb 準郊外 (*suburb* より更に都市を離れた高級住宅地).

exurbanite 準郊外居住者.

exurbia 準郊外地域, 準郊外住宅地.

eye *n.* 目; 目付き; 視力; 視覚; 眼識, 観察力 (*for*); 見方, 見解; 注目; 眼状の物 (小穴・針のめど・じゃが芋の芽・的の星など); 台風の目. **an eye for an eye** *Bib.* 目には目 (同じ種類の報復). **be all eyes** 目を皿のようにして見る. **catch one's eye** 目につく. **do in the eye** だます; 損じる. **easy on the eye** 目の保養になる. **have an eye for** …を見る目がある, 眼識がある. **have an eye to** …に目をつけている. **in my eyes** 私の見るところでは. **in the public eye** 世間に顔出しして, よく知られて. **keep an eye on** …に目をつけている, 監視する. **make eyes at** …に色目を使う. **My eye!** おや (驚き). **open one's eyes** 目を開いてやる, 迷いを覚まさせる. **see eye to eye** まったく一致する, 同意見である. **set [lay]**

eyes on …を見る. **up to the [one's] eyes** 没頭して(*in*); (借金などに)はまり込んで(*in debt*). **with an eye to** …に目をつけて, …を目的として, 目論んで. ― *v.* じろじろ見る, つくづく見る; 目をあける, 穴をあける.

eyeball 眼球.

eye bank アイバンク.

eyebrow まゆ. **raise one's eyebrows** まゆを上げる (驚いて, 疑って).

eyebrow pencil (ペンシル型)まゆ墨.

eye-catcher 人目を引くもの; 美人.

eye chart 視力表.

eyecup 洗眼コップ.

eye dialect *Ling.* 視覚方言 (実際の発音通りの綴字).

eyedropper 点眼器.

eyeful 十分見ること; 人目を引く人, 人目を引くもの, 美人.

eyeglasses 眼鏡, 接眼レンズ.

eyehole *Anat.* 眼窩; のぞき穴.

eyelash まつげ.

eyeless *a.* 目のない, 盲目的な.

eyelet 紐穴, はと目金, のぞき穴.

eye-level 目の高さ.

eyelid まぶた.

eyeliner アイライナー.

eye-opener (目を見張らせるような)驚嘆事件, 暴露的新事実, 啓発的新事実.

eyepiece 接眼レンズ.

eye-popper (目玉のとび出るような)どえらいもの, (目玉のとび出るような)どえらいこと; 手に汗握るようなもの, わくわくさせるもの.

eye rhyme *Poet.* 視覚韻.

eyeshade まびさし.

eye shadow アイシャドー.

eyeshot 目の届く所, 視界.

eyesight 視覚, 視力; 視野.

eyesore 目障りな物.

eyestrain 目の疲れ.

eyetooth (上の)犬歯.

eyewash 目薬；ぺてん；おべっか.

eyewink 瞬き；目くばせ.

eyewitness 目撃者，証人.

eyrie =aerie.

F

f F字形(のもの)；*Mus.* ヘ音，ヘ調；(成績の)不可.

f focal length. **F** filial generation.

fa *Mus.* ファ音.

FAA Federal Aviation Administration 連邦航空局.

fab *a.* =fabulous.

Fabian Society フェビアン協会《英国の漸進的社会主義団体》.

fable *n.* (動物などを擬人化した)寓話，譬え話；作り話；伝説，神話.　— *v.* 寓話を書く；嘘をつく.

fabled *a.* 物語に名高い；伝説上の，架空の，作り話の.

Fabre ファーブル. **Jean Henri Fabre** (1823–1915) フランスの昆虫学者.

fabric 構造，組織；建物；織地，織物.

fabricate *v.* (部分などを)組み立てる；(嘘・物語などを)作り上げる，でっちあげる；(文書を)偽造する.

fabrication 製作，偽造(物)；嘘.

fabulist 寓話作者；嘘つき.

fabulous *a.* 伝説的な；物語のような，信じ難い，途方もない；すばらしい.

facade (建物の)正面；(事物の)表面，見かけ，外観.

face *n.* 顔；顔色，顔つき；面目，メンツ；(物の)表側《貨幣などのおもて・時計の文字面・印刷面・ゴルフクラブのフェイス・建物の正面など》；*Com.* 額面；外観，うわべ. **face to face** 面

と向かって，差し向かいで (*with*).　**have the face to** 厚かましくも…する.　**in the face of** …の面前で；…に直面して；…を物ともしないで.

lose face 面目を失う，メンツを失う.

make [pull] faces [a face] しかめ面をする.

on the face of it 表面は；明らかに.　**pull [make] a long face** 嫌な顔をする，陰気な顔をする.　**save (one's) face** 人の顔をたてる.

set [put] one's face against …に断然反対する.　**shut one's face** 黙る.　**to one's face** まのあたり，公然と.

　— *v.* …に面する；立ち向かう，直面する，直視する；耐える；向かい合わせる；(建物の表面などを)化粧張りする，飾る，仕上げる；*Mil.* 転回する.　**face up to** …に直面する，立ち向かう.

face card (トランプの)絵札.

facecloth 死人の顔にかける布；顔ふき用タオル.

face cream 美顔クリーム.

facedown *ad.* うつ伏せに.

faceless *a.* 個性のない.

face-lift(ing) 顔の皺とり，整形美顔術；(建物などの)改造，モデルチェンジ.

face massage 美顔マッサージ.

face-pack 美顔パック.

face powder おしろい.

facer 顔面パンチ；面食らわす出来事.

face-saver 顔を立てるもの，メンツを立てるもの.

facet (結晶・宝石・ガラスなどの)面，切り子面；(物事の)面.

facetiae 滑稽，しゃれ，猥本，ポルノ.

facetious *a.* おどけた，冗談の.

faceup *ad.* 顔を上げて.

face value 額面価格，額面通りの価値.

facial *a., n.* 顔の；顔面マッサージ.

facial tissue 化粧紙.

facile *a.* 容易な；手軽な；軽快な，軽妙な；流暢な；気軽な.

facilitate *v.* 容易にする，促進する.

facility 容易;(事を行う)才, 器用, 腕前; [*pl.*] 便宜, 便益, 設備.

facing (建物の) 表面の仕上げ, 化粧張り; [*pl.*] (襟・袖口などの) 飾り, へり取り.

facsimile *n., v.* (実物通りの) 複写(をする); (印刷物の) 模写電送(をする); ファクシミリ, 写真電送.

fact 事実, 実際, 真相; *Law* 犯行, 犯罪行為. **(as a) matter of fact** =in (point of) **fact** 実は, 実際上;ところで. **facts of life** 性知識; 人生の厳しい現実.

fact-finding 実情調査(委員会).

faction 徒党, 党派, 派閥(争い), 内紛.

factional *a.* 徒党の, 派閥の; 党派的な.

factionary *a., n.* 党派の(一員), 派閥の(一員).

factious *a.* 党派心の強い, 徒党根性の; 党争的な.

factitious *a.* 不自然な, 人為的な, 人工的な.

factitive *a. Gram.* 作為の.

factitive verb *Gram.* 作為動詞.

factor 要因, 要素, 原因, 原動力; *Math.* 因数; *Biol.*(遺伝)因子; 仲買人, 代理人.

factorage 代理業; 仲買手数料.

factorial *a.* 代理商の; *Math.* 階乗の.

factory 工場, 製作所.

factory farm 促成飼育場.

factotum 雑役夫.

factual *a.* 事実に関する; 事実に基づく, 事実上の.

factualism 事実尊重主義.

facultative *a.* 許容的な; 任意の, 偶発的な; 機能の, 能力の.

faculty 能力, 才能, 手腕(for); 資力; 機能;(大学の)学部; 教授団, 教官団; 同業者団体; [the ~] 医師団.

fad 気紛れ; 一時の流行; 道楽.

faddish, faddy *a.* 物好きな, 気紛れな.

faddism 物好き, 酔狂.

faddist 物好きな人, 気紛れな人.

fade *v.* しぼむ, 萎れる, 萎れさせる; (光・色・音などが)次第にさめる, あせる, 消える, 消えさせる, 衰える. **fade away** 消え失せる; 立ち去る.

fade in (映画・ラジオ・テレビで音, 映像などが)次第にはっきりする, 溶明する, 溶明させる. **fade out** (映画・ラジオ・テレビで音, 映像などが)次第にぼやける, 溶暗する, 溶暗させる.

fadeaway 消失; *Baseball* タッチを避けるすべり込み, スクリューボール.

fade-in *Motion Pictures, TV* フェードイン, 溶明.

fadeless *a.* 衰えることのない, 色のあせない, 不変の.

fade-out *Motion Pictures, TV* フェードアウト, 溶暗.

F Adm Fleet Admiral.

faeces =feces.

faerie, faery =fairy.

fag *v.* あくせく働く(at); (仕事で)疲れさせる(out); (public school で) 上級生の雑用をする. **be fagged out** へとへとに疲れる. —— *n.* 労役, 疲労; 上級生の雑用をする下級生; ホモの男.

fag end 端切れ, 織り端, 切れ端, 端くれ; たばこの吸いさし.

fag hag ホモの男とばかりつき合う女.

fag(g)ot *n., v.* まき束, そだ, 鉄棒の束; 束にする; 肉だんご; (男の)ホモ; いやな女.

fag(g)otry (男の)ホモ.

fag(g)oty *a.* ホモのような, 女々しい.

Fahrenheit *a.* (温度計の)華氏の.

faience ファヤンス焼(フランス陶器).

fail *v.* 失敗する, しくじる(in); 落第する, 落第させる; 衰える, 弱る; 不足する, 欠乏する, 無くなる, 尽きる; (期待を)裏切る, 見捨てる; 役立たない; 怠る, し損なう, ...しない(to do); 破産する. **fail of** ...を欠く, しかねる. **not fail to** (do) きっ

とする. — *n.* 失敗. **without fail** 間違いなく, きっと.

failing *n.* 失敗; 欠点. — *prep.* …がない時は, ないので.

faille ファイユ《うわ織り絹布》.

fail-safe *n., a.* 事故防御装置(のついた);(核装備爆撃機の誤爆撃を防ぐ)制御装備の; 絶対安全な.

failure 不成功, 落第, 失敗(者); 破産; 不足, 欠乏; 減退, 衰弱; 不履行, 怠慢 (*to do, in*); *Mech.* 破損.

faint *a.* 気力のない, 気の弱い; かすかな, ぼんやりした; 目眩がする, 気の遠くなりそうな. — *v., n.* 気絶する (*away*); 卒倒, 失神; [*pl.*] 後留液《ウイスキー蒸留の前後にできる》.

fainthearted *a.* 気の弱い, 臆病な.

faintly *ad.* 力なく, かすかに, ほのかに, 弱々しく.

fair[1] *a.* 定期市, 縁日; 慈善市, バザー; 品評会, 博覧会; 遊園地.

fair[2] *a.* 美しい; 色白の, 金髪の; 清い, きれいな; 正当な, 公正な, 競技の規則に適った; 晴れた, 好天の; 順調な, (風が)追風の; もっともらしい, 丁寧な; 相当な, まずまずの, (成績が)可の; [the ~] 女性. **be in a fair way to** (*do*) …する見込みがある. — *ad.* 公正に, 丁寧に; きれいに, 見事に; まともに. **fair and square** 公正な, 公正に; まともに. — *v.* (天気が晴れる; (飛行機などを)流線型に整形する.

fairground 市の立つ場所, 市の立つ広場.

fair-haired *a.* 金髪の; 気に入りの.

fairing *Aeronaut.* (気流の渦を防ぐための飛行機各部の)整形.

fairish *a.* かなりの.

fairly *ad.* 公平に, 公明正大に; 相当に, かなり(良く); まったく.

fair-minded *a.* 公平な, 公正な.

fairness 公平, 公正; 色白, 美しさ;(頭髪の)金色.

fairness doctrine *Broadcast* 機会公平の原則.

fair play フェアプレイ, 公正な態度.

fair sex 女性《全体》.

fair shake 公平な扱い.

fair-spoken *a.* 丁寧な, 愛想の良い.

fair trade *Econ.* 公正取り引き.

fair-trade *v., a.* 公正取り引きで売る; 公正取り引きの.

fair-trade agreement *Econ.* 公正取引協定.

fairway (川・湾内などの)航路, 澪; *Golf* フェアウェイ.

fair-weather *a.* 平穏時だけの; まさかのときに頼りにならない.

fairy *n., a.* 妖精; 妖精の(ように美しい); ホモの男.

fairy lamp [light] (装飾用)豆電灯.

fairyland おとぎの国; 不思議な世界.

fairy ring 妖精の輪《草地にきのこのために生じた暗緑色の輪》.

fairy tale [story] おとぎ話, 童話; 作り話.

fait accompli 既成の事実.

faith 信仰, 信念; 信頼, 信用; 教義, 信条; 誓約; 信義, 誠実. **bad faith** 不信義, 背信. **in good faith** 誠実に.

faith cure [healing] 信仰療法.

faithful *a.* 忠実な, 誠実な, 信頼できる; 正確な; 貞節な; [the ~] 信徒たち.

faithfully *ad.* 忠実に. **Yours faithfully** 敬具.

faithless *a.* 信義のない, 不実な; 頼りにならない.

fake *v., n.* 偽造する (*up*), ごまかす, 捏造する; 模造品, ごまかし, 偽物, いかさま; 即興で演奏する. **fake out** だます.

fake book 版権所有者に無断で作ったポピュラーソング楽譜集.

faker 詐欺師, 偽造者; 大道商人.

fakir (イスラム教・バラモン教の)行者, 托鉢僧.

falchion (中世の)広幅湾曲刀.

falcon Ornith. ハヤブサ; (鷹狩り用の)雌ハヤブサ.

falconer 鷹匠.

falconet 小型のタカ.

falconry 鷹狩り.

falderal 安ぴか物.

fall v. 落ちる, 落下する, (雨など)降る, 散る, 垂れ下がる; 倒れる, 転ぶ; 戦傷する, 戦死する; 倒壊する; (的などに)当たる; 陥落する; 失脚する; 堕落する, (温度・物価などが)下がる, 下る; 衰える, 静まる, (元気が)なくなる; (潮)が引く; (ある状態に)なる, (事件が)起きる; (時節などが)到来する, (…に)当たる (on); (音・言葉が)漏れ出る. **fall away** 見捨てる, 手を引く; やせ衰える. **fall back** 退く, 退却する; 退いて…に頼る (on, upon). **fall behind** 遅れる. **fall down** (on …) …で失敗する. **fall for** …と恋仲になる; 犠牲になる, 「えじき」になる. **fall in** 落ち込む, 陥没する; Mil. 整列する; 偶然会う (with); 一致する (with). **fall into** …になる, …に陥る; …を始める. **fall off** 落ちる; 減少する, やせる; 離反する. **fall on [upon]** …に降りかかる, 襲いかかる; 始める. **fall out** 生じる, 起こる; …となる; 不和になる; Mil. 落後する. **fall to** …し始める (doing); 攻撃する; 食べ始める.

fall under …の項目にはいる, 部類にはいる, 該当する. — n. 落下, 墜落; 落差; 陥落; 倒壊; 滅亡, 没落; 低落, 降下, 減退; 傾斜; 堕落, 悪化; 降雨(量), 降雪(量); [pl.] 滝; 秋; (レスリングなどの)フォール.

fallacious a. 虚偽の, 誤った, 当てにならぬ.

fallacy 誤った考え, 誤信, 錯誤; 誤った論法; Log. 虚偽.

fallen a. 落ちた, 倒れた; 堕落した; 没落した; 破壊された; 死んだ; [the ~] 戦死者たち.

fallen angel 堕落天使.

fall guy だまされやすい人; 人の罪を背負わされる人.

fallible a. 誤りに陥りやすい, 誤りを免れない.

falling a. 落ちる, 降る, 下がる. — n. 落下, 下降; 陥落; 崩壊, 没落.

falling leaf (曲技飛行の)木の葉落とし.

falling-out 仲違い.

falling sickness てんかん.

falling star 流星.

Fallopian tube Anat. 卵管.

fallout (核爆発後の)放射性降下物, 死の灰; 副産物.

fallout shelter 放射性降下物避難地下壕, シェルター.

fallow¹ a., n. 休作の; 修業を怠っている; 休閑地. — v. (土地を)休めておく.

fallow² a. 淡黄褐色の.

fallow deer Zool. ダマジカ《淡黄褐色の小型のシカ》.

false a. 偽りの, 虚偽の, 不正の, 間違った, 誤った; 偽の, 偽造の; 不実の; 人造の, 仮の, 補助の. — ad. 偽って, 不正に. **play (a person) false** (人を)裏切る, 欺く.

false acacia Bot. ニセアカシア.

false alarm (火事や泥棒の)間違い警報; 人騒がせ, 期待はずれ.

false arrest Law 不法逮捕.

false bottom 二重底; 上げ底.

falsehearted a. 不実の, 裏切りの.

falsehood 偽り, 嘘.

false imprisonment Law 不法監禁.

falsely ad. 偽って; 不実に; 不正に.

falsetto n., a., ad. 裏声(の), 裏声で.

falsies 乳パッド.

falsification 偽造, 変造; 曲解; 反証, 偽証.

falsify v. (事実を)偽る, 曲げる; (文書などを)

偽造する; 反証をあげる; (期待・希望などを)裏切る.

falsity 虚偽, 偽り; 不実, 裏切り.

faltboat 折りたたみ式の舟.

falter v. よろめく; ためらう, ひるむ; どもる, 口ごもる (out). — n. よろめき; ためらい; 口ごもり, どもり.

falteringly ad. よろめきながら, 口ごもりながら.

fame 名声, 高名; 評判.

famed a. 名高い (for).

familial a. 家族の, 一族に特有の.

familiar a. 親しい, 親密な (with); よく知っている, よく通じている (with); ありふれた, 通俗な; 打ち解けた, 馴れ馴れしい, 心安い; 飼い馴らされた. — n. 親友; 使い魔 (familiar spirit).

familiarity 親しさ, 親密; 心安さ, 馴れ馴れしさ, 無遠慮; 淫らな関係; 精通, 熟知.

familiarization 馴れ親しみ.

familiarize v. 馴れ親しませる (with), 熟知させる; 通俗化する.

family n. 所帯, 家族; (一家の)子供たち; 一族, 一門; 家柄, 門閥; 種族, 民族; Biol. (分類学上の)科; (暴力団・マフィアなどの)一家, ファミリー; Ling. 語族; [a.] 家庭用の, 家庭向きの. in a [the] family way 妊娠して.

family allowance 家族手当.

family circle 内輪, 一家; (劇場の)家族席.

family doctor (かかりつけの)家庭医.

family man 所帯持ち; マイホーム型の亭主.

family name 姓.

family plan(ning) 家族計画.

family room (家庭団欒用の)居間.

family tree 家系図.

famine 飢饉; 不足, 払底.

famish v. 飢える, 飢えさす.

famous a. 有名な, 名高い (for); すばらしい.

famously ad. 名高く; とても.

fan[1] n., v. 扇, うちわ, 扇風機, ファン; Geol. 扇状地; あおぐ; あおる; Baseball 三振する (out).

fan[2] (スポーツ・芸能などの)ファン.

fanatic a., n. 熱狂的な, 狂信的な; 狂信者.

fanatical a. =fanatic.

fanaticism 熱狂, 狂信(的行為).

fancied a. 架空の.

fancier (花・鳥・犬などの)愛好家.

fanciful a. 空想的な, 気紛れな; 奇想をこらした, 珍奇な.

fan club ファンクラブ.

fancy 空想, 思いつき; 気紛れ; 好み, 愛好; デコレーションケーキ. catch [take] the fancy of …の気に入る. take a fancy to …が気に入る, 好きになる. — a. 装飾的な; 変わり模様の, 意匠を凝らした; 変わり種の; 気紛れの; 法外な; 極上の, 特選の. — v. 想像する, 心に描く; 何となく…と思う (that); 気に入る, 好む, たしなむ. fancy oneself うぬぼれる. Fancy that! こりゃあ驚いた.

fancy dress (舞踏会用)仮装服.

fancy-free a. 恋を知らない, 無邪気な.

fancy man 愛人; (売春婦の)ひも.

fancywork 手芸(品).

fan dance ファンダンス《扇を持って踊るヌードダンス》.

fandango ファンダンゴ《スペインの陽気な踊り; その曲》; 愚行.

fanfare トランペットの華やかな吹奏, ファンファーレ; 虚勢.

fang (肉食動物の)牙, 犬歯; (蛇の)毒牙; 歯根, なかご.

fan heater ファンヒーター, 送風式電気暖房機.

fan-jet Aeronaut. ファン付きジェットエンジン(機).

fan letter [mail] ファンレター.

fanlight (ドアの上の)扇形の明かり取り窓.

fanner 扇風機.

fanny 尻；女性器.

fantabulous a. 信じられないほどすばらしい.

fantail 扇形の尾；*Ornith.* クジャクバト；*Carp.* ほぞ.

fantasia *Mus.* 幻想曲.

fantast 夢想家.

fantastic(al) a. 空想的な；気紛れな；怪奇な，異様な；想像上の；すばらしい.

fantasy n. 空想，幻想；気紛れ，酔狂；空想的作品；=fantasia. — v. 空想する.

fan tracery *Arch.* 扇形狭間.

fanzine (SF 小説の)ファン雑誌.

FAO Food and Agricultural Organization (of the United Nations)(国連)食糧農業機関.

far a. 遠い；向こうの. — ad. 遠く(に)；はるかに；ずっと；大いに. **as far as** …まで；…である限り. **far from** …するどころか，断じて…でない. **by far** はるかに，大いに. **far and away** はるかに. **far and near** 至る所に. **far and wide** あまねく，至る所に. **far away [off]** はるかかなたに. **far be it from me** (*to do*) 断じて(…など)しない. **go far** 大いに効力がある (*toward*). **how far** どこまで，どれほど. **(in) so far as** …である限り(では). **so far** ここまでは；今まで. **so far from** (doing) …どころかかえって.

farad *Elec.* ファラッド《電気容量の単位》.

farandole ファランドール《南フランスの舞踊(曲)》.

faraway a. 遠い；遠い昔の；ぼんやりした.

farce n. 笑劇，茶番狂言；滑稽，道化. — v. (演説・文学作品などに)面白味を添える.

farcical a. 茶番めいた，滑稽な.

fare n. (乗り物の)運賃，料金；乗客；食物. — v. やって行く，暮らす；(事が)運ぶ，成り行く (*well, ill*).

Far East 極東.

fare-thee [-you]-well 完璧.

farewell *int.* 御機嫌よう，さようなら. — n. 告別，いとまごい.

farfetched a. 不自然な，こじつけの.

far-flung a. 広範囲の，広まった.

far-gone *pred. a.* (病状が)ずっと進んだ.

farina 穀粉；澱粉；*Bot.* 花粉.

farinaceous a. 澱粉(質)の，粉を生じる.

farm n. 農場，農園；飼育場；租税取り立て請負制度；*Baseball* ファーム《二軍》；=farmhouse. — v. 耕作する，農業を営む；(一定の歩合で)請け負う，請け負わせる；任せる (*out*).

farmer 農場主，農家，農民；(税などの)取り立て請負人；幼児預かり人.

farmhand 農場労働者，作男.

farmhouse 農家.

farming 農業，農場経営；飼育；(税の)取り立て請負.

farmstead 農場《建物を含む》.

farmyard 農家の庭.

faro 銀行《トランプの一種》.

far-off a. 遠い，はるかな.

far-out a. 極端な，前衛的な；すばらしい.

farrago ごたまぜ，寄せ集め，乱雑.

far-reaching a. (影響が)遠くに及ぶ，遠大な.

farrier 蹄鉄工，鍛冶屋；馬医者.

farrow n. 一腹の豚の子. — v. (子豚を)産む，(豚が)子を産む.

farseeing a. 先見の明ある.

farsighted a. 遠目のきく；先見の明ある；*Med.* 遠視の.

fart n., v. 屁(をする).

farther a. もっと遠い，もっと先の；なおその上の，一層の，それ以上の. — ad. もっと先に，更に遠く；なおその上に，更に.

farthermost a. =farthest.

farthest a., ad. 最も遠い，最も遠く；最大限の，最大限に.

farthing ファージング《もと英国の通貨単位；

=¹/₄ penny); 僅か.

farthingale (16–17世紀の)たが骨(を入れてふ
くらましたスカート).

FAS free alongside ship *Com.* 船側渡しで.

fascia 紐, 包帯; *Arch.* ファシア《長い平たい
壁面帯》; *Anat.* 筋膜; *Zool.* 色帯; (自動車の)
計器板.

fascicle 小さな束; 分冊; *Bot.* 束生; *Anat.*
繊維束.

fascinate *v.* 人の心をとらえる, 魅する, 興
味をそそる, 悩殺する; (にらんで)すくませる.

fascinating *a.* うっとりさせる, 魅惑的な; 興
味を引く.

fascination 魔力; 魅力, うっとりした状
態, 魅惑; 感応.

fascinator 魅惑するもの, 魅惑する人, 魔法
使い.

fascism ファシズム《イタリア国粋党の主義》,
独裁国家社会主義.

fascist (イタリアの)ファシスト党員; 国粋主義
者.

fashion *n.* 流行(の物), 流行の人, はやり,
ファッション; 当世風, 上流風; [the ～]
上流社会(の人々); 仕方, 流儀; 型, 様
式.　**after [in] a fashion** どうやら, いくらか.
come into fashion はやる.　**go out of fash-
ion** 廃れる.　—— *v.* 作る, 形づくる(*into, to*).

fashionable *a.* 流行の, 流行を追う; 社
交界の, 上流社会の, 上流社会風の.
—— *n.* 流行を追う人.

fashionably *ad.* 流行を追って.

fashion designer ファッションデザイナー.

fashionmonger 流行を追う人, 流行を
研究する人, 流行を作り出す人.

fashion plate 新型服装図; 最新流行
の服を着た人.

fast¹ *v., n.* 断食する; 断食(日), 断食期間.
break one's fast 断食をやめる.

fast² *a.* 定着した, 固着した, しっかりした; (戸
が)締まった; 固い, 心の変わらぬ, 忠実な; (色
が)変わらない; (川が)氷結した; (細菌が)抵抗
力のある; (眠りが)深い.　—— *ad.* しっかりと,
固く; (眠りが)ぐっすりと.　**play fast and
loose** (行動が)定見のない, 当てにならない, もて
あそぶ.

fast³ *a.* 速い; 急速な; (時計が)進んで; 放埒
な; 難なくもうかる; *Phot.* 高速撮影の.
—— *ad.* 速く, ひっきりなしに, どしどし; 放埒に.

fastback ファーストバック《前部から尾部まで
流線型の車(の屋根)》.

fastball *Baseball* 速球.

fast breeder [reactor] *Atom. Energy*
高速増殖炉.

fast day 断食日.

fasten *v.* しっかり留める(*on*); 結び付ける(*to*);
締める, 締まる; 目を向ける, 注意を向ける(*upon*).
fasten down (人に)決心をさせる.　**fasten
on [upon]** しがみつく, 飛び付く, 捕らえる.

fastener 締め具《クリップ・スナップ・ファスナーな
ど》, 締める人.

fastening 締めること, 留めること; 留め金具《ボ
ルト・掛け金など》.

fast food 即席料理, ファーストフード《ハン
バーガー, フライドチキンなど》.

fast-food *a.* 即席料理(専門)の.

fastidious *a.* 気難しい, 潔癖な.

fastness¹ 固着; 堅固; 要塞.

fastness² 迅速; 放埒.

fast neutron *Phys.* 高速中性子.

fast-talk *v.* ことば巧みに説得する.

fat *a.* 太った; 脂肪の多い, 油っこい; ふくれた,
厚い; (地味が)肥えた; 有利な; 豊富な; 遅鈍な,
間抜けな.　**a fat chance** 見込みうす.
—— *n.* 脂肪, 脂身, 脂肉, でぶ; 最も良い
部分, (劇の)もうけ役.　**live off [on] the fat
of the land** ぜいたくな生活をする.　**the fat is
in the fire** ただではすまないぞ.
—— *v.* 太る, 太らせる(*up*).

fatal *a.*, *n.* 運命の; 宿命的な, 決定的な; 致命的な(結果), 致命的な自動車事故.

fatalism 運命論, 宿命観.

fatalist 宿命論者.

fatalistic *a.* 宿命論的な.

fatality 宿命, 運命, 因縁; 致命的な事, 不治; 不運, 不幸, 災難; (事故・戦争による) 死, 死者.

fat cat 政党の財政的後援者.

fate 運, 運命, 天命; 悪運, 破滅, 死; 最後, 結末; (予期される)発達の結果; [the Fates] *Gk & Rom. Myth.* 運命の三女神.

fated *a.* 宿命的な, 運の尽きた, 呪われた.

fateful *a.* 運命を定める, 予言的な; 決定的な; 宿命的な; 重大な, 致命的な.

fat farm ＝health spa.

fathead 間抜け.

father *n.* 父(親); 父祖, 祖先; 開祖, 創始者; 元老, 長老, 長老; 師父, 神父, 上人, …師(妻が夫を指して)おとうさん; [F-](初期教会の)教父; [F-]天帝, 父なる神. **the Holy Father** ローマ教皇. ━ *v.* …の父となる; 創始する; 父親の責任を負わせる, 著作の責任を負わせる.

Father's Day 父の日《6月の第3日曜日》.

Father Christmas サンタクロース.

father figure [image] *Psychol.* 典型的父親像, 模範的父親像.

fatherhood 父たること, 父権.

father-in-law 義父, しゅうと.

fatherland 祖国.

fatherless *a.* 父のない.

fatherliness 父らしさ.

fatherly *a.* 父の; 父らしい, 慈愛深い.

fathom *n.* 尋 (＝6 ft.); 深さ. ━ *v.* 水深を測る; 計り知る, 見抜く.

fathomable *a.* 計り得る; 推測できる.

fathomless *a.* 計り知れない, 不可解な.

fatigable *a.* 疲れやすい.

fatigue *n.*, *v.* 疲労; 労働, 労役; *Mil.* (懲罰的な)雑役, 作業班; [*pl.*] 作業服; 疲れさす.

fatling 肥畜《食肉用に太らせた豚・小羊など》.

fatten *v.* 太る, 太らせる; (土地を)肥やす, 富ます.

fattish *a.* やや太った.

fatty *a.* 脂肪の多い, 油っこい; 太った.

fatty acid *Chem.* 脂肪酸.

fatuity 愚鈍(な行為), 愚鈍な言葉.

fatuous *a.* 間抜けな, 低能な.

faubourg 郊外.

faucet (水道・樽の)蛇口, コック.

faugh *int.* ふん, へっ《軽蔑・嫌悪などを表す》.

Faulkner フォークナー. **William Faulkner** (1897-1962) 米国の作家.

fault *n.* 短所, 欠点; 過失, 失策, 誤り; (過失の)責任; *Geol.* 断層; *Elec.* 障害; *Tennis* フォールト《サーブの失敗》. **at fault** 誤って; 責任がある. **find fault with …**を非難する, あら探しする. **to a fault** 欠点と言っていいほど, 極端に. ━ *v.* あらを探す; *Geol.* 断層を起こす.

faultfinder あら探しをする人, やかまし屋.

faultfinding あら探し, 非難, 苦情.

faultless *a.* 欠点のない, 申し分のない.

faulty *a.* 欠点のある, 不完全な, 非難すべき, 悪い.

faun *Rom. Myth.* ファウヌス《半人半羊の牧神》.

fauna (一地域あるいは一時代の)動物相, 動物区系.

Faust ファウスト《16世紀ドイツの伝説的人物で魂を悪魔に売った》.

Fauvism *Fine Arts* 野獣主義, フォービズム.

faux pas (F) 過失, 過ち; 非礼.

favor *n.* 好意, 親切; 愛顧, 寵愛, 支援, 賛成; 恩恵, 親切な行為, 世話; 偏愛, えこひいき; 願い; (特に愛情を示す)贈り物, 記念

品；[pl.]（女 が 男 に 体 を 許す）愛 情．

ask a favor of …にお願いをする． **curry**

favor with …に取り入る． **find favor** 気に入

られる (with)． **in favor of** …のために，に賛成

して． **in favor with** …に気に入って． **out of**

favor with …に嫌われて． ── v. 好意を示す，

賛 成する，後 援する；便 宜を与 える，えこひいきす

る，偏 愛する，都 合よくする，助 長 する，促 進す

る；与 える，恵 む，贈 る (with)；（顔 が）似る．

favorable a. 好意的な；賛成の，承 諾の；

都 合のいい，有 望 な，順 調 な．

favorably ad. 有利に，好都合に．

favored a. 人気のある，恵 まれた，愛 された，幸

福な；[合 成語として] 容 貌が…の． **the most**

favored nation 最 恵 国．

favorite a., n. 大好きな，気に入りの，得意の；

お気に入り，人気者，寵 児，本命．

favorite son 人気候補者；出 身地におけ

る人気者．

favoritism 情 実；偏愛．

favour =favor．

fawn[1] （1 歳以下の）子鹿；淡黄褐 色．

fawn[2] v. （犬などが）じゃれつく；諂 う (on)．

fax =facsimile．

faze v. [否定に用いて] 困らす，悩ます．

FB freight bill. **FBI** Federal Bureau of
Investigation（米国の）連邦捜査 局．

FCC Federal Communications Commis-
sion（米国の）連邦通信委員会． **FDA**
Food and Drug Administration（米国の）食
品医薬品 局． **FDIC** Federal Deposit
Insurance Corporation（米国の）連邦預金保
険 公社．

fealty （領 主に対する）忠 誠；忠 義，忠
勤．

fear n. 恐れ，恐 怖；心配，懸念，不安；畏
敬，畏怖． **for fear of** …をしないように，…を恐
れて． **in fear of** …を恐れて，気づかって． **no**
fear! 心配無用，大 丈 夫． ── v. 恐れる，こ

わがる；気づかう，危 ぶむ；畏怖する．

fearful a. 恐ろしい，こわい；気づかって，心配な；
ひどい．

fearfully ad. 恐ろしくて，こわごわ；ひどく．

fearless a. 恐れを知らない，大 胆な；(…を)恐
れない (of)．

fearsome a. 恐ろしい，物 凄い，びくびくして．

feasible a. 実行できる，可能 性のある，適 当
な；もっともらしい，ありそうな．

feast n. 祭日；御馳走，饗宴，宴会；喜
ばせるもの，楽しみ． ── v. 御馳走を食べる，御馳
走 する，もてなす；宴をはる；（心・耳・目を）楽し
ませる (on)．

feast day 祝 祭日，祝いの日．

feat 手柄，わざ，芸当，功績，偉 業．

feather 羽；羽毛；羽飾り；鳥 類；（犬・馬
などの）立ち毛，房毛；矢羽；（ボートの）フェザー；種
類；状 態，気分；軽いもの，つまらないもの． **a**
feather in one's cap 誇りとなるもの，名誉．
in high feather 威勢よく，上 機嫌で．
show the white feather 弱音を吐く．
── v. 羽をつける，羽で飾る，羽毛を 生 じる，
羽のように動く；ふさふさと覆う；（ボートのオールを）
水 平に抜く．

feather bed 羽毛マットレス(のベッド)．

featherbedding 水増し雇用．

featherbrained a. ばかな．

feathercut フェザーカット《女 の 髪型》．

feathered a. 羽のある；速い．

featheredge Arch. 薄 刃べり．

featherheaded a. =featherbrained．

featherstitch 羽形縫い，フェザーステッチ．

featherweight 取るに足らぬ 人；Boxing,
Wrestling フェザー 級 の 選手．

feathery a. 羽の生えた，羽毛で覆った；羽のよ
うな，軽くて柔らかい．

feature n. [pl.] 容貌，目鼻立ち；特 色，特
徴 ；呼び物，傑 作；（新 聞などの）特別記事；
長 編(映画)，特作(映画)；Ling. 素性．

—v. 特徴 をなす, 特徴 を示す; 呼び物にする, 主演させる, 特種として掲載する.

featured a. …の顔つきの; …を特色 とした, 呼び物の.

feature-length a. (映画などが) 長編の.

featureless a. 特色 のない, 特徴 のない, 平凡な.

febrifuge n. 解熱剤. —a. 熱をさます.

febrile a. 発熱の, 熱病の.

February 2 月.

feces 糞, 排泄物; かす.

feckless a. 弱々しい; 無価値な.

fecund a. 多産の; 肥えた; 創造力豊かな.

fecundate v. 多産にする, 受胎させる, 受精させる.

fecundity 多産; 生産力; 肥沃.

fed a. 飽き飽きする, うんざりする.

federal a. 連邦の, 連邦組織の, 連合の, 同盟の; [F-] 連邦(中央)政府の, 合衆国の; [F-](南北戦争当時の)北部連盟の.

federal district 連邦地区《連邦政府所在の特別行政地区》.

federalism 連邦主義.

federalist 連邦主義者; [F-] 北部連盟支持者.

federalize v. 連邦化する.

federate a. 連合の, 連邦の. —v. 中央政府下に連合させる; 連邦制にする.

federation 連合, 連盟; 連邦(制度), 連邦制度化; 連邦政府.

federative a. 連合の, 連邦の.

fedora 中折れ帽の一種.

fee n. 報酬, 謝礼; 料金, 手数料; 授業料, 入会金;《封建時代の》領地; Law 世襲地. **hold in fee** 無条件相続地として所有する. —v. 謝礼を払う, 料金を払う.

feeb あほう.

feeble a. 弱い; 弱々しい; 気力のない, 意志の弱い.

feebleminded a. 精神薄弱の; 低能な, 頭の弱い.

feebly ad. 弱々しく, 力なく.

feed v. 食物を与える, 餌を与える; 養う, 育てる, 飼う, 飼育する(on); (餌・草を)食う, 食って生きる(on); (原料・燃料などを)供給する; (耳・目などを)楽しませる, 満足させる, (怒りなどを)あおる; Ball Game (ボールを)パスする; Theat. (役者に)キューを出す; 食事をする; Computer データを入れる. **feed up** 特別に栄養をやる; 太らせる. **be fed up** 飽き飽きする, うんざりする. —n. 餌を食うこと, 餌を与えること; 餌, 飼葉, 飼料; 供給材料; Mech. 給送(装置); 食事.

feedback Elec. 帰還, フィードバック; Biol., Psychol., Sociol. フィードバック《結果によって原因を調整する作業》; 反応.

feedbag 飼葉袋.

feeder 食う人, 食う獣; 飼養者, 肥畜飼育者; Mech. 給送機《機械に原料を送り込む装置》; 支流, 支線; 哺乳瓶, 餌箱; よだれ掛け; Theat. せりふのきっかけを与える役, 脇役.

feedgrain 飼料穀類.

feeding a. 給食の; Mech. 給送の; (嵐が)激しくなる.

feeding bottle 哺乳瓶.

feed pipe 給水管.

feedstuff 飼料.

feel v. 触れる, さわる; 手探りで捜す(about, after, for); 感じる, 感動する, 同情する; 感じがする, 気持ちがする; 気がする, 思う, 自覚する; 手触りがする; (女性の)陰部に触る. **feel for** 手探りで捜す; 同情する. **feel like** (doing) …したいような気がする. **feel one's way** 手探りで進む. —n. 感触; 手触り; 感じ, 雰囲気; 直感, 感受力.

feeler Zool. 触角; (意見などを聞き出す)探り.

feeling n. 触感; 感覚, 知覚; 感じ, 気持

ち; 感情, 雰囲気; 激情, 興奮; [*pl.*] 感
受性, 思いやり. — *a.* 情のこもった, 心から
の; 感じやすい.

feelingly *ad.* 感情をこめて, しみじみと.

fee simple *Law* (土地の)無条件相続権.

fee tail *Law* 限嗣封土権.

feign *v.* 振りをする, 見せかける, 装う; 口実を
設ける.

feigned *a.* 偽りの.

feint *n., v.* 見せかけ; 打つ振り(をする), フェイント,
牽制(動作).

feldspar *Mineral.* 長石.

felicitate *v.* 祝う.

felicitous *a.* (表現の)うまい, 適切な.

felicity 幸福, 至福; 幸運; (表現の)うまさ,
巧妙, 適切.

feline *a., n.* ネコ科の, 猫の(ような), 陰険な; ネ
コ科の動物.

felinity 猫の特性; そつのなさ; 残忍性.

fell[1] *v.* 切り倒す; 打ち倒す.

fell[2] *a.* すさまじい, 狂暴な.

fell[3] 山, (岩の多い)高原地帯.

fell[4] 獣皮, 毛皮; (人間の)皮膚; (もじゃもじゃ
の)毛.

fellah (エジプト・アラビアの)農夫.

fellate *v.* (男性器に対して)フェラチオをする.

fellatio フェラチオ, 吸茎(男性器に対する接
吻).

feller 男, 奴.

felloe (車輪の)輪縁.

fellow *n.* 仲間, 同僚, 同業者; (一対の)
片方, 匹敵者, 相手; 男, 人; 奴; (大学
の)特別研究員; (大学の)評議員; (学会
の)特別会員; 求愛者, 色男. — *a.* 仲
間の, 同士の, 同輩の, 同業の.

fellow creature 人間同士, 同胞.

fellow feeling 同情, 共感, 思いやり,
相互理解.

fellowly *a.* 社交的な.

fellowman 人間同士, 同胞.

fellowship 交わり, 親交, 友情; 共同,
協力; (同業)組合, 団体; (大学の)特
別研究員の身分, 特別研究員の給与;
(大学・学会の) fellow の地位.

fellow traveler 旅の道連れ; (共産党の)
同調者, シンパ.

felon[1] *Med.* 瘭疽.

felon[2] *Law* 重罪犯人.

felonious *a. Law* 重罪(犯)の.

felony *Law* 重罪.

felspar =feldspar.

felt *n., v.* フェルト(に作る). **felt hat** フェルト帽,
中折れ帽.

felting フェルト地, フェルト材料, フェルト製品.

felt pen, felt-tip (pen) フェルトペン.

felucca フェラッカ(小型帆船の一種).

female *a., n.* 女性(の), 婦人(の); (軽蔑的に)
女(の), 雌(の); *Bot.* 雌花の; (ソケット・ねじなど
の)雌.

feminine *a.* 女性の; 女らしい; (男が)女々
しい, 柔弱な; *Gram.* 女性の.

femininity 女の身分, 女性の特質; 女性.

feminism 男女同権論, 女権拡張論.

feminist 女権拡張論者.

feminize *v.* 女性化する.

femme 女役のレズ.

femme fatale 妖婦.

femur *Anat.* 大腿骨, 大腿部.

fen 沼地, 沼沢地.

FEN Far East Network (米軍の)極東放送
網.

fence *n.* 囲い, 塀, 柵, 垣, フェンス; フェンシン
グ, 剣術; 盗品故買(者); [*pl.*] 政治的地盤.
sit on the fence (どちら側にもつかず)形勢を
観望する. — *v.* (囲いで)囲う; フェンシングをす
る; (議論などを)受け流す, 言い抜ける (*off, with*);
(馬が)柵を飛び越える; 故買する.

fence-mending (政治的関係などの)修

復.

fencer 剣士, フェンシングの選手; 柵を作る人.

fencing フェンシング; 囲い; 囲い材料.

fend v. 受け流す, かわす; 守る. **fend for oneself** 自活する. **fend off** 避ける, 除ける.

fender 緩衝装置, (列車の)排障器; (自動車の)フェンダー, 泥よけ; (暖炉の前に立てる)ストーブ囲い.

fender bender 小さな自動車事故.

fenestration Arch. 窓割り.

fennel Bot. ウイキョウ.

fenny a. 沼沢の多い; 沼沢性の.

feoff v., n. 領土(を与える), 封土(を与える).

feoffee 領土受領者.

feoffment 領土授与.

feoffor 領土授与者.

feral a. 野生の, 野生にかえった; (人・性格が)野性的な, 凶暴な.

fer-de-lance Zool. フェルドランス《中米・南米産の毒蛇》.

fermata Mus. フェルマータ(記号)《(⌢, ⌣)》.

ferment n. 酵素; =fermentation.
—— v. 発酵する, 発酵させる; 動揺する, 動揺させる, 刺激する, 刺激させる.

fermentation 発酵(作用); 激動, 動乱.

fermentative a. 発酵性の.

fermium Chem. フェルミウム《放射性元素》.

fern Bot. シダ.

fernery シダ栽培地, シダの群生地.

ferny a. シダの茂った, シダ状の.

ferocious a. 獰猛な, 狂暴な, 残忍な; ものすごい.

ferret n. Zool. フェレット《狩りに使うイタチの一種》; 熱心な探索者, 探偵. —— v. (フェレットを使って)狩り出す (out, away); (ひっかきまわして)捜す (about); 捜し出す (out); 詮索する.

ferric a. 鉄質の, 鉄を含む; Chem. 第二鉄の.

ferric oxide Chem. 酸化第二鉄.

Ferris wheel (遊園地などの)観覧車.

ferrite Chem. 亜鉄酸塩; Metal. フェライト《酸化鉄を主成分とする磁性材料》.

ferroconcrete 鉄筋コンクリート.

ferromanganese マンガン鉄.

ferrotype Phot. フェロタイプ《印画のつや出し用》.

ferrous a. 鉄の; Chem. 第一鉄の.

ferrous oxide Chem. 酸化第一鉄.

ferrule (接合部補強用)金輪, (ボイラー管の)口輪; (ステッキなどの)石突き, フェルール.

ferry n. 渡船場; 船渡し; Law 渡船営業権; =ferryboat; (新造飛行機の)自力現地輸送; (定期航空便; 定期航空機《宇宙船と惑星間又は, 宇宙船と衛星間の)連絡船. —— v. 船で渡す, 船で渡る (over); 空輸する, (飛行機を)自力現地輸送する.

ferryboat フェリーボート, 連絡船.

ferryman 渡船業者, 渡し守.

fertile a. 地味の肥えた; 生産力の豊かな, 多産な; 豊富な.

fertility 肥沃, 多産; 豊富; 生産力; Biol. 繁殖力.

fertilization (地味の)肥沃化; 多産化; Biol. 受精, 受胎.

fertilize v. (土地を)肥やす; 肥料を施す, 豊かにする; Biol. 受精させる, 受胎させる.

fertilizer (化学肥料); 受精媒介物.

ferule 木べら, 鞭《体罰用》; =ferrule.

fervent a. 熱した, 燃えるような; 強烈な, 熱烈な, 熱情的な.

fervid a. 燃えるような, 熱烈な, 強烈な; 熱い.

fervo(u)r 熱烈; 熱情; 白熱(状態).

festal a. 祭の, 祭日の, 祝日の; 陽気な, 楽しい.

fester v. (傷などが)うむ, うませる; ただれる, ただれさせる; (心を)痛める, 悩む, 悩ませる.
—— n. 化膿, 潰瘍.

festival n. 祭日, 祝日; 祝典, 祝祭; 祝宴, お祭り騒ぎ; 定期的催し物(シーズン).

— *a.* =festal.

festive *a.* 祝祭の; にぎやかな, 陽気な, 楽しい.

festivity お祭り気分, 歓楽, にぎわい; 祝祭, 祭礼.

festoon *n., v.* 花綱(で飾る).

festschrift 記念論文集.

fetal *a.* 胎児の.

fetch *v.* 取りに行く, (行って)取って来る, 持って来る, 連れて来る; (涙などを)催させる, 引き出す, 誘い出す; 呼ぶ; (よい値に)売れる; (ため息などをつく, 吐く, 漏らす; (打撃などを)加える; 負かす; 心をとらえる. **fetch and carry** 使い走りをする, 雑用をする. **fetch down** 射落とす; (市価を)引き下げる. **fetch up** 立ち止まる; 到着する (*at*); 吐く. — *n.* 取って来ること; 策略.

fetching *a.* 魅惑的な.

fete, fête (F) *n.* 祝祭, 祝宴. — *v.* (人のために)祝宴を催す, 饗応する, (式を挙げて)祝う.

fetid *a.* 悪臭を放つ.

fetish, fetich 呪物, 物神, フェティッシュ; 迷信の対象.

fetishism 物神崇拝; *Psychol.* フェティシズム, 淫物愛.

fetishistic *a.* 迷信の.

fetlock (馬の)球節; けづめ毛.

fetoscope *Med.* 胎児鏡.

fetter *n.* [*pl.*] 足枷, 束縛. — *v.* 足枷をかける; 束縛する.

fettle (心身の)状態. **in fine [good] fettle** 元気で.

fetus (妊娠 3 か月以後の)胎児.

feud[1] (二(家)族間の長期に及ぶ)宿恨, 不和, 反目, 怨み.

feud[2] 領地, 封土.

feudal *a.* 領地の, 封土の; 封建制度の.

feudalism 封建制度.

feudalistic *a.* 封建制度の, 封建主義の.

feudality 封建制度; 封土.

feudalization 封建化.

feudalize *v.* 封建(制度)化する.

feudally *ad.* 封建的に.

feudal system 封建制度.

feudatory *a.* 封建の; 家臣である (*to*). — *n.* 家臣; 封土.

fever *n., v.* 熱; 熱病 (にかからせる); 熱狂(させる).

fever blister *Med.* 単純ヘルペス, 単純疱疹.

feverish *a.* 熱のある, 熱病の; (土地など)熱病の多い; 興奮した, 熱狂的な.

fever pitch 熱狂.

few *a., n.* 殆んどない, 僅かの; [a ~] 少数の, 二三(の); [the ~] 少数. **a good [quite a] few** かなり多数. **few and far between** ごくまれ. **not a few** 少なからぬ.

fey *a.* (死ぬ間際のように)興奮した, 気がふれた; 現実離れの.

fez トルコ帽.

FHA Federal Housing Administration (米国の)連邦住宅庁.

fiancé 婚約者, フィアンセ《男》.

fiancée フィアンセ《女》.

fiasco (完全な)失敗, まるつぶれ.

fiat 命令, 厳命; 認可.

fiat money 名目貨幣.

fib *n., v.* 他愛のない嘘(をつく).

fibber 他愛のない嘘をつく人.

fiber 繊維(質), 繊維組織; 性質, 素質; *Anat.* 繊維.

fiberboard (建築用の)繊維板.

fibered *a.* 繊維質の.

fiberglass ガラス繊維, ファイバーグラス.

fiber optics 繊維光学.

fiberscope ファイバースコープ《グラスファイバー利用の内視鏡》.

fibre =fiber.

fibril 小繊維; *Bot.* 根毛.

fibrin *Biochem.* ファイブリン, 繊維素.

fibrinous *a.* 繊維素から成る.

fibroid *a.*, *n.* 繊維性の; *Med.* 子宮筋腫.

fibrositis *Med.* 結合組織炎.

fibrous *a.* 繊維の(多い), 繊維質の, 繊維状の.

fibster 嘘つき.

fibula *Anat.* 腓骨.

fiche =microfiche.

fichu 婦人用三角形の肩掛け.

fickle *a.* 変りやすい, むら気の, 気まぐれな.

fictile *a.* 可塑性の; 粘土製の, 陶製の.

fiction 作り事, 虚構, 想像; 物語, 小説; *Law* 擬制, 仮説.

fictional *a.* 作り事の; 空想的な, 小説的な.

fictionalize *v.* 創作する, 脚色する; でっちあげる.

fictioneer 乱作する小説家.

fictionist 創作家, 小説家.

fictitious *a.* 小説的な, 架空の, 想像上の; 嘘の, 偽の; *Law* 擬制の.

fictitiously *ad.* 架空的に; 偽って.

fictive *a.* 架空の, 作り事の.

fiddle *n.* バイオリン; ちょろまかし, 詐欺.
— *v.* (バイオリンで曲を)弾く; いじくる, もてあそぶ (*with*); 時間を浪費する (*away*), ぶらぶらする (*about*, *around*); ごまかす. **(as) fit as a fiddle** 至極健康で. **play second fiddle** 人の下につく (*to*).

fiddlede(e)dee *int.* ばからしい.

fiddle-faddle *n.* ばかげた事. — *v.* くだらない事をする, つまらない事に騒ぐ.

fiddler バイオリン弾き; 詐欺師, ごろつき.

fiddler crab *Zool.* シオマネキ《カニの一種》.

fiddlestick バイオリンの弓; [*pl.*] ばからしい!

fiddling *a.* くだらない.

fidelity 忠義, 忠節; (描写などの)忠実, 迫真(性), 正確; *Telecom.* 忠実度; *Biol.* 群落適合度.

fidget *v.* そわそわする, いらいらする, もじもじする, そわそわさせる, いらいらさせる, もじもじさせる; いじくり回す. — *n.* そわそわすること, いらいらすること; 落ち着きのない人. **have the fidgets** そわそわしている.

fidgetiness そわそわすること.

fidgety *a.* そわそわする, いらいらする, 落ち着きのない.

fido 鋳造ミスの貨幣.

FIDO (<*Fog Investigation Dispersal Operation*)ファイドー《滑走路の近くで油などを燃やして霧を消す方法》.

fiduciary *a.* 信用上の, 信託の. — *n.* 受託者.

fie *int.* えーい, ちえっ.

fief 封土, 領地.

field *n.* 野, 原, 原野, 一面の広がり; 畑, 耕地, 牧草地; (鉱物などの)産地; (研究・活動などの)範囲, 分野; 戦場, 戦いの場, 活躍舞台; 運動場, 競技場, フィールド; (旗・紋章・貨幣などの)地; =airfield; *Phys.* 場; *Elec.* 界磁; *Computer* 欄; *Math.* 体; *Baseball* 野手; (カメラなどの)視野, (テレビの)映像面. **hold the field** 陣地を固守する, 持ち場を固守する. **in the field** 戦場で; (競技に)参加して. **take the field** 戦闘を始める. — *v.* (野球などで)守備する; 当意即妙に答える.

field ambulance [hospital] 野戦病院.

field artillery 野砲(兵).

field book (測量者の)野帳; (採集者の)採集覚え帳.

field club 野外研究クラブ.

field corn (家畜用)トウモロコシ.

field day 野外演習日; 運動会(の日); 野外研究日; すばらしい事のある日.

fielder *Baseball* 外野手; *Cricket* 野手.

fielder's choice *Baseball* 野選.

field event (陸上競技の)フィールド競技.

field glasses 双眼鏡.

field goal *Ball Game* フィールドゴール.

field hockey ホッケー.

field house 競技場付属建物《用具室・更衣室など》; 室内競技場.

field ice 氷原.

field marshal (陸軍)元帥.

field officer *Army* 佐官.

fieldpiece 野砲.

fieldsman =fielder.

field-test *v.* 実地に試す.

field theory *Phys.* 場の理論.

field trip (実地)見学旅行; 野外研究調査旅行.

fieldwork 野外研究, フィールドワーク;(社会事業の)現場訪問.

fiend 鬼, 悪魔, 魔神; 悪魔のような(残酷な)人; …狂, 達人.

fiendish *a.* 鬼の(ような), 残酷な.

fierce *a.* 荒々しい, 獰猛な; 激しい, 猛烈な, 荒れ狂う; 熱烈な; 不快な, ひどい.

fiercely *ad.* 激しく, 猛烈に.

fiery *a.* 火の(ような), 燃えるような; 熱烈な; 気の荒い, 激しい; 炎症を起こした.

fiesta (Sp)(宗教上の)祭日, 祝祭; 休日.

fife 横笛.

fifer 横笛奏者.

fifteen *n., a.* 15(の), 15人(の), 15個(の);(15人一組の)ラグビーチーム; *Tennis* フィフティーン《1点目の得点》.

fifteenth *n., a.* 第15(の); 1/15(の).

fifth *n., a.* 第5(の); 1/5(の); 1/5ガロン瓶; *Mus.* 五度音程.

Fifth Amendment 憲法修正第5条《自分に不利な証言の拒否権などを含む》.

Fifth Avenue 五番街《New York市の繁華街》.

fifth column 第五列.

fifth columnist 第五列隊員.

fifthly *ad.* 第5に.

fifth wheel 役に立たない人, 役に立たない物.

fiftieth *n., a.* 第50(の); 1/50(の).

fifty *n., a.* 50(の), 50人(の), 50個(の);(漠然と)多くの.

fifty-fifty *a., ad.* 五分五分の, 五分五分に, 半半の, 半々に.

fig[1] *n.* 身なり, 服装, 様子, 状態. —*v.* 飾る, 盛装する;(馬を)麻酔薬で刺激する.

fig[2] イチジク(の木); 僅か, 少し; つまらぬ物.

fight *v.* 戦う(*against, with, for*), 争う, 競う; 殴り合う, 格闘する;(闘鶏などを)戦わせる, 指揮する. **fight it out** 徹底的に戦う. —*n.* 戦闘, 戦い; 論争, 争い, 闘争; 格闘, 組み打ち; 闘志, 戦意, ファイト. **show fight** 抵抗する.

fighter 戦士, 闘士, 喧嘩早い人; プロボクサー; 戦闘機.

fighter-bomber 戦闘爆撃機.

fighting *a., n.* 戦いの, 戦闘的な, 好戦的な; 戦闘; 論争; 格闘, 喧嘩.

fighting chair *Fishing* ファイティングチェア《甲板に固定した回転椅子》.

fighting chance (努力次第の)かすかな成功の見込み.

fighting cock 闘鶏.

fig leaf イチジクの葉;(彫像などの)イチジクの葉形の局部の覆い;(臭いものにする)蓋.

figment 作り話, 空想事.

figurant (バレエの)端役の踊り手《男》;(芝居の)端役.

figurante (バレエの)端役の踊り手《女》; 端役女優.

figuration 造形, 成形; 形状, 外形; 修飾.

figurative *a.* 比喩的な, 転義の; 修飾文

句の多い，象徴的な，形象的な．

figurative arts 造形美術．

figure *n.* 形，形態，形象；姿，風采，外観，異彩；人物；肖像，表象，象徴，図案，模様；図解，*Math.* 図形；数字，(数字の)位；[*pl.*] 計算，合計数；＝figure of speech;(ダンス・スケートの)フィギュア．**cut a fine figure** 異彩を放つ．**cut a poor figure** みすぼらしく見える．**figure of speech** 比喩の表現；言葉のあや．— *v.* 形で表す，数字で表す，図で示す，表現する；心に描く，想像する；(劇などで)現れる，役を演じる；目立つ，頭角を現す；計算する，見積もる，考える；筋が通る，当然である．**figure on [upon]** 計算に入れる，依頼する，当てにする．**figure out** (計算して)合計を出す，考え出す；理解する．

figured *a.* 模様入りの，紋織りの，意匠のある；形容の多い．

figurehead 船首の飾り像；名ばかりの指導者，表看板．

figure skating フィギュアスケート．

figurine (陶器・金属製の)小像，人形．

Fiji フィージー《南太平洋の国》．

filament 単繊維；*Bot.* 花糸；(電球・真空管の)フィラメント．

filaria *Zool.* 糸状虫，フィラリア．

filbert *Bot.* セイヨウハシバミ(の実)．

filch *v.* 盗む，くすねる．

file¹ *n., v. Mil.* 縦列(で進む)(*away, off*).

file² *n.* (整理用の)とじ込み(帳)，ファイル，書類整理箱，書類戸棚；状差し，書類ばさみ；とじ紐；*Computer* ファイル．**on file** とじ込んで，整理保管して．— *v.* とじ込む，整理する；(書類・抗議などを)提出する(*with*).

file³ *n., v.* やすり(をかける)；ずるい奴．

file clerk 文書整理係．

filefish *Ichthy.* カワハギ．

filial *a.* 子(として)の；*Biol.* 雑種(世代)の．

filial generation *Biol.* 後代．

filiation 親子関係；分岐，派生．

filibuster *n., v.* (長い演説などによる)議事妨害(者)；(政府の命令に従わず外国に侵入する)不法戦士；議事の進行を妨害する；外国に侵入する，略奪する．

filicide 子殺し．

filigree (金・銀などの)線条細工；こわれやすい装飾物．

filing やすり掛け，やすり仕上げ；やすりくず．

filing cabinet 書類整理棚．

Filipino *n., a.* フィリピン人(の)．

fill *v.* 満たす，満ちる(*with*);(帆が)風をはらむ；(十分に)満足する；ふさぐ，詰め込む，補充する；(地位を)占める；(需要・注文に)応じる，(約束を)果たす．**fill in** 満たす，ふさぐ，詰め込む；書き入れる．**fill out** 膨らむ，膨らませる；肥える，丸くなる，丸くする；(書式に)書き込む．**fill up** 一杯にする，一杯になる；補充する；(書式に)書き込む．— *n.* 一杯(の量)，十分，腹一杯．

filler 満たす人，満たす物；(新聞・雑誌の)埋め草；(葉巻の)中身；混ぜ物．

fillet *n.* 細紐，(髪を結ぶ)飾りリボン，(紐状の)帯；(木材などの)条片；ヒレ肉，(魚の)片身；*Anat.* (帯状の)繊維束；*Arch.* あぜ，平縁；*Mech.* 隅肉，肉付け．— *v.* 飾りリボンで結ぶ；(魚など)切り身にする．

fill-in 代用(品)，補欠，穴埋め；要旨．

filling 一杯に満たすこと；詰め物，中身，充填材．

filling station ガソリンスタンド．

fillip *v., n.* 指ではじく(こと)；刺激する(こと)．

filly (4歳未満の)雌の若馬；おてんば娘．

film *n.* 薄皮，薄膜，(表面の)被膜；(クモの巣状の)細糸；*Phot.* フィルム，乾板，感光板；映画，[the ~]映画産業，映画界；(目のかすみ，曇り，薄もや．— *v.* 薄膜で覆う，薄膜で覆われる，かすむ，ぼやける；*Phot.* フィルムに写す，撮影する；映画化する．

filmable *a.* 映画化できる.

filmcard =microfiche.

filmdom 映画界.

filmic *a.* 映画の(ような).

film pack *Phot.* フィルムパック.

film rating 映画の観客年齢制限(表示).

filmscript シナリオ.

film star 映画スター.

filmstrip (スライド用の)長尺フィルムストリップ.

film studio 映画スタジオ.

film test フィルムテスト《俳優志望者の画面審査》.

filmy *a.* 膜状の; 薄膜で覆われた, かすんだ.

filter *n.* 濾過器; 水こし; *Phot.*, *Optics* フィルター; *Elec.* 濾波器. —*v.* 濾過する, こす; (情報などが)漏れる (out).

filter bed 濾過池, 濾床.

filter paper 濾過紙.

filter tip フィルター(付きたばこ).

filth 汚物, 不潔物; 卑猥; みだらな考え.

filthily *ad.* 汚らわしく.

filthiness 不潔, 下品.

filthy *a.* 不潔な, 不浄な, 猥褻な; 不快な.

filtrate *v.*, *n.* 濾過する; 濾過液.

filtration 濾過(作用).

fin ひれ(状器官); *Aeronaut.* 垂直安定板; *Naut.* 水平舵; 手; 5ドル紙幣.

finagle *v.* ごまかし取る, うまく工面する.

final *a.* 最後の, 結局の; 決定的な; *Gram.* 目的を表す; 語末の. —*n.* 最後のもの; (新聞の)最終版; [主に *pl.*] 決勝(試合); (大学などの)最終試験.

finale フィナーレ; *Mus.* 終楽章; (劇などの)終幕, 大詰め; 終局.

finalist 決勝戦出場選手.

finality 結末, 終局, 決着; 最後のもの; *Philos.* 究極性.

finalize *v.* 完了する, 完成する; 決着をつける, 解決する.

finally *ad.* 最後に, 最終的に, 決定的に, 遂に.

finance *n.* 財政(学); [*pl.*] 財源, 財力, 歳入; 融資. the Ministry of Finance 大蔵省. the Minister of Finance 大蔵大臣. —*v.* 資金を融通する, 資金を調達する, 融資する.

finance company (割賦)金融会社.

financial *a.* 財政上の, 財政的な, 金融の; 財界の.

financial year 会計年度.

financier 財政家, 財務担当者, 金融業者, 金融資本家.

finback *Zool.* ナガスクジラ.

finch *Ornith.* アトリ科の各種の小鳥.

find *v.* 見つける, 見いだす, 捜し出す, (ばったり)出会う; (…だと)わかる, 認める; (経験して)知る, 悟る (that), 見つけてやる, あてがう, 供給する; *Law* (陪審が)評決を下す. find oneself 自己の能力を知る; 適所を得る; …の心地がする. find out 発見する; 解く, 案出する; 看破する. —*n.* 大発見, 掘り出し物.

finder 発見者, 拾得者; (カメラなどの)ファインダー; 測定器.

fin de siècle *n.*, *a.* 世紀末の; 頽廃的な.

finding 発見; [*pl.*] 拾得物; *Law* (裁判所の)事実認定, 陪審の評決, (委員会などの)答申, 報告, 調査結果, 研究結果, 所見; [*pl.*] (職業用)材料, 道具類.

fine[1] 終わり. in fine 結局; 要するに.

fine[2] *n.*, *v.* 罰金(を科する); 科料(に処する).

fine[3] *a.* 美しい, 見事な, 立派な, 優秀な; 天気のよい, 晴れた; さわやかな, 気持ち良い; 元気な; 精製した, 純良の; 細い, 薄い, 細かい; 微細な, デリケートな; 入念な, 華麗な; 洗練された, 上品な; 鋭敏な. —*ad.* 細かに; 優美に; 見事に. cut it fine 切り詰める. —*v.* 細

かくする; 純良にする; (酒を)澄ます.

fine⁴ *Mus.* 終止.

fine arts 美術.

fine-drawn *a.* (針金など)細く引き伸ばした; 細かに縫い合わせた; (議論など)精細な.

fine-grained *a.* きめの細かい.

finely *ad.* 立派に, 見事に; 細かく.

finery 華美な服装, 華美な服飾; 精錬所.

finespun *a.* 細かく紡いだ, 繊細な; あまりに微細な.

finesse *n., v.* 手腕(を振るう); 策略(を用いる); 巧みな処理, 腕の冴え.

fine-tooth comb 目の細かい櫛. **go over with fine-tooth comb** 徹底的に調べる.

fine-tune *v.* 微調整する.

finger *n.* 指, (手袋の)指, 指状のもの; 指示物; フィンガー《空港や港の乗降・送迎デッキまたは桟橋》. **burn one's fingers** (おせっかいをして)手を焼く, ひどい目に遭う. **have a finger in the [every] pie** 事件に関係する, 事件に干渉する. **have at one's finger(s') ends** 精通している. **keep one's fingers crossed** (人差し指の上に中指を交差させて)願いがかなうよう祈る. **put one's finger on** 的確に指摘する. **snap one's fingers** 指を鳴らす; 軽蔑する (*at*). **twist [turn] a person round [around] one's little finger** 人を自由に操る, あごで使う. ― *v.* 指で触れる; いじる (*to, with*); *Mus.* (ある運指法で)弾く; (賄賂に)手を出す.

finger alphabet (聾唖者の)指文字.

fingerboard (バイオリンなどの)指板.

finger bowl (食卓の)フィンガーボール.

fingered *a.* 指のある; *Bot.* (果実・根が)指状の; *Mus.* 指奏の.

finger hole (電話のダイヤル・管楽器の)指穴.

fingering *Mus.* 運指記号; 運指法.

fingerling 小魚.

finger mark (汚れた)指跡.

fingernail 指の爪.

finger painting *Fine Arts* 指頭画.

finger plate *Arch.* 指板《ドアのハンドルの回りの指紋よけ》.

fingerpost 道しるべ.

fingerprint *n., v.* 指紋(を取る).

fingerstall 指サック.

fingertip 指先. **at one's fingertips** すぐ利用できて, ...に精通して.

finical *a.* いやに潔癖な, 気難しい.

finicky *a.* いやに潔癖な, 気難しい; 手の込みすぎた.

finis (L) 終わり《巻末・映画の終わりなどに示す》.

finish *v.* 終わる, 終える; ...してしまう; 完了する, 完成する, 仕上げる, ゴールインする; 平らげる, (相手を)やっつける, 殺す, 片付ける. **finish off** 仕上げる, 完了する, 終わる (*with*); やっつけてしまう, 殺す. **finish up** 完了する; (食べ物を)平らげる. **finish with** おしまいにする, 切り上げる; 絶交する. ― *n.* 終わり; 終結; 完成, 仕上げ; 終局; (態度の)洗練; (壁の)上塗り. **be in at the finish** (競技などで)最後まで残る.

finished *a.* 終わった; 完成した, 仕上がった; 洗練された, 上品な, 立派な.

finisher 仕上げ工, 仕上げ機械; とどめの一撃.

finishing school (社交界へ出るための)花嫁学校.

finishing touch 仕上げの一筆.

finite *a.* 有限の, 限定された.

finite verb *Gram.* 定(形)動詞.

fink (労働者の)スパイ, 通報者; (職業的)スト破り.

fin keel (ヨットの)深竜骨.

Finland フィンランド《北欧の共和国》.

Finlandization フィンランド化《欧州の非共産国による親ソ外交政策》.

Finn フィンランド人; フィン人, フィン族.

finnan haddie [haddock] 燻製タラ.

Finnic a. フィン族の, フィン語の.

Finnish a., n. フィンランド(人)の; フィンランド語.

Finno-Ugric a., n. フィンウゴール語族(の), フィンウゴール語系(の)《ウラルアルタイ語族の一つ》.

finny a. ひれのある, ひれのような; 魚の.

FIO free in and out 積み荷・揚げ荷船内人夫賃 船主無関係.

fiord =fjord.

fir Bot. モミ(の木), モミ材.

fire n. 火, 火炎, 燃焼, たき火, 炉火, 火事; 砲火, 射撃; 熱, 熱病, 炎症; 情火, 熱情 ; 活気, ほてり, きらめき; 火責め, 苦難.
　between two fires 腹背に砲火を受けて; 板ばさみになって. **catch [take] fire** 火がつく. **go through fire and water** あらゆる危険を冒す. **hang fire** 発火が遅れる; ぐずぐずする, 手間取る. **lay a fire** 火ごしらえをする. **miss fire** 不発に終わる, 失敗に終わる; (しゃれなどが)きかない. **on fire** 燃えて; 興奮して. **open fire** 火ぶたを切る. **set fire to** …に火をつける, あおる. **set on fire** 燃やす. **strike fire** マッチをつける. **under fire** 砲火を浴びて, 攻撃を浴びて, 非難を浴びて.
　— v. 火をつける, 火をくべる, 火をたく, 輝かせる; 火にかける, あぶる, 焼く; 発火する, 発射する; (感情を)燃え立たす, 刺激する; 解雇する.
　fire away どしどしやる, さっさと始める. **fire off** 発射する; (質問などを)放つ. **fire up** たきつける, かっとなる.

firealarm 火災警報, 火災報知器.

firearm [pl.] (携帯用) 小火器.

fireball 火の玉; 大流星, 太陽; (核爆発時に生じる)火球; エネルギッシュな人.

firebird Ornith. (アメリカコウライウグイスなどのように)羽の赤い各種の鳥.

fireboat 消防艇.

fire bomb 焼夷弾.

firebox (エンジンの)火室.

firebrand 燃え木; 扇動者.

firebreak 防火帯.

firebrick 耐火れんが.

fire brigade 消防隊.

firebug 放火魔; Entom. ホタル.

fireclay 耐火粘土.

fire company 火災保険会社; 消防隊.

fire control 射撃指揮; 防火.

firecracker 爆竹, かんしゃく玉, クラッカー.

firedamp (炭坑内の)爆発性メタンガス.

fire department 消防署, 消防隊.

firedog (炉の)まきのせ台.

fire drill 消防訓練.

fire-eater 火食い術の奇術師; 無鉄砲者.

fire engine 消防自動車, 消防ポンプ.

fire escape 火災避難装置.

fire extinguisher 消火器.

fire fighter 消防士.

firefly Entom. ホタル.

fireguard 炉前の金網, ストーブ囲い; (森林などの)防火帯, 火災監視人.

firehouse =fire station.

fire hydrant 消火栓.

fire insurance 火災保険.

fire irons 炉辺鉄具.

fireless a. 火の無い; 活気のない.

firelight 炉火の光, 火明かり.

fire lighter 点火材.

fireman 消防士; 機関員; Baseball 救援投手.

fireplace (室中の)炉, ファイアプレース.

fireplug 消火栓.

fire policy 火災保険証券.

firepower Mil. 火力(量); (チームの)得点行為, 得点能力.

fireproof a., v. 耐火の; 耐火にする.

fire-raising 放火(罪).

fire-resistant a. 耐火性の.

fire sale 焼け残り品特売.

fire screen 炉前の衝立.

fire ship 火船.

fireside 炉辺; 炉辺の団欒; 家庭生活.

fire station 消防署, 消防詰め所.

firestone 耐火石材.

fire tower 火の見櫓.

firetrap 火災時危険建造物《火事の時に燃えやすい, 又は避難口のない建物》.

fire truck =fire engine.

fire wall 防火壁.

fire warden (森林などの)防火監督官.

firewater 強い酒, 火酒《ジン・ウイスキーなど》.

firewood 薪, たき木.

fireworks 花火; 才気のひらめき; 興奮.

fire worship 拝火(教).

firing squad 弔銃発射部隊; 銃殺執行隊.

firkin (バターなどの)木製小桶; ファーキン《英国の容量単位; =¹/₄ barrel》.

firm¹ (合資の)商会, 会社.

firm² a. 堅い, 堅固な; しっかりした; 強硬な, 断固とした, (信念など)変わらない; Com. 確定的な. — ad. =firmly. — v. 固める, 固まる.

firmament 大空.

firmly ad. 堅く, しっかりと, 強硬に.

firry a. モミの(多い).

first n., a. 第一(番目)(の); 最初(の); 最高の, 一流な; [pl.] 極上品. **at first** 最初は. **first thing** 何はさておき. — ad. 第一に; 最初に; いっそ, むしろ. **first and foremost** =first of all 真っ先に, いの一番に. **first and last** 前後を通じて, 総体で.

first aid 応急手当て.

first base Baseball 一塁(手).

firstborn a., n. 最初に生まれた(子), 長子.

first class 一級, (乗り物の)一等; (郵便の)第一種; (大学の優等試験で)第一級, 最上級.

first-class a., ad. 第一等の, 第一流の, 最上の; (乗り物の)一等で; Philately 第一

種の, 第一種で; すばらしく.

firstcomer 先着者.

first-day cover Philately 初日カバー.

first-degree a. 最も軽い; (罪が)最高の.

first family 大統領一家; (東部の)旧名家.

first finger 人差し指.

first floor 一階; 二階.

firstfruits 初なり, 初物, 初穂; 最初の成果.

firsthand a., ad. 直接の, 直接に; じか仕入れの.

First Lady ファーストレディー.

first lieutenant U.S. Mil. 中尉.

firstling 初物, はしり; (家畜の)初児; 最初の産物.

firstly ad. 第一に.

first name =Christian name.

first night (芝居の)初日.

first-nighter 初日の常連.

first offender Law 初犯者.

first person Gram. 第一人称.

first-rate a., ad. 第一流の, 第一等の, 最上の; すばらしく.

first sergeant U.S. Army 曹長.

first-string a. 一流の; 一線級の, レギュラーの.

First World 第一世界《西側の先進工業国》.

firth 入り江, 河口.

fiscal a. 国庫の; 会計の. — n. 収入印紙.

fiscal year 会計年度.

fish n. 魚, 魚類; 魚肉; (変な, 又はばかな)人, 奴, かも; (刑務所の)新入者. **drink like a fish** 酒をがぶ飲みする. — v. 魚を取る, 釣る; 漁業を営む; 水中から取り出す; 捜す. **fish out** 魚を取り尽くす; 探り出す.

fish-and-chips ポテトチップを盛り合わせた魚フライ.

fish ball [cake] 魚 の揚げ団子.

fishbowl 金魚鉢; 八方から人目にさらされる
場所, 八方から人目にさらされる 状態.

fisher 漁夫, 漁船; 魚 を取る動物; *Zool.* ウ
オクイキテン.

fisherman 漁夫, 釣り師; 漁船.

fishery 漁業, 水産業; 漁場, 漁業
権; 水産技術.

fish-eye lens 魚眼レンズ.

fish farm 養魚場.

fishhook 釣り針.

fishing 魚釣り, 魚取り; 漁業(権); 漁
場, 釣り場.

fishing boat 漁船.

fishing line 釣り糸.

fishing rod 釣り竿.

fishing tackle 釣り道具.

fish kettle 魚鍋.

fish knife (食卓上 の)魚肉用ナイフ.

fish ladder 魚梯.

fishline 釣り糸.

fish meal 魚粉(肥料).

fishmonger 魚屋.

fish paste 練り魚肉(かまぼこなど).

fishplate (レールの)継ぎ目板.

fishpond 養魚池.

fish slice 魚 返し器(料理用); (卓上 で
主人が魚を切り分ける)魚 ナイフ.

fish stick フィッシュスティック《細長い 魚 の切
り身にパン粉をつけて揚げたもの》.

fish story (釣り師のするような)ほら 話.

fishtail *a.* 魚 の尾に似た. — *v.* (飛行機が)
尾翼を振ってスピードを落とす.

fishwife 魚売り 女; 口 汚い 女.

fishy *a.* 魚 の; 魚の多い; 生臭い; (魚 の目
のように)どんよりした; 怪しい, いかがわしい.

fissile *a.* (核)分裂性の.

fission 分裂; *Biol.* 分裂, 分体; *Phys.* 核
分裂.

fissionable *a.* *Phys.* 核分裂する.

fission bomb 原子爆弾.

fissure 割れ目, 裂け目, 亀裂.

fist *n., v.* こぶし, 拳固(で打つ); 手, 把握; 筆跡.

fistful 一つかみ.

fistic *a.* 拳闘の.

fisticuff 拳固で打つこと; [*pl.*] 殴り合い.

fistula 管状器官, 気孔; *Med.* 瘻.

fit[1] 発作, ひきつけ; 気紛れ, (発作的な)気分, 一
時的興奮. **by [in] fits (and starts)** 発作
的に. **throw [have] a fit** 激怒する.

fit[2] *a.* 適した(*for, to*), 適当な, ふさわしい; (身体
の)調子がよい; …する用意が出来て; 今にも…し
そうで(*to die*); 健康で, 元気で. **see [think]
fit to** (*do*) …するのを適当と思う, …を決定する.
— *v.* 適合する, 適合させる, 合う, 合わせる(*for,
to*), 一致する, 一致させる; 仕度する(*for*); 設備
する(*with*). **fit in** ぴったり合う, ぴったり合わせる,
きちんとはまる, きちんとはめる, 一致する, 一致させ
る, 調和する, 調和させる(*with*). **fit on** (合
うかどうか)着てみる; うまく乗る, うまくはまる. **fit
out [up]** 準備する, 設備する, 装備する, あてが
う(*with*). — *n.* 適合, 出来具合; 適合する
着物.

fitful *a.* 発作的の, 断続的の, 気紛れの.

fitly *ad.* 適当に, 適切に.

fitment 備品, 家具; [*pl.*] 建具.

fitness 適当, 適切; (健康の)良好.

fitout 用意, 仕度.

fitter (部分品などの)取り付け工, 組み立て工.

fitting *a.* 適当な, 似合う. — *n.* 仮縫いの着
付け; 取り付け; [*pl.*] 造作, 家具類, 付属品,
備品, 用具類.

fittingly *ad.* 適当に, 似合わしく.

five *n., a.* 5 (の), 5 人(の), 5 個(の); 5 ドル
(紙幣), 5 ポンド(紙幣); バスケットボールチーム.

five-and-dime, five-and-ten 安物雑
貨店.

fivefold *a., ad.* 五倍の; 五倍に, 五重 の, 五

重 に.

five-o'clock shadow (朝剃ったのが) 夕方
5 時ごろのびてくるひげ.

fiver 5 ドル紙幣, 5 ポンド紙幣.

fives ファイブス《ハンドボールに似た一種の球技》.

fivescore 百.

five-star a. 五つ星の;(ホテルやレストランが)五
つ星の, 最高級の.

five-star general 陸軍元帥.

fix v. 固着させる, 固着する, 取り付ける (in, on,
to), 留める, 決める, 定める; Phot. 定着する;
色止めする; Chem. 凝固させる, 凝固する;
(目・心 などを)注ぐ(on), とらえる, 引きつける; 直
す, 修理する;(食事など)用意する, 調理す
る; 手配する; 整理する; 予定する; 買収する,
八百長をさせる;(不正な)圧力をかける; 仕返
しする;(動物を)去勢する. **fix on [upon]** …に
決定する, …に選定する. **fix up** 取りきめる;
解決する; 整頓する, 組織する, 編成する; 準
備する; 修理する. — n. 苦境; 位置; 八百
長 試合; 麻薬注射.

fixation 固定, 固着; 据え付け; Chem. 凝
固, 凝結, 不揮発性化; Phot. 定着; 色止
め; Psychol. 病的執着.

fixative a., n. 定着の, 色止めの; 定着剤,
色止め料.

fixed a. 固定した; 一定の, 不動の, 確固とした,
安定した; 整った; 八百長の; Chem. 凝固
した, 不揮発性の; 据え付けの.

fixed assets Accounting 固定資産.

fixedly ad. 固定して; じっと; 決心して.

fixed satellite 静止衛星.

fixed star Astron. 恒星.

fixer Phot. 定着剤;(買収 などの)仲介
者, 買収者;(不正な)圧力をかける人; 麻
薬密売者.

fixings 取り付け品, 備品;(料理の)付け合わ
せ; Phot. 定着.

fixity 固定; 不動性, 不変性; 不揮発性.

fixture 付属部分品, 取り付け物; Law 付合
物, 定着物; 備品, 造作;(期日の確定し
た)競技大会, 競技種目;(ある職や所
に)長く居る人.

fizz v., n. しゅッという(音); 発泡性飲料; フィ
ズ《カクテルの一種》; シャンパン.

fizzer 一級品; Cricket 快速球.

fizzle n., v. =fizz; 失敗(する).

fizzy a. しゅッと泡立つ.

fjord フィヨルド, 峡江.

flab ぜい肉.

flabbergast v. 面食らわす; びっくり仰天させ
る.

flabby a. だぶだぶの, たるんだ; 気力のない.

flabellate a. Biol. 扇形の.

flaccid a. たるんだ, ぐったりした; だらけた, 柔
弱な.

flacon (香水などの)小瓶.

flag[1] Bot. イチハツ, ショウブ.

flag[2] n., v. 板石, 敷石(を敷く); [pl.] 敷石道.

flag[3] v. しおれる;(気力 などが)衰える, だれる;
(帆などが)たるむ.

flag[4] n. 旗, 司令旗, 軍旗; 鹿の尾,(犬の)ふさふ
さした尾. **show the flag** 顔を出す.
— v. 旗を掲げる, 旗で飾る; 旗で信号する.

Flag Day 国旗制定記念日《6 月 14 日》.

flag day 共同募金の日《寄付者に小旗を渡
す》.

flagellant n. 自己を鞭打つ苦行者, 自己を
鞭打つ性倒錯者. — a. 鞭打ちの.

flagellate v. 鞭で打つ. — a. Biol. 鞭毛の
ある, 鞭毛虫の.

flagellum Biol. 鞭毛; Bot. 葡萄枝.

flageolet Mus. フラジョレット《管楽器の一つ》,
(オルガンの)フラジョレット音栓.

flagging[1] 板石; 敷石道.

flagging[2] a. だれ気味の, 弱化する.

flagman 旗手, 信号手.

flagon 細口差付き瓶.

flagpole 旗竿.

flag rank 海軍将官の階級.

flagrant *a.* 極悪非道な, 図々しい, けしからぬ.

flagship 旗艦; (特定航路の)最大豪華船; (グループ中で)最高のもの.

flag-staff 旗竿.

flag station (信号のある時だけ停車する)臨時停車駅.

flagstone 板石.

flag-waver 扇動家, 狂信的愛国者.

flag-waving 狂信的愛国主義.

flail *n., v.* 殻竿(で打つ).

flair 直観的識別力, 鋭い眼識, 鋭い嗅覚; 第六感; 傾向, 好み; センスのよさ, 見え.

flak 対空砲火.

flake[1] *n.* (はげ落ちる)薄片; (雪などの)一片; (食品の)フレーク; 風変わりな人. — *v.* はげ落ちる; ひらひらと舞い落ちる.

flake[2] *v.* flake out 寝入る, くたりmyする.

flake white 鉛白《白色顔料》.

flaky *a.* 薄片状の, はげ落ちる; 風変わりな.

flambeau 松明; 飾り大燭台.

flamboyant *a.* 炎のような, 華麗な, けばけばしい.

flame *n.* 炎, 火炎; 光輝, 光彩; 情熱; 恋人. in flames 燃え立って. — *v.* 炎を発する, 燃え立つ; 炎のように揺らく, 輝く; 興奮する. flame up [out] 燃え立つ; かっとなる.

flamenco フラメンコ《スペインの踊りまたはその曲や歌》.

flameout *Aeronaut.* フレームアウト《燃料系統の異常によるジェットエンジンの急停止》.

flamethrower 火炎放射機.

flaming *a.* 燃え立つ(ような); 炎熱の; 熱烈な, ぎらぎら光る; 華やかな; =bloody.

flamingo *Ornith.* フラミンゴ, ベニヅル.

flammable *a.* 可燃性の.

flamy *a.* 燃えている.

flan フラン《パイの一種》; (貨幣・メダルの)地金.

Flanders フランドル《ベルギー西部からフランス北部にわたる北海の沿岸地方》.

flange *n., v.* フランジ, (車輪の)輪縁, 出縁(をつける).

flank *n.* 横腹, わき腹(肉の切り身); 側面; *Mil.* (部隊の)側面. — *v.* 側面に立つ, 側面を限る; 側面を固める, 側面を攻める.

flanker *Mil.* 側面部隊; 側面堡塁.

flannel *n., a.* フランネル(製の); [*pl.*] フランネルズボン, フランネル下着.

flannelette 綿ネル.

flannelmouth 口先のうまい人.

flap *v.* ぴしゃりと打つ; ひらひらする, たたく; 羽ばたく; 垂れ下がる, 垂れ下がらせる; 恐慌状態になる. — *n.* はたき打ち(の音); 羽ばたき; はためき; 垂れ下がり, 揚げ蓋, バルブ(の舌), (封筒の折り返し); はえたたき; *Aeronaut.* (飛行機の)フラップ; 興奮, 恐慌; 空襲(警報).

flapdoodle たわごと, でたらめ.

flap-eared *a.* (犬など)垂れ耳の.

flapjack ホットケーキの一種.

flapper ばたばたするもの, ばたばた打つもの, はえたたき, (蝶番付き)扉, (魚・海獣の)ひれ(状の前肢); (1920–30年代の)現代娘, フラッパー.

flare *v.* (炎が)ゆらめく, めらめらと燃え上がる, かっと怒り出す(up, out); (スカートなど)フレアーにする. — *n.* (炎の)ゆらめき, ゆらく炎, 燃え上がり; (照明弾の)閃光; (スカートの)フレアー, (朝顔形の)張り; (怒りの)激発.

flare path (飛行機が着陸するための)照明路.

flare-up (炎の)燃え上がり; (怒りなどの)激発; (問題などの)再燃.

flaring *a.* 燃え上がる, 輝く; けばけばしい; フレアーのついた.

flash *v.* ぱっと光る, ぱっと光らす, ぱっと照らす; 閃く, 閃かす, (刀・目など)ぎらつかせる; さっと

通る, (心に)浮かぶ, (ぱっと)伝える (across, on); (無電などで)伝える; 防水加工する; (ガラスに)他の色ガラスをかぶせる; 見せびらかす, (札束など)ちらつかせる. — n. 閃き, 発火; 一瞬; 誇示; Phot. フラッシュ; (映画の)フラッシュ; 安っぽい装飾; 懐中電灯; (堰の)落とし水; (テレビ・ラジオの)ニュース速報. **flash in the pan** 竜頭蛇尾. **in a flash** たちまち. — a. 安ぴかの, けばけばしい; にせ物の; 不良仲間の.

flashback *Motion Pictures* フラッシュバック《過去の瞬間場面の切り返し》.

flashbulb *Phot.* 閃光バルブ.

flash burn (原爆の)閃光火傷.

flash card フラッシュカード《視聴覚教材》.

flashcube *Phot.* フラッシュキューブ《4個の閃光電球が入った立方形の容器》.

flasher (交通信号などの)自動点滅装置; (ちらっと見せる)露出狂.

flash flood 射流洪水, 鉄砲水.

flashgun *Phot.* フラッシュガン.

flashily *ad.* けばけばしく.

flashing 閃光; 堰止め水; *Arch.* (屋根の)水切り.

flash lamp 閃光灯.

flashlight (灯台の)明滅光; 信号灯; 懐中電灯; (撮影用)フラッシュ.

flash point *Chem.* 引火点.

flashtube *Phot.* 閃光放電管, ストロボ.

flashy *a.* ぱっと輝く; 華々しい, けばけばしい; 無味乾燥な.

flask フラスコ; (携帯用)瓶; 鋳型.

flat[1] (家屋の)階, 床; フラット《共同住宅で一家族が使用する同一階上の一組の部屋》; [pl.] 共同住宅, アパート.

flat[2] *a.* 平らな, 平たい; 平底の; 単調な, 気の抜けた, 無味の, 退屈な; 元気のない; 空気の抜けた; (電池が)切れた; (バッテリーが)あがった; 光沢のない, つや消しの; (色が)一様の, 明暗のない; *Com.* (市場が)不活発な, 不況の; (音程が)

下がった; 文無しの; まったくの, はっきりした; 露骨な; 均一の, かっきりの; *Mus.* 半音低い, 変音の. — *ad.* 平らに; きっかり, 丁度; まったく, まさしく; きっぱりと. **fall flat** ばったり倒れる; 不首尾に終わる. **go flat out** 全力でやる, 知恵を絞ってやる. — *n.* 平面, 平らな部分; 平地, 平原, 低地; (手や刀の)ひら; *Arch.* 平屋根, (劇場の)フラット; *Mus.* フラット, 変音(記号); (パンクした)タイヤ; ばか者.

flatbed 車体が平らなトラック.

flatboat 平底舟.

flat-bottomed *a.* (船が)平底の.

flatcar 長物車《無蓋の平台貨車》.

flatfish *Ichthy.* カレイ・ヒラメの類.

flatfoot 偏平足; おまわり.

flat-footed *a.* 偏平足の; 非妥協的な, がっちりした; ばかな.

flatiron アイロン.

flatlet (二部屋か三部屋の)小アパート.

flatly *ad.* 平らに; ばったり; きっぱりと; 単調に, 気が抜けて; きっかり; まったく.

flat-out *a.* 全(速)力の; 率直な, まったくの.

flat race (障害物のない)平地競走あるいは平地競馬.

flat roof 陸屋根.

flat spin *Aeronaut.* 水平錐もみ(状態).

flatten *v.* 平らにする, 平らになる; へたばる, へたばらせる; 単調にする, 無味にする, 気が抜ける.

flatten out 平らに伸ばす.

flatter *v.* へつらう, お世辞をいう; 喜ばせる; (肖像画・写真などが)実物以上に良く見せる.

flatter oneself that …うぬぼれて…だと思う.

flatterer へつらう人, おべっか使い.

flattering *a.* お世辞の; 実際以上に表現した; 嬉しがらせの, 有望に思わせる.

flattery お世辞, へつらい.

flattop 空母.

flatulence *Med.* 鼓腸; 空虚, 虚勢.

flatulent *a.* 腹にガスがたまった; (言葉が)空虚

で偉そうな.

flatus *Med.* 胃内のガス, 腸内のガス.

flatwise, flatways *ad.* 平らに.

flaunt *v.* 翻す, 翻る; 得々として歩く, 見せびらかす; 侮る.

flautist =flutist.

flavo(u)r *n., v.* 味, 香味, 風味(を添える), 香辛料; 味わい, 風情, 趣 (を添える); 辛辣味.

flavo(u)rful, flavo(u)rsome *a.* 風味のある, 美味な.

flavo(u)ring 味付け, 薬味.

flavo(u)rless *a.* 味のない, 趣のない.

flaw[1] 突風, (雪・雨などを伴う)急激な嵐.

flaw[2] *n.* 傷, ひび, 割れ目; 欠点, 欠陥.
— *v.* ひびを入らせる, ひびが入る; 台無しにする.

flawless *a.* 傷のない; 完全な.

flax *Bot.* アマ; 亜麻糸, 亜麻布.

flaxen *a.* 亜麻の(ような); 亜麻色の, 淡黄褐色の.

flaxseed 亜麻仁.

flay *v.* 皮を剝ぐ; 剝ぎとる; 奪う, 巻き上げる; 酷評する, 非難する.

flea *Entom.* ノミ. **flea in one's ear** 当てこすり.

fleabag ベッド, 寝袋; ハンモック; 安宿.

fleabite ノミの食い跡(のようなつまらぬ事).

flea-bitten *a.* ノミに食われた; 薄汚い, みすぼらしい; (馬が)白地に赤ぶちの.

flea collar (犬などの)ノミ取り首輪.

flea market ノミの市, がらくた市.

flea-pit 汚い部屋, 汚い建物.

fleck *n., v.* (色・光の)斑点, しみ(をつける); (皮膚の)しみ; そばかす.

fleckless *a.* しみのない, 無垢の.

flection 屈曲(部), たわみ; *Anat.* (関節の)屈曲; *Gram.* 屈折.

fledge *v.* 羽がはえ揃う(まで育てる), 巣立ちが出来る.

fledg(e)ling ひよっこ, 駆けだし; 青二才.

flee *v.* 逃亡する, 身を引く; 退散する; 消え失せる.

fleece *n., v.* (一匹分の)羊毛, 羊毛状のもの; 白雲; 乱れ髪; だまして巻き上げる.

fleecy *a.* 羊毛のような, ふわふわした.

fleer *v., n.* 嘲る; 嘲り.

fleet[1] 艦隊, 船隊; 海軍(力); (飛行機・輸送車などの)隊.

fleet[2] *a., v.* 速い, すみやかな; はかない, 移ろいやすい, 無常の; (飛ぶように過ぎ去る).

Fleet Admiral 海軍元帥.

fleeting *a.* いつしか過ぎ去る, 束の間の, はかない.

Fleet Street フリート街《ロンドンの新聞街》.

Fleming フランダース人.

Flemish *a., n.* フランダース人(の), フランダース語(の).

flesh *n.* 肉, 果肉などの実, 食用肉; [the ~] 肉体, 肉欲; (人間の)性情; 肌, 肉色. **flesh and blood** (血の通う)肉体; 人間性; 肉親; [*a.*] 生身の. **in the flesh** 生きて; 自ら. — *v.* (猟犬を)獲物の肉を味わわせて刺激する; 肉に刺す; 激励する; 肥やす, 肥える.

flesh-colored *a.* 肌色の.

flesh fly *Entom.* ニクバエ.

fleshings 肌色のタイツ.

fleshly *a.* 肉体の; 肉感的な; 人間的な.

fleshpot 肉鍋; [*pl.*] 美食, 贅沢; 快楽の場.

flesh wound (骨に達しない)浅い傷.

fleshy *a.* 肉(質)の; 肉付きのいい; 多肉質の.

fleur-de-lis, fleur-de-lys *Bot.* イチハツの花; (フランス王家の)ユリの紋章.

flews (猟犬などの)垂れ下がった上唇.

flex *v.* *Anat.* (関節が)曲がる. — *n.* 電気コード.

flexibility 屈曲性; 柔軟性, しなやかさ; 適応性.

flexible *a.* 曲げやすい, しなやかな, 柔軟な; 融

flextime

通 のきく.

flextime フレックスタイム, 自由出退社時間制.

flexure 屈曲, 湾曲.

flibbertigibbet おしゃべり; 蓮っ葉な女.

flick *v., n.* 軽く打つ, はじき飛ばす, さっと払う; 軽い一打ち, ひとはじき, ぱちん(という音).

flicker *v., n.* ゆらぐ, ちらちらする, 明滅する, 翻る; ゆらめき, そよぎ, 明滅光.

flickertail *Zool.* リチャードソンジリス.

flick-knife 飛び出しナイフ.

flicks 映画.

flier 飛ぶもの, 飛行家; 急行列車, 急行バス; ちらし, ビラ; *Mech.* はずみ車; (一直線の)階段(の一段), 走り高飛び; 投機.

flight[1] 敗走, 逃亡. **put to flight** 逃亡させる, 敗走させる. **take to flight** 逃亡する, 敗走する.

flight[2] 飛行, (飛行の)便, フライト, (時の)経過; (飛ぶ鳥・昆虫などの)群れ, 飛行編隊; (想像などの)飛躍, 躍動; (才気の)ほとばしり; (階段の)一続き; 一斉射撃; 遠矢競射(用の矢).

flight attendant (旅客機の)客室乗務員.

flight bag (航空機用の)旅行鞄, 航空バッグ.

flight control 航空管制, 航空管制ステーション.

flight deck 飛行甲板; *Aeronaut.* フライトデッキ《飛行機の操縦室》.

flight feather (鳥の)風切り羽.

flightless *a.* (鳥が)飛べない.

flight lieutenant 航空大尉.

flight officer 空軍准尉.

flight recorder フライトレコーダー《飛行記録装置》.

flight-test *v.* 飛行試験を行う.

flighty *a.* (気分の)うわついた, 軽はずみな, 突飛な, 気紛れな.

flimflam *n., v.* たわごと, でたらめ; ぺてん(にかける).

flimsy *a., n.* 薄っぺらな, 脆い; 薄弱な, 取るに足らぬ; 浅薄な, 薄紙, (新聞記者用)通信原稿; (カーボンコピー用)複写紙; 紙幣; 電報.

flinch *v.* 尻込みする, ひるむ, たじろぐ (*from*).

flinders 破片.

fling *v.* 投げつける, 放り出す; (牢などに)ぶち込む; まき散らす; 突進する, 飛び出す (*away*), 飛び込む (*into*); 投げ倒す, 振り飛ばす (*off*), 振り落とす (*down*), ぶっつける; (腕を)急に伸ばす. **fling oneself** 飛び乗る, すわりこむ, 大急ぎで着る, (事業など)始める (*into*); 飛びかかる (*upon*); ひっくり返る (*over*). **fling out** (手足を)突き出す; (馬が)暴れる; 悪口を言う. — *n.* 投げつけ, 投げ飛ばし; 突進; 悪口; 勝手気儘; 憤激.

have a fling at やってみる, 企てる; けなす.

flint 火打ち石, ライターの石; 非常に堅いもの.

flint glass フリントガラス.

flinthearted *a.* 冷酷な.

flinty *a.* 火打ち石のような, 非常に堅い; 強情な, 冷酷な.

flip[1] フリップ《ビールなどに砂糖・卵などを加えて温めた飲み物》.

flip[2] *a.* 軽薄な, 生意気な.

flip[3] *v.* はじく; 軽く打つ; くいっと動かす, ひっくり返す; かっとなる. **flip through** (本を)ぱらぱらめくる. — *n.* (指で)はじくこと, 軽い一叩き; (飛行機の)一飛び; =flip side.

flip-flop ばたばた鳴る音; とんぼがえり.

flippant *a.* 軽はずみな, 不真面目な.

flipper (ひれ状の)水かき; 手.

flipping *a., ad.* ひどい; ひどく.

flip side (レコードの)裏面, B面.

flirt *v.* (尾など)振り動かす, 放り出す, ぴくぴく動く; (男女が)ふざける; もてあそぶ (*with*). — *n.* 浮気者; ひょいと動くこと.

flirtation (男女の)ふざけ, いちゃつき.

flit *v.* (鳥などが)ひらひら飛び回る, 行きかう, 過ぎ去る; (思い出などが)頭の中を過ぎる.

— *n.* ホモ, おかま.

flitch 豚のわき腹肉ベーコン.

flivver 小型の古自動車.

float *n.* (釣りなどの)浮き; 浮き袋; 救命衣; 浮標, 筏; 水かき板; (水上機の)浮舟; フロート; (水槽の栓を調節する浮き袋; 屋台, 山車; フロート《アイスクリームを浮かべた飲み物》; *Com.* (店の営業開始時の)手持ち金; *Econ.* 変動為替相場, フロート. — *v.* 浮く; 浮かせる, 浮かぶ, 浮かべる; 漂う, 漂わせる, 流れる, 流す; 水浸しにする; 流布する; *Com.* (会社・計画などを)興す; (公債などを)売り出す; (為替を)変動相場制にする.

floatage 浮遊, 浮力; 浮遊物, 漂流物.

floatation =flotation.

floater 浮き, 浮き尺; 二重投票者; 住所や職業を転々と変わる人, 渡り労働者; 浮動証券; 大失敗.

floating *a.* 浮かんでいる, 漂っている; 浮動する, 流動する, 一定していない; *Com.* (資本など)流動している.

floating dock 浮きドック.

floating vote 浮動票; 浮動投票者.

floating voter 浮動性投票者.

flock[1] *n.* (鳥・羊などの)群れ; 群集; (教会の)信徒, 会衆. — *v.* 集まる, 群がる (together), 群れをなして行く.

flock[2] 毛の房; [*pl.*] (ふとんに入れる)毛屑, 綿屑.

flockbed (毛屑入りマットの)寝台.

flock paper ラシャ紙.

floe 浮氷.

flog *v.* 鞭打つ; 打ちこらす. **flog a dead horse** むだ骨を折る.

flood *n.* 満潮, 上げ潮; 出水, 洪水, 氾濫; どっと流れ出ること, あふれ出ること, 殺倒; [the F-] *Bib.* ノアの洪水. — *v.* 水に浸す; 氾濫する; 水を注ぐ, 灌漑する; 潮がさす; (光など)さし込む; (大水のように)どっと押し寄せる, 流れ込む (*in*).

floodgate 水門; (怒りなどの)はけ口.

floodlight フラッドライト, 投光照明.

flood tide 満潮, 上げ潮.

floodway 放水路.

floor *n.* 床, 板の間, フロア; 床材; 階; (海などの)底; 議員席, 議場, (議員の)発言権; (取引所の)立会場; 底値; *Naut.* 船底の平らな部分. **take the floor** (発言のために)起立する, 発言権を得る; 踊り始める. **wipe the floor with...** をやっつける. — *v.* 床を張る; 床の上に打ち倒す; やっつける; (問題を)正解する.

floorboard 床板; (自動車などの)床.

floorcloth 床雑巾; 床敷物.

floorer 難問.

floor exercise (体操の)床運動.

flooring 床張り(材料).

floor lamp フロアスタンド.

floor leader (政党の)院内総務.

floor-length *a.* 床まで届く.

floor manager (デパートなどの)売り場監督.

floor show フロアショウ《キャバレー・ナイトクラブなどの床で行う歌・踊りなど》.

floor-through マンションの全階を占める部屋.

floorwalker (デパートなどの)売り場監督.

floosie, floozy 売春婦.

flop *v.* ばたばた動く; どさりとすわる, どさりと落ちる, どさりと落とす, どさりと倒れる; のそのそ歩く, ごろりと横になる, どぶんと飛び込む; 変節する; しくじる; 寝る. — *n.* ばったり落ちること, ばったり落ちる音, どさっと落ちること, どさっと落ちる音; 背面跳び; へま, 失敗.

flophouse 安宿.

flopover *TV* フロップオーバー《画像の上下の揺れ》.

floppy *a.* ばたばたはためく; だらけた.

floppy (disk) *Computer* フロッピーディスク《記憶用磁気円板》.

flora (一地方の, 又は一時代の)植物相, 植物区系.

floral a. 花の(ような).

floral leaf Bot. 花葉.

Florence フィレンツェ《イタリア中部の都市》.

Florentine a., n. フィレンツェの(人).

florescence 開花(期); 盛り, 繁栄期.

floret 小花; Bot. (キク科植物の)小筒花.

floriated a. 花模様の.

floriculture 草花栽培.

florid a. 赤らんだ, 血色のいい; (文体など)華麗な, 派手な.

Florida フロリダ《米国南部の州, およびその半島》.

florin フロリン銀貨《1971年まで流通した2シリング銀貨》.

florist 草花栽培者, 花屋.

floruit (人の)在世期, 活躍期.

floss (繭の)けば; 絹綿; 釜糸; =dental floss.

flotation 浮いていること, 浮揚; (会社の)設立, (公債の)発行.

flotilla 小艦隊, 小型船隊.

flotsam Ins. 漂流貨物, (難破船の)浮き荷; 浮浪者. **flotsam and jetsam** 浮き荷と投げ荷; がらくた; 浮浪者達.

flounce[1] v., n. 身悶えする, もがく (about, away, out, up); 身悶え.

flounce[2] n., v. (スカートの)ひだ飾り(をつける).

flounder[1] Ichthy. カレイ, ヒラメの類.

flounder[2] v., n. (泥沼の中などで)もがく, あがく, 深みにはまる; まごまごする; あがき, まごつき.

flour n., v. 小麦粉; 細粉, 粉末(を振りかける).

flourish v. 繁茂する, 栄える, (人が)活躍する; 振り回す. —— n. 振りかざし; 飾り書き; 美辞麗句, 文飾; (らっぱなどの)華麗な吹奏.

floury a. 小麦粉の(ような); 粉まみれの.

flout v., n. ばかにする; 嘲り.

flow v. 流れる; 流れ出る (out); (血など)通う; 殺到する; (髪が)垂れる, (風に)なびく, (潮)がさす; 充満する. —— n. 流れ, 流出; 流水(量); 搾乳(量); 上げ潮.

flowchart 生産工程一覧表, 流れ図.

flower n. 花, 草花; 開花, 満開; 精華; 盛り, 盛期; [pl.] Chem. 華. **in flower** 花が咲いて. —— v. 花が咲く; 栄える.

flowerage 花.

flowerbed 花壇.

flower bud Bot. 花芽.

flowered a. 花をつけた, …咲きの, 花模様の.

flowerer 花の咲く植物.

flower girl 花売り娘; (結婚式で花をまく)花嫁付き添いの少女.

flower piece 花飾り; 花の絵.

flowerpot 植木鉢.

flowery a. 花の(ような); 花の咲き乱れた; 華麗な.

flu =influenza.

flub v. 失敗する.

flubdub はったり, 空威張り.

fluctuate v. 波動する, うねる; 変動する, 動揺する.

flue[1] 引き網.

flue[2] 小煙突, (煙突の)煙道; (ガス・煙などの)送管, (ボイラーの)煙管.

fluency 流暢, なだらかさ; 能弁.

fluent a. 流れるような, 淀みのない, 流暢な.

fluently ad. 流暢に.

fluff n. けば, 綿毛, うぶ毛; (せりふ・読みの)誤り. **bit [piece] of fluff** 小娘. —— v. けば立つ; へまをする; せりふをとちる.

fluffiness けば立ち; せりふのあやふや.

fluffy a. けばのある; (けばのように)ふわふわした; 精彩を欠いた; くだらない.

fluid a., n. 流動性の, 変わりやすい; Phys. 流動体.

fluid dram =fluidram.

fluidify v. 流体化する.

fluidity 流動性, 変わりやすさ.

fluidize v. 流体化する, 流動性にする.

fluidounce 液量オンス《薬剤液量単位;

米国では＝¹/₁₆ pint).

fluidram 液体ドラム《液量の単位；＝¹/₈ fluidounce).

fluke¹ 錨鉤，(槍・矢などの)先端のかかり；鯨の尾.

fluke² まぐれ当たり，僥倖.

fluky a. まぐれ当たりの，気まぐれの，変わりやすい.

flume 渓流，谷川；(材木などを流す樋式の)用水路.

flummery (オートミールなどを煮た)粥；たわごと，お世辞.

flummox v. まごつかせる，どぎもをぬく.

flump n., v. どさり(と落ちる).

flunk v., n. 落第する，落第させる；手を引く，やめる；落第，失敗.

flunk(e)y (制服を着た)使用人；おべっか使い.

fluor ＝fluorite.

fluoresce v. 蛍光を発する.

fluorescence Phys. 蛍光性，蛍光.

fluorescent a. 蛍光性の.

fluorescent lamp 蛍光灯.

fluoric a. Chem. 弗素の.

fluoridation (飲料水の)弗素処理《虫歯予防のため).

fluoride Chem. 弗化物.

fluorine Chem. 弗素.

fluorite ほたる石.

fluoroscope (X線)透視機械.

flurry n. (一時的な)小雪；突風，狼狽，困惑；混乱，(株式市場の)一時的混乱.
　　— v. あわてさせる，まごつかせる.

flush¹ v., n. ぱっと飛び立つ，ぱっと飛び立たせる；飛び立ち，飛び立つ鳥の群れ.

flush² Cards (ポーカーの)フラッシュ.

flush³ v. (水など)どっと流れる，(水など)どっと流す；洗い流す(up)；顔を赤くする，ほてらせる，輝き出す；得意がらせる，意気揚々とさせる；平らにする. — n. どっと流れること，どっと流れる水；(顔が)赤くなること，紅潮；ばら色，輝き；

得意，興奮；若々しい生気，はつらつさ，盛り；萌え出る若草，萌え出る若芽. — a. 満々と水をたたえた；同一平面に(with)；たくさん持って(with)；豊富で(of)，浪費的で(with)；紅潮した.

fluster v., n. 騒がす，面食らわせる，あわてさせる(こと).

flute n., v. フルート，横笛(を吹く)；Arch. (柱の)縦溝(を彫る)；Mus. (オルガンの)笛音音栓.

fluted a. フルート音の；縦溝のある.

fluter 溝彫り器.

fluting フルートの吹奏；Arch. 溝彫り.

flutist フルート奏者.

flutter v. 羽ばたきする；ばたばたする，ばたばたさせる，ひらひらする，ひらひらさせる，はためく；ひらひらと飛ぶ；(脈が)乱れる；胸騒ぎする，うろたえる，うろたえさせる. — n. 羽ばたき，はためき；動揺；胸騒ぎ，ときめき；大騒ぎ，賭，投機；Aeronaut. (飛行翼の)振動むら；(テープの)再生むら；(テレビ映像の)光度むら.

flutter kick (水泳の)ばた足.

fluty a. 笛のような.

fluvial a. 川の河川の(作用で出来た).

flux n. 流動，(とうとうと)流れ出ること；流転，(絶え間ない)変化；上げ潮；Chem. 溶剤；Med. (体液の)異状流出；Phys. 流量；Math. 流動. — v. (下剤で)下す；溶かす.

fly¹ ハエ，飛ぶ昆虫，害虫；(釣りの)毛針．
　　fly in the ointment 玉に瑕．**There are no flies on** …には非の打ち所がない．

fly² v. 飛ぶ，飛ばす；飛行する，舞い上がる；(飛行機)操縦する；飛び越える(over)；(たこ・旗など)を揚げる，(たこ・旗などが)揚がる，翻す；飛ぶように過ぎる；飛びかかる，飛びつく(at)；逃亡する；急に(ある状態)になる(into)；Baseball フライを打つ．**fly high** 大望を抱く．**fly in the face of** …に反抗する．**let fly** 飛ばす；放つ，射る；暴言を吐く(at)．— n. (テント入り口の)垂れ布；(洋服の)ボタン隠し；Baseball フライ；

[*pl.*] 舞台天井の大道具操作場. **on the fly** 飛行中；急ぎの際に.

flyaway *a.* 風になびいて；飛び立つばかりの.

flyblow ニクバエの卵, ニクバエのうじ.

flyblown *a.* ウジのわいた；けちな, みっともない.

fly-boy 空軍飛行士.

flyby (目標への)訪問飛行；低空観測飛行.

fly-by-night *n.* 夜逃げする人. — *a.* (金銭的に)信頼できない.

flycatcher ハエ取り器；*Ornith.* ヒタキ；*Bot.* ハエトリソウ.

flyer =flier.

fly-fishing 毛針釣り.

flying *a.* 飛ぶ, 飛ぶように速い；飛行の；急ぎの, あわただしい. — *n.* 飛行；疾走；[*pl.*] 毛屑.

flying boat 飛行艇.

flying buttress *Arch.* 飛び控え(壁).

flying column 遊撃隊.

flying disk 空飛ぶ円盤.

flying doctor (オーストラリアなどの)飛行往診医.

flying field 小飛行場.

flying fish *Ichthy.* トビウオ.

flying fox *Zool.* オオコウモリ.

flying officer 飛行将校, 飛行中尉.

flying rings (体操の)吊り輪.

flying saucer 空飛ぶ円盤.

flying squad 機動警官隊.

flying squirrel *Zool.* ムササビの類.

flying start (競技で)助走スタート.

flyleaf (巻頭巻末の)白ページ.

flyman 大道具方《舞台天井で道具を扱う》.

flyover =flyby；立体交差路.

flypaper ハエ取り紙.

flypast 儀礼飛行.

fly sheet ちらし(広告).

flyspeck ハエの糞のしみ；小さな点.

flytrap ハエ取り器；食虫植物.

flyway 渡り鳥の通り路.

flyweight *Boxing, Wrestling* フライ級の選手.

flywheel *Mech.* はずみ車.

fly whisk ハエ払い.

FM frequency modulation.

f-number *Phot.* F ナンバー《レンズの明るさを示す数字》.

foal *n., v.* 馬の子, 子馬(を産む).

foam *n., v.* 泡(立つ), 泡沫；泡立つ海.

foam rubber フォームラバー.

foamy *a.* 泡(だらけ)の, 泡立つ.

fob (ズボンの)時計入れポケット；時計の小鎖, 時計の紐.

FOB free on board.

fob watch 懐中時計.

FOC free of charge.

focal *a.* 焦点の.

focalize *v.* 焦点に合わせる, 集中させる；*Med.* (感染などを)局部的に食い止める.

focal length [distance] *Optics, Phot.* 焦点距離.

focal plane shutter *Phot.* フォーカルプレーンシャッター.

fo'c'sle =forecastle.

focus *n. Phys.* 焦点(距離)；(眼鏡・レンズなどの)ピント；(興味・騒ぎなどの)中心, 集中点；*Med.* 病巣；(地震の)震源. **in focus** 焦点があって, はっきり. **out of focus** 焦点がはずれて, ぼやけて. — *v.* 焦点に集まる, 焦点に集める；焦点を合わせる；集中する (*on, upon*).

fodder *n., v.* 家畜飼料, 飼い葉(を与える).

foe 敵, 仇.

foehn *Meteor.* フェーン.

foetal *a.* =fetal.

foetid *a.* =fetid.

foetus =fetus.

fog *n.* 霧, 濃霧, (煙・ほこりなどが)立ちこめていること；混迷；*Phot.* (陰画の)かぶり.

— v. 霧で覆う; 曇らせる.

fogbank 霧峰《海上の濃霧》.

fogbound a. 霧が立ちこめた; (船・飛行機が) 濃霧で立ち往生した.

foggy a. 霧深い, もうろうとした; ぼんやりした.

　　not have the foggiest idea さっぱりわからない.

foghorn Naut. 濃霧警笛; どら声.

fog lamp (自動車の)フォグランプ.

fogy 旧弊家, 時代遅れの人.

fogyish a. 時代遅れの.

föhn =foehn.

foible 弱点, 欠点.

foie gras =pâté de foie gras.

foil[1] n. (金属の)箔, ホイル; 他を引き立てるもの, 引き立て役; Arch. 弁, 葉形飾り; =hydrofoil. — v. 箔を敷く, 箔を裏打ちする.

foil[2] v. (計画などを) 妨げる, …の裏をかく, 失敗させる.

foil[3] Fencing フルーレ《先端にたんぽをつめた剣》.

foist v. (文書に)不正な書き入れをする (into); (偽物を)つかませる (off, on).

fold[1] n. 羊の檻, 羊の群れ; キリスト教会; 会衆. — v. (羊を)囲う.

fold[2] v. 折りたたむ, 折り重ねる, 折り曲げる; (手・腕・脚を)組む; 抱く; 包む; **fold up** きちんとたたむ, きちんと包む; (事業などに) 失敗する. — n. 折り重ね; 折り目, ひだ, しわ, 起伏; Geol. 褶曲.

foldaway a. 折りたたみ式の.

foldboat =faltboat.

folder 折りたたみ器; 折りたたみ印刷物, 折り本《鉄道時刻表など》; 書類ばさみ.

folderol =falderal.

folding door 折りたたみ戸.

folding money 紙幣.

foldout (本の)折り込みページ.

foliage 葉; (装飾などの)葉飾り.

foliaged a. 葉で覆われた; 葉飾りのある.

foliage leaf Bot. 普通葉.

foliage plant 観葉植物.

foliar a. 葉の.

foliate v. 葉を出す; 薄葉にする, 箔にする.

folio 二つ折り(本), 二つ折り判.

folk 人々, 部族, 民族; [pl.] 普通の人, 庶民; [pl.] 家族, 親族, 両親.

folk dance フォークダンス, 郷土舞踊.

folk etymology 通俗語源(説).

folkie, folky n. フォーク歌手, フォークミュージシャン; フォークミュージックファン. — a. フォークミュージックの.

folklore 民間伝承, 民俗学.

folklorist 民俗学者.

folk-rock Mus. フォークロック.

folksinger フォークシンガー.

folk song フォークソング.

folksy a. 社交的な, 親しみやすい; 民芸調の.

folktale 民間説話.

folkway 習俗《ある社会の行動・思考・生活様式》.

follicle Anat. 小嚢, 濾胞; Entom. 繭; Bot. 袋果.

follow v. …の後に続く, 次に来る, ついて行く, 伴う; 後を追う; たどる, 沿って行く; 相続する, の後任となる; …に習う, 従う, 守る; …に従事する, 営む; 研究する; 結果として伴う, 当然…となる (that); 聞き取る, 理解する; 目送する. **as follows** 次の通りである. **follow on** 後から続く. **follow out** 最後までやり通す. **follow up** あくまで追跡する, あくまで追求する; さらに続行して効果的にする. — n. 追うこと; Billiards 押し突き(玉).

follower 従者, 随行員, 部下; 門人, 弟子, 信者, 学徒.

following a., n. 次の, 以下の; Naut. (風が) 追い風の; 次に述べること, 下記のもの; 従者, 子分, 門弟, 支持(者).

follow-on Cricket 続行第2回戦.

follow-the [-my]-leader 大将ごっこ.

follow-through フォロースルー《野球・ゴルフなどで打ったあとストロークを伸ばし切ること》; 最終仕上げ.

follow-up n., a. 追跡, 続行;《次々に追いかけて出す》勧誘状, 追求状; すぐ続いての, 追いかけの; 追跡調査;《新聞などの》後報, 追いかけ記事.

folly 愚かさ, 愚行, 愚案; フォリーズ《レビューの一種》.

foment v. (不和・反乱を)助長する, 誘発する; (患部を)蒸す, 温湿布をする.

fond a. (…が)好きで (of); 優しい, 情深い; たわいない.

fondant フォンダン《洋菓子の糖衣にする甘いクリーム状のもの》.

fondle v. 抱き締める, 愛撫する.

fondling かわいがるもの, かわいがる人, ペット.

fondly ad. 優しく; かわいがって.

fondue フォンデュ料理《用の鍋》.

font[1] Print. フォント《同一書体・大きさの欧文活字一揃い》.

font[2] 洗礼盤, 聖水盤; 泉, 源泉.

food 食物, 栄養物; 精神の糧, (思考・反省などの)資料.

food additive 食品添加物.

food chain Biol. 食物連鎖.

food cycle Biol. 食物環.

foodless a. 食物のない.

food poisoning 食中毒.

food processor 食品加工器《食品を高速で切ったりつぶしたりする電動器具》.

food stamp (低所得者に対する)食料引き換え券.

foodstuff 食料品.

foofaraw 安っぽいもの; から騒ぎ.

fool[1] フール《果実をつぶし, 煮てクリームなどを混ぜた食品》.

fool[2] n. ばか者, 愚人;《昔王侯・貴族にかかえられた》道化; ばかにされる人, かつがれる人;(…に)目がない人, …狂, 名人. **make a fool of** …をばかにする. **play the fool** ばかなまねをする; 道化役をする. ── a. ばかな. ── v. ばかなまねをする, おどける, ばかにする;(人を)かつぐ, いじくる, もてあそぶ (with). **fool about [around]** ぶらつく, のらくらする; 遊び半分に付き合う (with). **fool away** 浪費する.

foolery ばかげた行為.

foolhardiness 無鉄砲.

foolhardy a. 向こう見ずな.

foolish a. ばかな, 愚かな; ばかげた.

foolishly ad. 愚かにも, ばからしく.

foolproof a. (ばかでも出来るような)簡単な, 間違いようのない, 保証つきの.

foolscap フールスキャップ《大判西洋紙》.

fool's cap 道化帽.

fool's errand 徒労, 無駄足.

fool's gold 黄鉄鉱; 黄銅鉱.

fool's paradise 幻想の幸福, 空頼み.

foot n. 足, 足部; 歩み, 足取り; 徒歩;(物の)脚部, (寝台・机などの)脚;(山の)麓;(物の)最下部, 底部, (ページの)下部; フィート (= 0.3048 m); Poet. 詩脚. **carry a person off his feet** 人の足をさらう; 人を夢中にさせる. **drag one's feet** 足を引きずって歩く; ぐずぐずする, 遅らせる; 協力しない. **get [have] cold feet** おじけづく. **jump to one's feet** 跳び上がる. **keep one's feet** (真っ直ぐに)立っている, 立って歩く; 足元に用心する, 慎重に行動する. **my foot!** ばかな. **on foot** 徒歩で; 進行中で. **on one's (own) feet** 立って; 独立して. **on the wrong foot** 不意に. **put one's foot in it** へまをする, 苦境に立つ. **set foot on** 着手する, 始める. **under foot** 足元に, 地面に; 征服して. ── v. 歩く; 踏む; 踊る; 払う. **foot it** 踊る; 歩く, 走る.

footage (映画フィルム・材木の)フィート数; 映画の場面.

football フットボール, 蹴球 (用ボール); 乱暴に取り扱われる人, 乱暴に取り扱われる物.

footboard 足台, 踏み板, (自動車などの)ステップ.

footbridge 歩道橋.

footcandle *Optics* フィート燭光.

foot-dragging 遅延.

footed *a.* 足のある; …の足の.

footer (身長が) …フィートの人, …フィートの物; =football.

footfall 足音.

foot fault *Tennis* フットフォールト.

footgear 履き物.

Foot Guards 近衛歩兵連隊.

foothill 山脈の麓の丘陵 (地帯).

foothold 足場, 足がかり; 立脚地.

footing 立場, 地歩, 地位; 足場, 足がかり, しっかりした地位; 関係; *Arch.* 基礎; *Com.* 締高; *Mil.* 編制.

footle *v.* ばかなことをする, ばかなことを言う.

footless *a.* 足のない; 無駄な, ばかげた; 支えのない, 基礎のない; ぶざまな, 無様な, 無能な.

footlights (舞台を照らす) 脚光, フットライト; 演劇, 役者稼業.

footling *a.* つまらない, たわいない.

footlocker 小型トランク.

footloose *a.* 好きな所へ行ける, 好きなことができる.

footman (制服を着た) 従者, 下男.

footmark 足跡.

footnote *n., v.* 脚注 (をつける).

footpace 並み足; *Arch.* (階段の) 踊り場.

footpad フットパッド《宇宙船の着地用脚部》.

footpath 小道, 歩道.

foot-pound *Phys.* フィートポンド《一ポンドの重量を一フィート揚げる仕事の量》.

foot-pound-second system *Phys.* フィートポンド秒単位法.

footprint 足跡.

footrace 徒競走.

footrest 足のせ台.

foot rule フィート尺.

footsie いちゃつき; なれ合い.

footslog *v.* ぬかるみを進む; 徒歩行進する.

foot soldier 歩兵.

footsore *a.* (歩いて) 足を痛めた.

footstep ひと踏み, 歩み, 歩度; 足音; 足跡; 踏み段.

footstone (墓の) 台石, 礎石.

footstool 足台, 踏み台.

footsure *a.* 足もとのしっかりした.

footway 歩道.

footwear 履き物.

footwork 足さばき, フットワーク; 現場取材活動; 戦術, 策略.

foozle *n., v.* へま(をする), (ゴルフなどで)打ちそこない, 打ちそこなう.

fop しゃれ男, にやけた奴.

foppish *a.* おしゃれの, にやけた.

for *prep.* …の代わりに, に代わって; …と交換に; (代価)で; …のために; …のつもりで, …のために, …のための, …を目的として(の); …を求めて; …へ向かって; …として; …の割りには; …の理由で, のゆえに; …にもかかわらず; …に対して; …にとって; …の間. **be for it** のっぴきならない. **for all** …にもかかわらず, …(が大したものでないこと)を考慮して. **for all I care** どうなろうと(かまわぬ). **for all I know** 多分…であろう. **for ever** =forever. **for good (and all)** 永久に. **for my part** 私だけは. **for once** 一度限り. **I, for one** 私も(そのひとり). **for one thing** 一つには, 一例をあげると. **O for** ああ…が欲しい.

— *conj.* という訳は(…だから).

FOR free on rail.

forage *n., v.* まくさ(を与える); (牛馬の) 糧秣(を徴発する); 探し回る.

foramen *Anat., Biol.* 小孔.

forasmuch as *conj. Law* …であるから.

foray *n.*, *v.* 侵入(する); 略奪(する).

forbear[1] =forbear.

forbear[2] *v.* (感情などを)抑える, 慎しむ, 忍ぶ, 我慢する.

forbearance 我慢, 忍耐, 寛容, 自制.

forbid *v.* 禁じる, 妨げる, 許さない. **God [Heaven] forbid!** 断じて…ない. —*a.* 禁制の, 禁断の.

forbidden fruit *Bib.* 禁断の木の実; 禁じられた楽しみ, 不義の快楽.

forbidden ground 禁断の場所; 禁物の話題.

forbidding *a.* 近づき難い; ものすごい, 険悪な.

force *n. Phys.* 力, 勢力; 威力, 威圧力, 暴力, 暴行; 兵力, 武力; 警官隊; [*pl.*] 軍勢; (精神的な)力, 気力; 効力; 真意, 道理, 要点. **come into force** 実施になる. **in force** *Law* 有効で, 施行中で; 大挙して. —*v.* 強いる, 強いて…させる (*to do, into doing,* etc.); (人に)押しつける, 強いる (*upon*); 強行する, 無理にする, 無理に進む, (声・笑いなどを)無理に出す; 強奪する (*from*); 押し破る; (花・果実の)促成栽培をする.

force cup (排水の詰まりを除く)ラバーカップ.

forced *a.* 強制的な; 不自然な, こじつけの, 無理な.

forced landing (飛行機の)不時着.

force-feed *v.* 強制的に食べさせる, 強制的に受け入れさせる.

forceful *a.* (性格などの)強い, 激しい, 力のこもった.

force majeure (F) 不可抗力; (強国が弱国に加える)強迫.

forcemeat (詰め物用)味付けひき肉.

forceps ピンセット, 鉗子.

force pump 押し上げポンプ.

forcible *a.* 強制的な; 強力な, 人を信

服させる; 有効な.

ford *n.*, *v.* (川などの)浅瀬; (川を)徒歩で渡る.

Ford フォード. **Henry Ford** (1863–1947) 米国の自動車製造業者.

fordable *a.* 徒歩で渡れる.

fore *a.*, *ad.* 前部の, 前部に, 前面の, 前面に; *Naut.* 船首の. —*n.* 前部, 前面; *Naut.* 前檣, 船首部. **to the fore** 表面に出て, 目立って; 著名になって, 活躍して; (金などが)手元に. —*int. Golf* 前方にいると危ない.

fore-and-aft rig *Naut.* 縦帆艤装.

forearm *n.* 前腕. —*v.* 前もって武装する; (困難などに)あらかじめ備える.

forebear [*pl.*] 先祖.

forebode *v.* …の前兆となる, 予示する; 予知する, 予感する.

foreboding (凶事の)前兆, 予感.

forecast *v.*, *n.* 予想する, 予測する, 予報する; 予想; (天気)予報.

forecastle *Naut.* 船首楼(甲板).

foreclose *v.* 締め出す; 排除する, 打ち切る; 妨げる; *Law* 抵当物受け戻し権を失わせる, 抵当流れにする.

foreclosure *Law* 抵当流れ.

forecourt 前庭.

foredeck *Naut.* 前(部)甲板.

foredoom *v.* 運命を定める.

forefather [*pl.*] 先祖.

forefinger 人差し指.

forefoot (動物の)前足.

forefront 最前部, 先頭; (活動などの)中心.

forego *v.* 先行する; =forgo.

foregoing *a.* 前述の, 前記の.

foregone *a.* 先立った, 過去の, 既定の.

foregone conclusion 初めからわかりきっている結論, 初めからわかりきっている結果; 予断.

foreground 前景; 表面, 目立つ位置.

forehand *n.*, *a.* 先の, 先頭の; 見越した; (テニ

スなどで)フォアハンド(の).

forehanded *a.* 将来に備えた; 倹約な; 用心深い; 前もってなされた; 時機を得た; フォアハンドの.

forehead 前額部, 額; (物の)前部.

foreign *a.* 外国の; 外来の, 在外の, 外国風の, 外国産の; 他州の; まったく異なった, 無関係の, 相容れない, 未知の (*from, to*).

foreign affairs 外交問題, 外務.

foreign aid 対外援助(資金).

foreigner 外国人; 外来のもの《動植物・物品・船など》.

foreign exchange 外国為替.

foreign legion 外人部隊.

foreign minister 外務大臣.

foreign office 外務省.

foreknow *v.* 予知する.

foreknowledge 予知.

foreland 岬.

foreleg (四足獣・昆虫などの)前肢.

forelimb *Zool.* 前肢.

forelock 前髪.

foreman 職工長, 頭; *Law* 陪審長.

foremast *Naut.* 前檣.

foremost *a., ad.* 真っ先の, 真っ先に; 一流の, 主要な.

forename (姓に対する)名.

forenoon 午前.

forensic *a.* 法廷の, 法廷に関する; 弁論の.

forensic medicine 法医学.

foreordain *v.* 前もって運命を定める.

forepart 前方, 前部.

forepaw (犬・猫などの)前足.

foreplay (性交の)前戯.

forequarter (牛・豚肉の)前四半部.

forerunner 先駆者; 先触れ, 前兆; 祖先; *Ski.* 前走者.

foresail *Naut.* 前檣帆.

foresee *v.* 予知する, 見越す.

foreshadow *v.* 予示する, 前兆となる.

foresheet *Naut.* 前檣帆の帆脚綱; [*pl.*] (ボートの)艇首座.

foreshore 前浜; なぎさ.

foreshorten *v.* (絵で)遠近法で奥行きを縮めて描く.

foreshow *v.* =foreshadow.

foresight 先見(の明), 洞察(力); 深慮; 見込み.

foresighted *a.* 先見の明ある, 用心深い.

foreskin (ペニスの)包皮.

forest *n.* 森林(地帯), 山林; (王室の)御猟場; 林立するもの. **cannot see the forest for the trees** 木を見て森を見ず, 局部に心を奪われて大局を見逃す. — *v.* 植林する.

forestall *v.* 先を越す, 先回りをする; 出し抜く; 買い占める.

forestation 造林, 植林.

forester 森林監督, 林務官; 猟場番人; 森林に住む人, 森林に住む動植物.

forest ranger 森林警備隊員.

forestry 林学; 林業, 山林管理.

foretaste (将来の苦楽の一端を)前もって味わうこと; 前触れ; 予想.

foretell *v.* 予言する; 予示する.

forethought 将来に対する考慮, 深慮; 用心.

foretoken *n.* 前兆. — *v.* 前兆を示す.

foretop (馬の)前髪; *Naut.* 前檣楼.

foretopmast *Naut.* 前檣中檣.

forever *ad.* 永久に, 絶えず, 常に. **forever and ever** 永遠に.

forewarn *v.* 前もって警戒する, 前もって注意する.

forewoman 婦人陪審長, 婦人監督.

foreword 序文, 端書き.

forfeit *n.* 罰金, 科料, 没収物; (権利などの)剥奪; [*pl.*] 罰金遊戯. — *v., a.* (罰として)取り上げられる, 喪失する.

forfeiture (罰としての)没収, 喪失, 失権; 没収物, 罰金, 科料.

forgather v. 集まる, 親しむ; (偶然)出会う.

forge[1] n. (鍛冶屋の)炉, 鍛冶工場.
— v. (鉄などを)鍛える; 作り出す; 偽造する.

forge[2] v. 徐々に進む; 急にスピードを増す.

forger 偽造者; 鍛冶工.

forgery 偽造(罪), 偽造物; Law 文書偽造, 偽印.

forget v. 忘れる; 置き忘れる, 見落とす, 言い落とす; 怠る. **forget oneself** 我を忘れた行動をする; うっかりする.

forgetful a. 忘れっぽい; (…を)忘れる (of).

forgetfulness 健忘症; 怠慢.

forget-me-not Bot. ワスレナグサ.

forgivable a. 許せる.

forgive v. 許す, 容赦する; 免除する.

forgiveness 許し, 容赦, 寛容.

forgiving a. 許す, 寛大な.

forgo v. 無しですませる, 控える.

forint フォーリント《ハンガリーの通貨単位》.

fork n. フォーク; (道路・川などの)分岐点, 合流点, (木の)また; 熊手; Mus. 音叉; [pl.] 指.
— v. フォーク状に分かれる, フォーク状に分ける, 分岐する, 分岐させる; フォークで突く, フォークで突き刺す; (金を)払う (out, over).

forked a. 分岐した, 叉状の.

forked tongue 二枚舌.

forkful フォーク一杯の量.

forklift フォークリフト.

forlorn a. 見捨てられた, わびしい, 孤独な; 哀れな; 絶望の.

forlorn hope 決死的行動; かすかな望み.

form n. 形状, 外形, 姿, 格好, 外観; 人影, 物影; Gram. 語形; 形式, 形態, 型, 方式, 種類; 書式, (書き込み)用紙; 表現形式; 礼儀, 作法; (馬・運動家の)健康状態, 好調; 背のないベンチ; (public school の)学年; ウサギ穴. — v. 形づくる, 形成する;

鍛える; 組成する, 構成する; (同盟を結ぶ; Mil. (隊に)編成する, (隊形を)作る; Gram. 派生させる.

formal a. 形の, 表面的な, 外形の, 形式上の, 形式ばった; 正式の, 儀礼上の; 堅苦しい.

formaldehyde Chem. ホルムアルデヒド.

formalin Chem. ホルマリン.

formalism 形式主義; 虚礼.

formalist 形式主義者, 堅苦しい人.

formality 形式にこだわること, 堅苦しさ; 正式, 儀礼; 正規の手続き.

formalize v. 正式にする; 形式的にする.

formal logic 形式論理学.

formally ad. 正式に; 形式的に.

formant Phonet. フォルマント《母音の構成素音》.

format (本の)体裁, 型, 判; (全体としての)構成; Computer フォーマット, 書式.

formate v. Aeronaut. 編隊を組む.

formation 形成, 構成, 組織, 構成物, 形成物, 形態; 配列, 隊形; 編隊; Geol. 層.

formative a., n. 形成する, 構成的な, 造形の; 発達する, 成長する; Gram. 構成要素, 形式素.

former a., n. 前の, 以前の; [the ~] 前者.

formerly ad. 以前は, もとは, 昔.

formic a. 蟻の; Chem. 蟻酸の.

Formica Trademark フォーマイカ《家具などに塗る耐熱性合成樹脂》.

formic acid Chem. 蟻酸.

formidable a. 恐るべき, 手ごわい; 膨大な; 畏敬の念を起こさせる.

formless a. 無形の; 無定形の, はっきりしない.

form letter (印刷などによる)同文の手紙.

formula 決まった言い方, 決まり文句; 方式, 処方; Relig. 信条; Math. 公式; Chem. 式; フォーミュラ《排気量による競走車の分類(法)》.

formularize v. 公式化する.

formulary a., n. 公式の, 方式の; 規定の; 式文集; 決まり文句; *Relig.* 儀式書; *Pharm.* 処方集.

formulate v. 公式にする, 公式で表す; 系統的に述べる, 成文化する.

fornicate v. 私通する, 姦淫をする.

forrader ad. さらに前へ.

forsake v. 捨てる; 見放す, 見捨てる.

forswear v. 誓って絶つ, 誓って否定する; 偽誓する, 誓いを破る (oneself).

forsworn a. 偽誓した.

forsythia *Bot.* レンギョウ.

fort 砦; (軍隊の) 駐屯地. **hold the fort** 守勢に立つ; 持ち場に留まる, 職務に留まる.

forte[1] 長所, おはこ; (剣の) 柄から中央までの刀身部.

forte[2] ad. *Mus.* フォルテ, 強く.

forth ad. 前へ, 先へ, …以後; 外に; 出て. **and so forth** …など.

forthcoming a. まさに現れようとしている, 今度の, 来るべき; (必要な時に) すぐ使える; 愛想よい.

forthright ad. まっすぐ前に; 率直に. —a. 直進の.

forthwith ad. 直ちに.

fortieth n., a. 第40 (の); $1/40$ (の).

fortification 築城; [pl.] 防御工事, 堡塁, 強化, (酒の) アルコール分強化, (栄養価の) 強化.

fortify v. 防御工事を施す, 堡塁で固める, 要塞化する; 強める, 強化する; (陳述など) 裏付けする; (食物の) 栄養価を高める, (アルコールを加えて) 酒を強くする.

fortis n., a. *Phonet.* 硬音 (の).

fortissimo ad. *Mus.* フォルテシモ, 最も強く.

fortitude 堅忍, 不屈.

fortnight 2 週間.

fortnightly a., ad., n. 2 週間ごとの, 2 週間ごとに; 隔週刊行物.

FORTRAN, Fortran *Computer* フォートラン 《プログラム用言語》.

fortress 要塞 《大規模なもの》; 堅固な所, 安全な所.

fortuitous a. 偶然の, 思いがけない, 偶発的な.

fortuity 偶然 (性).

fortunate a. 幸運な, 運の良い, 幸先よい.

fortunately ad. 幸運に (も), 運よく.

fortune 運, 運命, 盛衰, 宿命; 幸運, 繁栄; 富, 財産, 身代, 大金; [F-] 運命の女神. **tell one's fortune** 身の上を占う.

fortune cookie おみくじ入りクッキー.

fortune hunter 財産目当ての求婚者.

fortune-teller 占い師.

fortune-telling 占断, 占い.

forty n, a. 40 (の), 40 人 (の), 40 個 (の); *Tennis* フォーティー 《3 点目の得点》.

forty-five 45 回転レコード; 45 口径ピストル.

forty-niner 49 年組 《1849 年の金鉱熱で California へ集まった人》.

forty winks うたた寝.

forum フォーラム 《公の集会が催された古代ローマの広場》, 市場; 法廷, 裁判所; 公議機関, 公開討論会; (世論の) 批判.

forward a, ad. 前部の, 前部に; 前方へ, 前方の; 進んで (いる); 進歩的な, 急進的な; 早熟な, ませた, 出しゃばる, 目立つように, 表へ (出して); 進んで (…する); *Com.* 先物の; 将来に向かって, 今後; (…) 以後; (時計・日付けなど) 早めて, 繰り上げて. —n. *Ball Game* フォワード, 前衛. —v. 進める, 促進する, 助長する; 発送する; (手紙を) 転送する.

forwarder 運送業者; 促進者.

forwarding 運送, 回送; 助長.

forward-looking a. 進歩的な, 前向きの.

forwardly ad. 出しゃばって.

forwardness 進歩の速さ, 早熟; 手早さ;

出しゃばり.

FOS free on steamer.

foss(e) (城などの)壕; 掘り割り, 運河.

Fossa Magna フォッサマグナ《日本の本州中部を南北に縦断する大地溝帯》.

fossick v. 探す, あさる; 廃鉱を掘って金を探す.

fossil n., a. 化石(の); 旧弊な(人).

fossiliferous a. 化石を産する.

fossilization 化石化.

fossilize v. 化石にする, 化石になる; 時代遅れにする.

foster v. 育てる, 養育する, 世話する; 助成する, 奨励する; (心に希望・思想を)抱く.

Foster フォスター. **Stephen Collins Foster** (1826–64) 米国の作曲家.

fosterage 養育; 里子に出すこと; 促進, 育成, 奨励.

foster brother 乳兄弟.

foster child 養子.

foster daughter 養女.

foster father 養父.

foster home 里子を預かる家.

foster mother 養母.

foster parent 養親.

foster sister 乳姉妹.

foster son 養子.

FOT free on truck.

foul a. 汚れた, 汚い, 不潔な, むかつくような, 悪臭のある; 腐敗した; (泥で)ぬかった, (煤など)詰まった; (綱など)絡んだ; 汚らわしい, 淫らな; 口汚い; 反則の, 不正な, ファウルの; 極悪な; (天気が)悪い; (風・潮が)逆の; (暗礁・衝突の危険のある; 不快な, 嫌な. — ad. 不正に, 反則して. **fall [go, run] foul of** 衝突する; …に係り合う, 争う. — n. (ボートなどの)衝突; (綱などの)絡まり; 不正, 反則, ファウル. — v. 汚す; (綱など)絡ます, 絡まる; 詰まらせる, ふさぐ; …と衝突する; 反則する. **foul up** 台なしにする, へまをやる.

foulard フラール《薄絹》; フラール製品《ハンカチ・スカーフなど》.

foul ball *Baseball* ファウル(ボール).

foul line *Ball Game* ファウルライン.

foulmouthed a. 口汚い.

foul play 反則; 不正行為; 卑劣な仕打ち; 犯罪, 殺人.

foul tip *Baseball* ファウルチップ.

found[1] v. …の基礎を置く, 創立する, 設立する; 基づかせる (on, in).

found[2] v. 鋳造する; (ガラスを)作る, (ガラスを)溶かす.

foundation 基礎, 土台; 根拠; 建設, 設立, 創設; (寄贈・基金による)団体, 施設; 財団; 基金; (衣類などの)芯; (化粧下地用)ファンデーション.

foundation (garment) ファンデーション《容姿を整える下着》.

foundation cream ファンデーションクリーム.

foundation stone 礎石.

founder[1] 建立者, 創立者, 設立者; 始祖.

founder[2] 鋳造者, 鋳物師.

founder[3] v. (船が浸水で)沈む, 沈ませる; (沼地などに)はまり込む; (馬が)倒れる, (馬を)乗り潰す; (家・土手など)崩れる, 崩す; (計画などが)失敗する.

founding father 創立者, 創設者.

foundling 捨て子.

foundry 鋳造(所); ガラス工場.

foundry proof *Print.* 型取り前校正刷り.

fount[1] = font.

fount[2] = fountain.

fountain 泉; 水源, 根源, 源泉; 噴水(盤, 池); 飲用噴水; 液体貯蔵容器.

fountainhead (河川の)源泉.

fountain pen 万年筆.

four n., a. 4 (の), 4人(の), 4 個(の). **on all fours** 四つんばいになって; まったく符合して (with).

four-dimentional a. 四次(元)の.

four flush *Cards* フォアフラッシュ; こけおどし.

fourfold *a., ad.* 四重の, 四重に; 四倍の, 四倍に.

four-footed *a.* 四つ足の.

four-handed *a.* 4本の手を持った; (ゲームなど)4人一組の; *Mus.* (ピアノで)二人連弾の.

Four H club 4-H クラブ(head, hands, heart, health をモットーとする米国の農村青年教育機関).

Four Hundred (一都市の)社交界の人々, 上流階級.

four-in-hand すべり結びネクタイ; (御者一人の)四頭立て馬車.

four-letter word 四文字語.

four-o'clock *Bot.* オシロイバナ.

four-poster 四柱式寝台.

fourscore *a.* 80の.

foursome 4人組; *Golf* フォーサム(2人ずつ組んで4人でするゲーム).

foursquare *a.* 真四角な; 率直な; しっかりした.

fourteen *n., a.* 14(の), 14人(の), 14個(の).

fourteenth *n., a.* 第14(の); $^1/_{14}$(の).

fourth *n., a.* 第4(の); $^1/_4$(の).

fourth class (郵便の)第4種, 小包郵便.

fourth dimension 第四次元; 不可解な領域.

fourth estate 第四階級, 言論界.

fourthly *ad.* 第4に.

Fourth World 第四世界(アジア・アフリカの資源に乏しい諸国).

four-wheel(ed) *a.* 四輪式の.

four-wheeler 四輪車, 四輪馬車.

fowl 家禽; 鶏(肉).

fowling piece 鳥猟銃.

fox *n.* キツネ(の毛皮); ずるい人; 魅力的な若い女, 魅力的な若い男. —*v.* ずるい事をする; (紙・印画などを狐色に)変色させる, (紙・印画などが狐色に)変色する; (味を)酸っぱくする.

する.

foxed *a.* 酸っぱくなった; しみのある, 変色した.

foxglove *Bot.* ジギタリス.

foxhole *Mil.* たこつぼ.

foxhound フォックスハウンド(狐狩り用猟犬).

foxhunt *n., v.* 狐狩り(をする).

fox terrier フォックステリア.

fox-trot フォックストロット(活発なダンスの一種); (馬の)緩やかな速歩.

foxy *a.* 狐のような; ずるい; 酸っぱい; 変色した, 狐色の; (女が)セクシーな.

foyer (ホテル・劇場などの)玄関の広間, 休憩場, ホール.

fp foot-pound; freezing point. **FPC** Federal Power Commission (米国の)連邦電力委員会. **fpm** feet per minute.

fps feet per second.

Fra …師.

fracas (F) けんか騒ぎ.

fraction 小片, 断片, 端数, 僅か; *Math.* 分数; *Chem.* (蒸留の)留分. **vulgar fraction** 常分数.

fractious *a.* 怒りっぽい, 気難しい, 手におえない.

fracture *n.* 破砕, 挫折; 分裂; 折れ目, 割れ目; *Med.* 骨折. —*v.* 折る, 折れる, 破砕する, 割る, くじく.

fragile *a.* 壊れやすい, 脆い; 弱々しい, はかない.

fragment *n.* 破片, 断片, かけら; 未完の原稿. —*v.* 断片にする, 破片にする.

fragmentarily *ad.* 断片的に.

fragmentary *a.* 断片的な, 半端な.

fragmentation 分裂.

fragrant *a.* 香気ある, 芳香ある, 良い香りの; 快い.

frail *a.* 脆い, か弱い; 意志の弱い.

frame *v.* 組み立てる, 構成する, 形づくる; 考案する, 工夫する, (計画を)立てる; 枠に入れる,

額 に入れる，縁取る；(言葉を)発する；ぬれぎぬを
着せる(*up*)． — *n*. 造り；組み立て，構造，(車
両 の)車枠；骨組み，骨格，体格；額縁，
枠，(眼鏡などの)縁，フレーム；体制；(温 床 の)
フレーム；(野 球 の)回，(ボーリングの)フレーム；気
分，機嫌；*Motion Pictures, TV* (画面の)ひとこ
ま． **frame of reference** 準 拠 枠 ．

frame house (板張りの)木造家屋．

framer 組み立てる人；企画する人．

frame-up 陰謀；八百 長 ；でっちあげ．

framework 枠組み，骨組み；構成，組織．

framing 構成；構想；骨組み．

franc フラン《フランス・ベルギーなどの通貨単位；
＝100 centimes》．

France フランス．

franchise 公民権，市民権，選挙権，参
政 権 ；(法人などの)団体権；特権行使許可
地区；(プロ野 球 などの)フランチャイズ．

Franciscan *a., n.* フランシスコ修 道 会 の
(修 道 士)．

francium *Chem.* フランシウム《放射性金属
元素》．

Franco-American *a., n.* 米仏(間)の；フラ
ンス系米国人．

Francophile, Francophil *a., n.* フランス
(人)びいきの(人)．

Francophobe *a., n.* フランス(人)嫌 いの(人)．

frangible *a.* 壊れやすい，砕けやすい，脆い．

Franglais 英語からの借 用 語が目立つフランス
語．

frank[1] *a.* 率 直 な，淡 白な，あからさまの．
— *v.* 無 料 配 達にする，無 料 で 送る，無 料
で運ぶ；通 行の便 宜を計る，出入りの自由を
許す．
— *n.* 無 料 配 達郵 便 (物)，無 料 配 達の
署名，無 料 配 達の印，無 料 配 達の特典．

frank[2] ＝frankfurter．

Frank フランク族《ライン川地方に住んだゲルマン
人 の一族》．

Frankenstein フランケンシュタイン《怪 奇 小
説 の主 人 公で，自分が作った怪 物 に殺された》；
自分の創り出した物に滅ぼされる人．

Frankfurt フランクフルト《西ドイツ中 部の
都市》．

frankfurter フランクフルトソーセージ．

frankincense 乳 香 《ユダヤ 教 の儀式に香
としてたく》．

Frankish *a.* フランク族の．

Franklin フランクリン． **Benjamin Franklin**
(1706-90) 米国の政治家・著 述 家・科学者．

frankly *ad.* 率 直 に，あからさまに．

frantic *a.* 狂 乱した，熱 狂 した，血迷った；
恐ろしい；あわてた．

frappé *pred. a.* 冷えた． — *n.* フラッペ《冷 凍
果汁・飲 料 》．

frat ＝fraternity．

fraternal *a.* 兄 弟の；友 愛の；(双子が)二
卵 性 の．

fraternal twin 二卵 性双生児(の一人)．

fraternity 兄 弟の間 柄 ，兄 弟の
情 愛；友愛；共 済 組合；(大学の)男子
社 交 クラブ，学友会；宗 教 団体．

fraternize *v.* 親しく交わる，親しむ；敵国民
と交 渉 を持つ．

fratricide 兄 弟殺し．

Frau (G) …夫人．

fraud 欺瞞；*Law* 詐欺，不正 手 段 ；詐欺師，
知能 犯 ．

fraudulent *a.* 詐欺の，不正の．

fraught *a.* …に満ちている；積んだ(*with*)；伴
う．

Fräulein (G) … 嬢 ．

fray[1] 乱 闘，争 い，けんか．

fray[2] *v.* こする，すり減らす；ぼろぼろにする，ほつれ
せる(*out*)．

fraying 磨損，すり切れたもの．

frazzle *v.* ぼろぼろにすり切らす，ぼろぼろにすり切れ
る；疲れさす，疲れる． — *n.* ぼろぼろ(になった 物)．

FRB Federal Reserve Bank 連邦準備銀行.

freak n. いたずら, 酔狂; 変種, 奇形物, 奇形人, 怪物; 麻薬常用者; ヒッピー; … 狂.
— a. 珍奇な, 変わった. **freak out** (幻覚剤で)現実逃避する; (麻薬で)幻覚状態になる; 薬物の影響をうけさせる; 興奮させる.

freak-out (幻覚剤による)現実逃避; (麻薬による)幻覚状態(にある者).

freckle n., v. そばかす, しみ, 斑点(を生じる).

free a. 自由な; (形式などに)とらわれない, 偏見のない; 解放的な, 気楽な, 奔放な; くつろいだ, 気ままな; 無遠慮な; 用事のない, 暇な; 無料の, 無税の; 自由に動く; 無条件の, 無制限の, 自主的な, 任意の; 奴隷制度を認めない; 大まかな (with); (…を)免れた, …のない (from, of); (文体など)流麗な; 固定していない; Chem. 遊離した. **for free** 只で, 無料で. **free and easy** こせつかない, こだわらない, のんびりした.
free on board Com. 甲板渡し. **free on rail** [**truck**] Com. 貨車渡し. **free on steamer** Com. 汽船渡し. **get free** 離れる, 免れる, 自由になる. **give free rein to a person** 人を自由にさせる. **make free with** なれなれしくする. **set free** 解放する, 釈放する. — ad. 自由に; 無料で, 無税で; Naut. 追い風で. — v. 自由にする, 解放する, (束縛などを)免れさせる (of, from).

free agent 自由行為者; 自由契約選手.

free association Psychol. 自由連想(法).

freebie, freebee 只の物; 無料入場者.

freeboard Naut. 乾舷.

freebooter 海賊.

freeborn a. 自由の身に生まれた.

freedman (奴隷から解放された)自由民, 解放奴隷.

freedom 自由, 自主独立; 勝手, 無遠慮, なれなれしさ, 無造作; 解放, 免除, 釈放 (from); 特権(行使権).

freedom ride 自由の行進《バスに乗った人種差別反対の示威行進》.

free-fall (重力による)自由落下; (パラシュート降下時の)自由落下.

free fight 乱戦, 乱闘.

free-fire zone Mil. 無差別砲撃地帯.

free-floating a. (特定の目的・政党などに)縛られていない; 漠然とした.

free-for-all 飛び入り自由の試合, 飛び入り自由の競技.

freehand a. 手で描く, フリーハンドの.

freehanded a. 気前のよい; 手の空いている.

freehearted a. こだわらない; 大まかな.

freehold Law (不動産の)自由保有権.

freeholder Law (不動産の)自由保有権保有者.

free house 独立居酒屋.

free kick フリーキック.

free lance 自由契約の作家, 自由契約の記者, 自由契約の俳優(など).

free-lance a., ad., v. フリーランサーの, フリーランサーとして, 自由契約の, 自由契約で働く.

freelancer =free lance.

free-liver 美食家.

free-living a. (食い)道楽の; したい放題をする.

freeload v. (他人に)たかる.

freeloader たかり屋.

free love 自由恋愛.

free lunch 結局高くつく只のもの.

freely ad. 自由に, 遠慮なく, 勝手に; 無料で, 無税で; 惜しげなく, 気軽に.

freeman 自由民, 公民.

Freemason フリーメーソンの会員《会員相互の扶助と友愛を目的とする秘密結社》.

Freemasonry フリーメーソンの主義, フリーメーソンの制度; [f-] 友愛精神.

free port 自由(貿易)港.

free press 自由出版物.

free-range a. (鶏が)放し飼いの.

freesia *Bot.* フリージア.

free-spoken *a.* 率直な.

freestone フリーストーン《石目がなく自由に切り取れる岩石》; 種離れのよい果実.

freestyle *n., a.* (水泳・レスリングなどの)自由型(の).

freethinker 自由思想家.

freethinking, free thought (特に宗教上の)自由思想.

free throw *Basketball* フリースロー.

free trade *Econ.* 自由貿易.

free university (大学内の)自主講座.

free verse 自由詩.

freeway 無料高速道路; フリーウェイ《出入りを制限した多車線の高速道路》.

freewheel *n. Mech.* 自由輪.
— *v.* 惰性で走る.

freewill *a.* 自発的な.

free will 自由意志.

free world 自由主義諸国.

freeze *v.* 凍る, 凍らせる, こごえる, こごえさせる; 氷が張る, 霜が降りる; ぞっとする, ぞっとさせる, 冷淡にする, 冷淡になる, 無表情にする, 無表情になる; 冷蔵する, 冷凍する; *Econ.* (資産・預金を)凍結する, 封鎖する. **Freeze!** 動くな. **freeze (on) to** しがみつく. **freeze out** 締め出す. **freeze over** 氷が張りつめる.
— *n.* 氷結, 凍結; *Econ.* (賃金・物価など
の)凍結.

freeze-dry *v.* 冷凍乾燥する.

freezer 冷凍器, 冷凍装置, フリーザー.

freeze-up 氷結期, 厳寒期.

freezing *a.* 凍る(ような); よそよそしい.

freezing point *Phys.* 氷点.

freight *n.* (貨物の)輸送, 運送; 貨物, 積み荷; 運送料, 貨車賃貸料, 用船料.
— *v.* (貨物を)積み込む; 輸送する.

freightage 運賃; 積み荷; 貨物運送.

freighter 船荷積み込み人; 貨物運送業

(者), 託送人, 荷受け人; 貨物船, 貨物輸送機.

freight train 貨物列車.

French *a., n.* フランスの; フランス人(の), フランス語(の). — *v.* 口淫を行う; 無断退出する.

French bean *Bot.* インゲンマメ.

French chalk チャコ《布地に線を引くのに用いる》.

French Community フランス共同体.

French door 観音開きの扉.

French dressing フレンチドレッシング.

French fries フライドポテト.

French horn *Mus.* フレンチホルン.

Frenchify *v.* フランス風にする.

French kiss =soul kiss.

French leave 無断退出. **take French leave** 無断で中座する.

French letter コンドーム.

Frenchman フランス人.

French toast フレンチトースト.

French way 口淫を伴う性交.

French window フランス窓《観音開きのガラス戸》.

frenetic *a.* 熱狂的な, 逆上した.

frenzied *a.* 狂乱した, 逆上した, 熱狂した.

frenzy *n.* 逆上, 乱心, 狂乱.
— *v.* [*pp.* で] 逆上させる.

Freon *Trademark* フレオンガス《冷凍剤》.

frequency 度々起こること, 頻繁, 頻発; *Math., Statistics* 回数, 頻度(数); *Phys.* 振動数, 周波数.

frequency modulation *Elec.* 周波数変調.

frequent *a.* 度々の, 度々起こる, 頻繁な; 常習的な; (数が)多い, 沢山ある.
— *v.* 度々行く, 度々出入りする, 常に訪れる; (大勢で)集まる, 群がる.

frequentation 頻繁な訪問.

frequentative *a.*, *n. Gram.* 反復の; 反復動詞(sparkle, chatter など).

frequenter 度々行く人, 度々来る人, 常客.

frequently *ad.* しばしば, 頻繁に.

fresco *n.*, *v.* フレスコ画法(で描く); フレスコ画.

fresh *a.* 新しい, 新鮮な; 新たな, 新規の, 生の, 出来たての, 新参の, 新米の (*from*); 鮮明な, 生々しい; (ペンキが)塗りたての; 清純な, さわやかな; うぶな, 未熟な; 元気な, 生き生きした; (風が)強い; ほろ酔いの; 生意気な, でしゃばりの; 塩気のない. — *ad.* =freshly. — *n.* 初期の清新な時期; 増水.

fresh breeze *Meteor.* 疾風《風速毎秒8.0–10.7 m》.

freshen *v.* 新鮮にする, 新鮮になる; 勢いづける, 勢いづく (*up*); 塩分を抜く; (雌牛が)乳を出す; (入浴や着替えで)さっぱりする (*up*).

fresher (大学の)一年生.

freshet (海に注ぐ)淡水の流れ; (大雨や雪解けによる)出水.

fresh gale *Meteor.* 疾強風《風速毎秒17.2–20.7 m》.

freshly *ad.* 新しく, 新鮮に; 最近.

freshman (大学などの)新入生, 一年生; 新米, 新参者.

freshwater *a.* 淡水(産)の; 田舎の, 無名の.

fret[1] *Mus.* (弦楽器の)フレット.

fret[2] *v.* いらいらする, いらいらさせる, 気をもむ, 気をもませる; 波立たせる, 騒がす; すり減らす, (雑などが)食い込む. — *n.* いらだち, 不機嫌; 不安; 腐食, 浸食.

fret[3] *n.*, *v. Arch.* 雷文, さや形, 卍つなぎ; 格子細工にする, くり抜き細工にする.

fretful *a.* いらだたしい, 落ち着きがない, 気難しい.

fretsaw 糸鋸, ひきまわし.

fretwork 格子細工, 雷文細工.

Freud フロイト. **Sigmund Freud** (1856–1939) オーストリアの精神病学者.

Freudian *a.*, *n.* フロイト(学説)の(支持者).

Freudian slip 本音の出た失言.

friable *a.* 砕けやすい, 脆い.

friar *Rom. Cath.* 修道士, 托鉢僧.

friary 修道院.

fribble *n.*, *v.* 下らないこと(をする), (時間を)空費する.

fricandeau フリカンドー《子牛の蒸し焼き》.

fricassee *n.*, *v.* フリカッセ(料理する)《シチュー料理》.

fricative *a.*, *n. Phonet.* 摩擦音(の).

friction 摩擦; 軋轢, 不和.

frictional *a.* 摩擦の.

frictionless *a.* 摩擦のない.

Friday 金曜日.

Fridays *ad.* 金曜日(ごと)に.

fridge 冷蔵庫.

fried *a.* 油で揚げた, フライにした; 酔った.

friedcake ドーナツ.

friend *n.* 友人, 友達; 味方, 同情者, 支持者; [*pl.*] (施設などの)後援者; 仲間, 伴侶; [F-] フレンド派の人. **keep friends with** 親しく交わる. **make friends with** 親しくなる. **the (Society of) Friends** =the Quakers. — *v.* …の友となる.

friendless *a.* 友達のない, 味方のない.

friendliness 友情; 親善.

friendly *a.* 友情のある; 親切な, 親しい, 味方の; 愛想のよい; 好意的な; 好都合の.

friendly society 共済組合, 友愛組合.

friendship 友情; 交友, 親交.

frieze[1] *Arch.* 帯状小壁, フリーズ.

frieze[2] フライズ《粗紡毛織物》.

frig *v.* だます; 性交する.

frigate フリゲート艦《小型駆逐艦》.

frigate bird *Ornith.* グンカンドリ.

frige =fridge.

fright 恐怖; 驚き; ひどく醜悪な人, ひどく醜悪な物, ひどく滑稽な人, ひどく滑稽な物.
in a fright ぎょっとして, 肝を潰して. **take fright** ぎょっとする (*at*).

frighten *v.* ぎょっとさせる, 驚かせる. **be frightened** びっくりする, 肝を潰す (*at*); 恐れる (*of*).

frightening *a.* 肝を潰させる, 驚くべき.

frightful *a.* 恐ろしい, 物凄い, 驚くべき; ひどい, ぞっとするような, ひどく醜い, 嫌な, 大変な.

frigid *a.* ひどく寒い, 極寒の; 冷たい, 冷淡な; 堅苦しい; (女性が)不感症の.

Frigidaire *Trademark* フリジデア《電気冷蔵庫》.

frigidity 寒冷; 冷淡; 不感症.

frigid zone 寒帯.

frill *n., v.* フリル, へり飾り, ひだべり(を付ける); (鳥獣の)えり毛; 気取り, 安っぽい装飾.

fringe *n.* (ショール・裾などの)房, 房飾り; へり, 外辺; 切り下げ髪, (動物の)房毛; (学問などの)周辺, 初歩; 二次的なもの; 偏向論者, 過激派グループ; *Optics* 光線の縞.
— *v.* へりを付ける, へりになる, へりを取る.

fringe area *Telecom.* 受信不良地域, 受像不良地域.

fringe benefit (労働者への)付加給付《恩給・有給休暇・健康保険など》.

fringe group 非主流派, 反主流派.

fringy *a.* 房のある.

frippery 安ぴか装飾品; 虚飾, 見栄, つまらぬもの.

Frisbee, Frisbie, Frisby *Trademark* フリスビー《投げ合って遊ぶ小円盤》.

frisk *v.* 跳ね回る, 飛び回る, じゃれる; (服の上から武器・盗品などを)捜す. — *n.* 跳ね飛び.

friskiness ふざけること.

frisky *a.* 跳ね回る, ふざける, 元気な.

frisson (F) (興奮・喜びなどによる)身震い, スリル.

frit ガラス原料; フリット《陶磁器の上薬の配合成分に用いるガラス質物質》.

Fritos *Trademark* フリトウズ《コーンチップス》.

fritter[1] *v.* (時間・金などを)つまらぬ事に使う (*away*). — *n.* 小片, 断片.

fritter[2] フリッター《薄切りの果物・肉などに衣をつけた揚げ物》.

fritz *n.* **on the fritz** 故障して.

frivol *v.* 下らぬ生活をする.

frivolity 浅薄, 軽薄, 不真面目な言動.

frivolous *a.* 下らない, つまらない; 軽々しい, 浅薄な; 他愛のない.

frizz[1] *v.* (じゅうじゅう音を立てて)揚げる.

frizz[2] *v., n.* (毛髪など)縮らせる; 縮れ(毛).

frizzle[1] *v.* (油で)じゅうじゅう揚げる, じゅうじゅう炒める, (ベーコンなど)かりかりに揚げる, かりかりに炒める; (揚げ物が)じゅうじゅう音をたてる.

frizzle[2] *v., n.* 細かに縮らす, 細かに縮れる; 縮れ毛.

frizzly *a.* 縮れ毛の.

frizzy *a.* 縮れ毛の.

fro *ad.* [次の成句で] 向こうへ. **to and fro** あちこちに.

frock *n.* (ワンピースの婦人用)ドレス, フロック, (子供用)室内着; (裾の長い)聖職服; 仕事着.
— *v.* フロックを着せる; 聖職に就かせる.

frock coat フロックコート.

frog カエル; フランス人; 蹄叉《馬蹄中央の軟骨》; *Railroods* 轍叉; (軍服の)肋骨状装飾, 飾りボタン, 留めボタン; (生花の)剣山.
frog in the throat しゃがれ声.

froghopper *Entom.* アワフキムシ.

frog kick *Swimming* かえる足.

frogman フロッグマン, 潜水工作兵.

frog-march *v., n.* (暴れる囚人などをうつぶせにして)四人で手足を持って運ぶ(こと).

frolic *v., n.* 遊び戯れる, ふざける; はしゃぎ, 戯れ, 遊戯; 陽気な集まり.

frolicsome a. ふざける, 陽気な.

from prep. [分離・出発・出所]…から; [原料]…で, [原因・理由・根拠]…から, …で; [相違・区別]…から, …と違う; [除外・免除・制止・解放]…から.

frond (シダ・海藻などの)葉. Bot. 葉状体.

front n. (建物などの)前面, 正面, 前方, 前部; 前線, 戦線, 戦地; 第一線; (政治・社会運動などの)戦線; 態度, 見せかけ; (会社・団体などの)表看板, 引き立て役, 表向きの人, 表向きの物, 表向きの仕事, (不法行為をごまかす)隠れみの; (海岸などの)遊歩道; (土地の)地先; Meteor. 前線; (ホテルの)ボーイ. **in front of** …の前に. — a. 正面の, 表の, 前面の. — v. 面する, 向かう (to, toward, on); 正面をつける, 前面をつける.

frontage (建物の)前面, 正面; 間口; (建物の)向き; (川・道路などに接する)沿道, 沿岸.

frontage road (高速道路などに平行した)側道.

frontal a. 正面の, 前面の; 額の. — n. Anat. 前頭骨; Arch. 正面.

front bench (議会の)前列席《与野党幹部席》.

front burner レンジの前のバーナー. **on the [one's] front burner** 最優先事項で.

front door 表玄関.

frontier 国境, 国境地方; フロンティア《西部の開拓地と未開拓地の境界地域》); 辺境; (学問などの)新開拓分野.

frontiersman 辺境住民, 辺境開拓者.

frontier spirit (米国の)開拓者精神, フロンティア精神.

frontispiece 口絵; Arch. 正面, 切り妻壁.

frontlet (額につける)飾り; (動物の)前額部; (建物の)正面装飾.

front line (活動・闘争などにおける)先頭, 最

前線; Mil. 第一線, 前線.

front man (団体などの)表看板.

front matter 前づけ《とびら・序文・目次》).

front office 首脳部; (会社などの)本部, 本社.

front-page a. (新聞の)第一面に出すような; 重要な. — v. 第一面に載せる.

front-runner 先頭走者, 先頭馬; 最優力候補.

frontward a., ad. 正面へ(の).

front-wheel-drive a. 前輪駆動の.

frosh (大学の)一年生.

frost n. 霜(柱); 結霜, 氷結; (態度などの)冷たさ, 厳しさ; (劇・本などの)失敗作, 不出来. **(ten) degree(s) of frost** (華氏)氷点下(10)度. — v. 霜が降りる, 霜で覆う; 霜でいためる, 霜害を与える; (頭髪などを)白くする; (ガラスなど)つや消しにする, 曇らす; 砂糖の衣をかける.

frostbite 霜焼け, 凍傷.

frostbitten a. 霜焼けの; 霜害を受けた.

frosted a. 霜で覆われた, 凍結した; 霜害を受けた; つや消しの; (髪など)白くなった; 糖衣をきせた.

frost heave 土が凍って地面を押し上げること.

frostily ad. 霜が降りたように; 冷淡に.

frosting 結霜; (ガラスなどの)つや消し; 砂糖の衣.

frostwork (ガラスなどに生じた)霜の花.

frosty a. 霜の降る, 凍る, 極寒の; 冷淡な; (頭髪が)半白の, 霜白の.

froth n., v. (ビールなどの)泡, 泡立つ, 泡立たせる; くだらぬもの, 無駄話.

frothily ad. 泡を吹いて; むなしく.

frothiness 泡立ち; 空虚.

frothy a. 泡立つ, 泡だらけの; 泡のような, 空虚な.

froufrou (さらさらいう)衣擦れの音; 過度の装飾, 気取り.

froward a. つむじまがりの, 片意地の.

frown

frown v. 眉をひそめる, 顔をしかめる, 嫌な顔をする (at, upon). **frown down** こわい顔をしておどす. —n. しかめ面, 不機嫌の表情.

frowst むっとする空気.

frowzy, frowsy a. だらしのない; 汚い, むさくるしい.

frozen v. 凍った; 冷凍の; (資産・物価などが) 凍結した; 極寒の; 冷淡な; (感情など) 抑圧された; (驚きなどで) すくんだ.

frozen food 冷凍食品.

frozenly ad. 凍ったように; 頑固に.

FRS Federal Reserve System (米国の) 連邦準備銀行制度; Fellow of the Royal Society.

fructification 結実; 果実.

fructify v. 実を結ぶ, 実を結ばせる; (土地を) 肥やす.

fructose Chem. 果糖.

fructuous a. 果実を生じる; 果実の多い; 多産の.

frugal a. 質素な, 節約する (of).

fruit n. 果物; Bot. 果実; [pl.] 収穫, 所産; 結果, 成果; (男の) 同性愛者. **bear fruit** 実を結ぶ; 効果を生じる. —v. 実を結ぶ.

fruitage 結実; 果実; 結果.

fruitarian 果食主義者.

fruitcake フルーツケーキ.

fruit cocktail フルーツカクテル.

fruiter 実のなる木; 果樹栽培者; 果物運搬船.

fruitfly Entom. ミバエ.

fruitful a. よく実を結ぶ, 実りの良い; 多産の; (土地が) 肥えた; 効果の多い, もうけの多い, 有利な; (…を) 産む (of), …に富む (in).

fruition 結実, 成果; 実現, 達成; 享有.

fruitless a. 実の無い, 実らない; 効果のない, むなしい, 不毛の.

fruit machine スロットマシン.

fruit sugar 果糖.

fruity a. 果実のような風味のある; (音量が) 豊かな; 猥褻な, 「ホモ」の; 正気でない.

frumenty フルーメンティー (小麦に香料・砂糖を加えミルクで煮た料理).

frump 薄汚い女.

frumpish a. 薄汚い.

frustrate v. (計略などを) くじく, 破る, 裏をかく; 失望さす.

frustration 挫折, 失敗; Psychol. 欲求不満, フラストレーション.

fry[1] 幼魚; 小さいもの, 子供. **small fry** 雑魚; 雑輩, 人々, 子供たち.

fry[2] v. 油で炒める, 揚げる, フライにする; 揚がる; 電気椅子で処刑する, 電気椅子で処刑される. **have other fish to fry** 他にまだ重要な仕事がある. —n. 炒め物, 揚げ物, フライ.

fryer フライの料理人; フライ鍋; フライ用肉.

fry(ing) pan フライパン. **jump out of the fry(ing) pan into the fire** 小難をのがれて大難に遭う.

FTC Federal Trade Commission (米国の) 連邦取引委員会.

fuchsia Bot. フクシア.

fuchsin(e) Chem. フクシン.

fuck v., n. …と性交する; 性交; だます; 性交の相手. **fuck around** 乱交する. **fuck off** 自慰をする; [命令文で] 出て行け. **fuck over** 利用する, 食い物にする. **fuck up** へまをする. —int. こん畜生; 一体全体.

fucked-up a. すっかり混乱した, めちゃくちゃの.

fucking a. いまいましい.

fuckup へま.

fuddle v. 酔わせる, (酒で) 頭を混乱させる; まごつかせる.

fuddy-duddy 時代遅れの人; 不平家, 勿体ぶる人.

fudge n. ファッジ (柔らかいキャンデー); でたらめ, たわごと, 作り話; (新聞の) 別刷り特別ニュース. —v. 下らないことを言う.

fuel n. 燃料;(感情 などを)あおるもの.
— v. (船などに)燃料を供給する, 燃料を積み込む; 燃料をくべる; 刺激する.

fuel cell 燃料電池.

fuel oil 燃料油.

fug n. (部屋にこもった)むっとする空気.
— v. むっとする所にくすぶっている.

fuggy a. (部屋が)むっとする.

fugitive a. 逃亡した, 放浪の, 亡命の; はかない, 束の間の. — n. 逃亡者, 亡命者; 捕え難いもの.

fugue Mus. フーガ, 遁走曲; Psychol. 遁走; もうろう状態.

fulcrum (てこの)支点, 支柱;(影響 などの)中心力.

fulfil(l) v. (約束・義務などを)果たす, 遂げる, 達成する, (条件などを)満たす, (希望などを)叶える.

fulfil(l)ment 履行, 遂行, 達成, 実現.

full a. 満ちた, 一杯の; 充満した, 豊かな; ふっくりした, ゆるやかな, 盛上がった; 一杯で(of); たっぷりの, 十分な, 完全な; 満腹した; 詳細の; 真っ盛りの; 精一杯の; 充実した, こくのある; …に専念した; 同じ両親から生まれた.
— n. 全部, 充実; 絶頂, 真っ盛り. at the full 真っ盛りに, 絶頂に. in full 詳しく; 略さず; 全額. to the full 完全に, 十分. — ad. 十分に; まともに; まったく, 非常に. full well [many] =very well [many].
— v. (服など)たっぷりに作る; (月が)満ちる.

fullback (サッカーなどの)フルバック, 後衛.

full blood 純血種の人, 純血種の動物.

full-blooded a. 純血種の; 元気な.

full-blown a. 満開の; 成熟した.

full-bodied a. 太った;(酒など)こくのある.

full dress 正装, 礼装.

full-dress a. 正装の, 礼装の, 正式の; 完璧な, 行き届いた.

fuller (織物の)仕上げ工;(鍛冶用)丸へし.

fuller's earth 白土, 漂土.

full-fashioned a. フルファッションの《靴下・セーターがぴったり脚やからだの形に合うように作った》.

full-fledged a. 羽のはえ揃った; 一人前の.

full-grown a. 成熟した.

full house (劇場 など)大入り満員; Cards (ポーカーの)フルハウス.

full-length a. 等身大の; 短縮なしの, 省略なしの.

full moon 満月.

fullmouthed a. 大声の; 歯並びが完全な.

full name (略さない氏名, フルネーム.

fullness 十分; 充満; 詳細; ゆとり; 豊かさ.

full-rigged a. (帆船が)全装備の.

full-scale a. 全面的な; 実物大の.

full stop 終止符, ピリオド.

full-swing a., ad. 全力活動の; 全力活動で.

full-throated a. 大声の.

full tilt ad. 全速力で, フル回転で.

full time Ball Game 試合終了; 基準労働時間.

full-time a. 全時間の, 常勤の, 専任の.

fully ad. 十分, たっぷり, まったく; 少なくとも.

fulminant a. 爆発性の, とどろく; Med. 電撃性の.

fulminate v. とどろく, 爆発する; どなる (against).

fulsome a. (お世辞など)あくどい, 鼻につく, しつこい.

fumarole (火山の)噴気孔.

fumble v. 手探りする (for, after); いじくる (at, with); 不器用に扱う; (ボールを)取りそこねる.
— n. (ボールの)取りそこない, ファンブル.

fumbler 手探りする人; いじり回す人, へまをする人.

fume n. [pl.] 煙, 蒸気, いきれ, むっとする臭気; 香気; 毒気; 興奮, 怒気.

— v. 煙る, 煙霧を発する; 煙やガスとなって出る; いきまく, やっきとなる.

fumigate v. (消毒のために)いぶす, いぶして消毒する.

fumigator 燻蒸消毒器, 燻蒸消毒者.

fumy a. 煙霧の多い, 煙霧状の.

fun n. 戯れ, 慰み, 冗談, 面白み, 愉快(な事). **for [in] fun** 冗談に, 面白半分に. **like fun** 面白いように, 盛んに; 決して…ない. **make fun of…=poke fun at** …をからかう, ばかにする. — a. 面白い, 楽しみの; とっぴな; 目もあやな. — v. ふざける, 冗談を言う.

function n. 機能, 作用, 働き; 職務, 職分; (公式の)集会, 儀式, 式典, 行事; 大がかりな宴会; Math. 関数. — v. 働く, 作用する; 職分は果たす.

functional a. 機能の, 職務上の; 機能本位の, 実用本位の; Math. 関数の.

functionalism (建築などの)機能主義, 実用第一主義.

functionary 職員, 役人.

functionless a. 機能のない.

function word Gram. 機能語《前置詞・代名詞・接続詞など》.

fund n. 資金, 基金, 積立金; (知識などの)蓄え; [pl.] 財源; [the funds] 公債, 国債. — v. (利子の支払いに)資金を用意する; 基金に繰り入れる, 積み立てる; (研究などに)資金を供給する; (一時借入金を)長期の負債に借り替える, 長期の公債に借り替える; 公債に投資する.

fundament 臀部, 尻(の穴).

fundamental a. 根本的な, 肝要な, 基礎の, 主要な. — n. 基本, 基礎; [pl.] 原理, 原則; Mus. 根音, 基音; Phys. 基本波.

fundamentalism 根本主義《聖書の記事を信じ進化論を排する主義など》; 原理主義.

fundamental law 基本法, 憲法.

fundamentally ad. 根本的に; 本質的に.

fundamental particle Phys. 素粒子.

fund-raiser (政党などの)資金調達係; 資金集めのパーティー.

fund-raising n., a. 資金調達(の).

funeral n., a. 葬式(の), 埋葬式(の), 告別式(の); 嫌な仕事.

funeral director 葬儀屋.

funeral home [parlor] 葬儀施設, 遺体安置場.

funeral march 葬送行進曲.

funerary a. 葬式の.

funereal a. 葬式の; しめやかに厳粛な; 陰鬱な.

funfair 遊園地.

fungal a. =fungous.

fungicide 殺菌剤.

fungiform a. 菌状の, きのこ状の.

fungo Baseball 練習フライ, 練習ノック.

fungoid a. 菌類似の, 菌性の; =fungous; きのこのような.

fungous a. 菌性の; Med. ポリープ状の; 急に発生する, 急に発達する.

fungus 真菌類, きのこ, 菌類; 急に生じるもの.

fun house びっくりハウス.

funicular a., n. 索条の張力で動かされる, つり重り作用の; ケーブルカー.

funicular railway 索条鉄道, ケーブル鉄道.

funk n. おじけ, 恐怖; 臆病者; ファンク《ブルース調, ゴスペル調の泥臭いジャズやロック》. — v. おじける (at, in); 恐れる, しりごみする.

funk hole 塹壕; 待避所.

funky[1] a. びくびくしている, 臆病な.

funky[2] a. 嫌な臭いのする, 陳腐な; Jazz ファンキーな《黒人ブルース・ゴスペルなどの影響を受けた》; すばらしい.

funnel 漏斗, じょうご; 漏斗状の通風孔, 漏

斗状の採光孔;(機関車・汽船の)煙突;
Anat., Zool. 漏斗(状器官).

funnily *ad.* 滑稽に;奇妙に.

funny *a., n.* 面白い,滑稽な;おかしな,変な;
[*pl.*] 連続漫画.

funnybone (ひじ先の)尺骨の端.

funny business いんちき.

funny farm 精神病院.

funny-ha-ha *a.* おかしい.

funny money にせ金.

funny-peculiar *a.* 妙な.

funny uncle 親類の子供に性的いたずらをす
る男.

fur *n., v.* (ウサギなどの)柔毛;(柔かい毛のつい
た)毛皮(を付ける);[*pl.*] 毛皮の衣類,毛皮の製
品;*Med.* 舌苔(が生じる)(鉄瓶などの)湯垢
(を付かせる);(女性の)陰毛. **fur and feath-
er** 猟鳥獣. **make the fur fly** 大げんか
をする;てきぱきやる.

furbelow *n., v.* (婦人服の)ひだ飾り(を付け
る);[*pl.*] けばけばしい装飾.

furbish *v.* 研く,磨く;磨きをかける,面目を一
新する(*up*).

furious *a.* 怒り狂った,狂暴な,荒れ狂う,猛
烈な,すさまじい.

furiously *ad.* 激しく,猛烈に.

furl *v.* (旗・帆などを)巻く;(傘・扇・翼などを)
たたむ.

furlong ハロン《長さの単位;=¹/₈マイル》.

furlough *n., v.* (軍人の)賜暇,休暇(を与え
る).

furnace 炉,かまど,溶鉱炉,暖炉;ひどく熱い
所;厳しい試練.

furnish *v.* 供給する(*with*);備え付ける
(*with*),(家に)家具を備える.

furnisher 供給者;家具屋.

furnishing 部屋の設備品;[*pl.*] 家具類;装
身具類.

furniture 家具,備品;(機械・自動車・船など

の装備品;(物の)中身,(心に)備わったもの.

furor(e) (It) 熱狂,熱狂的流行,熱
狂的賞賛.

furred *a.* 柔毛で覆われた,毛皮をつけた;舌
苔の生じた;湯垢のついた.

furrier 毛皮商人.

furriery 毛皮業.

furring 毛皮(飾り);舌苔生成;湯垢(の付
着);(しっくいなどの)下地.

furrow *n.* (うねの間の)溝,あぜ溝;(溝のよう
な)細長いくぼみ,すじ,(顔の)しわ;航跡,轍.
—— *v.* うねを起こす,すく;溝をつける;しわを寄せる.

furry *a.* 毛皮の,柔毛の;柔毛で覆われた;
舌苔を生じた,湯垢を生じた.

fur seal *Zool.* オットセイ.

further *a.* もっと遠い;その上の;後続の.
—— *ad.* もっと先に,更に遠く;なお一層,更にま
た,更に進んで.
—— *v.* 進める,助長する,促進する.

furtherance 助長,促進.

further education 継続教育.

furthermore *ad.* その上,更に.

furthermost *a.* 最も遠い.

furthest *a., ad.* =farthest.

furtive *a.* ひそかな,こそこそする,内密の;ごまか
しの;盗んだ.

fury 激怒,狂暴;(嵐・病気・戦争などの)
猛威;暴れ女;[F-] *Gk Myth.* 復讐の女神.
like fury ものすごく,すばやく.

furze *Bot.* ハリエニシダ.

fuse¹ *n.* 信管,導火線;*Elec.* ヒューズ. **blow
a fuse** かんかんに怒る. —— *v.* 信管を付ける,
ヒューズを付ける.

fuse² *v.* 溶かす,溶ける,融合する,融和させる,
融和する,融和させる(*into*).

fusee 耐風マッチ;(危険予報の)赤色閃光
信号;信管.

fuselage (飛行機の)胴体.

fusel oil *Chem.* フーゼル油.

fusibility 可溶性.

fusible a. 可溶性の, 溶けやすい.

fusillade n., v. 一斉射撃(を浴びせる); (歓呼・猛打などの)連発.

fusion 溶解; 融合, 融和; 連合(体), 提携; Phys. 核融合.

fusion bomb 水素爆弾.

fusionist 合同主義者, 融合主義者.

fusion point 融点.

fuss n., v. 大騒ぎ(する), 空騒ぎ(する); やきもき(する); けんか; 騒ぎ立てる人. **make a fuss** 騒ぎ立てる.

fussbudget, fusspot 空騒ぎする人, やかまし屋.

fussily ad. 大騒ぎして, やきもきして.

fussiness 空騒ぎ.

fussy a. 騒ぎ立てる; (文など)こり過ぎた, 細かすぎる; 飾りたてた.

fustian n., a. ファスチァン織《一種のコール天》(の); 大げさな(言葉).

fusty a. かび臭い, むっとする; 古臭い, 頑固な.

futile a. 役に立たない, 無効の, 無益な; つまらない.

futility 無益, 無価値, 無用の言行, 軽薄な言行.

future a. 未来の, 将来の. — n. 未来, 将来(性), 前途; Gram. 未来時制; [pl.] Com.(取り引きの)先物. **for the future** 以後は, 今後は.

futureless a. 将来(性)のない.

future shock フューチャーショック《めまぐるしい社会変化・技術革新のもたらす挫折感》.

futurism Art 未来派.

futurist 未来派芸術家; 未来学者.

futuristic a. 未来派の; 超モダンな.

futurity 未来, 将来; 来世; [pl.] 後代の事件, 後代の人々.

futurology 未来学.

fuze =fuse[1].

fuzee =fusee.

fuzz n. けば, 綿毛; 毛ばこり; 警察, 警官. — v. けば立つ, けば立てる; ふわふわと飛び散る.

Fuzzbuster Trademark ファズバスター《警察のスピード違反取り締まりレーダーの逆探知装置》.

fuzzy a. けば立った, 綿毛状の; ほぐれた; ぼやけた.

FWD front-wheel drive 前輪駆動.

G

g G 字形(のもの); Mus. ト音, ト調 ; 1,000ドル.

G (<general) Motion Pictures 一般向き.

GA general agent; General Assembly.

gab n., v. おしゃべり(する), 無駄話(をする); 口. **gift of the gab** 弁才.

gabardine ギャバジン《レインコート・服地》; (中世ユダヤ人の)ゆるやかな長い上着.

gabber おしゃべりな人.

gabble v., n. 早口でしゃべる, (ガチョウなどが)がーがーいう; (早口でわけのわからない)おしゃべり.

gabbler おしゃべり.

gabby a. おしゃべりな.

gaberdine =gabardine.

gabfest おしゃべり会, 長談議.

gable Arch. 切妻, 破風.

gabled a. 破風のある.

gable roof 切妻屋根.

Gabon ガボン《アフリカ中西部の共和国》.

Gabonese a., n. ガボンの; ガボン人(の).

Gabriel ガブリエル《聖母マリアにキリストの受胎を告げた天使》.

gad v. ぶらつき回る(about), 遊び歩く. — n. 遊び歩き, 出歩き.

gadabout ぶらつき回る人, 遊び歩く人.

gadfly Entom. アブ; うるさい人.

gadget (機械などの)付属品, 小道具, (便利

な)取り付け物, 仕掛け;(うまい)工夫, 妙案.

gadgeteer 発明狂.

gadgetry 機械装置; がらくた類.

Gaea *Gk Myth.* ガイア《大地の女神》.

Gael ゲール人《スコットランド高地やアイルランドのケルト人》.

Gaelic *a., n.* ゲール人の, ゲール語の; ゲール語.

gaff *n., v.* 鉤竿(で引き上げる);(闘鶏の)鉤爪; *Naut.* ガフ, 斜桁; わな. **blow the gaff** 秘密を漏らす. **stand the gaff** 苦難を切り抜ける.

gaffe (F) へま, 失策.

gaffer (田舎の)おやじさん;(労働者の)監督;(テレビ・映画の)主任電気技師.

gag *n.* 猿轡;(手術用)開口器; 口止め, 言論統制; しゃれ, 冗談, ギャグ, 滑稽な所作; 詐欺. —— *v.* 猿轡をはめる; 口止めする, 言論統制する; ギャグを挿入する;(のどの詰まりや吐き気で)げえっとなる.

gaga *a.* 頭がおかしい, おめでたい; 熱中した.

gage[1] 抵当;(挑戦の印に投げた)手袋; 挑戦.

gage[2] *n., v.* =gauge.

gaggle *n.* ガチョウの群れ;(騒々しい)一団. —— *v.* がーがー鳴く.

gag rule [**law**] 緘口令, 言論抑圧令.

gagster ギャグ作者.

gaiety 愉快, 陽気; 華美, 派手; [*pl.*] 歓楽, お祭り騒ぎ.

gaily *ad.* 陽気に; 華やかに.

gain *v.* 得る, 獲得する; 儲ける, 勝つ, 利する; 到着する, 到達する;(時計が)進む;(重さ・価値など)増す; 進歩する, 上達する. **gain on** [**upon**] …に近寄る; 追いつく; 侵食する. **gain over** (味方に)引き入れる; 説き伏せる. —— *n.* 利益, 獲得した物; 増加, 増進; [*pl.*] 儲け, 利得; *Telecom.* 利得《入力に対する出力の割合》.

gainer 利得者, 獲得者; 勝利者.

gainful *a.* 有利な, 儲かる.

gainsay *v.* 反駁する, 否定する.

gait 歩きぶり, 足取り; 歩調.

gaiter ゲートル(型深靴).

gal[1] 女の子, ギャル.

gal[2] *Phys.* ガル(加速度の単位).

gala *n.* お祭り, 祝祭. —— *a.* お祭り騒ぎの, 愉快な.

galactic *a.* 乳の; *Astron.* 銀河(系)の.

gala night (劇場などの)特別興行の夕べ.

galantine ガランティーヌ《冷肉料理の一種》.

Galapagos Islands [the ～] ガラパゴス諸島《エクアドル西方の太平洋上の島々》.

galaxy [the G-] *Astron.* 銀河;(才子・佳人・貴人などの)華やかな群れ.

gale 強風, 疾風;(歓呼・笑い声などの)嵐.

galena 方鉛鉱.

Galilean *a., n.* ガリラヤ(人)の; ガリラヤ人.

Galilee ガリラヤ《イスラエル北部の地方》.

Galileo Galilei ガリレオ・ガリレイ《1564–1642; イタリアの物理・天文学者》.

galimatias ちんぷんかんぷんの話.

gall[1] *n.* 鞍擦れ; 擦りむき, 擦り傷; 心痛(の種). —— *v.* 擦りむく; いら立つ, 悩ます.

gall[2] 胆汁; 苦いもの; 憎しみ, 遺恨; 厚かましさ.

gall[3] 虫癭, 虫こぶ.

gallant *a.* 勇ましい, 騎士的な, 雄々しい; 立派な, 堂々たる; 婦人に丁重な, 恋愛の. —— *n.* ハイカラ紳士; やさ男, 色男, 情人.

gallantry 勇敢;(婦人に対する)丁重, 慇懃; 情事.

gallbladder *Anat.* 胆囊.

galleon ガリオン船《15–18世紀のスペインの大形帆船》.

galleried *a.* 桟敷のある.

gallery 回廊, 柱廊;(教会などの)桟敷席(の人々);(劇場の)天井桟敷(の観客), 一般観衆, 大向こう;(絵画・美術品の)陳列場, 画廊, ギャラリー;(ゴルフ・テニスなどの)観

galley

客 ，ギャラリー；(写真の)スタジオ；射撃場；
横坑道. **play to the gallery** 大衆に媚び
る；大向こうを意識して演技する.

galley ガレー船《昔，奴隷や罪人に漕がせた
大形帆船》；艦長専用ボート；(船内の)炊
事室；*Print.*(植字用)ゲラ.

galley proof *Print.* ゲラ刷り.

galleyslave ガレー船を漕ぐ奴隷.

galley-west *ad.* すっかり混乱して，完全に
混乱して.

gallfly (卵を生みつけて)虫こぶを作る昆虫.

gallic *a.* 没食子の.

Gallic *a.* ガリア(人)の；フランスの.

gallicism フランス語法；フランス風の表現，
フランス風の習慣.

gallicize *v.* フランス風にする，フランス語法にする.

gallimaufry 寄せ集め，ごたまぜ.

galling *a.* 苦しめる，いらだたせる.

gallinule *Ornith.* バンの類.

gallivant *v.* (異性と)ぶらつく，遊び回る.

gallnut 没食子，五倍子.

Gallo *Trademark* ガロー《テーブルワイン》.

gallon ガロン《米=3.785リットル，英=4.546
リットル》.

galloon 細紐，打ち紐，組み紐.

gallop *n.* ギャロップ《馬など四足獣の最も速
い駆け方》. — *v.* 全速力で駆ける；疾駆す
る；急速に進行する.

galloper 馬を疾駆させる人；疾駆する馬.

Gallophile *n., a.* 親仏(の)，フランスびいきの.

galloping *a.* (病気などが)急速に進行する.

Galloway ギャロウェー《スコットランド南西部》；
ギャロウェー種《スコットランド産小型駄馬》.

gallows 絞首台；絞首刑.

gallows bird (絞首刑に値する)極悪人.

gallows humor 気味の悪い冗談.

gallstone *Med.* 胆石.

Gallup poll ギャラップ世論調査.

gall wasp *Entom.* タマバチ.

galop ガロップ《軽快な円舞曲》.

galore *ad.* 豊富に.

galosh オーバーシューズ.

galumph *v.* 意気揚々と歩く.

galvanic *a. Elec.* 流電気の；電気にかかった
ような，痙攣的な.

galvanism *Elec.* 流電気；*Med.* 電気療
法.

galvanize *v.* 流電気を通じる；活気づける，
びっくりさせる；亜鉛めっきする.

galvanized iron トタン板.

galvanometer *Elec.* 検流計.

gam (女性の)魅力的な脚.

Gama ガマ. **Vasco da Gama** (1469?–1524)
ポルトガルの航海者.

Gambia [The ～] ガンビア《アフリカ西部の共
和国》.

gambit *Chess* (捨て駒の)さし始めの手；(行動
の)手始め，策略.

gamble *v., n.* 博打を打つ，投機をやる，賭ける；
博打で失う(*away*)；博打，ギャンブル；やま，投
機.

gambler 博打打ち，相場師.

gamboge ガムボージ《黄色顔料》.

gambol *v., n.* 跳ね回る，跳び回り，はね回る，は
ね回り，ふざけ(る).

gambrel (馬の)飛節；(肉屋で肉を吊るす)鉄
鉤；=gambrel roof.

gambrel roof 腰折れ屋根.

game[1] *a.* 足の不自由な.

game[2] *n.* 遊戯，遊び，楽しみ；勝負，競技，
ゲーム；[*pl.*] 競技会；計略，計画，意図；
冗談，猟鳥獣類，猟鳥獣(の肉)，
獲物；職業. **make game of** からかう.
play the game 規則に従って行動をする，規
則に従って競技をする. — *a.* 元気な，勇
敢な；(…する)元気のある，進んでする(*for, to
do*)；狩猟の. **die game** 勇敢に戦って死
ぬ. **the name of the game** 肝心なこと.

—v. 賭け事をする, 博打を打つ.

game bag (狩猟の)獲物袋.

game bird 猟鳥.

gamecock 闘鶏.

game fish 釣りの対象になる魚.

game fowl 闘鶏.

gamekeeper 猟場番人.

gamelan ガムラン《インドネシアの合奏音楽;それに用いる楽器》.

game laws 狩猟法.

gamely ad. 勇敢に.

gameness 勇気.

game plan 戦略.

game point Ball Game ゲームポイント.

gamesmanship (反則すれすれの)試合のかけひき.

gamesome a. 陽気な, ふざけたがる.

gamester 博打うち.

games theory ゲームの理論.

gamete Biol. 配偶子.

gamey a. =gamy.

gamin 浮浪児; いたずらっ子.

gamine 女の浮浪児; 小悪魔的な娘.

gamma ガンマ《ギリシャ字母の第3字; Γ, γ》; Phys. ガンマ(線).

gamma globulin Biochem. ガンマグロブリン.

gamma ray Phys. ガンマ線.

gammon[1] n. でたらめ, ごまかし; たわごと.

—v. しらばくれる; うまくごまかす.

gammon[2] ガモン《豚の脇腹肉の臀部に近い部分》; 燻製ハム.

gamp 大型こうもりがさ.

gamut Mus. 全音階, 長音階, 音域; 全範囲.

gamy a. 鳥獣の肉の匂いのする; (腐りかけた)匂いのする; 元気のいい; 浅ましい; 猥褻がかった.

gander ガチョウ・ガンなどの雄; とんま; 一瞥.

Gandhi ガンジー. **Mohandas K. Gandhi** (1869–1948) インドの独立運動指導者.

Gandhiism ガンジー主義《非暴力不服従主義》.

gandy dancer (鉄道の)保線工夫.

gang n. (奴隷・労働者などの)一団, 群れ, 組, 隊; (悪党の)一味, ギャング; (同時に動く機械などの)一揃い. —v. 一団となる, 徒党を組む; 集団で行動する, 集団で競う. **gang up on** …に対抗して団結する.

gang bang 輪姦.

gangboard =gangplank.

ganger 親方.

Ganges ガンジス《インド東部の大河》.

gangland (ギャングがはびこる)暗黒街.

gangling a. =gangly.

ganglion Anat., Zool. 神経節; (力・活動などの)中心.

gangly a. (体が)ひょろ長い.

gangplank (船から桟橋に掛ける)歩み板, 渡し板.

gangplow 連動式鋤.

gang rape 輪姦.

gangrene Med. 壊疽.

gang shag =gang bang.

gangster ギャングの一員.

gangway n. Naut. 舷門; =gangplank; (劇場などで)座席間の通路. —int. 道をあけろ, どいたどいた.

gannet Ornith. カツオドリ.

gantlet[1] =gauntlet[1,2].

gantlet[2] Railroads 搾線.

gantry (移動起重機の)構台; Railroads 信号橋; ガントリー《ロケットを発射装置に据えるクレーン付き構造物》.

Ganymede Gk Myth. ガニュメデス《Zeus に酌をした美少年》.

GAO General Accounting Office.

gaol n., v. =jail.

gaoler =jailer.

gap 裂け目, 割れ目, 透き間; 山峡, 峡谷;

峠 道; 隔たり, 相違; 空白, ギャップ.

gape v. 大口をあく, あくびをする; 口をあけて見とれる; ひび割れ(ている), 裂ける. —n. 裂け目; あくび; 口をあけて見とれること; (地面などの)ひび割れ.

gappy a. 透き間だらけの; 欠陥のある; 途切れた.

GAR Grand Army of the Republic (米国の)南北戦争従軍軍在郷軍人会.

garage n., v. 自動車車庫, 自動車修理場, ガレージ(に入れる); ガソリンスタンド.

garageman 自動車修理工.

garage sale (自宅で行う)中古品セール.

garb n., v. (時代・地方・職業的の相違による)服装(をさせる); 外観.

garbage (台所の)廃物, ごみ; つまらぬもの; うそ, ばかげたこと; Computer 不要データ.

garbage can ごみバケツ.

garbage collector ごみ収集人.

garbage truck ごみ収集車.

garbanzo Bot. ヒヨコマメ《食用》.

garble v. (事実を)歪める; (勝手に)書き直す.

garçon 少年・ボーイ, 給仕.

garden n. 庭, 庭園; 果樹園, 花園, 菜園; [pl.] 公園, 遊園. —a. 庭植え用の; ありふれた, 強い. —v. 庭を造る, 園芸をする.

garden apartment (低層の)庭付きアパート.

garden city 田園都市.

garden cress Bot. コショウソウ《サラダ用》.

gardener 植木屋, 庭師, 園丁.

gardenia Bot. クチナシ.

gardening 庭造り, 園芸.

garden party 園遊会.

garden stuff 野菜類.

garden-variety a. ありふれた.

gargantuan a. 巨大な.

gargle v., n. うがい(する); うがい薬.

gargoyle Arch. (怪奇な動物をかたどった)樋嘴.

garibaldi ゆるい胴衣《婦人・小児用》.

garish a. ぎらぎらした; けばけばしい.

garland n., v. 花冠, 花環(で飾る); 栄誉; 詞華集; Naut. つな輪.

garlic Bot. ニンニク.

garment n. 衣服(一点); [pl.] 衣類, 衣服, 外観. —v. [pp. 形で] 装う.

garner n., v. 穀倉; 貯蔵(する), 蓄積(する).

garnet Mineral. ざくろ石, ガーネット《宝石》.

garnish n. 装飾(物); (料理の)つま; 文飾; あや. —v. 装飾する; (料理に)つまを添える; Law (債権・俸給などを)差し押さえる.

garnishee n. Law (債権差し押さえで支払い差し止めを受けた)第三債務者. —v. Law (差し押さえ命令によって)差し押さえる.

garniture 装飾(物); (料理の)つま.

garret 屋根裏部屋.

garrison n., v. 守備隊(を置く), 駐屯地; 守備する.

garrison state 軍国.

garrulous a. よくしゃべる, 多弁な, 騒々しい.

garter n., v. ガーター, 靴下留め(で留める); [the G-] ガーター勲章(に叙する), 勲位に叙する.

garter belt ガーターベルト.

gas¹ n. ガソリン. step on the gas (自動車の)アクセルを踏む; 急ぐ. —v. (自動車に)ガソリンを入れる.

gas² n. ガス, 気体; 毒ガス; 笑気; とてもすばらしい人, とてもすばらしい物, とてもすばらしい事; ほら話. —v. ガスを供給する; ガスで中毒させる; 毒ガスをまく; ほら話をする.

gasbag ガス囊; おしゃべり.

gas burner ガスバーナー, ガスの火口.

gas chamber (処刑用)ガス室.

gaseous a. ガス(状)の, 気体の; (情報・議論など)実のない, とらえどころのない.

gas fitter ガス工事人.

gas-guzzler ガソリン食いの大型車, 高燃費車.

gas-guzzling a. ガソリンを食う.

gash n. 深手; (地面などの)割れ目; 女性器, 性交. —— v. 深手を負わせる.

gasholder ガス溜め, ガスタンク.

gasification ガス化, 気化; ガスの地下発生.

gasify v. 気化する.

gas jet ガスの炎; ガスバーナー.

gasket Naut. 括帆索; Mech. ガスケット《ゴムなどの層》; 詰め物, パッキング.

gaslight ガス灯.

gas lighter ガスライター.

gasman ガス検針人, ガス集金人; ガス工事人.

gas mask 防毒マスク.

gasohol ガソホール《ガソリンとアルコールの混合燃料》.

gasoline, gasolene ガソリン; 揮発油.

gasometer ガスメーター; ガスタンク.

gasp v., n. 息を切らす, あえぐ; あえぎあえぎ言う (out); あえぎ, 息切れ. **at one's [the] last gasp** 臨終に; 土壇場に; 疲れはてて.

gasper (安物の)巻きたばこ.

gas ring ガスこんろ.

gassed a. 酔っぱらった.

gasser 天然ガス井戸; おしゃべり.

gas station ガソリンスタンド.

gas stove (料理用)ガスストーブ.

gassy a. ガスのような, 気体(状)の; ガスの満ちた; くどい; 自慢たらたらの.

gastight a. ガスの漏れない; 気密の.

gastrectomy Med. 胃切除(術).

gastric a. 胃の(ような).

gastric juice 胃液.

gastric ulcer Med. 胃潰瘍.

gastritis Med. 胃炎.

gastrocamera Med. 胃カメラ.

gastroenteritis Med. 胃腸炎.

gastrointestinal a. 胃腸の.

gastronome 美食家.

gastronomic a. 美食法の.

gastronomist 美食家.

gastronomy 美食学; 料理法.

gastropod Zool. 腹足動物《ナメクジなど》.

gastroscope Med. 胃鏡.

gas turbine ガスタービン.

gasworks ガス製造所.

gat ピストル.

gate n. 門, 門扉, 門戸, (運河などの)水門; ゲート, 搭乗口, (競馬の)出馬門, (有料道路などの)料金徴収所, 改札口; (競技会の)入場者(総数), 入場料(総額); Computer ゲート《入力信号の状態に応じて決まる出力を出す素子》; (スキーの)旗門; 解雇. **get the gate** 首になる. —— v. 門をつける; (学生に)禁足を命じる.

gâteau ガトー《粉・バターなどで作る菓子の一種》.

gate-crash v. 招待されないのに押しかける.

gate-crasher 押しかけ客; 無切符入場者.

gatefold 折り込みページ.

gatehouse 守衛詰め所, 門番小屋; 門楼.

gatekeeper 門番; 踏み切り番.

gateleg(ged) table 折りたたみテーブル.

gate money 入場料《総計》.

gatepost 門柱. **between you and me and the gatepost** ごく内密の話だが.

gateway 出入り口; 通り口; (成功への)道.

gather v. 集める, 集まる; 摘み取る, 取り入れる; 蓄積する; (経験を)積む; (力・速力などを)増す; (知力・精力などを)集中する; ひだを寄せる, しわを寄せる; 推測する; (腫物が)うむ. **gather up** 掻き集める; 引き締める. —— n. [pl.] (洋裁の)ギャザー.

gathering 集合, 集会; 採集, 取り入れ; できもの, 化膿.

GATT General Agreement on Tariffs and Trade ガット, 関税および貿易に関する一般協定.

gauche (F) a. 気のきかない, 洗練されていない;

無器用な.

gaucho ガウチョ《南米のカウボーイ；スペイン人とインディアンの混血》.

gaud 安ぴか物；お祭り騒ぎ.

gaudily *ad.* けばけばしく.

gaudiness けばけばしさ.

gaudy *a., n.* （安っぽくて）けばけばしい，飾り過ぎの；祝祭.

gauge *n.* 標準規《容積・直径・厚さなどを測る》；計測器，計量器，ゲージ；*Railroads* 軌間，ゲージ；*Naut.* 満載喫水；容量，限度，範囲，標準. —— *v.* 測定する；評価する.

gauger 計る人，計る物；検量官，収税吏.

Gauguin ゴーギャン. **Eugene Henri Paul Gauguin** (1848–1903) フランスの画家.

Gaul （古代）ガリア，ゴール；フランス人.

Gaulish *a., n.* ガリア（人）の（言語）.

gaunt *a.* やせた，やつれた；ものすごい，不気味な.

gauntlet[1] （中世騎士の）こて；（乗馬・剣術・クリケットなどに用いる）長手袋. **fling [throw] down the gauntlet** 挑戦する. **take [pick] up the gauntlet** 挑戦に応じる.

gauntlet[2] （昔，軍隊などで行われた）鞭打ち刑. **run the gauntlet** 鞭打ち刑を受ける；酷評を受ける，攻撃を受ける.

gauss *Elec.* ガウス《電磁単位》.

gauze 紗，ガーゼ；（極細線の）金網；薄霧.

gauzy *a.* 紗のような，透き通る.

gavel （議長・競売者などが用いる）小槌.

gavial *Zool.* ガビアル《インドワニ》.

gavotte *Mus.* ガボット《軽快な舞踏（曲）》.

GAW guaranteed annual wage 年間保証賃金.

gawk *n.* ぶざまな人，気のきかない人. —— *v.* ぽかんと見とれる.

gawkish, gawky *a.* ぶざまな，間抜けな.

gay *a.* 快活な，陽気な；華美な，派手な；放蕩

の；同性愛の. —— *n.* 同性愛者；ホモ.

gayly *ad.* ＝gaily.

gaze *v., n.* 見つめる，凝視する(at, on, upon)；凝視.

gazebo *Arch.* 見晴らし台.

gazelle *Zool.* ガゼル《小型レイヨウの一種》.

gazer 見つめる人.

gazette *n., v.* 新聞，定期刊行物，官報(に発表する)，官報に告示する.

gazetteer 地名辞典.

G.B. Great Britain **GCA** ground-controlled approach *Aeronaut.* 地上誘導着陸. **GCD** greatest common divisor 最大公約数. **GCE** General Certificate of Education (英国の)一般教育証明書.

GCF greatest common factor 最大公約数.

G clef *Mus.* ト音記号.

GCM greatest common measure 最大公約数. **GE** General Electric (米国の)総合電機メーカー.

gear *n. Mech.* 歯車，ギヤ，伝導装置，歯車装置；(仕事用)道具，用具；*Naut.* 索具；服具. **in gear** ギヤがはいって；歯車かみ合って；調子がよく. **out of gear** ギヤが抜けて；歯車がはずれて，調子が狂って. —— *v.* (機械を)連動させる，ギヤを入れる，歯車をかみ合わせる；調子を合わせる(to)；付随させる.

gearbox ギヤボックス；変速機.

gearing *Mech.* 連動装置，伝導装置.

gearshift *Mech.* ギヤシフト，変速レバー.

gear wheel 歯車.

gecko *Zool.* ヤモリ.

gee *int., n.* はいし，どう《馬に対する掛け声》；おや，まあ；千ドル. —— *v.* (馬が)右に曲がる，右に回る；避ける.

gee-gee 馬，おうま.

gee whiz *int.* おや，まあ.

gee-whiz *a.* (感情を)あおるような；驚くべき；熱狂的な.

geezer 変人, 風変わりな老人.

Gehenna *Bib.* 地獄.

Geiger counter *Phys.* ガイガー計数管.

gel *n., v. Chem.* 膠化体, ゲル; 固まる.

gelatin ゼラチン, 膠.

gelatinize *v.* ゼラチン質にする, ゼラチン質になる.

gelatinous *a.* ゼラチン状の, ゼラチン質の.

geld *v.* 去勢する; 弱める.

gelding 去勢(馬).

gelid *a.* 氷のような.

gelignite ゼリグナイト《ニトログリセリンを含む爆薬の一種》.

gem *n., v.* 宝石, 宝玉 (をちりばめる); 粋; 逸材; 尊敬すべき人.

geminate *v.* 二重にする, 二重になる, 対にする, 対になる. — *a. Biol.* 双生の, 対の.

gemination 重複, 双生; *Phonet.* 子音重複.

Gemini *Astron., Astrol.* 双子座(生まれの人), 双子宮.

gemmy *a.* 宝石をちりばめた; きらめく.

gemstone 宝石用原石.

gemütlich (G) *a.* 快い, 心地よい.

gen *n., v.* [the ~] 情報; 知らせる. **gen up** 情報を得る (*about, on*), 情報を与える (*about, on*).

gendarme (F) (フランスの)憲兵.

gendarmerie, gendarmery 憲兵隊.

gender *Gram.* 性, 性別; 性.

gene *Biol.* 遺伝子, ゲン.

genealogical *a.* 系図の.

genealogist 系図学者.

genealogy 系図; 系統; 家系; 系図学.

gene conversion 遺伝子変換.

general *a.* 全般的な, 普遍的な; (専門でない)一般の, 普通の; 概括的な, 大体の; 雑多な; 高い地位の. — *n.* 将軍, 大将, 司令官; 一般, 普遍的事実; 雑働き. **general of the air force** 空軍元帥. **general of the army** 陸軍元帥. **in general** 概して, 一般に, 一般の.

general agent 総代理人, 総代理店.

General American 一般米語.

General Assembly 州議会; (国連の)総会.

general delivery 局渡し郵便, 局留め郵便.

general election 総選挙.

general excise tax 一般消費税.

general headquarters 総司令部.

generalissimo 大元帥; 総統.

generalist 博学な人, 万能選手.

generality 一般性; 一般法則; 概説; 大多数 (*of*).

generalization 概括, 総合, 一般化, 通則.

generalize *v.* 概括する, 総合する; 一般的に言う; 一般化する, 普及させる.

generally *ad.* 一般に, 概して, 普通. **generally speaking** 概して言えば.

General Post Office (ロンドンの)郵便本局.

general practitioner 一般開業医.

general-purpose *a.* 多目的の.

generalship 将軍の職, 将軍の身分; 指揮の手腕.

general staff 一般幕僚.

general store 雑貨店.

general strike 総罷業, ゼネスト.

General Winter 冬将軍.

generate *v.* (新個体を)生じる, 産む; (電気・熱などを)発生する, 起こす.

generation 生殖; 発生; 世代, 一世(代) 《約30年》; 子孫, 一族; 同時代(の人々). **the rising generation** 青年層.

generation gap 世代の断絶.

generative *a.* 生殖の, 発生する.

generative cell 生殖細胞.

generative grammar *Ling.* 生成文法.

generator (ガスなどの) 発生機, 発電機.

generic *a. Biol.* 属の, 属特有の; 一般的な; 商標登録をしていない.

generically *ad.* 属に関して; 一般的に.

generosity 気前よさ, 寛大, 寛容.

generous *a.* 気前のいい; 寛大な, 高潔な; 十分な, 肥えた; 濃厚な, 寛容のある.

generously *ad.* 気前よく; 寛大に.

genesis 起原; 発生, 由来; [the G-] *Bib.* 創世紀.

gene-splicing 遺伝子接合.

genetic *a.* 発生の, 遺伝(学)の.

genetic code *Biol.* 遺伝情報 (遺伝子配列).

genetic engineering 遺伝子工学.

genetic map 遺伝子地図.

genetic marker 遺伝標識(形質).

genetics 遺伝学.

Geneva ジュネーブ (スイスの都市).

Geneva Convention ジュネーブ条約 (1864年締結の赤十字条約).

Geneva cross 赤十字.

Genevan *a., n.* ジュネーブの, ジュネーブ人; カルビン派の, カルビン派信徒.

Genghis Khan ジンギスカン (1162–1227; モンゴル王).

genial *a.* 温和な, 優しい, 親切な; 温暖な, 快適な.

geniality 温和; 温情, 懇切.

genie (アラビア伝説の) 魔神, 鬼.

genital *a., n.* 生殖(器の); [*pl.*] =genitalia.

genitalia (外部)生殖器.

genitive *a., n. Gram.* 属格(の).

genitourinary *a. Anat.* 泌尿生殖器の.

genius 天才(的資質); 天分; (国民・時代・言語などの) 特質, 真髄, 精神; (ある土地の) 気風, 連想; 守護神, 氏神; [*pl.*] =genie.

genius loci (L, =genius of the place) 土地の守護神; (ある土地の) 伝統, 気風.

genned-up *a.* (…に) 精通して.

genocide (民族などを絶滅する) 大量殺戮, 集団虐殺.

genotype *Biol.* 遺伝子型, 因子型.

genre (F) 型, 様式, ジャンル; 風俗画.

gens ゲンス (古代ローマの小家族集団).

gent 男, 奴; [*pl.*] 男子用便所.

genteel *a.* 育ちのよい, 上品な, しとやかな; 上品ぶった, 上流風を装った.

genteelism 上品ぶった言葉づかい.

gentian *Bot.* リンドウ.

gentile *n., a.* (ユダヤ人から見た) 異邦人(の), 異教徒(の), キリスト教徒(の).

gentility [*pl.*] お上品ぶり, 上流風.

gentle *a.* 温和な; 優しい, おとなしい, 寛容な; 緩やかな, 静かな; 生まれのよい; 丁寧な, 上品な.

gentle breeze *Meteor.* 軟風 (風速毎秒 3.4—5.4 m).

gentlefolk 良家の人々.

gentleman 家柄の良い人, 身分のある人, 紳士.

gentleman-at-arms 儀仗の親衛兵.

gentleman farmer 趣味で農業を行う大地主, 趣味で農業を行う大金持ち.

gentlemanlike, gentlemanly *a.* 紳士的な, 紳士にふさわしい.

gentleman's [gentlemen's] agreement 紳士協定.

Gentlemen('s) =men's room.

gentleperson 紳士, 淑女 (性差別反対の立場から).

gentle sex 女性.

gentlewoman 淑女, 貴婦人.

gently *ad.* 静かに, 穏やかに; 優しく, 躾良く.

gentrify *v.* 高級住宅化させる; 上流化させる.

gentry (貴族以下の) 上流社会, 紳士階

級;連中.

Gents, Gents' =men's room.

genuflect v. (礼拝のために)膝を折る;追従する.

genuine a. 純粋の,真実の,本物の;純種の;誠実な.

genus Biol. 属;種類.

geocentric a. 地球の中心から見た,地球の中心から測った;地球を中心とした.

geochemistry 地球化学.

geochronology 地球年代学.

geodesic a. 測地学の;測地線の.

geodesy Math. 測地学.

geodetic a. =geodesic.

geog geographic(al); geography.

geographer 地理学者.

geographic(al) a. 地理(学)的な.

geographical mile 地理マイル《赤道における経度1分,1,852 m》.

geography 地理(学);地形,地誌.

geologic(al) a. 地質学的な,地質の.

geologist 地質学者.

geology 地質(学).

geomagnetic a. 地球磁気の.

geometer 幾何学者;Entom. シャクトリムシ.

geometric a. 幾何学の,幾何学的な;幾何級数的に増加する.

geometrical a. =geometric.

geometrician 幾何学者.

geometric mean Math. 等比中項.

geometric progression Math. 等比級数.

geometry 幾何学(書).

geomorphology 地形学.

geophysical a. 地球物理学の.

geophysics 地球物理学.

geopolitics 地政学.

George n. (by) George まったく《誓い・感嘆を示す》.

georgette ジョーゼット《薄地絹クレープ》.

Georgia ジョージア《米国南部の州》;グルジア《黒海東岸のソ連の共和国》.

Georgian a., n. ジョージアの,ジョージア人;ジョージア語;グルジアの,グルジア人,グルジア語.

geoscience 地球科学.

geostationary a. (地球からみて)静止した衛星の.

geothermal, geothermic a. 地熱の.

geranium Bot. ゼラニウム;濃赤色.

gerbera Bot. ガーベラ.

gerfalcon Ornith. シロハヤブサ《北極圏産》.

geriatrician 老人医学者,老人専門医.

geriatrics 老人医学.

germ Biol. 胚(種);細菌,病原菌;萌芽;根源. in germ 芽生えて,未発達状態で.

German a., n. ドイツの;ドイツ人(の),ドイツ語(の).

-german a. 同(祖)父母から出た.

germane a. 密接な関係のある,適切な(to).

Germanic a. ドイツの;ゲルマン族の,ゲルマン語の,チュートン族の,チュートン語の. — n. ゲルマン語.

Germanist ドイツ語学者,ゲルマン語学者.

germanium Chem. ゲルマニウム《希金属元素》.

Germanize v. ドイツ風にする,ドイツ語に訳す.

German measles Med. 風疹.

German shepherd (dog) (ドイツ)シェパード《警察犬》.

German silver 洋銀.

Germany ドイツ.

germ cell Biol. 生殖細胞.

germfree a. 無菌の.

germicidal a. 殺菌の.

germicide 殺菌剤.

germinal a. 芽の,胚種の;原始的,根源の,初期の.

germinant a. 発芽する;初めの;成長力

のある.

germinate v. 発芽する, 発芽させる, 生長させる.

germ plasm Biol. 生殖(細胞)質.

germ warfare 細菌戦.

gerontocracy 老人政治.

gerontologist 老人病学者.

gerontology 老人病学.

gerrymander v., n. 選挙区を自党に有利に改変する(こと); ごまかす(こと); ごまかし.

gerund Gram. 動名詞.

gerundive L. Gram. 動詞状形容詞.

gestalt (G) Psychol. 形態, ゲシュタルト.

Gestalt psychology 形態心理学, ゲシュタルト心理学.

Gestapo (G) ゲシュタポ《ナチスドイツの秘密国家警察》.

gestation 懐胎(期); 立案.

gesticulate v. 身振りで話す, 身振りで示す.

gesticulatory a. 身振りの(多い).

gestosis Med. 妊娠中毒(症).

gesture 身振り, 手まね, ゼスチュア; 形式的な意志表示, 思わせ振り, 宣伝行為.

gesture language 身振り言語.

Gesundheit (G) int. 《人がくしゃみをしたときに》お大事に.

get[1] v. 得る, 手に入れる, 獲得する, 取る, 捕らえる; 達する, 到着する (to, etc.); …になる, される; …させる, してもらう (one to do); (病気に)かかる; 用意する; …するようになる (to do); …し始める (doing); 連絡がつく; 理解する, 困らす; 持っている; [have got で] 必要を感じる; ぞくぞくさせる, いらいらさせる; 殺す, (野球で)アウトにする; 拘引する; 直ちに去る; 聞きとる; (絵や歌で)うまく再現する; 注目する; 持っていく, 連れていく, 動かす, 運ぶ; (思想などに)かぶれる.

get about 歩き回る; 広まる; 励む. **get across** (川などを)渡る, (川などを)渡す, 横断する; (話・冗談を)わからせる; (芝居などが)成功

する. **get after** 攻撃する. **get ahead of** …の上に出る. **get along** 進む, はかどる; やって行く; 工夫する, 成功する; 折り合っていく (well, ill, with). **Get along [away] with you !** 去れ; ばかなことを言うな. **get around** 歩き回る, 広まる; 乗り越える, 克服する; 説き伏せる; 免れる. **get around to** …まで手を伸ばす, …に取りかかる. **get at** 達する; 会う; 理解する, わかる; 買収する; [進行形で] 意味する; あざける. **get away** 去る, 逃げる; やっつける, 片付ける (with). **get back** 戻る; 取り戻す; 仕返しする (at). **get by** 何とか切り抜ける; 通る. **get cracking** 猛烈にとりかかる. **get down** 降りる, 降ろす; がっかりさせる; 書きとめる. **get in** はいる, 入れる; 到着する; 取り入れる; 当選する; 親しくなる (with). **get into** …の中に入れる, …の中にはいる; 着る, はく; 知る. **get it** 叱られる, 罰を受ける; 了解する. **get off** 降りる; 脱ぐ; 逃げる, 逃がす, 逃れる; 出発する; (しゃれなどを)飛ばす; (異性と)親しくなる (with). **get on** 乗る; 着る, 身につける; 進む, 続ける, はかどる; (仲よく)やっていく (with, together); (うまく)いく. **get on in the world** 出世する. **get out (of)** (から)出る, 出て行く; 降りる; 抜け出す, 引き抜く; 漏れる, 知れる; 出版する; 聞き出す; 救い出す. **get over** 越す, 越える; 乗り越える; 打ち勝つ; 回復する; 我慢する, 勘弁する. **get round** = get around. **get there** 目的を達する. **get through** 通過する; 成し遂げる (with); (電話・意志など)通じる. **get to** …に達する; 着手する; …の結果になる; 買収する. **get together** 集まる, 集める; 歩み寄る, 折り合う, (意見が)一致する. **get up** 起きる; 立ち上がる; 登る; 起こす, 始める; (感情を)あおる; (けばけばしく)着飾る; 勉強する.

get[2] 子孫, (動物の)子.

getatable a. 到達できる; 近付きやすい; 手に入れやすい.

getaway 飛び出すこと; 逃走, 高飛び; (車

の)スタート.

Gethsemane ゲッセマネ《Jerusalem 近くのキリスト苦難の地》; [g-] 苦難の場所, 苦難の時.

get-together (非公式な)集まり; 親睦会.

Gettysburg ゲティスバーグ《米国 Pennsylvania 州 東部の町》.

getup 服装, 身なり; (本の)装丁; 野望, 精力.

get-up-and-go やる気, 積 極 性.

gewgaw 安ぴか物.

geyser 間欠泉; 瞬間湯沸かし器.

Ghana ガーナ《アフリカ西部の 共 和国》.

ghastly a. 恐ろしい, ものすごい, 青ざめた; ひどい, 嫌な.

gherkin (ピクルス用の)小さなきゅうり.

ghetto ユダヤ人街, ゲットー; スラム 街.

ghettoize v. ゲットーの中に閉じ込める, 孤立させる.

ghost n. 幽霊, 妖怪; 幻影, 影; Optics, TV 二 重 像, ゴースト; 影ほどのもの; 代作者; (学校・職場で) 出 席とされている欠席者. **give up the ghost** 死ぬ. **Holy Ghost** 聖霊. **not a [the] ghost of** 少しも…がない. — v. 代作する.

ghostly a. 幽霊の(ような); 影のような, ぼうっとした.

ghost town ゴーストタウン.

ghostwrite v. 代作する.

ghostwriter 代作者.

ghoul (イスラム 教 国で, 墓の中の死人の肉を食うという)鬼; 墓荒らし; 残 忍 な人.

ghoulish a. 鬼のような.

GHQ general headquarters.

GI n., a. (米軍)兵士, ジーアイ; 官 給 の; 軍人の; 兵隊らしい.

giant n., a. Gk Myth. ギガス, 巨 人; 大 男; 偉人; 巨大な, 偉大な.

giantess 女 の巨人.

giant panda Zool. 大パンダ, パンダ.

giant sequoia Bot. セカイヤオスギ.

giaour 不信心者, 邪 宗 徒《イスラム 教 徒がキリスト 教 徒をさして呼ぶ》.

gib (去勢した)雄猫.

gibber v., n. 訳のわからぬことをしゃべる(こと).

gibberellin Biochem. ジベレリン《植 物の生長 ホルモン》.

gibberish 訳のわからぬおしゃべり.

gibbet n., v. 絞首人さらし 柱, さらし台; 絞首刑に処する; さらし者にする.

gibbon Zool. ギボン, テナガザル.

gibbosity 凸面; 隆 起.

gibbous a. 凸面の; 隆 起した; せむしの; (月が)満月と半月との 間 の.

gibe v., n. 嘲 る(at); 嘲 り.

giblet [pl.] (鶏 の)臓物.

Gibraltar ジブラルタル《スペイン南部の 港 町; 英国の 植 民 地》; [g-] 堅固な要塞.

giddily ad. 目がくらむほど, ふらふらして; 軽率に.

giddy a. 目がくらむ; うわついた.

gift n. 贈り物, 寄贈品; 贈与(権); 資性, 天賦の才, 才 能. **not as a gift** ただでも(嫌だ). — v. 贈与する; 賦与する(with).

gift certificate 商 品券.

gifted a. 天賦の才のある, 秀 才の.

gift horse 贈り物の馬. **look a gift horse in the mouth** 贈り物のあらを捜す.

gift tax 贈与税.

gift wrap v. (贈り物を)きれいに包装する.

gig[1] ギグ《一頭立て二輪馬車》; 船載ボート《船長 用》, 競 争用 小 ボート.

gig[2] 仕事; (ジャズなどの) 1 回の 出 演.

gigabit Computer ギガビット.

gigahertz Phys. ギガヘルツ.

gigantesque a. 巨人らしい.

gigantic a. 巨人のような, 巨大な.

giggle v., n. くすくす笑う, くすくす笑い.

gigolo 男 妾; 男のダンサー.

gigot (羊・子牛の)足 肉.

Gila monster *Zool.* アメリカドクトカゲ.

gild[1] *v.* 金をきせる, 金めっきする, 金色に染める; 美しく飾る, 粉飾する. **gild the lily** かえって醜くする.

gild[2] ＝guild.

gilder めっき師.

gilding 塗金(材料); 虚飾.

gill[1] *Zool.* えら; (鶏などの)肉垂.

gill[2] ジル《液量の単位; ＝¹/₄ pint》.

gill cover *Zool.* えらぶた.

gillyflower *Bot.* アラセイトウ.

gilt[1] *a.* 金を塗った, 金めっきした. ── *n.* 塗金(材料); うわべだけの美しさ.

gilt[2] 若い雌豚.

gilt-edged *a.* (紙・書籍など)金縁の; (手形・証券など)優良品.

gimbal [*pl.*] *Naut.* ジンバル, 常平架.

gimcrack *a., n.* 安ぴかの(物).

gimlet ボード錐; ギムレット《カクテルの一種》.

gimlet-eyed *a.* 鋭い目の.

gimmick (手品師の)たね; 新案物.

gimmickry からくり使用.

gimp (針金の芯のある)打ち紐, 笹縁, 飾りひだ; 闘志.

gin[1] *n., v.* 機械装置; 綿繰り機械(にかける); わな(にかける).

gin[2] ジン.

gin fizz ジンフィズ.

ginger *n.* しょうが; 赤茶色; 元気, 精力. ── *v.* しょうがで香味をつける; 活気づける (*up*).

ginger ale [beer] ジンジャーエール, ジンジャービア《清涼飲料》.

gingerbread しょうが入り菓子パン.

ginger group 革新派, 積極的な少数派.

gingerly *a., ad.* 用心深い; 用心深く.

ginger pop ＝ginger ale.

gingersnap しょうが入りクッキー.

gingham ギンガム《縞綿布》.

gingiva *Anat.* 歯肉.

gingivitis *Med.* 歯肉炎.

gink 変人; 奴.

ginkgo *Bot.* イチョウ.

gin mill (安)酒場, バー.

ginseng *Bot.* チョウセンニンジン.

Gioconda *n.* [La ～] ラ・ジョコンダ, モナリザ. ── *a.* (ほほえみが)謎めいた.

giocoso *a., ad. Mus.* 陽気な, 陽気に.

Gipsy ＝Gypsy.

giraffe *Zool.* キリン, ジラフ.

girandole 枝付き飾り燭台; 回り噴水; ペンダント.

gird *v.* (帯を)締める; 身に着ける, 帯びる; 授ける (*with*); 囲む. **gird up one's loins** 緊張する, 身構える.

girder *Arch.* 桁, 大梁.

girdle *n.* 帯; (皮を剥ぎ取った幹の)輪状の跡; (帯状の)取り巻く物; ガードル(コルセットの一種). ── *v.* 帯を締める; 樹皮を輪状に切り取る; 取り囲む.

girl 少女, 娘; 女中; 女事務員, 女店員(など); (年齢, 既婚, 未婚を問わず)女性; 恋人; コカイン. **old girl** (女子の)卒業生, 校友.

girl Friday 忠実な女性アシスタント, 忠実な女性秘書.

girl friend 女友達; (女性の)恋人.

girl guide ガールガイド, 少女団員《1910年創設》.

girlhood 少女であること, 少女時代.

girlie *n.* 少女《愛称》. ── *a.* (雑誌・ショーなど)ヌードが売り物の.

girlish *a.* 少女らしい.

girl scout ガールスカウト, 少女団員《1912年創設》.

giro (欧州の)振替為替(制度).

Girondist ジロンド党員《フランス革命当時の穏健な共和主義者》.

glandular

girth *n*. 馬の腹帯; 周囲の寸法, 胴回り.
— *v*. 取り巻く; 周囲が…ある.

gism =jism.

gist *n*. 要点, 主旨; *Law*(訴訟の)主要訴因.

give *v*. 与える, やる, 贈る; 供給する, 捧げる; 産出する; 渡す; 払う; (伝言などを)伝える; 譲る; (突然)…する, (音などを)出す, 言う; (会などを)催す, 開く, 上演する (理由などを)あげる; 示す, 表す; (日時を)指定する; (抵抗に対して)負ける, つぶれる, くずれる, 破れる, 倒れる, へこむ, ゆるむ, 弱る; (色が)あせる, (氷が)溶ける; (窓・路が)向く, 通じる (on, into); 起こる.
 give and take 公平にやりとりする, 互譲する. **give away** くれてやる; (結婚式で新婦を新郎に)渡す; (うっかり)口をすべらす, 暴露する. **give back** 返す, 戻す; 反響する, 反射する, 応酬する. **give forth** (音・匂いなどを)発する, 放つ; 言い触らす. **give in** (書類を)差し出す; 公表する; 降参する, へこたれる. **give it** 叱る, 罰する. **give of** 気前よく与える. **give off** (蒸気・匂い・光などを)発する. **give oneself up to** …に捧げる, ふける. **give or take** …前後, 上下, 増減しても… **give out** 発表する, 言い触らす; 分配する, 割り当てる; 発散する, 放つ; 尽きる, 欠乏する; 終わる. **give over** 引き渡す, 託す; やめる; 捨てる, 見放す. **give up** 手放す; (罪人を)引き渡す; やめる, 放棄する; あきらめる.
 — *n*. 与える事, 順応性, 伸縮性.

give-and-take 公平なやりとり; 互譲, 妥協; 意見の交換, 冗談の応酬.

giveaway *n.*, *a*. (うっかり)口をすべらすこと, 暴露; 放棄; 景品; (テレビ・ラジオの)賞品付きの(番組).

given *a*. 与えられた, 既知の; 一定の, 特定の; 熱中した, 癖がある (to). — *ad*. …と仮定すると (that).

given name =Christian name.

giver 与える人.

gizmo 仕掛け, 工夫.

gizzard (鳥の)砂嚢; 胃; 咽喉.

glacé *a*. 砂糖掛けの; (皮など)滑らかでつやのある.

glacial *a*. 氷の, 氷河(時代)の; *Chem.* 氷状の; 冷淡な.

glaciate *v*. 氷結させる; *Geol.* 氷河作用を及ぼす.

glaciation 氷河作用.

glacier 氷河.

glaciology 氷河学.

glad *a*. 嬉しい; 嬉しそうな, 喜ばしい.

gladden *v*. 喜ばせる.

glade 林間の空地.

glad eye 色目. **give the glad eye** 色目を使う, ウインクする.

glad hand 歓迎.

glad-hand *v*. 歓迎する.

gladiator (古代ローマの)剣闘士; 論客.

gladiolus *Bot.* グラジオラス.

gladly *ad*. 喜んで, 嬉しそうに.

glad rags 晴れ着; 夜会服.

Gladstone (真ん中から二つに開く)旅行鞄.

glair(e) *n.*, *v*. 卵白(を塗る); 卵白状のもの; 上薬, どうさ.

glamo(u)r 魅力, 性的魅力; 魔力.

glamo(u)r girl グラマー, 魅力的な女 《モデル・女優など》.

glamo(u)rize *v*. 魅力的にする; 魅力を発揮させる, 魅力を発揮する.

glamo(u)rous *a*. 魅力のある, 魅力的な; 活気に満ちた.

glance *v*. ちらっと見る (at); ざっと目を通す (over, through, etc.); ぴかりと光る; (目を)ちらっと向ける; (弾丸が)それる (aside, off); ほのめかす. — *n*. 一目, 一見; 閃き; (弾丸の)それ, はね返り.

glancing *a*. きらめく, 閃く; かすめる.

gland *Anat.*, *Bot.* 腺.

glandular *a*. 腺(状)の; 先天的な; 性的な.

glans *Anat.* 亀頭.

glans clitoridis 陰核亀頭.

glans penis (陰茎)亀頭.

glare *v., n.* ぎらぎら光る(光); にらみつける; ねめつけ; けばけばしさ, どぎつさ.

glaring *a.* ぎらぎら光る; けばけばしい, 目障りな; 目立つ, 明白な.

Glasgow グラスゴー《スコットランド南西部の都市》.

glass *n.* ガラス; ガラス器; コップ, グラス; コップ一杯(の量); 鏡; 温度計, 晴雨計; 砂時計; レンズ, 顕微鏡; [*pl.*]眼鏡; 望遠鏡; [*pl.*]双眼鏡. — *v.* ガラスをはめる; 映す.

glassblower ガラス吹き工.

glass cutter ガラス切り(職人).

glass eye ガラスの義眼; 黒そこひ.

glass fiber ガラス繊維.

glassful コップ一杯(の量).

glasshouse ガラス工場; 温室.

glassily *ad.* ガラス状に; どんよりして.

glassiness ガラス状.

glassmaking ガラス製造(法).

glassware ガラス器具.

glass wool ガラス綿, グラスウール.

glassworks [*sing.* 扱い] ガラス工場.

glasswort *Bot.* アッケシソウ.

glassy *a.* ガラスのような; (水面が)きらきら輝く; (目が)どんよりした.

glaucoma *Med.* 緑内障.

glaucous *a.* 青緑色の; *Bot.* (果物が)白粉を被った.

glaze *v.* ガラスをはめる, ガラス状になる; (陶器に)上薬をかける; (紙・皮に)光沢を付ける; (目が)かすむ. — *n.* ガラスはめ; つや出し; (陶器の)上薬, (絵の)上塗り.

glazier ガラス屋, ガラス工.

glazing ガラスはめ; 上薬.

gleam *n., v.* (かすかな)閃き, 微光; かすかに光る, きらめく.

glean *v.* 落ち穂を拾う; (知識などを)拾い集める; (少しずつ)収集する.

gleaner 落ち穂拾い; 収集家.

gleanings (断片的)集録, 拾遺.

glee 歓喜, 愉快; *Mus.* (三部以上の無伴奏の)男声合唱曲.

glee club 男声合唱団, (一般に)合唱団.

gleeful *a.* 陽気な, 愉快な, 大喜びの.

glen (スコットランドなどの)峡谷.

glengarry グレンガリー《スコットランドの縁無し帽子》.

glib *a.* 口の達者な.

glide *v.* 滑る, (滑るように)進む; 滑走する, 滑空する; (時が過ぎる) (by, on); *Mus.* 滑らかに次の音に移る; 次第に消える (away). — *n.* 滑り; 滑走; *Aeronaut.* 滑空, 滑走台, 滑走面; *Mus.* スラー; *Phonet.* わたり.

glide path *Aeronaut.* グライドパス《地上レーダーが示す着陸コース》.

glider *Aeronaut.* グライダー.

glim 目; 灯火, 蠟燭.

glimmer *v., n.* ちらちら光る, ほのかに見える; 微光.

glimmering *a., n.* ちらちら光る; 微光, 気配り; 少量.

glimpse *n., v.* 一目; かすかな現れ; ちらりと見る, 一瞥する.

glint *v., n.* きらっと光る(光).

glissade *n., v.* (登山・スキーの)グリセード(で滑る); *Ballet* グリサード.

glissando *Mus.* グリッサンド, 滑走奏.

glisten *v., n.* きらめく; きらめき.

glitch (偶発の)故障, 不調.

glitter *v., n.* ぴかぴか光る, きらめく; 派手である; きらめき, 輝き; 華麗.

gloat *v.* 満足そうに眺める, 気味よげに眺める (on, upon, over).

glob (液体の)小球体, 小滴.

global a. 球状の;地球の;世界的な,世界一周の;包括的な.

globe n. 球,球体;地球;天球儀,地球儀;球形のガラス器《ランプのほや・金魚鉢など》; Anat. 眼球. ― v. 球形にする.

globefish Ichthy. フグ.

globe-trotter 世界旅行者.

globoid a. 球状の. ― n. 球状体.

globular a. 球形の;粒々の.

globule 小球,粒.

globulin Biochem. グロブリン.

glockenspiel (G) グロッケンシュピール,鉄琴.

gloom n. 暗がり,暗黒;陰鬱. ― v. 薄暗くなる,薄暗くする;顔を曇らす.

gloomily ad. 暗く,ふさぎ込んで.

gloomy a. 暗い,陰鬱な,ふさぎ込んだ.

Gloria (祈祷書中の)栄光の賛歌.

glorification (神の)賛美;栄光;祝宴;美化.

glorify v. (神を)賛美する;栄光を与える;美化する.

gloriole 後光.

glorious a. 照り輝く,神々しい,壮麗な;光栄ある,名誉の,華々しい,すばらしい,愉快な,一杯気嫌の.

gloriously ad. 華々しく,見事に;すばらしく.

glory n. 栄誉,光栄,名誉,荘厳,壮麗,繁栄,隆盛,絶頂,誇り;大得意;(神の)栄光,至福;後光. **be in one's glory** 得意の絶頂にある. **go to glory** 昇天する. ― v. 歓喜する,誇る(in).

gloss[1] n. 光沢(面),つや;虚飾. ― v. 光沢を出す,つやを出す,(絹を)練る.

gloss[2] n., v. 語句注釈,書き込み;説明,評注;注解する;言いつくろう(over).

glossarial a. 語彙の.

glossary 用語解,語彙表;(術語・特殊語などの)小辞典.

glossily ad. つやつやと;もっともらしく.

glossy a. 光沢のある;もっともらしい.

glottal a. 声門の.

glottal stop Phonet. 声門閉鎖音.

glottis Anat. 声門.

glove n. 手袋;(野球・拳闘用)グラブ,グローブ. **handle with gloves** 優しく扱う. **handle without gloves** 手荒に扱う. **throw down the glove** 挑戦する. **take up the glove** 挑戦に応じる. ― v. 手袋をはめる.

glove box グローブボックス《放射性物質を扱うための小型の箱》.

glove compartment グローブボックス《車の計器板の小物入れ》.

glover 手袋製造人.

glow v. 赤々と輝く,白熱する,ほてる;(色彩など)照り輝く;(感情が)熱する. ― n. 白熱,真っ赤な光,(身体の)ほてり,(色彩の)鮮やかさ;情熱.

glower v. 睨みつける(at).

glowing a. 赤々と輝く;ほてった;燃え立つような;熱烈な.

glow lamp グローランプ,白熱電球.

glowworm Entom. ツチボタル.

gloxinia Bot. グロキシニア.

glucose Chem. ブドウ糖.

glue n., v. 接着剤,にかわ;糊(で付ける);(目などを)くぎづけにする.

gluey a. にかわの(ような).

glum a. むっつりした,ふさぎ込んだ.

glut v. 飽かせる,食傷させる;過度に供給する. ― n. 過多;食傷;供給過剰.

glutamic acid Chem. グルタミン酸.

gluten Chem. グルテン,麩質.

glutinous a. 粘着性の.

glutton 大食家;熱心家,凝り屋.

gluttonous a. 大食の.

gluttony 大食.

glycerin(e) Chem. グリセリン.

glycerol *Chem.* グリセロール《グリセリンの化学名》.

glycogen *Chem.* グリコーゲン.

glyph 絵を使った標識, 図案を使った標識.

GM guided missile; General Motors ゼネラルモーターズ《米国の自動車製造会社》.

G-man ジーメン《連邦捜査局員》.

GMT Greenwich mean time.

gnarl (木の)節, こぶ.

gnarled, gnarly *a.* 節くれだった, 凹凸の, 凸凹の, ねじけた.

gnash *v.* 歯ぎしりする.

gnat *Entom.* ブヨの類; カ. **strain at a gnat** 小事にこだわる.

gnaw *v.* かじる, かみ切る; (酸などで)腐食する; 悩ます.

gneiss *Geol.* 片麻岩.

gnome[1] (伝説の)地の精; 投機的銀行家.

gnome[2] 格言.

gnomic *a.* 格言の, 金言に富む.

gnomish *a.* 気紛れな.

gnomon (日時計の)指柱.

gnosis 霊的認知, 神秘的直感.

GNP gross national product.

gnu *Zool.* ヌー, ウシレイヨウ.

go *v.* 行く, 進む; 過ぎ去る, なくなる; (…に基づいて)行動する (*by, upon*); (常に)…である; 続けてやって行く; (貨幣が)流通する, 通用する; …と書いてある, 言われている; 伸びる, 達する, 及ぶ; …になる; (事が)成り行く, 運ぶ (*well, badly, for, against*); 廃れる; 崩れる, 消える, だめになる, 滅びる; 死ぬ; (手段に)訴える (*to*); 貢献する (*to, toward*); (機械など)動く, 運転する; (鐘・銃砲などが)鳴る, 発射する; 売れる; (常に)…に置かれる, 納められる; 排泄する; 辛抱する; (囚人に)保釈金を出してやる; 楽しむ; *Baseball* (投手が)投球する.

go about 歩き回る; 広まる; 針路を転じる; (仕事に)従事する. **go after** 後を追う; 求める, 捜す. **go against** 逆らう, 反抗する; …の不利になる. **go ahead** 前進する; (仕事・話を)先に進める; (どうぞ)お先に. **go and** …しに行く, 行って…する. **go around** 歩き回る; 行き渡る. **go at** 襲いかかる; (仕事に)着手する. **go away** 去る, 逃げる. **go back** 戻る; さかのぼる (*to*). **go back on** 裏切る. **go behind** 内情を探る. **go beyond** 範囲を越える, 優る. **go by** 通過する, 経過する; …に基づいて行動する; …で通る. **go down** 下がる, 落ちる, 沈む; 屈服する (*before*); (後世に)伝わる; 大学を卒業する; (薬など)飲み込まれる; 納得が行く; 病気になる; 記帳される. **go for** 取りに行く, 呼びに行く; 支持する; …と見なされる; 猛烈に攻める; 得ようとする; ほれる; …で通る. **go hard with** (人を)ひどい目に遭わせる. **go in** 入る; 競技に参加する. **go in for** やってみる, 大いにやる; (試験を)受ける; 賛成する, 支持する. **go into** …に入る; 含まれる; 参加する; 論じる; 調査する. **go off** 立ち去る, 逃げる; 爆発する; 発射する; 死ぬ, 衰える; 消える, (色が)さめる; 眠る, 気を失う; 売れる; (事が)運ぶ (*well, badly*). **go on** 進む, 続く, 続ける; 振る舞う; 起こる; まくしたてる. **go out** 外出する; 消滅する; 死ぬ, (野球で)アウトになる; 流行が廃れる; 世間に出る, 出版される; ストライキをやる. **go over** 渡る, 越える; 吟味する, 検討する; 復習する; 読み返す; (議案など)持ち越す; 敵に投じる; 成功する; 印象を与える. **go round** = go around. **go through** 通り抜ける, 通過する; 経験する; 調べる; 使い果たす, やり通す, し終わる (*with*). **go together** 相伴う, 両立する; 釣り合う; 恋人同士になる. **go under** 沈む; 屈服する; 破産する. **go up** 近寄る; (値が)上がる, 昇る; 爆発する; 大学に行く. **go with** 一緒に行く; 行動を共にする; 調和する.

go without なしですます.

— *n.* 行くこと, 前進; 威勢; 流行; 試み; 活力, 元気; 困った事態; 成功. **no go** 不

可能な, 無駄な. **on the go** じっとしていずに, 働きづめで.

goad *n.*, *v.* (家畜を駆る)突き棒(で突く); 刺激 (物); 刺激する, 励ます.

go-ahead *a.* 前進する; 進取的な.
—— *n.* 元気; 前進許可.

goal 決勝線, ゴール, 目標, 目的(地).

goalie ゴールキーパー.

goalkeeper ゴールキーパー.

goal line (サッカーなどの)ゴールライン.

goalpost (サッカーなどの)ゴールポスト.

go-as-you-please *a.* 気ままな.

goat *Zool.* ヤギ; 好色漢; なぶり者. **act the (giddy) goat** ばかなまねをする. **get one's goat** 苦しめる.

goatee やぎひげ.

goatherd ヤギ飼い.

goatish *a.* ヤギのような; 好色の.

goatskin ヤギ皮.

goatsucker *Ornith.* ヨタカ.

gob 塊; [*pl.*] 多量; 口; 水兵.

gobbet (生肉などの)ひとかたまり.

gobble[1] *v.* がつがつ食う; つかまえる.

gobble[2] *v.*, *n.* (七面鳥が)ごろごろ鳴く(声).

gobbledygook, gobbledegook (役 所などの)堅苦しい表現.

gobbler 雄七面鳥.

Gobelin *n.*, *a.* ゴブラン織り(の).

go-between 媒介人, 仲人.

Gobi [the ~] ゴビ(砂漠).

goblet 脚付き杯, ゴブレット.

goblin (伝説の)小鬼, 小妖精.

goby *Ichthy.* ハゼ.

go-by 軽視; 通過. **give one the go-by** 見ぬ振りをする.

go-cart (幼児用)歩行器, 小型乳母車.

god 神; 神のようにあがめられた人, 神のようにあがめられた物; [G-] 天帝, 造物主; [the ~s] 大向こう(の観客); 神よ! **for God's sake** 後

生だから. **God knows** 神のみぞ知る, たれが知ろう (*who*, *where*, etc.). 確かに (*that* ...).

God willing 事情が許せば. **a little tin god** 小暴君. **My God.** 困った, しまった, 悲しい.

god-awful *a.* 実にいやな, 実にひどい, ぞっとするような.

godchild 名付け子.

goddamn *v.* =damn.

goddamned *a.* =damned.

goddaughter 名付け娘.

goddess 女神; 崇拝の的となる女性.

godfather 名付け父; (マフィアなどの)首領.

God-fearing *a.* 神を畏れる, 信心深い.

Godforsaken *a.* 神に見放された, 堕落した; 人里離れた, 寂しい.

godhead 神性; [the G-] 神.

godhood 神性.

godless *a.* 無神の, 神を認めない; 無宗教的な, 不信心な.

godlike *a.* 神のような, 神々しい.

godliness 敬神, 信心.

godly *a.* 神を敬う, 信心深い; 神聖な.

godmother 名付け母.

godparent 名付け親.

God's acre (教会付属の)墓地.

godsend 天からの授かり物, 思いがけない幸運.

godson 名付け子.

Godspeed 幸運; 成功の祈願, 安全の祈願.

goer 行く人, 活発な人.

Goethe ゲーテ. **Johann Wolfgang von Goethe** (1749–1832) ドイツの詩人・劇作家.

gofer 使い走り.

goffer *n.*, *v.* ひだ(をつける), 皺(を寄せる).

go-getter やり手.

goggle *v.* (目玉が)ぎょろぎょろする; ぎょろぎょろさせる; 目を見張る. —— *n.* [*pl.*] ちり除け眼鏡, 水中眼鏡, ゴーグル. —— *a.* (目が)飛び出た.

goggle box テレビ.

goggle-eyed 出目の;（驚いて）目を丸くした.

go-go a., n. ゴーゴーダンス(の); いかす; 精力的な.

going a. 進行中の, 活動中の; 手に入る.

be going to (do) しようとしている. **get going** 始める. **going on** =almost. — n. 行くこと; 出発; 進行速度; 道路の状態; 行為.

going-over（詳細な）調査; 厳しい叱責.

goings-on（悪い意味で）品行, 行状.

goiter Med. 甲状腺腫.

Go Kart Trademark ゴーカート《一人乗りの競走車》.

go-kart =kart.

Golconda 宝の山.

gold n., a. 金, 黄金; 金貨, 金製品, 富, 財; 金色; 金(製)の.

goldbeater 金箔師.

goldbrick n. 偽金塊; 仮病人; 勤務を怠る兵士. — v. ごまかす; 仮病を使う.

goldbug Entom. コガネムシ.

gold digger 金鉱捜し; 男をだまして金品をまきあげる女.

gold dust 砂金.

golden a. 金色の; 金(製)の; 貴重な, 立派な, 優秀な; 絶好の, 隆盛な.

golden age [G- A-] Gk & Rom. Myth. 黄金時代《労働の必要もなく平和であった最良時代》;（文学・国家などの）最盛期, 黄金時代.

golden-ager（引退した）老人.

golden balls 金色の三つ玉《質屋の看板》.

golden boy 人気者, ゴールデンボーイ.

golden handshake（多額の）退職金.

golden mean 中庸.

golden oldie 往年のヒット曲, 往年のヒットショー, 往年の名画, ナツメロ.

goldenrod Bot. アキノキリンソウ.

golden rule Bib. (己の欲するところを人に施せという)黄金律; 重要な原則, こつ.

golden section 黄金分割.

Golden Triangle 黄金の三角地帯《タイ・ビルマ・ラオスの国境接触地帯でアヘンの生産地》; 高生産性地域.

golden wedding 金婚式.

gold fever（ゴールドラッシュの）金鉱熱.

goldfield 採金地.

gold-filled a. 金張りの.

goldfinch Ornith. ゴシキヒワ.

goldfish 金魚.

gold foil 金箔.

gold leaf 金箔.

gold mine 金山; 宝庫.

gold record ゴールドレコード《シングル盤で100万枚, LPで50万枚売れた歌手に贈られる》.

gold reserve Econ. 正貨準備.

gold rush ゴールドラッシュ.

goldsmith 金細工人.

gold standard Econ. 金本位(制).

golf n., v. ゴルフ(をする).

golf ball ゴルフボール《電動タイプ用の球状活字エレメント》.

golf cart（ゴルフバッグを運ぶ）ゴルフカート.

golf club ゴルフクラブ.

golfer ゴルファー.

golf links [**course**] ゴルフ場.

golf widow（夫がゴルフばかりしている）ゴルフウィドー.

golliwog(g) 黒い顔のグロテスクな人形.

golly int. あれ, まあ《驚き》.

golosh =galosh.

gonad Anat. 生殖腺.

gondola ゴンドラ《ベニスの平底船》;（飛行船・ロープウェーの）ゴンドラ.

gondolier ゴンドラの船頭.

gone a. 過ぎ去った, 死んだ; 見込みのない, だめな; 一級の; 妊娠した. **gone on** ...にほれこんで.

goner 死んだ人, 落ちぶれた人, 見込みのない人.

gonfalon 旗, 吹き流し.

gong どら, ゴング(の音).

gonna =going to.

go-no-go a. 継続か中止かを決定する.

gonorrhea Med. 淋病.

goo べたつく物; 過度の感傷.

good a. 良い, 善良な; 上等の, 立派な;(成績が)良の; 有能な; 有益な; 幸福な, 楽しい; 適当な, 親切な; 上手な(at); 十分な, 完全な; 相当な; 偽りでない, 真正な; 丈夫な, 活気ある. **as good as** …も同様な. **Good afternoon!** 今日は. **good and** …非常に. **Good evening!** 今晩は. **good for** …によい; …に耐える;(…だけの)支払い能力ある. **Good morning!** お早う(ございます), 今日は. **Good night!** おやすみ(なさい). **hold good** 有効である, 効力がある. **make good** 償う; 達成する, 履行する; 実証する; 修復する. ― n. 善, 徳; 利益, 幸福, ため; [pl.] 動産, 商品, 貨物, 財産; [the ~] 必要なもの, 必要な条件, 必要な能力. **come to no good** 不幸に終わる, 失敗に終わる. **deliver the goods** 約束を果たす, 期待に添う. **do good** 善を行う; ためになる, 利する. **for good (and all)** 永久に. **to the good** 貸し越しとして, 純益として, 余分に.

Good Book 聖書.

good-by(e) int., n. さようなら; いとまごい.

good fellow 親友.

good-for-nothing a. (人が)何の役にも立たない, やくざな.

Good Friday 受苦日《Easter 前の金曜日でキリスト受難の記念日》.

good-hearted a. 心の優しい, 親切な.

Good Hope, the Cape of 喜望峰《アフリカ南端の岬》.

good-humored a. 機嫌のいい, 愛嬌のある.

goodie 善人, 善玉.

goodish a. かなり良い;(量など)かなりの.

good-looker 器量の良い女, 美人.

good-looking a. 器量の良い, 美しい.

goodly a. 器量の良い, かなりの, 相当な; 立派な.

good-natured a. 親切な, 気立てのよい, 柔和な.

good neighbor 友好近隣国.

good-neighbor a. 善隣の《政策》.

goodness 良さ, 美点, 長所; 美徳; 親切; =God. **for goodness' sake** 後生だから. **Goodness!** やれやれ, いやはや.

good news 好ましい人, 好ましい状況.

good offices 斡旋; 調停.

good-tempered a. 気だての良い, 優しい.

goodwill 好意, 同情;(商店の)得意(先), のれん.

goody[1] int. (特に子供が言う)すてき, うれしい.

goody[2] a., n. 殊勝らしい, 善良ぶった; 糖菓; =goodie.

goody-goody 善良ぶった人.

gooey a. ねばつく; 感傷的な.

goof n. 間抜け; へま. ― v. へまをする; のらくらする.

goof-off 怠け者.

goofy a. 間抜けな.

goon (スト破りの)暴力団員; 間抜け.

goose Ornith. (雌の)ガチョウ; あほう; 間抜け(な女); 大型火のし. **cook someone's goose** (人を)だめにする, 人を殺す; 機会をつぶす, 希望をつぶす. ― v. 尻をふざけて突く.

gooseberry Bot. グズベリー, セイヨウスグリ; 付き添い; 有刺鉄線.

goose egg ガチョウの卵;(競技で)零点; こぶ.

gooseflesh 鳥肌.

goosegog =gooseberry.

gooseherd ガチョウ飼育者.

gooseneck s字形管, 雁首.

goose step 膝を曲げず足を高くあげて進む歩調.

goosey *a.* ガチョウのような; ばかな; 神経質な.

GOP Grand Old Party *U.S. Pol.* 共和党.

gopher *Zool.* ホリネズミ《北米産》.

Gorbachev ゴルバチョフ. **Mikhail Sergeevich Gorbachev** (1931-) ソ連の政治家, 共産党書記長 (1985-).

Gordian knot 難問題. **cut the Gordian knot** 非常に手段で難問題を解決する.

gore[1] 血の塊, 血のり.

gore[2] *n., v.* ゴア《傘・帆・洋裁のまちなどに用いる細長い三角布》; ゴアをつける.

gore[3] *v.* 角で突く, 牙で突く; (岩角が船腹に)穴をあける.

gorge *n.* 峡谷; 大食, 胃の内容物; 不快, むかつき, 恨み; 大きな塊《通路・川をふさぐもの》. — *v.* がつがつ食う, たらふく食う; 一杯に詰める.

gorgeous *a.* 華麗な, 華美な, 目もさめるような; すてきな, すばらしい.

Gorgon *Gk Myth.* ゴルゴーン《見る人を石に化したと言う蛇を頭髪にもった三人姉妹の怪物の一人》; [g-] 恐ろしい醜婦.

Gorgonzola ゴルゴンゾラ(チーズ)《イタリアのブルーチーズ》.

gorilla *Zool.* ゴリラ.

gormandize *v.* 大食する.

gormandizer 大食家.

gormless *a.* 愚かな, まぬけな.

gorse *Bot.* ハリエニシダ.

gory *a.* 血だらけの, 流血の, 殺人の; 残虐な, ぞっとする.

gosh *int.* おや, えっ《驚き》.

goshawk *Ornith.* オオタカ.

gosling ガチョウの子; 青二才.

go-slow *n., a.* 引き伸ばし戦術(の), のろのろの.

gospel (キリストの説いた)福音, ゴスペル; (キリスト教の)教理; [G-] 福音書; (一般に)福音, 信条; 真理.

gospeler 福音伝導者; 福音書朗読者.

gospel song 福音歌; ゴスペルソング.

gospel truth 絶対的真理.

gossamer *n.* 遊糸《静かな空中に浮かんだり茂みなどにかかっている小くもの糸》; 繊細な物; 紗. — *a.* 繊細な, か細い.

gossip *n.* 無駄話, 世間話, 雑談; 噂話, 陰口; (新聞・雑誌などの)ゴシップ; おしゃべり(な人). — *v.* 世間話をする; 陰口を言う.

gossip column ゴシップ欄.

gossipry 無駄話, 噂話.

gossipy *a.* おしゃべりな; 世間話の.

Goth ゴート人, ゴート族; 野蛮人.

Gothic *a.* ゴート人の, ゴート語の; 野蛮な, 無教養な; *Arch.* ゴシック様式の; *Print.* ゴシック体の. — *n.* ゴート語; *Arch.* ゴシック様式; *Print.* ゴシック体.

Gothicism ゴシック式, ゴシック趣味; 野蛮.

Gothicize *v.* ゴシック式にする.

gotta =have got to.

gouache *Fine Arts* グワッシュ《不透明絵の具の水彩画》.

Gouda ゴーダチーズ《オランダ産》.

gouge *n., v.* 丸のみ(で彫る); 溝穴(を掘る); ゆすり, (人の物を)巻き上げる; (刑罰などで)目玉をえぐり出す.

goulash グーラッシュ《濃厚なシチューの一種》.

gourd *Bot.* ヒョウタン.

gourmand 大食家; 食通.

gourmet 美食家, 食通, グルメ.

gout *Med.* 痛風.

govern *v.* 治める, 統治する; 支配する; 制御する, 抑制する; 管理する; 決定する; *Gram.* 支配する.

governable *a.* 統治できる, 制御できる.

governance 支配, 統治, 管理.

governess 婦人家庭教師.

government 政治, 政体; 支配, 統治, 管理; [G-] 政府, 内閣.

governmental *a.* 政府の, 政治の.

governor 支配者, 統治者; 知事, 長官, 総督, 総裁, 司令官; 親父, 頭, 親方, だんな《呼び掛け》; *Mech.* 調整器.

governor-general 総督.

governor-generalship 総督の職, 総督の地位, 総督の任期.

governorship governor の職, governor の地位, governor の任期.

gown *n.* ガウン《市参事会員・教授・裁判官・弁護士・聖職者などの正服》;（婦人用）室内着, 夜会服, 寝巻き, 化粧着;（外科医の）手術着; 大学の人々《教授・学生など》.
— *v.* ガウンを着せる.

gownsman ガウンを着る職業の人《大学関係者・裁判官・弁護士・聖職者など》.

goy（ユダヤ移民から見た）異邦人, 異教徒.

GP general practitioner; geometric progression. **gpd** gallons per day. **gpm** gallons per minute. **GPO** general post office. **gps** gallons per second. **GQ** general quarters.

grab *v.* ひっつかむ, つかみ取る; 強いショックを受ける. — *n.* わしづかみ, ひったくり; *Mech.*（泥などをさらう）グラブ.

grabble *v.* 手探りする; 四つんばいになる.

grace *n.* 優雅, 上品; 美徳, たしなみ; 礼儀; 好意, 愛顧; 面目, 潔さ; 猶予（期間）, 恩赦; 神の恩寵;（食前食後の感謝の祈り）; =grace note; [the Graces] *Gk Myth.* カリス《優雅・歓喜を象徴する三女神》. **be in one's good graces** 人の愛顧を受ける. **days of grace** 恩恵日《手形支払いの猶予日》. **have the grace to** (*do*) …する位の分別はある. **His [Her, Your] Grace** 閣下. **with a good grace** 気前よく. **with a bad grace** しぶしぶ. — *v.* 優雅にする, 飾る; *Mus.* 装飾音をつける.

grace cup 祝杯.

graceful *a.* 優美な, 上品な.

gracefully *ad.* 優雅に, 上品に.

graceless *a.* 品の無い; 無作法な, 堕落した.

grace note *Mus.* 装飾音.

gracile *a.* 細い; きゃしゃな.

gracious *a.* 優雅な, 上品な, 懇切な, 愛想のいい; 慈悲深い;（王などが）尊い; 有難い.

Good Gracious！＝My Gracious！＝Gracious me！ おやおや.

gradate *v.* 徐々に変色する; 段階をつける.

gradation 階級, 等級, 順序; 漸次的移行, 漸次的変化, ぼかし, 濃淡; *Ling.* 母音交替.

gradational *a.* 漸次の; 等級的な, 段階的な; ぼかしの.

grade *n.* 等級, 階級, 位階, 品等, 程度, 評点,（学校の）年級; [the ~s] =grade school;（家畜の）改良雑種; 勾配, 傾斜. **at grade** 同じ平面で. **make the grade** 急坂を上る; 困難を克服する. — *v.* 級別にする, 格付けする; 採点する; 勾配を緩める; *Ling.* 母音を交替させる.

grade crossing 平面交差; 踏切.

grader 格付けする人; …年生.

grade school 小学校.

grade separation 立体交差.

grade teacher 小学校教員.

gradient（道路の）傾斜, 勾配;（温度・気圧などの）変化度.

gradual *a.* 漸次の, 徐々の, 緩やかな.

gradualism 漸進主義.

gradually *ad.* 次第に, だんだん.

graduate *v.* 学位を授ける; 学位を取る, 卒業する (*from*); 目盛りをする, 等級をつける. — *n.* 卒業生; *Chem.* 度盛り器.

graduated *a.*（税が）累進的な.

graduate school 大学院.

graduation 卒業（式）; 目盛り; 等級, 格付け.

gradus（ピアノの）練習曲集.

graffito (It) グラフィッティー《古跡の壁に傷付けて書き付けた文字や絵》; 落書き.

graft *n., v.* 接ぎ木(する); *Med.* 移植する; 収賄(を図る); 辛い仕事.

grafter 収賄官吏; 詐欺師.

graham *a.* (精製してない)全麦の, グラハム粉の.

grail 杯; [the G-]=Holy Grail.

grain *n.* 穀粒; 穀物; (砂金・火薬・塩・砂などの)粒; グレーン《衡量単位; =¹/₇₀₀₀ 1b》; 微量; (木・石などの)目, 木目, きめ; 性質.
  against the grain 性分に反して, 不本意に.
  — *v.* 粒にする; 木目模様に塗る.

grained *a.* 木目のある, 石目のある; ざらざらした.

grain elevator 大穀物倉庫.

grainfield 穀物畑.

grainy *a.* 粒状の; 木目のような.

gram[1] *Bot.* ヒヨコマメ.

gram[2], **gramme** グラム《衡量単位》.

grammar 文法(学); 文法学書; 語法, 言葉使い; 初歩, 入門, 基本.

grammarian 文法学者.

grammar school 初等中学校《8年制小学校の上級4年間》; グラマースクール《昔はラテン・ギリシャ語を主要学科とした, 今は一般中等学校》.

grammatical *a.* 文法上の; 文法にかなった.

grammatically *ad.* 文法的に.

gram-molecular *a.* *Chem.* グラム分子の.

gram molecule *Chem.* グラム分子.

Grammy グラミー賞《米国のレコード界の功績に対して毎年贈られる小像》.

gram-negative *a.* *Biol.* (細菌が)グラム陰性の.

gram-positive *a.* *Biol.* (細菌が)グラム陽性の.

grampus *Zool.* サカマタ, シャチ.

gran おばあちゃん.

granary 穀物倉; 穀倉地帯.

grand *a.* 壮麗な, 雄大な, 華やかな, 威厳のある, 堂々たる; 偉大な; 主要な, 首位の; 完全な, 全体の; すばらしい. — *n.* グランドピアノ; 千ドル.

grandam, grandame 祖母; 老婆.

grandaunt 大おば.

Grand Bank(s) グランドバンクス《北大西洋の Newfoundland 南東沖の浅瀬で大漁場》.

Grand Canyon グランドキャニオン《Arizona 州の Colorado 川の大峡谷で国立公園》.

grandchild 孫.

granddad おじいちゃん.

granddaughter 孫娘.

grand duchess 大公妃; 女大公.

grand duchy 大公国.

grand duke 大公.

grandee 大公《スペイン・ポルトガルの最高貴族》; 貴人, 高官.

grandeur 壮麗, 荘厳, 雄大; 華麗, 威厳.

grandfather 祖父; 御老体.

grandfather clock 箱型大時計.

Grand Guignol グランギニョル《戦慄的・きわもの的な小劇》.

grandiloquence 大言壮語.

grandiloquent *a.* 大言壮語の.

grandiose *a.* 壮大な, 雄大な; おおげさな, 偉ぶった.

grand jury 大陪審.

grandma おばあちゃん.

grandmother 祖母.

grandmotherly *a.* 祖母の(ような); 世話を焼き過ぎる.

grandnephew 甥の息子, 姪の息子.

grandniece 甥の娘, 姪の娘.

Grand Old Party *U.S. Pol.* 共和党.

grand opera グランドオペラ《対話の部分が歌曲になっている》.

grandpa おじいちゃん.

grandparent 祖父, 祖母.

grand piano グランドピアノ.

grand prix グランプリ, 大賞.

grand slam *Golf, Tennis* グランドスラム《1 シーズン中の主要大会の優勝の独占》; *Cards* (ブリッジで)13 組全部をとること; *Baseball* 満塁ホームラン; 大勝利, 大成功.

grandson 孫息子.

grandstand *n.* (競馬場などの)正面観覧席. — *v.* スタンドプレーをする.

grandstand play スタンドプレー.

granduncle 大おじ.

grange (種々の建物の付属した)農場; 豪農の邸宅; [the G-] (米国の)農民共済組合.

grangerize *v.* (本に)他の本からの挿し絵などを差し込む.

granite 花崗岩.

granitoid *a.* 花崗岩の.

granny, grannie おばあちゃん; 老婆, おせっかいな人.

grant *v.* 聞き届ける, 承諾する, 許す; 与える, 授与する; 譲渡する; 認める, 承認する, …だとする. **granted** [**granting**] **that**... 仮に…だとしても. **take for granted** 勿論のことと思う. — *n.* 許可; *Law* 譲渡; 下賜, 下付(金), 助成(金).

grantee *Law* 譲り受け人.

grant-in-aid (国が公共事業などに与える)補助金, 助成金.

grantor *Law* 譲渡人.

grantsmanship 助成金獲得術.

granular *a.* 粒の, 顆粒状の.

granulate *v.* 粒状にする, 粒状になる; (表面など)ざらざらにする, ざらざらになる.

granulated sugar グラニュー糖.

granule 小粒, 顆粒.

grape ブドウ, ブドウの実, ブドウの木; ぶどう色《赤紫色》.

grapefruit グレープフルーツ.

grapeshot ぶどう弾.

grape sugar ブドウ糖.

grapevine ブドウのつる; (根のない)噂; 秘密情報. **the grapevine** (**telegraph**)(ニュースや噂の)伝達経路, 口コミ.

graph *n., v.* 図式, グラフ(で表す).

grapheme *Ling.* 書記素.

graphic *a.* 文字の, 記号の; 絵画の, 図表の; 絵のような, 生き生きした; グラフ式の.

graphic arts グラフィックアート.

graphics 製図法; 図式算法, グラフ算法; *Computer* グラフィックス; [*pl.*] =graphic arts.

graphite *Chem.* 石墨, 黒鉛, グラファイト.

graphology 筆跡学.

graph paper グラフ用紙.

grapnel *Naut.* 四爪錨.

grapple *v.* ぎゅっとつかむ, 握る; つかみ合う, 取り組む, 格闘する(*with*). — *n.* つかみ合い, 組み打ち; 真剣な努力; =grapnel.

grappling iron [**hook**] 引っ掛け錨.

grasp *v.* 握る, つかむ, 抱え捕らえる; 理解する, 把握する. **grasp at** つかもうとする, 飛びつく. — *n.* 握り; 支配, 占有; 理解(力); *Naut.* オールの柄.

grasping *a.* 強欲な.

grass *n.* 草, 牧草, 芝生, 牧草地, 草原; 密告者; マリファナ. **go to grass** (家畜が)牧場に行く; 仕事を休む. **let the grass grow under one's feet** ぐずつく, 機会を逸する. — *v.* 牧草の種をまく; 芝を張る; 放牧する, 草を食わせる; 殴り倒す; 密告する.

grass carp *Ichthy.* ソウギョ.

grasshopper *Entom.* キリギリス, バッタ; マリファナを吸う人.

grassland 牧草地, 草原.

grassplot 芝生.

grassroots 地表に近い土; 基礎, 根本; 農牧地区; 農民, 大衆, 庶民.

grass skirt (フラダンスの)腰蓑.

grass widow 離婚した女，別居中の妻.

grass widower 別居中の夫，離婚した男.

grassy a. 牧草のような；草の茂った.

grate[1] (fireplace の)火格子，火床；=grating.

grate[2] v. (おろし金で)おろす，すりつぶす；きしる，きしらせる；不快感を与える (upon)，いらいらさせる.

grateful a. 感謝する；楽しい，快い.

gratefully ad. 感謝して；快く.

grater おろし金.

graticule (顕微鏡などの)計数線；(方眼紙上の)格子線.

gratification 満足(感)；喜び.

gratify v. 満足させる；喜ばせる.

gratifying a. 満足な，喜ばしい.

gratin グラタン.

grating 格子(細工).

gratis ad., pred. a. 無料で，無料の.

gratitude 感謝(の念).

gratuitous a. 無料の，好意の，篤志の；理由のない，頼りもせぬ.

gratuity 心づけ，チップ；下賜金.

grave[1] 墓，墓地，墓石；死.

grave[2] v. 彫る，刻む.

grave[3] a. 重大な，容易ならぬ，心配そうな；荘重な，厳粛な；まじめな.

grave[4] Phonet. 低アクセント (ˋ).

graveclothes 経帷子.

gravedigger 墓掘り.

gravel n., v. 砂利(を敷く)；Med. 尿砂；困らせる；いらだたせる.

gravelly a. 砂利の多い；がらがら声の.

gravely ad. 重大に；厳かに；まじめに.

gravestone 墓石.

graveyard 墓地.

graveyard shift (交替制)深夜勤務.

gravimeter Chem. 比重計；Phys. 重力計.

gravisphere (宇宙間の)重力圏.

gravitate v. (引力によって)引かれる；引きつけられる.

gravitation 重力，引力；沈下.

gravitational a. 重力の，引力の.

gravitative a. 重力の作用を受ける.

gravity Phys. 引力，重力；重量；荘重，厳粛；重大さ，脅威.

gravure =photogravure.

gravy グレービー《肉汁》，グレービーソース；不正に得た金，楽に得た金. **get on the gravy train** ぼろもうけをする.

gravy boat (舟形の)グレービー入れ.

gray n., a. 灰色(の)，ねずみ色(の)；青白い；どんよりした，陰気な，憂鬱な；老年の，白髪まじりの. — v. 灰色にする，灰色になる；白髪にする，白髪になる.

graybeard (白ひげの)老人.

grayish a. 灰色がかった.

graymail 政府機密暴露をほのめかす脅迫.

gray matter Anat. (脳の)灰白質；知力，あたま.

gray power 老人パワー.

graze[1] v. (家畜が)草を食う，(家畜に)草を食わせる；放牧する.

graze[2] v., n. かする，擦れる (against, along)；擦りむく，かすり傷，擦りむき.

grazier 牧畜業者.

grazing 放牧；牧場；牧草.

Gr Br(it) Great Britain.

grease n. 油脂，獣脂，グリース，脂肪；脱脂していない羊毛；賄賂；おべっか. — v. グリースを塗る，グリースで汚す；賄賂を使う；おもねる.

grease monkey 機械工.

greasepaint (メーキャップ用)どうらん.

greaser 油差し；機関員；お世辞たらたらの人；暴走族.

greasy a. グリースを塗った；グリースで汚れた；油っこい；ぬるぬるした；おべっかめいた.

greasy spoon 安食堂.

great *a.* 大きい, 沢山の; 著名な, 卓越した, 偉大な, 高貴な; 重大な, 重要な; すばらしい, すてきな; 巧みな; 夢中で (*on*). — *n.* 全体; 重要人物; [a ～] 沢山; [Greats] (オックスフォード大学の)学位 B.A. の本試験.

great-aunt =grandaunt.

Great Britain グレートブリテン《England, Scotland と Wales からなる島》.

great circle 大圏.

greatcoat 大外套.

Great Dane グレートデーン《巨大な畜犬》.

Great Divide 北米大陸分水界《ロッキー山脈》; 重大な分かれ目.

greaten *v.* 大きくする, 大きくなる.

great-grandchild 曾孫.

great-grandparent 曾祖父, 曾祖母.

greathearted *a.* 心の広い, 高潔な.

Great Lakes (米・カナダ間の)五大湖.

greatly *ad.* 大いに, 非常に.

great powers 列強.

great seal (国・州の)印章, 国璽.

grebe *Ornith.* カイツブリ.

Grecian *a., n.* ギリシャ(式)の; ギリシャ人.

Grecism ギリシャ風, ギリシャ精神.

Grecize *v.* ギリシャ風にする.

Greco-Roman *a.* ギリシャ・ローマの.

Greece ギリシャ.

greed 欲張り, 貪欲, 強欲.

greedily *ad.* 欲張って, 貪欲に; がつがつと.

greediness 貪欲.

greedy *a.* 欲深い; 熱望して (*of, for*); 食いしんぼうの.

greedy-guts 大食家.

Greek *a., n.* ギリシャの, ギリシャ人の, ギリシャ語の; ギリシャ正教の; ギリシャ人, ギリシャ語. **It is (all) Greek to me.** それは私にはさっぱりわからない.

Greek (Orthodox) Church ギリシャ(正)教会.

Greek cross ギリシャ十字形, 正十字形《十》.

Greek-letter fraternity 男子ギリシャ文字クラブ.

green *a.* 緑の, 青々とした, 雪のない; 顔色の悪い, (妬みや恐れで)青ざめた; (果実・野菜が)青い, 未熟の; 青物の, 野菜の; 生の; 生々しい; 元気な, 生き生きとした; 青二才の, 若々しい; 若い, だまされやすい; 嫉妬深い. — *n.* 緑色(絵の具); 草地, 芝生; (ゴルフの)グリーン; 共有草地; [*pl.*] 野菜類, (装飾用)緑葉, 緑枝; 紙幣. — *v.* 緑色にする, 緑色になる; 緑化する; だます, からかう.

greenback (裏が緑色の)米国紙幣.

greenbelt (大都市周辺の)緑地帯.

Green Beret 米陸軍特殊部隊員.

green-blind *a.* 緑色盲の.

green card (米国で外国人に対する)永住許可証; (英国で)国際自動車事故傷害保険証.

green corn (料理用)未熟トウモロコシ.

greenery 青葉, 緑樹.

green-eyed *a.* 緑眼の; 嫉妬深い.

    green-eyed monster 嫉妬.

green-fingered *a.* 園芸の才のある.

green fingers =green thumb.

greenfly *Entom.* アリマキ.

greengage 西洋スモモ.

greengrocer(y) 八百屋(の店).

greenhorn 青二才, 初心者.

greenhouse 温室.

greenhouse effect 温室効果.

greening 青リンゴ.

greenish *a.* 緑色がかった.

Greenland グリーンランド《北大西洋のデンマーク領の島》.

green light 青信号; 正式許可.

greenlung 公園.

green manure 緑肥.

greenness 緑色；新鮮；未熟，無経験.

green pepper ピーマン，ししとうがらし.

green revolution 緑の革命《品種改良 による農産物の増収》.

greenroom (俳優の) 休憩室，楽屋.

greenstuff 青物，野菜類.

greensward 芝生.

green tea 緑茶.

green thumb 園芸の才能.

green turtle *Zool.* アオウミガメ.

Greenwich グリニッジ《London の自治区，王立天文台があった》.

Greenwich (mean) time グリニッジ(標準)時.

Greenwich Village グレニッチビレッジ《New York 市 Manhattan 区の地域》.

greenwood (春夏の) 緑林.

greeny *a.* 緑がかった.

greet *v.* 挨拶する，迎える(*with*)；(耳・目に)触れる.

greeting 挨拶の言葉).

greeting card (誕生日・クリスマスの)グリーティングカード.

gregarious *a. Zool.* 群居する；*Bot.* 群生の；集団性の，社交的な.

Gregorian *a.* ローマ教皇 Gregory の.

Gregorian calendar グレゴリオ暦.

Gregorian chant *Mus.* グレゴリオ聖歌.

gremlin グレムリン《飛行機に故障を起こさせる小魔》.

Grenada グレナダ《西インド諸島東部の島》.

grenade 手榴弾；消火弾.

grenadier *Hist.* 擲弾兵.

grenadine グレナディン《薄い紗織様の絹》；ざくろシロップ.

Gresham's law グレシャムの法則《悪貨は良貨を駆逐する》.

grey *a., n., v.* =gray.

greyhound グレイハウンド《体が細く脚の長い猟犬》；[G-] グレイハウンド《長距離バス》.

grid 格子，あぶりこ；*Elec.* グリッド；(地図の)碁盤目.

griddle (菓子を焼く)鉄板.

griddle cake ホットケーキの一種.

gride *v., n.* 軋る(音).

gridiron 焼き網，鉄灸；フットボール競技場.

grief 悲嘆，悲しみ(の種). **come to grief** 災難に遭う；失敗する.

grievance 苦情，不平(の種).

grieve *v.* 深く悲しませる，深く悲しむ；悲嘆させる，悲嘆する.

grievous *a.* 悲しむべき，残念な；苦しい，悲惨な；ひどい，苛酷な.

griffin *Gk Myth.* グリフィン《半身ワシで半身ライオンの怪物》.

griffon グリフォン《ポインター犬の一種》.

grill *v.* 焼く，あぶる；(太陽が)焼きつける；酷熱で苦しめる，厳しく尋問する. — *n.* 焼き肉，焼き魚；=gridiron; grillroom.

grill(e) (窓などの)鉄格子，格子窓.

grillroom (肉などを焼いて供する)グリル食堂.

grim *a.* 厳しい，厳然たる；恐ろしい，物凄い；残忍な；不快な. **hold on like grim death** しっかりとしがみつく.

grimace *n., v.* しかめつら，作り顔(をする).

grimalkin 年取った雌猫；意地悪婆さん.

grime *n., v.* 垢，不潔；汚す.

griminess 汚いこと.

grimly *ad.* 厳しく，恐ろしく，物凄く；冷酷に.

Grimm グリム. **Jacob Ludwig Karl Grimm** (1785–1863), **Wilhelm Karl Grimm** (1786–1859) ドイツの言語学者・童話作家 兄弟.

Grimm's law *Ling.* グリムの法則《ゲルマン系言語における子音推移に関する法則》.

grimy *a.* 垢じみた.

grin *v., n.* (歯をむいて)にっと笑う(笑い)；(怒り・

軽蔑などで)歯をむく(こと). **grin and bear it** 笑ってこらえる.

grind v. (粉に)ひく, ひける; 砕く; 磨く, 研ぐ, すりつぶす, すり減らす, 疲れきらせる; (ひきうすなどの)柄を回す; 軋らせる, 軋る, 歯軋りする; 打ちひしぐ, いじめる; こつこつ働く, こつこつ勉強する;(踊りで女性が)腰を回す. — n. ひくこと, すり砕くこと, (粉の)ひき具合; 骨の折れる仕事, 骨の折れる勉強; こつこつ勉強する学生; 野外障害競馬; グラインド《ストリッパーなどが腰を回転させる動作》.

grinder 粉ひき屋; 研ぎ屋;(ひきうすの)上石; 臼歯; [pl.] 歯.

grindstone 回転研磨盤, 丸砥石.

gringo 米人, 英人《ラテンアメリカでの軽蔑語》.

grip n. 握ること, 把握, 握り方; 握力;(秘密結社員間の)握手の仕方, 理解, 会得; 柄, 取っ手, 握り, グリップ; 小型旅行鞄; =grippe. **come to grips** つかみ合いをする. — v. ぎゅっと握る, つかむ; 心をとらえる; 理解する.

gripe v. 腹を痛くする; いじめる; 苦しむ, 苦しめる; 不平をいう. — n. 制御, 統制(力); [pl.] (急な)腹痛; 悩みの種, 不平.

grippe (F) インフルエンザ.

gripsack 旅行用手提げ鞄.

grisette (F)(フランスの)女工;(アルバイトの)売春婦.

grisly a. ぞっとする, 物凄い; 容赦のない.

grist 製粉用穀物, ひいた穀物; 醸造用麦芽. **grist to one's mill** もうけの種.

gristle 軟骨.

gristmill 製粉所, 粉ひき機.

grit n. (機械などの障害となる)小砂; 気骨; 勇気. — v. じゃりじゃりいう, 歯軋りする; 荒砂をまく.

grits (穀類の)ひき割り.

gritty a. 砂の入っている, 砂だらけの; 勇気のある.

grizzle v. すすり泣く; 不平を言う.

grizzly, grizzled a. 灰色の, 白髪まじりの.

grizzly bear Zool. ハイイログマ.

groan v., n. 唸る(声); きしむ(音); 煩悶する (under); 熱望する (for); 不満の声(をあげる);(食卓・棚などが)きしむほどいっぱいである.

groat グロート《英国の昔の4ペンス銀貨》.

groats ひき割り穀類.

grocer 食料品商(人), 雑貨商(人).

grocery 食料品店, 雑貨店; [pl.] 食料品類, 雑貨類.

groceteria セルフサービス式の食料雑貨店.

grog グロッグ《水で割った火酒》; 強い酒.

groggy a. よろよろした, グロッキーの; へべれけに酔った;(柱・建物が)ぐらぐらする.

grogshop 居酒屋.

groin n., v. Anat. 鼠径部; Arch. 穹稜, グロイン(に作る).

grommet はと目; つぎ輪.

groom n. 馬丁; 宮内官; 花婿. — v. 馬の手入れをする; 身繕いする; 候補者に推す; 仕込む.

groomsman 花婿の付き添い人《男》.

groove n. 細い溝, (レコードの)溝; Anat. (特に骨の表面の)溝; きまりきった筋道, 常軌. **in the groove** (ジャズが)調子の良い, 陽気で, 好調で. — v. 溝を彫る, 楽しむ, 大喜びする.

groovy a. いかす, しびれる.

grope v. 手探りする; 模索する (for, after).

grosbeak Ornith. シメ属の鳥.

groschen グロッシェン《オーストリアの通貨単位; =1/100 schilling》.

grosgrain グログラン《絹などの光沢あるうね織り》.

gross a. 粗野な, 粗悪な, 雑な, 猥褻な, 下品な, 太った, 大きい, 鈍感な, 濃い, よく茂った; ひどい, 甚しい; 総体の. — n. グロス《=12ダース》; 総計, 総体. **in the gross** 総体で; 概して. — v. 総利益をあげる.

gross national product *Econ.* 国民総生産.

gross proceeds 総売上高.

grotesque *n.* *Fine Arts* グロテスク風《人や動植物の空想的てきけいしょうを結合させた文様》; 怪奇なもの. — *a.* 奇異な, 怪奇な; ばかげた.

grotesquerie グロテスクなもの, グロテスクな形態.

grotto 岩窟, 洞窟; (避暑用)岩屋.

grotty *a.* きたない, 不潔な.

grouch *v., n.* ぶつぶつ言う; 不平家; 機嫌が悪い(人).

grouchy *a.* 不機嫌な.

ground[1] *n.* 土, 土地; 地面; (特殊な目的のための場所, グラウンド, 運動場; [*pl.*] 庭園, 屋敷, 構内; 海底, 水底; (漁場としての)浅海; (装飾・絵画などの)地, 下地; [*pl.*] 基礎, 根拠, 理由, 動機; 分野, 問題; 立場, 地歩; [*pl.*] (コーヒーなどの)かす; *Elec.* 接地, アース.

above ground 生きて. **break fresh ground** 新生面を開く. **break ground** 土地を起こす; 建築を始める, 仕事を始める. **down to the ground** すっかり, まったく. **gain ground** 前進する, 進歩する; 勢力を増す, 広がる. **get off the ground** 離陸する; (物事が)うまく動き始める. **give [lose] ground** 退く, 後退する; 地歩を失う, 勢力を失う. **on one's own ground** 自分の土俵で. **shift one's ground** 立場を変える, 論法を変える. **stand [hold] one's ground** 立場を固守する, 主張を固守する.

— *v.* (主義などを)基かせる, 基礎を与える(*on*); 教え込む, 素養を与える; *Elec.* 接地する; (船が)座礁する; *Aeronaut.* (操縦士の)飛行勤務を解く; *Baseball* (ゴロで)アウトにする.

ground bait *Fishing* こませ.

ground ball =grounder.

ground bass *Mus.* 固執低音.

ground beetle *Entom.* オサムシ.

ground cloth (テント内に敷く)防水シート.

ground crew (空港の)地上整備員.

ground-effect machine *Aeronaut.* ジェム《ホバークラフトの一種》.

grounder (野球などの)ゴロ.

ground floor 一階.

ground glass すりガラス.

groundhog *Zool.* (北米産)マーモット.

groundless *a.* 根拠のない.

groundling 水底に棲む魚; 地をはう動植物.

groundnut 落花生.

ground plan 平面図; 基礎案.

ground rent 地代.

ground rule (競技の)グラウンドルール; 基本原則, 行動原理.

groundsel *Bot.* ノボロギク; *Arch.* 土台.

groundsheet =ground cloth.

ground staff (競技場などの)管理人, 整備員; =ground crew.

ground swell (波の)大うねり; 余波.

ground-to-air *a.* *Mil.* 地対空の.

ground-to-ground *a.* *Mil.* 地対地の.

groundwater 地下水.

groundwork 基礎工事, 根底, 土台; 根拠; 下地; 根本原理.

ground zero ゼロ地点, (核爆発の)爆心地.

group *n.* 群れ, グループ, 集団; 分派; *Biol.* 群; *Mus.* 音(符)群; *Fine Arts* 群像; *Math.* 群; *Chem.* 基, 団. — *v.* 集める, 集まる; 分類する.

group captain *Brit. Air Force* 空軍大佐.

group grope 乱交パーティー.

groupie グルーピー《ロックの熱狂的女性ファン》.

group practice (専門の違う医師が協力して行う)グループ診療.

group theory *Math.* 群論.

group therapy *Psychol.* 集団(心理)療

法.

grouse[1] *Ornith.* ライチョウ.

grouse[2] *n., v.* 不平(を言う), こぼす.

grout *n.* (岩の割れ目などに注入する)グラウト, セメント漆喰. —*v.* グラウトを詰める, グラウトで仕上げる.

grove 小さい森, 木立; 果樹園.

grovel *v.* 這う, 腹這う; 平伏する, 卑下する.

groveler 腹這う人; 下卑た人, おべっか使い.

groveling 腹這う; 人におもねる; 下卑た.

grow *v.* 成長する, 生長する, 育つ, 増大する, 茂る; 発達する, 発達させる; 生える, 生じる; (次第に)...になる; 栽培する, 作る, 生やす; 強くなる, つのる (*on, upon*). **grow up** 成長する, 生長する, 成熟する; 生じる.

grower 栽培者; 生長植物.

growing *a.* 成長する, 生長する, 増大する, 発育盛りの.

growing pains 成長痛《成長期に起こる神経痛》; (新計画などの)生みの苦しみ.

growing point *Bot.* 生長点.

growl *v.* (犬などが)唸る, (雷が)とどろく; 不平を言う. —*n.* 唸り声, とどろき.

growler がみがみ屋; 小さい氷山.

grown-up *n., a.* おとな(になった), 成人(した).

growth 成長, 生長, 発育; 発達, 発展; 増加, 増大, 増進; 拡張, 栽培; 生じたもの, 発生物; *Med.* 腫瘍; 産物.

growth hormone *Biochem.* 成長ホルモン, 生長ホルモン.

grub *v.* 掘り返す; (根株を)掘り出す; 捜し出す; あくせく働く. —*n.* 地虫; だらしない人; 食べ物; 汚ならしい子供.

grubber 根株を掘る人, 根株を掘る道具; 勉強家.

grubby *a.* うじがわいた; 汚い, 不潔な; だらしのない.

grubstake *v.* (鉱山の踏査者に)分け前をもらう条件で金・衣服・食料を供給する. —*n.* (鉱山の踏査者に供給する)金・衣服・食料; 物質的援助.

Grub Street 三文文士連.

grudge *v., n.* 惜しむ, 厭う; ねたむ; 遺恨; 打ちまかすこと. **bear a grudge** 遺恨を持つ (*against*).

grudgingly *ad.* 不承不承, いやいや.

gruel (オートミールなどの)薄がゆ.

grueling *a.* へとへとにする. —*n.* ひどい目, 厳罰.

gruesome *a.* 気味の悪い, 物凄い.

gruff *a.* しわがれ声の; 荒々しい, 粗暴な.

grumble *v.* ぶつぶつ言う, (雷が)ごろごろ鳴る; 不平を言う, 苦情を言う. —*n.* つぶやき, 不平; 雷鳴.

grumbler 不平家.

grump [*pl.*] 不機嫌; 不平家.

grumpily *ad.* 不機嫌に, 意地悪く.

grumpy *a.* 不機嫌な, 意地悪い.

grunt *v., n.* (豚が)ぶうぶう鳴く(声); ぶつぶつ言う(声).

gruntle *v.* 喜ばす.

Gruyère グリュエールチーズ《スイス産》.

gr wt gross weight. **GS** general staff; ground speed. **GSA** Girl Scouts of America.

G spot G スポット《腟前壁の性感帯》.

G-string *Mus.* G 線《バイオリンの最低音線》; (ストリッパーの)バタフライ.

G suit G スーツ《加速度による失神を防ぐ飛行服》.

GT gross ton. **Gt Brit** Great Britain.

guacamole ガカモーレ《アボカドをつぶし薬味を加えたメキシコ料理》.

Guam グアム《太平洋マリアナ諸島の主島; 米領》.

Guangdong 広東《中国南東部の省》.

guano グアノ《海鳥の糞; 肥料用》.

guarantee *n., v.* 保証, 担保, 請け合い; ギャ

ラ《最低保証出演料》;保証人;被保証人;保証する.

guarantor *Law* 保証人.

guaranty *n.* 保証;担保;保証契約.

— *v. Law* =guarantee.

guard *n.* 見張り,警戒;見張り人,番兵,護衛者,車掌;近衛兵,親衛兵;防護具《刀のつば・時計の鎖・車の泥除けなど》;(スポーツで)防御(姿勢),ガード. **be on [keep, mount] guard** 番をする,番兵に立つ(*over*). **be on one's guard** 用心する(*against*). **off one's guard** 油断して. — *v.* 見張る,監視する,警戒する;守る,保護する,護衛する,防衛する(*from, against*);(言葉などに)注意する,抑制する.

guard cell *Bot.* 孔辺細胞.

guard dog 番犬.

guarded *a.* 慎重な,用心深い,(秘密など)よく守られた.

guardhouse 衛兵所;留置場.

guardian 後見人,保護者,監視人.

guardian angel 守護天使.

guardianship 後見(役),保護.

guardrail ガードレール.

guardroom *Mil.* 衛兵詰め所;営倉.

guardsman 近衛兵;州兵.

Guarnerius グァルネリウス《バイオリン・チェロの名器》.

Guatemala グアテマラ《中米の共和国》.

guava *Bot.* バンジロウ.

gubernatorial *a.* 知事の.

Gucci *Trademark* グッチ《イタリアの高級バッグ・財布・服飾品》.

gudgeon *Ichthy.* タイリクスナモグリ;のろま;*Mech.* 軸頭.

gue(r)rilla ゲリラ兵.

guernsey (水夫用)毛糸編みジャケット.

guess *v., n.* 推測(する);…と思う,信じる.

guesstimate *v.* 当て推量する.

guesswork 当て推量.

guest 客,来訪者;宿泊人;臨時会員;(テレビなどの)ゲスト出演者. **Be my guest** どうぞご自由に. **guest of honor** 主賓.

paying guest 下宿人.

guesthouse 旅館,迎賓館.

guest-night (大学などの)来賓接待の夜.

guff ばか話.

guffaw *n., v.* (下品な)ばか笑い(をする).

guidable *a.* 導きうる.

guidance 案内;指導,手引き,ガイダンス.

guide *v.* 案内する;指導する,支配する;動かす,左右する,促す. — *n.* 道案内;案内業者,ガイド;指導者;手引き,案内書;指針.

guidebook 旅行案内(書).

guided missile 誘導弾,誘導ミサイル.

guide dog 盲導犬.

guideline 指針,ガイドライン.

guide number *Phot.* (ストロボの)ガイドナンバー,露光係数.

guidepost 道しるべ.

guide word (ページ上部に印刷した)見出し語.

guidon 部隊旗(手).

guild (中世の)同業組合,ギルド;(一般的に)組合.

guilder ギルダー《オランダの通貨単位》.

guildhall (中世の)ギルド会議所;市役所;[the G-] ロンドン市庁舎.

guile 偽り,悪巧み.

guileful *a.* 狡猾な,陰険な.

guileless *a.* 正直な.

guillemot *Ornith.* ウミガラスの類.

guillotine *n.* 断頭台,ギロチン;(議会での)討論打ち切り. — *v.* ギロチンで首を切る.

guilt 罪,罪の意識;*Law* 有罪.

guiltily *ad.* 罪ありげに.

guiltless *a.* 潔白な;知らない,経験のない(*of*).

guilty *a.* 罪のある,罪を犯した(*of*);身に覚えの

ある.

Guinea ギニア《アフリカ西部の共和国》.

guinea ギニー《英国の昔の金貨; = 21 s.》.

Guinea-Bissau ギニア・ビサウ《アフリカ西部の共和国》.

guinea fowl [hen] *Ornith.* ホロホロチョウ.

guinea pig *Zool.* テンジクネズミ, モルモット; 実験台(になる人); ギニーで報酬を貰う人《牧師・医師など》.

Guinness *Trademark* ギネス(ビール).

Guinness Book of Records ギネスブック《世界最高記録集》.

guipure ギピュールレース《模様だけをつなぎ合わせたレース》.

guise 身なり, 服装; 外装, 振り, 見せかけ. **in [under] the guise of** …と見せかけて.

guitar ギター.

guitarist ギター演奏者, ギタリスト.

gulch (深い)峡谷.

gulden =guilder.

gulf *n.* 湾; 深い穴, 深い割れ目; 大きな隔たり, 大きな障害. — *v.* 深みに巻き込む.

Gulf Stream メキシコ湾流.

gulfweed *Bot.* ホンダワラの類の海藻.

gull[1] *Ornith.* カモメ.

gull[2] *v., n.* だます; だまされやすい人, のろま.

gullet 食道, のど; 溝, 海峡.

gullibility だまされやすいこと.

gullible *a.* だまされやすい, のろまな.

gull wing *Aeronaut.* カモメ型翼.

gull-wing door ガルウィングドア《車のはね上げ型のドア》.

gully *n., v.* (雨後にできる)雨溝, 雨裂; 溝(を作る).

gulp *v.* ごくごく飲む(*down*); (感情を)くっと飲み込む(*down*); (話を)盲信する. — *n.* うのみ, 一飲み; ごくり.

gum[1] *n., v.* 歯茎(で噛む). **beat one's gums** しゃべりまくる.

gum[2] *n.* ゴム(質)《水に溶ける樹脂》; ゴム糊; チューインガム; =gum tree. — *v.* ゴムを塗る, ゴム糊で張り付ける(*down, together*); (木が)ゴム質を分泌する, やにを出す. **gum up** 故障させる, 駄目にする.

gum arabic アラビアゴム.

gumbo *Bot.* オクラ; オクラのスープ.

gumboil *Med.* 歯肉下膿瘍.

gum boots ゴム長靴.

gumdrop ガムドロップ《ゼリー状キャンディー》.

gummy *a.* ゴム質の, ゴムのような; (木が)やにを出す.

gumption 才才, 敏腕; 進取の気性.

gum resin ゴム樹脂.

gumshoe ゴム製オーバーシューズ, ゴム底靴; 刑事.

gum tree *Bot.* (各種の)ゴムの木《ユーカリ樹など》. **up a gum tree** 進退きわまって.

gun *n.* 大砲; (礼砲・弔砲などの)発砲; ピストル; 噴霧器; 砲手; 殺し屋; (エンジンの)スロットル; 泥棒, すり. **blow great guns** (風が)激しく吹く. **jump the gun** スタートを早まる, フライングをする. — *v.* 鉄砲を撃つ; …を捜す.

gunboat 砲艦; (大きい)靴.

gunboat diplomacy 武力外交.

guncotton 綿火薬.

gundog 銃猟犬《pointer, setter など》.

gunfight 銃撃戦.

gunfighter (西部の)ガンマン.

gunfire (大砲の)発射.

gung ho *a.* 非常に熱心な, 熱烈な.

gunk べとべとして気持ちの悪いもの.

gunlock 引き金.

gunman ピストル所持のギャング, ピストル所持の殺し屋; =gunfighter.

gunmetal 砲金.

gun moll ギャングの情婦.

gunner 砲手; 砲兵将校; 銃猟家.

gunnery 砲術, 射撃法.

gunny 一種のズック(袋).

gunplay ピストル騒ぎ; ガンさばき.

gunpoint (ピストルなどの)筒先.

gunpowder 火薬.

Gunpowder Plot *Brit. Hist.* 火薬陰謀事件《1605 年 11 月 5 日, 議事堂の爆破などを企てたカトリック教徒の陰謀》.

gun room 銃器室.

gunrunner 銃砲弾薬の密輸入者.

gunsel =gunman.

gunship (ヘリコプター護衛用の)武装ヘリコプター.

gunshot 砲撃, 発砲; 着弾距離.

gun-shy *a.* (猟犬など)銃声をこわがる.

gunsmith 鉄砲かじ, 小銃(製造修理)工.

gunstock 銃床.

gunwale, gunnel *Naut.* 舷側上縁.

guppy *Ichthy.* グッピー《熱帯魚》.

gurgle *v., n.* どくどく流れ出る(音), (のどを)ごくごく鳴らす(音).

Gurkha (ネパールに住む)グルカ人; (英軍インド軍の)グルカ兵.

guru ヒンズー教の教師, 導師.

gush *v.* ほとばしる, 湧き出る, 感情的に話す. —*n.* 湧き出し, 噴出; (感情の)ほとばしり; 大げさな話, 大げさな書き物.

gusher 噴出油井; 感情家.

gushy *a.* ほとばしりでる, 湧き出る; 感情をむき出しにする, 感傷的な.

gusset (服の)まち.

gussy *v.* 飾る(up).

gust 一陣の風, 突風; (感情・火・煙・音などの)激発, 突発.

gustatory *a.* 味覚の.

gusto 趣味, 好み; 気品; 賞味. with gusto うまそうに.

gusty *a.* 風の激しい; 突発的な.

gut *n.* 腸; [*pl.*]はらわた; 内容; てくす, 腸線, ガット, 弦; 狭い通路, 狭い水路; 腹; [*pl.*]元気, 勇気, 根性, ガッツ. —*v.* はらわたを取り出す; 中身を取り出す, (家などの)中の物を持ち出す, 中の物を破壊する; (大意をつかむため)速読する. —*a.* 根本的な; 切迫した; たやすい.

Gutenberg グーテンベルク. **Johann Gutenberg** (1400?-1468) 最初の活版印刷を行ったドイツの印刷業者.

gutsy *a.* 大胆な.

gutta-percha グッタペルカ《ゴム状物質》.

gutter *n.* 樋; (道路の)側溝; 流れ跡; (ボウリングの)ガター. —*v.* 溝を作る, 溝になる; (蠟燭の)蠟が流れる; (水が流れ跡を作る).

gutter press 低俗新聞.

guttersnipe 浮浪児, 腕白小僧.

guttle *v.* むさぼり食う.

guttural *a.* のどの; *Phonet.* 喉音の.

gutty *a.* =gutsy.

guv, guvnor, guv'nor おやじ; 親方.

guy[1] *n., v.* 張り綱, 支索(を張る).

guy[2] *n.* Guy Fawkes の像《Guy Fawkes day に焼き捨てる》; 変な服装の人; 男, 奴, 人; [*pl.*]やつら, 連中《男女とも》. —*v.* なぶりものにする.

Guyana ガイアナ《南米北部の共和国》.

Guyanese *a., n.* ガイアナ(人)の; ガイアナ人.

Guy Fawkes day Gunpowder Plot の記念日《11 月 5 日; この日にその張本人 Guy Fawkes の像を焼き捨てる風習がある》.

guzzle *v.* がぶがぶ飲む, 暴飲する.

gym 体育館; 体操.

gymkhana 競技場; 競技会; 自動車レース.

gymnasium[1] 体育館, (屋内)競技場, ジム.

gymnasium[2] (ドイツの)ギムナジウム《大学入学準備の高等学校》.

gymnast 体操教師.

gymnastic *a.* 体操の, 体育の.

gymnastics 体育(科), 体操; 知的訓練.

gynecologist 婦人科医.

gynecology 婦人科学.

gyp[1] *n.*, *v.* ぺてん師; ぺてんにかける.

gyp[2] ひどい目, つらい目.

gypseous *a.* 石膏に似た, 石膏を含む.

gypsophila *Bot.* カスミソウ.

gypsum 石膏, ギプス.

Gypsy ジプシー《放浪民族》; [g-] ジプシーのような人; 放浪癖のある人.

gypsy moth *Entom.* マイマイガ.

gyrate *v.* 旋回する. — *a.* 螺旋状の.

gyratory *a.* 旋回する.

gyrfalcon =gerfalcon.

gyrocompass ジャイロコンパス, 転輪羅針儀.

gyroplane ジャイロプレーン.

gyroscope ジャイロスコープ, 回転儀.

gyrostabilizer ジャイロスタビライザー, ジャイロ安定儀.

gyrostat ジャイロ安定儀.

H

h H字形(のもの).

ha *int.* はあ《喜び・驚き・疑いなどの発声》.

habanera ハバネラ《キューバの舞踊(曲)》.

habeas corpus (L) *Law* 人身保護令状(請求権).

haberdasher 小間物商人; (男性用)洋品雑貨商.

haberdashery 小間物類, 小間物店; (男性用)洋品雑貨類, 洋品雑貨店.

habiliment [pl.] 衣類, 付属品.

habilitate *v.* 衣服を着せる; (心身障害者を社会復帰のために)訓練する.

habit *n.* 癖, 習慣, 習性; 気質; (修道士などの)衣服; 婦人乗馬服; (麻薬の)常習癖. — *v.* 装う, 着せる.

habitable *a.* 住むに適する.

habitant 住人.

habitat (動植物の)産地, 生息地; 住所; (海底などの)適住家屋.

habitation 居住; 住宅.

habit-forming *a.* (麻薬など)習慣性の.

habit-training (乳児・児童の)生活習慣訓練.

habitual *a.* 習慣上の, 常習的な, いつもの, 不断の.

habituate *v.* 慣らす(to); (麻薬などが)習慣になる.

habitude 習慣, 傾向.

habitué 常連.

hachure [pl.] (地図で高低を示す)線影, けば.

hacienda (中南米の)大農場, 牧場; (農場の)母屋.

hack[1] *v.* 叩き切る, 切り刻む; (木などを)刈り込む; 切り開く, (森など)切り払って進む; 空咳をする; うまくやり抜く; *Rugby* (相手の)すねをける《反則》; *Basketball* (相手の)腕を打つ《反則》; *Computer* (プログラミングに)取り組む. — *n.* 叩き切り, 刻み目, 斧, つるはし; 空咳.

hack[2] *n.* 貸し馬, 貸し馬車; =hackney; 老いばれ馬; あくせく働く人, (著述家の)下働き; タクシー(運転手). — *a.* 雇われた; 金のために働く; 使い古した. — *v.* (馬を)乗用に貸す; 馬に乗る; あくせく働く, 下働きする; タクシーに乗る, タクシーを運転する.

hacker ハッカー《電算機への不正侵入者》.

hackie, hacky タクシー運転手.

hackle *n.*, *v.* (麻・生糸などの)すきくし(ですく).

hackney (軍馬・競走馬と区別して)乗用馬.

hackney carriage [**coach**] 貸し馬車; タクシー.

hackneyed *a.* 言い古された.

hacksaw 弓のこ《金属切り用》.

hackwork 下請け的仕事, 売文的仕事.

haddock *Ichthy.* ハドック《北大西洋産のタラの一種》.

Hades *Gk Myth.* ハーデース《死者の国の支配者》; 地下の世界; [h-] 地獄.

hadj =hajj.

hadji =hajji.

hadn't =had not.

hadron *Phys.* ハドロン《強く相互作用する素粒子》.

hadst *v.* thou に伴う had の古形.

hafnium *Chem.* ハフニウム《希金属元素》.

haft *n., v.* 柄, つか(を付ける).

hafta =have to.

hag 醜い老婆; 鬼婆; 魔女.

haggard *a.* やつれた; 慣れていない, 野生の.

haggish *a.* 鬼婆のような.

haggle *v.* 叩き切る; 値切る; (値段のことで)言い争う (over, about). — *n.* 値切り, 押し問答.

hagiographer 聖人伝作者.

hagiography 聖人伝(研究).

hagiolatry 聖人崇拝.

hag-ridden *a.* (悪夢などに)悩まされた.

Hague, The ハーグ《オランダ西部の都市》.

hah *int.* =ha.

ha-ha[1] *int., n.* はは, あはは《笑い声》.

ha-ha[2] 隠れ垣.

hahnium *Chem.* ハーニウム.

hail[1] *n., v.* 霰, 雹; 霰が降る, 雹が降る; (拳固・激しい言葉など)雨霰と降る, 雨霰と降らせる, 浴びせる.

hail[2] *v.* 挨拶する; 歓呼して迎える; (人などを大声で)呼ぶ; …の出身である (from). — *n.* 挨拶, 歓呼; 呼び声. **out of hail** 声の届かぬ所に. **within hail** 声の届く所に. — *int.* 幸あれ, 万歳.

hail-fellow (-well-met) *a., n.* 非常に親しい; 親友.

hailstone 霰, 雹.

hailstorm 霰の大降り, 雹の大降り.

hair 毛, 髪の毛; 毛状の物; 毛ほど(のもの). **a [the] hair of the dog (that bit one)** 迎え酒. **keep one's hair on** 平気でいる. **let one's hair down** 打ち解ける. **make one's hair stand on end** ぞっとさせる. **not turn a hair** 毛一本動かさない, びくともしない. **to a hair** 寸分たがわずに.

hairbreadth *n., a.* 間一髪(の), きわどい.

hairbrush ヘアブラシ.

hair-care 髪の手入れ.

haircloth 毛織布; ばす織.

haircut 散髪; 髪型.

hair-do (女性の)髪型, 結髪.

hairdresser 美容師; 理髪師.

hairdressing (特に婦人の)整髪.

hairdrier ヘアドライヤー.

hairdye 毛染め剤.

hairgrip ヘアピン.

hairiness 毛深いこと.

hairless *a.* 毛のない.

hairline 細線; 毛細状のひび; 僅かの差; (頭髪の)生えぎわ.

hairnet ヘアネット.

hairpiece ヘアピース.

hairpin *n.* ヘアピン; 人; やせっぽち. — *a.* 急カーブの.

hair-raiser スリルを与えるもの.

hair-raising *a.* 身の毛のよだつような.

hair-restorer 毛生え薬.

hair root 毛根.

hair shirt (修道者の着る)ばす織シャツ.

hair space *Print.* ヘアスペース《語間の最小間隔》.

hairsplitter 小事にうるさい人.

hairsplitting *n., a.* 細かい区別(をする), 小事にこだわる.

hair spray ヘアスプレー.

hairspring (時計の)ひげぜんまい.

hair stroke (文字の)細線.

hairstyle ヘアスタイル.

hair trigger (ピストルの)触発引き金.

hair-trigger a. 一触即発の.

hairy a. 毛深い, 毛だらけの; 難儀な.

Haiti ハイチ《西インド諸島の共和国》.

Haitian a. ハイチ(人)の. — n. ハイチ人; ハイチ語.

hajj メッカ巡礼.

hajji ハジ《メッカ巡礼済みのイスラム教徒(の称号)》.

hake Ichthy. メルルーサ.

Hakenkreuz ハーケンクロイツ《ナチスドイツのかぎ十字の紋章》.

halation Phot. (逆光線による)ぼけ, ハレーション.

halberd, halbert 斧槍《中世の武器》.

halberdier 斧槍兵.

halcyon n. Ornith. カワセミ. — a. のどかな, 穏やかな.

hale a. 壮健な, 元気な. **hale and hearty** 老いて元気な.

haler ハレル《チェコスロバキアの通貨単位; = 1/100 koruna》.

half n., a., ad. 半分, 二分の一(の); 半端; 半時間, 30分; 半パイント; 半マイル; (サッカーなどの)ハーフ; =halfback; (野球の)表, 裏; 半ドル, 50セント; 半ペニー. **by half** 半分だけ; 大いに. **by halves** 中途半端な, いい加減に. **go halves** 山分けにする(with). **half and half** 半々に. **half as much [many] again** 一倍半. **not half** ひどく, とっても. **not half bad** 悪いどころでない, まんざらでない.

half-and-half a., n. 半端な, いい加減な; 同量の; 牛乳とクリームとの混合物; 混合ビール.

halfback (サッカーなどで) 中衛(の位置).

half-baked a. 生焼けの; 不完全な, 生半可の; 愚かな.

half-blood n., a. 腹違い(の), たね違い(の).

half-boiled a. 生煮えの, 半熟の.

half boot 半長靴.

half-breed (動植物の)雑種; 混血児.

half brother 異父兄弟, 異母兄弟.

half-caste (特に白人の父とインド人の母の) 混血児.

half cock (銃の)半撃ち, 安静段. **go off (at) half cock** 早まる.

half-dollar 半ドル銀貨.

half-hardy a. Hort. 半耐寒性の.

halfhearted a. 気乗りのしない, 冷淡な.

half-holiday 半日休暇.

half hour 半時間(の); (正時)30分.

half-length 半身像.

half-life Phys.(放射能の)半減期.

half-mast n., v. 半旗の位置; 半旗を掲げる.

half-moon 半月(形のもの).

half nelson Wrestling ハーフネルソン.

half note Mus. 二分音符.

halfpenny 半ペニー(銅貨).

half-pint n., a. ちびの(の).

half-seas over a. 生酔いの.

half-shot a. ほろ酔いの.

half sister 異父姉妹, 異母姉妹.

half-slip ハーフスリップ《短いペチコート》.

half sole (靴の)半張り.

half-sole v. 半張りする.

half-staff n. =half-mast.

half step Mus. 半音; 半歩.

half-timber(ed) a. Arch. 木骨造りの.

half time (競技の)ハーフタイム.

half title 半表題, ハーフタイトル.

halftone Print. 網版; Mus. 半音.

half-truth 半面の真理(しか含まない言葉).

half-volley v. (ボールを)ハーフボレーで打つ.

halfway a., ad. 中途にある; 半端な; 妥協して. **meet halfway** 中途で会う; 歩み寄る.

halfway house 中間施設《精神病者・犯罪者などのための社会復帰施設》.

half-wit 間抜け.

half-witted a. 愚かな.

halibut *Ichthy.* オヒョウ.

halite カリ岩塩.

halitosis *Med.* 口臭.

hall 公会堂, 集会所, 館, ホール; 事務所, 本部; (大学の) 寮, 大食堂, 講堂; (宮殿・大邸宅の) 大広間; (住宅の) 広間, 玄関; (入口の) 廊下.

hallelujah n. ハレルヤ《神を賛美する叫び・歌》. ━ int. ハレルヤ《賞賛・喜び・感謝を表す叫び》.

Halley's comet ハレー彗星.

hallmark n., v. (金銀の) 純分認証極印; 品質証明; 極印を押す, 太鼓判を押す, 折り紙をつける.

hallo, halloo int. もしもし, おい《呼び掛け》; しっ《犬をけしかける声》. ━ v., n. 「おい」と呼ぶ (声); 猟犬をけしかける (掛け声).

hallow v. 神聖にする, 清める; あがめる.

Halloween Hallowmas の前夜《10月31日の夜》.

Hallowmas All Saints' Day の旧名.

hallucinate v. 幻覚に陥らせる.

hallucination 幻覚, 妄想.

hallucinogenic a. (薬など) 幻覚を起こさせる.

hallway 玄関, 廊下.

halo n. (太陽や月の) かさ; 後光, 光輪; 栄光. ━ v. 栄光を与える; かさをかぶらす.

halogen *Chem.* ハロゲン.

halt[1] n. 休止, 停止, 中止; 小さな駅; (バス) 停留所. ━ v. 止まる; 立ち止まる, 停止する.

halt[2] v. ためらう; 流暢さを欠く; (議論・詩型が) 不完全である.

halter n. (牛馬の) 端綱; 絞首索; ホールター《袖と背がない首から吊る婦人用ドレス》. ━ v. 端綱を掛ける; 絞首刑にする.

halve v. 等分する; 半減する; *Arch.* (木片を) 相欠する; *Golf* 同打数で試合する.

halyard *Naut.* (旗や帆を上下する) 動索.

ham n. ハム; [pl.] 尻; ハム《アマチュア無線家》; 大根役者. ━ v. 大げさに演じる.

hamadryad *Gk & Rom. Myth.* ハマドリュアデス《木の精》; *Zool.* キングコブラ.

Hamburg ハンブルク《西ドイツ北部の港市》; ハンブルグ《小さいニワトリの品種》.

hamburger ハンバーグステーキ《用ひき肉》; ハンバーガー.

Hamburg steak ハンバーグステーキ.

ham-fisted, ham-handed a. 不器用な.

Hamite (北アフリカの) ハム人.

Hamitic a. ハム人の, ハム語族の.

hamlet 小村, 小村落.

hammer n. ハンマー, 金槌; (競売者の) 槌; (銃などの) 打ち金, 撃鉄; (陸上競技の) ハンマー; *Anat.* (中耳の) 槌骨. **come** [**go**] **under the hammer** 競売に付せられる. **hammer and sickle** ソ連国旗. **hammer and tongs** 精一杯. ━ v. ハンマーで打つ; 叩き込む, 叩きのばす (into); 猛烈に砲撃する; やっつける; (取引所でハンマーを三つたたいて) 除名する. **hammer away** せっせと働く, せっせと勉強する (at). **hammer out** 打ち出す; (問題を) 解明する.

hammer-and-tongs a. 猛烈な, 精力的な.

hammercloth 御者台の掛け布.

hammerhead ハンマーの頭; あほう; *Ichthy.* シュモクザメ.

hammerless a. 槌のない, 撃鉄のない.

hammerlock *Wrestling* 腕固め.

hammer throw ハンマー投げ.

hammock ハンモック, 吊り床.

Hammond organ *Trademark* ハモンドオルガン.

hammy a. 演技過剰な.

hamper[1] v., n. 妨げる, 邪魔になる (物);

Naut. トップハンパー《普段必要で非常時に邪魔になる錨，砲塔などの船具》.

hamper² 手さげバスケット；（果物・缶詰などの）詰め籠；洗濯かご.

Hampshire ハンプシャー《イングランド南東部の州》.

hamster *Zool.* ハムスター.

hamstring *n., v. Anat.* ひかがみの腱を切ってびっこにする）；規制力（を失わせる），無効にする，無力にする.

Han 漢《中国の王朝 (206 B.C.–A.D. 220)》.

hand *n.* 手，（猿の）前足；手形のもの，手の印；（時計の）針；側，方，方面；人手，労力，働き手，職工，雇い人，船員；腕前，手際，手並み；筆跡；所有，掌中；（約束の印の）手，婚約；（トランプの）手，一勝負；（ほぼ尺）[*pl.*] 支配，管理，保護；支配力，管理権，影響力，関与；やり方. **at first hand** 直接に. **at hand** 手近に；近い将来に. **by hand** 手で. **change hands** 所有権が）移る. **come to hand** 手元に）届く. **eat out of one's hand** 指導に従う，従順である. **from hand to mouth** その日暮らして. **give [lend] one a hand with [in]** …（するの）に手助けする. **hand and foot** 手足もろともに（縛る）；精一杯. **hand and [in] glove** 親密な，ぐるになって (*with*). **hand in hand** 手に手を取って；提携して (*with*). **Hands off!** 手を触れるな. **Hands up!** 手をあげろ. **hand to hand** 入り乱れて（戦う）. **in hand** 手もとに，制御して；進行中で，進行中の，当面の. **keep one's hand in** …に習熟している. **lay hands on** 攻撃する，捕らえる；…に触れる，…に触れて祝福する. **lift a hand** ちょっとした労をとる (*to* do). **lift one's hand** 打つぞとおどす (*against*). **off hand** 即座に，その場で. **off one's hands** …の責任がなくなって. **on hand** 手もとに（持ち合わせて）；出席して. **on one's hands** …の責任で. **on the**

one hand 一方では. **on the other hand** 他方では. **out of hand** 手に余って；即座に；手を離れて，終わって. **play into the hands of** …の利益になるように行動する. **shake hands** 握手する (*with*). **take in hand** 引き受ける；制御する. **turn one's hand to** …に取りかかる. **under one's hand and seal** 署名捺印した，署名捺印して. **wash one's hands** 手を切る (*of*). **with a high [heavy] hand** 高圧的に.

—— *v.* 手渡しする，与える；手助けする；*Naut.* （帆を）たたむ. **hand down** （後世に）伝える；hand on. **hand in** 差し出す，提出する. **hand it to** 相手の勝ちを認める. **hand on** （順に）回す；伝える；譲り渡す. **hand out** 配る；（罰・批判などを）加える. **hand over** 引き渡す.

handbag ハンドバッグ.

handball ハンドボール.

handbarrow 手押し車.

handbell 振鈴.

handbill ビラ，ちらし.

handbook 便覧，ハンドブック；旅行案内.

hand brake ハンドブレーキ.

handcart 手押し車.

handclap 拍手.

handclasp 握手.

handcuff *n., v.* 手錠（をかける）.

handed *a.* 手のある；（…の）手をした.

Handel ヘンデル. **George Frederick Handel** (1685–1759) ドイツ生まれの英国の作曲家.

handful 手一杯，一握り，一つかみ；僅か，少数；手に負えない人，手に負えない動物，手に負えない事.

hand glass 手鏡；虫眼鏡，拡大鏡.

hand grenade 手榴弾.

handgrip 握手；つかみ合い；つか，柄.

handgun ピストル.

handhold つかみ所，手掛かり.

handicap *n.*, *v.* 不利な条件(を負わせる), ハンディキャップ(をつける); 身体障害, 困難.

handicapped *a.* 身体に障害のある, 精神に障害のある.

handicapper (競技の)ハンディキャップ決定係; (競馬の)予想屋.

handicraft 手細工, 手芸, 手仕事; 手芸品.

handicraftsman 手職人.

Handie-Talkie *Trademark* ハンディートーキー《携帯用小型無線機》.

handily *ad.* 手際よく; 器用に; 楽々と.

handiness 器用さ; 便利さ.

handiwork 手細工(品).

handjob 自慰.

handkerchief ハンカチ.

hand language (聾唖者の)手話.

handle *n.* ハンドル, 柄, 取っ手; 口実; 名前; 肩書き. **fly off the handle** かっとなる.
—*v.* いじる, さわる; 処理する; 操縦する, 取り扱う; (商品などを)扱う.

handlebars ハンドルバー, (自転車・オートバイの)ハンドル.

handmade *a.* 手製の.

hand-me-down *a.*, *n.* 出来合いの(服), お古の(服).

handoff *Rugby* ハンドオフ《相手を手で押し退けること》.

hand organ 手回しオルガン.

handout (乞食などに与える)施し物; 宣伝チラシ; (新聞記者に渡す)官庁報道文, 官庁発表文; (学会発表の)印刷物.

handpick *v.* 手で摘む, 精選する.

handprint 掌紋.

handrail 手すり.

handsaw 片手鋸.

hands-down *a.* 議論の余地がない, 申し分のない.

handsel (新婚・開業・新年などの)祝い品; 手付け, 初試し.

handset (電話の)送受話器.

handshake 握手.

hands-off *a.* 無干渉(主義)の.

handsome *a.* (容貌の)立派な, ハンサムな; (中年女性が)堂々とした; 立派な; 気前のいい, 手厚い; (金銭など)少なからぬ.

hands-on *a.* 実地の, 実践の.

handspring とんぼ返り.

handstand 逆立ち.

hand-to-hand *a.* つかみ合いの; 人から人への.

hand-to-mouth *a.* その日暮らしの.

handwork 手細工.

handwriting 筆跡.

handy *a.* 手近な; 便利な; 器用な, 巧みな.

handyman 雑役夫, 器用な男.

hang *v.* 掛ける, 吊るす; 掛けて飾る, (絵を)展示する; (壁紙を)張る; 掛かる, 吊るされる, ぶら下がる; 張り出す; 寄りかかる; ぐずぐずする, 決定しかねる; 絞首刑にする; =damn. **be hung on** 熱中している. **hang about** [**around**] うろつく.

hang back ぐずぐずする. **hang in** (**there**) がんばる. **Hang it !** 畜生. **hang on** よりかかる; …による; すがりつく(*to*); 待つ. **hang out** (旗などを)出す, 掲げる; 住む. **hang over** 差し掛かる; 差し迫る; 留まる. **hang together** 団結する, 協力する; つじつまが合う. **hang up** 掛ける, 吊るす; 滞らせる, 延ばす; 電話を切る.
—*n.* 掛かり具合, 下がり具合; 使い方, やり方; 意味, 主意; =damn. **get the hang of** …のこつがわかる, 理解する.

hangar (航空機の)格納庫.

hangdog *a.*, *n.* 卑屈な(人), 下等な(人).

hanger 掛ける人, 吊るす人; 物を吊るす物, を掛ける物, ハンガー, 鉤, 吊り手, 自在鉤; 短剣.

hanger-on 居候; 取り巻き(連).

hang glider ハンググライダー.

hanging *n.* 掛けること; [*pl.*] 掛け布, 掛け物;

壁紙；絞首刑. — a. 掛ける，吊るす，ぶら下がった；差し迫った.

hangman 絞首刑執行人.

hangnail ささくれ.

hangout たまり場.

hangover 二日酔い；(薬 の)副作用；残存物.

Hangul ハングル《 朝 鮮 の音字》.

hang-up 問題，難儀.

hank (糸 の)かせ，束；輪.

hanker v. 渇望する，あこがれる (after, for).

hankering 切望.

hankie, hanky =handkerchief.

hankie-panky ごまかし，卑劣な手段；(性的に)いかがわしい行為.

Hanoi ハノイ《ベトナムの首都》.

Hansard ハンサード《英国国会議事録》.

hansel =handsel.

Hansen's disease Med. ハンセン 病.

hansom (一頭立て二輪の)辻馬車.

hap n. 偶然，運；偶然の事.

— v. =happen.

haphazard n. 偶然. **at [by] haphazard** 偶然；でたらめに. — a., ad. でたらめな，偶然の；でたらめに，偶然に.

happen v. 起こる，生じる；偶然…する，たまたま…する (to do, to be). **as it happens** 偶然にも. **happen along** ひょっこり立ち寄る. **happen on [upon]** 偶然…に出会う，偶然…を見つける.

happening 事件，出来事；ハプニング(ショー).

happenstance 偶然な事件.

happily ad. 幸福に；幸 いに，幸運にも.

happiness 幸福；幸運；(表 現の)巧 妙，適切.

happy a. 幸福な，嬉しい，楽しい；幸運な，幸 せな；(表 現などが)適切な，巧 妙 な；酔った，[合成語の第一要素として]…に夢 中 の，す ぐ…を使いたがる，…にとりつかれた.

happy families 家族合わせゲーム.

happy-go-lucky a. 楽 天 的な，のんきな.

happy hour (バーなどの)サービスタイム.

happy hunting ground (インディアンの)極楽.

hara-kiri 切腹.

harangue n., v. 熱弁 (をふるう).

harass v. 悩ます，苦しませる；(間断ない攻撃で)悩ませる.

harbinger n., v. 先触れ(する)，先駆者.

harbo(u)r n. 港；避難所，隠れ場.

— v. かくまう，かばう，隠れる；(悪意などを)抱く；停 泊する.

harbo(u)rage 停泊所，避難所.

harbo(u)r seal Zool. ゴマフアザラシ.

hard a. 堅い，堅固な；頑 丈 な；難しい，(…し)難い (to do)，辛い，苦しい；酷な，厳格な，ひどい，無 情な；激しい，きびしい；熱心な，勤勉な；(水が)硬 質 の，(酒が)強い，金属性の；(明暗の)きつい；(コンタクトレンズが)ハードの；(ペニスが)勃起した；(薬 が)常 習 的となる，体 に害となる；核兵器の装備された；(ポルノなど)猥 褻度の強 い；Phonet. 硬 音の. **hard and fast** (船が)座 礁 して動かない；(規則など)厳格な.

— ad. 堅く；熱心に，やっと，激しく，ひどく；近く，接近して (by, upon). **be hard put to it** 窮 する，困る. **be hard hit** 痛手を受けて. **hard of hearing** 耳が遠い. **hard up** (金に) 窮 して，困って (for). **the hard way** 苦労して.

— n. 突堤；重 労働；(ペニスの)勃起.

hard-and-fast a. (規則など) 修 正のきかない，厳重な.

hardback 厚 表紙本.

hardball 硬式野球.

hard-bitten a. 手ごわい，頑固な；粗野な.

hardboard Arch. ハードボード.

hard-boiled a. 堅くゆでた；感 情に動かされない，非 情な，ハードボイルドの；現 実的な.

hard coal 硬質炭, 無煙炭.

hard copy *Computer* ハードコピー《入力した情報を機械出力で紙などに印刷したもの》.

hard core 道路の底石; 中核派.

hard-core *a.* 中核的な; (性描写が)非常に露骨な, ハードコアの.

hardcover *a.* 厚表紙の.

hard disk *Computer* ハードディスク《大容量の固定記憶装置》.

harden *v.* 堅くする, 堅くなる, 硬化する; 鍛錬する; 頑固にする, 頑固になる, 無感覚にする, 無感覚になる.

hard-fisted *a.* けちな.

hard goods 耐久消費材《機械・自動車など》.

hard hat 安全ヘルメット; 建設作業員.

hardheaded *a.* がっちりした, 実際的な; 頑固な.

hardhearted *a.* 無情な.

hardihood =hardiness.

hardily *ad.* 大胆に.

hardiness 頑丈; 忍耐, 大胆.

hard labor (刑罰としての) 重労働.

hard landing 硬着陸.

hard line 強硬路線.

hard-line *a.* 強硬な, 手を緩めない.

hard-liner 強硬派(の人).

hard lines 不運.

hardly *ad.* ほとんど…ない, ようやく; 骨折って, 苦しんで; きびしく. **hardly ever** めったに…ない. **hardly…when** やっと…した時, …するや否や.

hardmouthed *a.* (馬など)はみのきかない; 強情な.

hardness 堅いこと; 難しさ, 困難, 苦しさ, 無情.

hard-nosed *a.* 頑固な; 抜けめのない, 実際的な.

hard-of-hearing *a.* 難聴の.

hard-on (ペニスの)勃起.

hard palate *Anat.* 硬口蓋.

hardpan 未開墾地; (物事の)基礎.

hard rock *Mus.* ハードロック.

hard sell 押し売り.

hard-set *a.* 固まった; 強情な; 苦境にある.

hard-shell *a.* 殻の堅い; 頑固な.

hardship 困難, 辛苦.

hard shoulder (高速道路の)硬路肩.

hardstand (舗装)駐機場, 駐車場.

hard-surface *v.* (道を)舗装する.

hardtack 堅パン.

hard ticket 指定席券.

hard times 不景気.

hardtop ハードトップ《屋根が金属製で中心の窓枠のない自動車; その屋根》.

hardware 金物, 鉄器類; *Mil.* 重火器, 兵器類; *Computer* ハードウェア.

hardwearing *a.* (衣服など)長もちする.

hardwood 堅木, 堅材.

hardy *a.* 頑丈な, 困苦に耐える; 大胆な; (植物が)耐寒性の, 越冬性の.

Hardy ハーディ. **Thomas Hardy** (1840-1928) 英国の作家.

hare *n.* 野ウサギ(の毛皮). **(as) mad as a March hare** (交尾期のウサギのように) 狂気じみた. — *v.* 疾走する.

harebrained *a.* 軽率な.

harelip みつ口, 唇裂.

harem ハーレム《イスラム教国の婦人部屋》, 後宮; (雄に従う)雌の群れ.

haricot アリコ《羊肉と野菜のシチュー》; =haricot bean.

haricot bean *Bot.* インゲンマメ.

hark *v.* 聞く. **hark back** (元へ)引き返す; (議論などが)元へ戻る.

Harlem ハーレム《ニューヨークの黒人居住区域》.

Harlequin (パントマイムの)道化役; 道化, ひょ

うきん者.

harlequinade 道化茶番(劇).

Harley Street ハーレー通り《London の一流 医師街》.

harlot 売春婦.

harlotry 売春(行為).

harm n. 害, 損害, 損傷. **come to harm** ひどい目に会う. **do harm** 害を与える. —v. 害する, 損なう, 傷つける.

harmful a. 有害な.

harmless a. 無害な; 悪意のない, 罪のない.

harmonic a., n. 調和した; Mus. 和音の, 和声の; Phys. 倍音; [pl.] Elec. 高調波.

harmonica ハーモニカ.

harmonic mean Math. 調和平均.

harmonic progression Math. 調和数列.

harmonics Mus. 和声学.

harmonious a. Mus. 和声の, 調子のよい; 調和した, 睦まじい.

harmonist 和声学者.

harmonium Mus. ハーモニューム《リードオルガンの一種》.

harmonization 調和.

harmonize v. 調子を合わせる, 調子が合う; 調和する, 調和させる, 和合する, 和合させる, 一致する, 一致させる.

harmony 調和, 和合, 一致; Mus. 和音, 和声(学).

harness n. (馬車馬の)馬具, 引き具; ハーネス《落下傘の背負い革》; Hist. よろい. **in harness** 仕事に従事して. —v. 馬具をつける; (自然力などを)利用する.

harp n., v. ハープ, 堅琴(をひく). **harp on** くどくどと説く.

harper, harpist ハープ奏者.

harpoon n., v. (捕鯨用)もり(を打つ).

harpsichord Mus. ハープシコード, チェンバロ《鍵盤付き撥弦楽器; ピアノの前身》.

Harpy Gk Myth. ハルピュイア《女面女体で鳥の翼と爪を持った貪欲な怪物》; 強欲な人.

harquebus 火縄銃.

harridan 意地悪婆.

harrier[1] ハリアー《ウサギ狩り用小猟犬》; cross-country 走者.

harrier[2] 悩ます者, 略奪者; Ornith. チュウヒ.

harrow n. まぐわ, ハロー. —v. (土地を)ハローでならす, ハローで耕す(up); 悩ます.

harrowing a. 痛ましい.

harry v. 荒す, 略奪する; 悩ます.

harsh a. 厳しい, 残酷な; ざらざらした; 耳障りな, 目障りな, 不快な, 粗野な.

harshly ad. 荒々しく; 厳しく.

hart 雄のアカジカ(5 歳以上).

hartebeest Zool. ハーテビースト《南アフリカ産大型レイヨウ》.

hartshorn 鹿の角.

harum-scarum a. あわてた, 滅茶苦茶な, 無鉄砲な. —n. そこつ者, あわて者.

Harvard ハーバード大学《1636 年創立の米国最古の大学》.

harvest n. 収穫; 収穫期, 収穫物; (行為などの)結果, 報い. —v. 刈り取る, 収穫する.

harvest bug [mite] Zool. ツツガムシ.

harvester 刈り手, 収穫者; 刈り取り機.

harvest festival 収穫祭.

harvest home 収穫の完了(の祝い, 祝い歌).

harvest moon 仲秋の満月.

has-been 過去の人, おちぶれた人.

hash v. (肉などを)切り刻む(up); 台無しにする. **hash over** 長々と話し合う. —n. ハヤシ肉料理; ごたごた, 混乱; 焼き直し. **make a hash of** ...を台無しにする. **settle one's hash** 完全にやっつける, 沈黙させる.

hashish ハシーシ《インド大麻から精製した麻薬》.

hasn't =has not.

hasp 掛け金, 留め金.

hassle n., v. 激論(する).

hassock (祈りの時に用いる)膝ぶとん, 膝台.

haste n. 急ぎ, 迅速, あわただしさ. **in haste** 急いで, あたふたと. **make haste** 急ぐ.
— v. =hasten.

hasten v. 急ぐ, 急がせる; 促進する.

hastily ad. 急いで; あわてて.

hasty a. 急いだ, 急ぎの; あわてた, 軽率な; 性急な.

hasty pudding 即製プディング.

hat (縁のある)帽子; Rom. Cath. 枢機卿の緋帽子, 枢機卿の地位. **hat in hand** うやうやしく. **My hat!** おや, まあ. **old hat** 古臭い. **pass [send] (a)round the hat** 帽子を回して寄付金を集める. **take off one's hat to ...**に脱帽する. **throw one's hat in the ring** 選挙に出馬する. **under one's hat** 極秘に.

hatband 帽子のリボン, 帽子の紐.

hatch[1] (上下に分かれたドアの下戸, 半戸, くぐり戸; Naut. (甲板の)昇降口(の蓋); Aeronaut. (飛行機や宇宙カプセルの)開口部; (台所と食堂間の)ハッチ; 水門.

hatch[2] v., n. (陰影などの)細かい平行線(を引く), 細かい平行線を彫る.

hatch[3] v. (卵を)かえす, 孵化する; (陰謀などを)たくらむ. — n. (卵の)孵化; ひとかえり(の雛); 結末.

hatchback (背後に)上開きのドアのついた車.

hatchery (魚類の)孵化所.

hatchet 手斧. **bury the hatchet** 戦いをやめる. **dig [take] up the hatchet** 戦いを始める.

hatchet face (やせぎすの)とがった顔.

hatchetman 殺し屋; 憎まれ役; (頼まれて)中傷記事を書く記者.

hatchway (甲板の)昇降口, ハッチ.

hate v., n. 憎む, ひどく嫌う; 憎しみ; 憎悪の的.

hateful a. 憎むべき, 嫌な.

hatpin (婦人帽の)留めピン.

hat rack 帽子掛け.

hatred 憎しみ, 憎悪.

hatter 帽子屋, 帽子商.

hat trick Soccer ハットトリック《1人で3点(以上)得点すること》.

hauberk (中世の)鎖かたびら.

haughty a. 高慢な, 尊大な.

haul v. 強く引く, 引っ張る; (車で)運搬する; Naut. (船の)針路を変える; (風が)変わる (to). **haul off** (船が遠ざかるように)針路を変える; 引き込む, 退く; (殴るために)身構える. **haul over the coals** 叱る. — n. 引っ張ること; 一引き, 一網の魚獲; (一時の)獲物; 運搬距離, 運搬量. **in [over] the long haul** 長時間.

haulage 牽引(力); 運搬(料).

haulm (豆・穀類などの)茎, 麦わら.

haunch 臀部, (動物などの)腰肉.

haunt v. よく行く; (幽霊などが)出没する; (心に)つきまとう, とりつく, 悩ます. — n. よく出入りする場所, よく出没する場所; (動物の)生息地.

haunted a. 幽霊の出る; 幽霊に取りつかれた.

hautbois, hautboy =oboe.

haute couture (F) オートクチュール《高級婦人服(店)》.

haute cuisine (F) 高級料理.

hauteur 高慢.

Havana ハバナ《キューバの首都》; ハバナ葉巻き.

have[1] v. 持つ, 持っている, 所有する; ...がある, (ある状態に)しておく; 取る, 得る, 受ける; 食べる, 飲む; (遊戯などを)する, 経験する; ...させる, される, してもらう (one do, it done); 許す, 我慢する; (女と)性交する; (議論などで)負かす, だます. **have ... away [off]** ...と性交する. **have got to** =have to. **have had it** もう沢山だ; もはやこれまでだ; 時代遅れになる. **have in** 人を招く, 歓待する. **have it** 主張する, 言

う (that); 負かす; 叱られる. **have it away
[off] with** …と性交する. **have it in for** …に
恨みを持つ. **have it out** 遠慮せず言う, かたを
つける. **have nothing to do with** …に関係
がない. **have on** (身に)着けている; だます, 一杯
食わす. **have one up** 訴える. **have to** …
しなければならない; [否定文に用いて]…する必要
はない. **have to do with** …に関係がある.
— n. [pl.] 有産者, (資源・核などを)持っている
国.

have[2] *aux. v.* 過去分詞と結合して完了形を
つくる.

havelock (帽子の後ろにたらした)日覆い.

haven 港; 安息所, 避難所.

have-not [pl.] 無産者, (資源・核などを)持た
ない国.

haven't = have not.

haversack (兵隊・旅行者の)雑嚢.

havoc 破壊, 荒廃. **make havoc of** = play
havoc with 打ち壊す, 荒らす.

haw[1] *Bot.* サンザシ(の実).

haw[2] *v.* (口ごもって)話し中に「えー」という.

haw[3] *int.* (馬などにいう)どうどう.

Hawaii ハワイ《ハワイ諸島よりなる米国の州お
よび同州の最大島》.

Hawaiian *a., n.* ハワイの; ハワイ人(の), ハワイ語
(の).

Hawaiian guitar ハワイアンギター.

Hawaiian Islands ハワイ諸島.

hawk[1] *n.* 鷹; 強欲な人; タカ派(の人).
— *v.* 鷹狩りをする, (空中から)襲う.

hawk[2] *v.* 呼び売りする, 売り歩く (about).

hawk[3] *v.* せき(払い)をする; (たんなど)せき払いして
出す.

hawker 行商人.

hawk-eyed *a.* 目の鋭い.

hawser *Naut.* (係船用)太綱.

hawthorn *Bot.* サンザシ.

Hawthorne ホーソーン. Nathaniel Haw-

thorne (1804–64) 米国の作家.

hay *n.* 干し草, まぐさ; (仕事などの)成果; ベッド.
hit the hay 寝る. **make hay of** 混乱させる.
Make hay while the sun shines. 好機を逸
するな. — *v.* 干し草を作る.

haycock 干し草の山.

Haydn ハイドン. (Franz) Joseph Haydn
(1732–1809) オーストリアの作曲家.

hay fever *Med.* 枯れ草熱《花粉によるアレル
ギー性疾患》.

hayfield (干し草を作る)草刈り場.

hayfork 干し草用くま手.

hayloft 干し草置き場(納屋の二階).

haymaker 草を干す人; ノックアウトパンチ.

haymaking 干し草作り.

haymow (納屋の干し草の山; = hayloft.

hayrack まぐさ台, まぐさ棚; (干し草などの運
搬車につける)枠.

hayrick = haystack.

hayseed 干し草の種子, 干し草のくず; 田舎
者.

haystack (屋根をかけた大きな)干し草積み.

haywire *pred. a.* もつれた; 気の狂った; 急ご
しらえの. **go haywire** 混乱する; 気が狂う.

hazard *n.* 危険, 冒険; 偶然, 運; さいころばく
ち; *Golf* ハザード《バンカーなどの障害》. **at [in]
hazard** でたらめに, 運任せに. — *v.* 危険を冒
してする, (思い切って)やってみる, (命・金など)賭
ける.

hazardous *a.* 冒険的な, きわどい.

hazardously *ad.* きわどく.

haze[1] *n.* もや, 霞; (精神状態の)もうろう, ぼ
やけ. — *v.* 霞む, 霞ませる; ぼんやりする, ぼんや
りさせる.

haze[2] *v.* *Naut.* (水夫を)いじめる, こき使う; (新
入生などを)いじめる.

hazel *n., a. Bot.* ハシバミ(の実); 薄茶色(の).

hazelnut ハシバミの実.

hazily *ad.* 霞んで.

haziness もうろう.

hazy *a.* 霞んだ, ぼんやりした; 漠然とした.

H.B.M. Her Britannic Majesty 英国女王陛下; His Britannic Majesty 英国国王陛下.

H-bomb 水爆.

HC hard copy. **H.C.** House of Commons.

HCF highest common factor *Math.* 最大公約数.

he *pron.* 彼は, 彼が. —*n.* 男, 人; 雄.

H.E. His Eminence《cardinal の尊称》; His Excellency.

head *n.* 頭, 首, 頭部; 頭脳, 知力, 理知; (二日酔いの)頭痛; 長, 首領, 主, 支配者, 指揮者, 社長; 長官, 校長; 首席, 上席; [単複同形] …頭, …匹; 一人, 頂, 上部, 上端(貨幣の)表; 先端, 先頭; (釘・ハンマーなどの)頭; 船首; (麦などの)穂; 水源; 崖の先端; 岬; (ページ・階段などの)上部, 天, 冒頭; 主要項目, 標題, 見出し; (テープレコーダーの)ヘッド; 麻薬飲用者; 亀頭; [the ~] 便所. **come to a head** (腫れ物が)うむ; (事件が)危機に直面する. **give one his head** 人を自由に行動させる. **go to one's head** 興奮させる, 酔わせる; うぬぼれさせる. **hang [hide] one's head** 恥じて人目を避ける. **head and shoulders above** はるかにすぐれて. **heads or tails** 表か裏か《貨幣を投げて勝負の順番を決める》. **head over ears** = over head and ears. **head over heels** まっさかさまに; まったく. **hold one's head high** 毅然としている. **keep one's head** 落ち着いている. **keep one's head above water** 借金せずにいる, 死なずにいる. **lay [put] heads together** 相談する, 謀議する. **lose one's head** あわてる, 度を失う. **make head** 前進する. **not be able to make head or tail of** 何が何だかわからない. **off [out of] one's head** 気が狂って. **on [upon] one's head** 逆立ちして; 責任がかかっ

て. **over head and ears** 深くはまり込んで. **over one's head** 上位の人を越して(昇進する); 理解できない. **put into one's head** 思いつかせる. **take into one's head** …する気になる. **turn one's head** 頭を狂わせる; うぬぼれさせる. —*a.* 頭の, 先頭の, 首位の. —*v.* 先頭に立ち, 率いる; 向ける, …の方向に進む; (記録を)破る; *Soccer* ヘディングする.

head off 前に回ってさえぎる; 前に回ってよける.

headache 頭痛; 頭痛の種, 悩み.

headachy *a.* 頭痛がする.

headband ヘッドバンド《リボンなど》.

headboard (ベッドの)ヘッドボード.

headcheese ヘッドチーズ《豚の頭や足をこま切れにして作ったチーズ状食品》.

head cold 鼻風邪.

headcounter 世論調査員.

headdress かぶり物, 頭飾り.

headed *a.* 頭が…の.

header (穀物の)穂刈り機; (配管の)本管; 逆さ飛び込み.

headfirst *ad.* 真っ逆様に, 無鉄砲に.

headgate 水門.

headgear 頭飾り; (ボクシングなどの)ヘッドギア.

headhunter 首狩り族の蛮人; (幹部)人材スカウト係; 人材供給会社.

headhunting 人材の引き抜き.

headily *ad.* 強情に; 向こう見ずに.

headiness 頑固; 無謀.

heading 標題, 見出し; (船・飛行機などの)針路; (サッカーの)ヘディング.

headland 岬.

headless *a.* 頭のない, 首のない; 指導者のない; 知恵のない, ばかな.

headlight (自動車などの)ヘッドライト.

headline (新聞記事などの)標題, 見出し; [*pl.*] (ニュース放送の前後に読む)主な項目. **hit the headlines** 有名になる.

headliner スター.

headlock *Wrestling* ヘッドロック.

headlong *ad.* 真っ逆様に；まっしぐらに.
—*a.* 向こう見ずの，軽率な.

headman 首領，…長，かしら.

headmaster 校長.

headmistress 女校長.

headmost *a.* 真先の.

head office 本店，本社.

head-on *ad., a.* 真向から，正面の.

headphone ヘッドホン.

headpiece かぶと，かぶり物；＝headphone；
（本の）章頭の装飾図案；頭，頭脳.

headpin （ボウリングの）ヘッドピン.

headquarters 本拠，本部，司令部.

headrest （歯科の椅子・車の座席の）頭支え.

head restraint シート枕.

headroom 頭上スペース.

headset ＝headphone.

headship 首長の地位，指導的地位.

head shop マリファナ用品店.

head shrinker 精神科医.

headsman 首切り役人.

headstall おもがい《馬具》.

headstand （頭をつけてする）倒立.

head start （競技で）ヘッドスタート；有利なス
タート.

headstock *Mech.* 主軸台.

headstone 墓石.

headstream （川の）源流.

headstrong *a.* 頑固な，強情な.

head-to-head *a.* 大接戦の.

headwaiter （ホテルなどの）ボーイ長.

headwater [*pl.*]（川の）源流，上流.

headway 前進，進歩；船足；（列車などの）
運転間隔.

head wind 向かい風.

headword 見出し語；*Gram.* 主要語.

headwork 頭脳労働.

heady *a.* 向こう見ずな，性急な；（酒が）頭に
来る，酔いの早い，うっとりした.

heal *v.* （病気・傷を）いやす，直す，直る；和解さ
せる.

healer 治療する人.

health 健康（状態）；（精神の）健全；健康
を祝する乾杯. (**To**) **your health!** 御健康
を祝します《乾杯の挨拶》.

health center 保健所.

health food 健康食品.

healthful *a.* 健康に適する，健康を増進する.

healthily *ad.* 健康で.

health insurance 健康保険.

health maintenance organization
総合的健康管理機関.

health physics 保健物理学.

health resort 保養地.

health spa 健康道場，減量道場.

healthy *a.* 健康な；健全な，有益な；健康に
よい；多量の.

heap *n.* （積み上げた）山，堆積，沢山；ぽんこつ
車. **struck all of a heap** すっかり圧倒される，
びっくり仰天する. —*v.* 積む，積み重ねる
(*up*)；一杯にする.

hear *v.* 聞こえる，聞く，聞きに行く，傾聴する，
聴講する；聞き届ける；裁判する，審理する；
（便り・噂などを）聞く (*from, of, about, that*).
hear! hear! 賛成. **hear out** （話を）終わり
まで聞く. **hear tell of** …の噂を聞く.

hearer 聞く人，傍聴者.

hearing 聞き取り；聴力，聴覚；聞こえる
距離；審問，叱責；公聴会. **get a**
hearing 聞いてもらう.

hearing aid 補聴器.

hearken *v.* 聞く，傾聴する (*to*).

Hearn ハーン. **Lafcadio Hearn** (1850-1904)
米国から日本に帰化した著述家《日本名，
小泉八雲》.

hearsay 噂，伝聞.

hearsay evidence *Law* 伝聞証拠.

hearse 霊柩車, 葬儀車.

heart 心臓; 胸(部); 心, 感情, 愛情, 勇気, 元気; 中心, 真ん中, 真っ最中; 核心, 心髄; 愛する人, 恋人; 心臓形の物, [*pl.*] トランプのハート; 勃起(したペニス). **after one's own heart** 心に適った. **at heart** 心は, 心の底は. **break one's heart** 断腸の思いをさせる. **by heart** そらで. **eat one's heart out** 思い悩む. **have at heart** 心にかける. **have one's heart in one's mouth [boots]** ひどく驚く. **have one's heart in the right place** 悪意がない. **have the heart to (do)** …する勇気がある. **heart and soul** 一心に. **in one's heart of hearts** 心の奥底で. **lay to heart** 本気に考える; 覚えておく. **lose one's heart to** 恋に落ちる. **near one's heart** 大事で; 親しい, 懐しい. **set one's heart on** 切望する. **take heart** 勇気を出す. **take to heart** 気にする, 悲しむ. **wear one's heart on one's sleeve** 感情を露骨に表す. **with all one's heart** 真心こめて. **with half a heart** しぶしぶ.

heartache 心痛, 悲しみ.

heart attack 心臓発作.

heartbeat 心臓の鼓動, 動悸.

heartbreak 悲嘆.

heartbreaking *a.* 胸を張り裂くような; うんざりする.

heartbroken *a.* 悲嘆にくれた.

heartburn 胸焼け.

heartburning ねたみ; 不満.

heart disease 心臓病.

hearten *v.* 元気づける, 励ます (*up*).

heart failure 心不全.

heartfelt *a.* 心からの.

hearth 炉, 炉辺; 家庭.

hearthrug 炉前の敷き物.

hearthstone 炉の灰受け石; 家庭.

heartily *ad.* 心から, 本気で, 熱心に; 徹底的に.

heartiness 誠心誠意; 元気.

heartland 中心地区.

heartless *a.* 無情な; 元気のない.

heart-lung machine 人工心肺.

heartrending *a.* =heartbreaking.

heartsick *a.* 思い悩んだ.

heartsore *a.* 深く悲しむ.

heart-stricken, heart-struck *a.* 悲嘆にくれた.

heartstrings 心の琴線, 深い感情. **tug at one's heartstrings** …の心を動かす.

heartthrob 心臓の鼓動; 情熱; 愛人.

heart-to-heart *a.* 率直な.

heartwarming *a.* 心の温まる, 嬉しい.

heart-whole *a.* 純情な, 恋を知らぬ; 専心する, まじめな.

heartwood 心材, 赤味.

hearty *a.* 心からの, 誠実な; 強壮な, 元気な; 十分な; 痛快な; (勉学よりも)スポーツの好きな.

heat *n.* 熱, 熱さ; 暑熱, 炎熱; 紅潮, 上気; 辛味; 熱情, 激情, 激怒, 最高潮; (雌獣の)さかり, 交尾期; 一気, 一挙; (競技の)一回; 強制, 拷問, 威圧; 調査; 警察. **at a heat** 一気に. ── *v.* 熱する, 暖める; 激させる.

heat barrier *Aeronaut.* 熱障壁.

heatedly *ad.* 興奮して.

heater ヒーター, ストーブ; ピストル.

heat exchanger *Mech.* 熱交換器.

heat exhaustion *Med.* 熱射病.

heath *Bot.* ヒース; (ヒースの茂った)荒野.

heathen *a.* 異教の, 邪教の, 異教を信じる, 邪教を信じる; 不信心な; 野蛮な. ── *n.* 異教徒, 邪教信者; 未開人.

heathendom 異教徒, 異教国.

heathenish *a.* 異教(徒)の, 邪教(徒)の;

野蛮 (やばん) .

heathenism 異教 (いきょう) ;野蛮 (やばん) .

heather *Bot.* ヒース《英国 (えいこく) の荒野 (こうや) に多 (おお) い》.

heating 暖房装置 (だんぼうそうち) .

heating cabinet 温蔵庫 (おんぞうこ) .

heating pad 電気座 (でんきざ) ぶとん.

heat lightning 稲妻 (いなずま) .

heat pipe 熱 (ねつ) パイプ.

heat pollution =thermal pollution.

heat pump 熱 (ねつ) ポンプ.

heat rash あせも.

heat shield (宇宙船 (うちゅうせん) の) 熱遮蔽 (ねつしゃへい) .

heat sink ヒートシンク, 熱 (ねつ) だめ.

heatstroke 熱射病 (ねっしゃびょう) .

heat unit *Phys.* 熱量単位 (ねつりょうたんい) ;カロリー.

heat wave 熱波 (ねっぱ) .

heave *v.* (重 (おも) い物 (もの) を) 持 (も) ち上 (あ) げる, 隆起 (りゅうき) させる; (胸 (むね) などを) 張 (は) る, ふくらます; (ため息 (いき) などを) 漏 (も) らす; 高 (たか) くなる, 上 (あ) がる, うねる; *Naut.* 綱 (つな) で引 (ひ) き上 (あ) げる, (船 (ふね) を) 動 (うご) かす, 投 (な) げる, 放 (ほう) る. **Heave ho!** よいと巻 (ま) け. **heave in sight** *Naut.* (水平線 (すいへいせん) 上 (じょう) に) 見 (み) えて来 (く) る. **heave to** (船 (ふね) を) 止 (と) める, 停船 (ていせん) する. — *n.* 持 (も) ち上 (あ) げること; 隆起 (りゅうき) , 高 (たか) まり, うねり; むかつき.

heave-ho [the (old) ~] 解雇 (かいこ) .

heaven [*pl.*] 天 (てん) , 空 (そら) ; 天国 (てんごく) , 極楽 (ごくらく) ; [H-] =God; 幸福 (こうふく) . **by Heaven!** 神 (かみ) にかけて, 誓 (ちか) って, まあ. **Good heavens!** おや (大変 (たいへん)), まあ (とんでもない). **move heaven and earth** あらゆる手段 (しゅだん) を尽 (つ) くす.

heavenliness 神々 (こうごう) しさ.

heavenly *a.* 天 (てん) の; 天国 (てんごく) の (ような), 神々 (こうごう) しい, 天来 (てんらい) の, 天賦 (てんぷ) の; すばらしい.

heaven-sent *a.* 天与 (てんよ) の, 願 (ねが) ってもない.

heavenward *a.* 天 (てん) に向 (む) かって, 天国 (てんごく) に向 (む) かって.

heavily *ad.* 重 (おも) く, どっかりと; ひどく, 激 (はげ) しく.

heaviness 重 (おも) さ; 無気力 (むきりょく) ; 不器用 (ぶきよう) ; 重苦 (おもくる) しさ, 辛 (つら) さ.

Heaviside layer *Telecom.* ヘビサイド層 (そうち) 《地上 (じょうやく) 約100 kmにある電離層 (でんりそう) 》.

heavy *a.* 重 (おも) い, 大量 (たいりょう) の, どっしりした; しつこい; ねっとりした, 泥深 (どろぶか) い; あくどい, 重苦 (いんき) しい, 陰気 (いんき) な; だるい, 活気 (かっき) のない; 耐 (た) え難 (がた) い, 悲 (かな) しい, 激 (はげ) しい; ひどい, 厳 (きび) しい; 非常 (ひじょう) な, 大 (だい) の; 重要 (じゅうよう) な, 金持 (かねも) ちの; (芝居 (しばい) が) 悲劇的 (ひげきてき) な. **hang heavy (on one's hands)** (時間 (じかん) を) もてあます. — *ad.* = heavily. — *n.* [*pl.*] 重騎兵 (じゅうきへい) , 重装備兵器 (じゅうそうびへいき) ; *Theat.* まじめな役 (やく) , 敵役 (かたきやく) .

heavy-armed *a.* 重装備 (じゅうそうび) の.

heavy-duty *a.* (衣服 (いふく) ・機械 (きかい) など) 丈夫 (じょうぶ) な, 酷使 (こくし) に耐 (た) える.

heavy-footed *a.* 足 (あし) の重 (おも) い, 動作 (どうさ) の鈍 (にぶ) い.

heavy-handed *a.* 圧制的 (あっせいてき) な; 不器用 (ぶきよう) な.

heavy-hearted *a.* 憂 (うれ) いに沈 (しず) んだ.

heavy hydrogen *Chem.* 重水素 (じゅうすいそ) .

heavy industry 重工業 (じゅうこうぎょう) .

heavy-laden *a.* 重荷 (おもに) を積 (つ) んだ, 重荷 (おもに) を負 (お) った, 心配 (しんぱい) の多 (おお) い.

heavy metal *Chem.* 重金属 (じゅうきんぞく) ; *Mus.* ヘビーメタル (ロック).

heavy oil 重油 (じゅうゆ) .

heavyset *a.* ずんぐりした.

heavy spar *Mineral.* 重晶石 (じゅうしょうせき) .

heavy water *Chem.* 重水 (じゅうすい) .

heavyweight 平均体重 (へいきんたいじゅう) 以上 (いじょう) の人 (ひと) ; *Boxing, Wrestling* ヘビー級 (きゅう) の選手 (せんしゅ) ; 重要人物 (じゅうようじんぶつ) .

Hebraic *a.* ヘブライ人 (じん) の, ヘブライ語 (ご) の.

Hebraism ヘブライ文化 (ぶんか) , ヘブライ思想 (しそう) , ヘブライ精神 (せいしん) , ヘブライズム, ヘブライ語風 (ごふう) .

Hebraist ヘブライ学者 (がくしゃ) .

Hebraistic *a.* ヘブライ風 (ふう) の.

Hebraize *v.* ヘブライ風 (ふう) にする, ヘブライ風 (ふう) になる.

Hebrew *n., a.* ヘブライ人 (じん) (の), ユダヤ人 (じん) (の); ヘブライ語 (ご) (の).

Hecate *Gk Myth.* ヘカテ《天地 (てんち) ・下界 (げかい) の女神 (めがみ) 》; 魔女 (まじょ) .

hecatomb (古代ギリシャで)牛 百 頭 のいけにえ;大 量 虐 殺.

heck *int.*, *n.* 畜 生.

heckle *v.* やじり倒す, 質 問 で苦しめる;(麻など)梳き分ける.

hectare ヘクタール《=100 ares》.

hectic *a.* 熱 狂 的 な; 消 耗 性 の, 結 核 性 の;(病 的 に)紅 潮 した; 興 奮 した.

hectogram ヘクトグラム《=100 g》.

hectoliter ヘクトリットル《=100 *l*》.

hectometer ヘクトメートル《=100 m》.

hectopascal ヘクトパスカル《=100 Pa》.

hector *v.*, *n.* 空威張りする(人), 弱い者をいじめる(人).

he'd =he had, he would.

hedge *n.* 生け垣, 垣根; 障 壁, 障 害; 防 護 手 段. ── *v.* 垣で囲う; 障 壁 を設ける, 行 動 を妨げる; 確 答 を避ける; 両 方 にかけて(損 失 を)防ぐ. **hedge in** 囲み込む; 束 縛 する (*with*).

hedge fund ヘッジファンド《個人資金を投機的に運用する投資信託組合》.

hedgehog *Zool.* ハリネズミ; *Mil.* 鉄 条 網.

hedgehop *v.* 超 低 空 飛行する.

hedger 生け垣を作る人.

hedgerow 垣根の低 木 の列.

hedge sparrow *Ornith.* ヨーロッパカヤクグリ.

hedonic *a.* 快楽の.

hedonism *Philos.* 快楽主義.

hedonist 快楽主義者.

hedonistic *a.* 快楽主義の.

heebie-jeebies 神経過敏.

heed *n.* 留 意, 注 意, 用 心. **give [pay] heed to** …に注 意する. **take heed** 注 意する (*of*). ── *v.* 気をつける.

heedful *a.* 注 意深い, 用 心 深い.

heedless *a.* 不 注 意な; 無思慮な.

hee-haw ロバのいななき; 下品な高 笑い.

heel[1] *n.* 踵, (靴・靴下の)踵; (物の)末端;

食 パンの耳; *Golf* ヒール《クラブヘッドの曲がり目》; 下 劣な奴. **at [on] one's heels** 人 のすぐ後 に(ついて). **cool [kick] one's heels** 長 く待たされる. **down at (the) heel** 踵 がすりへった; みすぼらしい, だらしない. **out at heels** (靴 下の)踵 に穴があいて; みすぼらしい. **show a clean pair of heels=take to one's heels** さっと逃げ出す. **to heel** すぐ後 について. **turn on one's heel** くるりと後 ろに向く. ── *v.* (靴 に)踵 を付ける; 後 を追う; 資 金 を供 給 する, 武器を供 給 する; *Golf* ヒールで打つ.

heel[2] *v.* (船が)傾 く, 傾 ける (*over*).

heel-and-toe *a.* 踵 から地につけ爪 先 で地から離れる.

heeled *a.* 踵 のある; 金 のある; 銃 を持っている.

heeltap (靴の)かかと革; (グラスの)飲み残し.

heft *v.* 持ち上げて重さを計る; 持ち上げる. ── *n.* 目方; 重 要性, 影響 力.

hefty *a.* 重い; 強い.

Hegel ヘーゲル. **Georg Wilhelm Friedrich Hegel** (1770–1831) ドイツの哲学者.

hegemonism 覇権主義.

hegemonist 覇権主義者.

hegemony (連盟の)指導権; 覇権, ヘゲモニー.

Hegira イスラム紀元; [h-] 逃避(行).

he-goat 雄ヤギ.

heifer (子を産んでいない)若い雌牛.

heigh *int.* おーい, ハイ《注 意・激励などの叫び》.

heigh-ho *int.* あーあ, ハイホー《退 屈・落胆・歓喜などの叫び》.

height 高さ; 高地, 丘; 頂 上, 絶頂; 高 貴, 卓越.

heighten *v.* 高める; 強める, 増す.

Heine ハイネ. **Heinrich Heine** (1797–1856) ドイツの詩人.

heinous *a.* 憎むべき, 極 悪の.

heir *Law* 相続人, 嗣子; 後 継 者 (*to*).

heir apparent *Law* 法定推定相続人.

heirdom 相続人たること, 相続権.

heiress 女子相続人.

heirless *a.* 相続人のない.

heirloom *Law* 法定相続動産; 伝来の家宝.

heir presumptive *Law* 推定相続人.

heirship =heirdom.

heist *n., v.* 強盗(を働く); 盗む.

Hejira =Hegira.

heliborne *a.* ヘリで空輸の.

helibus (乗り合い)ヘリコプター.

helical *a.* 螺旋形の.

helicoid *a.* 螺旋状の. — *n.* 螺旋体, 螺旋面.

helicon *Mus.* ヘリコン《大型管楽器の一種》.

helicop ヘリによるパトロール(警官).

helicopter *n., v.* ヘリコプター(で行く).

helilift *v.* (兵員を)ヘリで輸送する.

heliocentric *a.* 太陽中心の.

heliograph *n., v.* 日光反射信号機(で通信する).

heliotrope *Bot.* ヘリオトロープ; ヘリオトロープ色《薄紫》.

heliotropic *a. Bot.* 向日性の.

heliotropism *Bot.* 向日性.

helipad, heliport ヘリ発着所.

helispot (臨時の)ヘリ発着所.

helistop ヘリ発着所.

helium *Chem.* ヘリウム《希ガス元素》.

helix 螺旋, 渦巻(模様).

hell *n.* 地獄, 冥土, 魔界; ひどい扱いの(原因); ひどい経験(の原因); 賭博場. **a hell of a** 地獄のような, ひどい; すごい. **for the hell of it** いたずら気分で. **give hell to** ひどく扱う, 厳しく扱う. **Go to hell!** くたばってしまえ. **like hell** ひどく, 猛烈に. **raise hell** 大騒ぎをする; かんかんに怒る. — *v.* 放蕩生活をする.

he'll =he will, he shall.

hell-bent *pred. a.* 夢中の, 必死の.

hellcat あばずれ女.

Hellene (古代)ギリシャ人.

Hellenic *a.* (古代)ギリシャ(人)の, (古代)ギリシャ語の, (古代)ギリシャ史の, (古代)ギリシャ文化の.

Hellenism ギリシャ語風; ギリシャ文化, ギリシャ精神, ギリシャ思想, ヘレニズム.

Hellenist (古代)ギリシャ学者, (古代)ギリシャ研究者.

Hellenistic *a.* Hellenism [Hellenist] の.

Hellenize *v.* ギリシャ化する, ギリシャ語風にする.

hellfire 業火; ひどい苦しみ.

hellhound 地獄の犬.

hellion 手に負えぬ乱暴者.

hellish *a.* 地獄の(ような); 極悪非道の, 身の毛のよだつ, 嫌な. — *ad.* 不快に, 忌まわしく.

hello *int., n.* もし, ちょっと, おや; (電話の)もしもし(という声), よろしく.

helm *n., v.* (船の)舵輪(を操る), 操縦装置; 支配的地位.

helmet ヘルメット, かぶと, 鉄かぶと, (フェンシングの)面.

helmsman 舵手, 操縦者.

helot [H-] (古代スパルタの)農奴; 奴隷.

help *v.* 助ける, 助力する, 手伝う; 救う; 癒す; 促進する, 助長する; (食べ物を)配る, 勧める, 盛る; 避ける, 禁じる. **cannot help** (do*ing*) =**cannot help but** (do) …せざるをえない. **help oneself to** 自力でする; (食べ物を)自分で取る. **help out** 救い出す. — *n.* 助け, 助力, 援助; 手伝い人, 雇い人; 役立つもの; 治療; 逃げ道, 救助策 (*for*); (パートタイムの)手伝い.

helper 助け手, 助手.

helpful *a.* 助けとなる, 役に立つ, 有用な.

helping (食べ物の)一盛り.

helpless *a.* (自分では)どうすることも出来ない, 無力な; 頼る者のない.

helplessly *ad.* (自分では)どうすることも出来ず

に, 力 なく; 頼る者もなく.

helpmate, helpmeet 助 力 者, 協
力 者《妻または 夫 》.

Helsinki ヘルシンキ《フィンランドの首都》.

helter-skelter *ad., a., n.* あてらふためいて,
大 あわての; 狼 狽; (遊園地などの)螺旋 形すべり
台.

helve (道 具の)柄.

hem[1] *n.* (着 物・布などの)へり. —— *v.* へりくけす
る, へりを取る; 囲む, 取り巻く (*in, about,
around*).

hem[2] *int., n., v.* へん, えへん(と言う). **hem and
haw** 口ごもる.

he-man 男 性的な 男.

hematic *a.* 血 液の; 血 液に作用する.

hematite 赤 鉄鉱.

Hemingway ヘミングウェー. **Ernest Hem-
ingway** (1899-1961) 米 国の作家.

hemiplegia *Med.* 半 身不随.

hemisphere 半 球 (体); (活 動・思 考の)範
囲; *Anat.* 大 脳半 球.

hemline (スカートの)すそ 縁.

hemlock 毒にんじん(液); *Bot.* カナダツガ(の木).

hemoblast 血 小 板.

hemoglobin *Biochem.* ヘモグロビン, 血 色素.

hemophilia *Med.* 血 友 病.

hemorrhage *Med.* 出 血.

hemorrhoid [*pl.*] *Med.* 痔核, 痔疾.

hemp 麻, 大麻; ハシーシ.

hempen *a.* 麻(製の).

hemstitch *n., v.* (糸を抜いた)へりかがり(をする),
ヘムステッチ.

hen めんどり; 雌 鳥; 小うるさい 人; 女.

hen-and-egg *a.* (因果関係が) 鶏 が先か
卵 が先かの.

henbane *Bot.* ヒヨス《毒草》; それから取った 毒
薬.

hence *ad.* 今後; こういう訳で; ここから.

henceforth, henceforward *ad.* 今後,

これから.

henchman 子分, (信 頼出来る)部下; 支持
者.

henhouse 鶏 小屋.

henna *Bot.* ヘンナ; ヘンナ染 料《赤色》.

hennery 養 鶏 場.

hen party 婦 人だけの会 合.

henpeck *v.* (夫 を 尻に敷く.

henpecked *a.* 妻の尻に敷かれた.

henry *Elec.* ヘンリー《誘導係数の単位》.

hep *a.* (最新の物 事に)通じている, くわしい (*to*);
ジャズ好きの.

hepatic *a.* 肝臓の; 黒 褐 色 の.

hepatica *Bot.* ユキワリソウ.

hepatitis *Med.* 肝 炎.

hepcat 最新 流 行に敏感な人; ジャズファン.

heptagon 7 角形, 7 辺形.

heptameter *Poet.* 7 歩格.

her *pron.* 彼 女を, 彼 女に; 彼 女の.

Hera *Gk Myth.* ヘラ《Zeus の妻; ローマ神話の
Juno に当たる》.

herald *n.* 布告官; 伝達者; 先触れ, 先駆
者; (英国の)紋 章 官.

—— *v.* 布告する, 伝達する; 先触れする.

heraldic *a.* 伝令(官)の; 紋 章 (学)の.

heraldry 紋 章 (学); 予告, 先触れ.

herb 草, 草本; 薬 用 植 物, 香料 用 植
物.

herbaceous *a.* 草 の, 草 本の.

herbage 草, 牧草; *Law* 放牧権.

herbal *a., n.* 草 本の; 草本書, 植 物誌.

herbalist 植 物学者; 薬 草 商.

herbarium 植 物 標 本(室).

herb doctor 薬 草医, 漢 方医.

herbicide 除草剤.

herbivore 草 食 動 物.

herbivorous *a.* 草 食 の.

Herculean *a.* ヘラクレスの; [h-] ヘラクレスのよう
な, 大 力無双の; [h-] (仕事が)至 難の.

Hercules *Gk Myth.* ヘラクレス《大力無双の英雄》; 大力の男.

herd *n.* (牛・馬・鯨 などの)群れ; 群衆, 大衆. — *v.* 群がる, 集まる(*together*); (牛馬を)集める, (牛馬の)番をする.

herdsman 牧夫, 家畜番.

here *ad.* ここに, ここへ, ここで; この点で; この世で; それ, そら, ほら; はい《点呼の返事》. **here and there** あちらこちらに. **Here goes！** そら始めるぞ. **Here's to** …のために乾杯. **Here you are.** はい これを(どうぞ). **neither here nor there** 問題外で.

hereabout(s) *ad.* この辺りに, この辺りで.

hereafter *ad., n.* 今後, 未来; 来世.

hereby *ad.* これによって.

hereditament *Law* 相続財産.

hereditary *a.* 世襲の; 遺伝の.

heredity 遺伝; 世襲.

herein *ad.* ここに; この中に.

hereinafter *ad.* (書類で)以下.

hereof *ad.* これについて.

hereon *ad.* =hereupon.

heresy 異教, 異端.

heretic 異教徒, 異端者.

hereto *ad.* この文書に.

heretofore *ad.* これまで, 今まで.

hereunder *ad.* 下に, 下文に.

hereunto *ad.* この文書に.

hereupon *ad.* ここにおいて; この直後に.

herewith *ad.* これと共に, 同封して; この機会に.

heritable *a.* 相続される; 遺伝する.

heritage 相続財産, 遺産; 先祖伝来のもの; 天性, 運命; *Bib.* 神の選民《イスラエル人》.

heritor 相続者.

hermaphrodite 両性動物, 両性花; 両性具有者, 半陰陽者.

Hermes *Gk Myth.* ヘルメス《神々の使者で科学・発明・弁舌・商業などの神; ローマ神話の Mercury に当たる》.

hermetic *a.* 密封した; [H-] 錬金術の.

hermit 隠者, 世捨て人.

hermitage 隠者の住み家.

hermit crab *Zool.* ヤドカリ.

hernia *Med.* 脱腸, ヘルニア.

hero 英雄, 勇士, ヒーロー, (劇・小説などの)主人公; (古代ギリシャの)神人.

Herod *Bib.* ヘロデ王《73?-4 B.C.; ユダヤの王 (37-4 B.C.)》.

heroic *a.* 英雄的な, 雄々しい, 壮烈な, 勇ましい, 大胆な; 誇張した; *Fine Arts* 実物より大きい. — *n.* [*pl.*] 英雄詩(格); [*pl.*] 誇張した語調, 誇張した感情.

heroic verse 英雄詩格《英詩では弱強の5歩格》.

heroin ヘロイン《鎮静用モルヒネ剤》.

heroine 女丈夫, 女傑, ヒロイン, 女主人公.

heroism 武勇, 勇壮; 英雄的行為.

heroize *v.* 英雄化する, 英雄視する.

heron *Ornith.* サギ.

heronry サギ群棲地.

hero worship 英雄崇拝.

hero-worship *v.* 英雄崇拝する.

herpes *Med.* 疱疹, ヘルペス.

herpetologist 爬虫類学者.

herpetology 爬虫類学.

Herr (G) =Mr.

herring *Ichthy.* ニシン.

herringbone *n., v.* ニシンの骨; 杉綾模様(に縫う); *Ski.* 開脚登行(する).

hers *pron.* 彼女のもの.

herself *pron.* 彼女自身.

Hershey *Trademark* ハーシー《チョコレート》.

Hertfordshier ハートフォードシャー《イングランド東部の州》.

hertz *Phys.* ヘルツ《振動数の単位, 周波数の単位》.

hertzian wave *Elec.* 電波, ヘルツ波.

he's =he is, he has.

hesitancy, hesitance 躊躇.

hesitant *a.* ためらう, 煮えきらない.

hesitate *v.* 躊躇する, ためらう, 口ごもる.

hesitatingly *ad.* 躊躇して, 口ごもって.

hesitation 躊躇, ためらい.

Hesperus 宵の明星.

hetero *n., a.* =heterosexual.

heterodox *a.* 異端の, 邪説の.

heterodoxy 異端, 邪説.

heterogeneity 異種.

heterogeneous *a.* 異種の; 異分子から成る, 雑多な.

heteromorphic, heteromorphous *a.* *Entom.* 完全変態の.

heteromorphism *Entom.* 完全変態.

heterosex 異性愛.

heterosexual *a., n.* 異性(愛)の(人).

het up *a.* 興奮した.

heuristic *a.* (生徒に)自分で発見させる.

hew *v.* (叩き)切る, 切り倒す (*down*).

hex *v.* 魔法にかける. — *n.* 魔力; 魔女.

hexachloride *Chem.* 六塩化物.

hexagon 6角形, 6辺形.

hexagram 六線星形 (✡).

hexahedron 6面体.

hexameter *Poet.* 6歩格.

hexapod *Zool.* 六脚類, 昆虫.

hey *int.* ヘイ, やあ, おい《驚き・注意などの発声》.

heyday 盛り, 全盛(期).

hf high frequency.　**HG** High German.

　H.H. His [Her] Highness.

H-Hour *Mil.* 作戦開始時刻, 攻撃開始時刻.

HI Hawaiian Islands.

hi *int.* やあ, おい《注意を促す発声》.

hiatus 中絶, 途切れ; 脱文, 欠字; すき間;

Phonet. 母音連続.

hibernal *a.* 冬の(ような).

hibernate *v.* 冬眠する; 避寒する, 引きこもる.

Hibernian *a., n.* アイルランド(人)の; アイルランド人.

Hibernicism アイルランド語法, アイルランド人気質.

hibiscus *Bot.* ハイビスカス.

hiccup, hiccough *n., v.* しゃっくり(する).

hic jacet (L) ここに永眠す《碑銘》.

hick 田舎者.

hickey キスマーク.

hickory *Bot.* ヒッコリー《北米産クルミ科の木》; ヒッコリー材, ヒッコリー道具.

hidalgo スペインの小貴族《grandee の次の階級》.

hidden tax 間接税.

hide[1] *v.* 隠す, 隠れる, 覆う.

hide[2] *n.* 獣皮, 皮; (人の)皮膚.　**tan the hide of** 鞭打つ. — *v.* 皮を剥ぐ; ひどく殴る.

hide-and-seek *n., v.* 隠れん坊(する).

hideaway 隠れ場所, 潜伏場所.

hidebound *a.* (家畜が)やせこけた; 偏狭な, かたくなな.

hideous *a.* 嫌な, 物凄い, ぞっとする; 忌まわしい.

hideout (犯人の)隠れ家.

hiding[1] 隠れること, 隠蔽.

hiding[2] 鞭打ち.

hidrotic *a.* 発汗させる.

hierarch 教主; 高僧.

hierarchical *a.* 階級組織の, 階級制度の; 教主の.

hierarchy (一般に)階級組織, 階級制度; 階層; 教権制度; *Theol.* 天使の階級.

hieratic *a.* 聖職者の, 神官の, 僧侶の; (古代エジプトの)神官文字の.

hieroglyph 象形文字, 絵文字, 秘密文字.

hieroglyphic *a., n.* 象形文字の; [*pl.*] 象形文字文書.

highness

hierophant (古代ギリシャの)神秘儀式の神官；(宗教秘儀の)解説者.

hi-fi =high-fidelity.

higgle v. 値切る.

higgledy-piggledy a., ad. 乱雑な, めちゃくちゃな; 乱雑に, めちゃくちゃに.

high a. 高い, 高地の, 高所の; 高位の, 高貴な; 高級な, 高尚な, 贅沢な; 重大な, 高度の; 主な; 大きい, (値段の)高い; 進歩した, (時間が)進んだ; たけなわの, 盛んな, 非常な, 激しい; (肉が)腐りだした《食べ頃》; (音が)鋭い, (色が)濃い; 酔った. **high on** ...に夢中で. — n. 高所; 天上; [the H-] =High Street; (麻薬による)恍惚感, 恍惚状態; =high gear; *Meteor.* 高気圧(域). **on high** 空中高く; 天上に. — ad. 高く; 高値に; 贅沢に; 激しく, 大いに. **high and dry** (船が)岸に乗り上げて; 時世に置き忘れられて. **high and low** あらゆるところで, 至る所.

high-and-mighty a. 横柄な.

highball ハイボール.

high beam ハイビーム《上向きのヘッドライト光線》.

highbinder ギャング, ごろつき; 不正政治家.

highborn a. 高貴の生まれの.

highboy 脚付き洋だんす.

highbred 高貴の生まれの, 教養の高い, しつけの良い.

highbrow n., a. インテリ(の), ハイブラウ(の).

high chair (脚高)子供椅子.

High Church 高教会派《英国国教会の一派》.

High Churchman 高教会派の人.

high-class a. 高級な.

high command 最高司令部; 指揮権.

high commissioner (植民地の)高等弁務官.

high court 高等裁判所.

high day 祭日.

high-definition television 高品位テレビ.

high-energy a. 高エネルギーの, 高エネルギーを有する, 高エネルギーを生じる; ダイナミックな.

higher-up 上役.

high explosive 高性能爆薬.

highfalutin a. 誇張した, 大げさな.

high fashion =high style; haute couture.

high fidelity ハイファイ.

highflier, highflyer 高く飛ぶ鳥; 野心家.

high-flown a. 大げさな, 野心的な.

high frequency *Elec.* 高周波.

high gear (自動車の)トップギヤ.

High German 高地ドイツ語.

high-grade a. 高級な, 良質の.

high-handed a. 高圧的な.

high hat シルクハット.

high-hat v. ばかにする. — a. 気取った.

high horse 横柄.

highjack v. =hijack.

high jinks どんちゃん騒ぎ.

high jump (走り)高跳び.

high-key a. *Phot.* 明るく平調の.

highland [pl.] 高地, 高原. the Highlands スコットランド中北部の高地地方. — a. 高原地方の; Scotland 高地地方の.

Highlander スコットランド高地人.

high-level a. 首脳レベルの.

high-level language *Computer* 高水準言語.

highlight n., v. (絵画・写真の)光彩部分; (劇・歴史・ニュースなどの)最高潮の場面, 最重要点, ハイライト; 顕著にする, 強調する.

highly ad. 高く, 高位に, 高貴に; 高度に, 大いに.

High Mass *Rom. Cath.* 盛式ミサ, 荘厳ミサ.

high-minded a. 心の高尚な, 高潔な.

high-necked a. ハイネックの.

highness 高いこと, 高さ, 高位, 高価. **His**

[Her, Your] Highness 殿下.

high-octane *a.* (ガソリンなどが)高オクタン価の.

high-pitched *a.* 調子の高い; 急傾斜の.

high-power(ed) *a.* 高出力の; 精力的な.

high-pressure *a.* 高圧の; 強要する, しつこい

high priest (古代ユダヤ教の)大祭司, 祭司長, 高僧.

high-rise *n., a.* 高層建築(の).

highroad 公道, 大道.

high school 高等学校.

high seas 公海.

high season (行楽の)最盛期, シーズン.

high-sounding *a.* 大げさな, 仰々しい; 聞こえのよい.

high-speed *a.* 高速度の.

high-spirited *a.* 勇気のある, 気概のある; 高慢な.

high spot ハイライト.

High Street 本町通り, 中心街.

high-strung *a.* 緊張した, 興奮した; 敏感な.

high style 流行の先端を行くスタイル.

hightail *v.* 全速力で逃げる.

high tea ハイティー《肉料理付きの午後のお茶》.

high tech ハイテク装飾《工業製品・工業材料・工業デザインを応用した家庭用品, 室内装飾の様式》; =high technology.

high technology 高度技術, 先端技術, ハイテク.

high-tension *a. Elec.* 高圧の.

high-test *a.* 厳しい検査にパスした; (ガソリンが)沸騰点が低い.

high tide 高潮; 絶頂.

high time 機の熟した時 (*for, to* do).

high-toned *a.* 高級な; ハイカラな.

high treason 大逆罪.

high-up 重要人物.

high water 高潮, 満潮.

highway 本道, 幹線道路; (研究などの)本筋.

H.I.H. His [Her] Imperial Highness.

hijack *v.* (航空機などを)乗っ取る; ハイジャックする; (運送中を)抜き取る, ふんだくる, かっぱらう.

hike *n., v.* ハイキング, 徒歩旅行(をする); 騰貴(させる), 引き上げ(る).

hiker ハイカー.

hiking ハイキング.

hilarious *a.* 陽気な, 愉快な.

hill *n.* 小山, 丘; 盛り土, 塚; 坂道. **over the hill** 無断で休んで; 最盛期を過ぎた. — *v.* 積み上げて小山にする.

hillbilly *n., a.* 米国南部の僻地の住民(特有の), 田舎者.

hillbilly music ヒルビリ《米国南部のカントリーミュージック》.

hillock 小丘.

hillside 丘の斜面, 山腹.

hilltop 丘の頂上.

hilly *a.* 丘の多い, 丘陵性の; 小高い.

hilt (刀の)つか, 柄, 握り. (**up**) **to the hilt** 十分に, 徹底的に.

H.I.M. His [Her] Imperial Majesty.

him *pron.* 彼を, 彼に.

Himalayan *a.* ヒマラヤ山脈の. — *n.* ヒマラヤン《ペルシャ猫とシャム猫の交配種》.

Himalayan cedar *Bot.* ヒマラヤスギ.

Himalayas ヒマラヤ山脈.

himself *pron.* 彼自身.

Hinayana *Budd.* 小乗.

hind¹ 雌鹿, 雌のアカジカ.

hind² *a.* 後ろの.

hinder¹ *a.* 後ろの.

hinder² *v.* 妨げる, 邪魔する (*from*).

Hindi ヒンディー語《北部インドの言語》.

hindmost *a.* 一番後ろの.

hindquarter (獣 肉の) 後 四半部《 後 脚 と 臀部》.

hindrance 妨害, 邪魔.

hindsight (銃 の)後部照 尺 ; 後知恵.

Hindu, Hindoo *n., a.* ヒンズー人, (一 般 的 に)インド 人 ; ヒンズー(教)の.

Hinduism ヒンズー 教, インド 教 .

Hindustan ヒンドスタン《インド北部の地方》.

Hindustani *a., n.* ヒンドスタン(人)の; ヒンドスタ ニー語(の).

hinge *n.* 蝶番 ; かなめ, 要点 .
— *v.* 蝶番 をつける; 蝶番 で動く; (…に) よる (*on, upon*).

hint *n.* ヒント, 暗示, 示唆; それとなく与える 忠 告 ; 微量 , わずか (*of*). **take a [the] hint** それ と感づく. — *v.* ヒントを与える, 暗示する, ほの めかす (*at*).

hinterland (海岸の, 河岸の)奥の地域, 奥地, 内 陸, (文化的な)後 背 地.

hip[1] ヒップ, 臀部 ; =hipjoint; *Arch.* 隅 棟.

hip[2] 野バラの実.

hip[3] *int.* ヒップ《応 援, 喝 采などの発 声》.

hip[4] *a.* =hep.

hip bath 座浴.

hipbone *Anat.* 寛骨, 無名骨.

hip flask 携帯用酒瓶.

hip-huggers ヒップハガー《ヒップで留めるスラック ス》.

hipjoint *Anat.* 股関節.

hipped *a.* (…の)ヒップをした; とりつかれた.

hippie ヒッピー.

hippiedom ヒッピーの世界.

hippo =hippopotamus.

hip-pocket *n.* (ズボンの) 尻 ポケット.
— *a.* 極 小 型 の.

Hippocratic oath (医師の)ヒポクラテスの宣 誓 .

hippopotamus *Zool.* カバ.

hippy =hippie.

hipster[1] *a.* ヒップボーンの《ウエスト位置を腰 骨 ま で下げた》. — *n.* [*pl.*] ヒップボーンスラックス.

hipster[2] =hepcat.

hire *n.* 賃貸 (料), 賃 借 (料), 使用 料 ; 雇用 . **for [on] hire** いつでも雇える, いつでも 賃 借 できる. — *v.* 賃 借 する, 賃貸する; 雇う.

hireling 雇い人 ; 借り物.

hire purchase 分割払い購 入 .

hirsute *a.* 毛だらけの, 毛の粗 い.

his *pron.* 彼 の(もの).

Hispania =Spain.

Hispanic *a.* =Spanish.

Hispaniola イスパニオラ《西インド諸 島の島》.

hiss *v., n.* (蒸 気 ・ 蛇 などが)しゅーという(声); (非難して)しっという(声). **hiss away [off]** しっ と言って追い払う, やじり倒す.

hist *int.* しっ.

histamine *Pharm.* ヒスタミン《子 宮 収 縮 ・血管拡 張 剤》.

histology 組織学.

historian 歴史家.

historic *a.* 歴史的に有名な, 歴史的に 重 要な, 歴史的な, 歴史 上 の.

historical *a.* 歴史(上)の, 歴史的な, 史学 の.

historical materialism 史的唯物 論 .

historical present *Gram.* 歴史的現在 《過去の出来 事を述べるのに用いられる現 在 形》.

historicism 歴史(必 然)主義.

historicity 史実性.

historiographer 史 料 編 集 者.

historiography 史 料 編 集 ; 史書, 正史.

history (歴)史学 ; 歴史, 沿革, 変 遷, 来 歴 ; 由来 ; 病 歴 ; 史実, 史書, 史劇 ; 物 語 ; (自然 界 の)組織的 記 述 ; 過去の事. **make history** 後 世に名を残す.

histrionic *a.* 演劇の, 俳優の; 芝居がかった.

histrionics 演劇 ; 演技, しぐさ.

hit *v.* (強 く)打つ, ぶつかる, ぶつける (*against*); 当て

る, 当たる;（精神的に）打撃を与える; 合う, 適合する, 適う; 言い当てる; 出会う, 見つける; 思い付く; *Baseball* ヒットする; 行く, 達する; 要求する; 身を入れる. **hit it** うまく当てる; 去る. **hit it off** 一致する; よく折り合う(*with*). **hit off** うまく表現する. **hit on [upon]** 偶然に出会う; 思いつく. ― *n.* 当たり, 打撃, 的中; 大当たり, 成功; 適評; *Baseball* ヒット, 安打; 1 回分の薬物;（殺し屋による計画的な）殺し. **hit or miss** のるかそるか, どうであろうと. **make a hit** 成功する; …に気に入られる(*with*).

hit-and-run *a.* ひき逃げの; *Baseball* ヒットエンドランの.

hitch *v.* つなぐ, ひっかける; ぐいと動かす, 引っ張る; びっこをひく; からまる; 調和する, 仲良くやっていく; 結婚する, 結婚させる; ＝hitchhike. ― *n.* ぐいと引くこと; 連結, ひっかけ結び; 障害, からまり; びっこを引くこと; 兵役期間, 服役期間; ＝hitchhike. **without a hitch** 滞りなく, 首尾よく.

hitched *a.* 既婚の.

hitchhike *v.* ヒッチハイクする.

hither *ad.*, *a.* ここへ; こちらの.

hitherto *ad.* 今まで; ここまで.

Hitler ヒトラー. **Adolf Hitler** (1889–1945) ドイツの総統 (1934–45).

hit man 殺し屋.

hit parade ヒットパレード, ヒット曲の人気順位.

hit song ヒットソング.

Hittite ヒッタイト族《小アジアの古代民族》; ヒッタイト語.

hit tune ヒット曲.

hive *n.* （ミツバチの）巣箱; 一群のミツバチ; がやがや人の集まる所, 混み合う群集. ― *v.* 巣箱に飼う, 巣箱につく; 群居する; 蜜を蓄える, 蓄積する.

hives 蕁麻疹.

H.L. House of Lords.

h'm *int.* ＝hem².

H.M. His [Her] Majesty. **H.M.S.** His [Her] Majesty's Ship 英国軍艦.

ho *int.* ほー, ほーい《喜び・驚き・呼び掛けなどの発声》.

hoard *n.* 蓄え; 秘蔵物, 退蔵物, 買いだめ; 大量. ― *v.* 貯蔵する, 買いだめする(*up*).

hoarding [*pl.*] 蓄積物, 買いだめ;（建築場などの）板囲い; 広告板.

hoarfrost 霜, 白霜.

hoariness （毛の）白さ; 古めかしさ, 神々しさ.

hoarse *a.* しゃがれ声の,（声が）かれた; 耳障りな.

hoarsen *v.* （声を）しゃがれさせる.

hoary *a.* 白髪の; 年老いた, 古びた; 神々しい.

hoax *v.*, *n.* （ふざけて）だます, かつぐ; 悪ふざけ.

hob 暖炉の内部の棚;（車輪の）こしき; *Mech.* 歯切り工具.

hobble *v.* びっこを引く, びっこを引かせる, たどたどしく歩く, たどたどしく言う, たどたどしく行う; 馬の両脚を縛る; 妨げる. ― *n.* びっこ歩き; 縄の足かせ; 苦境, 難局.

hobbledehoy 青二才.

hobble skirt 裾をつめたスカート.

hobby 趣味, 余技, 道楽; ＝hobbyhorse.

hobbyhorse （回転木馬の）木馬;（棒の先に馬の頭の付いた）竹馬; 得意な話題.

hobgoblin 小鬼, お化け.

hobnail （靴底に打つ）頭の大きい釘.

hobnail(ed) liver *Med.* 肝硬変.

hobnob *v.* 親しく付き合う; 一緒に飲む. ― *n.* 談笑.

hobo 渡り労働者; 浮浪者.

Hobson's choice いやおうなしの選択.

Ho Chi Minh City ホーチミンシティー《ベトナム南部の都市; 旧名 Saigon》.

hock¹ （家畜の後脚の）膝関節.

hock² ライン産白ぶどう酒.

hock³ *n.*, *v.* 質（に入れる）; 借金; 刑務所. **in hock** 入質して; 在監中.

hockey ホッケー; ＝ice hockey.

hocus v. ごまかす, かつぐ; (酒に)麻酔薬を入れる.

hocus-pocus (奇術師の)まじない; 手品, ごまかし.

hod (れんが・漆喰などを運ぶ)木箱; 石炭入れ.

hodgepodge ごった煮; ごたまぜ.

hodman hod をかつぐ人.

hodometer 走行距離計.

hoe n., v. 鍬, 草かき; 鍬で耕す, 鍬で掘る.

hoecake とうもろこしパン.

hoedown スクエアダンス(のパーティー).

hog n. 豚, 食用豚; 豚みたいな奴, 貪欲な人, 大食いな人. **go (the) whole hog** 徹底的にやる. — v. 背を丸める; (馬のたてがみを)短く刈る; むさぼる.

hogback Geog. 豚背丘.

hog cholera 豚コレラ.

hoggish a. 豚のような, 野卑な, 下品な.

hogshead 大樽; ホッグズヘッド(液量単位; ＝63 米 gallons)).

hog-tie v. 四足を縛る; 束縛する.

hogwash 豚の食べ物((残飯など)); くだらない物, くだらない話, 駄作; 安酒.

hog-wild a. ひどく興奮した.

ho-ho-hou ほっほっほっ((サンタクロースの笑い声)).

hoick v. ぐいと持ち上げる; (飛行機を)急上昇させる.

hoi polloi (Gk) 大衆, 民衆.

hoist v. 高く掲げる; (網などで)引き上げる, 持ち上げる. — n. 引き上げ, 巻き上げ; 巻き揚げ機, 昇降機.

hoity-toity a. 気紛れな; 軽はずみな; 横柄な, 怒りっぽい.

hokeypokey (大道で売る)安アイスクリーム; 手品.

hokum でたらめ, たわごと; (劇・映画などで)低級な感傷的筋.

hold[1] Naut. 船倉; (飛行機の)貨物室.

hold[2] v. しっかり持つ, 握る, つかむ; 所有する, 占有する, 保有する, 保つ, 維持する; 保留する, 固守する, 持続する, もつ; 行う, 催す, 開く, 挙行する; 効力をもつ, 適用される; 入れる, 収容する; 主張する, (考えを)抱く, …と思う (it to be, that); Law 判決を下す; 売り物の麻薬を所持する. **hold back** 引き留める, 控える; 尻ごみする (from). **hold by** 固守する; すがる. **hold down** 押さえつける; 地位を保つ. **hold forth** 差し出す, 提供する; 大いに弁じる. **hold in** 押さえる, 控える, 我慢する. **hold it!** 動くな. **hold off** 遠ざかる, 遠ざける; ぐずぐずする. **hold on** つかまえる, すがる; 続ける; [命令文で]待て. **hold out** 差し出す, 呈示する; 持ちこたえる, 抵抗する; 出さずにおく (on). **hold over** (後に)持ち越す; 定期間以上在職する. **hold to** すがりつく; 固守する. **hold together** 結合する, 団結する. **hold up** 上げる, 掲げる, 支持する; (模範・見せしめとして)世に示す; 持ちこたえる; 止める, 止まる; (ピストルを突きつけて)停止を命じる, 強奪する; [命令]止まれ, 手を上げろ; 高い値段を吹っかける. **hold with** 味方する, 賛成する.

— n. 保つこと, 保有; 把握, 押さえ, 握り; とらえ所, 手がかり, 支え; 掌握, 支配力; より所, 隠れ場, とりで; 容器; Wrestling ホールド; (発射などの)秒読みの遅延; Mus. フェルマータ (⌒). **catch [get, lay, take] hold of** …を捕らえる, つかむ; 掌握する. **have a hold on [over]** …に対して支配力を持つ, …の急所を握る. **keep hold of** …を押さえておく. **lose [let go] one's hold of** …を放す, 手がかりを失う. **take hold** 定着する; (薬が)効く.

holdall 合財袋.

holdback 妨害.

holder 所有者, 所持者; 容器, ホールダー; (ペンなどの)軸, 支える物.

holdfast 保持, 把握; しっかり押さえる物((釘・締め金など)); Biol. (海草・寄生動物などの)吸着器官.

holding

holding 保有, 所持; 保有地, 借地, 所有権; 持ち株; *Sports* ホールディング.

holding company 持ち株会社, 親会社.

holding pattern *Aeronaut.* 待機(経路).

holdover 繰り越し, 残存(物), 留任者.

holdup 不法拘留, 強奪; 強盗; 停止, 停滞, 妨害.

hole *n.* 穴, 坑;(獣の)巣穴; むさ苦しい場所; 独房; 欠陥; 窮地, ジレンマ; *Golf* ホール; 口; 肛門; [the ~] 女性器. **in a [the] hole** 困って, 窮して. **make a hole in** …を使い込む. **(make) a hole in one** *Golf* (tee から green まで)1 打でホールに入れる(こと), ホールインワン(をする). **pick holes in** …のあらを捜す. — *v.* 穴を掘る, 穴に入れる. **hole up** 冬ごもりに入る, 閉じ込める.

hole-and-corner *a.* 秘密の.

hole-in-the-wall ちっぽけな場所, ちっぽけな店.

holey *a.* 穴だらけの.

holiday 祭日, 休日; [*pl.*] 休暇.

holidaymaker 休日に遊びに出る人.

holidays *ad.* 休日(ごと)に.

holily *ad.* 神聖に.

holiness 神聖. **His [Your] Holiness** *Rom. Cath.* 聖下(ローマ教皇に対する敬称).

holism *Philos.* 全体論.

Holland オランダ; [h-] オランダ布.

Hollander オランダ人, オランダ船.

holler *v.* 叫ぶ, 大声で呼ぶ. — *n.* 叫び; ハラー(ソング)(黒人労働歌の一種).

hollo, holla *int.* おーい, ほら《注意・応答の発声》. — *v.* 大声で叫ぶ.

hollow *a.* 窪んだ, 落ち込んだ; 中空の; 空虚な, 虚偽の, 当てにならない; 空腹の. — *n.* 窪み, 窪地; うろ, 穴; 谷. — *ad.* すっかり, 完全に. **beat one hollow** すっかりやっつける. — *v.* えぐる, くりぬく (out).

hollowware 凹形食器類.

holly *Bot.* セイヨウヒイラギ.

hollyhock *Bot.* タチアオイ.

Hollywood ハリウッド《Los Angeles 郊外の映画製作中心地》; 米国の映画界, 映画産業.

holm 川中島, (河口の)中州, 河辺の低地.

Holmes ホームズ. **Sherlock Holmes** Conan Doyle 作による名探偵.

holmium *Chem.* ホルミウム《希土類元素》.

holocaust *Relig.* 全焼の犠牲《獣を丸焼きにして神前に供える》; (火による)大虐殺; 大破壊; [the H-] (ナチスの)ユダヤ人大虐殺.

hologram ホログラム《レーザー光線によって作り出される幻想的な図形》.

holograph 自筆の文書.

holography レーザー写真術.

hols (学校の)休暇.

holstein(-friesian) ホルスタイン種《乳牛》.

holster ホルスター《ピストルの革ケース》.

holus-bolus *ad.* たちまち, 一飲みに.

holy *a.* 神聖な, 清浄な, 神々しい; 信心深い, 高徳の; ひどい. **the holy of holies** (ユダヤ神殿の)至聖所, 奥殿.

Holy Communion 聖餐式; *Rom. Cath.* 聖体拝領.

holy day (宗教上の)祝祭日.

Holy Family 聖家族.

Holy Father *Rom. Cath.* ローマ教皇.

Holy Ghost [Spirit] 聖霊.

Holy Grail (キリストが最後の晩餐に用いた)聖杯.

holy orders 聖職. **take holy orders** 聖職につく.

Holy Roman Empire 神聖ローマ帝国.

Holy See *Rom. Cath.* 聖座; 教皇庁.

holystone *n., v.* (甲板用)みがき石(でみがく).

Holy Thursday 聖木曜日《キリストの昇天の祝日; カトリックでは復活祭前週の木

曜日》.

holy water 聖水.

Holy Week 聖週間《復活祭前の一週間》.

Holy Writ 聖書.

homage (封建時代の)臣従の礼; 忠順, 尊敬 (to). **do [pay] homage to** …に敬意を表する.

hombre (Sp) 奴, 男.

homburg ホンブルグ帽.

home n. 家庭, 我が家, 生家; 住宅, 家; 故国, 本国, 故郷; 中心地, 発祥地, 原産地, 本場, 本家; 安息所, いこいの場, 宿泊所, 墓場; (老人・孤児などを収容する)ホーム, 療養所; 決勝点; *Baseball* ホーム, 本塁. **at home** 在宅して; 面会日で; 国内で, 国内に; 精通して (*with*); くつろいで. ── *a.* 家庭の; 郷里の, 本国の; 国内の, 国産の, 内政の; 胸にこたえる, 急所を突く. ── *ad.* 我が家へ, 家へ; 本国に, 故郷へ; 急所を突いて, ひしと. **bring home to** 痛切に感じさせる, 明白に感じさせる. **hit [strike] home** (言葉が)急所を突く. ── *v.* 家へ帰る, 本国へ帰る, 故郷へ帰る, (ハトが)巣に帰る; 家を構える.

homebody 家庭的な人.

home-bound *a.* =homeward-bound.

homebred *a.* 自国で育った, 国産の; 洗練されていない.

home brew 自家醸造酒, 自家醸造ビール.

homecoming 帰宅, 帰郷, 帰国.

home economics 家政学.

home ground 得意な領域, 得意な話題.

homegrown *a.* 自家製の, 国産の.

home help 家政婦.

homeland 故国, 生国, 本国.

homeless *a.* 家のない.

homelike *a.* 我が家のような; 気のおけない, 気楽な.

home loan 住宅ローン.

homely *a.* 家庭的な, 質素な, 素朴な; ありふれた; 不器量な.

homemade *a.* 自家製の, 手製の; 自国製の.

homemaker 主婦.

homeopath ホメオパシー医.

homeopathy ホメオパシー, 類似療法.

homeowner 自家所有者.

home plate *Baseball* 本塁.

Homer ホメロス《紀元前9世紀ごろのギリシャの詩人》.

homer 伝書バト; *Baseball* ホームラン.

home range *Biol.* 縄張り, 行動圏.

Homeric *a.* ホメロス風の, 堂々たる.

homeroom *Educ.* ホームルーム.

home rule 内政自治, 地方自治.

home run *Baseball* ホームラン.

home screen テレビ.

homesick *a.* ホームシックの, 家を恋しがる, 故郷を懐かしむ.

homesickness ホームシック, 郷愁.

homespun *a., n.* 手織りの; 平凡な; 手織りラシャ, ホームスパン.

homestay ホームステイ.

homestead *n.* (付近の畑地を含めた農家の)家屋敷, 農家; (米国で入植者に与える)自作農場; *Law* 宅地. ── *v.* 入植する.

homesteader 入植者.

homestretch (競技の)ホームストレッチ《決勝点前の直線コース》; (仕事の)最終部分, 追い込み.

hometown 生まれ故郷の町; 住み慣れた町.

homeward(s) *ad.* 家へ向かって, 本国へ向かって, 帰途の.

homeward-bound *a.* 本国向けの, 帰航(中)の.

homework (学校の)宿題; 家内工業, 内職; (会議などの)下調べ, 準備.

homey *a.* 家庭の; 気のおけない.

homicide 殺人(罪), 殺人犯.

homiletic *a.* 説教 の, 教訓的な.

homiletics 説教 術.

homily 説教.

homing *a., n.* 家に帰る, (ハトが)巣に戻る; 帰還; 帰巣性; 自動追尾(の).

homing instinct 帰巣本能.

homing pigeon 伝書バト.

hominy (粥にする)ひき割りトウモロコシ.

homo[1] (L) *Zool.* 人属.

homo[2] *n., a.* =homosexual.

homogeneity 同種.

homogeneous *a.* 同種の, 同質の; 均質の, 統一する.

homogenize *v.* 均質化する.

homograph *Ling.* 同形異義語.

homologize *v.* (性質・位置など)対応する.

homologous *a.* (位置・構造など)一致する, 相応する.

homology 相同(関係).

homonym 同音異義語, 同名異物, 同名異人.

homophile *a.* 同性愛を擁護する; 同性愛の. — *n.* 同性愛者.

homophobia 同性愛嫌悪.

homophone 同音(異)字.

homophony *Mus.* 同音(性).

Homo sapiens (L) 人類.

homosex =homosexuality.

homosexual *a., n.* 同性愛の(人).

homosexuality 同性愛.

homy *a.* =homey.

hon あなた, お前《愛人などへの呼び掛け》.

honcho 長, 頭.

Honduras ホンジュラス《中米の共和国》.

hone *n., v.* 砥石(でとぐ).

honest *a.* 正直な, 誠実な; あからさまな; 真正の, 純良な; 正当な, 偽りのない. **turn an honest penny** 正直に働いて金を得る.

honest broker 仲裁人.

honestly *ad.* 正直に.

honest-to-goodness *a.* 本物の.

honesty 正直, 誠実, 潔白.

honey 蜂蜜, 糖蜜, 花蜜; 甘いもの; [呼び掛けとして]あなた, おまえ; すてきなもの, すてきな事.

honeybee *Entom.* ミツバチ.

honeycomb *n., v.* ミツバチの巣; ハチの巣状のもの, ハチの巣状の模様; ハチの巣状にする; 浸透する.

honeydew 甘露; (アブラムシの出す)蜜.

honeydew melon ハネデューメロン《冬メロンの一種》.

honeyed *a.* 蜜で甘くした; 蜜のある.

honeymoon *n., v.* 新婚後の一月; ハネムーン; 新婚旅行(をする); (短期間の)協調関係.

honeysuckle *Bot.* スイカズラ.

Hong Kong 香港.

honk *n., v.* (ガンが)鳴く(声); (自動車の)警笛(をならす).

honkie, honky [軽蔑的]白人.

honky-tonk いかがわしいクラブ, いかがわしい酒場.

Honolulu ホノルル《米国 Hawaii 州の州都》.

hono(u)r *n.* 名誉, 光栄, 面目, 体面; 節義, 貞操; 道義心, 自尊心; 敬意, 尊敬; 栄爵, 勲位, 勲章; [*pl.*] 礼遇, 特典, 優待, 優等; 高位, 高官; トランプの役札; *Golf* オーナー. **a point of hono(u)r** 面目にかかわること. **do hono(u)r** 光栄を与える, 面目を施す. **do the hono(u)rs** 主人役となって接待する. **hono(u)r bright** 誓って, 本当に. **in hono(u)r of** …に敬意を表して, …に祝意を表して, …の記念のために. **upon my hono(u)r** 名誉にかけて, 誓って. **Your [His] Hono(u)r** 閣下. — *v.* 尊敬する; 名誉を与える (*with*); *Com.* (手形を)引き受ける.

hono(u)rable *a.* 尊敬すべき, 名誉ある, 立派な, 高貴な, 志操堅固な.

hono(u)rable mention 選外佳作(賞).

honorarium 謝礼.

honorary *a.* 名誉上の; 名誉職の.

honorific *a., n.* 尊敬の, 敬称の; 敬語.

hono(u)r roll 優等生名簿, 栄誉名簿.

hono(u)r system (試験の)無監督制度.

hooch 密造酒.

hood[1] *n.* フード, 頭巾, 笠, 幌, 覆い, 蓋;(大学式服の)たれ布;(自動車の)ボンネット.
— *v.* フードで覆う; 隠す.

hood[2] =hoodlum.

hooded *a.* フードをかぶった; 覆い付きの, 幌付きの.

hoodlum ごろつき.

hoodoo *n., v.* 不運(にする); 縁起の悪い人, 縁起の悪い物, 厄病神.

hoodwink *v.* 目隠しする; ごまかす.

hooey たわごと.

hoof *n.* ひづめ;(人の)足. — *v.* 蹴飛ばす (*out*); 歩く, 踊る.

hoofed *a.* ひづめのある.

hoo-ha 大騒ぎ, やきもき.

hook *n.* 鉤, 止め金, ホック, 釣針; 洋服掛け;(電話の)受話器掛け;(鉤形の)かま; 鉤形の地形, 鉤形の突出部,(川の)屈曲部; 引用符; わな;(ゴルフ・ボウリングなどの)フックボール; *Boxing* フック; 錨. **by hook or (by) crook** あらゆる手段を尽くして, 何とかして. **hook, line, and sinker** 完全に. **off the hook** (受話器が)はずれて; 窮地を脱して. — *v.* 鉤状に曲げる; 鉤で掛ける (*on, up, etc.*), ホックで止める;(魚を)釣る;(人を)だます; *Boxing* フックを打つ.

hookah 水ぎせる.

hook and ladder (truck) はしご付き消防車.

hooked *a.* 鉤形の; ホックのついた; 結婚している;(麻薬に)ふけって, 夢中の (*on*).

hooker (オランダ式)二本マスト小帆船, 小漁船; 売春婦;(ウイスキーの)がぶ飲み.

hookup (ラジオ・電話などの)中継; 協力, 提携.

hookworm 十二指腸虫.

hooky ずる休みする人. **play hooky** 学校をサボる.

hooligan ごろつき, 不良少年.

hooliganism 乱暴.

hoop *n., v.* たが(をかける);(輪まわしの)輪; [*pl.*] (昔スカートを膨らますために入れた鯨のひげや鉄の張り枠);(体操用)フープ. **go through the hoop** 苦労する, 罰を受ける.

hooper 桶屋.

hoopla 大騒ぎ.

hoopskirt (張り枠入りの)フープスカート.

hoos(e)gow 刑務所.

hoot *v.* やじる (*at*);(フクロウが)ほーほー鳴く;(汽笛が)ぽーと鳴る. **hoot off** やじって追い出す.
— *n.* やじり声; フクロウの鳴き声; 汽笛, 警笛; 面白いもの; 少量.

hootenanny フォークソングの集まり.

hooter 鼻.

Hoover *n. Trademark* フーバー《電気掃除機》.
— *v.* (掃除機で)掃除する.

hop[1] *n. Bot.* ホップ; [*pl.*] ホップ《ビールの苦味剤》; 麻薬,(特に)アヘン.
— *v.* ホップで(ビールに)苦味をつける; ホップを摘む. **hop up** 麻薬などで興奮させる;(エンジン出力を)強化する.

hop[2] *v.* ぴょんと跳ぶ (*about, along*), 跳び越える (*over*), 跳びはねて進む; 飛び乗る; 飛行機で旅行する. **hop it** 逃げる. — *n.* 片足跳び, 跳躍(飛行機の)一飛び,(長距離飛行の)一航程;(内輪の)ダンスパーティー. **on the hop** 活動的な, 休まない.

hope *n.* 望み; 期待, 見込み. — *v.* 望む, 願う, 期待する. **hope against hope** 万一の希望をもつ.

hope chest 若い娘の結婚準備の品(を入れる箱).

hopeful *a.* 希望に満ちた; 見込みのある (*of*); 望みのある, 有望な. — *n.* 有望な人, 成功を期する人.

hopefully *ad.* うまく行けば, …が望ましいが; 希望をもって.

hopeless *a.* 望みのない, 絶望的な (*of*); 役に立たない, どうしようもない; 不得意で, 見込みのない.

hopelessly *ad.* 望みなく, 絶望して.

hophead 麻薬常用者.

hop-o'-my-thumb (童話の)一寸法師.

hopper[1] ホップの摘み手.

hopper[2] ぴょんと跳ぶ人, ぴょんと跳ぶ虫; 大型じょうご, ホッパー; 底開き無蓋車.

hopscotch 石けり《子供の遊戯》.

hop, step [skip], and jump 三段跳び.

Horace ホラティウス(65-8 B.C.; ローマの詩人).

horde (モンゴル人などの)遊牧民群; 群れ.

horizon 地平(線), 水平(線); 限界, 範囲.

horizontal *a.* 地平線の, 水平線の; 平面の, 平たい. — *n.* 水平線, 水平面.

horizontal bar 鉄棒.

hormone *Physiol.* ホルモン.

horn *n.* 角; 触角; 角製の器具, 角状のもの; 角笛, *Mus.* ホルン, トランペット; 警笛; 新月の一端; 岬の先端, 砂州の先端; (鞍の)前橋. **blow one's own horn** 自慢する. **draw [pull] in one's horns** ひっこむ, 遠慮する. **horn of plenty** =cornucopia. **on the horns of a dilemma** ジレンマに陥って, 動きが取れないで. — *v.* 角をはやす, 角で突く. **horn in (on)** でしゃばる, 干渉する.

Horn, Cape ホーン岬《南米最南端の岬》.

hornbeam *Bot.* シデ.

hornbill *Ornith.* サイチョウ.

hornblende *Mineral.* 角閃石.

hornbook 入門書.

horned *a.* 角のある, 角状の.

horned owl *Ornith.* ミミズク.

hornet *Entom.* スズメバチ; うるさい人. **stir up a hornet's nest** 大騒ぎを引き起こす.

hornpipe 活発なダンス.

horn-rimmed *a.* (眼鏡が)角枠の.

horn-rims 角枠の眼鏡.

hornswoggle *v.* ぺてんにかける.

horny *a.* 角製の, 角質の, (角のように)堅い; 角のある; 好色な.

horologist 時計師, 時計学者.

horology 時計学, 時計製作法.

horoscope 星占い; (占星用)天宮図.

horrendous *a.* 恐ろしい.

horrible *a.* 恐ろしい, ぞっとするような; 嫌な, ひどい.

horribly *ad.* 恐ろしく; ひどく.

horrid *a.* ぞっとする; 嫌らしい.

horrific *a.* 恐ろしい.

horrify *v.* 畏怖させる, ぞっとさせる; ショックを与える.

horror 恐れ, 恐怖; 戦慄; 惨事; 嫌なもの; [*pl.*] 震えの発作.

horror-struck [-stricken] *a.* 恐怖におそわれた, ぞっとした.

hors d'oeuvre (F) オードブル, 前菜.

horse *n.* 馬; 騎兵(隊); 脚立, のこびき台; (体操用)鞍馬; 人; (チェスの)ナイト; ヘロイン. **a horse of a different [another] color** 全然別の問題. **back the wrong horse** 弱い方に味方する. **eat like a horse** 大食する. **flog [beat] a dead horse** (片づいた事を)蒸し返す. **from the horse's mouth** 確かな筋から. **hold one's horses** 我慢する. **on one's high horse** 意気揚々と. **To horse!**《号令》乗馬. **work lika a horse** がむしゃらに働く. — *v.* 馬に乗せる, 馬に乗る, 鞭打つ; 交尾する.

horse-and-buggy *a.* 古臭い.

horseback 馬の背; (切り立った)山の背. **on horseback** 馬に乗って.

horsecar 馬匹運搬車.

horse chestnut *Bot.* トチノキ.

horse doctor 獣医.

horseflesh 馬肉; 馬.

horsefly *Entom.* ウシアブ.

horsehair 馬毛; ばす織り.

horsehide 馬の生皮.

horse latitudes *Naut.* (亜熱帯)無風帯.

horselaugh ばか笑い.

horseman 乗馬者, 騎手.

horsemanship 馬術.

horse marine 騎馬水兵《ありえないもの》; 場違いの人, 不適任者.

horse opera 西部劇映画.

horseplay ばか騒ぎ.

horsepower *Phys.* 馬力.

horse racing 競馬.

horseradish *Bot.* セイヨウワサビ

horse's ass 愚か者, のろま.

horse sense 常識.

horseshit たわごと.

horseshoe 馬蹄, 蹄鉄; U字形のもの.

horseshoe crab *Zool.* カブトガニ.

horsetail *Bot.* 馬の尾.

horse trade 駆け引き.

horsewhip *v.* 鞭で打つ.

horsey, horsy *a.* 馬の(ような); 馬好きな, 競馬好きな.

horsily *ad.* 馬好きで.

hortative, hortatory *a.* 勧告の.

horticulture 園芸(学).

horticulturist 園芸家.

hosanna *int.* ホサナ《神を賛美する叫び》.

hose *n.* ホース; *Com.* =stockings.
— *v.* ホースで水をまく.

hosier 洋品商.

hosiery メリヤス下着類.

hospice (参拝・巡礼者などの)宿泊所, 宿坊; (貧困者・末期患者などの)収容所,

ホスピス.

hospitable *a.* 懇切な, 手厚い; 快適な, 住みやすい; 快く受け入れて.

hospital 病院; 養育院, 収容所.

hospitality 親切, 歓待.

hospitalize *v.* 入院させる.

host[1] 大勢, 多数; 軍勢.

host[2] 主人役, ホスト; (旅館の)主人; *Biol.* (寄生動植物の)宿主.

Host [the ~] *Relig.* (聖餐式用)パン, 聖体.

hostage 人質.

hostel ホステル, (登山者・ハイカーなどの)宿泊所.

hostelry 旅館.

hostess 女主人役, ホステス; (旅館の)女将; (ナイトクラブなどの)ホステス; 売春婦; =air hostess; (列車の)ホステス.

hostile *a.* 敵の; 敵意のある, 敵対する; 不利な, 好ましくない; 適さない.

hostility 敵意; 敵対, 抵抗, [*pl.*] 敵対行動, 交戦(状態).

hostler 整備員.

host plant 寄主植物.

hot *a.* 熱い, 暑い; ひりひりする, 辛い; 熱烈な, 激烈な, 熱中した; 強く求めて, 急追する (*for*); 性急な, 怒った, 興奮した, 興奮させる; (ニュースなど)新しい, ホットな, (商品など)人気のある; 扇情的な, 好色な; 間が良い, 好運な; 電気が通じている; (正解・目標に)ごく近い; (人体に危険であるほど)放射能のある; (ジャズの演奏が)熱狂的な; 器用な, (演技などの)うまい; (盗品が)捜索中の. **get hot under the collar** かっとなる. **make it [a place] too hot** いたたまれなくする (*for*). **not so hot** あまり良くない. — *ad.* =hotly. — *v.* 暖める; はらはらする (*up*). — *n.* [the ~s] 激しい性欲.

hot air 無駄話, だぼら.

hotbed 温床.

hot-blooded *a.* 血気にはやる, 短気な; 熱烈

な; (馬が)サラブレッドの.

hotcake ホットケーキ. **sell like hotcakes** 飛ぶように売れる.

hotchpotch ごった煮; ごたまぜ.

hot comb 電熱式整髪用のくし.

hot corner *Baseball* 三塁.

hotdog *v.* (サーフィンで)放れ業をする.

hot dog ホットドッグ.

hotel ホテル, 旅館.

hotel china ホテルチャイナ《硬質磁器の一種》.

hotelier =hotelkeeper.

hotelkeeper ホテル経営者.

hotelman =hotelkeeper.

hot flash [flush] [*pl.*] 《更年期障害などの)顔面紅潮.

hotfoot *ad., v.* 大急ぎで(行く).
— *n.* 人の靴にマッチを入れて点火させるいたずら; 刺激; 侮辱.

hothead 性急な人.

hotheaded *a.* 性急な, 激しやすい.

hothouse 温室.

hot line (米ソなど首脳間の)緊急直通電話, 緊急直通テレタイプ, ホットライン; (匿名の)電話相談サービス.

hotly *ad.* 暑く, 熱く; 熱烈に, 激しく, 熱して.

hot money *Econ.* ホットマネー《国際金融市場で高利を求めて移動する短期資金》.

hot one とてもおかしな冗談, とてもおかしなしゃれ.

hot pants ホットパンツ.

hot plate ホットプレート《料理用鉄板》.

hot potato 難問.

hot rod ホットロッド《ぼろ車を改造した高速車》.

hot-rodder ホットロッドの運転手, 乱暴な運転手.

hot seat 電気椅子; 不安な立場.

hot shoe (カメラの)ホットシュー《シャッターとフラッシュ同調のアクセサリーシュー》.

hot-short *a.* (金属が)熱にもろい.

hotshot 急行貨物; 有能な人.

hot spot 紛争地帯; いかがわしい場所.

hot spring 温泉.

hotspur 短気者, 向こう見ず.

hot stove league *Baseball* ストーブリーグ《シーズン後の噂話に集まるファン).

hot stuff 非常にすばらしい人, 非常にすばらしい物; セクシーな女; 猥褻なもの.

hot-tempered *a.* 短気な.

Hottentot (アフリカ南部の)ホッテントット人, ホッテントット語.

hot tub 温水浴槽《くつろぎ・治療用).

hot war 熱い戦争《武力による本格的な戦争).

hot water 湯; 困難, 苦境.

hound *n.* 猟犬; 卑劣な奴; 追従者, ファン. **follow the hounds**=**ride to hounds** 猟犬を連れて馬で猟をする. — *v.* 激しく追及する, 迫害する; けしかける (*on*).

hour 一時間, 一時間の行程; 時刻; [*pl.*] 執務時間, 営業時間, 祈祷時間; (ある)時, 頃, 時代; *Astron.* 経度間の15度; *Rom. Cath.* 時課; [*pl.*] (24時間制の)時刻. **keep early [good] hours** 早寝する.

hour circle *Astron.* 時圏.

hourglass 砂時計, 水時計.

hour hand (時計の)短針.

houri (イスラム教の)極楽の美女; あだっぽい女.

hourly *a., ad.* 一時間ごとの, 一時間ごとに; 時刻々の, 時々刻々に.

house *n.* 家, 住宅; …家, 家族, 一族, 家庭; (家畜などの)小屋, 物置; 寄宿舎, 学寮; 会社, 商社; 集会所, 会館; 劇場; 観客, 聴衆; 議事堂, 議院; 教会(堂), 修道院, 宗教団体; (占星術の)十二宮(の一); 売春宿. **bring down the house** 満場の喝采を博する.

full house 満員, 大入り. **house of cards** トランプで組み立てた家; あやふやな計画. **house of correction** 教護院. **keep house** 所帯を持つ; 家事を見る. **on the house** 無料で. **put [set] one's house in order** 財政状態を良くする; 秩序を回復する.
── v. 住宅をあてがう, 収容する; 宿を貸す, 宿る, 住む; 蓄える, しまう.

house agent 家屋周旋人.

house arrest 自宅監禁.

houseboat (住宅用)屋形船.

housebound a. 家に引きこもった.

houseboy (家庭・ホテルなどの)雑役夫, 下働き.

housebreaker 押し込み強盗; 家宅侵入者.

housebroken a. (犬や猫が)家に住むように訓練された; (人が)よくしつけられた, 飼い慣らされた.

house call (医師・看護婦・販売員などの)家庭訪問.

houseclean v. (家の)掃除をする; 粛清する.

housecoat 婦人用部屋着.

house detective (ホテルや店の)警備員.

housedog 飼い犬.

housedress 家庭着.

housefather 寮父, 舎監.

housefly Entom. イエバエ.

houseful 家一杯.

household n. 一家, 家族, 所帯; [the H-] 英国王室. ── a. 一家の, 家事の, 家庭用の.

householder 所帯主, 家長.

household word 言い慣らされた語(句), 常識となっている物事, 常識となっている人.

house husband 主夫《働く妻に代わって家事をする夫》.

housekeep v. 所帯を持つ.

housekeeper 主婦, 家政婦, 女中頭.

housekeeping 家事, 家政.

houselights (劇場などの)客席照明.

housemaid 女中.

housemaid's knee 女中膝《膝蓋滑液嚢炎》.

houseman (ホテルなどの)下働き; (病院住み込みの)医学研修生, インターン.

housemaster 主人, 戸主; 舎監.

housemother 寮母.

house organ 商況月報, 商況週報.

house party (田舎の邸宅に大勢の客を招いて行う)ハウスパーティー.

houseperson 家政担当者.

house physician (病院・ホテルなどの)住み込み医師.

house-proud a. 家自慢の, 家政自慢の.

house-raising (田舎で隣人が集まって行う)家の棟上げ.

houseroom 家の収容力; 置き場所.

house sitter (他人の家の)留守番.

house-to-house a. 家ごとの, 戸別の.

housetop 屋根. **proclaim [cry] from the housetops** 世間に宣伝する.

house trailer 移動住宅用トレーラー.

house-trained a. =housebroken.

housewares 家庭用品, 台所用品.

housewarming 新居祝い.

housewife 主婦; 針箱.

housewifely a. 主婦らしい, 倹約の.

housewifery 家事, 家政.

housework 家事.

housing[1] 馬衣; [pl.] 馬飾り.

housing[2] 住宅供給; 住宅; (機械などの)覆い.

housing development 団地.

housing estate =housing development.

housing project 公営住宅群.

hovel 小屋, 物置; 掘っ建て小屋.

hover v. 空に舞う (over, about), ホバリングする, 空中停止する; (笑いなどが)漂う; うろつく

Hovercraft *Trademark* ホバークラフト.

how *ad.* どんな風に, どんな方法で; どんな状態で; どうして; どれだけ, どのくらい; [感嘆的]まあ, 何と; [関係詞]…ということ. **How about it?** それがどうしたと言うのか. **How are you?** いかがですか; やあ. **How come…?** (…は)どうしたわけか. **How do you [d'ye] do?**(初対面の挨拶)初めまして; ＝How are you? **How so?** どうして. **How then [now]?** これはどういうことか. ― *n.* 方法. **the how and why of it** その方法と理由.

howdah(象の背の)象かご.

how-do-you-do 困った立場.

howdy *int.* やあ, よお《挨拶》.

howe'er *ad.* ＝however.

however *ad.* (たとえ)どんなに…でも; 一体どうして. ― *conj.* とは言え, しかし.

howitzer *Mil.* 曲射砲.

howl *v., n.* (犬・狼などが声を長く引いて)吠える(声), 遠吠えする(声); (人がうなる(声), ばか笑い(する); (風が吹きすさぶ(音); 冗談.

howl down どなって黙らせる.

howler 吠える獣, 吠える人; (葬式に雇われる)泣き男; (試験などの)大失敗; まっかな嘘.

howling *a.* 吠える; わびしい; ひどい, 途方もない.

how-to *a.* 実際的な技術を教える, (本などが)「…の仕方」式の.

hoy[1] *int.* おーい《家畜などを呼ぶ叫び》.

hoy[2] 一本マストの小型帆船.

hoyden おてんば娘.

HP high pressure; hire purchase. **HR** House of Representatives. **HRH** His [Her] Royal Highness. **HS** high school.

hua ch'iao 華僑.

huarache(革紐で編んだ)サンダル.

hub(車輪の)こしき; (活動・興味などの)中心.

hubble-bubble 水ぎせる; ぶくぶく《泡立つ音》, ざわめき.

hubbub がやがや, 騒動.

hubby 夫.

hubcap(自動車の)ハブキャップ, ホイールキャップ.

hubris 傲慢.

huckleberry *Bot.* コケモモの類(の実).

huckster *n.* 行商人, 呼び売り商人; いんちき商人; 広告屋《ラジオやテレビのコマーシャルを考案する》. ― *v.* 行商する.

huddle *v.* ごたごたに集める, ごたごた集まる, 詰め込む(together, into), ごっちゃに積み上げる(up); (仕事を)ぞんざいに片付ける(over, through); (体を)丸くする; (私的な)会談をする. ― *n.* 雑然と積んだもの, 乱雑; (私的な)会談.

go into a huddle 密談をする.

Hudson ハドソン《カナダ中央部の大西洋の湾, およびそれに注ぐ米国東部の川》.

Hudson seal 模造あざらし皮《じゃこうねずみ・うさぎなどの毛皮》.

hue[1] 色合い, 色, 色相; 特色, 傾向.

hue[2] 叫び. **hue and cry** 追跡の叫び声; 非難の声, 攻撃の声.

huff *v., n.* 叱り飛ばす, どなりつける; 怒らせる, 怒る(at); (空気を)吹い込む, 膨張させる; 立腹.

huffish, huffy *a.* 不機嫌な, 怒りっぽい.

hug *v., n.* 抱き締める, しがみつく; 固執する; 愛着を持つ; 接近して進む, すすんで, (岸に)沿って航行する; 抱き締め, 抱擁.

huge *a.* 巨大な, 莫大な; 異常な.

hugger-mugger *n., a., ad.* 乱雑(な), ごちゃごちゃ(の); 秘密(の); 乱雑に, ごちゃごちゃに; 秘密に.

Hugo[1] ユーゴー. **Victor (Marie) Hugo** (1802-85) フランスの作家.

Hugo[2] ヒューゴー賞《米国でSFの年間優秀作品に与えられる》.

Huguenot ユグノー《16-17世紀のフランスの新教徒》.

huh *int.* ふん, 何だって《驚き・軽蔑などの発声》; …だね.

hula(-hula) (ハワイの)フラダンス.

hulk 廃船, ハルク; 図体の大きい物, 図体の大きい人.

hulking *a.* 大きくて始末に困る, ぶざまな.

hull[1] *n.*, *v.* (豆・果実などの)殻, さや, 外皮, へた(を取る); (穀物の)もみがらをする.

hull[2] (船・飛行船の)船体, (飛行艇の)艇体.

hullabaloo 騒ぎ, ごった返し.

hullo *int.* ＝hello.

hum *v.* ぶんぶんうなる; (口の中で)もくもく言う; 鼻歌を歌う, ハミングする; 活気を帯びる, 景気がいい. ― *n.* うなり, ぶんぶん; (遠くから聞こえる)騒音, がやがや; ハム《受信機の雑音》.

human *a.* 人間の, 人間的な; 人性の. **human being** 人間. ― *n.* 人間.

humane *a.* 人道にかなった, 人情のある, 慈悲深い; (学問などが)人を高尚にする, 優雅な.

human ecology 人間生態学.

humanely *ad.* 情深く.

human engineering 人間工学.

humanism 人本主義, 人文主義, 人文学; 人道主義, ヒューマニズム.

humanist *n.* 人本主義者, 人文主義者, 人間至上主義者; 人道主義者, ヒューマニスト. ― *a.* ＝humanistic.

humanistic *a.* 人本主義的な, 人文主義的な, 人道主義的な.

humanitarian *n.*, *a.* 人道主義者, 博愛主義者; 人道主義の, 博愛主義の.

humanitarianism 人道主義, 博愛主義.

humanity 人間性; 人道, 人情, 親切; 人類; [the humanities] (ギリシャ・ラテン)の古典文学, 人文学.

humanization 人間化.

humanize *v.* 人間性を与える; 人間らしくする, 人間らしくなる, 教化する; 慈悲深くする, 慈悲深くなる.

humankind 人類.

humanly *ad.* 人として, 人間らしく; 人力で; 人間的見地から.

human nature 人間性, 人性, 人情.

humanness 人間性.

humanoid *a.*, *n.* 人間に類似した(もの)《生物, ロボット, 宇宙人》.

human race 人類.

human relations 人間関係(論).

human rights (基本的)人権.

humble *a.* 謙遜な, つつましい; (身分など)卑しい, 卑下する; 粗末な, 僅かな. ― *v.* 卑しめる, 辱める; 謙虚にする, 謙遜する, かしこまる; (人の高慢, 権威などを)くじく, 折る.

humblebee *Entom.* マルハナバチ.

humble pie 屈辱. **eat humble pie** 屈辱を忍ぶ.

humbly *ad.* 卑下して, 謙遜して.

humbug *n.* でたらめ, ごまかし, 大嘘, 詐欺; 詐欺師, ほらふき, 偽善者. ― *v.* だます, ぺてんにかける.

humbuggery ぺてん.

humdinger すばらしいもの, すばらしい人.

humdrum *a.* 平凡な, 月並みな; 退屈な, 単調な. ― *n.* 単調, 退屈(な談話), 退屈な仕事.

humerus *Anat.* 上膊骨.

humid *a.* 湿気のある.

humidifier 加湿器.

humidify *v.* 湿らせる.

humidity 湿気, 湿度.

humidor 葉巻貯蔵箱, たばこ貯蔵箱, 葉巻き貯蔵室, たばこ貯蔵室; 適湿貯蔵室.

humiliate *v.* 自尊心を傷つける, 辱める.

humiliating *a.* 屈辱的な.

humiliation 辱めること, 侮辱; 屈辱, 不面目.

humility 謙遜.

humming *a.* ぶんぶんいう; 鼻歌を歌う, ハミング

する; 活気のある.

hummingbird *Ornith.* ハチドリ.

hummock 小山, 丘.

humongous *a.* ばかでかい.

humo(u)r *n.* 機嫌, 気分, 気紛れ, 気質;(人情味豊かな)滑稽, おかしみ, ユーモア, 人間味;(中世医学の)体液. **out of humo(u)r** 不機嫌で. ― *v.* 機嫌を取る, うまくあしらう, 満足させる.

humoresque *Mus.* ユーモレスク.

humo(u)rist ユーモアのある人;ユーモア作家.

humoristic *a.* =humorous.

humo(u)rless *a.* ユーモアのない, 面白味のない.

humorous *a.* 滑稽な, おかしな, おどけた.

humorously *ad.* 滑稽に.

hump *n.* (背中の)こぶ, 隆肉;小山, 丘;意気消沈;性交(の相手としての女). **over the hump** 危機を脱した. ― *v.* (背を)丸くする (up);肩にかつぐ;努力する;急ぐ;性交する.

humpback せむし, 猫背;*Zool.* ザトウクジラ.

humpbacked *a.* せむしの, 猫背の;太鼓形の.

humph *int.* ふん《疑い・驚きなどの発声》.

Humpty Dumpty (おとぎ話の主人公)ハンプティダンプティ, ずんぐりむっくりの人.

humpy *a.* こぶ状の, こぶのある, 猫背の.

humus 腐植土.

Hun フン族の人;(文化の破壊者, 野蛮人.

hunch *n.* 隆肉, こぶ;厚切れ;予感, 感づき. ― *v.* 突き進む, 押し進む;(背を)丸くする (up).

hunchback せむし(の人).

hundred *n., a.* 百(の), 百人(の), 百個(の);[*pl.*] 多数. **hundred and one** 多数の.

hundredfold *n., ad.* 百倍(に).

hundred-percentism (極端な)国粋主義.

hundredth *n., a.* 第百(の);$1/100$ (の).

hundredweight ハンドレッドウェイト《重量の単位》.

hung *a.* 巨根の.

Hungarian *a., n.* ハンガリーの;ハンガリー人(の), ハンガリー語(の).

Hungary ハンガリー《東欧の共和国》.

hunger *n.* 空腹, 飢餓, 渇望. ― *v.* 空腹になる, 飢える, 飢えさせる;渇望する (after, for).

hunger march 飢餓行進《失業者の示威運動》.

hunger strike ハンガーストライキ, ハンスト.

hungrily *ad.* 飢えて, がつがつと, 飢えたように;渇望して.

hungry *a.* 空腹の, 飢えている;渇望する (for, after);乏しい, (地味の)やせた.

hunk (パン・肉などの)厚切り.

hunkers 尻. **on one's hunkers** しゃがんで.

hunks けちんぼう, 意地悪.

hunky-dory *a.* すてきな, すばらしい, 満足な.

hunt *v.* 狩る, 狩猟をする, 狐狩りをする;捜す, 捜し求める (after, for);狩り出す, 追跡する, 追い払う (away, out). **hunt down** 追いつめる. **hunt up** 捜し出す. ― *n.* 狩り, 狩猟, 狐狩り;探求, 捜索, 追跡, 検挙;狩猟隊;猟場.

hunter 猟師;あさる人, 探求者 (after);猟犬, 猟馬;両蓋懐中時計.

hunting 狩猟;捜索, 追求.

hunting box 猟小屋.

hunting crop 狩猟用乗馬鞭.

hunting ground 猟場.

hunting horn 狩猟らっぱ.

huntress 女猟師.

huntsman (狐狩りの)猟犬係;猟師.

hurdle *n.* 障害物, ハードル;[the ~s] =hurdle race. ― *v.* (障害物を跳び越える;(困難・障害に)打ち勝つ.

hurdler ハードル選手.

hurdle race ハードル競走.

hurdy-gurdy 手回しオルガン.

hurl *v., n.* 投げつける(こと), 放り出す;(悪口などを)浴びせる(こと);激しく進む;*Baseball* 投球

する.

hurler *Baseball* 投手.

hurly-burly 大騒ぎ, どさくさ.

Huron, Lake ヒューロン湖《米国北東部の湖》.

hurrah *int., n., v.* 万歳(の声), フレー(と叫ぶ); 興奮, 熱狂.

hurricane (西インド地方に起こる)ハリケーン, 暴風; *Meteor.* 颶風《風速毎秒 32.7 m 以上》; (感情などの)激発, 大嵐.

hurricane deck [roof] ハリケーン甲板《客船の最上軽甲板》.

hurricane lamp ハリケーンランプ《耐風ランプ》.

hurried *a.* 大急ぎの, あわただしい.

hurriedly *ad.* 大急ぎで, あわてて.

hurry *n.* 大急ぎ, 早急, あわただしさ. **in a hurry** 急いで, あたふたと; 容易に, すぐに. —*v.* 急がせる, 急ぐ; あわてて…する (*along, on, up, to* do, etc.).

hurry-scurry, hurry-skurry *n., a., ad.* 大あわて(の), 大いあわてて.

hurt *v.* 傷つける, 痛める; (感情などを)害する; 損害を与える; 痛む. —*n.* 傷, 害; 苦痛, 痛み; 損失.

hurtful *a.* 害になる, 有害な.

hurtle *v.* (石・矢などが)激しく飛んで行く, 突進する; 投げつける.

hurtless *a.* 害のない; 傷を受けない.

husband *n.* 夫. —*v.* 節約する.

husbandry 農業, 耕作; 倹約.

hush *v.* 黙らせる, 黙る; 静かにする. **hush up** 黙らせる; (噂などを)もみ消す. —*n.* 静けさ, 沈黙. —*int.* しっ, 静かに.

hushaby *int.* ねんねんよ.

hush-hush *a.* 極秘の.

hush money 口止め料.

husk *n.* 殻, さや, 外皮; 無価値なもの, かす. —*v.* 殻をむく, 皮をむく.

huskily *ad.* しゃがれ声で.

huskiness しゃがれ声.

husky[1] *a.* 殻の, 殻の多い; ひからびた, がさつな; しゃがれ声の, ハスキーな; 大きくて頑丈な. —*n.* がっしりした男.

husky[2] エスキモー人, エスキモー語; エスキモー犬.

hussar 軽騎兵.

hussy おてんば娘.

hustings (候補者を指名する)演壇; [the ~] 選挙演説場, 投票場.

hustle *v.* 押し出す, 押し込む; 押しのけて進む, 強引に進む; 無理に…させる, せきたてる; てきぱきやる, ハッスルする; 強要する; だます, だまし取る; 急ぐ; いかがわしい手段で金を儲ける. (売春婦が)客引きする. —*n.* 大急ぎ, 押し合い, 大騒ぎ; 精力的活動, ハッスル; 不正な金儲け.

hustler 活動的な人, 詐欺師, 売春婦.

hut *n., v.* (丸太)小屋, 仮小屋; 小屋に泊まらせる, 小屋に泊まる.

hutch (小動物の)檻, うさぎ小屋; (貯蔵用の)箱; 鉱石運搬車; 小屋.

hutment 野営; 仮小屋の兵舎.

huzza(h) *int.* =hurrah.

Hwang Ho [the ~] 黄河.

hyacinth *Bot.* ヒヤシンス; *Mineral.* 風信子石《宝石》.

hyaena =hyena.

hybrid *n., a.* 雑種(の), 混成(物)(の); *Ling.* 混成語.

hybridism 交雑; *Ling.* 混成.

hybridization *Biol.* 異種交配.

hybridize *v.* 雑種を生じさせる, 雑種を生じる, 混成する.

hybrid perpetual rose 大輪の四季咲きバラ.

Hyde Park ハイドパーク《London の公園》.

Hydra *Gk Myth.* ヒュドラ(Hercules に退治された九頭の蛇); [h-] 根絶し難い災い; *Zool.* ヒドラ.

hydrangea *Bot.* アジサイ.

hydrant 消火栓.

hydrate *n. Chem.* 含水化合物.
— *v.* 水化させる.

hydraulic *a.* 水力の, 水圧の.

hydraulic ram 水圧ポンプ.

hydraulics 水力学.

hydrazide ヒドラジッド《結核治療薬》.

hydride *Chem.* 水素化合物.

hydro 水治療院; 水中翼船.

hydro-airplane 水上機.

hydrocarbon *Chem.* 炭化水素.

hydrochloric acid 塩酸.

hydrodynamic *a.* 動水力学の, 流体力学の.

hydrodynamics 動水力学, 流体力学.

hydroelectric *a.* 水力電気の.

hydroelectricity 水力電気.

hydrofoil 水中翼(船).

hydrogen 水素.

hydrogenate *v.* 水素と化合させる.

hydrogen bomb 水素爆弾.

hydrogen peroxide *Chem.* 過酸化水素.

hydrogen sulfide *Chem.* 硫化水素.

hydrography 水路学, 水路測量.

hydroid *n., a. Zool.* ヒドロ虫(の).

hydrology 陸水学.

hydrolysis *Chem.* 加水分解.

hydrometer 液体比重計, 浮きばかり.

hydrometry 液体比重測定.

hydronaut 深海潜水艇の乗組員.

hydronautics 海洋開発工学.

hydronic *a.* 液体による熱交換の, (冷暖房が) 循環パイプ式の.

hydropathic *a., n. Med.* 水治療法の; 水治療院.

hydropathy *Med.* 水治療法.

hydrophobia *Med.* 恐水病, 狂犬病.

hydrophone 水中聴音器.

hydrophyte 水生植物.

hydroplane 水中翼船, 水上飛行機; (潜水艦の)水平舵.

hydroponic *a.* 水栽培法の.

hydroponics 水栽培法.

hydropower 水力電力.

hydro-ski *Aeronaut.* 水上滑走用スキー.

hydrosphere (地球の)水界; (大気中の)水気.

hydrostatics 流体静力学.

hydrotherapeutic *a.* 水治療法の.

hydrotherapy 水治療法.

hydrous *a.* 水を含む, 水素を含む.

hydroxide *Chem.* 水酸化物.

hydroxyl *Chem.* 水酸基.

hyena *Zool.* ハイエナ; 残酷な人, 貪欲な人.

hygiene 衛生(学); 健康法.

hygienic *a.* 衛生学の; 衛生上の.

hygienics 衛生学.

hygienist 衛生学者.

hygrometer 湿度計.

hymen *Anat.* 処女膜; [H-] *Gk Myth.* ヒュメーン《結婚の神》; 結婚.

hymn *n.* 賛美歌; 聖歌.
— *v.* 賛美する, 賛美歌を歌う.

hymnal *a., n.* 賛美歌の; 賛美歌集.

hymnary 賛美歌集.

hymnody 賛美歌吟唱; 賛美歌.

hyoscyamine *Chem.* ヒオスシアミン《瞳孔拡大薬》.

hype *n.* (特に麻薬の)皮下注射; 麻薬中毒者; 誇大広告, 詐欺.
— *v.* (麻薬注射で)興奮させる; だます.

hyperacidity *Med.* 胃酸過多(症).

hyperbola 双曲線.

hyperbole *Rhet.* 誇張法.

hyperbolic *a.* 双曲線の; 誇張的な.

hyperborean *a., n.* 極北の(住民); [H-] *Gk Myth.* 北方の楽園の(住人).

hypercorrection *Ling.* 過剰矯正.

hypercritical *a.* 酷評的な.

hypercriticism 酷評.

hypergol 自動点火ロケット燃料.

hypergolic *a.* 自動点火性の.

hyperinflation 超インフレ.

hyperlipemia *Med.* 脂肪過剰血(症).

hypermarket ハイパーマーケット《大型のスーパーマーケット》.

hypermetropia *Med.* 遠視.

hyperon *Phys.* ハイペロン《中性子より重い重粒子》.

hyperopia *Med.* 遠視.

hypersensitive *a.* 過敏症の.

hypersexual *a.* 性欲過剰の.

hypersonic *a.* 極超音速の《音速の 5 倍以上》.

hypertension 過度緊張; *Med.* 高血圧.

hypertrophy *Med.* 肥大, 異常発達.

hypervelocity *Phys.* 超高速度《特に秒速 10,000 フィート以上》.

hyphen *n., v.* ハイフン (-); =hyphenate.

hyphenate *v.* ハイフンでつなぐ. **hyphenated Americans** 外国系米国人《Irish-Americans など》. — *n.* 外国系市民.

hypnopaedia 睡眠学習法.

hypnosis 催眠(状態).

hypnotherapy 催眠療法.

hypnotic *a., n.* 催眠の; 注意を引きつける; 催眠薬; 催眠術にかかりやすい人.

hypnotism 催眠術.

hypnotist 催眠術者.

hypnotize *v.* 催眠術をかける; 暗示する, 魅する.

hypo[1] *Phot.* ハイポ《定着剤》.

hypo[2] =hypochondria.

hypo[3] *v.* 刺激する, 興奮させる.

hypocenter (地震の)震源.

hypochondria *Med.* 心気症, ヒポコンデリー.

hypochondriac *a., n.* 心気症の(患者).

hypochondriasis *Med.* =hypochondria.

hypocrisy 偽善.

hypocrite 偽善者.

hypocritical *a.* 偽善的な.

hypodermic *a., n.* 皮下の; 皮下注射(器), 皮下注射液.

hyposulfite *Chem.* 次亜硫酸塩, チオ硫酸塩, ハイポ.

hyposulfurous acid *Chem.* 次亜硫酸.

hypotaxis *Gram.* 従属(構文).

hypotension *Med.* 緊張低下(症), 低血圧(症).

hypotenuse *Math.* (直角三角形の)斜辺.

hypothecate[1] *v.* 抵当に入れる.

hypothecate[2] *v.* =hypothesize.

hypothesis 仮説.

hypothesize *v.* 仮定する, 仮説を設ける.

hypothetical *a.* 仮定の.

hypsometer 測高計.

hypsometry 測高法.

hyssop *Bot.* ヤナギハッカ; *Bib.* ヒソップ《その枝をユダヤ人が祓いに用いた植物》.

hysterectomy *Med.* 子宮摘出(術).

hysteria ヒステリー; 病的興奮.

hysteric *a., n.* =hysterical; ヒステリー患者; [*pl.*] ヒステリー(の発作).

hysterical *a.* ヒステリーの(ような), 病的に興奮した.

hysterotomy *Med.* 子宮切開(術).

I

i I 字形のもの; (ローマ数字の) 1.

I *pron.* 私は, 私が.

iamb *Poet.* 弱強格《× ＿》.

iambic *a.*, *n.* 弱強格の(詩行).

iambus =iamb.

IATA International Air Transport Association 国際民間航空輸送協会, イアタ.

iatrogenic disease 医原病.

Iberian *a.*, *n.* イベリアの, イベリア人(の), 古代イベリア語(の), スペイン・ポルトガルの.

Iberian Peninsula イベリア半島.

ibex *Zool.* アイベックス《野生ヤギ》.

ibidem (L) *ad.* 同所に; 同書の, 同節に, 同章に.

ibis *Ornith.* トキ.

IBM International Business Machines (Corporation). **IBRD** International Bank for Reconstruction and Development (国連の) 国際復興開発銀行.

Ibsen イプセン. **Henrik Ibsen** (1828–1906) ノルウェーの劇作家・詩人.

IC integrated circuit. **ICAO** International Civil Aviation Organization 国際民間航空機関. **ICBM** intercontinental ballistic missile 大陸間弾道弾.

ice *n.* 氷; アイス《果汁などを凍らせたもの》, アイスクリーム; ダイヤモンド, (切符などの)不正手数料. **break the ice** 端緒を開く, 話を切り出す; 打ち解ける. **cut no ice** 効果がない. **on ice** 保留して; 勝ち目があって. — *v.* 凍らす; 氷で覆う, 氷が張る(*over*); 氷で冷やす, (菓子に)砂糖の衣をかける.

Ice Age 氷河時代.

ice ax ピッケル《登山用》.

ice bag 氷嚢, 氷枕.

iceberg 氷山; 冷淡な人.

iceblink (氷原の反映による) 氷光.

iceboat 氷上ヨット; 砕氷船.

icebound *a.* 氷に閉ざされた.

icebox 冷蔵庫.

icebreaker 砕氷船, 砕氷器; *Civ. Engin.* 流氷よけ.

ice cap 氷冠《大陸の広い範囲を覆う氷河》.

ice-cold *a.* 非常に冷たい.

ice cream アイスクリーム.

ice-cream soda クリームソーダ.

ice cube 角氷, アイスキューブ.

iced *a.* 氷で覆われた, 氷で冷やした; 砂糖衣をかけた.

ice dancing アイスダンス.

icefall 凍結した滝.

ice field 氷原.

ice floe 氷原, 浮氷.

ice-free *a.* 氷の張らない, 凍らない.

ice hockey アイスホッケー.

icehouse 氷室.

Iceland アイスランド《大西洋北方の島・共和国》.

Icelander アイスランド人.

Icelandic *a.*, *n.* アイスランドの; アイスランド人(の), アイスランド語(の).

Iceland poppy *Bot.* シベリアヒナゲシ.

ice-lolly(pop) アイスキャンデー.

iceman 氷上旅行に慣れた人; 氷屋.

ice-out 解氷《水面の氷の消失》.

ice pack 浮氷群; 砕いた氷.

ice pick アイスピック.

ice rink (屋内の)スケートリンク.

ice skate アイススケート靴(の刃).

ice-skate *v.* アイススケートをする.

ice skating アイススケート《競技》.

ice tray (冷蔵庫の)製氷皿.

ice water 氷(で冷やした)水, アイスウォーター.

ichneumon fly *Entom.* ヒメバチ.

ichthyologist 魚類学者.

ichthyology 魚類学.

icicle つらら, 氷柱; 冷たい人; (クリスマスツリーの)細長い飾り.

icily *ad.* 氷のように; 冷ややかに.

iciness 冷たさ; 冷淡.

icing (菓子の)砂糖衣;(航空機の)着氷.

ICJ International Court of Justice 国際司法裁判所《The Hague にある》.

icky *a.* べとつく;嫌な.

icon 像,肖像,イコン.

iconoclasm 偶像破壊(主義);因襲打破.

iconoclast 偶像破壊者.

iconoclastic *a.* 偶像破壊的な.

iconography 図解;肖像研究,図像学.

ictus *Poet.* 強勢;*Med.* 発作.

ICU intensive care unit.

icy *a.* 氷のような,氷の張った;冷淡な,冷たい.

id *Psychol.* イド,原我.

I'd =I would, I should, I had.

Idaho アイダホ《米国北西部の州》.

ID card 身分証明書.

IDDD international direct distance dialing 国際直接ダイヤル通話.

idea 考え,観念,思想,(漠然とした)考え,見解;思いつき,工夫;計画,意図,目的;予感,直観,想像,幻想;理想;概念;知識;*Philos.* 理念. **have no idea** わからない. **The idea of it!** よくまあそんな事が.

ideal *a.* 理想の,理想的な,完全な,典型的な;想像上の,仮空の;*Philos.* 観念論的な. —*n.* 理想,典型;極致.

idealism 理想主義;*Philos.* 観念論,唯心論.

idealist 理想家,理想主義者;*Philos.* 観念論者.

idealistic *a.* 観念論的な;理想主義的.

ideality 理想的なこと;*Philos.* 観念性.

idealization 理想化.

idealize *v.* 理想化する.

ideally *ad.* 観念的に;理想的に,完璧に;理想的に言えば.

idea(s) man アイディアマン.

ideate *v.* 観念化する,想像する.

idem (L) 同一著者;同じ語,同じ書物.

identic *a.* 同文の;=identical.

identical *a.* 同一の,(…と)まったく一致する *(with)*.

identical equation *Math.* 恒等式.

identical twin 一卵性双生児(の1人).

identifiable *a.* 同一視できる.

identification 同一であること(の証明),鑑定;*Psychol.* 同一視.

identification card 身分証明書.

identification tag *Mil.* 認識票.

identify *v.* 同一視する;同一であることを立証する,同一であることを確認する,同定する,身元を明らかにする;提携する,関係する.

identikit モンタージュ写真.

identity 同一であること,同一性;主体性;身元;*Math.* 恒等(式).

identity card 身分証明書.

identity crisis *Psychol.* 自己認識の危機.

ideogram, ideograph 表意文字《漢字・象形文字など》.

ideography 表意文字使用.

ideological *a.* 観念学の;空論の;イデオロギーの.

ideologist 観念論者;空論家.

ideology 観念学;空理,空論;観念形態,イデオロギー.

ides (古代ローマで) 3, 5, 7, 10 月の 15 日,他の月の 13 日.

idiocy 白痴(的行為),痴呆.

idiographic *a.* 個別例の,特殊例の.

idiolect *Ling.* 個人言語.

idiom 慣用語句,イディオム;(ある言語特有の)語法,表現;作風;方言.

idiomatic *a.* 慣用的な.

idiopathic *a.* *Med.* 特発の.

idiopathy *Med.* 特発症.

idioplasmatic *a.* *Biol.* 遺伝質の.

idiosyncrasy 特性,特質,特徴;*Med.*

特異体質.

idiot ばか, あほう; 白痴.

idiot board (テレビ出演者用の)せりふ指示板.

idiot box テレビ.

idiot light (計器板の)異常表示灯《故障や燃料切れを示すランプ》.

idiot sheet =idiot board.

idiotype *Biol.* 遺伝子型.

idle *a.* 怠惰な, 遊んでいる, 遊休の; 就業してない, (機械などが)遊休の; とりとめのない, 無駄な. — *v.* 怠ける, のらくら過ごす (*away*); 空転する.

idleness 怠惰; 無為, 無益.

idler 怠け者; *Mech.* 遊び車.

idly *ad.* 怠けて; 無駄に.

idol 偶像, 偶像神, 崇拝物; アイドル.

idolater 偶像崇拝者.

idolatrous *a.* 偶像崇拝的な; 心酔した.

idolatry 偶像崇拝.

idolization 偶像化, 偶像視.

idolize *v.* 偶像化する; 心酔する.

IDP international driving permit 国際運転免許証.

idyl(l) 牧歌, 田園詩; 牧歌的情景.

idyllic *a.* 牧歌的な.

idyllist 田園詩人.

i.e. id est (L, =that is).

if *conj.* [仮定] もし…ならば; [譲歩] たとえ…としても; (…であるか)どうか. — *n.* 条件, 仮説. **ifs and [or] buts** 不平や言い訳.

IF intermediate frequency. **IFC** International Finance Corporation.

iff *conj.* もしそしてその場合のみ.

iffy *a.* 条件付きの, あやふやな.

IG inspector general.

igloo イグルー《エスキモー人の氷の家》.

igneous *a.* 火の; *Geol.* 火成の.

ignis fatuus (L, =foolish fire) 狐火, 鬼火; 人を迷わせる目標, 人を迷わせる物.

ignite *v.* 点火する, 発火する.

ignition 点火, 発火; 点火装置.

ignoble *a.* 下劣な, 卑しい; 不面目な.

ignominious *a.* 恥ずべき, 不面目な.

ignominy 不面目, 恥辱; 恥ずべき行為.

ignoramus (L) 無学者.

ignorance 無知, 無学.

ignorant *a.* 無知の, 無学な; (…を)知らない (*of*, *that*).

ignore *v.* 無視する, 顧みない, 黙殺する.

iguana *Zool.* イグアナ《熱帯アメリカ産大トカゲ》.

IGY International Geophysical Year 国際地球観測年.

ikon =icon.

ileum *Anat.* 回腸.

Iliad イーリアス《Troy 包囲戦を歌った Homer の長編叙事詩》.

ill *a.* 病気で, 不調で; 悪い, 悪意のある, 不親切な, 不機嫌な; 不吉な; 下手な, まずい, 不満足な. — *ad.* 悪く, まずく; 不親切に; 不完全に. **take (it) ill** 悪く取る, 怒る. — *n.* 悪, 害; [*pl.*] 凶事, 不幸, 災難.

I'll =I will.

ill-advised *a.* 愚かな, 無分別な.

ill blood 恨み, 敵意.

ill-bred *a.* 育ちの悪い, 不作法な.

ill-conditioned *a.* 性質の悪い, 意地の悪い; 悪性の, 調子の悪い.

ill-disposed *a.* 悪意のある.

illegal *a.* 不法の, 違法の, 非合法の. — *n.* 不法入国者.

illegibility 読みにくさ.

illegible *a.* 判読しにくい.

illegitimacy 違法; 庶出; 不合理.

illegitimate *a.* 不法の, 違法の; 不条理な; 庶出の.

ill-fated *a.* 不運な, 薄命の.

ill-favored *a.* 醜い, 不快な.

ill-gotten a. 不正に得た.

ill-humored a. 不機嫌な.

illiberal a. 偏狭な, 狭量な; けちな.

illicit a. 違法の, 不正な.

illimitable a. 無限の, 果てしない; 広大な.

illinium Chem. イリニウム.

Illinois イリノイ《米国中西部の州》.

illiteracy 文盲, 無学.

illiterate a., n. 文盲の(人), 無学な(人).

ill-judged a. 無分別な.

ill-mannered a. 不作法な.

ill-natured a. 意地の悪い.

illness 病気.

illogical a. 非論理的な, 不合理な.

ill-omened a. 不吉な.

ill-starred a. 運勢の悪い, 不運な.

ill-tempered a. 意地の悪い, 怒りっぽい.

ill-timed a. 折の悪い.

ill-treat v. 虐待する.

illuminant a., n. 光を発する; 発光体.

illuminate v. 照らす, 照明する; イルミネーションで飾る; 明らかにする, 解明する, 啓発する; (写本などを模様や飾り文字で)彩色する.

illuminati 明智を誇る人; 自称哲人.

illumination 照明, イルミネーション; 解明; (写本の)彩飾.

illuminative a. 照らす, 啓発する.

illuminator 照らすもの, 照明器; 啓発者; (写本の)彩飾家.

illumine v. 照らす, 明るくする; 啓蒙する.

ill-usage 虐待; 悪用.

ill-use v. 虐待する; 悪用する.

illusion 幻覚, 幻影; 錯覚, 妄想.

illusionism 幻想説; Art 幻覚法, だまし絵技法.

illusionist 幻想論者; 手品師.

illusive, illusory a. 幻影的な, 錯覚を起こす, 錯覚に基づく.

illustrate v. (実例などで)説明する, 例証する; 説明となる, 例証となる; (本文に)挿絵を入れる.

illustrated a. 絵入りの, 写真入りの.

illustration 実例; 挿絵, イラスト; 説明, 例証.

illustrative a. 実例となる, 例証となる (of).

illustrator 説明者; 例証者; 挿絵画家.

illustrious a. 著名な, 有名な; 顕著な.

ill will 敵意, 悪意.

ILO International Labor Organization (国連の)国際労働機関.

I'm =I am.

image n. 像, 映像, 画像, 影像; 偶像; 生き写し; 象徴, 典型; Psychol. 心像, 表象; 比喩. — v. 描く, 影を映す; 像を造る, 像を描く; 心に描く (to oneself), 想像する.

image-building イメージ作り.

imagery 具象的表現.

imaginable a. 想像できる.

imaginarily ad. 想像上で.

imaginary a. 想像上の.

imaginary part Math. 虚(数)部.

imagination 想像(力), 構想(力), 空想; 理解(力).

imaginative a. 想像的な, 想像にふける, 想像力に富む, 構想力に富む.

imagine v. 想像する, 心に描く; 仮定する, 推察する, 思う.

imagism 写象主義.

imagist 写象主義者.

imago (チョウなどの)成虫.

imam (イスラム教寺院の)導師; [I-] イマーム《イスラム教国の宗教的首長の称号》.

imbalance 不均衡, アンバランス.

imbalanced a. 不均衡な.

imbecile a., n. 低能な; 低能者; 大ばか.

imbecility 低能, 愚かさ.

imbed v. =embed.

imbibe v. (酒などを)飲む; 吸収する, 摂取

する; (思想などを)受け入れる.

imbricate v. (瓦のように)重ねる, 重なる.
— a. (瓦のように)重なった.

imbroglio (It) 混乱, 紛糾; (劇の)複雑な筋.

imbrue v. (血で)汚す.

imbue v. (思想などを)吹き込む (with); 染める.

IMF International Monetary Fund 国際通貨基金.

imitable a. 模倣できる.

imitate v. 模倣する, 似せる; 見習う, 手本にする; 模造する.

imitation まね, 模倣; 模造(品); 偽造(品), にせ物.

imitative a. 模倣の; 模造の; (…を)まねる (of).

imitator 模倣者, 偽造者.

immaculate a. 汚点のない, 欠点のない; 純潔な.

Immaculate Conception Rom. Cath. (聖母マリアの)無原罪懐胎説.

immanence, immanency (神の)内在性.

immanent a. 内在する; Theol. 宇宙内在の.

immaterial a. 非物質的な, 実体のない; 精神上の; 重要でない.

immaterialism 非物質論, 唯心論.

immateriality 非物質性; 非重要性.

immaterialize v. 無形にする, 実体をなくす; 非物質的にする.

immature a. 未成熟な, 未完成の.

immeasurable a. 測れない; 無限の.

immeasurably ad. 測れないほど.

immediacy 即時性; 直接性; 近接.

immediate a. 即時の, すぐの; じかの, 直接の; 目前の, すぐ隣の.

immediate constituent Ling. 直接構成素.

immediately ad. 直ちに, すぐ; 直接に.

— conj. (…する)とすぐに.

immedicable a. 不治の.

immemorial a. 大昔の, 太古からの.
from [since] time immemorial 大昔から.

immense a. 広大な, 巨大な; すばらしい.

immensely ad. 広大に; とても.

immensity 広大, 無限.

immerse v. 浸す, 沈める, 浸礼を施す; (研究などに)没頭させる; (借金などに)はまりこませる (in).

immersion 浸入; 浸礼; 没頭.

immersion heater 投入電熱器(直接水中に入れて湯を沸かす).

immigrant a, n. (他国から)移住して来る; 移民, 移住者; 入国者; 帰化植物, 外来動物.

immigrate v. (他国から)移住して来る, 移住させる.

immigration (他国からの)移住, 入植; 出入国管理.

imminence 切迫, 急迫.

imminent a. すぐありそうな, 差し迫った, 危急の.

immiscible a. 混合できない.

immitigable a. 緩和できない.

immobile a. 不動の, 静止の.

immobilize v. 固定する; 移動不能にする.

immoderate a. 節度を失した, 過度の.

immodest a. 不謹慎な, 不躾な, でしゃばりの.

immolate v. (生贄として)殺す; …の犠牲にする (to).

immoral a. 不道徳な, 不倫の, 不品行な; 淫らな.

immorality 不道徳, 不品行, 乱行; 淫ら, 猥褻.

immortal a. 不死の, 不朽の, 不滅の, 永久の. — n. 不死の人; 名声不朽の人; [pl.] (古代の)神々.

immortality 不死, 不滅.

immortalize v. 不滅にする, 不朽にする, 永遠に伝える.

immortelle Bot. 不凋花《ドライフラワーになる》.

immovability 確固, 不動.

immovable a. 不動の, 静止した; びくともしない, 確固たる; 無感動の. — n. [pl.] 不動産.

immune a. 免れた (from); 免疫の (to, from).

immune response 免疫反応.

immunity 免疫; 免除.

immunize v. 免疫にする, 免除する.

immunodeficiency 免疫欠損, 免疫不全.

immunology 免疫学.

immure v. 閉じ込める, 監禁する.

immurement 監禁.

immutability 不変(性).

immutable a. 不変の.

imp 小鬼, 小悪魔, 腕白小僧.

impact n. 衝撃, 激突; 影響 (on, upon). — v. 密着させる, 詰め込む; 強い衝撃を与える.

impair v. 害する, 損じる, 傷つける.

impairment 損傷, 損害.

impala Zool. インパラ《アフリカ産の中型レイヨウ》.

impale v. 突き刺す, 刺し通す; 手も足も出ないようにする.

impalpability 触知できないこと; 理解し難いこと.

impalpable a. 触知されない, 感知されない; 微妙な.

impanel v. Law 陪審名簿に載せる, 陪審名簿から選ぶ.

impart v. 分け与える; 告げる, 伝える.

impartial a. 片寄らない, 公平な.

impartiality 公平無私, 不偏.

impartible a. (不動産など)分割できない.

impassability 通過不能.

impassable a. 通れない.

impasse 袋小路; 行き詰まり, 難局.

impassibility 無感覚.

impassible a. 苦痛を感じない, 無感覚の; 鈍感な.

impassion v. 感動させる.

impassioned a. 感激した, 感動的な, 熱烈な.

impassive a. 無神経な, 無感覚な, 平気な, 無感動の.

impassivity 無感覚, 鈍感.

impaste v. (糊・絵の具などを)厚く塗る.

impasto Fine Arts 盛り上げ塗り.

impatience 短気, じれったさ; 我慢できないこと.

impatiens Bot. インパチエンス, アフリカホウセンカ.

impatient a. 性急な, 短気な; 我慢できない (of); もどかしがる, じれったがる (for, to do).

impeach v. 非難する, 難詰する, 弾劾する (of, with); 疑問視する.

impeachable a. 非難すべき, 弾劾すべき.

impeccability 無欠点.

impeccable a. 非難の余地のない, 欠点のない.

impecuniosity 貧乏.

impecunious a. 金のない, 貧乏な.

impedance Elec. インピーダンス.

impede v. 妨げる.

impediment 故障, 障害; 身体障害, 言語障害.

impedimenta (L) (旅行の)手荷物; (軍隊の)行李.

impel v. 推進する; 促す, 強いる (to).

impellent a., n. 推進する; 推進力.

impend v. 差し迫る.

impending a. 切迫した, 差し迫った.

impenetrability 貫き抜けること; 不可解; 頑固, 冷静; Phys. 不可入性.

impenetrable *a.* 突き通せない, 通り抜けられ
ない; 奥の知れない, 不可解な; 測り知れない; (思
想などに)影響されない, 鈍感な (to).

impenitence 悔い改めないこと.

impenitent *a.* 悔悟しない, 頑迷な.

imperative *a., n.* 命令的な, 厳然たる; 絶
対必要な, 緊急の; *Gram.* 命令法(の).

imperator (古代ローマの) 将軍, 皇帝.

imperceptible *a.* 感知できない; (気づかれない
ほど)かすかな.

impercipient *a.* 感知しない, 認識不足の.

imperfect *a.* 不完全な, 不十分な, 未完
成の, 未完了の.

imperfective *a. Gram.* 未完了相の.

imperforate *a.* 穴のあいていない; (切手に)孔
線のない.

imperial *a.* 帝国の; 英帝国の; 皇帝の, 皇
室の; 堂々たる, 威厳のある; 品質の良い.
― *n.* 皇帝ひげ; (用紙の)インペリアル判.

imperialism 帝国主義; 帝政.

imperialist 帝国主義者.

imperialistic *a.* 帝国主義的な.

imperil *v.* 危うくする.

imperious *a.* 傲慢な, 尊大な; 緊急の.

imperishability 不滅, 不朽(性).

imperishable *a.* 不死の, 不滅の; 不朽の.

impermanent *a.* 一時的な.

impermeability 不浸透性.

impermeable *a.* (水などを)通さない (to).

impermissible *a.* 許せない.

impersonal *a.* 非人格的な; 個人的でない;
Gram. 非人称の.

impersonally *ad.* 非人格的に; 非個人的
に.

impersonate *v.* ...の役を演じる, まねる.

impersonator 扮装者, (ある役を演じる)役
者, 物まねの名人.

impertinence, impertinency 不適切,
見当違い; でしゃばり, 生意気, 無礼.

impertinent *a.* 不適切な; でしゃばる, 生意
気な, 無礼な.

imperturbability 沈着, 平静.

imperturbable *a.* 物事に動じない, 心を
乱されない.

impervious *a.* (水などを)通さない; 感じない,
受け入れない (to).

impetuous *a.* 猛烈な, 熱烈な; 性急な,
衝動的な.

impetus 原動力, 推進力; 刺激; はずみ.

impiety 不信心, 不敬; 不孝.

impinge *v.* 突き当たる, ぶつかる (on, upon); 侵
す (on, upon).

impious *a.* 不信心の, 不敬な; 不孝な.

impish *a.* いたずらな.

implacability なだめ難いこと, 無情.

implacable *a.* なだめ難い, 和解し難い; 執
念深い.

implant *v.* (心に)植え付ける, 吹き込む; *Med.*
移植する. ― *n. Med.* 移植(組織)片.

implausible *a.* 受け入れ難い; もっともらしくな
い.

implement *n.* 道具, 器具; 手段.
― *v.* 実行する, 履行する; (要求・条件など
を)満たす.

implementation 実行.

implicate *v.* かかり合いにする, 巻き添えにする
(in); 含蓄する.

implication かかり合い, 連累; 含蓄.

implicative *a.* 包含的な.

implicit *a.* 暗黙の; まったくの, 絶対的な, 盲
目的な.

implied *a.* 暗に意味された, 言外の, 暗黙の.

implode *v. Phonet.* (閉鎖音が)内破する.

implore *v.* 懇願する, 嘆願する.

implosion *Phonet.* 内破, 入りわたり.

imply *v.* 暗示する; 含蓄する, ほのめかす; 意味す
る.

impolite *a.* 失礼な, 不作法な.

impolitic *a.* 不得策な, 不賢明な.

imponderable *a.* 重さのない, 測る事の出来ない; 評価出来ない. — *n.* 不可量物《熱・電気など》.

import *n.* 輸入; [*pl.*] 輸入品; 意味; 重要性. — *v.* 輸入する; 入れる, 持ち込む; 意味する.

importance 重要(性); 身分の高いこと, 偉さ; 尊大.

important *a.* 重要な, 大切な; 勿体ぶった, 尊大な.

importation 輸入(品).

importer 輸入業者.

import surcharge 輸入課徴金.

importunate *a.* うるさい, しつこい.

importune *v.* うるさくねだる, しつこく迫る.

importunity しつこさ.

impose *v.* (税などを)課する, (責任などを)負わせる (upon); (偽物などを)押しつける (on, upon); つけ込む, だます (on, upon).

imposing *a.* 堂々とした.

imposition 賦課, 負担, 課税, 罰; (罰として)の課題; 詐欺, ぺてん.

impossibility 不可能(事).

impossible *a.* 不可能な, あり得ない; 我慢出来ない, どうしようもない.

impossibly *ad.* 不可能に, あり得ないほど.

impost¹ 税金, 関税, 賦課金.

impost² *Arch.* せりもと.

impostor 詐欺師.

imposture 詐欺.

impotence 無(気)力; *Med.* 陰萎, インポテンツ.

impotent *a.* 老衰した, 無(気)力な; *Med.* 陰萎の.

impound *v.* (家畜を)囲いの中へ押し込める, 閉じ込める; 封鎖する; *Law* 押収する, 没収する.

impoverish *v.* 貧乏にする; 貧弱にする, つまらなくする, 興味をそぐ; (土地を)やせさせる.

impracticability 実行不可能; 頑固.

impracticable *a.* 実行不可能な; 手におえない; (道路など)通行できない.

impractical *a.* 非実用的な, 非実際的な.

imprecate *v.* (不幸・災いなどを)祈り求める (upon).

imprecatory *a.* 呪いの.

impregnability 難攻不落.

impregnable *a.* 難攻不落の, 動じない, 堅固な.

impregnate *v.* 妊娠させる; 浸み込ませる, 印象づける, 注入する (with). — *a.* 妊娠して; 浸み込んだ, 吹き込まれた; 飽和して.

impresario (It) (歌劇・音楽会などの)興行主, 監督.

imprescriptible *a.* *Law* 時効で消滅できない.

impress¹ *v.* (印などを)押す, 銘記させる (on), 感動させる, 印象を与える. — *n.* 押印, (刻)印; 痕跡, 特徴.

impress² *v.* 徴発する, 強制収用する; (特に海軍に)強制徴募する.

impressibility 感じやすいこと, 感受性.

impressible *a.* 感じやすい, 感受性の強い.

impression 印象, 感銘, 感動; 感想, 感じ, 考え; 影響, 効果; 押印, 刻印, 印, 痕跡; (有名人の)物まね; *Print.* 刷り.

impressionability 感受性.

impressionable *a.* 印象を受けやすい, 感じやすい, 感受性の強い.

impressionism 印象主義, 印象派.

impressionist 印象派の芸術家.

impressionistic *a.* 印象的な, 印象主義の, 印象派の.

impressive *a.* 印象的な, 感銘的な.

imprest (国庫から公務の為に出す)前払い(金).

imprimatur (L) 印刷許可; 免許.

imprint v. 印する; 感銘させる (on, in).
— n. 押印, 痕跡; 印象, 面影; (書物の) 扉下部の奥付け.

imprison v. 刑務所に入れる, 監禁する.

improbability ありそうもないこと, おぼつかなさ.

improbable a. ありそうもない, 本当らしくない.

improbity 不正直.

impromptu ad., a. 即座に, 即座の.
— n. 即興的作品 (詩・曲・演説など).

improper a. 不適当な, 不穏当な, 誤った; 不作法な, 下品な.

improper fraction Math. 仮分数.

impropriety 不適当, 不穏当; 間違い; 不作法, 下品, 不体裁.

improvability 改善できること.

improvable a. 改善できる.

improve v. 改善する, 改良する, 改良を加える (on, upon); 良くする, 良くなる, 好転する, 進歩する; 利用する.

improvement 改正, 改良 (された点); 進歩, 上達 (の跡); 利用.

improvidence 不用意, 無思慮.

improvident a. 先の考えのない; 不用意な, 節約心のない.

improvisation 即席の作品, 即席の演奏; 即興詩, 即興曲, 即興画.

improvisator 即興演奏者, 即興詩人.

improvisatorial, improvisatory a. 即席の, 即興の.

improvise v. (詩・音楽などを)即席に作る, 即興的に作る; 間に合わせに作る, (対策などを)即座に立てる.

imprudence 不謹慎, 軽率.

imprudent a. 無分別な, 軽率な.

impudent a. 厚かましい, 生意気な.

impudicity 破廉恥.

impugn v. 論難する, (言葉で)攻撃する.

impulse 衝撃, 推進力; 刺激, 衝動, (その場の)感情, はずみ, 出来心. **on (an)**

impulse 衝動に駆られて.

impulse buying 衝動買い.

impulsion 衝撃, 推進; 衝動, 刺激.

impulsive a. 推進の; 衝動的な, 直情的な.

impunity とがめられないこと. **with impunity** とがを受けずに, 難なく.

impure a. 不純な, 混ぜ物のある; 汚ない, 不潔な; 淫らな.

impurity 不純, 不潔; 淫ら; [pl.] 不純物.

imputability 帰することができること.

imputable a. 帰せられる, 負わせられる.

imputation 帰すること, 転嫁; 非難, 汚名.

imputative a. 帰せられた.

impute v. 負わせる, 帰する (to).

in prep. [場所・位置・方向]…の中に, …に (in a box, in Tokyo, in this direction); [時間]…に, …の間に, …たては (in June, in a day, in due time); [状態・状況・服装]…で, に なって, して, 着て (in good health, in anger, engaged in business, dressed in white); [材料・手段]…で作った, で (a statue in bronze, write in ink, speak in English); [所属・範囲]…に, (の点で)は (in the army, succeed in business, increase in number). **in that** …という点で, …のために. **in there** そこで; 満足な; 勝てそうで. **in with** …! 中へ入れろ. — ad. 中に; 家の中に, 在宅して; 政権を握って; 到来して, 来着して; 流行して, 盛りで. **be in for** …が避けられない, …でのっぴきならない. **be in with** …と親しい. **have it in for** …恨む. **in and out** 内も外も, すっかり; 出たり入ったり; うねうねと. — a. 内部の; 終了した; 流行の, スマートな; 仲間内だけの; 通にうける. — n. [pl.] 政府与党; 手づる, コネ, 引き立て. **the ins and outs** 詳細; (川などの) 曲折.

inability 不能, 無能, 無力.

inaccessible a. 近づき難い, 得難い.

inaccuracy 不正確; [pl.] 間違い, 誤り.

inaccurate *a.* 不正確な, 誤った.

inaction 無活動; 怠惰.

inactive *a.* 無活動の, 不活発な, 怠惰な.

inadequacy 不適当; 無能; 不備な点.

inadequate *a.* 不適当な, 不十分な.

inadmissible *a.* 許し難い, 容認し難い.

inadvertence, inadvertency 不注意, 手落ち; 誤り.

inadvertent *a.* 不注意な; うっかりした, 偶然の.

inadvisable *a.* 勧められない; 賢明でない.

inalienability 譲渡不可能.

inalienable *a.* 譲渡できない.

inalterability 不変性.

inalterable *a.* 変えられない.

inane *a.* 空虚な; 愚かな; [the ~] 無限の空間.

inanimate *a.* 生命のない; 生気のない, 活気のない.

inanition 空虚; 無気力.

inanity 空虚; 愚かさ, 愚言, 愚行.

inappeasable *a.* なだめ難い.

inapplicable *a.* 適用できない, 応用できない; 不適当な.

inapposite *a.* 不適切な.

inappreciable *a.* 感知し難い, 取るに足らない, 僅少な.

inappreciative *a.* 真価を認めない.

inapproachable *a.* 近づき難い; かなわない.

inappropriate *a.* 不適当な.

inapt *a.* 拙劣な, 不手際な; 不適当な.

inaptitude 不向き; 不手際.

inarticulate *a.* (発音が)不明確な; (怒りなどで)口のきけない, (意見など)はっきり言えない; *Zool.* 関節のない.

inartificial *a.* 無技巧の, 天真爛漫な, 自然な.

inartistic *a.* 非芸術的な; 無趣味な.

inasmuch as *conj.* …のゆえに, …であるから.

inattention 不注意; 無愛想.

inattentive *a.* 不注意な, 怠惰な; 無愛想な.

inaudibility 聴取不能.

inaudible *a.* 聞き取れない, 聞こえない.

inaugural *a., n.* 就任(式)の, 開始の, 開会の; 就任講演, 就任演説.

inaugurate *v.* 就任式を行う, 落成式を行う, 開業式を行う; 開始する.

inauguration 就任(式), 開始(式).

Inauguration Day 大統領就任式日 《選挙の翌年の1月20日》.

inaugurator 叙任者; 開始者, 発会者.

inauspicious *a.* 不吉な, 不運な.

in-between *a., n.* 中間的な(もの).

inboard *ad., a. Naut.* 船内に, 船内の.

inborn *a.* 生まれつきの, 生得の.

inbound *a.* 本国行きの.

inbreathe *v.* 吸い込む; (考えなどを)吹き込む.

inbred *a.* 生まれつきの; 近親交配の.

inbreeding 同種繁殖, 近親交配; 派閥人事.

inbuilt *a.* はめ込みの; 生まれつきの.

Inca インカ国王, インカ族, インカ人.

incalculability 無数, 無量; 予想不能.

incalculable *a.* 数え切れない, 無数の; 予測できない, 当てにならない.

incalculably *ad.* 数え切れないほど.

incandesce *v.* 白熱する, 白熱させる.

incandescence 白熱.

incandescent *a.* 白熱の, 白熱光を発する; 輝く.

incantation 呪文, まじない, 魔法.

incapability 不能; 無資格.

incapable *a.* 無能な, …できない (of doing), (…に)耐えない (of); 無資格の.

incapacitate *v.* 無能力にする, 耐えられなくする (for); *Law* 無資格にする.

incapacity 無能, 不能, 無力; *Law* 無資

格.

incarcerate v. 監禁する, 投獄する, 閉じ込める.

incarnadine a., v. 紅色の, 肉色の; 紅色に染める, 肉色に染める.

incarnate a. 人間の姿をした, 化身の; 具現化した. —— v. 肉体を与える, 人間の姿にする; 具体化する, 体現する.

incarnation 肉体を与える事, 人間化, 化身; 具体化, 実現.

incase v. =encase.

incautious a. 不注意な, 無分別な.

incendiarism 放火; 扇動.

incendiary a. 放火の; 扇動的な. —— n. 放火犯人; 扇動者; 焼夷弾.

incense[1] v. 立腹させる, 激怒させる.

incense[2] n., v. 香, 香煙(をたく); 芳香; お世辞.

incentive a., n. 刺激的な, 扇動的な; 刺激, 誘因.

incept v. 摂取する.

inception 発端.

inceptive a. 初めの. —— n. Gram. 起動動詞.

incertitude 不確実, 不安; 疑惑.

incessant a. 絶え間ない, 間断のない.

incest 近親相姦, 血族結婚.

inch[1] n., v. インチ《=¹/₁₂ ft., 2.54 cm》; [pl.] 身長; 少量; 徐々に動く, 徐々に近寄る.

by inches=**inch by inch** 少しずつ, じりじり.

every inch どこからどこまで. **within an inch of** もう少しで.

inchmeal ad. 少しずつ, じりじり. **by inchmeal** =inchmeal.

inchoate a. 始めたばかりの, 始まったばかりの; 未完成の; Law 懸案の, 未発効の.

inchoative a. 発端の; Gram. 動作の開始を示す. —— n. 起動動詞.

inchworm Zool. シャクトリムシ.

incidence 落下; (病気・事件などの)発生, 影響範囲; (負担の)帰着; 生起頻度; Phys. 投射, 入射.

incident a. ありがちな, 起こりがちな (to); Law 付随する, 付帯的な; Phys. 投射の (upon). —— n. 出来事, 事件, 事変; Law 付帯条件.

incidental a. 付帯的な, 付随の; ありがちな, 偶然の. —— n. 付随的事件, 付随的事項.

incidentally ad. ついでながら; 付随的に; 偶然に.

incidental music 付随音楽.

incinerate v. 焼いて灰にする, 焼却する.

incinerator (ごみの)焼却炉.

incipiency 最初.

incipient a. 初期の, 起こりの.

incise v. 切り込む; 刻む.

incision 切り込み, 切れ目, 切り口; Med. 切開.

incisive a. 鋭い, 鋭敏な; 痛烈な.

incisor Anat. 門歯.

incitation, incitement 刺激(物), 鼓舞, 扇動.

incite v. 刺激する, 励ます, 扇動する (to).

incivility 無礼, 不作法(な行為).

inclemency (天候の)荒れ, 厳しさ; 無慈悲, 冷酷.

inclement a. (天候が)険悪な, 厳しい; 無情な.

inclinable a. …の傾向がある, (…)したがる (to do, to mercy); 好意がある (to).

inclination 傾き, 傾斜; 傾向 (to, for), 性癖, 好み (for).

incline v. 傾く, 傾ける, (心を)向ける (to, toward); …したい気がする (to); (体を)曲げる. —— n. 傾斜, 斜面, 勾配, 坂道.

inclinometer 傾斜計.

inclose v. =enclose.

inclosure =enclosure.

include v. (中に)含む, 含める, 入れる.

included *a.* 含めて.

inclusion 包含, 包括; 算入.

inclusive *a.* 包含的な, 包括的な; 算入して. **inclusive of** …を含めて.

inclusively *ad.* 勘定に入れて, いっさいひっくるめて.

incog *ad., a., n.* =incognito.

incognito *ad., a., n.* 微行で, 変名で; 微行の, 変名の; 微行者, 変名者, 匿名者.

incognizant *a.* 意識しない.

incoherence 支離滅裂, 矛盾した考え, 矛盾した言葉.

incoherent *a.* つじつまの合わない, 支離滅裂な, 矛盾した, 一貫しない.

incombustible *a., n.* 不燃性の(物).

income (定期の)収入, 所得.

incomer 入来者; 後継者, 後任者.

income tax 所得税.

incoming *a., n.* 入来(の), 後継の, 後任の; [*pl.*] 収入, 所得.

incommensurable *a.* 比較出来ない, 桁違いの; *Math.* 通約出来ない(with).

incommensurate *a.* 釣り合いのとれない, 不相応の(with, to); 比較出来ない.

incommode *v.* 迷惑をかける, 不便をかける, 邪魔する.

incommodious *a.* 不便な, 窮屈な; 都合の悪い.勝手の悪い.

incommunicable *a.* 伝達出来ない, 伝え難い; 口の重い; 連絡のない, 孤立した.

incommunicado (Sp) *pred. a.* (捕虜など) 外部との連絡を絶たれた.

incommunicative *a.* 話し嫌いな; 打ち解けない.

incommutable *a.* 交換出来ない, 変えられない.

incomparable *a.* 比較出来ない (to, with); 無比の.

incomparably *ad.* 比較出来ないほど.

incompatibility 両立し難いこと; 性格の不一致.

incompatible *a.* 相容れない, 性格不一致の (with); 両立しない, 矛盾する(with).

incompetence, incompetency 無能力, 不適当.

incompetent *a.* 無能な, 不適任な; *Law* 無能力な, 無資格の.

incomplete *a.* 不完全な, 不十分な.

incomprehensibility 不可解性.

incomprehensible *a.* 不可解な.

incomprehensibly *ad.* わかりにくく; どういうわけか.

incomprehension 無理解.

incompressibility 非圧縮性.

incompressible *a.* 圧縮出来ない.

incomputable *a.* 計算出来ない; 数えきれない.

inconceivability 不可解.

inconceivable *a.* 思いも及ばない, 想像もつかない; 途方もない.

inconceivably *ad.* 想像も出来ないほど.

inconclusive *a.* 決定的でない, 結論に達しない, 要領を得ない.

incondensable *a.* 凝縮し難い.

incongruity 不調和.

incongruous *a.* 調和しない, 一致しない (with); 不条理な, ばかげた.

inconsequence 矛盾.

inconsequent *a.* 矛盾した, 筋道のたたない; 見当違いの; 重要でない.

inconsequential *a.* 取るに足らない; 筋の通らない.

inconsiderable *a.* 取るに足らない, 小さな, わずかな.

inconsiderate *a.* 思いやりのない.

inconsistency 矛盾, 不一致; 無定見.

inconsistent *a.* 一致しない, 調和しない, 矛盾する(with); 一貫しない; 無定見な, 無節

操 な.

inconsolable *a.* 慰め難い, やるせない.

inconsonance (音の)不協和; 矛盾.

inconsonant *a.* 調和しない, 一致しない; (音が)不協和の.

inconspicuous *a.* 目立たない.

inconstancy 変わりやすい事; むら気, 気紛れ.

inconstant *a.* 変わりやすい, 移り気な, 気紛れな, 不実な.

inconsumable *a.* 使いきれない; 焼き尽くされない.

incontestable *a.* 議論の余地のない, 明白な.

incontinence 自制できないこと; 淫乱; *Med.* 失禁.

incontinent *a.* 自制力のない; 淫らな; *Med.* 失禁する.

incontrovertible *a.* 争う余地のない, 明白な.

inconvenience *n., v.* 不便, 不自由(させる), 迷惑(をかける).

inconvenient *a.* 不便な, 不自由な, 厄介な.

inconvertibility 不換性, 兌換不能.

inconvertible *a.* 引き換えられない, (紙幣が)不換の.

inconvincible *a.* 納得させられない.

incoordination 同格でないこと.

incorporate *a.* 一体となった, 合同した; 法人組織の. — *v.* 統合する, 一体にする, 一体になる, 合併する; 法人組織にする.

incorporated *a.* 合同した; [Inc. と略して社名の後につけて]有限責任の.

incorporation 合体, 合併; 法人(組織), 会社.

incorporeal *a.* 実体のない, 無形の.

incorrect *a.* 不正確な, 誤った.

incorrigible *a.* 改められない, 度し難い, 救い難い; 我儘な.

incorruptibility 清廉.

incorruptible *a.* 腐敗しない, 堕落しない, 買収されない, 清廉な.

increase *v.* 増す, 増加する, 増大する, 増やす; 強まる. — *n.* 増大(量), 増加, 増殖.
be on the increase 増加しつつある.

increasingly *ad.* だんだん, ますます.

incredibility 信じられないこと.

incredible *a.* 信じ難い, 信用出来ない; 異常な.

incredulity 疑い深いこと.

incredulous *a.* 容易に信じない, 疑い深い.

increment 増加(量), 増額; 利益.

incriminate *v.* 罪に落とす, 有罪にする.

incriminatory *a.* 有罪にするような, 罪を負わせる.

incrust *v.* ＝encrust.

incrustation 外被で補うこと; 外被, 皮殻; 湯垢; (大理石などの)化粧張り.

incubate *v.* (卵を)抱く, かえす; 熟考する, もくろむ.

incubation 孵化; 企て; *Med.* 潜伏(期).

incubative *a.* 孵化の; 潜伏期の.

incubator 孵卵器; 細菌培養器; (未熟児)保育器.

incubus 夢魔《睡眠中の女を犯すといわれる》; 悪夢; 悩みの種.

inculcate *v.* 教え込む, 説き聞かせる (upon).

inculpate *v.* 非難する, 罪を負わせる, 巻き添えにする.

incumbent *a.* 寄りかかる; (義務として)かかる, (…の)義務である (on, upon); 現職の. — *n.* 聖職禄所有者, 牧師; 在職者, 現職者.

incur *v.* (危険・非難などを)招く, 受ける.

incurability 不治.

incurable *a., n.* 不治の(病人), 矯正不能の(人).

incurably *ad.* 直らないほど.

incurious *a.* 好奇心のない, 無頓着な.

incursion 侵入, 侵略, 襲撃.

incursive a. 侵入する.

incurve v. 内屈させる. — n. Baseball インカーブ; 湾曲.

indebted a. 負債がある; 恩義がある.

indecency 不体裁, 不作法; 猥褻(行為).

indecent a. 不作法な, 不体裁な; 猥褻な, 下品な; 不当な; 理不尽な.

indecent assault Law 強制猥褻行為; 強姦.

indecent exposure Law 公然猥褻行為.

indecipherable a. 判読出来ない.

indecision 不決断.

indecisive a. 決断力のない, 優柔不断の.

indeclinable a. Gram. 屈折変化しない.

indecomposable a. 分解出来ない, 分析出来ない.

indecorous a. 不作法な.

indecorum 不作法(な行為).

indeed ad. 実に, 本当に; なるほど; いや実のところ. — int. へー, まさか.

indefatigable a. 疲れを知らない, 根気のいい, 不屈の.

indefeasible a. 無効に出来ない, 破棄出来ない.

indefectible a. 欠けない, 欠点のない; 破損しない; 永続する.

indefensible a. 防ぎ難い; 弁護の余地のない.

indefinable a. 定義し難い, 言いようのない, 漠然とした.

indefinite a. 不定の, 明確でない; 無期限の; Gram. 不定の.

indefinite article Gram. 不定冠詞.

indelible a. 消すことの出来ない; 忘れられない.

indelicacy 下品, 不作法; 猥褻.

indelicate a. 下品な, 野卑な; 淫らな.

indemnify v. 保証する, 保護する (against, from); 賠償する, 補償する (for).

indemnity (損害賠償の)保証, (責任を問わないという)保証, 免責; 賠償(金).

indemonstrable a. 証明出来ない, 自明の.

indent v. ぎざぎざをつける, 鋸状にする; (証書を)正副二通に作る; (新しいパラグラフの)第一語を引っ込ませる, 窪みを作る, へこませる. — n. ぎざぎざ, 刻み目, へこみ; 契約書; Com. 注文書, 委託買い付け品.

indentation ぎざぎざ(をつけること), へこみ; (海岸線の)入り組み, 湾入; =indention.

indention 字下がり(パラグラフの第一語の引っ込み).

indenture (正副二通に作った)証書, 契約書; (年季奉公の)契約書; 刻み目.

independence 独立(心); 自活(できるだけの資力).

Independence Day 米国独立記念日 (7月4日).

independency 独立(国); [I-] Relig. 独立教会主義.

independent a. 独立の, 自主の; 独立した, 無関係の (of); 独立心の強い, きかん気の; 働かずに暮らせるだけの; (議員が)無所属の; [I-] = Congregational. — n. 無所属議員; [I-] 独立教会主義者.

independently ad. 独立して, 自主的に; (他と)無関係に; 自由に.

in-depth a. 徹底的な, 詳細な.

indescribable a. 名状し難い, 漠然とした.

indestructibility 不滅性.

indestructible a. 不滅の.

indeterminable a. 決定し難い; 解決のつかない.

indeterminate a. 不(確)定の.

indetermination 不確定; 不決断.

index n. 指示物, 目盛り, 指針, 指標; Math. 指数; 索引, インデックス; Print. 指印(☞). — v. 索引をつける; 指し示す.

indexation Econ. 指数連携.

index card 索引カード.

index finger 人差し指.

index number 指数.

India インド.

India ink 墨, 墨汁.

Indian a. インドの; アメリカインディアンの.
— n. インド人, インド語; アメリカインディアン.

Indiana インディアナ《米国中西部の州》.

Indian club (体操用)棍棒.

Indian corn トウモロコシ.

Indian file 一列縦隊.

Indian giver 取り戻すつもりで贈り物をする人, 返礼目当てでサービスをする人.

Indian meal ひき割りトウモロコシ.

Indian Ocean インド洋.

Indian pudding トウモロコシ粉のプディング.

Indian sign 魔力.

Indian summer (初冬の)小春日和.

India paper インディア紙《上等の薄地印刷用紙》.

India rubber 消しゴム; 弾性ゴム.

indicate v. 指し示す, 指摘する; 表す, 暗示する; (治療・薬の)必要を示す.

indication 指示, 表示; 徴候.

indicative a., n. 示す, 表示する, 暗示する (of); Gram. 直説法(の).

indicator 指示者, 表示者; メーター(の指針); 指示薬; Econ. 経済指標.

indicatory a. 指示的な.

indict v. 起訴する, 告発する.

indictable a. 起訴されるべき, 告発出来る.

indictment 起訴(状).

indifference 無関心, 冷淡; 重要でないこと.

indifferent a. 無頓着な, 無関心な, 冷淡な; 無関係な, どうでもいい, 良くも悪くもない, いい加減な; 公平な, 中立な; よくない, まずい.

indifferentism Relig. 信仰無差別論.

indigence 貧困.

indigenous a. 土着の, (土地)固有の; 生来の (to).

indigent a. 貧乏な, 貧困な.

indigested a. (計画など)粗雑な; 不消化の.

indigestibility 消化不良.

indigestible a. 不消化の; 理解出来ない, 受け入れにくい; 不愉快な.

indigestion 消化不良, 胃弱.

indignant a. 立腹した, 憤慨した (with, at).

indignantly ad. 憤然として.

indignation 憤り, 立腹, 憤激, 義憤.

indignity 侮辱; 軽蔑; 冷遇.

indigo インジゴ, 藍(色).

Indio インディオ《メキシコやブラジルの土着民》.

indirect a. 間接の, 遠回りの, 遠回しの; 不公平な; 二次的な.

indirection 遠回し(の方法); 不正直.

indirectly ad. 間接(的)に, 遠回しに.

indiscernible a. 識別出来ない.

indiscipline 不規律.

indiscreet a. 無分別な, 軽率な.

indiscrete a. 分かれていない.

indiscretion 無分別, 軽率(な行為).

indiscriminate a. 無差別の, 見境なしの.

indiscrimination 無差別; でたらめ.

indispensability 緊要性.

indispensable a. 絶対必要な, 無くてはならない; 避けられない.

indispensably ad. 必ず.

indispose v. 嫌にならせる, …する気をなくさせる (to, from); 不適当にする, 不可能にする (for, to do).

indisposed a. 気分がよくない; …する気がない, 気乗りがしない (to do).

indisposition 軽い病気, 不快; 気の進まないこと, 嫌気.

indisputable a. 争う余地のない, 明白な.

indissoluble a. 分解出来ない, 溶解出来ない; 断ち切れない, 永続的な.

indistinct *a.* 不明確な, はっきりしない.

indistinctive *a.* 目立たない; 差別のない.

indistinguishable *a.* 区別出来ない.

indite *v.* (詩文などを)書く, 作る.

indium *Chem.* インジウム《金属元素》.

individual *a.* 単独の; 個人の, 個々の; 独自の. — *n.* 個体, 個人; 人.

individualism 個人主義, 利己主義.

individualist 個人主義者, 利己主義者.

individualistic *a.* 個人主義的な, 利己主義的な.

individuality 個人, 個体, 単一体; (個人的)特性, 特質.

individualization 個別化; 差別.

individualize *v.* 個々に区別する; 個性を発揮させる, 個性化する; 特筆する, 列挙する.

individually *ad.* 個々に; 個人として.

individuate *v.* 個別化する, 区別する.

individuation 個別化.

indivisibility 不可分性.

indivisible *a., n.* 分けられない, 不可分の(もの); 極少量.

Indochina インドシナ《アジア南東部の半島》.

Indo-Chinese *a., n.* インドシナの; インドシナ人(の), インドシナ語(の).

indocile *a.* 教え難い, 不従順な.

indoctrinate *v.* (主義などを)教え込む.

Indo-European *n., a.* インドヨーロッパ語族(の).

Indo-Germanic *n., a.* インドゲルマン語族(の).

indolent *a.* 怠惰な, 不精な; *Med.* 無痛(性)の.

indomitable *a.* 不屈の.

indomitably *ad.* 負けん気で, 断固として.

Indonesia インドネシア《アジア南東部の共和国》.

Indonesian *a., n.* インドネシアの; インドネシア人(の), インドネシア語(の).

indoor *a.* 屋内の.

indoors *ad.* 屋内で.

indorse *v.* =endorse.

indraft 吸い込み; 流入.

indubitable *a.* 疑う余地のない, 確かな.

induce *v.* 説いて…させる, 勧誘する (to do); 生じさせる, 起こす; *Elec.* 誘導する; *Log.* 帰納する.

inducement 誘因, 刺激; (引きつける)条件.

induct *v.* (席に)導く, 導入する; 就任させる; 兵役につかせる.

inductance *Elec.* 誘導係数.

inductee 就任者; 徴募兵.

inductile *a.* 引き伸ばせない.

induction 誘導; 前提, 序論; *Log.* 帰納法, 帰納的推理; *Elec.* 誘導, 感応; (陣痛・分娩の)人工的誘発; (聖職)就任式; 徴兵; 入隊式; =induction course.

induction coil *Elec.* 感応コイル.

induction course (新入社員などの)研修.

inductive *a.* 引き入れる; 前提の; 帰納的な; *Elec.* 誘導の.

inductor (聖職)授与者; *Elec.* 誘導子; *Chem.* 誘導質.

indue *v.* =endue.

indulge *v.* 気儘にさせる, 甘やかす; 楽しませる, 喜ばせる; …に耽る (in); 深酒する.

indulgence 放縦, 気儘; 甘やかし, 寛大; 罪の赦免; *Rom. Cath.* 免罪(符).

indulgent *a.* 甘やかす, 寛大な; 気儘な.

indurate *v.* 堅くする, 堅くなる; 無感覚にする; 頑固にする, 頑固になる; 確立する.

induration 硬化; 頑固.

indurative *a.* 固まる; 頑固な.

Indus [the ~] インダス川《パキスタン東部の大河》.

industrial *a.* 産業の, 工業(用)の.

industrial action ストライキ.

industrial art 産業美術.

industrial design 工業デザイン.

industrial designer 工業デザイナー.

industrial engineering 生産管理工学.

industrial espionage 産業スパイ.

industrial estate 工業団地.

industrialism 産業主義.

industrialist 企業経営者, 資本家.

industrialization 産業化, 工業化.

industrialize v. 産業化する, 工業化する.

industrially ad. 産業上.

industrial park =industrial estate.

Industrial Revolution 産業革命.

industrial school 実業学校;(非行少年のための)授産学校.

industrial spy 産業スパイ.

industrial union 産業別(労働)組合.

industrious a. 勤勉な.

industry 産業, 工業; 産業経営者; 勤勉, 精励.

indwell v. 内に住む,(精神などが)宿る.

inebriate a., n. 酔った, 興奮した; 酔っ払い.
— v. 酔わせる.

inebriety 酒酔い.

inedible a. 食べられない, 食用でない.

inedited a. 未刊行の, 未編集の.

ineffable a. 言いようのない; 言語に絶した.

ineffaceable a. 消すことの出来ない.

ineffective a. 効果のない, 無駄な; 引き立たない; 無能(力)な.

ineffectual a. 効果のない, 無駄な.

inefficacious a. 無効の, 効き目のない.

inefficacy 無効果.

inefficiency 非能率, 無効力.

inefficient a. 無能な, 能率の悪い; 役に立たない.

inelastic a. 弾力のない; 適応性のない.

inelegance 不粋, やば.

inelegant a. 優美でない, やばな, あか抜けしない.

ineligibility 無資格, 不適任.

ineligible a. 選ばれる資格のない, 不適任の.

inept a. 不適当な, ばけげた.

ineptitude 愚かしさ, ばけげた言行.

inequality 不同, 不平等, 不平均;(表面の)凸凹, 起伏; Math. 不等式.

inequitable a. 不公平な, 不正な.

inequity 不公正(な事柄).

ineradicable a. 根絶できない.

inerrancy 誤りのないこと.

inerrant a. 誤りのない.

inert a. Phys. 自動力のない; 不活発な, 鈍い, のろい.

inertia Phys. 惰性, 慣性; 不活発, 遅鈍.

inertial a. 慣性の.

inertial navigation (system) 慣性航法(装置).

inescapable a. 避けられない.

inessential a. 緊要でない.

inestimable a. 測り知れない, 計算出来ない.

inevitable a. 避けられない, 免れ難い, 抜き差しならない; [the ~] 避けられない事, 運命.

inevitably ad. やむを得ず, 必ず.

inexact a. 不正確な.

inexactitude 不正確.

inexcusable a. 許せない, 言い訳の立たない.

inexhaustible a. 無尽蔵の, 無限の; 疲れを知らぬ.

inexorable a. 冷酷な, 容赦のない, 厳しい; 変えられない.

inexpediency 不便; 不得策.

inexpedient a. 不便な; 賢明でない, 不得策な.

inexpensive a. 費用のかからない, 安い.

inexperience 無経験, 未熟.

inexperienced a. 無経験な, 未熟な.

inexpert a. 未熟な, 不器用な.

inexpiable a. 償われない, 罪深い.

inexplicability 不可解.

inexplicable *a.* 説明出来ない, 不可解な.

inexplicably *ad.* 不可解に; どういうわけか.

inexplicit *a.* 明白でない.

inexpressible *a.* 言い表せない.

inexpressive *a.* 無表情な, 無口な.

inexpugnable *a.* 難攻不落の; 論破出来ない.

inextensible *a.* 広げられない, 伸びない.

inextinguishable *a.* 消す事が出来ない; 抑えきれない.

inextricable *a.* 抜け出せない, 込み入った; 解けない, 解決出来ない.

INF Intermediate-range Nuclear Forces 中距離核戦力.

infallibility 誤りのあり得ないこと; 絶対確実; *Rom. Cath.* (教皇・公会議の)不可謬性.

infallible *a.* まったく誤りのない, 絶対に確実な, 必ず起こる.

infamous *a.* 悪名の高い, 不名誉な, 恥ずべき; *Law* (破廉恥罪で)公民権を奪われた; 劣悪な, ひどい.

infamy 不名誉, 悪名, 醜聞; 醜行.

infancy 幼少, 幼年時代; 初期.

infant *n., a.* 幼児, 小児(の); 幼稚な.

infanticide 幼児殺し.

infantile *a.* 幼児の, 子供らしい; 幼稚な; 初期の.

infantile paralysis *Med.* 小児麻痺.

infantry 歩兵(隊).

infantryman 歩兵.

infant school 幼児学校 《5, 6, 7 歳》.

infarction *Med.* 梗塞.

infatuate *v.* ばけさせる, (人を)迷わす, 夢中にする.

infatuated *a.* 夢中になった, 迷い込んだ, 愚かな.

infatuation 夢中; 心酔.

infect *v.* 病毒を混入する, 病菌を混入

する, 感染させる; 浸み込ませる, 影響を与える (*with*).

infection 伝染, 感染; 伝染病; 影響.

infectious, infective *a.* 伝染性の.

infelicitous *a.* (表現の)不適切な; 不完全な.

infelicity (表現の)不適切.

infer *v.* 推論する, 推測する; 意味する, 示す.

inferable *a.* 推論出来る, 推知出来る.

inference 推論, 推定; 結論; 含蓄.

inferential *a.* 推論の.

inferior *a., n.* 下位の, 下等の, 下級の, 劣った (*to*); 目下の者, 後輩.

inferior goods *Econ.* 下級財.

inferiority 劣等, 劣勢; 下位; 劣等感, 劣等意識.

inferiority complex *Psychol.* 劣等複合, 劣等感.

infernal *a.* 地獄の(ような); 悪魔的な; ひどい.

infernal machine 偽装爆弾.

inferno 《焦熱》地獄; [The I-] (Dante の神曲 の)地獄編.

infertile *a.* 豊かでない, 不毛の; (卵が)受精していない.

infertility 不毛.

infest *v.* (害虫・賊などが)たかる, 群がる, はびこる, 荒らす.

infestation 侵略, 横行.

infidel *n.* 不信心者; 異教徒.
—*a.* 不信心な; 異教徒の.

infidelity 不信心; 不貞, 不義, 背信.

infield (野球 などの)内野; 内野手; (競技用トラック内の)フィールド.

infielder 内野手.

infighting *Boxing* インファイト, 接近戦; 内紛, 内輪もめ.

infiltrate *v.* 浸透させる, 浸透する.

infiltration 浸透; *Med.* 肺浸潤.

infinite *a.* 無限の, 無数の; 莫大な, 非常な;

Math. 無限 の; [the I-] =God.

infinitesimal a. 無限 小 の, 極 微 の.
— n. 極 微 量.

infinitival a. Gram. 不定詞の.

infinitive Gram. 不定詞.

infinitude 無限.

infinity 無限, 無数; Math. 無限 大 《∞》.
to infinity 無(制)限に.

infirm a. 虚弱 な, 病 弱 な;(意志が)薄
弱 な, 優 柔 不 断 の.

infirmary 病院;(学校・工 場 などの)付属
診療所.

infirmity 虚弱, 病弱; 病気; 欠陥,
弱 点.

infix v. 差し込む; Gram. (挿 入 辞 を)挿 入 す
る. — n. 挿 入 辞.

inflame v. 燃え立たせる; 怒らせる, 興 奮 させる,
激 する(with); Med. 炎 症 を起こさせる, 炎
症 を起こす.

inflammability 燃 焼 性, 可燃性.

inflammable a., n. 可燃性の(物); 激しやす
い.

inflammation 燃 焼, 激怒; Med. 炎 症.

inflammatory a. 炎 症 性の; 扇動的な.

inflate v. 膨らませる; 得意がらせる(with); 誇
張 する;(通貨を)膨 張 させる.

inflated a. 膨 張 した; 勿体ぶった, 大げさな;
(通貨が)膨 張 した,(物価などが)暴 騰 した.

inflation 膨 張, 慢心, 得意; Econ. 通貨
膨 張, インフレーション.

inflationary a. インフレ(助 長)の.

inflator (タイヤなどの)空気入れ.

inflect v. 曲 折する, 曲げる; Gram. (語尾を)
変 化させる;(音声を)調 節する.

inflection Gram. 屈折; 抑揚, 声の変化.

inflexibility 不撓性.

inflexible a. 確固たる, 不屈の, 剛 直 な; 曲
げられない.

inflexion =inflection.

inflict v. (打撃・苦痛・罪などを)加える, 課する
(on, upon).

in-flight a. 飛行 中 の, 機内の.

inflow 流 入(物).

influence n. 影響, 感化(力);勢 力, 威
光, コネ;影響 力 のある人, 影 響 力 のある
物, 有 力 者. **under the influence** 酔っ
払って. — v. 影響 する, 影 響 を及ぼす;
感 化する, 動かす, 左右する.

influent a. 流 入 する, 注ぐ.

influential a. 影 響 を及ぼす; 勢 力 のある,
有 力 な. — n. 実 力 者, 有 力 者.

influenza Med. インフルエンザ, 流 行 性感冒.

influx 流 入;到達;(川の)合 流 点.

info =information.

infold v. =enfold.

inform v. 報じる, 知らせる(of, that);密 告 する
(against);(感 情 などを)吹き込む, 鼓吹 する
(with).

informal a. 非公式の, 略 式 の;形式ばらな
い, くだけた; 口語体の.

informality 非公式; 略 式 の行動.

informant 通告者, 密告者; Ling. 資 料
提 供 者, インフォーマント.

informatics =information science.

information 通知, 報道, 消息, 情報;
見 聞, 知識; Law 告発, 告訴, 密告; 案内
(係).

informational a. 通報の, 情 報 の;(本な
ど)新知識に満ちた.

information desk 案内所, 受付.

information office 案内所.

information processing Computer
情 報 処理.

information retrieval Computer 情 報
検索.

information science 情 報 科学.

information theory 情 報 理論.

informative a. 知識を与える; 有益な.

informatory *a.* 情報を与える.

informed *a.* 知識のある, 精通している; 事情に詳しい.

informed consent (手術などの際の患者の)同意.

informer 通知者, 通告者; 密告者.

infraction 違反.

infra dig (L) *pred. a.* 品位にかかわる.

infrared *a., n. Phys.* 赤外線(の).

infrastructure 下部組織; 構造基盤; 部隊支援施設.

infrequency まれなこと.

infrequent *a.* まれな, 珍しい.

infringe *v.* 犯す, 破る, 違反する, 侵害する (*upon*).

infringement 違反, 侵害.

infuriate *v.* 激怒させる.

infuse *v.* 注入する, 吹き込む (*with*); 煎じ出す, 浸出する.

infuser (紅茶の)浸出器.

infusible *a.* 溶解しない.

infusion 注入; 浸出(液); *Med.* 点滴.

ingathering 取り入れ.

ingenious *a.* 独創的な, 器用な; 巧妙な.

ingenue, ingénue 純情な少女(を演じる女優).

ingenuity 独創性, 工夫力, 器用; 巧妙.

ingenuous *a.* 率直な; 純真な, あどけない.

ingest *v.* (食物を)摂取する.

ingestion 食物摂取.

inglenook 炉すみ.

inglorious *a.* 不名誉な.

ingot (金銀などの)鋳塊.

ingrain *v.* (糸を)染める. — *a.* =ingrained.

ingrained *a.* 生染めの, 地染めの; 深く浸み込んだ, 根深い, 凝り固まった.

ingratiate *v.* 取り入る, 機嫌を取る.

ingratitude 忘恩.

ingredient 成分, 要素.

ingress 進入, 立ち入り; 進入路; 入場権.

ingroup *Sociol.* (閉鎖的な)内集団.

ingrowing *a.* 内に伸びる.

ingrowth 内に伸びること.

inguinal *a. Anat.* 鼠径の.

inhabit *v.* ...に住む, 宿る.

inhabitancy 居住.

inhabitant 住民, 居住者.

inhabitation 住居; 居住.

inhabited *a.* 人の住んでいる.

inhalant *a., n.* 吸入の; 吸入薬, 吸入器.

inhalation 吸入(薬).

inhale *v.* 吸入する, (たばこなど)肺まで吸い込む.

inhaler 吸入器.

inharmonic *a.* 不協和(音)の; 乱調子の.

inharmonious *a.* 不調和な, 乱調子の.

inhere *v.* (性質が)生まれつく; (権利が)そなわる.

inherent *a.* 生得の, 固有の, 内在的な (*in*).

inherently *ad.* 生まれつき, 本来, 本質的に.

inherit *v.* 相続する; (性質などを)受け継ぐ.

inheritance 相続, 継承; 遺産; 遺伝(質).

inheritance tax 相続税.

inheritor 相続人.

inheritress 女性相続人.

inhibit *v.* 妨げる, 抑制する; 禁じる (*from doing*).

inhibited *a.* 抑制的, 禁止の; 自己規制の強い, 引っ込み思案の.

inhibition 禁止, 抑制.

inhibitory *a.* 禁止の.

inhospitable *a.* 無愛想な; 殺風景な, 荒涼たる.

inhospitality 無愛想, 冷遇.

inhouse *a.* 組織内の, グループ内の.

inhuman *a.* 不人情な, 無情な, 残忍な;

人間でない, 非人間の, 超人的な.

inhumane a. 不人情な; 残酷な.

inimical a. 反目のある, 敵意のある; 有害な, 不利な (to).

inimitable a. まねのできない, 無比の, 独特の.

iniquitous a. 無法な, 不正な, 邪悪な.

iniquity 不正, 不法(行為); 邪悪, 罪悪.

initial a., n. 手初めの, 最初の; 語頭の; [pl.] (語頭・文頭・固有名詞の) 頭文字, イニシャル. ― v. 頭文字で署名する.

initialism 頭文字語.

initialize v. (電算機のカウンターなどを) 初期値にする.

initially ad. 初めに.

initiate v. 始める, 創始する; 手ほどきする, 手引きをする; (秘法などを) 伝授する (into); (儀式を行って) 入会させる, 加入させる (into). ― a., n. 手ほどきを受けた(人), 伝授を受けた(人), 新入会の(人).

initiation 開始, 創始; 手引き, 伝授; 加入; 入会式, 入社式, 入党式; 成人式.

initiative a. 手始めの, 開始の. ― n. イニシアチブ, 第一歩, 率先, 首唱; 率先権, 発議権; 独創力, 進取的精神. **on one's own initiative** 自ら進んで. **take the initiative** 率先する, イニシアチブを取る.

initiatory a. 手始めの, 初歩の; 入門の, 入会の, 入党の.

inject v. 注射する, 注入する; 投入する; Aerospace (人工衛星などを軌道に) 打ち上げる, 乗せる.

injection 注入, 注射(液); 浣腸(薬); Mech. 噴射; Med. 充血; Aerospace インジェクション《人工衛星や宇宙船を軌道に乗せること; その時間, 位置》.

injector 注射器, 注入器.

in-joke 仲間うちのジョーク.

injudicious a. 無分別な, 思慮のない, 愚かな.

Injun =Indian.

injunction (禁止)命令, 指令.

injure v. 害する, 損じる, 傷つける.

injurious a. 有害な (to); 中傷的な, 侮辱的な; 不当な, 不正な.

injury 害, 損害; 損傷, 負傷; 不法, 不当; 侮辱, 無礼.

injustice 不正(行為), 不公平.

ink n., v. インク(で書く), インクで汚す, インクを塗る; (いか・たこの出す)すみ; 署名する.

inkblot インクのしみ.

inkiness 真っ黒.

inkling ほのめかし, 暗示. **get [have] an inkling of** うすうす感づく, うすうす感づいている.

give an inkling ほのめかす.

inkpot インクつぼ.

inkstand インクスタンド.

inkwell (机にはめ込んだ)インクつぼ.

inky a. インクの(ような); インクで汚れた, 真っ黒な.

inlaid a. はめ込んだ, 象眼した.

inland n., a. 内陸(の), 内地(の); 奥地(の); 国内の. ― ad. 内地に, 奥地に(向かって); 海岸線から離れて, 国境から離れて.

inlander 内地人.

inland revenue 内国税収入.

inland sea 内海. **the Inland Sea** 瀬戸内海.

in-law [主に pl.] (結婚による)親類.

inlay v. はめ込む, 象眼する (in, with). ― n. 象眼(細工); (虫歯治療用の)詰め物.

inlet 入り江; 入り口; 象眼.

in loc. cit. in loco citato (L, =in the place cited) 前に引用した所に.

inmate 同居人, 居住者; 収容者.

in memoriam ad., prep. (…の)記念に.

inmost a. もっとも奥の; 内心の, 衷心の.

inn 宿屋; 居酒屋. **Inns of Court** (英国の)法学院.

innards おなか, 内臓.

innate *a.* 生得の, 天賦の, 先天的な.

inner *a.* 内の, 内にある, 内部の; 秘密の.

inner city (都市の)スラム地域.

inner man 霊魂, 精神; 胃袋.

innermost *a.* もっとも奥の; 内心の.

inner space *Naut.* 海面下地域;(人の)精神世界.

inner tube (自転車などの)ゴムチューブ.

innervate *v.* 神経を分布する;(神経などを)刺激する.

inning *Baseball* イニング, 回; [*pl.*] *Cricket* イニング, 回; [*pl.*] 活躍期.

innkeeper 宿屋の主人.

innocence 純真, 無邪気; 清浄, 無垢; 無罪, 潔白; 単純, 無知.

innocent *a.* 無邪気な, あどけない; 清浄な, 純潔な; 罪のない, 潔白な(*of*); 無害な; 無知な, 単純な. — *n.* 無邪気な子供; 潔白な人, お人好し; ばか.

innocuous *a.* 無害な; 刺激のない.

innominate *a.* 無名の, 匿名の.

innominate bone *Anat.* 無名骨.

innovate *v.* 一新する, 革新する(*on*).

innovation 革新, 新機軸.

innovator 革新者.

innuendo 風刺, あてこすり.

innumerable *a.* 無数の.

innutrition 栄養不良.

innutritious *a.* 滋養の乏しい.

inobservance 不注意, 怠慢, 違反, 無視.

inoculate *v.* (病菌に)接種する, 種痘する (*with*, *against*);(思想などを)植えつける.

inoffensive *a.* 害にならない, 嫌でない.

inoperable *a.* *Med.* 手術できない.

inoperative *a.* 無効の, 効きめのない.

inopportune *a.* 間の悪い, 時機を得ない, 都合の悪い.

inordinate *a.* 過度の, 法外な.

inorganic *a.* 生活機能のない, 無生物の; 非有機的な; *Chem.* 無機の.

inosculate *v.* (血管など)接合する; 結合する.

inpatient 入院患者.

input *n.* *Elec.*, *Mech.* 入力; *Computer* インプット;(資本などの)投入. — *v.* (情報を)入力する, インプットする.

inquest 取り調べ; 審理, 陪審; 検死.

inquietude 動揺, 不安.

inquire *v.* 問う, 尋ねる, 質問する (*about*, *of*, *for*); 調査する (*into*). **inquire after** 安否を尋ねる.

inquirer 尋ねる人, 調査者.

inquiringly *ad.* 不審そうに, 聞きたそうに.

inquiry 問い合わせ, 照会; 質問; 調査, 審理.

inquisition 調査, 探究; 尋問, 審問; [the I-] *Rom. Cath.* 宗教裁判(所).

inquisitive *a.* 聞きたがる, 知りたがる; 詮索好きな.

inquisitor 尋問者, 審問者; 調査者; [I-] 宗教裁判官.

inquisitorial *a.* 審問の; 根掘り葉掘り聞きたがる.

inroad 侵略, 侵害.

inrush 侵入, 突入.

INS inertial navigation system *Aeronaut.*, *Aerospace* 慣性航法装置.

insalubrious *a.* (場所・気候などが)不健康な.

insalubrity (空気・土地などの)不健康.

insane *a.* 気の狂った; 途方もない, とっぴな; 非常識な.

insanitary *a.* 非衛生的な.

insanity 狂気, 精神異常; 気違いざた.

insatiability 貪欲.

insatiable, insatiate *a.* 飽くことを知らない, 強欲な.

inscribe *v.* 書く, 記す, 刻む; 献題する.

inscription 銘, 碑銘, 碑文; 題言, 献辞.

inscriptional, inscriptive *a.* 銘の.

inscrutability 不可解.

inscrutable *a.* 測り知れない, 不可解な.

insect 昆虫, (一般に)虫.

insectarium 昆虫飼育所.

insecticide 殺虫剤.

insectivore 食虫動物, 食虫植物.

insectivorous. *a.* 虫を食う, 食虫の.

insecure *a.* 安全でない, 不安定な; 危険な.

inseminate *v.* 授精させる, (種を)まく.

insemination 種まき; 授精; ＝artificial insemination.

insensate *a.* 知覚のない, 感覚力のない, 無感情の; 愚かな.

insensibility 無感覚, 無神経; 無意識; 平気, 冷淡 (to).

insensible *a.* 知覚のない, 感覚のない, 意識のない; 無神経な, 気づかない (to, of); (感知されないほど)僅かの, 微細な.

insensitive *a.* 無感覚な, 鈍感な.

insentient *a.* 知覚のない, 生気のない.

inseparability 不可分性.

inseparable *a.* 分離出来ない, 不可分の, 一体の. —*n.* [*pl.*] 離れ難い物, 離れ難い人; 親友.

insert *v.* 差し込む, 挿入する. —*n.* 挿入物; 折り込みビラ.

insertion 差し込み, 挿入(物); 書き入れ; 折り込みビラ; (レース・縫い取りなどの)差し込み; *Aerospace* ＝injection.

in-service *a.* 現役の; 常勤の.

inset *v.* 差し込む. —*n.* 差し込んだ物, 差し込みページ; 挿入図, 挿入画.

inshore *a., ad.* 海岸に近い, 海岸に近く, 近海の, 近海で; 海岸に向かって.

inside *n., a.* 内面, 内側, 内部(の); 秘密の; おなか. —*ad., prep.* …の内側に, …の内部に, …以内に; 服役中で. **inside of** …以内に. **inside out** 裏返しに; 完全に.

inside job 内部の者の犯罪.

insider 内部の人; 消息通.

inside track (走路の)内側; 有利な地位.

insidious *a.* 陰険な, ずるい; (病気が)潜行性の.

insight 眼識, 看破力 (into).

insignia 記章, しるし.

insignificance 些細(な事); 無意味.

insignificancy つまらぬ物, つまらぬ人.

insignificant *a.* 無意味な; 無価値な, 取るに足らない, 些細な.

insincere *a.* 誠意のない, 不まじめな, ずるい.

insinuate *v.* こっそり入り込む, うまく取り入る (oneself into); 遠回しに言う, ほのめかす (that).

insinuating *a.* 取り入るような, こびるような; ほのめかした.

insinuative *a.* うまく取り入る; あてこすりの.

insipid *a.* 味のない, 風味のない, 気の抜けた; 興味のない.

insist *v.* 主張する, 言い張る, 強調する; 強要する, 迫る (on, upon, that).

insistence, insistency 主張, 強調; 強要.

insistent *a.* 言い張る, 固執する; しつこい; (調子など)目立った.

insofar as *conj.* する限り(で)は.

insolation 日光にさらすこと, 日光浴; 日射病.

insole (靴の)中底, 敷き革.

insolent *a.* 傲慢な, 無礼な.

insolubility 不溶解性; 解決出来ない事.

insoluble *a.* 溶解しない; 解決出来ない, 解釈出来ない; 不可解な.

insolvable *a.* 解決出来ない.

insolvency 支払い不能, 破産.

insolvent *a., n.* 支払い能力のない(人), 破産した(人).

insomnia *Med.* 不眠(症).

insomuch *ad.* **insomuch as** …だから.

insomuch that …するほど(までに).

insouciance (F) 無頓着.

inspect *v.* 検査する, 検閲する, 視察する.

inspection 検閲; 視察.

inspector 検査官, 検閲官, 視察員; 警視, 警部(補).

inspector general 監察長官; 検閲総監.

inspiration インスピレーション, 霊感; 鼓吹, 激励; (息を)吸い込むこと.

inspirational *a.* 霊感の; 鼓舞する.

inspiratory *a.* 吸気の.

inspire *v.* (思想・感情を)吹き込む, 鼓吹する (into, in); 激励する; (思想・感情などを)起こさせる, 霊感を与える, 示唆する; (息を)吸い込む.

inspirit *v.* 活気づける; (人を)激励して…させる.

instability 不安定; 気紛れ.

install *v.* 任命する, 就任させる; 席につかせる; (電灯・電話などを)取り付ける, 装置する.

instal(l)ment 分割払い; 割賦金; (分冊出版・連載物などの)一回分.

instal(l)ment plan 分割払い購入 (法).

instance *n.* 例, 実例; 段階, 場合; 提案, 依頼; *Law* 訴訟. **at the instance of** …の求めによって, 勧めによって. **for instance** 例えば. ── *v.* 例に引く, 例にあげる.

instancy 強要; 切迫.

instant *a.* 即時の, 緊急の, 切迫した; 現在の, 今月の; (食品が)即席の. ── *n.* 即時, 瞬間; 即席飲料, インスタントコーヒー. **on the instant** 直ちに. **the instant**=as soon as.

instantaneous *a.* 即時の, 瞬時の; 同時に起こる.

instanter *ad.* すぐに, 直ちに.

instantiate *v.* (抽象的なことを)具体例で示す.

instantly *ad.* 直ちに, 即座に. ── *conj.* …するとすぐ.

instant reply *TV* (競技などの直後の)(ス

ロー)ビデオ再生.

instate *v.* (地位に)任じる; 据える.

instead *ad.* (その)代わりに, それよりも. **instead of** …の代わりに; …せずに (doing).

instep (足・靴の)甲.

instigate *v.* そそのかす, 扇動する.

instigator 扇動者.

instil(l) *v.* (一滴ずつ)たらし込む, 浸み込ませる, 吹き込む (into).

instinct[1] 本能, 直感; 天性.

instinct[2] *pred. a.* …で満ちた (with).

instinctive *a.* 本能的な, 直感的な.

instinctual *a.* 本能的な.

institute *v.* 設立する, 制定する, 創立する, 設定する; (調査を)始める; (聖職に)任じる. ── *n.* 会, 協会, 学会; 会館, 研究所; (理工系)専門学校, 大学; (教員)研修所; 慣習, 慣例; 原理, 綱領 (書).

institution 設立; 制度, 規定; 慣行, 慣習; 公共施設, 公共機関, 協会, 学会, …所, …院, …団; 名物 (男).

institutional *a.* 制度上の, 慣習上の; 団体の, 施設の; 画一的な.

institutionalize *v.* 公共団体にする; 制度化する; 公共施設に収容する.

instruct *v.* 教える, 教授する (in); 知らせる, 伝える; 指図する, 命じる.

instruction 教授, 教育; *Computer* (作動開始の)命令; [*pl.*] 命令, 指図.

instructional *a.* 教授の, 教育的な.

instructive *a.* 教訓的な, 教育的な, ためになる.

instructor 教師, 指導者, インストラクター; (大学の)専任講師.

instrument *n.* 器械, 器具, 道具; 楽器; 手段, 方便, (人の)手先; *Law* 証書, 文書. ── *v.* *Mus.* 器楽用に編曲する; …に機器を備える.

instrumental *a., n.* 手段となる, 役立つ

(*in*); 器械の; *Mus.* 楽器の; *Gram.* 助格(の).

instrumentalism *Philos.* 道具主義.

instrumentalist *Mus.* 器楽家.

instrumentality 手段, 媒介, 助け.

instrumentation 器具使用; *Mus.* 楽器(演奏)法.

instrument flying [flight] *Aeronaut.* 計器飛行.

instrument landing *Aeronaut.* 計器着陸.

instrument panel (車などの)計器板.

insubordinate *a.* 不従順な, 反抗的な.

insubstantial *a.* 実体のない, 空虚な; 軟弱な.

insufferable *a.* 耐えられない, 我慢出来ない.

insufficiency 不十分; (機能)不全.

insufficient *a.* 不十分な, 不足した; 不適当な.

insular *a.* 島の, 島国(性)の; 孤立した, 狭量な.

insularism 島国根性, 偏狭.

insularity 島国性; 孤立, 島国根性, 偏狭.

insulate *v.* 島にする; 隔離する, 孤立させる; *Elec.* 絶縁する; 断熱する, 防音する.

insulation 孤立; *Elec.* 絶縁(体); 断熱, 防音材.

insulator *Elec.* 絶縁物, 絶縁体, 碍子; 断熱材, 防音材.

insulin *Biochem.* インシュリン(糖尿病薬).

insult *n.* 無礼, 侮辱; *Med.* 傷害.
— *v.* 侮辱する, 辱める.

insulting *a.* 侮辱した, 無礼な.

insuperable *a.* 越えられない, 打ち勝てない.

insupportable *a.* 支えられない, 耐えられない.

insurable *a.* 保険が付けられる.

insurance 保険; 保険料, 保険証書; 保証.

insurance policy 保険証券.

insure *v.* 保険を付ける (*for, against*); (保険業者が)保険を引き受ける (*against*); 保証する. **the insured** 被保険者, 保険契約者.

insurer 保険業者.

insurgence, insurgency 暴動, 反乱.

insurgent *a., n.* 暴動を起こした, 反乱を起こした; 暴徒, 反乱者.

insurmountable *a.* 打ち勝ち難い.

insurrection 暴動, 反乱.

insurrectionary *a.* 暴動の.

insurrectionist 暴徒, 反乱指導者.

insusceptibility 無感覚.

insusceptible *a.* 感じない, 無神経な (*to, of*); …を許さない, 受けつけない (*of*).

intact *a.* 手をつけない, そのままの, 完全な.

intaglio 沈み彫り, 彫り込み模様.

intake (水などの)取り入れ口, 取り入れ(量); 採用人員; 摂取(量); (鉱山の)通気孔.

intangibility 不可解.

intangible *a.* 手で触れられない; 実体のない; 感知できない, ぼんやりした; 不可解な.

integer 完全体; *Math.* 整数.

integral *a.* (全体構成上)必要な, 不可欠の; 完全な; *Math.* 整数の, 積分の.
— *n.* 完全体; 総体; *Math.* 整数, 積分.

integral calculus *Math.* 積分学.

integrate *v.* 完全体にする, 完成する; (異分子を一体に)統合する; …の総和を示す; *Math.* 積分する.

integrated circuit *Elec.* 集積回路.

integration 完成, 統合; 保全; (軍・学校などの)人種的統合; *Math.* 積分法.

integrator *Math.* 積分器.

integrity 完全; 清廉, 正直, (領土の)保全.

integument (動植物の)外被, 包被.

intellect 知性, 知力; 理知; 知識人.

intellection 思考; 概念.

intellective *a.* 知性の, 知力の; 聡明な.

intellectual a. 知力を要する, 知力を有する, 知的な. —— n. 知識人, インテリ.

intellectualism Philos. 主知主義.

intellectualist 主知論者.

intellectuality 知性, 知力.

intellectualize v. 知性を与える; 思考する.

intellectually ad. 知的に.

intelligence 知力, 思考力, 理解力; 知性, 聡明; 知的存在; 報道, 情報; 諜報機関.

intelligence quotient 知能指数.

intelligence test 知能検査.

intelligent a. 理性のある; 知的な, 聡明な; Computer 情報処理機能をもつ.

intelligential a. 知的な.

intelligentsia 知識階級, インテリゲンチャ.

intelligibility 理解できること.

intelligible a. 理解できる, 分かりやすい.

Intelsat インテルサット《国際電気通信衛星機構》.

intemperance 不節制, 放縦; 暴飲.

intemperate a. 不節制な, 過度の; 飲酒にふける.

intend v. ...するつもりである, ...しようと思う (to do); 意図する, 目論む, (...に) 予定する (for); 意味する; Law 法的に解釈する.

intendant 長官, 監督.

intended a., n. 目論まれた, 計画された, 予定の, 故意の; 婚約者.

intense a. 激しい, 厳しい, 強烈な; 熱情的な.

intensely ad. 激しく, 強烈に.

intensification 強化; Phot. 補力.

intensifier Gram. 強意語 (very など).

intensify v. 強める, 強まる, 激しくする, 激しくなる, 度が強くなる; Phot. 補力する.

intension 緊張; 強度; Log. 内包.

intensity 激しさ, 厳しさ, 強度, 強烈.

intensive a. 強烈な, 激しい; Gram. 強意の; 集中的な; Agr. 集約的な; Med. 集中的な; Log. 内包的な.
—— n. Gram. 強意語.

intensive care unit 集中治療センター.

intent n. 意味, 趣旨; Law 意思, 意向. **to all intents and purposes** 実際上.
—— a. 熱心な, 余念ない (on, upon).

intention 意志, 志向, 意図, 目的; 趣意, 意味; [pl.] 結婚の意志; Med. 癒合.

intentional a. 故意の.

intently ad. 一心に.

inter v. 葬る, 埋葬する.

interact[1] v. 相互に作用する, 相互に影響する.

interact[2] 幕あい; 幕間の演芸, 幕間の演奏.

interaction 相互作用, 相互影響.

interactive a. 相互に作用する, 相互に影響する.

interbreed v. 異種交配する, 異種交配させる; 雑種を生じる.

intercalary a. 閏の; 差し込んだ.

intercalate v. 閏日として暦に入れる, 閏月として暦に入れる; 間に差し込む.

intercede v. 仲に入る, 執り成す (with).

intercellular a. 細胞間の.

intercept v. (人・物を途中で捕らえる, 途中で奪う, (通信を) 傍受する; 妨害する, 邪魔する; 横取りする; (光・水などを) 遮る, 止める (from).

intercepter, interceptor 妨害者, 妨害物; Mil. 迎撃機.

interception 横取り, 傍受; 遮断, 妨害.

interceptive a. 遮る, 妨げる.

intercession 仲裁, 執り成し, 調停.

intercessor 仲裁者.

intercessory a. 仲裁の.

interchange n. 交換, 交替; (高速道路の) インターチェンジ; 乗換駅. —— v. 交換する,

取り替える, 取りかわす.

interchangeability 交換できること.

interchangeable *a.* 交換できる, 置き換えられる.

intercity *a.* 都市間の.

intercollegiate *a.* 大学間の, 大学対抗の.

intercom 内部通信装置, インターホン.

intercommunicate *v.* 相互に通信する, 相互に交通する.

intercommunication 相互通信, 相互交通.

interconnect *v.* 相互に連絡させる.

intercontinental *a.* 大陸間の.

intercorporate *a.* 企業間の.

intercostal *a. Anat.* 肋間の.

intercourse 交際; 交通; 性交; (霊的) 交わり.

intercrop *n. Agr.* 間作. — *v.* 間作する.

intercross *v.* 互いに交わらせる; 異種交配させる.

intercultural *a.* 異文化間の.

intercurrent *a.* 中間の.

interdenominational *a.* 宗派間の.

interdepartmental *a.* 各部間の, 各省間の.

interdepend *v.* 相互依存する.

interdependence 相互依存.

interdependent *a.* 互いに依存する.

interdict *n.* 禁制, 禁止命令; *Rom. Cath.* 聖務停止. — *v.* 禁じる, 停止する; (爆撃で軍事輸送を)妨害する.

interdictory *a.* 禁止の.

interdisciplinary *a.* (二つ以上の)学科間の, 学際的な.

interest *n.* 興味, 関心 (*in*), 好奇心, 面白さ, 趣味; 権利, 利益, 利害関係 (*in*); 重要性; 利子, 投資, 株 (*in*); 関係事業, 関係者; (個人の)信用, 勢力 (*with*); 私心,

私情. **in the interest(s) of** …のために. — *v.* 興味を感じさせる (*in*), 注意をひく; 関係させる (*oneself in*).

interested *a.* 興味をもった; 利害関係を有する; 私心のある.

interesting *a.* 興味を起こさせる, 面白い.

interestingly *ad.* 興味深く; 面白いことには.

interethnic *a.* 異民族間の, 異人種間の.

interface *n., v.* 中間面, 接触面; 相互作用の領域, 相互作用の手段; *Computer* インターフェイス《二つの情報処理機能の接続(装置)》; インターフェイスで接続する; 調和する.

interfaith *a.* 異宗派間の.

interfere *v.* 干渉する (*in*); 妨げる, 抵触する, 衝突する (*with*); (サッカーなどで)インターフェアする; *Phys.* (光・音などが)干渉する.

interference 干渉, 口出し, 邪魔; 妨害.

interferometer *Phys.* 干渉計.

interferon *Biochem.* 干渉菌, インターフェロン.

interfuse *v.* 混合する, 融合する.

interfusion 浸透, 混合.

intergenerational *a.* 世代間の.

intergrade *v.* 漸次に移り変わる. — *n.* 中間の段階, 中間の形式.

interim *n.* 合間; 暫定措置. — *a.* 中間の, 当座の; 仮の.

interior *a.* 内の, 内部の; 内地の, 国内の. — *n.* 内部, 室内; (建物の)室内構成, インテリア; 内地, 国内; 内政; 内心. **Secretary of the Interior** 内務長官.

interior decoration 室内装飾.

interior design 室内装飾(用材料).

interjacent *a.* 中間にある, 介在する.

interject *v.* 間へ投げ込む, (言葉を)はさむ.

interjection *Gram.* 間投詞, 感嘆詞.

interlace *v.* 組み合わせる, 絡ませる; 織り込む.

interlard *v.* (話に外国語などを)混ぜる.

interleaf 間紙《本の差し込み白紙》.

interleave v. (本に)白紙をとじ込む.

interline v. 行間に書き入れる; (服に)芯を入れる.

interlinear a. 行間に書き入れた, 一行おきに書いた.

interlineation 行間書き込み.

interlink v. 連結する.

interlock v. 組み合う, 組み合わせる, 抱き合う; 連結する. — n. 連結(装置).

interlocution 対話.

interlocutor 対話者.

interlocutory a. 対話(形式の).

interlope v. もぐり営業をする; 出しゃばる.

interloper 邪魔者, 侵入者; もぐり商人, 無免許営業者.

interlude 中間時; 幕間狂言; *Mus.* 間奏曲.

interlunar a. 月の見えない時期の.

intermarriage (異族などとの)結婚; 近親結婚.

intermarry v. (異なる人種・階級・宗教などの人と)結婚する; 近親結婚する.

intermeddle v. 干渉する, 出しゃばる.

intermediary a., n. 中間の, 媒介の; 仲介者, 媒介物.

intermediate a., n. 中間の; 中間物, 仲裁人, 中間試験; 中型車. — v. 仲介する, 仲裁する.

intermediate school 中等学校.

intermediation 仲介, 仲裁.

intermezzo 幕間狂言; *Mus.* 間奏曲.

interminable a. 果てしない; 長たらしい.

intermingle v. 混ぜ合わせる, 混ざる.

intermission 中絶, 中止; 休憩時間, 幕間.

intermit v. 中絶する, 断続する, 間欠する.

intermittent a. 断続する, 間欠性の.

intermix v. 混ぜ合わせる, 混じり合う.

intermixture 混合(物).

intermolecular a. 分子間の.

intern[1] v. (一定区域内に)収容する, 抑留する.

intern[2] インターン, (病院の)住み込み実習医員.

internal a. 内部の, 内面の, 体内の, (薬が)内服の; 学内の, 国内の, 内政の; 心的の.

internal combustion engine 内燃機関.

internality 内在(性).

internalize v. 内蔵する.

internal medicine 内科.

internal revenue 内国税収入.

international a. 国際間の, 国際的な. — n. [I-] 国際労働者同盟, インターナショナル.

internationalism 国際(協調)主義.

internationalist 国際(協調)主義者.

internationalize v. 国際化する; (領土を)国際的共同管理下におく.

internationally ad. 国際的に.

international pitch *Mus.* 国際標準音(高).

international relations 国際関係.

international unit *Phys.* 国際単位.

internecine a. 致死的の; 互いに殺し合う, 共倒れの, 内紛の.

internee 抑留者, 収容者.

internist 内科専門医.

internment 収容, 抑留.

interpellate v. (議会で大臣に対して)質問する.

interpellation (議会の)質問.

interpellator (議会の)質問者.

interpenetrate v. 浸透する; 相互に貫通する.

interpenetration (相互)浸透.

interpersonal a. 対人関係の.

interphone インターホン.

interplanetary *a.* 惑星間の.

interplay 相互作用.

Interpol インターポール, 国際警察《Inter-national Criminal Police Organization の通称 》.

interpolate *v.* 改竄する;(新しい語句を)書き入れる.

interpose *v.* 間におく, 間にはさむ, 挿入する (*between*);(異議・言葉などを)さしはさむ; 差し出口をする; 仲に立つ, 仲裁する.

interpret *v.* 解釈する, 説明する; 通訳する; 自己の解釈に基づいて演奏する, 自己の解釈に基づいて演出する.

interpretation 解釈, 説明; 通訳;(自己の解釈に基づく)演奏, 演出.

interpretative *a.* 解釈的な, 説明的な.

interpreter 解釈者, 通訳(者); 翻訳機; *Computer* 解釈プログラム.

interracial *a.* 異人種間の.

interregnum 空位(時代), (政治の)空白(期間); 中間期間, 休止期間.

interrelate *v.* 互いに関連させる.

interrelation 相互関係.

interrobang ダブルだれ (?!, !?)《疑問符と感嘆符を合わせた記号》.

interrogate *v.* 質問する; 尋問する.

interrogation 質問, 尋問.

interrogation mark [point] =question mark.

interrogative *a., n.* 疑問の, 疑問を表す; *Gram.* 疑問詞.

interrogator 質問者, 尋問者.

interrogatory *a., n.* 質問(の), 尋問(の), 疑問(の); *Law* 質問書面(手続き).

interrupt *v.* 妨げる, 遮る; 中断する.

interrupter 妨害者, 妨害物; *Elec.* 断続器.

interscholastic *a.* 学校間の.

intersect *v.* 横断する, 相交わる, 交差する.

intersection 横断, 交差; 交差点, 交線; *Math.* 共通部分.

intersex 間性, 半陰陽.

intersexual *a.* 異性間の; 半陰陽の.

interspace *n.* 間の空間.
— *v.* 間に空間をおく.

intersperse *v.* まき散らす, 散らばらせる (*with*).

interspersion 散布, 散在.

interstate *a., n.* 各州間の(高速道路).

interstellar *a.* 恒星間の.

interstice 隙間, 裂け目, 穴.

intertwine *v.* 絡み合わせる, 絡み合う, 織り込む.

intertwist *v.* より合わせる, ねじ合わせる.

interurban *a.* 都市間の.

interval 合間, 間隔; 休憩時間, 幕間; 差, 隔たり; *Mus.* 音程. **at intervals** 間を置いて, とびとびに; 時々.

intervene *v.* 間に入る, 間に起こる, 介在する; 調停する, 干渉する, 介入する.

intervention 調停, 仲裁; 干渉, 介入.

interview *n.* 会見, 会談; インタビュー,(新聞記者などの)取材訪問; 会見記; =interviewee. — *v.* 会見する, 訪問する.

interviewee 被面接者.

interviewer 会見者, 面接者, インタビュアー, 訪問記者.

intervocalic *a. Phonet.* 母音間の.

interwar *a.* 両大戦間の.

interweave *v.* 織り込む, 織り交ぜる.

intestate *a., n.* 遺言を残さない(死者); 遺言による処理の出来ない(死者).

intestinal *a.* 腸の.

intestinal fortitude 勇気, 胆力, スタミナ.

intestine *n.* [*pl.*] 腸.
— *a.* 内部の, 国内の.

intimacy 親密, 親交; 精通; 情交, ねんご
ろ(になること).

intimate *a.* 親しい, 親密な; ねんごろな, 肉体
関係のある; 内心の, 衷心の; 詳しい, 深い;
個人的な, 私事の; 親近感を与える, 居心地の
良い. — *n.* 親友. — *v.* 知らせる, 告知す
る; ほのめかす.

intimately *ad.* 親しく, 打ち解けて.

intimation 通告, 通知, 通達; 暗示.

intimidate *v.* 脅す, 脅迫する.

into *prep.* [進入・新状態になること]…の中
へ, …の中に; [変化]…に(する), …になる (*make
flour into bread, translate English into
Japanese*); …に夢中になって, …にのめりこんでい
る.

intolerable *a.* 耐えられない.

intolerably *ad.* 耐えられないほど.

intolerance 耐え得ないこと; 狭量; *Med.*
(食物などに対する)不耐(性).

intolerant *a.* (宗教的に)不寛容な, 偏
狭な, 狭量な; 許さない, 容れない (*of*).

intonate *v.* 調子をつけて読む, 詠唱する;
(声に)抑揚をつける.

intonation 詠唱, 吟唱; (声の)抑揚, 語
調, 音調; *Phonet.* イントネーション.

intone *v.* =intonate.

in toto *ad.* (L, =in the whole) 全体として.

Intourist インツーリスト《ソ連の国営観光
局》.

intoxicant *a., n.* 酔わせる(物); 酒類, 麻薬.

intoxicate *v.* 酔わせる; 興奮させる, 夢中に
する.

intracardiac *a.* 心臓内の.

intractability 手に負えないこと, 強情;
扱いにくさ.

intractable *a.* 御し難い, 手に負えない, 強
情な; 処理し難い.

intraday *a.* 一日のうちに起こる.

intradermal *a. Med.* 皮内の.

intrados *Arch.* (アーチの)内輪.

intramolecular *a.* 分子内の.

intramural *a.* 都市内の, 建物内の; 学内の.

intransigent *a., n.* 妥協しない(人), 協
調しない(人).

intransitive *a., n. Gram.* 自動(詞)の; 自動
詞.

intrant 入って来た人, 入会者, 入所者.

intrastate *a.* 州内の.

intrauterine *a.* 子宮内の.

intrauterine device 子宮内避妊器具,
避妊リング.

intravascular *a.* 血管内の.

intravenous *a.* 静脈内の.

intrench *v.* =entrench.

intrepid *a.* 恐れを知らない, 大胆な, 勇敢な.

intricate *a.* 込み入った, 複雑な, 難解な.

intrig(u)ant 陰謀者, 密通者.

intrigue *n.* 陰謀; 密通; 筋書き, 仕組み.
— *v.* 陰謀を企てる; 密通する; (興味・好
奇心を)そそる.

intriguing *a.* 面白い.

intrinsic *a.* 本来の, 固有の, 本質的な.

intro イントロ《ジャズやポピュラーの序奏部》.

introduce *v.* 紹介する(to); 案内する, 導
く; (議案を)提出する; 取り入れる, 伝える, 持ち
込む(into); (外資を)導入する; 差し込む.

introduction 紹介; 導入, 輸入; 発
明, 創始, 採用; 提出; 緒論, 序説, 入
門(書); 差し込み, 挿入; *Mus.* 序奏(部).

introductory *a.* 紹介の; 前置きの; 入
門の.

introit *Rom. Cath.* 入祭文.

intromission 入場許可; (ペニスの)挿
入(時間).

introrse *a. Bot.* 内向きの.

introspect *v.* 内省する.

introspection 内省.

introspective *a.* 内省的な.

introversion 内向性.

introversive *a.* 内向的な, 内省的な.

introvert *v.* 内に向ける, 内向する.
— *n.* 内向型の人.

introverted *a. Psychol.* 内向性の.

intrude *v.* 押し込む (*into*); 押し付ける (*on, upon*); 侵入する, 邪魔する (*upon*).

intruder 侵入者, 邪魔者; 侵入機 (操縦士).

intrusive *a.* 侵入的な; 出しゃばった, 邪魔になる.

intrust *v.* =entrust.

intuit *v.* 直覚でする, 直観で知る.

intuition 直覚, 直観.

intuitionism *Ethics* 直覚説.

intuitive *a.* 直覚的な, 直観的な.

intumescence 腫れ上がること, 膨張.

intumescent *a.* 腫れ上がる, 膨張性の.

inunction 塗油.

inundate *v.* 水浸しにする, 氾濫する; 充満する, 押し寄せる.

inundation 氾濫, 洪水; 充満, 殺到.

inure *v.* 慣らす, 鍛える (*to*); 効力を生じる, 役立つ.

inurn *v.* 骨壺に納める, 埋葬する.

inutility 無用 (の物), 無用な人.

invade *v.* 侵入する, 侵略する; 襲う, 押し寄せる.

invader 侵入者.

invalid[1] *a., n.* 病気の, 病弱な; 病人, 病弱者. — *v.* 病気にする, 病気になる; 病人として扱う, 病人として送還する, 病人として除隊させる.

invalid[2] *a.* (根拠の) 薄弱な; 無効の.

invalidate *v.* 無効にする.

invalidation 失効.

invalidism 病弱.

invalidity (根拠の) 薄弱; 無効.

invaluable *a.* 評価できない, 非常に貴い.

Invar *Trademark* インバール, 不変鋼.

invariability 不変 (性).

invariable *a.* 不変の.

invariably *ad.* 変化なく; 相変わらず, いつも.

invasion 侵入, 侵略; 侵害.

invasive *a.* 侵略的な.

invective 悪口, 毒舌, 侮辱.

inveigh *v.* 激しく非難する, 激しく抗議する, のnしる (*against*).

inveigle *v.* おびき寄せる, そそのかして…させる (*into*).

invent *v.* 発明する, 案出する; でっち上げる.

invention 発明 (品), 新案; 発明の才, 発見; 作り事, でっち上げ.

inventive *a.* 発明の (才ある).

inventor 発明者.

inventory *n.* 商品目録, 財産目録; 在庫品. — *v.* (商品・在庫品の) 目録を作る, 棚卸しする.

inverness ケープつき外套, インバネス.

inverse *a., n.* 反対 (の), 逆 (の); *Math.* 逆元, 逆関数.

inverse proportion 反比例.

inversion 逆, 反対, 転倒; *Gram.* 倒置 (法); *Mus.* 転回; *Chem.* 転化; *Psychol.* = homosexuality.

inversive *a.* 転倒の.

invert *v.* 逆にする, 転倒する, 転倒させる.
— *n. Arch.* 逆アーチ.
— *a. Chem.* 転化した.

invertebrate *a., n. Zool.* 無脊椎の; 無脊椎動物.

inverted commas 引用符 (‘ ’, “ ”).

invert sugar 転化糖.

invest *v.* 投資する (*in*); 着せる; (位などを) 授ける (*with*); 包む, 取り囲む, 包囲する.

investigate *v.* 調査する, 研究する.

investigation 調査, 研究.

investigative *a.* 調査の.

investigator 調査者, 研究者.

investigatory *a.* 調査に従事する.

investiture 任命(式), 叙任(式), 授与(式).

investment 投資(額), 投資物, 投資資本; 包囲; 覆い; 叙任.

investment trust 投資信託(会社).

investor 投資者, 包囲者; 叙任者.

inveterate *a.* 根深い, 執念深い; 慢性の; 凝り固まった.

invidious *a.* (不公平で)不快な, 癪にさわる; 人にねたまれるような.

invigilate *v.* 試験監督をする.

invigorate *v.* 元気づける, 鼓舞する.

invigorator 刺激物.

invincibility 無敵.

invincible *a.* 征服出来ない, 無敵の, 必勝の.

inviolability 不可侵, 神聖.

inviolable *a.* 侵されない; 神聖な.

inviolate *a.* 侵されない; 汚されない; 神聖な.

invisibility 目に見えないこと.

invisible *a.* 目に見えない, 隠れた; 見えないほど小さい, はっきりしない.

invitation 招待(状); 勧誘; 誘引, 魅力.

invitatory *a.* 招待の.

invite *v.* 招く, 招待する; 促す, 勧める; (意見などを)求める; (危険などを招く, 被る; 引きつける, 誘う. ― *n.* 招待(状).

inviting *a.* 招く; 心を誘う, 引きつける; おいしそうな, 感じの良い.

in vitro *ad., a.* 試験管内で, 体外で; 試験管内の, 体外の.

invocation 祈り, 祈願(の言葉); (法の)発動; 呪文, まじない.

invocatory *a.* 祈りの.

invoice *n., v. Com.* 送り状 (を作る).

invoke *v.* (神に)呼び掛ける, 祈願する; (法律などに)訴える; 切に求める, 要請する, 願う; (死

霊などを)呼び出す.

involucre *Anat.* 被膜; *Bot.* 総苞.

involuntarily *ad.* 思わず知らず, 覚えず; 不本意ながら.

involuntariness 無意識; 不本意.

involuntary *a.* 無意識の, ひとりでの; 不本意な, 強制的な; *Anat.* 不随意の.

involute *a.* 込み入った; *Bot.* 内巻きの.

involution 巻き込み; 複雑.

involve *v.* 含む, (必然的に)伴う, 必要ならしめる; 巻き込む (*in*), (密接に)関係させる, 掛かり合わせる; 複雑にする; 包む.

involvement 巻き込み, 掛かり合い; 迷惑.

invulnerability 不死身.

invulnerable *a.* 傷つけられない, 不死身の; 論破出来ない.

inward *a.* 内の, 内部の; 内的な, 内向の, 心の中の; *Com.* 輸入の. ― *ad.* 中へ, 内部へ; 心の中で, ひそかに. ― *n.* 内部, 内心; 真髄, 精神; [*pl.*] はらわた, 内臓; [*pl.*] 輸入品, 輸入税.

inwardly *ad.* 内の方へ; 心の中で, ひそかに.

inwardness 本質, 真意; 霊性.

inwards *ad.* =inward.

inweave *v.* 織り込む.

inwrought *a.* (模様など)織り込んだ, 縫い込んだ; 織り込み模様の; 混合の.

I/O input/output.

IOC International Olympic Committee.

iodic *a. Chem.* 沃素の.

iodide *Chem.* 沃化物.

iodine *Chem.* 沃素, ヨード.

iodize *v.* ヨードで処理する.

iodoform *Chem.* ヨードホルム.

ion *Chem.* イオン.

ion exchange *Phys., Chem.* イオン交換.

Ionia イオニア《小アジアの西部地方, 古代ギリシャの植民地》.

Ionian *a.* イオニア(人)の; *Mus.* イオニア旋律の;

Philos. イオニア派の.

Ionic *a. Arch.* イオニア式の. —— *n.* イオニア語.

ionium *Chem.* イオニウム《放射性ウラニウムの同位体》.

ionization *Chem.* イオン化.

ionize *v. Chem.* イオン化する.

ionosphere 電離層.

iota イオタ《ギリシャ字母の第9字; *I*, *ι*》; 微少.

IOU (<I owe you) 略式借用証書.

Iowa アイオワ《米国中部の州》.

Iowan *a.* アイオワ(州)人の. —— *n.* アイオワ州人.

IPA International Phonetic Alphabet [Association]. **ipm** inches per minute. **ips** inches per second.

ipso facto (L) その事実によって, 事実上.

iq idem quod (L, =the same as) …に同じ.

IQ intelligence quotient. **IRA** Irish Republican Army アイルランド共和国軍.

Iran イラン《アジア南西部の共和国》.

Iranian *a., n.* イランの; イラン人(の), イラン語(の).

Iraq イラク《アジア南西部の共和国》.

Iraqi *a., n.* イラクの; イラク人(の), イラク語(の).

irascible *a.* 怒りっぽい, 短気な.

irate *a.* 怒った.

IRBM intermediate range ballistic missile 中距離弾道弾. **IRC** International Red Cross 国際赤十字.

ire *n., v.* 怒り; 怒らせる.

Ireland アイルランド《Great Britain 西方の島; 南部は共和国; 北部は Northern Ireland で英国の一部》.

irenic *a.* 平和主義の, 平和的な, 協調的な.

iridescent *a.* 虹色の, 玉虫色の.

iridium *Chem.* イリジウム《金属元素》.

iris 虹, 虹色の輝き; *Anat.* 虹彩; *Bot.* アイリス, アヤメ.

iris diaphragm *Phot.* (レンズの)虹彩絞り.

Irish *a., n.* アイルランドの; アイルランド人(の), アイルランド語(の).

Irish bull 矛盾したとぼけた話.

Irishism アイルランド気質, アイルランド訛り.

Irishman アイルランド人.

Irishwoman アイルランドの女性.

iritis *Med.* 虹彩炎.

irk *v.* 嫌にならせる; 退屈させる.

iron 鉄, 鉄器; アイロン; [*pl.*] 手枷, 足枷; ピストル; *Golf* (クラブの)アイアン. **have many irons in the fire** 一時に多くの事に手を出す. **man of iron** 意志の強固な人. **rod of iron** 厳しい訓練. —— *a.* 鉄製の; 鉄のような, 堅固な, 厳しい. —— *v.* アイロンをかける; 装甲する, 手枷をかける, 足枷をかける. **iron out** アイロンをかける; 調整する, 和解させる, 円滑にする.

Iron Age 鉄器時代.

ironbound *a.* 鉄で巻いた(ような), 堅固な; 岩の多い, ごつごつした; (天候など)厳しい.

ironclad *a., n.* 装甲の, 不倒の; 装甲艦.

iron curtain 鉄のカーテン.

iron gray 鉄灰色.

ironhanded *a.* 冷酷な, 無情な.

ironic(al) *a.* 反語的な, 皮肉な.

ironing board アイロン台.

ironist 皮肉屋.

iron lung (小児麻痺患者などに用いる)鉄の肺.

ironmonger 金物屋.

ironmongery 金物(類).

iron oxide *Chem.* 酸化鉄.

iron pyrites *Mineral.* 黄鉄鉱.

iron ration 非常用携帯口糧.

ironstone 鉄鉱石.

ironware 金物, 鉄器.

ironwood 硬質材.

ironworks 製鉄所, 鉄工所.

irony 反語; 皮肉, アイロニー; 皮肉な言動.

irradiance (知的な)光輝; *Phys.* 放射照

度.

irradiant *a.* 光り輝く.

irradiate *v.* 照らす, 明るくする; 啓蒙する; (愛嬌 などを)振りまく; (放射線に)さらす, (放射線で)照射する.

irradiation 照射; 光輝; 啓発; *Phys.* 光渗.

irradiative *a.* 発光する; 啓蒙的な.

irrational *a.*, *n.* 非理性的な; 不合理な(もの); *Math.* 無理数(の).

irreclaimable *a.* 取り返せない; 教化出来ない; 開墾出来ない.

irreconcilable *a.* 和解出来ない; 矛盾した, 両立しない.
—— *n.* 非妥協的な人; 両立しない事.

irrecoverable *a.* 取り戻せない, 回収できない.

irredeemable *a.* 買い戻せない; 教化出来ない, 望みのない; (公債が)償還されない; (紙幣が)不換の.

irreducible *a.* 変えられない, 減少出来ない, 縮小出来ない.

irrefragable *a.* 論破出来ない, 争えない.

irrefrangible *a.* 犯すことが出来ない; *Optics* 屈折しない.

irrefutable *a.* 論破出来ない.

irregular *a.* 不規則な, 変則の; 不同の, 凸凹の; 不法な; 不品行な, 不正規の; *Gram.* 不規則変化の.
—— *n.* 不正規兵; [*pl.*] 規格外商品.

irrelevance 不適切, 見当違い; 的はずれの批評, 的はずれの質問..

irrelevant *a.* 不適切な, 筋違いの; 無関係な, 関与しない.

irreligion 無宗教, 無信仰.

irreligious *a.* 反宗教的な, 不信心の.

irremediable *a.* 治療出来ない, 救済出来ない, 不治の; 回復出来ない.

irremovable *a.* 動かされない, 取り除けない,

免職出来ない.

irreparable *a.* 取り返しのつかない, 回復出来ない.

irreplaceable *a.* 取り替えられない.

irrepressible *a.* 押さえきれない.

irreproachable *a.* 非難の余地がない, 申し分のない.

irresistible *a.* 押さえきれない, 抵抗出来ない, たまらない; 否定出来ない, 反対出来ない.

irresolute *a.* 決断力のない, ぐずぐずした.

irresolution 優柔不断.

irrespective *a.* (…に)関係なく, かかわらず, (…を)問わず (*of*).

irrespectively *ad.* (…に)かかわりなく (*of*).

irresponsibility 無責任.

irresponsible *a.* 無責任な, 責任のない, 当てにならない.

irretrievable *a.* 取り返しのつかない, 回復出来ない.

irreverence 不敬(な行為).

irreverent *a.* 不敬な, 非礼な.

irreversible *a.* 逆に出来ない, 裏返し出来ない; 取り消し出来ない, 変更出来ない.

irrevocable *a.* 呼び戻せない, 取り戻せない; 取り消し出来ない, 変更出来ない.

irrigable *a.* 灌漑できる.

irrigate *v.* 水を引く, 水を注ぐ, 灌漑する; *Med.* 灌注する.

irrigation 灌漑; *Med.* 灌注.

irrigator 灌漑者, 灌漑車; *Med.* イルリガートル, 灌注器.

irritable *a.* 怒りっぽい, 短気な; いらいらした, (刺激に対して)過敏な.

irritant *a.*, *n.* 刺激性の; 刺激剤, 刺激物.

irritate *v.* いらいらさせる, 怒らせる; 刺激する.

irritation 苛立ち; 瘙癢, 立腹; 刺激.

irritative *a.* 刺激性の.

irruption 乱入, 侵入.

ISBN International Standard Book Number

こくさいひょうじゅんとしょばんごう
国際標準図書番号.

ischium *Anat.* 座骨.

Ishmael *Bib.* イシマエル《Abraham の子》; 社会の敵, 憎まれ者.

Ishmaelite イシマエルの子孫; 社会の敵.

isinglass にべ; *Mineral.* 雲母.

Islam イスラム教, マホメット教, 回教; 回教圏, 回教文化.

Islamabad イスラマバード《パキスタンの首都》.

Islamism イスラム教信仰.

Islamite イスラム教徒.

island *n.* 島; 島状のもの, (路上の)安全地帯; *Naut.* アイランド《航空母艦右舷の艦橋・砲台などを含む構造物》; *Anat.* (細胞の)島. —— *v.* 島にする; 孤立させる.

islander 島の住民, 島民.

isle 小島, 島.

islet 小島.

ism 主義, 説, イズム.

isn't =is not.

ISO International Standardization Organization 国際標準化機構.

isobar *Meteor.* 等圧線; *Phys.* 同重体.

isochronous *a.* 等時性の.

isoclinal *a.* (地磁気の)等伏角の; *Geol.* 等傾斜の.

isodynamic *a.* 等(磁)力の.

isogloss *Ling.* 等語線.

isolate *v.* 分離する, 隔離する, 孤立させる; *Elec.* 絶縁する.

isolation 分離, 隔離; 孤立; 交通遮断; *Elec.* 絶縁.

isolationism 孤立主義《他国の政治干渉に反対》.

isolationist 孤立主義者.

isomer *Chem.* 異性体.

isometric *a.* 等大の, 等長の, 等角の, 等容の. —— *n.* [*pl.*] アイソメトリックス《筋肉鍛練法》.

isometric projection 等角投像.

isonomy (法の前の)同権, 平等.

isosceles *a.* (三角形が)二等辺の.

isoseismal *a.* 等震線の.

isotherm 等温線.

isothermal *a.* 等温の.

isotope *Chem.* アイソトープ, 同位体, 同位元素.

Israel イスラエル《1948 年建設のユダヤ人共和国》; (古代の)イスラエル(王国); *Bib.* イスラエル《Jacob の別名》; ユダヤ人, 神の選民.

Israeli *a., n.* (現在の)イスラエルの(人).

Israelite *n., a.* イスラエル人(の), ユダヤ人(の).

Issei (日本人の)一世.

issuance 発行, 発布; 配給, 給与.

issue *v.* 出て来る, 出る, 流れ出る, わき出る; 生じる; …の結果…となる(*in*); 発行する, (小切手を)切る, 配布する; 発表する, 発布する; (命令などを)出す, 発する. —— *n.* 発布; 発行 (部数), 版, 号; 発出, 流出; 流出物, 出血; 流出点, 出口; 子孫; 結果; 争点, 論点, 論争, (係争)問題. **at issue** 係争中の, 論争の. **join issue** 意見が対立する(*with*). **take issue** 異議を唱える(*with*).

Istanbul イスタンブール《トルコの都市》.

isthmian *a.* 地峡の.

isthmus 地峡; *Anat.* 峡部.

ISV International Scientific Vocabulary 国際科学用語.

it[1] *pron.* それ, あれは, あれが. —— *n.* (遊戯の)鬼; 理想的(な人), 理想的な物; 主要人物; 性的魅力; 性交.

it[2] イタリア産ベルモット酒.

ITA, ita Initial Teaching Alphabet 初期指導用英語アルファベット.

Italian *a., n.* イタリアの; イタリア人(の), イタリア語(の).

Italianism イタリア風.

Italianize *v.* イタリア風にする.

italic *a. Print.* 斜体字の, イタリック体の.
— *n.* [*pl.*] 斜体字, イタリック体.

italicize *v.* イタリック体にする.

Italy イタリア.

itch *n.* かゆさ; *Med.* 湿疹, 疥癬; 切望, 渇望. — *v.* かゆい, むずむずする; じらす, 悩ます; …したくてたまらない (*to do, for*).

itchy *a.* かゆい.

item *n.* 箇条, 条項, 種目, 項目, 細目; (新聞記事の)一項. — *ad.* (箇条書きで)同じく, さらに.

itemize *v.* 箇条書きにする, 項目別にする.

iterance, iteration 繰り返し, 反復.

iterate *v.* 繰り返す.

ithyphallic *a.* 勃起したペニスの, 勃起したペニスを描いた; 淫猥な.

itineracy, itinerancy 巡回, 遍歴.

itinerant *a., n.* 巡回の, 遍歴の, 旅回りの, 地方巡回の; 巡回説教師, 巡回説教牧師, 巡回判事; 旅商人, 旅役者.

itinerary *a.* 巡回の, 巡歴の; 旅の. — *n.* 道筋, 旅程; 旅行記; 旅行案内.

itinerate *v.* 巡回する, 巡歴する.

it'll =it will.

ITO International Trade Organization.

its *pron.* それの.

it's =it is.

itself *pron.* それ自体, そのもの. **by itself** それだけで; ひとりでに. **in itself** 本来, 本質的に.

itsy-bitsy *a.* ちっぽけな.

ITU International Telecommunication Union (国連の)国際電気通信連合. **IU** international unit(s) 国際単位. **IUD** intra-uterine device.

Ivan ロシア人, ロシア兵.

I've =I have.

ivied *a.* ツタで覆われた.

ivory 象牙, 牙; 象牙製の物《ピアノのキー・玉突きの玉・さいころなど》; [*pl.*] 歯; [I-] *Trade-mark* アイボリー《石鹸》.

ivory black アイボリーブラック《黒色顔料》.

Ivory Coast コートジボワール《アフリカ西部の共和国》.

ivory tower 象牙の塔《俗世間を離れた思索の世界》.

ivy *Bot.* セイヨウキヅタ, ツタ.

Ivy League アイビーリーグ《米国東部の伝統のある大学; ハーバード・イェール・コロンビアなど》.

IW Isle of Wight. **IWW** Industrial Workers of the World 世界産業労働者組合.

Izvestia イズベスチア《ソ連政府機関紙》.

J

j J字形のもの; [J] マリファナたばこ.

jab *v.* 素早く突く; *Boxing* ジャブを出す; ずぶりと刺す. — *n.* (急激な)突き; *Boxing* ジャブ; 注射.

jabber *v., n.* べらべらしゃべる, 早口に言う; おしゃべり.

jabot (F) ジャボー《婦人服の胸部につけるレースのひだ飾り》.

jack *n.* ジャッキ, 押し上げ万力; 船首旗, 信号旗; [J-] 水夫, 水兵; [J-] (トランプの)ジャック; (狩猟用・漁猟用)松明; 金; [J-] 男, やつ, 少年; 警官, 刑事; *Elec.* ジャック《plug の差し込み口》. **before you can say Jack Robinson** あっという間に. **every man jack** だれも彼も. — *v.* ジャッキをかける, ジャッキで上げる.

jack in (仕事を)よす. **jack up** ジャッキで上げる; (給料・物価などを)上げる, 増額する; 放棄する.

jackal *Zool.* ジャッカル; お先棒, 下働き.

jackanapes 生意気な子供; きざなしゃれ男.

jackass 雄ロバ; ばか.

jackboot (膝の上まである)大長靴.

jackdaw *Ornith.* コクマルガラス; (俗に)小鳥.

jacket n. 上着, ジャケット, ジャンパー; 覆い; (本の)カバー, (レコードの)ジャケット; (芋などの)皮, (動物の)毛皮. — v. ジャケットをかぶせる; 殴る.

Jack Frost 霜, 厳寒.

jackhammer 手持ち鑿岩機.

jack-in-the-box びっくり箱.

jackknife ジャックナイフ; Swimming ジャックナイフ《えび型飛び込み》.

jackleg a. 未熟な, 素人の; 当座しのぎの.

jack-o'-lantern 鬼火; (Halloween に作る)カボチャのおばけ.

jack-of-all-trades 何でも屋, よろずや.

jackpot (くじなどの)大当たり; 大成功. **hit the jackpot** 大当たりを取る; 大成功する.

jack rabbit 野ウサギ.

jackscrew Mech. ねじジャッキ.

jackstraw 藁人形; つまらぬ物, つまらぬ人; [pl.] ジャックストロー《木・骨片を積みその一つを抜き取るゲーム》.

jack-tar 水夫, 水兵.

jack towel 巻きタオル.

Jacob Bib. ヤコブ; [j-] 梯子.

Jacob's ladder 《ヤコブが夢に見た》天まで届く梯子; Naut. 縄梯子.

Jacobin ジャコバン党員《フランス革命時代の過激共和主義者》.

jacquard ジャッカード織機.

Jacuzzi Trademark ジャクージ《噴流式泡風呂・プール》.

jade¹ n. やせ馬, やくざ馬; あばずれ. — v. (馬を)酷使する; くったり疲れる.

jade² 翡翠, 玉.

jaded a. 疲れきった, やつれた.

jadeite 硬玉.

jaeger Ornith. トウゾクカモメ.

jag¹ 酔い, 浮かれ騒ぎ.

jag² n. (岩石の)尖った角; ぎざぎざ. — v. ぎざぎざをつける; 鉤裂きする.

jagged, jaggy a. ぎざぎざのある; 鉤裂きした.

jaguar Zool. ジャガー, アメリカヒョウ.

jai alai ハイアライ《handball に似た室内球技》.

jail n., v. 監獄, 刑務所(に入れる).

jailbird 囚人; 常習犯.

jailbreak 脱獄.

jail delivery 巡回裁判による未決囚の解放; 囚人解放; 脱獄.

jailer, jailor 獄吏, 看守.

Jain ジャイナ教徒.

Jainism ジャイナ教.

Jakarta ジャカルタ《インドネシア共和国の首都》.

JAL Japan Air Lines.

jalap ヤラッパ剤《下剤》.

jalopy ぼろ自動車, ぼろ飛行機.

jalousie 板すだれ.

jam¹ v. ぎっしり押し込む, 詰め込む; 押し潰す; はさみ込む; 塞ぐ; (物が詰まって機械が)動かなくなる, 故障を起こす; (電波)妨害する; (ジャズで)即興演奏する. — n. 押し合い, 込み合い; 雑踏; (交通の)混雑; (機械の)故障, 困難; 窮地; =jam session.

jam² ジャム; 楽しいこと, 楽なこと.

Jamaica ジャマイカ《西インド諸島の島・独立国》.

Jamaican a., n. ジャマイカの; ジャマイカ人.

Jamaica rum ジャマイカラム酒.

jamb Arch. だき, わき柱.

jambalaya ジャンバラヤ《エビ・チキン等が入った炊き込みご飯》.

jamboree にぎやかな集会, 陽気な騒ぎ; ジャンボリー《Boy Scouts の国際大会, 全国大会》.

James Bib. (使徒)ヤコブ.

jam-packed a. すし詰めの.

jam session (ジャズの)ジャムセッション.

jam-up 交通渋滞.

jane 女, 娘.

jangle n. 騒音, じゃんじゃん(鳴る音); 口論. — v. じゃんじゃん鳴らす, じゃんじゃん鳴る; 騒々

しく口論する.

janitor 守衛，門衛；(ビルなどの)管理人.

January 1月.

Janus *Rom. Myth.* ヤヌス《門口を守護する両面神》.

japan *n., v.* 漆(を塗る)；漆器.

Japan *n., a.* 日本(の).

Japan Current 日本海流.

Japanese *a., n.* 日本の；日本人(の)，日本語(の).

Japanese-American 日系米人.

Japanese beetle *Entom.* マメコガネ.

Japanese bobtail *Zool.* 三毛猫.

Japanese persimmon カキ.

Japanese plum スモモ.

Japanesque *a.* 日本式の，日本風の.

Japanism 日本(人)的特質；日本語法；日本風；日本愛好，日本精神.

Japanize *v.* 日本化する.

japanology 日本学，日本研究.

Japlish 英語をやたらに混ぜた日本語.

japonica *Bot.* ツバキ，ボケ.

jar[1] *v.* ぎーぎーきしる，ぎしぎし揺れる；(神経に)さわる(*on*)；(意見などが)衝突する(*with*). ── *n.* ぎーぎーきしる音；雑音，震動，衝撃；(意見などの)衝突，不和.

jar[2] (広口の)瓶，つぼ，かめ.

jardiniere (装飾用)植木鉢.

jarful 瓶一杯，かめ一杯.

jargon わけのわからぬ言葉，難解な専門語，ちんぷんかんぷん.

JAS Japanese Agricultural Standard 日本農林規格.

jasmine *Bot.* ジャスミン，ソケイ；ジャスミン香水.

Jason *Gk Myth.* イアソン《金の羊毛を捜しに行ったアルゴ船一行のリーダー》.

jasper 碧玉《宝石》.

jato unit *Aeronaut.* ジャトーユニット《離陸補助ジェット》.

jaundice *n., v.* 黄疸(にかからせる)；ひがみ(をもたせる)，偏見(をもたせる).

jaunt *n., v.* 遠足，小旅行(に行く).

jaunting car (アイルランドの)軽快な二輪馬車.

jaunty *a.* 呑気な，陽気な；元気な.

Java ジャワ《インドネシアの島》；ジャワコーヒー；コーヒー.

Java man *Anthrop.* ジャワ原人.

Javanese *a., n.* ジャワ(の)；ジャワ人(の)，ジャワ語(の).

javelin 投げ槍.

javelin throw 槍投げ.

jaw *n.* 顎；[*pl.*] 口，口部，(谷・海峡などの)入り口，(ペンチなどの)あご；おしゃべり. ── *v.* くどくど言う；小言を言う.

jawbone 顎骨.

jawboning 強い要請.

jawbreaker 発音しにくい言葉；丸くて固いキャンディー.

jay *Ornith.* カケス；おしゃべり屋；ばか者；マリファナたばこ.

jaywalk *v.* 交通規則を無視して歩く.

jazz *n., v.* ジャズ(を演奏する)；性交(する)；興奮(する)；ほら話. **jazz band** ジャズバンド.

jazz up にぎやかにする.

jazzman ジャズ演奏家.

jazzy *a.* ジャズ的な；狂騒的な.

JCPenney *Trademark* JC ペニー《米国の大衆デパート；カタログ販売で有名》.

JCS joint chiefs of staff. **JD** doctor of law.

jealous *a.* 嫉妬深い；ねたましい，うらやましがる(*of*)；油断のない，細心の，注意深い(*of*).

jealousy 嫉妬，ねたみ；警戒心.

jean ジーンズ《強い細綾綿布》；[*pl.*] ジーパン.

jeep (軍用)ジープ；[J-] *Trademark* ジープ《軍用ジープ型小型車》.

jeepers *int.* へえ，おや，まあ.

jeer *v., n.* 嘲る(*at*)；嘲り.

Jehovah エホバ《旧約聖書中の神》.

jehu 御者, 神風ドライバー.

jejune a. 貧弱な, 力の弱い; 興味のない; 未熟な.

jejunum Anat. 空腸.

Jekyll and Hyde 二重人格者.

jell v. (意見など)固まる.

Jell-O Trademark ジェロー《ゼリー菓子》.

jelly n., v. ゼリー(になる), ゼリーにする; 桜ダイナマイト; 女の子; 精液.

jelly bean ゼリービーンズ.

jellyfish クラゲ; 意気地なし.

jelly roll ゼリーロール《菓子》; 女性器; 性交.

jennet スペイン産小馬; 雌ロバ.

jenny ジェニー紡績機; 雌(ロバ).

jeopardize v. 危険にさらす, 危うくする.

jeopardy 危険.

jerboa Zool. トビネズミ.

jeremiad 泣きごと.

Jeremiah Bib. エレミア《ヘブライの預言者》, エレミア書.

jerk¹ v. (牛肉を)干し肉にする.

jerk² n. 急にぐいと引くこと, 急にぐいと押すこと, 急にぐいと突くこと, 急にぐいとひねること; 激動, 筋肉の痙攣; 変人, ばか. **physical jerks** 体操. — v. 急にぐいと引く, 急にぐいと押す, 急にぐいと突く, 急にぐいとひねる; 急に投げる. **jerk off** 自慰する.

jerkin 革チョッキ.

jerkwater a. 支線の; 取るに足らない, 小さい.

jerky¹ 干し(牛)肉.

jerky² a. 突然ぐいと動く, がたがた揺れる, 痙攣性の; まぬけの.

jeroboam 大型酒瓶.

jerry 寝室用便器.

jerry-builder 安普請する大工.

jerry-built a. 安普請の.

jersey ジャージー《服地の一種》; [J-] ジャージー《乳牛》.

Jerusalem エルサレム《イスラエルの首都》.

Jerusalem artichoke Bot. キクイモ.

jess (タカの)足緒.

jessamine =jasmine.

jest n. おどけ, 冗談; ひやかし; 笑い草, もの笑い. **in jest** 冗談に. — v. 冗談を言う, ふざける.

jestbook 笑話集.

jester おどけ者; (昔宮廷に仕えた)道化師.

Jesuit イエズス会(修道)士.

Jesus (Christ) n. イエス(キリスト). — int. こん畜生.

jet¹ 黒玉《一種の宝石》.

jet² n. (ガス・水道などの)吹き出し, 噴出, 噴出口; ジェット機; =jet stream. — v. 吹き出す, 噴出する, 射出する; ジェット機で行く.

jet-black a. (髪などが)真っ黒な, 漆黒の.

jet engine ジェットエンジン.

jet injector Med. ジェット式注射器.

jet lag (ジェット機旅行による)時差ぼけ.

jetliner ジェット旅客機.

jet plane ジェット機.

jet-propelled a. ジェット推進式の; 猛烈に速い.

jet propulsion ジェット推進.

JETRO Japan External Trade Organization 日本貿易振興会.

jetsam (難船の際, 海中に投げる)投げ荷.

jet set ジェット族《ジェット機で旅行して回る金持ちの国際観光団》.

jet stream Meteor. ジェット気流.

jettison v. (難船の際)荷を投げ捨てる, (邪魔物を)捨てる; 放棄する. — n. =jetsam.

jetty 突堤, 防波堤; 桟橋.

Jetway Trademark ジェットウェー《空港の搭乗橋》.

Jew ユダヤ人; イスラエル人.

jewel n. 宝石; (宝石をはめ込んだ)装身具; (大事な)宝. — v. 宝石で飾る.

jewel(l)er 宝石商, 宝石細工人.

jewelry 宝石細工; 宝石類, 貴金属製装身具類.

Jewess ユダヤ女.

jewfish *Ichthy.* ハタ科の大魚.

Jewish a. ユダヤ人の(ような).

Jewish princess ユダヤ姫《裕福なユダヤ系米国人家庭の娘》.

Jewry ユダヤ民族, ユダヤ人社会; ユダヤ人町.

Jew's [Jews'] harp びやぼん《楽器》.

jg junior grade.

jib n. ジブ, 船首三角帆. —v. (帆や帆桁を)風向きに応じて回転する; (馬が)たじろぐ, 尻込みする (*at*).

jibboom *Naut.* (船首)第二斜檣.

jib door (壁と同平面に取り付けた)ジブドア.

jibe[1] v., n. =gibe.

jibe[2] v. (…と)調和する, (…と)一致する (*with*).

jiffy, jiff 瞬間. **in a jiffy** すぐに.

jig n. ジグ《急速軽快なダンス曲》; *Mech.* ジグ. —v. ジグを踊る; 活発に体を上下に動かす; ふるいにかける, 選鉱する.

jigger 選鉱夫, 選鉱機; 補助帆; ジガー《(カクテル用の)小型計量カップ》; 仕掛け, しろもの.

jiggered *pred. a.* =damned.

jiggery-pokery ぺてん; 裏取り引き.

jiggle v., n. 軽くゆする(こと).

jig(-a)-jig n., v. 性交(する).

jigsaw 糸鋸.

jigsaw puzzle はめ絵, ジグソーパズル.

jihad (イスラム教擁護の)聖戦; 擁護運動, 反対運動.

jilt n., v. 男をもてあそぶ女, 男たらし; (男を)振る.

Jim Crow 黒人; (黒人に対する)差別待遇.

Jim Crowism 黒人差別主義.

jim-dandy すばらしいもの, すばらしい人.

jiminy *int.* おや, 何と《驚き》.

jimjams いらいら, 神経過敏; アルコール中毒症.

jimmy n., v. 小型かなてこ(でこじあける).

jingle v., n. ちりんちりん鳴る(音), ちりんちりん鳴らす(音); 同音や類似音の反復; 調子のいい詩, 調子のいい歌.

jingo 対外強硬論者, 盲目的愛国者. **by jingo!** 断じて, 確かに.

jingoism 盲目的愛国主義, 強硬主戦論.

jink v., n. さっと身をかわす(こと); 対空砲火を避ける; [*pl.*] 浮ials騒ぎ.

jinx n., v. ジンクス, 縁起の悪い物, 縁起の悪い人; (人に)不運をもたらす; (…に)けちをつける.

JIS Japanese Industrial Standard 日本工業規格.

jism 精液.

jitney n. 5セント白銅貨; 小型バス. —a. 安い.

jitter n., v. [the jitters] 神経過敏; いらいらする.

jitterbug ジルバ(を踊る人).

jittery a. 神経過敏.

jive n. いい加減な話, まゆつばもの, ばか話; ジャズ, スイング音楽; 性交; マリファナ(たばこ). —v. スウィングを演奏する, スウィングを踊る.

JL Japan Air Lines《国際略語》.

Joan of Arc ジャンヌダルク《1412-31; 百年戦争に活躍したフランスの聖女》.

Job *Bib.* ヨブ《ヘブライの族長で堅忍の典型》; ヨブ記.

job n. 仕事, 賃仕事; 職業, 地位; 事件, 事柄; 悪business, 窃盗; はったり. **on the job** 忙しい; 油断なく. —v. 賃仕事をする; 仲買をする; (地位などを利用して)不正な利得を得る; (馬車を)賃借する; 詐取する, だます.

jobber 手間賃人夫; 仲買人.

jobbery 汚職.

jobholder 定職のある人; 公務員.

jobhop v. 職を転々とする.

job-hunter 求職者.

jobless *a.* 仕事を持たない, 失業している.

job lot 廉価品, 半端物.

Job's comforter ヨブの慰安者《うわべだけ慰めるふりをして悩みを深める人》.

job work (ちらしなどの)端物印刷.

jock (高校・大学の)運動選手; 男性器.

jockey *n.* 競馬の騎手, 特殊技術者・機械の運転手; [J-] *Trademark* ジョッキー《男性用下着・スポーツウェア》. — *v.* (騎手として)馬に乗る; だます, 欺く; 有利にしようと策動する; 操縦者になる, 運転手になる.

jockey club 競馬クラブ.

jockstrap (男子運動選手の)サポーター.

jocose *a.* ふざけた, おどけた.

jocosity 滑稽, おかしみ.

jocular *a.* おかしい, 滑稽な.

jocund *a.* 愉快な, 楽しい, 快活な.

jodhpur [*pl.*] 乗馬ズボン.

Joe 男, 奴.

jog¹ *v.* とぼとぼ歩く, ふらふら歩く (*on, along*); ちょっと突く, ちょっとゆする, ちょっと押す; (記憶などを)刺激する, 促す; ジョギングをする. — *n.* とぼとぼ歩き; ジョギング; 軽い押し, 軽い突き, 軽いゆすり; 刺激.

jog² (線, 面の)凸凹.

jogger ジョギングをする人, ジョギングをしている人.

jogging ジョギング.

joggle *v., n.* ゆすぶる; 揺れる; 動揺.

jog trot ゆっくりした駆け足; 単調で平凡なやり方.

John *Bib.* ヨハネ(伝福音書); [j-] 便所; [j-] 男, 奴.

John Barleycorn ビール・ウイスキー類《擬人化》.

John Bull 英国人《あだ名》.

John Doe *Law* ジョンドウ《不動産回復訴訟における原告の仮名》; (一般に)男.

John Hancock 自筆の署名.

Johnny (若い)男, 奴; 袖付き短上衣《入院患者用》.

johnnycake トウモロコシ粉のパン.

Johnny-come-lately 新米.

Johnny-on-the-spot 待ってましたとばかり何でもする人.

Johnson ジョンソン. **Samuel Johnson** (1709–84) 英国の作家・辞書編集者.

join *v.* 接合する, 結合する, 一緒になる (*with, to*); (仲間に)加わる (*in*); 加入する, 参加する; (本隊・本船に)帰る; 隣接する. — *n.* 接合点, 接合線.

joinder 接合; *Law* 共同訴訟; (争点の)合一.

joiner 結合者, 結合物; 建具屋, 指物師; 多くの団体に加入する人.

joinery 指物細工.

joint *a.* 共同の, 合同の, 連合の; 連帯の. — *n.* 接合法, 接合箇所, 継ぎ目, 継ぎ手; 骨付き肉(の切り身); *Anat.* 関節; *Bot.* ふし; *Geol.* (岩石の)割れ目; 安酒場, バー; 建物, 家; マリファナたばこ; 監獄; ペニス. **out of joint** 関節がはずれて; 狂って. — *v.* 接合する, 結合する; 目地を塗る.

joint account 共同預金口座.

Joint Chiefs of Staff (陸・海・空)統合参謀本部.

jointed *a.* 継ぎ合わせた.

jointer 接合器; 長かんな.

jointless *a.* 関節のない, 継ぎ目のない.

jointly *ad.* 共同で, 連帯で.

joint stock 共同出資; 株式資本.

joint-stock company 株式会社.

joint venture ジョイントベンチャー《共同で技術・財産などを出し合って一つの有限事業を営むこと》; 合弁事業, 合弁会社.

joist 根太, 梁.

joke *n.* 冗談, しゃれ, おどけ. — *v.* 冗談を言う, ふざける; からかう.

joker 冗談をいう人, おどけ者；(トランプの) ジョーカー；奴.

jokingly ad. 冗談に, ふざけて.

jollification 歓楽；浮かれ騒ぎ.

jollity 愉快, 陽気, 浮かれ騒ぎ.

jolly a. 愉快な, 楽しい, 陽気な；ほろ酔い機嫌の；面白い, 愉快な. — ad. とても. — v. ひやかす；おだてる. — n. 海兵隊員.

jolly boat (船舶付属の) 小ボート.

Jolly Roger 海賊旗.

jolt v. (急に)揺する, (急に)揺れる；揺れながら進む (on, along). — n. 激しい動揺, 精神的衝撃, ショック；驚き；(強い酒など の)ひと口, ひと飲み.

jolty a. 揺れの激しい.

Jonathan ⇒ Brother Jonathan.

Jones 近所の人たち；[j-] (ヘロイン)中毒, ヘロイン. **keep up with the Joneses** 近所の人に負けまいとして見栄をはる.

jongleur ジョングルール《中世の旅芸人》.

jonquil Bot. キズイセン.

Jordan ヨルダン《アジア西部の王国；レバノンに発し死海に注ぐ川》.

Joseph Bib. ヨセフ《キリストの母マリアの夫》.

josh v., n. からかう；からかい.

joss (中国人の祭る)偶像.

joss house (中国の)寺.

joss stick 線香.

jostle v., n. 押し合う, 突き当たる (against, with), 押しのける (away)；押し合い.

jot n., v. わずか, 微少；書き留める (down).

joule Phys. ジュール《電気エネルギーの実用単位》.

jounce v. がたがた揺する, がたがた揺れる.

journal 日誌, 議事録；航海日誌；Bookkeeping 仕訳帳；日刊新聞, 定期刊行物《雑誌など》.

journalese 新聞雑誌文体, (誇張の多い)新聞調.

journalism ジャーナリズム, 新聞雑誌編集；新聞雑誌界；新聞雑誌的雑文.

journalist ジャーナリスト, 新聞雑誌記者, 新聞雑誌寄稿者, 雑文家.

journalistic a. 新聞雑誌的な, ジャーナリスティックな.

journalize v. 日誌に記す；Bookkeeping 仕訳をする.

journey n., v. 旅行(する)；旅程, 行程；人生行路. **break one's journey** 途中下車する.

journeyman 一人前の職人.

joust n., v. 馬上槍試合(をする).

Jove =Jupiter. **by Jove!** 神かけて, 誓って, 決して.

jovial a. 陽気な, 愉快な.

jowl 顎, 顎骨；頬.

joy 喜び(の種), 楽しみ.

Joyce ジョイス. **James Joyce** (1882–1941) アイルランドの作家.

joyful a. 喜ばしい, 嬉しい, 楽しい, 愉快な.

joyfully ad. 嬉しく, 楽しく.

joyless a. 楽しみのない, 悲しい.

joyous a. =joyful.

joyride 無断で自動車や飛行機を乗り回すこと, 暴走ドライブ；無鉄砲な行為.

joystick (飛行機の)操縦桿；(機械の)操作レバー；ペニス.

JP jet propulsion; justice of the peace.

JSD doctor of juristic science 法学博士.

jubilant a. 歓喜に満ちた, 歓呼する (over).

jubilate v. 歓喜する, 歓呼する.

jubilee (25年・50年などの)記念祭, 祝典, 歓喜. **diamond jubilee** 60年祭, 75年祭. **silver jubilee** 25年祭.

Judah Bib. ユダ《Jacob の子》；ユダ族, ユダ王国.

Judaic a. ユダヤ(民族)の.

Judaism ユダヤ教.

Judaize v. ユダヤ人風にする.

Judas *Bib.* ユダ《イエスを裏切った使徒》; 裏切り者.

judge *n.* 裁判官, 判事; 審判員, 審査員, 鑑定者. —*v.* 裁判する, 判決を下す; 審判する, 判定する, 鑑定する; 判断する, 断定する.

judg(e)ment 裁判, 判決; 神の裁き, 天罰 (*on*); 審判, 鑑定, 判断(力), 見識, 分別; 意見; [the (Last) J-] 最後の審判.

judg(e)ment day 最後の審判の日, 世の終わり.

judicatory *n., a.* 司法(の); 裁判所.

judicature 司法(権); 司法部; 裁判官.

judicial *a.* 司法の, 裁判(所)の; 判断力に富んだ, 批判的な; 公平な.

judiciary *n., a.* 司法部; 司法の, 裁判所の.

judicious *a.* 思慮のある, 分別のある, 賢明な.

judo 柔道.

judoist 柔道家.

judy 女, 娘.

jug *n.* ジョッキ(一杯); (取っ手付き)水差し; 刑務所; ウイスキー. —*v.* (ウサギ肉を)つぼに入れ蒸し煮にする; 刑務所に入れる.

jugful ジョッキ一杯.

Juggernaut ジャガノート《インドの Krishna の像; これを乗せた「だし」にひき殺された者は極楽に行くと信じられた》; [j-] (盲目的な)犠牲を強いる絶対的な物, 不可抗力; [j-] 長距離大型トラック.

juggle *n.* 手品, 奇術; 詐欺; ぺてん師. —*v.* 手品を使う; だます, 欺く; お手玉をする.

juggler 手品師, 奇術師, ジャグラー.

jugglery 手品, 奇術; 詐欺.

jugular *a. Anat.* 頸部の.

juice *n.* 汁, 液, ジュース; 活力, 動力源《電気・ガソリンなど》; 酒類, 暴利. **stew in one's (own) juice** 自業自得に陥る. —*v.* ジュースを絞る. **juice up** 活気づける.

juicehead 大酒飲み.

juice man 高利貸し.

juicer ジューサー; 飲んべえ.

juicy *a.* 汁の多い, 水分の多い; 興味のある, ぴりっとした; 実入りの良い.

jujitsu 柔道.

juju (西部アフリカ原住民の)護符; まじない.

jujube *Bot.* ナツメ(の実).

jukebox ジュークボックス.

julep ジューレップ《ウイスキーまたはブランデー入り清涼飲料》.

Julian *a. Julius Caesar* の.

Julian calendar ユリウス暦《旧太陽暦》.

julienne ジュリエンヌ《細かく刻んだ野菜を入れたコンソメ》.

July 7月.

jumble *n., v.* ごたまぜ, 乱雑; ごたまぜにする, ごたまぜになる (*up, together*).

jumble sale (慈善のための)バザー.

jumbo *n.* 大きくて不格好な物, 巨漢, 巨獣; =jumbo jet. —*a.* 特大の, 巨大な, ジャンボな.

jumbo jet 超大型ジェット機.

jumbo-size(d) *a.* ジャンボサイズの.

jump *v.* 跳ぶ, ジャンプする, 跳び越える, 跳び移る; (落下傘で)降下する; (話題などが)飛躍する, (本などを)飛ばし読みする; (人を)抜擢する; 無視する; 急襲する, (列車などに)無賃乗車する; 突然去る, 逃げ出す; 横領する; *Jour.* (記事を)他ページに続ける. **jump at** 跳びつく, 喜んで応じる. **jump on [upon]** 跳びかかる; 叱り飛ばす. **jump to it** 急ぐ, 駆け回る. —*n.* 跳躍, ジャンプ; 飛躍; (胸などの)躍動; (物価などの)急騰; [the ~s] (アルコール中毒による)震え, 譫妄症. **high jump** 高跳び. **long Jump** 幅跳び. **on the jump** 忙しく, 駆け回って.

jump cut *Motion Pictures* 切り詰め.

jumped-up *a.* 成り上がりの.

jumper[1] 跳びはねる人, 跳躍者; (ノミのように)はねる虫; (客車の)検札係.

jumper² (水夫・職工の着る)作業上着; ジャンパー(ドレス), (ボタン・ジッパーのない)セーター; [*pl.*] ロンパース.

jumping bean [seed] トウダイグサ科の植物の種子《メキシコ産》.

jumping-off place (事業などの)出発点; 最果ての地.

jump-off 出発, 開始.

jump pass (バスケットボールなどの)ジャンプパス.

jump seat (車の)折りたたみ補助座席.

jump shot (バスケットボールなどの)ジャンプショット.

jumpsuit ジャンプスーツ《上下つなぎのカジュアルウェア》.

jumpy *a.* 跳びはねる; 痙攣性の; 神経質な; (変化の)急激な.

junction 結合, 連接; 接続点, 連絡点, 合流点; 乗換駅.

juncture 継ぎ目, 接合(点), 連接(点); 関節; 急場, 危機; *Ling.* 連接.

June 6月.

June bride 6月の花嫁《幸福になれるといわれる》.

jungle (熱帯地方の)密林, ジャングル; 混乱; 浮浪者のキャンプ; (大都会などの)物騒な場所; 非情な生存競争の場.

jungle fowl 野鶏.

jungle gym ジャングルジム.

junior *a.* 年少の, 年下の; 後輩の, 下位の, (四年制大学の)三年の, (三年制大学の)二年の. — *n.* 年少者; 後輩, 下位の者, (四年制大学の)三年生, (三年制大学の)二年生; 息子.

junior college 短期大学.

junior high school 下級高等学校《第7, 8, 9学年級で編成》.

junior miss (ローティーンの)少女.

junior varsity 二軍チーム.

juniper *Bot.* トショウ.

junk¹ *n.* がらくた, 屑物《古鉄・古綱など》; 麻薬《特にヘロイン》; *Naut.* 塩漬け肉. — *v.* 捨てる.

junk² ジャンク《シナ海の平底帆船》.

junk art ジャンクアート, 廃物美術.

junket *n.* ジャンケット《甘い凝乳製食品》; (遊山)旅行; (官費の)大名旅行; 宴会. — *v.* 遊山旅行をする; (官費の)大名旅行をする; もてなす.

junk food カロリーは高いが栄養価の低い食品.

junkie 麻薬常用者.

junk mail (屑入れ行きの)郵便物《ダイレクトメールなど》.

junkyard 古物置き場.

Juno *Rom. Myth.* ユノー《Jupiter の妻; ギリシャ神話の Hera に当たる》.

Junoesque *a.* (女性が)堂々として美しい.

junta (Sp) (スペイン・中南米などの)議会; =junto.

junto (政治的)秘密結社.

Jupiter *Rom. Myth.* ユピテル《天地を支配する大神; ギリシャ神話の Zeus に当たる》; *Astron.* 木星.

Jurassic *a. Geol.* ジュラ紀の, ジュラ系の.

juridical *a.* 司法上の, 裁判上の; 法律上の.

jurisdiction 司法(権), 裁判(権); 権力, 権限; 管轄(地域).

jurisprudence 法律学, 法理学.

jurisprudent =jurist.

jurisprudential *a.* 法学上の.

jurist 法学者, 法律家; 判事.

juristic *a.* 法学者的な; 法学の; 法律上の.

juror 陪審員.

jury¹ *a. Naut.* 応急の.

jury² 陪審; (12人の全)陪審員; (一般に)審査員(全員).

jury box (法廷の)陪審員席.

juryman 陪審員.

just[1] *a.* 正義の, 正しい, 公明正大な; 当然の, 正当な, (十分に)根拠のある. — *ad.* 丁度, 正に, つい今; やっと, ようやく; ちょっと, ほんの; まったく, ほんとうに. **just about** まずまず, どうやら; まったく.

just[2] =joust.

justice 正義, 公正, 公平, 正当; 司法, 裁判, 処罰; 裁判官, (最高裁判所の)判事. **bring to justice** 処断する. **court of justice** 裁判所, 法廷. **do justice to ...**に正しい判断を下す, ...を公平に処置する; ...を公平に評する; 十分描写する; 十分味わう. **do oneself justice** 十分に自己(の能力)を発揮する. **justice of the peace** 治安判事.

justifiable *a.* 正当と認められる, もっともな.

justification 正当化, 理由づけ; 弁明.

justificatory *a.* 正当化する(力のある).

justify *v.* 正当化する, 正当であることを示す, 弁明する, ...の申し訳となる, 理由がたつ.

justly *ad.* 正義にかなって, 正しく, 正当に; 当然.

jut *v., n.* 突き出る(*out*); 突出(部), 突端.

Jute ジュート人(5世紀にイングランド南部に侵入したゲルマン人).

jute ツナソ, 黄麻, ジュート.

juvenescence 若さ, 青春.

juvenescent *a.* 若返る, 若々しい.

juvenile *a.* 少年の, 少女の, 年若い. — *n.* 少年, 少女; 若役(俳優); 少年向き書物, 少女向き書物.

juvenile court 少年裁判所.

juvenile delinquency 少年犯罪.

juvenile delinquent 非行少年.

juvenile officer (警察の)少年(補導)係.

juvenilia 青年期の作品(集).

juvenility 年少, 年若さ.

juxtapose *v.* 並置する, 並列する.

K

k K字形(のもの).

kabob カバブ(野菜と肉の串焼き料理).

Kabul カブール(アフガニスタンの首都).

Kaf(f)ir カフィール人, カフィール語(アフリカ Bantu 族); [*pl.*] 南アフリカ鉱山株.

kaiser カイゼル(旧ドイツおよびオーストリア皇帝).

kaka *Ornith.* カカ(オウム)(ニュージーランド産).

kale *Bot.* ハゴロモカンラン; 金.

kaleidoscope 万華鏡.

kaleidoscopic *a.* 変幻極まりない.

kalends =calends.

Kalmu(c)k, Kalmyk カルムイク人(中央アジアのモンゴル族).

kama *Budd.* 愛欲, 淫欲.

Kamchatka カムチャツカ(シベリア北東部の半島).

kamikaze *a.* 向こう見ずな, 無謀な.

Kanaka カナカ人(ハワイ・南洋諸島の原住民).

kanamycin *Pharm.* カナマイシン(抗生物質).

kangaroo *Zool.* カンガルー.

kangaroo court (法律を無視した)私的裁判, 人民裁判, つるし上げ.

kangaroo pocket (ジャケットの前の)大きなポケット.

Kansas カンザス(米国中部の州).

Kant カント. **Immanuel Kant** (1724–1804) ドイツの哲学者.

Kantian *a., n.* カント哲学の(研究者).

Kantianism カント哲学.

kaolin カオリン(粘土鉱物).

kaon *Phys.* k 粒子.

kapellmeister (G) (合唱団・管弦楽団

の)指揮者.

kapok カポック《パンヤの種子を包んでいる綿毛》.

kappa カッパ《ギリシャ字母の第 10 字; *K*, *κ*》.

kaput *pred. a.* だめになった, 死んだ.

Karajan カラヤン. **Herbert von Karajan**
(1908–89) オーストリアの指揮者.

karakul *Zool.* カラクル《羊の一種》; その毛皮.

karat =carat.

karezza 保留性交.

karma *Hinduism* 羯磨, 業, 因縁.

ka(r)roo カルー《南アフリカの乾燥性高原》.

karst *Geol.* カルスト地形.

kart (競走用の)ゴーカート.

karyoplasm *Biol.* 核質.

kasbah =casbah.

Kashmir カシミール《インド北西部の地方》.

Katmandu カトマンズ《ネパールの首都》.

katydid *Entom.* キリギリス.

katzenjammer (G) 二日酔い; 意気消沈.

kauri *Bot.* ナギモドキ.

kayak カヤック《エスキモーの小舟》; 競技用カ
ヤック.

kayo *n., v. Boxing* ノックアウト(する).

Kazakstan カザフ《アジア中部のソ連の共和
国》.

KCIA Korean Central Intelligence Agency
韓国中央情報部. **KD** knocked down.
KE Korean Airlines 大韓航空《国際略
語》.

kea *Ornith.* ケアオウム.

Keats キーツ. **John Keats** (1795–1821) 英
国の詩人.

kedge *v. Naut.* 小錨の綱をたぐって(船を)
移動させる. — *n.* =kedge anchor.

kedge anchor 小錨.

kedgeree ケジャリー《米・卵・タマネギ・豆など
を入れたインド料理》.

keel *n., v.* (船の)竜骨, キール; 平底船, 石
炭運送船; (船を)横倒しにする. **keel over**

ひっくり返す; (突然)倒れる, 気絶する.

keelhaul *v. Naut.* (罰として)船底をくぐらせる;
厳罰に処する.

keelson =kelson.

keen[1] *a.* 鋭利な, 鋭い; 鋭敏な, 切るような, 刺
すような, 激しい, 厳しい; 熱心な(on); (人を)熱
愛して(on); (値段が)競争的な, 格安の; すて
きな, すばらしい.

keen[2] *v., n.* 泣き叫ぶ; 嘆き悲しみ.

keenly *ad.* 鋭く; 激しく; 熱心に.

keep *v.* 保つ, 持っている, 保存する, 保持する;
守る, (儀式などを)挙げる, 行う; 世話をする, 番
をする, 預かる, 護る; (ある状態に)とどまる, (ずっ
と…)である, (…し)続ける (doing, warm, etc.), …
させておく, もつ; (商品を)備えておく, 飼っておく,
雇っておく, かかえる; 養う; (女を)囲う; 経営
する; 抑える, 制する, 遠ざかる(from); 差し控え
る, 止める(from); 踏みとどまる; 取っておく(for);
(帳簿を)つける; (授業が)続いて行われる.

keep away 遠ざかる, 遠ざける. **keep back**
押さえる, 制する; 隠す; 引っ込んでいる; はばむ.
keep down 押さえつける, 静める. **keep in** 閉
じ込める, 閉じこもる, 抑留する. **keep in
with** …と折り合う, 仲よくする. **keep off** 遠ざ
かる, 遠ざける; 退ける; 防ぐ. **keep on** 続け
る; 着たままでいる. **keep on at** がみがみいう.
keep out 排斥する; 避ける, 防ぐ; 加わらない.
keep to …を固く守る, 守り続ける. **keep to
oneself** 自分だけのものにしておく; 独居する.
keep under 抑える, 制する; 静める. **keep
up** 支える, 維持する, 持続する; 屈しない; 起こし
ておく. **keep up with** …について行く.
— *n.* 生活費; 食物, 飼料; (城の)天主
閣. **for keeps** (勝負で)取った物は返さない
という条件で; 永久に.

keeper 番人, 管理人; 持ち主, 飼育係;
ゴールキーパー.

keeping 保存, 保持, 管理, 保管; (祭式など
の)挙行; 調和(with); 扶養, 飼育.

in keeping with …と調和して. **out of keeping with** …と調和しないで.

keepsake 記念品, 形見.

keg 小樽《10–30 ガロン入り》.

keloid *Med.* ケロイド.

kelp ケルプ《コンブ・アラメなどの大型海草》; ケルプ灰《沃素の原料》.

kelpie *Scot. Legend* ケルピー《水の精》.

kelson (船の)内竜骨.

Kelt(ic) *n.* (*a.*) =Celt(ic).

Kelvin scale *Phys.* ケルビン(絶対温度)目盛り.

kemp (羊毛中の)粗毛.

ken 眼界; (知識などの)限界, 範囲.

Kennedy ケネディー. **John F(itzgerald) Kennedy** (1917–63) 米国の政治家, 大統領 (1961–63).

kennel[1] *n., v.* 犬小屋(に入れる).

kennel[2] どぶ, 溝.

Kent ケント《イングランド南東部の州》.

Kentish *a.* Kent 州(人)の.

Kentucky ケンタッキー《米国中東部の州》.

Kentucky Fried Chicken *Trademark* ケンタッキーフライドチキン.

Kenya ケニア《アフリカ中東部の共和国》.

kepi (F) ケピ帽《フランス軍帽》.

keratin *Biochem.* ケラチン, 角質.

kerb =curbstone.

kerchief (婦人用の)ヘッドカーチフ, スカーフ; ハンカチ.

kerf 切り口; 木口.

kerfuffle ばか騒ぎ.

kermis, kermess (オランダなどの)祭の市; 慈善市.

kernel (果実の)仁; 穀粒; (問題の)核心, 要点.

kernel sentence *Gram.* 核文.

kerosene, kerosine 灯油, ケロシン.

kersey カージー織《厚地紡毛織物》.

kerseymere カージーミア《カシミヤクラスの織物》.

kestrel *Ornith.* チョウゲンボウ《小型のハヤブサ》.

ketch ケッチ《二本マストの帆船》.

ketchup =catsup.

ketone *Chem.* ケトン.

kettle 釜, 湯沸かし, やかん. **a nice [fine, pretty] kettle of fish** 困った事態, 混乱, ごたごた, てんやわんや.

kettledrum *Mus.* ケトルドラム.

kettle-holder 鍋つかみ.

Kewpie *Trademark* キューピー人形.

key[1] 珊瑚礁; 砂州.

key[2] *n.* 鍵; 解決の鍵; 解答, 虎の巻, 手引き (*to*); 要所; (ピアノ・タイプライターなどの)鍵, キー; *Mus.* (長短の)調; (声の)調子; マリファナ, ヘロインなど1キログラム. —*a.* 主要な. —*v.* 鍵をかける, (鍵をかけて)締める (*in, on,* etc.); 調律する. **key up** 調子を上げる; 増進する; 鼓舞する, 刺激する.

keyboard *n.* (ピアノ・タイプライターなどの)鍵盤, キーボード; 鍵盤楽器; (ホテルなどの受付で鍵を下げる)キーボード. —*v.* (電算機などの)キーを打つ; 電算機などにキーを打って(情報)を入れる.

keyboardist キーボード奏者.

key club キークラブ.

keyed *a.* 有鍵の.

key grip キーグリップ《映画・テレビ製作でカメラや背景を移動したり組み立てたりする技術者》.

keyhole 鍵穴.

key industry 基幹産業《鉄鋼業など》.

key money 保証金.

Keynes ケインズ. **John Maynard Keynes** (1883–1946) 英国の経済学者.

Keynesian *a., n.* ケインズ学派の(学者).

Keynesianism ケインズ学派.

keynote *Mus.* 主音; (演説・政策などの)基調.

keynote address [speech] (政党大

会の)基調演説.

keyphone プッシュホン.

keypunch *n. Computer* キーパンチ. —*v.* (パンチカード・紙テープに)キーパンチで穿孔する; (データなどを)キーパンチで(紙テープなどに)打ち込んでおく (onto, into).

keypuncher キーパンチャー.

key signature *Mus.* 調号.

key station (ラジオ・テレビの)親局, キーステーション.

keystone *Arch.* 要石, くさび石; 要旨, 中心思想.

key word 問題の解決, キーワード.

KGB ソ連国家保安委員会.

khaki *a., n.* カーキー色の(服).

khamsin カムシン《サハラ砂漠から吹いて来る南東の熱風》.

khan[1] 汗, ハン《モンゴル族の統治者の称》.

khan[2] 隊商宿.

khanate 汗の位, 汗の領土.

KIA killed in action 戦死(者).

kibbutz キブツ《イスラエルの集団農場》.

kibitz *v.* (勝負などで)横から口を出す.

kibitzer (勝負事の)見物人, 横から口を出す人; 余計な世話を焼く人.

kibosh たわごと. **put the kibosh on** 止めをさす, やっつける.

kick *v.* 蹴る; はね返る, はね返す, はねつける; 反抗する (against, at); ごねる; (悪習を)断つ. **kick around [about]** 酷使する; あちこち動き回る; 考慮する; 放置される. **kick back** 蹴り返す; (急に)はね返る; 払い戻す. **kick off** (サッカーなどで)キックオフする; (戦いなどを)開始する; 死ぬ, 去る. **kick out** 蹴って追い出す; 解雇する. —*n.* 蹴ること, キック; はね返り; 反抗; (フットボールの)蹴り手; 元気; スリル, 刺激; [the ~] 解雇; (酒などの)酔わせる力. **get a kick** ぞくぞくする.

kickback (鋭い)反応; 払い戻し, リベート.

kickoff *Football* キックオフ; 開始.

kickshaw いやにこった料理; (安ぴかの)つまらない物.

kickstand (自転車・オートバイの)スタンド.

kickup 騒動.

kid *n.* 子ヤギ(の肉); キッド革; [pl.] キッドの手袋, キッドの靴; 子供, 若者; かつぐこと, からかい. —*v.* からかう, だます. **No kidding!** 冗談言うな. —*a.* 若い, 年下の; 子供っぽい.

kid brother 弟.

kiddy 子ヤギ; 子供.

kid glove キッドの手袋. **with kid glove** 慎重に.

kidnap *v.* 誘拐する.

kidnap(p)er 誘拐者.

kidney 腎臓; 気質; 種類.

kidney bean *Bot.* インゲンマメ.

kidney machine *Med.* 人工腎.

kidney stone *Med.* 腎(臓結)石.

kid sister 妹.

kid stuff 幼稚な事; 簡単な事.

kidvid 子供向けテレビ番組.

kier (漂白用)精練釜.

kieselgu(h)r 珪藻土.

Kiev キエフ《ウクライナの首都》.

kilderkin 中樽《16-18 ガロン入り》.

Kilimanjaro キリマンジャロ《アフリカの最高峰》.

kill[1] *v.* 殺す, 枯らす; (勢いなどを)そぐ, 静める, (音などを)消す; (語句などを)取り消す, (議案などを)否決する; 台無しにする; (時を)潰す, 悩殺する; 大笑いさせる, へとへとにさせる; ひどく苦しめる; (酒などを)飲みほす; *Tennis* (球を)決める; (新聞雑誌・印刷物で)刊行前に(内容などの削除や取り消しをする. —*n.* 殺すこと; (狩猟の)獲物.

kill[2] 小川, 水路.

killdeer *Ornith.* フタオビチドリ《北米産》.

killer 殺人者, 屠殺者; *Zool.* シャチ.

killer whale *Zool.* シャチ.

killick 小錨；錨代わりの石.

killing *n., a.* 殺すこと；大当たり；殺す(ような)，枯らす(ような)，死にそうな；悩殺的な；たまらなくおかしい.

killjoy 興をさます人，興をさます物.

kiln 窯，炉.

kilo =kilogram, kilometer.

kilocalorie *Phys.* 大カロリー.

kilocycle =kilohertz.

kilogram キログラム.

kilohertz *Elec.* キロヘルツ《周波数の単位》.

kiloliter キロリットル.

kilometer キロメートル.

kilovolt *Elec.* キロボルト.

kilowatt *Elec.* キロワット.

kilt *n., v.* キルト《Scotland 高地で着る短い男子用スカート》；巻きスカート；(スカートに)縦ひだを取る.

kilter 好調. **be out of kilter** 調子が悪い.

kimchi キムチ《朝鮮の漬物》.

kimono, kimona (日本の)着物；(着物に似た)婦人化粧着.

kin *n.* 血族，同族，近親；親類. **near of kin** 近親で. **next of kin** 最近親で. **of kin** 血族の；同種の. — *a.* 血族で；同類で(*to*).

kind[1] 種類；種族；本質. **a kind of** …の一種，一種の…. **in kind** 本質的に；(支払いが)物品で，(返事が)同種のもので. **kind of** いくらか；殆んど，むしろ. **of a kind** 同一種類の；いいかげんな.

kind[2] *a.* 親切な；優しい.

kinda, kinder =kind of.

kindergarten (G) 幼稚園.

kindergartner (幼稚園の)園児，保母.

kindhearted *a.* 情け深い.

kindle *v.* 燃やす，火をつける，火がつく，燃えつく，輝かせる，輝く；(感情を)燃え立たせる，あおる，興奮する.

kindler, kindling たきつけ.

kindliness 親切；温和.

kindly *a.* 親切な，優しい，思いやりのある，(気候が)温和な. — *ad.* 親切に(も)，優しく；快く，どうぞ. **take kindly to…** (自然に)…を好む，…に親しむ.

kindred *n.* 血縁；親族，縁者. — *a.* 血族の；同種の，類似の.

kinematics 運動学.

kinetic *a.* 運動の；活動的な；*Phys.* 運動(学)上の.

kinetic art 動く芸術《動力・光線などを基調とする彫刻など》.

kinetics 動力学.

king (国)王，君主；最優秀の人，最優秀の物，大立物，…王；(トランプ・チェスの)キング. **king of arms** 紋章院の上級紋章官. **king of beasts** 百獣の王《ライオン》. **king of birds** 鳥類の王《ワシ》.

King キング. **Martin Luther King, Jr.** (1929–68) 米国の黒人解放運動の指導者.

kingbird *Ornith.* タイランチョウ.

kingbolt *Mech.* キングボルト；*Arch.* 真ボルト.

king cobra *Zool.* キングコブラ.

king consort 女王の夫君.

king crab *Zool.* カブトガニ.

kingcraft (王の)治国策.

kingcup *Bot.* キンポウゲ.

kingdom 王国；*Biol.* 界；(学問などの)分野.

kingfish (政界などの)大立物.

kingfisher *Ornith.* カワセミ.

King Holiday =Martin Luther King Day.

King James('s) Version =Authorized Version.

King Kong キングコング《SF 小説に登場する巨大なゴリラ》.

kinglet 小王；*Ornith.* キクイタダキ.

kingliness 王らしさ.

kingly *a.* 王らしい, 威厳のある.

kingmaker 国王擁立者; 政界の実力者.

kingpin *Bowling* ヘッドピン; 重要人物, 重要事項.

king post *Arch.* 真束.

king salmon *Ichthy.* マスノスケ, キングサモン.

King's English 純正英語.

kings evil *Med.* 瘰癧.

kingship 王の身分, 王位, 王権.

king-size(d) *a.* 特大の.

king snake *Zool.* (米国産の)大ヘビ.

kink *n.* もつれ, よじれ; (心の)ねじけ; (筋肉の)凝り; 変態性欲(者). —— *v.* もつれる, もつれさせる.

kinkajou *Zool.* キンカジュー《アライグマ科の小獣》.

kinky *a.* ねじれた, ゆがんだ; 風変わりな, 妙な; 変態的な.

kinsfolk 身内, 親族.

kinship 血族関係; 類似.

kinsman 親類の男性.

kinswoman 親類の女性.

kiosk キオスク《駅などの新聞雑誌売店・公衆電話室など》; キオスク《トルコなどのあずまや》.

kip[1] キップ皮《幼獣の皮》.

kip[2] *n.* ベッド; 下宿; 睡眠. —— *v.* 寝る; 眠る.

kipper *n., v.* 燻製ニシン; 燻製にする.

Kirghizia キルギス《アジア中部のソ連の共和国》.

Kiribati キリバス《中部太平洋の共和国》.

kirsch キルシュ, 桜桃酒.

kisaeng キーセン《朝鮮の伝統的な芸妓》.

kismet 運命.

kiss *n., v.* キス(する). **kiss the book** [the Bible] 聖書にキスして宣誓する. **kiss the ground** [dust] 平伏する; 屈辱をなめる.

kisser 口, 唇.

kissing cousin (親しい)親戚; 親友.

kiss-off (突然の)解雇.

kiss of life 口移しの人工呼吸; 活力を取り戻すもの.

kit[1] 道具一式, 器具一式, 材料一式, 旅行用具, 運動用具; 道具箱, 道具袋; (模型飛行機などの)キット; *Mil.* 衣嚢.

kit[2] 子猫.

kit bag (兵士の)衣嚢; (口の大きい)旅行鞄.

kitchen 台所, キッチン.

kitchen cabinet (大統領などの)私設顧問団.

kitchenette (アパートなどの)簡易台所.

kitchen garden 家庭菜園.

kitchen midden 貝塚.

kitchen police *Mil.* 炊事当番《軽い刑罰》.

kitchenware 台所用品.

kite *n.* *Ornith.* トビ; 凧; 詐欺師; 融通手形, 空手形; 航空機. **fly a kite** 凧を揚げる; 人気だめしに探りを入れる. **Go fly a kite!** うせろ. —— *v.* トビのように速く動く; 融通手形で金を作る; 舞い上がる; 金を作る.

Kitemark カイトマーク《英国規格協会の認定証》.

kith 友人. **kith and kin** 親類縁者.

kitsch 通俗文学; もったいぶったたわごと.

kitten *n.* 子猫; おてんば娘; ガールフレンド, 若い娘. **have kittens** 非常に動揺する. —— *v.* (猫が)子を産む.

kittenish *a.* 子猫のような, じゃれる.

kittiwake *Ornith.* ミツユビカモメ.

kitty[1] 子猫.

kitty[2] *Cards* 積み金つぼ; 場札.

Kiwanian キワーニスクラブの会員.

Kiwanis キワーニスクラブ《実業家の社交団体》.

kiwi キーウィ《ニュージーランド産の飛べない鳥》; = kiwifruit; ニュージーランド人.

kiwifruit キーウィ(フルーツ).

KKK Ku Klux Klan. **KL** KLM-Royal Dutch Airlines オランダ航空《国際略語》.

Klan =Ku Klux Klan.

Klaxon *Trademark* クラクション.

Kleenex *Trademark* クリネックス《ティッシュペーパー》.

klepto *n., a.* =kleptomaniac.

kleptomania 盗癖.

kleptomaniac *a., n.* 盗癖の(ある人).

klieg [**kleig**] **light** クリーグ灯《映画撮影用アーク灯》.

kloof (南アフリカの)峡谷.

klutz ぶきっちょ, うすのろ.

klystron *Elec.* クライストロン, 速度変調管.

kmps kilometers per second.

knack こつ, 技巧; 手際.

knacker 廃船の買い入れ人, 廃屋の買い入れ人; 廃馬屠殺業者.

knackery 廃馬屠殺場.

knapsack ナップザック.

knave (トランプの)ジャック.

knavish *a.* ごろつきのような, 不正な.

knead *v.* こねる; (肩などを)もむ.

knee *n., v.* 膝(頭); ひじ材(を当てる). **bring to one's knees** (人を)屈服させる. **fall [go] on one's knees** ひざまずく. **gone at the knees** (馬が)老いぼれた; (ズボンの)膝がよれよれで.

knee breeches ブリーチズ《膝から下が脚にぴったりつくズボン》.

kneecap, kneepan, 膝頭; 膝当て.

kneecapping (テロリストの)足撃ち.

knee-deep *a.* 膝までの深さの.

knee-high *a.* 膝までの高さの.

kneehole 机の両袖間の空所.

knee jerk *Med.* 膝反射, 膝蓋(腱)反射.

knee joint 膝関節.

kneel *v.* ひざまずく (*down*).

knell *n.* 悲しみの鐘, 弔鐘. —*v.* (鐘が) 悲しく響く; 弔鐘を鳴らす; 凶事を報じる.

knickerbocker [*pl.*] ニッカーボッカー《膝下でくくる半ズボン》; [K-] =New Yorker.

knickers *n.* ニッカーズ《ブルマーのような婦人用下着》. —*int.* ちえっ.

knickknack 小装飾品, 小骨董品, 小装身具.

knife *n.* ナイフ, 小刀, 刃物. —*v.* (ナイフで)刺す, (ナイフで)切る; 密かにやっつける.

knife-edge ナイフの刃; やせ尾根.

knight *n.* (中世の)騎士, ナイト; (英国の)ナイト爵《baronet の次に位して 'Sir' の称号を受ける》. —*v.* ナイト爵に叙する.

knightage 騎士団, 勲爵士名鑑.

knight bachelor 最下級の勲爵士.

knight-errant (中世の)武者修業者.

knight-errantry 武者修業.

knighthood 騎士の身分; 騎士道; 騎士団.

knightly *a.* 騎士の, 騎士らしい.

Knight Templar 聖堂騎士団の一員.

knit *v.* 編む, 組む; (まゆを)ひそめる; 接合する, 結合する, 密着する.

knit goods ニット地, ニット製品.

knitting 編み物(細工).

knitting needle 編み針.

knitwear ニットウェア.

knob こぶ, ふし; (ドアなどの)握り, ノブ.

knobby *a.* こぶの多い, こぶ状の.

knobkerrie ノップケリー《南アフリカ原住民の投げ棍》.

knock *v.* 叩く, 打つ; ノックする (*on, at*); 驚かす; こきおろす; (エンジンが)ノッキングを起こす. **knock about** 乱打する; 放浪する; 見られる; (性的に)関係する; 貸す, 借りる. **knock down** 打ち倒す, なぐり倒す; (競売で)せり落とす (*to*); (機械を)解体する. **knock in** 叩き込む. **knock off** 打ち落とす, 払いのける; (仕事を)やめる; さっさと片付ける; 値切る; 盗む, 殺す. **knock out** 叩き出す; (拳闘で)ノックアウトする;

やっつける. **knock over** はり倒す；ひっくり返す；強奪する. **knock together** ぶつける，ぶつかる；急造する. **knock up** 打ち上げる，突き上げる；急造する；叩き起こす；へとへとに疲れさせる；妊娠させる. — *n*. 打つこと，打つ音；ドアを叩くこと，ドアを叩く音，ノック；*Baseball* ノック；(機械の)ノッキングの音；反論，困難；(経済的・精神的)打撃，不幸，ひどい仕打ち；酷評.

knockabout *a*. 乱打の；騒々しい；放浪の. — *n*. 荒っぽい芝居，荒っぽい役者；小型帆走ヨット.

knockdown *a*. 圧倒的な；組み立て式の. — *n*. 打倒；乱闘；組み立て式の部品；強い酒，強いビール.

knocker ノックする人；(ドアの)ノッカー；あら捜しをする人；乳房.

knock-knees 内わに足.

knockout *Boxing* ノックアウト；徹底的大打撃；すばらしい成功，すばらしい出来事，すばらしい美人.

knoll 小さい丘，塚.

knop *Arch*. つぼみ形装飾，頂華.

knot[1] *Ornith*. コオバシギ.

knot[2] *n*. 結び(目)；こぶ，ふし；難事，難題，難点；群れ；*Naut*. ノット，海里. — *v*. 結ぶ；こぶにする；もつれさせる.

knothole 節穴.

knotted, knotty *a*. 節の；節くれ立った，こぶの多い；もつれた，解きにくい，困難な.

know *v*. 知る，知っている；わかる，認める；見分ける(*from*). **know better** 分別がある. **know of** ...のことを知っている，...のことを聞いている. **not that I know of** 自分の知る限りではそうでない. **you know** ねえ，そうでしょう. — *n*. 知識. **be in the know** よく知っている，事情に通じている.

knowable *a*. 知り得る.

know-how (専門の)知識，能力；技術情報，ノウハウ.

knowing *a*. 物知りの；抜け目のない；知ったかぶりの；気のきいた，粋な.

knowingly *ad*. 知りながら；知ったかぶりで；わざと.

know-it-all *a*., *n*. 知ったかぶりの(人).

knowledge 知っていること，知ること；知識；学識，学問.

knowledgeable *a*. 知力のある，よく知っている.

know-nothing 無知の人.

knuckle *n*., *v*. 指の節，指関節(で打つ)，拳骨(で打つ). **knuckle under** 屈服する.

knuckleball *Baseball* ナックルボール.

knucklebone 指関節の骨；一端が丸くなった趾骨《お手玉遊びに用いる》.

knuckle-duster =brass knuckles.

knur (木の)節，こぶ.

knurl 節，こぶ.

knurled, knurly *a*. 節だらけの.

koala *Zool*. コアラ.

kobold (ドイツ伝説の)小鬼，地の精.

Koch コッホ. **Robert Koch** (1843–1910) ドイツの医師・細菌学者.

Kodak *Trademark* コダック《小型カメラ・フィルム》.

Koh-i-noor コイヌール《インド産の大ダイヤ；英国王室所蔵》.

kohl コール墨《アラビア婦人のアイシャドー用》.

kohlrabi *Bot*. 球茎カンラン.

Koine コイネー《紀元前5-3世紀の標準ギリシャ語》.

kola =cola.

kolinsky *Zool*. チョウセンイタチ；コリンスキー《チョウセンイタチの毛皮》.

kolkhoz (ソ連の)コルホーズ，集団農場.

Kongo (アフリカの)コンゴ族.

koodoo =kudu.

kookaburra *Ornith*. ワライカワセミ.

kooky *a*. 変わった，ばかげた.

Kool *Trademark* クール《紙巻きたばこ》.

Kool-Aid *Trademark* クールエード《粉末即席清涼飲料》.

kopeck コペイカ《ソ連の通貨単位; ＝1/100 ruble》.

kopje, koppie (南アフリカの)小丘.

Koran コーラン《イスラム教の経典》.

Korea 韓国, 朝鮮.

Korean *a., n.* 韓国の, 朝鮮の; 韓国人(の), 朝鮮人(の), 韓国語(の), 朝鮮語(の).

koruna コルナ《チェコスロバキアの通貨単位; ＝100 halers》.

kosher *a., n.* (ユダヤの掟に従った)適法で清浄な(食物); 本物の, 結構な.

Kotex *Trademark* コーテックス《生理用ナプキン》.

koumiss クミス, 馬乳酒.

kowtow *n., v.* 叩頭(する); 屈従する.

kraal (南アフリカ原住民の)村落.

kraft クラフト紙.

krait *Zool.* アマガサヘビ《毒蛇》.

kraken クラーケン《ノルウェー沖に現れるという伝説的怪物》.

K ration *Mil.* K号携帯口糧《三食分》.

Kraut ドイツ人.

Kremlin (モスクワにある)クレムリン宮殿; [the ~] ソ連政府.

Kremlinology クレムリン学《ソ連政治研究》.

kriegspiel (G) (戦術指導の)盤上戦争ゲーム, 兵棋.

krill *Zool.* オキアミ.

krimmer 子羊の毛皮《クリミア地方産》.

kris クリース《マレー人が用いる波形刀身の短刀》.

Krishna *Hinduism* クリシュナ《インドの英雄でVishnu の化神の一つ》.

Kriss Kringle サンタクロース.

krona クローナ《スウェーデンの通貨単位》; クローナ《アイスランドの通貨単位》.

krone クローネ《ノルウェー・デンマークの通貨単位》.

Krugerrand クルーガーランド(コイン)《南ア共和国の1オンス金貨》.

krypton *Chem.* クリプトン《希ガス元素》.

Kuala Lumpur クアラルンプール《マレーシア連邦の首都》.

kuchen クーヘン《ドイツ風のコーヒーケーキ》.

kudos 栄誉, 名声.

kudu *Zool.* クーズー, ネジツノレイヨウ.

Ku Klux (Klan) 3 K 団《(1) 南北戦争後南部諸州に起こった秘密結社; (2) 黒人・ユダヤ人・旧教徒を排斥する二十世紀の秘密結社》.

kulak クラーク《ロシヤ革命前の富農》.

kultur (G) (精神)文化.

kumiss ＝koumiss.

kümmel (G) キュンメル酒.

kumquat *Bot.* キンカン.

kung fu 中国拳法, カンフー.

Kurd クルド人《中東の遊牧民》.

Kuril(e) Islands 千島列島, クリル列島.

Kuwait, Kuweit クウェート《アラビア北東部の王国》.

kvass (R) クワス《ロシヤのライ麦・大麦などで作るアルコール飲料》.

kwashiorkor *Med.* クワシオルコル《(亜)熱帯地方の乳幼児の栄養不良疾患》.

kwh(r) kilowatt hour.

kymograph *Med.* キモグラフ《波動曲線記録器》.

Kyrie *Relig.* 求憐誦《「主よ哀れみたまえ」で始まる連禱の文句》.

L

l L字形のもの; [L] (ローマ数字の) 50; [the L] 高架鉄道.

lactesent

LA law agent.

la *Mus.* ラ音.

lab =laboratory.

label *n.*, *v.* はり札, ラベル(をはる), レッテル(をつける);(辞書などで用法・専門語などを示す)レーベル;分類する.

labia *Anat.* 陰唇.

labial *a.*, *n.* 唇 の; *Phonet.* 唇音(の).

labialize *v. Phonet.* 唇音化する.

labia majora *Anat.* 大陰唇.

labia minora *Anat.* 小陰唇.

labile *a.* 変化しやすい; *Phys.*, *Chem.* 不安定な.

labiodental *n.*, *a. Phonet.* 唇歯音(の).

labor *n.* 労働; 労力; 労役, 仕事; 労働者(階級); [L-] 労働党; 陣痛. **labor of love** 好きでする仕事, 篤志事業. ── *v.* 働く, 労働する; 努力する (for, after, to do); 苦しむ, 悩む (under); 骨折って進む (along, through); 産みの苦しみを味わう; (船が)激しく揺れる; (必要以上に)詳しく取り扱う.

laboratory 実験室, 試験場; 演習室, ラボラトリー, 研究所; 製造所.

labor camp (囚人の)強制収容所.

Labor Day 労働休日(9月第一月曜日).

labored *a.* (文体など)いたずらに凝った; 無理な; 骨の折れる, 苦しい; のろのろした.

laborer 労働者.

laborious *a.* 骨の折れる, 困難な; 精励な; 苦心して作った.

laborsaving *a.* 労力節約の, 省力の.

labor union 労働組合.

labour *n.*, *v.* =labor.

Labourite 労働党員.

Labour Party 労働党.

Labrador ラブラドル《カナダ東部の半島》; ラブラドル地方《半島東部》; =Labrador retriever.

Labrador retriever ラブラドルレトリーバー《猟犬》.

laburnum *Bot.* キングサリ.

labyrinth 迷宮, 迷路; 複雑に入り組んだ関係.

labyrinthine *a.* 迷宮 の(ような); もつれた.

lac ラック《ワニスの原料》.

lace *n.* レース; 組み紐; モール. ── *v.* レースで飾る, レースをつける; 紐で縛る, 紐で締める; 紐で締まる; 紐を通す (through); 組み合わせる; 縞にする; (鞭)打つ; (酒で)味をつける. **lace into** やっつける.

lacerate *v.* 引き裂く; (心を)傷つける, 悩ます. ── *a.* 裂けた.

lace-ups 編み上げ靴.

lacewing *Entom.* クサカゲロウ.

lacework レース細工.

laches *Law* 懈怠.

lachrymal *a.* 涙の; 泣き出しそうな.

lachrymose *a.* 涙ぐんだ, 涙もろい.

lacing 紐で縛ること, 紐で締めること; レースで飾ること; 紐類; 金銀モール(のへり取り); 縞模様; 鞭打つこと.

lack *n.* 欠乏, 不足. **for lack of** …が無いので. ── *v.* …に乏しい.

lackadaisical *a.* 活気のない; 気抜けした.

lackey 従者, 下男; 追従者.

lacking *a.* 欠けた, 不足して; 低能の.

lackluster *a.* 光沢のない, (目が)どんよりした.

laconic *a.* (言葉が)簡潔な.

laconism 簡潔(な表現).

lacquer *n.*, *v.* ラッカー(を塗る); 漆(を塗る).

lacquer ware 漆器.

lacrimator 催涙ガス.

lacrimatory *a.* 涙を催させる.

lacrosse ラクロス《球技》.

lactate *Chem.* 乳酸塩.

lactation 授乳(期); 乳の分泌.

lacteal *a.* 乳の; 乳状の.

lacteal gland *Anat.* 乳腺.

lactesent *a.* 乳汁状の.

lactic *a.* 乳の.

lactic acid *Biochem.* 乳酸.

lactiferous *a.* 乳汁を生じる.

lactometer 乳脂計.

lactose *Biochem.* ラクトーゼ, 乳糖.

lacuna (原稿・文書などの)脱漏, 空所.

lacunar *Arch.* 格天井.

lacustrine *a.* 湖の, 湖上の.

lacy *a.* レースのような.

lad 若者, 少年; [呼び掛け] 男.

ladder *n.* はしご; (出世などの)手づる; (靴下の)伝線. — *v.* (靴下が)伝線する.

ladderproof *a.* (靴下が)伝線しない.

laddie 若者, 少年.

lade *v.* (荷を)積む; (柄杓などで)汲み出す.

laden *a.* 荷を積んだ (with); 苦しんで, 悩んで (with).

la-di-da *a.* 気取った; 高級な.

Ladies(') room =women's room.

lading 積載, 船積み; 積荷, 船荷.

ladle *n., v.* 柄杓, 杓子(ですくう), 杓子で汲み出す (out).

lady 貴婦人, 淑女; [L-] レディー《Sir または Lord の夫人の敬称》; 婦人; [a.] 女性の, 女流 …. **Our Lady** 聖母マリア.

ladybird, ladybug *Entom.* テントウムシ.

Lady Chapel 聖母小礼拝堂.

Lady Day お告げの祝日《3月25日で quarter day》.

ladyfinger フィンガー《細長いカステラ菓子》.

lady-help 家政婦.

lady-in-waiting 侍女, 女官.

lady-killer 女たらし, 色男.

ladylike *a.* 淑女らしい, しとやかな; (男が)女々しい.

ladylove 情婦, 愛人.

ladyship 貴婦人の身分, 貴婦人の品位.
her [your] ladyship 令夫人, 御令嬢.

lady('s) slipper *Bot.* アツモリソウ.

lady's maid 侍女.

lady's [ladies'] man 婦人に付きまとう男.

Laetrile *Trademark* リアトリル《制癌剤》.

Laffer curve *Econ.* ラッファー曲線《税率と税収または経済活動の相関を示す曲線》.

lag[1] *v., n.* のろのろ歩く, 遅れる (behind); 遅れ.

lag[2] *v.* 投獄する, 逮捕する. — *n.* 囚人, 前科者; 服役期間.

lag[3] *n., v.* 桶板, たる板; 被覆材; (ボイラーを)被覆材(で覆う).

lager 貯蔵ビール, ラガービール.

laggard のろま.

lagniappe 景品.

lagoon 潟; 礁湖; (川・湖などに通じる)沼, 池.

laic *a., n.* (聖職者に対し)俗人(の).

laicize *v.* 還俗させる, 俗化させる.

laid-back *a.* くつろいだ, 気楽な; 無感動な.

lair (野獣の)巣, 穴; 隠れ場, 隠れ家.

laisser-faire (F) =laissez-faire.

laissez-faire (F) 無干渉主義, 放任主義.

laity (聖職者に対する)俗人; 素人.

lake[1] レーキ《深紅色顔料》.

lake[2] 湖水; (公園などの)池.

Lake Country [District] 《イングランド北西部の》湖水地方.

lake dweller (有史以前の)湖上生活者.

lake dwelling (有史以前の)湖上家屋.

lakeside 湖畔.

lam *v., n.* 殴る; 逃亡(する). **on the lam** 逃亡中で.

lama ラマ《教の》僧.

Lamaism ラマ教.

Lamarck ラマルク. **Chevalier de Lamarck** (1744–1829) フランスの進化論の生物学者.

Lamarckian *a., n.* ラマルク学説の(学者).

lamasery ラマ教の僧院.

Lamaze technique ラマーズ法《無痛分娩

法》.

lamb *n.* 子羊(の肉); (子羊のように)柔和な人, 無邪気な人; 愛し児; [the L-] 神の子羊, キリスト. —*v.* (羊が)子を産む.

lambast(e) *v.* 殴る, 叱る.

lambda ラムダ《ギリシャ字母の第 11 字; *Λ, λ*》.

lambent *a.* (炎・光が)ちらちらする, ゆらめく; (機知など)軽妙な.

lambert *Optics* ランベルト《輝度の単位》.

lambkin 小さい子羊; よい子.

lamblike *a.* 子羊のような; 柔和な.

lambrequin (窓などの)垂れ飾り.

lambskin 子羊の毛皮.

lame *a.* びっこの; (議論・弁解など)不十分な, しどろもどろの; (韻律が)不完全な; 時代遅れの. —*v.* びっこにする; (物事を)くじく, だめにする. —*n.* 時代遅れの人.

lamé (F) ラメ《金属糸を織り込んだ織物》.

lamebrain まぬけ.

lame duck 役に立たない人, 役に立たない物; (再選に敗れた任期中の)落選議員; 死に体の政治家.

lamella 薄板, 薄層.

lamellate, lamellated *a.* 薄板の, 薄層の.

lamely *ad.* びっこを引いて.

lament *v.* 嘆き悲しむ, 泣く (*for, over*); 悼む. **the late lamented** 故人, 亡夫. —*n.* 悲嘆; 悲歌, 哀悼の詩.

lamentable *a.* 悲しい, 嘆かわしい; 貧弱な, けちな.

lamentably *ad.* 悲しく, 痛ましく(も).

lamentation 嘆き, 悲嘆; [Lamentations] *Bib.* エレミヤ哀歌.

lamia *Gk & Rom. Myth.* ラミア《上半身人間, 下半身蛇の女怪》; 妖婦.

lamina 薄葉, 薄片, 薄層.

laminar *a.* 薄板から成る.

laminate *v.* 薄片にする, 薄片になる; 薄片を

重ねて作る. —*a.* 薄板状の.

lamp ランプ, (電気)スタンド, 灯火, 明かり; 知識の光.

lampblack 油煙.

lamp-holder (電灯の)ソケット.

lamphouse ランプハウス《引き伸ばし機・映写機の照明格納部》.

lamplight 灯火.

lamplighter 点灯夫, 点灯用具.

lampoon *n., v.* 風刺文(を作る).

lamppost 街灯柱.

lamprey *Ichthy.* ヤツメウナギ.

lampshade ランプの笠.

lampwick ランプの芯, 灯心.

Lancashire ランカシア《イングランド北西部の州》.

Lancaster ランカスター《イングランド Lancashire 州の首都》. **the House of Lancaster** ランカスター家《英国の王家 (1399–1461)》.

Lancastrian *a., n.* Lancashire の(人); ランカスター王家の(人), ランカスター王党の(人).

lance *n.* 槍, やす; =lancer. —*v.* 槍で突く; lancet で刺す, lancet で切開する.

lance corporal *Brit. Mil.* 伍長勤務上等兵.

lancelet *Zool.* ナメクジウオ.

lancer 槍騎兵.

lancet (手術用)ランセット, 刃針.

land *n.* 陸(地); 地面, 土地; 地所, 領土, 国土, 国, 国家; [the ~] (特定の地域の)住民, 国民; [the ~] 領域, …の世界; [the ~] 田園, 田舎. **see how the land lies** 形勢を見る. **the Land of Promise** =Promised Land. —*v.* 上陸する, 上陸させる; 着陸する, 着陸させる, 着水する, 着水させる; 下車する, 下車させる, 下船する, 下船させる; 陸揚げする; 手に入れる, せしめる; (打撃を)くらわす. **land on** 厳しく叱る.

land agent 土地差配人.

landau (屋根が前後に開閉する)ランドー馬車, ランドー自動車.

landaulet 小型ランドー馬車.

land breeze Meteor. 陸風.

landed a. 地所持ちの; 地所の; 困って.

landfall (船の)陸地初認; (長い海上飛行後の初めての)陸地接近, ランドフォール; 海底パイプラインが地上に達するところ, 着陸.

landfill 埋め立て式ごみ廃棄(場).

landform 地勢, 地形.

landholder 土地保有者《地主または借地人》.

landholding 土地所有.

landing 上陸, 陸揚げ; 着陸, 着水, 下車, 下船; (階段の)踊り場; 陸揚げ場, 波止場.

landing craft Mil. 上陸用舟艇.

landing field 着陸場.

landing gear 着陸装置, 着水装置.

landing light (滑走路・航空機の)着陸灯.

landing net 手網.

landing ship 大型上陸用舟艇.

landing stage 陸揚げ場, 上陸場, 着陸場.

landing strip (飛行場の)滑走路.

landlady (下宿の)女主人, (旅館の)女将; 女地主, 女家主.

landless a. 土地のない.

landline Telecom. 陸線.

landlocked a. 陸で囲まれた; (魚が)陸封の.

landlord 下宿の主人, 旅館の主人; 地主, 家主.

landlordism 地主気質, 地主制度.

landlubber 新米水夫.

landmark 境界標, (土地の)標識, 目標; (歴史上の)画期的事件; 歴史的建造物.

landmass 広大な土地; 大陸.

land mine 地雷.

land office 国有地管理局.

land-office business にわか景気の仕事, 大繁盛.

landowner 地主.

land reform 土地改革.

Land-Rover Trademark ランドローバー《荒地用の頑丈な自動車》.

landscape n. 景色, 風景(画); 景観. —— v. (造園術で)美化する.

landscape architect 風致的都市計画技師.

landscape architecture 風致的都市計画術.

landscape gardener 造園技師.

landscapist 風景画家.

landslide 地滑り, 山崩れ; (選挙の)大勝.

landslip 地滑り, 山崩れ.

landsman 陸上生活者.

land-speed (航空機の)着陸速度; (自動車の)速度.

land-tax 地租.

landward ad., a. 陸の方へ, 陸の方の, 陸に向かって(いる).

land wind Meteor. 陸風.

lane 小路, 路地; (道路の)車線; (ボウリングの)レーン; (狭い通りの)横町; (汽船・飛行機などの)規定航路; (短距離競走・競泳などの)コース.

lang syne n., ad. 久しい昔(に).

language 言語; 国語; 言葉づかい, 言葉; = machine language.

language laboratory ラボ, 語学練習室.

langue de chat ラングドシャ《細長く薄型のクッキーまたはチョコレート》.

langue d'oc (F) (現代)プロバンス語.

langue d'oïl (F) (現代)フランス語.

languid a. 気力のない, だらけた, 気の抜けたよう

languish v. だれる, 弱る, しおれる; 悩む, 苦しむ; 思いこがれる (for).

languishing a. 次第に衰える; ぐずぐずした; 思いに悩む; 感傷的な.

languor 無気力; けだるさ; 衰弱; 重苦しさ, うっとうしさ; 物思い.

lank a. ひょろ長い, ほっそりした; (毛が)まっすぐに伸びた.

lanky a. やせてひょろ長い.

lanolin Chem. ラノリン, 羊毛脂.

lantern 手さげランプ, カンテラ.

lantern fly Entom. ビワハゴロモ.

lantern-jawed a. あごの細長い.

lantern slide 幻灯用スライド.

lanthanum Chem. ランタン《金属元素》.

lanyard Naut. 締め縄.

Laocoön Gk Myth. ラオコーン《Troy の司祭; 息子と共に蛇に巻き殺された》.

Laos ラオス《インドシナ半島の共和国》.

Laotian a., n. ラオスの; ラオス人(の), ラオス語(の).

lap[1] v. なめる; (波が岸を)洗う. **lap up** なめ尽くす; がつがつ飲む, がつがつ食べる, すぐ信じる. —— n. 一なめ; (岸を洗う)波の音.

lap[2] n. (すわった時の)膝, (スカートなどの)膝; (二つの物の)重なり, 重なる部分; (糸の)一巻き; (競走路の)一周, (水泳プールの)一往復.
in the lap of luxury 贅沢を尽くして.
—— v. 巻く, 纏う, 重ねる; 重なる (over).

laparoscope Med. 腹腔鏡.

laparoscopy 腹腔鏡検査(法); (腹腔鏡を用いた女性の)不妊手術.

lapdog 抱き犬《チンなど》.

lapel (上着の)折り襟.

lapful 膝一杯.

lapheld a. (パソコンなどが)薄型ポータブルの, 膝の上に置ける.

lapidary n. 宝石細工人. —— a. 宝石(細工)の; 石に刻んだ.

lapin ウサギ; ウサギの毛皮.

lapis lazuli るり《宝石》; るり色.

Lapland ラップランド《Scandinavia 半島北端の地方》.

Laplander ラップランド人.

Lapp n., a. ラップランド人(の), ラップランド語(の).

lappet (衣服などの)たれ(飾り); (七面鳥などの)肉垂.

lapse v. (悪徳などに)陥る, 堕落する (into); (財産・権利などが)移る, 消滅する. —— n. (時の)経過; 堕落; 過失, 失策; (権利などの)喪失, 消滅.

lapstrake a., n. よろい張りの(ボート).

lap time ラップタイム《走路一周・プール一往復の時間》.

laptop (膝の上で使える)ラップトップ型パソコン.

lapwing Ornith. タゲリ.

larboard n., a. Naut. 左舷(の).

larcener, larcenist 窃盗犯人.

larcenous a. 窃盗の.

larceny 盗み, 窃盗罪.

larch Bot. カラマツ.

lard n. ラード. —— v. 肉にベーコンをはさんで料理する; (文や談話を)潤色する.

larder 肉部屋, 食品貯蔵室.

lardoon 豚肉やベーコンの細片.

lardy a. ラード質の.

lares Rom. Myth. ラレース《家庭の守護神》

lares and penates 家庭の守護神; 家宝.

large a. 大きい; 広い; 多数の, 多量の; 相当な, 十分な; 人気のある. **at large** 詳細に, 十分に; 自由に, 捕まらないで; 広く, 一般に; (選挙が)全州区で, 全国区で.

large-handed a. 気前のよい.

large-hearted a. 心の大きい, 情け深い.

large intestine Anat. 大腸.

largely ad. 大きく; 大いに, 広く; 大部分, 主として.

large-minded *a.* 心の広い, 寛大な.

large-scale *a.* 大規模な; 大縮尺の.

large-scale integration *Elec.* 大規模集積回路, 高密度集積回路.

largess(e) 多分の祝儀, 贈り物.

larghetto (It) *ad. Mus.* やや遅く.

largish *a.* やや大きい.

largo (It) *a., ad., n. Mus.* 極めて遅い, 極めて遅く; ラルゴの曲.

lariat =lasso.

lark[1] *Ornith.* ヒバリ.

lark[2] *n., v.* 戯れ(る), いたずら(する), ふざけ(る).

Lark *Trademark* ラーク《紙巻きたばこ》.

larkspur *Bot.* ヒエンソウ.

larva *Entom.* 幼虫.

laryngeal *a. Anat.* 喉頭(部)の.

laryngitis *Med.* 喉頭炎.

laryngology *Med.* 咽喉科学.

laryngoscope *Med.* 喉頭鏡.

laryngotomy *Med.* 喉頭切開(術).

larynx *Anat.* 喉頭.

lasagne ラザーニァ《長くて平たいパスタを使ったイタリア料理》.

lascivious *a.* みだらな, 好色な.

lase *v.* レーザー(光線)を放出する.

laser レーザー《誘導放出による光の増幅器》.

laser beam レーザー光線.

lash[1] *n.* 鞭先(しなやかな部分); 鞭打ち(の刑罰); =eyelash. — *v.* 鞭打つ, 打ちすえる(*at*); 激しく責める; 怒らせる; (雨・波などが)激しく打ちつける; (鞭・武器・尾などを)激しく振る; (紐などに)くくりつける(*on, down,* etc.). **lash out** 暴言を浴びせる, 皮肉を浴びせる; むやみに使う.

LASH, Lash, lash[2] ラッシュ船, ラッシュシステム《貨物積載のはしけをそのまま船上に積む貨物船》.

lashing 鞭打ち; 痛烈な非難; くくり縄; [*pl.*] たくさん(*of*).

lash-up 間に合わせ物.

lass 少女; 恋人《女性》.

Lassa fever *Med.* ラッサ熱《急性伝染病》.

lassie 少女.

lassitude 無気力, けだるさ.

lasso *n., v.* 輪縄, 投げ縄(で捕まえる).

last[1] 靴型. **stick to one's last** 自分の本分を守る.

last[2] *v.* 続く, 持続する; 支える, 持つ; 足りる, 間に合う. — *n.* 持続力, 耐久力.

last[3] *a.* 最終の, 最後の; すぐ前の, この前の, 最近の...; 決して...しそうもない (*to be, to do*), 最も不適当な, 最低の; 最高の, 究極の, 決定的な; 最新(流行)の. **last but one** 終わりから二番目. **last but two** 終わりから三番目. — *ad.* 最後に, この前, 最近. **last of all** 一番おしまいに, 最後に. **last but not least** 大事な事を最後に言うが. — *n.* 最後, 結末; 死, 臨終; 最後のこと, 最後のもの, この前のこと, この前のもの. **at (long) last** (長い間たった後)ついに, とうとう. **breathe one's last** 息を引き取る. **see the last of** ...の見納めをする, 終わりを見届ける. **to the last** 最後まで, 死ぬまで.

last ditch どたん場.

lasting *a.* 続く, 耐久力のある, 永久の; 長持ちする.

Last Judgment 最後の審判.

lastly *ad.* 最後に.

Last Supper 最後の晩餐.

last word 最後の言葉, 遺言; 決定的な言葉; 最新流行品.

Las Vegas ラスベガス《Nevada 州南東部の歓楽都市》.

latch *n., v.* 掛け金(をかける). **latch onto** 手に入れる. **off the latch** (戸が)掛け金を外して. **on the latch** (錠をおろさずに)掛け金をかけただけで.

latchkey 掛け金の鍵.

latchkey child 鍵っ子.

late *a.* 遅い, 遅れた; 近頃の, 最近の; この前の; 後期の, 末期の; 物故した, 故…; (女性が)生理が遅れている. **of late** 近頃.
—*ad.* 遅く, 遅くまで; 最近.

latecomer *n.* 遅れて来た者, 遅刻者.

lateen *a.*, *n.* Naut. 大三角帆の; 大三角帆(船).

lately *ad.* 近頃, 最近.

laten *v.* 遅くする, 遅くなる.

latent *a.* 隠れている; 潜伏している.

latent period (病気の)潜伏期.

later *a.*, *ad.* もっと遅い, その後の; 後に. **later on** あとで.

lateral *a.* 横の, 横からの, 側面の; Bot. 側生の; Phonet. 側音の.

lateral thinking 水平思考.

latest *a.* 最近の, 最新の; 一番遅い, 最後の.
—*ad.* 一番遅く. —*n.* [the ~] 最新流行品, 最新のニュース. **at (the) latest** 遅くとも.

latex ラテックス《トウダイグサなどの乳液》.

lath Arch. 木ずり, 木舞.

lathe *n.*, *v.* 旋盤(にかける).

lather *n.* (石鹸の)泡, (馬の)泡汗; 興奮状態. —*v.* 泡立つ; (顔に)石鹸の泡を塗る; ひどく殴る.

lathery *a.* 石鹸の泡の(ような); 空虚な.

lathing 木ずり打ち.

Latin *a.* ラテン語の, ラテン系の. —*n.* ラテン語, ラテン人.

Latin America ラテンアメリカ.

Latinate *a.* ラテン語に由来する.

Latinism ラテン語風.

Latinist ラテン語学者.

Latinity ラテン語風, ラテン語法.

Latinize *v.* ラテン語風にする.

Latin Quarter カルチェラタン《パリの学生街》.

latish *a.* やや遅い.

latitude 緯度, Astron. 黄緯; (思想・行動などの)自由, 許容範囲; [pl.] 地帯, 地方; Phot. 露出寛容度, ラチチュード.

latitudinarian *a.*, *n.* (信仰・教義など)やかましくない, 自由主義の(人).

latitudinarianism (宗教上の)自由主義.

latrine (兵舎・工場などの)便所.

latter *a.*, *n.* 終わりの, 後の, 後半の; 後者(の); その後の, 近頃の.

latter-day *a.* 近代の, 新式の.

Latter-day Saint 末日聖徒《モルモン教徒の正式な呼称》.

latterly *ad.* 近頃, この頃.

lattice *n.*, *v.* 格子(をつける).

latticed *a.* 格子造りの.

latticework 格子細工.

Latvia ラトビア《バルト海に臨むソ連の共和国》.

Latvian *a.*, *n.* ラトビアの; ラトビア人(の), ラトビア語(の).

lauan ラワン《建築・家具材》.

laud *v.*, *n.* 賞賛(する); 賛美; 賛美歌.

laudable *a.* 賞賛すべき, あっぱれな.

laudanum Pharm. アヘンチンキ.

laudation 賞賛, 賛美.

laudative, laudatory *a.* 賞賛の.

lauderette コインランドリー.

laugh *v.* 笑う; 嘲る(at). **laugh away** 笑って過ごす; 一笑に付する. **laugh off** 笑ってそらす. **laugh one's head off** 大笑いする.
—*n.* 笑い(声). **have [get] the laugh of** …を笑い返してやる.

laughable *a.* 笑うべき, おかしい.

laughing *a.*, *n.* 笑っている, 嬉しそうな; おかしい; 笑い.

laughing gas Chem. 笑気《一酸化窒素》.

laughing jackass Ornith. ワライカワセミ.

laughingly *ad.* 笑って.

laughingstock 物笑い, 笑いぐさ.

laughter 笑い(声).

launch v. (ボートなどを)水に降ろす, (船を)進水させる; (人を)世に出す; (事業・会社などを)興す, 始める; (矢・槍などを)放つ, (ミサイル・ロケットなどを)発射する; (非難などを)浴びせる. **launch out** 乗り出す, 始める (into). — n. 進水(台); (ミサイル・ロケットなどの)発射; ランチ《艦載汽艇》.

launcher 発射筒; (ミサイル・宇宙船などの)発射装置; 艦載機発射機, カタパルト.

launching pad (ミサイル・ロケットなどの)発射台.

launching site (ミサイル・ロケットなどの)発射場.

launder v. 洗濯する; 洗濯が効く; 合法的に見せかける.

laundress 洗濯女.

Laundromat *Trademark* ローンドロマット《コインランドリー》.

laundry 洗濯場, 洗濯屋; 洗濯物.

laundryman 洗濯屋.

laureate a. 月桂冠を戴いた.

laureateship 桂冠詩人の地位, 桂冠詩人の期間.

laurel 月桂樹; [pl.] 月桂冠, 栄誉.

lava (火山の)溶岩.

lavabo *Relig.* 洗手式(用の手拭い).

lavaliere (F) (細い鎖の)ペンダント; 小型マイク.

lavatorial a. (冗談などが)下がかった.

lavatory (学校・ホテルなどの)洗面所, トイレ.

lavender n., a. *Bot.* ラベンダー《芳香のある薄紫の花が咲く》; ふじ色(の).

lavender water ラベンダー香水.

laver *Bot.* ノリ.

lavish v. 惜しげなく与える, 浪費する. — a. (…を)惜しまない, 浪費する (of); 豊富な.

law (一般に守るべき)法, 法律; 法律学; 法的手段, 訴訟; 規定, 規則, 慣例; (学問の)法則, 原理; [the ~] 弁護士の職, 法曹界; 警察(官), 保安官. **go to law** 告訴する (against, with). **lay down the law** 高圧的に言い渡す, 命令的に言い渡す; 叱る.

take the law into one's own hands (法律によらず)勝手に人を罰する.

law-abiding a. 法律をよく守る.

lawbreaker 違法者.

lawcourt 法廷.

lawful a. 合法の, 適法の; 正当な; 嫡出の.

lawgiver 立法者.

lawless a. 法律のない; 法律を守らない, 不法の, 無法な.

lawmaker 立法者.

lawman 法執行官《警官・保安官など》.

law merchant 商慣習法.

lawn[1] 芝生.

lawn[2] ローン《紗織りのリンネル》.

lawn mower 芝刈り機.

lawn tennis 庭球, ローンテニス.

law office 法律事務所.

Lawrence ロレンス. **D(avid) H(erbert) Lawrence** (1885-1930) 英国の作家.

lawrencium *Chem.* ローレンシウム《放射性元素》.

law school 法学部.

lawsuit 訴訟.

lawyer 法律家, 弁護士.

lax a. 締まりのない, 緩んだ; だらしのない; 曖昧な; 下痢する; *Phonet.* 弛緩した.

laxative a., n. 便通の(薬).

laxity だらしなさ; 曖昧さ; 不注意.

lay[1] v. 置く; 横たえる, 寝かす; 積む, 並べる, 据える, 敷く, 敷設する; (重荷・責任などを)課する, 負わせる, 帰する (on, upon); (ある状態に)する, させる; (絵の具などを)塗る; 開陳する (before a person); (卵を)産む; 打ち倒す; (風・ほこりなどを)静める; 賭ける; (異性)と寝る. **lay about** やた

らに打ちまくる, 激しく 戦 う. **lay aside** [**away, by**] 取っておく, 蓄 える. **lay down** 下に置く, 寝かせる; 捨てる, 投げうつ; 規定する; (計画を)立てる, 調停する; 敷設する. **lay in** 仕入れる, 蓄 える. **lay it on thick** やたらにほめる, 誇張 する. **lay off** 取っておく, (一時)解雇する, (一時)やめる; 休 養する; 区別する; (かまうのを)やめる. **lay on** (攻撃を)加える; (水 道・ガスを)引く; (税を)課する; 塗る. **lay out** 広げる; 設 計する; レイアウトする; (納 棺のために死体を)整 える; 地取りする; 投資する, 費す; 殴り倒す. **lay up** 取っておく, 蓄 える; (病 気で人を)動けなくする.

— n. (物の)位置, 状 態; 地形; 活動方針, 計画; 賭け; (悪い)職 業; 性交, 性交の相手(の 女).

lay² a. (聖 職 者に対して)俗 人の, (専門家に対して)素 人の.

layabout 怠け者.

layaway plan 商品予約購入法.

lay-by (ハイウェーの)待避所.

layer 積む人, 敷く人; 産卵鶏; 層, 地層; (ペンキの)一塗り, 一皮; 取り木.

layer-cake レヤーケーキ《ジャム, クリームなどをはさんで何層にも重ねたスポンジケーキ》.

layette (F) 新生児用品(一式).

lay figure 人体模型, 人 台; でくのぼう.

layman 俗人, 素人.

layoff (一時的)解雇(期間), 一時帰 休 制, レイオフ.

layout 地取り; 設計; (新 聞・書籍の)レイアウト, 割り付け.

layover 途 中 下車.

layperson 俗人; 素 人.

lay-up (ベニヤ・心 材の)組み合わせ; (船の) 休 航; Basketball レイアップ《ゴール近くからジャンプしながらの片手のシュート》.

lazaretto 検疫所, 検疫船.

laze v. なまける, のらくら過ごす.

lazily ad. 怠けて, のらくらと.

lazuli = lapis lazuli.

lazy a. 怠惰な, 不 精 な; のろい.

lazybones 不 精 者, 怠け者.

lazy Susan (食 卓の回転盆.

lazy tongs 不 精 ばさみ《遠 方の物を取るために用いる》.

lc lower case. **LC** landing craft; left center; letter of credit. **LCD** least [lowest] common denominator 最 小 公分母; liquid crystal display [diode]. **LCM** least [lowest] common multiple 最 小 公倍数. **LD** lethal dose; line of departure. **LDC** less developed country 低 開 発 国.

L-driver (教 官 同 乗 の)仮免許運転者.

leach v. (液体で可溶分を)浸 出 する, こす.

lead¹ n. 鉛; 黒鉛; 測鉛; [pl.] 屋根用 鉛板, (鉛の)弾丸, (鉛筆の)芯; Print. 差し鉛 , インテル. **swing the lead** 仮 病をつかう.

— v. 鉛 で覆う, 鉛 でふく; 鉛 で重りをつける.

lead² v. 導 く, 連れて行く, 案内する, 指導する; 率 いる, 指揮する; 先に立つ, 率 先する; (他を)リードする, 一位を占める, ぬきんでる; 誘う, 引き入れる, …せしめる; (生活を)送る, (生活を)送らせる, 過ごす; (道 が)…に至る, 通じる (to, into, etc.); 帰 着 する (to). **lead off** 率 先する, 始める. **lead on** 誘う, 釣り込む. **lead up to** …まで引っぱって行く, (話 を)持って行く. — n. 先導 , 率 先; 指導(的地位), (競 技の)リード, 優位; 主 役; 引き綱; (新 聞の)トップ記事; (問 題解決の)手がかり; Elec. 導線, リード線; Baseball (ベースからの)リード.

leaden a. 鉛 の(ような); 重い, 鈍い, 陰気な; 活気のない.

leader リーダー, 先導者, 指導者; 首 領 , 党 首; (新 聞の)社説; 目玉 (商 品); [pl.] Print. リーダー《 表 や目次を見やすくする点 線または破線》; Motion Pictures, TV リーダー《フィル

ムやテープの先端の部分); *Fishing* はりす.

leadership 指導者の地位, 指導者の任務; リーダーシップ; 指導(力), 統率(力).

lead-in (アンテナの)引き込み線.

leading¹ 鉛の覆い; 鉛細工.

leading² *n.* 先導, 指導. — *a.* 先に立つ, 導く, 指導する; 主要な, 一流の.

leading article トップ記事; 社説; 目玉 (商品).

leading lady 主役女優.

leading light 傑出した人.

leading man 主役男優.

leading question 誘導尋問.

leading strings (歩き初めの子供に用いる) 手引きの紐; 指導. **in leading strings** まだ一人歩き出来ない.

leadoff 開始; *Baseball* 一番打者.

lead pen シャープペン.

lead pencil 鉛筆.

lead-pipe 非常に容易なもの, 非常に確実なもの.

lead poisoning 鉛中毒.

lead time (製品の)企画から完成までの期間.

leady *a.* 鉛のような.

leaf *n.* (木の)葉; (書物などの)一枚, 一葉; (折り戸・びょうぶなどの)とびら, 一折り; (金銀などの)箔; 花びら. **in leaf** 葉が出て, 青葉になって. **take a leaf out of one's book** 人の例にならう. **turn over a new leaf** 心を入れ替える, 生活を一新する. — *v.* 葉が出る; (ページを)めくる.

leafage 葉.

leaf bud *Bot.* 葉芽.

leafed *a.* (…の)葉がある.

leafless *a.* 葉のない.

leaflet *n. Bot.* 小葉《複葉の一枚》; 折りたたみ印刷物, リーフレット. — *v.* (…に)ちらしを配る.

leaf mold 腐葉土.

leafstalk *Bot.* 葉柄.

leafy *a.* 葉の多い; 葉から成る; 広葉の; 葉状の.

league *n., v.* 同盟, 連盟, リーグ; リーグ加盟者; 部類, 同類; 同盟する. **in league** 同盟して.

League of Nations 国際連盟 (1920-46).

leaguer 同盟者, 同盟国; 連盟加入者; リーグの選手.

leak *n., v.* 漏り, 漏れ口; 漏る; (秘密などを)漏らす(こと), (秘密などが)漏れる(こと); *Elec.* 漏電; 放尿. **spring a leak** 漏れ口が出来る.

leakage 漏り, (秘密の)漏洩; 漏れ減り, 漏り高.

leakproof *a.* 漏れない; 秘密が守られる.

leaky *a.* 漏る, 漏りやすい.

lean¹ *a.* やせた; 脂肪分の少ない; 貧弱な; 不作の. — *n.* 脂肪分の少ない肉, 赤身.

lean² *v.* もたれる, 寄り掛かる, 寄り掛からせる, 立てかける (*against, on*); 頼る, すがる (*on*); 傾く, 片寄る, 片寄らせる; (気持ちが)…に傾く; かがむ (*forward, over, etc.*). **lean over backward** (前とは)正反対の態度をとる; あらゆる努力をする. — *n.* 傾斜.

leaning 傾き, 傾向, 好み.

lean-to 差し掛け屋根, 差し掛け小屋.

leap *v.* 跳ぶ, 跳ばせる, 跳び越える; 一躍…になる (*into*). — *n.* 跳び, 跳躍(の距離, 高さ). **by [in] leaps and bounds** とんとん拍子に, 一挙に. **a leap in the dark** 暴挙.

leapfrog 馬跳び.

leap year 閏年.

learn *v.* 学ぶ, 習う; 覚える; 聞き知る, 知るようになる, できるようになる (*to do, that, how, etc.*).

learned *a.* 学問的な, 学術的な, 学問を要する; 学問のある, 博学の; …に通じた (*in*).

learner 学習者, 初学者.

learner (driver) 仮免許運転練習者.

learning 学習, 学問; 博学.

lease n. 借地契約, 借家契約, 賃貸 借 契約(書); 借地権; 借用期限. **new lease on [of] life** 命 拾い, 生き延び; 新たな 意欲. — v. (土地・家屋を)賃貸しする, 賃借 りする.

leasehold 借地.

leash n., v. (猟犬をつなぐ)革 紐(でつなぐ), 鎖 (でつなぐ); 束縛する. **hold in leash** 制 御する. **on leash** 革紐につないで.

leash law 蓄犬係留法.

least n., a. 最 小 (の), 最も少ない. **at (the) least** 少なくとも, せめて. **not in the least** 少しも…ない. **not least** 特に. **to say the least (of it)** ごく控え目に言っても, 少なくと も. — ad. 最も少なく. **least of all** 最も …でない, 特に…ない.

least squares *Statistics* 最小自乗法.

leather n. (なめし)革; 革製品; [pl.] 乗馬 用革ズボン. — v. 革を張る, 革を付ける; (革 紐で)打つ. — a. サド趣味の, マゾ趣味の《革 製を身に付けるのを好む》.

leatherback *Zool.* オサガメ.

leather-bound a. (本が)革装の.

leather-cloth レザークロス《織物地に塗装し た人造皮革》.

Leatherette *Trademark* レザーレット《製本・ 家具用の模造革》.

leathern a. 革製の.

leatherneck 米海兵隊員.

Leatheroid *Trademark* レザーロイド《 鞄 用 の模造革》.

leathery a. 革のような, 堅い.

leave[1] v. 去る, 出 発する; 別れる; (学校を)や める, 出る; 下車する, 下船する; 残す, 置いて行 く; ほっておく, そのままにしておく, …させておく (to do); 残す; まかせる, 託する (to, with). **leave alone** 放任しておく, ほっておく. **leave behind** あとに残す, 置いて行く, 置き忘れる. **leave off** やめる; 脱ぐ. **leave one to one-**

self 放任する. **leave out** 抜かす, 省く.

leave over あとに残す, 繰り越す.

leave[2] 許し, 許可 (to do); 休 暇; いとまごい. **on leave** 休 暇で. **take (one's) leave** 別 れを告げる (of.).

leave[3] v. 葉が出る (out).

leaved a. 葉がある.

leaven n. パン種; 影 響 を与えるもの; 要素, 気味 (of). — v. (パン種を加えて)膨らませる; 感化を及ぼす, 影 響 を及ぼす; …の気味を与え る (with).

leave-taking いとまごい.

leavings 残り物, 屑, かす.

Lebanon レバノン《アジア西部の共 和国》.

lech n., v. 色 欲(にふける); 好 色 家.

lecher 好色家.

lecherous a. 好色な.

lechery 好色.

lecithin *Biochem.* レシチン.

lectern (教 会の)聖書台.

lecture n. 講義, 講演; 説諭, 小言. — v. 講義する, 講演する; 説諭する, 叱る.

lecturer 講演者; 講師.

lectureship 講師の職, 講師の地位.

lecture theater 階段講堂, 階段 教 室.

LED light-emitting diode 発 光ダイオード.

ledge (壁から突き出た)棚; 岩棚.

ledger *Bookkeeping* 元帳.

ledger line *Mus.* 加線.

lee n., a. 風下(の).

leeboard *Naut.* リーボード《帆 船が風下に押 し流されないよう船 外に付けた板》.

leech *Zool.* ヒル; 搾取者.

leek *Bot.* 西洋ネギ, リーキ.

leer n., v. 横目(でにらむ), 流し目(で見る).

leery a. 疑い深い, 用 心深い.

lees (ぶどう酒などの)澱.

lee shore 風下の海岸.

leeward n., a., ad. 風下(の), 風下に.

leeway *Naut.* 風圧差《風圧のための進路からのそれ》; 余裕, 余地.

left *a., ad.* 左の; 左へ, 左に. — *n.* 左, 左側; [the L-] 左翼, 過激派.

left field *Baseball* 左翼; 主流から離れている立場, 主流から離れている意見.

left fielder *Baseball* 左翼手, レフト.

left-hand *a.* 左手の, 左側の, 左手でする.

left-hand drive 左ハンドル(の車).

left-handed *a.* 左ききの, 左回りの, 左巻きの; 不器用な; 陰険な, 不実な; (結婚が身分違いの; 同性愛の.

left-hander 左ききの人.

leftism 左翼主義.

leftist *a., n.* 左翼の(人).

left luggage office 手荷物一時預り所.

leftover *a., n.* 余りの(物), 残りの(物), 残飯.

left wing 左翼, 左派.

left-wing *a.* 左翼の, 左派の.

left-winger 左翼の人, 左派の人.

lefty 左ききの人.

leg *n.* 脚, すね; 脚部; (旅程の)一区間.
get on one's (hind) legs (発言するために)立ち上がる. **give a leg up** 助けて乗せる; 助けて困難を切り抜けさせる. **not have a leg to stand on** 言いわけの根拠がない. **on one's last legs** 倒れかかって, 死にかかって. **pull one's leg** 人をばかにする, 人をかつぐ. **shake a leg** 踊る; 急く. **show a leg** 起きる. **stand on one's own legs** 自立する. **stretch one's legs** 歩く, 散歩する. **take to one's legs** 逃げ出す. — *v.* 歩く, 走る.

legacy 遺産.

legal *a.* 法律(上)の, 適法の, 合法的な; 法定の.

legal age 法定年齢, 成年.

legal holiday 法定休日.

legalism 遵法主義, 形式主義.

legality 適法, 合法(性).

legalization 適法化; 法律化.

legalize *v.* 合法化する; 公認する.

legally *ad.* 法律上, 合法的に.

legal-sized *a.* 法律文書に用いる大きさの (22×36 cm).

legal tender 法定通貨.

leg art 魅力的な女性のセミヌード写真.

legate (教皇の)使節.

legatee 遺産受取人.

legation 公使館; 公使館員.

legato (It) *ad. Mus.* 滑らかに.

legator 遺贈者.

legend 伝説; (メダルなどの)銘, (図表・挿絵などの)表題, 説明文.

legendary *a., n.* 伝説の, 伝説的な; 伝説集.

legendry 伝説類.

legerdemain 手品, ごまかし.

legged *a.* 足のある; 足が…の.

legging [pl.] ゲートル; レギンス《小児用》.

leg guard レガーズ, すね当て.

leggy *a.* 足のひょろ長い; 脚線美の.

leghorn 一種の麦藁帽子; [L-] レグホン《卵用の鶏の品種》.

legible *a.* (文字が)読みやすい.

legion (古代ローマの)軍団《3000〜6000の兵員で編成》; 軍勢, 大軍; 多数. **Legion of Honor** レジョンドヌール勲位, レジョンドヌール勲章.

legislate *v.* 法律を制定する, 法律に制定する.

legislation 立法; 法律.

legislative *a.* 立法の.

legislative assembly (二院制議会の)立法府; 下院.

legislative council (英国の)上院; (米州の)立法委員会.

legislator 立法者, 国会議員.

legislature 立法府.

legit *a.* =legitimate.

legitimate *a.* 合法の, 適法の; 正当な; 嫡出の. — *v.* 合法化する, 合法と認める, 正当と認める.

legitimation 合法化; 嫡出と認めること.

legitimist 正統主義者.

legitimize *v.* =legitimate.

legman 取材記者; 下働き.

leg-of-mutton *a.* 長三角形の.

leg-pull からかい, 悪ふざけ.

legume 豆; マメ科植物.

leguminous *a.* 豆のような; マメ科の.

leg warmer レッグウォーマー.

legwork 歩き回り; 外回りの仕事.

lei レイ《ハワイの花輪》.

leisure 暇, 余暇, レジャー. **at leisure** 暇で, ゆっくり. **at one's leisure** 暇な時に; 都合のいい時に.

leisured *a.* 暇のある, 有閑の; ゆっくりした.

leisurely *a., ad.* ゆったりした, 落ち着いた; ゆったりして, 落ち着き払って.

leisure suit レジャースーツ.

leitmotiv, leitmotif (G) *Mus.* 示導動機, ライトモチーフ.

LEM lunar excursion module.

lemma 副命題; テーマ; 見出し語.

lemming *Zool.* レミング, タビネズミ《北極産》.

lemon レモン(の木); レモン色; 魅力のない女, ブス; 卑劣な手, 卑劣なやり方; 欠陥製品, はずれ.

lemonade レモネード.

lemon squash レモンスカッシュ.

lemon squeezer レモン絞り器.

lemon yellow 淡黄色.

lemur *Zool.* キツネザル.

lend *v.* 貸す; 添える, 加える. **lend oneself to** …に身を入れる; …に役立つ; …に適している.

lender 貸す人; 金貸し.

lendings 借り着.

lend-lease 武器貸与.

length 長さ, 縦; 艇身, 馬身. **at full length** 詳細に; 大の字なりに. **at length** 遂に, やっと; 詳細に. **go to great lengths** =go to any length(s) どんなことでもする.

lengthen *v.* 長くする, 長くなる, 伸ばす, 伸びる.

lengthily *ad.* 長々と, くどくどと.

lengthways *ad.* 長く, 縦に.

lengthwise *ad., a.* 縦に, 縦の.

lengthy *a.* 長い; くどい.

lenient *a.* 寛大な, 情深い.

Lenin レーニン. **Nikolai Lenin** (1870–1924) ソ連の革命家・政治家.

Leningrad レニングラード《ソ連邦ロシア共和国北西部の都市》.

Leninism レーニン主義.

lenis *a., n. Phonet.* 軟音(の).

lenitive *a.* 鎮痛の, 鎮静の. — *n.* 鎮痛剤, 鎮静剤; 緩下剤.

lenity 慈悲(深いこと).

lens レンズ; (目の)水晶体.

lens cap (カメラの)レンズキャップ.

lens hood (カメラの)レンズフード.

Lent 四旬節, レント《Ash Wednesday から Easter Eve までの日曜日を除く 40 日間》.

Lenten *a.* 四旬節の.

lentil *Bot.* レンズマメ.

lento (It) *a., ad. Mus.* 遅い; 遅く.

Leo *Astron., Astrol.* 獅子座(生まれの人); 獅子宮.

leonine *a.* ライオンのような; 勇猛な.

leopard *Zool.* ヒョウ.

leopardess *Zool.* 雌ヒョウ.

leotard レオタード.

leper ハンセン病患者.

leprosy *Med.* ハンセン病.

les =lesbian.

lesbian *a., n.* 同性愛の(女).

lesbianism 女性の同性愛.

lese majesty, lèse majesté *Law* 大逆罪.

lesion 傷害, 損害.

less *a., ad.* より少ない, より少なく; もっと小さい; より劣った. **little less than** ほとんど同じだけの. **much [still] less** まして…ない. **no less than** …に外ならない; …に劣らず; …も. **none the less** それでもなお. — *prep.* …だけ足りない. — *n.* より少数, より少量, より少額.

lessee 借地人, 借家人.

lessen *v.* 少なくする, 少なくなる, 小さくする, 小さくなる, 減らす, 減る.

lesser *a.* より小さい(方の), より少ない(方の); つまらない, 劣った.

lesson 学課, 課業; …課; [*pl.*] 稽古, 授業 ;(聖書の)日課; 教訓, 訓戒, こらしめ.

lessor 貸し主, 賃貸し人.

lest *conj.* …しないように, …するといけないから.

let[1] *v.* …させる, 許す, …にしておく; 貸す, 出す; 漏らす. **let alone** [命令的] …は言うまでもなく. **let down** 下げる, 降ろす; 失望させる; (威信を)落とさせる. **let fall** 落とす. **let fly** 飛ばす. **let go** 放す (*of*). **let in** 入れる; 認める. **let into** …へ入れる; (秘密などを)知らせる. **let loose** 放す, 放してやる. **let me see** えーと, はてな. **let off** (銃などを)放つ; 釈放する; 容赦する; 出す, 漏らす; 降ろす. **let on** 漏らす, あばく; ふりをする, 装う. **let out** 出す; 暴露する, 漏らす; 貸し出す; 広げる; 無罪にする, 解放する. **let up** 緩める; やめる. **to let** 賃貸しする.

let[2] *Tennis* レット《ネットに触れて入ったサーブ》. **without let or hindrance** *Law* 何の支障もなく.

letdown 減退; 失望.

lethal *a.* 致死の, 致命的な.

lethality 致命的なこと.

lethargy 昏睡(状態); 無気力.

Lethe *Gk Myth.* レーテ《地獄にある忘却の川》; 忘却.

let's =let us.

letter *n.* 文字, 字; 手紙; 公式書状; [*pl.*] 学問, 文学, (学問・文学的)教養. **to the letter** 文字通りに, 厳密に. — *v.* 文字を入れる, 標題を入れる.

letter bomb (過激派などの用いる)手紙爆弾.

letter box 郵便ポスト.

lettercard 簡易書簡.

letter carrier 郵便集配人.

letter drop 郵便差し入れ口.

lettered *a.* 学問のある, 教養のある.

letterhead レターヘッド《書簡紙上部に印刷した会社名・住所など》.

lettering 書いた文字, 刻んだ文字, 字体, レタリング.

letter-perfect *a.* (文書など)完全な; 言葉通りの.

letter plate (壁やドアの外につける)郵便物投入口.

letterpress (挿絵に対して)本文.

letters patent *Brit. Law* 開封特許状.

letterweight 文鎮.

lettuce *Bot.* レタス.

letup ゆるみ; 停止, 中止.

leukemia *Med.* 白血病.

leukemic *a.* 白血病の.

leukocyte *Anat.* 白血球.

lev レフ《ブルガリアの通貨単位》.

levant *v.* (借金を払わず)逃げる.

Levant [the ~] レバント《東部地中海沿岸地方》.

Levantine *a., n.* レバントの; レバント人.

levee[1] (皇帝・大統領などの)接見式, レセプション.

levee[2] (川の)堤防; (田の)あぜ.

level *n.* 水平(面); 平地; 水準, 高さ, レベル; (…)階, 段階; 水準器; (液体中の)濃度. **find one's level** それ相当の地位につく,

所 を得る. **on the level** 正直に, 公明率
直に. —*a.* 平らな, 水平の; 同一水準の,
同等の(*with*); 平穏な, むらのない; 正直な.
do one's level best 全力を尽くす.
—*v.* 水平にする, 平らにする, 平らにならす; 同
一水準にする; 倒す; (銃などを)照準する,
ねらう(*at*); 正直にする. **level up** 基準を上
げる. **level down** 基準を下げる.

level crossing 平面交差; 踏切.

level(l)er 水平にするもの, 水平にならすもの;
平等主義者.

level flight 水平飛行.

level-headed *a.* 冷静な, 分別のある.

lever *n., v.* てこ(で動かす); *Mech.* レバー.

leverage てこの作用, てこ装置; (目的遂行
の)手段.

leveret 子ウサギ.

leviathan *Bib.* レビヤタン《巨大な海獣》; 巨
船.

levigate *v.* 粉にする, 磨く.

Levi's *Trademark* リーバイス《ジーパン》.

levitate *v.* (超能力で)空中に浮揚する,
空中に浮揚させる.

levity 軽率, 浮薄.

levulose *Chem.* 左旋糖, 果糖.

levy *n.* 課税, 徴税, 税金; 徴兵, 召
集(人員). —*v.* 徴集する, 徴発する;
召集する; (戦を)起こす(*on, against*); *Law*
差し押さえる.

lewd *a.* 淫らな, 好色の.

lewisite *Chem.* ルイサイト《糜爛性毒ガス》.

lex (L) 法(律).

lexical *a.* 語彙の; 辞書の.

lexicography 辞書編集(法).

lexicon (ギリシャ・ヘブライ語などの)辞書; 用語
集; 語彙目録.

lexis 語彙.

lez =les.

lf low frequency. **LG** Low German. **LH**

left hand; Lufthansa German Airlines ルフト
ハンザドイツ航空《国際略語》. **LHD** doc-
tor of humanities. **LI** Long Island.

liability 責任, 義務(*for*); [*pl.*] 負債, 債務;
陥りやすいこと(*to*); 不利な点. **limited lia-
bility** 有限責任.

liable *a.* (法律上)責任のある(*for*); …を
免れない, …に服すべき(*to*); …しやすい, しがちな
(*to do*).

liaise *v.* 連絡をつける(*with*).

liaison (男女の)密通; (フランス語の)連声, リ
エゾン; (軍隊などの)連絡.

liaison office 連絡事務局.

liaison officer 連絡将校.

liana, liane つる植物.

liar 嘘つき.

lib *n., a.* ウーマンリブ(の).

libation 神酒, 酒, 飲酒.

libber ウーマンリブの活動家; 解放運動支持
者.

libel *n., v.* (文書による)侮辱, 中傷(をする).

libelant, libeler 中傷者.

libelous *a.* 中傷的な.

liberal *a.* 気前のいい, 大まかな(*of*); 豊富な; 字
義にとらわれない, 自由な; 理解の広い, 寛大な;
自由主義の. —*n.* 自由主義者, リベラリス
ト; [L-] 自由党員.

liberal arts 学芸, 教養学科.

liberal education 一般教養, 教育.

liberalism 自由主義.

liberality 物惜しみしないこと; 寛大, 施し,
寄付.

liberalization 自由(主義)化.

liberalize *v.* 自由(主義)化する; 緩和する;
(心を)大きくする.

liberate *v.* 自由にする, 解放する, 放免する
(*from*); *Chem.* 遊離させる.

liberated *a.* 解放された.

liberation 解放, 解放運動.

liberationist 解放運動家; ウーマンリブ主
張者.

liberator 解放者.

Liberia リベリア《アフリカ西部の共和国》.

Liberian *a.*, *n.* リベリアの, リベリア人.

libertarian 自由(意志)論者.

libertine *n.*, *a.* 放蕩者; 放蕩な.

libertinism 放蕩, 道楽.

liberty 自由; 勝手, 気まま, 無遠慮; [*pl.*] 特
権. **at liberty** 自由で, 随意で; 暇で. **take
liberties** 余りになれなれしくする, 勝手な事をする
(*with*).

Liberty Bell 自由の鐘.

libidinal *a.* リビドーの.

libidinous *a.* 好色な.

libido *Psychol.* リビドー《行為の根本力である
意欲》; 性的衝動.

libra 重量ポンド; 通貨ポンド; [L-] *Astron.*,
Astrol. 天秤座(生まれの人), 天秤宮.

librarian 図書館員, 司書.

library 図書館, 図書室; 書斎; 蔵書,
文庫; 双書; (レコード・フィルムなどの)ライブラリー,
コレクション; 貸し本屋.

library edition 図書館版, 大型版;(一
著者の)全集版,(図書館保存用)新聞.

library science 図書館学.

librettist (歌劇の)台本作者.

libretto (歌劇などの)台本.

Librium *Trademark* リブリウム《鎮静剤》.

Libya リビア《アフリカ北部の共和国》.

Libyan *a.*, *n.* リビア(人)の; リビア人, リビア語.

licensee 免許を受けた人, 免許状所有者,
鑑札所有者; 酒類免許販売人.

license, licence *n.* 免許, 認可; 許可
証, 免許状, 鑑札; 自由(行動), 特権,
放縦;(詩文・芸術品などの)破格.
—*v.* 免許する, 認可する.

license plate (車の)ナンバープレート;(犬の)
鑑札.

licenser 許可者.

licensure (開業)認可.

licentiate 開業免許所有者, 開業有
資格者.

licentious *a.* 不身持ちな, 放蕩な.

lichen *Bot.* 地衣.

lich-gate =lych-gate.

lick *v.* なめる; 打つ, やっつける, 完勝する. **lick
into shape** 仕上げる, 物にする. —*n.* なめるこ
と, ひとなめ, 少量(*of*); 強打; 速力; 一
骨折り;(ジャズの)装飾楽節; 機会, 順番.

lickety-split *ad.* 全速力で.

licking ひとなめ; 打つこと, 打ち負かすこと.

lickspittle おべっか使い.

licorice *Bot.* カンゾウ.

lid 蓋; まぶた; 帽子. **put the lid on**「けり」を
つける.

lidless *a.* 蓋のない, まぶたのない.

lido (一流の)海浜保養地;(豪華な)屋外水
泳プール.

lie[1] *n.*, *v.* (人をだます目的の)虚言, 嘘(を言う),
偽る. **give the lie to** (人を)嘘つきだと言う;
…の偽りであることを証する.

lie[2] *v.* 横たわる, 横になる, 寝る, 寝ころぶ; 寝ている,
静止している, …している; (…に)ある(*in*), 置いてあ
る, 位置する. **lie down** 横たわる, 寝ころぶ; 屈
服する(*to*); 甘んじて受ける(*under*). **lie in** お
産の床についている. **lie off** (船が)少し離れてい
る. **lie on** …による; …の義務である. **lie over**
待たされる. **lie to** (船首を風上に向けて)停船
する. **lie up** (病気で)引き籠る. **lie with** …
の義務である, …の役目である. —*n.* 位置, 方
向; 状態;(動物の)すみか, 巣, 穴; *Golf* (ボー
ルの位置, ライ. **lie of the land** 地勢; 情
勢, 形勢.

Liechtenstein リヒテンシュタイン《ヨーロッパ
中部の公国》.

lied (G) *Mus.* 歌曲, リート.

Liederkranz *Trademark* リーダークランツ《強

い香りのチーズ》.

lie detector 嘘発見機.

lief *ad.* 喜んで. **would as lief** …(as…) (…より)…した方がいい, した方がましだ.

liege *a.* 臣下たる; 君主たる. —— *n.* 臣下; 君主.

liege man 臣下, 家来.

lie-in 寝そべり抗議.

lien *Law* 先取得権.

lienal *a.* 脾(臓)の.

lieu *n.* **in lieu of** …の代わりに.

lieutenancy lieutenant の職, lieutenant の任期.

lieutenant 上官代理; 陸軍中尉; 海軍大尉; 警部補.

lieutenant colonel 陸軍中佐.

lieutenant commander 海軍少佐.

lieutenant general 陸軍中将.

lieutenant governor (米国で, 州の)副知事;(英国で, 植民地の)副総督.

lieutenant junior grade 海軍中尉.

life *n.* 命, 生命; 生き物, 生物; 生涯, 一生, 人生; 世間, この世; 生活; 伝記; 生気, 活力, 活気; 実物(大). **as large [big] as life** 実物大で; 自身で. **bring to life** 生き返らせる. **come to life** 生き返る. **for dear [one's] life** 命がけで. **for life** 終身. **for the life of me** どうしても(…ない). **from life** 実物を見て(描く). **in life** 存命中. **not on your life** 決して…でない. **see life** 世間を見る. **take life** 命をとる. **this life** この世. **to the life** 生き写しに, 生きたように. **true to life** 真に迫った. **upon my life** 誓って, きっと.

life-and[-or]-death *a.* 死活にかかわる, 極めて重大な.

life assurance 生命保険.

life belt 安全ベルト; 救命(浮)帯.

lifeblood 生き血; 活力.

lifeboat 救助艇; 救命ボート.

life buoy 救命浮き輪.

life cycle 生活環; ライフサイクル.

life expectancy 平均余命.

life-force *Philos.* 生の躍動.

life-giving *a.* 生命を与える, 生気を与える.

lifeguard (水泳場の)監視員, 救助員.

life history *Biol.* 生活史.

life insurance 生命保険.

life jacket 救命胴衣.

lifeless *a.* 生命のない; 活気のない; 気絶した; 生物のすんでいない.

lifelike *a.* 生きているような, 生き写しの.

lifeline 救命索; 生命線.

life list 野鳥観察記録.

lifelong *a.* 一生の, 終生の.

lifemanship はったり.

life net (消防用の)救命網.

life peer 一代貴族.

life preserver 救命具.

lifer 終身懲役者.

Life Savers *Trademark* ライフセイバーズ《キャンデー・ドロップ》.

lifesaving *a.* 人命救助の.

life sciences ライフサイエンス, 生命科学.

life sentence 終身刑, 無期懲役.

life-size(d) *a.* 実物大の, 等身の.

life style 生活様式.

life-support system 生命維持装置.

lifetime *n.*, *a.* 一生(の), 終生(の).

life vest 救命胴衣.

lifeway 生活様式.

lifework ライフワーク, 一生の仕事.

lift *v.* 持ち上げる, 上げる; 高める, 向上させる(*up*); 上がる; 高まる;(テントを)はずす;(警報・管理などを)解除する;(雲・霧など)晴れる; 盗む, 剽窃する;(乗客などを…へ)空輸する; 運ぶ, 乗せていく(*to*);(飛行機・宇宙船などが)離陸する; 離昇する, 発進する. —— *n.* 持ち上げ; 高

まり; (車 などに)乗せること; (昇 進・出 世など
の)引き,助 力; 引き上げ用具, 巻き揚げ機; (ス
キーの)リフト; エレベーター; 空輸, 輸送.

lifter 持ち上げる人, 持ち上げる物; 泥棒.

liftman エレベーター運転手.

lift-off (ロケット・ミサイルの)離 昇, 発進.

ligament *Anat.* 靭帯.

ligate *v. Med.* 結紮する.

ligature (外科用の)結紮糸, 結紮(法); 合字,
抱き字《æ, fi など》; *Mus.* 連結符.

light[1] *n.* 光, 光明; 日光; 白昼, 夜明け;
あかり, 灯光; あかり取り窓; 日 照 権; (マッチな
どの)火; 知識, 見識; 観点, 見地; 模範, 異
彩; [*pl.*] 目; 発光体; [*pl.*] 交通信号灯;
(電算機類の) 表示ランプ; 灯台; のろし.
according to one's lights 自分の能 力に
応じて. **bring to light** 明らかにする. **come
to light** 明らかになる. **in (the) light of** …に
照らして; …として. **see the light (of day)** 世
に出る; 生まれる. **stand in one's light** 人の
明かり先に立つ, 人の邪魔になる. **throw
[shed] light on** …に 光 を投じる, …を明らかに
する. ——*a.* 明るい, (色 彩が)淡い, 薄い.
——*v.* 火をつける, 火がつく, 燃やす, 燃える; 照
明 する; 明るくなる, 明るくする, 晴れ晴れする, 晴
れ晴れさせる (*up*). **light up** たばこに火をつける.

light[2] *a.* 軽い; 手軽な, 軽 便な; ささいな; 気軽
な, 快活な (*of heart*); 軽 妙な, 機敏な; 軽率
な, 浮気な, 移り気の; (軍人など)軽装の; (土
壌 が)砕けやすい, ふわふわな. **light in the
head** 目まいがする, ぼんやりした; 気が変な.
make light of …を軽視する.
——*ad.* 軽く, 軽快に.
——*v.* 偶然出会う (*on, upon*). **light into** 攻
撃 する, 叱る. **light out** 急 に去る.

light air *Meteor.* 至軽風《風速毎 秒 0.3–
0.5 m》.

light-armed *a.* 軽装備の.

light breeze *Meteor.* 軽風《風速毎秒

1.6–3.3 m》.

light bulb 電球.

light car (軽 量)小型車.

lighten[1] *v.* 照らす, 明るくする, 明るくなる; 輝
く; 閃 く.

lighten[2] *v.* 軽くする, 軽くなる, 楽にする, 楽にな
る.

lighter[1] 点灯夫, 点灯器, ライター.

lighter[2] *n., v.* はしけ(で運ぶ).

lighterage はしけ賃.

lighter-than-air *a.* 空気よりも軽い.

lightfast *a.* (色が)褪せない.

light-fingered *a.* 手癖の悪い.

light flyweight *Boxing, Wrestling* ライトフ
ライ 級 の選手.

light-footed *a.* 足の速い; 同性愛の.

light-handed *a.* 手先の器用な, 手際のいい.

light-headed *a.* 目まいがする; 軽率な; 頭 が
変な.

lighthearted *a.* 気楽な, 陽気な.

light heavyweight *Boxing, Wrestling* ラ
イトヘビー 級 の選手.

lighthouse 灯台.

light industry 軽工業.

lighting 照明.

lightly *ad.* 軽く, 素早く; 柔らかに; 陽気に;
平気に, 軽率に; たやすく.

light meter 露出計, 露光計.

light-minded *a.* 軽率な.

lightness[1] 明るさ; (色の)淡いこと.

lightness[2] 軽さ; 敏速; 軽率.

lightning 電光, 稲妻.

lightning arrester [conductor, rod]
避雷針.

lightning bug ホタル.

lightning war 電撃戦.

light oil 軽油.

light-o'-love 浮気女.

light opera ＝operetta.

light pen *Computer* ライトペン.

light pipe 光ファイバー.

lightplane (自家用)軽飛行機.

light pollution 光公害.

lightproof *a.* 光を通さない.

light railway 軽便鉄道.

lights 家畜の肺臓《動物の餌》.

lightship 灯船.

lightsome[1] *a.* 明るい, 光る.

lightsome[2] *a.* 軽快な; 上品な, 快活な.

lights-out *Mil.* 消灯命令, 消灯時間.

light-struck *a. Phot.* (フィルムなどが)感光した.

light trap 誘蛾灯; *Phot.* (現像室の)遮光通路.

light water *Chem.* 軽水.

lightweight *n. Boxing, Wrestling* ライト級の選手. — *a.* 平均体重以下の, 平均重量以下の; 取るに足らない.

light welterweight *Boxing* ライトウェルター級の選手.

light-year *Astron.* 光年.

ligneous *a.* 木質の.

lignification 木質化.

lignify *v.* 木質化する.

lignite 褐炭.

likable, likeable *a.* 好ましい, 好きな.

like[1] *a.* 似ている, 類似の, 同様な; …のようで, らしい. **like anything** 非常に, ひどく. — *ad.* 恐らく; 言わば. (**as**) **like as not** 多分. — *prep.* …のように, …と同様に. — *conj.* …の(する)ように; あたかも. — *n.* 似たもの, 匹敵するもの. **and the like** その他同種類のもの. **the like of it** そのようなもの, そのようなこと.

like[2] *v.* 好む, 好きである; 望む, 欲する, …したい (*to* do). **I like that !** こいつは面白い《反語的》. — *n.* [*pl.*] 好み. **likes and dislikes** 好き嫌い.

likelihood 可能性. **in all likelihood** 多分, 十中八九.

likely *a.* ありそうな, 本当らしい; …しそうな (*to* do); 有望な, 適当な (*for, to* do, *to* be). — *ad.* [very, quite, most を添えて]多分. **as likely as not** 恐らく.

like-minded *a.* 同じ心の, 同じ意見の, 同じ趣味の.

liken *v.* …に例える, 比する.

likewise *ad.* 同様に; また, その上.

liking 好み, 趣味 (*for*).

lilac *Bot.* ライラック, リラ; 薄紫色.

liliaceous *a. Bot.* ユリ科の.

Lilliput リリパット《Swift 作 Gulliver's Travels 中の小人国》.

Lilliputian *a., n.* リリパットの; リリパット人; こびと.

lilt *v., n.* 軽快に歌う, 軽快にしゃべる; 陽気で軽快な歌, 陽気で軽快な動作.

lily *Bot.* ユリ(の花). **lily of the valley** *Bot.* スズラン.

lily-livered *a.* 臆病な.

lily-white *a.* ゆりのように白い; 欠点のない, 純粋の.

Lima リマ《ペルーの首都》.

lima bean *Bot.* アオイマメ.

limb 手足, 翼; 大枝; 腕白小僧. **limb from limb** ばらばらに. **limb of the law** 法の手先《警官・法律家など》. **out on a limb** 危ない状態で; 孤立して.

limber[1] (砲車の)前車.

limber[2] *a., v.* しなやかな; しなやかにする.

limbo[1] リンボー《洗礼を受けない人の霊のいる所と言われる天国と地獄の間の場所》; 忘れ去られた(つまらぬ)物のありか.

limbo[2] リンボー(ダンス).

lime[1] *n.* 石灰; 鳥もち. — *v.* 石灰をまく, 石灰で処理する; 鳥もちを塗る, 鳥もちで捕える.

lime[2] (**tree**) *Bot.* シナノキ.

lime[3] *Bot.* ライム(の木, 実).

lime-juicer 英国船，英国水夫；英国人．

limekiln 石灰焼き窯．

lime-light 石灰光(灯)；スポットライト． **in the lime-light** (舞台で)スポットライトを浴びて，人目について．

limen *Psycol.* 閾《意識の限界》．

limerick *Poet.* リメリック《たわいのない内容の5行詩》．

limestone *Petrol.* 石灰岩．

limewater 石灰水．

limey 英国水兵，英国人．

limit *n.* 限界，限度，極限，範囲；制限；[pl.] 境界；[the ～] 我慢できないもの，我慢できない人． —*v.* 限る，制限する．

limitation 限定，制限；(力の)限界，欠点；*Law* 上 訴期限．

limitative *a.* 制限的な．

limited *a.* 有限の，限られた；僅かな，狭い．

limited (liability) company 有限責任会社．

limited war 限定戦争，局地戦．

limitless *a.* 無限の．

limo =limousine.

limousine リムジン《運転席が仕切ってある自動車；空港送迎用などのバス；大型高級セダン》．

limp¹ *n., v.* びっこ(を引く)，びっこを引いて歩く；もたつく．

limp² *a.* ぐにゃぐにゃの，軟弱な；気力のない．

limpet *Conchology* カサガイ．

limpid *a.* 澄んだ，透明な．

limy *a.* 石灰を含んだ，石灰質の；鳥もちを塗った，ねばねばする．

linage (印刷物・原稿の)行数(払い)．

linchpin (車輪の)割りくさび，輪止め；扇の要．

Lincoln リンカン． **Abraham Lincoln** (1809-65) 米国の大統領 (1861-65)．

linden *Bot.* シナノキ．

line *n.* 線，罫，行，稿；しわ；糸，紐，綱，縄；電線，物干し綱，釣り糸；列，行列；戦線；[pl.] 外形，輪郭；限界，限度； 標準；方向，進路，方針；航路，線路；[the ～] 赤道；職業，専門，方面；(商品の)口，在庫品；趣味，得意；血統；短信；詩句，[pl.] 短詩；[pl.] 結婚許可証；電話(線)． **all along the line** 全線にわたって，至る所で． **bring into line** 一致させる，同調させる． **come into line** 一致する，同調する． **draw the [a] line** 限界を設ける，一線を画する． **get a line on** 新知識を得る． **hard lines** 不運． **in line** 一直線になって，一致して． **out of line** 一直線にならずに，一致しないで(with)． **read between the lines** 言外の意味を汲み取る． **shoot a line** 自慢する． **the line is busy** (電話が)お話し中です． —*v.* 線を引く，罫を引く，しわを寄せる；並ぶ，並べる(up)；裏をつける，内張りする(with)；(ポケットなどに)詰め込む(with)． **lined paper** 罫紙．

line up 行列する．

lineage 血統，系統，家系．

lineal *a.* 直系の，正統の．

lineament 顔立ち；輪郭；特徴．

linear *a.* 線(状)の，直線の；*Math.* 一次の．

linear measure 長さ(の単位)；尺度法．

linear motor *Elec.* リニアモーター《回転子が一直線上の運動をする電動機》．

linear perspective *Fine Arts* 直線遠近図法．

linear programming (経営・作戦上の)線形計画(法)．

linebreeding *Biol.* 同種異系繁殖．

line drawing 線画．

line drive *Baseball* ライナー．

line engraving *Fine Arts* 筋彫り(画)．

lineman (電信・鉄道の)保線工夫，(測量)線手；*Football* ラインマン．

linen *n.* 亜麻布，亜麻糸，リンネル；リンネル製

品《シャツ・敷布・テーブル掛けなど》. **wash one's dirty linen in public** 内輪の恥を世間にさらす. — *a.* リンネル(製)の.

linen draper リンネル商.

line-out *Rugby* ラインアウト.

line printer 行印字機, ラインプリンター.

line printing 行印字.

liner 定期船, 定期航空機; *Baseball* ライナー; 線を引く人, 線引き器; 裏地, (コートの裏の取り外しできる)ライナー; (メーキャップ用)アイライナー.

linesman 戦列歩兵; 保線工夫; (球技の)線審.

lineup (試合前の)ラインナップ; (組閣の)閣僚名列; (新)陣容, 顔ぶれ; テレビ番組表.

ling *Ichthy.* ヒゲダラの類; *Bot.* ギョリュウモドキ.

linga(m) 男根像.

linger *v.* ぐずぐずする (*over, on, upon*); (だらだら)長引く, ためらう, なかなか去らない, なかなか消えない; ぶらつく (*about, round*, etc.).

lingerie (F) ランジェリー《婦人用下着類》.

lingeringly *ad.* 名残り惜しそうに.

lingo 聞いてもわけのわからない言葉《専門語・外国語など》.

lingua franca (It) リングワフランカ《地中海沿岸で用いられるイタリア・スペイン・フランス語などの混合語》; (一般に商人などの用いる)混成国際語, 共通語.

lingual *a.* 舌の; 言語の; *Phonet.* 舌音(の).

linguist (言)語学者.

linguistic *a.* 言語上の, 言語学の.

linguistic atlas *Ling.* 言語地図.

linguistic geography *Ling.* 言語地理学.

linguistics 言語学.

liniment *Med.* 塗り薬.

lining 裏張り; 裏(地); 内面, 内側; (財布などの)中身.

link *n.* (鎖の)輪, 環; 連結, 連鎖; カフスボタン. — *v.* つなぐ (*up*), 連結する (*together, to, with*); 関連させる, つながる (*on, into*).

linkage 結合, つながり.

linking r *Phonet.* つなぎの r.

links ゴルフ場.

linksman ゴルファー.

linkup 結合, 連合; 合併.

Linnaeus リンネ. **Carolus Linnaeus** (1707–78) スウェーデンの植物学者.

Linn(a)ean *a.* リンネの, リンネ式(植物分類法)の.

linnet *Ornith.* ムネアカヒワ.

lino リノリウム.

lino-cut リノリウム印刻(画).

linoleic acid *Chem.* リノール酸.

linoleum リノリウム.

Linotype *Trademark* ライノタイプ《鋳込み植字機》.

linseed 亜麻の種子, 亜麻仁.

linseed oil 亜麻仁油.

linsey-woolsey 綿毛交ぜ織り.

lint (綿花の)長繊維; リント布《リンネル・綿布等を起毛加工した柔らかい布》.

lintel 楣《窓・入口などの上部の横木》.

lion 獅子, ライオン; 勇敢な人; 有名人, 名士; [*pl.*] 名所, 名物. **lion's share** 一番大きい分け前.

lioness 雌ライオン.

lionhearted *a.* (獅子のように)豪胆な.

lion-hunter ライオン猟者; 名士の知遇を求める人.

lionize *v.* もてはやす, 持ち上げる.

lip *n.* 唇; (水差しなどの)口; おしゃべり, 出しゃばり, 口答え; 陰唇. — *v.* …に唇をあてる, キスする; しゃべる; なめる; *Golf* 球を(ホールの)縁に当てる. — *a.* 口先ばかりの.

lipase *Biochem.* リパーゼ《脂肪分解酵素》.

lip-balm リップクリーム.

lipid 脂質.

lip language 視話《聾啞者の唇の動きによる通話》.

lipped *a.* 口の付いた.

lippy *a.* 生意気な.

lipreading 読唇術.

lip service 口先だけの協力, 口先だけの賛同, お追従.

lipstick 棒紅.

lip sync *Motion Pictures*, *TV* 音声同期, あてレコ.

liquefaction 液化.

liquefied natural gas 液化天然ガス.

liquefied petroleum gas 液化石油ガス.

liquefy *v.* 液化する.

liquescent *a.* 液化する, 液化しやすい.

liqueur リキュール.

liquid *a.* 液体の; 流動性の; 澄んだ, 透明な; 流れるような, 流麗な; (公債など) 現金化できる. — *n.* 液体, 流動体; *Phonet.* 流音 ([l, r]).

liquid air 液体空気.

liquid assets 流動資産.

liquidate *v.* (負債を) 弁済する, 清算する; 整理する; 撲滅する, 粛清する; 消す, 殺す.

liquidator 清算人.

liquid crystal *Phys.* 液(状結)晶.

liquid diet 流動食.

liquidity 流動性.

liquidize *v.* 液化する.

liquid measure 液量.

liquid oxygen *Chem.* 液体酸素.

Liquid Paper *Trademark* リキッドペーパー (誤字修正液).

liquor *n.* アルコール飲料, 酒; 溶液. — *v.* 溶液に浸す; 酒を飲む, 酔う (*up*).

liquorice =licorice.

lira リラ (イタリアの通貨単位; =100 centesimi).

Lisbon リスボン (ポルトガルの首都).

lisle ライル (手袋・靴下用堅よりの綿糸).

lisp *v., n.* ([s] [z] を [θ] [ð] のように) まわらぬ舌で発音する, 舌もつれ (の発音).

LISP *Computer* リスプ (プログラム用言語).

lissom(e) *a.* しなやかな; 敏活な.

list[1] *n.* 表, 一覧表; 名簿, 目録; 定価表. — *v.* (表・目録などに) 記入する, 記載する; (…の) 一覧表を作る, (…を) 表にする.

list[2] *n., v.* (織物の) 耳; 縁地 (を付ける); [*pl.*] (昔の騎馬の) 試合場; 矢来. **enter the lists** (争いに) 参加する.

list[3] *n., v.* (船体の) 傾斜; (船体が) 傾く.

listen *v.* 聞く, 傾聴する (*to*); (忠告などに) 従う (*to*); (聞こうと) 耳を澄ます (*for*). **listen in** (ラジオを) 聴取する; (電話を) 盗聴する.

listenable *a.* 聞いて楽しい.

listener 傾聴者; (ラジオの) 聴取者.

listener-in ラジオ聴取者.

lister *Agr.* うね立て機.

listing 作表 (一覧表を作ること); 一覧表 (に載せること), 名簿 (に載せること), リスト (に載せること).

listless *a.* 気乗りしない; 大儀そうな.

list price 表示価格.

Liszt リスト. **Franz Liszt** (1811–86) ハンガリーの作曲家・ピアニスト.

lit *a.* 酔って.

litany 連禱 (司祭と会衆が交互に唱える祈り).

litchi *Bot.* レイシ.

liter リットル.

literacy 読み書きの能力.

literal *a.* 文字の; 文字通りの; 逐語的な; 厳密な.

literalism (文字通りに解釈する) 直解主義.

literalist 直解主義者.

literality 文字通りであること.

literalize *v.* 文字通りに解釈する.

literally *ad.* 文字通りに; まったく.

literarily *ad.* 文学上, 学問上.

literariness 文学的なこと.

literary *a.* 文学(上)の, 文学的な; 文語の, 雅語の.

literary agent 著作権代理人.

literate *a., n.* 読み書きの出来る(人); 学問のある(人).

literati (L) 知識人, 文人たち.

literatim (L) *ad.* 逐字的に, 文字通りに.

literature 文学, 文芸; 著述(業); 文献; 印刷物《広告・ちらしなど》.

lithe(some) *a.* しなやかな.

lithium *Chem.* リチウム《金属元素》.

lithograph *n., v.* リトグラフ(で印刷する), 石版(で印刷する).

lithographer 石版工.

lithography 石版印刷(術).

lithology 岩石学; *Med.* 結石学.

Lithuania リトアニア《バルト海沿岸のソ連の共和国》.

Lithuanian *a., n.* リトアニアの; リトニア人(の), リトアニア語(の).

litigant 訴訟関係者《被告または原告》.

litigate *v.* 訴訟する; 法廷で争う.

litigation 訴訟.

litigious *a.* 訴訟好きな; 法廷で争える.

litmus *Chem.* リトマス.

litmus paper *Chem.* リトマス試験紙.

litotes *Rhet.* 緩叙法.

litre =liter.

LittB bachelor of letters [literature].

LittD doctor of letters [literature].

litter *n.* (家畜の)寝藁, (植物の)敷き藁; (家畜の)一腹の子; 取り散らしたごみ屑; 乱雑; 担架, 担いかご. — *v.* 寝藁を敷く(*down*); 取り散らす(*up*); (家畜が)子を産む.

litterateur (F) 文学者, 文人.

litterbag (自動車内の)屑物入れ袋.

litterbin 屑入れ.

litterbug, litter-lout (公共の場所に)紙屑などを散らかす人.

littery *a.* 乱雑な; 寝藁の.

little *a.* 小さい; 少ない, 僅かの; ほとんどない; 取るに足らない, つまらない; [a ~] 少しは(ある); いくらかの. **little or no** ほとんど無い. — *n.* 少し; しばらく. **little by little** 少しずつ, 徐々に. **in little** 小規模に. **not a little** 少なからず. — *ad.* ほとんど…ない; [a ~] 少し, 僅かに.

Little Dipper *Astron.* 小北斗七星.

little finger 小指.

little magazine 同人雑誌.

little man 並みの人, 平凡人.

littleness 小さいこと, 少ないこと; つまらなさ, あさましさ.

little slam *Cards* (ブリッジで)13組のうち12組をとること.

little theater 小劇場.

little woman 細君.

littoral *a., n.* 海岸の, 沿海の; 海岸地方.

liturgiology 典礼学.

liturgy 典礼, 礼拝(式), 教会儀式.

livable *a.* 生きがいある, 住むに適する, 住みよい, 共に暮せる.

live[1] *v.* 生きる, 生存する; 暮らす, 生活する, (生活を)する, 送る; 住む, 住んでいる. **live down** (昔の罪・不名誉などを)すすぐ, 忘れ去るようになる. **live it up** 楽しくやる. **live on** [**upon**] …を食べて生きる, (…の収入などで)暮らす. **live out** [**through**] 生き延びる, 切り抜ける. **live up to** …に応じて暮らす, (主義・主張などに)従って行動をする, (主義・主張など)に恥じない行動をする; …を果たす. **live with** 我慢する.

live[2] *a.* 生きている, 燃えている; 電流の通じている; 元気な, 活動的な; 新鮮な; 当面の; (鉱石など)地にあるままの; (録音・録画でない)生の, 実況の, 実演の, ライブの; 虫だらけの. — *ad.* 実況で, 実演で, ライブで.

-lived *a.* …の生命をもった.

lived-in *a.* 住み慣らされたような, 使い慣らされたような; 心地良い.

live-in *a.*, *n.* 住み込みの; 同棲の(相手).

livelihood 暮らし, 生計.

livelily *ad.* 元気よく; にぎやかに; 生き生きと.

livelong *a.* 長い長い.

lively *a.* 元気な, 活発な; 鋭敏な, 強烈な; 快活な, 陽気な; 鮮やかな, 生き生きした, 真に迫った; はらはらさせる.

liven *v.* 活気づける, 活気づく, 陽気にする(*up*).

live-out *a.* 通いの.

liver[1] 生活する人, 住人.

liver[2] *Anat.* 肝臓;(食用の)肝臓, レバー; 気難しさ.

liver cirrhosis *Med.* 肝硬変(症).

livered *a.* [...の]肝臓がある.

liver fluke 肝蛭(ジストマの一種).

liveried *a.* 仕着せを着た.

liverish *a.* 肝臓病の; 気難しい.

Liverpool リバプール(イングランド西部の都市).

liverwort *Bot.* ゼニゴケ.

liverwurst レバーソーセージ.

livery (使用人の)仕着せ;(同業組合員などの)制服;(預かり料を受けての)馬の飼養; 貸し馬業, 貸し馬車業, 貸しボート業, 貸し自転車業.

livery company (ロンドンの)同業組合.

liveryman (ロンドンの)同業組合員; 貸し馬屋, 貸し馬車屋.

livery stable 貸し馬車屋.

livestock 家畜.

live wire (電気の通っている)電線; 精力家.

livid *a.* 鉛色の, 青黒い; 激怒した.

living *a.* 生きている; 現存の; 生きているような, 生き写しの; 自然のままの; 活気のある, 強い. ── *n.* 生存, 生活; 生計; 聖職禄.

living fossil 生きた化石.

living room 居間.

living standard 生活水準.

living wage 生活賃金.

lizard *Zool.* トカゲ; ヤモリ.

LJ Lord Justice.

llama *Zool.* ラマ.

llano リャノ(ス)(南米の大草原).

LLB bachelor of laws. **LLD** doctor of laws. **LLM** master of laws.

Lloyd's ロイズ(London にある世界最大の保険業者団体).

Lloyd's Register ロイズ船級協会.

LMT local mean time 地方平(均)時.

LNG liquefied natural gas.

lo *int.* 見よ, そら.

loach *Ichthy.* ドジョウ.

load *n.* 荷, 積み荷; 積載量; 重荷, 苦労;(火薬の)装塡, [*pl.*] どっさり(*of*). **get a load of** 聞く; 見る. ── *v.* 荷を積む, 荷を負わせる, 乗客を乗せる,(荷を)積む, 負う; 詰め込む(*with*);(鉛などを詰めて)重くする, 仕込む;(弾丸を)こめる;(カメラにフィルムを)入れる; *Computer* (データを)補助記憶装置から主記憶装置に入れる;(酒に)混ぜ物をする.

loaded *a.* 荷を積んだ, たくさん物を載せた; 弾丸をこめた, フィルムを入れた, 鉛を仕込んだ, 混ぜ物をした; 酔った, 金のある.

load factor 座席利用率.

loading bridge (空港の)搭乗橋.

load line (船の)積載喫水線.

loadmaster (輸送機の)貨物責任者.

loadstar = lodestar.

loadstone = lodestone.

loaf[1] 一焼きのパン, パンの一塊; 角砂糖の一塊; 頭, 知能.

loaf[2] *v.* のらくらして暮らす(*away*); だらだら働く; ぶらつく(*about*).

Loafer *Trademark* ローファー(moccasin 風のつっかけ靴).

loafer なまけ者, のらくら者.

loaf sugar 角砂糖.

loam 壌土, ローム(砂・粘土を含有する土壌).

loan *n*. 貸し付け(金), ローン; 公債, 借款; 借り物. **on loan** 貸し付けで; 借りて. ── *v*. 貸す, 貸し出す.

loan collection (展覧会などのための)貸し出し美術品.

loan office 金融業店; 質店.

loan shark 高利貸し, サラ金業者.

loan translation 翻訳借用(語句).

loanword 外来語, 借用語.

loath *a*. 嫌で, 嫌って (*to* do). **nothing loath** 嫌どころか(喜んで).

loathe *v*. 非常に嫌う, 忌み嫌う.

loathing 大嫌い.

loathsome *a*. 嫌でたまらない, 忌わしい.

lob *v., n.* ロブ《テニスでゆるく高く打ち上げた球》; (ボールを)ロブする.

lobby *n*. (議会・公会堂・ホテルなどの)玄関(広間), ロビー《控室・面会室・休憩室・社交室などに用いる》; (院外者との会見用)議員の控室; 院外団. ── *v*. (議員に対し lobby で)議案の通過を運動する, 議案の否決を運動する.

lobbyist (議員に対する)院外運動者, 陳情者, ロビーイスト.

lobe 耳たぶ; (葉の)裂片; *Anat.* (肺葉・肝葉の)葉.

lobectomy *Med.* 肺葉切除(術).

lobelia *Bot.* ロベリヤ.

loblolly *Bot.* タエダマツ; 濃いかゆ.

lobotomy *Med.* 脳葉切断(術).

lobscouse 肉・野菜などのシチュー.

lobster *Zool.* ロブスター, ウミザリガニ.

lobster pot エビ取り籠.

lobule 小裂片; *Anat.* 小葉.

local *a*. 場所の; 地方の, 地方的な; (病気など)局部的な; (郵便物の表記として)局区内の; (列車など)各駅停車の. ── *n*. (新聞の)地方記事; 普通列車, 区間列車; 近所のパブ.

local color 地方色.

locale 場所, 現場.

local government 地方自治(体).

localism 地方主義, 地方的偏狭; 地方なまり, 地方風.

locality 場所, 産地; (事件の)現場; 地方.

localization 地方化; 局限.

localize *v*. 場所を定める, 場所を確かめる, 位置を定める, 位置を確かめる; (地方・局部的に)限定する, 局限する; 地方に分権する, 地方に分置する; 地方的特色を与える, 地方化する; 集中する (*upon*).

locally *ad.* 地方的に; 局部的に.

local option (酒類販売などに関する)地方選択権.

local time 地方時, 現地時間.

locate *v*. 位置を示す; 所在を突き止める; (建物・住居などを)定める, 置く.

location 位置の選定, 配置; 位置; 所在, 場所, 立地; (映画の)野外撮影地. **on location** 野外撮影中で.

locative *a., n. Gram.* 位置を表す; 位置格.

loc cit loco citato (L, = in the place cited).

loch 湖.

lock[1] (髪の)房, 一房の毛; [*pl.*] 頭髪.

lock[2] *n*. 錠, 錠前; (車輪の)輪止め; (運河などの)閘門; (銃砲の)発射装置, 銃機; (銃の)安全装置; *Mech.* 気閘; 組み合い, 組み付き, (交通の込み合い); 身動きできなくさせるもの; *Wrestling* ロック, 固め. **lock, stock, and barrel** 何もかも; すっかり. **under lock and key** 錠を下ろして. ── *v*. 錠を下ろす, 錠を掛ける, ロックする; 錠がおりる; 閉ざす, 組み合わせる, はめ込む. **lock in** 閉じ込める, 監禁する. **lock out** 締め出す; (工場を)閉鎖する; (労働者を職場から)締め出す. **lock up** 閉ざす, 戸締まりをする, 閉鎖する; 監禁する; (資本などを)固定する.

lockage 閘門構築, 閘門使用, 閘門通過.

locker じょうまえつき しょうとだな 錠前付き小戸棚, ロッカー.

locker room ロッカー室.

locker-room a. 卑猥な.

locket ロケット《小形写真・形見の毛髪などを入れる首飾り》.

lockjaw Med. 破傷風.

lockkeeper 閘門管理人.

lockout 工場閉鎖, ロックアウト.

locksmith 錠前屋.

lockup 閉鎖; 門限; 留置場.

loco n. Bot. ロコ草《有毒なマメ科植物》; ロコ病《家畜の神経病》. — a. 気の狂った.

locomotion 移動(力); 移行(力); 旅行.

locomotive a. 移動力のある, 移動する. — n. 機関車.

locomotor a. 運動の.

locum tenens 代理牧師, 代理医師; 代診.

locus (L) 場所; Math. 軌跡.

locus classicus 典拠のある句.

locust Entom. イナゴ, バッタ; セミ.

locution 話し方; 語法.

lode 鉱脈.

lodestar 北極星; 指針, 指導原理.

lodestone 天然磁石.

lodge n. ロッジ, 小屋, 番小屋, 門衛所; (行楽地の)旅館, (観光)ホテル; (秘密結社などの)支部(集会所); (ビーバーなどの)巣. — v. 泊る, 泊らせる; 下宿する(at, in with); 預ける(with); (請求・抗議などを)提起する, 持ち込む(against, with); (権能などを)託する(in, with); 打ち込む, 当てる, 当たる, 止まる, 沈積させる, 沈積する.

lodger 宿泊人, 下宿人.

lodging 宿泊(設備), 宿泊所; [pl.] 下宿, 貸し間.

lodging house 下宿屋.

lodg(e)ment 宿泊(設備), 宿泊所; Mil. 占拠, 占領; 足場, ひっかかり; 沈積; (金銭・担保などの)預け入れ, 供託; (抗議・請求などの)申し入れ, 提出.

loess Geol. レス, 黄土.

loft n. 屋根裏(部屋); (納屋などの)二階; (教会・講堂などの)桟敷; Golf ロフト, 高打ち. — v. 屋根裏にしまう, 納屋の二階にしまう; 宇宙に打ち上げる; Golf (ボールを)高く打ち上げる.

loftiness 高尚; 高慢.

lofty a. 非常に高い, 高くそびえる; 気高い, 高尚な; 高慢な.

log n. 丸太, 丸木; まき; Naut. 測程器; =logbook. — v. 丸太に切る; Naut. 航海日誌を記入する.

loganberry Bot. ローガンベリー(の実).

logarithm Math. 対数.

logbook 航海日誌, 航空日誌.

log cabin 丸木小屋.

loge (F) (劇場の)仕切り席, ます.

logged a. 水に浸って重くなった.

logger きこり; 丸太積み出し機.

loggerhead n. **at loggerheads** 仲違いして (with).

loggia Arch. ロッジア《片側に壁のない柱廊》.

logic 論理学; 論理, 条理; (事実・必然などの)威力; 筋の通った議論, 筋の通った結論; Computer 論理(体系), 論理操作.

logical a. 論理学(上)の; 論理的な; (論理的)必然の.

logicality 論法の正確さ.

logician 論理学者.

logistic a. 兵站学の.

logistics 兵站学《軍隊の輸送・宿営・補給などに関する学問》.

logjam (川に流された)丸太の行き詰り; 渋滞; 行き悩み.

Logo Computer ロゴ《プログラム用言語》.

logo シンボルマーク; モットー; ロゴ《logogram, logotype の略》.

logogram 語の符号; 略符; ロゴ《文字を組み合わせたマーク》.

Logos 神の言葉; キリスト; 理性, ロゴス.

logotype *Print.* ロゴタイプ, 連字; ロゴ《文字を組み合わせたマーク》.

logroll *v.* 丸太転がしに加わる; (議員が議案の通過で)助け合う.

logrolling 丸太転がし; (悪い意味で)相互援助, 馴れ合い.

loin [*pl.*] 腰, 腰部, 陰部; 腰肉.

loincloth (熱帯地方で用いる)腰布.

loiter *v.* ぶらつく(*about*), ぶらぶら歩く; 暇どる; のらくら(時を)過ごす(*away*).

loiteringly *ad.* ぶらりぶらりと.

Lolita ロリータ《V. Nabokov の小説(に登場する同名の早熟な少女)》.

loll *v.* (舌・手足など)だらりと垂れる(*out*); ぐったりと寄り掛かる.

lollipop, lollypop 棒付きキャンデー, ロリポップ; (学童用の)通路横断標識棒.

lollipop man [woman] (ロリポップ型の「止まれ」の標識をもった)交通係.

lollop *v.* ばたばた歩く, だらだら歩く.

lolly =lollipop; お金.

Lombard Street ロンバード街《London の銀行街で金融の中心市場》.

London ロンドン《英国およびイングランドの首都》.

Londoner ロンドン人.

lone *a.* 孤独の; 寂しい; 独身の; 孤立した.

lonely *a.* 孤独の; 人里離れた; 寂しい.

lonely hearts *a.* (配偶者・仲間を求める)一人者(用)の.

loner (他人と交わらないで)一人で行動する人, 一人で生活する人, 一匹狼.

lonesome *a.* 孤独の; 寂しい. — *n.* 自分一人.

lone wolf 孤立者, 一匹狼.

long[1] *v.* 切望する(*for, to* do); 慕う, 恋しがる(*for*).

long[2] *a.* (距離・時間など)長い, …の長さの; 長くかかる, 長たらしい, 退屈な; 長音の. — *n.*

長い間; 夏休み. **before long** 間もなく.

the long and the short of it つまるところ, 結局. — *ad.* 長く, 久しく; ずっと. **as [so] long as** …する間は, …する限りは, …であれば.

no longer もはや…ない. **so long** さようなら.

Long Beach ロングビーチ《米国 California 州 Los Angeles 南方の都市・海水浴場》.

longboat *Naut.* (帆船が積んでいた)大型ボート.

longbow 長弓. **draw [pull] the longbow** 大ぼらを吹く.

longcloth (下着用)上質綿布.

long distance 長距離電話(交換手), 長距離電話交換局.

long-distance *a.* 長距離の. — *ad.* 長距離電話で.

long division *Math.* 長除法.

long dozen 13.

long-drawn *a.* 長く引いた.

longevity 長寿, 長命.

Longfellow ロングフェロー. **Henry Wadsworth Longfellow** (1807–82) 米国の詩人.

long green ドル札, 現ナマ.

longhair 長髪の人; インテリ, 知識人; クラシック音楽愛好家, クラシック音楽演奏家.

long-hair(ed) *a.* 長髪の; 芸術家はだの; クラシック音楽を好む, 世間にうとい.

longhand (綴りどおりの)普通筆記法.

longhead 長頭の人.

longheaded *a.* 長頭の; 先見の明のある, 賢明な.

longing 切望, あこがれ.

longingly *ad.* 切望して, あこがれて.

longish *a.* やや長い, 長めの.

Long Island ロングアイランド《New York 州南東部の島》.

longitude 経度; *Astron.* 黄経.

longitudinal *a.* 経度の; 縦の, 縦に沿った.

long johns 長下着.

long jump 幅跳び.

long-lived a. 長命の, 永続する.

long measure 尺度法.

long play 長時間レコード, LP レコード.

long-range a. 長距離の; 遠大な, 長期計画の.

long run (人気芝居の) 長期興業, ロングラン.

longshoreman 港湾労働者.

long shot *Motion Pictures* 遠景; 大差; 大胆な試み; 勝ち目のない馬; 勝ちそうもないが当たれば大きい賭け.

longsighted a. 遠視眼の; 先見の明のある.

long-standing a. 長年の.

long-suffering a. 我慢強い.

long suit 長所.

long-term a. 長期の.

long ton 英トン (2240 ポンド).

longueur (F) (劇・映画・小説などの) 退屈な場面.

longways ad. 縦に, 長く.

long-winded a. 息の長い; 長たらしい.

loo 便所.

loofah *Bot.* ヘチマ.

loogan まぬけ.

look v. (よく) 見る, 見つめる, 眺める, 注目する (*at*); (…に) 向かう, 面する (*into, on, toward*, etc.); 注意する, 気をつける (*that*); 顔つきをする, 顔きで示す; …に見える, …と思われる. **look about** 見張る, 警戒する; 見回して捜す (*for*). **look after** 世話をする, 注意する. **look ahead** 将来を考慮する. **look back** 振り返ってみる; 回顧する (*on, to*); しりごみする. **look down** 見下ろす, 下を向く. **look down on** [**upon**] 見下げる. **look for** 捜す; 期待する. **look forward to** (doing) …を期待する, 楽しみにして待つ. **look in** のぞく; 立ち寄る (*on*). **look into** のぞく, 調べる. **look like** …のように見える, らしい. **look on** 傍観する; 眺める; 面

する; 見なす. **look out** 外を見る; 気をつける (*for*). **look over** 上からのぞく, …越しに見る; ざっと目を通す, 調べる; 見のがす. **look round** 振り向く; 見回す; (事に当たる前に) 考慮する. **look through** …を通して見る; 見抜く; 目を通す. **look to** 当てにする, 頼る (*for*); 気をつける, 注意する. **look up** 見上げる, 上向く, 向上する, 良くなる; (辞書などを引く, 調べる; 訪問する. **look upon** 見なす (*as*). **look up to** 仰ぐ, 敬う. — n. 見ること; 一目, 一見; 様子, 外観; [*pl.*] 顔つき, 容貌; (流行などの) 型, 意匠, ルック. **good looks** 美貌.

have [**take**] **a look at** …をちょっと見る.

looker 見る人; 美人.

looker-on 傍観者.

look-in 成功の見込み; ひとのぞき; 短い訪問.

looking glass 鏡, 姿見.

lookout 見張り, 用心, 警戒 (*for*); 見張り台; 見張り人; 眺め, 展望; (前途の) 見込み, 形勢; (自分の) 責任, 仕事.

look-see 調査.

loom[1] 織機, 機.

loom[2] v. ぼんやり現れる; (危険などが) 迫る; (無気味に) 思われる. — n. ぼんやり現れること, ぼんやり現れるもの.

loon *Ornith.* アビ; なまけ者; 間抜け, 気違い.

loon(e)y n., a. 気違い; 狂気の, ばかな.

loon(e)y bin 精神病院.

loop n. (糸・綱などで作る) 輪, ループ; 輪飾り; (エンドレスの) フィルム, テープ; *Aeronaut.* 宙返り; 避妊リング. — v. 輪にする, 輪を作る, 輪で囲む; (輪で) 締める, くくる (*up*); 宙返りする. **loop the loop** (飛行機で) 宙返りをする.

looper *Entom.* シャクトリムシ.

loophole (城壁の) 銃眼; (法律などの) 抜け穴.

loop line *Railroads* ループ線.

loopy a. 輪状の; 気が狂った.

loose a. 解放された; 自由な; ばらばらの; (荷な

ど)ばらの, ばら積みの; 緩んだ, 緩い, 固着していない; 目のあらい; だぶだぶの; (土が)ぼろぼろの; (翻訳など)不正確な; 締まりのない, だらしない, 自堕落な; くつろいだ; 金がない. **cast loose** 解くば, らばらにする. **cut loose** 切り放す, 関係を絶つ; 逃げる. **let [set, turn] loose** 自由にする, 解放する. **on the loose** 自由で, 束縛されないで. — v. 放す, 解く; 解放する; 緩める; ほどく; (弓・鉄砲などを)放つ.

loose end (紐の)くくり付けてない端; 未解決のままになっているもの.

loose-jointed a. 関節のゆるい; 自由に動く.

loose-leaf a. ルーズリーフ式の.

loosely ad. ゆるく; だらしなく; ばらばらに.

loosen v. 緩む, 緩める, たるむ; 解く, 放つ; ばらばらにする, ばらばらになる.

loot n. 分捕り品, 略奪品; (官吏の)不正取得; プレゼント; 金. — v. 略奪する.

lop¹ v. (枝などを)切る, 刈り込む, 下ろす (off, away). — n. 切り枝.

lop² v., a. 垂れる; 垂れた.

lope v., n. (馬などが)楽にゆったり駆ける(こと).

lop-eared a. 垂れ耳の.

lopsided a. 一方に傾いた.

loquacious a. おしゃべりな.

loquat Bot. ビワ(の木, 実).

loran Naut., Aeronaut. ローラン(船・航空機が二つの無線局からの電波の到着時刻差を測定して自分の位置を知る装置).

lord n. 領主, 君主; 支配者, 主人; [L-] 主, キリスト; 貴族, 華族; 上院議員. **the (House of) Lords** 上院. **my lord** 閣下 (侯爵以下の貴族・僧正・市長・高等法院判事に対する敬称). — v. 君臨する, 威圧する (over). **lord it over** …に対して威張る.

lordling 小貴族.

lordly a. 王侯の(ような), 貴族らしい, 堂々たる, 豪奢な.

Lord Mayor (ロンドンなどの)市長.

Lord Privy Seal (英国の)王璽尚書.

Lord's day 主日(『日曜日』).

lordship 君主たること; 主権; 支配 (over); 領地. **his [your] lordship** 閣下.

lord spiritual 聖職上院議員(『上院議員である bishop』).

Lord's Prayer 主の祈り.

Lord's Supper 聖餐.

lord temporal (聖職でない)上院議員.

lore (特定の題目に関する)知識, 学問; 民間伝承.

Lorelei Ger. Legend ローレライ(『Rhine 川の船人を歌で誘惑したという魔女』).

lorgnette (F) 柄付きの眼鏡, 柄付きのオペラグラス.

lorikeet Ornith. 小型のインコ.

lorn a. 孤独の; 寂しい.

lorry 低く長い四輪荷馬車; トラック.

lorry-hop v. (トラックなどで)ヒッチハイクする.

losable a. 失われる, 失いやすい.

Los Angeles ロサンゼルス(『California 州の都市』).

lose v. 失う, 失わせる; 逸する, 取り逃がす; 死別する; 無駄にする; 損をする, 損をさせる; (道を)見失う, 迷う; 失敗する, 負ける; (時計が)遅れる; 減少する, 減る. **lose oneself** 道に迷う; 自分を見失う, 夢中になる (in); 見えなくなる. **lose out** 負ける.

loser 失敗者, 損失者; 敗者; 遺失者. **good loser** 負けて悪びれない人.

losing a. 損をする; 勝目のない.

loss 喪失; 損失(高), 損害; 減損, 減り (in weight, etc.). **at a loss** 困って, 途方にくれて (for, to do); 損をして.

loss leader 目玉(商品).

lost a. 失った, 無くなった; 逸した; 浪費された; 負けた, 損をした; 道に迷った; 当惑した; 夢中になった (in); 感じない (to); 無駄で (on). **get lost!** うせろ!

Lost and Found 遺失物取り扱い所.

lost property 遺失物.

lot くじ, 抽選; 運, 運命; 分け前; 任務; (土地の)一区画; (品物の)一組, 一山, 一口; (人・物の)群れ, 組; 奴, 手合; [pl.] 多数, 多量 (of); [the ～] 全部; (映画の)スタジオ.

throw [cast] in one's lot with …と運命を共にする.

loth a. =loath.

lotion 洗浄剤, 洗浄液; 化粧水, ローション.

lotta =a lot of.

lottery 富くじ; 運.

lotto ロット《賭博遊戯の一種》.

lotus-eater ロートスを食べて安逸に耽る人.

lotus, lotos Bot. ハス; Gk Legend ロートス《その実を食べると現実を忘れ夢見心地になると言われた植物》.

loud a. 音の大きい, 声の大きい; 騒々しい; けばけばしい; 無遠慮な; 下卑た; (臭気など)ひどい. ── ad. 大声で.

louden v. 声高くする, 声高くなる.

loudly ad. 大声で; 騒々しく.

loudspeaker ラウドスピーカー, 拡声器.

lough 湖, 入り江.

Louisiana ルイジアナ《米国南部の州》.

lounge v. (椅子などに)寄り掛る (on); のらくらする, のらくらして暮らす (away). ── n. ぶらぶら歩き; 寝椅子, 長椅子; 休憩室, 社交室, ラウンジ《応接間・ホテルなどのロビー》; 化粧室.

lounge bar (パブの中の)高級バー.

lounge car (安楽椅子を備え軽い飲食物のとれる)特別客車.

lounge lizard 女たらし; やくざ; しゃれ男.

lounger のらくら者.

lounge suit 背広服.

lour v., n. =lower².

louse n. Entom. シラミ; 下劣な奴. ── v. めちゃくちゃになる, めちゃくちゃにする (up).

lousy a. しらみだらけの; 不潔な, 下等な; たんまりある (with); 下手くそな.

lout 無骨者, 田舎者.

loutish a. 粗野な.

louver, louvre 屋根窓, よろい戸, よろい窓.

Louvre [the ～] ルーブル美術館《Paris にある》.

lovable a. 愛すべき, 愛らしい.

love n. 愛, 愛情; 愛好 (for); 恋愛, 愛するもの, 恋人; [L-] 恋の神; Tennis ラブ《零点》; (よろしくという)挨拶; 性欲, 色情; 性交.

fall in love with …を恋する. **for love** 好きで; ただで. **for love or money** 義理づくでも金づくでも; どうしても(…ない). **for the love of** …のために. **in love** 愛して (with). **make love** 愛撫する, 性交する (to); (異性を)口説く.

send one's love よろしくと伝える (to).
── v. 愛する, 恋する; 好む, 好く, 喜ぶ, 楽しむ; 愛撫する (up); 前戯を行う.

love affair 恋愛事件, 情事.

lovebird Ornith. ボタンインコ; (男の)恋人.

lovebug 黒色の小昆虫.

love-in 集団恋愛のための若者の集まり.

love-in-a-mist Bot. クロタネソウ.

love juice 媚薬; 愛液.

love knot (愛の印の)恋結び.

loveless a. 愛のない; かわい気のない.

love letter 恋文, ラブレター.

loveliness 愛らしさ; 魅力.

lovelorn a. 失恋した.

lovely a., ad., n. 愛らしい, 美しい, 快い, 楽しい; オーケー; (ショーなどに出演する)魅惑的な美女. **lovely and** 気持よいほど.

lovemaking 口説き; 愛撫, 性交.

love-play (男女の)ふざけ合い; 前戯.

love potion 媚薬.

lover 愛人, 恋人《肉体関係にある男》, 情夫; [pl.] 恋人同士; 愛好者, 賛美者 (of).

loverly a. 恋人のような.

love seat ロマンスシート.

lovesick *a.* 恋患いの.

lovey =darling.

loving *a.* 愛する, 親愛な, 情愛の深い.

loving cup 親愛の杯 《2個以上の取っ手の付いた回し飲み用の大杯》.

loving-kindness 慈愛.

lovingly *ad.* かわいがって; 親切に.

low¹ *v., n.* (牛が鳴く(声)).

low² *a.* 低い; 低地の; 低級な; 身分の低い, 卑しい, 野卑な; 安い; 元気のない, 打ち沈んだ; [比較級の形で]最近の. **bring low** 衰えさせる, 落ちぶれさせる. **lay low** 打ち倒す; 滅ぼす; 殺す. **lie low** うずくまる, へばっている; 潜伏する. ― *ad.* 低く, 低い所に; 卑しく, 貧しく; 安く; 小声で. ― *n.* 低いもの; *Meteor.* 低気圧(域); (自動車の)低速ギア.

lowborn *a.* 素性の卑しい.

lowboy 脚付きの低いたんす.

lowbred *a.* 育ちの悪い, 下品な.

lowbrow *a., n.* 教養の低い(人).

Low Church 低教会派.

low comedy 低俗喜劇.

lowdown 実情.

low-down *a.* 卑しい, 下等な.

lower¹ *a., ad.* より低い; 下級の, 下層の; 下等な, 劣等な. ― *v.* 低くする, 降ろす, 下げる; 下がる, 沈む; 減る; (元気などを)くじく, へこます.

lower² *v.* 顔をしかめる; (空模様が)険悪になる. ― *n.* しかめ顔; (天候の)険悪.

lowercase *n., a., v. Print.* 小文字(の), 小文字で印刷する.

lower class 下層階級, 下層社会.

Lower House 下院.

lowermost *a.* どん底の.

low frequency *Telecom.* 低周波.

low gear (自動車などの)ローギヤ, ファーストギヤ.

Low German 低地ドイツ語.

low-key *a.* (表現が)控え目の; *Phot.* コントラストが弱く暗い.

lowland *n., a.* 低地(の), 平原地方(の); [the Lowlands] スコットランド南東部の低地地方.

Lowlander スコットランド低地人.

lowliness 謙遜; さもしさ.

lowly *a.* 身分の低い, 卑しい; 謙遜な. ― *ad.* 卑しく, みすぼらしく; 謙遜して.

low-minded *a.* 心の卑しい.

low-neck(ed) *a.* 襟ぐりの大きい.

low-pitched *a.* 調子の低い; 傾斜の緩やかな.

low-pressure *a.* 低圧の.

low-rise *a.* (建物が)低い.

low-spirited *a.* 元気のない, ふさぎ込んだ.

low tide [water] 干潮(時).

low-water line [mark] 低潮水位標; 最低線.

lox¹ 液体酸素.

lox² 鮭の燻製.

loyal *a.* 忠義な, 忠節な; 誠実な, 忠実な.

loyalism 忠義, 勤王.

loyalist 忠臣, 勤王家.

loyalty 忠義, 忠節; 忠実, 誠実.

lozenge 菱形; (宝石の)菱形の面; 菱形のもの《窓ガラス・紋章・砂糖菓子・錠剤など》.

LP エルピー(盤レコード).

LP low pressure. **LPG** liquefied petroleum gas. **LPN** licensed practical nurse. **LPS** Lord Privy Seal. **LR** living room. **LS** left side; letter signed. **LSD** lysergic acid diethylamide《幻覚を生じさせる鎮静剤の一種》. **£.s.d.** librae, solidi, denarii (L, = pounds, shillings, and pence). **LSI** large-scale integration. **LSM** letter-sorting machine 手紙選別機. **LSS** lifesaving service [station]. **LT** long ton. **lt col** lieutenant colonel. **lt comdr** lieutenant commander. **Ltd** limited 有限責任の. **lt gen** lieutenant general. **lt gov** lieutenant governor.

L-plate (仮免許運転者が車の前後に付ける) L プレート.

lubber (体の大きな)不器用者, のろま; 不器用な水夫.

lubberly *a.* 不器用な, へまな.

lubricant *a., n.* 滑らかにする; 潤滑剤.

lubricate *v.* 滑らかにする, 油を差す; 賄賂を使う; 酒を勧める.

lubricating oil 潤滑油.

lubricator 油差し.

lubricious, lubricous *a.* 滑らかな; 淫らな.

lubricity 滑らかさ; 円滑; 淫ら; ポルノ.

lucent *a.* 輝く, 光る; 透明な.

lucid *a.* 透明な; (理論・表現などが)明快な, 鮮明な; 正気の.

Lucifer 明けの明星; サタン; [l-] =lucifer match.

lucifer match 黄燐マッチ.

Lucite *Trademark* ルーサイト《透明合成樹脂》.

luck 運; 幸運. **down on one's luck** 運の悪い. **for luck** 縁起のために. **in luck** 運のいい. **out of luck** 運の悪い. **try one's luck** 運だめしにやって見る. **worse luck** 運悪く, あいにく.

luckily *ad.* 運よく(も), 幸せにも.

luckless *a.* 不運な.

lucky *a.* 運のいい, 幸運な; 縁起のいい.

lucky bag 福袋.

Lucky Strike *Trademark* ラッキーストライク《紙巻きたばこ》.

lucrative *a.* 有利な, もうかる.

lucre [軽蔑的]利得, 金銭. **filthy lucre** 不浄の金.

lucubrate *v.* 働く; 労作を生む.

lucubration (灯下の)熱心な研究; 苦心の著作, 労作.

ludicrous *a.* おかしい, ばかげた.

luff *v., n.* 船首を風上に向ける(こと); 船首の湾曲部.

lug[1] *v.* 強く引く (at); 引きずる (along); (話の中に)無理に持ち出す (in). —— *n.* (政治)献金の強要.

lug[2] *Engin.* 突起; 耳.

luge リュージュ《滑降競技用のそり》.

luggage 旅行鞄, スーツケース; 手荷物.

lugger *Naut.* ラガー《ラグスルを張った小帆船》.

lugsail *Naut.* ラグスル《一種の四角帆》.

lugubrious *a.* 痛ましい, 哀れな, 悲しそうな.

Luke *Bib.* ルカ(伝福音書).

lukewarm *a.* なまぬるい; 熱意のない, 微温的な.

lull *v.* (小児を)あやして寝つかせる; なだめる, 静める, 静まる. —— *n.* (風雨などの)小やみ, なぎ; (病苦などの)小康.

lullaby *n., v.* 子守り歌(を歌って寝つかせる).

lumbago *Med.* 腰痛.

lumbar *a. Anat.* 腰の, 腰部の.

lumber *n.* 木材, 材木; (場所ふさぎの)がらくた. —— *v.* (場所などを)ふさぐ (up); 材木を伐採する; 重々しく歩く (along, by, past, etc.).

lumberjack 材木切り出し人.

lumberman 材木切り出し人; 材木屋.

lumber room がらくたべや, 物置きべや.

lumberyard 材木置き場.

lumen *Phys.* ルーメン《光束の単位》.

Luminal *Trademark* ルミナール《催眠・鎮静剤》.

luminary 発光体《太陽・月など》; (時代の)指導者, 先覚者.

luminescence (熱を伴わない)発光, 冷光.

luminol *Chem.* ルミノール.

luminosity 光輝; 光度.

luminous *a.* 発光する, 輝く; 明るい; 明快な.

luminous paint 発光塗料.

lumme, lummy *int.* おや, まあ《驚き》.

lummox へまな人.

lump[1] *v.* 我慢する.

lump[2] *n.* 塊；突起, こぶ；角砂糖一個；のろま, 鈍, 批判, たたくこと. **in the lump** ひっくるめて, 全体で. **lump in the throat** のどが詰まるような感動, 胸が一杯. — *v.* 塊にする, 塊になる；一纏めにする (*together, with*)；のそりのそりと歩く (*along*), どしんとすわる (*down*)；運ぶ.

lumpectomy *Med.* 乳腺腫瘤摘出 (術).

lumpen *n., a.* 下層階級の(人).

lumpish *a.* ごろごろして重い；ずんぐりした；のろまの.

lumpy *a.* 塊だらけの；風で波立った.

Luna *Rom. Myth.* ルーナ《月の女神》.

lunacy 精神異常；狂気の沙汰.

lunar *a.* 月の；月の作用による.

lunar calendar 太陰暦.

lunar caustic *Med., Chem.* 硝酸銀.

lunar day 太陰日.

lunar eclipse *Astron.* 月食.

lunar (excursion) module 月着陸船.

lunar month 太陰月.

lunar year 太陰年.

lunate *a.* 三日月状の.

lunatic *a., n.* 狂気の, 気違いじみた；狂人.

lunatic fringe 少数過激派, 狂信者, 熱狂的支持者.

lunch *n., v.* 昼食(を食べる).

luncheon (正式の)午餐, 昼食.

luncheonette 軽食堂.

lunchtime 昼食の時間, ランチタイム.

lunette *Arch.* 半円形明かり取り, (アーチ形天井が壁に接する所の)半円壁間.

lung *Anat.* 肺, 肺臓；(都心の)広場, 息抜き場.

lunge *n., v.* (剣などの)突っ込み, 突き出し, 突き(を入れる).

lungfish *Ichty.* 肺魚.

lunkhead ばか.

lupine[1] *Bot.* ハウチワマメ, ルピナス.

lupine[2] *a.* 狼の(ような).

lurch[1] *n.* (勝負の)大負け；当惑. **leave one in the lurch** 人を窮地に置き去りにする.

lurch[2] *n., v.* 不意の傾斜, よろめき；急にかしぐ, よろめく.

lure *n., v.* 囮, (釣の)ルアー；誘惑(する)；(産業などを)誘致する.

lurid *a.* (空の色など)無気味に赤く燃える；ものすごい.

lurk *v.* 潜む, 潜伏する；こそこそ歩く.

luscious *a.* 美味の, 甘美な.

lush[1] *a.* 瑞々しく柔らかい；(草などが)青々と茂った；豊富な；楽しい；酔った.

lush[2] *n., v.* 酒(を飲ませる), 酔漢.

lust *n., v.* 性欲；欲望；熱望する (*after, for*)；性欲を抱く.

luster, lustre 光沢, つや, 輝き；光彩.

lustful *a.* 好色な.

lustihood, lustiness 強壮.

lustily *ad.* 盛んに.

lustrous *a.* 光沢のある.

lusty *a.* 強壮な；活発な, 元気な.

lutanist リュート奏者.

lute[1] *Mus.* リュート《guitar に似た弦楽器》.

lute[2] *n., v.* 封泥(を塗る).

lutein *Biochem.* ルテイン《黄色色素》；黄体から採るホルモン.

luteinizing hormone *Biochem.* 黄体形成ホルモン.

luteous *a.* 橙黄色の.

lutetium *Chem.* ルテチウム《金属元素》.

Luther ルター. **Martin Luther** (1483–1546) ドイツの宗教改革家.

Lutheran *a., n.* ルターの, ルター派の(人).

Lutherism ルター主義.

lux *Optics* ルクス《照度の国際単位》.

Lux *Trademark* ラックス《石鹸》.

Luxemb(o)urg ルクセンブルク《ヨーロッパ西部の大公国》.

luxuriant *a.* 繁茂した；肥沃な；豊富な；華麗な.

luxuriate *v.* 贅沢をする，奢る，(…に)耽る(*in*).

luxurious *a.* 贅沢な.

luxury *n.* 贅沢(品)；快楽． —*a.* 贅沢な.

lycanthropy (魔術による)狼への変身.

lycée (F) リセ《フランスの大学進学用の国立高等中学校》.

lyceum 講堂，文化会館；[L-] リュケイオン《Aristotle が哲学を講じた学園》.

lych-gate (屋根付きの)墓地門.

Lydia リュディア《小アジア西部の古王国》.

lye 灰汁《洗濯用》.

lying *a.* 嘘をつく；横たわる.

lying-in お産(の床につくこと).

lymph *Phisiol.* リンパ(液)；血清；*Med.* 痘苗.

lymphatic *a. Phisiol.* リンパの；(気質が)鈍い.

lymphatic gland *Anat.* リンパ腺.

lymphocyte *Anat.* リンパ球.

lynch *v.* 私刑によって殺す，リンチによって殺す.

lynch law 私刑，リンチ.

lynx *Zool.* オオヤマネコ.

lynx-eyed *a.* 眼の鋭い.

lyre リラ《古代ギリシャの七弦の竪琴》.

lyrebird *Ornith.* コトドリ.

lyric *a., n.* 叙情的な；叙情詩(の)；(流行歌の)歌詞.

lyrical *a.* =lyric.

lyricism 叙情詩調，リリシズム；大げさな感情表現.

lyricist 叙情詩人；作詞家.

lyrist[1] リラ奏者.

lyrist[2] =lyricist.

lysergic acid *Chem.* リゼルグ酸《これから合成したものが LSD》.

lysin *Biochem.* リシン，溶解素.

lysine *Biochem.* リジン《アミノ酸の一種》.

Lysol *Trademark* リゾール《消毒液》.

M

m M 字形のもの；(ローマ数字の) 1,000.

'm *v.* =am.

ma =mother.

MA master of arts; mental age.

ma'am マム《女王・王妃・王女・女の先生に対する尊称》；奥様《召使いなどが女主人を呼ぶ敬称》.

mac[1] 君《名が不明の人への呼び掛け》.

mac[2] =mackintosh.

macabre (F) *a.* ものすごい，気味の悪い.

macadam 砕石舗装道路，マカダム道路；(道路用)砕石.

macadamia *Bot.* マカデミア(ナッツ).

macadamize *v.* 砕石舗装をする.

macaroni マカロニ；イタリア人.

macaroon マカロン(菓子).

macaw *Ornith.* コンゴウインコ.

macchinetta ドリップ式コーヒーメーカー.

Mace *n. Trademark* メース《催涙ガスの一種；暴徒鎮圧用》． —*v.* [m-] メースを吹き付ける.

mace[1] (職権を示す)職杖.

mace[2] メース《ニクズクの外皮を乾燥した香味料》.

macédoine (F) マセドワン《野菜または果物の混ぜ合わせ，サラダ用など》；寄せ集め.

Macedonia マケドニア《古代ギリシャ北部にあった王国》.

Macedonian *a., n.* マケドニアの；マケドニア人(の)，マケドニア語(の).

macerate *v.* 水に浸して柔らかにする，柔らかになる；細かく切る，細かく破る；衰えさせる.

Mach (number) マッハ数《物体速度の音速に対する比》.

machete (中南米原住民の)長刃のなた.

Machiavelli マキアベリ. **Niccolò Machiavelli** (1469–1527) イタリアの政治家.

Machiavellian a. マキアベリ流の; 権謀術数を事とする.

Machiavellianism マキアベリ主義.

machinate v. 陰謀を企てる.

machination [pl.] 陰謀.

machinator 策士.

machine n. 機械《ミシン・自転車・自動車・飛行機など》; (政党などの)機関, 幹部; からくり, 仕組み; 機械的に働く人.
— v. 機械で造る; 機械化する.

machine gun 機関銃.

machine language *Computer* 機械(言)語.

machine-made a. 機械製の.

machine politics 組織政治.

machine-readable a. *Computer* 機械読み取りが出来る.

machinery 機械類; 機械装置; 組織, 機構; (劇・小説の)仕組み.

machine shop 機械工場.

machine tool 工作機械.

machine translation 機械翻訳.

machinework 機械仕事, 機械仕上げ.

machinist 機械工.

mackerel *Ichthy.* サバ.

mackerel sky さば空《さば雲の出た空》.

mackintosh ゴム引き防水布; レインコート.

macrame マクラメ《節糸レース》.

macrocosm 大宇宙.

macroeconomics 巨視的経済学, マクロ経済学.

macron (母音字の上に付ける)長音符(¯).

macroscopic a. 肉眼で見える; *Math.* 巨視的な.

maculate a. 斑点のある, 汚れた.

Macy's メーシー百貨店《New York にある》.

mad a. 気の狂った, 気違いの; 夢中の, 気違いじみた, 無謀な; 激怒して; 浮かれた; (犬が)狂犬病にかかった. **like mad** 猛烈に.

Mad マッド《米国のパロディー漫画誌》.

Madagascar マダガスカル《アフリカ南東海岸沖の島; 共和国》.

madam 夫人, 奥様《呼び掛けの敬称》; (売春宿の)マダム.

madame (F) …夫人, 奥様《Mrs. に当たる》.

Madame Tussaud's (London の)タッソー蠟人形館.

mad-brained a. 激しやすい.

madcap n., a. 向こう見ず(の).

madden v. 発狂させる; 怒らす, いらだたせる.

madder *Bot.* セイヨウアカネ; その根《染料》.

made a. こしらえた, 出来上がった; …製の.
made man 成功確実な人.

Madeira マデイラ《アフリカ北西海岸沖の島群》; マデイラ(ワイン)《マデイラ産白ぶどう酒》.

madeleine マドレーヌ《小型のカップケーキの一種》.

mademoiselle (F) 令嬢, …嬢《Miss に当たる》.

made-to-order a. あつらえた.

made-up a. こしらえた, 出来上がった; でっち上げた; メーキャップした.

Mad Hatter's disease *Med.* 水俣病.

madhouse 精神病院; 騒々しい場面.

Madison Avenue マディソン街《New York 市の広告業中心地》.

madly ad. 気違いのように, 猛烈に.

madman 狂人.

Madonna 聖母マリア, マドンナ; 聖母の画像.

Madonna lily *Bot.* ニワシロユリ.

madras マドラス木綿《薄地綿布の一種》.

Madrid マドリッド《スペインの首都》.

madrigal *Mus.* マドリガル《短い恋歌》.

maelstrom [the M-] (ノルウェー海岸の)大渦

巻き;(一般に)大渦巻き;大混乱.

maenad メナード《酒神バッカスの巫女》.

maestoso (It) *a., ad. Mus.* 荘厳な;荘厳に.

maestro (It) 大音楽家,大作曲家,大指揮者,マエストロ.

Mae West 救命チョッキ.

maffick *v.* お祭り騒ぎして喜び祝う.

Mafia (It) マフィア《賭博・麻薬密売などの秘密組織);暴力組織.

Mafioso マフィアの一員.

mag =magazine.

magazine 火薬庫,弾薬庫;(連発銃の)弾倉;雑誌;(カメラ・映写機の)フィルム巻き取り枠;*Motion Pictures, Phot.* マガジン《フィルムを入れる金属製容器》.

magdalen, magdalene 更生した売春婦;売春婦更生院.

magenta 紫紅色,マゼンタ.

maggot うじ(虫);気紛れ.

Magi *Bib.* 東方の三博士《キリスト誕生のとき訪れた);マギ族《古代ペルシャの拝火教の司祭階級》.

magic *n.* 魔法,魔術,魔力;奇術,マジック. — *a.* 魔法の;不思議な.

magical *a.* =magic.

magic carpet 魔法のじゅうたん.

magician 魔法使い;奇術師.

magic number *Baseball* マジックナンバー.

magic square 魔方陣.

magisterial *a.* magistrate の;権威ある;横柄な.

magistracy magistrate の職; =magistrates.

magistrate 行政長官,知事;治安判事.
chief magistrate 最高行政長官《大統領》.

magma *Geol.* 岩漿,マグマ;(鉱物の)軟塊.

Magna C(h)arta (L, =great charter) *Brit. Hist.* 大憲章,マグナカルタ《1215 年国王 John による).

magnanimous *a.* 寛大な,高潔な.

magnate 大官,大立者,有力者.

magnesia マグネシア《酸化マグネシウム).

magnesium *Chem.* マグネシウム《金属元素).

magnet 磁鉄鉱,磁石;引き付ける物.

magnetic *a.* 磁気の,磁性の;魅力ある.

magnetic circuit 磁気回路.

magnetic equator 磁気赤道.

magnetic field 磁界.

magnetic needle (羅針盤の)磁針.

magnetic north 磁北.

magnetic pole 磁極.

magnetic recording 磁気録音.

magnetics 磁気学.

magnetic storm 磁気嵐.

magnetic tape 磁気テープ.

magnetism 磁力,磁気.

magnetite 磁鉄鉱.

magnetization 磁化.

magnetize *v.* 磁気を帯びさせる,磁気を帯びる,磁化する;引き付ける,感化する.

magneto マグネット発電機.

magnetoelectric *a.* 磁電気の.

magnetosphere 磁気圏.

magnetron *Phys.* マグネトロン.

magnet school マグネットスクール《すぐれた設備・内容をもち広範に生徒を集める).

magnicide 重要人物の殺害.

Magnificat 聖マリアの頌;[m-] 頌歌.

magnification 拡大,誇張;倍率.

magnificent *a.* 広大な,壮麗な,堂々たる;すばらしい.

magnifico (昔の)ベネツィア共和国の貴族;貴人,高官.

magnifier 拡大するもの,誇張するもの,拡大する人,誇張する人;拡大鏡.

magnify *v.* 拡大する;誇張する.

magnifying glass 拡大鏡,虫めがね.

magniloquence 大言壮語.

magnitude 大きさ, 量; 重大さ, 規模; (恒星の)光度, 等級; マグニチュード《地震の規模を表す単位》. **of the first magnitude** 非常に重大な.

magnolia *Bot.* モクレン.

magnum 大型酒びん.

magnum opus (L) 大作, 主要作品.

magpie *Ornith.* カササギ; おしゃべり.

magus 魔術師; [M-] マギ族の人.

Magyar *n., a.* マジャール人(の), マジャール語(の).

mahatma (インドの)大聖.

Mahayana *Budd.* 大乗.

mah-jong(g) マージャン.

mahlstick =maulstick.

mahogany *Bot.* マホガニー(材); マホガニー色《赤褐色》.

mahout (インドの)象使い.

maid 女中, メード; 少女; 処女, 未婚の女. **maid of honor** 女官; (花嫁に付き添う)未婚女性の長. **old maid** オールドミス.

maiden *n.* 少女, 処女. — *a.* 処女の, 未婚の; 初めての.

maidenhair *Bot.* クジャクシダの類.

maidenhood 処女性, 未婚時代.

maidenly *a.* 処女らしい, 慎み深い.

maiden name (女性の)結婚前の姓.

maiden voyage 処女航海.

maidservant 女中.

mail[1] *n., v.* 鎖 かたびら(を着せる).

mail[2] *n.* 郵便(物), 郵便袋. — *v.* 郵送する; 郵便で出す.

mailbag 郵便袋, 郵袋.

mail-bomb 郵便爆弾.

mailbox ポスト; 郵便受け.

mail carrier 郵便集配人.

mail drop 郵便受け; 郵便専用住所.

mailed *a.* 鎖 かたびらを着た.

Mailgram *Trademark* メールグラム《電子郵便》.

mailing list 郵送宛名簿.

maillot マイヨ《バレエ・曲芸師のタイツ》; (女性用)ワンピース水着.

mailman 郵便集配人.

mail order 通信販売.

maim *v.* 不具にする, 役に立たなくする.

main *a.* 主要な, 最大の. **by main force** 全力で. — *n.* (水道・ガスなどの)本管; [the ~] 大海. **in the main** 概して, 大部分.

main deck *Naut.* 正甲板.

Maine メイン《米国東海岸の州》.

mainland 本土.

mainline *a.* 主流の, 体制派の. — *v.* (麻薬などを)静脈注射する.

main line 本線, 幹線; 本流, 主流.

mainly *ad.* 主として, 主に.

mainmast *Naut.* 大檣.

mainsail *Naut.* 大檣帆, メーンスル.

mainspring (時計の)主ぜんまい; 主因.

mainstay *Naut.* 大檣支索; 頼みの綱.

main stem 本流; 主要街路.

mainstream *n.* 本流; (活動・影響の)主流. — *v.* (障害児を)普通の子供と一緒に教育する.

Main Street (小さな町の)大通り; 因襲的で実利主義的な社会.

maintain *v.* 持続する, 維持する; (道路などを)整備する, 支える, 養う; 支持する, 主張する.

maintenance 持続, 維持; 整備, 保存, (ビルなどの)管理, メンテナンス; 扶養, 生計(費); 支持, 主張.

maintop *Naut.* 大檣楼.

maisonette (F) 小さい家; 貸し室.

maître d'hôtel (F) (ホテルの)支配人.

maize とうもろこし.

majestic *a.* 威厳のある, 荘厳な, 堂々とした.

majesty 荘厳; 威風, 尊厳. **His [Her, Your] Majesty** 陛下.

maj gen major general.

majolica (イタリアの)マジョリカ焼《陶器》.

major a. (二者中)大きい方の, 過半(数)の; より重要な, 主要な; 成年の; (学科が)専攻の; 年上の; Mus. 長音程の. —— n. Law 成年者; Log. 大前提; Mus. 長調; 陸軍少佐; 専攻科目; [pl.] 大石油会社, メージャー. —— v. 専攻する(in).

majordomo (大家の)家令, 執事.

majorette バトンガール.

major general 陸軍少将.

majority 大多数, 過半数(of), 多数側, 多数党; Law 成年.

major key Mus. 長調.

Major League Baseball メジャーリーグ.

major-medical a. 高額医療費保険の.

major premise Log. 大前提.

major suit Cards メジャースーツ《ブリッジで得点の大きいスペードあるいはハートの揃い札》.

majuscule (古写本の)大文字.

make v. 作る, 製作する, 創作する; …となる; する, 行う; 生じる, 原因となる; 用意する; 得る; 行く, 追いつく; 入港する, 到着する; 見積もる; …と見なす; 地位を得る, 名声を得る; (女を)口説き落とす; [~ + 目的語 + 補語] …を…にする; …を…させる; …に…を作ってやる. **make away** 盗む; 逃げる; 殺す, 滅ぼす; 使い尽くす (with). **make for** …に向かう, 襲う; 役立つ, 促進する. **make it** 成功する, 時間に間に合う; 性交する(with). **make like** 真似する. **make much of** …を重んじる. **make little [nothing] of** …を軽んじる. **make of** 解釈する; …で作る. **make off** 急いで去る, 逃げる. **make or mar [break]** 成否を決する. **make out** (書類などを)作成する, 写す; 証明する; 解する, 解く, 認める; 成功する; どうにかやっていく; 愛撫する, 性交する(with). **make over** 譲り渡す; 改造する. **make up** 補充する,

補う, 償う(for); 調合する, 縫い上げる; 組み立てる, 作り上げる; 捏造する; 化粧する, 扮装する, メーキャップする; 取り決める, 締結する; 近付く, 取り入る(to); 和解する(with). **make with** (指示通りに)行う, 使用する; (考えなどを)生み出す. —— n. 作り, …製品, …製法; 型; 体格, 性格; 出来高; Elec. (回路の)接続; (犯人の)正体. **on the make** 金儲けに熱中して, 成功に熱中して; 恋人を得ようとして.

make-believe n., a. 偽り(の), 見せかけ(の).

make-do n., a. 間に合わせ(の).

maker 作る人, 製作者; [M-] 造物主.

makeshift a., n. 間に合わせの(手段), やりくり.

makeup 組み立て, 構造, 仕上げ; 性質, 気質, 体格, 化粧(品), メーキャップ; (ページ面の)メーキャップ, 割り付け; 追試験.

makeweight 目方を増すために加える物; 平衡錘; 埋め草.

make-work (労働者を遊ばせないための, または失業対策の)不要不急の仕事.

making 作る事, 製作(品); 組織; [pl.] 素質, 要素; [pl.] 利得, 儲け. **be the making of** …の成功の基をなす. **in the making** 形成中の, 発達過程にある, 発展過程にある; 修業中の.

Malacca, the Strait of マラッカ海峡《Sumatra と Malay 半島との間の海峡》.

malachite Mineral. マラカイト, くじゃく石.

maladjustment 調整不良, 不適応.

maladministration 悪政, 失政.

maladroit a. 不器用な, 不手際な; 気の利かない.

malady 病気; (社会の)弊害.

mala fide (L) ad., a. 不誠実な, 悪意の; 不誠実に, 悪意で.

Malaga マラガ(ワイン)《スペイン産の白ぶどう酒》.

Malagasy マダガスカル人, マダガスカル語.

malaguena マラゲーニア《スペインのダンス曲》.

malaise (F) 不快(感).

malapropism 言葉のはき違い, 言葉の誤用.

malapropos a., ad. 時を得ない(で); 不適当な, 不適当に.

malaria Med. マラリア.

Malawi マラウィ《アフリカ南東部の共和国》.

Malay n., a. マレー人(の), マレー語(の); マレー半島の.

Malayan a. マレー半島の, マレー人の, マレー語の. — n. マレー人, マレー語.

Malay Peninsula マレー半島《アジア南東部の半島》.

Malaysia マレーシア《アジア南東部の立憲君主国》.

malcontent a., n. 不満な(人); 不平分子.

male a., n. 男性(の); 雄(の); Bot. 雄花の; (ソケット・ねじなどの)雄.

malediction 呪い.

malefaction 悪事, 犯罪.

malefactor 悪人, 罪人.

malefic, maleficent a. 有害な.

malevolence 悪意.

malevolent a. 悪意のある.

malfeasance (公務員の)背任行為.

malformation 不格好, 奇形.

malformed a. 不格好な; 奇形の.

malfunction 故障; Med. 機能不全.

Mali マリ《アフリカ西部の共和国》.

malice 悪意, 敵意.

malicious a. 悪意のある, 敵意のある.

malign a. 悪意の(ある), 有害な; Med. 悪性の. — v. そしる.

malignancy 敵意.

malignant a. 悪意のある, 敵意のある; (病気が)悪性の.

malignity 悪意(のある行為).

malinger v. 仮病を使う.

mall (木陰のある)遊歩道, 歩行者専用の商店街, ショッピングセンター; 中央分離帯.

mallard Ornith. マガモ.

malleability 可鍛性; 順応性.

malleable a. (金属が)打ち伸ばされる, 展性の; 従順な.

mallet 木槌; Mus. マレット《シロフォンなどの演奏に用いる槌》.

mallow Bot. ゼニアオイ.

malmsey マルムジー《甘口白ぶどう酒》.

malnutrition 栄養失調.

malocclusion (歯の)不正咬合.

malodorous a. 悪臭の.

malpractice (医師の)不当治療; (公務員の)不正行為.

malt n., v. モルト(にする), モルトで処理する, モルトになる.

Malta マルタ《地中海 Sicily 島南部の島; 共和国》.

malted milk 麦芽乳.

Maltese a., n. マルタ(島)の; マルタ人(の), マルタ語(の); マルチーズ犬.

Malthus マルサス. **Thomas Robert Malthus** (1766-1834) 英国の経済学者.

Malthusian a., n. マルサス(主義)の(人).

Malthusianism マルサス主義.

malt liquor モルト醸造酒《ビールなど》.

maltose 麦芽糖.

maltreat v. 虐待する.

maltster モルト製造人.

malty a. モルトの; 酔っ払った.

malversation (公務員の)不正行為, 汚職.

mam =mother.

ma(m)ma かあちゃん《小児語》.

mamba マンバ《南アフリカ産毒蛇》.

mambo n., v. マンボ(を踊る).

mamma 乳房.

mammal 哺乳動物.

Mammalia 哺乳類.

mammalian a. 哺乳類の.

mammalogy 哺乳類学.

mammaplasty *Med.* 豊胸術.

mammiform *a.* 乳房状の.

mammon 富; [M-] マモン《富の神》.

mammonism 拝金主義.

mammonist 拝金主義者.

mammoth *n.* マンモス《古代の巨象》.
— *a.* 巨大な.

man *n.* 人, 人間; 男, 成年男子; (男の) 召使い, 家来; [*pl.*] 兵士; 夫, (男の) 恋人; [呼び掛け]おい, 君. **as one man** 一斉に. **be one's own man** 自由に振る舞う; しっかりしている. **man and wife** 夫婦. **man on [in] the street** 世間一般の人; 世論. **man of his word** 約束を守る人. **man of letters** 文士, 文学者. **man of the world** 世事に明るい人, 世間通. **old man** 父, 夫; [呼び掛け]君. **the Man** 警察. **to a man** =to the last man 最後の一人まで(残らず).
— *v.* (必要な)人員を配置する, 乗り組ませる; 元気づける.

man-about-town 社交家, 遊び人.

manacle *n., v.* 手錠(をかける); 拘束(する).

manage *v.* 取り扱う, 操縦する; 支配する, 管理する, 経営する; 処理する, 処置する; どうにか(うまく)やる (*to do*).

manageability 御しやすいこと, 統制できること.

manageable *a.* 扱いやすい; おとなしい.

management 取り扱い, 処理, 管理, 経営; 操縦, 運転; 手加減, やりくり; 経営者(側).

manager 管理人, 監督, 支配人, 主事, マネージャー; やり手, 策士.

manageress 女支配人, 女管理人.

managerial *a.* manager の; 管理の, 経営の.

managership manager の職, manager の任期.

managing *a.* 処理する, 支配する, 専務の; 処

理のうまい, 経営のうまい; けちな; 切り回したがる, お節介な.

man-at-arms (中世の)兵士, 重騎兵.

manatee *Zool.* マナティー《海牛属の哺乳動物》.

Manchester マンチェスター《イングランド西部の都市》.

mandamus *Law* 職務執行令状.

mandarin (中国清朝の)高級官僚; 大立者, ボス; [M-] 標準的中国語, (かつて中国の官僚が使った)北京官話; *Bot.* マンダリン.

mandarin duck *Ornith.* オシドリ.

mandatary 受任者, 受任国.

mandate *n.* 命令, 訓令; (上級裁判所からの)指令(書); (選挙民から議員への)要求; *Law* 委任. — *v.* 統治を委任する.

mandatory *a.* 命令の; 委任の, 託された; 必須の. — *n.* =mandatary.

man-day 人日《一人1日の仕事量単位》.

mandible 下顎骨; 下嘴; (昆虫の)口部.

mandolin *Mus.* マンドリン.

mandragora, mandrake *Bot.* マンドレーク《有毒植物》.

mandrel (鉱山用)つるはし; *Mech.* (旋盤の)心棒.

mandrill *Zool.* マンドリル《アフリカ産ヒヒの一種》.

mane たてがみ; 長い髪.

man-eater 人食い(動物).

maned *a.* たてがみのある.

manège (F) 馬術練習所; 調馬(術).

manes (古代ローマの)先祖の霊魂; [単数扱い]死(者)の霊.

maneuver *n., v.* (軍隊の)機動, 戦略的展開(をする); [*pl.*] 機動演習; 策略(を用いる), 策動する, 操縦する.

man Friday 忠実な部下.

manful *a.* 男らしい, 勇敢な.

manganate *Chem.* マンガン酸塩.

manganese *Chem.* マンガン.

manganic *a.* マンガンの, マンガンを含む.

mange (家畜の)疥癬.

mangel-wurzel *Bot.* フダンソウの一種《家畜の飼料》.

manger 飼葉桶. **a dog in the manger** 意地悪者《イソップ物語から》.

manginess 不潔.

mangle[1] *n., v.* (洗濯物仕上げ用)圧搾ローラー(にかける).

mangle[2] *v.* ずたずたに切る; 台無しにする.

mango *Bot.* マンゴー(の木).

mangosteen *Bot.* マンゴスチン(の木).

mangrove *Bot.* マングローブ《熱帯海岸に繁茂する高木あるいは低木》.

mangy *a.* 疥癬にかかって(いる), 不潔な.

manhandle *v.* 手荒く取り扱う.

Manhattan マンハッタン《New York 市の商業地区》; [m-] マンハッタン《カクテルの一種》.

Manhattanization 都市の高層化.

manhole マンホール.

manhood 人であること; 成年, 成人男子; 男らしさ.

manhour 人時, 延べ時間.

manhunt 犯人狩り.

mania *Med.* 躁病; 熱狂, …狂, マニア (*of, for*).

maniac *a., n.* 狂気の, 狂人.

manic *a., n.* 躁病の(患者).

manic-depressive *a., n.* 躁鬱病の(患者).

manicure *n., v.* マニキュア(をする), 爪を磨く.

manicurist マニキュア師.

manifest *a.* 明らかな, 明白な. —*v.* 明らかにする; 表明する. —*n.* 積荷目録; 乗客名簿.

manifestation 表明, 表示; 現れ; 示威行動.

manifestative *a.* 表明する.

manifesto 宣言(書), 声明(書).

manifold *a.* 多種多様の, 複合の.
— *n. Mech.* 多岐管; (複写機での)写し.
— *v.* 多様にする; (複写機で)写しを取る.

man(n)ikin こびと; (教材用)人体模型; = mannequin.

Manila マニラ《フィリピンの首都》; [m-] マニラ麻; マニラ(葉巻き)たばこ; マニラ紙.

Manila hemp [fiber] マニラ麻.

manioc, manioca = cassava.

manipulate *v.* 手で取り扱う; うまく扱う, ごまかす; (性器を)刺激する, 自慰を行う.

manipulative, manipulatory *a.* 手先の; 巧みに扱う.

manipulator (手で)うまく扱う人; 操縦者; ごまかしや.

Manitoba マニトバ《カナダ中部の州》.

manit(o)u (アメリカインディアンの)神.

man jack 個人.

mankind 人類; 男性.

manlike *a.* 人間に似た; 男のような.

manliness 男らしさ.

manly *a.* 男らしい, 男性的な, 勇ましい.

man-made *a.* 人造の, 人工の.

manna *Bib.* マナ《昔イスラエル人が荒野で神から授かった食物》; 神与の物, 授かり物.

manned *a.* (宇宙船などが)有人の.

mannequin マネキン人形; ファッションモデル.

manner 方法, 仕方, …風, 様式; 態度, 様子; [*pl.*] 儀礼, 作法; [*pl.*] 風習, 習慣; 種類. **in a manner** ある意味では, 幾分. **to the manner born** 生まれながらよく知っている, 生まれながら職分に適している.

mannered *a.* 行儀が…な; 型にはまった.

mannerism マンネリズム《芸術などで表現が型にはまっている事》.

mannerist マンネリ作家.

manneristic a. 癖のある; マンネリズムの.

mannerless a. 行儀の悪い.

mannerliness 礼儀正しいこと.

mannerly a. 行儀のいい, 丁重な.

mannish a. 男のような.

manoeuvre n., v. =maneuver.

manometer 血圧計; マノメーター, 液注計《気体の圧力を測る》.

manor 領地, 荘園. **lord of the manor** 荘園領主.

manor house 荘園領主の邸宅.

manorial a. 領地の, 荘園の.

manpower 人力; 所要人員, 人的資源.

mansard マンサード屋根, 二重勾配屋根; 屋根裏部屋.

manse 牧師館.

manservant 下男.

mansion 大邸宅; [pl.] アパート, マンション.

Mansion House ロンドン市長公邸.

man-size(d) a. 大人用の, 大型の; 大人でなければ出来ない.

manslaughter 殺人; 故殺罪.

mantel マントル, 炉作り《暖炉の上部や側面を囲む大理石などの飾り構造》; 炉棚.

mantelet 短いマント.

mantelpiece マントルピース; 炉棚.

mantelshelf 炉棚.

Man, the Isle of マン島《アイリッシュ海にある英領の島》.

mantic a. 予言的な; 占いの. — n. ト占術.

mantilla マンティラ《スペイン婦人のスカーフ》; 短いマント.

mantis Entom. カマキリ.

mantissa Math. 仮数.

mantis shrimp Zool. シャコ.

mantle n. マント; (ガス灯の)マントル; 覆い, 蓋; Zool. 外被; Geol. マントル. — v. マントで包む, 覆う.

man-to-man a. 率直な; Sports マンツーマンの.

mantrap 落し穴, 危険な場所; 誘惑の場; 魅惑的な女.

mantua マンチュア《17-18世紀に流行した緩やかなガウン》.

manual a. 手の, 手先の, 手でする, 人力による. — n. 便覧, 手引き; (オルガンの)手鍵盤.

manual alphabet (聾唖者の)手話文字.

manually ad. 手(先)で.

manual training 手工.

manufacture n. (大量の)製造, 製造工業; [pl.] 製品. — v. 製造する, 製作する; (文芸作品を)乱作する, (話を)でっちあげる.

manufacturer 製造業者; 工場主.

manufacturing a., n. 製造(業)の; 製造工業.

manumit v. (奴隷を)解放する.

manure n., v. 肥料(を施す).

manuscript n. 原稿, 写本, 手書き. — a. 手書きの, 写本の, 原稿の.

Manx a., n. マン島人(の), マン島語(の).

Manx cat (尾のない)マン島ネコ.

Manxman マン島人.

many a., pron., n. 多くの, 多数(の); [the ~] 民衆, 大衆. **a good many** かなり多く(の). **a great many** 非常に多く(の). **as [so] many** 同数の. **one too many** 一つ多い, 一つ余計な, 手に余る.

many-sided a. 多辺形の; 多方面の; 多芸の, 多才の.

Maoism 毛沢東主義.

Maori (ニュージーランドの)マオリ人, マオリ語.

mao-tai 茅台酒.

Mao Tse-tung 毛沢東《1893-1976; 中国の革命政治家; 首席》.

Mao Zedong =Mao Tse-tung.

map n. (一枚の)地図, 天体図; 顔; Biol. 遺伝学的地図. **off the map** 遠く離れた. **on

the map 有名で. — *v.* 地図に作る, …の地図を描く; (遺伝子を)染色体上に位置づける; (遺伝子が)位置する. **map out** 計画を立てる.

maple *Bot.* カエデ, モミジ.

maple sugar かえで糖.

maple syrup メープルシロップ, かえで糖蜜.

mar *v.* 損じる, だめにする.

marabou(t) *Ornith.* アフリカハゲコウ.

maracas マラカス《キューバ起源のリズム楽器》; 乳房.

maraschino マラスキーノ《リキュール酒》.

marathon マラソン(レース); (一般に)長距離競走, 耐久競走.

maraud *v.* 略奪する.

marauder 略奪者.

marble *n.* 大理石; [*pl.*] 大理石彫刻; (ビー玉遊び用の)ビー玉; [*pl.*] ビー玉遊び; 大理石模様; [*pl.*] 頭脳; 良識. — *v.* 大理石模様にする.

marbled *a.* (肉が)霜降りの.

marbly *a.* 大理石のような; 冷淡な.

marc (ブドウの)絞りかす.

marcasite *Mineral.* 白鉄鉱.

marcel *n.* (頭髪の)波形ウェーブ. — *v.* 波形ウェーブをつける.

March 3月.

march[1] *v.* 行進する, 行軍する, 行進させる, 行軍させる; (事件が)進行する; 追い立てる, 引っ張って行く (*away, off*). — *n.* 行進, 行軍; 進展, 発展; マーチ, 行進曲; 行進の歩調. **on the march** 行進中. **steal a march on** ひそかに出し抜く.

march[2] 国境. **the Marches** (イングランドの)境界地方.

Märchen (G) メルヘン, 童話.

marcher デモ行進者.

marchioness (英国の)侯爵夫人, 女侯爵.

march-past 分列行進.

Marconi マルコーニ. **Guglielmo Marconi** (1874–1937) イタリアの無線電信の発明者.

Marco Polo マルコポーロ (1254 ?–1324 ?) イタリアの旅行家.

mare[1] 雌馬.

mare[2] *Astron.* (月・火星の)海.

mare nostrum (L) 我が海《地中海》; 領海.

mare's nest 見かけ倒し; 雑然とした場所, 雑然とした状況.

margarine マーガリン.

marge =margarine.

margin *n.* 縁, へり, 限界; 余白, 欄外; 余裕, 余地; *Com.* マージン《売買価格の差》, (利益の)幅. — *v.* …に縁を付ける; 欄外に書く; *Stock Exchange* 証拠金を払う.

marginal *a.* へりの, 周辺の, 辺境の; 欄外の; 限界の; 重要でない, わずかな.

marginalia 傍注.

marginal utility *Econ.* 限界効用.

marginated *a.* 縁のある.

marguerite *Bot.* マーガレット.

Marian *a.* 聖母マリアの.

mariculture 海洋牧場, 海中牧場.

marigold *Bot.* キンセンカ; センジュギク.

marihuana, marijuana 大麻《インド産》; マリファナ《麻薬》.

marimba マリンバ《木琴の一種》.

marina マリーナ《ヨットやモーターボートの係留場》.

marinade マリネード《肉・魚などを漬ける漬け汁》.

marine *a.* 海の, 海に住む, 海産の; 海事の, 海運の; 船舶の; 海上勤務の. — *n.* 海兵隊(員); 海運業; 船舶. **mercantile [merchant] marine** 商船. **Tell that [it] to the marines!** そんなことが信じられるものか.

Marine Corps 海兵隊.

marine insurance 海上保険.

mariner 船員.

Mariolatry 聖母崇拝.

marionette 操り人形, マリオネット.

marital a. 結婚の, 夫婦の.

maritime a. 海の, 海上の; 沿海の, 海辺の; 海事の, 海運の; 船員の.

marjoram Bot. マヨラナ《シソ科の植物; 料理用》.

mark[1] マルク《ドイツの通貨単位》.

mark[2] n. 印, 記号; マーク; 跡, 痕跡; 刻印; 目標, 的; 標準, (成績などの)点数, 評価; 影響; 特徴; 傑出, 著名; (競技の) 出発点; (だまされた)かも. **below the mark** 標準以下の, 劣等な. **beside the mark** 的をはずれて, 見当違いの. **hit the mark** 命中する. **miss the mark** (的を)はずれる. **make one's mark** 名を挙げる. **up to the mark** 標準に達して, 申し分のない; 元気で. — v. 印をつける; 目立たせる, 特色づける; 注意する; 採点する, (得点などを)記録する; 値札をつける. **mark off** 区画する, 仕切る. **mark out** 目印する; 区画する; 計画する. **mark up** 値上げする.

Mark Bib. マルコ《伝福音書》.

marked a. 記号のついた, 印のついた; 目立った, 著しい; Ling. 有標の. **marked man** 注意人物.

markedly ad. 際立って, 著しく.

marker 印をつける物, 印をつける人; ゲーム取り; しおり, 採点者; =genetic marker.

market n. 市, 市場; 販路; 取り引き, 売買; 市況, 市価, 相場. **be in the market** 売り物に出ている; 求めている (for). **put on the market** 売り物に出す. — v. 市場に出す, 市場で売買する.

marketable a. 市場向きの, 市場価値のある, 売れ口のある.

market day 市日.

marketeer 市場商人.

marketer 市場へ行く人, 市場で売買する人.

market gardener 市場向け野菜栽培業者.

market gardening 市場向け野菜栽培業.

marketplace 市の立つ広場, 市場; 商業界.

market price 市価.

market research 市場調査.

market share 市場占有率.

market value 市場価格.

marking 印, 斑点.

marksheet マークシート《コンピューター採点用の解答用紙》.

marksman 射手, 射撃の名手.

Mark Twain マーク・トウェーン《1835–1910; 米国のユーモア作家》.

markup 値上げ; 法案の最終審議.

marl 泥灰土.

Marlboro Trademark マールボロ《紙巻きたばこ》.

marline Naut. 二股撚り細綱.

marlinespike 綱通し針.

marmalade マーマレード.

marmoreal, marmorean a. 大理石の(ような); 冷たい.

marmoset Zool. キヌザル.

marmot Zool. マーモット.

maroon[1] v. 孤島に置き去りにする, 孤立させる; ぶらぶらする.

maroon[2] えび茶色; 花火の一種.

marplot お節介して計画をぶち壊す人.

marque 拿捕免許状.

marquee (ホテルなどの玄関上の)ひさし; 大テント.

marquess (英国の)侯爵.

marquetry 寄せ木細工.

marquis =marquess.

marquise (英国以外の)侯爵夫人, 女侯

爵.

marriage 結婚(式); 結婚生活; 合体.
　give in marriage 婿にやる, 嫁にやる.　**take in marriage** 婿にもらう, 嫁にもらう.

marriageable a. 婚期に達した, 年頃の.

marriage certificate 結婚証明書.

marriage lines 結婚証明書.

marriage portion 持参金.

married a. 既婚の; 夫婦の; 密接な.

marrons glacés (F) マロングラッセ.

marrow (骨の)髄; 心髄.　**to the marrow** 骨の髄まで; 生粋の.

marrowbone 髄骨; [pl.] 膝.

marrowfat マローファット《大エンドウの一種》.

marrowy a. 髄のある; 簡潔で力強い.

marry v. 結婚する, 結婚させる, 嫁をもらう, 婿をもらう, 嫁にやる, 婿にやる; 堅く結び付ける; 結婚式をあげる.　**marry down** 自分より地位の低い者と結婚する.　**marry up** 自分より地位の高い者と結婚する.

Mars Rom. Myth. マルス《軍神; ギリシャ神話のAres に当たる》; Astron. 火星.

Marseillaise [La ～] ラマルセイエーズ《フランス国歌》.

Marseilles マルセーユ《フランス南東部の港市》.

marsh 湿地, 沼地.

marshal n. (陸軍の)元帥; 儀式係, 接待役; 州法務官, (市の)警察署長, 消防署長.　—v. 整列させる, 整える, 配列する; (客を)案内する.

marshaling yard 操車場.

marshalship marshal の職.

marsh gas メタンガス.

marshmallow Bot. ウスベニタチアオイ; マシュマロ《菓子》.

marsh marigold Bot. リュウキンカ.

marshy a. 沼のような, 湿地の, 沼沢の多い.

marsupial a., n. 有袋目の(動物).

mart 市場, 商業中心地.

martello tower Hist. 海岸の円形砲塔.

marten Zool. テン(の皮).

martial a. 戦争の; 武勇の, 好戦的な.

martial art (東洋の)武術.

martial law 戒厳令.

Martian n., a. 火星(人)の; 火星人.

martin Ornith. イワツバメ.

martinet 規律のやかましい人.

martingale また綱《馬具》; Naut. 第二斜檣の下方支索; 倍賭け《負ける度に賭け金を倍にする賭け》.

martini マティーニ《カクテルの一種》.

Martin Luther King Day キング牧師の日《1 月 15 日; 米国の祝日》.

Martinmas 聖マルタン祭《11 月 11 日》.

martyr n. 殉教者; 犠牲者 (to); 病苦者.　—v. (迫害して)殺す.

martyrdom 殉教; 苦難.

martyrize v. 殉教者として殺す; 苦しめる.

marvel n. 驚嘆すべき物, 驚嘆すべき事, 驚嘆すべき人.　—v. 驚き怪しむ, 驚嘆する (at, how, etc.).

marvel(l)ous a. 驚くべき, 不思議な; すばらしい.

Marx マルクス.　**Karl Heinrich Marx** (1818–83)ドイツの経済学者・社会主義者.

Marxian a. マルクス(主義)の.

Marxism マルクス主義.

Marxism-Leninism マルクス・レーニン主義.

Marxist マルクス主義者.

Mary 聖母マリア.

Mary Jane マリファナ.

Maryland メリーランド《米国東部の州》.

Mary Stuart メアリー・スチュアート《1542–87; スコットランド女王》.

marzipan マジパン《アーモンドと砂糖・卵白で作った菓子》.

Masai n. マサイ族《ケニアやタンザニアの種族》; マサイ語.　—a. マサイ族の, マサイ語の.

mascara まつ毛染め, マスカラ.

mascot (幸運をもたらす)お守り, マスコット.

masculine *a., n.* 男の; 男性的な; 男らしい, 男まさりの; *Gram.* 男性(の).

masculinist 男性優位論者.

maser *Phys.* メーザー《マイクロ波増幅器》.

mash *n.* 麦芽汁; (ふすまなどを湯に溶いた)飼料; (一般に)どろどろのもの; マッシュポテト. —— *v.* 突き潰す.

mashed potatoes マッシュポテト.

masher じゃがいも潰し.

mashie *Golf* マシー《五番アイアン》.

mask *n.* 面, 仮面, マスク, 覆面; 防毒面; デスマスク; =masquerade; 仮面劇; 顔. —— *v.* 仮面をかぶる, 仮面をかぶらせる; 覆う, 隠す.

masked *a.* 仮面をかぶった, 覆面の; 隠した.

masked ball 仮面舞踏会.

masker 覆面者; 仮面舞踏会, 仮面劇役者.

masking tape 保護テープ《塗料がつかないように貼る》.

masochism マゾヒズム《被虐性異常性欲》.

mason *n.* 石工, 石屋; コンクリート職人; [M-] =Freemason. —— *v.* 石細工で造る.

Mason-Dixon line メーソン・ディクソン線《奴隷制度時代の米国 Pennsylvania と Maryland 両州の境界線で以前は自由州と奴隷州の区分線であった》.

Masonic *a.* フリーメーソンの.

masonry 石工の職, 石工の技術; コンクリート工事; (建物の)石造部, 石積み, れんが積み; [M-] =Freemasonry.

masque 仮面舞踏会; (16-17 世紀の)仮面劇.

masquer =masker.

masquerade *n., v.* 仮面舞踏会(に参加する), 仮装舞踏会(に参加する); 仮面(をかぶる),

仮装(する); ふりをする.

masquerader 仮面舞踏者.

mass[1] *n.* 塊; 集まり, 集団 (*of*); 多数, 大量 (*of*); 主要部, 大部分; 大きさ; *Phys.* 質量; [the ~es] 大衆, 下層階級. **be a mass of** …だらけだ. **in the mass** まとめて. —— *v.* ひと塊にする, ひと塊になる, 一団にする, 一団になる, 集結する. —— *a.* 多数の, 大規模な; まとまった.

Mass, mass[2] *Rom. Cath.* ミサ; *Mus.* ミサ曲.

Massachusetts マサチューセッツ《米国東部の州》.

massacre *n., v.* 大虐殺(する); 完敗(させる).

massage *n., v.* マッサージ(を施す); おだてる; 懐柔する, 手直しする.

massage parlor マッサージパーラー.

massager マッサージ師.

mass communication (新聞・ラジオ・テレビなどによる)大衆伝達.

masscult マスコミ文化.

massé (F) *Billiards* マッセ《キューを垂直に立てて突く》.

masseur (F) マッサージ師.

masseuse (F) 女マッサージ師.

massif (F) *Geol.* 中央山塊.

massive *a.* 重くて大きい, どっしりした; がっしりした.

mass media マスメディア, マスコミ.

mass meeting 民衆大会, 市民大会.

mass noun *Gram.* 質量名詞.

mass-produce *v.* 大量生産する.

mass production 大量生産.

massy *a.* =massive.

mast[1] ドングリ《豚の飼料》.

mast[2] マスト, 帆柱; 鉄塔.

mastectomy *Med.* 乳房切除(術).

master *n.* 支配者; 主人, 雇い主, 持ち主,

飼い主；船長；教師；名人，大家；[M-]坊ちゃん《少年に対する敬称》；[M-]修士；[the M-] =Christ；(レコードの)原盤，マスターテープ．**be one's own master** (他の束縛を受けず)自由の身でいる．**master of ceremonies** 式部官；司会者．— v. 支配する，征服する，勝つ；修得する，熟達する；…からマスターレコードを作る，…からマスターテープを作る．

master-at-arms Nav. 先任警衛兵曹．

masterful a. 主人ぶる，尊大な；腕前の見事な．

master key マスターキー．

masterly a. 名人らしい，巧みな，見事な．

mastermind v., n. 黒幕から指揮する(人)；優れた指導者．

masterpiece 傑作．

master plan 基本計画，総合計画，マスタープラン．

Masters マスターズゴルフ《米国で行われる国際トーナメント》．

master sergeant U.S.Army 曹長．

mastership master の職，master の地位；支配(力)，熟練．

masterstroke 見事な手腕；大成功．

masterwork 傑作．

mastery 支配，統御，優越；精通，熟達．

masthead 帆柱の先，檣頭．

mastic Bot. コショウボク；マスチック酒．

masticate v. 噛む，咀嚼する．

masticator 粉砕器．

mastiff マスチフ《大型番犬》．

mastitis Med. 乳腺炎．

mastodon マストドン《象に似た古生物》．

mastoid n., a. 乳様突起(の)．

masturbate v. 自慰を行う，オナニーを行う；(他人の性器を)刺激する．

mat[1] n. マット，むしろ，ござ，畳；(玄関前の)ドアマット；(皿・食器などの)下敷き；(体操用)マット；もつれ；女．**on the mat** 困って；罰せられて．— v. マットを敷く，マットに編む；噛み合う，噛み合わす，もつれる；もつれさせる．

mat[2] a. 光沢のない，艶消しの．— n., v. (絵の)台紙(をつける)；艶消しに(を施す)．

matador (牛に止めを刺す主役)闘牛士，マタドール．

match[1] マッチ．

match[2] n. 競争相手，好敵手；好一対，釣り合ったもの，一対の片方；縁組み，結婚(の相手)；試合，勝負．— v. 取り組ませる，競争させる (with, against)；縁組みさせる；匹敵する，釣り合う；似合う，調和する．

matchbook ブックマッチ《はぎ取り式マッチ》．

matchbox マッチ箱；小さな家．

matchless a. 無比の．

matchmaker 仲人；競技の組み合わせをする人．

match play Golf マッチプレー《1ホールごとに勝負をつける》．

match point (競技で)決勝の一点，マッチポイント．

matchwood マッチの軸木．

mate[1] n. 仲間，相棒；連れ合い；(商船の)航海士；助手．— v. 連れ添わせる，つがう；つがわせる．

mate[2] n., v. =checkmate.

maté, mate[3] マテ茶(の木)．

matelote (F) マトロート《ぶどう酒・玉ねぎなどの入った魚のシチュー》．

material a. 物質の；有形の，具体的な；物質的な；肉体的な；実質上の；重要な．— n. 材料，素材，原料；(服の)生地；題材，資料；[pl.] 用具．

materialism 唯物主義；実利主義；唯物論．

materialist 唯物主義者，唯物論者．

materialistic a. 唯物論的な．

materiality 物質性；重要性．

materialization 具体化, 具現.

materialize v. 具体化する; (形に)表す, 現れる; (計画など)実現する; 物質的にする.

materially ad. 物質的に; 実質的に; 大いに.

materia medica (L) 薬物; 薬物学.

matériel (F) 物質的材料, 物質的設備.

maternal a. 母の, 母らしい; 母方の.

maternity 母であること, 母性; (病院の)産科.

maternity dress 妊婦服.

matey a. 親しい.

math =mathematics.

mathematical a. 数学上の, 数学的な; 極めて正確な.

mathematician 数学者.

mathematics 数学.

maths =mathematics.

matière (F) Art 素材, マチエール.

matinee, matinée (F) (演奏・演劇などの)昼興行, マチネー.

matriarch 女家長; 威厳のある老婦人.

matriarchy 母権制.

matric =matriculation.

matricentric a. 母親中心の.

matricide 母殺し(行為・人).

matriculate v. (大学に)入学を許す, 入学を許される, 入学する.

matriculation 大学入学(許可).

matrifocal a. 母親中心の.

matrilineal a. 母系の.

matrimony 結婚(生活).

matrix 鋳型; (活字の)母型; (レコードの)原盤; (鉱物の)母岩; Math. マトリックス, 行列; Computer マトリックス; Gram. 母型文.

matron (品位ある年長の)既婚婦人; 寮母; (看護)婦長; 婦人看守.

matronly a. matron らしい; どっしりして品位のある.

matt a., n., v. =mat[2].

matter n. 物体, 物質; 実質, 内容; 事, 事件, 問題; 重大事, 大事; [pl.] 事態, 事情; [the ~] 故障; 数, 量, 額; 膿. **a matter of** …の問題; およそ. **for that matter** そのことでは. **in the matter of** …については. **No matter.** なんでもない. **no matter when** たとえいつ…でも. **no matter how** たとえどう…でも. **postal matter** 郵便物. **What is the matter (with you)?** どうかしたのか.
—— v. [多く疑問・否定に用いて]係わる, 重大である; 化膿する.

Matterhorn マッターホルン《スイスとイタリアの国境にある Alps の山》.

matter-of-course a. 当然の.

matter-of-fact a. 実際的な; 平凡な.

Matthew Bib. マタイ(伝福音書).

matting むしろ・ござ類.

mattock 根掘り鍬.

mattress (藁・ばねのはいった)敷き布団, マットレス.

maturate a. 化膿する; 熟する.

mature a. 熟した; 円熟した; 熟慮された, 入念の; (手形が)満期の.
—— v. 熟す, 熟させる; 満期になる.

maturity 成熟; 満期.

matutinal a. 朝の, 早朝の; 早い.

maudlin a. 涙もろい.

Maugham モーム. William Somerset Maugham (1874–1965) 英国の作家.

maul n., v. 大木槌(で打つ); 手荒く取り扱う, 乱暴する.

maulstick (画家の)腕杖.

Mau Mau マウマウ団《アフリカ人の暴力的秘密結社》.

maunder v. だらだらしゃべる; うろうろする, まごまごする.

Maupassant モーパッサン. Guy de Maupassant (1850–93) フランスの作家.

Mauritania モーリタニア《アフリカ西部の共和国》.

mausoleum 広大壮麗な墓, 御霊屋.

mauve n., a. ふじ色, モーブ色《赤味または青味がかった薄紫色》; ふじ色の, モーブ色の.

maverick 焼印のない子牛; 非同調者.

mavin 玄人, 専門家.

maw (動物の)胃.

mawkish a. 胸の悪くなる; いやに感傷的な.

Max Factor Trademark マックスファクター《化粧品》.

maxi マキシ《くるぶしまでの長いスカートまたはコート》.

maxilla 上あご, あご骨.

maxim 格言, 金言; 処世訓.

Maxim (gun) マキシム砲《速射機関銃》.

maximal a. 最大限の.

maximalist 要求の最大限を主張して妥協しない人.

maximize v. 最大限まで増大する.

maximum n., a. 最大量, 最高点, 最大限(の).

Maxwell House Trademark マックスウェルハウス《インスタントコーヒー》.

may aux. v. …かもしれない (may be true); …してよい (may go; may well say so); …できる (as best one may); できるように (eat so that one may live); どうか…するように (May he live long!).

May 5月; [m-] Bot. サンザシ.

Maya マヤ族《中米インディアンの一種族》; マヤ語.

maybe ad. 多分.

Mayday メーデー《国際遭難救助信号》.

May Day 五月祭《戸外でダンスや遊戯などをする祝日; 5月1日》; メーデー.

mayflower Bot. サンザシ; イワナシ.

mayfly Entom. カゲロウ.

mayhem Law 身体傷害; 騒乱.

mayn't =may not.

mayo =mayonnaise.

mayonnaise (F) マヨネーズ(ソース).

mayor 市長, 町長.

mayoralty 市長の職; 市長の任期.

maypole メイポール《花・リボンで飾った柱; 五月祭にその周囲を回りながら踊る》.

May queen メークイーン《五月祭に女王役となる少女》.

mazarine 濃い藍色.

maze n. 迷路, 迷宮. —— v. まごつかせる.

mazuma 金.

mazurka マズルカ《快活なポーランドの踊り》; その曲.

mazy a. 迷路のような; 困惑した.

MC master of ceremonies.

McCoy n. the real McCoy 本物.

McDonald's Trademark マクドナルド《ハンバーガーチェーン店》.

Mckinley マッキンレー《Alaska 州中南部の山》.

MD doctor of medicine; medical department.

me pron. 私を, 私に.

ME mechanical engineer; medical examiner; Middle English.

mead 蜂蜜酒.

meadow 牧草地.

meadowlark Ornith. マキバドリ.

meadowsweet Bot. シモツケ; シモツケソウ.

meager, meagre a. やせた; 乏しい; 貧弱な.

meal[1] 食事.

meal[2] (穀物・豆類などのふるわない)あら粉, ひき割り.

meal ticket 食券; 収入源, 大黒柱.

mealtime 食事時間.

mealy a. 小粒状の; 粉まみれの; 粉を吹く.

mealybug Entom. コナカイガラムシ.

mealymouthed a. 口先のうまい.

mean[1] いや卑しい, 下劣な; けちな; 平凡な; 意地の悪い; 肩身のせまい, 恥じ入って; 気分が悪い;

しょんぼりした; すごい, すばらしい; すばらしく賢い.
no mean 立派な.

mean² *a.* 中間の; 平均の. — *n.* 中間; 中庸; *Math.* 平均値, 中項; *Statistics* 平均; [*pl.*] 手段, 方便; [*pl.*] 資力, 財産, 富. **by all means** 是非(とも); [返事で] =certainly. **by means of** …によって. **by no means** 決して…でない; 決して…しない. **by fair means or foul** 手段の善悪を問わずに.

mean³ *v.* 意味する; …をさして言う, …の積もりで言う; (…を)意図する; 重要である; (人・物を)…にしようと思う. **mean business** [it] 本気である. **mean well** に好意をもつ (by, to). **mean ill** 悪意をもつ (by, to). **You don't mean to say so!** まさか.

meander *n.* [*pl.*] (河流の)曲がりくねり. — *v.* 曲がりくねって流れる; 当てもなくさ迷う (along); とりとめもない話をする.

meaning *n., a.* 意義, 意味; 意味ありげな, 意味深長な.

meaningful *a.* 意味深長な; 有意味の.

meaningless *a.* 無意味の; 意味をなさない.

meanly *ad.* 卑しく, 下品に; みすぼらしく; けちけちして; 貧弱に, 不十分に.

meanness つまらなさ; 野卑; けち.

means test (失業手当てを受ける人の)生計調査.

meantime, meanwhile *n., ad.* その間(に). **in the meantime** その間に.

measles はしか.

measly *a.* はしかの(ような); 卑しい, 貧弱な.

measurable *a.* 測定できる.

measurably *ad.* 測定できる程度に, 幾分.

measure *n.* 度量, ます目, 量目, 寸法, 尺度; 規準; 計量器(ます・ものさし); 限度, 程度; 適度; 方法, 手段, 措置; 政策; 法案; 韻律; *Mus.* 拍子, 小節; *Math.* 約数. **a full measure** たっぷり. **a short measure** 量目不足. **beyond [out of] mea-**

sure 法外に, 非常に. **solid measure** 体積. **for good measure** おまけに. **in a great measure** 大いに. **in a [some] measure** 多少. **made to measure** 寸法に合わせて作った(着物). **set measures to** 制限する. **take measures** 手段を講じる. **take one's measure** 人物を見定める. **within measure** 適度に. — *v.* 測る; 寸法を探る; 測ると…ある; 評価する; じろじろ見る; 優劣を比較する (with); (標準に)合わせる (by, to). **measure off** 測り分ける. **measure one's strength with [against]** …と力を比べる. **measure out** 測って配る, 測って渡す, 分配する.

measured *a.* 測った; 一様の, 節度のある; 調子の整った, 整然たる, (言葉など)慎重な.

measureless *a.* 無限の.

measurement 計量, 測定; [*pl.*] 容積, 寸法.

measuring cup 計量カップ.

measuring worm *Entom.* シャクトリムシ.

meat 食肉, 肉; 身; 内容; 女性器, ペニス, 性交. **meat and drink** 飲食物; 満足. **meat and potatoes** 基本; 好きなもの.

meat-and-potatoes *a.* 基本的な, 重要な; 現実的な.

meatball ミートボール(肉だんご); まぬけ.

meathead ばか, とんま.

meat loaf ミートローフ(ひき肉・野菜などを混ぜてパンの形に焼いたもの).

meatman 肉屋.

meat packer 精肉業者.

meat packing 精肉業.

meat-pie 肉入りパイ, ミートパイ.

meat tea =high tea.

meatus *Anat.* 管.

meaty *a.* 肉の(ような); 肉の多い; 内容の豊富な; 要領を得た.

Mecca メッカ(サウジアラビア西部の都市; イスラム

教徒の聖地》;あこがれの地; 発祥地.

mechanic 職工, 機械工.

mechanical *a.* 機械の; 機械的な.

mechanical drawing 用器画.

mechanical pencil シャープペンシル.

mechanician 機械工, 機械技術者.

mechanics 機械学, 力学; 機構.

mechanism 機械装置, 機械作用; 組み立て, 機構, 組織; (宇宙の)機械観, 機械論; (芸術の)技巧; *Psychol.* 機構, 機制《思考・感情を決める心理過程》.

mechanist *Philos.* 機械論者.

mechanistic *a.* 機械作用の; 機械観の, 機械論の.

mechanize *v.* 機械化する; (…を)機械で製造する, 機械で行う.

MEd master of education.

medal メダル; 勲章, 記章.

medal(l)ist メダル受領者, メダリスト.

medallion 大メダル; (器具などの)円形模様, 円形浮き彫り.

medal play *Golf* 打数競技.

meddle *v.* いじくる(*with*); 干渉する(*in*, *with*).

meddler 干渉者; お節介者.

meddlesome *a.* お節介な.

Medfly = Mediterranean fruit fly.

mediaeval *a.* = medieval.

media event (マスコミの報道を見込んだ)売名的事件.

mediagenic *a.* マスコミうけする, テレビうけする.

medial *a.* 中間の, 中央の; 中位の, 並の.

median *a., n.* 中間の, 中央の; *Math.* 中線.

median strip 中央分離帯.

mediate *v.* 仲に立つ, 調停する, 仲裁する; 取り次ぐ. —*a.* 中間の, 間接の.

mediation 執りなし, 調停, 仲裁.

mediative, mediatory *a.* 仲裁の.

mediator 仲裁人, 調停者.

medic 医者, 医学生; 衛生兵.

medicable *a.* 治療できる.

Medicaid 国民医療保障(制度).

medical *a.* 医術の, 医学の; 内科の; 医薬の. —*n.* 健康診断.

medical examiner 検死官.

medically *ad.* 医学的に, 医学上.

medicament 薬剤, 医薬.

Medicare 老齢者医療保障制度.

medicate *v.* 薬で処置する; 薬を入れる.

medication 薬物治療; 薬物.

medicative *a.* 薬効のある.

Medici メディチ家《14–16 世紀の Florence の名家》.

medicinal *a.* 薬用の, 薬効のある; 医薬の.

medicine 医学, 医術; 内科的治療; 飲み薬, 薬.

medicine ball メジシンボール《革製の大きくて重いボール》.

medicine cabinet 洗面所の戸棚.

medicine chest 救急箱.

medicine man (未開人の)祈禱師.

medico 医者; 医学生.

medieval *a.* 中世(風)の.

medievalism 中世趣味, 中世精神.

medievalist 中世研究家.

medieval Latin 中世ラテン語.

mediocracy 凡庸(者)政治.

mediocre *a.* 並の; 下等な.

mediocrity 凡庸; 凡人.

meditate *v.* 沈思する, 黙想する(*on*); 目論む.

meditation 黙想; 瞑想録.

meditative *a.* 黙想的な.

meditator 黙想する人.

Mediterranean *a., n.* 地中海の; [the ~] 地中海.

Mediterranean fruit fly チチュウカイミバエ《幼虫は熟した果実を食い荒らす》.

Mediterranean Sea ちちゅうかい 地中海.

medium 中位; 媒介物, 媒体; 媒質; (神降ろしの)霊媒; 媒介, 手段. **the happy medium** 適当な妥協点. — *a.* 中等の, 普通の; (肉の焼き方が)中位の.

medium frequency *Telecom.* 中間周波数, 中波.

medium range ballistic missile 中距離弾道弾.

medium wave 中波.

medlar *Bot.* セイヨウカリン.

medley 寄せ集め, 混合; 接続曲, メドレー; 雑集.

Médoc メドック(ワイン)《フランス産の赤ぶどう酒》.

medulla 骨髄, 木髄, 毛髄.

medulla oblongata 延髄.

Medusa *Gk Myth.* メドゥサ《Gorgons の一人》; [m-] クラゲ.

medusan, medusoid *n., a.* クラゲ(の); クラゲ状の.

meek *a.* 柔和な, おとなしい.

meerschaum 海泡石(製のパイプ).

meet *v.* 会う, 合う; 会合する; 会見する; 迎える; 会戦する; (耳目に)触れる; 出くわす; 直面する, 対する; (要求に)応じる; (負債などを)払う. **meet up with** …に追いつく; 偶然出会う. **meet with** …に会う; (賛成などを)得る; …を経験する. — *n.* 会, 集会, 大会; (スポーツの)競技会.

meeting 会合; 会見; 会, 集会; 会戦; 決闘; 競技会.

meetinghouse (非国教徒の)会堂.

megabuck 百万ドル.

megacity 巨大都市.

megadeath メガデス《百万人の死; 核戦争における死亡数の単位》.

megahertz *Phys.* メガヘルツ《百万ヘルツ》.

megalith (有史以前の)巨石.

megalomania 誇大妄想.

megalomaniac 誇大妄想患者.

megalopolis 巨大都市, メガロポリス.

megalopolitan *a.* 巨大都市の.

megaphone *n., v.* メガホン, 拡声器(で告げる).

megaton メガトン《TNT 火薬の百万倍の爆発力》.

megawatt メガワット《百万ワット》.

megohm *Elec.* メグオーム《百万オーム》.

meiosis *Biol.* 減数分裂.

Meistersinger (G) (14-16 世紀のドイツの)職匠歌人, マイスタージンガー.

melamine (resin) *Chem.* メラミン(樹脂).

melancholia 鬱病.

melancholiac *a., n.* 鬱病の(患者).

melancholic *a.* 鬱病の.

melancholy *n., a.* 憂鬱(な), もの悲しさ; もの悲しい.

Melanesia メラネシア《オーストラリアの北東にある島々の総称》.

Melanesian *a., n.* メラネシアの; メラネシア人(の), メラネシア語(の).

mélange (F) 混合物; ごたまぜ; 雑録.

melanism 黒色素過多; メラニン沈着.

Melba toast メルバトースト《薄くかりかりしたトースト》.

Melbourne メルボルン《オーストラリア南東部の都市》.

meld *v.* (札を)さらして得点を宣言する; 混ぜる; 混ざる.

melee (F) 混戦, 乱戦; 雑踏.

meliorate *v.* 改良する.

meliorism 社会改良論.

meliorist 社会改良論者.

melliferous *a.* 蜜を出す.

mellifluent, mellifluous *a.* (蜜のように)甘美な, なめらかな, 流暢な.

mellow *a.* よく熟した; 甘美な; 豊かで美しい, 円熟した; (土地が)肥えた; ほろ酔いの; すばらしい. — *v.* (円)熟させる; (円)熟する.

melo =melodrama.

melodic a. 旋律の; 旋律の美しい.

melodica メロディカ.

melodious a. メロディーのよい, 音楽的な.

melodist (旋律の美しい)作曲家.

melodize v. 旋律的にする.

melodrama メロドラマ; メロドラマ的事件, メロドラマ的言動.

melodramatist メロドラマの作者.

melody Mus. メロディー, 旋律; 美しい歌, 美しい曲.

melon メロン.

melt v. 溶かす, 溶ける, 溶解する; (感情など)和らげる, 和らぐ; 溶け合う (into); 溶け去る, 消え失せる (away). ― n. 溶解(物).

meltdown (原子炉の)炉心溶融.

melting a. 和らいだ; ほろりとする.

melting point 融(解)点.

melting pot るつぼ; 各人種の混ざった場所.

melton メルトン(ラシャ).

member (団体の)一員, 会員, 部員, 議員; 手足; ペニス.

membership 一員であること, 会員資格, 社員資格, 議員資格; 会員(数).

membrane Anat. 膜.

memento 記念品, 形見.

memo メモ.

memoir (故人の)言行録; [pl.] 回顧録, 思い出の記; 研究報告.

memorabilia (L) 記憶すべき事件, 記憶すべき事物, 記録すべき事件, 記録すべき事物.

memorable a. 記憶すべき; 顕著な, 重大な.

memorandum 手控え, 備忘録; (非公式の)覚え書き, メモ; (会社・組合などの)規約; 通達.

memorial a. 記念の. ― n. 記念物(記念塔・記念碑など); 覚え書き; 請願書.

Memorial Day 戦没将兵記念日, メモリアルデー (《5月の最終月曜日).

memorialist 請願起草者.

memorialize v. 記念する.

memorial park 共同墓地.

memorize v. 記憶する, 暗記する.

memory 記憶(力); 追憶, 記念; 思い出, (故人の)霊, 名声; Cards 神経衰弱; (電算機の)記憶装置, 記憶容量. in [to the] memory of …の記念に. within living memory 今もなお人の記憶にある.

memory bank Computer 記憶装置; 人間の記憶装置.

menace n., v. 脅威; 厄介者; 脅かす.

ménage (F) 世帯; 家事.

menagerie (見せ物の)動物園(の動物たち).

menarche Physiol. 初潮.

Mencius 孟子《372?-289 B.C.; 中国の哲学者》.

mend v. 直す, 直る; 修繕する; 改める, 改善する, 改良する, よくなる, よくする, 病気が好転する, 病気を好転させる. ― n. 修繕; 繕った箇所; 改良. be on the mend よくなりつつある.

mendacious a. 嘘つきの; 虚偽の.

Mendel メンデル. Gregor Johann Mendel (1822-84) オーストリアの植物学者・遺伝学者.

mendelevium メンデレビウム《放射性元素》.

Mendelian a. メンデルの.

Mendelism メンデルの遺伝学説.

Mendel's law メンデルの法則.

Mendelssohn メンデルスゾーン. Felix Mendelssohn (1809-47) ドイツの作曲家.

mendicancy, mendicity 乞食生活.

mendicant n., a. 乞食(の), 托鉢の(僧).

menfolk 男性.

menhaden Ichthy. メンハーデン《大型ニシン》.

menhir Archaeol. メンヒル, 立石《有史前の遺跡》.

menial *n., a.* 奉公人(の); 卑しい(人).

Ménière's disease *Med.* メニエール症候群.

meningitis 脳膜炎.

meniscus 凹凸レンズ.

menopause 月経閉止(期).

menses 月経.

Menshevik メンシェビキ《革命ロシヤの穏健社会主義者》.

men's room 男性用トイレ.

menstrual *a.* 月経の.

menstruate *v.* 月経がある.

menstruation 通経; 月経期間.

menstruous *a.* 月経の(ある).

mensurable *a.* 測定できる.

mensural *a.* 度量に関する; *Mus.* 定量の.

mensuration 測定, 測量, 求積法.

mental *a.* 心の, 精神の; 知的な; 精神病の; 気がふれた. **mental patient** 精神病患者.

mental age 精神年齢.

mental deficiency *Psychol.* 精神薄弱.

mental disease 精神病.

mentalism *Philos.* 唯心論; *Psychol.* メンタリズム.

mentality 精神作用; 知能; 心的状態, 心持ち; 物の考え方.

mentally *ad.* 精神的に; 知的に; 心で.

mental retardation *Psychol.* 精神遅滞.

mental test =intelligence test.

menthol *Chem.* メントール.

mentholated *a.* メントールを含んだ.

menthol cigarette メントールたばこ.

mention *v.* …のことを言う, …のことを書く, 言い及ぶ; 取りたてて言う, 挙げる. **not to mention** …は言うまでもなく. **Don't mention it.** どういたしまして. ── *n.* 言及, 記載; 寸評. **honorable mention** 選外佳作, 等外賞. **make mention of** …に言及する.

mentor 師, 賢明な顧問, 良指導者.

menu 献立表, メニュー; 食事.

meow *n., v.* (猫が)にゃーお(と鳴く).

Mephistopheles メフィストフェレス《ドイツ伝説の悪魔》.

Mephistophelian, Mephistophelean *a.* 悪魔的な.

mephitis (地中からの)毒気, 悪臭.

mercantile *a.* 商業の.

mercantilism 重商主義.

mercantilist 重商主義者.

Mercator projection (地図の)メルカトル式投影図法.

mercenary *a., n.* 金で働く, 欲得ずくの; 傭兵.

mercer (絹・ビロードを商う)呉服商.

mercerize *v.* (木綿類を)苛性ソーダで処理する.

mercery 絹物.

merchandise *n.* 商品. ── *v.* 商う.

merchant 商人, 貿易商; 卸し売り商人; 小売商人; …狂. **merchant of death** 死の商人《軍需産業家》.

merchantable *a.* 売れる; 市場向きの.

merchantman 商船.

merchant marine 一国の全商船.

merciful *a.* 情け深い, 哀れみ深い.

merciless *a.* 無慈悲な.

mercurial *a.* 水銀の(ような); 活発な, 元気な.

mercurialism *Med.* 水銀中毒.

mercuric *a.* 水銀を含んだ; *Chem.* 第二水銀の.

Mercurochrome *Trademark* マーキュロクローム《殺菌消毒剤》.

mercurous *a. Chem.* 第一水銀の; 水銀を含む.

mercury 水銀; 水銀柱; [M-] 水星; [M-] *Rom. Myth.* メルクリウス《神々の使者で弁士・職人・商人・盗賊などの守護神; ギリ

シャ神話の Hermes に当たる).

mercury-vapor lamp 水銀灯.

mercy 慈悲, 情け; 幸運. **at the mercy of**
…のなすままに, (風・波など)に任せて. **left to
the tender mercies of** …の手ひどい扱いに
任されて.

mercy killing 安楽死.

mere *a.* 単なる, ただの.

merely *ad.* 単に, ただ.

meretricious *a.* 嫌らしい, 俗悪な.

merganser *Ornith.* アイサ.

merge *v.* 吸収する; 溶け込む, 溶け込ませる
(*in*); 併合する, 併合させる.

merger (土地・会社などの)接収, 併合, 合
併.

meridian *n., a.* 子午線(上の); 絶頂(の).

meridional *a.* 子午線の; 南欧の, 南フラン
スの.

meringue メレンゲ(泡立てた卵白).

merino メリノ羊; メリノラシャ.

merit *n.* 長所, 美点, 価値, メリット; [*pl.*]
功績, 勲功, 功罪, 真価, 賞罰; *Law* 理非.
— *v.* (賞罰・感謝・非難などに)値する.

meritocracy 実力主義社会, 能力社
会.

meritorious *a.* 功績のある, 称賛すべき.

mermaid 人魚(雌); 女子水泳選手.

merman 人魚(雄); 男子水泳選手.

merrily *ad.* 陽気に, 楽しく.

merriment 陽気な騒ぎ, 笑いさざめき; 歓楽.

merry *a.* 愉快な, 陽気な; ほろ酔い機嫌の.
make merry 浮かれ騒ぐ; からかう(*over*).

merry-andrew 道化役.

merry-go-round 回転木馬.

merrymaker 浮かれ騒ぐ人.

merry-making 浮かれ騒ぎ, 酒宴.

mesa *Geol.* メサ, 卓状.

mésalliance (F) 身分違いの結婚.

mescal メスカル酒; *Bot.* リュウゼツラン.

mescaline メスカリン(幻想を起こす興奮剤).

mesh *n.* 網の目; [*pl.*] 網糸, 罠, 法網, 複
雑な機構; *Arch.* (鉄筋コンクリート用の)鉄鋼
網. **in mesh** (歯車が)噛み合って. **out of
mesh** (歯車が)はずれて. — *v.* 網にかけて捕ら
える; (歯車が)噛み合う.

mesocarp *Bot.* 中果皮.

Mesolithic *a. Archaeol.* 中石器時代の.

meson *Phys.* 中間子.

Mesopotamia メソポタミア(Euphrates 川と
Tigris 川との間にある古王国).

mesotron =meson.

Mesozoic *n., a. Geol.* 中世代(の).

mesquite *Bot.* メスキート(マメ科の低木).

mess *n.* 混乱, ごった返し; 始末に負えない有
様; *Mil.* 会食(者); 一食分. **in a mess**
ごたごたになって, めちゃめちゃになって; 始末に負えな
い有様で; 困惑して. **make a mess of** …を
めちゃめちゃにする, 台無しにする. — *v.* めちゃめ
ちゃにする; へまをやる(*up*); 給食をする, 会
食する; ぶらぶらする(*around, about*); おせっかい
する(*with*). **mess over** ひどい目にあわせる.
— *a.* すばらしい.

message 音信, 通信, 言づけ, 伝言; (芸
術作品などの)趣意; (予言者などの)警告;
(英国王が議会に送る)勅語; (米国大統
領が議会に送る)教書. **get the mes-
sage** 相手の本心を知る.

messenger 使者.

mess hall (軍隊の)食堂.

Messiah メシア(ユダヤの救世主); (救世
主としての)キリスト.

mess jacket 男の短い上着.

messmate 会食仲間.

Messrs. *n.* **Messrs. A and B** AB 両氏.
    Messrs. A & Co. A 商会御中.

messuage *Law* 家屋敷.

messy *a.* 乱雑な, 汚い.

mestizo (スペイン人とアメリカインディアンとの)混

血人.

metabolism 新陳代謝.

metabolize v. 新陳代謝させる.

metal n. 金属(元素); [pl.] レール; (道路に敷く)砕石. —— v. 金属をかぶせる.

metalanguage Ling. メタ言語《言語の記述に用いられる言語》.

metal detector 金属探知機.

metallic a., n. 金属(性)の; 金属繊維(織物).

metalline a. 金属(性)の; 金属様の.

metallize v. 金属化する.

metalloid a., n. 金属に似た; 半金属.

metallurgist 冶金学者.

metallurgy 冶金術, 冶金学.

metalwork 金属加工, 金属細工品.

metalworking 金属加工(業).

metamorphic a. 変態の, 変性の.

metamorphose v. 変形する, 変質する.

metamorphosis 変形, 変態, 変質.

metanalysis Ling. 異分析.

metaphor 隠喩《例 —— a will of iron 鉄の意志》.

metaphysical a. 形而上学的な; 抽象的な, 難解な.

metaphysician 形而上学者.

metaphysics 形而上学; 抽象論, 空論.

metasequoia Bot. メタセコイア《落葉性の針葉高木》.

metastasis Biol. 物質交代; Med. 転移.

metempsychosis (霊魂の)再生.

meteor 流星.

meteoric a. 流星の(ような); 大気の.

meteorite 隕石.

meteoroid 流星体.

meteorologic(al) a. 気象学(上)の.

meteorologist 気象学者.

meteorology 気象学.

meteor shower Astron. 流星雨.

meter[1] メートル《尺度の単位》; (詩の)韻律, 格調; Mus. 節, 拍子.

meter[2] 計量器, メーター.

meterage メーター使用料.

meter-kilogram-second a. メートルキログラム秒法の.

meter maid 駐車違反係の婦人警官.

methane Chem. メタン.

methanol Chem. メタノール《メチルアルコール》.

methinks v. 思うに…らしい.

method (科学的)方法, 方式; (規則正しい)順序, 手順; 秩序.

methodical a. 規律正しい, 組織的な; 几帳面な.

Methodism メソジスト派(の教義).

Methodist メソジスト教徒.

methodize v. 方式化する, 組織立てる.

methodology 方法論.

meths メチルアルコール.

Methuselah Bib. メトセラ《969年生きた族長》; 長命の人.

methyl Chem. メチル.

methyl alcohol Chem. メチルアルコール.

methylate v. メチルを混ぜる.

methylene Chem. メチレン.

meticulous a. 些細な事に気を使う, 気にかけ過ぎる.

métier (F) 職業.

metonymy 換喩.

me-too a., v. 人真似の, 追随的な; 真似る.

me-tooism 真似, 追随(主義).

metre =meter[1].

metric a. メートル(法)の.

metrical a. 韻律の, 格調の; 韻文の; 測度(用)の.

metricize v. メートル法に移行する; メートル法に直す.

metric system メートル法.

metric ton メートルトン.

metro (特に欧州の)地下鉄; 都市の自治体.

Metroliner メトロライナー《米国の都市間を結ぶ高速鉄道》.

metronome *Mus.* メトロノーム.

metropolis 首都; 中心都市, 大都市.

metropolitan *a., n.* 首都の(住人).

Metternich メッテルニヒ. **Prince Klemens von Metternich** (1773–1859) オーストリアの政治家.

mettle 気性; 気概, 元気. **on one's mettle** 奮起して.

mettled, mettlesome *a.* 威勢のいい.

meunière (F) *a.* ムニエルの《バターで焼いた, 熱いバター添えの》.

mew[1] *v., n.* (猫が)鳴く(声).

mew[2] カモメ.

mew[3] *n.* 鷹籠; 隠れ場. — *v.* 閉じ込める.

mewl *v.* (赤ん坊などが)泣く.

mews (路地に建てた)馬屋.

Mexican *a., n.* メキシコの, メキシコ人.

Mexico メキシコ《中米の共和国》. **the Gulf of Mexico** メキシコ湾《メキシコの東の大西洋の湾》.

Mexico City メキシコシティー《メキシコの首都》.

mezzanine 中二階; 二階桟敷(の前列); (劇場の)舞台下.

mezzo (It) =mezzo-soprano.

mezzo forte *a., ad.* やや強い, やや強く.

mezzo-relievo 中浮き彫り.

mezzo-soprano メゾソプラノ(歌手).

mezzotint *n., v.* メゾチント凹版(にする).

mf medium frequency; mezzo forte. **MFA** master of fine arts. **MFN** most favored nation 最恵国. **MH** medal of honor (米国の)名誉勲章.

mi *Mus.* ミ音.

miaow *n., v.* =meow.

miasma (沼沢地などから発散する)毒気.

mica 雲母.

Michaelmas ミカエル祭《St. Michael の記念日で9月29日》.

Michelangelo ミケランジェロ《1475–1564; イタリアの彫刻家・画家・建築家・詩人》.

Michigan ミシガン《米国中西部の州; 同州と Wisconsin 州との間の湖》.

mick(ey) アイルランド人. **take the mick(ey) (out of)** いじめる, 侮辱する.

Mickey Finn 薬物入りの酒.

Mickey Mouse *n.* ミッキーマウス. — *a.* くだらない; (音楽が)センチメンタルな.

micro =microcomputer; microprocessor.

microbe 微生物, 細菌.

microbiology 微生物学.

microbus 小型バス.

microchip *Electronics* マイクロチップ.

microcircuit *Electronics* 超小型回路.

microclimate (小地域内の)微気候.

microcomputer 小型コンピューター, マイコン.

microcopy (印刷物などの)縮小複写.

microcosm 小世界, 小宇宙; (...の)縮図(*of*);(宇宙の縮図としての)人間.

microearthquake 小規模地震.

microeconomics 微視的経済学, ミクロ経済学.

microelectronics 超小型電子技術.

microfarad *Elec.* マイクロファラッド《百万分の一ファラッド》.

microfiche マイクロフィッシュ《マイクロフィルムをまとめて複写したシート状フィルム》.

microfilm (縮小写真用)小フィルム, マイクロフィルム《書籍などの縮小複写用フィルム》.

microgram ミクログラム《百万分の一グラム》.

microgroove (LP レコードの)狭い針溝.

micrometer 測微計, マイクロメーター.

micromodule マイクロモジュール《超小型電子回路の単位》.

micron ミクロン《百万分の一メートル》.

Micronesia ミクロネシア《フィリピン諸島東方の諸群島の総称》.

Micronesian a., n. ミクロネシアの, ミクロネシア人(の), ミクロネシア語(の).

micronize v. 微粉にする.

microorganism (バクテリアなどの)微生物.

microphone マイクロフォン.

microphotograph 微小写真; 顕微鏡写真.

microphyte 微小植物, バクテリア.

microprint (原稿・印刷物などの)縮小写真版.

microprocessor マイクロプロセッサー《超小型コンピューターの処理装置》.

microreader マイクロリーダー《microfilm を拡大して読む器具》.

microrocket マイクロロケット《実験用極小型ロケット》.

microscope 顕微鏡.

microscopic(al) a. 顕微鏡の; 顕微鏡的な; 顕微鏡でなければ見えない; 微細な.

microscopy 顕微鏡使用(法).

microsecond 百万分の一秒.

microwave Elec. マイクロ波.

microwave oven 電子レンジ.

micturition 排尿.

mid[1] a. =middle.

(')mid[2] prep. =amid.

midair 空中.

Midas Gk Myth. ミダス《触れたものすべてが黄金に変わったといわれる王》.

midday 正午, 真昼時.

midden こやし山; Archaeol. 貝塚.

middle n., a. 真ん中(の), 中央(の), 中(の), 中間(の).

middle age 中年《通例 40–60 歳》.

middle-aged a. 中年の.

Middle Ages 中世.

middle age spread (腰のまわりの)中年太り.

Middle America 米国中西部; 米国の中産階級; 中部アメリカ《中央アメリカ・メキシコ・アンティル諸島》.

Middle American a., n. (米国)中西部の(人), 中産階級の(人).

middlebrow 教養が人並の人, 学問が人並の人.

middle class 中流階級.

middle distance (風景画の)中景; (陸上競技の)中距離.

middle-distance a. 中距離の.

Middle East 中東.

Middle English (1100–1500 年の)中(期)英語.

middle leg ペニス.

middle life 中年; 中流階級.

middleman 媒介者; 仲買人.

middle manager 中間管理職.

middlemost a. 真ん中の.

middle name 中間名《James *Dwight* King》; 特徴.

middle-of-the-road a. 中道の, 穏健な.

middle-of-the-roadism 中道主義.

middle-sized a. 中型の.

middleweight Boxing, Wrestling ミドル級の選手.

Middle West 米国中西部.

middling a. 中位の; 普通の; まあ丈夫で. — a. [pl.]二級品. — ad. 適度に, まあまあ, かなり.

middy =midshipman; middy blouse.

middy blouse ミディブラウス《婦人・子供用セーラーカラーのブラウス》.

midge ユスリカ.

midget n., a. こびと; 小型の, 豆….

midi ミディ《ふくらはぎの中ほどまでのスカート・コート・ドレスなど》.

midland *n.*, *a.* 内陸, 中部地方(の); [the Midlands] イングランド中部地方.

midlife 中年.

mid-night *n.*, *a.* 夜半(の).

mid-night sun (極地の)真夜中の太陽.

midrib *Bot.* (葉の)中肋.

midriff 横隔膜.

midshipman 海軍兵学校生徒; 海軍少尉候補生.

midships *ad.* =amidships.

midst *n.* 真ん中, 中央. — *prep.* =amid.

midstream 中流.

midsummer 真夏; 夏至の頃.

Midsummer Day 洗礼者ヨハネの祝日 《6月24日》.

midterm *n.*, *a.* 中間試験; 中間(の).

midway *a.*, *ad.*, *n.* 中途の, 中途で; 通路.

midwife 助産婦.

midwifery 助産術; 産婆役.

midwinter 真冬; 冬至の頃.

midyear *a.* 暦年の半ばの, 学年の半ばの.

mien 風采, 様子, 態度.

miff *n.* むかっぱら; つまらぬ喧嘩.

— *v.* むっとさせる.

Mig (ソ連の)ミグ戦闘機.

might[1] *aux. v.* might as well …as …する 位 なら…してもいいほどだ.

might[2] 力. with [by] might and main 力 をこめて, 精一杯.

might-have-been そうなったかもしれないこと; 相当な者になったかもしれない人.

mightily *ad.* 強く; ひどく.

mightiness 強力; 高位高官; (称号として)閣下.

mightn't =might not.

mighty *a.* 強い; 大きい. — *ad.* 非常に, とても.

mignonette *Bot.* モクセイソウ.

migraine *Med.* 偏頭痛.

migrant *a.*, *n.* 移住性の; 渡り鳥, 回遊魚.

migrate *v.* 移住する; (鳥や魚が季節的に) 移動する, 渡る.

migrator 移住者, 渡り鳥.

mikado, Mikado 帝, 天皇.

mike *n.* マイク(ロフォン).

— *v.* マイクを備える, マイクを付ける.

mil ミル《電線の直径を測る単位》; =$^1/_{1000}$ inch》; 千.

mil(e)age マイル数; マイル当たり旅費, マイル当たり赴任手当; (ガソリン1ガロン当たりの)走行マイル数; 利益.

Milan ミラノ《北イタリアの都市》.

milch *a.* 乳の出る.

milch cow 乳牛; ドル箱.

mild *a.* 柔和な, 優しい; 温和な, 穏やかな, きつくない; 口当たりのよい.

mildew *n.*, *v.* (植物の)うどん粉病; 白カビ (がはえる), 白カビを生じる.

mildly *ad.* 優しく; 温和に, 穏やかに.

mile マイル《=1.61 km》.

milepost 里程標.

miler 一マイルレースの選手, 一マイルレースの競走馬.

milestone 里程標; 画期的事件.

milieu (F) 周囲, 環境.

militancy 好戦性, 闘志.

militant *a.*, *n.* 交戦中の, 好戦的な, 闘争的な(人).

militaria 軍事品コレクション.

militarism 軍国主義.

militarist 軍国主義者.

militarization 軍国化.

militarize *v.* 軍国化する, 軍隊化する.

military *a.* 陸軍の; 軍隊の; 軍事の; 軍人の, 軍用の. — *n.* [the ~] 軍部, 軍隊, 軍人たち.

Military Academy 陸軍士官学校; [m-a-] 軍隊式(私立)高等学校.

military police 憲兵隊.

militate v. 影響する.

militia 市民軍; 国民軍, 義勇軍.

militiaman 民兵.

milk n., v. 牛乳(を搾る), 乳(を出す); 搾取する; 精液. **milk of human kindness** やさしい心根.

milk-and-water a. (水で割った牛乳のように)気の抜けた.

milk bar ミルクバー《ミルク・アイスクリームなどの売店》.

milk fever Med. 授乳熱.

milk-float 牛乳配達車.

milkiness 乳状(性); 不透明.

milkmaid 乳搾り女.

milkman 牛乳屋, 牛乳配達人; 乳搾り人.

milk round 牛乳配達人の配達路.

milk run 旅慣れた道, 歩き慣れた道.

milk shake ミルクセーキ.

milksop 意気地なし, 弱虫.

milk tooth 乳歯.

milkweed 乳汁を分泌する種々の熱帯植物.

milky a. 乳(のような), 乳状の, 乳白色の; おとなしい.

Milky Way 銀河, 天の川.

mill[1] ミル《通貨の計算単位; ＝¹/₁₀₀₀ dollar》.

mill[2] n. ひき臼, 製粉機; 製粉場; 工場.
go through the mill 苦しい経験をする.
— v. 粉にひく, 粉砕する; 製粉機にかける, 縮充機にかける, フライス盤にかける; (貨幣に)ぎざぎざをつける; うろつく.

Mill ミル. **John Stuart Mill** (1806–73) 英国の功利主義哲学者・経済学者.

millboard ボール紙《表紙用》.

milldam 水車堰.

mille-feuille (F) ミルフィーユ《パイ菓子》.

millennium 千年間, 千年祭; Bib. 千年王国, 至福千年.

miller 粉屋, 水車屋, 製粉業者.

miller's-thumb Ichthy. カジカ.

millet Bot. キビ, アワ.

Millet ミレー. **Jean François Millet** (1814–75) フランスの画家.

milliard 十億.

millibar Meteor. ミリバール.

milligram ミリグラム.

milliliter ミリリットル.

millimeter ミリメートル.

milliner 婦人帽子屋.

millinery 婦人帽子・小物類; 婦人帽子製造業, 婦人帽子販売業.

milling 製粉; (ラシャの)縮充; フライス削り.

milling machine 縮充機; フライス盤.

million n., a. 百万(の); [the ~] 民衆, 大衆.

millionaire 百万長者, 大富豪.

million seller ミリオンセラー《売り上げ数が百万に達したレコードや本》.

millionth n., a. 第百万(の); 百万分の一(の).

millipede Zool. ヤスデ.

millirem Med. ミリレム《放射線作用の単位》.

millpond 水車用貯水池.

millrace (水車用の)用水路.

mill run 鉱石の含有物検査; (製材された)木材.

millstone 臼石.

mill wheel (製粉機を動かす)水車.

millwright 水車大工.

milt (魚の)白子.

Milton ミルトン. **John Milton** (1608–74) 英国の詩人.

mime n., v. (古代ギリシャ・ローマの)茶番狂言; 道化師; 物真似をする.

mimeo 謄写版印刷物.

mimeograph n., v. 謄写版(で刷る).

mimesis *Biol.* 擬態.

mimetic *a.* 物真似の, 擬態の.

mimic *a.* 物真似の(うまい); 模造の, 偽の. — *n.* 物真似師. — *v.* 真似る, 人真似する; …によく似る; 擬態する.

mimicry 物真似; 擬態.

mim-mem *a.* *Educ.* (外国語の)模倣記憶の.

mimosa *Bot.* ミモザ《ネムの木の類》.

minaret ミナレット《イスラム寺院の尖塔》.

minatory *a.* 威嚇的な.

mince *v.* 小さく刻む; 気取って歩く, 気取って言う. **not mince matters [one's words]** ずけずけ言う. — *n.* ひき肉, メンチ肉.

mincemeat ミンスミート《肉などを細かく刻んで味を付けたもの》. **make mincemeat of** …を寸断する; 徹底的にやっつける.

mince pie ミンスパイ《mincemeat 入りパイ》.

mind *n.* 心, 精神; 知力; 記憶; 考え, 意見; 意向, 気分; (心の持ち主としての)人. **bring [call] to mind** 思い出させる. **cross [come into] one's mind** 心に浮かぶ. **have a good [great] mind to** …したい気が大いにある. **have half a mind to** …したく思う. **have in mind** 覚えている; 考慮する; 企んでいる. **in two minds** 決断がつかないで. **know one's own mind** 決心がついている. **of a [one] mind** 意見が一致して. **on one's mind** 気になって, 心にかかって. **out of one's mind** 狂って; 酔っぱらって. **put in mind of** …を思い出させる. **to one's mind** …の考えでは; 心に叶って. — *v.* 心にかける, 気をつける; 世話をする; [疑問・否定文で]厭う, 構う, 気にする. **mind you** いいかね. **Never mind!** 気にするな, どうだっていい.

mind-bending *a.* 幻覚を起こさせる; 頭を乱す.

mind-blowing *a.* とても面白い; 幻覚を起こさせる; 刺激的な, 感きわまった.

mind-boggling *a.* びっくり仰天させる.

minded *a.* [合成語に用いて] …の心のある, 精神が…である; …する気のある (*to* do).

minder 世話をする人, 番人.

mind-expanding *a.* 幻覚状態にさせる, 陶酔状態にさせる.

mindful *a.* 忘れない, 気を付ける (*of*).

mindless *a.* 思慮のない, 愚かな; ぼんやりした (*of*).

mind reading 読心術.

mind's eye 心眼, 想像.

mine[1] *pron.* 私のもの, 私の家族.

mine[2] *n.* 鉱山, 鉱坑; 地雷, 水雷; 富源, 宝庫. — *v.* 坑道を掘る; 採掘する; 地雷を敷設する, 水雷を敷設する.

mine detector 地雷探知機, 機雷探知機.

minefield 地雷原.

minelayer 機雷敷設艦.

miner 坑夫.

mineral *n.*, *a.* 鉱物(の), 鉱物性の; [*pl.*] 炭酸水.

mineralization 鉱化作用.

mineralize *v.* 鉱物を含ませる; 鉱物に化する.

mineralogical *a.* 鉱物学(上)の.

mineralogist 鉱物学者.

mineralogy 鉱物学.

mineral spring 鉱泉.

mineral water ミネラルウォーター; 炭酸水, 清涼飲料水.

mineral wool 鉱物綿.

Minerva *Rom. Myth.* ミネルバ《知恵の女神; ギリシャ神話の Athena に当たる》.

minestrone (It) ミネストローネ《マカロニ・野菜入りスープ》.

minesweeper 掃海艇.

mingle *v.* 混ぜる, 混ざる.

mingy *a.* けちな, けち臭い.

mini 小型のもの; ＝minibus, miniskirt.

miniature *n.* 微細画像; 小模型, ミニチュア; (映画・テレビの)小型舞台装置, 小型カメラ.

in miniature 小型に, 小規模に(できた).
— *a.* 小型の, 模型の. — *v.* (極めて小さく)縮写する.

miniaturize *v.* 小型化する.

minibike 小型バイク.

minibus 小型バス.

minicab 呼び出し小型タクシー.

minicar 小型自動車, ミニカー; (おもちゃの)ミニカー.

mini-computer 小型コンピューター.

minify *v.* (…を)小さくする, 縮小する; (…の)重要性を低める, 低く評価する.

minim *Mus.* 二分音符; 微量; ミニム《液量の最小単位》.

minimal *a.* 最小の, 極微の.

minimalist (妥協として)要求の最小限度の容認に甘んじる人.

minimax ミニマックス《ある一組の最大(値)の中の最小(値)》.

minimization 最小にすること.

minimize *v.* 最小限にする; 過小に評価する, 見くびる.

minimum *n., a.* 最少量, 最小限度(の), 最低限度(の); (幹線道路の)最低許容速度.

minimum wage 最低賃金.

mining *n., a.* 採鉱(の), 鉱業(の).

minion お気に入り; 卑屈な従者, 手先.

miniseries 連続テレビドラマ.

miniski ミニスキー《初心者用の短いもの》.

miniskirt ミニスカート.

ministate 極小国家.

minister 大臣; 公使; 牧師; 代理人.
— *v.* 奉仕する, 仕える; 助ける, 寄与する, 貢献する (to).

ministerial *a.* 大臣の; 政府(側)の; 公使の; 牧師の.

ministrant *a., n.* 奉仕する(人); 助ける(人).

ministration 牧師の職務; 奉仕, 助力.

ministry 内閣; 省; 大臣の職, 大臣の

任期, 牧師の職, 牧師の任期.

miniver 白い毛皮.

mink ミンク(の毛皮).

minke (**whale**) *Zool.* コイワシクジラ, ミンククジラ.

minnesinger (G) ミネジンガー《中世ドイツの叙情詩人》.

Minnesota ミネソタ《米国中北部の州》.

minnow *Ichthy.* ヒメハヤ.

Minoan *a.* ミノス文明の.

minor *a.* 小さい方の; より劣った, 二流の; (大学の科目が)副専攻の; 年下の; *Mus.* 短調の. — *n.* 未成年者; 副専攻科目; *Mus.* 短調.

minority 少数 (of); 少数派, 少数党; 少数民族, 少数集団; 未成年.

minor key *Mus.* 短調.

minor league マイナーリーグ.

minor premise *Log.* 小前提.

minor suit *Cards* (ブリッジで)マイナースーツ《ダイヤまたはクラブのそろい札》.

minster (修道院付属の)教会堂; 大聖堂.

minstrel (中世の)吟遊詩人; 詩人, 歌手; [*pl.*] (黒人を装った)芸人楽団; ミンストレルショー.

minstrelsy 吟誦(詩).

mint[1] *Bot.* ハッカ.

mint[2] *n.* 造幣局; 巨額, 大量.
— *v.* (貨幣を)鋳造する; (新語を)造り出す.
— *a.* 新品の, 未使用の.

mintage 貨幣鋳造; 鋳造貨幣.

mint sauce ミントソース《ハッカ・砂糖・酢で作り子羊の焼き肉にかける》.

minuet メヌエット《三拍子の緩やかで優美な舞踏(曲)》.

minus *a.* マイナスの, 負の. — *prep.* マイナスの, 負の; …がない. — *n.* 負号 (−); 負数, 欠損.

minuscule *n., a.* (古写本の)小文字草書体

（で書かれた）; 極 小 の.

minute[1] *a.* 微小 の; 詳細 な, 精密 な; つまらない.

minute[2] *n.* 分《一時間・一度の$^1/_{60}$》; 一分間, 寸時; 覚え書き, メモ; [*pl.*] 議事録. **in a minute** すぐ. **to the minute** (一 分もたがえず)きっかり. **this minute** 今すぐ. **up to the minute** 最新の. **the minute (that)**....=**as soon as**.... —*a.* 即席の. —*v.* 記録する.

minute book 覚え書き帳, 議事録.

minute gun 分時砲.

minute hand (時計の)分針.

minutely[1] *ad.* (ごく)細かく; 詳細に, 詳しく; 精密に.

minutely[2] *ad., a.* 毎分(ごとの).

minuteman *U.S.Hist.* 独立戦争のときすぐ応召できる準備をしていた民兵.

minute steak ミニッツステーキ.

minutia [*pl.*] 詳細, 細目; 些細な事.

minx お転婆娘.

miracle 奇跡, 驚異; 不思議な物, 不思議な人.

miracle drug 特効薬.

miracle play (聖書などから取材した中世の)奇跡劇.

miraculous *a.* 奇跡的な, 不思議な.

mirage 蜃気楼; [M-] ミラージュ《フランス製ジェット戦闘機》.

Miranda *a.* (被疑者の)人権擁護的な.

mire *n.* 泥, ぬかるみ, 泥沼. —*v.* 泥の中にはまる, 泥の中にはまらせる; 泥で汚す.

mirror *n.* 鏡. —*v.* 映す, 反映する.

mirror image 鏡像《左右反対》.

mirth 歓楽, 笑いさざめき.

MIRV *n., v.* (<*Multiple Independently—targeted Reentry Vehicle*) *Mil.* 多弾頭各個目標再突入ミサイル(を装備する).

miry *a.* ぬかるみの, 泥深い.

misadventure 不運, 不幸, 災難. **by**

misadventure 運悪く, 誤って.

misalliance 不相応な縁組.

misanthrope 人間嫌い(の人), すね者.

misanthropic *a.* 人間嫌いの, 世をすねた.

misanthropy 人間嫌い.

misapplication 悪用, 誤用; 着服, 横領.

misapply *v.* 悪用する, 誤用する; 横領する.

misapprehend *v.* 誤解する.

misapprehension 考え違い.

misappropriate *v.* (他人の物を)私用する; *Law* 横領する.

misbegotten *a.* できそこないの; 私生児の.

misbehave *v.* 不作法をする, 不品行をする (*oneself*).

miscalculate *v.* 誤算する.

miscall *v.* 誤った名で呼ぶ.

miscarriage 失敗; (品物の)誤配; 流産.

miscarry *v.* (計画などが)失敗する, 不成功に終わる; (手紙などが)届かない; 流産する.

miscast *v.* (俳優を)不適当な役に当てる, ミスキャストをする.

miscegenation (白人と黒人の)雑婚.

miscellaneous *a.* 種々雑多の.

miscellany (雑多な物の)寄せ集め; 雑録, 雑文集; [*pl.*](論文集の)論文.

mischance 不幸, 不運.

mischief 害, 損害, 危害; 故障; 不和; いたずら, 悪さ, ちゃめっけ; いたずらっ子. **make mischief** 人の仲を裂く.

mischief-maker 人の仲を裂く人.

mischievous *a.* 有害な; 悪さをする, いたずら好きな.

miscibility *Chem.* 混和性.

miscible *a.* *Chem.* 混和できる.

misconceive *v.* 思い違いする, 誤解する.

misconduct *n.* 不義, 不品行. —*v.* やり損う; 不品行をする.

misconstruction 誤解, 曲解.

misconstrue *v.* 解釈を誤る.

miscount *n., v.* 誤算(する).

miscreant *n., a.* 悪漢, 悪者; 異端者; 極悪の; 異端の.

miscue *n., v. Billiards* 突き損い; ミス(する), 間違う; (芝居で)せりふのきっかけを受けそこなう.

misdate *v.* 日付けを誤る.

misdeal *v.* (トランプ札を)配り損う. — *n.* 配り損い.

misdeed 悪事; 犯罪.

misdemeanant *Law* 軽犯者, 非行者.

misdemeanor *Law* 軽罪.

misdiagnose *v.* 誤診をする.

misdiagnosis 誤診.

misdial *v.* 誤った電話番号を回す.

misdirect *v.* (手紙などの)宛先を誤る; (道を)誤って教える; 誤った指導をする; 狙いを誤る, 方向を誤る; (判事が陪審員に)誤った指示を与える.

misdirection 誤った指図, 見当違い.

misdoing 悪事.

mise-en-scène (F) 舞台装置; 周囲の状況.

miser 守銭奴.

miserable *a.* 悲惨な, みじめな, ひどい; みすぼらしい, 哀れな, つまらない, 粗末な; 恥ずべき.

miserably *ad.* みじめに; みすぼらしく, 哀れに.

misery 非常な不幸, 難儀, 悲惨; 苦しみ; 貧窮.

misfeasance *Law* 不法行為; 職権濫用.

misfire *n., v.* 不発(になる); 受けない.

misfit (服・靴などが)合わないこと, 合わない服, 合わない靴; (環境に)不適応の人.

misfortune 不運, 不幸; 災難.

misgive *v.* (心などが)疑い・心配などを起こさせる.

misgiving [*pl.*] 疑惑, 心配.

misgovern *v.* 悪政を施す; 支配を誤る.

misgovernment 失政.

misguide *v.* …の指導を誤る.

mishandle *v.* 手荒に扱う, 虐待する; 誤って処置する.

mishap 災難.

mishmash ごたまぜ.

misinform *v.* 誤り伝える, 誤報する, 誤伝する.

misinterpret *v.* …の解釈を誤る, 誤解する.

misjudge *v.* …の判断を誤る, 誤審する, 誤診する.

mislay *v.* 置き違える, 置き忘れる.

mislead *v.* 誤り導く, 迷わせる; 欺く.

misleading *a.* 人を誤らせる(ような).

mismanage *v.* …の処置を誤る, …の管理を誤る.

mismatch *v.* …の組み合わせを誤る.

misname *v.* 誤った名で呼ぶ; ののしる.

misnomer 誤った名, 呼び誤り; 人名誤記.

misogamist 結婚嫌いの人.

misogamy 結婚嫌い.

misogynist 女嫌いの人.

misogyny 女嫌い.

misorient *v.* 誤った方向に向ける.

misplace *v.* 置き誤る; 所を誤る.

misprint *n.* 誤植. — *v.* 誤植する.

misprision (特に公務員の)職務怠慢; 犯罪隠匿.

misprize *v.* 軽視する.

mispronounce *v.* 誤った発音をする.

mispronunciation 誤った発音.

misquotation 誤った引用(句), 不正確な引用(句).

misquote *v.* 誤って引用する.

misread *v.* 誤読する; 誤解する.

misrepresent *v.* 誤り伝える, 偽り伝える, 不正確に述べる.

misrule *n., v.* 失政, 悪政(を施す).

miss[1] 少女; [M-] …嬢, ミス…; [M-] (生

徒が呼び掛けて）先生.

miss[2] *v.* (狙いを)逸する,（的を外す,（的を外れる;（読み)落とす,（書き)抜かす,外す,見落とす,聞き落とす,取り損う,見失う; 省略する,抜かす; …のないのに気づく, ないので寂しい, ないので困る. **miss out** 省く, 抜かす. — *n.* しくじり,失策, 失敗, ミス; 回避; 流産. **give it a miss** 省く, 放っておく.

missal *Rom. Cath.* ミサ典書.

missend *v.* 送り違える.

misshape *v.* 不格好にする, 片輪にする.

misshapen *a.* 出来損いの, 不格好な.

missile 誘導兵器, ミサイル; 飛び道具《矢・弾丸など》.

missilery ミサイル.

missing *a.* 見当たらない, 行方不明の, 欠けている.

missing link 失われた輪《猿と人間との中間の仮想の動物》.

mission 使節(団); 在外大使館, 在外公使館; 布教団; 伝道(者の派遣); 伝道区,布教区; セツルメント, 隣保団; *Mil.* 特命,作戦任務飛行;（宇宙船の)特務飛行 (to);使命, 天職.

missionary *a., n.* 布教の; 宣教師.

missionary position (性交の)正常位.

missioner 宣教師.

Mississippi ミシシッピー《米国中東部の州; 米国を縦断し Mexico 湾に注ぐ川》.

missive 公文書.

Missouri ミズーリ《米国中部の州》.

misspell *v.* 綴り違える.

misspend *v.* 使い方を誤る; 浪費する.

misstate *v.* 誤り述べる, 偽り述べる.

misstep 踏み誤り, 踏みはずし; 失策, 過失.

missus, missis 家内, 女房.

missy お嬢さん.

mist *n., v.* 霧, もや; 霧がかかる, かすませる;（目の)かすみ;（ガラスの)曇り; 氷にレモンを入れたアル

コール飲料.

mistakable *a.* 誤りやすい.

mistake *v.* 間違える; 思い違いをする. **mistake A for B** A を B と間違える. — *n.* 間違い, 誤解; *Law* 錯誤. **by mistake** 誤って. **and no mistake** 間違いなく.

mistaken *a.* 間違った; 思い違いして(いる).

mister [M-] …さん, …先生;（肩書きのない)ただの人.

mistily *ad.* 霧深く; おぼろげに.

mistime *v.* 時を誤る, 時機を逸する.

mistletoe *Bot.* ヤドリギ.

mistral ミストラル《南フランスの寒冷な北西風》.

mistranslate *v.* 誤訳する.

mistreat *v.* 虐待する, 酷使する.

mistress 女性教師; 愛人; 主婦, 女主人.

mistrial *Law* 無効審理.

mistrust *n.* 不信, 疑惑. — *v.* 信用しない, 疑う.

mistrustful *a.* 信用しない (of).

misty *a.* 霧深い, 霧のかかった; かすんだ, おぼろげな; 曖昧な.

misunderstand *v.* 誤解する.

misusage 誤用,（職権などの)濫用; 酷使,虐待.

misuse *n.* 誤用. — *v.* 誤用する; 虐待する; 濫用する.

M.I.T. Massachusetts Institute of Technology マサチューセッツ工科大学.

mite ダニ; 小銭.

miter, mitre (bishop の)司教冠, ミトラ.

mitigate *v.* (怒り・苦痛などを)和らげる, 鎮める,緩和する; 軽減する.

mitigatory *a.* 緩和的な.

mitosis *Biol.* 有糸分裂.

mitral valve *Anat.* (心臓の)僧帽弁.

mitt =mitten;（野球用)ミット; 手; 拳闘用

グラブ.

mitten ミトン, 袋手袋. **give the mitten to** (恋人を)ふる.

mix v. 混ぜる, 調合する; 調和する; 交際する. **mix up** よく混ぜる; ごっちゃにする. **be mixed up** かかり合いになる, 関係する (*with*, *in*). —— n. 混合(物); 混合飲料; 混合薬; ミックス(インスタント食品の素).

mixed a. 入り交じった, 雑多の, 混成の; 男女混合の.

mixed bag (人・物の)ごたまぜ.

mixed doubles *Tennis* 混合ダブルス.

mixed farming (作物・牧畜の)混合農業.

mixed grill ミックストグリル(肉と野菜の焙り焼き料理).

mixed marriage 雑婚.

mixer 交際家; (コンクリートなどの)ミキサー; (調理用)ミキサー; 音量調整者, 音量調整装置; 親睦会.

mixture 混合(物), 混合薬, 混合ガス.

mix-up 混乱; 混戦.

miz(z)en 後檣縦帆.

miz(z)enmast ミズンマスト.

MLD minimum lethal dose 最少致死量.

MN magnetic north. **MNC** multinational corporation 多国籍企業.

mnemonic a. 記憶を助ける.

mnemonics 記憶術.

mo 瞬間. **half a mo** ちょっと.

mo modus operandi. **MO** mail order; money order.

moan v. うめく, うなる; 嘆き悲しむ; 不平を言う. —— n. うなり声; 不平.

moat n., v. 堀(を巡らす).

mob n. 暴徒; 群衆; (泥棒・ギャングの)一団. —— v. 群がり襲う.

mobbish a. 暴徒のような; 無秩序の.

mobile a. 自由に動く; 変わりやすい; *Mil.* 機

動力のある; 流動性のある. —— n. 動原; *Mech.* 可動装置; *Fine Arts* モビール(動く部分のある彫刻).

mobile home 移動住宅車.

mobility 可動性.

mobilization 動員.

mobilize v. 動員する, 出動する.

mobocracy 衆愚政治.

mobster ギャング(の一人).

moccasin モカシン(アメリカインディアンの底革, 側面, 爪先が一枚の(鹿)革靴, またはそれに似たスポーツまたは略式用靴); *Zool.* ヌママムシ(北米産の毒蛇).

mocha モカコーヒー.

mock v. からかう, 嘲る; 真似てからかう; だます; 無視する, 無駄にする. —— n. 嘲り. **make a mock of** …をなぶりものにする. —— a., ad. まがいの,

mocker 嘲る人.

mockery 嘲り; 笑い草; 真似ごと; 無駄骨折り.

mock-heroic a. 英雄風を真似た.

mockingbird *Ornith.* マネシツグミ.

mock turtle soup (子牛の頭などで作った)まがいすっぽんスープ.

mock-up 実物大の模型.

mod a. [しばしば M-] (服装などが)大胆な, 斬新な.

modal a. 形態上の; *Gram.* (叙)法の.

modal auxiliary *Gram.* 法助動詞(can, may, must など).

modality 形態; 様式.

mode 方式, 様式, 流行, モード; *Statistics* 最頻値; *Gram.* 法, 位相.

model n. 模型, 原型, ひな型; 生き写し; (画家・服装店などの)モデル; 手本, 模範; (自動車などの)型. —— a. 模範的な, 典型的な, 模型の. —— v. (粘土などで)作る, 原型を作る, 模型を作る, 設計する; 原型に合わせて作る, 模

型に合わせて作る，のっとる，ならう (*after, on*).

modem *Computer* 変復調装置．

moderate *a.* ほどよい，適度の；穏健な；(質・量など)中位の，中等の．— *n.* 穏健な人．— *v.* ほどよくする，ほどよくなる，和らげる，和らぐ．

moderate breeze *Meteor.* 和風《風速毎秒 5.5–7.9 m》．

moderate gale *Meteor.* 強風《風速毎秒 13.9–17.1 m》．

moderately *ad.* ほどよく，適度に；穏健に．

moderation 適度，中庸；穏健． **in moderation** 適度に．

moderato (It) *ad., a. Mus.* ほどよい速度で，ほどよい速度の．

moderator 調停者；司会者；調整器．

modern *a.* 近代の，近世の；現代の；近代的な，現代風の．— *n.* 現代人，近代人．

modernism 現代主義，近代思潮，現代思潮，近代趣味，現代趣味．

modernist 現代主義者．

modernistic *a.* 現代的な．

modernity 現代性．

modernization 現代化．

modernize *v.* 現代化する，近代化する．

modest *a.* 慎み深い，控えめな，内気な；謙遜な，穏当な；地味な，簡素な．

modestly *ad.* 慎み深く；謙遜して；適度に．

modesty 慎み，遠慮，内気．

modicum 少量 (*of*)．

modifiable *a.* 変更できる，限定できる．

modification 修正，変更；*Gram.* 修飾．

modifier *Gram.* 修飾語．

modify *v.* 緩和する，加減する；修正する，変更する；限定する；*Gram.* 修飾する．

modish *a.* 流行の，現代風の．

modiste (F) 婦人服屋，婦人装身具商．

modular *a.* モジュール(型)の．

modulate *v.* 調節する；(調子を)変える；*Mus.* 転調する．

modulation 調節；(音の)抑揚，変化；*Mus.* 転調．

modulator 調節者，調節物；*Electronics* 変調器．

module (流水測定の)単位；(工作物などの)基準寸法，モジュール；分離可能な部屋；*Computer* モジュール《交換可能な構成要素》；*Aerospace* (宇宙船から分離して機能を果たす)モジュール《月着陸船・司令船など》．

modus operandi (L) 手続き；運用法；(他人の)手口．

modus vivendi (L) 生活様式；暫定協定．

moggy 飼い猫．

mogul 重要人物；大立者．

mohair モヘヤ《アンゴラヤギの毛》；モヘヤ織．

Mohammed =Muhammad.

Mohammedan *a.* =Muhammadan.

Mohawk モホーク族《もと New York 州に住んでいた》．

Mohican *n., a.* モヒカン族(の)，モヒカン語(の)；モヒカン刈り(の)．

Mohs' scale (鉱物の)モース硬度計．

moiety 半分．

moil *v.* あくせく働く．— *n.* 骨折り；混乱，厄介．

moiré, moire (F) 波紋．

moist *a.* 湿った，濡れた．

moisten *v.* 湿らす，濡らす．

moisture 湿気，湿り気，水分．

moisturize *v.* 湿気を与える，水分を与える．

moke ロバ；黒人．

mol =mole[4].

molar *n., a.* 臼歯(の)．

molasses 糖蜜．

mold[1] (腐植土に富む)沃土，耕土．

mold[2] カビ；細菌．

mold³ n. 型，流し型，鋳型；形；性質，性格. — v. (型に入れて，こねて)作る；(性格などを)形造る，鍛える；(体の線を)はっきり出す.

Moldavia モルダビア《ウクライナとルーマニアの間のソ連の共和国》.

moldboard (すきの)へら.

molder¹ 造型者.

molder² v. 朽ちる，崩れる.

moldiness カビ臭いこと.

molding 塑像；Arch. 繰形.

moldy a. カビの生えた；陳腐な；つまらない，無価値の.

mole¹ ほくろ，あざ.

mole² モグラ；潜行スパイ.

mole³ 突堤，防波堤.

mole⁴ Chem. モル.

molecular a. 分子の.

molecular weight Chem. 分子量.

molecule Chem. 分子；微分子.

molehill モグラ塚. **make a mountain out of a molehill** (僅かの困難などを)大げさに言う.

moleskin モグラの皮；モールスキン《ビロード様に織った厚地綿織物》.

molest v. 悩ます，いじめる，邪魔する，妨害する；(女性・子供に)性的ないたずらをする.

Molière モリエール《1622–73；フランスの喜劇作家》.

moll 売春婦；(泥棒などの)情婦.

mollify v. 和らげる，なだめる.

mollusc, mollusk 軟体動物.

mollycoddle n., v. 弱虫；甘やかす.

Molotov cocktail 火炎瓶.

molt v., n. 羽毛が抜け変わる，(羽毛を)落とす；羽毛の抜け変わり(の時期).

molten a. (金属が)溶解した；鋳物の.

molto (It) ad. Mus. 極めて.

mol wt molecular weight.

molybdenum Chem. モリブデン《金属元素》.

mom =mother.

mom-and-pop a. (店が)夫婦経営の，家族経営の，小規模な.

moment 瞬間；ひととき；間際；重要；[the ~] 目下，現在；機会，危機；Mech. 運動率，モーメント. **at any moment** いつなん時. **at the moment** 今のところ. **for a moment** ちょっと；当座だけの. **for the moment** さしあたり. **the man of the moment** 時の人，要人. **the moment (that)...** とすぐ.

momentarily ad. しばらく；時々刻々；直ちに.

momentary a. つかの間の，一時的な；いつ起こるかわからない.

momently ad. =momentarily.

momentous a. 重大な，由々しい.

momentum はずみ，勢い；Phys. 運動量.

momma, mommy =mother.

monachal a. 修道士の，修道院の.

monachism 修道(生活).

Monaco モナコ《フランス南東方の公国》.

Mona Lisa モナリザ.

monarch 君主.

monarchic(al) a. 君主(政体)の.

monarchism 君主主義.

monarchist 君主主義者.

monarchy 君主政体，君主国.

monastery 修道院，僧院.

monastic a. 修道院の，修道士の；禁欲的な，隠遁的な.

monasticism 修道院制度，僧院制度.

monaural a. (レコードが)モノラルの.

Monday 月曜日.

Mondayish a. 月曜気分の，気乗りしない.

Mondays ad. 月曜日(ごと)に.

monetarism Econ. マネタリズム《通貨政策を第一とする立場》.

monetary a. 貨幣の；金銭の，財産上の.

monetize v. 貨幣と定める；貨幣に鋳造する.

money 金銭，貨幣；[pl.] 通貨；富. **coin**

money どしどし金を儲ける. **in the money** (金が)たっぷりある. **marry money** 金持ちと結婚する.

moneybag 財布; [pl.] 富, 金持ち.

moneybox 貯金箱; 献金箱.

money changer 両替商, 両替機.

moneyed, monied a. 金持ちの.

money-grubber 蓄財家, 守銭奴.

moneylender 金貸し.

money market 金融市場.

money order (郵便)為替.

money spinner 蓄財家, 金づる, ドル箱.

money tree 金のなる木; 金を生むもと.

Mongol n., a. モンゴルの; モンゴル人(の), モンゴル語(の).

Mongolia モンゴル《中国とシベリアの間の地方》.

Mongolian a., n. モンゴルの; モンゴル人(の), モンゴル語(の).

Mongolism Med. 蒙古症.

Mongoloid モンゴロイド, 準蒙古人種.

mongoose Zool. マングース.

mongrel a., n. 雑種の(犬); 混血の(人).

monism 一元論.

monist 一元論者.

monition 警告, 勧告; 戒告.

monitor n., v. クラス委員; 監視装置; (情報を集めるため)海外放送を聴取する(係); (原子力工場の)放射能検出器; (広告・放送の)モニター(をする); 大トカゲ.

monitorial a. 警告の; クラス委員の.

monitorship クラス委員の役, クラス委員の任期.

monitory a., n. 警告的な; 戒告状.

monk 修道士.

monkery 修道士生活; 修道院.

monkey n. 猿; いたずらっ子; 人; 500 ポンド, 500 ドル. **get one's monkey up** 怒る.

have a monkey on one's back 麻薬中毒

にかかっている. **make a monkey of** ばかにする; だます. — v. いたずらする, いじくる (with).

monkey business いたずら, ごまかし.

monkeyish a. 猿のような; いたずらな.

monkey jacket (昔 水夫の着た)ジャケット.

monkey-nut 落花生, ナンキンマメ.

monkey puzzle Bot. チリマツ.

monkeyshine ふざけたいたずら.

monkey suit (正装の)軍服, 制服.

monkey tricks いたずら.

monkey wrench 自在スパナ.

monkhood 修道士の身分; 修道士.

monkish a. 修道士(風)の; 坊主臭い.

mono a., n. =monaural (record).

monobasic a. Chem. (酸が)一塩基の.

monochromat 全色盲患者.

monochromatic a. 単色の, モノクロの.

monochrome 単色画, 白黒写真.

monocle 単眼鏡.

monocotyledon Bot. 単子葉植物.

monocular a. 一眼(用)の.

monoculture 単一栽培.

monocycle 一輪車.

monodrama 一人芝居.

monody (ギリシャ悲劇の)独唱歌; 悲歌.

monogamist 一夫一婦主義者.

monogamy 一夫一婦制.

monogram モノグラム《氏名の頭文字の組み合わせ》.

monograph 専攻論文.

monokini モノキニ《トップレスのビキニ水着》; 紳士用超短パンツ.

monolingual a., n. 一言語だけを用いる(人).

monolith Archaeol. 独立石.

monologue 一人台詞, 一人芝居, 独占.

monomania 偏執狂.

monomaniac n., a. 偏執狂者; 偏執狂的な.

monomer Chem. モノマー, 単量体.

monometallism (つうか たんほんいせい)(通貨の)単本位制.

monomial *a., n.* 単項; 単項式.

monophthong *Phonet.* 単母音.

monoplane 単葉機.

monopolist 専売者, 独占者.

monopolistic *a.* 独占的な.

monopolize *v.* 独占する, 専売する.

monopoly 独占; 専売(権); 専売品.

monorail モノレール.

monosexual *a.* 一性素質の; 同性だけの.

monosyllabic *a. Phonet.* 単音節の.

monosyllable 単音節語.

monotheism 一神論, 一神教.

monotheist 一神論者.

monotheistic *a.* 一神教の.

monotone 単調.

monotonous *a.* 単調な, 変化のない, 退屈な.

monotony 単調, 一本調子.

Monotype *Trademark* モノタイプ《自動鋳字機》.

monovalent *a. Chem.* 一価の.

monovular *a. Biol.* 一卵性の.

monoxide *Chem.* 一酸化物.

Monroe Doctrine モンロー主義.

monseigneur (F) (フランスで)王族・高僧などの敬称.

monsieur (F) =Mr.

monsignor モンシニョール《教皇が高僧・高官などに許す尊称》.

monsoon モンスーン, 季節風; (インドの)雨期; 豪雨.

mons pubis *Anat.* (男性の)恥丘, 陰阜.

monster *n., a.* 怪物, 化け物, 鬼; 怪奇異形の人, 怪奇異形の動物, 怪奇異形の植物; 極悪人; 巨大な.

monstrosity 怪奇; 残忍; 怪物(のようなもの), お化け; 極悪人; 奇形の動物, 奇形の植物.

monstrous *a.* 怪物のような, 奇怪な; 巨大な; 鬼畜の; 途方もない, けしからぬ.

mons veneris *Anat.* (女性の)恥丘, 陰阜.

montage (F) モンタージュ; 合成画法, 合成写真.

Montaigne モンテーニュ. **Michel Eyquem de Montaigne** (1533–92) フランスの随筆家・哲学者.

Montana モンタナ《米国北西部の州》.

Mont Blanc モンブラン《フランスとイタリアの国境にある Alps の最高峰》.

Monte Carlo モンテカルロ《Monaco の都市; 賭博で有名》.

Montessori method モンテッソリ式教育法《子供の自主性を重んじる児童教育法》.

Montezuma's revenge モンテスマのたたり《メキシコで旅行者がかかる下痢》.

month (ひと)月. **this day month** 先月の今日, 来月の今日.

monthly *ad., a., n.* 月一回(の), 毎月(の); 月刊雑誌; [*pl.*] 月経期間.

monument 記念碑, 記念物; [the M-] (1666 年の)ロンドン大火記念塔.

monumental *a.* 記念の; 不朽の, 偉大な; 途方もない.

moo *v., n.* (牛が)鳴く(声).

mooch *v.* こそこそ歩く, うろつく; 盗む; 乞食する.

moo-cow =cow.

mood 気分, 気持ち; [*pl.*] むら気, ふさぎ, かんしゃく; *Gram.* 法. **in the mood** その気になっている.

moodily *ad.* 憂鬱に.

moody *a.* むら気な; 不機嫌な.

moon *n., v.* 月(の光); 月形(のもの), 新月形(のもの), 衛星; =month; [*pl.*] (露出した)尻; ふらふらさまよう (*about*), ぼんやり過ごす (*away*); (ふざけて)お尻を出してみせる. **cry [wish] for the moon** 実現不可能なことを望

む. **once in a blue moon** ごくまれに. **over the moon** 大喜びで.

moonbeam 月光.

mooncalf ばか.

moon car 月面車.

mooncraft 月ロケット.

moonfall 月面着陸.

moonflight 月への飛行.

moonish a. 月のような; 移り気の.

moonlet 小(人工)衛星.

moonlight n., v. 月光;(夜間の)アルバイトをする.

moonlighter (夜間の)アルバイトをする人.

moonlighting 副業.

moonlit a. 月に照らされた, 月明かりの.

moonscape 月面風景.

moonshine 月光; 夢のような計画, たわごと; 密造ウイスキー.

moonshiner 酒類密造者.

moonship (月への)宇宙船.

moon shot 月ロケットの打ち上げ.

moonstone 月長石.

moonstruck a. 気のふれた; 感傷的空想にふけった.

moonwalk 月面歩行.

moony a. 月の(ような); ぼんやりした, 夢のような; 狂った.

moor[1] (heather の茂る)荒野.

moor[2] v. (船を)とめる, 停泊する.

Moor (アフリカの)ムーア人.

moorage (船の)係留; 停泊所.

moorhen Ornith. アカライチョウの雌.

mooring 係船;[pl.] 停泊所; 停泊用具《綱・錨 など》.

Moorish a. ムーア人(風)の.

moorland 荒れ地.

moose Zool. (アメリカ)ヘラジカ.

moot a. 議論の余地のある, 不確実な.
— v. 論議する; 論題にする, 問題にする.

— n. 仮想法律問題に対する議論.

moot court (法律学生の)模擬法廷.

mop n. モップ. — v. モップで掃除する;(顔の汗 などを)拭く, 拭き取る (up).

mope v., n. ぼんやりふさぎ込む(人); [the ~s] 気のふさぎ.

moped モペット《小型バイク》.

mopish a. ふさぎがちな, ふさぎ込んだ.

moppet 子供, 女の子.

mop-up Mil. 掃討.

moquette モケット《椅子用の添毛毛織物》.

mora Ling. モーラ《一つの短母音に相当する単位時間》.

moraine 氷堆石《氷河の運んだ堆積物》.

moral a. 道徳(上)の, 倫理的な; 道徳的な; 品行方正な; 教訓的な, 精神的な.
   moral certainty まず間違いのない確かさ.
   moral support 精神的援助. — n. (寓話などの)教訓; [pl.] 風儀, 品行; [pl.] 倫理学.

morale 士気, 勤労意欲.

moral hazard 道徳的危険《被保険者の不注意・故意などによる保険会社側の危険》.

moralism 道義; 箴言.

moralist 道学者; 道徳家.

moralistic a. 道学的な.

morality 道徳(律);(方正な)品行, 徳行; 貞節; 教訓, 教え.

morality play (中世の)道徳劇.

moralization 説法; 教化.

moralize v. 道を説く, 教化する; 教訓を汲み取る.

moralizer 道学者.

morally ad. 道徳的に; 実質上, 確かに.

moral philosophy [science] 道徳哲学, 倫理学.

Moral Rearmament =Buchmanism.

morass 沼地; 難局.

moratorium 支払い停止, 支払い延期, モラトリアム.

Moravia モラビア《チェコスロバキア 中 部の地方》.

Moravian *a., n.* モラビア(人)の; モラビア 人, モラビア語.

morbid *a.* 病 気の; 病 的な; ものすごい.

morbidity 病 的 状 態, 不健全; 罹 病 率.

mordacious *a.* 辛辣な.

mordant *a.* 刺すような, 皮肉な; 腐 食 性の; 媒 染の. — *n.* 媒 染剤; 金属腐 食 剤.

more *a., ad., n.* さらに多い(数), さらに多い 量, もっと(大きい), もっと多くの; さらに多く, もっと, 一 層; (…より)むしろ. **all the more** (かえって) ますます, なおさら. **more and more** ますます. **more or less** 多かれ少なかれ, 多 少. **much** [**still**] **more** まして, いわんや. **no** [**not any**] **more** もはや…ない, これ以 上 …ない. **no more than** …(で)しかない. **no more** (happy) **than** …と同様(幸福)でない. **not more than** 多く とも… **the more** …**because** [**as, that**] …だ からなお一 層.

More モア. **Thomas More** (1478-1535) 英 国の作家.

moreen モリーン《カーテンなどに用いる毛織 物》.

morello 黒サクランボ.

moreover *ad.* その上, さらに.

mores 道徳的慣 習 .

morganatic *a.* 貴賤相 婚の《妻に地位・財産の継 承 権がない》.

morgue (F) 死体公示所, モルグ; (新聞社の) 参考資料室.

moribund *a.* 死にかけている; 滅亡 寸前の.

Mormon モルモン教 徒.

Mormonism モルモン教 .

morn =morning.

morning 朝, 午前; 初期.

morning after 二日酔い; =morning-after pill.

morning-after pill (性交後服用する)経 口 避妊薬.

morning call (ホテルなどの)モーニングコール.

morning coat モーニングコート.

morning glory *Bot.* アサガオ.

morning room (昼間家族の用いる)居間.

mornings *ad.* 朝は, 毎朝.

morning sickness つわり.

morning star 明けの明 星《金星》.

Morocco モロッコ《アフリカ北西部の王 国》; [m-] モロッコ革.

moron *Psychol.* 魯鈍; 低能者.

morose *a.* 不機嫌な, むっつりした.

morpheme *Ling.* 形態素.

morphemic *a. Ling.* 形態素(論)の.

morphemics *Ling.* 形 態(素)論.

Morpheus *Gk Myth.* モルフェウス《夢と眠りの神 》.

morphia, morphine モルヒネ.

morphinism モルヒネ 中 毒.

morphinist モルヒネ常 用 者.

morphology *Biol.* 形態学; *Ling.* 形態論.

morphophonemics *Ling.* 形態音素論.

morrow 翌日.

Morse code モールス符号.

morsel 一 口, 一切れ, 少 量 .

mortal *a.* 死ぬべき; 致命 的な, 不治の; 死の; 恐ろしい; 長たらしい, 退 屈な; 可能な限りの. — *n.* 人間.

mortality 死ぬべき運命, 人類; 死亡数, 死亡 率.

mortality table 死亡 表 , 生命 表 .

mortally *ad.* 致命 的に; ひどく.

mortar *n., v.* 臼, 乳 鉢; 臼 砲; しっくい, モルタル(を塗る), モルタルで接 合する.

mortarboard (左官屋の)こて板, しっくい板; (大 学 生の)角帽.

mortgage *n., v.* 抵 当(に入れる).

mortgagee 抵 当 権者.

mortgagor 抵 当 権設定者.

mortician 葬儀屋.

mortification *Relig.* 苦行，禁欲；無念，
屈辱，失望．

mortify *v.* (情欲を)制する；辱しめる，くやし
がらせる．

mortise *n., v.* ほぞ穴(を彫る)．

mortuary *a., n.* 死の，埋葬の；死体仮り置き
場；葬儀施設．

mosaic *n., a.* モザイク(のような)，寄せ木細工(の)．

mosaicist モザイク師．

Moscow モスクワ《ソ連邦およびロシヤ連邦
共和国の首都》．

Moses *Bib.* モーセ《ユダヤ立法者》．

mosey *v.* ぶらつく．

Moslem =Muslim.

mosque モスク《イスラム教の礼拝堂》．

mosquito *Entom.* カ．

mosquito net 蚊除けネット，蚊帳．

moss コケ．

moss green モスグリーン，苔色．

moss-grown *a.* コケの生えた；古風な，古ぼけ
た．

mossy *a.* コケの生えた；コケのような；時代遅れの．

most *n., a., ad.* 最大(の)，最多(の)；大部分
(の)，大抵(の)；最も；ほとんど． **for the most
part** 概して． **at (the) most** 高々，せいぜい．
make the most of …を最大限に利用する；
できる限りよく見せる，できる限りよく言う．

most-favored-nation *a.* 最恵国(として)
の．

mostly *ad.* 概して，大抵；主に．

mot (F) 警句．

mote 塵．

motel モーテル．

motet *Mus.* モテット．

moth *Entom.* ガ；シミ．

mothball (ナフタリンなどの)虫除け玉．

moth-eaten *a.* 虫の食った；時代遅れの．

mother[1] *n.* 母；女子修道院長，マザー；
本源；(夫が妻を指して)母さん． **every**

mother's son =everybody． — *v.* 母として
世話をする．

mother[2] 酢母．

Mother Carey's chicken *Ornith.* ウミツ
バメ．

mother country 母国，本国．

motherfucker くだらない奴，見下げた男．

motherfucking *a.* 見下げた，いやらしい．

Mother Goose マザーグース《英国の民間童
謡集(の伝説的な作者)》．

motherhood 母であること，母性．

Mother Hubbard 長くゆるやかなドレス《婦
人用》．

mother-in-law 義母，姑．

motherland 母国；発祥地．

motherliness 母らしさ．

motherly *a.* 母の(ような)．

Mother Nature (母なる)自然．

mother-of-pearl (貝内面の)真珠層，真
珠母．

Mother's Day 母の日《米では5月の第二
日曜日；英では Lent の第4日曜日》．

mother tongue 母語；母国語．

motif (F) (作品の)主題，モチーフ；*Mus.* 主旋
律；動機．

motion *n.* 動き，運動；運転；[*pl.*] 活動；
動作，身振り；合図；動議；便通． **in
motion** 動いて． **put [set] in motion** 動かす，
運転する． — *v.* 身振りで示す，合図する (*to
do*).

motionless *a.* 動かない，静止の．

motion picture 映画．

motivate *v.* 動機を与える，刺激する．

motivation *Psychol.* モティベーション，動機づ
け．

motivation(al) research *Com.* 動機
調査．

motive *n.* 動機，目的；誘因；=motif.
— *a.* 原動力となる；動機の． — *v.* 動機を

面に 生じるかめ形の穴).

motiveless *a.* 動機なしの, 無目的の.

motive power 動力, 原動力.

motivity 原動力.

motley *a.* ぶちの, まだらの, 雑色の(衣服); 雑多な. — *n.* (道化師の)まだら服; 道化師; ごたまぜ.

motocross モトクロス《オートバイのクロスカントリーレース》.

motor *n.* 発動機, モーター; 自動車. — *v.* 自動車で運ぶ, ドライブする. — *a.* 原動の; 発動機の; 自動車(用)の.

motorbike, motor bicycle モーターバイク.

motorboat モーターボート.

motor bus バス.

motorcade 自動車行列.

motorcar 自動車.

motorcycle オートバイ.

motordrome 自動車試走場, 自動車競走路.

motor home =mobile home.

motor inn [hotel] (都市の)高層モーテル.

motorist 自動車運転者.

motorize *v.* (車・機械などに)モーターを取り付ける; 自動車を備える, 自動車化する.

motorman (電車の)運転士.

motor pool モータープール《配車センターの自動車群》.

motor scooter (モーター)スクーター.

motor ship (大型)発動機船.

motortruck トラック.

motor vehicle 自動車.

motorway 高速道路.

mottle *n., v.* 斑点, ぶち(にする).

motto 標語, モットー, 金言.

mould =mold.

moule ムール貝, ムラサキイガイ.

moulin (F) 氷河甌穴《氷河の下の岩石

moult *v., n.* =molt.

mound *n., v.* 築山(にする), 塚, 土手; 小丘; *Baseball* マウンド.

mount *n.* 山; (写真・絵画などの)台紙, マウント, (宝石の)台; 乗用馬; 砲架. — *v.* 登る; 増やす, ふえる, (物価など)上がる (*up*); (馬に)乗る, (馬に)乗せる; 台紙をつける, 表装する; (宝石を)はめる; (大砲を据え付ける; 上演する; 剥製にする; 交尾のため(雄が雌に)乗る.

mountain 山; 多数, 多量.

mountain ash *Bot.* ナナカマド.

mountain dew 密造ウイスキー.

mountaineer *n., v.* 山地の住人, 登山家; 登山する.

mountaineering 登山.

mountain goat *Zool.* シロイワヤギ.

mountain lion *Zool.* アメリカライオン.

mountainous *a.* 山の多い; 山のような, 巨大な.

mountain sickness 山岳病, 高山病.

mountainside 山腹.

mountaintop 山頂.

mountebank 大道薬売り, 香具師, 山師, 食わせ者.

Mountie (カナダの)騎馬警官.

mounting 据え付け; 砲架; 台紙; [*pl.*] 馬具(飾り).

mourn *v.* 嘆き悲しむ (*over, for*), 悼む.

mourner 哀悼者, 会葬者.

mournful *a.* 悲しい.

mournfully *ad.* 悲しく, 悲しげに.

mourning 悲嘆, 哀悼; 喪, 忌中; 喪服. **in mourning** 喪服を着て; 喪に服して.

mourning band 喪章.

mouse *n.* 二十日鼠, マウス; 臆病者; いい子; 女; 黒あざ. — *v.* 鼠を捕る.

mouser 鼠を捕る鳥獣.

mousetrap 鼠取り; 安いチーズ.

mousse (F) ムース《泡立てたクリーム・卵白・ゼラチンなどで作った菓子または料理》.

moustache ＝mustache.

mousy, mousey *a.* 鼠の(ような), 鼠の多い; 静かな; くすんだ.

mouth *n.* 口. **down in the mouth** しょげて.
make a mouth 口をゆがめる, 顔をしかめる.
make one's mouth water (欲しくて)よだれをたらさせる. **shoot one's mouth off** 話す, 喋りまくる. — *v.* 口を動かす, 口を歪める; 気取って言う.

mouthed *a.* 口のある; 口が…の.

mouth-filling *a.* 誇大な.

mouthful 口一杯; 一口; 長い語, 長い句; もっともなこと.

mouth organ ハーモニカ.

mouthpiece 吸い口; 吹き口; 口金, マウスピース; 送話口; 代弁者.

mouth-to-mouth *a.* (人工呼吸が)口移しの.

mouthwash 口内洗浄剤.

mouthy *a.* 誇大な, おしゃべりの.

mouton ムートン《加工した羊の毛皮》.

movable *a., n.* 動かせる; [*pl.*] 動産.

move *v.* 動かす, 動く; 移す, 移る, 移転する; 進む (*along, on*); 感動させる; 動議を出す (*for*). — *n.* 動き, 運動, 移動; 転居; (チェスの)手, 番; 手段, 措置, 方策. **get a move on** 急ぐ. **make a move** 動く; 立ち去る; 行動を起こす. **on the move** 動き回って; 進行中.

movement 動き, 運動, 移動, 運転; [*pl.*] 動作, 動静, 行動; (政治的な)運動; (小説などの)筋の運び; (商品の)出回り; *Mus.* 調子, 楽章; 便通.

mover 動かす人, 動かす物, 動く人, 動く物; 原動力, 発動機; 発起人, 主唱者, 提案者.

movie *n.* 映画(館). — *a.* 映画の.

moving *a.* 動いている; 人の心を動かす; 扇

動的な.

movingly *ad.* 感動的に.

moving picture 映画.

moving sidewalk [walk] (ベルト式の)動く歩道.

moving staircase エスカレーター.

mow[1] *v.* (草を)刈る.

mow[2] (草や麦の)山; 干し草置き場.

mower 草を刈る人; 草刈り器械.

moxa (Jap) もぐさ.

moxibustion 灸.

Mozart モーツァルト. **Wolfgang Amadeus Mozart** (1756–91) オーストリアの作曲家.

mp melting point. **MP** member of parliament; military police(man). **mpg** miles per gallon. **mph** miles per hour. **M. Phil.** Master of Philosophy. **mps** meters per second.

Mr. …さん, …氏《男性の姓の前に付ける》; ミスター….

MRA Moral Rearmament. **MRBM** medium range ballistic missile.

Mrs. …さん, …夫人《既婚の女性の姓の前に付ける》; ミセス…; (人の)奥さん, 細君; [the ～] (自分の)妻, 家内.

MS master of science. **MSc** master of science. **M(S)T** mountain (standard) time. **MT** metric ton; **MTV** Music Television ロックミュージック専門のテレビ放送(局).

Ms. …さん《未婚・既婚を問わず女性の姓の前につける》.

mu ミュー《ギリシャ字母の第12字; M, μ》.

much *pron., a.* 多量(の), たくさん(の); 多くの, たいそうな. **not much of a…** 大して…でない. **this much** これだけ. **too much** 過ぎるほど; 手に余る (*for*). — *ad.* たいそう, よほど, 大方. **as much as** …だけ. **as much as to say** と言わんばかりに. **much the same** 殆ど同じ. **not so much A as B** A でなくてむしろ B.

pretty much (alike) 殆ど同じ. **so much the better** それだけかえってよい.

muchness たくさん, どっさり.

mucilage 粘液; ゴム糊.

muck n. 下肥, こやし; 汚物; くず. **make a muck of** めちゃくちゃにする; 汚くする.
— v. 肥料を施す; 汚す. **muck about** うろつく; へまをする. **muck in with** 同じかまのめしを食う. **muck up** だめにする; へまをする; 汚す.

muckrake n., v. 醜聞あさり(をする), 汚職や醜聞をあばく, 汚職や醜聞を書きたてる.

mucky a. こやしだらけの; 不愉快な.

mucous a. 粘液(質)の.

mucous membrane 粘膜.

mucus 粘液; 鼻汁.

mud 泥; 悪口; コーヒー.

mud bath 泥ぶろ《リューマチなどにきく》.

muddle v. (頭を)混乱させる; ごた混ぜにする; 台無しにする; 頭が変になる; (飲み物を)混ぜ合わせる. **muddle through** どうにかやり終える.
— n. ごった返し, 混乱.

muddleheaded a. 愚鈍な.

muddler マドラー《飲み物をかきまぜる棒》.

muddy a., v. 泥だらけの, ぬかるむ; (光・音などが)濁った, 曇った; 泥で汚す; 濁す.

mudguard (車の)泥除け.

mudpack 泥パック《美容の一種》.

mudroom 靴ぬぎ室.

muff[1] n. マフ《婦人が暖めるために手を差し込む毛皮製円筒》; (陰毛の多い)女性器.

muff[2] n., v. 無器用な人, 臆病者; へま(をやる).

muffin マフィン《丸いパン菓子》.

muffle[1] v. 暖かく包む, (音が出ないように)よく覆う.

muffle[2] (哺乳動物の)鼻先.

muffler 襟巻き, マフラー; 消音器.

mufti (イスラム教の)法律学者; (制服でない)平服.

mug[1] n. マグ《取っ手付き円筒形カップ》; 顔; 口; しかめ面; (容疑者の)顔写真.
— v. 表情を誇張して演じる; しかめっ面をする; (強盗が)背後から首を締める; (容疑者の)顔写真をとる.

mug[2] 間抜け, とんま.

mug[3] v., n. がり勉する(up); がり勉屋.

mugger (背後から襲う)強盗.

muggins 間抜け.

muggy a. むし暑い.

mugwump 偉そうに構えて政党政治に超然たる人; 大立者.

Muhammad マホメット《570?-632; イスラム教の始祖》. **Muhammad must go to the mountain** 《先方が来ないというなら》こちらが出かけて行かねばなるまい.

Muhammadan a., n. マホメットの, イスラム教の; イスラム教徒.

mulatto ムラート《白人と黒人の第一代混血児》.

mulberry クワ(の実).

mulch n., v. (植物の)根覆い(をする).

mulct n., v. 罰金(を科する).

mule[1] ラバ; 強情者; 麻薬密売人.

mule[2] (つっかけ)スリッパ.

muleteer ラバ追い.

mulish a. (ラバのように)強情な.

mull[1] マル《薄地のモスリン》.

mull[2] n., v. へま(をやる); よくよく考える(over).

mull[3] v. (ぶどう酒などに)砂糖・香料などを入れて温める.

mullah (イスラム教の)律法学者.

mullein Bot. モウズイカ.

mullet Ichthy. ボラ.

mulligan マリガン《野菜・肉などのシチュー》; Golf マリガン.

mulligatawny マリガトーニ《鶏肉のカレースープ》.

mullion Arch. マリオン, 窓仕切り; 中方立て.

multiband *a.* *Telecom.* 複数の周波数帯の, マルチバンドの.

multicolored *a.* 多色の.

multidimensional *a.* 多次元の.

multidisciplinary *a.* 多学科の, 多学科よりなる.

multiethnic *a.* 多民族の.

multifarious *a.* 多種多様の.

multiform *a.* 多形の.

multiformity 多様性.

multilateral *a.* 多辺の; 多数国家参加の.

multilingual *a., n.* 多言語を使用する(人).

multimillionaire 超億万長者.

multinational *a.* 多国籍(企業)の. — *n.* 多国籍企業.

multiparous *a.* 多産の.

multipartite *a.* 多くの部分に分かれた.

multiple *a.* 複合の; 倍数の. — *n.* *Math.* 倍数.

multiple agriculture 多角経営農業.

multiple-choice *a.* 多肢選択の.

multiple exposure *Phot.* 多重露光.

multiple shop [store] チェーンストア.

multiplex *a.* 多様の; 複合の.

multipliable *a.* 増加できる.

multiplicand *Math.* 被乗数.

multiplication 増加, 増殖; *Math.* 乗法.

multiplicative *a.* 増加の; 乗法の.

multiplicity 多数, 多種, 多様性.

multiplier *Math.* 乗数.

multiply *v.* 増す, 増やす; *Math.* 乗じる.

multipurpose *a.* 多目的用の.

multiracial *a.* 多民族の, 多民族から成る.

multistage *a.* (ロケットなど)多段式の; 段階的な.

multitude 多数; 群衆; 庶民.

multitudinous *a.* 多数の.

multivalent *a.* *Chem.* 多原子価の; *Biol.* 多価の.

multiversity マンモス大学.

multum in parvo (L) 小型で内容豊富.

mum[1] *a.* 黙って. **Mum's the word!** 他言は無用. — *v.* 黙る; 無言劇を演じる.

mum[2] = mother.

mum[3] = chrysanthemum.

mumble *v., n.* もぐもぐ言う, ぶつぶつ言う, つぶやき.

Mumbo Jumbo マンボージャンボー《西スーダンの守護神》; [m- j-] くだらない事, ちんぷんかんぷん.

mummer 無言劇の俳優; 役者.

mummery 無言劇; ばかげた虚礼.

mummify *v.* ミイラにする.

mummy[1] = mother.

mummy[2] ミイラ.

mumps [*sing.* 扱い] 流行性耳下腺炎, おたふくかぜ; 不機嫌.

munch *v.* むしゃむしゃ食う.

munchies 軽食, スナック; (マリファナ喫煙後の)空腹感.

mundane *a.* この世の, 世俗的な.

Munich ミュンヘン《西ドイツ南部の都市》.

municipal *a.* 市の, 都市の; 市制の; 市営の; (international に対して)国内の, 内政の.

municipality 自治都市; 市会, 市当局.

municipalize *v.* 市制を施す.

municipally *ad.* 市政上.

munificent *a.* 惜しげなく与える, 大まかな, 恵み深い.

muniments 証書.

munition *n.* [*pl.*] 軍需品. — *v.* 軍需品を供給する.

mural *a., n.* 壁の; 壁画.

murder *n., v.* 殺人, 殺害(する), 台無しにする; ひどく難しいこと, 不快なこと; ひどい上司.

murderer 人殺し, 殺人犯人.

murderess 女性の殺人者.

murderous *a.* 殺害の, 殺人的な.

murex *Conchology* アクキガイ.

muriatic acid 塩酸.

murky *a.* 暗い, 陰気な; 怪しい, いかがわしい.

murmur *n., v.* ささやき; つぶやき; ささやく;(風・流れが)ざわざわいう; つぶやく, ぶつぶつ言う(*at, against*).

murmurous *a.* ざわめく; ぶつぶついう.

Murphy bed マーフィベッド《折り畳んで壁ぎわにしまえる》.

murrain 瘟疫《家畜の伝染病》.

muscat マスカット(ぶどう).

muscatel マスカテル《マスカットで造る甘口の白ぶどう酒》.

muscle *n.* 筋肉; 筋力, 腕力.
— *v.* 強引に押し進む, 割り込む. **muscle in on** 強引に割り込む.

muscle-bound *a.* (運動過多で)筋肉が弾性を失った.

muscle car 馬力のある高速中型車.

Muscovite モスクワ市民.

muscular *a.* 筋力の; 筋骨たくましい, 力強い.

muscular dystrophy *Med.* 筋ジストロフィー, 筋萎縮症.

muscularity 筋骨のたくましさ.

musculature *Anat.* 筋(肉)系.

muse *v.* 沈思する, 黙想する, 熟考する(*on, upon, over*).

Muse [*pl.*] *Gk Myth.* ミューズ《学芸の神; 全部で9神で各種の学芸を司った》; [m-] 詩心, 詩情, 詩.

museum 博物館, 美術館, 陳列館, 資料館.

mush[1] どろどろしたもの; とうもろこしがゆ; たわごと; 感傷.

mush[2] *v.* 犬ぞり旅行する.

mushroom *n.* マッシュルーム; 成り上がり者.
— *v.* 急に出現する;(火事が)ぱっと燃え広がる.

mushroom cloud (核爆発の)きのこ雲.

mushy *a.* どろどろした; 女々しく感傷的な.

music 音楽; 楽曲; 楽譜; 大騒ぎ.

musical *a., n.* 音楽の, 音楽的な; ミュージカル, 音楽映画.

musical box オルゴール.

musical chairs 椅子取り遊び.

musical comedy 喜歌劇.

musicale 社交音楽会.

musicality 音楽性; 音楽的才能.

musical sand 鳴き砂, 鳴り砂.

music box オルゴール.

music hall 演芸場, 寄席.

musician 音楽家.

musicology 音楽学.

musing *a.* 沈思する, 黙想的な.

musique concrete 具体音楽《前衛音楽の一種》.

musk 麝香.

musk cat *Zool.* ジャコウネコ.

musk deer *Zool.* ジャコウジカ.

musket (昔の)小銃.

musketeer 小銃兵.

muskmelon *Bot.* マスクメロン.

musk-ox *Zool.* ジャコウウシ.

muskrat *Zool.* マスクラット.

musk rose *Bot.* ヤマバラ.

musky *a.* 麝香くさい.

Muslim イスラム教徒.

Muslimism イスラム教.

muslin 綿モスリン; キャラコ.

muss *v.* めちゃくちゃにする(*up*).

mussel *Conchology* ムラサキイガイ, ムール貝.

mussy *a.* 乱雑な.

must[1] *aux. v.* …ねばならない(*I must go*.); …に違いない(*It must be true*.); [否定]…してはならない(*You must not talk*.). — *n.* 絶対必要なもの, 絶対必要なこと, ぜひ見るべきこと, ぜひ見るべきもの.

must² (発酵前の)ぶどう液; 新ぶどう酒.

must³ カビ.

mustache 口ひげ.

mustachio 大きな口ひげ.

mustang ムスタング《米国草原地方に産する半野生馬》.

mustard からし.

mustard gas イペリット《びらん性毒ガス》.

mustard plaster からし泥, からし軟膏.

muster *n.* 召集, 点呼, 査閲. **pass muster** 合格する. — *v.* 召集する; 集まる; (勇気などを)奮い起こす (up). **muster in** 入隊させる. **muster out** 除隊させる.

muster roll 点呼簿; 総員名簿.

mustn't = must not.

musty *a.* かび臭い; 古臭い.

mutability 不定, 無常, 変転.

mutable *a.* 定まりない, 変わりやすい; むら気な.

mutant *Biol.* 突然変異体.

mutation 変化, 変異; *Biol.* 突然変異; *Phonet.* 母音変化.

mutatis mutandis (L) 必要な改変を施して.

mute *a.* 無言の; 口がきけない; 黙字の, 黙音の; *Law* 黙秘する. — *n.* 口がきけない人; だんまり役者; 黙字; *Mus.* 弱音器; *Law* 黙秘する容疑者. — *v.* 音を消す.

mutilate *v.* (手足など)切断する, 片輪にする; (削除して)不完全にする.

mutilator (手足の)切断者.

mutineer 暴徒, 反抗者.

mutinous *a.* 反抗的な, 不穏の.

mutiny *n., v.* 反乱, 暴動(を起こす), 反抗(する) (against).

mutt 間抜け; 野良犬.

mutter *n., v.* つぶやき; つぶやく, ぶつぶつ言う.

mutton マトン; 羊肉.

muttonchops 下を丸く刈り込んだほおひげ.

muttonhead ばか.

muttony *a.* マトンのような.

mutual *a.* 相互的な; 共通の; 相互組織の.

mutuality 相互関係.

muumuu ムームー《ハワイ女性のゆったりしたドレス》.

Muzak *Trademark* ミューザック《レストランなどで流している有線の音楽放送》.

muzzle *n.* (獣類の)鼻口部; 口輪; 銃口. — *v.* 口輪をかける; 口止めする; キスをする.

muzzy *a.* ぼやけた; ぼんやりした.

MVP most valuable player *Baseball* 最優秀選手.

my *pron.* 私の. **Oh my?** まあ.

myalgia *Med.* 筋痛症.

Myanmar ミャンマー《Burma の新名称》.

mycelium *Bot.* 菌糸体.

Mycenaean *a.* (古代ギリシャの)ミケネ(文化)の.

mycology 菌類学.

myelitis *Med.* 脊髄炎.

myna(h) *Ornith.* キュウカンチョウ.

MYOB Mind your own business. 余計なお世話だ.

myocardial *a.* 心筋の.

myocarditis *Med.* 心筋炎.

myocardium *Anat.* 心筋.

myoelectric *a. Med.* 筋電性の.

myope 近視の人.

myopia 近視.

myriad *n., a.* 無数(の).

myrmidon 命令を容赦なく行う下役, 鬼のような手下.

myrrh 没薬《香料》.

myrtle *Bot.* ギンバイカ.

myself *pron.* 私自身, 私自ら. **I am not myself.** (体または頭の)調子が変だ.

mysterious *a.* 神秘な, 不思議な, 不可解な, 謎の.

mystery 神秘, 不可思議; 秘密; [pl.] 秘法; 秘密の儀式; (中世の)奇跡劇; 推理小説,

ミステリー.

mystery tour [trip] 予め行き先を告げ
ない遊覧旅行.

mystic a. =mystical. — n. 神秘主義者.

mystical a. 神秘的な; 秘伝の; 精神的象
徴の.

mysticism 神秘主義; 漠然とした不合理な
思考.

mystification 神秘化; ごまかし.

mystify v. 神秘化する; 煙に巻く, ごまかす.

mystique (F) 神秘崇敬の雰囲気.

myth 神話; 作り事, 作り話; 神話的人物,
伝説的人物.

mythicize v. 神話化する.

mythological a. 神話の; 神話的な.

mythologist 神話学者.

mythologize v. 神話を作る.

mythology 神話(学); (全組織としての)神話,
神話集.

N

n N字形のもの.

'n conj. =and; than. — prep. =in.

Naafi, NAAFI [the ~] 軍隊の厚生機関,
ナーフィ, (ナーフィ経営の)酒保, 食堂.

nab v. つかまえる, 捕らえる; 逮捕する; ひったくる,
かっさらう.

Nabisco *Trademark* ナビスコ《ビスケット》.

nacelle (飛行機・飛行船の)エンジン室, (気
球の)吊り篭.

nacre (アコヤガイなどの内側の)真珠層, 真珠
母.

Naderism 消費者保護運動, ネイダー運動.

nadir *Astron.* 天底; どん底.

nag[1] 馬; やくざ馬.

nag[2] v. うるさく小言を言う, がみがみ言う(at); 悩
ます. — n. がみがみ言う人, (特に)口うるさい

女.

naiad *Gk & Rom. Myth.* ナーイアス《水の精》.

naïf (F) a. =naïve.

nail n. 爪; 釘. **hit the nail on the head**
(議論などで)適切な事を言う. **on the nail** 即
座に. — v. 釘を打つ; 釘で止める(down);
(偽りを)暴く; つかまえる, (不正を)見破る.

nailbrush 爪ブラシ.

nail clipper [pl.] 爪切り.

nail file 爪やすり.

nail polish [varnish] (マニキュア用)エナメル
液.

nail-scissors 爪切りばさみ.

Nairobi ナイロビ《ケニアの首都》.

naïve (F) a. 無邪気な, 純真な, だまされ易い,
単純な, 愚直な; 下手な, まずい; 未経験の;
まだ実験に使用されない.

naked a. 裸の; むき出しの; ありのままの, 露骨
な; *Law* 裏付けのない.

naked eye 肉眼.

namby-pamby a., n. なよなよした, ふやけた
(文章, 人, 話など).

name n. 名, 名前; 名称, 名義; 名声, 評
判; 有名人, 名士; 空名. **by name** 名は.
by the name of …と言う名の. **call one
names** 人の悪口を言う. **in name (only)** 名
目だけの, 名目だけは. **in the name of** …の名
において, の名にかけて; の名で, に代わって.
— v. 名付ける; 呼ぶ; 名指す; 指名する; 任命
する. **name after** …にちなんで名付ける.
— a. 名のある, 有名な.

nameable a. 命名される, 指名される, 名付け
られる.

name day 命名日.

name-dropping (ろくに知らないくせに)有名
人の名をよく口にすること.

nameless a. 名のない; 隠れた; 匿名の; 名
状し難い; 庶出の; 言語道断の.

namely ad. すなわち.

nameplate 表札, 標札.

namesake 同名者《他人の名にちなんで命名された人》.

Namibia ナミビア《旧 South-West Africa》.

nan(n)a おばあちゃん.

nance, nancy(-boy) 女々しい男；同性愛の男.

nankeen ナンキン木綿；[pl.] ナンキン木綿製ズボン.

nanny goat 雌ヤギ.

nap[1] n., v. うたた寝(する). **catch one napping** 人の不意を打つ, 人の油断に乗じる.

nap[2] n., v. (ネル・ラシャなどの)けば(を立てる).

nap[3] Cards ナポレオン.

napalm n., v. Chem. ナパーム《ガソリンのジェリー化剤》；ナパーム弾で攻撃する.

napalm bomb ナパーム弾.

nape うなじ, 襟首.

napery 家庭用リネン類；テーブル掛け.

naphtha Chem. ナフサ.

naphthalene Chem. ナフタリン.

Napierian logarithm Math. 自然対数.

napkin ナプキン；おしめ；生理用ナプキン.

Naples ナポリ《イタリア南部の都市》.

napoleon Cards ナポレオン；ナポレオン(金貨)《フランスの昔の20フラン金貨》；ナポレオン《ミルフィーユ (パイ菓子)のこと》.

Napoleon Bonaparte ナポレオン・ボナパルト《1769–1821；フランスの皇帝 (1804–15)》.

Napoleonic a. ナポレオンの(ような).

nappy おしめ.

narc 麻薬捜査官.

narcissism Psychoanal. 自己愛, ナルシ(シ)ズム.

narcissus Bot. スイセン；[N-] Gk Myth. ナルキッソス《水に映った自分の姿に恋し, 水仙に化した美青年》.

narcosis 麻酔.

narcotic a., n. 麻酔(性)の；麻(酔)薬の；麻(酔)薬.

narcotize v. 麻酔をかける.

nark n. (警察の)手先；=narc. — v. 密告する.

narky a. 怒りっぽい, 嫌味を言う.

narrate v. 述べる, 物語る.

narration 陳述；叙述；物語；Gram. 話法.

narrative n., a. 物語；物語体(の).

narrator 物語る人, ナレーター.

narrow a. 狭い, 細い；偏狭な；(考え方などが)こちこちの；貧しい；けちな；綿密な；危ない, やっとの. — n. [pl.] 隘路；海峡, 山あい. — v. 狭くする, 狭くなる, 縮める, 縮まる；偏狭にする；局限する.

narrow gauge Railroads 狭軌.

narrowly ad. かろうじて, やっと；狭く；詳しく.

narrow-minded a. (意見などが)かたよった；偏狭な.

narwhal Zool. イッカク《クジラ目の動物》.

NASA (<National Aeronautics and Space Administration)(米国の)航空宇宙局, ナサ.

nasal a., n. 鼻の；鼻声の；鼻音.

nasality Phonet. 鼻音性.

nasalization Phonet. 鼻音化.

nasalize v. 鼻音で発音する；鼻音化する.

nascent a. 発生しかけている, 発生期の；初期の.

nasturtium Bot. キンレンカ.

nasty a. 汚い, 嫌な；汚らわしい, 下品な；意地の悪い, じゃけんな；荒れ模様の, 険悪な；厄介な.

natal a. 誕生の, 出生の.

natality 出生(率).

natant a. 水に浮く, 泳いでいる.

natation 遊泳.

natatorial, natatory a. 泳ぎの, 泳ぐに適した.

natatorium (屋内)プール.

natch *ad.* あったりまえよ, 当然.

nates *Anat.* 尻, 臀部.

nation 国民; 国家; 民族.

national *a.* 国の, 国民的な, 国家的な; 全国的な; 一国に固有な; 国立の, 国有の. —*n.* (ある国の)国民.

national anthem 国歌.

national bank 国立銀行;（米国の）国法銀行.

national cemetery 国立共同墓地.

national convention 全国党大会.

national debt 国債.

national flag 国旗.

national government 挙国一致内閣.

National Guard 州兵(軍).

National Health Service 国民健康保険制度.

national holiday 国定休日.

national income 国民所得.

National Insurance 国民保険.

nationalism 民族意識, 国民精神; 国家主義, 民族主義; 国粋主義.

nationalist *n., a.* 国家主義者, 民族主義者; 国家主義の, 民族主義の.

nationalistic *a.* 国家主義の, 民族主義の.

nationality 国民性; 国粋; 国籍; 国家.

nationalization 国民化; 国有(化), 国営化; 帰化.

nationalize *v.* 一国家に統一する, 一国民に統一する; 国家的にする, 全国的にする; 国有にする, 国営にする; 帰化させる.

National League ナショナルリーグ《大リーグ野球の一つ》.

nationally *ad.* 国家的に, 挙国一致で.

national park 国立公園.

national seashore 国定海岸公園.

national socialism 国民社会主義, ナチズム.

national socialist 国民社会主義者, ナチ党員.

National Weather Service 国立気象局.

nation-state 民族国家.

nationwide *a.* 全国的な.

native *a.* 生まれつきの, 生来の; 生まれた, 生地の; 土着の; その土地固有の, 国産の; 素朴な. —*n.* 土着の人, …生まれの人 (*of*); 原住民; 土着の動植物.

Native American アメリカインディアン.

native-born *a.* その土地生まれの.

nativism 原住民保護主義; *Philos.* 生得説.

nativity 誕生; [N-] キリストの降誕.

NATO (<*North Atlantic Treaty Organization*) ナトー, 北大西洋条約機構.

natter *n., v.* おしゃべり(する).

natty *a.* さっぱりした, 粋な, 気のきいた.

natural *a.* 天然の, 自然(界)の; 生来の, 本来の; 常態の, 当然の; 庶出の; *Mus.* 本位の; アフロヘアーの, アフロスタイルの. —*n.* ばか; *Mus.* 本位記号; 生まれつきの名人; =Afro.

natural food 自然食品.

natural gas 天然ガス.

natural history 博物学.

naturalism 自然主義; 写実主義.

naturalist 博物学者; 自然主義者.

naturalistic *a.* 自然主義的な; 博物学の.

naturalization 帰化; 移入; 自然化.

naturalize *v.* 帰化させる, 帰化する;（外国の事物を）移入する; 自然的にする, 合理化する.

natural law (道徳上の)自然のおきて; 自然の法則.

natural life 寿命.

natural logarithm *Math.* 自然対数.

naturally *ad.* 自然に; 生まれながら; ありのまま; 当然.

natural number *Math.* 自然数.

natural person *Law* 自然人.

natural resources 天然資源.

natural science 自然科学.

natural selection *Biol.* 自然選択.

natural uranium 天然ウラン.

nature 自然(界), 天然; 本性, 性質; (…の)性質の人; 生理機能, 排泄機能; 種類. **by nature** 生まれつき, 本来. **call of nature** 尿意, 便意. **in a state of nature** 裸で; 自然のままで. **in nature** 現存している; 一体. **of [in] the nature of** …の性質を持った, …のような.

nature conservation 自然保護.

nature cure 自然療法.

nature study 自然研究.

nature trail (自然観察用の)自然歩道.

naturism 自然主義, 裸体主義.

naturopath 自然療法家.

naturopathy 自然療法.

naught 無; 零, ゼロ. **come to naught** 失敗する. **set at naught** 無視する.

naughty *a.* いたずらな, 腕白な; みだらな.

nausea むかつき, 吐き気; 嫌な気持ち.

nauseate *v.* 吐き気を起こす, 吐き気を起こさせる; 嫌な気持ちにする.

nauseous *a.* 吐き気を起こさせる; 嫌な.

nautch インドの踊り子の舞踊.

nautical *a.* 船の, 船乗りの, 航海の.

nautical mile 海里《=1852 m》.

nautilus *Zool.* オウムガイ.

Navaho ナバホ族《アメリカインディアン》.

naval *a.* 海軍の.

naval academy 海軍兵学校.

naval architect 造船技師.

naval brigade (海軍の)陸戦隊.

nave[1] *Arch.* (十字形教会の)ネーブ, 身廊.

nave[2] (車の)こしき.

navel へそ; 中心地.

navel orange ネーブル.

navigability (船・航空機の)耐航性.

navigable *a.* 航行に適する, 航空に適する; 船が通える.

navigate *v.* 航海する, 航行する, (航空機で)空を)飛ぶ; 操縦する; 進む.

navigation 航海(学), 航空(学).

navigator 航海者; 航海士, 航空士; ナビゲーター《ミサイルなどの進路の自動調整装置》; (車の)ナビゲーター《運転者に道を教える》.

navvy (未熟な)労務者.

navy 海軍; 全艦隊, 海軍軍人.

navy bean 白インゲン.

navy blue 濃紺色.

navy yard 海軍工廠, 海軍造船所.

nay *ad.* =no; それのみならず. — *n.* 反対(投票).

Nazarene ナザレ人; [the ~] キリスト.

Nazi *n.* ナチ党員; [the ~s] ナチ党《Hitler の率いた国民社会主義党》. — *a.* ナチの.

Nazify *v.* ナチ化する.

Naziism, Nazism ナチズム.

NB nota bene (L, =mark well). **NBC** National Broadcasting Company. **NBS** National Bureau of Standards 米国規格標準局. **NC** no charge; North Carolina. **NCO** noncommissioned officer.

ND no date; North Dakota. **NDak** North Dakota. **NE** New England; no effects.

Neanderthal *Anthrop.* ネアンデルタール人《旧石器時代の欧州原人》.

neap *a., n.* (潮が)低い; 小潮.

Neapolitan *a., n.* ナポリの; ナポリ人.

Neapolitan ice ナポリアイスクリーム《色・味の違う層を重ねたアイスクリーム》.

neap tide 小潮.

near *ad.* 近く, 接近して; =almost. **near at hand** 手近に; 間近に. — *prep.* …の近くに. — *a.* 近い; 近親の; 親密な; (馬・車の)左

側の; きわどい. ── v. 近づく.

near beer ニアビーア《アルコール分の少ないビール》.

nearby a. 近くの.

Near East 近東.

nearly ad. 殆ど; あやうく, やっと. **not nearly** なかなか…でない, まだまだ…でない.

near miss 有効至近弾; もう少しでうまくいったこと; Aeronaut. 異常接近, ニアミス.

nearsighted a. 近視の; 先見の明のない.

near thing 危機一髪.

neat[1] 畜牛 (cattle).

neat[2] a. きちんとした, こぎれいな; 手際のいい, 器用な; 適切な; (酒など)水を割らない.

neatherd 牛飼い.

neatly ad. きちんと, こぎれいに; 上手に; 適切に.

NEB New English Bible.

nebbish ろくでなし; 気の毒な人.

Nebraska ネブラスカ《米国中西部の州》.

nebula 星雲; 噴霧液.

nebular a. 星雲(状)の; 霞んだ.

nebular hypothesis 星雲説.

nebulize v. 噴霧状にする.

nebulizer 噴霧器, ネブライザー.

nebulosity 星雲(状のもの); 霞.

nebulous a. 星雲状の; 霞んだ; ぼんやりした.

necessarily ad. 必ず, 必然的に; [否定に用いて] 必ずしも(…でない).

necessary a., n. 必要な; 必然の; 必要物, 必需品.

necessitarian n., a. 必然論者; 必然論の.

necessitarianism 必然論.

necessitate v. 必要にする.

necessitous a. 貧困な.

necessity 必要; 必然, 運命; 必要物, 必需品; 貧困. **make a virtue of necessity** やむを得ないことを気持ちよくやる; 当然のこと

をして偉そうな顔をする. **of necessity** 必要上, やむなく; 必然的に.

neck n., v. 首; 首の肉; 首に似た部分; 海峡, 地峡; ずうずうしさ; 抱きつく, ネッキングする. **neck and neck** (競走で)負けず劣らず, 五分五分で. **risk one's neck** 命をかける. **save one's neck** 命拾いをする. **win by a neck** (競馬で)首だけの差で勝つ; やっと勝つ.

neckband シャツの襟; 首ひも.

necked a. 首のある; 首が…の.

neckerchief ネッカチーフ.

necking Arch. (柱体の)頚部の繰形装飾; 抱き合い, ネッキング.

necklace 首飾り, ネックレス.

necklet (短い)ネックレス.

neckline (衣服の)ネックライン.

necktie ネクタイ.

neckwear Com. カラー・ネクタイ・スカーフの類.

necrology 死亡者名簿; 死亡記事.

necromancer 魔術師.

necromancy (死者との交霊による)占い; 魔術.

necrophagous a. 死肉を常食とする.

necrophilia 死体愛好症.

necrosis 壊死.

necrotize v. 壊死させる.

nectar Gk Myth. ネクタール《神々が飲む美酒》; 果汁; 甘露; (植物の分泌する)蜜.

nectarine Bot. ズバイモモ, ネクタリン.

née, nee (F) a. (既婚女性が)旧姓…の.

need n. 必要, 必要物; 欠乏, 窮乏. **a friend in need** 困っている時に助けてくれる友人. **be in need of** …を要する. **have need to** =have to, must. **if need be** 必要があれば. ── v. 要する; (…する)必要がある.

needful a. 必要な. ── n. 現金, お金.

neediness 貧窮.

needle n. 針, 編み針, 縫い針; (計器の)指針; レコード針; 注射針, 注射器; [the ~] いら

だち, かんしゃく. **thread the needle** 難事をしとげる. —— v. 針で縫う; 縫って進む; いらだたせる, 悩ます.

needle-book, needle-case 針入れ.

needle game [match] 激戦, 接戦; 遺恨試合.

needlepoint 針編みレース.

needless a. 必要のない, 不用の. **needless to say** 言うまでもなく.

needlewoman お針子.

needlework 針仕事.

needn't =need not.

needs ad. ぜひとも. **must needs** ぜひ…すると言い張る; =needs must. **needs must** ぜひとも…しなければならない.

needy a. 窮している, 貧乏な.

ne'er ad. =never.

ne'er-do-well a., n. ろくでなし(の).

nefarious a. 邪悪な, 不埒な.

negate v. 否定する, 否認する; 取り消す.

negation 否定, 否認, 拒否.

negative a. 否定の, 反対の; 消極的な; Math. 負の; Phys. 陰の. —— n. 否定語; 陰電気; (写真の)陰画; 負数. —— v. 拒否する, 反対する; 否定する, 打ち消す, (反作用で)無効にする.

negativism 否定主義; Psychol. 反抗癖.

negativity 否定性, 陰性.

neglect v. 怠る; 粗略にする, 無視する. —— n. 怠慢; 粗略, 無視.

neglectful a. 怠慢な, 投げやりの.

negligee (F) ネグリジェ, 部屋着, 略服.

negligent a. 怠慢な; 投げやりの; だらしない; むとんちゃくな.

negligible a. 取るに足らない, 無視してよい.

negotiable a. 交渉できる, 譲り渡しできる; 通行できる.

negotiate v. 交渉する, 談判する; 協定する; (手形などを) 譲渡する, 金に換える; 通り抜ける, 越す, 切り抜ける.

negotiator 交渉者, 譲渡人.

Negress 黒人の女性.

Negrillo ネグリロ《アフリカの小黒人種》.

Negrito ネグリト《オセアニア・東南アジアの小黒人種》.

negritude 黒人性, 黒人文化, 黒人としての誇り, 黒人としての自覚.

Negro n., a. 黒人(の).

Negroid a., n. 黒人のような; 黒人系の(人).

Negrophile 黒人びいきの人.

Negrophobia 黒人恐怖症.

Negro spiritual 黒人霊歌.

negus ニーガス《ぶどう酒に湯・レモン・砂糖・ナッツメグを加えた飲料》.

neigh v., n. いななく; いななき.

neighbor n. 近所の人, 近所の物, 隣人, 隣国人. —— v. 隣り合う, 接する (on, upon).

neighborhood 近所, 付近; 近所付き合い. **in the neighborhood of** …の近くに; 約…, およそ.

neighboring a. 近所の, 隣接する.

neighborly a. 親切な, 睦まじい.

neighbour n., v. =neighbor.

neither ad., conj. [neither... nor... と用いて] …でもなくまた…でもない; …もまた…でない. —— pron., a. どちら(の…)も…でない.

nelson Wrestling ネルソン《首固め》.

Nelson ネルソン. **Horatio Nelson** (1758–1805) 英国の提督.

nematode a., n. 線虫類の(虫).

nem con (<L nemine contradicente) 満場一致で.

Nemesis Gk Myth. ネメシス《仇討ちの女神》; [n-] 罰, 罰する人.

neoclassic(al) a. 新古典主義の.

neoclassicism 新古典主義.

neocolonialism 新植民地主義.

Neolithic a. 新石器時代の.

neologism 新造語.

neologist 新語創造者, 新語使用者.

neology 新語の創造, 新語の使用; 新造語.

neomycin *Biochem.* ネオマイシン《放射菌から得られる抗生物質》.

neon ネオン《希ガス元素》.

neonatal *a.* 新生児の.

neonate *Med.* (生後1か月以内の)新生児.

Neo-Nazi 新ナチ主義者.

neon lamp [light] ネオン灯.

neon tetra *Ichthy.* ネオンテトラ《熱帯魚》.

neophilia 新しいもの好き.

neophiliac 新しいもの好きの人.

neophyte 新しい信者; 初心者.

neoplasm *Med.* 新生物, 腫瘍, 癌.

Neoplatonism 新プラトン主義.

neoprene ネオプレン《電気の絶縁などに用いる合成ゴム》.

Nepal ネパール《中国とインドの間の王国》.

nephew 甥.

nephritic *a.* 腎炎の.

nephritis *Med.* 腎炎.

nephrosis *Med.* ネフローゼ.

ne plus ultra (L) 極点, 最終到達点, 最高到達点.

nepotism 身内びいき.

Neptune *Rom. Myth.* ネプトゥーヌス《海神》; *Astron.* 海王星.

Neptunian *a.* Neptune の.

neptunium *Chem.* ネプツニウム《放射性元素》.

nerd つまらぬ奴.

Nereid *Gk Myth.* ネーレーイス《海の精》.

nerf *v.* (自動車レースで)外の車にぶつける.

Nero ネロ《37-68; ローマの皇帝 (54-68)》.

nerts *int.* ばかな, くだらん.

nervation *Biol.* 脈状.

nerve *n.* 神経(繊維); 精力, 元気; 沈着, 大胆; [*pl.*] 神経過敏, 臆病; *Bot.* 葉脈; 厚かましさ. **get on one's nerves** 神経にさわる, いらいらさせる. **hit [touch] a nerve** 気に障ることを言う. **lose one's nerve** 気後れする. **strain every nerve** 全力を尽くす. — *v.* 強める, 激励する.

nerve cell 神経細胞.

nerve center 神経中枢.

nerve gas 神経ガス《毒ガスの一種》.

nerveless *a.* 神経のない, 力のない, 気力のない; 冷静な.

nerve-(w)racking *a.* 神経をいらいらさせる.

nerve strain 神経の疲れ; 精神的緊張.

nerve war 神経戦.

nervine *a., n.* 神経の; 神経を鎮める(薬).

nervous *a.* 神経の; 神経過敏な, 神経質な.

nervous breakdown 神経衰弱.

nervously *ad.* 神経質に, おどおどして.

nervous Nellie 臆病な人.

nervous system 神経系(統).

nervy *a.* 勇気ある; 厚かましい, 生意気な; 元気な, たくましい; いらいらした, 神経質な.

Nescafe *Trademark* ネスカフェ.

nescience 無知; 不可知論.

nescient *a.* 無知な; 不可知論の.

ness 岬.

Nessie ネッシー《Loch Ness (ネス湖) に住むという怪獣》.

nest *n.* 巣; 小ぢんまりした気持ちのいい家, 小ぢんまりした気持ちのよい部屋, 小ぢんまりした気持ちのよい寝床; (盗賊などの)根城, 巣; (虫などの)群れ; (入れ子式器具の)揃い, 組. — *v.* 巣を作る, 巣につく; 鳥の巣を捜す.

nest egg 抱き卵, 擬卵; (不時に備える)用意金.

nestle *v.* 心地よくうずくまる, 寄りそう, (顔を)すりつける; 抱き締める.

nestling 巣離れ前のひな鳥.

Nestor (Iliad 中の人物 Nestor のような)賢明な老人; 長老.

net[1] *n.* 網, ネット; わな; ネットワーク; (スパイの)組織網; 通信網, 放送網; ネット(ボール).
— *v.* 網で取る, 網にかける, 網を張る, 網を掛ける; (テニスなどで)球をネットにひっかける.

net[2] *a.* 正札の, 正味の; 最終的な.
— *v.* 純益をあげる.

nether *a.* 下の.

Netherlander オランダ人.

Netherlands [the ~] オランダ.

nethermost *a.* 最下の.

netherworld 下界, 地獄.

net national product *Econ.* 国民純生産.

net-player *Tennis* ネットプレーヤー《ネット際で攻撃的なプレーをする》.

netting 網, 網細工(物); 網漁(権).

nettle *n., v. Bot.* イラクサ; いらいらさせる, 怒らせる. **grasp the nettle** 進んで困難と戦う.

nettle rash *Med.* 蕁麻疹.

nettlesome *a.* 腹立たしい.

network 網目細工, 網状組織, 放送網.

networking *Computer* ネットワーキング《数台のコンピューターとデータバンクが連絡しているシステム》.

neural *a.* 神経の.

neuralgia 神経痛.

neuritis *Med.* 神経炎.

neurology 神経(病)学.

neuromuscular *a.* 神経筋の, 神経や筋肉に関する.

neurosis 神経症, ノイローゼ.

neurotic *a., n.* 神経症の(患者); ひどく神経質な.

neuter *a., n.* 中性の, 無性の; *Gram.* 中性(語).

neutral *a.* 中立の; どっちつかずの, ぼんやりした; 中性の, 無性の; *Mech.* (ギヤなどが)ニュートラルの. — *n.* 中立国, 中立者; *Mech.* (ギヤの)中立位置, ニュートラル.

neutralism 中立(主義).

neutrality 局外中立.

neutralization 中立化; *Chem.* 中和.

neutralize *v.* 中立させる; 中和する; (効力を)そぐ.

neutralizer 中立させるもの; 中和剤.

neutron *Phys.* 中性子.

neutron bomb 中性子爆弾.

Nevada ネバダ《米国西部の州》.

névé (F) 万年雪.

never *ad.* 決して…ない, かつて…ない. **never so** (条件文に用いて)いかに…でも. **Well, I never!** まさか.

never-ending *a.* 果てしない.

nevermore *ad.* もう再び…ない.

never-never *n., a.* 分割払い(の); 理想郷; 非現実の, 架空の.

nevertheless *ad.* それにもかかわらず.

new *a.* 新しい; 新鮮な; 現代風な; 慣れない, 新任の (to). — *ad.* 新たに, さらに.

newborn *a.* 生まれたばかりの; 生まれ変わった.

Newcastle ニューカースル《イングランド北東部の港市; 石炭の積み出し港》. **carry coals to Newcastle** 余計なことをする.

newcomer 新来者.

New Criticism 新批評《テキストそのものを分析研究する》.

New Deal ニューディール(政策).

New Delhi ニューデリー《インドの首都》.

new drug (安全性や効能に疑問のある)新薬.

newel 親柱《階段手すりの最後の柱》.

New Eng New England.

New England ニューイングランド《米国北東部地方》.

newfangled *a.* (いたずらに)新奇な; 最新流行の.

new-fashioned *a.* 新流行の.

newfound *a.* 新発見の.

Newfoundland ニューファンドランド《カナダ東端の島》; ニューファンドランド《大型の作業犬》.

New Guinea ニューギニア《オーストラリア北方の島》.

New Hampshire ニューハンプシャー《米国東部の州》.

newish a. やや新しい.

New Jersey ニュージャージー《米国東部の州》.

New Journalism 新ジャーナリズム.

New Latin 近代ラテン語.

New Left 新左翼.

new look 新流行スタイル.

newly ad. 最近, 近頃; 新しく.

newlywed 新婚者; [pl.] 新婚夫婦.

New Mexico ニューメキシコ《米国南西部の州》.

new moon 新月, 三日月.

New Orleans ニューオーリンズ《米国 Louisiana 州の都市》.

New Right 新右翼.

news 報道, ニュース; 消息, たより; 変わった出来事.

news agency 通信社.

newsagent =news dealer.

newsboy 新聞売り子, 新聞少年.

newsbreak 報道価値のある事件.

newscast ニュース放送.

newscaster ニュースキャスター.

news conference 記者会見.

news dealer 新聞雑誌小売り業者.

news flash ニュース速報.

newshawk 新聞記者.

newsletter 最新情報パンフレット; 会報, 社内報.

newsmaker 新聞種になる人, 新聞種になる事件.

newsman 新聞配達人; 新聞記者.

news media 報道機関.

newsmonger 世間話の受け売り屋.

newspaper 新聞(紙).

newspaperman 新聞記者.

Newspeak 曖昧で人を欺く表現法.

newsperson 記者, ニュースキャスター.

newsprint 新聞用紙.

newsreel ニュース映画.

newsroom ニュース編集室; 新聞雑誌閲覧室.

newsstand 新聞雑誌売り場.

news theater ニュース映画館.

news value ニュースバリュー.

news vendor (街角の)新聞売り.

newsworthy a. ニュース価値のある.

newsy a. 報道の多い; おしゃべりの.

newt Zool. イモリ.

New Testament 新約聖書.

Newton ニュートン. Sir Isaac Newton (1642–1727) 英国の数学者・科学者.

Newtonian a., n. Newton の(学説を奉じる人).

new town ニュータウン《都市の過密緩和のために作られた新しい中小都市》.

New Wave 新しい波, 新しい運動, 新しい傾向.

New World 新世界《南北アメリカ大陸》.

New Year 新年.

New Year's Day 元日.

New Year's Eve 大晦日.

New York ニューヨーク《米国北東部の州および同州の大都会》.

New Yorker ニューヨーク市民.

New Zealand ニュージーランド《オーストラリア東方にある英連邦の自治国》.

next a., n., ad. 次の(もの); (…の)次に. **next door** 隣りに. **next to** ほとんど.
—— prep. …の次に.

next-door a. 隣家の.

nexus 結び, 連鎖; Gram. ネクサス《叙述的

関係）.

NF no funds.   **NG** national guard; no good.

NH New Hamsphire.   **NHS** National

Health Service.

Niagara ナイアガラ《北米の瀑布》; [n-] 奔流.

nib ペン先. **his nibs** お偉方.

nibble v., n. 少しずつかむ(こと) (at); 小さいひと

かじり.

Nicaragua ニカラグア《中米の共和国》.

nice a. 良い; 楽しい; おいしい; 優しい; [反語的

に]結構な; 精密な, 敏感な, 微細な, 微妙な;

気むずかしい, やかましい. **nice and** とても…だ.

nicely ad. 良く; 立派に; 気持ちよく, 楽しく; 微

妙に.

nice-nelly [-Nelly] a., n. お上品ぶった

（人）.

nicety 精密, 微妙; [pl.] 微妙な差異, 微

細な点. **to a nicety** きちんと, 正確に.

niche n., v. Arch.壁龕《像・花瓶などを置く

壁のくぼみ》; 適所; 壁龕に置く.

nick n., v. 刻み目, ぎざぎざ(を付ける); 盗む. **in**

the nick of time きわどい時に.

Nick =Old Nick.

nickel n., v. ニッケル; 5 セント貨; 5 ドル; ニッケ

ルめっきする.

nickel-and-dime a. 少額の, けちな.

— v. けちる; しみったれた扱いをする.

nickel silver 洋銀.

nicknack =knickknack.

nickname n., v. 渾名(をつける).

nicotine ニコチン.

nicotinism ニコチン中毒.

nicotinize v. ニコチンを添加する.

nictitate v. 瞬きする.

nidification 巣造り.

niece 姪.

Nielsen (**rating**) （テレビの)ニールセン視聴

率.

NIES newly industrializing economics 新興

工業経済地域.

Nietzsche ニーチェ. **Friedrich Wilhelm**

Nietzsche (1844–1900)ドイツの哲学者.

niff 悪臭.

nifty a. 粋な, すてきな.

Niger ニジェール《アフリカ西部の共和国》.

Nigeria ナイジェリア《アフリカ西部の共和国》.

niggard n. けちんぼう. — a. けちな.

niggardly a. けちな, (…を)惜しむ (of); 乏しい.

nigger =Negro.

nigger-lover 黒人に好意的な白人.

niggle v. つまらない事にあくせくする, こせつく.

niggling a. つまらない, こせつく; いじけた.

nigh ad., a., prep. =near, nearly.

night 夜; 暗黒; (特別な催しがある)夜, 夕

べ. **by night** 夜は. (**by**) **night and day** 夜

も昼も. **have a bad night** よく眠れない.

have a good night よく眠れる. **make a**

night of it 飲み明かす, 遊び明かす. **night**

after night 夜な夜な.

night bird (夜間に活動する)夜鳥; 夜歩き

する人.

night blindness Med.夜盲症, 鳥目.

nightcap ナイトキャップ; 寝酒; ダブルヘッダーの

第 2 試合.

night chain ドアチェーン.

nightclub ナイトクラブ.

nightdress (婦人・子供用)寝間着.

nightfall 夕暮れ.

nightgown =nightdress

nighthawk Ornith.ヨタカ; 夜ふかしする人,

夜出歩く人.

night heron Ornith. ゴイサギ.

nightie =nightdress.

nightingale Ornith. ナイチンゲール.

Nightingale ナイチンゲール. **Florence Nigh-**

tingale (1820–1910)英国の看護婦; 博愛家.

nightjar Ornith. ヨタカ.

night latch 夜間錠《外からは鍵であける》.

night letter (料 金割り引きの)夜間電報.

night life (歓楽街などでの)夜の生活, 夜遊び.

night-light (寝室などの) 終夜灯.

nightlong a., ad. 終夜の; 徹夜で.

nightly a., ad. 夜の, 夜ごとの; 夜ごとに, 毎晩.

nightmare 悪夢; 恐ろしい体験.

nightmarish a. 悪夢のような.

night owl 夜ふかしする人.

night piece 夜景画, 夜景詩, 夜景文.

nights ad. 毎晩.

night safe (銀行の夜間の)預金投入口.

night school 夜間学校.

nightshade ナス属の植物.

night shift (昼夜交替で働く労働者の) 夜間勤務(時間).

nightshirt (男子の緩やかな)寝間着.

night soil 下肥.

nightstick 警棒.

nightstool (寝室用)便器.

nighttime 夜間.

nightwalker 夜うろつく人; 夜盗; 売春婦.

night watchman 夜警(員).

nihilism 虚無主義, ニヒリズム.

nihilist 虚無主義者, ニヒリスト.

nihility 虚無, 無.

Nike Gk Myth. ニケー《勝利の女神》.

nil (L) 無, ゼロ.

Nile ナイル《アフリカ東部の大河》.

Nile blue 緑がかった薄青色.

Nile green 黄色がかった薄緑色.

Nilotic a. ナイル川(流域)の.

nimble a. 敏活な, 機敏な; 賢い.

nimbus 後光; 崇高な雰囲気; Meteor. 乱雲, 雨雲.

niminy-piminy a. 気取った.

nimrod 大狩猟家.

nincompoop ばか.

nine n., a. 9 (の), 9 個(の), 9 人(の); 野球チーム; [the N-] ミューズ 9 女神. (up) to the nines 完全に, 入念に.

nine days' wonder すぐ忘れられるうわさ.

ninefold a., ad. 九倍の, 九重の; 九倍に, 九重に.

nine-nine-nine, 999 (英国での)緊急電話番号《救急車・消防署・警察を呼ぶ》.

nine-one-one, 911 (米国での)緊急電話番号《救急車・消防署・警察を呼ぶ》.

ninepins 九柱戯.

nineteen n., a. 19 (の). talk nineteen to the dozen のべつ幕なしにしゃべる.

nineteenth n., a. 第 19 (の); 19 分の 1 (の). the nineteenth hole ゴルフのクラブハウスのバー.

ninetieth n., a. 第 90 (の); 90 分の 1 (の).

nine-to-five a. 朝 9 時から夕方 5 時まで働く, サラリーマンの.

nine-to-fiver 普通のサラリーマン.

ninety n., a. 90 (の).

ninny ばか.

ninth n., a. 第 9 (の); 9 分の 1 (の).

Niobe Gk Myth. ニオベ《過ぎた子供自慢のため愛児が皆殺され, 石になった後も泣き続けた女》.

nip v. つねる, かむ; 摘み取る(off); 芽を摘む; 枯らす, いためる; くじく, だめにする; ちびりちびり飲む; ひったくる; 急ぐ(along, off). nip in [on] 急いで割り込む, 急いで前へ出る. nip in the bud 芽のうちに摘み取る, 未然に防ぐ. — n. つねり; 摘み, 摘心; 霜害; 厳寒; 皮肉; 少量, 一飲み.

nipa Bot. ニッパヤシ; ニッパ酒.

nipper 摘む人; [pl.] やっとこ, 針金切り; [pl.] (カニなどの)はさみ; 少年; [pl.] 鼻めがね; [pl.] (馬の)切歯.

nipping a. 身を切るような.

nipple 乳首.

Nippon 日本.

Nipponese *a.*, *n.* 日本の, 日本人の, 日本語の; 日本人, 日本語.

nippy *a.* 寒い; 皮肉な; 機敏な.

nirvana (Skr) 涅槃; 超脱(の境地).

nisei (Jap) (日本人の)二世.

nit シラミなどの卵; 間抜け者; 無, なし.

niter *Chem.* 硝石.

nit-picking あら捜し.

nitrate *n.*, *v.* 硝酸塩(で飽和処理する).

nitric *a.* 窒素の, 窒素を含む.

nitric acid *Chem.* 硝酸.

nitride *Chem.* 窒化物.

nitrite *Chem.* 亜硝酸塩.

nitrocellulose *Chem.* ニトロセルロース.

nitrogen *Chem.* 窒素.

nitroglycerin(e) *Chem.* ニトログリセリン.

nitrous *a.* 窒素を含む.

nitrous acid *Chem.* 亜硝酸.

nitrous oxide *Chem.* 亜酸化窒素.

nitty-gritty [the ~] (厳しい)現実; (物事の)核心.

nitwit ばか.

nix[1] ニクス《水の精》.

nix[2] *n.*, *v.* (皆)無; 拒否(する). — *ad.* =no.

nixie ニクセ《女の水の精》.

NJ New Jersey. **NL** New Latin; north latitude **NLRB** National Labor Relations Board (米国の)全国労働関係委員会.

NM nautical mile; New Mexico. **NMex** New Mexico.

no *ad.*, *a.* ない; いいえ; 少しも…ない. **There is no saying.** わからない. — *n.* 否決, 否認, 拒絶; 反対(者).

No 能楽.

no-account *a.*, *n.* 無能な(人).

Noah *Bib.* ノア《箱舟に乗って大洪水を逃れたヘブライの家長》.

Noah's Ark *Bib.* ノアの箱舟.

nob[1] 頭; *Cards* めくり札と同じ組のジャック.

nob[2] 金持ち, 貴人.

nobble *v.* (競走馬に)麻薬を飲ませ無能力にする; (騎手を)買収する; 不正手段で取り入る; 盗む; だます.

nobby *a.* 粋な, しゃれた.

Nobelist ノーベル賞受賞者.

nobelium *Chem.* ノーベリウム《放射性元素》.

Nobel prize ノーベル賞.

nobiliary *a.* 貴族の.

nobility 気高さ; 名門; [the ~] 貴族階級.

noble *a.* 高貴の, 身分の高い; 気品の高い; 雄大な; 貴い; (金属が)腐食しない. — *n.* 貴族; スト破りの指導者.

nobleman 貴族; 華族.

noble-minded *a.* 気高い, 高潔な.

noble rot 貴腐《ブドウの変質; 貴腐ワインの原料》.

noblesse (F) 貴族社会; 高貴の身分.

noblesse oblige (F) 高い身分に伴う(徳義上の)義務.

noblewoman 貴族の婦人.

nobly *ad.* 気高く, 立派に; 貴族として, 貴族らしく.

nobody *pron.*, *n.* 誰も…ない; つまらぬ人間.

no-buy *a.* 不買の.

nocturnal *a.* 夜の; 夜咲く, 夜活動する.

nocturne 夜想曲; *Fine Arts* 夜景画.

no-cure *a.* 不治の.

nod *v.* うなずく, 会釈する; こくりこくり居眠りする; ひらひらする, ゆらゆらする. **nodding acquaintance** 顔見知りの間がら. — *n.* うなずき, 会釈; 居眠り. **on the nod** 麻薬で意識朦朧として; (売買が)信用で, 暗黙の了解で.

noddle 頭.

noddy ばか.

node こぶ, 結び目; (葉の生じる)節; *Med.* 結節; (組織の)中心点.

nodule (根や茎の)小さいこぶ; (鉱石の)小塊.

nodus 節, こぶ; *Med.* 結節; 難点, (話の筋

の)もつれ.

noel クリスマスキャロル; [N-] クリスマス(の季節).

noesis *Psychol.* 認識.

no-fault *a.* (自動車損害保険が)無過失保険の.

no-frills *a.* 余分なところがない; 余計なサービスをしない.

nog 木釘, 木栓; 木れんが; 一種の強いビール.

noggin =small mug; ノギン《液量単位; = $^1/_4$ pint》; 頭.

nogging 詰めれんが.

no-go *a.* 不首尾な; (相手を)入らせない.

no-good *a., n.* 役に立たない(人), くだらない(人).

Noh =No.

no-hitter *Baseball* 無安打試合.

noise *n.* 物音, 騒音, 雑音, ノイズ; 騒ぎ; *Computer* ノイズ《不必要なデータ》. **big noise** 名士, 顔役, 有力者. **make a noise** 大きな音をたてる, 騒ぐ. — *v.* 言いふらす, 評判をたてる (*abroad*).

noiseless *a.* 音のしない, 静かな.

noise pollution 騒音公害.

noisily *ad.* 騒がしく.

noisome *a.* 有害な; 臭い, 嫌な, 不快な.

noisy *a.* やかましい, 騒々しい.

no-knock *a.* (警官が)無断で立ち入りできる, (警官が)無断で家宅捜索できる. — *n.* 無断の立ち入り, 無断の家宅捜索.

nol-pros *v.* (その旨を法廷記録に残して訴訟を)取り下げる.

nomad *n., a.* 遊牧民, 放浪者; 遊牧の, 放浪の.

nomadic *a.* 遊牧の, 放浪の.

nomadism 遊牧(生活).

no-man 容易に同調しない人.

no-man's-land 所有者不定の土地; 荒れ地; *Mil.* 両軍の中間地帯.

nom de guerre (F) 仮名; 筆名, 芸名.

nom de plume (F) 筆名.

nomenclator 学名命名者.

nomenclature 学術用語; (特に分類学上の)学名命名法.

nominal *a.* 名の, 名称の; 名目上の; 名ばかりの, 僅かの; 名詞の; 計画通りの, まずまずの. — *n. Gram.* 名詞類(語).

nominalism *Philos.* 唯名論.

nominal wages 名目賃金.

nominate *v.* 指名する, 推薦する, 任命する.

nominative *a., n. Gram.* 主格(の).

nominator 指名者.

nominee 被指名者.

nomograph 計算図表.

nonacceptance 引き受け拒絶.

nonage 未成年; 未熟.

nonagenarian *a., n.* 90代の(人).

nonaggression 不侵略.

nonagon 九角形.

nonalcoholic *a.* アルコールを含まない.

nonaligned *a.* 非同盟の, 中立の.

nonalignment 非提携, 非同盟.

nonappearance 不出頭.

nonassertive *a. Gram.* 非断定的な《疑問・否定・条件文など》.

nonattendance 欠席; 不就学.

nonbeliever 無信仰の人.

nonbelligerent *n., a.* 非交戦国(の).

nonbook (内容のない)きわめた本.

noncandidate 非立候補者, 不出馬表明者.

nonce その時. **for the nonce** 目下, さしあたり.

nonce word 臨時語.

nonchalance 無頓着, 平気.

nonchalant *a.* かまわない, 平気な.

noncom 下士官.

noncombatant 非戦闘員.

noncommissioned officer 下士官.

noncommittal *a*. 曖昧な, どっちつかずの.

noncompos mentis (L) *a*. 精神異常の.

nonconducting *a*. 不伝導の.

nonconductor 不導体.

nonconfidence 不信任.

Nonconformist 非国教徒.

Nonconformity 非国教主義; 非国教派.

noncontributory *a*. (年金が)雇用者負担の.

noncooperation 非協力.

nondairy *a*. 牛乳を含まない, 乳製品を含まない.

nondegree *a*. 学位を必要としない.

nondelivery 未配, 欠配.

nondescript *a., n*. 何とも言いようのない, えたいの知れない(人), えたいの知れない物.

nondrinker 禁酒家.

nondrinking *a*. 禁酒の.

none *pron., ad*. いずれも…(し)ない, 誰も…(し)ない, 少しも…(し)ない.

noneffective *a*. 効果のない; 戦闘力のない.

nonentity 非存在(物); つまらない物, つまらない人.

nonessential *a*. 肝要でない.

nonesuch 比類のない人, 比類のない物, 絶品.

nonet 九重奏(曲), 九重唱(曲).

nonetheless *ad*. それにもかかわらず.

non-Euclidean *a*. 非ユークリッドの.

nonevent 期待外れの出来事.

nonexistent *a*. 存在しない.

nonfeasance *Law* 義務不履行.

nonferrous *a*. 鉄を含まない, 非鉄の.

nonfiction ノンフィクション《伝記・歴史・探検記など》.

nonflammable *a*. 不燃性の.

noninterference 不干渉.

nonintervention 内政不干渉.

non-iron *a*. (生地が)アイロンがけ不要の, ノーアイロンの.

nonjuror 宣誓拒否者.

nonmember 非会員.

nonmetal *Chem*. 非金属.

nonmetallic *a*. 非金属の.

nonnuclear *a*. 非核(武装)の.

nonobjective *a. Fine Arts* 非客観的な, 抽象的な.

non-oil *a*. 非産油の.

no-nonsense *a*. 真面目な.

nonpareil *a., n*. 無比の, 極上の; 極上品種, 比類なき人物.

nonpartisan *a*. 超党派の, 無所属の.

nonplus *n., v*. 当惑(させる).

nonpolitical *a*. 非政治的な, ノンポリの.

nonpolluting *a*. 汚染を生じない.

nonproductive *a*. 非生産的な.

nonprofessional *a., n*. 非職業的な(人); ノンプロ(の).

nonprofit *a*. 非営利的な.

nonproliferation (核兵器の)拡散防止.

nonresidence (任地などに)居住しないこと.

nonresident *a., n*. 居住しない(人), 不在の(人).

nonresistance 無抵抗.

nonresistant *a., n*. 無抵抗の(人).

nonrestrictive *a. Gram*. 非制限的な.

nonscheduled *a*. 不定期空輸の.

nonsectarian *a*. どの宗派にも関係しない; 派閥性のない.

nonsense たわごと; ばかげた話, ばかげた行い.

　　Nonsense ! ばかな, ナンセンス!

nonsensical *a*. ばかげた.

non seq non sequitur.

non sequitur (L) 飛躍した結論.

nonsexist *a*. (特に女性に対して)性による差別をしない.

nonsked 不定期航空会社.

nonskid a. (タイヤなどが)滑らない.

nonsmoker 禁煙家; 禁煙車.

nonstandard a. 非標準的な.

nonstarter 出走棄権馬; 成功の見込みのない人.

nonstick a. (鍋など)こびりつかない加工をした.

nonstop a., n. 途中無着陸の, 途中無停車の; 直行列車, 直行バス.

nonsuch =nonesuch.

nonsuit n., v. 訴訟却下(する).

nonsupport 扶養義務不履行.

nonsyllabic a. Phonet. 非音節主音的な.

non-title a. (競技で)ノンタイトルの.

non troppo a., ad. Mus. 度を過ごさないで).

non-U a. 上流階級的でない.

nonunion a. 労働組合に属さない; 労働組合を認めない.

nonunion shop 反労組企業《労組と無関係に雇用条件を決める》.

nonuse 不使用.

nonverbal a. 言葉を用いない, 非言語的な.

nonviolence 非暴力(主義).

nonvoter (投票)棄権者.

nonwhite a., n. 非白人(の).

noodle ばか.

noodles ヌードル《スープなどに入れる》.

nook (居心地のよい)隅; 引っ込んだ場所; へんぴな所; 隠れ場.

noon 正午, 真昼; 全盛期.

noonday 真昼.

noontide 真昼; 最盛期, 絶頂.

noontime =noonday.

noose n., v. 輪縄, 締め縄, 締め縄(で捕らえる).

no-par(-value) a. 額面価格のない.

nope ad. =no.

no place ad. =nowhere.

nor conj. また…も(し)ない.

Nordic n., a. 北方人種(の), スカンジナビア(の).

Nordic combined Ski. (ジャンプと距離の)ノルディック複合競技.

Norfolk ノーフォーク《イングランド東部の州》.

Norfolk jacket ノーフォークジャケット《ベルト付きの男子用ジャケット》.

nork [pl.] (女性の)おっぱい.

norm 規範, 規準; ノルマ《労働者が一日にしなければならない仕事量》.

normal a. 標準の, 正常な, 通常の; 典型的な; 垂直の; Psychol. ほぼ平均的な, (精神に)異常がない. —n. 標準常態, 平均(量); 法線.

normalcy, normality 常態.

normalization 標準化, 常態化.

normalize v. 正常化する, 標準化する.

normally ad. 正常に, 標準的に, 普通, 常態では.

Norman a., n. ノルマンディーの, ノルマン民族の; ノルマン人.

Norman Conquest (William the Conqueror の率いた)ノルマン人の英国征服(1066).

Normandy ノルマンディー《フランス北西部の地方》.

Norman-French ノルマンフランス語.

normative a. 規範的な.

normothermia 平熱.

Norse a., n. スカンジナビアの, スカンジナビア人(の), スカンジナビア語(の), 北欧の, ノルウェーの; ノルウェー語, ノルウェー人.

Norseman =Northman.

north n. 北, 北方; 北部(地方); [the N-] 米国北部諸州; [the N-] 先進国. —a., ad. 北の, 北部の; 北向きの; (風が)北からの, 北から吹く; 北へ, 北に.

North America 北米.

North Atlantic Treaty Organization 北大西洋条約機構, ナトー.

northbound a. 北行きの.

North Carolina ノースカロライナ《米国南部

の州)).

North Dakota ノースダコタ《米国北部の州》).

northeast *n., a., ad.* 東北(地方); 北東の; 北東に, 北東へ.

northeaster 北東風.

northeasterly *a., ad.* 北東の, 北東へ.

northeastern *a.* 北東の.

Northeast Passage (北大西洋から太平洋に出る)北東航路.

northeastward *n., a., ad.* 北東(の), 北東へ.

northeastwards *ad.* 北東へ.

norther 強い北風.

northerly *a., ad.* 北寄りの, 北寄りに, 北から吹く.

northern *a., n.* 北の, 北部の, 北国の; (風が)北からの, (風が)北から吹く; 北部人.

Northerner (米国)北部諸州の人.

Northern Ireland 北アイルランド《英国領であるアイルランド島北部).

northern lights 北極光.

northernmost *a.* 最北の.

northing *Astron.* 北方偏向; 北航.

North Island [the~] (New Zealand の) 北島.

North Korea 北朝鮮.

northland 北国.

Northman 古代スカンジナビア人, 北欧人.

north-northeast *n., a., ad.* 北北東(の), 北北東へ.

north-northwest *n., a., ad.* 北北西(の), 北北西へ.

North Pole 北極.

North Sea 北海《ヨーロッパ北西方の大西洋の一部).

North Star 北極星.

Northumbria ノーサンブリア《古代英国北部にあった王国).

northward *n., a., ad.* 北方(の), 北方へ.

northwards *ad.* 北方へ.

northwest *n., a., ad.* 北西(地方); 北西の, 北西に, 北西へ.

northwester 北西風.

northwesterly *a., ad.* 北西の, 北西へ.

northwestern *a.* 北西の.

Northwest Passage (北大西洋から太平洋に出る)北西航路.

northwestward *n., a., ad.* 北西(の), 北西へ.

northwestwards *ad.* 北西へ.

Norway ノルウェー《ヨーロッパ北西端の王国).

Norwegian *a., n.* ノルウェーの; ノルウェー人(の), ノルウェー語(の).

nose *n.* 鼻; 嗅覚; 突出部; 船首, 機首, 銃口, 筒先; 警察のスパイ. **count** [**tell**] **noses** (賛成者の)数を数える. **follow one's nose** まっすぐに行く. **lead one by the nose** 人を盲従させる, 自由に引きまわす. **nose to nose** 向かい合って. **pay through the nose** 法外な価を払う. **poke** [**thrust**] **one's nose into** ...に口を出す. **put one's nose out of joint** 人の鼻をあかす. **turn up one's nose at** ...を軽蔑する. **under one's (very) nose** すぐ目の前に. ── *v.* かぐ, かぎ出す (*out*); 探る (*after, for*); 鼻をすりつける; 船首を向ける, 機首を向ける, 用心して進む.

nose bag (馬の)かいば袋.

noseband (馬の)鼻革.

nosebleed 鼻血.

nose-clip 鼻栓《水泳・潜水時に使用).

nose cone (誘導弾の)弾頭.

nose dive (飛行機の)急降下; (価格・利益の)暴落.

nose-dive *v.* 急降下する; (価格・利益が)暴落する.

nosegay 花束.

nose job 鼻の美容整形.

nosepiece (顕微鏡 の)対物鏡 を付ける 所 ; (ふいごなどの)口 ; =noseband.

nosering (牛・一部の種族の)鼻輪.

nosh n., v. 間食 (をする), 軽 食 (をとる), 食べ る; 食事, 食べ物.

no-show 当日 現れない座席の予約客.

nosh-up ごちそう.

nostalgia ノスタルジア, 懐古の 情.

nostalgist 懐古趣味者.

nostril 鼻孔; 小鼻.

nostrum いんちき売薬; いんちき政策.

nos(e)y a. お節介な.

nos(e)y parker お節介な人.

not ad. …でない, …しない.

nota bene (L) よく 注意せよ.

notability 著名; 名士.

notable a., n. 注目すべき, 顕著な; 著名な; 名士.

notably ad. 著 しく; 特に.

notarial a. 公証 (人)の.

notarize v. (公証 人が)証 明する.

notary (public) 公証 人.

notation 表記(法); 記号法; 楽譜.

notch n., v. V 字形の 刻み目, ぎざぎざ(を付ける); 狭い谷, 切り通し; (得点を)あげる, (記録を)達成する.

notchback ノッチバック(車)《後部が段になった車体》.

note n. 響き, 符号; [pl.] メモ, 草稿; 注解; (短い)手紙; (外交上の)文書; (約束)手形, 紙幣; 注意, 注目; 著名; 特色; 顕著; 楽音, Mus. 音符; 調子, 鳴き声, 調べ. **compare notes** 意見を交換する. **make a note of** …を書き留める. **of note** 著名な. **take note of** …に 注意する. **take notes** 書き留める (of). — v. 注意する, 注目する; 書き付ける (down); 注 を付ける.

notebook ノート, 手帳 ; 手形帳.

noted a. 有名な.

notepaper 便箋.

note verbale Diplo. 口 上 書.

noteworthy a. 注目すべき, 顕著な.

nothing pron., n. 何物も…ない; 一つも…しない; 無, 空, ゼロ; つまらぬ事, つまらぬ物, つまらぬ人. **for nothing** 無料で; 空しく; 理由なく. **have nothing to do with** …に 関係がない. **nothing but** =only. **nothing doing** 不可能な; だめだ. — ad. 少しも…しない.

nothingness 無, 虚無; 空虚.

notice n. 注意, 注目; 通告, 通知, (解雇 などの)予告, 届け; 掲示, 広告, びら; 報道, 紹介, 批評. **at a moment's notice** 即座に. **sit up and take notice** 目をみはる. **take notice of** …に 注意する. **until further notice** 追って知らせのあるまで. — v. 認める, 気が付く; 注意する; 言及する, 論評する; 通告する.

noticeable a. 目立つ, 著しい.

noticeably ad. 目立って.

notice-board 掲示板.

notifiable a. (伝染病 など)届け出るべき.

notify v. 通知する, 通告する, 届ける; 公に する, 発表する.

notion n. 想念, 概念; 観念, 考え, 意見; 意図; [pl.] 小間物.

notional a. 概念的な; 空想的な.

notoriety (悪い)評判; 悪名高い人.

notorious a. (通例悪い意味で)有名な; 名うての.

no-trump a., n. 切り札なしの(手).

notwithstanding prep. …にもかかわらず. — ad. =however. — conj. =although.

nougat ヌガー.

nought =naught.

noughts-and-crosses 三目並べのゲーム.

noun 名詞.

nourish v. 滋養を与える, 養う; 肥やす; (感情を)抱く.

nourishing *a.* 滋養に富む.

nourishment 滋養物.

nous *Philos.* 心, 理性, ヌース; 常識; 世才.

nouveau riche 新興成金.

nouvelle cuisine ヌーベルキュイジーヌ, 新フランス料理(法).

nouvelle vague ヌーベルバーグ《映画などの前衛的傾向》.

nova *Astron.* 新星.

Nova Scotia ノバスコシア《カナダ南東部の州, 半島》.

novel *a., n.* 新奇な, 珍しい; 小説.

novelette 中編小説.

novelist 小説家.

novelization 小説化.

novelize *v.* 小説化する.

novella (It) 短編小説.

novelty 新奇, 珍奇(な物), 珍奇な事; [*pl.*] 新型, 新製品.

November 11月.

novice 見習い僧, 見習い尼; 新信者; 初心者, 未熟者.

novitiate (僧・尼の)修練期間; 見習い僧寮, 見習い尼寮; 初心者.

Novocain *Trademark* ノボカイン《局部麻酔剤》.

now *ad.* 今; 今頃は; さて, ところで. **(every) now and then** [**again**] =sometimes. **now then** さて; おいおい. **—** *conj.* [that を伴って] …からには. **—** *n.* 今, 現在. **—** *a.* 現在の; 最新の, 流行の, 流行を好む.

NOW National Organization for Women 全米女性連盟.

nowadays *ad.* 近頃は.

noway(s) *ad.* 少しも…ない.

nowhere *ad.* どこにも…ない. **nowhere near** …どころではない.

nowhither *ad.* どこへも…ない.

no-win *a.* 勝ち目のない.

nowise *ad.* =noway(s).

noxious *a.* 有害な, 有毒な.

Noxzema *Trademark* ノグゼマ《スキンクリーム》.

nozzle (ホースなどの)筒先; 鼻.

NP no place; notary public. **n pl** noun plural. **NS** new style; Nova Scotia. **NSC** National Security Council 米国国家安全保障会議. **NSF** National Science Foundation. **NSPCC** National Society for the Prevention of Cruelty to Children 全国児童虐待防止協会. **NT** New Testament.

nth *a.* 第 n 番目の. **to the nth degree** [**power**] n 次まで, n 乗まで; 無限に, どこまでも.

ntp normal temperature and pressure. **nt wt, n wt** net weight. **NU** name unknown.

nu ニュー《ギリシャ字母の第 13 字; *N, ν*》.

nuance (F) (色・音・意味などの)微細な差違, ニュアンス.

nub 要点, 核心; =nubble.

nubble 塊; 結び目.

nubile *a.* (女性が)結婚適齢期の, 年頃の.

nuclear *a.* (原子)核の; 原子力の.

nuclear club 核クラブ《核兵器を保有する国家群》.

nuclear energy 原子力.

nuclear family 核家族.

nuclear fission (原子)核分裂.

nuclear-free *a.* 非核の.

nuclear fuel 核燃料.

nuclear fusion (原子)核融合.

nuclear medicine 核医学.

nuclear physics (原子)核物理学.

nuclear power 原子力; 核兵器保有国.

nuclear-powered *a.* 原子力で動く.

nuclear reactor 原子炉.

nuclear test 核実験.

nuclear weapon 核兵器.

nucleate v. 核をなす, 核になる.

nucleic acid *Biochem.* 核酸, ヌクレイン酸.

nucleon 核子《陽子と中性子を含む素粒子》.

nucleonics 原子核工学.

nucleus (原子・細胞などの)核; 中核, 中心.

nude a., n. 裸体の, ヌードの; 裸体画, 裸体像. **in the nude** 裸で; 腹蔵なく.

nudge v., n. ひじで突く(こと).

nudie n., a. ヌードショー(の), ヌード映画(の), ヌード雑誌(の); 裸を売り物にする.

nudism 裸体主義.

nudist 裸体主義者.

nudity 裸体(像).

nuff a., n., ad. =enough.

nugatory a. つまらない, 役に立たない.

nugget 天然金塊.

nuisance 迷惑, 厄介物, 邪魔物, 困り事. **Commit no nuisance.** 小便無用 《掲示文》.

nuisance tax 小額消費税.

nuke n., v. 核兵器(で攻撃する); 原子力発電所.

null a. 無効で; 無価値で, 無意味で. **null and void** 無効で.

nullification 無効, 取り消し.

nullify v. 無効にする, 取り消す.

nullity 無効; つまらない物, つまらない人.

numb a. しびれた, かじかんだ, 感覚のない, 鈍い. —v. しびれさす.

number n. 数, 数字; *Gram.* 数; 番号, 第…号, 第…番; 多数 (of); [pl.] 数の優勢; 出し物, 曲目; 商品, 衣料品, 仲間; (特定の)人, (特定の)もの; 若い女; [pl.] 詩句. **a number of** 幾らかの; たくさんの. **one's number is up** 万事休す. **without number** 無数の. —v. 数える; 番号をつける; …

の数に達する.

numberless a. 無数の; 番号のない.

number one 自己; 第一流(の人), 第一流の物; おしっこ.

number plate (車の)ナンバープレート.

Number Ten (Downing Street にある)英国首相官邸.

number two 第二の実力者; うんち.

numerable a. 数えられる.

numeral a., n. 数の; 数詞, 数字.

numeration 計数法; 計算.

numerator *Math.* 分子.

numerical a. 数の; 数で表した, 数字上の.

numerous a. 多数の.

numismatic a. 貨幣の.

numismatics 古銭学.

numismatist 古銭学者.

numskull ばか.

nun 尼, 修道女.

nunchaku [pl.] ヌンチャク《空手の武器》.

nuncio ローマ教皇使節.

nunnery 尼僧院, 女子修道院.

nuptial a., n. 結婚の; [pl.] 結婚式.

nurse n. 看護婦, 看護人; 乳母, 保母. —v. 乳を与える; (子供の)世話をする, 育てる; 看病する, 看護する, (病気を)治療する, 患部をいたわる; 養う, 養成する, 培養する, 大事にする; (心に)抱く, かわいがる, あやす.

nursemaid 子守り.

nursery 子供部屋, 育児室; (劇場・百貨店などの)託児室; 苗木場, 養殖所, 養魚場; 養成所.

nurserymaid 子守り.

nurseryman 苗木屋.

nursery rhyme わらべ歌.

nursery school (2-5歳の幼児を預かる)保育所.

nursing bottle 哺乳瓶.

nursing home 老人ホーム; 療養所; 私

立病院.りっぴょういん

nursling 乳飲み子; 秘蔵の人, 秘蔵の物.

nurture v. 育てる, 養育する, 養成する.
— n. 養育, 養成, 教育; 栄養.

nut n. 堅果《クリ・クルミなど》; ナット, 止めねじ;
頭; しゃれもの; 変人; 狂人; 熱心なファン;
[pl.] 石炭の小塊; 多額の金; [pl.] 睾丸.

do one's nut 狂乱する. **hard nut to**
crack 難問題. **nuts and bolts** 基本, 根
本. **off one's nut** 気が狂って. — v. 木の実
を拾う; ナットで締める.

nut-brown a. クリ色の.

nut-case 狂人.

nutcracker クルミ割り(器).

nutgall Bot. 没食子, 五倍子.

nuthatch Ornith. ゴジュウカラ.

nuthouse 精神病院.

nutmeg Bot. ニクズク, ナッツメグ.

nutria Zool. ヌートリア(の毛皮).

nutrient a., n. 栄養になる, 滋養になる; 栄養
物, 滋養物.

nutriment 滋養物, 栄養分.

nutrition 栄養; 食物.

nutritionist 栄養学者.

nutritious a. 栄養になる.

nutritive a. 栄養の; 滋養に富む.

nuts int. ばかな, くだらん. — a. 夢中で; 狂っ
た. **be nuts about [on]** …に夢中である.

nuts-and-bolts a. 基本的な, 実際的な.

nutshell クルミの殻. **in a nutshell** 簡潔に
(言えば).

nutty a. 木の実の入った; 木の実のような(風味の
ある); 気が狂った; 惚れて.

nuzzle v. 鼻で土を掘る, 鼻をつっ込む; 鼻をすり
つける, 寄り添う.

NW Northwest Orient Airlines ノースウェスト
(オリエント)航空《国際略語》. **NWA**
Northwest Airlines ノースウェスト航空.

NWT Northwest Territories (Canada).

NY New York. **NYC** New York City.

nylon ナイロン; [pl.] ナイロン製ストッキング.

nymph Gk & Rom. Myth. ニンフ《森や泉の
精》; 美しい少女.

nympha Anat. 小陰唇.

nymphet 性的魅力のある少女.

nymphish a. ニンフのように美しい.

nympho =nymphomaniac.

nympholepsy 恍惚境, 狂乱.

nympholept 恍惚境にある人, 狂乱者.

nympholeptic a. 恍惚境にある, 狂乱の.

nymphomania (女性の)色情症.

nymphomaniac 色情症の女性.

NYSE New York Stock Exchange.

nystagmus Med. 眼振症.

Nyx Gk Myth. ニュクス《夜の女神》.

NZ New Zealand.

O

o O 字形のもの; 円形; ゼロ.

O int. =Oh.

o' prep. =of; on.

OA office automation. **o/a** on account.

oaf ばか; のろま.

Oahu オアフ(島)《ハワイ諸島の主島》.

oak Bot. オーク(カシ, カシワ); オーク材(の家具).

oak apple [gall] Bot. 没食子, 五倍子.

oakum Naut. まいはだ《麻くず》.

OAP old-age pension(er).

OAPEC (<Organization of Arab Petroleum
Exporting Countries) アラブ石油輸出国機
構.

oar n. 櫂, 櫓, オール; 漕ぎ手. **put [shove,**
stick] one's oar in 余計な世話をやく.
— v. オールで漕ぐ.

oarlock (ボートの)オール受け.

oarsman 漕ぎ手.

oarsmanship 漕艇術.

OAS Organization of American States 米州機構.

oasis オアシス; 憩いの場所.

oast (ホップ・たばこなどの)乾燥がま.

oat [pl.] Bot. オートムギ, カラスムギ. **feel one's oats** 元気一杯である; もったいぶる. **sow one's wild oats** 若気の放蕩をする.

oatcake オート麦ビスケット.

oaten a. オート麦の; 麦わらの.

oath 誓い, 宣誓; みだりに神の名を呼ぶこと, 呪い. **on oath** 誓って. **take an oath** 宣誓する.

oatmeal オートミール(かゆ).

obbligato (It) n., a. Mus. 助奏(に必ず伴う), オブリガート.

obdurate a. 頑固な, 強情な; 冷酷な.

obedience 従順, 服従.

obedience training 犬の調教.

obedient a. 従順な, 素直な.

obediently ad. 従順に, 素直に.

obeisance おじぎ, 敬礼; 尊敬, 服従.

obelisk オベリスク, 方尖塔; 短剣標(†).

obese a. 肥満した, (ひどく)太った.

obey v. 服従する, 従う.

obfuscate v. 困惑させる; 暗くする.

obit =obituary.

obituary a., n. 死亡(記録)の; (新聞紙の)死亡欄, 死亡記事.

object n. 物, 物体; 対象, 客観; 目的物, 目的; Philos. 対象, 客体; Law 物件; Gram. 目的語; おかしな人, おかしな物. ...no object ...は問わず《広告文などで》. — v. 反対する, 抗議する.

object ball Billiards 的球.

object glass (顕微鏡の)対物レンズ.

objectification 客観化.

objectify v. 客観化する, 対象化する.

objection 反対, 異議; 不満; 故障, 難点,
欠点.

objectionable a. 賛成できない; 好ましくない, 嫌な.

objective a. 客観的な; 現実的な; 写実的な; Gram. 目的(格)の. — n. 目標; 目的(物); Gram. 目的格; =object glass.

objectively ad. 客観的に.

objectivism 客観論.

objectivity 客観性.

object language 対象言語.

object lens (顕微鏡の)対物レンズ.

objectless a. 目的なしの.

object lesson 実物教授; 他山の石.

objector 反対者, 抗議者.

objet d'art (F) 小美術品.

objurgate v. 強く叱りつける.

oblate a. 扁円の.

oblation 奉納; (神への)捧げ物; (聖餐式の)ぶどう酒とパンの供物.

obligate v. (法律上・道徳上の)義務を負わせる.

obligation 責務, 責任, 義務; 債務; 契約, 証書; 恩義. **be under an obligation to** ...に恩義を受けている, に義務がある, に義理がある. **put under an obligation** 恩義を施す, 義務を負わせる.

obligatory a. 義務的な, 強制的な, 必要な, 必修の.

oblige v. 余儀なく...させる; 義務を負わせる, 強制する; 恩を施す(with), 願いをきく, 喜ばす; 好意を示す. **(I am) Much obliged (to you)**. =Thank you very much.

obligee 債権者.

obliging a. 親切な.

obligor 債務者.

oblique a. 斜めの, 傾いた; 間接の, 遠回しの; 曲がった, 不正な. — n. 斜線. — v. 傾く, それる; 斜行する.

oblique angle Math. 斜角.

oblique case *Gram.* 斜格《主格と呼格以外の格》.

oblique shock *Phys., Aeronaut.* 斜め衝撃波.

obliquity 傾斜; 不正, 悪徳(行為).

obliterate *v.* 消す, 消し去る; 跡形をなくする.

oblivion 忘却.

oblivious *a.* 物忘れする, 忘れがちな, (…を)忘れて(*of*).

oblong *a., n.* 長方形(の); 長円形の.

obloquy 非難, 悪口; 不面目.

obnoxious *a.* 嫌な, 不快な.

oboe *Mus.* オーボエ《高音木管楽器》.

oboist オーボエ奏者.

obscene *a.* 淫らな, 猥褻な; 実に嫌な.

obscurant(ist) 反啓蒙主義者, 非教化論者.

obscurantism 反啓蒙主義, 非教化論.

obscuration 暗黒化; ぼんやりさせること.

obscure *a.* 薄暗い; 曖昧な, わかりにくい, 不鮮明な; 世に知られない, 名もない, 卑しい.
— *v.* 薄暗くする; 曖昧にする, ぼんやりさせる; 隠す, 光を奪う.

obscure glass つや消しガラス, 曇りガラス.

obscurity 薄暗さ, 暗い所; 曖昧, 難解; 無名, 卑しい身分, 微賤.

obsequious *a.* ぺこぺこする, 媚びへつらう.

obsequy [*pl.*] 葬式, 葬儀.

observable *a.* 観察できる; 見分けられる, 目立った; 守るべき.

observably *ad.* 目立つほど.

observance (儀式・慣習・法律などの)遵守; 祭式; 慣例.

observant *a.* 観察力の鋭い, 注意深い; (…を)遵守する(*of*).

observation 観察(力); 観測; 注視, 監視; 言説, 評言, 意見; 発言.

observational *a.* 観察の.

observation car 展望車.

observatory 天文台, 気象台, 測候所, 観測所.

observe *v.* 観察する, 観測する; 注目する, 認める; (法律・祭礼・沈黙などを)守る; (意見を述べる, 言う, 評する(*on, upon*).

observer 観察者; 観測者; 傍観者; (会議などの)傍聴参加者, オブザーバー; 遵守者.

obsess *v.* (悪霊・邪念などが)取り付く, 付き纏う.

obsessive *a.* 付き纏って離れない.

obsidian 黒曜岩.

obsolescent *a.* 次第に廃れていく.

obsolete *a.* 廃れた; 旧式な.

obstacle 障害(物), 邪魔(物).

obstacle race 障害物競走.

obstetric(al) *a.* 産科の.

obstetrician 産科医.

obstetrics 産科学.

obstinate *a.* 強情な, 頑固な, つむじ曲がりの; (病気が)頑固な, 難治の.

obstreperous *a.* 騒々しい; 暴れる, 手に負えない.

obstruct *v.* ふさぐ, 遮る, 妨げる.

obstruction 妨害(物), 障害(物).

obstructionist (議事)妨害者.

obstructive *a.* 妨害する, 邪魔となる.

obtain *v.* 得る, 手に入れる; (世に)行われる, 流行する.

obtainable *a.* 得られる.

obtrude *v.* 押し付ける, 強いる; 突き出す.

obtrusion 押し付け; でしゃばり.

obtrusive *a.* 押し付けがましい; でしゃばりの.

obturate *v.* (口・穴を)ふさぐ.

obtuse *a.* 鈍い, 尖っていない; 鈍感な, 愚鈍な; 鈍角の.

obtuse angle *Math.* 鈍角.

obverse *n.* (貨幣・メダルなどの)表面.
— *a.* 表面の; (表裏のように)相対する.

obviate *v.* (危険などを)取り除く, 未然に防ぐ.

obvious *a.* 明白な; 露骨な; 目立つ.

obviously *ad.* 明白に; 明らかに.

ocarina オカリーナ《土製長卵形の笛》.

occasion *n.* 場合, 節, 折; めでたい折, 好機; 必要; 理由, 原因; 特別の出来事, 行事; 祭典, 儀式. **give occasion to** …を引き起こす. **on occasion** 時々. **rise to the occasion** 事に当たって立派にやってのける. ── *v.* 引き起こす.

occasional *a.* 時々の, 時たまの; 特別な場合の, 特別な場合に使う; 臨時の; 偶然の.

occasionally *ad.* 時々, 時たま.

Occident 西洋.

Occidental *a., n.* 西洋(人)の; 西洋人.

Occidentalism 西洋風, 西洋的特質; 西洋文化.

Occidentalist 西洋文化愛好家, 西洋文化研究者.

Occidentalize *v.* 西洋化する.

occlude *v.* 閉じる, ふさぐ; *Chem.* 吸蔵する; *Dent.* かみ合う.

occlusion 閉塞; *Chem.* 吸蔵; *Dent.* かみ合わせ.

occult *a.* 秘密の, 神秘的な; 超自然的な, 魔術的な, オカルトの. ── *v. Astron.* 掩蔽する; 隠す.

occultism 神秘学; 神秘療法.

occupancy 占有, 居住; 占有期間.

occupant (土地・家屋の)占有者, 居住者; 在職者.

occupation 占領, 占有; 居住; 業務, 職業.

occupational *a.* 職業の.

occupational disease 職業病.

occupational therapist 作業療法士.

occupational therapy *Med.* 作業療法《療養中軽い仕事を与えて治療効果をあげようとする療法》.

occupier 居住者.

occupy *v.* 領有する, 占領する; …に居住する, 賃借りする; (時間・場所を)取る, 占める; (地位を)占める, (職を)持つ; 従事させる. **be occupied** (席が)埋まっている; 従事している (*in, with*); 忙しい.

occur *v.* 起こる, 生じる; ある; 心に浮かぶ (*to one*).

occurrence 生起, 発生; 出来事.

OCD Office of Civil Defense.

ocean 大洋; 海. **oceans of**…たくさんの….

oceanarium 海洋水族館.

oceanaut =aquanaut.

ocean engineering 海洋工学.

oceanfront 臨海地.

oceangoing *a.* 外洋航行の.

Oceania オセアニア《中部太平洋の諸島》.

Oceanian *a., n.* オセアニアの; オセアニア人.

oceanic *a.* 大洋の(ような); 巨大な.

oceanics 海洋工学.

ocean lane 大洋航路.

ocean liner 遠洋定期船.

oceanographer 海洋学者.

oceanography 海洋学.

oceanology 海洋研究.

ocean station vessel 定点観測船.

ocean sunfish *Ichthy.* マンボウ.

ocellated *a.* 単眼の.

ocellus (昆虫の)単眼; (下等動物の)眼点; (クジャクの羽などの)目玉模様.

ocelot *Zool.* オセロット《ひょうに似た大山猫》.

ocher, ochre 黄色土; 黄土色, オーカー.

ochlophobia *Psychiat.* 群集恐怖症.

o'clock *ad.* …時; …時《位置・方向を示すのに時計の文字盤を想定して》.

octagon 八角形.

octahedron 八面体.

octane *Chem.* オクタン《石油中の液体炭化水素》.

octane number [rating] (ガソリンの)オクタン価.

octant *Math.* 八分円; *Naut.*, *Aeronaut.* 八分儀.

octave *Mus.* オクターブ, 第八音, 八度音程.

octavo 八つ折り判(の本)《ほぼ 6×9^1/$_2$ in.》.

octet *Mus.* 八重奏(曲), 八重唱(曲); 八行詩.

October 10 月.

octogenarian *a.*, *n.* 80 歳代の(人).

octopus *Zool.* タコ.

octoroon 八分の一黒人.

octroi (F) 物品入市税; 入市税徴収係, 入市税徴収所.

octuple *a.* 8 倍の.

ocular *a.*, *n.* 目の; 視覚の; 接眼鏡.

oculist 眼科医.

OD *n.*, *v.* (麻薬の)飲み過ぎ(の人); (麻薬を)飲み過ぎる.

OD olive drab; outside diameter [dimension].

o/d on demand.

odalisque (イスラム教国宮中の)女奴隷, オダリスク.

odd *a.* 奇数の; 余りの, 半端の, 余分の; 時々の, 臨時の; 変な, 奇妙な.

oddball *n.*, *a.* 奇人, 変わり者; 風変わりな.

oddity 珍妙, 風変わり; 変人, 奇人.

oddly *ad.* 変に, 奇妙に.

odd man out 仲間外れの人; 他と異質の人, 他と異質の物.

oddment 半端物; [*pl.*] がらくた.

odds 優劣の差, 勝ち目; 見込み, 可能性; 不和. **at odds** 不和で (*with*). **by long [all] odds** はるかに. **odds and ends** 寄せ集め, がらくた. **the odds are** たぶん.

odds-on *a.* 五分五分以上の勝ち目がある.

ode 賦, 頌《人や物に寄せた叙情詩》.

Odin *Scand. Myth.* オーディン《戦争・死・知識などの神》.

odious *a.* 憎むべき, 嫌な.

odium 反感, 憎しみ; 不人気, 非難.

odometer (車の)走行記録計.

odontology 歯科学.

odor 香り, 芳香; 評判. **be in bad odor** 評判が悪い.

odorant 有臭物質, 芳香物質.

odoriferous *a.* 香りを発する.

odorize *v.* 匂いをつける.

odorous *a.* 芳しい; 悪臭のする.

Odysseus ＝Ulysses.

odyssey 長期の冒険旅行.

OE Old English. **OECD** Organization for Economic Cooperation and Development 経済協力開発機構.

oecology ＝ecology.

oecumenical *a.* ＝ecumenical.

OED Oxford English Dictionary.

oedema ＝edema.

Oedipus complex *Psychol.* エディプスコンプレックス《母親と息子との間に潜在する思慕》.

oenophile ワイン愛好家.

o'er *prep.* ＝over. **—** *ad.* ＝over.

oersted *Elec.* エルステッド《磁力の単位》.

oesophagus ＝esophagus.

oestrous *a.* ＝estrous.

oeuvre (F) 作品.

OF Old French.

of *prep.* [属性・所属] …の (*a son of my friend, things of the past*); [部分] …の(うちの, うちから の) (*five of them, best of all, partake of food*); [分離] …から (*deprive a person of a thing, within a mile of the place*); [起源・原因] …から, て, の (*buy a thing of a person, ask advice of a person, come of a good family, be proud of, die of hunger*); [素材] …で, の (*a family of eight, be made of iron*); [同格] …という (*the City of London*); [関係] …の点で, を (*hear of it, accuse a person of it, be fond [sure] of it, be* *hard of hearing*); =by (*be beloved of all*); [主格関係]...の (*the works of Shakespeare*); [目的関係] (*love of virtue* 徳を愛する心); [副詞句] (*of an evening* 夕方(に)), *of late* (*years*), *of necessity*).

ofay 白人.

off *ad.* あちらへ; 取れて, はずれて; ...し去る, し尽くす; (水道・ガスが)切れて, 止まって; (仕事などを)休みにして. **be well off** 生計が楽だ. **be badly off** 生計が苦しい. **off and on** 不規則に, 時々; 断続的に. **Off with his head !** 首を切ってしまえ. **Off with you !** 去れ.

—prep. ...から, から離れて, からはずれて; の沖に; 嫌って. **—a.** 遠い方の, 向こうの, (馬・車などの)右側の; 脇道の; 休みの, 暇な; 不況で; 上等でない, 劣った; (調子が)狂って; (食物が)いたんで. **—v.** 殺す.

offal 屑, 廃物; 屑肉, 臓物; ぬか, ふすま.

offbeat オフビート《ジャズの四拍子の曲で元来弱拍のところに強勢をつけたリズム》. **—a.** 型にはまらない; 風変わりな.

off-Broadway *a., n.* (演劇がブロードウェイを離れた劇場で上演される)オフブロードウェイの(劇場), 実験的な(劇), 非商業的な(劇).

off-camera *a.* (撮影中の)カメラの視野外の.

off-campus *a., ad.* キャンパス外の, キャンパス外で.

off chance 万一の可能性.

off-color(ed) *a.* 色の悪い; 元気がない; いかがわしい.

off-duty *a.* 勤務を離れた, 非番の.

offence =offense.

offend *v.* (人の)感情を害する, 気に障る, 怒らす, 罪を犯す, 背く (*against*).

offender 違反者, 犯罪人.

offense 罪, とが; 犯罪; 無礼; 立腹; 攻撃. **give offense to** 怒らせる. **take offense** 怒る.

offensive *a.* 不快な; 無礼な; 攻撃的な, 攻勢的な. **—n.** 攻撃, 攻勢.

offer *v.* 申し出る, 提議する; 差し出す; 申し入れをする, 求婚する; 企てる; 捧げる; 現れる, 起こる. **—n.** 申し出, 提議; 提供.

offering 申し出, 提供; 捧げ物, 贈り物, 寄付金; 売り物; 劇の公演.

offertory (礼拝式中行われる)献金; (献金中奏される)音楽, (歌われる)賛美歌, (読まれる)聖句.

offhand *a., ad.* 即席の, 即席に; 無造作な, 無造作に; 突っ立ったままの, 突っ立ったままで.

off-handed *a.* 即座の.

office 職務, 職, 役; 事務所, 事務室, 会社; 官庁, 役所; 省, 局, 課; 研究室; [*pl.*] 家事室《台所・洗濯場, 時には畜舎・便所などを含む》; [*pl.*] 世話, 尽力; 儀式, 祭式; ヒント. **by [through] the good [kind] offices of** ...の尽力によって, ...の好意によって.

office boy オフィスボーイ《事務所の雑用係の少年》.

officeholder 公務員.

office hours 勤務時間, 営業時間.

officer *n.* 将校, 士官; 高級船員; 役人; 役員; 警官, 巡査. **—v.** [受動構文] 将校を配備する, 高級船員を配備する.

official *a.* 公務上の; 官の, 公の, 公式の; 役人風の. **—n.** 公務員.

officialdom 官界; 官僚.

officialese (回りくどく難解な)官庁用語.

officialism 官僚主義; 形式主義.

officially *ad.* 公に, 公式に.

officiant 司祭僧; 司会者.

officiate *v.* (...の)役を務める; 司会する; 司祭する.

officious *a.* 世話好きな, お節介な; 非公式の.

offing 沖. **in the offing** 近く, 差し迫って.

offish *a.* よそよそしい, 打ち解けない.

off-license (店内での飲酒を許さない)酒類販売免許.

off limits a. 立ち入り禁止の, オフリミットの.

off-line a. オフラインの《コンピューターに直結していない》.

off-off-Broadway a., n. オフオフブロードウェイの(劇)《New York 市の小ホール・教会などで上演される超前衛的な演劇》.

off-peak a. ピークを過ぎた; 閑散時の.

offprint (雑誌などの)抜き刷り.

off-putting a. 面くらわせる, 嫌がらせる.

off-road a. 一般道路以外の場所で使用される.

offscourings 屑, かす.

offscreen a., ad. (映画・テレビの)画面外の, 画面外で; 私生活の, 私生活で.

off-season 閑散期, シーズンオフ.

offset n. 分かれ枝; 埋め合わせ; オフセット版.
— v. 埋め合わせる.

offshoot 分かれ枝; 支脈, 支線, 支道, 支流; (家の)分かれ, 傍系; (組織の)支流, 分派.

offshore ad. 沖に; 沖に向かって; 海外で.
— a. 沖の; 沖に向かう; 国外でなされた, 域外の.

off side a., ad. 反対側に, 反対側に; Football 反則の位置の, 反則の位置に.
— n. Football オフサイド.

off-speed a. いつもよりスピードの遅い, 思ったよりスピードの遅い.

offspring 子孫; 結果.

offstage ad., a. 舞台裏で, 舞台裏の; こっそり.

off-target a., ad. 的はずれの, 的はずれに.

off-the-cuff a. 即席の.

off-the-job a. (就業)時間外の; 失業中の, 失業中で.

off-the-peg a. =off-the-rack.

off-the-rack a. 既製の, でき合いの.

off-the-record a. 非公式の, オフレコの.

off-the-shelf a. 在庫の, 既製の.

off-the-wall a. 異状な, 奇妙な.

offtrack a., ad. (競馬)場外の; (競馬)場外で.

off-white n., a. 灰色がかった白色(の).

off year はずれ年; 大統領選挙のない年.

oft ad. =often.

often ad. しばしば. **as often as** …する度毎に. **as often as not** しばしば. **more often than not** しばしば.

oftentimes ad. =often.

ofttimes ad. =often.

ogle n., v. 色目(を使う).

ogre (童話の)人食い鬼; 恐ろしい人, 恐ろしい物.

ogreish a. 鬼のような, ものすごい.

ogress 女の人食い鬼.

oh int. おや, まあ.

Ohio オハイオ《米国北東部の州》.

ohm Elec. オーム.

ohmmeter Elec. オーム計, 電気抵抗計.

OHMS on his [her] majesty's service.

oho int. ほほー, おや.

oh yeah さあどうだ, どんなものかね.

oil n. 油; 石油; 油絵の具; [pl.] 防水服; おべっか, 収賄; 情報. **burn the midnight oil** 夜ふけまで勉強する. **pour oil on troubled waters** 風波を静める, 争いを鎮める. **strike oil** 石油を掘り当てる; うまい見つけものをする. — v. 油を塗る, 油を差す, 油に浸す; (バターなど)溶ける, 油になる.

oilberg (20万トン以上の)超大型タンカー.

oil burner オイルバーナー《石油を燃料とする炉》, 油だき船.

oil cake 油粕.

oilcloth 油布.

oil color 油絵の具; 油絵.

oildom 石油産出地域; 石油業界.

oiled *a.* 油を塗った; 酔った.

oiler 油差し器, 油差し人, 給油缶.

oil field 油田.

oil gland (水鳥の尾部の脂腺; 尾腺.

oil heater 石油ヒーター.

oilily *ad.* 油のように, 滑らかに; 口先上手に.

oilman 製油業者, 石油業者.

oil meal 粉末油粕(肥料·飼料用).

oil painting 油絵(術).

oilpaper 油紙.

oil pollution 油汚染.

oilpress 油絞り機.

oilrig 石油掘削装置.

oil shale *Mineral.* 油母頁岩.

oilskin オイルスキン, 油布; [*pl.*] 防水服.

oil slick 水面に流出した油.

oilstone 油砥石.

oilstove 石油ストーブ, 石油レンジ.

oil-tanker タンカー, 油送船.

oil well 油井.

oily *a.* 油の(ような); 油ぎった, 油っこい; 滑らかな; 口先のうまい.

oink *n., v.* ぶーぶー(鳴く)(豚の鳴き声).

ointment *Pharm.* 軟膏.

OK, okay *a., ad.* よろしい, 結構; どういたしまして. — *v.* 承認する, 是認する, パスさせる. — *n.* 承認, 是認.

okapi *Zool.* オカピ(中央アフリカ産のキリン科の動物).

oke *a., ad.* =OK.

okeydoke, okeydokey *int.* =OK.

Okhotsk オホーツク海.

Oklahoma オクラホマ(米国中部の州).

okra *Bot.* オクラ(さやを食べる); オクラのスープ.

old *a.* 老いた; …歳になる; 古くからの, 昔の, 古い; 元の; 老練な; 旧式な, 時代遅れの; 懐かしの, 親しい. **of old** 昔(の). **old boy** [**chap, fellow, girl**] おい君(親しい呼び掛け).

old age 老年(65歳以上).

old age pension(er) 老齢年金(受給者).

old boy 卒業生.

old country (移民者から見た)本国, (特に)ヨーロッパ.

olden *a.* 古い, 昔の.

Old English 古(期)英語(450–1100年).

old-fashioned *a.* 旧式の; とがめるような, 意地の悪い.

oldfogy 時代遅れの人.

Old French 古期フランス語(800–1300年).

old girl 女子卒業生.

old hand 老練家; 熟練工; したたか者.

old hat *a.* 旧式の.

Old High German 古高ドイツ語(800–1100年).

oldish *a.* 少し老いた, 少し古い.

old lady (自分の)妻; おふくろ.

old-line *a.* 保守的な; 伝統ある.

old maid オールドミス; 口やかましい人; *Cards* ばば抜き.

old-maidish *a.* オールドミスらしい, 小やかましい.

old man 司令官, ボス; 夫, おやじ; 恋人.

Old Man River Mississippi川の俗称.

old master 古大家(18世紀以前の大画家).

Old Nick 悪魔.

old school tie 出身 public school の校色のネクタイ(学閥的社会意識の表象).

old soldier 老兵, 古参兵.

Old Spice *Trademark* オールドスパイス(男性化粧品).

oldster 老人.

old style *Print.* 旧体活字; [O-S-] 旧暦.

Old Testament 旧約聖書.

old-time *a.* 昔の.

old-timer 古参; 旧弊家.

old wife (自分の)妻.

old wives' tale たわいのない言い伝え, たわい

のない噂話.

old woman 老女; 妻; 母親; 気の小さい男.

old-womanish a. 老女めいた; お節介な.

Old World 旧世界.

old-world a. 旧世界の, 東半球の.

oleaginous a. 油質の, 油ぎった.

oleander Bot. セイヨウキョウチクトウ.

oleic a. 油の.

oleic acid Chem. オレイン酸.

oleo =oleomargarine.

oleograph 油絵風石版画.

oleomargarine マーガリン.

O level =ordinary level.

olfaction Physiol. 嗅覚.

olfactory a., n. 嗅覚の; [pl.] 嗅覚器.

olfactory organ Physiol. 嗅覚器, 鼻.

oligarch 寡頭政治の独裁者.

oligarchy 少数独裁政治(国).

oligopoly Econ. 寡占.

oligotrophy (湖の)貧栄養状態.

olio ごった煮; 雑録.

olivaceous a. オリーブ色の.

olive n., a. Bot. オリーブ(の木), オリーブの実; オリーブ色(の).

olive branch オリーブの枝《平和の象徴》.

olive crown (勝者がいただく)オリーブの冠.

olive drab 濃黄緑色《米国軍服の色》.

olive green 黄緑色.

olive oil オリーブ油.

olivine かんらん石.

olla 土鍋; シチュー.

olla podrida ごった煮.

Olympia オリンピア《ギリシャ南部の平原》;
  Trademark オリンピア《ビール》.

Olympiad オリンピア紀《古代ギリシャで一オリンピア競技から次の競技までの4年間》; (現代の)国際オリンピック大会.

Olympian a. オリンポス(Olympus)山の; 天上の; 堂々たる; =Olympic. — n. オリンポス山の神《Zeus 以下 12 神》.

Olympic a. Olympia の; (国際)オリンピック競技の.

Olympic Games (古代の)オリンピック競技会; (現代の)国際オリンピック大会.

Olympics =Olympic Games.

Olympus オリンポス《ギリシャ北部の山; ギリシャ神話の主神が住むといわれた》.

ombudsman 行政監察官, オンブズマン.

omega オメガ《ギリシャ字母の最終字; Ω, ω》; 終尾, 最後.

omelet オムレツ.

omen 前兆; 予知, 予言.

omicron オミクロン《ギリシャ字母の第 15 字; O, o》.

ominous a. 前兆の, 不吉な.

omissible a. 省略できる, 不要の.

omission 省略, 脱落; 手抜かり, 怠慢.

omissive a. 怠る.

omit v. 落とす, 抜かす, 省く; 怠る, (…し)損なう (to do).

omnibus n. 選集. — a. 雑多な物を含んだ, 総合的な, 総括的な.

omnibus book (一作家の)選集.

omnidirectional a. Elec. 全方向性の.

omnipotence 全能.

omnipotent a., n. 全能の; [the O-] 全能の神.

omnipresence 遍在.

omnipresent a. 遍在する.

omniscience 全知.

omniscient a. 全知の.

omnium-gatherum ごたまぜ.

omnivorous a. 何でも食う, 雑食性の; えり好みしない.

on prep. [接触]…の上に, …の上の, …の上で
  (*a boat on the water, a picture on the wall*);

[基礎・根拠]…に基づいて, て (on principle, live on bread); [接近・方向]…に沿って, の方へ (on this side, a village on the river, march on a town); [時間]…に, (…する)と (on Friday, on arrival 到着と同時に); [関係・従事]…に関して, …に関する, …に従事して (a book on Japan, on reading, on a journey, go on an errand); [状態]…して (on fire, on the watch); …の費用で, …持ちで.

— ad. [付着・接触]接触して, 身につけて; (電気・水道・ガスなどが)ついていて, 通じていて; [方向]前方へ, ずっと; [進行・継続]行われて, 続行して, 従事して. **on and off** 断続的に. **on and on** 引き続いて, どしどし.

— a. 作動している; (事が)始まっている; 上演されている; Baseball 塁上の; …賛成の; Cricket 左側の.

on-air a. 放送されている, 放映されている.

onanism 中絶性交; オナニー, 自慰.

onboard a. 機内での, 車内での; (ロケット・宇宙船などに)組み込まれた, 内蔵の.

on-camera a. 撮影中のカメラの視野内の.

once ad. 一度, 一回; 一倍; 一旦, いやしくも; かつて. **once again=once more** もう一度. **once and again** 幾度も. **once for all** これ限り, きっぱり. **once in a while** [whiles] たまに. **once upon a time** 昔々; かつて.

— conj. ひとたび…するや. — n. 一度, 一回. **all at once** 突然; 同時に. **at once** 直ちに; 同時に. **(just) for once** 今回だけ.

once-over ざっと目を通すこと.

oncer 1 ポンド紙幣.

oncoming a., n. 近づく; 優しい; 接近.

on-deck circle Baseball ネクストバッターズボックス.

ondol オンドル《朝鮮の床下暖房装置》.

one a. 一つの; ある; [the ~] 唯一の, 同一の. **all one** まったく同一で, 変わりなく. **one and the same** 同一の. — pron. [一般人称と

して] 人(は), 誰でも; [名詞の代用として] もの; [a ~] すばらしい人. **a one for** …熱狂者, …ファン. — n. 一, 一人, 一個; 同一. **at one with** …と一致して, 和して. **all in one** 一つでみな兼ねて. **one after another** 続々と. **one and all** ことごとく. **one another** pron. お互い. **one by one** 順々に. **one up on** 人をしのいで.

one-armed a. 片腕の.

one-armed bandit スロットマシン.

one-dimensional a. 一次元の; 皮相な.

one-egg a. 一卵生の.

one-eyed a. 片目の, 一眼の; つまらない, 劣った.

one-handed a. 片手(きき)の; 片手で行う, ワンハンドの.

one-horse a. 一頭引きの; 貧弱な, 劣った.

oneiromancy 夢占い.

one liner (機知に富んだ)寸言.

one-man a. 一人でする, 一人の.

one-man band 単独行動.

oneness 単一; 統一; 調和; 同一.

one-night stand 一夜興業; 一夜だけの情事.

one-piece a. (服など)ワンピースの.

oner 無類の人, 無類の物, 名人; 猛烈な一撃.

onerous a. 厄介な, 重苦しい.

one-seater 一人乗り《自動車》; Aeronaut. 単座機.

oneself pron. (自分)自身.

one-sided a. 片側だけの; 片務的な; (勝負が)一方的な.

one-step Dance ワンステップ.

onetime a. 昔の, かつての.

one-to-one a. (関係が)一対一の.

one-track a. Railroads 単線の; 偏狭な.

one-up v., a. 一歩先んじる; 一枚上手の.

one-upmanship 人に先んじること, 一枚上

手.

one-way a. 一方向だけの; 片道の; 一方的な.

ongoing a. 前進する. — n. [pl.] (不適当な)処置.

onion タマネギ; 頭. **off one's onion** 気が狂って.

onionskin オニオンスキン《薄い半透明の紙》.

on-license 店内酒類販売免許.

on limits a. 立ち入り自由の, オンリミットの.

on-line a. オンラインの《コンピューターに直結した》.

onlooker 傍観者.

onlooking a. 傍観する.

only a. ただ一つの, 唯一の. — ad. ただ, 単に; …のみ; やっと(…ばかり). **if only** =I wish. **only too** =very. **not only...but** (**also**)……のみならずまた. **only just** やっと(…したばかり). — conj. ただし, だがしかし; …を除いて (that).

onomatopoeia Ling. 擬音(語), 擬声(語).

onrush 突進.

onset 攻撃, 襲撃; 開始, 始まり.

onshore ad. 陸に向かって; 海岸近くで; 国内で. — a. 陸に向かう; 海岸近くの; 国内の.

onslaught 猛襲.

onstage ad., a. 舞台上で, 舞台上の, 舞台の方へ.

Ontario, Lake オンタリオ湖《米国北東部の湖》.

on-the-job a. 職務中の.

on-the-scene a. 現場の.

onto prep. …の上に, …に向かって.

ontologic(al) a. 存在論的な.

ontology Philos. 存在論, 本体論.

onus 責任.

onward a. 前進する. — ad. 前方へ, 進んで; 以降.

onyx Mineral. しまめのう.

OOB off-off-Broadway.

oodles 多量, 豊富.

oof 金.

oofy a. 金持ちの.

oology 鳥卵学.

oolong (中国産)ウーロン茶.

oomph n., a. 精力, 馬力; 性的魅力 (のある).

oops int. しまった, おっと.

ooze n. (川底などの)泥; しみ出し; 樹皮の汁. — v. にじみ出る, 漏れる (out); (勇気など)徐々になくなる (away).

oozy a. どろどろの; だらだら流れ出る, じくじく流れ出る.

op 手術, オペ.

op out-of-print.

op (**art**) =optical art.

opacity 不透明; 曖昧; 遅鈍.

opal オパール, 蛋白石.

opalescence 乳白光.

opalescent a. 乳白光を発する.

opal glass 乳白ガラス.

opaline a., n. オパールのような; 乳白光を発する; 乳白ガラス器.

opaque a. 不透明な; 曖昧な; 愚鈍な.

op cit opere citato (L, =in the work cited).

ope v., a. =open.

OPEC (<Organization of Petroleum Exporting Countries) オペック, 石油輸出国機構.

open a. 開いた, 開いている, あいている; 公開の, 公共の; 公然の; 自由競争の, 開放された; 広々とした; (川・海が)氷結しない, (車が)屋根なしの; (非難などを)受けやすい, 免れない, 喜んで受ける (to); (都市など)無防備の; (問題など)未決定の; 淡白な, 腹臓のない; 気前のいい; 氷結しない; Phonet. 開口音の; 公許の; 関税のかからない; 解禁の. — n. [the ~]戸外; 広々とした見晴らし; 公然; オープン選手権試合. **keep open house** 来客をすべて歓迎

する. ― *v.* あける, 開く; 始める, 始まる.

open into [on, onto] …へ通じる. **open on** …を見渡す. **open out** 広がる, 広げる; 発達する, 発達させる; 語り出す. **open up** 開放する; 開発する; 表す; 自由にしゃべる.

open admission (無試験の)大学全入制.

open air 戸外.

open-air *a.* 戸外の.

open-and-shut *a.* 明白な.

open bar (結婚披露宴などで)無料で飲み物を供するバー.

open book 理解し易いもの, 理解し易い人.

open-cast *n., a.* 露天掘り(の).

open check *Com.* 普通小切手.

open circuit *Elec.* 開回路.

open city 無防備都市, 非武装都市.

open country 田園.

open-date *n., v.* 食品調製日付(を表示する), 賞味期限日付(を表示する).

open door 門戸開放.

open-door *a.* 門戸開放の; 機会均等の.

open-eared *a.* 傾聴する.

open-end *a.* 貸し付け金額を一定しないで提供する; 資本額をその時価で計算して売買する; 広告放送を入れる部分を空けてある.

open-ended *a.* 時間の制限のない.

opener 開始者; 第一試合; あける道具; 栓抜き, 缶切り.

open-eyed *a.* 目を開いてびっくりした; 抜け目のない.

openhanded *a.* 気前のいい; 手がふさがっていない.

openhearted *a.* 率直な.

open house (私宅)開放パーティー; (学校・クラブなどの)一般公開日.

opening 開始; 隙間, 口, 穴; 空き地; (就職などの)口; 好機.

open letter 公開状.

openly *ad.* 公然と, あからさまに.

open market *Econ.* 公開市場.

open marriage 開かれた結婚《夫婦が互いの社会的・性的独立を承認する》.

open-minded *a.* 偏見のない.

openmouthed *a.* 口をあけてぽかんとした; 強欲な.

open port 開港場; 不凍港.

open question 未解決の問題.

open sandwich オープンサンドイッチ.

open sea *Internat. Law* 公海.

open season (漁猟)解禁期.

open sesame 目的を叶えさせるもの.

open-shelf *a.* (図書館が)開架式の.

open shop オープンショップ《労働組合員外の者をも雇い入れる》.

open-space *a.* (建物が)壁なし構造の.

open syllable *Phonet.* 開音節《母音で終わる音節》.

Open University 公開大学.

openwork 透かし細工.

opera オペラ(劇場), 歌劇.

operable *a.* 手術できる.

opera bouffe 滑稽歌劇.

opera-cloak 観劇用婦人外套.

opera comique オペラコミーク《対話入りフランス歌劇》.

opera glass(es) オペラグラス.

opera hat オペラハット《折りたたみシルクハット》.

opera house 歌劇場.

operate *v.* (機械など)働く, 運転する, 操縦する; 経営する; (薬など)作用する, 効く (*on, upon*); 手術する (*on, upon*); 軍事行動を行う.

operatic *a.* オペラ(風の).

operating room 手術室.

operating system *Computer* オペレーティングシステム《コンピューター管理のプログラム》.

operating theater 手術室.

operation 働き, 運用, 運転; 作用; 方法; 実施, 効力; (市場の)操作; 手術; *Math.* 運算; [しばしば *pl.*] *Mil.* 作戦. **in operation** 運転中; 実施中.

operations research オペレーションズ・リサーチ《経営管理などの問題について数学的解法により人と機械の操作の研究および改良を行う技術》.

operative *a.* 働く, 運転する; 効き目のある, 有効な; 手術の. ─*n.* 職工; 探偵.

operator (機械の)操縦者, 運転者, オペレーター; (電信)技手; (電話)交換手; 手術者; 経営者; やり手; 秘密調査部員.

operetta 喜歌劇, オペレッタ.

operon *Biol.* オペロン《遺伝情報の読まれる染色体上の小単位》.

ophthalmia *Med.* 眼炎.

ophthalmic *a.* 目の; *Med.* 眼炎の.

ophthalmologist 眼科医.

ophthalmology 眼科学.

ophthalmoscope 検眼鏡.

opiate *n., a.* (鎮痛・催眠の)阿片剤; 催眠の.

opine *v.* 考える; 考えを述べる.

opinion 考え, 意見; 世論; 確信; 判断, 評価, 鑑定. **be of (the) opinion that ...** と信じる. **have a good opinion of ...** をよく思う, 信用する. **have a bad [no] opinion of ...** をよく思わない, 見下げる.

opinionated *a.* 自説を曲げない, 頑固な, 独断的な.

opinionative *a.* 頑固な.

opinion poll 世論調査.

opium 阿片.

opium den 阿片吸飲所, 阿片窟.

opium eater 阿片常用者.

opiumism 阿片中毒.

opium poppy *Bot.* ケシ.

opossum *Zool.* オポッサム《擬死の習性がある》. **play opossum** 死んだふりをする; とぼける.

opponent *n., a.* 反対者, 敵手; 対抗の.

opportune *a.* 時機を得た; 好都合な.

opportunism 日和見主義, 便宜主義.

opportunist 日和見主義者, 便宜主義者.

opportunity 機会, 好機.

opposability 敵対力.

opposable *a.* 対立させられる; 向かい合われる.

oppose *v.* 相対させる, 対立させる; 反対する, 向かう, 抵抗する, 妨げる. **be opposed to ...** に対立する; 反対する, 反対である.

opposite *a.* 反対の, 向かい合った, 向こう側の; 逆の. ─*n.* 反対物, 反対語. ─*ad.* 反対に, 向こう側に, 逆方向に. ─*prep.* ...に向かって, 対して.

opposite number (他の組織中の)対等的地位(の人).

opposition 反対, 抵抗; 対立, 対置; 対照; [the O-] 野党.

oppress *v.* 圧迫する, 抑圧する; 悩ます, 苦しめる; 気をふさがせる.

oppression 圧迫, 抑圧; 重苦しい感じ; 倦怠.

oppressive *a.* 圧制的な, 重苦しい.

oppressor 圧制者.

opprobrious *a.* 口汚い, 侮辱的な.

opprobrium 侮辱; 非難.

opt *v.* 選択する. **opt out** 参加しないことにする.

optative *a., n. Gram.* 祈願の; *Gram.* 祈願法.

optic *a.* 目の. ─*n.* 目.

optical *a.* 目の, 視覚の; 光学上の.

optical art *Fine Arts* オプティカルアート《抽象画の一つ》.

optical character reader *Computer* 光学式文字読み取り装置.

optical fiber 光学繊維, 光ファイバー.

optical microscope 光学顕微鏡.

optical scanning *Computer* 光学的走査.

optician 眼鏡商.

optics 光学.

optimism 楽天主義.

optimist 楽天家.

optimize[1] v. 楽観する.

optimize[2] v. 最適(条件)にする.

optimum n., a. (成長・繁殖などの)最適条件;最適(条件)の;最善の.

option 取捨,選択(の自由),選択権;売買選択権,オプション;任意;選択科目.

optional a. 選択自由の,任意の;自由意志の.

optometrist 検眼医.

optometry 検眼.

opulence 富裕,豊富.

opulent a. 富んだ;十分な,豊富な;きらびやかな.

opus (L) 作品,著作.

opuscule, opusculum 小品.

OR operations research; owner's risk Com. 荷主危険持ち.

or conj. あるいは,または,もしくは;すなわち,換言すると;さもないと. **or else** さもないと.

oracle 神託,託宣;神託所,託宣所;賢人;知言.

oracular a. 神託の(ような),意味の不可解な;独断的な,勿体ぶった.

oral a. 口述の,口頭の,口上の;経口の. —n. 口述試験.

oral contraceptive 経口避妊薬,ピル.

oral history 口述歴史(文献).

oral method 口頭教授法.

oral sex オーラルセックス《fellatio, cunnilingus など》.

orange n., a. オレンジ,みかん,だいだい;オレンジ色(の).

orangeade オレンジエード.

orange blossom (花嫁の頭に飾る)オレンジの花;芳香油.

Orangeism オレンジ党の主義.

Orangeman オレンジ党員.

orange pekoe オレンジペコー《インド・セイロン産紅茶の一種》.

orangery オレンジ栽培園,オレンジ栽培温室.

orangutan, orangoutang Zool. オランウータン.

orate v. 演説する.

oration (儀式ばった)演説.

orator 弁士,雄弁家.

Oratorian Rom. Cath オラトリオ会士.

oratorical a. 演説の;修辞的な.

oratorio Mus. オラトリオ《所作・扮装のない楽劇風の聖楽》.

oratory 演説法,雄弁術;小礼拝堂.

orb n. 球,球体;(王位の標章である)宝珠;天体;地球;目,眼球. —v. 球形にする,球形になる.

orbicular a. 円形の,球状の,丸い.

orbit n. 軌道,(生活の)常軌;Anat. 眼窩. —v. (人工衛星を)軌道に乗せる;軌道を描き回る.

orbiter 人工衛星.

orc(a) Zool. シャチ,サカマタ.

orchard 果樹園;果樹《全体》.

orchardist 果樹栽培者.

orchestra (舞台前の)奏楽席;管弦楽団,オーケストラ;(劇場一階の舞台前の)上等席.

orchestra pit オーケストラボックス.

orchestrate v. 管弦楽に作曲する;結集する,(巧みに)調整する.

orchestration 管弦楽(編成)法.

orchid, orchis Bot. ラン;淡紫色.

ordain v. (神・法律などが)定める,命じる;(聖職に)任じる.

ordeal 試練,苦しい体験;(古代ゲルマン民族の)試罪法.

order n. 順序,順番;秩序;順調;

体制, 制度; 整備; 隊形; 等級; 階級, 社会; 教団, 修道会; [pl.] 聖職, 勲位, 勲章; (動植物分類上の)目; Math. 次; Arch. 柱式; 式典; [多く pl.] 命令; 注文(書); (料理店などでの)オーダー; 為替; 無料入場券. **by order** 命によって. **call to order** (会議を)始める; (議長が)議場の静粛を求める. **in order** 整って, 整然として; すぐ使われるようになって; 順を追って; 規則にかなって. **in order that (one may…)=in order to** (*do*) するように, するために. **in short order** すぐに. **made to order** 誂えの. **of the first order** 一流の. **order of the day** 議事日程. (**goods**) **on order** 注文の(品). **on the order of** …に類する; だいたい, 約. **out of order** 取り乱して; 雑然と; 病気で. — *v.* 命令する, 指図する; (…へ)行けと命じる (*away, to*, etc.); 注文する (*from*); 整理する, 処理する; 定める. **order about** [**around**] 使い回す, 追い使う.

order book 注文控え帳.

order form 注文用紙.

orderliness 秩序整然; 従順.

orderly *a.* 整然とした, きちんとした; 規律正しい, 従順な, 行儀のいい. — *ad.* 規則正しく. — *n.* Mil. 伝令; 当番兵; 看護補助者.

ordinal *a., n.* 順序の; =ordinal number.

ordinal number Math. 序数.

ordinance 法令; (市町村の)条令; 儀式.

ordinarily *ad.* 通例.

ordinary *a.* 通常の, 普通の; 平凡な; 器量のよくない. **out of the ordinary** 普通でない. **in ordinary** 常任の; 常置の. — *n.* 普通のこと; 普通株; 判事; 儀式文.

ordinary level 普通級 《GCE の普通課程試験》.

ordinary seaman Naut. 普通船員.

ordinate Math. 縦座標.

ordination Prot. Episc. 聖職叙任, 按手式.

ordnance 大砲; 兵器, 軍需品.

ordnance map 陸地測量部地図.

Ordnance Survey 陸地測量部.

ordure 汚物, 糞.

ore 鉱石, 原鉱.

oread Gk & Rom. Myth. オレイアス《山の精》.

Oregon オレゴン《米国北西部の州》.

Oreo 白人の気に入ろうとする黒人; Trademark オレオ《クッキー》.

organ (パイプ)オルガン; (生物の)器官; 機関; 機関誌, 機関紙; ペニス.

organdy オーガンジー《薄手のモスリン》.

organ-grinder 手回しオルガン弾き.

organic *a.* 器官の; 有機体の; 有機的な, 組織的な.

organic chemistry 有機化学.

organism 有機体; 生物.

organist オルガン奏者.

organizable *a.* 組織できる.

organization 組織, 編制, 構成; 機構, 体制; 団体, 協会.

organize *v.* 組織(化)する, 編成する, 創立する; まとめる, 整理する; 労働組合を結成する, 労働組合を結成させる; 労働組合に加入する, 労働組合に加入させる.

organizer 組織者, 発起人, 世話人, 興業主; (労組の)組織専従者; オルグ.

organon, organum (方法論的)原則, 研究法.

orgasm Physiol. オルガスム(ス); 最高潮, 極度の興奮.

orgy 遊興, 酒宴; 乱交パーティー; 熱中.

oriel Arch. 張り出し窓.

Orient *n.* 東洋, 東洋諸国; [o-] 上等真珠(の光沢). — *a.* 東洋の; [o-] (太陽などが)昇る. — *v.* [o-] =orientate.

Oriental *a., n.* 東洋の; 東洋人.

Orientalism 東洋風, 東洋文化; 東洋学.

Orientalist 東洋学者, 東洋通.

Orientalize v. 東洋風にする.

orientate v. (教会建築で)聖壇が東端に来るように設計する, 聖壇が東端に来るように地取りする; (建物などを)正しい方位に据える; 方向付ける, 正しい関係に置く.

orientation 東に向けること; 方位; 指導; 方向付け, オリエンテーション; 適応, 順応; 態度(の決定), 志向; Psychol. 見当識; Zool. 帰巣本能.

orienteering オリエンテーリング《地図と磁石使用の田野横断競技》.

orifice 穴, 口.

origin 起源, 根源; 身元, 生まれ.

original a. 元の, 最初の, 原始的な; 原作の, 原文の; 独創的な, 新奇な. — n. 原型; 原物, 原文, 原書, 原作(など); 風変わりな人.

originality 独創(力), 創意, 新奇.

originally ad. 元来, 初めは.

original sin Theol. (人間の)原罪.

originate v. 始める, 起こす; 起こる, 生じる.

origination 創始, 起源, 発生.

originative a. 独創的な, 発明力のある.

originator 創始者, 創設者, 発起人.

oriole Ornith. コウライウグイス.

Orion Gk Myth. オリオン《大男の猟師》; Astron. オリオン座.

ork オケ(orchestra), バンド.

Ork Orkney (Islands).

Orkney Islands オークニー諸島《スコットランド北東方の諸島》.

Orleans オルレアン《フランス中北部の都市》.

Orlon Trademark オーロン《合成繊維》.

ormolu オルモル, 代用金箔.

ornament n. 装飾(品); 光彩を添える人物, 光彩を添える行為, 名誉となる人物, 名誉となる行為. — v. 飾る.

ornamental a. 装飾的な.

ornamentation 装飾.

ornate a. (文体など)華麗な; はでな, 凝った.

ornery a. 怒りっぽい, へそ曲がりの.

ornithologist 鳥類学者.

ornithology 鳥類学.

orography 山岳学.

orotund a. (声が)よく響く, 朗々たる; (言葉が)仰々しい.

orphan n., a. (両親または片親の無い)孤児(の). — v. 孤児にする.

orphanage 孤児院; =orphanhood.

orphanhood 孤児の身.

Orphean, Orphic a. たえなる調べの.

Orpheus Gk Myth. オルフェウス《竪琴の名手》.

orthochromatic a. Phot. 整色性の

orthoclase Mineral. 正長石.

orthodontia, orthodontics 歯科矯正学, 歯科矯正術.

orthodontist 歯科矯正医.

orthodox a. 正教派の, 正統派の; [O-] 東方正教会の; 伝統的な; 陳腐な.

Orthodox Eastern Church 東方正教会.

orthodoxy 正教派的信仰, 正統派的信仰.

orthoepist 正音学者.

orthoepy 正しい発音法; 正音学.

orthognathous a. Anthrop. 正顎の, 口辺部が前方に突出していない.

orthogonal a. Math. 直角の.

orthography 正書法; Math. 正射影.

orthopedics (子供の)整形外科(学).

ortolan Ornith. キノドアオジ.

oryx Zool. オリックス《大型のレイヨウ》.

o/s out of stock. **OS** Austrian Airlines オーストリア航空《国際略語》; old style; ordinary seaman.

Oscar オスカー《映画のアカデミー賞と共に与え

られる小型黄金像).

oscillate *v.* (振り子のように)振動する, 振動させる; 動揺する, 動揺させる.

oscillator *Elec.* 発振器; *Phys.* 振動子.

oscillatory *a.* 振動する, 動揺する.

oscillograph *Elec.* オシログラフ, 振動記録器.

oscilloscope *Elec.* オシロスコープ.

osculate *v. Math.* (面・曲線などが3点以上共有するように)接触させる, 接触する; キスする.

osculatory *a.* キスの.

osier *Bot.* ヤナギ.

Osiris *Egypt. Myth.* オシリス《古代エジプトの主神》.

Oslo オスロ《ノルウェーの首都》.

osmium *Chem.* オスミウム《金属元素》.

osmosis *Phys.* 浸透.

osmunda *Bot.* ゼンマイ.

osprey *Ornith.* ミサゴ.

osseous *a.* 骨質の, 骨の(ある).

ossicle *Anat.* 小骨.

ossify *v.* 骨化する; 硬化する.

ostensible *a.* 表向きの, うわべの.

ostentation 見せびらかし, 見栄.

ostentatious *a.* 見せびらかしの, 見栄を張る.

osteomyelitis *Med.* 骨髄炎.

osteopathy *Med.* 整骨療法.

ostler =hostler.

ostmark オストマルク《東ドイツの通貨単位; =100 pfennigs》.

ostracism (古代ギリシャの)陶片追放, 貝殻追放; 国外追放, 排斥.

ostracize *v.* (陶片投票, 貝殻投票で)追放する; 排斥する.

ostrich *Ornith.* ダチョウ; 現実逃避者, 事なかれ主義者.

Ostrogoth 東ゴート族.

OT Old Testament.

other *a.* 他の, 反対の; 違った (*from, than*);

今一つの. **among other things** (他にもあるが)その中でも, とりわけ. **every other** 他のすべての; 一つ置きの. **the other day** 先日. **the other night** 先夜. **the other party** 先方; *Law* 相手方. **the other way** (about) 逆に.

—*pron.* 他のもの; [the ~] 今一方のもの. **of all others** 誰よりも, 何よりも. —*ad.* 別な方法で, そうでなく.

otherwise *ad.* そうでなく; その他の点で; さもないと.

other-worldliness 超俗的なこと.

other-worldly *a.* 来世の; 超俗的な.

otic *a. Anat.* 耳の.

otiose *a.* 役に立たない; 暇で, 怠けて.

otitis *Med.* 耳炎.

Ottawa オタワ《カナダの首都》.

otter *Zool.* カワウソ(の毛皮).

Ottoman *a., n.* オスマン帝国の; オスマン帝国人; [o-] (背のない)長椅子, 足のせ台.

OU Oxford University.

oubliette 秘密の土牢.

ouch *int.* 痛い, あいた.

ought[1] *aux. v.* …すべき(はず)である, (…する)のが当然である, …にきまっている.

ought[2] ゼロ.

ought[3] *pron.* =aught[1].

oughtn't =ought not.

Ouija *Trademark* ウィージャ《心霊術に用いる占い板》.

ounce[1] オンス《重量の単位; = 常衡 $1/16$ lb》; 液量オンス; 少量.

ounce[2] *Zool.* ユキヒョウ.

our *pron.* 我々の.

Our Father 主の祈り.

ours *pron.* 我々のもの.

ourself *pron.* =myself《君主・主筆などが用いる》.

ourselves *pron.* 我々自身.

oust v. 追い出す; Law (世襲 財産・権利など を)剥奪する.

ouster 放逐; Law 保有権侵奪.

out ad. 外に, 外へ; 常態からはずれて; 声 高く, はっきり; あらわに; 終わりまで, すっかり, まったく. **be out** 外に出る; 現れる, 露見する; はずれる; 不在である; (花など)開く, (本など)出る; 破れて いる; (火など)消える; (流行が)廃れる; 仲たがい する; (競技で)アウトになる; ストライキをしている; 政権を離れる; 金に窮している. **be out and about** 病気が直って外出ができる. **be out for** …を得ようとしている, を求めている. **out and out** まったく. **out from under** 危険を脱して. **out of** …のうち, の中から, の外に, から (from); 無くて. **out of it** 孤立して; 困って. ―a. 外の; 離れた; 異常な; 遅れている. ―v. 追い出す; (競技で)アウトにする. ―n. 外部; Baseball アウト; 欠点; 解決. ―prep. (ドアなど)から.

outage (電力・ガスなどの)供給停止 (期間), 停電.

out-and-out a. まったくの, 徹底的な.

out-and-outer 徹底的にやる人.

outback n., a., ad. 奥地(の); 奥地へ; 僻地, 行く価値のない場所.

outbalance v. …より重い, 勝る.

outbid v. より高値を付ける.

outboard a., ad. Naut. 舷側寄りの, 舷側寄 りに, 船外の, 船外に.

outboard motor 船外(発動)機.

outbound a. 外国行きの.

outbrave v. 勇気で…を凌ぐ; ものともしない.

outbreak 発生, 突発; 暴動.

outbuilding (農場の)離れ家.

outburst 爆発; ほとばしり (of).

outcast a., n. 追放された(人), 見捨てられた (人); 浮浪者.

outclass v. 勝る.

outcome 結果.

outcrop (鉱脈の)露頭.

outcry 叫び, 大騒ぎ; 抗議; 競売.

outdated a. 旧式の.

outdistance v. 先に出る; 追い抜く.

outdo v. 勝つ, 勝る.

outdoor a. 戸外の.

outdoors ad. 戸外で.

outer a. 外の, 外側の, 外部の.

outer man 外なる人, 肉体; 身なり.

outermost a. 最も外の, 一番外の.

outer space Astron. (大気圏外の)宇宙.

outface v. 睨みつける; 物ともしない.

outfall 河口, はけ口.

outfield Baseball 外野; 外野手 (3 人).

outfielder 外野手 (1 人).

outfight v. 打ち負かす.

outfit n. (旅行などの)仕度品; (各種)用品, 道具類; 一隊, グループ. ―v. 用具類を 供給する (with).

outfitter (旅行その他の)用品商.

outflank v. Mil. (敵の)両翼を包む.

outflow 流出(物).

outfox v. =outsmart.

outgeneral v. 戦術で(敵将に)勝つ.

outgo n. 出費, 支出. ―v. …より遠くへ 行く; 勝る.

outgoing a., n. 出て行く; (職場を)去って行 く; 社交性に富んだ; [pl.] 支出.

outgrow v. …より大きく成る, 成長して(衣 服を)着られなくする; 成長して(習慣などを)な くす.

outgrowth 自然的結果; 枝.

outguess v. 出し抜く.

outgun v. (火力で)勝る; 打ち負かす.

out-Herod v. (残忍さなどで)…を凌ぐ. **out-Herod Herod** 暴虐ヘロデ王を凌ぐ.

outhouse 母屋から離れた建物 (物置・屋外便所など).

outing 遊山, 遠足.

outlander 外国人；局外者.

outlandish a. 異国風の，異様な；辺鄙な.

outlast v. …より長く続く，…より長くもつ，の後まで残る.

outlaw n. 無法者；追放者；常習犯. — v. 放逐する；禁止する.

outlawry 法律保護停止，公権剥奪，追放；法律無視.

outlay n., v. 経費；消費する.

outlet 出口，はけ口；門戸；売れ口，はけ口；コンセント.

outlier 局外者；本体を離れた物.

outline n. 輪郭；略図；概略，概要；[pl.] 綱要. — v. 輪郭を示す；概説する.

outlive v. …より長生きする，の後まで残る.

outlook 見晴らし；見通し，展望；見解.

outlying a. 遠く離れた，辺鄙な.

outmaneuver v. 策略で勝つ，裏をかく.

outmatch v. …より勝る.

outmoded a. 旧式な.

outmost a. ＝outermost.

outnumber v. …より数が多い，数で圧倒する.

out-of-date a. 時代遅れの.

out-of-door(s) a., ad. 戸外の；戸外で.

out-of-pocket a. 現金支出の.

out-of-print 絶版.

out-of-sight a. すばらしい.

out-of-the-way a. 辺鄙な；異常な.

outpatient 外来患者.

outplay v. …よりも上手にやる，勝つ.

outpoint v. …より数多く点を取る；…より船首を更に風上に向けて進む.

outpost Mil. 前哨.

outpour 流出.

outpouring (感情などの)発露，流露.

output 生産高；生産；Mech., Elec. 出力；Computer アウトプット，出力(信号). — v. Computer アウトプットする.

outrage n. 暴行；憤慨. — v. 暴行する；(法律・徳義などを)破る；(女性を)犯す.

outrageous a. 狂暴な，ひどい，言語道断な.

outrange v. 飛行距離がまさる，着弾距離がまさる.

outrank v. …より高い位を占める；(重要性で)勝る.

outré (F) a. 常軌を逸した.

outreach v. …の先まで達する，に勝る；(手を)差し伸べる.

outride v. (馬で)追い越す；乗り越える，切り抜ける.

outrider (馬車の)騎馬従者.

outrigger Naut. (カヌーの)舷外浮材；アウトリガー，突き出しオール受け(のあるボート).

outright ad. 直ちに；すっかり；あからさまに. — a. まったくの；率直な.

outrun v. 走り越す，追い抜く；走り逃げる；勝る.

outsell v. …より多く売る，より多く売れる.

outset 最初，出発.

outshine v. …よりよく光る；顔色を失わせる.

outside n. 外部，外面，外側；極限. **at the (very) outside** 最大限，多くとも. — a. 外部の；最高の. — ad. 外へ，外で，外側は. **outside of** …以外の，…以外は，の外の，の外で. — prep. …の外に，…の外へ，…の外の，…以外に.

outsider 局外者，仲間以外の人；優勝しそうにもない人や馬.

outsit v. …より長居する.

outsize n., a. 特大型(の).

outskirt [pl.] 周辺，郊外.

outsmart v. …を知恵で負かす.

outspeak v. (人を)しゃべり負かす；大胆に言う.

outspeed v. スピードで負かす，追い越す.

outspoken a. 腹蔵のない，率直な.

outspread v. 広がる；広げる.

outstanding *a.* 目立つ; 未払いの; 未完成の.

outstay *v.* …より長居する.

outstretch *v.* 広げる.

outstrip *v.* 追い抜く; 凌ぐ.

outtalk *v.* …よりも大声でしゃべる, …よりも早口でしゃべる, …よりも長くしゃべる, しゃべり負かす.

outturn 産出額.

outvote *v.* 得票数で破る.

outward *a.* 外へ向かう; 外面の. — *n.* 外部; 外見. — *ad.* 外方へ.

outwardly *ad.* 外に, 外へ, 外面は.

outwards *ad.* =outward.

outwear *v.* …より長持ちする; 着破る, 使い尽くす; 成長して(悪習などを)なくす.

outweigh *v.* …より重い, 勝る.

outwit *v.* 出し抜く, 裏をかく.

outwork *n.* 外堡; 外勤. — *v.* 仕事で…に勝つ, …より早くに仕事をする.

outworn *a.* すり切れた; 使い古した; 廃れた, 陳腐な.

outy [*pl.*] (ペットの)散歩.

ouzel *Ornith.* クロウタドリ.

oval *a., n.* 卵形の(物), 長円形の(物), 楕円形の(物).

Oval Office (ホワイトハウス内の)大統領執務室.

ovariectomy *Med.* 卵巣切除(術).

ovaritis *Med.* 卵巣炎.

ovary *Anat.* 卵巣; *Bot.* 子房.

ovate *a.* (葉が)卵形の.

ovation 大喝采, 歓呼, 大歓迎.

oven オーブン, 天火.

ovenbird *Ornith.* カマドドリ.

ovenglove (オーブン用)鍋つかみ.

ovenproof *a.* オーブン耐熱性の.

ovenware オーブン用プレート.

over *ad.* 越して, 横切って, 向こう側に; 渡して, 移って, 覆って, 一面に; ひっくり返しに, 逆さまに; あまりに, 余計に; その上に; 繰り返して, 改

めて; 終わって. **all over** すっかり終わって; 至る所. **(all) over again** =once more. **over against** …に面して; に比して. **over and above** その上, また. **over and over (again)** 何度も何度も. **over here** こちらに. **over there** あちらに. — *a.* 上の; 優れた; 過度の. — *prep.* …の上に, さしかかって, を覆って; 一面に, 至る所; について; (飲食・仕事を)しながら; を支配して, より優れて; …以上; を越して, …越しに; … 中.

overabundance 過剰.

overabundant *a.* 有り余る(ほどの).

overachiever 成績の優秀な学生.

overact *v.* (役割などを)やり過ぎる.

overactive *a.* 活躍し過ぎる.

overage *a.* 年を取り過ぎた; 老朽の.

overall *n.* (医師などの着る)上っ張り; [*pl.*] オーバーオール, つなぎ(服). — *a.* 包括的な, 全面的な. — *ad.* 全体的に(見て).

overarch *v.* アーチで覆う, アーチのように覆う, アーチ状に曲げる.

overarm *a., ad.* 上手投げの, 上手投げで; *Swimming* 抜き手の, 抜き手で.

overawe *v.* 威圧する.

overbalance *v.* (重量・価値などで)負かす; 平衡を失って倒れる, 平衡を失わせて倒す. — *n.* 超過(額).

overbear *v.* 圧倒する.

overbearing *a.* 横柄な, 威張った.

overbid *v.* 高値を付ける.

overblouse オーバーブラウス.

overblown *a.* (花が)満開を過ぎた; 肥満した; 勿体ぶった.

overboard *ad.* 船外に, (船から)水中へ. **throw overboard** 見捨てる.

overbook *v.* 予約(客)を取り過ぎる.

overbridge 陸橋, 跨線橋, 高架道.

overbuild *v.* 建て過ぎる.

overburden *v.* 負わせ過ぎる, 積み過ぎる.

—n. 重荷.

overbuy v. 多く買い過ぎる, 高く買い過ぎる.

overcapitalize v. 資本を過大に評価する; 資本を掛け過ぎる.

overcareful a. 用心し過ぎる; 気にかけ過ぎる.

overcast v. 雲で覆う; 曇る;(切れ地の)縁をかがる. —a. 曇った, どんよりした.

overcautious a. 小心な.

overcharge v. 不当な値段を要求する;(荷を)積み過ぎる;(電気を)過充電する; 誇張する. —n. 不当値段; 積み過ぎ; 過充電.

overcloud v. 曇らせる; 悲しませる.

overcoat 外套.

overcome v. 打ち勝つ, 克服する; 圧倒する.

overcompensation 過剰補償; *Psychoanal.* 過補償.

overconfidence 過信, 自惚れ.

overcrop v. 連作して(土地を)疲れさせる.

overcrowd v. 人を詰め過ぎる, 物を詰め過ぎる.

overdevelop v. *Phot.* 現像を過度にする, かぶらせる.

overdo v. やり過ぎる; 過度に使う; 使い果たす; 煮過ぎる, 焼き過ぎる.

overdose n. (薬の)過剰投与. —v. (薬を)過剰投与する.

overdraft *Com.* 当座貸し越し, 当座借り越し;(手形の)過振.

overdraw v. (手形などを)過振する.

overdress オーバードレス《(下に着ている服を見せるように作ったドレス)》. —着飾り過ぎる.

overdrive *Mech.* オーバードライブ, 増速駆動.

overdub v. 重ね録音する. —n. 多重録音(で重ねた音声).

overdue a. 支払い期限の過ぎた;(列車など)遅れた.

overeat v. 食べ過ぎる.

overestimate v. 過大に評価する, 買いかぶる. —n. 過大評価.

overexpose v. (写真を)過度に露光する, 過度に露出する.

overexposure 露光過度, 露出過度.

overfeed v. 食わせ過ぎる, 食い過ぎる.

overfill v. 満たし過ぎる, 満たして溢れさせる.

overfish v. (魚を)濫獲する.

overflight 上空飛行.

overflow v. 溢れる, 溢れさせる, 氾濫する. —n. 溢れ(口); 大水, 氾濫; 排水口.

overfly v. 上空を侵犯する; 飛び越す.

overground a. 地上の.

overgrow v. 一面にはびこる; 大きくなり過ぎる;…より大きくなる.

overgrowth 繁茂; 一面に生えた植物.

overhand a., ad. 上手投げの, 上手投げで; 抜き手の, 抜き手で; かがり縫いの, かがり縫いで.

overhang v. 上に差し掛かる; (脅かすように)差し迫る. —n. *Aeronaut.* 張り出し(翼).

overhaul v. (修理のために)分解検査をする, 改造する, 改革する; 追いつく. —n. 分解検査, オーバーホール; 改造, 改革.

overhead ad. 頭上に, 上に, 空高く; 階上で. —a., n. 頭上の, 高架の; 一般の(費用), 雑費.

overhead projector オーバーヘッドプロジェクター.

overhear v. 洩れ聞く; 立ち聞きする.

overheat v., n. 過熱(する), オーバーヒート(する).

overindulge v. 甘やかし過ぎる, 欲しいままにさせる.

overissue 制限外発行.

overjoy v. 狂喜させる.

overkill (核兵器保有国の)過剰殺戮(力), 過剰破壊(力).

overland ad., a. 陸上を, 陸路を; 陸上の.

overlap v. 重ねかける, 重なる; かち合う, 重複する. —n. 重なり; 重複; オーバーラップ.

overlay v. 重ねる; 被せる; 押さえ付ける. —n. 覆い, 上掛け.

overleaf *ad.* 裏のページに.

overleap *v.* 跳び越える; 抜かす, 飛ばす.

overlie *v.* 上に横たわる, 覆う;(睡眠中など に赤ん坊を)押し潰す, 押し潰して窒息させる.

overload *v.* 積み過ぎる. — *n.* 過重荷; *Elec.* 過負荷.

overlong *a., ad.* 長過ぎる, 長過ぎて.

overlook *v.* 見下ろす, 見渡す; 見落とす; 大目 に見る, 許す.

overlord 大君主.

overly *ad.* あまりに.

overman (現場)監督.

overmaster *v.* 圧倒する.

overmatch *v.* …に勝る, 勝つ; 実力が上の 選手と試合させる. — *n.* 優者, 強敵.

overmuch *a., ad.* 過度の, 過度に. — *n.* 過多.

overnice *a.* 気難し過ぎる.

overnight *ad., a.* 前夜から(の); 前夜; 翌朝 まで, 夜通し(の); 一泊(用); 突然(の).

overnutrition 栄養過多.

overpass 歩道橋, 跨線橋, 陸橋.

overpay *v.* 払い過ぎる, 償って余りある.

overplay *v.* 大げさに演じる;(重要性・価値 などを)強調する, 誇張する.

overplus 余分.

overpopulation 人口過剰.

overpower *v.* 圧服する; 圧倒する.

overpraise *v.* ほめすぎる.

overprint *v.*(印刷した物の上に)刷り加える, 刷り重ねる. — *n.* 刷り過ぎ; 刷り重ね.

overproduce *v.* 過剰生産する.

overproduction 生産過剰.

overproof *a.* 標準量以上アルコールを 含んだ.

overprotect *v.* …を過保護にする.

overprotection 過保護.

overrate *v.* 過大評価する.

overreach *v.* 行き過ぎる; 広がる; 出し抜く; だ

ます.

override *v.* 踏破する, 踏みにじる; 無視する; 圧倒する, 威圧する;(馬を)乗り潰す.

overripe *a.* 熟し過ぎた.

overrule *v.* 圧倒する, 抑制する; 無視する; (判決・決議などを高位の判決・決議などによっ て)無効にする.

overrun *v.*(雑草が)はびこる; 走り越す; …を越 える, はみ出す; *Baseball* (ベースを)走り越す, オー バーランする.

overseas *ad., a.* 海外へ, 外国へ; 海外の, 海外へ, 海外からの, 海外行きの.

oversee *v.* 監督する.

overseer 監督者.

oversell *v.* 売り過ぎる;(株を)空売りする; ほめ すぎる.

oversensitive *a.* 過度に感じやすい.

overset *v.* ひっくり返す.

oversew *v.* かがり縫いする.

oversexed *a.* 性欲過度の.

overshadow *v.* 影をなげかける; 顔色を 失わせる.

overshoes オーバーシューズ.

overshoot *v.* 射越す; やり過ごす (one*self*). — *n.* やり過ごし.

overshot *a.*(水車が)上射式の.

oversight 見落とし, 手抜かり, 過失; 監督.

oversimplify *v.* 過度に単純化する.

oversize *a., n.* 特大の(物).

overskirt オーバースカート.

overslaugh *n. Brit. Mil.* 現職解任. — *v.* 解任する;(法案などを)妨害する.

oversleep *v.* 寝過ごす.

oversmoke *v.* たばこを吸い過ぎる.

oversoul 大霊; 神.

overspend *v.* 浪費する.

overspill あふれ出し, 過剰人口.

overspread *v.* 一面に広がる, 覆う.

overstate *v.* 誇張する.

overstay v. 長居し過ぎる.

overstep v. 踏み越える, 度を越す.

overstock v. 供給し過ぎる, 仕入れ過ぎる. —n. 供給過剰, 仕入れ過剰.

overstrain v. 過度に緊張する, 無理に使う. —n. 過度の緊張, 過度の努力, 過労.

overstrung a. 張り過ぎた; 神経過敏な.

overstuff v. 詰め過ぎる.

oversubscribe v. (公債などを)募集額以上に申し込む.

oversubtle a. 余りに微妙な, 敏感過ぎる.

oversupply v. 供給し過ぎる. —n. 供給過剰.

overswing v. Golf (クラブを)大振りし過ぎる.

overt a. 公然の, 明白な.

overtake v. 追いつく; (嵐・災難などが)襲う.

overtax v. 重税を課する; 酷使する.

overthrow v. ひっくり返す, (国家・政府などを)倒す, 潰す; Baseball 暴投する. —n. 転覆, 打倒, 滅亡.

overtime n. 定時外労働(時間), 残業(時間), 超過勤務手当, 時間外手当; 延長試合時間. —ad., a. (規定)時間外に, (規定)時間外の, 規定時間を越えて, 規定時間を越えた.

overtone Mus. 上音, 倍音; [pl.] 暗示, 含蓄, 含み.

overtop v. 聳える, 抜きん出る; 凌ぐ.

overtrain v. 過度に練習する.

overtrump v. (トランプで相手より)上の切り札を出す, 上切りする.

overture [pl.] (交際・停戦などの)申し出, 提言; Mus. 序曲.

overturn v. ひっくり返す, ひっくり返る, 覆す, 覆る. —n. 転覆; 打倒, 滅亡.

overuse n. 酷使. —a. 使い過ぎる.

overvalue v. 過大評価する.

overview 概観.

overwatch v. 監視する.

overweening a. 尊大な, 自惚れた.

overweigh v. …より重い; よりも価値がある; 圧する.

overweight a. 規定重量を超過した; 太り過ぎの. —n. 超過重量.

overwhelm v. 沈める, 覆す; 圧倒する.

overwhelming a. 圧倒的な, 耐えきれない.

overwind v. (時計を)巻き過ぎる.

overwork v. 働き過ぎる (oneself). —n. 過労; 超過労働.

overwrite v. …の上に書く; 必要以上に書く.

overwrought a. 興奮し過ぎた; 凝り過ぎた.

oviduct Anat. (輸)卵管.

oviform a. 卵形の.

oviparous a. 卵生の.

oviposit v. (昆虫が)産卵する.

ovipositor 産卵管.

ovoid n., a. 卵形; 卵形の(物体).

ovoviviparous a. Zool. 卵胎生の.

ovular a. Zool. 卵子の; Bot. 胚珠の.

ovulate v. 排卵する.

ovule Zool. 小卵; Bot. 胚珠.

ovum 卵, 卵子.

ow int. あいた, 痛い.

owe v. 借りがある, 負う(ている); (義務・感謝などを)尽くす必要がある, 表す必要がある, 恩になっている (for a thing, to a person).

owing a. 借りた, 払うべき. **owing to** …のため.

owl Ornith. フクロウ; えらそうなふりをするばか者.

owlet フクロウの子.

owlish a. フクロウのような, しかつめらしい顔をした.

owl-light たそがれ.

own a. 自身の; 独自の. **come into one's own** 自分の物になる, 獲得する, 真価を認められる. **hold one's own** 自己の立場を維持する, 責任を尽くす; 引けを取らない (against). **of one's own** 自分自身の. **on one's own** 自己の責任で, 独力で, 自力で. —v. 所有す

る；認める；白状する．**own up** あっさり白状する．

owner 所有者．

owner-driver オーナードライバー《自分の自動車を自分で運転する人》．

owner occupier 持ち家に住む人．

ownership 所有権．

ox 雄牛．

oxalate *Chem.* 蓚酸塩．

oxalic acid *Chem.* 蓚酸．

oxalis *Bot.* カタバミ．

oxbow (牛の首に付ける) U 字形くびき；(川などの) 湾曲部．

Oxbridge (伝統のある) オックスフォード・ケンブリッジ両大学．

oxeye *Bot.* フランスギク．

ox-eyed *a.* (牛のように) 目の大きい．

Oxford オックスフォード《イングランド中南部の大学都市》；オックスフォード大学；[*pl.*] オックスフォードシューズ《紐付き紳士用短靴》．

Oxford blue 暗青色．

Oxford movement オックスフォード運動《英国国教内にカトリック教義を復興させた》．

Oxfordshire オックスフォードシャー《イングランド南部の州》．

oxheart *Hort.* オックスハート《ハート型の大型サクランボ》．

oxidant *Chem.* 酸化剤，オキシダント．

oxidation 酸化．

oxide 酸化物．

oxidizable *a.* 酸化できる．

oxidization 酸化．

oxidize *v.* 酸化する；錆びる．

oxlip *Bot.* セイタカセイヨウサクラソウ．

Oxonian *a.*, *n.* オックスフォード大学の(学生)．オックスフォード大学出身者．

oxtail オックステール，牛の尾《スープの材料》．

oxyacetylene *a.* 酸素アセチレンの．

oxygen *Chem.* 酸素．

oxygenate *v.* 酸素で処理する；酸化する．

oxygenation 酸素処理法；酸化．

oxygen cycle *Ecol.* 酸素循環．

oxygen mask *Med.* 酸素マスク．

oxygen tent *Med.* 酸素テント．

oxymoron *Rhet.* 撞着語法《例 —a wise fool; make haste slowly》．

oyer and terminer 《米国の》高等刑事裁判所；《英国の》巡回裁判令書．

oyez *int.* 聞け，静かに《触れ役・廷吏などが三度繰り返す注意の呼び声》．

oyster *Conchology* カキ；口の堅い人，無口な人．

oyster bed 牡蠣養殖場．

oyster catcher *Ornith.* ミヤコドリ．

oyster crab *Zool.* カクレガニ．

oyster farm 牡蠣養殖場．

oyster plant *Bot.* バラモンジン．

ozone オゾン；(海辺などの) 新鮮な空気．

ozonesonde *Meteor.* オゾンゾンデ．

ozoniferous *a.* オゾンを含んだ．

ozonize *v.* オゾンで処理する．

P

p P 字形のもの．**mind one's P's and Q's** 言行を慎む．

pa =father.

PA Pan American World Airways パンアメリカン航空《国際略語》; press agent; private account; purchasing agent 購買係．**p.a.** per annum (L, =annually). **PAA** Pan American World Airways.

pabulum 食物；心の糧．

pace *n.* 一歩；歩幅；歩きぶり；速度；(馬の) 歩様，側対速歩．**keep pace with** …に遅れずに歩く；と肩を並べて進む．**put one through his paces** 人の腕前を試す．**set**

the pace (先頭に立って)歩調を示す, 手本を示す. ── v. ゆっくり(歩調を取って)歩く; 歩測する (out, off); (馬が)側対速歩で進む.

pacemaker 整調者, (心臓の)ペースメーカー; 指導者.

pacer 歩む人; =pacemaker.

pachyderm Zool. 厚皮動物《ゾウ・カバなど》; 神経の鈍い人.

pacific a., n. 平和な, 穏やかな; 平和を好む; [P-] 太平洋の; [the P-] 太平洋.

pacification 和解; 平和条約.

pacificatory a. 平和的な.

Pacific Ocean 太平洋.

Pacific (standard) time 太平洋標準時.

pacifier 調停者; (乳児用)おしゃぶり.

pacifism 平和主義.

pacifist 平和主義者.

pacify v. 平和にする; なだめる, 静める.

pack[1] v. (委員会などを)自派で固める.

pack[2] n. 荷, 梱, 包み; (トランプの)一組; (たばこなどの)一箱; (猟犬・狼などの)群れ; (悪党などの)一味; (北極・南極の)浮氷群, 流氷; (洗顔用)パック. ── v. 荷造りする (up); 詰める (with); (荷を積む, 荷を付ける; (食肉・果物などを)包装する. **pack off** (人を)追い出す. **pack up** (仕事を)終える. **send one packing** 解雇する.

package 荷, 包み; (荷造り用)容器, パッケージ; (組み立て用の部品を全部含んだ)総合商品; (ラジオ・テレビ用商品として製作した)既製プログラム; 総合計画, 総合提案.

package deal 一括取り引き.

package store 酒類小売店.

package tour パック旅行.

pack drill Mil. 軍装して歩きまわらせる罰.

packed-out a. 満員の.

packer 荷造り人; 食肉供給業者.

packet 小包, 束; 大金; 大打撃, 重罰,

困ったこと.

packet boat 定期郵便船.

packhorse 荷馬, 駄馬.

pack ice 叢氷.

packing 荷造り, 包装; 荷造り材料; 込め物, 詰め物, パッキング; (食肉・果物などの)包装.

packing box [case] 荷箱, 包装箱.

packinghouse, packing plant (食肉供給業者の)食肉包装所, 食肉供給会社.

packsaddle 荷鞍.

packthread からげ糸, 細引き.

Pac-Man Trademark パックマン《ビデオゲームの一種》.

pact 協定, 協約.

pad[1] n. 当て物, 詰め物, クッション; パッド; スタンプ台, 印肉; (犬・猫などの)足裏の膨らみ, (キツネなどの)足; (書簡紙のような)はぎ取り帳; 生理用ナプキン; ロケット発射台; ベッド(ルーム). **on the pad** 賄賂を取って. ── v. 詰め物をする (with); (不必要な事柄をつけ加えて, 文章・演説などを)引き伸ばす.

pad[2] v., n. 徒歩で行く; とぼとぼ歩く; 歩みの遅い馬.

padded cell (精神病患者・囚人用の)壁にけが防止用の詰め物をした個室.

padding 詰め物; 埋め草.

paddle n., v. 水かき, 櫂(で漕ぐ); 水遊びする; ぴしゃりと打つ(こと).

paddle steamer 外輪船.

paddle wheel (汽船の)外輪, 外車.

paddock 調教用馬場; Horse Racing パドック, 下見所.

paddy 稲; もみ; =paddy field; 激怒.

Paddy アイルランド人.

paddy field 水田.

paddy wagon 犯人護送車.

padlock n., v. 南京錠(を掛ける).

padre 軍隊付き牧師;（イタリア・ポルトガルなどの）神父, パードレ.

padrone （イタリアの）宿屋主人.

paean 賛歌, 勝ち歌.

paella パエリヤ《スペイン風炊き込み御飯》.

pagan *n., a.* 異教徒(の);不信の(人);無宗教者.

paganism 異教, 異端.

paganize *v.* 異教徒にする.

page[1] *n., v.* ページ(を付ける);欄;時期;*Computer* ページ《記憶領域の一区画》.

page[2] *n.* （劇場・ホテルなどの）ボーイ;（封建時代の）騎士見習い. —*v.* ボーイとして仕える;名を呼んで(人を)捜す.

pageant 華麗な行列, 盛儀;壮観;（歴史的事件を仕組んだ）野外劇, ページェント;虚飾.

pageantry 壮観;虚飾.

pageboy ページボーイ《女性の内巻きの髪型》.

page boy 給士, ボーイ.

pager ポケットベル.

page-turner （ページを繰るのももどかしい）面白い小説.

paginal *a.* ページ(毎)の;対ページの.

paginate *v.* ページを付ける, 丁付けする.

pagination 丁付け.

pagoda 仏塔, パゴダ.

paid *v.* put paid to かたをつける.

pail 手桶, バケツ;手桶一杯分.

pailful 手桶一杯.

paillette パイエット《エナメル塗装用の金属片》.

pain *n.* 苦しみ, 悩み;痛み, 苦痛;[*pl.*] 苦心, 骨折り. **a pain in the neck [ass]** 面倒くさいこと;嫌な奴. **on [under] pain of** …の罰を受ける条件で, …の刑を受ける条件で. **take pains** 骨を折る. —*v.* 苦痛を与える, 苦しめる;心配させる;痛む.

painful *a.* 痛い;苦しい.

painfully *ad.* 痛々しく;苦しんで.

pain-killer 鎮痛剤.

painless *a.* 痛まない, 苦しまない;たやすい.

painlessly *ad.* 苦しまずに, 苦痛なく.

pain spot （皮膚の）痛点.

painstaker 勤勉家, 努力家.

painstaking *a.* 骨折る, 入念の, 勤勉な;骨の折れる. —*n.* 苦心, 丹精.

paint *n.* 絵の具;ペンキ;（口紅・おしろいなどの）化粧品. —*v.* （絵の具で）描く;（絵の具やペンキで）塗る;生き生きと描写する;（口紅・おしろいなどで）化粧する. **paint out** で塗り潰す.

paintbrush 絵筆.

painter[1] 画家;ペンキ屋.

painter[2] （船の）もやい綱.

painting 絵画;画法, 画学;（ペンキの）塗り方.

pair *n.* 一対;（対の物の）一丁, 一足, 一組;夫婦;つがい;（馬の）二頭立て;（対の）片方;投票棄権の申し合わせ;*Cards* 同点の2枚札. **in pairs** 二つ一組になって, 二人一組になって. —*v.* 対にする, 対になる;夫婦にする, 夫婦になる;つがう. **pair off** 対に並べる, 対に組む.

pairing call ペアリングコール《交尾期の鳥の鳴き声》.

pair-oar ペア《二人が各自一本のオールを漕ぐボート》.

paisley *n., a.* （細かい曲線模様を織り込んだ）ペイズリー織り(の).

pajamas パジャマ.

Pakistan パキスタン《アジア南部の共和国》.

Pakistani *a., n.* パキスタンの;パキスタン人.

pal *n., v.* 友人, 仲間(になる)(*with, to*).

palace 宮殿;大邸宅;（娯楽場・料亭などの）豪華な建物.

palais 大ダンスホール.

Palais des Nations パレ・デ・ナシオン《Geneva にある国連ヨーロッパ本部の建物》.

palatable *a.* 味のいい, 快い.

palatal *a., n.* 口蓋の;口蓋音.

palatalize v. 口蓋(音)化する.

palate 口蓋, 上顎; 味覚, 趣味, 好み.

palatial a. 宮殿の(ような), 広壮な.

palatine[1] n. 宮中伯, 王権伯《領内において国王と同等の特権を有した領主》.
—a. 宮中伯の; 王権を有する; 宮殿の.

palatine[2] a. 口蓋の. —n. [pl.] Anat. 口蓋骨.

palaver n., v. 無駄口(をきく); 口車(に乗せる).

pale[1] a. 青白い; 色の薄い; おぼろな.
—v. 青ざめる; (…に比べて)顔色ない (before, beside).

pale[2] (柵の)とがりくい; 境界. **beyond the pale** 常軌を逸して.

paleface 白人.

palely ad. 青ざめて.

paleoanthropologist 古人類学者.

paleoanthropology 古人類学.

paleography 古文書学.

Paleolithic a. 旧石器時代の.

paleontology 古生物学.

Paleozoic a. 古生代の.

Palestine パレスチナ《地中海南東沿岸の地方》.

palette パレット; (画家・絵画の)色彩範囲.

palette knife パレットナイフ.

palimony 同棲して別れた女性に支払う手当て.

palindrome 回文《前後いずれから読んでも同じ語句》.

paling とがり杭(の塀).

palisade n., v. (防備のための)杭(を巡らす), 柵(を巡らす).

palish a. やや青ざめた.

pall[1] 棺覆い; 幕, とばり; 棺.

pall[2] v. 味が悪くなる; 飽きが来る, 興味がなくなる (on).

palladium Chem. パラジウム《金属元素》.

pallbearer 棺側付き添い人.

pallet[1] わらぶとん.

pallet[2] Mech. 歯止め; 空気調節弁;(画家の用いる)パレット; 陶工のこて;(倉庫などの)台.

palliasse わらぶとん.

palliate v. (苦痛を一時的に)和らげる; (過失を)言い繕う.

palliative a., n. (罪を)軽減する, (病気を)緩和する, 弁解する, 姑息な; 弁解, 緩和剤, 姑息な手段.

pallid a. (顔など)青ざめた, さえない; 活気のない.

Pall Mall Trademark ペルメル《紙巻きたばこ》.

pallor (顔などの)青白さ.

pally a. 親しい.

palm[1] Bot. ヤシ, シュロ; シュロの葉《勝利の表象》; 勝利. **bear [carry off] the palm** 優勝する. **yield the palm to** …に勝ちを譲る, 負ける.

palm[2] n. 手のひら, たなごころ. —v. (手品で)手のひらに隠す. **palm off** (偽物を)つかませる (on, upon).

palmar a. 手のひらの.

palmary a. 最優秀の.

palmate a. 手のひら状の.

palmer (記念のシュロの枝を持ち帰った)聖地巡礼者.

palmetto Bot. キャベツヤシ《北米南部産》.

palmist 手相見.

palmistry 手相術, 観掌術.

palm oil ヤシ油; 賄賂.

Palm Sunday シュロの日曜日《Easter の前の日曜日》.

palmy a. ヤシの多い; 隆盛な.

palpable a. 触ってみられる; 容易に感知できる; Med. 触診できる; 明白な.

palpate v. 触ってみる; Med. 触診する.

palpebral a. まぶたの.

palpitate v. (興奮などで)激しく鼓動する; 震える.

palpitation 心悸亢進.

palpus (節足動物などの) 触鬚.

palsy n., v. 中風; 麻痺させる.

palter v. ごまかす (with); 値切る.

paltry a. つまらない; わずかな.

Pamirs [the ~] パミール高原《アジア中部の高原》.

pampa [pl.] (南米の) 大草原, パンパス.

pampas grass Bot. シログネヨシ.

pamper v. (欲望などを) 満足させる, 思うままにさせる, 甘やかす.

pampero パンペロ (風)《南米に吹く寒風》.

pamphlet (時事問題などを論じた) 小冊子, パンフレット.

pamphleteer v., n. パンフレットを書く (人).

pan[1] n. 鍋, 平鍋; (天秤の) 皿; 顔.
— v. (鍋で) 砂金を洗う (off, out); 酷評する.
pan out 金が出る; うまく行く (with).

pan[2] v. Motion Pictures パンする《物体を追ってカメラを左右に動かす》; パンするように目を動かす.

Pan Gk Myth. パン, 牧神《ヤギの角と脚をもった原野・牧羊の神》.

panacea 万能薬.

Pan-African a. 全アフリカの.

Pan-Africanism 汎アフリカ主義.

Pan Am Pan American (World Airways, Inc.) パンアメリカン航空会社, パンナム.

Panama パナマ《中米の共和国》; [p-] パナマ帽.

Panama Canal パナマ運河.

Panama hat パナマ帽.

Pan-American a. 全米の.

Pan-Americanism 全米主義.

pancake n. パンケーキ《ホットケーキの類》.
— v. Aeronaut. 平落ち着陸する, 平落ち着陸させる.

pancake landing Aeronaut. 平落ち着陸《失速水平降下》.

panchromatic a. (フィルムなどが) 全整色の, パンクロの.

pancreas Anat. 膵(臓).

panda Zool. パンダ.

panda car パトロールカー.

panda crossing (押しボタン式の) 横断歩道.

pandemic a. (病気が) 全国的流行の, 世界的流行の.

Pandemonium 伏魔殿; 大混乱 (場).

pander v., n. 売春宿の主人, ポン引き; こびる.

P and L profit and loss.

Pandora Gk Myth. パンドラ《人類最初の女》.

Pandora's box パンドラの箱《開くと中から禍と罪悪とがとび出し希望だけが残った》.

pandowdy パンダウディ《糖蜜入りのアップルパイ》.

pane 窓ガラス.

panegyric 称賛の演説 (文), 賛辞; 推賛.

panel n., v. (羽目板の) 鏡板, 入れ子 (を張る); (油絵の) 画板, (写真印画を貼る) パネル, パネル画; (婦人服に使う) パネル状の飾り布; 配電盤; (自動車・飛行機の) 計器板; 陪審員名簿; 健康保険医名簿; (一般に) 委員会, 研究班; (クイズ番組の) 解答者団; 講師団.

panel discussion パネルディスカッション《議題・弁士をあらかじめ定め聴衆の前で行う討論 (会)》.

panel heating パネルヒーティング, 輻射暖房.

paneling 鏡板張り, 入れ子張り.

panel(l)ist パネルディスカッションの討論者, パネリスト; クイズ番組の解答者.

panel truck 小型バン.

panettone パネトーネ《干しブドウ・砂糖漬け果皮を入れた菓子パン》.

Pan-European a. 汎ヨーロッパ (主義)の.

pang さし込み, 激痛; 悲痛.

panhandle n. フライパンの柄; 細長く他州の間に入りこんでいる地域. — v. (路上で) 乞

食をする.

panhandler 乞食.

panic *n., a.* 狼狽;（経済界の）恐慌,
パニック；恐慌的な, あわてた. ── *v.* パニックに
陥れる, パニックに陥る, うろたえさせる；（観
客を）やんやといわせる.

panicky *a.* =panic.

panic-stricken *a.* 恐慌に襲われた, 狼狽
した.

pan(n)ier （馬の）荷かご,（オートバイの）荷かご.

panjandrum おえら方, 大将.

pannikin 小鍋；小さい金属製コップ.

panoplied *a.* 十分に防護された.

panoply 総具足；豪華な装い.

panorama パノラマ；全景, 大観；移り変わる
光景.

panpipe パンパイプ《一種の葦笛》.

pansy *Bot.* サンシキスミレ；女のような男, 同
性愛の男.

pant *v.* あえぐ；熱望する(*after, for*), 息を切ら
せながら言う(*out, forth*). ── *n.* 息切れ；鼓動.

Pantagruelian *a.* パンタグリュエル的な,（ユーモ
アが）粗野な.

Pantagruelism パンタグリュエル的ユーモア, 粗
野なユーモア.

pantaloon 道化；[*pl.*] パンタロン, ズボン.

pantdress パンツドレス《キュロットのついたワン
ピース》.

pantechnicon 家具店；家具運搬車.

pantheism 汎神論, 万有神論.

pantheist 汎神論者.

pantheon 万神殿；[the P-] パンテオン《古代
ローマの万神殿》；[*pl.*]（国家の偉人を祭る）霊
堂.

panther *Zool.*（大型の）ヒョウ；アメリカライオン；
[P-] =Black Panther.

pantie [*pl.*] パンティー.

pantie girdle パンティーガードル.

pantile *Arch.* 桟瓦.

panto =pantomime.

pantograph （伸縮自在の）写図器；（電車
の屋根にある）集電装置, パンタグラフ.

pantomime 無言劇, パントマイム；おとぎ芝居.

pantry 食料室, 食器室.

pants ズボン；パンツ, ズボン下. **wear the
pants** 家の中で実権を持つ.

pantsuit パンツスーツ《スラックスと上着の婦人
服》.

panty [*pl.*] パンティー.

panty hose [stockings] パンティーストッ
キング.

panty raid 男子学生が女子寮にパンティー
を取りに押しかけること.

pantywaist *n., a.* 幼児用パンツ；女みたい
な（男）, 子供っぽい（男）.

panzer (G) *a.* 機甲装備した.

pap 重湯, かゆ；子供だましの読み物；役得.

papa おとうさん；恋人, 夫.

papacy ローマ教皇の位, ローマ教皇の任
期；教皇権；教皇制度.

papal *a.* ローマ教皇の.

papaw *Bot.* ポポー(の実)；=papaya.

papaya *Bot.* パパイア(の実).

paper *n.* 紙；新聞；論文；試験問題, 試験
答案；[*pl.*] 書類；身分証明書；=paper
money；壁紙；無料入場券. **on
paper** 紙に書いて, 紙に印刷して；理論上.
── *v.* 紙をはる.

paperback 紙表紙本, ペーパーバック.

paperboard ボール紙.

paper boy 新聞（配達の）少年.

paper chase 紙まき鬼ごっこ.

paper clip クリップ.

paperhanger 壁紙張り職人.

paper hanging 壁紙張り.

paper knife ペーパーナイフ.

paper money 紙幣.

paper tiger 張り子の虎, こけおどし.

paperweight 文鎮.

paperwork 書類仕事.

papery *a.* 紙のような, (紙のように)薄い.

papier-mâché (F) *n.* (箱・盆製造用)コンクリ紙. —*a.* 張り子の.

papilla 乳頭状突起; (舌の)味蕾.

papillon パピヨン《耳が蝶の羽に似た犬》.

papist カトリック教徒.

papistry カトリック的教義.

papoose (アメリカインディアンの)赤ん坊.

pappy *a.* かゆのような.

paprika *Bot.* とうがらしの一種; パプリカ《香辛料》.

Pap smear [test] パップテスト《子宮癌検査法》.

papule *Med.* 丘疹, 吹き出物.

papyrus *Bot.* パピルス, カミガヤツリ; (古代エジプトの)パピルス紙; [*pl.*] パピルス紙に書いた文書.

par[1] 同等, 同価; 額面同価, 為替平準, 平価; *Golf* 基準打数, パー. **above par** (有価証券が)額面以上で. **at par** 額面で. **below par** 額面以下で; 体の加減が悪く. **on a par with** …と同様, …と同等で. **par of exchange** (為替の)法定平価. **up to par** いつもの調子で, いつもの状態で.

par[2] =paragraph.

parable 譬え話, 寓話.

parabola 放物線.

parabolic(al) *a.* 寓話的な; 放物線状の.

paraboloid *Math.* 放物面.

parabrake *Aeronaut.* ブレーキパラシュート.

parachute *n., v.* パラシュート(で降下する).

parachutist パラシュート降下者.

parade *n.* 閲兵(行列); 勢揃い, (華々しい)行列, パレード; 見せびらかし, 飾りたて, 誇示; 練兵場; 遊歩場. **make a parade of** …を見せびらかす. —*v.* 閲兵する; ねり歩く; 誇示する.

paradigm *Gram.* 語形変化表,

変化系列; 範例, 模範; パラダイム《特定領域・時代の支配的な対象把握の方法》.

paradise 楽園, 極楽, 天国, パラダイス.

parador (スペインの)国営観光ホテル.

paradox 逆説, 矛盾論, パラドックス.

paradoxical *a.* 逆説の.

paradoxical sleep =REM sleep.

paraffin *n., v.* パラフィン(で処理する).

paraffin oil 灯油.

paragon 模範, 典型; 模範的人物, 逸品.

paragraph *n.* (文章の)節, 段; (新聞で)無標題の雑報. —*v.* (文章を)節に分ける; 短い記事を書く.

paragrapher 雑報記者.

Paraguay パラグアイ《南米の共和国》.

parakeet *Ornith.* インコ.

parakite パラカイト《車やモーターボートに引かせる凧; 人が乗る》.

paralanguage パラ言語《身振りや表情などの伝達を含む音声言語》.

paralegal *n., a.* 法律補助員(の).

paralinguistics パラ言語学.

parallax 視差.

parallel *a.* 平行の; 類似の; 対当の. —*n.* 平行(線); 緯線; 類似物, 対等者; 対比; *Elec.* 並列. **draw a parallel between** …の(相似点)を対比する. **in parallel with** …と平行して. —*v.* 対比する, 匹敵する, 相当する; 平行する, 並んでいる.

parallel bars 平行棒.

parallelepiped 平行六面体.

parallelism 対当; 類似, 対句法; 並行論, 並行現象.

parallelogram 平行四辺形.

Paralympics パラリンピック.

paralysis 中風, 麻痺, 運動麻痺, (活動の)停滞, 無気力.

paralytic *a., n.* 麻痺性の; 中風患者.

paralyze *v.* 麻痺させる; 無力にする.

Paralyzer *Trademark* パララィザー《護身用催涙ガススプレー》.

paramecium *Zool.* ゾウリムシ.

parameter *Math.* 媒介変数, パラメーター; *Statistics* 母数.

paramilitary *a.* 軍補助の.

paramount *a.* 最高の; より勝った (*to*).

paramountcy 最高権力; 至上.

paranoia *Med.* 偏執病; 被害妄想.

paranoiac, paranoid *a., n.* 偏執病の (患者); 被害妄想(の人).

parapet 手すり; 胸壁.

paraphernalia 手回り道具, 装身具; 道具類, …用品; 煩雑な手続き.

paraphrase *v., n.* (原文を)説明的な文章に書き換える(こと), パラフレーズ(する).

paraphrastic *a.* 意訳の; 説明的な.

paraplegia *Med.* 対麻痺.

paraplegic games 身障者オリンピック, パラリンピック.

parapsychology 超心理学.

parasailing パラセーリング《モーターボートなどに曳航されたパラシュートで空中を航走するスポーツ》.

parasite 寄生動植物; 居候.

parasiticide 駆虫剤.

parasitism 寄生(生活); 居候生活.

parasol 日傘, パラソル.

parasympathetic nervous system *Anat.* 副交感神経系.

paratactic *a.* 並列的な.

parataxis *Gram.* 並列.

parathion *Chem.* パラチオン《殺虫剤》.

parathyroid gland *Anat.* 副甲状腺.

paratrooper 落下傘兵.

paratroops 落下傘部隊.

paratyphoid *a.* パラチフスの.

paratyphoid fever パラチフス.

par avion (F) *ad.* 航空便で.

parboil *v.* (料理の材料を)湯通しする; (太陽が)焼き付ける.

parbuckle (重い物を上げ下げする)掛け縄.

parcel *n.* 小包; 群れ, 多数, 多量; (取り引きの)一口; (地所)一区画. — *v.* 分割する (*out*).

parcel bomb 小包爆弾.

parcel post 小包郵便.

parcenary *Law* 共同相続.

parcener 共同相続者.

parch *v.* 炒る, あぶる, 焦がす; からからに乾かす.

parchment 羊皮紙(文書).

pardon *v.* 容赦する, 勘弁する. — *n.* 許し, 勘弁; 赦免, 免罪. **(I) Beg your pardon.** 御免なさい; [尻上がりの音調で]今一度おっしゃって下さい.

pardonable *a.* 許すべき.

pardoner *Hist.* 免罪符売り.

pare *v.* 切る, 切り取る (*off, away*); (皮を)むく; (費用を)切り詰める (*down*).

paregoric (小児用の)下痢止め.

parent *n.* 親; 祖先, 源, 根源; *Phys.* 親核. — *v.* 親となる; 親として面倒をみる, 親としてしつけをする.

parentage 生まれ, 家系, 血統, 素性.

parent element *Phys.* 親元素.

parenthesis 挿入語句; 括弧; 合間.

parenthesize *v.* 括弧に入れる.

parenthetic(al) *a.* 挿入の; 説明的な.

parenthood 親であること; 親子関係.

parent-in-law 義父, 義母.

parentless *a.* 親のない.

parent-teacher association 父母と教師の会, ピーティーエー.

paresis *Med.* 不全麻痺.

par excellence (F) *a., ad.* 一段と優れた, 一段と優れて; とりわけ.

parfait (F) パフェ《冷菓》.

parhelion *Meteor.* 幻日.

pariah パーリア《南部インド・ビルマで四姓の最下層民》; 社会の除け者, 浮浪人.

parietal a. 大学構内居住の, 異性訪問時間に関する.

pari-mutuel (F) 勝馬に賭けた人たちが手数料を差し引いて全賭け金を分ける賭け方; 賭け率計算器.

paring 皮をむくこと; (むいた)皮, 削り屑.

Paris パリ《フランスの首都》.

Paris green パリ緑《有毒な顔料》.

parish 教区《教会とその牧師を持つ; 英国では最小行政区》.

parishioner 教区民.

parish register 教会記録簿.

Parisian a., n. パリの(人), パリジャン.

parity 等価, 平価; 同等, 対等; 類似; 平衡(価格), パリティ《農家の収入と生活費の比率》.

park n. 公園; (私有の)猟園; (地方在住の貴族などの)私園, 駐車場; 遊園地, 運動場, スタジアム; サッカー競技場; 軍需品置き場; (オートマチック車の変速レバーの)パークの位置, 駐車の位置. — v. (自動車を)止めて置く, 駐車する; (物を)置く. **No Parking** 駐車禁止.

parka パーカ《頭巾付き毛皮裏の防寒外衣》; アノラック.

Park Avenue パークアベニュー《New Yorkの高級オフィス・住宅街》.

parking light (自動車の)駐車灯.

parking lot 駐車場.

parking meter 駐車メーター.

parking orbit Aerospace 中継軌道.

Parkinson's disease Med. パーキンソン病.

Parkinson's law パーキンソンの法則《役人は仕事が増えなくても一定の割合で増加する》.

parkway 公園道路, パークウェー《両側に樹木などを植え込んだ大道路》.

parky a. (空気などが)冷たい.

parlance 話しぶり, 語法.

parlay v., n. 賭け金とその賞金をさらに次の勝負に賭ける(こと), 賭け金とその賞金をさらに次の馬に賭ける(こと).

parley n., v. (休戦)談判(する); 会談(する).

parliament 議会, 国会, 議院. **Member of Parliament** 下院議員.

parliamentarian 議院法規に通じた人, 議員慣例に通じた人.

parliamentary a. 議会の(制定した).

parlo(u)r 座敷, 居間; (ホテルなどの)特別室; (ある種の商売の)営業室, …店, パーラー.

parlo(u)r car 特等客車.

parlo(u)r game 室内ゲーム.

Parmesan パルメザン《イタリア産チーズ》.

Parnassian a., n. パルナッソス派(の), 高踏派(の).

parochial a. 教区の; 地方的な.

parochialism 地方的偏狭, 地方根性; 教区制度.

parodist パロディー作者.

parody n. もじり詩文, 滑稽な作り替え, パロディー. — v. (詩文を)もじる, 滑稽にする.

parole n., v. 補虜の宣誓; (軍隊の)合言葉; 仮釈放(する). **on parole** 仮釈放中の.

paroquet =parakeet.

parotid a., n. Anat. 耳下の; 耳下腺.

parotitis Med. (流行性)耳下腺炎.

paroxysm 発作; 激発, 突発 (of).

parquet n. 寄せ木の床; (劇場の)一階, 平土間. — v. 寄せ木を張る.

parquet circle (劇場の)一階の後方及び左右の二階桟敷下の席.

parquetry 寄せ木張り, 寄せ木細工.

parr サケの幼魚, タラの幼魚.

parricide 親殺し《人, 行為》.

parrot n., v. Ornith. オウム; わけがわからず口まねする(人).

parrot-cry シュプレヒコール.

parrot-fashion *ad.* オウム返しに.

parry *v., n.* 受け流す, そらす, 逃げる; 受け流し, 言い逃れ.

parse *v.* (語句の)品詞や文法的関係を説明する.

parsec *Astron.* パーセク《天体の距離を示す単位》.

parsimonious *a.* けちな.

parsley *Bot.* パセリ.

parsnip *Bot.* アメリカボウフウ.

parson (教区)牧師.

parsonage 牧師館.

part *n.* 部分; (本などの)…部, 巻, 編; 割り当て; 職分, 役割; *Mus.* パート; 方面, 側; 髪の分け目; [*pl.*] 地方; 局部, 器官, [*pl.*] 陰部; (機械などの)パーツ; [*pl.*] 才能. **for my part** 私としては. **for the most part** 大部分は. **in part** 一部は. **part and parcel** 重要部. **parts of speech** *Gram.* 品詞. **take in bad part** 悪意に取る. **take in good part** 善意に取る. **take part in** …に関与する, 参加する. **take the part of** …の肩を持つ. — *ad.* = partly. — *v.* 分ける; 別れる, 手を切る (*with, from*); 裂ける, 切れる; 手放す (*with*).

partake *v.* 与かる; 参加する (*in, of*); (食事を)共にする (*of*); …の気味がある (*of*).

partaker 分担者, 相伴者, 共にする人, 共に分かつ人 (*in, of*).

parterre 花壇を配置した芝生; =parquet circle.

parthenogenesis *Biol.* 単為生殖, 処女生殖.

Parthenon パルテノン《女神アテネの神殿》.

Parthian shot 捨てぜりふ.

partial *a.* 部分的な, 局部の; 不公平な, 片寄った; 特に好きで, ひいきで (*to*).

partial cleavage *Zool.* 部分(卵)割.

partial eclipse *Astron.* 部分食.

partiality 不公平, 偏見; 偏愛, 好み, 趣味 (*for, to*).

partially *ad.* 部分的に; 不公平に.

partible *a.* 分けられる.

participant 参与者.

participate *v.* 与かる, 参加する (*in*); …の気味がある, …の趣がある (*of*).

participially *ad.* 分詞的に.

participle *Gram.* 分詞.

particle 微分子; *Gram.* 不変化詞《前置詞・接続詞など》.

parti-colored *a.* 雑色の; 変化の多い, さまざまな.

particular *a.* 特別の, 特殊の; 独自の; 詳細な, 精密な; 気難しい (*about, over*). — *n.* 細部, 細目; [*pl.*] 詳細. **in particular** 特に; 詳細に.

particularization 特殊化.

particularize *v.* 特殊化する, 列挙する; 詳述する, 特説する.

particularly *ad.* 特に.

parting *a.* 別れの; 最後の. — *n.* 別れ, 告別; 分離, 分割; 別れ目, 別れ道; 髪の分け目.

partisan, partizan 党人, 党類, 徒党; (後方攪乱をする)ゲリラ隊員, パルチザン.

partisanship 党派心, 派閥.

partite *a.* 裂けた.

partition *n., v.* 区画; 仕切り(壁); 仕切る.

partitive *a., n. Gram.* (some, few のような)部分を示す(語).

partly *ad.* 一部分(は); いくらかは.

partner (合資会社などの)組合員; 共同出資者, 仲間; 配偶者; (ダンス・テニスなどの)パートナー; 友達.

partnership (事業の)協力, 共同出資; 組合; 合資会社, 合名会社; (合資会社などの)組合員資格, 組合員持ち株.

partridge *Ornith.* ヤマウズラ, イワシャコ.

part-song パートソング《通例無伴奏の合唱

曲 》.

part-time *a., ad.* 時間ぎめの, 時間ぎめで; パートタイムの, パートタイムで; 非常勤の, 非常勤で;(学校が)定時制の.

part-timer パートタイマー; 定時制学校生徒.

parturient *a.* 出産の(迫った);(思想などを)包蔵している.

parturition 出産.

party *n.* 党派, 政党;(社交的)会合, 集まり, パーティー; 隊, 団体, 一行; 部隊; *Law*(訴訟・契約などの)関係人, 当事者; 味方.
be (a) party to …に関係する. — *v.* パーティーをやる, パーティーへ出かける.

party boy 活躍家.

party girl(パーティーで客の接待をする)パーティーガール.

party line(電話の)共同加入線;(政党の)政策, 政治路線.

party-liner 政党(特に共産党)の政策に忠実な人.

party wall(隣接造営物の)仕切り壁.

par value 額面価格.

parvenu(F)成り上がり者, 成り金.

parvis 教会の前庭, 寺院の前庭.

pas(F)優先権; パ(バレエのステップ).

pascal *Phys.* パスカル(圧力の単位); [P-, PASCAL] *Computer* パスカル(プログラム用言語).

Pascal パスカル. Blaise Pascal (1623-62) フランスの数学者・哲学者.

paschal *a.* 過ぎ越しの祝いの; 復活祭の.

pas de deux *Ballet* 二人舞踏, パドドゥ; 二者間のからみ合い.

paseo(Sp)散歩; 大通り.

pasha(トルコ・エジプトの)高官, パシャ.

paso doble パソドブレ(スペインの活発なダンス, スペインの活発な舞曲 》.

pasquinade(公共の場所に掲げた)皮肉文, あてこすり; 落首.

pass *v.* 通る, 通す; 通り過ぎる, 越す; 過ごす, 送る, 暮らす; 去る, 消える, 終わる;(時が)たつ; 進む; 及第する, 合格する; 変わる, なる (to, into); 回す, 回る; 渡す, 渡る, 伝える, 伝わる (to); 起こる, 生じる;(判決・批評 など)下す, 下る (on); 超越する, 越える;(…で)通す, 通る,(…と)思われている (for); *Cards* パスする; *Ball Game*(球を)パスする;(便を)出す. **pass away** 死ぬ; 去る; 廃れる. **pass by** 通り過ぎる; 経過する; 見逃す. **pass off** 去る;(だんだん)消えうせる; うまく行く; 起こる;(偽物を)つかませる; で通す (as). **pass on** 進む; 次へ渡す; 死ぬ. **pass out** 配る; 気絶する; 死ぬ. **pass over** 越える, 越す; 置く, 看過する. **pass through** 通り過ぎる, 通り抜ける; 経過する; 経験する. **pass up** 拒絶する. — *n.* 無料入場券, 無料乗車券;(困難な)状態, はめ; 及第, 合格, パス; 山道;(トランプの)パス; パッティング. **bring to pass** 引き起こす; 成就させる. **come to a nice [pretty] pass** 困ったことになる. **come to pass** 起こる.

passable *a.* 通れる, 通過できる, 船の通る; まあまあの, 一応満足出来る.

passacaglia(It)*Mus.* パッサカリア(三拍子の舞踊曲 》.

passage 通行, 通過; 経過, 推移; 航海; 船賃; 通行権; 通路, 小路; 廊下; 航路;(文・楽曲 などの)一節;(議案の)通過, 可決; 話し合い, 渡り合い. **work one's passage** 船賃代わりに労働する.

passageway 通路.

passbook 銀行通帳; 掛け売り通帳;《南アフリカ》(非白人の)身分証明書.

passé(F)*a.* 過去の; 時代遅れの, 盛りを過ぎた.

passed ball *Baseball*(捕手の)パスボール.

passenger 乗客, 旅客;(集団の中の)足手まとい, お荷物.

passe-partout(F)合い鍵; 台紙.

passerby 通行人.

passim (L) *ad.* 《引用した本の》各所に.

passing *n.* 通過, 経過; 死去; 合格; 可決.
in passing ついでに. —— *a.* 通り過ぎる; ざっとした; 束の間の; 合格の.

passing bell 臨終の鐘.

passing shot [**stroke**] *Tennis* パッシングショット.

passing tone [**note**] *Mus.* 経過音.

passion 激情; 激怒; 熱愛; 情欲, 性衝動; 情熱, 熱心 (*for*); [P-] 《キリストの》受難.

passional *a.* 情熱的な, 怒りやすい; 情欲の.

passionate *a.* 熱情的な, 熱烈な; 短気な.

passionately *ad.* 熱烈に.

passionflower *Bot.* トケイソウ.

passion fruit *Bot.* トケイソウの実.

passionless *a.* 情熱のない, 冷淡な.

passion play キリスト受難劇.

Passion Week 受難週 《復活祭直前の週》.

passive *a.* 受け身の, 受動的な; 消極的な; 無抵抗の; 《動物が》危害を加えない.
—— *n. Gram.* 受動態, 受動構文.

passive resistance 消極的抵抗.

passive restraint 《車の》自動防護装置 《自動ベルト・エアバッグなど》.

passive smoking 《喫煙者からの》間接喫煙.

passivity 受動性.

passivize *v.* 受け身にする, 受け身になる.

passkey 親鍵, 合い鍵.

passman 普通及第生.

Passover 過越しの祝い 《ユダヤ人の祭》.

passport 旅券, パスポート; 方法, 手段, 保障 (*to*).

pass-through ハッチ 《調理室と食堂の間の料理受け渡し窓》.

password 合い言葉; *Computer* パスワード.

past *a.* 過ぎ去った, 過去の; この前の, 最近の.
—— *n.* 過去; *Gram.* 過去時制; 経歴.
—— *prep.* …を越えて; 《…時》過ぎ. **would not put it past someone to** (*do*) が…やりかねないと思う. **past it** もう年でできなくなって.
—— *ad.* 通り過ぎて.

pasta パスタ 《イタリアの麺類の総称》.

paste *n., v.* 糊; 練り粉; 練り物, ペースト 《練り歯磨き・こね土・練り魚肉など》; 模造宝石用ガラス; 《糊で》貼る; 打ちのめす.

pasteboard *n., a.* 板紙, ボール紙 《製の》; 名刺; トランプ; にせの.

pastel *n., a.* パステル《画》; パステル《画》の, 《色が》淡く柔らかな.

pastel(l)ist パステル画家.

pastern 《馬・犬の》つなぎ 《けづめとくるぶしとの間の部分》.

Pasteur パスツール. **Louis Pasteur** (1822–95) フランスの化学者・細菌学者.

pasteurize *v.* 低温殺菌する.

pasticcio, pastiche 混成曲; 模倣作品.

pasties パスティーズ 《ストリッパー用乳首飾り》.

pastille 香錠, 錠剤.

pastime 娯楽, 気晴らし; 遊戯.

pastina スープに入れる小さなパスタ.

pasting 猛烈な一撃.

past master 老練家.

pastor 牧師.

pastoral *a.* 牧羊者の; 田園生活の; 牧師の.
—— *n.* 牧歌, 田園詩; 田園画; 田園曲, 牧歌曲.

pastorale (It) *Mus.* 田園曲, 牧歌曲.

pastorate, pastorship 牧師の職, 牧師の管区.

past participle *Gram.* 過去分詞.

past perfect *Gram.* 過去完了.

pastrami パストラミ 《香辛料をきかせた牛肉の燻製》.

pastry ペストリー《小麦粉を使った焼き菓子; その生地》.

pastrycook ペストリー作りの職人.

pasturage 牧草; 牧草地, 牧場; 放牧.

pasture n. 牧草; 牧草地, 牧場.
— v. 放牧する; 草を食う.

pasty[1] a. 練り粉のような; (顔が)青白い.

pasty[2] パスティ《肉入りパイ》.

PA system (<*Public-Address* system) 拡声装置.

pat v., n. 軽く叩く(こと), 軽く叩く音; バターの小塊.
— a., ad. ぴったり(合った). **stand pat** (トランプで)初手を引っ込めない; 固守する (*on*).

pat-ball 下手なクリケット, 下手なテニス.

patch n. つぎはぎ; (修理・装飾用の)あて布, パッチ; (傷にはった)ばんそうこう, 眼帯; 小さな地面; (不規則な)斑点. **bad patch** 憂き目, 不運な時期. **not a patch on** …にはるかに劣って.
— v. (つぎを当てて)繕う, つづり合わせる (*up*); (けんかなどを)一時おさめる (*up*).

patch pocket 貼り付けポケット.

patch test パッチテスト, 貼布試験《抗原を塗った布を皮膚にはってアレルギー性反応を試す》.

patchwork パッチワーク, 寄せ布細工, 寄せ革細工, つぎはぎ細工; 寄せ集め.

patchy a. つぎだらけの, 寄せ集めの.

pate 脳天, 頭.

pâté (F) パテ《ペースト状のレバー料理; 肉・魚などがはいった小型のパイ》.

pated a. 頭が…の.

pâté de foie gras パテ・ド・フォワグラ《肥大したガチョウの肝臓で作ったパテ》.

patella *Anat.* 膝蓋(骨), 膝頭.

paten *Rom. Cath.* パテナ, 聖(パン)皿.

patency 明白.

patent n. 特許(品); 気のきいた考案物.
— a. 特許の; 新案の; 明白な. — v. 特許を受ける.

patentee 特許権所有者.

patent leather パテントレザー《表面を光沢仕上げした革》.

patent medicine 売薬; 特許医薬品.

patent office 特許局.

patent right 特許権.

pater おやじ; =paternoster.

paterfamilias (男の)家長.

paternal a. 父の; 父方の; 父祖伝来の; 父親らしい; 温情主義の, さしでがましい.

paternity 父たること; 父方.

paternoster (ラテン語の)主の祈り.

path 歩道, 細道; 通路; 道.

pathetic a. 哀れな, 悲しい; 気の毒なくらいの; 面白くない; [the ~] =pathos.

pathetic fallacy 感傷の虚偽.

pathfinder 探検者, 開拓者; 照明弾投下飛行機; 航空機誘導用レーダー, ミサイル誘導用レーダー.

pathless a. 道のない.

pathogenic a. 病原となる.

pathologic(al) a. 病理学の; 病的な(ほどの), 不自然な.

pathologist 病理学者, 病理医.

pathology 病理学.

pathos (詩文などの)哀れ深さ, (心に迫る)悲しさ, 悲哀, 哀れ, ペーソス.

pathway 細道; 通路.

patience 忍耐(心).

patient a., n. 我慢強い; 患者.

patiently ad. 我慢強く, 気長に.

patina 緑青; (古い器具・美術品などの)古さび, 古つや; 趣.

patio (スペイン風の家の)中庭, パティオ; テラス.

patisserie パティスリー《菓子製造販売店》.

patois (F) 方言, 土地なまり; (ある職業の)特殊用語.

patrial a. 祖国の; 英国在住権のある.

patriarch 家長, 族長; 元老, 長老;

ローマ教皇.

patriarchate patriarch の位, patriarch の任期, patriarch の管区.

patriarchy 家長制度, 族長制度.

patricentric a. 父親中心の.

patrician n., a. (古代ローマの)貴族; 上流人, 貴人; 貴族の, 貴族的な.

patricide 父親殺し(人, 行為).

patrifocal a. 父親中心の.

patrimonial a. 先祖伝来の, 世襲の.

patrimonial seas [waters] 領海.

patrimony 世襲財産, 親譲り.

patriot 愛国者, 志士.

patriotic a. 愛国の, 愛国心の強い.

patriotism 愛国心.

patrol n. 巡回, 巡視, 哨戒; 斥候; 巡回者, 巡査, 巡視隊, 警備隊, パトロール隊; 巡視船, 哨戒機, パト(ロール)カー, (少年団の)班(2人以上), (少女団の)班(6-8人). **on patrol** 巡回中, 哨戒中. — v. 巡回する, 巡視する, 哨戒する.

patrol boat 巡視船.

patrol car パト(ロール)カー.

patrolman 巡視人; 巡査.

patrol wagon 犯人護送車.

patron 後援者, 愛護者; 恩人; ひいき客, 常連, パトロン.

patronage 後援; 愛顧, 引き立て, ひいき.

patroness 女性の patron.

patronize v. 後援する, 引き立てる, ひいきにする; 恩人ぶる.

patron saint 守護聖人.

patronymic a., n. 父称(の)《父祖の名を取った名》.

patten あしだ靴《泥道などを歩く時靴に付ける》.

patter[1] n., v. 早口(に言う), ぺらぺらしゃべる(こと).

patter[2] v., n. ぱたぱた走る(音), ぱらぱら降る(音).

pattern n. 模範, 手本; 型, 型紙; 柄, 模様; (服地などの)見本; 体系; 着陸パターン; TV テストパターン. — v. …を模範とする, ならう(after, upon); 模様を付ける.

patty 小型パイ; パティ《円型のひき肉料理》.

PAU Pan American Union 米州連合.

paucity 少数, 少量; 欠乏.

Paul パウロ《?-67?; キリストの使徒》.

Paul Bunyan ポールバニヤン《巨人で怪力のきこり》.

Pauline a. パウロの.

paulownia Bot. キリ(の木).

paunch 腹, 太鼓腹.

pauper 貧民, 細民.

pauperism 貧窮.

pauperize v. 貧乏にする, 公の救助を必要とさせる.

pause n. 休止, 中止; 途切れ, ためらい; 句切り, 句読. — v. 休止する, 中止する; ためらう.

pavane Mus. パバーヌ《宮廷舞踊, 舞踊曲》.

pave v. 舗装する.

pavement 舗装; 車道; (舗装した)歩道.

pavement artist 街頭画家《歩道にチョークで絵を描いたり, 街頭で似顔絵を描く》.

paver 舗装工, 舗装材料.

pavilion n. 大テント, (競技場などの)観覧席; (博覧会の)展示館, パビリオン; 別病棟. — v. テントを張る.

paw n. (犬・猫などの)手, 足; (人の)手. — v. 前足でいじる; (馬が)あがく; 無器用にいじる(over).

pawky a. 抜け目のない, ずるい; (真面目くさって)ひょうきんな.

pawky humor とぼけたユーモア, 真顔のユーモア.

pawl (歯車の)歯止め.

pawn[1] (チェスの)ポーン; 人の手先.

pawn[2] *n.* 質物, 抵当物. **in pawn** 質に入れて. —*v.* 質に入れる, 抵当に入れる; (名誉などを)かける.

pawnbroker 質屋.

pawnshop 質店.

pawn ticket 質札.

pax (ミサの)接吻礼; 休戦; 平和.

pay *v.* 払う, 支払う; 報いる; (注意・敬意などを)払う; (罰を)受ける; 仕返しする; 引き合う, 割りに合う. **pay back** 返済する; 返報する. **pay down** 即金で払う; 頭金として払う. **pay for** …の代価を払う; …の罰を受ける. **pay off** 給料を払って解雇する; 皆済する; 仕返しする; 買収する; (計画などが)うまくいく. **pay out** 借金を返す; 腹いせをする; (綱を)繰り出す. **pay up** 皆済する. —*n.* 給料, 賃金. **in the pay of** …に雇われて. —*a.* 有料の.

payable *a.* 支払うべき; (鉱山など)当たりそうな.

pay-as-you-enter 入場時料金支払い方式, 乗車時料金支払い方式.

pay-as-you-go [-earn] 源泉課税(制度).

payback 払い戻し; 見返り.

pay-cable 有料有線テレビ(放送).

pay check 給料支払い用小切手; 給料.

payday 給料日, 支払い日.

pay dirt 引き合う採掘地; 掘り出し物.

PAYE pay-as-you-earn; pay-as-you-enter.

payee 受け取り人.

payer 支払い人.

paying guest 下宿人.

payload (事業経営上の)人件費; 有効荷重《船舶・飛行機の運賃収入に結びつく乗客・貨物などの総重量》; (誘導弾の)実効荷重《運搬装置を除いた弾頭と信管》; ペイロード《宇宙船などが飛行目的に直接結びつく搭載物(の重量)》.

paymaster 会計係; 主計官.

payment 支払い, 納付, 払い込み; 支払い額; 報い, 報酬.

payoff *n., a.* 給料の支払い(日); (事の)結末, (意外な, または劇的な)結果; 報酬, 報復; 献金; 賄賂; 最後の結果を生み出す, 決定的な.

payola 賄賂; 不正リベート《歌を宣伝して貰うためにディスクジョッキーなどに出す》.

pay phone 公衆電話.

payroll 給料支払い簿, 使用人名簿; (従業員の)支払い給料総額.

pay station 公衆電話.

pay telephone 公衆電話.

pay television =pay-TV.

pay-TV 有料テレビ.

PB Pharmacopoeia Britannica (L, =British Pharmacopoeia). **PBX** private branch exchange 構内交換電話. **pc** post cibum (L, =after meals). **PC** petty cash; police constable; privy council [councillor]. **PCB** polychlorinated biphenyl. **PD** per diem (L, =by the day); police department. **PE** physical education.

pea *Bot.* エンドウ(豆). **(as) like as two peas (in a pod)** まるでうりふたつで. **green peas** グリーンピース.

peace 平和, 太平; 講和(条約); 平安; 静寂. **at peace** 平和に; …と戦争せずに; 死んで. **hold one's peace** 沈黙する. **in peace** 安らかに. **make peace with** …と和解する.

peaceable *a.* 穏やかな, 温良な.

Peace Corps (米国の)平和部隊.

peace footing (軍隊の)平時編制.

peaceful *a.* 平和な, 穏やかな.

peaceful coexistence 平和共存.

peacefully *ad.* 平和に, 穏やかに.

peacemaker 調停者.

peacenik 平和運動家.

peace offering 和解の贈り物; (ユダヤ教

て) 贖罪の供物, 謝恩の供物.

peace officer 治安官, 警官.

peace pipe =calumet.

peace sign ピースサイン《人差し指と中指の V 字型サイン》.

peacetime 平時.

peach n. Bot. モモ(の実); 桃色; すてきな物, すてきな人, きれいな少女. — v. 密告する.

peachblow 紫紅色(の上薬).

peachy a. モモの(ような); 桃色の.

peacock n. Ornith. クジャク《雄》; 虚栄家. — v. 誇る; 威張って歩く.

peacock blue 光沢のある青色.

peacockish a. クジャクのような; 見栄っ張りの.

peafowl クジャク.

pea green 浅緑色.

peahen Ornith. 雌クジャク.

pea jacket ピージャケット《船員・漁師などの着る厚ラシャのダブルの上着》.

peak[1] n. 峰, 山頂; 先端; 帽子の前びさし; 絶頂, 最高点. — v. 最高点に達する; 尖る, そびえる; (鯨が)尾を揚げる; (オールを)直立させる.

peak[2] v. やせこける, やつれる.

peaked[1] a. 尖った.

peaked[2] a. やつれた.

peal n. (鐘・大砲などの長く引く)響き, とどろき; (調子の合った)一組の鐘; 鐘楽. — v. 鳴らす, 鳴り響く (out, forth).

peanut 南京豆, ピーナッツ; [pl.] わずかな金額.

peanut butter ピーナッツバター.

pear 洋ナシ, ペア.

pearl[1] n. 真珠. **cast pearls before swine** 豚に真珠を投げ与える《猫に小判》. — v. 真珠で飾る; 真珠を探る.

pearl[2] n., v. =picot.

pearl barley 精白麦《スープ用》.

pearl diver 真珠貝採取潜水夫.

pearl fishery 真珠採取業.

pearl gray 真珠色.

Pearl Harbor 真珠湾; 奇襲.

pearl oyster [shell] 真珠貝.

pearly a. 真珠のような, 真珠で飾った.

peasant 農民, 小百姓, 小作農; 田舎者.

peasantry 農民, 小作人; 小作人階級.

peashooter 豆鉄砲; 連発ピストル.

pea soup エンドウのスープ.

pea-souper (ロンドンの)黄色の濃霧.

peat 泥炭, ピート.

peaty a. 泥炭質の; 泥炭の多い.

pebble (丸い)小石. **not the only pebble on the beach** 外に人がいないわけではない.

pebbly a. 小石の多い.

pecan Bot. ペカン《ヒッコリーの一種》.

peccable a. 罪を犯しやすい.

peccadillo 微罪.

peccancy 罪; 病的なこと.

peccant a. 罪を犯す; 病的な.

peccary Zool. ペッカリー《アメリカ産のイノシシの類》.

peccavi (L) 罪の告白.

peck[1] ペック《乾量の単位; =2 gallons》; たくさん (of).

peck[2] v., n. (くちばしなどで)つつく(こと), ついばむ, ついばみ (at); 少しずつ食う.

pecker 元気; ペニス.

peckish a. 腹のすいた.

peck(ing) order (鳥の社会で)つつく順番; (人間社会の)序列.

pectin Biochem. ペクチン, 膠素.

pectoral a. 胸の; 胸の病気に効く. — n. 胸飾り.

pectoral fin (魚の)胸びれ.

peculate v. (公金などを)使い込む, 横領する.

peculiar a. 独特の, 特有の (to); 特別の; 変な. — n. 私有財産; Relig. 特殊教区.

peculiarity 特殊性, 特色; 風変わり, 癖.

peculiarly *ad.* 特に; 奇妙に.

pecuniary *a.* 金銭の.

pedagogics 教育学.

pedagogue 先生; 学者ぶった人.

pedagogy 教育学, 教授法.

pedal *a., n., v.* 足の; 踏み板, ペダル(を踏む).

pedal pushers (自転車に乗るときにはくような) 短い婦人ズボン.

pedal steel ペダルスチールギター.

pedant 学者ぶる人.

pedantic *a.* 学者ぶる.

pedantry 衒学, 知ったかぶり.

peddle *v.* 行商する; 押しつける; ふれ回る.

peddler 行商人.

pederast (少年との)男色者.

pederasty (少年との)男色.

pedestal *n.* (銅像などの)台座, 台石; (花瓶・ランプなどの)台; 土台, 基礎. — *v.* 台に載せる.

pedestrian *a.* 徒歩の, 歩行の; 単調な, 平凡な. — *n.* 歩行者, 徒歩通行者; 徒歩主義者.

pedestrian crossing 横断歩道.

pedestrianism 徒歩主義.

pedestrianize *v.* (道路を)歩行者専用にする.

pedestrian precinct 歩行者天国.

pediatric *a.* 小児科の.

pediatrician 小児科医.

pediatrics 小児科(学).

pedicab (東南アジアの)輪タク.

pedicel, pedicle *Bot.* 小花柄.

pedicure 足の治療; ペディキュア《足の美爪術》.

pedigree 系図; 系統.

pediment *Arch.* ペディメント《古典建築の三角形の切妻壁》.

pedlar =peddler.

pedology 基礎土壌学.

pedometer 歩数計.

pedophile 小児愛者.

pedophilia 小児愛《異常性愛》.

peduncle *Bot.* 花柄.

pee *n., v.* 小便(する).

peek *v., n.* そっとのぞく; のぞき見.

peekaboo *a.* すいて見える生地で作った, ピーカブーの. — *n.* いないいないばー.

peel[1] *n., v.* (果物の)皮; 皮をむく, 皮をはぐ, 皮がむける, 皮がはげる (off); 脱衣する; (組織などから)離脱する (off).

peel[2] *Hist.* (石造の)砦; 木べら.

peeler 皮をむく人, 皮をむく物, 皮むき器; ストリッパー.

peeling [*pl.*](むいた)皮.

peen 金槌の尖った端.

peep[1] *v., n.* ぴーぴー鳴く(声), ちゅうちゅう鳴く(声).

peep[2] *v.* 覗く, 盗み見する (at, into); 現れ出す, 現れる (out, forth). — *n.* すき見, 覗き見, 一目; 出現. **peep of day** 夜明け.

peeper 覗き見する人, 詮索好きな人; 目.

peephole 節穴, 覗き穴.

peeping Tom 覗き見する男.

peep show 覗きからくり; 覗き見ショー.

peep sight (銃の)穴照門.

peer[1] *v.* じっと見る, 見つめる (into, at); 見えてくる (out, forth).

peer[2] 同輩, 対等者; 貴族.

peerage 貴族階級, 爵位; 貴族名鑑.

peeress 貴族婦人, 女貴族.

peerless *a.* 無比の.

peeve *v.* じらす, 怒らす.

peevish *a.* 気難しい, すねた, 怒りっぽい.

peewit =pewit.

peg *n.* くさび, 栓, 木釘; (楽器の)糸巻き; (帽子などを掛ける)掛け釘; 洗濯ばさみ; (テントの綱を張る)杭; 理由; *Baseball* 送球; 酒類; ペニス. **a round peg in a square hole** =

a square peg in a round hole 所を得ない人, 不適任者. **off the peg** (服が)既製品の. **take one down a peg (or two)** 高慢の鼻を折る.

—v. 栓で締める, 木釘で締める; (テントなど)くいで止める (down); せっせと働く (away). **peg out** 死ぬ.

Pegasus *Gk Myth.* ペガサス《翼のある天馬》.

pegboard 釘差し盤; ペッグボード《釘差し盤を用いてするゲーム》.

peg leg 木製義足(の人).

pegmatite 巨晶花崗岩.

peg top (西洋ナシ形の)独楽; [pl.] 独楽形ズボン.

peg-top(ped) a. 独楽形の.

peignoir (F) ペニョワール《婦人用のゆったりしたガウン》.

pein =peen.

pejorative a. 非難を与える, 軽蔑的な; 改悪するような.

Peking 北京《中国の首都》.

Peking duck ペキンダック《中国料理》.

Pekingese, Pekinese a., n. 北京の; 北京人, 北京語; ペキニーズ《中国原産の小型犬》.

Peking man *Anthrop.* 北京原人.

Pekingology 中国政策研究.

pekoe ペコー《インド・セイロン産の上等紅茶》.

pelage (四足獣の)毛皮.

pelagic a. 深海の, 遠洋の.

pelargonium *Bot.* ペラルゴニューム《テンジクアオイ属の植物》.

pelerine ペルリーヌ《婦人用の毛皮のケープ》.

pelf (卑しんで)金銭, 富.

pelican *Ornith.* ペリカン.

pelican crossing (押しボタン式)横断歩道.

pelisse ペリース《毛皮の(縁取りがある)外套》.

pellet n. (紙・食パンなどを丸めた)小球, 小弾丸, 丸薬. —v. 小さく丸める; 小球をぶつける.

pell-mell ad., a., n. 乱雑に, 乱雑な, ごっちゃに, ごっちゃな; あわてふためいた; 乱雑, 混乱.

pellucid a. 透明な; 明快な.

pelota =jai alai.

pelt[1] v., n. 投げつける (at), 強く打つ(こと); 浴びせかける; (雨が)ひどく降る. **(at) full pelt** 全(速)力で.

pelt[2] (羊などの)生皮.

peltry 生皮.

pelvic a. 骨盤の.

pelvic thrust (性交時の)ピストン運動.

pelvis 骨盤.

pemmican ペミカン《乾燥牛肉を脂肪・果実とつき混ぜた食品》.

pen[1] n., v. 檻, 囲い; 刑務所; (家畜を)檻に入れる; 閉じ込める (in, up).

pen[2] n., v. ペン(で書く); 文筆.

PEN (International Association of) Poets, Playwrights, Editors, Essayists and Novelists 国際ペンクラブ.

penal a. 刑罰の; 刑事上の; 罰を受けるべき; 非常に厳しい.

penal code 刑法.

penalize v. 有罪を宣する; 罰を科する.

penal servitude 懲役.

penalty 罰; 罰金; 報い.

penalty area *Soccer* ペナルティーエリア.

penalty kick *Soccer, Rugby* ペナルティーキック.

penance 懺悔(の苦行); 懺悔式.

pen-and-ink a. ペンで書いた.

Penates *Rom. Myth.* ペナーテス《家庭の守護神》.

penchant 傾向, 趣味 (for).

pencil n. 鉛筆; ペンシル型まゆ墨; 光(線)束. —v. 鉛筆で書く, 鉛筆で描く.

pencil pusher 筆記を業とする人.

pencil sharpener 鉛筆削り.

pendant n. 垂れ飾り, ペンダント; 吊りランプ;

Naut. =pennant. — *a.* =pendent.

pendent *a.* ぶら下がった；垂れかかった；未決の，懸案中の.

pending *a.* 未決の，懸案中の.
— *prep.* …の間，中；まで.

pendulous *a.* ぶら下がった，揺れる.

pendulum 振り子.

Penelope *Gk Myth.* ペネロペ《Odysseus の貞節な妻》.

penetrability 貫通できること.

penetrable *a.* 入り込める，貫通される；看破される.

penetrate *v.* 貫く，突き抜ける；浸み込む，浸み込ませる；見抜く，見破る.

penetrating *a.* 貫通する；浸み込む；看破する，鋭い；(声が)よく通る.

penetration 貫通，浸透；看破，眼識.

penetrative *a.* 貫通する，浸透する；見抜く，鋭い.

pen-friend ペンフレンド.

penguin *Ornith.* ペンギン.

penguin suit 宇宙服.

penholder ペン軸.

penial *a.* ペニスの.

penicillin ペニシリン《抗生物質の一種》.

penicillium 青かび《ペニシリンの原料》.

peninsula 半島.

penis *Anat.* ペニス.

penitent *a., n.* 懺悔する(人)，悔悟する(人).

penitential *a.* 悔悟の，悔い改めの，懺悔の.

penitentiary *a., n.* 悔悟の，懲治の；刑務所.

penknife 小ナイフ.

penlight ペンライト《万年筆型懐中電灯》.

penman 書家；作家.

penmanship 書法；筆跡.

pen name ペンネーム.

pennant 三角長旗；(運動競技の)優勝旗，ペナント；*Naut.* 短索.

penner 作家.

penniform *a.* 羽状の.

penniless *a.* 一文なしの.

pennon 槍旗；[一般に]旗，長旗.

Pennsylvania ペンシルバニア《米国東部の州》.

Pennsylvania Dutch [German] ドイツ系 Pennsylvania 州人(のドイツ方言).

penny ペニー《英国の青銅貨；=$^1/_{100}$ £，もとは $^1/_{12}$ s.》；=cent；ほんのわずか. **turn an honest penny** 正直に働いて金をもうける.

penny-a-liner 三文文士.

penny arcade 娯楽場，ゲームセンター.

penny dreadful 三文小説.

penny pincher けちんぼう.

penny-pinching *a.* けちな.

pennyroyal *Bot.* ペニロイアルハッカ.

pennyweight ペニーウェイト《英国の金衡の単位；=$^1/_{20}$ oz》.

penny-wise *a.* 一文惜しみの. **penny-wise and pound-foolish** 一文惜しみの百失い.

pennywort *Bot.* イワレンゲ属の植物.

pennyworth 一ペニーで買える分量，一ペニー分；少額，少量.

penology 刑罰学，刑務所管理学.

pen pal ペンパル，ペンフレンド.

pensile *a.* ぶら下がった，吊した.

pension[1] *n., v.* 年金(を与える).

pension[2] (F) パンション《ヨーロッパの下宿屋・下宿式ホテル》.

pensionable *a.* 年金を受ける資格のある.

pensionary *a., n.* 年金の；年金を受ける(人).

pensioner 年金受領者.

pensive *a.* 黙想的な；思いに沈んだ；憂鬱な.

penstock (水力発電所の)水圧管；水門，水路.

pent *a.* 閉じ込められた (*up, in*).

pentacle 星形五角形《★》.

pentad 5（個一組）.

pentagon 五角形，五辺形；[the P-] ペンタゴン，米国国防総省.

pentagram =pentacle.

pentahedron 五面体.

pentameter Poet. 5 歩格.

pentathlon 五種競枝.

pentavalent a. Chem. 五価の.

Pentecost 五旬節《Passover の後 50 日目に行うユダヤの刈り入れ祭》，聖霊降臨節.

penthouse 差し掛け屋根；（ビル屋上の）塔屋.

pen tray ペン皿.

penult 語尾から二番目の音節.

penultimate a., n. 語尾から二番目の（音節）.

penumbra Astron. 半影.

penury 貧困，窮乏 (of).

peon （南米の）労働者；（インドの）歩兵；従者.

peonage 借金の返済に強制的に働かせること.

peony Bot. シャクヤク.

people n. 国民；人々，世間の人々；（一地方の）住民；[the ~] 民衆；臣民，部下；家の人々《親子兄弟》；Law（州民代表としての）検察側. — v. 人を住まわせる，住民を満たす.

people mover （近距離間の）人間輸送機関《動く歩道や無人電車など》.

people's commune （中国の）人民公社.

people's front =popular front.

people's republic 人民共和国.

pep n. 元気；精力. — v. 元気づける (up).

pepper n., v. こしょう（をふりかける），（弾丸などを）浴びせかける；元気.

pepper-and-salt a, n. 霜降りの（服地）.

pepperbox こしょう入れ，こしょう瓶.

peppercorn 干したこしょうの実；つまらぬ物.

pepper mill こしょうひき.

peppermint Bot. ハッカ（油）.

pepper pot 肉のシチュー；=pepperbox.

peppery a. こしょうのような，辛い；短気な.

pep pill 覚醒剤.

peppy a. 元気一杯の.

Pepsi(-Cola) Trademark ペプシ（コーラ）.

pepsin Biochem. ペプシン，胃液素.

pep talk 激励演説.

peptic a. 消化を助ける.

peptide Biochem. ペプチド.

per (L) prep. …によって (per post, per rail)；に付き (per day, per hour). **as per** …のとおり.

perambulate v. 歩き回る，巡回する.

perambulation 巡回（区）.

perambulator 乳母車.

perambulatory a. 巡回の.

per annum ad. 一年につき.

percale 緻密な綿布.

per capita 一人当たり.

perceive v. 知覚する，感知する；分かる；気付く，認める.

percent ad. 百につき《記号 %》. **50 percent of the time** 全体の 50%（副詞句）.
— n. =percentage.

percentage 百分率，歩合，割合，部分；利益.

percentile 百分位数.

per centum =percent.

percept Philos. 知覚されたもの.

perceptibility 知覚可能，認知可能.

perceptible a. 知覚される，感知できる（ほどの），かなりの.

perception 知覚（作用）；感知.

perceptive a. 知覚力のある.

perceptivity 知覚（力）.

perch[1] n. （鳥の）止まり木. — v. （鳥が）止まる

(*on*); (高い 所 に)すわる, (高い 所 に)すわらせる, 据える, 立つ (*on*).

perch[2] *Ichthy.* パーチ《スズキの類の淡水魚》.

percipience, percipiency 知覚(力).

percipient *a., n.* 知覚力のある(者).

percolate *v.* こす; 浸み出る, 浸み込む; コーヒーをパーコレーターでいれる.

percolator パーコレーター《コーヒー沸かし》.

percuss *v. Med.* 打診する.

percussion 衝撃; 撃音; 打診; 打楽器.

percussion cap 撃発雷管.

percussion instruments 打楽器.

per diem *ad.* 1 日につき.

perdition 地獄に落ちること, 永遠の滅び; 地獄.

perdurable *a.* 持ちのよい; 不変の.

peregrinate *v.* 遊歴する, 旅行する.

peregrine *a.* うろつく, 漂泊する.

— *n. Ornith.* ハヤブサ.

peremptory *a.* 否応言わせない, 断固たる; 押しの強い.

perennial *a.* 永久に続く; 年中絶えない; *Bot.* 多年生の. — *n.* 多年生植物.

perfect *a.* 完全な, 完全無欠の; 理想的な; まったくの; *Gram.* 完了の. — *n. Gram.* 完了時制. — *v.* 仕上げる, 完成する.

perfect binding 無線綴じ.

perfect game *Baseball* 完全試合; (ボウリングの)パーフェクト.

perfectible *a.* 完全にすることができる; 完成できる.

perfection 完成; 完全(無欠); 極致.
　to perfection 完全に.

perfectionism 完全論.

perfectionist 完全論者, 細かなことにこだわりすぎる人.

perfectly *ad.* 完全に; まったく, すっかり.

perfecto 両端の細い中型の葉巻き.

perfervid *a.* 非常に熱心な, 非常に激しい.

perfidious *a.* 不実な, 不信な.

perfidy 不実, 不信.

perforate *v.* 穴をあける, 貫く (*into, through*); (印紙などに)ミシン目を入れる.
— *a.* ミシン目のある.

perforation 貫通, 穴, ミシン目.

perforator 穴あけ器; 切符切りばさみ.

perforce *ad.* 否応なしに, やむなく.

perform *v.* 成す, する; 遂行する, 成し遂げる; 履行する; (儀式などを)執り行う; 演じる, 演奏する; (動物が)芸をする; 騒ぐ; (同性間で)吸淫を行う.

performance 実行, 遂行, 履行; 業績, 仕事, 作品; 演技, 演奏, 芸当, 興行; *Ling.* 言語運用.

performance test (機械などの)性能試験.

performer 実行者, 遂行者, 履行者; 演技者, 演奏者, 芸人.

performing *a.* 芸のできる.

performing arts 舞台芸術《バレエ・演劇など》.

perfume *n.* 香り, 芳香; 香水, 香料.
— *v.* 香水をつける, 芳香を漂わせる.

perfumer 香料商; 調香師.

perfumery 香料; 香料工場.

perfunctory *a.* おざなりの, 形式的な, 機械的な.

perfuse *v.* 一面に注ぐ, みなぎらす.

pergola パーゴラ, 蔓棚.

perhaps *ad.* 多分, 恐らくは, ひょっとすると.

pericarp 果皮.

pericranium 頭蓋骨膜; 頭蓋骨, 頭脳.

peridot *Mineral.* ペリドット《濃緑色透明のかんらん石》.

perigee *Astron.* 近地点.

perihelion *Astron.* 近日点.

peril *n.* 危険, 危難, 危害. **at the peril of** …を賭けて. — *v.* 危うくする, 賭ける.

perilous *a.* 危険な.

perimeter (平面図の) 周辺(の長さ), (平面図の) 周囲(の長さ); 限界.

perineum *Anat.* 会陰.

period 期間, 時期; 時代, 世; (授業の) 単元; [*pl.*] 華麗な文体; 終止符, ピリオド; 月経(期間). **put a period to** …に終止符を打つ, 終わらせる. — *int.* (以上) 終わり, それだけ.

periodic *a.* 定時の, 周期的の; 掉尾文の.

periodic acid *Chem.* 過沃素酸.

periodical *a., n.* 周期的な, 定時の; 定期刊行の; 定期刊行物, 雑誌.

periodicity 周期性; 周律.

periodic law *Chem.* 周期律.

periodic sentence *Rhet.* 掉尾文《文意が文尾に至って初めて理解されるような構文》.

periodic table (元素の) 周期表.

periosteum *Anat.* 骨膜.

periostitis *Med.* 骨膜炎.

peripatetic *a.* 歩き回る; 巡回の; [P-] 逍遙学派の, アリストテレス学派の. — *n.* 歩き回る人; [P-] 逍遙学派の徒.

Peripateticism 逍遙学派.

peripheral *a.* 周囲の; *Anat.* (神経の) 末梢の; *Computer* 周辺装置の.

periphery (図形の) 周囲; *Anat.* 末梢.

periphrasis *Rhet.* (回りくどく言う) 紆言法.

periscope 潜望鏡.

periscopic *a.* 四方の展望がきく.

perish *v.* 死ぬ, 枯れる, 滅びる.

perishable *a., n.* 滅びやすい, 腐敗しやすい; [*pl.*] (輸送中) 腐敗しやすい物品.

perished *a.* 寒さでへとへとになった, 飢えでへとへとになった.

perisher 不愉快な人.

perishing *a.* (寒さなど) 耐え難い; 不快な, とんでもない.

peristaltic *a.* *Physiol.* 蠕動の.

peristyle *Arch.* 周柱式.

peritoneum *Anat.* 腹膜.

peritonitis *Med.* 腹膜炎.

periwig かつら.

periwinkle *Bot.* ツルニチニチソウ; *Conchology* ヨーロッパタマキビ.

perjure *v.* 偽誓する, 偽証する.

perjurer 偽誓者, 偽証者.

perjury 偽誓, 偽証.

perk[1] *v.* つんとすます, 気取る (*up*); (頭・鼻・耳・尾などを) つんと上げる (*up*).

perk[2] =perquisite.

perk[3] *v.* コーヒーをパーコレーターでいれる.

perky *a.* つんとすました; 生意気な.

perlite パーライト《軽量コンクリート材》.

perm[1] *n., v.* パーマネント(をかける).

perm[2] (フットボール賭博で) 選んだ勝ちチームの組み合わせ.

permafrost (地球の) 永久氷結土.

permanence 不易(性); 永久(性).

permanency =permanence; 終身官, 永久的職業.

permanent *a.* 永久の, 不変の.

permanently *ad.* 永久に; 不変に.

permanent press パーマネントプレス加工.

permanent tissue *Bot.* 永久組織.

permanent tooth 永久歯.

permanent wave パーマ(ネントウェーブ).

permanganate *Chem.* 過マンガン酸塩.

permanganic acid *Chem.* 過マンガン酸.

permeability 浸透性.

permeable *a.* 浸透性の.

permeate *v.* 浸透する, 浸み込む, 広がる (*in, among, through*).

Permian *a., n.* *Geol.* 二畳紀(の), 二畳系(の).

permissible *a.* 許せる, 差し支えない.

permission 許可, 認可, 免許.

permissive *a.* 許可を与える; 許容された; (性に関して) 開けた, 寛大な.

permit *v.* 許す; 入れる(余地のある)(*of*).

permutation
— *n.* 許可(書), 認可(証).

permutation *Math.* 順列, 置換.

permute *v.* 交換する, 変更する.

pernicious *a.* 有害な; 致命的な, 破壊的な.

pernicious anemia *Med.* 悪性貧血.

pernickety *a.* 気難しい; (取り扱いなど)ひどく面倒な.

Pernod *Trademark* ペルノー《アニス風味のフランス製リキュール》.

peroral *a. Med.* 経口の.

perorate *v.* (演説で)論を結ぶ, 熱弁を揮う.

peroration 結語.

peroxide *n., v.* 過酸化物; 過酸化水素(で脱色する).

perpend *v.* 熟考する.

perpendicular *a.* 垂直の, 直立した; 切り立った. — *n.* 垂直(線).

perpendicularity 垂直.

perpetrate *v.* (罪・悪事などを)行う, 犯す.

perpetrator 犯人.

perpetual *a.* 永久の, 間断ない, (官職が)終身の; 四季咲きの.

perpetual calendar 万年暦.

perpetual lease 永代借地権.

perpetually *ad.* 永久に; 絶え間なく.

perpetuate *v.* 不朽にする.

perpetuity 永続(性); *Law* (不動産の)永久拘束, 永代所有(権); 終身年金. **in perpetuity** 永久に, 永久の.

perplex *v.* 当惑させる, 悩ます.

perplexed *a.* 当惑した; 複雑な.

perplexing *a.* 困らす; 難しい.

perplexity 当惑, 困却; 難題.

perquisite 役得; 臨時収入; 心付け, チップ.

per se *ad.* それ自体, 本来.

persecute *v.* (異教徒などを)迫害する; 悩ます (*with*).

persecution 迫害.

persecution complex *Psychol.* 被害妄想, 迫害妄想.

persecutor 迫害者.

Persephone *Gk Myth.* ペルセポネ《下界の女王》.

Perseus *Gk Myth.* ペルセウス《怪物から Andromeda を救った勇士》.

perseverance 忍耐, 堅忍, 固執.

persevere *v.* 忍耐する; 屈せず努める (*in, with*).

Pershing パーシング型ミサイル.

Persia ペルシャ《イランの旧名》.

Persian *a., n.* ペルシャの; ペルシャ人, ペルシャ語.

Persian cat ペルシャネコ.

Persian Gulf ペルシャ湾《アラビア半島とイランとの間の湾》.

Persian lamb ペルシャ子羊の毛皮.

persiflage (F) 茶化すこと, からかい, 冗談.

persimmon *Bot.* カキ(の木), カキの実.

persist *v.* 持続する; 固執する, 頑張る (*in*).

persistence, persistency 固執; 永続.

persistent *a.* 根気強い; 不断の; しつこい.

person 人; 身体; 容姿, 人品; *Law* 人称. **in person** 自ら, 親しく.

persona (L) 人.

personable *a.* 人品のよい, 立派な.

personage 名士, 人物; (劇・小説の)登場人物.

personal *a.* 自身の, 個人的な, 私の; 身体の, 容姿の; (批評など)人身上の; *Gram.* 人称の. **become personal** 人身攻撃をする. **personal interview** 直接面会, 面接. — *n.* (新聞の)人事欄; (出演映画が上演中の)スターの顔見せ.

personal column (新聞の)個人消息欄.

personal computer パーソナルコンピューター, パソコン.

personal effects 身の回り品.

personal equation (計測上の)個人誤

差.

personality 個性; 人格, 人品; (ある個性をもった)人物, (芸能界の)名士, パーソナリティー; (人物の)実在; [pl.] 人身攻撃.

personality cult 個人崇拝.

personality test Psychol. 人格検査.

personalize v. 個人化する, 人格化する.

personally ad. 自ら, 親しく; 個人的に; 自分としては.

personal pronoun Gram. 人称代名詞.

personal property 動産.

personal stereo =walkman.

personalty 動産.

persona non grata (駐在国政府にとって)好ましくない人物; 不評の人物.

personate v. (劇で)役に扮する; 偽称する.

personator 扮装者; 偽称者.

personification 化身, 典型; Rhet. 擬人(法); 人格化.

personify v. 擬人化する.

personnel (全)職員, 人員.

person-to-person a., ad. Teleph. 指名通話の, 指名通話で.

perspective n. 遠近法, 透視画法; (遠景の)見通し; (将来の見通し, 予想, 見解. ― a. 遠近法の, 透視画法による.

Perspex Trademark パースペックス《合成樹脂製の有機ガラス》.

perspicacious a. 先見の明のある, 明敏な.

perspicuous a. (言語・文章などの)平明な, 明快な.

perspiration 発汗; 汗.

perspire v. 発汗する.

persuadable, persuasible a. 説得できる.

persuade v. (...せよと)説きつける (to do, into doing), 納得させる (of, that).

persuasion 説服, 説得(力); 信念, 確信; 信仰; 宗派; 類, 種類.

persuasive a. 説得上手な.

pert a. 生意気な; スマートな, 粋な; 活発な.

PERT パート方式《大規模な計画を分析・管理して合理的に進める方法》.

pertain v. 属する (to); 関する (to); 適する (to).

pertinacious a. 根気強い; しつこい.

pertinent a. 適切な; 関連する.

perturb v. 乱す, 騒がす.

Peru ペルー《南米の共和国》.

peruke かつら.

perusal 通読, 精読.

peruse v. 通読する, 精読する; (顔色などを)読む.

Peruvian a., n. ペルーの; ペルー人.

Peruvian bark キナ皮.

pervade v. 広がる; 浸み込む.

perverse a. つむじ曲がりの, 気ままな; 邪悪な.

perversion 曲解; 悪用; 悪化; 性倒錯(症).

perversity 強情, つむじ曲がり.

perversive a. 曲解する; 邪道に導く.

pervert v. 曲解する; 悪用する; 邪道に誘う, 邪教に導く. ― n. 変質者, 性倒錯者.

pervious a. (水・光などを)通す, 浸み込ませる (to); (道理などが)分かる, 感じる (to).

peseta ペセタ《スペインの通貨単位; =100 centimos》.

pesky a. 厄介な; 嫌な.

peso ペソ《メキシコ・キューバなどの通貨単位; = 100 centavos》; スペインドル.

pessary (避妊用)ペッサリー; 女性用座薬.

pessimism 悲観(論), 厭世(観).

pessimist 厭世家, 悲観論者.

pest 害虫, 小害獣, 厄介者; 不快な物, 不快な人.

pester v. 悩ます.

pesticide 殺虫剤.

pestiferous a. 有害な; 厄介な.

pestilence 疫病, (特に)腺ペスト.

pestilent *a*. 致命的な, 危険な; 有害な; 厄介な.

pestilential *a*. 悪疫の, 悪疫を伝染させる; 有害な; 嫌でたまらない.

pestle *n., v*. 乳棒, きね, すりこ木(で潰す).

pet[1] *n*. 愛玩動物, ペット; 愛児, 愛人; お気に入り. ――*a*. 愛玩の, ペットの; 気に入りの; 得意の, おはこの. ――*v*. かわいがる, 抱いたりなでたりする; ペッティングする.

pet[2] 不機嫌. **be in a pet** すねる.

petal 花弁, 花びら.

petard (昔の)城門破壊用爆弾. **be hoist with one's own petard** 自分の企んだ計略に落ちる.

petcock (蒸気などを抜く)豆コック.

peteman 金庫破り.

peter *v*. (河流など)細くなる, 尽きる(*out*). ――*n*. 金庫; ペニス.

Peter ペテロ(?-67?; イエスの使徒). **rob Peter to pay Paul** 借金して借金を込む.

Peter Pan ピーターパン; いつまでも子供みたいな人.

Peter Pan collar ピーターパンカラー(婦人・子供服の小さな丸襟).

Peter Principle ピーターの法則(階層社会の構成員は各自の能力を超えたレベルまで出世する).

petersham 厚いうね織りラシャの一種.

Peter's pence *Hist*. ローマ教皇への献金.

petiole *Bot*. 葉柄.

petit *a*. 小さい, 詰まらない.

petit bourgeoisie 小市民階級, プチブル(ジョア).

petite (F) *a*. (女が)小柄な.

petit four プチフール(小型のケーキ).

petition *n., v*. 陳情; 請願, 嘆願(する); 陳情書.

petit larceny こそどろ, 小盗み.

petit mal *Med*. (てんかんの)小発作.

pet name 愛称.

petnapping (営利のための)ペットさらい.

Petrarch ペトラルカ(1304-74; イタリアの詩人).

Petrarchan sonnet ペトラルカ風ソネット.

petrel *Ornith*. ウミツバメ(嵐を予報するというので stormy petrel ともいう).

petri dish ペトリ皿(バクテリア培養用).

petrifaction 石化; 化石; 茫然自失.

petrify *v*. 石に化する, 石になる; (驚き・恐怖などで)動けなくする, 動けなくなる, 無感覚にする, 無感覚になる; ぞっとさせる.

petrochemical 石油化学製品.

petrochemistry 石油化学.

petrodollars オイルダラー(産油国が石油の代金として獲得したドル).

petrographer 岩石記載学者, 岩石分類学者.

petrography 岩石記載学, 岩石分類学.

petrol =gasoline.

petroleum 石油.

petrology 岩石学.

petrol station =gas station.

petropolitics 石油戦略.

petrous *a*. 岩の.

petticoat ペチコート, 下スカート; 婦人, 女の子.

petticoat government 婦人の支配, かかあ天下.

pettifog *v*. 屁理屈を言う.

pettifogger 三百代言.

petting ペッティング.

petting party ペッティングパーティー.

pettish *a*. 不機嫌な, すねた.

petty *a*. 小さな, 些細な, つまらない; けちな; 下級の; 心の狭い.

petty cash 小口出入金; 当座用現金.

petty jury 小陪審.

petty larceny 軽窃盗(罪).

phenyl

petty officer (海軍の)下士官.

petulant *a.* 短気な, 怒りっぽい.

petunia *Bot.* ペチュニア, ツクバネアサガオ.

pew (教会の)座席; 席, 椅子.

pewee *Ornith.* アメリカヒタキ.

pewit *Ornith.* タゲリ.

pewter しろめ(すずと鉛の合金); しろめ製器具類.

peyote ペイヨーテ(幻覚剤).

PF power factor. **pfc** private first class.

pfennig ペニヒ(ドイツの通貨単位; 西ドイツでは=$\frac{1}{100}$ (Deutsche) mark, 東ドイツでは=$\frac{1}{100}$ ostmark).

PFLP Popular Front for the Liberation of Palestine パレスチナ解放人民戦線.

PG (<*parental guidance*)*Motion Pictures* 準一般向き映画(子供には親の指導が望ましい).

PG paying guest.

pH (<*potential of Hydrogen*) ピーエイチ, ペーハー(水素イオン指数).

phalanx 方陣; 同志の集まり.

phalarope *Ornith.* ヒレアシシギ.

phallic *a.* ペニスの; *Psychoanal.* 男根期の.

phallicism 男根崇拝.

phallus *Anat.* ペニス; 男根像.

phantasm 幻影, 幻; 幻想.

phantasmagoria 幻影の交錯, 変幻窮まりない光景.

phantasmagoric *a.* 幻のような, 変幻窮まりない.

phantasmal *a.* 幻の; 夢のような, 空想的な.

phantasy *n., v.* =fantasy.

phantom *n.* 幽霊, おばけ; 幻, 幻影; 幻想; 人体模型. — *a.* 幻の; 見せかけの.

Pharaoh ファラオ(古代エジプト王の称号).

Pharisaic *a.* パリサイ人の; [p-] =pharisaical.

pharisaical *a.* 形式主義の, 偽善的な.

Pharisaism パリサイ派(形式を偏重した古

代ユダヤの一宗派); [p-] 形式主義, 偽善.

Pharisee パリサイ人; [p-] 偽善者.

pharmaceutical *a., n.* 調剤の; 薬品.

pharmaceutical chemist 薬剤師.

pharmaceutics (製)薬学.

pharmaceutist 薬剤師.

pharmacist =pharmaceutist.

pharmacology 薬理学.

pharmacopoeia 薬局方.

pharmacy 薬学; 調剤法; 薬屋, 薬局.

pharos 灯台, 航路標識.

pharyngitis *Med.* 咽頭炎.

pharynx *Anat.* 咽頭.

phase *n.* (月の)象; 位相; 様相; 局面. — *v.* 調整する; 段階的に行う. **phase in** 段階的に採用する. **phase out** 段階的に廃止する.

phasedown 段階的縮小.

phase microscope 位相差顕微鏡.

phaseout 段階的廃止.

phasic *a.* 局面の; *Phys.* 位相の.

PhB bachelor of philosophy. **Ph.D.** Doctor of Philosophy (法・医・神学以外の)博士号, 博士.

pheasant *Ornith.* キジ.

phenacetin フェナセチン(解熱鎮痛剤).

Phenicia =Phoenicia.

phenix =phoenix.

phenobarbital フェノバルビタール(催眠剤).

phenol *Chem.* フェノール, 石炭酸.

phenolphthalein *Chem.* フェノールフタレイン(アルカリ性指示薬; 下剤).

phenom すばらしい才能の持ち主.

phenomenal *a.* 現象の; 驚異的な, すばらしい.

phenomenon 現象; 珍しい事物, 珍しい人, 驚異.

phenyl *Chem.* フェニル基.

pheromone *Biochem.* フェロモン.

phew *int.* ふーっ, ひゃあ《不快・驚き・安堵など を表す発声》.

phi フィー《ギリシャ字母の第 21 字; Φ, φ》.

Phi Beta Kappa ファイベータカッパ《成績優 秀な大学生・卒業生の組織》; その会員.

Phil フィル (Philharmonic).

Philadelphia フィラデルフィア《米国 Pennsyl- vania 州の都市》.

Philadelphia lawyer すご腕の弁護士.

philander *v.* 女にじゃれつく.

philanderer 恋をあさる人.

philanthropic *a.* 博愛の, 仁慈の.

philanthropist 博愛家.

philanthropy 博愛.

philatelist 切手収集家.

philately 切手収集.

philharmonic *a.* 音楽愛好の, 好楽の. ━ *n.* 交響楽団.

philharmonic pitch *Mus.* 演奏会用 標準調子.

philhellene ギリシャ愛好者.

philhellenic *a.* ギリシャびいきの.

philhellenism ギリシャびいき.

philippic 激しい攻撃演説.

Philippine Islands フィリピン諸島《アジア 南西部の群島》.

Philippines フィリピン《Philippine 諸島より なる共和国》.

Philistine *n.* ペリシテ人《往時イスラエル人の 敵》; 教養のない人, 俗物. ━ *a.* 教養の ない.

philistinism 俗物根性, 凡俗, 俗流.

philological *a.* 言語学(上)の.

philologist 言語学者.

philology 文献学; 言語学.

philosopher 哲学者; 賢人; 冷静な人, 達観者.

philosophers' stone 賢者の石《錬金

術師が求めた卑金属を金に化する石》.

philosophic(al) *a.* 哲学の, 哲学的な; 冷 静な, 賢明な.

philosophize *v.* 哲学する, 思索する; 理論 を組み立てる.

philosophy 哲学; 哲理; 理論, 人生観; 悟り, 知恵.

philter, philtre 惚れ薬.

phimosis *Med.* 包茎.

phlebitis *Med.* 静脈炎.

phlegm 痰; 粘液; 遅鈍; 冷静, 冷淡.

phlegmatic *a.* 粘液質の, 遅鈍な, 冷静な, 冷淡な.

phlox *Bot.* フロックス.

phobia 恐怖症.

phocomelia *Med.* あざらし状奇形.

phoebe *Ornith.* ヒタキの類の小鳥.

Phoebe *Gk Myth.* フォイベー《月の女神として の Artemis の名》; 月.

Phoebus *Gk Myth.* フォイボス《太陽神として の Apollo》; 太陽.

Phoenicia フェニキア《シリア沿岸の都市国家》.

Phoenician *a., n.* フェニキア(の); フェニキア人 (の), フェニキア語(の).

phoenix *Egypt. Myth.* 不死鳥, フェニックス.

　　Chinese phoenix 鳳凰.

phon ホン《音の強さの単位》.

phonate *v.* 発音する.

phonation 発声.

phone[1] *n., v.* 電話(をかける).

phone[2] *Phonet.* 単音.

phone booth 電話ボックス.

phonecard テレホンカード.

phone freak *n., v.* 電話を無料でかけられる ように改造する(者).

phone-in *a., n.* Radio, TV (電話による)視 聴者参加の(番組).

phonematic, phonemic *a.* 音素(論)の.

phoneme 音素《意味を区別する最小単位》.

phonemics 音素論.

phonetic *a.* 音声の, 発音上の.

phonetician 音声学者.

phonetic notation 音標表記法.

phonetics 音声学, 発音学.

phonetic sign 音声記号.

phonetic transcription 音声表記.

phonic *a.* 音の, 音声の.

phonics 初歩発音学.

phonogram 表音文字.

phonograph 蓄音機.

phonography 表音式綴字法, 表音式速記法.

phonological *a.* 音韻論の.

phonologist 音韻学者, 音声学者.

phonology 音韻論.

phon(e)y *a.* 偽りの, 偽の, いんちきな. — *n.* 偽物, いんちきな人.

phooey *int.* ちえっ《軽蔑・嫌悪などを表す》.

phosgene *Chem.* フォスゲン《酸化クロール炭素; 毒ガス用》.

phosphate 燐酸塩; 燐酸肥料.

Phosphor *Gk Myth.* フォスフォロス《明けの明星の擬人》; 明けの明星.

phosphorescence 燐光.

phosphorescent *a.* 燐光を発する.

phosphoric *a.* 燐の, 燐から得た.

phosphoric acid *Chem.* 燐酸.

phosphorite 燐灰石.

phosphorous *a.* 燐の, 燐を含んだ.

phosphorus *Chem.* 燐.

phot フォト《照度の単位》.

photo *n., v.* 写真(を撮る).

photocell *Phys.* 光電セル.

photochemical *a.* 光化学の.

photochemical smog 光化学スモッグ.

photochemistry 光化学.

photocompose *v.* 写真植字にする.

photocomposition 写植.

photocopy *n., v.* 写真複写(する).

photoelectric *a.* 光電子の.

photoelectric cell 光電池.

photoengraving 写真凸版(画).

photo finish 写真判定決勝; 大接戦.

photoflash (lamp) = flash bulb.

photoflood 写真用溢光灯.

photog 写真家.

photogenic *a.* 撮影に適した, 写真向きの, 写真写りのいい.

photograph *n., v.* 写真(に撮る).

photographer 写真家.

photographic *a.* 写真の; 写真のような.

photography 写真術.

photogravure *n., v.* グラビア印刷(にする).

photolithography 写真石版術.

photomap (航空写真を継ぎ合わせた)写真地図.

photometer 測光器, 光度計.

photometric *a.* 光度計の.

photometry 光度測定(法).

photomicrograph 顕微鏡写真.

photomontage モンタージュ写真.

photomural 壁面写真《広告・装飾用》.

photon *Phys.* 光子.

photophobia *Med.* 羞明, まぶしがり(症).

photoplay 劇映画.

photosensitize *v.* 感光させる.

photostat *Trademark* フォトスタット《感光紙に直接写し取る複写写真機》.

photosynthesis *Chem.* 光合成.

phototelegraph 電送写真.

phototelegraphy 写真電送術.

phrasal *a.* 句の.

phrasal verb *Gram.* 句動詞.

phrase *n.* 句, 成句; 言葉づかい. — *v.* 言い表す.

phrase book (旅行者用)外国語慣用句集, 会話表現集.

phraseogram (速記で)句を表す記号.

phraseological *a.* 語法上の, 言葉づかいの.

phraseology 言い回し, 言葉づかい.

phrasing 語法; *Mus.* (楽句)句切り法.

phrenetic *a.* 発狂した; 熱狂的な.

phrenic *a. Anat.* 横隔膜の.

phrenologist 骨相学者.

phrenology 骨相学.

Phrygia フリギア《小アジア中西部の古王国》.

Phrygian *a., n.* フリギア(人)の; フリギア人, フリギア語.

PHS Public Health Service (米国の)公衆衛生局.

phthalein *Chem.* フタレイン.

phthalic acid *Chem.* フタル酸.

phthisis 肺結核.

phut ぽん(という音). **go phut** だめになる, 失敗する.

phylogeny 系統発生.

phylum *Biol.* (分類学上の)門.

physic *n.* 医薬, 下剤. — *v.* 薬を与えて治療する; 下剤を用いる.

physical *a.* 肉体の; 物質の; 自然の; 物理学の; 荒々しい.

physical education 体育.

physical examination 身体検査.

physical geography 自然地理学, 地文学.

physically *ad.* 身体上; 肉体的に; 物質的に; 物理的に.

physical medicine 物療(医)学.

physical science 自然科学; 物理学.

physical therapy 物理療法, 理学療法.

physician 医者.

physicist 物理学者.

physics 物理学.

physiognomic *a.* 人相(学)上の.

physiognomist 観相家.

physiognomy 人相学; 人相; 顔; 地形, 地相.

physiographer 地文学者.

physiography 自然地理学, 地文学.

physiologic(al) *a.* 生理学(上)の.

physiological saline *Biochem.* 生理的食塩水.

physiologist 生理学者.

physiology 生理学; 生理, 機能.

physiotherapy 物理療法, 理学療法.

physique 体格.

phytophagous *a. Zool.* 植食性の.

pi[1] パイ《ギリシャ字母の第 16 字; *Π, π*》; *Math.* 円周率.

pi[2] 乱雑にされた活字.

pi[3] *a.* =pious.

PI Philippine Islands.

pia mater (L) *Anat.* 軟膜.

pianissimo (It) *ad. Mus.* 極めて弱く.

pianist ピアニスト.

piano[1] (It) *ad. Mus.* 弱く.

piano[2] ピアノ.

pianoforte =piano[2].

Pianola *Trademark* ピアノラ《自動ピアノ》.

piano wire ピアノ線.

piaster, piastre ピアストル《エジプト・シリアなどの通貨単位; =$^1/_{100}$ pound》.

piazza (It) (イタリア都市の)広場; 辻; =veranda.

pibroch ピーブロック《スコットランドの風笛音楽》.

pica パイカ《1 インチに 10 字の大きさの活字》.

picador ピカドール《闘牛の突き手》.

picaresque *a.* (小説など)悪漢を題材とした.

pic(k)aroon 悪漢, 海賊; 海賊船.

Picasso ピカソ. **Pablo Picasso** (1881–

1973) スペイン生まれのフランスの画家・彫刻家.

picayune *n., a.* 小銭；つまらない(人)，つまらない物.

Piccadilly ピカデリー《London の繁華街の大通り》.

Piccadilly Circus ピカデリー広場.

piccalilli ピカリリ《香辛料のきいた野菜のピクルス》.

piccolo ピッコロ；ペニス.

pice パイス銅貨.

pick *v.* つつく，突く，掘る；(歯・耳・鼻を)ほじる；(錠を)こじあける；(果実・花などを)もぐ，摘む，(鳥の羽を)むしる；抜く，抜き取る，引っ張る；選ぶ，選び取る；(羊毛・麻などを)むしる，ほぐす；(欠点などを)捜す；(けんかを)吹っかける；(弦楽器を)指ではじく. **pick at** つつく，ついばむ；あら捜しをする. **pick off** 一人ずつ狙い打つ；むしり取る. **pick on** いじめる，悩ます. **pick out** 選ぶ；見分ける，(文章の意味などを)了解する；引き立たせる；聞き覚えで演奏する. **pick over** よく調べる. **pick up** 拾う；(偶然)得る；(生計を)どうやら立てて行く；自然に覚える；偶然知り合いになる；途中で乗せてやる；(他局の放送を)聴取する；スピードを増す；(元気などを)取り戻す；(徐々に)よくなる；逮捕する；再開する. ── *n.* つるはし；つまようじ；(弦楽器の)ピック，ばち；選択；最良品，最良部分，えり抜き.

pickaback *a., ad., v.* ＝piggyback.

pickaninny 黒人の子供.

pickax(e) つるはし.

pickerel *Ichthy.* 小カマス.

picket *n.* 棒杭；監視兵，番兵；(争議の)監視員，ピケ. ── *v.* 杭で囲う，杭につなぐ；番兵を置く，番兵に立つ；(争議中)監視員を置く，ピケを張る.

picket line *Mil.* 前哨線；ピケ(ライン).

pickings かき集め；盗品.

pickle *n.* (魚類・野菜などを漬ける)漬け汁《塩水・酢など》；[*pl.*] 漬け物，酢漬け，塩漬け，ピクルス；困った状況；いたずらっ子. ── *v.* (酢・塩水に)漬ける.

pickled *a.* 漬け物の；酔っ払った.

picklock 錠前開けの道具；泥棒.

pick-me-up (気付けの)飲料；尻軽女，売春婦.

pickpocket すり.

pickup (レコードプレーヤーの)ピックアップ；加速度；ふとした知り合い《特に女》；(球戯で)ピックアップ《ショートバウンドの球を拾う，あるいは打つこと》；(車の)ただ乗り；無蓋小型トラック.

Pickwickian *a.* 善良で寛容な.

picky *a.* 気難しい.

picnic *n.* ピクニック，野外での食事；楽しいもの，楽なもの. ── *v.* ピクニックに行く，野外の食事の集まりを催す.

picot (F) *n., v.* ピコ《へり付きレース》(をつける).

picotee 覆輪花《チューリップ・カーネーションなどで縁が色変わりしている花》.

picric acid *Chem.* ピクリン酸.

Pict ピクト人《古代スコットランドの民族》.

pictograph 絵文字，象形文字.

pictography 絵文字記述法，象形文字記述法.

pictorial *a., n.* 絵の；絵入りの；絵入り新聞，絵入り雑誌.

picture *n.* 絵，絵画，肖像，写真；(写実的)描写；典型，化身，像，[*pl.*] 映画；とてもきれいな人，とてもきれいな物. ── *v.* 描く，描写する；心に描く (to oneself).

picture book (子供の)絵本.

picture card (トランプの)絵札；絵葉書.

picture gallery 画廊，美術館.

picture hat つば広の婦人帽.

picture house [palace] 映画館.

Picturephone *Trademark* ピクチャーホン《テレビ電話》.

picture puzzle はめ絵.

picturesque *a.* 絵のように美しい.

picture tube (テレビの)ブラウン管.

picture window ピクチャーウィンドー《1枚ガラスのはめ殺し窓》.

picture writing (事件などの)絵画記録(法).

picturize v. 映画化する.

piddle v. ぶらぶら過ごす (*away*); おしっこをする.

piddling a. つまらない, ばからしい.

pidgin 仕事.

pidgin English (中国の)通商英語; 混成共通語.

pie[1] パイ; とても簡単なもの. **pie in the sky** (当てにならない)先の楽しみ.

pie[2] *Ornith.* カササギ.

piebald a., n. 白黒ぶちの(馬).

piece n. 一片, 一つ; かけら, 破片; (織物)一反, 一匹; (作品)一編, 一曲, 一幅; (鉄砲・大砲)一丁, 一門; (チェスのこま); 女性器, 性交; 少女, 女. **in [to] pieces** 切れ切れに, ばらばらに. **of a piece** 同一の, 一致した (*with*). **piece of ass** 性交, 女. **a piece of cake** 簡単なもの. **take to pieces** ばらばらにする. **tear of a piece** (女 と)性交する. — v. 継ぎ合わせる (*together, out, up*).

piece goods 反物.

piecemeal ad., a. 切れ切れに, 少しずつ; 断片的な.

piecework (出来高払いの)賃仕事.

piecrust パイの皮.

pied a. ぶちの; 染め分けの.

pie-eyed a. 酔った.

pier 桟橋, 遊歩桟橋; 防波堤; アーチの支柱, 橋脚; 窓間壁.

pierage 桟橋使用料.

pierce v. 貫く, 突き抜く; 刺す, 穴をあける; 身にしみる; (悲鳴などが静寂を)つんざく; 深く感動させる.

pierced a. (飾り)穴のある; 耳たぶに (イヤリング用の)穴をあけた.

pier glass 姿見.

Pierrot (F) ピエロ《フランス黙劇の人物》; [p-] 道化服を着て流行歌などを歌う芸人.

Pietà (It) ピエタ《悲しみのマリア像》.

Pietism (17世紀ドイツに起こった)敬虔主義; [p-] 信心ぶり.

Pietist 敬虔主義者; [p-] 信心ぶる人.

pietistic a. 敬虔な.

piety 敬神, 信心.

piezoelectricity *Elec.* ピエゾ電気, 圧電気.

piffle n., v. たわごと(を言う).

piffling a. くだらない.

pig n. 豚, 子豚; 豚肉; 金属塊; 薄汚い人, 食いしん坊, 頑固者, 無作法者; 欲張り屋; おまわり. **buy a pig in a poke** 衝動買いをする. **make a pig of oneself** 大食する, がぶ飲みする. **Pigs might fly.** まさか. — v. (豚が)子を生む; [~ it として] 豚同様の生活をする; がつがつ食べる.

pigboat 潜水艦.

pigeon ハト; だまされやすい人.

pigeon-breasted a. 鳩胸の.

pigeonhearted a. 臆病な, おとなしい.

pigeonhole n., v. (机・棚などの)書類整理仕切り; (書類を) pigeonhole に入れる, pigeonhole に入れて整理する; うっちゃって置く, 握り潰す.

pigeon-toed a. 内股の.

piggery 豚小屋.

piggish a. 豚のような; 欲深い; 汚い.

piggy n. (子)豚. — a. (子供が)もっと食べたがる.

piggyback a., ad. 背負っての, おぶさって; (宇宙船などが)ピギーバック方式の, ピギーバック方式で; 主たるコマーシャルと抱き合わせの, 主たるコマーシャルと抱き合わせで; 追加の, 追加で. — v. 便乗させる, おんぶする.

piggy bank 子豚形貯金箱.

pig-headed a. 強情な.

pig iron 銑鉄.

Pig Latin ピグラテン《語の最初の子音を後ろに移して -ay をつける子供の遊び》.

pigment 絵の具; 色素.

pigmentary *a.* 色素の.

pigmentation 着色, 染色.

pigmy =pygmy.

pignut クルミの類; 南京豆.

pigpen 豚小屋.

pigskin 豚の皮; 鞍; フットボールの球.

pigsty =pigpen.

pigtail お下げ髪.

pigwash 豚にやる残飯.

pike¹ *n., v.* 矛(で刺す), 矛で殺す; (昔の)槍.

pike² *Ichthy.* カワカマス.

pike³ 有料(高速)道路; 料金所.

piker けちな賭博者; けちん坊.

pikestaff 槍の柄. (as) plain as a pike-staff 極めて明白で.

pilaf(f) ピラフ, 炒めご飯.

pilaster ピラスター《壁から張り出した柱》.

pilchard *Ichthy.* サーディン《イワシの一種》.

pile¹ *n.* 積み重ね(積み上げた)山; たくさん, 多量 (*of*); 大金; 大建築(群); 原子炉. — *v.* 積み重ねる; どやどやと入る, どやどやと出る (*in, out*). **pile it on** 誇張する.

pile² *n., v.* 杭(を打ち込む).

pile³ (ビロードなどの)けば; 綿毛.

pile driver 杭打ち機; 強烈な一撃.

piles *Med.* 痔(疾).

pileup (車などの)玉突き衝突.

pilfer *v.* こそこそ盗む, ちょろまかす.

pilgrim 巡礼者; [P-] Pilgrim Fathers の一人.

pilgrimage *n., v.* 巡礼(する); 長旅.

Pilgrim Fathers ピルグリムファーザーズ《1620年英国から北米に移住した清教徒団》.

Pilipino ピリピーノ語《フィリピンの公用語》.

pill *n.* 丸薬; (玉突きの)球; 不愉快な人, 不愉快な物; [the ~, the P-] ピル, 経口避妊薬.

sugar [gild] the pill 嫌なものを見かけよくする. — *v.* 丸薬にする; 反対投票をする, 排斥する.

pillage *n., v.* 略奪(する).

pillar 柱; 柱石.

pillar-box (円柱形の)郵便ポスト.

pillbox 丸薬入れ; 縁なし婦人帽; トーチカ《機関銃を備えた小要塞》.

pillion (オートバイなどの)後部座席; (馬に同乗する婦人用の)添え鞍.

pillory *n., v.* (頭と手を板にはさむ)さらし台; 汚名, 物笑い; さらし者にする; 笑い物にする.

pillow *n., v.* 枕(にのせる).

pillowcase, pillow slip 枕カバー.

pilot *n.* 水先案内人; (飛行機・宇宙船の)操縦士, パイロット; 指導者. — *v.* 水先案内をする; 指導する; (飛行機を)操縦する. — *a.* 試験的な.

pilotage 水先案内(料金); (飛行機の)操縦.

pilot balloon (風の方向を見る)探測気球.

pilot burner (ガスの)点火用口火.

pilot engine 先駆機関車.

pilot film 番組見本フィルム.

pilot fish *Ichthy.* ブリモドキ.

piloti *Arch.* ピロティー.

pilot lamp 表示灯, パイロットランプ.

pilotless *a.* 自動操縦の.

pilot light =pilot burner, pilot lamp.

pilot number (電話の)代表番号.

pilot officer 空軍少尉.

pilot plant 試験工場.

pilot scheme (計画などの)予備テスト.

pil(l)ular *a.* 丸薬(状)の.

pil(l)ule 小丸薬.

pim(i)ento *Bot.* ピメント《ヨーロッパ産のアマトウガラシ》.

pi-meson *Phys.* パイ中間子.

pimp *n., v.* 売春斡旋業者; 売春を幹

旋する.

pimpernel *Bot.* (ベニバナ)ルリハコベ.

pimple にきび.

pimpled *a.* にきびのある.

pin *n.* ピン, 留め針; 飾りピン, 襟留め; 釘; かんぬき; (バイオリンなどの)糸巻き; *Bowling* ピン; *Golf* ホールを示す旗ざお; [*pl.*] 脚; [*not a* ~] 少しも…ない. **pins and needles** しびれ. **on pins (and needles)** ひどく不安で, やきもきして. —*v.* ピンで留める; 押さえつける (*down*); 拘束する; 守らせる (*down*).

pinafore (胸当て付きの)エプロン.

pinball ピンボール遊戯.

pince-nez (F) 鼻眼鏡.

pincers やっとこ, 釘抜き; (カニなどの) 鋏.

pinch *v.* (指などで)つねる, つまむ; 摘む, 摘み取る (*out*); (靴が)きつい, かむ; 制限する, 切り詰める; やせさせる, やつれさせる, 困らせる (*for*); 盗む; 逮捕する. —*n.* つねり; ひとつまみ; 圧迫, 苦しみ, 困難; 危機. **in [at] a pinch** 切羽詰まって, 切羽詰まれば.

pinchbeck *n.* ピンチベック《銅と亜鉛の合金で人造金》; にせ物, 安ぴかもの. —*a.* ピンチベック製の; 安ぴかの.

pinch-hit *v.* *Baseball* ピンチヒッターに立つ, 代打に立つ; 代役をする.

pinch hitter *Baseball* ピンチヒッター, 代打; 代役.

pinch runner *Baseball* ピンチランナー, 代走者.

pin curl ピン・カール《ピンで留める巻き毛》.

pincushion 針刺し.

pine[1] *v.* 熱望する, 焦がれる (*for, after*); やつれる (*away*).

pine[2] *Bot.* マツ.

pineal body [gland] *Anat.* (脳の) 松果腺.

pineapple *Bot.* パイナップル.

pinecone 松笠.

pine needles 松葉.

pinery 松林; パイナップル栽培園.

piney *a.* 松の(茂った).

pinfeather (鳥の)うぶ毛.

ping *n., v.* ぴゅー(と音がする).

ping-pong *v.* (行ったり来たり)移動する.

Ping-Pong *Trademark* ピンポン.

pinhead ピンの頭; 大ばかもの.

pinhole ピンで突いた穴, 針穴.

pinion[1] *n.* (鳥の)風切り羽; 翼. —*v.* (飛べないように)風切り羽を切る; 人の両腕を胴体にくくりつける; 縛る.

pinion[2] (大きな歯車にかみ合う) 小歯車.

pink[1] *v.* 刺す, 突く.

pink[2] *n., a. Bot.* ナデシコ, セキチク; ピンク色, 薄桃色(の); 極致, 頂上; 左翼的な(人). **in the pink** とても健康で.

pink-collar *a.* (職業が)女性向きの.

pink elephants (酒や麻薬による)幻覚.

pinkeye *Med.* はやり目.

pink gin ピンクジン《ジンにビターズを混ぜた飲み物》.

pinkie, pinky 小指.

pinking shears ピンキング鋏《布などをジグザグ形に切る鋏》.

pinkish *a.* 桃色がかった.

pink lady ピンクレディー《カクテルの一種》.

pinko 左翼的な人.

pink slip 解雇通知.

pink-slip *v.* 解雇する.

pin money 小遣い銭.

pinna 羽, ひれ; 耳翼.

pinnace 艦載ボート.

pinnacle *n.* 小尖塔; 高峰, 極点. —*v.* 尖塔を付ける; 高所に置く.

pinnate *a.* (葉が)羽状の.

pinner, pinny =pinafore.

pinochle ピノクル《花札に似たトランプゲームの一種》.

pinpoint n. ピンの先；少量． — a. 正確な． — v. 正確爆撃する；目立たせる．

pinprick ちくちく刺すこと；小うるさいこと．

pinsetter *Bowling* ピンセッター《ピンを配置する装置》．

pinstripe (服地の中の)細い縦縞．

pint パイント《=¹/₈ gallon》．

pinta 1 パイントの牛乳．

pinto n., a. まだら馬；まだらの．

pint-size(d) a. 小さい．

pinup (壁にピンで留める)美人写真，ピンナップ；ピンナップ美人．

pinup girl ピンナップガール(の写真)．

pinwheel 回転花火．

pinworm 蟯虫．

piny a. 松の(茂った)．

Pinyin ピンイン《中国語のローマ字による表音表記》．

pioneer n. 開拓者，先駆者；先発工兵；[P-] ピオニール《ソ連の 16 歳以下の少年団員》． — v. 道を開く，先駆する．

pious a. 信心深い．

pip[1] (ナシ・ミカンなどの)種；(トランプやさいころの)点，星；(ラジオ時報の)ぴっという音；(軍人の)星章 ；すばらしい物．

pip[2] n. 家禽の舌病；軽い病気，不機嫌，意気消沈． — v. (試験に)失敗させる，失敗する；排斥する；消沈させる，消沈する；死ぬ (out)．

pipal *Bot.* インドボダイジュ．

pipe n. 管，導管；パイプ，きせる；(たばこ)一服；笛，管楽器；[pl.] =bagpipe；(鳥や子供の)ぴーぴーいう声；(ぶどう酒の)大樽；たやすい仕事；メモ，電話．**pipe of peace** (アメリカインディアンが吸い合う)平和のきせる． — v. 笛を吹く；(鳥が)鳴く；ぴーぴー声で言う．**pipe down** 静かにさせる，黙る．**pipe up** かん高い声でしゃべり始める，かん高い声で歌い始める．

pipe clay 白色粘土．

pipe-clay v. 白色粘土で白くする．

pipe cleaner パイプクリーナー《たばこパイプの掃除具》．

pipe dream 空想，大風呂敷．

pipeful (たばこの)一服．

pipeline 油送管，パイプライン；(物資・情報の)流れる道，ルート．

pipe organ パイプオルガン．

piper 笛吹き；=bagpiper．**pay the piper** 費用を受け持つ，責任を負う．

pipe rack パイプ立て．

pipette ピペット．

piping n. 管；笛の音，きーきーいう声． — a. きーきーいう；しゅうしゅう煮える．**piping hot** しゅうしゅう煮立つ．

pipit *Ornith.* タヒバリ．

pippin リンゴの一品種《料理用》．

pip-squeak 成り上がり者；つまらないもの．

piquant a. ぴりっとする；気のきいた，きびきびした；(皮肉などが)鋭い．

pique n. 気を悪くすること，憤慨． — v. 感情を害する；(好奇心などを)そそる．

piqué, pique (F) ピケ《うね織り綿布》．

piquet (F) ピケット《二人でするトランプ遊び》．

piracy 海賊行為；著作権侵害．

piranha *Ichthy.* ピラニア．

pirate n. 海賊；著作権侵害者． — v. 海賊を働く；著作権を侵す．

piroshki ピロシキ．

pirouette n., v. つまさき旋回(する)．

Pisa ピサ《イタリア中部の都市》．

piscary *Law* (他人の漁区内の)漁業権．

piscatorial, piscatory a. 漁業の．

Pisces *Astron., Astrol.* 魚座(生まれの人)，双魚宮．

pisciculture 養魚(法)．

pish int. へん，ふん．

piss n., v. 小便(する)．

pistachio *Bot.* ピスタチオの木《南欧・小アジ

ア産)); ピスタチオ《その実》.

pistil Bot. 雌蕊.

pistol n., v. ピストル(で撃つ).

pistol grip (銃床の)握り; ピストル型の握り.

pistol-whip v. ピストルでたたく.

piston ピストン.

piston ring ピストンリング.

piston rod ピストン棒.

pit¹ n. 穴; 落とし穴; 鉱山, 炭坑, (鉱山の)立て坑; (劇場の)後部一階席(の観客), オーケストラボックス; 身体のくぼんだ所; あばた; [the ～] 地獄; [the ～s] 最悪; [the ～s] ピット《自動車レースでコースわきの給油・修繕のための場所》. **pit of the stomach** みぞおち.
—— v. 穴を掘る, 穴をあける; 対抗させる, 取り組ませる (against).

pit² n., v. (桃などの)種(を取る).

pit-a-pat ad. ぱたぱたと, どきどきと.

pitch¹ n., v. ピッチ(を塗る).

pitch² v. 投げる; (船・航空機が)縦に揺れる; (テントを張る, 野営する; 調子を合わせる. **pitch in** 熱心にやる. **pitch into** 激しく打ってかかる; ひどく叱る. **pitch upon**...を選ぶ, に決める.
—— n. 高さ, 度合い, 強さ; 傾斜度, 勾配; (音の高低の)調子; (船・航空機の)縦揺れ; 投球, ピッチング.

pitch-and-toss 投げ銭遊び.

pitch-black a. 真っ黒な.

pitchblende Mineral. 瀝青ウラン鉱.

pitch-dark a. 真っ暗な.

pitched battle 堂々たる対戦.

pitcher¹ (球戯の)投手, ピッチャー.

pitcher² 水差し.

pitcher plant Bot. ウツボカズラ.

pitchfork n. 干し草用長柄の熊手; 音叉.
—— v. かき上げる, 急に押し込む.

pitching Baseball 投球(法), ピッチング; (船・航空機の)縦揺れ, ピッチング.

pitchman 大道商人; (ラジオ・テレビで)商品を宣伝する人.

pitchout Baseball (盗塁を防ぐための)ピッチアウト.

pitch pipe 調子笛.

pitchstone 瀝青岩.

pitchwoman (テレビなどで)商品の宣伝をする女性.

pitchy a. ピッチの(ような), 黒い, 暗い.

piteous a. 哀れな, いたましい.

pitfall 落とし穴.

pith n. (木や草の)髄; 最重要部分; 精髄; 気力, 精力. —— v. 脊髄を取り去る, 木髄を取り去る.

pithecanthropus 猿人, ピテカントロプス《原始人類》.

pithily ad. 力強く; 簡潔に.

pithless a. 髄のない; 力の弱い.

pithy a. 髄の(ような), 髄のある; 簡潔な.

pitiable a. 哀れな; 情けない.

pitier 哀れむ人.

pitiful a. 同情深い; 気の毒な, 情けない, あさましい.

pitiless a. 無慈悲な.

pitman 坑内夫.

piton Mountaineering ハーケン, ピトン.

pit stop ピットに停車すること; 途中停車(地).

pittance わずかの金銭, わずかの支給.

pitter-patter n., ad. ぱらぱら(と), ぱたぱた(と).

Pittsburgh ピッツバーグ《米国 Pennsylvania 州の都市》.

pituitary a. Anat. 下垂体の.

pituitary body [gland] 脳下垂体.

pity n. 哀れみ, 同情; 残念, 遺憾な事, 気の毒. **for pity's sake** 哀れと思って, どうぞ. **have [take] pity on** 哀れむ. **It is a pity [a thousand pities] that** ... とは気の毒な, ...とは遺憾千万. **What a pity !** かわいそうに.

— v. 哀れと思う, 同情する.

pityingly ad. 哀れと思って, 同情して.

pivot n. 軸, 旋回軸, (扇の)要; 中心, 要点. — v. 軸で回る; …に掛かる(upon).

pixie, pixy n. (小)妖精.

pixilated a. とぼけた, 風変わりな.

pizza ピッツァ, ピザ(パイ).

pizzicato (It) a., ad., n. Mus. ピッチカート(の曲), 爪弾き(の), 爪弾きで.

pj's パジャマ.

placable a. なだめやすい, 寛容な, おとなしい.

placard n. 貼り札, ビラ, ポスター, プラカード. — v. ビラを貼る, ビラで広告する, ビラで宣伝する.

placate v. なだめる.

placatory a. なだめる.

place n. 所, 場所; 住所, 邸宅; 位置, 座席; 持ち場; 地位, 身分; 職, 仕事; 立場, 境遇; 余地; 順序, 順位; Math. 桁位. **from place to place** 所々, 方々に. **give place to** …に地位を譲る, 代わられる. **in place** 正しい位置に, 所を得て. **in place of** …の代わりに. **in the first place** まず第一に. **know one's place** 身のほどを知る. **out of place** 所を得ないで; 不適当で. **place in the sun** (誰にも劣らない)恵まれた地位. **take one's place** 着席する. **take place** 起こる; 催される. **take the place of** …の代理をする, に代わる. — v. 置く, 据える; (任務に)つかせる, 任命する; 投資する; (注文・契約などを)与える; 所在を突き止める, 場所を突き止める, (どういう人かを)知る; 電話をかける.

place bet Horse Racing 複勝式の賭け.

placebo 気休め薬.

place card (宴会などの)座席札.

place hitter Baseball 狙った方向に打てる打者, プレースヒッター.

placekick n., v. Rugby プレースキック(する).

place mat 食卓用マット.

placement n. 布置, 配置; (職業安定所の求職人の)割り当て, 職業紹介; Tennis プレースメント《相手が打ち返せないような場所へのショット》.

place-name 地名.

placenta Anat. 胎盤.

placer 砂鉱.

placer mining 砂鉱採鉱.

place setting (食卓に並べる)一人分の食器セット.

placid a. 静かな, 落ち着いた, 平静な; (人が)鈍重な.

placket (スカートの)わきあき.

plafond (F) Arch. 飾り天井.

plagiarism, plagiary 剽窃.

plagiarist 剽窃者.

plagiarize v. (考案・思想・文章などを)盗用する, 剽窃する.

plague n. 疫病; [the ～] ペスト; (有害動物の)異常大発生, 大襲来; 天罰, 天災, 災難; 困り物, 厄介な人. — v. 悩ます, 苦しめる.

plaguesome a. うるさい.

plaguey, plaguy a. 厄介な, うるさい, しゃくにさわる. — ad. =plaguily.

plaguily ad. うるさく, ひどく.

plaice Ichthy. カレイ.

plaid (スコットランド高地人が肩から掛ける)格子縞ラシャ地の外衣; 格子縞ラシャ地.

plain a. 平らな; 明白な, 平易な; 単純な; 率直な; 無地の, 飾りのない; (食物など)あっさりした; 質素な; 不器量な. — ad. =plainly. — n. 平野.

plainchant 単旋律聖歌.

plain chocolate ミルクの入らないチョコレート.

plainclothes a. (警官が)私服の.

plain clothes 平服, 私服.

plainclothesman 私服刑事.

plain dealing n., a. 率直(な).

plainly *ad.* 明白に, はっきりと, 平易に; 率直に; 質素に.

plain sailing 円滑な進行, すらすらと行く運び.

plainsman 平原の住民, 平原人.

plainsong (無伴奏の)単旋律聖歌.

plainspoken *a.* 率直な.

plaint 告訴; 嘆き.

plaintiff 原告.

plaintive *a.* 悲しげな, 哀れな.

plait *n.* 組み紐, さなだ紐; 麦藁さなだ, 経木さなだ, 編み下げ; ひだ. — *v.* (麦藁・髪の毛などを)編む; ひだを取る.

plan *n.* 計画, 考案, プラン; 方法; 設計図, 平面図, (都市などの)地図. — *v.* 設計する; 計画する, 準備する (*out*); (…する)つもりでいる (*to do*).

planchette プランセット, 占い板.

plane[1] (**tree**) *Bot.* プラタナス, スズカケノキ.

plane[2] *n.* 平面, 面; 水準; (飛行機の)翼板, かんな; 飛行機. — *a.* 水平の, 平面の. — *v.* かんなで削る; 平らにする; 飛行機で旅行する; (水上機など)滑水する.

plane geometry 平面幾何学.

planeside *n., a.* 飛行機のそば(ての).

planet 惑星.

planetarium 天象儀; プラネタリウム.

planetoid 小惑星.

plangent *a.* 鳴り響く, 騒がしい.

planimeter 測面機, プラニメーター.

planimetric *a.* プラニメーターの; 平面図の.

planish *v.* (金属を)打って平らにする.

planisphere 星座早見表.

plank *n.* 厚板; (政綱の)項目. — *v.* 板を張る. **plank down** (金を)払う; 荒っぽく下に置く.

planking 板張り; 板.

plankton プランクトン《浮遊生物》.

plano-concave *a.* (レンズが)平凹の.

plano-convex *a.* (レンズが)平凸の.

plant *n.* 植物; 草木; (工場などの)設備, プラント; 工場; 策略, わな; ごまかし, 偽造; 回し者. — *v.* 植える, 蒔く; (思想などを)植え付ける; 植民する; 立てる, 据える, さしこむ (*on*, *in*); 打つ, 刺す; 見殺しにする; (盗品を)隠す; たくらむ. **plant out** 間隔を置いて植える.

Plantagenet *a.* プランタジネット家の. **the House of Plantagenet** プランタジネット家《英国の王家 (1154–1485)》.

plantain[1] *Bot.* オオバコ.

plantain[2] 大バナナ《料理用》.

plantation 栽培場, (熱帯の)大農園; 植林(地).

planter 栽培者, 農園主; 植え付け人; 種蒔き器; プランター《屋内植物栽培容器》.

plantigrade *a.* 足裏を地につけて歩く, 蹠行の.

plant kingdom 植物界.

plant louse *Entom.* アリマキ.

plant pathology 植物病理学.

plaque (金属・陶製などの)飾り額, プラック; (ブラック状の)ブローチ《名誉の標示》; 歯垢, プラーク.

plash *v., n.* (水が)ざぶざぶいう(音), 水溜り.

plashy *a.* 水溜りの多い; ざぶざぶいう.

plasm =plasma.

plasma *Anat.* 血漿; *Biol.* 原形質; *Phys.* プラズマ.

plasmid プラスミド《染色体とは独立に増殖する遺伝因子》.

plaster *n.* しっくい; 膏薬. **plaster of Paris** 焼き石膏. — *v.* しっくいを塗る; 膏薬をはる; こてこて塗る.

plasterboard 石膏板.

plaster cast 石膏像.

plastered *a.* 酔っ払った.

plasterer 左官.

plastering しっくい塗り, しっくい工事, しっくい

のひと塗り; 大敗北.

plastery *a.* しっくいのような.

plastic *a.* 造形的な; 彫塑的な; 自由な形になる, 柔軟な; 感受性の強い; プラスチック(製)の, ビニール(製)の; 人工の, 不自然な; いつわりの; *Surg.* 形成の. — *n.* [しばしば *pl.*] プラスチック, 合成樹脂; ビニール.

plastic art 造形芸術.

plastic bomb プラスチック爆弾.

plasticity 可塑性, 柔軟性.

plasticize *v.* 成形的にする.

plastic money クレジットカード.

plastic operation 形成手術.

plastic surgery 形成外科.

plastron 胸飾り; 革の胸当て《フェンシング用》.

plat (仕切った)地面; (土地の)図面, 地図.

platan =plane¹.

plate *n.* 皿; 金銀製食器類; (教会の)献金皿; (競馬の)賞杯; (姓名・碑銘などを彫った)金属板, 標札; ナンバープレート; 薄い板金; ガラス板; 電気版, 鉛版; 別刷り挿絵, 別刷り図版, 別丁; (写真の)感光板; (野球の)本塁, ピッチャープレート; *Dent.* 義歯床; (牛の)ばら肉; いかす女; *Geol.* 殻板, プレート. — *v.* (金・銀などを)被せる, めっきする; (鉄板などを)張る; オーラルセックスをする.

plateau 高原.

plateful 一皿(分).

plateglass *a.* 現代英国大学の.

plate glass 磨き板ガラス.

platelayer 線路工夫.

platelet 血小板.

platen (印刷機の)圧盤; (タイプライターの)ローラー.

plate tectonics *Geophys.* プレートテクトニクス《地球表層部の岩板の移動によって地殻変動が起こるとする説》.

platform 演壇, 講壇; プラットホーム, 歩廊; (政党の)綱領, 政綱.

plating めっき.

platinic *a.* (第二)白金の.

platinize *v.* 白金を被せる.

platinoid 白金合金.

platinotype 白金写真版, 白金写真法.

platinum *n.* 白金, プラチナ. — *a.* (LPレコードが)100万枚売れた.

platinum black 白金黒粉《触媒用》.

platinum blonde プラチナブロンド《白金色の髪をした人》.

platitude 平凡(な説), 陳腐(な話).

platitudinize *v.* 陳腐なことを言う.

Plato プラトン《427?-347 B.C.; ギリシャの哲学者》.

Platonic *a.* プラトン(哲学)の; 理想的な, 非現実的な.

Platonic love 純潔な恋愛.

Platonism プラトン哲学.

Platonist プラトン哲学者.

Platonize *v.* プラトンの学説を奉じる; プラトン哲学を論拠として説く.

platoon 小隊; *American Football* プラトーン《攻撃または防御専門に訓練された選手群》; *Baseball* 同一ポジションを交替で守る2人(以上)の選手.

platter 大皿; レコード.

platypus *Zool.* カモノハシ.

plaudit [*pl.*] 喝采, 称賛.

plausibility もっともらしさ.

plausible *a.* もっともらしい, 口先のうまい.

play *v.* 遊ぶ, 戯れる; 競技する; ふざける, もて遊ぶ(with); 奏楽する, 演奏する(on, upon); (ラジオ, レコードなどを)かける; (劇・役を)演じる; 軽く動く, 軽く動かす, ちらつく, ゆらめく, そよく; (針にかかった魚を)遊ばせる; ふりをする; ひいきにする. **play at** …をして遊ぶ. **play back** (録音を)再生する. **play down** 無視する.

played out 疲れ果てて; おしまいになって. **play fair** 公明正大に勝負する, 公明正大に行

動する. **play foul** ずるく勝負する, ずるく行動する. **play high** 大金を賭ける. **play off** (同点・引き分けの時に)決勝戦を行う; 張り合わせて漁夫の利を占める. **play on** 利用する, つけ込む. **play up** 悪さをする; (競技で)奮闘する. **play up to** 肩を持つ, (新聞などが)書きたてる; (気に入るように)へつらう. **play with one-self** 自慰をする.
— n. 遊び, 戯れ, 遊戯, 競技; ふざけ, 冗談; 戯曲; 芝居; 活動, 作用; 軽快な動き, ゆらめき, そよぎ. **at play** 遊んで. **come into play** 活動を始める. **give play to** …を自由に活動させる. **in full play** 盛んに活躍して. **in play** 戯れに. **play on words** しゃれ, 地口.

playable a. (遊戯など) 行える; 遊戯に適する.

playact v. (舞台で)演じる, ふりをする.

playback 録音再生(装置).

playbill 演劇のビラ, 演劇の番付け; [P-] *Trademark* プレイビル《演劇プログラム》.

play-box (寄宿学校の)子供のおもちゃ箱.

playboy 遊び人, プレイボーイ.

play-by-play a. (スポーツが)実況放送の; 詳細な.

playday (学校の)休日; (鉱山などで日曜日以外の)休日, 臨休.

player 遊戯者, 競技者, 選手, 運動家; 奏楽者, 演奏者; 自動演奏装置; =record player; 役者.

player piano 自動ピアノ.

playfellow 遊び友達.

playful a. ふざける; おどけた.

playgirl 遊び好きな若い女性, プレイガール.

playgoer 芝居道楽の人.

playground 運動場; 遊園地.

playhouse 劇場.

playing card カルタ, トランプ.

playing field (サッカーなどの)競技場.

playland 遊園地; 行楽地.

playlet 小芝居.

playlist (ラジオ放送局の)録音テープリスト.

playmate =playfellow.

play-off (同点・引き分けの時の)決勝試合, 優勝決定戦, プレーオフ.

playpen ベビーサークル《幼児の遊び場を囲う格子囲い》.

playroom 遊戯室.

playsuit (婦人・子供の)遊び着.

Playtex *Trademark* プレイテックス《生理用タンポン》.

play therapy *Psychiat.* 遊戯療法.

plaything おもちゃ.

playtime 遊び時間.

playwright 劇作家.

plaza (Sp) (都会の)広場; ショッピングセンター; (高速道路の)サービスエリア.

plea 理由, 弁解, 口実; (法廷の)陳述, 抗弁.

pleach v. (枝などを)組み合わせる.

plead v. 弁護する; 抗弁する, …のためと申し開きをする; 説き付ける(with); 嘆願する(for). **plead guilty** 罪に服する. **plead not guilty** 罪に服さない.

pleader 弁護士; 嘆願者.

pleading 弁解, 申し立て; 嘆願; *Law* 訴答(書面).

pleasance 遊園地.

pleasant a. 気持ちのいい, 愉快な, 楽しい, 気に入った, 面白い; 天気がよい.

pleasantly ad. 楽しく, 愉快に.

pleasantry おどけ, 冗談.

please v. 喜ばせる; 気に入る; 好む, 欲する. **be pleased** 喜ぶ, 気に入る(at, about, with). **if you please** どうぞ. **please God** 神意に叶えば, うまく行けば. — ad. どうぞ. **Yes, please** はいどうぞ(願います).

pleasing a. 愉快な, 満足な; 人好きのする.

pleasurable a. 気持ちのいい.

pleasure n. 快楽, 楽しみ, 愉快, 娯楽; 好み, 意志, 希望. **at (one's) pleasure** 意のままに. **take pleasure in** …を喜ぶ, 好む. **with pleasure** 喜んで. — v. 楽します; 楽しむ.

pleasure dome 行楽地.

pleasure ground 遊園地.

pleasure principle 快楽原理《快を求め不快を回避しようとする傾向》.

pleat n., v. ひだ(を取る), プリーツ(を付ける).

pleb 平民, 庶民.

plebby a. =plebeian.

plebeian n. (古代ローマの)平民. — a. 平民の; 身分の卑しい, 粗野な.

plebiscite 国民投票, 一般投票.

plebs (古代ローマの)平民; 無産階級.

plectrum (マンドリンなどの)ばち, ピック.

pledge n. 担保, 抵当, 質; 印, 証拠, 保証; 誓約; [the ~] 禁酒の誓い; 乾杯. — v. 質に入れる; (名誉などを)かける; 契る, 誓う (one*self to* do); 乾杯する.

pledgee 質権者; 受誓者.

pledger 質入れ人; 誓約者.

Pleiades Astron. プレヤデス星団, すばる《牡牛座中の星団》.

plenary a. 全部の, 完全な; 全員出席の.

plenary inspiration 十全霊感.

plenary session (国会の)本会議.

plenipotentiary a., n. 全権を有する; 全権使節, 全権委員.

plenitude 十分, 完全; 充実; 豊富.

plenteous a. =plentiful.

plentiful a. 豊富な.

plenty n. 豊富, 富裕; 多量, 十分, たくさん (*of*). **in plenty** たくさんに; 裕福に. — a. =plentiful. — ad. 十分に, まったく.

plenum 物質が充満した空間; 充実.

pleonasm Rhet. 冗語法, 冗語句《例 — a false lie》.

plethora 過多; Med. 多血症.

pleura Anat. 肋膜.

pleurisy Med. 肋膜炎.

Plexiglas Trademark プレキシガラス《プラスチックガラスの一種》.

plexus Anat. (神経・血管などの)叢.

pliability 柔軟(性); 柔順.

pliable a. 曲げやすい, しなやかな; 言いなりになる, 従順な.

pliancy =pliability.

pliant a. =pliable.

pliers やっとこ, ペンチ.

plight[1] v., n. 誓う; 婚約する; 誓約; 婚約.

plight[2] (哀れな)状態.

Plimsoll line [mark] Naut. 乾舷標, 満載喫水線標.

plink n., v. ちりんちりん(と鳴る).

plinth (円柱の)台座.

Pliocene n., a. Geol. 鮮新世, 鮮新統(の).

PLO Palestine Liberation Organization パレスチナ解放機構.

plod v. とぼとぼ歩く; こつこつ働く, こつこつ勉強する. — n. とぼとぼ歩き; 労苦.

plonk[1] v., n. =plunk.

plonk[2] 安ぶどう酒.

plop v., n. ぽちゃんと水に落ちる(音). — ad. ぽちゃんと.

plosive Phonet. 破裂音.

plot n. 計略, 陰謀; (小説などの)筋; (小さな)地所, 地面; 地図, 図表; レーダースクリーン上の敵集団. — v. 陰謀を企てる; 計画する, 設計する; 図表を作る, 地図を作る; (土地を)区分する (*into*).

plotter 陰謀者.

plotting paper 方眼紙.

plover Ornith. チドリ.

plow, plough n. 鋤; 耕地; 落第; [the P-] 北斗七星. **under the plow** 耕作されて. — v. (鋤で)耕す, 鋤く; 耕すように進む, (船が)波を切って進む; 落第する. **plow one's**

way 骨折って進む (through).

plowboy 農童; 田舎者.

plowland 耕地.

plowman 耕夫.

plowshare 鋤先.

ploy 駆け引き, 策略; 仕事.

PLSS portable life support system *Aerospace*
携帯用生命維持装置.

pluck v. (鳥の羽を)むしる; (果物などを)もぐ, 摘む; (勇気を)奮い起こす (up); (弦楽器を)かき鳴らす; 奪う, 詐取する; ぐいと引く, つかむ (at).
— n. 勇気, 元気; (獣の)臓物.

pluckily ad. 大胆に.

plucky a. 勇気のある, 元気のいい.

plug n. 栓, 詰め; 消火栓; (電気の差し込み, プラグ; 圧搾たばこ; *Mech.* (内燃機関のスパークプラグ; (ラジオなどでする)宣伝, 広告; 小銃弾, 一撃. — v. 栓をする; こつこつ働く; しつこく広告する; 撃つ.

plug-ugly ならず者, よた者.

plum 西洋スモモ; 干しブドウ; えり抜きの(良い物); 簡単でもうけの多い仕事.

plumage 羽毛, 羽.

plumb n. (鉛の)おもり, 測鉛; 垂直.
— a. 垂直の; まったくの, 徹底的な.
— ad. 垂直に; 精確に, まったく.
— v. 垂直を調べる; 垂直にする; 水深を測る; 配管工事をする; (心中を)推測する.

plumb bob おもり.

plumbeous a. 鉛の, 鉛から成る.

plumber 鉛管工.

plumbic a. 鉛の, 鉛を含んだ.

plumbiferous a. 鉛を生じる.

plumbing 鉛工業; 鉛管工事, 水道工事; 水深測量.

plumb line 鉛直線.

plum cake 干しブドウ入りケーキ.

plume n. (大きい)羽毛; (帽子などの)羽飾り.
borrowed plumes 借り着. — v. (鳥が羽を) 整える; 羽で飾る; 自慢する (oneself on).

plumelet 小羽毛.

plumeria *Bot.* プルメリア《熱帯産の芳香ある花をつける低木》.

plummet n. おもり. — v. まっすぐ落ちる.

plummy a. (仕事が)割りのよい; (声が)豊かで柔らかみのある.

plumose a. 羽毛を付けた; 羽毛状の.

plump¹ a., v. 丸々と太った; 太る (out, up), 太らせる (up).

plump² v. どしんと置く, どしんとすわる, どしんと落とす, どしんと落ちる. — ad. どしんと; 突然, 出し抜けに; 露骨に. — a. 露骨な; 出し抜けの.
— n. どしんと落ちること.

plumper (ほおの形をよく見せるための)含み物; ただ一人への投票者.

plumply ad. ずばり.

plum pudding 干しブドウ入りプディング
《Christmas のごちそう》.

plumy a. 羽毛で飾った; 羽毛状の.

plunder v., n. 略奪(する); 略奪品.

plunderage *Law* 略奪, 船荷横領.

plunge v. 突っ込む (into); 投げ込む, 沈める (into); 飛び込む, 潜る (into); 突進する (into); (船が)前後に揺れる; (船・馬などが)乱暴に進む; 大博打を打つ; (婦人服が)襟ぐりが下がっている.
— n. 突進; 飛び込み; 縦揺れ. **take the plunge** 思い切った方針を取る.

plunger 潜水者; *Mech.* (押し上げポンプなどのピストンの)プランジャー; 向こう見ずな博打打ち; (排水管の詰まりを除く)ラバーカップ.

plunk v. (楽器の弦を)はじく, かき鳴らす; じゃんと鳴る; どさりと落とす, どさりと投げる; 不意に打つ.
— n. どんという音; 痛打; 1 ドル.

pluperfect n., a. *Gram.* 大過去, 過去完了 (の).

plural n., a. 複数(の).

pluralism 多元論.

pluralist 多元論者.

pluralistic *a.* 多元論的な.

plurality 複数, 多元, 多様性, 多数性; 多数, 大多数; 超過得票数《選挙の最高点と次点との差》.

pluralize *v.* 複数にする.

plurally *ad.* 複数《形》で.

plus *prep.* …を加えて. ── *a. Math.* 正の; *Elec.* 陽の. ── *n.* 正号《＋》; 正数.

plus fours ゴルフズボン.

plush *n.* プラシ天; [*pl.*] プラシ天ズボン. ── *a.* プラシ天製の; 豪華な.

Plutarch プルタルコス《46?-?120; ギリシャの伝記作家・歴史家》.

Pluto *Rom. Myth.* プルート《地下界の王》; *Astron.* 冥王星.

plutocracy 金権政治; 財閥, 富豪階級.

plutocrat 財閥の人, 富豪.

Plutonian *a.* Pluto の; 地下界の.

plutonic *a. Geol.* 火成の.

plutonium *Chem.* プルトニウム《放射性元素》.

pluvial, pluvious *a.* 雨の(多い); 雨の作用による.

pluviometer 雨量計.

ply[1] (ベニヤ板などの)重ね, 層; (綱の)こ, 撚り; 傾き, 癖.

ply[2] *v.* …に励む; (道具などを)せっせと動かす, 使う; (食物・質問などで)攻める, 強いる (*with*); (船・車などが)通う, 往復する; (タクシーが)流す.

Plymouth プリマス《米国 Massachusetts 州南東の地; Pilgrim Fathers が植民した所》.

Plymouth Rock プリマスロック《ニワトリの一品種》.

plywood 合板, ベニヤ板《誤称》.

PM police magistrate; prime minister; provost marshal. **p.m.** post meridiem.

pneumatic *a.* 空気の; 空気で働く; バストの豊かな.

pneumatics *Phys.* 気学.

pneumatic tube 気送管.

pneumoconiosis *Med.* 肺塵症.

pneumonia *Med.* 肺炎.

pneumothorax *Med.* 気胸.

po おまる.

PO postal order; post office.

poach[1] *v.* 卵を割ってゆでる.

poach[2] *v.* 密猟する; (人の土地に)侵入する, (人の権利を)侵害する (*on*); 盗む; (地面を)踏みにじる.

poacher 侵入者, 密猟者.

POB, PO Box post-office box.

pochard *Ornith.* ホシハジロ《潜水ガモの一種》.

pochette 小さなポケット; ポシェット.

pock 痘瘡; あばた; 梅毒.

pocket *n.* ポケット; 所持金; (玉突き台の)玉穴; 鉱脈瘤; =air pocket; *Mil.* 孤立地帯. **in pocket** 金を持って; もうけて. **out of pocket** 金がなくて, 損をして. **put in one's pocket** (感情などを)抑える. ── *v.* ポケットに入れる; 着服する; (侮辱などを)忍ぶ, (感情を)抑える.

pocketbook 紙入れ; ハンドバッグ; 手帳; = pocket book.

pocket book ポケットブック《紙表紙の廉価版》.

pocket edition ポケット版, 小型版.

pocketful ポケット一杯.

pocket-handkerchief ハンカチ.

pocketknife 小型ナイフ.

pocket money 小遣い銭, ポケットマネー.

pocket-size(d) *a.* ポケット型の, 小型の.

pocket veto (大統領の)議案握りつぶし《法案の署名を延期してその成立を妨げる》.

pockmark あばた.

pocky *a.* あばただらけの, あばたの(ある).

pod *n.* (エンドウなどの)さや; *Aeronaut.* ポッド《胴体下や翼下の流線型格納器》; (宇宙船の)切り離せる室; 麻薬入りのたばこ; 腹.

—v. さやになる, さやをむく.

POD pay on delivery *Com.* 現物引換払い.

podagra *Med.* 足部痛風.

podgy a. ずんぐりした.

podiatry 足治療.

podium *Arch.* 腰壁; 指揮台.

Podunk 平凡な田舎町.

Poe ポー. Edgar Allan Poe (1809-49) 米国の詩人・小説家.

poem 詩, 歌.

poet 詩人.

poetaster へぼ詩人.

poetic a. 詩の; 詩的な, 詩趣に富んだ.

poetical a. =poetic.

poeticize v. 詩に作る.

poetic justice 詩的正義《詩や劇の世界に見られる善人が栄え悪人が滅びる理想的正義》.

poetic license 詩的許容《詩において是認される文法・韻律・強勢などの破格》.

poetics 詩学, 詩論.

poetize v. =poeticize.

poet laureate 桂冠詩人.

poetry 詩歌, 韻文; 詩趣, 詩情.

po-faced a. まじめくさった顔をした.

pogo stick 跳び棒, ホッピング.

pogrom (Russ) (ロシヤにおける)ユダヤ人の虐殺; (ある階級・種族などに対する)組織的虐殺.

poignant a. 鋭い, 激しい, ぴりっとする.

poinsettia *Bot.* ポインセチア.

point n. 点; 小数点; 句読点; 度合い, 程度; 先端, 先; 岬; 項目, 論点; 要点, 核心; (笑い話などの)落ち; 特質, 特徴; [pl.] (鉄道の)転轍機; 方位; 得点; (履修科目の)一単位; (成績の)点; *Print.* ポイント活字.

at the point of ...のまぎわで, まさに...しようとして. carry one's point 目的を達する. case in point 好適例. in point of ...の点では.

make a point of (doing) 必ず...する. on the point of (doing) まさに...しようとして. point of no return *Aeronaut.* 帰還不能点. strain [stretch] a point 曲げて斟酌する. to the point 適切に, 適切な. when it comes to the point いざとなれば. —v. 尖らす; 先を付ける; (要点を)強調する; 指さす, さす (to), 向ける (at); 句読点を打つ; (れんがなどの)めじを塗る. point out 指摘する.

point-blank a., ad. 真っ直ぐに(狙った); ぶっきらぼうな, ぶっきらぼうに, あからさまな, あからさまに; きっぱりと(した).

point duty (交通巡査の)立ち番.

pointed a. 尖った, 鋭い; 痛烈な; 一心の; 明白な.

pointer 指さす人, 指さす物; 教鞭, 鞭; 指針; ポインター《猟犬》; [the Pointers] (北斗七星の中の)指極星.

pointillism (F) *Fine Arts* 点描画法.

point lace 手編みレース.

pointless a. 先端のない; 鈍い, 要領を得ない.

point man 斥候兵; 交渉の代表者.

pointsman (鉄道の)転轍手; 立ち番巡査.

point system (盲人の)点字法; (学業成績・交通違反の)点数制度.

point-to-point 野外横断競馬.

Poirot ポアロ. Hercule Poirot Agatha Christie の推理小説に登場する名探偵.

poise v. 釣り合いを取る, 調子を取る; (魚・鳥などが) 調子を取って水中や空中に静止する. —n. 平衡, 釣り合い; 安定, 平静; 態度.

poison n. 毒, 毒薬; 害毒. —v. 毒を入れる, 毒を塗る; 毒殺する; 中毒させる; 害する, 害する.

poison gas 毒ガス.

poison ivy *Bot.* ツタウルシ.

poisonous a. 有毒の, 有害な; 不快な.

poison-pen a. (匿名で)悪意で書かれた.

poke v., n. (指先などで)突く(こと), 押す(こと)(in, up, down), 突き, つつき; げんこつ(でなぐる); 性交(する). **poke about** 詮索する. **poke fun** からかう(at).

poke bonnet ポークボンネット《へり張り婦人帽》.

poker 突く人, 突く物; 火かき棒; 焼き絵用具; Cards ポーカー; 大学副総長の権標.

poker face 無表情な顔, ポーカーフェイス.

poky, pokey a. のろい; 狭苦しい; だらしない.

pol =politician.

Polack ポーランド系の人.

Poland ポーランド《ヨーロッパ中東部の共和国》.

polar a. 極地の; 電極の, 磁極の; 南北極を通る; 正反対の.

polar bear Zool. ホッキョクグマ, シロクマ.

polar circle 極圏.

polarimeter Optics 偏光計.

Polaris Astron. 北極星; ポラリス《潜航中の潜水艦から発射できる中距離弾道弾》.

polarity 極性; 正反対, 分極.

polarization 帰極; 成極; 偏光; 分極化; 分裂.

polarize v. 極性を付ける, 偏光させる; 分極化する.

polarizer 偏光子.

Polaroid Trademark ポラロイドカメラ.

polder ポルダー《オランダの海岸埋め立て地》.

pole[1] n. さお, 棒; ポール《尺度の単位; =5.03 メートル》. **up the pole** 困って; 怒り狂って, 気がふれて. ―v. 棒で支える, 棒で押す; 棒を備え付ける; (舟を)さおで進める.

pole[2] (南北の)極; 電極, 磁極. **be poles apart** まったくかけ離れている.

Pole ポーランド人.

poleax Hist. 戦斧.

polecat Zool. ケナガイタチ; スカンク.

pole jump [vault] 棒高跳び.

polemic n., a. 論争(の), 論争好きの.

polestar 北極星.

police n. 警察; [the ～] 警察官, 警官(隊). ―v. 治安を維持する.

police constable 巡査.

police court 警察裁判所.

police dog 警察犬.

police force (全警官から成る)警察隊, 警察力, 警察.

police inspector 警視正; 警部補.

police magistrate 警察判事.

policeman 巡査, 警官.

police officer 警(察)官; 巡査.

police sergeant 巡査部長.

police state 警察国家.

police station 警察署.

policewoman 婦人警官.

policy[1] 政策, 方策.

policy[2] 保険証券.

policyholder 保険契約者.

polio Med. ポリオ.

poliomyelitis (急性)灰白髄炎, 小児麻痺.

polio vaccine ポリオワクチン.

polis ポリス《古代ギリシャの都市国家》.

polish v. 磨く, つやを出す; つやが出る; (穀物を)つく, 精白する; 磨きをかける, 洗練する, 上品にする. **polish off** 仕上げる. **polish up** 磨きをかける, 見栄えをよくする; 身繕いをする; しゃれる. ―n. 光沢, つや; 磨き粉, 磨き油, つや出し; 上品, 優美.

Polish a., n. ポーランドの; ポーランド人(の), ポーランド語(の).

polished a. 光沢のある; 洗練された, 上品な.

Politburo ソ連共産党政治局.

polite a. 丁寧な, 礼儀正しい; 上品な; 儀

礼的な.

politely *ad.* 丁寧に, 礼儀正しく; 上品に; 儀礼的に.

politic *a.* 思慮のある, 分別のある; ずるい; =political.

political *a.* 政治上の; 政略的な.

political economy 政治経済学.

politicalize *v.* 政治的にする.

politically *ad.* 政治的に, 政略上.

political science 政治学.

politician 政治家; 政治屋.

politicize *v.* 政治化する, 政党化する.

politick *v.* 政治運動をする.

politico 政治家, 政治屋.

politico-economic *a.* 政治経済(学)の.

politico-economics 政治経済学.

politics 政治(学); 政策, 政見; 運営; 行政.

polity 政体; 国家.

polka ポルカ《一種の軽快なダンス(曲)》.

polka dot 水玉模様.

poll *n.* 頭; 選挙人名簿; 投票, 投票数; [*pl.*] 投票場; 世論調査. —*v.* 投票する; 投票を得る; …の世論調査をする; (草木の)芯を留める, (家畜の)角を切り取る.

Poll オウム(の愛称).

pollack, pollock *Ichthy.* タラの類.

pollard 芯を留めた樹木; 角を落とした鹿.

pollen 花粉.

pollen count 花粉数.

pollinate *v.* …に授粉する.

pollination 授粉(作用).

pollinosis *Med.* 花粉症.

polliwog, pollywog オタマジャクシ.

pollster 世論調査員.

poll tax 人頭税.

pollutant 汚染物質.

pollute *v.* よごす; (道徳・神聖を)汚す; 汚染

する.

pollution よごすこと; (環境)汚染, 公害; *Med.* 遺精.

pollutive *a.* 汚染を生じる.

polo ポロ, 打球.

Polo ポーロ. **Marco Polo** (1254?-?1324) イタリア Venice の旅行家.

polonaise ポロネーズ《ポーランドの舞踏(曲)》.

Polonia 国外に住むポーランド人.

polonium *Chem.* ポロニウム《放射性元素》.

polo shirt ポロシャツ.

poltergeist ポルターガイスト《騒々しいいたずら好きの妖精》.

poltroon 臆病者.

polyandrous *a.* 一妻多夫の; *Bot.* 多雄蕊の.

polyanthus *Bot.* ポリアンサス《サクラソウの一種》.

polybasic *a. Chem.* 多塩基の.

polycentric *a.* 多中心主義の; (染色体が)多動原体の.

polychlorinated *a. Chem.* ポリ塩化の.

polychlorinated biphenyl *Chem.* ポリ塩化ビフェニル《環境汚染の合成有機化合物》.

polychromatic *a.* 多色の.

polychrome *a.* 多色刷りの.

polyclinic 総合病院.

polyester *Chem.* ポリエステル.

polyethylene *Chem.* ポリエチレン.

polygamy 複婚《一夫多妻および一妻多夫》.

polyglot *a., n.* 数か国語で書いた, 数か国語を話す; 数か国語対訳書《特に聖書》; 数か国語の出来る人.

polygon 多角形.

polygraph *Med.* 鼓動記録器, 嘘発見器.

polygyny 一夫多妻.

polyhedron 多面体.

polymath 大学者.

polymer *Chem.* 重合体.

polymerism *Chem.* 異量.

polymerization 重合.

polymerize *v. Chem.* 重合する.

polymorphic, polymorphous *a.* 多形の.

polymorphism *Biol.* 多形(現象); *Cryst.* 同質異像.

Polynesia ポリネシア《太平洋中西部のHawaii 諸島から New Zealand におよぶ島々の総称》.

Polynesian *a., n.* ポリネシアの; ポリネシア人(の), ポリネシア語(の).

polynomial *n., a.* 多項式(の).

polyp *Zool.* ポリプ《サンゴ・ヒドロ虫など群体の個員》; *Med.* ポリプ, 隆起性病変.

polypary *Zool.* ポリプ母体.

polyphonic, polyphonous *a. Mus.* 対位法の.

polyphony *Mus.* 対位法.

polystyrene *Chem.* ポリスチレン《合成樹脂で塑造材・絶縁体》.

polysyllabic *a.* 多音節の.

polysyllable 多音節語.

polytechnic *a., n.* 諸工芸の; 工芸学校; ポリテクニック《総合技術大学》.

polytheism 多神論; 多神教.

polytheist 多神論者.

polyvalence *Chem.* 多原子価.

pomade *n., v.* ポマード(をつける).

pomato ポマト《ポテトとトマトの交配種》.

pomegranate *Bot.* ザクロ.

pomelo *Bot.* ポメロ《ザボンの類》.

Pomeranian ポメラニアン《長毛の小型犬》.

pommel *n., v.* (鞍の)前橋; 柄頭(で打つ); 乱打する.

pommel horse (体操の)鞍馬.

pomology 果実栽培学, 果実栽培法.

pomp 壮観; 壮麗, 華麗.

pompadour なで上げ髪.

Pompeii ポンペイ《Naples 近くの古都; Vesuvius 山の噴火で埋没》.

pompon (帽子・靴などに付ける)丸い房飾り; (菊・ダリヤの)ポンポン咲き.

pomposity 華やかさ; 尊大.

pompous *a.* もったいぶった, 尊大な; 大げさな; 壮麗な.

ponceau (F) ヒナゲシ色, 鮮紅色.

poncho ポンチョ《防水布などの真ん中に首を出す穴をあけた外套; 南米のインディオや兵士が用いる》.

pond 池.

ponder *v.* 熟考する (on, over).

ponderable *a.* 計られる, 重みのある.

ponderous *a.* 非常に重い, 重くて扱いにくい, どっしりした; 重苦しい, 鈍重な.

pone トウモロコシのパン.

pongee 繭紬《薄地の絹織物》.

pongo 兵隊; 海兵隊員.

poniard 短剣.

pons *Anat.* (間脳と延髄との間の)脳橋; 橋《接合部》.

pontiff 教皇; 司教, 主教.

pontifical *a., n.* 司教の, 主教の; [pl.] (司教の)ミサ祭服.

pontificate 司教の職, 司教の任期. — *v.* 司教として(式を)執行する; 尊大に振舞う.

pontoon ポンツーン《舟橋用》平底舟; =caisson; (水上飛行機の)フロート.

pontoon bridge 舟橋.

pony ポニー《高さ約 1.5 m の小馬種》; (生徒の使う)虎の巻; 25 ポンド; 小杯.

pony car 小型車.

ponytail (女子の)おさげ髪, ポニーテール.

Ponzi ポンジー《利殖性の高い投資対象に先に投資した人が後からの人の投資金によって利を得る方式の詐欺》.

POO post-office order.

pooch 犬.

poodle プードル《小型むく犬》.

poof ホモ.

pooh *int.* ふーん《軽蔑の発声》.

pooh-pooh *v.* 嘲る, ばかにする.

pool[1] 小池, 水溜まり;（川水の）淀み;（水泳）プール.

pool[2] *n.* (勝負の)掛け金; プール《玉突きの一種》;（競争を避けるための)企業連合; 共同資金（共同配車用の)自動車溜り. — *v.* (損益を)共同にする; 共同資本に投じる, 共同出資をする,（投票を)一人または一党に集める; 企業連合を作る.

poolroom 玉突場; 公開賭博場.

poop *n., v.* 船尾; 船尾楼; 間抜け, ばか; 疲れさせる.

pooper-scooper プーパースクーパー《犬・馬などの糞をすくうスコップ状の道具》.

poor *a.* 貧乏な; 拙劣な; 粗末な, 貧弱な;（土地が)やせた; かわいそうな, 気の毒な; つまらない.

poor box (教会の)献金箱.

poor boy 大型のホットドッグ.

poorish *a.* かなり貧しく.

poorly *ad.* 貧しく, みすぼらしく, 貧弱に, 不十分に; まずく.

poor-mouth *v.* 貧困を言い訳にする. — *pred. a.* 気分が悪い.

poor-spirited *a.* 気の弱い.

poor white (米国南部の)貧乏白人.

pop[1] *v.* ぽんと鳴る,（ぽんと)発砲する, コルクを抜く,（トウモロコシを)炒る; ひょいと入る, ひょいと出る(*in, out, off*); 急に入れる, 急に出す, 急に降ろす(*in, out, down*); *Baseball* (凡フライを)打ち上げる; 質に入れる.　**pop off** くたばる, 死ぬ. — *n.* ぽんと鳴る音;（コルクを抜くとぽんと音のする)炭酸飲料. — *ad.* ぽんと; 出し抜けに.

pop[2] *a.* ポピュラーな, ポピュラー音楽の.

pop[3] =father.

pop art *Fine Arts* ポップアート《漫画や広告の手法を取り入れた前衛美術》.

pop concert ポップコンサート.

popcorn ポプコーン.

Pope (ローマ)教皇.

Pope ポープ.　**Alexander Pope** (1688-1744) 英国の詩人.

popery カトリック.

Popeye ポパイ《漫画の主人公》.

pop-eyed *a.* 出目の; 目を丸くした.

pop fly *Baseball* ポップフライ.

popgun おもちゃの鉄砲.

popinjay しゃれ者, めかしや.

popish *a.* (悪意を持って)ローマカトリックの.

poplar *Bot.* ポプラ, ポプラ材; ユリノキ.

poplin ポプリン《うね織物》.

popover 軽焼き菓子の一種.

poppa =papa.

poppet かわいい子; *Naut.* かかえ台; *Mech.* (旋盤の)心受け台.

poppied *a.* ケシの花で飾った; 眠い.

popple *v.* 流れる, 波立つ. — *n.* 荒波.

poppy *Bot.* ケシ.

poppycock たわごと.

pops ポピュラー音楽管弦楽団, ポップス.

Popsicle *Trademark* ポプシクル《棒にさしたアイスキャンディー》.

pop-singer ポピュラー歌手.

popster ポップアートの芸術家.

popsy 少女, 恋人.

pop-top *n., a.* プルトップ(付きの).

populace 民衆, 大衆.

popular *a.* 民衆の, 民間の; 評判のいい, 人気のある; 通俗な, 大衆向きの.

popular front 人民戦線.

popularity 人望, 評判, 人気, 流行; 通俗性, 平易.

popularization 通俗化.

popularize *v.* 通俗化する, 普及させる.

popularly *ad.* 一般に, 俗に; 通俗に.

popular song ポピュラーソング, 流行歌.

popular vote 一般投票.

populate *v.* 住民を満たす, 住まわせる, 植民する.

population 人口; 住民, 国民.

population explosion 急激な人口増加.

Populism 人民党の主義.

Populist 人民党員.

populous *a.* 人口の多い.

pop-up *a., n.* ぽんと飛び上がる(トースター); ポップアップの; *Baseball* ポップフライ.

porcelain 磁器.

porcelain enamel ほうろう.

porcelainize *v.* 磁器にする.

porch 玄関, ポーチ; ベランダ.

porcine *a.* 豚の; 貪欲な; 不潔な.

porcupine *Zool.* ヤマアラシ.

pore¹ 毛穴, 気孔.

pore² *v.* 熟読する, 熟考する (*over, upon*).

porgy *Ichthy.* タイの類.

pork 豚肉.

pork barrel 選挙区向けの事業, 選挙区向けの交付金.

porker 食用豚.

porkpie hat ソフト帽.

porky *a.* 豚肉のような; 肥えた.

porn(o) =pornography.

pornography ポルノ(グラフィー), 猥褻文学; 春画.

porny *a.* ポルノ的な.

porosity 有孔性, 多孔性.

porous *a.* 気孔のある.

porphyry 斑岩.

porpoise *Zool.* イルカ.

porridge オートミールがゆ; (刑務所での)刑期.

porringer (porridge や soup 用の)深皿.

Porsche ポルシェ《西ドイツの高級スポーツカー》.

port¹ 港; 港町; 開港場. **port of call** 寄航港.

port² *n., v.* 左舷(に向ける).

port³ 砲門; 舷窓; *Mech.* 蒸気口.

port⁴ *n., v.* 態度; 様子; *Mil.* 控え銃の姿勢 (をとる).

port⁵ ポート(ワイン)《甘い赤ぶどう酒》.

portable *a.* 持ち運びできる, 携帯用の, 携帯型の, 可搬型の.

portage 運搬, 運送(料).

portal *n.* 門, 入り口. ― *a. Anat.* 肝門の.

portal-to-portal *a.* 拘束時間払いの.

portamento (It) *Mus.* 運音, ポルタメント.

portapack ポータパック《カメラ一体型ビデオ》.

portative *a.* 持ち運びできる; 運搬の.

portcullis (城壁につけた)落とし門.

porte cochere 車寄せ.

portend *v.* 予示する, 前兆になる.

portent (不吉な)前兆.

portentous *a.* 不吉な; 驚くべき.

porter 門番, (大学の)門衛, 玄関番; 荷物運搬人, (駅の)赤帽; 黒ビール.

porterage 運搬(業); 運賃.

porterhouse 上等ビフテキ.

portfolio 折り鞄, 書類入れ; 画集; 大臣の職; 有価証券.

porthole (船・飛行機の)丸窓, 舷窓; 砲門.

portico *Arch.* 柱廊(式玄関), ポーチコ.

portiere (F) (戸口に下げる)仕切り幕, のれん, カーテン.

portion *n.* 一部分; 割り当て, 分け前; 持参金; 運命, 身分. ― *v.* 分配する, 分ける (*out*).

portionless *a.* 相続分のない, 持参金のない.

portland cement ポルトランドセメント《普通のセメント》.

portly *a.* でっぷり太った, 堂々たる.

portmanteau 旅行鞄.

portmanteau word 鞄語《二語が混交

portrait

して一語となったもの; motel (<motorist+hotel) など).

portrait 肖像画, 肖像写真, ポートレート; 描写, 生き写し; 見物.

portraitist 肖像画家.

portraiture 肖像画法; 肖像画; 描写.

portray v. 描く; 描写する.

portrayal 描写.

portress 女の門番.

Portugal ポルトガル《ヨーロッパ南西部の共和国》.

Portuguese a., n. ポルトガルの; ポルトガル人(の), ポルトガル語(の).

Portuguese man-of-war Zool. カツオノエボシ, デンキクラゲ.

portulaca Bot. マツバボタンの類.

pose[1] n. (気取った)姿勢, ポーズ; 見せかけ. —v. (写真をとる時など)姿勢をとらせる, 姿勢をとる; 気取る, ふりをする(as); (問題などを)出す.

pose[2] v. (難問で)苦しめる.

Poseidon Gk Myth. ポセイドン《海の神》; 潜水艦発射弾道ミサイル.

poser 難問.

poseur (F) 気取り屋.

posh a. 優雅な, いきな; 気取った.

posit v. 置く, 据える; 仮定する.

position 位置, 場所; 姿勢; 要地, 基地; 形勢; 地位, 身分; 役, 職; 立場, 境遇; 態度, 見解. **be in a position to** (do) (する)ことができる. **in position** 適所に. **out of position** 不適所に.

position effect Biol.(遺伝子の)位置効果.

positive a. 決定的な; 確実な, 明確な; 確信のある, 自信の強い, 独断的な(of); 絶対的な; まったくの; 積極的な; Math., Phys. 正の; 陽性の; Phot. 陽画の, ポジの. —n. Gram. 原級; Phot. 陽画; 正量, 陽量.

positive definite a. Math. 正(定)値の.

positively ad. 確実に; 断固として, 積極的に; まったく, もちろん.

positivism 実証哲学.

positivist 実証哲学者.

positivity 確実さ.

positron Phys. 陽電子.

posse (警官などの)一隊; (共通の目的を持つ)集団.

possess v. (所)有する; 保持する; (悪霊・欲望などが)取り付く. **be possessed** 取り付かれる(by, with); 所有している(of).

possession 所有, 占有, 占領; 所有物; [pl.] 財産; 領土; 自制. **take possession of** …を占有する, 手に入れる. **in possession of** …を所有して. **in the possession of** …に所有されて.

possessive a., n. 所有の; Gram. 所有格, 所有代名詞.

possessor 持ち主; 占有者.

possessory a. 所有(者)の.

posset ミルク酒.

possibility 可能性; 可能事; [主に pl.] 将来の見込み, 発展性; 似合いの人, 似合いの物.

possible a. 可能な, あり得べき, 出来る限りの; 我慢出来る, 間に合う. **if possible** 出来ることなら. —n. 可能性; 見込みのある者, 候補者.

possibly ad. たぶん; [否定文で] どうしても; [疑問文で] 何とかして.

possum =opossum. **play possum** 死んだふりをする; しらばくれる.

post[1] n., v. 柱, 杭; 張り出す, 掲示する, 告知する(up).

post[2] n. 陣地, 砦; 守備隊; 持ち場, 地位. —v. (兵を)配置する.

post[3] n. 郵便(物), 郵便箱, 郵便局; (昔の)宿駅. —v. 郵便に出す; 早馬で旅する; 大急ぎで行く; [passive で] 消息を知らせる, (情報など)供給する(up). —ad. 早馬で, 大急ぎで.

postage 郵便料金.

postage-due stamp 不足料金分の切手.

postage stamp 郵便切手.

postal a. 郵便の.

postal card (官製の)郵便はがき.

postal money order 郵便為替.

postal order 郵便為替.

postal union 万国郵便同盟.

postbag 郵便袋, 郵袋.

postbellum a. 戦後の; 南北戦争後の.

postbox (公共の)郵便箱.

postboy 郵便集配人; =postilion.

postcard 郵便はがき, 私製はがき.

post chaise 駅伝馬車.

postclassical a. 古典期後の.

postcode 郵便番号.

postdate v. 実際より後の日付にする.

postdilluvian a., n. ノアの大洪水以後の(人).

postdoctoral a. 博士課程後の.

postelection a. 選挙後の.

poster ポスター.

poster color [**paint**] ポスターカラー.

poste restante (F) 留置郵便.

posterior a. 後部の; 後の, 次の(to). —n. 尻.

posteriority 後であること.

posterity 子孫; 後世(の人々).

postern 裏門, 裏口; 小門.

post exchange (軍隊の)売店, 酒保.

post-free a. =postpaid.

postglacial a. Geol. 後氷河期の.

postgraduate a., n. (大学卒業後の)大学院の(学生).

posthaste ad. 大急ぎで, 急行で.

post horn 馬車のらっぱ.

post-horse 駅馬.

posthumous a. 父の死後に生まれた; 死後に

出版された; 死後の.

postiche (F) かつら, 仮前髪.

postil(l)ion ポスティリョン《先頭左の御者》.

Postimpressionism Fine Arts 後期印象派.

postman 郵便集配人.

postmark (郵便の)消印.

postmaster 郵便局長.

post meridiem (L) a. 午後の.

postmistress 女性郵便局長.

postmodernism ポストモダニズム《20世紀のモダニズムを否定し古典的な様式・手法を主張する芸術運動》.

postmortem a., n. 死後の; 検死; 事後検討.

postnatal a. 出生後の.

postnuptial a. 結婚後の.

post office 郵便局.

post-office box (郵便局の)私書箱.

post-office order 郵便為替.

postoperative a. 手術後の.

postpaid a. 郵便料金払い済みの.

postpartum a. 産後の.

postpone v. 延期する, 延ばす.

postposition Gram. 後置詞.

postpositional a. 後置(詞)の.

postpositive a. 後置の.

postprandial a. 食後の.

postproduction フィルム撮り後上映までの制作.

post road 郵便路.

postscript (手紙の)追伸; ニュース解説.

posttest 事後テスト《教育指導の成果をためす》.

postulant (聖職)志望者.

postulate v. (明白と)仮定する; 要求する(for). —n. (推論の根拠としての)仮定; 公準.

posture n. 姿勢; 状態. —v. 姿勢をとる,

姿勢をとらせる, ポーズを作る.

postwar *a.* 戦後の.

posy 花束.

pot *n.* つぼ, かめ, 鉢, 瓶, ポット; 深鍋; ポット 1 杯分; しびん; 優勝杯; [*pl.*] 多量; 大金; (ポーカーなどの)総賭け金; 共同資金; 大物; 手当たり次第の射撃; マリファナ, 大麻. **go to pot** 破滅する, 失敗する. **keep the pot boiling** 暮らしをたてて行く; 景気よくやって行く. ——*v.* つぼやかめに入れる, つぼやかめに入れて保存する; 鉢植えにする; 寝室用便器に(子供を)すわらせる.

potable *a., n.* 飲料になる; [*pl.*] 飲料.

potage (F) ポタージュ.

potash 炭酸カリ, あく.

potassium *Chem.* ポタシウム, カリウム.

potassium bromide 臭化カリウム.

potassium cyanide シアン化カリウム, 青酸カリ.

potassium nitrate 硝酸カリウム.

potation 飲酒; 一飲み.

potato ジャガイモ. **Irish [white] potato** ジャガイモ. **sweet potato** サツマイモ.

potato beetle *Entom.* コロラドハムシ.

potato chips [crisps] ポテトチップ.

pot-au-feu (F) ポトフ《牛肉と野菜の煮込み料理》.

potbelly 太鼓腹(の人); だるまストーブ.

potboiler 生活のための作品(を作る人).

pot-bound *a.* (鉢いっぱいに)根の張った; 狭苦しい.

potboy (酒場の)ボーイ.

pot cheese =cottage cheese.

potency 力, 潜在力, 権威; (薬の)効能; 性的能力.

potent *a.* 強い, 効力のある; 人をうなずかせる; (男性が)性的能力のある.

potentate 主権者, 君主; 有力者.

potential *a.* 可能の; 潜在の; 電位の.

——*n.* 可能性; 潜在力; 電位.

potentiality 可能性; 潜勢力.

potentiate *v.* 力を与える.

potentiometer 電位差計.

potful ひと鍋, ひとつぼ(の量).

pot hat 山高帽.

pothead マリファナ常用者.

pother *n., v.* もうもうと立ちこめたほこり, もうもうと立ちこめた煙; 騒ぎ(立てる).

potherb (鍋で煮る)野菜.

potholder (熱い鍋を持つ)鍋つかみ.

pothole *Geol.* 甌穴.

pothook 自在鉤.

pothouse 居酒屋.

pothunter 獲物目当ての狩猟家; 賞品目当ての競技参加者.

potion (水薬・麻薬など)一服. **love potion** 惚れ薬.

potluck 有り合わせの食物.

potluck supper [dinner] 持ち寄りパーティー.

pot mum 鉢植え用洋菊.

Potomac ポトマック川《Washington を流れる》.

pot party マリファナパーティー.

potpourri (F) ポプリ, 百花香《つぼに入れたバラの花弁・香料などの混和物》; 雑曲; 雑集.

pot roast ポットロースト《牛肉の蒸し煮料理》.

potsherd 陶片.

potshot 獲物だけ目当ての銃猟; 行き当たりばったりの試み.

pot still ポットスチル《汽釜のない蒸溜器》.

pottage ポタージュ.

potted *a.* 鉢植えの; 瓶詰めの, 缶詰めの; いい加減に要約した.

potter[1] 陶芸家, 陶工.

potter[2] *v.* =putter[2].

potter's clay 陶土.

potter's field 無縁墓地.

potter's wheel (陶工用)ろくろ.

pottery 陶器製造(所); 陶器類.

potty a. 取るに足りない, 簡単な; ちょっと狂った.
—n. (小児用)便器.

pouch n., v. 小袋(に入れる); (袋の口など)す
ぼめる; Zool. (有袋類の)嚢, 袋.

pouched a. 袋のある.

pouchy a. 袋のある; 膨らんだ.

poult (家禽の)ひな.

poulterer 鳥屋.

poultice n., v. パップ, 湿布(を当てる).

poultry (食用)飼鳥類, 家禽.

pounce n., v. 急に上方からつかみかかる(こと),
急襲(する).

pound[1] ポンド《重量単位; =16 oz. =453
g); ポンド《英国の通貨単位; =100 pence).

pound[2] (放れ牛・馬などを入れる)檻囲い.

pound[3] v. 砕く, 突く; 散々に打つ, 砲火を浴び
せる(at, on); 足音高く進む(along); 性行為を
する.

poundage 一ポンドについての歩合, 一ポンドに
ついての料金.

pound cake パウンドケーキ《カステラ風の味の
濃厚な菓子).

pounder[1] 一ポンドある物, 一ポンドある人; …ポ
ンド砲.

pounder[2] 打つ人, つく人; 杵.

pound-foolish a. 一文惜しみの百失いの.

pour v. つぐ, 注ぐ, こぼす(out); (弾丸を)浴びせ
る; (思うことを)とうとうと述べる; (恩恵を)豊かに
与える; 流れ注ぐ, 降り注ぐ(down).
—n. 流出; 大降り.

pourparler (F) 予備交渉.

poussette (F) v. 手を握り合って踊り回る.

pout[1] v., n. 口をとがらす(こと); 膨れっ面をする(こ
と).

pout[2] Ichthy. タラの一種, ナマズの一種.

pouter 膨れっ面をする人; Ornith. ムネタカハト.

pouty a. 膨れた, すねた.

poverty 貧乏, 貧窮; 貧弱, 貧困, 欠
乏.

poverty line [level] 貧困線《貧困である
か否かを区分する最低収入).

poverty-stricken a. ひどく貧乏な.

POW prisoner(s) of war.

powder n. 粉, 粉末; 粉おしろい; 散薬; 火
薬. —v. 粉末にする; 粉おしろいをつける; 粉
をふりかける.

powder blue 粉末花紺青.

powder keg 爆発危険物; 紛争の種.

powder magazine 火薬庫.

powder puff (おしろいの)パフ.

powder-puff a. 女性(向き)の.

powder room (婦人用)トイレット.

powdery a. 粉状の; 粉まみれの; 粉になりや
すい, もろい.

power n. 力; 能力; 知力; 体力; 権
力, 勢力(over); (機械の)動力; 強国,
国; Math. 冪, 累乗. in power 政権を
持った. out of power 政権を離れた.
power(s) of attorney 委任権. the Great
Powers 大国, 列強. the powers that
be その筋, 当局. —v. 動力を供給
する.

power base 支持母体.

powerboat モーターボート.

power broker 黒幕.

power dive Aeronaut. (エンジンをかけたままの)
動力急降下.

powerful a. 力強い, 強力な.

powerfully ad. 強く, 強力に.

powerhouse 発電所; 精力的な人.

powerless a. 無力な, 無能な.

power plant [station] 発電所.

power politics 権力政治; 武力外交.

power reactor 動力(用原子)炉.

power shovel 動力ショベル.

power structure 権力機構.

powwow n. (アメリカインディアンの)会議; (一般に)会議; 懇親会. — v. 会議を催す.

pox 梅毒.

PP parcel post; past participle. **ppm** parts per million. **PPS** post postscriptum (L, =additional postscript). **PR** proportional representation; public relations; Puerto Rico.

practicable a. 実行できる; 実用に適する; 通行できる.

practical a. 実地の, 実際的な; 実用的な; 現実的な, 腕のある; 実質的な, 殆んど…と同じ.

practicality 実用的なこと, 実用主義.

practical joke いたずら, 悪ふざけ.

practically ad. 実際的に; 実用的に; 実質的には, 殆んど.

practical nurse 准看(護婦).

practice n. 練習, 実習; 実行; 慣習, 習慣, 慣れ; (医者・弁護士の)業務, 得意. **in practice** 実際に; 開業して; よく訓練されて, 熟練して. **put into [in] practice** 実行する. — v. 行う, 実行する, 経営する; 練習する, 訓練する; (医業・弁護士業を)営む.

practiced a. 練習を積んだ, 経験を積んだ, 熟練した.

practice teacher 教育実習生.

practice teaching 教育実習.

practise v. =practice.

practitioner 開業医; 弁護士.

praetor Rom. Hist. 執政官.

praetorian n., a. 執政官(の); (ローマ皇帝などの)近衛兵(の).

pragmatic(al) a. 実用主義の; 実際的な; 活動的な.

pragmatics Ling. 語用論.

pragmatism 実用主義.

pragmatist 実用主義者.

Prague プラハ《チェコスロバキアの首都》.

prairie (北米の)大草原.

prairie chicken [fowl, grouse] Ornith. ソウゲンライチョウ.

prairie dog プレーリードッグ《マーモットの一種》.

prairie schooner (昔 prairie 横断に用いた)大幌馬車.

prairie wolf Zool. コヨーテ.

praise n., v. 賞揚(する), 称賛(する), ほめる, ほめたたえる. **sing the praises of** …を激賞する.

praiseworthy a. ほめるべき, あっぱれな.

praline プラリーヌ《ナッツ入り砂糖菓子》.

pram 乳母車.

prance n., v. (馬が)はね躍る; 揚々と歩く, はね回る (about); 跳躍.

prank[1] 戯れ, いたずら.

prank[2] v. 飾りたてる (with); めかす.

prankish a. ふざける.

prase 緑石英.

praseodymium Chem. プラセオジム《希土類元素》.

prate v., n. (つまらぬ事を)しゃべり散らす; 無駄話, おしゃべり.

pratique (F) (検疫後与えられる)入港許可証.

prattle n., v. 片言(を言う); 無駄話(をする).

Pravda プラウダ《ソ連共産党中央機関紙》.

prawn n., v. テナガエビ(を取る).

praxis 習慣; 練習.

pray v. 祈る; どうぞ. **be past praying for** (回復・改心の)見込みがない.

prayer[1] 祈る人.

prayer[2] 祈り, 祈願; [pl.] 祈禱式. **Book of Common Prayer** (英国教会の)祈禱書.

prayer book 祈禱書.

prayerful a. 信心深い.

preach v. 説教する; 伝道する; 説く, 唱導する; くどくど叱る.

preacher 説教者, 伝道者.

preachify v. くどくどとお説教する.

preachment (長)説教.

preachy a. 説教じみた.

preamble 前置き, 緒言; (法律などの)前文 《通例 Whereas で始まる》.

preamplifier *Elec.* 前置増幅器, プリアンプ.

prearrange v. 前もって手はずを定める, 打ち合わせる.

prebend 大聖堂付き聖職禄.

prebendary (prebend を受けた)聖職者.

precancel v. 郵便物にはる前に(切手に)消印を押す.

precancerous a. 前癌状態の.

precarious a. 不安定な, 危険な.

precast concrete プレキャストコンクリート.

precaution 用心, 警戒 (against); [pl.] 避妊(具).

precede v. 先んずる, 先行する.

precedence, precedency 先立つこと, 先行; 前後, 順序; 席次, 順位.

precedent n. 先例; 判決例.

— a. =preceding.

preceding a. 前の; 上記の, 以上の.

precentor (教会聖歌隊の)リーダー.

precept 訓言, 格言; *Law* 命令, 指令.

preceptor 教師.

precession 前進(運動); *Astron.* 歳差運動.

precinct [pl.] 境内, 構内; [pl.] 周囲, 付近; 選挙区; 警察管区.

preciosity (文体・言葉遣いなどの)凝り性.

precious a. 貴重な, 高価な; かわいい; 気取った, 凝った; まったくの, ひどい. — n. =darling.

— ad. ひどく.

precious metal 貴金属.

precious stone 宝石.

precipice 絶壁; 危機.

precipitable a. 沈殿性の.

precipitance, precipitancy 大急ぎ, 大あわて; 軽率.

precipitant 沈殿剤.

precipitate v. まっさかさまに落とす, まっさかさまに投げ降ろす; 早める, 促す; 沈殿させる, 沈殿する, (水蒸気など)凝結させる, 凝結する, (雨・露など)降らせる, 降る. — a. 軽率な; 突然の. — n. 沈殿物.

precipitation 大あわて; さか落とし, 促進; 沈殿, 沈降, 凝結(物); 降雨(量), 降雪(量).

precipitator 促進者; *Chem.* 沈殿剤, 沈殿器.

precipitous a. 険しい, 切り立った; 軽率な.

précis (F) n., v. 大意, 要約(する).

precise a. 正確な, 精密な; まさにその; 真面目な, 几帳面な.

precisely ad. 正確に, 精密に; (返事で)その通り.

precisian, precisist 几帳面な人.

precision 正確; 精密.

preclude v. 除外する; 妨げる.

preclusion 除外, 排除.

preclusive a. 除外的な, 除外して (of).

precocious a. 早熟の, ませた.

precocity 早熟.

precognition 予知.

precoital a. 性交前に行われる.

preconceive v. 予想する.

preconception 予想, 先入観.

preconcert v. 予め打ち合わせる.

preconscious a. 意識発達以前の.

precursor 先駆者; 前兆.

predacious, predaceous a. *Zool.* 捕食の, 食肉性の.

predate v. =antedate.

predator 略奪者; 捕食動物, 食肉動物.

predatory a. 略奪的な; 捕食の, 食肉

の.

predecease v. (ある人よりも)前に死ぬ.

predecessor 前任者.

predestinarian a. 運命予定(説)の.

predestinate a. (運命)予定の. — v. (運命を)前もって定める.

predestination 予定, 宿命, 運命.

predestine v. (運命を)予定する.

predetermination 予定, 宿命.

predetermine v. 予め決定する; 見積もる.

predicable a., n. 断定出来る(物); [pl.] Log. 客位語.

predicament 窮境, 苦境.

predicate v. 叙述する. — n. Gram. 述語; 述部, 賓辞.

predication 叙述.

predicative a. Gram. 述語的な.

predict v. 予言する.

prediction 予言.

predictor 予言者.

predigest v. (消化しやすいように)調理する.

predilection 好み, 偏愛 (for).

predispose v. …の方へ傾かせる; (病気などに)かかりやすくする (to).

predisposition 傾向; (病気にかかりやすい)素質 (to).

predominance 卓越.

predominant a. 優勢な, 卓越した, 圧倒的な.

predominate v. 支配する, 勝る, 圧倒する (over).

preemie 早産児.

preeminence 抜群, 卓越.

preeminent a. 傑出した, 卓越した, 抜群の (in).

preempt v. 先買い権で買う; (公有地を)先買い権を得るため占有する; 先取りする; (…の)代わりをする; 先制する; (定期番組を)さし替える; 私物化する.

preemption 先買い(権); 公有地の先買い権行使; 私物化; 戦争国向け軍需品買い取り権(の行使); 先制(攻撃).

preen v. (嘴で)羽を整える.

preexist v. 先在する.

preexistence 先在.

prefab 組み立て家屋, プレハブ.

prefabricate v. (家屋材料を)規格製造する, 規格材料で建築する.

preface n., v. 序文, 緒言(をつける), 前置き(する)(with); きっかけ.

prefatorial, prefatory a. 序文の.

prefect (フランスの)知事; (public school の)監督生.

prefectural a. prefecture の.

prefecture prefect の職, prefect の任期, prefect の管区; 都, 府, 県.

prefer v. (…の方を)選ぶ, 好む (to, above, before); 提起する, 提出する; 優先権を与える.

preferable a. いっそう望ましい, 勝る (to).

preferably ad. むしろ, なるべくなら.

preference 好み, 偏愛 (to, over, above); 優先権; (関税の)特恵.

preference stock 優先株.

preferential a. 優先の, 特恵の.

preferment 昇進, 登用.

preferred stock 優先株.

prefigure v. 予表する; 予想する.

prefix n. Gram. 接頭辞. — v. 前に置く; 接頭辞として付ける (to).

preform v. 前もって形成する.

pregenital a. Psychol. 前性器期の.

pregnancy test 妊娠検査.

pregnant a. 妊娠した, はらんでいる; 意味深長な, 含蓄のある; (…で)満ちた.

preheat v. (操作に)先立って熱する.

prehensile a. Zool. (足・尾などが)物をつかむに

適した.

prehension n. 捕捉;理解.

prehistoric(al) a. 有史以前の.

prehistory n. 有史前;先史学;いきさつ.

prejudge v. 審理せずに判決する.

prejudice n. 先入主,偏見,ひがみ (*against*);害,不利. — v. 偏見を抱かせる;(権利などを)害する,不利にする.

prejudicial a. (権利などを)害する,不利な (*to*).

prelacy, prelature n. 高位聖職者の地位,高位聖職者の職;高位聖職者たち.

prelate n. 高位聖職者.

prelect v. 講義する.

prelibation n. 試食;初物の供え.

prelim n., a. 予備試験(の).

preliminary a. 予備の;(…の)予備として (*to*). — n. 予備試験;[pl.] 予備行為,予備手続き.

prelude n. 前奏曲,序曲,序芸,序幕. — v. 序幕となる;(…の前置きで)始める (*with*).

prem n., a. 未熟児(の).

premarital a. 結婚前の.

premature a. 早まった;時ならぬ.

premed, premedical a. 医大予科の.

premeditate v. 予め考える,予め企む.

premeditated a. 予め企んだ.

premeditation n. 予めの熟慮,前もっての計画;*Law* 故意,予謀.

premenstrual a. 月経前の.

premier n. 首相. — a. 第一の,首位の;最初の,最も早い.

premiere (F) 初演;主役女優.

premiership n. 首相の地位,首相の任期.

premise n. 前提;[pl.] 家屋敷,構内;[pl.] *Law* 前述事項,前述物件. — v. 前提として述べる.

premium n. 報酬,賞与;割り増し金,プレミアム,保険料,授業料. **at a premium** プレミアム付きで《額面価格以上で》;珍重さ

れて.

premolar n. 小臼歯.

premonition n. 予告,予感.

premonitory a. 前兆の.

prenatal a. 出生前の.

preoccupation n. 先取り;夢中;重大関心事.

preoccupied a. 他の事に気を取られて,うわの空の,夢中の.

preoccupy v. 先取りする;先入主となる;心を奪う,夢中にする.

preordain v. (神が人の運命などを)予定する.

prep n. 予習;=preparatory school.

prepackage v. (食品などを)販売前にパックする.

prepaid a. 前払いの.

preparation n. 準備,用意,予習 (*for*);調合,調剤,薬品;調理(品),加工(品).

preparative a. =preparatory. — n. 準備,予備行為.

preparatory a. 予備の,準備の. — ad. 準備として (*to*).

preparatory school (public school への) 予備校,プレパラトリースクール;大学予備校,私立高等学校.

prepare v. 準備する,用意する,用意させる (*for*);覚悟する,覚悟させる (*for, to* do);調製する,調合する,調理する. **be prepared** 用意している,覚悟している (*for, to* do).

preparedly ad. 用意して,覚悟して.

preparedness n. 準備,用意;軍備の充実.

prepay v. 前納する,前払いする.

prepense a. 計画的な,熟考の上の.

preponderance n. 優勢,優位.

preponderant a. (数・量・勢力など)勝っている,優勢な,主な.

preponderate v. (数・量・勢力など)勝る (*over*).

preposition *Gram.* 前置詞.

prepositive *a. Gram.* 前に置いた.

prepossess *v.* [passive で] 最初から好意を持たせる, 好印象を与える; 先入主となる.

prepossessing *a.* 人好きのする.

prepossession 偏見, 偏愛, ひいき; 先入主.

preposterous *a.* 非常識な, ひどくばかげた.

prepotent *a.* 優勢な; *Biol.* 優性遺伝の.

preppie, preppy *n., a.* プレッピー《preparatory school の学生, preparatory school の卒業生》; プレッピー風の.

prepuce *Anat.* (ペニス・陰核の)包皮.

Pre-Raphaelite *a., n.* ラファエル前派の(画家).

prerequisite *a., n.* 予め必要な, なくてはならない; 必要条件.

prerogative 大権; 特権.

presage *n.* 前兆; 予感. — *v.* 予感する, 予知する; 予示する; 予言する.

presbyopia 老眼.

presbyter (長老教会の)長老; (監督教会の)司祭.

presbyterial *a.* 長老(制)の.

presbyterian *a., n.* 長老制の; [P-] 長老派(教会)の; 長老派(教会)会員.

presbyterianism 長老制度.

presbytery (長老教会の)地区; 長老会議.

preschool *a.* 就学前の, (小学校)入学前の.

preschooler 幼稚園児, 保育園児.

prescient *a.* 予知する; 先見の明ある.

prescientific *a.* (近世)科学以前の.

prescind *v.* 切り離す; 注意をそらす, 考えをそらす.

prescribe *v.* (法律などが)規定する, 命じる; (薬を)処方する, (療法を)指示する; 時効にかかる.

prescript 訓令, 法令.

prescription 規定, 命令, (医師の)指示処方(箋); 時効.

prescriptive *a.* (法律や慣習によって)規定された; 時効に基づく.

presence 居ること, あること, 存在, 出席; 面前; 態度; 風采; 霊気. **in the presence of** …の面前で, いる所で. **presence of mind** 沈着.

present[1] *a.* ある, 居る, 出席の, 居合わせた; *Gram.* 現在(時制)の; この, 現… — *n.* 現今, 現在; *Gram.* 現在時制; [*pl.*] 本書類, 本証書. **at present** 目下. **for the present** 当分, さし当たり.

present[2] *v.* 贈る, 贈呈する, 寄贈する; 紹介する; 提出する, 差し出す; 表す, 示す, 述べる, 伝える, 呈する; (牧師を)推薦する; 上演する; 狙う(*at*). **present oneself** 現れる; 出頭する. — *n.* 贈り物.

presentability 体裁のよさ.

presentable *a.* 人前に出せる, 見苦しくない.

presentation 贈呈; 紹介, 拝謁; (牧師の)推挙; 提出; 表示, 呈示; 上演.

presentative *a. Philos., Psychol.* 直覚の, 表象的な.

present-day *a.* 現代の.

presentee 受贈者.

presenter (賞などの)贈呈者, 提出者; (テレビなどの)司会者, ニュース放送者.

presentiment 予感.

presently *ad.* やがて, じき; 現在は, 今は.

presentment 陪審官の事実の陳述; 提出, 提示; 演出, 上演; 描写.

present participle *Gram.* 現在分詞.

present perfect *Gram.* 現在完了.

present tense *Gram.* 現在時制.

present value [worth] 現在価値.

preservable *a.* 保存できる, 貯蔵できる.

preservation 保存, 貯蔵; 予防, 防腐.

preservative *a., n.* 保存する, 予防する; 防腐剤.

preserve *v.* 保存する, 保つ, 維持する; 貯蔵する; 猟獣を保護する, 漁猟を禁じる. —— *n.* [*pl.*] 果物の砂糖漬け, ジャム, 缶詰め, 瓶詰め; [*pl.*] 禁猟地, 禁漁水域.

preserver (危険から) 救助する人, 救助す る物, 保護する人, 保護する物.

preset *v.* 前もって調整する, 前もってセットす る.

preshrunk *a.* 防縮加工を施した.

preside *v.* 支配する, 司る; 司会する (*over*).

presidency president の職, president の 任期.

president 大統領; 議長, 会長; 社 長, 頭取, 総理, 総裁, 総長 (など).

president-elect (未就任の)当選大統 領.

presidential *a.* president の.

presidentship =presidency.

presidio (Sp.) 砦, 要塞.

presidium (ソ連の)最高会議幹部会.

press[1] *v., n.* (兵士を)強募する; 徴発(する).

press[2] *v.* 圧する, 押す; 潰す, 絞る; 圧迫する, 苦しめる; せがむ (*for*), 強いる (*upon*); せきたてる; 押し出る, 押し進む (*up, down, against*, etc.); 急ぐ (*forward, on*). **be pressed** せがまれる, 困る, 差し支える (*for*). —— *n.* 押すこと, 圧迫; (押し合う)群集, 人込み; 切迫, 繁忙; 戸棚; 圧搾機; 印刷機, 印刷所, 出版部; [the ~] 新聞, 出版. **freedom [liberty] of the press** 出版の自由. **go to (the) press** 印刷に回る. **send to (the) press** 印 刷に回す. **at [in (the)] press** 印刷中.

press agency 通信社.

press agent 広報係, 宣伝係.

press box [gallery] 新聞記者席.

press cloth (アイロンの)当て布.

press conference (共同)記者会見.

pressing *a.* 差し迫った; たっての.

press kit プレスキット《新聞社に流すための資 料》.

pressman 新聞記者.

pressmark (図書館蔵書の)書架番号.

pressroom 印刷室.

pressrun 印刷部数.

press secretary (大統領の)報道官.

press-up 腕立て伏せ.

pressure 圧力, 圧迫, 強制, 繁忙, 急迫; 難儀, 困難.

pressure cabin *Aeronaut.* 気密室.

pressure cooker 圧力鍋; 圧力がか かっている状態.

pressure gauge (気体・液体の)圧力計.

pressure group 圧力団体.

pressure suit *Aeronaut.* 与圧服.

pressurize *v.* 与圧する《高度飛行中, 機 室内の気圧を正常度に保つ》.

presswork 印刷作業.

Prestel *Trademark* プレステル《ビデオテックス (videotex) の英国における商標名》.

prestidigitation 手品.

prestidigitator 手品師.

prestige 名声, 威信, 信望.

prestigious *a.* 名声のある; 名門の.

prestissimo (It) *ad., a. Mus.* 非常に速く, 非常に速い.

presto (It) *ad. Mus.* 急速に. —— *n.* 急 速曲.

presumable *a.* 推定される, 予想される, あり そうな.

presumably *ad.* 思うに, 多分.

presume *v.* 推定する, 考える, 思う; あえて …する, ずうずうしくも…する (*to* do); 乗じる, つけ 込む (*on, upon*).

presuming *a.* =presumptuous.

presumption 推測, 推定; 見込み, 可能 性; 僭越, 無礼, 厚顔.

presumptive *a.* 推定の.

presumptuous *a.* 厚かましい, 生意気な, 出過ぎた.

presuppose *v.* 仮定する;(結果が原因を)予想する, 前提とする, 必然的に意味する.

presupposition 予想,(先行条件として)の仮定, 前提.

prêt-à-porter (F) *n., a.* プレタポルテ(の), 高級既製服(の).

pretax *a.* 税込みの.

preteen ローティーンの子供《10–12歳》.

pretence =pretense.

pretend *v.* ふりをする, 風を装う;(自惚れて…だと)言う, 自負する(*to*); 要求する.

pretended *a.* 装った, 偽りの, 偽の.

pretender 装う人; 偽称者;(正当な権利なく)王位を要求する人, 僭王.

pretense 口実; 見せかけ, 偽り; 自惚れ.
  on the [under] pretense of …の風を装って, を口実として.

pretension 権利の主張; [*pl.*] 要求; 自負, 自惚れ, 見せかけ.

pretentious *a.* 自信の強い, 自惚れた, 見栄を張った.

preterit(e) *n., a. Gram.* 過去(の).

preternatural *a.* 超自然的な; 異常な.

pretest *n., v.* 予備試験(をする).

pretext 口実.

pretor =praetor.

Pretoria プレトリア《南アフリカ共和国の行政首都》.

prettify *v.* 安っぽく飾り立てる.

pretty *a.* 美しい, かわいい; 見事な; かなりの.
  — *ad.* かなり; 非常に. **sitting pretty** 安全で, 裕福で. — *n.* [呼び掛け]いい子, かわいい者.

pretty-pretty *a.* 気取った, うわべだけきれいな.

pretzel (G) プレッツェル《結び目状のクラッカー》.

prevail *v.* 流行する, 一般に行われる, はびこる; 専らである; 勝つ, 圧倒する(*over, against*); 説き伏せる(*on, upon, with*).

prevailing *a.* 広く行われる, 流行の; 一般の; 優勢な.

prevalence 普及, 流行; 優勢, 卓越.

prevalent *a.* 広く一般に行われる, 流行の.

prevaricate *v.* 言い紛らす, ごまかす.

prevaricator 言い紛らす人.

prevenient *a.* 先行する; 予期する; 妨げる.

prevent *v.* 防ぐ, 予防する; 妨げる, 妨げて…させない(*one from* doing, one's doing).

preventable *a.* 防止できる, 予防できる.

preventative *a., n.* =preventive.

prevention 防止, 予防.

preventive *a., n.* 防止する, 予防的な; 防止策, 予防薬.

preventive detention [custody] *Law* 予防拘禁.

preview *v.* (映画を)試写する, 内覧する. — *n.* (映画の)試写, 内覧; 予告編.

previous *a.* 先の;(…より)以前の,(…より)以前に(*to*); 早過ぎた.

previously *ad.* 先に, 予め.

previous question (議会の)先決問題.

previse *v.* 予知する.

prevision 先見, 予知.

previsional *a.* 先見の明ある; 見越した.

prevue (映画・テレビの)予告編.

prewar *a.* 戦前の.

prexy (大学の)学長.

prey *n.* 餌食; 犠牲(*to*). **fall a prey to** …の餌食になる. — *v.* 捕食する, 餌食にする(*on, upon*); 苦しめる, 悩ます(*on, upon*); 略奪する(*on, upon*).

price *n.* 値段, 定価; 代価, 代償; 犠牲; 賞金. **at any price** いかなる価を払っても, 是非とも. **at the price of** …を犠牲にして. **beyond [without] price** 金で買えないほど貴

重 な. **what price ...?** ...の勝ち目はどうか, 見込みはどうか; 一体 何の役に立つのか. —— *v*. 値段をつける, 評価する; 値段を聞く.

price fixing 価格操作.

price index 物価指数.

priceless *a*. 金で買えない, 極めて尊い; とてつもなく面白い, とてつもなくばかげている.

price support (経済政策による)価格支持.

price tag 正札.

price war 値引き競争.

pricey *a*. 高価な.

prick *v*. (針などで)刺す, 小穴をあける; 苦しめる, 痛める, 痛む. **prick up one's ears** 耳をそばだてる, 傾聴する. —— *n*. 刺すこと, 刺し傷; ちくちくする痛み, (心の)苦しみ; ペニス.

prick-eared *a*. 立ち耳の.

prickle *n*. (草木などの)とげ, 針毛. —— *v*. ちくりと刺す; ちくちく痛む.

prickly *a*. とげだらけの, 針だらけの; ぴりぴり痛む; 怒りっぽい.

prickly heat あせも.

prickly pear *Bot*. ウチワサボテン.

pride *n*. 高ぶり, 高慢; 自負, 自尊心; 誇り, 満足. **take pride in** ...を自慢にする. —— *v*. 誇る (oneself on).

prideful *a*. 横柄な; 得意の.

prie-dieu (F) 祈禱台.

priest 聖職者, 僧, 牧師, 神官.

priestcraft (俗界に勢力を広めようとする) 聖職者の政略.

priestess 尼, 尼僧.

priesthood 聖職; 聖職者.

priestliness 聖職者らしさ.

priestly *a*. 聖職者らしい, 僧らしい, 牧師らしい, 神官らしい.

priest-ridden *a*. 聖職者が幅をきかす.

prig *n*. しかつめらしくきざな人. —— *v*. 盗む.

priggish *a*. しかつめらしい.

priggism 堅苦しさ.

prim *a*. 堅苦しい, しかつめらしい; (女性が)とりすました; (服装などが)きちんとした. —— *v*. とりすます; 飾り立てる (out).

prima ballerina プリマ(バレリーナ)((バレエの主役の女性踊り手)).

primacy 第一位, 首位; primate の職, primate の地位.

prima donna (It) (歌劇の)花形女性歌手, プリマドンナ.

prima facie (L) *ad*., *a*. 一見したところ; 一見して明らかな.

primal *a*. 最初の, 原始の; 主要な, 根本的な.

primal (scream) therapy プライマル(スクリーム)療法((幼児期の外傷体験を再体験させて神経症を治療する精神療法)).

primarily *ad*. 第一に, 主として.

primary *a*. 本来の, 根源の; 基礎的な; 第一の; 初歩の; 主要な; *Elec*. 一次の; *Phonet*. (アクセントが)第一の. —— *n*. 予備選挙.

primary accent =primary stress.

primary color 原色.

primary industry 第一次産業.

primary road 幹線国道.

primary school 小学校; 下級小学校 ((1-4年級)).

primary stress 第一アクセント.

primate 大主教; *Zool*. 霊長目の動物.

Primates 霊長目.

prime[1] *a*. 第一の, 首位の; 一等の, 最良の. —— *n*. 初期; 全盛(期).

prime[2] *v*. (鉄砲に)火薬を詰める; 予め教えて置く, 入れ知恵する (with); (ペンキの)下塗りをする; 十分食わせる, 十分飲ませる.

prime meridian 本初子午線.

prime minister 総理大臣.

prime mover 原動力; 主導者.

prime number *Math*. 素数.

primer[1] 雷管, 導火線.

primer[2] 入門書, 初歩読本.

prime rate (銀行の)最優遇貸し出し金利, プライムレート.

prime time (テレビの)ゴールデンアワー.

primeval a. 太古の, 原始の.

priming 起爆剤; 下塗り.

primiparous a. 初産の.

primitive a. 原始的な. — n. 原始人; 語根語.

primogenitor 始祖, 先祖.

primogeniture 長子であること, 長子相続権.

primordial a. 原始的な; 最初からある; 根源的な.

primp v. めかす.

primrose Bot. サクラソウ; 淡黄色.

primrose path 歓楽の道.

prince 王子, 皇子, 親王, 皇族; (小国の)王, 王侯; (英国以外の国で)公爵; 巨頭, …王. **prince of Wales** 英国皇太子.

Prince Albert フロックコートの一種.

prince charming 理想の男性.

prince consort 女王の夫君, 皇妃殿下.

princedom 公国.

princeling 幼君.

princely a. 王侯の(ような).

prince regent 摂政の宮.

prince royal 第一王子.

princess 王女, 皇女, 内親王; 親王妃.

princess(e) a. プリンセスラインの《ぴったり体にあってウエストに縫い目の無い婦人服にいう》.

princess royal 第一王女, 第一皇女.

principal a. 第一の, 主要な; 元金の. — n. 頭, 長, 校長; 主犯; 元金.

principality prince の領土, prince の地位.

principally ad. 主として, 専ら.

principal parts (動詞活用の)主要形.

principle 原理, 原則; 主義; 節操; 本体; (化学的)要素. **in principle** 原則として(は),

一般に(は). **on principle** 主義として.

principled a. (…)主義の.

prink v. めかし立てる.

print v. 跡をつける, 印する; 印刷する; 刊行する; (写真を)焼き付ける (out, off); (文字を)印刷体で書く, タイプライターで印字する; 感銘させる (on). — n. 跡; 影響; 印刷, 印刷物, 印刷字体; 版画; サラサ; (写真の)陽画, 写真; 新聞. **in print** 印刷して, (現に)刊行されて. **out of print** 絶版で; 廃盤で.

printable a. 印刷出来る, 出版出来る; 焼き付けられる; 印字出来る.

printed a. 印刷した, 印刷された.

printed circuit プリント配線.

printed matter 印刷物.

printer 印刷屋; 印刷工; 印刷機; Computer 印字機, プリンター.

printer's devil 印刷所の使い走り.

printing 印刷(術), 印刷業; 印刷物; おし染め, 焼き付け.

printing ink 印刷インキ.

printing office 印刷所.

printing press 印刷機.

print journalism 出版・新聞ジャーナリズム.

printless a. 跡を残さない.

printout Computer 出力情報指示テープ.

printshop 印刷屋; 版画屋.

prior[1] 小修道院長 《abbot の下位》.

prior[2] a. 前の, 先の; (より)前の, (より)上席の, (より)重要な (to). **prior to** より前に.

prioress 女子小修道院長 《abbess の下位》.

prioritize v. 優先順位をつける.

priority 先であること, 上位; 順位; 重点; 優先権.

priory 小修道院.

prise v. = prize[1].

prism プリズム; 角柱.

prismatic *a.* プリズムの; 角柱の.

prison 刑務所, 拘置所; 監禁.

prison breaker 脱獄囚.

prison breaking 脱獄.

prison camp 捕虜収容所.

prisoner 囚人; 捕虜; 自由を奪われた人, 自由を奪われた動物. **prisoner of war** 捕虜.

prissy *a.* 口やかましい, 小うるさい; とりすました.

pristine *a.* 昔ながらの, 原始的な.

privacy 隠遁; 秘密; 私生活, プライバシー.

private *a.* 一個人の, 私的な, 私有の; 公職を持たない, 私人の; 非公開の, 非公式の; 秘密の. — *n.* 兵卒; [*pl.*] 陰部. **in private** 内密に.

private account 個人名義預金口座.

private detective 私立探偵.

private enterprise 私企業, 民間企業.

privateer 私掠船《戦時中, 敵商船略奪の免許を得た民有武装船》; 私掠船船長.

private eye 私立探偵.

private first class 上等兵.

privately *ad.* 個人として, 個人的に; 秘密に.

private parts 陰部.

private school 私立学校.

private soldier 兵卒.

privation (特に日用品の)窮乏, 欠乏, 不自由.

privatism (他人や社会に係るまいとする)個人主義.

privatize *v.* 私営化する.

privet *Bot.* イボタノキ.

privilege *n.* 特権, 特典; 光栄. — *v.* 特権を与える, 特典を与える.

privileged *a.* 特権のある; *Law* 免責特権の.

privy 屋外便所.

privy council 枢密院.

privy councilor 枢密顧問官.

privy seal 王璽.

prize[1] *v.* (てこで)動かす, こじあける (*out, up, off*).

prize[2] *n.* 賞品, 景品; (人の)争い求めるもの《地位・名誉など》; 獲物. — *a.* 入賞した. — *v.* 重んじる, 尊ぶ, 大切にする.

prizefight プロボクシング試合.

prizefighter プロボクサー.

prizeman 受賞者; (大学の)賞の受賞者.

prize money 賞金.

prize ring プロボクシング(場).

prizewinner 受賞者, 優勝者.

pro[1] *n., ad.* 賛成(で). **pro and con** 賛否共に. **pros and cons** 賛否の論, 可否の論.

pro[2] *n., a.* =professional; prophylactic.

PRO public relations officer.

proa 快走帆船.

probabilism *Philos.* 蓋然論.

probability ありそうなこと, 見込み; 確率, 公算, 蓋然率. **in all probability** 多分, 十中八九は.

probable *a.* ありそうな, もっともらしい.

probably *ad.* 多分, 恐らく.

probate 遺言検認.

probation 試験, 仮採用; 試練; (特に若年犯罪者に対する刑の)執行猶予. **on probation** 試験的に.

probationer 仮採用者, 見習い; 執行猶予中の人.

probation officer 保護観察官.

probative *a.* 試す; 証明する.

probe *n., v.* 探り針(で探る); よく調べる, メスを入れる (*into*); 調査; *Aeronaut.* プローブ《空中給油用パイプ》; *Aerospace* 探測機.

probity 清廉.

problem 問題; 扱いにくい人物; 故障. **No problem** 問題なし, わけないよ.

problematic(al) *a.* 問題の, 疑問の; 疑わ

しい.

problematically *ad.* 問題として; 疑わしく, 曖昧に.

problem child 問題児.

proboscis (象の)鼻; (蝶 などの)口 先; (人の)大きい鼻.

procathedral 仮大聖堂.

procedure 処置, 手続き.

proceed *v.* 進む, 行く; 出る, 発する; 続ける, (次の事に)移る, 取りかかる (*with, in*); 言葉をつぐ; 訴訟 手続きをする (*against*).

proceeding 行為, やり方; [*pl.*] 議事(録), 記事; [*pl.*] 訴訟 手続き.

proceeds 売上高, 収益.

process *n.* 手順, 方法; 過程, プロセス; 経過; 令状; (米国黒人の)毛髪をまっすぐにする方法, (米国黒人の)毛髪をまっすぐにする整髪料, 整髪料で整えた髪. **in process** 経過中, … 中 (*of*). ── *v.* (食品などを)処理する, 加工する; 写真版で複写する, コピーを作る; 行列して歩く. ── *a.* 加工した.

process cheese プロセスチーズ.

procession 進行, 行列.

processional *a., n.* 行進の; 行進聖歌.

processor 加工業者; コンピューター; プロセッサー, 処理装置.

pro-choice *a.* 妊娠 中絶合法化支持の.

proclaim *v.* 宣言する; 公表する, 表明する, 声明する; 示す.

proclitic *a., n. Gram.* 後接的な; 後接語.

proclivity 傾向 (*to*).

proconsul (古代ローマの)地方総督; 植民地総督.

proconsulate 地方総督職.

procrastinate *v.* 延ばす, ぐずぐずする.

procrastinator ぐずぐずする人.

procreate *v.* (子を)産む.

procreation 生殖.

Procrustean *a.* (寝台に合わせるために大きい者は切り, 小さい者は引き伸ばしたという古代ギリシャの盗賊 Procrustes のように)暴力をもって基準に合わせる, 杓子定規の.

Procrustean bed 無理に当てはめようとする規準.

proctology 肛門科, 肛門学.

proctor 代訴人; 学生監.

procurable *a.* 手に入れられる.

procuration *Law* 代理; 委任(状); = procurement.

procurator 代理人.

procure *v.* 手に入れる; 来す, 致す, …させる; (売春婦を)斡旋する.

procurement 獲得; 処理; (政府の)買い上げ.

procurer 売春斡旋者, ぽん引き.

procuress 女性の売春斡旋人.

prod *v., n.* つつく(こと); 励ます; 刺し針.

prodigal *a.* 浪費する, 放蕩な; 惜しげなく与える (*of*); 豊富な. ── *n.* 浪費者; 蕩児.

prodigality 浪費; 大まか.

prodigious *a.* 巨大な; 驚異的な.

prodigy 驚嘆すべき人, 驚嘆すべき物, 驚嘆すべき事件; 驚異.

produce *v.* 生じる, 産む; 生産する, 製造する, 作る; 出す, 提出する, 提示する; 演出する; *Math.* 延長する. ── *n.* 産物, 農産物; 生産物, 生産額.

producer 生産者; (劇の)演出家, 舞台監督; (映画・劇の)製作者; *Ecol.* 生産者.

producer(s') goods *Econ.* 生産財.

producible *a.* 生産できる, 提出できる.

product 産出物, 生産品; 製作品; *Math.* 積.

production 生産(物), 製作(品), プロダクション; 作品, 著作; 演出; 大騒ぎ.

production control 生産管理.

production line (生産の)流れ作業.

productive *a.* 生産する, 産出する (*of*); 生

産的な; 多産の, 肥えた.

productivity 多産; 生産力; 創作力.

proem 緒言, 序文.

prof =professor.

profanation 不敬, 冒瀆.

profane a. 神聖を汚す, 不敬な, 冒瀆的な; 異端的な, 異教的な; 俗界の, 世間的な.
— v. 神聖を汚す.

profanity 冒瀆, 不敬, 罰当たりな言葉, 罰当たりな行為.

profess v. 公言する, 表明する; (…と) 称する, (…の) ふりをする (to be, to do).

professed a. 公言した, 公然の; 自ら…だと言う, 自認の; 誓約してなった.

profession 公言, 告白; 信仰告白; 職業; [the ~] 同業者.

professional a. 本職の, 専門の; 職業的な; 知的職業の. — n. 専門家; 職業選手, プロ.

professional corporation Law 専門職法人.

professionalism 職業気質; 職業選手制.

professionalize v. 職業的性格を与える.

professionally ad. 専門的に.

professor (大学などの) 教授; (一般に) 教師.

professorate, professoriat(e) 教授の職; 教授団.

professorial a. 教授の; 学者ぶった.

proffer n., v. 申し出る(る), 提供(する).

proficient a., n. 熟練した, 老練な(人) (in, at).

profile n. 横顔, 側面, プロフィール; 輪郭; 人物寸描. — v. 輪郭を描く.

profit n. 益, 利益; [しばしば pl.] もうけ.
— v. 益する, 利する (by, from).

profitable a. 有利な, 有益な.

profiteer v., n. 暴利を得る(商人).

profitless a. 利益のない; 無益な.

profit margin Com. 利ざや.

profit sharing (労資) 利益分配制.

profligacy 堕落, 放蕩.

profligate a., n. 堕落した(人), 放蕩の(人).

profound a. 深い; 深遠な.

profoundly ad. 深く; 十分に.

profuse a. 惜しげなく与える (of, in); 豊富な, おびただしい.

profusion 豊富.

progenitor 先祖; 先覚者.

progeny 子孫.

progesterone プロゲステロン《黄体ホルモンの一種》.

prognathism 上顎前突.

prognathous, prognathic a. あごの突き出た.

prognosis (病気の) 予後; 予測.

prognostic a., n. 徴候を示す, 前兆の; 徴候, 予測.

prognosticate v. 予言する, 予知する, 予示する.

prognostication (病気の) 予後; 予測; 徴候.

prognosticator 予言者.

program(me) n. プログラム, 番付, 番組; 予定, 計画, 予定表, 課程表; Computer プログラム; (政党の) 綱領. — v. 計画する; …に番組を提供する; Computer プログラム化する; (電算機に) プログラムを与える.

program(me) language Computer プログラム言語.

programmatic a. プログラムの; 標題音楽の; 綱領の, 綱領に従った.

programmed learning プログラム学習.

programmer 番組編成者; (電算機の) プログラマー.

program(me) music 標題音楽.

progress *n.* 進行, 前進; 進歩, 発達. **in progress** 進行中. **make progress** 進行する, 発達する. — *v.* 前進する; 進歩する.

progression 前進; *Math.* 数列.

progressive *a.* 前進的な; 漸進的な, 累進的な; 進歩的な, 進歩主義の. — *n.* 進歩主義者; [P-] 進歩党員.

prohibit *v.* 禁じる, 妨げる (one *from* doing).

prohibition 禁止; 禁令; 酒類製造販売禁止.

prohibitionist (酒類製造販売)禁止論者.

prohibitive, prohibitory *a.* 禁止的な; (値段が)とても手の出ない.

project *v.* 計画する, 設計する; 突き出る; 投げ出す, 発射する; 投影する, 投写する. — *n.* 計画; (大がかりな)事業, プロジェクト; 研究課題; =housing project.

projectile *n.* 投射物, 発射物, 弾丸. — *a.* 発射する, 推進する.

projection 発射, 投射; 突出(部); 投影; 映写; 計画.

projective *a.* 射影の.

projector 計画者, (山師会社の)発起人; 投射器; 映写機, プロジェクター.

prolate *a.* *Math.* 扁長の.

prolegomenon 序説, 序論.

proletarian *a., n.* プロレタリア(の), 無産階級の(身分).

proletariat 無産階級.

prolife *a.* 妊娠中絶合法化反対の.

proliferate *v.* *Biol.* 増殖する, 繁殖する; 拡散させる.

proliferation (核兵器の)拡散.

prolific *a.* 子をたくさん産む; 多産の, 多作の; (土地が)肥えた; 産む, 富む (*in*, *of*).

prolix *a.* 長たらしい.

prolog(ue) (芝居の)前口上, 開幕辞; 序詩, (小説の)プロローグ; (事件の)発端.

prolong *v.* 延長する.

prolongation 延長; 猶予(日数).

prom (大学・高校で行う)ダンスパーティー; = promenade concert.

promenade *n.* 遊歩, 散歩; 遊歩場. — *v.* 遊歩する, 散歩する.

promenade concert 遊歩演奏会, プロムナードコンサート.

promenade deck 遊歩甲板.

promenader 遊歩者.

Prometheus *Gk Myth.* プロメテウス《天から火を盗み人類に与えた》.

promethium *Chem.* プロメチウム《希土類元素》.

prominence 顕著; 卓越; 突出; 小高い所; *Astron.* 紅炎.

prominent *a.* 突出した; 目立った, 卓越した.

promiscuous *a.* ごたまぜの, 無差別の; 乱交の; 不規則な.

promise *n.* 約束, 契約; 見込み, 望み; 気配. — *v.* 約束する; 予示する, 気配がある, 見込みがある (*to* be, *to* do).

Promised Land *Bib.* 約束の地; あこがれの地.

promiser 約束者; 約束手形振り出し人.

promising *a.* 有望な.

promissory *a.* 約束の.

promissory note 約束手形.

promo *n., a.* 宣伝(用の).

promontory 岬.

promote *v.* 進める, 助長する; 促進する; 昇進させる, 進級させる (*to*); (会社を)起こす; 盗む, だまし取る.

promoter 助成者; 首唱者; (会社の)発起人; (ボクシングなどの)興業主, プロモーター; *Biol.* (遺伝子の)プロモーター.

promotion 助長, 促進; 唱導; (会社の)発起, 創立; 昇級, 進級; 宣伝(活

動), 売り込み; 販売促進 商品.

promotion video プロモーションビデオ.

promotive a. 増進する.

prompt a. 敏速な, 機敏な; 即座の.
— v. 刺激する, 促す; (役者などを)後見する.
— n. 助言; せりふ付け; 後見.

promptbook 後見用の台本.

prompt box プロンプター席.

prompter (役者の)後見, プロンプター.

promptitude 敏速, 機敏.

promptly ad. 敏速に, 即座に; きっかり.

promulgate v. 公布する, 発布する; (宗旨などを)普及させる, 伝道する.

promulgator 普及者, 伝道者.

pronation (手・足の)回内.

prone a. うつ向きの; 平伏した; 傾向のある, (…し)がちな (to do).

prong n. (フォーク・熊手などの)また, 針.
— v. 刺す; (熊手で)かく.

pronged a. またのある.

pronominal a. 代名詞(的)の.

pronoun Gram. 代名詞.

pronounce v. 発音する; 断言する, 宣告する, 宣言する.

pronounced a. 明白な, はっきりした, 顕著な.

pronouncement 宣告, 宣言.

pronto (Sp) ad. 急速に.

pronuclear a. 原子力発電賛成の.

pronunciamento 宣言書; 革命宣言.

pronunciation 発音(法).

proof n. 立証, 証明; 証拠; 試験; 校正刷り; (酒類の)標準強度, プルーフ.
— a. (水・火などに)耐える; (誘惑などに)負けない, 動じない (against, to); 検査済みの.

proofread v. 校正する.

proofreader 校正者.

proof spirit 標準強度のアルコール飲料.

prop[1] v. 支える (up). — n. 支え, つっぱり, 支柱; 支持者, 擁護者.

prop[2] [pl.] 小道具(方); =propeller.

propaganda 宣伝.

propagandism 伝道; 宣伝.

propagandist 宣伝者.

propagandize v. 宣伝する, 布教する.

propagate v. 増殖する, 繁殖する, 増殖させる, 繁殖させる; 伝える, 広める, 普及させる, 宣伝する.

propagator 普及者, 宣伝者.

propane Chem. プロパン.

proparoxytone a., n. 語尾から第三音節目にアクセントのある(語).

propel v. 推進する.

propellant a. 推進する. — n. (銃砲の)発射薬, (ロケット)推(進)薬.

propellent a., n. =propellant.

propeller 推進器, プロペラ.

propelling pencil シャープペンシル.

propensity 性向, 傾向.

proper a. 適当な, 当然の, 正しい; 正式の, 本式の, 本当の; 礼儀正しい; 独自の, 固有の, 特有の (to); 本土の; まったくの. **good and proper** まったく.

proper fraction Math. 真分数.

properly ad. 適当に; 正しく; 礼儀正しく; まったく.

proper noun [name] Gram. 固有名詞.

propertied a. 資産のある.

property 所有(権); 所有物; 財産, 資産; 性質, 特性; [pl.] (芝居の)小道具. **man of property** 財産家.

property man (芝居の)小道具方.

prophecy 予言(能力); Relig. 預言.

prophesy v. 予言する, 預言する.

prophet 予言者, 預言者; 予想者, 予想屋.

prophetess 女予言者, 女預言者.

prophetic(al) a. 予言の, 預言の; 予言的な, 予言する (of).

prophylactic *a., n.* 予防の; 予防薬, 予防法; コンドーム.

prophylaxis (病気の)予防法.

propinquity 近いこと, 近接; 近親.

propitiate *v.* なだめる, 機嫌を取る.

propitious *a.* 恵まれた, 幸運な, 幸先のよい; 順調な.

propjet ターボプロップ(機).

proponent 提案者.

proportion *n.* 割合, 比率; 部分, 分け前; 均衡, 釣り合い, 均整; [*pl.*] 大きさ, 容積; *Math.* 比例. **in proportion** 比例して, 応じて (*to, as*). **out of proportion** 釣り合いがとれないで (*to*). — *v.* 釣り合わせる, 比例させる.

proportionable *a.* 釣り合った.

proportional *a., n.* 比例する, 釣り合った; *Math.* 比例項.

proportionality 比例, 釣り合い.

proportionally *ad.* 比例して, 釣り合って.

proportional representation 比例代表(制).

proportionate *a.* よく釣り合った.

proportioned *a.* 比例した; 釣り合った.

proposal 申し出, 提議; 提案; 結婚の申し込み.

propose *v.* 提議する, 提案する; 申し出る; 結婚を申し込む; 目論む, 企てる; 推薦する.

proposition *n.* 提議, 提案; 計画; *Log.* 命題; *Math.* 定理; 仕事, 問題; 不法な提案, 不道徳な提案. — *v.* 提案する; (女に)淫らなことを持ちかける.

propound *v.* (問題などを)提出する, 提案する.

proprietary *a.* 所有の, 所有者の; 専売専用(権)の. — *n.* 所有者; 所有権, 専売権, 専用権.

proprietor 持ち主, 所有者; (ホテルなどの)経営者, 支配人.

proprietorship 所有権.

proprietress 女性の proprietor.

propriety 適当, 穏当; 上品, 礼儀; [*pl.*] 行儀作法.

propulsion 推進.

propylene *Chem.* プロピレン《無色可燃性の気体》.

prorate *v.* 配分する.

prorogation 停会.

prorogue *v.* (議会を)停会する.

prosaic *a.* 散文的な, 趣のない, 平凡な.

prosaism 散文体; 平凡さ.

proscenium 舞台前部.

proscribe *v.* 追放する, 排斥する.

prose *n.* 散文. — *v.* 散文体に書く; 平凡に述べる.

prosecute *v.* (調査・学問などを)遂げる; 訴追する.

prosecuting attorney 検察官.

prosecutor 訴追者, 告発者; 変節者.

proselyte *n.* 改宗者, 転向者. — *v.* 改宗させる, 改宗する.

proselytize *v.* ＝proselyte.

prose poem 散文詩.

proser 散文家; 無趣味に書く人, 無趣味に話す人.

Proserpina, Proserpine *Rom. Myth.* プロセルピナ《下界の女王》.

prosily *ad.* 散文体に.

prosodeme *Ling.* 韻律素《強勢, ピッチ, 休止》.

prosody 韻律学.

prosopopoeia *Rhet.* 擬人法.

prospect *n.* 眺め, 景色; 予想, 見込み; 客になりそうな人, 「かも」. **in prospect** 予期して, 見込んで. — *v.* (金鉱などを)捜す, 探鉱する; 調査する.

prospective *a.* 予想される, 未来の; 見込みのある, 有望な.

prospector 探鉱者, 鉱山師.

prospectus (会社創立・新刊書などの) 趣意書, 説明書, (学校などの) 一覧, 案内.

prosper v. 繁栄する, 成功する.

prosperity 繁栄, 成功.

prosperous a. 盛大な, 繁栄する; 好都合な, 順調な.

pross =prostitute.

prostate a. Anat. 前立腺の.

prostate gland Anat. 前立腺.

prosthesis Dent. 補綴; 補綴物.

prostitute n., v. 売春婦; (努力・才能などを) 卑劣な目的に用いる.

prostitution 売春行為, 売春制度.

prostrate a. ひれ伏した; 弱り果てた.
—v. 倒す, 打ちのめす, 屈服させる, 平伏させる; 衰弱させる.

prosumer 生産者兼消費者.

prosy a. 平凡な, 趣のない.

protactinium Chem. プロトアクチニウム 《放射性元素》.

protagonist (劇・小説などの) 主要人物, 主役; 大立者.

protasis Gram. (条件文の) 条件, 前提.

Protean a. (変身自在な) Proteus のような; [p-] 変幻極まりない, (俳優が) 多くの役を演じる.

protect v. 保護する, 守る; 防ぐ (from, against).

protection 保護, 防護; 保護貿易; =protection money; 避妊具, 旅券.

protectionism 保護貿易論, 保護貿易主義.

protectionist 保護貿易論者.

protection money (暴力団への) 保護料.

protection racket (やくざの) しょば代.

protective a. 保護する, 防護的な; 保護貿易の.

protective coloring [coloration]

Zool. 保護色.

protective tariff 保護関税 (率).

protector 保護者, 擁護者; 保護器, 保護装置; Ball Game プロテクター.

protectorate 保護国, 保護領.

protectress 女性の protector.

protégé (F) 被保護者, 子分.

protein 蛋白質.

proteinuria Med. 蛋白尿.

protest v. 反対する, 抗議する (against); 断言する, 言明する; 拒絶証書を作る.
—n. 抗議, 異議の申し立て; (手形の) 拒絶証書. **under protest** 抗議しながら, いやいや.

Protestant n., a. 新教徒; 新教 (徒) の; [p-] 抗議する (人).

Protestantism 新教.

protestation 断言, 言明; 抗議.

Proteus Gk Myth. プロテウス 《変幻自在の力をもった海神》.

prothalamion, prothalamium 結婚の前祝いの歌.

protium Chem. プロチウム 《水素の同位元素》.

protocol 議定書; 外交儀礼.

proton Phys. プロトン, 陽子.

proton-synchrotron Phys. 陽子シンクロトロン 《粒子加速装置の一種》.

protoplasm Biol. 原形質.

prototype 原型, 模型; Biol. 原型.

Protozoa Zool. 原生動物.

protozoan n., a. Zool. 原生動物 (の).

protract v. 長引かせる, 伸ばす; (縮尺を変えて) 製図する.

protractile a. 伸ばせる.

protractor 分度器.

protrude v. 突き出す, 突出する.

protrusile a. 突き出せる.

protrusion 突出 (部).

protrusive a. 突き出た; 出しゃばりの.

protuberance 隆起, こぶ.

protuberant *a.* 突起した, 突き出た, 飛び出した.

proud *a.* 自尊心のある, 誇りを持った, 名誉を重んじる; 誇る, 名誉とする (*of*); 威張った, 高慢な, 得意な; 堂々たる. **do** (a person) **proud** 面目を施させる.

proud flesh 肉芽《傷跡に盛り上がる肉》.

proudhearted *a.* 高慢な.

proudly *ad.* 誇りを持って; 自慢して, 威張って, 高慢に.

provable *a.* 証明できる.

prove *v.* 証明する; 示す; 試す; …であることがわかる, となる (*to* be).

provenance 起源, 由来.

Provençal *a., n.* プロバンスの; プロバンス人 (の), プロバンス語 (の).

Provence プロバンス《フランス南東部の地方》.

provender 飼い葉.

proverb 諺, 格言, 評判もの; [the Proverbs] *Bib.* 箴言.

proverbial *a.* 諺の; 評判の, 有名な.

proverbially *ad.* 諺通りに, 評判通りに, 一般に知られて.

provide *v.* 用意する, 整える (*for, against*); 与える, 供給する (*with*); 規定する (*that*).

provided, providing *conj.* …の条件で, もし…ならば (*that*).

providence 神の導き, 神助, 摂理; [P-] =God; 深慮, 倹約.

provident *a.* 用心深い; 倹約な.

providential *a.* 神助による, 摂理的な; 運のよい.

provider 供給者.

province (カナダなどの) 州, 省, 道; [*pl.*] 地方, 田舎; (学問などの) 領域, 部門.

provincial *a.* 地方の, 地方的な, 田舎風の; 偏狭な. — *n.* 地方人, 田舎者.

provincialism 田舎風; 国訛り; 偏狭.

provinciality =provincialism.

provincialize *v.* 地方的にする; 田舎者にする, 粗野にする.

proving ground (新兵器などの) 実験場.

provision *n.* 準備, 用意, 設備; 供給 (量); [*pl.*] 糧食, 食料; 条項, 規定. — *v.* 糧食を給する.

provisional *a.* 仮の, 一時的, 暫定的な.

proviso 但し書.

provisory *a.* 条件付きの, 仮の.

Provo 過激派の一員.

provocation 怒らすこと; 刺激; 怒り, しゃく, 憤激.

provocative *a., n.* 怒らせる (ような); 刺激する, 喚起する (*of*); 刺激物.

provoke *v.* 怒らせる; 刺激する (*to, to do, into doing*); 喚起する.

provoking *a.* 腹の立つ, しゃくにさわる; 喚起する.

provokingly *ad.* 腹の立つほど.

provost (米国大学の) 学務事務長; (英国大学の) 学寮長; (スコットランドの) 市長.

provost court 軍事裁判所《占領地域内の軽犯罪を即決する》.

provost marshal 憲兵隊長.

prow 船首.

prowess 武勇; あっぱれな腕前.

prowl *v.* (餌を求めて) うろつく. — *n.* うろつき.

prowl car (警察の) パトロールカー.

proxemics 近接学《人間と文化的空間の関係を研究する》.

proximal *a. Anat.* 近位の, 基部の.

proximate *a.* 近接した; (原因などが) 直接の.

proximity 近接, 隣接. **in the proximity of** …の付近に.

proximity fuse (目標に近付くと破裂するミサイルなどの) 近接 (電波) 信管.

proximo *a. Com.* 来月の.

proxy 代理 (人); 委任状.

prude 上品ぶる女.

prudence 思慮, 分別.

prudent a. 用心深い, 分別のある.

prudential a. 慎重に考えた, 思慮深い.

prudery 淑女ぶり, 取り澄まし.

prudish a. 淑女ぶった.

prune[1] v. (枝を)おろす (down, away, off), 刈り込む (文などを)切り詰める.

prune[2] プルーン《乾燥した西洋スモモ》.

prunella プルーネラ《婦人靴の上部に使う織物の一種》.

pruning hook 刈り込み鋏.

pruning knife 刈り込みナイフ.

prurience, pruriency 好色.

prurient a. 好色な.

Prussia プロイセン, プロシャ《ドイツ北部の旧王国》.

Prussian a., n. プロイセンの; プロイセン人.

Prussian blue 紺青; プルシャンブルー, 深青色.

Prussianize v. プロイセン風にする, 軍国主義化する.

prussic acid Chem. 青酸.

pry[1] v. 覗く (into); 探る, ほじくる (about, into).

pry[2] n., v. てこ(で上げる).

PS post scriptum (L, =postscript); public school.

psalm 聖歌, 賛美歌. **the (Book of) Psalms** Bib. 詩篇.

psalmbook =Psalter.

psalmist 聖歌作者; [the P-](詩篇の作者) ダビデ王.

psalmody 聖歌吟唱; 聖歌集.

Psalter Bib. 詩篇; [p-](特に礼拝用の)詩篇.

psephology 選挙学.

pseudoclassic(al) a. 擬古典的な.

pseudonym (作家の)ペンネーム, 筆名.

pseudonymous a. ペンネームを用いた, 筆名を用いた.

psf pounds per square foot.

pshaw int., v. ふん, へん, ちえっ(という).

psi プシー《ギリシャ字母の第23字; Ψ, ψ》;(念力などの)超常現象.

psi pounds per square inch.

psst int. ちょっと, もし.

PST Pacific Standard Time.

psych v. **psych oneself up** (…に対する)心構えをする, 覚悟をする (for). **psych out** おじけさせる, びくつかせる;(相手の気持ちや意図を)勘づく, 見抜く. **psych up** 覚悟をさせる (for).

Psyche Gk Myth. プシュケ《霊魂の化身で蝶の羽をもった美しい少女》; [p-] 霊魂; [p-] 心理.

psychedelia 幻覚の世界.

psychedelic a. 幻覚を生じさせる; 陶酔(感)の, 恍惚の, サイケ調の. ― n. 幻覚剤(常用者).

psychiatrist 精神科医.

psychiatry 精神病学.

psychic a. 精神の, 心霊の. ― n. 巫女, 霊媒.

psychical a. =psychic.

psycho n. 精神分析; 神経症患者. ― a. 精神病学の; 神経症の. ― v. 精神分析をする.

psychoanalysis 精神分析.

psychoanalyst 精神分析学者.

psychoanalytic(al) a. 精神分析の.

psychodrama Psychol. 心理劇《精神病治療のために患者にやらせる》.

psychogenic a. 心因性の.

psychohistorian 歴史心理学者.

psychohistory 歴史心理学.

psychokinesis 念力.

psycholinguistics 心理言語学.

psychological a. 心理学的な.

psychological moment きわどい時, 潮時.

psychological war(fare) 心理戦争, 神経戦.

psychologist 心理学者; 人の性格・感情 などがよくわかる人.

psychologize v. 心理学的に扱う.

psychology 心理学.

psychoneurosis 精神神経症.

psychopath 精神病質者.

psychopathic personality 精神病質者, 精神病質人格.

psychopathology 精神病理学.

psychopathy 精神病; 精神病質人格.

psychosexual a. 性心理の.

psychosis 精神病.

psychosomatic a. 心身相関の.

psychosomatic medicine 精神身体医学.

psychosurgery 精神外科.

psychotherapy (暗示・催眠術などによる) 精神療法.

psychotic a. 精神病の.

PT Pacific Time. **PTA** Parent-Teacher Association.

ptarmigan Ornith. ライチョウ.

PT boat U.S. Nav. 哨戒魚雷艇.

pterodactyl Paleontol. 翼竜.

pterosaur =pterodactyl.

PTO please turn over 裏面へ続く, 次ページへ続く.

Ptolemaic a. Ptolemy の, 天動説の.

Ptolemaic system 天動説.

Ptolemy プトレマイオス, トレミー 《2世紀頃の Alexandria の天文学者・数学者》.

ptomaine Chem. プトマイン, 死毒.

PTV public television.

ptyalin Biochem. 唾液素.

pub 居酒屋, パブ; 旅館.

pubarche 陰毛発生.

pub-crawl n., v. はしご酒 (をする).

puberty 思春期.

pubes 陰毛; 陰部.

pubescent a. 思春期になった.

pubic a. 下腹部の; 陰毛の; 恥骨の.

pubis Anat. 恥骨.

public a. 公の; 公衆の; 公共の; 一般の; 公開の; 公然の, 周知の. —n. 公, 社会, 世間, 公衆. **in public** 公然と.

publican 居酒屋の主人; Bib. 取税人.

public assistance 公的扶助.

publication 発表, 公表; 発行, 出版; 出版物.

public bar (パブの) 一般席.

public bath (ホテルなどの) 共通浴室.

public conveniences 公衆便所.

public corporation 公共企業体, 公社, 公団.

public defender 公選弁護人.

public domain 国有地, 州有地; 公有 《著作権などの権利消滅状態》.

public health 公衆衛生.

public hearing 公聴会.

public house =pub.

publicist 評論家; 国際法学者; 宣伝係.

publicity 公開, 周知; 評判; 宣伝, 広告.

publicize v. 知り渡らせる, 宣伝する.

public law 公法.

publicly ad. 公に, 公然と.

public nuisance Law 公的不法妨害; 公害; 厄介者.

public opinion (poll) 世論 (調査).

public relations 広報 (活動).

public school 公立初等・中等学校; パブリックスクール 《独特の伝統を持つ私立中等学校》.

public servant 公務員, 官公吏.

public service 公共事業, 公共企業 (体); 公共奉仕, 社会奉仕; 公職.

public speaking 演説; 話術.

public spirited a. 公共心のある.

public television 公共テレビ放送.

public utility 公益事業; [pl.] 公益事業会社株.

public works 公共土木工事.

publish v. 発表する, 公布する; 出版する, 発行する.

publisher 発行者, 出版者; 新聞経営者.

puce n., a. 暗褐色 (の).

puck パック《アイスホッケー用ゴム製平円盤》.

Puck パック《いたずら好きの妖精》.

pucker v., n. ひだ(を取る), しわ(を寄せる), しわになる.

puckery a. しわを生じる, ひだを生じる.

Puckish a. いたずら好きの.

pudding プディング《菓子》; まぬけ; お金; ペニス.

pudding face ばか面.

pudding head ばか者.

pudding stone Mineral. 礫岩.

puddle n. 水溜まり. —— v. 土をこねる; こね土を塗る; (水溜まりなどを)かき回す.

puddler 錬鉄者, 錬鉄炉.

puddly a. 水溜まりの多い; 泥だらけの.

pudendum (女性の)外陰部.

pueblo (アメリカインディアンの)石・れんが造りの集落; [P-] プエブロ族《米国南西部のインディアン》.

puerile a. 子供っぽい.

puerperal a. 出産の, 分娩による.

puerperal fever 産褥熱.

Puerto Rican a., n. プエルトリコの; プエルトリコ人.

Puerto Rico プエルトリコ《中米の米国領の島》.

puff n. 一吹き; (新聞などの)誇大広告; 化粧ばけ, パフ; 生涯; 羽ぶとん. —— v. (湯気・煙など)ぷっぷっと出す, ぷっぷっと出る; ぷっと吹く; 息を切らす; 膨れる, 膨ら(ま)す (up, out); ほめる; ぷっぷっと動く; 宣伝する, ほめたてる.

puff adder Zool. パファダー《アフリカ産の毒蛇》.

puffer Ichthy. フグの類; 汽車ぽっぽ.

puffery 吹聴.

puffin Ornith. ツノメドリ.

puffiness 膨れ; 自慢; Med. 腫れ.

puff paste Cookery パフペースト.

puffy a. 膨れた; 肥満した; ぷっと吹く; 息切れのする.

pug[1] パグ《狆に似た顔をした小犬》; しし鼻.

pug[2] n., v. こね土, 粘土(を詰める).

pug[3] 拳闘家; 獣の足跡.

pugilism 拳闘.

pugilist 拳闘家.

pugnacious a. けんか早い.

pug nose しし鼻.

puissance 権力; 元気.

puissant a. 権力のある, 元気がある.

puke v. 吐く.

pulchritude (女性の)肉体美.

pule v. ひーひー泣く.

Pulitzer Prize ピューリッツァ賞《毎年新聞・文学関係で優秀な仕事をした米国市民に与えられる》.

pull v. 引く, 引っ張る (at); (舟を)漕ぐ, 進む; (果物などを)もぐ; (毛を)むしる; (栓・歯などを抜く; (酒を)飲む; (たばこを)吸う (at a pipe); (顔を)しかめる; (筋肉を)張りすぎて痛める; (支持を)得る; (犯罪などを)やらかす. **pull down** 取り壊す; 下落させる; 弱らせる. **pull in** 引っ込める, たぐる; 引き締める; (列車・船などが)はいって来る; 止める; 逮捕する. **pull on** 引っ張って着る. **pull off** 引っ張って脱ぐ. **pull out** 引っ張り出す; 抜く; 漕ぎ出る; (列車・船などが)出て行く. **pull round** 回復させる. **pull through** (困

難を)切り抜ける, 全快する. **pull together** 協力する. **pull to pieces** 引き裂く; こきおろす. **pull oneself together** 身を引き締める, 元気を出す; 落ち着ける. **pull up** 引き抜く; 止める, 止まる. — n. 引くこと, 引き; 引く力; 一漕ぎ; 一杯; 一服; 努力, 骨折り; 利益, 有利な立場; 縁故, ひき, こね.

pullback (軍の)撤退; 後ろに引き寄せて膨らましたスカート.

pullet 若いめんどり.

pulley 滑車, せみ.

pull-in (トラック運転手用の)軽食堂, ドライブイン.

Pullman (鉄道の)特等車.

pullout *Aeronaut.* (急降下から水平上昇への)引き起こし, 折り込み; 撤退.

pullover プルオーバー《頭から被って着るセーター》.

pullulate *v.* 発芽する, 繁殖する.

pulmonary *a.* 肺の, 肺を侵す.

pulmonic *a.* 肺の, 肺炎の.

pulmotor 人工呼吸器.

pulp 果肉; パルプ《製紙原料》; 安雑誌.

pulpit 説教壇; [the ~] 教壇, 説教; 説教者.

pulp magazine 三文雑誌.

pulpwood パルプ材.

pulpy *a.* パルプ状の, 果肉の多い.

pulsar *Astron.* パルサー《電波天体》.

pulsate *v.* 脈打つ, 鼓動する; 震える, ぞくぞくする.

pulsator 振動器; (電気洗濯機の)パルセーター.

pulse[1] *n., v.* 脈(打つ); *Elec.* 瞬間波動, パルス; 律動; (一般的な)傾向; *Biochem.* 物質の適用量.

pulse[2] 豆類, 豆.

pulse-jet engine パルスジェットエンジン.

pulverable, pulverizable *a.* 砕ける.

pulverize *v.* 粉にする, 粉になる; 霧にする, 霧になる; (議論などを)粉砕する.

pulverizer 粉砕機, 噴霧器.

pulverulent *a.* 粉の; ほこりだらけの.

puma *Zool.* ピューマ.

pumice *n., v.* 軽石(で磨く).

pummel *n., v.* =pommel.

pump[1] *n.* ポンプ; (ポンプを取り付けた)井戸. — *v.* (ポンプで水を)汲む(out, up); 聞き出す; …とセックスする.

pump[2] [*pl.*] パンプス《紐なしで着脱する軽い靴》.

pumpernickel プンパーニッケル《粗製のライ麦パン》.

pump jockey ガソリンスタンドの店員.

pumpkin カボチャ; 立派な人物; 頭.

pump priming 誘い水式経済政策.

pump room (温泉場の)鉱泉飲水場.

pun *n., v.* 地口, 語呂合わせ, だじゃれ(を言う).

punch[1] *n.* 穴あけ器, 切符切り鋏, パンチ; (げんこの)一打ち. — *v.* (切符に)鋏を入れる; (穴を)あける, (型を)抜く; げんこを食らわす. **punch in** タイムレコーダーを押して入る. **punch out** タイムレコーダーを押して出る.

punch[2] パンチ《酒に果物・香味料・砂糖・牛乳などを加えた飲料》.

Punch-and-Judy show パンチ人形芝居.

punch bowl パンチボール.

punch card *Statistics* パンチカード.

punch-drunk, punchy *a.* (パンチを受けて)ふらふらになった; 混乱した.

puncheon 大樽; 間柱.

puncher =key puncher.

punch line (漫画・喜劇・演説などの)かなめになる文句.

punch-up なぐり合い.

punctilio 礼儀作法の細かな点; 儀式張ること.

punctilious *a.* 礼儀作法のやかましい, 几帳

面な.

punctual *a.* 時間を厳守する, 時間をたがえない.

punctually *ad.* 時間通りに, きちんと.

punctuate *v.* 句読点を付ける; (言葉などを) 中断する; 強調する.

punctuation 句読(法).

punctuation marks 句読点(., ; : ! ? など).

puncture *v.* 穴をあける, 刺す; (タイヤが)パンクする. — *n.* 刺すこと; 穴; (タイヤの)パンク.

pundit (インドの)学者; 物知り; うぬぼれ屋.

pungent *a.* 刺すような, ぴりっとする, 辛い; 鋭い, 痛烈な.

Punic *a.* 古代カルタゴの; (カルタゴ人のように)信義のない.

Punic faith 背信.

punish *v.* 罰する, 懲らす (*for, with*); やっつける.

punishable *a.* 罰せる; 罰すべき.

punishing *a.* ひどい目に遭わせる.

punishment 罰, 刑罰; ひどい仕打ち.

punitive *a.* 刑罰の, 懲罰的な.

punk[1] 火口.

punk[2] 不良, ちんぴら; パンク調 (わざと汚した服装やつっぱった態度); = punk rock.

punk rock パンクロック (歌詞が攻撃的で野卑なロック).

punster だじゃれのうまい人.

punt[1] *n., v.* 角形平底船 (をさおで動かす).

punt[2] *v.* 賭をする.

punt[3] *v., n.* (football が手から落ちた所を)蹴る (こと), パント(する).

puny *a.* ちっぽけな; 弱々しい; つまらない.

pup *n.* (犬・キツネなどの)子; (生意気な)青二才. — *v.* (犬が)子を産む.

pupa さなぎ.

pupate *v.* さなぎになる.

pupil[1] 生徒.

pupil[2] 瞳.

pupil(l)age 生徒の身分, 生徒の期間.

puppet 操り人形; (人の)手先, 傀儡.

puppeteer 操り人形師.

puppetry 操り人形作り, 操り人形芝居.

puppet show [**play**] 人形芝居.

puppy 子犬; おしゃれな若者.

puppy love 淡い恋.

pup tent 小型テント.

purblind *a.* かすみ目の; 愚鈍な.

purchasable *a.* 買える.

purchase *v.* 買う, (努力して)得る; (てこで)起こす. — *n.* 買い入れ, 購入; 購入品, 買い物; てこの作用.

purchaser 買い手.

purchase tax 物品税.

pure *a.* 純粋の; 純潔な; 単なる, まったくの; …のない (*of, from*). **pure and simple** 純然たる.

pureblood, pure-blooded *a.* 純血(種)の.

purée (F) ピューレ (野菜を煮てこしたもので作った濃いスープ).

purely *ad.* 純粋に; まったく; 単に.

pure merino *n.* (囚人移民と無関係の)初期純移住者; 指導的豪州人; 血筋の良い人, 人格者. — *a.* 一流の, 血統のよい良い.

purfle *n., v.* 飾りべり(を付ける).

purgation 清め; Rom. Cath. 浄罪; (下剤を用いた)便通.

purgative *a., n.* 通じをつける; 下剤.

purgatorial *a.* 煉獄の.

purgatory Rom. Cath. 浄罪界; 煉獄; 一時的な苦難(の場所).

purge *v.* 清める, 浄化する (*away*); 無実の罪をすすぐ (*of*); (不純分子を)一掃する, 追放する; (不純分子を追放して)粛清する; 通じをつける. — *n.* 清掃, 粛清, 追放, パージ; 下剤.

purificatory a. 清めの.

purifier 清浄装置, 浄化装置.

purify v. 清める, 浄化する (of, from); 身を清める; 精製する.

Purim プリム祭《ユダヤ人の例年祭》.

purism 用語の潔癖, 国語純正論.

purist 用語の潔癖家.

Puritan n., a. 清教徒(の).

puritanic(al) a. 清教徒的な; 厳格な.

Puritanism 清教(主義).

purity 純粋; 潔白, 純潔.

purl[1] n., v. 輪形のへり飾り(を付ける).

purl[2] v., n. (小川が)さらさら流れる(音).

purlieu 森林の周辺; [pl.] 郊外, 場末.

purloin v. 盗む.

purple a. 古代紫の, 深紅色の, 紫の; 王侯の, 高貴な. — n. 紫色; 紫衣; 王侯(の身分). **be born in the purple** 王家に生まれる. — v. 紫色にする, 紫色になる.

Purple Heart 名誉戦傷章.

purple passage (本や文章の中の)名文の箇所.

purplish a. 紫がかった.

purport n. 意味, 趣意. — v. …と言う, と称する (to be); 意味する, 示す.

purpose n. 目的, 意図; 決心, 決断力; 効果. **for the purpose of** …のために. **on purpose** わざと. **to no purpose** まったく無駄に. — v. 志す, 意図する.

purposeful a. 確固たる目的を持った; 果断な; 意味深長な, 重要な.

purposeless a. (確固たる)目的を持たない; 無意味な, 無益な.

purposely ad. わざと, 故意に.

purposive a. 目的をもった; 目的にかなった; 確固とした.

purr v., n. (猫が)ごろごろとのどを鳴らす(音).

purse n. 財布; ハンドバッグ; 富; 懸賞金, 寄付金. — v. すぼめる, すぼます (up).

purse-proud a. お金自慢の.

purser (汽船・旅客機の)事務長, パーサー.

purse strings 財布の紐.

purslane Bot. スベリヒユ.

pursuance 遂行, 履行. **in pursuance of** (…の遂行)に従事して.

pursuant a. (…に)従った (to).

pursue v. 追う, 追跡する, 狩る; 求める, 追求する; 従事する, 続行する; (道を)たどる.

pursuit 追跡; 追求; 従事, 遂行; 職業, 仕事, 研究. **in pursuit of** …を追って, を得んとして.

pursuit plane 追撃機, 戦闘機.

pursy a. 息切れする; 太った.

purulent a. 化膿性の.

purvey v. (食料品などを)調達する, まかなう.

purveyance (食料品などの)調達; 食料品.

purveyor (食料品などの)調達人, 仕出し屋; 御用商人.

purview 範囲; (法律の)本文.

pus 膿.

push v. 押す, 突く; 押し進む, 押し進める (on); せがむ, 強いる. **be pushed for** …に困る. **push off** 立ち去る, 出発する. **push on** 押し進む. **push out** 外へ伸ばす. **push over** 押し倒す. **push up** 押し上げる; 増進する. — n. 押し, 突き; 突進; 努力, 奮発; 急迫, 急場; 危機; 頑張り, 気力; 盗賊の一団. **get the push** 首になる **give the push** 首にする.

pushball プッシュボール《巨大な球を押し合う遊戯》.

push-bike 足踏み自転車.

push bunt Baseball プッシュバント.

push button (電鈴用の)押しボタン.

push-button a. 押しボタン式の, 押しボタン式による.

pushcart 手押し車.

pushchair (折りたたみ式)乳母車.

pusher 推進器; 猛烈なセールスマン; 麻薬密売人.

pushful a. 出しゃばりな; 進取の気性に富んだ.

pushing a. 推す; 進取的な, 活動的な; 押しの強い.

Pushkin プーシキン. **Aleksandr Sergee-vich Pushkin** (1799–1837) ロシヤの詩人・作家.

pushover すぐ負ける人, すぐだまされる人, すぐ説き伏せられる人; わけない問題, わけない事.

pushpin 画鋲.

pushup 腕立て伏せ.

pushy a. ごり押しする.

pusillanimous a. 臆病な.

puss 猫; 女の子.

pussy[1] 猫; 毛のある柔らかいもの; ネコヤナギの花.

pussy[2] 女性器, 性交(の相手の女性).

pussy[3] a. 膿をもった, 膿のような.

pussycat 子猫; 感じのいい人.

pussyfoot v. こっそり歩く; 日和見的態度をとる. —n. 禁酒主義者.

pussy willow Bot. ネコヤナギ.

pustular a. Med. 膿疱の.

pustulate, pustulated a. 膿疱のある.

pustulation 膿疱を生じること.

pustule 吹き出物.

put v. 置く, 据える, 載せる, 入れる, 付ける; 言い表す, 言う; 訳す(into); 評価する(at); (ある状態に)する, ならせる; 向ける. **be hard put to it** 困窮する. **put about** 針路を逆転する; 言いふらす; 困らせる. **put across** 効果的に説明する, 説得力がある. **put aside** = put by. **put away** =put by; 殺す; (刑務所へ)入れる; 食べる, 飲む. **put back** 返す, 戻す; 帰る. **put by** 片付ける; 取って置く; 避ける. **put down** 下に置く, 降ろす; 書く, 記入する; 静める; やり込める, 黙らせる; …と思う, 評価する(as, for); (…に)帰する(to); 着陸する. **put**

forth (力・芽などを)出す. **put forward** 前へ出す, 進める; 提出する; 推挙する; 提唱する. **put in** 入れる; 入港する; 提出する; 申し込む(for). **put it across** 出し抜く. **put off** 延ばす; 逃げる; 出発する; 脱ぐ; 取り去る; やめさせる(from); (偽物を)押しつける(upon). **put on** 着る, 着せる, はく; 風を装う; 増す, 加える; 扇動する; だます. **put oneself forward** えらそうにでしゃばる; 立候補する. **put onto** 紹介する. **put out** 出す; 外す; 消す; 困らせる, じらす, 怒らせる; (目などを)つぶす; (野球で)アウトにする; 出帆する. **put over** 達成する. **put them up** (なくろうとして)こぶしをふりあげる. **put through** 通す; (電話を)つなぐ; 成し遂げる. **put together** 合わせる. **put up** 上げる; 建てる; 上演する; 捧げる; 張り出す; (刀を納める); 貯蔵する; 泊まる, 泊める(at); 忍ぶ(with). **put upon** だます. **put (one) up to** (するように)扇動する. **put wise** 教える. —n. 押し, 突き; 売り方の選択. —a. 落ち着いた.

putative a. 推定の; 評判の.

put-down 押さえつけること; けなすこと.

putlog (足場の)腕木.

put-off 言い訳.

put-on n., a. 見せかけ(の); 冗談.

putonghua (中国の)普通語《ペキン方言に基づく標準語》.

putout Baseball 刺殺.

putrefaction 腐敗.

putrefy v. 腐らせる, 化膿させる.

putrescent a. 腐敗の, 腐ってきた.

putrescible a. 腐敗しやすい.

putrid a. 腐った, 嫌な.

putsch (G) 小反乱.

putt v., n. Golf パット(する).

puttee 革ゲートル, 巻ゲートル.

putter[1] Golf パター; パットする人.

putter[2] v. のらくら働く(at); ぶらつく(about,

around).

putting green *Golf* 軽打区域, グリーン.

putty *n.*, *v.* パテ(でつく).

putty medal わずかな報酬.

put-up *a.* 八百長の.

puzzle *n.* 当惑, 困惑; 難問; 考え物, パズル, 謎. — *v.* 困らせる, 当惑させる; 頭を悩ます (*over*). **puzzle out** 判じる, 解く.

puzzleheaded *a.* 頭が混乱した.

puzzlement 当惑.

puzzler 困らす人; 難問.

PW prisoner(s) of war. **PX** post exchange.

pyelitis *Med.* 腎盂炎.

pyemia *Med.* 膿血(症).

pygmy *n.*, *a.* 小人; ちっぽけな.

pyjamas =pajamas.

pylon (古代エジプト神殿の)塔門; (飛行機の)目標塔; (エンジンを吊るす)パイロン; (高圧電線をかける)鉄塔.

pylorus *Anat.* 幽門.

Pyongyang ピョンヤン《朝鮮民主主義人民共和国の首都》.

pyorrhea *Med.* (歯槽)膿漏(症).

pyramid ピラミッド, 金字塔.

pyramid selling ネズミ講式販売, マルチ商法.

pyre (薪を積み上げた)火葬壇.

pyretic *a.* 熱病の.

Pyrex *Trademark* パイレックス《耐熱ガラス》.

pyrexia *Med.* 発熱.

pyridine *Chem.* ピリジン《溶剤用》.

pyrite *Mineral.* 黄鉄鉱.

pyrites *Mineral.* 黄鉄鉱, 白鉄鉱.

Pyroceram *Trademark* パイロセラム《耐熱ガラス》.

pyromania 放火癖.

pyromaniac 放火魔.

pyrometer *Phys.* 高温計.

pyrotechnic(al) *a.* 花火の, 花火製造術の.

pyrotechnics 花火(製造)術.

pyrotechnist 花火製造者.

Pyrrhic victory 多大の犠牲を払って得た勝利, 引き合わない勝利.

Pythagoras ピタゴラス《紀元前5世紀のギリシャの哲学者・数学者》.

Pythagorean *a.*, *n.* ピタゴラスの(学派の人).

Pythagorean proposition [theorem] *Math.* ピタゴラスの定理.

Pythian *a.* Delphi の; アポロ(神殿)の.

python *Zool.* ニシキヘビ《熱帯産大蛇》; 神託; 予言者.

pythoness 巫女.

pyx *Rom. Cath.* 聖体容器.

Q

q Q字形のもの. **Q and A** 質疑応答.

Qatar カタール《アラビア半島東部の首長国》.

QED quod erat demonstrandum 以上で証明終わり.

Qing =Ching.

QMG quartermaster general.

QSL card (無線の) QSL カード《交信記念カード》.

q.t. *n.* on the q.t. こっそりと.

qua (L) *prep.* …として(は).

Quaalude *Trademark* クェールード《鎮静睡眠剤》.

quack[1] *v.*, *n.* (アヒルが)ガーガー鳴く(声).

quack[2] *n.*, *a.* にせ医者; いかさまの, いんちきな. — *v.* いんちき療法をする.

quackery いんちき療法.

quack-quack ガーガー; アヒル.

quad =quadrangle; quadruplet.

quadrangle 四角形; (大学などの)中庭(を囲む建物).

quadrangular *a.* 四角形の.

quadrant *Math.* 四分円, 象限;四分儀.

quadraphonic *a.* 4チャンネル方式の.

quadrate *n., a.* 正方形, 四辺形(の).
— *v.* 一致させる, 一致する (*with*).

quadratic *a., n. Math.* 二次の;二次方程式.

quadrennial *a.* 4年間続く;4年目毎の.

quadric *a.* =quadratic.

quadricentennial *n., a.* 400年記念(の).

quadrilateral *n., a.* 四辺形(の).

quadrille カドリール《4組のカップルで踊る古風なダンス》;カドリル《18世紀に流行したトランプ遊びの一種》.

quadrillion 千兆《10の15乗》;10の24乗.

quadripartite *a.* 4部から成る, 4人から成る.

quadrivalent *a. Chem.* 4価の.

quadroon 4分の1黒人.

quadruped *n.* 四足獣.
— *a.* 四足を有する.

quadruple *a.* 四重の, 四倍の;(条約など)四か国間の. — *n., v.* 四倍(する), 四倍になる.

quadruplet 四つ子の一人;四つ組み, 四つ揃い.

quadruplicate *v.* 四倍にする, 四重にする;四通りに作る.
— *a., n.* 四倍の, 四重の;四通りの(うちの一通り).

quaff *v.* がぶがぶ飲む.

quaggy *a.* 沼地の.

quagmire 泥沼, 沼地;苦境.

quail[1] *Ornith.* ウズラ.

quail[2] *v.* おじける, 疎む, 怯む.

quaint *a.* 古風で趣のある, 古雅な;妙な.

quake *v.* 揺れる, 震動する;ぐらぐら動く;震える. — *n.* 地震.

Quaker クェーカー教徒.

Quakerish *a.* クェーカー教徒らしい, (衣服・言語など)質素な.

Quakerism クェーカー主義.

qualification 資格 (*for*);制限.

qualified *a.* 資格のある, 権限のある, その筋の;専門の;免許の;適任の;限定された, 制限された, 条件付きの;ひどい.

qualifier 資格を与えるもの, 権限を与えるもの;資格を与える人, 権限を与える人;*Gram.* 限定詞, 修飾語句.

qualify *v.* 資格を与える, 権能を与える, 資格を得る, 権能を得る, 適任とする (*for*);見なす, 評する (*as*);加減する, 弱める, 薄める;修飾する, 形容する;*Log.*(命題の)量を定める.

qualifying *a.* 資格を与える;限定する, 修飾する.

qualitative *a.* 性質上の, 質的な.

qualitative analysis *Chem.* 定性分析.

quality *n.* 質, 品質, 性質, 特質;音質;良質, 優良;名門, 上流;[the ~]上流階級, 上流社会;高級紙, 高級新聞. — *a.* 良質の, 優秀な, すばらしい, 一流の.

quality control 品質管理.

qualm 軽いめまい, 吐き気;不安, 疑惑;良心の呵責.

quandary 困惑, 窮境.

quango (独立した)政府直属機関, 特殊法人.

quantifier *Gram.* 数量(形容)詞;*Log.* 限定記号.

quantify *v.* 量を定める, 量を計る.

quantitative *a.* 量の, 量的な.

quantitative analysis 定量分析.

quantity *n.* 量, 数量, 分量;音量;[*pl.*]多数, 多量 (*of*);*Log., Math.* 量.

quantum (L) *n.* 量, 分量;分け前;*Phys.* 量子. — *a.* 飛躍的な.

quantum jump [leap] 一大飛躍.

quantum theory 量子論.

quarantine n. (伝染病流行地から来た船などの)停船, 検疫(期間);(伝染病予防の)隔離, 交通遮断. — v. 検疫する, 隔離する.

quark Phys. クォーク《ハドロンを構成する仮説的な構成粒子》.

quarrel n. 喧嘩, 口論, 紛争;苦情, 文句. — v. 喧嘩する;仲たがいする;文句を言う, 難癖をつける(with).

quarrelsome a. 喧嘩好きな, 口論好きな.

quarry[1] 獲物, 餌食, 狙われたもの.

quarry[2] n. 石山, 石切り場;(知識・資料などの)宝庫. — v. (石を)切り出す;(知識・資料などを)あさる, 掘り出す.

quart クォート《量目の単位; = ¼ gallon》;1クォートます.

quarter n. 4分の1;15分;25セント(銀貨);四季支払い期;方位, 方角;地方, 地域, 地区, 地帯;(社会の)方面, (情報などの)出どころ;筋;[pl.] 宿所, (兵士の)宿舎;(降服者に与える)助命, 情け. **at close quarters** 接近して. — v. 四分する;宿営させる, 宿営する;(大逆犯人を)四つ裂きにする.

quarterage 四半期毎の支払い《税金・給料など》.

quarterback American Football クォーターバック.

quarter day 四季支払い日.

quarterdeck 後甲板.

quarterfinal n., a. 準々決勝(の).

quarter hour 15分;(ある時刻の)15分前, 15分過ぎ.

quartering 四分.

quarterly a., ad., n. 年4回の, 年4回に, 四季の, 四季に;年4回刊行物, 季刊誌.

quartermaster Nav. 操舵手;Army 需品係将校.

quartermaster general Mil. 主計総監.

quarter note Mus. 四分音符.

quarter section 半マイル四方の土地.

quarter sessions 三か月毎に開かれる裁判所;四季裁判所.

quarterstaff 六尺棒.

quarter tone Mus. 四分音.

quartet 四重奏(曲), 四重唱(曲), クヮルテット.

quarto 四つ折り判(の本).

quartz Mineral. 石英.

quartz clock [watch] 水晶時計, クォーツ時計.

quartz heater 石英管式ストーブ.

quasar Astron. 準星.

quash v. 取り消す, 破棄する;押さえる, 鎮める.

quasi a. 類似した, 外見上の. — ad. 外見上, いわば, すなわち.

quaternary a. Chem. 四基から成る;[Q-] Geol. 第四紀の. — n. 四部一組;[the Q-] Geol. 第四紀.

Quatorze Juillet (フランスで7月14日の)革命記念日, パリ祭.

quatrain 四行連句.

quatrefoil 四つ葉;Arch. 四つ葉飾り.

quattrocento (イタリア文芸復興期としての)15世紀.

quaver v. (声が)震える;震え声で歌う, 震え声で言う. — n. 震音, 震え声;八分音符.

quaveringly ad. 声を震わして.

quavery a. 震え声の.

quay 波止場, 岩壁.

quean 売春婦.

queasy a. (食物など)むかつかせる;むかつきやすい.

Quebec ケベック《カナダ東部の州・その州都》.

queen n. 女王, 王妃;(…の)女王;女々しい男, (同性愛で)女役をする男;恋人, 妻, 情婦. — v. [~ it として]女王然として振る

舞う, 気取る (*over*); *Chess* (ポーンを)女王にならせる.

queen consort 王妃.

queendom 女王国.

queen dowager 皇太后.

queenlike *a.* 女王のような; 女王然とした.

queenliness 女王らしさ.

queenly *a.* 女王らしい, 威厳のある.

queen mother 皇太后;(王子, 又は王女のある)女王.

queen post *Arch.* 対束.

Queen's English 純正英語.

queen-size *a.* (ベッドが)やや特大の.

queen substance *Biochem.* 女王物質.

queer *a.* 変な, 妙な, おかしな, 風変わりな; 体の調子が悪い, 気が変な, 気分が悪い; 頭がおかしい; まがいの, いかがわしい, 酔った, 取りつかれた (*for*); 同性愛の. ― *v.* だめにする;(人を)不利な立場に置く. ― *n.* 同性愛の男; にせ金. **in queer** 困って.

queerish *a.* 少し変な.

queer-looking *a.* 妙な風をした.

queerly *ad.* 変に, 妙に.

quell *v.* 鎮める; 鎮圧する.

quench *v.* (のどの渇きを)いやす;(火などを)消す;(熱情を)冷却する;(感情を)抑制する; 黙らせる.

quenchless *a.* 消し難い, 押さえきれない.

quenelle 肉だんご.

querist 質問者.

querulous *a.* 不平を言う; 怒りっぽい.

query *n.* 疑問, 質問; *Print.* 疑問符. ― *v.* 疑問をはさむ, 疑う; 質問する; *Print.* 疑問符を付ける.

quesadilla ケサディーヤ《メキシコ料理》.

quest *n.* 探求, 追求, 捜索; 探求物. **in quest of** …を捜し求めて.

question *n.* 質問, 疑問, 疑問文; 問題; 事件;(会議の)裁決. **beg the question** 仮定

に基づいて論じる;(巧みに)問題を避ける.

beyond [out of, without] question 確かに, 疑いもなく. **call in question** 疑いをさしはさむ. **in question** 論議中の, 問題の. **out of the question** 問題にならない. **pop the question** 結婚を申し込む. ― *v.* 尋ねる, 質問する, 尋問する; 疑う; 研究する.

questionable *a.* 疑わしい, いかがわしい.

question mark 疑問符 (?); 疑問の点.

question master =quizmaster.

questionnaire (F) (箇条別書き込み式の)質問書, アンケート.

question tag *Gram.* 付加疑問.

quetzal *Ornith.* ケツァール《中央アメリカ産》.

queue *n., v.* 弁髪;(順番を待つ)列(を作る); *Computer* 待ち行列.

queue jumper 割り込みする人.

quibble *n., v.* ごまかし, 言い抜け(る), こじつけ(る); しゃれ(を言う).

quick *a.* 速い, 迅速な, 機敏な, 敏速な, 鋭敏な, 賢い, 気の早い, 短気な, 激しやすい. **the quick and the dead** 生者と死者. ― *n.* (傷口・爪の下などの)生き身. **to the quick** 生き肉にまで; 痛いほど, 痛切に. ― *ad.* =quickly.

quick-change *a.* (役者が)早変わりの.

quicken *v.* 生かす, 生きる; 活気づける, 活気づく; 刺激する, 促す; 速力を増す, 早める, 早まる;(胎児が)胎動を始める.

quick-firer 速射砲.

quick fix 即効薬.

quick-freeze *v.* (食料品を)急速冷凍する.

quickie 速成のもの; やっつけ仕事; ぐい飲みの一杯.

quicklime 生石灰.

quickly *ad.* 速く, 急いで.

quicksand 流砂, 浮き砂; 油断のならない危険(な要素).

quickset 生け垣.

quick-sighted *a.* 目ざとい.

quicksilver 水銀.

quickstep *Dance* クイックステップ.

quick-tempered *a.* 短気な.

quick time 速歩《1 分間歩幅 30 インチで 120 歩》.

quick-witted *a.* とんちのある, 機敏な.

quid[1] 1 ポンド(£1).

quid[2] (かみたばこの)ひとかみ.

quid pro quo (L) 代償(物); しっぺ返し.

quiescent *a.* 静かな, 静止した.

quiet *a.* 静かな, 静止した; おとなしい, 閑静な, 平静な, 安らかな;(色彩など)落ち着いた, 地味な. —*n.* 静けさ, 閑静; 安静, 平穏, 平和; 平静, 安心, 落ち着き. —*v.* 静める, 静まる (*down*); なだめる, 落ち着かせる.

quieten *v.* 静かになる, 静かにさせる.

quietly *ad.* 静かに, 穏やかに.

quietude 静けさ; 穏やかさ, 平安, 平静.

quietus 総勘定; 最後のとどめ, 死.

quiff 額になで降ろした巻き毛; たくみな策略; 尻軽女, 浮気女.

quill (翼や尾の)堅い羽, 羽柄; 羽ペン, 鵞ペン; 爪楊枝;(ヤマアラシの)針. —*v.* (レースに)管状にひだを付ける; こびる.

quilt *n., v.* (刺し子の)掛けぶとん, キルト; 刺し子に縫う.

quilting 刺し子縫い, キルティング; 刺し子ぶとんの材料.

quim 女性器.

quin [*pl.*] =quintuplets.

quince *Bot.* マルメロ(の果実).

quincentenary *a., n.* 500 年(目)の; 500 年祭.

quinine キニーネ.

quinquevalent *a. Chem.* 5 価の.

quinsy *Med.* 扁桃(周囲)膿瘍.

quint *Cards* クイント《同じ組の 5 枚続きの札》;

[*pl.*] 五つ子.

quintal キンタル《メートル法の重量の単位; =100 kg》; =hundredweight.

quintessence 精髄, 真髄.

quintet 五重奏(曲), 五重唱(曲), クインテット.

quintillion 10 の 18 乗; 10 の 30 乗.

quintuple *a., n.* 5 倍の(量). —*v.* 5 倍する.

quintuplet 五つ子の一人; [*pl.*] 五つ子; 5 個一組, 5 人一組.

quintuplicate *a.* 5 倍の, 5 重の;(写しが)5 番目の. —*n.* 5 個一組のうちの一つ, 5 枚の写しのうちの一枚.

quip *n.* いやみ, 皮肉; 軽口, しゃれ; 言い逃れ; 変な物, 変な行為. —*v.* 皮肉を言う, からかう.

quire (用紙)一帖《=1/20 ream, 24 枚または 25 枚.》.

quirk いやみ, ごまかし; 飾り書き.

quirt *n., v.* 編み革の乗馬鞭(で打つ).

quisling 敵国内応者, 裏切り者.

quit *a.* (義務・責任など)免れて (*of*). —*v.* (…から)去る, 立ち退く; 止める, 辞職する, 放棄する.

quitclaim *Law* 権利の放棄(証書).

quite *ad.* まったく, すっかり, 全然; なかなか, 随分.

quitrent 免役地代.

quits *a.* 五分五分で, 恨みなしで (*with*). **call it quits** 仕事を止める, 絶交する. **call [cry] quits** 互いに五分五分だから争うのはよそうと言う.

quittance (責務の)免除, 帳消し, 辞職; 領収証.

quitter 敗北主義者, 臆病者.

quiver[1] えびら, 矢筒.

quiver[2] *v., n.* 震える, 震わせる, ゆらめく, ゆらめかす; 震え, 震動.

qui vive (F) 誰だ, 待て, (歩哨の)誰何. **on the qui vive** 警戒して.

quixotic *a.* ドンキホーテ式の, 空想的な, ばかげて博愛的な.

quixotism, quixotry ドンキホーテ流, ばかげた博愛主義, 空想的理想主義.

quiz *n., v.* クイズ, 試験, テスト(する); 質問(する); 試問.

quizmaster クイズの司会者.

quiz program [show] (テレビ・ラジオの)クイズ番組.

quizzical *a.* 冷やかす; 不審そうな.

quod *n., v.* 刑務所(に入れる).

quoin *n.* (建物の)角石, 隅石; くさび(形のもの). —*v.* 隅石を付ける, くさびを打つ.

quoit *n.* 鉄輪; [*pl.*; *sing.* 扱い] 鉄輪投げ. —*v.* 投げる.

quondam (L) *a.* 昔の, 以前の.

Quonset hut かまぼこ形宿舎.

quorum (L) (会議などに必要な)定足数.

quota 割り当て, 割り当て量, 割り当て額; (移民・学生などの)定数.

quotable *a.* 引用する価値のある, 引用に適する.

quota system (輸入額・移民数などの)割り当て制度.

quotation 引用(語), 引用句, 引用文; 時価, 相場(表), 見積もり, 見積書.

quotation marks 引用符(' ', " ").

quote *v.* 引用する; 引照する, 引き合いに出す, あげる; 相場を言う; 見積もる. —*n.* 引用文句; [*pl.*] =quotation marks.

quoth *v.* 言った (said) 《第一人称と第三人称だけに倒置語順で用いる》.

quotidian *a.* 毎日の; 平凡な; (熱など)毎日ある, 毎日出る.

quotient *Math.* (ある数を割った)商, 係数.

q.v. quod vide (L, =which see) それを見よ, …参照.

R

r R 字形(のもの). **the three R's** =reading, writing & arithmetic《読み・書き・算数》.

R (<restricted) *Motion Pictures* 制限つき《17歳未満の入場は親か成人の同行が必要》.

Ⓡ registered trademark 登録商標. **RA** Royal Academy. **RAAF** Royal Australian Air Force.

rabbet *n., v.* 実刳(で継ぎ合わせる).

rabbi ラビ《ユダヤの律法学者》.

rabbit *n.* アナウサギ, (飼い)ウサギ(hare より小型), 野ウサギ; ウサギの毛皮; 弱虫, 下手な競技者. —*v.* ウサギ狩りをする.

rabbit burrow ウサギの穴, ウサギの巣.

rabbit ears V字形の室内テレビアンテナ.

rabbit fever *Med.* 野兎病.

rabbit hutch ウサギ小屋.

rabbit punch *Boxing* ラビットパンチ《後頭部への反則パンチ》.

rabbit's foot ウサギの足《幸運のまじない》.

rabbit test 妊娠検査.

rabbit warren ウサギの繁殖地, ウサギの飼育場; 人込みの裏町, 人込みの建物.

rabbity *a.* ウサギの多い; つまらない, 取るに足らない.

rabble¹ 野次馬; [the ～] 下層社会.

rabble² (反射炉などの)撹拌棒.

rabble-rouser 民衆扇動家.

Rabelais ラブレー. **François Rabelais** (1494?-1553) フランスの風刺ユーモア作家.

Rabelaisian *a.* ラブレー風の, 野卑で滑稽な.

rabid *a.* 猛烈な; 過激な, 気違いじみた; 狂犬病の.

rabies *Med.* 狂犬病, 恐水病.

raccoon *Zool.* アライグマ.

raccoon dog *Zool.* タヌキ.

race[1] *n.* 競走; 競争; レース; 競馬; [the ~s] 競馬会; 疾走, 大急ぎ; 早瀬, 瀬戸; (水車を動かす)水流. — *v.* 競走する, 競走させる, 競争する, 競争させる(*with*); 疾走する, 疾走させる; 競馬に凝る; 競馬に賭ける; (エンジンなど)空転する, 空転させる.

race[2] 人種; 民族, 種族; 家柄, 家系; 子孫; 仲間; 社会.

race card *Horse Racing* 出馬表.

racecourse 競馬場, 競走場, トラック.

racehorse 競走馬.

raceme *Bot.* 総状花序.

race meeting 競馬会.

racemose *a. Bot.* 総状花序の.

racer 競走者, レーサー; 競走馬; レース用自転車, レース用自動車, レース用ヨット(など).

race riot 人種暴動.

racetrack =racecourse.

race walking 競歩.

rachitis *Med.* くる病.

racial *a.* 人種上の.

racialism 人種的偏見.

Racine ラシーヌ. **Jean Baptiste Racine** (1639–99) フランスの悲劇詩人.

racing 競馬; 競走; ボート競走.

racing car レーシングカー《競走用自動車》.

racism 民族優越感, 民族優越論; 人種差別.

racist 人種差別論者.

rack[1] *n.* (汽車などの)網棚, 格子棚, (帽子・刀・ペン)掛け; (手足を引っ張って責める)拷問台, 拷問; (歯車のかみ合う)歯板. **be on the rack** ひどく苦しむ. — *v.* (棚に)のせる; 拷問台にかける; (病気などが)激しく苦しめる; (心などを)張りつめる; 搾取する.

rack[2] 破滅, 破壊; 飛び雲. **go to rack and ruin** 破滅する, 荒廃する.

rack car (鉄道の)自動車輸送車.

racket[1] ラケット.

racket[2] *n.* 大騒ぎ; ばか騒ぎ, 浮かれ騒ぎ; 陰謀; ゆすり, 横領詐欺; 職業. — *v.* 道楽する.

racketeer *v., n.* (金品を)ゆすり取る; ゆすり.

rackety *a.* 騒がしい; ばか騒ぎの好きな.

rack railroad 歯軌条鉄道.

rack rent 法外な地代, 法外な家賃.

rack-rent *v.* 法外な地代を取る, 法外な家賃を取る.

racon =radar beacon.

raconteur (F) 話の上手な人; 座談家.

racoon =raccoon.

racquet =racket[1]; [*pl.*] ラケットボール《スカッシュに似た球技》.

racy *a.* きびきびした; 本場の, 独特の風味のある; (話が)きわどい.

rad *Phys.* ラド《放射線量の単位》.

radar レーダー, 電波探知機.

radar beacon *Telecom.* レーダービーコン《レーダーの発信電波を受ける自動応答装置》.

radarman レーダー技師.

radarscope (レーダーの)電波映像鏡.

radar trap レーダートラップ《レーダーを用いた車のスピード違反検知区間》.

radial *a., n.* 放射状の; =radial tire.

radial(-ply) tire ラジアルタイヤ.

radiance 輝き, 光輝.

radiant *a.* きらきらする; 晴れやかな; 放射する. — *n.* 放射点, 光点.

radiate *v.* 放射する, 放熱する; 発散する, 放散する; (喜び・感化などを)伝える, 及ぼす; (道路が)放射状に延びる. — *a.* 放射状の.

radiation 放射, 発光, 放熱; 放射物, 放射線; *Phys.* 放射能, 放射性.

radiation sickness *Med.* 放射線病.

radiative *a.* 発光する; 放射的な.

radiator (蒸気暖房の)放熱器, ラジエーター; (自動車の)エンジン冷却器.

radiator grille 放熱器格子.

radical *a.* 根本的な;(政治上)急進的な, 過激な; *Math.* 根の; *Ling.* 語根の.
— *n.* 急進論者,過激党員;語根; *Chem.* 基,根; *Math.* 根数,根号《√》;部首.

radical chic 過激派好み.

radicalism 急進主義, 急進論.

radical left =New Left.

radically *ad.* 根本的に.

radical right =New Right.

radicle *Bot.* 幼根.

radio *n.* ラジオ,無線電信,無線電話.
— *v.* 無電を打つ;(ラジオで)放送する.

radioactive *a.* 放射能のある.

radioactivity 放射能.

radio astronomy 電波天文学.

radio beacon ラジオビーコン,無線標識.

radio beam 無線ビーム.

radiobroadcast *v.* ラジオで放送する.

radio car 無線自動車.

radiocarbon 放射性炭素.

radiocarbon dating 放射性炭素年代測定法.

radiocast *v.* ラジオで放送する.

radiochemistry 放射化学.

radiochromatogram *Chem.* ラジオクロマトグラム《クロマトグラム上での放射能測定値をグラフ表示したもの》.

radio compass ラジオコンパス,無線方向探知器.

radio-controlled *a.* 無線操縦の,ラジコンの.

radio direction finder 無線方向探知機.

radio direction finding 無線方向探知.

radioelement 放射性元素.

radio frequency 無線周波数.

radiogenic *a.* 放射能によって生じる;ラジオ放送に適する.

radiogram =radiotelegram; radiograph.

radiograph X線写真.

radiography X線写真術.

radioisotope 放射性同位体.

radiolocation 電波探知法.

radiologist 放射線学者;レントゲン技師.

radiology 放射線学.

radioman 無線技師.

radiometer *Phys.* 輻射計,ラジオメーター.

radionics 電子工学.

radiophone =radiotelephone.

radioscopy X線透視(法).

radiosonde ラジオゾンデ《電波によって上層気象を測定する機械》.

radio station 放送局,無線局.

radiotelegram 無線電報.

radiotelegraph 無線電信.

radiotelephone *n., v.* 無線電話(をかける).

radio telescope 電波望遠鏡.

radiotherapy 放射線療法.

radio wave 電波.

radish *Bot.*(ハツカ)ダイコン.

radium *Chem.* ラジウム.

radius 半径;(車輪の)輻;地域,範囲.

radix *Bot.* 根; *Math.*(対数の)底;(統計の)位取り;基数.

RAdm rear admiral.

radon ラドン《放射性元素》.

RAF Royal Air Force.

raff 下層社会;やくざ者.

raffia ラフィア《ラフィアヤシの繊維》.

raffish *a.* やくざな;けばけばしい.

raffle *n., v.* 富くじ(販売法で売る).

raft[1] *n., v.* 筏(に組む),筏を流す,筏で運ぶ,筏で行く.

raft[2] 多数,多量.

rafter[1], **raftsman** 筏乗り.

rafter[2] (家の)たる木.

rag[1] *v.* 叱る;いじめる;(乱暴に)からかう.
— *n.* 悪ふざけ,ばか騒ぎ.

rag[2] ぼろ切れ; [*pl.*] ぼろ, 断片; くだらない新聞; 生理用ナプキン. **chew the rag** ぐちをこぼす; だべる. **glad rags** すばらしい服.

rag[3] ラグタイムの曲.

ragbag がらくた袋.

rag doll 縫いぐるみの人形.

rage *n.* 激怒; 猛威, 激烈; 熱狂; 熱望 (*for*); [the ~] 大人気, 大流行; (一時的に)大流行する物, 人気者, もてはやされる物, 売れっ子. ─ *v.* 激怒する, 狂い回る (*at, against, upon*); (風・海など)荒れる, (戦争・流行病など)猛威を振るう.

ragged *a.* ぼろぼろの; ぼろを着た; ざらざらの, もじゃもじゃの; ふぞろいの; 耳障りな; 雑な; 神経をすりへらした.

raggle-taggle *a.* 色とりどりの; ごたまぜの.

raging *a.* 荒れ狂う, 猛烈な.

raglan ラグラン外套.

ragman ぼろ屋.

Ragnarok *Scand.Myth.* 神々の没落.

ragout (F) ラグー《肉・野菜などの煮込み》.

ragpicker ぼろ拾い.

ragtag 下層民; ならず者. **ragtag and bobtail** 下層民.

ragtime ラグタイム《シンコペーションをきかせたリズム》.

ragtop 幌屋根の乗用車.

rag trade 洋服販売(業).

ragweed *Bot.* ブタクサ.

rah *int.* フレー, それっ《激励の声》.

raid *n.* 急襲, 侵入, 掃討; (警察の)手入れ; (権力者の)資金流用 (*on, upon*). ─ *v.* 襲撃する, 侵入する (*into*); (警察が)手入れを行う.

raider 襲撃者; 爆撃機.

rail[1] *n.* 横木, 手すり; レール; =railroad. **by rail** 鉄道で. **off the rails** 脱線して; 乱れて. ─ *v.* 横木を付ける, 手すりを付ける, 柵で囲う (*off, in*); レールを敷く; 鉄道で送る.

rail[2] *v.* ののしる (*at, against*).

rail[3] *Ornith.* クイナ.

rail fence 横棒垣, 柵.

railhead 軌条頭; *Mil.* 軍需品補給端, 末駅.

railing 木柵, 鉄柵.

raillery からかい, 冷やかし.

railroad *n.* 鉄道(会社). ─ *v.* 鉄道を敷く; (議案を)強引に通す; 無理やり人にやらせる; 濡れ衣を着せる.

railway 線路, 市街軌道; =railroad.

raiment 衣類.

rain *n.* 雨, 降雨; [the ~s] 雨期, 季節雨; (…の)雨. **(come) rain or shine** 晴雨にかかわらず(来る). ─ *v.* 雨が降る; (雨のように)降る, 降らす; (賛辞が)どっと来る. **rain on** 雨のように降らす. **rain out** (行事など)雨で延期にする, 雨で中止にする. **It never rains but it pours.** 降れば必ずどしゃ降り《2度あることは3度ある》.

rainbow 虹.

rainbow trout *Ichthy.* ニジマス.

rain check 雨天引き換え券, (売り切れなどの際の)次回の優先予約購入券; 再度の招待.

raincoat レーンコート.

rain date 雨天の際の予備日.

raindrop 雨滴, 雨だれ.

rainfall 降雨(量).

rain forest (多)雨林.

rain frog *Zool.* アマガエル.

rain gauge 雨量計.

rain hat [hood] 雨よけ帽, 雨よけフード.

rainmaking 人工降雨.

rainproof, raintight *a.* 防水の.

rain shower にわか雨, 夕立.

rainstorm 雨嵐.

rainsuit (ビニールなどの)雨着.

rainwater 雨水.

rainwear 雨着.

rainy *a.* 雨天の, 雨の多い.

rainy day 困った時, 不幸な時.

rainy season (熱帯地方の)雨期.

raise *v.* 起こす, 立てる; 揚げる; 奮起させる;(パンを)膨らます;(価格を)引き上げる,(声を)高める;(叫びなどを)発する; 昇 進させる; 建てる; 栽培する, 飼養する,(子供を)育てる; 募る, 集める; 引き起こす;(質問を)出す,(異議を)唱える; 生き返らせる;(幽霊を)呼び出す;(包囲を)解く.

   raise money on ...を質に金を調 達する.

   raise one's eyebrow (軽蔑して)額に八の字を寄せる. —— *n.* 高くなった 所; 値上げ; 昇 給.

raised *a.* 一段 高くした; 浮き彫りの.

raiser 栽培者, 飼育者.

raisin 干しブドウ.

raison d'être (F) 存在理由; 生き甲斐.

raja(h) (インドの)王, 貴族.

rake[1] *n.* 熊手, レーキ; 熊手形の器具.

   —— *v.* (レーキで)かき集める (*together, up*), かきのける (*off*), かき出す (*out*); かく; 隈なく捜す (*out, over, in, into*); 掃射する.

rake[2] *v., n.* (マストなど)傾斜する; 傾斜(度).

rake-off (不正取り引きの)分け前.

rakish *a.* (船が)軽快な, 粋な.

Raleigh ローリー. **Sir Walter Raleigh** (1552?-1618) 英国の探検家.

rallentando (It) *a., ad. Mus.* だんだん緩やかな, だんだん緩やかに.

rally[1] *v.* (再び)集める,(再び)集まる;(総力を)結 集する,(連盟を)強化する; 奮起する;(元気など)回復する; *Tennis* ラリーを応 酬する. **rally round** 助けに来る. —— *n.* 再挙, 盛り返し, 回復; 奮起; *Tennis* ラリー;(政治的・宗教的)集会, 大衆 集会; ラリー《自動車の耐 久 競技》.

rally[2] *v.* からかう.

rallying point 集 合点;(諸勢力結集の)中 心点.

ram *n.* 雄 羊; 破城槌;(軍艦の)衝角;(土を打ち固める)たこ. —— *v.* (破城槌・衝角などで)突く, 打ち込む, 突き当てる, 衝 突する; 打ち固める; 詰め込む; 乱暴に刺し込む.

RAM random access memory *Computer* ランダムアクセスメモリー; Royal Academy of Music.

Ramadan (イスラム暦の)9 月《日の出から日没まで断食する》; ラマダンの断 食.

ramble *v.* ぶらつく; 漫 談する, 漫然と書く, 漫然と読む;(つる草など)はびこる. —— *n.* ぶらつき, 漫 談, 漫読.

rambler ぶらつく 人; *Bot.* ハイバラ.

rambling *a.* ぶらぶら歩く; 散漫な; 雑然たる; だだっ広い;(つる草など)はびこる.

rambunctious *a.* 乱暴な.

ramekin, ramequin [*pl.*] ラムカン《チーズにパンくず・卵 などを混ぜて焼いたもの》.

ramie *Bot.* ラミー(の繊維), カラムシ(の繊維).

ramification 分枝; 結果.

ramify *v.* 分枝する, 分岐する; 枝 状に広がる.

ramjet (engine) ラムジェット《噴射推進機関の一種》.

ramp *v.* (獅子が)後 足で立ち上がる; 飛び上がる, 襲いかかる; 傾斜する; 激怒する. —— *n.* (高さの違う平面をつなぐ)傾斜面;(高速道路などの)ランプ; *Aeronaut.* 駐機場, =apron; 大騒ぎ; 詐欺, かたり.

rampage *v., n.* 暴れ回る(こと). **go on the rampage** 暴れ回る.

rampant *a.* 猛烈な; はびこった;(悪事・病気など)盛んな; *Her.* (獅子が)後 足で立った.

rampart 塁壁, 土塁; 守備, 守り.

ramrod 桑 杖, 込め矢《銃 口掃除具》.

ramshackle *a.* ぐらぐらする.

ranch *n., v.* 牧 場 (を経営する).

rancher, ranchman 牧 場主, 牧 場労働者.

rancid *a.* (脂肪など)腐 臭のある.

rancor 恨み, 遺恨.

rancorous

rancorous *a.* 恨みのある, 遺恨のある.

R and B =rhythm and blues.

random *a.* 手当たり次第の, むやみの, でたらめな.
— *n.* 手当たり次第, でたらめ. **at random** 手当たり次第に, でたらめに.

random access *Computer* ランダムアクセス方式, 任意抽出方式.

randomize *v.* 無作為化する.

random sampling *Statistics* 無作為抽出.

randy *a.* 好色な.

range *n.* 範囲, 限界, 較差; 射程; 音域; 射(撃)場, (ロケットの)試射場; 列, 並び, 連なり; 組, 階級, 種類; 山脈; (料理用)レンジ; (動植物の)生息地, 分布地域.
— *v.* 並べる, 配置する; 続く, 連なる (*from...to...*); (範囲が)及ぶ (*over*); 肩を並べる (*with*); (...側に)立つ, 立てる; (銃など)構える; 射程を決める; 歩き回る; 放牧する.

range finder 距離測定器, 距離計.

ranger 歩き回る人; (森林・公園などの)警備隊員, レーンジャー; 武装警備員.

Rangoon ラングーン (Yangon の旧名).

rani, ranee (インドの)女王, 王妃.

rank[1] *n.* 位, 階級; 身分; 高位; 列, 横列; [*pl.*] 兵卒. **break ranks** 列を乱す, 落伍する. **rank and file** 下士卒, 兵卒; 一般の人. **rise from the ranks** 一兵卒から身を起こす, 卑しい身分から身を起こす.
— *v.* 位する, 位をつける (*above, below*); 並ぶ, 並べる (*with*); 部類に入れる, 評価する; ...より勝る; 悩ます, 苦しめる, 裏切る.

rank[2] *a.* はびこった, 茂った; 臭い; ひどい, まったくの; 卑俗な.

ranker 兵士上がりの将校.

ranking *a.* 上級の; 第一級の.

rankle *v.* (恨み・失望などが)心を痛ます, 苦しめる.

ransack *v.* 隈なく捜す; 略奪する.

ransom *n.* 身の代金, 賠償金; 身受け.
— *v.* 身受けする.

rant *v., n.* 暴言 (を吐く), 怒号(する), 豪語(する).

ranunculus *Bot.* ラナンキュラス (ウマノアシガタ属の植物).

rap *v., n.* こつんと叩く(こと), こつんと叩く音 (*at, on*); 叱る, 酷評(する), 非難(する); ぴた一文; おしゃべり(をする). **not care a rap** 少しもかまわない. **take the rap** 非難を受ける, 罰せられる.

rapacious *a.* 強欲な; 生物を捕食する.

rapacity 強欲.

rape[1] *n., v.* (女性・時として男性に対する)暴行(をする), 強姦(する).

rape[2] *Bot.* セイヨウアブラナ.

rape oil 菜種油.

rapeseed 菜種.

Raphael ラファエロ (1483–1520; イタリアの画家).

rapid *a.* 迅速な, 速い; (坂が)急な.
— *n.* [*pl.*] 急流, 早瀬.

rapid eye movement =REM.

rapid eye movement sleep =REM sleep.

rapid-fire *a.* 速射の; 矢継ぎ早の.

rapidity 迅速, 急速; 速度.

rapidly *ad.* 速く, すばやく.

rapid transit 高速度輸送.

rapier レピアー (細身両刃の剣).

rapist 強姦者.

rappel *v. Mountaineering* 二重に結束したザイルで岩壁を懸垂下降する.

rapport (F) 関係; 一致, 調和; 信頼.

rapprochement (F) (国家間の)親善, 和親, 国交回復.

rap sheet (個人の)逮捕記録.

rapt *a.* 心を奪われた, 忘我の, 夢中の, 熱心な.

rapture 忘我, 恍惚, 狂喜.

rare[1] *a.* まれな, 珍しい; 希薄な; すばらしい, すてきな.

rare^2 *a.* 生焼けの, 生煮えの, レアーの.

rarebit =Welsh rabbit.

rare earth *Chem.* 希土類.

raree-show 覗き眼鏡; 見世物.

rarefactive *a.* 希薄作用を有する.

rarefy *v.* 希薄にする, 希薄になる; (人格など)
磨く,(思想など)精緻にする.

rarely *ad.* まれに, 珍しく; めったに…しない.

raring *a.* 盛んに…したがる.

rarity 珍奇, 珍品; 希薄.

rascal *n.* 悪党, 悪漢; いたずらっ子.
— *a.* 卑しい.

rascality 非道, 悪党根性.

rascally *a.* 悪党の, 卑劣な.

rase *v.* =raze.

rash^1 *a.* 向こう見ずの, 短気な, 性急の.

rash^2 発疹, 吹き出物; (不快な事などの)急速
な)多発, 続発.

rasher (ベーコンやハムの)薄切り身.

rasp *n.* 石目やすり. — *v.* 石目やすりをかける;
こする, おろす (off, away); きしる, すれる; (神経
に)さわる, いらだたせる.

raspberry *Bot.* キイチゴ; 唇の間で舌をふ
るわせて出す軽蔑の発音.

Rastafarian ラスタファリア教徒.

Rastafarianism ラスタファリアニズム《黒人を
善としアフリカへの復帰を唱えるジャマイカ人の
宗派》.

rat *n.* ネズミ; 裏切り者, 脱党者, 卑怯者.
like a drowned rat 濡れ鼠になって. **Rats!**
ばかな, まさか. **smell a rat** (変だと)感付く.
— *v.* ネズミを捕る; 裏切る, 密告する (on).

ratable, rateable *a.* 見積もれる, 評価でき
る; 課税すべき.

ratafia (F) ラタフィア《果実酒の一種》.

rataplan どんどん《太鼓の音》.

rat-a-tat, rat-a-tat-tat とんとん(叩く音),
ダダダ.

ratchet (逆転を防ぐ)歯止め装置, ラチェット.

ratchet wheel つめ車, 追い歯車.

rate^1 *v.* 怒鳴り付ける (at).

rate^2 *n.* 率, 割合; 相場; 値段, 料金; 地方
税; 等級; 速度. **at any rate** とにかく. **at
that rate** そんな風では. **at this rate** こんな風
では.
— *v.* 見積もる; (…と)考える (as); 課税する;
等級をもつ, 位する.

ratepayer 地方税納付者.

rather *ad.* むしろ, いっそ, かえって; いくぶん, やや.
or rather むしろ. — *int.* 確かに, その通り.

rathskeller (G) (地下の)食堂,(地下の)ビヤ
ホール.

ratify *v.* 批准する.

rating 見積もり; 割り当て; (市税の)賦課額;
(船艦・船員などの)等級別; *Elec.* 定格;
Motion Pictures ランク付け; (テレビ・ラジオの)視
聴率; (政治の)支持率; (企業・個人の)信
用度; *Brit. Nav.* 下士官, 水兵.

ratio 比, 比例, 比率, 割合.

ratiocinate *v.* 推理する, 推論する.

ration *n.* 配給(量); [pl.] (軍隊の)一日
分の糧食, 口糧; [pl.] 食料.
— *v.* 配給する.

rational *a.* 理性的な; わけのわかった; 合理的
な; 理性(主義)の); *Math.* 有理の.

rationale (L) 論理的根拠.

rationalism 理性主義, 合理主義, 純理
論.

rationalist 合理主義者.

rationalistic *a.* 純理的な, 合理的な.

rationality 理性, 合理性.

rationalization 合理化.

rationalize *v.* 合理化する; 純理的に説明
する; *Math.* 有理化する.

rationally *ad.* 合理的に.

rational number *Math.* 有理数.

ratline (船の)縄ばしご.

rat race 狂気じみた競走; いたちごっこ.

ratsbane 殺鼠剤.

rattan *Bot.* 籐.

ratter ネズミ取り人, ネズミ取り動物; 裏切り者.

rattle v. がらがら鳴る, がらがら鳴らす; ぺらぺらしゃべる (*on, away, along*); 早口に読む, 暗誦する (*off, out, away*); がらがら落ちる (*down*), (車が) がらがら走る, 快く走る (*along*); 活気をつける (*up*); (獲物を)追い出す; まごつかせる, 困らせる.
—— n. がらがら(おもちゃ); おしゃべり; がらがら(いう音), 大騒ぎ; 驚き, 狼狽.

rattlebrain, rattlepate 頭がからっぽの人, 無分別な人.

rattlebrained a. 無分別な.

rattler がらがら音を立てる物, がらがら音を立てる人; 貨物列車; =rattlesnake; 逸品, 一流人物.

rattlesnake *Zool.* ガラガラヘビ.

rattletrap がた馬車, がた自動車; [*pl.*] がらくた; おしゃべりな人.

rattling a., ad. がたがたいう; 快速の, 元気な; すばらしい, すばらしく, ひどく.

rattrap ネズミ取り(器).

ratty a. ネズミの(ような); ネズミの多い; みすぼらしい; 怒りっぽい.

raucous a. しゃがれ声の.

raunch 卑俗, 猥褻.

raunchy a. だらしのない, 不精な; 猥褻な.

ravage v. 荒らす, 略奪する. —— n. 破壊, 暴威; [*pl.*] 荒廃, 惨害.

rave v. 熱狂的にしゃべる, うわごとを言う, 激賞する (*about, of*); ののしる, わめく; (風・海など)荒れる. —— n. 熱狂的称賛; 心酔.

ravel v. もつれさす, もつれる; 解く, ほどく, (縁など が)ほぐれる (*out*). —— n. もつれ, 混乱.

raveling ほつれ糸.

raven[1] *Ornith.* ワタリガラス.

raven[2] v. 餌をあさる, 略奪する; がつがつ食う.

ravenous a. 飢えきった, がつがつした.

rave-up 乱痴気騒ぎ.

ravine (川の浸食による)峡谷.

raving a. 荒れ狂う; 支離滅裂な; すてきな.
—— ad. すさまじく.

ravioli (It) ラビオリ《刻み肉を衣で包んだ料理》.

ravish v. 夢中にする, 恍惚とさせる; 奪い去る; 強姦する.

ravishing a. 心を奪うような, うっとりさせる.

ravishment 忘我, 恍惚.

raw a. 生の, 料理してない; 自然のままの, 加工してない; 未熟な, 無経験の; 赤肌の, ひりひり痛い; 冷え冷えする, じめじめして冷たい; 淫らな; 不公平な. —— n. すりむき; 生のもの, 生の酒. **in the raw** 生のままの; 洗練されていない; 裸の. **touch one on the raw** 痛い所に触れる, 弱点に触れる.

rawboned a. やせこけた.

raw deal ひどい仕打ち.

rawhide 生皮.

raw material 原料.

raw silk 生糸.

ray[1] n. 光線; *Phys.* 熱線, 放射線, 輻射線; 光明, きらめき; 射出形. —— v. 射出する.

ray[2] *Ichthy.* エイ.

rayon レーヨン.

raze v. (町・家などを)破壊する, 倒壊する; 消し去る.

razor かみそり.

razorback 尖った(山の)背; 背の尖った野生の豚.

razor-cut n., v. レザーカット《かみそりを用いたヘアカット》; レザーカットする.

razor-edge かみそりの刃; きわどいところ, 危機.

razz n., v. 冷笑(する), 非難(する).

razzle-dazzle n. ばか騒ぎ; 騒々しく華やかなショー; 波動回転木馬. —— v. 目をくらます.

RBC red blood cells [count]. **RBI** runs bat-

ted in *Baseball* 打点. **RC** Red Cross; rein-
forced concrete; Roman Catholic. **RCA**
Radio Corporation of America. **RCAF**
Royal Canadian Air Force.

r color *Phonet.* (そり舌母音の) r の音色.

RD refer to drawer; rural delivery. **RDF**
radio direction finder [finding].

re[1] *Mus.* レ音.

re[2] (L) *prep.* …に関して; …について.

reach *v.* 着く, 到着する; 達する, 届く, 及ぶ;
差し出す, 伸ばす, 伸びる (*out*); (物を取ろうと) 手を
伸ばす, 得ようとする (*for*); 手を伸ばして取る, 手を
伸ばして渡す, 降ろす (*down*); (人の心に) 印
象を与える, 動かす. — *n.* 手を伸ばすこと;
(手などの) 届く距離, (力の及ぶ) 範囲; (川の)
見通せる区域. **beyond [out of] reach** 達せ
られない, 及ばない. **within (easy) reach** (容
易に) 届く, (容易に) できる.

reach-me-down *a., n.* 出来合いの; [*pl.*] 既
製服.

react *v.* (刺激に対して) 反応する, 反響する;
反動する, 互いにはね返す (*on, upon*); 反抗する
(*against*); (軍隊が) 反撃する, 逆襲する.

reactance *Elec.* 誘導抵抗, リアクタンス.

reaction 反応; 反動, 反作用; 反抗.

reactionary *a.* 反応の; 反動的な; 保守的
な. — *n.* 反動主義者; 保守家.

reactivate *v.* 現役に戻す; 再開する.

reactive *a.* 反動的な; 反応を示す.

reactivity 反動; 反応.

reactor 反応する人, 反応する物; 原子炉.

read *v.* 読む, 読書する, 朗読する; 理解する,
(夢などを) 判じる; 読める, (読むと)…と書いてある,
表示する; …と訂正して読む; 勉強する, 研
究する; 専攻する; (カードなどから) 情報を読み
取る; *Computer* 情報を取り入れる. **read
out of** (宣言して党などから) 除名する. **read
up** 詳しく研究する.

readability 面白く読めること.

readable *a.* 読むに足る, 面白く読める.

readdress *v.* 宛名を書き直す; 再び話しかけ
る.

reader 読本; 読み手, 読者, 読書家; 出
版顧問; 助教授, 助手; *Computer* 読みとり
装置.

readership 読者層, 読者数; 助教授の
地位.

readily *ad.* 快く; すぐに; 容易に.

read-in *Computer* (記憶装置に) データを読みこ
むこと.

reading 読み方, 朗読; 読書; (議会の)
読会; 学識; 読み物; 解釈; (温度計などの)
示度.

reading desk 読書台, 書見台.

reading room 読書室, 閲覧室.

readjust *v.* 再調整する, 再整理する.

read-only memory *Computer* 読みとり専
用記憶装置.

readout (情報などの) 読み取り, 解読.

ready *a.* 準備が出来て, 用意が出来て; 用意
して, 覚悟して (*to, for*); いつでも (喜んで)…する,
今にも…しようとする (*to do*), …しがちな (*to do*);
迅速な, 即座の; 容易な, 重宝な, すぐ間に合
う. **make [get] ready** 用意する. — *v.* 用
意する; 現金払いにする. — *n. Mil.* (銃の)
構え; 現金.

ready-made *a.* 出来合いの, 既製の, 規格製
の; 受け売りの.

ready money 現金; 即金.

ready reckoner 計算早見表.

ready room 受令室 (飛行士の待機室).

ready-to-wear *a.* ＝ready-made.

reaffirm *v.* 再び断言する, 再び肯定する.

Reagan レーガン. **Ronald (Wilson) Reagan**
(1911-) 米国の俳優・政治家; 大統領
(1981-89).

reagent 試薬.

real *a.* 実在する, 実存する, 現実の; 真実の,

real coffee 本当の; 不動産の. — *ad.* 実に, まったく.

real coffee (インスタントに対して)本物のコーヒー.

real estate 不動産.

realism 実在論; 写実主義; 現実主義.

realist 実在論者; 写実作家; 現実論者, 実際家.

realistic *a.* 写実的な, 真に迫った; 現実的な, 実際的な.

reality 現実性; 本性; 実在, 実体; 現実; 迫真性. **in reality** (ところが)実際には.

realizable *a.* 実現できる; 現金化できる.

realize *v.* 実現する; 現実のように見せる, 写実的に表す; 実感する, 悟る; (証券・不動産などを)現金化する; 儲ける; …に売れる.

real-life *a.* 現実の, 実在の.

really *ad.* 実際, 真に; まったく.

realm 王国; 国土; 版図, 領域; 範囲.

realpolitik (G) 現実政策.

real time *Computer* 実時間, リアルタイム.

Realtor リアルター《全国不動産業者連合会に加入している不動産業者》.

realty 不動産.

ream[1] (用紙の)連《= 20 quires, 500 枚または 480 枚》.

ream[2] *v.* リーマーで穴を仕上げる.

reamer リーマー《打ち抜いた穴を仕上げる工具》; 果汁搾り器.

reanimate *v.* 生き返らせる, 復活させる; 元気づける.

reap *v.* 刈る, 刈り入れる, 収穫する; 獲得する, 得る.

reaper 刈り手; 刈り取り機.

reaping hook (刈り入れ用の)鎌.

reaping machine 自動刈り取り機.

reappear *v.* 再び現れる.

reappoint *v.* 再び任命する.

rear[1] *v.* 育てる, 飼う, 栽培する; あげる, 起こす, 建てる; (馬が)後足で立つ(*up*).

rear[2] *n.* 後部, 後方, 背後; 後衛, しんがり; 尻.
bring up the rear しんがりをつとめる.
— *a.* 後部の, 後方の.

rear admiral 海軍少将.

rear guard *Mil.* 後衛.

rearm *v.* 再武装する, 再武装させる, 再軍備する.

rear(view) mirror バックミラー.

rearmost *a.* 最後尾の.

rearrange *v.* 再整理する, 再配列する, 整理し直す; 取り決め直す.

rearward *ad.* 後方へ. — *n.* 後方, 後部.

reason *n.* 理由, わけ; 道理; 理性, 分別.
bring one to reason 聞き分けさせる. **by reason of** …のために. **hear [listen to] reason** 道理に従う. **in reason** 無理でない. **stand to reason** 道理に合う. **with reason** 十分のわけがあって. — *v.* 推論する(*about, of, upon*); 論じる(*why,* etc.); 説き伏せる. **reason one into…** 道理を説いて…させる. **reason one out of…** 道理を説いて…を止めさせる.

reasonable *a.* 合理的な, 分別のある; 道理にかなった, もっともな; 無理のない, 格好な.

reasonably *ad.* 合理的に; 無理なく; 適当に.

reasoning 推論, 推理.

reasonless *a.* 理性のない; 無分別な.

reassemble *v.* 再び集める, 再び集まる.

reassert *v.* 再び断言する.

reassess *v.* 再評価する.

reassume *v.* 再び取る, 再び引き受ける.

reassure *v.* 確信を新たにさせる, 安心させる; 再保険をつける.

reassuring *a.* 安心を与える.

rebarbative *a.* 人好きのしない, 嫌な.

rebate *n., v.* 割引, 払い戻し, 払い戻す, リベート(する).

rebel[1] *n., a.* 謀反人, 反逆人; 反逆の.

rebel[2] *v.* 謀反する, 背く(*against*); 反感を持つ.

rebellion 謀反, 反乱.

rebellious *a.* 謀反の; 反抗的な; 手におえない.

rebirth 生まれ変わり, 再生, 復活.

reborn *a.* 生まれ変わった, 再生した.

rebound *v.* はね返る. — *n.* はね返り; (感情などの)反動.

rebroadcast *n.*, *v.* 再放送(する).

rebuff *n.*, *v.* 拒絶(する), はねつく(る), けんつく(を食わせる).

rebuild *v.* 建て直す, 再建する.

rebuke *n.* 非難, 小言. — *v.* 叱る, 非難する.

rebus 判じ絵.

rebut *v.* 反駁する, 反証する.

rebutter 反駁(者); *Law* (被告の)第三訴答.

recalcitrant *a.* 反抗的な, 非協調的な, 手におえない. — *n.* 反抗者, 強情張り.

recalculate *v.* 計算し直す.

recall *v.* 呼び戻す; 思い出す; 取り消す, 撤回する. — *n.* (大使などの)召還; 想起; 取り消し, 撤回; (欠陥商品の)回収; リコール; 召艇信号; *Computer* 再現能力. **beyond [past] recall** 取り返しのつかない.

recant *v.* (言説などを)取り消す; (信仰・主張などを)放棄する.

recap[1] *v.* (古タイヤの表面に)ゴムを付けて補修する. — *n.* 再生タイヤ.

recap[2] *v.* =recapitulate. — *n.* =recapitulation.

recapitulate *v.* 要点を繰り返す, 要約する.

recapitulation 要点の繰り返し, 要約.

recapitulatory *a.* 摘要の.

recapture *v.* 取り返す. — *n.* 奪還.

recast *v.* 改作する; …の配役を変える. — *n.* 改作(品).

recce =reconnaissance.

recede[1] *v.* 退く, 遠のく; 引っ込む, 後方へ傾く; (品質・価値が)落ちる; 取り消す, 撤回する.

recede[2] *v.* (領土などを)返還する.

receipt *n.* 受け取り, 受領(書), 領収(証), レシート; [*pl.*] 受領高; 製法, 処方. — *v.* (請求書に)受け取りの署名をする.

receive *v.* 受け取る; 受ける; 受信する; 受け入れる, 収容する; 迎える, 歓待する, 接見する; 認める, 容認する.

received *a.* (一般に)容認された, 標準的な.

Received Pronunciation 容認発音, 標準発音.

receiver 受け取り人; (機械の)受け器; 受話器, 受信器; (盗品の)故買人; *Law* 管財人.

receiving set (ラジオ・テレビの)受信機, 受像機.

recency (事件などの)新しいこと.

recent *a.* 近頃の, 新しい, この前の.

recently *ad.* 最近, 近頃.

receptacle 容器; 貯蔵所; *Bot.* 花托; (電気の)コンセント.

reception 受け取り; 受容; 収容; 応接; 接見, 歓迎会, レセプション; 気受け; 認容.

reception desk フロント, 受付.

receptionist 受付係.

reception room 応接室; 居間; 待合室.

receptive *a.* 受容性に富む, 感受性の強い; 受け入れる (*of*), 迎える (*to*).

receptor 受容器, 感覚器官.

recess *n.* 休み時間, 休暇; (議会の)休会; (山腹などの)くぼみ, ひっこんだ所, 床の間, 壁龕. — *v.* 凹所に置く, 凹所を設ける; 休会する.

recession[1] 退場; (一時的な)景気後退.

recession[2] (領土などの)返還.

recessional *n.* 退場賛美歌《礼拝後, 牧師や聖歌隊の退席中に歌う》. — *a.* 退去の.

recessive *a.* 後退する, 退行の; (遺伝形質

が)劣性の.

recharge v. 再襲撃する, 再告発する, 再充電する.

recherché (F) a. 精選した; 入念な, 凝った.

recidivism Law 常習的犯行.

recipe 調理法; 方策.

recipient n., a. 受け取り人, 受領者; 受け入れる.

reciprocal a. 相互の, 交互の.
— n. Math. 逆数.

reciprocate v. 交換する, やり取りする; 報いる, 返礼する (with); (機械が)往復運動する, 往復運動させる.

reciprocity 交互作用; 互恵主義; 相互主義.

recital 詳説; 物語; 独奏(会), 独唱(会), リサイタル, 一作曲家の作品のみの演奏(会).

recitation 暗誦, 朗読.

recitative n., a. 叙唱(調)(の), レシタティーブ.

recite v. 暗誦する; 物語る; (生徒が教師の質問に)答える, 復唱する.

reckless a. 向こう見ずな; 意に介しない (of).

reckon v. 数える, 計算する; 断定する (that); 見なす, 考える; 思う; 当てにする (upon).
reckon up 総計する, しめる. **reckon with** 考慮に入れる; 清算する, 処理する.

reckoning 勘定, 計算, 清算; 測定.
day of reckoning 清算日; 最後の審判日.

reclaim v. 改善する, 矯正する; 改心させる, 教化する; 開拓する, 埋め立てる. — n. 教化, 改心.

re-claim v. 返還を要求する.

réclame (F) 周知; 売名.

recline v. 寄り掛からせる, 寄り掛かる, もたれる (on, upon, against); 横たわる.

recliner, reclining chair [seat] リクライニングシート.

recluse a., n. 世を捨てた(人).

recognition 認識, 認知; 承認; 見覚え; 会釈; (功労などを)認めること.

recognizable a. それとわかる, 認められる.

recognizance Law 誓約(書); 誓約保証金.

recognize v. 認識する, 認める, 承認する (that); 見覚えている; (功績などを)認める, 表彰する.

recoil v. 尻込みする, 怯む (from); (銃が)はね返る. — n. 尻込み; 後退; (銃の)反動.

recollect v. 思い出す.

re-collect v. 再び集める; (心などを)落ち着ける.

recollection 思い出; 記憶.

recombine v. 再び結合する.

recommend v. 推薦する; 勧告する; 受けをよくする; 委ねる.

recommendation 推薦(状), 忠告; 取り柄.

recommit v. 再び犯す; 再び委託する.

recompense v. 返報する, 報いる; 償う. — n. 返報, 報酬; 償い.

recompose v. 作り直す; (感情・争いを)落ち着かせる.

reconcilable a. 調停できる; 調和させられる.

reconcile v. 和解させる (to, with); あきらめさせる (to); 調和させる (with).

recondite a. 深遠な, 難解不明な.

recondition v. 修理する.

reconfirm v. 再確認する.

reconnaissance 偵察; 踏査; 偵察隊.

reconnoiter v. (敵情を)偵察する; (土地を)踏査する.

reconquer v. 再び征服する.

reconsider v. 再考する.

reconstitute v. 再構成する, 再編成する; (水を加えて)元に戻す.

reconstruct v. 再建する, 改造する.

record v. 記憶する, 録音する, 録画する.
— n. 記録; (競技の)最高記録, レコード; 音盤, レコード; 経歴, 履歴; (学校の)成績.
off the record 公表されずに, 非公式に.
on the record 公表されて, 公式に.
— a. 記録的な.

record-breaking n., a. 記録破り(の).

recorder 記録係; 録音機, テープレコーダー; 市裁判官; 縦笛, リコーダー(フルートの一種).

recording 録音(したもの), 録画(したもの)《レコード・テープ》.

record player レコードプレーヤー.

recount[1] v. 詳細に話す.

recount[2] v. 数え直す.

recoup v. 償う.

recourse 頼ること, 手段. **have recourse to** …に頼る, を用いる.

recover v. 取り戻す, 回復する; (病気が)治る(from); 償う, 埋め合わせる.

re-cover v. 再び覆う; (表紙などを)張り替える.

recovery 回復; 全快.

recovery room (病院の)回復室.

recreant a. 卑怯な; 変節の. — n. 卑怯者; 変節漢.

recreate v. 休養させる, 休養する, 楽しませる, 楽しむ.

re-create v. 改造する.

recreation 休養, 気晴らし, 娯楽, レクリエーション.

recreational vehicle レクリエーション用自動車《キャンピングカーなど》.

recreation room (病院などの)娯楽室.

recriminate v. 互いに罪をなすり合う.

recrudesce v. (病気など)ぶり返す.

recrudescence (傷・病気などの)再発.

recruit v. (新兵・新社員・新会員・新入生などを)募る. — n. 新兵, 新社員, 新会員, 新入生, 新参者.

rec sec recording secretary.

rectal a. 直腸の.

rectangle 長方形.

rectifier Elec. 整流器.

rectify v. 直す, 修正する; 調整する; Elec. 整流する; Chem. 精溜する.

rectilinear a. 直線の, 直線で囲まれた.

rectitude 正直, 方正, 廉潔.

recto (本の)右ページ.

rector 牧師; 校長, 学長.

rectorate rector の職, rector の任期.

rectory 牧師館.

rectum Anat. 直腸.

recumbent a. 横になった, もたれた.

recuperate v. (病気などから)回復する.

recur v. (話など)元に返る; 思い出される, 再び(心に)浮かぶ; 再発する, 繰り返される.

recurrence 回帰; 再起; 再発; 循環.

recurring decimal 循環小数.

recursive a. Computer 再帰的な.

recusancy 服従拒否; 英国国教忌避.

recycle v. 再循環させる; (廃物を)再生利用する; 秒読みを中止して始めに戻る.

red a. 赤い; 血まみれの; 過激な, 革命的な, 赤化した, 共産主義の. — n. 赤色(絵の具); 赤い衣服; [R-] 共産党員, 左翼の人; 赤毛の人; [the ~] Accounting 赤字; [the Reds] 赤軍, 左翼. **be in the red** 破産した; 赤字になって, 負債になって. **see red** かっとなる.

redact v. 編集する.

redaction 編集; 改訂(版).

red admiral Entom. アタランタアカタテハ.

Red Army (ソビエトの)赤軍.

red blood cell [corpuscle] 赤血球.

red-blooded a. 血気盛んな.

red breast Ornith. コマドリ.

redbrick a., n. (大学が)赤れんがの, 新設の(大学).

redcap (駅の)赤帽; 憲兵.

red-carpet *a.* 丁重な.

red cell [corpuscle] ＝red blood cell.

red cent 1セント銅貨; 少量.

red clover *Bot.* アカツメクサ.

Red Cross 赤十字(社).

red deer *Zool.* アカシカ.

redden *v.* 赤くする, 赤くなる.

reddish *a.* 赤味を帯びた.

redeem *v.* 買い戻す, 受け戻す, 回復する; 身受けする, (罪を)あがなう(約束などを)履行する; 償う; 埋め合わせる; (国債などを)償還する, (紙幣などを)回収する.

redeemable *a.* 買い戻される, 受け戻される; 償還される, 回収される; あがなえる.

redeemer 買い戻し人, 受け戻し人, 質受け人; [the R-] 救い主《キリスト》.

redemption 買い戻し, 受け戻し, 質受け, 身受け; (キリストによる)罪のあがない, 救い.

red ensign 英国商船旗.

redeploy *v.* (軍隊を)配置転換する.

red-eye 安ウイスキー; *Phot.* レッドアイ《フラッシュ撮影で被写体の目が赤く写る現象》; 夜間飛行便.

redfish *Ichthy.* ベニマス.

red flag 赤旗.

red-green blindness 赤緑色盲.

red-handed *a.* 現行犯の.

redhead 赤毛の人.

red heat ひどい興奮; 赤熱.

red herring 燻製にしん; 人の注意をそらす物, 人の注意をそらす手段.

red-hot *a.* 赤熱の; 猛烈な; (ニュースなど)最新の, センセーショナルな.

Red Indian アメリカインディアン.

redingote レディンゴート《両前の長い婦人用コート》.

redintegrate *v.* 元通り完全にする, 復旧する.

redirect *v.* 向き直す; 宛名を書き換える.

rediscover *v.* 再発見する.

redistribute *v.* 再分配する.

redistrict *v.* 再区分する.

red-letter day 祭日; 記念すべき日.

red light (交通の)赤信号; 危険信号.

red-light district 赤線区域.

redline *n.* 運用限界(速度). — *v.* 融資・保険契約の対象からはずす.

red man (アメリカ)インディアン.

red-neck 赤っ首(野郎)《米南部の無教養な白人労働者》.

redo *v.* 再びする, やり直す.

redolence 芳香.

redolent *a.* 芳香のある; 匂いがする; 思わせる *(of)*.

redouble *v.* 倍加する, 増大する.

redoubtable *a.* 恐るべき.

redound *v.* (結局…に)なる, 帰する, 資する *(to)*; 戻って来る, 報いる *(upon)*.

red-pencil *v.* 検閲する; 訂正する.

red pepper トウガラシ.

redress *v.* (不正・弊害などを)正す, 直す; (不足を)償う; 救済する. — *n.* 改善; 救済; 賠償.

Red Sea 紅海.

redskin アメリカインディアン.

redstart *Ornith.* ジョウビタキ.

red tape お役所風, 官僚的形式主義.

red-tapism (お役所風の)形式主義.

red tide 赤潮.

reduce *v.* 変じる, 化する, (…に)する *(to)*; 減少する, 縮小する, 下げる, 弱める, 割り引きする, 落ちぶれさせる; (はずれた骨を)直す, 継ぐ; 換算する; (腫れを)ひかせる; (化合物を)分解する; *Phonet.* (母音を)弱化する; (節食などで)体重を減らす. **be reduced to** …になる, に陥る.

reducer 変形するもの; 減少させるもの.

reduction 変形, 減少, 縮小, 低減; 衰微; 整復; 還元; *Phonet.* (母音の) 弱化.

redundant *a.* 余計な, 冗長な; (労働力が) 余った.

reduplicate *v.* 二重にする, 繰り返す.

reduplication 繰り返し, 重複.

redwing *Ornith.* ワキアカツグミ.

redwood *Bot.* セカイヤメスギ.

reecho *v.* 響き返す, 響き渡る.

reed *Bot.* アシ, ヨシ; (楽器の) 舌. **broken reed** 頼りにならぬ人.

reediness アシの多いこと; アシに似ていること.

reed instrument リード楽器.

reed organ 足踏みオルガン, リードオルガン.

reed pipe 葦笛; (パイプオルガンの) 舌管.

reed stop (パイプオルガンの) 舌管音栓.

reeducate *v.* 再教育する.

reedy *a.* アシの多い; アシのような; きーきーいう.

reef *n.* (帆の) 縮帆部; 暗礁, 砂州. — *v.* 縮帆する.

reefer 縮帆係 (midshipman の俗称); (船乗りなどの着る) 両前上着; マリファナ入りの巻きたばこ.

reef knot こま結び.

reek *n.* 湯気, 煙; 悪臭. — *v.* 湯気が立つ, 煙る, くすぶる; …臭い (*of*); (…の) 匂いがする, 感じがする (*of*).

reeky *a.* 煙る; 臭い.

reel *n.* 糸巻き; (針金・紙・ホース・フィルムを巻く) 枠, 巻き枠; (映画の) 一巻; (釣り竿の) リール; よろめき; リール 《スコットランド高地人の踊り; その曲》. **off the reel** すらすらと. — *v.* 糸を巻く, 繰る; ぐるぐる回る; よろめく, ぐらぐら揺れる. **reel in** (糸巻きに) 巻き取る. **reel off** (糸巻きから) 繰り出す; すらすらと話す, すらすらと読む.

reelect *v.* 再選する, 改選する.

reenforce *v.* = reinforce.

reenter *v.* 再び入る, 再び入れる.

reentrant *a.,* *n.* 再び入る (こと).

reentry 再び入ること; (宇宙船の大気圏への) 再突入.

reestablish *v.* 再建する, 復興する.

reeve *v.* (綱を穴に通す, (穴に通して) 結ぶ.

reexamine *v.* 再試験する, 再検査する, 再審理する.

reexport *v.* 再輸出する. — *n.* 再輸出 (品).

reexportation 再輸出.

ref *n.,* *v.* 審判員 (を務める).

reface *v.* (建物に) 新しい上張りを施す.

refashion *v.* 作り直す, 改装する.

refection 元気回復; 簡単な食事.

refectory (僧院・大学などの) 食堂.

refer *v.* 言及する, 指す (to), (人を指して…と) 呼ぶ (to a person as); 差し向ける, 照会させる; 任せる, 付託する; (…に) 帰する, (…のせいにする, 結び付ける (to); 照らし合わせる, 参照する, 問い合わせる (to).

referee *n.,* *v.* 仲裁人; (競技などの) 審判員; 身元保証人; (論文の) 審査員; 仲裁する, 審判する.

reference 言及, 参考, 参照, 参照文, 引用文, 参考文献, 参考資料; 参照符号 (*, †など); (身元・人物などの) 照会, 照会先, 証明書; 関係, 関連. **in [with] reference to** …に関して. **make reference to** …に言及する.

reference book 参考書 《辞書類》.

reference library (館外貸し出しをしない) 参考図書館.

reference mark 参照符号.

referendum 国民投票.

referent *Ling.* (語が) 指示する対象 (物).

referential *a.* 参考の; 照会の; 関係ある.

refill *v.* 再び満たす, 再び満ちる. — *n.* 新補充物; (ボールペンなどの) 詰め替え, リフィル; (飲食物の) お代わり.

refine *v.* 精製する, 精錬する, 純化する; 洗

練する, 磨きをかける, 改良する(on, upon); 精
細に論じる(on, upon).

refined a. 精製した, 精錬した; 上品な.

refinement 精製, 精錬, 純化; 上品,
優雅; 教養; 精妙, 微妙, 細かさ; 改
良.

refiner 精製機, 精錬機.

refinery 精製所, 精製装置, 精錬所, 精
錬装置.

refit n., v. (船の)修理(をする).

reflation Econ. (デフレーション後の)通貨再膨
張.

reflect v. (音・熱・光などを)はね返す, 反射す
る, 反映する; (...の像を映す; 反省する, 熟
考する(on, upon); (信用・不信用などを)招く,
もたらす(on, upon); (名誉を)傷つける(on,
upon); 非難する(on, upon).

reflecting telescope 反射望遠鏡.

reflection 反射, 反映; 反射光, 反射熱,
映像; 熟考, 反省; 感想; 非難.

reflective a. 反射する; 熟考する.

reflector 反射鏡, 反射鏡; 反射望遠
鏡; (慣習・思想などを)反映するもの《人・本
など》.

reflex a. 反射的な; 内省的な. — n. 反
射, 反映; 映像; 反射運動; Ling. 発達形,
派生形; =reflex camera. **conditioned re-
flex** 条件反射.

reflex action Physiol. 反射作用; 本能的
反応.

reflex arc Physiol. 反射弓.

reflex camera レフ型カメラ.

reflexion =reflection.

reflexive a., n. Gram. 再帰の; 再帰動詞,
再帰代名詞.

refluent a. (潮流・血液が)退く.

reflux 逆流, 退潮.

reforest v. (土地に)森林を再生させる.

reform v. 改善する, 刷新する, 改革する; 改

心する, 善導する. — n. 改善, 刷新, 改革.

re-form v. 作り直す; (軍隊などを)再編する.

reformation 改革, 革新; [the R-] 宗
教改革.

reformative a. 改善する, 感化する.

reformatory a., n. 改革する, 矯正する;
少年院.

reformer 改革者.

reform school 少年院.

refract v. (光・音・熱など)屈折する.

refraction 屈折.

refractive a. 屈折する.

refractor 屈折望遠鏡.

refractory a. 手におえない; (病気などが)手ご
わい; (金属が)溶解しにくい, (金属が)加工しに
くい.

refractory brick 耐火れんが.

refrain[1] v. 我慢する, 差し控える(from).

refrain[2] (歌の)折り返し.

refrangible a. 屈折性の.

refresh v. 新たにする, 新たになる, 清新にする;
新たに供給する; 元気づける, 活気づける.

refresher 清涼飲料; 復習, 補習;
思い出させるもの.

refresher course 再教育コース; 補習
科.

refreshing a. (気分を)清新にする, さわやかな;
元気づける; 心を引きつける.

refreshment 元気回復, 休養; [pl.] 軽
い飲食物.

refreshment room (駅などの)食堂.

refrigerant a., n. 冷却する, 解熱する; 冷
却剤, 冷凍剤; 解熱剤; 清涼飲料.

refrigerate v. 冷やす, 冷凍する, 冷蔵する.

refrigeration 冷却, 冷凍, 冷蔵.

refrigerator 冷蔵庫.

refuel v. 燃料を補給する.

refuge 避難, 疎開, 保護; 避難所, 隠れ家;
疎開地; (街路の)安全地帯; 頼み, 頼り, 手

段. **take refuge** 避難する, 逃げ込む (*in*).

refugee 亡命者; 避難者; 疎開者.

refulgent *a.* 光り輝く.

refund *v.* 払い戻す. — *n.* 払い戻し(金).

refurbish *v.* 磨き直す; 一新する.

refusal 拒絶, 辞退; 取捨選択権, 先買い権.

refuse[1] *v.* 拒絶する, 拒む, 退ける.

refuse[2] *n.*, *a.* くず, ごみ, 廃物; 廃物の.

refuse dump ごみ集積場.

refus(e)nik (ソ連の) 出国を許可されない科学者.

refutable *a.* 論破できる, 反証できる.

refute *v.* 論破する; 反証する.

regain *v.* 取り戻す; 復帰する, 戻る.

regal *a.* 帝王の(ような).

Regal *Trademark* リーガル《靴》.

regale *v.* もてなす (*with*); 喜ばせる (*with*); 美食する (*on*).

regalia 王位を表象する宝器《crown, scepter など》.

regality 王権.

regard *v.* 注視する, じっと見る; 尊重する; 重んじる; 見なす, 考える (*as*); 関係する. **as regards** …に関して. — *n.* 注視; 注意, 顧慮; 尊敬 (*for*); 関係; [*pl.*] (伝言に託する) 挨拶. **in [with] regard to** …に関して. **kind regards to** …によろしく. **without regard to** …にかかわらずに.

regardful *a.* 注意深い, (…を)重んじる (*of*).

regarding *prep.* …に関して.

regardless *a.* 不注意な, (…に)構わない, かかわらず (*of*); 費用にお構いなく, 結果にお構いなく.

regatta レガッタ; ボートレース, ヨットレース.

regency 摂政政治.

regenerate *v.* 再生させる, 再生する; (宗教の力で)生まれ変わらせる, (宗教の力で)生まれ変わる, 更生させる, 更生する, 革新する, 刷新する. — *a.* 生まれ変わった; 刷新した.

regenerator 再生者; *Mech.* 蓄熱装置; *Elec.* 再生器.

regent *n.* 摂政; (大学の) 評議員. — *a.* [名詞の後] 摂政の(任にある).

reggae レゲエ《Jamaica 起源のポピュラー音楽》.

regicide 国王殺し.

regime (F) (政治的・社会的)制度.

regimen 摂生法, 食養生.

regiment *n.* 連隊; [*pl.*] 大勢 (*of*). — *v.* 連隊に編制する; 組織化する.

regimental *a.*, *n.* 連隊の; [*pl.*] 軍服.

regimentation 編制, 組織化.

Regina 現女王《公式の署名に用いる》.

region [*pl.*] 地方, 地域, 地区; (身体の)部位, 局部; 範囲, 領分. **in the region of** 約 … **the lower region** 地獄.

regional *a.* 地方的な, 地域別の.

register *n.* 記録(簿), 登録(簿); (速度などの)表示器, 自動記録器; (煙突などの)通気調節装置; *Mus.* 音域, 声域. — *v.* 登記する, 記録する, (ホテルの宿帳・選挙人名簿などに)登録する, 書留にする; (機械が)表示する, 自記する; (感情などを)顔に表す; 心に残る.

registered *a.* 登録した; 書留の.

register office 登記所.

registrable *a.* 登録できる; 書留にできる.

registrant 登録者.

registrar 記録係, 登記官吏, (大学の)書記官.

registration 登記, 登録; 登録人員; 書留; 表示.

registry 登録, 登記; 登記所; (雇い人) 紹介所.

regnal *a.* 御代の; 王(国)の.

regnant *a.* 統治する; 優勢な; 流行の.

regress *n.* 後戻り, 逆行; 退歩, 衰微. — *v.* 後戻りする; 逆行する.

regression 逆行, 後戻り; 退歩, 逆転.

regret *v.* 後悔する, 悲しむ; 惜しむ, 残念に思

regretful う (*to say, that*). — *n.* 後悔; 残念, 遺憾 (*for*); 哀惜; [*pl.*] 丁寧な断り(状).

regretful *a.* 後悔する, 残念な.

regretfully *ad.* 後悔して, 残念そうに.

regrettable *a.* 惜しむべき, 残念な.

regroup *v.* まとめ直す.

regular *a.* 規則正しい, 系統立った; 均整のとれた; 正規の, 正式の, 本格的な; (サイズが)普通の, 標準の; 決まった, 一定の, 定期の; (動詞・名詞の変化が)規則的な; まったくの, 完全な; いい感じの. — *n.* (スポーツの)レギュラー選手; 正規兵; (服などの)標準サイズ.

regular army 正規軍, 常備軍.

regularity 規則正しさ, 几帳面; 正規, 秩序.

regularize *v.* 秩序正しくする.

regularly *ad.* 規則的に, 必ず; 本式に; まったく.

regulate *v.* 規定する, 取り締まる, 規制する; 調節する.

regulation 規則, 規定, 法規; 取り締まり; 調整.

regulator 調節器, 調整装置, (時計の)緩急針.

regurgitate *v.* 噴き返す, 吐き戻す.

rehab *n.* =rehabilitation; リハビリ施設.

— *v.* =rehabilitate.

rehabilitate *v.* 復旧させる, 復興させる, 復位させる, 復職させる, 復員させる, 復権させる.

rehabilitation 復職; (身体障害者の)更生, 社会復帰; リハビリ(テーション).

rehandle *v.* 再び取り扱う; 改造する, 改作する.

rehash *v.* (古い問題などを)蒸し返す.

— *n.* 蒸し返し, 焼き直し.

rehear *v.* 聞き直す; *Law* 再審する.

rehearsal (芝居・音楽などの)下稽古, リハーサル.

rehearse *v.* (劇などの)下稽古する; 列挙する.

rehouse *v.* 新しい家に住まわす, よりよい家に住まわす.

reify *v.* (抽象観念を)具体化して考える.

reign *n.* 統治, 支配; 御代, 治世. — *v.* 君臨する (*over*); 支配する.

reimburse *v.* 返済する, 払い戻す.

rein *n.* 手綱; [*pl.*] 統御, 抑制. **give (free) rein to** …の手綱を緩める, に自由を与える. **keep a tight rein on** 厳格にしつける. — *v.* 手綱で操る, 制御する.

reincarnate *v.* 再び肉体を与える, 生まれ変わらせる.

reindeer *Zool.* トナカイ.

reinforce *v.* 補強する, 強める, 増強する, 強化する; 増員する, 増援する.

reinforced concrete 鉄筋コンクリート.

reinforced plastic 強化プラスチック.

reinforcement 補強 (材); *Psychol.* (反応の)強化; [*pl.*] 増援軍, 増援艦船.

reinless *a.* 拘束されない, 自由な.

reinstate *v.* 元通りにする, 復権させる, 復職させる, 復位させる; (健康を)回復させる.

reinsurance 再保険.

reinsure *v.* 再保険をつける.

reinvestment 再投資.

reissue *v., n.* 再発行(する), 再版(を出す).

reiterate *v.* 繰り返す.

reject *v.* 退ける, 拒絶する; 吐く. — *n.* 拒否された人, 拒否された物.

rejector 拒絶者.

rejoice *v.* 喜ばせる, 喜ぶ (*at, over, to do, that*); (…に)恵まれている (*in*).

rejoicing 喜び, 歓喜; [*pl.*] 祝い, 歓楽.

rejoin[1] *v.* 再び結びつく; 再び合同する, 復帰する.

rejoin[2] *v.* 答える, 口答えする; 抗弁する.

rejoinder 返答, 口答え; (原告の第二訴答に対する)被告の第二訴答.

rejuvenate *v.* 若返らせる, 若返る.

rejuvenator 若返らせる人, 若返らせる物.

rejuvenescence 若返り, 回春.

relapse v. 元の(悪い)状態に返る, 逆戻りする (into); (病気が)ぶり返す. — n. 逆戻り; ぶり返し.

relate v. 物語る, 詳説する; 結びつける, 結びつく (to, with); 関係する (to).

related a. 関連した, 関係のある (with); 親類の.

relation 関係, 関連; [pl.] 間柄, 親類関係; 親類; 話, 物語; [pl.] 性交. **in [with] relation to** …に関して.

relationship 関係, 親類関係; (交友)関係; 恋愛関係, 性的関係.

relative a. 関係のある, 関連した; 相対的な; 比例した (to); に関して (to); 比較的な. **relative to** …に比べて, …に比例して. — n. 親類; Gram. 関係詞, (特に)関係代名詞.

relative adverb 関係副詞.

relatively ad. 相対的に, 相関的に; 比較的に, 割合に.

relative pronoun 関係代名詞.

relativism Philos. 相対論.

relativistic a. 相対論的な; 相対性理論の.

relativity 相対性. **the theory of relativity** 相対性理論.

relator 物語る人; Law 先発者.

relax v. 緩める, 緩む; 軽減する; だるくする; 衰える; 休む, くつろぐ, リラックスする.

relaxant 緩下剤.

relaxation 緩み, 和らぎ, 軽減; 気晴らし, 娯楽.

relay[1] n. 換え馬, 継ぎ馬; 交代者; 換え材料; リレー競走; (ラジオ・テレビの)中継(放送), 継電器. — v. 継ぎ馬をする; 代わりを備える; 中継する.

relay[2] v. 置き直す; (鉄道など)敷き直す.

relay race リレー競走.

relay station 中継局.

release v. 解放する, 釈放する; 解除する (from); (権利を)放棄する, 譲渡する, (爆弾を)投下する; (矢などを)放つ; (映画を)封切りする; 発表する. — n. 解放, 釈放; (カメラの)レリーズ; 解除, 放棄, 譲渡(証書); (映画の)封切り; 発表.

re-lease v. 再び貸す, また貸しする.

relegate v. 追放する; 左遷する; (事件を)委ねる, 渡す (to).

relent v. 和らぐ, 怒りが解ける, 不憫に思う.

relentless a. 仮借しない, 無慈悲な.

relentlessly ad. 仮借しないで.

relevance, relevancy 適切, 関与; Computer 検索能力.

relevant a. 関連した, 関与した; 適切な (to); 意味のある.

reliability 信頼できること, 確実性.

reliable a. 信頼できる, 当てになる.

reliance 信頼, 頼り.

reliant a. 信頼する; 独立独行の.

relic (聖徒などの)遺物, 遺宝; 形見, 記念品; [pl.] 遺骨; 遺風, 遺跡, 名残.

relict Ecol. 残存生物; 遺物.

relief (苦痛・困難・心配などの)除去, 軽減; 安心, 安堵; 息抜き, 気休め, 慰安; 救助, 救済, 救援; 交代; (土地の)起伏, 高低, 地形; 浮き彫り, レリーフ; (鮮やかな)対照. **high relief** 高浮き彫り. **low relief** 浅浮き彫り. **in (bold) relief** 浮き彫りに; くっきり浮き上がって.

relief map 起伏地図.

relief pitcher Baseball 救援投手.

relief road バイパス.

relief works 失業対策事業.

relieve v. (苦痛・困難・心配などを)除去する, 軽減する, 楽にする (from, of); 安心させる, 救済する, 救援する; 交代する, 休ませる; 解職する, 解任する (of); (単調を)破る; 変

化を与える, 浮き上がらせる, 目立たせる. **relieve a person of ...** 人から...を取る, ...を除く.
relieve oneself 排尿する, 排便する.
relieve one's feelings うさを晴らす.

reliever n. 救済者; 慰める人, 慰める物.

relievo n. 浮き彫り, レリーフ.

religion n. 宗教; 信仰, 信心.

religionist n. 信仰家.

religiose a. 狂信的な.

religiosity n. 信心ぶり.

religious a. 宗教の, 宗教的な; 信心深い; 謹直な, 良心的な. — n. 修道士, 修道女.

religiously ad. 宗教的に; 良心的に; 几帳面に; きっぱりと.

reline v. ...に線を引き直す, の裏を取り換える.

relinquish v. 放棄する; 譲る; 放す.

relish n. 風味, 香り, 美味, 趣; 食欲, 好み; 薬味, 調味料; 気味 (of). — v. 好む; 味わう, 楽しむ; (...の)気味がある (of).

relive v. 生活し直す; 存続する; 生き返る.

reload v. 再び積む, 積み直す; 再び弾丸を込める.

reluctant a. いやいやの, しぶしぶの, 気の進まない.

reluctantly ad. いやいやながら, しぶしぶ.

rely v. 頼る, 当てにする (on, upon).

rem Med. レム《放射線作用の単位》.

REM (< rapid eye movement) Psychol., Physiol. 急速眼球運動《睡眠中に眼球が急速に動く現象》.

remain v. 残る, 余る; とどまる; 存続する; 依然...である. — n. [pl.] 遺物, 遺稿; 遺体, 遺骨.

remainder n. 残余, 剩余. — a. 残りの. — v. 残本として処理する.

remake v. 改造する; 再映画化する. — n. 再映画化作品, リメーク.

remand n., v. 再拘留 (する).

remand home 少年鑑別所.

remark v. 言う, 意見を述べる (that); 論評する (on, upon); 気付く, 感付く, 認める. — n. 言葉, 意見; 評言; 摘要, 備考.

remarkable a. 注意すべき; 著しい, 非常な.

remarkably ad. 著しく, 非常に.

remarriage n. 再婚.

remarry v. 再婚する, 再婚させる.

Rembrandt レンブラント《1606-69; オランダの画家》.

remediable a. 治療できる, 救済できる, 改善できる.

remedial a. 治療の, 救済する, 改善する.

remedy n. 治療, 薬; (悪弊などの)救済, 改善 (for); 賠償, 弁償. — v. 治療する; 償う, 直す.

remember v. 記憶している, 覚えている, 記憶する, 覚える; 思い出す. **Remember me to ...** にどうぞよろしく.

remembrance n. 記憶; 思い出; 記念, 記念品; [pl.] (よろしくとの)伝言.

Remembrance Day [Sunday] 戦没者追悼記念日《11月11日に最も近い日曜日》.

remembrancer n. 思い出させる物, 思い出させる人, 記念品.

remilitarize v. 再軍備する.

remind v. 思い出させる, 気付かせる (a person of [about], to do, that).

reminder n. 思い出させる物, 思い出させる人; (記憶を促す)助言, 暗示, 警告.

remindful a. 思い出させる; 忘れない (of).

reminisce v. 追想する, 思い出を語る.

reminiscence n. 回想, 思い出; [pl.] 思い出話, 追想録.

reminiscent a. 思い出の, 追想的な; (...を)思い出させる (of).

remise v. 譲渡する.

remiss a. 不注意な, 怠慢な.

remissible a. 免じられる, 許される.

remission 赦免, 免除; 軽減.

remit v. (罪を許す; 免除する, 軽減する, 和らげる, 緩める; (金を)送る; (訴訟を)下級裁判所へ差し戻す, (事件の裁決を)権威者に委託する; 元に戻す, (調査のため)延期する.

remittal =remission.

remittance 送金(額).

remittance man 本国からの送金で外国生活する人.

remittent a. (病状が)交互に軽くなったり重くなったりする.

remitter 送金人.

remnant 残り, 残り物; 端切れ; 名残.

remodel v. 改作する, 改造する.

remonstrance 諫め; 不服, 抗議.

remonstrant a., n. 諫める(人), 抗議する(人).

remonstrate v. 諫める, 抗議する (with a person, *against* a thing, *on* an action).

remora Ichthy. コバンザメ; 邪魔物.

remorse 悔恨, 自責, 気の咎め.

remorseful a. 悔いた, 後悔した.

remorseless a. 無情な, 無慈悲な.

remote a. 遠い, 隔たった; 辺鄙な; かすかな; 冷淡な; 遠隔操作の.

remote control 遠隔操作, 遠隔操縦.

remount v. 再び乗る, 再び登る; はめ換える, 表装し直す; 新馬を補充する; 遡る. —— n. 補充新馬.

removability 移動させ得ること; 免職できること.

removable a. 移動できる, 取り外しできる; 解任できる, 免職できる.

removal 移転; 除去; 解任.

remove v. 取り去る, 取り除く, 脱ぐ; ぬぐい取る, 洗い落とす, 解任する, 免職する; 移す, 移る, 移転する. —— n. 隔たり, (隔たりの)段階; (学校の)進級.

removed a. 隔たった, 遠い; 関係の薄い.

remover 移転者; 運送屋.

REM sleep レム睡眠, 逆説睡眠.

remunerate v. 報いる, 報酬を与える.

remunerative a. 儲かる, 有利な.

Renaissance (14–16世紀欧州の)文芸復興, ルネサンス; 復興, 復活.

renal a. 腎(臓)の.

rename v. 改称する, 改名する.

renascence 再生, 更生; 復興, 復活.

rencontre 会戦; 遭遇.

rencounter =rencontre.

rend v. 裂く, 裂ける; 割る, 割れる; ねじ取る (*off*, *away*).

render v. 返す, 払う; (尽力・世話などを)する, 尽くす; 提出する; 表す, 表現する; 翻訳する, 演出する; (…に)する, 変える; (判決などを)言い渡す; (壁の)下塗りをする.

rendering 翻訳, 訳文; 表現, 演出, 演奏.

rendezvous n. (約束の)会合, 会合場所; 会合の約束; (軍艦・軍隊の)集結地点; (宇宙船の)結合, ランデブー. —— v. (約束して)会合する; (指定地に)集結する; (宇宙船が)ランデブーする.

rendition 訳出; 演出, 演奏; 翻訳.

renegade 背教者; 脱党者, 裏切り者.

renege v. Cards 親札と同種の札を持ちながら別札を出す; 約束に背く.

renew v. 更新する, 新たにする, 新たになる, 更生させる, 復活する; また始める, 取り替える.

renin レニン (腎臓内にできる蛋白質分解酵素).

renminbi 人民幣 (中国の貨幣).

rennet レンネット (子牛の胃の内壁膜, またそれから取る物質で, チーズを作る時に牛乳を凝固させるのに用いる).

rennin 凝乳酵素, レニン.

Renoir ルノワール. (Pierre) Auguste Renoir

(1841–1919) フランスの画家.

renounce v. 正式に放棄する; 捨てる, やめる; 否定する, 否認する.

renovate v. 修復する; 革新する, 取り戻す.

renovator 革新者.

renown 名声.

renowned a. 有名な.

rent[1] ほころび; (雲などの)切れ目; 分裂, 対立.

rent[2] n., v. 賃貸料; 賃借する, 賃貸する.

rent-a-car レンタカー.

rental 賃貸料.

rental library 貸し本屋.

renter 借家人, 借地人, 借間人.

rent-free a., ad. 地代なしの, 地代なしで, 家賃なしの, 家賃なしで.

rentier (F) 不労所得生活者.

rent-roll 地代帳, 小作帳; (地代・家賃などの)総収入.

rent strike 家賃不払い運動, 部屋代不払い運動.

renunciation 放棄, 廃棄, 否認; 自制.

renunciatory a. 放棄する; 否認の.

reopen v. 再び開く, 再開する.

reorganize v. 再組織する, 組織を改める.

reorient v. 新しい方向を与える.

reorientation 方向転換.

rep[1] うね織.

rep[2] =repertory theater.

repair[1] v. 修繕する, 直す, 償う, 埋め合わせる. — n. 修繕, 修理, 手入れ. **in (a) good repair** 手入れが行き届いて. **in (a) bad repair** 手入れが行き届かないで. **under repair** 修繕中, 修理中.

repair[2] v. 行く (to).

repairman 修理工.

reparable a. 取り返せる, 賠償できる.

reparation 償い; 賠償, 報償; [pl.] 賠償金; 修繕.

reparative a. 修理の; 賠償の.

repartee 当意即妙の答え; 巧妙な即答の才.

repast 食事.

repatriate v. 本国へ送還する. — n. (本国)送還者, 帰還者.

repay v. 返す; 報いる.

repeal n., v. (法律など)廃止(する), 撤廃(する).

repealer 廃止論者.

repeat v., n. 反復(する), 繰り返す, 繰り返し. **repeat oneself** (前言を)繰り返す.

repeated a. 繰り返された, 度々の.

repeatedly ad. 繰り返して, 再三.

repeater 連発銃; 時打ち懐中時計; 再上映映画; (テレビの)再放送; 常習犯.

repeating decimal 循環小数.

repel v. 撃退する; はねつける, 退ける; 嫌な感じを起こさせる, 反感を起こさせる.

repellent a. 寄りつきにくい, 嫌な; (水などを)はじく. — n. 反発力; 防水布.

repent v. 後悔する (of).

repercussion 反動; 反響, 反射.

repertoire (F) (いつでも演出できる)上演種目, 演奏種目, レパートリー.

repertory 倉庫, (知識などの)蓄え, 宝庫; =repertoire.

repertory company レパートリー劇団《幾種類もの演目を順次定期的に上演する劇団》.

repertory theater レパートリー劇場.

repetition 繰り返し.

repetitious, repetitive a. 繰り返しの(多い); くどい.

repine v. 嘆く, 愚痴を言う (at, against).

replace v. (元へ)返す, 復職させる; 取って代わる; 代わりを入れる (by, with).

replacement 置き換え; 交替者, 交替物; U.S.Mil. 補充兵, 交替要員.

replant v. 植え換える, 移植する; (切断された手・指などを)再植する.

replay v. (試合を)やり直す; 再演する; (テープなどを)再生する. — n. やり直し試合; 再演; (テープなどの)再生.

replenish v. 補充する, 補給する (with).

replete a. 充満した, 充実した, 腹いっぱいの (with).

repletion 充満, 飽食.

replica (自作品の)複製, レプリカ; (一般に)模写, 複製.

replicate v. 控えを取る, 折り返す.

replication 返答; 写し; Law 原告の第二の訴答.

reply n., v. 答え(る), 応答(する), 応戦(する).
  in reply 答えて (to).

reply coupon 返信券.

reply-paid a. 返信料付きの, (郵便)料金受け取り人払いの.

report v. 報告する, 申告する, 届ける, 上申する; 報じる, 伝える; 発表する, 公表する; 報道する. report (oneself) 報告する, 出頭する, 出勤する. — n. 報告, 通報, 通知, 届け; 発表; (新聞などの)報道, 記事; 噂, 風評, 評判; 砲声, 爆音; 成績表, 通知表; [pl.] 速記録, 議事録.

reportage (F) 報告文学, ルポルタージュ.

report card 成績表.

reportedly ad. 報道によれば, …の由.

reporter (新聞の)通信員, 探訪記者, レポーター; 報告者, 上申者; 記録係.

report stage (議会での)報告審議.

repose v. 休める, 休む; 寝かす, 寝る; 載っている, 据えてある (on, upon); (信頼・希望などを)かける, 置く (in). — n. 休息, 睡眠; 平静, 平安; 落ち着き; 静止, 不動.

reposeful a. 心を休める, 平静な.

repository 貯蔵所, 倉庫.

repossess v. 再入手する; (人に)回復してやる.

repoussé (F) a., n. 打ち出しの; 打ち出し細工.

reprehend v. 叱る, 非難する.

reprehensible a. 咎むべき.

reprehension 叱責.

represent v. 表す, 示す, 表現する, 意味する; 描写する, 述べる, 声明する, 言明する; (役を)演じる; 象徴する, 代表する.

representation 表出, 表現, 描写, 表示; 演出; 代表; 代議権; 陳述, 断言, 言明, 声明; 陳情.

representative a. 代表的な, 典型的な; 代理の; 代議制の; 描写する, 表現する (of). — n. 見本, 標本, 典型; 代理人, 代表者, 代議士. **House of Representatives** 衆議院, 下院.

repress v. 押さえる, 抑制する, 抑圧する.

reprieve n., v. 刑の執行猶予(をする) (from); 一時救う; 一時逃れ.

reprimand n., v. 懲戒(する).

reprint v. 翻刻する, 増刷する. — n. リプリント, 翻刻(版), 増刷.

reprisal 報復, 仕返し.

reprise Law [pl.] 土地の年々の諸経費; 再活動; 報復.

reproach v. 叱る, 咎める, 非難する. — n. 咎め, 非難; 恥辱, 不面目.

reproachful a. 咎める, 非難の, 攻撃の; 侮辱的な; 不面目な.

reprobate v. くさす, 非難する; (神が)見捨てる. — a., n. 神に見捨てられた(人), 済度し難い(人), 武頼の(徒).

reprobation 厳しい非難, 反対; 地獄落ち.

reprocess v. (廃品などを)再加工する, (核燃料を)再処理する.

reproduce v. 再生する, 再現する, 模造する, 複製する, 再演する; 生殖する.

reproducer 再生装置.

reproducible a. 再生できる, 複製できる.

reproduction 再生, 再現; 模造(物), 複製(品); 生殖(作用).

reprography 複写術.

reproof 非難, 咎めだて.

reprove v. 叱る, 非難する.

reptile n. 爬虫類; 卑劣漢.
—a. 爬行する; 卑劣な.

reptilian a. 爬虫類の; 陰険な; 有害な.

republic 共和国, 共和政体; …社会, …界.

republican a. 共和国の, 共和主義の;
[R-](米国の)共和党の. —n. 共和論
者; [R-](米国の)共和党員.

republicanism 共和主義.

republicanize v. 共和国にする, 共和政
体にする.

Republican Party (米国の)共和党.

republication 再刊(物), 再版(物); 再発
行(物).

republish v. 再版する, 再発表する.

repudiate v. 否認する, 拒否する, 拒絶する.

repugnance 反感, 憎悪; 矛盾, 不一致
(to, with).

repulse v. 撃退する; 論破する; はねつける, 拒
絶する. —n. 撃退; 論破; 拒絶.

repulsion Phys. 反発作用; 反感, 憎悪.

repulsive a. 嫌な, 胸が悪くなるような; 反発
する.

repurchase agreement 買い戻し約定
《販売した債券などの証券を販売者が一定
期間後に買い戻すという協約》.

reputable a. 評判のいい, 令名のある, 立派
な.

reputation 評判; 名声.

repute n. 評判, 名声, 令聞.
—v. 考える, 見なす.

reputed a. 好評な, 有名な; (…と)評判さ
れた (to be, as), と言われる (of).

reputedly ad. 世評では.

request v. 願う, 請う, 頼む (a person to do,
that); 求める. —n. 願い, 懇請; 求め, 需

要; リクエスト曲. **at the request of** …の
願いにより. **by request** 願いにより, 求めに応
じて(of). **be much in request** 需要が多い.

request stop 乗降客のあるときだけ停車
する停留所, 乗降客のあるときだけ停車す
る駅.

requiem (カトリックの)レクイエム, 鎮魂ミサ
(曲).

require v. 求める, 要求する; 命じる; 必要
とする, 要する.

required a. 必修の.

requirement 要求; 必要物, 必要条
件, 条項; 資格.

requisite a., n. 必要な; 必要物, 要件.

requisition n. 徴発, 徴用, 接収; (正
式の)要求(書). —v. 徴発する, 徴用
する; (正式に)要求する.

requital 報い; 報償; 仕返し, 報復; 処罰.

requite v. 報いる, 仕返しする, 報復する.

reredos (教会堂の)祭壇背後の飾り壁,
背障.

rerun v. 再上映する, 再放送する, 再公開
する; Computer 再実行する. —n. 再上
映, 再放送, 再公開; 再上映映画, 再放
送番組; Computer 再実行.

rescind v. 取り消す, 廃棄する.

rescript 布告, 勅令.

rescue v. 救う, 救い出す, 救助する; 奪回す
る, 奪還する. —n. 救助, 救援; Law
(不法)奪回, 奪還.

rescuer 救助者, 救援者.

research n., v. [pl.] 研究(する), 調査(す
る) (on, into).

reseat v. 再び据える; 復位させる, 復職させ
る; (椅子を)張り替える.

resect v. Surg. (一部を)切り取る.

reseda Bot. モクセイソウ; 灰緑色.

resegregate v. 人種差別を復活する.

resegregation (黒人と白人の)再分離.

resell v. 転売する.

resemblance 類似, 似より (to, between, of); 似顔, 肖像.

resemble v. (…に)似る, 似ている.

resent v. 憤る, 恨む.

resentful a. 憤った; 怒りっぽい.

resentment 憤慨.

reserpine Pharm. レセルピン《降圧剤》.

reservation 留保, 留保された権利; 条件, 制限; 差し控え, 遠慮; 座席などの)予約; (インディアンのための)指定居住地.

reserve v. 取って置く, しまって置く; 別にして置く (for); (座席などを)予約する; (権利などを) 留保する; 持ち越す, 延期する. — n. 保留, 予備, 保存, 準備; 保留物, 予備の金品; (銀行などの)予備金, 積立金; 予備隊, 予備兵; 後備兵, 補欠選手, 予備選手; 保護地, 保安地; 制限, 条件; 差し控え, 遠慮, 隔意.

in reserve 取って置いた; 予備の. **without reserve** 腹蔵なく, 隔意なく, 無制限に.

reserve bank 連邦準備銀行.

reserved a. 遠慮がちな, 無口な, 内気な; 留保してある; 予約済みの.

reservist 予備兵, 後備兵.

reservoir 貯蔵所, 貯水池, 石油タンク, (ランプの) 油つぼ, ガスタンク; (知識・富などの) 蓄積, 貯蔵.

reset v. 再び置く, 再び据える, 再び組む, 再びはめる; (計器の)目盛りをセットし直す; Surg. (折れた骨を)継ぎ合わせる; (刃物に)刃をつけ直す, 研ぎ直す.

resettle v. 再び定住させる, 再び静める, 再び植民する.

reshuffle v., n. (トランプ札を)切り直す, 切り直し; (人員の)配置転換(をする), (内閣などの)改造(をする).

reside v. 居住する; 駐在する; (権力などが)存する, ある, 属する (in).

residence 居住, 駐在; 住所; 住宅, 邸宅.

residency (インターン後の)専門医学実習期間; (駐在外交官の)官舎.

resident a. 居住する; 住み込みの; 内在する, 固有の(in); (鳥獣が)移住しない. — n. 居住者; 留鳥; (病院住み込みの)研修医; 実習生.

residential a. 居住の; (特に高級な)住宅向きの; (学生の)宿泊設備のある.

residual a. 残余の; Math. 剰余の. — n. 残り(物); [pl.] (映画・テレビの)再放送料; Math. 剰余; 誤差; 残差.

residuary a. 残余の; 残余財産の, 余産の.

residue 残余; 残余財産, 余産.

residuum 残余; 残り物, かす.

resign v. 放棄する, 断念する, 捨てる; 渡す; 辞職する, 退職する, 引退する. **resign oneself** 身を委ねる, 諦める (to).

resignation 辞職, 引退; 辞表; 放棄; 断念; 諦め (to).

resigned a. 諦めた, 観念した; 辞職した.

resilience, resiliency 弾力; 元気の回復力.

resilient a. 弾力のある, 弾性の; たちまち元気を回復する.

resin 樹脂, やに.

resinify v. 樹脂化する.

resinous a. 樹脂質の, やにの多い.

resist v. 抵抗する, 反抗する; 妨げる, 妨害する; 反対する, 無視する; 撃退する, 打ち勝つ; 我慢する; (化学作用・自然力などに)耐える, 影響されない. — n. 防染剤, 防腐剤.

resistance 抵抗(力); 反抗; 妨害; Elec. 抵抗; [the R-] レジスタンス, 地下抵抗(運動).

resistant a. 抵抗する, 反抗する; 妨害する.

resistibility 抵抗できること.

resistible a. 抵抗できる.

resistive a. 抵抗する.

resistivity 抵抗力; Elec. 抵抗率.

resistless *a.* 抵抗できない, 押さえにくい.

resistor *Elec.* 抵抗器.

resoluble *a.* 分解出来る; 解決出来る.

resolute *a.* 堅く決心した, 断固たる.

resolutely *ad.* 断固として.

resolution 決心, 決意, 確固たる精神, 果断; 決議(案); 分解; 解決, 解答; *Optics*, *TV* 解像力.

resolvable *a.* 分解出来る, 溶解出来る.

resolve *v.* 分解する (*into*); (腫れものなど)散らす, 散る; (問題・疑いなどを)解く, 晴らす; 決心する (*upon* an action, *doing*, *to* do); 決議する (*on*, *upon*). — *n.* 決心, 果断.

resolved *a.* 決意した, 断固たる.

resolvent *a.* 分解する, 溶解する.

resolver 決議賛成者.

resolving power *Phot.* 解像力.

resonance 共鳴, 反響.

resonance box [chamber] 共鳴箱.

resonant *a.* 共鳴する, 反響する (*with*); 鳴り響く.

resonator 共鳴器, 共振器.

resort *v.* (…に) 訴える, 頼る (*to*); よく行く, 寄り集まる. — *n.* 手段, 頼り; 人出の場所, 盛り場; 行楽地, リゾート; よく出入りする場所, 行きつけの場所. **as a last resort** = **in the last resort** 最後の手段として.

resort clothes [wear] リゾートウェア.

resorter 行楽客, 避暑客, 避寒客.

resound *v.* 鳴り響く, (場所が)反響する (*with*); (名声など)鳴り渡る.

resource [*pl.*] 財源, 資源, (鉱山の)埋蔵量; 手段, 方策; 才知, 機略; 退屈しのぎ, 慰み.

resourceful *a.* 才知に富んだ; 資力のある.

resourceless *a.* 才知に乏しい; 資力のない.

respect *n.* 尊敬 (*for*); [*pl.*] 挨拶, 敬意; 関係, 関連, 点. **in respect of** = **with respect to** …に関して. **without respect**

to …を顧慮せずに. — *v.* 尊敬する, 尊重する.

respectability (卑しからぬ)体面, 相当な身分, 立派さ; 世間体.

respectable *a.* 尊敬すべき, 相当な身分の; 見苦しくない, 立派な; 上品ぶる; (数量など)相当な; まずまずの.

respectably *ad.* 立派に, かなりに.

respecter えこひいきする人.

respectful *a.* 丁重な, うやうやしい.

respectfully *ad.* 丁寧に, うやうやしく.

respecting *prep.* …に関して.

respective *a.* 各自の, それぞれの.

respectively *ad.* 各自, それぞれ.

respell *v.* 綴り直す.

respiration 呼吸(作用); 一息.

respirator 呼吸保護器, マスク, 人工呼吸器, 防毒マスク.

respiratory *a.* 呼吸(作用)の.

respire *v.* 呼吸する; 一息する; 安心する.

respite *n.* 休息, 息抜き; (苦痛などの)一時的休止; 延期, 猶予, (刑の)執行猶予. — *v.* 猶予する.

resplendent *a.* まぶしいほど輝く, きらきら輝く.

respond *v.* 答える; 応じる, 感応する, 反応する (*to*); 応唱する.

respondent *a.*, *n.* 答える, 応じる; (離婚訴訟の)被告.

response 答え, 返事; 感応, 反応. **in response to** …に応じて, に従って.

responsibility 責任, 責務; 負担. **on one's own responsibility** 全責任をもって, 独断で.

responsible *a.* 責任のある, 責めを負うべき (*to* a person, *for* a thing); 信用のある.

responsive *a.* 答える, 感応しやすい (*to*).

ressentiment (F) 恨み, 怨恨; うっぷん晴らし.

rest[1] *n.* [the ～] 残り, 残余, その他のもの, その他の人々. **among the rest** なかんずく. **for the rest** その他の点については. ━ *v.* 依然…である; (決定など)(…に)ある. **rest assured** 確信している.

rest[2] *n.* 休息, 休養, 安息; 睡眠; 休息所, 宿泊所; 支え, 台; *Mus.* 休止(符). **at rest** 静止して; 安らかに; 眠って; 永眠して. **come to rest** 止まる. **lay one to rest** 埋葬する. **set one's mind [fears] at rest** 安心させる. ━ *v.* 休む, 休める, 眠る; 永眠する; 静止する, 安らかする, 安んじる; とどまる, ある, 横たわる, 存する; 基づく (on, upon), 置く (on, upon); もたれる, よせかける (against); 当てにする, 頼る (on, upon); …次第である (with); (農地を)休耕にする. **Rest in peace** 安らかに眠れ 《死者に対して》.

restage *v.* 再上演する.

restate *v.* 再び述べる, 言い換える, 再声明する.

restaurant 料理店, レストラン.

restaurant car 食堂車.

restaurateur, restauranteur 料理店主.

rest cure 安静療法.

restful *a.* 心を安める; 静かな.

rest home 保養所, 療養所.

rest house 休憩所.

resting-place 休み場; (階段の)踊り場; 墓.

restitution 返還, 返却, 賠償; 復職; 復旧, 回復.

restive *a.* (馬が)進むのを嫌がる, 暴れる; (人が)手におえない; 落ち着きのない.

restless *a.* 不安な, 落ち着きのない; 不断の, 小止みない; 休まない, 眠れない.

restock *v.* 新たに仕入れる.

restorable *a.* 回復できる, 元通りにできる.

restoration 回復, 復旧, 復古; [the R-] (1660 年の英国の)王政復古; 明治維新.

restorative *a., n.* 元気を回復する; 気つけ薬, 強壮剤.

restore *v.* 元通りにする, 回復する, 再建する; (旧制度などを)復活する, 復帰させる, 復位させる; (持ち主に)返す, 戻す.

restorer 元へ戻す物, 元へ戻す人; 元気を回復させるもの.

restrain *v.* 抑止する; 抑制する, 抑圧する; 拘束する, 監禁する.

restrainedly *ad.* 控え目に, 窮屈に.

restraint 抑制; 自制; 窮屈, 遠慮, 監禁. **without restraint** 遠慮なく, 自由に.

restrict *v.* 制限する, 限定する, 拘束する (to, within).

restricted *a.* 限られた; 特定の人に限られた; マル秘の.

restrictive *a., n.* 制限する, 限定的な(語).

rest room 休憩室; 手洗い.

restudy *v.* 再調査する, 再検討する.

result *n.* 結果; (試験の)成績; (計算の)答え. **in result** その結果. ━ *v.* (…から)生じる, 起こる (from); (…に)帰着する, 終わる (in).

resultant *a., n.* 結果として起こる; 合成的な; 結果; *Mech.* 合力(運動).

resultful *a.* 効験ある.

resultless *a.* 無益の.

resume *v.* 再び取る; 取り返す, 取り戻す, 回復する; 再び始める, 続ける; 約言する.

résumé (F) 摘要, レジュメ; 履歴書.

resumption 再開; 回収, 回復.

resurge *v.* 生き返る.

resurgent *a.* 再起する; 復活する.

resurrect *v.* 生き返らせる, 復活させる; (死体を)発掘する.

resurrection 生き返り, 復活; [the R-] キリストの復活, 死体の発掘.

resurrectionist 死体発掘者; 死者復活を信じる人.

resurvey *v.* 再測量する.

— *n.* 再測量.

resuscitate *v.* 生き返らせる, 生き返る.

retail *n., a., ad.* 小売り(の), 小売りで.
— *v.* 小売りする; (人の話を)受け売りする, (噂などを)言いふらす.

retailer 小売り商人.

retain *v.* 保持する, 保留する; 維持する; 覚えて置く; (弁護士を)かかえて置く.

retainer 訴訟依頼(料).

retake *v.* 再び取る, 取り戻す; *Motion Pictures* 撮り直す. **—** *n. Motion Pictures* 撮り直し.

retaliate *v.* 仕返しする, 報いる, 報復する, 返報する; (非難などに)応酬する (*against, on*).

retard *v.* のろくする, 遅らせる, 遅れる.
— *n.* 遅滞; 妨害.

retardation 遅延; 進行の妨害, 減速度.

retarded *a.* 知恵遅れの.

retch *v., n.* むかつく; むかつき.

retell *v.* 再び語る; 語り直す.

retention 保持, 保留; 持続, 継続; 記憶(力); (尿などの)閉止.

retentive *a.* 保持力のある, 保持する (*of*); 記憶のよい.

retest *v.* 再試験する. **—** *n.* 再試験, 再検査.

rethink *v.* 再考する. **—** *n.* 再考.

reticence, reticency 沈黙, 無口.

reticent *a.* 多くを語らない, 無口な.

reticle レチクル《望遠鏡などのレンズに付ける十字線》.

reticular *a.* 網状の; 入り組んだ.

reticulate *a.* 網状の. **—** *v.* 網状にする, 網状になる.

reticulation 網状組織.

reticule (婦人用)手提げ袋.

reticulum 網状物, 網状組織.

retina *Anat.* (目の)網膜.

retinue 随行員.

retire *v.* 退く, 退却する; 寝る; 引退する, 退職する, 退職させる; (手形などを)回収する.

retired *a.* 退職した, 引退した; 人里離れた.

retired pay 退職年金.

retirement 引退, 退職; 隠遁.

retiring *a.* 引っ込みがちな, 内気な; 退職の.

retort[1] *v.* (同じ事で)仕返しをする, 言い返す (*on, upon*); 逆ねじ, 口答え; 報復.

retort[2] (化学実験用)レトルト.

retouch *v.* (絵・写真などを)修正する, 補筆する.

retrace *v.* 源を探る, 遡る; 回顧する; 引き返す, 戻る. **retrace one's steps** あと戻りする; やり直す.

retract *v.* 引っ込める; 取り消す, 撤回する.

retractation, retraction 撤回, 取り消し.

retractile *a.* 伸縮自在な.

retread *v.* (古タイヤに)新しく踏み面を付ける.
— *n.* 再生タイヤ; 再生業者.

retreat *n.* 退却(合図); 引退, 隠遁; 避難所, 保養所, 閑居所, (田舎の)住まい, 潜伏所. **beat a retreat** 退却する; 手をひく.
— *v.* 退く, 退却する; 引っ込む.

retrench *v.* 削除する, 省略する; 切り詰める, 節約する.

retrial *Law* 再審.

retribution 報復, 仕返し.

retributivism 応報主義.

retributivist 応報主義者.

retrievable *a.* 回復できる, 償いのつく.

retrieval 回復, 取り返し; 償い; *Computer* (情報の)検索.

retrieval system *Computer* 情報検索システム.

retrieve *v.* 回復する, 取り返す; 思い起こす; (損失などを)償う, (誤りなどを)直す; (誤り・不幸などから)救う; (猟犬が獲物を)拾って来

revengeful

る; *Computer*(情報を)検索する. ― *n.* 回復, 回収. **beyond [past] retrieve** 取り返しのつかない(ように).

retriever レトリーバー《撃った獲物を拾って来る猟犬》.

retroaction 反動, 反作用.

retroactive *a.* (効力が)遡及力のある.

retrocede *v.* 後退する; 還付する, 返還する.

retro-engine 逆(推)進エンジン.

retrofire *v.* (逆(推)進ロケットに)点火する.

retrofit *v., n.* (旧型機械を)改造する;(旧型機械の)改造.

retroflex(ed) *a.* そり返った; *Phonet.* そり舌(音)の.

retroflexion, retroflection *Med.* 子宮後屈; *Phonet.* そり舌(音).

retrogradation 後退; 退化; 後戻り.

retrograde *v.* 後退する, 退歩する, 退化する; 衰退する, 悪化する. ― *a.* 後退する, 逆行する; 退歩の.

retrogress *v.* 後退する, 退化する, 退歩する.

retro-rocket 逆(推)進ロケット.

retrospect 回顧, 追想.

retrospection 追憶, 懐旧.

retrospective *a.* 回顧的な, 懐旧の; *Law* 遡及的な. ― *n.* 回顧展, 回顧録.

retroussé (F) *a.* (鼻が)上向きの.

retroversion 振り向くこと; 反転; *Med.* (子宮などの)後傾.

re-try *v.* 再審する.

return *v.* 帰る, 戻る, 帰す, 戻す;(利子を)生む; 返答する;(病気が)再発する; 上申する; 報告する;(国会議員を)選挙する. ― *n.* 帰り, 戻り; 返却, 返報;(病気の)再発; [*pl.*] 儲け, 利益; 報告書; [*pl.*] 統計表; 代議士当選; =return ticket. **by return (mail)** (郵便で)折り返し, 大至急. **in return** 報酬として, 返報として, 返礼として (*for*). ― *a.* 帰りの, 帰しの; 返事の; 返礼の;(試合

など)再度の, 雪辱の.

returnable *a.* (容器など)回収できる.

returnee 帰還者, 返送者.

return ticket 往復切符; 帰りの切符.

return trip 往復旅行; 帰り旅.

Reuben sandwich ルーベンサンドイッチ《ライ麦パンにコーンビーフ・チーズ・キャベツを載せて焼いたもの》.

reunion 再結合; 再会の集い, 同窓会, 懇親会.

reunite *v.* 再び結合する, 再び結合させる; 和解する, 和解させる.

reup *v.* 再入隊する, 再入隊させる, 再志願する, 再志願させる.

reuse *v.* 再利用する. ― *n.* 再利用.

Reuters ロイター通信社.

rev[1] *n., v.* (エンジンの)回転(を増す) (*up*).

rev[2] 牧師; 司祭.

revalue *v.* 評価し直す, 再評価する;(平価を)切り上げる.

revamp *v.* つぎを当てる;(事務局などを)補強する, 改造する; 改善する; 刷新する.

revanche (F) 報復; 失地回復.

reveal[1] *v.* 示す, 暴く, 漏らす, 表す; 啓示する.

reveal[2] (自動車の)窓枠.

revealing *a.* 啓発的な; 肌を露出させる.

reveille 起床らっぱ, 起床太鼓.

revel *v.* 飲み騒ぐ, 陽気に騒ぐ, 耽る (*in*). ― *n.* [*pl.*] 酒宴, 宴楽.

revelation 啓示, 天啓; 黙示; 意外な発見, 意外な新事実, 新経験; 暴露; [the R-] *Bib.* 黙示録.

revel(l)er 飲み騒ぐ人.

revelry 酒宴, どんちゃん騒ぎ.

revenge *v.* 仕返しする, 報復する. **revenge oneself=be revenged** (仕返しして)恨みを晴らす (*on*). ― *n.* 仕返し, 報復; 雪辱戦. **in revenge** 報復に, 腹いせに (*for*).

revengeful *a.* 報復の念の強い, 執念深い.

revenue 収入；(国家の)歳入；国税庁，主税局；財源.

revenue stamp 収入印紙.

reverb 電子的な音響効果.

reverberate v. 反響する；反射する.

revere v. 尊敬する，尊崇する.

reverence n. 尊敬，崇敬；尊敬の念. —— v. 尊敬する.

reverend a. 崇めるべき，尊い；…師《牧師や僧の尊称》. —— n. [pl.] 牧師.

reverent a. 敬虔な，恭しい.

reverential a. 恭しい.

reverie, revery 夢想，幻想.

revers (F) (襟などの)折り返し.

reversal 逆転，転倒，反対；取り消し；*Phot.* 反転(現像).

reverse v. 逆にする；裏返す，逆さにする；逆転させる，逆流させる；(車を)バックさせる，バックする；取り消す. —— n. 逆，反対，(貨幣などの)裏，逆転，不運，不幸，災難，敗北；(自動車の)後進，バック(ギヤ). —— a. 逆の，反対の，あべこべの.

reverse gear (自動車の)バックギヤ.

reversely ad. 逆に，あべこべに；これに反して.

reverse racism (白人に対する)逆人種差別.

reversible a. 逆にできる，転倒できる，裏返しできる，(コートなど)リバーシブルの；取り消せる. —— n. 両表の織物.

reversion 逆転，逆戻り，復帰；先祖返り，隔世遺伝.

reversional, reversionary a. *Law* 復帰権のある.

revert v. (元に)戻る，帰る；振り返る，顧みる；(前の所有者に)復帰する.

revet v. (堤防などを)石・コンクリートなどで固める.

revetment *Civ. Engin.* 護岸.

review n. 検閲；閲兵，観兵式，観艦式；回顧；復習；批評，評論(雑誌)；再審. —— v. 再調査する，再審する，再検討する；回顧する；復習する；評論する，批評する；検閲する，閲兵する.

reviewer (新刊書などの)批評家；評論家.

revile v. 口ぎたなく非難する.

revisal 校訂，改訂.

revise v. 改訂する，修正する. —— n. ＝revision.

revised edition 改訂版.

Revised Version 改訳聖書.

reviser 改訂者.

revision 修正，改訂；改訂版.

revisionism 修正主義；修正社会主義.

revisionist 修正主義者.

revisit v. 再び訪ねる，再訪問する.

revisory a. 改訂の.

revitalize v. 生気を回復させる，復活させる.

revival 復活；回復；復興；信仰復興(運動)；再上演，再上映，リバイバル. **Revival of Learning** 文芸復興，ルネサンス.

revivalism 信仰復興運動.

revivalist 信仰復興運動者.

revive v. 生き返る，生き返らせる；回復する，回復させる；復活する，復活させる，再興する，再興させる；再上演する，再上映する.

reviver 復活させる人，復活させる物；興奮剤；刺激性飲料.

revivify v. 蘇らせる，活気づける.

Revlon *Trademark* レブロン《化粧品》.

revocable a. 取り消せる.

revoke v., n. 取り消す；*Cards* 場札と揃いの札があるのに外の札を出す(こと).

revolt v. 背く，反抗する，反逆する (*against*)；離反する (*from*)，敵に走る (*to*)；反感を覚える，反感を覚えさせる，不快を覚える，不快を覚えさせる (*at, against*)，顔を背ける

(*from*). — *n.* 反乱, 反逆, 反抗; 嫌な気
持ち. **in revolt** 反抗して.

revolting *a.* 反逆の; 嫌な.

revolution 革命; 回転, 循環; 周期;
Astron. 公転.

revolutionary *a.* 革命的な. — *n.* 革命
党員.

revolutionist 革命論者, 革命党員.

revolutionize *v.* 革命を起こす, 大改革する.

revolve *v.* 回転する, 循環する; 熟考する;
(…に)向けられている. — *a.* 堂々巡りの.

revolve door 回転ドア.

revolve fund 回転資金.

revolver 連発ピストル.

revue (F) レビュー.

revulsion (感情・運命などの)激変, 急
激な反動; *Med.* 誘導(法).

reward *n., v.* 報酬, 賞与, 謝礼; 報いる,
報酬をやる.

rewarding *a.* 報いる; (するだけの)甲斐のある.

rewind *v.* 巻き戻す. — *n.* 巻き戻し.

reword *v.* 言い換える; 繰り返す.

rewrite *v.* 書き直す. — *n.* 書き直した原稿.

rex 国王.

Reye's syndrome ライ症候群《子供の
重病》.

Reynard ルナール《キツネの擬人名》.

RFD rural free delivery.   **RH** right hand.

Rhaeto-Romanic *n., a.* レトロマン(ス)語《ス
イス南東部や Tyrol のロマンス語》; レトロマン(ス)
語の.

rhapsodic(al) *a.* 狂想的な.

rhapsodist 狂詩文作者, 狂詩曲作
曲者.

rhapsodize *v.* 狂詩文を作る, 狂詩曲を
作る; 熱狂的に語る (*about, on*).

rhapsody 狂詩曲, 狂想詩, 狂想文,
熱狂的な談話.

rhea *Ornith.* (南米産)アメリカダチョウ.

rhenium *Chem.* レニウム《希有金属元素》.

rheostat *Elec.* 加減抵抗器.

rhesus (monkey) *Zool.* アカゲザル.

Rhesus factor =Rh factor.

rhetoric 修辞学; 美辞麗句.

rhetorical *a.* 修辞的な; 誇張した.

rhetorical question 修辞疑問, 反語.

rhetorician 修辞学者.

rheum 分泌物《涙・つば・はななど》; 鼻カタル,
風邪.

rheumatic *a., n.* リューマチの(患者); [*pl.*]
=rheumatism.

rheumatic fever *Med.* リューマチ熱.

rheumaticky *a.* リューマチの.

rheumatism リューマチ.

rheumatoid *a.* リューマチ性の.

rheumy *a.* 分泌物の多い; (空気が)湿っぽい.

Rh factor RH 因子《人間やアカゲザルの血液
中にある凝血素》.

rhinal *a.* 鼻の.

Rhine ライン《スイスに発し, 北海に注ぐ川》.

rhino[1] =rhinoceros.

rhino[2] 現金.

rhinoceros *Zool.* サイ.

rhizome *Bot.* 根茎.

rho ロー《ギリシャ字母の第 17 字; *P, ρ*》.

Rhode Island ロードアイランド《米国東部の
州》.

Rhodes ロードス《エーゲ海のギリシャ領の島》.

Rhodesia ローデシア (Zimbabwe の旧名)》.

rhodium *Chem.* ロジウム《金属元素》.

rhododendron *Bot.* ツツジ, シャクナゲ.

rhomboid *n., a.* 偏菱形(の).

rhombus 菱形.

Rhone ローヌ《フランス南部の川》.

rhubarb *Bot.* ダイオウ(の根茎); 口論, 喧嘩,
たわごと; (劇の人物の)がやがや.

rhumba =rumba.

rhyme *n.* (詩の)韻; 押韻詩, 脚韻詩;

韻語；詩. **without rhyme or reason** わけの
わからない. ― v. 詩を作る；韻を踏む，韻を踏ま
せる (to, with).

rhymer (へぼ)詩人.

rhymester =rhymer.

rhythm リズム，律動，韻律.

rhythm and blues リズムアンドブルース《黒
人ブルース調のポピュラー音楽》.

rhythmic a. リズムの，律動の，リズミカルな.

rhythmical a. =rhythmic.

rhythmic gymnastics 新体操.

rhythmist リズムのうまい人，リズムのうまい作
曲家，リズムのうまい詩人.

rhythm method 周期式避妊法，荻野
式避妊法.

RI Rhode Island.

ria (海岸の)くさび形湾入部；[pl.] リアス式海
岸.

rialto 市場；(ニューヨークの)劇場街.

rib n. あばら骨，肋骨；薬肋(織物の)うね；
(船の)肋骨，肋材；(傘の)骨；女.
― v. 肋骨を付ける，肋材を付ける；冷やかす.

ribald a., n. 下卑た，下品な，口汚い(人).

ribaldry 野卑な冗談.

riband =ribbon.

ribbing 肋骨.

ribbon リボン；(タイプライター・ワープロ用)リボン；
細長い片；[pl.] 手綱.

ribbon development [building] (新
道路に沿って行われる(無計画的)都市郊外
の)帯状開発.

ribbonfish Ichthy. リボンフィッシュ《細長い
体をした魚；フリソデウオなど》.

riboflavin リボフラビン《ビタミン B_2》.

ribonucleic acid Biochem. リボ核酸.

Ricardo リカード. **David Ricardo** (1772–
1823) 英国の経済学者.

rice 米；稲；飯.

ricebird Ornith. コメクイドリ.

rice paper ライスペーパー《薄い上質紙の一
種》.

rice pudding ライスプディング.

ricer 裏ごし器.

rich a. 金持ちの，富んだ；(土地が肥えた；高価な，
贅沢な，貴重な；(食物が)濃厚な，滋味のあ
る；(色彩・音声など)濃厚な，深みのある，豊か
な；(香りが)高い；豊富な，十分な；面白い；
とんでもない；猥褻な. **rich and poor** 富者も
貧者も.

Richard Roe Law 不動産回復訴訟にお
ける被告の仮の名.

riches 富.

richly ad. 高価に，豊富に；華美に；濃厚に；
十分に.

Richter scale リヒタースケール《地震のマグニ
チュードの段階》.

rick (乾し草・麦藁などの)稲むら.

rickets Med. 佝僂病.

rickettsia Biol. リケッチア《細菌より小さい微
生物》.

rickety a. 佝僂病にかかった；よろめく，ぐらぐら
する，倒れそうな.

ricksha(w) 人力車.

ricochet v. (弾丸が地上や水面では)ね飛ぶ；
(はね玉などが)打つ. ― n. はね飛び；はね玉.

rid v. 除く (of)，免れさせる (of). **get [be] rid
of** …を免れる，脱する，除く.

riddance (邪魔物の)除去，厄介払い.

riddle[1] n. 謎；謎のような事物や人，不可解な
事物や人. ― v. 謎のようなことを言う；謎をか
ける，謎を解く.

riddle[2] n. 粗目ふるい. ― v. 粗目ふるいにかけ
る；(弾丸が)穴だらけにする.

ride v. 乗る，乗せる；馬に乗る，(馬に乗って)行く；
浮かぶ；停泊する；支配される；苦しめる，悩ます；
性交する. **let ride** 放っておく，なんの処置もと
らない. **ride down** 馬で追いつく，やっつける.

ride out (困難などを)乗り切る. ― n. 乗ること，

乗り物旅行;(林の中の)馬路;楽しいこと;性交. **take a person for a ride**(人を)車で連れ出して殺す;だます.

rider 乗る人,乗り手;(文書の)補足事項,付帯条項.

riderless a. 乗り手のいない.

ridership 乗客数.

ridge n. 峰,(山の)背;山脈;分水線;隆起線,畝,(屋根の)棟. — v. 棟を付ける,棟を起こす.

ridgepole 棟木.

ridgy a. 背のある,畝のある,畔のある.

ridicule n., v. 嘲り,嘲る,からかい,からかう.

ridiculous a. おかしい,ばかげた.

riding n., a. 乗馬(の);馬場.

riding habit 婦人乗馬服.

riding light 停泊灯.

riding master 馬術教師.

rife a. (悪疫が)盛んな,流行して,盛んに行われて;豊富で(with).

riff (ジャズの)反復楽節,リフ.

riffle (川の)浅瀬,さざ波;Cards リッフル《左右の手に分けて札をぱらぱら交互に重ねて切ること》.

riffraff 下層民.

rifle n. ライフル銃,施条銃;[pl.]ライフル銃隊. — v. (銃砲に)施条する;強奪する.

riflebird Ornith. ハシナガクロフウチョウ《ゴクラクチョウの一種》.

rifleman ライフル銃兵.

rifle range 射撃場.

rifleshot ライフルの名人.

rifling 施条(をつけること).

rift n. 破れ目,割れ目,ひび;分裂. — v. 裂く,裂ける.

rift valley Geol. 地溝.

rig¹ v. 索具を装着する,船具を装着する;仕度をする,着飾る(out, up);(建物を)急造する(up). — n. 索具;服装.

rig² n. 計略,ごまかし,買い占め. — v. ごまかす.

rigger (建築工事中,通行人の危険を避ける)吊り足場.

rigging 索具.

right a. 正しい,正当な,間違いない;適当な;正気の,健康な;満足な;右の,右方の;(切れ地の)表(側)の;直角の. **All right.** よろしい,承知した;間違いなく. **be in one's right mind** 正気である. **one's right hand**(頼りとする)片腕. **Right!** [**Right oh!, Right you are!**] よろしい承知した;(あいづちとして)そうですね. **get it right** 正しく理解する. **set [put] right** 直す,修正する. — ad. 正しく,間違いなく;正当に,当然;(真下・真上などの)真…;まったく,すっかり,ずっと,すぐ;非常に;右へ,右方へ. **right away [off]** すぐ. **right here** ちょうどここで. **right now** ちょうどいま;いますぐ. **right on** まったくその通り,異議なし. — n. 正,善,正義;権利;[pl.]真相;右,右側;[the R-]右翼《保守派》. **be in the right** 正しい. **by right(s)** 正しくは,本来ならば. **by right of** …の権利上,権限で. **civil rights** 民権. **in one's own right** 自己の権利で,生得の権利で. **right of way** (私有地の)通行権,通行路;公道用地;交通上の先行権(over);(発言の)優先権. **set [put] to rights** 直す,正す,整える. — v. まっすぐに起こす;起き直る;償う,救う;正しくする,直す.

right-angled a. 直角の.

righteous a. 有徳の,正しい,正当な;本物の.

right field Baseball 右翼,ライト.

right fielder Baseball 右翼手,ライト.

rightful a. (行為など)正しい,合法の,正当の.

right hand 右手,握手の手;片腕,腹心.

right-hand a. 右(手)にある,右方の;右回り

の; 右手を使う; 右腕と頼む.

right-handed *a.* 右ききの; 右手用の; 右ね じの, 右回りの.

right-hander 右ききの人; 右手打ち.

rightist 右翼の人, 右傾派.

rightly *ad.* 正しく, 正当に; 正確に, 間違いな く; 当然.

right-minded *a.* 心の正しい.

righto *int.* =all right.

right-on *a.* まさに正確な; 時勢に乗った.

right-to-die *a.* 死ぬ権利を認める.

right-to-life *a.* 妊娠中絶に反対する.

right triangle 直角三角形.

right whale *Zool.* セミクジラ.

right wing 右翼, 右派.

right-wing *a.* 右翼の, 右派の.

right-winger 右翼の人, 右派の人.

righty 右ききの人; *Baseball* 右腕投手, 右打 ち打者; 右翼.

rigid *a.* 堅い, こわばった; 厳正な, 厳しい.

rigmarole くだらない長話; 煩雑で形式ばっ た手続き.

rigor 厳しさ, 厳格; [多く *pl.*] (気候の)酷烈; (発熱前の)寒け, 悪寒.

rigorism 厳格主義.

rigor mortis 死体硬直.

rigorous *a.* 厳しい, 厳格な; 厳正な.

rig-out 衣服一式.

rile *v.* 怒らす; (液体を)濁らす.

rill 小川.

rim *n., v.* 輪ぶち, 縁(を付ける), (眼鏡の)フレーム.

rime[1] *n., v.* 霜(で覆う).

rime[2] *n., v.* =rhyme.

rimland 周縁地域.

rimy *a.* 霜で覆われた.

rind (樹木・果物などの)皮; (チーズの)堅い上皮.

rinderpest *Vet.* 牛疫.

ring[1] *n.* 輪, 環; 指輪, 耳輪, 鼻輪; (木材の)

年輪; (円形の)競技場, 土俵, 演技場, 拳闘場, リング; (政界・市場を乱す)徒党, 同盟; [*pl.*] (体操の)吊り輪. **make rings round** 簡単に負かす. ── *v.* 囲む, 取り巻く (*in, round, about*); 指輪をはめる; 鼻輪をはめる.

ring[2] *v.* (鐘・鈴など)鳴る, 鳴らす; 響く, (場所が)反響する (*with, to*); 評判が高い (*with, of*); 電話をかける. **ring off** 電話を切る. **ring true** 本物の音がする. **ring false** 偽物の音がする. **ring up** 電話をかける; 金銭登録器に入れる; 達成する. ── *n.* 鳴る音, 鳴り; ベルの音; 電話をかけること.

ringbark *v.* 木の皮を丸くはぐ.

ringbinder (ルーズリーフの)リングバインダー.

ringbolt 環付きボルト.

ringer[1] 囲う人, 囲う物; (輪投げなどで標的に向かって投げる)輪, 蹄鉄(など).

ringer[2] 振鈴者; とてもよく似ている人, とてもよく似ている物; (競技の)替え玉.

Ringer's solution *Med.* リンゲル液.

ring finger (左手の)薬指.

ring flash リングフラッシュ 《レンズの周囲に取り付ける接写用ストロボ》.

ringleader 張本人, 首謀者.

ringlet 巻き毛.

ringmaster (サーカスの)演技主任.

ring-opener (缶ビールなどの)プルトップ.

ring road (都市周辺の)環状道路.

ringside リングサイド, かぶりつき.

ringworm *Med.* 白癬.

rink (室内)スケート場, リンク.

rinky-dink *a.* 旧式の, 時代遅れの; くだらない, つまらない.

rinse *v., n.* ゆすぐ; ゆすぎ(出す), ゆすぎ落とす.

Rio de Janeiro リオデジャネイロ《ブラジル中南部の港市》.

Rio Grande リオグランデ川《米国とメキシコの国境を成す川》.

riot *n.* 暴動, 騒動; 乱雑, ごたごた; 多種多

彩；(感情，想像などの)奔出，ほとばしり；とてもおもしろいもの，とてもおもしろいこと，とてもおもしろい人；大当たり．**read the riot act** 騒ぐなど厳重に申し渡す；叱りつける．**run riot** 暴れる；はびこる，咲き乱れる．— *v*. 暴動を起こす，暴れる；放蕩する，浪費する．

riotous *a*. 乱暴な，騒々しい；飲み騒ぐ；放縦な；とてもおもしろい；大当たりの．

riot police [squad] 機動隊．

riot shield 暴動鎮圧用盾．

rip¹ 川の早瀬に立つ波；激浪．

rip² *v*. 破る，裂く，割る；裂ける；剥ぐ (*off, out, away*)；突進する．**rip along** (車などが)突っ走る．**rip into** 激しく非難する．**rip off** 盗む，強奪する；だます．**rip up** びりっと破る；かきむしる；暴く．— *n*. 引き裂くこと；長い裂け目，長い切れ目．

RIP requiescat in pace (L) 安らかに眠れ．

riparian *a*. 河岸の．

riparian right *Law* 河岸所有者権．

rip cord (気球の)引き裂き綱；(パラシュートの)開き綱．

ripe *a*. 熟した，うんだ，慣れた；十分発達した；十分になった，…し頃の (*for*)；猥褻な，きわどい；異臭のある，腐臭のある．**ripe age** 熟年．

ripen *v*. 熟する，熟させる；円熟する，円熟させる．

rip-off 盗み，強奪；詐欺，いんちき，盗作．

riposte *n*. *Fencing* 突き返し；しっぺ返し．— *v*. 突き返す．

ripping *a*., *ad*. すてきな；すばらしく，すてきに．

ripple *n*. さざ波；(髪の)縮れ，(切れ地の)小じわ；(水の)さざめき．— *v*. さざ波を立てる；小じわをよせる；さらさら流れる．

ripple effect 波及効果．

ripply *a*. さざ波の立った．

rip-roaring *a*. 騒々しい．

ripsaw 縦引き鋸．

ripsnorting *a*. すばらしい．

riptide 潮衝．

Rip van Winkle リップバンウィンクル《20年間眠り続けていた物語の主人公》；時代遅れの人；眠ってばかりいる人．

rise *v*. 起きる，立ち上がる；散会する；離陸する；飛び立つ；(反乱を)起こす，立つ (*against*)；上がる，高まる，浮き上がる，登る，舞い上がる；(水かさなど)増す，ふくれ上がる；出世する，昇進する，栄える；向上する，超越する (*above*)；(難局などに向かって)立派にやる (*to*)；発する，生じる，起こる (*from, in*)．— *n*. 上昇；上り坂；台地；昇級，出世；増大，騰貴，昇給；(階段の)蹴上げ；発生，起源．**give rise to** …を引き起こす．**on the rise** 上がって，増加しつつある．

riser 起きる人；(階段の)蹴込み．

risible *a*. よく笑う，笑いの；おかしい．

rising *n*. 上がること，上昇；起床；復活；反乱．— *a*. 上がる，上る；昇進する；上り坂の；成長中の；(年が)…になろうとする．

risk *n*. 危険，冒険，危険分子；(保険などの)危険率，保険金額，被保険者，被保険物．**at the risk of** …を賭けて．**run [take] a risk [risks]** 危険を冒す．— *v*. 賭ける，大胆にやる．

risky *a*. 危険な，きわどい；=risqué．

risotto リゾット《イタリアの米料理》．

risqué (F) *a*. (文章・仕草など)きわどい，すれすれの．

ritardando (It) *a*., *ad*. *Mus*. 漸次緩やかな，漸次緩やかに．

rite 儀式，祭式．

ritual *n*. 式典，祭式(次第書き)．— *a*. 儀式の，祭式の；慣用の．

ritualism 儀式主義，儀礼厳守，式典学．

ritualist 儀式主義者；慣用尊重者．

ritualize *v*. 儀式化する．

ritually *ad*. 儀式に従って．

ritzy *a*. 豪華な，デラックスな，贅沢な．

rival n. 競争相手, ライバル, 匹敵者 (in).
—a. 競争する, 対抗する. —v. 争う, 張り合う, 匹敵する.

rivalry 競争, 対抗.

rive v. 割る, 裂く; 引き裂く, ねじ取る (away, off).

river 川; 流れ; [pl.] 多量の流れ. **sell one down the river** 裏切る. **up the river** 刑務所へ.

riverbank 川岸.

river basin 流域.

riverbed 河床.

riverboat 川船.

riverhead 水源.

river horse Zool. カバ.

riverside 川辺.

rivet n. (鉄板などを合わせ留める) 鋲, リベット. —v. リベットで留める; (目・注意を) 集中する, ひきつける.

riveting a. 非常に面白い.

Riviera [the ~] リビエラ《フランス南東部よりイタリア北西部に至る地中海沿岸地方; 避寒地》.

rivulet 小川.

Riyadh リヤド《サウジアラビアの首都》.

RJ road junction 道路交差点. **rmp** radio motor patrol. **RMS** Royal Mail Service; royal mail steamer [steamship]. **RN** Registered Nurse; Royal Navy. **RNA** ribonucleic acid. **RNR** Royal Naval Reserve 英国海軍予備隊(員).

roach[1] Ichthy. ローチ《フナに似た淡水魚》.

roach[2] Entom. ゴキブリ, アブラムシ; マリファナたばこの吸いさし.

road 道路, 街道; 方法; [pl.] 停泊地; [R-]街; 鉄道; (劇団, 選手団などの) 巡業地, 遠征地. **hit the road** 旅に出る. **on the road** (セールスマンが地方を回って); (劇団が) 巡業中で; (野球チームなどが) ロードに出て.

roadable a. 路行可能の.

roadbed 路盤.

roadblock Mil. 路上の防塞, 交通遮断物; 障害.

road book 道路案内書.

road game (野球などの) 相手チームの球場での試合.

road hog (他車線に出て他の車の進行を妨げる) 割り込み運転手.

roadholding (車の) 路面保持性.

roadhouse ロードハウス《酒・食事を出し, ダンス・賭博も出来る郊外道路沿いのホテル》.

roadie 街頭演芸興業師.

roadman 道路工夫.

roadmap 道路地図《ドライブ用》.

road metal 道路に敷く砕石.

road racing (公道を模した) コースで行われる自動車などの) ロードレース.

roadrunner Ornith. ミチバシリ.

road sense (運転者・歩行者の) 交通事故を避ける勘や感覚.

road show (劇団の) 地方巡回興行; (映画の) ロードショー.

roadside n., a. 路傍(の).

roadstead (港外の) 停泊地.

roadster ロードスター《屋根なしの二人乗り自動車》.

road test (路上で行う車・運転者の) 実地試験.

roadway (道路の) 車道.

roadwork (競技の) ロードワーク.

road works 道路工事.

roadworthy a. (車が) 道路での使用に適した.

roam v., n. 歩き回る, さまよう; 歩き回り, さまよい.

roan a., n. 葦毛の (馬・牛など).

roar v. 吠える, うなる, 叫ぶ, どなる, とどろく, どよめく. —n. 吠え声, うなり声, 怒号, とどろき, どよめき; 大笑い. **set the table [room] in a**

roar 人々を大笑いさせる.

roaring a. 吠える, うなる; 騒がしい; (商売など)景気のいい. —n. うなること, 吠えること, うなり声, とどろき; —ad. ひどく, 極度に.

roast v. (肉を)焼く, あぶる, (コーヒー豆などを)炒る; あぶられる, 炒られる; 酷評する, からかう. —a. 焼いた, あぶった. —n. 焼き肉(用の肉); からかい.

roaster あぶる道具, 炒る道具, コーヒー焙煎器; ロースト用オーブン.

roasting a., ad. ロースト用の; 焼けつくように.

roasting jack 焼き串回転器.

rob v. 強奪する, 奪い取る (a person of a thing); 強盗をする.

robber 強盗, 追いはぎ.

robbery 強盗(行為), 強奪.

robe n. 長い緩やかな衣服; 部屋着; [多く pl.] 職服 (教授服・僧服・法服など); ひざ掛け. —v. 職服を着せる, 職服を着る.

robin Ornith. ヨーロッパコマドリ; コマツグミ.

Robin Hood Brit. Legend ロビンフッド (中世の義賊).

robin redbreast =robin.

Robinson Crusoe ロビンソンクルーソー (Daniel Defoe 作の漂流記; その主人公).

robot ロボット, 人造人間; 機械的に働く人.

robot bomb ロボット爆弾.

robotics ロボット工学.

robust a. 強い, たくましい; (運動など)激しい; (常識など)健全な; 粗野な.

robustious a. 強壮な; 激しい, 厳しい.

rock¹ 岩, 岩石; 小石; [pl.] 岩礁; 危険物; 貨幣, 1ドル(札); 氷砂糖; 宝石, ダイヤ. **on the rocks** 難破して; 金に困って; (ウイスキーなど)オンザロックで.

rock² v. 揺り動かす, 揺する, 揺れる; ぎょっとさせる. **rock a baby to sleep** 赤ん坊を揺すって眠らせる. —n. 揺れ; Mus. ロック; ロックファン.

rockabilly Mus. ロカビリー.

rock bass Ichthy. サンフィッシュ科の淡水魚.

rock bottom 岩底; どん底.

rock-bottom a. 最低の.

rockbound a. 岩に囲まれた.

rock candy 氷砂糖.

rock-climbing ロッククライミング, 岩登り (術).

rock crystal 水晶.

rock drill 削岩機.

Rockefeller ロックフェラー. **John Davison Rockefeller** (1839–1937) 米国の資本家, 博愛主義者.

Rockefeller Center ロックフェラーセンター (New York 市の中心にある高層建築群の地域).

rocker (揺りかご・揺り椅子などの底の)揺り子; = rocking chair, rocking horse; ロック歌手, ロック音楽; カミナリ族. **off one's rocker** 気が狂った.

rockery =rock garden.

rocket n. のろし, 火矢; ロケット (噴射式エンジン), 噴射飛行機; ロケット弾; 大目玉. —v. のろしを上げる, 火矢を放つ; (キジなどが)真っ直ぐに飛び立つ; (物価が)暴騰する.

rocket bomb ロケット爆弾.

rocketeer ロケット研究家, ロケット乗務員.

rocket launcher ロケット弾発射装置.

rocket plane ロケット機.

rocket propulsion ロケット推進.

rocketry ロケット研究, ロケット実験; ロケット.

rock garden ロックガーデン, 岩石庭園.

Rockies =Rocky Mountains.

rocking chair 揺り椅子.

rocking horse 揺り木馬.

rock'n'roll, rock and roll Mus. ロックンロール.

rockoon (<rocket+balloon) 気球ロケット.

rock plant 岩生植物.

rock-ribbed *a.* 頑固な, 確固とした.

rock salt 岩塩.

rock wool 岩綿《断熱・防音・絶縁用鉱物繊維》.

rocky[1] *a.* 岩の(ような); 岩の多い, 岩石質の; 断崖たる; 困難の多い, 障害の多い.

rocky[2] *a.* 不安定な, ぐらぐらする; ふらふらする.

Rocky Mountains ロッキー山脈《北米西部の大山系》.

rococo *n., a.* ロココ式《ルイ十四世, 十五世時代の華麗な建築様式や装飾法》; ロココ式の.

rod 細長い棒, 竿, 釣り竿; 物差し; 鞭, 懲罰; 職権杖; 権力; ロッド《長さの単位; =5¹/₂ yds》; ピストル; =hot rod; ペニス. **kiss the rod** 神妙に罰を受ける.

rodent *a., n.* 齧歯目の(動物).

rodeo ロデオ《カウボーイの競技会》.

Rodin ロダン. **Auguste Rodin** (1840–1917) フランスの彫刻家.

rodomontade *n., v.* ほら(を吹く).

roe[1] *Zool.* ノロジカ.

roe[2] (魚類・甲殻類などの) 卵. **hard roe** はららご. **soft roe** しらこ.

roebuck *Zool.* ノロジカの雄.

roe deer =roe[1].

roentgen *a.* レントゲン(線)の.

Roentgen レントゲン. **Wilhelm Konrad Roentgen** (1845–1923) ドイツの物理学者; X線の発見者.

roentgenology レントゲン科(学).

roentgen ray レントゲン線, X線.

ROG receipt of goods *Com.* 到着払い.

roger (無線電話で) 了解, そちらどうぞ.

rogue *n.* ごろつき, 悪漢, いたずら小僧.
— *v.* (発育不良の実生を) 間引く.
— *a.* (野生動物が) 群れから離れて狂暴な.

roguery 悪事, 詐欺; いたずら.

rogues' gallery 犯人写真台帳.

roguish *a.* 悪党らしい; いたずらな.

ROI return on investment 投資収益率.

roil *v.* かき回す; いらだたせる.

roister *v.* 飲み騒ぐ.

ROK, Rok (<*Republic of Korea*) 韓国; 韓国兵.

role (役者の)役割, 役; 任務.

roll *v.* 転がる, 転がす; 回転する; (目が)ぎょろぎょろする, ぎょろぎょろさせる; (波・平野などが)起伏する, うねる; (船が)横揺れする; 車が通る, 車で通る (along); (雷などが)とどろく, 震え声で鳴る, 震え声で歌う, (声を)震わせる; (ローラー・めん棒で)伸ばす, ならす (out); (巻きたばこを)巻く, 丸める (up); (車が)ゆっくりと走る, 進む; 笑いころげる (about). **roll back** (統制によって物価を)引き下げる. **roll in** (金などが)ころがり込む, たくさん入る. **roll on** ころがり進む; 時がたつ. **roll up** 巻く, くるむ, まくり上げる; (煙などが)巻き上がる, 立ち上る; (金など)たまる; 到着する; いらっしゃい.
— *n.* 巻物; (紙・ラシャ・フィルム・切手などの)一巻き, 一反, 一本; (印刷機などの)ローラー; 記録, 表, 名簿; ロールパン; 回転; うねり; (雷・太鼓などの)とどろき; 調子よく流れ出る言葉; (船の)横揺れ; 性交. **call the roll** 出席をとる. **roll of honor** 戦死者名簿, 合格者名簿. **strike off the rolls** 除名する.

Rolland ロラン. **Romain Rolland** (1866–1944) フランスの作家.

rollback (統制による物価の)引き下げ.

roll call 点呼.

roller (地ならし・印刷・圧延用の)ロール, ローラー; 大うねり波; *Ornith.* ローラーカナリヤ.

roller bandage 巻き包帯.

roller bearing ころ軸受け.

roller coaster ジェットコースター.

roller skate ローラースケート靴.

roller-skate *v.* ローラースケートですべる.

roller skating ローラースケート.

roof

roller towel 巻きタオル.

roll film *Phot.* ロールフィルム.

rollick *v.* ふざけ騒ぐ, はしゃぐ.

rollicking *a.* 陽気な.

rolling *n.* 転がすこと, 転がること; うねり, 起伏; (船の)横揺れ, ローリング; とどろき. ── *a.* 転がる, 回転する; よろめく; うね(り流れ)る; 起伏する; とどろき渡る; 金がうなるほどある.

rolling mill 圧延工場.

rolling pin めん棒.

rolling stock 鉄道車両《機関車と客車の総称》.

rolling stone 住所や職業をよく変える人.

roll-on ロールオン(ガードル).

Rolls-Royce ロールスロイス《英国高級車》.

rolltop desk ロールトップデスク《たたみ込みふた付き机》.

roly-poly *n., a.* 巻きプディング; (子供など)丸丸太った(人).

ROM read-only memory *Computer* 読み取り専用メモリー.

Romaic *n., a.* 現代ギリシャ語(の).

Roman *a.* ローマ(人)の; (ローマ)カトリック教会の. ── *n.* ローマ人; ローマ字体.

Roman candle (円筒形の)ローマ花火.

Roman Catholic *a., n.* (ローマ)カトリック教会の(信者).

Roman Catholicism (ローマ)カトリック.

romance *n.* 中世騎士物語, 伝奇物語; 非現実的物語, 空想小説; 空想, ローマン的気分; 恋愛(物語), ロマンス. ── *a.* 伝奇的の, ロマン的な; [R-] ロマンス語の. ── *v.* 作り話をする, 誇張する; 言い寄る, 求婚する.

Romance languages ロマンス語《ラテン語系のフランス・スペイン・イタリア語など》.

romancer 伝奇物語作者; 途方もない嘘を言う人.

Roman Empire ローマ帝国.

Romanesque *a., n.* (美術・建築などが)ロマネスク様式(の).

roman-fleuve (F) 大河小説《一族の歴史を数代にわたって取り扱った長編小説》.

Roman holiday ローマ(人)の休日《他人の犠牲において楽しむ娯楽》.

Romanic *a.* ロマンス語の.

Romanize *v.* ローマ字に書く; (ローマ)カトリック化する.

Roman nose 段鼻.

Roman numeral ローマ数字.

Romans(ch) ロマンシュ語《スイス東部の方言》.

romantic *a.* 伝奇物語的な, 空想小説的な, 空想的な, 奇異な, ロマンチックな; ロマン派の; 恋愛に夢中の; 恋愛に適した. ── *n.* 夢想家, 空想家, ロマンチスト.

romanticism ロマン主義, ロマン派.

romanticist ロマン主義者, ロマン派作家.

Romany *n., a.* ジプシー(の); ジプシー語(の).

Rome ローマ《イタリアの首都》.

Romish *a.* (ローマ)カトリック教会の.

romp *v.* (子供などが)ふざけ戯れる, はね回る (*about*). **romp home** 楽勝する. **romp through** 楽々とやってのける. ── *n.* 暴れっ子; ふざけ遊び.

rompers (子供の)遊び着, ロンパース.

rondeau ロンドー体《畳句を用いた13行か10行の単詩形》.

rondo *Mus.* ロンド, 回旋曲.

roneo *v.* 複写機で複写する.

Röntgen =Roentgen.

rood (教会の内陣仕切りの上の)十字架上のキリスト像.

roof *n.* 屋根. **go through the roof** (物価が)急上昇する; かんかんに怒る. **hit the roof** かんかんに怒る. **raise the roof** 大騒ぎする. **roof of the [one's] mouth** (口の中の)上顎. **under one's roof** 人の家に, 人の家

で. —v. 屋根を葺く,(屋根で)覆う (in, over).

roofer 屋根屋;もてなしに対する礼状.

roof garden 屋上庭園;屋上レストラン.

roofing 屋根葺き材料.

roofless a. 屋根のない.

roof light (自動車の屋根の上の)点滅灯;(自動車の)室内灯.

roof rack ルーフラック《自動車の屋根上の荷台》.

rooftree 棟木;屋根.

roof-water 屋根から落ちるのを溜めた雨水.

rook[1] Chess ルーク《縦と横に自由に動く》.

rook[2] n., v. Ornith. ミヤマガラス;だます,(代金を)ぼる.

rookery ミヤマガラスの巣くう森.

rookie 新兵;新参者;Baseball 新人選手,ルーキー.

room n. 室,部屋;[pl.] 貸間,下宿;場所,場席 (for);余地,余裕 (for, to do). —v. 泊まる,泊まらせる;同室する;泊める,…に部屋を貸す.

roomer 間借り人,下宿人.

roomette Railroads ルーメット《寝台車の個室》.

roomful 部屋一杯.

rooming house 下宿屋.

roommate 同室者,同宿者;同棲者.

room service (ホテルの)ルームサービス.

room temperature 室内の適温《20°C 位》.

roomy a., n. 広々とした;ルームメイト.

roorback (選挙前の)中傷的デマ.

Roosevelt ルーズベルト. **Franklin Delano Roosevelt** (1882–1945) 米国の政治家;大統領 (1933–45). **Theodore Roosevelt** (1858–1919) 米国の政治家;大統領 (1901–09).

roost n. (鶏の)とまり木,とや,ねぐら. **go to roost** ねぐらにつく;寝る. **rule the roost** 支配権を握る,牛耳る. —v. とまり木にとまる,とやにつく,ねぐらに入る.

rooster おんどり.

root[1] n. 根;付け根,根元;源,根拠;根底,本質;核心,基礎;祖先,先祖;Ling. 語根;Math. 根数,根;[pl.] =root crop;[pl.] 結びつき,ルーツ;(精神的な)ふるさと;マリファナたばこ. **root and branch** 根本的に,すっかり. **take [strike] root** 根がつく,根をおろす. —v. 根がつく,根づかせる;固定させる,固定する;根こぎにする,根絶する (up, out).

root[2] v. (豚などが)鼻で地面を掘る;かき回す (about); 捜し出す (up, out); (競技などで)応援する.

rootage 根付き;(一植物全体としての)根.

root beer ルートビヤー《清涼飲料の一種》.

root crop 根菜《ダイコン・ジャガイモなど》.

root hair Bot. 根毛.

rootlet 細根,小根.

root rot (植物の)根腐れ病.

rootstock Bot. 根茎.

rooty a. 根の多い;根状の.

rope n. 綱,縄,ロープ;[the ~] (死刑の)絞首索;葉巻き. **give one (plenty of) rope** 人に(十分)活動の自由を与える. —v. 縄で結ぶ,縛る,くくる;縄で囲う (in),仕切る (off, out).

ropedancer 綱渡り芸人.

ropedancing 綱渡り.

rope ladder 縄ばしご.

ropewalk 縄製造場.

ropewalker =ropedancer.

ropeway 空中索道;ロープウェー.

ropy a. 縄のような;(ねばねばして)糸を引く;使い古した,旧式の,劣った.

Roquefort (F) Trademark ロックフォール《チーズ》《南フランス産;もとは羊乳から作った》.

Rorschach (test) Psychol. ロールシャッハ検査.

rosaceous *a*. バラ科の.

rosarian バラ栽培者; [R-] *Rom. Cath.* ロザリオ会々員.

rosary 数珠, ロザリオ; 数珠で数える祈り.

rose *n*. バラ(の花)《England の国花》; ばら色; [*pl.*] (顔の)ばら色; ばら模様; ばら結び; ローズカットの宝石. **under the rose** 秘密に.
—*a*. ばら色の.

rosé (F) ローゼワイン.

roseate *a*. ばら色の; 楽観的な.

rosebud バラの蕾.

rosebush バラの木.

rose-colored *a*. ばら色の; 晴れやかな, 朗らかな; 楽観的な, 有望な.

roseleaf バラの花びら, バラの葉.

rosemary *Bot.* マンネンロウ.

rose pink ばら色.

rosery バラ園.

Rosetta stone ロゼッタ石《1799 年にエジプトで発見された碑石; 大英博物館蔵》.

rosette ばら結び; ばら模様, ばら飾り; *Bot.* 座葉, ロゼット.

rose water ばら香水.

rose window ばら窓.

rosewood *Bot.* シタン.

rosily *ad*. ばら色に; 有望に.

rosin *n., v.* ロジン(を塗る).

rosiness ばら色, ばら状.

roster 勤務表; 名簿, 名列.

rostrum 演壇, 講壇, 説教壇.

rosy *a*. ばら色の, 紅い; 晴れやかな, 楽天的な; 有望な.

rot *v*. 腐る, 腐らす, 朽ちる, 朽ちさせる; だめにする; 冷やかす, 皮肉を言う. —*n*. 腐敗, 腐朽; たわごと. —*int*. ばかな.

rota 勤務当番表, 当番.

Rotarian ロータリークラブの会員.

rotary *a., n.* 回転する; 回転機械; ロータリー.

Rotary Club ロータリークラブ《社会奉仕を目的とする国際的クラブ》.

rotary engine ロータリーエンジン.

rotary-wing aircraft 回転翼航空機《ヘリコプター・オートジャイロなど》.

rotate *v*. 回転する, 回転させる, 循環する, 循環させる; 交替する, 交替させる; (農作物を)輪作する; *Astron.* 自転する; (月日が)巡る.
—*a*. 輪状の.

rotation 回転; 交替, 循環, 輪作; *Astron.* 自転. **by [in] rotation** 交代に.

rotative *a*. 回転する.

rotator 回転するもの; *Phys.* 回転子; *Metal.* 回転炉.

rotatory *a*. =rotative.

rote 暗記; 機械的反復. **by rote** そらで, 機械的に.

rotgut 下等な酒.

rotisserie (回転式)焼き肉器; 焼き肉レストラン.

rotogravure 輪転グラビア(版); (新聞の)グラビアページ.

rotor (ヘリコプターの)回転翼.

rotten *a*. 腐った; ぼろぼろの; (道徳的に)腐敗した; 嫌な, やくざな, ひどい; 不幸な.

rottenstone トリポリ石.

rotter 嫌われ者, やくざ者.

rotund *a*. 丸々と太った; (声が)よく通る.

rotunda, rotonda (丸屋根のある)円形の建物, 円形の広間.

rouble =ruble.

roué (F) 道楽者.

rouge *n., v.* 口紅やほお紅(をつける).

rouge et noir (F) ルージュエノワール《赤黒の模様のあるテーブルでするトランプ賭博》.

rough *a*. 粗い, ざらざらの; 毛むくじゃらな; 凸凹の; 乱暴な, 粗野な; 激しい, 荒れた; 粗製の, 未完成の; 概略の, あらましの; 不愉快な, 不公平な, 気分がすぐれない; 猥褻な. **be rough on** …につらくあたる, ひどくする. —*ad*. 粗く; ざっ

と；乱暴に. **cut up rough** 怒る.
— *n.* [the ~] 自然のまま，未完成状態；あら
くれ者，ごろつき；凸凹のある土地；[the ~] *Golf*
ラフ；下書き，スケッチ. **in the rough** 生地のま
まで，荒けずりで，おおざっぱに；くつろいで，困って.
take the rough with the smooth 人生の苦
楽を平然と受ける. — *v.* ざらざらにする，凸凹
にする；(毛などを)さばさにする，乱す. **rough it**
苦しい生活を忍ぶ，難儀を忍ぶ；(キャンプなどで)
原始的生活をする. **rough up** 乱暴に扱う，
虐待する.

roughage 粗末な材料《わらなど》；栄養価の
少ない食料や飼料《ふすま・わら・まくさなど》.

rough-and-ready *a.* 拙速主義の，間に合わ
せの；粗雑な.

rough-and-tumble *a., n.* 乱暴な；乱闘.

roughcast *v.* 荒壁をつける，(計画など)概
略の方針を立てる. — *n.* 荒壁；(計画など
の)概略.

rough diamond 荒削りだが優れた素質の人.

rough-dry *v.* 洗って乾かす《アイロンはかけない》.

roughen *v.* 粗くする，粗くなる，ざらざらにする，
ざらざらになる，凸凹にする，凸凹になる.

rough-hew *v.* (木材を)荒切りする，荒削りす
る.

rough-hewn *a.* 荒削りの；粗野な.

roughhouse *n., v.* ばか騒ぎ(する).

roughish *a.* やや粗い.

roughly *ad.* 手荒く，ぶっきらぼうに；ざっと.

roughneck 乱暴者.

roughrider 荒馬を乗りこなす人.

roughshod *a.* (馬が)すべり止めをつけた. **ride
roughshod** 威張り散らす.

rough-spoken *a.* 言葉がぞんざいな.

rough stuff 乱暴.

roulette ルーレット(賭博)；(切手の)点線機.

Roumania = Rumania.

round *a.* 丸い，丸々と太った，ふっくらした；回
る，一周する；完全な；十分な；音量の豊

かな；円熟した，流麗な；ありのままの，率直
な，快速の；かなりの，少なからぬ；完全な，端数
のない. **in round numbers** 端数のない数で.
— *n.* 円，円形；球，丸い物；(パンなどの)輪
切り；はしごの段；回転，巡回，巡視(区域)；
[*pl.*] (ニュースなどの)広まる経路；周期，範囲；
一連なり，一組，一連，連続，繰り返し；一
配り(分)，一回り；一勝負，ひとしきり；(弾
薬の)一発分，一斉射撃，一斉にすること，一
斉協議，ラウンド；*Mus.* 輪唱. **in the
round** 丸彫りで，丸彫りの；全体的に，全体
的の；(劇場で)客席が舞台をぐるりと囲んで
いる. **make [go] one's rounds** 巡回する.
make [go] the rounds of ...を一巡する.
the daily round 日常の用務.
— *ad., prep.* 丸く，ぐるりと，(...の)回りに；近く
に；(を)回って；(一定期間)始めから終わりまで，
ずっと；周囲が...で；行き渡って，次から次へと；
迂回して；ある場所に，出向いて；自宅に；...くら
い，...ごろ. **all [right] round** = round and
round (...の)回りをぐるぐる；すべてに行き渡って.
round about 回りに；約.... **round the
bend** 気が狂った.
— *v.* 丸くする，丸くなる，回る，回り道をする；完
成する. **round off [out]** 丸みをつける，丸みがつ
く；仕上げる. **round up** 集める，狩り立てる；検
挙する.

roundabout *a.* 回り遠い，遠回しの；太った，
でっぷりした. — *n.* 回り道；ロータリー；遠回し
の言い方；回転木馬；男用の短ジャケット.

round dance 輪舞《蜜蜂の収穫ダンス，
円舞飛び《仲間に食物のありかを示す》.

rounded *a.* 丸くされた，丸く作られた；*Phonet.*
円唇の.

roundel 小円形物；小円盤；飾りメダル；
(飛行機の国籍を示す)円形標識.

rounder 浮浪人；野球に似た遊戯；物を丸
くする道具；*Boxing* (何)回戦.

round-eyed *a.* (驚き，感嘆などで)目をまるく

した.

round file くずかご.

roundhouse 円形機関車庫; *Naut.* 丸部屋《後甲板後部の船室》.

roundish *a.* 丸味がかった.

roundly *ad.* 丸く; あからさまに, 無愛想に; 厳しく; 十分に.

round robin (署名者順位を隠した)円形署名上告書; ラウンドロビン《チェス・テニスなどの総当たり戦》.

round-shouldered *a.* 猫背の.

roundsman 巡査部長; 御用聞き.

round table 円卓会議(参加者); [R- T-] (Arthur 王の)円卓(騎士).

round-the-clock *a.* 24 時間連続の.

round trip 往復旅行; 回遊旅行.

round-trip ticket 往復切符.

roundup 家畜の駆り集めをする人や馬; 会合, 集まり; (犯人の)狩り込み, 検挙; 総括, 総まくり.

roundworm 回虫.

roup *Vet.* 家禽の呼吸器疾患.

rouse *v.* 起こす, 起きる (*up*), 覚醒させる, 覚醒する, 奮起させる, 奮起する, 鼓舞する (*up*); 激発する, 怒らす; 喚起する, かき立てる. — *n.* 覚醒; 奮起.

Rousseau ルソー. **Jean Jacques Rousseau** (1712–78) フランスの哲学者・作家.

roust *v.* 起こす; 駆逐する.

roustabout 港湾労働者.

rout[1] *n., v.* 総くずれ, 敗走(させる); 暴徒. **put ...to rout** ...を敗走させる.

rout[2] *v.* (豚などが)鼻で掘り出す (*up*); 引きずり出す (*out*).

route *n.* 道, 道筋, 通路, 公路, 航路; 幹線道路; (新聞などの)配達区域. **en [on] route** 途中, 途上. — *v.* 道筋を決める, 手順を決める; 特定の経路によって送る.

route march 旅次行軍, みち足行軍.

routine *a., n.* 日常的な(仕事), 決まりきった(手順); (劇の決まった出し物; *Computer* 手順, ルーチン.

roux (F) ルー《スープなどを濃くするのに用いる》.

rove *v., n.* さまよう, うろつく; うろつき, 放浪.

rover[1] うろつき歩く人, 流浪者.

rover[2] 海賊(船).

row[1] 列, 並び, 行.

row[2] *v., n.* (舟を)漕ぐ(こと).

row[3] *n.* 騒ぎ, 騒動, 大口論, 喧嘩, 叱られること; 口. **make [kick up] a row** 大騒動を起こす. — *v.* 叱る, 喧嘩する.

rowan *Bot.* ナナカマド(の実).

rowboat 漕ぎ舟.

rowdy *a., n.* 粗暴な(男); ごろつき.

rowdyism 粗暴; ごろつき行為.

rowel (拍車の)歯輪.

rower 舟を漕ぐ人.

row house 連続住宅の一軒.

rowlock オール受け.

royal *a.* 国王の, 王家の; 王位の; 王立の; 王者らしい, 威容のある; すばらしい, この上ない. — *n.* 王族の人.

Royal Academy (英国の)王立美術院.

Royal Air Force 英国空軍.

royal blue 濃青色.

royal flush *Cards* ロイヤルフラッシュ《エースおよび 10 ～ K から成る最高の揃い札》.

Royal Highness 殿下.

royalism 勤王主義.

royalist 勤王家; 頑固者; [R-] 王党々員.

royal jelly ロイヤルゼリー.

royally *ad.* 王らしく, 堂々と.

Royal Navy 英国海軍.

royal palm *Bot.* ダイオウヤシ.

royal road 王道, 楽な方法, 近道.

royalty 王たること, 王権, 王の尊厳; [*pl.*] 王の特権; 皇族; 鉱区使用料, 特許権使用料, (著書・レコードなどの)印税, (戯曲の)

上演料.

rozzer 警官.

RP Received Pronunciation; reply paid.

RPM revolutions per minute. **RPS** revolutions per second. **RSFSR** Russian Soviet Federated Socialist Republic ロシヤソビエト連邦社会主義共和国. **RSPCA** Royal Society for the Prevention of Cruelty to Animals 英国動物愛護協会 (F, =please reply) 御返事をお願いします. **RSWC** right side up with care 天地無用.

RSVP répondez s'il vous plait (F, =please reply) 御返事をお願いします. **RSWC** right side up with care 天地無用.

rub v. こする, すれる, 摩擦する, ぬぐう; なでる, 磨く; すりむく. **rub against** こする, すれる. **rub along [on, through]** やりくりしていく. **rub in** すり込む; 繰り返し言う. **rub off [out]** こすり取る, ぬぐい取る; 殺す, 消す. **rub elbows [shoulders]** (有名人などと)交際する. **rub the wrong way** 怒らせる. **rub the right way** 喜ばせる. **rub up** 磨く; 新たにする; 愛撫する. **rub up against** 近づきになる. ―n. 摩擦; ぬぐい; 磨き; 障害, 困難; 当てこすり, 悪口; (話の)ポイント.

rub-a-dub どんどん《太鼓の音》.

rubber[1] *Cards* ラバー《3回または5回勝負》; 決勝戦.

rubber[2] 弾性ゴム, 消しゴム; [pl.] ゴム靴; 磨く人, 磨く道具, 磨き石; コンドーム.

rubber band 輪ゴム.

rubber boots ゴム靴.

rubberize v. ゴムをひく, ゴムで処理する.

rubberneck n., v. (首を伸ばして)じろじろ見る(人), 物見高い人; 観光客.

rubber plant *Bot.* インドゴムノキ.

rubber stamp ゴム印; 軽率に賛成する人, 軽率に承諾する人.

rubber-stamp v. ゴム判を押す; 軽率に賛成する, 軽率に承諾する.

rubber tree *Bot.* パラゴムノキ.

rubbing こすること; マッサージ; 拓本.

rubbish くず; たわごと.

rubbishy a. つまらない, 役に立たない; ばかげた.

rubble 砕け石, 割り石.

rubdown マッサージ.

rube 田舎者.

rubella *Med.* 風疹.

Rubens ルーベンス. **Peter Paul Rubens** (1577–1640) オランダ Flanders の画家.

Rubicon ルビコン《イタリア北部の川》. **cross [pass] the Rubicon** 断案を下す, 背水の陣をしく.

rubicund a. (顔色が)赤い, 赤ら顔の.

rubidium *Chem.* ルビジウム《金属元素》.

Rubik('s) Cube *Trademark* ルービックキューブ《正6面体の色合わせパズル玩具》.

ruble ルーブル《ソ連の通貨単位; =100 kopecks》; 1ルーブル貨.

rubric (見出しなどの)赤刷り; 標題; (祈禱書などの)儀式指図書き; 注釈; 慣行.

rubricate v. 朱書する, 朱刷りにする.

ruby n., a. 紅玉, ルビー; ルビー色(の); ルビ《5½ point 活字》.

ruche (F) ルーシュ《婦人服の襟などの飾りに用いる》.

ruck がらくた; (競走・競馬などで)後続集団; [the ~] 大衆.

rucksack リュック(サック).

ruckus 騒動.

ruction [pl.] 騒ぎ, 喧嘩.

rudder (船尾の)舵, (飛行機の)方向舵.

rudderless a. 舵のない; 指導者のない.

ruddle n., v. 紅土(で赤く塗る).

ruddy a. 赤い; 血色のいい; 嫌な, いまいましい《bloody の代用》.

rude a. 原始的な, 未開の, 野蛮な; 荒作りの, 粗雑な; 粗野な, 無礼な, 粗暴な; 未加工の, 自然のままの; ざっとした, あらましの.

rudely ad. 不作法に; 乱暴に; 粗末に.

rudiment [*pl.*] 基本, 初歩;(発達の)始まり, めばえ; 退化器官.

rudimental, rudimentary *a.* 基本の, 初歩の; 未発達の, 形成期の; 退化した; 痕跡の.

rue[1] *v.* 後悔する, 悲しむ. —— *n.* 後悔; 哀れみ.

rue[2] *Bot.* ヘンルーダ《ミカン科の常緑低木》.

rueful *a.* 悲しそうな, 痛ましい.

rufescent *a.* 赤味がかった.

ruff[1] (16世紀頃流行した)ひだ襟.

ruff[2] *Ichthy.* アセリナ《スズキの類》.

ruff[3] *v., n. Cards* 切り札で取る(こと).

ruffian 暴漢, 暴れ者.

ruffianism 乱暴, 残忍.

ruffianly *a.* 乱暴な.

ruffle *v.* (羽・毛・水面などを)かき乱す, しわくちゃにする, しわくちゃになる;(心を)乱す, いらだたせる, いらだつ, 怒らせる, 怒る. —— *n.* ひだべり, ひだ飾り; さざ波; 低くどろどろと鳴る太鼓; 不安.

rug ひざ掛け;(炉前に敷く)小形絨毯.

Rugby (football) ラグビー.

rugged *a.* 凸凹の,(山など)岩の突き立った; ごつごつした; 厳格な; 苦しい, つらい; 洗練されていない, 粗野な, 乱暴な; 強健な; 耳障りな; 荒天の.

rugger = Rugby football.

ruin *n.* 没落, 破滅, 荒廃; 破産; 禍根;[主に *pl.*] 遺跡, 廃墟; なれの果て. **in ruins** 荒廃して, 廃墟となって. —— *v.* 破滅させる, 荒廃させる, 破産させる, 破滅する, 荒廃する, 破産する; 零落させる, 零落する.

ruination 破滅, 滅亡, 没落.

ruinous *a.* 破滅をきたす, 没落をきたす; 荒廃した; あまりに高価な.

rule *n.* 支配, 統治; 規則, 規定; 基準; 決まり, 習わし, 慣例; 法則, 方式; 定規, 物差し. **as a rule** 概して, 普通. **bend [stretch] the rules** 規則を曲げる, 規則の融通をきかせる. **by rule** 規定通りに. **make a rule of doing**

= **make it a rule to do** するのを決まりとする.

rules and regulations こまごまとした諸規則.

rule of three *Math.* 比例算. **rule of thumb** 経験から得た法則. —— *v.* 統治する, 支配する, 抑制する; 規定する, 裁定する; 線を引く;(値段が)持ち合う,(値を)保つ. **rule out** (決定によって)除外する.

rulebook 規則書;(特定の活動・スポーツの)規則集.

ruler 統治者, 支配者; 定規.

ruling *a.* 支配する, 優勢な, 有力な. —— *n.* 支配; 裁決; 線引き.

rum[1] ラム(酒).

rum[2] *a.* 妙な, 変な.

Rumania ルーマニア《ヨーロッパ中南部の共和国》.

Rumanian *a., n.* ルーマニアの; ルーマニア人(の), ルーマニア語(の).

rumba ルンバ《キューバ起源の舞踊(曲)》.

rumble *v.* がらがら鳴る, ごろごろ鳴る, とどろく;(車などが)がたがたと進む; 見破る. —— *n.* ごろごろ, がらがら(という音), とどろき; 路上の喧嘩; 手入れ.

rumble-tumble がたがた車; がた揺れ.

rumen (反芻動物の)第一胃.

ruminant *a., n.* 反芻する; 黙想的な; 反芻動物.

ruminate *v.* 反芻する; 黙想する.

rumination 反芻, 黙想.

rumly *ad.* 妙に.

rummage *v.* (かき回して)捜す; 捜し出す (*out*, *up*). —— *n.* 探索; がらくた.

rummage sale がらくた市;(持ち寄り雑品の)慈善バザー.

rummy ラミー《トランプの一種》.

rumor *n., v.* 噂, 風説, 評判; 噂する.

rumormonger 噂をばらまく人.

rump (鳥獣の)尻, 臀部(肉), ラン(プ); 残り物; 残党.

rumple *v.* しわくちゃにする，かき乱す．

rumpus 騒動，大騒ぎ．

rumpus room 娯楽室．

rumrunner 酒類密輸入者，酒類密輸入船．

run *v.* 走る；(馬を)競馬に出す，競走する；逃げる；回転する；(機械など)動く，動かす，働く；(業務を)営む；(船・車などが)通る，(船・車を)進める；(火・噂などが)速やかに広がる；(インクなどが)散る，にじむ，(色が)流れる，落ちる；(編み目が)ほぐれる，(靴下が)伝線する；(水・砂など)流れる，流す，こぼれる，こぼす；(はな・よだれ・ろうなどが)たれる；(人生・時間など)経過する，経過させる；(事が運ぶ，行く，続く；(芝居が打ち続く；効力がある；(道路・川などが)ある，通じる；(山脈が)走る；…と書いてある；(相場などが)大体…である；(候補に)立つ；(鋳型に)流す；ぶつかる；突き刺す；(関門などを)通り抜ける，密輸入する；(…に)なる (cold, wild)；(…に)達する (to)．

run across 不意に出会う．**run after** 追跡する；追い回す，追求する．**run against** ぶつかる；=run across．**run away** 逃げる，逃亡する．

run away with 持ち逃げする；駆け落ちする；早合点する．**run down** 田舎へ行く；(時計の巻きがほぐれて)止まる；体力が衰える；退化する；狩り立てる；捜し出す；けなす．**run for it** 逃げ出す．**run for office** 猟官運動をする．**run high** (言葉・感情が)激しくなる．**run in** 立ち寄る；(新しい機械を最初丁寧に使って)使いならす；逮捕する；*Print.* 挿入する，追い込む．

run into 駆け込む；陥る；達する；衝突する．**run low** 少なくなる．**run off** 逃げる，流れ出る；興業する，演出する；印刷する．**run on** のべつ幕無しにしゃべる，続ける；*Print.* 追い込む．**run out** 終わりになる；突き出る；(綱を)繰り出す；(見捨てる (on)．**run out of** 使い尽くす．**run over** あふれる；(車が人などを)ひく；時間的に超過する；ざっと目を通す，繰り返す．**run short** 無くなる，欠乏する (of)．**run through** ざっと調べる；(財産などを)使い尽くす；貫く，刺す；通読する；(文字を)線を引いて消す．**run up** 速やかに成長する；(物価が)騰貴する，(物価を)騰貴させる；(数量が)…に達する (to)，かさむ；急造する．

—*n.* 一走り；小旅行；走る距離；競走；(野球・クリケットなどの)一点；動き方，成り行き，傾向，方向；型，種類；水路，水管；連続，継続(興業)，(船の一続きの)航海；一般需要，大売行き (on)；(銀行の)取り付け (on)；出入りの自由，使用の自由；(家畜の飼育場，囲い，(靴下の)伝線；斜面；(魚・鳥の)移動(群)；[the ~s] 下痢．**at a run** 駆け足で．**in the long run** 長期的に見ると，結局は．**in the short run** 短期的に見ると，差し当たっては．**on the run** 駆け回って；逃げて．**run for one's money** 接戦；努力のしがい．

runabout 放浪者；豆自動車，小型モーターボート．

runaround 言い逃れ，ごまかし．

runaway *n., a.* 逃亡者；放れ馬；脱走した，逃亡した；とめどのない．

rundown (各項目ごとの)検査，概要；減数，減員．

run-down *a.* 健康を害した，疲れた；壊れた．

rune [*pl.*] ルーン文字《古代ゲルマン人の文字》．

rung[1] (梯子の)格，横木．

run-in 喧嘩，ごたごた；終着；追加挿入部；*Print.* 追い込み．

runlet =runnel.

runnel 小川．

runner 走る人，走者，ランナー；競走者；(スケートの)すべり金，(そりの)すべり板，足；ランナー《細長いテーブル掛け，細長い絨毯》；(オランダイチゴなどの)葡萄茎．

runner-up (競技の)次点者．

running *n.* 走ること，競走，ランニング．**be in the running** 勝目がある．**out of the running** 勝目がない．—*a.* 走る；走りながらの，

走りながら行う; 流れる; 膿の流れる, 鼻水の出る; 連続した; (機械など)運転中の; 草書の; 同時に行われている.

running dog 追従者.

running fight 退却しながらの海戦.

running fire 連続射撃, 連続攻撃.

running hand 草書体.

running head(line) ランニングヘッド《本の上部欄外の行》.

running knot 引けば締まる結び方.

running mate ランニングメイト《ペースメーカーとして一緒に走らせる同一厩舎の馬》; 二つの椅子のうち低い方を狙う候補者《副大統領など》.

runny a. 流れやすい; 鼻水が出る.

runoff 水はけ; 流水量; 決勝戦, 決選投票.

run-of-the-mill, run-of-the-mine a. 月並の, 平凡な.

run-on a. Poet. 行またがりの. — n. Print. 追い込み; 追加事項.

runt (同一種中で)標準より小さい動植物; 小人.

run-through 通読, 通し稽古.

runty a. いじけた, ちびの.

run-up (高跳びなどの)助走.

runway 滑走路; (動物の)通り道, 獣道.

rupee ルピー《インドの通貨単位》.

rupture n. 破裂, 決裂, 絶交, 断交; 脱腸, ヘルニア. — v. 破る; 絶交する.

rural a. 田舎(風)の, 田園の.

rural free delivery 地方無料配達.

rurality 田舎風; 田舎の風習.

ruralize v. 田舎風にする, 田舎風になる.

rurban a. (<rural+urban) 田園都市の.

ruse 計略.

rush[1] Bot. イグサ, トウシンソウ.

rush[2] v. 突進する, 突進させる; 突入する, 突入させる(into); 急行する; 急送する; 急ぎ

する, 急いで進める; 突撃して占領する; (障害物を)突破する; ご機嫌をとる. — n. 突進; 突撃; 殺到; 激流; あわただしさ; 大需要(on); ラッシュ《編集用の映画プリント》; 麻薬による恍惚感. **in a rush** どっと, 一時に. **with a rush** 突撃をして; どっと. — a. 大至急の; 切迫した; 込み合った.

rush candle 灯心草蠟燭.

rush hour (出勤・退出の)混雑時, ラッシュアワー.

rushlight =rush candle; 微かな光.

rushy a. トウシンソウの茂った, トウシンソウで作った.

rusk ラスク《菓子》.

Russell ラッセル. **Bertrand Russell** (1872–1970) 英国の数学者・哲学者.

russet n., a. あずき色(の); あずき色の粗いラシャ; リンゴの一種.

Russia ロシヤ《ヨーロッパ北東部からアジアにわたった旧帝国》; ソ(ビエト)連邦; =Russian Soviet Federated Socialist Republic.

Russia (leather) ロシア革《製本・袋物用上質革》.

Russian n., a. ロシヤの, ソ連の; ロシヤ人(の), ロシヤ語(の), ソビエト国民.

Russianize v. ロシヤ化する, ロシヤ人化する, ロシヤ語化する.

Russian roulette ロシヤ式ルーレット《一個だけ弾丸の入っている回転式ピストルを自分の頭に向けて引き金を引くゲーム》.

Russian Soviet Federated Socialist Republic ロシヤソビエト連邦社会主義共和国.

Russian wolfhound =borzoi.

Russophile a., n. ロシヤびいきの(人).

Russophobe a., n. ロシヤ恐怖症の(人).

Russophobia ロシヤ恐怖症.

rust n., v. さび; さび病《植物の病気》; さびる, さびさせる.

rustic *a.* 田舎(風)の, 田園の; 純朴な; 粗野な; 単純な; 粗造りの, 丸木造りの.
— *n.* 田舎者, 百姓.

rustically *ad.* 田舎風に, 粗野に.

rusticate *v.* 田舎に引きこもる, 田舎へやる; 田舎風にする; 停学処分にする.

rusticity 田舎風, 粗野.

rustily *ad.* さびて; しわがれた声で.

rustle *v.* ばさばさ鳴る, がさがさ鳴る, さらさら鳴る, ばさばさ鳴らす, がさがさ鳴らす, さらさら鳴らす; (家畜を)盗む. **rustle up** 手早く集める.
— *n.* がさがさ(という音), さらさら(という音).

rustler 活動家; 家畜泥棒.

rustproof *a.* さびない.

rusty *a.* さびた; さびついた; 色あせた; 古ぼけた; しゃがれ声の. **turn rusty** 怒る.

rut[1] *n., v.* 車輪の跡, わだち(をつける); しきたり, 慣例.

rut[2] *n., v.* (やぎ・羊などの)発情期, さかり(がつく).

rutabaga *Bot.* カブハボタン《根が黄色の大カブの一種》.

ruthenium *Chem.* ルテニウム《金属元素》.

ruthless *a.* 無慈悲な; 残忍な.

ruttish *a.* さかりのついた.

RV reentry vehicle *Aerospace* 再突入飛翔体.

rye ライ麦; ライ麦ウイスキー.

rye bread ライ麦パン.

ryegrass *Bot.* ホソムギ; ネズミムギ.

rye whiskey ライ麦ウイスキー.

S

s S字形のもの.

$, $ dollar(s); sol(s).

SA Salvation Army; sex appeal; South Africa; South America; South Australia.

Sabbatarian *a., n.* 安息日を守る(人).

Sabbatarianism 安息日厳守(主義).

Sabbath 安息日《ユダヤ教では土曜日, キリスト教では日曜日》; 平和, 休養(期間).

sabbatic(al) *a.* 安息日の.

sabbatical year [leave] 安息年《古代ユダヤで7年目毎の休耕年》; サバティカルイヤー《大学で7年毎に教授に与えられる有給休暇》.

saber *n., v.* サーベル, 騎兵刀(で切る); 騎兵隊; 武力.

saber rattling 武力の誇示.

Sabin vaccine セービンワクチン《ポリオの経口生ワクチン》.

sable *n., a. Zool.* クロテン(の毛皮).

sabot (F) (農民のはく)木靴.

sabotage *n.* サボタージュ《争議中労働者が機械などを故意に壊すこと》; 生産妨害.
— *v.* サボタージュをする.

saboteur サボタージュをする人.

sabra 土着のイスラエル人.

sabre *n., v.* =saber.

sac *Biol.* 囊.

SAC Strategic Air Command 戦略空軍司令部.

saccharic acid *Chem.* 糖酸.

saccharify *v.* 糖化する.

saccharin *Chem.* サッカリン.

saccharine *a.* 砂糖の(ような), 甘い; (態度・声など)甘ったるい, 感傷的な.

saccharose *Chem.* 蔗糖.

sacerdotal *a.* 聖職の.

sacerdotalism 聖職制; 聖職気質.

sachem (アメリカインディアンの)首長; (政党の)指導者.

Sachertorte ザッハートルテ《ウィーンのチョコレートケーキ》.

sachet (F) におい袋, 香粉; (シャンプー・砂糖などの)1回分の包み.

sack[1] *n.* 大袋, かます, 紙袋, 一袋(の量); 寝床; (婦人・子供用の)ゆったりした上着; Baseball 塁; [the ~] 解雇, くび. **get the sack** 首になる. **give the sack** 首にする. **hit the sack** 寝る. — *v.* 袋に入れる, かますに入れる; 解雇する. **sack out** 寝る.

sack[2] *n., v.* 略奪(する).

sackcloth 袋地麻布, ズック. **in sackcloth and ashes** 哀悼の意を表して, 悔悟の意を表して.

sack coat サックコート《男性用上着》.

sacker Baseball …塁手; 袋に詰める人.

sackful 袋一杯分.

sacking 袋地, ズック.

sack race 袋競走, サックレース.

sacque (婦人・子供用の)ゆったりした上着.

sacrament Relig. サクラメント, 聖礼典《洗礼・聖餐など》, 秘跡.

sacred *a.* 神聖な; 神に捧げた, 献じた (to); 宗教上の; 祭った; 専用の; 尊敬すべき; 神の使いの.

sacred cow 批判できない人, 批判できない物.

sacrifice *n.* いけにえ, 供え物, 犠牲, 献身; 捨て売り; Baseball 犠打. — *v.* 犠牲にする; 捧げる; 捨て売りする; Baseball 犠打で進塁させる.

sacrifice bunt [hit] Baseball 犠牲バント.

sacrifice fly Baseball 犠牲フライ.

sacrilege 神聖を汚すこと, (聖所・聖物に対する)不敬.

sacristan (教会の)聖器保管人.

sacristy (教会の)聖器保管室.

sacrosanct *a.* 格別神聖な.

sacrum Anat. 仙骨.

sad *a.* 悲しい; 悲しむべき, 情ない; ひどい; (色が)鈍い, くすんだ.

sadden *v.* 悲しませる, 悲しむ; 陰気にする, 陰気になる.

saddle *n.* (馬の)鞍, (自転車の)サドル; 鞍下肉; (峰と峰をつなぐ)鞍部. **in the saddle** 馬に乗って; 支配権を握って. — *v.* (馬に)鞍を置く; (責任・負担などを)負わせる (with).

saddlebag 鞍袋; (自転車の)サドルバッグ.

saddlebow 鞍の前弓.

saddlecloth 鞍敷き.

saddle horse 乗用馬.

saddler 馬具製造人.

saddlery 馬具業, 馬具店; 馬具.

saddle shoes サドルシューズ.

saddletree 鞍枠.

Sadducean *a.* サドカイ教(徒)の.

Sadducee サドカイ教徒《復活・来世などを信じないユダヤ教徒の一派》; 物質主義者.

sadiron 火のし.

sadism サディズム《加虐性異常性欲》.

sadist サディスト.

sadly *ad.* 悲しんで, 悲しそうに; 悲しいことには, 残念ながら.

sadomaso *n., a.* サドマゾヒスト(の).

sadomasochism サドマゾヒズム.

sadomasochist サドマゾヒスト.

sad sack へまばかりやる人; 無能な兵士.

sae stamped addressed envelope.

safari (アフリカの)狩猟探検(隊), サファリ; 旅行.

safari jacket サファリジャケット.

safari park サファリパーク.

safari suit サファリスーツ.

safe *a.* 安全な, 無事の (from); 間違いのない, 用心深い; 確かな; 無害な; 逃亡の心配のない; (選挙区など)当選確実な; Baseball セーフの. **on the safe side** 用心して, 大事を取って. **safe and sound** 無事に. — *n.* 金庫; (換気装置のある)食品棚.

safebreaker =safecracker.

safebreaking =safecracking.

safe-conduct (戦時などの)通行権; 通行券.

safecracker 金庫破り《人》.

safecracking 金庫破り《行為》.

safe-deposit box 貸し金庫.

safe governor 非常調達係.

safeguard n., v. 保護(物), 危険防止手段; 危険防止装置; 保護する.

safe house (スパイなどの)隠れ家.

safekeeping 保管, 保護.

safelight Phot. 安全光.

safely ad. 安全に, 無事に; しっかりと; 間違いなく.

safe period (妊娠しない)安全期間.

safety 安全; 無事; Baseball 安打; American Football セーフティ; コンドーム.

safety belt (座席の)安全ベルト; 救命帯; (高所で働く人の)命綱.

safety chain セーフティチェーン《車の連結, 腕時計の鎖など》, ドアチェーン.

safety curtain (劇場の)防火幕.

safety glass 安全ガラス.

safety island (街路上の)安全地, 安全地帯.

safety lamp (鉱山用)安全ランプ.

safety match 安全マッチ.

safety pin 安全ピン.

safety razor 安全かみそり.

safety valve (ボイラーの)安全弁; (感情・精力などの)はけ口.

safety zone (道路上の)安全地帯.

safflower Bot. ベニバナ, サフラワー.

saffron n., a. Bot. サフラン; サフラン色(の), 鮮黄色(の).

saffron rice サフランライス.

sag v. (道路の中央などが)下がる; (天井・横木・綱・梯子など)たわむ, たるむ; (生産・物価などが)下がる; 元気がなくなる, (気力が)衰える. — n. たるみ, 沈下; (相場の)下落.

saga サガ《中世北欧の英雄物語》; 系図小説; 武勇談.

sagacious a. 賢明な, 機敏な; (動物が)賢い.

sage[1] n. 賢人, 哲人. — a. 賢明な, 思慮深い.

sage[2] Bot. (薬用)サルビヤ(の葉).

sagebrush Bot. (北米の荒れ地に生える)ヤマヨモギ.

Sagittarius Astron., Astrol. 射手座(生まれの人), 人馬宮.

sago サゴ《サゴヤシから製する澱粉; 食用》.

sago palm Bot. サゴヤシ.

Sahara [the ~] サハラ(砂漠).

sahib 閣下, …様, 旦那《インド人がヨーロッパ人に対して用いる敬称》; 紳士.

said a. 前記の, 上述の.

Saigon サイゴン《Ho Chi Minh の旧名》.

sail n. 帆; 隻; 帆走, 航海; 航程; (風車の)風受け, 翼. **in full sail** 全部の帆を張って. **make sail** 帆をあげる; 出帆する. **set sail** 出帆する. **take in sail** 帆を降ろす; 野心を抑える. **under sail** 帆を上げて, 航海して. — v. 帆走する, 帆走させる, (船を)走らす; 航行する; 出帆する; (雲・鳥・ボールなどが)飛ぶ, 浮かぶ, 滑らかに進む; 堂々と歩く, もったいぶって歩く; (試験などを)やすやすと通る; なんなくやり遂げる. **sail into** 攻撃する, 罵る.

sailboard (小人数用の)平底帆船.

sailboat 帆船, ヨット.

sailcloth 帆布.

sailer 帆船.

sailfish Ichthy. バショウカジキ.

sailing 帆走, 航海(術), 航行, 出帆; ヨット遊び, ヨット競技.

sailing-boat =sailboat.

sailing ship [vessel] (大型の)帆船.

sailor 水夫, 水兵, 船員, 船乗り. **bad sailor** 船に弱い人. **good sailor** 船に強い人.

sailorman 船乗り, 水夫.

sailor suit セーラー服.

sailplane グライダー.

saint n. 聖人, 聖徒, (St. と略し人名に冠して) 聖…; 聖者; 使徒; 信心家. — v. 聖人に列する.

Saint Andrews セントアンドルーズ《スコットランド東部の都市でゴルフ発祥地として有名).

Saint Bernard セントバーナード《アルプス原産の大型作業犬; 昔救命犬として用いた).

sainted a. 聖徒とされた; 神聖な; (死んで) 天国にいる, 在天の.

saintliness 聖徒らしさ, 気高さ.

saintly a. 聖徒のような, 高徳の, 神々しい.

Saint Martin's summer (11月11日ごろの) 小春日和.

saintpaulia Bot. セントポーリア.

Saint Valentine's Day 聖バレンタインの祝日《2月14日).

saint Vitus's dance Med. 舞踏病.

sake[1] ため, 理由, 目的. **for the sake of ...** のために, …に免じて. **for convenience' sake** 便宜上. **for God's [goodness, heaven's, pity's] sake** 後生だから, どうぞ.

sake[2], **saki** (Jap) 酒.

Sakhalin サハリン, 樺太.

Saks Fifth Avenue サックスフィフスアベニュー《New York の高級デパート).

salaam n., v. 額手礼, サラーム《右手を額にあててするイスラム教徒の礼); 額手礼をする.

salable a. 売れる, 売れ行きの良い; (値段が) 売りよい.

salacious a. 好色の; 猥褻な.

salad サラダ; サラダ用野菜《レタス・キャベツ・セロリーなど).

salad bar (レストランの) サラダのセルフサービスコーナー.

salad days 青二才時代.

salad dressing サラダドレッシング.

salad oil サラダ油.

salamander (火中に住むと伝えられていた) 火

とかげ; Zool. サンショウウオ.

salami サラミ (ソーセージ).

salaried a. 給料を受ける; 有給の.

salary 俸給, 給料.

sale 販売, 売却; 売れ行き; [pl.] 売上高; 特売, 見切り売り; 競売; 受領票; [pl.] 販売部門, セールス. **for [on] sale** 売り物に出て(いる), 売り物の. **on sale or return** Com. 売れ残り返品の契約で.

saleable a. =salable.

sales a. 販売の.

sales check レシート.

salesclerk 店員.

sales engineer セールスエンジニア.

salesgirl, saleslady 女子店員.

salesman 販売係, 店員, セールスマン.

salesmanship 販売術.

salesperson 販売係.

sales promotion 販売促進.

sales representative 外回りの販売員.

sales resistance 販売抵抗, 購買拒否.

salesroom 売り場.

sales slip 売り上げ伝票.

sales talk 売り込みの勧誘.

sales tax 物品税.

saleswoman 女店員.

salicylate Chem. サリチル酸塩.

salicylic acid Chem. サリチル酸.

salience 突出; 特徴; (議論の) やま.

salient a. 顕著な, 目だつ; 元気一杯の; 突出した. — n. (要塞などの) 突出部.

saline a., n. 塩分を含む; 塩からい; 食塩水, 薬用塩類.

salinity 塩分.

salinometer 検塩計.

Salisbury steak ソールズベリーステーキ《ハンバーグステーキの一種).

saliva 唾液, 唾.

salivate v. 唾を出させる; 唾が出る.

Salk vaccine ソークワクチン《小児麻痺予防用》.

sallow[1] *Bot.* ヤナギ; ヤナギの枝.

sallow[2] *a.* 黄ばんだ, 土色の; 血色の悪い.

sallowish *a.* やや黄ばんだ.

sally *n.* (包囲された軍の) 出撃; 遠足; (想像・感情・機知などが) ほとばしり出る事, ひらめき; しゃれ, 皮肉. ——*v.* (城門を開いて) 出撃する; (散歩などに) 出て行く (forth, out).

Sally Mae 学生ローン組合の俗称.

salmagundi ごたまぜ料理; ごたまぜ; 雑録.

salmi サルミ《猟鳥のシチュー》.

salmon サケ; 鮭肉色, サーモンピンク.

salmonella サルモネラ菌.

salmon trout ウミマス.

salon (F) (フランスで) 客間, 応接間; (パリ上流社会の) 招待会, 名士の集まり; 美術展覧会 (場), サロン.

saloon (ホテルなどの) 大広間, 談話室; 一等船室; 特別客車; 箱型自動車; (球突き・舞踏・射的などの) 娯楽場; 酒場, バー.

saloon bar 中級のバー.

saloonkeeper 酒場の主人.

salsa サルサ《ラテンアメリカ系の音楽》.

salt *n.* 塩, 食塩; ぴりっとしたもの, 機知, 刺激; [old ~] 老練な水夫. **not worth one's salt** 給料だけの働きがない. **take one's story with a grain [pinch] of salt** (話などを) 割引して聞く. **the salt of the earth** 地の塩 (社会の健全分子, 中堅層). ——*a.* 塩気のある, 塩辛い, 塩漬けの. ——*v.* 塩漬けにする, 塩で味をつける; 良鉱石を入れて鉱質を上等に見せる; (話などに) ぴりっと味をきかせる; (商品など) 実際以上に見せる. **salt away** 貯える. **salt down** ためこむ.

SALT (<*Strategic Arms Limitation Talks*) 戦略 (核) 兵器制限交渉, ソールト.

salt-and-pepper 白人と黒人が入り混じった; =pepper-and-salt.

saltation 跳躍; 激変.

saltbox (台所用) 塩入れ.

saltcellar (食卓用) 塩入れ; 首のつけ根のくぼみ.

salted *a.* 塩漬けにした, 塩味をつけた.

salter 製塩業者.

saltern 塩田.

saltiness 塩辛さ; 機知.

saltish *a.* やや塩辛い.

salt lake 塩湖.

saltless *a.* 塩 (味) のない; 面白みのない, つまらない.

salt lick (野獣の) 塩なめ場《天然塩が露出している》.

salt marsh 塩性沼沢地.

saltpeter 硝石.

saltshaker 塩入れ.

saltwater *a.* 海水の.

saltworks 製塩所.

salty *a.* 塩辛い; 辛辣な; 粗野な.

salubrious *a.* 健康によい.

saluki サルーキ《ペルシャ産の猟犬》.

salutary *a.* 有益な, ためになる; 健康によい.

salutation 挨拶 (の言葉).

salutatory *a.* 挨拶の, 歓迎の.

salute *v.* 挨拶する, 会釈する, 敬礼する; 礼砲を放つ; 迎える; (目・耳に) 触れる. ——*n.* 挨拶; 会釈; 礼砲; (軍隊の) 敬礼. **take the salute** (最高位の人が) 敬礼を受ける.

salvable *a.* 救済できる.

Salvador =El Salvador.

salvage *n.* (海難・火災の際の) 貨物救助, サルベージ; 救助貨物; 救助料; (沈没船の) 引き揚げ (料); 廃物利用. ——*v.* (海難・火災から) 救い出す; (廃物を) 回収する.

salvation 救済 (手段), 救助 (者); 魂の救い, 霊的救済.

Salvation Army 救世軍.

salvationist 救世軍軍人.

salve[1] *n.* (心の)慰め, 甘言; 軟膏. —— *v.* (心を)慰める, (苦しみを)和らげる; 気休めをいう; 言い繕う; 軟膏を塗る.

salve[2] *v.* (船・財産などを)救う.

salver (金属製の)盆.

salvia *Bot.* サルビア.

salvo 一斉射撃, 斉射, (爆弾の)一斉投下; 礼砲発射; 一斉の叫び, 喝采.

sal volatile (L) 炭酸アンモニア(水).

SAM =surface-to-air missile.

samara *Bot.* 翼果(モミジの種子のように果皮が翼状のもの).

Samaritan サマリア人《古代パレスチナの一地方の人》. **good Samaritan** *Bib.* 良きサマリア人《情け深い人》. —— *a.* サマリアの, サマリア人の, サマリア語の.

samarium *Chem.* サマリウム《希土類元素》.

samba *n., v.* サンバ《ブラジルのダンス; その曲》; サンバを踊る.

sambo[1] [軽蔑的]黒人.

sambo[2] サンボ《レスリングと柔道に似た格闘技》.

same *a.* [the ~] 同じ, 同一の. **one and the same** まったく同じ. **the same ...as ...** と同様の... —— *pron.* [the ~] 同一人, 同一物, *Com.* 前記の物, 前述の人. **all [just] the same** まったく同じ; それでも. —— *ad.* [the ~] 同じく, 同様に.

samizdat (ソ連の)地下出版(物).

Samoa サモア《南太平洋の諸島》.

samovar サモワール(ロシヤのお茶用湯沸かし).

Samoyed サモエド人《シベリアのモンゴル人種》; サモエド語《ウラル・アルタイ語の一つ》.

samp ひき割りトウモロコシ(のかゆ).

sampan サンパン《中国の小船》; はしけ.

sample *n., v.* 標本, 見本(を取る); (質を)ためす; *Statistics* サンプル.

sampler サンプラー《布に縫い方や刺繍の見本を示したもの》; 見本検査人.

sample room 《セールスマンがホテルで行う商品の》見本陳列室.

sampling 抜き取り見本; (宣伝用の)無料見本, 試供品.

Samson *Bib.* サムソン《大力無双のイスラエルの士師》.

Samsonite *Trademark* サムソナイト《スーツケース》.

Samuel *Bib.* サムエル《ヘブライの士師・預言者》; サムエル記.

sanatorium 保養地; サナトリウム, (結核患者の)療養所.

sanctified *a.* 聖別された, 神聖にされた; 聖者ぶった.

sanctify *v.* 聖別する, 神聖にする, 罪を清める; 正当化する.

sanctimonious *a.* 信心ぶった.

sanctimony 信心ぶること.

sanction *n.* 裁可, 認可, 承認, 賞罰, 制裁; [*pl.*] (国際法違反国に対する)制裁. —— *v.* 裁可する, 認可する; 制裁規定を設ける.

sanctity 清浄, 神聖; [*pl.*] 神聖なもの.

sanctuary 《教会・神殿などのような》聖所, 聖域; (罪人が処罰から免れる)避難所; 免罪; サンクチュアリー《鳥獣禁猟保護区》.

sanctum 《ユダヤ教神殿の》聖所; 私室.

sanctum sanctorum (L) 至聖所; 密室; (教義の)奥義.

Sanctus (L) 「聖なるかな」で始まる賛美歌.

sand *n.* 砂, 砂粒; [*pl.*] 砂原, 砂浜, 砂漠; [*pl.*] 州, 砂州, 浅瀬; 時刻, 寿命; 勇気. **built on sand** 砂の上に築かれた, 不安定な. —— *v.* 砂をまく; (砂糖などに)砂を混ぜる; 砂で磨く, 紙やすりで磨く.

sandal 《婦人・子供用の》サンダル靴; サンダル《古代ローマ・ギリシャの革製履き物》.

sandalwood *Bot.* ビャクダン.

sandbag *n., v.* 《築城・気球用》砂袋(を積む), 砂袋で防ぐ; 砂袋で人を打ち倒す;

荒っぽく 強制する.

sandbank 砂丘; 砂州.

sandbar (河口などの)砂州.

sandblast *n*. 砂吹き(機). — *v*. 砂を吹きつける.

sandbox 砂入れ, 砂箱.

sandboy 砂売り少年. **(as) happy as a sandboy** とても陽気な.

sandcastle (子供が作る)砂の城.

sand column 砂柱.

sand crack (馬の)裂蹄.

sand fly *Entom*. チョウバエ, ブユ.

sandglass 砂時計.

S and L saving and loan association 貯蓄貸し付け組合. **S and M, S & M** sadist and masochist; sadism and masochism.

sand lot (子供の遊ぶ)空き地.

sandlotter 空き地で遊ぶ子供たち, 草野球の選手.

sandman 眠りの精.

sandpaper *n.*, *v*. 紙やすり, (サンド)ペーパー(で磨く).

sandpiper *Ornith*. イソシギ.

sandpit 砂掘り場, 砂坑; 砂場.

sandshoes (ゴム底ズックの)海浜靴.

sandstone *Geol*. 砂岩.

sandstorm (砂漠の砂)嵐.

sandtrap *Golf* バンカー.

sandwich *n.*, *v*. サンドイッチ; 間に差し挟む.

sandwich board サンドイッチマンが背負って歩く広告板.

sandwich man サンドイッチマン.

sandwich shop 軽食堂.

sandy *a*. 砂(だらけ)の; (毛髪など)薄茶色の; 不安定な.

sane *a*. 正気の; 正当な, (思想が)穏健な.

Sanforized *Trademark* サンフォライズ《防縮加工をした織物》.

San Francisco サンフランシスコ.

sangaree サンガリー《ぶどう酒を薄め, 香料を加えた飲料》.

sangfroid (F) 冷静, 落ち着き.

sangria サングリア《赤ワインでつくるパンチ》.

sanguinary *a*. 血生臭い, 殺伐な; ひどい, 口汚い.

sanguine *a*. 血色のいい; 希望に満ちた, 楽観的な, 確信する(*of*); 多血質な; 血のように赤い. — *n*. 赤チョーク.

sanguineous *a*. 血の; 血紅色の; 多血質の; 楽観的な.

sanitarian *a.*, *n*. 衛生の; 衛生奨励家, 衛生学者.

sanitarium *n*. =sanatorium.

sanitary *a*. 衛生の; 衛生的な, 清潔な.

sanitary belt 生理帯.

sanitary napkin 生理用ナプキン.

sanitary towel 生理用ナプキン.

sanitary ware 衛生陶器.

sanitate *v*. 衛生的にする.

sanitation 公衆衛生; 衛生施設.

sanitationman (ごみ収集の)清掃作業員.

sanity 正気; (思想などの)健全, 穏健.

Sanka *Trademark* サンカ《カフェインを除去したコーヒー》.

San Marino サンマリノ《イタリア東部の小内陸国; その首都》.

sansculotte (F) サンキュロット《フランス革命当時のパリの下層民共和党員》; 過激革命家.

sansculottic *a*. 革命的な, 過激派の.

sansculottism 過激主義.

Sansei (Jap) (日本人の)三世.

Sanskrit *n.*, *a*. サンスクリット(の), 梵語(の).

Sanskritist サンスクリット学者.

sans serif, sanserif *n.*, *a*. *Print*. サンセリフ字体(の).

Santa Claus サンタクロース.

Santiago サンチアゴ《チリの首都》.

santonin *Chem.* サントニン《駆虫剤》.

san ts'ai 唐三彩.

São Paulo サンパウロ《ブラジル南東部の都市》.

sap¹ *n.* 樹液, 体液; 活力, 元気; ばか.
—— *v.* 樹液を取る; (元気・気力を)奪う, 消耗させる.

sap² *n.* 対壕《敵陣に近づくために掘る塹壕》.
—— *v.* 対壕を掘る, 対壕を掘って漸進する; 徐々に弱らせる, 崩す, 侵食する.

sap green 暗緑色.

saphead ばか.

sapid *a.* 味のある, 味のいい; 面白い.

sapient *a.* 賢明な; 物知りぶった.

sapless *a.* 樹液のない, しなびた; 活気のない.

sapling 若木; 若者.

sapodilla *Bot.* サポジラ《熱帯アメリカ産の木, 樹液から chicle を取る》.

saponin *Chem.* サポニン《配糖体》.

sapor 味, 風味; 味覚.

sapper 工兵.

Sapphic *a.* サフォー(風)の; [s-] (女性の)同性愛の.

sapphire サファイア.

sapphirine *a.* サファイアのような.

sapphism (女性の)同性愛.

Sappho サフォー《紀元前600年ごろのギリシャの女流詩人》.

sappy *a.* 樹液の多い; (若くて)生気のある; 愚かな.

sapwood *Bot.* 白太, 白木質.

saraband(e) サラバンド《スペインのダンス; その曲》.

Saracen サラセン人《十字軍時代のイスラム教徒》; アラビア人.

Saran *Trademark* サラン《合成繊維》.

sarape *n.* =serape.

sarcasm 皮肉, あてこすり, 風刺.

sarcastic *a.* 皮肉な, 風刺的な.

sarcenet サーセネット《柔らかい薄絹; 主に裏地用》.

sarcoma *Med.* 肉腫.

sarcophagus 石棺.

sardine *Ichthy.* イワシ. **packed like sardines** すし詰めになって.

Sardinia サルジニア《イタリア西部地中海のイタリア領の島》.

Sardinian *a., n.* サルジニアの; サルジニア人(の), サルジニア語(の).

sardonic *a.* 冷笑的な, 皮肉な.

sardonyx *Mineral.* サードニックス, 赤縞瑪瑙.

sargasso *Bot.* ホンダワラ.

sarge =sergeant.

sari, saree サリー《インドの婦人外衣》.

sarky *a.* 皮肉な, 嫌味をいう.

sarong サロン《ビルマ・インド・マレー諸島の男女が用いる腰布》; サロン用布地.

sarracenia *Bot.* ヘイシソウ《食虫植物》.

sarsaparilla *Bot.* サルサ《熱帯アメリカ産薬草》; サルサ根《薬用》; サルサ根で味をつけた炭酸水.

sarsenet =sarcenet.

sartorial *a.* 裁縫(師)の.

Sartre サルトル. **Jean Paul Sartre** (1905-80) フランスの哲学者・作家.

SAS Scandinavian Airline System スカンジナビア航空会社.

Sas(s)anian, Sas(s)anid *a., n.* (ペルシャの)ササン王朝の(人).

SASE self-addressed stamped envelope.

sash¹ 飾り帯; 懸章; 肩帯.

sash² *n., v.* サッシ, 窓枠(をつける).

sashay *v.* すべり足で進む.

sash cord (上げ下げ窓用の)吊り紐.

sash window 上げ下げ窓.

Sasquatch サスクワッチ《北米山中に住むという人間に似た毛深い未確認動物》.

sass *n., v.* 生意気(を言う).

sassafras *Bot.* ササフラス《北米東部に産する薬用樹》; ササフラスの樹皮, ササフラスの根皮《強壮剤・香料》.

Sassenach 典型的なイングランド人(的なもの).

sassy *a.* =saucy.

Satan サタン, 悪魔.

Satanic *a.* サタンの; 悪魔のような.

Satanism 悪魔主義, 悪魔的行為.

satchel 学生鞄, 手提げ鞄.

sate *v.* 十分満足させる, 満喫させる, 満腹させる, 飽かす.

sateen 綿繻子.

satellite (人工)衛星; 手下, 居候; 衛星国, 衛星都市; 近郊.

satellite station 宇宙船基地.

satiate *v.* 飽き飽きさせる. — *a.* 飽き飽きした.

satiation 飽食, 飽満.

satin *n., a.* 繻子(の), サテン(の).

satinet まがい繻子.

satinwood *Bot.* マホガニーの類の樹木.

satiny *a.* 繻子のような; つやつやした, なめらかな.

satire 風刺, 皮肉; 風刺詩, 風刺文.

satirist 風刺詩作者, 風刺文作者; 風刺家, 皮肉屋.

satirize *v.* 詩文で風刺する, あてこする.

satisfaction 満足, 本望; 満足となるもの; (債務の)弁済, (義務・約束などの)履行; 賠償, 謝罪; (名誉回復の)決闘. **give satisfaction** 満足させる, 賠償する; 決闘に応じる.

satisfactorily *ad.* 満足に, 十分に.

satisfactory *a.* 満足な, 思い通りの, 申し分ない, 適切な.

satisfy *v.* 満足させる, 果たす, 遂げる, (欲望・希望・要求・必要などを)満たす, (負債を)皆済する; (疑いを)晴らす; (空腹を)満たす; 十分である, 納得させる(*of, that*). **be satisfied with** …を満足に思う, で満足する.

satisfying *a.* 満足な, 十分な.

satsuma ミカン.

saturate *v.* ずぶぬれにする, 浸す; (学問などに)没頭させる, しみ込ませる(*with, in*); *Chem.* 飽和させる(*with*); *Mil.* 集中爆撃を加える.

saturation 浸潤; 飽和(状態); 没頭.

Saturday 土曜日.

Saturday night special 小型ピストル.

Saturdays *ad.* 土曜日(ごと)に.

Saturn *Rom. Myth.* サトゥルヌス《農耕の神》; *Astron.* 土星.

Saturnalia サトゥルヌスの祭礼, 農神祭; 無礼講, ばか騒ぎ.

Saturnalian *a.* 農神祭の; お祭り騒ぎの.

saturnine *a.* (気質などが)陰気な.

satyr *Gk Myth.* サテュロス《半人半獣の森の神》, 半獣神; 好色漢.

satyriasis *Med.* 男子性欲亢進症.

satyric *a.* サテュロス的な.

sauce *n.* ソース《料理・菓子などに用いる調味料》; 果物の砂糖煮; 味を添えるもの, 興味を添えるもの; 生意気; ガソリン. (**What's**)

sauce for the goose is sauce for the gander. しっぺ返し; 一方に適することは他方にも適する. — *v.* ソースをかける; ぴりっとさせる; 生意気を言う.

sauceboat 舟形ソース入れ.

saucepan ソースパン《柄付き深鍋》.

saucer (茶碗の)受け皿, ソーサー, 台皿(状の物); =flying saucer.

saucer-eyed *a.* 丸い目の, 目を見張った.

saucily *ad.* 生意気に.

saucy *a.* こしゃくな, 生意気な; 気のきいた, 粋な.

Saudi Arabia サウジアラビア《アラビア半島の大半を占める王国》.

sauerbraten (G) ザウエルブラーテン《酢漬け牛肉の焼き肉料理》.

sauerkraut (G) ザウエルクラウト《酢漬けキャベツ》.

sauna サウナ(風呂).

saunter v., n. ぶらぶら歩く, ぶらぶら歩き.

saunterer 散歩する人.

sausage ソーセージ, 腸詰め; とんま.

sausage balloon 係留気球.

sausage dog ダックスフント.

sausage meat ソーセージ用の肉.

sausage roll ソーセージ入りのロールパン.

sauté (F) a., n. 軽くあげた(料理), ソテー.

Sauternes ソーテルヌ(ワイン)《フランス産白ぶどう酒》.

savage a. 野蛮な, 未開の; 猛烈な, 残忍な; 粗野な; 荒涼とした; 怒った. — n. 野蛮人. — v. 痛めつける.

savagely ad. 野蛮に; 残酷に.

savagery 野蛮; 残忍.

savanna(h) (熱帯アメリカの)大草原, サバンナ.

savant 学者.

savarin サバラン《菓子》.

savate (F) フランス式拳闘.

save[1] v. 救う, 助ける; (罪悪から)救う, 済度する(from); 節約する, しまって置く, 貯える; (出費・労力・時間などを)省く; (苦悩・疲労などを)免れさせる, 減じる; (顔を)立てる, (体面を)保つ; …の時間に間に合わす. **save one's breath** 黙っている. **save up** 金を貯える.
— n. Baseball, Football セーブ《救援により相手の得点を阻むこと》.

save[2] prep. =except. — conj. …を除いては; …でなければ (unless).

save-all 節約装置; Naut. 付加帆.

saveloy サビロイ《辛い豚肉乾燥ソーセージ》.

saver 救い主; 節約家; (列車の)割引.

saving a. 救う, 救済する; 節約する; 省く; 償いとなる, 埋め合わせとなる; 除外する, 保留の. — n. 救助, 救い, 救済; 節約; [pl.] 貯金; 保留, 除外.

savings account 貯蓄預金口座.

savings bank 貯蓄銀行.

savings bond 貯蓄債券.

savio(u)r 救助者, 救済者; [the S-] 救主世, キリスト.

savoir faire (F) 世才, 手腕.

savo(u)r n. 風味; 趣, 幾分, 気味 (of).
— v. …の味がする, 気味がある (of), 趣がある; 賞味する.

savory a., n. 味のよい, 風味のよい, 評判のいい; (食前食後に出す)辛みの料理, 口直し.

savoy Bot. チリメンキャベツ.

savvy v., n. 知る, 理解する; 知力; 気転; 常識.

saw[1] 格言, 諺; 古臭い冗談.

saw[2] n., v. 鋸(で挽く), (鋸で挽いて作る; 鋸を挽くように動かす; (木が)挽ける; ミュージカルソー《弓で演奏する》.

sawbones 外科医.

sawbuck 鋸台; 10ドル札.

sawdust おがくず.

sawfish Ichthy. ノコギリエイ.

sawhorse 木挽き台.

sawmill 製材所.

sawpit 木挽き穴.

saw set 鋸の目立て器.

sawtooth a. 鋸歯状の.

sawyer 木挽き; Entom. カミキリムシ.

sax =saxophone.

saxhorn Mus. サクソルン《金管楽器》.

saxifrage Bot. ユキノシタ.

Saxon n., a. サクソン人(の), サクソン語(の).

Saxony ザクセン《東ドイツ東部の地方》; サクソニー毛糸, サクソニー織り.

saxophone Mus. サクソホーン《木管楽器》.

say v. 言う, 述べる; (新聞などに)出ている; たとえば, 約; まあ, さよう. **hear say** 噂に聞く. (I) **say!** おい, もしもし. **not to say** …とまでは言えなくても, と言ってもいいくらい. **say on** 続けて言う. **says you!** まさか. **so to say** 言わば. **that is to say** 言い換えると, すなわち. **they**

say =it is said 噂 では…だ *(that)*. **though I say it** 私 の口から言うのも変だが. **to say nothing of** …は言うに及ばず. **You can say it again.** =**You said it.** まったくその通りだ. **You don't say so!** まさか. — *n.* 言うべき事, 言い分; 発言の番, 発言権, 決定権. **have one's say** 言うべきことを言う. **say-so** (口先だけの)言葉; 権威, 独断; 発言権.

saying 言説, 言う事, 言った事; 諺, 格言. **as the saying goes** 諺 に言う通り.

SB bachelor of science. **SC** small capital(s). **SC** South Carolina.

scab *n.* かさぶた; 疥癬;(植物の)腐敗病; スト破り. — *v.* かさぶたを 生じる; スト破りをする.

scabbard (刀の)鞘.

scabby *a.* かさぶただらけの, 疥癬にかかった; 卑しい.

scabies *Med.* 疥癬.

scabious *a.* 疥癬にかかった.

scabrous *a.* ざらざらの; 難しい, 厄介な; きわどい, 猥褻な.

scads たくさん.

scaffold (建築の)足場; 処刑台;(野外の組)み立て舞台.

scaffolding (建築の)足場; 足場材料.

scag ヘロイン.

scagliola 人造大理石.

scalable[1] *a.* うろこが落とせる.

scalable[2] *a.* 登れる.

scalar *a. Math.* スカラーの. — *n. Math.* スカラー《方向を持たない 量》.

scalawag 栄養不良の動物, 小動物; ごくつぶし.

scald *v.* (熱湯で)やけどをさせる,(器具を)熱湯消毒する;(牛乳を)沸かす, 湯煎する. — *n.* (熱湯による)やけど.

scale[1] *n.* うろこ, 鱗片;(うろこ状の)薄片, 湯垢, 歯石; *Bot.* 芽鱗;(目の)かすみ. — *v.* うろこを落とす, 歯石を落とす;(うろこのように)落とす, 落ちる *(off)*; 湯垢を 生じる.

scale[2] *n.* 天秤皿; [pl.] 天秤. **turn the scale** 局面を一変させる. — *v.* (目方が)…ある.

scale[3] *n.* 目盛り, 度盛り; 物差し;(地図などの)比率, 縮尺; 規模, スケール; 階級; 段階; *Mus.* 音階;(賃金などの)率. **on a large scale** 大規模に. **on a small scale** 小規模に. — *v.* よじ登る, 梯子で登る; 一定の割合で図を引く. **scale up** 拡大する, 引き上げる.

scale down 縮小する, 引き下げる.

scale insect *Entom.* カイガラムシ.

scale moss *Bot.* ウロコゴケ.

scale-up 定期昇給.

scallion *Bot.* 春タマネギ.

scallop *n.* ホタテガイ(の殻);(ホタテガイの)貝柱《食用》;(その)貝鍋; [pl.] スカラップ《服飾用扇形波状へり》. — *v.* 貝鍋で煮る;(へりを)波状にする, スカラップで飾る.

scalp *n.* 毛髪付きの頭皮《アメリカインディアンが敵の頭からはぎ取るもの》; 戦勝記念品; 利ざや, 小利潤. — *v.* 頭皮をはぎ取る; 酷評する;(切符などを)高く売りつける; 利ざやをかせぐ.

scalpel (外科用)解剖刀.

scalp lock (アメリカインディアンの)頭皮に残す一房の髪.

scaly *a.* うろこのある; うろこ状の; ぼろぼろ落ちる; けちな.

scam *n., v.* 信用詐欺(をやる).

scamp 悪漢; やくざもの.

scamper *v., n.* あわてて逃げる(こと), 疾走(する); はね回る(こと); 駆け足旅行(をする).

scampi スキャンピー《大エビのフライ料理》.

scan *v.* (詩の韻律を調べる, 詩脚に分ける; 韻律が合う; 吟味する, じろじろ見る; ちらっと見る; *TV* 走査する; *Telecom.* (レーダーで)走査する; *Computer* 走査する; *Med.* (人体などを)走査する, スキャンする. — *n.* 精査; *TV* 走査;

Med. 走査, 体内放射能分布図.

scandal (非行・悪徳に対する)世間の反感, 非難, 物議; 恥辱, 不面目, 醜聞, 疑獄; 悪口, 悪評, 陰口.

scandalize *v.* あきれさせる; 憤慨させる, 驚かす, ぞっとさせる. **be scandalized** 憤慨する, 驚く(*at*).

scandalmonger 醜聞あさり, 悪口屋.

scandalous *a.* 醜悪な, 外聞の悪い, ぞっとする; 中傷的な, 悪口の.

Scandinavia スカンジナビア, 北欧《スウェーデン・ノルウェー・デンマーク及びその付近の島の総称》; スカンジナビア半島.

Scandinavian *a., n.* スカンジナビアの; スカンジナビア人(の), スカンジナビア語(の).

scandium *Chem.* スカンジウム《金属元素》.

scanner *TV* 走査機; 走査装置; *Med.* スキャナー.

scanning *TV* 走査; *Med.* 走査法.

scanning electron micrograph 走査型電子顕微鏡写真.

scansion (詩の)韻律分析.

scant *a.* 不十分な, 乏しい(*of*), 足りない. —*v.* 出し惜しむ, 切り詰める.

scanties スキャンティー《婦人用の短いパンティー》.

scantily *ad.* 乏しく, 不十分に, 惜しんで.

scantling 小割材; 小口寸法.

scanty *a.* 僅かの, 乏しい, 不十分な.

scape *v.* =escape.

scapegoat *Bib.* 贖罪のヤギ; (他人の罪をかぶる)犠牲者, 身代わり.

scapegrace 悪漢, 厄介者; 腕白小僧.

scapula *Anat.* 肩甲骨.

scapular *a. Anat.* 肩甲骨の, 肩の. —*n.* (修道士の)袖なし肩衣.

scar *n.* 傷跡; (やけどなどの)跡; 心の痛み; 痕跡. —*v.* 傷跡を残す; 損なう, 傷める; (傷跡を残して)直る.

scarab *Entom.* オオタマムシコガネ; スカラベ《古代エジプト人が崇拝したオオタマムシコガネをかたどった護符》.

scarce *a.* 少ない, 乏しい; まれな. **make oneself scarce** 出て行く, 逃げ出す. —*ad.* = scarcely.

scarcely *ad.* ほとんど…ない, めったに…ない; やっと, かろうじて. **scarcely ever** ごくまれに, めったに…ない. **scarcely…when** …するかしないうちに.

scarcity 不足, 欠乏, 払底; 飢饉; まれ.

scare *v.* 脅す, びっくりさせる. **scare away** 脅して追い払う. **scare up** (苦心して)かき集める. —*n.* (風説などに基づく)恐怖, 恐慌, 騒ぐ事, 虚報.

scarecrow かかし, こけおどし; みすぼらしい人.

scarehead (新聞の)大見出し.

scaremonger 世間を騒がせる人.

scarf[1] *n.* 襟巻き, マフラー; スカーフ; ネクタイ; たんす掛け, ピアノ掛け. —*v.* スカーフで覆う.

scarf[2] *n., v.* 接合(する), 滑り刃継ぎ(する).

scarf[3] *v.* がつがつと食う.

scarfpin ネクタイピン.

scarfskin 表皮; (爪の)甘皮.

scarify *v. Surg.* 乱切する, 一面にひっかく; 酷評する, 悩ます, いじめる; 土かきする.

scarlatina =scarlet fever.

scarlet *n., a.* 深紅色(の), 緋(の); 緋色の服.

scarlet fever *Med.* 猩紅熱.

scarlet letter 緋文字《姦通者の胸につけさせた緋色の A (<adultery) の字》.

scarlet pimpernel *Bot.* ルリハコベ.

scarlet runner *Bot.* ベニバナインゲン.

scarp *n., v.* 急傾斜(を設ける); (外堀の)内岸.

scary *a.* 臆病な; びくびくさせる.

scat[1] *v.* [命令形として]あっちへ行け.

scat[2] *n., v. Jazz* スキャット《無意味なことばで即興的に歌うこと》; スキャットする.

scathe *n., v.* 酷評する；害(する)，損傷(を受ける).

scatheless *a.* 無事で.

scathing *a.* 傷つける，痛烈な，厳しい.

scatology 糞便学；猥褻文学研究，スカトロジー.

scatter *v.* まく，まき散らす，ふりまく，追い散らす，消散させる，散り散りになる；(光を)散乱させる.

scatterbrain 気の散る人.

scattering *a.* 散在した，飛び飛びの，まばらな.

scatter rug 小さい絨毯.

scatty *a.* 狂気の；きょろきょろして落ち着かない，まぬけな.

scaup (duck) *Ornith.* スズガモ.

scavenge *v.* 掃除する，ごみさらいをする.

scavenger 街路掃除人；清掃動物《腐肉を食うジャッカルなど》.

ScD doctor of science.

scenario (It) シナリオ，映画台本.

scenarist シナリオ作家.

scend =send².

scene (劇・映画・小説などの)場，場面，シーン；舞台(面)；(舞台の)背景，道具立て；(事件の)現場，実況；風景，景色，情景；活劇，騒動，騒ぎ. **behind the scenes** 楽屋裏で，内幕で，秘密に. **make the scene** 活劇を演じる，騒動を起こす；現れる. **on the scene** その場で；流行して.

scene painter 背景画家，風景画家.

scenery (芝居の)道具立て，書き割り，背景；景色，風景.

sceneshifter 大道具方.

scenestealer 主役を食う脇役.

scenic *a.* 風景の，景色の；舞台の，背景の；劇の；芝居がかった.

scenic railway (遊園地などの)豆鉄道.

scenography 遠近図法.

scent *v.* かぎつける，かぎ出す；(秘密などを)感づく(out)；におわす，香水をつける；(匂いを)かぐ. ——*n.* 匂い，香り，芳香；香水；(獲物の通った)遺臭，臭跡；(捜索の)手掛かり，嗅覚，直感力. **on the scent** 手掛かりをつかんで. **put [throw] one off the scent** 跡をくらます，追手をまく.

scepter 王笏；[the ~] 王権.

sceptered *a.* 王笏を持った，王たる.

sceptic(al) *a.* =skeptic(al).

schedule *n.* 表，時間表，一覧表，予定表，計画，スケジュール. **on schedule** 予定通り，時間通り. ——*v.* 表に作る，表に載せる，(期日などを)決める，予定する.

Scheherazade シェヘラザード《アラビア夜話中のサルタンの妻；千一夜物語を王に聞かせる》.

schema 概要；図表，略図，*Psychol.* シェマ《世界を認知したり外界に働きかけたりする基となる内的な枠組み》.

scheme *n.* 案，設計，計画；組織，機構，計略，陰謀；概略，大要，大系；表，図表. ——*v.* 計画を立てる(out)；(陰謀を)企む，策動する.

schemer 計画者，立案者；陰謀家.

scheming *a.* 策動する，陰謀的な，ずるい. ——*n.* 計画，陰謀.

scherzando *a.* *Mus.* 諧謔的な.

scherzo (It) 諧謔曲，スケルツォ.

Schick *Trademark* シック《安全かみそりなど》.

Schiller シラー. **Johann Christoph Friedrich von Schiller** (1759-1805) ドイツの詩人・劇作家.

schilling シリング《オーストリアの通貨単位；= 100 groschen》.

schipperke スキッパーキー《小型犬》.

schism (教会・教派などの)分裂，分派；宗派分立の罪.

schismatic *a., n.* 分離派の(人).

schizo 精神分裂病患者.

schizoid *a., n.* 精神分裂症の(人).

schizophrenia *Med.* 精神分裂症.

schizophrenic *a., n. Med.* 精神分裂症の(患者).

schlemiel 鈍物.

schlepp *v.* 運ぶ, 引きずって行く. — *n.* 役に立たない人.

Schlitz *Trademark* シュリッツ《ビール》.

schlock *n.* 安物, くず. — *a.* 安い, 劣った.

schmal(t)z (音楽・文学などの)過度に感傷的な作品; 極端な感傷主義.

schmear もの, こと.

schmo(e) うすのろ.

schmooze *n., v.* くだらないおしゃべり(をする).

schmuck まぬけ.

schnapps シュナップス《オランダ産ジン酒》.

schnauzer シュナウザー《ドイツ種テリア犬の一種》.

schnitzel シュニッツェル《子牛のカツレツ》.

schnook うすのろ.

schnorkel =snorkel.

schnozzle 鼻.

scholar 学ぶ人; 学者, 古典学者; 給費生; 生徒, 弟子; 学のある人.

scholarly *a.* 学究的な; 博学な.

scholarship 学識; 奨学金.

scholastic *a.* 学校の, 教育の; 学者風の, 学者ぶった; [S-] (中世の)スコラ哲学の. — *n.* [S-] スコラ哲学者; 学者ぶる人.

scholasticism [S-] スコラ哲学.

school[1] *n., v.* (魚・海獣の)群れ; (魚など)群れをなす, 群れをなして泳ぐ.

school[2] *n.* 学校; 校舎; 課業, 授業; 訓練; 練習所, 訓練所; 修養; 学派, 流派; 学部, 大学院. — *v.* 教える, 訓練する (to), (激情などを)抑制する.

school age 学齢; 義務教育年限.

school board 教育委員会.

schoolboy 男生徒.

school bus スクールバス.

schoolchild 学童.

school district 学区.

schoolfellow 学友.

schoolgirl 女生徒.

schoolhouse 校舎.

school house (public school の) 校長住宅.

schooling 学校教育, (通信教育の)スクーリング; 学費.

schoolman (中世の)神学教師; [S-] スコラ哲学者; 学校教師.

schoolmarm, schoolma'am =schoolmistress.

schoolmaster (男の)教師; 校長.

schoolmate 学友.

schoolmistress 女教師; 女の校長.

school report 成績表, 通知表.

schoolroom 教室, 学習室.

schoolteacher 教師.

schoolteaching 授業; 教職.

schooltime 授業時間; [*pl.*] 学生時代.

schoolwork 学業.

schooner *Naut.* スクーナー《通例 2 本マストの縦帆式帆船》; ビール用大コップ.

Schopenhauer ショーペンハウエル. **Arthur** **Schopenhauer** (1788–1860) ドイツの哲学者.

schottische ショティッシュダンス《ポルカの類》.

Schubert シューベルト. **Franz (Peter)** **Schubert** (1797–1828) オーストリアの作曲家.

schuss (スキーの) 直滑降.

schwa *Phonet.* 曖昧母音, シュワー《[ə] で表す); [ə] の記号.

Schweitzer シュバイツァー. **Albert** **Schweitzer** (1875–1965) フランス生まれの哲学者・医師.

sciatic *a.* 座骨(神経)の.

sciatica *Med.* 座骨神経痛.

sciatic nerve 座骨神経.

science 科学(研究); 自然科学; 学問, …

学;（料理・競技などの）熟練, 技術.

science fiction 空想科学小説, SF.

sciential a. 学問の, 知識の.

scientific a. 科学の, 科学的な; 精確な, 系統的な.

scientism 科学主義.

scientist 科学者.

Scientology *Trademark* サイエントロジー《心理療法などを行う宗教運動》.

sci-fi a., n. 空想科学小説(の).

scilicet (L) ad. すなわち.

scimitar (アラビア人などの用いる)三日月刀.

scintilla 火花, 閃き; [a ～] 微量.

scintillate v. 火花を発する, きらめく.

scintillation きらめき, 火花, 閃光.

scintillation counter *Phys.* シンチレーションカウンター《放射線測定器》.

scion (継ぎ木の)継ぎ穂; 若芽; 子孫.

scire facias (L) *Law* 告知令状.

scirrhus *Med.* 硬生癌.

scissile a. 切れやすい.

scission 切断, 分離.

scissor v. 鋏で切る, 切り抜く.

scissor-cut n., v. 切り絵(をつくる).

scissors 鋏; *Wrestling* 鋏締め. **scis-sors-and-paste** 糊と鋏で編集した, 独創性のない.

scissors kick (水泳の)あおり足.

sclerosis *Med.* 硬化(症).

scoff[1] n., v. 冷笑(する), 嘲弄(する)(at).

scoff[2] v. がつがつ食う; 片づける. ── n. 食べ物.

scoffer 冷笑者.

scofflaw 法律違反常習者.

scold v., n. 叱る, 小言を言う; がみがみ女.

scolding (きびしい)小言.

scollop n., v. =scallop.

sconce[1] (壁などに取り付けた)突き出し燭台; 小砦; 頭; 頭脳.

sconce[2] n., v. 罰(を科する).

scone スコーン《パンケーキの一種》.

scoop n. (穀物・麦粉・砂糖・石炭・貨幣などをすくう)へら, (アイスクリームなどの)杓子, 小シャベル, スコップ; 石炭入れ; ひとすくい; 大もうけ; (新聞の)特種, スクープ. ── v. すくう, 汲む; えぐる, 掘る(out); スクープする.

scoopful スコップ一杯分.

scoot v., n. 駆け出す; 突進.

scooter (子供が片足を乗せて走る)スクーター; モータースクーター; (水上・氷上を滑走する)帆走船.

scope 視野, 眼界; (活動・適用などの)範囲, 限界; 自由, 余地, 機会, はけ口.

scoplamine *Chem.* スコポラミン《鎮静剤》.

scopophilia *Med.* 窃視症.

scorbutic a. *Med.* 壊血病の.

scorch v. 焦がす, 焦げる, 焼く; しなびさす, しなびる; *Mil.* 焦土化する; (自動車などが)疾走する. ── n. 焼け焦げ.

scorched a. 焦げた.

scorched earth policy *Mil.* 焦土戦術《敵軍に役立つものをすべて焼き払う》.

scorcher とても暑い日; びっくりさせるもの.

scorching a. 焼けつくような.

score n. 刻み目, ひっかいた跡; (居酒屋などの)勘定, 借金; (競技の)得点(表), スコア; 成績; 恨み; 20 (人), 20 (個一組); [pl.] 多数; 点, 理由; 楽譜, 総譜; 幸運; 性交(の相手); 麻薬の売買. **go off at score** 元気よく始める, (得意の問題を)威勢よく話し出す. **know the score** 真相を知っている, 実情を知っている. **pay off [settle] a score** 遺恨を晴らす, 借金を返す. **on the score of** …の点で, の理由で. ── v. 刻み目をつける, 線を引く; …の貸しに付ける(against, to); 記録する(up); 計算する; 得点する; 利する, 得をする; (爆弾など)命中させる; *Mus.* (管弦楽譜を)作る; 叱る, 非難する; …とセックスする; モノにする.

score off (議論などで)破る, やりこめる. **score**

out (棒を引いて)消す. **score under** (文字の)下に線を引く.

scoreboard (野球などの)スコアボード.

scorebook スコアブック.

scorecard 採点カード.

scorekeeper 得点記録係.

scorer 採点者；スコア係.

scoria 金くそ, 鉱滓；火山岩滓.

scorify v. 鉱滓にする.

scorn n. 軽蔑, 侮辱, 冷笑；笑い草.
— v. 軽蔑する, 侮る；(…するのを)潔しとしない (to do).

scornful a. 軽蔑する, 冷笑的な, 横柄な.

Scorpio Astron., Astrol. 蝎座(生まれの人), 天蝎宮.

scorpion Zool. サソリ；腹黒い人.

Scot =Scotchman.

scotch n. 刻み目；車輪止め, 枕楔.
— v. 踏みつける, 潰す, 生殺しにする；止める, 遮る.

Scotch a. スコットランドの, スコットランド人の, スコットランド語の. — n. スコットランド語；[the ～] スコットランド人；スコッチ(ウイスキー).

Scotch (tape) Trademark スコッチテープ.

Scotch broth スコッチブロス《肉・野菜に大麦を混ぜたスープ》.

Scotch cap (スコットランドの男子用)縁なし帽子.

Scotch egg スコッチエッグ《卵料理の一種》.

Scotchman スコットランド人.

Scotch terrier スコッチテリア《犬》.

Scotch whisky スコッチウイスキー.

Scotchwoman スコットランドの女性.

Scotch woodcock スコッチウッドコック《卵と anchovy のペーストを塗ったトースト》.

scot-free pred. a. 罰を免れて；無事に.

Scotland スコットランド《Great Britain 島の北部の地方》.

Scotland Yard ロンドン警視庁.

Scots a. =Sotch. — n. スコットランド語.

Scotsman =Scotchman.

Scotticism スコットランド訛, スコットランド語法.

Scottish a. =Scotch. — n. スコットランド語.

Scottish terrier =Scotch terrier.

scoundrel 悪党, やくざ者.

scour[1] v. (金属・床などを)磨く；こする；こすり取る, 拭い取る (off, away, out)；(港湾・河底などを)さらう, (管などに水を通して)洗う；掃討する；(家畜が)下痢をする. — n. 磨くこと；(水勢で海底などを)洗い流すこと.

scour[2] v. 捜し回る, 追い駆け回る (about)；疾走する.

scourge n. 鞭, 罰, 天罰, 神の懲らしめ《戦乱・疫病など》, 災難. — v. 鞭打つ, 懲らしめる, 苦しめる.

scouring [pl.] (こすり取った)屑, かす, 人間の屑.

scouring rush Bot. トクサ.

scout[1] n. 斥候, 偵察兵, 偵察艦, 偵察機, ボーイスカウト団員, ガールスカウト団員；(芸能人・スポーツ選手などの)スカウト, 奴, 男.
— v. 偵察する；捜す；スカウトする.

scout[2] v. (申し出・意見などを)鼻であしらう, はねつける.

scout car 偵察用装甲車.

scoutmaster ボーイ(スカウト)隊長.

scow 平底船.

scowl v., n. 苦い顔をする, 睨みつける (at, on)；しかめ面.

scrabble v. ひっかく；ひっかき回す (about), 手探りする, 探る (for)；走り書きする. — n. ひっかくこと；走り書き；[S-] Trademark スクラブル《語合わせ遊戯》.

scrag n. やせた人, やせた動物；首っ玉.
— v. (罪人を)絞殺する；首を絞める.

scraggly a. 凸凹の, ぎざぎざの, もじゃもじゃの.

scraggy *a.* やせこけた; とげとげした.

scram *v.* [命令形で]出て行け; 逃げろ.

scramble *v.* はう, はい登る; 奪い合う(*for*); (植物が)はびこる; (奪い合いをさせるために貨幣などを)まく; (卵をかきまぜて)炒る; かき集める; (盗聴を防ぐために)周波数を変える; Aeronaut. 緊急発進する. — *n.* はい登り; 奪い合い(*for*); Aeronaut. 緊急発進, スクランブル. **scrambled eggs** 炒り卵.

scran 食べ残し.

scrap[1] *n.* 小片, 破片; 屑, がらくた, ごみ, 鉄屑; (新聞の)切り抜き, スクラップ; [否定文で]少し; [*pl.*]食べ残し. — *v.* 屑として捨てる, 廃棄する.

scrap[2] *n., v.* 喧嘩(する), 殴り合い, 殴り合う.

scrapbook スクラップブック.

scrape *v.* 掻く, こする, かする, こすって傷をつける, 磨く, 削る(*against, past*); がりがり音をたてる; (弦楽器を)かき鳴らす; 掘る(*out*), えぐる; かき集める(*up, together*); 倹約する, 貯える; (生活費を)やっと稼ぎ出す; 足踏みする; (敬礼の際)右足を後ろに引く. **scrape down** 掻き鳴らす; 床を鳴らして黙らせる. — *n.* こすること, こすった跡, 掻いた跡, すり傷; こする音, きしる音; 塗りつけること; 困難, 窮境.

scraper 掻く道具, こする道具; 靴の泥落とし.

scrap heap ごみため.

scrapple スクラップル《豚のこま切れ・とうもろこし粉のフライ》.

scrappy[1] *a.* 屑の, 断片的な, ちぐはぐな.

scrappy[2] *a.* 喧嘩好きな.

scratch *v.* 掻く, 引っ掻く, 掻き集める(*up, together*); 引っ掻いて掘る; がりがりいう; 掻き消す; (ペンが)ひっかかる; 走り書きする; (選手などが)出場を取り消す; (生活費などを)やっと稼ぎ出す. **scratch off** [**out**] 掻き消す. **scratch one's back** 人の歓心を買う. **scratch the surface** 核心に触れない. — *n.* 掻くこと, 掻く音, 引っ掻くこと, 引っ掻く音; 掻き傷, かすり傷;

(競走の)スタートライン; お金; スクラッチ《レコードの雑音》. **come up to scratch** 出発線に出る; (事業などを)すぐ始める; 標準に達する, 立派である. **start from scratch** ハンディキャップなしに出発線から走りだす, 出発線から始める; 無から始める. — *a.* 雑記用の, 寄せ集めの, にわか仕立ての.

scratch board *Fine Arts* スクラッチボード《厚紙に白粘土を塗りつや出し仕上げをしたもの》.

scratch hit *Baseball* 当たりそこねのヒット.

scratch pad メモ帳.

scratch paper メモ用紙.

scratch test *Med.* 乱切法.

scratchy *a.* (絵などが)なぐりがきの; (ペンが)ひっかかる; (船員・選手などが)寄せ集めの; かゆい.

scrawl *v., n.* 走り書きする, 書き散らす; 乱筆, 走り書き(の手紙).

scrawny *a.* やせこけた.

scream *v.* きゃっと叫ぶ, 悲鳴をあげる; 金切り声で叫ぶ, 金切り声で言う(*out*); ぎゃーぎゃー泣く, きゃーきゃー笑う; (汽笛が)ぴーと鳴る; けばけばしく目立つ. — *n.* 鋭い叫び, 悲鳴; 金切り声, 笑い声; 汽笛の音; おかしくてたまらないもの.

screamer 鋭く叫ぶ人, 鋭い音を出す物; 笑い草; あっと言わせるもの; (新聞の)大見出し.

screaming *a.* 悲鳴をあげる, 金切り声の; おかしくてたまらない; あっと言わせる; けばけばしい.

screaming meemies ヒステリー.

scree 小石, がれ(場); 石ころの多い坂.

screech *v., n.* 金切り声で叫ぶ, きーきー鳴る; 鋭い叫び, 金切り声.

screech owl *Ornith.* コノハズク《ミミズクの一種》; 凶事の予言者.

screed 長談義, (不平を並べた)長たらしい手紙.

screen *n.* ついたて, 屏風; 幕, 襖, 障子; (部屋の)仕切り, 仕切りカーテン; 目隠し; (窓の)網, 網戸; (映画の)スクリーン, 銀幕; 映画(界); ふるい; (適格の)審査. — *v.* 遮る, 隠

す, かばう (*from*); 仕切る (*off*); 映写する, 上映する, 映画化する, 脚色する; (石炭などを)ふるい分ける; (適格か不適格かを)審査する.

screening ふるいにかけること; 資格審査; 映写すること; [*pl.*] ふるいかす.

screening test 適格テスト.

screenland 映画界.

screenplay *Motion Pictures* 台本, 脚本.

screenwriter =scenarist.

screw *n.* ねじ, ねじ釘, もくねじ; 螺旋(状のもの); =screw propeller; ひとねじ, ひと捻り; 圧迫, 圧力; 給料; けちんぼう; 看守; 性交. **have a screw loose** 少し気が狂っている; 故障している. **put the screw on** …を締めつける, いじめる, 搾取する; 圧力を加える. —*v.* (ねじを)締める, ねじで留める (*up*); (栓を)ねじる, ひねる; 圧迫する, 苦しめる; 絞り取る (*out of*); だます, 搾取する; (顔などを)ゆがめる (*up*); (勇気などを)奮い起こす (*up*); 性交する; へまをやる.

screwball 変人; *Baseball* スクリューボール.

screwdriver ドライバー, ねじ回し; スクリュードライバー(ウオッカとオレンジジュースのカクテル).

screwed *a.* 酔っぱらった; だまされた.

screw jack =jackscrew.

screw propeller (船などの)スクリュー.

screw thread ねじ山.

screwy *a.* 螺旋形の; 気が変な.

scribal *a.* 筆写の, 書記の.

scribble *v.*, *n.* 走り書き(する), なぐり書き(する); 落書き(する).

scribbler 乱筆家; 雑文家, へぼ作家.

scribe *n.* 書記, 筆耕, 書家, 代書人, (写本の)写字生; (ユダヤ教の)学者; 新聞記者; 作家. —*v.* 書く; 画線器で線を引く.

scriber 画線器, 罫書き針.

scrim スクリム(目の粗い綿布, 麻布).

scrimmage *n.*, *v.* 乱闘(する); 組み打ち(する); *Rugby* スクラム(を組む).

scrimp *v.* 切り詰める, けちけちする.

scrimpy *a.* 切り詰めた, 不足な, けちけちした.

scrimshanker 怠け者, さぼり屋.

scrimshaw (貝殻などで作る)水夫の慰み細工.

scrip 書き物; 仮株券, 仮証券; 代用紙幣, 軍票.

script *n.*, *v.* (print に対して)手書き; 筆記体活字; (劇・映画・ラジオなどの)台本(を書く).

scriptural *a.* 聖書の.

scripture 聖書, 経典, 聖典; 聖書からの引用文. (**Holy**) Scripture =the Scriptures =the Bible.

scriptwriter 映画台本作者, ラジオ台本作者.

scrivener 公証人; 書記, 代書人; 金貸し.

scrod タラの幼魚.

scrofula *Med.* 瘰癧.

scroll *n.* 巻物, 渦巻き形模様, 渦巻き形装飾; (文字の)飾り書き. —*v.* *Computer* 表示画面の内容を順次動かす.

scroll painting 絵巻物(の画法).

scroll saw 雲形切り鋸.

scrollwork 渦巻き装飾, 渦巻き模様.

scrooge 守銭奴.

scrotum *Anat.* 陰嚢.

scrounge *v.* くすねる, ごまかす, 巻き上げる, あさる, ねだる; 乞食をする.

scrub[1] *v.*, *n.* ごしごしこする(こと), ごしごし磨く(こと); (不純物を)取り除く; (ロケットの打ち上げを)中止する; 除く.

scrub[2] 低木, 雑木林; やぶ; つまらない人, つまらない物; 二軍選手.

scrubber ガス洗浄装置; ブラシ, たわし.

scrub brush 洗濯ブラシ, たわし.

scrubby *a.* いじけた; 下品な, 下等な.

scruff 襟首, 首筋.

scruffy *a.* 薄汚い, みすぼらしい.

scrum(mage) *n.*, *v.* *Rugby* =scrimmage.

scrumptious *a.* すてきな, 立派な; おいしい.

scrunch *v., n.* ばりばりかむ(音); ざくざく踏む(音).

scruple *n.* (正邪・当否などについての)疑惑, ためらい, 気のとがめ; スクルーブル《薬衡の単位; = 20 grains》. **have scruples about** …に気がとがめる, ためらう(doing). **without scruple** 平気で. —*v.* ためらう(to do).

scrupulous *a.* 非常に物堅い, 几帳面な; 良心的な; 周到な.

scrutinize *v.* じろじろ見る, 綿密に調べる, 吟味する, 詮索する.

scrutiny 精査, 詮索; じろじろ見ること; 投票検査.

scry *v.* 水晶占いをする.

scuba スキューバ《潜水用水中呼吸器》.

scuba dive *v.* スキューバダイビングをする.

scuba diver スキューバダイバー.

scuba diving スキューバダイビング.

scud *v., n.* 疾走(する); *Naut.* 順風を受けて走る; ちぎれ雲; しぶき, 通り雨.

scuff *v.* 足を引きずって歩く; (靴などの)表面を傷める; すり減らす. —*n.* 一種のスリッパ.

scuffle *v., n.* つかみ合う, 取っ組み合い(する), 乱闘(する).

scull *n., v.* ともかい(で漕ぐ); スカル《両手に一本ずつ持って漕ぐ短いオール》; スカル《競漕用の軽いボート》.

sculler スカルで漕ぐ人, スカルで漕ぐボート.

scullery 食器洗い場.

sculp *v.* =sculpture.

sculpin *Ichthy.* カジカ.

sculpt *v.* =sculpture.

sculptor 彫刻家.

sculpture *n.* 彫刻, 彫塑; 彫像; 塑像. —*v.* 彫刻する.

sculpturesque *a.* 彫像のような, 形の整った.

scum 浮きかす, 泡; (人間などの)屑.

scumbag コンドーム.

scumble *v.* (絵画で)色調を和らげる, ぼかす. —*n.* 色調のぼかし.

scummy *a.* 浮きかすだらけの; かすのような, つまらない.

scunner 大嫌い.

scupper *n.* 甲板の排水孔. —*v.* (奇襲して)やっつける; (船を)沈没させる.

scurf (頭の)ふけ; (金属の)鱗状のさび.

scurrility (言葉などの)下品, 下卑た悪口, 下卑た冗談.

scurrilous *a.* (言葉などの)下品な, 口汚い.

scurry *v., n.* (小股で)あわてて走る; 急ぎ足, 疾走; あわてふためき; (激しい)にわか雨, (激しい)にわか雪.

scurvy *a., n.* 卑劣な, 浅ましい; *Med.* 壊血病.

scut (ウサギ・シカなどの)短尾.

scuttle[1] (室内用)石炭入れ(一杯分).

scuttle[2] *n.* (甲板や船側の)小窓, ハッチ; (蓋付き)天窓. —*v.* 船底に穴をあけて(船を)沈める; (計画を)やめる.

scuttle[3] *v., n.* 急いで行く, あわてて走る, 逃げる; 急ぎ足, あわてて逃げること.

scuttlebutt 噂.

scuzzy *a.* 汚らしい, だめな.

Scylla *Gk & Rom. Myth.* スキュラ《Charybdis に面する洞穴に住む6頭12足の女怪物》. **between Scylla and Charybdis** 両難にはさまれて, 進退窮まって.

scythe *n., v.* (長柄の)大草刈り鎌(で刈る).

SD South Dakota. **S Dak** South Dakota.

SDI Strategic Defense Initiative 戦略防衛構想.

sea *n.* 海, 大洋, …海; 海岸; 湖, 塩水湖; (海の)うねり, 波浪, 潮; 多量, 多数(of); 一面(of), 広大. **at sea** 航海中で, 大洋上で; 途方にくれて. **beyond the sea(s)** 海外へ. **over the sea(s)** 海外で. **by sea** 海

路を, 船で. **follow the sea** 船乗りになる.
go to sea 船乗りになる; 出 帆する, (船が) 航
海する. **put (out) to sea** 出 港する.

sea anchor 海 錨.

sea anemone *Zool.* イソギンチャク.

seabeach 海辺.

seabed 海底.

Seabee 海軍設営部隊員.

seabird 海鳥.

sea biscuit =ship biscuit.

seaboard *n., a.* 沿海地方, 海辺, 沿海 (の).

seaborne *a.* 船で運ばれた, 海 上 輸送の.

sea bream *Ichthy.* タイの一 種.

sea breeze 海風, 海軟風.

sea captain 船 長.

sea change 著 しい変化.

seacoast 海岸.

sea cow *Zool.* 海 牛; セイウチ.

sea cucumber *Zool.* ナマコ.

sea dog *Zool.* ゴマフアザラシ; 老練な船乗り.

sea eagle *Ornith.* オジロワシ.

sea-ear *Zool.* アワビ.

seafarer 船乗り.

seafaring *a., n.* 船乗りの; 船乗り稼 業 .

sea fight 海 戦.

seafolk 船乗りたち.

seafood 海産 食 料 品.

seafowl 海 鳥.

seafront (都会の) 海岸 通り.

seagirt *a.* 海で囲まれた.

seagoing *a.* 外洋 航 行に適する; =seafaring.

sea green 海 緑 色 .

sea gull *Ornith.* カモメ.

sea horse *Zool.* タツノオトシゴ.

sea kale *Bot.* ハマナ.

sea king (中 世 北欧の) 海賊 王.

seal[1] *n., v. Zool.* アザラシ (の皮), オットセイ (の
皮); アザラシ 狩りをする, オットセイ 狩りをする.

seal[2] *n.* 印, 印 章 , 紋 章 , 捺印; 封印, 封

印 紙, シール; 判, 認 印, 徴 候, しるし; 保
証 , 確 証 . **set one's seal to** …に印を押
す, 保 証 する. —— *v.* 判を押す, 調 印する;
封をする, 封印する, 密 封する, 目張りする; 密
閉する (*up*); 保 証 する; (運 命などを)定める,
決 定する.

sea lane 常 用航路; 海 上 航路帯, 海
上 交通路.

sealant 密 封 剤.

sea lawyer 不平をこねる水夫, 理屈をこねる
水 夫; *Ichthy.* サメ.

sealed *a.* 印を押した; 封印した; 不可解な.

sealed book 不明の事, 秘密.

sealed orders 封緘命令.

sea legs 揺れる船 内を歩く足取り.

sealer[1] アザラシ漁夫, オットセイ漁夫, アザラシ漁
船 , オットセイ漁船.

sealer[2] 捺印者, 検印者.

sealery アザラシ漁 業 , オットセイ漁 業 .

sea level 平 均 海 面. **above sea level**
海 抜.

sealing wax 封 蠟.

sea lion *Zool.* アシカ.

seal ring 認 印つき指輪.

sealskin アザラシの皮, オットセイの皮.

Sealyham terrier シーリアムテリア 《白 むく毛
の小型 犬》.

seam *n.* 縫い目, 継ぎ目; 割れ目; 傷 跡; *Surg.,*
Anat. 縫 合 線; (顔 などの)しわ; *Geol.* 薄 層.
—— *v.* 縫い合わせる; 傷 跡をつける, 割れ目をつける
(*with*).

seaman 水夫, 水兵, 船乗り; 航海者.

seamanlike, seamanly *a.* 船乗りらしい.

seamanship (船の) 操 縦 技 術 , 航海技
術 .

seamark 航路目 標 , 航路標 識 , 満 潮
線 .

sea mew *Ornith.* カモメ.

seamfree *a.* (靴 下 が) 縫い目のない, シームレス

の.

sea mile 海里《約 6080 ft.》.

seamless *a.* 縫い目なしの, 継ぎ目なしの.

seamount 海山《海面下の山》.

sea mouse *Zool.* ウミネズミ.

seamstress 裁縫婦, お針子.

seamy *a.* 縫い目のある. **the seamy side** (衣服の)裏; 人に見せられない半面, (社会の)裏面.

séance (F) 開会, 会; 降霊術の会.

sea otter *Zool.* ラッコ.

seapiece 海景画.

seaplane 水上飛行機.

sea pollution 海洋汚染.

seaport 海港, 港町.

sea power 海軍力; 海軍国.

sear *v.* しなびさす, 焦がす, 焼く; 枯らす, 焼く, (焼き金で)焼く; 焼き印を押す; (良心などを)麻痺させる, (良心などを)無感覚にする. ── *a.* 枯れた, しなびた.

search *v.* 捜す, 捜索する; 調べる; (傷・心などを)探る, 詮索する; (記憶を)たどる. **search me** 知るもんか. **search out** 捜し出す. ── *n.* 捜索, 探索, 追求; 調査, 吟味 (*after, for*). **in search of** …を捜して.

searchlight 探照灯, サーチライト.

search party 捜索隊.

search warrant (家宅)捜索令状.

sea room *Naut.* 操船余地.

sea rover 海賊(船).

Sears, Roebuck シアーズローバック《米国の通信販売会社》.

sea-run *a.* (魚が産卵のために)川を遡行する.

seascape 海景(画).

seashell 貝殻.

seashore 海岸.

seasick *a.* 船に酔った.

seasickness 船酔い.

seaside *n., a.* 海辺(の), 海岸(の).

season *n.* 季節; 時節, 時期, シーズン, 出盛り期; 好機. **in season** (果実・魚類など)旬で; 時を得た; 猟期で. **out of season** (果実・魚類など)旬はずれで; 時を得ない; 猟期外で. **in season and out of season** 間断なく. ── *v.* 熟させる, 慣らす, 鍛える; (材木などを)乾燥させる, (酒などを)ならす; 味をつける, 調味する, 風味を添える.

seasonable *a.* 季節にかなった, 旬の; 時を得た, 都合の良い, 適切な.

seasonal *a.* 季節の; 季節による; 周期的な.

seasonally *ad.* 季節的に.

seasoning 調味(料), 薬味, 塩梅, 加減; ならすこと, 鍛練; (材木の)乾燥.

season ticket 定期乗車券, 定期入場券.

seastrand =seashore.

seat *n.* 座席, 椅子, (椅子の)座部, 台座; 尻, (ズボンの)尻; 場所, 所在地, 位置; (田舎の)邸宅; 議席, 議員の地位; (乗馬などの)姿勢. **take a seat** 着席する. ── *v.* 着席させる; 座席を有する, 座席を設備する; 据え付ける; (椅子に)座部をつける; (ズボンに)尻当てをつける. **be seated** すわる, すわっている.

sea tangle コンブなどの海草.

seat belt (旅客機・車などの)シートベルト.

seating 着席; 座席の設備; 乗馬の姿勢; (椅子の)張り布.

seatmate (乗り物の)同席者.

seat mile *Aeronaut.* 座席マイル.

SEATO *n.* (<Southeast Asia Treaty Organization) シアトー, 東南アジア条約機構《1954 年発足, 1977 年解消》.

sea trout *Ichthy.* ブラウントラウト.

Seattle シアトル《米国 Washington 州の港市》.

sea turtle *Zool.* ウミガメ.

sea urchin *Zool.* ウニ.

sea wall (海岸の)防波堤; 護岸堤防.

seaward *n., a., ad.* 海の方(の), 海の方へ,

沖の方(の), 沖の方へ.

seaware 海草.

seawater 海水.

seaway 海路, 外海; 内陸水路; 激浪.

seaweed 海草, 海藻. edible seaweed のり.

seaworthiness 航海に適すること, 耐航性.

seaworthy a. 航海に適する, 航海に耐える.

sea wrack (海岸に打ちあげられた)海草.

sebaceous a. 脂肪の多い, 脂肪を分泌する.

sebacic acid Chem. セバシン酸.

sec¹ a. (シャンパンが)辛口の.

sec² ちょっとの間, 瞬時.

secant Math. セカント, 正割, 割線.

secateur [pl.] 剪定鋏.

secede v. (教会・政党・連盟などから)脱退する, 分離する.

secession 脱退, 分離.

secessionism U.S. Hist. (南北戦争時代の)分離論.

secessionist 脱退論者.

seclude v. 引き離す, 隔絶する, 隠退させる.

secluded a. 人里離れた, 隠退した.

seclusion 隔絶; 閑居, 隠退; 人里離れた場所.

seclusive a. 隠遁的な.

Seconal Trademark セコノール《鎮痛・催眠剤》.

second a. 第二の, 2番の, 2度目の; 劣る (to); [a ~]別の, 副の, 従の. on second thought(s) 考え直して. second only to に次いで. second to none 何物にも劣らない, 誰にも劣らない, 独歩の. — ad. 第二に, 次に. — n. 第二, 2番(目); 2等賞; 2度目の人《妻など》, 第2代; 次席; (決闘などの)介添え人; 助演者; [pl.] 二等品; [pl.](食べ物の)お代わり; Baseball 2塁; 秒; 瞬間. — v. 後援する, 支持する, (動議に)賛成する.

secondarily ad. 第二位に, 従属的に.

secondary a. 第二位の, 二流の; 従属的な, 副の, 代理の; Elec. 二次の; 中等教育の. — n. 第二のもの; 代(理)人.

secondary modern school (一般教育を重視し大学進学しない)モダンスクール.

secondary color 等和色.

secondary industry 第二次産業.

secondary mod =secondary modern (school).

secondary school 中等学校.

secondary sex characteristic Med. (第)二次性徴.

secondary stress 第二強勢, 第二アクセント.

second banana 脇役のコメディアン, ぼけ; (一般に)引き立て役.

second base Baseball 2塁(の守備位置).

second-best a. 次善の. come off second-best 負ける.

second childhood もうろく.

second class (列車・汽船の)二等; 第二種郵便物《定期刊行物》.

second-class a., ad. 二等の, 二流の; (乗り物の)二等で; Philately 第二種の, 第二種の.

second-degree a. (やけどが)第2度の; (犯罪が)第二級の.

seconder 後援者; (動議の)賛成者.

second fiddle 第二バイオリン. play second fiddle ぱっとしない, 低い役割を演じる.

second floor 二階.

second gear (車の)セカンド(ギア).

second growth 二次林.

second-guess v. 後思案する.

secondhand a., ad. (書籍・衣服など)中古の, (知識など)受け売りの, また聞きの, また聞きで. at secondhand 間接に, また聞きで, 古で.

second hand (時計の)秒針.

second lieutenant 少尉.

secondly *ad.* 第二に, 次に.

second nature 第二の天性, 習慣.

secondo (It) *Mus.* 低音部(奏者).

second person *Gram.* 第二人称.

second-rate *a.* 第二流の, 平凡な.

second sight 千里眼, 透視.

secondstory man (二階の窓から入る)夜盗.

secondstring *a.* 二線級の, 控えの.

Second (World) War =World War II.

second wind 息切れの後の呼吸, 元気の回復.

Second World 第二世界《共産圏諸国》.

secrecy 秘密; 秘密厳守; 秘密主義.

secret *a.* 秘密の, 内密の, 機密の; 秘密を守る; 人に知れない, 人里離れた; 神秘の, 不可思議の. —*n.* 秘密, 神秘; 秘訣; 真義; [*pl.*] 陰部. **in secret** =secretly. **open secret** 公然の秘密.

secret agent スパイ, 諜報部員.

secretariat 秘書課, 文書課, 官房; =secretaryship.

secretary 秘書, 秘書官, 書記官; (会などの)幹事; 長官, 大臣; 次官. **Secretary of State** 国務長官; 国務大臣.

secretary bird *Ornith.* ヘビクイワシ.

secretary-general 事務総長, 事務局長.

secretaryship secretary の職, secretary の任期.

secrete *v.* 秘密にする, 隠す; *Physiol.* 分泌する.

secretion *Physiol.* 分泌(作用), 分泌物; 隠匿.

secretive *a.* 隠しだてする, 率直でない; 分泌の, 分泌を促す.

secretly *ad.* 秘密に, 内密に, こっそり.

secretory *a.* 分泌の.

secret police 秘密警察.

secret service (国家の)秘密情報機関, 諜報部; [S- S-] シークレットサービス《偽造貨幣の摘発・大統領の護衛に当たる》; 内務省(秘密)検察局.

secret society 秘密結社.

sect 教派, 宗派; 分派, 党派, 閥, セクト.

sectarian *a., n.* 宗派的な(人).

sectarianism 宗派心, 宗閥, セクト主義.

sectarianize *v.* 宗派的にする.

sectary (一宗派の)信徒.

sectile *a.* 切断可能の.

section *n.* (外科の)切開; 切断, 切片; 区分, 区画, 部分, 区間; 階層, 階級; 部門; (組み立て用)部分品; (文章の)節, 段落, 項; (官庁などの)課, (軍隊の)小隊, (団体の)派; (都市の)一区, 地域; 切断面. **in section** 断面図として. —*v.* 区分する, 区画する; 部分品を図示する; 段落に分ける.

sectional *a.* 区分の, 区間の, 部門の; 部分的な, 局所的な, 地方的な; 断面の; 組み立て式の.

sectionalism 地方偏重(主義), 局所偏重(主義); 派閥主義, セクト主義.

section gang *Railroads* 保線区班.

section paper 方眼紙.

sector *Math.* 扇形; 関数尺; 扇形戦区; 部門, 活動分野, セクター; 方面.

secular *a.* 俗の, 世俗的な, 現世的な, 非宗教的な; 永続する; *Rom. Cath.* 修道院外の. —*n. Rom. Cath.* 教区付きの聖職者, 在俗司祭; 俗人.

secularism 世俗主義, 教育宗教分離主義.

secularist 世俗論者.

secularity 俗心, 俗事.

secularization 俗化, 還俗.

secularize *v.* 俗化する, 一般化する; 宗教から分離する.

secure *a.* 安全な，危険のない，大丈夫な (*against, from*)；確実な，確信する，安心な (*of*)，しっかりした． — *v.* 安全にする，防護する；確実にする，保証する；保険をつける (*against*)；堅く締める，しまい込む；監禁する；確保する，獲得する．

securely *ad.* 安全に，安心して；確実に．

security 安全，無事；安心，保証，保護 (*against*)；防衛(手段)，警備(態勢)，安全保障；抵当；担保；保証人；[*pl.*] 証券類．

security blanket 気休めの毛布《幼児が安心感を得るために握り締める》；気休めを与えるもの．

Security Council (国連の)安全保障理事会．

security guard 保安要員．

security pact [treaty] 安全保障条約．

security police 秘密警察．

security risk (要職にありながら国家の安全を害する可能性がある)危険人物．

sedan ＝sedan chair；セダン(型自動車)《普通の箱型自動車》．

sedan chair 椅子かご．

sedate *a.* 落ち着いた，真面目な，地味な．

sedative *a., n.* 鎮静させる；*Pharm.* 鎮静剤．

sedentary *a.* すわりがちの；(仕事が)すわってする，座業的な，定住している．

sedge *Bot.* スゲ．

sedgy *a.* スゲの茂った．

sediment おり，沈殿物．

sedimentary *a.* 沈殿物の，沈積した．

sedimentation 沈殿(作用)，沈積．

sedition 治安妨害，暴動教唆．

seduce *v.* (性的経験のない者を)誘惑する；魅する，引きつける．

seduction 誘惑；[*pl.*] 魅力，魅惑．

sedulity 勤勉，精励，丹精．

sedulous *a.* 勤勉な，精励な，丹精の，念入

りの．

see[1] *Rom. Cath.* (大)司教管区．

see[2] *v.* 目が見える；見える，見る，悟る，わかる；考える；(人に)会う，見舞う；訪問する；(医者に)診てもらう；見物する，調べる；見送る，送り届ける；気をつける (*that*)；確かめる，経験する，知る，想像する，思いつく． **be seeing you** さようなら． **have seen better days** 昔はもっと盛んであった，昔はもっと立派であった． **I see** なるほど． **let me see** はてな． **see about** 考えてみる；気をつける． **see after** …の世話をする，気をつける． **see into** 調べる；見抜く． **see little of** (*him*) ほとんど会わない． **see off** 見送る． **see out** 送り出す；最後まで見る；見届ける． **see over** ひとわたり見る，検分する． **see through** 見抜く；最後までやり通す． **see to** 気をつける，世話する，(仕事などを)する． **see (to it) that**… きっと…であるようにする． **See you !** さよなら，じゃあねえ． **you see** おわかりでしょう，ねえ，ほら．

seed *n.* 種子，種，実；(事物の)根源，もと；子孫；種となるもの，精液，白子；*Sports* 選手，シードチーム． **go [run] to seed** 実を結ぶ；衰える，盛りを過ぎる． — *v.* 実を結ぶ；種を落とす；種をまく；種を取り去る；*Sports* シードする《優秀選手や優秀チームが最初からぶつからないように組み合わせをつくる》；(人工降雨用に)雲に沃化銀などを)散布する．

seedbed 苗床，(悪の)温床．

seedcake 種子入りケーキ．

seeder 種まき機；種抜き器．

seedless *a.* 種なしの．

seedling (種子から生えた)苗，(実生の)苗木．

seed money (新しい事業の)資金．

seed oyster *Conchology* (養殖用)種ガキ．

seed pearl 小粒真珠．

seed plant 種子植物．

seed-plot ＝seedbed.

seedsman 種子商；種まき人．

seedtime 種まき時.

seedy *a.* 種子の多い; みすぼらしい; 気分の悪い.

seeing *n.* 見ること; 視覚; 洞察(力).

— *prep.*, *conj.* **seeing (that)**... であるから.

Seeing Eye *Trademark* 盲導犬.

seek *v.* 捜す, 尋ねる, 要求する, 求める (*after*, *for*); しようとする (*to* do); (人の命などを)ねらう; (忠告・健康・幸福などを求めて)...へ行く. **be not far to seek** 身近なところにある. **seek out** 捜し出す.

seeker 探求者, 捜索者.

seem *v.* ように見える, らしい, ...と思われる.

seeming *a.* 表面だけの, 見せかけの, 本当らしい.

seemingly *ad.* 外観は, 見たところでは.

seemly *a.*, *ad.* 適当な, 適当に, 上品な, 上品に.

seep *v.* しみ出る, 漏れ出る.

seepage 浸出(量).

seer 見る人; 予言者.

seersucker サッカー《インド産の薄織りリンネルの一種》.

seesaw *n*, *v.* シーソー(に乗る); 上下動; 上下に動く. **seesaw game** 追い追われつの競技, シーソーゲーム.

seethe *v.* 煮立つ; 泡立つ, 渦巻く; 沸き立つ, 騒ぐ, 激する.

seethrough *a.*, *n.* すけて見える(服), シースルーの(ファッション).

segment *n.* (分割された)区分, 断片; *Geom.* 線分, 弧; *Ling.* 分節. — *v.* 分裂する, 分裂させる; 分節に切る.

segmental *a.* 分節の, 区分の; *Biol.* 環節の; *Ling.* 分節の.

segmentary *a.* =segmental.

sego (lily) *Bot.* チョウユリ《北米産》.

segregate *v.* 分離する, 隔離する; 人種差別をする.

segregationist 人種差別主義者, 人種差別支持者.

segregative *a.* 分離しやすい; 社交嫌いの; 人種差別の.

segue *Mus.* セグエ《間断なく次の楽章に移行する指示》.

seigneur, seignior 領主, 藩主; 殿, 様《敬称》.

seign(i)orage 貨幣鋳造税; 君主の特権.

seignorial *a.* 領主の.

seign(i)ory 領主の権力, 領主の主権; 領地.

seine *n.*, *v.* 引き網, 地引き網(をかける).

Seine セーヌ川《フランス北部の川》.

seismal *a.* =seismic.

seismic *a.* 地震の.

seismogram 震動記録.

seismograph 地震計.

seismography 地震観測(術).

seismologist 地震学者.

seismology 地震学

seismometer 地震計.

seize *v.* つかむ, 捕らえる; 理解する, 飲み込む; 強奪する, (病気などが)襲う, 取り付く; *Law* 差し押さえる, 押収する, 所有せしめる (*of*). **seize hold of** 捕らえる. **seize on [upon]** (突然)襲う, 捕らえる, つかむ.

seizing つかむこと; 占有; *Naut.* 括着(索).

seizure 捕らえること; 差し押さえ, 押収; 強奪, 占有; (病気の)発作.

seldom *ad.* まれに, たまに, めったに...ない.

select *v.* 選択する, えり抜く; 抜粋する. — *a.* 選んだ, えり抜きの, 極上の; 入会条件の厳しい.

select committee (英国議会の)特別委員会.

selectee 選抜兵.

selection 選択, えり抜き; 抜粋; *Biol.* 選択, 淘汰.

selectional *a.* 選択の.

selective *a.* 選択の.

Selective Service System 選抜徴兵制.

selective service 義務兵役.

selectivity 選択(力), 淘汰;(無線の)分離感度.

selectman 都市行政委員.

selector 選択者; *Telecom.* 選択器, セレクター.

selenate *Chem.* セレン酸塩.

Selene *Gk Myth.* セレネ《月の女神》.

selenic *a.* セレンの.

selenite *Chem.* 亜セレン酸塩.

selenium *Chem.* セレン, セレニウム《非金属元素》.

selenographer 月面学者.

selenography 月面誌.

selenology 月学.

self *n.* 自己, 自身; *Philos.* 自我; 性格の一面, 本質; 我利, 私欲, 私心; =myself, yourself, himself, etc. — *a.* (色が)一様な, 単色の.

self-abandoned *a.* 自暴自棄の.

self-abandonment 自暴自棄.

self-abasement 卑下, 謙遜.

self-absorbed *a.* 自己の考えに夢中で.

self-absorption 自己専念, 陶酔.

self-abuse 自慰; 自己非難.

self-acting *a.* 自動的な.

self-action 自動.

self-addressed *a.* (返信用の封筒に)宛名が書いてある.

self-adjusting *a.* 自動調整の.

self-admiration 自惚れ.

self-analysis 自己分析.

self-appointed *a.* 独り決めの, 自薦の.

self-asserting *a.* 我を張る.

self-assertion 自己主張, でしゃばり.

self-assertive *a.* =self-asserting.

self-assurance 自信.

self-assured *a.* 自信のある.

self-binder 自動刈り取り結束機.

self-catering 自炊.

self-centered *a.* 自己中心の, 利己的な.

self-closing *a.* 自動閉鎖の.

self-collected *a.* 沈着な.

self-colored *a.* (植物など)単色の; (布地など)自然色の.

self-command 沈着; 自制.

self-complacent *a.* 自己満足の, 自惚れの.

self-conceit 自惚れ, 自負心.

self-conceited *a.* 自惚れの強い.

self-condemnation 自責.

self-condemned *a.* 自責の.

self-confessed *a.* (欠点を)自認した.

self-confidence 自信.

self-confident *a.* 自信のある.

self-congratulation (地位・財産などの)自己満足, 優越感.

self-conscious *a.* 自意識の強い; 人前を気にする, きまり悪がる.

self-consequence 尊大.

self-consistency 自己矛盾のないこと, 首尾一貫.

self-consistent *a.* 自己矛盾のない, 首尾一貫した.

self-constituted *a.* 自分で決めた.

self-contained *a.* 無口な, 打ち解けない; (機械が)全部完全な, 組み込みの; (共同住宅で)各戸毎に必要設備の調った; 独立した.

self-content 自己満足.

self-contradiction 自己矛盾.

self-contradictory *a.* 自己矛盾の.

self-control 自制, 克己.

self-controlled *a.* 自制心のある.

self-correcting *a.* 自動修正の, 自動調節の.

self-criticism 自己批判.

self-culture 自己修養.

self-deceit =self-deception.

self-deceiver 自己を欺く人.

self-deceiving a. 自己欺瞞の.

self-deception 自己欺瞞.

self-defense 自己防衛, 自衛; *Law* 正当防衛.

self-delusion 迷想.

self-denial 禁欲, 自制.

self-denying a. 禁欲の.

self-dependence n. =self-reliance.

self-destroying a. 自滅する.

self-destruction 自滅, 自殺.

self-destructive a. 自滅的な.

self-determination (民族)自決.

self-determining a. 自己決定の.

self-devotion 献身; 没頭, 熱中.

self-discipline 自己訓練.

self-distrust 気後れ, 自己不信.

self-doubt 自己不信, 自己不安.

self-drive a. (車 が)レンタルの.

self-educated a. 独学の.

self-effacement 表立たないこと, 控えめ.

self-effacing a. 控えめな; でしゃばらない.

self-employed a. 自家経営の.

self-esteem 自尊; 自惚れ.

self-evidence 自明.

self-evident a. 自明の.

self-examination 反省.

self-existent a. (寄生的でなく)独立自存する, 独立している.

self-explaining, self-explanatory a. 自明な.

self-expression 自己表現.

self-feeder 自給装置.

self-fertilization *Biol.* 自花受精, 自家受精.

self-flattery 自惚れ, 独りよがり.

self-forgetful a. 自分を忘れた, 献身的な.

self-fulfillment 自己達成.

self-governing a. 自治の, 独立の.

self-government 自治; 自制.

self-hate 自己嫌悪.

self-help 自助.

selfhood 自我; 人格.

self-identity 自己との同一性; (自己の)特性.

self-immolation 自己犠牲.

self-importance 尊大.

self-important a. 尊大な.

self-imposed a. 自ら課した, 自ら求めた.

self-improvement 自己改善, 自己修養.

self-indulgence 我儘, 放縦.

self-indulgent a. 我儘な.

self-inflicted a. 自ら加えた.

self-interest 私利, 我欲.

self-interested a. 利己的な.

selfish a. 自分本位の, 利己的な, 我儘な.

self-justification 自己弁明.

self-knowing a. 自覚のある.

self-knowledge 自覚.

selfless a. 私心のない, 無欲な.

self-locking a. 自動ロック式の.

self-love 自愛, 利己.

self-made a. 自力で仕上げた, 自力で出世した, 独立独行の.

self-moving a. 自動の.

selfness 我儘; 個性.

self-opinionated a. 頑固な, 片意地な.

self-pity 自己憐憫.

self-pleasing a. 自己満足の.

self-poised a. 自然に釣り合いを保つ; 平静な.

self-pollination *Bot.* 自花受粉, 自家受粉.

self-portrait 自画像.

self-possessed a. 冷静な, 落ち着いた.

self-possession 沈着, 冷静.

self-praise 自画自賛.

self-preservation 自己保存.

self-realization 自己実現.

self-recording a. 自動記録の.

self-regard =self-love.

self-registering a. 自動記録の.

self-regulating a. 自動調節の.

self-reliance 他人に頼らないこと, 独立 独行.

self-reliant a. 自らに頼る, 独立的な.

self-renunciation 自己放棄, 献身.

self-repression 自我抑制.

self-reproach 自責.

self-respect 自尊(心).

self-respecting a. 自尊心のある.

self-restraint =self-control.

self-revelation 自己啓示.

self-righteous a. 独善的な.

self-righting a. 自動復原の.

self-rule 自治.

self-sacrifice 自己犠牲, 献身.

self-sacrificing a. 献身的な.

selfsame a. まったく同じ, 同一の.

self-satisfaction 自己満足.

self-satisfied a. 自己満足した, 自惚れた.

self-sealing a. 自動パンク止めの.

self-seeker 利己主義の人.

self-seeking n., a. 利己主義(な), 身勝手 (な).

self-service n., a. (食堂での)自己給仕, (食料品店などの)セルフ・サービス(の).

self-slaughter 自殺.

self-sown a. (植物が)自生の.

self-starter 自動スターター.

self-styled a. 自称の.

self-sufficiency 自足; 自惚れ.

self-sufficient a. 自給自足の, 自立の; 自惚れの強い.

self-sufficing a. 自給自足の.

self-suggestion 自己暗示.

self-support 自営, 自活; 自給.

self-supporting a. 自活する.

self-sustaining a. 自活する, 自給の.

self-taught a. 独学の.

self-timer *Phot.* セルフタイマー.

self-tormenting a. 自ら苦しめる.

self-trust 自信.

self-will 我儘, 片意地.

self-willed a. 我儘な, 片意地な.

self-winding a. 自動巻きの.

self-worship 自己崇拝.

sell v. 売る, 売れる, 商う; 裏切る, 犠牲にする; (思想などを)押し売りする, 売り込む, 宣伝する, 説得する; だます. **be sold on** …に熱中する. **sell off** (残品などを)処分する. **sell out** 売り切る, 売り払う. **sell up** 売り立てる, 競売する. —— n. 詐欺; 販売(術); 失望.

seller 売り手; 売れる物.

seller's market 売り手市場.

seller's option *Stock Exchange* 売り方勝手渡し.

selling point セールスポイント.

selling race 売却競馬.

Sellotape *Trademark* セロテープ.

sell out 売り切れ; 大入り満員の興行; 裏切り行為.

seltzer セルツァー炭酸水(《ドイツ産鉱泉》).

selvage, selvedge (織物の)耳, 織端; へり.

semantic a. 語義に関する; 意味論の.

semantics 意味論, 語義学.

semaphore n., v. (鉄道の)腕木信号, 手旗信号(で合図する).

semasiology 史的意味論.

semblance 類似; 外観, 見せかけ, 装い.

semen 精液.

semen bank 精液銀行.

semester (二学期制度の)学期.

semi =semitrailer.

semiannual *a.* 半年毎の, 年二回の.

semi-antique セミアンティーク風のカーペット.

semiautomatic *a.* 半自動(式)の.

semibreve *Mus.* 全音符.

semicircle 半円.

semicircular *a.* 半円の.

semicolon セミコロン((;)).

semiconductor *Elec.* 半導体.

semiconscious *a.* 半意識的な.

semidetached *a.* 二軒建ての.

semidiameter 半径.

semidocumentary 半記録映画.

semidwarf *a., n. Bot.* 半矮性の(植物).

semifinal *n., a.* 準決勝 (の).

semifinalist 準決勝出場選手.

semifluid *n., a.* 半流動体の(の).

semigovernmental *a.* 半官半民の.

semiliquid *a.* 半流動体の.

semilunar *a.* 半月状の, 三日月形の.

semimonthly *a., ad., n.* 月二回(の), 半月毎の, 半月毎に; 月二回刊行物.

seminal *a.* 精液の, 種子の; 生殖の, 生産の.

seminar (大学の)研究指導グループ, ゼミナール, 演習.

seminary 学校; 育成所; 神学校.

seminude *a.* 半裸の, セミヌードの.

semiofficial *a.* 半官的な, 半公式の.

semiology =semiotics.

semiotic *a.* 記号(論)の.

semiotics 記号論.

semipermeable *a.* 半透性の.

semiprecious *a.* 準宝石の.

semiprivate *a.* (病室が)半個室の.

semipro, semiprofessional *a., n.* セミプロの(選手).

semiquaver *Mus.* 十六分音符.

semirigid *a. Aeronaut.* 半硬式の.

semisweet *a.* 少し甘い.

Semite *Bib.* セム人.

Semitic *a., n.* セム族の(言語).

semitone *Mus.* 半音.

semitrailer セミトレーラー.

semitransparent *a.* 半透明の.

semitropical *a.* 亜熱帯の.

semivowel 半母音.

semiweekly *a., ad., n.* 週二回(の); 週二回刊行物.

semolina 挽き割り小麦, セモリーナ.

sempstress =seamstress.

senate (古代ローマの)元老院; [S-] 上院; 議会, 評議会.

senate house 上院議事堂.

senateship senator の職, senator の任期.

senator 元老院議員; 上院議員; 評議員.

send[1] *v.* 送る, 届ける, 行かせる, やる; (神が)許す; …ならしめる, 使いをやる, 手紙をやる; (酒など を)回す, 渡す; 投げる; 有頂天にさせる. **send away** 追い払う, 解雇する. **send down** 下降させる, 下落させる; 放校する. **send for** 取りにやる, 呼びにやる, 取り寄せる, 呼び寄せる. **send in** (参加を)申し込む; (選手を)送る; 出品する; 提出する. **send off** 郵送する; 追い出す; 見送る. **send out [forth]** (人などを)派遣する; (匂いなどを)発散する; 発行する; (通告など を)発する. **send up** 上昇させる, 上にのぼる; 懲役刑の判決を下す; からかう, 風刺する; ぶた箱に入れる.

send[2] 波の推進力; 船の縦揺れ.

sender 発送人; *Elec.* 送信器.

sendoff 見送り.

send-up からかい, パロディー.

Senegal セネガル《アフリカ西部の共和国》.

senhor (Port) 様, 君; (ポルトガルの)紳士.

senhora (Port) 奥様.

senhorita (Port) 令嬢.

senile *a.* 老年の, 老衰した.

senior *a.* 年上の (*to*)《John Smith, sen. [Sr.] のように二人の同名者の中の年長を示す》; 古参の, 先輩の, 上級の. ── *n.* 年長者, 長老; 先任者, 先輩, 上役, 上級生.

senior citizen 老齢者, (引退した)老人.

senior high school 上級高等学校.

seniority 年長, 古参; 年長順, 先任順.

senna *Bot.* センナ《葉は下剤》.

señor (Sp) 様, 君; (スペインの)紳士.

señora (Sp) 奥様.

señorita (Sp) 令嬢.

sensation 感覚, 感じ, 気持ち; (聴衆などの)感動, 興奮, センセーション, 大事件, 大評判.

sensational *a.* 世間を騒がすような, センセーショナルな; 感覚の; 人気取りの; すばらしい.

sensationalism 扇情主義; 感覚論; 人気取り.

sensationalist 扇情的作家; 扇動政治家; 感覚論者.

sense *n.* 感覚(器官); 感じ, 勘; 意識, センス; 思慮, 分別, 物わかり; 意味; (会・世間の)意向, 考え; [*pl.*] 正気; *Math.* 向き. **common sense** 常識. **five senses** 五感. **good sense** 良識. **in a sense** ある意味で, 幾分. **make sense** 意味が通る; 道理にかなう. **take leave of one's senses** 気が狂う. **talk sense** もっともなことを言う. ── *v.* 感じる, 感づく.

senseless *a.* 感覚のない, 常識のない; 無分別な, 愚かな; 無意味な; 意識を失った.

sense organ 感覚器(官).

sensibility 感性, 感度; 感受性; 敏感, 過敏.

sensible *a.* 知覚できる; 感じられる程の, かなりの, 目立つ程の; よくわかって, 感づいて (*of*); 分別のある, 常識的な.

sensitive *a.* 感じやすい, 敏感な (*to*); 神経過敏な, すぐ気にする; *Phot.* 感光性の; (相場などが)不安定な, 動きやすい; (機密などが)特に慎重を要する.

sensitive plant *Bot.* オジギソウ.

sensitivity 感性, 感度; *Phot.* 感光度.

sensitize *v.* *Phot.* 感光性にする; 敏感にする.

sensitometer *Phot.* 感光計.

sensor センサー.

sensorial, sensory *a.* 感覚の, 知覚の.

sensorium 感覚中枢.

sensual *a.* 官能的な; 肉欲の, 好色の.

sensualism 肉欲主義, 快楽主義.

sensualist 肉欲主義者, 快楽主義者, 好色者.

sensuality 官能性, 肉欲性, 好色.

sensualize *v.* 肉欲にふけらせる, 堕落させる.

sensuous *a.* 感覚的な; 審美的な; ＝sexual.

sentence *n.* *Gram.* 文; (刑の)宣告, 判決, 刑罰, 処刑. ── *v.* (刑を)宣告する, 処刑する.

sentential *a.* 文の.

sententious *a.* 金言などを多く使った, おおげさな言葉づかいをする, もったいぶった.

sentience 感覚性; 直覚.

sentient *a.* 感覚力のある, 有情の, 敏感な.

sentiment 情操, 情緒, 感情, 心持ち; 感傷, 多感; [*pl.*] 感想, 所感, 意見; 挨拶の言葉.

sentimental *a.* 感傷的な, 情にもろい.

sentimentalism ＝sentimentality.

sentimentalist 感傷的な人, 感情家, 涙もろい人.

sentimentality 感傷主義; 涙もろさ, 多情多感.

sentimentalize *v.* 感傷的にする, 感傷にふける; 感傷的に見る.

sentinel *n., v.* 番兵(に立つ).

sentry =sentinel.

sentry box 哨舎, 番兵小屋.

sentry go 歩哨警戒区域; 歩哨勤務.

Seoul ソウル《韓国の首都》.

sepal *Bot.* (花の)萼片.

separable *a.* 分離できる.

separate *v.* 分ける, 裂く; 仕切る; 分類する, 別れる, 分離する (*from*), 仲たがいさせる, 別居させる; 解雇する; 識別する. ── *a.* 別れた, 別の; 独立する. ── *n.* [*pl.*] セパレーツ《婦人服》.

separately *ad.* 個々に, 別々に.

separation 分離, 独立, 分類; 別居; *Aerospace* (多段ロケットの)切り離し.

separatism 分離主義.

separatist 分離主義者.

separative *a.* 分離的な, 独立的な.

separator クリーム分離器; *Elec.* 隔離板.

sepia *n., a.* セピア(絵の具), セピア色(の).

sepsis *Med.* 敗血症; 腐敗.

September 9月.

septennial *a.* 7年毎の.

septet *Mus.* 七重奏, 七重唱.

septic *a.* 腐敗の, 腐敗性の; 非常に不快な.

septicemia *Med.* 敗血症.

septic tank (汚水を処理する)腐敗タンク.

septuagenarian *a., n.* 70歳代の(人).

septum 隔壁, 隔膜.

sepulcher, sepulchre 墓; 地下埋葬所.
　the Holy Sepulcher 聖墓《エルサレムにあるキリストの墓》.

sepulchral *a.* 墓の(ような); (声が)陰気な.

sequacious *a.* 他人に追従する, 卑屈な.

sequel 続き, 続編; 結果.

sequela [*pl.*] *Med.* 続発症, 後遺症; 結果.

sequence 連続, 連鎖; 順序; 筋道, 結果; *Math.* 数列; *Motion Pictures* 一連の場面.

sequence code *Computer* 連続コード.

sequence of tenses *Gram.* 時制の一致.

sequent *a.* 続いて起こる, 結果である (*to, on, upon*).

sequential *a.* 続きの; 連続的な (*to.*).

sequester *v.* 隠退する, 世間から遠ざかる (*from*); =sequestrate; *Law* 亡夫の財産請求権を放棄する.

sequestered *a.* 世間から離れた, 隠退した.

sequestrate *v.* 没収する.

sequin 貨幣形服飾品.

sequoia *Bot.* セコイア《California産の巨樹》.

seraglio (イスラム教国の)妻妾室, 後宮, (イスラム教国君主の)宮殿.

serai 隊商宿.

serape はでな肩掛け, サラペ.

seraph 熾天使《九天使中の最高天使》.

seraphic *a.* 熾天使のような, 神々しい, 気高い.

Serb *a., n.* =Serbian.

Serbia セルビア《ユーゴスラビア連邦内の共和国》.

Serbian *a., n.* セルビアの; セルビア人(の), セルビア語(の).

serenade *Mus.* セレナーデ, 小夜曲; セレナーデを歌う, セレナーデを奏する.

serendipity 掘り出し上手.

serene *a.* のどかな, うららかな; 静かな, 穏やかな, 晴れ渡った; 落ち着いた; [S-] 高貴な《敬称》.

serf 農奴(土地と共に売買された), 奴隷状態におかれた人.

serfage, serfdom, serfhood 農奴の身分.

serge サージ, セル.

sergeant 軍曹; 巡査部長.

sergeant-at-arms (法廷などの)守衛.

sergeant first class 一等軍曹.

sergeant major 曹長; 特務曹長.

serial *a.* 連続的な; 連載の, 定期刊行の.

—— *n.* (小説・テレビなどの)連載物, 連続物; 定期刊行物.

serialize *v.* 続きものとして連載する.

serial rights (出版・放送の)連載権.

seriatim (L) *ad.* 逐次に, 続いて.

sericulture 養蚕(業).

sericulturist 養蚕家.

series 続き, 連続, 組; シリーズ, 双書; (テレビ・ラジオの)連続物; (競技の優勝権)争奪戦; *Elec.* 直列; *Math.* 級数; *Mus.* 音列.

serif *Print.* セリフ(H, I などの上下の細いひげ飾り).

seriocomic *a.* 真面目でしかも滑稽な.

serious *a.* 真面目な, 真剣な, 厳粛な; 重大な, 容易ならぬ, 重苦しい; 宗教に関する.

seriously *ad.* 真面目に; 重大に; 真面目な話として, 冗談はぬきにして.

serious-minded *a.* 真面目な.

serjeant =sergeant.

sermon 説教, 訓戒; お説教, 小言.

sermonize *v.* お説教をする, 小言をいう.

serology 血清学.

serotonergic *a.* *Biochem.* セロトニン促進性の.

serous *a.* 血清の; 漿液の.

serpent ヘビ; 陰険な人. the (Old) Serpent *Bib.* 悪魔.

serpentine *a.* ヘビ(状)の; 曲がりくねった; 陰険な, ずるい. —— *n.* 蛇紋石.

serrate *a.* 鋸歯状の, 鋸歯のある.

serration 鋸歯状.

serried *a.* ぎっしり詰まった, 密集した.

serum *Med.* 血清; *Physiol.* 漿液, リンパ液.

serum hepatitis *Med.* 血清肝炎.

servant しもべ, 雇い人, 使用人, 召し使い, 家来, 奉仕者; (公共事業の)従業員; 公僕, 公務員.

serve *v.* 仕える, 奉仕する, 勤める, 勤務する;

(年期・刑期を)勤める; 尽くす, (人の)用をたす, (店員が客に)応対する, 用を聞く; (…に)役立つ, …の間にあう, かなう, 足りる; (食物を)供する; 配る, 給仕する; 供給する, あてがう; (令状などを)渡す, 執行する; 送達する; (テニスなどで)サーブする; あしらう, 報いる. if (my) memory serves (me) 記憶が正しければ. **serve out** 分配する; 仕返しをする; (任期などを)全うする. **Serve you (him,** etc.**) right!** いい気味だ, ざま見ろ. —— *n.* (テニスなどの)サーブ.

server 給仕人; 盆; (テニスなどの)サーバー; (ミサで司祭を助ける)侍者.

service *n.* 奉仕, 奉公; 雇用, 使役, 勤務, 任務; 公務, 軍務; 勤務員; 仕事, 御用, 尽力, 貢献; 有益, 有用; 給仕, サービス(料); 礼拝式, 祭式; (汽車・汽船・通信なとの)定時運転, 便, 通信機関, 交通機関; (ガス・水道などの)供給設備; (車・電気器具などの)アフターサービス; (令状などの)送達, 執行; 揃いの食器; (テニスなどの)サーブ(番). **at your service** ご自由に, よろしく(お使いください). **in [on] active service** 在職中, 現役中. **of service** 有用な (to). **on his [her] Majesty's service** 公用. —— *v.* (検査・修理などをして)使えるようにする.

serviceable *a.* 役に立つ; 長持ちする, 便利な.

service area (ラジオ・テレビの)放送区域; (自動車道路の)サービスエリア; 家に隣接したごみなどの集積場.

service cap 戦闘帽.

service charge サービス料金.

service club (地域社会奉仕の)親睦団体; (軍人用)社交クラブ.

service court *Tennis* サービスコート.

service flat (共同食堂などの設備がある)文化アパート.

service line *Tennis* サービスライン.

serviceman 現役兵, 軍人; 修理人.

service mark サービスマーク, 役務標.

service pipe (ガス・水道の)引き込み管.

service road (高速道路に平行している地元住民用)サービス道路.

service station (自動車の)給油所;(電気・ガス・ラジオ・自動車などの)修理所.

servicewoman 女性の軍人.

serviette ナプキン.

servile a. 奴隷的の,奴隷根性の,卑しい,卑屈な.

servitude 奴隷の身分;苦役,懲役.

servo =servomotor; servomechanism.

servo control *Aeronaut.* サーボ操縦装置.

servomechanism サーボ機構,自動制御装置.

servomotor サーボモーター.

sesame *Bot.* ゴマ. **open sesame** 開けごま《開門のまじない文句》.

sesquicentennial n., a. 150年祭(の).

sessile a. 固着の.

session (議会・法廷などの)開会,開廷;会議;会期,開廷期;(大学の学期);(大学の)学年;授業(時間);活動,講習会;打ち合わせ;(取引所の立ち会い;長時間にわたる討議,長時間にわたる仕事;治安判事裁判所. **in session** 開会中,開廷中,会議中.

sessionman セッションマン《レコード吹き込みなどで他のミュージシャンをサポートするミュージシャン》.

set v. 置く,据える,配置する;(顔などを)向ける,近付ける;(機械などを)整える,正す,(時計を)あわせる;(宝石などを)はめる;(骨を継ぐ;*Print.* (活字を)組む;(歌詞に曲をつける,編曲する;植え込む;(歯を)くいしばる;(模範を)示す;(仕事を)課する,命じる;…させる;(時間・開催・実施などを)決める,決定する;(水流・世論などが)…の方に向かう;(太陽などが)没する;(液体などが)固まる,(液体などを)固まらせる;(髪を)セットする;結実する,結実させる;(衣服が)合う.

set about 着手する(doing);襲う. **set**

against 対抗させる,比較する. **set apart** 取って置く. **set aside** 取って置く,そばに置く;捨てる,廃棄する,無効にする. **set back** (進歩を)妨げる;戻す,引っ込める,阻止する;…の費用をかけさせる. **set by** 取って置く;貯える.

set down 置く;(乗客などを)降ろす;書く,印刷にする;(…のせいに)帰する(to);…と考える,みなす(as, that). **set fire to** =set on fire.

set forth 示す,述べる,説明する;出発する.

set in 起こる,始まる;流行する,向かう,流れる. **set off** 出発する;爆発させる;始めさせる;引き立たせる;差し引きする;仕切る. **set on** そそのかす;(犬を)けしかける;襲う;心を注ぐ.

set on fire 火をつける,燃やす. **set out** 出発する;着手する;飾る,並べる,広げる;述べる,説明する;引き立てる;一定間隔を置いて植える. **set to** (戦闘・食事・仕事など)に取りかかる,始める;従事する. **set up** 立てる,組み立てる,建築する,設立する;引き起こす;上がらせる,増進する;訓練する;始める,開業する,開店する(as);(活字組む;(声を)立てる,叫ぶ;唱道する;(健康を)回復させる;(…に)気どる,装う,ふりをする(for). **set upon** =set on.

—a. 固定した,据え付けの;不動の,確固たる;わがまま,強情;前もって用意した,指定の,予定の,型通りの;(牛乳・卵などが)固まった;(太陽などが)没した. **all set** 準備ができて.

—n. 組,揃い;仲間,連中,党派;(テニスなどの)一勝負,セット;*Math.* 集合;(ラジオ・テレビの)受信機;姿勢,格好;傾向,歪み;(月日の)入り;(潮流・風などの)方向,流れ;(世論などの)傾向,置かれぐあい,すわり,形,着心地;(頭髪の)セット,セットした髪型;舞台装置;挿し木. **make a dead set at** …を激しく攻めたてる;必死に努力する.

setback 妨害,阻害;逆転,退歩;つまずき,失敗;セットバック《建物の上の階を下の階より引っ込める》.

setdown 罵倒,ひじ鉄砲.

set-in 始まり.

setoff 差し引き, 相殺, 埋め合わせ; 引き立てる
物, 飾り; 出発.

setout (食器などの)一式; 膳立て, 仕度; 開
始, 出発; 仲間.

set piece 小道具; 型通りの作品; 仕掛け花
火.

set point *Sports* セットポイント《一セットを取る
ための最後の一点》.

setscrew (歯車の)止めねじ.

set square 三角定規.

settee (背もたれ肘掛け付きの)長椅子.

setter 置く人, 並べる人; けしかける人; 植字
工; 象眼者; セッター《猟犬》.

set theory *Math.* 集合論.

setting 置くこと, 据え付け; 象眼, はめ込み,
(宝石の)台; 植字; 作譜, 楽譜; (日・月の)入
り; 舞台装置, セッティング; 場面, 背景; (セメン
トなどの)凝固.

setting lotion セットローション.

settle[1] (背部の高い木製の)長椅子.

settle[2] *v.* 定住する, 定住させる, (職業
などに)落ち着く, 落ち着かせる, 身を固める; 植
民する, 植民させる; すわる, すわらせる, 置く, 安
定させる; (鳥が)とまる; 澄ます, 澄む; 沈積する,
沈下する; (天気など)定まる, 静まる, 鎮静させる,
安静にする; 決定する, 解決する, 決める, 決ま
る; 処理する; 支払う, 決済する, 清算する
(*up*); (財産などを)与える, (年金などを)賦与する
(*on, upon*). **settle down** 落ち着く, 定住す
る; 身を入れる (*to*); 沈下する, よどむ.

settled *a.* 固定した, 定まった, 根深い; 落ち着
いた, 着実な; 定住した; 清算済みの.

settlement (事件の)落着, 解決; 定住;
身を固めること, (身の)安定; 植民, 植民地,
居留地; セツルメント; 清算, 決済; 財産授
与(証).

settler 植民者, 移民; セッラー; 決定的なも
の.

settling 固定, 安定, 落ち着き; 清算; 植
民; [*pl.*] 沈殿物, おり.

set-to 殴り合い, 論争.

setup 身ぶり, 態度; (機械などの)組み立て; 組
織, 機構; 設立.

seven *n., a.* 7 (の), 7 個(の), 7 人(の).

sevenfold *a., ad.* 7 倍の, 7 倍に; 七重の,
七重に.

seven seas 七つの海《世界の全海域》.

Seven Sisters 7 大手石油会社; アメリカ
の 7 女子大学 (Smith, Bryn Mawr など).

seventeen *n., a.* 17(の), 17 個(の), 17 人(の).

seventeenth *n., a.* 第 17 番(の); $1/_{17}$ (の).

seventh *n., a.* 第 7 番(の); $1/_7$ (の).

seventh-day *a.* 週の第 7 日(土曜日)を
安息日とする.

seventh heaven 第七天, 最高天; (幸
福の)極致.

seventieth *n., a.* 第 70 番(の); $1/_{70}$ (の).

seventy *n., a.* 70(の), 70 個(の), 70 人(の).

Seven-Up, 7-Up *Trademark* セブンアップ
《ソフトドリンク》.

seven-year itch 結婚 7 年目に現れる
退屈, 結婚 7 年目に現れる不満, 結婚
7 年目に現れる倦怠期.

sever *v.* 分離する, 切断する, 引き裂く, 仲を裂
く; 離れる, 別れる.

several *a.* いくつかの, 数個の; 別々の, 各自の,
それぞれの. — *pron.* 数人, 数個.

severally *ad.* 別々に, それぞれ.

severalty 各自, 別々; *Law* 単独保有.

severance 分離; 切断; 断絶; 解除, 解
雇.

severance pay 退職手当, 解職手当.

severance tax 州外消費税.

severe *a.* ひどい, 猛烈な, 激しい; 厳しい, 厳
粛な; 重大な, 困難な; (文体・建築など)
簡素な.

severely *ad.* 厳しく; 激しく.

sew v. 縫う, 縫い物をする. **sew up** 縫い付ける; 支配権を握る; 決定づける.

sewage 下水(汚物).

sewer[1] 縫い手, 裁縫師.

sewer[2] 下水道.

sewerage 下水(設備), 下水処理.

sewing 裁縫, 縫い物.

sewing machine ミシン.

sex n. 性, 性別, 男女(差); 性交; 性器.
　have sex セックスする (*with*). **the fair sex** 女性. —— v. (ひよこなどの)性別を鑑別する; 性交する.

sexagenarian a., n. 60歳代の(人).

sex appeal 性的魅力.

sex-change 性転換.

sex chromosome *Biol.* 性染色体.

sex crime 性犯罪.

sexed a. 有性の; 性的魅力のある; 性に関心をもった.

sex education [instruction] 性教育.

sex hormone 性ホルモン.

sexism 性差別, 性的偏見; 女性差別.

sexist word 女性に対する差別語.

sex kitten セクシーな娘.

sexless a. 無性の; 性的魅力のない.

sex-linkage *Biol.* 伴性遺伝.

sex object 性の対象(とされる人).

sexology 性科学.

sex play セックスプレイ.

sexploitation (映画などで)性を売り物にすること.

sexpot セクシーな女.

sex relation 肉体関係; [*pl.*] 性交.

sex shop ポルノショップ.

sex symbol セックスシンボル.

sextant 六分儀.

sextet 六重唱, 六重奏.

sexton 寺男.

sextuple a. 六重の, 六倍の, 六拍子の.

sexual a. 性の, 男女の, 雌雄の; 性的な.

sexual freedom 性解放, フリーセックス.

sexual harassment 性的嫌がらせ.

sexual intercourse [relations] 性交.

sexuality 性別; 性欲.

sexualize v. 性別を与える, 性的特徴を与える.

sexually ad. 性的に.

sexy a. 性的魅力のある, セクシーな; 興味をそそる.

Seychelles セイシェル《インド洋の諸島, 共和国》.

sez v. =says. **sez you** まさか.

SF science fiction. **SFC** sergeant first class.

sforzando a., ad. *Mus.* 特に強い, 特に強く.

sg senior grade; specific gravity.

sh int. しーっ, 静かに.

shabby a. みすぼらしい, 古ぼけた, 着古した, 粗末な, むさ苦しい, けちな, 卑しい.

shabby-genteel a. 落ちぶれても見栄を張る.

shack n. 丸太小屋, 掘っ立て小屋. —— v. 住む. **shack up** 同棲する.

shackle n. [*pl.*] 足枷, 手枷; [*pl.*] 邪魔物, 拘束; *Elec.* 茶台碍子; 掛け金. —— v. 手枷をかける, 足枷をかける, 妨げる; 束縛する.

shad *Ichthy.* ニシンダマシ.

shaddock *Bot.* ザボン.

shade n. 陰, 日陰; [*pl.*] 夕闇; (ランプの)笠, シェード; 日傘, 日除け, 窓掛け; (色の)濃淡; 明暗; [a ～] わずか (*of*); (意味の)相違; 亡霊; [the ～s] 冥土; [*pl.*] サングラス. **put in(to) the shade** 負かす, 顔色を失わせる. —— v. 光をさえぎる, 暗くする, 陰にする, 覆う; (絵に)陰影をつける, ぼかす, ぼける (*into, away, off*).

shadeless a. 陰のない.

shade tree 日除けの木.

shading 遮光, 日除け; (絵の)陰影法, (色の)濃淡; ぼかし.

shadow *n.* 影, 投影; 影法師; [*pl.*] 夕闇;
(絵・写真などの)陰影; (鏡に映る)映像; 名
残; [a ～] わずか(*of*); 幻, 幽霊; 付きまとう
人, 尾行者; 前兆. **under [in] the sha-
dow of** ...の近くに. — *v.* 影にする, 覆う; 尾
行する, つきまとう; ほのかに示す(*forth*); 前兆
となる.

shadowboxing *Boxing* シャドーボクシング.

shadow cabinet 影の内閣《野党が次期
政権の担当者として作るもの》.

shadow mask *TV* シャドーマスク.

shadow play 影絵芝居.

shadowy *a.* 影の(ある), 暗い; 影のような, ほの
かな, ばんやりした, 空虚な; 幽霊のような; うさんく
さい, いかがわしい.

shady *a.* 陰を作る, 日陰の多い; いかがわしい,
怪しい.

shaft *n.* (槍・斧などの)柄; 槍, 矢; 光線, 電
光;(円柱の)柱身;(機械の)軸, シャフト;
(馬車の)ながえ, かじ棒; *Mineral.* 立坑; ペニス.
get the shaft だまされる. **give the shaft** だ
ます. — *v.* だます, 食い物にする; 性交する.

shafting *Mech.* 軸系.

shag もつれ毛;(織物の)けば; 粗悪な刻みたばこ.

shagbark *Bot.* ヒッコリーの一種.

shagged *a.* へとへとに疲れた; ＝shaggy.

shaggy *a.* 毛深い, 毛むくじゃらの; けば立った, 毛
足の長い; 草木のぼうぼうと茂った.

shaggy-dog story 話し手は得意でも聞き
手には退屈な話; とぼけた滑稽な話.

shagreen さめ皮, 粒起皮; さめ皮まがい.

Shah シャー《イラン皇帝の尊称》.

shake *v.* 揺れる, 震える, 震動する; 揺する, 揺す
ぶる; 振り回す; 混乱させる, 騒がす; ぐらつかせる,
弱める, 損じる; 感動させる, 奮起させる;(声など
を)震わせる; 振り捨てる; 握手する;(人を)まく;
ゆする. **shake down** 振り落とす; 落ち着く, 落
ち着かせる; 新しい環境に慣れさせる, 新しい
仕事に慣れさせる; 試運転をする; 固まる; 寝る.

shake off 振り払う;(習慣などを)捨てる, やめ
る; 追い払う. **shake one's head** 頭を横に
振る(*over, at*). **shake out** (容器・中身を)あけ
る;(帆・旗を)広げる;(ほこりなど)振り落とす.
shake up 振り混ぜる; 奮起させる; ぞっとさせる.
— *n.* 振り, 揺すり, 振動; 動揺, 激動;
地震;(頭の)横振り; 握手; 震え; [*pl.*] 屋根
ふき板; [the ～s] 震え, 悪寒; 瞬間; 取り
扱い; ゆすり; ミルクセーキ. **all of a shake** ぶ
るぶる震えて. **be no great shakes** たいしたこ
とではない, たいした人ではない. **give the shake**
(人・物を)片付ける. **in a shake [two
shakes]** すぐ.

shakedown *n.* (間に合わせの)寝床; ゆすり;
徹底的な捜索;(船・飛行機などの)最終試
運転. — *a.* 試運転の.

shake-out *Econ.*(企業・製品の)淘汰.

shaker 振る人; 振る物,(カクテルを作る)シェー
カー; [S-] シェーカー信徒《英国に起こった米国の
キリスト教の一派》.

Shakerism シェーカー教教義.

Shakespeare シェークスピア. **William
Shakespeare** (1564–1616) 英国の劇作家・詩
人.

Shakespearean *a.* シェークスピア風の.
— *n.* シェークスピア学者.

Shakespeareana シェークスピア文献.

shake-up *n.*(職員の)大異動, 大刷新,
整理; 騒動.

shakily *ad.* 震えて, よろよろして.

shako シャコー《筒形の前立て付き歩兵帽》.

shaky *a.* 揺れる, 震える; ぐらつく, よろめく, 不安
定な, あてにならない, 虚弱な.

shale *Petrol.* 頁岩, 泥板岩.

shale oil 頁岩油.

shall *aux. v.* 一人称において単純未来を
表す(*I shall be back soon.* じき帰ります); 二
人称・三人称に用いて話者の意志を表す
(*You [He] shall die.* 生かしてはおかんぞ); 一人

称・三人称 疑問文に用いて相手の意志を問う (*Shall I open the window?* 窓を開けましょうか); 全人称に用いて義務・予言を表す (*Rome shall perish.* ローマは滅亡すべし).

shallop 小舟, 川舟.

shallot *Bot.* シャロット《ネギの一種》.

shallow *a.* 浅い; 浅薄な. — *n.* [*pl.*] 浅瀬, 州. — *v.* 浅くする, 浅くなる.

shallow-brained *a.* 愚かな, 気の弱い, 浅薄な.

shalom *int.* さようなら.

shalt *aux. v.* =shall《thou が主語の時》.

sham *n.* 見せかけ, 虚偽; 偽物, 偽者, 詐欺師; 枕カバー. — *a.* 偽の, まがいの, 偽善の. — *v.* ふりをする, 装う.

shaman シャーマン教の道士; まじない師.

shamanism シャーマン教《シベリア北部を中心とする原始宗教の一派》.

shamateurism (スポーツの)にせアマチュア主義.

shamble *v., n.* よろめき歩く, よろめき.

shambles 畜殺場; 修羅場; 大混乱(の跡, 場面).

shame *n.* 恥ずかしさ, 恥, 恥辱, 不面目; 不幸, ひどいこと. **put a person to shame** 人を恥ずかしめる. **For shame!** みっともない. **Shame on you!** 恥を知れ; みっともない, やれやれ. — *v.* 恥じさせる, 侮辱する.

shamefaced *a.* はにかんだ, 内気な; つつましい.

shameful *a.* 恥ずべき, 不面目な, いやらしい.

shameless *a.* 恥知らずの; 厚かましい; 猥褻な.

shammer ごまかし屋.

shammy セーム革.

shampoo *v., n.* (シャンプーで)頭を洗う(こと), 髪を洗う(こと); 髪洗い粉, 髪洗い液, シャンプー.

shamrock *Bot.* シャムロック《Ireland の国花》.

shamus 巡査; 私立探偵.

shandy シャンデー《ビールとジンジャーエールの混合酒, ビールとレモネードの混合酒》.

shanghai *v.* 麻酔薬をかけて船へ連れ込んで水夫にする; だましていやなことをさせる.

Shanghai 上海《中国東部の港市》.

Shangri-la 地上の楽園.

shank *n.* すね, (錨・釣り針・さじなどの)柄の細い部分; [*pl.*] 足. **go [ride] on shank's [shanks'] mare** 膝栗毛で行く, てくる. — *v. Golf* (ボールを)クラブのヒールで打つ.

shan't =shall not.

shantung 山東絹.

shanty[1] 掘っ立て小屋; バラック.

shanty[2] =chantey.

shanty town 掘っ立て小屋の町.

shape *n.* 形, 格好, 姿, 様子; 模型, 型; 具体化; 幽霊; 調子; 状態. **get ...into shape** ...に形をつける, まとめる. **in shape** 好調で, 本来の調子で. **out of shape** 体調がすぐれないで. **put ...into shape** 格好をつける, まとめる. **take shape** 形がつく, 実現する. — *v.* 形づくる; 適合させる (*to*); 想像する; (進路を)向ける, 定める; 具体化する, 実現する; 形を取る. **shape up** 形を取る, 発展する, 成り行く; 傾向を示す; 体調を整える.

shapeless *a.* 形のない; 不格好な.

shapeliness 格好のよさ.

shapely *a.* 格好のいい, 美しい.

shape-up シェープアップ《労務者を整列させ, その中からその日の作業員を選ぶ方法》.

shard 瀬戸ものかけら, 破片.

share[1] *n.* 分け前, 割り当て, 分担, 役割, 参加, 貢献; 株, 株式, (市場)占有率, シェア. **go shares** 山分けする, 分担する (*with, in*). **on shares** 共同で, 分担で. — *v.* (...を)共にする, 分け前にあずかる, 分担する (*with, in*); 分配する, 割り当てる (*between, among*).

share[2] 鋤先; 刃.

sharecropper (南部の)分益小作人.

shareholder 株主.

share-out 分配, 山分け.

sharer 共にする人, 分担者, 参与者; 配給者.

shark Ichthy. サメ, フカ; 詐欺師, 高利貸し; 秀才, 達人.

shark repellent 企業買収に対する防衛策.

sharkskin さめ皮; シャークスキン.

sharp a. 鋭い, とがった; けわしい; (角が)急に曲がる; くっきりした, 鮮明な; 抜け目のない; 利口な, 切れる, よくできて, じょうずで(at); 敏活な, ばやい, 油断のない; 身を切るような, 厳しい; (光が)ぎらぎらした, 強烈な; (食欲, 飢えなどが)激しい, 強い; (目・鼻・耳などが)鋭敏な; (言葉などが)痛烈な, つっけんどんな, 辛い, 酸っぱい, (においが)強い; (チーズなどが)ぴりっとした味のする; かん高い; Mus. 半音高い, 嬰音の; (服装などが)かっこいい, スマートな. ― n. Mus. 嬰記号《#》, 嬰音; 名人, 専門家, エキスパート; ＝sharper. ― ad. 鋭く; (時間に)かっきり, 急に; Mus. 半音高く. ― v. Mus. 半音だけ高める, 半音だけ高く歌う; ぺてんにかける.

sharp-cut a. くっきりした.

sharpen v. 鋭くする, 鋭くなる, 研ぐ, 研げる, 削る, 削れる; とがらす, とがる, 強くする, 強くなる; 激しくする, 激しくなる.

sharper 詐欺師.

sharp-eyed a. 目の鋭い; 洞察力の鋭い.

sharply ad. 鋭く; 激しく; 急に; くっきりと.

sharp-nosed a. 鼻のきく; 鼻の尖った.

sharp-set a. 飢えた.

sharpshooter 狙撃兵.

sharp-sighted a. 目の鋭い; 気のきいた.

sharp-tongued a. 言葉の辛辣な.

sharp-witted a. 機知の鋭い, 抜け目のない.

Shasta daisy Bot. シャスタデージー.

shatter v. 粉砕する; 痛める, 害する; 心を衝撃を与える; くたくたに疲れさせる.

shatterproof a. 粉々にならない.

shave v. (顔を)そる; 削る; かする; (手形を)高歩割引きする. ― n. ひげそり; 削り屑, 薄片; 間一髪. **by a close [narrow] shave** 間一髪で, やっと.

shaveling 若造.

shaver (顔を)そる人; (電気)かみそり; 小僧, 若者.

shaving ひげそり; 削り; [pl.] かんな屑.

shaving brush ひげそり用ブラシ.

shaving cream ひげそりクリーム.

Shaw ショー. **George Bernard Shaw** (1856–1950) 英国の劇作家.

shawl ショール, 肩掛け.

she pron. 彼女は, 彼女が《月・船舶・汽車・国家など女に擬した物にも用いる》. ― n. 女; 雌.

s/he pron. 彼(彼女)は, 彼(彼女)が.

sheaf n. (麦などの)束.

shear n. [pl.] 大鋏. ― v. (鋏で)はさむ, 刈る, はぎ取る (off).

shear legs 二股のクレーン.

sheath さや, (鋏などの)袋, 覆い; Bot. 葉鞘; シース(型のドレス)《体にぴったりフィットする婦人服》; コンドーム.

sheathe v. さやに納める, 覆う, 袋に入れる, 包む.

sheave[1] v. (麦などを)束ねる.

sheave[2] 綱車, 滑車.

shebang 事件, 事柄.

she-cat 雌猫; 性悪女.

shed[1] v. (木の葉・毛などを)振り落とす; (血・涙などを)流す; (衣服を)脱ぎ捨てる; (匂い・光などを)放つ; (幸福などを)与える.

shed[2] 小屋, 差掛け小屋; (自動車・馬車・電車・機関車などの)車庫, 置き場; (貨物積み降ろし用の)上屋.

she'd ＝she would, she had.

shedder 流す人; 脱殻期のカニ, 脱殻期のエビ.

sheen 光輝, 光沢.

sheeny a. 光る, 光沢のある.

sheep 羊; [pl.] (教会の)信徒, 教区民; 内気者; 臆病者; のろまな人間; 従順な人; 羊皮. **black sheep** (一家の)困り者, 厄介者. **count sheep** (眠れない時に, 柵を飛び越える)羊の数を数える.

sheepcote =sheepfold.

sheep-dip 洗羊液.

sheepdog 牧羊犬.

sheepfold 羊小屋, 羊の檻.

sheepherder 羊飼い.

sheepish a. 羊のような; 内気な; 愚鈍な.

sheep's eyes 色目.

sheepshearing 羊毛刈り(の時期).

sheepskin 羊の毛皮; 羊皮紙; 卒業証書.

sheep sorrel Bot. スイバ, スカンポ.

sheep walk 牧羊場.

sheer[1] a. (織物が)透き通る; 混じり物のない; まったくの; 垂直の, 険しい. —ad. まったく; 垂直に.

sheer[2] v. (船が)針路からそれる. **sheer off** それて行く; 別れる. —n. 針路からのそれ; 単錨泊の船の位置; 舷弧《側面から見た甲板の弧度》.

sheet n. 敷布, シーツ; 一枚の(紙); (鉄・ガラスなどの)薄板; (水・雪・氷・火炎などの)一面の広がり; Naut. 帆脚索; 新聞, パンフレット; (切手の)シート. **(as) white as a sheet** (顔が)真っ青な. **three sheets in the wind** はっきり酔っぱらって. —v. 敷布を敷く; 一面に覆う.

sheet anchor 非常用大錨; 最後の拠り所.

sheet glass 板ガラス.

sheeting 敷布地; 板金; 土止め板.

sheet iron 薄鋼板.

sheet lightning 幕電光.

sheet metal 薄板金.

sheet music (とじてない)一枚刷りの楽譜.

sheik(h) (アラブ諸国の)首長.

sheik(h)dom 首長国.

sheila 若い女性, 少女.

shekel シェケル《ユダヤの古い衡量・銀貨》; [pl.] 金, 富.

sheldrake Ornith. ツクシガモ.

shelf 棚板, 棚; 岩棚; 暗礁, 砂州; 大陸棚. **on the shelf** 棚上げされて, うっちゃられて; (婦人が)婚期を過ぎて.

shelf life (薬・食品などの)貯蔵寿命.

shell n. 殻, さや, 貝殻, 外皮, 甲; 薬莢, 破裂弾; 外観, みせかけ; 輪郭, 大要; (家の)四壁; 船体, 骨組み; 頭からかぶる袖なしブラウス; Phys. (電子)殻; (パブリックスクールの)中間学年. **come out of one's shell** うち解けて話す. —v. 殻から出す, さやから取る, 殻を取る, さやを取る; 砲撃する. **shell out** 全部支払う, (金を)渡す.

she'll =she will, she shall.

shellac セラック《ワニスの原料》.

shellacking 虐待, 大敗.

shellback 老水夫.

Shelley シェリー. **Percy Bysshe Shelley** (1792–1822) 英国の詩人.

shellfire 砲火.

shellfish 貝; 甲殻類《カニ・エビなど》.

shell jacket 略式礼服.

shellproof a. 防弾の.

shell room 弾薬庫.

shell shock 砲弾ショック, 戦争神経症.

shellwork 貝細工.

shelly a. 殻のある, 貝殻のある, 殻の多い, 貝殻の多い.

shelter n. (雨・風の)しのぎ場, 避難所, 待避場, 防空壕; (家のない者の)収容所; 小屋, 保護, 避難. —v. 保護する, かばう; (雨・風などを)よける.

shelterless a. 宿り場のない, 避難所のない.

shelve v. 棚をつける; 棚に載せる; (計画などを)棚上げする, うっちゃっておく, 不問に付する; 解雇する; ゆるやかに傾く.

shelving 棚材; 棚; だらだら坂(になること); 棚上げ, 無期延期.

shenanigan [pl.] たわごと; ごまかし.

shepherd n. 羊飼い; 牧師; 指導者. **the Good Shepherd** よき羊飼い《キリスト》. —v. (羊を)飼う, 世話する; 誘導する.

shepherd dog =sheepdog.

shepherdess 女羊飼い.

shepherd's check 白黒碁盤じま模様(の布地).

shepherd's pie ひき肉のパイ.

shepherd's purse Bot. ナズナ, ペンペングサ.

Sheraton a., n. シェラトン風の(家具).

sherbet シャーベット.

sherd Archaeol. 土器の破片.

sheriff 保安官; 州長官《英国王の行政権と司法権を代表したcountyの長官》.

sheriffdom sheriff の職, sheriff の任期.

Sherlock Holmes 名探偵《Conan Doyle の推理小説の主人公より》.

Sherpa シェルパ《ヒマラヤ南側高原に住むチベット人》; [s-] (会議などの)準備役.

sherry シェリー《スペイン産白ぶどう酒》.

she's =she is, she has.

Shetland シェトランド《スコットランド北部の州》; シェトランドウールの織物.

Shetland pony シェトランドポニー《Shetland 産の力の強い小馬》.

Shetland sheepdog シェトランドシープドッグ《コリーに似た小型犬》.

Shetland wool シェトランドウール《細い羊毛》.

shew v. =show.

SHF superhigh frequency.

Shia(h) (イスラム教の)シーア派.

shibboleth (人の国籍・階級などをためす)ためし言葉; (党派などの)標語, 合い言葉.

shield n. 盾; 保護物, 保護者; シールド《トンネル工事などの枠組み》; (警官の身分を示す)バッジ; Her. 盾形. —v. 保護する, かばう(from).

shielding Phys. (放射線の)遮蔽.

shield law 守秘権法《ジャーナリズムの取材源を明かさない権利》.

shieldless a. 盾の無い; 無防備の.

shift v. 移す, 移る, 転じる, 変える, 変わる, 変換する, やりくりする; 除く, 取り払う; (自動車の)ギアを入れ換える; 去る; 早く動く. —n. 変化, 変更, 循環; (自動車の)変速(装置); 方便, 工夫, 算段, やりくり, ごまかし; 交代(時間), 交代組; (タイプライターを打つ時の)切り換え, シフト; Ling. (音の)推移; Baseball シフト. **make shift** 工面する, やりくる(to do); 我慢する(with, without).

shift key (タイプライターの)シフトキー.

shiftless a. 無策な, 無能な; 不精な.

shifty a. ごまかしのうまい, あてにならない, 不正直な.

Shiite (イスラム教)シーア派の信徒.

shill おとり, さくら.

shilling シリング《英国の通貨単位; =$1/20$ pound; 1971 年廃止》.

shilling shocker 扇情的な安小説.

shilly-shally n., v., a. ぐずぐず(する); ぐずぐずした.

shim 詰め木, くさび.

shimmer v., n. ちらちら光る, かすかに光る; ちらちらする光, 微光, 閃き.

shimmy n. シミー《ジャズダンスの一種》; (車の前輪の)ひどい振動. —v. よろよろする, ぐらくらする.

shin v., n. 向こう脛(を蹴る); 登る(up).

shinbone 脛骨.

shindig (騒々しい)パーティー.

shindy 騒動. **kick up a shindy** 大騒ぎを

起こす.

shine v. 光る, 輝く; 光彩を放つ, 頭角を表す; 磨く. **shine up to** ごまをする. — n. 光沢, 磨き; 晴天, 日光; 好み; [pl.] いたずら.

shiner 光る人, 光る物; 銀色の淡水魚; (打たれて出来た)目の回りの黒あざ; (ぴかぴかの)貨幣.

shingle[1] n. 屋根板; (医者・弁護士などの) 小看板; (婦人の頭髪の)刈り上げ, シングル. — v. 屋根板でふく; (頭を)シングルに刈り込む.

shingle[2] (海浜などの)小石, 砂利.

shingles Med. 帯状疱疹.

shingly a. 小石の多い.

shinny シニー《ホッケーに似たゲーム》.

Shinto, Shintoism (日本の)神道.

shiny a. ぴかぴか光る, 光沢のある; すれて光る.

ship n. 船, 艦, 遠洋航海船; (船の)全乗組員; 舟形容器; 飛行機, 飛行船; 宇宙船.

when one's ship comes home [in] 金ができ たら. — v. 船に積む, 乗船させる, 乗り出す; (船・鉄道などで)積送する, (船・鉄道などで)輸送する; (船に)据え付ける; (水夫を)雇う; (船が)波をかぶる. **ship off** 追い払う.

ship biscuit 船用堅パン.

shipboard 船; 船側. **on shipboard** 乗船して.

ship broker 船舶仲買人.

shipbuilder 造船業者, 造船技師.

shipbuilding 造船 (術).

ship canal 大船用運河.

ship chandler 船舶用雑貨商, 船具商.

shipload 船一隻の積み荷量, 一船荷.

shipmaster 船長.

shipmate 船員仲間.

shipment 船積み; 積送品, 積み荷.

shipowner 船主.

shipper 船積み人, 荷主; 運送業者.

shipping 船舶; 船積み, 積み出し; 海運業.

shipping agent 海運業者.

shipping articles 船員雇用契約書.

shipping clerk (船荷の)発送係.

ship-rigged a. Naut. 三本マスト横帆装置の.

shipshape a. 整頓した.

shipway 造船台.

shipworm Conchology 船食い虫.

shipwreck n., v. 難船, 難破; 破滅; 難船する, 難船させる.

shipwright 船大工.

shipyard 造船所.

shire (英国の)州《現在は州名として用いられるだけ》.

shire horse 荷引き馬.

shirk v., n. (義務などを)避ける, 忌避する, 逃げる, ずるける(人).

shirr n., v. シャーリング, 飾りひだ(をつける); (卵を)天火などで焼く.

shirring シャーリング.

shirt ワイシャツ, シャツ. **have one's shirt out** 癇癪を起こす. **in one's shirt sleeves** シャツ一枚になって. **keep one's shirt on** 冷静にしている. **lose one's shirt** 無一物になる. **put one's shirt on** …に有り金を全部賭ける.

shirtfront (糊で固めた)ワイシャツの胸部.

shirting ワイシャツ地.

shirt jacket (軽装用)シャツジャケット.

shirt-sleeve a. 上着を着ない, ワイシャツ姿の, 非公式の, 形式ばらない; 粗雑な, 率直な, ざっくばらんな.

shirttail a. (血のつながりが)遠い.

shirtwaist シャツブラウス《婦人用》.

shirty a. 機嫌が悪い.

shish kebab シシカバブ《羊肉の串焼き料理》.

shit n., v. 糞(をする); だます; 麻薬, ヘロイン. — int. くそ, こん畜生.

shithead げす, いやな奴.

shitty a. 不快な.

shiv (飛び出し)ナイフ.

shiver[1] *v., n.* 粉砕する; [*pl.*] 破片.

shiver[2] *v., n.* 震える; 震え; [*pl.*] 身震い, おののき.

shivery *a.* ぶるぶる震える; 寒い.

shoal[1] *n., a., v.* 浅瀬, 州; 陥穽; 浅い; 浅くなる.

shoal[2] *n., v.* (魚 の)群れ; 大群; 群がる.

shoat 子豚.

shock[1] *n.* (畑 の中に互いに立てかけた 麦・トウモロコシなどの)刈り束.

shock[2] 乱髪.

shock[3] *n.* 激動; 衝突, 激突; 衝撃, 衝動, ショック; 突撃; 感電; 卒中, まひ;
=shock absorber. — *v.* ぎっくりさせる, ぞっとさせる; 衝撃を与える.

shock absorber *Mech.* 緩衝器.

shock-absorbing *a.* 緩衝用の.

shocker ひどいしろもの; 扇情的な小説, 扇情的劇; 不快な人, 不快な物.

shock-headed *a.* もじゃもじゃの髪をした.

shocking *a.* ぎょっとするような, ぞっとするような; ひどい.

shockproof *a.* (時計などが)耐震性の.

shock tactics 密集奇襲戦術.

shock therapy [treatment] *Med.* ショック療法.

shock troops 精鋭部隊, 突撃隊.

shock wave *Phys.* 衝撃波.

shod *a.* 靴をはいた.

shoddy *n.* 再生羊毛(で織ったラシャ); まがい物. — *a.* 再生羊毛製の; ごまかしの, 見かけ倒しの; 卑劣な, 卑しい; けちな.

shoe *n.* 靴《英国では「短靴」, 米国では「短靴」「長靴」ともにいう》; 蹄鉄; (車輪の)輪止め; (橇の)すべり金; *Arch.* 水吐き; (カメラの)付属装置取付け座金, シュー. **fill a person's shoes** …の後がまにすわる. **in another's shoes** 人に代わって. **where the shoe pin-**

ches 困難なところ, 厄介なところ. — *v.* 靴をはかせる; 蹄鉄を打つ(*with*), 金具を打つ.

shoeblack 靴磨き《人》.

shoehorn 靴べら.

shoelace 靴紐.

shoemaker 靴屋.

shoe polish 靴墨.

shoeshine 靴磨き《行為》.

shoestring *n., a.* =shoelace; わずかの(金).

shoestring potatoes せん切りのフライドポテト.

shoe tree (靴の)木型.

shogun (Jap) 将軍.

shogunate 将軍職, 幕府政治.

shoo *int., v.* しーしー《鳥などを追う時の発声》; (鳥などを)しーと言って追う.

shoofly (子供用の)揺り椅子; 仮設線路.

shoofly pie 糖蜜入りパイ.

shoo-in 当選確実な人, 入賞確実な人; 確かなもの.

shoot *v.* 飛び出る, 突進する(*out, in, forth, up,* etc.); 芽を出す; 突出する(*out*); 発射する, 射る, 撃つ; 銃猟する; 撮影する; 放る, 投げ出す, シュートする; (言葉を弾丸のように)次々に発する; 勢いよくさっと過ぎる, くぐり抜ける; (信号を)無視して突っ走る; さっと動かす; (麻薬を静脈に)射つ; [命令形で]はっきり言え; 始めろ; *Baseball* シュートを投げる. **shoot off** (空砲を)撃つ, (花火を)打ち上げる; さっと離れる; 射精する. — *n.* 若枝; 樋; 早瀬; =chute. 射撃(会), 遊猟隊. **the whole shoot** 何もかも, すべて.

shoot-'em-up 撃ち合いの多い映画, 殺し合いの多い映画, 撃ち合いの多いテレビ番組, 殺し合いの多いテレビ番組.

shooter 射手.

shooting 射撃, 発射; 銃猟; 銃猟権, 銃猟区域.

shooting box 狩猟小屋.

shooting gallery 射撃練習場 ;（縁日などの）射的場 ; 麻薬の密売場所, 麻薬常用者のたまり場.

shooting iron 小火器.

shooting script *Motion Pictures, TV* 撮影台本.

shooting star 流星.

shooting stick 狩猟ステッキ.

shooting war （兵器を使用する）撃ち合い戦争, 熱い戦争.

shoot-out 銃撃戦, 撃合い.

shop *n.* 店, 小売店 ; 仕事場, 工場 ; 学校の実習（教室）, 職場, 仕事の話. **set up shop** 開業する. **shut [close] up shop** 閉店する ; 仕事（遊びなど）をやめる. **talk shop**（所かまわず）職業上の話をする.
— *v.* 買物をする, 捜す(for) ; 密告する.
shop around（よい買物をしようと）幾つかの店を見て回る. **go shopping** 買物に行く.

shop assistant（小売店の）店員.

shopgirl 女店員.

shopkeeper 小売商人.

shoplift *v.* 万引きする.

shoplifter 万引《人》.

shoplifting 万引《行為》.

shopman 店員, 小売商人.

shopper 買物客 ;（商店の）広告ビラ, ちらし.

shopping 買物, ショッピング.

shopping bag（紙・ビニール製）買物袋.

shopping bag lady 買物袋に身の回り品を入れて浮浪生活をする女性.

shopping cart スーパーマーケットの買物用手押し車, ショッピングカート.

shopping center 商店街.

shopping list 購買リスト.

shopping mall ショッピングモール, 歩行者専用商店街.

shop steward 職場代表.

shoptalk 職業用語.

shopwalker 売り場監督.

shopwindow ショーウィンドー.

shopworn *a.* たなざらしの.

shoran *Aeronaut.* ショーラン《航空機が自己の位置を割り出す装置》.

shore[1]（海・湖・川の）岸, 海岸地帯, 陸地 ; 土地, 国. **on shore** 陸上に.

shore[2] *n., v.* 支柱, 控え柱 ; つっかいをする(up).

shore dinner 魚介類料理.

shore leave 上陸許可, 上陸時間.

shoreline 海岸線, 湖岸線.

shore patrol 《米海軍の》憲兵.

shoreward *ad., a.* 岸の方へ, 岸の方の.

shoring 支柱.

short *a.* 短い,（身長が）低い ; 近い ; 簡潔な ; 無愛想な(with) ; 不足な, 不十分な, 切らして(of, in) ;（見聞, 知識など）狭い ; 《粘土・菓子など》ぼろぼろの, 脆い ; *Stock Exchange* 売方の, 弱気の ;（酒が）強い ; *Com.* 品不足の ; …をやり損う ; *Phonet.* 短音の. **make short work of** …を簡単にかたづける. **nothing short of** まったく…(な) ; …でなくては. **run short** 不足する. **short supply** 供給不足. **to be short** 要するに.
— *ad.* 急に ; 短く, 簡潔に ; 不十分に, 達しないで(of). **be taken short** 便がもれそうになる. **come [fall] short**（予期などに）達しない ;（本務など）果たさない(of). **cut short** 短く切る ; 急にさえぎる. **short of** …は別として.
— *n.* 要点 ; [*pl.*] 不足 ; ＝short circuit, shortstop ; [*pl.*] 半ズボン, パンツ ; *Motion Pictures* 短編もの《ニュース・記録・漫画など》; *Stock Exchange* 売方 ; [*pl.*] 不足分 ; ウイスキー ; 小銭. **for short** 略して. **in short** 手短に言えば.
— *v.* 釣銭をごまかす ; ＝short-circuit.

shortage 不足, 欠乏 ; 欠点.

shortall ショートオール《半袖, 半ズボンの上下ひと続きの幼児服》.

shortbread バタークッキー.

shortcake ショートケーキ.

shortchange v. 釣銭をごまかす; ごまかす.

short circuit Elec. 短絡, ショート.

short-circuit v. 短絡させる, 短絡する, ショートさせる, ショートする; 簡単にする.

shortcoming 短所, 欠陥.

shortcut 近道.

shorten v. 短くする, 短くなる, つめる, つまる, 減らす, 減る.

shortening 短縮; ショートニング《パン・菓子などをさくさくさせるために入れるバター・ラードなど》.

shortfall 不足.

short fuse 短気, かんしゃく.

shorthand 速記術.

shorthanded a. 手不足な.

short-haul a. 近距離の.

Shorthorn 短角牛.

shortish a. やや短い.

short-lived a. 短命な, 長続きしない, はかない.

shortly ad. 間もなく, すぐに; 簡単に, 手短に, そっけなく.

shortness 短いこと; 簡潔; 不足; 無愛想.

short order 即席料理. **short sale** (証券や商品の)空売り.

short short story 超短編小説.

short shrift 容赦のない扱い.

short sight 近視; 短見.

shortsighted a. 先見の明のない; 近眼の, 近視の.

short-spoken a. 言葉の簡潔な; そっけない.

shortstop Baseball 遊撃手, ショート.

short story 短編小説.

short-tempered a. 短気な.

short-term a. 短期の.

short time 操業短縮; (売春婦の)ショートタイム.

short ton 米トン《= 2000 ポンド, 907 kg.》.

shortwave 短波.

short-winded a. 息切れのする; 断片的な.

shorty, shortie ちび; 短い衣服.

shot[1] n. 弾, 砲丸; 散弾; 打ち, 突き; (ロケットなどの)打ち上げ; 発射, 銃声; 狙い; (映画・写真の)撮影; スナップ(写真), (映画・テレビの)ショット; 射手; 射程; 勘定, 勘定の割り前; 皮下注射(一回分); 試み; 当て推量; (ウイスキーなどの) 1 杯. **big shot** 大立て者, 偉い人. **have [take] a shot at** …を推量する, …を試みる. **like a shot** 速く, すぐに. **shot in the arm** 刺激物, 勇気づけるもの. — v. 装弾する.

shot[2] a. くたばった; 酔った; (織物が)玉虫色をした. **shot at** くたくたで.

shotgun 散弾銃, 猟銃; 仲人.

shotgun marriage [wedding] (妊娠したための)強制結婚.

shot put 砲丸投げ.

should aux. v. [現在用法]仮定・譲歩 (If I should go, he would [will] not know me. 私が行くにしても彼には私が分かるまい. I should like (to go)＝I wish.); 躊躇・謙遜 (I should hardly think so. そうは考えかねますが. I should say …と思いますが.); 義務・当然・意外など (You should be obedient. 従順でなければならぬ. It is natural that he should lose. 失うのは当然である. It is strange that he should lose. 失うのは不思議である); 推量 (He should be here. 多分ここに来るはずだ).

shoulder n. 肩; 路肩; (山の)肩; [pl.] 上背部, 責任などになう双肩; 肩肉. **give [show, turn] the cold shoulder** 冷遇する.

put [set] one's shoulder to the wheel 力を尽くす, ひと肌ぬぐ. **shoulder to shoulder** 相接して; 力を合わせて. — v. かつぐ; (責任などを)担う, 負う; 肩で押す. **Shoulder arms!** 担え銃.

shoulder bag ショルダーバッグ《女性用》.

shoulder belt (車の)シートベルト.

shoulder blade *Anat.* 肩甲骨.

shoulder knot (結びリボンの)肩飾り.

shoulder strap (将校の)肩章；(スリップなどを吊る)肩吊りひも，ズボン吊り.

shouldn't =should not.

shouldst *aux. v.* =should《thou が主語のとき》.

shout *n., v.* 叫び(声)，歓声，大声；(酒を)おごる番；叫ぶ，どなる.

shouting distance 呼べば聞こえる所.

shove *v.* 押す，突く；払いのける，置く. **shove around** こづき回す. **shove off** 舟を岸から押し出す；出発する. — *n.* 押し，突き.

shovel *v., n.* シャベル(ですくう)；かき込む.

shovel(l)er すくい道具；*Ornith.* ハシビロガモ.

shovelful シャベル一杯.

show *v.* 見せる，列する，表す；見える，現れる，陳列する，上映する，上演する；教える，説明する，証明する；案内する，供をする(*in, out, round, over*)；(親切などを)施す；指示する，表示する. **show off** 見せびらかす；引き立てる. **show the way** 案内する. **show up** あばく；目だつ，顔を出す，来る，まさる. — *n.* 示すこと，外見，外観，見せかけ，見せびらかし，誇示，虚飾；行列；陳列，展覧会；見せ物，芝居，ショー；物，事，企て；機会，[a.] 見せ物に向いた，すぐれた. **for show** 見せびらかしに. **show of hands** (賛否の)挙手.

show bill 広告ビラ，広告ポスター.

show biz ショービジネス；見せびらかしたがる人，人目につきたがる人.

showboat ショーボート.

show business 芸能界，ショービジネス.

showcase 陳列棚.

showdown (計画・手段・資力 などの)公表；暴露，最後の段階，土壇場，対決.

shower[1] 示す人，示す物.

shower[2] *n., v.* 夕立，にわか雨；雨あられと来る事；シャワー；夕立が降る，雨のように注ぐ.

shower bath シャワー(装置).

shower curtain (浴室の)シャワーカーテン.

shower head シャワーの散水口，シャワーヘッド.

shower room シャワールーム.

showery *a.* にわか雨の(多い)，にわか雨の様な.

show girl コーラスガール.

showily *ad.* 派手に，見せかけに.

showing 外観；公開.

showman 興業師；はでな人気取りをする人.

showmanship 興行術，興行的手腕.

show-me *a.* 疑い深い.

show-off 見せびらかし；自慢屋.

showpiece 展示品，出し物.

showplace 名所，名物.

showroom 陳列室，ショールーム.

showstopper 演技が中断されるほど人気のある俳優，演奏が中断されるほど人気のある歌手.

show window 飾り窓，ショーウィンドー.

showy *a.* 派手な，派手好きな.

shrapnel 榴散弾.

shred *n.* 破片，ぼろ切れ；僅少，微塵. — *v.* 細かく裂く.

shredder (不用の書類などを切る)シュレッダー.

shrew がみがみ女，じゃじゃ馬.

shrewd *a.* 鋭い，賢い，抜け目のない，機敏な，痛烈な.

shrewish *a.* がみがみ言う，口の悪い.

shriek *v., n.* きゃっと叫ぶ(声)，悲鳴，金切り声(をあげる).

shrift 懺悔.

shrike *Ornith.* モズ.

shrill *a., v.* 金切り声の；鋭く鳴る，叫ぶ，金切り声で歌う，金切り声で言う(*out*).

shrimp 小エビ，シュリンプ；小柄な人，ちび.

shrine (聖徒の遺物・宝物などを安置した)宮, 社 ，聖堂; 神棚; 聖骨箱, 聖物箱.

shrink v. 縮む, 縮ませる; ひるむ, しりごみする (at, from); 少なくなる. — n. 収 縮; 精神科 医.

shrinkage 収 縮 ; (価格の)低落.

shrink-wrap n., v. (プラスチックフィルムで) 収 縮 包装(をする).

shrivel v. 萎びる, 萎びさせる, 皺がよる, 縮む.

shroud n. 経 帷子, 覆い; [pl.] Naut.(船 の)横静索. — v. 経 帷子を着せる; 覆い 隠 す.

Shrove Tuesday 懺悔火曜日《灰の水 曜 日の前日》.

shrub[1] 低 木.

shrub[2] シュラブ《レモンなどに砂糖・ラム酒を入れた 飲 料 》.

shrubbery 植込み, 低 木 林.

shrubby a. 低 木の(茂った), 低 木性の.

shrug v., n. (不快・絶 望・疑 惑・冷 笑 などを 表 して)(肩を)すくめる(こと). **shrug off** 忘れ去 る; 追い払う; 無視する. **shrug one's shoul-ders** 肩をすくめる.

shuck n. (豆・とうもろこしなどの)皮, 鞘, 殻, 貝 殻 ; [pl.] つまらないもの; [pl.] ちぇっ, くそっ; いんち き. — v. …の皮をむく, 殻を取る; (服などを)脱 ぐ, 捨てる.

shudder n., v. 身震い(する). 戦 慄を覚える.

shuffle v. (足を)引きずる, 足を引きずって歩く; だらしない踊り方をする; もじもじ 動く; (着物など を)だらしなく脱ぐ (off), ぶざまに着る (into); (ごまか して)押しやる; (トランプを)混ぜる, 切る; (人や物を) 置き換える; 言い紛らす, ごまかす.

shuffleboard 円 盤突きゲーム.

shuffle off 除く, 捨てる. — n. 足を引きずる こと, 引きずり歩き; トランプを切ること, 混 合; ごま かし, 言いのがれ; (人員の)差し換え.

shufty 一 見.

shun v. 避ける.

'shun int. (<attention) Mil. 気をつけ.

shunpike (高速道路以外の)裏道, 脇 道.

shunpiker 裏道を利用するドライバー.

shunt v. 列車を入れ替える, (電 流 を)切り換え る; (計 画・討議などを)延期する, ほうっておく; (議 論 などを)そらす. — n. 他へ向ける事; (列車の) 転 轍器; Elec. 分路.

shush n., v. しいっ(と言う).

shut v. 閉じる, 締める, 締まる, 囲む, たたむ, はさむ. **shut down** 締め下ろす; (工 場 などを)閉鎖す る; たれ込める. **shut in** 閉じ込める; 取り囲む. **shut off** (ガスなどを)止める, 切る; (音 などを)さえぎ る; 除 外する. **shut out** 締め出す; さえぎる; 零 敗させる. **shut to** 固く締める, 固く締まる, 蓋 をする. **shut up** すっかり閉じる; (店を)閉じる; 閉じ込める; しまいこむ, 蓋をする, 密 閉する; 黙る, 黙らせる.

shutdown (工 場 などの)閉鎖, 休 業 , 休 止.

shut-eye 眠り, 睡眠.

shut-in a. 閉じ込められた. — n. 外 出 不 能 の 病 人.

shutoff 塞 ぐもの, 栓; 寸断.

shutout (工 場 の)閉鎖, 締め出し; 完 封(試 合).

shutter n. 雨戸, よろい戸; (写 真 の)シャッター. — v. 戸をつける, シャッターをつける; よろい戸をしめ る.

shutterbug 写 真 狂 .

shuttle n., v. (織 機の)杼; (一定区間の)往 復 運 転(する); 反復連絡機, 反復連絡船; (スペース)シャトル.

shuttlecock (バドミントンの)羽根.

shuttle diplomacy 往復外 交.

shuttle flight 近距離往復飛行(便).

shy[1] a. 臆 病 な, はにかむ, 内気な (of); 用 心 深 い (of, at); 不足で. **fight shy of** …を避ける. — v. (馬が物に 驚 いて)飛びのく (at); おじける, しりごみする (at). — n. (馬の)とびのき.

shy[2] *v., n.* 投げる, ほうる(こと); 試み; あざけり.

Shylock シャイロック《Shakespeare の *The Merchant of Venice* 中 のユダヤ人高利貸し》; 無慈悲な高利貸し.

shyly *ad.* 内気に; 臆病に.

shyster いんちき弁護士.

si =ti.

Siam シャム《Thailand の旧称》.

Siamese *a., n.* シャムの; シャム人(の), シャム語(の).

Siamese cat シャム猫.

Siamese twins シャム双生児.

sib *a.* 血族の.

Siberia シベリア《ソ連アジア北部の広大な地域》.

Siberian *a.* シベリアの.

sibilant *a., n. Phonet.* (発音が)歯擦音(の)《[s] [z] [ʃ] [ʒ] など》.

sibilate *v.* 歯擦音にする.

sibling 兄弟の一人, 姉妹の一人.

sibyl (昔アポロ神に仕えた)巫子; 女予言者, 女魔法使い.

sic (L) *ad.* 原文のまま.

siccative *a., n.* 乾燥力のある; 乾燥剤.

Sicilian *a., n.* シチリア島の; シチリア島人, シチリア島方言.

Sicily シチリア《イタリア南部の島》.

sick *a.* 病気の; むかつく, 吐きたい; 嫌な, うんざりする(of); 青白い; ほしがる(for), あこがれる; 怒って, 失望して, 飽きた; 気味の悪い; サディスト的な. —*v.* 攻撃する, けしかける. **sick up** 吐く.

sick-bag 乗り物酔い用に備えられた袋.

sick bay [berth] (船の)病室.

sickbed 病床.

sick-benefit (国民保険の)病気手当.

sicken *v.* 病気になる; 胸が悪くなる(at), 吐き気をもよおす; 嫌な気持ちにする, 飽きる.

sickening *a.* 嫌な気持ちにする, 嫌な, うんざりする.

sickie, sickee 精神病患者; 倒錯者.

sickish *a.* 気分が悪い, 胸が悪い, 吐き気がする.

sickle 小鎌.

sick leave 病気休暇.

sickliness 病身, 虚弱.

sickly *a.* 病弱な, 病身の; 健康に悪い; 元気のない; むかつかせる, 飽き飽きする, うんざりする; 涙もろい. —*v.* 病気にする.

sickness 病気, 不健康; 吐き気.

sick-out 病気を理由にしたスト.

sick pay (病気中雇用者が支払う)病気手当.

sickroom 病室.

side *n.* わき, 横, そば; (左右・内外の)側; (表裏の)面; 横腹, 片腹; わき肉, 山腹, 斜面; 組, 方, 味方, 方面; (父方・母方などの)方; 勿体ぶり, 傲慢な態度. **get on the right side of...** 人の気に入る. **on the side** 副業に, 内職に; 余分(に); (料理が)添え物として. **on the... side** ...の気味で. **put on side** 勿体ぶる, 威張る. **shake [split] one's sides** 抱腹絶倒する. **side by side** 並んで, 平行して(with). **take sides** 味方する. —*a.* わきの, 横の; 横からの; 横への; 従の, 副の. —*v.* くみする, 味方する(with); いばる.

side arm 携帯武器.

sideboard (食堂の)食器棚, サイドボード; [*pl.*] =sideburns.

sideburns (あごは剃った)短いほおひげ.

sidecar (オートバイの)サイドカー.

side dish 添え料理.

side effect 副作用.

side-glance 横目.

side horse (体操の)鞍馬.

side issue (議論の)横道.

sidekick 相棒; 親友.

sidelight (自動車などの)側灯, (船の)舷灯; 横窓; 側光, 間接の証明.

sideline (テニス・サッカーなどの)サイドライン;(本職に対して)副業,専門外.

sidelong a. 斜めの,横の. — ad. 斜めに,横に.

sideout (バレーボールなどの)サイドアウト.

sidepiece (物の)側面.

sidereal a. 星の,星座の,恒星の.

sidesaddle (婦人用)片鞍.

sideshow 余興;枝葉の問題.

sideslip v. 横滑りする.

sidesman 教区委員補.

sidesplitting a. 抱腹絶倒の.

sidestep v. 避ける.

side step 横歩;わき踏み段.

side street (本通りに通じる)横町.

sidestroke 横泳ぎ.

sideswipe n., v. 横なぐり(する);ついでの批評.

side table サイドテーブル.

sidetrack n., v. (鉄道の)側線(に入れる);横道にそらせる;棚上げする;避ける;横流しする;紛らす.

side view 側面図.

sideview mirror (自動車の)サイドミラー.

sidewalk 歩道.

sideward ad., a. 横へ,斜めに;側部の,斜めの.

sidewards ad. =sideward.

sideways ad. 横に,横向きに,はすに.

side-wheel a. 外輪式の.

side-whiskers (あごは剃った)長いほおひげ.

side wind 横なぐりの風;間接的な影響.

sidewinder Zool. サイドワインダー《ガラガラヘビの一種》;空対空ミサイル;横なぐりの一撃.

siding (鉄道の)側線;(家の)下見板;味方,加担.

sidle v. 横に歩く,にじり寄る.

SIDS sudden infant death syndrome.

siege n. 包囲,包囲攻撃;攻城;(病苦・逆境の)長期間. — v. =besiege.

siemens Elec. ジーメンス.

sienna シエナ土;濃黄色.

sierra (鋸歯のような)連山.

siesta (南欧諸国の)昼寝.

sieve n., v. ふるい(にかける);(液体の)こし器. **have a head [memory] like a sieve** もの忘れがひどい.

sift v. ふるう,ふるい分ける;精査する;(雪などが)降り込む.

sigh v. ため息をつく,嘆く;あこがれる,慕う (for);ため息で言う (out);(風が)吹きそよく. — n. ため息,嘆息.

sight n. 視力,視覚;見ること,一見,一目;見解,判断;視界,視野;光景,眺め,見もの,名所;狙い,照尺;風変わりなもの,こっけいなもの;多数;[a ~]たくさん (of),非常に. **a long sight better** はるかによい. **a sight for sore eyes** 目の薬《珍品,珍客》. **at first sight** 一目見て. **at [on] sight** 初め見て,すぐに. **by sight** 顔は(よく見知っている). **catch sight of** …を見つける. **keep in sight** 見失わないようにする. **know by sight** 面識がある. **lose sight of** …を見失う. **out of sight** (…が)見えない所に,(…から)見られない所に (of). **in sight** (…が)見える所に,(…から)見られる所に (of). — v. (陸地・獲物などを)認める,見つける;(天体などを)観測する;狙いを定める.

sight draft Com. 一覧払い為替手形.

sightless a. 目の見えない;目に見えない.

sightly a. 美しい;景色のよい.

sight reader 視奏者,視唱者.

sightsee v. 見物する.

sight-seeing 見物,観光.

sightseer 見物人,観光客.

sigma シグマ《ギリシャ字母の第18字;Σ, σ》.

sigmate a. Σ [S] 字形の.

sigmoid a. S [C] 字状の.

sign n. 符号,記号,信号,掲示;(合図の)身

振り, 手まね; =signboard, signpost; しるし, 徴候, 前兆; 奇跡, (神の)お告げ. —v. 署名する; 契約する, 契約して雇う; 手まねで合図する, 身振りで合図する, 信号する; (十字を切って)祝福する. **sign away [over]** 署名して譲渡する. **sign off** 放送を終える; 手紙を終える; 仕事をやめる; 話をやめる. **sign on** 署名して雇われる; 放映開始を知らせる, 放送開始を知らせる. **sign up** 購入契約する; 参加する.

signal n. 信号, 合図; 暗合, 信号機; 導火線, 動機. —a. 信号の; 著しい, めざましい. —v. 信号を送る, 合図する.

signal box [tower] 信号塔.

signal(l)er 信号手, 信号機.

signalize v. 顕著にする, 有名にする; …信号で告げる; 交信する.

signally ad. 著しく; 目立って.

signalman 信号手.

signatory a., n. 署名した, 調印した; 署名者, 署名国, 調印者, 調印国.

signature 署名, サイン; Mus. 調子記号, 拍子記号; (特定番組の)テーマ音楽.

signature turn (番組の)テーマ音楽.

signboard 看板, 掲示板.

signet 印形, 認印.

signet ring 認印付き指輪.

significance 意味深長; 意味; 重要さ.

significant a. 意味深長な; (意味を)表す (of); 重要な, 有意義な.

signification 表意; 意味, 語義.

significative a. (…を)表す (of), 意味深長な.

signify v. 示す, 表す; 意味する; 予示する; 影響する, 重大である.

sign language 身振り言語; 手話法.

sign manual 自署; (国王の)親署.

sign-on 放送開始, 放映開始.

signor (It) =Mr., Sir.

signora (It) =Madam, Mrs.

signorina (It) =Miss.

signpost n., v. 道しるべ(をつける).

Sikh シーク教徒.

Sikhism シーク教《インドの一宗派》.

silage =ensilage.

silence n. 沈黙, 無言, 静寂; 音信不通, 黙殺; 黙禱. **put to silence** やりこめて黙らせる. —v. 沈黙させる, 黙らせる.

silencer 防音装置, 消音器; 相手を沈黙させる人, 相手を沈黙させる議論.

silent a. 沈黙の, 無口の; (映画が)無声の; 静かな; 記載のない, 音信不通の; 黙音の.

silently ad. 黙って, 無言で; 静かに.

silent majority 声なき大衆《政治的発言をしない大多数の民衆》.

silent partner =sleeping partner.

Silex Trademark サイレックス《真空式コーヒー沸かし》; [s-] =silica.

silhouette n., v. (横向きの)影絵, シルエット (に描く); (人物の)点描, 横顔. **in silhouette** シルエットになって.

silica Chem. 珪土, 珪酸.

silica gel シリカゲル《乾燥剤用》.

silicate Chem. 珪酸塩.

siliceous, silicious, silicic a. Chem. 珪土の.

siliciferous a. Chem. 珪酸を含む.

silicon Chem. 珪素.

silicone Chem. シリコン.

Silicon Valley シリコンバレー《San Francisco 近郊の半導体工業地帯》.

silicosis Med. 珪肺(症).

silk 絹, 絹糸, 生糸; 絹織物; [pl.] 絹物.

silk cotton =kapok.

silken a. 絹の, 絹製の; 絹のような; 絹物を着た.

Silk Road [Route] シルクロード, 絹の道.

silk-screen process シルクスクリーン捺染

法.

silk-stocking *a., n.* 贅沢な服装をした(人), 貴族的な(人).

silk-stocking district 有力者の住む選挙区.

silkworm 蚕.

silky *a.* 絹のような, すべすべした, 舌ざわりの良い.

sill (窓・戸口の)敷居, 窓台; 岩床.

sillabub =syllabub.

sillily *ad.* 愚かにも.

silliness 愚鈍, 愚行.

silly *a.* 愚かな, ばかな; 無思慮な, ぼけた.
— *n.* ばか.

silly ass ばか, 愚か者.

silly house 精神病院.

silly season (新聞の)ねた枯れ時.

silo サイロ, (地下の)貯蔵庫; 地下ミサイル格納庫.

silt *n., v.* (川底の)沈泥(でふさがる).

Silurian *a., n.* *Geol.* シルリア紀(の), シルリア系(の).

silvan *a.* =sylvan.

silver *n.* 銀; 銀貨; 銀器; 銀色; 銀メダル.
— *a.* 銀製の; 銀のような, 銀色の; (音色が)澄んだ. — *v.* 銀をきせる, 銀めっきする; (鏡の裏に)水銀を塗る; 銀色にする, 銀白になる.

Silver Age (神話・文学の黄金時代に続く)白銀時代.

silver birch *Bot.* キハダカンバ.

silverfish 銀白色の魚.

silver foil 銀箔.

silver fox 銀狐(の毛皮).

silver gray 銀灰色.

silvering 銀めっき, 銀張り.

silver iodide *Chem.* 沃化銀.

silver lining 不幸中の光明.

silvern *a.* =silver.

silver nitrate *Chem.* 硝酸銀.

silver paper 銀紙, 銀箔.

silver plate 銀器類.

silver-plated *a.* 銀めっきした.

silver salmon *Ichthy.* ギンザケ.

silver screen 銀幕; 映画界.

silverside (牛の)最上のもも肉.

silversmith 銀細工屋.

silver-tongued *a.* 能弁の.

silverware 銀器.

silver wedding 銀婚式.

silverweed *Bot.* ヨウシュノツルキンバイ.

silvery *a.* 銀のような; 銀白の; (音が)銀鈴のような; 銀を含む.

silviculture 造林, 植林法.

simian *a., n.* サル(の).

similar *a.* 類似の, 同類の, 相似の.

similarity 類似(点), 相似.

similarly *ad.* 類似して, 同様に.

simile *Rhet.* 直喩《例 — as busy as a bee, a face like marble》.

similitude 類似, 相似, 外形.

simmer *v.* ぐつぐつ煮える, ぐつぐつ煮る; 今にも爆発しようとしている. **simmer down** 静まる.

simon-pure *a.* 本物の.

simoom シムーン, 砂嵐《アラビア砂漠の熱風》.

simp =simpleton.

simpatico *a.* 気性の分かった.

simper *n., v.* ばか笑い(をする), 作り笑い(する).

simple *a.* 単一の, 単純な; 簡単な; 容易な; 質素な; 淡白な; 純な, 無邪気な; 誠意ある; 卑しい; ばかな, お人好しの; まったくの.
— *n.* 単一物.

simplehearted *a.* たくらまない, 純真な.

simple interest *Fin.* 単利.

simple machine 単純機械《てこ・滑車・斜面・くさび・輪軸・ねじなど》.

simpleminded *a.* うぶな; 愚かな, 子供っぽい.

simpleton ばか, 間抜け.

simplex *a., n.* 単一の; *Telecom.* 単信式の;

単信システム.

simplicity 単一, 単純, 簡単; 質素, 淡白; 平易; 素朴, 無邪気, 純真; 誠実; 愚鈍.

simplification 平易化, 簡略化.

simplify v. 簡単にする, 単純にする, 簡略化する.

simplistic a. 単純過ぎる, 短絡的な.

simply ad. 単純に, 簡単に; 単に; 地味に; 無邪気に; 愚直に; まったく, とても.

simulacrum 像, 姿, 面影; にせ物.

simulate v. ふりをする, 装う; 真似る; 模擬実験をする.

simulation 真似, 見せかけ; 模擬実験, シミュレーション.

simulator シミュレーター《模擬訓練装置》.

simulcast v. AM·FM 同時放送する, ラジオ·テレビ同時放送する.

simultaneity 同時発生, 同時性.

simultaneous a. 同時の, 同時に起こる (*with*).

simultaneous interpretation 同時通訳.

sin n. (宗教·道徳上の)罪, 罪悪, 罪業; (礼儀作法上の)あやまち, 違反 (*against*); ばけげたもの. **live in sin** 同棲する. — v. 罪を犯す, (礼儀作法などに)そむく (*against*).

Sinai シナイ《スエズ運河とイスラエルとの間の紅海に面する半島》.

Sinanthropus 北京原人.

since *conj.* …以来, この方; …だから, の上は, であるからには. — *prep.* …以来, …以後. — *ad.* その後, それ以来, (何年)前.

sincere a. 真実の, 誠実な, 裏表のない.

sincerely *ad.* 心から, 本当に. **Sincerely yours** =**Yours sincerely** 敬具.

sine *Math.* サイン, 正弦.

sinecure 名目だけで実務のない官職, 閑職.

sine die (L) 無期限に.

sine qua non (L) 必要条件, 必要資格.

sinew n. *Anat.* 腱; [*pl.*] 筋肉, 腕力, 力; 力の源泉, 元気; 支え, 資力. — v. 力をつける.

sinewy a. 筋骨たくましい, 筋肉質の; 力のこもった.

sinful a. 罪のある, 罪深い, 勿体ない.

sing v. 歌う; 鳴く, さえずる; 鳴る, 歌になる; (犯罪者が)密告する; 自白する; 歌を歌って…させる (*into, to*). **sing out** 叫ぶ, どなる. **sing small** 控え目に振る舞う. — n. 歌うこと; 合唱の集まり.

Singapore シンガポール《Malay 半島南端の共和国》.

singe v. 焦がす, 焦げる; (髪に焼きごてを当てる); (鳥を)毛焼きする, (布の)けばを焼く; (名声を)傷つける. — n. 焦げ.

singer 歌手, 声楽家; 鳴き鳥; 詩人.

singer-songwriter シンガーソングライター.

Singhalese a., n. =Sinhalese.

single a. 唯一の, 一人の, たった一つも, たった一人も; 単一の, 単独の; 独身の; 一対一の, シングルスの; *Bot.* (花が)単弁の, 一重の; (機械が)単式の; 団結した; ひたすらの, 誠心誠意の. — n. 単一, 一個; 独身者(用の部屋); 一人用寝室; (ホテルの)シングルルーム; (ウイスキーの)シングル; 片道切符; 単打; [*pl.*] (テニスなどの)シングルス; [*pl.*] 1ドル紙幣; シングル盤(レコード). — v. えり抜く, 選抜する (*out*). — *ad.* 一人で.

single-breasted a. (上着が)片前の, シングルの.

single entry *Bookkeeping* 単式記帳法.

single-eyed a. 片目の; 献身的な, 誠実な.

single file 一列縦隊.

single-handed a., ad. 片手の, 片手で; 独力の, 独力で.

single-hearted a. 誠実な, 純真な.

single-lens reflex camera 一眼レフ(カメラ).

single-minded a. 専心の.

singleness 単一, 単独; 誠実, 専心.

single-phase a. Elec. 単相の.

singles bar (独身男女向けの)バー.

single-seater 単座飛行機, 単座自動車.

singlet シングレット(ジャージーの下着).

single tax 単税.

singleton Cards 一枚札(の手); 一つずつ起こる物, 単生児.

single-track a. 単線の; 融通のきかない.

singletree =whiffletree.

singly ad. 単独に, 一人で, 一個で; 一つずつ, 一人ずつ, 別々に.

singsong a., n. (お経を読むように)単調な(調子).

singular a. 異常な, 珍しい, 風変わりな; 無類の; Gram. 単数の. — n. Gram. 単数.

singularity 単一(性); 異常, 風変わり; 特性, 特徴.

singularly ad. 珍しく, 奇妙に; 特に.

Sinhalese a., n. スリランカ(人)の, シンハラ語の, スリランカ人, シンハラ語(スリランカの公用語).

sinister a. 不吉な; 人相の悪い; 邪悪な, 陰険そうな.

sinistral a. 左側の, 左ききの; 左巻きの.

sink v. 沈む, 沈める, 没する; 下がる, 下げる, 減る; 弱る, 衰える; (声など)低くする, (声など)低くなる; (ほおが)おちる, 下を向く, しょげる; 落ちぶれる, 倒れる; 静まる, (眠りに)陥る; しみ込む(into); (井戸を)掘る; 打ち込む, 埋める; (多くは不利に)投資する, (資本を)投じて失う; くじく; 隠す; 無視する, 省く; (土地が)傾斜する; (評価・評判を)失う, 落とす; お(借金を)払う, 清算する; Ball Game (ボールを)バスケットに入れる, (ボールを)ホールに入れる. **sink in** 十分に理解する. **sink or swim** のるかそるか. — n. (台所の)流し, 下水溝.

sinker 沈む物, おもり; ドーナツ; Baseball シンカー.

sinkhole 流し台の穴, 下水孔.

sinking fund 減債基金.

sinless a. 罪のない; 潔白な.

sinner (宗教・道徳上の)罪人; 不信心者.

sinologist, sinologue 中国学者.

sinology 中国学.

sin tax 罪悪税(たばこ・酒・賭博などの税).

sinuate a. Bot. (葉の縁が)波状の.

sinuosity 湾曲(部), (川・道の)曲がり角.

sinuous a. 曲がりくねった, 波状の; 不正直な.

sinus Anat., Zool. 洞; Med. 瘻.

Sioux スー族(北米 Dakota のインディアン).

sip v., n. すする, 吸う; すすり, 一口.

siphon n., v. サイフォン, 吸い上げ管; (炭酸水などを入れる)サイフォン瓶; (サイフォンで)吸い上げる.

sippet (焼き)パン切れ.

sir [目上の男性に対する呼び掛け]あなた, 先生, もし; [S-] サー(baronet, knight の爵位を有する人の敬称, Sir Charles Jones, Sir Charles という).

sire n. (馬・犬などの)雄親, 種馬. — v. (種馬が子を)生ませる.

siren Gk Myth. [pl.] セイレーン(地中海の孤島に住んでいた半人半鳥の魔女たち, その美しい歌声で船人を誘い寄せて殺したという); 美声の歌手; 怪美女; サイレン.

Sirius Astron. シリウス, (天)狼星.

sirloin (牛の)上部腰肉, サーロイン.

sirocco シロッコ(サハラ砂漠から地中海沿岸に吹く熱風).

sirup =syrup.

sis =sister.

sisal Bot. サイザル麻(ロープ用).

siskin Ornith. マヒワ.

sissified a. いくじのない, にやけた.

sissy いくじなしの男;ホモ;気難しい男; =sister.

sister 姉妹;(教会などの)婦人会員; *Rom. Cath.* 修道女,シスター;(病院の)看護婦長.

sister city 姉妹都市.

sisterhood 姉妹関係,姉妹の情;(伝道・慈善などの)婦人団体;修道女会.

sister-in-law 義姉,義妹.

sisterly *a.* 姉妹の(ような);友愛に富んだ.

Sistine Chapel システィナ礼拝堂(Vatican宮殿中の教皇の礼拝堂).

Sisyphus *Gk Myth.* シシフォス(天罰として,いくら上げても落ちる大石を山上に押し上げる仕事をさせられた悪王).

sit *v.* すわる,腰をかける,着席する,着席させる;(馬などに)乗る;場を占める;議席を有する;(試験を)受ける;(鳥が)とまる,うずくまる;卵を抱く;(議会などが)開会する,(裁判所が)開廷する;(服などが)似合う(on),調和する;負担になる,(食べ物が)もたれる;位置する,じっとしている;肖像を描かせる,写真をとらせる;(風が…から)吹く;放置されている,そのままである;ベビーシッターをする;看病する;押さえつける,黙らせる,伏せておく(on). **sit at table** 食卓につく. **sit at work** 仕事を始める. **be sitting pretty** 有利な地位を占めている. **sit back** (椅子に)深々とすわる,ふんぞり返る;積極的活動をやめる. **sit down** すわる,腰をかける;すわり込みストライキをする. **sit down under** (取り扱いを)素直に受ける. **sit for** …区の代議士である. **sit in** 参加する;すわり込みストをやる;=baby-sit. **sit in judgment** 裁判する;批判する. **sit on [upon]** …を審議する,(委員会などの)委員である;叱る,へこます. **sit out** (演芸など)終わりまで見続ける,終わりまで聞き続ける;(他人より)長居する;ダンスをせずにいる. **sit up** (病人など)起き上がる,上半身を起こしてすわる;寝ずに起きている;驚く,急に警戒する. **sit well**

with 同意を得る.

sitar シタール(インドの弦楽器).

sitcom =situation comedy.

sit-down *n.* すわり込みストライキ,すわり込み抗議. ― *a.* 食卓にすわってする.

site (町・家などの)位置,敷地,用地.

sit-in すわり込み抗議(参加者),すわり込みストライキ(参加者).

sitter すわる人;肖像を描かせるためにすわる人;すわり込みスト参加者;巣鳥;=baby-sitter.

sitter-in =baby-sitter.

sitting 着座;(肖像画などの)モデルになること;会期;(教会などの)定席. **at a sitting** 一気に,一度に.

sitting duck やさしい標的,カモ.

sitting room 居間.

situated *a.* 位置している;…の立場にある,…の境遇にある.

situation 位置,場所,敷地;立地条件;事情,形勢,事態;(奉公人などの)勤め口;急場,大詰め.

situation comedy 連続ホームコメディー.

sit-up 起き上がり腹筋運動.

sit-upon 尻.

sitz bath 腰湯.

Siva *Hinduism* シバ(破壊と創造の神).

six *n., a.* 6(の),6個(の),6人(の). **at sixes and sevens** 乱雑に,混乱して,不一致で.

sixfold *a., ad.* 6倍の,6重の,6倍に,6重に.

six-footer 6フィートの人,6フィートのもの.

six-pack (缶・瓶など)6個入りボール箱.

sixpence 6ペンス(硬貨).

sixpenny *a.* 6ペンスの,安物の.

six-shooter 6連発拳銃.

sixteen *n., a.* 16(の),16個(の),16人(の).

sixteenth *n., a.* 第16番目(の);$1/16$(の).

sixth *n.*, *a.* 第 6 番目(の); ¹/₆(の).

sixth sense 第六感; 直感.

sixtieth *n.*, *a.* 第 60 番目(の); ¹/₆₀(の).

sixty *n.*, *a.* 60 (の), 60 個(の), 60 人(の).

sixty-fourth note *Mus.* 64 分音符.

sixty-four-thousand-dollar question 非常に重要な問題.

sixty-nine =soixante-neuf.

sizable, sizeable *a.* かなり大きい, 手頃の.

size¹ *n.* 大きさ, 大小, 寸法; (帽子・手袋などの)サイズ, 型, (紙などの)判; 真相, 実状 . **of a size** 同じ大きさの, 同じ大きさで. —*v.* 大小に分類する, 大小で並べる. **size down** 順次に小さくする. **size up** 寸法をとる; (人物などを)評価する; 要求に応じる, 条件を満たす.

size² *n.*, *v.* サイズ, 陶砂, 織物用糊(を塗る).

sizing 糊付け, にじみ止め.

sizzle *v.*, *n.* しゅーしゅーいう(音); 焼けるように暑い; 怒ってかっかとしている.

sizzler 激しい手紙, 攻撃; 強打; 猛烈に暑い日.

SJ Society of Jesus イエズス会. **SJD** doctor of juridical science.

skate¹ *n.*, *v.* スケート(をする); スケート靴(で滑る); 卑しい奴. **skate over** うまくしゃべらないようにする.

skate² *Ichthy.* ガンギエイ.

skateboard スケートボード.

skater スケートする人.

skating スケート, 氷滑り.

skating rink ローラースケート場, 屋内スケート場, スケートリンク.

skedaddle *n.*, *v.* 潰走(する), 急いで逃げる.

skein (糸の)かせ, 束; もつれ; (鳥の)群れ.

skeletal *a.* 骨格の, 骸骨の.

skeleton 骨格, 骸骨; 骨組み; 概要, 骨子. **skeleton in the cupboard [closet]** 家庭の秘密.

skeletonize *v.* 骸骨にする; 概要を記す; 激減させる.

skeleton key 合い鍵.

skeptic 懐疑論者, 無神論者.

skeptical *a.* 懐疑的な, 疑い深い; 無神論の.

skepticism 懐疑(論), 無神(論).

sketch *n.* 草案, 見取り図; 大要; (人物などの)素描, スケッチ; 写生画, スケッチ, 下絵; 小品, 写生文, 寸劇. —*v.* 写生する; 簡単に描写する, 略述する.

sketch-block はぎとり画帳.

sketchbook スケッチブック, 写生帳; 小品集, 随筆集.

sketchily *ad.* スケッチ風に; ざっと.

sketchy *a.* 小品風の; 概略の, 簡単な, 不完全な.

skew *a.*, *n.* 斜めの, 歪んだ, 非対称の; 歪み, 曲がり.

skewbald *a.* ぶちの, 斑の.

skewer *n.*, *v.* 焼き串(に刺す).

skewwhiff *a.*, *ad.* 歪んだ, 歪んで.

ski *n.*, *v.* スキー(で滑る); 水上スキー(板).

skibob スキーボブ《短いスキーにハンドルと座席をつけた乗り物》.

ski boot スキー靴.

skid *n.* (車の)横滑り, 空転; (車の)歯止め, 枕木. **on the skids** 失敗しそうで. —*v.* (車が)横滑りする; 横滑りを止める.

skidlid (バイク用)ヘルメット.

skid row どや街.

skier スキーヤー.

skiff 小舟, 軽舟.

skiffle *Mus.* スキッフル《ジャズとフォークの混じり合った演奏, ジャズとフォークの混じり合ったグループ》.

skijoring (馬などに引かせる)スキー遊び.

ski jump (スキーの)ジャンプ台, シャンツェ; (スキーの)ジャンプ競技.

skil(l)ful *a.* 巧みな，上手な，熟練した (*at*, *in*).

skil(l)fully *ad.* 上手に.

ski lift スキーリフト.

skill 熟練，巧妙，手腕，手際，(特殊)技術 (*in*).

skilled *a.* 熟練した；熟練を要する.

skillet フライパン；(足付き)シチュー鍋.

skim *v.* (かすやクリームなどを)すくい取る (*off*)；(表面を)かすって行く，滑る；ざっと目を通す，拾い読みする；(博打のもうけなどを)隠す《脱税のため》. — *n.* (上澄みの)すくいとり，(すくい取った)上澄み；(もうけなどの)隠匿.

ski mask スキーマスク.

skimmer 網じゃくし，ひしゃく；*Entom.* アメンボ.

skim milk 脱脂乳，スキムミルク.

skimp *v.* けちけちする；節約する，切り詰める，つましく暮らす.

skimpy *a.* 乏しい；けちけちした，貧弱な.

skin *n.* 皮膚；(獣の)皮；(酒などを入れる)皮袋，(果物などの)皮；1ドル紙幣；[*pl.*](ジャズ用)ドラムセット；けち，ぺてん師；スキン，コンドーム.
by the skin of one's teeth やっと，命からがら. get under one's skin 怒らせる. in [with] a whole skin けがなく. save one's skin けがを免れる. — *v.* 皮をはぐ；(果物の)皮をむく；皮で覆う，(傷に)皮ができる (*over*)；(金を)まきあげる，詐取する；こっぴどくやっつける，ひどく非難する；そっと出る. keep one's eyes skinned うんと用心する.

skin cream スキンクリーム.

skin-deep *a.* 皮一重の；浅薄な.

skin-dive *v.* スキンダイビングをする.

skin diving スキンダイビング.

skin flick ポルノ映画.

skinflint けちな人.

skinful 腹一杯.

skin game 詐欺，ぺてん.

skin grafting *Med.* 植皮(法).

skin magazine ヌード雑誌，ポルノ雑誌.

skinner 毛皮商人.

skinny *a.* 皮の(ような)，やせこけた.

skinny-dip *v.*, *n.* すっ裸で泳ぐ(こと).

skin-pop *v.* (麻薬を)皮下注射する.

skint *a.* 文無しの.

skintight *a.* 体にぴったり合った.

skin-track *v.* レーダーで軌道を追跡する.

skip[1] *v.* 跳びはねる，はね回る；縄跳びする；拾い読みする，飛ばす (*over*)；学年をとばして進級する；(話題・職業などを)急に変える，慌てて去る；逃げる，高飛びする. — *n.* 軽く跳ぶこと，スキップ，跳び歩き；ひと跳び；省略；*Computer* ページ送り；略式のダンス.

skip[2] *Mining* バケツ；トロッコ.

skip[3] (lawn bowling のチームの)主将.

skipjack 水中から飛び上がる魚.

skipper[1] はねる人，はねるもの；*Entom.* セセリチョウ．＝skipjack.

skipper[2] (小船の)船長；(チームの)主将.

ski rack キャリアー《スキー板などを積むため車の屋根につける》.

skirl 金切り声.

skirmish *n.*, *v.* 小ぜりあい(をする)，いざこざ(を起こす).

skirmisher 斥候兵.

skirt *n.* (婦人服の)スカート；(着物の)すそ，(車両などの)スカート；(町・森などの)周辺，郊外，へり；女. — *v.* すそを回る，巡る，境を接する，へりに沿って行く (*along*).

skirting すそ地，スカート地.

ski run スキー滑走路，ゲレンデ.

ski suit スキー服.

skit 軽妙な小品文，軽妙な風刺文；寸劇.

ski touring スキーツアー《雪原の横断》.

ski tow スキートー《ロープにつかまらせてスキーヤーを頂上に運ぶ》.

skitter *v.* (水面を)すべるように飛ぶ.

slam

skittish *a.* 浮気な, むらきな;(馬が)物に 驚き
やすい.

skittle [*pl.*; *sing.* 扱 い] 九 柱 戯; 九 柱
戯用の木 柱.

skive *v.* (革などを)剝ぐ, 削る; さぼる.

skiver 革さき刀; 製本用薄革.

skivvy 下女; [*pl.*] 下着.

skiwear =ski suit.

skoal *int.* 乾杯.

skua *Ornith.* トウゾクカモメ.

skul(l)duggery いんちき, 不正.

skulk *v.* こそこそ歩く; こっそり逃げる, 隠れる; ず
るける. ── *n.* こそこそする 人.

skull されこうべ, 頭蓋骨, 脳天; 頭, 頭脳.

skull and crossbones どくろ 印 《されこう
べの下に大腿骨を十字に組み合わせた絵で死の
象 徴; 昔の海賊の旗 印 》.

skullcap (老人用)丸頭巾.

skunk *n., v. Zool.* スカンク(の毛皮); 卑劣 漢;
零 敗(させる).

skunk cabbage *Bot.* ザゼンソウ; ミズバショウ.

sky 空, 大空; [*pl.*] 気候, 空模様; 天(国).
praise to the skies ほめちぎる. **out of a
clear [blue] sky** だしぬけに. **the sky is the
limit** 限りがない.

sky bear 警察用ヘリコプター(に乗った警官).

sky blue 空色.

sky-blue *a.* 空色の.

skycap (空港の)赤帽.

skydiving スカイダイビング《パラシュート 降下
競 技》.

Skye terrier スカイテリア《テリア犬の一 種》.

skyey *a.* 天の; 空色の.

sky-high *a., ad.* 空まで高い, 空まで高く; 熱
烈に; 粉 々に, こっぱみじんに.

skyjack *v.* (航 空機を)乗っ取る.

skyjacker 航空機の乗っ取り犯 人.

Skylab スカイラブ《地 球を回る宇宙 ステーショ
ン》.

skylark *n., v. Ornith.* ヒバリ; ばか騒ぎ(をする).

skylight スカイライト, 天 窓.

skyline (山などの)空を画する輪 郭, スカイライン,
地平 線.

sky pilot 聖 職者, 牧師; 飛行士.

skyrocket *n., v.* 打ち上げ花火; 急に 上
昇 する, 急 騰する.

skyscraper 摩天楼, 高層建築.

skytrooper 落下傘部隊 員.

skytroops 落下傘部隊.

skywalk 高層建築の渡り廊下.

skyward *a., ad.* 空に向かった, 空に向かって.

skyway 航空路; 高架式高速道路.

skywriting (飛行機による)空 中 文字.

slab *n.* (石・木などの)厚板; 石板; 平板; (パ
ン・菓子などの)平たい厚切り; 手 術 台.
── *v.* 厚板にひく.

slabber *n., v.* =slobber.

slab-sided *a.* ひょろ長い.

slack[1] *a.* たるんだ, 緩い, のろい, だらしのない, 怠
慢な; 元気のない, だるい;(市 況 が)緩慢な; 不
景気な. ── *n.* (縄などの)たるみ; 不景気; よどみ
水 ; *Computer* ゆとり, スラック; [*pl.*] スラックス.
── *v.* 緩める (*off*); 緩む, だれる, 怠ける, のろくす
る (*up*), 弱まる; (石 灰を)消 和する.

slack[2] *Mining* 粉 炭.

slacken *v.* たるむ, 緩む, 緩める, 緩和する;(仕
事 など)だれる, 怠ける.

slacker 怠け者; 兵 役忌避者.

slack water (川などの)よどみ; *Naut.* 潮だる
み.

slag かなくそ, スラッグ; 火山岩滓; 淫乱な 女 .

slake *v.* (渇き・飢えなどを)満足させる;(石 灰を)
消 和する.

slalom *Ski.* 回転滑降 競技, スラローム.

slam[1] *v.* ぴしゃりと締める, ぴしゃりと締まる; どんと
置く (*down*), 打ち当てる, こきおろす. ── *n.* どん,
ぴしゃり; 酷 評 ; =slammer.

slam[2] *n., v. Cards* 全 勝 (する).

slam-bang *ad.* どたんばたんと; 向こう見ずに.

slam dunk =dunk shot.

slammer 刑務所.

slander *n., v.* 悪口(を言う), 中傷(する), 虚偽の宣伝(をする).

slanderer 中傷者.

slanderous *a.* 中傷的な, 口の悪い.

slang *n.* 俗語, スラング, (ある社会での)通語, 専門語. — *v.* だます, 俗語を使う, ののしる.

slangy *a.* 言葉が下等な; 俗語を使う; けばけばしい.

slant *n.* 傾斜; 坂; 偏向; 斜線(/); 横目(の一瞥); 観点; ゆがんだ見解. — *a.* 傾斜した. — *v.* 傾斜する, 傾斜させる; 偏見をもって見る; 偏見をもって提供する.

slantwise *ad.* 斜めに.

slap *v., n.* (平手などで)ぴしゃりと打つ; 平手打ち; 拒絶, 侮辱, 非難. **slap down** 譴責する. — *ad.* ぴしゃりと; 突然; ぴったり, ちょうど.

slap-bang *ad.* 突然; そんざいに.

slapdash *a., ad.* 性急な, 性急に, そこつな, そこつに; 向こう見ずな, 向こう見ずに.

slaphappy *a.* 楽しい; ふらふらになった.

slapjack パンケーキの一種.

slapstick (道化芝居に使う)先の割れた打棒; どたばた喜劇.

slap-up *a.* 一流の, すばらしい.

slash *v.* なで切りにする, めった切りにする, 切りおろす; 鞭打つ; 細長く切る; (裏地や下着を見せるために衣服に)スリットを付ける; 酷評する; 削減する; 削除する, 改訂する; 値段を切り下げる. — *n.* なで切り; 長い切り傷, 深傷; 長い切れ目; (衣服の)スリット; 削減, 削除; 斜線; 放尿, おしっこ.

slashing *a.* なで切りする; 猛烈な, 激しい; すばらしい.

slat[1] (木や金属の)細長い薄板, 小ざね; [*pl.*] 肋骨; 尻.

slat[2] *v.* 音をたててぶつかる.

slate *n.* スレート, 石盤; 候補者名簿. **clean slate** 立派な経歴. — *v.* スレートで屋根をふく; 候補者名簿に載せる; 予定する; 酷評する.

slate club (毎週少額の金を払い込む)共済組合.

slather *v.* 厚く塗る, こってりと塗る(*on*).

slating 酷評.

slattern だらしない女.

slatternly *a., ad.* だらしない, だらしなく; 汚い, 汚く.

slaughter *v.* (食肉用に家畜を)殺す; 虐殺する; 多数の人を殺す; 徹底的に負かす. — *n.* 畜殺; 虐殺, 大殺戮; 完敗.

slaughterhouse 畜殺場.

slaughterous *a.* 殺伐な, 残忍な, 破壊的な.

Slav スラブ人, スラブ語.

slave *n., v.* 奴隷; とりこ; 奴隷のように働く, あくせく働く(*at*); (サド・マゾの)いじめられ役.

slave driver 奴隷監督人; こき使う雇い主.

slaveholder 奴隷所有者.

slaver[1] 奴隷売買人; 奴隷(貿易)船.

slaver[2] *n., v.* よだれ(をたらす), よだれでぬらす; おべっか(を使う).

slavery 奴隷の身分; 奴隷制度; 屈従, 苦役.

Slave State 奴隷制度があった州.

slave trade 奴隷売買.

slavey 下働きの女中.

Slavic *a., n.* スラブ人の, スラブ語の; スラブ語.

slavish *a.* 奴隷的な, 卑劣な, 卑屈な; 盲目的にまねた, 独創性に欠けた.

Slavonic *a., n.* スラブ民族の; スラブ語(の).

slaw キャベツサラダ.

slay *v.* 殺害する; 徹底的に喜ばす, 徹底的に驚かす.

SLBM submarine-launched ballistic missile 潜水艦発射弾道ミサイル.

sleaze 低俗さ, 安っぽさ.

sleazy *a.* (織物が)ぺらぺらの; だらしのない; 安っぽい.

sled *n., v.* そり(に乗る), そりで運ぶ; (雪滑りをする)小型そり(で滑る).

sledding そりで滑ること; (仕事などの)進行状況.

sledge *n., v.* 大ぞり, 馬ぞり(に乗る), 馬ぞりで運ぶ.

sledge(hammer) (両 手で使う)大ハンマー.

sleek *a.* (毛・皮膚など)すべすべした, なめらかな, こぎれいな; 口先のうまい, もっともらしい. ── *v.* なめらかにする, なでつける.

sleep *v.* 眠る; 泊まる, 泊める; (こまが)澄んで回る; 活動しない; 死ぬ; (異性と)寝る (*together*, *with*). **sleep around** (女 が)相手選ばず寝る, 乱交する. **sleep away** [*off*] 寝て過ごす; (頭痛などを)眠って直す. **sleep on** [*upon*] …を一晩寝て決心する. **sleep over** 外泊する. ── *n.* 眠り, 睡眠; 睡気; 睡眠時間, ひと眠り; 休止, 永眠; しびれ; 目やに. **go to sleep** 眠る; (手足が)しびれる. **the last sleep** 死.

sleeper 睡眠者; つまらない授業 ; 枕 木; 寝台車; [*pl.*] (幼児用の)ねまき, パジャマ; 予想外に成功した人, 予想外に成功したもの, 掘り出しもの.

sleeper seat リクライニングシート.

sleepily *ad.* 眠そうに.

sleepiness 眠気.

sleeping *a.* 眠っている; 睡眠用の.

sleeping bag (探検者用などの)寝袋 .

sleeping car 寝台車.

sleeping partner 匿名社員.

sleeping pill 睡眠薬(丸薬).

sleeping sickness *Med.* 眠り病 ; 嗜眠性脳炎.

sleepless *a.* 不眠の; 不断の.

sleepwalker 夢遊病者.

sleepwalking 夢遊病 .

sleepy *a.* 眠い, 眠そうな, 寝ぼけた; 眠くする; ぼんやりした.

sleepyhead ねむがりや, 寝坊.

sleet *n., v.* みぞれ(が降る).

sleety *a.* みぞれの降る.

sleeve *n.* 袖, たもと; レコードジャケット; 別のケースを入れるケース. **laugh up one's sleeve** 腹の中で笑う. **up one's sleeve** ひそかに用意して.

sleeveless *a.* 袖なしの.

sleeve link カフスボタン.

sleigh *n., v.* (乗 用)馬ぞり(に乗る).

sleigh bell そりの鈴.

sleight 手際, 早業; 策略 . **sleight of hand** 手先の早業, 手品; 策略 .

slender *a.* 細い, やせた; 心細い, 不十分な, 乏しい.

slenderize *v.* 細くする; やせる.

sleuthhound 捜索犬; 探偵.

slew[1] *v., n.* = slue[1].

slew[2] たくさん.

slewed *a.* 酔っぱらった.

slice *n.* (切った)一切れ, 一片; 部分; 分け前 ; 薄刃包丁 ; *Sports* (打球の)スライス. ── *v.* 薄く切る; 薄く切り取る (*off*); 裂く.

slick *a., ad.* なめらかな, なめらかに; ずるい; 巧みな, しゃれた; 性的魅力のある; まんまと, まともに. ── *n.* (上 質 光 沢 紙 に印刷した)高 級 通俗雑誌. ── *v.* きれいにする, 磨く.

slicker レーンコート; ずるい人.

slide *v.* 滑る, 滑らす, 滑走する; 滑り行く, 滑り通る. **let slide** かまわぬ, なりゆきに任せる. ── *n.* 滑ること, ひと滑り, 滑走; 滑り道, 滑り坂; 滑り台; (幻灯用)スライド; (顕微鏡の)スライド; 地滑り, なだれ; ズボンのポケット.

slide fastener チャック.

slider 滑り金 ; *Baseball* スライダー.

slide rule 計算尺 .

sliding door 引き戸; 障子.

sliding scale *Econ.* (賃金・税金などを物価

の変動に応じて定める)スライド制.

slight *a.* 少しの, かすかな, 僅かな, 乏しい; やせた, か弱い. — *n.* 軽蔑, 軽視, 冷淡 (to, upon). — *v.* 軽蔑する, 侮る.

slightingly *ad.* 軽蔑して, 軽んじて.

slightly *ad.* 少しばかり, かすかに; 細く.

slily *ad.* =slyly.

slim *a.* ほっそりした, やせた; くだらない, 貧弱な; ずるい. — *v.* やせさせる, やせる.

slime *n.* (川底や大水の後に残る)泥; (カタツムリや魚などの)ぬめり, 粘液; 悪臭のある粘着物. — *v.* (泥で)覆う; 泥だらけになる.

slimily *ad.* ぬるぬると.

slimmer ダイエット中の人.

slimming スリミング《やせるための減食・運動など》.

slimnastics 減量体操.

slimy *a.* ぬるぬるした, 粘液性の; 泥深い, 泥だらけの; 汚い; さもしい.

sling[1] *n.* ぱちんこ, 投石機; 一撃; (負傷者の)腕吊り(包帯); (銃の)負い革; *Naut.* 吊り鎖. — *v.* (投石機で)投げる; 吊る, 吊るす. **sling one's hook** 立ち去る.

sling[2] スリング《ジンに果汁・香味などを加えた飲料》.

slingshot ぱちんこ.

slink *v.* こそこそ歩く, そっと歩く, こっそり逃げる (off, away). — *n.* (牛などの)早産子.

slinky *a.* こそこそした; ほっそりした; (ガウンなど)ほっそりとなだらかに垂れた.

slip[1] *v.* 滑る, 滑りころぶ; そっとはいり込む (in), そっと出る (out, off, etc.); こっそり逃げる, するっと抜ける, するっと抜く, はずれる, 放す; (服を)急いで着る, (服を)急いで脱ぐ; (時が)過ぎる; しくじる; (頭・記憶などから)抜ける, 消える; (口から)すべって出る, うっかり洩れる. **let slip** 滑らす, 失言する. **slip away** [off] こっそり去る. **slip up** 間違える. — *n.* 滑り; 仕損じ, 失策, 言い損ない; 細長い紙片, 伝票; 犬紐; 枕カバー; 婦

人用下着, スリップ; (棒組みの)校正刷り; [pl.] 水泳パンツ; *Hort.* 挿し木, 継ぎ穂; (岩壁の)船着き場; 歩道. **give one the slip** 人の目をくらまして逃げる, 人をまく.

slip[2] *Ceram.* 泥漿.

slipcover (椅子・ソファーの)カバー.

slipknot 引き結び.

slip-on スリッポン《紐・ボタンなどの付いていない靴・手袋・ガードル・プルオーバーなど》.

slipover スリップオーバー《簡単に着脱できる衣服》, プルオーバー.

slipped disk [disc] *Med.* 椎間板ヘルニア.

slipper *n.* 上靴, (踵のついた)スリッパ; (車の)歯止め. — *v.* スリッパで打つ.

slippery *a.* 滑る, つるつるした; つかみ所のない; 当てにならない, ずるい.

slippy *a.* =slippery; 手早い.

slip-road (高速道路の)進入路, 退出路.

slipshod *a.* 踵のへった靴をはいた; だらしのない; (著作など)ずさんな.

slipstick 計算尺.

slipstream (プロペラの)後流.

slipup 間違い.

slipway 造船台.

slit *v.* 切り開く, 細長く切る; 縦に裂く, 縦に裂ける. — *n.* 長い切り目, 細長い穴, 隙間; (スカートなどの)スリット; (自動販売機などの)硬貨投入口; 女性器.

slither *v.*, *n.* ずるずる滑る(こと), 滑って行く(こと).

slithery *a.* 滑る.

slitskirt スリット入りスカート.

slit trench *Mil.* たこつぼ.

sliver *v.*, *n.* 細長く裂く, 細長く切る; 細長く裂いた一片; そげ; スライバー, 篠《目の荒い繊維》.

slob 薄汚い人; 泥.

slobber *n.*, *v.* よだれ(を流す); 過度の愛情を示す; 泣き言(を言う).

slobbery *a.* よだれをたらす; 泣き言を言う; 泥だ

らけの.

sloe *Bot.* リンボク(の実).

sloe gin スロージン《リンボクの実で香りをつけたジン》.

slog *v., n.* 強く打つ, めった打ち; せっせと働く, とぼとぼ歩く (*away, on*).

slogan 標語, スローガン; (宣伝用の)歌い文句.

slogger 強打者; 勤勉家.

sloop *Naut.* スループ《一本マストの帆船》.

slop *n.* こぼれ水; 泥水; [*pl.*] (台所などの)汚れ水, 残飯; [*pl.*] (牛乳・かゆなどの)流動食; [*pl.*] 安物の既製服, 水兵服.
— *v.* こぼす, こぼれる; 泥水をひっかける, びしゃびしゃ歩く; (豚などに)残飯をやる.

slop basin 湯こぼし.

slope *n.* 坂, 斜面; 斜地; 傾斜, 勾配; *Math.* 傾き, 傾斜. — *v.* 傾斜する, 傾斜させる, 坂になっている; ずらかる.

sloppy *a.* 水たまりだらけの, 水のこぼれた; どろどろの; (食べ物などが)水っぽい; だらしのない; めそめそした, たわいのない; 酔った; (衣服が)ゆったりした.

slosh *n.* =slush. — *v.* (水を)はね飛ばす; ひどくなぐる.

sloshed *a.* 酔った.

slot[1] *n., v.* 細長い穴, (自動販売機などの)(料金)投入口; (テレビ・ラジオなどの)時間帯; =slot machine; 女性器; 溝(を彫る); 口をつける, 穴をつける; 位置(づける); (…をひと続きのものの中へ)入れる.

slot[2] (シカなどの)足跡, 臭跡.

slot car スロットカー《溝の上を走る電気仕掛けの模型競争車》.

sloth 怠惰, 不精; *Zool.* ナマケモノ.

slot machine 自動販売機; (賭博用)スロットマシン.

slot racing スロットカーレース.

slot television コインテレビ.

slouch *n.* 前かがみ, 前かがみの歩きぶり; (帽子のへりの)たれ下がり, 不器用者, 不精者.
— *v.* ぶざまにかがんで歩く, ぶざまにかがんで立つ, ぶざまにかがんですわる; (帽子のへりを)下げる, (帽子のへりが)下がる.

slouch hat 縁が自由に曲がるソフト帽.

slouchy *a.* ぶざまにかがんだ; だらしのない, 不精な.

slough[1] 泥沼, ぬかるみ, 泥道; 絶望状態.

slough[2] *n.* かさぶた; (ヘビの)抜け殻. — *v.* 脱ぎ落とす, 脱落する.

sloughy[1] *a.* 泥深い.

sloughy[2] *a.* 抜け殻のような, かさぶたの; 抜け替わる.

Slovak *a., n.* スロバキアの; スロバキア人(の), スロバキア語(の).

Slovakia スロバキア《チェコスロバキア東部の地方》.

Slovakian *n., a.* =Slovak.

sloven (身じまいなど)だらしのない男, 不精者.

slovenly *a., ad.* だらしのない, だらしなく; 不注意な.

slow *a.* 遅い, のろい; (時計が)遅れて(いる); 遅鈍な; 活気のない; 不景気な, つまらない, 退屈な.
— *ad.* =slowly. — *v.* 速力をゆるめる, 遅らせる (*down, up, off*).

slow coach のろま; 時代遅れの人.

slowdown 減速, 停滞; 怠業.

slow-footed *a.* 足の遅い.

slowly *ad.* 遅く, のろく, ゆっくりと.

slow-motion *a. Motion Pictures, TV* (高速度撮影による)スローモーションの.

slowpoke のろま.

slow-witted *a.* 遅鈍な, 飲み込みの遅い.

slowworm *Zool.* アシナシトカゲ.

SLR single-lens reflex (camera).

sludge 軟泥, 泥, 雪解け, ぬかるみ; へどろ.

sludgy *a.* ぬかるみの.

slue[1] *v.* 振る, 回る, 回す (*round*). — *n.* 回転, ねじれ.

slue² =slough¹.

slug¹ *n.* *Zool.* ナメクジ; ばら弾, 散弾; ピストルの弾; *Print.* インテル; (自動販売機用の)代用硬貨; (ウイスキーなどの)一杯. ── *v.* 怠ける; ばら弾を込める.

slug² *v.* =slog.

slugfest ひどい打ち合い, 打撃戦.

sluggard 怠け者.

slugger 強打者; ボクサー.

sluggish *a.* のろのろした, 緩やかな; 活気のない; 怠惰な.

sluice *n.* 堰, 水門; (水門でせき止められた)堰水, 奔流; (砂金採取の)流し樋; (比喩的に)はけ口; ざぶざぶ洗うこと. ── *v.* 水門を設ける; 水門を開く; どっと流す (off); 流れ出る (out); 水びたしにする, 水を流して洗う (out).

sluice gate 水門.

slum *n.* [多く *pl.*] 貧民街, 貧民窟, (貧民の住む)裏通り, スラム街. ── *v.* 貧民窟を訪れる.

slumber *v., n.* すやすや眠る, まどろむ; 無為に過ごす; 眠り, 睡眠; 無気力, 沈滞.

slumberous, slumbrous *a.* 眠い, 眠くなる, 眠気を催させる; 怠惰な, 無活動の.

slummy *a.* スラムの, 不潔な.

slump *n.* (物価・需要などの)暴落, がた落ち, 激減; (活動・元気などの)不調, スランプ. ── *v.* 急に落ちる, ばったり倒れる; 暴落する, 激減する.

slumpflation *Econ.* スランプフレーション《不況下でのインフレ》.

slur *v.* 一続きに言う, 一続きに書く, 一続きに歌う, 一続きに奏する; *Mus.* (二つ以上の音符を)なめらかに続けて演奏する; 中傷する, なおざりにする, 見逃す (over). ── *n.* 不明確な続けざまの言い方, 不明確な続けざまの書き方; *Mus.* スラー, 連結線《◡ ⌒》; そしり, 汚辱, 汚点.

slurp *v., n.* ぴちゃぴちゃ飲む(音), ずるずる食べる

slurry *n.* スラリー《粘土・セメントなどに水を混ぜたもの》. ── *a.* ぬかるみの, どろどろの.

slush 雪解け; ぬかるみ; 潤滑油; ばかに感傷的なこと; たわごと.

slush fund 不正資金.

slushy *a.* 雪解けの; ばかげた; 感傷的な; 屑の.

slut だらしのない女.

sluttish *a.* だらしない, 不品行な.

sly *a.* ずるい, こすい, 陰険な; いたずらな, 茶目な. **on the sly** こっそりと.

slyboots いたずら者, お茶目.

slyly *ad.* ずるく, 陰険に; 茶目に.

slype 通廊.

SM master of science.

smack¹ *n., v.* 気味, 味, 風味; 味がする; 気味がある (of).

smack² *v.* 舌鼓を打つ; 音をたててキスする; ぴしゃりと打つ; (鞭を)ぱちぱち鳴らす. **smack down** 鼻っ柱を折る, 叱る. ── *n.* 舌鼓; 音の高いキス; 鞭の音; ぴしゃり(という音), 平手打ち; ヘロイン. **have a smack at** …をやってみる. ── *ad.* ぴしゃりと, いきなり, まともに.

smack³ (いけすを備えた)小型漁船.

smacker ぴしゃりという一撃; 音の高いキス; [*pl.*] ドル, ポンド.

small *a.* 小さい; ささやかな, 僅かな; つまらない; 狭量の, けちな; 時間が短い. **…and small wonder** …だがもっともな事. **feel [look] small** しょげる. **no small** 少なからぬ, 多大の. ── *ad.* (声など)低く, 小さく. ── *n.* 小さな部分, 細い部分; 腰部のくびれ; [*pl.*] 半ズボン; (Oxford 大学の)B.A. 学位の第一次試験.

smallage 野生のセロリ.

small arms 携帯用武器.

small beer 弱い下等なビール; つまらないこと, つまらない人.

small capital 小型頭文字.

small change 小銭; つまらない物, つまらない人.

smallclothes 小物衣類《下着など》.

small fry 子供達; 小魚, ざこ.

smallholder (特別借地契約による) 小自作農.

small hours (1時, 2時頃の) 深夜, 夜半過ぎ.

small intestine *Anat.* 小腸.

smallish *a.* やや小さい.

small letter 小文字.

small-minded *a.* 狭量な, 卑劣な.

small one ウイスキーの少量.

small potatoes 取るに足らない人, 取るに足らないもの.

smallpox *Med.* 天然痘.

small-scale *a.* 小規模の.

small screen テレビ.

small talk 雑談.

small-time *a.* つまらない, 下等な, 小規模の.

smarmy *a.* おべんちゃらをいう, いんぎん無礼な.

smart *a.* 気のきいた, 抜け目のない, 利口な, 生意気な; 上手な; 活発な; 激しい, 鋭い, 痛い; スマートな, 粋な, ハイカラな; 出しゃばった; 油断のならない, 何でもやりかねない; (機器が) コンピューター化した; 誘導弾の, ミサイルの. ― *v.* うずく, 痛む; 悩む, 苦しむ; 罰せられる, ひどいめにあう (*for*). ― *n.* 激痛; 苦悩, 傷心; 怒り; [~(s)] 才気; (専門) 知識.

smart aleck とてもうぬぼれた人.

smarten *v.* 粋にする, 粋になる, しゃれる (*up*).

smartly *ad.* 利口に; 激しく; こぎれいに; きびきびと.

smart set 極端に流行を追う社会; おしゃれな連中.

smarty, smartie 知ったかぶりの人.

smash *v.* 粉砕する; 打ち砕く, 破壊する, 崩壊させる, 崩壊する; 打ち破る; 衝突する (*into*), 激しく打つ, 投げつける; *Tennis* スマッシュを打ち込む. ― *n.* 破砕; 衝突; 破壊; 破滅; 破産; スマッシュ《砂糖・香味料を加えた冷たいアルコール飲料》; 強打; *Tennis* スマッシュ; = smash hit. **go to smash** 破滅する, 破産する. ― *ad.* びしゃっと, がちゃんと.

smashed *a.* 酔っぱらった.

smasher 猛烈な一撃; すばらしい人, すばらしい物.

smash hit 大当たり, 大成功.

smashing *a.* 猛烈な, 徹底的な; すばらしい.

smashup 粉砕; 破産; 大衝突.

smattering 生かじり, 半可通 (*of*).

smaze (<smoke+haze) スメイズ《煙と煙霧が混じったもの》.

smear *v.* 塗る, なすりつける; 汚す, 汚れる; (文字など) ぼやける, かすれる, 不鮮明にする; (偽りの評判などをたてて人の) 名を傷つける; 徹底的にやっつける, 完敗させる. ― *n.* 汚れ; 誹謗; *Med.* 塗抹標本.

smear test *Med.* スミア試験《子宮癌の検査》.

smear word 人を中傷する言葉.

smeary *a.* 汚れた, しみのついた; 塗りたての, べとべとした.

smegma *Physiol.* (亀頭や陰核の) 恥垢, スメグマ.

smell *v.* (匂いを) かぐ, かいでみる (*at, of, about*); 匂う, …臭い, の匂いがする (*of*); 臭い, 腐臭がする, 悪臭がする; 不快にみえる, 不正にみえる. **smell out** かぎ出す, 探り出す. ― *n.* 嗅覚; 匂い; 気味.

smelling bottle 気つけ薬入れ.

smelling salts 気つけ薬.

smelly *a.* (いやな) 匂いのする.

smelt *v.* (鉱石を) 溶解する, 精錬する, 吹き分ける.

smidgen 少量.

smilax *Bot.* サルトリイバラ.

smile *n., v.* 微笑 (する), ほほえみ, ほほえむ; あざ

笑い; 好意を示す(*on, upon*); 運が向く.
smile diplomacy 微笑外交.

smilingly *ad.* にこにこして.

smirch *v., n.* 汚す; 汚れ, 汚点.

smirk *v., n.* にやにや笑う, にやにや笑い.

Smirnoff *Trademark* スミルノフ《ウオッカ》.

smite *v.* (病気が)襲う; 魅了する; 強打する.

smith 鍛冶屋; 金属細工人.

Smith スミス. **Adam Smith** (1723–90) スコットランドの経済学者.

Smith & Wesson *Trademark* スミスアンドウェッソン《拳銃》.

smithereens 粉みじん, 破片.

smithery 鍛冶職; 鍛冶工場.

Smithsonian Institution スミソニアン協会, スミソニアン博物館.

smithy 鍛冶屋の仕事場.

smock *n.* (小児・婦人などの)上っ張り, 作業服, (幼児の)いたずら着, スモック; =smock frock.
— *v.* スモックを着ける.

smock frock 野良着, 仕事着.

smocking スモッキング《ひだ飾り》.

smog (<*smoke*+*fog*) スモッグ, 煙霧.

smogless *a.* スモッグのない.

smoke *n.* 煙(状のもの), 湯気; 喫煙, 一服; たばこ; 実体のないもの; アヘン, マリファナ(たばこ). — *v.* 煙を出す; 煙る, いぶる; 湯気が立つ; 燻製にする; いぶす, 煙で汚す; たばこを吸う. **smoke out** いぶし出す; 見つけ出す.

smoke alarm 煙警報器.

smoke bomb 発煙弾, 発煙筒.

smoke detector 煙感知器.

smoke helmet 消防帽.

smokehouse 燻製場.

smoke-in マリファナ自由化要求集会.

smokejack 焼き串回し.

smokeless *a.* 無煙の.

smoke meter 煙(の濃度, 成分)測定器.

smoker 喫煙者; 喫煙車; 喫煙室; = smoking concert.

smoke screen 煙幕.

smoke shell *Mil.* 煙弾.

smokestack (汽船・機関車・工場の)煙突.

smoke tree *Bot.* カスミノキ.

Smokey ハイウェイパトロールの巡査.

smokily *ad.* 煙って.

smoking *n., a.* 喫煙(の).

smoking car (列車の)喫煙車.

smoking concert 喫煙自由の音楽会.

smoking gun [pistol] (犯罪の)決定的証拠.

smoking jacket スモーキングジャケット《男子の家庭着》.

smoking room 喫煙室.

smoking-room *a.* 猥褻な, 下品な.

smoky *a.* いぶる, 煙る; 煙い; 煙色の, 煤けた; 煙のような.

smo(u)lder *v., n.* いぶる, くすぶる; 内向する; いぶり, くすぶり.

smolt 二歳子のサケ.

SMON disease スモン病.

smooch[1] *n., v.* いちゃつき; キス, 愛撫, 抱擁; チークダンス(の曲); いちゃつく; (チークダンスの最中などに)キスする, 愛撫する, 抱擁する.

smooch[2] *n., v.* =smudge.

smooth *a.* 滑らかな, すべっこい, つやつやした; なだらかな, 平らな; 静かな; 円滑な; (言葉が)流暢な; (物事が)順調な, 好都合の; (態度が)おだやかな; お世辞のいい; (味が)柔らかい, 口当たりのいい; 髭のない; すぐれた, すてきな, 才気ある; いきな, シックな; いんぎんな, 気持よい.
— *v.* 滑らかにする, 平らにする, のす, ならす, なでつける (*out, down*); (邪魔物など)取り払う (*out, away*); おさめる. — *n.* 平滑にすること, ならし; 平面.

smooth-faced *a.* (若くて)顔のつやつやした;

きれいに髭をそった, 猫をかぶった.

smoothly ad. 滑らかに, すらすらと; 流暢に.

smooth-spoken, smooth-tongued a. 口先のうまい.

smoothy, smoothie 当たりの柔らかな人; 口先のうまい人.

smorgasbord バイキング料理.

smother v. 息を止める, 息が止まる, 窒息させる; (火を)おおい消す; (あくびなどを)かみ殺す; もみ消す, にぎりつぶす (up); 厚く包む; 圧倒する. —— n. 濃い煙, 濃い霧, ひどいほこり, 深い雪; 混乱.

smother love (母親の子に対する)盲愛.

smudge n. 汚れ; (虫よけの)いぶし火. —— v. 汚す; いぶす; にじむ, ぼやける.

smudgily ad. 汚れて.

smudgy a. 汚れた, 不鮮明な.

smug a. ひとりよがりの, 気取った.

smuggle v. 密輸(入)する (in), 密輸出する (out), 隠匿する; そっと持ち込む, そっと持ち出す.

smuggler 密輸業者, 密輸船.

smut n. (一片の)すす, 汚れ; 猥談; (麦の)黒穂病. —— v. 汚す, 汚れる; 黒穂病にかかる, 黒穂病にかからせる.

smutch n., v. 汚れ, 煤; 汚す.

smuttily ad. 汚れて.

smutty a. 汚れた, 猥褻な.

snack 軽い食事, おやつ, 一口.

snack bar 軽食堂, スナック.

snaffle n., v. (馬具の)はみ(をふくませる); 盗み取る.

snafu a., n., v. 混乱した(状態); 混乱させる.

snag n. (河床の)沈み木, 沈床, 暗礁; 思わぬ故障, 思わぬ障害; 瘤, 出っ歯. —— v. 沈み木を取り払う; 暗礁に乗り上げる; 妨げる.

snaggy a. 沈み木の多い, 障害の多い; 瘤だらけの.

snail Zool. カタツムリ; のろま. **at a snail's pace** のろのろと.

snake n. ヘビ; 陰険な人; 警官. **snake in the grass** 隠れた危険. —— v. くねり動く.

snakebird Ornith. ヘビウ.

snakebite (毒)ヘビにかまれた傷.

snake charmer 蛇使い.

snake dance 蛇踊り; ジグザグ行進.

snakeskin 蛇の皮.

snaky a. 蛇の多い; 蛇のような, うねうねした; 陰険な, ずるい.

snap v. (犬などが)ぱくっと噛みつく (at); がみがみ言う; ぽきんと折る, ぽきんと折れる, ぷつりと切る, ぷつりと切れる, ぱちんと締める, ぱちんと締まる; きびきび動く, きびきび言う; ぱちっと発射する; スナップ写真を取る, 速写する; ひったくる (at, up); 飛びつく; どなっていう. **snap out of it** 急に機嫌をなおす. **snap short** ぽきっと折れる. —— n. 噛みつくこと; ぽきんという音, ぱちんという音; スナップ, 止め金; ばね仕掛けの締め金; (天候の)急変, 激変; 寒波; きびきびしたところ, 活気; 小言; 御しやすい人; スナップ(写真); ひったくること; Baseball スナップスロー; 楽な仕事, 楽な科目. **not care a snap** 何とも思わない. —— ad. ぽきんと, ぱちんと, ぷつりと. —— a. たやすい, 簡単な; ばね仕掛けの; 急な, 不意の.

snapdragon Bot. キンギョソウ.

snappish a. (犬が)よく噛みつく; がみがみ言う, 怒りっぽい.

snappy a. =snappish; きびきびした, 元気の良い, (火などが)ぱちぱちいう; スマートな. **make it snappy** 急ぐ, 早くする.

snapshot n., v. 急射, 乱射; スナップ写真(を撮る).

snare n., v. 罠(で捕らえる); (小太鼓の)響線.

snare drum 小太鼓.

snarky a. 機嫌の悪い.

snarl[1] v., n. 歯をむいてうなる(こと); がみがみ言う(こと).

snarl[2] v., n. もつれ(る); 混乱(する), 混雑(する).

snatch v. ひっつかむ; さらう (off, away), 強奪する; 飛びつく, 捕えようとする (at); 急いで取る, やっと取る; (子供を)さらう. —— n. ひったくり, 強盗; わずか, 切れ切れ; ひとしきり, 一働き; 幼児誘拐; 女性器.

snatchy a. 切れ切れの, 不規則な.

snazzy a. しゃれた; 魅力的な.

sneak v. こそこそ行く, こそこそ入る, こそこそ出る, 盗む; 告げ口する. —— n. 卑怯者; 密告者.

sneaker [pl.] スニーカー《ゴム底のズック靴》; 卑劣な人.

sneaking a. 卑劣な, いくじなしの; 内々の.

sneak preview (客の反応を見る)予告なしの試写会.

sneak thief 空巣ねらい.

sneaky a. 卑劣な.

sneaky pete 安酒.

sneer n., v. 軽蔑(する), 冷笑(する).

sneeze n., v. くしゃみ(する); 鼻であしらう; 誘拐(する).

snick v., n. はさみ切る(こと); 刻み目(をつける).

snicker n., v. くすくす笑い, くすくす笑う; 忍び笑い(する); 馬のいななき, (馬が)いななく.

snide a. 卑劣な, 意地の悪い, 嫌味な; 偽の.

sniff v. 鼻をする; くんくん嗅ぐ (at); 嗅ぎつける; 鼻で吸い込む (in, up); 鼻であしらう (at). —— n. くんくん嗅ぐこと; ひと吸い, ひと嗅ぎ; 鼻あしらい.

sniffle v., n. =snuffle.

sniffy a. 鼻であしらう, 高慢な.

snifter スニフター《上が細くなったブランデーグラス》; (酒の)一口; 強い酒.

snigger n., v. =snicker.

snip v. はさみ切る (off). —— n. ひとはさみ; 切れ端, 断片; [pl.] (金属板切りの)手ばさみ, ブリキばさみ; 青二才; もうけの多い取り引き, バーゲン品.

snipe n. Ornith. シギ; (たばこの)吸いさし. —— v. シギ猟をする; (敵を)狙撃する.

sniper シギ猟をする人; Mil. 狙撃兵.

snippet 切れ端, 断片; 僅か; 断片的知識, 抜粋.

snippy a. 断片的な; つんとした, 横柄な.

snit いらいら.

snitch v. 盗む, ひったくる; 密告する.

snivel v., n. はな(をたらす); すすり泣き(する), 涙声(を出す), 哀れっぽい様子(をする).

snob 紳士を気取る俗物; 目上にへつらい目下を軽蔑する人, スノッブ.

snobbery 紳士気取り, 俗物根性.

snobbish a. 紳士気取りの, 俗物の.

snobbism =snobbery.

SNOBOL Computer スノーボル《プログラム言語の一種》.

snog n., v. キス(する).

snood ヘアネット(風の帽子).

snook スヌック《手を広げ親指を鼻先に当てて見せる軽蔑のしぐさ》.

snooker n. スヌーカー《玉突きの一種》. —— v. 邪魔をする.

snoop v. 詮索する, うろうろする. —— n. =snooper.

snooper おせっかい屋; 検査官.

snoopy a. のぞき回る; せんさく好きの.

Snoopy スヌーピー《漫画の主人公の犬》.

snoot 鼻; 顔; しかめつら.

snootily ad. 横柄に, 気取って.

snooty a. 紳士気取りの, 思いあがった.

snooze n., v. うたた寝(する), 居眠り(する).

snore n., v. いびき(をかく).

snorer いびきをかく人.

snorkel シュノーケル《潜水艦の通気管; 潜水者用呼吸管》.

snort v. 強く鼻息を吹く; (軽蔑・怒りなどを表すために)鼻を鳴らして言う (out); (蒸気機関が)蒸気を吹き出す; 麻薬をかぐ. —— n. 荒い鼻息; 鼻を鳴らす事; 蒸気を吹き出す音; (ウイスキーなどの)ぐい飲み.

snorter ひどく大きいもの, 難しいもの, 鼻を鳴ら

すもの; 暴風; 激しい叱責;(ウイスキーなどの)くい飲み.

snorty *a.* 不愉快な, 不賛成な.

snot 鼻水.

snout (豚・犬などの)鼻,(人の)大鼻;(ホースの)筒先.

snow *n.* 雪; 降雪; [*pl.*] 積雪; 雪白, 白髪; *TV* スノー《画面の白い斑点》; 粉末コカイン, ヘロイン. ── *v.* 雪が降る; 殺到する; 丸めこむ, だます, 繰り返し言う. **be snowed in** [**up**] 雪に閉じ込められる, 雪で覆う. **be snowed under** 雪に埋められる; 圧倒される.

snowball *n., v.* (雪合戦の)雪だま;(寄付者が順次に次を勧誘する)雪だるま式寄付募集; 雪合戦をする; 雪だるま式にふくれる.

snowbank 雪の吹きだまり.

snowbelt 豪雪地帯.

snowbird *Ornith.* ユキホオジロ; コカイン常用者; 避寒客.

snow-blind *a.* 雪盲の.

snow blindness 雪盲.

snowblink (雪原の)照り返し.

snowbound *a.* 雪にとざされた.

snow bunting *Ornith.* ユキホオジロ.

snowcap 山頂の雪.

snowcapped *a.* 白雪をいただいた.

snow chain タイヤチェーン.

snowdrift 雪の吹き寄せ.

snowdrop *Bot.* スノードロップ, 雪の花.

snowfall 降雪(量).

snowfield 雪原.

snowflake 雪片.

snowhole (露営用の)雪洞.

snow job 巧みなうそ.

snow leopard *Zool.* ユキヒョウ.

snow line 雪線《高山で万年雪の限界線》.

snowmaker 人工雪製造機.

snowmaking *a.* 人工雪製造用の.

snowman 雪だるま.

snowmobile 雪上車.

snow panther ＝snow leopard.

snowplow 雪かき; 除雪機, 除雪車.

snowshed (鉄道の)雪崩よけ.

snowshoe 雪靴, かんじき.

snowslide, snowslip 雪崩.

snowstorm 大雪, 吹雪.

snowsuit (子供などの)防寒服.

snow tire スノータイヤ.

snow train スキー列車.

snow-white *a.* 雪白の.

snowy *a.* 雪の多い, 雪の降る, 雪の積もった; 雪白の; 清浄な.

snub *v.* 鼻であしらう, はねつける, ひじ鉄砲をくわせる,(人の発言を)急に制止する, つれなく断る;(たばこを)もみ消す;(船・馬などを)急に止める;(たばこの)先をつぶして火を消す. ── *a.* しし鼻の. ── *n.* けんつく, 冷遇.

snubby *a.* しし鼻の.

snub-nosed *a.* しし鼻の.

snuff[1] *v.* 鼻から吸う; くんくん嗅ぐ, 嗅ぎつける. ── *n.* 嗅ぎたばこ. **up to snuff** 抜け目のない;(体の)調子がよい.

snuff[2] *n., v.* 蠟燭の芯の燃え残り;(蠟燭の)芯を切る. **snuff out** (蠟燭を)消す; 消滅させる; 死ぬ, 殺す.

snuffbox 嗅ぎたばこ入れ.

snuffer [*pl.*] (蠟燭の)芯切り(ばさみ).

snuffle *v.* 鼻をつまらせる, くんくんいわせる; 風邪声で話す, 鼻声で話す. ── *n.* 鼻声; [*pl.*] 鼻風邪.

snuffy *a.* 嗅ぎたばこで汚れた, 嗅ぎたばこ臭い; うす汚い; 機嫌の悪い.

snug *a.* (こぢんまりと)居心地のいい, きちんとした, 気持ちのいい;(収入など)不自由のないほどの, 相当な.

snuggery 居心地のいい場所, 気持ちのいい家, 気持ちのいい部屋.

snuggle *v.* すり寄る, すり寄せる, 寄り添う, 抱き

寄せる (*up, in*).

so *ad., conj.* そう, その通り; それほど, そんなに; …するくらいに, するほどに; そんなぐあいに, まさに; 非常に; それで, だから; 同様に, また. ― *int.* そうか; まさか《驚き・賛成・疑いなどを表す》. **or so** ほど, ばかり. **so...(that)** 非常に…なので; くらいに… **so...as to** するように…; するほど… **So many men, so many minds.** 十人十色. **so so** かなり. **so that...** するように(*may* [*can*]…); それで, そのため. **so to speak** 言わば. **so what?** それだからどうしたというのだ.

SO seller's option.

soak *v.* 浸す, つける, つかる (*in*); 濡らす, ずぶ濡れになる; 吸い込む (*in, up*); しみ通る (*in, into, through*); 大酒を飲む; 法外な値を吹っかける; ひどく殴る. ― *n.* 浸すこと, 浸透; 大降り, 降り続き; 酒宴; 大酒飲み.

soakage 浸すこと; しみ込み; 浸透液.

so-and-so だれそれ; 何々.

soap *n., v.* 石鹼(で洗う); おべっか(を使う); わいろ; 昼メロ(的なもの). **no soap** 不承知; 失敗.

soapberry *Bot.* ムクロジ.

soap-boiler 石鹼製造人.

soapbox 石鹼荷箱; (街頭演説の)演台.

soap bubble シャボン玉.

soap opera ソープオペラ《もと石鹼会社が提供したような昼間の連続ラジオメロドラマやテレビメロドラマ》.

soap plant *Bot.* シャボンノキ.

soap powder (中性の)粉石鹼.

soapstone 石鹼石.

soapsuds (泡のたった)石鹼水.

soap wort *Bot.* シャボンソウ.

soapy *a.* 石鹼の(ような), すべすべした, 石鹼だらけの; お世辞のいい; メロドラマのような.

soar *v.* 舞い上がる; (思想などが)高揚する; 上昇する; (グライダーが)滑翔する; (物価が)暴騰する.

sob *v.* すすり泣く, 涙にむせぶ, 泣きながら言う (*out*); (風などが)ざわざわする; 息をはずませる. ― *n.* すすり泣き; ざわざわいう音.

SOB (<son of a bitch) 野郎, 畜生.

sober *a.* 穏健な, 真面目な; 酔っていない, 素面の; 酒を飲まない; (色が)落ち着いた, 地味な, 冷静な; ありのままの. ― *v.* 酔いをさます, 酔いがさめる (*up, off*); 落ち着く, 落ち着かせる, 静まる, 静める (*down*).

sobersides [*sing., pl.* 扱い] 真面目な人.

sobriety 真面目, 素面; 穏健; 正気; 禁酒.

sobriquet (F) あだ名, 仮名.

sob sister センチメンタルな記事を書く記者.

sob story お涙頂戴の小説, お涙頂戴の記事.

sob stuff お涙頂戴もの《身の上話・小説・映画など》.

so-called *a.* いわゆる.

soccer サッカー.

sociability 社交性.

sociable *a.* 社交的な, 懇親的な, 人好きのする; 社交上手な. ― *n.* 懇親会.

sociably *ad.* 社交的に, 打ち解けて.

social *a.* 社会の, 社会的な; 社交的な, 打ち解けた; 社交界の, 上流社会の; 社会生活を営む; 群居する, 群生する; 社会主義の. ― *n.* 懇親会.

social anthropology 社会人類学.

social climber 立身出世をねらう野心家, 社交界に入ろうとする野心家.

social column (新聞・雑誌の)社交欄.

social contract 民約説; 労働協約.

Social Credit *Econ.* 社会資産説.

social dance 社交ダンス.

social democracy 社会民主主義.

social democrat 社会民主党員.

social disease 性病.

social insurance 社会保険.

socialism 社会主義.

socialist *n.*, *a.* 社会主義者; 社会主義の.

socialistic *a.* 社会主義的な.

socialite 名士.

sociality 社交性, 群居性, 交際好き.

socialize *v.* 社会(主義)化する, 国有化する; (人を)社交的にする; (人と)つき合う; 社交活動をする.

socialized medicine 医療社会化制度.

social psychology 社会心理学.

social science 社会科学.

social security 社会保障(制度); 生活保護.

social service 社会奉仕; 社会福祉事業.

social studies 社会科.

social welfare 社会福祉.

social work 社会福祉事業.

social worker 社会福祉指導員, 社会福祉主事.

society 社会(共同体); 上流社会, 社交界; 会, 学会, 組合; 交わり, 交際.

sociobiology 社会生物学.

sociocultural *a.* 社会文化的な.

sociodrama *Sociol.* ソシオドラマ《役割分担した即興劇により, 集団の効果的運営を計る》.

socioecology 社会生態学.

sociogram *Sociol.* ソシオグラム《集団内の人間関係を図表化したもの》.

sociolinguistics 社会言語学.

sociologist 社会学者.

sociology 社会学.

sociometry 計量社会学.

sock[1] 短い靴下, ソックス. **pull up one's socks** ふんどしを締めてかかる.

sock[2] *v.*, *n.* 打つ; 強打.

socket (物のはまる)穴, 受け口, 軸受け, (電球・ろうそくなどの)差し込み穴, ソケット; くぼみ;

Anat. 窩, 腔.

socko *a.* すばらしい, 大成功の.

Socrates ソクラテス《470?–399 B.C.; 古代ギリシャの哲学者》.

Socratic *a.* ソクラテス流の. — *n.* ソクラテス学徒.

sod[1] *n.*, *v.* 芝(で覆う); 芝生.

sod[2] =sodomite; ばか者, 厄介者; やつ.

soda ソーダ, 重曹; ソーダ水, クリームソーダ.

soda ash ソーダ灰.

soda cracker ソーダクラッカー.

soda fountain ソーダ水売り場; ソーダ水容器.

soda water ソーダ水, 炭酸水.

sodden *v.* 浸す, つける; 酒浸りにする, ふける, ぼける. — *a.* びしょ濡れの; (パンが)生焼けの; ふやけた; 酒浸りの, (アルコール中毒で)ぼけた.

sodium *Chem.* ナトリウム.

sodium bicarbonate *Chem.* 重炭酸ナトリウム.

sodium chloride *Chem.* 塩化ナトリウム, 食塩.

sodium hydroxide *Chem.* 水酸化ナトリウム, 苛性ソーダ.

sodium nitrate *Chem.* 硝酸ナトリウム.

sodomite 男色者; 獣姦者.

sodomy 男色; 獣姦.

soever *ad.* [疑問詞と共に用いて](どんなに)…でも.

sofa ソファー.

sofa bed ソファーベッド.

Sofar ソファー《海中爆発により海岸の受信局に位置を知らせる測音装置》.

Sofia ソフィア《ブルガリアの首都》.

soft *a.* 柔らかい, なめらかな, 温和な; 静かな, 落ち着いた, 地味な; 優しい; きゃしゃな; 柔弱な; (攻撃に対して)弱い; 信じやすい, 情にもろい; (言葉など)甘い, 口のうまい; (水が)軟性の; (飲み物が)アルコール分を含まない; (麻薬が)弱い;

（天候が）湿りけの；愚かな；たやすい，楽な；寛大な；（ポルノが）それほど強烈でない；（情報の）確実度が低い；*Com.*（市価など）弱気の；*Phonet.*（c, g が）軟音の；（映画・写真が）軟調の，ソフトの；*Mil.*（戦車が）非装甲の；*Mil.*（ミサイル基地が）核攻撃に対し無防備の；*Aerospace* 軟着陸の；（コンタクトレンズが）ソフトの．
— *ad.* 柔らかに，穏やかに，静かに，ふんわり．
— *n.* 柔らかい物，柔らかい部分．

softball ソフトボール（のボール）．

soft-boiled *a.*（卵が）半熟の．

softbound *a.* 紙表紙の．

soft coal 軟炭，瀝青炭．

soft copy *Computer* ソフトコピー《表示装置に表れる記録に残らない文字や画像》．

soft-core（性描写が）露骨でない，ソフトコアの．

softcover *n., a.* ペーパーバックの（本）．

soft drink 清涼飲料．

soften *v.* 柔らかにする，柔らかになる，和らげる，和らぐ，優しくする；軟水にする，軟水になる．

softener ＝water softener.

soft-focus *a., n. Phot.* ソフトフォーカス（の）．

soft goods 織物類．

softheaded *a.* うすばかの．

softhearted *a.* 心の優しい．

softie （＝softy）．

soft-land *v.* 軟着陸する．

soft landing 軟着陸．

soft line 柔軟路線．

soft-line *a.* 柔軟路線の．

soft-liner 軟軟派（の人）．

softly *ad.* 柔かに；穏やかに，静かに．

soft palate 軟口蓋．

soft pedal （ピアノの）ソフトペダル．

soft-pedal *v.* ソフトペダルを用いる；（言葉を）和らげる．

soft rock ソフトロック《エレキ音を抑えたデリケートなロック》．

soft sell 穏やかな商法．

soft soap 液体石鹼；お世辞；うまく丸めこむこと．

soft-soap *v.* おべっかを使う．

soft-spoken *a.* 物言いの優しい．

soft spot 好感；弱点．

soft-top 折り畳み式屋根の車．

soft touch 丸めこまれやすい人．

software *Computer* ソフトウエア《計算機にかけられる電子プログラム技術に関すること全体》；（一般に）利用技術．

softwood 軟材；針葉樹．

softy だまされやすい人，あほう．

soggy *a.*（土地が）じめじめした，水浸しの；（パンができそこなって）ねっとりした；元気のない，遅鈍な，生焼けの．

Soho ソーホー《外国料理，歓楽街として有名な London の中心地区》．

SoHo ソーホー《New York のファッション芸術の中心地》．

soi-disant (F) *a.* 自称の；いわゆる．

soigné (F) *a.* 手入れの行き届いた．

soil[1] 土，土地，地味，温床；国；農業；生育地．

soil[2] *n.* 汚れ，汚物；下肥，こやし．— *v.* 汚す，汚れる，しみをつける．

soil[3] *v.*（牛馬に）青草を食わせて太らせる．

soil pipe （便所の）汚水管．

soilure しみ．

soiree, soirée (F) 夜会．

soixante-neuf (F) シックスティーナイン，69《男女または同性同士同時の口淫》．

sojourn *n., v.* 滞在（する）．

sol[1] *Mus.* ソ音．

sol[2] *Chem.* ゾル，コロイド溶液．

Sol *Rom. Myth.* ソル《太陽神》．

solace *n., v.* 慰め（る），慰安（を与える），和らげる．

solar *a.* 太陽の．

solar battery 太陽電池.

solar calendar 太陽暦.

solar cell 太陽光電池.

solar collector 太陽熱収集器.

solar eclipse *Astron.* 日食.

solar furnace 太陽炉.

solar house (太陽熱利用の)ソーラーハウス.

solarium サンルーム, 日光浴室.

solarize v. 日光にさらす, 感光させる.

solar plexus *Anat.* 太陽神経叢; 胃, みぞおち.

solar pond 太陽(熱)温水池.

solar system 太陽系.

solar time 太陽時.

solar wind 太陽風.

solder n., v. はんだ(で付ける); 接合物.

soldering iron はんだごて.

soldier n. (陸軍の)兵士, 軍人; 下士官; 歴戦の勇士, 名将; (主義のために戦う)闘士; *Entom.* 兵隊アリ; =button man. **soldier of fortune** (報酬や冒険を目的に雇われる)軍人; (主義の)闘士. ― v. 軍人になる, 兵役につく; 忙しそうなふりをする, 仮病を使う.

soldiering 軍隊勤務.

soldierly a. 軍人らしい, 勇ましい.

soldiery 軍人; 軍隊; 軍事訓練, 軍隊知識.

sole[1] n. 足裏, 靴底, 底革; 基部, 下部; *Ichthy.* シタビラメ, ソール; *Mech.* 底板. ― v. (靴の底を)つける, 張り替える.

sole[2] a. 唯一の, 単独の, 独占的な; *Law* 未婚の, 独身の.

solecism 文法違反, 破格語法; 不作法, 不適当.

solely ad. ただ一人で, 単独で; ただ, 単に.

solemn a. 神聖な; 荘重な, 厳粛な; しかつめらしい, 真面目くさった; 儀式ばった.

solemnify v. 厳粛にする.

solemnity 厳粛, 荘厳; しかつめらしさ; 儀式, 祭典.

solemnization 荘厳化; 挙式.

solemnize v. (式を挙げて)祝う, (結婚式を)挙げる; 厳粛にする.

solemnly ad. 厳かに, 重々しく; 真面目に.

Solemn Mass *Rom. Cath.* 荘厳ミサ.

sol-fa n., v. ドレミファ音階(で歌う).

solfège, solfeggio *Mus.* ソルフェージュ《声楽練習方法の一つ; その唱法》.

solicit v. 懇請する, 懇願する; 請う, 勧誘する; (注意などを)誘う, 呼び掛ける; (悪事に)誘う, (売春婦が)客を引く.

solicitor ソリシター《事務を取り扱う弁護士》; 勧誘員.

solicitor general 法務次官(法務長官 (Attorney General) の次位); (一部の州の)法務長, 首席検事.

solicitous a. 気遣う, 心配する (*about, for*); 願う (*of doing*), 熱望する (*to do*).

solicitude 心配, 憂慮; 切望, 熱心; [*pl.*] 心配事, 心配の種.

solid a. 固体の; うつろでない; (メッキでなく)中まで同じ物質の, むくの; 堅固な, 頑丈な; (基礎が)しっかりした, 真実の; 確かな; 資産のある; (人が)信頼できる; 丸々の; 団結した, 結束した, 親密な; 立体の; *Print.* ベタ組みの(複合語が)ハイフンなしで一語の); (食事が)実のある; すてきな. ― n. 固(形)体; *Geom.* 立体; 好意.

solidarity 共同一致, 団結; 社会連帯; *Law* 連帯責任; [S-] 連帯《ポーランドの自治労組組織》.

solid geometry 立体幾何学.

solidify v. 凝結させる, 凝結する, 団結する.

solidity 固形, 固体; 堅固; 確実, 実質性, 立体性.

solid-state a. *Elec.* ソリッドステートの《真空管の代わりにトランジスターなどを用いた》.

solidus *Print.* 斜線.

soliloquize v. 独語する.

soliloquy 独語, 独白.

solipsism *Philos.* 唯我論.

solitaire (F) 一つはめの宝石; *Cards* ソリテール《一人でするトランプゲーム》.

solitarily *ad.* 一人寂しく.

solitary *a.* 独りの, 孤独の, 寂しい; 閑静な, 人里離れた; 単独の, 唯一の. —*n.* 隠者; 独房監禁.

solitude 独居, 孤独, 寂しさ; 人里離れた所.

solo *n.* *Mus.* 独唱(曲), 独奏(曲), ソロ; (仕事などを)一人でやること; 単独演技; 単独飛行. —*a.* 独唱の, 独奏の, 独演の; 単独の. —*ad.* 一人で. —*v.* 単独でやる, 一人でやる; 単独飛行をする.

soloist 独唱家, 独奏家.

Solomon ソロモン《紀元前10世紀ごろのイスラエルの王》; 賢人.

Solomon's seal ソロモンの封印《神秘の力の象徴とされる六星形(✡)》; *Bot.* ナルコユリ.

solon 賢人, 立法家, 国会議員.

so long *int.* さようなら.

solstice *Astron.* (太陽の)至. **summer solstice** 夏至. **winter solstice** 冬至.

solubility 可溶性; 溶解度; 解釈可能.

soluble *a.* 溶解出来る; 解決出来る.

solus (L) *a.* 独りで《脚本の「ト書」用語》.

solute *Chem.* 溶質.

solution 溶解; 溶液; 解釈, 解決, 解決法; 分離, 分解.

solvable *a.* 解ける, 解決できる.

solve *v.* 解く, 解決する; 説明する, 解釈する.

solvency 溶解(力); *Law* 支払い能力.

solvent *a.* *Law* 支払い能力のある; 溶解力がある; 心を和らげる. —*n.* 溶剤, 溶媒.

Somalia ソマリア《アフリカ東海岸の共和国》.

somatic *a.* 身体の; 体腔の.

somatology *Anthrop.* 生体学.

somber, sombre *a.* 薄暗い; 黒ずんだ; 陰気な, 陰鬱な.

sombrero (Sp) ソンブレロ《メキシコなどの広ぶちフェルト帽》.

sombrous *a.* =somber.

some *a.* いくらかの, 多少の; ある, 何かの; 相当多い, かなりの; 大した, すごい. —*pron.* ある人々; いくらか, いくつか. —*ad.* 約; 幾分, 多少; しばらくの間; ずい分, 大いに.

somebody *pron., n.* ある人, 誰か; ひとかどの人.

someday *ad.* いつか.

somehow *ad.* どうにかして, ともかく; どういうわけか. **somehow or other** どうにかして, どうしたことか, ともかく.

someone *pron.* =somebody.

someplace *ad.* =somewhere.

somersault, somerset *n., v.* とんぼ返り, 宙返り(する).

something *pron.* 何か, ある物, ある事; いくらか, 少し; たいしたもの, たいした人; ある真理, いくらかの価値, いくらかの意義; 何か食べ物, 何か飲み物. **something of a** いくらか…, 多少は…. **Something tells me that** …ではないかと思う. —*ad.* やや, 幾分, かなり; 非常に. **something like** 幾分…に似た; およそ.

sometime *a., ad.* 前の, 前…; いつか, 近々, そのうち; ある時, 以前; 時折の.

sometimes *ad.* 時には, 時々.

someway *ad.* 何とかして.

somewhat *ad.* 幾分, 多少.

somewhere *ad.* どこかに, どこかへ, どこかで; おおよそ, 大体.

sommelier (F) ソムリエ《レストランなどのワイン係》.

somnambulant *a.* 夢中歩行する.

somnambulate v. 夢遊する.

somnambulism 夢中歩行, 夢遊病.

somnambulist 夢中歩行者, 夢遊病者.

somniferous a. (薬など)眠気を誘う, 催眠の.

somnolent a. 眠い; 眠気を誘う.

son 息子, 男の子; 義理の息子, 養子; (男子の)子孫; 子弟, 継承者; [呼び掛けで]君, 若者; [the S-] *Christianity*(三位一体の第二位である)子, イエスキリスト. **son of a bitch** 野郎, 畜生. **son of a gun**(親愛の情をこめて)お前. **the Son of God** 神の子, キリスト.

sonance *Phonet.* 有声.

sonant n. *Phonet.* 有声音. — a. 響く; *Phonet.* 有声音の.

sonar ソーナー, 水中(音波)探知機.

sonata (It) *Mus.* 奏鳴曲, ソナタ.

sonata form *Mus.* ソナタ形式.

sonatina *Mus.* 小奏鳴曲, ソナチネ.

sonde *Meteor.* ゾンデ《上層の気象状態を調べる気球など》.

son et lumiere ソンエルミエール《史跡などで行われる照明・音響効果を用いた野外ショー》.

song 歌, 唱歌; 声楽; 歌うこと; 鳴き声; 詩歌; ごく僅か; 大騒ぎ. **for a song** 二束三文に.

Song =Sung.

song and dance 歌と踊りの出し物; 要領を得ない説明, ごまかしの説明.

songbird 鳴鳥; 女性歌手, 歌姫.

songfest フォークソングを歌う集まり.

songsmith 作曲家.

songster 歌手; 歌人; 鳴鳥.

songstress 女性歌手.

songwriter ソングライター《ポピュラーソングの作詞作曲の一方または両方する人》.

sonic a. 音の, 音波の, 音速の.

sonicate v. (細胞・ウイルスなどを)超音波で処理する, (細胞・ウイルスなどを)超音波で崩壊させる.

sonic barrier 音速障壁.

sonic boom [bang] (超音速機による)衝撃波音.

sonic wall =sonic barrier.

son-in-law 娘の夫, むこ, 女婿.

sonnet 14行詩, ソネット.

sonneteer ソネット詩人.

sonny [呼び掛け]坊や.

sonobuoy ソノブイ, 自動電波発振浮標.

sonorant *Phonet.* 共鳴音.

sonority 鳴り響くこと; *Phonet.* 聞こえ.

sonorous a. 鳴り響く, 朗々とした, 格調高い.

sonship 息子であること.

soon ad. 間もなく, じき, 近い内, 早目に; すみやかに, わけなく. **as soon as** …するやいなや. **as soon as possible** できるだけ早く. **no sooner …than** …するやいなや. **sooner or later** 遅かれ早かれ.

sooner 抜けがけ移民; 抜けがけをする人.

soot n., v. 煤(で汚す).

soothe v. (感情・苦痛などを)鎮静させる, 和らげる; なだめる.

soothsayer 占い師, 予言者.

sootily ad. 煤だらけで.

sooty a. 煤けた, 薄黒い.

sop n. (牛乳, スープなどに浸して食べる)パン; 賄賂, 譲歩; ばか, 弱虫, いくじなし; 酒, のんだくれ. — v. (汁に)浸す; 吸い取る(*up*); びしょ濡れにする, びしょ濡れになる.

sophism 詭弁, こじつけ; (古代ギリシャの)詭弁学派哲学.

sophist 詭弁家; [S-](古代ギリシャの)詭弁学者.

sophistic(al) a. 詭弁的屁理屈を並べる.

sophisticate v. 慣れさせる; 高度の教養を

与 える, (知的に) 洗 練 する; (機 械 などを) 精 巧 に する. — n. 世 慣 れた 人, 高度の 教 養 のある 人, あかぬけした 人.

sophisticated a. 世 慣 れた, (知的に) 洗 練 された; 悪 ずれした, こじつけた; (機 械 などが) 精 巧 な, 凝 った; ひねった, 深い 知 識 のある, 深い 経 験 のある.

sophistry 詭 弁 法, ごまかし 論 法, 屁 理 屈.

sophomore (四年制大学の) 二 年 生.

sophomoric a. 生 半 可 な 知 識 を 振り 回 す.

soporiferous a. 催 眠 の.

soporific a., n. 眠 らせる, 催 眠 の; 催 眠 剤, 麻 酔 剤.

soppy a. 湿 っぽい; ずぶ 濡 れの; ひどく 感 傷 的 な, 愚 かな.

soprano Mus. 最 高 音 部, ソプラノ; ソプラノ 歌 手.

Sorbonne [the ~] ソルボンヌ 大 学 (Paris にある).

sorcerer 魔 法 使い, 魔 術 師.

sorceress 女 魔 法 使い, 魔 女.

sorcery 魔 法, 魔 術.

sordid a. 汚 い, むさくるしい; けちな, 卑 しい.

sore a. 痛 い, ひりひりする, ただれた, 皮 のむけた; 辛 い, 悲 しい; 怒 った. — n. ただれ, 赤 むけ; いやな 思 い 出, 古 傷.

sorehead a., n. 怒 りっぽい (人).

sorely ad. ひどく, 痛 んで.

sore throat Med. 咽 頭 炎.

sorghum Bot. モロコシ; モロコシシロップ.

sorority (教 会 などの) 婦 人 会; 女 子 修 道 会; (大学の) 女 子 学 生 クラブ.

sorrel[1] a., n. 栗 毛 の (馬).

sorrel[2] Bot. ギシギシ; カタバミ.

sorrily ad. 悲 しんで; 気 の 毒 に 思 って.

sorrow n. 悲 しみ, 悲 嘆; 不 幸, 難 儀; 後 悔, 遺 憾. — v. 悲 しむ, 嘆 く, 哀 悼 する (at, for, over).

sorrowful a. 悲 しい, 悲 しそうな.

sorrowfully ad. 悲 しんで, 悲 しそうに.

sorry a. 気 の 毒 で, 残 念 で (for, at); すまない, 申 し 訳 ない; 悲 しい; 哀 れな, 情 けない; 惜 しい.

sort n. 種 類, 部 類 (の 人); 品 質; Print. ソート 《ある 型 の 活 字 一 揃 いの 中の 一 字》. **after a sort** 幾 分, やや. **of a sort** 一 種 の, いいかげん な. **of sorts** = of a sort. **out of sorts** 気 分 が 悪 い; 機 嫌 が 悪 い. **sort of** いくらか, 言 わば. — v. 分 類 する, 区 分 する; 選 び 出 す (out).

sorta ad. = sort of.

sorter ad. = sort of.

sortie Mil. (包 囲 を 受 けた 軍 隊 の) 出 撃; 突 撃 隊; 慣 れない 所 への 小 旅 行.

SOS エスオーエス 《遭 難 信 号》.

so-so ad., a. まあまあ (の), よくも 悪 くもなく, よくも 悪 くもない.

sostenuto (It) ad. Mus. (音 を) 続 けて.

sot のんだくれ.

sotto voce (It) ad. 小 声 で.

sou (F) スー 《5 サンチーム 銅 貨》.

soubrette (F) (喜 劇 の) 小 間 使 い, 腰 元 (役).

souchong スーチョン 《中 国 紅 茶 の 一 種》.

soufflé (F) スフレ 《卵 の 白 身 を 泡 立 てて 焼 いた 料 理》.

sough v., n. (風 が) ひゅーと 鳴 る (音), そよく.

souk スーク 《アラブの 市 場, バザール》.

soul n. 霊, 霊 魂, 魂, 精 神, 心; 精 髄; 生 命, 生 気; 感 情; ソウル 《黒 人 演 奏 家 から 伝 わる 強 い 感 動》; 黒 人 の 文 化, 黒 人 としての 自 覚, 黒 人 としての 誇 り, = soul music, soul brother; (行 動・運 動 などの) 中 心 人 物, 指 導 者; 典 型, 化 身, 権 化; 人 間. — a. 黒 人 らしい, 黒 人 の 心 の 通 った.

soul brother 黒 人 の 男, 黒 人 の 仲 間.

soul-destroying a. 気 が 滅 入 るほどに 単 調 な.

souled a. …の 精 神 をもった.

soul food ソウルフッド 《米 国 南 部 の 黒 人 に 人 気 のある 食 用 小 腸・いもなど》.

soulful *a.* 感情をこめた, 魂のこもった.

soul kiss 舌をからませあうキス.

soulless *a.* 魂のない; 無情な.

soul mate 恋人.

soul music ソウルミュージック《黒人霊歌の要素を加えた音楽; リズムアンドブルースなど》.

soul-searching *n., a.* 鋭い自己省察(の).

soul sister 黒人の女性, 黒人の仲間.

sound[1] *n.* 音, 音響; 声, 調子, 騒音; [*pl.*] ポピュラー音楽; 曲, レコード. ──*v.* 音がする, 鳴る, 響く; [補語を伴って](…に)聞こえる, 思われる; 鳴らす; (鐘・らっぱなどで)告げる; 発言する; (検査のために)打って見る; *Med.* 聴診する, 打診する. **sound off** 意見を自由にまくしたてる.

sound[2] *a.* 健全な, 正常な; 完全な; 正しい; 確実な, 堅固な, 安全な; (睡眠・打撃など)十分な, したたかの. **A sound mind in a sound body.** 《諺》健全な身体に健全な精神《が宿らんことを》. ──*ad.* 深く, ぐっすり.

sound[3] *v.* (測鉛などで)深さを測る; (考えなどを)当たってみる, 探ってみる (*on, about, as to*); *Med.* (消息子で)探る; (鯨などが)水底にもぐる. ──*n. Med.* (外科用の)消息子.

sound[4] 海峡, 入り江; (魚の)浮き袋.

sound-alike 似たような名前の人, 似たような名前の物.

sound barrier ＝sonic barrier.

soundboard ＝sounding board.

sound box (楽器の)共鳴箱.

sound camera サウンドカメラ《録音も同時にする撮影機》.

sound effects 音響効果.

sounding[1] *a.* 鳴り響く; おおげさな.

sounding[2] [*pl.*] 測深; 水深, 測鉛の達する所; 大気観測, 調査.

sounding board 反響板; (楽器の)共鳴板; 意見など広める手段《新聞の投書欄など》.

sounding lead 測鉛.

sounding line 測深線.

soundless[1] *a.* 音のない.

soundless[2] *a.* 非常に深い.

soundly *ad.* 健全に; 確実に; 十分に; ぐっすり.

sound multiplex broadcast *TV* 音声多重放送.

sound pollution 騒音公害.

soundproof *a.* 防音の. ──*v.* 防音装置を施す.

sound spectrogram *Phys.* 音響スペクトログラム.

sound track (フィルムの片側に記録した)サウンドトラック; サウンドトラック音楽.

sound waves *Phys.* 音波.

soup *n.* スープ; 濃霧; 馬力. **in the soup** 困って. ──*v.* 馬力を増す, 活気づける (*up*).

soup kitchen (貧者への)無料食堂.

soup line 無料給食施設に並ぶ列.

soupçon (F) 気味; [a ~] 少量 (*of*).

soupy *a.* スープのような; どろどろした; (天候が)どんよりした; 感傷的な.

sour *a.* 酸っぱい; 不機嫌な, 意地の悪い; (土地が)やせた; (ガソリンが)硫黄(化合物)で不純な; 調子はずれの. ──*v.* 酸っぱくする, 酸っぱくなる; 不機嫌にする, 不機嫌になる.

sour ball サワーボール《キャンディー》.

source 源, 水源, 源泉; 原因; (噂などの)出所, 情報提供者, スポークスマン.

source book (歴史研究などの)原典, 資料集.

source language *Ling.* 素材言語《翻訳の原文となる言語》; *Computer* 原始言語.

source material (調査・研究などの)資料.

sour cream サワークリーム.

sourdine *Mus.* 弱音器, (特にトランペットの)ミュート.

sourdough 探鉱者, 古参者.

sour grapes 酸っぱいブドウ《負け惜しみしてほしがらないもの》.

sourpuss 不平家; 陰気な人.

sousaphone *Mus.* スーザフォン《管楽器》.

souse *v.* 塩水につける; 水に浸す, ずぶ濡れにする. — *n.* (塩漬け用の)塩水; (豚の足などの)塩漬け; 水浸し, ずぶ濡れ; 大酒飲み; どんちゃん騒ぎ. — *ad.* ざんぶりと.

soused *a.* 泥酔して.

soutache スータッシュ《細幅の平紐》.

south *n.* 南, 南方, 南部(地方); [the S-] (米国)南部諸州; [the S-] 開発途上国. — *a., ad.* 南の, 南部の; 南向きの; (風が)南からの, (風が)南から吹く; 南へ, 南に.

South Africa 南アフリカ共和国.

South America 南米.

southbound *a.* 南へ向かう.

south by east 南微東.

south by west 南微西.

South Carolina サウスカロライナ《米国南東部の州》.

South Dakota サウスダコタ《米国北中部の州》.

Southdown サウスダウン《ヒツジの品種》.

southeast *n., a., ad.* 南東(地方); 南東の, 南東に, 南東へ; [the S-] 米国南東部; (風が)南東からの, (風が)南東から吹く. **southeast by east** 南東微東. **southeast by south** 南東微南.

southeaster 南東風.

southeasterly *a., ad.* 南東の, 南東へ; (風が)南東からの.

southeastern *a.* 南東の; [S-] 米国南東部(特有の); (風が)南東からの, (風が)南東から吹く.

southeastward *a.* 南東への. — *ad.* 南東(方)へ, 南東(方)に.

southeastwards *ad.* =southeastward.

souther 南風.

southerly *a., ad., n.* 南寄りの, 南寄りに, 南から吹く; 南風.

southern *a.* 南の, 南部の, 南国の; [S-] 南部諸州の; (風が)南からの, 南から吹く.

Southerner 南部地方の人, (米国)南部諸州の人.

southernmost *a.* 最南の.

southland 南国, 南部地方.

South Island (New Zealand の)南島.

South Korea 韓国, 大韓民国.

southpaw *a., n.* 左ききの; 左ききの人, 左腕投手; サウスポー.

South Pole 南極.

Southron 南部諸州人.

southward *n., a.* 南方(の). — *ad.* 南方へ, 南方に.

southwardly *a.* 南向きの; (風が)南からの, 南から吹く. — *ad.* =southward.

southwards *ad.* =southward.

southwest *n., a., ad.* 南西(地方); 南西の, 南西に, 南西へ; [the S-] 米国南西部; (風が)南西からの, 南西から吹く. **southwest by west** 南西微西. **southwest by south** 南西微南.

South-West Africa 南西アフリカ《アフリカ南西部の大西洋岸の地域》.

southwester 南西風.

southwesterly *a., ad.* 南西の, 南西へ; (風が)南西からの, (風が)南西から吹く.

southwestern *a.* 南西の; [S-] 米国南西部(特有)の; (風が)南西からの, (風が)南西から吹く.

southwestward *a.* 南西への. — *ad.* 南西に, 南西へ.

southwestwards *ad.* =southwestward.

souvenir 記念品, 形見, 土産.

sou'wester =southwester.

sovereign *a.* 主権を有する; 自主の, 独立の; 至上の, (薬が)特効のある. — *n.* 主権

者, 君主, 独立国; ソブリン《一ポンド金貨》.

sovereignty 主権, 統治権, 独立国.

soviet n. ソビエト《ソ連邦の政治母胎である評議会》; [the S-] ソ連邦. —a. ソビエトの, ソビエトに支配される; [S-] ソ連邦の.

sovietize v. ソビエト化する.

Sovietologist ソ連研究家.

Sovietology ソ連研究.

Soviet Union ソ連(邦).

sovkhoz ソフホーズ《ソ連の国営農場》.

sow[1] v. (種を)まく, 植え付ける, まき散らす.

sow[2] 雌豚; ブタ.

sower 種まく人; 種まき機.

sox Com. 靴下.

soy 醤油.

soya = soybean.

soybean Bot. ダイズ.

soymilk 豆乳.

sozzled a. 泥酔した.

SP shore patrol.

spa 鉱泉(場), 温泉; スパー《蒸し風呂やトレーニング設備などを持つ(女性用)美容施設》.

space n. 空間; 間隔, 距離; 場所, 空地, 区域, スペース; (時の)間; 行間, 紙面; 大気圏外; 宇宙; (ラジオ・テレビの)コマーシャルの時間. **open space** 空地. —v. 間隔を置いて並べる; Print. 行間をあける.

space age 宇宙時代.

space biology 宇宙生物学.

spaceborne a. 宇宙を運ばれる; 宇宙中継の.

space capsule 宇宙カプセル.

space colony 宇宙島.

spacecraft 宇宙船.

spaced-out a. 麻薬でぼーっとした; 現実離れした.

space fiction 宇宙小説.

spaceflight 宇宙飛行.

spacelab スペースラブ, 宇宙実験室.

spaceless a. 無限の; 空間を占めない.

spaceman 宇宙飛行士; 宇宙人.

space medicine 宇宙医学.

spaceport 宇宙船基地.

space probe 宇宙観測ロケット.

spaceship 宇宙船.

space shuttle スペースシャトル, 宇宙連絡船.

space sickness 宇宙病.

space station 宇宙ステーション.

space suit 宇宙服.

space vehicle 宇宙船.

space walk 宇宙歩行, 宇宙遊泳.

space warp スペースワープ, 空間歪曲《SF中の仮想的現象》.

spacewoman 女性宇宙飛行士.

spaceworthy a. 宇宙航行に耐えうる.

space writer 新聞の一定紙面を行ぎめで書く人.

spacey, spacy a. = spaced-out.

spacing 行間のあき, 間隔. **double spacing** 二行あき. **single spacing** 一行あき.

spacious a. 広々とした, 広大な; おおらかな; 高邁な.

spade n., v. 踏み鍬(で掘る); (トランプの)スペード; 黒人. **call a spade a spade** あからさまに言う.

spadeful 踏み鍬一杯分.

spadework 大仕事; (骨の折れる)準備工作.

spaghetti (It) スパゲッティ.

spaghetti Western マカロニウエスタン.

Spain スペイン.

spall n. (鉱石などの)切片, 破片. —v. 砕く, 割る.

Spam Trademark スパム《缶詰豚肉》.

span[1] n. 親指と小指を張った長さ《通例 9 in.》; 距離, 間隔; 束の間; さしわたし, 全長; Aeronaut. 翼長, 翼幅; スパン《アーチや橋などの支柱から支柱までの距離》, わたり間.

span — v. 指を広げて測る; (橋など)かける (with), かかっている; 広がる, わたる, 及ぶ, またがる; 補う.

span² 一対の馬(など).

Spandex Trademark スパンデックス《ゴムに似たポリウレタン系の合成繊維》.

spangle n., v. [pl.] スパンコール《芝居の衣装などに付けるぴかぴか光る飾り物》; 光る物《星など》, 留め金, スパンコールをつける (with), ちりばめる.

Spaniard スペイン人.

spaniel スパニエル《猟犬》; 追従者.

Spanish n., a. スペインの; スペイン人(の), スペイン語(の), スペイン風の.

Spanish American スペイン系アメリカ人.

Spanish fly Entom. スペインバエ, ゲンセイ.

Spanish mackerel Ichthy. サワラの類.

spank v., n. (平手やスリッパなどで尻を)ぴしゃりと打つ(こと); 疾駆する (along).

spanker Naut. スパンカー《後檣斜縦帆》; すばらしい物; 速い馬.

spanking a., ad. 威勢のいい; すばらしい; まったく.

spanner Mech. スパナー. **a spanner in the works** サボタージュ.

spar¹ Naut. (マストや帆桁に用いる)円材.

spar² v., n. (闘鶏が)蹴り合う; 殴り合う; 口論(する); スパーリング(する).

spar³ Mineral. へげ石, スパー.

Spar 沿岸警備女子予備隊員.

sparable (靴用の)小釘.

spare v. 惜しむ, 節約する; 無しですます, 割愛する, 分けてやる, 裂く; 容赦する, 助ける; 免れさせる. — a. 余分の, 予備の; 乏しい, 切り詰めた; やせた. — n. 貯え, (機械の)予備部分品, スペア, スペアタイヤ; Bowling スペア《2回の投球でピン全部を倒す事, その得点》.

sparely ad. けちけちして.

spare-part surgery Med. 臓器置換外科.

spareribs スペアリブ《豚の肉付きあばら骨》.

spare tire スペアタイヤ; 腰回りの贅肉.

sparing a. 控え目の, 倹約な.

sparingly ad. 倹約して; 寛大に; 控え目に.

spark¹ n. 火花, (電気の)スパーク, きらめき; ひらめき; 生気, 活気; 僅か (of); [pl.] (船の)無電技師. **bright spark** 面白い奴. — v. 火花を出す, スパークする; (…への)導火線となる; 激励する, 鼓舞する. **spark off** …の原因となる.

spark² n. 粋な若者; 色男. — v. 求婚する.

spark arrester 火の粉止め; スパーク止め.

sparkle v. 火花を出す; きらめく; (ぶどう酒など)泡立つ. — n. 火花; きらめき, 生気.

sparkler ダイヤモンド; 美人; 花火; [pl.] 輝く目.

spark(ing) plug (内燃機関の)点火プラグ; (団体の)指導者.

sparring partner Boxing スパーリングパートナー《ボクサーの練習相手》.

sparrow Ornith. スズメ.

sparrow hawk Ornith. ハイタカ.

sparse a. 希薄な, まばらな.

Sparta スパルタ《古代ギリシャの都市国家》.

Spartan a., n. スパルタの, スパルタ人; 質実剛健な(人).

spasm Med. 痙攣; 発作; しばらくの間.

spasmodic a. Med. 痙攣(性)の; 発作的の.

spastic n. Med. 痙性悩性麻痺患者. — a. =spasmodic.

spat¹ 貝の卵, カキの卵.

spat² (<spatterdash) [pl.] 短ゲートル, スパッツ.

spat³ 小競り合い, 口喧嘩; 大雨の(降るような)音; とばっちり, はね.

spatchcock n. 殺してすぐ焼いた鶏肉料理. — v. 挿入する.

spate 大水, 豪雨; (言葉の)ほとばしり; 多数, 多量.

spathe Bot. 仏炎苞.

spatial a. 空間の, 場所の.

spatter v. はねる, はねかける; (悪口・中傷な

どを)浴びせる. — n. はね; 雨の音.

spatterdash [pl.] 革ゲートル.

spatula (金属製の)薄いへら.

spatulate a. へら状の.

spawn n., v. (魚・カエルなどの)卵; (魚・カエルなどが)卵を産む.

spay v. (動物の)卵巣を取る.

SPCA Society for the Prevention of Cruelty to Animals. **SPCC** Society for the Prevention of Cruelty to Children.

speak v. 物を言う, 話す, しゃべる; 演説する; 示す, 表す; 伝える, 語る; (楽器などが)鳴る.
nothing to speak of これと言うほどのこともない.
not to speak of …は言うに及ばず, はもちろん.
roughly speaking ざっと言えば. **strictly speaking** 正確に言えば. **generally speaking** 一般に言えば. **so to speak** 言わば.
speak for 代弁する, 弁護する; 注文する, 申し込む. **speak of** …のことを話す, 噂する.
speak out [up] 思い切って言う, 遠慮なく話す; 大声で言う. **speak to** 話しかける; 叱る; 言及する; 確証する.

speakeasy もぐり酒場.

speaker 話す人, 語り手; 演説者, 発言者, 弁士; [S-](下院の)議長; =loudspeaker.

speakership 議長の職, 議長の任期.

speaking n. 話すこと, 談話, 演説.
— a. 話す; 物を言う(ような), 実証的な, 生き生きした. **not on speaking terms** 会っても言葉をかわす程の間柄でなく, 仲がいして.

speaking trumpet 拡声器.

speaking tube (部屋をつなぐ)伝声管.

spear[1] n., v. 槍(で突く).

spear[2] n., v. 芽(が出る).

spear carrier 手下; 唱導者.

spear gun 水中銃.

spearhead 槍の穂; 先兵, 急先鋒.

spearman 槍兵.

spearmint Bot. ミドリハッカ.

spec (<speculation) 投機.

special a. 特別の, 特殊な; 独特の; 臨時の; 専門の; 並はずれてよい. — n. 特別の人, 特別の物, 臨時の人, 臨時の物; 特派員; 特別列車; 臨時試験; 号外, 特別号; 特別料理; 特別番組; 特売品.

special delivery 速達.

special drawing rights (国際通貨基金の)特別引き出し権.

special effects (映画などの)特殊効果, (映画などの)特殊撮影.

special interest 特別利益団体.

specialism 専門, 専攻.

specialist 専門家, 専門医.

speciality 特質, 特性, 特色; 専門, 得意; 特製品, 特産品.

specialization 特殊化, 専門化.

specialize v. 専門にする(in); 特殊化する, 専門化する; (意味などを)限定する, 詳述する.

Special K Trademark スペシャル K《低カロリーの穀類加工食品》.

special license 結婚特別許可証.

specially ad. 特に, 特別に; わざわざ.

special pleading Law 特別訴答; 自分勝手な議論.

specialty 専門, 専攻, 本職; 特質, 特色; 項目, 箇条; 証書.

specie 正金, 正貨.

species Biol. 種; 種類; Law 形式; Rom. Cath. (ミサ用の)パンとぶどう酒.

specific a. Biol. 種の; 特殊の, 特定の, 独特の; Med. 特効のある; 明確な. — n. 特質; 特効薬 (for); [pl.] 詳細.

specification 詳説, 明記; (機械・設計などの)明細書, (機械・設計などの)仕様書; 明細な箇条.

specific gravity Phys. 比重.

specific heat Phys. 比熱.

specificity 特殊.

specify v. 明白に記す, 明細に記入する.

specimen 標本, 見本, 雛形; 実例; (通例悪い意味で)人物, 変人.

speciosity 見かけ倒し.

specious a. 見かけのいい, もっともらしい.

speck n., v. 小さい点, ぽつ, しみ(をつける); 微分子, 小粒; 見物席; [否定文で]わずか.

speckle n., v. 小斑点(をつける).

speckless a. しみのない, 傷のない.

specs 眼鏡; 明細書.

spectacle 光景, 見世物, 見もの, 壮観, スペクタクル; [pl.] 眼鏡.

spectacled a. 眼鏡をかけた.

spectacular a. めざましい, 壮観な, 劇的な. —n. TV 豪華番組, 豪華ショー.

spectator 見物人, 傍観者, 目撃者.

spectator sports 観客動員力のあるスポーツ.

specter, spectre 幽霊, 妖怪, 化け物; 恐ろしいもの.

spectral a. 幽霊のような, 怪奇な; Optics スペクトルの.

spectrogram 分光写真.

spectrograph 分光写真機.

spectrometer 分光計.

spectroscope Optics 分光器.

spectrum Optics スペクトル; 残像; 範囲.

spectrum analysis Phys. スペクトル分析.

speculate v. 思索する, 沈思する (on); 投機をする, 相場をする (in).

speculative a. 思索にふける, 思索的な; 理論的な; 投機的な, 思惑の.

speculator 相場師, 「ダフ屋」; 思索家, 理論家.

speech 言語(活動), 言葉; 談話, 話し方; 演説; 国語; Gram. 話法.

speech day スピーチデー《終業式の日でスピーチや賞品授与がある》.

speechify v. 演説をする, 一席ぶつ.

speechless a. 口のきけない, 無言の; びっくり仰天した.

speed n. 速力, 速度; 迅速; (車の)変速装置; 性にあうもの, 性にあう人; 覚醒剤; Phot. 感度. **at full speed** 全速力で. —v. 急ぐ (along); 進行する; 速力を増す; 促進する; (運転手が)違反のスピードを出す. **speed up** スピードを増す.

speedball ばりばり仕事をする人; コカインにヘロインなどをまぜた麻薬.

speedboat 快速モーターボート.

speed cop (オートバイに乗った)スピード違反取り締まり巡査, 「白バイ」.

speed gun スピードガン, 球速測定器.

speedily ad. 早く, 直ちに.

speedlight Phot. ストロボ.

speed limit 制限速度, 最高速度.

speed merchant 神風運転者, 暴走族.

speedo =speedometer.

speedometer (自動車などの)速度計, 走程記録計.

speed trap スピード違反監視区域; スピード違反摘発装置.

speedup (列車などの)速度増進, スピードアップ; 生産促進.

speedway (自動車などの)高速道路; 競走路.

speedy a., n. すみやかな; 即時的; 配達人.

speleology 洞窟学, 洞窟探検.

spell[1] 呪文, まじない; 魔力, 魅力. **cast a spell on** ... にまじないをかける; を魅する.

spell[2] v. (言葉を)綴る, 綴って...となる; 意味する, ...ということになる. **spell out** 綴りを見ながら(骨折って)読む; (はっきり)説明する, (明確に)示す; 略さず書く.

spell[3] n. (仕事や天気の)一続き, ひとしきり; 交代, 順番; 病気のひと時, 不機嫌のひと時. —v. (人と)交代する.

spellbinder 雄弁家.

spellbound *a.* 呪文で縛られて; 恍惚として.

speller 綴る人; =spelling book.

spelling 綴り字.

spelling bee 綴り字競争.

spelling book 綴り字教科書.

spelling pronunciation 綴り字発音
《often を [ɔ́(:)ftən] とするような》.

Spencer スペンサー. **Herbert Spencer**
(1820–1903) 英国の哲学者・進化論者.

spend *v.* (金・時間を)費やす, 使う, かける; (精力などを)消費する; 疲れきらせる.

spending money 小遣い銭.

spendthrift *a., n.* 金遣いの荒い(人), 浪費する(人).

Spenser スペンサー. **Edmund Spenser**
(1552?–99) 英国の詩人.

spent *a.* 疲れきった, 弱った.

sperm *Biol.* 精液, 精子; マッコウクジラ; 鯨蠟, 鯨油.

spermaceti 鯨蠟.

spermatozoon *Biol.* 精虫.

sperm bank 精液銀行.

sperm oil 鯨油.

sperm whale *Zool.* マッコウクジラ.

spew *v.* 吐く, 噴出する.

sphagnum *Bot.* ミズゴケ.

sphere 球, 球面, 球面体; 天体; 地球儀, 天体儀; 活動範囲, 勢力範囲, 領域; 地位, 身分; 天空.

spherical *a.* 球形の; 球面上の, 天体の.

spherical aberration *Optics* 球面収差.

spherical geometry 球面幾何学.

spherical triangle 球面三角形.

spherical trigonometry 球面三角法.

sphericity 球形.

spherics 球面幾何学; 球面三角法.

spheroid *Math.* 回転楕円面.

spherometer 球面計.

sphincter *Anat.* 括約筋.

Sphinx *Gk Myth.* スフィンクス《女の頭とライオンの胴を持つ有翼の怪物》; [s-] スフィンクス《人間または動物の頭とライオンの胴を持つ想像上の怪物の像》; [s-] 謎の人物, 不可解な人.

sp ht specific heat.

sphygmomanometer *Med.* 血圧計.

spic(k)-and-span *a.* 真新しい, さっぱりとした.

spice *n.* 薬味, 香辛料; 風味, 気味 (of), 情趣. —— *v.* 薬味を加える; 風味を添える (with).

spice box 薬味入れ.

spicery 香辛料.

spicily *ad.* 香ばしく.

spicy *a.* 薬味を入れた, 香ばしい; 趣のある; ぴりっとした; きわどい; 派手な.

spider *Zool.* クモ; 三脚台; (鉄製の)フライパン.

spider crab *Zool.* クモガニ.

spider monkey *Zool.* (中南米に住む)クモザル.

spiderwort *Bot.* ムラサキツユクサ.

spidery *a.* クモの(多い); ひょろひょろした; クモの巣のような.

spiel *v., n.* (ぺらぺら)しゃべる (off); 客寄せの口上, 演説.

spieler ぺてん師, 客引き.

spiffy *a.* こぎれいな, スマートな.

spigot (樽の)栓, 差し込み(口); 蛇口, コック.

spike *n.* 大釘, (レールを止める)犬釘, (靴底に打つ)スパイク; [*pl.*] スパイクシューズ; (バレーボールの)スパイク; *Bot.* 穂状花序. **hang up one's spikes** 隠退する. —— *v.* スパイクを打ちつける; 大釘で打ちつける; 裏をかく; (バレーボールで)スパイクする.

spike heel スパイクヒール《高くとがった婦人靴のかかと》.

spikenard *Bot.* 甘松; 甘松香.

spiky *a.* 釘のような, とがった; 意地の悪い, 怒りっぽい, 扱いにくい.

spile *n.* (樽の)栓; (土台を固める)捨て杭. —— *v.* (樽に)穴をあける; 杭を打ちこむ.

spiling 杭.

spill[1] *v.* こぼす, こぼれる; (血を)流す; (馬や車から)放り出す, 落とす, 落ちる; すっぱぬく; かなぐり捨てる. **spill the beans** 秘密をもらす. —— *n.* ひと降り; 投げ落とされること.

spill[2] つけ木, (点火用)紙こより, 薄片.

spillover あふれること, 流出; 過剰.

spillway 水吐け口.

spin *v.* 紡ぐ; (クモ・蚕などが)糸を出す; (こまなど)回す, (こまなど)回る, きりきり舞いさせる; めまいがする; (長々と)話す; 疾走する; *Aeronaut.* きりもみ降下する. **spin out** 引き延ばす, 長びかせる. —— *n.* 回転する; (自転車・馬・船などの)疾走, 一走り; *Aeronaut.* きりもみ降下; [a ~] (価格などの)急落. **flat spin** 狼狽, パニック.

spinach, spinage *Bot.* ホウレンソウ; いやなもの, くだらないこと.

spinal *a.* *Anat.* 脊椎の.

spinal column *Anat.* 脊柱.

spinal cord *Anat.* 脊髄.

spindle *n.* 錘, 紡錘; (機械の)心棒, 軸; (手すりなどの)親柱. —— *v.* 細長くなる.

spindle-legged, spindle-shanked *a.* すねの細い.

spindly *a.* 細長い.

spin-drier (洗濯物の)脱水機.

spindrift 波しぶき.

spine 脊椎, 脊柱; (屋根・山脈の)峰; 針; 刺.

spinel(le) スピネル尖晶石.

spineless *a.* 無脊椎の; 軟弱な; 意気地のない.

spinet スピネット《昔の小型ハープシコード》; 小型ピアノ.

spinnaker *Naut.* (ヨットの)大三角帆.

spinner 紡績工.

spinneret *Zool.* (クモ・蚕などの)紡績突起.

spinney 雑木林; 小植林地.

spinning 紡績.

spinning jenny (初期の)ジェニー紡績機.

spinning wheel 糸車.

spin-off 有用な副産物, 波及効果.

spinose *a.* 刺の(多い).

spinous *a.* [比喩的] 刺のある.

Spinoza スピノザ. **Baruch Spinoza** (1632–77) オランダの哲学者.

Spinozism スピノザ哲学.

spinster 未婚婦人; オールドミス.

spinule 小さい刺.

spiny *a.* 刺だらけの; 厄介な, 困難な.

spiny lobster *Zool.* イセエビ.

spiracle *Zool.* (昆虫の)気門; (鯨の)噴気孔.

spiral *n., a.* 螺旋(形の); *Econ.* (物価・賃金の)螺旋状進行過程. —— *v.* 螺旋形にする; *Aeronaut.* きりもみ降下する.

spiral nebula *Astron.* 渦巻き星雲.

spirant *Phonet.* 摩擦音.

spire[1] *n.* 尖塔, 円錐状のもの; 絶頂. —— *v.* 聳え立つ; 芽を出す.

spire[2] 螺旋(の一巻き).

spirit *n.* 霊, 心, 精神; 気力, 元気, 熱心; [*pl.*] 気分, 気持ち; 魔物, 鬼, 精; 幽霊, 霊魂; 人物, 活動家; [*pl.*] アルコール, 火酒. **in (high) spirits** 元気よく. **in low [poor] spirits** 意気消沈して. **the (Holy) Spirit** 聖霊. —— *v.* 神隠しにする, さらう (*away, off*); 元気づける (*up*).

spirited *a.* 元気のよい, 活気のある; …の精神の.

spiritism =spiritualism.

splinter

spirit lamp アルコールランプ.

spiritless *a.* 生気のない, 熱意のない.

spirit level (アルコール)水準器.

spiritoso (It) *a. Mus.* 活発に, 元気よく.

spirit rapping 降霊術.

spiritual *a.* 霊的な, 精神的な, 気高い, 宗教的な, 脱俗的な, 神聖な. — *n.* 霊歌, 黒人霊歌.

spiritualism 降霊説; 降霊術; *Philos.* 唯心論.

spiritualist 降霊術者; 唯心論者.

spiritualistic *a.* 降霊術的な; 唯心論的な.

spirituality 霊性.

spiritualization 霊化.

spiritualize *v.* 精神的にする, 霊化する; 浄化する.

spiritually *ad.* 精神的に, 霊的に.

spirituel(le) (F) *a.* (婦人の態度・容姿など) 優雅な, 洗練された.

spirituous *a.* アルコール性の, 蒸留した.

spiroch(a)ete *Med.* スピロヘータ《螺旋状菌》.

spirograph 呼吸運動記録器.

spirometer 肺活量計.

spirophore 人工呼吸器.

spirt *v., n.* =spurt.

spiry *a.* 細長く尖った, 尖塔状の.

spit[1] *n.* 焼き串; 出洲; 岬. — *v.* 焼き串に刺す; (剣などで) 突き刺す.

spit[2] *v.* 唾を吐く (唾・食物・血などを吐く; (悪口・暴言などを) 吐きちらす (*out*); (雨・雪が) ばらばら降る. — *n.* 唾; (雨・雪の) 小降り.

spitball 紙つぶて; *Baseball* スピットボール.

spite *n.* 悪意, 敵意, 恨み. **in spite of** ...にもかかわらず. **in spite of oneself** 思わず. — *v.* 困らせる, 意地悪する.

spiteful *a.* 意地の悪い, 邪険な.

spitfire 癇癪持ち《主に女や子供》.

spittle 唾.

spittoon 痰壺.

spitz スピッツ《むく毛の犬》.

spiv 悪知恵で世を渡る人.

splash *v.* (水・泥などを) 跳ねかす, 跳ね掛ける; (跳ね掛けて) 濡らす, 汚す; (水など) 跳ねる; 派手に (新聞) 広告する, 派手に扱う. — *n.* 跳ねかし, とばっちり; しみ, 跳ね; 派手に見せびらかすこと; 大当たり.

splashboard (車の) 泥よけ.

splashdown (宇宙船の) 着水.

splasher 泥よけ.

splashy *a.* 泥水のはねる, ぬかる; 見栄をはる, 派手な.

splatter *v., n.* =splash.

splay *v. Arch.* (窓側などを) 斜面にする, そぎ面にする; 外広がりにする; 朝顔形にする.

splayfoot 扁平足.

splayfooted *a.* 扁平足の.

spleen *Anat.* 脾(臓); 不機嫌, 癇癪; 遺恨.

spleenful *a.* 不機嫌な, 怒りっぽい.

spleeny *a.* 不機嫌な.

splendent *a.* 輝く.

splendid *a.* 輝かしい, 目もあやな, 壮麗な, あっぱれな; すばらしい.

splendidly *ad.* 立派に, 見事に; すてきに.

splendiferous *a.* すばらしい.

splendo(u)r 光輝, 光彩, 壮麗, 見事; 卓越.

splenectomy *Med.* 脾(臓)摘出(術).

splenetic *a.* 不機嫌な, 怒りっぽい.

splenic *a. Anat.* 脾(臓)の.

splice *n., v.* 撚り継ぎ(する), 重ねつけ(する); 結婚させる.

splicer (フィルム・テープの) スプライサー.

spliff マリファナたばこ.

splint *n., v.* へぎ板, 小割り板; *Med.* 添木(を施す), 副木(を施す).

splinter *n., v.* (石や木の) そげ, とげ, 裂片; そぎ

splinter group (分裂して出来た) 少数派.

splintery a. そげやすい, 割れやすい.

split v. 縦に裂く, 縦に裂ける; 張り裂ける; 分離する, 分離させる; (夫婦などが) 別れる; 分ける, 分割する; 秘密を漏らす; 出発する; 密告する; 分配する, 共有する. **split hairs** 細かな区別を立てる. **split one's sides** 腹をかかえて笑う. **split the difference** 両方の主張の間をとる, 互いに譲る. — a. 裂けた, 分離した; (魚など) 開いた. — n. 裂くこと; 裂け目, 割れ目, 破片, へぎ板; 分裂, 分離; 株式の分割; *Bowling* スプリット; 酒の半杯, ソーダ水の半杯.

split-brain a. *Med.* 分割脳の.

split-image *Phot.* スプリットイメージ.

split infinitive *Gram.* 分離不定詞 (' to ' と不定詞の間に副詞をはさむ構造》.

split-level a., n. *Arch.* 1・2階と中2階の3層に分かれている (住宅).

split personality 二重人格.

split second ほんの一瞬間.

split ticket 分割投票.

splitting a. おかしくてたまらない.

splotch ぶち, 斑点; しみ, 汚れ.

splurge n., v. 見栄 (を張る), 自己宣伝 (する); 散財 (をする).

splutter v., n. =sputter.

spoil v. 損じる, 台無しにする, 台無しになる; 腐敗させる, 腐敗する; 甘やかしてだめにする. — n. [pl.] 分捕り品, 戦利品; (古物などの) 掘り出し物; 役得, 利権.

spoilage 台無しにすること.

spoilsman 利権屋.

spoilsport 他人の興をそぐ人.

spoils system (政権を取った政党が公職の任免を支配する) 猟官制.

spoke n. (車輪の) 輻, スポーク; *Naut.* (船の) 舵輪の周囲の取っ手; 輪止め; (はしごの) 段. **put**

a spoke in one's wheel 邪魔をする.

spoken a. 口で言う, 口頭の; 口語の.

spoken language 話し言葉, 口語.

spokeshave 南京鉋.

spokesman 代弁者, 代表, スポークスマン.

spokewise ad. 放射状に.

spoliate v. 略奪する.

spoliation 略奪, 強奪.

spondee *Poet.* (詩の) 強強格 《‐ ‐》.

sponge n. 海綿 (動物), スポンジ; *Med.* 滅菌ガーゼ; =sponge cake; スポンジケーキミックス; 居候. **throw in [up] the sponge** 参ったと言う. — v. (海綿で) ふく, 湿す; (海綿で) ふき取る (out), 吸い取る (up); (人に) たかる, 居候になる (on).

sponge cake スポンジケーキ.

sponge gourd *Bot.* ヘチマ.

sponger 居候, 食客.

sponge rubber スポンジゴム.

sponginess 海綿質.

spongy a. 海綿状の, 海面質の; 多孔の; 吸収性の, ふくれた.

sponsor n. 名親; 保証人, 引受人, 発起人; (商業放送の) 広告主, スポンサー. — v. 後援する, スポンサーになる.

sponsorship sponsor であること, sponsor の身分.

spontaneity 自発, 自生, 自然さ.

spontaneous a. 自発的な, 任意の, 自然な; (文体など) 無理のない, のびのびした, すんなりした.

spontaneous combustion 自然発火.

spontaneous generation *Biol.* 自然発生.

spoof n. ぺてん, いんちき; 冗談. — v. だます, かつぐ.

spook n. 幽霊; 変人; 諜報員, スパイ. — v. 幽霊のように出る; びっくりさせる, びっくりする; 逃げ出す.

spooky a. お化けのような; びくびくする.

spool n., v. 糸巻(に巻く); Phot. (フィルムの)スプール.

spoon n. さじ, スプーン(1杯); さじ形の物《ゴルフクラブ・船の櫂など》. **be born with a silver spoon in one's mouth** 富貴の家に生まれる. ── v. さじですくい取る, しゃくる(up, out); じゃれつく, いちゃつく.

spoonbill Ornith. ヘラサギ.

spoondrift =spindrift.

spoonerism スプーナー誤法《頭音の置き換え, または言い違い》.

spoon-feed v. さじで食べさせる; かんで含めるように教える.

spoon-feeding 子供扱いにすること.

spoonful さじ一杯分.

spoon(e)y a., n. じゃれつく; 女に甘い; うすのろ; ロマンチックな.

spoor n., v. (野獣の)足跡(を追う), 臭跡(を追う).

sporadic a. 散在する, 孤立した, まばらな; Med. (病気が)散発性の.

sporangium Bot. 芽胞嚢, 胞子嚢.

spore Biol. 胞子, 芽胞, 胚種.

spork 先割れスプーン.

sporran (スコットランド高地人が腰の前に下げる)毛皮袋.

sport n. 運動, 競技, スポーツ; [pl.] 競技会, 運動会; 面白い遊び, 楽しみ, 娯楽; 冗談, ふざけ, 戯れ; Biol. 突然変異; =sportsman; 気性のさっぱりした人, 明朗な人. **Be a good sport and...** 頼むから... **in [for] sport** 戯れに. **make sport of** ...をからかう. **the sport of kings** 王者のスポーツ《競馬》. ── v. (遊び)楽しむ; 遊ぶ, ふざける; スポーツをやる; もてあそぶ; みせびらかす; Biol. 突然変異する.

sporting a. スポーツ好きの, 遊戯好きの; スポーツマンらしい; 冒険心に富む, 冒険的な.

sporting chance 五分五分の見込み.

sporting house 売春宿.

sportive a. 遊び好きの, ふざける.

sports a. スポーツの, スポーツに関する, スポーツ用の, スポーツ向きの.

sports car スポーツカー.

sportscast スポーツ放送.

sportscaster スポーツ放送アナウンサー.

sportsman スポーツマン, 運動家, 遊猟家, 漁猟家; 正々堂々と競技する人.

sportsmanlike a. スポーツマンらしい, 正々堂々とやる.

sportsmanship 運動家としての技量, 遊猟家としての技量, 漁猟家としての技量; スポーツマンシップ, スポーツマン精神, 正々堂々の態度.

sportswear スポーツウェア.

sportswoman 女性運動家.

sportswriter スポーツ記者.

sporty a. スポーツマンらしい; 派手な, いきな, スポーティーな; スポーツ好きの.

spot n. 場所, 地点; ぶち, 斑点; しみ, 汚れ, にきび, ほくろ, 吹出物; きず; 現物; 順位; (番組の)出番, (番組中の)特別コーナー; 職, 地位; さし込み広告, スポット; スポットライト; 行楽地; ナイトクラブ; (トランプ札の)点; ドル紙幣; 音符; 少量, ちょっぴり; Com. 現金売り物, スポット(買い). **hit the high spots** ポイントだけ述べる. **hit the spot** 叶える, 満足させる. **in a spot** 困って. **on the spot** 即座に, 現場で; 抜け目ない; 困って; (生命の)危険にさらされて; 答える立場にある. ── v. 斑点をつける; しみがつく; 見つける, 選び出す. ── a. Com. 即座の, 現金払いの; (広告など)番組の間にさし込まれる.

spot check 抜き打ち検査.

spot-check v. 抜き打ち検査をする.

spotless a. しみのない, 純潔な.

spotlight n. (舞台の一点を照らす)スポットライト, 集中照明; 世間の注視. ── v. 注意を引く.

spoton *a.* 上出来の, ぴったりの.

spotted *a.* ぶちの; 汚れた.

spotted fever *Med.* 発疹チフス; 脳脊髄膜炎.

spotter 監督; 偵察兵.

spottiness しみだらけ.

spotty *a.* ぶちの多い; (出来ばえが)むらのある; しみだらけの.

spouse 配偶者, つれあい, 夫, 妻.

spout *v.* 吹き出す, 吹き出る; とうとうとまくし立てる; 朗読する. ― *n.* (土瓶などの)口, 樋口; (水・血などの)噴出, 噴水. **up the spout** だめになって; 妊娠して.

SPQR small profits, quick returns 薄利多売.

sprain *v., n.* (手足などを)くじく, 捻挫, 筋違い.

sprat *Ichthy.* (ヨーロッパ産の)小型ニシン.

sprawl *v., n.* 手足を伸ばす, 寝そべる(こと); (樹木・文字など)はびこる, のたくる; (都市の)スプロール現象.

spray *n.* (葉・花・果実などをつけた)小枝, 小枝, 小枝模様; しぶき; スプレー, 噴霧器; (噴霧式)殺虫剤. ― *v.* しぶきをかける, 霧を吹く; (噴霧器で)殺虫剤をかける.

sprayer 噴霧器; 吸入器.

spray gun (塗料・殺虫剤の)吹き付け器.

spread *v.* 広げる, 広がる, 広める, 広まる, 伸ばす, 開く, 流布する, まき散らす; 一面に塗る, 覆う(with); (食卓に)食べ物などを並べる, 出す; わたる, 及ぶ; 延ばす; 長々と話す, 長々と書く.
  spread oneself 広がる, 拡張する, 発展する; 見せびらかす, 鼻にかける; 奮発する.
  ― *n.* 広さ, 広がり, 範囲; 流布, 普及; (雑誌などの)見開き; (ベッドの)上掛け; (パンなどに塗る)スプレッド; ごちそう; 見せびらかし; 大きい住まい.
  middle-aged spread 中年太り.

spread eagle 翼と脚を広げたワシ《合衆国の国章》.

spread-eagle *v.* 手足を広げて立つ, 手足を広げて動く. ― *a.* 誇張的な; 高慢な.

spreader 伝播者; (アンテナの)掛け枠; バターナイフ.

spree ばか騒ぎ, 酒宴. **on the spree** 浮かれて.

sprig *n.* 小枝, 小枝模様; 子孫; 若者. ― *v.* 小枝で飾る; 釘を打つ.

sprightly *a.* 快活な, 元気な. ― *ad.* 快活に, 元気に.

spring *v.* 跳ぶ, はねる, 飛び立つ(up); はね返る; はじく(back); わき上がる(up); 現れる(up); 立ち上がる; (源を)発する, 生じる, 起こる(up), 湧き出る; 折れる, 割れる, 裂ける; 曲がる; 急に持ち出す, 急に言う; 仕事にかかる; 出獄する. ― *n.* 跳躍, 飛躍, ばね, ぜんまい; 弾性, 弾力; 春; 青春期; 泉, 源泉, 起源, 起こり; 反り, 歪み, 割れ目; 借金.

springboard (飛び込みの)スプリングボード; (討論の)たたき台.

springbok *Zool.* スプリングボック《レイヨウの一種》.

spring-cleaning (春季)大掃除.

springer *Arch.* アーチの迫元.

spring fever 春先の憂鬱症.

springhalt =stringhalt.

springhead 水源, 源泉.

springhouse 冷蔵小屋《牛乳・肉などの貯蔵所》.

springlet 小さな泉.

spring roll (中国料理の)春巻.

springtide 春.

spring tide 大潮.

springtime 春, 春季; 青春.

springy *a.* 弾力性のある, 軽快な; 泉の多い.

sprinkle *v., n.* ふりかける, ふりまく; ひとふりかけ; 少し, ちらほら; ばらばら雨.

sprinkler 散水器, じょうろ; スプリンクラー.

sprinkling 散水, ふりかけ; ちらほら, ぽつぽつ(of).

sprint *n., v.* 全力疾走; 短距離競走, スプリント; ラストスパート; 短距離を全速力で走る.

sprint car (悪路の)短距離用の競走車.

sprinter 短距離選手, スプリンター.

sprit *Naut.* 斜桁《帆を張り出す円材》.

sprite 妖精, 魔物.

spritsail *Naut.* 斜桁帆.

sprocket (鎖歯車の)歯.

sprocket wheel 鎖歯車.

sprout *n.* 芽, 新芽; [*pl.*] 芽キャベツ; 若者.
— *v.* 発芽する, 発芽させる; (芽・角などを)生じる, 出す, はやす; 芽をつむ; 急速に成長する.

spruce[1] *a.* きちんとした, 小ぎれいな, 気のきいた.
— *v.* めかす (*up*).

spruce[2] *Bot.* トウヒ.

sprung *a.* 精神錯乱した; 出獄した.

spry *a.* 元気な, すばしこい.

spud *n., v.* 小鋤(で掘る); ジャガイモ.

spud-bashing ジャガイモの皮むき《懲罰》; お金.

spume *n., v.* 泡(立つ).

spumescence 泡立ち.

spumoni, spumone スプモーネ《イタリア風アイスクリーム》.

spun *a.* 紡いだ, 引き伸ばした.

spun glass 糸ガラス.

spunk 火口, 勇気, 元気, 癇癪; 精液.

spun rayon スパンレーヨン.

spun sugar 綿菓子.

spur 拍車; (雄鶏の)けづめ; 刺激, 激励; (山などの)突端, 突出部. **on the spur of the moment** 時のはずみで, 出来心で. **win one's spurs** knight に叙せられる; 有名になる.
— *v.* 拍車を当てる; 激励する, 刺激する (*to do, on*).

spurious *a.* 偽の; みせかけの; 雑種の.

spurn *v.* けとばす; はねつける. — *n.* はねつけ, けとばし.

spur-of-the-moment *a.* 即席の, とっさの.

spurrier 拍車製造者.

spurt *v.* ほとばしる, 噴出する, 噴出させる (*up, out, down*), 発芽する; 全力を出す, スパートをかける. — *n.* 噴出, 突発; 奮発, スパート, 急進.

Sputnik (Russ) スプートニク《ソ連の人工衛星》; [s-] 人工衛星.

sputter *v.* ぱちぱちはねる; 唾を飛ばす, 唾を飛ばしてしゃべる; ぶつぶつ吹き出す. — *n.* ぱちぱちはねる音; 早口.

sputum *Med.* 痰, 唾液.

spy *n.* スパイ. — *v.* こっそり探る, 監視する (*on, upon*); かぎつける (*out*), 見つける.

spyglass 携帯用望遠鏡.

spy-hole 覗き穴.

spy satellite 偵察衛星.

squab *a.* ずんぐりした; (鳥が)孵りたての.
— *n.* ひよこ, 雛鳩; ずんぐりした人; クッション; ソファー; 娘.

squabble *n., v.* つまらぬ口論(をする); 言い争い.

squad (軍隊などの)班, 分隊; 隊, 団.

squad car パト(ロール)カー.

squadron *Mil.* 騎兵大隊; 飛行大隊; (10-18機編成の)飛行中隊; 分艦隊; 団体, グループ.

squadron leader 飛行中隊長; 空軍少佐.

squails スクェールズ《的あて玉はじき遊び》.

squalid *a.* むさくるしい, 汚い; さもしい.

squall *n.* スコール, はやて, 突風《(幼児の)泣き声, 悲鳴. — *v.* ぎゃーぎゃー泣く, 悲鳴をあげる.

squally *a.* はやての; 険悪な.

squalor 汚さ, むさくるしさ; 卑劣.

squander *v.* 浪費する.

square *n.* 正方形; (方形の)広場, スクウェア; 街区; (T字形やL字形の)定規, 曲尺; *Mil.* 方陣; *Math.* 平方, 二乗; 正直者,

古風な人. **on the square** 直角に; 正直に; 公正に, 同格に. **out of square** 直角でなく; 乱れて; 不正確に. —a. 正方形の, 四角の; 直角をなす, 直角の; 角ばった; 真っ直ぐな, 水平の; 五分五分の, 同等の, 貸借のない; 正直な, 公正な; (食事が) 十分な; *Math.* 平方の, 二乗の; 旧式な, 昔気質の, 堅苦しい. **all square** 互角で. **get square with** …と五分五分となる; …に仕返しする. **get things square** 物をきちんとする. —v. 正方形にする, 四角にする; 清算する (*with*); (試合の得点を) 同点にする; 一致させる, 一致する (*with*); 買収する, 賄賂を使う; *Math.* 二乗する. **square away** 用意する. **square oneself** 償う. **square up** 敢然と立ち向かう, 直面する; 現実的に考える. **square the circle** できない事をする. —ad. 四角に; かっきりと; 公平に.

square-bashing 軍事教練.

square bracket 角括弧《[ ]》.

square-built a. がっしりした.

square dance スクェアダンス《2 人組の 4 組で踊る》.

square deal 公正な取り扱い, 公正な取り引き.

square knot こま結び.

squarely ad. 四角に; 直角に, 直角をなして; 真正面に; 公正に; きっぱりと.

square measure 平方積.

square-rigged a. *Naut.* 横帆艤装の.

square root *Math.* 平方根.

square sail *Naut.* 横帆.

square shooter 正直者.

square-shouldered a. 肩の張った, 肩の怒った.

squarish a. 角張った.

squash racquets [rackets] スカッシュ《壁で囲まれたコート内で行うテニスに似た球技》.

squash[1] v. つぶす, つぶれる; 押し込める, 詰め込む; やり込める, 鎮圧する. —n. つぶれた物, くじゃくじゃ; スカッシュ《果汁にソーダ水を加えた飲み物》; 込み合い, 雑踏.

squash[2] *Bot.* カボチャ; 顔.

squashy a. べとべとした, 柔らかい.

squat v. うずくまる, しゃがむ; (公有地などに) 無断で居住する. —a. ずんぐりした.

squatter (公有地などの) 無断居住者.

squatty a. ずんぐりした.

squaw (アメリカインディアンの) 女, 妻; 女房.

squawk v., n. (鳥が) ぎゃーぎゃー鳴く (声); やかましい不平 (を鳴らす).

squaw man squaw を妻とする白人.

squeak v., n. ちゅーちゅー鳴く (声), きゅーきゅー鳴く (音); 軋む; 密告 (する). **squeak through [by]** かろうじて成功する, かろうじてやり遂げる, かろうじて生き残る.

squeaker 大接戦 (の勝利); 密告者.

squeaky a. きーきーいう, 軋む.

squeal v., n. きーきー鳴く (声), 悲鳴をあげる; 裏切る, 不平を言う.

squeamish a. ひどくやかましい; 気むずかしい; 吐きそうな.

squeegee n., v. (甲板・窓などの水をぬくう) ゴムそうきん (をかける).

squeeze v. 押しつぶす, 絞る; 圧迫する; 絞り取る; (手などを) 握る; 押し込む, 割り込む, 押し分ける; *Baseball* スクイズで得点する. **squeeze through [by]** =squeak through. —n. 圧搾; (少量の) 絞り汁; 握り; 抱き締め; 押し合い; 強奪, 搾取, ゆすり; 苦境; =squeeze play; 金融・商業引き締め.

squeeze bottle 絞り出し (プラスチック) 容器.

squeeze play *Baseball* スクイズ; *Cards* (ブリッジの) スクイズプレー.

squeezer 圧搾機, 搾り器; 搾取者.

squelch v., n. (泥や水の中をまたは濡れ靴をはいて) がぼがぼと歩く (音); 押し込める; へこます, 鎮

圧(する).

squff v. たっぷり食う.

squib n. 花火, 爆竹;あてこすり;(新聞・雑誌の)短いニュース項目, 埋め草, 短いコマーシャル. —— v. 爆竹が鳴る, 爆竹を鳴らす;あてこする.

squid Zool. イカ.

squidgy a. のり状の.

squiffy a. 酔っぱらった.

squint n. 斜視, やぶにらみ;横目;一目;傾向. —— v. やぶにらみである;横目で見る, 一目見る (at);(考えが)傾く. —— a. =squint-eyed.

squint-eyed a. 斜視の, やぶにらみの;意地の悪い.

squir(e)archy [the ~] 地主階級.

squire n. 地方大地主, 郷士;治安判事, 地方判事;(中世の)騎士の従者. —— v. (婦人に)付き添う.

squirm v., n. のたくる;もじもじする(こと), もがく, きまり悪がる(こと).

squirrel Zool. リス.

squirt v. 吹き出す, 吹き出る;注射する. —— n. 噴出;注射器;消火器;生意気な成り上がり者, 小男;ジェット機.

squish v. 押しつぶす;がぼがぼ音を立てる. —— n. マーマレード;がぼがぼいう音.

squit 下らない人;まったくのたわごと.

Sri Lanka スリランカ《インド東南方, セイロン島から成る共和国》.

Sri Lankan a., n. スリランカ(人)の;スリランカ人.

stab v., n. 刺す, 突く;(人・名声・良心などを)圧(する);鋭く傷つける;一突き;刺し傷;一刺し, 刺すよな痛み;企て(at). **stab** a person **in the back** 陰口をきく, 中傷する.

stabile a. 安定した, 静止した. —— n. Fine Arts スタビール《金属・木・石などによる抽象芸術》.

stability 安定(性), 着実;(船の)復原力.

stabilize v. 安定させる;固定させる.

stabilizer (船舶・航空機などの)安定装置.

stable[1] a. 安定した, 強固な;着実な;不変の, 永続的な;Mech. 復原力のある.

stable[2] n., v. 馬屋(に入れる);(馬屋の中の全部の)馬;(競馬の)厩舎;同一の管理者の下で働く一団;共通の目的や同じ興味を持つ集団.

stableboy, stableman 馬屋で働く男, 馬丁.

stabling 馬屋の設備;馬屋.

stably ad. 安定して.

staccato a., ad. Mus. スタッカート, 断音的(に);切り口上の, 切り口上に.

stack n. 稲むら;(物を積んだ)山;[pl.](図書館の)書架;(一群の)煙突;たくさん(of); Computer スタック《一時記憶装置》;Mil. 叉銃. —— v. (干し草・薪などを)積む;積み上げる(up);比べる(up);(銃を組む;(トランプの札を)不正な切り方でそろえる;(飛行機を着陸前に)旋回待避させる, (飛行機が着陸前に)旋回待避する(up).

stacked a. (女性が)胸の豊かな, 肉感的な.

stadium 競技場, スタジアム.

staff n. 杖, 棒, さお;頼り, 支え;権標;参謀, 幕僚, 職員, 部員;Mus. 譜表. **staff of life** 生命のかて, 主食. —— v. 職員を置く.

staffer (編集)部員.

staff officer 参謀将校, 幕僚.

staff sergeant 二等軍曹.

staffwork 管理, 運営.

stag n. 雄鹿; 雄; =stag party; 新株利食い族. **go stag** 女性を同伴せずに会に出る. —a. 男だけの; 男だけの会合向きの, ポルノの;(男が)女性を同伴しない.

stag beetle Entom. クワガタムシ.

stage n. 舞台, ステージ; 演壇, 劇, 演劇(界); 劇文学; 活動の舞台; 足場;(発達などの)段階, 期;(駅馬車の)宿場, 立て場(間の旅程); =stagecoach;(ロケットの)段. **by easy stages** ゆっくりと, 休み休み. **on the stage** 俳優になって. —v. 上演する, 上演できる; 派手に行う, 敢行する.

stagecoach 駅馬車, 定期乗合馬車.

stagecraft 上演術.

stage direction (脚本の)ト書き, 舞台指図書.

stage director 演出家; =stage manager.

stage door (劇場の)楽屋口.

stage effect 舞台効果.

stage fright 舞台おじけ, 舞台負け.

stagehand 舞台係.

stage left (観客に向かって)舞台左手, 上手.

stage manager 舞台主任.

stager [old stager として] 老練家.

stage right (観客に向かって)舞台右手, 下手.

stagestruck a. 舞台にあこがれる.

stage whisper (客に聞こえるように言う)高声の傍白; 聞こえよがしの私語.

stag film [movie] ポルノ映画.

stagflation Econ. スタグフレーション《景気停滞下のインフレ》.

stagger v. よろめく, よろめかす; 動揺する, ためらう, ぐらつかせる; びっくりさせる;(休暇・勤務時間などが重ならないように)ずらす, 時差をつける. —n. よろめき;[pl.] めまい; 時差配置, 時差

出勤.

staggerer よろめく人; 驚くべき事柄, 難問題.

staghound スタグハウンド《鹿狩りの猟犬》.

staging (建築の)足場;(劇の)上演.

staging post (長距離飛行中の)立ち寄り地; 重要な準備段階.

stagnant a. 澱んだ; 不振の, 不活発な, 沈滞した, 不景気な.

stagnate v. 澱む; 沈滞する, 振るわない.

stagnation Econ. 景気沈滞.

stag party スタッグパーティー《男だけの会合》.

stagy a. 芝居がかりの, 大げさな.

staid a. 落ち着いた, 真面目な.

stain v. 汚す, しみをつける(with); 汚れる, しみになる; 着色する, 染める. —n. しみ, 汚れ, きず(on);(木材などの)着色剤, 染料.

stained glass ステンドグラス.

stainless a. しみのない, しみのつかない, 錆ない, ステンレスの; 潔白な.

stainless steel ステンレス.

stair (階段の)段;[pl.] 階段. **below stairs** (地下室の)召し使いのたまりで. **flight [pair] of stairs** 一続きの階段.

staircase はしご段.

stair rod 階段の敷物押さえ.

stairway 階段.

stairwell 階段吹き抜け.

stake n. 杭; 火刑柱;[the ~] 火あぶり; 賭け;[pl.] (競馬などの)賭け金, 賭け競馬, ステークス; 利害関係; =grubstake; 小金. **at stake** 賭けられて, 危うくなって. **pull up stakes** 引っ越す, 転職する. —v. 杭に縛る; 杭に刺す; 杭で囲う(out, off, in); 賭ける(on); 資金を与える; =grubstake.

stakeholder 賭け金預かり人.

stakeout (警察の)張り込み(on).

stalactite Geol. 鍾乳石.

stalag (G) 捕虜収容所.

stalagmite _Geol._ 石筍.

stale _a._ (飲食物などが)気の抜けた, 味の変わった; 陳腐な, 古臭い; 生気のない, (疲れて)活気のない. —— _v._ 気抜けさせる.

stalemate _n._ _Chess_ 手がないこと; 行き詰まり. —— _v._ 手をなくさせる; 行き詰まらせる.

Stalin スターリン. **Joseph Stalin** (1879–1953) ソ連の革命家・政治家.

Stalinism スターリン主義.

Stalinist _a., n._ スターリン主義者(の).

stalk[1] _v._ 大股に歩く, のそのそ歩く; (敵・獲物などに)忍び寄る; (病気など)広がる; (幽霊が)さまよい出る; そっと跡をつける. —— _n._ 堂々と歩くこと; 忍び寄り.

stalk[2] _Bot._ 茎, 幹, 花梗, 葉柄; (杯の)脚; (高い)煙突; (勃起した)ペニス.

stalking-horse 隠れ馬《猟師が獲物に近付く時に身を隠す馬や馬形の物》; 口実.

stall _n._ 馬屋の仕切り, 牛舎の仕切り; (市場などの)売店, 露店; (劇場の)一階前部の一等席; [_pl._] (教会の)聖職席; 指サック; _Aeronaut._ (飛行機の)失速; 口実. —— _v._ 馬屋に入れる, 牛舎に入れる; 馬屋に仕切りをつける, 牛舎に仕切りをつける; (泥・雪などにはまって)立ち往生する; (進行を)妨げる; (エンジンなど)停止する, 停止させる; (飛行機を)失速させる; (すりや強盗で)見張り役を務める.

stall-feed _v._ 馬屋に入れて太らせる.

stallion 種馬, 遊び人.

stalwart _a._ 大きくて頑丈な, 逞しい; しっかりした, 確固たる. —— _n._ 愛党心の強い政治家, 忠実な人.

stamen _Bot._ (花の)雄蕊.

stamina 精力, 根気, スタミナ.

staminal _a._ 雄蕊の.

staminate _a._ 雄蕊を有する.

stammer _v., n._ 吃る, 口ごもる; 吃り.

stamp _n._ 判, スタンプ; 印, しるし, 跡; 印紙, 切手; 商標; 特色, 特質; 種類, 型; 足踏み; 打ち出し機. —— _v._ 判を押す, 型を押す; 印紙をはる, 切手をはる; (心に)刻む, 印象づける; (特質などを)示す, (…と)きめつける (_as_); 踏みつける, (足を)踏み鳴らす; (鉱石などを)粉砕する. **stamp out** 型を用いて打ち抜く; (火を)踏み消す; 鎮圧する, 撲滅する.

stamp collection 切手コレクション.

stampede _n._ (家畜群が)どっと逃げ出すこと; (軍隊の)総崩れ; (人が)どっと押し寄せること; 衝動的な大衆行動. —— _v._ どっと逃げ出す, どっと逃げ出させる; 殺到する; 衝動的行動をとる, 衝動的行動をとらせる.

stamping ground (人・動物の)行きつけの場所.

stamping mill ＝stamp mill.

stamp mill 砕鉱機.

stamp tax [duty] 印紙税.

stance (打者の)足の位置, スタンス; 姿勢.

stanch[1] _v._ (血を)止める.

stanch[2] _a._ ＝staunch[1].

stanchion _n., v._ (窓などの縦の)支柱; (牛舎に)縦仕切り棒(をつける).

stand _v._ 立つ, 立っている, 立ち上がる; ある, 存在する; 位する, 位置する; 立てば…の高さがある; (値段が)…である, …である, いる; 持続する, 有効である; 立たせる, 立てる; [否定・疑問文で] 耐える, 我慢する; (立場を)固守する; 踏みとどまる, 抵抗する; 合格する; (費用を)持つ; (見張りなど)の任務につく. **stand at ease** 休めの姿勢で立つ. **stand by** 傍観する; 味方する, 助ける; 固守する. **stand for** …を表す, 代表する; (主義などを)擁護する, 味方する; 候補に立つ; 我慢する. **stand in awe of** …を恐れている.

stand in for …の代理をする. **stand in with** …と運命を共にする, 分担する; 仲の良い間柄である; 一致する. **stand off** 遠ざかっている; 避ける; 承知しない; 一時解雇する. **stand on** …の上に立つ, 基づく; 固執する, 守る. **stand out** 目立つ, 突出する; 耐える, 頑張る.

stand over 監督する; 延期になる, 繰り越す.

stand to 固守する; 主張する; …しそうである.

stand treat おごってやる. **stand up** 立ち上がる; ぬきんでる; 持続する; 待ちぼうけを食わせる, (恋人を)振る, 一ぱい食わせる; 擁護する(for); 対抗する(to). —n. 起立; 立場; 根拠, 主張; 位置; 抵抗; 停止; 台, …掛け, …立て; 売店, スタンド; 駐車場; 桟敷, 観覧席, スタンド; (法廷の)証人席; (集合的にある地域の)立ち木; 立毛《生育中の農作物》; 巡行中の興行地. **make a stand** 踏みとどまって戦う(against, for).

standard n. 旗, 軍旗; 標準, 規準, 規格; (度量衡の)原器; (貨幣の)本位; (ランプなどの)台, 柱, 脚, 支柱; (小学校の)学年; (バラなどの)立ち木作り; (ジャズの)スタンダードナンバー. **standard of living** 生活水準. —a. 標準の; 第一流の, 権威的な.

standard-bearer 旗手; 唱道者.

standard deviation Statistics 標準偏差.

standard gauge Railroads 標準軌間.

standardization 標準化, 規格化.

standardize v. (形状・重量・品質などの規格を)統一する, 規格化する.

standard time 標準時.

standby n. 頼り, 力; 支持者; 待機者, キャンセル待ちの人; (非常時用)交替要員, 非常用物資; 代役; Radio, TV スタンバイ, 予備番組; Naut. 用意信号, スタンバイ. **on standby** 待機中で, キャンセル待ちで. —ad. キャンセル待ちで.

standee (芝居の)立ち見客.

stand-in 吹き替え《撮影準備中映画俳優の代役をする人》, スタンドイン; 代わり.

standing a. 立っている; まだ刈ってない; 動かない; 澱んだ; 常置の, 常備の, 永久的な, 固定した, いつもながらの, おきまりの. —n. 起立; 身分, 地位; 名声, 経歴; 存続. **in stand-**

ing きちんと守った.

standing army 常備軍.

standing committee 常任委員会.

standing order (議会の)議事規則.

standing room (劇場などの)立ち見席.

standoff 孤立; 五分五分, 引き分け.

standoffish a. よそよそしい, 冷淡な.

standout a., n. すばらしい(人), すばらしい物.

standpat a. 頑固な現状を固守する.

standpatter 現状維持主義者.

standpipe 給水塔.

standpoint 論点, 見地.

standstill 休止, 行き詰まり; 停止.

stand-up a. (カラーなど)立った; (食事など)立ってする; まじめな.

stannic a. Chem. (第二)錫の.

stannous a. Chem. (第一)錫の.

stanza (詩の)節, 連.

stapes Anat. あぶみ骨.

staphylococcus ぶどう(状)球菌.

staple[1] n., v. U字形留め釘(でとじる), ステープル(でとじる); (南京錠を差し込む)つば金(で留める).

staple[2] n. 主要産物, 重要商品; 主要素, 要項; (羊毛・綿花の)繊維; 原料. —a. 主要な; 繊維質の; 大量生産の.

stapler[1] ホッチキス, 紙とじ器, 製本機.

stapler[2] 主要物産商.

star n. 星; Astron. 恒星, 遊星; 星章; 星形勲章; 星標 (《*》); (牛馬の額の)星; スター, 花形, 人気者, 大立者, 大家; 運命, 運, 星回り; (レストラン・ホテルなどの)ランクを示す星印. **see stars** 目から火が出る. —v. 星で飾る; 星印をつける; スターにする, 主演する, 主演させる.

starboard n., a. Naut. 右舷(の).

starch n. 澱粉; 糊; [pl.] 澱粉性食物; 堅苦しさ, 形式張り; 元気. —v. 糊をつける.

starchy a. 澱粉質の; 糊でこわばった; 固苦し

い.

star-crossed a. 星回りの悪い, 不運な.

stardom スターの地位; スター連.

stardust 小星団; 恍惚.

stare v. 目を見開く, じろじろ見る, 凝視する, 睨む(at). **stare one down** 人を睨み返して目をそらさせる. **stare out of countenance** 人をじろじろ見て赤面させる. **stare one in the face** じっと人の顔を見る;(危険など)目前に迫る. — n. 凝視, 睨み.

starfish Zool. ヒトデ.

stargazer (戯言的に)天文学者; 夢想家.

stark a. (死体が)こわばった, 硬直した; 正真正銘の, 完全な; 際だった, 赤裸々な; まったくの; 荒涼とした, 飾りのない, がらんとした; 厳しい.

— ad. まったく.

starkers a. 丸裸の.

stark-naked a. 丸裸の.

starless a. 星のない; スターのいない.

starlet 未来のスター, 若手スター.

starlight 星明かり.

starlike a. 星形の, 星のように光る.

starling Ornith. ホシムクドリ.

starlit a. 星明かりの.

star-of-Bethlehem Bot. オーニソガラム.

starry a. 星のような, 星の多い, 星明かりの.

starry-eyed a. 非実際的な, うぶな.

Stars and Stripes 星条旗《米国国旗》.

star shell 照明弾.

star-spangled a. 星をちりばめた.

Star-Spangled Banner 星条旗《米国国旗》; 米国国歌.

star-studded a. スターをずらりと並べた.

star system スターシステム《観客動員のため人気スターを使う興行形態》.

START (<*Strategic Arms Reduction Talks*) 戦略(核)兵器削減交渉, スタート.

start v. (驚いて)びくっとする(at); 飛び出す(forward, out), 飛びのく(aside, back), 飛び上がる (up);(涙などが)急に出る, 生じる;(釘などが)ゆるむ; 出発する,(合図などで)出発させる; 始める, 始めさせる, 着手する, 起こす, 創立する;(獲物などを)狩り出す;(機械などを)動かす. **start in** …を始める. **start something** 騒ぎを起こす. **to start with** まず第一に.

— n. びっくり; 飛び上がり, 飛びのき; 出発, 着手, 発足, 開始, スタート;(競走での)先発権, 優越, 有利, 機先. **at the start** 最初に. **get the start of** …の機先を制する.

starter (競走・競馬などの)出発合図係, スターター,(汽車の)発車係;(出発線上の)競走者, 競走馬,(機械の)運転開始装置; 食事の第1コース. **for starters** まず最初に.

starting block (競走の)スターティングブロック.

starting gate (競馬などの)スターティングゲート, 出走ゲート.

startle v. ぎくりとさせる, びっくりさせる.

startler 驚くべき事実, 驚くべき話 など.

startling a. 驚くべき.

starve v. 飢える, 餓死する, 餓死させる; ひどく空腹である; 飢えさせる; 絶食する;(…に)飢えている,(…に)窮している, 渇望する(for).

starveling (飢餓のために)やせこけた人, やせこけた動物.

Star Wars Program スターウォーズ計画《SDI の俗称》.

stash v. 隠す; やめる.

stasis Med. 鬱血; 停滞, 沈滞.

state n. 状態, 有様; 形勢, 状況; 身分, 地位, 階級; 不安状態, 興奮状態; [S-] 国家;(米国の)州; 威厳, 威儀; 公式, 儀式; [the States] 米国; 政府;(一国の)国事, 国政; [S-](米国の)国務省. **Department of State** 国務省. **state of the art** [affairs] 現状, 状況, 情勢; 到達水準. — v. 述べる, 言う; 明示する.

state bank 州立銀行.

state capitalism 国家資本主義.

State Council (中国の)国務院.

statecraft 政治的手腕.

stated a. 指定の, 定まった.

statehood 州の地位, 国家の地位.

statehouse 州会議事堂.

stateless a. 国のない, 国籍のない.

stateliness 荘重.

stately a. 威厳のある, 堂々たる.

stately home (由緒ある田舎の)大邸宅.

statement 陳述, 説明; 声明(書); (会社などの)事業報告, 考課状; 明細書, 計算書.

state-of-the-art a. 最高技術水準の.

stateroom (宮殿などの)大広間; (汽船・汽車の)特別客室.

States' rights (憲法によって中央政府に委託された以外の権利は各州にあるとする) 州権.

stateside a., ad. 合衆国側の, 米本国の, 米本国へ.

statesman 政治家.

statesmanlike a. 政治家らしい.

statesmanship 政治的手腕.

state socialism 国家社会主義.

static a. 静体の, 静的な; 活気のない, 面白みのない; Elec. 空電の, 静電気の. — n. Elec. 空電; 電波障害; Elec. 静電気; 酷評, 批判.

static electricity 静電気.

static pressure 静圧.

statics Phys. 静力学, Econ. 静学.

station n. 駅, 停留所, 停車場; 位置; 持ち場; 出張所, 駐在地; 署, 局; 研究所, 事業所; (テレビの)チャンネル; 宿場; Surv. 測定; 地位, 身分. — v. (人を)配置する, 置く (at, on).

stationary a. 静止した; 据え付けの, 常駐の, 固定の.

station break Radio, TV ステーションブレイク 《番組の途中の局名アナウンスのための短い時間》.

stationer 文房具商.

stationery 文房具.

station house 警察署.

stationmaster (鉄道の)駅長.

station-to-station a. Teleph. 番号通話の.

station wagon ステーションワゴン《後部を開いて荷物を積む大型自動車》.

statism (経済に対する)国家統制主義.

statist 国家統制主義者.

statistical a. 統計(上)の, 統計的な.

statistician 統計学者, 統計家.

statistics 統計, 統計表; 統計学.

statuary n. 彫像; 彫刻家; 彫像術. — a. 彫像の.

statue 像, 彫像.

statuesque a. 彫刻のような, 堂々とした, 動かない, 優美な.

statuette 小像.

stature 身長; (精神的)成長度, 才能; 名声.

status 地位, 身分; 信望, 資格; 事情, 事態.

status offender 虞犯少年《家出などのために裁判所の監督下にある少年》.

status quo (L) 現状.

status symbol 地位の象徴, ステータスシンボル.

statutable a. 成文律の; 法律による.

statute 法令, 定款. **pass the statute of limitation** 時効になる.

statute book 法令集.

statute law 成文法.

statutory a. 法令の, 法定の.

staunch[1] a. 堅固な, しっかりした; 忠実な.

staunch² *v.* =stanch¹.

stave *n.* 桶板, 樽板;(はしごの)段, 桟, かんぬき; 詩句; *Mus.* 譜表. — *v.* 桶板を付ける; (桶・ボートなどを)突き破る, たたき壊す(*in*); くいとめる(*off*).

stay¹ *v.* とどまる, 滞在する(*at, in, with*), …のままでいる; 続く, 持ちこたえる, 延期する; 待つ(*to do, for*); 支える(*up*); 防ぐ, 止める; 勃起を持続する. **come to stay**(天気・習慣などが)固定する, 続く. **stay away** 不在である. **stay out** ストライキをする. **stay put** じっとしている, 落ち着いている. — *n.* 滞在(期間); 根気, 持久力; 支持; *Law* 猶予; 停止.

stay² *n., v. Naut.* (船の)支索; 支柱(で支える); 支え.

stay-at-home *a., n.* 出不精な(人).

staying power 持久力.

staysail *Naut.* ステースル《支索に張った長三角形の帆》.

STD (<*sexually transmitted disease*) 性行為感染症.

STD code (STD<*subscriber trunk dialling*)(電話の)市外局番.

stead 代わり. **in one's stead** 人の代わりに. **stand one in good stead** 人の役に立つ.

steadfast *a.* 確固たる, 不変の, 不動の.

steady *a.* 固定した, ゆるがない, 動じない, よろよろしない, きょろきょろしない, 震えない; 規則正しい, 着々と進む, 不断の, 不変の, 一様の, むらない, 定まった; たゆまない, 堅実な, 強固な, 節制のある, 落ち着いた; *Naut.* 針路の変わらない. — *v.* しっかりさせる, しっかりする, 安定させる, 安定する. — *n.* 決まった恋人. **go steady** 決まった異性と交際する.

steady state theory *Astron.* 定常宇宙説.

steak ステーキ, ビフテキ.

steak house ステーキハウス.

steal *v., n.* 盗む; こっそり行く, こっそり来る, そっと行く, そっと来る; こっそり取る; うまく手に入れる; いつのまにか襲う, いつのまにか覆う; 忍び込む, 忍び出る(*along, in, out,* etc.); *Baseball* 盗塁(する); 盗み; 盗品;[a~]格安品, ただみたいなもの.

stealth 忍び, 隠密. **by stealth** ひそかに.

stealthy *a.* ひそかの, 秘密の, 人目をはばかる.

steam *n.* 蒸気, 湯気, スチーム; 元気. **at full steam** 全速力で. **get up steam** 元気を出す; 怒る. **let off steam** 余分の精力を発散する; 鬱積した感情をはらす. **under steam** 蒸気で(走る); 進行中で. — *v.* 蒸す, ふかす; 湯気を出す; 蒸気で進む; 蒸気を当てて…する, 蒸気を当てて取る, 蒸気を当ててはがす; (湯気などで)曇らせる. **get steamed up** 怒る. **steam off**(切手・封を)湯気にあててはがす.

steam bath 蒸し風呂.

steamboat 汽船.

steam boiler 汽罐, ボイラー.

steamed-up *a.* 怒った; ひどく興奮した.

steam engine 蒸気機関.

steamer 汽船; せいろ.

steam fitter スチーム装置取付人.

steam heating 蒸気暖房.

steaminess 気状.

steam iron スチームアイロン.

steam locomotive 蒸気機関車.

steam power 汽力.

steam radio (テレビに対して)ラジオ.

steamroller *n.* (道路をならす)蒸気ローラー. — *v.* 地ならしをする; 強引につぶす, 圧倒する.

steamship 汽船.

steam shovel 蒸気ショベル.

steam turbine 蒸気タービン.

steam whistle 汽笛.

steamy *a.* 蒸気の(ような); 蒸気の多い, 霧深い; エロチックな. — *n.* ポルノ映画.

steapsin *Biochem.* ステアプシン《膵液中の脂

肪分解酵素).

stearate *Chem.* ステアリン酸塩.

stearic *a.* ステアリンの.

stearin *Chem.* ステアリン.

steatite *Mineral.* 凍石.

steed 馬, 軍馬.

steel *n.*, *a.* 鋼, 鋼鉄; 鋼製の; 剣; [*pl.*] 鉄鋼株. **cold steel** 刀剣類. — *v.* 堅くする, 無感覚にする, 無情にする.

steelengraving 銅版彫刻(術).

steel guitar スチールギター.

steeliness 鋼状.

steel wool 鉄綿, スチールウール《研磨用》.

steelwork 鋼鉄製品; [*pl.*; *sing.*, *pl.* 扱い] 製鋼所.

steelworker 鋼工.

steely *a.* 鋼鉄の(ような); 冷たい, 硬い; 無情な.

steelyard さおばかり.

steenbok *Zool.* スタインボック《アフリカ産小型レイヨウ》.

steep[1] *a.*, *n.* 急な, 険しい; 法外な, 驚くべき; 急坂.

steep[2] *v.* 浸す, 漬ける(*in*), 濡らす; 没頭させる(*in*); 《霧など》立ちこめる. — *n.* 浸すこと.

steepen *v.* 険しくする, 険しくなる.

steeple (教会の)尖塔.

steeplechase (野外横断)障害物競馬.

steeplechaser 障害物競馬の騎手.

steeplejack 尖塔職人, とび職.

steer[1] (食肉用)去勢牛; (4歳未満の)雄牛.

steer[2] *v.* 舵を取る, 操縦する; 進む, 身を処する. **steer clear of** ...を避ける. — *n.* 助言.

steerage 操舵法, 操縦(術); (昔の船の)三等船室.

steerageway *Naut.* 舵効速力.

steering committee 運営委員会, 実行委員会.

steering gear 操舵装置.

steering wheel (船の)舵輪; (自動車・飛行機の)操縦ハンドル.

steersman *Naut.* 舵手.

stein (ビール1パイント用)陶製ジョッキ.

Steinbeck スタインベック. **John (Ernst) Steinbeck** (1902–68) 米国の作家.

steinbok =steenbok.

Steinway *Trademark* スタインウェイ《米国のピアノ》.

stela, stele *Archaeol.* (文字・彫刻を刻んだ)石柱.

stellar *a.* 星の(ような); 優秀な; 主要な.

stellate, stelliform *a.* 星形の, 放射状の.

Stellite *Trademark* ステライト《摩耗に強い特殊合金》.

stellular *a.* 星模様の, 小星状の.

St. Elmo's fire *Meteor.* 聖エルモの火, 橋頭電光《暴風雨の夜, 船の橋頭などに現れる放電現象》.

stem[1] *n.* (木の)幹, (草の)茎; 花梗, 葉柄; (道具の)柄, 軸, あし; (時計の)巻真《竜頭の軸》; *Ling.* 語幹; 血統; *Naut.* 船首, へさき; [*pl.*] (人の)脚; 大通り. **from stem to stern** 船首から船尾まで; 徹底的に. — *v.* 生じる, 由来する(*from*, *out*, *of*).

stem[2] *v.* くい止める; 流れに逆らって進む, 抵抗する.

stemware 脚付きグラス類.

stem-winder 竜頭巻き時計.

stem-winding *a.* (時計が)竜頭巻きの.

stench 悪臭.

stencil *n.*, *v.* 型紙(で模様をつける), ステンシル(で模様をつける); 謄写板原紙(で刷る).

Stendhal スタンダール《1783–1842; フランスの作家》.

steno =stenographer, stenography.

stenograph *n.* 速記文字, 速記録, 速記タイ

プ． — *v.* 速記する．

stenographer 速記者．

stenography 速記術．

stenotype 速記用タイプ．

step *v.* 歩を運ぶ，歩く，行く；踏む；歩測する (*off, out*)；(ダンスの)ステップを踏む． **step down** (車などから)降りる；引退する；減じる；電圧を下げる． **step in** はいる；邪魔する． **step on it** 急ぐ． **step out** (ちょっと)外出する；きびきび歩く；愉快にやる；裏切る；死ぬ． **step out of line** 協定などを破って独自の行動をする． **step up** 近付く (*to*)，上る；増す，速くする． — *n.* 一歩，一足，ひとまたぎ，近距離；足跡，足音；足どり，歩調，(ダンスの)ステップ；手段；踏み段，はしご段；段階；*Mech.* 軸受け；[*pl.*] 踏み台；級，段；昇進；進歩，発展． **in step** 歩調を整えて． **out of step** 歩調を乱して． **step by step** 一歩一歩． **watch [mind] one's step** 用心する．

stepbrother 異父母の兄，異父母の弟．

stepchild 継子．

stepdaughter 継娘．

stepfather 継父．

step-in [*pl.*] (婦人用)パンティー；(女性用の)短靴，スリッパ．

stepladder 脚立．

stepmother 継母．

stepparent 継親．

steppe ステップ《シベリアなどの大草原》．

stepping-stone 踏み石，飛び石；踏み台，手段 (*to*)．

step rocket 多段式ロケット．

stepsister 異父母の姉，異父母の妹．

stepson 継息子．

step-up *a.* 電圧を上げる．

stepwise *ad.* 一歩ずつ．

stere ステール《体積の単位；＝1 立方メートル》．

stereo ステロ版；ステレオ《立体音再生装置》，ステレオ録音方式；立体写真．

stereograph 立体写真．

stereophone ステレオ用ヘッドホン．

stereophonic *a. Phys.* (音響効果が)立体的な，ステレオの．

stereophony *Phys.* 立体音響効果．

stereoscope 立体鏡，双眼写真鏡．

stereotype *n., v.* ステロ版(で印刷する)，定型化(する)；固定観念，既成観念．

stereotyped *a.* ステロ版で印刷した；型にはまった，きまりきった．

stereotypy ステロ版印刷術．

sterile *a.* 不妊の；不毛の；無菌の；効果のない，貧弱な．

sterilize *v.* 不妊にする，不毛にする；殺菌する，消毒する．

sterilizer 消毒器，殺菌剤．

sterling *a.* (英貨が)法定純度をもった，正貨の；(性格など)立派な，堅実な． — *n.* 英貨．

sterling area [bloc] (かつての)ポンド地域．

stern[1] *a.* 厳格な，(態度・目つきなど)厳しい，険しい．

stern[2] *Naut.* 船尾，とも；尻；航空機の後部．

stern chase 追撃．

sternly *ad.* 厳しく，厳格に．

sternmost *a.* 船尾に一番近い；最後部の．

sternpost 船尾材．

sternum *Anat.* 胸骨．

sternward(s) *ad.* 船尾へ．

sternway (船の)後進．

stern-wheeler 船尾外輪船．

steroid *Biochem.* ステロイド．

stertorous *a.* 高いびきをかく．

stet *v. Print.* 生きる，生かす，「イキ」．

stethoscope 聴診器．

stethoscopy 聴診(法)．

stetson ステットソン《縁が広いソフト帽》．

stevedore 港湾労働者，ステベ．

Stevenson スティブンソン． **Robert Louis Stevenson** (1850–94) スコットランドの作家．

stew v. とろ火で煮込む;(暑苦しい所で)汗を
かく,うだる;気をもむ,気をもませる;汗だくになる.
— n. シチュー;当惑. **in a stew** 気をもんで.

steward 執事,家令;世話役,幹事;(商
船・旅客機などの)旅客係,スチュワード.

stewardess 女性給仕,ホステス;(旅客機
の)スチュワーデス.

stewed pred. a. 酔った,やきもきした.

stewpan シチュー鍋.

stick[1] n. 棒切れ;しば,そだ,鞭,ステッキ,杖;
棒状に作ったもの(チョコレート・封蠟など);
Print. 植字架,ステッキ;(ホッケーの)ステッキ;(ゴ
ルフの)クラブ;のろま;[the ~s] 田舎,後背地;
鉛筆,クラリネット;マリファナたばこ. **on the
stick** 油断なく. — v. 棒で支える.

stick[2] v. 突き刺す,刺し殺す;差し込む,はめる,は
まる,ささる (in, into);張り付ける,張る,くっ付ける,
くっ付く (on, to);固守する,忠実である (to);
我慢する;突き出す,突き出る (out);立てる,突き
立つ (up);つかえる,動かない,はまり込む;置く;
動かなくなる;当惑させる;途方もなく吹っかける;
(いやな仕事を)押しつける;だます. **stick around
[about]** そばにいる,離れない. **stick at** くっつい
て離れない,あくまで頑張る;こだわる,躊躇する.
stick by 支援する. **stick down** 下に置く;
(住所・名前を)書きつける. **stick out** 突き出
る,突き出す;あくまで頑張る;(勧告などを)聞きい
れない;目立つ. **stick up** 突き出す,(顔を)あげ
る;ピストルをつきつけて強奪する. **stick up for**
助ける,守る. **stick up to** 屈しない,勇敢に
立ち向かう. **stick with** …に忠実である.

sticker 刺し手,刺ばり;くっつくもの,ステッカー;
しつこい人;頑張り屋;難問.

stickful Print. ステッキー杯.

sticking place [point] くっつく場所;ねじ
のきく所.

sticking plaster 絆創膏.

stick insect Entom. ナナフシ.

stick-in-the-mud a., n. 旧弊な(人),のろ

まな(人).

stickle v. つまらぬ事をやかましく言う,つまらぬ事
にこだわる (for),言い張る.

stickleback Ichthy. トゲウオ.

stickler 頑固に固執する人,やかまし屋,几帳
面な人;難題.

stick-on a.(裏に接着剤が塗ってあり)ぺたっと
はりつく.

stickpin ネクタイピン.

stick shift (自動車の)変速レバー《特にフロア
ギアレバーによる手動ギア転換装置》.

stick-to-itiveness 頑強,固執,根気.

stickum 粘着性の物.

stickup ピストル強盗.

sticky a. ねばねばする,粘りつく;(天候が)蒸し
暑い;厄介な,難しい;なかなかうんと言わない;
嫌な;感傷的な;むずかしい.

stiff a. 堅い,こわばった;粘りの強い,固練りの;
窮屈な,ぎこちない,固苦しい;不自然な(肩な
ど)凝った;強い,厳しい,手ごわい,強硬な,困
難な,つらい,骨の折れる;断固とした,不屈の;
猛烈な;(風など)激しい;(酒など)アルコール分の
多い,強い;Stock Exchange (相場が)強含み
の;(値段が)法外な,ひどい;酔っぱらった.
— n. 金銭;死体;固苦しい男;浮浪者;
偽札. **big stiff** まったくのばか. — ad. 極
端に,ひどく. — v. チップを出さないで去る.

stiffen v. 堅くなる,堅くする;こわばる,こわばらせ
る;強くなる,強くする;固苦しくなる,固苦しく
する;(態度を)硬化する.

stiffener 固くするもの;(帯などの)芯;強い酒,
カクテル.

stiffish a. やや堅い.

stiffly ad. 堅く,こわばって;堅苦しく.

stiff-necked a. 首が凝った;強情な.

stifle v. 窒息させる,窒息する;(火などを)消す;
握り潰す,もみ潰す,隠匿する.

stifling a. 息苦しい,窮屈な.

stigma 汚名,恥辱;(花の)柱頭.

stirrer

stigmatic a. 不名誉な.

stigmatize v. 汚名をきせる; 非難する, 指弾する.

stile (柵などを踏み越えるために設けた)踏み段; =turnstile.

stiletto 短剣; (裁縫用)穴あけ器, 目打ち; スチレットヒールの靴.

still[1] a. 静止した; 静かな; 声が低い, 静穏な; (ぶどう酒が)泡立たない; スチール写真の. — n. =stillness; (映画に対して)スチール写真. — ad. なお, まだ; それでも, やはり, もっと, なおさら. **still and all** それでもかかわらず. — v. 静める, 静まる, 宥める, 黙らせる.

still[2] 蒸留器.

still bank (船や動物の形をした)貯金箱.

stillbirth 死産.

stillborn a. 死産の.

still hunt (獲物・的などに)忍び寄ること; (政治的な)裏面工作.

still life 静物(画).

stillness 静けさ, 静寂; 静粛, 沈黙; 静止.

stillroom 蒸留室; 食料品貯蔵室.

stilly a. 静かな. — ad. 静かに.

stilt 竹馬.

stilted a. (文体など)誇張した, 固苦しい.

Stilton スティルトン《英国産上質チーズ》.

stimulant a., n. 興奮させる, 刺激性の; 刺激物, 興奮剤.

stimulate v. 刺激する, 激励する; 興奮させる.

stimulative a. 刺激する.

stimulus 刺激(物); 興奮(剤).

sting n. Zool. 針, 針; Bot. とげ, いばら; 刺すこと, 刺し傷; (刺された)痛み, 苦痛; 刺激; 辛辣; (秘密警察の)おとり捜査. — v. (針で)刺す; ひりひり痛む, ずきずき痛む; 刺激する; 苦しめる, 悩ます; (金を)巻きあげる, だまし取る.

stinger 刺す動物, 刺す植物; 嫌味, 皮肉; 痛撃.

stingo 強いビール; 元気.

stingray Ichthy. アカエイ.

stingy a. けちな; 少ない, 乏しい.

stink v. 悪臭を放つ; いやというほど持っている; ひどく評判が悪い; 不愉快である; 標準以下である; ひどくへたである (at); 役に立たない. **stink out** 悪臭で追い出す, いぶり出す; 悪臭で満たす. — n. 悪臭; 大騒ぎ. **raise a stink** 文句を言う, 非難する.

stink bomb 悪臭弾.

stinkbug Entom. カメムシ.

stinker 臭い人, 臭い物; 難物; 嫌な奴, 下らぬ奴.

stinking a. 臭い; 嫌らしい; 非常に不快な, 酔った.

stinko a. 酔っぱらった.

stinkweed 悪臭のする各種植物.

stint[1] v. 制限する, 切り詰める; 惜しむ, 出し惜しむ. — n. 出し惜しみ, 切り詰め, 節約; 割り当て(られた仕事). **without stint** 惜しまずに, 十分に.

stint[2] Ornith. ハマシギ.

stipend 給料, 給費, 年金.

stipendiary a., n. 有給の(判事).

stipple n., v. 点描(する), 点刻(する).

stipulate v. (契約の条項として)規定する; 定める, 明記する.

stipulation 契約条項; 約定, 規定.

stir[1] v. かき回す, かき立てる (up), かき混ぜる; 動かす, 動く; 感動させる, 奮起させる (up). — n. 動き, 動揺, ざわめき, 活動; かき立て, 混乱, 刺激.

stir[2] 刑務所.

stirabout オートミールの粥, ひき割りとうもろこしの粥.

stir crazy a. (長い刑務所入りで)気が変になった.

stirrer かき混ぜる人, かき混ぜる物; 問題を起こす人.

stirrup あぶみ.

stirrup cup 別れの杯.

stirrup leather あぶみ革.

stirrup pump (消火用)手押しポンプ.

stitch *n.* 一針, 一縫い; 縫い方, かがり方, ステッチ; (製本の)綴じ; (駆け足の後などの)横腹の痛み, さしこみ; 衣服; ほんの少し. — *v.* (一針一針)縫う.

St. Lawrence セントローレンス《カナダ南東部の川》.

St. Louis セントルイス《米国 Missouri 州の都市》.

Stoa ストア哲学(派).

stoat *Zool.* ストート《夏期毛が褐色の時のイタチ》.

stochastic *a.* 推計学的な, 確率論的な.

stock *n.* 幹; (接木の)台木; 家系, 血統, 家柄; 家畜; 公債, 株式; 在庫品, 在荷; 貯蓄, 財産; (知識などの)蓄え, うんちく; (道具などの)台, 台座, 柄; [*pl.*] 造船台; [*pl.*] (罪人などの)さらし台; *Bot.* ストック, アラセイトウ; (スープの)もと; フィルム; 原料. **in stock** 持ち合わせて. **out of stock** 品切れで. **on the stocks** 建造中, (仕事, 計画が)進行中で. **take stock** 在庫品を調べる. **take stock in** ...に関心を持つ, 関係する; 信用する; 会社の株を買う. **take stock of** (品質などを)調べる, 評価する. — *a.* 在庫の; 陳腐な; レパートリーの. — *v.* 仕入れる(*with*); 店に備え, 貯蔵する; (農場に)家畜を入れる; 柄をつける.

stockade *n.* (砦の)柵; 家畜おり; 刑務所, 営倉. — *v.* 柵で固める.

stockbreeder 牧畜業者.

stockbroker 株式仲買人.

stockbroking, stockbrokerage 株式仲買(業).

stockcar (鉄道の)家畜運搬車.

stock car (市販用にストックしてある)ストックカー; 競走車.

stock company 株式会社; レパートリー劇団.

stock exchange 株式取引所.

stockfish 干し魚, 干物.

stockholder 株主.

Stockholm ストックホルム《スウェーデンの首都》.

stockinet(te) メリヤス地.

stocking ストッキング, 長靴下. **in one's stockings** [**stocking-feet**] 靴を脱いで, 靴下だけになって.

stock-in-trade 在庫商品; 商売道具; 常套手段.

stockjobber 相場師.

stockman 牧畜業者; 在庫品係.

stock market 株式市場, 家畜市場.

stockpile *n., v.* (資材などの)蓄積(をする).

stockpot スープ鍋.

stock raising 牧畜業.

stockroom (物資・商品などの)貯蔵室.

stockstill *a.* じっとしている, 不動の.

stocktaking 棚卸し, 在庫品調べ.

stocky *a.* ずんぐりした, がっしりした.

stockyard (市場などの)家畜置き場, 家畜おり.

stodge *n.* 腹にもたれる食べ物; 読みにくいもの, 理解しにくいもの, つまらないもの. — *v.* がつがつ食う, 詰め込む.

stodgy *a.* 不消化の, もたれる; (書物・文体など)重苦しい, 面白くない; (人が)退屈な; (服装など)やぼったい; 個性のない.

stogy, stogie 長い粗製葉巻き; 丈夫な安靴, どた靴.

stoic *a.* 禁欲的な; 堅忍の, 冷静な; [S-] ストア学派の. — *n.* 禁欲主義者; [S-] ストア哲学者.

stoical *a.* =stoic.

stoicism 禁欲主義; 堅忍, 冷静; [S-] ストア哲学.

stoke *v.* (機関の)火をたく, 燃料を燃やす, 火を

stop

つつく, 火をかき立てる;（食べ物を）かき込む (*up*).

stokehold ボイラー室.

stokehole (ボイラーの)たき口, 灰取り口;ボイラー室.

stoker 火夫; 給炭機.

STOL (＜*short takeoff and landing*) ストール機《短距離離着陸性能をもつ》.

stole (婦人用の)ストール; *Rom. Cath.* ストラ; 法衣.

stolid *a.* 鈍感な, ぼんやりした.

stomach *n.* 胃; 腹(部); 食欲, 欲望; 好み, …したい気持ち (*for*). —*v.* (食物を)消化する, こなす; 我慢する.

stomachache 腹痛.

stomacher (昔の)婦人の胸衣.

stomachful 耐えられる限度.

stomachic *a., n.* 胃の; 消化を助ける; 健胃剤.

stomach pump *Med.* 胃洗浄器.

stomatitis *Med.* 口内炎.

stomatology 口腔病学.

stomp 速く強いリズムの曲; 足の踏み鳴らし.

stone *n.* 石, 石材, 石碑, 墓石, 雹, 霰; 宝石; *Med.* 結石; *Bot.* (堅い)核, 種; ストーン《体重などの単位; ＝14 pounds》. **cast the first stone** 真っ先に人を非難する. **leave no stone unturned** あらゆる手段を尽くす. —*v.* 石を投げつける, 石を投げつけて殺す; 果物の種を取る; 石を積む, 石で固める.

—*a., ad.* まったく(の).

Stone Age 石器時代.

stone ax 石切り斧; 石斧.

stone-blind *a.* まったく盲目の.

stonechat *Ornith.* ノビタキ.

stonecrop *Bot.* ヨーロッパマンネングサ.

stonecutter 石切り工, 石屋.

stoned *pred. a.* (酒や麻薬で)酔った.

stone-dead *a.* 完全に死んだ.

stone-deaf *a.* まったく耳の聞こえない.

stone face ポーカーフェイス(の人).

stone fruit *Bot.* 核果.

stonemason 石工.

stone's throw 石を投げて届く距離, 近距離.

stonewall *v.* 議事妨害する.

stone wall 石垣;(政治上の)妨害.

stoneware 炻器.

stonework 石細工;(建築などの)石造部.

stony *a.* 石の多い; 石のような; 無感覚な, 無表情な, 冷酷な; 不動の; 文なしの.

stonyhearted *a.* 冷酷な.

stooge *n.* (道化の)脇役;(他人の)手先, 子分; 虐待される手伝人, 虐待される部下; 間抜け. —*v.* 引き立て役を務める.

stool *n.* (肘掛け・背もたれなしの一人用)腰掛け; 床几, スツール;(バーの)止まり木; 便器; 用便; (新枝の出る)根株. **fall between two stools** あぶはち取らずに終わる. **go to stool** 用便する. —*v.* 芽を出す.

stool pigeon おとりの鳩;「さくら」;(警察への)密告者.

stoop[1] *v.* かがむ, かがめる (*down*); 猫背である; 腰が曲がっている;(屈して)…する (*to do*); 身を落とす; 急降下して(獲物に)襲いかかる. **stoop to conquer** 屈辱を忍んで目的を達する. —*n.* 腰曲がり, かがみ, 猫背; 卑下, 屈従.

stoop[2] 玄関口の階段, 式台.

stop *v.* 止める, やめる, やむ, 押さえる, 妨げる, 停止する, 中止する, 中止させる; 詰める, 埋める, ふさぐ (*up*); とどまる, 滞在する, 泊まる. **stop by [in]** 立ち寄る. **stop down** レンズを絞る. **stop off** 途中で滞在する, 立ち寄る; 途中下車する. **stop over** 途中下車する, 着陸する; 途中で滞在する. —*n.* 停止, 休止, 中止; 抑止; 終わり; 停車, 着陸; 滞在; 障害; つめ, 栓, くさび;(電車などの)停留所; 句読点; *Mus.* (オルガンの)音栓; *Phot.* 絞り. **bring [come] to a stop** 止める,

止まる. **put a stop to** …を止める, 終わらせる.

stop-and-go a. 少し進んでは止まる; (交通が)信号規制の.

stop bath *Phot.* 停止浴.

stopcock ねじ栓, コック.

stopgap 詰め物; 間にあわせ物.

stop lamp (車後尾の)停止灯, ストップライト.

stoplight (車後尾の)停止灯; 停止信号灯.

stop-out 一時休学の学生.

stopover 途中下車.

stoppage 閉止, 停止, 休業, 支払い停止.

stopper 止める人, 止める物; (機械などの)停止装置; (びんなどの)せん; *Baseball* 切り札投手, 救援投手. **put the stopper on** …を押さえる.

stopple n., v. せん(をする).

stop press *Jour.* 輪転機を止めて挿入した最新ニュース.

stop sign 停止信号, 赤信号.

stopwatch ストップウォッチ.

storage 貯蔵; 保管; 貯蔵所, 倉庫; 保管料, 倉敷料; *Computer* 記憶装置; *Elec.* 蓄電.

storage cell [battery] 蓄電池.

storage medium *Computer* 記憶媒体.

store n. 蓄え, 貯蔵, 蓄積, 豊富 (of); [pl.] 必要品, 備品; 倉庫; 商店, 小売店; [pl.] 百貨店. **in store** 貯えて, 用意して, 用意されて (for); これから起ころうとして, 待ち設けて (for). **set store by** …を重んじる.
— v. 貯える (up); 供給する, 備える (with); 倉庫に入れる, 倉庫に保管する, (倉庫など)入れる余地がある; *Computer* 記憶装置に入れる.

storehouse 貯蔵所; (知識などの)宝庫.

storekeeper 倉庫管理人; 小売商人.

storeroom 貯蔵室, 物置.

storewide a. 全店の.

storied[1] a. 伝説・物語などに名高い; 歴史画で飾った.

storied[2], **storeyed** a. …階の.

stork *Ornith.* コウノトリ.

storm n. 嵐, 暴風雨; *Meteor.* 暴風《風速毎秒 28.5-32.6 m》; 強襲; 雨あられ, 騒動. **up a storm** ひどく. — v. (天気が)荒れる; どなりちらす; 強襲する; 殺到する, 突入する, 暴れ込む.

storm belt 暴風雨帯.

stormbound a. 暴風(雨)で立ち往生して.

storm center 暴風の中心; 騒動の中心.

storm cloud 嵐雲; 前兆.

storm door 雨戸.

storm petrel *Ornith.* ヒメウミツバメ《海上で嵐を予報するとされる》.

storm signal 暴風信号.

storm-tossed a. 嵐に揺られる; 心が動揺する.

storm window 防風窓, 雨戸.

stormy a. 荒れる, 嵐の; 荒々しい, 激烈な.

stormy petrel =storm petrel; 不吉をもたらす人.

story[1] 物語, 話; 作り話; 逸話; 伝説; 噂; 歴史; 身の上話, 経歴; (小説などの)筋; 嘘; (事の)経過, (報告的な)話; (新聞の)記事. **to cut [make] a long story short** 手短に言うと.

story[2], **storey** 階層, 階.

storybook (子供用)お話の本, 小説本.

story line 筋(書き).

storyteller 話の上手な人, 物語をする人; 嘘つき.

storywriter 物語作者, 小説家.

stoup *Rom. Cath.* 聖水盤.

stout a. 強い, 頑丈な; 勇敢な; 太った.
— n. スタウト《強い黒ビール》.

stouthearted *a.* 雄々しい.

stove (暖房・料理用)ストーブ.

stovepipe ストーブの煙突；シルクハット.

stow *v.* しまい込む(*away*)；(容器に物を)満たす,詰める(*with*). **stow away** 密航する；無賃乗車をする,無賃乗船をする. **Stow it!** よせ.

stowage 積み込み(場所)；荷積み料；積み荷,積載能力.

stowaway 密航者；無賃乗車客,無賃乗船客.

STP standard temperature and pressure.

strabismic *a.* 斜視の；不完全な.

strabismus *Med.* 斜視.

straddle *v., n.* 両足をふんばる,またがる(こと)；二股をかける(こと),日和見をする.

Stradivarius ストラディバリウス《バイオリン・チェロの名器》.

strafe *v.* (飛行機上から)機銃掃射する；罰する.

straggle *v.* 散らばる,散在する,だらだらと連なる,だらだらと広がる；はぐれる,遅れる.

straggler 仲間にはぐれた人,落後者；はびこった枝,はえ広がった雑草.

straggling, straggly *a.* はぐれた；離れ離れの,ばらばらの.

straight *a.* 真っ直ぐな,一直線の；正直な,率直な；正しい,間違いのない,徹底した；(酒など)水を割らない,生の；純粋な,生一本の；正直な,貞淑な；全部の；連続した；きちんとした；(顔が)真面目くさった；*Cards* (ポーカーで)ストレートの；正常な,ホモでない,レズでない.
get [put, set] things straight きちんと物を整頓する. — *n.* 直線；直線コース；(正常な)ホモでない人,レズでない人；堅物.
— *ad.* 一直線に,真っ直ぐに；直接に；率直に,正直に；垂直に,続いて. **go straight** 真面目に暮らす. **straight away [off]** すぐに,さっさと,率直に. **straight out**

率直に. **straight up** 本当に.

straight angle *Math.* 平角 《=180°》.

straight-arm *v., n. American Football* 腕をまっすぐに張ってタックルを防ぐ(こと).

straight-arrow *a.* 堅物の.

straightaway *ad.* 直ちに. — *n., a.* 直線コース(の).

straightedge 直定規.

straighten *v.* 真っ直ぐにする,真っ直ぐになる；整頓する.

straight fight 総力戦；一騎打ち.

straightforward *a.* 正直な,率直な；単純な.

straight-out *a.* 率直な,徹底的な.

straightway *ad.* 直ちに.

strain *v.* 張りつめる,ぴんと張る；極度に働かせる,極度に働く,緊張させる,緊張する,無理に使う；(意味などを)曲解する；(権力などを)濫用する；(目を)見張る,(耳を)澄ます,(頭を)しぼる；(筋肉などを)ねじる；抱き締める；引っ張る(*at*)；(懸命に)努力する(*after, at*)；漉す,漉して除く(*out*). — *n.* 張りつめ,緊張,負担(*on*)；激しい努力,苦労,過労；無理；筋違い；調子,傾向；気味；*Phys.* ひずみ(度)；[*pl.*] 旋律,曲調；血統,種族,家系. **at full strain** 緊張して.

strainer 濾過器,漉し器.

strait *a.* 狭い. — *n.* 海峡；[*pl.*] 窮乏,窮境,難局. **be in great straits** 非常に困っている.

strait gate *Bib.* 狭い門,困難な道.

straitjacket 拘束着《両手の自由を阻むため狂暴な囚人に着せる上着》；拘束,束縛.

straitlaced *a.* 厳格な.

strand[1] *n.* 岸,水辺. — *v.* 岸に乗り上げ(させ)る,座礁させる；(人を)立往生させる,行き詰まらせる. **be stranded** 岸に乗り上げる；困難している.

strand[2] *n., v.* (縄の)股(を切る),撚り(糸).

strandline 海岸線.

strange a. 未知の; 珍しい, 見慣れない, 聞き慣れない, 未熟な; 変な, 奇妙な, 不思議な; よその, 外国の; *Phys.* 予知されない特性をもった.

strangely ad. 奇妙に(も), 不思議に(も).

stranger 見知らぬ人, 他人, (土地に)不案内の人; 門外漢, 素人 (*to*); 外国人.

strange woman 売春婦.

strangle v. 絞め殺す; 握りつぶす, 抑圧する.

stranglehold *Wrestling* のど輪攻め; 抑制.

strangulate v. *Med.* 血行を圧止する; 絞め殺す.

strap n. 革紐, 革帯; (電車などの)吊り革; (かみそりの)革砥; (勉強しないで)運動に熱を入れる学生; [the 〜] (革紐での)せっかん.
—— v. 革紐で縛る, 革紐で打つ; 革砥でとぐ.

straphanger (電車の)吊り革にぶらさがる人.

strapless a. (ドレスなど)ストラップなしの.

strapped a. 金欠の.

strapper 大柄で元気な人.

strapping n., a. 革紐材料, 革紐で打つこと; 絆創膏; 逞しい, 大柄な.

strass ストラス《人造宝石製造用の光度の高い鉛ガラス》.

stratagem 計略, 戦略, 作戦.

strategic(al) a. 戦略上の.

strategic bombing 戦略爆撃《敵国の産業と社会を破壊するための爆撃》.

strategics =strategy.

strategist 戦略家.

strategy 戦略, 策略, 計画.

Stratford-on-Avon ストラットフォード・オン・エイボン《イングランド中部の町; Shakespeare の生地》.

stratification *Geol.* 成層.

stratiform a. 層状の.

stratify v. 層にする, 層になる.

stratocumulus 層積雲.

stratoplane 成層圏飛行機.

stratosphere 成層圏.

stratum 地層; (社会上の)層.

stratus 層雲.

Strauss シュトラウス. **Johann Strauss** (1825–99) オーストリアの作曲家.

straw 藁, 麦藁; 麦藁帽; ストロー; 頼みにならぬ物. **a straw in the wind** 世論の動向を示すもの. **catch [clutch] at a straw [straws]** (苦しみのあまり)何にでも頼ろうとする. **do not care a straw [two straws]** 少しも構わない. **man of straw** 藁人形, 無資産者, 当てにならない人, つまらぬ物, 架空の人物. **the last straw** (それで重荷が耐えられなくなる)最後のつけたし.

strawberry *Bot.* (オランダ)イチゴ.

strawberry mark *Med.* 苺状血管腫, 赤あざ.

strawberry tree *Bot.* アービュタス《ツツジ科の低木》.

strawboard 黄板(紙), 黄ボール.

straw boss (労働者の)小頭, 班長.

strawhat (theater) 夏期劇場.

straw vote [poll] (世論を探る)紙上投票.

strawworm *Entom.* イサゴムシ.

strawy a. 藁の(ような).

stray v. 道に迷う, さまよう; はぐれる; 飛んで行く, 突進する. —— a. 迷い出た, 道に迷った; たまの. —— n. 迷い出た家畜, 迷子, 浮浪者; [pl.] 国家帰属遺産.

streak n. 筋, 縞, 線; 稲妻; 光線; (肉の脂肪などの)層; 気味, 気質; (短)期間, (勝ち・負けなどの)連続; ストリーキング. **like a streak** 高速で, 素早く. —— v. 筋をつける, 縞をつける; 疾走する; 裸で走る, ストリーキングする.

streaked a. 縞入りの; 不安な.

streaker ストリーキングをする人.

streaking ストリーキング《裸で公衆の面前を走ること》.

streaky *a.* 筋のある, 縞のある.

stream *n.* 流れ, 小川, 流水; 流出; 奔流; (交通などの)流れ; 流勢, 趨勢; 能力別クラス. **the stream of consciousness** (文芸で)意識の流れ; 内的独白. — *v.* 流れる, 流れ出る; なびく, 閃く; 絶え間なく続く; (髪が)垂れ下がる; (旗が)翻る; (光・炎が)流れ込む; 流れ出させる; (クラスなどを)能力別に分ける.

streamer 吹き流し, 長旗; (ひらひらする)リボン飾り; (出帆の時に用いる)テープ; *Jour.* 全段抜き大見出し; (オーロラなどの)射光.

streamlet 小流, 小川.

streamline *n., a., v.* 流線, 流線型(の); 流線型にする; 近代化する, 能率化する.

streamlined *a.* 流線型の; 近代化した, 能率的な.

street 通り, 大通り, 中心地区, 町, 街路; (犯罪のはびこる)街. **up one's street** 自分の能力に適して, 自分の趣味に適して. **walk the streets** 売春をする.

street Arab 浮浪児.

streetcar 市街電車.

streetlight 街灯.

street people 街頭にたむろする人たち.

street railway 市街電車会社, バス会社.

streetscape 街路の光景, 街路の絵, 街路の写真.

street value (麻薬の)市場価格.

streetwalker 夜の女, 売春婦.

streetwise *a.* 暗黒街の事情に通じた; 底辺で生き抜く知恵を持った.

strength 力, 強さ, 強度, 体力, 能力, 威力; 強み, 長所; 人数, 人員, 兵力. **on the strength of** …を頼りに, …を根拠として.

strengthen *v.* 強くする, 強くなる, 強化する.

strenuous *a.* 奮闘的な, 不屈な, 熱心な; 骨が折れる.

streptococcus *Bact.* 連鎖球菌.

streptomycin *Biochem.* ストレプトマイシン.

stress *n.* 圧迫, 緊張; 努力; *Phonet.* 強勢, (強さの)アクセント; 強調, 力説; *Phys.* 圧力; *Mech.* 応力; *Med.* ストレス. **lay [put, place] stress on** …に重きをおく, …を力説する. — *v.* 強調する, アクセントを置く.

stress mark *Phonet.* 強勢符, アクセント(符号).

stretch *v.* 伸ばす, 張る, 広げる; 突き出す (*out*); 無理な解釈をする, 濫用する; 誇張する; 打ちのめす; 伸びる, 伸縮性がある, 達する, 続く, 広がる; 弾性がある. — *n.* 伸ばすこと, 張ること, 広げること; 緊張; 伸び; 無理, 濫用; (広々とした)広がり, 範囲, ひと息, (時間の)一続き; (競馬場の)直線コース; 刑期. **at a stretch** 一気に.

stretcher 張り枠, 伸長具; 担架, ストレッチャー; カンバス.

strew *v.* (砂・花などを)まき散らす, 振りかける; (道などに)まき散らす (*with*).

stria *Biol., Geol.* 線, 縞.

striate *a.* 線のある, 縞のある, 縞状の. — *v.* 線をつける, 縞をつける.

stricken *a.* 打たれた, 傷ついた; (病気に)襲われた, 悩んでいる, 被災した (*with*).

strict *a.* 厳格な; 精確な, 几帳面な; 完全な, 絶対的な.

strictly *ad.* 厳しく, 厳密に.

stricture [*pl.*] 非難, 酷評 (*on*); *Med.* 狭窄.

stride *v., n.* 大股で歩く, (一足に)跨ぐ; 一足, ひと跨ぎ. **make great strides** 長足の進歩をする. **make rapid strides** 急速の進歩をする. **take…in one's stride** …を難なく切り抜ける.

strident *a.* ぎーぎーいう, かん高い, 耳障りな; *Phonet.* 粗擦性の.

stridulate *v.* (コオロギなどが)鳴く.

strife 闘争, 戦い, けんか.

strike v. 打つ, 殴る, 当てる; ぶつける, ぶつかる (*against*); 突く, 刺す (*into, through*); 襲撃する; (道などに)出る; (鉱脈などを)掘り当てる, 行き当たる; 鋳造する; (考えが)心に浮かぶ; 心を打つ, 思わせる, 感じさせる, 印象を与える (*with, by*); (悲痛・病気・老齢などで)悩ます; (マッチを)する, (火花を)打ち出す, 点火する; (旗・帆・テントなどを)取り外す, たたむ; (取り引きを)決める; (仕事を)やめる; (帳尻を)合わせる, (平均を)取る; (態度を)取る; 急に…にならせる (one *blind, deaf*); 向きを取る, 進む; ストライキをやる; (時計が)鳴る, 打つ; (浅瀬などに)乗り上げる, 座礁する; (根を)下ろす; (旗を巻いて)降伏する. **strike home** 致命傷を与える, 急所を突く; しみじみ感じさせる. **strike in** 言葉をはさむ. **strike into** 急にやり出す, …に打ち込む. **strike it rich** (炭坑・油田などを)掘り当てる; 思わぬ成功を見る. **strike off** 打ち落とす; 抹殺する; 刷り出す; それる. **strike out** 泳ぎ出す, 踏み出す (*for*), やりだす; 考えだす; 消す, 削る; 失敗する; *Baseball* 三振させる. **strike up** 歌い始める, 奏し始める; (交わりなどを)結ぶ, はね上げる. — n. 打撃, 殴打; ストライキ; 空襲; 大当たり, 大成功; *Baseball, Bowling* ストライク. **go on strike** スト(ライキ)をやる. **have two strikes against one** まったく不利になる. **on strike** スト決行中.

strikebound a. ストで動きがとれない.

strikebreaker スト破り《スト中の臨時雇い入れ職工》; スト破り周旋人.

strikeout *Baseball* 三振.

striker 打者; スト(ライキ)参加者; 槌, 撃鉄.

strike zone *Baseball* ストライクゾーン.

striking a. 目立つ, めざましい, 顕著な; 攻撃的な; スト中の.

string n. 糸, 細紐; 一連, 一続き (*of*), 連鎖, 一列, 連発; 弦; [the ~s] *Mus.* (オーケストラの)弦楽器部; (選手の)組; 繊維, 筋, (豆の)

筋; [*pl.*] 付帯条件, 「ひも」; *Ling.* 記号列; 超ビキニ. **pull strings** 黒幕になる, 陰で操る. **with no strings (attached)** 付帯条件なしで, 紐付きでなく. — v. 糸に通す; (事実などを)継ぎ合わせる (*together*), 配列する; 弦を張る, 緊張させる (*up*); (豆の)筋を取る. **highly strung** 大いに興奮して, 大いに過敏になって. **string (a person) along** (人を)だます, 欺く. **string along with** 一緒にやってゆく. **string out** 麻薬を常用して, 麻薬で弱って, 麻薬で正体を失って; のぼせあがって.

string bean サヤインゲン; 背の高いやせた人.

stringed a. 有弦の.

stringent a. 厳格な; *Econ.* (市場などが)逼迫した, 金詰まりの; (議論などが)力強い, もっともらしい.

stringer *Arch.* 縦桁; 縦枕木.

stringhalt (馬の)跛行症.

string quartet 弦楽四重奏(曲), 弦楽四重奏団.

string tie 紐タイ《幅が狭く短いネクタイ》.

stringy a. 繊維の多い, 筋張った; 糸状の, (液体が)糸を引く.

strip v. 剝く, むく, 取り去る (*of, from*); 奪う (*of*); 裸にする, 裸になる, 衣服を脱ぐ. **strip down** (エンジンなどを)分解する; (ペンキを)剝がす. — n. (板・布などの)細長い一片, 細長い地面, 細長い地域; 急造滑走路; =comic strip.

strip city 帯状の都市.

stripe 線, 筋, 縞, ストライプ; 鞭打ち; 種類.

striped a. 筋のある, 縞のある.

stripfilm =filmstrip.

strip lighting 管状蛍光灯による照明.

stripling 若者.

stripper 剝く人, 皮むき道具; ストリッパー.

striptease ストリップショー.

stripteaser ストリッパー.

strive v. 努力する (*to do, for, after*); 戦う,

奮闘する (against, with).

strobe Phot. ストロボ.

stroboscope n. ストロボスコープ《高速回転の物体を観察する装置》; Phot. ストロボ.

stroke n. 一打ち, 打撃, 打ち方; 一漕ぎ, 一掻き, ストローク; ひとなで, ひとさすり, 一動き; Mech. (ピストンの)行程; 一筆, 一刀, 一彫り; 羽ばたき; 脈拍; (時計・鐘などの)打つ音; 手腕, 偉業; (ボートの)整調; (病気の)発作, 卒中. **at a stroke** 一撃で, 一挙に. **finishing stroke** とどめの一撃, 仕上げの一筆. **off one's stroke** いつもの調子が出ないで.

——v. なでる, さする; おだてる; セックスする.

stroke oar (ボートの)整調手.

stroll v., n. ぶらぶら歩く, ぶらつく; 巡業する; 散歩.

stroller 散歩する人; 放浪者; 旅役者; ベビーカー.

strong a. 強い, 力強い, 丈夫な, 達者な; 確信のある, 得意な; 堅固な, 激しい, 濃厚な; (アルコール分が)強い, アルコール分を含む; (飲み物が)濃い; (レンズなど)強度の; 有力な; (兵力)…名の, 優勢な; 説得力のある; 強硬な, 厳しい; (文体などが)迫力のある; (言葉など)乱暴な, 自信のある; 得意の; 強い匂いのある; Gram. (動詞・形容詞が)強変化の, 不規則変化の; Com. (市場が)強気の. **one's strong point** 長所, 強味.

——ad. 強く, 猛烈に, 途方もなく. **come on strong** 強圧的な印象を与える.

strong-arm a. 腕ずくの. ——v. 暴力を振るう.

strongbox 金庫.

strong breeze Meteor. 大風《風速毎秒 10.8–13.8 m》.

strong drink 酒類.

strong gale Meteor. 大強風《風速毎秒 20.8–24.4 m》.

stronghold 要塞; 本拠.

strongish a. やや強い.

strongly ad. 強く, 堅固に; 激しく; 大いに.

strongman 実力者, 独裁者.

strong-minded a. 決断力に富む, 勝気な.

strong room 貴重品保管室.

strong suit Cards 強い組み札; 長所.

strontium Chem. ストロンチウム《金属元素》.

strop n., v. 革砥(とぎ).

strophe (古代ギリシャ合唱隊の)左方旋回, その時歌う歌章; (詩の)節, 連.

stroppy a. 怒りっぽい, 反抗的な.

struck a. うっとりした.

structural a. 構造(上)の; 構造主義の.

structuralism 構造主義.

structural linguistics 構造言語学.

structure 骨組み; 構造, 構成, 組織; 建物.

strudel シュトルーデル《果物・チーズなどを薄い生地に巻いて焼いたデザート用菓子》.

struggle v. もがく; 努力する, 苦闘する (to do, for); 戦う, 抵抗する (against, with); もがき通る, 押し進む (along, in, through, etc.). ——n. もがき, 身悶え; 努力, 奮闘, 抵抗, 乱闘.

strum v., n. (弦楽器を)かき鳴らす(こと), 下手に演奏すること.

struma Med. 甲状腺腫.

strut[1] v., n. 気取って歩く(こと); 見せびらかす.

strut[2] n., v. Arch. 支柱 (をかう).

strychnine Chem. ストリキニーネ.

strychninism ストリキニーネ中毒.

Stuart n. **the House of Stuart** スチュアート家《スコットランドの王家 (1371–1603), 後イングランド・スコットランド両国の王家 (1603–1714)》.

stub n. 切り株; (折れた歯の)根; (葉巻きの)吸い残り, (鉛筆の)使い残り, (蠟燭の)燃え残り; (小切手帳の)控え, (入場券の)半券. ——v. (切り株などを)引き抜く (up); (爪先などを)切り株などに打ちつける.

stubble [*pl.*] (麦の)刈り株; 不精ひげ.

stubbly *a.* 刈り株だらけの; 刈り株のような, いがぐりの.

stubborn *a.* 頑固な, 強情な; 頑強な; 手におえない.

stubbornly *ad.* 頑固に; 頑強に.

stubby *a.* 切り株の多い, 切り株のような; ずんぐりした.

stucco *n., v.* 化粧漆喰(を塗る), 化粧漆喰で仕上げる. — *a.* 進めない, 行き詰まった; 恋をして.

stuck-up *a.* いばった, 生意気な.

stud¹ *n.* 鋲, 飾り釘; 飾りボタン; 間柱. — *v.* 飾り釘を打つ; ちりばめる (*with*), 点在させる.

stud² (遊猟・競馬・繁殖用などの)馬群; 精力絶倫な男, プレーボーイ; =studhorse.

studbook 馬の血統台帳.

studding *Arch.* 間柱(材).

studding sail *Naut.* スタンスル, 補助帆.

student (大学・専門学校などの)学生; 研究家.

student council [government] 学生自治会.

student teacher 教(育実習)生.

student union (大学の)学生会館.

stud farm 種馬飼育場.

studhorse 種馬.

studied *a.* 故意の, 計画的な; 念入りな, 凝った, 苦心した.

studio (美術家の)制作室, 画室, アトリエ; 写真撮影室; 映画撮影所; 放送室, スタジオ, 録音室.

studio apartment ひと間のアパート.

studio couch 寝台兼用ソファー.

studious *a.* 勉強する, 篤学の; 熱心な, 苦心する (*of*); 慎重な, 念入りの; 故意の, わざとらしい.

study *n.* 勉強, 研究, 学問, 調査; 学科, 論文; 習作; *Mus.* 練習曲, エチュード; 書斎; せりふ覚えが...の役者. — *v.* 研究する, 調べる; 勉強する; 努めて...する (*to do*); 考える (*out*). **study up on** ...を念入りに研究する.

study hall 自習室(での自習時間).

stuff *n.* 材料, 原料, 物質; 持ち物; 要素, 物事; 毛織物; つまらぬ物, たわごと; 手腕; おはこ; 現金; 麻薬, ヘロイン. **do one's stuff** 本領を発揮する. **stuff and nonsense** たわごと. **That's the stuff.** それで当然だ. — *v.* 詰める; (料理の鳥などに)詰め物をする; (詰めて)塞ぐ (*up*); 食べ過ぎる; 性交する.

stuffed *a.* 詰め物をした; 剝製の; 縫いぐるみの.

stuffed shirt 能なしのいばり屋.

stuffing (料理の)詰め物; (細工物などの)詰め物, 芯; (新聞の)埋め草. **knock the stuffing out of** ...をこてんこてんにやっつける, 無気力にする.

stuffy *a.* 風通しの悪い, むっとする; 狂暴な; 退屈な; 保守的な; 気取った.

stultify *v.* ばからしく見せる, 無意味にする; (矛盾した行為などで)台無しにする; *Law* 責任能力のないことを申し立てる.

stumble *v.* つまずく, よろめく; どもる, 口ごもる; 失敗する, 誤る; まごつく (*at*); 出くわす (*upon*). — *n.* つまずき, よろめき, 失敗.

stumbling block つまずかせる物, 邪魔物.

stump *n.* 切り株; (折れた歯の)根, (葉を取った)幹, 軸; (切断後の)手足の基部; (葉巻きの)吸い残り, (鉛筆の)使い屑, (蠟燭の)燃え残り; 義足; [*pl.*] 両足; 野外演説の演壇《昔木の切り株の上で演説したことから》; *Fine Arts* 擦筆. **stir one's stumps** 急ぐ, 活発になる. **up a stump** 窮して, 困って. — *v.* (木を切って)株にする, 根こそぎにする; 重苦しく歩く; 義足で歩く; 遊説する; (質問などで)悩ます, 困らせる, 挑む; (つま先を堅い物に)ぶつける; *Fine Arts* 擦筆でぼかす. **stump up** 支払う.

stumper 難問.

stump speaking [speech] 選挙演説.

stumpy *a.* ずんぐりした; 切り株の多い.

stun *v.* 打って気絶させる; 肝をつぶさせる, びっくりさせる; 耳を聾する; 有頂天にさせる.

stun gun スタン銃《砂・散弾などの袋を発射する暴動鎮圧用の銃》; スタンガン, 高圧電流銃.

stunner すばらしい物, すばらしい人, 絶世の美人.

stunning *a.* 気絶させる; 耳を聾する; すばらしい, 非常に美しい.

stunsail, stuns'l =studding sail.

stunt[1] *v.* 発育を止める, いじけさせる.

stunt[2] *n., v.* 妙技, 離れ業(を演じる); 高等飛行(を行う), 曲乗り飛行(を行う); 人気取り; 趣向, 仕業.

stunt man *Motion Pictures* スタントマン.

stupa *Budd.* ストゥーパ, 仏舎利塔.

stupe[1] *Med.* 温湿布.

stupe[2] まぬけ.

stupefacient *a.* 麻痺させる.

stupefaction 仰天.

stupefy *v.* 麻痺させる, 無感覚にする; 肝をつぶさせる.

stupendous *a.* すさまじい, 途方もない; 驚くべき, 巨大な.

stupid *a.* ばかな, 愚鈍な; ばからしい, つまらない; 無感覚の. — *n.* ばか.

stupor 無感覚; 人事不省, 昏睡, 恍惚.

sturdy *a.* 逞しい, 強健な; 頑強な, 不屈の; 健全な.

sturgeon *Ichthy.* チョウザメ.

stutter *v., n.* 吃る, 口ごもる, 吃りながら言う (*out*); 吃り.

sty[1] *n., v.* 豚小屋(に入れる).

sty[2] *Med.* ものもらい, 麦粒腫.

Stygian *a.* 三途の川の; 下界の, 地獄の; 陰気な.

style *n.* 文体, 表現法; 様式, 型; …式, …風; 流行, スタイル; 称号, 呼び名; 品格, 品位, 上品; 優雅, 贅沢; 態度, 様子, 風采; *Bot.* (雌蕊の)花柱; =stylus. **in style** 派手に. **Old Style** 旧暦. **New Style** 新暦. — *v.* 唱える, 呼ぶ, 称する; …風にデザインする.

stylebook 印刷便覧; スタイルブック.

stylish *a.* 派手な, 流行の.

stylist 文体家, 文章家, スタイリスト.

stylistic *a.* 文体(論)の.

stylistics 文体論.

stylize *v.* 様式化する.

stylus 尖筆; 鉄筆; (レコード用)針.

stymie *n., v.* *Golf* 妨害球; 妨害する.

styptic *a., n.* 血止めの; 止血剤.

styrene *Chem.* スチレン; =polystyrene.

Styrofoam *Trademark* スタイロフォーム《発泡スチロール》.

Styx *Gk Myth.* 三途の川.

SU Aeroflot Soviet Airlines エアロフロート(ソ連航空)《国際略語》.

suable *a.* 訴訟できる, 訴えられる.

suasion 説得, 勧告.

suave *a.* (態度が)人好きのする, 気持ちのいい, 丁寧な; 口当たりの良い.

sub 補充員, 補欠選手; 代理人; 潜水艦; *Mil.* 中尉, 小尉; (クラブなどの)会費; (給料の)前借り; 副主席, 編集次長.

subacid *a.* やや酸っぱい.

subagent 副代理人.

subalpine *a.* 亜高山帯の.

subaltern *n., a.* *Mil.* 中尉, 小尉; 下位の; 副の, 部下の.

subassembly 小組み立て部品.

subatomic *a.* *Phys.* 亜原子の.

subaudition 言外の意味; 補充された意味.

subcategory 下位範疇.

subcentral *a.* 中心下の, 中心に近い.

subclass *Biol.* (分類の)亜綱.

subcommittee 小委員会, 分科委員会.

subconscious *n., a.* 潜在意識(の); ぼんやり意識している.

subcontinent 亜大陸.

subcontract *n.* 下請負, 下請契約. ― *v.* 下請負する.

subcontractor 下請業者.

subcutaneous *a.* *Anat.* 皮下の.

subdeacon *Rom. Cath.* 副助祭.

subdeb =subdebutante.

subdebutante 社交界へ出る前の15, 6歳の娘.

subdiscipline 学科の下位区分.

subdivide *v.* 再分する, 細分する.

subdivision 再分, 細分; 一区分, 一区画.

subduction *Geol.* (プレートが)他のプレートの下にもぐり込むこと.

subdue *v.* 征服する; 抑制する; 和らげる; 開墾する.

subeditor 副主筆, 副編集人.

subfamily *Biol.* (分類の)亜科.

subfusc *a.* 黒ずんだ, さえない, くだらない.

subgenus *Biol.* (分類の)亜属.

subglacial *a.* 氷河下の.

subgroup 小群, *Chem.* 亜属; *Math.* 部分群.

subhead 小見出し.

subhuman *a.* 人間に近い, 人間以下の.

subjacent *a.* 下の, 下位の.

subject *a.* 支配を受ける, 従属する; 従うべき, 受けるべき (*to*); 受けやすい, なりやすい (*to*); [*ad.*] …を条件として, 仮定して, (訂正などが)あるとして (*to*). ― *n.* 臣民, 人民; 主題, 題目; *Mus.* 主題, テーマ; 科目, 学科; *Gram.* 主語; *Log.* 主辞; *Philos.* 主観, 自我, 実体; 原因; 被験者, 実験材料; (ある傾向・素質・病気などの)人. ― *v.* 服従させる (*to*); あわせる,

受けさせる, こうむらせる (*to*); 提出する, 任せる (*to*).

subjection 征服; 服従.

subjective *a.* 主観的な; 個人的な, 私的な; *Gram.* 主格の.

subjectivism *Philos.* 主観論, 主観主義.

subjectivity 主観性.

subject matter 主題, (論文などの)内容, 素材.

subjoin *v.* つけ加える, 添える, 増補する.

sub judice (L) 審理中, 未決の.

subjugate *v.* 征服する, 従属させる.

subjugator 征服者.

subjunctive *n., a.* *Gram.* 仮定法(の), 叙想法(の).

sublease *n., v.* (土地の)転貸; 転貸する.

sublet *v.* 転貸する, 転借する.

sublieutenant 海軍中尉.

sublimate *v.* 浄化する, 高尚にする; 転化する; *Chem., Psychol.* 昇華する. ― *n.* *Chem.* 昇華物, 昇汞.

sublimation 浄化, 理想化; *Chem., Psychol.* 昇華.

sublime *a.* 雄大な, 崇高な, 荘厳な, 卓越した; 途方もない; [the ~] 荘厳美. ― *v.* = sublimate.

subliminal *a.* *Psychol.* 潜在意識の.

subliminal advertising 識閾下広告 《繰り返し放映される, きわめて短時間のテレビ広告》.

sublunar(y) *a.* 月下の; 現世の, 地上の.

submachine gun 小型軽機関銃.

submarginal *a.* 縁に近い; 収益標準以下の.

submarine *n.* 潜水艦. ― *a.* 海底の, 海中の.

submarine chaser 駆潜艇.

submariner 潜水艦乗組員.

submerge *v.* 浸す, 沈め隠す; 没する, 沈む,

潜 水する; 覆い隠す, 消し去る.

submergence 沈没, 潜水; 浸水, 水浸し, 冠水.

submerse v. =submerge.

submersed a. Bot. 水生の.

submersible a. 水中に沈めうる, 潜航可能の.

submersion =submergence.

subminiature a. 極小の.

submission 服従, 従順; 謙遜; 具申; 提出, 寄託.

submissive a. 従順な, 謙遜な.

submit v. 屈服する, 屈服させる, 従う, 従わせる (to); (考慮・判断を求めて)提出する, 差し出す, 付託する (to); 具申する.

subnormal a., n. 正常以下の; 低能者.

suborder Biol. (分類の)亜目.

subordinate a. 下位の, 劣った; 部下の; 従属する. — n. 下役, 部下; Gram. 従属節, 従属句, 従属語. — v. (...の)下位に置く; より軽く見る (to); 従わせる, 従属させる (to).

suborn v. Law (賄賂などで)偽誓させる, 偽証させる; 悪事を教唆する.

subplot (小説・劇の)脇筋.

subpoena n., v. Law 召喚状; 召喚する.

subrogation Law 代位(弁済).

sub rosa (L) ad. 秘密に.

subroutine Computer サブルーチン《他のプログラムから共通に使用できる形式で作られたルーチン》.

sub-Saharan a. サハラ砂漠以南の.

subscribe v. 署名する; 寄付する; 応募する, 予約する (for); 購読する, 加入する (to); 賛成する (to).

subscriber 署名者; 寄付者; 予約者, 購読者, 応募者; (電話)加入者.

subscript a., n. 下に書いてある(文字), 下に書いてある記号.

subscription 署名, 同意; 申し込み, 応募, 予約, 寄付; 寄付金, 予約金, 会費; 勧誘販売.

subscription television 会員制有料テレビ.

subsection 小分け, 細別, 分課.

subsequent a. 続いて起こる, 伴って起こる (to), その後の, 次の.

subserve v. 助ける, 役立つ, 促進する, 助長する.

subservient a. 役立つ (to), 補助的な; こびる, 卑屈な.

subset Log., Math. 部分集合.

subside v. 沈む, 沈積する, 落下する; (水などが)ひく, (風雨・騒動などが)静まる; 腰をおろす.

subsidiary a. 補助的な, 補足的な; 副業の; 従属的な, 副次的な; 補助金を受ける. — n. 子会社, 補助者, 付属物.

subsidize v. 補助金を与える, 補助金を与えて助成する, 買収する.

subsidy 補助金, 助成金; 軍事資金.

subsist v. 生存する, 生活する (on); ...に存する (in); 養う.

subsistence 生存, 生活, 生計.

subsistence crop 自家用農作物.

subsistence farming 自給農業.

subsoil n., v. (表土のすぐ下の)心土, 下層土 (を掘り起こして耕す).

subsonic a. Aeronaut. 音速以下の, 亜音速の.

subspecies Biol. (分類の)亜種.

substance 物質; Philos. 実体, 本体, 実在; 要素; 内容, 実質, 固体; 真髄, 本質, 要旨; 資産. **in substance** 本質的に, 事実上; 大体において.

substandard a. 標準以下の, 標準語でない.

substantial a. 実質的な, 本質的な; 実際上の; 重要な, 相当な; 裕福な; 堅固な,

がっしりした；充実した，十分な；*Philos.* 実体の．

substantiality 実質，実在性；充実；資産．

substantiate v. 立証する，十分根拠を与える，証拠を固める，具体化する．

substantival a. Gram. 名詞の．

substantive a. 存在を示す；独立の，強固な；実在的な，現実の；明文の．
— n. Gram. 名詞．

substation 支所，支局，出張所．

substitute v. 代える，代用する，代理させる；置換する (for)；代入する． — n. 代用品，代理者，代役．

substitution 代用；置換．

substitutive a. 代用となる，代理となる．

substratosphere 亜成層圏．

substratum 下層；基盤．

substruction （建造物の）基礎部分，土台．

substructure 基礎工事．

subsume v. 包含する．

subsurface a. 表面下の．

subsystem 下部組織．

subteen サブティーン《思春期前の子供，特に13歳未満の少女》

subtemperate a. 亜温帯の．

subtenancy また借り．

subtenant 転借人，また借り人．

subtend v. Math. （弦・三角形の辺が弧・角）に対する．

subterfuge 口実，言い逃れ，ごまかし；策略．

subterranean a. 地下の，隠れた；秘密に行われる．

subtilize v. 希薄にする；精妙にする；鋭敏にする；微細に区別する．

subtitle （説明的）副題目；（映画の）説明字幕；（外国映画の）翻訳ダイアログ．

subtle a. 捕えgた難い；微妙な，ほのかな，難解

な，敏感な，鋭敏な；精巧な，巧妙な；陰険な，こすい；希薄な．

subtopia （無計画に住宅が建ち並び，美観を損ねる）郊外地域．

subtract v. 減じる，引く (from)，控除する．

subtraction Math. 減法，引き算．

subtrahend Math. 減数．

subtropical a. 亜熱帯の．

subtropics 亜熱帯地方．

suburb [pl.] （都市の）周辺，郊外．

suburbanite 郊外居住者．

suburbia 郊外住宅地；郊外居住者（の生活），郊外居住者の物の考え方．

subvention 補助金．

subversive a. 打倒する，転覆を企てる；破壊する． — n. 破壊活動家．

subvert v. （政府などを）転覆させる，打倒する；破壊する，腐敗させる．

subway 地下鉄；地下道．

succeed v. 栄える，成功する (in)，うまく行く；続く，続いて起こる；継承する，相続する (to)．

succentor （聖歌隊の）先唱者代理．

success 成功，繁栄，幸運；成功者．

successful a. 成功した，首尾よい，好結果の，繁栄する，盛大な．

successfully ad. 首尾よく，見事に．

succession 連続；継承，相続権，相続順位．in succession 連続して．

successive a. 引き続いての，連続的な．

successor 後任者，後継者，相続人．

success story サクセスストーリー，出世物語．

succinct a. 簡潔な．

succinic acid Chem. 琥珀酸．

succor n., v. 救助(する)，救援(する)；救助者，救援者．

succotash サッコタシ《豆とトウモロコシのごった煮》．

succubus （睡眠中の男と交わるといわれる）

女 の夢魔.

succulent *a.* 汁の多い; 興味深い; *Bot.* 多肉多汁の.

succumb *v.* 屈する, 負ける (*to*), 倒れる; (…で) 死ぬ (*to*).

such *a.* そのような, このような; (…と) 同じような (*as*), (…のような) そういう (*as to do*, *that*); 非常な, ひどい; 前記の. **such and such** かくかくの. —— *pron.* かような物, かような人, かような事; それ; 前記の物. **and such** など. **as such** それとして, そのままで. **such as …**のような. **such being the case** こういう事情だから.

suchlike *a.*, *pron.* かような (人), かような物. **and suchlike** など.

suck *v.* 吸う; 乳を飲む; しゃぶる, 吸い込む; (知識などを) 吸収する; 搾取する; 失敗する; … に引き込む (*into*); おもねる, 嫌気がさす, むかつく. **suck in** 吸い込む; だます. **suck off** 口淫をする. **suck up to** おべっかを使う. —— *n.* 乳を飲むこと; ひと吸い; 大失敗. **give suck** 授乳する (*to*).

sucker *n.*, *v.* 吸う人, 吸う物, 吸い揚げ装置; *Zool.* 吸盤; *Bot.* 吸枝 (を取り去る); だまされやすい人, お人好し, (先生の) お気に入り; かつぐ, だます.

sucking *a.* 乳を飲む; 吸う, 吸いつく; 乳臭い, 未熟な.

suckle *v.* 授乳する, 育てる.

suckling 乳児, 乳獣; うぶな人間.

sucrose *Chem.* 蔗糖.

suction 吸うこと; (ポンプの) 吸い上げ, 吸引力; コネ.

suction pump 吸い上げポンプ.

Sudan [the ~] スーダン《アフリカ北東部の共和国》.

Sudanese *a.*, *n.* スーダンの; スーダン人.

sudden *a.* 急な, 不意の, 突然の. **all of a sudden** ＝suddenly.

sudden death 急死; 決勝の一回勝

負.

sudden infant death syndrome *Med.* 乳幼児ぽっくり病.

suddenly *ad.* 突然, 急に.

sudoriferous *a.* 発汗する.

sudorific *a.*, *n.* 発汗を促す; 発汗剤.

suds 石鹼水, 石鹼の泡; ビール.

sue *v.* 訴える, 訴訟を起こす; 懇願する.

suede, suède (F) スエード《内面をけば立てた革》.

suer 訴訟人; 懇願する人.

suet スエット《牛や羊の堅い脂肪》.

Suez スエズ《エジプト北東部の港市》. **Isthmus of Suez** スエズ地峡《アジアとアフリカとを結ぶ狭い地峡》.

Suez Canal スエズ運河.

suffer *v.* 苦しむ, 悩む; こうむる, 受ける; ひけを取る; 損をする; 忍ぶ; 許す, なすままにする.

sufferance 黙許, 黙認. **on sufferance** 見逃してもらって, お情けで.

sufferer 苦しむ人; 被害者, 患者.

suffering 苦しみ, 苦難; 苦痛, 損害, 被害.

suffice *v.* 十分である. **Suffice it to say that …**と言えば十分である.

sufficient *a.* 十分な (*for*). —— *n.* 十分 (な量).

sufficiently *ad.* 十分に.

suffix *n.*, *v. Gram.* 接尾辞 (として付ける).

suffocate *v.* 窒息させる, 窒息する; 声をおさえる, 息が切れる.

suffragan *n.*, *a.* 属司教 (の), 属司教区主教 (の).

suffrage 投票; 選挙権, 参政権; 賛成.

suffragette (女性の) 婦人参政権論者.

suffragist 婦人参政権論者.

suffuse *v.* 覆う, 満たす, みなぎらせる.

sugar *n.* 砂糖, (薬の) 糖衣; かわいらしい女の子, 恋人; へつらい, お世辞; あなた, お前; お金; 麻薬, ヘロイン. **sugar of lead** *Chem.* 酢酸

鉛. — v. 砂糖で甘くする; 砂糖をかける, 糖衣をきせる; 見せかけをよくする; 買収する.

sugar beet Bot. テンサイ, 砂糖大根.

sugar candy 氷砂糖.

sugarcane Bot. サトウキビ.

sugarcoat v. 糖衣をきせる; 体裁をよくする.

sugar daddy 若い女に金品をつぎ込む金持ちの中年男.

sugarhouse 製糖所.

sugarloaf 棒砂糖; 円錐形のもの《帽子・丘など》.

sugar maple Bot. サトウカエデ.

sugarplum ボンボン, あめ玉.

sugar tongs (食卓用)角砂糖ばさみ.

sugary a. 砂糖(製)の; 甘い, へつらう.

suggest v. ほのめかす, 暗示する, 示唆する, 思いつかせる, 連想させる; 言い出す, 提議する, 提案する.

suggestibility 被暗示性.

suggestion ほのめかし, 暗示, 示唆; 提議, 提案; 風, 気味, 連想.

suggestive a. 暗示的な, 思わせる (of); 暗示に富んだ, 示唆的な, 猥褻気味の, 挑発的な.

suicidal a. 自殺の, 自殺的な.

suicide 自殺, 自滅; 自殺者. **commit suicide** 自殺する.

suit n. 訴訟; 嘆願, 求婚; (トランプの)組み札; (服などの)一揃い, スーツ, 一組. **follow suit** トランプで最初出された札と同じ札を出す; 人の例に従う. — v. 適合させる, 一致させる (to); …の気に入る, 満足させる; 適する, 合う, 似合う, 都合にかなう. **be suited** 適する, ふさわしい (for, to). **suit oneself** 自分の好きなようにする.

suitability 適合, 適当.

suitable a. 適当な, 適合する, 似合う (for, to).

suitcase スーツケース.

suite 随員一行; 組, 揃い (of); 一続きの部屋; Mus. 組曲.

suiting 洋服地.

suitor 訴訟人, 原告; 嘆願者; (男の)求婚者.

sulfa drug Med. スルファ剤《細菌性疾患に対する特効薬》.

sulfate Chem. 硫酸塩.

sulfide Chem. 硫化物.

sulfite Chem. 亜硫酸塩.

sulfonamide Pharm. スルフォンアミド.

sulfur Chem. 硫黄.

sulfurate v. 硫黄で処理する, 硫黄で漂白する, 硫化する.

sulfur dioxide Chem. 二酸化硫黄, 亜硫酸ガス.

sulfureous a. 硫黄(質)の, 硫黄臭い.

sulfuric a. Chem. 硫黄の, 6価の硫黄を含む.

sulfuric acid Chem. 硫酸.

sulfurous a. Chem. 硫黄の; 4価の硫黄を含む.

sulfurous acid Chem. 亜硫酸.

sulk v., n. 拗ねる; [pl.] 拗ねること, 不機嫌. **in the sulks** 拗ねて.

sulky a. 拗ねた, つむじ曲がりの; (天候などが)陰鬱な. — n. サルキー《一人乗り一頭立て二輪馬車》.

sullen a. 無愛想な, むっつりした, 陰気な, 重々しい.

sullenly ad. むっつりして, 不機嫌に.

sully v. 汚す, 傷つける.

sulphur =sulfur.

sultan サルタン, イスラム国君主; [the S-] オスマン帝国の皇帝.

sultana イスラム国王妃; サルタナ《小粒干しブドウ》.

sultanate サルタンの地位, サルタンの統治, サルタンの領土.

sultry a. 蒸し暑い, うっとうしい; 官能的な; 乱

暴な; 気味の悪い.

sum n. 合計, 総計; 金高, 金額; 要点, 大要; 算数の問題; [pl.] 算数. **do a sum** 計算する. **in sum** 約言すると. **sum and substance** 要点. **sum total** 総計.
— v. 合計する (up); 約言する (up), 概説する; 判断する, 評価する (up). **to sum up** 約言すると.

sumac(h) Bot. ウルシ.

Sumatra スマトラ《インドネシア西部の島》.

summa cum laude (L) ad. 最優等で.

summarize v. 約言する.

summary a. 概要の; 簡略な; 略式の; 即決の; 即座の. — n. 概要, 要約, 摘要, 一覧.

summation Math. 求和, 加算; 合計; Law (陪審に付せられる前の) 最終弁論.

summer n. 夏; [pl.] 年齢; 青春, 盛り.
— v. 夏を過ごす; 夏季中放牧する.

summerhouse あずまや.

summer house 夏の別荘.

summer resort 避暑地.

summers ad. 夏 (毎) に.

summer school 夏期学校, 夏期講習会.

summer squash Bot. ペポカボチャ.

summertime 夏期.

summer time 夏時間, サマータイム.

summery a. 夏の; 夏らしい.

summing-up 要約, 締めくくり.

summit 頂上; 絶頂; 最高位, 首脳部; 首脳会談.

summiteer 首脳会談参加者.

summit-level 最高水準; (道路・鉄道の) 頂区.

summit meeting [conference] トップ会談, 首脳会談.

summon v. 呼び出す, 召喚する, 召集する; (降伏などを) 要求する; (勇気などを) 奮い起こす (up).

summons n., v. 召喚; Law 召喚状; 召喚する.

sump (坑底の) 排水溜め; (自動車エンジン底部の) 油溜め, オイルパン.

sumpter 荷馬.

sumptuary a. 贅沢取り締まりの.

sumptuous a. 贅沢な, 豪華な; 高価な.

sun n. 太陽; 日光, 日なた. **in the sun** 注目されて. **under the sun** 天下に; この世で.
— v. 日光にさらす, 日に当てる.

sunbaked a. 天日で焼いた; 陽光の照りつける, 日ざしの強い.

sunbath 日光浴.

sunbathe v. 日光浴をする.

sunbeam 日光.

Sunbelt サンベルト《Virginia 州から南 California 州に至る気候の良い地帯》.

sunbird Ornith. タイヨウチョウ.

sunblind 日よけ.

sunbonnet (婦人用) 日よけ帽子.

sunbow (滝のしぶきに生じるような) 虹.

sunburn n. 日焼け. — v. 日に焼く, 日に焼ける.

sunburst (雲間をもれる) 強烈な日光.

sun-cream 日焼け止めクリーム.

sundae サンデー《果物などを入れたアイスクリーム》.

Sunday 日曜日; 安息日.

Sunday best 晴れ着, よそ行き着物.

Sunday driver 下手なドライバー.

Sunday-go-to-meeting a. よそ行きの, 盛装した.

Sunday painter 日曜画家.

Sunday punch 強打, 有効打.

Sundays ad. 日曜日 (ごと) に.

Sunday school 日曜学校.

sun deck Naut. サンデッキ.

sunder v. 分かつ, 離す, 裂く.

sundew Bot. モウセンゴケ.

sundial 日時計.

sundown =sunset.

sundowner 日暮れ時の一杯；浮浪者.

sundrenched *a.* 太陽が照りつける.

sundry *a.* いろいろの，雑多の．— *n.* [*pl.*] 雑品，雑件，雑費；雑収入.

sunfast *a.* 日にあせない.

sunfish *Ichthy.* マンボウ.

sunflower *Bot.* ヒマワリ.

Sung 宋《中国の王朝 (960–1279)》.

sunglasses サングラス.

sunken *a.* 沈んだ，水没した；へこんだ，窪んだ.

sunlamp 太陽灯《医療用》.

sunless *a.* 日のささない，暗い；希望のない.

sunlight 日光.

sunlit *a.* 日に照らされた.

Sunni スンニー派《イスラム教の一派》.

sunnily *ad.* 日当たりよく；快活に.

Sunnite スンニー派のイスラム教徒.

sunny *a.* 日当たりのいい，日の照る；明るい，快活な，晴れ晴れした.

sunny-side up *a.* (卵が)目玉焼きの，片面だけ焼いた.

sun-oil 日焼け用オイル.

sun porch [parlor] (ガラス張りの)サンルーム.

sunproof *a.* 日光を通さない，耐光性の.

sunrise 日の出，暁.

sunroof (車の)サンルーフ.

sun-room サンルーム.

sun seeker (冬季)陽光を求めて暖地へ旅行する人；*Aerospace* 太陽追跡装置.

sunset 日の入り，日没，夕焼け；晩年.

sunset law サンセット法，行政改革促進法.

sunshade 日傘.

sunshine 直射日光；日なた；晴天；陽気.

sunshine law 議事公開法.

sunshiny *a.* 日の照る，よく日の当たる；陽気な.

sunspot *Astron.* (太陽の)黒点.

sunstroke 日射病.

sunstruck *a.* 日射病にかかった.

suntan 日焼け.

sunup =sunrise.

sun visor (運転席の)遮光板，サンバイザー.

sunward *a.* 太陽の方の．— *ad.* 太陽の方へ.

sunwards *ad.* =sunward.

sunwise *ad.* 左から右へ.

sup *v.* すする；夕食を食べる．— *n.* ひとすすり，一口.

super *n.* 臨時雇い，エキストラ；監督者；特製品；スーパーマーケット．— *a.* 極上の；巨大な，包括的な.

superable *a.* 打ち勝てる.

superabound *v.* 多過ぎる.

superabundant *a.* 有り余る，過剰の.

superadd *v.* さらに加える.

superalloy 超合金.

superannuate *v.* (老齢・病弱などで)退職させる.

superannuated *a.* 老朽した，老齢で退職した，病弱で退職した；時代遅れの.

superannuation 老朽整理，老齢退職年金.

superb *a.* 壮麗し，善美を尽くした，すばらしい，華麗な，飛び切り良い，申し分ない.

Super Bowl [the ~] スーパーボウル《米国のプロフットボールの王座決定戦》.

supercargo 上乗り《商船に乗って積み荷の監督をする高級船員》.

supercharge *v.* (エンジンに)過給する.

supercharger 過給機.

supercilious *a.* 尊大な，傲慢な.

supercity 巨大都市.

superconductivity *Phys.* 超伝導性.

supercool *v.* (液体を)凍結させないで氷点下に冷却する.

superduper *a.* すばらしい.

superego *Psyhcoanal.* 超自我.

supereminent *a.* 卓絶した, 抜群の.

supererogation 余分に勤めること.

supererogatory *a.* 義務以上の; 余計の.

superfatted *a.* 脂肪含有過多の.

superficial *a.* 表面の, 表面だけの; 皮相の, 浅薄な, 影響の少ない.

superficies 表面, 外面, 外観; 表面積.

superfine *a.* 飛び切り上等の; あまりに上品ぶる.

superfix *Phonet.* 接上辞《強勢・高さなど》.

superfluity 余分, 過剰; 余計な物, 有り余った金.

superfluous *a.* 過剰の, 余分の, 不必要の.

superfly *a., n.* 最高の, すばらしい; 麻薬の売人.

supergiant *Astron.* 超巨星.

supergroup スーパーグループ《トップミュージシャンが集まって結成したロックバンド》.

superheat *v.* 過熱する.

superheater 過熱装置, 過熱器.

superheterodyne *n., a. Telecom.* スーパーヘテロダイン(の).

superhigh frequency *Telecom.* 超高周波.

superhighway (4車線以上の)高速自動車路.

superhuman *a.* 超人的な, 神業の.

superimpose *v.* 上に置く, 上に建てる, 上に課する, 上に加える; *Motion Pictures* 二重焼き付けにする.

superintend *v.* 監督する, 支配する.

superintendent 監督(者), 所長, 工場長, 警察本部長, 警視, 校長.

Superior, Lake スペリオル湖《米国北東部の湖》.

superior *a.* 優れた, より良い, 勝る, 優勢な (to), 高位の; 高級の, 優秀な; 超然とした, 動かされない, 捕らわれない (to); 偉そうな, 高慢な.

— *n.* 長上者, 上官; 優れた人.

superior court 上位裁判所.

superiority 優越, 卓越, 優勢, 上位.

superiority complex *Psychol.* 優越複合; 優越感.

superjet 超音速ジェット機.

superlative *a., n.* 最高の(人), 最高の物; *Gram.* 最上級の(語).

superlative degree *Gram.* 最上級.

superman *Philos.* 超人; 超人的な人, スーパーマン.

supermarket スーパー(マーケット).

supermarket cart [trolley] (スーパーマーケットの)ショッピングカート.

supernatural *a., n.* 超自然的な, 神秘な; 極端な; [the ~] 神秘, 神通力.

supernaturalism 超自然(論).

supernaturalist 超自然論者.

supernormal *a.* 非凡な.

supernumerary *a., n.* 規定数以上の, 定員外の(人), (映画などの)臨時雇い, エキストラ, 端役.

superphosphate *Chem.* 過燐酸塩.

superphysical *a.* 超物質的な.

superpose *v.* 上に置く, 重ねる.

superpower 超大国.

supersaturate *v. Chem.* (液体を)過飽和する.

supersaturation 過飽和.

superscribe *v.* 上に書く; 宛名を書く.

superscript *a., n.* 上付きの(文字), 上付きの記号, 肩付きの(文字), 肩付きの記号.

superscription 上書き; 宛名, 銘.

supersede *v.* 取って代わる; 免職する; 廃止する.

supersensible *a.* 超感覚的な.

supersensitive *a.* 過敏な; *Phot.* 高感度の.

supersession 取り替え, 代用, 廃棄.

supersonic *a., n.* Aeronaut. 超音速の(飛行機); *Phys.* 超音波(の); とても速い; すばらしい.

supersonics 超音波学.

supersonic transport 超音速旅客機.

superstar (スポーツ・芸能界などの)スーパースター.

superstate 超大国.

superstition 迷信(的習慣).

superstore 大型スーパー.

superstratum Geol. 上層.

superstructure 上部構造;(土台に対して)上部構築物,(原理の上に築いた)体系.

supertanker マンモスタンカー.

supertax 付加税.

supervene *v.* 併発する, 続発する, 付随する.

supervise *v.* 監督する, 指揮する, 取り締まる.

supervisor 監督者, 管理人;(学校の)指導主事.

supervisory *a.* 監督(者)の.

superwoman スーパーウーマン《仕事に加えて主婦・母としての役割も同時に完璧にこなす女性》.

supine *a.* 仰向きの; 怠惰な.

supper 夕食; 夜食.

supper club サパークラブ《食事・飲み物を出す高級ナイトクラブ》.

supplant *v.* 取って代わる, 押しのける.

supple *a.* しなやかな, 柔軟な; 腰の弱い, へつらう. ━ *v.* しなやかにする, 慣らす.

supplement *n.* 付録; 補遺, 追加; Math. 補角. ━ *v.* 補う, 追加する.

supplemental *a.* =supplementary.

supplementary *a.* 補足の, 補充の; 追加の; 補遺の; Math. 補角の.

supplementary angles Math. 補角.

suppletion Ling. 補充法, 合成変化.

suppliance =supplication.

suppliant *a., n.* 嘆願する, 哀訴する; 嘆願者, 哀訴者.

supplicant *a., n.* =suppliant.

supplicate *v.* 嘆願する, 哀訴する, 泣きつく.

supplicatory *a.* 嘆願の.

supply *v.* 供給する, 配給する, 補充する (with), 代役をする. ━ *n.* 供給, 補充; 貯え, 在荷; [pl.] 軍需品; [pl.] 歳出, 支出.

supply-side *a.* 供給面重視の.

supply teacher 臨時教員, 代用教員.

support *v.* 支える, 支持する; 我慢する, 耐える, 持続させる, 元気づける; 養う; 援助する, 後援する, 証拠立てる, 裏書きする;(役目を)十分に務める; 助演する. ━ *n.* 支持, 維持; 援助, 後援; 扶養; 支柱, 頼り, 助演.

supporter 支持者, 援助者, 支え;(スポーツ選手などの用いる)サポーター; Theat. 脇役.

supporting program 添え物映画.

suppose *v.* 想像する; 仮定する; [命令形] もし…ならば;(…と)考える, 推測する; 必要条件とする, 予想する, 意味する. **be supposed to** (do) (する)ことになっている.

supposed *a.* 想像された, 仮定された, 噂の.

supposedly *ad.* 想像上, 想像されるところでは, おそらく.

supposing *conj* (…と)仮定すれば, もし.

supposition 想像, 仮定.

supposititious *a.* 偽の, 仮定の.

suppository Med. 座薬.

suppress *v.* 抑える, 抑制する; 鎮定する;(出版・発表などを)禁止する;(本の一部を)削除する;(事実などを)隠す.

suppurate *v.* 膿む, 化膿する.

suppuration 化膿.

suppurative *a.* 化膿性の; 化膿を促す.

supranational *a.* 超国家的な.

supraorbital *a.* Anat. 眼窩上の.

suprarenal *a.* Anat. 副腎の.

suprasegmental *a.* Ling. かぶせ音素の,

超分節的な《強勢・高さ・休止など》.

supremacist (特定集団の)至上主義者.

supremacy 至高, 至上, 優越; 主権, 支配権.

supreme a. 至高の, 無上の, 主権をもつ; 絶大の; 最も主要な, 終局の.

Supreme Being 神.

supreme court 最高裁判所.

supreme sacrifice 最高の犠牲《戦争で国のために生命を捧げること》.

Supreme Soviet (ソ連の)最高会議.

surcharge n. (荷の)積み過ぎ, 過重; 過充電; 追加料金, 不足税; (切手の)額面変更の印刷. — v. 積み過ぎる; 過充電する; 追加料金を徴収する.

surcingle (馬の)腹帯.

surd n., a. Math. 不尽根(の), 無理数(の); Phonet. 無声音(の).

sure a. 確かな, 確実な, 間違いない; 確信する, 自信のある(of, that); きっと(…する)(to do); 安全な, 信頼出来る. **make sure** 確かめる; 確保する, 確信する. **to be sure** なるほど, いかにも. — ad. 確かに, きっと; よろしいですとも. **sure enough** 確かに, 果たして.

sure-enough a. 本当の, 実際の.

surefire a. 確かな.

surefooted a. 足のしっかりした; 着実な.

surely ad. 確かに, 必ず; 確実に; [否定文で]まさか.

sure thing n. (投機などで)堅いもの; 確実なこと. — ad. 確かに, きっと, もちろん.

surety 保証; 抵当; 保証人. **of a surety** 確かに.

surf 寄せ波.

surfable a. サーフィンに適する.

surface n. 表面, 外面; うわべ; 地表, 路面. — a. 表面の, 外面の, うわべの. — v. (道路を)舗装する, …に表をつける; 表

面に出る, 表面化する.

surface mail 陸上便, 船便, 普通便.

surfaceman 保線工夫; 坑外(作業)夫.

surface speed 潜水艦の水上速力.

surface structure Ling. 表層構造.

surface tension Phys. 表面張力.

surface-to-air a., ad. (ミサイル・通信など)地対空の, 地対空へ.

surface-to-surface a., ad. (ミサイル・通信など)地対地の, 地対地へ.

surfboard 波乗り板, サーフボード.

surfboat 磯船《荒波乗り切りボート; 救助用》.

surf caster 海岸から投げ釣りをする人.

surfeit n. 過食, 飽食, 暴飲暴食; 過多, 過剰. — v. 飽きるほど食わせる(on); 飽き飽きさせる(with).

surfer サーファー.

surfing 波乗り, サーフィン.

surf-riding 波乗り, サーフィン.

surge v. 波打つ, 打ち寄せる; (感情など)沸き立つ, 動揺する. — n. 大波; 動揺; (価格・動きなどの)急激な高まり.

surgeon 外科医; 軍医.

surgeon general 軍医総監; 公衆衛生局長官.

surgery 外科手術; (外科医の)診察室, 手術室.

surgical a. 外科の, 手術の.

surly a. むっつりした, 無愛想な, 意地の悪い; (天候が)荒れ模様の, 険悪な.

surmise n. 推量, 推測. — v. 推測する.

surmount v. 克服する, 打ち勝つ; 上に載る, 上に載っている; 上に載せる, 冠する.

surmullet Ichthy. ヒメジ.

surname n., v. 姓, 名字; 異名 (を付ける), 異名で呼ぶ.

surpass v. 勝る, 凌ぐ.

surpassing a. 卓越した, 非常な.

surplice *Relig.* サープリス《聖職者や聖歌隊員の羽織る白衣》.

surplus *n., a.* 剰余(金), 余剰物資; 過剰の, 余分の, 黒字の.

surplusage 余分, 余剰.

surplus value *Econ.* 剰余価値.

surprise *n.* 驚き, 驚くべき事件, 意外な事; 不意打ち, 奇襲, 番狂わせ. **by surprise** 不意に. **to one's surprise** 驚いたことには. — *v.* 驚かす, びっくりさせる; 不意打ちする. **be surprised** (…に) 驚く (*at, by*).

surprising *a.* 驚くべき, 不思議な.

surprisingly *ad.* 驚くほど.

surrealism *Art* 超現実主義, シュールレアリスム.

surrender *v.* 渡す, あけ渡す, 放棄する; (保険を) 解約する; 降参する. **surrender oneself** 耽る (*to*). — *n.* 降服, 自首; 開城; 陥落; 引き渡し, あけ渡し; 保険解約.

surreptitious *a.* 内密の, うしろ暗い.

surrey サリー《2座席の4輪馬車》.

Surrey サリー《イングランド南東部の州》.

surrogate 代理人, 名代; (英国国教会で) 主教代理; 判事代理.

surrogate (mother) 代理母.

surround *v.* 囲む, 取り巻く, 巡らす.

surroundings 周囲; 境遇; 付き添い役.

surtax (高額所得に対する) 特別付加税, 累進付加税.

surtout 男子用外套.

surveillance 監視, 監督. **under surveillance** 監視付きで, 監視されて.

survey *v.* 見渡す; 検分する, 検討する, 概観する; 測量する. — *n.* 一見; 概観, 通覧; 検討, 調査, 検分; 測量.

surveying 測量 (術).

surveyor 測量技師; (税関の) 検査官.

survival 残存; 残存者, 遺物, 遺風, 名残. **survival of the fittest** 適者生存.

survivalist 生き残り第一主義者.

survival kit 非常用救命箱.

survive *v.* 生き残る, …より長生きする, …の後まで残る; 無事に通る; 平気でいる.

survivor 生き残った人, 生存者, 残存物.

survivor syndrome *Med.* 生存者症候群.

susceptibility 感受性; [*pl.*] 感情.

susceptible *a.* 敏感な; 感じやすい, 動かされやすい, (…を) 受ける (*to*); (…を) いれる, 許す (*of*); 可能な.

susceptibly *ad.* 感じられる程度に.

susceptive *a.* 感受性の強い.

suspect *v.* 怪しむ, 疑う (*of*); 感づく; 多分…かと思う. — *a.* 疑わしい, 怪しい. — *n.* 容疑者, 要注意人物.

suspend *v.* 吊るす, 掛ける; 延期する, (一時) 停止する, 留保する; 停職にする, 停学にする.

suspended *a.* 吊るした; 延期した, 停止した.

suspended ceiling *Arch.* 釣り天井.

suspended sentence *Law* 執行猶予.

suspender [*pl.*] ズボン吊り; 靴下留め.

suspense 未決, どっちつかず; 不安, 気がかり; (映画, 小説などの) サスペンス, はらはらする状態.

suspense account *Bookkeeping* 仮勘定.

suspenseful *a.* 不安な, 気がかりな.

suspension 吊ること; 未決; 延期, 中止, 留保, 停職, 停学.

suspension dots [periods, points] 省略符《文中の省略を示す》.

suspension bridge 吊り橋.

suspensive *a.* どっちつかずの, じれったい; 停止の, 中止の; 未決の; サスペンスのある, サスペンスに富む.

suspensory *a.* 吊る, 吊り下げる; 停止の, 中止の.

suspicion 疑い, 疑念, 容疑; (…だろうとい

う)感じ, 感づき; 少 量, 気味 (of). **above suspicion** 疑いの余地のない. **on suspicion of** …という 疑いで. **under suspicion** 疑いを受けて.

suspicious a. 疑い深い; 怪しい, 邪推する.

sustain v. 支える; 維持する, 養 う; 元気づける, 励ます; 耐える; 続ける; 受ける, 被 る; (法廷 などが)有利に判定する; 証 拠立てる.

sustaining program n. (ラジオ・テレビでスポンサーなしの)自主番組, サスプロ.

sustenance 食 物, 栄養; 生計; 維持, 持続.

sustentation 支持, 維持, 生計.

susurration ささやき.

sutra Budd. スートラ, 経 典.

suture n. (頭蓋骨・豆のさやなどの)縫合 線; Med. (傷 口の)縫 合, 縫い目. ― v. 縫 合する.

suzerain (封建時代の)領 主; (属国に対する)宗主国.

suzerainty 宗主権.

svelte (F) a. (婦人の 姿 が)すんなりした, しなやかな.

sv, SV sub verbo [voce] (L, =under the word).

swab n., v. 雑巾(ぞうきん), 甲板用 モップ(でふく); のろま; 水夫.

swabber モップで掃除する人; ぐうたらな人.

swadding clothes うぶ着《 昔 赤子をくるんだ長い布切れ》.

swaddle v. (赤子を)うぶ着でくるむ.

swag 盗品; 花づな; 放浪者.

swage n., v. (鍛冶屋の)火造り型(で曲げる), スエージ(で曲げる).

swagger v. 威張って歩く (about, in, out, etc.); 威張る, 自慢する. ― n. 威張った歩き方, 威張った態度; 自慢. ― a. 粋な, 上 流風の.

swagger stick, swagger-cane (散歩用)ステッキ.

Swahili スワヒリ人; スワヒリ語.

swallow[1] v. 飲み込む; 吸い込む (up), 使い果たす; 真に受ける, うのみにする; (無礼などを)忍ぶ; 取り消す. ― n. 一飲み(分); 食 道.

swallow[2] Ornith. ツバメ.

swallowtail 燕尾服; Entom. アゲハチョウ.

swallow-tailed a. 燕尾の.

swami スワーミ《インドの学 者・宗 教 家の尊称 》.

swamp n. 沼地, 低湿地. ― v. 水 浸しにする, 浸す; (多過ぎて)当 惑させる, 圧倒する.

swamp buggy スワンプバギー《 沼 沢 地用水 陸 両 用自動車; プロペラ船》.

swampland 沼 沢地.

swampy a. 沼 沢の多い; 沼 沢 性の, じめじめした.

swan Ornith. ハクチョウ.

swan boat スワンボート《遊 園地などのハクチョウの 形 をしたペダルボート》.

swan dive (水 泳の)スワンダイブ.

swan goose Ornith. サカツラガン.

swank v., n. 威張る, 見せびらかす; もったいぶって歩く; 威張り, 見せびらかし, 着飾り, 気取り屋; 見え坊.

swanky a. 着飾った, しゃれた; 威張った.

swannery 白 鳥飼養所.

swansdown 白 鳥の綿毛(パフ用).

swanskin (羽つきの)白 鳥 の皮; フランネルの一 種.

swan song 白 鳥の歌《白 鳥が臨 終に歌うという 美しい歌》; 臨 終 の歌, 絶筆.

swap n., v. (物 々)交 換(する); 夫婦交 換(する), スワッピング(する).

swaraj (インドの)独 立, 自治, スワラージ.

sward 草地, 芝生.

swarf (金 属の)削り屑.

swarm[1] n. (巣分かれする)蜂の群れ; 群れ, 大群, 大 勢. ― v. 群 がる, たかる; (…で)一 杯である (with); (蜂などが)巣分かれする, 分 封する.

swarm[2] v. よじ登る (up).

swarm spore [cell] *Biol.* 遊走子.

swarthy *a.* (顔が)浅黒い, 日に焼けた.

swash *v., n.* (水が)ざぶざぶいう(音); 水をはね飛ばす(こと); 空威張り; 奔流, 瀬戸.

swashbuckle *v.* 空威張りする.

swashbuckler 空威張りする男.

swashbuckling *a.* 威張り散らす.

swastika まんじ(卍); (ナチの)かぎ十字(卐).

swat *v.* ぴしゃりと打つ.

swatch 布切れ; (布地の)見本, 典型.

swath¹, swathe¹ 一列の刈り草, 一列の刈った麦; 一刈りの幅; 長い列.

swathe², swath² *n., v.* 包帯(で巻く); (布などで)くるむ.

sway *v.* 揺れる, 揺り動かす; 傾く, 傾ける; 支配する, 影響する. ― *n.* 動揺; 支配, 統治, 権勢, 影響.

swaybacked *a.* (馬が)脊柱湾曲症の.

swear *v.* 誓う, 宣誓する, 宣誓させる; 断言する, 断じて…だと言う; もったいないことを言う, 罰当たりなことを言う, 毒づく(*at*). **swear by** …にかけて誓う; …を信用する. **swear in** 宣誓の上就任させる. **swear off** 誓ってやめる. **swear to** 誓言する, 誓言させる. ― *n.* 呪い, 毒舌, 悪口.

swearword 罰当たりな言葉, 罵り.

sweat *n.* 汗; 発汗; 骨の折れる仕事; 冷や汗, 心配. **no sweat** わけなく; 簡単だ. ― *v.* 汗をかく, 汗をかかせる; 滲み出る, 滲み出させる; 汗を流して働く; 低賃金で酷使する; 拷問する; 苦労する. **sweat blood** あくせく働く; 心配する. **sweat down** 縮小する, 圧縮する. **sweat it** 悩む. **sweat out** (風邪など)汗を出して直す; 待ちわびる.

sweatband (帽子の内側の)びん革; 汗止めバンド.

sweater セーター; 労働搾取者.

sweater girl ふくよかな胸の娘.

sweat gland *Anat.* 汗腺.

sweatpants スエットパンツ.

sweat shirt ゆるいセーター.

sweatshop 搾取工場.

sweat suit スエットスーツ.

sweaty *a.* 汗だらけの, 骨の折れる; 汗の出るような, ひどく暑い.

Swede スウェーデン人.

Sweden スウェーデン《ヨーロッパ北部の王国》.

Swedish *a., n.* スウェーデン(人)の; スウェーデン語(の); [the ～] スウェーデン人.

Swedish gymnastics [exercises] スウェーデン体操.

Swedish movements スウェーデン式運動.

sweep *v.* 掃く, 掃除する, 払う(*off*); (波・風などが)洗い去る, 吹き飛ばす, 押し流す(*along, away, off*); 取り片づける, 一掃する(*away, off*); 吹きまくる; 焼き尽くす; 荒れ狂う; 風靡する; 掃き集める(*up*); さっと通る; (裾など)引き摺る; (楽器を)かき鳴らす; 見渡す; なびく, 遙かに続く, 広がる; (シリーズ戦などに)連勝する, 全勝する; (選挙に)大勝する; すらりと(お辞儀を)する. ― *n.* 掃除, 一掃き; 押し流し, 吹き飛ばし; 全勝, 完勝; 一掃, 撤廃; 一吹き, 一筆; 一振り; 範囲, 区域, 見渡した所; 広がり; 道の曲がり, (玄関前などの)曲がった道; (煙突)掃除人; *Elec.* 掃引; ＝sweepstakes; 悪党. **make a clean sweep of** …を全廃する, 一掃する.

sweeper 掃除人, 掃除機.

sweeping *a.* さっと掃く, 一掃する, 押し流す; 破竹の勢いの; 徹底的な, 大々的な; おおざっぱな, 包括的な. ― *n.* 掃除, 一掃; 吹き飛ばし, 押し流し; [*pl.*] 掃き寄せ, 掃きだめ.

sweepingly *ad.* 一掃して, 破竹の勢いで; おおざっぱに.

sweep net 地引き網.

sweepstakes 賭け金独占競馬, 賭け金独占賭博.

sweet *a.* 甘い; 芳しい, おいしい; 調子のいい; 気持ちのいい; 新鮮な; 楽しい; 甘美な; 悪臭のない, 新鮮な匂いのする, 匂いのよい; おとなしい, やさしい, 親切な; 愛らしい, かわいらしい. **be sweet on** ...に恋している. **—** *n.* [*pl.*] = sweetmeats; 食後の甘い食べ物《プディング・ゼリーなど》; [*pl.*] 快楽; [呼び掛け] いとしい人.

sweet alyssum *Bot.* ニワナズナ.

sweet-and-sour *a.* 甘酸っぱく味付けした.

sweet basil *Bot.* メボウキ.

sweet bay *Bot.* ゲッケイジュ, アメリカタイサンボク.

sweetbread (食用にする子牛などの) 胸腺.

sweetbrier *Bot.* 野バラ.

sweet corn *Bot.* サトウモロコシ.

sweeten *v.* 甘くする, 甘くなる; (音・香り・調子などを) よくする; (苦痛などを) 軽くする, 和らげる; 楽しくする, 楽しくなる; *Com.* (担保を) 増す; (トランプで) かけ増しをする; 買収する.

sweetener (人工) 甘味料.

sweetening 甘くすること; 甘味料.

sweetfish *Ichthy.* アユ.

sweet flag *Bot.* ショウブ.

sweetheart 恋人; [呼び掛け] あなた, 君; 気持ちのよい人, すばらしい物.

sweetheart contract [deal] なれ合い賃金協定.

sweet herb [*pl.*] 香草, 香味野菜.

sweetie (女の) 恋人, かわい子ちゃん; 菓子類.

sweeting 甘リンゴ.

sweetish *a.* いくらか甘い.

sweetly *ad.* 甘く; 調子よく; 楽しく; 愛らしく; 優しく.

sweetmeat [*pl.*] 砂糖菓子《キャンデー・砂糖漬け果物など》.

sweet oil オリーブ油.

sweet orange *Bot.* アマダイダイ《最もふつうのオレンジ》.

sweet pea *Bot.* スイートピー.

sweet pepper *Bot.* アマトウガラシ.

sweet potato *Bot.* サツマイモ.

sweet-scented *a.* 香りのいい.

sweetshop 菓子屋.

sweetsop *Bot.* バンレイシ.

sweet spot スイートスポット《クラブ・ラケット・バットの当たると最もボールが飛ぶ箇所》.

sweet-talk *v.* 甘言で誘う, 甘言でだます.

sweet tooth 甘党. **have a sweet tooth** 甘党だ.

sweet william *Bot.* アメリカナデシコ.

swell *v.* 膨れる, 膨らます; 腫れ上がる (*out, up*); 膨張する, 膨張させる, 増大する, 増大させる, 増水する, 増水させる; (音などを) 高くする; (感情で) 胸が一杯になる; 得意になる, 得意にする, 威張る, 威張らせる. **—** *n.* 膨れ, 膨張, 増大; 膨らみ, 高まり, 隆起; うねり波; 名士; 名手, 大家 (*at*); ハイカラ, めかしや. **—** *a.* 粋な, すばらしい. **—** *ad.* すばらしく.

swelled head うぬぼれ.

swellfish *Ichthy.* フグ.

swellhead うぬぼれ屋.

swelling *n., a.* 腫れ物; 隆起; 膨張; 増大; うねり; 膨れる, 膨れた, 隆起する, 隆起した, 高まった.

swelter *v.* 暑さに苦しむ, 汗だくになる.

swept-back *a.* *Aeronaut.* 後退翼の.

swept-forward *a.* *Aeronaut.* 前進翼の.

swerve *v.* それる, そらせる; (ボールを) カーブさせる; 急に曲がる; 本分を外す. **—** *n.* それること; (ボールの) カーブ; 踏み外し.

swift *a.* 速い, すみやかな, 敏速な, 束の間の, 即座の. **—** *ad.* = swiftly. **—** *n.* *Ornith.* アマツバメ.

Swift スウィフト. **Jonathan Swift** (1667–1745) 英国の諷刺作家.

swiftly *ad.* 速く; 即座に.

swig *v., n.* がぶがぶ飲む, 痛飲 (する), がぶ飲み.

swill v. がぶがぶ飲む; 洗い流す. — n. 痛飲, 流し洗い; (豚にやる)台所の残飯.

swim v. 泳ぐ, 泳がせる; 泳ぎ渡る, 競泳する; 浮く; 浮いて流れる, 浸る; すっと通る; (目が)回る, (物が)くるくる回るように見える; あふれる.

swim against the tide [stream] 時勢に逆らう. **swim with the tide [stream]** 時勢に順応する. — n. 水泳, 一泳ぎ. **in the swim** 情勢に通じて, 実情に通じて.

swim bladder (魚の)浮き袋.

swim fin (スキンダイビング用の)足ひれ.

swimmer 泳ぎ手.

swimmeret Zool. (甲殻類の)遊泳脚.

swimming 水泳; めまい.

swimming bath (屋内)水泳プール.

swimming bladder (魚の)浮き袋.

swimming costume 水着.

swimming crab Zool. ワタリガニ.

swimmingly ad. すらすらと.

swimming pool 水泳プール.

swimming trunks 水泳パンツ.

swimmy a. 目まいがする; (目が)かすんだ.

swimsuit 水着.

swindle v., n. だます, だまし取る, ペテンにかける; 詐取, 詐欺, いんちき.

swindler 詐欺師, ペテン師.

swine 豚; 卑劣漢, 好色漢.

swineherd 豚飼い.

swing v. 揺れる, 振る; 振り回す; ぶらんこに乗る, ぶらんこに乗せる; ぶら下がる, ぶら下げる; 絞殺される; 回転する, 回転させる; ぐるりと回る, カーブを切る; 威勢よく歩く (along); (腕を振って)打つ, スイングする (at); 振って(さっと)上げる; …に影響力をもつ; うまく扱う; スイング演奏をする; フリーセックスする, 夫婦交換する. — n. 動揺; 回転; (野球などの)スイング; ぶらんこ(に乗ること); 活動の自由, 活動; 威勢のいい歩き方; 振動範囲, 振幅; (元気の)調子, 律動; 振り子; ＝swing music; (飛行機を使う)あわただしい周遊(旅行); (政治的な)遊説旅行; 労働者の休憩時間. **in full swing** 盛んに, 調子よく. **the swing of the pendulum** 勢力の消長, 時勢の変化, 政権の推移. **with a swing** 調子よく, すらすらと.

swing account Com. 振子勘定.

swingboat ボート形ぶらんこ.

swing bridge 旋回橋.

swing door (前後に開く)自在ドア.

swingeing a. 激しい; 巨大な; すてきな.

swinger 最新流行を追う人, 快楽を追う人; フリーセックスの実行者, 夫婦交換の実行者.

swinging a. 活発な, 前後に揺れる; (体をゆすって)調子のよい, 軽快な; (声をゆすって)調子のよい; 元気な, 放埓な, すれっからしの生活をしている; 最先端の流行を追う; ずぶとい, ふしだらな. — n. フリーセックス, スワッピング.

swingle n., v. 麻打ち棒; (麻や亜麻を)打つ.

swingletree 馬具の引き革を結びつける横木.

swing music スイング音楽.

swing shift 半夜勤《通例午後4時から夜中まで》.

swinish a. 豚のような; 汚い.

swipe n., v. 強打(する); 盗む; 馬丁; 辛辣な言葉.

swirl v., n. (川・雪などが)渦巻く, 渦巻いて流れる, 渦巻いて飛ぶ; 渦巻き; 吹雪; (頭が)ふらつくこと.

swish v. (杖などを)ひゅーと振る, 風を切る (花などを杖で)打ち切る (off); ひゅーと通る; 鞭打つ; (衣服が)衣擦れの音をさせる. — n. (杖の)一振り; ひゅーと風を切る音; (女性的な)同性愛の男. — a. スマートな.

Swiss a., n. スイスの; スイス人.

Swiss franc スイスフラン.

Swiss roll スイスロール《ジャム入りロールカステラ》.

switch n. (木から切り取った)しなやかな若枝, しなやかな鞭; (髪の)入れ毛; Elec. スイッチ; Rail-

roads 転轍器; ナイフ. ― *v.* 鞭で打つ; スイッチをひねる; *Railroads* 転轍する; 切り換える, 振り向ける (*over*); 代わる, 交換する; (スイッチをひねって)消す (*off*), つける (*on*).

switchback *Railroads* スイッチバック; ローラーコースター《娯楽用乗り物》.

switchblade 飛び出しナイフ.

switchboard *Elec.* 配電盤; (電話の)交換台.

switched-on *a.* 現代的な; 生き生きした; 敏感な; (麻薬で)幻覚状態にある.

switch-hitter *Baseball* スイッチヒッター; 両性愛者.

switchman *Railroads* 転轍手.

switchyard 操車場.

Switzer スイス人; (ローマ教皇庁の)スイス人護衛兵.

Switzerland スイス《ヨーロッパ中部の共和国》.

swivel *n.* *Mech.* 自在軸受け, さる環; 回転台. ― *v.* 旋回する, 旋回させる.

swivel chair 回転椅子.

swivel-eye やぶにらみ.

swivel-hipped *a.* 尻を振って歩く.

swiz ひどい失望; ごまかし; ペテン.

swizzle 詐欺, ぺてん; 失望; スイズル《カクテルの一種》.

swizzle stick (カクテル用の)マドラー.

swoon *n.*, *v.* 卒倒(する), 気絶(する), 気が遠くなる; 衰える; うっとりする, 恍惚となる.

swoop *v.*, *n.* (猛鳥が)突然空から舞い降りて襲う (*down*, *on*, *upon*), 飛びかかる; 不意の襲撃, 急降下; ひったくり. **at one fell swoop** 一挙に.

swoosh *n.*, *v.* ざぶんという音(をたてる), しゅっという音(をたてる).

swop =swap.

sword 剣, 刀; [the ~] 武力, 戦争. **at swords' points** 極めて不和で. **cross**

swords 剣を交える, 戦う (*with*). **put to the sword** (人を)切り殺す.

sword arm 右腕.

sword belt 剣帯.

sword cane 仕込み杖.

sword dance 剣の舞.

swordfish *Ichthy.* メカジキ.

sword grass *Bot.* シシキリガヤの類.

sword knot (剣の柄の)柄房.

swordplay 剣術, フェンシング.

swordsman 剣客; 剣士.

swordsmanship 剣術の腕前.

swordtail *Ichthy.* ソードテール《中米の熱帯魚》.

sworn *a.* 宣誓した, 盟約した.

swot *v.* がり勉する (*up*). ― *n.* がり勉家.

swung dash *Print.* スワングダッシュ, 波形記号 (~).

sybarite 酒色にふける人.

sycamore *Bot.* エジプトイチジク; サイカモアカエデ; アメリカスズカケノキ.

sycophancy へつらい.

sycophant へつらい者.

sycophantic *a.* へつらう.

sycosis *Med.* 毛瘡.

Sydney シドニー《オーストラリア南東部の港市》.

syli シリー《ギニアの通貨単位》.

syllabary 音節文字表; (日本語の)五十音図.

syllabic *a.*, *n.* 音節の, 綴りの; *Phonet.* 音節主音(の), 音節を成す.

syllabicate *v.* 音節に分ける, 分節する.

syllabication, syllabification 分節(法).

syllabify *v.* =syllabicate.

syllable *n.* 音節, シラブル; 一言半句, 綴り. ― *v.* 各音節を発音する.

syllabub シラバブ《ミルクにワイン・クリームなどを加えたデザート飲料》.

syllabus (講義の)摘要; 教授要目; *Law* 判例要覧.

syllogism *Log.* 三段論法, 演繹法.

syllogize *v.* 三段論法を用いて論じる, 推論する.

sylph 空気の精; ほっそりした美少女.

sylvan *a.* 森林の, 樹木の.

symbiosis *Biol.* 共生, 共同生活.

symbol *n.* 象徴, シンボル, 記号.

— *v.* =symbolize.

symbolic *a.* 象徴の, 象徴的な, 記号の.

symbolical *a.* =symbolic.

symbolic logic 記号論理学.

symbolism 象徴主義.

symbolist 象徴主義者.

symbolistic *a.* 象徴主義的な.

symbolize *v.* 象徴する, 表す; 符号で表す, 象徴化する.

symbology 象徴学; 記号論.

symmetric(al) *a.* (左右)相称的な, 均整の取れた.

symmetrize *v.* 釣り合わせる, (左右)相称的にする, 調和させる.

symmetry (左右)相称, 釣り合い, 均整, 調和; *Biol.* 相称.

sympathetic *a.* 同情のある; 同感の, 気の合った; *Physiol.* 交感的な; *Phys.* 共振する, 共鳴する.

sympathetic nervous system *Anat.* 交感神経系.

sympathetic ink あぶり出しインク.

sympathetic strike 同情スト.

sympathetic vibration *Phys.* 共振, 共鳴.

sympathize *v.* 同情する, 共鳴する (with), 融合する.

sympathizer 同情者, 同感者, 共鳴者, 支持者, シンパ.

sympathy 同情, 共鳴 (with), 哀れみ (for); 交感, 感応; 慰問; 同感, 賛成; *Phys.* 共振, 共鳴.

sympathy strike 同情スト, 支援スト.

symphonic *a.* 交響曲の.

symphonic poem 交響詩.

symphony *Mus.* 交響曲; =symphony orchestra.

symphony orchestra 交響楽団.

symposium 討論会, シンポジウム; (ある題目に関する)論文集.

symptom *Med.* (病気の)徴候; 兆し.

symptomatology *Med.* 症候学.

synagog(ue) シナゴーグ《ユダヤ教会, (ユダヤ教の)会衆》.

synchro-cyclotron *Phys.* シンクロサイクロトロン《可変周波数サイクロトロン》.

synchroflash *a.* *Phot.* フラッシュが同調する.

synchromesh *a.* (ギアが)等速かみ合いの.

synchronic *a.* *Ling.* 共時的な.

synchronism 同時発生; (歴史などの)年代順配列.

synchronization 時間の一致; 同時性, 同時装置.

synchronize *v.* 同時に起こる, 時を同じくする (with), 同調する; 時間を一致させる; *Motion Pictures* 映像と音声が一致する.

synchronized swimming シンクロナイズドスイミング.

synchronous *a.* 同時に起こる, 同時(性)の.

synchronous computer 同期式コンピューター.

synchronous motor *Elec.* 同期電動機.

synchronous orbit *Aerospace* 同期軌道.

synchronous satellite *Aerospace* 同期衛星, 静止衛星.

synchrony *Ling.* 共時的分析, 共時的研究.

synchro-swim(ming) =synchronized

swimming.

synchrotron *Phys.* シンクロトロン《cyclotron の一種》.

syncopate *v. Ling.* 中間音を省略する; *Mus.* 切分する, 移勢する.

syncopation *Ling.* 語中音消失; *Mus.* 切分(法), シンコペーション.

syncope *Ling.* 語中音消失; *Med.* 失神.

syndic 地方行政長官;(大学の)理事.

syndicalism サンディカリズム《ゼネストによって産業・政治の権力を労働組合の権力下に置こうとする労働運動》.

syndicalist サンディカリズム信奉者.

syndicate *n.* シンジケート, 企業連合; 組織的暴力連合. —*v.* シンジケートを作る.

syndrome *Med.* 症候群; 集落, 定型.

syne *ad.* 以前.

synecdoche *Rhet.* 提喩(法), 代喩《一部で全体を, または一部を表す修辞法. 例— *sail* =ship(s), *creature* =man》.

synecology 群(集)生態学.

synfuel 合成燃料.

synod 教会会議, 宗教会議;(一般に)会議.

synodical *a.* 教会会議の, 宗教会議の.

synonym 同意語, 類(義)語, シノニム.

synonymity 同義.

synonymous *a.* 同意義の, 同意語の (*with*).

synonymy 同意語集; 類語研究; =synonymity.

synopsis 摘要, 綱要, 大意.

synoptic(al) *a.* 概要の; 共観的な.

syntax *Gram.* 統語論, シンタックス.

synthesis 総合, 組み立て; *Chem.* 合成.

synthesist 総合者, 合成者.

synthesize *v.* 総合する, 合成する.

synthesizer 合成器, シンセサイザー.

synthetic *a.* 総合的な; *Chem.* 合成の, 人造の; *Ling.* 総合的な《文法関係を示すのに接辞を多用する》.

synthetically *ad.* 総合的に, 合成的に.

synthetic fuel =synfuel.

synthetic resin 合成樹脂.

synthetic rubber 合成ゴム.

syph =syphilis.

syphilis *Med.* 梅毒.

syphilitic *a., n.* 梅毒(患者)の; 梅毒患者.

syphon *n., v.* =siphon.

syren *n., a.* =siren.

Syria シリア《アジア西部の共和国》.

Syriac *n., a.* シリア語(の).

syringa *Bot.* バイカウツギ.

syringe *n.* 注射器, 洗浄器, スポイト; 浣腸器. —*v.* 注射する, 注入する, 洗う.

syrinx *Gk Myth.* 牧神 Pan の笛; *Zool.* (鳥の)鳴管.

syrup 糖蜜; シロップ; 極端に甘い感傷主義.

systaltic *a. Physiol.* 心臓収縮の.

system 組織, 系統, 体系; 方式, 方法, 制度; 学説; 順序, 統一性, 分類法; [the ~] 身体.

systematic *a.* 系統的な, 組織的な; 整然たる, 規則正しい, 計画的な.

systematical *a.* =systematic.

systematically *ad.* 組織的に, 系統だてて; 規則正しく.

systematic error *Statistics* 定誤差, 系統誤差.

systematism 組織立てること; 分類.

systematize *v.* 組織立てる, 組織化する, 体系づける.

systemic *a.* 組織の, 体系の.

systemize *v.* =systematize.

system(s) program *Computer* システムプログラム《コンピューターシステムを動かす管理プログラム》.

systems analysis システム分析.

systems engineer システムエンジニア.

systems engineering システム工学.

systole *Physiol.* 心(臓)収縮(期).

T

t T字形(の物). **to a T** きちんと, ぴったりと.

ta ありがとう《小児語》.

tab *n.* (衣服・帽子などの)垂れ飾り; (服の)襟吊り; (帳簿のへりの)口取り, 見出し紙; 付け札, はり札; 勘定(書き), つけ; (タイプライターの)タビュレーター. **keep tabs [a tab] on** …を勘定する; を見張る.

Tab *Trademark* タブ《ダイエット清涼飲料》.

Tabasco *Trademark* タバスコ《あかとうがらしソース》.

tabby *n.* 虎猫, 雌猫; 意地悪なおしゃべり女.
— *a.* ぶちの.

tabernacle *n.* (ユダヤ人が荒野を漂浪中に至聖所として用いた)幕屋; (霊魂の仮屋としての)身体; (非国教派の)会堂; 天蓋付き壁龕. — *v.* 仮住まいする; 霊が宿る.

tablature *Mus.* タブラチュア《文字や数字で書き表した楽譜》.

table *n.* テーブル, 食卓; 食卓上の食物, 料理; (食卓を囲む)一座の人々; 仕事台, 遊戯台; (木・石・金属などの)彫り板; 平たい表面; 表, 目録; 台地, 高原; 手術台, 検死解剖台. **at (the) table** 食事中.
turn the tables 形勢を一変させる; さかねじをくわせる (*on, upon*). **under the table** こっそりと, 賄賂として; ぐでんぐでんに酔った. — *v.* 卓上に置く; (議案を)握りつぶす; (議案を)提出する.

tableau (F) 劇的場面; 活人画.

tableau curtain (真ん中で締まる)引き幕.

tableau vivant 活人画.

tablecloth テーブルクロス.

table d'hôte (F) 定食.

table-hop *v.* (レストランなどで)テーブルからテーブルへ歩き回る.

tableland 台地, 高原.

table linen 食卓用白布.

table salt 食卓塩.

tablespoon テーブルスプーン, (食卓用)大匙(一杯の量).

tablespoonful 大匙一杯分《約15 cc》.

tablet *n.* (木・象牙・粘土などで作った)書き板; 額板, 牌, 錠剤, メモ帳; *Railroads* タブレット, 通し票.

table talk 食卓での雑談.

table tennis 卓球.

tableware (食卓用)食器類.

table wine テーブルワイン.

tabloid *n.* タブロイド型新聞. — *a.* 要約した; どぎつい.

taboo, tabu *n., a.* 禁忌, タブー; 禁制; 禁制の, タブーの. — *v.* 禁制にする, 禁じる.

tabo(u)r *n., v.* 小太鼓(を打ち鳴らす).

tabular *a.* 表の, 表にした; 平らな; 薄板状の.

tabula rasa (L) 文字の書いてない書き板; *Educ.* (幼児の心の)白紙状態.

tabulate *v.* 表にする.

tabulator 図表作成者; (タイプライターの)タビュレーター.

tach =tachometer.

tacho =tachometer.

tachograph 記録回転計, タコグラフ.

tachometer 回転速度計, タコメーター.

tacit *a.* 無言の; 暗黙の; 潜在的な.

taciturn *a.* 無口な.

tack *n.* 鋲; 仕付け(縫い); *Naut.* 帆の風上下隅索; *Naut.* 上手回し, 間切り; 針路; 方針, やり方. **get down to brass tacks** 要点にふれる. — *v.* 鋲で留める (*down*); 仕付け縫いする; 添える, つけ加える; *Naut.* 上手回しにする,

843   **tailor**

間切る, 針路を転じる; 方針を変える.

tackle *n.* 複滑車; 道具, 用具; *Rugby* タックル; *Naut.* テークル. — *v.* 取り組む; (問題などに)ぶつかる; 議論を戦わす; *Rugby* タックルする.

tacky¹ *a.* 粘る; みすぼらしい.

tacky² *a.* 下品な, 俗悪な.

taco タコス《とうもろこしパンにチーズ・ひき肉などを包んで揚げたメキシコ料理》.

tact 手際, こつ, 呼吸; 気転.

tactful *a.* 如才ない, 気転のきく.

tactic =tactics.

tactical *a.* 戦術的な; 策略に富む.

tactician 戦術家; 策士.

tactics [*sing.* 扱い] 戦術; [*pl.* 扱い] 策略.

tactile *a.* 触覚の, 触覚を有する; 触知できる.

tactless *a.* 気転のきかない, へまな.

tactual *a.* =tactile.

tad 少年; 少量.

tadpole *Zool.* オタマジャクシ.

Tadzhikistan タジク《中央アジアのソ連邦内の一共和国》.

tael 両《中国の衡量単位; 約37 g》.

taffeta タフタ《薄地琥珀織り》.

taffrail *Naut.* 船尾手すり.

taffy タフィー《キャンデーの一種》; おべっか.

tafia タフィア《ラム酒の一種》.

tag *n.* 紐先の金具; (靴の)つまみ革; 下げ札, 定価札, 番号札, 荷札; (服・リボンなどの)ぶら下がった端; 決まり文句, (芝居の)納め口上; (付加疑問の)付加語句; 鬼ごっこ; 名前, あだ名. — *v.* 札をつける; あだ名をつける, レッテルをつける; 添える; 押韻する; (鬼ごっこで鬼が)捕らえる; *Baseball* タッチアウトにする; 交通違反チケットを渡す; つきまとう (*along, after*); 激しく打つ.

tag along 従う. **tag up** *Baseball* タッチアップする.

Tagalog タガログ人《フィリピンのマレー人種》; タ

ガログ語.

tag card *Computer* タグカード.

tag day 街頭募金日.

tag end 切れっ端, 貧弱な部分; 最後の部分.

tag line (芝居の)納め口上; 標語.

tag question 付加疑問.

tagrag 下層民.

tag sale =garage sale.

tag wrestling タッグマッチ.

Tahiti タヒチ《南太平洋のフランス領の島》.

Tahitian *n., a.* タヒチ島人; タヒチ語《ポリネシア語》; タヒチの.

tai chi chuan, tai ji quan 太極拳.

taiga タイガ《北方針葉樹林地帯》.

tail¹ *n., a. Law* 限嗣不動産, 継嗣限定(の).

tail² *n.* 尾, しっぽ; (飛行機などの)後部; [*pl.*] 貨幣の裏面, なめ; (服の)後ろの垂れ; [*pl.*] =tailcoat; 垂れ髪, お下げ; 尾行者; 供回り; 尻; 女, 性交. **turn tail** 逃げる. **with one's tail between one's legs** しっぽを巻いて, へこたれて. — *v.* 尾をつける; 添え取る; 添付する, くっつける (*to, onto*); あとについて行く; 尾行する, 最後になる; だんだん細くなる (*away, off*).

tailback 車の渋滞の列.

tailboard 尾板《荷物の積みおろし用のトラックなどの後部止め板》.

tailcoat 燕尾服.

tail end 尾部, 末端, 終わり; 尻.

tail fin 尾ひれ; (自動車の)テールフィン.

tailgate *n.* 尾門; =tailboard. — *v.* (ステーションワゴンの)後部から飲食物を広げて食事する. — *a.* (ステーションワゴンの)後部扉から食物を出す.

tailing (れんがなどの)際梁受け; [*pl.*] 屑.

taillight (列車・自動車などの)尾灯.

tailor *n., v.* 洋服屋, 仕立て屋; (服を)仕立てる; (ある基準に合わせて)作る, 手を加える; (婦人服を)男仕立てにする.

tailorbird *Ornith.* サイホウチョウ.

tailoring 仕立て職；仕立て方；仕立て物.

tailor-made *a.* (婦人服が)テーラー仕立ての《男子服のように堅い生地で線の単純な仕立て方をした》；注文製の，ある目的に合うように作った.

tailpiece 尾部の付属物；(弦楽器の)緒留め；(本の)章末飾り.

tail pipe (自動車などの)排気管；(ポンプの)吸い込み管.

tailrace 放水路；鉱石屑の流し路.

tailspin *Aeronaut.* きりもみ(落下)；(経済的)混乱，不景気；意気消沈.

tail wind 追い風.

taint *n.* 汚れ，きず；汚染，腐敗，堕落；(病気などの)気味 (*of*). —— *v.* 汚す，汚れる；腐敗させる，堕落させる，腐敗する，堕落する；感染させる，毒する (*with*).

Taipei, Taipeh 台北《台湾の首都》.

Taiwan 台湾.

Taiwanese *a., n.* 台湾(人)の；台湾人.

Taj Mahal [the ~] タジマハール《インドにある白大理石の霊廟》.

take *v.* 取る，つかむ，捕らえる，占領する；得る；選ぶ；受け取る；(新聞・雑誌などを)取る；(妻・夫 を)もらう，めとる；取り去る；引く；持って行く，連れて行く；(乗り物に)乗る；(垣根などを)越す；飲む，食う，吸う；(風邪を)引く，(病気に)かかる；理解する，解釈する；思う，考える (*to be*)；(目・心 などを)奪う，引きつける，人気を博す；(寸法 などを取る；(写真などを)とる；写る；(時間・費用など)要する，かかる；(散歩・入浴などを)する；(薬 など)効く；(根・種痘など)つく；我慢する，甘受する；(火が)つく；(染料・香りなどを) 吸収 する；(性的に)物にする；だます，かたる，強奪する；(器・乗り物などが) 収容 (することができる)；(重さなどを)支える；引き受ける；担当する；直面する；襲う；打ち勝つ，挫く；殺す. **take after** …に似る. **take away** 取り去る，片付け

る. **take back** 取り返す；取り消す. **take down** 降ろす；取り壊す；書き留める；へこます，鼻を折る. **take five** (5 分)休む. **take for** …と思う，間違う. **take in** (新聞などを)取る；(下宿 人 などを)置く；(他人の縫い物・洗濯物などを)引き受ける；含む，理解する；(液体を吸い取る；真に受ける；だます；(着物の寸法を)つめる；帆をたたむ. **take off** 脱ぐ，はずす；(値を)まける；まねてからかう；(跳躍の時)踏み切る；(飛行機が)離陸する，離水する；休みをとる. **take on** (責任などを)負う，引き受ける；雇う；ふりをする；泣き騒ぐ，興奮する. **take out** 取り出す；取り除く；連れ出す；(しみなどを)抜く；(書物などを)借り出す；破壊する；(免許などを)取得する；付き添う. **take over** 引き継ぐ，譲り受ける；占拠する. **take sides with** …に味方する. **take to** …が好きになる；の癖をつける，始める. **take up** 上げる，持ち上げる；(馬車などに)乗せる；逮捕する；(仕事・研究などを)始める；(水を)吸う；(場所・時間などを)取る，ふさぐ；(職 に)就く.

take upon one [**oneself**] (責任などを)負う，引き受ける；敢えて…する (*to do*). —— *n.* 漁獲高，猟獲高；売上高，収益；(映画などの) 1 シーン(の撮影). **on the take** (賄賂などの)機会を狙って.

takeaway *a., n.* =takeout.

take-home pay (税引き)手取り給料.

take-in 詐欺.

takeoff まね，からかい；(跳躍の)踏切点；(飛行機の)離陸，(飛行機の)離水.

takeout *a., n.* 持ち帰り用の(料理を売る)；持ち帰り用の料理(を売る店).

takeover 引き継ぎ，接収.

taker 取る人.

taking *a.* 魅力のある；愛敬のある. —— *n.* 取ること；[*pl.*] 収入，収益，取れ高.

talc *n., v.* 滑石；=talcum powder; 滑石(粉)でこする.

talcum =talcum powder; talc.

tame

talcum powder 滑石粉;タルカムパウダー.

tale 物語,童話,作り話;(悪意ある)噂話,悪口,嘘. **tell tales** 告げ口する.

talebearer 告げ口する者.

talebearing n., a. 告げ口(の).

talent 才能,技量;(有能な)人材;芸能人,タレント;魅力的な女達,魅力的な男達;タラント《古代ギリシャ・ローマ・ヘブライの量目・貨幣単位》.

talented a. 有能な.

talent scout タレントスカウト.

talent show 素人演芸(大)会.

tale-teller =talebearer.

talipot Bot. タリポットヤシ.

talisman 護符,お守り;不思議な力のあるもの.

talk v. 物を言う,話す,しゃべる; 噂する(of); (…しよう)と言う(of doing);しゃべって…にする(oneself hoarse). **talk about** [命令形で]…だなんてとんでもない. **talk at** あてこする. **talk back** 口答えする. **talk big** ほらを吹く. **talk down** 大声でしゃべって人を黙らせる; Aeronaut. トークする(無線誘導して着陸させる). **talk over** …の相談をする;説いて味方にする,説いて承知させる. **talk round** 説得する;回りくどく話す. **talk to** …に話しかける;叱る,意見する. **talk with** 話し合う. **talking of** …のことを言えば,の話のついでだが.
— n. 話,談話;噂;話題;話しぶり,口調;会談.

talkathon 長時間討論,長時間演説;討論番組.

talkative a. おしゃべりの.

talker 話す人,座談の名人;おしゃべり.

talk head (テレビ・映画で)画面に登場する話し手.

talk-in トークイン,抗議討論集会;(テレビ・ラジオの)視聴者参加公開討論会.

talking book 録音本《盲人・児童用》.

talking point 有力な論点;(議論の)拠り所.

talking-to 小言.

talkmaster (ラジオ・テレビの)トークショーの司会者.

talk show (有名人との)インタビュー番組.

talky a. =talkative.

tall a. 背の高い,高い;高さが…の;おおげさな,途方もない,信じられない. — ad. 誇張して.

tallboy =highboy.

tall order できない相談,できない要求.

tallow n., v. 獣脂《蠟燭・石鹼原料》;獣脂を塗る;(一般に)蠟.

tally n. (勘定を表す)刻み目;勘定(書き),計算(書),得点(表);対の一方,合い札,割り札;(品物受け渡しなどの)単位数;計算の単位《卅と書く;日本語の「正」の字に相当》.
— v. (計算を)記録する,照合する,計算する;得点を記入する(with).

tallyho int., n. ほーほー《狐を見つけた時ハンターが犬にかける掛け声》.

tallyman 分割払い販売人;照合する人.

tallyshop 分割払い販売店.

Talmud タルムード《ユダヤの律法書》.

talon (特に猛鳥の)爪;つかみかかる手.

talus Anat. 距骨,足首.

tam =tam-o'-shanter.

TAM (<television audience measurement) テレビ視聴者数(測定).

tamable, tameable a. 飼い慣らせる.

tamarack Bot. アメリカカラマツ(材).

tamarind Bot. タマリンド(の実).

tamarisk Bot. ギョリュウ.

tambour n., v. (太鼓;(円形の)刺繡枠,(それを用いた)刺繡;(机などの)蛇腹扉;刺繡する.

tambourine タンバリン《胴に小鈴を付けた片張りの手太鼓》.

tame a. (動物が)飼い慣らされた;おとないしい;意気地のない;面白くない,平凡な. — v. (動

物など)飼い慣らす;押さえる,へこます,弱める.

tameless *a.* 慣れていない.

Tamil *n.* タミル人《南インドの人種》;タミル語.
— *a.* タミル人の,タミル語の.

tammy =tam-o'-shanter.

tam-o'-shanter (スコットランド人の)ベレー帽.

tamp *v. Mining* (発破孔に粘土などを)詰める.

Tampax *Trademark* タンパックス《生理用タンポン》.

tamper *v.* いじくる(*with*);(文書に)勝手に筆を入れる(*with*);(有権者などを)買収する(*with*).

tampon タンポン《女性の生理用品》; *Med.* 止血栓.

tam-tam =tom-tom.

tan *n.* タン皮《カシなどの皮で作り,皮なめし用》;タン皮殻;黄褐色;日焼け. — *a.* 黄褐色の. — *v.* (皮を)なめす;日に焼ける,日に焼く;(鞭で)打つ.

tanager *Ornith.* フウキンチョウ.

tanbark タン皮.

tandem *ad.* (二頭の馬を)縦につないで; *Elec.* 直列に. — *n.* (二頭の馬が)縦に並んで引く二輪馬車;タンデム《二人以上が縦に乗る自転車》.

tandem garage タンデム型車庫《車二台が縦一列に入る》.

tang 刀根,中子《刃物の柄に入る部分》;ぴりっとする味,強い香り;気味(*of*).

Tang 唐《中国の王朝 (618-907)》.

tangent *n. Math.* 接線; *Math.* タンジェント,正接;(道路の)直線区間. **fly [go] off at a tangent** (話などが)急に脱線する. — *a.* 一点において接する.

tangerine *Bot.* タンジェリン,ポンカン.

tangible *a.* 触知できる,手で触れられる;実体のある;明確な.

tangle[1] 大型の海藻,(特に)カラフトコンブ.

tangle[2] *v.* もつれる,もつれさせる,絡む,絡ませる;

紛糾させる;(罠などに)ひっかける,陥れる;(論争,混乱などに)巻き込む(*in*);口論する,けんかする(*with*). — *n.* もつれ;紛糾;口論,けんか.

tangled, tangly *a.* もつれた.

tango *n., v.* タンゴ(を踊る).

tangy *a.* (味が)ぴりっとする,(匂いが)ぷんとする.

tank (水・油・ガスなどの)タンク,水槽;タンク,戦車;独房;胃.

tankage タンク容量.

tankard (取っ手・蓋付きの)大コップ;タンカード 1 杯の量.

tank car (鉄道の)タンク車.

tank destroyer 自走対戦車砲.

tanked *a.* 酔った.

tanker 油槽船,タンカー;(空中)給油機;タンクローリー.

tank farm 石油タンク地域.

tank suit ワンピースの水着.

tank top タンクトップ.

tank town (昔,列車が給水のために停車した)小さな町.

tank trailer タンクトレーラー《石油・ガス運搬用》.

tannage 皮なめし.

tannate *Chem.* タンニン酸塩.

tanner 皮なめし工.

tannery 皮なめし工場.

tannic *a.* タンニン性の.

tannic acid *Chem.* タンニン酸.

tannin *Chem.* タンニン(酸).

tanning 製革;日焼け;鞭打ち.

tansy *Bot.* ヨモギギク.

tantalize *v.* 見せびらかして苦しめる,じれったがらせる.

tantalizing *a.* じらす,じれったい.

tantalum *Chem.* タンタル《希有金属元素》.

Tantalus *Gk Myth.* タンタロス《Zeus の子;神神の秘密を漏らしたため,あごまで地獄の水につけ

られ, 渇いて飲もうとすると水は退き, 飢えて木の実を取ろうとすると枝が遠のいたという); (鍵で開く)酒棚.

tantamount *pred. a.* 同等の, 等しい (*to*).

tantrum 不気嫌, 癇癪.

Tanzania タンザニア《アフリカ東部の共和国》.

Tanzanian *a., n.* タンザニアの; タンザニア人.

Taoism 道教《老子の説いた教え》.

tap[1] *n.* (樽の)飲み口, 蛇口, コック, 栓; (酒の)質, (甘口・辛口の)口; *Mech.* 雌ねじ切り; *Elec.* タップ; ＝taproom. **on tap** (樽に)飲み口がついて; すぐ間にあって. ― *v.* (樽に)飲み口をつける; (樽から酒を出す; 木に穴をあけて樹液を取る; (資源などを)開発する, 利用する; (情報などを)引き出す; (新説などを)提唱する; (通信などを)傍受する, 盗聴する; …を当てにする; (物を)求める, (金を)せびる.

tap[2] *v., n.* 軽くたたく(こと), 軽くたたく音; 靴底に革を張る(こと).

tapa タッパ布.

tap dance タップダンス.

tap-dance *v.* タップダンスを踊る.

tape *n.* 平紐, テープ; 録音テープ; ＝tape measure; (決勝点に張る)テープ; *Computer* テープ; ＝paper tape, magnetic tape; テープ一巻; テープ録音, テープ録画. ― *v.* 平紐でくくる, テープを巻く, ばんそうこうをはる; 巻き尺で測る; 録音する, 録画する. **have** (*something*) **taped** よく分る.

tape deck テープデッキ.

tapeline, tape measure 巻き尺.

tape player テープ再生機.

taper *n.* 小蠟燭. ― *v.* 次第に先が細くなる, 次第に先を細くする; 次第に少なくなる (*off, away*). ― *a.* 先細りの, 次第に細る.

tape-record *v.* テープ録音する.

tape recorder テープレコーダー.

tape recording テープ録音.

tapestried *a.* タペストリーで飾った.

tapestry タペストリー, つづれ錦, つづれ織り.

tapeworm *Zool.* 条虫, サナダムシ.

tapioca タピオカ《cassava の根から作った澱粉食料》.

tapir *Zool.* バク.

taproom 酒場.

taproot *Bot.* 主根, 直根.

taps (米軍の)消灯らっぱ.

tapster (酒場の)給仕, バーテン.

tar *n., v.* タール(を塗る); コーヒー, アヘン; 水夫.

tarantella タランテラ《南部イタリアの軽快な踊り; その曲》.

tarantism *Med.* 舞踏病《神経病の一種》.

tarantula *Zool.* タランチュラ《ドクグモの一種》.

tarboosh ターブーシュ《イスラム教徒がかぶる赤い縁なし帽》.

tarbrush タール刷毛.

tardy *a.* のろい, ぐずぐずした; 遅い; 遅刻した. ― *n.* 遅刻.

tare[1] *Bot.* ソラマメ属の植物; [*pl.*] *Bib.* 毒麦.

tare[2] *n., v.* 風袋, 車体重量(を量る), 容器重量(を量る).

target 的, 標的; 目標, 目標額; (非難・批判の)的; *Railroads* 円形信号機.

target date (遂行の)目標日時.

target language 目標言語《翻訳の訳文となる言語》; 学習対象言語.

target ship 標的艦.

tariff 関税(表); 税率(表); (ホテルなどの)料金(表).

tariff wall 関税障壁.

tarmac [T-] *Trademark* タールマック《道路の瀝青膠着材》; タールマック舗装道路, タールマック舗装滑走路.

tarmacadam タールマカダム《タールと砕石の混合物》; それで舗装した道路.

tarn (山中の)小さな湖水.

tarnish *v., n.* (金属など)曇る, 曇らせる; (名

taro 誉などを)汚す; 曇り, 錆; 汚れ.

taro *Bot.* タロイモ《南洋諸島産》.

tarot タロット(カード)《22 枚一組の絵入りの占いカードの1枚》.

tarpaulin (タールを塗った)防水布, 防水外套, 防水帽.

tarpon *Ichthy.* ターポン《Mexico 湾産の大魚》.

tarragon *Bot.* タラゴン《ヨモギ属の宿根草》.

tarry[1] *a.* タールを塗った, タールだらけの.

tarry[2] *v.* ぐずぐずする; とどまる; 待つ.

tarsier *Zool.* メガネザル.

tarsus *Anat.* 足首, 足根(骨).

tart[1] *a.* 酸っぱい; 痛烈な.

tart[2] *n.* タルト《果物入りパイ》; 売春婦, 浮気女. —— *v.* ごてごて飾りたてる.

tartan (スコットランド高地人の)格子縞ラシャ, タータン.

tartar 酒石; 歯石.

Tartar *n., a.* タタール人(の), タタール語(の); 強暴な(人); 強敵. **catch a Tartar** 手ごわい相手に出会う.

tartar emetic *Chem.* 吐酒石.

Tartarian *a.* タタール人の.

tartaric *a.* 酒石の.

tartaric acid *Chem.* 酒石酸.

tartar(e) sauce タルタルソース.

tartar(e) steak タルタルステーキ.

tartlet タルトレット《小さいタルト》.

tartrate *Chem.* 酒石酸塩.

tarty *a.* 売春婦の(ような).

Tarzan ターザン《冒険小説, 冒険映画の主人公》.

task *n.* (課せられた)仕事; 務め; 課業; 骨折り仕事. **take one to task for** …のかどで人を責める. —— *v.* 仕事を課す; 重荷を負わせる; 酷使する.

task force *Mil.* 機動部隊; 特別調査団.

taskmaster 仕事を割り当てる人, 親方, 監

督; 厳しい主人.

Tasmanian devil *Zool.* タスマニアデビル, フクロアナグマ.

Tasmanian wolf *Zool.* タスマニアオオカミ, フクロオオカミ.

Tass (ソ連の)タス通信社.

tassel *n.* 房(飾り); (トウモロコシの)房毛; (本の)しおり紐; 房になる.

taste *n.* 味, 風味, 味覚, 好み, 趣み(*in*), 鑑賞力, センス, 審美眼, 風流心; 試食, 一口, ひとなめ; 酒; 気味; 経験; [a ～] 少し(*of*). **in bad taste** 下品で. **in good taste** 上品で. **to one's taste** 好みに合う, 趣味に合う. —— *v.* 味わう, 味をみる; 食べる, 飲む; 経験する(*of*); (…の)味がする, …の気味がある(*of*).

taste bud *Anat.* 味蕾.

tasteful *a.* 趣味のある, 上品な, 趣のある.

tasteless *a.* 味のない, 趣のない, 下品な.

taster 味かり人, (酒・茶などの)味きき.

tasty *a.* 味のいい; 上品な; (きわどくて)面白い.

ta-ta *int.* バイバイ.

Tatar タタール《ソ連西部の共和国》.

Tate Gallery (London の)テート美術館.

tatter *n., v.* [*pl.*] ぼろ, ぼろ着物; ぼろぼろにする, ぼろぼろになる.

tatterdemalion ぼろを着た人.

tattered *a.* ぼろぼろの, ぼろを着た.

tatting タッチング《編み物》; タッチング編みレース.

tattle *v., n.* むだ話をする, 世間話をする, (他人の)秘密を漏らす; 雑談, 世間話.

tattler おしゃべり.

tattletale *n., a.* 告げ口をする人; 秘密を漏らす.

tattoo[1] *n., v.* 入れ墨(をする).

tattoo[2] *Mil.* 帰営らっぱ, 帰営太鼓.

tatty *a.* 安っぽい; みすぼらしい.

tau タウ《ギリシャ字母の第19字; T, τ》.

taunt *v., n.* 嘲る, 冷笑(する).

taupe 暗灰色.

Taurus *Astron., Astrol.* 牡牛座(生まれの人), 金牛宮.

taut *a.* (縄などが)ぴんと張った; 緊張した; きちんとした.

tauten *v.* ぴんと張る.

tautology (同義語の)反復, 重複.

tavern 居酒屋; 宿屋.

taverna タベルナ《ギリシャの小料理屋》.

taw *v.* (生皮を)明礬と塩の溶液でなめす.
— *n.* おはじきの石.

tawdry *a.* 安ぴかの.

tawn(e)y *a.* 黄褐色の, 茶色の.

tax *n.* 税, 税金 (*on*); (重い)要求, 負担 (*on, upon*). — *v.* 課税する, 税を取り立てる; …に負担を負わせる; (訴訟費用などを)査定する; 咎める, 責める (*with*).

taxable *a.* 課税できる, 有税の.

taxation 課税; 税制; 税収(入).

tax avoidance (合法的な)節税.

tax base 課税標準.

tax-deductible *a.* 所得税計算過程で控除できる.

tax evasion 脱税.

tax-exempt, tax-free *a.* 免税の.

tax haven (企業などの)租税回避地.

taxi *n.* =taxicab; (小型)旅客機; =taxiplane.
— *v.* タクシーで行く; (飛行機が)タキシングする《地上あるいは水上をゆっくり移動する》.

taxicab タクシー.

taxi-dancer 雇われてダンスの相手をする人; (客のダンスの相手を務める)職業ダンサー.

taxidermist 剥製師.

taxidermy 剥製術.

taxi-driver タクシー運転手; 飛行機のパイロット.

taximan タクシー運転手.

taximeter (タクシーの)メーター.

taxiplane 貸し切り営業の飛行機.

taxi rank [stand] タクシー乗り場.

taxiway (飛行場の)誘導(滑走)路.

taxonomy 分類法, 分類学.

taxpayer 納税者.

tax shelter 税金逃れの手段.

TB torpedo boat; tubercle bacillus.

T-bill (米国の)財務省中期債券.

T-bone (steak) T字形の骨(付きステーキ).

TC teachers college.

Tchaikovsky チャイコフスキー. **Peter Ilich Tchaikovsky** (1840–93) ロシヤの作曲家.

tea チャノキ, 茶(の葉); お茶(飲料); (茶に似た)せんじ汁; ティー, 午後のお茶《4時–5時頃の軽食付きのお茶》; マリファナ.

tea bag ティーバッグ.

tea ball 茶漉し球.

tea break お茶の休み.

tea caddy 茶筒.

tea cake ティーケーキ.

tea ceremony 茶会, 茶の湯.

teach *v.* 教える, 仕込む.

teachable *a.* 教えられる, 教えやすい, おとなしい.

teacher 先生, 教師.

teachers college 教員養成大学.

teach-in 抗議討論集会, ティーチイン.

teaching 教授, 授業; 教え, 教義.

teaching aid 補助教材.

teaching assistant [fellow] 教育助手.

teaching hospital 医科大学付属病院.

teaching machine 教育機器.

teacloth 布巾; 小さなテーブル掛け.

tea cozy ティーポットカバー.

teacup 紅茶茶碗(一杯の量).

teacupful 紅茶茶碗一杯分.

tea dance 午後のダンスパーティー.

tea garden 茶店のある庭園; 茶畑.

tea gown 茶会服.

teahouse 喫茶店.

teak *Bot.* チーク; チーク材《家具, 船材》.

teakettle やかん.

teal *Ornith.* コガモ.

tea leaf 茶の葉; [*pl.*] 茶殻.

team *n.* 連獣《車につないだ一組の牛馬》;(競技の)組, チーム;(一緒に働く)仲間. —— *v.* 連獣を御する; チームになる; 協力する, 組む (*up*).

teammate チームメイト.

teamster 連獣の御者; トラックの運転者.

team teaching チームティーチング.

teamwork (チームの)協同作業, チームワーク.

tea party ティーパーティー.

teapot ティーポット, きゅうす.

tear[1] *v.* 裂く, 裂ける, 破る, 破れる, ちぎる, ちぎれる; 分裂させる; 引き離す, もぎ取る, かきむしる, はがす (*away, down, off*); 傷つける, 苦しめる; 突進する, 疾走する (*along*). **tear oneself away** いやいや去る; 振り切る. **tear up** ひっこ抜く; ずたずたに裂く; 破棄する. —— *n.* 引き裂き; 裂け目, 破れ目, ほころび; 狂暴, 突進.

tear[2] 涙; 涙状のもの, 露; [*pl.*] 悲しみ. **burst into tears** わっと泣き出す. **in tears** 泣きの涙で.

tear bomb 催涙弾.

teardrop 涙のしずく.

tearful *a.* 涙ぐんだ, 涙もろい; 悲しい, 哀れな.

teargas *v.* ...に催涙ガスを浴びせる.

tear gas 催涙ガス.

tearing *a.* 猛烈な; すばらしい.

tearjerker (芝居・映画の)お涙頂戴もの.

tearless *a.* 涙の出ない; 泣いていない.

tearoom (女性向きの)喫茶店.

tear shell 催涙弾.

tease *v.* からかう, いじめる, 悩ます; じらす; 冷やかす; せびる, ねだる (*for, to* do); (羊毛・麻などを)すく; けばをたてる. —— *n.* いじめる人; いじめる事,

いじめられる事; お金.

teasel, teazel, teazle *n., v. Bot.* オニナベナ, ラシャカキグサ《棘の多いその実はラシャのけば立てに用いる》; チーズル, けば立て機; (チーズルで)けばを立てる.

teaser いじめる人; 難問, 難事.

tea service [set] 茶道具一式, 茶器.

tea shop 軽食堂, レストラン; =tearoom.

teaspoon 茶さじ(一杯分).

teaspoonful 茶さじ一杯分.

teat 乳首.

tea table お茶用テーブル.

tea tray 茶盆.

tea wagon (車付き)茶道具運搬台.

tec 探偵, でか; 工業大学.

tech technical college.

technetium *Chem.* テクネチウム《金属元素》.

technic *n.* =technique; [*pl.*] 専門語; [*pl.*] 美術工芸(学). —— *a.* =technical.

technical *a.* 専門の, 技術(上)の, 学術的な; 工業の, 工芸の.

technical college 工業専門学校, 工業短大.

technicality 専門的特質; [*pl.*] 専門的事項, 専門的方法, 専門的術語, 専門的表現(など).

technical knockout *Boxing* テクニカルノックアウト.

technical school 工業学校.

technical sergeant *U.S. Air Force* 二等軍曹.

technical terms 専門語, 術語.

technician 技術家, 専門家; (工芸美術・音楽などの)技巧家.

Technicolor *Trademark* テクニカラー《天然色映画法》.

technique (F) 芸風, 手法, 方策, 技巧, テクニック.

technocracy テクノクラシー《一国の産業

経営を技術専門家に任せようとする技術主義》.

technocrat 技術主義者.

technologist 工芸家, 技術者.

technology 科学技術, 工芸(学); 術語.

technopolis テクノポリス, 高度技術集積都市.

techy a. =tetchy.

tectonic a. 構造の; 建築の; 地質構造上の.

tectonics 構造学; 構造地質学.

teddy bear ぬいぐるみの熊.

Teddy boy テディボーイ, ちんぴら, 不良少年.

Te Deum テデウム《朝の礼拝の時に歌う賛美と感謝の歌》.

tedious a. 退屈な; 長たらしい.

tedium 退屈, 倦怠.

tee[1] n., v. Golf ティー《打ち始めの球を載せる場所あるいは器具》; (quoits などの)的; 球をティーの上に載せる. **tee off** ゴルフの球を打ち始める; (事を)開始する.

tee[2] T の字(形)の物. **to a tee** まさに, きちんと.

teem[1] v. (場所で…で)満ちる, 富む, 一杯である (with).

teem[2] v. (容器を)空ける; (水などを)注ぐ.

teen a. 十代 (13–19 歳)の.

teenage(d) a. 十代の.

teenager 十代の少年少女.

teens 十代 《thirteen から nineteen まで》.

teensy-weensy a. ちっぽけな.

teeny a. =tiny. — n. =teenager.

teeny-bopper 若いティーンエージャー.

teeny-weeny a. ちっぽけな.

teepee =tepee.

tee shirt =T-shirt.

teeter n., v. シーソー; 前後に動く; ふらふら歩く.

teethe v. 歯がはえる.

teething 乳歯の発生.

teething ring (幼児の)おしゃぶり.

teething troubles 当初の困難.

teetotal a. 絶対禁酒の; まったくの, 完全な.

teetotal(l)er 禁酒家.

teetotalism 禁酒.

TEFL teaching English as a foreign language.

Teflon Trademark テフロン《熱に強い合成樹脂》.

tegular a. 瓦状の.

tegument 覆い, 外被.

Teheran テヘラン《イランの首都》.

telamon Arch. 男像柱.

TelAutograph Trademark テロートグラフ《書字電信装置》.

Tel Aviv テルアビブ《イスラエルの都市》.

tele =television.

telecamera テレビカメラ.

telecast n., v. テレビ放送(する).

telecommunication 遠距離通信.

telecommute v. (コンピューターの端末を用いて)在宅勤務する.

teleconference テレビ会議, 電話会議.

Telecopier Trademark テレコピアー《電話ファックス》.

telecourse テレビ通信教育講座.

telediagnosis 遠隔診断.

telefacsimile 電話ファックス, テレファクシミリ.

telefilm テレビ映画.

telegenic a. テレビ放送に適した.

telegram 電報.

telegraph n., v. 電信(機); 電報(を打つ); 合図で知らせる.

telegrapher 電信技手.

telegraphese 電文体.

telegraphic a. 電信の, 電報の.

telegraphist 電信技手.

telegraph line [wire] 電線.

telegraph pole 電柱.

telegraphy 電信術.

teleguide v. (ミサイルなどを)遠隔誘導する.

tele-lens Phot. 望遠レンズ.

telemechanics 遠隔操作.

telemeter n., v. 測距儀, 距離計; Elec. 遠隔測定器(で送信する).

telepathist 精神感応者.

telepathy 精神感応, テレパシー.

telephone n., v. 電話機; 電話(をかける).

telephone booth [**box**] 公衆電話ボックス.

telephone directory 電話帳.

telephone number 電話番号.

telephonic a. 電話の.

telephony 電話技術.

telephoto n. =telephotograph; 望遠レンズ(付きカメラ). —a. =telephotographic.

telephotograph 電送写真.

telephotographic a. 望遠写真術の; 写真電送の.

telephotography 望遠写真術; 写真電送.

teleplay テレビドラマ.

teleprinter =teletypewriter.

TelePrompTer Trademark テレプロンプター《テレビ出演者にせりふを教える電子装置》.

teleran テレラン《テレビとレーダーを用いた航法の一種》.

telerecord v. TV 録画する.

telescope n., v. 望遠鏡; (望遠鏡のように)はまり込む, 伸縮する.

telescopic a. 望遠鏡の, 望遠鏡で見た; 望遠鏡だけで見える; 遠目のきく; たたみ込み式の, 伸縮自在の.

telethon テレソン《長時間テレビ番組》.

Teletype Trademark テレタイプ.

Teletypesetter Trademark テレタイプセッター《電送式植字機》.

teletypewriter 電信写字機.

teleview v. テレビで見る.

televise v. テレビで放送する, テレビで受像する.

television テレビ(ジョン); テレビ産業, テレビ放送事業; テレビ受像機.

televisor テレビ送信装置, テレビ受信装置; テレビ放送者.

televisual a. テレビの.

telex n., v. テレックス(で送る), 加入電信(で送る).

tell v. 物語る, 話す, 言う; 告げる, 知らせる, 告げ口する (of, about, that, how, what, etc.); 言いつける, 命令する (one to do); 見分ける, 区別する (apart, A from B); わかる, 知る; (薬)が効く, (打撃などが)当たる; (体 に)こたえる (on, upon); 断言する. **all told** 総計で, 全部で. **tell off** 数え分ける; 叱りつける. **tell on a person** 人の事を言いつける. **I (can) tell you.** 確かに. **You never can tell.** だれにもわかりっこない.

teller 話し手; 金銭出納係; (議会などの)投票計算係.

telling a. 効果的な, よく効く.

telltale n. 告げ口する人, おしゃべり; (自然に現れる感情・秘密などの)現れ, 証拠; Mech. 自動表示機, 指数器. —a. 我知らず出る, 証拠となる, 隠し切れない.

tellurium Chem. テルル《非金属元素》.

telly テレビ.

telpher テルハー《懸垂式電気運搬車》.

telpherage テルハー運搬.

Telstar テルスター《米国の通信衛星》.

temblor 地震.

temerity 大胆, 無鉄砲, 向こう見ず.

temp n., v. 臨時職員(として働く).

temper v. 鍛える, 焼き戻す, 練る, こねる; 軽減する, 和らげる, 加減する; (楽器などを)調律する. —n. 練りぐあい, (鋼 などの)鍛え, 焼き戻し, 硬度; 落ち着き; 気質, 気性; 機嫌, 気分; 癇癪, 立腹. **get [fly] into a temper** 怒り出す. **keep one's temper** じっと腹の虫を殺す. **lose one's temper** 怒り出す. **out**

of temper 腹を立てて.

tempera テンペラ画(法).

temperament 気質, 気性;(中世医学の四体液による)体質;激しい気性, 激情; *Mus.* 音律.

temperamental *a.* 気質(上)の;気難しい, 気まぐれな.

temperance 節制, 節度, 中庸;節酒, 禁酒(主義).

temperate *a.* 節制のある, 節度のある;度を過ごさない, 節酒の, 禁酒の;穏健な;温暖な.

Temperate Zone 温帯.

temperature 温度, 体温;高熱. **take one's temperature** 体温を計る.

temperature-humidity index 温湿指数.

tempest 大嵐;大騒ぎ.

tempestuous *a.* 大嵐の;激しい.

template 型板;*Ling.* 規範型.

temple[1] 神殿, 宮;寺院, 聖堂, 教会堂.

temple[2] *Anat.* こめかみ, こめかみのつる.

tempo (It) *Mus.* テンポ, 速度;(仕事・生活などの)速さ.

temporal *a.* 時の, 時間的な;現世の, 世間的な;世俗の, 俗界の;*Gram.* 時制の;こめかみの.

temporary *a.* 一時的な, 仮の, 臨時的な, 暫定的な.

temporize *v.* 一時しのぎをする;日和見をする, ぐずついて時をかせぐ;世論に追従する(*with*);妥協する(*with, between*).

tempt *v.* 誘惑する, 誘う, 心をそそる, 釣り込む(one *to* do).

temptation 誘惑(物).

tempter 誘惑者;[the T-] 悪魔.

tempting *a.* 誘惑する, 人の心をそそる;欲しくて手が出そうな, うまそうな.

temptress 誘惑する女.

ten *n., a.* 10(の), 10個(の), 10人(の). **ten**

to one 九分九厘.

tenable *a.* (城など)防御できる;(議論など)主張できる, 弁護できる.

tenacious *a.* 粘り強い;決して離さない, 固執する, かじりつく(*of*), しつこい;(習慣など)なかなか抜けない;(記憶など)良い, 忘れない(*of*).

tenancy 借地, 借家(期間).

tenant *n., v.* 借地人, 借家人, 小作人, 賃借人, 居住者, テナント;借地する, 借家する, 居住する, 賃借する.

tenant farmer 小作人.

tenantry 借地人, 借家人, 小作人.

ten-cent store 安物雑貨店.

Ten Commandments *Relig.* (Moses の)十戒.

tend[1] *v.* (…の方へ)向く, 傾く(*to*);傾向がある, しがちである(*to* do);役立つ, 資する(*to*).

tend[2] *v.* 世話をする, 番をする, 看護する;給仕する(*on*);気を配る, 注意する(*to*).

tendance 世話.

tendency 傾向, 傾き(*to, toward*);風潮;性癖.

tendentious *a.* 偏向した.

tender[1] (親船など)付属船, 供船;(機関車の)炭水車;世話人, 看護人, 番人.

tender[2] *v.* 差し出す, 提出する, 申し出る;支払う;入札する(*for*). ── *n.* 申し出, 提出;入札(書). **legal tender** 法定貨幣, 法貨.

tender[3] *a.* 柔かい;かよわい;いたいけな, うら若い;(痛みなど)感じやすい, 優しい, 思いやりのある, 愛する;(問題など)厄介な, 微妙な;気づかう, 恐れる(*of*).

tenderfoot 新米の開拓者, (一般に)新米, 未熟者.

tenderhearted *a.* 心の優しい.

tenderize *v.* (肉などを)柔らかにする.

tenderloin テンダーロイン《牛・豚の腰部の柔らかい肉》;歓楽街.

tenderly *ad.* 柔らかに; 優しく, 親切に.

tendon *Anat.* 腱.

tendril *Bot.* 巻きひげ.

tenement (tenant の保有する)土地, 家屋; (共同住宅の)一家族用住室, 住戸; ＝tenement house.

tenement house (下級の)共同住宅, アパート.

tenet 説, 主義; 信条, 教義.

tenfold *a., ad.* 十倍の, 十倍に, 十重の, 十重に.

ten-gallon hat テンガロンハット《カウボーイのつば広の帽子》.

tenner 10 ポンド紙幣, 10 ドル紙幣.

Tennessee テネシー《米国南東部の州; 同州西部を流れる川》.

Tennessee Valley Authority テネシー渓谷開発公社.

tennis テニス, 庭球.

tennis elbow テニスエルボー.

Tennyson テニソン. **Alfred Tennyson** (1809-92) 英国の詩人.

tenon *n., v.* *Woodwork* ほぞ(を造る).

tenor (人生の)行路, 行程, 常軌; (文書・演説などの)趣旨; *Mus.* テナー, テノール, テナー歌手, テナー楽器.

tenpin [*pl.*; *sing.* 扱い] 十柱戯.

tense[1] *Gram.* (動詞の)時制.

tense[2] *a.* ぴんと張った, 張りつめた, 緊張した.

tensile *a.* 張力の, 張れる, 伸ばせる.

tensility 張力, 伸長性.

tension 張り, 精神的緊張; 張力; (事態の)切迫, 緊張(状態); *Phys.* 電圧.

tensity 緊張, 張りつめ.

tensor *Anat.* 張筋; *Math.* テンソル.

ten-speed 10 段変速の自転車.

ten-strike ストライク《十柱戯で十柱の総倒し》; 大成功.

tent *n., v.* テント, 天幕(で覆う), 天幕に泊まる.

tentacle *Zool.* 触角, 触手; *Bot.* 触毛, 腺毛.

tentative *a.* 試験的な; 仮の, 一応の; ためらいがちな.

tenter (切れ地を干す)張り枠.

tenterhook 張り枠の釘. **on tenterhook** 緊張して.

tenth *n., a.* 第 10 (の), 10 番目の; $1/10$(の); (月の) 10 日.

tent peg テントの留め杭.

tent stitch テントステッチ(刺繍).

tenuous *a.* 細い, 薄い, 希薄な; 内容の乏しい, 弱い.

tenure (財産・地位などの)保有(期間); 終身在住権.

tenuto (It) *ad. Mus.* 持続して.

tepee ティーピー《アメリカインディアンのテント》.

tepid *a.* なまぬるい; 熱意のない.

tequila テキーラ《メキシコ産の強い酒》.

terbium *Chem.* テルビウム《希土類元素》.

tercentenary *a., n.* 三百年(の); 三百年祭(の).

tercentennial *a.* 三百年の.

terebinth *Bot.* テレビンノキ, トクノウコウ.

terebinthine *a.* テレビンノキの; *Chem.* テルペンチンの.

teredo *Conchology* フナクイムシ.

Teresa テレサ. **Mother Teresa** (1910-) インドの修道尼.

tergal *a. Anat.* 背部の.

tergiversate *v.* 変節する, 転向する; ごまかす.

term *n.* 期間, 期限, 期日; 学期; (議会などの)開催期間; *Log.* 名辞; *Math.* 項; 言葉; 用語, 術語; [*pl.*] 言葉づかい; [*pl.*] (給料・契約などの)条件; [*pl.*] (交際上の)間柄, 仲. **bring to terms** 降参させる, 承知させる. **come to terms** 折り合いがつく, 仲直りする (*with*); に屈服する (*with*). **in terms of** …の

言葉で; の点から, によって, に関して. **make terms** 折り合いをつける, 仲直りする (*with*).

on bad terms 仲が悪く. **on good [friend-ly] terms** 親しく. **on speaking terms** 言葉をかわす間柄で. — *v.* …と称する, 呼ぶ.

termagant *n.* がみがみ女. — *a.* 口やかましい.

terminable *a.* 有限の.

terminal *a.* 末端の, 終わりの, 終点の; 季節の, 定期の; 毎学期の; 一定期間 (中) の; *Zool., Anat.* 末梢の; (病気·患者が) 末期の; *Log.* 名辞の. — *n.* 末端; 終点; 終着駅, 始発駅, ターミナル; 語末 (の音節), 語末の文字; *Elec.* 端子; *Computer* 端末 (装置), ターミナル.

terminally *ad.* 毎 (学) 期に, 定期に.

terminate *v.* 終結させる, 終結する, 終わらせる, 終わる (*in*); 限る.

termination 終了, 満了, 末端, 限界; *Gram.* (屈折) 接尾辞.

terminator 終止者.

terminology 術語, 用語 (法).

terminus 終点; 終着駅, 始発駅.

termite *Entom.* シロアリ.

term paper レポート, 論文.

tern *Ornith.* アジサシ.

ternary *a.* 三の; 三元の.

ternate *a.* 三つ揃いの.

Terpsichore *Gk Myth.* テルプシコレ (Muses の一人で歌舞をつかさどる).

terpsichorean *a.* 舞踏の.

terra (L) 土, 大地.

terrace *n.* テラス, 段庭; =veranda(h); 段地, 段畑, 段丘; 台地, 高台; 坂町, 台町; (道路より高くしたり坂道に沿った) 連続住宅の並び; 陸屋根; 中央分離帯. — *v.* 台地にする, 段を築く.

terraced *a.* テラス式の; (家が) 連続した.

terrace house テラスハウス.

terra-cotta テラコッタ (美術品や装飾れんがなどに用いられる赤土焼き).

terra firma 大地, 陸地.

terrain (特に戦略的に見た) 地形, 地勢.

terra incognita 未知の国.

Terramycin *Trademark* テラマイシン (抗生物質).

Terran 地球人.

terrapin *Zool.* イリエガメ (北米産, 食用).

terrarium 陸生動物飼育場, (ガラス張りの) 飼育箱.

terrene *a.* 地球の; 現世の.

terrestrial *a.* 地球の, 地上の, 陸上の; 現世の. — *n.* 地上に住むもの, 人間.

terrible *a.* 恐ろしい, こわい; ひどい, だめな. — *ad.* 恐ろしく, ひどく.

terribly *ad.* 恐ろしく; ひどく.

terrier テリア (小型の犬); 国防義勇兵.

terrific *a.* 恐ろしい, ものすごい; すばらしい.

terrify *v.* こわがらせる, どぎもを抜く.

territorial *a., n.* 領土の; 地方の; [T-] 準州の; 国防義勇軍兵士.

territorialize *v.* 領土にする.

territorial waters 領海.

territory 領土, 版図; 地方, 地域; (学問などの) 領域; (セールスマンの) 担当区域; (警察などの) 管轄区域; (野鳥などの) テリトリー, 縄張り, 領分; [T-] 準州.

terror 恐ろしさ, 恐怖; 恐ろしい人, 恐ろしい物, 脅威; 厄介者; テロ (計画). **the Reign of Terror** (フランスの) 恐怖政治 (時代).

terrorism 恐怖政治; テロ行為.

terrorist テロリスト.

terroristic *a.* テロの.

terrorize *v.* 恐怖を起こさせる; 恐怖政治を行う.

terror-stricken, terror-struck *a.* 恐怖におびえた, びくびくした.

terry (織物の表面に織り出された) 輪奈, テリー

織り《タオル地など》.

terse *a.* (文体など)簡潔な.

tertial *a. Ornith.* 三列の.

tertian *a., n. Med.* 三日目ごとに起こる; 三日熱.

tertiary *a., n.* 第三の, 三位の; [T-] *Geol.* 第三紀(の).

tertium quid (L) (二者の)中間物.

Terylene *Trademark* テリレン《ポリエステル繊維》.

TESL teaching English as a second language.

TESOL teachers [teaching] of English to speakers of other languages.

tessellate *v.* (床・道など)をモザイク風にする.

tessellated *a.* (床など)モザイク風に張った.

tessitura (It) *Mus.* テッシトゥーラ《最高音と最低音を除いた, 普通に歌える音域》.

test *n.* 試し, 考査, 試験, 検査; 試金石, 標準; *Chem.* 試薬. **put to the test** 試験する. — *v.* 試す, 試験する, 検査する.

testacy *Law* 遺言してあること.

testament *Law* 遺言; (神と人間との)契約; [T-] (新約)聖書.

testate *a., n.* 遺言して死んだ(人).

testator 遺言者.

testatrix 女性の遺言者.

test ban 核実験禁止協定.

test case テストケース.

test-drive *v.* (車)を試運転する.

tester[1] 試験官; 試験装置, テスター.

tester[2] (ベッドの)天蓋.

test flight 試験飛行.

testicle *Anat.* 睾丸.

testify *v.* 証言する, 立証する, 証明する (*to, that*).

testimonial *n.* (人物・技能などの)証明書; 感謝状, 表彰状; 記念品. — *a.* 証明書の; 感謝の.

testimony 証言, 証拠 (*to, against*); 言

明; (Moses の)十戒; 約櫃; [*pl.*] 神の掟.

testis =testicle.

testosterone *Biochem.* テストステロン《男性ホルモンの一種》.

test paper 答案用紙; *Chem.* 試験紙.

test pilot テストパイロット.

test tube 試験管.

test-tube baby 試験管ベビー, 人工受精児.

testy *a.* 怒りっぽい.

Tet テト《ベトナムの正月》.

tetanize *v.* (筋肉)に強直痙攣を起こさせる.

tetanus *Med.* 破傷風, 強直痙攣.

tetchy *a.* 怒りっぽい.

tête-à-tête (F) *a., ad.* 差し向かいの, 差し向かいで, 内密の, 内密に. — *n.* 密談; 打ち解け話; S字形2人用椅子.

tether *n., v.* (牛・馬の)つなぎ縄(でつなぐ); (資源・忍耐などの)限界. **at the end of one's tether** 行き詰まって, 耐え切れなくなって.

tetrad 四数, 4個(一組); *Chem.* 四つ組み元素.

tetragonal *a.* 四角形の, 四辺形の.

tetrahedron 四面体.

tetrameter *Poet.* 四歩格.

Tetra Pak *Trademark* テトラパック.

tetrapod (護岸用の)四脚消波ブロック《商標名テトラポッド》.

tetter *Med.* 皮疹.

Teuton チュートン人, ゲルマン人; ドイツ人.

Teutonic *a., n.* チュートン民族の, ゲルマン民族の(言語).

Teutonism チュートン(語)風, ゲルマン(語)風.

Texas テキサス《米国南西部の州》.

Texas leaguer *Baseball* テキサスヒット.

Texas Ranger テキサス(州)騎馬警官.

text (注釈などに対して)本文, 原文, テキスト; =textbook; (特に説教の題目などに引

用した)聖句；話題，論題．

textbook 教科書．

textile [*pl.*] 織物(原料)．

textual *a.* 本文の，原文の．

textual criticism 原文批評．

textually *ad.* 原文に関して，原文どおりに．

texture (織物の)地，織り，生地；組織，構成，構造；(皮膚・石材・木材などの)きめ．

TF task force. **TG** transformational (-generative) grammar. **TGIF** Thank God it's Friday ありがたい，金曜日だ《週末を迎える嬉しさを表す》． **TGV** train à grande vitesse (フランスの)超高速旅客列車．

Thai タイ国人．

Thailand タイ《アジア南東部の王国》．

thalidomide *Pharm.* サリドマイド《鎮静・睡眠薬》． **thalidomide baby [child]** サリドマイド(奇形)児．

thallium *Chem.* タリウム《金属元素》．

Thames テムズ川《London を流れる》． **the Thames Embankment** テムズ河畔通り．

than *conj.* …よりも，に比べて；…するよりは，するくらいならむしろ；…より外には．

thanatologist 死亡学者．

thanatology 死亡学．

thane (スコットランドの)領主，豪族．

thank *v.* 感謝する． **No, thank you.** いいえ，ありがとう，結構です． **Thank you.** ありがとう． — *n.* [*pl.*] 感謝，礼． **Thanks.=Many thanks.=Thanks a lot.** ありがとう． **thanks to** …のおかげで．

thankful *a.* ありがたく思う．

thankless *a.* 感謝の念のない，恩知らずの；(仕事など)感謝されない，人に喜ばれない．

thanksgiving (神に対する)感謝；感謝祭．

Thanksgiving Day 感謝祭日《11 月の第 4 木曜日》．

thankworthy *a.* 感謝すべき．

thank-you-ma'am 道路を斜めに横切る小

溝．

that *a.* あの，その． — *pron.* あれ，それ；[this と相関的に] 前者；(…する)ところの (the books that you lent me). **at that** おまけに，しかも；それにしても． **that is (to say)** すなわち，少なくとも． — *ad.* それほど (that far, that much)；それほどひどく． **all that** [否定文で] それほど． — *conj.* …ということ (I know that it was so. Is it true that he did it?)；…するように (We eat that we may live.)；(非常に…)ので (I am so tired that I cannot go on.). **now that** もう…だから． **That's that.** まあそんなところ，それでおしまい．

thatch *n., v.* 屋根ふき材料；草ぶき屋根，藁ぶき屋根；(草・かや・藁で)屋根をふく．

Thatcher サッチャー． **Margaret Hilda Thatcher** (1925-)《英国の首相 (1979-)》．

that's =that is.

thaumaturge 奇術師．

thaumaturgy 奇術，魔術．

thaw *v.* (雪・氷など)解ける，解かす；打ち解ける． — *n.* 雪解け，霜解け(の時候)；打ち解けること；緊張緩和．

ThD doctor of theology.

the *def. art.* その，あの，例の；抜群の，典型的な；= my. — *ad.* …ならばそれだけ… (The more the merrier. 人が多ければ多いほど愉快). **all the better** それだけますます結構．

theatergoer 芝居の常連，観劇家．

theatergoing 観劇．

theater-in-the-round =arena theater.

theater, theatre *n.* 劇場；映画館；[the ~] 演劇，芝居；階段教室，手術教室；活動の舞台；戦地，戦区． **theater of operation** 作戦地域． — *a.* 戦域の．

theatrical *a.* 劇場の，劇の；芝居じみた，見せかけの；劇場用に製作された． — *n.* [*pl.*] 素人演劇；芝居じみたしぐさ．

theatricalism 劇的 表現法; 芝居がかり.

theatricality 芝居がかり.

Theban a., n. テーベの; テーベ人.

Thebes テーベ《古代ギリシャの都市国家》.

thee pron. thou の目的格.

theft 盗み, 窃盗.

thegn =thane.

theine Chem. テイン, カフェイン.

their pron. 彼らの.

theirs pron. 彼らのもの.

theism 有神論; 一神論.

theist 有神論者, 一神論者.

them pron. they の目的格.

thematic a. 主題の.

theme 論題, 話題; 課題作文; (文学・美術・音楽などの)主題, テーマ.

theme music (テレビ・映画の)テーマミュージック.

theme park テーマ遊園地.

theme song [tune] テーマソング; =signature tune.

themselves pron. 彼ら自身(を), 彼ら自身で.

then ad. その時, あの頃; それから; 次に; それなら; そこで. **but then** しかし一方では, だけど. **now then** そこで, ところで. **then and there** =there and then すぐその場で, 即座に. — n., a. その時(の).

thence ad. そこから, それから, それゆえに.

thenceforth, thenceforward ad. その時以来.

theocentric a. 神を宇宙の中心とする.

theocracy 神政, 神政国.

theocrat 神政政治家, 神政主義者.

theologian 神学者.

theologic(al) a. 神学(上)の.

theologize v. 神学的に扱う.

theology 神学.

theorem 一般原則, 法則; Math. 定理.

theoretical a. 理論上の; 非実際的な; 理論好きな; 空論的な.

theorist 理論家; 空論家.

theorize v. 理論づける, 学説を立てる.

theory 理論, 学説, 学理; 空論; …論, …説; 説, 意見; 考え, 見解. **theory of games** ゲームの理論.

therapeutic a. 治療の.

therapeutics [sing.; pl. 扱い] 治療学, 治療法.

therapist 療法士, セラピスト.

therapy 治療.

there ad. そこに, そこで, そこへ, あそこに, あそこで, あそこへ; その点で, その点は: [there is [are, etc.] として用いて](…が)ある. — pron. そこ, あそこ. — int. そら, まあまあ.

thereabout(s) ad. その辺に; …内外; その頃; およそ.

thereafter ad. その後.

thereat ad. そこで, その時.

thereby ad. それによって; それについて.

therefor ad. そのために.

therefore ad. その結果, それ故.

therefrom ad. それから.

therein ad. その中に; その点で.

thereinafter ad. 後文に.

thereinto ad. その中に.

there'll =there will.

thereof ad. それを, それから.

thereon ad. その上に; 直ちに.

there's =there is, there has.

thereto ad. それに; おまけに.

thereunder ad. その下に; それに従って.

thereupon ad. そこで; するとすぐ; =thereon.

therewith ad. それと共に; (それから)直ちに.

therewithal ad. それと共に; その上.

therm Phys. サーム《熱量単位》.

thermal a. 熱の; 熱い; 温泉の; (下着などが)保温性のよい. — n. Aeronaut. 上昇暖

気流.

thermal pollution 熱汚染.

thermic *a.* = thermal.

thermion *Phys.* 熱イオン.

thermistor *Elec.* サーミスター《温度に敏感な抵抗体》.

Thermit *Trademark* テルミット《アルミと酸化鉄の混合物》.

thermochemistry 熱化学.

thermocouple 熱電対.

thermodynamics 熱力学.

thermoelectric *a.* 熱電気の.

thermoelement 真空熱電対.

thermogenesis (動物体内の)熱発生.

thermogram 温度記録図.

thermograph 記録温度計.

thermometer 温度計, 検温器.

thermometry 温度測定.

thermonuclear *a.* *Phys.* (高温による)原子核(融合)反応の.

thermopile *Phys.* サーモパイル, 熱電対列.

thermoplastic *a., n.* 熱可塑性の(物質).

Thermos (bottle) *Trademark* サーモス《魔法瓶》.

thermoscope 温度測定器.

thermosetting *a.* 熱硬化性の.

thermosphere *Meteor.* 熱圏.

thermostat サーモスタット, 自動温度調節器.

thesaurus シソーラス《類義語・反意語などの語彙索引》;知識の宝庫.

thesis *Log.* 命題, テーゼ;論文;学位論文, 卒業論文;論題, (学校での)課題論文;*Poet.* (詩脚の)弱音部.

thespian *a.* 悲劇の, 戯曲の. — *n.* (悲劇)俳優.

theta テータ《ギリシャ字母の第8字; Θ, θ》.

theurgy 神業, 奇跡.

thew [*pl.*] 筋肉, 腱;筋力.

they *pron.* 彼ら, あの人々;あれら, それら;世人, 人々;当局者;(軍・民間の)権力者.

they'd = they had, they would.

they'll = they will, they shall.

they're = they are.

they've = they have.

thiamine *Biochem.* チアミン《ビタミン B₁》.

thick *a.* 厚い, 太い;厚さが…の;茂った;密な;濃い, どろどろの;降りしきる;密集した, 込み合う, たくさんの(*with*);霧深い;(声が)かすれた;愚鈍な;親密な;ひどい. **thick ear** (耳がはれ上がるほどの)一発. — *n.* (腕・すね・バットなどの)ふくらんだ部分;最も茂った所, 最も密集した所;(戦いなどの)最も激しい所. **through thick and thin** 水火の中でも, 何事があっても. — *ad.* 厚く, 濃く;繁く, しきりに;だみ声で. **lay it on thick** 大げさにいう;おべっかを使う.

thicken *v.* 厚くする, 厚くなる;太くする, 太くなる;密にする, 密になる;濃くする, 濃くなる, どろどろにする, どろどろになる;繁くする, 繁くなる;曇らす, 曇る;激しくなる;複雑になる.

thickening 糊付け;濃密化;濃化剤;厚くなった部分, 厚くなった場所.

thicket やぶ, 茂み.

thickhead ばか.

thickheaded *a.* 愚鈍な.

thickly *ad.* 厚く;濃く;密に;しきりに.

thickset *a.* ずんぐりした;茂った.

thick-skinned *a.* 皮の厚い;厚顔な;鈍感な.

thick-witted *a.* = thickheaded.

thief 窃盗, 泥棒.

thieve *v.* 盗む, 盗みをする.

thievery 盗み.

thievish *a.* 手癖の悪い, 泥棒の;こそこそする.

thigh *Anat.* もも, 大腿.

thighbone 大腿骨.

thimble 指ぬき《裁縫用》.

thimbleful ごく少量.

thimblerig n. 指ぬき手品《一個の豆や小球を3個の指ぬき形の小杯のどれかで伏せて観客にその所在を当てさせる香具師の手品》. — v. だます.

thin a. 薄い, 細い; やせた; まばらな, 僅かな; 見えすくような; 希薄な; 弱い, 力のない; 貧弱な; 不愉快な. **thin on top** (頭の)はげた. — v. 薄くする, 薄くなる, 細くする, 細くなる, やせ(させ)る; まばらにする, まばらになる; 弱くする, 弱くなる.

thine pron. 汝のもの; [母音の前で] =thy.

thing 物, 事; (生き物に対して)無生物, 物体; (軽蔑・愛情などを示して)人, 動物; [pl.] 事情; 形勢; 事態; 事件; 仕事, 行為; [pl.] 物事, 世の中の事; 風物, 文物; [pl.] 持ち物, 衣類, 外出着, 荷物, 用具, 道具; [pl.] Law 財産, 有体物; [pl.] 飲食物; (芸術)作品; [the ~] 流行, 重大事; 正しい事, 得意な事, 流行のもの; 専門; 盲愛, 嫌悪. **do one's (own) thing** 好きなことをする. **know a thing or two** 抜け目がない. **make a good thing of** …で儲ける. **see things** 幻覚を起こす.

thingamajig, thingumajig, thingum(a)bob, thingummy 何とかいうもの, 何とかいう人.

think v. 考える, 思う, 思案する (about); …しようと思う (to do); …と思う, 判断する. **I don't think!** どうかと思うよ. **think aloud** ひとりごとを言いながら考える. **think better of** 考え直す, 見直す. **think highly [much] of** …を見上げる, 尊敬する, 重んじる. **think ill of** …を悪く思う. **think little [nothing] of** …を軽んじる, 無視する. **think of** …を思いつく; の事を思う, 考慮する; …しようかと思う (doing). **think out** 考え抜く, 案出する. **think over** 熟考する. **think up** 考えだす. **think well of** よく思う. — n. 一考.

thinkable a. 考えられる.

think box 頭脳.

thinker 考える人; 思想家.

thinking a., n. 考える, 思考力のある; 考え, 思考, 思索. **put on one's thinking cap** 考え込む.

think piece 解説記事.

think tank [factory] 頭脳集団, シンクタンク.

thinly ad. 薄く, 細く; まばらに.

thinner シンナー.

thin-skinned a. 皮の薄い; 敏感な; 怒りやすい.

third n., a. 第三(の), 3番目(の); ⅓(の); Baseball 3塁.

third base Baseball 3塁.

third-class a. 三等の, 三級の; 第3種郵便の.

third degree (警察の)拷問.

third-degree burn 第三度熱傷.

third dimension 第三次元; 現実感.

third estate 第三階級《一般民衆》.

third force 第三勢力.

thirdly ad. 第三に.

third party Law 第三者.

third person 第三者; Gram. 第三人称.

third rail Railroads 第三軌条《送電用レール》.

third-rate a. 三流の.

third sex 同性愛者.

Third World 第三世界《アジア・アフリカの非同盟中立諸国》.

thirst n. 渇, 喉の渇き; 渇望, 熱望 (after, for, of). — v. 渇望する, 切望する (after, for); 喉が渇く.

thirsty a. 喉の渇いた; 乾燥した; 渇望する (for).

thirteen n., a. 13 (の).

thirteenth n., a. 第 13 (の); ¹/₁₃(の).

thirtieth *n., a.* 第 30 (の); $^1/_{30}$ (の).

thirty *n., a.* 30 (の).

thirty-second note *Mus.* 32 分音符.

this *a.* この. **this day week** 来 週 の 今日. 先 週 の 今日. — *pron.* これ; [that と相関 的 に] 後 者. **this, that, and the other** あれ やこれや. — *ad.* これほど, こんなに.

thistle *Bot.* アザミ.

thistledown アザミの冠 毛.

thither *ad.* あちらへ, あそこへ.

thitherward *ad.* あちらへ, 向こうへ.

tho *conj., ad.* =though.

thole(pin) (舟の)櫂 栓, オール受け.

thong 皮紐, 皮緒, 鞭の紐.

Thor *Scand. Myth.* トール《雷 神》.

thorax *Anat., Zool.* 胸, 胸 部, 胸 郭.

thorium *Chem.* トリウム《放射性金属元素》.

thorn (植 物の)棘, 針; *Bot.* イバラ, サンザシ. **a thorn in one's side [flesh]** 苦労の種, 苦 しみ.

thornback *Ichthy.* ガンギエイ; *Zool.* クモガニの 一 種.

thornless *a.* 棘のない.

thorny *a.* 棘のある, 棘の多い; 痛い, 苦しい; 厄 介な.

thoro *a.* =thorough.

thoron *Chem.* トロン.

thorough *a.* 完全な, 十 分な, 徹底的な; まったくの.

thoroughbass *Mus.* 通 奏低 音.

thoroughbrace 貫 革.

thoroughbred *a., n.* 純 血 種の(馬); [T-] サラブレッド; 威勢のいい, 気高い, 教 養のある (人).

thoroughfare 通路, 往来, 公道, 主要道 路; 通行 権.

thoroughgoing *a.* 純 然たる, 徹底的な.

thoroughly *ad.* 十 分に, 徹底的に; まった く, すっかり.

thorough-paced *a.* (馬が)すべての歩 調に 慣らされた; 完 全な.

thou *pron.* 汝 は, 汝 が.

though *conj.* …だけれども, …だのに (He fin-ished first though he began last.); たとえ…でも (It is worth attempting though we fail). **as though** =as if. **even though** =although. — *ad.* やっぱり, とはいうものの, しかしながら (It was quite true, though.).

thought 思考(力), 考え, 思想, 思 潮; 思 いやり, 考 慮; [pl.] 所在, 意向; 期待; [pl.] 意見; [a ~]ほんの少し, 心 持ち. **quick as thought** 直ちに, たちまち.

thoughtful *a.* 思 慮深い; 思いやりのある (of); 物 思わしげな.

thoughtfully *ad.* 思慮深く; 思いやり深く.

thoughtless *a.* 思 慮のない, 軽 率な (of); 思 いやりのない.

thought-out *a.* 周 到な.

thought-provoking *a.* 示唆に富む.

thought reading 読心 術.

thought transference 精神感応 術.

thousand *n., a.* 千 (の); [pl.] 多数(の). **one in a thousand** 千 人 に 一 人あるかなしの. **thousands of** 幾 千の.

thousandfold *a., ad.* 千 倍の, 千 倍に; 千の 部分から成る.

thousandth *n., a.* 第 一 千(の); $^1/_{1000}$ (の).

thral(l)dom 奴隷の身分; 束 縛.

thrall 奴 隷; =thralldom.

thrash *v.* (鞭などで)打ちすえる, さんざんに打つ; (穀 物をからざおで)打つ, 脱 穀する; ころげ回る. **thrash out** 徹 底 的に論議する.

thrasher[1] 打つ人; 脱 穀機.

thrasher[2] *Ornith.* ツグミモドキ.

thrashing 打つこと; 脱 穀.

thread *n.* 糸, 縫い糸; 細い線; (議論などの) 筋 道; ねじ山; (人の)寿 命; [pl.] 衣類. **hang by a thread** 今にも危ない. — *v.* (針

の穴に)糸を通す, (ガラス玉などを)糸に通す; (フィルムを)映写機に入れる; (人込みの中を)縫うようにして通る; ねじを切る; 織りまぜる(*with*); (頭髪に白髪で)縞をつける(*with*).

threadbare *a.* すり切れた, 着古した(衣服を着た); 陳腐な, (議論などが)古臭い.

threadlike *a.* 糸のような.

threadworm 蟯虫.

thready *a.* 細い; 糸の; 粘る.

threat 脅し(文句), 脅迫; (嵐・災いなどの)兆し, (悪い)前兆.

threaten *v.* 脅す, 脅迫する(*with*, *to do*); …しそうである, の恐れがある.

three *n.*, *a.* 3(の), 3個(の), 3人(の).

three-color *a.* 三色の.

three-cornered *a.* 三角の.

3-D *n.*, *a.* 三次元(の); 立体映画(の).

three-decker (昔の)三層甲板艦; 三枚重ねサンドイッチ; 三部作小説.

three-dimensional *a.* 三次元の; 立体(映画)の.

threefold *a.*, *ad.* 三倍の, 三倍に, 三重の, 三重に.

three-handed *a.* (遊戯など)3人でする.

three-legged *a.* 三脚の. **three-legged race** 二人三脚.

three-master 3本マストの船.

three-mile limit *Inter. Law* 海岸から3マイル以内の海域《領海》.

threepence 3ペンス.

threepenny *a.* 3ペンスの, 安っぽい.

three-piece *a.* (衣服が)三つ揃いの.

three-ply *a.* (縄が)三つよりの, 三股の.

three-point landing *Aeronaut.* 三点着陸.

three-quarter *a.* *Phot.* 七分身の《頭から尻まで》.

three-ring circus 複雑なもの.

threescore *a.* 60(歳)の. **threescore**

(**years**) **and ten** (人の一生) 70歳.

threesome 3人組; *Golf* スリーサム.

threnode , threnody 悲歌, 挽歌.

threnodist 悲歌の作者, 挽歌の作者, 悲歌を歌う人, 挽歌を歌う人.

thresh *v.* (からざおなどで)穀物を打つ, 脱穀する; ころげ回る; (鞭などで)打つ.

thresher *Ichthy.* オナガザメ; 麦を打つ人; 脱穀機.

threshing machine 脱穀機.

threshold 敷居; 入り口; 限界(値); *Psychol.* 閾.

thrice *ad.* 三度, 三倍に; 非常に, 大いに.

thrift 倹約, 勤倹; *Bot.* ハマカンザシ.

thriftless *a.* しまりのない, 浪費する.

thrift shop (慈善事業のための)中古衣料店.

thrifty *a.* 倹約する, 勤倹な; 繁盛する; 繁茂する.

thrill *v.* (歓喜・恐怖などで)ぞっとする, ぞくぞくする(*with joy*, etc.); (嬉しさなどが)身にしみる(*along*, *in*, *over*, *through*). — *n.* ぞくぞくする感じ, 戦慄, スリル.

thriller スリラー映画, スリラー劇, スリラー小説.

thrips *Entom.* アザミウマ, スリップス.

thrive *v.* 栄える; 発育する, 繁茂する, はびこる.

throat 喉; 声; 狭い通路. **clear one's throat** 咳ばらいをする. **cut one's own throat** 自滅の行為をする. **force [thrust, push]** …**down someone's throat** …を無理やり押しつける. **jump down another's throat** 突然人を激しく攻撃する. **lie in one's throat** しらじらしい嘘をつく. **stick in one's throat** 喉にひっかかる; 言い出せない; 受け入れがたい.

throated *a.* 喉が…の.

throaty *a.* 喉音の, しわがれ声の.

throb *n.*, *v.* 動悸(を打つ), どきどき(する), 震える.

thumb

throe [*pl.*] 劇痛, 苦悶; 産みの苦しみ.

thrombosis *Med.* 血栓症.

throne 玉座, 王座; 王位, 帝位, 王権; 教皇の座, 司祭の座, 主教の座, 王位につかせる, 王位につく.

throng *n., v.* 群集, 人だかり; 群がる.

throstle *Ornith.* ウタツグミ.

throttle *n.* 喉; *Mech.* 絞り弁. — *v.* 喉を締めつける, 窒息させる; (絞り弁で) 節気する; 抑圧する.

throttle valve *Mech.* 絞り弁.

through *prep.* …を通して, 通って, 貫いて; …を経て, を使い果たして; …を通じて, …中; により, のために; (…を含めて)…まで (*from March 1 through June 30*). — *ad.* 通して, 貫いて; 終わりまで, ことごとく, (場所まで) ずっと; 通して (*to*); (首尾よく) 終わって, 済んで; (人が) 役に立たなくなって, だめになって; (通話を) 終わって; (電話が) つながって. **be through** 終わる, やってしまう (*with*). **through and through** まったく, 徹底的に — *a.* (列車など) 通しの, 直通の; 通り抜けられる.

throughout *ad., prep.* (…を) 全部, すっかり; …中, …を通じて.

throughput 加工される原料の量; *Computer* (単位時間の) 情報処理量, スループット.

through street 直行優先道路.

through-the-lens *a. Phot.* TTL の《レンズを通った光を露出計で計る方式の》.

throughway 高速道路.

throw *v.* 投げる, ほうる; 投げ倒す, (馬から) 振り落とす; (浅瀬などに) 乗り上げる; (ある状態に) 投じる, 陥れる, …にする (*into, out of, on*, etc.); 噴出する; 急いで着る (*on*); (絹を糸による; (陶器を) ろくろにかけて形作る; (家畜が子を) 産む; (スイッチなどのてこを) 動かす, 入れる, 切る; 腹話術でしゃべる; (さいころを) 振る, さいころを振って (…を) 出す; わざと負ける; (パーティーなどを) 催す;

混乱させる; (発作を) 起こす. **throw away** 捨てる, 浪費する. **throw back** 投げ返す; 反射する; (動植物が) 先祖返りする. **throw down** 投げ落とす; 倒す, くつがえす. **throw in** 投げ込む; 差し込む; おまけに添える. **throw off** 投げ散らす, 投げ飛ばす, 振り捨てる; 脱ぎ捨てる; 振り落とす, (病気を) 治す; 発散する, 放つ; (詩などを) 即座に作る; 猟を始める. **throw one-self on** [**upon**] …を頼 (りにする) る, 身を任せる. **throw open** (戸などを) 押し開く; 開放する (*to*). **throw out** 投げ出す, 捨てる; 追い出す; 否決する; 発散する, 放射する. **throw over** 見捨てる; 放棄する. **throw up** (窓などを) 押し上げる; 急造する; 吐く; (職を) 辞する, (仕事などを) 捨てる. — *n.* 投げること, 一投げ; 投げて届く距離. **within a stone's throw** (**of**…) (…から) すぐ近い所に. — *a.* 使い捨ての.

throwaway *n.* (広告の) びら, ちらし. — *a.* 使い捨て式の; さりげない.

throwback (動植物の) 先祖返り.

throwster より糸工.

thru *prep., ad., a.* = through.

thrum[1] *n., v.* 織り端 (をつける).

thrum[2] *v., n.* (楽器を) 爪弾く, かき鳴らす; (指先で机などを) こつこつ叩く; 爪弾き (の音).

thrush[1] *Ornith.* ツグミ; 女性歌手.

thrush[2] *Med.* 鵞口瘡.

thrust *v.* 押す; 突っ込む (*into*); 刺す, 刺し通す (*through*); 押し付ける (*on, upon*). — *n.* 押し, 突き; 刺し, 突っ込み; 突撃, 酷評; (機械の) 推力; 成功への猛突進.

thruway 高速道路.

thud *v., n.* どしんと落ちる (音).

thug 人殺し, 殺し屋.

thuggee 殺人強盗 (行為).

Thule (古代人の考えた) 極北の地; 世界の果て.

thulium *Chem.* ツリウム《希土類元素》.

thumb *n.* 親指. **be all thumbs** 不器用であ

る. **on the thumb** ヒッチハイクをして.

thumbs down 不満のしるし. **thumbs up** 満足のしるし. **under one's thumb**＝**under the thumb of** 人の言いなりになって.
— v. (ページを)親指で汚す; (ページを親指で手早く)めくる; (親指をあげてヒッチハイクを頼む.

thumb index (ページの端に切り込んだ)爪掛け.

thumbnail n. 親指の爪. — a. 簡略な; ごく小さい.

thumbprint 親指の指紋.

thumbscrew つまみねじ; 親指を締める刑具.

thumbstall (親指の)指サック.

thumbtack 画鋲.

thump n., v. ごつん(と打つ), どん(と打つ); (心臓が)どきん(と鳴る).

thumping a. 巨大な, すてきな.

thunder n. 雷, 雷鳴; とどろき; [pl.] 脅し; 非難. **steal one's thunder** 他人の考えや方法を盗用する. — v. 雷が鳴る, 雷のようにとどろく; どなって言う(out); ひどく非難する(against).

thunderbolt 雷電, 落雷; 思いがけないこと; 激しい非難.

thunderclap 雷鳴; (青天の)霹靂.

thundercloud 雷雲.

thunderer どなる人; 雷神; [the T-]＝Jupiter.

thunderhead 入道雲.

thundering a. 雷が鳴(っている)る, とどろく; 途方もない, 巨大な.

thunderous a. 雷のような.

thundershower 雷雨.

thunderstorm 大雷雨.

thunderstruck pred. a. びっくり仰天した.

thundery a. 雷のような.

thurible 吊り香炉.

Thursday 木曜日.

Thursdays ad. 木曜日(ごと)に.

thus ad. このように, こんな風に; こうして, だから;

この程度に; 例えば. **thus far** ここまで, 今まで(は).

thwack n., v. (棒などで)ぴしゃり(と打つ).

thwart v. (計画・目的などを)妨げる, くじく, 裏をかく. — n. (ボートの)腰掛け梁.

thy pron. 汝の.

thyme Bot. タイム, タチジャコウソウ.

thymus Anat. 胸腺.

thyristor サイリスター《電力用スイッチング素子》.

thyroid a., n. 盾形の; Anat. 甲状腺の, 軟骨の; ＝thyroid gland.

thyroid gland Anat. 甲状腺.

thyroxin(e) Biochem. チロキシン《甲状腺ホルモン》.

thyself pron. 汝自身.

ti Mus. 「ティ」音.

Tianjin ＝Tientsin.

tiara 古代ペルシャ人の冠; (ローマ教皇の)三重冠; ティアラ《婦人の宝玉付き髪飾り》.

Tibet チベット《中国南西部の自治区》.

Tibetan a., n. チベットの; チベット人(の), チベット語(の).

tibia Anat. 脛骨.

tic Med. チック《顔面痙攣》.

tic douloureux Med. 三叉神経痛性チック.

tick¹ Entom. マダニ; けちな奴.

tick² n. (時計などの)かちかち; (帳合いの)合印, チェック《√》; 瞬間. — v. (時計などが)かちかちいう, 時を刻む(away, off); (帳簿に)チェックをつける, チェックで引き合わせる; 働く. **tick off** ひどく叱りつける; 怒らす.

tick³ ふとんがわ, まくらがわ.

tick⁴ 掛け売り, 信用貸し, 掛け.

ticker (電信装置による)株式相場表示器, チッカー; 時計; 心臓.

ticker tape チッカーから自動的に出て来るテープ.

ticket n. 切符, 乗車券, 入場券;

（荷札・値段札・借家札などの）札；（政党の）公認候補者名簿，政綱；[the ～]適当な物，適当な事，あつらえ向きのこと；交通違反カード． —— *v.* 札を付ける．

ticket agency プレーガイド．

ticket agent 切符販売人．

ticket collector （鉄道の）集札係．

ticket office 出札所．

ticket-of-leave 仮出獄許可証．

ticket pocket チケットポケット《紳士用上着の小さな内ポケット》．

ticking ふとんがわ地，まくらがわ地《縞木綿など》．

tickle *v.* くすぐる，くすぐったい，むずむずする；いい気持ちにする；嬉しがらせる；満足させる． **tickled pink** 大喜びで． —— *n.* くすぐったい感じ．

tickler 備忘録；*Elec.* 再生コイル；厄介な事；口ひげ．

ticklish *a.* くすぐったい；不安定な；難しい，厄介な；怒りっぽい．

ticktac(k) （時計の）かちかち（いう音）．

ticktacktoe 三目並べゲーム．

ticky-tacky *n., a.* ありきたりの安っぽい材料；みすぼらしい，安っぽい．

tidal *a.* 潮の，潮の影響を受ける，干満のある．

tidal wave 津波；（世論などの）大きな動き，（人心などの）大動揺．

tidbit うまい物の一口；面白いニュース．

tiddledywinks, tiddlywinks 小円盤をはじいてカップに入れる遊戯．

tiddler 小魚；小さい子供；½ペニー貨．

tiddl(e)y *a.* ちょっと酔った；ちっぽけな．

tide *n.* 潮，潮流；時，季節；盛衰；風潮，形勢，傾向；（宗教上の）節，祭． **turn the tide** 形勢を一変させる． —— *v.* 潮に乗って行く；（潮のように）運び去る；（困難などを）切り抜ける（*over*）．

tidemark 潮（水）標．

tide table 潮汐表．

tidewater 潮水；海岸地方．

tideway 潮路，潮流．

tidily *ad.* きちんと，小綺麗に．

tiding [*pl.*]通知，音信，便り．

tidy *a.* きちんとした，小綺麗な；かなりの． —— *v.* 片付ける，整頓する（*up*）． —— *n.* 椅子の背覆い；（流しの）三角ごみ入れ；小物入れ．

tie *v.* 結ぶ，結べる，縛る，くくる（*together, back,* etc.）；くくりつける（*to*）；束縛する；（競技で）同点になる（*with*）；*Mus.*（音符を）連結する；結婚させる． **tie down** 拘束する，制限する． **tie into** 猛烈に攻撃する． **tie one on** 酔っぱらう． **tie up** しっかりくくる，くるむ，包む；連携する，連合する，組む，タイアップする（*to, with*）；拘束する，限定する；止める，妨げる． —— *n.* 結び，結び目；紐；＝necktie；厄介物，足手まとい；[*pl.*]縁，絆；[*pl.*]紐付き浅靴；*Mus.* タイ；（競技で）同点，タイ；枕木．

tieback 留め飾り．

tie break(er) 同点決勝戦．

tied house （特定会社の酒だけを売る）特約パブ．

tie-in *a., n.* 抱き合わせの（販売）；関連．

Tientsin 天津《中国河北省の特別市》．

tiepin ネクタイピン．

tier *n., v.* （ひな段式観覧席などの）段（に積み重ねる），列（に並べる）；階層，層．

tierce *Cards* （同種札の）3枚続き；*Fencing* 第3の構え；*Rom. Cath.* 第三時課．

tie tack タイタック．

tie-up （罷業・事故などによる）業務・交通などの）停止，不通；提携，タイアップ，連結．

tiff *n., v.* 小さないさかい，もめごと；もめる；不機嫌（になる），すねる．

tiffany 紗の一種．

tiffin 昼食．

tiger *Zool.* トラ；狂暴な人．

tiger beetle *Entom.* ハンミョウ．

tiger cat *Zool.* ジャガーネコ．

tigerish *a.* トラのような；残忍な．

tiger lily _Bot._ オニユリ.

tiger moth _Entom._ ヒトリガ.

tight _a._ 堅く結んだ; ぴんと張った; 目のつんだ; ぎっしり詰まった; 厳しい; (衣服など)ぴったり合った, きつい, 窮屈な; けちな, 締まり屋の, (金回りが)悪い, 金詰まりの; (取り引きが)少ない; (商売が)あまりもうからない, きつい; (立場など)厄介な, 困難な; 苦境にある; (水・空気など)漏らない, 通さない; ほとんど互角の, (試合が)接戦の; 酔った.
— _n._ [_pl._] タイツ; パンティーストッキング; 苦境.
— _ad._ 固く, しっかりと; くっすりと, 十分に.

tighten _v._ 締める, 締まる, 張る; 窮屈にする, 窮屈になる.

tightfisted _a._ けちな.

tight-lipped _a._ 口の堅い; 無口な.

tightly _ad._ 堅く, しっかりと.

tightrope (綱渡りの)綱.

tightwad けちん坊.

tigon タイゴン《トラの雄とライオンの雌とのあいのこ》.

tigress 雌のトラ; 狂暴な女性.

Tigris チグリス《トルコ南部とイラクを流れる川》.

tike =tyke.

'til _prep., conj._ =until.

tilapia _Ichthy._ テラピア.

tilde ティルデ《cañon のようにスペイン語の n の上につける記号 (~); [n] の音を表す》.

tile _n._ 瓦, (化粧)タイル; 下水土管; 帽子, シルクハット; (マージャンなどの)牌. **a tile loose** ちょっと気が変な. — _v._ 瓦でふく, タイルを張る.

tiler 瓦屋, タイル職人.

tiling タイル張り; タイル.

till[1] _prep., conj._ (ある時)まで, (…する時)まで; (…分)前に, (…して)ついに, (…する)ほどに.

till[2] 現金入れの引き出し, 貴重品の引き出し.

till[3] _v._ 耕す, 耕作する.

tillable _a._ 耕作に適する.

tillage 耕作; 耕地.

tiller[1] 耕作農夫, 農夫.

tiller[2] (船の)舵柄.

tiller[3] _n., v._ ひこばえ(が生える).

tilt[1] _n., v._ (船・車などの)日よけ(をかける).

tilt[2] _n._ 傾き, 傾斜; (中世の)馬上槍試合; (槍の)突き; 口論, 争い. **(at) full tilt** 全速力で, 全力で.
— _v._ 傾ける, 傾く; 馬上槍試合をする; (槍などで)突く (_at_); 攻撃する (_at, against_).

tilth =tillage.

tiltyard 馬上槍試合場.

timbale タンバル《鳥肉, 魚肉をすって卵の白身・クリームなどを加えた料理》.

timber _n._ 材木, 木材; 用材; 樹木; 横木, 梁; 人柄, 素質; 乞食; [_pl._] _Naut._ 船材, 肋材. — _int._ (伐木の際の警告で)木が倒れるぞ.

timbered _a._ 木造の, 木材を使用した; 樹木の茂った.

timber hitch _Naut._ ねじり結び.

timbering 用材; 木造物; 立ち木.

timberland 森林地.

timberline (高山・極地の)樹木限界線.

timbre (F) 音色.

timbrel =tambourine.

time _n._ 時, 時間; 勤務時間, 就業時間; 時間給; 時期, 期間; [one's ~] (人の)一生; (人の関係していた)時期; 時節, 季節; [_pl._] 時代, 時勢, 景気; [the ~] 当時; 現代; (奉公の)年季; 暇, 余暇; 猶予; 刑期; 機会, 折; 時刻, 時分; 死期, 末期; 懐妊期; 分娩期; 度, 回; [_pl._] 倍; _Mus._ 拍子, 速度; _Mil._ 行軍歩度, 歩調; [審判官の命令で] 休止, タイム; (競技の)所要時間. **against time** 時間に遅れまいと, 時間までに終わろうと. **at a time** 一時に, 一度に. **at the same time** 同時に; とは言え. **at times** 時々. **behind the times** 時勢に遅れて. **behind time** 遅刻して. **do time** 刑期を勤める. **for a time** 一時は, しばらく. **for the first time** 初めて. **for the last time** 最後に. **for the second**

time 二度目に. **from time to time** ＝at times. **gain time** 時をかせぐ, 長びかせる. **in no time** 直ちに. **in time** やがて, 早晩; 間にあって (*for*); 調子が合って. **keep time** 調子を合わせる (*with*). **kill time** 時間をつぶす. **most of the time** 大てい, しばしば. **on time** 時間通りに; 分割払いで. **pass the time of day** 朝晩の挨拶をする. **time after time** ＝**time and again** 繰り返し繰り返し.
—*v.* (言動などを)時機に合わせる, 好時期に行う; 時間を決める; 時間をアナウンスする; 調子を合わせる; (競走などの)時間を計る.

time bomb 時限爆弾.

time capsule タイムカプセル (将来の発掘のために現在の日用品や書類などを入れる容器).

time card 就業時間記録票, タイムカード; 列車時刻表.

time clock タイムレコーダー.

time-consuming *a.* 非常に時間のかかる.

time deposit *Com.* 定期預金.

time difference 時差.

time draft *Com.* 一覧後定期払い手形.

time exposure *Phot.* タイム露出 (の写真).

time frame (行動を制約する)時間の枠.

time-honored *a.* 昔ながらの, 由緒ある.

timekeeper 時間記録係, 時間記録器, 計時員; 時計.

time lag 時間のずれ.

time-lapse *a.* 低速度撮影の.

timeless *a.* 無限の, 永久の; 時間を超越した, 時代を超越した.

time limit タイムリミット.

time lock 時計錠.

timely *a.* 時を得た, 折よい, ちょうど間にあった.

time machine タイムマシーン.

time-out (競技で)タイムアウト; (活動の)小休止, 中断.

timepiece 時間.

timer 時間記録係; タイマー, タイムスイッチ.

time recorder タイムレコーダー.

timesaving *a.* 時間節約の.

timeserver 日和見主義者, 追随者.

timeserving *a., n.* 時流に追随する, 日和見主義 (の), 迎合 (的な), おもねり (の).

time-sharing *Computer* 時分割, タイムシェアリング.

time sheet タイムカード.

time signal 時報.

time signature *Mus.* 拍子記号.

times sign 掛け算の記号 (×).

time switch タイムスイッチ.

timetable 時刻表; 時間割; 行事予定表.

time trial タイムトライアル (個別にスタートしタイムを計る自動車などのレース).

timework 時間払い仕事.

timeworn *a.* 古びた, 使い古した.

time zone 時間帯.

timid *a.* 臆病な, 気の小さい; 内気な.

timing タイミング, 時間的調節; (ストップウオッチなどによる)計時; 時間アナウンス, 時間読み.

timocracy 金権政治.

timorous *a.* びくびくする, 臆病な.

timothy *Bot.* オオアワガエリ, チモシー (牧草).

timpani ティンパニー.

timpanist ティンパニー奏者.

tin *n., a.* 錫 (製の), ブリキ (の); ブリキ缶, 缶詰; 金銭. —*v.* 錫めっきする, 缶詰めにする.

tin can ブリキ缶; 駆逐艦.

tincture *n. Pharm.* チンキ; 色合い, (赤み・黄みの)…み; 気味. —*v.* 薄く染める, 着色する, …の色合いにする, …気味にする (*with*).

tinder 火口.

tinderbox 火口箱; 危機一髪の情勢.

tine (フォークや櫛の)歯; (鹿の角の)枝.

tin ear 音痴.

tinfoil 錫箔, 銀紙.

ting *n., v.* ＝tinkle.

tinge n. (赤み・黄みの)…み; 気味, …じみた 所.
— v. 薄く染める, 着 色 する, (…の)気味にする
(with).

tingle v. (寒さ・傷などで)ずきずきする, うずく, (興
奮で)ぞくぞくする; ちりんちりん鳴る. — n. 痛み,
うずき, 興奮.

tin hat [lid] 鉄かぶと, ヘルメット.

tinker n., v. いかけ屋; へたな 職 人; よろず屋;
きかん坊; いかけをする, 下手に 繕う, 下手にいじく
る (at).

tinkle n., v. ちりんちりん(鳴る); おしっこ(する).

tinkling a., n. ちりんちりん鳴る(音).

tinned a. 缶詰めにした; 錫を張った, ブリキを張っ
た.

tinner =tinsmith.

tinnitus Med. 耳鳴り.

tinny a. 錫の(ような); ブリキのような音のする; 金
がある.

tin opener 缶切り.

Tin Pan Alley 流 行歌の製 作 者たちの集
まる地域.

tinplate ブリキ.

tinsel n. (衣 装 装 飾 用の)ぴかぴか光る金 属
片; 金(銀)糸織り; 安ぴか物. — a. 安ぴかの,
虚 飾の. — v. ぴかぴかに飾る.

tinsmith ブリキ屋.

tint n., v. 色合い, (赤み・黄みの)…み; 薄色;
色 彩の配合; (薄色に)染める.

tintinnabulary a. 鈴の(ような).

tintinnabulation ちりんちりん.

tintype Phot. フェロタイプ.

tinware ブリキ製品.

tiny a. ちっぽけな, とても 小さい.

tip[1] n., v. (細長い物の)先, 先端; 先を付ける
(with). **on the tip of one's tongue** (危う
く)口から出かかって; (言葉が)喉まで出かかって.
the tip of the iceberg 氷 山の一角; 世間
に知られているほんの一部.

tip[2] n., v. チップ, 心 づけ(をやる); 忠 言, 内報,

ヒント(を与える); Baseball チップ(する); 軽打(す
る); セックス(する). **tip off** 内報する, 警告する.

tip[3] v. 傾ける, 傾く; 傾けて投げ出す, あける,
ひっくり返す. — n. 傾けること, 傾き.

tip-and-run a. 電撃的な.

tipcart 放下車.

tip-off 内報, 警告.

tippet (婦人や裁判官の)襟巻き, 肩掛け.

tipple v., n. いつも酒を飲む; 強い酒.

tipstaff 執達吏, 巡査.

tipster (投機などの)情 報屋; (競馬などの)予
想屋.

tipsy a. ほろ酔いの, よろよろした; (家など)傾いた.

tipsy cake ティプシーケーキ《ぶどう酒などをしみ
込ませたスポンジケーキ》.

tiptoe n., v. つま先(で歩く). **on tiptoe** つま
先 で; こっそりと; 緊 張 して, 熱心に.
— ad. つま先で.

tip-top n., a. 極 上 (の), 飛び切り(の).
— ad. 申し分なく.

tirade 長 談義; 攻撃演説.

tire[1] n., v. (車輪の)輪金, ゴム輪, タイヤ(をつける).

tire[2] v. 疲れる, 疲れさせる (with); 飽きる (of),
うんざりさせる (with).

tire chain タイヤチェーン.

tired a. 疲れた (with, from); 飽きた (of); (しゃれ
など)陳腐な, 古 臭い; (ものが)くたびれた, 古ぼけた.

tireless a. 疲れない, 倦むことを知らない.

tiresome a. 退 屈な; 骨の折れる, 面 倒な;
うんざりする.

tiro =tyro.

Tirol =Tyrol.

'tis =it is.

tissue n. Biol. 組織; 薄 織物, 薄絹; (嘘な
どの)織りまぜ; ティッシュペーパー; 薄 葉紙.
— v. ティッシュでふき取る.

tissue paper 薄 葉紙《包 装用》.

tit[1] =titmouse.

tit[2] 軽打. **tit for tat** 仕返し, しっぺ返し.

tit³ 乳首；（女性の）胸；ばか，うすのろ.

Titan Gk Myth. タイタン《天と地から生まれた巨人族の一人》；巨人，偉人；老大国.

titanic a. 大力無双の，巨大な，偉大な.

titanium Chem チタン《金属元素》.

titbit =tidbit.

titfer 帽子.

tithe n., v. （教会維持のための）十分の一税（を課する）；十分の一，小部分.

tithing 十分の一税.

titian n., a. 黄褐色（の）.

titillate v. くすぐる；（味覚・想像などを）そそる.

tit(t)ivate v. めかす.

title n. 題目，表題；書名；Motion Pictures 字幕，タイトル；称号，肩書き，爵位；（土地などの）所有権；（正当の）権利（to a thing, to do）；（運動競技の）選手権. — v. 表題を付ける；肩書きを与える；Motion Pictures（フィルムに）字幕を入れる.

titled a. 表題のある，肩書きのある，爵位のある.

title deed 不動産権利証書.

title fight Boxing タイトルマッチ.

titleholder 選手権保持者.

title page （本の）扉.

titmouse Ornith. シジュウカラの類.

Tito チト-《1892-1980；ユーゴスラビアの大統領（1953-80）》.

titter v., n. くすくす笑い，忍び笑い（する）.

tittle （文字の上の）小点；微量.

tittle-tattle n., v. 無駄話（をする）.

tittup v., n. はね回る；はね回り.

titular a., n. 名だけ（の）；肩書きのある，称号のある（人）；表題，題目（の）.

tizzy 逆上，興奮.

TKO technical knockout. **TL** total loss.

T-man （財務省の）特別税務調査員.

TMO telegraph money order 電信為替.

TN true north.

to prep. [名詞を導いて] …へ，に，まで（from east to west; give it to him; to her dying day; to the last man）；…（分）前（a quarter to five）；…に対する，対して（do duty to one's parents）；「結果」…したことには，…にも（tear to pieces ずたずたに引き裂く; to one's cost 結局損をして; to one's surprise 驚いたことには）；…にかなった（to one's taste）；に比して（ten to one 十中八九）；…に合わせて（dance to the music）；…のために（sit down to dinner）；…に向かい合って（face to face）；…にとっては；…に答えて；[動詞の不定詞を導いて] 名詞的に（To see her is to love her.）；形容詞的に（have nothing to do; house to lent）；副詞的に（eat to live; be ready to do it; good to eat）. — ad. （きちんと）常態に；締まって. **to and fro** あちらこちらに.

TO table of organization; telegraph office; turn over.

toad Zool. ヒキガエル；いやな奴.

toadeater =toady.

toadflax Bot. ホソバウンラン.

toad-in-the-hole 衣をつけて揚げたソーセージ.

toadstool Bot. 毒タケ.

toady n., v. おべっか使い；おべっかを使う.

toadyism おべっか.

to-and-fro a., n. 前後に動く；動揺，口論.

toast n. トースト；乾杯（の辞），祝辞；乾杯を受ける人；評判の人. — v. （パンなどを）焼く，あぶる；乾杯する.

toaster トースター.

toastmaster 乾杯を発議する人；（宴会の）司会者.

tobacco たばこ.

tobacconist たばこ屋.

to-be a. 未来の，やがてなろうとする，予定の.

toboggan n., v. トボガン（ですべる）.

toboggan slide [chute] トボガン滑降路.

toby 翁形ビールジョッキ.

toccata (It) *Mus.* トッカータ.

tocsin 警鐘, 警報.

tod (ツタの)茂み.

today *n., ad.* 今日, 本日(は); 現今, 現状(では).

Todd-AO *Trademark* トッド AO《70 m/m 映画方式》.

toddle *v., n.* よちよち歩く, よちよち歩き; ぶらつく.

toddler 歩き始めた幼児.

toddy トディ《ウイスキーなどに湯と砂糖を加えた飲料》; ヤシ酒.

to-do 大騒ぎ.

tody *Ornith.* コビトドリ.

toe *n.* 足指; (靴・靴下の)爪先. **on one's toes** 油断のない. — *v.* 爪先で蹴る, 爪先で触れる.

toe cap 靴の爪革.

toed *a.* 足指が…の.

toe dance *Ballet* トーダンス.

TOEFL (< *Testing of English as a Foreign Language*) トーフル《米国で勉強する外国人のための英語力テスト》.

toehold ちょっとした足掛かり; *Wrestling* 相手の足を押さえる技.

toe-in トーイン《車の前輪の内向き》.

toenail 足指の爪.

toe shoe *Ballet* トウシューズ.

toff 名士, しゃれもの.

toffee, toffy =taffy.

Tofutti *Trademark* トフーティー《豆腐アイスクリーム》.

tog *n., v.* 衣服(を着せる).

toga トーガ《古代ローマ人の外衣》.

together *ad.* 共に, 一緒に; 協力して, 調和して; 接触し合って; 互いに; 同時に; 続けて. **together with** …と共に. — *a.* きちんと整理されている; 落ち着いた.

togetherness 統一性; 団結.

toggery 衣類.

toggle *Naut.* 留め木, 大釘; 小さな棒状のボタン.

Togo トーゴー《アフリカ中西部の共和国》.

toil[1] *v.* 骨折って働く (*at, for*); 骨折って進む (*up, through, along*, etc.). — *n.* 骨折り, 労苦, 労役.

toil[2] [*pl.*] 罠, (法律などの)網.

toiler 骨を折って働く人.

toilet 洗面所, 浴室, 便所; 化粧; 着こなし, 着付け; 衣装.

toilet paper トイレットペーパー.

toilet powder 化粧パウダー.

toiletry 化粧品類.

toilet soap 化粧石鹸.

toilet table 化粧台, 鏡台.

toilette (F) 化粧; (特定の)衣装.

toilet training (幼児の)用便のしつけ.

toilet water 化粧水.

toilsome *a.* 骨の折れる.

toilworn *a.* 苦労にやつれた.

Tokay (ハンガリーの)トカイ(ワイン).

toke パン; (マリファナ)たばこ.

token *n.* 印, 証拠, 保証; 記念品, 形見; (バス・地下鉄の料金支払い用の)代用貨幣; (商品との)引換券. — *a.* 名目的な, 名ばかりの. **by the same token** その上, 同様な理由で. **in token of** …の印に.

tokenism 名ばかりで実のないこと; 名目主義《人種差別などにおける》.

token money 名目貨幣《紙幣など》.

token payment (債権国への)一部支払い.

Tokyoite 東京都民.

tolerable *a.* 我慢できる; かなり良い.

tolerance 寛容; 許容度; 我慢, 耐久力; *Med.* 耐性; 公差; *Mech.* 公差, 許容誤差.

tolerant *a.* 寛容な, 雅量のある; …に耐えて; *Med.* 耐性のある, かぶれない.

tolerate *v.* 大目に見る; 我慢する; *Med.* (薬

などに)耐性がある, かぶれない.

toleration 寛容; *Relig.* 信教の自由.

toll¹ *n., v.* (弔鐘・時報などの)鐘(を鳴らす), 鐘が鳴る.

toll² 通行税, 通行料, 使用料《渡し賃・橋銭・荷積み料, 荷揚げ料・鉄道運賃など》; (市場などの)場代; 長距離電話料; 犠牲, 代価; 損害, 死傷者数.

toll bar (通行料を取るための)遮断棒.

tollbooth 税関; =tollhouse.

toll bridge 有料橋.

toll call 長距離電話.

tollgate (有料道路の)料金所.

tollhouse (有料道路の)料金所.

toll road, tollway 有料道路.

Tolstoi トルストイ. Count **Lev Nikolaevich Tolstoi** (1828–1910) ロシヤの作家.

toluene *Chem.* トルエン.

tom 雄(猫). (every) Tom, Dick and Harry だれもかれも.

tomahawk (アメリカインディアンの)戦斧; [T-] トマホーク《米国の巡航ミサイル》. bury the tomahawk 和睦する.

tomato *Bot.* トマト; (魅力的な)女の子, 売春婦.

tomato ketchup トマトケチャップ.

tomato puree トマトピューレ.

tomb 墓; 墓標; [the ～] 死.

tomboy おてんば娘.

tombstone 墓石.

tomcat 雄猫.

tom-cat *v.* 手当たり次第女の尻を追い回す.

tome (大著の)一巻; 大冊.

tomfool 大ばか者, 道化者.

tomfoolery ばかふざけ.

Tommy gun 軽機関銃.

tommyrot たわごと.

tomogram *Med.* 断層写真.

tomograph *Med.* 断層写真装置.

tomography 断層写真術.

tomorrow *n., ad.* 明日(は), 明日(は); (近い)将来(に).

Tom Thumb 親指トム, 一寸法師.

tomtit 活発な小鳥.

tom-tom トムトム《インド・アフリカなどの太鼓》; とんとん《太鼓の音》.

ton¹ トン《重量単位》; 容積トン; (船の大きさの単位としての)トン; 大重量; 時速百マイル; [*pl.*] 沢山, 山ほど (*of*).

ton² (F) 流行.

tonality 音色; 色調.

tone *n.* 音, 調子, 音色; *Mus.* 全音程; [*pl.*] 口調, 語気; (新聞などの)論調; 気風; 気配, 市況; (演説などの)格調; 色合い, 濃淡, 明暗; (体の)調子, 健康; 色調; *Phonet.* 音の高低; 抑揚; *Mus.* 楽音.
— *v.* 調子を合わせる (*to*); 調和する (*with*); *Phot.* (薬品で写真を)調色する. **tone down** (語気・色合い・調子など)下げる, 下がる. **tone up** (語気・色合い・調子など)高める, 高まる.

tone arm (レコードプレーヤーのピックアップを含む)音管, アーム.

tone color *Mus.* 音色.

tone-deaf *a.* 音痴の.

tone language *Ling.* 音調言語.

tonetic *a.* 音調の, 声調の.

tonetics 音調学.

tong (中国の)協会, 組合; (在米中国人の)秘密結社.

tongs 物をはさむ道具《火ばさみ・角砂糖はさみなど》.

tongue *n.* 舌; (食用の)牛の舌, タン; 弁舌; 言語能力; 言葉; 発言; 国語, 言語; 外国語; 舌状のもの, べろ; 岬; 狭い入り江, 瀬戸; (靴の)舌革; (鐘・鈴・火炎・管楽器などの)舌. **find one's tongue** やっと物が言えるようになる. **hold one's tongue** 黙る. **with one's**

tongue in one's cheek 不誠実に, 皮肉に.
— v. 舌でなめる; 舌を使ってスタッカートに演奏する; (板に)さねを作る; べらべら喋る.

tongue-tied a. 舌のまわらない; 思うことが言えない.

tongue twister 発音しにくい言葉, 早口言葉.

tonic a., n. 強壮にする; 強壮剤; ヘアトニック; 炭酸飲料; Mus. 主音(の); Phonet. 主強勢のある.

tonicity 強壮.

tonic sol-fa Mus. トニックソルファ視唱法.

tonic water トニックウォーター, キニーネ水.

tonight n., ad. 今夜(は).

tonnage トン数; トン税.

tonneau (F) トノー, (自動車の)後部座席部.

tonner …トン級の船.

tonometer トノメーター《音叉による音振動測定器》; 血圧計, 眼圧計.

tonsil Anat. 扁桃(腺).

tonsillectomy Med. 扁桃摘出(術).

tonsillitis 扁桃炎.

tonsorial a. 理髪(師)の.

tonsure n., v. Rom. Cath. 剃髪(式); (僧の)頭髪をそる.

tontine トンチン年金《加入者が死亡するごとに残存の加入者の配当が増加する》.

ton-up a. スピード狂の, 暴走族の.

tony a. ハイカラな《しばしば皮肉に》.

too ad. おまけに, その上, また; あまりに, …過ぎて, 過ぎた; 大層; (それどころか)本当に. **none too** (pleasant) (楽しい)どころか. **only too** (glad) ひどく(嬉しい).

tool n. (大工・石工などの)道具, 工具; (人の)手先, 道具; Bookbinding 型押し機; ガリ勉家; ペニス. — v. 道具で仕上げる; Bookbinding 型押し機で装飾を入れる; 車で行く(along).

tooling 道具で細工すること; (表紙の)型押し.

tool subject Educ. 用具教科.

toot v., n. (らっぱなど)ぶーぶー鳴る, ぶーぶー鳴らす(音); (ゾウ・ロバ・ライチョウなどが)鳴く.

tooth n. 歯; 歯状物, (歯車・櫛などの)歯; (鋸・やすりなどの)目; 趣味, 好み; [pl.] 力. **armed to the teeth** すきなく武装して. **have a sweet tooth** 甘党である. **in the teeth of** …に面と向かって, に歯向かって, 逆らって; にもかかわらず. **show one's teeth** 歯をむき出す, 怒る. **tooth and nail** 必死に. — v. 歯を付ける.

toothache 歯痛.

toothbrush 歯ブラシ.

toothed a. 歯のある.

toothless a. 歯のない, 歯の抜けた.

toothpaste 練り歯磨き.

toothpick 爪楊枝; (食卓の)爪楊枝入れ.

tooth powder 歯磨き粉.

toothsome a. おいしい; 性的魅力のある.

toothy a. 出っ歯の, (笑いに)歯を見せた.

tootle v., n. (笛などを)ゆるやかに吹く(音); ゆっくり行く, ゆっくりドライブする.

toots [女性に対する呼び掛け] 娘さん, ねえさん.

tootsy, tootsie あんよ, 足.

top¹ こま. **sleep like a top** 熟睡する.

top² n. 頂上, 絶頂; 極点, 極致; 最高速ギヤ, トップ(ギヤ); 首席, 首位; 上座; (ボートの)トップ; (車の)屋根, ほろ; (2階建てバスの)2階; 上部, 表面; ふた, 覆い; [the ～] 最良の部分, 最高の部分, 最良の地位, 最高の地位, 精華, 精髄; Bookbinding 天; 脳天, てっぺん, 先端; Naut. 檣楼; Baseball (回の)表; (靴の)腰革, (乗馬靴などの)最上部; [pl.] (植物の)地上の部分, 若芽; (ツーピースの)上の部分; [pl.] (パジャマの)上着; [the ～s] [叙述的に用いて] 最高の. **at the top of one's voice** 声を限りに. **at the top of one's speed** 全速力で. **blow one's top** 癇癪を起こす; 気が狂う. **from top to toe [tail]** 頭のてっぺんから爪先まで; すっかり. **on top of** …の上に; …に加えて.

on top of the world 有頂天になって, とても
幸福で. —— *a.* 最高の. **top official** 高官.
—— *v.* 頂上を覆う, かぶらせる (*with*); 上位
を占める, の上に位する; 勝る, 超える; てっぺんを
切る; *Tennis* トップスピンをかける. **top off** 仕上
げる, 終える. **top up** 一杯にする.

topaz トパーズ, 黄玉.

top boot 乗馬長靴.

top brass (軍隊の)お偉方.

topcoat (特に軽い)外套; (仕上げの)上塗り.

top dog 勝者.

top drawer (社会の)トップクラス.

top-dress *v.* 敷き肥する.

topee, topi ヘルメット帽.

topflight *a.* 最優位の, 一流の.

topgallant *n., a. Naut.* トゲルンマスト, トゲルン
スル(の).

top gear トップギア.

top hat シルクハット.

top-heavy *a.* 頭でっかちの.

top-hole *a.* 飛び切り上等の.

topiary *a., n.* (植木を)装飾的に刈り込んだ
(庭).

topic 論題, 話題; 要旨, 概要.

topknot 蝶結びのリボン; 房, 冠毛.

topless *a.* 頂上のない, 非常に高い; トップ
レスの.

toplofty *a.* 高慢な.

topmast *Naut.* トップマスト, 中檣.

top minnow *Ichthy.* カダヤシ, タップミノー.

topmost *a.* 最高の, 絶頂の.

top-notch *a.* =topflight.

topographer 地形学者.

topography 地形学, 地方地誌, (ある地方
の)地勢.

topology 地勢学; *Math.* トポロジー, 位相幾
何学.

toponymy 地名学.

topper トッパー(コート); シルクハット; (ジョークなど

の)傑作; いい奴; 抜きん出た人, 抜きん出た物.

topping *a.* 最高の; すばらしい.
—— *n. Cookery* トッピング.

topple *v.* ぐらつく, くずれる, 倒れる, 倒す (*over,
down*).

topsail *Naut.* 中檣帆, トップスル.

top secret *a.* 極秘の.

topside [*pl.*] *Naut.* 上甲板.

topsoil (土地の)表土, 上層土.

top spin *Tennis* トップスピン.

topsy-turvy *ad., a.* あべこべに, あべこべの, さか
さまに, さかさまの, ごちゃごちゃに, ごちゃごちゃの.
—— *n.* 転倒; 混乱状態.

topsy-turvydom めちゃくちゃな状態.

toque トーク《浅い円筒形の縁無し婦人帽》;
トック, コック帽.

tor 岩山.

Torah (ユダヤの)律法, トーラー; *Bib.* Moses の
五書.

torch 松明; (知識などの)光; (鉛管工の)トー
チランプ; 懐中電灯. **carry a [the] torch
for** 恋の火を燃やす.

torchbearer 松明持ち; 指導者, 啓蒙家.

torchlight 松明のあかり.

torchon (F) トーション《扇形模様の目の荒い
手編みレース》.

torch singer torch song を歌う歌手.

torch song トーチソング《失恋を歌ったセンチ
メンタルな歌》.

toreador (Sp) 闘牛士.

toreador pants トレアドルパンツ《膝下丈,
先細の婦人用ズボン》.

torero (馬に乗らない)闘牛士.

torment *n.* 苦痛, 苦悩, 呵責; 苦痛の種.
—— *v.* 責める, 悩ます, 困らす.

tornado 大旋風, 竜巻; (非難, 喝采の)あら
し.

torpedo *n.* 水雷, 魚雷; *Railroads* 発雷信
号; *Ichthy.* シビレエイ; (ギャングに雇われた)殺し

屋. — *v.* 魚雷で破壊する; 魚雷を発射する; 水雷を敷設する;(政策・制度などを)攻撃して無力にする.

torpedo boat 魚雷艇.

torpedo net [netting] 魚雷防御網.

torpedo tube 魚雷発射管.

torpid *a.* 麻痺した, 無感覚な; 冬眠した; 鈍い, のろい.

torpor 麻痺, 昏睡, 無感覚.

torque *Mech.* トルク, ねじりモーメント;(古代ゴール人などの)首鎖.

torque converter トルクコンバーター, 流体変速機.

torrent 激流, 奔流; 土砂降り;(質問などの)連発.

torrential *a.* 奔流の(ような); 猛烈に降る.

torrid *a.* 焼けつくように暑い; 熱烈な.

Torrid Zone 熱帯.

torsion ねじり, ねじれ.

torso (彫像の)胴体, トルソー;(人体の)胴; 未完の作品.

tort *Law* 私犯, 不法行為.

torticollis *Med.* 斜頚.

tortile *a.* 曲がった, ねじれた.

tortilla トルティーヤ《トウモロコシ粉でつくる丸く薄い焼きパン》.

tortoise *Zool.* カメ.

tortoiseshell べっこう. — *a.* べっこう(製)の.

tortuous *a.* 曲がりくねった; 回りくどい;(心・方法など)率直でない; 不正な.

torture *n.* 拷問, 呵責; 苦悩. — *v.* 拷問する; 責め苦しめる, 悩ます;(意味を)歪める, 曲解する;(庭木などを)無理に曲げる, ねじる.

Tory *Brit. Hist.* トーリー党員, 保守党員;[t-] 保守主義者.

Toryism 保守主義.

tosh たわごと; あなた, 君.

toss *v.* 投げ(上げ)る, ほうる (*away, aside, off, down,* etc.);(順番を決めるために)コインをはじき上げる (*up*);(船など)上下に動揺させる, 上下に動揺する; 寝返りを打つ, 転がる (*about*); 揉む; *Cookery* 軽くかき混ぜる, ひっくり返す (*about*);(頭を)もたげる; 飲み干す (*off*); 揺する;(人・心を)混乱させる (*about*). **toss off** 不用意にする, 不用意に言う; 自慰する. — *n.* 投げ上げ, ほうり上げ, 動揺,(船の)上下動; =toss-up.

tossed salad トストサラダ《青野菜・トマト・薄切りの玉ねぎなどにドレッシングしたもの》.

tosspot のんだくれ.

toss-up (順番など決める)トス, コイン投げ; 五分五分の状態, 五分五分の見込み.

tot[1] 小児; 一口の飲み物《特に酒》.

tot[2] *v.* 加える. — *n.* 合計.

total *a.* 全体の, 総計の; 全然の, まったくの; 完全な, 絶対的な; 国家全体の力を出しての, 総力的な. — *n.* 合計, 総計. **grand total** 総計. — *v.* 合計する; 総計…となる; 破壊する; 殺す.

total eclipse *Astron.* 皆既食.

totalitarian *a.* 全体主義の.

totalitarianism 全体主義.

totality 総計; 全体; 全体性, 完全(性); *Astron.* 皆既食(の時間).

totalizator 加算器;(競馬の)賭け率計算器.

totalize *v.* 合計する.

total loss *Ins.* 全損.

totally *ad.* まったく, 全然.

tote[1] *v.* 運ぶ, 背負う. — *n.* 運搬.

tote[2] =totalizator.

tote bag 婦人用大型手さげ袋.

totem トーテム《未開人の間で神聖視する自然物や動物像など》.

totemic *a.* トーテム(信仰)の.

totemism トーテム崇拝.

totemistic *a.* =totemic.

totem pole (アメリカインディアンの)トーテムポール.

totter *v.* よろめく, よろめき歩く; ぐらぐら揺れる.

toucan *Ornith*. オオハシ《熱帯アメリカ産の巨大なくちばしの鳥》.

touch *v*. 触れる, さわる, 接触する, 隣接する;(飲食物などに)手をつける, 食べる, 飲む;(試験問題などに)手をつける;(ベルなどを)軽く打つ, 押す;届く;及ぶ, 匹敵する;加味する, 加減する(*with*);筆を加える, 修正する;害する, 痛める;ざっと論じる, 言及する(*on, upon*);寄港する(*at*);*Aeronaut*. 着陸する;(利害に)関係する;感動させる, 動かす;怒らせる;…に作用する, …を変化させる;(人を)精神的に損う, (人の)気を触れさす;(話, 本などが)…を扱う, …に関係する;(人に)金をせびる. **touch base with** 連絡する. **touch for** ＝touch. **touch off** うまく表現する;発射する;始める. **touch up** 修正する, 仕上げする. — *n*. 触れ, 接触;触覚, 触感, 手ざわり;一筆, ひとはけ;筆致, 筆触, 手ぎわ;(ピアニストの)弾奏振り, タッチ;気味, 暗示;[a ~]微量(*of*), 間一髪;(金の)せびり. **keep in touch with** 接触を保つ.

touch and go きわどいこと.

touch-and-go *a*. 一触即発の;きわどい.

touchback *American Football* タッチバック.

touchdown *American Football* タッチダウン(の得点);*Aeronaut*. (車輪の)接地.

touched *a*. 感動した;ちょっと気が変な.

touchhole (昔の大砲の)火門.

touching *a*. 人の心を動かす, 悲しい, 哀れな. — *prep*. …について.

touchline (ラグビー・サッカーなどの)タッチライン.

touch-me-not *Bot*. ホウセンカ.

touchstone 試金石.

touchy *a*. 怒りっぽい;燃えやすい;扱いにくい.

tough *a*. 曲がっても折れない, 堅い;粘りのある;粘り強い, 丈夫な, タフな;頑固な;困難な;激しい;ごろつきの;不愉快な, ひどい;すばらしい. — *n*. 乱暴者, ごろつき, ギャング.

toughen *v*. 堅くする, 堅くなる;…を頑健にする, 頑健になる;…を困難にする, 困難になる.

tough guy 腕っぷしの強い男.

toughie 乱暴者;難問, 難局.

toupee (F) (男性用のはげ隠しの)かつら.

tour *n., v*. 周遊, 漫遊(する), 遊覧旅行, 観光旅行(をする);(視察などの)小旅行(をする);(劇団などの)巡業, (スポーツチームの)遠征(旅行).

tour de force (F) 離れ業, 特技;力作.

Tour de France ツールドフランス《フランスで毎年行われる自転車レース》.

touring car ツーリングカー《旅行用自動車》.

tourism 観光;観光事業.

tourist 漫遊者, 巡遊者, 観光客;いいカモ;＝tourist class.

tourist card 旅行者カード《パスポートやビザの代用になる》.

tourist class (飛行機・船の)ツーリストクラス《一番安い》.

tourist court モーテル.

tourmalin(e) *Mineral*. 電気石, トルマリン.

tournament トーナメント, 勝ち抜き試合;(中世騎士の)馬上試合.

tourney ＝tournament.

tourniquet *Med*. 止血帯, 圧迫帯.

tousle *v*. (髪などを)かき乱す.

tout *v*. 客引きをする, 勧誘する(*for*);(競走馬の)様子を探る;(切符を)プレミアムつきで売る, ダフ屋をやる;…をほめちぎる. — *n*. 客引き, 勧誘員;ダフ屋;(競馬の)予想屋.

tow[1] トウ《亜麻・合成繊維などの短繊維;ロープの原料》.

tow[2] *v., n*. (舟を)引く;(自動車を綱で)引く;(子供・犬などを)引いて行く;綱で引くこと;引き船. **in tow** 綱で引いて, 綱で引かれて;従えて, 世話をして.

towage 引き船(料).

toward *prep*. …の方へ;に対して, への;…近く, の頃;のために, に資する.

towards *prep*. ＝toward.

tow-away zone 駐車禁止区域.

towboat 引き船.

towel *n., v.* 手ぬぐい, タオル(で拭く). **throw [toss] in the towel** 敗北を認める.

towel(l)ing タオル地.

towel rail [ring] タオルレール, タオルリング.

tower *n.* 塔, やぐら; (塔のある)城. — *v.* 聳える, 聳え立つ(*up, above*); 真っ直ぐに飛び上がる.

towered *a.* 塔のある.

towering *a.* 高く聳える; 偉大な; 猛烈な.

tower man 管制官.

tow head 亜麻色の頭髪(の人).

towline 引き綱.

town 町, 都会; [無冠詞]首都, 主要都市; ロンドン; 商業地区, 繁華街; [the ～] 町の人人; 都会生活. **go to town** 痛飲する, 大いに騒ぐ; 浪費する; 大成功する. **man about town** 社交家, 遊び人. **paint the town red** どんちゃん騒ぎをする. **town and gown** (Oxford, Cambridge で)町の人々と大学側の人々.

town car タウンカー (《客席と運転席をガラスで仕切った自動車》).

town clerk 町政記録係.

town crier (町の重要布告を触れ歩く)触れ役.

townee 町の人.

town gas 都市ガス.

town hall 町役場, 市庁舎; 公会堂.

town house タウンハウス 《2 階建て長屋式の集合住宅》; 都会の別邸.

town meeting 市民大会, 町民大会.

townscape 都会の風景(画).

townsfolk, townspeople 市民, 町民, 都会人.

township 郡区 《county 内の行政区域で 6 平方マイル》.

townsman 都会人, 町民, (同じ)町の人.

towpath, towing path (川岸の)引き船路.

towrope =towline.

toxemia *Med.* 毒血症.

toxic *a.* 毒の, 中毒の.

toxicity 毒性, 有毒性.

toxicologist 毒物学者.

toxicology 毒物学.

toxin 毒素, トクシン.

toy *n., v.* おもちゃ; 弄ぶ(*with*), ふざける, 戯れる.

Toynbee トインビー. **Arnold Joseph Toynbee** (1889–1975) 英国の歴史家.

toyshop おもちゃ屋.

tp title page.

trace *n.* (人や動物の)足跡; 形跡; 気味, 微量; 線, 図形; (馬車の)引き革; (電話の)逆探知; *Computer* トレース 《プログラムテストの方法》. — *v.* 跡をつける, 追跡する; 捜し出す (*out*); さかのぼる, (由来を)尋ねる(*out*); (図形・模様・文字などを)引く; 透写する(*out*); (電話を)逆探知する.

traceable *a.* 跡をたどれる; さかのぼれる; 認められる.

trace element *Biol.* 微量元素 《生物体に微量に存在する金属元素でその生存に不可欠のもの》.

traceless *a.* 形跡のない.

tracer 追跡者; 透写用具, 写図器; 紛失郵(便物などを調査するための)追跡照会状; 発煙弾, 曳光弾; 追跡子, トレーサー 《生物体などに入れてその移動を検査する放射性アイソトープなど》.

tracery *Arch.* (ゴシック式建築の)はざま飾り; 網目模様.

trachea *Anat.* 気管.

tracheitis *Med.* 気管炎.

tracheotomy *Med.* 気管切開(術).

trachoma *Med.* トラコーマ, トラホーム.

tracing 跡を追うこと; 透写, 複写.

tracing paper トレーシングペーパー, 透写紙.

track n. (人・獣・車 などの)通った 跡, 足跡; (獲物の) 臭 跡; 形跡; 踏みならされた道, 野道, 道路, 軌道; 進路, 航路; 競 走路; トラック, トラック 競 技; (人 生の) 常 軌; (レコードの)溝; サウンドトラック; (テープの)録 音 帯; キャタピラー. **cover one's tracks** 自分の 行動を隠す. **in one's tracks** その場で, 直ちに. **make tracks** 急 いで去る. **make tracks for** …を追う. **off the track** 正 道からそれて, 脱 線して. **off one's track** 気 が狂って. **on the inside track** 広 範な知識を有して, 直ちに. **on the track of** (獣・犯 人)を追って, 追跡して. — v. 跡 をつける, 追う, 追跡する (down, to); 捜し出す (out); 足 跡をつける; (ミサイルなどの)進路を観察 する, 進路を記録する, 軌道を観 察する, 軌道を 記録する; (後 輪が)前輪の 轍を踏む; (針が)レ コードの溝を走る; (カメラ・カメラマンが)移動しなが ら撮影する.

trackage 鉄道線路; 軌道使用 料, 軌道 使用 権.

tracker 追跡者; 船を引く人.

track event (競 技の)トラック種 目.

tracking (人工衛星などの位置の)追跡.

track layer 保線 係.

trackless a. 足 跡のない, 道のない; 無軌道の.

track suit トラックスーツ《陸 上 選手の保温 着》.

tract[1] (広 大な)土地, 地域; (空・海などの)広が り; Anat. 路, 索, 管.

tract[2] (宗 教・政治宣伝用) 小 冊子, トラ クト.

tractable a. 御しやすい, 従 順な; 細工しや すい, 取り 扱 いやすい.

Tractarian n., a. オックスフォード運動 唱 道 者, オックスフォード運動支持者(の).

Tractarianism = Oxford movement.

tractate 論文.

tractile a. 伸ばしうる.

traction 引くこと, 牽引, 牽引 力; 路面輪 送; Physiol. 収 縮; 摩擦; Med. (骨 折治 療 などの)牽引.

traction engine 路面牽引機関 車.

tractive a. 引く.

tractor 牽引(自動)車, トラクター.

trad a. = traditional.

trade n. 職, 職 業, 商 業, 商業, 貿易, 商 売, 小売 商; [the ~]同 業の人々, …業 (界); 売上高; 顧 客, 得意先; [the ~s] = trade wind; (物々)交換; (選手の)トレード; 男 娼, ホモ(の相手). — v. 商 う, 売買する (in goods, with persons); (店で)買い物をする, 買う (at, with); (物々)交換する; トレードする; 顧 客になる; …を(悪く)利用する, …につけこむ (on, upon). **trade in** (車 などを)下取りに出す.

trade book 流布版, 大 衆 版.

trade edition 普 及 版.

trade gap 貿 易 収 支の赤字.

trade-in 下取り品.

trade-last 相手 (B) からも自分 (A) に対する 賛 辞を聞かせてもらう 条 件でAがBに聞かせて やる第 三 者 (C) の褒め言葉.

trademark 商 標; (人・活動などの特 徴 を示す)トレードマーク.

trade name 商品名, 商 標 名.

trade-off 物々 交換.

trade paperback 大型ペーパーバック.

trader 商 人, 貿易業 者 (in); 貿易船.

trade route 通 商 路.

trade school 職 業 学 校.

tradesman 小売 商; 御用聞き.

tradespeople 小 売 商 人たち《その家族もい う》.

trade surplus 貿易黒字.

trade(s) union 労働組合; 同 業 組合.

trade(s) unionism 労働組合 主義.

trade(s) unionist 労働組合員, 労働組 合 主義者.

trade wind 貿易風.

trading post (未開地における)交易場.

trading stamp 商品引換スタンプ.

tradition 伝説, 口碑; 慣習, 伝統; (芸術 などの)流儀, 約束事.

traditional, traditionary *a.* 伝説の; 因襲的な, 伝統的な.

traditor 背教者.

traduce *v.* 非難する, そしる.

Trafalgar, Cape トラファルガー岬 《スペイン南西端 Gibraltar 海峡入り口にある岬》.

Trafalgar Square トラファルガー広場 《London の中心部にある》.

traffic *n.* (人・車馬・船の)往来, 交通(量); 売買, 取り引き, 貿易; 運輸(業).
—*v.* 売買する, 取り引きする, 貿易する (*in*); (名誉などを)売る.

trafficator (昔の自動車の)方向指示器.

traffic circle ロータリー, 円形交差点.

traffic cone コーン 《工事区間などを示す円錐形の標識》.

traffic cop 交通巡査.

traffic court 交通裁判所.

traffic island 交通島.

trafficker (不正な)商人, 貿易業者.

traffic sign 交通標識.

traffic signal [light] 交通信号, 信号灯.

traffic ticket 交通違反呼び出し状.

traffic warden 駐車違反取締り係.

tragedian 悲劇俳優, 悲劇作者.

tragedienne 悲劇女優.

tragedy 悲劇; 惨事.

tragic(al) *a.* 悲劇の; 悲劇的な; 悲惨な.

tragicomedy 悲喜劇.

trail *v.* (裾など)引きずる; (つる草など)はびこる, 這う; たなびく; 後について来る; 跡をつける, 追う; ぶらぶら歩いて行く (*along*); 足をひきずって歩く; 徐徐に消えて行く (*off*). —*n.* 野道; 跡, 遺臭,

手掛かり; たなびき, 垂れ下がり; (彗星などの)尾; (衣服の)裾. **on the trail** 追跡して.

trailblazer (木などに)印をつけて道順を示す人; 開拓者.

trailer つる草; (自動車・トラクター・バスなどに引かれる)付随車, トレーラー, 移動住宅; (映画の)予告編.

trailer camp [court, park] ハウストレーラー用のキャンプ場; ハウストレーラー用の駐車用地.

trailing edge *Aeronaut.* (飛行機の)翼の後縁.

train *v.* 教育する, 養成する, 訓練する, 慣らす (*to do, to an action*); (植木などを)仕立てる, 作る (大砲などを)向ける (*upon*); 列車で行く.
—*n.* 列車, 汽車; 行列; 連続; 裳裾; (彗星・孔雀などの)尾; 随行員, 一行; 結果; 導火線. **in train** 準備が整って.

trainable *a.* 仕込める, 慣らされる, 鍛えられる.

trainbearer (花嫁や貴婦人の)裳裾持ち.

trainee 訓練を受けている人.

trainer 訓練者, 調教師; (運動家の)訓練係, トレーナー; 練習機; スパイク無しのランニングシューズ.

training 訓練, 練習, 鍛練, トレーニング; (馬などの)調教; 養成; (鍛錬された)良いコンディション. **in training** (運動選手など)良いコンディションで.

training college 教員養成所, 師範学校.

training pants 用便しつけ用パンツ.

training school (各種の)養成所; 少年院.

training ship 練習船, 練習艦.

trainload 一列車分の貨物.

trainman 列車乗務員.

train oil 鯨油.

traipse *v.* だらだら歩く.

trait 特色, 特徴, 特性.

traitor 謀反人, 反逆人.

traitorous *a.* 不信な, 反逆的な.

traitress 女性の traitor.

trajectory 弾道, 軌道.

tram[1] 路面電車; トロッコ.

tram[2] 片撚り絹糸.

tramcar ＝tram[1].

tramline, tramway 電車線路.

trammel *n.* (魚を捕る)さし網, (鳥を捕る)かすみ網; 自在鉤; [pl.] 拘束物, 束縛; (馬の)枷. — *v.* 妨げる, 拘束する.

tramontane *a., n.* (特にイタリアから見てアルプスの)山向こうの(人).

tramp *v.* 足音高く歩く; 徒歩旅行する; 歩き回る; 放浪する. — *n.* (行進などの)足音, 靴音; 浮浪者; 徒歩旅行; 不定期貨物船; 身持ちの悪い女, 売春婦.

tramper 徒歩旅行家.

trample *v.* 踏みつける, 踏みにじる, 無視する (*down*); 踏みつけにする, 迫害する (*on, upon*). — *n.* 踏みつぶし.

trampoline *n., v.* トランポリン(を使う).

tramroad (鉱山のトロッコ用)軌道.

trance *n., v.* 失神, 昏睡; 恍惚(とさせる); 有頂天.

trank ＝tranquilizer.

tranquil *a.* 静かな, 平穏な.

tranquil(l)ization 沈静.

tranquil(l)ize *v.* 静かにする, 静かになる, 静める, 静まる.

tranquil(l)izer 鎮静剤, トランキライザー.

transact *v.* (事務・取り引きなどを)処理する; 取り引きする.

transaction 処理, 取り引き; [pl.] (学会などの)会報, 議事録.

transactor (事務の)処理者; 取引人.

transalpine *a., n.* (イタリア側から見て)アルプスの向こう側の(人), アルプス横断の.

transatlantic *a.* 大西洋の彼岸の, 大西洋横断の.

trans-bay *a.* トランスベイ, 湾を横切る.

transceiver トランシーバー, 簡易無線通信機.

transcend *v.* (経験・理解力を)超越する; 勝る, 卓越する.

transcendence, transcendency 超絶, 卓絶; (神の)超絶的存在.

transcendent *a.* 卓越した, 無上の; (神の存在が)超絶的な.

transcendental *a. Philos.* 先験的な; 深遠な, 超自然的な, おぼろげな.

transcendental meditation 超越冥想法.

transcendentalism (Kant派の)先験哲学, (Emersonの)超絶論; 卓越性; 不可解, 幻想.

transcendentalist 先験論者, 超絶論者.

transcontinental *a.* 大陸横断の.

transcribe *v.* 写す, 複写する; (速記などを)普通文字に書き直す; 録音(放送)する, 録画(放送)する; 音声記号で表記する; (楽曲を)編曲する.

transcript 写し, 写本, 複写, 筆記; (学校の)成績証明書.

transcription 筆写, 転写; (ラジオ・テレビの)録音; 録画.

transduce *v. Phys.* (エネルギーなどを)変換する.

transearth *a.* (宇宙船が)地球に向かう軌道上の.

transempirical *a.* 超経験的な.

transept (十字形会堂の南北の)袖廊, トランセプト.

transfer *v.* 移す; 転任させる, 転校させる; 譲渡する; 乗り換える; (絵などを)転写する; (癌などが)転移する. — *n.* 置換; 為替, 振替; (権利の)移転, (名義の書き換え; (財産の)譲渡; 転任(者), 転校(生), 移籍(選手), トレード; 転移; 乗り換え(切符), 乗り継ぎ.

transferable *a.* 移せる; 譲渡できる.

transferee 財産譲り受け人.

transference 譲渡; 転写, 転任, 転移.

transfiguration 変形; [T-] *Bib.* (山上の キリストの)変容, その祝日《8月6日》.

transfigure *v.* (姿形を)変える; (神々しく) 変容する.

transfix *v.* 突き通す; (恐怖に)釘付けにする, 立ちすくませる.

transfixion 貫通.

transform *v.* 変形させる, 変化させる; *Phys.* 変換する; *Elec.* 変圧する; *Biol.* (細胞を)形 質転換させる; *Ling.* 変形させる. — *n. Phys.* 変換されたもの; 変形体.

transformation 変形; *Zool.* 変態; *Phys.* 変換; *Elec.* 変圧; *Biol.* 形質転換.

transformational (-generative) grammar *Ling.* 変形(生成)文法.

transformationalist 変形文法学者.

transformation scene 早変わり場面.

transformative *a.* 変形する.

transformer *Elec.* トランス, 変圧器.

transfuse *v.* (液体を他の容器に)注ぎ移す; *Med.* 輸血する; (感化などを)伝える, 移す, しみ 込ませる (*into, with*).

transglobal *a.* 世界周遊の.

transgress *v.* (法規などを)破る, 犯す; (限 界を)超える; (宗教・道徳上の)罪を犯す.

transgression 違犯, 罪.

transgressor 違犯者; 罪人.

tranship *v.* =transship.

transient *a.* 束の間の, はかない; 一時の. — *n.* 短期滞在者; *Elec.* 過渡電流.

transistor *Electronics* トランジスター(ラジオ).

transistorize *v.* トランジスターを使用する.

transistor radio トランジスターラジオ.

transit *n.* 通行; 運送, 輸送; 通路; *Astron.* (天体の)子午線通過; 転鏡儀, トランシット 《土地測量機械》. **in transit** 輸送中.

— *v.* (天体が太陽面を)通過する.

transit duty 通過税.

transit instrument 子午儀; 転鏡儀.

transition 移り変わり, 変化; 過渡期, 変わり 目; *Mus.* 転調.

transitive *a., n. Gram.* 他動の; 他動詞.

transit lounge 乗り継ぎ客用待合室.

transitory *a.* 束の間の, はかない.

transit passenger (旅客機の)乗り継ぎ客.

translate *v.* 訳す, 訳せる, 翻訳する; (言動・ 身ぶりなどを)解釈する; (他所へ)移す, 書き換え る; 直す; bishop を転任させる; 替える; 昇天 させる; (遺伝情報を)翻訳する.

translation 翻訳, 訳文, 解釈, 言い換え; (遺伝情報の)翻訳.

translator 翻訳者; (電信の)自動中継 器; *Computer* 翻訳ルーチン.

transliterate *v.* 音訳する; 他国語の文字に 直す.

translucent *a.* 半透明の.

translunar *a.* 月の軌道の向こうの; (宇宙船 が)月に向かう軌道上の.

transmarine *a.* 海外の; 海を横断する.

transmigrate *v.* 移転する; (霊魂が)生まれ 変わる, 転生する.

transmigration 移転; 転生, 輪廻.

transmissible *a.* 伝えられる, 移される, 送 達できる, 伝導できる.

transmission 伝達, 送達, 伝導; 遺伝; (自動車の)トランスミッション, 変速機; *Elec.* 発 信, 送信.

transmit *v.* 送る; (音信などを)伝達する, 送 達する; (病気などを)媒介する; 遺伝させる; (熱などを)伝導する; (光などを)通す; (無電を) 発信する.

transmitter 伝達者; 伝導物; *Elec.* 送 信機, 送話機.

transmogrification 変形.

transmogrify *v.* (異様な)姿に変える.

transmountain a. 山を越える, 山を貫通する.

transmute v. 変質させる, 変形させる (into).

transnational a. 国境を越えた, 国家間の.

transoceanic a. 大洋横断の; 大洋の向こうの.

transom Arch. トランサム, 無目; 明かり取り窓.

transonic a. 遷音速の.

transpacific a. 太平洋横断の, 太平洋の向こうの.

transparence 透明(性), 透明度.

transparency =transparence; 明白; 透かし絵.

transparent a. 透明な, 透き通る; 明白な; 淡白な, 率直な; (言い訳など)見え透いた.

transpierce v. 貫く.

transpire v. 発散する, 排出する, 漏出する; (秘密が)漏れる; 起こる.

transplant v. 移植する, 植え換える; 移住させる; Med. 移植する. — n. 移植; Surg. 移植(手術); 移植物, 移植器官, 移植組織; 移住者.

transpolar a. (南・北)極横断の.

transpontine a. 橋向こうの; 安芝居の.

transport v. (大量に)輸送する; (国外に)追放する, 流刑にする; 我を忘れさせる. **be transported** 我を忘れる (with). — n. 運送, 輸送; (軍隊の)輸送船; 輸送機, 旅客機; 忘我, 夢中, 有頂天; (テープの)駆動装置.

transportable a. 運送できる.

transportation 運送, 輸送; 輸送機関; 運賃; 追放, 流刑.

transport cafe ドライブイン.

transporter 輸送者; 陸送車. **transporter bridge** (高架の)運搬橋.

transpose v. (位置・順序などを)置き換える, 入れ換える; Mus. 転調する; Math. 移項する.

transposition 転位; Math. 移項; Mus. 移調.

transracial a. 人種を超えた.

transsex v. 性転換をする.

transsexual n., a. 性転換希望の(人), 性倒錯者.

transship v. 他船に移す, 積み替える.

transversal a., n. 横断する; Math. 横断線.

transverse a. 横切る, 横断する. — n. 横断物.

transvestism, transvestitism Psychol. 服装倒錯.

transvestite 服装倒錯者.

trans-world a. 世界中に及ぶ, 世界的な.

trap[1] n. わな, おとし穴; 計略, 策略; (射的練習用)放鳥器, 標的飛ばし; (排水管の)防臭弁, トラップ; (軽二輪)馬車; =trapdoor; [pl.] (ジャズの)打楽器類; Golf バンカー; (ドッグレースの)飛び出し口; 口; 警官. — v. わなで捕らえる; 策略をかける; (狭い場所に)閉じ込める; (困難な立場に)追い込む; …に防臭装置を施す; (流れを)せき止める.

trap[2] n. [pl.] 手荷物, 所持品. — v. 馬飾りをつける.

trapdoor 落とし戸.

trapeze (曲芸・体操用)ぶらんこ.

trapezium 不平行四辺形; 台形.

trapezoid 台形; 不平行四辺形.

trapper わなを掛ける人.

trapping [pl.] 馬飾り; 装身具.

Trappist トラピスト会修道士.

trapshooter クレー射撃者.

trash n. 屑, がらくた; たわごと, 駄作; くだらない人間, 能なし. — v. (建物・環境などを)破壊する.

trash can 屑入れ.

trass トラス《火山岩の屑》.

trauma Med. 外傷; 精神的外傷, 心の痛手.

traumatism Med. 外傷.

travail n., v. 産みの苦しみ(をする); 骨折り, 苦労(する).

travel v. 旅行する; (地方へ)得意回りをする; (列車・機械・光線などが)動いて行く, 進む, 進ませる, 伝わる; つき合う(with); (品物が)輸送に耐える, 動かしても傷まない; (目・記憶などが)次から次へと移る; Basketball トラベリングをする; 速く進む. — n. 旅行; [pl.] 紀行.

travel agency [bureau] 旅行代理店, 旅行案内所.

travel agent 旅行業者.

travel(l)ed a. 広く旅行した.

travel(l)er 旅行者, 旅客; 得意回り; = traveling salesman; Mech. 走行台.

travel(l)er's [travel(l)ers] check 旅行者小切手, トラベラーズチェック.

traveling fellowship 研修旅行奨学金.

traveling library 巡回図書館, 巡回文庫.

traveling salesman (地方販売)外交員, セールスマン.

travelog(ue) (スライド・映画を用いての)旅行談; 紀行映画.

travel trailer 旅行用トレーラー《車に引かせて住居とする》.

traverse v. 横切る, 通過する; 反対する, 妨げる; よく調べる; ジグザグに登る, トラバースする. — n. 横断, 通過, 旅行; 横木; ジグザグ登行, トラバース; ジグザグ道. — a. 横の, 横断する.

traverse table Railroads 遷車台.

travesty v., n. 滑稽化する; 滑稽改作詩文; (異性を装う)変装.

trawl n., v. トロール網, 底引き網, はえなわ; トロール網で魚を捕る.

trawler トロール船, トロール漁夫.

trawl line はえなわ.

trawlnet トロール網, 底引き網.

tray 盆, トレイ; 整理箱.

treacherous a. 油断のならない, 当てにならない; 裏切る, 不実な.

treachery 裏切り, 背信行為.

treacle 糖蜜.

tread v. 踏む, 踏みつける; 歩く; 踏み歩いて(道などを造る; (泥などを)踏んでつける; 通る; (雄鳥が)交尾する; 征服する. **tread on one's corns [toes]** 人の感情を害する. **tread out** (火を)踏み消す; 撲滅する; (ブドウなどを)踏み絞る. **tread water** 立ち泳ぎする. — n. 歩きぶり, 足つき, 足音; (階段の)踏み板; (ミシン・自転車などの)ペダル; (足の)裏, (靴の)底, (タイヤの踏み面; トレッドパターン《タイヤのトレッドに刻まれた模様》; 輪距《車・飛行機の左右両輪間の距離》).

treadle n., v. (水車などの)踏み板; (ミシンなどの)踏み子, ペダル(を踏む).

treadmill (獄舎で懲罰のために踏ませた)踏み車; 単調な仕事, 単調な生活.

treason 大逆, 反逆(罪).

treasure n., v. 宝, 財宝; 貴重品; 最愛の者, かわいい人; 珍重する; 貯える(up); 心に留める.

treasure house 宝庫.

treasurer 会計係.

treasure trove (所有者不明の)発掘財宝.

treasury 国庫, 会計; 資金, 基金; [the T-] 財務省, 大蔵省; 宝庫.

treasury note [bill] 財務省証券, 大蔵省証券《法定紙幣に準じる》.

treat v. 待遇する, 取り扱う; (科学的に)処理する; 治療する; 論じる; もてなす, 奢る, 御馳走する(to); 談判する, 交渉する(with). — n. (珍しい)もてなし, 御馳走; (まれに)楽しみ, 満足; 慰安会; 奢る番.

treatise (学術)論文(on).

treatment 待遇; 処理; 論じ方, 扱い方;

治療(法).

treaty 条約(文), 協定;(個人間の)約束, 約定. **be in treaty** 交渉中である, 談判中である.

treaty port(昔の)条約港, 開港場.

treble a. 三倍の, 三重の; Mus. 最高音部の, ソプラノの. — n. 三倍; Mus. 最高音部(の歌手), 最高音部の歌, 最高音部の楽器. — v. 三倍する, 三倍になる.

treble clef Mus. ト音記号.

tree n. 木, 樹木, 立ち木, 高木; 系図. **up a tree** 進退窮まって, 困って. — v. 木に追い上げる, 木に逃げ登る; 追い詰める.

tree creeper Ornith. キバシリ.

tree fern Bot. 木生シダ.

tree frog Zool. アマガエル.

treeless a. 木の生えていない.

tree line(高山・極地の)樹木限界線.

treenail 木釘.

tree ring Bot. 年輪.

tree toad Zool. アマガエル.

treetop 木のてっぺん, 梢.

trefoil Bot. クローバー; Arch. 三弁模様.

trek v., n. 歩いて行く; 牛車で旅行する, のろのろ旅する, 移住する; 牛車旅行, 移住;(徒歩の)小旅行.

trellis n., v. 格子(を付ける); 格子棚《果樹などを仕立てる》.

trelliswork 格子細工.

tremble v. 震える(at, for, with); 震動する; 気をもむ;(木の葉が)そよぐ. — n. 震え, 身震い. **all of a tremble** ぶるぶる震えて.

trembly a. 震えている.

tremendous a. 恐ろしい; 重大な; 巨大な, ものすごい, 途方もない; すてきな, すばらしい.

tremendously ad. 非常に.

tremolo (It) Mus. トレモロ, 顫音.

tremor(恐怖・興奮などの)ぞくぞく, 震え; おじけ, 気おくれ;(小さな)地震.

tremulous a. ぶるぶる震える; 臆病な.

trench n.(深い)溝; 塹壕. — v. 溝を掘る; Mil. 塹壕を掘る;(権利などを)侵害する(on, upon); …に接近する, 近い(on, upon).

trenchant a. 刺すような, 痛烈な; 鋭利な; くっきりした.

trench coat トレンチコート.

trencher 塹壕兵.

trencherman 大食家.

trench fever 塹壕熱.

trench foot 塹壕足《足の病気》.

trend v.(…の方へ)向く, 傾く. — n. 方向; 傾向, 情勢, 風潮; 流行(のスタイル).

trendsetter 最新流行を創り出す人.

trendsetting, trendy a. 最新流行の.

trepan n., v. 縦坑開削機(で掘る); =trephine.

trepanation Med. 穿孔(術).

trephine n., v. Med. 冠状のこぎり(で手術する).

trepidation 恐怖; 戦慄.

trespass v.(他人の土地・家屋に)侵入する(on, upon);(他人の権利・時間などを)侵害する, 邪魔をする(on, upon); 迷惑をかける; 罪を犯す(against). — n. 侵入(罪); 侵害, 邪魔;(宗教・道徳上の)罪.

trespasser 侵入者, 侵害者.

trestle bridge 構脚橋.

trestle table 架台テーブル.

trestle, tressel(馬形の)台, うま; 構脚.

trestlework トレスル工, 構脚工.

trey(トランプ・さいころなどの)三.

triable a. 公判に付し得る.

triad 三人組, 三つ組, 三幅対; Chem. 三つ組元素.

trial 試し, 試験, 試用; 試練, 苦難, 辛苦; 公判, 裁判. **bring to [put on] trial** 裁判にかける, 告発する. **on trial** 試験の上で, 試しに; 審問を受けて. **trial and error** 試行錯誤.

trial balance *Bookkeeping* 試算表.

trial balloon 試揚気球;(世論などに対する)探り.

trial jury 小陪審.

trial lawyer 公判弁護士.

trial marriage 契約結婚.

trial run 試運転.

triangle 三角形;三角定規;トライアングル《楽器》;三角関係.

triangular *a.* 三角形の;三者(間)の.

triangulate *v.* 三角測量をする.

triangulation 三角測量(術).

triarchy 三頭政治(国).

Triassic *a. Geol.* 三畳紀の.

triathlon トライアスロン,三種競技.

tribade 撩淫者.

tribadism 撩淫《女性間の(擬似)性交》.

tribal *a.* 種族の,部族の.

tribalism 部族制,部族根性.

tribe 種族,部族;やから,手合い;(大)家族.

tribesman 種族民,部族民.

tribulation 苦難.

tribunal 法廷;裁き;批判;判事席.

tribunate 護民官の職,護民官の地位,護民官の任期.

tribune[1] (古代ローマの)護民官;人民の保護者,民権擁護者.

tribune[2] 演壇,信者席,観覧席.

tributary *n., a.* 従属する,属国(の),貢献する;支流(の).

tribute 貢ぎ物,税;捧げ物;敬意,賛辞,手向け.

trice *v. Naut.* 索で吊り上げる (*up*).
— *n.* 瞬間. **in a trice** またたく間に.

triceps *Anat.* 三頭筋.

trichina *Zool.* 旋毛虫.

trichinosis *Med.* 旋毛虫症.

trichomoniasis *Med.* トリコモナス症.

trichotomous *a.* 三分された,三分法の.

trichotomy 三分(法).

trichromatic *a.* 三色(使用)の.

trick *n.* 計略,策略,(ずるい)企み;いたずら;迷い,幻覚,錯覚;やり方,呼吸,こつ;要領,秘訣,癖;芸,手品;(動物の)芸当;(映画などの)トリック,特撮;おもちゃ;(トランプなどで)一巡のみで勝つこと,一巡;子供;卑劣な行為;売春婦のひと仕事,その客,一時のセックス. **do [turn] the trick** 思惑通りにする.

play a trick (人)にいたずらをする (*on*). **Trick or treat!** お菓子をくれないといたずらをするぞ《Halloween の時の子供のせりふ》. — *v.* だます,いたずらをする,(期待を)裏切る;飾り立てる (*out, up*);(金の為に)一時のセックスをする.

trick cyclist 精神病医.

trickery ごまかし,策略.

trickily *ad.* ごまかしに;狡猾に.

trickish *a.* 難しい,ずるい.

trickle *v., n.* したたる,したたらせる,ちょろちょろ流れる (*down, out, along*);ぽつぽつ来る,ぽつぽつ行く;したたり,細流.

trickster 詐欺師.

tricksy *a.* いたずら好きな,ふざける.

tricky *a.* こすい,ずるい;(仕事など)手際のいる,難しい.

tricolor *n., a.* (フランスの)三色旗;三色の.

tricot (F) 手編み風の織物;トリコット《うね織服地》.

tricuspid *a.* (歯など)三つの先端のある.

tricycle 三輪自転車.

trident *Gk & Rom. Myth.* 三つ又のほこ《海神 Neptune の標章》;三つ又のやす;[T-] トライデント《米国の原子力潜水艦または塔載ミサイル》.

tridimensional *a.* 三次(元)の.

tried *a.* 試験済みの,証明済みの,信頼できる.

triennial *a., n.* 三年続く,三年ごとの,三年生の(植物);三年祭.

trier 試験官,実験者;審問者,法官;努

力家.

trifle n. つまらぬ物, ささいな事; 少量, 僅かの金; [ad.] 少し; トライフル《ぶどう酒に浸したスポンジケーキ》. — v. ふざける, いたずらする(with); 弄ぶ, のらくら時を過ごす(away); 浪費する.

trifler ふざける人, 軽率な人.

trifling a. 僅かな, つまらない.

trifoliate a. Bot. 三葉を有する.

trifurcate a. 三枝の, 三叉の.

trig a. 小ぎれいな, 粋な.

trigger n. (銃砲の)引き金; 輪止め装置; (紛争などの)きっかけ, はずみ, 誘因. — v. 引き金を引く, きっかけとなる.

trigger-happy a. ピストルをうちたがる; 非常に好戦的な.

trigger man ガンマン; 殺し屋, 用心棒.

triglot a. 三か国語で書いた.

trigonometry 三角法.

trigraph Phonet. 三重音字.

trihedral a. 三面体の.

trijet a., n. 三発ジェットの; 三発ジェット機.

trikini トリキニ《超ビキニ水着》.

trilateral a. 三国の, 三者の; 西欧と北米と日本の間の; 三辺の.

trilby ソフト帽.

trilemma 三すくみ《三者択一を迫られた情勢》.

trilinear a. 三つの線に囲まれた.

trilingual a. 三か国語の, 三か国語を話す.

triliteral a. 三字の.

trill v. 震え声で歌う; (鳥が)さえずる; r を震え音で発音する. — n. 震え声; Mus. 顫音; Phonet. 顫動音, 震え音《[R]》; (鳥の)さえずり.

trillion 一兆; (英国・ドイツ・フランスで)百万兆.

trillium Bot. エンレイソウ.

trilobite Paleontol. 三葉虫.

trilogy 三部作.

trim v. 整頓する, きちんと手入れする; 刈り込む

(off, away); 削減する; (写真を)トリミングする; 装飾する(with); (積み荷を動かして船や飛行機の)釣り合いをよくする; (風や針路に応じて)帆を調節する; 時勢に迎合する; (政治家などが)中道政策を取る, 中立政策を取る; (都合のいいように)意見を変える, 方針を変える; 打つ; やっつける; 叱る; だます. — n. きちんと整った状態, 整頓, 準備, 服装; 飾り; (自動車の)内装; (船・飛行機の)釣り合い; Mortion Pictures 編集段階でカットされたフィルム; 女(と)の性交). in (good) trim きちんと整って. out of trim 不整備で. — a. きちんと整頓した, 小ざっぱりした, 粋な.

trimaran 三胴船《遊覧船》.

trimerous a. 三部分から成る.

trimester 3か月間; (3学期制の)1学期.

trimmer trim する人, trim する道具; (特に)日和見主義者.

trimming 整頓, 手入れ, 刈り込み; 装飾; [pl.] 裁ち屑, (料理の)つま; Phot. トリミング; (衣服・帽子などの)装飾品.

trimonthly a. 3か月置きの.

trinal a. 三倍の, 三重の.

trine a. 三倍の, 三重の. — n. 三つ組, 三つ揃い.

Trinitarian a., n. 三位一体(説)(の), 三位一体を信じる(人).

trinitrotoluene トリニトロトルエン《強力爆薬》.

trinity [the T-] (神・キリスト・聖霊の)三位一体; 三つ組, 三つ揃い.

trinket 小物(装身具など).

trinomial n., a. Math. 三項式(の); Biol. 三名法(の).

trio 三人組, 三つ揃い, 三幅対; Mus. 三重奏(曲), 三重唱(曲), トリオ.

triode Electronics 三極(真空)管.

trip v. 軽く足早に歩く, 爪先で小股に歩く; 足軽に踊る; つまずく(on, over); しくじる; 旅行

する; 足をすくう(*up*); (LSD の)幻覚体験をする, トリップする. ── *n.* (特に短い)旅行; (用向きの)外出, ひと走り; 通勤, 往訪; 軽快な歩み; つまずき; 失策; 言いそこない; 熱中; (LSD などによる)幻覚体験, トリップ; 刑期.

tripartite *a.* 三部から成る; 三者間の, 三国間の; *Bot.* (葉が)三深裂の.

tripartition 三分(割).

tripe 牛の胃袋《食用》; 駄作, つまらない人.

trip-hammer はねハンマー.

triphibian *a.*, *n.* (陸・海・空の)立体戦に長じた(指揮官).

triphibious *a.* 陸・海・空三軍を用いる.

triphthong 三重母音.

triplane 三葉(飛行機).

triple *a.* 三倍の, 三重の; 三部から成る. ── *n.* 三塁打. ── *v.* 三倍にする, 三重にする, 三重になる; 三塁打を放つ.

triple crown (野球の)三冠王; (競馬の)三冠馬.

triple jump 三段跳び.

triple play *Baseball* 三重殺.

triplet 三つ組, 三幅対; 三連句; 三つ子の一人.

triple threat *Football* (キック・パス・ランニングの)三拍子そろった名選手.

triplex *a.* =triple.

triplicate *n.*, *a.* 三つ揃い(の), 三重(の); 三通の(一つ). ── *v.* 三倍にする, 三通作成する.

triplication 三通作成; 三倍.

triplicity 三倍性, 三重性; 三つ組.

tripod 三脚(椅子); *Phot.* 三脚.

Tripoli トリポリ(リビアの首都).

tripos (Cambridge 大学で)優等卒業試験; 優等及第生名簿.

tripper (海岸・避暑地などへの)日帰り旅行者; 幻覚剤使用者, LSD使用者.

trippingly *ad.* 軽快に.

triptych 三枚続き, 三幅対.

triradiate *a.* 三放射線の.

trireme (古代ギリシャ・ローマの)三段オールのガレー船.

trisect *v.* 三等分する.

trisyllabic *a.* 三音節の.

trisyllable 三音節語.

trite *a.* 陳腐な, 平凡な.

tritium *Chem.* トリチウム, 三重水素.

Triton *Gk Myth.* トリトン《半人半魚の海神》; [t-] ほら貝.

triton *Chem.*, *Phys.* トリトン《三重(陽)子》.

triturate *v.* 粉につぶす.

triumph *n.* 勝ち誇り; 勝利, 大成功, 偉業. ── *v.* 勝利を得る(*over*); 勝ち誇る(*over*).

triumphal *a.* 凱旋の, 勝利の.

triumphant *a.* 勝利を得た, 成功を得た, 勝ち誇る.

triumphantly *ad.* 勝ち誇って, 意気揚々と.

triumvir *Rom. Hist.* (三頭政治を行う)三執政官の一人.

triumvirate *Rom. Hist.* 三頭政治; 三人組.

triune *a.* 三位一体の.

trivalent *a.* *Chem.* 三価の.

trivet 三脚台; 五徳.

trivia つまらない物, つまらない事.

trivial *a.* つまらない, 平凡な; 自明の.

triviality (つまらない)小事; 平凡, 陳腐.

trivialize *v.* つまらなくする.

trivium (中世の大学の)三学《文法・修辞・論理》.

triweekly *a.* 週三回の, 三週置きの.

trochaic *a.* *Poet.* 強弱格の. ── *n.* = trochee.

troche *Pharm.* トローチ, 口内錠.

trochee *Poet.* 強弱格《‐×》.

troglodyte 穴居人.

troika トロイカ《ロシヤの三頭立て馬橇》; トロイカ体制, 三頭政治; 三人組.

troilism 三人でするセックス.

Trojan *a., n.* トロイの, トロイ人. **like a Trojan** 根気よく; 勇敢に.

Trojan horse トロイの木馬; (敵国に潜入した)破壊工作員.

troll[1] *v.* 大きな声で陽気に歌う(*out*), 輪唱する; (魚を)流し釣りする. — *n.* 輪唱; 流し釣り, トローリング(用擬似針).

troll[2] *Scand. Myth.* トロール《地下や岩穴に住む怪物または小鬼》.

trollop 自堕落な女; 売春婦.

troll(e)y トロッコ, 手押し車; 触輪《電車のポールの上端にあって架空線に接する》; = trolley car.

troll(e)ybus トロリーバス.

troll(e)y car 市街電車.

trombone *Mus.* トロンボーン《金管楽器の一種》.

tronc (ホテルやレストランの)チップのプール制.

troop *n.* (人の)群れ, 隊; (鳥獣の)群れ; [*pl.*] 軍隊; 騎兵中隊; (ボーイスカウトの)分隊; 運動員. — *v.* 群がる, 集まる(*up, together*); 群れをなして歩く, ぞろぞろ歩く(*along, in, out,* etc.).

troop carrier 軍隊輸送機.

trooper 騎兵, 騎馬警官.

troopship 軍隊輸送船.

tropaeolum *Bot.* キンレンカ, ノウゼンハレン.

trope *Rhet.* 比喩, 転義; 言葉のあや.

trophic *a.* 栄養の, 栄養に関する.

trophy 戦利品; (狩猟の)記念品; (競技の)優勝記念品; 賞品, トロフィー.

tropic *n.* 回帰線; [the ~s] 熱帯(地方). **tropic of Cancer** 北回帰線. **tropic of Capricorn** 南回帰線. — *a.* 熱帯(地方)の.

tropical *a.* 熱帯(産)の, 熱帯的な; 情熱的な.

tropic bird *Ornith.* ネッタイチョウ.

tropism *Biol.* 向性.

tropopause *Meteor.* 圏界面《対流圏と成層圏の間の面》.

troposphere *Meteor.* 対流圏《大気の低層で地表から約 10–20 km》.

troppo (It) *ad. Mus.* あまりに.

trot *n.* (馬の)速足, だく足, (人の)小走り, 急ぎ足; よちよち歩きの子供; 売春婦; 虎の巻; [the ~s] 下痢. — *v.* 速足で駆ける, 速足で駆けさせる; せかせか駆け回る(*about*); 急ぎ足で行く. **trot out** 展覧に供する.

troth 真実. **plight one's troth** 言い交わす, 夫婦の約束をする.

trotline 伏せ釣りの釣り糸.

Trotsky トロッキー. **Leon Trotsky** (1877–1940) ロシヤの革命家.

Trotskyism トロッキー主義.

Trotskyite トロッキー主義者.

trotter 速足で走る馬; (羊・豚の)足《食用》.

troubadour トロバドーレ《11–13世紀のフランス Provence の吟遊詩人》.

trouble *n.* 心配, 困難, 難儀, 苦労; 病気; 面倒, 迷惑, 手数, 骨折り; [*pl.*] 悶着, 紛糾, 事変. **be in trouble** 難渋している; 叱られる立場にある, 罰せられる立場にある; (未婚の女性が)妊娠している. **get into trouble** 問題を起こす, 迷惑する; 罰せられる, 叱られる; (未婚の女性を)妊娠させる. **take (the) trouble** 労をいとわずに...する(*to do*). — *v.* 迷惑をかける, 面倒をかける, 煩わす; (迷惑をかえりみず)頼む(*for a thing, to do*), 労を取る, 骨を折る(*to do*); 心配する, 心配させる(one*self*); (病気が)悩ます; 乱す, 騒がす.

troubled *a.* 騒然とした, 荒れた; 困った.

troublemaker 始終悶着を起こす人.

troubleshooter 修理人; 紛争解決者.

troublesome *a.* 困難な; うるさい; 厄介な.

troublous *a.* 騒然たる, 物騒な.

trough (細長い) 飼葉桶; 木鉢, こね鉢; (屋根の) 雨どい; (波間の) 谷; *Meteor.* 気圧の谷.

trounce *v.* 殴る; 負かす.

troupe (役者・芸人などの) 一座, 一団.

trouper 座員.

trouser *n.* ズボンの片方. ── *a.* ズボンの; (女優が) 男役の.

trousers ズボン.

trouser suit = pantsuit.

trousseau (F) 嫁入り道具, 嫁入り衣装.

trout *Ichthy.* マス; 愚かな醜い老女.

trouty *a.* マスの多い; マスのような.

trowel *n., v.* (左官の) こて (で塗る); (園芸用) 移植ごて.

Troy トロイ《小アジア北東部の古都》.

troy weight トロイ衡, 金衡《金銀・宝石などの計量単位》.

truant *n., a.* 学校をずるけて休む生徒; ずるけた, 怠ける. **play truant** ずる休みする. ── *v.* ずる休みをする.

truant officer (学校の) 補導員.

truce 休戦, 中止.

truck[1] *v., n.* (物々) 交換 (する), 交易 (する), 取り引き (する); 交易品; 市場向け野菜; 交際, 関係; (賃金の) 現物支払い; つまらない小物; がらくた, 屑, たわごと.

truck[2] *n.* トラック, 貨物自動車; 無蓋貨車; トロッコ, 手押し車. ── *v.* トラックで運ぶ; 楽楽と進む.

truckage トラック運搬, トラック運賃.

trucker[1] = truck farmer.

trucker[2] = truckman.

truck farm [garden] 市場向け野菜農場.

truck farmer truck farm 経営者.

truckle *n.* 脚輪; = truckle bed. ── *v.* 人の鼻息を窺う, 媚びる (to).

truckle bed 脚輪付きベッド《不用の時は他のベッドの下に押し込んでおく》.

truckload トラック一台分の貨物.

truckman トラックの運転手.

truck system (労働に対して) 現物支給制.

truculent *a.* 野蛮な, 猛烈な, 残酷な; 戦闘的な.

trudge *v., n.* てくてく歩く, とぼとぼ歩く (along); 重苦しい歩み.

trudgen (stroke) *Swim.* 抜き手.

true *a.* 真実の, 本当の; 忠誠な, 誠実な (to); 真正の, 本物の; 正確な, (…に) そむかない, 正直な, ぴったり合う, 真に迫った (to); 調子の正しい; 妥当な, あてはまる. **come true** 本当になる, 的中する. ── *n.* [the ~] 真実. ── *ad.* 真実に; 正確に. ── *v.* (道具などを) 正しく合わせる.

true bill *Law* 原案適正.

true blue (なかなか褪せない) 藍染料; 志操堅固な人; 忠実な保守党員.

true-blue *a.* (主義・党派などに) 忠実な, 節操の固い.

trueborn *a.* 生まれの正しい.

true-false test 正誤問題テスト.

truehearted *a.* 真心のある, 誠実な.

true-life *a.* 事実に基づいた.

truelove 恋人.

true lover's knot 蝶結びの一種.

truffle *Bot.* フランスショウロ, トリュフ; トリュフ《コアをまぶした球形のチョコレート菓子》.

truism 自明の理, 公理; 陳腐な文句.

truly *ad.* 真に, 本当に; 誠実に, 忠実に; 正しく, 正確に. **Yours truly** 敬具《手紙の末尾の文句》.

trump *n.* (トランプの) 切り札; 奥の手; 頼もしい奴, いい奴. **play a trump** 切り札を出す; 奥の手を出す. **turn up trumps** 予期以上の結果を得る; とんとん拍子に行く. ── *v.* 切り札を

出す, 奥の手を出す; 負かす. **trump up**（話を）
でっちあげる.

trump card 切り札; 奥の手.

trumped-up a. でっち上げた.

trumpery n. 安ぴか物; やくざ物; たわごと.
— a. 安ぴかの, くだらない.

trumpet n. Mus. トランペット（の音）;（らっぱ形）
拡声器; らっぱ状のもの. **blow one's own
trumpet** 自慢する. — v. らっぱを吹く;（象が）
吠える; らっぱで知らせる; 言いふらす.

trumpet call 集合らっぱ.

trumpeter トランペット奏者; 吹聴者, 提
灯持ち.

trumpet major（軍隊の）らっぱ長.

truncate v., a.（樹木・円錐などの）頭を切る,
頭を切った;（引用文など）切り詰める, 切り詰め
た.

truncated a. 断ち切った; 省略された.

truncheon（巡査の）警棒; 指揮棒, 権標.

trundle n. 脚輪; 脚輪付きベッド.
— v. 転がす, 転がる（along）; 引く; Cricket 投
球する.

trundle bed ＝truckle bed.

trunk n. 幹; 胴, 胴体; 象の鼻; 旅行用大
鞄, トランク,（自動車の）トランク; [pl.] トランク
ス《男性用運動パンツ》. — a. 主要な, 幹
線の.

trunk call 長距離電話.

trunk hose（16–17 世紀に流行の）だぶだぶの
半ズボン.

trunk line（鉄道・電話などの）幹線, 本線.

trunk road 幹線道路.

trunnion（大砲の）砲耳.

truss n. Arch. 桁構え, 桁組, トラス, 小屋組;
（干し草・薬などの）束;（花の）房; Med. 脱腸
帯. — v.（屋根・橋などを）桁構えで支える;
（料理の時）鳥の翼と胴をからげる;（人の）両
腕を胴体に縛り付ける.

trust n. 信頼, 信任, 信用（in）, 期待, 確

信; 信託, 委託, 保管, 委託品, 預かり品;
責任; 掛け売り, 信用貸し; Econ. 企業合同,
トラスト. **in trust** 信託して, 委託して. **on
trust** 掛けで; 人の言うがままに. — v. 信頼す
る, 信用する; 委託する, 任せる（A with B, B to
A）; 秘密を打ち明ける, 安心させる; 頼る（to）;
掛け売りりする; 望む, 期待する（one to do, that）.

trustbuster（独占禁止法により）トラストを解
消しようとする官吏.

trust company 信託会社, 信託銀行.

trustee 受託人, 保管人, 管財人,（大学
の）理事.

trusteeship 信託統治（権）.

trustful a. 信用する, 信頼する.

trust fund 信託基金, 信託財産.

trusting a.（人をすぐ）信用する.

trust territory 信託統治領.

trustworthy a. 信頼に値する, 確実な, 当
てになる.

trusty a. 忠実な, 信頼できる. — n. 当てに
なる人; 模範囚.

truth 真理, 真実; 真相, 事実; 誠実. **in
truth** 実際. **to tell the truth** ＝**truth to
tell** 実を言えば, 実は.

truth drug ＝truth serum.

truthful a. 正直な, 誠実な; 本当の.

truth serum 自白薬.

try v. やってみる, 努力する（to do）; 試みる, た
めす, 試験する, ためしに使う; 苦しめる, 試練に遭
わせる; Law 審理する, 裁判する. **try on**（着
物・帽子・靴などを）着てみる, はいてみる. **try
one's hand at** …をやってみる. **try out** 結果を
試す; 試験してみる; 競技に参加する. — n.
試み; Rugby トライ.

trying a. 試す; 辛い, 苦しい, 我慢のできない.

try-on（仮縫の服などの）試着; 試み.

tryout 予行, 予選;（選手・俳優などの）適格
試験;（人気などの）試し.

trypsin Biochem. トリプシン《蛋白質分解酵

trysail

素).

trysail _Naut._ トライスル.

tryst 会合の約束; 密会所.

tsar =czar.

tsetse _Entom._ ツェツェバエ《南アフリカ産で眠り病・ナガナ病の媒体》.

T-shirt T シャツ.

T square T 定規.

tsunami 津波.

T-time T タイム《ロケットあるいはミサイルの発射予定時刻》.

TU trade union.

tub _n._ 桶, たらい; 桶一杯, たらい一杯; 湯船; 入浴; 不格好な遅い舟; _Mining_ 鉱車; でぶ; 大量. — _v._ 入浴する.

tuba _Mus._ チューバ《低音大らっぱ》.

tubby _a._ ずんぐり太った.

tube (金属・ゴムなどの)管, 筒; (絵の具・歯磨きなどの)チューブ; _Anat., Bot._ 管状器官; 地下鉄; トンネル; 真空管, ブラウン管, テレビ; (タイヤの)チューブ.

tube foot _Zool._ 管足.

tubeless tire チューブなしのタイヤ.

tuber _Bot._ (ジャガイモなどの)塊茎; _Anat._ 結節.

tubercle _Med._ (小)結節, 結核結節; _Bot._ 小塊茎.

tubercle bacillus 結核菌.

tuberculation 結節形成.

tuberculin ツベルクリン(注射液).

tuberculosis _Med._ 結核(症).

tuberculous _a._ 結核(性)の.

tuberose _Bot._ ゲッカコウ.

tuberosity 塊茎状態; 結節性.

tuberous _a._ 塊茎をもった; 結節のある.

tubing 管; 管材料; 管組織.

tub-thumper 卓をたたいて熱弁をふるう人.

tub-thumping _n., a._ 熱弁(をふるう).

tubular _a._ 管(状)の.

tubular furniture (スチール)パイプ式家具.

tubule 細管.

tubulous _a._ 管のある; =tubular.

tuck _v._ (衣服に)揚げをする; (裾・袖などを)まくる, 端折る (_up, in_); (端を)押し込む, はさみ込む; 包む, くるむ, 巻く (_up_); 詰め込む (_in_); しまい込む; (人目につかない所に)建てる. **tuck away** [**in**] たらふく食う. **tuck up** (子供などを)毛布でくるむ. — _n._ ひだ, 揚げ, タック; 食物, 菓子.

tucker[1] (ミシンの)ひだ取り装置.

tucker[2] _v._ 疲労させる.

tuck-in 盛り沢山の食事, 盛り沢山の御馳走.

tuck-shop 菓子店.

Tudor _a._ チューダー家の; _Arch._ チューダー様式の. **the House of Tudor** チューダー家《英国の王家 (1485–1603)》.

Tuesday 火曜日.

Tuesdays _ad._ 火曜日(ごと)に.

tufa _Mineral._ 石灰華.

tuff _Petrol._ 凝灰岩.

tuft _n., v._ (糸・羽毛・草などの)房(を付ける), 束, 叢.

tufty _a._ ふさふさした.

tug _v._ 引っ張る; (船を)引き船で引く. — _n._ 力いっぱい引くこと; =tugboat; 奮闘, 努力. **tug of war** 綱引き; 決戦, 激闘.

tugboat 引き船, タグボート.

tuition 授業料, 月謝; 教授, 授業.

tulip _Bot._ チューリップ.

tulip tree _Bot._ ユリノキ.

tulle チュール《ベール用薄絹布》.

tumble _v._ 倒れる, 倒す, 転落する (_down, over_); 転がる; 転がるように走る, 転がるように駆け込む, 転がるように出て行く, のたうち回る (_along, in, into, out,_ etc.); しわくちゃにする; 宙返りする; はっと気がつく (_to_); (価格が)急に下落する; 乱雑に投げ散らかす, ごちゃごちゃにする. **tumble … dry** (衣類を)回転式乾燥機で乾燥する. — _n._ 転び, 転倒, 転落; 乱雑; 宙返り.

give a tumble 好意を示す.

tumblebug *Entom.* クソムシ.

tumbledown *a.* 倒れかかった, 荒れ果てた.

tumbler 大コップ, タンブラー; 軽業師; (錠の) てこ.

tumbleweed *Bot.* ヒユ・オカヒジキなどの植物.

tumbrel, tumbril (フランス革命時代の)死刑囚護送車.

tumefaction 腫れ上がり, 腫れもの.

tumescence 腫れ上がり.

tumid *a.* 腫れた; (文体などが)大げさな.

tummy おなか.

tummy button おへそ.

tumo(u)r 腫れ物; *Med.* 腫瘍.

tumult 騒動, 動乱; 大騒ぎ; 興奮.

tumultuary, tumultuous *a.* 騒々しい, ごうごうたる; 興奮した.

tumulus 塚, 古墳.

tun 大酒樽, 醸造用大桶; タン《酒類の容量単位; =252 ガロン).

tuna *Ichthy.* マグロ.

tunable *a.* 調律できる; 好調の.

tundra (北部シベリアの)凍土帯, ツンドラ.

tune *n.* 調子; 節, (歌)曲, 調べ; 正調, 調和; 気分. **in tune** 調子が合って, 和合して, 調和して(*with*). **out of tune** 調子がはずれて, 不和で, 不調和に(*with*). **sing another [a different] tune** 調子を変える, 態度を改める. **to the tune of** …も金を出して.
——*v.* (楽器の)調子を合わせる; 調和する, 調和させる, 協調する, 協調させる(*with*); 調整する. **tune in** (ラジオ・テレビの)波長を合わせる, チャンネルを合わせる; 気づく, 気づかせる. **tune out** 注意をそらせる. **tune up** (楽器や機械, オーケストラの)調子をよくする, 調子を合わせる.

tuneful *a.* 調子のよい, 音楽的な.

tuneless *a.* 調子はずれの.

tuner 調律師; *Telcom.* チューナー, 波長整調器.

tunesmith (流行歌の)作曲家.

tune-up ウォーミングアップ.

tung oil 桐油.

tungstate *Chem.* タングステン酸塩.

tungsten *Chem.* タングステン.

tunic チュニック《古代ギリシャ・ローマの首からかぶるゆるい外衣); (軍人や警官の)略服上着; オーバーブラウス.

tuning fork 音叉.

Tunis チュニス《チュニジアの首都).

Tunisia チュニジア《北アフリカの共和国).

tunnel *n., v.* トンネル, 地下道, 坑道(を通す); 隠れる.

tunnel diode トンネルダイオード, エサキダイオード.

tunnel vision 視野の狭さ.

tunnel-visioned *a.* 視野の狭い.

tunny *Ichthy.* マグロ.

tup 雄羊; *Mech.* 打金.

Tupperware *Trademark* タッパーウェア.

tuque トーク《毛糸の冬帽子).

tu quoque (L) しっぺい返し.

turban (イスラム教徒などが頭に巻く)ターバン; ターバン風婦人帽.

turban(n)ed *a.* ターバンを頭に巻いた.

turbid *a.* (水・色など)濁った, 泥水の, どろどろした; はっきりしない, 混乱した

turbine *Mech.* タービン.

turbofan *Mech.* ターボ送風機; ターボファンエンジン.

turbojet ターボジェットエンジン; ターボジェット(航空)機.

turboprop ターボプロップエンジン; ターボプロップ(航空)機.

turbot *Ichthy.* ヒラメの一種.

turbulent *a.* (風・波など)荒い; 狂暴な, 騒騒しい.

turd 糞；いやな奴.

tureen (スープなどを入れる)蓋付き深鉢.

turf 芝生，芝土；泥炭；[the ~]競馬(場)；(暴力団の)縄張り. — v. 芝で覆う. **turf out** 追い出す，投げ出す.

turfy a. 芝で覆われた；競馬の.

Turgenev ツルゲーネフ. **Ivan Sergeevich Turgenev** (1818–83) ロシヤの作家.

turgescence Med. 腫脹，腫れ；誇張.

turgescent a. 腫れた；(文体などが)大げさな.

turgid a. 腫れ上がった；大げさな.

Turk トルコ人；野蛮な乱暴者，腕白小僧.

Turkestan トルキスタン《中央アジアの広大な地方》.

Turkey トルコ《アジア西端の共和国》.

turkey Ornith. シチメンチョウ；(劇などの)失敗作；Bowling ターキー《三連続ストライク》；ろくでなし，くだらない作品. **talk turkey** ぶっきらぼうに話す.

turkey buzzard Ornith. ヒメコンドル.

turkey-cock シチメンチョウの雄；気取り屋.

turkey trot ターキートロット《二人ずつ組になって踊るダンスの一種》.

Turkish a., n. トルコの，トルコ人の，トルコ語(の).

Turkish bath トルコぶろ，蒸しぶろ.

Turkish coffee トルココーヒー.

Turkish delight (トルコの)ゼリー菓子.

Turkish towel トルコタオル《けばの長いタオル》.

Turkmenistan トルクメン《カスピ海東方のソ連邦の一共和国》.

Turkoman, Turcoman トルクメン人，トルクメン語.

turmeric Bot. ウコン；ウコン根《粉末はカレー粉用》.

turmoil 騒ぎ，騒乱，どさくさ.

turn v. 回る，回す，回転する，回転させる；(角を)曲がる；(敵の側面を)迂回する；(人の裏をかく；(人の側面に)回る；転がる，のた打ち回る；(栓などを)ひねる，裏返す，ひっくり返す，ひっくり返る，ページをめくる；(刃物の刃が)まくれる；折る；向く，向ける；振り返る；(…から)顔をそむける，目をそむける(from)；頼る(to)；変じる，翻訳する；(頭を)狂わせる；…にする，なる，ろくろでひく，作る，こしらえる；くじく；(年齢・時刻・額などが)越す；(食物などを)変質させる，酸敗させる.

turn about 振り返る，ぐるっと回る. **turn against** 反対する，そむく. **turn away** 追い返す；顔をそむける. **turn back** 帰らせる；帰る；(時計を)遅らせる. **turn down** (紙などを)折り込む；(ガス・ランプの火を)細くする，(ラジオ・テレビの)ボリュームを下げる；(提案などを)退ける，(懇願などを)却下する. **turn in** 折り込む；提出する；立ち寄る；寝る；通報する，裏切る. **turn loose** 放つ. **turn off** (ガス・水道を)止める，(テレビ・電灯などを)消す，解雇する，解雇される；(道が)分かれる，退屈させる，退屈する. **turn on** (ガス・水道などを)出す，(テレビ・電灯などを)つける；幻覚を見させる，しびれさせる；＝turn upon. **turn out** 追い出す；裏返す；(懐中物などを)あける；生産する；起床する；外に出る；出動する；…と判明する(to be)；に終わる；ストライキをやる. **turn over** くつがえす，倒す；転がる，寝返りをうつ；(ページを)めくる；熟考する；Com. …だけの商いをする. **turn round** 変節する. **turn to** …に着手する；に求める(for)；参照する. **turn up** ねじ上げる；(ガス・ランプ・ラジオなどを)ひねって明るくする，大きくする；掘り上げる；掘り返す；現れる，起こる；発見する；(人に)吐き気を催させる. **turn upon** …次第できまる，…による；急襲する.

— n. 回転，ひねり，ひっくり返り；方向転換，折り返し，ターン；変わり，一変，(情勢の)変化，転換；成り行き；変わり目，転機；番，順番；曲がり目；傾向，気質；言い回し，格好；必要；(仕事のひとしきり，一散歩，一遊び；(演芸の)一番，一席，驚き，ショック，失神，(病気などの)発作；(生来の)性質，性向；(特別な)癖；性能；格好，形；Print. 伏せ

字. **at every turn** そのつど, いつも. **by turns** かわるがわる. **in turn** 順番に. **take turns** 交代する. **to a turn** きちっと, 申し分なく.

turnabout 方向転換, 旋回;(思想・政策などの)転向, 裏切り, 変節;回転木馬.

turnaround (航空機や船舶の)寄港《乗客の乗降・荷物の積み降ろし・整備》;寄港時間;(状況などの)転換, 好転.

turnbuckle 引き締めねじ.

turncoat 変節者, 裏切り者.

turncock 給水栓.

turndown a. 折り襟の, 折りたたみ式の.

Turner ターナー. **Joseph Mallord William Turner** (1775–1851) 英国の画家.

turner[1] ろくろ師, 旋盤工.

turner[2] 体育協会員.

turnery ろくろ工場, 旋盤工場;ろくろ細工品.

turning 回転, 転向, 変化, 曲がり, 曲がり目;反り;ろくろ細工.

turning point 分岐点;転換期, 転機.

turnip Bot. カブ.

turnkey n. 看守. —a. (施設・建物などが)即時使用できる;(契約が)即時使用で引き渡す方式の.

turnoff (大きな道路の)脇道;(高速道路への出入りの)斜道, ランプ;分岐点.

turnout 産額, 生産高;集まった人, 人出, 出席者, 参加者;身仕度;装備(鉄道の)待避線;(道路上の)車の待避所;(引き出しなどの)中身を外に出すこと.

turnover 転覆;補充労働者数;資本回転(率);売上高, 事業成績.

turnpike (有料道路の)料金徴収所;有料道路.

turnround =turnaround.

turnspit 焼き串を回す人;ターンスピット《小型犬》.

turn stile 回り木戸.

turntable (鉄道の)転車台;(レコードプレーヤーの)回転盤.

turnup (ズボンの)折り返し;騒動. **turnup for the book** 思いがけない出来事.

turpentine n., v. テレペンチン, 松やに;テレビン油(を塗る).

turpitude 背徳, 卑劣.

turps テレビン油.

turquoise トルコ石《宝石》;青緑色.

turret (城壁の)小塔, やぐら;(軍艦の)砲塔;(軍用機の)回転銃座.

turtle Zool. カメ《特に海ガメ》; =turtledove.

turtledove Ornith. コキジバト.

turtleneck とっくり襟, タートルネック(のセーター).

turtle shell べっ甲.

Tuscan a., n. トスカナの;トスカナ人(の), トスカナ語(の).

Tuscany トスカナ《イタリア中部の地方》.

tush[1] int. ちぇっ《じれったさ・軽蔑などを表す声》.

tush[2], **tushy, tushie** 尻.

tusk n., v. (口外に突き出た)牙, 出っ歯, 先端(で突く).

tusker 大きい牙の生えた動物《ゾウ・イノシシなど》.

tussle n., v. 組み打ち(する).

tussock 草むら, 茂み.

tut(-tut) int. ちょっ, ちぇっ. —v. 舌打ちをする.

Tutankhamen ツタンカーメン《紀元前14世紀後半のエジプト王;その墓が1922年に発掘された》.

tutelage 保護;後見;後見を受けている身分.

tutelary a. 保護する, 守護の.

tutor n. 家庭教師;U.S.Univ. 学生指導員, 講師;Brit.Univ. 個人指導教官. —v. 家庭教師として教える;指導する;指導教官について研究する, 指導員について研究する;抑制する.

tutorage 家庭教師の職;指導.

tutorial a. tutor(制度)の.

tutorship tutor の地位, tutor の職務.

tutti *a. Mus.* 全声部・全楽器の. — *n. Mus.* 総唱, 総奏.

tutti-frutti 刻んだ果物の砂糖漬け(の入ったアイスクリーム).

tutu チュチュ《バレエ用短スカート》.

tu-whit tu-whoo ほーほー《フクロウの鳴き声》.

tux =tuxedo.

tuxedo タキシード《略式夜会服》.

TV テレビ (television).

TVA Tennessee Valley Authority.

TV dinner テレビディナー《温めるだけで食べられる冷凍食品》.

TV Guide テレビガイド《雑誌》.

TWA Trans World Airlines トランスワールド航空.

twaddle *v., n.* 無駄口(をきく).

twain *n., a.* =two.

twang *n., v.* (弦楽器・弓などの)弦の音(を出す); 鼻声(で言う).

'twas =it was.

twat 女性器; 女.

tweak *v., n.* つねる(こと), 引っ張る(こと).

twee *a.* 気取った, にやけた.

tweed ツイード《服地》; [pl.] ツイードの服.

'tween *prep.* =between.

tweeny 仲働き.

tweet *n., v.* (小鳥の)囀り; 囀る.

tweeter ツィーター《高音用小型スピーカー》.

tweezers ピンセット, 毛抜き.

twelfth *n., a.* 第 12 (番目)(の); 1/12 (の).

Twelfth Day 十二日節《1月6日》.

Twelfth Night Twelfth Day の前夜祭.

twelve *n., a.* 12 (の), 12 個(の), 12 人(の); [the T-] キリストの十二使徒.

twelvemo 十二枚折判(の本).

twelvemonth 一年.

twelve noon 正午.

twelve-note, twelve-tone *a. Mus.* 十二音の.

twentieth *n., a.* 第 20 (番目)(の); 1/20 (の).

twenty *n., a.* 20 (の), 20 個(の), 20 人(の); 20 ドル紙幣, 20 ポンド紙幣.

twenty-fourmo 二十四折判(の本).

twenty-one 21《トランプのゲーム》.

twenty-twenty, 20/20 *a.* 正常視力の.

'twere =it were.

twerp 下らない奴.

twice *ad.* 二倍(に), 二重(に); 二度.

twice-told *a.* 二度話された, 旧聞の, 古臭い.

twiddle *v., n.* いじくる, ひねり回す; ひねり, いじくり.

twig[1] 小枝, 細枝.

twig[2] *v.* 認める; 了解する.

twiggy *a.* 小枝の多い, 小枝のような; ほっそりした, やせた.

twilight (日の出前・日没後の)薄明, 薄暮, たそがれ(時); (薄明に似た)微光; (全盛期, 栄光, 成功の後の)たそがれ(の状態); 晩年.

twilight area 都市の老朽地区.

twilight sleep (無痛分娩の)半麻酔状態.

twilight zone 境界がはっきりしない領域; 都市の老朽地区; 薄暗い場所.

twilit *a.* 薄暗がりの.

twill *n., v.* 綾織り; 綾に織る.

'twill =it will.

twilled *a.* 綾織りの.

twin *n.* 双子(の一人); [pl.] 双子, 双生児; よく似た人, よく似た物; [the Twins] *Astron.* 双子座. — *a.* 双子の, 一対の. — *v.* 双子を生む.

twin bed ツインベッド.

twin bill *Baseball* =doubleheader.

twine *n.* より糸; 紐; 絡みつき; とぐろ. — *v.* より合わせる, 編む; 絡ませる, 絡まる

(*about, round*).

twin-engine(d) *a.* 双発の.

twinge *n., v.* 激痛(を感じる), 激痛を与える; (心の)苦痛(を覚える), (心の)苦痛を与える.

twi-night *a.* Baseball 薄暮から夜にかけてのダブルヘッダーの.

twink ホモ.

twinkle *v.* ぴかぴか光る, きらめく, 輝く, 光る; (旗・舞踏の足など)ちらちら動く. —— *n.* きらめき; またたき.

twinkling *n., a.* きらめき; またたき; 瞬間; ぴかぴかする, ひらめく. **in a twinkling**＝**in the twinkling of an eye** またたく間に.

twin-lens *a.* Phot. 二眼の.

twin-screw *a.* Naut. ツインスクリューの, 二軸推進機の.

twin set ツインセット《婦人用のプルオーバーとカーディガンのアンサンブル》.

twin town 姉妹都市.

twirl *v., n.* くるくる回す, くるくる回る(*round*), ひねり回す(こと), ねじり回す(こと), 回転; (野球で)投球する(こと); (ペン字の)飾り書き; 合い鍵.

twirler バトントワラー, バトンガール; 合い鍵.

twirp ＝twerp.

twist *v.* よる, より合わせる; ねじる, ひねる, 巻く, からむ; (花を)花輪に編む; 曲げる, 歪める; 曲解する, こじつける; ツイストを踊る; だます. —— *n.* よれ, よじれ; ひがみ; 歪曲, 湾曲; (顔などの)ひきつり, ゆがみ; 曲がること, 回転; (野球・テニスなどの)カーブ, ひねり; 曲解; 癖, 不正; 要領, こつ; (事態などの)意外な進展; (物語などの)筋の)ひねり; 新案, 新方式; より糸, ねじりパン, ねじりたばこ; ツイスト(ダンス); (自墜落な)女.

twister よる人; 糸より機械; こじつける人; ひねり球; 難問; 発音しにくい言葉; つむじ風.

twisty *a.* 曲がった; 不正直な.

twit *v.* あざける(*with*). —— *n.* 非難; あざけり; ばか.

twitch *v.* ぴくっと動く, (顔・筋肉などが)ひきつ

る; ぐいと引く, ひったくる. —— *n.* (筋肉などの)ひきつり, 痙攣; ぐいと引くこと.

twitter *n., v.* 囀り, 囀る; くすくす笑い, くすくす笑う; 興奮, 身ぶるい; (興奮したりして)ぺらぺらしゃべる; そわそわする; ぞくぞくする.

'twixt *prep.* ＝between.

two *n., a.* 2(の), 2個(の), 2人(の). **by** [**in**] **twos and threes** 三々五々, ちらほら. **in two** 二つに. **put two and two together** かれこれ考え合わせる, 正確な結論を出す.

two-bagger Baseball 二塁打.

two-bit *a.* 25セントの; 安物の.

two-by-four *a.* 縦が2インチと横が4インチの, 縦が2フィートと横が4フィートの; Arch. ツーバイフォー工法の; 小さな; 狭量な.

two-edged *a.* 両刃の; 両義にとれる, 曖昧な.

two-faced *a.* 二面のある, 両面のある; 偽善的な.

two-fisted *a.* 精力的な, 雄々しい, 攻撃的な; 不器用な; Tennis 両手打ちバックハンドの.

two-fold *a., ad.* 二重の, 二重に, 二倍の, 二倍に.

two-handed *a.* 手が2本ある; (刀など)両手で使う; (遊戯など)二人でする; 両手ききの, 器用な.

twopence 2ペンス(銅貨); 僅か.

twopenny *a.* 2ペンスの; 安っぽい, つまらない.

two-piece *a., n.* ツーピースの(服), ツーピースの水着.

two-ply *a.* (縄が)二つよりの, 二股の.

two-seater 二人掛けのもの《車・長椅子など》.

two-sided *a.* 二面の, 二辺の; 二心のある.

twosome 二人組; (ゴルフなどの)二人試合.

two-step ツーステップ《ダンスの一種》.

two-time *v.* だます, 裏切る; 浮気する.

two-tone *a.* 二色調の, ツートンカラーの.

two-way *a.* 二路の; 二面交通の; 相互的な.

tycoon (Jap) 大君, 将軍; (実業界の)大立物.

tyke 子供; 下劣な奴; 野良犬.

Tylenol *Trademark* タイレノール《鎮痛解熱剤》.

tympan 張りつめた薄膜; *Print.* 圧紙枠, チンパン.

tympanic *a.* 鼓膜の.

tympanic membrane *Anat.* 鼓膜.

tympanitis *Med.* 中耳炎.

tympanum *Anat.* 中耳; 鼓膜.

type *n.* 類型, 典型, 型, 型式, タイプ; 代表, 見本; *Print.* 活字; (妙な)奴.
— *v.* タイプで打つ, ワープロで打つ.

typecast *v.* 劇の人物に酷似した俳優や女優を配役する.

typeface 書体.

typefounder 活字鋳造工.

type-high *a.* *Print.* 活字と同じ高さの.

type metal 活字合金.

typescript タイプ原稿.

typesetter 植字工.

typewrite *v.* タイプ(ライター)で打つ.

typewriter タイプライター.

typewriting タイプライター技術.

typewritten *a.* タイプ(ライター)で打った.

typhlitis *Med.* 盲腸炎.

typhoid *a., n.* *Med.* 腸チフス(性)の; ＝typhoid fever.

typhoid fever 腸チフス.

typhoon 台風.

typhus *Med.* 発疹チフス.

typic *a.* ＝typical.

typical *a.* 代表的な, 典型的な; 特有な (of); 象徴的な (of).

typically *ad.* 一般的に, 概して.

typify *v.* 表す, 代表する, …の典型となる, 象徴する; 予表する.

typist タイピスト.

typo 誤植.

typographer 印刷工.

typographic(al) *a.* 印刷(上)の.

typography (活版)印刷(術).

typology 類型学; 印刷学.

tyrannic(al) *a.* 圧制的な, 暴虐な.

tyrannicide 暴君殺害(者).

tyrannize *v.* 虐政を施す, しいたげる, 圧制する (over).

tyrannous *a.* ＝tyrannical.

tyranny 専制政治; 虐政, 圧制; 残虐; *Gk Hist.* 僭主政治.

tyrant 暴君, 専制君主; *Gk Hist.* 僭王, 僭主.

tyre *n., v.* ＝tire¹.

tyro 初心者.

Tyrol チロル《アルプス山脈の一地方》.

Tyrolean *a., n.* チロル(人)の; チロル人.

tzar ＝czar.

U

u *n.* U字形(のもの). — *a.* [U] 上流階級の.

U (<universal) *Motion Pictures* 一般向き.

UA United Airlines ユナイテッド航空《国際略語》. **UAE** United Arab Emirates アラブ首長国連邦. **UAW** United Automobile Workers 全米自動車労働組合.

U-bahn (西ドイツとオーストリアの)地下鉄.

ubiquitous *a.* 至る所にある, 遍在する.

ubiquity 遍在; [U-] *Relig.* (キリストの)遍在.

U-boat Uボート《ドイツ潜水艦》.

UCLA University of California, Los Angeles.

UDC universal decimal classification *Library* 国際十進分類法.

udder (牛・羊などの)乳房.

UFO (<*unidentified flying object*) 未確認飛行物体, 空飛ぶ円盤.

ufology, UFOlogy UFO 研究.

Uganda ウガンダ《アフリカ中東部の共和国》.

ugh *int.* うふ, うっ《恐怖・軽蔑などの発声》.

uglify *v.* 醜くする; 台無しにする.

ugly *a.* 醜い; 醜悪な, 嫌な, ひどい, 不快な;(天気など)険悪な, 危険な, 厄介な; 意地悪い; 気難しい.

ugly customer 乱暴者.

ugly duckling 醜いあひるの子《初めはばかと思われて後に偉くなる子供, 初めは醜いと思われて後に美しくなる子供》.

uh *int.* あー, えー《考えをまとめるときの長い発声》.

UHF ultrahigh frequency.

uh-huh *int.* うん《同意の発声》.

uh-uh *int.* ううん《不同意の発声》.

UK United Kingdom.

ukase (帝政ロシヤの)勅令; 法令, 布告.

uke =ukulele.

Ukraine [the ~] ウクライナ《黒海北部地方のソ連邦の一共和国》.

Ukrainian *a., n.* ウクライナの; ウクライナ人(の), ウクライナ語(の).

ukulele ウクレレ.

ulcer *Med.* 潰瘍; 病弊, 弊害.

ulcerate *v.* 潰瘍を生じさせる, 膿ませる; 腐敗させる.

ulceration 潰瘍(形成).

ulcerative *a.* 潰瘍を生じる.

ulcerous *a.* 潰瘍性の, 潰瘍にかかった.

ullage *Com.* 不足量; 損量; かす.

ulna *Anat.* 尺骨.

Ulster アルスター《アイルランド北部地方》; [u-] アルスター《ベルト付き長外套》.

ulterior *a.* 向こう側にある, さらに遠い; 隠れた, 奥の, 裏面の; 後ろの, 今後の.

ultima ratio (L) 最後の議論, 最後の手段;

ultimate *a., n.* 最後の, 究極の; 根源の, 根本の; 最高の, 最大の; 究極, 最後の手段.

ultimately *ad.* 究極的に, 最後に, ついに, 結局.

ultima Thule (L) 世界の果て, 極限.

ultimatum 最後の言葉; 最後通告.

ultimo (L) *a.* 先月の.

ultra *a., n.* 過激な, 極端な; 過激論者, 急進家.

ultraconservative *a.* 超保守的な.

ultrafiche ウルトラフィッシュ《原本を $1/100$ 程に縮小したマイクロフィッシュ》.

ultrahigh *a.* きわめて高い, 超高度の.

ultrahigh frequency *Elec.* 極超短波.

ultraism 極端論, 過激論.

ultramarine *a., n.* 海外の; 群青, ウルトラマリン.

ultramicro *a.* 極微小の.

ultramicrofiche 超マイクロフィッシュ.

ultramicroscope 超顕微鏡.

ultramodern *a.* 超現代的な.

ultramontane *a., n.* 山のかなたの, (特に)アルプスの南方の, イタリアの; 教皇至上権を支持する(人).

ultranationalism 超国家主義.

ultrashort *a.* *Phys.* 極超短波の.

ultrasonic *a.* 超音波の.

ultrasonics 超音波, 超可聴音; 超音波学.

ultrasonography *Med.* 超音波検査法.

ultrasound *Phys.* 超音波《診療用など》.

ultraviolet *a.* *Phys.* 紫外(線)の.

ululant *a.* 吠える; ほーほー鳴く.

ululate *v.* 吠える; ほーほー鳴く.

Ulysses *Gk Myth.* ウリッセース(Homer 作 *Odyssey* の主人公).

um *int.* うーん, いや《躊躇などを表す》.

umbel *Bot.* 繖形花序.

umber *n., a.* アンバー(の), 黄褐色(の).
— *v.* アンバーで塗る.

umbilical *a.* 臍の; 中央の. — *n. Aerospace* =umbilical cord.

umbilical cord *Anat.* 臍帯, 臍の緒; *Aerospace* 臍の緒《発射前のロケットに燃料などを供給する》; (宇宙飛行士・潜水夫の) 命綱.

umbilicus *Anat.* 臍.

umbra *Astron.* 本影《月や地球の影が太陽をまったくおおう陰》; アンブラ《太陽黒点の中央暗黒部》.

umbrage 不快, 立腹.

umbrageous *a.* 陰を作る, 陰の多い; 立腹しやすい.

umbrella 傘, こうもり傘; 庇護, 「かさ」; *Mil.* 上空掩護(飛行隊), 上空掩護弾幕砲火; パラシュート.

umbrella stand 傘立て.

Umbria ウンブリア《イタリア中部の地方》.

Umbrian *a., n.* ウンブリアの; ウンブリア人(の), ウンブリア語(の).

umiak ウミヤック《エスキモーのあざらしの皮を張った木造の小舟》.

umlaut (G) *n., v. Ling.* 曲音, ウムラウト(で前母音に変化させる).

umpirage 仲裁人の地位, 仲裁人の職, 仲裁人の権威, アンパイアの地位, アンパイアの職, アンパイアの権威.

umpire *n., v.* 仲裁人, (競技の)審判, アンパイア; *Law* 裁定人; 仲裁する, 審判する.

umpteen *a., n.* 多数の(の).

umpteenth *a.* 何度目かわからないほどの.

umpty *a.* これこれの, しかじかの.

un *pron.* =one.

UN United Nations.

unabashed *a.* 赤面しない, 厚かましい, 平気な.

unabated *a.* 減退しない, 弱らない.

unable *a.* できない (to do).

unabridged *a.* 省略してない, 完全な.

unaccented *a.* アクセントのない.

unacceptable *a.* 受け取り難い, 承知できない, 嫌な.

unaccompanied *a.* 連れのない; *Mus.* 無伴奏の.

unaccomplished *a.* 未完成の; 無芸の.

unaccountable *a.* 説明できない, 訳の分からない; (弁明の)責任がない.

unaccustomed *a.* 不慣れの (to); 普通でない.

unacquainted *a.* 知らない, 不案内な (with).

unadaptable *a.* 適合しえない.

unadorned *a.* 飾りのない.

unadulterated *a.* 混ぜ物のない, 純粋な; 完全な, まったくの.

unadvisable *a.* 不得策な.

unadvised *a.* 無分別な, 軽率な.

unaffected *a.* 気取らない, ありのままの; 影響されない, (心を)動かされない.

unafraid *a.* 恐れない.

unaided *a.* 助けを受けない.

unalienable *a.* 人に譲れない.

unallowable *a.* 許し難い.

unalloyed *a.* 混ぜ物のない, 純粋な, 真実な.

unalterable *a.* 変えられない.

unaltered *a.* 変わらない, 不変の.

unambiguous *a.* 明白な.

un-American *a.* 非アメリカ的な; (行為など) 非米的な, 反米的な.

unanalyzable *a.* 分析できない.

unanimous *a.* 合意の, 満場一致の; 異口同音の.

unannounced *a.* 公言され(てい)ない, 発表され(てい)ない; 予告なしの, 取り次ぎを受けない, 突然現れる.

unanswerable *a.* 答弁のできない; 答えのない.

unappeasable *a.* 静められない，満足できない．

unappeased *a.* 静められない，満足しない．

unappetizing *a.* 食欲をそそらない．

unappreciated *a.* 鑑賞されない，真価を見落とされた．

unappreciative *a.* 目のきかない．

unapproachable *a.* 近づき難い，及び難い，無敵の．

unapt *a.* 適切でない；のろい，下手な．

unarguable *a.* 議論の余地のない．

unarmed *a.* 武器を持たない．

unartistic *a.* 芸術に没交渉な，非芸術的な．

unashamed *a.* 恥じない，厚かましい．

unasked *a.* 頼まれない，要求されない；(来客など)招待されないで．

unaspirated *a. Phonet.* 無気音の．

unaspiring *a.* 向上心のない．

unassailable *a.* 攻撃できない；論争の余地のない．

unassisted *a.* 助けを受けない．

unassuming *a.* でしゃばらない，謙遜な．

unattached *a.* 付属してない；無所属の，中立の；未婚の．

unattainable *a.* 達し難い，遂げられない．

unattended *a.* 連れのない，付添人のない；伴わない，世話をされ(てい)ない，うっちゃらかしの；(医者の)手当てを受けない；出席者の少ない，出席者のいない．

unattractive *a.* 人目を引かない，愛敬のない，美しくない．

unauthorized *a.* 公認されない，根拠のない，越権の．

unavailable *a.* 手に入らない；利用できない；不在の．

unavailing *a.* 役にたたない，無益な．

unavoidable *a.* 避け難い，やむをえない．

unavowed *a.* 承認され(てい)ない．

unaware *a.* 気づかない，知らない (*of, that*).

unawares *ad.* 不意に；知らずに．

unbacked *a.* 支持者のない；(馬が)まだ人を乗せない．

unbalance *v.* 均衡を破る．

unbalanced *a.* 不均衡な，バランスの取れない；(心が)乱れた．

unbaptized *a.* 洗礼を受け(てい)ない；世俗的な．

unbar *v.* かんぬきをはずす，掛け金をはずす；あける．

unbearable *a.* 耐え難い．

unbeaten *a.* 打たれない；負けたことのない；踏みならされ(てい)ない．

unbecoming *a.* 似合わない；見苦しい，下品な．

unbefitting *a.* 適しない，不似合いの．

unbeknown *a.* 未知の． — *ad.* 知られずに．

unbelief 不信，懐疑；不信仰，無宗教．

unbelievable *a.* 信じ難い．

unbeliever 懐疑者；不信心者，無信仰者．

unbelieving *a.* 懐疑的な；不信心な，無信仰の．

unbend *v.* 真っ直ぐに伸ばす，真っ直ぐに伸びる；休める，くつろぐ，(帆を)はずす，(ロープを)解く．

unbending *a.* 曲がらない，たわまない；くつろいだ；断固たる．

unbiased *a.* 偏見のない，公平な．

unbidden *a.* 命じられない，自発的な；招かれない．

unbind *v.* 解く，ほどく；解放する．

unblemished *a.* 傷のない；汚れのない，清らかな．

unblessed *a.* 祝福されない；呪われた．

unblushing *a.* 赤面しない，厚かましい．

unbolt *v.* ボルトをはずす，かんぬきをはずす，あける．

unbolted *a.* かんぬきをはずした；(麦粉など)ふるってない．

unborn *a.* まだ生まれ(てい)ない；将来の．

unbosom *v.* (苦しみなどを)明かす，(胸中を)打ち明ける (*oneself*).

unbound *a.* 解放された; ばらばらの.

unbounded *a.* 果てしのない; 制限のない.

unbowed *a.* 曲がっていない; 屈服しない.

unbranded *a.* (商品が)ブランド名のない.

unbridle *v.* 馬勒をはずす; 自由にする.

unbridled *a.* 馬勒をつけない; 拘束のない, 抑制のない, 放逸な.

unbroken *a.* 破れ(てい)ない, 壊れ(てい)ない; 連綿とした; くじけない; 慣らされてない; 未開墾の.

unbuckle *v.* 締め金をはずす.

unburden *v.* 荷を降ろす; (秘密を)打ち明ける (*oneself*).

unburied *a.* 葬られ(てい)ない; 墓から掘り出された.

unbusinesslike *a.* 実務的でない, 非能率的な.

unbutton *v.* ボタンを外す.

uncalled-for *a.* 不要な, 余計な, 出過ぎた; いわれのない, 理由のない.

uncanny *a.* 気味の悪い, 不思議な.

uncap *v.* 脱帽させる, 脱帽する.

uncared-for *a.* 世話されない, 捨てられた.

unceasing *a.* 絶え間ない, 間断ない.

unceremonious *a.* 儀式張らない, 形式張らない, 打ち解けた; ぶっきらぼうな.

uncertain *a.* 変わりやすい; 不確かな, 不明な; 当てにならない.

uncertainty 不定, 不確定; 不安.

unchain *v.* 鎖を解く; 解放する.

unchallenged *a.* 問題にされない.

unchangeable *a.* 不変の.

unchanged *a.* 変わらない.

unchanging *a.* 変化しない, 一定不変の.

uncharitable *a.* 無慈悲な, 厳しい.

uncharted *a.* 海図に載っていない, 地図に載っていない, 未踏の; 未知の.

unchary *a.* 不用心な.

unchaste *a.* 身持ちの悪い, 不貞な.

unchastened *a.* 試練を受け(てい)ない.

unchecked *a.* 抑制され(てい)ない; 検査し(てい)ない.

unchristian *a.* 非キリスト教的な, 野蛮な; 寛大でない, 思いやりのない, 不親切で; 途方もない, むちゃな.

unchurch *v.* 教会から追放する, 破門する.

uncial *n., a.* アンシャル体(の)(4-8世紀に用いられた筆写体の一種).

uncircumcised *a.* 割礼を受け(てい)ない; 異教の.

uncivil *a.* 粗野な, 無作法な; 未開の.

uncivilized *a.* 未開の, 野蛮な.

unclad *a.* 衣服を着ていない, 裸の.

unclaimed *a.* 要求されない; 持ち主のない.

unclasp *v.* 留め金を外す; (握った手を)開く.

unclassified *a.* 分類してない; 機密扱いにしてない.

uncle おじ; 質屋(のおやじ). **say uncle** 参ったと言う.

unclean *a.* 汚い; 汚れた; 淫らな; (宗教的儀式上)食べることを禁じられた, 不浄の.

uncleanly[1] *ad.* 不潔に.

uncleanly[2] *a.* 不潔な.

unclench *v.* 押しあける.

Uncle Sam 米国政府(の擬人化); アンクルサム, (典型的な)米国人.

Uncle Tom 白人にへつらう黒人.

Uncle Tomahawk 白人社会に融和したアメリカインディアン.

Uncle Tomism (黒人の)白人迎合(主義).

uncloak *v.* 外套を脱がせる; あばく.

unclose *v.* 開く.

unclothe *v.* 衣服を脱がせる; 裸にする.

unclouded *a.* 雲のない, 晴れ渡った; 晴れ晴れした.

uncoil *v.* (巻いたものを)ほどく, ほぐれる.

uncoined *a.* 貨幣に鋳造され(てい)ない; 真正の.

uncolored *a.* 着色し(てい)ない; ありのままの.

uncombed *a.* 櫛を当て(てい)ない.

un-come-at-able *a.* 得難い; 近づきにくい.

uncomely *a.* 美しくない; 無作法な.

uncomfortable *a.* 心地良くない; 窮屈な, 不自由な.

uncommitted *a.* 未遂の; 言質に縛られ(てい)ない, 協約に縛られ(てい)ない.

uncommon *a.* 異常な, 珍しい, 非凡な. —*ad.* すこぶる.

uncommonly *ad.* 異常に, 非凡に; 非常に, すこぶる.

uncommunicative *a.* 無口な; 遠慮深い.

uncomplaining *a.* 不平を言わない, 辛抱強い.

uncomplimentary *a.* 無礼な.

uncompromising *a.* 一歩も譲らない, 非妥協的な, 頑固な.

unconcern 無関心, 平気, 冷淡.

unconcerned *a.* 無関心な, 平気な; 無関係な.

unconditional *a.* 無条件の, 絶対的な.

unconditioned *a.* 無条件の; 本能的な.

unconfirmed *a.* 確かめられ(てい)ない.

uncongenial *a.* 性に合わない, 気の合わない.

unconnected *a.* 関係のない, 関連のない (*with*); 支離滅裂な.

unconquerable *a.* 征服できない, 打ち勝ち難い.

unconquered *a.* 征服され(てい)ない.

unconscientious *a.* 良心的でない, 節操のない.

unconscionable *a.* 非良心的な; 不条理な, 法外な.

unconscious *a.* 人事不省の; 無意識の, 知らない (*of*); [the ~] *Psychol.* 無意識.

unconsciously *ad.* 気づかずに; 無意識に.

unconsidered *a.* 考慮され(てい)ない, 不用意な.

unconstitutional *a.* 非立憲的な, 違憲の.

unconstitutionality 憲法違反, 違憲.

unconstrained *a.* 強制されない, 拘束を受け(てい)ない, 自発的の, 自然の; 窮屈さのない, ゆったりした.

unconstructed *a.* (服が)芯やパッドで形を作ったのでない.

uncontaminated *a.* 汚点のない, 清らかな.

uncontrollable *a.* 抑制できない.

uncontrolled *a.* 抑制され(てい)ない, 統制され(てい)ない, 自由な.

unconventional *a.* 慣例に従わない, 慣習に従わない, 非因襲的な, 自由な.

unconventionality 因襲にとらわれないこと; 自発性, 独創性.

unconverted *a.* 変化し(てい)ない; 改宗し(てい)ない.

unconvinced *a.* 納得しない.

uncooked *a.* 料理し(てい)ない, 生の.

uncool *a.* 自信のない, 野暮ったい; 仲間の流儀に合わない.

uncork *v.* コルク(栓)を抜く.

uncountable *a.* (一つ二つと)数えられない, 数え切れない. —*n. Gram.* 不可算名詞.

uncounted *a.* 数えられ(てい)ない; 無数の.

uncouple *v.* (連結を)解く, 解き放す.

uncouth *a.* 粗野な, 野暮な; 異様な, 気味悪い; もの寂しい.

uncover *v.* 覆いを取る, むき出しにする; 暴く, 発表する; 脱帽する.

uncreated *a.* 創造され(てい)ない; みずから(永久に)存在する.

uncritical *a.* 無批判的な.

uncross *v.* …の交差を解く.

uncrown *v.* 王位から退ける.

uncrowned *a.* 王冠を戴かない; 無冠の.

uncrushable *a.* (布などが)しわにならない.

UNCTAD (< *United Nations Conference on Trade and Development*) 国連貿易開発会議.

unction *Relig.* 塗油(式); *Rom. Cath.* 終油の秘跡;(傷に)油を塗ること;(塗油式に用いる)聖油;軟膏;へつらい,甘言;宗教的情熱,偽りの感激.

unctuous *a.* 油のような;油ぎった,滑っこい;口先のうまい,感動したらしい,熱心ぶった.

uncultivated *a.* 未開墾の;無教養な;粗野な.

uncultured *a.* 教養のない,無教育な.

uncurbed *a.* (馬が)はみを付け(てい)ない;拘束しない.

uncured *a.* 直らない;(魚などが)保存処理未加工の.

uncurl *v.* (縮れなど)伸ばす,伸びる;(巻いたものなど)広げる,広がる.

uncut *a.* 切らない;(書物などが)カットされていない;(宝石が)原石のままの;まぜ物のない;(製本の)縁が切ってない.

undamaged *a.* 損害を受け(てい)ない;無事の.

undated *a.* 日付のない;期日を定め(てい)ない.

undaunted *a.* 恐れない,大胆な.

undeceive *v.* (誤りを)悟らせる,(詐欺などを)免れさせる.

undecided *a.* 未決定の;(天候など)定まらない;優柔不断の;ぼんやりした.

undecipherable *a.* 判読できない.

undeclared *a.* 宣言されていない;無申告の.

undefended *a.* 防備のない;弁護され(てい)ない.

undefiled *a.* 汚れのない,清い.

undefined *a.* 定義されない;はっきりしない.

undelivered *a.* 配達されない.

undemocratic *a.* 非民主的な.

undemonstrative *a.* 感情を外に表さない.

undeniable *a.* 否認できない,争われない;申し分のない,すばらしい.

undenominational *a.* 非宗派的な.

undependable *a.* 頼りにならない.

under *prep.* …の下に (under the table); …以下の (under forty); (地位が)…に劣る, …より下級の;(成年)に達しないで (under age); …のもとに,を受けて (under orders, influence, etc.); …を負うて (sink under a load); (誓約・必要・事情 など)のもとに,に制せられて (under these circumstances); …に従って,に基づいて (under the terms); に託して,かこつけて (under a false name); …の治下に (England under the Tudors); … 中 (under discussion); …に属する (items under this head); 植え付けられている (area under rice). — *ad., a.* 下に;下の,下部の;水中に;不十分に,不十分の,不足して,不足の;抑圧されて,支配されて.

underachieve *v.* (知能の割りには)成績が足りない.

underachievement 成績不良.

underachiever 成績不良の学生.

underact *v.* (力を入れずに)不十分に演じる.

underage *a.* 未成年の.

underarm *a.* 腋の下の;下手投げの.

underbelly 下腹部;攻撃されやすい地域,弱点,急所.

underbid *v.* …より安く値をつける.

underbred *a.* 教育のない,下品な.

underbrush 下生え.

undercarriage (車両などの)下部構造;(飛行機の)降着装置.

undercharge *v.* (妥当な)値段以下に請求する. — *n.* 値段以下の請求.

underclass (社会の)下層階級.

underclassman (大学の)一・二年生.

underclothes 下着,肌着.

underclothing 下着,肌着.

undercoat (自動車の)錆止め下塗り.

under-consumption *Econ.* 過少消費.

undercover *a.* 秘密に行われる,秘密の.

undercover man おとり捜査員;産業スパイ.

undercurrent 下層流，底流；暗流．

undercut v. …の下を切り落とす；(他人よりも)安く売る，(他人よりも)安く働く． — n. (牛の)ヒレ肉；(テニスなどの)アンダーカット．

underdeveloped a. 発達不十分な；(国が)低開発の；*Phot.* 現像不足の．

underdo v. (肉などを)生焼けに焼く，生煮えに煮る；普通以下にする．

underdog 「負け犬」，(人生の)敗者，脱落者．

underdone a. 生焼けの，生煮えの，半熟の．

underdress v. 略式過ぎる服装をする．

under-employed a. 十分に活用されていない．

under-employment 不完全就業状態．

underestimate v. 安く見積もる；見くびる． — n. 軽視．

underexpose v. *Phot.* 露光不足にする．

underexposure *Phot.* 露光不足．

underfeed v. …に十分の食物を与えない．

underfelt カーペットの下に敷くフェルト地．

underfloor a. (暖房が)床下式の．

underfoot ad. 足もとに；邪魔になって．

undergarment 下着．

undergo v. 経験する，経る；(災難などに)遭う，被る；(手術・試験などを)受ける．

undergrad ＝undergraduate．

undergraduate (大学の)在学生．

underground a., n. 地下の；地下運動(の)，潜行的な(政治結社)，秘密の，アングラの；地下鉄；地下道． — ad. 地下に，地下で；潜行的に． — v. 埋設する．

undergrown a. 発育不十分の．

undergrowth 下生え．

underhand a. うしろ暗い，内密の；下手投げの． — ad. 内密に，こっそりと．

underhung a. (下顎が)上顎より突き出た．

underlay v. …の下に置く． — n. 下に敷く物，下敷き．

underlie v. …の下に横たわる，…の下にある；…の基礎となる，土台をなす；…の基底形となる．

underline v. 下に線を引く；強調する． — n. 下線，アンダーライン；写真の下の説明語句，挿絵の下の説明語句．

underling 下役，下回り，手下．

underlip 下唇．

underlying a. 下にある；基礎的な；根底にある；基底(形)の；裏に潜んだ；潜在的な．

undermanned a. 手不足の；乗組員不足の．

undermentioned a. 下記の．

undermine v. …の下を掘る；(浸食作用で)…の根元を削り去る，…の土台を削り去る；(名声などを)覆す；(勢力・健康などを)徐々に害する．

undermost a. 最下(級)の．

underneath ad., prep. …の下に．

undernourished a. 栄養失調の．

underpants パンツ，ズボン下．

underpass 地下道；立体交差の下方の道路．

underpay v. 給料を十分に払わない．

underpin v. (杭・コンクリート・石などで建築物の)土台を固める，補強する；支持する．

underplay v. 控え目な演技をする；役負けする．

underplot (劇などの)わき筋；企み．

underpopulated a. 人口不足の，過疎の．

underpopulation 人口過疎．

underprivileged a. (社会的に)恵まれない，貧しい．

underproduction 生産不足．

underproof a. 標準より酒精分の含有が少ない．

underquote v. …より下値を付ける．

underrate v. 安く見積もる，見くびる，軽視する．

underreport v. (収入・情報などを)不完全に報告する．

underscore v. …にアンダーラインを引く, …に下線を引く; 強調する.

undersea a. 海中の; 海底の. — ad. 海中に, 海中で; 海底に, 海底で.

underseas ad. ＝undersea.

undersecretary (各省)次官.

undersell v. (他より)安く売る; 控え目に宣伝する.

undersexed a. 性的衝動が少ない, 性的興味が少ない.

undershirt 肌着, シャツ.

undershoot v. (目標に)達しない; Aeronaut. (滑走路)の手前で着陸する.

undershorts (男子用)パンツ.

undershot a. (水車が)下射式の.

undershrub 小低木.

undersigned a. 下名の; [the ～] 下記の者; 署名者.

undersized a. 小型の.

underskirt ペチコート.

underslung a. (自動車のフレームが)車軸より低い; 重心の低い.

understaffed a. 人員不足の.

understand v. 理解する, 意味を取る; 解釈する, 推察する, 思う; …と聞き及んでいる, 承知している; [受身で] (言葉を)略す; (略した言葉を)心で補う.

understandable a. 理解できる.

understandably ad. 理解できるほどに, …はもっともだ.

understanding n. 理解; 知力, 悟性, 思慮分別; 意見の一致, 了解, 申し合わせ. — a. 物の分かる, 分別のある.

understate v. 控え目に言う.

understudy v. 代役のために稽古する. — n. 代役(俳優).

undertake v. 請け負う, 引き受ける; (仕事など)を始める, 着手する; 企てる; 約束する (to do); 保証する.

undertaker 引受人, 請負人; 企業家; 葬儀屋.

undertaking 企て, 事業, 企業; 約束, 責任, 保証; 葬儀業.

undertenant また借り人, 転借人.

under-the-counter a. 秘密取り引きの, 不法な.

under-the-table a. 内密の.

undertone 低音, 小声; 薄色; 基調, 底流.

undertow 引き波, 逆流.

undervalue v. 過小評価する, 安く見積もる, 見くびる.

underwaist (ブラウスの下に着る)短い下着.

underwater a. 水中(用)の; Naut. 喫水線下の.

underwear 肌着.

underweight n., a. 重量不足(の).

underwhelm v. しらけさせる.

underwood 下生え.

underwork v. (機械を)十分に働かせない; …より安い賃金で働く; ほとんど働かない.

underworld 下界, 地獄; 下層社会, 暗黒社会.

underwrite v. …の下に書く, に署名する; (海上)保険をつける.

underwriter (海上)保険業者; 証券引受人.

undeserved a. 不相応の, 分外の.

undesirable a., n. 望ましくない, 好ましくない(人物).

undesired a. 望まれない.

undetermined a. 未定の, 未決の, 優柔不断の.

undeveloped a. 未発達の; 未開発の; Phot. 未現像の.

undeviating a. 本道を離れない, 迷わない.

undies (女性用の)下着類.

undifferentiated a. 分化し(てい)ない; 等

質の.

undigested *a.* 未消化の.

undignified *a.* 威厳のない.

undiluted *a.* 薄められ(てい)ない, 濃い, 純粋の.

undiminished *a.* 減じ(てい)ない, 衰えない.

undine (女性の)水の精.

undiplomatic *a.* 外交手腕に欠ける, 気のきかない.

undirected *a.* 指図のない; 宛名のない.

undisciplined *a.* 訓練のない, 未熟な; 無規律の.

undisclosed *a.* 未発表の, 秘密にされた.

undiscovered *a.* 発見され(てい)ない, 未知の.

undiscriminating *a.* 無差別の, 識別力のない.

undisguised *a.* ありのままの, むき出しの.

undismayed *a.* 落胆し(てい)ない, 平気な.

undisputed *a.* 争う者のない, 異議のない; 明白な.

undistributed *a.* 分配されない.

undisturbed *a.* 邪魔されない, 妨げられない; 静かな.

undiversified *a.* 一様な.

undivided *a.* 分割されない, 連続した; 専念した, ひたすらの.

undivulged *a.* 秘密の.

undo *v.* 元通りにする; 取り消す; 解く, ほどく, 外す, 脱ぐ; 滅ぼす, 破滅させる; 台無しにする.

undock *v.* ドッキングを外す.

undoing ほどくこと; 取り消し; 破滅.

undomesticated *a.* 飼い慣らされ(てい)ない; 非家庭的な.

undone *a.* まだしてない, 未完成の; 解いた; ほどいた; 零落した.

undoubted *a.* 疑いのない, 確かな, 真実の.

undoubtedly *ad.* 疑う余地なく, 確かに.

undraw *v.* (カーテンを)引いて開く.

undreamed-of, undreamt-of *a.* 夢想だにしない, 意外な.

undress *n.* 平服, 略服; 内着, 部屋着; 通常軍装; 裸の状態. ── *a.* 平服の, 普段着の. ── *v.* 脱衣する, 脱衣させる; 飾りを取る; (傷の)包帯を取る.

undressed *a.* 裸の; (傷が)包帯をしていない; 手入れし(てい)ない.

undrinkable *a.* 飲めない.

undue *a.* 過度の; 不当な, はなはだしい; まだ期限の来ない.

undulant *a.* 波状の.

undulate *v.* 波立つ, 波動する, 波動させる; 起伏する, 起伏させる. ── *a.* 波状の.

undulatory *a.* うねりの, 波動の.

unduly *ad.* 過度に, 不当に.

undutiful *a.* 不忠実な, 不孝な.

undying *a.* 不死の, 不滅の, 不朽の.

unearned *a.* 労せずに得た; 分不相応な.

unearth *v.* (穴から)狩り出す; 発掘する; 発見する, 摘発する.

unearthly *a.* この世の物とも思われない, 神秘的な; 気味の悪い; 途方もない.

uneasily *ad.* 不安に; ぎこちなく.

uneasy *a.* 楽でない, 窮屈な; 容易でない, 難しい; 不安な, 気がかりな; ぎこちない.

uneatable *a.* 食べられない.

uneaten *a.* 食べていない.

uneconomic *a.* 非経済的な.

uneducated *a.* 無教育の.

unembarrassed *a.* まごつかない, 平気な.

unemotional *a.* 感情的でない, 冷静な.

unemphatic *a.* 力をこめない, 強調しない; 力のない.

unemployable *a.* 雇用し得ない.

unemployed *a.* 失業した; 利用され(てい)ない; [the ～] 失業者.

unemployment 失業(率).

unemployment benefit 失業給付, 失業手当.

unemployment insurance 失業保

険.

unencumbered *a.* 係累のない; 邪魔のない, 負担のない.

unending *a.* 終わりのない, 無限に続く; 永久の.

unendurable *a.* 耐えられない.

unengaged *a.* 約束してない, 婚約し(てい)ない; 暇な.

un-English *a.* 英国人らしくない, 英国風らしくない, 英語らしくない.

unenlightened *a.* 啓発され(てい)ない; 未開の.

unenterprising *a.* 企業心に乏しい; 進取的でない.

unentertaining *a.* 面白くない; 応じない.

unenviable *a.* 妬ましくない, 困った; 厄介な.

unenvied *a.* 妬まれ(てい)ない, うらやまれ(てい)ない.

unequal *a.* 等しくない, 一様でない, (...に)耐えない (*to*).

unequally *ad.* 不平等に.

unequivocal *a.* 曖昧でない, 明白な.

unerring *a.* 間違いのない, 確実な.

unescapable *a.* 逃れられない.

UNESCO (<*United Nations Educational, Scientific and Cultural Organization*) 国連教育科学文化機関, ユネスコ.

unessential *a.* 本質的でない; 緊要でない; 不必要な.

uneven *a.* 平らでない; 一様でない, むらのある; *Math.* 奇数の.

uneven bars 段違い平行棒.

uneventful *a.* 大事件のない, 平穏な.

unexamined *a.* 無調査の, 無試験の.

unexampled *a.* 前例のない, 空前の, 無比の, 例外の.

unexcelled *a.* 他に勝るものがない.

unexceptionable *a.* 非の打ち所のない, 申し分のない.

unexceptional *a.* 例外でない, 普通の.

unexercised *a.* 実行され(てい)ない; 訓練の足りない.

unexhausted *a.* まだ尽きない; 疲れ切らない.

unexpected *a.* 意外の, 不意の.

unexpectedly *ad.* 思いがけなく; 不意に.

unexpired *a.* 消えない; 尽きない; 満期にならない.

unexplained *a.* 説明のない.

unexplored *a.* 未探検の, 前人未踏の.

unexposed *a.* さらされない; 露出の.

unexpressed *a.* 表され(てい)ない, 暗黙の.

unexpurgated *a.* 無削除の.

unextended *a.* 広げられ(てい)ない.

unfading *a.* しぼまない; 色のさめない; 不滅の.

unfailing *a.* 尽きない, 絶えない; 間違いのない, 確実な, 信頼できる.

unfailingly *ad.* 間違いなく; いつも.

unfair *a.* 不公平な; 公正でない, 不当な.

unfaithful *a.* 不忠実な, 不忠な, 不貞な; 不正確な.

unfaltering *a.* よろよろしない, しっかりした; きっぱりした.

unfamiliar *a.* 親しくない, 不案内な, 慣れていない (*to, with*); 珍しい.

unfashionable *a.* はやらない; やぼな.

unfasten *v.* 解く, 外す, ゆるめる.

unfathomable *a.* 底知れない, 計り知れない, 深遠な, 不可解な.

unfathomed *a.* 計られてない; 計り知れない; 未解決の.

unfavorable *a.* 都合の悪い, 不利な, 逆の; 不親切な; (報告・批評など)好意的でない, 批判的な.

unfed *a.* 食物を与えられ(てい)ない.

unfeeling *a.* 無感覚な, 無情な.

unfeigned *a.* 偽りのない, 誠実な.

unfermented *a.* 発酵させてない; 騒ぎ立たない.

unfertilized *a.* 肥沃でない.

unfetter *v.* 自由にする, 釈放する.

unfettered *a.* 足枷を取られた, 束縛を解かれた.

unfilled *a.* 満たされ(てい)ない.

unfinished *a.* 未完成の; 荒削りの.

unfit *a.*, *v.* 不適当な, 不向きな; 不適当にする, 無資格にする.

unfix *v.* ゆるめる, 外す; (人心などを)ぐらつかせる.

unflagging *a.* 衰えない, たゆまない.

unflappable *a.* 落ち着いた, 冷静な.

unflattering *a.* へつらわない.

unfledged *a.* まだ羽の生え揃わない; 未熟な, 若い.

unflinching *a.* ひるまない, 断固とした.

unfold *v.* 開く, 広げる; 明かす, 発表する; 進展する.

unforced *a.* 強制されない, 自発的な, 自然な.

unforeseen *a.* 予知されない, 不慮の.

unforgettable *a.* 忘れられ(てい)ない.

unforgivable *a.* 許せない.

unforgiving *a.* 許さない.

unformed *a.* 定形のない; 未熟の.

unfortunate *a.*, *n.* 不幸な, 不運な(人); 不成功の; 不適当な; 悲惨な.

unfortunately *ad.* 不運にも, あいにく.

unfounded *a.* 根拠のない, (事実)無根の.

unfreeze *v. Econ.* 凍結を解く, 封鎖を解く.

unfrequented *a.* 滅多に人の行かない, 人通りのない.

unfriendly *a.* 友情のない, 不親切な; 敵意のある; 都合の悪い.

unfrock *v.* ...から聖職を剥奪する.

unfruitful *a.* 実を結ばない, 不毛の; 無効の, 不首尾の.

unfulfilled *a.* 果たさない, 実現しない.

unfurl *v.* 広げる, 翻す.

unfurnished *a.* 造作のない, 設備の整っていない.

ungainly *a.* 不格好な; 気のきかない; やぼな.

ungarnished *a.* 飾られ(てい)ない.

ungenerous *a.* 寛大でない, 狭量な, けちな, 卑劣な.

ungird *v.* ...の帯を解く.

unglazed *a.* 上薬をかけない; ガラスをはめ(てい)ない.

unglued *a.* 切り離された; 気が動転した.

ungodly *a.*, *ad.* 不信心な, 神をおそれない, 神を敬わない; 罪深い; 邪悪な; ひどい; 恐ろしく; (時刻が)とんでもない.

ungovernable *a.* 治められない, 制御できない; 激しい.

ungoverned *a.* 支配されていない, 統治されていない.

ungraceful *a.* 優美でない; 不様な.

ungracious *a.* 不親切な, 無礼な; 不快な.

ungrammatical *a.* 文法に合わない, (文法的に)不正確な.

ungrateful *a.* 恩知らずの; 働きがいのない; 不快な.

ungrounded *a.* 根拠のない, 理由のない.

ungrudging *a.* 惜しげのない, 気前のいい.

unguarded *a.* 防備のない, 油断した; 不用意の.

unguent 軟膏.

ungulate *a.*, *n. Zool.* 有蹄類の(動物).

unhallowed *a.* 汚れた, 不浄の.

unhampered *a.* 足枷のない; 妨げられない, 自由な.

unhandsome *a.* 醜い; 無礼な, 野卑な; けちな.

unhandy *a.* 扱いにくい; 不器用な.

unhang *v.* (吊るした物を)降ろす.

unhanged *a.* 吊るされていない; 絞首刑を逃れた.

unhappily *ad.* 不幸にも, あいにく; 不幸に.

unhappiness 不幸, 悲哀.

unhappy *a.* 不幸な, 悲しい; 不吉な, 間の悪い,

まずい.

unharmed *a.* 傷つけられない, 損傷を受けない.

unharness *v.* 馬具を取り外す; 武装解除する.

unhatched *a.* (卵が)かえらない.

unhealthful *a.* 健康によくない; 非衛生的な.

unhealthy *a.* 不健康な; 病的な, 有害な; 不健全な.

unheard *a.* 聞こえない; 聞いてもらえない, 弁明を許されない; 聞いたことのない.

unheard-of *a.* 聞いたことのない, 珍しい, 前例のない.

unheeded *a.* 顧みられ(てい)ない, 無視された.

unhesitating *a.* 躊躇しない; てきぱきした.

unhinge *v.* 蝶番をはずす; (精神を)乱す.

unhitch *v.* 解く, 放す.

unholy *a.* 神聖でない, 不浄な; 不信心な; 邪悪な, 罪深い; ひどい, 不自然な.

unhonored *a.* 尊敬され(てい)ない; *Com.* (手形が)引き受けられ(てい)ない.

unhook *v.* (…から) hook を外す.

unhoped-for *a.* 望外の, 予期しない.

unhorse *v.* 落馬させる; 失脚させる.

unhurt *a.* 怪我のない, 無事の.

unhyphenated *a.* ハイフンの付いていない; 生っ粋の.

unicameral *a.* (議会が)一院制の.

UNICEF (<*United Nations International Children's Emergency Fund*) 国連児童基金, ユニセフ《現在名は United Nations Children's Fund であるが, 略は UNICEF のまま》.

unicellular *a. Biol.* 単細胞の.

unicorn (伝説の)一角獣.

unicycle 一輪車.

unideal *a.* 唯物的な; 現実的な; 平凡な.

unidentified *a.* (国籍・身元・所有権など)判明しない, 不明な, 未確認の.

unidiomatic *a.* 慣用語法に反する.

unidirectional *a.* 一定方向の.

unification 統一(化), 統合.

uniform *a.* 同一形状の; 一様の, 一定の, 不変の. —*n.* 制服, 軍服, ユニフォーム. —*v.* (…に)制服を着せる; =unify.

uniformity 一様(性), 一律, 一定; 同型; 合致.

uniformly *ad.* 一様に.

unify *v.* 一様にする, 統一する.

unilateral *a.* 一方だけの, 片側だけの; 一方的な, 片務的な; *Mus.* 舌の片側で調音される; *Bot.* 片側に偏した; (駐車が)片側だけに限られた.

unilateral disarmament 一方的軍縮.

unimaginable *a.* 想像できない.

unimaginative *a.* 想像力のない.

unimpaired *a.* 損なわれ(てい)ない; 弱められ(てい)ない.

unimpeachable *a.* 非難できない, 難点のない.

unimpeded *a.* 妨げられ(てい)ない.

unimportance 重要でないこと; つまらぬこと.

unimportant *a.* 重要でない; つまらない.

unimposing *a.* 目立たない.

unimpressive *a.* 印象的でない.

unimproved *a.* 改善され(てい)ない; 耕作され(てい)ない; 利用され(てい)ない.

uninfluenced *a.* 影響を受けない, 偏見のない.

uninformed *a.* 知らされていない; 無学の.

uninhabitable *a.* 住めない.

uninhabited *a.* 住民のいない, 無人の.

uninhibited *a.* 抑制されていない; おおっぴらの.

uninitiated *a.* 手ほどきを受け(てい)ない, 初心の.

uninjured *a.* 損なわれ(てい)ない; 傷害を受け(てい)ない.

uninspired *a.* 霊感を受け(てい)ない; 平凡な.

uninstructed *a.* 教えられ(てい)ない; 指令を受

universal

け(てい)ない.

unintelligent *a.* 無知な.

unintelligibility 難解なこと.

unintelligible *a.* 難解な.

unintended *a.* 故意でない.

unintentional *a.* 故意でない, ふとした, 偶然の.

uninterested *a.* 無関心な; 利害関係のない; 公平な.

uninteresting *a.* 面白くない.

uninterrupted *a.* 途切れない, 連続した.

uninventive *a.* 発明の才のない, 創意のない.

uninvited *a.* 招かれ(てい)ない, 押しかけの; でしゃばりの.

uninviting *a.* 人の心をひかない; 気が進まない, 嫌な.

union 結合, 併合, 合同, 団結; 連邦; [the U-](アメリカ)合衆国; 同盟; 連合, 組合; 結婚; *Mech.* (パイプなどの)ユニオン継ぎ手.

union catalog *Library* 総合目録.

unionism 連合主義; 労働組合主義.

unionist 連合主義者; 労働組合員, 労働組合主義者.

unionize *v.* 労働組合を組織する, 労働組合に加入する.

Union Jack 英国国旗.

Union of Soviet Socialist Republics ソビエト社会主義共和国連邦, ソ連.

union shop ユニオンショップ《全従業員が組合員である企業体》.

union suit コンビネーション.

unipod *Phot.* (カメラの)一脚式支持台.

unipolar *a. Elec.* 単極の.

unique *a.* 唯一無二の, 唯一的な, 無類の, ユニークな; すばらしい, 珍しい.

unisex *a., n.* (服装・ヘアスタイルなど)男女の区別の(つか)ない(状態), 男女両用の, ユニセックス.

unisexual *a.* ユニセックスの; *Biol.* 単性の.

unison 調和, 一致; *Mus.* 同音, 斉唱.
   in unison *Mus.* 斉唱で; 一致して, 調和して.

unisonant, unisonous *a. Mus.* 同音の, 斉唱の.

unit 一つ, 一人, 一個, 一団, (構成)単位, ユニット; (軍隊の)部隊; 装置; (学科の)単位; ユニット式家具などの一点.

Unitarian *a., n.* ユニテリアン派の(信者).

Unitarianism ユニテリアン主義《三位一体説とキリストの神性とを否定するプロテスタントの一派》.

unitary *a.* 単一の, 単位の.

unite *v.* 一つにする, 一つになる, 結合する, 結束する; 継ぎ合わせる; 一致する; 提携する; 結婚させる; 併有する; 兼ね備える.

united *a,* 結合した, 連合した, 結束した; 一致した.

United Arab Emirates アラブ首長国連邦.

United Kingdom (of Great Britain and Northern Ireland) 連合王国, 英国.

United Nations 国際連合.

United States (of America) アメリカ合衆国, 米国.

unitive *a.* 結合力のある.

unitrust ユニトラスト《全資産の市場価格の一定率を毎年受けられる信託》.

units digit 一の位の数字.

units place 一の位.

unit trust ユニット型投資信託.

unity 統一(性); 統一体; 個体, 単一体; 調和, 一致; *Math.* 一.

univalent *a. Chem.* 一価の.

univalve *a., n. Conchology* 単殻の; 単殻軟体動物.

universal *a.* 宇宙の, 万有の; 万国の, 全世界の; 普遍的な, 全般の; 万能の.

universal donor
—*n.* 普遍性; *Log.* 全称命題.

universal donor *Med.* (血液が O 型の)万能給血者.

universalism *Theol.* (全人類が救済されるという)普遍救済説.

universality 普遍性.

universalize *v.* 一般化する, 普遍化する.

universal joint *Mech.* 自在継ぎ手.

universally *ad.* 全世界に, 一般に; 例外なく.

Universal Product Code 統一商品コード.

universe 宇宙, 万有; 世界, 領域.

Universiade ユニバーシアード《国際学生競技大会》.

university (総合)大学.

university college 大学付属のカレッジ; (地方都市の)ロンドン大学学外学位取得コース.

university extension 大学教育公開講座.

unjust *a.* 不正な, 不公平な, 不当な.

unjustifiable *a.* 理に合わない, 弁解の出来ない.

unkempt *a.* (髪が)櫛を入れてない; むさくるしい.

unkind *a.* 不親切な, 不人情な; 冷酷な, ひどい.

unknit *v.* (結び目などを)解く.

unknowing *a.* 無知の, 知らない, 気づかない (*of*).

unknown *a., n.* 未知の, 不明の; 計り知れない; [the ~] 未知のもの, 未知の世界, 神秘; *Math.* 未知数.

Unknown Soldier (世界大戦の)無名戦士.

unlabored *a.* 骨折らない, 労せずに出来た; (文体など)巧まない, 自然な, すんなりした.

unlace *v.* (靴などの)紐を解く.

unladylike *a.* 淑女らしくない; 下品な.

unlamented *a.* 悲しまれ(てい)ない, 嘆く者のない.

unlash *v.* …の縛り縄をほどく.

unlatch *v.* 掛け金を外す.

unlawful *a.* 不法な, 不当な; 私生(児)の.

unleaded *a.* (ガソリンなど)無鉛の.

unlearn *v.* 念頭から取り去る, 忘れる; (誤り・習癖などを)捨てる.

unlearned *a.* 無学な, 学ばないで知っている).

unleash *v.* (犬などを綱から)解き放す; (感情を)発する; 解放する.

unleavened *a.* パン種の入っていない; 影響を受けていない.

unless *conj.* …でない限り, …しない限り.

unlettered *a.* 無学文盲の.

unlicensed *a.* 無免許の.

unlike *a., prep.* 似ていない, 異なる, 違う; …に似ず, と違って; …らしくなく. —*n.* 同じでない物, 同じでない人.

unlikely *a., ad.* ありそうもない; 見込みのない; ありそうもなく.

unlimber *v.* (大砲の)前車を外す, 発砲準備をする.

unlimited *a.* 無限の, 果てしない; 絶大な, 非常な.

unlined *a.* 裏のない; しわのない.

unlisted *a.* (電話番号が)電話帳に記載されていない; *Stock Exchange* 上場され(てい)ない.

unlit *a.* 点火され(てい)ない.

unload *v.* 荷を降ろす; (心の)重荷を降ろす; 弾丸を抜く; フィルムを出す; 大量に売る; (人に)押しつける.

unlock *v.* 錠をあける, 鍵をはずす; 開く; (秘密などを)打ち明ける.

unlooked-for *a.* 予期しない, 意外な.

unloose(n) *v.* 解く, 緩める.

unlovable *a.* かわいらしくない, 気にくわない.

unloved *a.* 愛され(てい)ない.

unlovely *a.* 愛らしくない, 醜い; 不快な.

unluckily *ad.* 不幸にも, 運悪く.

unlucky *a*. 不幸な, 運の悪い, 不吉な; あいにくの, うまくいかない.

unmade *a*. (ベッドが) 整えられていない.

unmailable *a*. 郵送不能の, 郵送禁止の.

unmake *v*. 滅ぼす, 破壊する; 廃する.

unman *v*. 勇気をくじく, 落胆させる; 去勢する.

unmanageable *a*. 取り扱いにくい, 始末に困る.

unmanly *a*. 男らしくない, 女々しい, 臆病な.

unmanned *a*. (宇宙船などが) 無人の.

unmannerly *a*. 無作法な.

unmarked *a*. 印のない; 記憶され(てい)ない; *Ling.* 無標の.

unmarketable *a*. 市場に不向きの, 売れない.

unmarried *a*. 未婚の.

unmask *v*. 仮面をはぐ, 暴露する.

unmatchable *a*. 匹敵し難い, 相手のない.

unmatched *a*. 無敵の, 無比の.

unmeaning *a*. 無意味な, くだらない; 無表情な, 生気のない; 知性の見えない.

unmeant *a*. 本気でない, わざとでない.

unmeasured *a*. 計られ(てい)ない, 無限の; 度を越えた.

unmelted *a*. 溶けない.

unmentionable *a*. 口にすべきでない, 口に出せない. — *n*. [*pl*.] ズボン, 下着.

unmerciful *a*. 無慈悲な, むごい, 冷酷な; はなはだしい, 途方もない.

unmerited *a*. 功なしに得た, 過分な, 分外の.

unmethodical *a*. 順序立たない, 混乱した.

unmindful *a*. (…を) 心に留めない, (…に) 無頓着な (*of*).

unmistakable *a*. 間違えようのない, 紛れもない, 明白な.

unmitigated *a*. 緩和され(てい)ない; 純粋な, まったくの.

unmixed *a*. 混ぜ物のない, 純粋の.

unmodified *a*. 変更され(てい)ない; *Gram.* 修飾されない.

unmolested *a*. 困らせられ(てい)ない, 悩ませられ(てい)ない; 平穏な, 無事な.

unmoral *a*. 道徳と無関係な.

unmortgaged *a*. 抵当にされ(てい)ない.

unmounted *a*. 馬に乗っていない, 徒歩の; (写真など) 台紙に貼ってない.

unmovable *a*. 動かせない, 不動の.

unmoved *a*. 不動の, 断固とした; 冷静な, 平気な.

unmusical *a*. 音楽的でない, 耳障りな; 音楽の素養のない.

unmuzzle *v*. (犬などの) 口輪を外す; 言論の自由を与える.

unnamed *a*. 名指しされない, 名を挙げてない, 無名の.

unnatural *a*. 不自然な; わざとらしい; 非人道的な; 異常な, 奇怪な.

unnecessary *a*. 不必要な, 無益な.

unnerve *v*. 気力を失わせる.

unnoticed *a*. 注意され(てい)ない, 人目につかない, 顧みられ(てい)ない.

unnumbered *a*. 数え切れない; 無数の; 番号のついていない, ナンバーのついていない.

unobjectionable *a*. 反対出来ない; 当たり障りのない; 異議のない.

unobservant *a*. 不注意な; (規則を) 守らない.

unobserved *a*. 守られ(てい)ない; 認められ(てい)ない, 気付かれ(てい)ない.

unobstructed *a*. 邪魔のない.

unobtainable *a*. 得難い, 手の届かない.

unobtrusive *a*. 出しゃばらない, 慎み深い.

unoccupied *a*. 占有され(てい)ない, 人の住んでいない; 用事のない, 暇な.

unoffending *a*. 人を怒らせない; 罪のない, 無邪気な.

unofficial *a*. 非公式の, 私的な.

unopened *a*. 開かれ(てい)ない, 封じられた(まま)の); 仮綴じの.

unopposed *a.* 反対のない, 無競争の.

unorganized *a.* 組織され(てい)ない.

unoriginal *a.* 独創的でない, 借り物の.

unorthodox *a.* 非正統的な, 異端の.

unostentatious *a.* 気取らない, 質素な.

unpack *v.* (包み・荷を)解く; (中身を)取り出す.

unpaid *a.* 払われ(てい)ない, 未払いの; 無給の, 名誉職の.

unpaired *a.* 配偶(者)のない, 対でない.

unpalatable *a.* 口に合わない, まずい; 嫌な.

unparalleled *a.* 類のない, 無比の.

unpardonable *a.* 許し難い.

unparliamentary *a.* 議会の慣例にそむく.

unpatriotic *a.* 非愛国的な.

unpaved *a.* 敷石のない, 未舗装の.

unpedigreed *a.* 系図のない; 純粋でない.

unpeg *v.* …から木釘を抜く.

unpeople *v.* …から住民を除く.

unperceived *a.* 気付かれ(てい)ない, 人目につかない.

unperformed *a.* 実行され(てい)ない.

unperson (政治的, 思想的に)抹殺された人.

unpersuadable *a.* 説明出来ない, 説得出来ない.

unpersuasive *a.* 説き伏せる力がない.

unperturbed *a.* 平静な.

unphilosophic(al) *a.* 非哲学的な.

unpick *v.* (縫い目などを)ほどく.

unpin *v.* ピンを抜く, ピンを抜いて緩める; かんぬきを外す.

unplaced *a.* 定置され(てい)ない; *Horse Racing* 等外の.

unplayable *a.* (競技場が)競技できない; 演奏できない; 打球不可能な.

unpleasant *a.* 不(愉)快な, 嫌な.

unpleasantness 不快; 不和, けんか.

unpleasing *a.* 不快な, つまらない.

unplowed *a.* 耕してない.

unplumbed *a.* 底知れない.

unpoetic(al) *a.* 詩的でない, 詩趣に乏しい, 散文的な; 平凡な.

unpointed *a.* 先の鈍った.

unpolished *a.* 磨いてない, (米・麦など)搗いてない; 粗野な.

unpolitical *a.* 非政治的な; 政治に関心がない, 政治に関係しない, ノンポリの.

unpolluted *a.* 清浄な; 汚染され(てい)ない.

unpopular *a.* 人望のない, 人気のない, 不評の.

unpopularity 不人気, 不評判.

unpractical *a.* 非実用的な.

unpracticed *a.* 実行され(てい)ない; 練習を積んでない, 未熟な, 未経験の.

unprecedented *a.* 先例のない; 新奇な, 空前の.

unpredictable *a.* 予測できない.

unprejudiced *a.* 偏見のない, 公平な.

unpremeditated *a.* あらかじめ考えたのでない, 故意でない, ふとした; 準備なしの, 即興の.

unprepared *a.* 準備なしの; 予期しない, 不意の.

unprepossessing *a.* 人好きのしない, 無愛想な.

unprescribed *a.* 規定され(てい)ない.

unpresentable *a.* 人前に出せない, 見苦しい; 無作法な.

unpretending *a.* 気取らない.

unpretentious *a.* 見栄を張らない; 控え目な.

unpreventable *a.* 妨げることの出来ない; 避け難い.

unpriced *a.* 値段がついてない; 値ぶみ出来ない, 貴重な.

unprincipled *a.* 無主義の; 無節操の, 不道徳な.

unprintable *a.* (猥褻などで)印刷をはばかる, 印刷に適しない.

unprivileged *a.* 特権のない.

unproductive *a.* 非生産的な; 効果のない;

不毛な.

unprofessional *a.* 非職業的な, 専門外の, 素人の; 職業的慣習に反する, 職業上の規則に反する.

unprofitable *a.* 利益のない, 無益の, 無駄な.

unprohibited *a.* 禁止され(てい)ない.

unpromising *a.* 望みがない, 前途有望でない.

unprompted *a.* 動かされない; 自発的な.

unpronounceable *a.* 発音できない, 発音しにくい.

unprosperous *a.* 不景気な, 不運な.

unprotected *a.* 保護され(てい)ない; 無防備の.

unproved, unproven *a.* 証明され(てい)ない.

unprovided *a.* 供給され(てい)ない; 用意がない; 欠けた (*of*).

unprovoked *a.* 刺激され(てい)ない, いわれのない.

unpruned *a.* 刈り込まない.

unpunctual *a.* 時間を守らない, 几帳面でない.

unpunished *a.* 処罰されない, 刑罰を免れて.

unqualified *a.* 資格のない; 腕のない; 不適確な; 無条件の, 無制限の; まったくの.

unquenchable *a.* 消すことの出来ない, 止められない.

unquestionable *a.* 疑いのない, 確実な, 明白な.

unquestioned *a.* 疑われない, 疑う者のない, 問題にされない; 確実な.

unquestioning *a.* 疑わない, 遅疑しない.

unquiet *a.* 落ち着きのない; 不穏な.

unquote *v.* 引用を終える.

unravel *v.* ほどく, ほぐす; 解く, 解明する.

unread *a.* まだ読んでない; あまり本を読んでいない, 無教育の.

unreadable *a.* 読めない; 読む価値のない, 読んで面白くない.

unready *a.* 用意ができていない; ぐずぐずしている;

冷静でない.

unreal *a.* 実体のない, 実在しない; 架空の, 非現実的な; 理解できない, 信じられない; 親しめない; すばらしい; ひどい.

unrealistic *a.* 非現実的な.

unrealized *a.* 実現されない; 意識されていない.

unreason 不合理.

unreasonable *a.* 不合理な; 無分別な; 途方もない, 法外な.

unreasoning *a.* 理性のない, 衝動的な, 不合理な; 無分別な.

unrecognized *a.* 認められ(てい)ない.

unrecompensed *a.* 報いられ(てい)ない.

unreconciled *a.* 和解し(てい)ない; 一致し(てい)ない.

unrecorded *a.* 登録され(てい)ない.

unredeemed *a.* 果され(てい)ない; 軽減され(てい)ない; 回復され(てい)ない, 償われ(てい)ない.

unrefined *a.* 精製され(てい)ない; 洗練され(てい)ない, 粗野な.

unreflecting *a.* (光を)反射しない; 反省しない, 無思慮な.

unreformed *a.* 改革され(てい)ない.

unregarded *a.* 顧みられ(てい)ない, 無視された.

unregenerate *a.* (精神的に)更生しない; 罪深い; (神に)見捨てられた.

unregistered *a.* 登記され(てい)ない.

unregulated *a.* 調節していない, 整頓してない; 規律のない.

unrelated *a.* 話され(てい)ない; 関係がない.

unrelaxed *a.* ゆるまない, 緊張している.

unrelenting *a.* 容赦しない, 残忍な, 無慈悲な; 断固とした; (速さ・強さが)ゆるむことのない, たゆみない.

unreliable *a.* 信頼できない.

unrelieved *a.* 救われない; 単調な.

unreligious *a.* 非宗教的な; 不信心な.

unremembered *a.* 記憶され(てい)ない, 忘れられた.

unremitting *a.* たゆみない，辛抱強い．

unremunerative *a.* 儲からない；引き合わない．

unrenewed *a.* 改新され(てい)ない，生まれ変わっていない．

unreported *a.* 報告され(てい)ない．

unreproved *a.* 叱られない，非難され(てい)ない．

unrequited *a.* 報いられ(てい)ない．

unreserved *a.* 控え目でない，率直な；遠慮しない；無制限の，無条件の；予約していない．

unresisting *a.* 抵抗しない，従順な．

unresolved *a.* 決心がつかない；未解決の．

unrest 不安，心配．

unrestrained *a.* 抑制され(てい)ない，悩みのない，気儘な．

unrestricted *a.* 制限され(てい)ない．

unrevenged *a.* 復讐され(てい)ない．

unrewarded *a.* 報いられ(てい)ない．

unrhymed *a.* 無韻の．

unrhythmic(al) *a.* 調子の悪い．

unriddle *v.* …の謎を解く．

unrighteous *a.* 正しくない，公正でない；不義の，邪悪な．

unrip *v.* 切り開く．

unripe *a.* 未熟の；(機が)熟さない．

unrivaled *a.* 無比の，無敵の．

unrobe *v.* 衣服を脱がせる．

unroll *v.* (巻物などを)解く，広げる；表す，示す；広がる，展開する．

unromantic *a.* ロマンチックでない，平凡な；実際的な．

unroot *v.* 根こそぎにする．

unround(ed) *a. Phonet.* 非円唇の．

unruffled *a.* 混乱しない，穏やかな．

unruled *a.* 支配を受け(てい)ない．

unruly *a.* 統御できない，始末に負えない；狂暴な．

unsaddle *v.* 鞍を外す；落馬させる．

unsafe *a.* 危険な；信用できない．

unsaid *a.* 言わない，口に出さない．

unsalted *a.* 塩気がない；淡水の；新鮮な．

unsanctioned *a.* 裁可され(てい)ない，正式承認され(てい)ない．

unsanitary *a.* 非衛生的な，不健康な．

unsatisfactorily *ad.* 不満足に，不十分に．

unsatisfactory *a.* 不満足な，不十分な．

unsatisfied *a.* 満足しない，納得しない．

unsatisfying *a.* 満足を与えない，不十分の．

unsaturated *a. Chem.* 不飽和の．

unsavory *a.* 味のまずい；芳しくない；嫌な．

unsay *v.* (前言を)取り消す．

UNSC United Nations Security Council 国連安全保障理事会．

unscarred *a.* 傷がない．

unscathed *a.* 無傷の．

unscheduled *a.* 予定外の．

unschooled *a.* 無教育の；生まれつきの．

unscientific *a.* 非科学的な．

unscramble *v.* もとに戻す；(暗号を)解読する．

unscrew *v.* ねじを抜く．

unscripted *a. Broadcast* 台本によらない，ぶっつけ本番の．

unscrupulous *a.* 不謹慎な，非良心的な，(悪事などをするのに)平気な，無節操な．

unseal *v.* 封を切る．

unsealed *a.* 開封の；押印され(てい)ない．

unseasonable *a.* 時候はずれの；折悪い．

unseasoned *a.* 調味し(て)ない；未熟の，未経験の．

unseat *v.* 落馬させる；(座から)振り落とす；(議員の)議席を奪う；退職させる．

unsecured *a.* 保証のない．

unseeing *a.* 見ようとしない；盲目の．

unseemly *a., ad.* 見苦しい，見苦しく；不適当な，不適当に．

unseen *a.* 見えない; 未見の, 初見の; 即席の.

unselfish *a.* 無欲な, 無私の.

unsell *v.* 信じてはいけないと説得する, 思いとどまらせる.

unsentimental *a.* 感傷的でない, 実際的な.

unserviceable *a.* 実用にならない.

unset *a.* 据えてない. —*v.* (宝石を)台から外す.

unsettle *v.* (安定を)乱す, 動揺させる; 落ち着きを失わせる.

unsettled *a.* 決心のつかない, 不安定の; 未決の, 未定の; 一定の住所のない; 定住民のない; 未決済の; (天候など)変わりやすい.

unsex *v.* 性の特質をなくする; (女性を)男性化する; 性的不能にする.

unshackle *v.* …から枷を外す, 自由にする.

unshaded *a.* 陰のない, 日当たりの.

unshadowed *a.* 陰影のない.

unshakeable *a.* 揺るぎない.

unshaken *a.* 動揺しない, 確固たる.

unshapely *a.* 不格好な.

unshaven *a.* (ひげを)剃ってない.

unsheathe *v.* 鞘から抜く.

unshed *a.* 流され(てい)ない.

unship *v.* 陸揚げする.

unshod *a.* 靴をはいてない; 蹄鉄を打ってない.

unshorn *a.* 刈ってない.

unshrinkable *a.* 縮まない.

unshrinking *a.* ひるまない, びくともしない; 断固とした.

unshut *a.* 閉じ(てい)ない.

unsifted *a.* ふるいを掛け(てい)ない, 精選され(てい)ない.

unsightly *a.* 不体裁な, 醜い.

unsigned *a.* 署名がない.

unskilled *a.* 未熟な; 熟練を要しない.

unskillful *a.* 下手な, 不器用な.

unsociable *a.* 交際下手な, 非社交的な, 内気な.

unsocial *a.* 反社会的な; 非社交的な; (時間が)社交生活や家庭生活と合わない.

unsoiled *a.* 汚され(てい)ない.

unsold *a.* 売れない, さばけない.

unsolicited *a.* 頼まれない, 求められない; 余計な.

unsolicitous *a.* 心配しない, 無関心な.

unsolid *a.* 固くない; 中空の.

unsolvable *a.* 解き得ない.

unsolved *a.* 未解決の.

unsophisticated *a.* 洗練されてない, 教養に欠けた; 自然のままの; 素朴な, 単純な; 世慣れていない.

unsorted *a.* 選り分けられない.

unsought *a.* 求められない.

unsound *a.* 不健康な, 不健全な; 根拠の薄弱な; 不確かな; 痛んだ; 信用出来ない.

unsparing *a.* 大まかな (of); 骨身を惜しまない; 容赦しない.

unspeakable *a.* 言いようのない; お話にならない, ひどい.

unspecified *a.* 特記し(てい)ない, 明示し(てい)ない, 無指定の.

unspent *a.* 消費され(てい)ない; 疲れ果ててない.

unspiritual *a.* 霊的でない; 物質的な.

unspoiled *a.* 損なわれ(てい)ない.

unspoken *a.* 口に出さない, 言外の.

unsportsmanlike *a.* スポーツマンらしくない, スポーツ精神に反する.

unspotted *a.* 斑点のない, しみのない; 潔白な.

unstable *a.* 不安定な, 変わりやすい, 落ち着きのない.

unstained *a.* 汚されない, 汚点のない.

unstatesmanlike *a.* 政治家らしくない.

unsteady *a.* ふらふらする, ぐらつく; 素行の悪い.

unstop *v.* …の栓を抜く, 口をあける.

unstrained *a.* 漉され(てい)ない; 緊張しない; 無理でない.

unstrap v. 革紐を外す.

unstressed a. *Phonet.* 強勢のない.

unstring v. 弦を外す；(紐から)抜く；(緊張した神経などを)緩める, 神経質にする.

unstrung a. 緩んだ；(神経が)衰弱しきった, 気力のなくなった, 取り乱した.

unstuck a. ばらばらになって. **come unstuck** 失敗する.

unstudied a. 巧まない, 自然の；自然に得た.

unsubstantial a. 実質のない, もろい；非現実的な, 夢のような.

unsuccessful a. 不成功の, 不首尾の, 不運な.

unsuitable a. 不適当な, 不相応な；相容れない.

unsuited a. 適合しない, 釣り合わない.

unsung a. 歌われ(てい)ない, (詩歌で)称賛されない.

unsupported a. 支持され(てい)ない.

unsure a. 不確実な；不安定な；信頼出来ない.

unsurpassable a. 凌ぐことが出来ない, この上ない.

unsurpassed a. 卓絶した, 無比の.

unsusceptible a. 不感受性の.

unsuspected a. 怪しまれ(てい)ない；思いもよらない.

unsuspicious a. 怪しくない；疑わない.

unsustained a. 支えられ(てい)ない, 確証され(てい)ない.

unswear v. (宣誓を)破る.

unsweetened a. 甘くしてない.

unswerving a. 外れない；確固たる.

unsworn a. 宣誓し(てい)ない, 宣誓で縛られない.

unsymmetrical a. 不相称の, 非対称の.

unsympathetic a. 同情がない, 思いやりがない, 共鳴しない.

unsympathizing a. 同情しない.

unsystematic a. 非組織的な, 非体系的な.

untainted a. 汚れのない, 汚点のない.

untalented a. 無能の.

untamable a. 馴らしにくい.

untamed a. 飼い馴らされ(てい)ない, 訓練され(てい)ない；野生の；抑制され(てい)ない.

untangle v. 解く；解決する.

untanned a. なめしてない；日焼けしてない.

untapped a. (樽に)飲み口をつけてない, まだ手を触れない, 未開発の.

untaught a. 無学の；自然に学んだ.

untaxed a. 非課税の；非難されない.

unteach v. 忘れさせる；反対の事を教える.

untechnical a. 専門的でない, 学術的でない.

untempered a. 鍛えてない；手加減してない.

untenable a. 守り難い, 主張し難い；薄弱な.

untenanted a. 人が住んでない.

untended a. 世話され(てい)ない, ほったらかしの.

unterrified a. 驚かない, 恐れない.

untested a. 試験され(てい)ない.

unthankful a. 感謝しない；有り難くない.

unthink v. 思考をやめる；考え直す.

unthinkable a. 考えられない；ありそうもない, 問題にならない.

unthinking a. 思考力のない, 無分別な, 軽率な.

unthoughtful a. 考えがない, 思慮がない.

unthought-of a. 思いがけない.

unthread v. 糸を取る；…から脱する；解決する.

untidily ad. 汚く, だらしなく.

untidy a. 汚い, だらしない, 不精な.

untie v. 解く, ほどく；解放する；解決する.

until prep., conj. =till.

untimely a., ad. 時ならぬ, 不時の；未熟な, 早過ぎた；折悪しい, 折悪く.

untired a. 疲れ(てい)ない；飽き(てい)ない.

untiring a. 疲れない, 飽きない, 不屈の.

untitled a. 肩書きがない, 権利がない, 称号がない, 表題がない.

unto prep. =to.

untold a. 語られ(てい)ない, 言い表せない; 数えきれない, 無数の, 無量の.

untouchable a., n. 触れられない; 汚らわしい; 買収できない; (インドの)不可触賤民(の).

untouched a. 触れられ(てい)ない; 論及され(てい)ない; 心を動かされ(てい)ない; 影響を受け(てい)ない.

untoward a. 具合の悪い; 運の悪い, 都合の悪い.

untraceable a. 追跡できない.

untrained a. 訓練を受け(てい)ない, 練習不足の.

untrammeled a. 妨害され(てい)ない, 自由な.

untransferable a. 移せない.

untranslatable a. 翻訳できない.

untraveled a. 旅行したことがない; (土地などが)人の旅行しない; 見聞の狭い.

untried a. 試みられ(てい)ない; 未経験の; Law 未審理の.

untrimmed a. 飾りのない; 手入れがしてない.

untrodden a. まだ踏まれたことのない, 人跡未踏の.

untroubled a. 悩まされ(てい)ない, 面倒のない; 静かな.

untrue a. 真実でない, 虚偽の, (標準などに)適合しない; 不誠実な.

untrustworthy a. 当てにならない.

untruth 不真実, 虚偽, 嘘.

untruthful a. 虚偽の, 不正直な.

untunable a. 耳障りな.

untutored a. 教師につかない; 教育のない; 粗野な.

untwine v. …のよりをもどす, ほどける.

untwist v. ほどく.

unused[1] a. 用いられたことのない, 新しい.

unused[2] a. 慣れていない.

unusual a. 普通でない, 異常な, 稀な, 珍しい.

unusually ad. 異常に; 非常に.

unutterable a. 言いようのない; 徹底的な.

unvalued a. 重んじられ(てい)ない, 価値を認められない.

unvaried a. 変わらない; いつもと同じ; 変化のない, 単調な.

unvarnished a. ワニスを塗らない; 飾りのない, ありのままの.

unvarying a. 変わらない, 不変の.

unveil v. 覆いを取る, 正体を表す; (秘密などを)明かす, 表す; 除幕する; (新製品を)初公開する; 新発売する.

unverifiable a. 証明できない.

unversed a. 熟達していない.

unvexed a. 乱されてない, 悩まされない.

unvisited a. まだ訪れない, 訪問を受けない, 人跡の絶えた.

unvoiced a. 口に出さない, 声に出さない; Phonet. 無声の.

unwanted a. 要求されない, いらない.

unwarrantable a. 保証できない, 弁護できない; 不当な.

unwarranted a. 保証され(てい)ない; 認められ(てい)ない.

unwary a. 不用心な, 不注意な.

unwashed a. 洗ってない, 不潔な.

unwatched a. 注意され(てい)ない.

unwavering a. 動揺しない, しっかりした.

unweaned a. 離乳し(てい)ない.

unwearied a. 倦むことのない, 根気のいい, 不屈の.

unweave v. (…の糸を)ほぐす.

unwelcome a. 歓迎されない, 迷惑な, 嫌な, 有り難くない.

unwell pred. a. 気分が悪い; 月経中で.

unwept a. 泣く者のない, 嘆く者のない.

unwholesome a. 健康に悪い; 不健全な, 有害な.

unwieldy a. 動かしにくい, 扱いにくい, 厄介な; 巨大な.

unwilling a. 気が向かない, いやいやの, 不本意の.

unwind v. (巻いた物など)ほどく, ほどける; くつろぐ.

unwinking a. またたきもせず見詰め(てい)る; 用心している.

unwise a. 知恵のない, 分別のない, 愚かな; 得策でない.

unwitnessed a. 目撃され(てい)ない; 証拠がない.

unwitting a. 知らない, 知らず知らずの, 無意識の.

unwittingly ad. 知らずに, 何げなく.

unwonted a. 見慣れない, 異常な; 稀な.

unworkable a. 運転困難な, 実行困難な.

unworldly a. 脱俗的な; 精神的な.

unworn a. すり減っていない; 清新な; (衣服など)手を通したことがない.

unworthy a. 価値のない, つまらない, 下品な; (...に)値しない (of), ふさわしくない.

unwounded a. 無傷の.

unwrap v. 開く, 広げる.

unwritten a. 不文の, 慣習的な, 口伝の; 何も書いてない. **unwritten law** 不文律, 慣習法.

unwrought a. 作られ(てい)ない; 加工してない.

unyielding a. 曲がらない; 屈しない, 頑固な.

unyoke v. (牛などの)軛を外す; (仕事などの)束縛を解く; 外す, 離す, 解放する.

unzip v. ジッパーを開く, ジッパーで開く.

unzipped a. 郵便番号のない.

up ad. 上に, 上へ, 上に, 上へ, 上流へ, 階上に, 階上へ; (南から)北へ, 北に, 北のほうへ, 北のほうに; 高く, 増して (look up, sail up, ask him up); 上で, 登って (up on a tree, The moon is up.); ...の方へ, 向かって (run up to

him, go up to town); (...から)...まで; (...に)精通して (in, on); 直立に, 立って, 起きて, 現れて (stand up, get up, not up yet); まったく, すっかり; 盛んに, 勢いよく (eat up, tear up); 逆上して; (事が)持ちあがって, 起こって. **be up and doing** 大いに活動する. **up against** 直面して. **up against it** 金欠で, 困って. **up and down** 上がったり下がったり; あっちこっち. **up on [in]** ...について熟知している. **up to ...** まで, ...に至るまで; (仕事など)に耐える; ...に取りかかろうとして, やっている; ...の義務で, ...がすべきで; ...と並んで; 心得て. **It is all up with him.** 彼はもうだめだ. **What's up?** どうしたのだ. —— a. 上方への, (列車が)上りの; (時間が)終わって; 陽気な. —— n. 上昇; 昇進; 高台; 幸運; 上機嫌(にさせるもの); 覚醒剤, アンフェタミン. **ups and downs** 高低, 上下, 起伏; 浮沈, 盛衰. —— v. 起き上がる, 立ち上がる; 増進する, 上る, 昇る; 急に...する. —— prep. ...の上へ, ...を上がって, ...に沿って.

up-and-coming a. 進取的な, 将来性のある; 精力的な.

up-and-down a. 上下する; 断固とした, 純粋な; 露骨な; (崖など)垂直の, 切り立った.

up-and-up 進歩, 成功. **on the up-and-up** 成功して, 進歩して; 正直な, 正直に.

upbeat n. Mus. 上拍. —— a. 楽観的な, 楽しい (about).

upbraid v. 責める, 咎める.

upbringing 養育, 躾.

UPC Universal Product Code.

upcast Mining 排気(立坑).

upchuck v. 吐く.

upcoming a. やがてくる, やがて現れる.

up-country a. 内地の. —— ad. 内地へ, 内地に.

update v. (内容などを)最新にする. —— n. 最新化; 最新版; 最新情報.

up-do アップ《後ろに結い上げた髪型》.

919

upset

updraft *Meteor.* 上昇気流.

upend *v.* 逆さに立つ, 逆さに立てる; …をひっくり返す, 倒す.

up-front *a.* 率直な; 管理部門の.

upgrade *n., ad.* 上り坂(で). **on the upgrade** 上昇して; 向上して. — *v.* 格上げする, 昇進させる; 改良する.

upgrowth 発育, 発達; 発育物.

upheaval *Geol.* (土地の)隆起; 大変動, 激変, 動乱.

upheave *v.* 持ち上げる, 持ち上がる, 隆起させる, 隆起する.

uphill *a.* 上りの, 上り坂の, 上り坂で; 骨の折れる. — *ad.* 坂の上へ.

uphold *v.* 支える; 支持する, 擁護する; 励ます, 賛成する.

upholder 支持者, 後援者.

upholster *v.* (室内を)装備する, 家具を取り付ける; (椅子などを)布張りする, 革張りする. **well upholstered** 丸々と太った.

upholsterer 室内装飾人, 家具製造人.

upholstery 室内装飾品, 家具類; 家具業, 座席カバー.

UPI United Press International ユーピーアイ《米国の通信社》.

upkeep 保存, 維持(費).

upland [*pl.*] 高地, 山地, 高原地方.

uplift *v.* 持ち上げる; 高揚する; 大声を立てる. — *n. Geol.* 隆起; (道徳的)高揚; 高尚な話, 熱情; (アップリフト型)ブラジャー.

upmarket *a.* 高所得者層向けの.

upmost *a., ad.* =uppermost.

upon *prep.* =on.

upper *a.* さらに上の, 上部の, 高位の; 上手の, 奥地の; 上流の; 北部の; 上級の; [U-] *Geol.* 後期の. **get [gain] the upper hand of** …に勝つ. — *n.* (靴の)甲革; 上歯; 上段の寝台; 興奮剤, アンフェタミン; うきうきするような事, うきうきするような物. **(down) on**

one's uppers ひどく貧乏な.

upper-bracket *a.* 上位の.

uppercase *n., a., v. Print.* 大文字(の), 大文字で印刷する.

upper class 上流階級(の人々).

upper-class *a.* 上流の.

upper crust 上流社会, 上層部.

upper-crust *a.* 上流社会の.

uppercut *n., v. Boxing* アッパーカット(を食らわす).

upper hand 優越, 優位, 支配. **get [gain, win, have] the upper hand** (…より)優勢になる, 優勢である, (…に)勝つ, 勝っている (*of, over*).

Upper House 上院.

uppermost *a., ad.* 最上の, 最高の; 一番上に, まっ先に.

upper story 階上; 頭.

upper ten (thousand) 上流社会, 貴族階級.

upper works *Naut.* 乾舷.

uppish, uppity *a.* いやに高ぶった, 威張った, 生意気な.

upraise *v.* 持ち上げる, 励ます.

uprear *v.* 起こす, 上げる; 育てる.

upright *a., ad.* 真っ直ぐな, 真っ直ぐに, 直立した; 正直な, 公正な, 公正に. — *n.* 真っ直ぐな状態, 真っ直ぐな物.

upright piano アップライトピアノ, 竪型ピアノ.

uprise *v.* 立ち上がる; 上り坂になる; 上昇する, 増加する; 起きる; 出現する. — *n.* 上昇, 増加, 発達.

uprising 起き上がること, 起床; 上り坂; 暴動, 反乱.

uproar 大騒ぎ, 動乱; 騒音.

uproarious *a.* 騒々しい, 騒然とした.

uproot *v.* 追い立てる; 根こそぎにする, 根絶する.

upscale *a.* (収入・教育などが)平均以上の.

upset *v.* ひっくり返す, ひっくり返る; (計画など

を)すっかり狂わせる, 失敗させる; うろたえさせる, 面くらわす;(食べ物に)あたる. ── *n.* 転覆; 混乱, まごつき; 不和, けんか; 食あたり;(意外な)敗北.

upshot 結末, 結果.

upside 上側; *Railroads* 上り線ホーム.

upside-down *ad., a.* 逆さまに, 逆さまの, 転倒して; 混乱して.

upsides *ad.* 互角で, 五分五分で (*with*).

upsilon ユプシロン《ギリシャ字母の第 20 字; *Υ, υ*》.

upstage *a.* 舞台後方の; 勿体ぶった, 威張った.

upstairs *ad.* 二階に, 二階へ, 階上に, 階上へ. ── *n. pl.* 二階, 階上. ── *a.* 二階の, 階上の.

upstanding *a.* 直立した; すらりとした, 立派な; 一定の.

upstart 成り上がり者, 成り金; 横柄な奴.

upstate *a., n.* (州内で)海岸や都会から遠い, 北部の;(特に New York 州の)北部地方.

upstream *a., ad.* 上流の, 上流に.

upstroke (字画の中の)上へ向けて引いた棒.

upsurge *v.* (感情が波のように)盛り上がる. ── *n.* 盛り上がり, 高揚.

upswing (振り子などの)上振り; 上昇, 躍進.

upsy-daisy *int.* どっこいしょ《子供などを抱き上げるとき》.

uptake 理解(力), 吸収力. **quick on the uptake** 物わかりがよい.

upthrow 投げ上げ; *Geol.* (断層による)ずれ上がり.

upthrust 押し上げ; *Geol.* 隆起.

uptight *a.* (経済的に)苦境の, 倒産した; 不安な; 怒った.

up-to-date *a.* 最近の, 最新式の, 現代的の.

up-to-the-minute *a.* 最新の.

uptown *n., a., ad.* 山の手(の), 住宅地区

(の); 山の手に, 住宅地区に.

upturn *v.* 上向ける, ひっくり返す, 掘り返す. ── *n.* 上昇, 上向き; 転覆.

UPU Universal Postal Union 万国郵便連合.

upward *a.* 上向きの; 上昇する, 向上的な. ── *ad.* 上方に; 上向きに;(…)以上 (*of*), …以来.

upward mobility 上流階層への移動傾向, 上流階層への移動志向.

upwards *ad.* =upward.

upwelling *Biol.* (深海水などの)湧昇.

uraemia =uremia.

Ural ウラル山脈, ウラル地方; ウラル川《ウラル山脈に発しカスピ海に注ぐ川》.

Ural-Altaic *a., n. Ling.* ウラルアルタイ語族(の).

Ural Mountains ウラル山脈《ソ連のヨーロッパとアジアの境にある山脈》.

uraniferous *a.* ウランを産する.

uranium *Chem.* ウラン, ウラニウム.

uranography 天体学.

Uranus *Gk Myth.* ウラノス《最古の天の大神》; *Astron.* 天王星.

urban *a.* 都会の, 都会に住む, 都会風の.

urbane *a.* 洗練された, 上品な, 都会風の.

urban guerrilla 都市ゲリラ.

urbanism 都会風; 都市生活.

urbanite 都市生活者, 都会人.

urbanization 都市化.

urbanize *v.* 都会化する.

urbanology 都市学.

urban sprawl 都市スプロール現象.

urbiculture 都会生活特有の諸問題, 都市生活の慣習.

urchin 腕白小僧.

Urdu ウルドゥー語《パキスタンの公用語》.

urea *Chem.* 尿素.

urea resin 尿素樹脂, ユリア樹脂.

uremia *Med.* 尿毒症.

ureter *Anat.* 尿管.

urethane *Chem.* ウレタン.

urethra *Anat.* 尿道.

urethritis *Med.* 尿道炎.

urge *v.* 駆り立てる, せきたてる; せびる, 促す; 激励する, 勧める (*to* action, *to* do); 力説する, 主張する. — *n.* 刺激, 衝動.

urgency 急迫, 切迫, 焦眉の急.

urgent *a.* 緊急の, 切迫した; 強要する.

urgently *ad.* せつに, しきりに, 緊急に.

uric *a.* 尿の.

uric acid *Chem.* 尿酸.

urinal 小便所, 小便器, しびん.

urinalysis *Med.* 尿分析, 検尿.

urinary *a.* 尿の, 泌尿器の.

urinate *v.* 排尿する.

urine 尿, 小便.

urinous *a.* 尿の(ような).

urn 飾り壺; 骨壺; コーヒー沸かし.

urogenital *a.* 尿生殖(器)の.

urology 泌尿器科(学).

uroscopy *Med.* 尿分析, 検尿.

Ursa Major *Astron.* 大熊座.

Ursa Minor *Astron.* 小熊座.

ursine *a.* 熊の(ような).

urticaria *Med.* 蕁麻疹.

urticate *v.* いらくさで刺す; 蕁麻疹が出る.

Uruguay ウルグアイ《南米南東部の共和国》.

us *pron.* 我々を, 我々に.

US ubi supra (L, =where above mentioned); United States; ut supra (L, =as above).

USA United States Army; United States of America. **USAF** United States Air Force.

usable *a.* 用いられる.

usage 用い方, 扱い方, 待遇, 慣例, 慣用; (語句の)慣用法, 語法.

usance *Com.* ユーザンス, 手形(慣習)期間.

USCG United States Coast Guard 米国沿岸警備隊.

use *n.* 使用, 利用; 使用権, 行使権; 用途, 利用法, 効用; 必要; 慣習, 慣例; *Relig.* 儀式, 祭式. **have no use for** …に用がない; 嫌いだ. **in use** 用いられて, 使用中の. **out of use** 用いられないで, すたれた. **make use of** …を利用する, 使用する. **of (great) use** (大いに)有用な. **put use to** …を利用する.

— *v.* 使う, 使用する, 利用する; (注意・工夫などを)働かせる, 消費する; 遇する, 取り扱う.

use up 使い尽くす; 疲れきらせる.

used[1] *a.* 用いられている; 使い古した, 中古の.

used[2] *a.* (…に)慣れて (*to*).

used[3] *v.* …するのが常だった, よく…した (*to*); 以前は…した (*to*).

useful *a.* 役に立つ, 有用な; 便利な; とても有能な.

useless *a.* 役に立たない, 無益な, 無駄な.

user 使用者, ユーザー; (権利の)行使.

user-friendly *a.* *Computer* (システムが)使いやすい.

usher *n.* (法廷・会議所などの)受付, 取り次ぎ, 門衛; (教会・劇場・映画館などの)案内人. — *v.* 取り次ぎする, 案内する, 先導する. **usher in** 迎え入れる. **usher out** 送り出す.

usherette (劇場・映画館などの)案内嬢.

USMC United States Marine Corps 米国海兵隊. **USN** United States Navy.

USP United States Pharmacopeia. **USS** United States Ship. **USSR** Union of Soviet Socialist Republics.

usual *a.* 常の, 例の, ありふれた, 普段の. **as usual** いつもの通り. — *n.* いつもの健康状態; お決まりのこと, いつものやつ《酒・食物など》.

usually *ad.* 通例, 通常, 普通.

usurer 高利貸し, 金貸し.

usurious *a.* 高利(貸し)の, 高利を取る.

usurp *v.* (位・役・職・権などを)奪う, 横領

する, 侵害する.

usurper 横領者, 侵害者.

usury 高利貸し(業), 暴利.

Utah ユタ州《米国西部の州》.

utensil 器具, 教会用器具, 道具; 家庭用品.

uterine a. Anat. 子宮の; 同母異父の.

uterus Anat. 子宮.

utilitarian a. 功利主義の; 功利的な, 実利的な. — n. 功利主義者, 実利主義者.

utilitarianism 功利説.

utility n. 有用, 実利, 効用; [pl.] 有用物; 公益事業. — a. (無駄や装飾を省いた) 実用的な, 実用本位の.

utility room ユーティリティー《洗濯・アイロン・収納などの作業をする部屋》.

utilizable a. 利用できる.

utilize v. 利用する, 役立たせる.

utmost a., n. 最も遠い, 最高の, 最大の; 極限の, 極度の; 極限, 最高限度, 最大限度. do one's utmost 全力を尽くす. to the utmost 極度に, 極力.

utopia 理想郷, ユートピア.

utopian a., n. 理想郷の; 夢想的な; ユートピアの住民; 夢想家.

utter[1] a. まったくの, 断固とした, 純粋な, 徹底的な.

utter[2] v. (声を)発する, (物を)言う; 発音する; (感情などを)表出する, 打ち明ける; (偽造貨幣などを)行使する.

utterance 口に出して言うこと, もの言い; 話しぶり, 発音, 発声; (語られた)言葉, 説. give utterance (怒りなどを)言葉に発する (to), ぶちまける.

utterly ad. まったく, 全然.

uttermost a. =utmost.

U-turn Uターン; (政策などの)逆転, 180度転換.

uvula Anat. 口蓋垂, のどびこ.

uxorious a. 妻に甘い.

Uzbek, Uzbeg ウズベク人《中央アジアのトルコ種族》; ウズベク語.

Uzbekistan ウズベク《中央アジアにあるソ連の共和国》.

V

v, V V字形(のもの); (ローマ数字の) 5.

VA Veterans Administration.

vac =vacation.

vacancy 空虚: 空白, すき間, 空地; 空位, 空席, 欠員; 放心(状態), うわのそら.

vacant a. 空の, 空虚な; 欠員の; 主のない, あいている, 無人の; 仕事のない, 暇な; ぼんやりした.

vacate v. 空にする; (家などを)立ちのく; (地位などを)辞する, 退く; 無効にする; 立ち去る.

vacation n., v. 休暇(を取る); 明け渡し, 辞職.

vacationland 行楽地.

vaccinal a. 種痘の.

vaccinate v. 種痘する; ワクチン接種する, 予防接種する.

vaccination Med. 種痘, ワクチン接種, 予防接種.

vaccine Med. 牛痘; ワクチン.

vaccinia Med. 牛痘.

vacillate v. (心が)ぐらつく, 迷う; ゆれる, よろめく.

vacuity 空虚, 放心, 虚無; 間抜け; (液体の)減量; [pl.] つまらない事.

vacuole Biol. 空胞.

vacuous a. 空の; ぼんやりした, 愚かな, 無意味な.

vacuum n. 真空; 空白, 空所. — v. 電気掃除機で掃除する.

vacuum aspiration (人工流産の)真空吸引法.

vacuum bottle 魔法瓶.

vacuum brake 真空ブレーキ.

vacuum cleaner 電気掃除機.

vacuum column *Computer* 真空コラム.

vacuum flask =vacuum bottle.

vacuum-packed *a.* 真空包装の.

vacuum pump 真空ポンプ.

vacuum tube 真空管.

vacuum valve =vacuum tube.

vade mecum 必携, 便覧.

vagabond *a., n.* 放浪する; 放浪者, 浮浪者; やくざ.

vagabondage 放浪(生活).

vagary 気まぐれ, 酔狂.

vagina *Anat.* 腟; 女性器; *Bot.* 葉鞘.

vaginismus *Med.* 腟痙, ワギニスムス.

vaginitis 腟炎.

vagrancy 浮浪, 放浪(生活); (集合的に) 浮浪者.

vagrant *a., n.* 放浪の, 転々とする; 取りとめもない, 気まぐれな; 浮浪者.

vague *a.* 曖昧な, ぼんやりした, 紛らわしい.

vaguely *ad.* 曖昧に, ぼんやりと.

vagus *Anat.* 迷走神経.

vain *a.* 無駄な, 無益な; 空な, 空虚な; 虚栄心の強い, うぬぼれの強い(*of*). **in vain** 甲斐なく, 無駄に, いたずらに; みだりに.

vainglory 慢心, 虚栄心.

vainly *ad.* 無駄に, むなしく; うぬぼれて.

valance (窓枠の上部・棚・寝台の上部や周囲などの)飾り布.

vale 谷(間).

valediction 告別(の辞).

valedictorian 卒業生総代.

valedictory *a., n.* 告別の; 卒業生総代; 告別演説.

valence, valency *Chem.* 原子価.

Valencia バレンシア《スペイン東部の地方》.

Valenciennes バランシアレース《ベルギー産高級レース》.

valentine (2月14日の)聖バレンタイン祭に選ぶ恋人; (その日に送る)恋文; バレンタインカード《その日子供などが親しい友だちとやり取りするハート形のカード》.

valerian *Bot.* カノコソウ; *Pharm.* 吉草根.

valet *n., v.* 従者(として仕える), (ホテルなどの)ボーイ.

valetudinarian , valetudinary *a., n.* 病身の(人), 虚弱な; ばかに身体を気にする(人).

valgus *Med.* 外反足.

Valhalla *Scand. Myth.* ワルハラ《Odin 神の殿堂; 戦死者を祭る》.

valiant *a.* 勇敢な, 雄々しい.

valid *a.* (理由・議論など)根拠のある; 有効な, 確実な, 正当な; *Law* 法的に有効な, 合法的な.

validate *v.* 法的に有効にする, 批准する; 確認する.

validity (理由などの)確実(性); 正当性; *Law* 法的効力, 合法性.

valise 旅行鞄.

Valium *Trademark* バリアム《精神安定剤》.

valley 谷, 山間の平野; (大河の)流域.

valor 勇気.

valorization 物価安定策.

valorize *v.* 物価を安定させる.

valorous *a.* 勇敢な.

valse (F) =waltz.

valuable *a., n.* 高価な, 貴重な; 有用な; [*pl.*] 貴重品.

valuation 評価, 価値づけ; 査定価格.

value *n.* 価値; 評価; 真価, 真義; 価格; 意味, 価値観; *Fine Arts* バリュー, 明暗度; *Mus.* (音符・休符の)長さ, 音価; *Math.* 数値.
—*v.* 評価する; 尊重する.

value-added tax 付加価値税.

valued *a.* 評価された; 貴重な, 大切な.

value judgment 価値判断.

valueless *a.* 価値のない, つまらない.

valuer 評価者, 査定者.

valvate *a.* 弁のある.

valve 弁, バルブ; *Anat.* 弁膜; *Zool.* (貝の) 殻; *Bot.* (さやの)弁; 電子管.

valvular *a.* 弁の.

valvule *Anat., Bot.* 小弁.

valvulitis *Med.* (心)弁膜炎.

vamoose *v.* 急いで立ち去る.

vamp[1] *n., v.* (靴の)つま革(をつける); (破れ口へ) のつぎを当てる); *Jazz* (簡単な)即興伴奏(を付ける). **vamp up** 新しく見せかける; でっちあげる.

vamp[2] *n.* 浮気女, バンプ. — *v.* (男を)誘惑する.

vampire (夜墓の中から生き返って人の生き血を吸うといわれる)吸血鬼; 搾取者; 男たらし, 毒婦; *Zool.* チスイコウモリ.

vampirism 吸血鬼の存在を信じること; 吸血行為, 搾取行為.

van[1] (戦闘部隊・艦隊・行列などの)先頭, 前衛, 先陣; (社会運動などの)先駆, 前衛. **in the van of** …の先駆をなして.

van[2] 有蓋トラック, バン; (鉄道の)有蓋貨車; ジプシーや興行師の幌馬車; トレーラー. **guard's van** 車掌車.

VAN value-added network 付加価値通信網.

vanadium *Chem.* バナジウム《元素》.

vanadium steel バナジウム鋼.

Van Allen (radiation) belt *Phys.* バンアレン(放射能)帯.

Vancouver バンクーバー《カナダ南西部の港市》.

Vandal バンダル人; [v-] 文化の破壊者, 芸術の破壊者, 野蛮人.

vandalism 芸術・文化の破壊, (施設などの)破壊(行為).

vandalize *v.* 蛮行で破壊する.

Vandyke, vandyck バンダイクカラー《切り込みの多いレース襟》.

Vandyke, Van Dyck バン・ダイク; (先を細くとがらした)バンダイクひげ.　Sir **Anthony Van-dyke** (1599–1641) オランダの画家.

vane 風見, 風向計; (風車・推進器などの)翼, 羽根.

Van Gogh バン・ゴッホ.　Vincent **Van Gogh** (1853–90) オランダの画家.

vanguard 尖兵, 先鋒, 先導者, 前駆.

vanilla *n. Bot.* バニラ《熱帯産ラン科植物》; バニラの実; バニラエッセンス《香味料》; バニラアイスクリーム. — *a.* ありきたりの, 普通の.

vanish *v.* (急に)見えなくなる; 消え失せる, 消滅する; *Math.* 零になる.

vanishing cream バニシングクリーム.

vanishing point (透視画の)消尽点, 消点; 消えてなくなる最後の一点.

vanity 空虚, むなしさ, はかなさ; 虚栄, 虚栄心, うぬぼれ; =vanity table.

vanity bag [case] 婦人用携帯化粧バッグ.

Vanity Fair 虚栄の市; 上流社会.

vanity press [publisher] 自費出版を扱う出版社.

vanity table 化粧テーブル.

vanpool *n., v.* 通勤時のライトバンの相乗り(に加わる).

vanquish *v.* 征服する, 打ち勝つ, 克服する.

vantage 優勢; 有利な立場, 有利な条件; *Tennis* アドバンテージ《ジュース後の一点》; [V-] *Trademark* バンテージ《紙巻たばこ》.

vantage point 有利な地点; 見晴らしのきく場所; 見解.

vanward *ad., a.* 前方へ, 前方の.

vapid *a.* 気の抜けた, 風味のない; つまらない, 退屈な.

vapor *n.* 蒸気; 発散気; 煙, 霞, 霧. — *v.* 蒸発する; 大言壮語する.

vaporish *a.* 水蒸気のような; 水蒸気やもや

の立ちこめた; ふさいだ.

vaporizable *a.* 気化できる.

vaporization 蒸発, 気化.

vaporize *v.* 気化する, 蒸発させる, 蒸発する.

vaporizer 気化器.

vaporous *a.* 水蒸気のような; 霧の多い; はかない, 空想的な.

vapor trail 飛行機雲.

vapory *a.* =vaporous.

vaquero (Sp) (メキシコなどの)家畜商人, カウボーイ.

variability 変わりやすいこと; *Biol.* 変異性.

variable *a.* 変わりやすい, 変化する, 変動する; 気まぐれな, 可変性の; *Biol.* 変異性の. —— *n.* 変わりやすい物, 変動する物; *Math.* 変数; *Astron.* 変光星; 変風帯.

variable star *Astron.* 変光星.

variance 変化, 変動; 相違, 不一致, 矛盾, 衝突. **be at variance with** …と不一致である, 不和である, 矛盾している.

variant *a.* (ある標準と)相違する; 種々な, 雑多の. —— *n.* 変異体, 変形, 変種; *Ling.* 異形; (写本の)異文, 異説; *Statistics* 変量.

variation 変動, 変化; 変更, 修正; *Biol.* 変異; *Phys.* 偏差; *Mus.* 変奏曲; *Math.* 変分; *Ballet* バリアシオン《ソロの踊り》.

varicolored *a.* 雑色の.

varicose *a.* *Med.* 静脈瘤(性)の.

varied *a.* 様々な, 雑多な; 変化に富んだ, まだらの.

variegate *v.* 雑色にする, まだらにする; …に変化を与える.

variegated *a.* 色彩の多様な; 雑色の, 玉虫色の; 変化に富んだ.

varietal *a.* *Biol.* 変種の.

variety 変化, 多様(性), 相違, 複雑, 寄せ集め; 種類; 変体, 変形; *Biol.* 変種; 寄席演芸. **a variety of** 種々の.

variety meat (食肉の)臓物.

variety show 寄席演芸.

variety store 雑貨店, 小間物店.

variety theater 寄席, 演芸場.

variform *a.* 種々の形のある.

variorum *a., n.* 合注の; 合注本.

various *a.* 種々の, 様々な, 多種多様な, 変化に富んだ; 幾つかの, 多くの.

variously *ad.* 種々に, 様々に.

varix *Med.* 静脈瘤.

varmint いやな奴, 悪者, 害虫; 狐.

varnish *n.* ワニス, 上薬; (表面の)上品ぶり, 虚飾, (不始末の)ごまかし. —— *v.* ワニスを塗る, ネールエナメルを塗る; うわべを飾る, (体裁を)取り繕う.

varsity 学校代表チーム; =university.

varus *Med.* 内反足.

vary *v.* 変える, 変更する, 修正する; 多様にする; 変わる, 変化する; 異なる (*from*); 一様でない, 差異がある.

vas *Anat.* 血管, 導管; 脈管.

vascular *a.* *Anat.*, *Bot.* 血管の, 導管の.

vasculum (植物採集用)胴乱.

vas deferens *Anat.* 精管.

vase 花瓶, 壺, 瓶.

vasectomy *Med.* 精管切除(術), パイプカット.

Vaseline *Trademark* ワセリン.

vasoconstriction 血管収縮.

vasoconstrictor 血管収縮剤.

vasodilation 血管拡張.

vasodilator 血管拡張剤.

vassal *n., a.* (封建時代の)家臣; 従者; 臣下の, 従属する.

vassalage 家臣の身分; 臣下の礼, 忠義; 服従, 従属.

vast *a.* 広大な, 巨大な; 莫大な, 膨大な; 非常な. —— *n.* 広漠たる広がり.

vastly *ad.* 広大に; 非常に.

vat *n., v.* (醸造用)大桶(に入れる).

VAT value-added tax.

Vatican ローマ教皇庁；教皇権；バチカン宮殿.

Vatican City バチカン市国《ローマにあるローマ教皇の支配する独立国家》.

Vatican roulette 受精期禁欲法.

vaticinate *v.* 予言する.

vaudeville ボードビル, 寄席演芸《歌・ダンス・寸劇・アクロバットなど》.

vaudevillian ボードビリアン, 寄席芸人.

vault[1] *n.* *Arch.* ボールト, 円筒形天井, 円筒形屋根；円筒形天井のある部屋；地下室, 貯蔵室, 納骨室, 金庫室；大空, 青天井. — *v.* 円筒形天井をつける；円筒形天井のように曲がる.

vault[2] *n., v.* (手や棒を使って)飛ぶ, 飛び越える(*over*). — *n.* 跳躍.

vaulted *a.* 円筒形天井の(ある).

vaulting *Arch.* 円筒形天井建築物, 円筒形天井造り.

vaulting *a.* 跳ねる；行き過ぎる.

vaulting horse (体操用の)跳馬.

vaunt *v.* 誇る(*of*), 自慢する. — *n.* 自慢, ほら.

VCR videocassette recorder. **VD** venereal disease. **VDT** visual display terminal *Computer* 端末表示装置. **VDU** visual display unit.

V-day 勝利の日.

veal 子牛の肉.

vector *n., v.* *Math.* ベクトル, 方向量；*Aeronaut.* (飛行機・ミサイルなどの)進路(に導く)；*Biol.* (病気の)媒介生物.

Veda ベーダ《バラモン教の四部から成る聖典》.

vedette *Nav.* 小型哨戒艇.

veejay ビデオジョッキー《ミュージックビデオを流しながら音楽やアーチストの情報などを話す》.

veep 副大統領；副社長, 副総裁.

veer[1] *v.* *Naut.* (方向・針路を)変える, (風が)変わる；変心する, (意見などが)変わる(*round*). — *n.* 方向の変化.

veer[2] *v.* *Naut.* (索などを)ほどいて伸ばす.

veg =vegetable.

Vega *Astron.* ベガ, 織女星.

vegan 絶対菜食主義者.

vegetable *n., a.* 植物(の), 植物性(の)；野菜(の)；植物人間.

vegetable ivory 植物象牙《南米産ゾウゲヤシの胚乳》.

vegetable kingdom 植物界.

vegetable marrow *Bot.* ペポカボチャ.

vegetable sponge へちまの皮.

vegetable tallow 植物脂.

vegetal *a.* 植物(性)の；(機能が)植物的な.

vegetarian *a., n.* 菜食の；菜食主義者.

vegetarianism 菜食主義.

vegetate *v.* 植物を生長させる；(植物のように)生長する, 発育する；(植物のように)無為に生きて行く.

vegetation 植物, 草木；(植物の)成育, 植物的機能；無為の生活.

vegetative *a.* (植物の)生長の, 生長に適した, 植物性の；無為徒食の.

vehement *a.* 熱烈な, 性急な, 激烈な.

vehicle 車, 乗り物；伝達機関, 媒介物, 手段(*for*)；*Fine Arts* 展色剤.

veil *n.* (婦人の顔に掛ける)ベール；帳；口実, 仮面. **take the veil** 修道女になる. **under the veil of** …の名に隠れて. — *v.* ベールを掛ける, ベールで覆う；覆う, 包む, 隠す.

veiled *a.* ベールで覆われた；隠された, 仮面をかぶった.

veiling ベールで覆うこと, 包み隠し；ベール用布地.

vein *n.* *Anat.* 静脈；血管；*Entom.* 翅脈；*Bot.* 葉脈；石目；*Geol.* 鉱脈, 岩

脈；性格, 気分, 気質；傾向. —— *v.* [*p.p.* 形で] 筋をつける.

veined *a.* 脈のある, 筋のある, 縞のある, 木目のある.

veining 筋で飾ること.

veinstone *Mineral.* 脈石.

veiny *a.* 静脈の多い；脈の多い, 筋の多い；筋張った.

velar *a., n. Anat.* 口蓋帆の；*Phonet.* 軟口蓋音(の)《[k, g, ŋ] など》.

velarize *v.* 軟口蓋音化する.

Velcro *Trademark* ベルクロ《ナイロン製付着テープ》.

veld(t) 《アフリカ南部の》草原.

velleity 弱い欲望.

vellum ベラム, 子牛皮紙, 上質羊皮紙.

velocipede 速歩機；子供用三輪車.

velocity 速力；*Phys.* 速度.

velour(s) (F) ベロア《フェルトを起毛した生地》.

velum *Anat.* 軟口蓋.

velure ビロード類.

velvet *n., a.* ビロード(製の)；柔らかな.

velveteen 綿ビロード, 別珍.

velvety *a.* ビロードのような, 柔らかい, 滑らかな；口当たりのよい.

venal *a.* 金銭で動く, 金もうけ主義の；賄賂のきく, 腐敗した, 打算的な.

venation 《昆虫の羽や草木の葉の》脈組織, 脈系；脈.

vend *v.* 売る；売り歩く, 行商する.

vendee 買い手.

vender =vendor.

vendetta 根深い争い.

vendible, vendable *a.* 売れる.

vending machine 自動販売機.

vendor 売り手；行商人；=vending machine.

veneer *n.* 化粧張り, 張り板；体裁, 虚飾, 付け焼き刃. —— *v.* 化粧張りする, うわべを飾る,

虚飾を施す.

venerable *a.* 《年齢・人格など》尊敬すべき, 古びていて敬うべき；神さびた, 荘厳な；古い, 古代の；*Angl. Ch.* …師.

venerate *v.* 尊敬する, あがめる.

veneration 尊敬；崇拝.

venereal *a.* 性愛の, 性交の；*Med.* 性病の.

venereal disease 性病.

Venetian *a., n.* ベニスの, ベニス風の；ベニス人；[v-] =Venetian blind.

Venetian blind 板すだれ, ブラインド.

Venezuela ベネズエラ《南米北部の共和国》.

vengeance 復讐, 敵打ち. **take vengeance upon** …に仇を返す, 復讐する.

with a vengeance ひどく, やけに, 極度に.

vengeful *a.* 執念深い, 恨み深い.

venial *a.* 《罪が》軽い, 許すべき.

Venice ベニス, ベネチア《イタリア北東部の港市》.

venire (L) *Law* 陪審員呼び出し命令状.

venireman *Law* 陪審員呼び出し命令状で呼び出された人.

venison 鹿肉.

venom 《蛇などの》毒液；悪意, 恨み, 遺恨, 毒舌.

venomous *a.* 有毒な；毒を含む, 悪意に満ちた, 陰険な.

venous *a. Anat.* 静脈の；脈のある, 筋のある.

vent *n.* 口, 穴, 通気孔；*Zool.* 《魚などの》肛門；《笛などの》指穴；《感情の》捌け口, 発露；ベンツ, スリット《上衣の背, 両脇, スカートの裾などの切り込み》. **give vent to** 《感情を》発する, 漏らす. —— *v.* 口をあける, 穴をあける；漏れ口を与える；《感情を》漏らす (*upon*)；思うさま出す (one*self*), 発散する.

ventage 《空気・ガスなどの》漏れ口；《感情の》捌け口；《笛などの》指穴.

venthole 《空気・ガス・煙などの》出口, 漏れ口；《樽などにあける》通気孔.

ventilate v. 新鮮な空気を入れる, 換気する; 換気装置を施す; (空気で血液を)浄化する; (問題を)公にする, 世論に問う; (意見を)述べる; (感情などを)表す.

ventilation 通風(の具合), 換気(装置); 自由討議; 公表; (意見・感情などの)発露, 表出.

ventilator 換気装置, ベンチレーター, 通風孔; 問題提起者.

ventral a. 腹の, 腹部の.

ventral fin Ichthy. 腹びれ.

ventricle Anat. (脳などの)室; 心室.

ventricular a. Anat. 室の.

ventriloquism 腹話術.

ventriloquist 腹話術者.

ventriloquize v. 腹話術で話す.

ventriloquy 腹話術.

venture n. 冒険; 冒険事業; 投機. **at a venture** 向こう見ずに, 運任せに. — v. 危険にさらす, 賭ける; 大胆に…する, 大胆に言う, 大胆に行く, 大胆に試みる, 思い切って…する, 思い切って言う, 思い切って行く, 思い切って試みる (to do, into, on).

venture capital Econ. 投下資本.

venturesome a. 大胆な; 冒険的な; 危険な.

venturous a. 冒険的な, 冒険好きな; 危険な.

venue Law 犯行地, 裁判地; 開催予定地.

Venus Rom. Myth. ウェヌス, ビーナス(美と愛の女神; ギリシャ神話の Aphrodite に当たる); Astron. 金星.

veracious a. 嘘を言わない; 正直な; 真実の.

veracity 正直; 真実; 正確.

veranda(h) ベランダ, 縁側.

verb Gram. 動詞.

verbal a. 言葉の(上の), 用語上の; 口頭の; 逐語的な; Gram. 動詞の, 動詞的な. — n. Gram. 準動詞(形)(infinitive, gerund,

participle の総称), 動詞的名詞; 有罪を認める口頭陳述, 自白; 口論, けんか.

verbalism 字句拘泥, 言語的表現.

verbalist 字句拘泥家, 詮索家.

verbalize v. 言葉に表す; Gram. 動詞化する.

verbatim a., ad. 逐語的(に).

verbena Bot. バーベナ, クマツヅラ.

verbiage 多言, 冗漫.

verbose a. 口数の多い; 冗長な, くどい.

verbosity 多言, 冗舌.

verdant a. 青葉の茂った, 青々とした; 未熟な, うぶな.

verdict Law (陪審員の)評決, 答申; 判断, 意見.

verdigris 緑青.

verdure 新緑, 若緑; 青々と茂った草木, 青草, 若草; 新鮮さ, 生気, 若々しさ, 水々しさ.

verdurous a. 新緑の, 緑したたる.

verge n. 端, ふち, 境界; 花壇の縁取り; 間際, 限界; (高位聖職者の権威を表す)杖, 権標. **on the verge of** …の間際に, 今にも…しようとして. — v. 境する, 接する(on); 下方に傾く; 向かう, 近づく (to, toward).

verger (寺院・大学などの)権標捧持者; 会堂番.

Vergil ウェルギリウス(70-19 B.C.; ローマの詩人).

verifiable a. 立証できる.

verifier (前の記録をチェックする)検定器.

verify v. 立証する, 証明する, 確証する; 照合する; (約束などを)果たす.

verily ad. 真に, まことに, まったく.

verisimilar a. 本当らしい, ありそうな.

verisimilitude 真実らしさ, 迫真性.

veritable a. まったくの, 真実の; 実際の.

verity 真実(性), 事実; 真理.

Verlaine ベルレーヌ. **Paul Verlaine** (1844-96) フランスの詩人.

vermeil (銀・青銅の)金めっき.

vermicelli バーミセリ《スパゲッティより細いめん類》.

vermicide 殺虫剤.

vermicular a. 虫(状)の; 虫のように動く, 虫食いの.

vermiculite Mineral. バーミキュライト, 蛭石.

vermiform a. 虫状の.

vermiform appendix Anat. 虫垂, 虫様突起.

vermifuge 駆虫剤.

vermil(l)ion 朱, 朱色, 朱染め, 朱塗り.

vermin 害獣, 害鳥《ネズミ・イタチ・フクロウなど》; 害虫《ノミ・ナンキンムシ・シラミなど》, 寄生虫; 社会の害虫, やくざ.

verminous a. 害虫の多い, 害獣の多い, ノミ・シラミのたかった; 虫けらのような, 下等な.

Vermont バーモント《米国北東部の州》.

vermouth ベルモット《酒》.

vernacular a. (言語が)自国の, 本国の, その土地の; Med. 風土の. —n. 自国語; 土着語, 方言; 日常語; 職業語, 専門語.

vernacularism 土地言葉(使用).

vernal a. 春の, 春季の; 若々しい, 生き生きした, 青春の.

vernal equinox 春分.

vernalize v. Bot. 開花を促進する, 結実を促進する.

vernier 副尺, 遊尺; (ロケットの)補助エンジン.

Verona ベロナ《イタリア北部の都市》.

Veronal Trademark ベロナール《睡眠剤》.

verruca Med. いぼ.

Versailles ベルサイユ《パリ南西部の宮殿所在地》.

versatile a. 多方面な, 多芸な.

verse 詩, 韻文; (詩の)行, 節; 詩句; (聖書の)節.

versed a. 熟達した, 精通した (in).

versicle 短詩; Relig. (唱和用)短句《牧師と信者が相互に唱える祈禱文の小節》.

versification 作詩(法); 詩の形式, 韻律の形式, 韻文化.

versifier 詩人, へぼ詩人.

versify v. 詩を作る; 詩に作る, 韻文にする.

version 翻訳, 訳文, …版《個人的立場からの)叙述, 所説, 見解; (小説などの)脚色, …化; Med. (子宮の)傾斜.

vers libre (F) 自由詩(形).

verso 左ページ, 裏ページ.

versus (L) prep. (訴訟・競技などで)…対….

vertebra Anat. (脊)椎骨.

vertebrate a., n. Anat., Zool. 脊椎のある; 脊椎動物.

vertebration 脊椎構成.

vertex 最高点, 頂上; Math. 頂点.

vertical a., n. 垂直の, 直立の; Math. 頂点の; [the ～] 垂直(線), 直立.

verticality 垂直性.

vertical union 産業別組合.

vertiginous a. 目の回る; 目まいさせる; 目の回るような, 目まぐるしい, 不安定な.

vertigo Med. 目まい.

vertu =virtu.

verve (F) (美術・文芸作品の)情熱, 力, 気力, 熱意.

very ad. 非常に, 大層, ひどく; 十分, まったく. —a. 同一の, まさにその; 本当の, 真の; …ですら.

very high frequency Telecom. 超短波.

Very light ベリー式信号(光)《Very pistol から打ち出す色彩閃光》.

very low frequency Telecom. 超長波.

Very pistol ベリー式信号ピストル.

vesica Anat. 囊; 膀胱.

vesicant n., a. Med. 発疱剤; 水疱を生じ

vesicle 小嚢; *Anat.* 小液胞; *Biol.* 小(気)胞.

vesicular *a.* 小嚢状の.

vesper [V-] 宵の明星; *Relig.* 晩の祈り; [*pl.*] 晩の祈禱式.

vespertine *a.* 晩の; 夕暮れに咲く, 夕暮れに沈む, 夕暮れに飛ぶ.

Vespucci ベスプッチ. **Amerigo Vespucci** (1454–1512) イタリアの航海者.

vessel (主に液体用の)うつわ, 容器; (大型の)船; *Anat., Biol.* (生物体内の)導管.

vest *n.* ベスト, チョッキ; 肌着, シャツ. — *v.* (祭服などを)着せる; (権利を)与える, 授ける(*with*); (権利・財産などが)帰属する(*in*).

Vesta *Rom. Myth.* ウェスタ(家庭と炉の女神); [v-] 蠟マッチ.

vestal *a.* Vesta 女神の; 純潔な, 処女の. — *n.* =vestal virgin; 処女; 修道女.

vestal virgin ウェスターリス(Vesta 女神の祭壇の聖火を守った巫女).

vested interest 既得権.

vestee ベスティー(装飾的な婦人胸衣).

vestibule 玄関, 入り口(のホール); (客車の)デッキ.

vestibule school (工場の)職業訓練所.

vestibule train 連廊列車.

vestige 形跡, 証拠, 痕跡, 名残; [a ～の]微塵(*of*); *Biol.* 痕跡器官.

vestigial *a.* 痕跡(器官)の; 退化した.

vestment 衣服, 礼服; *Relig.* 祭服, 法衣.

vest-pocket *a.* (チョッキのポケットにはいるくらい)小さい, ポケット型の; 小型の.

vestry (教会の)祭服室; 教会付属室; 教区委員会.

vestryman 教区委員.

vesuvian *a., n.* 火山(性)の; (葉巻き用)耐風マッチ.

Vesuvius ベスビオ(イタリア南西部, Naples 湾近くの火山).

vet[1] *n.* 獣医(師). — *v.* (動物・人を)診療する; 調査する.

vet[2] =veteran.

vetch *Bot.* ソラマメ属の植物

vetchling *Bot.* キバナノレンリソウ.

veteran *n.* 老兵; 老練家, ベテラン; 老巧者; 退役軍人. — *a.* 多くの実戦を経験した; 老練な, 老巧な.

Veterans Administration (米国の)退役軍人管理局.

Veterans Day 復員軍人の日(11 月 11 日).

veterinarian 獣医.

veterinary *a., n.* 獣医の; 獣医.

veterinary medicine 獣医学.

veterinary surgeon 獣医.

veto *n. v.* 否認権, 拒否権(を行使する); 否認, 拒否(する); 禁止(する); 拒否教書.

veto-proof *a.* 拒否権の行使に対抗できる.

vex *v.* (つまらぬ事で)悩ます, 焦らせる, くやしがらせる, 怒らせる.

vexation 腹立たしさ, 腹立ち, くやしさ, 癪; 腹の立つこと, 癪の種; 心痛, 無念.

vexedly *ad.* くやしがって, 腹立たしく.

VF very fair; very fine; video frequency; visual field. **VG** very good. **VHF** very high frequency. **vi** verb intransitive; vide infra (L, =see below).

via *prep.* ...経由で, ...を通って; ...によって.

viable *a.* (早生児など)成育できる; 育ちうる; 実行可能な.

viaduct 陸橋, 高架橋.

vial (水薬などの)小瓶, ガラス瓶; アンプル.

viand [*pl.*] (特に精選した美味の)食物, ごちそう.

viaticum *Rom. Cath.* 臨終の聖餐.

vibes *Mus.* ビブラホン; 雰囲気.

vibrancy 振動性, 振動状態.

vibrant *a.* 振動する; 鳴り響く; (色・光が) 鮮やかな, きらめく; 脈打つ; 活気に満ちた; ぞくぞくする(ような), スリリングな.

vibraphone *Mus.* ビブラホン《打楽器》.

vibrate *v.* 振動する, 揺れる; (振り子のように)振り動く, 振り動かす; 反響する; (感動で)ぞくぞくする, おののく.

vibratile *a.* 振動する.

vibration 振動; 心の動揺; [*pl.*] 雰囲気, 感じ.

vibrative *a.* =vibratory.

vibrato (It) *Mus.* 震動(音), ビブラート.

vibrator *Elec.* 振動器, バイブレーター; コンクリート振動機; バイブレーター《性具》.

vibratory *a.* 振動(性)の, 振動を起こす.

vic V字形編隊飛行.

vicar *Angl. Ch.* 教区牧師, 代理牧師; *Rom. Cath.* 司教代理; 代理.

vicarage 牧師館.

vicarious *a.* 代理の; 身代わりの, 代行の.

vicarship vicar の職, 代理の任期.

vice[1] 悪, 罪悪, 悪徳; 悪癖, 非行; (馬の)悪い癖; (身体・社会・文体などの)欠陥, 弱点; (文章などの)疵; 売春組織.

vice[2] *n., v.* =vise.

vice[3] =vice-president; vicechancellor.

vice[4] *prep.* …の代わりに.

vice admiral 海軍中将.

vice-chairman 副議長, 副会長, 副委員長.

vice-chancellor 副長官, 副大法官; (大学の)副学長《実質上の学長》.

vice-consul 副領事.

vicegerent 代理人.

vice-governor 副総督, 副知事, 副総裁.

vicennial *a.* 20年ごとの, 20年続く.

vice-presidency vice-president の職, vice-president の任期.

vice-president 副大統領, 副会頭, 副社長, 副総長, 副頭取.

viceregal *a.* viceroy の.

vice-regent 副摂政.

vicereine 副王夫人, 太守夫人, 女性の副王, 女性の太守.

viceroy 副王, 総督, 太守.

vice squad 風俗犯罪取締班.

vice versa (L) *ad.* 逆に, その反対に.

vicinage 近所(の人たち), 近辺.

vicinal *a.* 近くの.

vicinity 近隣, 付近; 接近 (to).

vicious *a.* 邪悪な, 悪意のある; 堕落した, 不道徳な; (馬が)癖の悪い; 不正確な, 間違った, 不完全な.

vicious circle *Log.* 循環論法; *Econ.* 悪循環.

vicissitude (世の中・境遇などの)変遷; [*pl.*] 栄枯, 浮沈.

victim *Relig.* 生贄, 犠牲; 犠牲者, 被害者, 遭難者 (to, of); 餌食, 「かも」. **fall (a) victim to** …の犠牲となる.

victimize *v.* 犠牲にする; 欺く, 悩ます.

victor 勝利者, 征服者.

Victoria ビクトリア《1819–1901; 英国女王 (1837–1901)》.

victoria (2人乗りの)四輪幌付き馬車; *Bot.* オオオニバス.

Victoria Cross ビクトリア十字勲章.

Victorian *a., n.* ビクトリア女王(時代)の; ビクトリア朝風の, 旧式な; ビクトリア朝時代の人, ビクトリア朝時代の文学者.

Victorianism ビクトリア風潮, ビクトリア趣味.

victorious *a.* 勝った, 優勝した, 勝利を得た, 戦勝の.

victory 勝利, 克服.

victory sign (勝利を示す) V サイン.

victual [*pl.*] 備蓄食糧. ── *v.* 食物を

victual(l)er 供給する；(船が)食料を積み込む.

victual(l)er (船・軍隊などに対する)食料供給業者；飲食店主.

vicuña, vicuna *Zool.* ビクーナ《野生ラマの一種》.

vide (L) *v.* (参照の意味で)見よ.

videlicet (L) *ad.* すなわち，換言すれば《viz と略し namely と読む》.

video *a., n.* テレビ映像受送(用)の；ビデオ(テープ)；ビデオテープレコーダー；=VDU；ビデオ録画；画像；=television.

video camera ビデオカメラ.

videocassette ビデオカセット.

videocassette recorder ビデオカセットレコーダー.

videoconference テレビ会議.

videodisc ビデオディスク.

video film (録画ずみの)ビデオフィルム.

video frequency *TV* 映像周波数.

video game テレビゲーム.

videogenic *a.* テレビ映りのよい.

videoland テレビ産業.

videophone テレビ電話.

video recording ビデオテープ録画.

videotape *n., v.* ビデオテープ(に録画する).

video tape recorder ビデオテープレコーダー.

video tape recording ビデオテープ録画.

videotex ビデオテックス《電話回線を用いて中央コンピューターからテレビ画面に情報を伝達する方法》.

vidicon ビディコン《テレビカメラ用小型撮像管》.

vie *v.* 競走する，競う(with)，張り合う.

Vienna ウィーン《オーストリアの首都》.

Vienna sausage ウィンナソーセージ.

Viennese *a., n.* ウィーン(風)の；ウィーン市民.

Viennese waltz ウィンナワルツ.

Vietnam ベトナム《インドシナ半島東部の共和国》.

Vietnamese *a., n.* ベトナム(の)；ベトナム人(の),

ベトナム語(の).

view *n.* 見ること，観覧，見物；観察，視察；視界，視野；眺め，展望，風景(画)；考察；見解，意見，印象；意向，目的，見込み. **in view** 見えて，見える所に；考慮中で；期待して. **in view of** ...の見える所に；...を考えて，...にかんがみて. **on view** 展覧に供して，陳列して. **point of view** 見地，見解. **take a dim [poor] view of** ...を悲観的に見る，...に賛成しない. **with a view to** ...を目当てに，...に目をつけて(doing, do). **with the view of** ...の目的で，...するために(doing). —— *v.* 見る，見渡す；検分する，臨検する；考える.

viewdata =videotex.

viewer 見る人；観客，視聴者；(スライドなどの)ビューアー《拡大透視装置》.

viewership (テレビの)視聴率.

viewfinder *Phot.* ファインダー.

viewless *a.* 見晴らしがきかない；意見のない.

viewpoint 見地，見解.

vigil 徹夜，不寝番(看病)，通夜；眠れない一時；[*pl.*] 徹夜の祈り(をする宵祭り).

vigilance 用心，警戒；徹夜；*Med.* 不眠症.

vigilance committee 自警団.

vigilant *a.* 不寝番をする；油断のない，用心深い.

vigilante (Sp) 自警団員.

vignette *n.* (書物の扉・章頭・章尾の)装飾図案；*Phot., Fine Arts* ビネット《輪郭をぼかした写真あるいは画像》；スケッチ風の小品文. —— *v.* ぼかしにする.

vigo(u)r 精力，元気，気力，勢力；強さ，迫力.

vigo(u)rish (金貸しに払う)借金の利子.

vigo(u)rous *a.* 元気な，屈強な，力強い.

vigo(u)rously *ad.* 元気よく，力強く；盛んに.

violist

Viking バイキング《8-10 世紀頃の北欧海賊》.

vile *a.* 邪悪な, 下劣な, 恥ずべき; ひどい, 貧弱な.

vilify *v.* 悪口をいう, 非難する, 中傷する.

villa (田舎や郊外の)邸宅; (海岸などの)別荘; 郊外住宅.

village 村, 村落.

villager 村の人, 村民.

villain 悪者; (劇, 小説の)敵役; 元凶; 犯人.

villainous *a.* 悪者らしい, 非道な, 下劣な; ひどい.

villainy 邪悪, 非道.

villein (中世の)農奴.

villeinage 農奴の身分; 農奴借地(条件).

villus *Anat.* 絨毛.

vim 精力, 元気, 力.

vin ワイン.

vinaceous *a.* ぶどう(酒)の.

vinaigrette 気付け薬入れ.

vinaigrette sauce ビネグレットソース《サラダ用》.

vin blanc 白ワイン.

vincible *a.* 打ち勝てる.

vindicate *v.* (正当であることを)立証する; 弁護する, 擁護する.

vindicator 擁護者.

vindicatory *a.* 擁護する, 立証する; 応報の.

vindictive *a.* 報復心のある, 執念深い.

vine つる草, つる; ブドウの木; ぶどう酒; 衣料品, 男子の三揃い.

vine-dresser ブドウ園の園丁.

vinegar 酢; 活力, 精力, 元気.

vinegarish, vinegary *a.* 酢の; 酸っぱい; 気難しい.

vinery ブドウ温室.

vineyard ブドウ畑, ブドウ園.

vingt-et-un (F) 二十一《トランプゲームの一つ》.

viniculture ブドウ栽培.

vino (Sp, It) ぶどう酒.

vinosity ぶどう酒質, ぶどう酒色.

vinous *a.* ぶどう酒の(ような); 酔った.

vin rose =rose.

vin rouge 赤ワイン.

vintage *n.* (ぶどう酒用)ブドウの収穫(期); (ある年度の)ブドウ収穫高, 優良なぶどう酒, ビンテージワイン; (一般的にある年度の)売り出し品, 製作品. — *a.* (ぶどう酒が)良質の, 高級の; 最盛期の; 傑作の; 時代ものの; (車が)古典的な.

vintager ブドウ収穫者.

vintage year (ぶどう酒の)当たり年.

vintner ぶどう酒商.

viny *a.* ブドウの木の(多い).

vinyl *Chem.* ビニール.

Vinylite *Trademark* ビニライト《ビニール樹脂の一種》.

Vinylon ビニロン.

vinyl plastic *Chem.* ビニール樹脂.

viol *Mus.* ビオール《violin の前身》.

viola[1] *Mus.* ビオラ.

viola[2] *Bot.* スミレ.

violable *a.* 犯せる, 破れる, 汚せる.

violate *v.* (法律・契約などを)破る; (神聖を)汚す; (自由・秘密などを)侵害する; (女性を)犯す; 怒らす.

violator 違反者, 妨害者, 強姦者.

violence 猛威, 猛烈; 乱暴, 侵害; 暴力, 暴行, 冒瀆.

violent *a.* 猛烈な; 厳しい, 乱暴な, 激しい; ひどい, 極端な.

violently *ad.* 激しく, ひどく, 乱暴に.

violet *Bot.* スミレ; すみれ色; 内気な人.

violin *Mus.* バイオリン.

violinist バイオリニスト.

violist ビオラ奏者.

violoncellist チェリスト.

violoncello _Mus._ チェロ.

VIP very important person.

viper _Zool._ ヨーロッパクサリヘビ《毒蛇》;(一般に)毒蛇;意地の悪い男;マリファナ.

viperish, viperous _a._ 毒蛇のような;毒を含んだ,悪意のある.

virago 口やかましい女,がみがみ女.

viral _a._ _Med._ ウイルス(性)の.

vireo _Ornith._ モズモドキ(アメリカ産).

Virgil =Vergil.

virgin _n._ 処女,おとめ;[the V-]聖母マリア;[the V-] _Astron._ 乙女座;うぶな人,無垢な人,未熟な人;…のしろうと. ── _a._ 処女の;純潔な,汚れない;まだ試みられない,まだ踏まれない,まだ触れられない,新しい;初めての;うぶな,無垢な,未熟な.

virginal _a., n._ 処女らしい,純潔な; _Mus._ バージナル《16世紀頃のハープシコードの一種》.

virgin birth (聖母マリアの)処女受胎(説).

Virginia バージニア《米国南東部の州》.

Virginia creeper _Bot._ アメリカヅタ.

Virginia reel バージニアリール《フォークダンスの一種》.

Virgin Islands バージン諸島《西インド諸島中の群島》.

virginity 処女性,貞潔,純潔.

virginium _Chem._ バージニウム.

Virgin Mary 聖母マリア.

Virgo _Astron., Astrol._ 乙女座(生まれの人),処女宮.

virgule (どちらの語をとってもよいことを表す)斜線 (and/or の /).

viridescent _a._ 淡緑色の.

viridity 緑;みずみずしさ.

virile _a._ 男性的な,元気な.

virology ウイルス学.

virtu (美術品の)すぐれた技巧,技巧的良さ;名品,珍品;美術趣味,美術鑑賞眼.

articles [objects] of virtu 骨董品.

virtual _a._ 事実上の,実質上の; _Optics_ 虚(像)の.

virtual focus _Optics_ 虚焦点.

virtual image _Optics_ 虚像.

virtually _ad._ 実質的には,実際的には,ほとんど.

virtual memory [storage] _Computer_ 仮想記憶.

virtue 徳,美徳;善行,徳行;貞操,貞節;美点,美質;長所;(薬などの)効力,効能. **by [in] virtue of** …の力で,…によって.

virtuosity (音楽家などの)すぐれた技巧,妙技.

virtuoso (音楽などの)巨匠,大家.

virtuous _a._ 有徳な,高潔な;貞潔な;高潔ぶった.

virulent _a._ 猛毒のある; _Med._ (病気が)悪性の;毒を含む,敵意のある.

virus ウイルス;(道徳的)害毒.

vis (L) 力.

visa _n._ (旅券の)裏書き,査証,ビザ. ── _v._ 裏書きする,査証する.

visage 顔,容貌.

visaged _a._ …顔の.

vis-à-vis (F) _ad., n._ 向かい合って,対座して (to, with);差し向かいの人;(二人対面してすわる)S字形ソファー. ── _prep._ …に対して,比較して.

viscera 内臓;はらわた.

viscid _a._ ねばねばする,粘着性の.

viscose _Chem._ ビスコース《人絹・セロファン原料》.

viscosity 粘着性,粘質.

viscount 子爵.

viscountcy 子爵の位,子爵の領地.

viscountess 子爵夫人.

viscounty =viscountcy.

viscous _a._ ねばねばする,粘着性の.

vise *n.*, *v.* 万力(で締める).

visé (F) =visa.

Vishnu *Hinduism* ビシュヌ《三大神の一つ》.

visible *a.* 目に見える; 明白な; 面会できる; す
く間に合う.

visibly *ad.* 目に見えて, 明らかに.

vision *n.* 視覚, 視力, 目撃, 観察; 想像
力, 直感力, 透察力; 未来像, ビジョ
ン; 空想; 幻影; 美しい景色, 美人.
— *v.* 幻に見る.

visional *a.* 幻に見た; 夢想的な.

visionary *a.*, *n.* 幻想にふける; 空想的な, 架
空の, 幻に見える; 幻を見る人; 空想家;
理想家肌の人.

visit *v.* 訪問する, 客に行く, 見舞いに行く; 見
物に行く; 視察に行く, 巡視する, 回診する;
(病気・災害などが)襲う; 話しにいく, 遊びにい
く, …とおしゃべりする, …と会話する(*with*).
— *n.* 訪問, 滞在; 見舞い; 見物, 参観, 見
学; 視察; 往診; 雑談. **pay a visit** 訪問
する, 見舞うる, 見物する.

visitant 訪問者; 渡り鳥; 亡霊.

visitation (高官・高僧などの)巡視; 公式
訪問, 視察, 見回り; (船舶の)臨検; 天災,
天罰; 長尻, 長居.

visitatorial *a.* 巡回(者)の.

visiting *n.*, *a.* 訪問, 見舞い, 視察; 訪問用
の, 訪問しあうほどの.

visiting card 名刺.

visiting fellow 特別研究員.

visiting fireman (印象をよくしておいたほう
がよい)おえら方の来訪者.

visiting hours 面会時間.

visiting nurse 巡回看護婦.

visiting professor 客員教授.

visiting teacher 往訪教員.

visitor 訪問者, 来客, 滞在客;
参観人; 検察官; (大学の)監察員; *Sports*
遠征軍, ビジター; *Ornith.* 渡り鳥; 月経.

visitors' book (旅館・下宿屋などの)宿
泊人名簿; (一般に)来客簿, 芳名録.

visor (かぶとの)眉庇, 煩隠し; (帽子の)
眉庇; (車の)サンバイザー.

vista (両側に並木などのある)見通し, 通景;
追憶, 展望.

visual *a.* 視覚の, 見える; *Aeronaut.*, *Naut.*
(レーダー・計器によらない)有視界の. — *n.* [*pl.*]
映像.

visual acuity 視力.

visual aid 視覚教材《スライド・掛け図など》.

visual display unit *Computer* ディスプレー
装置.

visual field 視野.

visualize *v.* 目に見えるようにする; ありありと心
に浮かび上がらせる, ありありと心に描く.

visual literacy 視覚判別(力).

Vita *Trademark* バイタ《紫外線透過ガラスの一
種》.

vital *a.* 生命の, 生命を司る; 致命的な, 死
活に関する, 肝要な; 生気に満ちた, 力強い.
— *n.* [*pl.*] (肺・心臓・脳などの)重要生活
器官, 生殖器; (問題などの)急所, 核心.

vital capacity 肺活量.

vitalism *Biol.* 生気論.

vitalistic *a.* 生気論(者)の.

vitality 生活力, 生命力, 活力; 活気,
気力, 永続性.

vitalize *v.* 生命を与える; 活気づける, 激励す
る.

vitally *ad.* 生命にかかわるほどに, 致命的に; き
わめて.

vital spark (芸術作品の)生気.

vital statistics 人口(動態)統計; (女性
の)バスト・ウエスト・ヒップの寸法.

vitamin ビタミン.

vitaminize *v.* (食品に)ビタミンを補給する,
ビタミンを強化する.

vitellin *Biochem.* ビテリン, 卵黄素.

vitelline a. 卵黄の.

vitellus 卵黄.

vitiate v. 質を損じる, 価値を減じる, 汚す, 腐敗させる; 無効にする.

viticulture ブドウ栽培.

vitreous a. ガラス(質)の, ガラス状の.

vitreous humor *Anat.* (眼球の)硝子体液.

vitrifaction =vitrification.

vitrification ガラス化.

vitrify v. ガラス化する, ガラス質にする, ガラス質になる.

vitriol *Chem.* 硫酸塩, 礬類; 硫酸; 痛烈な皮肉. **blue vitriol** 硫酸銅. **green vitriol** 緑礬, 硫酸鉄. **oil of vitriol** (濃)硫酸. **white vitriol** 皓礬, 硫酸亜鉛.

vitriolic a. 硫酸の; 腐食性の; 痛烈な.

vituperate v. 罵る, 口汚なく非難する.

viva[1] (It) *int.* 万歳, ビバ.

viva[2] 口頭試験.

vivace (It) *ad. Mus.* 快活に.

vivacious a. 快活な, 活発な, 元気な.

vivarium (自然的環境設備を持った)動植物育成場.

viva voce (L) *a., ad., n.* 口頭の, 口述の; 口頭で; 口頭試験.

vivid a. 鮮やかな, 目のさめるような; 明快な, 生き生きした, 目に見えるような, 潑剌とした.

vividly *ad.* 生き生きと; 鮮やかに.

vivify v. 生き生きさせる, 活気づける.

viviparity *Zool.* 胎生.

viviparous a. *Zool.* 胎生の.

vivisect v. 生体解剖する.

vivisector 生体解剖者.

vixen 雌ギツネ; がみがみ女.

vixenish a. がみがみ言う, 意地の悪い.

vizier (イスラム教国の)大臣.

vizor =visor.

Vladivostok ウラジオストック《ソ連シベリア東部の海港》.

VLF very low frequency. **VOA** Voice of America.

V neck (シャツなどの) V ネック.

vocable 音語《音と文字とからだけ見た単語》.

vocabulary 語彙, 記号目録; 用語範囲.

vocabulary entry (辞書の)見出し語.

vocal a. 声の, 音声の, 発音の; 声楽の; 口頭の; 声に出して言う, 言葉で表現する; 口やかましい, 思うことを口に出す, 能弁な; (樹木・水流などが)音を立てる; *Phonet.* 有声の. — n. ボーカル, 声楽曲; *Phonet.* 有声音, 母音.

vocal cords *Anat.* 声帯.

vocalic a. 母音の.

vocalism *Phonet.* 母音組織; 発声.

vocalist 声楽家.

vocalize v. (声に出して)言う, 歌う, 叫ぶ; 声に出す, 発音する; *Phonet.* 母音化する, 有声化する.

vocation (宗教生活への)神のお召し, 召命; (ある職業に対する)適性; 天職, 使命; 職業, 家業, 生業.

vocational a. 職業(上)の.

vocational education 職業教育.

vocative a., n. *Gram.* 呼び掛けの(語); 呼格.

vociferant a. 大声でどなる.

vociferate v. 叫ぶ, どなる, わめく.

vociferous a. 大声で叫ぶ, 大声でしゃべる; 騒々しい.

vocoder *Telecom.* ボコーダー《分解して送信された音声の再生装置》.

vodka ウオッカ《ロシヤの蒸留酒》.

vo-ed =vocational education.

vogue 流行, 人気. **come into vogue** はやり出す. **in vogue** 流行して.

voguish a. 流行の.

voice n. 声, 音声; 表現; 発言権, 投票

（権）(in)；（投票によって表現された）意見，希望，「声」，お告げ；Gram. 態. **give voice to** …を口に出す，言う. **in (good) voice**（歌うのに）声がよく出る. **lift up one's voice** 叫ぶ，抗議する. **with one voice** 異口同音に；満場一致で. ― v.（意志を）声に出す，言う，述べる，表明する；Phonet. 有声音にする.

voice box Anat. 喉頭.

voiced a. Phonet. 有声(音)の.

voiceless a. 無言の；口がきけない；Phonet. 無声(音)の.

Voice of America アメリカの声《米国政府の海外向け放送》.

voice-over（テレビ・映画の）語り手の声.

voiceprint 声紋.

voicer（パイプオルガンの）調律師.

voice recorder 操縦室内記録装置.

voice vote 発声投票.

void a. 空の，空虚な；無い，欠けた(of)，欠員の；Law 無効の. ― n. 空間，空虚，空虚の感，寂しさ. ― v. Law 無効にする；排泄する.

voidable a. 無効に出来る.

voile ボイル《薄い織物》.

volatile a. 揮発する，揮発性の；陽気な；移り気の；不安定な；（情勢が）一触即発の.

volatilize v. 気化させる，蒸発させる，気化する，蒸発する.

vol-au-vent (F) ボロバン《肉パイ》.

volcanic a. 火山(性)の；（性格など）激しい.

volcanicity ＝volcanism.

volcanism 火山活動，火山現象.

volcano 火山.

volcanology 火山学.

vole Zool. ハタネズミ.

Volga ボルガ《ソ連西部の川》.

Volgograd ボルゴグラード《ソ連南西部の都市》.

volition 意志作用，意志；意欲，決意；選択.

volitive a. 意志の.

volkslied (G) 俗謡，民謡.

Volkswagen フォルクスワーゲン《西ドイツの小型大衆車》.

volley n. 一斉射撃；（悪口・質問などの）連発；（テニスなどの）ボレー. ― v. 一斉射撃する；（質問などを）浴びせかける；ボレーをする.

volleyball バレーボール.

volplane n., v. Aeronaut. （飛行機が）滑降(する).

volt[1] Elec. ボルト.

volt[2] Fencing ボルト《突きを避けるための素早い動作》.

voltage Elec. 電圧.

voltaic a. Elec. 流電気の.

Voltaire ボルテール《1694–1778；フランスの作家・啓蒙思想家》.

voltameter Elec. ボルタ計，電解電量計.

volt-ampere Elec. ボルトアンペア，皮相電力.

volte-face (F) 回れ右，方向転換；（思想・意見などの）大転換.

voltmeter Elec. 電圧計.

voluble a. 口の達者な，流暢な.

volume 冊，巻；書物；容積；体積；量，かさ，多量，塊，音量. **speak volumes** 雄弁に物語る；重要な意味がある.

volumeter 容積計.

voluminous a. 大部数の；多作の；多量の，広大な，大きな，かさばった.

voluntarily ad. 自発的に.

voluntarism 主意主義.

voluntary a. 自由意志の，自発的な，自然にこみ上げる，随意の，任意的な，篤志の；故意の. ― n.（礼拝式前後に奏する）オルガンの独奏；自発的行動，随意行動.

voluntary muscle Anat. 随意筋.

volunteer n. 篤志家，有志，ボランティア；義勇兵，志願兵. ― v. 進んで提供する，進んで寄付する；進んで加わる(in)，進んで…する(to do)；志願する(for)；志願兵になる. ― a. 志

voluptuary 願兵の, 義勇の; 自発的な.

voluptuary *a., n.* 酒色にふける(人).

voluptuous *a.* 酒色にふける; 官能的な, 猥褻な; 心地よい.

Volvo ボルボ《スウェーデンの車》.

vomit *v.* へどを吐く; 吐く, 噴出する.
— *n.* 吐き出したもの; へど.

vomitive *a.* 吐かせる.

voodoo *n.* ブードゥー教《西インド諸島で行われる魔教的民間信仰》; まじない, 魔法; ブードゥー行者. — *v.* ブードゥー教の魔法をかける.

voodooism ブードゥー教.

voracious *a.* がつがつ食う, 強欲な, 執心な.

vortex 渦巻き; (渦巻き状の)飛行機雲; *Phys.* 渦.

vorticism *Fine Arts* 渦巻き派.

vorticose *a.* 渦巻き状の.

votaress 女性の votary.

votary 宗教に献身した人, 神官; 僧; 熱心な信奉者, 熱心家.

vote *n.* (発声・挙手・投票などによる)賛否表示, 票決; [the ～] 投票総数, 得票数; 投票権, 選挙権. — *v.* 投票する (*for, against*); (投票によって)決する; 提議する (*for, that*); (世間の評判が)(…と)決める.
vote down 否決する; 落選させる. **vote in** 当選させる.

voter 投票者, 有権者.

voting booth 投票用紙記入所.

voting machine 投票計算機.

voting paper 投票用紙.

votive *a.* (誓願または誓願成就のために)奉納した, 奉納する.

vouch *v.* 保証する, 確証する (*for*).

voucher 保証人; 証書, 領収証; 引換券; クーポン券.

vouchsafe *v.* 許す, 与える, 下さる; …して下さる (*to do*).

vow *n.* 誓い, 誓約, 誓詞. **be under a vow** 誓いを立てている. **take vows** (僧・尼の)誓いを立てる, 修道院に入る. — *v.* 誓う; 固く約束する (*to do*); 捧げることを誓う.

vowel *Phonet.* 母音; 母音字.

vowelize *v.* (子音を)母音化する.

vox pop (テレビ・ラジオ・新聞の)街頭インタビュー.

vox populi 人民の声, 世論.

voyage *n., v.* 航海(する); 空の旅(をする); [*pl.*] 航海記, 旅行記.

voyager 航海者; [V-] (米国の)宇宙探査機.

voyeur 観淫者, 出歯亀.

voyeurism 観淫症.

VP variable pitch; various places; vice-president.

vroom *n.* ブルーン《自動車のエンジン音》.
— *v.* ブルーンと音をたてて走る, ブルーンと音をたてて加速する.

vs vide supra (L, ＝see above). **VS** veterinary surgeon.

V sign V サイン《中指と人差し指による勝利の印》; (手の甲を外に向けた軽蔑を示す)逆 V サイン.

VSO very superior [special] old《12–17 年もののブランデー》. **VSOP** very superior [special] old pale《18–25 年もののブランデー》. **V/STOL** vertical short takeoff and landing《VTOL 機と STOL 機の総称》. **vt** verb transitive.

VTOL vertical takeoff and landing 垂直離着陸(機), ビートル機. **VTR** videotape recorder.

Vuitton *Trademark* (ルイ)ビトン《フランス製の鞄》.

Vulcan *Rom. Myth.* ウルカヌス《火と鍛冶の神》.

vulcanite 硬化ゴム, エボナイト.

vulcanize *v.* (ゴムを)硫化する.

vulgar *a.* 俗悪な, 下品な, 粗野な, 土俗の; 一

般民衆の, 庶民の, 通俗の, 一般の.

vulgar era キリスト紀元.

vulgarian (身分・富などを鼻にかける)俗悪な人, 俗物, 成り上がり.

vulgarism 俗悪; 卑俗な語法.

vulgarity 俗悪, 下品, 野卑.

vulgarize v. 俗悪にする, 下品にする.

Vulgar Latin 俗ラテン語, 口語ラテン語.

Vulgate *Relig.* ウルガタ聖書《405年に完成したラテン語訳聖書》.

vulnerable a. 傷を受けやすい, 攻撃されやすい, 非難される恐れのある, 弱味のある(*to*).

vulpine a. キツネの(ような); ずるい.

vulture *Ornith.* ハゲワシ; 強欲な人.

vulturine, vulturous a. ハゲワシのような; 強欲な.

vulva *Anat.* 陰門.

vulvitis *Med.* 外陰炎.

VVSOP very very superior old pale《25–40年もののブランデー》.

W

w W字形(のもの).

wabble v., n. =wobble.

WAC, Wac (<*Women's Army Corps*) 陸軍婦人部隊(の一員).

wack 変人.

wacko a., n. =wacky.

wacky a., n. 頭のおかしい(奴), おめでたい(奴).

wad n. (紙・綿などの)小塊, 札束; 大金; (銃器の)おくり; 詰め物, 詰め綿; ロールパン, ケーキ, 食物, サンドイッチ. — v. (紙・綿などを丸めて)小塊にする, 詰め物をする, 詰める.

wadding (綿・羊毛などの)詰め物, 詰め綿.

waddle v., n. よちよち歩く(こと).

wade v. (川など)歩いて渡る; (泥・雪・砂などの中を)踏み通る; (苦労して)進む(*through a* book), ...を経て達する(*through* slaughter, *to*).

wade in [into] ...を猛攻する; 元気よく取りかかる. — n. かち渡り.

wader (川などを)歩いて渡る人; =wading bird; [*pl.*] 防水長靴.

Wade system ウェード式《中国語のローマ字標記法の一つ》.

wadge 塊.

wadi かれ谷, ワジ《中東やアラビア地方で雨期以外は水のない河床》.

wading bird 渉禽類の鳥.

wading pool (公園などの)子供の水遊び場.

WAF, Waf (<*Women in the Air Force*) 空軍婦人部隊(の一員).

wafer ウエハース《菓子》; *Relig.* 聖餅, ホスチア; (薬用)オブラート; 封緘紙.

waffle[1] ワッフル《菓子》.

waffle[2] n., v. たわごと(を言う); 言葉を濁す.

waffle iron ワッフル焼き型.

wafflestomper ハイキング靴.

waft v. ふわりと浮かぶ, ふわりと流す, 漂わせる; (香気などを)吹き送る. — n. (匂いなどの)漂い; 翻り, ひと揺れ, 手招き.

wag v., n. (尾など)振る, 振れる; (舌が)べらべら動き続ける; ひと振り; ひょうきん者, しゃれをいう人; (子供の)おちんちん; ずる休みする.

wage n. [*pl.*] 賃金, 給料, 給金; [*pl.*] 報い. — v. (戦争・闘争を)する, 行う.

wage earner 賃金労働者.

wage freeze 賃金凍結.

wager n., v. 賭け(をする).

wage scale *Econ.* 賃金率, 賃金スケール.

wage slave 賃金生活者.

wageworker =wage earner.

waggery こっけい, おどけ; 冗談, 悪ふざけ.

waggish a. おどけた.

waggle v., n. 振る, 振れる; 振り動かし.

waggle dance (蜜蜂の)収穫ダンス《仲間に蜜源のありかを伝える》.

Wagner ワグナー. **Richard Wagner** (1813-83) ドイツの作曲家.

Wagnerian *a.* ワグナー(風)の.

wag(g)on 四輪の荷馬車;(鉄道の)無蓋貨車; 車;(食堂などで用いる)ワゴン;(路上の)物売り車;犯人護送車; =station wagon. **hitch one's wag(g)on to a star** 大志を抱く. **on the wag(g)on** 禁酒して. **off the wag(g)on** 禁酒をやめて.

wag(g)oner (荷馬車の)御者.

wagonette (屋根なし)遊覧馬車.

wagon-lit (F) 寝台車.

wag(g)on master 荷馬車隊長.

wag(g)on train 大荷馬車隊, 幌馬車隊.

wagtail *Ornith.* セキレイ.

wahine ポリネシアの女性;女性サーファー.

waif 持ち主不明の拾得物, 漂着物;浮浪児, 野良犬, 野良猫. **waifs and strays** 浮浪児達;帰る所のない動物達.

wail *v., n.* 悲しむ, 嘆く;泣き悲しむ(声);吹きすさぶ(風の音);不平を言う;逃げる.

wailful *a.* 悲しげな.

wain (農場用)四輪大荷車.

wainscot *n., v.* *Arch.* 腰羽目(を張る).

wainscot(t)ing 羽目板材料.

wainwright 荷馬車製造人.

waist 腰, 腰部, ウエスト;(バイオリンなどの)くびれ;ブラウス.

waistband 腰紐, ベルト.

waistcloth 腰巻き.

waistcoat チョッキ.

waist-high *a.* 腰までの高さの.

waistline ウエストライン.

wait *v.* 待つ, 待ち合わせる(for);かしずく(on, upon), 給仕する(at table, on a person);(食事を)遅らせる; =await. **wait up** 寝ないで待つ;人が追いつくのを待つ. —*n.* 待つこと;待つ間. **lie in wait** 待ち伏せする(for).

wait-a-bit 人の通行を妨げる種類の灌木.

waiter ウエーター;付き添い人;盆.

waiting game 待機戦術.

waiting list 補欠人名簿.

waiting room 待合室.

waitress ウエートレス.

waive *v.* (一時)放棄する, 差し控える;(問題などを)延ばす.

waiver *Law* 放棄, 棄権;棄権証書.

wake[1] 船跡, 航跡. **in the wake of** …の跡を追って, …に続いて, …にならって.

wake[2] *v.* [多く *up* を伴って]目が覚める, 目を覚ます, 目を覚まさせる, 起きる, 起こす;よみがえる, よみがえらせる;奮起する, 奮起させる(*up*);目覚める, 悟る(*to*). **Wake up and smell the coffee.** よく目を開いて実情を直視しなさい.

wakeful *a.* 眠れない, 目覚めがちな;用心深い, 油断のない.

waken *v.* 目覚める, 目覚ます;起きている;覚醒する.

wake-robin *Bot.* エンレイソウ.

wake surfing ウエークサーフィン《モーターボートに引っ張られた波乗り》.

wakey *int.* 起きろ.

Waldorf salad ワルドルフサラダ《セロリ・リンゴ・クルミにマヨネーズをかけたサラダ》.

wale *n., v.* みみずばれ(にする).

Wales ウェールズ《Great Britain 島南西部の地方》.

walk *v.* 歩く, 歩いて行く, 散歩する;(幽霊が)出る, 歩かせる;連れて行く; *Baseball* (四球で)一塁に歩く, 一塁に歩かせる;刑務所を出る. **walk away** 歩き去る;(人を)追い抜く(*from*);持ち逃げする(*with*). **walk into** (仕事に)難なくありつく;陥る;やっつける, 叱る;がつがつ食う. **walk off** (怒って)立ち去る;(捕らえた人を)引っ立てて行く;(頭痛などを)歩いてなおす. **walk out** 出て行く;ストをする. **walk out on** 去る;見捨てる. **walk (all) over** 圧倒的に打ち負かす. —*n.* 歩行;歩き方;(馬の)並足;散歩;

歩行距離, 歩程;(公園などの)散歩道, 遊歩道, 人道;[W-] …通り, …街; 職業,(社会的)地位, 階級, 身分 (*of or in* life);(呼び売り商人などの)商売区域;(家畜・家禽の)飼育場, 囲い; *Baseball* 四球(出塁).

take [go for] a walk 散歩に行く, 散歩する.

walkabout(原住民が通常の仕事をやめて定期的に行う)放浪生活, 徒歩旅行;(偉い人が人込みの中に入って行う)民間視察.

walkathon 長距離競歩; ウォーカソン(慈善の寄金集めや政治目的のための長距離行進).

walkaway =walkover.

walker 歩く人, 歩行者; 散歩の好きな人;(鶏・アヒルのような)歩く鳥.

walkie-lookie *TV* ウォーキールッキー(移動用テレビカメラ).

walkie-talkie ウォーキートーキー(携帯用無線電話器).

walk-in *a.* ふりの; 容易な.

walking *a., n.* 歩く(こと), 歩行(の).

walking-on *n., a.* =walk-on.

walking papers [ticket] 解雇(通告).

walking stick ステッキ, 杖.

Walkman *Trademark* ウォークマン(携帯用のステレオカセットプレーヤー).

walk-on *n., a.* (せりふのない)端役(の).

walkout ストライキ,(抗議・不満を示す)退場.

walkover 楽勝.

walk-up エレベーターのないアパート.

walkway 歩道, 通路.

wall *n.* 壁, 塀, 石垣; 障壁, 障害;[The W-] ベルリンの壁. **drive [push] to the wall** 窮地に陥れる. **drive [send] up the wall** 血迷わせる. **go to the wall** 譲る, 負ける;(事業などで)行き詰まる, 失敗する; お払い箱になる. **go up the wall** 腹を立てる, 頭にくる. — *v.* (壁や石垣を)巡らす; 壁や石垣で囲む (*in*), …で塞ぐ (*up*).

wallaby *Zool.* ワラビー(小型カンガルー); オーストラリア人.

wallaroo *Zool.* ワラルー(中型カンガルー).

wall bars (体操用)肋木.

wall bed ウォールベッド(たたみ込み式ベッド).

wallboard 壁板用ボード.

wallet 札入れ, 紙入れ.

walleyed *a.* 白目がちな, ぎょろ目の.

wallflower *Bot.* ニオイアラセイトウ, 壁の花(ダンスパーティーで相手がいないため壁のそばで見ている女性), 魅力のない女性; 恥ずかしがりやの女性.

wall newspaper 壁新聞, 壁や掲示板の広報紙.

Walloon *n., a.* (ベルギー南東部の)ワロン人, ワロン語(の).

wallop *v., n.* よたよた歩く; ひどく打つ(こと), 殴打(する);(試合などで相手を)こてんこてんにやっつける; スリル; ビール. — *ad.* ひどく.

walloping *n.* 殴ること. — *a.* ばかでかい; すばらしくいい.

wallow *v.* (泥・砂などの中を)転がり回る, のた打ち回る;(快楽に)耽る, 溺れる (*in*). **wallow in money** 金に埋まる, 大金持ちである. — *n.* のた打ち回ること; 快楽に耽ること;(獣が好んで転がる)泥, 水たまり, ぬた場.

wall painting 壁画; フレスコ.

wallpaper *n., v.* 壁紙(をはる).

wallposter 壁新聞.

Wall Street ウォール街 (New York City, Manhattan の証券取引所の所在地); 米国金融市場.

wall-to-wall *a., n.* 床全体の, 端から端までの, 遍在する; 床全面を覆う敷物.

walnut クルミ, クルミノキ, クルミ材; くるみ色.

Walpurgis Night ワルプルギスの夜(5 月 1 日の前夜; 魔女が高山で宴を開くという).

walrus *Zool.* セイウチ.

waltz *n., v. Mus.* ワルツ, 円舞曲(を踊る); た

やすいこと; 楽々と進む.

wampum (アメリカインディアンの)貝殻数珠
《昔, 貨幣や装飾に用いた》; お金.

wan *a.* 青白い, 青ざめた; 力のない; 病弱
な.

wand (魔法使いなどが持つ)細長い棒, 魔法の
杖; 指揮棒; (職権を示す)職杖.

wander *v.* さまよう, さすらう; 放浪する; 踏み迷
う(*off, out of*); (話など)脱線する(*from*), 取り
留めのないことを考える, 言う; 気がふれる; (川・
道が)曲りくねる.

wanderer さまよう人, さすらい人.

Wandering Jew (キリスト再臨の日まで世
界を流浪すると言われた)さすらいのユダヤ人.

wanderlust (G) 放浪癖.

Wandervogel ワンダーフォーゲル.

wane *v.* (月が)欠ける; 減少する; 衰える.
— *n.* (月が)欠けること; 減退, 衰微. **on the
wane** (月が)欠けて, 衰微して.

wangle *v.* うまくせしめる; うまくごまかす; なんとか
やって行く; (話を)とり繕う.

wanigan (車・筏・ボートの上に作った)移動
小屋《キャンプ用》.

wank *n., v.* 自慰(をする).

wanna =want to.

want *v.* 欲する, 望む, …したい, してもらいたい (*to
do, one to do*); 必要である, 入り用である (*do-
ing*), すべきである; (警察が)捜している; 欠けている,
無い, 足りない(*of*); (…が)なくて困る(*for*). **want
in** しきりに入りたがる. **want out** しきりに出たが
る. — *n.* 欠乏, 不足(*of*); 必要(*of*); 窮
乏; 欲望; [主に *pl.*] 必要品. **in want of**
…がなくて; …に困って. **for want of** …がないの
で, 足りないので.

want ad (新聞の)求人広告, 求職広
告.

wanting *a., prep.* 欠けて(いる), 不足して(*in*);
(…が)なくて, 欠いて; 知恵が足りない.

wanton *a.* 浮気な, 奔放な; 理由のない; むちゃ

くちゃな. — *n.* 浮気女. — *v.* ふざける,
戯れる.

wapiti *Zool.* ワピチ《大鹿》.

war *n.* 戦争, 戦乱; 闘争, 交戦; 敵対(状
態), 敵意; 軍事; [W-] 陸軍. **at war** 交戦
中で(*with*). **declare war** 宣戦を布告する
(*on, upon*). **go to war** 武力に訴える
(*with*). **make war** 戦争をしかける(*on, upon*).
war of nerves 神経戦. — *v.* 戦争する,
戦う.

war baby 戦争中に生まれた子; 戦時の私
生児; 戦争で暴騰する有価証券.

warble[1] *v., n.* さえずる(声).

warble[2] (馬の背の)鞍こぶ.

warbler よくさえずる鳥《ウグイス・ミソサザイなど》;
歌手.

warbonnet (アメリカインディアンの)礼帽.

war bride 戦争花嫁《出征している軍人
や外国の軍人の妻》.

war chest 軍資金.

war cloud 戦雲.

war club (アメリカインディアンの)戦闘用棍棒.

war correspondent 従軍記者.

war crimes 戦争犯罪.

war cry 鬨の声; (政党などの)スローガン.

ward *n.* (都市の)区; (病院の共同病室,
病棟; 監房; (養育院の)収容室; *Law*
被後見者. — *v.* 守護する; よける, 払いのける
(*off*); 病室に収容する.

war dance (未開人の)出陣の踊り.

warden 番人; 番兵; 看守長; 学長;
(称号として)長官.

wardenship warden の職, warden の権
力.

warder 番人, 番兵, 守衛; 看守; *Hist.*
(王の)権標.

ward heeler 政党ボスの子分, 院外団員.

wardress 婦人看守.

wardrobe 洋服だんす; 持ち衣装.

wardroom (軍艦の)士官室.

wardship 被後見.

ware (製造した)品物, 器物; 陶器, 瀬戸物; [*pl.*] 商品.

warehouse *n., v.* 倉庫(に入れる); 大商店, 問屋;「人間倉庫」《精神異常者・老人などを押し込めておく大型公共施設);「人間倉庫」に放り込む.

warehouseman 倉庫主, 倉庫業者, 倉庫労働者; 卸し(売り)商.

warfare 戦争, 交戦(状態).

war game 机上演習.

war head (魚雷・原子兵器の)弾頭.

war-horse 軍馬; 老兵; 上演されすぎた劇や音楽.

warily *ad.* 用心して.

warlike *a.* 戦争の, 軍事的な; 尚武の, 好戦的な.

warlock 魔法使い.

warm *a.* 暖かい, 温暖な; 暑い; 心からの, 思いやりのある; 熱心な; 熱烈な; 激しい, 興奮した; 短気な; 富裕な; 隠れている人や物に近付いて, 真実に近付いて; 危険な; (獲物の臭跡が)新しい; 暖色の; (仕事など)骨の折れる, つらい; (地位・状態など)居づらい, 不快な. — *v.* 暖める, 暖まる (*up*); 活気づける, 鼓舞する; 熱心になる, 熱心にならせる; 温かい気持ちにする. — *ad.* 暖かく. — *n.* 暖めること, 暖まること.

warm-blooded *a.* 温血の; 温情ある; 熱烈な.

warmed-over *a.* (料理などが)温め直した; (作品を)焼き直しの, 陳腐な.

warmer 暖める器具, 加温装置, 加熱装置.

warm front *Meteor.* 温暖前線.

warmhearted *a.* 親切な.

warming pan (昔用いた)寝床温め器.

warmly *ad.* 暖かく; 心から, 思いやり深く.

warmonger 戦争屋.

warmth 暖かさ, 温暖; 親切; 温情, 熱心, 熱情; 興奮, 腹立ち.

warm(ing)-up (競技開始前の軽い)準備運動, ウォーミングアップ.

warn *v.* 警告する, 注意する, 勧告する (*against, of, to do, that*); 知らせる, 予告する.

warning *n.* 警告, 注意, 訓戒; (解約などの)予告, 通告; 前兆, 前ぶれ. — *a.* 警告の.

warp *v.* (板など)そる, そらせる, 歪む, 歪める; (性質など)ねじける, ねじけさせる; ワープする《スペースワープで宇宙空間を移動する》. — *n.* (織物の)縦糸; そり, 歪み, ねじれ; *Naut.* 引き綱; ＝space warp.

war paint (アメリカインディアンの)出陣の化粧; 盛装, メーキャップ.

warpath (アメリカインディアンの)出征路. **on the warpath** 戦おうとして; 怒って.

warplane 戦闘機.

warrant *n.* 正当な理由, 根拠, 権能; 保証; 許可; *Law* 令状; 准士官任命辞令. — *v.* 正当とする; 保証する; (…だと)断言する. **I warrant** 確かに.

warrantable *a.* 保証できる, 請け合える; 正当な.

warrantee *Law* 被保証人.

warranter 保証人.

warrant officer 准尉, 准士官.

warrantor *Law* ＝warranter.

warranty 保証(書); *Law* 担保, 令状; 正当な理由, 十分な根拠 (*for*).

warren ノウサギの繁殖地, イエウサギ飼育場; ごみごみした地区, ごみごみした家.

warrior 軍人, 勇士, 武者.

war risk insurance 戦争保険.

Warsaw ワルシャワ《ポーランドの首都》.

warship 軍艦.

wart いぼ; (木の)瘤.

warthog *Zool.* イボイノシシ.

wartime *n.*, *a.* 戦時(の).

warty *a.* いぼや瘤のような, いぼや瘤の多い.

war vessel 軍艦.

war whoop (アメリカインディアンの)鬨の声.

wary *a.* 用心深い, 油断のない.

wash *v.* 洗う, 洗濯する; 洗い落とす (*out*, *off*, *away*); 清浄にする; (波が岸を)洗う, 打ち寄せる (*against*); (流れ・大水が)さらって行く, 流す (*away*); 浸食する; (生地が)洗濯がきく, (色など)洗っても褪せない; (鉱石を)水洗選鉱する; (色を)薄く塗る, (金などを)薄くきせる; (調査・実験などに)耐える, あてになる, 通用する; ふるい落とす. **wash out** (しみなどを)洗い落とす; 排斥する, 殺す. **wash up** (食器を)洗う; 食器を洗って片づける. — *n.* 洗い, 洗濯; 洗濯物; (波の打ち寄せ, 波の音; (台所の)洗い流し残飯; 水っぽい食物; 洗剤, 化粧水; (絵の具の薄い一塗り, (金などの)薄いきせ; 生の酒の直後に飲む水. **come out in the wash** すぐ化けの皮がはがれる.

washable *a.* 洗濯のきく, 洗っても褪せない; 水に溶ける.

wash-and-wear *a.* 洗っただけで着られる, ノーアイロンの.

washbasin, washbowl 洗面器.

washboard 洗濯板; *Arch.* 幅木; *Naut.* 制水板.

washcloth 洗面タオル.

washday 洗濯日.

washed-out *a.* 洗いざらしの; 疲れ切った, 元気のない.

washed-up *a.* 疲れ切った; 失敗した, はねられた, 駄目になった.

washer 洗う人; 洗濯機; *Mach.* 座金, ワッシャー; 酒場.

washerman 洗濯屋, 洗濯夫.

washerwoman 洗濯女.

washeteria コインランドリー.

wash-fast *a.* 洗っても色落ちしない.

washhouse 洗濯場.

washing 洗濯(物).

washing machine 洗濯機.

washing soda 洗濯ソーダ.

Washington ワシントン《米国西部の州》.

Washington ワシントン. George Washington (1732-99) 米国の初代大統領 (1789-97).

Washington (D.C.) ワシントン《米国の首都》.

washout (大水による)土地の浸食, (堤防・線路などの)流失, 崩壊; 失敗(者), 無能者.

washrag 浴用タオル.

washroom 洗面所, 便所.

washstand 洗面台.

washtub 洗濯だらい.

washy *a.* 水っぽい; 薄めた, 弱い; 味のない; (文体などが)弱々しい.

wasn't ＝was not.

wasp *Entom.* スズメバチ.

waspish *a.* スズメバチのような; 気難しい, 怒りっぽい, 意地悪な.

wasp waist くびれ腰《細くくびれた腰》.

Wasp, WASP 英国系白人新教徒.

wastage 損耗, 減り(高).

waste *a.* (土地が)荒れた, 不毛の; 不用の, 廃物の, 屑の. **lay waste** (土地など)荒らす, 荒廃させる. **lie waste** (土地など)荒らされている, 荒廃している. — *v.* 荒廃させる; 浪費する (*on*); 消耗する, 衰弱する (*away*); (殺し屋が人を)殺す; 打ちのめす; 荒廃させる, 住民を殺す. — *n.* 無駄, 浪費; 消耗, 衰弱; 廃物, 屑; 廃棄物; 荒れ地, 荒野; (海・原野などの)荒涼たる広がり; 汚水, 廃水. **go [run] to waste** 無駄になる.

wastebasket 紙屑かご.

wasteful *a.* 浪費する, 無駄な, 不経済な.

wasteland 荒れ地; 不毛の時代, 荒廃した

生活.

wastepaper 紙屑.

wastepaper basket 紙屑かご.

waste pipe 排水管；排気管.

waste product (産業)廃棄物；(体の)老廃物.

waste water (工場)廃水.

wasting *a.* 荒廃させる；消耗させる.

wastrel 浪費者；やくざ者；きず物.

watch *n.* 懐中時計，腕時計；警戒，用心，見張り；(汽船などで4時間交替の)当直(番).
be on the watch 警戒している，待ち構えている(*for*). **keep watch** 見張りをする，張り番をする. **keep watch and ward** 厳重に警戒する. —— *v.* 見守る，じっと見る；看護する，世話する；不寝番をする，待機する；警戒する，用心する，見張る，監視する；(…を)注意する.
watch for じっと待ち構える. **watch out** 見張る，警戒する. **watch over** …を見張りする，番をする；…を注意して見ている.

watchband 時計バンド.

watchcase 時計の側.

watchdog 番犬；監視者，お目付け.

watch fire かがり火.

watchful *a.* 注意深い，油断のない.

watch glass [crystal] 時計のガラス.

watchmaker 時計屋.

watchman 夜番，夜警.

watch night 大晦日の夜(のお祈り).

watchtower 物見やぐら，望楼.

watchword 合い言葉，(政党などの)標語，スローガン.

water *n.* 水，水中；液体，[*pl.*]水域；領海；[*pl.*]海，川，湖，波浪，潮；[*pl.*]鉱泉；(織物の)波紋；宝石の光沢度；(資産の)水増し；溶液，化粧水；分泌液(汗・尿など). **above water** 災難を免れて.
by water 船で，海路を. **fish in troubled waters** 漁夫の利を占める. **hold water** 水が

漏らない；(議論・証明など)正しい，有効である.
in deep water(s) 大難に陥って. **like water** 湯水のように，惜しげもなく. **make [pass] water** 小便をする. **of the first water** 最上等の(ダイヤモンド)；無類の(天才など). **throw [pour] cold water on** …に水を差す，けちをつける. **written in water** (水で書いたように)はかない，すぐ忘れられる. —— *v.* 水をやる，水をまく；給水する，灌漑する；濡らす；(牛馬に)水を飲ませる；(水を割って)薄める；*Econ.* (資産を)水増しする；よだれが出る，涙が出る(*at*). **water down** 手加減して述べる.

water ballet 水中バレエ.

water bed ウォーターベッド《プラスチック製マットレスに水を詰めたもの》.

water bird 水鳥.

water biscuit ウォータービスケット.

water blister 水ぶくれ，水泡.

waterborne *a.* 水上を運ばれる，水上を運ばれた.

water bottle 水がめ；水筒.

water brash 胸やけ.

waterbuck *Zool.* ミズカモシカ.

water buffalo *Zool.* スイギュウ.

water-bus 水上バス.

water cannon (デモなどを散らすための)放水砲.

water chute ウォーターシュート《高い台からボートをすべらせて水中に突進させる遊戯施設》.

water clock 水時計.

water closet (水洗)便所.

watercolor 水彩絵の具；水彩画.

watercooled *a.* 水冷式の.

watercourse 水流；水路.

watercraft 水上の技術《水泳など》；船.

watercress *Bot.* オランダガラシ《サラダ用野菜》.

water cure 水治療法.

water cycle 水上自転車.

water diviner 水脈を探る人.

water dog 老練な水夫.

watered a. 灌漑された; *Econ.* 水増しの.

waterfall 滝; どっと押し寄せるもの.

water flea *Zool.* ミジンコ.

waterfowl 水鳥.

waterfront (都市の)海岸(通り).

water gap 水隙, 峡谷.

water garden 水生植物園.

water gas *Chem.* 水性ガス.

Watergate [the 〜] ウォーターゲート事件 《盗聴行為を暴露されて Nixon 大統領が 1974 年に辞職した事件》; 職務濫用などによる不正行為.

water gate 水門.

water gauge 水位計.

water glass (水中を覗く)ガラス箱; (鶏卵を保存するために塗る)珪酸ソーダ液.

water gun 水鉄砲.

water hammer 水撃(音).

water heater (家庭用)湯沸かし.

water hen *Ornith.* バン.

water hole 水溜まり.

water ice (水が凍って出来た)水氷; シャーベット.

wateriness 液状; 無味.

watering can [**pot**] じょうろ.

watering place 温泉場; 海水浴場; (牛馬の)水飲み場.

water jacket *Mech.* 水ジャケット.

water jump *Horsemanship* 水濠.

water level 水位, 水平面.

water lily *Bot.* スイレン.

waterline *Naut.* 喫水線.

waterlogged a. (木材が)水の浸み込んだ.

Waterloo ワーテルロー《ベルギー中部の村; Napoleon 一世の大敗した地》; [w-] 惨敗.

watermain 水道本管.

waterman 船頭, 水夫; ボート屋.

watermark n., v. (紙の)透かし模様(をつける); (川の)水位標.

watermelon *Bot.* スイカ.

water meter 水量計.

water mill 水車.

water moccasin *Zool.* ヌママムシ《毒蛇》.

water nymph 水の精, 人魚.

water ouzel *Ornith.* ムナジロカワガラス.

water park 水遊びのできる公園.

water parting 分水界.

Water Pik *Trademark* ウォーターピック《ジェット水流を利用した歯間の洗浄器》.

water pipe 送水管; 水ぎせる.

water pistol 水鉄砲.

water plane 水上飛行機.

water plug 消火栓.

water polo 水球.

waterpower 水力.

water privilege 水利権.

waterproof a., v. 防水の; 防水する.
— n. 防水布, 防水服; レーンコート.

water rate 水道料金.

water-repellent a. 水をはじく.

water-resistant a. 耐水の.

water right 水利権.

watershed 分水界; 流域.

waterside 水辺.

waterskiing 水上スキー.

waterskin (水を運ぶ)皮袋.

water-soak v. 水浸しにする.

water softener 硬水軟化剤; 用水軟化タンク.

water spout 水口; *Meteor.* (海上の)竜巻.

water sprite 水の精.

water supply 給水(量).

water table (地上)水位.

water taxi 水上タクシー.

watertight a. 防水の; (議論など)水も漏らさ

ぬ，反駁の余地のない．

water tower 給水塔．

water vapor 水蒸気《沸騰点以下で放散されたガス体》．

water wagon 給水車，散水車．

water wave ウオーターウェーブ《髪を水で濡らしてセットしドライヤーにかける》．

waterway 水路．

waterwheel 水車．

water wings 翼型浮き袋《水泳練習用》．

waterworks 水道(設備)． **turn on the waterworks** 泣く．

water worn *a.* 水で摩滅した．

watery *a.* 水の(多い)；水っぽい；湿っぽい，うるんだ；雨模様の；(文体など)力のない，無味の；(色が)淡い．

watt *Elec.* ワット《電力の単位》．

wattage *Elec.* ワット数．

watt-hour *Elec.* ワット時．

wattle *n.* (小屋の外壁・屋根・かごなどに用いる)編み枝，編み枝細工，編み垣；(鶏・七面鳥などの)肉垂；*Bot.* アカシアの一種《オーストラリアの国花》．— *v.* (枝を)編み合わせる．

wattled *a.* 枝を編んで作った．

wattmeter *Elec.* 電力計．

wave *n.* 波，波浪；海；波動；起伏，うねり；(感情などの)高まり；振り，揺れ，揺り動かし；(頭髪の)ウェーブ；*Phys.* (熱・光・音・電気などの)波；*Meteor.* (気圧などの)波． **make waves** 波風を立てる． — *v.* (波のように)揺れる，ひらひらする，翻る；(手・旗などを)振る；(合図に)手を振る，(手を握って)合図する；起伏する；波状にする；(頭髪を)ウェーブする． **wave away [off]** 手を振って追い払う，拒絶する．

wave band 周波(数)帯．

wavelength *Phys.* (光・音などの)波長．

wavelet 小波．

waver *v.* ゆらめく，ちらつく，震える；迷う，ためらう，(決心が)ぐらつく． — *n.* 動揺，ためらい．

WAVES, Waves (< *Women Accepted for Volunteer Emergency Service*) 海軍婦人予備部隊(の一員)．

wavy *a.* 波状の，起伏する，うねる；波打つ；くらつく．

wax[1] *n.*, *v.* 蠟(を塗る)；蜜蠟，木蠟；ワックス；レコード(に入れる)． **wax in one's hands** (…の)言いなりになる人．

wax[2] *v.* (月が)満ちる；増大する；(…に)なる．

wax[3] 癇癪，怒り．

wax bean *Bot.* (インゲンの)蠟莢種．

waxbill *Ornith.* カエデチョウ．

wax candle (パラフィン)蠟燭．

wax cloth 蠟引き防水布，パラフィン引き防水布；油布．

waxen *a.* (皮膚が)蠟のような，青白い．

wax light 蠟燭．

wax museum 蠟人形館．

wax paper 蠟紙．

waxwing *Ornith.* レンジャク．

waxwork 蠟細工；[*pl.*] (陳列した)蠟細工品．

waxy *a.* 蠟の，蠟質の，蠟状の；＝waxen．

way[1] *ad.* ずっと，はるかに． **way back** ずっと昔；ずっと奥に．

way[2] 道，道路，街路；行路，進路，途上；道程，距離；方向；習慣，風習，癖；行状，振る舞い；方法，やり方，手段；点，方面；地域；専門；範囲；状態；[*pl.*] *Naut.* 進水台． **all the way** 道すがら；始終；はるばる． **by the way** 途中；ついでながら． **by way of** …を経て；…として． **come one's way** やって来る；手にはいる． **every (which) way** 四方八方に． **fight one's way** 活路を見いだす． **force one's way** 無理に進む． **gather way** (船が)速力を増す． **get one's (own) way** ＝have one's (own) way． **get under way**

動き出す, 始まる; 出帆する. **give way** (床などが)へこむ, 崩れる, 落ちる; 退却する, 負ける, 屈する; (感情が抑えきれなくなる (to). **go all the way** 肉体関係を結ぶ. **go a long way** 大いに役に立つ (toward). **go one's own way** 自分の思い通りにする. **go one's way** 出かける. **go out of the way** 寄り道する; わざわざ…する (to do). **have a way with** …を扱うのがうまい. **have it both ways** 二股をかける. **have one's (own) way** 勝手に振る舞う, 我儘をする. **in a big way** 大規模に, 大規模の. **in a small way** 小規模に, 小規模の. **in a way** ある点では, 見方によっては, 幾分. **in a bad way** (事態・病状が)おもわしくなく. **in one's way** 得意とするところで. **in the way** 邪魔になる(ように) (of). **lead the way** 先に立って行く, 案内する. **lose one's way** 道に迷う. **make way** 進む, 進歩する; 道をあける (for). **make one's way** 行く; 進む, 成功する. **mend one's ways** 行いを改める. **No way!** だめだ. **on the way** 途中で; しそうになって. **on the way out** すたれかけて; 退職しようとして. **out of the way** 道を離れて; 並はずれた; 邪魔にならぬ所に. **pave the way for** …のために道を開く, 準備をする. **pay one's way** 借金せずに暮らす. **put one in the way of** 人に得させる. **see one's way** することができる, 喜んで…する. **the way of the world** 世の習い, 世の常. **under way** 進行中で; Naut. 航海中で. **ways and means** 手段, 方法; 財源. **work one's way** 骨折って進む, 働いて資金を得る (into, through, etc.).

waybill 貨物運送状.

wayfarer 徒歩の旅人.

wayfaring a. 旅の.

way in 入り口.

waylay v. 待ち伏せする.

way out 出口.

way-out a. とっぴな, 風変わりな; 前衛的な.

wayside n., a. 路傍(の).

way station (主要駅間の) 中間駅.

way train (各駅停車の)普通列車.

wayward a. 我儘な, 片意地な; 気紛れな.

WBA World Boxing Association 世界ボクシング協会. **WBC** white blood cells; World Boxing Council 世界ボクシング評議会. **WC** water closet.

we pron. われわれ, 私たちが.

weak a. 弱い; 虚弱な; 薄弱な, 微弱な; 説得力のない; 乏しい; 優柔不断の, 劣った; (溶液などが)薄い; Com. (市場が)弱気の; Gram. 弱変化の, 規則変化の; (小麦粉が)薄力の. **the weaker sex** 女性.

weaken v. 弱くする, 弱くなる, 弱める, 弱まる; 力をそぐ, 薄める.

weak-headed a. 低能な.

weakhearted a. 気の弱い.

weak-kneed a. 弱腰の.

weakling 弱い人, 弱い動物.

weakly a., ad. 病弱な, 弱々しい; 弱々しく, 意気地なく.

weak-minded a. 低能な; 気の弱い.

weakness 弱さ, 薄弱, 衰弱; 弱点, 弱味; 低能; (目のないほどの)好み, 偏愛 (for).

weak sister 頼りにならない人, 意気地のない人.

weal¹ 福利, 幸福.

weal² n., v. =wale.

Weald [the ~] ウィールド地方《英国南部 Kent, Surrey, Hampshire, West Sussex 諸州にまたがる元の森林, 今は農業地帯》.

wealth 富; 財産, 富裕; 豊富, 多量 (of).

wealthy a. 富んだ; 豊富な.

wean v. 乳離れさせる; (…から)引き離す, (…を)捨てさせる (from).

weanling 乳離れした子.

weapon 武器, 兵器.

weaponry 武器.

weapons-grade *a.* 核兵器としての利用基準を満たす.

wear *v.* 着る, 着ている; 身につける, 帯びる; (笑いなどを)顔に表す, 顔に浮かべる; (髭など)生やしておく; (穴などを)あける; すり減らす, すり減る, すり切らす, すり切れる, 摩損する; (時が)経過する (*away, on*); 次第に弱る, 疲れさせる; 使用に耐える, もつ (*well, badly*); 受け入れる, 認める, 同意する. **wear down** すり減らす; 疲れ切らす; 努力して負かす; (時を)過ごす. **wear off** 次第になくなる, 次第になくする. **wear out** 着古す; 摩滅する; 疲れさせる, 消耗する. ━ *n.* 着用; 着用物, 衣服; 着古し, 消耗, 摩損; 耐久性, もち. **wear and tear** 摩損, 消耗.

wearily *ad.* 疲れて; 飽き飽きして.

wearisome *a.* 飽き飽きする, 退屈な.

weary *a.* 疲れた; 退屈な, 飽き飽きした (*of*). ━ *v.* 疲れさせる, 疲れる; 退屈させる, 退屈する (*of*), 飽きる; 恋しがる (*for*).

weasel *n.* Zool. イタチ. ━ *v.* 言を左右する; (責任を)回避する.

weasel word 逃げ口上.

weather *n.* 天気, 天候, 気象 (状態); 荒れ模様. **under the weather** 不快で; 二日酔いで; 金に困って. **weather permitting** 天候が許せば. ━ *a.* Naut. 風上の. ━ *v.* 風雨に当てる, 外気にさらす; 風化する, 風化させる; 天候に耐える, (困難を)切り抜ける; (風雨に)さらされる, 色がさめる, (物が)傷む.

weather balloon 気象観測気球.

weather-beaten *a.* 風雨にさらされた; 日に焼けた.

weatherboard Arch. 下見板.

weatherboarding 下見(板).

weather-bound *a.* 風雨に閉じ込められた.

weathercock 風見(鶏); 日和見主義者.

weather deck Naut. 露天甲板.

weather eye (天候を見るような)注意深い目.

weather forecast 天気予報.

weatherglass 晴雨計.

weathering Geol. 風化.

weatherize *v.* (家屋を)耐候性にする.

weatherly *a.* Naut. (船が)風上に走れる.

weatherman 天気予報係; [W-] 過激派.

weather map 天気図.

weatherproof *a.* 風雨に耐える. ━ *n.* 防水コート, レーンコート.

weather satellite 気象衛星.

weather ship 気象観測船.

weather station 測候所.

weather strip 目詰め.

weather vane =weathercock.

weather-wise *a.* 天気を当てるのがうまい; 世論の変化に敏感な.

weatherworn *a.* 風雨に打たれた.

weave *v.* 織る; 編む; (クモが巣を)張る; (物語・楽曲などを)まとめ上げる, 組み立てる; (陰謀を)企む. ━ *n.* 織り(方), 編み(方).

weaver はた織り, はた屋.

weaverbird Ornith. ハタオリドリ.

web 織物; クモの巣; (水鳥の)水かき; (印刷用紙)一巻き; Mech. 腹板.

webbed *a.* 水かきのある; クモの巣状の.

webbing (丈夫な帯紐; (絨毯などの)厚べり; (鳥の足の)水かき.

webfoot 水かき足.

web-footed *a.* 水かき足のある.

web offset オフセット輪転印刷法.

Webster ウェブスター. **Daniel Webster** (1782-1852) 米国の政治家. **Noah Webster** (1758-1843) 米国の辞書編纂家.

wed *v.* 結婚する, 結婚させる; 結合する (*to*); 執着させる.

we'd =we had; we would; we should.

wedded *a.* 結婚した; 結合した; 熱心な (*to*).

wedding 結婚(式).

wedding band =wedding ring.

wedding breakfast 結婚披露宴.

wedding cake ウェディングケーキ.

wedding march 結婚行進曲.

wedding night 新婚初夜.

wedding ring 結婚指輪.

wedel v. Ski. ウェーデルンで滑降する.

wedeln Ski. ウェーデルン《小刻みなターンを連続させる滑降》.

wedge n. 楔; 楔形(のもの); Golf ウェッジ. —v. 楔をさす; 楔で締める;(無理に)押し込む, 割り込む (in).

wedgies 船底形の婦人靴.

Wedgwood Trademark ウェッジウッド《英国の陶磁器の一種》.

wedlock 結婚(生活).

Wednesday 水曜日.

Wednesdays ad. 水曜日(ごと)に.

wee[1] a. 小さな;(時刻が)早い.

wee[2] n., v. おしっこ(をする).

weed[1] [pl.] (未亡人の)喪服.

weed[2] n., v. 雑草(を取る); たばこ, マリファナ; 駄馬; やくざ者; ひょろ長いやせた人. **weed out** 抜き捨てる, 根絶する.

weeder 除草をする人; 除草機.

weedhead マリファナ常用者.

weedkiller 除草剤.

weedy a. 雑草の多い, 雑草のような; ひょろひょろした.

week 週, 一週間《連続した7日間》; 日曜日以外の6日間, 週日;(1週間における)何時間制》… 週間. **Monday week** 一週間前の月曜日, 一週間後の月曜日. **week in, week out** 毎週.

weekday (日曜日以外の)平日.

weekdays ad. 週日や平日に, 週日や平日は.

weekend n. 週末. —v. 週末を過ごす.

weekender 週末旅行者; 週末用の小別荘; 小型の旅行鞄.

weekends ad. 週末(ごと)に.

weekly a., ad., n. 一週一度(の), 毎週(の); 週刊新聞, 週刊誌.

weeknight 平日の夜.

weeknights ad. 平日の夜に.

weenie =wiener.

weeny a. ちっちゃな.

weep v. 泣く; 泣き悲しむ;(涙を)流す;(雫を)たらす. **weep out** 泣きながら言う.

weeper 泣く人;(葬儀の)泣き男, 泣き女; [pl.] 頬髭;(劇・映画・本などの)お涙頂戴物.

weepie =weepy.

weeping willow Bot. シダレヤナギ.

weepy n., a. (劇・映画・本などの)お涙頂戴物; 涙もろい.

weevil Entom. ゾウムシ.

weewee n., v. おしっこ(をする).

weft (織物の)横糸.

weigh v. 秤にかける,(重さを)量る; 目方がある, 目方がかかる; よく考えてみる,(比較)考量する (with, against); 重みがかかる, 圧する (down); 圧迫する (on, upon), のしかかる, 苦しめる (on, upon); 重きをなす, 重大関係がある (with); Naut. (錨を)引き上げる. **weigh in** (ボクサーなどが試合前に)体重測定を受ける; 援助する. **weigh out** 量り分ける.

weighbridge (地面と同一平面の)計重台.

weight n. 重さ, 重量, 目方; 体重; 重り, 分銅; 重力; 重いもの, 重し;(競技用)砲丸, 円盤, ハンマー; バーベル; Sports 体重による階級, ウエート; 衡量体系; 衡量単位, 重量単位;(…の)目方に相当する量; 重荷, 負担, 重圧; 重要(性), 価値; 勢力. **by weight** 目方で, 目方は. **pull one's weight** 役割を果たす. —v. 重みを付ける;(荷を)積む;(心配などで)苦

しめる (*with*).

weight belt ウエートベルト《ダイバーなどがつける重り》.

weightily *ad.* 重く; 重大に.

weight lifter 重量挙げ選手.

weight lifting 重量挙げ.

weight watcher 減量療法をしている人.

weighty *a.* 重い; 重大な, 有力な; 重苦しい.

weir (川の)堰;(魚捕りの)やな.

weird *a.* 気味の悪い, ものすごい; 奇妙な, 変な.

weirdie, weirdo 変人.

Weird Sisters =the Fates.

welch *v.* =welsh.

welcome *int.* ようこそ, いらっしゃい. —*a.* 歓迎される, 嬉しい; 自由にしていい, 勝手にしていい (*to*). **You are welcome.** よくいらっしゃいました; どういたしまして. —*n.* 歓迎(の挨拶). —*v.* 歓迎する, 喜び迎える.

weld *v.* 溶接する;(打って)一団とする, 一体とする (*into*), 結合する. —*n.* 溶接点; 密着.

welder 溶接工.

welfare 福祉(事業), 福利, 厚生; 幸福.

welfare state 福祉国家.

welfare work 福祉事業.

welfarism 福祉国家主義.

well[1] *n.* 井戸, 縦坑; 泉; 源泉; 穴, くぼみ,(机に掘った)インクつぼ入れ穴. —*v.* 湧き出る (*up, forth*).

well[2] *ad.* よく, うまく, 上手に, 立派に; 適切に; 十分に, まったく; よほど, ずいぶん, かなり; おそらく; 裕福に, 安楽に; 好意をもって, 親切に; 快く, 上気嫌で; 落ち着いて. **as well** 同様に; また, その上. **as well as** …と同様に, …だけでなく. **may [might] as well**…as …するなら…するも同じである, …した方がいい. **may well** …するのももっともだ. **well away** かなり

進行して; ほろ酔いの. **Well done!** うまい. —*a.* 健康で; 良い; よろしい, 適当で. —*int.* えー, なるほど, そうだ; ところで, それでは, あの ね; やれやれ, おやおや; ええ?.

well-advised *a.* 思慮深い, 賢明な.

well-appointed *a.* (室内など)設備の調った;(遠征など)用意や装備の調った.

well-balanced *a.* よく釣り合いの取れた, 穏健な, 分別ある.

well-being 安寧, 福利.

well-beloved *a.* 大いに愛され(てい)る.

wellborn *a.* 生まれのいい.

well-bred *a.* 育ちのいい;(馬など)良種の.

well-built *a.* 頑丈な; 体格のいい.

well-conditioned *a.* 良好状態の; 善良な.

well-connected *a.* よい親戚のある, 縁故のある.

well-defined *a.* はっきり定義された; 明確な, 輪郭のはっきりした.

well-disposed *a.* 好意を有する, 親切な, 気立てのよい.

well-done *a.* 十分煮えた, 十分焼けた.

well-dressed *a.* 身なりがきちんとした.

well-earned *a.* 自分の力でかち得た, 自分の働きでかち得た.

well-established *a.* 確立した, 定着した; ゆるぎない; 定評のある, しにせの.

well-favored *a.* 器量のいい.

well-fixed *a.* 裕福な.

well-formed *a.* 適格な.

well-found *a.* =well-appointed.

well-founded *a.* 十分根拠のある.

well-groomed *a.* (身なりが)きちんとした.

well-grounded *a.* =well-founded; 素養のある, 基礎教育のある.

wellhead 水源; 源泉.

well-heeled *a.* 金持ちの, 富裕な.

well-informed *a.* 博識の; 精通している,

(…の) 情報に通じている.

Wellington ウェリントン《ニュージーランドの首都》; [w-] 膝までのゴム長靴.

well-intentioned *a.* 善意の, 善意でした.

well-knit *a.* (骨格が) 引き締まった.

well-known *a.* よく知られた; 有名な.

well-lined *a.* 金でいっぱいの; 腹がいっぱいの.

well-mannered *a.* 行儀のいい.

well-meaning *a.* 善意の, 善意から出た.

well-meant *a.* 善意から出た.

well-nigh *ad.* ほとんど.

well-off *a.* 富裕な; 順境にある.

well-oiled *a.* ほろ酔いの; へつらいの.

well-preserved *a.* 保存のよい, 手入れのよい; (年の割りに) 若く見える.

well-read *a.* 多読の, 博学の.

well-rounded *a.* 丸々と太った, 豊満な; (文体, 構想など) 均整のとれた; 幅の広い; 円満な.

Wells ウェルズ. H(erbert) G(eroge) Wells (1866-1946) 英国の作家.

well-set *a.* がっしりした.

well-spoken *a.* 言葉づかいの上品な; 適切な.

wellspring 水源, 源泉.

well sweep はねつるべ.

well-thought-of *a.* 評判のよい.

well-timbered *a.* よく木の茂った; 頑丈な.

well-timed *a.* 時機を得た.

well-to-do *a.* 裕福な.

well-tried *a.* 多くの試練に耐えた; 十分にテストされた.

well-turned *a.* (言い回しの) 巧みな.

well-wisher 好意をもった人.

well-worn *a.* 使い古した; 古臭い.

welsh *v.* 賭け金を払わずに逃げる; (義務を) 回避する.

Welsh *a., n.* ウェールズの; ウェールズ人(の), ウェールズ語(の).

Welshman ウェールズ人.

Welsh rabbit チーズトースト.

welt *n., v.* 継目革(を付ける); 縁かがり, 縁飾り; みみずばれ(をつくる); ひどく殴る.

welter *v.* のた打ち回る, 転がり回る(*in*), (血などに) まみれる; (快楽などに) 耽る; (波などが) うねる, さか巻く. ── *n.* 動揺, 混乱; ころがり回ること; (波などの) うねり, さか巻き; ごちゃまぜ, 寄せ集め.

welterweight (競馬で) 馬に負わせる特別な重量; *Boxing, Wrestling* ウェルター級の選手.

wen *Med.* 皮脂嚢腫, こぶ.

wench 娘っ子.

wentletrap *Conchology* イトカケガイ.

we're =we are.

weren't =were not.

werewolf (伝説の) 狼人間.

Wesleyan *a.* ウェスレー教派の, メソジスト派の.

Wessex ウェセックス《イングランド南西部の古王国》.

west *n.* 西; 西方; 西部地方; [the W-] 西洋, 米国西部諸州; [the W-] (共産圏に対し) 西欧諸国. ── *a., ad.* 西の, 西部の; 西向きの; (教会で) 祭壇の反対側の; (風が) 西からの, 西から吹く; 西へ, 西に. **go west** 死ぬ.

West Berlin 西ベルリン.

westbound *a.* 西行きの, 西向けの, 西回りの.

West End ウェストエンド《ロンドン西部の住宅地区》.

westerly *a., ad., n.* 西方の, 西方に, 西寄りの, 西寄りに; 西から吹く(風).

western *a., n.* 西の, 西方の, 西部の; [W-] 西洋の, (米国) 西部の; (風が) 西からの, 西から吹く; (共産圏に対し) 西欧(側)の, 西側の; 西部劇, ウェスタン.

westerner 米国西部諸州の人.

western hemisphere 西半球.

westernize v. 西洋化する.

westernmost a. 最西方の.

Western Roman Empire 西ローマ帝国 (395-476).

West Germany 西ドイツ《ヨーロッパ西部の共和国》.

West Indies 西インド諸島《大西洋とカリブ海との間の島々の総称》.

Westminster ウェストミンスター《ロンドン西部の自治区》.

Westminster Abbey ウェストミンスター寺院.

Westminster Cathedral ウェストミンスター大聖堂.

west-northwest n., a., ad. 西北西(の), 西北西に, 西北西へ, 西北西から.

West Side ウェストサイド《ニューヨーク, マンハッタンの地区》.

west-southwest n., a., ad. 西南西(の), 西南西に, 西南西へ, 西南西から.

West Sussex ウェスト・サセックス《イングランド南部の州》.

West Virginia ウェスト・バージニア《米国中東部の州》.

westward a., ad. 西方の, 西方へ.

wet a. 濡れた, 湿った; 乾いてない; 雨がちの, 雨天の; 禁酒法をしかない; センチメンタルな; ばかな, 気違いじみた; 気が弱い, 意気地のない. **all wet** 間違った. **wet behind the ears** 未熟で. — v. 濡らす, 濡れる; おしっこをする. — n. 湿り, 液体, 水分; 湿気; 雨, 雨天; 濡れた地面; ばか者; 反禁酒主義者; (1 杯の)酒, 飲酒; 弱気な人.

wetback (メキシコからの)密入国者.

wet blanket けちをつける人, 水をさす人, 興をさまさせる人, 興ざまし.

wet-blanket v. …に水をさす.

wet dock 湿船渠.

wet dream 夢精.

wether 去勢羊.

wet nurse (乳を与える)乳母.

wet suit (ダイバー用の)ウェットスーツ.

wettish a. 少し湿った.

we've =we have.

wf wrong font. **WFTU** World Federation of Trade Unions 世界労働組合連盟.

wg wire gauge.

whack v. ぴしゃりと打つ; 打ち負かす; 山分けする. **whack off** 自慰する. **whack up** 速める. — n. ぴしゃりと打つこと, ぴしゃりと打つ音; 分け前. **at a whack** 一気に, 素早く. **have [take] a whack at** …を試みる. **out of whack** 調子が悪くて.

whacked a. へとへとになった.

whacker でっかい物; 大ぼら.

whacking a. すごい, でっかい.

whacko int. すてき.

whacky a. =wacky.

whale[1] v. 殴る, 鞭打つ.

whale[2] n. Zool. クジラ; 大きい人. **a whale of a** すばらしい. — v. 捕鯨に従事する; 殴る.

whaleback Naut. 亀甲甲板船.

whaleboat (昔の)捕鯨船.

whalebone 鯨のひげ(の製品).

whaleman 捕鯨者.

whaler 捕鯨者; 捕鯨船.

whaling 捕鯨.

wham どしん(という音).

whammy 縁起の悪いもの; まじない; 強い一撃.

whang v., n. がーんと打つ(こと), がーんと打つ音.

whangee マダケ・ハチクの類の竹(で作ったステッキ).

wharf n. 波止場, 荷揚げ場, 岸壁. — v. 波止場につなぐ, 波止場に揚げる.

wharfage 波止場使用料.

wharfinger 波止場番人, 波止場持ち主.

what a. [疑問]何の, どんな (what sort of); どれ

ほどの；[感嘆]なんという，なんと (*what a pity!*).
— *pron.* [疑問]何，何物，何事；[感嘆]どれ
ほど…；[関係]ところの物，ところの事． **know
what's what** 事理をわきまえている． **what
about…?** …はどうなのか． **what for?** =why?;
罰，お目玉． **what have you** 似たようなもの；
など． **What if…?** もし…だとしたらどうだ；
=What though…? **what is called** いわゆる．
what is more その上，おまけに． **what it
takes** 成功や人気に必要なもの《富・美貌など》．
What of it? それがどうした． **(and) what not**
その他，など． **what's what** 真相． **What
though…?** …だとしてもそれが何だ． **what
with A and what with B** A やら B やらで．
I'll tell you what. まあこうなんだ．
— *ad.* どのくらいまで；どれほど．

whatd'ye-call-her あの何とかいう 女．

whatd'ye-call-him あの何とかいう人．

whatd'ye-call-it あの何とかいうもの．

whatever *a., pron.* どんな…でも，たとえ…でも；
(…するものは)何でも；[no, any の後に用いて]少
しも．

what'll =what will.

whatnot (骨董品などを載せる)置き棚，吊り
棚，すみ棚，飾り棚．

what's =what is; what has.

whatsoever *a., pron.* =whatever.

wheal みみずばれ．

wheat 小麦．

wheaten *a.* 小麦(製)の．

wheat germ 小麦の麦芽．

wheedle *v.* 甘言でだます，口車に乗せる，ね
だる (*out of, into doing*).

wheel *n.* 輪，車輪；車；(車の)ハンドル，(船
の)舵輪；自転車；自動車；[*pl.*] 機能，機構；
回転，転回；大物． **at the wheel** 操縦
輪を握って；運転して；支配して． **go on
wheels** 滑らかに進む． **wheels within
wheels** 込み入った事情． — *v.* くるりと回る

(*about, round*); (車を)押す，引く；(車で)運
ぶ；自動車に乗る；(ろくろで)作る；(鳥が)旋回す
る． **wheel and deal** 積極的にはでに振る舞
う．

wheelbarrow 一輪手押し車，ねこ車．

wheelbase 軸距《車の前後の車軸間の
距離》.

wheelchair (病人用)車椅子．

wheeled *a.* 車輪のある．

wheeler 車輪の付いた物；(四頭馬車の)後
馬；白バイ警官；大物．

wheeler-dealer 抜け目のない人，やり手．

wheelhorse (馬車を引く)後馬；勤勉な人
間；(事業などで)特に熱心に働く人．

wheelhouse *Naut.* 操舵室．

wheelie (オートバイなどの)後輪走行；(スケート
ボードの)前輪走行，後輪走行．

wheeling 回転；辣腕．

wheel lock 車輪式引き金銃．

wheelsman 操舵手；(自動車の)運転手．

wheelwright 車大工．

wheeze *v., n.* ぜいぜい息をする(音)；(喜劇役
者の)ギャグ，しゃれ；策略．

wheezy *a.* ぜいぜい言う．

whelk[1] *Conchology* ヨーロッパバイ《食用巻き
貝》.

whelk[2] 吹き出物．

whelm *v.* =overwhelm.

whelp *n., v.* (犬・熊などが)子(を産む)；腕白小
僧．

when *ad.* [疑問]いつ． — *conj.* (…する)時
(に)，(…する)時には；するとその時，…の時はいつ
も；(…である)のに，…ならば． — *n.* 時，場合．

whence *ad.* どこから；その事から，それで．

whencesoever *conj.* どこからでも．

whenever *ad., conj.* いつでも，(…する)時はいつ
も；一体いつ．

whensoever *ad., conj.* =whenever.

where *ad.* [疑問]どこに，どこで，どこへ；[関係]

(…する)ところの(場所); …の場所へ, …する所に.
where it's at 本場; 核心. **where one is at** 人の真の地位, 人の真の状態, 人の真の性質. ― *conj.* そしてそこで. ― *n.* そこ, その場所.

whereabouts *ad., n. pl.* どの辺に; 所在, 行方.

whereas *conj.* ところが; (…な)ので.

whereat *ad.* そこで.

whereby *ad.* それによって.

wherefore *ad., n.* そのために, このために, なぜ; 理由.

wherefrom *ad.* =whence.

wherein *ad.* その中に; どの点で.

whereinto *ad.* その中へ.

whereof *ad.* それについて; 何の, 何について.

whereon *ad.* その上に.

wheresoever *ad., conj.* =wherever.

whereto *ad.* そこへ, それへ; どこへ; なぜ.

whereunto *ad.* =whereto.

whereupon *ad.* そこで.

wherever *ad.* (…する所は)どこでも; たとえどこでも; 一体どこに, 一体どこへ, 一体どこで.

wherewith *ad.* それでもって.

wherewithal *ad.* (目的を達するに必要な)金, 資力, 手段.

wherry 小舟; はしけ; 一人乗りスカル.

whet *v.* 研ぐ; (食欲・好奇心などを)刺激する, そそる. ― *n.* 研磨; 刺激(物); 食欲を増進させる物, 一杯の酒.

whether *conj.* …かどうか; …であろうとなかろうと.
whether or no [not] いずれにせよ.

whetstone 砥石.

whew *int.* へー, ひゃー.

whey 乳漿, ホエー《牛乳から凝乳を取った残りの澄んだ液》.

which *a.* [疑問] どっちの, どちらの; [関係] そしてそれは, そしてそれを, そしてそれらは, そしてそれらを, そしてその…は, そしてその…を. ― *pron.* [疑問]

どちら, どれ; [関係] (…する)ところの(物), (…する)ところの(事).

whichever *a., pron.* どちらの…でも; どちらでも, いずれにせよ; 一体どちらが, 一体どちらを, 一体どちらの…が, 一体どちらの…を.

whichsoever *a., pron.* =whichever.

whiff *n.* (風・たばこなどの)一吹き; ぷんと来る匂い, 香気; 小葉巻き; *Golf, Baseball* 空振り. ― *v.* (ぱっぱっと)たばこを吹かす, (ふっと)吹く; ぷんと匂う; *Baseball* 三振に打ちとる.

whiffet つまらない人.

whiffle *v.* (風が)そよぐ; 気が変わる, 心がぐらつく.

whiffletree 馬具の引き革を結び付ける横木.

Whig ホイッグ党員《Liberal Party の前身》; 独立派.

Whiggery, Whiggish *a.* ホイッグ党らしい.

Whiggism ホイッグ党の主義, ホイッグ党の主張.

while *n.* (連続する)時, 間, 暫時. **between whiles** 時々. **(for) a while** しばらく. **once in a while** [whiles] 時たま. **the while** その間; (…している)間. ― *v.* (時を)ぶらぶら過ごす (*away*). ― *conj.* (…する)間に, …と同時に; …する限り; (…だ)のに, しかるに; …とは言え, …としても.

whiles *ad.* 時々.

whilst *conj.* =while.

whim 気紛れ, 移り気.

whimbrel *Ornith.* チュウシャクシギ.

whimper *v., n.* しくしく泣く(声); (犬が)くんくん鳴く(声); ぶつぶつ言う.

whimsical *a.* 気紛れな; 変な.

whims(e)y 気紛れ, 物好き.

whim-wham 気紛れ; 奇妙な物; [*pl.*] ひどい神経質.

whin *Bot.* ハリエニシダ(の茂み).

whine *v., n.* きゃんきゃん鳴く(声); 哀れっぽく泣く(声).

whinny v., n. (馬が)静かに鳴く(声).

whip n. 鞭;(狩猟の)猟犬係;御者;(議会の)院内幹事;ホイップ《クリーム・卵などを泡立てたデザート用菓子》. — v. 鞭で打つ;取り締まる,糾合する(in),すばやく動く,すばやく動かす,ひったくる(off, out, into, of);(卵・クリームなどを)泡立てる;打ち負かす;教え込む,たたき込む(into);(車などを)疾走させる;刺激する;励ます;(雨・あられなどが…)鞭のように打つ. **whip up** 駆り立てる,集める;促進する,せきたてる.

whipcord 鞭の紐.

whip hand (鞭を持つ)右手. **have the whip hand of** …を支配する,…の支配権を握る.

whiplash 鞭紐.

whiplash (injury) Med. 鞭打ち症.

whippersnapper 小癪な奴.

whippet ホイペット《小型の競走犬》.

whipping 鞭打ち(刑罰).

whipping boy 身代わり.

whipping post 笞刑用の柱.

whipping top むちごま.

whippoorwill Ornith. ウィップアーウィル《北米産のヨタカの一種》.

whippy a. ほっそりした;すばやい,抜け目のない.

whip-round (友人間での)寄付集め.

whipsaw n., v. 細身の長鋸(で引く).

whipstitch v. (縁を)かがる. — n. かがり縫い.

whipstock 鞭の柄.

whir v. ひゅーと飛ぶ. — n. ひゅーという音.

whirl v. くるくる回る,くるくる回す;くるくる舞う;渦巻く;疾走する;目が回る. — n. 旋回;(目の回るような)渦巻き;混乱. **give it a whirl** やってみる.

whirligig 転回するおもちゃ《風車・こまなど》;回転木馬;回転運動,(走馬灯のような)変遷;Entom. ミズスマシ.

whirlpool 渦巻き.

whirlwind 旋風,つむじ風;嵐のように激しい行動,嵐のようにあわただしい行動,嵐のように激しい感情.

whirlybird =helicopter.

whisk n. 小ぼうき;泡立て器,茶筅;ひとはき,一払い. — v. 軽く払う(away, off);振り回す;かきたてる,泡立てる;さっとさらって行く,急に行ってしまう.

whisker [pl.] ほおひげ;(猫などの)ひげ;わずか;ほんのわずかな距離;間一髪の差;あご;女.

whiskered a. ほおひげのある.

whisk(e)y ウイスキー.

whisk(e)y sour ウイスキーサワー《ウイスキーにレモン液や苦味を加えたカクテル》.

whisper v. ささやく,こそこそ話す;(木の葉・風・流れなどが)さらさら音を立てる. — n. ささやき;内緒話;風説;さらさらいう音.

whispering ささやき,密話.

whispering campaign (名誉を傷つけるための)デマ運動.

whist ホイスト《トランプ遊びの一種》.

whistle v. 口笛を吹く,(鳥が)さえずる;口笛で呼ぶ,口笛で合図する,呼び子で呼ぶ,呼び子で合図する;汽笛を鳴らす;ひゅーと鳴る,ひゅーと鳴って飛ぶ. — n. 口笛,汽笛,警笛,呼び子(の音);のど. **blow the whistle (on)** 告発する,密告する. **wet one's whistle** 一杯やる.

whistle-blower 告発者,密告者.

whistle-stop (信号の出ている時だけ止まる)小駅;小さな町;遊説中に短い演説をする町.

whit 微少,ちょっと.

white a. 白い,白色の;白衣の,白衣を着た;雪の降る,雪の積もった;(水・光が)透明な,無色の;(ワインが)白の;(コーヒーが)ミルクを入れた,クリームを入れた;Phys.(音・X線などが)白色の;青白い;潔白な;白人の;反革命主義の,反共産主義の;真面目な,公平な,立派な,信用のおける;善意の,無害な. **bleed white**

（金・精力などを）使い尽くす. ── *n.* 白；白色；白色絵の具；白衣，白布；白い部分《白目・卵白など》；的の外側の白い部分；白人；*Print.* 余白. ── *v.* 白くする.

white ant *Entom.* シロアリ.

whitebait *Ichthy.* シラス；シラウオ.

white blood cell 白血球.

white book 白書.

whitecap 白波，波頭；[W-] 白帽団員《私設の自警団員》.

white coal （発電用）水力.

white-collar *a.* ホワイトカラーの.

white-collar criminal ホワイトカラーの犯罪者《横領・贈収賄など》.

white corpuscle 白血球.

whited sepulcher 偽善者.

white dwarf *Astron.* 白色矮星.

white elephant 厄介物.

white ensign 英国軍艦旗.

white-faced *a. Zool.* 額に白い斑点のある.

white feather 臆病のしるし.

white fish *Ichthy.* 白色魚；シロマス.

white flag （降参の）白旗.

white flight 白人中産階級の都心から郊外への脱出.

White Friar カルメル会修道士.

white gas(oline) 白ガソリン，無鉛ガソリン.

white gold ホワイトゴールド《金・亜鉛・ニッケルの合金》.

Whitehall London の官庁街；英国政府（の政策）.

white-handed *a.* （労働に慣れない）白い手の；潔白な.

white-headed [-haired] *a.* 白髪の；お気に入りの.

white heat 白熱；熱情.

white hole *Astron.* ホワイトホール.

white hope ホープ，成長株.

white horses 白波.

white-hot *a.* 白熱の.

White House ホワイトハウス，米国大統領官邸.

white knight 政治改革論者.

white lead *Chem.* 鉛白.

white lie 悪意のないうそ.

white light 白色光.

white lightning 密造コーンウイスキー.

white-livered *a.* 臆病な.

white magic （病気の治癒などを願う）おまじない.

white man 白人；高潔な人.

white matter *Anat.* （脳の）白質.

white meat 白肉《鶏・豚など》.

white metal ホワイトメタル.

whiten *v.* 白くする，白くなる，漂白する.

white night 白夜.

white noise *Phys.* 白色雑音.

whiteout 猛吹雪.

white paper 白紙；白書《政府発行の報告書》.

white primary （南部の）白人予選会.

white room ＝clean room.

White Russia 白ロシヤ《ヨーロッパ中東部のソ連邦内の共和国》.

White Russian 白ロシヤ人.

white sale 白布の売り出し.

white sauce *Cookery* ホワイトソース.

White Sea 白海《ソ連北西部の海》.

white slave 白人売春婦.

whitesmith ブリキ職人.

white stick （盲人用の）白いステッキ.

white supremacy 白人優越主義.

whitethroat *Ornith.* ノドジロムシクイ.

white tie 正式な男子用夜会服.

whitewash *n., v.* 白色塗料，のろ（を塗る）；あらを隠す；かばう；取り繕い；零敗（させる）.

white way 繁華街.

whitey 白人（社会）.

whither *ad., conj.* そこへ；（…する）そこへ；[疑問詞] どこへ.

whiting[1] 胡粉.

whiting[2] *Ichthy.* タラの類.

whitish, whity *a.* 白みがかった，白っぽい.

whitlow *Med.* 瘭疽.

Whitman ホイットマン. **Walt Whitman** (1819–92) 米国の詩人.

Whitmonday Whitsunday の翌日.

Whitsun *a.* Whitsunday の.

Whitsunday 聖霊降臨日《Easter 後の第 7 日曜日》.

Whitsuntide 聖霊降臨節《Whitsunday から一週間，特に最初の 3 日間》.

whittle *v.* (木片を)ナイフで削る；削って作る，刻む；そぐ，減らす (*away, down*)；手術する.

whiz(z) *v., n.* ぴゅーと鳴る(音)，ぴゅーと飛ぶ(音)；熟練者，達人；[a.] (人が)非常に切れる.

whiz(z) kid 神童，若手の大物，若手の実力者.

WHO World Health Organization (国連の)世界保健機関.

who *pron.* [疑問] だれか，だれが；[関係] (…する)ところの(者)；そしてその人(たち)は.

whoa *int.* どーどー《馬などを止める時の掛け声》.

who'd =who would; who had.

whodunit 推理小説，推理劇，推理映画，ミステリー.

whoever *pron.* (…する)ところの人はだれでも；たとえだれが…でも，一体だれが.

whole *a.* 全体の，全…；完全な，そっくりそのままの，無傷の；(時間・距離など)まる…，ちょうど…；*Math.* 整数の. **made out of whole cloth** でっち上げた，まるきり嘘の. — *n.* 統一体；全体；全部. **as a whole [wholes]** 全体として，概して. **in whole** そっくり，全部. **on the whole** 概して，一般的に.

wholefood 自然食品.

whole gale *Meteor.* 全強風《風速毎秒 24.5–28.4 m》.

wholehearted *a.* 心をこめた.

wholeheartedly *ad.* 心をこめて.

whole hog *n.* 全体. — *ad.* 完全に.

whole-hogger 極端論者.

whole-length *a., n.* 全身の(肖像)；全長の.

whole note *Mus.* 全音符.

whole number *Math.* 整数.

wholesale *n.* 卸し(売り). — *a., ad.* 卸し売りの，卸し売りで；大規模の，大規模に，徹底的な，徹底的に.

wholesale price index 卸し売り物価指数.

wholesome *a.* 健康によい；健全な，有益な.

whole step *Mus.* 全音程.

whole wheat *a.* 完全小麦粉の.

who'll =who will; who shall.

wholly *ad.* まったく，完全に；まるで，もっぱら.

whoop *v., n.* 大声で叫ぶ(声)，声援する，けしかける(声)；(フクロウが)ほーほーと鳴く(声)；(百日咳で)ぜーぜーいう(声)；わずか. **not worth a whoop** まったく無価値で. **whoop it up** 熱狂させる.

whoopee ばか騒ぎ.

whooping cough 百日咳.

whoopla 騒動；どんちゃん騒ぎ.

whoosis あれ，それ《人・物の名が思い出せない時に用いる》.

whop *n.* 殴打. — *v.* 打つ；打ち負かす.

whopper でっかい物；大ぼら.

whopping *a.* でっかい，とてつもない.

whore *n., v.* 売春婦(を買う).

who're =who are.

whoredom 売春；邪神崇拝.

whorehouse 売春宿.

whoremaster 売春婦を買う人.

whorl (巻き貝などの)渦巻き，螺旋.

wild

whorled a. (貝など)螺旋状の.

whortleberry Bot. コケモモ属の一種.

who's =who is; who has; who does.

whosoever pron. =whoever.

who's who 名士録, 紳士録.

who've =who have.

WHP water horsepower 水馬力.

why ad. [疑問]なぜ, どうして; [関係]なぜ…かという(理由). **Why don't you…? …**しませんか. **Why not?** なぜいけないのか; もちろん, どうぞどうぞ. —— int. まあ, さあ; なに; でも, だって; では. —— n. 理由.

WI West Indies. **WIA** wounded in action.

wick 灯芯, ろうそくの芯, ランプの芯.

wicked a. 悪い, よこしまな, 罪深い; 不快な, ひどい; 意地悪い, いたずらな; すばらしい.

wickedness 悪, 邪悪, 不義; 悪心, 悪事, 罪.

wicker n., a. (かごを作る)細枝, 柳の枝; かご細工(の), 柳細工(の).

wickerwork 枝編み細工.

wicket 小門, くぐり門, 木戸, 改札口, 窓口; (クリケットの)三柱門.

wicketkeeper (クリケットの)三柱門守備者.

widdle v. 小便する.

wide a. 幅の広い; 幅が…ある; 広がった, 広大な; ゆるやかな, たっぷりした; 大きく開いた; (的から)遠く離れた, それて (of), 見当違いの; 間の広い, 遠い, (差異の)大きい; Phonet. 弛緩した; 抜け目のない, ずるい. **wide of the mark** 的がはずれて; 見当違いで. —— ad. 広く, 遠く; 大きく, 十分; はずれて. **wide awake** 十分目を覚まして, 抜け目がなく. —— n. Cricket 投手の悪球.

wide-angle a. 広角の.

wide-awake a., n. 油断のない, 抜け目のない; つば広ソフト帽.

wide-eyed a. びっくりした; 無邪気な.

widely ad. 広く, 遠く; 大いに, 非常に.

widen v. 広くする, 広くなる.

widespread a. 広げた, 広まった, 広く行きわたった, はびこった.

widgeon Ornith. ヒドリガモ.

widow n., v. やもめ(にする), 未亡人; 離婚した妻, 別居中の妻; …ウィドー《趣味に熱中した夫から顧みられない妻》; Cards 後家札《場に配った余分の手札》; Print. ウィドー《ページや欄の一番上または一番下の半端な一行》; 半端もの《かけ違えの余ったボタンなど》.

widow bird Ornith. テンニンチョウ.

widower 男やもめ.

widowhood やもめの身分, やもめ暮らし.

widow's mite 貧者の一灯.

width 広さ, 幅; 心の広さ, 心の大きさ, 寛大さ.

wield v. (武器・筆・権力などを)ふるう, 用いる.

wieldy a. 使いやすい, 扱いやすい.

wiener ウィンナソーセージ; ペニス, 嫌な奴.

wienie =wiener.

wife 妻, 夫人, 女房; ガールフレンド. **old wives' tale** 他愛のない話, 他愛のない言い伝え. **take to wife** 妻にする.

wifely a. 妻の; 妻らしい.

wife-swapping 夫婦交換.

wig n. かつら; 高位・高官の人; 叱責; 毛, 頭, 心. —— v. 叱る; 悩ます, 怒らす; 夢中にさせる.

wigan ウィガン《カンバス状の綿布》.

wigged a. かつらをつけた.

wiggle v. 振り動かす, 揺する.

Wight, the Isle of ワイト島《イギリス海峡にある英領の島》.

wigwag n., v. 手旗信号(をする); 振り動かす.

wigwam (アメリカインディアンの)小屋.

wild a. 野生の, 飼い慣らされていない; (土地など)自然のままの, 荒野の, 荒涼たる; 野育ちの, 野蛮な, 未開の; 荒々しい, 激しい, すさまじい; 乱

wild boar 暴な, 手に負えない, 我儘な; 狂気の, 熱狂して; 怒った; とっぴな, でたらめな; だらしのない, 乱れた; (投球など)的はずれの; すばらしい, 楽しい. **run wild** 放し飼いにされる; はびこる, 乱暴する, 乱暴になる. **wild and woolly** 騒々しく野暮ったい. —*ad.* 乱暴に, でたらめに. —*n.* 荒れ地, 荒野; [*pl.*] 未開地.

wild boar *Zool.* イノシシ.

wild card *Football, Basketball* ワイルドカード (チーム); 未知の要因.

wild carrot *Bot.* 野生ニンジン.

wildcat *a., n. Zool.* ヤマネコ; 乱暴な, 無鉄砲な(人).

wildcat strike ヤマネコスト《本部の指令によらずに勝手に行うストライキ》.

wild duck *Ornith.* ノガモ.

Wilde ワイルド. **Oscar Wilde** (1854–1900) 英国の作家.

wildebeest *Zool.* ウィルドビースト.

Wilder ワイルダー. **Thornton Wilder** (1897–1975) 米国の作家.

wilderness (無人の)荒野; 原生地域; (荒野のように)だだっ広い所.

wilderness area 自然保護区域.

wild-eyed *a.* 目が怒りに燃えている.

wildfire (昔, 敵船に火を放つために用いた)燃焼物.

wild flower 野の花; 野草.

wildfowl 猟鳥.

wild goose *Ornith.* カリ, ガン.

wild-goose chase 雲をつかむような追跡, 雲をつかむような計画.

wild hog *Zool.* イノシシ; ペッカリ.

wilding 野生植物.

wildish *a.* やや乱暴な.

wild land 荒れ地.

wildlife 野生生物.

wildly *ad.* 荒々しく; 激しく; 熱狂的に; でたらめに, めちゃくちゃに.

wild oat *Bot.* カラスムギ; [*pl.*] 若い時の放蕩.

wild pitch *Baseball* (投手の)暴投.

Wild West (開拓時代の)米国西部.

wild-wood 自然林.

wile *n.* [*pl.*] 企み, 策略. —*v.* だます, そそのかす; だまして…させる, だまして…をやめさせる (*into, from*). **wile away** (時を)ぶらぶら過ごす.

wilful *a.* = willful.

wil(l)ful *a.* 故意の; 我儘な, 強情な.

wilily *ad.* ずるく.

will [1] *aux. v.* [単純未来] (*You will* [*You'll*] *be in time.* 間に合うでしょう; *He will* [*He'll*] *soon be here.* まもなく来るでしょう); [意志未来] (*I will come again.* また来るよ; *Will you do so?* そうしてくれませんか; *Let him come if he will.* 来るつもりなら来させなさい); [命令・指図] (*You will pack and leave this house.* 荷造りをしてここの家を出てもらいたい); [習性・習慣・固執] (*Boys will be boys.* 子供はやはり子供(いたずらは仕方がない); *He will often sit up all night.* 彼はよく徹夜することがある; *This door will not open.* この戸はなかなかあかない; *People will talk.* 人の口に戸は立てられぬ).

will [2] *n.* 意志; 意志の力; 決心; 志, 望み, 願い; 意図; *Law* 遺言(書). **against one's will** 不本意ながら. **at will** 随意に. **ill will** 悪意. **have one's will** 意志を通す. **of one's own free will** 自由意志で. **with a will** 心をこめて, 本気になって. —*v.* 志す, 決意する; 欲する, 望む; (人などを)思い通りにしようとする; 遺贈する.

willed *a.* (…の)意志のある.

William I ウイリアム一世 (1027–87; 征服王; ノルマンジー公; イングランド王 (1066–87)).

willie 子供のペニス.

willies おじけ, ぞっとする気持ち.

willing *a.* (…するのに)異存はない (*to* do), 自発的な.

willingly *ad.* 喜んで, いそいそと.

willless *a.* 意志のない.

will-o'-the-wisp 鬼火, 狐火.

willow *n. Bot.* ヤナギ;(柳 製のクリケットの)バット; 開毛除塵機. —*v.* 開毛除塵機にかける.

willow herb *Bot.* ヤナギラン.

willow pattern 柳 模様(の陶磁器).

willowy *a.* 柳 の生えた; 柳 のような; しなやかな; きゃしゃな, すらっとした.

willpower 意志 力.

willy 子供のペニス.

willy-nilly *ad., a.* 否応なしに; どっちつかずの, 決断のない.

Wilson ウィルソン. **(Thomas) Woodrow Wilson** (1856-1924) 米国の政治家; 大統領 (1913-21).

wilt[1] *v., n.* しぼむ, 萎れる, 萎れさせる, しょげる; *Bot.* 立ち枯れ 病.

Wilton ウィルトン 絨 毯.

wily *a.* 策 略 のある, ずるい.

Wimbledon ウィンブルドン《London の 南 郊外; 全英テニス選 手権で有名》.

wimp 弱虫.

wimple *n., v.* 尼僧のベール(で包む); さざ波が(立つ).

Wimpy *Trademark* ウィンピー《ハンバーガー》.

win *v.* (戦争・競 技などに)勝つ, 戦い取る, 勝ち取る, 獲得する, 得る, (目的を)達する, 説きつける (one *to* do); 味方に引き入れる (*over*); 盗む. **win out [through]** 切り抜ける, やり遂げる, 成功する. **win over** 味方にする. —*n.* 勝利, 成功; 賞 金, 利益.

wince *v., n.* ひるむ, たじろぐ, (痛さに)縮み上がる (*under*); たじろぎ, 尻ごみ.

winceyette 綿ネル.

winch ウインチ, 巻き揚げ機.

Winchester ウィンチェスター《後 装式連発銃 》.

wind[1] *n.* (強い)風; *Naut.* 風上; 息, 呼吸; (腸 内の)ガス; 空 談, 空 言, 噂; 騒ぎ; *Mus.* 管 楽器; [*pl.*] (オーケストラの)管 楽器部; [*pl.*] 方位; みぞおち. **before the wind** *Naut.* 追い風を受けて. **between wind and water** *Naut.* (船の)水 線付近に; 危険な場所に. **break wind** おならをする. **fling [cast] to the winds** 捨ててしまう; 吹き飛ばす. **get [recover] one's wind** 息をつく. **get the wind = take the wind**. **get the wind up** ぎょっとする. **get wind** (噂 など)伝わる. **get wind of** (噂・人の気配などを)かぎつける. **how the wind blows [lies]** 風向き; 世論の傾 向, 大勢. **in the eye [teeth] of the wind** 風に逆らって. **in the wind** (何か)ひそかに進 行して, 起こりそうで. **lose one's wind** 息を切らす. **off the wind** *Naut.* 追い風で. **on the wind** 風に運ばれて. **put the wind up** びっくりさせる. **raise the wind** 金を工面する. **second wind** (息切れした後に 整 ってくる)第二呼 吸; 元気回復. **take the wind** *Naut.* (他船の)風 上に出る, 優位を占める (*of*). **take wind** (噂 など)伝わる. **the four winds** 四方八方. —*v.* 風にあてる; かぎつける; 息を切らす; 息をつがす.

wind[2] *v.* 巻く (*about*), 回す; 曲がりくねる, 歪む; 巻きつく, 絡みつく (*round*). **wind off** 巻き戻す. (巻いたものを)ほどく. **wind up** (時計などを)巻く; (錨 などを)巻き揚げる; (演説など)結末をつける (*by, with*); (会社などを)解 散する, 始末をつける; 元気を出す, 緊 張 する, 興奮させる; *Baseball* (投 手が)ワインドアップする. —*n.* 曲がり, ひと巻き.

wind[3] *v.* (らっぱ・角 笛などを)吹き鳴らす.

windage 気擦; (風による弾 丸の)偏 流.

windbag おしゃべり; ふいご.

windblown *a.* 風に吹かれた, 吹きさらしの.

windbound *a. Naut.* 風のために航 行できない.

windbreak 防風林; 防風設備, 風よけ.

Windbreaker *Trademark* ウインドブレーカー

《ジャンパーの一種》.

wind-broken *a.* (馬が)喘息にかかった.

windcheater =Windbreaker.

wind cone 布製吹き流し.

windfall 風で落ちた果物;意外な授かり物,もっけの幸い.

windflower =anemone.

windgall *Vet.* (馬などの)球腱軟腫.

wind gauge 風力計.

windhover =kestrel.

winding *a.* 巻きつく;屈曲する. — *n.* 屈曲;*Elec.* 巻き(方).

winding-sheet (死体を包む)経帷子.

wind instrument 管楽器.

windjammer 帆船(の船員).

windlass *n., v.* 巻き揚げ機(を使う).

windless *a.* 風のない.

windmill 風車.

window 窓,窓枠;ショーウィンドー;(ロケット宇宙船などの)打ち上げ可能時間帯.

window box 窓台に載せる植木箱.

window-dress *v.* …の体裁を整える.

window dressing 陳列窓装飾(法);ごまかしの体裁作り.

window envelope 窓つき封筒.

window frame 窓枠.

windowpane 窓ガラス.

window seat (窓下に取り付けた)窓椅子;(乗り物の)窓側席.

window-shop *v.* ウインドーショッピングをする.

windowsill 窓の下枠.

windpipe 気管,のどぶえ.

windrow (干し草などを風に当てるための)風列.

windsail *Naut.* 帆布製通風筒.

wind scale *Meteor.* 風力階級.

windscreen =windshield.

windshield (自動車の)風防ガラス.

wind sock *Meteor., Aeronaut.* 風見用円錐筒.

Windsor ウィンザー《ロンドン郊外の宮殿の所在地》. **the House of Windsor** ウィンザー家《英国の現王家 (1910-)》.

Windsor chair ウィンザーチェア《木製椅子》.

windstorm 暴風.

windsucker 癖の悪い馬.

windsurfing ウインドサーフィン.

wind-swept *a.* 吹きさらしの.

windtight *a.* 風の通らない.

wind tunnel *Aeronaut.* 風洞.

windup 終結,仕上げ,*Baseball* ワインドアップ.

windward *n., a., ad.* 風上(の),風上に. **get to windward of** …より優位を占める.

windy *a.* 風の多い,風の吹く,風の強い,風の当たる;内容のない,ほら吹きの,おしゃべりな;びっくりした.

wine *n.* ぶどう酒,ワイン;(一般に)酒;ぶどう酒色. **in wine** 酒に酔って. **new wine in old bottles** 古い皮袋に入れた新しい酒《古い形式では律せられない新思想》. — *v.* ぶどう酒でもてなす;ぶどう酒を飲む.

winebibber 大酒飲み.

wine card =wine list.

wine cellar ぶどう酒貯蔵地下室;貯蔵ぶどう酒.

winecooler ぶどう酒冷却器.

wineglass ワイングラス.

winegrower ブドウ栽培兼ぶどう酒醸造家.

wine list ワインリスト,ワインの銘柄一覧表.

wine palm ヤシ酒の原料となるヤシの木.

winepress ブドウ絞り器.

wine rack ワインラック,ワイン立て.

winery ぶどう酒醸造所.

wineskin (ぶどう酒を入れる)皮袋.

wing *n.* (鳥の)翼,(虫の)翅,(飛行機の)翼;矢羽根;(建物・舞台の)袖;(軍隊・サッカー・ラグビーなどの)翼;*Pol.* 党派. **give [lend]**

wings to ...を促進する. **in the wings** ひそかに準備して. **on the wing** 飛んで, 飛行中で. **take under one's wing** 保護する, かばう. **take wing** 飛び立つ, 飛び去る, 逃げる.
—— v. (矢などに)羽をつける; 飛ぶ, 飛ばす; (...を)飛んで行く; 駆り立てる; 迅速に進ませる; (鳥の)翼を傷つける; (人の)腕を傷つける. **wing it** 即興演奏する.

wing chair 袖椅子《背に両袖の付いた安楽椅子》.

wing commander 空軍中佐.

wingding 発作; 癲癇; ばか騒ぎ.

winged a. 翼のある; 飛べる, 速い.

wingless a. 翼のない.

wing mirror (化粧台・車の)サイドミラー.

wing nut Mech. チョウナット.

wingspan (飛行機の)翼幅, スパン.

wingspread 翼幅《翼の端から端までの距離》.

wingy a. 翼のある.

wink v. まばたきする; 目くばせする, ウインクする (at); 見て見ぬふりをする (at); (光が)きらきらする, ちらちらする. —— n. まばたき, またたき; 目くばせ; きらめき; 一瞬時. **not a wink** ちっとも...しない. **tip one the wink** 人に目くばせする.

winker [pl.] (車の)方向指示灯, ウィンカー.

winking まばたき. **(as) easy as winking** やすやすと.

winkle n. Conchology ヨーロッパタマキビガイ.
—— v. 抜き取る (out).

winkle-picker [pl.] 先のとがった靴.

winner 勝利者; 受賞者, 勝ち馬; 得る人; うまく行きそうな人, うまく行きそうな物, 本命.

winning a. 勝った, 優勝の, 決勝の; 愛嬌のある. —— n. [pl.] かせぎ高, 勝利金, 賞金.

winning post (競馬の)決勝柱, 決勝点.

winnow v. (穀物を)吹き分ける; (真偽などを)識別する, (証拠などを)選び分ける.

wino ワイン中毒者.

winsome a. 人を引き付ける, 愛嬌のある, 快活な.

winter n. 冬; 晩年, 歳. —— v. 冬を過ごす, 越冬する, 越冬させる (at, in).

winter garden ウィンターガーデン《冬冬熱帯植物育成用の温室式囲み》.

wintergreen Bot. ヒメコウジ; 冬緑油.

winterize v. 防寒装置を施す.

winter-kill v. (植物などを)寒さで枯死させる.

Winter Olympic Games 冬季オリンピック大会.

winter sports ウィンタースポーツ.

wintertime 冬期, 冬.

wintry, wintery a. 冬の, 冬らしい, 寒い; 冷たい, 荒涼とした.

winy a. ぶどう酒の風味のある.

wipe v. ふく, ぬぐう, こする; ふき取る, 消す (away, off, out, up); 打つ; (磁気記録・データを)消す (off, out); 殺す (out). **wipe out** ふき取る; (恥を)そそぐ; (敵を)全滅させる; (波乗りで)転覆させる.
—— n. ぬぐい, ひとふき, 目払い; Motion Pictures, TV ワイプ《画面を片隅から消しながら次の画面を表していく技法》.

wipeout (波乗りの)転覆; 失敗, 崩壊.

wiper ぬぐう人, ぬぐうもの《タオル, 布切れなど》; (自動車の)ワイパー.

wire n. 針金; 電線, 電信, 電報, 電話. **pull wires** 陰で人を操る. —— v. 針金で縛る; 電線を引く; 電報を打つ.

wire cutter 針金切り.

wiredraw 引き延ばして針金にする; 長くする.

wiredrawn a. (議論が)微細にわたり過ぎる.

wire gauge (針金の)線番; ワイヤーゲージ.

wire glass 網入りガラス.

wirehair ワイヤヘアー《毛の硬いフォックステリア》.

wirehaired a. (犬など)毛の硬い.

wireless *a., n., v.* 無線(の), 無電(の); ラジオ(の); 無電を打つ.

wireless telegraphy [telegraph] 無線電信.

wire netting 金網.

Wirephoto *Trademark* 有線電送写真.

wirepuller 陰で操る人, 黒幕.

wirepulling 裏面策動.

wire rope 鋼索, ワイヤーロープ.

wire service 通信社.

wiretap *n., v.* (電話・電信を)盗聴(する).

wire wool (鍋・釜などをこする)金属たわし.

wireworm *Entom.* ハリガネムシ《コメツキムシ科の昆虫の幼虫》.

wiring 配線; *Med.* 針金結索.

wiry *a.* 針金の(ような); (筋力の)逞しい, 筋金入りの.

Wisconsin ウィスコンシン《米国中西部の州》.

wisdom 賢明, 知恵, 分別; 学問, 知識; 名言; 賢者.

wisdom tooth 知恵歯, 親知らず. **cut one's wisdom tooth** 知恵歯が生える, 分別がつく.

wise[1] *a.* 知恵のある, 賢明な, 分別のある; 博学な; 知っている, 心得顔の, 自惚れた. **get wise** (実情などが)わかってくる; 厚かましくなる. **none the wiser** 依然わからないで. **put wise to** (人に)知らせる. **wise after the event** (愚者の)後知恵. — *v.* 知らせる, わかる (*up*).

wise[2] 仕方, 方法. **in no wise** 決して…ない.

wiseacre 利口ぶる愚人.

wisecrack *n., v.* 気のきいた言葉(を言う), 機知に富んだ言葉(を言う).

wise guy 利口ぶる生意気な男.

wisely *ad.* 賢明に(も), 抜け目なく.

wise man 賢人.

wisewoman 魔女; 産婆.

wish *v.* 願う, (…で)ありたい; (…で)あればいいと思う; 望む, 欲する (*to do*, *for*), …したい, して欲しい (*to do*, *one to do*); 無理に押しつける, 無理につかませる (*on*). **I wish you a merry [happy] Christmas.** クリスマスおめでとう — *n.* 願い, 望み, 願望; 望みのもの; [*pl.*] (…であればいいと思う)祈り. **good [best] wishes** 好意, 敬意.

wishbone (鳥の)叉骨.

wish book 通信販売のカタログ.

wishful *a.* 希望的な, 切望して; ほしそうな.

wishful thinking 希望的観測.

wish-wash 水っぽい飲料; 気の抜けた話, 気の抜けた文.

wishy-washy *a.* 水っぽい; (話など)気の抜けた.

wisp (わらなどの)小束; (髪の)房; (煙などの)ひとすじ.

wistaria, wisteria *Bot.* フジ.

wistful *a.* 物ほしそうな, 物足りなそうな; 思い込んだ.

wit *n.* 機知, 頓知; [多く *pl.*] 才知, 知力, 分別, 理解; 才人, 才子. **at one's wit's [wits'] end** 途方にくれて; 困窮して. **have [keep] one's wits about one** 抜け目がない. **out of one's wits** 度を失って, 気を失って. — *v.* **to wit** *Law* すなわち.

witch *n.* 魔女, 鬼婆; 魅力のある女. — *v.* 魅する, 迷わす.

witchcraft (witch の持っている)魔力; 魔術.

witch doctor 祈禱師.

witchery =witchcraft.

witch hazel *Bot.* アメリカマンサク.

witch-hunt 魔女狩り; (政敵などに対する)迫害, 赤狩り.

witching *a.* 魔力のある.

witching hour 丑三つ時.

with *prep.* …と共に, …と一緒に, と (*meet*, *quarrel*, *talk*, *mix*, *compare*, *etc. with*); [所有]…を持って, …を有する; …の手中に(あ

る), …の手中に託して (*bring* [*carry, take*] *a thing with one* 物を携える; *Leave the dog with me.* 犬は私にまかせておけ); …をもってしても, …がありながら (*with all his admirable qualities* あれほど立派な素質がありながら); [用具・手段・材料など]…で, …を使って; [様子・様態] (*with care*=carefully; *with ease*=easily); [原因・理由]…のために, …のせいで (*be down with fever* 熱病で寝ている; *bent with age* 年のせいで腰が曲がって; *silent with shame* 恥ずかしくて黙って); …に関して, …について; …にあっては, …にとっては (*What do you want with me?* 何の御用ですか; *It is usual with the French.* フランス人にはそれが普通だ); …の一員として, …に勤務して; …をあわせて; …に対して (*be angry with a person* 人に腹を立てる); …して, …したまま, …しながら (*speak with tears in one's eyes* 目に涙を浮かべて話す). **with it** おまけに. **with that** そう言って, そうして. **with this** こう言って, こうして.

withal *ad., prep.* それとともに, なおその上; =with.

withdraw *v.* 引っ込める, 引っ込む; (カーテンなどを)引く; (視線を)そらす, 引き出す, 取り出す; 退く (*from*); (子供を学校から)退かせる; 脱会する (*from*); (軍隊を)引き上げる, 撤退する; 取り上げる, 回収する (*from*); 撤回する, 取り消す, (訴訟を)取り下げる.

withdrawal 撤回; 脱退; (預金)引き出し, 薬の禁断症状, 麻薬の禁断症状.

withdrawal (method) 腟外射精.

withdrawal symuton (麻薬の)禁断症状.

withdrawn *a.* 引っ込み思案の.

withe (物を束ねるために使うしなやかな)細枝, つる.

wither *v.* しぼむ, しぼませる, しおれる, しおれさせる, 枯れる, 枯らす (*up*); 弱る, 弱らせる, 衰える, 衰えさせる (*away*); しょげさせる, 萎縮させる.

withered *a.* しおれた, しぼんだ, 枯れた.

withering *a.* 壊滅的な; ひるませるような.

withers 鬐甲《馬の肩甲骨間の隆起》.

withhold *v.* 差し控える, 留保する, 見合わせる; 引き留める, 制する (*from*); (税金などを)賃金から天引きする, 賃金から控除する.

withholding tax 源泉課税.

within *ad.* 内へ, 内に, 内側に; 戸内に; 内側は, 心中は, 内面的に. — *prep.* [without に対して]…の内に, …の中に, 内側に; [beyond に対して] …以内に, …の範囲内に (*of*).

without *ad.* 外へ, 外に, 外部に; 外側は; 戸外で; 外面的に. — *prep.* [within に対して]…の外に, …の外の, …の外で; [with に対して]…を持たない, の無い, …無しで, …がなければ; …しないで (doing). **do** [**go**] **without** …なしで済ませる.

withstand *v.* 抵抗する, 逆らう; よく耐える.

withy =withe.

witless *a.* 知恵のない, のろまな, 無分別な.

witling 小才子.

witness *n.* 証言, 証拠; 目撃者 (*of*), 立ち合い人; (主に裁判の)証人, 証拠物件. **bear witness to** [**of**] …の証言をする, …の証人となる, …の証拠となる. **call** [**take**] … **to witness** …を証人にする. — *v.* 目撃する; 証する, 証拠だてる, 証言する (*against, for, to*).

witness-box [**stand**] (法廷の)証人台.

witticism 警句, しゃれ.

wittily *ad.* しゃれて.

wittiness 頓知, 才気.

witting *a.* 知っての, 意識しての.

wittingly *ad.* 知りながら, 故意に.

witty *a.* 機知に富んだ, しゃれのうまい.

wizard *n.* (男の)魔術師; 天才, 名人, 熟練者. — *a.* 魔法の; すばらしい.

wizardry 魔法.

wizened *a.* しなびた, ひからびた, しわくちゃの.

WMO World Meteorological Organization (国連の)世界気象機関. **WNW** west-north west. **WO** warrant officer.

woad Bot. タイセイ《青色染料を取る》.

wobble v., n. 揺れる(こと); (方針などが)ぐらつく(こと); 動揺(する).

Woden Scand. Myth. =Odin.

wodge 大きな塊.

woe 悲しみ, 嘆き, 悩み; [pl.] 災い. **Woe betide [be to]** …に災いあれ. **Woe worth the day!** きょうは何たる悪日か.

woebegone a. 悲嘆にくれた.

woeful a. 悲しい, 痛ましい, 悲惨な; 哀れな.

wog 中東の原住民.

wok 中華鍋.

wold 荒野, 原野, 山地.

wolf n. Zool. オオカミ; 残忍な人; 女たらし, 色魔, 相手をあさるホモ. **cry wolf** (面白半分に)虚報を伝える. **keep the wolf from the door** 飢えをしのぐ, 貧困を防ぐ. — v. がつがつ食う.

wolf call =wolf whistle.

wolf cub オオカミの子.

wolf dog オオカミ猟犬.

wolfhound ウルフハウンド《オオカミ猟犬》.

wolfish a. オオカミのような; 貪欲な; 残忍な.

wolfram(ite) Mineral. 鉄マンガン重石.

wolfsbane Bot. トリカブト.

wolf whistle (魅力的な女性を見て吹く)口笛.

wolverine Zool. クズリ.

woman 女, 婦人; [the ~] 女性, 女らしさ; 女中; [a.] 女の(ような); 愛人, 情婦; 妻.

womanhood 一人前の女であること; 女らしさ; (一般に)女性.

womanish a. 女々しい, 柔弱な.

womanize v. 女のようにする; 女道楽する.

womankind 婦人, 女性.

womanlike a. 女らしい.

womanly a. 女らしい, 優しい.

womanpower (仕事に使える)女性の力.

woman's rights 女権.

woman suffrage 婦人参政権.

womb 子宮; 胎内; 物を発生する所.

wombat Zool. ウォンバット《豪州産小熊に似た有袋動物》.

womenfolk(s) 婦人たち, 女連れ, 一家の女たち.

women's liberation [lib] 女性解放運動.

women's liberationist [libber] 女性解放運動家.

women's room 女性用トイレ.

womp TV 白閃.

won ウォン《韓国および北朝鮮の通貨単位》.

wonder n. 驚異, 驚嘆, 感服; 不思議(な事物), 奇跡, 奇観. **do [work] wonders** 奇跡を行う. **for a wonder** 不思議にも. **(and) no [small] wonder** (それもそのはず)不思議はない. — v. 驚く, 驚嘆する, 感心する (at, to see, etc.), 不思議に思う; …かしらと思う, 怪しむ (if, whether, how, why, what).

wonderful a. 驚くべき, 驚嘆すべき, 感心すべき, 不思議な; すてきな.

wonderfully ad. 不思議に(も), 驚くほど, すばらしく.

wonderland 不思議の国, 夢の国; すばらしい所.

wonderment 驚嘆, 驚異.

wonder-worker 奇跡を行う人.

wondrous a., ad. =wonderful(ly).

wonk n., v. がり勉屋, がり勉する.

wonky a. ぐらぐらする; 間違って; つまらない.

wont a. (…し)慣れた, (…を)常とした (to do). — n. 習慣, 風習. — v. …する習慣である.

won't =will not.

wonted *a.* いつもの, 例の.

wonton ワンタン《中国料理》.

woo *v.* (女性に)求愛する, 求婚する, 言い寄る;(名利などを)求める, 追求する; せがむ.

wood 木, 木材;たきぎ; [*pl.*] 森, 林; [*pl.*] *Mus.* (オーケストラの)木管楽器; *Golf* ウッド.

cannot see the wood for the trees 木を見て森を見ず, 局部に心を奪われて大局を見逃す. **out of the wood(s)** 危難を脱して. **touch [knock (on)] wood** 木製品をたたく《まじない》.

wood alcohol *Chem.* メチルアルコール.

wood anemone *Bot.* アネモネ属の植物.

woodbine *Bot.* スイカズラ.

wood block 木版(画); 木目タイル.

wood carving 木彫(物).

woodchuck *Zool.* ウッドチャック《北米産マーモット》.

woodcock *Ornith.* ヤマシギ.

woodcraft 森林知識.

woodcut 木版(画).

woodcutter 木こり.

wooded *a.* 樹木の茂った.

wooden *a.* 木の, 木製の; ぎこちない; 間の抜けた.

wood engraver 木彫師; *Entom.* キクイムシ.

wood engraving 木彫; 木版術, 木彫画.

woodenhead 間抜け, ばか.

woodenheaded *a.* 愚鈍な.

wooden spoon 最下位賞.

woodenware 木製器具.

wood ibis *Ornith.* アメリカトキコウ.

woodland *n., a.* 森林地(の).

wood lark *Ornith.* モリヒバリ.

wood louse *Zool.* ワラジムシ.

woodman 森林に住む人; 林務官; 木こり.

woodnote 森の小鳥の歌; 単純な自然詩.

wood nymph 森の精.

woodpecker *Ornith.* キツツキ.

wood pigeon *Ornith.* モリバト.

woodpile 薪の山, 材木の山.

wood pulp 木材パルプ《製紙原料》.

woodruff *Bot.* クルマバソウ.

woodshed まき小屋.

woodsman =woodman.

wood sorrel *Bot.* カタバミ.

wood spirit *Chem.* 木精.

woodsy *a.* 森林の(ような), 森林を思わせる.

wood tar 木タール.

wood turning ろくろ細工.

woodwind 木管楽器.

wood-wool 木毛《詰め物用など》.

woodwork 木細工, 木工品; 木造部; (サッカーの)ゴールポスト.

woodworm *Entom.* キクイムシ.

woody *a.* 樹木の茂った; 木質の, 木のような.

wooer 求婚者.

woof[1] (織物の)横糸; 織物, 布; 基本要素.

woof[2] (犬の)うなり声.

woofer ウーファー《低音用スピーカー》.

wool 羊毛; 毛糸; 毛織物, ラシャ; ふわふわの縮れ毛. **keep your wool on!** 怒るな. **pull the wool over one's eyes** ごまかす.

wool(l)en *a.* 羊毛(製)の, 毛織りの. — *n.* 毛織物.

wool(l)encloth 毛織物, ラシャ.

wool fat *Chem.* 羊毛脂.

woolfell 羊毛皮.

woolgathering ぼんやり, 不注意.

woolgrower 牧羊業者.

woolly *a.* 羊毛の(ような); はっきりしない; 無法な, 奔放な. — *n.* [*pl.*] 毛織りの下着, ニットウェア.

woolly bear *Entom.* クマケムシ.

woolly-headed *a.* 考えが混乱している, 頭がはっきりしない.

Woolmark *Trademark* ウールマーク.

woolpack 羊毛袋；羊毛の梱 (240 lbs.)).

woolsack 羊毛袋；羊毛を詰めたクッション《英国 上 院議 長 (Lord Chancellor) の座席》.

wool stapler 羊毛仲買人.

woozy *a.* ぼかんとした；ふらふらする.

wop イタリア人.

Worcester sauce ウスターソース.

word *n.* 語，単語；言葉，言語；[*pl.*] 談話，評 言；便り，音信；合言葉，標語；[*pl.*] 口 論，論争；約束，保 証，言質；命令；*Computer* 語，ワード《記憶 装置におけるデータの基 本 単位》. **be as good as one's word** 約束を守る. **by word of mouth** 口頭で. **eat one's words** (恥を忍んで) 前 言を取り消す. **give one's word** 言質を与える，約束する. **have words with** ちょっと 話をする；口 論する. **in other words** 言い換えれば. **keep one's word** 約束を守る. **break one's word** 約束を破る. **the last word** 決 定的な言葉；限度. **My word!** おやおや. **take a person at his word** 人の言葉を真に受ける. **the Word (of God)** (神の) 言葉，(特に) 聖書. **upon my word** 誓って，確かに；これはこれは. **word for word** 逐語的に. **word of honor** 誓 言. ─ *v.* 言葉に表す，言い表す.

wordage 語彙；言葉づかい.

wordbook 単語集.

word-formation *Gram.* 語形成.

wordily *ad.* 言葉多く.

wording 言葉づかい，言い回し.

wordless *a.* 無言の；口に出さない；言葉では表 現できない.

word-of-mouth *a.* 口頭の.

word order *Gram.* 語順.

word-painting 生き生きした叙述.

word-perfect *a.* せりふをよく覚えた.

word picture 絵のような叙述；精彩のある文 章.

word play しゃれ，地口.

word processing ワープロによる文 書処理.

word processor ワードプロセッサー，ワープロ.

word-splitting 微細すぎる言葉の区別.

word stress *Gram.* 語 強 勢.

Wordsworth ワーズワース. **William Wordsworth** (1770–1850) 英国の詩人.

word time *Computer* 語時間.

wordy *a.* 言葉の多い，くどい.

work *n.* 仕事，労働，働き，努力；職 業 ；なすべきこと，務め；しわざ，事業，業績；製 作品，細工，作品，著作；[*pl.*] (機械の) 仕掛け，(土木) 工事；[*pl.*] 工 場. **at work** 働いて，活動中で，運転中で. **get the works** 犠牲になる. **give (one) the works** 撃つ，殺す；ひどい目に遭わす. **go to work** 仕事に取りかかる. **in the works** 計画中で，実施中で. **in work** 仕事をして，職 業をもって. **out of work** 失 業して. **shoot the works** すべてを一回の機会に賭ける，すべてを一回のゲームに賭ける；最大の努 力をする. ─ *v.* 働 く，仕事をする，勉 強する (*at, for*, etc.)；働かせる，使う，(指などを) 動かす；(機械を) 運転する；(鉱山・農 場などを) 経営する；(計画などを) めぐらす；算 出する；(コネを) 利用する，影 響を働かせる；(機械が) 動く，(計画などが) 運ぶ；(影 響が) 及ぶ (*on, upon*)；(努 力して) 進む (*out, in, into, through, up*, etc.)；(変化・効果などを) 生 ぜしめる，現 出する，行う；(金属を) 鍛える，細工する，加工する，製 作する (*in, into*)，縫い取りする；(聴 衆などを) 次第に興 奮させる；取り決める. **work in** (主題・材 料などを) 織り込む；(言葉などを) 差し挟む. **work off** (徐 々に) 除く，かたづける；(憤 りなどを) 晴らす；(借 金などを，金でなく) 働いて支払う. **work out** (計画を) 立てる，詳 細に立案する；(工夫・発 明などを) 完成する；(問題などを) 解く；総 計を算 出する；(鉱 山を) 掘り尽くす，(人を)

へとへとに疲れさす; 外に現れる, 出てくる; 結局 …になる. **work over** やり直す; 虐待する. **work up** 丹精して作る, 成し遂げる; (徐除に)昇進する; (徐々に)興奮させる, 扇動する; (話の筋などを)発展させる; (成分を)混ぜる; 大成する, 集成する, まとめる; 激しく働いて(汗を)流す.

workability 実行可能性; 加工性.

workable a. 実施しうる; 細工しうる; 運転できる.

workaday a. 仕事日の, 平常日の; 実際的な, 平凡な.

workaholic 働き過ぎの人, 仕事中毒者.

workaholism 働き過ぎ, 仕事中毒.

workbag (婦人の)仕事袋.

workbasket 針仕事かご.

workbench (大工・靴屋などの)仕事台, 作業台.

workbook (生徒の)学習帳.

workbox 道具箱.

workday n., a. =working day; workaday.

worker 働く人, 勉強する人; 労働者, 職工, 従業員; 細工人 (in); Print. 刷版; Entom. 働きアリ, 働きバチ.

work ethic 勤勉を善とする倫理.

workfare 勤労福祉制度.

work farm (短期収容軽犯罪者の)労働農場.

work force 労働人口.

workhorse 馬車馬(のように働く人).

workhouse (軽犯罪人を入れる)懲治監.

work-in 生産管理争議, ワークイン.

working a. 働く; 労働の, 作業の; 経営に必要な, 作業に必要な; 実際の役に立つ. — n. 仕事, 労働, 作業; 運転; 工作; 作用; (顔・機械などの)動き方; Chem. 発酵作用; [pl.] 鉱業所, 作業所.

working capital 運転資本; Econ. 流動資本.

working class 労働階級.

working-class a. 労働階級の.

working day (休日に対して)仕事日; (一日の)労働時間.

working drawing 工作図, 施工図.

working hypothesis 作業仮説.

workingman 職人, 工員, 労働者.

working papers (外国人などの就職に必要な)就業書類.

workingwoman 女性労働者.

work load 労働量.

workman 労働者, 職工, 工員.

workmanlike a. 職工らしい; 腕ききの.

workmanship (職人の)手腕, 腕前; 細工(の巧拙), 出来ばえ; 製作品.

workmen's compensation insurance 労働者災害補償保険.

work order Com. 見積指令書.

workout 練習; 試験.

workpeople 労働者たち.

workplace 仕事場.

work point 《中国》労働工分, 労働点数.

work print Motion Pictures 編集済みプリント.

workroom 仕事部屋.

workshop 工場, 仕事場, 研究集会, ワークショップ.

work-shy a. 仕事嫌いの.

work song 労働歌.

workstation 仕事所; Computer ワークステーション《個人専用端末コンピューター》.

work-study program (高校・大学の)労働経験課程.

worktable 仕事台.

work-top (キッチンの)カウンター, ワークトップ《配膳・調理などに使う台》.

work-to-rule 順法闘争.

workwoman 女性労働者.

world 世界, 地球; 世の中, 人の世; 俗界, 世間; …界; 世界の人々, 人間(社会); [a ~ of] 多量. **around the world** 世界一周《相手の体中を口で愛撫する行為》. **as the world goes** 世間並みでは. **come into the world** 生まれる. **dead to the world** ひどく酔って. **for (all) the world** どう見ても, まさに; どうあっても. **in the world** 一体全体. **out of the [this] world** 飛び切り上等の, すばらしい. **set the world on fire** 世間をあっと言わせることをする. **world without end** 永久に.

World Bank 世界銀行.

world-beater 第一人者(たる資質の持ち主).

world-class a. 世界で一流の.

World Court 国際司法裁判所.

World Cup *Sports* ワールドカップ.

world federalism 世界連邦主義.

world federalist 世界連邦主義者.

worldliness 俗念, 物欲.

worldling 俗人, 俗物.

worldly a. この世の, 世俗的な, 俗っぽい, 名利を追う.

worldly-minded a. 心が俗っぽい, 世俗的な.

worldly-wise a. 世才のある.

world power 世界的強国.

World Series ワールドシリーズ《米国のプロ野球選手権試合》.

world's fair 万国博覧会.

world-shaking a. 世界を揺るがす.

world war 世界大戦.

World War I 第一次世界大戦.

World War II 第二次世界大戦.

world-weary a. 世に疲れた, 厭世的な.

worldwide a. 全世界にわたる, 世界的な.

worm n. 虫, ウジムシ, ミミズ; 卑しい人間; [pl.] *Med.* 寄生虫病; *Mech.* ウォーム, 無限螺旋.

— v. (虫のように)這う (into, out of); 知らぬ間に食い入る, 知らぬ間に取り入る; (秘密を)探る; 虫を駆除する.

wormcast ミミズの糞.

worm-eaten a. 虫の食った; 古臭い.

worm gear *Mech.* ウォーム歯車.

wormhole (木などの)虫食い穴.

worm's-eye view 虫瞰図, 下からの眺め, 下からの観察.

worm wheel *Mech.* ウォーム歯車.

wormwood *Bot.* ニガヨモギ (absinthe などの味付け用); 屈辱, 苦痛(の種).

wormy a. 虫のついた, 虫の多い; 虫食いの; 卑しむべき.

worn-out a. 使い古した, すり切れた; 見すぼらしい, 疲れ果てた, よぼよぼの; 陳腐な.

worried a. 困った, 迷惑そうな.

worriless a. 苦労のない, のんきな.

worriment 心配(の種).

worrisom a. 気にかかる, 厄介な; 苦労性の, くよくよする.

worry v. うるさがらせる; 悩ます, 気をもませる; 悩む, くよくよする, 心配する, いらいらする; (犬などが)くわえて振り回す, かみついていじめる. — n. [pl.] 心配事, (気)苦労.

worrywart 心配性の人, 苦労性の人.

worse a., ad. 一層悪い, 一層悪く. **a change for the worse** 悪い方への変化, 悪化. **be the worse for drink [liquor]** 酒に酔っている. **be the worse for wear** 着古している. **be worse off** 一層暮らしが悪い. **go from bad to worse** ますます悪化する. **none the worse** やはり; 良くなって. **what is worse=to make matters worse** 更に悪いことには, あいにく.

worsen v. 一層悪くする, 一層悪くなる, 悪化する.

worship n., v. 礼拝(する); 崇拝(する); 尊敬(する); 帰依(する). **Your [His] Worship** 閣下,

尊師.

worship(p)er 礼拝者, 参拝者; 崇拝者.

worshipful a. 尊敬すべき, 名誉ある; 信心深い.

worshipless a. 尊敬を受けていない.

worst a., ad. 最悪の, 最も悪い, 最も悪く. **at (the) worst** 最悪の場合でも. **get [have] the worst (of it)** ひどい目に遭う, 負ける. **give one the worst (of it)** 負かす. **if (the) worst comes to (the) worst** 万一の場合には. **the worst way** 最も悪く; とても. — v. 負かす. — n. 最悪(のこと), 最悪の人.

worsted n., a. 梳毛糸, ウーステッド(の).

wort[1] [合成語に用いて] 草本, 草.

wort[2] 麦芽汁 《ビールの原料》.

worth a. (…だけの) 価の; (…するだけ)の価値がある (doing); (…だけの)財産のある. **worth it** = **worth (one's) while** …する価値がある, やりがいのある. — n. 価値, 真価, (人物の)卓越; (いくら)だけのもの, (いくら)だけの量.

worthful a. 立派な; 価値のある.

worthless a. 価値のない, 取るに足らない, つまらない.

worthwhile a. やりがいのある, 価値のある, 立派な.

worthy a. 価値のある, 立派な; (…に)ふさわしい (of, to do, etc.); 相当な. — n. 人物, (地方の)名士.

would aux. v. …であろう; (どうしても)…しようとした; (人が)常習的に…する; (あいにくの事態などが)いつも…する; …したものだった, よく…した; …だったろう; …するつもりなのだが. **would rather** むしろ…する, …したい (that).

would-be a. 自称…, …志望の, 未遂の, なりそこないの.

wouldn't = would not.

wouldst, wouldest = would.

wound n. 負傷, 傷, けが; 痛手, 苦痛; 侮辱, 失礼. — v. 傷つける, (感情などを)害

する.

wounded a. 負傷した, 傷つけられた; [the ~] 負傷者たち.

wow int. おや, ああ《驚嘆・喜びなどを示す》. — n. 大当たり, 大成功; すばらしい人物; Elec. ワウ《音再生装置でテープの速度の変化で音がゆがむこと》.

WP weather permitting; word processing; word processor. **WPB** wastepaper basket.

wpm words per minute. **WRAC** Women's Royal Army Corps 英国陸軍婦人部隊.

wrack 破壊, 破滅; 難破船; 漂流物; 岸に打ち上げられた海草. **go to wrack and ruin** 破滅する.

WRAF Women's Royal Air Force 英国空軍婦人部隊.

wraith (死の前後にさ迷う)生き霊, 幽霊.

wrangle n., v. 激論(する).

wrap v. 包む, くるむ, 巻く (up); (身に)まとう. **be wrapped up in** …に夢中である, …に心を奪われている. **wrap up** 終わらせる, 結末をつける; 黙る — n. [pl.] 身体を包むもの《肩掛け・襟巻き・膝掛け・外套など》; [pl.] 拘束; (プラスチックの薄い)包み.

wrapper 包むもの, 包み紙; 帯封; (本の)カバー; (婦人の)化粧着.

wrapping 包むこと; [pl.] 包装材料.

wrap-up 要約したニュース; 結末をつけた出来事.

wrasse Ichthy. ベラ.

wrath 激怒; 罰, 復讐.

wreak v. (怒りなどを)漏らす; (危害・罰などを人に)加える, 与える.

wreath 花輪; (煙などの)渦巻き.

wreathe v. 花輪にする, 花輪で飾る; 巻き付ける, 絡み付ける, 絡み合う; (煙など)渦巻く.

wreck n. 難破, 難船, 破壊, 破滅; 難破船; 難破物, 破損物, 残骸, 敗残の身; 壊れた

車 . — v. 難破させる, 破壊する; 破産させる; (健康などを)損なう, めちゃめちゃにする.

wreckage 難破(貨物), 破壊(の跡).

wrecked a. (酒や麻薬などで)もうろうとしている.

wrecker 難波船(の貨物)略奪者; (略奪の目的で)船を難破させる海賊; (建物の)解体業者; レッカー車; 救助船, 救助車, 救助者; (難船)引き揚げ業者.

wrecker's ball 建物解体用鉄球.

wrecking ball =wrecker's ball.

wrecking bar かじや《釘抜きの一種》.

Wren 海軍婦人部隊員.

wren Ornith. ミソサザイ; 若い女.

wrench n. (激しい急な)ねじり; くじき, 捻挫, 筋違い; (別離の)悲しみ; こじつけ, 歪曲; ねじ回し, レンチ, スパナ. — v. ねじる; 引き抜く, もぎ取る (off, away, from, etc.); くじく; (事実を)曲げる, 曲解する.

wrest v. ねじり取る, もぎ取る; (勝利・承認などを)苦労して得る; (事実などを)曲げる, (意味を)こじつける. — n. ねじり.

wrestle v. レスリングをする; 組み打ちする(with); (逆境・誘惑・難問などと)取り組む, 戦う (with, against). — n. レスリング; 奮闘, 苦闘.

wrestler レスリング選手, (相撲の)力士.

wrestling レスリング; (日本の)相撲.

wretch 非常に不運な人, 哀れな人; 恥知らず, 悪人; かわいい奴.

wretched a. 悲惨な, 不幸な, 惨めな, あさましい; 下等な, ひどい.

wrick n., v. 軽い筋違い(をさせる).

wriggle v., n. のたくる, のたうつ(こと); じたばたする, もがく(こと).

Wright ライト. Orville Wright (1871–1948), Wilbur Wright (1867–1912) 飛行機を発明した米国人の兄弟.

wright [普通は合成で]職人, 大工; 作者.

wring v. ねじる, 絞る; 絞り出す, 絞り取る (from, out of, out); (意味を)曲解する; 苦しめ

る. **wringing wet** ずぶぬれになって.
— n. 絞ること.

wringer (洗濯の)絞り機; 搾取者.

wrinkle n. しわ, ひだ; 気のきいた助言, 妙案.
— v. しわがよる, しわをよらせる (up).

wrinkly a. しわの多い.

wrist 手首.

wristband (シャツなどの)袖口.

wristlet 腕輪, 手首飾り.

wristlock Wrestling リストロック《手首逆とり》.

wrist pin Mech. ピストンピン.

wrist shot Golf リストショット.

wristwatch 腕時計.

wrist wrestling 親指相撲.

wristy a. (スポーツで)手首を使った, リストを使った, 手首をきかせた, リストをきかせた.

writ Law 令状. Holy [Sacred] Writ = the Bible. **writ of habeas corpus** 人身保護令状. **writ of summons** Law 召喚令状.

write v. (字を)書く; 文を書く, 記述する; 書物を書く, 著述する; 作曲する; 手紙を書き送る (to); Computer (記憶装置に情報を)記録する; (心に)銘記する, (はっきり)示す.

write down 書き留める, 書きつける. **write off** 帳消しにする; 一気に書く, 手紙を出す; (失敗と)みなす. **write out** (速記を)普通文字に書き直す; (完全に)書き尽くす; (文書を)作成する. **write up** (記事を)詳細に書く; 麗々しく書き立てる.

write-in 書き込み投票(の候補者)《名簿に載っていない候補者名を記入する》.

write-off 帳消し; 価格引き下げ; 大破したもの《自動車・飛行機など》.

writer 筆者; 記者, 著者, 作者.

writer's cramp Med. 指の痙攣; 書痙.

write-up 礼賛記事; (法人資産の)過大評価.

writhe *v.* もがく, 悶える, のたうち返る; 悶え苦しむ (at, under). — *n.* 身悶え.

writing *n.* 書くこと; 書き方, 習字, 書写; 筆跡; 書き物, 書類, 文書, 著述 (業); [多く *pl.*] 作品, 著作. **in writing** 文書をもって.

writing desk ライティングデスク.

writing ink 書写用インク.

writing materials 文房具.

writing paper 筆記用紙.

written *a.* 書かれた, 書かれる; 書面にした, 成文の.

written examination 筆記試験.

written language 書き言葉, 文語.

written law 成文法.

WRNS Women's Royal Naval Service 英国海軍婦人部隊.

wrong *a.* 悪い, 不正な, 不都合な, 不当な; 間違った, 誤った, 不適当な; 逆の, あべこべの, 裏の; 故障のある, 具合の悪い, 狂った. **wrong side out** 裏返しに. — *ad.* 悪く; 間違って, 誤って; 狂って, 逆に. **get it wrong** 誤解する. **go wrong** (時計が) 狂う, 手違いになる; 道を誤る; 堕落する. — *n.* 不正, 悪事, 過失; 害, (人からの) 不当な取り扱い, 虐待, 不当. **be in the wrong** 悪い, 間違っている. — *v.* 不当な扱いをする, 害する, 辱める; (人を) 誤解する; (女性を) 誘惑する, だます.

wrongdoer 悪事をする人, 犯罪者.

wrongdoing 悪事, 悪行, 犯罪.

wrong font *Print.* ロングフォント (一揃いの活字の中の別サイズあるいは別書体の活字).

wrongful *a.* 不正な, 不法な, 邪悪な.

wrongheaded *a.* 誤っても改めない, 片意地な.

wrongly *ad.* 悪く, 間違って; 不当に.

wrong number (電話の) 間違い番号; 望ましくない人, 望ましくない物.

wrong'un 不正直な人, ごろつき.

wroth *pred. a.* 激怒して.

wrought *a.* 細工した; 鍛えた; 飾った.

wrought iron 錬鉄.

wrought-up *a.* 興奮した.

wry *a.* ゆがんだ, ねじれた, (顔を) しかめた; 意地悪い; (言葉, ユーモアなど) ひとひねりした, 皮肉な; 見当違いの; もじった, こじつけの.

wryneck *Ornith.* アリスイ; *Med.* 斜頸.

WT wireless telegraphy.

wurst ソーセージ.

wu-ts'ai (中国陶磁器の) 五彩.

wuzzy *a.* ひねくれた.

WW warehouse warrant; with warrants; world war. **WX** women's extra (large size).

wych elm *Bot.* ヨウシュハルニレ.

Wycliffe ウィクリフ. **John Wycliffe** (1330 ?-84) 英国の宗教改革家.

wye Y字 (形の物); *Elec.* Y字状回路.

Wyoming ワイオミング (米国北西部の州).

X

x *n.* X字形 (のもの); 未知のもの, 未知の人; *Math.* (第一) 未知数; (ローマ数字の) 10; [X] (文盲の人の) 署名; [X] キスの印 (手紙の終わりなどで). — *v.* Xのしるしをつける; (タイプの) X字で消す.

X *Motion Pictures* 成人向き (17 – 18 歳未満入場禁止).

Xanadu 田園美の土地 (町・村など).

xanthene *Chem.* 黄色色素, キサンテン.

xanthic *a.* *Biochem.* キサンチンの; 黄色の.

xanthine *Biochem.* キサンチン (血液・尿などに含まれるプリン塩基).

Xanthippe クサンチッペ (Socrates の妻); 悪妻.

xanthoma *Med.* 黄色腫.

Xavier ザビエル **Francis Xavier** (1506–52) スペインのイエズス会の宣教師.

xc(p) ex coupon.

X chromosome *Biol.* X 染色体.

X-C skiing クロスカントリースキー.

xd(iv) ex dividend.

xebec *Naut.* ジーベック《小型の 3 本マスト帆船》.

xenobiotic 生体に有害な異物質.

xenon *Chem.* キセノン《希ガス元素》.

xenophil(e) *a., n.* 外国(人)好きの(人).

xenophobe 外国(人)嫌いの人.

xenophobia 外国(人)嫌い, 外国人恐怖症.

xerography *Elec.* 静電写真法.

xerophilous *a.* *Biol.* 乾燥を好む.

xeroradiograph *v.* X 線電子写真法で撮影する.

Xerox *n., v. Trademark* ゼロックス(で複写する).

xi クシー《ギリシャ語字母の第 14 字; Ξ, ξ》.

x in(t) ex interest. **XL** extra large.

Xmas =Christmas.

X-(ir)radiate *v.* X 線を照射する.

X-(ir)radiation X 線照射.

X-rated *a.* (映画などが)成人向けの.

X ray [*pl.*] X 線(検査), レントゲン線.

X-ray *v.* X 線写真をとる, X 線で診察する, X 線で治療する.

X-ray therapy *Med.* X 線療法.

xylem *Bot.* 木質部.

xylograph 木版.

xylographer 木版師.

xylography 木版術.

xylophagous *a.* (昆虫などが)木を食う.

xylophone *Mus.* シロフォン, 木琴.

xylophonist 木琴演奏家.

XYZ *int.* (<Examine your zipper) ズボンのファスナーがあいていますよ.

Y

y Y 字形(のもの); *Math.* (第二)未知数.

Y =YMCA, YWCA.

YA young adult.

yacht *n., v.* ヨット; ヨットに乗る, ヨットを操縦する, ヨットを走らせる.

yacht club ヨットクラブ.

yachting ヨット遊び, ヨット操縦.

yachtsman ヨット操縦者.

yackety-yak *n., v.* =yak².

yah *int.* やーい《憎しみ・あざけり・挑みの叫び》.

yahoo 無作法者; [Y-] ヤフー《Gulliver's Travels 中の人間の形をした獣 》.

Yahweh =Jehova.

yak¹ *Zool.* ヤク《中央アジア産牛の一種》.

yak² *n., v.* おしゃべり(する); 早口にしゃべる.

yak³ 大笑い; 相棒; まぬけ.

Yale *Trademark* イエール錠.

y'all =you-all.

Yalta ヤルタ《ソ連, ウクライナ共和国の都市》.

Yalu 鴨緑江《北朝鮮と中国との境の川》.

yam *Bot.* ヤマノイモ; サツマイモ.

yammer *v.* 鼻を鳴らす; 不平を言う; ぺちゃくちゃしゃべる, 大声で叫ぶ.

yang *Chin. Philos.* 陽.

Yangon ヤンゴン《ビルマの首都》.

Yangtze 揚子江《中国中部の川; 公式名は長江》.

yank *v., n.* ぐいと引っ張る(こと).

Yank =Yankee.

Yankee *n., a.* ヤンキー(の), New England 人(の); アメリカ人(の).

Yankeedom ヤンキー, ヤンキーの国《特に New England》.

Yankeeism ヤンキー風, ヤンキー語調.

yap *v.* (小犬が)けたたましくほえる; ぺちゃくちゃしゃべる. —— *n.* けたたましくほえる声; むだ話; 口; ぶた野郎.

yard[1] ヤード《=3 ft.》; 帆桁; 百ドル, 千ドル.

yard[2] *n.* (農家などの)庭; 裏庭; (大工・石工などの)仕事場, 作業場; (囲いをした)置き場, 構内, 校庭; Railroads (貨物)操車場; [the Y-] =Scotland Yard. —— *v.* 囲いの中に入れる.

yardage[1] ヤードで計った長さ.

yardage[2] (駅の家畜用の)構内使用(料).

yardarm *Naut.* 桁端.

yardbird 初年兵; 囚人.

yard goods ヤード単位で売られる布地.

yardman 操車場係.

yardmaster 操車場係長.

yard sale =garage sale.

yardstick (木・金属の)ヤードざし; 標準, 基準.

yarn 紡績糸, 織り糸; (編み物用)毛糸; (船乗りなどの)長物語. **spin a yarn** 長話をする, ほら話をする.

yarndye *v.* 織らない前に染める, トップ染めにする.

yarrow *Bot.* ノコギリソウ.

yashmak ヤシマック《イスラム教徒の婦人が付ける二重ベール》.

yatter *v., n.* ぺちゃくちゃしゃべる; おしゃべり, むだ話.

yaw *v. Naut.* (船が)針路をそれる. —— *n.* 偏走.

yawl ヨール《一種の小帆船》; 船載ボート.

yawn *n., v.* あくび(をする); (口・割れ目などが)大きく開く.

yawp *v.* あくびをする; 騒がしく叫ぶ; ぺちゃくちゃしゃべる; 騒ぎ立てる, 不平を言う.

Y chromosome *Biol.* Y染色体.

ye *pron.* =you.

yea *ad.* =yes. —— *n.* 賛成(投票).

yeah *ad., int.* =yes.

yean *v.* (羊・やぎが子を)産む.

yeanling 羊の子, やぎの子.

year 年, 歳; [*pl.*] 年齢, 老年; 年度; 時代. **all (the) year round** 一年中. **for years** 長年の間. **year after [by] year** 年々. **year in, year out** 年々歳々. **year of grace** 西暦.

yearbook 年鑑, 年報; 卒業記念アルバム.

yearling (動物の)一年子.

yearlong *a.* 一年間の, 年中の.

yearly *n., a., ad.* 一年の; 年一回(の), 毎年(の).

yearn *v.* あこがれる, 恋しがる, 懐かしがる, 慕う (*for, after*); しきりに…したがる (*to do*), 切望する.

yearning あこがれ; 熱望.

year-round *a.* 一年中の, 一年中使用できる, 一年中開いている. —— *ad.* 一年中.

yeast イースト, 酵母, パン種; 刺激, 影響力, 感化力.

yeasty *a.* イーストを含んだ; 泡立った; 不安定な; ふざけた, 浅薄な.

ye(c)ch *int.* げー, うへっ《嫌悪・不快を表す》.

yegg 金庫破り.

yell *v., n.* わめく, 叫ぶ; 笑いこける; 叫び声, 金切り声, 応援の叫び声, エール.

yellow *a.* 黄色の; 臆病な, 卑怯な; 扇情的な. —— *n.* 黄色; (卵の)黄身; 黄色の衣服; 臆病. —— *v.* 黄色くなる, 黄色くする.

yellowbelly 臆病者.

yellow book 黄書《ヨーロッパ諸国の政府発表の黄表紙報告書》.

Yellow Cab イエローキャブ《米国のタクシー》.

yellow fever *Med.* 黄熱病.

yellowhammer *Ornith.* キアオジ.

yellowish *a.* 黄色がかった.

yellow jack 黄熱病; 検疫旗.

yellow jessamine *Bot.* ソケイ.

yellow journalism 扇情的ジャーナリズム.

yellow light 危険信号.

yellow ocher *Mineral*. 黄土《顔料として用いる》.

Yellow Pages 職業別電話帳.

yellow peril 黄禍《黄色人種に対して白人が抱く不安感》.

yellow press 内容が扇情的な新聞.

yellow rain 黄色い雨《有毒化学薬品》.

Yellow River 黄河《中国北部の川》.

Yellow Sea 黄海《中国北東部と朝鮮との間の海》.

Yellowstone イエローストーン《米国中西部の川》.

yelp *v.*, *n.* (犬が)きゃんきゃん鳴く(声).

Yemen イエメン《アラビア半島南部の共和国》.

yen[1] *n.*, *v.* 熱望(する), あこがれ(る).

yen[2] 円《日本の通貨単位》.

Yenisei エニセイ《ソ連, シベリア中部の川》.

yeoman *Brit. Hist.* 自由民; 小地主, 自作農; 義勇農騎兵.

yeomanly *a.*, *ad.* yeoman の, yeoman らしい, 正直な, 剛健な; 勇ましく.

yeomanry =yeomen.

yeoman('s) service (いざという時の) 忠勤, 急場の援助.

yep *ad.* =yes.

yes *ad.* はい, (いかにも)そのとおり; なるほど; そうですか, まさか.

yes-man (上司や権威に何でも賛成する, あるいは, はいはいと言う)イエスマン, ゴマすり.

yesterday *n.*, *ad.* きのう, 昨日; 昨今; 過去.

yesterday's man (政治家などで)盛りを過ぎた人.

yesteryear *n.*, *ad.* 昨年.

yet *ad.* いまだに, 今もなお, まだまだ(その上に); やがては; [否定]まだ(…ない); [疑問]もう; [and, but に伴って] それでも(なお); [nor に伴って] また(…ない); [比較級を伴って]更に. **as yet** まだ, 今までのところは. **yet again** 更にもう一度.

— *conj.* それなのに, それでも.

yeti 雪男.

yew *Bot.* イチイ(材).

yé-yé *a.* イエイエ(調)の《フランスで流行したロックンロール調スタイル》.

YHA Youth Hostel(s) Association.

Yid [軽蔑的] ユダヤ人.

Yiddish *n.*, *a.* イディシュ語《ドイツ語にヘブライ語の混ざったもので欧米のユダヤ人が用いる》; =Jewish.

Yiddishism イデッシュ語特有の語法; イディシュ語擁護運動, イデッシュ文化擁護運動.

yield *v.* 生じる, 産する; 許す, 与える; (仕方なく)渡す, 放棄する; 譲る, 負ける, 屈服する, 降参する (*to*); (押されて)へこむ, たわむ, 開く.

— *n.* 産出(高), 産額; 収穫, 収益; 歩留まり; *Chem.* 収率; 収量.

yielding *a.* 譲歩的な, 言いなりになる; しなやかな, 影響を受けやすい.

yin *Chin. Philos.* 陰.

ying-yang ペニス.

yip *v.*, *n.* =yelp.

yippee *int.* きゃあ.

yippie イッピー族.

yips *Golf* 決定打が打てない心理状態.

YMCA Young Men's Christian Association.

yob やつ; 田舎者.

yobbo =yob.

yock =yak[3].

yodel *n.*, *v.* *Mus.* ヨーデル(で歌う).

yoga ヨガの行, 瑜伽の行; [Y-] *Hinduism* ヨガ, 瑜伽.

yogi ヨガ行者, 瑜伽行者.

yog(h)urt ヨーグルト.

yo-heave-ho *int.* *Naut.* えんやらや《掛け声》.

yohimbine *Pharm.* ヨヒンビン《催淫剤》.

yoke *n.* (二頭の牛の頭を連結する) 軛; (軛で連結された)二頭の牛; 天秤棒; *Mech.* 鎹; ヨーク《身頃の肩やスカートの腰の切り替え

部分の布; 支配, 束縛. — v. 軛を掛ける, 軛 でつなぐ; 合わせる, 組ませる, 結合する; 後ろからナイフを喉に突きつける.

yokefellow, yokemate (二人組の) 一方, 仲間; 配偶者.

yokel 田舎者.

yolk 黄身, 卵黄; 羊毛脂.

yonder a., ad. 向こうの, 向こうに, あそこの, あそこに.

yoni Hinduism 女陰像.

yonks 長期間.

yoo-hoo int. おーい.

yore 昔. **of yore** 昔, 往時.

York ヨーク《イングランド Yorkshire 州の州都》. **the House of York** ヨーク家《英国の王家 (1461-85)》.

york v. Cricket 打者をアウトにする.

Yorkist a., n. Brit. Hist. ヨーク王家の(人), ヨーク党の(人).

Yorkshire ヨークシャー《イングランド北東部の旧州》; ヨークシャー《白豚》. **come [put] Yorkshire on** 一杯くわせる.

Yorkshire pudding ヨークシャープディング《ローストビーフの付け合わせ》.

Yorkshire terrier ヨークシャーテリア《長毛の小型犬》.

you pron. あなた(方)は, あなた(方)が; あなた(方)を, あなた(方)に.

you-all pron. あなた方, 君たち《呼び掛け》.

you'd =you had, you would.

you'll =you will, you shall.

young a. 若い; 若々しい; 年下の; 青春の; 未熟な, 経験のない, まだ新しい, 新興の; (夜など)まだ早い; 小さな; 熟成していない. — n. (動物の)子. **with young** (動物が)はらんで.

youngberry Bot. ヤングベリー《クロイチゴの改良品種》.

youngish a. やや若い.

youngling n., a. 若者, (動物の)子, 若木; 若い.

youngster 青年, 若者; 子供.

Young Turk 青年トルコ党員; 急進主義者.

your pron. あなた(方)の.

you're =you are.

yours pron. あなた(方)のもの; ご家族, あなたの役. **yours truly** (手紙の結びとして)敬具.

yourself pron. あなた自身.

youth 年若さ, 元気; 青春(時代); 初期; 青年; 若い人たち.

youthful a. 若い, 年若の; 若々しい, 若人らしい, 元気な.

youth hostel ユースホステル.

youthquake 若者の反体制運動.

yowl v., n. 気味悪く吠える(声).

yo-yo n. ヨーヨー《おもちゃの一種》; 間抜け. — a. 上下する; 変動する. — v. 上下する; 変動する.

ytterbium Chem. イッテルビウム《希金属元素》.

yttrium Chem. イットリウム《希金属元素》.

yuan 元《中国の通貨単位》; 院《中国の行政府》.

yucca Bot. イトラン.

yuck¹, yuk¹ int. おえっ, げっ《軽蔑・嫌悪を表す》.

yuck², yuk² 大笑い; 冗談, ギャグ.

yucky, yukky a. 嫌な, うんざりする.

Yugoslav a., n. ユーゴスラビア人(の).

Yugoslavia ユーゴスラビア《ヨーロッパ南西部の共和国》.

Yugoslavian a., n. =Yugoslav.

yule =Christmas, Christmastide.

Yule log クリスマス前夜にたく大薪.

Yuletide =Christmastide.

yummy a. すばらしい, おいしい.

yup ad. = yes.

yuppie ヤッピー《高等教育を受け都市(近郊)に住む若手エリート層》.

YWCA Young Women's Christian Association.

Z

z Z字形(のもの); *Math.* (第三)未知数.

zaftig *a.* (女が)ふっくらとかっこいい.

Zaire ザイール《アフリカ中部の共和国》.

zakuska ザクースカ《ロシヤの前菜》.

Zambia ザンビア《アフリカ中南部の共和国》.

Zambian *a., n.* ザンビアの; ザンビア人.

zany *n. Hist.* 物まね道化役; のろま.
— *a.* 滑稽な, 大ばかな, 狂気の.

zap *v.* 猛烈な勢いで殴る; 急に動かす, すばやく動かす; 殺す. — *n.* 元気. — *int.* びゆっ, ばん, ばん.

zappy *a.* 元気いっぱいの.

Zarathustrian *a., n.* =Zoroastrian.

Z-car パトカー.

Z-day =*Mil.* zero day.

zeal 熱心, 熱意.

zealot 熱狂者.

zealotry 熱狂(的行動).

zealous *a.* 熱心な, 熱烈な.

zebra *Zool.* シマウマ; 縞模様の囚人服; =zebra crossing.

zebra crossing (縞を塗った)横断歩道.

zebrawood 縞模様のある木.

zebrine *a.* シマウマ(模様)の.

zebu *Zool.* コブウシ.

zed Z字.

zee Z字.

zeitgeist (G) 時代精神, 時代思潮.

zek (ソ連の刑務所・強制労働収容所の)囚人.

zelkova *Bot.* ケヤキ.

Zen 禅.

zenith *Astron.* 天頂, 天心; 頂点, 絶頂.

zephyr [Z-](擬人化された)西風; そよ風; 薄地の布.

zeppelin ツェッペリン飛行船.

zero 零, ゼロ; 零点, 零度; 無.

zero-based *a.* (予算などが)ゼロベースの.

zero day *Mil.* 予定行動開始日.

zero economic growth 経済ゼロ成長.

zero G 無重力状態.

zero hour 軍事行動開始時刻; 予定時刻; 危機.

zero option ゼロオプション, ゼロの選択《NATOとソ連の双方で欧州の戦域核を全面廃棄する構想》.

zero population growth 人口ゼロ成長.

zero-sum *a.* (ゲーム・関係など)零和の.

zero-suppression *Computer* ゼロ抑制.

zero-zero *a.* 視程ゼロの.

zest うまみ, 賞味; 風味; 興味, 熱心.

zeta ゼータ《ギリシャ字母の第6字; Z, ζ》.

Zeus *Gk Myth.* ゼウス《ギリシャ神話の最高神; ローマ神話のJupiterに当たる》.

Zhongguo =China.

zibeline クロテンの毛皮.

zigzag *n., a., ad., v.* Z字形, 稲妻形(の), 稲妻形に; (道を)ジグザグに進む.

zilch 無; ゼロ.

zillion 無慮何千億.

Zimbabwe ジンバブウェ《アフリカ南東部の共和国》.

zinc *n., v. Chem.* 亜鉛(をかぶせる).

zincograph *Print.* 亜鉛凸版.

zincography *Print.* 亜鉛凸版術.

zincoid *a.* 亜鉛状の.

zinc ointment *Pharm.* 亜鉛華軟膏.

zincous *a.* 亜鉛の.

zinc oxide *Chem.* 酸化亜鉛, 亜鉛華.

zinc sulfate *Chem.* 硫酸亜鉛.

zinc white 亜鉛白.

zing *n., v.* ひゅうひゅういう音(をたてる); 活気, 気力.

zinnia *Bot.* ヒャクニチソウ.

Zion シオン《Jerusalem の丘》; 天国; ユダヤ人; イスラエルの地.

Zionism シオニズム《ユダヤ民族のパレスチナ復帰運動》.

Zionist シオニスト.

zip *v., n.* (弾丸など)ぴゅーと飛ぶ(音); 力, 元気; 元気(よくやる); ファスナー(で締める), ファスナー(で開ける); ＝zip code.

zip code 郵便番号.

zip-code *v.* …に郵便番号をつける.

zip gun 手製ピストル.

zipped *a.* 郵便番号のある.

zipper *n., v.* ジッパー, ファスナー(で締める), ファスナーで開ける.

Zippo *Trademark* ジッポー《ライター》.

zippy *a.* 活発な, きびきびした.

zircon *Mineral.* ジルコン.

zirconium *Chem.* ジルコニウム《金属元素》.

zither *Mus.* ツィター《弦楽器の一種》.

zizz うたた寝.

zloty ズオチ, ズロチ《ポーランドの通貨単位》.

zodiac *Astron.* 黄道帯, 獣帯. **signs of the zodiac** 黄道十二宮.

zodiacal *a.* 黄道帯内の.

zodiacal light *Astron.* 黄道光.

zoic *a.* 動物の; *Geol.* 化石動植物を含む.

Zola ゾラ. **Emile Zola** (1840-1902) フランスの作家.

zombi(e) ゾンビ《死人を生き返らす超自然的な力; その力で生き返らされた死体》; のろま, うすのろ, 「ひるあんどん」.

zonal *a.* 帯(zone)の, 帯状の.

zonary *a.* 帯状の.

zonate *a.* *Biol.* 帯のある.

zone *n.* 地帯, 地域; …帯;(都市計画などの)地区;(道路の)交通規制区域;(交通機関の)同一運賃区間;(郵便・電話などの)同一料金区域;(都市の)郵便番号区; *Elec.* 帯域; *Chem.* 分子域. ── *v.* 帯で囲む; 地帯に分ける.

zoning 地区制, 地域制.

zonked *a.* ひどく酔った; 疲れはてた;(疲れて)ぐっすり寝込んで.

zoo 動物園.

zoogeographer 動物地理学者.

zoogeography 動物地理学.

zoographic *a.* 動物誌(上)の.

zoography 動物誌学.

zoolatry 動物崇拝.

zoological *a.* 動物(学)の.

zoological garden 動物園.

zoologist 動物学者.

zoology 動物学.

zoom *n., v.* *Aeronaut.* (飛行機が)急上昇(する); *Motion Pictures, TV* ズーム《画像の急激な拡大または縮小》, ズームさせる;(景気・物価が)急上昇(する); ＝zoom lens.

zoomie 飛行士.

zoom lens *Motion Pictures, TV, Phot.* ズームレンズ.

zoophagous *a.* (動物が)肉食の.

zoophilia 動物性愛.

zoophilist 動物性愛者.

zoophilous, zoophilic *a.* 動物性愛の.

zooplankton *Zool.* 動物性プランクトン.

zoosperm *Biol.* 精虫, 精子.

zoospore *Bot.* 遊走子.

zoot *a.* けばけばしい.

zootomy 動物解剖(学).

zoot suit ズートスーツ《長い上着と非常に細いズボンの男子服》.

zooty a. 派手な.

Zoroaster ゾロアスター《紀元前 600 年ごろのペルシャの宗教家》.

Zoroastrian a., n. ゾロアスター教の(信者).

Zoroastrianism ゾロアスター教.

Zouave ズアーブ兵《フランスの軽歩兵》; U.S. Hist. 南北戦争当時の義勇兵;(婦人用)ズアーブ型上着.

ZPG zero population growth.

zucchetto Rom. Cath. ズケトウ《聖職者用小頭巾》.

zucchini Bot. ズッキーニ《クリカボチャの一品種》.

Zulu n., a. (東南アフリカの)ズールー人(の), ズールー語(の).

Zurich チューリッヒ《スイス北東部の都市》.

zwieback (G) ツビーバック《ドイツ風ラスク》.

Zwingli ツウィングリー. Ulrich Zwingli (1484–1531) スイスの宗教改革家.

Zwinglian a., n. ツウィングリー派の(信徒).

zygosis Biol. 接合.

zygote Biol. 接合子.

zymase Chem. チマーゼ.

zymology 発酵学.

zymurgy 醸造学.

zzz ぐーぐー《いびきの音》.

この辞典を作るに当たって，以下の方々に大変お世話になりました.

伊藤直子　大島省子　大政幸子　金田明子　川上純子　川田久美子　河辺芙美子
菊地富民子　小林由美子　佐藤信子　里見真佐江　島田敦子　鈴木初江　高山妙子
田中晶子　常世田よしえ　福島裕子　宮川美也子　山内寛子　山田和子　山本玲子

KENKYUSHA'S FURIGANA ENGLISH-JAPANESE DICTIONARY

初版第 1 刷 1990年
第 5 刷 1991年

ふりがな英和辞典

編者　研究社辞書編集部
発行者　長井四郎
発行所　株式会社 研究社
〒102 東京都千代田区富士見2—11—3
電話 編集03(3288)7711
販売03(3288)7777
振替 東京9-32260
組版　研究社印刷株式会社
写真製版　株式会社近藤写真製版所
印刷　研究社印刷株式会社
製本　株式会社大進堂

ISBN4-7674-1172-6 C0582
PRINTED IN JAPAN

Nishi's Dirty Words

Okama - Faggot

売春婦　　Hooker - Baishunfu

Wet Dream - Musei

変態　　Pervert } Hentai
　　　　　kinky

Boner - Bokki

助平　　Horny } Sukebe
　　　　Lewdness

Dickhead - Manuke

Rorikon

VD - Seibyo

Hiragana Syllabary

あ	a	い	i	う	u	え	e	お	o
か	ka	き	ki	く	ku	け	ke	こ	ko
さ	sa	し	shi	す	su	せ	se	そ	so
た	ta	ち	chi	つ	tsu	て	te	と	to
つぁ	tsa	てぃ	ti	てゅ	tyu	つぇ	tse	つぉ	tso
な	na	に	ni	ぬ	nu	ね	ne	の	no
は	ha	ひ	hi	ふ	fu	へ	he	ほ	ho
ふぁ	fa	ふぃ	fi			ふぇ	fe	ふぉ	fo
ま	ma	み	mi	む	mu	め	me	も	mo
や	ya			ゆ	yu			よ	yo
ら	ra	り	ri	る	ru	れ	re	ろ	ro
わ	wa							を	o
								ん	n
が	ga	ぎ	gi	ぐ	gu	げ	ge	ご	go
ざ	za	じ	ji	ず	zu	ぜ	ze	ぞ	zo
だ	da	ぢ	ji	づ	zu	で	de	ど	do
		でぃ	di	でゅ	dyu				
ば	ba	び	bi	ぶ	bu	べ	be	ぼ	bo
ぱ	pa	ぴ	pi	ぷ	pu	ぺ	pe	ぽ	po
きゃ	kya			きゅ	kyu			きょ	kyo
しゃ	sha			しゅ	shu	しぇ	she	しょ	sho
ちゃ	cha			ちゅ	chu	ちぇ	che	ちょ	cho
にゃ	nya			にゅ	nyu			にょ	nyo
ひゃ	hya			ひゅ	hyu			ひょ	hyo
				ふゅ	fyu				
みゃ	mya			みゅ	myu			みょ	myo
りゃ	rya			りゅ	ryu			りょ	ryo
ぎゃ	gya			ぎゅ	gyu			ぎょ	gyo
じゃ	ja			じゅ	ju	じぇ	je	じょ	jo
びゃ	bya			びゅ	byu			びょ	byo
ぴゃ	pya			ぴゅ	pyu			ぴょ	pyo